U0625688

བྱང་ངོས་སྤྲུལ་པ་སྣེ་ཡི་ལྷ་ཁང་དུ། །གནས་ལྔ་རིག་པའི་མཐར་སོན་འཇམ་པའི་དབྱངས། །
རིགས་ལྡན་རྒོལ་བ་འཇོམས་པའི་དཔའ་བོ་ཆེ། །ས་སྐྱ་པཎ་ཆེན་ཞབས་ལ་གསོལ་བ་འདེབས། །

ཚར་ཆེན་བློ་གསལ་རྒྱ་མཚོས།

[illegible] ༨

༄༅། །དཔལ་ས་སྐྱའི་སྡོམ་གསུམ་ཕྱོགས་བསྒྲིགས་བཞུགས་སོ། །

པོད་དྲུག་པ།

རྗེ་ནག་མཁན་ཆེན་ཚོས་རྣམ་རྒྱལ་སོགས་ཀྱིས་མཛད།

སི་ཁྲོན་བོད་ཡིག་དཔེ་རྙིང་བསྡུ་སྒྲིག་ཁང་གིས་བསྒྲིགས།

རྒྱལ་ཁབ་དཔེ་མཛོད་དཔེ་སྐྲུན་ཁང་།

དཀར་ཆག

༄༅། །དེ་བཞིན་གཤེགས་པའི་སྙིང་པོའི་མཛེས་རྒྱན་གྱི་རྒྱན་མཁས་པའི་ཡིད་འཕྲོག་ཅེས་བྱ་བ་བཞུགས་སོ། །

སྨྲ་ཚད་པ་རིན་ཆེན་རྣམ་རྒྱལ།

སྭསྟི་པྲ་ཛ་བྷྱཿ དེ་བཞིན་གཤེགས་པའི་སྙིང་པོ་གསལ་ཞིང་མཛེས་པར་བྱེད་པའི་རྒྱན་གྱི་རྒྱན་མཁས་པའི་ཡིད་འཕྲོག་ཅེས་བྱ་བ། སངས་རྒྱས་དང་བྱང་ཆུབ་སེམས་དཔའ་ཐམས་ཅད་ལ་ཕྱག་འཚལ་ལོ། །རང་ཉིད་འོད་གསལ་སྟོང་ཉིད་ལམ་གོམས་པས། །ཀུན་གཞི་གནས་གྱུར་ཡེ་ཤེས་མི་ལོང་སྐུ། །ཡོངས་སུ་མ་ཆད་རྟག་ཆད་སྤྲོས་དང་བྲལ། །ཆོས་སྐུ་བདེ་གཤེགས་སྙིང་པོར་ཕྱག་འཚལ་ལོ། །གྲངས་མེད་གསུམ་དུ་ཚོགས་གཉིས་བསྒྲུབས་པས་འབྲས་བུ་བདེ་གཤེགས་སྙིང་པོ་བརྙེས། །མ་ལུས་ཆོས་ཀུན་མངོན་པར་སངས་རྒྱས་བདེན་པའི་དངོས་པོ་གང་མ་གཟིགས། །འགྲོ་ཀུན་ཆོས་སྐུའི་རྒྱུ་རུ་བསྟན་ཕྱིར་དྲང་དོན་གཞན་སྟོང་ཆོས་རྣམས་དང་། །ངེས་དོན་རང་སྟོང་སྟོན་པའི་མཆོག་གྱུར་ཟབ་གཙང་སྲས་པོ་རྒྱལ་གྱུར་ཅིག །གང་ཞིག་ཆོས་ཀུན་བརྗོད་མེད་རྟོགས་ཀྱང་ཆོས་རྣམས་དྲང་ངེས་སོ་སོར་འབྱེད། །བྱམས་པ་མགོན་ཞེས་རབ་ཏུ་གྲགས་ཀྱང་རྟག་ཆད་སློ་ལ་ལྷག་པར་སྤང་། །སྲིད་ཞི་སྤྲོས་བྲལ་མཉམ་ཉིད་རྟོགས་ཀྱང་བདེ་གཤེགས་སྙིང་པོ་རྟག་པར་སྟོན། །འགྲོ་བའི་དོན་ལ་བྲན་བཞིན་འདུག་ཀྱང་བདུད་ལས་མི་ཕམ་རྒྱལ་གྱུར་ཅིག །ངག་དབང་རྡོ་རྗེའི་སྙིང་པོ་ཐུགས་རྗེར་ལྡན། །མཐུ་ཆེན་ལ་སོགས་འཇིག་རྟེན་སྒྲོན་མེའི་ཚོགས། །བརྩེ་བས་དགོངས་ཤིག་འདི་ན་ལྟ་ངན་གྱི། །མྱུན་ཁྲིད་ཐིབས་པོའི་ནང་ཞུགས་དྲང་དུ་གསོལ། །སྤྲོས་བྲལ་ཆེན་པོ་དབུ་མའི་དོན་དགོངས་ཀྱང་། །རྒྱལ་སྲས་སྤྱོད་པས་གདུལ་བྱ་དྲང་བའི་ཕྱིར། །སེམས་ཙམ་ལྟ་བ་འཛིན་པའི་ཚུལ་སྟོན་པ། །འཕགས་པ་ཐོགས་མེད་སྐུ་མཆེད་ཞབས་ལ་འདུད། །ཀླུ་སྒྲུབ་ཡབ་སྲས་ཕྱོགས་གླང་ཆོས་གྲགས་དང་། །བྲམ་ཟེ་གཉིས་སོགས་འཛམ་གླིང་མཁས་པའི་རྒྱན། །དཔང་གྱུར་འཕགས་དང་མཁས་པའི་ཚོགས་རྣམས་དང་། །ས་ར་ཧ་སོགས་གྲུབ་ཆེན་རྣམས་ལ་འདུད། །ཐུབ་པའི་བཀའ་ལུང་གསུང་རབ་རབ་འབྱམས་དྲི་མེད་ནམ་མཁའི་ཁོང་ཡངས་སུ། །མཁྱེན་པའི་དཀྱིལ་འཁོར་ཐོགས་མེད་རྒྱ་ཞིང་གཞན་ཕན་འོད་ཟེར་དཔག་ཡས་འགྱེད། །བསྟན་པའི་ཆུ་སྐྱེས་གསལ་བར་ཕྱེ་ནས་ངེས་དོན་མངར་རྩིའི་དགའ་སྟོན་འགྱེད། །གངས་རིའི་ཁྲོད་འདིར་སྣ་ཕྱིར་བྱོན་པའི་འཇིག་རྟེན་མིག་རྣམས་རྒྱལ་གྱུར

ཅིག །ཐུབ་བསྟན་གངས་རིའི་ངོས་ལ་གནས་བཅས་བློ་གྲོས་ལུས་སྟོབས་རབ་རྒྱས་ཤིང་། །བསླབ་གསུམ་དྲི་མེད་རལ་ཁྲུར་འཛིན་ཅིང་ལུང་རིགས་མཆེ་སྡེར་རབ་ཏུ་གཡོ། །བདག་མེད་དྲག་པོའི་ང་རོ་སྒྲ་བསྒྲགས་ཆེ་བདག་སྨྲའི་ཟ་སྐྱེས་གླད་པ་འགེམས། །བུ་སྟོན་སྟོན་མེད་རི་དྭགས་རྒྱལ་པོས་བློ་གསལ་རི་དྭགས་ཚོགས་རྣམས་སྐྱོངས། །འདི་ན་མི་མཁས་གང་དག་ལྟ་བ་ཉམས་པས་དངོས་ལ་ཞེན་པའི་གདོན་ཆེན་གྱིས། །ཟིན་པའི་དབང་གིས་བློ་གྲོས་ཉམས་པས་ཆེ་བའི་ཆེ་བ་ཟླ་གྲགས་ལ་སོགས་པ། །སྨོད་པར་བྱེད་ཀྱང་བདག་ཉིད་ཕྱུང་བ་འབའ་ཞིག་བྱེད་དུ་ཟད་པ་དེ་དག་གི། །འབྱུང་པོའི་གདོན་རྣམས་ཞི་བར་བྱ་ཕྱིར་སྙིང་རྗེས་གསོ་བའི་ཐབས་འདི་བསྟན་པར་བྱ། །

འདི་ལྟར། སངས་རྒྱས་ཀྱི་བཀའ་རྣམས་ནི། དགོངས་པ་དང་ལྡེམ་པོར་དགོངས་པ་ཅན་མང་བས་དཔྱད་པར་དཀའ་ཞིང་། བྱིས་པ་རྣམས་ནི་ཐོག་མེད་ནས་མ་རིག་པའི་བློ་ཞན་པས་གྲུབ་མཐའ་ལ་ཞུགས་པ་རྣམས་ཀྱང་རྨོངས་ན། སྐྱེ་བོ་ཐ་མལ་བ་རྣམས་སྨོས་ཅི་དགོས། དེས་ན། ཀུན་ནས་ཉོན་མོངས་པའི་དྲ་བ་མཐའ་དག་འབྱུང་བའི་རྩ་བ་ནི། དངོས་པོར་མངོན་པར་ཞེན་པ་ཡིན་པས་དེ་ཡོངས་སུ་སྤངས་ཏེ། ལེགས་པའི་གོ་འཕང་ཐོབ་པར་འདོད་པ་རྣམས་ལ་ཆོས་ཐམས་ཅད་དོན་དམ་པར་ངོ་བོ་ཉིད་མེད་པར་བསྟན་པའི་ཕྱིར་འདི་བརྩམ་མོ། །འདི་ན་ཁ་ཅིག །དོན་དམ་པ་ཟབ་མོའི་ཚུལ་གྱི་རྒྱ་མཚོའི་གཏིང་མི་དཔོག་ན། ལུང་དམ་རིགས་པའི་སྒོ་ནས་ཆོས་ཐམས་ཅད་ངོ་བོ་ཉིད་མེད་པར་བསྒྲུབ་པར་མི་ནུས་ཏེ། ཆོས་ཐམས་ཅད་ངོ་བོ་ཉིད་མེད་པར་བསྒྲུབ་པའི་ལུང་བཀའ་རྒྱས་འབྲིང་བསྡུས་གསུམ་ལ་སོགས་པ་ཤེར་ཕྱོགས་རྣམས་དྲང་དོན་སྟོན་པ་ཡིན་གྱི། བཀའ་ཐ་མ་ལེགས་པར་རྣམ་པར་ཕྱེ་བ་དང་ལྡན་པའི་མདོ་མྱ་ངན་འདས་ཆེན། དགོངས་འགྲེལ། ལང་གཤེགས། དེ་བཞིན་གཤེགས་པའི་སྙིང་པོའི་མདོ། དཔལ་ཕྲེང་། རྔ་བོ་ཆེ་ཆེན་པོ། སོར་མོའི་ཕྲེང་བ་ལ་ཕན་པའི་མདོ་ལ་སོགས་པ་རྣམས་ངེས་དོན་སྟོན་ཞིང་། དེ་རྣམས་དབུ་མ་ཆེན་པོའི་མདོ་ཡིན་པས་དེ་རྣམས་ལས་གསུངས་པ་ནི། ངེས་དོན་དུ་གཟུང་བར་བྱའོ། །དེས་ན། མཐར་ཐུག་གི་སངས་རྒྱས་ཆོས་ཀྱི་སྐུ་དེ་བཞིན་གཤེགས་པའི་སྙིང་པོ། དོན་དམ་འོད་གསལ་ཆོས་ཀྱི་དབྱིངས། རང་བྱུང་གི་ཡེ་ཤེས་གཙང་བདེ་རྟག་པའི་མཐར་ཐུག་ཆ་མེད་ཀུན་འགྲོ་ཁྱབ་པ་པོ་དེ་ཉིད། ཆོས་ཐམས་ཅད་ཀྱི་གཞི་དང་གནས་སུ་གསུངས་ཤིང་། ཡང་དག་པར་ན། ཆོས་ཐམས་ཅད་ཀྱིས་སྟོང་པའི་གཞི་དང་། དབེན་པའི་གཞི་དང་། དྲི་མ་ཐམས་ཅད་ཀྱིས་དག་པའི་གཞིར་ཡང་གསུངས་ལ། ཆོས་སྐུའི་ཡོན་ཏན་གངྒཱའི་ཀླུང་གི་བྱེ་མ་སྙེད་ལས་འདས་པ་རྣམས་རང་བཞིན་དབྱེར་མེད་དུ་ལྡན་པར་ཡང་གསུངས་སོ། །ཞེས་ཟེར་ཞིང་། དེའི་ཤེས་བྱེད་དུ་བཀའ་ཐ་མ་རྣམས་དང་། རྒྱུད་བླ་རྩ་འགྲེལ་ལ་སོགས་པ་རྣམས་དྲངས་ནས།

དོན་དམ་པའི་སངས་རྒྱས་ཆོས་སྐུ་མི་འབྲལ་བའི་ཡོན་ཏན་མཐའ་ཡས་པའི་བདག་ཉིད་སེམས་ཅན་ཐམས་ཅད་ལ་རང་ཆས་སུ་བཞུགས་པ་གཞི་ཡིན་པར་འདོད། ལམ་ཚོགས་གཉིས་དགོས་པའི་རྒྱུ་མཚན་གློ་བུར་གྱི་དྲི་མ་བསལ་དགོས་པའི་ཕྱིར་དང་། ཀུན་རྫོབ་གཟུགས་སྐུ་བསྐྱེད་ནས་སེམས་ཅན་གྱི་དོན་བྱ་དགོས་པའི་ཕྱིར་རོ། །

དེ་ལ་འདིར། རྣམ་དག་ལེགས་པའི་ལམ་དུ་འགྱུར་བ་ཡང་། ལྟ་བ་དང་སྒོམ་པ་དང་སྤྱོད་པ་རྣམ་པར་དག་ཅིང་ཕུན་སུམ་ཚོགས་པ་ཚང་དགོས་ལ། དེ་རྣམས་ཀྱང་ཐུན་མོང་བ་བཀའ་བར་པ་ནས་གསུངས་པ་དང་། ཐུན་མོང་མ་ཡིན་པ་བཀའ་ཐ་མ་ནས་གསུངས་པ་གཉིས་སུ་ལེགས་པར་གནས་སོ། །ཞེས་ཟེར་ཞིང་། དེའི་ཤེས་བྱེད་དུ་ཡུམ་དང་། གཟུངས་ཀྱི་དབང་ཕྱུག་རྒྱལ་པོའི་མདོ་དང་། དགོངས་འགྲེལ་ལ་སོགས་པ་དྲངས་ནས། འཁོར་ལོ་གསུམ་གྱི་དོན་ཉམས་སུ་བླངས་པས་བདེ་གཤེགས་སྙིང་པོའི་དྲི་མ་རྣམས་རིམ་པ་ལྟར་སྦྱོང་བ་ལམ་ཡིན་པར་འདོད། དེ་ལྟར་ཡང་དག་པའི་ལྟ་སྒོམ་སྤྱོད་པས་ལམ་ཚོགས་གཉིས་ཡོངས་སུ་རྫོགས་ཤིང་། སྤང་བྱ་སྒྲིབ་པ་གཉིས་ཟད་པ་ལས་སངས་རྒྱས་ཐོབ་པ་འབྲས་བུར་འདོད་ཅིང་། དེའི་ཤེས་བྱེད་དུ་མདོ་རྒྱན། རྒྱུད་བླ། གསེར་འོད། འོག་མིན་གྱི་ཕོ་བྲང་དུ་མངོན་པར་རྫོགས་པར་བྱང་ཆུབ་པའི་སེམས་ཀྱི་མདོ། འཇམ་དཔལ་གྱི་རང་གི་ལྟ་བའི་འདོད་པ་མདོར་བསྟན་པ་ལ་སོགས་འདྲེན་ཞིང་། མཚན་ཉིད་ཀྱི་ལུགས་ཀྱི་སྐུ་བཞི་དང་། སྔགས་ཀྱི་ལུགས་ཀྱི་སྐུ་ལྔ་འབྲས་བུ་ཡིན་པར་འདོད་དོ། །དེ་ཉིད་ལ་རྣམ་པར་བརྟག་པའི་གཞི་བྱས་ནས་ངེས་པའི་དོན་གྱི་བདེ་གཤེགས་སྙིང་པོ་གཏན་ལ་འབེབས་པའི་བསྟན་བཅོས། ཤིན་ཏུ་ཟབ་ཅིང་བརྟག་པར་དཀའ་བ། དེ་བཞིན་གཤེགས་པའི་སྙིང་པོ་གསལ་ཞིང་མཛེས་པར་བྱེད་པའི་རྒྱན་གྱི་དོན་དགྲོལ་བར་བྱའོ། །

འདི་ལ་དོན་རྣམ་པ་གསུམ་སྟེ། སངས་རྒྱས་ཀྱི་བསྟན་པ་ལ་ལོག་པར་རྟོག་པ་དགག །བཅོམ་ལྡན་འདས་ཀྱི་མདོའི་དགོངས་པ་ཟབ་མོ་བསྟན། ཕྱིན་ཅི་ལོག་གི་རྟོག་པས་ཀུན་ནས་བསླངས་ནས་བསྟན་པ་དཀྲུགས་པའི་ཕྱི་རྒོལ་གྱི་རྩོད་སྤོང་ངོ་། །དང་པོ་ལ། ཁས་བླངས་བརྗོད་པ་དང་། དེ་དགག་པ་གཉིས་ལས། དང་པོ་ནི། ཁ་ཅིག་ན་རེ། འདིར་ཐར་པའི་མཆོག་རང་བཞིན་འོད་གསལ་ཆོས་ཀྱི་སྐུ་རང་བྱུང་གི་ཡེ་ཤེས་གཙང་རྟག་བདེ་དང་རྟག་པའི་མཐར་ཐུག་པ་གང་ཡིན་པ་དེ་ཐོབ་ནས་གཟུགས་ཀྱི་སྐུས་སེམས་ཅན་གྱི་དོན་བྱ་བར་འདོད་པ་དག་གིས། དང་པོ་ཉིད་དུ་ཤེས་པར་བྱ་བ་ནི། དབུལ་པོའི་ཁྱིམ་གྱི་ས་འོག་ན་རིན་པོ་ཆེའི་གཏེར་ཆེན་པོ་ཡོད་ཀྱང་མི་བདུན་སྲིད་ཀྱི་ས་རྫས་བསྒྲིབས་ནས་མ་མཐོང་ཞིང་མ་རྟོགས་ལ་མ་ཐོབ་པས་སྡུག་བསྔལ་བ་ཉིད་དུ་གནས་པ་ཇི་ལྟ་བ་དེ་བཞིན་དུ། འོད་གསལ་ཆོས་སྐུའི་ཡོན་ཏན་གྱི་གཏེར་ཆེན་པོ། རང་གཞན་ཐམས་ཅད་ལ་དུས་ཐམས་ཅད་དུ་ཡོད་ཀྱང་གློ་བུར་གྱི་དྲི་མས་བསྒྲིབས་ནས་མ་མཐོང་ཞིང་མ་རྟོགས་ལ་མ་ཐོབ་པས

རྟག་ཏུ་སྡུག་བསྔལ་བ་ཉིད་དུ་གནས་པ་གང་ཡིན་པ་སྟེ། དེ་ནི་བླ་མ་དམ་པའི་མན་ངག་ཁྱད་པར་ཅན་དང་ལྡན་པའི་ལུང་དང་རིགས་པ་དྲི་མ་མེད་པ་དག་ལས་ཐོབ་པར་བྱ་བ་ཉིད་དང་། སྤྱང་བར་བྱ་བ་ཉིད་དུ་ལེགས་པར་ཁོང་དུ་ཆུད་པར་བྱའོ། །ཞེས་ཟེར་ཞིང་། དེའི་ཤེས་བྱེད་དུ། དེ་བཞིན་གཤེགས་པའི་སྙིང་པོའི་མདོར། རིགས་ཀྱི་བུ་དག །གཞན་ཡང་འདི་ལྟ་སྟེ། དཔེར་ན། མི་དབུལ་པོ་ཞིག་གི་ཁྱིམ་གྱི་ནང་གི་མཛོད་ཀྱི་འོག་གི་ས་ལ་གཏེར་ཆེན་པོ་ཞེས་སོགས་དང་། རྒྱུད་བླར། ཇི་ལྟར་མི་དབུལ་ཁྱིམ་ནང་ས་འོག་ན། །མི་ཟད་པ་ཡི་གཏེར་ནི་ཡོད་གྱུར་ལ། །ཞེས་སོགས་དང་། མྱ་ངན་འདས་ཆེན་དུ། བཅོམ་ལྡན་འདས། ཅི་ལགས། སྲིད་པ་ཉི་ཤུ་རྩ་ལྔ་བདག་མཆིས་ཞེས་བགྱིའམ། མ་མཆིས་ཞེས་བགྱི། བཀའ་བསྩལ་པ། བདག་ཅེས་བྱ་བ་ནི། དེ་བཞིན་གཤེགས་པའི་སྙིང་པོའི་དོན་ནོ། །

སངས་རྒྱས་ཀྱི་ཁམས་ནི། སེམས་ཅན་ཐམས་ཅད་ལ་ཡོད་མོད་ཀྱི་ཞེས་སོགས་དང་། མྱ་ངན་འདས་ཆེན་རྒྱ་ལས་བསྒྱུར་བར། དཔེར་ན། བུད་མེད་དབུལ་མོའི་ཁྱིམ་གྱི་རིན་པོ་ཆེའི་གཏེར་དང་། གྱད་སྟོབས་པོ་ཆེའི་དཔྲལ་བའི་རིན་པོ་ཆེའི་ནོར་བུ་རྡོ་རྗེ་དང་། འཁོར་ལོས་བསྒྱུར་བའི་རྒྱལ་པོའི་ཞིལ་མངར་གྱི་ཆུ་མིག་དང་མཚུངས་སོ། །ཞེས་སོགས་དང་། རྣམ་པར་མི་རྟོག་པ་ལ་འཇུག་པའི་གཟུངས་སུ། དཔེར་ན། བྲག་གཅིག་ཏུ་མཁྲེགས་ཤིང་སྲ་བའི་འོག་ན་ནོར་བུ་རིན་པོ་ཆེ་ཆེན་པོ་སྣ་ཚོགས་འོད་གསལ་བ་འདི་ལྟ་སྟེ། ཞེས་སོགས་འདྲེན་ནོ༑ ༑

གཉིས་པ་ནི། བདེར་སྙིང་དེ། གཙང་བདེ་རྟག་པའི་མཐར་ཐུག་པ་མ་ཡིན་པར་འགྱུར་ཏེ། ཉོན་མོངས་པའི་སྐབས་ནས་མ་ཐོན་ཅིང་། སྡུག་བསྔལ་བ་ཉིད་དུ་གནས་པ་ཡིན་པའི་ཕྱིར་རོ། །རྟགས་བསལ་ཁས་བླངས། ཁྱབ་པ་མེད་དེ། བདེར་སྙིང་གི་ངོ་བོ་གཙང་བདེ་དང་རྟག་པ་ཡིན་ཡང་། ཉོན་མོངས་གློས་རྦལ་དང་འདྲ་བའི་ནང་དུ་བཏུམ་པས་ཉོན་མོངས་པའི་སྐབས་ནས་མ་གྲོལ་བ་ཡིན་ཏེ། རྒྱུད་བླར། སངས་རྒྱས་པད་ངན་སྦྲང་རྩི་སྦུང་མ་ལ། །སྙིང་ལ་སྙིང་པོ་མི་གཙང་ནང་ན་གསེར། །ཞེས་སོགས་གསུངས་སོ། །ཞེ་ན། བདེར་སྙིང་དེ། ཚོགས་གཉིས་ཀྱིས་སྒྲུབ་མི་དགོས་པར་འགྱུར་ཏེ། རང་གི་ངོ་བོ་རྟག་པ་ཡིན་པའི་ཕྱིར། འདོད་ན། ངེས་རྒྱུམ་ནས། དེ་ལྟར་བདེན་པ་གཉིས་ཀྱི་བདག་ཉིད་གཤིས་ཀྱི་གནས་ལུགས་ལ་ཡོད་པ་དང་མེད་པའི་རིགས་རྣམ་པ་གཉིས་གཞིར་གྱུར་པ་ལས་ལམ་ཡེ་ཤེས་ཀྱི་ཚོགས་དང་བསོད་ནམས་ཀྱི་ཚོགས་ཉམས་སུ་བླངས་པས་འབྲས་བུ་ཆོས་ཀྱི་སྐུ་དང་གཟུགས་ཀྱི་སྐུ་རྣམ་པ་གཉིས་ཐོབ་པར་གསུངས་ཏེ། ཞེས་ཚོགས་གཉིས་ཀྱིས་སྒྲུབ་དགོས་པ་དང་འགལ། ཡང་། བདེར་སྙིང་དེ། རང་གི་ངོ་བོ་གཙང་བདག་མིན་པར་འགྱུར་ཏེ། རང་གི་ངོ་བོ་སེམས་ཅན་གྱི་

རྣམ་ཤེས་དང་ཐ་མི་དད་པའི་ཕྱིར། རྟགས་ཁས་བླངས་ཏེ། ཀུན་གཞི་ལ་ཕྱེ་ན། ཡེ་ཤེས་ཡིན་པའི་ཀུན་གཞི། རྣམ་ཤེས་ཡིན་པའི་ཀུན་གཞི་གཉིས་ལུང་རིགས་རྣམ་དག་གིས་ལེགས་པར་འགྲུབ་ཀྱང་། དེ་གཉིས་རང་བཞིན་ཐ་དད་དུ་དེད་མི་འདོད་ཅིང་། གཞན་འདོད་པ་བྱུང་ནའང་ལུང་རིགས་རྣམ་དག་གིས་དགག་པར་བྱེད་དོ། །ཞེས་སྨྲས་པས་སོ། །ཡང་། འཁོར་འདས་གཉིས་རང་བཞིན་གཅིག་ཏུ་འགྱུར་ཏེ། རྣམ་ཤེས་དང་ཡེ་ཤེས་གཅིག་པའི་ཕྱིར། འདོད་ན། རྣམ་ཤེས་རང་སྟོང་གཞི་མ་གྲུབ། ཡེ་ཤེས་རྟག་བརྟན་གཡུང་དྲུང་དོན་དམ་པའི་བདག་ཉིད་ཡིན་པར་འགལ། འཁོར་འདས་ཐ་དད་ན། སེམས་ཅན་ལ་བདེར་སྙིང་མེད་པར་འགྱུར། འདོད་ན། ཡོད་པ་བུད། གཞན་ཡང་། བདེར་སྙིང་དེ། གདོད་མ་ནས་བསགས་སྒྲུང་བྱས་པར་འགྱུར་ཏེ། གདོད་མ་ནས་སངས་རྒྱས་ཡིན་པའི་ཕྱིར། རྟགས་ཁས་བླངས། འདོད་ན། གདོད་མ་ནས་སངས་རྒྱས་མ་ཡིན་པར་འགྱུར་ཏེ། གདོད་མ་ནས་བསག་སྒྲུང་བྱ་དགོས་པའི་ཕྱིར། བསག་སྒྲུང་མ་བྱས་ན། འཚང་རྒྱ་བ་ལ་ཚོགས་གཉིས་བསོག་དགོས་ཤིང་། ངེས་རྒྱུམ་དུ། དེ་ལྟར་ཡང་དག་པའི་ལྟ་སྒོམ་སྤྱོད་པས་ལམ་ཚོགས་གཉིས་ཡོངས་སུ་རྫོགས་ཤིང་། སྤང་བྱ་སྒྲིབ་པ་གཉིས་ཟད་པ་ལས་སངས་རྒྱས་ཐོབ་པ་འབྲས་བུའོ། །ཞེས་བཤད་པ་དང་དངག་ནང་འགལ་ཞིང་། ཚོགས་མ་བསགས་པའི་སངས་རྒྱས་ཁྱོད་མ་གཏོགས་གཞན་སུ་ཞིག་འདོད། དེ་ལ་ཁ་ཅིག་ན་རེ། དོན་དམ་པའི་ཚོགས་གཉིས་བསགས་པ། དོན་དམ་པའི་སངས་རྒྱས་གདོད་མ་ནས་སེམས་ཅན་ལ་རང་ཆས་སུ་བཞུགས་པ་ནི། དོན་དམ་པའི་བདེན་པ་ལ་རང་བཞིན་གྱིས་ཚང་ངོ། །

དེ་ལྟར་ན། སེམས་ཅན་ཐམས་ཅད་མ་སངས་རྒྱས་པ་དེ་ཀུན་རྫོབ་ཀྱི་ཚོགས་གཉིས་མ་རྫོགས་སྒྲིབ་གཉིས་མ་སྤངས་པས་སངས་མ་རྒྱས་པར་འགྱུར། འདོད་ན། དོན་དམ་གྱི་ཚོགས་གཉིས་རྫོགས་སྒྲིབ་གཉིས་སྤངས་ནས་སངས་རྒྱས་ཀྱང་། ཀུན་རྫོབ་ཏུམ་སངས་རྒྱས་པ་དེ་ནི། དོན་དམ་དུ་ཤེས་བྱ་ཐམས་ཅད་མངོན་སུམ་དུ་མཁྱེན་ནས་ཀུན་རྫོབ་ཏུ་ཤེས་བྱ་སྣ་གཅིག་ཀྱང་མ་ཤེས་པར་འདོད་པ་དང་མཚུངས་པས། བླུན་པོ་མགུ་བ་འབའ་ཞིག་ཙམ་དུ་ཟད་ཀྱི། མཁས་པ་སུ་ཞིག་ཡིད་ཆེས། དེ་ལ་ཁ་ཅིག་ན་རེ། ཆོས་སྐུའི་ཡོན་ཏན་རྣམས་ཚོགས་གཉིས་ཀྱིས་སྒྲུབ་མི་དགོས་ཀྱི། གཟུགས་སྐུའི་ཡོན་ཏན་རྣམས་ཚོགས་གཉིས་ཀྱིས་བསྒྲུབ་དགོས་པ་ཡིན་ལོ། །དེ་ལྟར་ན། དེ་བཞིན་གཤེགས་པའི་སྟོབས་བཅུ། མི་འཇིགས་པ་བཞི། སོ་སོར་ཡང་དག་པ་རིག་པ་བཞི། སངས་རྒྱས་ཀྱི་ཆོས་མ་འདྲེས་པ་བཅོ་བརྒྱད་ལ་སོགས་བསྒྲུབ་མི་དགོས་པར་རང་བཞིན་གྱིས་གྲུབ་ནས་གཟུགས་སྐུའི་ཡོན་ཏན་ཚོགས་གཉིས་ཀྱིས་བསྒྲུབ་དགོས་ཞེས་ཟེར་བ་སྨྲོན་པའི་ཚིག་ལྟར་བབ་ཅོལ་ལོ། །གཞན་ཡང་། སེམས་ཅན་གྱི་རྒྱུད་ཀྱི་རང་བྱུང་གི་ཡེ་ཤེས་བདེར་སྙིང་དང་། རྣམ་ཤེས་གཉིས་རང་བཞིན་ཐ་དད

ན༔ སེམས་ཅན་ལ་རྣམ་ཤེས་དང་ཡེ་ཤེས་གཉིས་ལྷན་ཅིག་ཏུ་མེད་པར་འགྱུར། གཅིག་ཡིན་ན། ངེས་ཀྲམ་དུ། དག་པ་ཡེ་ཤེས་ཀྱི་ཀུན་གཞི་འཁོར་བའི་ཆོས་ཐམས་ཅད་ཀྱིས་སྟོང་བས་གཞན་སྟོང་། རྟག་བརྟན་གཡུང་དྲུང་ཐེར་ཟུག་དང་། མ་དག་པ་འཁོར་བའི་ཀུན་གཞི་རྣམ་ཤེས་རང་སྟོང་ཡིན་པས་གཞི་མ་གྲུབ། ཅེས་འདོད་པ་དང་འགལ་ཞིང་། སྤང་གཉེན་ལྷན་ཅིག་ཏུ་གནས་པ་སྲིད་པར་འགྱུར་ཏེ། སེམས་ཅན་གྱི་རྒྱུད་ལ་དག་པ་ཡེ་ཤེས་ཀྱི་ཀུན་གཞི་དང་། མ་དག་པ་རྣམ་ཤེས་ཀྱི་ཀུན་གཞི་གཉིས་ལྷན་ཅིག་གནས་པར་ཁས་བླངས་པས་སོ། །འདོད་ན། ངེས་ཀྲམ་དུ། སྤང་གཉེན་གཉིས་རང་བཞིན་ཐ་དད་སྣང་མུན་བས་ཁྱད་ཆེའོ། །ཞེས་བཤད་པ་དང་འགལ་ཞིང་། དེ་གཉིས་སྐད་ཅིག་གསུམ་དུ་ཡང་མི་འགྲོགས་པར་འགྱུར། འདོད་ན། བུད་མེད་ངན་མའི་ལྟོ་ན་མི་བདག་བཞུགས་པའི་དཔེས་སྒྲིབ་པ་མ་དག་བར་དུ་འགྲོགས་པ་བུད། སྤང་གཉེན་གཉིས་ལྷན་ཅིག་མི་གནས་པའི་ལུང་། གཉེན་པོའི་རྣམ་པ་དེ་བྱུང་བ་དང་སྤང་བྱའི་རྣམ་པ་དེ་འགག་པ་མཉམ་པས་མཉམ་པ་སྟེ། སྣང་བ་དང་མུན་པ་བཞིན། ཞེས་སོགས་མདོ་བསྟན་བཅོས་ཀྱི་ལུང་མང་ངོ་། །ལྷན་ཅིག་མི་གནས་འགལ་མིན་ན། སེམས་ཅན་ཐམས་ཅད་ལ་རང་བྱུང་ཡེ་ཤེས་ཀྱི་སྤང་བྱ་མེད་པར་འགྱུར་ཏེ། རང་བྱུང་ཡེ་ཤེས་ཡོད་པའི་ཕྱིར། ཆོས་གསུམ་ཁས་བླངས་པས་ལྡོག་པར་དཀའ་ཞིང་། སྤང་གཉེན་རང་བཞིན་ཐ་དད་དུ་འགྱུར། འདོད་པར་མི་རིགས་ཏེ། ངེས་ཀྲམ་ནས། གང་གིས་དག་པ་ནི། ཀུན་བརྟགས་གཞན་དབང་གང་ཡིན་པ་ཀུན་རྫོབ་ཀྱི་གཟུགས་ལ་སོགས་པས་དག་པ་སྟེ། ཆོས་དེ་རྣམས་ནི། གཤིས་ཀྱི་གནས་ལུགས་ལ་མོ་གཤམ་གྱི་བུ་ལྟར་གདོད་ནས་མེད་ཅིང་མ་གྲུབ་པའི་ཕྱིར་རོ། །ཞེས་སྤང་བྱའི་རང་བཞིན་མེད་པར་འདོད་པ་དང་ཡང་འགལ་ཞིང་། གཞན་ཡང་། ཁྱེད་ཀྱི་ལུགས་ཀྱིས། གཉེན་པོ་ཡེ་ཤེས་ཀྱང་གཞན་བྱུང་ཡེ་ཤེས་སུ་འདོད་ཅིང་། གཞན་བྱུང་ཀུན་རྫོབ་ཏུ་འདོད་པས་སྤང་གཉེན་གཉིས་ཀ་རང་བཞིན་མེད་པར་མཚུངས་སོ། །དེ་འདོད་ན། རང་བཞིན་ཐ་དད་དུ་གྲུབ་པ་འགལ་ལོ། །ཡང་། རང་བྱུང་ཡེ་ཤེས་བདེར་སྙིང་དེ། རིམ་དང་ཅིག་ཅར་དག་གིས་དོན་བྱེད་པ་འགལ་བར་འགྱུར་ཏེ། རྟག་པའི་ཕྱིར། འདོད་ན། དེ་དོན་དམ་པའི་ཚོགས་གཉིས་ཀྱི་བསྐྱེད་འབྲས་ཡིན་པ་བུད། ཁོ་ན་རེ། བསྐྱེད་འབྲས་སུ་མི་འདོད་ཀྱི། གདོད་མ་ནས་ཡོད་པའི་རང་བྱུང་ཡེ་ཤེས་མར་མེ་བུམ་ནང་ན་བཙུག་པ་ལྟ་བུ་སྟེ། རྟག་པ་ཡིན་པས་དོན་མི་བྱེད་ཀྱི། སྒྲིབ་པ་བུམ་པ་འདྲ་བ་དེ་བཅོམ་པས་སྔར་ཡོད་ཀྱི་ཡེ་ཤེས་རྟག་པ་མཐོང་བ་དེ། གཞན་བྱུང་ཡེ་ཤེས་མི་རྟག་པ་མིན་པས་དོན་བྱེད་ཅིང་དེ་གཉིས་རང་བཞིན་ཐ་དད་ལོ། །

འོ་ན། རང་བྱུང་ཡེ་ཤེས་དེ་རིམ་གྱིས་དོན་བྱེད་པར་འགྱུར་ཏེ། མར་མེ་བུམ་ནང་ན་བཙུག་པ་མི་གསལ་བ། བུམ་པ་བཅོམ་པས་གསལ་བར་འགྱུར་བ་བཞིན། སྐབས་འགའ་རེ་ན་དེ་གཉིས་ཐ་མི་དད་དུ་ཁས་བླངས་འདུག

པས། དེ་ལྟར་ན། རྣམ་ཤེས་འདུས་བྱས། རང་བྱུང་ཡེ་ཤེས་འདུས་མ་བྱས་ཡིན་པའི་དམ་བཅའ་བྱུང་ངོ་། །ཡེ་ཤེས་ཀྱི་ངོ་བོ་རྟག་པ་ཡིན་ཀྱང་རྐྱེན་ལ་ལྟོས་ནས་དོན་བྱེད་ན། འདི་ནི། གྲངས་ཅན་དང་དཔྱོད་པ་པ་ལ་སོགས་ཀྱི་གཞུང་བཙུགས་པ་ཡིན་པས། རིགས་པའི་དབང་ཕྱུག་རྣམ་གཉིས་ཀྱིས་རྒྱས་པར་བཀག་ཟིན་ཏོ། །གཞན་ཡང་། རྣམ་ཤེས་ལ་ཐོག་མའི་རྒྱུ་ཡོད་ན། འཁོར་བ་ལ་ཐོག་མ་ཡོད་པར་འགྱུར་ཞིང་། ཐོག་མེད་གྱུར་ཀྱང་ཐ་མ་དང་ལྡན་པ། །ཞེས་སོགས་དང་འགལ། ཐ་མ་མེད་ན། དེ་གློ་བུར་བ་མི་རྟག་པ་སྤང་བྱ་ཡིན་ཅིང་། ཡེ་ཤེས་རྟག་བརྟན་གཡུང་དྲུང་དོན་དམ་གྱི་བདག་ཏུ་ཡོད་པ་བྱུད། རྣམ་ཤེས་ལ་ཐ་མ་ཡོད་ན། ཡེ་ཤེས་ལའང་ཐ་མ་ཡོད་པར་མཚུངས་ལ། ཐ་མ་མེད་ན། རྣམ་ཤེས་སྤྱངས་ནས་མེད་པར་གྱུར་པ་དང་། ཁོང་ནས་ཡེ་ཤེས་བདེར་སྙིང་སྣང་ཡོད་འབྱོན་པ་བུམ་པ་དང་མར་མེ་བཞིན་ཡིན་པ་འགལ། རྣམ་ཤེས་ཡེ་ཤེས་རང་བཞིན་གཅིག་ཡིན་ཡང་ཡེ་ཤེས་རང་གིས་རང་མ་རྟོགས་པས་འཁོར་བ། རྟོགས་པས་མྱང་འདས་སུ་བཞག་ཅེ་ན། ཡེ་ཤེས་རང་གིས་རང་མ་རྟོགས་ན། གདོད་མ་ནས་ཆོས་སྐུའི་ཡོན་ཏན་ལྷུན་གྲུབ་ཏུ་ཡོད་པའི་སངས་རྒྱས་ཡིན་པ་འགལ། རྣམ་ཤེས་ཀྱིས་རང་རྟོགས་ན་སངས་རྒྱས། མ་རྟོགས་ན་འཁོར་བ་ཡིན་ནོ། །ཞེ་ན། རང་རྟོགས་པའི་སངས་རྒྱས་ཡིན་ན། དེ་སྤང་བྱ་ཡིན་པར་འགལ། མདོར་ན། སེམས་ཅན་གྱི་ནང་ན་རྟག་བདེ་གཙང་བདག་གི་སངས་རྒྱས་ཡོད་ན། ལྟ་ཆེན་པོས་སྨྲས་པ། ཇི་ལྟར་ཤིང་ལ་མེ་ཡོད་དང་། །ས་ཡི་ནང་དུ་ཆུ་ཡོད་པ། །དེ་ལྟར་ཐམས་ཅད་ལུས་རྣམས་སུ། །ཞི་བ་དག་པ་རྣམ་པར་གནས། །ཞེས་དང་། ཁྱབ་འཇུག་གིས་སྨྲས་པ། ང་ཡི་སྐྱེ་གནས་ཚངས་ཆེན་དེ། །དེར་བུ་འཛིན་པ་ང་ཡིན་ནོ། །འབྱུང་པོ་ཐམས་ཅད་འབྱུང་བ་ནི། །བྷ་རད་དེ་ལས་འབྱུང་བར་འགྱུར། །བདག་ནི་འབྱུང་པོ་ཀུན་ལ་གནས། །འབྱུང་པོ་ཀུན་ཀྱང་བདག་ལ་སྟེ། །ཞེས་པ་དང་། ཚངས་པ་པར་སྨྲ་བ་རྣམས་ཀྱང་། ཐོག་མ་མེད་པའི་ཚངས་པ་རྟག །ཡང་དག་སྒྲ་ནི་ཡིག་འབྲུ་གང་། །གང་ལས་དོན་དངོས་འབྱུང་བ་དང་། །འགྲོ་བའི་རབ་ཏུ་བྱེད་པ་ཡང་། །ཞེས་པ་དང་། གཅེར་བུ་པ་རྣམས་ཀྱིས། ཤིང་རྣམས་ནི། སེམས་ཅན་ཡིན་ཏེ། ཤུན་པ་ཐམས་ཅད་བཤུས་ན་འཆི་བ་ཡིན་པའི་ཕྱིར་རོ། །ཞེས་པ་ལ་སོགས་པ་རྣམས་ཅིའི་ཕྱིར་སྐྱུབ་པར་མི་ནུས་ཏེ། རིགས་པ་མཚུངས་ན། ཅི་སྟེ་མི་སྐྱུབ། ཁོ་ན་རེ། མི་མཚུངས་ཏེ། བཅོམ་ལྡན་འདས་ཉིད་ཀྱིས་བློ་གྲོས་ཆེན་པོ་ལ་བཀའ་བསྩལ་པ། བློ་ཆེན། ངའི་དེ་བཞིན་གཤེགས་པའི་སྙིང་པོ་བསྟན་པ་ནི། མུ་སྟེགས་བྱེད་ཀྱི་བདག་ཏུ་སྨྲ་བ་དང་མཚུངས་པ་མ་ཡིན་ཏེ། བློ་ཆེན། དེ་བཞིན་གཤེགས་པ་དགྲ་བཅོམ་པ་ཡང་དག་པར་རྫོགས་པའི་སངས་རྒྱས་རྣམས་ནི། སྟོང་པ་ཉིད་དང་། ཡང་དག་པའི་མཐའ་དང་། མྱ་ངན་ལས་འདས་པ་དང་། མ་སྐྱེས་པ་དང་། མཚན་མ་མེད་པ་དང་། སྨོན་པ་མེད་པར་ལ་སོགས་པའི་ཚིག་གི་དོན་རྣམས་ལ་དེ་བཞིན་གཤེགས་པའི་སྙིང

པོར་བསྟན་པར་བྱས་ནས། བྱིས་པ་རྣམས་བདག་མེད་པས་འཇིགས་པར་འགྱུར་བའི་གནས་རྣམ་པར་སྤང་བའི་དོན་དུ། དེ་བཞིན་གཤེགས་པའི་སྙིང་པོའི་སྒོ་བསྟན་པས་རྣམ་པར་མི་རྟོག་པའི་སྣང་བ་མེད་པའི་སྤྱོད་ཡུལ་སྟོན་ཏེ། བློ་ཆེན། མ་འོངས་པ་དང་། ད་ལྟར་བྱུང་བའི་བྱང་ཆུབ་སེམས་དཔའ་ཆེན་པོ་རྣམས་ཀྱིས་བདག་ལ་མངོན་པར་ཞེན་པར་མི་བྱའོ། །ཞེས་འཇུག་པའི་རང་འགྲེལ་དུ་ལང་གཤེགས་ཀྱིས་ལུང་དྲངས་སོ། །ཞེ་ན། ཁྱེད་རང་གིས་དྲངས་པའི་ལུང་དེས་ནི་ཁྱེད་རང་གི་འདོད་པ་བཀག་ཅིང་། ཁོ་བོ་ཅག་གི་དམ་བཅའ་བསྒྲུབས་པ་ཡིན་ནོ།། །།

དེ་ཅིའི་ཕྱིར་ཞེ་ན། ལུང་དེས་ནི། རྣམ་ཐར་སྒོ་གསུམ་ལ་སོགས་པའི་ཚིག་དོན་ལ་བདེར་སྙིང་དུ་བསྟན་པར་བྱས་ནས་བདག་མེད་ལ་འཇིགས་པ་སྤང་བའི་དོན་དུ་བདེར་སྙིང་བཏགས་ནས་བསྟན་པས་རྣམ་པར་མི་རྟོག་པའི་སྣང་བ་མེད་པ་སྟོན་པས་བདག་ཏུ་མངོན་པར་ཞེན་པར་མི་བྱ་སྟེ། ཞེས་གསུངས་པས། ཁྱེད་འདོད་པའི་བདག་རྟག་བརྟན་དེ་དང་མི་མཚུངས་པར་བསྟན་པའི་ཕྱིར་རོ། །དེས་ན། དགོངས་ཏེ་གསུངས་པའི་མདོ་རྣམས་ཀྱི་དོན་རང་གི་ཞེ་འདོད་དང་བསྟུན་པའི་ཕྱིར་སྐྱོགས་ཏེ་བཤད་པ་ལ་སྙིང་པོ་མེད་པས། བདེན་པ་མཐོང་བ་དང་། བློ་སྦྱངས་པའི་མཁས་པ་རྣམས་ཀྱིས་མདོའི་དགོངས་པ་གསལ་བར་བྱས་པའི་རྗེས་སུ་འབྲང་བར་བྱ་སྟེ། འདིའི་ཐད་ཀའི་ལང་གཤེགས་ཀྱི་འགྲེལ་བ་ཛྙཱ་ན་ཤྲཱི་ས་བྱས་པ་ལས། བློ་ཆེན། ངའི་དེ་བཞིན་གཤེགས་པའི་སྙིང་པོ་བསྟན་པ་ནི། མུ་སྟེགས་ཀྱི་བདག་ཏུ་སྨྲ་བ་དང་མཚུངས་པ་མིན་ཏེ། ཞེས་པ་དེར། ཐམས་ཅད་མཁྱེན་པའི་དགོངས་པ་གང་ཞེ་ན། རྟག་པ་ནི། མ་སྐྱེས་པས་ན། རི་བོང་གི་རྭ་ལྟར་དངོས་པོ་མེད་པའོ། །ཁྱབ་པ་གཅིག་པུ་སེམས་ཅན་གྱི་ནང་ན་ཡོད་པར་མི་རིགས་ཏེ། གྲོལ་བ་དང་མ་གྲོལ་བ་དང་དབུགས་དབྱུང་ལ་སོགས་གཅིག་པའི་སྐྱོན་དུ་འགྱུར་རོ། །ཞེས་པ་ནས། དེས་ན། བདག་མེད་པས་འཇིགས་པར་འགྱུར་བའི་སེམས་ཅན་རྣམས་ལ་སེམས་ཀྱི་རྒྱུད་དེ་ཉིད། དེ་བཞིན་གཤེགས་པའི་སྙིང་པོ་སྟོན་ཏོ། །ཞེས་པ་དང་། འཛིན་པ་དང་གཟུང་བའི་རྣམ་པས་སྟོང་པ། བསམ་པ་མེད་ཅིང་དོན་དམ་པའི་བདེན་པ་མི་གཉིས་པར་ཡང་དག་པར་རིག་པ་ནི། དེ་བཞིན་གཤེགས་པའི་སྙིང་པོའི་སྒྲར་བརྗོད་པའོ། །ཞེས་པ་ནས། ཉོན་མོངས་པའི་དྲི་མ་ཀུན་དང་རྣམ་པར་བྲལ་བ། གསེར་ལྟ་བུར་རྣམ་པར་དག་ཅིང་རང་བཞིན་གྱིས་འོད་གསལ་བ་ནི། དེ་བཞིན་གཤེགས་པའི་སྙིང་པོའི་སྒྲར་བརྗོད་པ་སྟེ། སྟོང་པ་ཉིད་དང་། མཚན་མ་མེད་པ་དང་། སྨོན་པ་མེད་པ་རྣམ་པར་ཐར་པའི་སྒོར་ཐམས་ཅད་མཁྱེན་པ་རྣམས་ཀྱིས་བཟུང་བའི་ཕྱིར་ཞེས་སོགས་དང་། ཆུད་པའི་རྒྱུ་དེ་ཉིད་ལ་སེམས་ཅན་གཟུང་བའི་ཕྱིར་རྟག་པ་དང་། བདག་དང་། བྱེད་པ་པོར་སྨྲ་བར་འདོད། མངོན་ཞེན་པ་རྣམས་མི་རྟག་པ་དང་། བདག་མེད་པ་དང་།

སྡུག་བསྔལ་བ་དང་། མི་མཛེས་པ་དང་། སྟོང་པའི་ཆོས་དེ་ཁོ་ན་ཉིད་ཡོངས་སུ་ཤེས་པར་བྱ་བ་དང་། ཞེས་པ་ནས། རྣམ་པར་ཤེས་པ་མ་གདོགས་པར་ཚིག་གི་དོན་གཞན་མེད་དོ། །ཞེས་ཐམས་ཅད་མཁྱེན་པས་སྟོན་པར་མཛད་དོ། །ཞེས་སོགས་གསུངས་ཤིང་། ཐེག་བསྡུས་ལས། བཅོམ་ལྡན་འདས་ཀྱིས། ལ་ལར་ཆོས་ནི་རྟག་གོ་ཞེས་བསྟན། ལ་ལར་ནི་མི་རྟག་གོ་ཞེས་བསྟན། ལ་ལར་ནི་རྟག་པ་ཡང་མ་ཡིན། མི་རྟག་པ་ཡང་མ་ཡིན་ཞེས་བསྟན་པ་ཅི་ལ་དགོངས་ཏེ་རྟག་པ་ཞེས་བསྟན་ཅེ་ན། གཞན་གྱི་དབང་གི་ངོ་བོ་ཉིད་ཡོངས་སུ་གྲུབ་པའི་ཆོས་རྟག་གོ། །ཀུན་བཏགས་པའི་ངོ་བོ་ཉིད་ཀྱི་ཆོས་མི་རྟག་པའོ། །གཉིས་ཀའི་ཆོས་རྟག་པ་ཡང་མ་ཡིན་མི་རྟག་པ་ཡང་མ་ཡིན་པ་འདི་ལ་དགོངས་ནས་བསྟན་ཏོ། །ཞེས་པ་ནས། དགོངས་པ་བཞི་དང་། ལྡེམ་པོར་དགོངས་པ་བཞིས་སངས་རྒྱས་ཀྱི་གསུངས་ཐམས་ཅད་ཁོང་དུ་ཆུད་པར་བྱའོ། །ཞེས་སོགས་གསུངས་སོ། །

གཞན་ཡང་། སངས་རྒྱས་ཀྱི་ཆོས་ཀྱི་སྐུ་བདེ་གཤེགས་སྙིང་པོ། སེམས་ཅན་ཐམས་ཅད་ཀྱི་ནང་ན་གདོད་མ་ནས་ཡོད་པར་འདོད་པའི་ལུང་རྒྱུད་བླའི་འགྲེལ་པར་མདོ་དྲངས་ནས་བཤད་པ། ཐོག་མ་མེད་དུས་ཅན་གྱི་དབྱིངས། །ཆོས་རྣམས་ཀུན་གྱི་གནས་ཡིན་ཏེ། །དེ་ཡོད་པས་ན་འགྲོ་ཀུན་དང་། །མྱ་ངན་འདས་པའང་ཐོབ་པ་ཡིན། །ཞེས་གསུངས་སོ། །ཞེས་པ་ནས། དབྱིངས་ཞེས་བྱ་བ་ནི། ཇི་སྐད་དུ། བཅོམ་ལྡན་འདས། དེ་བཞིན་གཤེགས་པའི་སྙིང་པོ་གང་ལགས་པ་འདི་ནི། འཇིག་རྟེན་ལས་འདས་པའི་ཆོས་ཀྱི་སྙིང་པོ་རང་བཞིན་གྱིས་ཡོངས་སུ་དག་པའི་ཆོས་ཀྱི་སྙིང་པོ་ཞེས་གསུངས་པའོ། །ཞེས་སོགས་ཀྱིས། བདེར་སྙིང་འཇིག་རྟེན་ལས་འདས་པའི་ཆོས་ཀྱི་སྙིང་པོར་གསུངས་པས། སེམས་ཅན་ལ་ཡོད་པ་བཀག་གོ། །མྱ་ངན་ལས་འདས་པ་ཐོབ་པར་འགྱུར། ཞེས་བྱ་བ་ནི། ཇི་སྐད་དུ། བཅོམ་ལྡན་འདས། གལ་ཏེ་དེ་བཞིན་གཤེགས་པའི་སྙིང་པོ་མ་མཆིས་ན། སྡུག་བསྔལ་ལ་ཡང་ཡིད་འབྱུང་བར་མི་འགྱུར་ཞིང་། མྱ་ངན་ལས་འདས་པ་ལ་ཡང་འདོད་པ་དང་། དོན་དུ་གཉེར་བ་དང་། སྨོན་པར་ཡང་མི་འགྱུར། ཞེས་སོགས་རྒྱས་པར་གསུངས་པ་ནི། སངས་རྒྱས་ཀྱི་ཁམས་ལ་མདོ་རྒྱན་དུ་གསུངས་པ་དང་མཐུན་པས། སངས་རྒྱས་ཀྱི་ཁམས་ཀྱི་དོན་བཤད་པ་ཡིན་གྱི། སངས་རྒྱས་ཀྱི་སྙིང་པོའི་དོན་བཤད་པ་མིན། དཔེར་ན། འཇིམ་པ་དང་འོ་མ་ལ་བུམ་པ་དང་མར་གྱི་ཁམས་ཡོད་ཀྱང་། ད་དུང་སྙིང་པོ་མ་གྲུབ་པ་བཞིན་ནོ། །བདེར་སྙིང་དོན་དམ་པའི་དགེ་བ་ཡིན་པར་སྟོན་པའི་ལུང་། རྒྱན་སྟུག་པོའི་མདོར། ས་རྣམས་སྣ་ཚོགས་ཀུན་གཞི་སྟེ། །བདེ་གཤེགས་སྙིང་པོ་དགེ་བའང་བདེ། །སྙིང་པོ་དེ་ལ་ཀུན་གཞིའི་སྒྲས། །དེ་བཞིན་གཤེགས་རྣམས་སྟོན་པར་མཛད། །ཅེས་སོགས་དང་། ལང་གཤེགས་ཀྱི་མདོར། དེ་བཞིན་གཤེགས་པའི་སྙིང་པོ་དགེ། །རྟོག་གེ་ཅན་གྱི་སྤྱོད་ཡུལ་མིན། །ཞེས་སོགས་དང་། ཐོགས་མེད་ཀྱིས། དོན་དམ་པའི་དགེ་

བ་གང་ཞེ་ན། དེ་བཞིན་ཉིད་དོ། །ཞེས་སོགས་དང་། རྒྱུད་བླར། མ་རིག་སོགས་འབྲས་ཀྱི་ལྤགས་སྦུབས་ནང་ཚུད་དང་ཆོས་ཁམས་དགེ་བ་ཡང་། ཞེས་སོགས་དང་། མྱང་འདས་ཆེན་པོར། མཚམས་མེད་པའི་སྡིག་པ་བྱས་པ་ལ་ཡང་སངས་རྒྱས་ཀྱི་རང་བཞིན་ཡོད་དེ། སེམས་ཅན་དེ་དག་ལ་དགེ་བའི་ཆོས་ཡོད་མོད་ཀྱི། སངས་རྒྱས་ཀྱི་རང་བཞིན་ནི་དགེ་བའོ། །ཞེས་སོགས་དང་། དེ་བཞིན་གཤེགས་པའི་སྙིང་པོའི་མདོར་རིགས་ཀྱི་བུ་དག །འདི་ནི་ཆོས་རྣམས་ཀྱི་ཆོས་ཉིད་དེ། དེ་བཞིན་གཤེགས་པ་རྣམས་བྱུང་ཡང་རུང་། མ་བྱུང་ཡང་རུང་། སེམས་ཅན་འདི་དག་ནི། རྟག་ཏུ་དེ་བཞིན་གཤེགས་པའི་སྙིང་པོ་ཅན་ཡིན་ནོ། །ཞེས་སོགས་དྲངས་པ་རྣམས་ཀྱི་དོན་ནི༑ སྤྱིར་བདེར་སྙིང་དགེ་བར་སྟོན་ཡང་། ཁྱེད་འདོད་པའི་དོན་གྱི་ལུང་མ་ཡིན་ཏེ། རྒྱན་སྟུག་པོའི་མདོའི་དོན། ཀུན་གཞི་ལ་བདེ་གཤེགས་སྙིང་པོའི་སྐྲས་བཏགས་པ་བློ་ཞན་པས་མི་ཤེས་པར་བསྟན། ལང་གཤེགས་ཀྱི་དོན། བདེར་སྙིང་ཆོས་སྐུ་དེ་རྟོག་གེ་བའི་ཡུལ་མ་ཡིན་པར་བསྟན། ཐོགས་མེད་ཀྱིས་མངོན་པར་གསུངས་པའི་དོན། ཆོས་ཉིད་དེ་བཞིན་ཉིད་དགེ་བར་བསྟན། རྒྱུད་བླའི་ཡང་དེ་དང་འདྲ། མྱང་འདས་ཀྱི་མདོའི་དོན། སེམས་ཅན་ལ་རང་བཞིན་དུ་གནས་པའི་རིགས་ཡོད་ཅིང་། སངས་རྒྱས་ཀྱི་རང་བཞིན་དགེ་བར་བསྟན། དེ་བཞིན་གཤེགས་པའི་སྙིང་པོའི་མདོའི་དོན། དབྱིངས་དེ་བཞིན་ཉིད་ཡོད་པ་ལ་བདེར་སྙིང་ཡོད་པར་བཏགས་པའི་དོན་ཡིན་ནོ། །དེ་བཞིན་དུ་ཀྱེ་རྡོ་རྗེར། སེམས་ཅན་རྣམས་ནི་སངས་རྒྱས་ཉིད། །འོན་ཀྱང་གློ་བུར་དྲི་མས་བསྒྲིབས། །དེ་ཉིད་བསལ་ན་སངས་རྒྱས་ཉིད། །ཅེས་སོགས་དང་། སམྦུ་ཊར། རང་གི་ལུས་ལ་སངས་རྒྱས་བཞུགས། །གཞན་དུ་གང་ལའང་སངས་རྒྱས་མེད། །མི་ཤེས་མུན་པས་བསྒྲིབས་པ་རྣམས། །ལུས་ལས་གཞན་དུ་སངས་རྒྱས་འདོད། །ཅེས་སོགས་དང་། བཤད་རྒྱུད་རྡོ་རྗེ་ཕྲེང་བར། དྲི་མེད་སེམས་ནི་སངས་རྒྱས་ཏེ། །ཆོས་ནི་དག་ཏུ་ཡང་དག་གསུངས། །སྐུ་ནི་དགེ་འདུན་ཞེས་བྱ་སྟེ། །ཞེས་སོགས་དང་། དཔལ་སྡོམ་པ་འབྱུང་བར། སངས་རྒྱས་དེ་བཞིན་ཆོས་དགེ་འདུན། །གཅིག་ཀྱང་གསུམ་དུ་བཏགས་པའོ། །ཞེས་སོགས་རྒྱུད་སྡེ་ཟབ་མོ་རྣམས་ལས་དགོངས་ཏེ་གསུངས་པའི་དོན་རྣམས། དགོངས་པའི་དོན་མི་ཤེས་པར་སྒྲ་དྲང་ཐད་དུ་བཟུང་ན་ཤིན་ཏུ་ཉེས་དམིགས་ཆེ་བས་རང་གི་འདོད་པ་དང་མཐུན་པའི་ཕྱིར་བཤད་པར་མི་བྱའི། བྱང་ཆུབ་སེམས་དཔའི་འགྲེལ་པ་སྐོར་གསུམ་ལ་སོགས་པ་ལས་དགོངས་བཤད་རྣམས་རྟོགས་པར་བྱའོ། །ཡང་རྒྱུད་བླ་མར་གསུངས་པ། སངས་རྒྱས་པད་ངན་སྦྲང་རྩི་སྦྲང་མ་ལ། །སྦུན་ལ་སྙིང་པོ་མི་གཙང་ནང་ན་གསེར། །ས་ལ་གཏེར་དང་མྱུག་སོགས་འབྲས་ཕྲུང་དང་། །གོས་རུལ་ནང་ན་རྒྱལ་བའི་སྐུ་དང་ནི། །བུད་མེད་ངན་པའི་ལྟོ་ན་མི་བདག་དང་། །ས་ལ་རིན་ཆེན་གཟུགས་ཡོད་ཇི་ལྟ་བར། །གློ་བུར་ཉོན་མོངས་དྲི་མས་བསྒྲིབས་པ་ཡི། །སེམས་ཅན་རྣམས་ལ་དེ་བཞིན་

ཁམས་འདི་གནས། །ཞེས་སོགས་གསུངས་པའི་དོན་ཅི་ཡིན་ཞེ་ན། འདི་འོག་ཏུ་རྒྱས་པར་བཤད་པར་བྱའོ། །ཚུལ་བརྒྱ་ལྔ་བཅུ་པར། ཐམས་ཅད་ཀྱི་རང་བཞིན་ཡིན་པས་སེམས་ཅན་ཐམས་ཅད་དེ་བཞིན་གཤེགས་པའི་སྙིང་པོ་ཅན་ནོ། །ཞེས་པ་ནི། ཆོས་ཉིད་ལ་དགོངས། རྒྱུད་བླའི་འགྲེལ་པར་རང་བཞིན་གྱིས་རྣམ་པར་དག་པའི་རིགས་ཡོད་པའི་ཕྱིར་འགའ་ཡང་གཏན་རྣམ་པར་དག་པར་མི་འགྱུར་བ་ནི་འོས་མ་ཡིན་ཏེ། གང་གིས་ཕྱིར་བཅོམ་ལྡན་འདས་ཀྱིས་ཁྱད་པར་མེད་པར་སེམས་ཅན་ཐམས་ཅད་ལ་རྣམ་པར་དག་པ་རུང་བ་ཉིད་ཡོད་པ་ལ་དགོངས་ནས། ཐོག་མེད་གྱུར་ཀྱང་ཐ་མ་དང་ལྡན་པ། །རང་བཞིན་གྱིས་དག་རྟག་པའི་ཆོས་ཅན་ཉིད། །ཐོག་མེད་སྦུབས་ཀྱིས་ཕྱིར་བསྒྲིབས་མི་མཐོང་སྟེ། །ཇི་ལྟར་གསེར་གྱི་གཟུགས་ནི་བསྒྲིབས་པ་བཞིན། །ཅེས་གསུངས་པའི་དོན། སེམས་ཅན་རྣམས་ལ་རང་བཞིན་དུ་གནས་པའི་རིགས་ཡོད་པས་རྐྱེན་དང་འཕྲད་ན་སངས་རྒྱས་ཐོབ་ཏུ་རུང་བར་སྟོན་པ་ཡིན་གྱི། དེའི་དོན་བདེ་གཤེགས་སྙིང་པོ་གདོད་མ་ནས་རང་བཞིན་གྱིས་དག་པའི་རིགས་ཡིན་པར་སྟོན་པའི་ལུང་དུ་འདྲེན་པ་ནི། ཕྱིན་ཅི་ལོག་ཡིན་ནོ། །

དེས་ན་རིགས་དེ་ཉིད་རྒྱུད་སྟེར་གསུངས་པའི་རིགས་ཀྱི་དབྱེ་བསྡུ་དང་དོན་གཅིག་ཏུ་བསྟན་པ། ཡང་དེ་ཉིད་ཆོས་ཉིད་ཟབ་མོའི་རྒྱུ་དང་རྡོ་རྗེའི་རིགས་སུ་བཞུགས་ཚུལ། ཡང་། དེ་ཉིད་ནམ་མཁའ་ལྟར་གཞི་འབྲས་ངོ་བོ་དབྱེར་མེད་ཀྱི་རྒྱུད་དུ་བཞུགས་ཚུལ། ཡང་། དེ་ཉིད་དོན་དམ་ཆོས་སྐུའི་གནས་སྐབས་གསུམ་དུ་བཞུགས་ཚུལ། ཡང་། དེ་ཉིད་དེ་བཞིན་ཉིད་ལ་སོགས་པའི་གནས་སྐབས་གསུམ་དུ་བཞུགས་ཚུལ། ཡང་། དེ་ཉིད་ཉོན་མོངས་ཆེན་པོ་ལ་སོགས་པ་སྔགས་ཀྱི་རིགས་དུ་མར་བཞུགས་ཚུལ། ཡང་། དེ་ཉིད་གཞི་འབྲས་དབྱེར་མེད་མྱང་འདས་ཆོས་སྐུ་ལ་སོགས་པར་བཞུགས་ཚུལ། ཡང་། དེ་ཉིད་གཞི་འབྲས་དབྱེར་མེད་ཀྱི་ཆོས་ཉིད་ཡོངས་གྲུབ་ཏུ་བཞུགས་ཚུལ། ཡང་། དེ་ཉིད་དོན་དམ་ཆོས་སྐུ་དང་དེའི་ཡོན་ཏན་ཀུན་འདུས་སུ་བཞུགས་ཚུལ་རྣམས་སྟོན་པའི་དོན་དུ། གསང་འདུས། དགྱེས་རྡོར། མཚན་བརྗོད། དུས་འཁོར། བདེ་མཆོག །གུར། སམྦུ་ཊ་ལ་སོགས་པ་རྣམས་ཀྱི་གཟིགས་རྟོག་མང་པོ་མཛད་ནས་མཆོ་སྐྱེས་ཀྱི་སྒྲ་སྒྲོལ་པ་ལ་འཆད་པ་ངོ་མཚར་ཆེའོ། །དེ་བཞིན་དུ་འཕགས་པ་ཀླུ་སྒྲུབ་ཀྱིས་ཆོས་ཀྱི་དབྱིངས་ལ་བསྟོད་པར། གང་ཞིག་ཀུན་ཏུ་མ་ཤེས་ན། །སྲིད་པ་གསུམ་དུ་རྣམ་འཁོར་བ། །སེམས་ཅན་ཀུན་ལ་ངེས་གནས་པའི། །ཆོས་ཀྱི་དབྱིངས་ལ་ཕྱག་འཚལ་འདུད། །ཅེས་སོགས་དང་། ཨཱཙཱ་དེ་བས་སྤྱོད་བསྡུས་སྒྲོན་མར། དོན་དམ་པའི་བདེན་པ་ནི། ལུས་མེད་པ། དཔེ་མེད་པ། རྩོམ་པ་ཐམས་ཅད་དང་བྲལ་བ། སོ་སོ་རང་གིས་རིག་པ་སྟེ། དེ་བས་ན་བླ་མའི་ཁ་ལས་བསྟན་པ་མེད་པར་ཤེས་པར་མི་འགྱུར་རོ། །ཞེས་སོགས་དང་། སློབ་དཔོན་ཟླ་གྲགས་ཀྱིས། གསང་འདུས་སྒྲོན་གསལ་དུ། རྒྱལ་བ་

ཀུན་གྱི་གནས་ནི་སེམས་ཅན་ཐམས་ཅད་དེ། དེ་བཞིན་གཤེགས་པའི་སྙིང་པོ་ཡིན་པའི་ཕྱིར་རོ། །ཞེས་སོགས་དང་། དབུ་མ་ལ་འཇུག་པར་ཡང་། དངོས་པོ་ཀུན་གྱི་སྟོང་པ་ཉིད། །གཞན་གྱི་དངོས་པོར་རབ་ཏུ་བསྒྲགས། །ཡང་དག་མཐའ་དང་དེ་བཞིན་ཉིད། །དེ་ཡང་དངོས་པོའི་སྟོང་ཉིད་དོ། །ཞེས་སོགས་ཀྱི་དོན། ཆོས་དབྱིངས། ཆོས་སྐུ། རང་བཞིན་གྱིས་འོད་གསལ་བ། སེམས། རང་བྱུང་ཡེ་ཤེས། བདེ་གཤེགས་སྙིང་པོ། སངས་རྒྱས་ཀུན་གྱི་གནས་རྣམས་དོན་གཅིག་ཡིན་པར་བསྟན། ཞེས་པ་དང་། བློ་གྲགས་མཚན་ཉིད་པའི་དུས་སུ་དབུ་མ་ལ་འཇུག་པར། བདེར་སྙིང་ངེས་དོན་ཡིན་པ་བཀག །ཕྱིས་སྔགས་པའི་དུས་སུ་ཐུགས་བསྐྱེད་ཐོན་ནས་གྲུབ་མཐའ་འགྱུར་བ་ཡིན་པར་འདོད་པ་ནི། རིགས་པ་མེད་པའི་དབང་དང་འདོད་པ་འཇུག་པ་རྒྱལ་པོ་ངན་པའི་ཆོས་ལུགས་སོ། །རྒྱུད་བླར། སྤྲིན་དང་རྨི་ལམ་སྒྱུ་བཞིན་དེ་དང་དེར། །ཤེས་བྱ་ཐམས་ཅད་རྣམ་ཀུན་སྟོང་པ་ཞེས། །གསུངས་ནས་ཡང་འདིར་རྒྱལ་རྣམས་སེམས་ཅན་ལ། །སངས་རྒྱས་སྙིང་པོ་ཡོད་ཅེས་ཅི་སྟེ་གསུང་། །ཞེས་སོགས་ཀྱི་གཞུང་བདེར་སྙིང་དྲང་དོན་དུ་སྟོན་པ་དེ་རྣམས་ལ། དྲང་སྟོན་དུ་སྟོན་པའི་ཚིག་འགའ་ཡང་མེད་ཀྱི༑ དགོས་པ་བསྟན་པས་དྲང་དོན་དུ་འགྱུར་ན། ངེས་དོན་རྣམས་ལ་ཡང་ཧ་ཅང་ཐལ་བར་འགྱུར། ཞེས་ཟེར་བ་ནི། ཚིག་ངན་ནང་འགལ་བ་སྟེ། སེམས་ཞུམ་སེམས་ཅན་དམན་ལ་བརྙས་པ་སོགས་ཉེས་པ་ལྔ་སྤང་བའི་ཕྱིར་བདེར་སྙིང་མེད་པ་ལ་ཡོད་དོ། །ཞེས་འཁོར་ལོ་ཐ་མར་བསྟན་པ་དེ་དགོས་པ་ཡིན་པའི་ཕྱིར་ན། དྲང་དོན་སྟོན་པའི་མདོ་ཡིན་པར་གྲུབ་བོ། །

འོ་ན། ཁྱོད་རང་གཞུང་འདིའི་དོན་ཇི་ལྟར་འདོད་ཅེ་ན། འོག་ཏུ་བསྟན་པར་བྱའོ། །དེ་ལ་ཁ་ཅིག་ན་རེ། དེ་གདུལ་བྱ་དྲངས་པའི་ཕྱིར་གསུངས་པ་ཡིན་གྱི། དྲང་དོན་སྟོན་པ་མིན་ནོ། །དེ་ལྟ་ན། དྲང་དོན་སྟོན་པའི་མདོ་མི་སྲིད་པར་ཧ་ཅང་ཐལ་ལོ། །འདིའི་སྐབས་སུ་ཁ་ཅིག་ན་རེ། བདེར་སྙིང་དོན་ལ་མེད་ན། ལང་གཤེགས་ལས། དེ་བཞིན་གཤེགས་པའི་སྙིང་པོ་སངས་རྒྱས་ཀྱི་ས་ལ་ནང་དུ་སྙོམས་པར་ཞུགས་པ་ལ་གནས་ཤིང་ཞེས་སོགས་ནས། སངས་རྒྱས་ཡེ་ཤེས་ཟག་མེད་ལ། རྟག་ཏུ་ཞི་བ་རྣམ་བསྒོམས་ཏེ། །དེ་ལ་བདག་ནི་སྐྱབས་སུ་མཆི། །ཞེས་སོགས་དང་། རྡོ་རྗེ་རྩེ་མོའི་རྒྱུད་དུ། དེ་བཞིན་གཤེགས་པའི་སྙིང་པོ་དག །ཆོས་ཀྱི་དབྱིངས་ཀྱི་ཚུལ་ཆེན་ཏེ། །ཉོན་མོངས་འདམ་གྱིས་མ་གོས་པ། །རྡོ་རྗེ་པདྨའི་དབང་བསྐུར་ཡིན། །ཞེས་སོགས་མདོ་རྒྱུད་དུ་མ་ནས་བདེར་སྙིང་དོན་ལ་ཡོད་པར་གསུངས་པ་དེ་རྣམས་དང་འགལ་ལོ། བདེར་སྙིང་དྲང་དོན་ཡིན་ན། ཆོས་དབྱིངས་དེ་བཞིན་ཉིད་ཀྱང་དྲང་དོན་ཡིན་པར་འགྱུར། ཞེས་ཟེར་ཏེ། བདེར་སྙིང་མེད་ཅེས་འདོད་པ་མ་ཡིན་གྱི། ཁྱེད་འདོད་པའི་བདེར་སྙིང་རྟག་བརྟན་གཡུང་དྲུང་གདོད་མ་ནས་སེམས་ཅན་ལ་རང་ཆས་སུ་བཞུགས་པ་དེ་མེད་

ཟེར་བ་ཡིན་པས་འགལ་བར་མི་བསམ། དོན་དམ་པའི་བདེར་སྙིང་དོན་ལ་ཡོད་པའི་སྒྲུབ་བྱེད་དུ། རྡོ་རྗེ་ལས་སྐྱེས་རྡོ་རྗེའི་བདག །གཅིག་པུ་སྤྲ་མཁྲེགས་རྡོ་རྗེའི་བདག །ཅེས་སོགས་རྒྱུད་སྡེ་དང་། མདོ་སྡེ་རྣམས་ནས་བདག་གི་སྒྲ་སྦྱར་བ་ཐམས་ཅད་ལུང་དུ་འདྲེན་པ་ནི། ཆེར་འཁྲུལ་ཏེ། སངས་རྒྱས་ལ་ངར་འཛིན་ཡོད་པར་ཧ་ཅང་ཐལ། ང་དེའི་ཚེ་དེའི་དུས་ན་སེནྡྷེ་ཡན་ལག་མ་སྨད་པ་ཞེས་བྱ་བར་འགྱུར་རོ། །ཞེས་དང་། ངས་བྱང་ཆུབ་སེམས་དཔའ་མེ་ཏོག་ཟླ་མཛེས་བསད་དོ། །ལྔ་ལྔོག་མའི་འོག་ནས་ཕྱུང་ངོ་། །ཞེས་སོགས་གསུངས་པའི་ཕྱིར་རོ༎ ༎

གཞན་ཡང་། རྡོ་རྗེ་ལས་སྐྱེས་རྡོ་རྗེའི་བདག །ཅེས་སོགས་ཀྱི་དོན། བདེར་སྙིང་དོན་དམ་པའི་བདག་ཏུ་བསྒྲུབ་པའི་སྒྲུབ་བྱེད་དུ་རུང་མི་རུང་། གྲུབ་ཐོབ་ཉི་མ་དཔལ་ཡེ་ཤེས་ལ་སོགས་པའི་འགྲེལ་པ་ཆེན་པོ་རྣམས་སུ་ལྟོས་ཤིག །མདོར་ན། མདོ་དང་། རྒྱུད་དང་། གྲུབ་ཆེན་རྣམས་ཀྱི་གླུ་དང་། མཁས་པ་རྣམས་ཀྱི་བསྟན་བཅོས་ལས། བདག་རྟག་བརྟན་ལ་སོགས་པ་གསུངས་པ་ཤིན་ཏུ་མང་མོད་ཀྱི། དེ་རྣམས་ཀྱི་དགོངས་གཞི་བདག་ཡོད་མེད་ཀྱི་སྤྲོས་བྲལ་ཟབ་མོའི་དོན་གོ་དགོས་ཀྱི། བདག་གི་སྒྲ་ཙམ་ལ་ཞེན་ནས་དོན་དམ་པའི་བདག་དང་། དོན་དམ་པའི་འཁོར་བ་དང་། དག་པ་ཡེ་ཤེས་ཀྱི་ཀུན་གཞི་ལ་སོགས་པ་ཁས་ལེན་པ་ནི། མུ་སྟེགས་བྱེད་ཀྱི་བདག་དང་ཤེད་ཅན་དང་ཤེད་བདག་དང་ཤེད་བུ་ལ་སོགས་པ་ཁས་ལེན་པ་དང་ཁྱད་པར་ཅི་ཞིག་ཡོད། དེ་ལ་ཁ་ཅིག་ན་རེ། མི་མཚུངས་ཏེ། སྔར་དྲངས་པའི་ལུང་རྣམས་ཀྱིས་སོ། །ཞེ་ན་མི་མཚུངས་ཞེས་བརྗོད་པ་སླ་མོད་ཡིན་གྱི། ཞེ་འདོད་ཀྱི་བསྒྲུབ་བྱ་གྲངས་ཅན་སོགས་དང་ཁྱད་པར་མེད་དེ། སྒྲུབ་བྱེད་ཐམས་ཅད་ཁྱད་མི་འདུག་པའི་ཕྱིར་རོ། །རྒྱུ་མཚན་དེའི་ཕྱིར་མདོ་རྒྱུད་རྣམས་སུ། སྐབས་འགའ་ཞིག་ཏུ་བདག་མེད་པ་ལ་དགག་པ་མཛད། སྐབས་འགའ་ཞིག་ཏུ་ཡོད་པ་ལ་དགག་པ་མཛད་པས། བདག་ཡོད་མེད་ཀྱི་སྤྲོས་པའི་མཐའ་ཐམས་ཅད་དང་བྲལ་བ་དབུ་མའི་དོན་དུ་བསྟན་ཏོ། །དེའི་ཕྱིར་ན་མཐའ་བྲལ་མི་སྟོན་པར་རྟག་ཆད་དུ་སྟོན་པ་རྣམས་དབུ་མའི་གཞུང་མིན་པར་ཤེས་པར་བྱའོ། །གཞན་ཡང་། གདོད་མ་ནས་དེ་སངས་རྒྱས་སུ་འདོད་པ་ལས་འཕགས་པས་ཆོས་ཀྱི་དབྱིངས་ལ་བསྟོད་པར། ས་བོན་གྱུར་པ་ཁམས་དེ་ཉིད། །ཆོས་རྣམས་ཀུན་གྱིས་རྟེན་དུ་འདོད། །རིམ་གྱིས་སྦྱངས་པར་གྱུར་པ་ལས། །སངས་རྒྱས་བྱང་ཆུབ་ཐོབ་པར་འགྱུར། །ཞེས་ས་བོན་དུ་གྱུར་པའི་ཁམས་དེ་རིམ་གྱིས་སྦྱངས་པས་སངས་རྒྱས་སུ་འགྱུར་བར་བཤད་པ་དང་འགལ། དེ་ལ་ཁ་ཅིག་ན་རེ། དབྱིངས་ཉིད་ས་བོན་ཡིན་པར་ཕྱག་ཆེན་ཐིག་ལེའི་རྒྱུད་ལས། ནམ་མཁའ་ཆོས་ཀྱི་དབྱིངས་ཡིན་ཏེ། དབྱིབས་ནི་ས་བོན་ཞེས་སུ་བྲན། །ཆོས་རྣམས་ཀུན་གྱི་ནང་དུ་ཡོད། །ཅེས་སོགས་གསུངས་པས། དོན་དམ་པའི་ས་བོན་ལ་དགོངས་སོ་ལོ། །

དོན་དམ་པའི་ས་བོན་ཞེས་པའང་མུན་སྤྲུལ་ཡིན་ཞིང་། མྱང་འདས་ལས། བདག་ལ་སངས་རྒྱས་སུ་འགྱུར་བའི་ས་བོན་དེ་བཞིན་གཤེགས་པའི་སྙིང་པོ་ཞེས་བྱ་བ་ཡོད་ཡོ། །ཞེས་སོགས་གསུངས་པས་ས་བོན་ཀུན་གཞི་ལ་བདེར་སྙིང་དུ་བཏགས་ནས་གསུངས་པ་ཡིན་གྱི། དེ་ལྟ་མིན་པར་སྒྲ་དྲང་ཐད་དུ་འཛིན་པ། ནམ་མཁའ་ས་བོན་དང་ཆོས་ཐམས་ཅད་ཀྱི་ནང་ན་ཡོད་པ་དང་། རྒྱུ་ཡིན་པ་ལ་སོགས་པ་ཁས་བླང་དགོས་པ་ནི། ཧ་ཅང་ཐལ་ལོ། །དེས་ན། སྤྲིན་ཆེན་སྙིང་པོའི་མདོར། སྤྲིན་ཆེན་སྙིང་པོ། སེམས་ཡོངས་སུ་སྨིན་ཅིང་རྣམ་པར་འཕྲུལ་པ་རྣམས་དེ་བཞིན་གཤེགས་པ་མི་རྟག་ཅིང་ཐེར་ཟུག་པ་མ་ཡིན་ལ་མི་བརྟན་ཞིང་ནུབ་པར་འགྱུར་རོ། །ཞེས་ལོག་པར་སྨྲ་བ་རྣམས་མཁྲིས་པས་བཀྲལ་ཞིང་ཞེས་སོགས་དང་། ཛ་བོ་ཆེ་ཆེན་པོའི་མདོར། དེ་བཞིན་གཤེགས་པའི་སྙིང་པོའི་གཏམ་བསྟན་པ་ན། སྨོད་པས་སངས་རྒྱས་རྟག་པ་ཉིད་ཀྱི་གཏམ་སྤོང་བར་འགྱུར་ཏེ། དེ་ཉིད་ཀྱིས་ཡོངས་སུ་མྱ་ངན་ལས་འདའ་བར་མི་འགྱུར་རོ། །ཞེས་སོགས་བདེར་སྙིང་རྟག་པ་དང་བདག་ལ་སོགས་མིན་པར་བྱས་ན་ཉེས་དམིགས་དང་། སོ་ཕྲེང་གི་མདོར། དེ་བཞིན་གཤེགས་པའི་སྙིང་པོ་རྟག་པ་ཐོས་པས་སྤོན་བྱུང་བ་དང་། ད་ལྟ་དང་། མ་འོངས་པ་དང་། དུས་གསུམ་དུ་འང་ཕུན་སུམ་ཚོགས་པ་ཐམས་ཅད་དང་མཐོ་རིས་དང་ས་སྟེང་གི་བདེ་བ་ཐམས་ཅད་རྟག་ཏུ་ཐོབ་པར་འགྱུར་རོ། །ཞེས་དང་། དེ་བཞིན་གཤེགས་པ་རྟག་པའོ། །ཞེས་བསྟན་པ་མི་མཆི་བའི་ཚིག་འདི་ལས་ཤེས་རབ་ཆེན་པོ་སྐྱེ་སྟེ། དེ་ལྟར་སྟོན་པ་ཤེས་རབ་དང་ལྡན་པ་དེ་ནི་སངས་རྒྱས་ཡིན་ནོ༔ ༔ཞེས་བདེར་སྙིང་དེ་བདག་ལ་སོགས་པ་ཡིན་པར་བརྗོད་ན། ཡོན་ཏན་ཆེན་པོར་བཤད་པ་སོགས་ཀྱི་མདོ་མང་པོ་རྣམས་རྫོགས་པའི་སངས་རྒྱས་ཀྱི་ས་ན་བཞུགས་པའི་དེ་བཞིན་གཤེགས་པའི་སྙིང་པོའི་ཆོས་སྐུ་མཚན་ཉིད་པ་དེའི་དབང་དུ་བྱས་པ་ཡིན་གྱི། ཁྱེད་འདོད་པའི་དྲི་བཅས་ཀྱི་དེ་བཞིན་ཉིད་ལ་བསྒྲིགས་ཀྱང་མི་འགྲིག་གོ༔ ༔ལམ་གྱི་སྐབས་སུ་ཁ་ཅིག་ན་རེ། ཡང་དག་པའི་ལྟ་བ་ཐུན་མོང་དུ་གྲགས་པ་རྟོགས་པ་ལ། ཆོས་ཐམས་ཅད་ངོ་བོ་ཉིད་མེད་པར་རྟོགས་དགོས་ལོ། །

དེ་ལྟར་ན། བདེར་སྙིང་རྟག་བརྟན་དུ་རྟོགས་མི་དགོས་པར་འགྱུར་ཏེ། ཆོས་ཐམས་ཅད་ངོ་བོ་ཉིད་མེད་པར་རྟོགས་དགོས་པའི་ཕྱིར་རོ། །རྟགས་ཁས་རྒྱམ་ནས། དེ་ལ་ཡང་དག་པའི་ལྟ་བ་ཐུན་མོང་དུ་གྲགས་པ་ལེགས་པར་རྟོགས་པ་ལ་ནི་ཆོས་ཐམས་ཅད་གནས་ལུགས་ལ་རི་བོང་གི་རྭ་དང་མོ་གཤམ་གྱི་བུ་ལྟར་ཅིར་ཡང་མ་རེད་ཅིང་གང་དུ་ཡང་མ་གྲུབ། ནམ་མཁའི་མེ་ཏོག་ལྟ་བུ་ཐག་ཆོད་པ་དགོས་ཏེ་ཞེས་ཁས་བླངས་སོ། །དེའི་ཤེས་བྱེད་དུ་ཡུམ་ཤེར་ཕྱིན་དུ། ཤཱ་རིའི་བུ། འདི་ནི། བྱང་ཆུབ་སེམས་དཔའ་སེམས་དཔའ་ཆེན་པོ་རྣམས་ཀྱི་རྣལ་འབྱོར་དམ་པ་ཡིན་ཏེ། འདི་ལྟ་སྟེ། སྟོང་པ་ཉིད་ཀྱི་རྣལ་འབྱོར་རོ། །ཞེས་པ་ནས། དེ་བཞིན་དུ་ཅི་ནས་ཀྱང་

སེམས་དང་སེམས་ལས་བྱུང་བ་རྣམས་མི་རྒྱུ་བ་དེ་ལྟར་བསྒོམ་པར་བྱའོ། །ཞེས་དང་། ཆོས་གང་ལ་ཡང་བདེ་སྡུག་དང་། རྟག་མི་རྟག་དང་། བདག་ཡོད་མེད་དང་། ཞི་མ་ཞི་དང་། སྟོང་མི་སྟོང་དང་། མཚན་མ་ཡོད་མེད་དང་། སྨོན་པ་ཡོད་མེད་དང་། འདུས་བྱས་མ་བྱས་དང་། སྐྱེ་མི་སྐྱེ་དང་། འགག་མི་འགག་དང་། དབེན་མི་དབེན་དང་། དགེ་མི་དགེ་དང་། ཁ་ན་མ་ཐོ་བ་ཡོད་མེད་དང་། ཟག་པ་ཡོད་མེད་དང་། ཉོན་མོངས་པ་ཡོད་མེད་དང་། འཇིག་རྟེན་ལས་འདས་མ་འདས་དང་། ཉོན་མོངས་རྣམ་བྱང་དང་། བསྟེན་མི་བསྟེན་ལ་སོགས་པ་གང་དུ་ཡང་མི་མཐོང་ཞིང་མི་དམིགས་ལ། མི་འཛིན་པ་དང་། མི་སེམས་པ་དང་མི་སྒོམ་པ་དང་མི་གནས་པ་དང་མི་འདྲི་བ་དང་མི་ཆགས་པ་དང་མི་ཞེན་པ་དང་ཡིད་ལ་མི་བྱེད་པ་དང་མི་སྤྲོར་མི་བྱེད་པ་ལ་སོགས་པ་གསུངས་པ་རྣམས་ཤེས་བྱེད་ཀྱི་ལུང་སྲུ་དྲངས་པ་ནི། ཁྱེད་རང་གི་གྲུབ་མཐའ་ལ་ཇི་ལྟར་མི་གནོད། བཀའ་བར་པའི་དོན་དཔལ་ལྡན་ས་བཅུ་པ་རྣམས་ཀྱི་མན་ངག་དང་ལྡན་པར་བྱས་ཏེ་བལྟ་བར་བྱའོ། །ཞེས་པ་དང་། འཁོར་ལོ་གཉིས་པ་ནི། ཟབ་མོའི་དོན་ལ་མཉམ་པར་འཇོག་པའི་ཏིང་ངེ་འཛིན་ཁྱད་པར་ཅན་ཉམས་སུ་ལེན་པ་དང་མཐུན། ཞེས་སོགས་ཁས་བླངས་པས་སོ། །ཁ་ཅིག །འཁོར་ལོ་བར་པ་དྲང་དོན་རྩོད་པ་དང་བཅས་པ་ཡིན་གྱི། ཐ་མ་ངེས་པ་དོན་གྱི་མདོ་སྡེ་ཡིན་ཏེ། དགོངས་པ་ངེས་པར་འགྲེལ་པའི་མདོར། བཅོམ་ལྡན་འདས་ཀྱིས་ཆོས་རྣམས་ཀྱི་ངོ་བོ་ཉིད་མ་མཆིས་པ་དང་། སྐྱེ་བ་མ་མཆིས་པ་དང་། འགག་པ་མ་མཆིས་པ་དང་། གཟོད་མ་ནས་ཞི་བ་དང་། རང་བཞིན་གྱིས་ཡོངས་སུ་མྱ་ངན་ལས་འདས་པ་ཉིད་ལས་བརྩམས་ནས་ཐེག་པ་ཆེན་པོ་ལ་ཡང་དག་པར་ཞུགས་པ་རྣམས་ལ་སྟོང་པ་ཉིད་སྨོས་པའི་རྣམ་པས་ཆེས་ངོ་མཚར་རྨད་དུ་བྱུང་བའི་ཆོས་ཀྱི་འཁོར་ལོ་གཉིས་པ་བསྐོར་ཏེ། བཅོམ་ལྡན་འདས་ཀྱིས་ཆོས་ཀྱི་འཁོར་ལོ་བསྐོར་བ་དེ་ཡང་བླ་ན་མཆིས་པ། སྐབས་མཆིས་པ་དྲང་བའི་དོན། རྩོད་པའི་གཞིའི་གནས་སུ་གྱུར་པ་ལགས་ཀྱི། བཅོམ་ལྡན་འདས་ཀྱིས་ཆོས་རྣམས་ཀྱི་ངོ་བོ་ཉིད་མ་མཆིས་པ་ཉིད་ལས་བརྩམས་ཏེ། སྐྱེ་བ་མ་མཆིས་པ་ཉིད་དང་། འགག་པ་མ་མཆིས་པ་ཉིད་དང་། གཟོད་མ་ནས་ཞི་བ་དང་། རང་བཞིན་གྱིས་ཡོངས་སུ་མྱ་ངན་ལས་འདས་པ་ཉིད་ལས་བརྩམས་ནས་ཐེག་པ་ཐམས་ཅད་ལ་ཡང་དག་པར་ཞུགས་པ་རྣམས་ལ་ལེགས་པར་རྣམ་པར་ཕྱེ་བ་དང་ལྡན་པ་ཤིན་ཏུ་ངོ་མཚར་རྨད་དུ་བྱུང་བའི་ཆོས་ཀྱི་འཁོར་ལོ་གསུམ་པ་བསྐོར་ཏེ། བཅོམ་ལྡན་འདས་ཀྱིས་ཆོས་ཀྱི་འཁོར་ལོ་བསྐོར་བ་འདི་ནི། བླ་ན་མ་མཆིས་པ་དང་། སྐབས་མ་མཆིས་པ་ངེས་པའི་དོན་ལགས་ཏེ། རྩོད་པའི་གཞིའི་གནས་སུ་གྱུར་པ་མ་ལགས་སོ། །ཞེས་སོགས་གསུངས་པས་སོ། །ཞེས་ཟེར་རོ། །

འདི་ནི་རྩོད་པའི་གཞི་དངོས་ཡིན་པས་དྲང་ངེས་འབྱེད་པའི་གཞུང་དུ་མི་རིགས་ཏེ། ལུང་འདི་ཀ་

དགོངས་པས་གསུངས་པ་དྲང་བའི་དོན་ནོ། །དེའི་རྒྱུ་མཚན་ཡང་བཀའ་བར་པ་དྲང་དོན་དུ་སྟོན་པའི་ལུང་རིགས་རྫོད་མེད་མེད་ཅིང་། ངེས་དོན་སྟོན་པ་ཡིན་པ་ལ་གནོད་བྱེད་ཀྱང་མེད་པའི་ཕྱིར་རོ། །འཁོར་ལོ་བར་བས་ཡང་དག་པའི་དོན་སྤྲོས་བྲལ་སྟོན་པས་དབུ་མ་ཡིན་ཞིང་། ཐ་མས་ཡང་དག་པའི་དོན་གཟུང་འཛིན་གཉིས་མེད་ཀྱི་ཤེས་པ་རང་རིག་རང་གསལ་སོགས་སུ་སྟོན་པས་སེམས་ཙམ་ཡིན་ནོ། །དེ་ནས་བར་པ་ངེས་དོན་དང་། ཐ་མ་དྲང་དོན་སྟོན་པའི་ལུང་ཡིན་ནོ། །དེ་ལ། ངེས་རྒྱམ་ནས། འདི་ནི་ཧ་ཅང་ཡང་མི་རིགས་པ་ཆེན་པོ་སྟེ། འཁོར་ལོ་ཐ་མ་སེམས་ཙམ་གྱི་རང་གཞུང་ཡིན་པའི་ལུང་རིགས་འགའ་ཡང་མེད་པའི་ཕྱིར་དང་། དེ་སེམས་ཙམ་ལས་འདས་པར་སྟོན་པ་དང་། དབུ་མ་ཆེན་པོ་མཐར་ཐུག་པའི་དོན་སྟོན་པ་དང་། རྡོ་རྗེ་ཐེག་པ་མཐར་ཐུག་པའི་དོན་དང་མཐུན་པར་སྟོན་པ་དང་། ཆོས་ཐམས་ཅད་ངོ་བོ་ཉིད་མེད་པ་ལ་སོགས་པ་སྟོན་པའི་ཕྱིར་སེམས་ཙམ་གྱི་རང་གཞུང་མིན་པར་དབུ་མའི་གཞུང་ཡིན་པར་གྲུབ་ལོ། །འོན། བཀའ་བར་པ་ཤེར་ཕྱོགས་རྣམས་ཀྱང་དབུ་མའི་གཞུང་དུ་འགྱུར་ཏེ། སེམས་ཙམ་ལས་འདས་པར་སྟོན་པ་སོགས་རྟགས་དེ་རྣམས་ཚང་བའི་ཕྱིར། དེ་ལ་ཁོན་ར༑ འདོད་དེ། བར་པར་རང་སྟོང་མ་ཡིན་པ་རང་སྟོང་དུ་སྟོན་པ་ལ་སོགས་པའི་རྒྱུ་མཚན་གྱི་དྲང་དོན་དུ་བཞག་གོ། །ངེས་པའི་དོན་དུ་བཀའ་བར་པ་དང་། ཐ་མ་དང་། རྡོ་རྗེ་ཐེག་པ་རྣམས་ཤེར་ཕྱིན་ངོ་བོ་ཁྱད་པར་མེད་དོ་ལོ། །འོན། བར་པ་དེ་ བླ་ན་མཆིས་པ། སྐབས་མཆིས་པ། དྲང་བའི་དོན། རྩོད་པའི་གཞིའི་གནས་སུ་གྱུར་པ་ཡིན་པ་དང་། བཀའ་ཐ་མ་དེ་ལས་ལྡོག་པ་མིན་པར་འགྱུར་ཏེ། ངེས་པའི་དོན་དུ་དེ་གཉིས་ཁྱད་པར་མེད་པའི་ཕྱིར་རོ། །

འཁོར་ལོ་ཐ་མ་སེམས་ཙམ་དུ་སྟོན་པའི་ལུང་དང་རིགས་པ་མེད་ན། ལང་གཤེགས་སུ། སེམས་ཙམ་ལ་ནི་བརྟེན་ནས་སུ། །ཕྱི་རོལ་དོན་དུ་མི་རྟོག་གོ། །སྣང་བ་མེད་པ་ལ་བརྟེན་ནས། །སེམས་ཙམ་ལས་ནི་འདའ་བར་བྱ༑ །ཡང་དག་དམིགས་པ་ལ་བརྟེན་ནས། །སྣང་བ་མེད་ལས་འདའ་བར་བྱ། །སྣང་མེད་གནས་པའི་རྣལ་འབྱོར་པ། །དེས་ནི་ཐེག་པ་ཆེན་པོ་མཐོང་། །ཞེས་དང་། གང་གི་ཚེ་ན་འདུས་བྱས་རྣམས། །དམིགས་དང་དམིགས་པར་བྱེད་བྲལ་ཞིང་། །སེམས་མེད་སེམས་ཙམ་མཐོང་བ་ལ། །སེམས་ཙམ་དུ་ནི་ངས་བཤད་དོ། །ཙམ་ནི་ངོ་བོ་ཉིད་ཀྱི་དབྱིངས། །རྒྱུན་དང་དངོས་པོ་སྤངས་པ་སྟེ། །མཐར་ཕྱིན་ངོ་བོ་ཚང་བའི་མཆོག །དེ་ལ་ངས་ནི་ཙམ་ཞེས་བཤད། །ཅེས་དང་། ལྟ་བ་ཐམས་ཅད་རྣམ་ལྡོག་པ། །བརྟག་པར་བྱ་དང་རྟོག་པ་སྤངས། །དམིགས་པ་མེད་ཅིང་སྐྱེ་མེད་ལ། །སེམས་ཙམ་དུ་ནི་ངས་བཤད་དོ། །དངོས་མིན་དངོས་མེད་པ་ཡང་མིན། །དངོས་དང་དངོས་མེད་སྤངས་པ་ཡིས། །དེ་བཞིན་ཉིད་ནི་སེམས་བྲལ་བ། །སེམས་ཙམ་དུ་ནི་ངས་བཤད་དོ། །སྟོང་བ་མཐའ་དང་དེ་བཞིན་ཉིད། །མྱ་ངན་འདས་དང་ཆོས་ཀྱི་དབྱིངས། །ཡིད་ཀྱི་ལུས་ནི་སྣ་ཚོགས་པ། །

སེམས་ཅན་དུ་ནི་ངས་བཤད་དོ། །ཞེས་སོགས་ཀྱིས་སེམས་ཅན་དུ་བསྟན་པ་ཇི་ལྟར་དྲང་།

དེ་ལ་ཁ་ཅིག་ན་རེ། དེས་སེམས་ཅན་དུ་མི་འགྲུབ་སྟེ། སྟོང་བ་མེད་པ་ལ་བརྟེན་ནས། །སེམས་ཅན་ལས་ནི་འདའ་བར་བྱ། །ཞེས་སོགས་གསུངས་པས། སྟོང་མེད་དབུ་མ་དང་། དེ་ལས་ཀྱང་འདས་ནས་སྟོང་བཅས་དབུ་མ་སྟོན་ནོ། །ཞེ་ན། སེམས་མེད་སེམས་ཅན་མཐོང་བ་ལ། །སེམས་ཅན་དུ་ནི་ངས་བཤད་དོ། །ཞེས་སོགས་ཀྱིས་སེམས་ཅན་མི་སྟོན་ན། སྟོང་མེད་གནས་པ་ལ་བརྟེན་ནས། །སེམས་ཅན་ལས་ནི་འདའ་བར་བྱ། ཞེས་པས་ཀྱང་དབུ་མ་ཅིའི་ཕྱིར་སྟོན། ཁ་ཅིག་ན་རེ། གཞུང་དེ་རྣམས་ཀྱིས་གནས་སྐབས་སུ་སེམས་ཅན་སྟོན་མོད་ཀྱི་མཐར་ཐུག་དབུ་མ་སྟོན་ནོ། །ཞེ་ན། སེམས་ཅན་དུ་སྟོན་པའི་ལུང་རིགས་གང་ཡང་མེད་པ་ཐུབ་དོ། །ཁ་ཅིག་ན་རེ། ལང་གཤེགས་ཀྱི་མདོ་རྣམས་སུ་དོན་དམ་པའི་སེམས་ཅན་གསུངས་པ་ལ་འཁྲུལ་ནས། རྣམ་ཤེས་ལས་མ་འདས་པའི་སེམས་ཅན་གྱི་རང་གཞུང་དུ་སླུ་བར་མི་བྱ་སྟེ། ཁྱད་ཤིན་ཏུ་ཆེ་བའི་ཕྱིར་ཟེར་རོ། །དེ་ནི། རང་གི་བློས་བཏགས་པའི་མུན་སྤྲུལ་ཙམ་ཡིན་གྱི། ཤེས་བྱེད་ཀྱི་ལུང་མེད་དོ། །དེས་ན་འདིར་ཡོད་མེད་རྟག་ཆད་འཁོར་འདས་རང་གཞན་དགག་སྒྲུབ་སྟོང་མི་སྟོང་གཟུང་འཛིན་ལ་སོགས་གཉིས་ཐམས་ཅད་སྤྲངས་ཤིང་། ཆོས་ཐམས་ཅད་རང་རང་གི་ངོ་བོས་སྟོང་བ་དོན་དམ་པར་གཉིས་ཆོས་ཀྱི་སྤྲོས་པའི་མཐའ་ཐམས་ཅད་དང་བྲལ་བ་དབུ་མའི་ལྟ་བ་ཡིན་ཅིང་། དེ་སྟོན་པ་དབུ་མའི་གཞུང་ཡིན་ཏེ། འཇམ་དཔལ་གྱིས་སོར་ཕྲེང་ལ་སྨྲས་པ། སངས་རྒྱས་ནམ་མཁའ་ལྟ་བུ་སྟེ། །ནམ་མཁའ་མཚན་ཉིད་མེད་པའོ། །སངས་རྒྱས་ནམ་མཁའ་ལྟ་བུ་སྟེ། །ནམ་མཁའ་མཚན་མ་མེད་པས་སྐྱེས། །སངས་རྒྱས་ནམ་མཁའ་ལྟ་བུ་སྟེ། །ནམ་མཁའ་གཟུགས་མེད་གྱུར་པ་འོ། །ཆོས་རྣམས་ནམ་མཁའ་ལྟ་བུ་སྟེ། །དེ་བཞིན་གཤེགས་པ་ཆོས་ཀྱི་སྐུ། །ཡེ་ཤེས་ནམ་མཁའ་ལྟ་བུ་སྟེ། །དེ་བཞིན་གཤེགས་པ་ཡེ་ཤེས་སྐུ། །གཟུང་དུ་མེད་ཅིང་རེག་ཏུ་མེད། །ཆགས་མེད་ཡེ་ཤེས་དེ་བཞིན་གཤེགས། །ཐར་པ་ནམ་མཁའ་ལྟ་བུ་སྟེ། ནམ་མཁའ་ལ་ཡང་མཚན་ཉིད་མེད། །ཐར་པ་སངས་རྒྱས་དེ་བཞིན་གཤེགས། །སྟོང་པ་ཅི་ཡང་མེད་པ་དག །སོར་ཕྲེང་ཁྱོད་ཀྱིས་ག་ལ་ཤེས། །ཞེས་སོགས་ཀྱིས་ཆོས་ཐམས་ཅད་རང་སྟོང་དུ་བསྟན་པ་ལ། ཁ་ཅིག་ན་རེ། འཇམ་དཔལ་གྱིས་རང་སྟོང་གཞན་སྟོང་གཉིས་ཀ་ལེགས་པར་མཁྱེན་མོད་ཀྱི། མི་མཁས་པ་དག་ཐམས་ཅད་རང་སྟོང་ཁོ་ན་ཡིན་ཞེས་འདོད་པ་གང་ཡིན་པ་དེ་དག་གཅེར་བུ་པ་དང་མཚུངས་པར་བསྟན་པའི་ཕྱིར་གསུངས་ཞེས་ཟེར་བ་ནི། རྗེ་བཙུན་འཇམ་པའི་དབྱངས་ལ་སྐུར་པ་འདེབས་པ་ཡིན་ནོ། །འོ་ན་རེ། སོར་མོའི་ཕྲེང་བ་ནི། སངས་རྒྱས་ཀྱི་སྤྲུལ་པ་ཡིན་པར་བཤད་ཅིང་། སོར་ཕྲེང་གིས། ཀྱེ། གོང་གི་བར་སྐབས་ཁྲིམ་མེད་པ་ལ་སྟོང་པ་སྟོང་པ་ཞེས་བྱ་འམ། ཀྱེ། ཁྲིམ་ཐམས་ཅད་སྟོང་པ་མ་ཡིན་ནམ། ཐམས་ཅད་སྟོང་པ་མ་

ཡིན་གྱི། མི་མེད་པས་སྟོང་པ་ཞེས་བྱའོ། །ཞེས་པ་ནས། སངས་རྒྱས་བཅོམ་ལྡན་འདས་ནི་སྟོང་པ་མ་ཡིན་ཏེ། ཉེས་པ་ཐམས་ཅད་དང་བྲལ་ཞིང་ཉོན་མོངས་པ་བྱེད་པའི་མི་དང་ལྟ་མེད་པའི་ཕྱིར་སྟོང་པ་ཞེས་བྱའོ། །ཞེས་སོགས་བཤད་པས་གཞན་སྟོང་ཡིན་ནོ། །ཞེ་ན། དེ་ནི། གཅེར་བུ་པ་ལྟར། ཅི་མེད་ཅང་མེད་ཀྱི་སྟོང་པ་ལ་དགོངས་ནས་ཁྱིམ་ཡེ་ནས་མེད་པའི་གྲོང་དང་། ཡོན་ཏན་ཡེ་ནས་མེད་པའི་སངས་རྒྱས་མི་སྲིད་པ་ལྟ་བུ་ལ་དགོངས་ཀྱི། གཅིག་ལ་གཅིག་མེད་པའི་སྟོང་ཉིད་ནི། སྟོང་པ་ཉིད་ཀྱི་ཐ་ཤལ་དུ་བཅོམ་ལྡན་འདས་ཀྱིས་གསུངས། འདིར་ཀུན་རྫོབ་ཇི་ལྟར་སྣང་བ་ཙམ་དོན་དམ་པར་སྟོང་མི་སྟོང་གི་སྤྲོས་བྲལ་ལ་རང་སྟོང་དུ་ཁས་ལེན་པས། གཅེར་བུ་པའི་སྟོང་པའི་སྟོང་པ་དང་མི་མཚུངས་སོ། །དེ་བས་ན། གསང་སྔགས་ཀྱི་རྒྱུད་སྡེ་ཟབ་མོ་རྣམས་ནས་རྣམ་པའི་མཆོག་ཐམས་ཅད་དང་ལྡན་པའི་སྟོང་པ་ཉིད་ཟབ་མོའི་དོན་སྟོན་པ་ཡང་རང་སྟོང་ལ་གྲུབ་ཀྱི། གཞན་སྟོང་གིས་གོ་མི་ཆོད་དོ། །འདིར་ཁ་ཅིག་ན་རེ། གཞན་སྟོང་དེ་ལྟ་བུ་རྟོགས་པས་ཡོད་མེད་རྟག་ཆད་སྒྲོ་སྐུར་ལས་འདས་པར་རྟོགས་ཏེ། དབུ་མའི་གཞུང་ལུགས་རྣམས་སུ་གསུངས་པའི་དོན་ཡང་དེ་ཡིན་ལོ། །དེའི་རྒྱུ་མཚན། ཀུན་རྫོབ་རྟེན་འབྲེལ་ཐམས་ཅད་ཡང་དག་པར་ཡོད་པ་མ་ཡིན་པས་དེ་ལྟར་རྟོགས་ན་ཡོད་པའི་མཐར་མ་ལྷུང་ཞིང་། སྒྲོ་མདོགས་ཀྱི་མཐའ་ལས་གྲོལ། དོན་དམ་རྟེན་འབྲེལ་ལས་འདས་པའི་ཆོས་ཉིད་ནམ་ཡང་མེད་པ་མ་ཡིན་པས་དེ་ལྟར་རྟོགས་ན་མེད་པའི་མཐར་མ་ལྷུང་ཞིང་སྐུར་འདེབས་ཀྱི་མཐའ་ལས་གྲོལ་བར་འགྱུར་གྱི། དེ་ལས་གཞན་དུ་འགའ་ཞིག་གི་འདོད་ལུགས་ལྟར་དོན་དམ་པ་ཉིད། དོན་དམ་པར་ཡོད་པ་ཡང་མིན། དོན་དམ་པར་མེད་པ་ཡང་མ་ཡིན། ཞེས་པ་ལ་སོགས་པ་ཆོས་གཅིག་ཉིད་ཡོད་པ་ཡང་མིན། མེད་པ་ཡང་མིན་པ་མཐའ་བྲལ་ངེས་དོན་དུ་འདོད་པ་རྣམས་ནི། གནས་ལུགས་ཀྱི་དོན་དང་མི་མཐུན་ཞིང་། སངས་རྒྱས་དང་བྱང་སེམས་ཆེན་པོ་རྣམས་ཀྱི་དགོངས་པ་དང་འགལ་བ་ཡིན་ནོ་ལོ། །དེའི་རྒྱུ་མཚན། ཀུན་རྫོབ་རྟེན་འབྲེལ་ཐམས་ཅད་ཡོད་པ་མ་ཡིན་པས་དེ་ལྟར་རྟོགས་པ་དེ། ཆད་པའི་མཐར་ལྷུང་བ་དང་སྐུར་འདེབས་ལས་མ་གྲོལ་བར་འགྱུར། དོན་དམ་རྟེན་འབྲེལ་ལས་འདས་པའི་ཆོས་ཉིད་ནམ་ཡང་མེད་པ་ཡིན་པས་དེ་ལྟར་རྟོགས་པ་དེ། ཡོད་པའི་མཐར་ལྷུང་བ་དང་སྒྲོ་འདོགས་ཀྱི་མཐའ་ལས་མ་གྲོལ་བར་འགྱུར། རྟགས། དེ་ལྟའི་གཞན་སྟོང་དེ་མ་རྟོགས་པར་འདུག་པའི་ཕྱིར། ཆོས་གསུམ་ཁས་བླངས་སོ། །འདིའི་སྐབས་སུ་ཁ་ཅིག་ན་རེ། རྒྱས་འབྲིང་བསྡུས་གསུམ་ལ་སོགས་པར་གཟུགས་ཡོད་དོ། །མེད་དོ། །ཡོད་མེད་མིན་ནོ། །ཞེས་སོགས་ཀྱི་དོན། གཞན་སྟོང་སྟོན་པ་ཡིན་ཏེ། གཞན་དབང་ཡོད། ཀུན་བཏགས་མེད། ཡོངས་གྲུབ་ལ་ཀུན་བཏགས་ཡོད་པའང་མིན། གཞན་དབང་མེད་པའང་མིན། ཞེས་སོགས་དང་། ཀུན་བཏགས་པའི་གཟུགས། རྣམ་པར་བཏགས་པའི་གཟུགས།

ཡོངས་གྲུབ་ཀྱི་གཟུགས་རྣམས་དང་སྦྱར་ནས་གཟུགས་ནི་གཟུགས་ཀྱི་རང་བཞིན་དང་བྲལ་ཞེས་སོགས་ཀྱི་བཤད་པ་བྱེད་པ་ནི། སེམས་ཙམ་པས་ཡུལ་གྱི་དོན་ཕྱིན་ཅི་ལོག་ཏུ་བསྒྲིགས་ཏེ་བཤད་པའི་རྗེས་སུ་འབྲངས་པ་ཡིན་གྱི། དབུ་མའི་དོན་མིན་ནོ། །

ཁ་ཅིག་ན་རེ། ལང་གཤེགས་སུ་གཅིག་གིས་གཅིག་སྟོང་པའི་སྟོང་ཉིད་ཐ་ཤལ་དུ་གསུངས་པ་དེ། ཁང་པ་མིས་སྟོང་པ་ལྟར་ཀུན་རྫོབ་ཀྱི་གཞན་སྟོང་ཡིན་གྱི། བདེར་སྙིང་གློ་བུར་གྱི་ཆོས་ཀྱིས་སྟོང་པ་དོན་དམ་གཞན་སྟོང་ཡིན་པས་ཁྱད་པར་ཆེ་སྟེ། དཔེར་ན། རང་སྟོང་གིས་དོན་དམ་སྟོང་ཉིད་ཀྱི་གོ་མི་ཆོད་པ་བཞིན། གཞན་སྟོང་གིས་ཀུན་རྫོབ་སྟོང་ཉིད་ཀྱི་གོ་ཆོད་དོ། །དེའི་ཕྱིར་ཀུན་རྫོབ་སྟོང་ཉིད་ལ་དགོངས་ནས་གཅིག་གིས་གཅིག་སྟོང་སྟོང་ཉིད་ཀྱི་ཐ་ཤལ་དུ་གསུངས། དོན་དམ་སྟོང་ཉིད་ལ་དགོངས་ནས་གཅིག་གིས་གཅིག་སྟོང་སྟོང་ཉིད་ཡང་དག་པར་གསུངས་ལོ། །

འདི་གཉིས་ནི། རིགས་པ་མཚུངས་པས་ཁང་པ་མིས་སྟོང་པ་ཀུན་རྫོབ་ཀྱི་གཞན་སྟོང་ཡིན། བདེར་སྙིང་ཉོན་མོངས་ཀྱིས་སྟོང་པ་ཡང་ཀུན་རྫོབ་ཀྱི་གཞན་སྟོང་དང་། དེ་དོན་དམ་གྱི་གཞན་སྟོང་ཡིན་ན། ཁང་པ་མིས་སྟོང་པའང་དོན་དམ་གྱི་གཞན་སྟོང་དུ་རྣམ་པ་ཐམས་ཅད་དུ་མཚུངས་སོ། །འོན། སྟོང་པ་ཉིད་ཆེན་པོའི་མདོར། ཀུན་དགའ་བོ། འདི་ལྟ་སྟེ། དཔེར་ན། རི་དྭགས་འཛིན་གྱི་མའི་ཁང་བཟང་འདི། གླང་པོ་ཆེ་དང་རྟ་དང་བ་གླང་ལ་སོགས་པས་སྟོང་ཡང་འདི་ན་འདི་ལྟ་སྟེ། དགེ་སློང་གི་དགེ་འདུན་ཁོ་ནའམ་དེ་ལས་གཞན་ཞིག་ལ་བརྟེན་ནས་མི་སྟོང་པ་ཡང་ཡོད། ཀུན་དགའ་བོ། དེ་བཞིན་དུ་གང་ལ་གང་མེད་པ་དེས་སྟོང་ཞེས་བྱ་བར་ཡང་དག་པར་རྗེས་སུ་མཐོང་ཡང་དེ་ལ་ལྷག་མ་གང་ཡོད་པ་དེ་དེ་ལ་ཡོད་དོ། །ཞེས་བྱ་བར་ཡང་དག་པར་ཇི་ལྟ་བ་བཞིན་དུ་རབ་ཏུ་ཤེས་ཏེ། ཀུན་དགའ་བོ། སྟོང་པ་ཉིད་ལ་འཇུག་པ་འདི་ནི་ཡང་དག་པ་ཇི་ལྟ་བ་བཞིན་ཏེ། ཕྱིན་ཅི་མ་ལོག་པ་ཡིན་ནོ། །ཞེས་སོགས་གཞན་སྟོང་གི་ཚུལ་རྒྱ་ཆེར་གསུངས་སོ། །ཞེ་ན། མདོ་འདི་ལ་སོགས་པ་འདི་རིགས་ཀྱི་མདོ་དུ་མ་རྣམས་ཀྱི་དགོངས་པ་ལ་གནད་ཆེན་པོ་ཡོད་དེ། འདིའི་དགོངས་པ། རི་དྭགས་འཛིན་གྱི་མའི་ཁང་བཟང་རྟ་གླང་ལ་སོགས་པས་སྟོང་ཡང་དགེ་འདུན་ལ་སོགས་པས་མི་སྟོང་པ་དཔེར་མཛད་ནས། གང་ལ་གང་མེད་པ་དེ་དེས་སྟོང་ངོ་། །ཞེས་པས་དོན་དམ་པར་དགེ་སྡིག་ལ་སོགས་པའི་ལས་རང་རང་གི་ངོ་བོ་སྟོང་པ་ཉིད་ཡིན། དེ་ལ་ལྷག་མ་གང་ཡོད་པ་དེ་དེ་ལ་ཡོད་དོ། །ཞེས་བྱ་བས་ཐ་སྙད་ཀུན་རྫོབ་ཙམ་དུ་དགེ་སྡིག་ལ་སོགས་པའི་ལས་ཡོད་པར་བསྟན། དེ་ལྟ་བུའི་བདེན་གཉིས་ལ་བརྟེན་པའི་རང་སྟོང་ལ་འཇུག་པ་འདི་ནི། ཡང་དག་པ་ཇི་ལྟ་བཞིན་ཏེ། ཕྱིན་ཅི་མ་ལོག་པ་བཞིན་ནོ། །ཞེས་སོ། །དེ་བཞིན་དུ། མདོ་སྡེ་དང་རྒྱུད་སྡེ་མང་པོར

བདེན་གཉིས་ཀྱི་དོན་ལ་དཔྱད་དགོས་ཀྱི། དྲང་དོན་དགོངས་པ་ཅན་གྱི་མདོ་རྣམས་ངེས་དོན་གྱི་མདོར་དྲངས་ན༑ ཕ་དང་མ་ནི་གསད་བྱ་ཞིང་། །རྒྱལ་པོ་གཙང་སྦྲ་ཅན་ཉིད་བཅོམ། །ཡུལ་འཁོར་འཁོར་དང་བཅས་བཅོམ་ན༑ ༑མི་དེ་དག་པར་འགྱུར་བ་ཡིན། །ཞེས་སོགས་རྣམས་ལ་ཡང་ཧ་ཅང་ཐལ་ལོ། །དོན་དེ་ལ་དགོངས་ནས་ལང་གཤེགས་སུ། ཀུན་རྫོབ་ཏུ་ནི་ཐམས་ཅད་ཡོད། །དམ་པའི་དོན་དུ་ཡོད་མ་ཡིན། །དངོས་རྣམས་ངོ་བོ་ཉིད་མེད་དང་། །དམ་པའི་དོན་ཡང་བསྟན་པ་ཡིན། །ཞེས་སོགས་དང་། དཀོན་མཆོག་སྤྲིན་དུ་ནི། ཇི་ལྟར་ན། བྱང་ཆུབ་སེམས་དཔའ་དོན་དམ་པ་ལ་མཁས་པ་ཡིན་ཞེ་ན། གཟུགས་ཀྱི་སྐྱེ་བ་མི་དམིགས་ཀུན་འབྱུང་བ་མི་དམིགས། འགོག་པ་མི་དམིགས་ཞེས་པ་ལ་སོགས་པ་རྒྱ་ཆེར་གསུངས་ཤིང་། སློབ་དཔོན་ཀ་མ་ལ་ཤཱི་ལས་གསུངས་པ། དོན་དམ་པར་སྐྲོ་བཏགས་པའི་དངོས་པོ་བརྫོད་པ་ནི། ཀུན་རྫོབ་ཁོ་ནར་འགྱུར་ཏེ། དེ་ནི་སྤྲོས་པ་ཐམས་ཅད་ལས་མ་འདས་པའི་ཕྱིར་རོ། །དེ་སྐད་དུ་མདོ་ལས་ཀྱང་། འཇམ་དཔལ། དོན་དམ་པའི་བདེན་པ་གང་ཡིན། འཇམ་དཔལ་གྱིས་སྨྲས་པ། ལྷའི་བུ། གལ་ཏེ་དོན་དམ་པའི་བདེན་པ་ལུས་དང་ངག་དང་ཡིད་ཀྱི་ཡུལ་དུ་གྱུར་ན། དེ་དོན་དམ་པའི་བདེན་པ་ཞེས་བྱ་བའི་གྲངས་སུ་མི་འགྲོའི། ཀུན་རྫོབ་ཀྱི་བདེན་པ་ཁོ་ནར་འགྱུར་རོ། །ལྷའི་བུ། གཞན་ཡང་། དོན་དམ་པར་ན་དོན་དམ་པའི་བདེན་པ་ནི། ཐ་སྙད་ཐམས་ཅད་ལས་འདས་པའོ། །ཞེས་གསུངས་སོ། །ཞེས་སོ། །སློབ་དཔོན་ཞི་བ་ལྷས་ཀྱང་། དོན་དམ་བློ་ཡི་སྤྱོད་ཡུལ་མིན། །བློ་ན་ཀུན་རྫོབ་ཡིན་པར་འདོད། །ཅེས་སོགས་དང་། འཕགས་པ་བློ་གྲོས་མི་ཟད་པས་བསྟན་པའི་མདོ་ལས། ངེས་པའི་དོན་གྱི་མདོ་སྡེ་ནི་གང་། དྲང་བའི་དོན་གྱི་མདོ་སྡེ་ནི་གང་ཞེ་ན། མདོ་སྡེ་གང་དག་ལམ་ལ་འཇུག་པའི་ཕྱིར་བསྟན་པ་དེ་དག་ནི། དྲང་བའི་དོན་ཞེས་བྱའོ། །མདོ་སྡེ་གང་དག་འབྲས་བུ་ལ་འཇུག་པའི་ཕྱིར་བསྟན་པ་དེ་དག་ནི། ངེས་པའི་དོན་ཞེས་བྱའོ། །མདོ་སྡེ་གང་དག་བདག་དང་། སེམས་ཅན་དང་། སྲོག་དང་། གསོ་བ་དང་། སྐྱེས་བུ་དང་། གང་ཟག་དང་། ཤེད་ལས་སྐྱེས་པ་དང་། ཤེད་བདག་དང་། བྱེད་པ་པོ་དང་། ཚོར་བ་པོ་དང་སྒྲ་རྣམ་པ་སྣ་ཚོགས་སུ་བཤད་པ་དང་། བདག་པོ་མེད་པ་ལ་བདག་པོ་དང་བཅས་པར་བསྟན་པ་དེ་དག་ནི། དྲང་བའི་དོན་ཞེས་བྱའོ། །མདོ་སྡེ་གང་དག་སྟོང་པ་ཉིད་དང་། མཚན་མ་མེད་པ་དང་། སྨོན་པ་མེད་པ་དང་། མངོན་པར་འདུ་མི་བྱེད་པ་དང་། མ་སྐྱེས་པ་དང་མ་བྱུང་བ་དང་། དངོས་པོ་མེད་པ་དང་། བདག་མེད་པ་དང་། སེམས་ཅན་མེད་པ་དང་། སྲོག་མེད་པ་དང་། གང་ཟག་མེད་པ་དང་། བདག་པོ་མེད་པ་དང་། རྣམ་པར་ཐར་པའི་སྒོའི་བར་དུ་བསྟན་པ་དེ་དག་ནི། ངེས་པའི་དོན་ཞེས་བྱའོ། །འདི་དག་ནི། ངེས་པའི་དོན་གྱི་མདོ་སྡེ་ལ་རྟོན་གྱི་དྲང་བའི་དོན་གྱི་མདོ་སྡེ་ལ་མི་རྟོན་པ་ཞེས་བྱ་བའོ། །ཞེས་གསུངས་པ་དང་། དེ་བཞིན་དུ་འཕགས་པ་ཏིང་ངེ་འཛིན་

གྱི་རྒྱལ་པོ་ལས་ཀྱང་། སྟོང་པ་བདེ་བར་གཤེགས་པས་བཤད་པ་ལྟར། །ངེས་དོན་མདོ་སྡེ་དག་གི་བྱེ་བྲག་ཤེས། །གང་ལས་སེམས་ཅན་གང་ཟག་སྐྱེས་བུ་བསྟན། །ཆོས་དེ་ཐམས་ཅད་དྲང་བའི་དོན་དུ་ཤེས། །ཞེས་གསུངས་སོ། །

དེས་ན་བདེན་གཉིས་རྣམ་འབྱེད་ཀྱི་ཤེས་རབ་ལ་བརྟེན་ནས་མདོ་རྒྱུད་དུ་གསུངས་པའི་དྲང་ངེས་ཀྱི་དགོངས་དོན་རྣམས་ཤེས་པར་བྱ་དགོས་ཀྱི། ཚིག་གང་འགྲིག་འགྲིག་དང་བསྒྲིགས་པས་ཕན་པ་མིན་ནོ། །དེས་ན་ཁོ་བོ་ཅག་དབུ་མ་པའི་ལུགས་ལ་རང་སྟོང་གི་ངོས་འཛིན་ཐ་སྙད་ཙམ་དུ་སྣང་བའི་ཆོས་དེ་ཉིད་དང་། སྟོང་པ་ཉིད་དོན་གཞན་དུ་བརྗོད་དུ་མེད་ལ་དོན་དམ་པར་སྤྲོས་པའི་མཐའ་བྲལ་ལ་བྱེད་ཀྱི། རང་སྟོང་ཞེས་བྱ་བ་རི་བོང་རྭ་དང་མོ་གཤམ་གྱི་བུ་ལྟ་བུ་ལ་ཟེར་བ་མིན། འདིའི་གནད་མ་ཤེས་པ་ཐལ་རོ་མང་པོ་འཕེན་པ་བློ་གྲོན་པར་ཟད། དཔེར་ན། ངེས་རྒྱམ་དུ། རང་སྟོང་དང་དེ་བཞིན་རྣམ་གྲངས་ཡིན་ན། ལོག་སྲིད་ཅན་གདན་ཡོངས་སུ་མྱ་ངན་ལས་མི་འདའ་བའི་ཆོས་ཅན་ཞེས་གསུངས་པ་དེ། དེ་བཞིན་ཉིད་ཡིན་པར་འགྱུར་ཏེ། རང་སྟོང་ཡིན་པའི་ཕྱིར། འདོད་ན། སངས་རྒྱས་སུ་འགྱུར་རོ། །ཞེས་སོགས་ལ། མྱ་ངན་ལས་མི་འདའ་བ་དང་། དེ་བཞིན་ཉིད་ཐ་སྙད་དུ་དེ་ཉིད་དང་གཞན་དུ་བརྗོད་དུ་མེད་པར་མ་གྲུབ་པ་ལྟ་བུའོ། །འདི་རིགས་ཀྱི་རྩོད་པ་ཐམས་ཅད་དེས་གྲོལ་ལོ། །དེ་ལྟ་བུའི་ཆོས་ཐམས་ཅད་འདྲེས་པ་ལ་དམིགས་པའི་རང་སྟོང་སྙིང་རྗེ་དང་དབྱེར་མེད་དེ་བསྒོམས་པས་སྒྲིབ་གཉིས་སྦྱོང་བ་སངས་རྒྱས་ཀྱི་ལམ་དུ་འགྱུར་ཏེ། དཔལ་ཆོས་ཀྱི་གྲགས་པས་རྣམ་འགྲེལ་དུ། སྟོང་ཉིད་ལྟ་བས་གྲོལ་འགྱུར་གྱི། །སྒོམ་པ་ལྷག་མ་དེ་དོན་ཡིན། །

ཞེས་སོགས་བཀའ་བསྟན་བཅོས་ཀྱི་ལུང་རྣམ་དག་མང་གི། གཞན་སྟོང་འབྱུང་མེད་དེ་འདྲ་འཛིག་རྟེན་རྒྱང་འཕེན་པ་ཡང་བསྒོམ་མོ། །འབྲས་བུའི་སྐབས་སུ་ལམ་ཚོགས་གཉིས་རྫོགས་ཤིང་སྤང་བྱ་སྒྲིབ་གཉིས་ཟད་པ་ལས་འབྲས་བུ་སངས་རྒྱས་ཐོབ་པའི་ཤེས་བྱེད་དུ་དྲངས་པའི་མདོ་སྡེ་རྒྱན་ལས། ངལ་བརྒྱས་རྨད་བྱུང་དཀའ་སྤྱད་དགེ་ཀུན་བསགས། །བསྐལ་མཆོག་དུས་རིང་སོང་བ་སྒྲིབ་ཀུན་ཟད། །ས་རར་གཏོགས་སྒྲིབ་པ་ཕྲ་བཅོམ་སངས་རྒྱས་ཏེ། །དེ་ནི་མཐུ་ཆེན་རིན་ཆེན་སྣོད་ཕྱེ་བཞིན། །ཞེས་སོགས་དང་རྒྱུད་བླར། རང་བཞིན་འོད་གསལ་ཞེས་བརྗོད་གང་ཡིན་ཉིད་དང་མཁའ་བཞིན་གློ་བུར་གྱི། །ཉོན་མོངས་ཤེས་བྱའི་སྤྲིན་ཚོགས་སྟུག་པོའི་སྒྲིབ་པ་ཡིས་ནི་བསྒྲིབས་གྱུར་པ། །དྲི་མེད་སངས་རྒྱས་ཡོན་ཏན་ཀུན་ལྡན་རྟག་བརྟན་གཡུང་དྲུང་སངས་རྒྱས་ཉིད། །དེ་ནི་ཆོས་ལ་མི་རྟེན་རྣམ་འབྱེད་ཡེ་ཤེས་དག་ལ་བརྟེན་ནས་ཐོབ། །ཅེས་སོགས་ཀྱི་ལུང་རྣམས་ཀྱིས་ཁྱེད་རང་གི་འདོད་པ་ལ་གནོད་པ་ཆེན་པོ་བྱས་པ་ཡིན་ཏེ། ཁྱེད་གདོད་མ་ནས་སངས་རྒྱས་བཞུགས་པར་འདོད་པ་ལ་ལུང་དེ་དག་གིས། དགེ་བ་ཀུན་བསགས་སྒྲིབ་པ་ཀུན་ཟད་པར་རྟོགས་པས་སྒྲིབ་པ་ཕྲ་མོ་བཅོམ། ཆོས་ལ་མི་རྟོགས

པའི་ཡེ་ཤེས་སྐྱེས་པ་ལ་བརྟེན་ནས་སངས་རྒྱས་ཐོབ་དགོས་པར་གསུངས་འདུག་པའི་ཕྱིར། དེ་སོགས་ཀྱི་དགག་པ་སྤྱར་བརྗོད་ཟིན་ཏོ། །སངས་རྒྱས་བསམ་གྱིས་མི་ཁྱབ་པ་དང་། ཁས་ལེན་མེད་པའི་དགོངས་པ་བཤད་པར་སངས་རྒྱས་གཅིག་ཀྱང་མིན། མང་པོ་ཡང་མིན་ཞེས་སོགས་ཀྱི་དོན། ངེས་རྒྱུམ་དུ། གཟུགས་སྐུ་གཅིག་མིན་ཆོས་སྐུ་མང་པོ་མིན། དོན་དམ་ཆོས་སྐུ་མེད་པ་མིན། སྐལ་མེད་ལ་སྣང་བ་མ་ཡིན། སྐལ་ལྡན་ལ་མི་སྣང་བ་མིན། ཞེས་སོགས་བཤད་པ་སྤྲོས་བྲལ་སྟོན་པའི་གཞུང་ཕྱིན་ཅི་ལོག་ཏུ་བསྒྱུགས་ཏེ་བཤད་པ་ཡིན་ནོ། །དེ་བཞིན་དུ་རྩ་ཤེར། སྟོང་ངོ་ཞེས་ཀྱང་མི་བརྗོད་དེ། །མི་སྟོང་ཞེས་ཀྱང་མི་བྱ་ཞིང་། །གཉིས་དང་གཉིས་མིན་མི་བྱ་སྟེ། །ཞེས་དང་། རྩོད་པ་བཟློག་པར། གལ་ཏེ། ང་ལ་དམ་བཅའ་འགའ་ཡོད། །དེས་ན་ང་ལ་སྐྱོན་དེ་ཡོད། །ང་ལ་དམ་བཅའ་མེད་པས་ན། །ང་ནི་སྐྱོན་མེད་ཁོ་ན་ཡིན། །ཞེས་དང་། བཞི་བརྒྱ་པར། ཡོད་དང་མེད་དང་ཡོད་མེད་ཅེས། །གང་ལ་ཕྱོགས་ནི་ཡོད་མིན་པ། །དེ་ལ་ཡུན་ནི་རིང་མོ་ནའང་། །ཀླན་ཀ་བརྗོད་པར་ནུས་མ་ཡིན། །ཞེས་དང་། རིགས་པ་དྲུག་བཅུ་པར། དངོས་པོར་ཁས་ལེན་ཡོད་ན་ནི། །འདོད་ཆགས་ཞེ་སྡང་འབྱུང་བ་ཡི༑ ༑ལྟ་བ་མི་བཟད་མ་རུངས་འབྱུང་། །དེ་ལས་བྱུང་བའི་རྩོད་པར་འགྱུར། །ཞེས་དང་། རིན་ཆེན་སྒྲོན་མར། གལ་ཏེ་དངོས་ཤིག་ཡོད་ན་ནི། །དེ་ལ་འཇིག་རྟེན་མཐའ་ཡོད་དང་། །མཐའ་མེད་ལ་སོགས་པར་ཡང་འགྱུར། །ཞེས་སོགས་དབུ་མ་ཆེན་པོའི་ལུང་གི་དམག་མང་པོས་ལྟ་བ་ངན་པའི་དགྲ་བོའི་ཚོགས་ཐམས་ཅད་རྨེག་མེད་པར་བཅོམ་པ་ཡིན་ནོ། །དེ་ལྟ་མིན་པར། མྱང་འདས་ལ་སོགས་པ་དོན་དམ་པའི་དངོས་པོ་ཡོད་ན། མྱང་འདས་བརྟག་པའི་རབ་ཏུ་བྱེད་པར། མྱང་འདས་བདེན་པར་འདོད་པ་སུན་ཕྱུང་བ་མ་ཡིན་ནམ་ཞེས་པ་ལ། ཁ་ཅིག་ན་རེ། རྩ་ཤེར། གང་ཞིག་ཡོད་དང་འགག་པ་ལས། །མྱ་ངན་འདས་པར་འགྱུར་བ་ཡིན། །སྤངས་པ་མེད་པ་ཐོབ་མེད་པ༑ ༑ཆད་པ་མེད་པ་རྟག་མེད་པ། །འགག་པ་མེད་པ་སྐྱེ་མེད་པ། །དེ་ནི་མྱ་ངན་འདས་པར་འདོད། །ཅེས་མྱང་འདས་གཉིས་གསུངས་པས། སྤྲ་མ་ལ་དོན་དམ་པའི་རིགས་པས་གནོད་ཅིང་། ཕྱི་མ་ཆོས་ཉིད་ཀྱི་རིགས་པས་གྲུབ་པས། སྤྲ་མ་སུན་ཕྱུང་བ་ཡིན་ཞེས་ཟེར་རོ། །

མདོ་དེའི་དགོངས་པ་སྤྲ་མ་ཉན་ཐོས་ཀྱི་མྱང་འདས། ཕྱི་མ་ཐེག་ཆེན་གྱི་མྱང་འདས་སྤྲོས་བྲལ་སྟོན་པ་ཡིན་ཅིང་། དེ་བདེན་པར་འདོད་ན། གཉིས་ཀ་འང་སུན་ཕྱུང་བ་ཡིན་ཏེ། མདོར་ན། མྱ་ངན་ལས་འདས་པའང་རྨི་ལམ་ལྟ་བུ་སྒྱུ་མ་ལྟ་བུ། ཇི་སྟེ་མྱ་ངན་ལས་འདས་པ་ལས་ཆེས་ལྷག་པའི་ཆོས་འགའ་ཞིག་ཡོད་ན། དེའང་རྨི་ལམ་ལྟ་བུ་སྒྱུ་མ་ལྟ་བུ་ཞེས་གསུངས་སོ། །དེས་ན། དོན་དམ་པར་ནི་སངས་རྒྱས་དང་སངས་རྒྱས་མིན་པ་ལ་སོགས་པ་སྤྲོས་པའི་མཐའ་ཐམས་ཅད་དང་བྲལ་ཞིང་། ཐ་སྙད་དུ་ཟག་པ་མེད་པའི་ཆོས་བརྒྱ་ཞེ་བཞི་མཐར་

ཐུག་པའི་ཆོས་ཀྱི་སྐུ་རྒྱུ་ཚོགས་གཉིས་མ་ལུས་པར་རྫོགས། སྒྲིབ་གཉིས་བག་ཆགས་དང་བཅས་པ་མ་ལུས་པ་སྤངས་ཤིང་། ལམ་སྦྱོར་བ་ཡོངས་སུ་རྫོགས་པར་བསྒོམས་པའི་འབྲས་བུ་མཐར་ཐུག་ཅིག་སངས་རྒྱས་སུ་བཞུགས་པ་ཡིན་གྱི། གདོད་མ་ནས་སྤངས་རྟོགས་ཀྱི་ཡོན་ཏན་མ་ལུས་པ་ཚང་བའི་སངས་རྒྱས་སེམས་ཅན་ཐམས་ཅད་ལ་རང་ཆས་སུ་ཡོད་པར་སྟོན་པ་ནི། སྙིགས་དུས་ཀྱི་སེམས་ཅན་ཤེས་རབ་དང་བྲལ་བས་ལྟ་བ་རྣམ་པར་དག་པ་རྟོགས་པར་མི་ནུས་ལ། བརྩོན་འགྲུས་དང་བྲལ་ལེ་ལོའི་དབང་དུ་གྱུར་པས་གཞན་དོན་དུ་སངས་རྒྱས་ཐོབ་པའི་ཕྱིར་སྦྱིན་སོགས་ཕར་ཕྱིན་དྲུག་གི་ལམ་གྱིས་སྐྲག་པ་རྣམས་དགའ་བ་བསྐྱེད་ཅིང་། སངས་རྒྱས་ཀྱི་ལམ་ཕྱིན་དྲུག་ལས་ལྡོག་ཅིང་མོས་པ་མེད་པར་བྱེད་པའི་བདུད་ཀྱི་སྡེ་ཆེན་པོའོ། །གཉིས་པ་བཅོམ་ལྡན་འདས་ཀྱི་མདོའི་དགོངས་པ་ཟབ་མོ་བསྟན་པ་ནི། དེ་ལྟར་སྔར་སྨོས་པའི་མདོ་འཁོར་ལོ་ཐ་མའི་བརྗོད་བྱ་སྟོན་པར་མཛད་པ་རྣམས་དང་། དེ་དག་གི་དགོངས་འགྲེལ་རྣམས་ཀྱིས་དོན་ཅི་ཞིག་བསྟན་སྙམ་ན། དེ་བཞིན་གཤེགས་པའི་སྙིང་པོ་ཤིན་ཏུ་ཟབ་ཅིང་རྟོགས་པར་དཀའ་བ། སངས་རྒྱས་རྣམས་ཀྱི་ཐུགས་ཀྱི་གསང་བ་ཟབ་མོ་དགོངས་པས་བསྟན་པ་ཡིན་ཏེ། མུ་ངན་འདས་མདོར། དགོངས་པས་གསུངས་པའི་དེ་བཞིན་གཤེགས་པའི་སྙིང་པོ་ཞེས་ཡང་དང་ཡང་དུ་ལན་མང་པོར་གསུངས་པའི་ཕྱིར་རོ། །

དེ་ནས་དགོངས་པས་གསུངས་པ་ཐམས་ཅད་ལ། དགོངས་གཞི། དགོངས་པའི་རྒྱུ་མཚན། དགོངས་པའི་དགོས་པ། དངོས་ལ་གནོད་བྱེད་དང་བཞིར་ཤེས་པར་བྱས་ནས་དགོངས་པའི་དོན་ཟབ་མོ་བཙལ་དགོས་ཀྱི། སྒྲ་ཇི་བཞིན་པར་བཟུང་ན་ནོར་བ་ཆེན་པོར་འགྱུར་ཏེ། དེའི་རྒྱུ་མཚན་ཡང་། མཛོད་ལས། ཆོས་ཀྱི་ཕུང་པོ་བརྒྱད་ཁྲི་དག །གང་དག་ཐུབ་པས་གསུངས་དེ་དག །ཅེས་པ་ནས། སྤྱོད་པ་རྣམས་ཀྱི་གཉེན་པོར་ནི། །ཆོས་ཀྱི་ཕུང་པོ་མཐུན་པར་གསུངས། །ཞེས་པས་བཅོམ་ལྡན་འདས་ཀྱིས་ཆོས་ཕུང་བརྒྱད་ཁྲི་བཞི་སྟོང་གསུངས་པ་རྣམས། ཉོན་མོངས་པ་བརྒྱད་ཁྲི་བཞི་སྟོང་ལ་སྤྱོད་པའི་གཉེན་པོར་གསུངས་ཤིང་། མི་མཐེད་ཀྱི་གདུལ་བྱ་སེམས་ཅན་རྣམས་ཀྱང་ལྟ་བ་དང་སེམས་ཅན་དང་ཉོན་མོངས་པ་དང་ཚེ་དང་དུས་ཀྱི་སྙིགས་མ་རྣམས་བདོ་བའི་དུས་སུ་བྱུང་བས་བསྟན་པ་ལ་ཕྱིན་ཅི་མ་ལོག་པར་འཇུག་པ་ཉུང་ཞིང་། ཕྱིན་ཅི་ལོག་ཏུ་འཇུག་པ་མང་བས་གདུལ་བྱའི་སེམས་ཅན་ངན་པ་དེ་རྣམས་ཡང་དག་པའི་ལྟ་བ་ལ་གཟུད་པའི་ཕྱིར་དེ་རྣམས་རང་རང་གི་བློ་དང་མཐུན་པའི་བདག་ལ་སོགས་པའི་སྒྲར་བརྗོད་ནས་ཟབ་མོ་སྤྲོས་བྲལ་སྟོང་པ་ཉིད་བསྟན་པ་དྲི་མ་མེད་པ་ལ་ཁ་དྲང་བར་བྱ་བའི་དོན་དུ་གསུངས་པར་འཁོར་ལོ་ཐ་མ་ལེགས་པར་རྣམ་པར་ཕྱེ་བ་དང་ལྡན་པའི་བཀའ་རྣམས་ཕལ་ཆེ་བ་དྲང་དོན་དགོངས་པ་ཅན་གྱི་མདོ་ཡིན་ནོ། །དེའི་ཕྱིར་དེ་བཞིན་གཤེགས་པའི་སྙིང་པོ་བསྟན་པའི་

མདོ་སོགས་དགོངས་བཤད་ཀྱི་དོན་ཟབ་མོ་ལ་མདོའི་དགོངས་པ་མ་བླངས་པར་སྒྲ་ཇི་བཞིན་པར་བཟུང་ན། ལྟ་བ་ངན་པའི་མཐར་ཐུག་པར་འགྱུར་ཏེ། འཕགས་པ་བདེན་པ་གཉིས་ལ་འཇུག་པ་ལས་ཀྱང་། ཉོན་མོངས་པ་ཐམས་ཅད་ཀྱི་རྩ་བ་མངོན་ཞེན་ཡིན་པའི་ཕྱིར་ཆོས་ཐམས་ཅད་ངོ་བོ་ཉིད་མེད་པར་སྒོམ་པ་ཁོ་ནས་ཉོན་མོངས་པ་སྤོང་གི། ལམ་གཞན་གྱིས་ནི་མ་ཡིན་ནོ། །ཞེས་པ་ནས། ཡོད་པ་མིན་པ་ལས་ཕྱིན་ཅི་ལོག་པ་དེ་ལས་ཀུན་ཏུ་རྟོག་པ་དང་རྣམ་པར་རྟོག་པ་འབྱུང་ངོ་། །དེ་ལས་ཚུལ་བཞིན་མིན་པའི་ཡིད་ལ་བྱེད་པ་འབྱུང་ངོ་། །དེ་ལས་བདག་ཏུ་སྒྲོ་འདོགས་པ་འབྱུང་ངོ་། །དེ་ལས་ལྟ་བ་ཀུན་ནས་དཀྲིས་པ་འབྱུང་ངོ་། །དེ་ལས་ཉོན་མོངས་པ་རྣམས་འབྱུང་ངོ་། །ཞེས་སོགས་གསུངས་སོ། །ཕྱིར་དེ་ལྟར་གྱུར་ཀྱང་བདེར་སྙིང་རྟག་བརྟན་དུ་སྟོན་པ་ངེས་དོན་ཡིན་ཏེ༑ མྱང་འདས་མདོར། བདག་ཡོད་པ་དང་རྟག་པར་སྟོན་པ་ནི། ངེས་པའི་དོན་ཡིན་ལ། བདག་མེད་པ་དང་མི་རྟག་པར་སྟོན་པ་ནི། བཀྲི་བའི་དོན་ཡིན་ནོ། །ཞེས་གསུངས་སོ་ཞེ་ན། དེ་ཀ་དགོངས་བཤད་ཡིན་པར། མྱང་འདས་ཉིད་ལས། བཅོམ་ལྡན་འདས་དགོངས་པའི་ཚིག་ཅེས་བགྱི་བ་ཅི་ལགས། འོད་སྲུང་། དགོངས་པའི་ཚིག་ཅེས་བྱ་བ་ནི། དེ་བཞིན་གཤེགས་པ་ཡོངས་སུ་མྱ་ངན་ལས་འདས་པ་ཞེས་བྱ་བ་ད་ལྟ་འདི་ལ་དེ་བཞིན་གཤེགས་པ་རྟག་པ་བརྟན་པ་ཞི་བ་ཐེར་ཟུག་པ་ཡོངས་སུ་མྱ་ངན་ལས་འདས་ཀྱང་ཉམས་པར་མི་འགྱུར་བ་ཞེས་མདོ་འདི་ནི་དགོངས་པའི་ཚིག་ཅེས་བྱའོ། །ཞེས་གསུངས་སོ། །

དེས་ན་བདེར་སྙིང་གི་མདོ། མྱང་འདས། ལང་གཤེགས། དགོངས་འགྲེལ། ཛ་བོ་ཆེ། སོར་ཕྲེང་ལ་ཕན་པ་ལ་སོགས་ཀྱི་མདོ་དུ་མ་ནས་བདེར་སྙིང་རྟག་པ་བརྟན་པ་གཡུང་དྲུང་ཐེར་ཟུག་མི་འགྱུར་བའི་ཆོས་ཅན། སེམས་ཅན་ཐམས་ཅད་ལ་གདོད་མ་ནས་རང་ཆས་སུ་ཡོད་པར་གསུངས་པའི་དོན་དགོངས་པ་ཅན་ཡིན་པར་བསྟན་པར་བྱ་སྟེ། དགོངས་ཟེར་ཡང་གོ་སླ་བར་བཤད་ན། བཏགས་ཟེར་བ་ཡིན་པས། དེ་ལ་གདགས་གཞི་འདོགས་པའི་རྒྱུ་མཚན། བཏགས་པའི་དགོས་པ། དངོས་ལ་གནོད་བྱེད་དང་བཞིའོ། །དེ་ལ་གདགས་གཞི་ནི། སེམས་ཅན་ཐམས་ཅད་ལ་རྣམ་ཤེས་ཚོགས་བརྒྱད་ཀྱི་ཡ་གྱལ་དུ་ཀུན་གཞིའི་རྣམ་ཤེས་མེད་པ་མི་སྲིད་པས་དེ་ཡོད་པ་ལ་དགོངས་ཏེ། འཕགས་པ་ཐོགས་མེད་ཀྱིས། ཐོག་མ་མེད་པའི་དུས་ཀྱི་དབྱིངས། །ཆོས་རྣམ་ཀུན་གྱི་གནས་ཡིན་ཏེ། །དེ་ཡོད་པས་ན་འགྲོ་ཀུན་དང་། །མྱ་ངན་འདས་པ་ཐོབ་པར་འགྱུར། །ཞེས་ཐེག་བསྡུས་སུ་ཀུན་གཞི་དང་། རྒྱུད་བླའི་འགྲེལ་བར་དེ་བཞིན་གཤེགས་པའི་སྙིང་པོའི་སྐྱབ་བྱེད་དུ་མཛད་དོ། །དེ་བཞིན་དུ། དེ་བཞིན་ཀུན་བཞིའི་རྣམ་ཤེས་པ། །དེ་བཞིན་གཤེགས་པའི་དགེ་སྙིང་པོ། །ཟག་མེད་ལེགས་དང་ལྡན་གྱུར་ཏེ། །གཞན་དུ་གྱུར་ན་རབ་ཏུ་འབྲིན། །ཞེས་དང་། ལང་གཤེགས་ལས། བློ་གྲོས་ཆེན་པོ། དེ་བཞིན་གཤེགས་པའི

སྙིང་པོ་དགེ་བ་དང་མི་དགེ་བའི་རྒྱུར་གྱུར་པ་ཞེས་པ་ནས་སྨྲོས་པའི་གནས་ངན་གྱི་བག་ཆགས་རྣམ་པ་མང་པོས་བསྒོས་པ་ཀུན་གཞི་རྣམ་པར་ཤེས་པ་ཞེས་གྲགས་པ། མ་རིག་པའི་གནས་ཀྱིས་ལས་སྐྱེས་པའི་རྣམ་པར་ཤེས་པ་བདུན་དང་ལྷན་ཅིག་ཏུ་རྒྱ་མཚོ་ཆེན་པོའི་རླབས་བཞིན་དུ་རྟག་ཏུ་ལུས་རྒྱུན་མི་འཆད་པ་ཞེས་སོགས་མང་དུ་གསུངས་སོ། །འདིས་ཀུན་གཞི་བདེར་སྙིང་གི་གདགས་གཞི་ཡིན་ཟེར་བར་བསྟན་གྱི། བདེར་སྙིང་ཡིན་པར་བསྟན་པ་མ་ཡིན་ཏེ། དེའི་གདགས་གཞི་ཡིན་པས་དེ་ཡིན་མི་དགོས་ཏེ། དཔེར་ན། མི་གླེན་པ་འགའ་ཞིག་ལ་བོང་བུར་བཏགས་ཀྱང་མི་གླེན་པ་དེ་བོང་བུ་ཡིན་མི་དགོས་པ་བཞིན་ནོ། །འདོགས་པའི་རྒྱུ་མཚན། སྤྱིར་བཅོམ་ལྡན་འདས་ཀྱི་མདོ་རྣམས་ལས། བདེར་སྙིང་གི་སྒྲས་གསུངས་པ་ཁ་ཅིག་ཏུ་ཀུན་གཞི་ལ་གསུངས་ཏེ། རྒྱན་སྟུག་པོ་བཀོད་པར། ས་རྣམས་སྣ་ཚོགས་ཀུན་གཞི་སྟེ། །བདེ་གཤེགས་སྙིང་པོ་དགེ་བའང་དེ། །ཞེས་དང་། ཁ་ཅིག་ཏུ་ས་བོན་ལ་ལྟོས་ནས་གསུངས་ཏེ། དཔལ་ཕྲེང་སེང་གེའི་ང་རོ་ལས། རྣམ་པར་སྦྱངས་པའི་ས་བོན་ལ་ལྟོས་ནས་སེམས་ཅན་ཐམས་ཅད་དེ་བཞིན་གཤེགས་པའི་སྙིང་པོ་ཅན་ཡིན་ནོ། །ཞེས་དང་། ཁ་ཅིག་ཏུ་རིགས་ལ་གསུངས་ཏེ། དཔལ་ཕྲེང་གི་མདོར། བཅོམ་ལྡན་འདས། གལ་ཏེ་དེ་བཞིན་གཤེགས་པའི་སྙིང་པོ་མ་མཆིས་ན་ནི་སྡུག་ལ་སྐྱོ་བ་དང་། མྱང་འདས་ལ་འདོད་ཅིང་དོན་དུ་གཉེར་བ་དང་། སྨོན་པ་ཡང་མ་མཆིས་པར་འགྱུར་རོ། །ཞེས་དང་། ཁ་ཅིག་ཏུ་ཆོས་ཉིད་ལ་གསུངས་ཏེ། ཚུལ་བརྒྱ་ལྔ་བཅུ་པར། ཐམས་ཅད་ཀྱི་རང་བཞིན་ཡིན་པས་སེམས་ཅན་ཐམས་ཅད་དེ་བཞིན་གཤེགས་པའི་སྙིང་པོ་ཅན་ནོ། །ཞེས་དང་། ཁ་ཅིག་ཏུ་ཆོས་སྐུ་ལ་གསུངས་ཏེ། གསེར་འོད་དམ་པར། ཆོས་ཀྱི་སྐུ་དེ་ནི་དེ་བཞིན་གཤེགས་པའི་མཛད་པ་སྣ་ཚོགས་པ་མངོན་དུ་གྱུར་པའོ། །ཞེས་པ་ནས། དེ་ཉིད་དེ་བཞིན་གཤེགས་པའི་ངོ་བོ་ཉིད་དོ། །དེ་བཞིན་གཤེགས་པའི་སྙིང་པོ་སྟེ། སྐུ་དེ་ལ་བརྟེན་ནས་ཞེས་དང་། ཁ་ཅིག་ཏུ་སེམས་ཅན་གྱི་ཁམས་ལ་གསུངས་ཏེ། འགྲིབ་པ་དང་འཕེལ་བ་མེད་པའི་ཆོས་ཉིད་བསྟན་པའི་མདོ་ལས། ཤཱ་རིའི་བུ། སེམས་ཅན་གྱི་ཁམས་ཞེས་བྱ་བ་འདི་ནི། དེ་བཞིན་གཤེགས་པའི་སྙིང་པོའི་ཚིག་བླ་དྭགས་སོ། །ཞེས་སོགས་མང་ཡང་། ཁོ་བོ་ཅག་གི་ལུགས་ལ་ཚོགས་གཉིས་མ་ལུས་པར་རྫོགས། སྒྲིབ་གཉིས་མ་ལུས་པ་སྤངས། རྣམ་ཤེས་ཚོགས་བརྒྱད་གནས་གྱུར་པའི་ཡེ་ཤེས་རྫོགས་པའི་སངས་རྒྱས་ཀྱི་ས་ཁོ་ན་ན་ཡོད་པའི་ཆོས་སྐུ་མཚན་ཉིད་པ་བདེ་གཤེགས་སྙིང་པོ་ཡིན་གྱི། གཞན་དེ་ཐམས་ཅད་རྒྱུ་ལ་འབྲས་བུས་བཏགས་པ་དང་། ཡུལ་ལ་ཡུལ་ཅན་གྱི་མིང་གིས་བཏགས་པ་ལ་སོགས་པར་འདོད། དེ་ལ་འདོགས་པའི་རྒྱུ་མཚན། ཉིས་པ་ལྔ་སྤང་བའི་ཕྱིར་གཉེན་པོ་ལ་ལྷེམ་པོར་དགོངས་པས་དེ་བཞིན་ཉིད་ལ་སོགས་པ་ལ་བདེ་གཤེགས་སྙིང་པོར་གསུངས་ཏེ། དེའི་རྒྱུ་མཚན་ཡང་། འཕགས་པ་ཐོགས་མེད་ཀྱིས་རྒྱུད་བླའི་འགྲེལ་པར། དེ་

ལ་དྲི་མ་དང་བཅས་པའི་དེ་ཉིད་ཀྱི་དབང་དུ་མཛད་ནས་སེམས་ཅན་ཐམས་ཅད་ནི། དེ་བཞིན་གཤེགས་པའི་སྙིང་པོ་ཅན་ནོ། །ཞེས་གསུངས་པ་གང་ཡིན་པ་དེ་དོན་གང་གིས་ཡིན་ཞེ་ན། རྫོགས་སངས་སྐུ་ནི་འཕྲོ་ཕྱིར་དང་། །དེ་བཞིན་ཉིད་དབྱེར་མེད་ཕྱིར་དང་། །རིགས་ཡོད་ཕྱིར་ན་ལུས་ཅན་ཀུན། །རྟག་ཏུ་བདེ་གཤེགས་སྙིང་པོ་ཅན། །མདོར་བསྡུས་ན། རྣམ་པ་གསུམ་གྱིས་སེམས་ཅན་ཐམས་ཅད་ནི་རྟག་ཏུ་དེ་བཞིན་གཤེགས་པའི་སྙིང་པོ་ཅན་ནོ། །ཞེས་བཅོམ་ལྡན་འདས་ཀྱིས་གསུངས་ཏེ། སངས་རྒྱས་ཡེ་ཤེས་སེམས་ཅན་ཚོགས་ཞུགས་ཕྱིར། །རང་བཞིན་དྲི་མེད་དེ་ནི་གཉིས་མེད་དེ། །སངས་རྒྱས་རིགས་ལ་དེ་འབྲས་ཉེར་བཏགས་ཕྱིར། །འགྲོ་ཀུན་སངས་རྒྱས་སྙིང་པོ་ཅན་དུ་གསུངས། །དོན་དེ་རྣམས་ཐམས་ཅད་དོན་གང་གིས་གསུང་རབ་ཐམས་ཅད་དུ་ཁྱད་མེད་པར་བསྟན་པར་གྱུར་པ་དེའི་དབང་དུ་བྱས་ཏེ་བཤད་པར་བྱའོ། །འདི་ལྟ་སྟེ། སེམས་ཅན་ཐམས་ཅད་ལ་དེ་བཞིན་གཤེགས་པའི་ཆོས་ཀྱི་སྐུས་འཕྲོ་བའི་དོན། དེ་བཞིན་གཤེགས་པའི་དེ་བཞིན་ཉིད་རྣམ་པར་དབྱེར་མེད་པའི་དོན་དང་། དེ་བཞིན་གཤེགས་པའི་རིགས་ཡོད་པའི་དོན་གྱིས་སོ། །ཞེས་གསུངས་པས། བཅོམ་ལྡན་འདས་བྱམས་པ་ཉིད་ཀྱིས་རྫོགས་སངས་སྐུ་ནི་འཕྲོ་ཕྱིར་ཞེས་སོགས་ཀྱི་བཤད་པར་སངས་རྒྱས་ཡེ་ཤེས་སེམས་ཅན་ཚོགས་ཞུགས་ལ་སོགས་པ་སྦྱར་ཞིང་། རྫོགས་པའི་སངས་རྒྱས་ཀྱི་ཆོས་ཀྱི་སྐུ་སེམས་ཅན་ལ་འཕྲོ་བའི་ཕྱིར་སེམས་ཅན་སངས་རྒྱས་ཀྱི་སྙིང་པོ་ཡོད་ཅེས་གསུངས། འཕྲོ་བའི་དོན་ཡང་ཞུགས་པ་ལ་གསུངས་པའི་ཕྱིར་དང་། སངས་རྒྱས་དང་སེམས་ཅན་གྱི་དེ་བཞིན་ཉིད་རྣམ་པར་དབྱེར་མེད་པའི་དོན་དང་། རང་བཞིན་དུ་གནས་པའི་རིགས་ཡོད་པ་ལ། དེའི་འབྲས་བུ་དེ་བཞིན་གཤེགས་པའི་སྙིང་པོ་ཡོད་པར་བཏགས་པའི་ཕྱིར་ཞེས་བྱམས་པ་དང་ཐོགས་མེད་ཀྱིས་འདོགས་པའི་རྒྱུ་མཚན་དང་བཅས་པ་གསུངས་སོ། །

དེས་ན་སེམས་ཅན་ལ་དེ་བཞིན་གཤེགས་པའི་སྙིང་པོའི་རྒྱུ་ཡོད་པ་ལ་དེ་བཞིན་གཤེགས་པའི་སྙིང་པོ་ཡོད་པར་བཏགས་པ་ཡིན་ཏེ། འཕགས་པ་ཐོགས་མེད་ཀྱི་རྒྱུད་བླའི་འགྲེལ་པར། དེའི་ཕྱིར་དེ་ལྟར་གཏེར་དང་། ལྗོན་ཤིང་དང་། རིན་པོ་ཆེའི་སྐུ་དང་། འཁོར་ལོས་སྒྱུར་བ་དང་། གསེར་གྱི་གཟུགས་ཏེ། དཔེ་ལྔག་མ་ལྔ་པོ་འདི་དག་གིས་གཟུགས་ནི་སངས་རྒྱས་ཀྱི་སྐུ་རྣམ་པ་གསུམ་བསྐྱེད་པའི་རིགས་ཡོད་པའི་དབང་དུ་བྱས་ཏེ། དེ་བཞིན་གཤེགས་པའི་ཁམས་སེམས་ཅན་འདི་དག་ཐམས་ཅད་ཀྱི་སྙིང་པོར་བསྟན་པ་ཡིན་ནོ། །དེ་བཞིན་གཤེགས་པ་ཉིད་ནི། སངས་རྒྱས་ཀྱི་སྐུ་རྣམ་པ་གསུམ་གྱིས་རབ་ཏུ་ཕྱེ་བ་ཡིན་ཏེ། དེས་ན་དེ་བཞིན་གཤེགས་པའི་ཁམས་ཐོབ་པའི་རྒྱུ་ཡིན་པས་ཁམས་ཀྱི་དོན་ནི། འདིར་རྒྱུའི་དོན་ནོ། །གང་གི་ཕྱིར་དེ་ལ་ཡང་སེམས་ཅན་དང་སེམས་ཅན་ལ་དེ་བཞིན་གཤེགས་པའི་ཁམས་འགྲུབ་པའི་སྙིང་པོར་གྱུར་པ་ཡོད་མོད་ཀྱི། སེམས་ཅན་དེ་

དག་གིས་ཤེས་པ་མིན་ནོ། །ཞེས་གསུངས་སོ། །ཁྱབ་པའི་དོན་ཡང་། མྱ་ངན་འདས་མདོར། ཀྱེ་རྒྱལ་བའི་སྲས། དེ་བཞིན་གཤེགས་པའི་སྐུ་ཡང་ཐམས་ཅད་ཀྱི་རྗེས་སུ་སོང་བ་སྟེ། སེམས་ཅན་ཐམས་ཅད་དང་ཆོས་ཐམས་ཅད་དང་ཞིང་ཐམས་ཅད་དུ་ཁྱབ་པར་ཤེས་པར་བྱའོ། །ཞེས་དང་། གསང་བ་བསམ་གྱིས་མི་ཁྱབ་པར། འདི་ལ་དཔེ་གཅིག་ཡང་དག་སྟེ། །ནམ་མཁའི་ཁམས་སུ་བསྟན་པ་ལགས། །ཞེས་དང་། མངོན་རྟོགས་རྒྱན་ལས། དེ་ལྟར་མཛད་པ་རྒྱ་ཆེའི་ཕྱིར། །སངས་རྒྱས་ཁྱབ་པ་ངེས་པར་བརྗོད། །ཅེས་དང་། ཆགས་མེད་ཐོགས་པ་མེད་པའི་ཕྱིར། །ཡེ་ཤེས་ཁྱབ་པར་ངེས་པར་བརྗོད། །ཅེས་དང་། ཐམས་ཅད་རྟོགས་ཕྱིར་ཁྱབ་པ་ཉིད། །ཅེས་སོགས་གསུངས་ཤིང་། དེ་བཞིན་གཤེགས་པའི་སྙིང་པོའི་མདོའི་དཔེ་དང་པོ་གསུམ་གྱིས། སངས་རྒྱས་ཀྱི་ཆོས་སྐུ་བསྟན་ཏེ། རྒྱུད་བླར། ཕྲ་མོ་ཟབ་མོའི་ཚུལ་བསྟན་ནི། །སྦྲང་རྩི་རོ་ལ་གཅིག་པ་བཞིན་ཏེ། །རྣམ་པ་སྣ་ཚོགས་ཚུལ་བསྟན་ནི། །སྣ་ཚོགས་སྦུབས་སྙིང་བཞིན་ཞེས་བྱ། །ཞེས་གསུངས་ཤིང་། སྙིང་པོའི་མདོའི་དཔེ་བཞི་པ་གསེར་གྱི་གཟུགས་ཀྱིས་སེམས་ཀྱི་དེ་བཞིན་ཉིད་བསྟན་ཏེ། རྒྱུད་བླར། རང་བཞིན་འགྱུར་བ་མེད་པ་དང་། །དགེ་དང་རྣམ་པར་དག་པའི་ཕྱིར། །དེ་བཞིན་ཉིད་འདི་གསེར་གྱི་ནི། །གཟུགས་དང་མཚུངས་པར་བརྗོད་པ་ཡིན། །ཞེས་སོ། །དཔེ་ལྷག་མ་ལྔ་ནི། རིགས་ཀྱི་དབང་དུ་བྱས་ཏེ། རྒྱུད་བླར། གཏེར་དང་འབྲས་བུ་ཤིང་བཞིན་དུ། །རིགས་དེ་རྣམ་གཉིས་ཤེས་བྱ་སྟེ། །ཞེས་པ་ནས། ངོ་བོ་ཉིད་སྐུ་མཛེས་པ་ན། །རིན་ཆེན་སྐུར་ནི་ཤེས་བྱ་སྟེ། །རང་བཞིན་གྱིས་ནི་བྱས་མིན་དང་། །ཡོན་ཏན་རིན་ཆེན་གཏེར་ཡིན་ཕྱིར། །ཆོས་ཆེན་རྒྱལ་སྲིད་ཆེ་ལྡན་ཕྱིར། །རྫོགས་ལོངས་འཁོར་ལོས་བསྒྱུར་བཞིན་ནོ། །གཟུགས་བརྙན་གྱི་ནི་རང་བཞིན་ཕྱིར། །སྤྲུལ་པ་གསེར་གྱི་གཟུགས་ལྟ་བུ། །ཞེས་གསུངས་ཏེ། དཔེ་འདི་ལྟར་སངས་རྒྱས་ཀྱི་སྐུ་གསུམ་བསྐྱེད་པའི་རིགས་ཡོད་པའི་དབང་དུ་བྱས་ནས། དེ་བཞིན་གཤེགས་པའི་ཁམས་སེམས་ཅན་ལ་ཡོད་པས་དེ་བཞིན་གཤེགས་པའི་སྙིང་པོ་ཅན་དུ་སྟོན་ཏེ། རྒྱུད་བླ་མའི་འགྲེལ་པར། དེ་བཞིན་གཤེགས་པ་ཉིད་ནི། སངས་རྒྱས་ཀྱི་སྐུ་རྣམ་པ་གསུམ་གྱིས་རབ་ཏུ་ཕྱེ་བ་ཡིན་ཏེ། ཞེས་སོགས་ནས། ཇི་སྐད་དུ། སེམས་ཅན་ཕུང་པོའི་ནང་ན་སངས་རྒྱས་ཡེ་ཤེས་གནས། །དེ་ནི་རང་བཞིན་གཉིས་མེད་ཕྱིར་ན་དྲི་མ་མེད། །སངས་རྒྱས་རིགས་ལ་འབྲས་བུར་རྣམ་པར་བཏགས་ནས་ནི། །ལུས་ཅན་ཐམས་ཅད་སངས་རྒྱས་སྙིང་པོར་བརྗོད་པ་ཡིན། །ཞེས་སོགས་གསུངས་པས། རྒྱུ་ཡོད་པ་ལས་འབྲས་བུ་ཡོད་པ་དུས་གཞན་ལ་དགོངས་པ་ཡིན་ཏེ། མྱ་ངན་འདས་མདོར། རིགས་ཀྱི་བུ། དཔེར་ན༑ མི་ཞིག་ཁྱིམ་ན་འོ་མ་དང་ཞོ་ཡོད་པ་ལས། ཡང་མི་ཞིག་གིས་ཁྱེད་ལ་མར་ཡོད་དམ་ཞེས་དྲིས་ན། དེས་སྨྲས་པ། བདག་ལ་ཡོད་དོ་ཞེས་སྨྲས་ཀྱང་འདི་ལྟར་ཞོ་ནི་ཡང་དག་པར་མར་མིན་མོད་ཀྱི་ཐབས་མཁས་པས་གནོད་མི་ཟ་

བར་ཐོབ་པར་འགྱུར་བའི་ཕྱིར་མར་ཡོད་དོ། །ཞེས་སྨྲོའོ། །

སེམས་ཅན་དེ་དག་ཀྱང་དེ་དང་འདྲ་སྟེ། ཀུན་ལ་སེམས་ཡོད་དོ། །གང་སེམས་ཡོད་པ་དེ་ནི་གདོན་མི་ཟ་བར་བླ་ན་མེད་པར་ཡང་དག་པར་རྫོགས་པའི་བྱང་ཆུབ་འཐོབ་པར་འགྱུར་རོ། །དོན་དེ་ལྟ་བས་ན། ངས་རྟག་ཏུ་སེམས་ཅན་ཐམས་ཅད་ལ་སངས་རྒྱས་ཀྱི་རང་བཞིན་ཡོད་དོ། །ཞེས་གསུངས་སོ། །དོན་འདི་རྣམས་བསྟན་པའི་ཕྱིར་རྔོག་ལོ་ཙཱ་བས་རྒྱུད་བླའི་ཊཱི་ཀར། དེ་ལ་རྣམ་པར་དག་པའི་དེ་བཞིན་ཉིད་ནི། རྫོགས་པའི་སངས་རྒྱས་ཀྱི་ཆོས་ཀྱི་སྐུ་ཡིན་ལ། དེ་འཕྲོ་བ་ནི། དེས་ཁྱབ་པ་སྟེ། སེམས་ཅན་ཐམས་ཅད་ཀྱི་ཐོབ་ཏུ་རུང་བས་ཁྱབ་པ་ཡིན་ནོ། །ཕྱོགས་འདི་ལ་ནི། དེ་བཞིན་གཤེགས་པ་ནི། དངོས་ཡིན་ལ། སེམས་ཅན་དེའི་སྙིང་པོ་ཅན་དུ་ནི། བཏགས་པ་ཡིན་ཏེ། དེ་ཐོབ་པའི་སྐལ་བ་ཡོད་པ་ལ་དེས་ཁྱབ་པར་བཏགས་པའི་ཕྱིར་རོ། །ཞེས་སོགས་དང་། འབྲས་བུ་ཆོས་སྐུས་ཁྱབ་པས་ན། སེམས་ཅན་ཐམས་ཅད་འབྲས་བུའི་སྙིང་པོ་ཅན་དུ་བརྗོད་པ་ནི། ད་ལྟར་སངས་རྒྱས་ཀྱི་གཟུགས་དང་སྦྲང་རྩི་དང་འབྲས་བུའི་སྙིང་པོའི་དཔེ་གསུམ་གྱིས་ཞེས་བྱ་བའོ། །ཞེས་དང་། དེ་བཞིན་དབྱེར་མེད་པའི་དོན་གྱིས་ན། སེམས་ཅན་ཐམས་ཅད་རང་བཞིན་གྱི་སྙིང་པོ་ཅན་དུ་བརྗོད་པ་ནི། དེས་ན་འདིར་གསེར་གྱི་དཔེ་གཅིག་གིས་ནི་ཞེས་བྱ་བའོ། །ཞེས་དང་། རྒྱུ་རིགས་ཡོད་པས་ན། སངས་རྒྱས་ཀྱི་སྙིང་པོ་ཅན་དུ་བརྗོད་པ་ནི། དེའི་ཕྱིར་དེ་ལྟར་གསེར་དང་ལྗོན་ཤིང་དང་ཞེས་བྱ་བའོ། །ཞེས་སོགས་གསུངས་པ་དེ་ཁོ་ན་ལྟར་ཁོ་བོ་ཅག་ཀྱང་འདོད་དོ། །བཏགས་པའི་དགོས་པ་ནི། རྒྱུད་བླར། སྤྲིན་དང་རྨི་ལམ་སྒྱུ་བཞིན་དེ་དང་དེར། །ཤེས་བྱ་ཐམས་ཅད་རྣམ་ཀུན་སྟོང་པ་ཞེས། །གསུངས་ནས་ཡང་འདིར་རྒྱལ་རྣམས་སེམས་ཅན་ལ། །སངས་རྒྱས་སྙིང་པོ་ཡོད་ཅེས་ཅི་སྟེ་གསུང་། །སེམས་ཞུམ་སེམས་ཅན་དམན་ལ་བརྙས་པ་དང་། ཡང་དག་མི་འཛིན་ཡང་དག་ཆོས་ལ་སྐུར། །བདག་ཆགས་ལྷག་པའི་སྐྱོན་ལྔ་གང་དག་ལ། །ཡོད་པ་དེ་དག་དེ་སྤང་དོན་དུ་གསུངས། །ཚིགས་བཅད་གཉིས་པོ་འདིའི་དོན་ནི། མདོར་བསྡུས་ཏེ་ཚིགས་སུ་བཅད་པ་བཅུས་རིག་པར་བྱ་སྟེ། ཡང་དག་མཐའ་ནི་འདུས་བྱས་ཀྱིས། །རྣམ་པར་ཐམས་ཅད་དབེན་པ་སྟེ། །ཉོན་མོངས་ལས་དང་རྣམ་སྨིན་དོན། །སྤྲིན་ལ་སོགས་པ་བཞིན་དུ་བརྗོད། །ཉོན་མོངས་སྤྲིན་འདྲ་བྱ་བ་ཡི། །ལས་ནི་རྨི་ལམ་ལོངས་སྤྱོད་བཞིན། །ཉོན་མོངས་ལས་ཀྱི་རྣམ་པར་སྨིན། །ཕུང་པོ་སྒྱུ་མ་སྤྲུལ་པ་བཞིན། །སྔར་ནི་དེ་ལྟར་རྣམ་གཞག་ནས། །ཕྱིར་ཡང་བླ་མའི་རྒྱུད་འདིར་ནི། །ཉེས་པ་ལྔ་དག་སྤང་བའི་ཕྱིར། །ཁམས་ཡོད་ཉིད་ཅེས་བསྟན་པ་ཡིན། །འདི་ལྟར་དེ་ནི་མ་ཐོས་པས། །བདག་ལ་བརྙས་པའི་ཉེས་པ་ཡིས། །སེམས་ནི་ཞུམ་པ་འགའ་ཞིག་ལ། །བྱང་ཆུབ་སེམས་ནི་སྐྱེ་མི་འགྱུར། །གང་ལ་བྱང་ཆུབ་སེམས་སྐྱེས་པས། །བདག་གིས་མཆོག་ཅེས་རློམ་པ་ན། །བྱང་ཆུབ་སེམས་མ་བསྐྱེད

པ་ལ། །དམན་པའི་འདི་ཤེས་རབ་ཏུ་འཇུག །དེ་ལྟར་སེམས་པ་དེ་ལ་ནི། །ཡང་དག་ཤེས་པ་མི་སྐྱེ་བ། །དེས་ན་ཡང་དག་མིན་འཛིན་ཅིང་། །ཡང་དག་དོན་ནི་རིག་མི་འགྱུར། །བཅོས་མ་གློ་བུར་བ་ཉིད་ཕྱིར། །སེམས་ཅན་སྐྱོན་དེ་ཡང་དག་མིན། །ཡང་དག་ཉེས་དེ་བདག་མེད་པ། །ཡོན་ཏན་རང་བཞིན་དག་པ་ཡིན། །ཡང་དག་མིན་པའི་ཉེས་འཛིན་ཅིང་། །ཡང་དག་ཡོན་ཏན་སྐུར་འདེབས་པ། །བློ་ལྡན་བདག་དང་སེམས་ཅན་ནི། །མཚུངས་མཐོང་བྱམས་པ་མཐོང་མི་འགྱུར། །འདི་ལ་དེ་ནི་ཐོས་པ་ལས། །སྤྲོ་དང་སྟོན་པ་བཞིན་གུས་དང་། །ཤེས་རབ་ཡེ་ཤེས་བྱམས་སེམས་སྐྱེ། །ཆོས་ལྔ་སྐྱེས་ཕྱིར་དེ་ལས་ནི། །ཁ་ན་མ་ཐོ་མེད་མཚུངས་ལྟ། །སྐྱོན་མེད་ཡོན་ཏན་ལྡན་པ་དང་། །བདག་དང་སེམས་ཅན་མཚུངས་བྱ་སྟེ། །སངས་རྒྱས་ཉིད་ནི་མྱུར་དུ་འཐོབ། །ཅེས་གསུངས་པའི་དོན། ཇོག་གི་རྒྱུད་བླའི་ཊཱི་ཀར། བདག་ལ་བརྙས་པ་དང་། གཞན་ཁྱད་དུ་གསོད་པ་དང་། མེད་པའི་དོན་ལ་སྒྲོ་འདོགས་པ་དང་། ཡོད་པའི་དོན་ལ་སྐུར་བ་འདེབས་པ་དང་། བྱམས་པ་ཆེན་པོ་དང་མི་ལྡན་པ་སྟེ། སྐྱོན་ལྔ་པོ་དེ་དག་སྤང་བའི་ཕྱིར་དོན་གཞན་ལ་དགོངས་ཏེ་གསུངས་པར་འཆད་པས་དེའི་རྗེས་སུ་འབྲངས་ནས་བཤད་པར་བྱ་སྟེ། བཅོམ་ལྡན་འདས་ཁྱེད་ཀྱིས་སྔར་ཉོན་མོངས་པ་སྤྲིན་དང་། ལས་རྨི་ལམ་དང་། ཕུང་པོ་སྒྱུ་མ་ལ་སོགས་སུ་གསུངས་ནས། སླར་སེམས་ཅན་ལ་སངས་རྒྱས་ཀྱི་སྙིང་པོ་ཡོད་ཅེས་གསུངས་པའི་དགོས་པ་ནི། ཉེས་པ་ལྔ་སྤང་བའི་ཕྱིར་ཁམས་ཡོད་པ་ལ་བདེར་སྙིང་ཡོད་ཅེས་བཏགས་ནས་བསྟན་པ་ཡིན། ཉེས་པ་ལྔ་པོ་གང་ཡིན་ཞེ་ན། འདི་ལྟར། སེམས་ཅན་འགའ་ཞིག །བདག་ལྟ་བུས་རྫོགས་པའི་བྱང་ཆུབ་ཐོབ་པར་ག་ལ་ནུས་སྙམ་དུ་སེམས་ཞུམ་ནས་བདག་ལ་བརྙས་ཤིང་། ཐེག་ཆེན་གྱི་ལམ་ལ་མི་འཇུག་པ་རྣམས་ཐེག་ཆེན་ལ་དྲང་བའི་ཕྱིར་སེམས་ཅན་ཐམས་ཅད་ལ་བདེར་སྙིང་ཡོད་དོ་ཞེས་གསུངས་པ་བདག་ཉིད་ལ་བརྙས་པའི་ལེ་ལོ་སྤོང་བྱེད་ཀྱི་གཉེན་པོར་ལྡེམ་པོར་དགོངས་པ་སྟེ། དེ་བཞིན་གཤེགས་པའི་སྙིང་པོའི་མདོར། རིགས་ཀྱི་བུ་དག །དེ་ལ་དེ་བཞིན་གཤེགས་པ་ནི། སེམས་ཅན་དག་བདག་ཉིད་ལ་ཁྱད་དུ་མི་གསོད་པའི་ཕྱིར། རིགས་ཀྱི་བུ་དག །ཁྱེད་བདག་ཉིད་སྒྲོ་ཤི་བར་མ་བྱེད་པར་ཁྱེད་བརྩོན་འགྲུས་བརྟན་པར་གྱིས་ཤིག་དང་། ཁྱེད་ལ་དེ་བཞིན་གཤེགས་པ་བཞུགས་པ་ཡོད་པ་དུས་ཤིག་ན་འབྱུང་བར་འགྱུར་ཏེ། ཞེས་སོགས་གསུངས། ཡང་། སེམས་ཅན་འགའ་ཞིག །བྱང་ཆུབ་སེམས་སོགས་ཡོན་ཏན་གྱིས་ང་རྒྱལ་ནས་གཞན་ཁྱད་དུ་གསོད་པའི་གཉེན་པོར་སེམས་ཅན་ཐམས་ཅད་བདེར་སྙིང་པོ་ཅན་ཡིན་པས་བརྙས་པར་མི་བྱའོ། །ཞེས་གདམས་པ་ང་རྒྱལ་གྱི་གཉེན་པོ་ལྡེམ་དགོས་ཏེ། མྱ་ངན་འདས་མདོར། བཅོམ་ལྡན་འདས། ཅི། གང་ཟག་འདི་ལྟ་བུ་ཆོས་ཀྱི་ནང་དུ་ཚུད་དམ་ཞེས་གསོལ་ན། ངས་དེ་ལ་ཀོ་ཙུ་ཤི་ཀ །གང་ཟག་འདིའང་སངས་རྒྱས་ཀྱི་ཆོས་ཀྱི་ནང་དུ་ཚུད་དེ། སངས་རྒྱས་ཀྱི་རང་

བཞིན་ཡོད་པས་བླ་ན་མེད་པ་ཡང་དག་པར་རྫོགས་པའི་བྱང་ཆུབ་ཐོབ་པར་འགྱུར་རོ། །ཞེས་གསུངས་པ་ལྟ་བུ། སེམས་ཅན་འགའ་ཞིག་བདག་དང་བདག་གིར་ལྟ་བ་ལ་མངོན་པར་ཞེན་ནས་བདག་མེད་པའི་དོན་ལ་བདག་ཡོད་ཅེས་སྒྲོ་འདོགས་པ་དང་། བདག་མེད་ཡོད་པའི་དོན་ལ་ཆད་ལྟ་ཡིན་ཞེས་སྐུར་བ་འདེབས་པ་དེ་དག་གི་གཉེན་པོར། བདག་གཟོད་མ་ནས་ཞི་བའི་ཆོས་ཉིད་ཀྱི་དོན་ཟབ་མོ་མ་རྟོགས་པར་འཁོར་བར་འཁྱམས་པ་རྣམས་དྲང་བའི་ཕྱིར་ཆོས་ལ་བརྟེན་པའི་གཉེན་པོར་དོན་གཞན་ལ་དགོངས་པ་སྟེ། ལང་གཤེགས་སུ། བློ་གྲོས་ཆེན་པོ། དེ་ལྟར་དེ་བཞིན་གཤེགས་པ་རྣམས་མུ་སྟེགས་བྱེད་བདག་ཏུ་སྨྲ་བ་ལ་མངོན་པར་ཞེན་པ་རྣམས་དྲང་བའི་ཕྱིར་དེ་བཞིན་གཤེགས་པའི་སྙིང་པོ་བསྟན་པས་དེ་བཞིན་གཤེགས་པའི་སྙིང་པོ་སྟོན་ཏེ། ཡང་དག་མ་ཡིན་པའི་བདག་ཏུ་རྣམ་པར་རྟོག་པའི་ལྟ་བར་ལྟུང་བའི་བསམ་པ་ཅན་དག་རྣམ་པར་ཐར་པ་གསུམ་གྱི་སྤྱོད་ཡུལ་ལ་གནས་པའི་བསམ་པ་དང་ལྡན་ཞིང་མྱུར་དུ་བླ་མེད་རྫོགས་པའི་བྱང་ཆུབ་ཏུ་མངོན་པར་འཚང་རྒྱ་བར་ཇི་ལྟར་འགྱུར་ཞེས་ཏེ། བློ་གྲོས་ཆེན་པོ། དེའི་དོན་དུ་དེ་བཞིན་གཤེགས་པ་དགྲ་བཅོམ་པ་ཡང་དག་རྫོགས་པའི་སངས་རྒྱས་རྣམས་དེ་བཞིན་གཤེགས་པའི་སྙིང་པོ་སྟོན་པར་མཛད་དོ། །ཞེས་གསུངས་པ་ལྟ་བུ། ཉན་རང་རྣམས་འཁོར་འདས་ཐ་དད་དང་། གཟུང་འཛིན་བདེན་པ་ལ་སོགས་པ་ཡང་དག་པ་མིན་པར་འཛིན་ཅིང་ཉོན་མོངས་པ་དོན་དམ་པར་རང་བཞིན་གྱིས་དག་པ་འོད་གསལ་བ་ལ་སྐུར་པ་འདེབས་ཤིང་། རང་དོན་དུ་མི་རྟག་སྡུག་བསྔལ་སྟོང་བ་བདག་མེད་ལ་སོགས་པར་བསྒོམས་པ་དེ། ཆོས་ཀྱི་བདག་མེད་མ་གཏོགས་གང་ཟག་གི་བདག་མེད་ཀྱི་མཐར་ལྟུང་བ་རྣམས་མེད་མཐར་འཛིན་པ་ལས་བཟློག་པའི་ཕྱིར་གཞུག་པ་ལ་ལྟེམ་པོར་དགོངས་ཏེ། བདེར་སྙིང་དོན་དམ་པའི་བདག་དང་རྟག་བརྟན་གཡུང་དྲུང་ཐེར་ཐུག་སོགས་སུ་གསུངས་ཏེ། དཔལ་ཕྲེང་གི་མདོར། བཅོམ་ལྡན་འདས། སེམས་ཅན་རྣམས་དེ་བཞིན་གཤེགས་པ་ལ་དད་པས་རྟག་པར་འདུ་ཤེས་པ་དང་བདེ་བར་འདུ་ཤེས་པ་དང་བདག་ཏུ་འདུ་ཤེས་པ་དང་གཙང་བར་འདུ་ཤེས་པའི་སེམས་ཅན་དེ་དག་ནི། བཅོམ་ལྡན་འདས། ཕྱིན་ཅི་ལོག་ཏུ་འགྱུར་བ་མ་ལགས་ཏེ། བཅོམ་ལྡན་འདས་སེམས་ཅན་དེ་དག་ནི། ཡང་དག་པའི་ལྟ་བ་ཅན་དུ་འགྱུར་བ་ལགས་སོ། །ཞེས་གསུངས་པ་ལྟ་བུའོ། །

འདིའི་བདག་ཏུ་འཛིན་པ་ཡང་དག་པའི་ལྟ་བ་ཅན་དུ་འགྱུར་ཞེས་གསུངས་པ་ཡང་། བདག་ཡོད་མེད་ཀྱི་སྤྲོས་བྲལ་མཉམ་པ་ཉིད་སྟོང་ཉིད་ལ་བདག་ཏུ་བཏགས་པ་སྟེ། དེར་འདུ་ཤེས་པ་ཕྱིན་ཅི་མ་ལོག་པ་ཡིན་པ་མྱ་ངན་འདས་མདོ་ལས། བདག་ཅེས་བྱ་བ་ཐེར་ཟུག་ཏུ་རྟག་པའི་ཆོས་ཡིན་ན་ནི། སྡུག་བསྔལ་དང་མི་འབྲལ་བར་འགྱུར་རོ། །ཞེས་པ་ནས། མཁས་པ་ཤེས་རབ་ཅན་ནི། རང་བཞིན་གྱིས་གཉིས་སུ་མེད་པར་རྟོགས་ཏེ། གཉིས

སུ་མེད་པ་ནི་ཡང་དག་པ་ཉིད་དོ། །ཞེས་དང་། རིགས་ཀྱི་བུ། བདག་ཅེས་བྱ་བ་དང་བདག་མེད་པ་རང་བཞིན་གྱིས་གཉིས་སུ་མེད་པར་ཁྱོད་ཀྱིས་དེ་ལྟར་གཟུང་ས་སུ་ཟུངས་ལ་སྦྱོ་བོར་ལོངས་ཤིག །རིགས་ཀྱི་བུ་ཁྱོད་ཀྱིས་མདོ་སྡེ་འདི་བརྟན་པར་གཟུངས་སུ་དྲན་པར་གྱིས་ཤིག །ངས་སྔོན་འཕགས་པ་ཤེས་རབ་ཀྱི་ཕ་རོལ་ཏུ་ཕྱིན་པ་ཆེན་པོའི་མདོ་ལས་ཀྱང་། བདག་དང་བདག་མེད་པ་མཚན་ཉིད་ཀྱིས་གཉིས་སུ་མེད་པར་བསྟན་ཏོ། །ཞེས་སོགས་རྒྱ་ཆེར་གསུངས་སོ། །ཁ་ཅིག །སེམས་ཞུམ་སེམས་ཅན་དམན་ལ་བརྙས་པ་དང་། ཞེས་སོགས་གཞུང་འདི་རྣམས་ཀྱི་སྐབས་སུ། དགོས་པ་བསྟན་པ་ཡིན་གྱི། དྲང་དོན་བསྟན་པ་མིན། གལ་ཏེ་དགོས་པ་བསྟན་པས་དྲང་དོན་དུ་འགྱུར་ན། ངེས་དོན་སྟོན་པ་ལ་ཧ་ཅང་ཐལ། ཞེས་ཟེར་བ་ནི། སེང་གེར་བསྒོམས་ཀྱང་ཁ་ནས་ཝ་སྐད་ཆེན་པོ་ཤོར་བ་ཡིན་ཏེ། སྤྱིར་དགོས་པ་བསྟན་པས་དྲང་དོན་དུ་འགྱུར་བ་ཡིན་ཀྱང་གཞུང་འདི་རྣམས་ཀྱི་དགོས་པ་བསྟན་པ་ཀ་དྲང་དོན་བསྟན་པ་ཡིན་ནོ། །དེ་བཞིན་ཉིད་དང་རིགས་ལ་སོགས་པ་དེ་དག་བདེར་སྙིང་བཏགས་པ་བ་ཡིན་ན། དངོས་ལ་གནོད་བྱེད་ཀྱི་རིགས་པ་ཡོད་དམ། ཞེ་ན། ཤིན་ཏུའང་ཡོད་དེ། བདེ་གཤེགས་སྙིང་པོ་མཚན་ཉིད་པ་དེ། རྫོགས་པའི་སངས་རྒྱས་ཀྱི་ཆོས་སྐུ་ཡིན་ལ། དེ་སེམས་ཅན་གྱི་ཕུང་པོ་ཆེན་པོ་རྣམས་ལ་ནམ་ཡང་མེད་དོ། །སེམས་ཅན་གྱི་སྡེ་ཆེན་པོ་ཉན་རང་འཕགས་པ་ལ་སོགས་པ་རྣམས་ལའང་མེད་དོ། །དེའི་རྒྱུ་མཚན་ཡང་འཕགས་པ་ཐོགས་མེད་ཀྱིས་རྒྱུད་བླའི་འགྲེལ་པར་མདོ་དྲངས་པ་འདི་ལྟ་སྟེ། ཆོས་ཀྱི་སྐུ་དང་། དེ་བཞིན་གཤེགས་པ་དང་། དོན་དམ་པའི་བདེན་པ་དང་། མྱ་ངན་ལས་འདས་པ་ཞེས་བྱ་བ་སྟེ། གང་གི་ཕྱིར་འདི་སྐད་ཅེས། ཤཱ་རིའི་བུ། དེ་བཞིན་གཤེགས་པའི་སྙིང་པོ་ཞེས་བྱ་བ་འདི་ནི། ཆོས་ཀྱི་སྐུའི་ཚིག་བླ་དྭགས་སོ། །ཞེས་བྱ་བ་དང་། བཅོམ་ལྡན་འདས། དེ་བཞིན་གཤེགས་པ་གཞན་ལ། ཆོས་ཀྱི་སྐུ་གཞན་པ་ནི་མ་ལགས་ཀྱི། བཅོམ་ལྡན་འདས། ཆོས་ཀྱི་སྐུ་ཉིད་དེ་བཞིན་གཤེགས་པ་ལགས་སོ། །ཞེས་བྱ་བ་དང་། བཅོམ་ལྡན་འདས། སྡུག་བསྔལ་འགོག་པ་ཞེས་བགྱི་བ་ཡོན་ཏན་འདི་ལྟ་བུ་དང་ལྡན་པའི་དེ་བཞིན་གཤེགས་པའི་ཆོས་ཀྱི་སྐུར་བསྟན་ཏོ། །ཞེས་བྱ་བ་དང་། བཅོམ་ལྡན་འདས། མྱ་ངན་ལས་འདས་པའི་དབྱིངས་ཞེས་བྱ་བ་འདི་ནི། དེ་བཞིན་གཤེགས་པའི་ཆོས་ཀྱི་སྐུའི་ཚིག་བླ་དྭགས་སོ། །ཞེས་གསུངས་པ་ཡིན་ནོ། །

ཆོས་སྐུ་ནི། ཉོན་མོངས་པ་དང་ཉེ་བའི་ཉོན་མོངས་པ་ཐམས་ཅད་ལས་གྲོལ་བ་ཡིན་ཏེ། འཕགས་པ་ཐོགས་མེད་ཀྱིས་རྒྱུད་བླའི་འགྲེལ་བར་མདོ་དྲངས་པ། ཤཱ་རིའི་བུ། ཆོས་ཀྱི་སྐུ་དེ་ཉིད་ཉོན་མོངས་པའི་སྦུབས་ཐམས་ཅད་ལས་ཡོངས་སུ་གྲོལ་བ། སྡུག་བསྔལ་བ་ཐམས་ཅད་ལས་འདས་པ། ཉེ་བའི་ཉོན་མོངས་པའི་དྲི་མ་མཐའ་དག་དང་བྲལ་བ། དག་པ། རྣམ་པར་དག་པ། མཆོག་ཏུ་ཡོངས་སུ་དག་པའི་ཆོས་ཉིད་ལ་གནས་པ།

སེམས་ཅན་ཐམས་ཅད་ཀྱི་བལྟ་བར་བྱ་བའི་ས་ལ་བཞུགས་པ། ཤེས་བྱའི་ས་ཐམས་ཅད་ལ་གཉིས་སུ་མེད་པའི་སྐྱེས་བུའི་མཐུ་ཐོབ་པ། སྒྲིབ་པ་མེད་པའི་ཆོས་ཅན་ཆོས་ཐམས་ཅད་ཀྱི་དབང་ཕྱུག་གི་སྟོབས་ཐོགས་པ་མེད་པ་ཐོབ་པ་ནི། དེ་བཞིན་གཤེགས་པ་དགྲ་བཅོམ་པ་ཡང་དག་པར་རྫོགས་པའི་སངས་རྒྱས་ཞེས་བརྗོད་དོ། །ཞེས་གསུངས། དེ་བཞིན་གཤེགས་པའི་སྙིང་པོ་ནི། སངས་རྒྱས་ཁོ་ནའི་སྤྱོད་ཡུལ་ཡིན་གྱི། སོ་སྐྱེའི་སྤྱོད་ཡུལ་མིན་ཏེ། འཕགས་པ་ཐོགས་མེད་ཀྱིས་རྒྱུད་བླའི་འགྲེལ་པར་མདོ་དྲངས་པ། ཤཱ་རིའི་བུ། དོན་འདི་ནི། དེ་བཞིན་གཤེགས་པའི་ཡུལ་ཏེ། དེ་བཞིན་གཤེགས་པའི་སྤྱོད་ཡུལ་ལོ། །ཤཱ་རིའི་བུ། དོན་འདི་ནི། རེ་ཞིག་ཉན་ཐོས་དང་། རང་སངས་རྒྱས་ཐམས་ཅད་ཀྱིས་ཀྱང་རང་གི་ཤེས་རབ་ཀྱིས་ཡང་དག་པར་ཤེས་པའམ། བལྟ་བའམ། བརྟག་པར་མི་នུས་ན། བྱིས་པ་སོ་སོ་སྐྱེ་བོ་དག་གིས་ལྟ་ཅི་སྨོས་ཏེ། དེ་དེ་བཞིན་གཤེགས་པ་ལ་དད་པས་རྟོག་པ་ནི་མ་གཏོགས་སོ། །ཤཱ་རིའི་བུ། དོན་དམ་པ་ནི། དད་པས་རྟོགས་པར་བྱ་བ་ཡིན་នོ། །ཞེས་དང་། ཡང་འཕགས་པ་ཐོགས་མེད་ཀྱིས། དེ་བཞིན་གཤེགས་པའི་སྙིང་པོའི་ཡེ་ཤེས་ཉིད་ནི། དེ་བཞིན་གཤེགས་པ་རྣམས་ཀྱི་སྟོང་པ་ཉིད་ཀྱི་ཡེ་ཤེས་ཡིན་ལ། དེ་བཞིན་གཤེགས་པའི་སྙིང་པོ་ཡང་ཉན་ཐོས་དང་རང་སངས་རྒྱས་ཐམས་ཅད་ཀྱིས་སྔར་མ་མཐོང་མ་རྟོགས་པའོ། །ཞེས་རྒྱས་པར་གསུངས་སོ། །

དེ་བཞིན་གཤེགས་པའི་སྙིང་པོ་དེ་ཇི་ལྟར་ཆོས་ཀྱི་སྐུ་ཡིན་པ་དེ་ལྟར་ནི། འཇིགས་ཚོགས་ལ་ལྟ་བར་ལྟུང་བ་རྣམས་ཀྱི་སྤྱོད་ཡུལ་མིན་པར་བརྗོད་དོ། །ཆོས་ཀྱི་དབྱིངས་ནི་ལྟ་བའི་གཉེན་པོ་ཡིན་པའི་ཕྱིར་རོ། །ཇི་ལྟར་ཆོས་ཀྱི་སྐུ་འཇིག་རྟེན་ལས་འདས་པའི་སྙིང་པོ་ཡིན་པ་དེ་ལྟར་ནི་ཕྱིན་ཅི་ལོག་ལ་མངོན་པར་དགའ་བ་རྣམས་ཀྱི་སྤྱོད་ཡུལ་མ་ཡིན་នོ། །ཞེས་བརྗོད་དོ། །འཇིག་རྟེན་ལས་འདས་པའི་ཆོས་ཀྱི་སྐུ་ནི་མི་རྟག་པ་ལ་སོགས་པའི་འཇིག་རྟེན་པའི་ཆོས་ཀྱི་གཉེན་པོར་བསྟན་པའི་ཕྱིར་རོ། །ཇི་ལྟར་ཆོས་ཀྱི་སྐུ་ཡོངས་སུ་དག་པའི་ཆོས་ཀྱི་སྙིང་པོ་ཡིན་པ་དེ་ལྟར་ནི་སྟོང་པ་ཉིད་ལས་སེམས་རྣམ་པར་གཡེངས་པ་རྣམས་ཀྱི་སྤྱོད་ཡུལ་མ་ཡིན་នོ། །ཞེས་བརྗོད་དོ། །ཞེས་སོ། །དེ་ལ་སྟོང་པ་ཉིད་ལས་རྣམ་པར་གཡེངས་པ་ནི། ཐེག་པ་ལ་གསར་དུ་ཞུགས་པའི་བྱང་ཆུབ་སེམས་དཔའ་སྟོང་པ་ཉིད་ཀྱི་ཚུལ་དུ་དེ་བཞིན་གཤེགས་པའི་སྙིང་པོ་ལས་ཉམས་པ་དག་ལ་བརྗོད་དོ། །ཞེས་སོ། །ལུང་འདིས་སྟོང་ཉིད་སྒོམ་པ་ལམ་མིན་དུ་བསྟན་ཞེ་ན། མ་ཡིན་ཏེ། རྒྱུད་བླའི་འགྲེལ་པར་ཐོགས་མེད་ཀྱིས། སྟོང་པ་ཉིད་ལས་སེམས་རྣམ་པར་གཡེངས་པའི་དོན་བཤད་པ། དེ་ལ་གང་ཞིག་སྟོང་པ་ཉིད་ཀྱི་ཚུལ་འདི་ལས་སེམས་ཕྱི་རོལ་ཏུ་རྣམ་པར་གཡེངས་ཤིང་རྣམ་པར་འཕྲོ་ལ། མཉམ་པར་མི་འཇོག་ཅིང་རྩེ་གཅིག་ཏུ་མི་འགྱུར་བ་དེས་ན། དེ་དག་སྟོང་པ་ཉིད་ལས་སེམས་རྣམ་པར་གཡེངས་པ་ཞེས་བརྗོད་དོ། །དེ་ལ་དོན་དམ་

པ་སྟོང་པ་ཉིད་ལ་ཡེ་ཤེས་མེད་པར་ནི་རྣམ་པར་རྟོག་པ་མེད་པའི་དག་པའི་དབྱིངས་རྟོགས་ཤིང་མངོན་པར་འདུ་བྱ་བར་མི་ནུས་སོ། །

འདི་ལ་དགོངས་ནས་གསུངས་པ་ནི། དེ་བཞིན་གཤེགས་པའི་སྙིང་པོའི་ཡེ་ཤེས་ཉིད་ནི། དེ་བཞིན་གཤེགས་པ་རྣམས་ཀྱི་སྟོང་པ་ཉིད་ཀྱི་ཡེ་ཤེས་ཡིན་ལ་ཞེས་གསུངས་སོ། །ཆོས་སྐུ་མཚན་ཉིད་པ་དེ་ཉིད་རང་སོ་སྐྱེར་མ་ཟད། དབང་ཐོབ་པའི་བྱང་སེམས་རྣམས་ཀྱིས་ཀྱང་མ་ཐོབ་པར་གསུངས་ཏེ། དཔལ་ཕྲེང་གི་མདོའི་དོན་འཕགས་པ་ཐོགས་མེད་ཀྱིས་རྒྱུད་བླའི་འགྲེལ་པར། དེ་ལ་དགྲ་བཅོམ་པ་དང་། རང་སངས་རྒྱས་དང་། དབང་ཐོབ་པའི་བྱང་ཆུབ་སེམས་དཔའ་རྣམས་ནི། ཉེ་བའི་ཉོན་མོངས་པ་ཐམས་ཅད་ཀྱི་རྟེན་དུ་གྱུར་པ། མ་རིག་པའི་བག་ཆགས་ཀྱིས་མ་སྤངས་པས་ན། ཉོན་མོངས་པའི་དྲི་མ་དྲི་ང་བའི་བག་ཆགས་ཐམས་ཅད་དང་ལྡན་པའི་ཕྱིར་གཙང་བའི་ཕ་རོལ་ཏུ་ཕྱིན་པ་རབ་ཀྱི་མཐར་ཕྱིན་པ་མི་ཐོབ་བོ། །མ་རིག་པའི་བག་ཆགས་ཀྱི་ས་དེ་ཉིད་ལ་བརྟེན་ནས་མཚན་མའི་སྤྲོས་པ་ཀུན་ཏུ་སྤྱོད་པ་ཕྲ་མོ་དང་ལྡན་པའི་ཕྱིར་བདག་གི་ཕ་རོལ་ཏུ་ཕྱིན་པ་ཤིན་ཏུ་འདུས་མ་བྱས་པ་མི་ཐོབ་བོ། །མ་རིག་པའི་བག་ཆགས་ཀྱི་ས་དེ་དང་། མ་རིག་པའི་བག་ཆགས་ཀྱི་སའི་རྒྱུན་ཅན་གྱི་མཚན་མའི་སྤྲོས་པ་ཕྲ་མོས་ཀུན་ནས་བསླངས་པ་ཟག་པ་མེད་པའི་ལས་ལ་བརྟེན་ནས་ཡིད་ཀྱི་རང་བཞིན་གྱི་ཕུང་པོ་ཀུན་འབྱུང་བའི་ཕྱིར་དེ་འགག་པ་ཤིན་ཏུ་བདེ་བའི་ཕ་རོལ་ཏུ་ཕྱིན་པ་མི་ཐོབ་བོ། །ཇི་སྲིད་དུ་ཉོན་མོངས་པ་དང་། ལས་དང་། སྐྱེ་བའི་ཀུན་ནས་ཉོན་མོངས་པ་མ་ལུས་པ་འགག་པ་ལས་གྱུར་པ་དེ་བཞིན་གཤེགས་པ་མངོན་དུ་མ་བྱས་པ་དེ་སྲིད་དུ་བསམ་གྱིས་མི་ཁྱབ་པའི་ཡོངས་སུ་བསྒྱུར་བ་དང་ལྡན་པའི་འཆི་འཕོ་བ་དང་མི་འབྲལ་བའི་ཕྱིར་གཞན་དུ་གྱུར་པ་མེད་པ་རྟག་པའི་ཕ་རོལ་ཏུ་ཕྱིན་པ་མི་ཐོབ་བོ། །ཞེས་པ་ནས། དེ་བཞིན་གཤེགས་པའི་ཆོས་ཀྱི་སྐུ་ཁོ་ན་རྟག་པ་དང་བདེ་བ་དང་བདག་དང་གཙང་བའི་ཕ་རོལ་ཏུ་ཕྱིན་པའོ། །ཞེས་སོ། །ཆོས་སྐུ་རྟག་བརྟན་སོགས་སུ་གསུངས་པ་འདི་འང་དགོངས་པ་ཅན་རྣམས་གྲངས་པ་མིན་གྱི། དོན་དམ་པར་ནི་ཆོས་སྐུ་ཡང་བདག་དང་བདག་མིན་པ་དང་། རྟག་པ་དང་རྟག་པ་མིན་པ་ལ་སོགས་པ་སྤྲོས་པའི་མཐའ་བྲལ་ཆེན་པོ་ཡིན་ཏེ། མྱང་འདས་སུ། དེ་བས་ན་དེ་བཞིན་གཤེགས་པ་མཐའ་གཉིས་ལས་ལྡོག་པའི་ཕྱིར་སངས་རྒྱས་ཀྱི་རང་བཞིན་ནང་ན་མ་ཡིན་ཕྱི་རོལ་ན་མ་ཡིན་ལ། ནང་དང་ཕྱི་རོལ་ཀྱང་མ་ཡིན་ནོ། །ཞེས་གསུངས་ཏེ། དེ་ནི་དབུ་མའི་ལམ་ཞེས་བྱའོ། །ཞེས་སོགས་རྒྱས་པར་གསུངས་ཤིང་། གཞན་ཡང་། མདོ་དེ་ཉིད་ལས། ཤེས་རབ་ཅན་རྣམས་ཀྱིས་ནི་རྟག་པ་དང་བརྟན་པ་དང་ཐེར་ཟུག་པ་དེ་སྒྱུ་མ་ཙམ་དུ་ཡོད་པར་ཤེས་སོ། །ཞེས་དང་། ཡང་། མི་གནས་པ་ནི། སྒྱུ་མ་ཞེས་བྱ་སྟེ། དེ་བཞིན་གཤེགས་པ་སྒྱུ་མ་དང་མཚུངས་ན་ཅིའི་ཕྱིར

གནས་ཞེས་སྨྲ། ཞེས་སོགས་མང་དུ་གསུངས་ཤིང་། ཀུན་རྫོབ་ཏུ་རྣམ་གྲངས་པའི་རྟག་པ་ཡིན་པར་དཔལ་ཕྲེང་གི་མདོར་གསུངས་པའི་དགོངས་པ་བྱམས་མགོན་གྱི་རྒྱུད་བླ་ར། མི་ཟད་ཡོན་ཏན་དང་ལྡན་ཕྱིར། །གཞན་འགྱུར་མེད་བདག་རྟག་པའི་དོན། །མཐའ་ཡི་མུ་དང་མཚུངས་པའི་ཕྱིར། །སྐྱབས་ཀྱི་བདག་ཉིད་བརྟན་པའི་དོན། །རྣམ་པར་མི་རྟོག་རང་བཞིན་ཕྱིར། །གཉིས་མེད་ཆོས་ཉིད་ཞི་བའི་དོན། །མ་བཅོས་ཡོན་ཏན་ཉིད་ཕྱིར་ན༔ །འཇིག་མེད་དོན་ནི་གཡུང་དྲུང་ཉིད། །ཇི་སྐད་དུ། ཤཱ་རིའི་བུ། མི་ཟད་པའི་ཆོས་ཉིད་ཀྱིས་ན། གཞན་དུ་མི་འགྱུར་བའི་ཆོས་ཀྱི་སྐུ་འདི་ནི་རྟག་པའོ། །ཤཱ་རིའི་བུ། ཕྱི་མའི་མཐའི་མུ་དང་མཚུངས་པ་ཉིད་ཀྱིས་བརྟན་པའི་སྐྱབས་སུ་འགྱུར་བའི་ཆོས་སྐུ་འདི་ནི་བརྟན་པའོ། །ཤཱ་རིའི་བུ། རྣམ་པར་མི་རྟོག་པ་ཉིད་ཀྱིས་གཉིས་སུ་མེད་པའི་ཆོས་ཀྱིས་སྐུ་འདི་ནི་ཞི་བའོ། །ཤཱ་རིའི་བུ། མ་བཅོས་པའི་ཆོས་ཉིད་ཀྱིས་འཇིག་པ་མེད་པའི་ཆོས་ཀྱི་སྐུ་འདི་ནི་གཡུང་དྲུང་ངོ་། །ཞེས་གསུངས་སོ། །མདོར་ན་དེ་བཞིན་གཤེགས་པའི་སྙིང་པོའི་དགོངས་དོན་ཟབ་མོ་འདི། མདོའི་དགོངས་པ་བླངས་ལ་རྟོགས་པར་བྱ་དགོས་པས་ཤིན་ཏུ་རྟོགས་དཀའ་ཞིང་དཔྱད་པར་དཀའ་ནའང་། ཤེས་བྱ་ཐམས་ཅད་ལ་ཐོགས་པ་མེད་པའི་ཤེས་རབ་དང་ཆོས་ཀྱི་སྤྱན་དང་ལྡན་པ། རྗེ་བཙུན་འཇམ་དཔའི་དབྱངས་དང་མི་གཉིས་པའི་ཆོས་རྗེ་ལོ་ཙཱ་བ་ཆེན་པོ་ཉིད་ཀྱིས། སངས་རྒྱས་དང་བྱང་ཆུབ་སེམས་དཔའ་བྱམས་པ་དང་ཐོགས་མེད་རྣམས་ཀྱི་དགོངས་པ་ཕྱིན་ཅི་མ་ལོག་པར་དེ་བཞིན་གཤེགས་པའི་སྙིང་པོའི་མཛེས་རྒྱན་དུ་གསལ་པོར་མཛད་པས་འདིར་དེ་ཙམ་གྱིས་ཆོག །འདིར་སློས་པས་མཚོན་ནས་སྔགས་ཀྱི་རྒྱུད་སྡེ་འགྲེལ་པ་དང་བཅས་པ། གྲུབ་ཆེན་རྣམས་ཀྱི་སླུ། མདོ་གཞན། པཎ་གྲུབ་རྣམས་ཀྱི་འགྲེལ་པ་རྣམས་ཀྱིའང་དྲང་ངེས་སོ་སོར་ཕྱེ་ནས་གོ་དགོས་ཤིང་། འདིར་ཡང་དེ་རྣམས་ཀྱི་ལུང་ཚན་ཆེན་པོ་དྲང་རྒྱུ་ཡོད་ནའང་། ཡི་གེ་མང་ན་གདུལ་བྱའི་བློ་འཁྲུགས་སུ་དོགས་ནས་རེ་ཞིག་བཞག་གོ །ཁྲི་བར་མ་ནུས་པ་ནི་མ་ཡིན་ནོ། །གསུམ་པ་བསྟན་པ་དཀྲུགས་པའི་ཕྱི་རྐྱོལ་གྱི་རྩོད་པ་སྤང་བ་ནི། མཛེས་རྒྱན་ནས། བདེར་སྙིང་གཙོ་བོར་སྟོན་པའི་མདོ། བཀའ་འཁོར་ལོ་གསུམ་པ་རྣམས་སྨན་དཔྱད་ཀྱི་རྒྱུད་ཕྱི་མ་དང་འདྲ་བར་ཐེག་པ་ཆེན་པོའི་རྒྱུད་བླ་མའམ་གོང་མ་ཡིན་ཞེས་དམ་བཅས་པ་ལ། ཁ་ཅིག་ན་རེ། བཀའ་ཕྱི་མ་རྣམས་ཀྱིས་བཀའ་བར་པས་བསྟན་པ་ལས་ལྷག་པའི་ངེས་པའི་དོན་སྟོན་ནམ། མི་སྟོན། སྟོན་ན། མཛེས་རྒྱན་ལས། དེ་དག་ལས་ཟབ་པའི་དོན་བསྟན་དུ་མེད་དོ༔ །ཞེས་འཆད་པ་དང་འགལ། མི་སྟོན་ན། སྨན་དཔྱད་ཀྱི་རྒྱུད་ཕྱི་མ་དང་འདྲ་བར་དེ་དག་ལས་བླ་མའམ་གོང་མ་ཡིན་པར་འགལ་ཏེ། སྨན་དཔྱད་ཀྱི་རྒྱུད་ཕྱི་མས་ནི། སྨན་དཔྱད་ཀྱི་རྒྱུད་རྩ་མ་ལས་ལྷག་པའི་དོན་དུག་བདུད་རྩིར་འགྱུར་བ་དང་། བདུད་རྩི་དུག་ཏུ་འགྱུར་བ་ལ་སོགས་པ་སྟོན་པའི་ཕྱིར་ཟེར་རོ། །དེའི་ལན་ནི། ཕྱི་

མས་བར་པ་ལས་ལྷག་པར་སྟོན་ཏེ། དྲང་ངེས་འབྱེད་མ་སྟོན་ཅིང་། གདུལ་བྱ་དྲང་བའི་དོན་དུ་དྲང་དགོས་པ་ཅན་དབང་པོ་རྣོན་པོ་མ་གཏོགས་པས་རྟོགས་པར་དཀའ་བ་རྣམས་སྟོན་གྱི། བར་པ་ལས་ངེས་དོན་འབའ་ཞིག་གཙོ་བོར་སྟོན་ནོ། །བར་པས་བསྟན་པ་ལས་ལྷག་པའི་ངེས་དོན་མི་སྟོན་ཏེ། དེ་བས་ལྷག་པའི་ངེས་དོན་མི་སྲིད་པའི་ཕྱིར་རོ། །

ཡང་ཁ་ཅིག་ན་རེ། མཛེས་རྒྱན་གྱི་མདོའི་དོན་དྲངས་པ་སྟོན་པས་ཀྱང་དང་པོར་མི་རྟག་པ་ལ་སོགས་པའི་གཏམ་གྱིས་སྐྱོ་བ་བསྐྱེད་ནས་འདུལ་བ་ལ་འཇུད། དེའི་འོག་ཏུ་རྣམ་ཐར་སྒོ་གསུམ་གྱི་གཏམ་བསྟན་ནས། དེ་བཞིན་གཤེགས་པའི་ཚུལ་རྟོགས་པར་མཛད། དེ་ནས་ཕྱིར་མི་ལྡོག་པའི་འཁོར་ལོ་འཁོར་གསུམ་ཡོངས་སུ་དག་པའི་གཏམ་བགྲོད་པ་གཅིག་པ། ཐེག་པ་གཅིག་པ། སྐྱབས་གཅིག་པ། སངས་རྒྱས་གཞན་ནས་མི་འཚོལ་བའི་ཆོས་ཟབ་མོ་ནི། སྙན་དཔྱད་ཀྱི་རྒྱུད་ཕྱི་མ་དང་འདྲ་བར་དེ་བཞིན་གཤེགས་པའི་སྙིང་པོ་བསྟན་ཅེས་པས་ཀྱང་། དེ་བཞིན་གཤེགས་པའི་སྙིང་པོ་སྒྲ་ཇི་བཞིན་པར་གསུངས་པ་ངེས་པའི་དོན་ཡིན་པའི་གཞུང་བཙུགས་པ་ཡིན་ཞེས་ཟེར་རོ། །དེའི་ལན་དཔལ་རང་གོང་དུ་བཏབ་ཅིང་། གཞུང་དེ་ཉིད་ཀྱིས་ཀྱང་གསལ་ཏེ། རྣམ་ཐར་སྒོ་གསུམ་གྱི་གཏམ་བསྟན་ནས་དེ་བཞིན་གཤེགས་པའི་ཚུལ་རྟོགས་པར་མཛད་ཅེས་པས། འཁོར་ལོ་གསུམ་པས་རྣམ་ཐར་སྒོ་གསུམ་གྱི་དོན་མ་བསྟན་པའི་ཕྱིར་རོ། །ཡང་ཁ་ཅིག་ན་རེ། ཀུན་གཞི་རྣམ་ཤེས་ལ་དགོངས་ནས་བདེར་སྙིང་གསུངས་པ་མིན་ཏེ། བདེར་སྙིང་ལ་དགོངས་ནས་ཀུན་གཞིའི་རྣམ་ཤེས་གསུངས་པའི་ཕྱིར། ཞེས་པ་ནི། ཁྱབ་པ་མེད་དེ། གཟུགས་ལ་དགོངས་ནས་སྟོང་པ་ཉིད་གསུངས་པ་མ་ཡིན་པར་འགྱུར་ཏེ། སྟོང་པ་ཉིད་ལ་དགོངས་ནས་གཟུགས་སོགས་གསུངས་པའི་ཕྱིར། རྟགས། ཤེར་སྙིང་ལས། གཟུགས་ཉིད་ཀྱང་སྟོང་པ་ཉིད། སྟོང་པ་ཉིད་ཀྱང་གཟུགས་སོ། །ཞེས་འབྱུང་ངོ་། །ཡང་ཁ་ཅིག་ན་རེ། སྤྱིར་ཡང་དེ་བཞིན་གཤེགས་པའི་སྙིང་པོ་གསུངས་པའི་དགོངས་གཞི་ཀུན་གཞིའི་རྣམ་ཤེས་མིན་ཏེ། དྲི་བཅས་ཀྱི་དེ་བཞིན་ཉིད་ལ་དགོངས་ནས་དེ་བཞིན་གཤེགས་པའི་སྙིང་པོ་གསུངས་པའི་ཕྱིར་ཟེར་བ་ནི། ཁྱབ་པ་མེད་དེ། སྔར་བཤད་པ་བཞིན། མདོ་རྣམས་ལས་ཀུན་གཞི་དང་། དེ་བཞིན་ཉིད་དང་། ཆོས་སྐུ་དང་། ས་བོན་དང་། རིགས་དང་། དབྱིངས་དང་། ཁམས་ལ་སོགས་པ་མང་པོ་ལ་བདེར་སྙིང་སྒྲས་གསུངས་པའི་ཕྱིར། དྲི་བཅས་ཀྱི་དེ་བཞིན་ཉིད་ལ་དགོངས་ནས་བདེར་སྙིང་གསུངས་པ་མིན་པར་འགྱུར་ཏེ། ཀུན་གཞི་ལ་དགོངས་ནས་གསུངས་པའི་ཕྱིར་སོགས་ལྡོག་པར་དགོའོ། །

ཁ་ཅིག་ན་རེ། དབྱིངས་ཀྱི་སྒྲས་ཀུན་གཞིའི་རྣམ་ཤེས་ཀྱི་ཆོས་ཉིད་བསྟན་པས་ཆོས་ཅན་ཀུན་གཞིའི་རྣམ

ཤེས་ཀྱང་བསྟན་པས་ཀུན་གཞིའི་རྣམ་ཤེས་ལ་དགོངས་ནས་བདེར་སྙིང་བསྟན་པ་མ་ཡིན་ནོ། །ཞེས་དང་། དེ་བཞིན་ཉིད་དང་རྣམ་ཤེས་དོན་གཅིག་པས་སོ། །སྙམ་ན་ཡང་། དྲི་བཅས་ཀྱི་དེ་བཞིན་ཉིད་དང་ཀུན་གཞིའི་རྣམ་ཤེས་རང་བཞིན་ཐ་དད་དེ། ལུང་མ་བསྟན་པ་དགེ་བའི་ཁྱད་ཡོད་པས་སོ། །ཞེས་དང་། ཀུན་གཞིའི་རྣམ་ཤེས་ནི། གཞན་དབང་འདུས་བྱས་པ་ཡིན། དྲི་བཅས་ཀྱི་དེ་བཞིན་ཉིད་ནི། ཡོངས་གྲུབ་འདུས་མ་བྱས་ཡིན་པས་དེ་གཉིས་དོན་མི་གཅིག་ཅེས་དང་། དེ་བཞིན་ཉིད་བདེ་གཤེགས་སྙིང་པོ་དེ། དྲི་བཅས་ཀྱི་གནས་སྐབས་ན་ཀུན་གཞིའི་རྣམ་ཤེས་དང་། མ་དག་དག་པ་གཉིས་ཀའི་གནས་སྐབས་སུ་བྱང་ཆུབ་སེམས་དཔའ། དག་པའི་གནས་སྐབས་སུ་དེ་བཞིན་གཤེགས་པ། ཞེས་བརྗོད་པས་དྲི་བཅས་ཀྱི་དེ་བཞིན་ཉིད་ལ་ཀུན་གཞི་ཞེས་བརྗོད་པ་དང་། སེམས་ཅན་ཞེས་བརྗོད་པ་ཚུལ་གཅིག་སྟེ། ཀུན་གཞིའི་རྣམ་ཤེས་ཉིད་ལ་སྨྲས་བུ་ཞེས་ཀྱང་གསུངས་སོ། །ཞེས་ཟེར་རོ། །འོན་དྲི་བཅས་ཀྱི་དེ་བཞིན་ཉིད་དེ་དགེ་བ་མིན་པར་འགྱུར་ཏེ། ཀུན་གཞིའི་རྣམ་ཤེས་དང་དོན་གཅིག་པའི་ཕྱིར། རྟགས། དེ་བཞིན་ཉིད་དེ་དྲི་བཅས་ཀྱི་དུས་ན་དེ་ཀུན་གཞིའི་རྣམ་ཤེས་དང་། དྲི་མ་དང་བྲལ་བ་ན་དེ་བཞིན་གཤེགས་པ་ཞེས་ཁས་བླངས་སོ། །དེ་བཞིན་དུ། ཀུན་གཞི་ལུང་མ་བསྟན་མ་ཡིན་པར་འགྱུར་བ་ཡང་མཚུངས། ཁྱོད་རང་གིས་དེ་བཞིན་ཉིད་ལ་ཀུན་གཞིའི་རྣམ་ཤེས་ཞེས་བརྗོད་པ་དང་། སེམས་ཅན་ཞེས་བརྗོད་པ་དང་། ཀུན་གཞིའི་རྣམ་ཤེས་ལ་སྨྲས་བུ་ཞེས་བརྗོད་པ་རྣམས་ཚུལ་གཅིག་ཏུ་ཁས་བླངས་པས་ཀྱང་གནོད་དོ། །

གཞན་ཡང་། དེ་བཞིན་གཤེགས་པའི་སྙིང་པོ་ཀུན་གཞིའི་རྣམ་པར་ཤེས་པ་ཞེས་བསྒྲགས་པའམ་བརྗོད་པ་ནི། ཆོས་ཀྱི་སྒྲས་ཆོས་ཉིད་ལ་བརྗོད་པ་ཡིན་ལ། སྐབས་ལ་ལར་ཀུན་གཞིའི་རྣམ་པར་ཤེས་པ་དེ་བཞིན་གཤེགས་པའི་སྙིང་པོ་ཞེས་བསྒྲགས་པ་ཞེས་ཀྱང་འབྱུང་བ་ནི། ཆོས་ཀྱི་སྒྲས་ཆོས་ཉིད་བརྗོད་པ་ཡིན་ཏེ། ཀུན་གཞིའི་རྣམ་ཤེས་དང་བདེར་སྙིང་ཆོས་དང་ཆོས་ཉིད་ཡིན་པའི་ཕྱིར་རོ། །རྒྱལ་བའི་ཡུལ་ལས། བཅོམ་ལྡན་འདས། འདི་ལྟར། གཟུགས་ནི་གཟུགས་ཀྱིས་སྟོང་སྟེ། གཟུགས་ཀྱི་སྟོང་པ་ཉིད་གང་ལགས་པ་དེ་གཟུགས་མ་ལགས་ལ། སྟོང་ཉིད་ལས་གྱུད་ན་ཡང་གཟུགས་མ་མཆིས་ཏེ། གཟུགས་ཉིད་ཀྱང་སྟོང་པ་ཉིད་ལགས། སྟོང་པ་ཉིད་ཀྱང་གཟུགས་ལགས། ཞེས་སོགས་པས་བླངས་པ་ལ། འབུམ་ཊཱི་ཀ་མཛད་པས། དེ་ནི་འདི་ལྟར། ཆུ་མ་དྭངས་པ་མ་དྭངས་པའི་གནས་སྐབས་ན་ནི་རྙོག་པ་ཞེས་བྱ་བ་ལ། དྭངས་པའི་གནས་སྐབས་ན་ནི་ཆུ་ཞེས་བྱ་བ་དང་། ཇི་ལྟར་ནམ་མཁའ་མ་དྭངས་པའི་གནས་སྐབས་ན་རྨུས་པ་ཞེས་བྱ་བ་ལ། དྭངས་པའི་གནས་སྐབས་ན་ནམ་མཁའ་གསལ་བ་ཞེས་བྱ་བ་དེ་བཞིན་དུ། སྟོང་པ་ཉིད་འདི་ཡང་བྱིས་པ་སོ་སོའི་སྐྱེ་བོ་མ་དག་པའི་གནས་སྐབས་ན་ཐ་དད་པར་མ་གྱུར་པའི་ཕྱིར་གཟུགས་ལ་སོགས་པའི་ཚིག་ཏུ་བརྗོད་ལ། དག་པའི་གནས་སྐབས་ན

སྟོང་པ་ཉིད་ཅེས་བྱའོ། །དེ་བས་ན་སྟོང་པ་ཉིད་ལས་གཟུགས་ལ་སོགས་པའི་ཆོས་ཐ་དད་པར་གྱུར་པ་མེད་དོ། །ཞེས་བྱ་བའི་ཐ་ཚིག་གོ། །དེ་ལྟར་ཆོས་དང་ཆོས་ཉིད་དག་ཐ་དད་པར་མེད་པར་གྱུར་པས་གང་གི་ཚེ་ཆོས་ཉིད་ཀྱིས་ཆོས་བརྗོད་པ་དེའི་ཚེ་གཟུགས་ཀྱིས་ཀྱང་སྟོང་པ་ཉིད་ཅེས་བྱའོ། །གང་གི་ཚེ་ཆོས་ཀྱིས་ཆོས་ཉིད་བརྗོད་པར་གྱུར་པ་དེའི་ཚེ་སྟོང་པ་ཉིད་ཀྱང་གཟུགས་སོ། །ཞེས་བྱའོ། །ཞེས་བཤད་པ་དང་འདྲ་བ་ཡིན་ནོ། །ཆོས་ནི། ཆོས་ཅན་དང་དོན་གཅིག་གོ། །ཟླ་གྲགས་ཀྱིས་དབུ་མ་འཇུག་པར། བཅོམ་ལྡན་འདས་ཀྱིས་སྟོང་པ་ཉིད་ལ་དགོངས་ནས་ཀུན་གཞིའི་རྣམ་པར་ཤེས་པ་གསུངས་སོ། །ཞེས་བཞེད་པ་ཡང་། དེ་བཞིན་གཤེགས་པའི་སྙིང་པོ་ཀུན་གཞིའི་རྣམ་པར་ཤེས་པ་ཞེས་བསྒྲགས་པ་ཞེས་མདོ་ལས་བྱུང་བའི་དགོངས་པ་བླངས་པར་གསལ། དེས་ན། དྲི་བཅས་ཀྱི་དེ་བཞིན་ཉིད་བདེར་སྙིང་ཉིད་གཙོ་བོར་བསྟན་གྱི། ཀུན་གཞིའི་རྣམ་ཤེས་ལ་དགོངས་ནས་བདེར་སྙིང་བསྟན་པ་མིན། ཞེས་ཟེར་བ་ནི། ཁྱེད་རང་གིས་དྲི་བཅས་ཀྱི་དེ་བཞིན་ཉིད་ལ་ཀུན་གཞིའི་རྣམ་ཤེས་སེམས་ཅན་སྐྱེས་བུ་ཞེས་བརྗོད་པས་ཚུལ་གཅིག་ཏུ་གསུངས་ཞེས་ཁས་བླངས་པ་དང་འགལ་ལོ། །ཡང་ཁ་ཅིག་ན་རེ། ལང་གཤེགས་སུ། དེ་བཞིན་གཤེགས་པའི་སྙིང་པོ་དགེ་བ་དང་མི་དགེ་བའི་རྒྱུར་གྱུར་པ་སྐྱེ་བ་དང་། འགྲོ་བ་ཐམས་ཅད་བྱེད་པ། བདག་དང་བདག་གི་སྤྱངས་པ་ནི། གར་མཁན་དུ་འགྲོ་བ་ཉམ་ང་བར་འཇུག་གོ། །ཞེས་དང་། དབུ་མ་ཆོས་དབྱིངས་ལ་བསྟོད་པར། གང་ཞིག་ཀུན་ཏུ་མ་ཤེས་ན། །སྲིད་པ་གསུམ་དུ་རྣམ་འཁོར་བ། །སེམས་ཅན་ཀུན་ལ་ངེས་གནས་པའི། །ཆོས་ཀྱི་དབྱིངས་ལ་ཕྱག་འཚལ་འདུད། །ཅེས་དང་། མྱ་ངན་འདས་ཆེན་དུ། འོ་མའི་ནང་དུ་དུག་བཙུགས་ན། མར་གྱི་སྙིང་པོའི་བར་དུ་དུག་ཡོད་ན་དཔེར་མཛད་ནས། སེམས་ཅན་གྱི་སངས་རྒྱས་ཀྱི་རང་བཞིན་ཡང་དེ་དང་འདྲ་བར་ལམ་རྒྱུད་ལྟར་འཁོར་ཞིང་ལུས་ཐ་དད་པ་ལེན་ཞེས་སོགས་དང་། འཕེལ་མེད་འགྲིབ་མེད་བསྟན་པའི་མདོ་ལས། ཤཱ་རིའི་བུ། ཆོས་ཀྱི་སྐུ་དེ་ཉིད་ཉོན་མོངས་པའི་སྦུབས་བྱེ་བ་མཐའ་ཡང་པས་བཏུམ་པ་འཁོར་བའི་རྒྱུན་གྱིས་ཁྱེར་བ། ཐོག་མ་མེད་པའི་འཁོར་བའི་འགྲོ་བར་འཆི་བ་དང་སྐྱེ་བ་དག་ཏུ་འཁོར་བ་ནི། སེམས་ཅན་གྱི་ཁམས་ཞེས་བརྗོད་དོ། །ཞེས་དང་། ལང་གཤེགས་སུ། མི་རྟག་པའི་ཉེས་པ་དང་བྲལ་བ་ཞེས་དང་རང་བཞིན་གྱིས་ཡོངས་སུ་དག་པ་འཇུག་གོ། །ཞེས་སོགས་ཀྱི་ལུང་དྲངས་ནས་ཀུན་གཞིའི་རྣམ་ཤེས་ལ་དགོངས་པ་མ་ཡིན་གྱི། ཆོས་དབྱིངས་རང་བཞིན་གྱིས་རྣམ་དག་པའི་བདེ་སྙིང་དེ་བཞིན་དེ་ལ་དགོངས་ཟེར་བ་ནི། ལུང་དེ་རྣམས་ཀྱིས་ངེད་ལ་གནོད་པ་མེད་དེ། ཀུན་གཞི་བདེར་སྙིང་གི་དགོངས་གཞི་ཡིན་པར་ཁས་བླངས་ཀྱི། བདེར་སྙིང་ཡིན་པར་ཁས་བླངས་པ་མེད་ཅིང་། གདགས་གཞི་ཡིན་པས་བཏགས་ཆོས་ཡིན་དགོས་རྒྱུ་མེད་དེ། མི་གླེན་འགའ་ཞིག་ལ་བོང་བུར་བཏགས་པ་བཞིན་ཞེས་སྨྲར་

བཤད་ཟིན། ལུང་དེ་རྣམས་ཀྱིས་ཁྱེད་རང་གི་གྲུབ་མཐའི་མགོ་ལེགས་པར་བཙོམ་པ་ཡིན་ཏེ། ཁྱེད་ཀྱི་ལུགས་ཀྱིས། དེ་བཞིན་ཉིད་དེ་ཀ་བདེར་སྙིང་མཚན་ཉིད་པར་གདོད་མ་ནས་གྲུབ་པའི་རྟག་བརྟན་གཡུང་དྲུང་གི་སངས་རྒྱས་སུ་གྲུབ་པར་འདོད་པ་ལ། ལུང་དེ་རྣམས་ཀྱིས་འཁོར་བའི་རྒྱུན་གྱིས་ཁྱེར་བ་འཆི་བ་མེད་སྐྱེ་བ་དག་ཏུ་འཁོར་བ་ལམ་རྒྱུད་ལྟར་འཁོར་ཞིང་ལུས་ཐ་དད་ལེན་པ། ཞེས་སོགས་གསུངས་པའི་ཕྱིར་རོ། །

དེ་བཞིན་དུ་དཔལ་ཕྲེང་གི་མདོར། དེ་བཞིན་གཤེགས་པའི་སྙིང་པོས་སྡུག་བསྔལ་མྱོང་བ་ཡིན་པ་དང་། དེས་དེ་བཞིན་གཤེགས་པའི་སྙིང་པོ་དེ་སྡུག་བསྔལ་ལས་སྐྱེ་བ་དང་། མྱང་འདས་ལ་འདོད་ཅིང་དོན་དུ་གཉེར་བ་དང་། ཞེས་དང་། རྒྱུད་བླའི་འགྲེལ་པར། སངས་རྒྱས་ཀྱི་ཁམས་རྣམ་པར་དག་པའི་རིགས་ནི། ལོག་པ་ཉིད་དུ་ངེས་པའི་སེམས་ཅན་རྣམས་ལ་ཡང་ལས་རྣམ་པ་གཉིས་ཉེ་བར་གནས་པར་བྱེད་དེ། ཞེས་བཤད་པས་དེ་བཞིན་གཤེགས་པའི་སྙིང་པོ་ཡོད་པའི་རྒྱུ་མཚན་གྱིས་བདེ་གཤེགས་སྙིང་པོ་ཅན་གྱི་ཀུན་གཞིའི་རྣམ་ཤེས་ཀྱི་སྡུག་བསྔལ་མྱོང་བས་སེམས་ཅན་ནམ། ཀུན་གཞིའི་རྣམ་ཤེས་སྡུག་བསྔལ་ལ་སྐྱོ་བ། མྱང་འདས་ལ་འདོད་པ་ལ་སོགས་སུ་འོས་པ་བདེ་གཤེགས་སྙིང་པོའི་ལས་བསྟན་པ་ཡིན་ལ། ཞེས་དང་། དེ་བཞིན་གཤེགས་པའི་སྙིང་པོ་ནི། ཐོག་མ་དང་ཐ་མ་མ་མཆིས་པའི་མཐར་མཆིས་པ་དང་མི་སྐྱེ་བ་དང་མི་འགག་པའི་ཆོས་ཅན་སྡུག་བསྔལ་མྱང་བ་ལགས་པས་ཞེས་སོགས་ཀྱིས་ཀྱང་འདོད་པ་བཀག་པར་བལྟའོ། །སྤྱིར་རང་ཡང་ཀུན་གཞིའི་རྣམ་ཤེས་ལ་དགོངས་ནས་བསྟན་པ་མིན་ཏེ། དྲི་བཅས་ཀྱི་དེ་བཞིན་ཉིད་ལ་དགོངས་ནས་བསྟན་པའི་ཕྱིར་ཟེར་བ་འདིའི་རིགས་ལ། ཁྱབ་པ་ཤེས་བྱའི་དཀྱིལ་འཁོར་ལ་མི་སྲིད་དོ། །གཞན་ཡང་། དེ་བཞིན་གཤེགས་པའི་རྒྱན་ལས་འདི་ལྟར་འབྱུང་སྟེ། རྒྱུད་བླ་མ་ལས། རྫོགས་སངས་སྐུ་ནི་འཕྲོ་ཕྱིར་དང་། །དེ་བཞིན་ཉིད་དབྱེར་མེད་ཕྱིར་དང་། །རིགས་ཡོད་ཕྱིར་ན་ལུས་ཅན་ཀུན། །རྟག་ཏུ་བདེ་གཤེགས་སྙིང་པོ་ཅན། །ཞེས་པ་ནི། དགོངས་གཞི་གསུམ་ལ་དགོངས་ནས་དགོས་པ་ཉེས་པ་ལྔ་སྤང་བའི་གཉེན་པོ་ལ་ལྟེམ་པོར་དགོངས་པ་སྟེ། དགོངས་གཞི་གསུམ་ནི། རྫོགས་པའི་སངས་རྒྱས་ཀྱི་ཆོས་སྐུས་སེམས་ཅན་ལ་ཁྱབ་པར་འཕྲོ་བ་དང་། སེམས་ཅན་གྱི་གནས་ལུགས་རང་བཞིན་གྱིས་འོད་གསལ་བ་ཉིད་ལས་གཞན་དུ་མི་འགྱུར་བ་ནི། སེམས་ཀྱི་དེ་བཞིན་ཉིད་ཡིན་ལ། དེ་སངས་རྒྱས་དང་སེམས་ཅན་ཁྱད་མེད་དུ་ཡོད་པ་དང་། སེམས་ཅན་ལ་སངས་རྒྱས་ཀྱི་སྐུ་གསུམ་སྐྱེད་པའི་རིགས་ཡོད་པའི་དབང་དུ་བྱས་ནས་དེ་བཞིན་གཤེགས་པའི་ཁམས་ཡོད་པ་སྟེ། དགོངས་གཞི་གསུམ་པོ་དེ་ལ་དགོངས་ནས་སེམས་ཅན་རྣམས་དེ་བཞིན་གཤེགས་པའི་སྙིང་པོ་ཅན་དུ་སྟོན་ཏེ། དེ་ཡང་སེམས་ཅན་ལ་སངས་རྒྱས་ཀྱི་ཆོས་སྐུས་ཁྱབ་པར་འཕྲོ་བ་ནི། ད་ལྟ་བདག་གིས་མ་ཐོབ་ཀྱང་དུས་ཕྱིས་འཐོབ་པར་འགྱུར་བ་ལ་དགོངས་ནས

གསུངས་པས་དུས་གཞན་ལ་དགོངས་པ་དང་། དེ་བཞིན་ཉིད་རང་བཞིན་གྱིས་འོད་གསལ་བ་དེ་ཉིད་གློ་བུར་གྱི་དྲི་མ་མ་ལུས་པར་དག་པ་ནས་སངས་རྒྱས་ཡིན་ལ། དེ་བཞིན་ཉིད་དེ་སེམས་ཅན་ལ་འང་ཁྱད་མེད་དུ་ཡོད་པས་དྲི་མ་མ་ལུས་པ་དག་པ་དེ་ལམ་བསྒོམས་ན། ཕྱིས་ཐོབ་པར་འགྱུར་བས་དུས་གཞན་ལ་དགོངས་པ་དང་། སངས་རྒྱས་ཀྱི་སྐུ་སྐྱེད་པའི་རིགས་ནི། སྐུ་གསུམ་གྱི་རྒྱུ་ཡིན་པས་རྒྱུ་ལ་འབྲས་བུར་བཏགས་ནས་གསུངས་པས་དུས་གཞན་ལ་དགོངས་པ་ཡིན་ནོ། །ཞེས་ཁས་བླངས་པ་ལ། ཁ་ཅིག་ན་རེ། རྫོགས་སངས་སྐུ་ནི་འཕྲོ་ཕྱིར་དང་། །ཞེས་པ་ནི། སེམས་ཅན་ལ་ཆོས་སྐུས་ཁྱབ་པར་འཕྲོ་བ་ཞེས་སྨྲ་བར་བྱ་བ་ནི་མིན་གྱི། སེམས་ཅན་ལ་ཆོས་སྐུས་ཁྱབ་པ་ཉིད་ཡིན་ཏེ། འགྲེལ་པར་རྒྱས་བཤད་ཀྱི་སྐབས་སུ་འཕྲོ་བའི་དོན་ཁྱབ་པ་ལ་བཤད་པས་སོ། །དེས་ན་སེམས་ཅན་ཐམས་ཅད་ལ་ཆོས་ཀྱི་སྐུས་གདོད་མ་ཉིད་ནས་ཁྱབ་པ་ལ་སོགས་པ་གསུམ་ནི། དེ་བཞིན་གཤེགས་པའི་སྙིང་པོའི་དོན་དངོས་ཡིན་ཅིང་། སེམས་ཅན་ཐམས་ཅད་སངས་རྒྱས་ཀྱི་སྙིང་པོ་ཅན་དུ་སྒྲུབ་པའི་རྒྱུ་མཚན་དུ་གསུངས་པའི་ཕྱིར་ན། སེམས་ཅན་ཐམས་ཅད་སངས་རྒྱས་ཀྱི་སྙིང་པོ་ཅན་དུ་ལྡེམ་པོར་དགོངས་ཏེ་གསུངས་པའི་དགོངས་གཞི་ཡིན་པར་འཆད་པ་ནི། འཁྲུལ་པ་ཡིན་ནོ། །ཞེས་ཟེར་རོ། །

འོ་ན་ཆོས་སྐུ་སེམས་ཅན་ཐམས་ཅད་ལ་ཁྱབ་པ་མིན་པར་འགྱུར་ཏེ། ཁྱབ་པར་འཕྲོ་བ་མིན་པའི་ཕྱིར། ཁྱབ་པ་ཁྱོད་ཀྱིས་ཁས་བླངས་ཏེ། འཕྲོ་བའི་དོན་ཁྱབ་པ་ལ་བཤད་པས་འཁོར་གསུམ་ཁས་བླངས་སོ། །གཞན་ཡང་། འདིའི་ཁྱབ་པའི་བཤད་པར་སེམས་ཅན་ཐམས་ཅད་ལ་ཆོས་སྐུས་གདོད་མ་ཉིད་ནས་ཁྱབ་པ་ཞེས་བཤད་པའི་ལུང་དང་རིགས་པ་མེད་ཅིང་། ཁྱབ་པར་འཕྲོ་བའི་ཤེས་བྱེད་ཀྱི་ལུང་རིགས་ཡོད་དོ། །སྡོང་འདྲས་སུ། ཀྱི་རྒྱལ་བའི་སྲས་དག །དེ་བཞིན་གཤེགས་པའི་སྐུ་ཡང་ཐམས་ཅད་ཀྱི་རྗེས་སུ་སོང་བ་སྟེ། སེམས་ཅན་ཐམས་ཅད་དང་། ཆོས་ཐམས་ཅད་དང་། ཞིང་ཐམས་ཅད་ཀུན་ཏུ་ཁྱབ་པར་ཤེས་པར་བྱའོ། །ཞེས་སོགས་དང་། གསང་བ་བསམ་གྱིས་མི་ཁྱབ་པའི་མདོར། ལ་ལ་སངས་རྒྱས་ཆོས་རྣམས་ལ། །དཔེ་འགོད་ཇི་སྙེད་བྱེད་པ་ནི། །དེ་དག་སངས་རྒྱས་མི་འཚལ་ཏེ། །དེ་དག་རྒྱལ་ལ་སྐུར་བ་འདེབས། །འདི་ལ་དཔེ་གཅིག་ཡང་དག་སྟེ། །ནམ་མཁའི་ཁམས་སུ་བསྟན་པ་ལ། །དེ་ནི་སངས་རྒྱས་ཆོས་དང་མཐུན། །གང་ནའང་དེ་ཡི་ཚད་མ་མཆིས། །ཞེས་པ་ནས། བྱམས་པས་ཇི་སྙེད་ཁྱབ་གྱུར་པ། །ཡེ་ཤེས་ཀྱིས་ཀྱང་དེ་སྙེད་ཁྱབ། །ཅེས་སོགས་དང་། རྗེ་བཙུན་བྱམས་པས་ཀྱང་། དེ་ལྟར་མཛད་པ་རྒྱ་ཆེའི་ཕྱིར། །སངས་རྒྱས་ཁྱབ་པར་ངེས་པར་བརྗོད། །ཅེས་དང་། ཆགས་མེད་ཐོགས་པ་མེད་པའི་ཕྱིར། །ཡེ་ཤེས་ཁྱབ་པར་ངེས་པར་བརྗོད། །ཅེས་སོགས་དང་། ཐམས་ཅད་རྟོགས་ཕྱིར་ཁྱབ་པ་ཉིད། །ཅེས་དང་། སློབ་དཔོན་སྟོན་ཤྲཱིས་ལང་གཤེགས་འགྲེལ་པར། ཐམས་ཅད་དུ་ཁྱབ་པ་ཞེས་བྱ་བ་ནི། ཡང་དག་པའི་

ཡོན་ཏན་ཚད་མར་གྱུར་པས་ཡང་དག་པར་བསྟོད་པ་སྟེ། ཡེ་ཤེས་ལ་གཟུགས་མེད་པས་ན། ཡུལ་རྣམ་པར་ཆད་པ་མེད་དེ། གཟུགས་ཅན་མིན་པའི་ཆོས་རྣམས་ནི། ཕྱོགས་སུ་མི་གནས་ཞེས་བྱའོ། །དེ་བས་ན་ཐམས་ཅད་རྣམ་རྟོག་མེད་ཅིང་སྣང་བ་མེད། འཕྲོས་པ་རྣམས་ཀྱིས་མ་འཕྲོས་པ། །འདི་ནི་འཇིག་རྟེན་མགོན་པོ་དག །སངས་རྒྱས་བསྟན་པའི་བདུད་རྩི་འོ། །ཞེས་དང་། རྗེ་བཙུན་བྱམས་པས། རྫོགས་སངས་སྐུ་ནི་འཕྲོ་ཕྱིར་དང་། །ཞེས་པའི་བཤད་པར། སངས་རྒྱས་ཡེ་ཤེས་སེམས་ཅན་ཚོགས་ཞུགས་ཕྱིར། ཞེས་པའི་འགྲེལ་པར་ཐོགས་མེད་ཀྱིས། འདི་ལྟ་སྟེ། སེམས་ཅན་ཐམས་ཅད་ལ་དེ་བཞིན་གཤེགས་པའི་ཆོས་ཀྱི་སྐུས་འཕྲོ་བའི་དོན་དང་། ཞེས་སོགས། མདོ་བསྟན་བཅོས་ཀྱི་ལུང་དང་རིགས་པ་མང་པོ་ཡོད་པའི་ཕྱིར། ཆོས་སྐུ་གདོད་མ་ནས་ཁྱབ་པ་ཡིན་གྱི། ཁྱབ་པར་འཕྲོ་བ་མ་ཡིན་ནོ། །དེས་ན་དགོངས་གཞི་ཡིན་པར་འཆད་པ་ནི་ཤིན་ཏུ་འཁྲུལ་པ་ཡིན་ནོ། །ཟེར་བ་ནི། ལྷ་བ་མེད་ནར་གླིང་ཕྲན་འགར། །ཡན་ལག་ཉམས་པའི་སྐྱོན་དུ་རྩེ། །ཞེས་ཆོས་རྗེ་བས་གསུངས་པ་བཞིན་ནོ། །མཛེས་རྒྱན་དུ། སངས་རྒྱས་ཀྱི་ཆོས་སྐུས་སེམས་ཅན་ལ་ཁྱབ་པར་འཕྲོ་བ་དེ། ད་ལྟ་བདག་གིས་མ་ཐོབ་ཀྱང་། དུས་ཕྱིས་འཐོབ་པར་འགྱུར་བར་དགོངས་ནས་གསུངས་པས་དུས་གཞན་ལ་དགོངས་པ་ཡིན་པའི་ཤེས་བྱེད་དུ། མྱང་འདས་ལས། རིགས་ཀྱི་བུ། ཇི་ལྟར་ཏིལ་ཡོད་ན་མར་ཡང་མཐོང་བར་འགྱུར་རོ། །ཐབས་རྣམས་སྦྱངས་ནས་མི་མཐོང་བ་བཞིན་དུ་བུ་རམ་གྱི་ཤིང་ཡང་དེ་དང་འདྲའོ། །ཞེས་པ་ནས། སེམས་ཅན་གྱི་སངས་རྒྱས་ཀྱི་རང་བཞིན་ཡང་དེ་དང་འདྲ་བར་ཐོག་མ་མེད་ལ། ད་ལྟ་ཡོད་པ་ཡང་མིན་ལ། ནང་ན་མིན། ཕྱི་རོལ་ན་མིན། ཞེས་སོགས་ནས། སེམས་ཅན་ཐམས་ཅད་ཀྱིས་མི་མཐོང་བ་ཡང་མིན། །བྱང་ཆུབ་སེམས་དཔའ་རྣམས་དུས་དང་རྐྱེན་འདུས་པས་མཐོང་བར་འགྱུར་རོ། །ཞེས་སོགས་དྲངས་པ་ལ།

ཁ་ཅིག་ན་རེ། དེའི་ཤེས་བྱེད་དུ་མི་རུང་སྟེ། ལུང་དེ་དག་གི་དགོངས་པ་ནི། དཔེར་ན། ཏིལ་ལ་མར་ཡོད་ཀྱང་ཐབས་མ་བྱས་ན་མི་མཐོང་བ་ལྟར། སེམས་ཅན་ཐམས་ཅད་ལ་སངས་རྒྱས་ཀྱི་རང་བཞིན་བདེར་སྙིང་ཡོད་ཀྱང་ལམ་མ་བསྒོམས་ན་མཐོང་བར་མི་འགྱུར་ཞེས་བསྟན་གྱི། ལམ་མ་བསྒོམས་ན་སེམས་ཅན་ལ་སངས་རྒྱས་ཀྱི་རང་བཞིན་མེད་ཅེས་མི་སྟོན་པས། སེམས་ཅན་ལ་དེ་བཞིན་གཤེགས་པའི་སྙིང་པོ་མ་མཐོང་ཡང་དེ་བཞིན་གཤེགས་པའི་སྙིང་པོ་ཡོད་པ་མི་འགལ་ཏེ། ཏིལ་མ་བཙིར་བ་ན། ཏིལ་མར་མ་མཐོང་ཡང་ཏིལ་མར་ཡོད་པ་བཞིན། ཞེས་སོགས་ཟེར་བ་ནི། མི་རིགས་ཏེ། མདོ་དེའི་དགོངས་པ་རང་བཞིན་དུ་གནས་པའི་རིགས་ཡོད་ན་སངས་རྒྱས་སུ་འགྱུར་རོ། །སངས་རྒྱས་སུ་འགྱུར་བའི་ཐབས་རྣམས་སྦྱངས་ནས་རིགས་ཡོད་པ་ཙམ་གྱིས་སངས་རྒྱས་སུ་མི་འགྱུར་ཞེས་གསུངས་པས་སངས་རྒྱས་ཀྱི་རྒྱུའི་རང་བཞིན་རིགས་ལ་དགོངས་པས་དུས་

གཞན་ལ་དགོངས་པ་ཡིན་ཅིང་། སེམས་ཅན་ལ་ད་ལྟ་སངས་རྒྱས་མེད་པ་ཞིག་ལམ་བསྒོམས་པས་ངེས་པར་འགྲོབ་པར་བསྟན་པ་ཡང་ཡིན་ཏེ། མྱང་འདས་དེ་ཉིད་ལས། རིགས་ཀྱི་བུ། དཔེར་ན། མི་ཞིག་ལ་ནོར་གནས་གཞན་ཞིག་ན་ཡོད་ན། བྱུང་ན་མེད་མོད་ཀྱི་ཡིད་བཞིན་དུ་སྤྱོད་པ་ལ་དབང་ངོ་། །གལ་ཏེ་ལ་ལ་ཞིག་གིས་དྲིས་ན་ཡང་བདག་དབང་ངོ་། །ཞེས་ཟེར་རོ། །དེ་ཅིའི་ཕྱིར་ཞེ་ན། ངེས་པར་དབང་བའི་ཕྱིར་ཏེ། སེམས་ཅན་གྱི་སངས་རྒྱས་ཀྱི་རང་བཞིན་ཡང་དེ་དང་འདྲ་བར་འདི་འང་མ་ཡིན་ཕྱི་རོལ་ཡང་མ་ཡིན་ཏེ། ངེས་པར་འགྲོབ་པའི་ཕྱིར་ཐམས་ཅད་ལ་ཡོད་ཅེས་སྨྲའོ། །ཞེས་སོགས་གསུངས་པས་མིས་མཚོན་པ་སེམས་ཅན་འགའ་ཞིག་ལ། ནོར་གྱིས་མཚོན་པའི་བདེར་སྙིང་བྱུང་ན་མེད་པས་མཚོན་ནས་ད་ལྟ་མེད་ཀྱང་ལམ་ལ་འབད་པས་ཡིད་བཞིན་དུ་སྤྱོད་པ་ལ་དབང་། ལ་ལ་ཞིག་གིས་བདེར་སྙིང་ཡོད་མེད་དྲིས་ན་ཡོད་དོ། །ཞེས་ཟེར། མེད་ཀྱང་ཡོད་དོ་ཞེས་ཟེར་བ་དེ་ཅིའི་ཕྱིར་ཞེ་ན། ངེས་པར་འགྲོབ་པར་འགྱུར་བའི་ཕྱིར་ཐམས་ཅད་ལ་བདེར་སྙིང་ཡོད་ཅེས་སྨྲའོ། །ཞེས་ཟེར་གྱི། ཁྱོད་འདོད་པ་ལྟར། ད་ལྟ་སངས་རྒྱས་རང་ཆས་སུ་ཡོད་ན་མདོ་ནས་བཤད་པའི་དོན་གཞན་ཞིག་ན་ཡོད་ན། ཞེས་དང་། བྱུང་ན་མེད་མོད་ཀྱི་ཞེས་དང་། ངེས་པར་འགྲོབ་པའི་ཕྱིར་ཞེས་སོགས་ཀྱི་དོན་རྣམས་ཇི་ལྟར་དྲང་། ངེས་རྒྱུམ་དུ། དོན་དམ་བདེར་སྙིང་མེད་པར་འདོད་ན། སྐྱོན་དང་ཉེས་དམིགས་ཆེན་པོ་དཔག་ཏུ་མེད་པ་ཡོད་པ་འབྱུང་བར་བཀའ་བསྩལ་བའི་ཕྱིར་ཏེ། སོར་ཕྲེང་གི་མདོར། གང་སྟོན་ཕྱུགས་སུ་གྱུར་ཏེ་རང་གི་མལ་བརྒྱལ་ཞིང་རྣམ་པར་སྨྱོས་པའི་སེམས་ཅན་དེ་དག་ནི། ད་དུང་ཡང་ཉལ་བའི་ཚེ་སོ་སྒྲ་ཁྲིག་ཁྲིག་ཟེར་ཞིང་དེ་བཞིན་གཤེགས་པའི་སྙིང་པོ་ཆོས་དེ་ཁོ་ན་ཉིད་ལ་ཡིད་མི་ཆེས་སོ། །

མ་འོངས་པའི་དུས་ན་ཡང་སེམས་ཅན་གང་སོ་སྒྲ་ཁྲིག་ཁྲིག་ཟེར་ཅིང་། དེ་བཞིན་གཤེགས་པའི་སྙིང་པོ་ཆོས་དེ་ཁོ་ན་ཉིད་ལ་ཡིད་མི་ཆེས་པའི་སེམས་ཅན་དེ་དག་ནི་གཞན་མིན་ཏེ། བཙུན་པ་གང་པོ། དེ་དག་ནི་ཕྱུགས་སུ་གྱུར་པ་ཆོས་ཉིད་མི་ཤེས་པའོ། །ཞེས་པ་ནས། གང་སྟོན་ཡི་དྭགས་ཁ་ནས་མེ་ལྕེ་འབྱུང་བར་གྱུར་པ། དེ་བཞིན་གཤེགས་པའི་སྙིང་པོ་ལ་སྐྱོད་ཅིང་འཕྱ་བའི་སེམས་ཅན་དེ་དག་ད་དུང་ཡང་མཆུ་དང་རྐན་བསྐམས་ཤིང་ཡི་དྭགས་རིད་པ་ཁ་ནས་མེ་ལྕེ་འབྱུང་བའི་སྲོག་ཆགས་སུ་འགྱུར་རོ། །ཞེས་སོགས་སོར་ཕྲེང་ལ་ཕན་པ་དང་། སྤྲིན་ཆེན་པོ་ལ་སོགས་པའི་མདོ་རབ་ཏུ་མང་པོ་རྣམས་ཤེས་བྱེད་ཀྱི་ཁུངས་སུ་འདྲེན་པ་ཡང་དཔྱད་པར་བྱ་སྟེ། དོན་དམ་བདེར་སྙིང་གཏན་ནས་མེད་པར་འདོད་པ་ལ་སྐྱོན་མང་པོ་མདོ་ནས་གསུངས་པ་འདི་རྣམས་འབྱུང་བར་ཁོ་བོ་ཅག་ཀྱང་འདོད་དེ། དེའི་རྒྱུ་མཚན། དོན་དམ་བདེར་སྙིང་རྫོགས་པའི་སངས་རྒྱས་ཀྱི་ཆོས་སྐུ་ཡིན་ལ། དེ་མེད་པར་ཞེ་བས་འདོད་ན་ལས་རྒྱུ་འབྲས་ཟབ་མོ་ཁྱད་དུ་བསད་ཅིང་ཚོགས་གཉིས་ཀྱི་འབྲས་བུ་ལ་སྐུར་པ་

འདེབས་པའི་སྐྱོན་དུ་འགྱུར་བའི་ཕྱིར། ཁྱེད་འདོད་པའི་བདེར་སྙིང་རྟག་བརྟན་གཡུང་དྲུང་སེམས་ཅན་ལ་གདོད་མ་ནས་རང་ཆས་སུ་ཡོད་པ་དེ་ལྟ་བུ་མེད་པར་འདོད་པ་ལ་སྐྱོན་འབྱུང་ན་སངས་རྒྱས་ལའང་སྐྱོན་དེ་རྣམས་འབྱུང་བར་འགྱུར་ཏེ། སེམས་ཅན་ལ་ཡོད་པར་གསུངས་པ་དྲང་དོན་དགོངས་པ་ཅན་ཡིན་པར་སོར་ཕྲེང་གི་མདོ་དེ་ཉིད་ཀ་ནས་བཤད་འདུག་པའི་ཕྱིར་དང་། འདི་ལྟར། གང་ཅི་སྲྀད་དུ་གྱུར་པའི་སེམས་ཅན་ཁྲེལ་མེད་ཅིང་གཡོ་ངན་པ་དེ་བཞིན་གཤེགས་པའི་སྙིང་པོ་ལས་ཕྱིར་ཕྱོགས་པ་དེ་དག་ནི། ད་དུང་ཡང་དེ་བཞིན་གཤེགས་པའི་སྙིང་པོ་ལྷེམ་པོ་ངག་ཏུ་བཤད་པ་མི་ཤེས་ཤིང་སེམས་ཅན་གཡོན་ཅན་ཅི་སྲྀད་ལྟ་བུར་གྱུར་ཏེ་མ་འོངས་པ་ན་ཡང་སེམས་ཅན་གང་དེ་བཞིན་གཤེགས་པའི་སྙིང་པོ་ལྷེམ་པོ་ངག་ཏུ་བཤད་པ་མི་ཤེས་པ་འདི་ལྟར་སྣང་ངོ་། །ཞེས་ལོག་པར་རྟོག་པ་དེ་དག་ནི། ངེས་པར་ཅི་སྲྀད་དུ་གྱུར་པའོ། །ཞེས་གསུངས་སོ། །འོ་ན་སོར་ཕྲེང་ལས། དེ་བཞིན་གཤེགས་པའི་སྐུ་རྟག་པ་ལ་མི་རྟག་པར་སྟོན་པ་རྣམས་མཛེས་ན་བར་འགྱུར། གཡུང་དྲུང་གི་སྐུ་ལ་གཡུང་དྲུང་མིན་པར་ལྟ་བ་རྣམས་ཞུན་སུམ་ཚོགས་པའི་དུས་ན་རྒུད་པར་འགྱུར། ཐེར་ཟུག་ལ་ཐེར་ཟུག་མིན་པར་ལྟ་བ་རྣམས་བཙུན་མོ་དམ་པའི་མངལ་དུ་སྐྱེས་ནས་ཤི་སྟེ་མི་རྟག་པར་འགྱུར། ཞེས་སོགས་གསུངས་པས་རྟག་བརྟན་ལ་སོགས་མིན་པར་བཟུང་བ་ལ་ཉེས་དམིགས་གསུངས་སོ། །ཞེ་ན། འདིའི་ལན་སྨྲར་བཏབ་ཚར་ཏེ། དོན་དམ་པར་རྫོགས་པའི་སངས་རྒྱས་ཀྱི་སྐུ་བདེར་སྙིང་དེ་རྟག་བརྟན་མིན་གྱི་སྐྱོན་པ་དང་བྲལ། ཐ་སྙད་ཀུན་རྫོབ་ཏུ་རྟག་བརྟན་ལ་སོགས་རྣམ་གྲངས་པ་ཡིན་གྱི། དོན་དམ་པར་རྟག་བརྟན་མིན་ཞིང་། དེ་ལྟར་བཟུང་ན་ཉེས་དམིགས་སུ་ཡང་འགྱུར་ཏེ། འདུས་པ་རིན་པོ་ཆེ་ཏོག་གི་གཟུགས་ལས། གང་དག་གཟུགས་ཀྱི་རྣམ་རྟོག་སོགས་ལ་ཆགས། །ཐེར་ཟུག་རྟག་པ་བདག་བརྟན་དངོས་པོར་བལྟ། །དེ་དག་གི་ནི་སྐྱེ་བ་རྒྱུན་མི་འཆད། །དེ་དག་ངན་སོང་ས་ལ་ཤིན་ཏུ་འབབ། །ཅེས་སོགས་དང་། སློབ་དཔོན་ཆོས་ཀྱི་གྲགས་པས་རྣམ་འགྲེལ་དུ། བདག་ཡོད་ན་ནི་གཞན་དུ་ཤེས། །བདག་གཞན་ཆ་ལས་འཛིན་དང་སྡང་། །འདི་དག་དང་ནི་ཡོངས་འབྲེལ་ལས། །ཉེས་པ་ཐམས་ཅད་འབྱུང་བར་འགྱུར། །ཞེས་པ་ལ་སོགས་པ་གསུངས་སོ། །ཁ་ཅིག ། ཆོས་སྐུ་བདེར་སྙིང་དེ་ཐམས་ཅད་ལ་ཁྱབ་པའི་ཕྱིར་སེམས་ཅན་གྱི་ནང་ན་གནས་པར་འདོད་པ་ལ། སྒྱུར་འདས་ལས། རིགས་ཀྱི་བུ། གལ་ཏེ་སངས་རྒྱས་ཀྱི་རང་བཞིན་སེམས་ཅན་གྱི་ནང་ན་གནས་ཞེས་བྱ་བ་ནི། རིགས་ཀྱི་བུ་རྟག་པའི་ཆོས་ནི་གནས་མེད་དེ། གལ་ཏེ་གནས་ཡོད་ན་མི་རྟག་པར་འགྱུར་རོ། །རིགས་ཀྱི་བུ། རྟེན་ཅིང་འབྲེལ་ཏེ་འབྱུང་བ་བཅུ་གཉིས་ནི། ངེས་པར་གནས་པའི་གནས་མེད་དོ། །གལ་ཏེ་གནས་པའི་གནས་ཡོད་ན། རྟེན་ཅིང་འབྲེལ་ཏེ་འབྱུང་བ་བཅུ་གཉིས་རྟག་པ་ཞེས་མི་བྱའོ། །དེ་བཞིན་གཤེགས་པའི་ཆོས་སྐུ་ཡང་གནས་

པའི་གནས་མེད། ཆོས་ཀྱི་ཁམས་དང་ཆོས་ཀྱི་སྐྱེ་མཆེད་དམ་ཆོས་ཀྱི་ཕུང་པོ་དང་ནམ་མཁའ་ཡང་གནས་པའི་གནས་མེད་དོ། །སངས་རྒྱས་ཀྱི་རང་བཞིན་ཡང་དེ་དང་འདྲ་བར་གནས་པའི་གནས་མེད་དོ། །ཞེས་གསུངས་པ་གནོད་བྱེད་དུ་བཀོད་པ་ལ། ཁ་ཅིག་ན་རེ། དེ་མི་རིགས་ཏེ། མྡོ་འདས་ལས། སངས་རྒྱས་ཀྱི་རང་བཞིན་སེམས་ཅན་གྱི་ནང་ན་མི་གནས་པར་གསུངས་པ་ནི། འཁར་གཞོང་ལ་རྒྱ་ཤུག་གི་འབྲས་བུ་གནས་པ་ལྟར་རྟེན་དང་བརྟེན་པར་འབྲེལ་བའི་ཚུལ་གྱིས་མི་གནས་པ་ལ་དགོངས་པ་ཡིན་གྱི། སྤྱིར་མི་གནས་པ་ལ་དགོངས་པ་མིན་ནོ། །ཞེས་ཟེར།

འོ་ན། ཁྱོད་རང་གི་བདེར་སྙིང་སེམས་ཅན་ཐམས་ཅད་ལ་བཞུགས་པའི་ཚུལ་རྒྱུད་བླ་མར་གསུངས་པ། གོས་རྡུལ་ནང་ན་རྒྱལ་བའི་སྐུ་དང་ནི། །བུད་མེད་ངན་མའི་ལྟོ་ན་མི་བདག་དང་། །ས་ནང་རིན་ཆེན་གཟུགས་ཡོད་ཅེས་སོགས་དང་། ཀླུ་སྒྲུབ་ཀྱི་ཆོས་ཀྱི་དབྱིངས་ལ་བསྟོད་པར། ཇི་ལྟར་མར་མེ་བུམ་ནང་གནས། །ཅུང་ཞིག་སྣང་བར་མི་འགྱུར་བ། །དེ་བཞིན་ཉོན་མོངས་བུམ་ནང་གནས། །ཆོས་ཀྱི་དབྱིངས་ཀྱང་མི་མཐོང་ངོ་། །ཞེས་གསུངས་པ་རྣམས་ཀྱིས་བུམ་པ་དང་མར་མེ་བཞིན་རྟེན་དང་བརྟེན་པར་འབྲེལ་བའི་ཚུལ་གྱིས་གསུངས་པར་འདོད་པ་དང་འགལ། གཞན་ཡང་། སེམས་ཅན་གྱི་ཁམས་སེམས་ཅན་ལ་གནས་པ་ལྟར་བདེར་སྙིང་ཆོས་སྐུ་ཡང་སེམས་ཅན་ལ་གནས་པ་ཡིན་པའི་སྒྲུབ་བྱེད་དུ། འགྲིབ་མེད་འཕེལ་མེད་བསྟན་པའི་མདོ་ཡི་ཚིག །ཤཱ་རིའི་བུ་དོན་དམ་པ་ཞེས་བྱ་བ་ནི། སེམས་ཅན་གྱི་ཁམས་ཀྱི་ཚིག་བླ་དྭགས་སོ་ཞེས་སོགས་དྲངས་པ་ནི། མདོ་དེ་ཉིད་ལྡེམ་པོར་དགོངས་པ་ཅན་གྱི་མདོ་ཡིན་ཏེ། བདེར་སྙིང་ཞེས་བྱ་བ་ནི། ཆོས་ཀྱི་སྐུ་ཡི་ཚིག་བླ་དྭགས་ཞེས་པས་སོ། །གཞན་ཡང་སྙིང་པོའི་མཛེས་རྒྱན་ལས། གསེར་གྱི་དཔེ་གཅིག་གིས་སངས་རྒྱས་དང་སེམས་ཅན་གྱི་དེ་བཞིན་ཉིད་དབྱེར་མེད་པས་སེམས་ཅན་སངས་རྒྱས་ཀྱི་སྙིང་པོ་ཅན་དུ་གསུངས་པ་དུས་གཞན་ལ་དགོངས་པ་ཡིན་པའི་སྒྲུབ་བྱེད་དུ། མདོ་སྡེ་རྒྱན་ལས། དེ་བཞིན་ཉིད་དེ་ཐམས་ཅད་ལ། །ཁྱད་པར་མེད་ཀྱང་དག་གྱུར་པ། །དེ་བཞིན་གཤེགས་ཉིད་དེ་ཡི་ཕྱིར། །འགྲོ་ཀུན་དུ་ཡི་སྙིང་པོ་ཅན། །ཞེས་དང་། མྡོ་འདས་སུ། རྒྱུ་རྣམ་པ་ལྔས་མར་དུ་འགྱུར་བ་ལྟར་སངས་རྒྱས་ཀྱི་རང་བཞིན་ཡང་དེ་དང་འདྲ་སྟེ། དཔེར་ན། རྡོ་ལ་ནི་གསེར་ཡོད། དངུལ་ཡང་ཡོད། ཟངས་ཀྱང་ཡོད་དེ། དེ་དག་ཆེན་པོ་བཞི་ལ་གནས་པར་འདྲ་ཡང་མིང་གཅིག་སྙིང་པོ་གཅིག་ལས་འབྱུང་བ་སོ་སོ་སྟེ། རྒྱུ་དང་རྐྱེན་མང་པོ་དགོས་སོ། །དེ་ཡང་སེམས་ཅན་གྱི་བསོད་ནམས་དང་མིས་ལས་སུ་བྱས་པ་ལ་གདོད་འབྱུང་བར་འགྱུར་ཏེ། དེ་བས་ན་ཐོག་མ་ནས་གསེར་གྱི་རང་བཞིན་མེད་པར་རིག་པར་བྱའོ། །

སེམས་ཅན་གྱི་སངས་རྒྱས་ཀྱི་རང་བཞིན་ནི་སངས་རྒྱས་ཞེས་མི་བྱ་སྟེ། བསོད་ནམས་མང་པོའི་རྒྱུ་དང་

རྐྱེན་འདུས་པས་སངས་རྒྱས་ཀྱི་རང་བཞིན་མཐོང་བར་གྱུར་ན་གདོད་སངས་རྒྱས་ཐོབ་པར་འགྱུར་རོ། །ཞེས་སོགས་གསུངས་པ་ལ། ཁ་ཅིག་ན་རེ། དེ་ལུང་གི་དགོངས་པ་མིན་ཏེ། དྲི་མ་མ་ལུས་པ་དག་པའི་དེ་བཞིན་ཉིད་དེ་སེམས་ཅན་གྱི་རྒྱུད་ལ་ཡོད་དམ་མེད། ཡོད་ན། དེ་ཉིད་སངས་རྒྱས་ཀྱི་ཆོས་སྐུ་སེམས་ཅན་གྱི་རྒྱུད་ལ་ཡོད་པ་ཡིན་པས་སེམས་ཅན་སངས་རྒྱས་ཀྱི་སྙིང་པོ་ཅན་དུ་གསུངས་པ་ཇི་ལྟར་དུས་གཞན་ལ་དགོངས་པའི་ལྡེམ་དགོངས་ཡིན། མེད་ན། སངས་རྒྱས་ཀྱི་ཆོས་ཉིད་སེམས་ཅན་ལ་མེད་པར་འགྱུར་ཏེ། དྲི་མ་མ་ལུས་པ་དག་པའི་དེ་བཞིན་ཉིད་སེམས་ཅན་ལ་མེད་པའི་ཕྱིར་རོ། །ཡང་སངས་རྒྱས་ཀྱི་ཆོས་ཉིད་སེམས་ཅན་ལ་མེད་ན། རྒྱུད་བླར། ཤེས་བྱ་མཐར་ཐུག་རྟོགས་པའི་བློས། །ཐམས་ཅད་མཁྱེན་པའི་ཆོས་ཉིད་ནི། །སེམས་ཅན་ཐམས་ཅད་ལ་ཡོད་པར། །མཐོང་ཕྱིར་ཇི་སྙེད་ཡོད་པ་ཉིད། །ཅེས་དང་། དེའི་འགྲེལ་པར་དེ་ལ་ཇི་སྙེད་ཡོད་པ་ཉིད་ནི། ཤེས་བྱའི་དངོས་པོ་མཐའ་དག་མཐར་ཐུག་པར་རྟོགས་པ་འཇིག་རྟེན་ལས་འདས་པའི་ཤེས་རབ་ཀྱིས་སེམས་ཅན་ཐམས་ཅད་ལ་ཐ་ན་དུད་འགྲོའི་སྐྱེ་གནས་སུ་གྱུར་པ་རྣམས་ལ་ཡང་དེ་བཞིན་གཤེགས་པའི་སྙིང་པོ་ཡོད་པ་ཉིད་མཐོང་བ་ལས་རིག་པར་བྱའོ། །ཞེས་སོགས་དང་འགལ། ཞེས་ཟེར། འདི་སངས་རྒྱས་དང་སངས་རྒྱས་ཀྱི་ཆོས་ཉིད་མ་ཕྱེད་པའི་འཆལ་གཏམ་ཆེན་པོ་སྟེ། སངས་རྒྱས་ཀྱི་ཆོས་ཉིད་སེམས་ཅན་ཐམས་ཅད་ལ་ད་ལྟར་ཡོད་པ་ཡིན་གྱི། སངས་རྒྱས་ད་ལྟར་ཡོད་པ་མ་ཡིན། དེའི་ཕྱིར་སེམས་ཅན་ལ་སངས་རྒྱས་ཡོད་པར་སྟོན་པའི་གཞུང་ཐམས་ཅད་དགོངས་པ་ཅན་ཡིན་ནོ། །

དེ་ལྟ་མིན་པར་ཆོས་དེའི་ཆོས་ཉིད་དང་ཆོས་དེ་ཁྱད་པར་མེད་པས་ཆོས་དེའི་ཆོས་ཉིད་ཡོད་པས་ཆོས་དེ་ཡོད་དགོས་ན། བུམ་པའི་སྟོང་ཉིད་ཤེས་བྱ་ཐམས་ཅད་ལ་ཡོད་པས། བུམ་པ་ཤེས་བྱ་ཐམས་ཅད་ལ་ཡོད་པར་འགྱུར་དགོས་ཏེ། བུམ་པའི་སྟོང་པ་ཉིད་ཤེས་བྱ་ཐམས་ཅད་ཀྱི་སྟོང་པའི་ཕྱིར། རྟགས་གྲུབ་སྟེ། ཇི་སྐད་དུ། གཅིག་གི་སྟོང་ཉིད་གང་ཡིན་པ། །དེ་ནི་ཀུན་གྱི་སྟོང་པ་ཉིད། །ཅེས་པའམ། འཇམ་དཔལ། ཆོས་ཀྱི་དབྱིངས་གཅིག །ཡང་དག་པའི་མཐའ་གཅིག་ཡིན་ཞེས་གསུངས་པས་སོ། །དེའི་ཕྱིར་དངོས་པོ་གཅིག་གི་ཆོས་ཉིད་དངོས་པོ་ཀུན་གྱི་ཆོས་ཉིད་ཡིན། དངོས་པོ་ཀུན་གྱི་ཆོས་ཉིད་དངོས་པོ་གཅིག་གི་ཆོས་ཉིད་ཡིན་པས་དངོས་པོ་ཀུན་གྱི་དེ་བཞིན་ཉིད་མཐོང་ན། དངོས་པོ་གཅིག་གི་དེ་བཞིན་ཉིད་ཀྱང་མཐོང་། དངོས་པོ་གཅིག་གི་དེ་བཞིན་ཉིད་མཐོང་ན། དངོས་ཀུན་གྱི་དེ་བཞིན་ཉིད་ཀྱང་མཐོང་བར་གསུངས་པ་ཡིན་ཏེ། སློབ་དཔོན་ཨཱརྻ་དེ་བའི་གཞུང་ལུགས་ལས། ཆོས་ཀྱི་དབྱིངས་ཀྱི་ངོ་བོར། དངོས་གཅིག་དངོས་པོ་ཀུན་གྱི་ངོ་བོ་ཉིད། །དངོས་ཀུན་དངོས་པོ་གཅིག་གི་ངོ་བོ་ཉིད། །གང་གིས་དངོས་གཅིག་དེ་བཞིན་ཉིད་མཐོང་བ། །དེ་ཡིས་དངོས་ཀུན་དེ་བཞིན་ཉིད་དུ་མཐོང་། །

ཞེས་འབྱུང་བའི་ཕྱིར། དེ་ཡང་ཆོས་ཉིད་ཆ་ཤས་མེད་པ་གཅིག་ལ་མཐོང་མ་མཐོང་ཆ་གཉིས་མེད་པར་གསུངས་ཏེ། སློབ་དཔོན་ཆོས་ཀྱི་གྲགས་པས་ཚད་མ་རྣམ་འགྲེལ་ལས། དོན་གྱི་རང་གི་ངོ་བོ་གཅིག །བདག་ཉིད་མཐོང་སུམ་ཡིན་པ་ལ། །ཚད་མ་རྣམས་ཀྱིས་བརྟག་བྱ་གང་། མ་མཐོང་ཆ་གཞན་ཅི་ཞིག་ཡོད། །ཅེས་གསུངས་སོ། །

གསང་སྔགས་ཟབ་མོ་འདི་ནི། སེམས་ཅན་ཐམས་ཅད་ལ་གདོད་མ་ནས་སངས་རྒྱས་རང་ཆས་སུ་བཞུགས་པར་འདོད་པའི་རྩོད་པ་དྲི་མོ་ངན་ལྟ་བུ་ཡང་ཡང་བརྗོད་ཀྱང་ཡང་ཡང་འཕོར་ཡོང་བ་དེ་འདུ་བྱེད་མཐར་ཐུག་པའོ། །དེས་ན་ཤིང་སྡོང་པོ་རྩ་བ་ནས་ཆད་ན་ཡལ་ག་དང་ལོ་འདབ་ཐམས་ཅད་རང་བསྐམས་ལ་འགྱུར་བ་བཞིན། ལྟ་ངན་འདི་ལ་བརྟེན་ནས་མགོ་ཕྱུལ་གྱི་བསམ་མནོ་བཏང་བའི་ལྟ་ངན། དག་པ་ཡེ་ཤེས་ཀྱི་ཀུན་གཞི་འཁོར་བའི་ཆོས་ཀྱིས་སྟོང་བས་གཞན་སྟོང་གདོད་མ་ནས་རྟག་བརྟན་དང་། མ་དག་པ་རྣམ་ཤེས་ཀུན་གཞི་རང་སྟོང་ཡིན་པས་གཞི་མ་གྲུབ་པ་དང་། དྲི་བཅས་ཀྱི་དེ་ཉིད་དང་པོ་ནས་སྤྱངས་རྟོགས་ཀྱི་ཡོན་ཏན་རྫོགས་པའི་རང་གི་ཡེ་ཤེས་འདུས་བྱས་དང་། ཡེ་ཤེས་དེ་གཉིས་ཀྱི་འབྲས་བུ་ཆོས་སྐུ་བྲལ་བའི་འབྲས་བུ་འདུས་མ་བྱས། གཟུགས་སྐུ་རྣམ་སྨིན་གྱི་འབྲས་བུ་འདུས་བྱས། དེ་གཉིས་རང་བཞིན་ངོ་བོ་ཐ་དད་པར་འདོད་པ་དང་། མིའི་ཁོང་ན་མི་གཙང་བ་ཡོད་ཀྱང་མི་དེ་མི་གཙང་བ་མ་ཡིན་པ་བཞིན་དུ་སེམས་ཅན་གྱི་ཁོང་ན་སངས་རྒྱས་ཡོད་ཀྱང་སེམས་ཅན་སངས་རྒྱས་མིན་ཟེར་བ་དང་། དག་པ་ཡེ་ཤེས་ཀྱི་ཀུན་གཞི་རྟག་ཅིང་ཡོད་པས་ཆད་མཐའ་ལས་གྲོལ་ཞིང་། མ་དག་པ་རྣམ་ཤེས་ཀྱི་ཀུན་གཞི་མི་རྟག་ཅིང་གཞི་མ་གྲུབ་པར་རྟག་མཐའ་ལས་གྲོལ་ཞིང་། དེ་ལྟར་རྟོགས་པ་དབུ་མའི་ལམ་མོ། །ཞེས་ཟེར་བ་དང་། སྣང་གཉེན་རང་བཞིན་ཐ་དད་ཀྱང་རང་བྱུང་ཡེ་ཤེས་སྤང་བྱའི་གཉེན་པོར་མི་འདོད་པ་དང་། བདེ་གཤེགས་སྙིང་པོ་དོན་དམ་པའི་བདག་ཡིན། ཕྱི་རོལ་པས་བཏགས་པ་ཀུན་རྫོབ་པའི་བདག་ཡིན་ཟེར་བ་དང་། དོན་དམ་བདེ་གཤེགས་སྙིང་པོ་དོན་དམ་གྱི་འཁོར་བ་ཡིན་པས་མྱང་འདས་དང་དབྱེར་མེད་ཡིན་ཞིང་། ཀུན་རྫོབ་ཀྱི་འཁོར་བ་དང་མྱང་འདས་རང་བཞིན་ཐ་དད་པས་འཁོར་འདས་ཐ་དད་ཡིན་ཟེར་བ་དང་། ས་བཅུའི་ཡེ་ཤེས་ལམ་བདེན་འདུས་བྱས་དང་། སངས་རྒྱས་ཀྱི་ཡེ་ཤེས་འགོག་བདེན་འདུས་མ་བྱས་ཡིན་པས་དེ་གཉིས་རང་བཞིན་ཐ་དད་དོ། །ཞེས་ཟེར་བ་དང་། ཡང་ཁ་ཅིག །སྦྱོར་བ་སྒོམ་པའི་གནས་སྐབས་སུ་འབྱུང་བའི་སྙིག་རྒྱུ། དུ་བ། མེ་ཁྱེར། མར་མེའི་རྣམ་པ་ལ་སོགས་པ་སྟོང་གཟུགས་རྣམས་དོན་དམ་པའི་བདེར་སྙིང་དག་པ་ཡེ་ཤེས་ཀྱི་ཀུན་གཞི་ཡིན་ཅིང་། དེ་མཐོང་བ་དོན་དམ་མཐོང་བར་འདོད་པ་རྣམས་ཀྱང་མཁས་པའི་གཞུང་ལུགས་ལ་མ་གྲགས་པའི་ཆོས་སྐད་རིགས་པ་མེད་པར་ཨུ་ཚུགས་དང་འདོད་པ་ཙམ་གྱིས་འཇུག་པ་ཐམས་ཅད་བཀག་པ་ཡིན་ནོ། །འདི་རྣམས་ལ་གསུང་རབ་དང་མཐུན་པའི་

དགག་པ་སྟར་ཡང་ཅི་རིགས་སུ་བརྗོད་ཚར་ཅིང་། འོག་ཏུའང་ཅུང་ཟད་འཆད་པར་འགྱུར་རོ། །

འདིའི་སྐབས་སུ་ཁ་ཅིག་ན་རེ། དེ་བཞིན་ཉིད་དྲི་མ་དང་བཅས་པའི་དུས་ན་སངས་རྒྱས་མིན་པ་ལ། ཕྱིས་དྲི་མ་དང་བྲལ་བ་ན་སངས་རྒྱས་སུ་འགྱུར་བ་ཡིན་ན། དེ་བཞིན་ཉིད་དེ་ངོ་བོ་འགྱུར་བ་དང་བཅས་པར་འགྱུར་ཟེར་རོ། །དེ་ལྟར་ན། དེ་བཞིན་ཉིད་དེ་ངོ་བོར་འགྱུར་བ་དང་བཅས་པར་འགྱུར་ཏེ། སྔར་དྲི་བཅས་ཀྱི་དུས་ན་དག་པ་གཅིག་ལྡན་ལ། ཕྱིས་དྲི་བྲལ་གྱི་དུས་ན་དག་པ་གཉིས་ལྡན་དུ་འགྱུར་བའི་ཕྱིར། ཆོས་གསུམ་ཁས་བླངས་སོ། །དེ་ལ་ཁ་ཅིག་ན་རེ། རང་གི་ངོ་བོ་འགྱུར་བ་མེད་ཀྱང་། སྔར་དྲི་བཅས་ཀྱི་དུས་ན་དྲི་མ་གདོད་ནས་གཞི་མ་གྲུབ་ནས་སྤངས་པས་དག་པ་གཅིག་ལྡན་དུ་བཞུགས། ཕྱིས་དྲི་མ་གློ་བུར་བ་གཉེན་པོས་བཅོམ་ནས་ཟད་པས་དག་པ་གཉིས་ལྡན་དུ་བཞུགས་པ་ཡིན་ལོ། །འོ་ན། དེ་སངས་རྒྱས་མིན་པར་འགྱུར་ཏེ། དྲི་མ་དང་བཅས་པའི་ཕྱིར། རྟགས་གསལ་ཁས་བླངས། ཁྱབ་པ། དྲི་མ་མ་ཟད་པའི་སངས་རྒྱས་མི་སྲིད་པར་ལུང་རིགས་མང་པོས་ཡང་ཡང་བརྗོད་ཟིན། དེ་ལ་ཁ་ཅིག་ན་རེ། སྔར་གྱི་མྱང་འདས་ཀྱི་ལུང་དེ་རྣམས་ཀྱིས་སེམས་ཅན་ལ་སངས་རྒྱས་ཀྱི་རང་བཞིན་ཐོགས་མ་ནས་ཡོད་པར་བསྟན་ལ། སངས་རྒྱས་ཀྱི་རང་བཞིན་ཉིད་སངས་རྒྱས་ཀྱི་ཆོས་སྐུ་ཡིན་པས་ལུང་དེ་དག་གིས་ནི་སེམས་ཅན་ཐམས་ཅད་སངས་རྒྱས་དངོས་ཀྱིས་སྙིང་པོ་ཅན་ཉིད་དུ་བསྟན་པ་ཡིན་ནོ། །དཔེར་ན། རྡོ་ལ་གསེར་དངུལ་སོགས་ཡོད་པའང་གསེར་དངུལ་སོགས་དངོས་ཡོད་པ་ཡིན་པ་དང་མཚུངས་སོ། །ཞེས་ཟེར་རོ། །འདིའི་སངས་རྒྱས་ཀྱི་རང་བཞིན་དེ་གང་ཡིན། སངས་རྒྱས་ཀྱི་དེ་བཞིན་ཉིད་ལ་ཟེར་ན། སེམས་ཅན་ལ་ཡོད་པར་ཁོ་བོ་ཡང་འདོད་དོ། །སངས་རྒྱས་ཀྱི་ཆོས་སྐུ་ལ་ཟེར་ན། དེ་སེམས་ཅན་ལ་ཡོད་པར་མ་གྲུབ་པར་སྔར་བཤད། སངས་རྒྱས་ཀྱི་རང་བཞིན་ཡོད་པས་སངས་རྒྱས་ཡོད་པར་མི་འགྱུར་ཏེ། མྱང་འདས་སུ། སངས་རྒྱས་ཀྱི་རང་བཞིན་སེམས་ཅན་ལ་ཡོད་ནའང་དེ་སངས་རྒྱས་མིན་ཏེ། སེམས་ཅན་གྱིས་སངས་རྒྱས་ཀྱི་རང་བཞིན་ནི། སངས་རྒྱས་ཞེས་མི་བྱ་སྟེ། ཞེས་ཁྱེད་རང་གིས་ཀྱང་ལུང་དྲངས་པའི་ཕྱིར་རོ། །ལུང་དེའི་དགོངས་པ་སེམས་ཅན་གྱིས་སངས་རྒྱས་ཐོབ་པ་ཞེས་མི་བྱ་ཟེར་གྱི། །ཡོད་པ་ཡིན་པས་སངས་རྒྱས་ཡོད་པ་དང་ཐོབ་པ་ཁྱད་པར་ཤིན་ཏུ་ཆེ་ལོ། །འདི་ཚིག་ཙམ་དུ་བས་སོ། །ཡང་། དེ་བཞིན་གཤེགས་པའི་སྙིང་པོའི་མཛེས་རྒྱན་དུ། རིགས་ཡོད་ཕྱིར་ན་ལུས་ཅན་ཀུན། །རྟག་ཏུ་བདེ་གཤེགས་སྙིང་པོ་ཅན། །ཞེས་སོགས་ཀྱི་དོན་ས་འོག་གི་གཏེར་ལ་སོགས་པ་དཔེ་ལྔག་མ་ལྔས་སེམས་ཅན་ལ་སངས་རྒྱས་ཀྱི་སྐུ་གསུམ་སྐྱེད་པའི་རིགས་སངས་རྒྱས་ཀྱི་ཁམས་ཡོད་པའི་དོན་གྱིས་དེ་བཞིན་གཤེགས་པའི་སྙིང་པོ་ཅན་དུ་གསུངས་པ་ཡང་དུས་གཞན་ལ་དགོངས་པའི་སྒྲུབ་བྱེད་དུ་ལུང་འདི་སྦྱོར་ཏེ། རྒྱུད་བླའི་འགྲེལ་པར། དེ་བཞིན་

གཤེགས་པ་ཉིད་ནི། སངས་རྒྱས་ཀྱི་སྐུ་རྣམ་པ་གསུམ་གྱིས་རབ་ཏུ་ཕྱེ་བ་ཡིན་ཏེ། དེས་ན་དེ་བཞིན་གཤེགས་པའི་ཁམས་ཐོབ་པའི་རྒྱུ་ཡིན་པས་ཁམས་ཀྱི་དོན་ནི་འདིར་རྒྱུའི་དོན་ནོ། །ཞེས་དང་། རྒྱ་བླའི་འགྲུར་འགའ་ཞིག་ལ། སེམས་ཅན་ཕུང་པོའི་ནང་ན་སངས་རྒྱས་ཡེ་ཤེས་གནས། །དེ་ནི་རང་བཞིན་གཉིས་མེད་ཕྱིར་ན་དྲི་མ་མེད། །སངས་རྒྱས་རིགས་ལ་འབྲས་བུར་རྣམ་པར་བཏགས་ནས་ནི། །ལུས་ཅན་ཐམས་ཅད་སངས་རྒྱས་སྙིང་པོར་བརྗོད་པ་ཡིན། །ཞེས་དང་། མྡོ་ང་འདས་སུ། བཅོམ་ལྡན་འདས། གལ་ཏེ་སངས་རྒྱས་དང་སངས་རྒྱས་ཀྱི་རང་བཞིན་ཁྱད་པར་མ་མཆིས་ན། སེམས་ཅན་ཐམས་ཅད་ལམ་ལ་ནན་ཏན་བགྱིད་ཀྱང་ཅི་འཚལ། བཅོམ་ལྡན་འདས་ཀྱིས་བཀའ་བསྩལ་པ། རིགས་ཀྱི་བུ། ཁྱེད་ཀྱིས་དོན་དེ་དྲིས་པ་དེ་ནི་དེ་ལྟར་མ་ཡིན་ནོ། །སངས་རྒྱས་དང་སངས་རྒྱས་ཀྱི་རང་བཞིན་ནི་ཁྱད་པར་མེད་མོད་ཀྱི། སེམས་ཅན་རྣམས་དེ་དང་མི་ལྡན་ཏེ། ཞེས་སོགས་དྲངས་པ་ལ། ཁ་ཅིག་ན་རེ། འདི་རྣམ་པར་དཔྱད་པར་བྱ་སྟེ། སངས་རྒྱས་དང་སངས་རྒྱས་ཀྱི་རང་བཞིན་ཁྱད་པར་མེད་མོད་ཀྱི། སེམས་ཅན་རྣམས་དེ་དང་མི་ལྡན་ཏེ་ཞེས་པ་དང་། སེམས་ཅན་ཐམས་ཅད་ལ་ཡང་དག་པར་མཚན་སུམ་ཅུ་རྩ་གཉིས་དང་དཔེ་བྱད་བརྒྱད་ཅུ་མེད་ཅེས་གསུངས་པ་དང་། མ་བསད་པའི་ལས་བྱས་པའི་མི་ལ་ད་ལྟ་དམྱལ་བ་པའི་ཕུང་པོ་མེད་པ་དང་། ཞོ་ལ་ད་ལྟ་མར་མེད་པ་དང་། འཛིམ་པ་ལ་ད་ལྟ་ཛ་མེད་པར་བསྟན་པའི་དཔེས། སེམས་ཅན་ལ་ད་ལྟ་སངས་རྒྱས་ཀྱི་རང་བཞིན་མེད་པ་ལྟ་བུར་བསྟན་པ་ནི། སེམས་ཅན་ལ་ད་ལྟ་སངས་རྒྱས་ཀྱི་རང་བཞིན་སེམས་ཅན་གྱིས་མཐོང་བ་མེད་པ་དང་སངས་རྒྱས་ཐོབ་པའི་ཚུལ་གྱིས་མེད་པ་ལ་དགོངས་ཤིང་། དཔེ་དེ་དག་ཀྱང་ཕྱོགས་ཙམ་མཐུན་པའི་དཔེ་ཡིན་པས་ད་ལྟ་དམྱལ་བ་པའི་ཕུང་པོ་མངོན་དུ་གྱུར་པ་མེད་པའི་ཆ་དཔེར་བླངས་པ་ཡིན་ཏེ། ཆོས་ཀྱི་དབྱིངས་ཀྱི་བསྟོད་པར། ཇི་ལྟར་འོམ་དང་འདྲེས་པས། །མར་གྱི་སྙིང་པོ་མི་སྣང་བ། །དེ་བཞིན་ཉོན་མོངས་དང་འདྲེས་པས། །ཆོས་ཀྱི་དབྱིངས་ཀྱང་མི་མཐོང་ངོ་། །ཇི་ལྟར་འོམ་རྣམ་སྦྱངས་པས། །མར་གྱི་སྙིང་པོ་དྲི་མེད་འགྱུར། །དེ་བཞིན་ཉོན་མོངས་རྣམ་སྦྱངས་པས། །ཆོས་དབྱིངས་ཤིན་ཏུ་དྲི་མེད་འགྱུར། །ཞེས་སོགས་དྲངས་ནས། མྡོ་འདས་སོགས་སུ་གསུངས་པའི་དོན། སངས་རྒྱས་འཐོབ་པའི་རྒྱུ་ལ་བདེན་པའི་རྒྱུ་དང་རྐྱེན་གྱི་རྒྱུ་གཉིས་ཡོད་པ་ལས། སངས་རྒྱས་ཀྱི་རང་བཞིན་བདེན་པའི་རྒྱུ་ཡིན་པར་མྡོ་འདས་སུ་གསུངས། སངས་རྒྱས་ཀྱི་ཆོས་ཀྱི་སྐུ་དང་། སངས་རྒྱས་ཀྱི་རང་བཞིན། སངས་རྒྱས་ཐོབ་པའི་རྒྱུ། ས་བོན། ཁམས། རང་བཞིན་དུ་གནས་པའི་རིགས་འདི་རྣམས་ཁྱད་པར་མེད་པར་གསུངས་པས། ལུང་དེ་དག་གི་དགོངས་པ་ཡང་སེམས་ཅན་གྱིས་མ་འོངས་པ་ན་ངེས་པར་སངས་རྒྱས་ཀྱི་རང་བཞིན་ནམ། སངས་རྒྱས་ཆོས་ཀྱི་སྐུ་མཐོང་བ་དང་ཐོབ་པའི་ཕྱིར་སེམས་ཅན་རྣམས་ལ་ཐོག་མ་ཉིད་ནས་སངས་རྒྱས

གྱི་རང་བཞིན་ནམ་སངས་རྒྱས་ཀྱི་ཆོས་སྐུ་ཡོད་དེ། ཐོག་མ་ཉིད་ནས་དེ་དག་མེད་ན་དེ་དག་འདུས་མ་བྱས་ཡིན་པས། ཕྱིར་གསར་དུ་འབྱུང་བ་མིན་པའི་ཕྱིར་སེམས་ཅན་གྱིས་མ་འོངས་པ་ན་དེ་དག་མཐོང་བ་དང་ཐོབ་པར་མི་འགྱུར། ཞེས་དགོངས་པ་ཡིན། དེས་ན་རང་བཞིན་གྱི་རིགས་ནི། སེམས་ཅན་གྱིས་སངས་རྒྱས་ཐོབ་པའི་རྒྱུ་དང་ས་བོན་ཡིན་པར་གསུངས་ཀྱི། སངས་རྒྱས་ཆོས་ཀྱི་སྐུ་སྔར་མེད་གསར་དུ་སྐྱེད་པའི་རྒྱུ་དང་ས་བོན་ཡིན་པར་མ་གསུངས། སངས་རྒྱས་ཀྱི་སྐུ་རྣམ་པ་གསུམ་སྐྱེད་པའི་རིགས་ཞེས་གསུངས་པས། ཁམས་དེ་སངས་རྒྱས་གསར་དུ་སྐྱེད་པའི་རྒྱུ་ཡིན་སྙམ་ན། རིགས་ལ་གཉིས་སུ་ཕྱེ་བའི་རྒྱས་པའི་རིགས་དེ་གཟུགས་སྐུ་གཉིས་སྔར་མེད་གསར་དུ་སྐྱེད་པའི་རྒྱུ་ཡིན་ཡང་། རང་བཞིན་གྱི་རིགས་ནི། ངོ་བོ་ཉིད་ཀྱི་སྐུ་ཐོབ་པའི་རྒྱུ་ཡིན་པ་ལ་སྐྱེད་པའི་རིགས་ཞེས་བརྗོད་པ་ཡིན་གྱི། སྐྱེད་པའི་རྒྱུ་ནི་མ་ཡིན་ནོ། །དེས་ན་རྒྱུ་ལ་འབྲས་བུར་བཏགས་པ་ལ་རྒྱུ་དེ་འབྲས་དངོས་མིན་པ་ཞིག་དགོས་ལ། རང་བཞིན་གྱི་རིགས་ནི། ངོ་བོ་ཉིད་ཀྱི་སྐུའམ་ཆོས་སྐུ་དངོས་ཡིན་པས་རྒྱུ་ལ་འབྲས་བུར་བཏགས་པ་མིན་ནོ། །རྒྱས་པའི་རིགས་ནི། རྒྱུ་ལ་འབྲས་བུར་བཏགས་པ་ཡིན་ནོ། །དེས་ན་དོན་དམ་པའི་སངས་རྒྱས་ཆོས་ཀྱི་སྐུའམ་ངོ་བོ་ཉིད་ཀྱི་སྐུ་དངོས་ཉིད་སེམས་ཅན་ཐམས་ཅད་ལ་གདོད་མ་ནས་གནས་པ་དེ། སེམས་ཅན་རྣམས་ཀྱིས་སངས་རྒྱས་ཐོབ་པའི་རྒྱུ་ཡིན་པར་རང་བཞིན་གྱི་རིགས་ཞེས་བྱ་བར་གསུངས་སོ། །སངས་རྒྱས་ཆོས་ཀྱི་སྐུ་དངོས་ཉིད་སེམས་ཅན་ལ་ཐོག་མ་ཉིད་ནས་མེད་ན། ཆོས་ཀྱི་སྐུ་དེ་རྒྱུ་གང་གིས་ཀྱང་བསྐྱེད་དུ་མེད་པས་སེམས་ཅན་གྱིས་ཐོབ་པ་མི་སྲིད་པའི་སྐྱོན་དུ་འགྱུར་རོ། །

དེ་དག་ལ་དགོངས་ནས་མྱང་འདས་སུ། སྐྱེ་བའི་རྒྱུ་ནི། འདི་ལྟར་ཕ་རོལ་ཏུ་ཕྱིན་པ་དྲུག་གིས་བླ་མེད་རྫོགས་པའི་བྱང་ཆུབ་ཐོབ་པའོ། །ཡང་སྣང་བའི་རྒྱུ་ནི། འདི་ལྟར་སངས་རྒྱས་ཀྱི་རང་བཞིན་གྱིས་བླ་མེད་རྫོགས་པའི་བྱང་ཆུབ་ཐོབ་པའོ། །ཞེས་སོགས་དང་། གསལ་བའི་རྒྱུ་ཞེས་བྱ་བ་ནི། འདི་ལྟ་སྟེ། བྱང་ཆུབ་ཀྱི་ཕྱོགས་ཀྱི་ཆོས་སུམ་ཅུ་རྩ་བདུན་དང་། ཕ་རོལ་ཏུ་ཕྱིན་པ་དྲུག་ནི་གསལ་བའི་རྒྱུ་ཞེས་བྱའོ། །ཞེས་གསུངས་སོ། །དེས་ན། སྒྲོན་མེ་སོགས་ཀྱིས་མུན་ཁུང་གི་རྫས་གསལ་བར་བྱེད་པ་ལ་མུན་ཁུང་ན་རྫས་ཀྱི་དངོས་པོ་ཡོད་དགོས་པ་ལྟར། ཡང་དག་པའི་ལམ་གྱིས་སེམས་ཅན་ལ་ཆོས་སྐུ་གསལ་བར་བྱེད་པ་ལ་ཡང་སེམས་ཅན་ལ་སངས་རྒྱས་ཀྱི་ཆོས་སྐུ་གདོད་མ་ནས་ཡོད་དགོས་ཞེས་ཟེར་རོ། །འདིའང་དཔྱད་པར་བྱ་སྟེ། སྤྱིར་སངས་རྒྱས་ཀྱི་རང་བཞིན་ཞེས་པ། མཐའ་གཅིག་ཏུ་ཆད་པར་གསུངས་པ་མེད། སངས་རྒྱས་ཀྱི་ཆོས་སྐུ་དང་། དེ་བཞིན་ཉིད་དང་། རིགས་ལ་སོགས་པ་དུ་མ་ལ་གསུངས། འདིར་སངས་རྒྱས་ཀྱི་རང་བཞིན་དང་སངས་རྒྱས་ཀྱི་ཁམས་དོན་གཅིག་པ་མིན་པར་འགྱུར། །ཞེས་པ་གང་། ཆོས་སྐུ་དང་སངས་རྒྱས་ཀྱི་ཁམས་དོན་གཅིག་པ་མ་ཡིན་པར་

འགྱུར་བར་འདོད། དེ་བཞིན་ཉིད་སངས་རྒྱས་ཀྱི་ཁམས་དོན་གཅིག་པ་མིན་པར་འགྱུར་ཏེ། སེམས་ཅན་ལ་ད་ལྟར་སངས་རྒྱས་ཀྱི་རང་བཞིན་མེད་པའི་ཕྱིར་ཟེར་ན། ཁྱབ་པ་མེད། མྱ་ངན་འདས་མདོར་གསུངས་པའི་སངས་རྒྱས་ཀྱི་རང་བཞིན་ནི། སངས་རྒྱས་དང་ཁྱད་པར་མེད་མོད་ཀྱི། སེམས་ཅན་རྣམས་དེ་དང་མི་ལྡན་ཞེས་གསུངས་པ་སངས་རྒྱས་ཀྱི་རང་བཞིན་ཆོས་སྐུ་ལ་དགོངས། སངས་རྒྱས་ཀྱི་རང་བཞིན་ཞེས་བྱ་བ་ནི། སངས་རྒྱས་ཐམས་ཅད་ཀྱི་བླ་མེད་རྫོགས་པའི་བྱང་ཆུབ་ཀྱི་ལམ་དབུ་མའི་ས་བོན་ཡིན་ནོ། །ཞེས་གསུངས་པ་སངས་རྒྱས་ཀྱི་ཁམས་ལ་དགོངས་པར་ཐོགས་མེད་ཀྱིས་རྒྱུད་བླའི་འགྲེལ་པར་བཤད། མྱང་འདས་སུ། སངས་རྒྱས་ཀྱི་རང་བཞིན་ནི། དོན་དམ་པའི་སྟོང་པའོ། །དོན་དམ་པའི་སྟོང་པ་ནི། ལམ་དབུ་མའོ། །ལམ་དབུ་མ་ནི། སངས་རྒྱས་སོ། །སངས་རྒྱས་ནི། མྱ་ངན་ལས་འདས་པ་ཞེས་གསུངས་པའི་སངས་རྒྱས་ཀྱི་རང་བཞིན་ནི། སངས་རྒྱས་ཀྱི་ཆོས་སྐུ་ལ་དགོངས། སེམས་ཅན་ལ་ཐོག་མ་ནས་སངས་རྒྱས་མེད་ན། དེ་འདུས་མ་བྱས་ཡིན་པས་མ་འོངས་པ་ན་འཐོབ་པར་མི་འགྱུར་ཟེར་ན། ཁྱབ་པ་མེད་དེ། བྲལ་བའི་ཡོན་ཏན་སུམ་ཅུ་སོ་གཉིས་དང་ལྡན་པའི་འགོག་བདེན་བཞིན། སངས་རྒྱས་ཀྱི་སྐུ་རྣམ་པ་གསུམ་སྐྱེད་པའི་རིགས་ཞེས་གསུངས་པའི་དོན། རྒྱས་པའི་རིགས་དེ་གཟུགས་སྐུ་གཉིས་སྐྱེད་པའི་རྒྱུ་ཡིན་ཡང་། རང་བཞིན་ཀྱི་རིགས་ནི་ངོ་བོ་ཉིད་སྐུ་ཐོབ་པའི་རྒྱུ་ཡིན་གྱི། སྐྱེད་པའི་རྒྱུ་མ་ཡིན་ཞེས་ཟེར་བ་ནི། སྐྱེད་པའི་རིགས་ཞེས་པའི་བཤད་པར་སྐྱེད་པའི་རྒྱུ་མ་ཡིན་ཞེས་པ་འགལ་ཞིང་། གཞན་ཡང་། རང་བཞིན་གྱི་རིགས་དེ། ངོ་བོ་ཉིད་སྐུ་ཐོབ་པའི་རྒྱུ་མིན་པར་འགྱུར་ཏེ། ངོ་བོ་ཉིད་སྐུར་རང་བཞིན་ཡིན་པའི་ཕྱིར། རྟགས་བསལ་ཁས་བླངས། ཁྱབ་པ། རང་ཉིད་རང་ཉིད་ཀྱི་རྒྱུ་རུ་འགལ། སེམས་ཅན་རྣམས་ཀྱིས་ཆོས་སྐུ་ཐོབ་པའི་རྒྱུ་ཡིན་པས་རང་བཞིན་གྱི་རིགས་ཡིན་ན། རྒྱས་འགྱུར་ཡང་དེར་འགྱུར་ཏེ། ཆོས་སྐུ་ཐོབ་པའི་རྒྱུ་ཡིན་པའི་ཕྱིར། རྟགས། རིགས་ལ་གཉིས་སུ་ཕྱེ་བའི་རྒྱས་པའི་རིགས་དེ་གཟུགས་སྐུ་གཉིས་སྔར་མེད་གསར་དུ་སྐྱེད་པའི་རྒྱུ་ཡིན་ཞེས་ཁྱོད་ཀྱིས་ཁས་བླངས་སོ། །གཟུགས་སྐུའི་རྒྱུ་ཡིན་པས་ཆོས་སྐུའི་རྒྱུར་མི་འགྱུར་ཏེ། གཟུགས་སྐུས་ཆོས་སྐུའི་གོ་མི་ཆོད་ཅེ་ན། རྒྱུད་བླར། ཆོས་སྐུ་རྣམ་གཉིས་ཞེས་བྱ་སྟེ། །ཆོས་དབྱིངས་ཤིན་ཏུ་དྲི་མེད་དང་། །དེ་ཡི་རྒྱུ་མཐུན་ཟབ་པ་དང་། །སྣ་ཚོགས་ཚུལ་ནི་སྟོན་པའོ། །ཞེས་གཟུགས་སྐུ་གཉིས་ཆོས་སྐུའི་དབྱེ་བར་གསུངས་ཤིང་། དེས་སྟེ་སྟོད་གཉིས་བསྟན་པར་གསུངས་པ་དང་འགལ། སེམས་ཅན་ལ་སངས་རྒྱས་ཐོག་མ་ནས་མེད་ན། བདེར་སྙིང་ཆོས་སྐུ་དེ་སེམས་ཅན་གྱིས་ཐོབ་པ་མི་སྲིད་པར་འགྱུར་ཏེ། དེ་རྒྱུ་གང་གིས་ཀྱང་བསྐྱེད་དུ་མེད་པའི་ཕྱིར་ཟེར་བ་ལ། ཁྱེད་རང་ལའང་ཐོབ་པ་མི་སྲིད་པར་ཐལ་ཏེ། བསྐྱེད་དུ་མེད་པའི་ཕྱིར་རོ། །

དེ་ལ་ཁྱབ་པ་མེད་དེ། ཆོས་སྐུ་བསྐྱེད་བྱ་མིན་ཡང་འཐོབ་བྱ་ཡིན་ཞེ་ན། འོ་ན་གཟུགས་སྐུ་ཡང་བསྐྱེད་བྱ་མིན་ཡང་འཐོབ་བྱ་ཡིན་ཞེས་མགོ་མཚུངས། གཟུགས་སྐུ་བསྐྱེད་བྱ་ཡིན་པར་ཁྱེད་ཀྱི་ཁས་བླངས་ཤེ་ན། ཆོས་སྐུ་བསྐྱེད་བྱ་མིན་པ་ཡང་ཁྱེད་ཀྱིས་ཁས་བླངས་ཏེ། ངེས་རྒྱུམ་དུ། བསོད་ནམས་ལྡན་པ་བསོད་ནམས་ཚོགས། །ཡེ་ཤེས་ཡེ་ཤེས་འབྱུང་གནས་ཆེ། །ཡེ་ཤེས་ལྡན་པ་ཡོད་མེད་ཤེས། །ཚོགས་གཉིས་ཚོགས་ནི་བསགས་པ་པོ། །ཞེས་སོགས་ལུང་དུ་དྲངས་ནས། བདེར་སྙིང་ཆོས་སྐུ་དེ་གདོད་མ་ནས་ཚོགས་གཉིས་ཀྱིས་སྒྲུབ་པར་འདོད་པ་དང་འགལ། ངེས་རྒྱུམ་ལུང་དུ་མི་རུང་ན། ཁྱེད་ཀྱི་ཚིག་ལ་སུ་ཞིག་ཡིད་ཆེས། རྒྱུ་རྣམ་པ་གཉིས་ཏེ། སྐྱེ་བའི་རྒྱུ་དང་། གསལ་བའི་རྒྱུའོ། །དེ་ལ། ཆོས་སྐྱེས་པར་བྱེད་པ་ནི། སྐྱེ་བའི་རྒྱུའོ། །སྒྲོན་མེས་རྫས་སྣང་བར་བྱེད་པའི་ཕྱིར་གསལ་བའི་རྒྱུའོ་ཞེས་དང་། སྐྱེ་བའི་རྒྱུ་ནི། འདི་ལྟར་ཕ་རོལ་ཏུ་ཕྱིན་པ་དྲུག་གིས་བླ་མེད་རྫོགས་པའི་བྱང་ཆུབ་ཐོབ་པའོ། །ཞེས་སོགས་ནས། གསལ་བའི་རྒྱུ་ཞེས་བྱ་བ་ནི། འདི་ལྟ་སྟེ། བྱང་ཆུབ་ཀྱི་ཕྱོགས་ཀྱི་ཆོས་སུམ་ཅུ་རྩ་བདུན་དང་། ཕ་རོལ་ཏུ་ཕྱིན་པ་དྲུག་ནི་གསལ་བའི་རྒྱུ་ཞེས་བྱའོ། །ཞེས་སོགས་མྱང་འདས་ཀྱི་མདོ་དྲངས་ནས། ཡང་དག་པའི་ལམ་གྱིས་སེམས་ཅན་ལ་སངས་རྒྱས་ཀྱི་ཆོས་སྐུ་གསལ་བར་བྱེད་པ། སེམས་ཅན་ལ་སངས་རྒྱས་ཀྱི་ཆོས་སྐུ་དང་པོ་ཉིད་ནས་ཡོད་དགོས་ཟེར། དེ་ལྟར་ན། སེམས་ཅན་ལ་གཟུགས་སྐུ་གཉིས་ཀྱང་དང་པོ་ནས་ཡོད་དགོས་པར་འགྱུར་ཏེ། ཡང་དག་པའི་ལམ་གྱིས་སེམས་ཅན་ལ་གཟུགས་སྐུ་གཉིས་གསལ་བར་བྱེད་པའི་ཕྱིར་རོ། །ཆོས་གསུམ་ཁས་བླངས་སོ། །སྔར་མེད་གསར་དུ་སྐྱེ་བའི་རྒྱུ་དང་སྔར་ཡོད་སྣང་བར་བྱེད་པ་གསལ་བའི་རྒྱུ་ཞེས་དེ་གཉིས་རང་བཞིན་ཐ་དད་དུ་འདོད་པ་ཡང་མི་རིགས་ཏེ། དེ་ལྟར་ན། ཕྱིན་དྲུག་བླ་མེད་རྫོགས་པའི་བྱང་ཆུབ་སྐྱེ་བའི་རྒྱུ་མིན་པར་འགྱུར། བླ་མེད་བྱང་ཆུབ་གསལ་བའི་རྒྱུ་ཡིན་པའི་ཕྱིར། ཆོས་གསུམ་ཁས་བླངས་ཤིང་། མྱང་འདས་ཀྱི་ལུང་འདི་ཉིད་ཀྱིས་ཀྱང་གྲུབ་བོ། །གཞན་ཡང་། དེ་བཞིན་གཤེགས་པའི་སྙིང་པོའི་རྒྱན་ལས། ཕལ་པོ་ཆེའི་ལེའུ་བཞི་བཅུ་རྩ་བཞི་པ་ལས། དར་ཡུག་གམ་རི་མོའི་གཞི་ཆེན་པོ་ལ་སྟོང་གསུམ་གྱི་བཀོད་པ་རྫོགས་པར་བྲིས་པ་རྡུལ་ཕྲ་རབ་ཀྱི་ནང་དུ་བཅུག་པ་དཔེར་མཛད་ནས་སེམས་ཅན་གྱི་རྒྱུད་ལ་སངས་རྒྱས་ཀྱི་ཡེ་ཤེས་ཚད་མེད་བཞུགས་པར་གསུངས་པས་ས་བོན་ནམ་ཆོས་ཉིད་ཡོད་པ་ལ་དགོངས་ཏེ་གསུངས་པ་ཡིན་པའི་ཤེས་བྱེད་དུ་ཕལ་ཆེན་ཉིད་ལས། དེ་བཞིན་གཤེགས་པ་དགྲ་བཅོམ་པ་ཡང་དག་པར་རྫོགས་པའི་སངས་རྒྱས་རྣམས་སྐྱེ་བ་ནས་བཟུང་སྟེ། ཡོངས་སུ་མྱ་ངན་ལས་འདས་པ་ཆེན་པོའི་བར་དུ་བཟུང་བ་རྒྱུན་ཆད་མེད་པས་ཆོས་ཀྱི་དབྱིངས་ཐམས་ཅད་སངས་རྒྱས་ཀྱིས་ཡོངས་སུ་གང་བར་འཇུག་ཅིང་སངས་རྒྱས་སྐྱེ་བ་ཐམས་ཅད་ཀྱང་། ཤིན་ཏུ་རྣམ་པར་ཕྱེ་བ་མཐོང་བ་འདི་ནི། དགོངས་ཏེ་བཤད་པ་ལ་མཁས་པ་བརྒྱད་པའོ། །

ཞེས་དང་། དཔལ་ཕྲེང་གི་མདོར། འདི་ལྟ་སྟེ། བཅོམ་ལྡན་འདས་དེ་བཞིན་གཤེགས་པའི་སྙིང་པོ་ཉོན་མོངས་ཐམས་ཅད་ཀྱི་སྦུབས་དང་ཐ་དད་དུ་གནས་པ་མ་གྲོལ་བས་ཤེས་པ་རྣམས་ཀྱིས་སྟོང་པ་དང་། ཞེས་སོགས་དྲངས་པ་ལ། ཁ་ཅིག་ན་རེ། ཕལ་པོ་ཆེའི་ལུང་དེས། སངས་རྒྱས་ཀྱིས་གཟུགས་སྐུའི་ཡོན་ཏན་མཚན་དང་དཔེ་བྱད་ཐམས་ཅད་ཀྱང་སེམས་ཅན་ལ་ཡོད་པར་ནི་མ་བསྟན་གྱི། ཆོས་སྐུའི་ཡོན་ཏན་ཡེ་ཤེས་མ་ཚང་བ་མེད་པ་སེམས་ཅན་ཐམས་ཅད་ལ་བཞུགས་པར་བསྟན་པ་ཡིན་པའི་སྒྲུབ་བྱེད་དུ། སྟོང་གསུམ་ཚད་ཀྱི་རི་མོའི་གཞི་ཞིག་ཡོད་གྱུར་ལ། །རྡུལ་ཕྲན་མ་ལུས་ཀུན་གྱི་སྦུབས་ནའམ་དེ་དང་འདྲ། །སྐྱེས་བུ་མཁས་པ་མིག་ལྡན་ལ་ལས་རྣམ་ཕྱེ་ན། །རི་མོའི་གཞི་དེས་འགྲོ་ཀུན་ཉེ་བར་འཚོ་བྱས་ན། །ཞེས་སོགས་ཀྱི་ལུང་འདི། ཐོགས་མེད་ཀྱིས། དྲི་མ་མེད་པའི་སངས་རྒྱས་ཆོས་ཀྱི་སྐུའི་ཡོན་ཏན་དབྱེར་མེད་དུ་ལྡན་པའི་སངས་རྒྱས་ཀྱི་ཆོས་ཉིད་དེ་གཅིག་ཏུ་ཀུན་ནས་ཉོན་མོངས་པ་ཅན་གྱི་སོ་སོ་སྐྱེ་བོའི་རྒྱུད་ལ་ཡང་ཡོད་པས། དྲི་མ་མེད་པའི་སངས་རྒྱས་ཀྱི་ཡོན་ཏན་བསམ་གྱིས་མི་ཁྱབ་པའི་སྒྲུབ་བྱེད་དུ་དྲངས་པའི་ཕྱིར་ན་དགོངས་པ་ཅན་མིན་གྱི། སྒྲ་ཇི་བཞིན་པ་ཉིད་ཡིན་ནོ། །ཞེས་ཟེར་ཞིང་། གལ་ཏེ་ས་བོན་ཙམ་ཞིག་སོ་སྐྱེ་ལ་ཡོད་པ་ལ་དགོངས་པ་ཡིན་ན། དྲི་མ་མེད་པའི་སངས་རྒྱས་ཀྱི་ཡོན་ཏན་བསམ་གྱིས་མི་ཁྱབ་པའི་དོན་དུ་མི་འགྱུར་རོ། །

དེས་ན། ས་བོན་ལ་འདོད་པ་འདི། རང་གི་ཞེ་འདོད་མདོ་ལ་ནན་གྱིས་སྦྱོར་བ་ནི། ཤིན་ཏུ་མི་རིགས་པ་ཡིན་པས། དེ་བཞིན་གཤེགས་པའི་ཡེ་ཤེས་ཚད་མེད་པ་སེམས་ཅན་ཐམས་ཅད་ཀྱི་རྒྱུད་ལ་རྫེས་སུ་བཞུགས་པར་གསུངས་པ་ངེས་དོན་ཡིན་ལོ། །དེ་ལྟར་ན། སེམས་ཅན་ཐམས་ཅད་ལ་སྟོབས་དང་མི་འཇིགས་པ་དང་སངས་རྒྱས་ཀྱི་ཆོས་མ་འདྲེས་པ་བཅོ་བརྒྱད་ལ་སོགས་པ་བྲལ་བའི་ཡོན་ཏན་སོ་གཉིས། ཕྱག་ཞབས་འཁོར་ལོའི་མཚན་དང་། མཛོད་སྤུ་གཙུག་ཏོར་ལ་སོགས་པ་ལྡན་པའི་ཡོན་ཏན་སོ་གཉིས་ཡོད་པར་འགྱུར་ཏེ། དེ་བཞིན་གཤེགས་པའི་ཡེ་ཤེས་ཚད་མེད་པ་སེམས་ཅན་གྱི་རྒྱུད་ལ་ཡོད་པར་སྟོན་པའི་མདོ་རྣམས་ངེས་དོན་སྟོན་པའི་མདོ་ཡིན་པའི་ཕྱིར། དེ་བཞིན་དུ། སེམས་ཅན་གྱི་རྒྱུད་ལ་དེ་བཞིན་གཤེགས་པའི་མེ་ལོང་ལྟ་བུ་ལ་སོགས་པའི་ཡེ་ཤེས་ལྔ་པོའང་ཡོད་པར་འགྱུར། དཔལ་ཕྲེང་གི་མདོ་ལས། ཡེ་ཤེས་རྣམས་ཀྱིས་སྟོང་པར་བཤད་པ་དྲང་དོན་གྱི་མདོ་ཡིན་ཅིང་ངེས་དོན་ལ་ཡེ་ཤེས་ཡོད་པ་འདུག་པའི་ཕྱིར་སེམས་ཅན་ཐམས་ཅད་སྒྲིབ་གཉིས་བག་ཆགས་དང་བཅས་པ་མ་ལུས་པ་སྤངས་པར་འགྱུར་ཏེ། ཁྱེད་ཀྱི་རྒྱུད་ལ་དེ་བཞིན་གཤེགས་པའི་ཡོན་ཏན་དང་ཡེ་ཤེས་ཚད་མེད་པ་ཐམས་ཅད་བཞུགས་འདུག་པའི་ཕྱིར། དེ་རྣམས་འདོད་ན། སེམས་ཅན་ཡིན་པར་འགལ་ཞིང་། ཉོན་མོངས་པ་བྱེ་བ་ཐམས་ཅད་ཀྱི་སྦུབས་ན་བཏུམ་བཞིན་དུ་སངས་རྒྱས་ཀྱི་ཡོན་ཏན་དང་ཡེ་ཤེས་ཚད་མེད་

ཐམས་ཅད་བཞུགས་པ་ཡིན་ཞེས་འདོད་པ་འདི། རང་གི་ཞེ་འདོད་མདོ་ལ་ནན་གྱིས་སྦྱོར་བ་ཤིན་ཏུ་མི་རིགས་ཟེར་བ་འདི། འཇིག་རྟེན་པའི་ངག་བཞིན་དུ་མཇུབ་མོ་རང་གི་སྣ་ལ་ཁུག་ཅིག ། སློབ་དཔོན་ཐོགས་མེད་ཀྱིས་ཀྱང་ཆོས་སྐུའི་ཡོན་ཏན་དབྱེར་མེད་དུ་ལྡན་པའི་སངས་རྒྱས་ཀྱི་ཆོས་ཉིད་དེ་སོ་སྐྱེའི་རྒྱུད་ལ་ཡོད་པར་གསུངས་པ་ཡིན། སངས་རྒྱས་ཀྱི་ཡོན་ཏན་བསམ་གྱིས་མི་ཁྱབ་པ་ཐམས་ཅད་སོ་སྐྱེ་ལ་ཡོད་པར་གསུངས་པ་མིན། ཆོས་ཉིད་ལ་ཡོན་ཏན་གྱི་ས་བོན་ལྡན་པ་ཡིན་གྱི། སངས་རྒྱས་དངོས་ལྡན་པས་མ་ཁྱབ་ཅིང་། སངས་རྒྱས་དང་སངས་རྒྱས་ཀྱི་ཆོས་ཉིད་ཀྱི་ཁྱད་པར་སྔར་བསྟན་ཟིན་ཏོ། །ཡང་། ཕལ་པོ་ཆེའི་དར་ཡུག་ཆེན་པོའི་དཔེས་སེམས་ཅན་ལ་སངས་རྒྱས་ཀྱི་ཡེ་ཤེས་ཚད་མེད་བཞུགས་པར་གསུངས་བཞིན་དུ་དེ་མ་ཐག་དགོངས་པ་ཅན་དུ་སྟོན་པ་མི་རིགས་ཟེར་བ་ཡང་། མི་རིགས་ཏེ། བཅོམ་ལྡན་འདས་མི་རིགས་པར་འགྱུར། སེམས་ཅན་ལ་སངས་རྒྱས་ཀྱི་ཡེ་ཤེས་ཚད་མེད་བཞུགས་པར་གསུངས་བཞིན་དུ་དེ་མ་ཐག ། འདི་ནི་དགོངས་ཏེ་བཤད་པ་ལ་མཁས་པ་བརྒྱད་པའོ། །ཞེས་གསུངས་འདུག་པའི་ཕྱིར་རོ། །ཁ་ཅིག་ན་རེ། དཔལ་ཕྲེང་གི་མདོ་ལས། དེ་བཞིན་གཤེགས་པའི་སྙིང་པོ་ཤེས་པ་རྣམས་ཀྱིས་སྟོང་པ་ཞེས་འབྱུང་བ་དེ། སེམས་ཅན་གྱི་རྒྱུད་ལ་ཡེ་ཤེས་མེད་པའི་ལུང་ཡིན་ན། དེ་མ་ཐག་ཏུ་དེ་བཞིན་གཤེགས་པའི་སྙིང་པོ་དེ་ཤེས་པ་བསམ་གྱིས་མི་ཁྱབ་པ་གང་གཱའི་ཀླུང་གི་བྱེ་མ་ལས་འདས་པ་སྙེད་དག་གིས་མི་སྟོང་ལགས་སོ། །ཞེས་འབྱུང་བ་དེ་སེམས་ཅན་གྱི་རྒྱུད་ལ་ཡེ་ཤེས་ཡོད་པའི་ལུང་དུ་ཅིའི་ཕྱིར་མི་འགྱུར་ཞེ་ན། དེ་གཉིས་རིགས་པ་མཚུངས་ཏེ། ཤེས་པས་མི་སྟོང་པ་ཡེ་ཤེས་ཡོད་པའི་སྒྲུབ་བྱེད་ཡིན་ན། ཤེས་པས་སྟོང་པ་ཞེས་པ་ཡེ་ཤེས་མེད་པའི་སྒྲུབ་བྱེད་དུ་ཅིའི་ཕྱིར་མི་འགྱུར། འདི་ནི་སྨྲས་བརྗོད་པ་མ་འཛོལ། བློའི་སྒྱུ་རིས་ཟིན་ན་བསྐལ་པའི་བར་དུ་ཡང་མཚུངས་སོ། །དེས་ན་དེ་བཞིན་གཤེགས་པའི་སྙིང་པོ་སེམས་ཅན་ཐམས་ཅད་ལ་ཐོག་མ་མེད་པ་ནས་ཡོད་པར་སྟོན་པའི་མདོ་འགྲེལ་ཐམས་ཅད་དྲང་དོན་དགོངས་པ་ཅན་ཡིན་གྱི། ངེས་དོན་མིན་ནོ། །འགའ་ཞིག་མྱང་འདས་དང་། རྔ་བོ་ཆེ། སོར་ཕྲེང་། དཔལ་ཕྲེང་ལ་སོགས་པ་བདེར་སྙིང་སྟོན་པའི་མདོ་དེ་རྣམས་ངེས་དོན་སྟོན་པའི་མདོ་ཡིན་པའི་ཤེས་བྱེད་དུ། ཐོགས་མེད་ཀྱིས་རྒྱུད་བླའི་འགྲེལ་པར། ཆོས་ཀྱི་སྐུ་ལྟར་རྒྱ་ཆེ་བ། དེ་བཞིན་གཤེགས་པ་དང་དབྱེར་མེད་པའི་མཚན་ཉིད། ངེས་པའི་རིགས་ཀྱི་རང་བཞིན། དེ་བཞིན་གཤེགས་པའི་སྙིང་པོ་དེའང་ཐམས་ཅད་ཀྱི་ཚེ་ཐམས་ཅད་ལ་ཁྱད་པར་མེད་པའི་ཚུལ་དུ་ཡོད་དོ། །ཞེས་སོགས་ལུང་དུ་འདྲེན་པ་ནི། ལུང་དེ་ཉིད་ཀྱིས་ཁྱེད་རང་གི་འདོད་པ་བསལ་ཏེ། ལུང་དེ་ནས་ཐམས་ཅད་སེམས་ངེས་པར་རྟོགས་པ་དང་། སེམས་ཡང་དག་པར་ཤེས་པ་ལ་ནི་ཆོས་ཉིད་རྟེན་དང་ཆོས་ཉིད་རིགས་ཡིན་ནོ། །དེ་ནི་བསམ་པར་མི་བྱ། རྣམ་པར་བརྟག་པར་མི་བྱའི། ལྷག་པར་མོས་པར་བྱ་བ་འབའ་

ཞིག་ཏུ་ཟད་དོ། །ཞེས་མཚམས་སྦྱར་ནས། རང་བྱུང་ཉིད་ཀྱི་དོན་དམ་ནི། །དད་པ་ཉིད་ཀྱིས་རྟོགས་བྱ་ཡིན། །ཉི་མའི་དཀྱིལ་འཁོར་འོད་འབར་བ། །མིག་མེད་པས་ནི་མཐོང་བ་མེད། །གང་ཟག་བཞི་པོ་འདི་དག་ནི། །དེ་བཞིན་གཤེགས་པའི་སྙིང་པོ་མཐོང་བ་ལ་མིག་དང་མི་ལྡན་པར་རིག་པར་བྱ་སྟེ། བཞི་གང་ཞེ་ན། སོ་སྐྱེ་དང་། ཉན་ཐོས་དང་། རང་སངས་རྒྱས་དང་། ཐེག་པ་ལ་གསར་དུ་ཞུགས་པའི་བྱང་ཆུབ་སེམས་དཔའོ། །ཞེས་སོགས་གསུངས་པས་བསམ་པར་མི་བྱ། རྣམ་པར་བརྟག་པར་མི་བྱ་ཞེས་གསུངས་པས། ངེས་དོན་སྒྲ་ཇི་བཞིན་པ་ཁོ་ན་ཡིན་གྱི། དྲང་དོན་དགོངས་པ་ཅན་ཇི་ལྟར་ཡིན་པར་འགྱུར་ཞིང་། དེ་བཞིན་གཤེགས་པའི་ཆོས་སྐུའི་ཡོན་ཏན་ཐམས་ཅད་གདོད་མ་ནས་མ་ཚང་བ་མེད་པར་རང་ཆས་སུ་བཞུགས་པ་ལ། གཟུགས་སྐུའི་ཡོན་ཏན་རྣམས་ཚོགས་གཉིས་རྒྱ་ཆེན་པོས་སྒྲུབ་དགོས་སོ། །ཞེས་ཟེར་བ་འདིའང་ཤིན་ཏུ་མི་རིགས་ཏེ། སྔར་ཡང་བཀག་ཟིན་ཅིང་། དཔེར་ན། ཆོས་སྐུའི་ཡོན་ཏན་འདུ་བྱེད་ཐམས་ཅད་ལ་འདོད་ཆགས་དང་བྲལ་བར་གདོད་མ་ནས་གྲུབ་ལ། སེན་མོ་ཟངས་མདོག་ལྟ་བུ་ཚོགས་གཉིས་རྒྱ་ཆེན་པོས་སྒྲུབ་དགོས་ཟེར་བ་མི་རིགས་ཏེ། འདུ་བྱེད་ཐམས་ཅད་ལ་འདོད་ཆགས་དང་བྲལ་ན། སེན་མོ་ཟངས་ཀྱི་མདོག་ལྟ་བུ་གྲུབ་ཚར་བས་དེ་ཚོགས་གཉིས་རྒྱ་ཆེན་པོས་ཅིའི་ཕྱིར་བསྒྲུབ་དགོས། རིགས་པ་འདིས་མཚན་དཔེ་ལ་སོགས་པ་གཟུགས་སྐུའི་ཡོན་ཏན་ཐམས་ཅད་ལ་མཚོན་ནོ། །

ཡང་མཛེས་རྒྱན་དུ། སེམས་ཞུམ་སེམས་ཅན་དམན་ལ་བརྙས་པ་དང་། །ཡང་དག་མིན་འཛིན་ཡང་དག་ཆོས་ལ་སྐུར། །ཞེས་སོགས་བདེར་སྙིང་གསུངས་པའི་དགོས་པ་ཉེས་པ་ལྔ་སྤང་བའི་དོན་དུ་ལྡེམ་དགོངས་སུ་གསུངས་པར་འཆད་པ་ལ། ཁ་ཅིག་ན་རེ། དེ་ནི་ཆེས་འཁྲུལ་ཏེ། གཞུང་དེ་དག་གིས་བདེར་སྙིང་ལྡེམ་དགོངས་སུ་གསུངས་པའི་དགོས་པ་བསྟན་པ་མིན་གྱི། སོ་སྐྱེ་ལ་བསྟན་པའི་དགོས་པ་བསྟན་པ་ཡིན་ཏེ། ཞེས་སོགས་ཟེར་བ་ནི། སོ་སྐྱེ་ལ་བདེར་སྙིང་མེད་པ་ལ་བདེར་སྙིང་ཡོད་ཅེས་བཀའ་ཐམ་པར་བསྟན་པས། སོ་སྐྱེས་ཉེས་པ་ལྔ་སྤངས། ཡོན་ཏན་ལྔ་ཐོབ་པས་དེ་མདོའི་དགོས་པ་ཡིན་པས་དྲང་དོན་བསྟན་པར་ཡང་དེས་ཤེས། དེས་ན་ལྡེམ་དགོངས་བསྟན་པ་དང་། སོ་སྐྱེ་ལ་བསྟན་པའི་དགོས་པ་གཞི་མཐུན་ཡིན་བཞིན་དུ་དེ་གཉིས་ཐ་དད་དུ་ཕྱེ་ནས་ཆེས་འཁྲུལ་ཟེར་བ་ནི། མུ་སྟེགས་གསལ་བྱེད་པའི་བཤད་གད་དང་མཚུངས་ཤིང་། རྒྱས་པར་གོང་དུ་བཀག་ཟིན་ཏོ། །ཡང་བདེར་སྙིང་གི་མཛེས་རྒྱན་ལས། ལང་གཤེགས་ཀྱི་ལུང་དེ་ནས་བྱང་ཆུབ་སེམས་དཔའ་སེམས་དཔའ་ཆེན་པོ་བློ་གྲོས་ཆེན་པོས། བཅོམ་ལྡན་འདས་ལ་འདི་སྐད་ཅེས་གསོལ་ཏོ། །བཅོམ་ལྡན་འདས་ཀྱིས་མདོ་བརྗོད་པ་ལས་དེ་བཞིན་གཤེགས་པའི་སྙིང་པོ་གསུངས་པ་དེ། བཅོམ་ལྡན་འདས་ཀྱིས་རང་བཞིན་གྱིས་འོད་གསལ་བ་རྣམ་པར་དག་པས་ཐོག་མ་ནས་རྣམ་པར་དག་པ་ཉིད་མཚན་སོ་གཉིས་དང་ལྡན་པ། སེམས་ཅན་

གྱི་ལུས་ཀྱི་ནང་ན་མཆིས་པར་བརྗོད་དེ། བཅོམ་ལྡན་འདས་ཀྱིས་རིན་པོ་ཆེ་རིན་ཐང་ཆེན་པོ་གོས་དྲི་མ་ཅན་གྱིས་ཡོངས་སུ་དཀྲིས་པ་ལྟར་ཁམས་དང་སྐྱེ་མཆེད་ཀྱིས་ཡོངས་སུ་དཀྲིས་པ། འདོད་ཆགས་དང་ཞེ་སྡང་དང་གཏི་མུག་གིས་ཡོངས་སུ་ཟིལ་གྱིས་ནོན་པ། ཡོངས་སུ་རྟོག་པའི་དྲི་མས་དྲི་མ་ཅན་དུ་གྱུར་པ། རྟག་པ་བརྟག་པ་ཐེར་ཟུག་པར་ནི་བརྗོད་ན། བཅོམ་ལྡན་འདས་དེ་བཞིན་གཤེགས་པའི་སྙིང་པོར་སྨྲ་བ་འདི་མུ་སྟེགས་བྱེད་ཀྱི་བདག་ཏུ་སྨྲ་བ་དང་ཇི་ལྟར་མི་འདྲ་བ་ལགས། བཅོམ་འདས། མུ་སྟེགས་བྱེད་རྣམས་ཀྱང་རྟག་པ་བྱེད་པ་ཡོན་ཏན་མེད་པ་ཁྱབ་པ་མི་འཇིག་པའོ། །ཞེས་བདག་ཏུ་སྨྲ་བ་སྟོན་པར་བགྱིད་དོ། །བཅོམ་ལྡན་འདས་ཀྱིས་བཀའ་བསྩལ་པ། བློ་གྲོས་ཆེན་པོ། ངས་དེ་བཞིན་གཤེགས་པའི་སྙིང་པོ་བསྟན་པ་ནི། མུ་སྟེགས་བྱེད་ཀྱིས་བདག་ཏུ་སྨྲ་བ་དང་མཚུངས་པ་མིན་ཏེ། བློ་གྲོས་ཆེན་པོ། དེ་བཞིན་གཤེགས་པ་དགྲ་བཅོམ་པ་ཡང་དག་པར་རྫོགས་པའི་སངས་རྒྱས་རྣམས་ནི། སྟོང་པ་ཉིད་དང་། ཡང་དག་པའི་མཐའ་དང་། མྱ་ངན་ལས་འདས་པ་དང་། མ་སྐྱེས་པ་དང་། མཚན་མ་མེད་པ་དང་། སྨོན་པ་མེད་པ་ལ་སོགས་པའི་ཚིག་གི་དོན་རྣམས་ལ་དེ་བཞིན་གཤེགས་པའི་སྙིང་པོར་བསྟན་པར་བྱས་ནས། བྱིས་པ་རྣམས་བདག་མེད་པས་འཇིགས་པར་འགྱུར་བའི་གནས་རྣམ་པར་སྤང་བའི་དོན་དུ་དེ་བཞིན་གཤེགས་པའི་སྙིང་པོའི་སྒོ་བསྟན་པ་རྣམ་པར་མི་རྟོག་པའི་གནས་སྣང་བ་མེད་པའི་སྤྱོད་ཡུལ་སྟོན་ཏེ། འདི་ལ་བློ་གྲོས་ཆེན་པོ། མ་འོངས་པ་དང་། ད་ལྟར་བྱུང་བའི་བྱང་ཆུབ་སེམས་དཔའ་ཆེན་པོ་རྣམས་ཀྱིས་བདག་ཏུ་མངོན་པར་ཞེན་པར་མི་བྱའོ། །བློ་གྲོས་ཆེན་པོ། དཔེར་ན། རྗ་མཁན་ནི། འཇིམ་པའི་རྡུལ་གྱི་ཕུང་པོ་གཅིག་ལས་ལག་པ་དང་བཟོ་དང་ལག་ཟུངས་དང་ཆུ་དང་སྲད་བུ་དང་ནན་ཏན་དང་ལྡན་པ་ལས་སྣོད་རྣམ་པ་སྣ་ཚོགས་བྱེད་དོ། །བློ་གྲོས་ཆེན་པོ། དེ་བཞིན་དུ། དེ་བཞིན་གཤེགས་པ་རྣམས་ཀྱང་ཆོས་ལ་བདག་མེད་པ་རྣམ་པར་མི་རྟོག་པའི་མཚན་ཉིད་ཐམས་ཅད་རྣམ་པར་ལོག་པ་དེ་ཉིད་ཤེས་རབ་དང་ཐབས་ལ་མཁས་པ་དང་ལྡན་པ་རྣམ་པ་སྣ་ཚོགས་ཀྱིས། དེ་བཞིན་གཤེགས་པའི་སྙིང་པོར་བསྟན་པའམ་བདག་མེད་པར་བསྟན་པས་ཀྱང་སྟེ་རྗ་མཁན་བཞིན་དུ་ཚིག་དང་ཡི་གེའི་རྣམ་གྲངས་རྣམ་པ་སྣ་ཚོགས་ཀྱིས་སྟོན་ནོ། །དེ་ལྟར་དེའི་ཕྱིར། བློ་གྲོས་ཆེན་པོ། དེ་བཞིན་གཤེགས་པའི་སྙིང་པོ་བསྟན་པ་མུ་སྟེགས་བྱེད་ཀྱི་བདག་ཏུ་སྨྲ་བ་བསྟན་པ་དང་མི་འདྲའོ། །བློ་གྲོས་ཆེན་པོ། དེ་ལྟར་དེ་བཞིན་གཤེགས་པ་རྣམས་ནི། མུ་སྟེགས་བྱེད་བདག་ཏུ་སྨྲ་བ་ལ་མངོན་པར་ཞེན་པ་རྣམས་དྲང་བའི་ཕྱིར་དེ་བཞིན་གཤེགས་པའི་སྙིང་པོ་བསྟན་པས་དེ་བཞིན་གཤེགས་པའི་སྙིང་པོ་སྟོན་ནོ། །ཡང་དག་པ་མིན་པའི་བདག་ཏུ་རྣམ་པར་རྟོག་པའི་ལྟ་བར་ལྷུང་བའི་བསམ་པ་ཅན་དག །རྣམ་པར་ཐར་པ་གསུམ་གྱི་སྤྱོད་ཡུལ་ལ་གནས་པའི་བསམ་པ་དང་ལྡན་ཞིང་མྱུར་དུ་བླ་ན་མེད་པ་ཡང་དག་པར་

རྫོགས་པའི་བྱང་ཆུབ་ཏུ་མངོན་པར་འཚང་རྒྱ་བར་ཇི་ལྟར་འགྱུར། ཞེས་ཏེ། བློ་གྲོས་ཆེན་པོ། དེའི་དོན་དུ་དེ་བཞིན་གཤེགས་པ་དགྲ་བཅོམ་པ་ཡང་དག་པར་རྫོགས་པའི་སངས་རྒྱས་རྣམས་དེ་བཞིན་གཤེགས་པའི་སྙིང་པོ་སྟོན་པར་མཛད་དོ། །

དེ་ལྟ་བས་ན། འདི་ནི་མུ་སྟེགས་བྱེད་ཀྱི་བདག་ཏུ་སྨྲ་བ་དང་མཚུངས་པ་མིན་ནོ། །བློ་གྲོས་ཆེན་པོ། དེ་ལྟ་བས་ན། མུ་སྟེགས་བྱེད་ཀྱི་ལྟ་བ་རྣམ་པར་བཟློག་པའི་ཕྱིར། དེ་བཞིན་གཤེགས་པ་བདག་མེད་པའི་རྗེས་སུ་འཇུག་པར་བྱའོ་ཞེས་པ་འདི། སེམས་ཅན་ཐམས་ཅད་དེ་བཞིན་གཤེགས་པའི་སྙིང་པོ་ཅན་དུ་གསུངས་པ་དྲང་དོན་དགོངས་པ་ཅན་ཡིན་པའི་ཤེས་བྱེད་དུ་བཀོད་ཅིང་། སློབ་དཔོན་ཟླ་བ་གྲགས་པས་འཇུག་པའི་རང་འགྲེལ་དུའང་དེ་ལྟར་གསུངས་པ་ཚད་མར་མཛད་དོ། །དེ་ལ་ཁ་ཅིག་ན་རེ། འདི་ཟླ་བ་གྲགས་པས་ལུང་གི་དགོངས་པ་ཕྱིན་ཅི་ལོག་ཏུ་བཤད་པ་སྟེ། ལུང་དེ་མུ་སྟེགས་བྱེད་བདག་ཏུ་སྨྲ་བ་རྣམས་དྲང་བའི་ཕྱིར་གསུངས་མོད། བདེར་སྙིང་དགོངས་པ་ཅན་དུ་མ་བསྟན་ཏེ། སྟོང་པ་ཉིད་དང་། ཡང་དག་པའི་མཐའ་དང་། མྱ་ངན་ལས་འདས་པ་ལ་སོགས་པ་བདེར་སྙིང་དུ་གསུངས་ལ། སྟོང་ཉིད་སོགས་བདེར་སྙིང་དངོས་ཡིན་པར་ཐོགས་མེད་ཀྱིས་བཤད་ཟེར་བ་ནི། ངག་ནང་འགལ་ཏེ། སྟོང་ཉིད་སོགས་ལ་བདེར་སྙིང་རྟག་བརྟན་གཡུང་དྲུང་སོགས་མུ་སྟེགས་བྱེད་ཀྱི་འདོད་པ་དང་མིང་བསྟུན་ནས་གསུངས་པས། མུ་སྟེགས་བདག་ཏུ་སྨྲ་བ་རྣམས་བསྟན་པ་ལ་དྲང་བའི་ཕྱིར་གསུངས་པ་དེ་དག་ལ་དྲང་དོན་དགོངས་པ་ཅན་ཟེར་བ་ཡིན་མོད། དེ་བཞིན་དུ། རྒྱུད་བླའི་འགྲེལ་པར། དེ་ལ་སྟོང་པ་ཉིད་ལ་སེམས་རྣམ་པར་གཡེངས་པ་ནི། ཐེག་པ་ལ་གསར་དུ་ཞུགས་པའི་བྱང་ཆུབ་སེམས་དཔའ་སྟོང་པ་ཉིད་ཀྱི་དོན་གྱི་ཚུལ་དེ་བཞིན་གཤེགས་པའི་སྙིང་པོ་ལས་ཉམས་པ་དག་ལ་བརྗོད་དོ། །ཞེས་དང་། དེ་ལ་སྟོང་པ་ཉིད་བརྗོད་པ་དེ་བཞིན་གཤེགས་པའི་སྙིང་པོ་གང་ཞེ་ན་ཞེས་མཚམས་སྦྱར་ནས། འདི་ལ་བསལ་བྱ་ཅི་ཡང་མེད་ཅེས་སོགས་འགྲེལ་པ་དང་བཅས་པ་བསྟན་ཏེ། འོན་ཀྱང་དེ་བཞིན་གཤེགས་པའི་སྙིང་པོ་ཡིན་པའི་སྟོང་པ་ཉིད་ནི། ཆོས་ཐམས་ཅད་རང་རང་ངོ་བོས་སྟོང་པའི་སྟོང་པ་ཉིད་དེ་མིན་གྱི། སྒྲོ་སྐུར་གྱི་མཐའ་དང་བྲལ་བའི་སྟོང་པ་ཉིད་ཡིན་ནོ། །ཞེས་སོགས་ཟེར་བ་ནི། སྨྲོན་པའི་ཚིག་ལྟར་དོན་མེད་པ་ཡིན་ཏེ། རང་རང་ངོ་བོས་སྟོང་པ་མིན་པའི་སྒྲོ་སྐུར་དང་བྲལ་བའི་སྟོང་པ་ཅི་ཡོད། དེ་ལྟ་མིན་པར་སྟོང་པ་རྟག་པ་ཡིན་ན། རྟག་མཐའ་དང་མ་བྲལ། མི་རྟག་ན། མི་རྟག་པའི་མཐའ་དང་མ་བྲལ་བར་འགྱུར། དེས་ན་དོན་དམ་པར་བདེར་སྙིང་དེ་རྟག་མི་རྟག་སྤྲོས་པའི་མཐའ་དང་བྲལ་བ་ལ་རང་རང་ངོ་བོས་སྟོང་པ་ཟེར་བ་མ་གོ་འདུག །རྒྱང་འཕེན་པ་ལྟར་མེད་པ་ཆད་མཐའ། གྲངས་ཅན་ལྟར་ཡོད་པ་རྟག་མཐའ། དེ་གཉིས་མིན་པ་རང་སྟོང་ཡིན་ནོ། །དེ་ལྟར་མ་རྟོགས་པ་ལ་

ལམ་དབུ་མའི་དོན་མེད། ལམ་དབུ་མ་མེད་པ་ལ་རྫོགས་པའི་སངས་རྒྱས་མི་འགྱོན་པར་ཤེས་པར་གྱིས་ཤིག ། སྤྱིར་ཡང་ཤེས་བྱ་ལ་ཆོས་ཀྱི་སྤྱན་དང་ལྡན་པ་མཁས་ཤིང་གྲུབ་པ་བརྙེས་པའི་པཎྜི་ཏ་བླ་བ་གྲགས་པ་ལྟ་བུས་མདོའི་དོན་བཀྲལ་བ། མདོའི་དོན་ཕྱིན་ཅི་ལོག་ཏུ་བཤད་པ་ཡིན་ན། སེར་སྐྱ་དང་། ཁྱུ་མཆོག་དང་། གདོང་རིས་དང་། ཀཱ་ན་རི་ལ་སོགས་ཀྱི་རྗེས་སུ་འབྲངས་ནས་མདོའི་དོན་བཤད་པ། རྐང་པས་ཤིང་དཀྲུག་པའི་རིགས་སུ་སྐྱེས་པའི་སངས་རྒྱས་པ་ཡིན་ན་མ་གཏོགས། སངས་རྒྱས་པའི་སྡེ་སྣོད་གསུམ་ལ་བློ་སྦྱངས་པ་སུ་ཞིག་ཡིད་ཆེས་པར་འགྱུར། ཁ་ཅིག་ན་རེ། ཁོ་བོ་ཅག་བདེར་སྙིང་དོན་དམ་པའི་བདག་ཡིན་པར་འདོད་པ་ལ་སྒྲུབ་བྱེད་ཡོད་དེ། རྒྱུད་བླར། བདག་དང་བདག་མེད་སྤྲོས་པ་དག །ཉེ་བར་ཞི་བས་དམ་པའི་བདག །ཅེས་དང་། མདོ་སྡེ་རྒྱན་ལས། སྟོང་པ་ཉིད་ནི་རྣམ་དག་ན། །བདག་མེད་མཆོག་གི་བདག་ཐོབ་བས། །སངས་རྒྱས་དག་པའི་བདག་ཐོབ་ཕྱིར། །བདག་ཉིད་ཆེན་པོའི་བདག་ཏུ་འགྱུར། །ཞེས་གསུངས་པས། མུ་སྟེགས་བྱེད་ཀྱིས་བཏགས་པའི་བདག་ཁས་ལེན་པ་དང་མི་མཚུངས་ཏེ། ངེད་ཀྱི་འདི་དོན་དམ་པའི་བདག་ཡིན་ནོ། །ཞེ་ན། བཏགས་པའི་བདག་ཀུང་མ་གྲུབ་ན། དོན་དམ་པའི་བདག་འདོད་པ་ནི། དེ་བས་ཀྱང་ཆེས་འཁྲུལ་ཏེ། ལུང་དེ་དག་གིས་ཀྱང་བདག་ཡོད་མེད་ཀྱི་སྤྲོས་པ་ཉེ་བར་ཞི་བའི་སྤྲོས་བྲལ་ལ་བདག་ཏུ་གསུངས་པ་ཉིད་ཀྱིས་དོན་དམ་པའི་བདག་བཀག་པར་བལྟའོ། །

དེ་བཞིན་དུ་བདག་མེད་པ་དེ་བཞིན་གཤེགས་པའི་སྙིང་པོར་གསུངས་པ་ཡང་། བདག་བཀག་ཙམ་གྱི་མེད་དགག་ལ་གསུངས་པ་མིན་གྱི། སྒྲོ་སྐུར་གྱི་མཐའ་དང་བྲལ་བའི་བདག་མེད་པ་མཆོག་གམ། བདག་མེད་པ་མཐར་ཐུག་པ་ལ་གསུངས་ཟེར་བ་ནི། ཁོ་བོ་ཡང་དེ་བཞིན་དུ་འདོད་པ་ཡིན་གྱི། བདེར་སྙིང་མེད་དགག་ལ་འདོད་ན། ལུང་དང་རིགས་པས་སུན་དབྱུང་བར་བྱའོ། །ཡང་། དེ་བཞིན་གཤེགས་པའི་སྙིང་པོའི་རྒྱན་ལས། མྱང་འདས་ན། བཅོམ་ལྡན་འདས་གང་སྟག་བསྟལ་བ་དང་། མི་རྟག་པ་དང་། བདག་མ་མཆིས་པའི་འདུ་ཤེས་ལ་སོགས་པ་ལ་ནན་ཏན་མི་བགྱིད་ན། གང་ཟག་དེ་ནི་འཕགས་པ་ཞེས་མི་བགྱི་སྟེ། བག་མ་མཆིས་པས་འཁོར་བར་ཡོངས་སུ་འཁོར་རོ། །ཞེས་སོགས་དང་། དེ་བཞིན་དུ། རྔ་བོ་ཆེ་ཆེན་པོའི་མདོ་དང་། སོར་མོའི་ཕྲེང་བ་ལ་ཕན་པའི་མདོ་དང་། དཔལ་ཕྲེང་གི་མདོ་ལ་སོགས་པར་སེམས་ཅན་ཐམས་ཅད་ལ་བདེར་སྙིང་ཡོད་པར་གསུངས་པ་ཐམས་ཅད་དྲང་དོན་དགོངས་པ་ཅན་ཡིན་ཏེ། དེ་དག་གི་དགོངས་གཞིའི་དོན་ཟབ་མོ་བཙལ་དགོས་ཀྱི། སྒྲ་ཇི་བཞིན་པའི་དོན་དུ་བཟུང་ན་ནོར་བར་འགྱུར་ཏེ། དཔེར་ན། ལང་གཤེགས་སུ། མཚམས་མེད་པ་ལྔ་པོ་དེ་དག་བྱས་ན་མངོན་པར་རྫོགས་པའི་ཆོས་ཅན་ཏེ། མཚམས་མེད་པ་ལྔ་བྱེད་པ་ཡིན་ནོ། །ཞེས

གསུངས་པ་སྒྲ་ཇི་བཞིན་པར་གཟུང་དུ་མི་རུང་གི །དེའི་དགོངས་གཞི། སྲེད་པ་དག་ནི་མར་བཤད་དེ། །མ་རིག་པ་ནི་ཕ་ཞེས་བྱ། །རྣམ་ཤེས་ཡུལ་རྣམས་རིག་པས་ན། །སངས་རྒྱས་སུ་ནི་དེ་ཡང་བསྟན། །བག་ལ་ཉལ་ནི་དགྲ་བཅོམ་སྟེ། །ཕུང་པོ་ལྔ་འདུས་དགེ་འདུན་ནོ། །མཚམས་མེད་པར་ནི་མཚམས་བཅད་པས། །དེ་ནི་མཚམས་མེད་ལས་ཡིན་ནོ། །ཞེས་དང་། དེ་བཞིན་དུ། བདེར་སྙིང་རྟག་བརྟན་དུ་གསུངས་པ་ཡང་ལྡེམ་དགོངས་ཡིན་ཏེ། དགོངས་གཞི་བདག་ཡོད་མེད་ཀྱི་སྤྲོས་བྲལ་མཉམ་པ་ཉིད་སྟོང་པ་ཉིད་ལ་དགོངས་ཏེ། མྱང་འདས་སུ། གལ་ཏེ་བདག་ཅེས་བྱ་བ་ཐེར་ཟུག་ཏུ་རྟག་པའི་ཆོས་ཡིན་ན་ནི། སྡུག་བསྔལ་དང་མི་འབྲལ་བར་འགྱུར་རོ། །གལ་ཏེ་བདག་ཅེས་བྱ་བ་མེད་ན་ནི། ཚངས་པར་སྤྱོད་པ་དག་ཕན་པའི་དོན་མེད་པར་འགྱུར་རོ། །གལ་ཏེ་ཆོས་ཐམས་ཅད་བདག་མེད་པར་སྨྲ་ན། དེ་ནི་ཆད་པར་ལྟ་བ་ཡིན་ཏེ། ཅི་སྟེ་བདག་ཅེས་བྱ་བ་ཐེར་ཟུག་ཏུ་སྨྲ་ན། དེ་ནི་རྟག་པར་ལྟ་བ་ཡིན་ནོ། །ཞེས་སོགས་དང་། དགོངས་པའི་དགོས་པ་བདག་ཏུ་ལྟ་བ་རྣམས་བསྟན་པ་ལ་གཞུག་པའི་དོན་དུ་ལྡེམ་དགོངས་སུ་བཏགས་ནས་གསུངས་པ་ཡིན་ཏེ། མྱང་འདས་སུ། རིགས་ཀྱི་བུ། ངས་དུས་གཅིག་ན་རྒྱ་བོ་དགའ་སྐྱེད་ཀྱི་འགྲམ་ན་བཞུགས་ཏེ་དགའ་བོ་ལ་བཀའ་བསྩལ་པ། ང་དེང་ཁྲུས་མཛད་ཀྱིས་ཞེས་པ་ནས་ངས་ནི་སེམས་ཅན་ཐམས་ཅད་ལ་བདག་མེད་དོ། །ཞེས་མ་བཤད་དོ། །ངས་ནི། སེམས་ཅན་ཐམས་ཅད་ལ་རྟག་ཏུ་སངས་རྒྱས་ཀྱི་རང་བཞིན་ཡོད་དོ་ཞེས་བཤད་ན། སངས་རྒྱས་ཀྱི་རང་བཞིན་དེ་ཉིད་བདག་མ་ཡིན་ནམ། དོན་དེ་ལྟ་བས་ན། ང་ཆད་པར་ལྟ་བ་མི་སྟོན་ཏེ། ཞེས་པ་ནས། རིགས་ཀྱི་བུ། སངས་རྒྱས་ཀྱི་རང་བཞིན་དེ་ཡང་དག་པར་ན་བདག་མ་ཡིན་ཏེ། སེམས་ཅན་གྱི་ཕྱིར་བདག་ཅེས་བཤད་དོ། །ཞེས་སོགས་དྲངས་པ་ལ། ཁ་ཅིག་ན་རེ། དེ་ལྟར་མཛེས་རྒྱན་ལས་བཤད་པ་འདི་རྣམ་པར་དཔྱད་པར་བྱ་སྟེ། བདག་ཅེས་བྱ་བའི་སྒྲ་འདི་མུ་སྟེགས་བྱེད་ལ་སོགས་པས་བཏགས་པའི་བདག་ཁོ་ན་ལ་འཇུག་ན་སྐྱོན་དེ་དག་ཏུ་འགྱུར་ཡང་། འདི་མྱང་འདས་ཆེན་པོ་ལས་གསུངས་པའི་བདག་ལ་ཡང་འཇུག་ཅིང་། སངས་རྒྱས་ཀྱིས་གསུངས་པའི་བདག་དེ་ནི་དོན་དམ་པའི་བདག་ཡིན་པས་བདེར་སྙིང་བདག་ཏུ་གསུངས་པ་སྒྲ་ཇི་བཞིན་པ་ཉིད་ཡིན་ཏེ། མྱང་འདས་ཀྱི་ལུང་གོང་དུ་དྲངས་པ་ཉིད་ལས། དགེ་སློང་དག་སྡུག་བསྔལ་གྱི་ཆོས་ལ་བདེ་བར་འདུ་ཤེས་སྐྱེད་ཅིག །མི་རྟག་པ་ལ་རྟག་པའི་འདུ་ཤེས་སྐྱེད་ཅིག །བདག་མེད་པ་ལ་བདག་ཏུ་འདུ་ཤེས་སྐྱེད་ཅིག །ཡོངས་སུ་མ་དག་པ་ལ་ཡོངས་སུ་དག་པར་འདུ་ཤེས་སྐྱེད་ཅིག །འཇིག་རྟེན་ན་ཡང་རྟག་པ་དང་བདེ་བ་དང་བདག་དང་ཡོངས་སུ་དག་པ་ཡོད་དོ། །

འཇིག་རྟེན་ལས་འདས་པ་ལ་ཡང་རྟག་པ་དང་བདེ་བ་དང་བདག་དང་ཡོངས་སུ་དག་པ་ཡོད་དོ། །

འཇིག་རྟེན་གྱི་ཆོས་ནི། བརྗོད་དུ་ཡོད་ལ་དོན་མེད་པའི། །འཇིག་རྟེན་ལས་འདས་པ་ནི། བརྗོད་དུ་ཡང

ཡོད་ལ་དོན་ཡང་ཡོད་དོ། །ཞེས་དང་། ཡང་། མདོ་དེ་ཉིད་ལས། བདག་མེད་པ་ལ་བདག་ཏུ་འདུ་ཤེས། བདག་ལ་བདག་མེད་པར་འདུ་ཤེས་པ་ཡང་ཕྱིན་ཅི་ལོག་གོ། །འཇིག་རྟེན་པ་ཡང་བདག་ཡོད་པར་སྨྲ། སངས་རྒྱས་ཀྱི་ཆོས་ལ་ཡང་ཡོད་པར་སྨྲ་སྟེ། འཇིག་རྟེན་པ་དག་བདག་ཡོད་པར་སྨྲ་མོད་ཀྱི། སངས་རྒྱས་ཀྱི་རང་བཞིན་ཡོད་པ་མིན་པས། དེས་ན་བདག་མེད་པ་ལ་བདག་ཏུ་འདུ་ཤེས་པ་སྟེ། ཕྱིན་ཅི་ལོག་ཅེས་བྱའོ། །སངས་རྒྱས་ཀྱི་ཆོས་ལ་བདག་ཡོད་པ་ནི། སངས་རྒྱས་ཀྱི་རང་བཞིན་ནི། ཞེས་དང་། ཡང་། མདོ་དེ་ཉིད་ལས། རིགས་ཀྱི་བུ། མུ་སྟེགས་ཅན་དེ་དག་ནི། ཞེས་པ་ནས། སངས་རྒྱས་ཀྱི་ཆོས་ལས་བདག་ཆ་ཙམ་ཞིག་བླངས་ན། རྟག་པ་དང་བདག་དང་བདེ་བ་དང་ཡོངས་སུ་དག་པ་འཛིན་ཏེ། ཡང་དག་པར་རྟག་པ་དང་བདེ་བ་དང་ཡོངས་སུ་དག་པ་མི་ཤེས་སོ། །ཞེས་སོགས་གསུངས་པས་དོན་དམ་པའི་བདག་ཡོད་པར་མ་ཟད། མུ་སྟེགས་བྱེད་རྣམས་ཀྱིས་བདག་ཅེས་པའི་ཆོས་སྐད་ཀྱང་སངས་རྒྱས་པའི་ཡང་དག་པའི་བདག་གསུངས་པ་ལ་ཆ་ཙམ་ཞིག་བརྐུས་ནས་བཀོད་པར་གསུངས་ལོ། །འདི་ནི་མི་འཐད་དེ། མྱང་འདས་སུ་སངས་རྒྱས་ཀྱིས་གསུངས་པའི་བདེ་ར་སྙིང་སངས་རྒྱས་ཀྱི་རང་བཞིན་བདག་ཏུ་གསུངས་པ་དེ་ཀ་གཞུག་པ་ལ་ལྡེམ་དགོངས་ཡིན་ཞེས་ཡང་ཡང་བཤད་ཅིང་། མུ་སྟེགས་བྱེད་ཀྱི་བདག་གི་ཆོས་སྐད་ཀྱང་སངས་རྒྱས་ཀྱིས་ཆོས་ལས་བདག་ཆ་ཙམ་ཞིག་བླངས་གསུངས་པ་དེ། སངས་རྒྱས་པའི་དོན་དམ་པའི་བདག་ལས་ཆ་ཙམ་བརྐུས་ནས་བདག་གི་ཐ་སྙད་བཀོད་པ་ཡང་མ་ཡིན་ཏེ། སངས་རྒྱས་འཇིག་རྟེན་དུ་མ་བྱོན་པའི་དུས་སུ་བདག་ཏུ་སྨྲ་བའི་མུ་སྟེགས་བྱེད་དུ་མ་བྱུང་བའི་ཕྱིར།

གཞན་ཡང་། ཁྱེད་རང་གིས་དྲངས་པའི་ལུང་། རིགས་ཀྱི་བུ། སངས་རྒྱས་ཀྱི་རང་བཞིན་དེ་ཡང་དག་པར་ན་བདག་མིན་ཏེ། སེམས་ཅན་གྱི་ཕྱིར་བདག་ཅེས་བཤད་དོ། །རིགས་ཀྱི་བུ། རྒྱུ་དང་རྐྱེན་ཡོད་པའི་ཕྱིར་དེ་བཞིན་གཤེགས་པས་བདག་མེད་པ་ལ་བདག་ཏུ་བཤད་མོད་ཀྱི་ཡང་དག་པར་ན་བདག་མེད། དེ་ལྟར་བཤད་མོད་ཀྱི་རྫུན་པ་ཡང་མིན་ནོ། །ཞེས་གསུངས་པས་ཀྱང་སངས་རྒྱས་ཀྱིས་གསུངས་པའི་བདག་དེ་དྲང་དོན་དུ་བསྟན་ཏོ། །དེ་ལ་ཁ་ཅིག་ན་རེ། ལུང་དེ་ཉིད་ཀྱི་རྗེས་སུ། རིགས་ཀྱི་བུ། ཡང་རྒྱུ་དང་རྐྱེན་ཡོད་པས་བདག་ལ་བདག་མེད་པར་འཆད་པ་དེ་ཡང་པར་ན་བདག་ཡོད་ཀྱང་འཇིག་རྟེན་གྱི་ཕྱིར་བདག་མེད་པར་བཤད་མོད་ཀྱི་རྫུན་པ་ཡང་མིན་ནོ། །སངས་རྒྱས་ཀྱི་རང་བཞིན་བདག་མེད་དེ། དེ་བཞིན་གཤེགས་པས་བདག་མེད་ཅེས་བཤད་པ་ནི་རྟག་པ་ཡིན་པའི་ཕྱིར་རོ། །དེ་བཞིན་གཤེགས་པའི་བདག་ཡིན་ཏེ། བདག་མེད་པར་ནི་བཤད་པ་ནི། དབང་ཐོབ་པའི་ཕྱིར་རོ་ཞེས་པའི་ལུང་འདི། ཁྱོད་ཀྱིས་ཀྱང་ཤེས་བྱེད་དུ་དྲངས་པས་ཡང་དག་པར་ན་བདག་ཡོད་པར་གསུངས་ཤིང་བདག་དེ་ཡང་སངས་རྒྱས་ཀྱི་རང་བཞིན་ཉིན་ཡིན་ནོ། །

ཞེ་ན། དེ་ཀ་ཨ་བོ་རྒྱད་པོའི་འདོད་ཐོག་སྟེ། གོང་དུ་བདག་མེད་པ་ལ་བདག་ཏུ་བཤད་མོད་ཀྱི་ཡང་དག་པར་ན་བདག་མེད། དེ་ལྟར་བཤད་པ་རྫུན་པ་ཡང་མ་ཡིན། ཞེས་པའི་ལུང་ཁས་བླངས། འོག་ཏུ་བདག་ལ་བདག་མེད་པར་བཤད་མོད་ཀྱི་ཡང་དག་པར་ན་བདག་མེད་དེ། དེ་ལྟར་བཤད་པ་རྫུན་པ་ཡང་མིན་ཞེས་པའི་ལུང་ཁས་བླངས། དེ་ཀ་ཀས་བདག་ཡོད་མེད་ཀྱི་སྨྲོས་བྲལ་ལ་བདག་ཏུ་གསུངས་པར་མི་གདའ་ཡི། དེ་ལྟར་ཡང་ཡང་བརྗོད་བཞིན་དུ་དོན་དམ་པའི་བདག་ཡོད་པའི་ཤེས་བྱེད་དུ། མྱང་འདས་ལྟའི་ཟླ་བས་བསྒྱུར་བ་ལས། མུ་སྟེགས་རྣམས་ཀྱི་བདག་བསྟན་པ་ནི། སྲིན་བུས་བཅོས་པའི་ཡི་གེ་དང་འདྲ་སྟེ། དེའི་ཕྱིར་ངས་སེམས་ཅན་ཐམས་ཅད་ལ་བདག་མེད་དོ། །ཞེས་བསྟན་པ་སྟོན་པར་མཛད་དོ། །ཞེས་པ་ནས། ཆོས་ཐམས་ཅད་བདག་མེད་པར་བསྟན་པའི་སྐབས་དེ་ཉིད་དུ་སྨན་པ་བཟང་པོ་བཞིན་དུ་བདག་ཡོད་དོ། །ཞེས་ཡང་དག་པར་སྟོན་པར་མཛད་དོ། །ཞེས་སོགས་ཀྱི་ལུང་དྲངས་ནས། བདག་ཅེས་གསུངས་པ་མུ་སྟེགས་ཀྱིས་བཏགས་པའི་བདག་ལ་དགོངས་ཀྱི། དོན་དམ་པའི་བདག་བཀག་པ་མིན་ནོ། །ཞེས་ཟེར་ཏེ། ཁོ་བོ་ཅག་གི་ཤེས་བྱེད་ཀྱི་ལུང་རྣམས་དྲངས་ནས་ཁྱེད་རང་གི་འདོད་པ་བཀག་པ། དཔེར་ན། དབང་ཕྱུག་རང་གི་ལག་པ་སྟོང་གིས་རང་འཚོགས་པ་དང་འདྲའོ། །བདག་ཅེས་བྱུང་བ་ཙམ་གྱིས་མུ་སྟེགས་སོགས་ཀྱིས་བཏགས་པའི་བདག་ཏུ་ངེས་བཟུང་ན། ལྟ་བ་ཕྱིན་ཅི་ལོག་ཏུ་འགྱུར་རོ། །ཞེས་སོགས་རིགས་པ་མཚུངས་ཏེ། བཅོམ་ལྡན་འདས་ཀྱིས་རང་བཞིན་བདག་ཏུ་གསུངས་པ་ཙམ་གྱིས་ངེས་དོན་དུ་བཟུང་ན་ཡང་ལྟ་བ་ཕྱིན་ཅི་ལོག་ཏུ་འགྱུར་རོ། །ངེད་ལ་གནོད་བྱེད་དུ་དྲངས་པའི་བདག་མེད་པ་ལ་བདག་ཏུ་འདུ་ཤེས་པ་ནི། ཕྱིན་ཅི་ལོག་ཡིན་ནོ། །

བདག་ཡོད་པ་ལ་བདག་མེད་པར་འདུ་ཤེས་པ་ནི། ཕྱིན་ཅི་ལོག་ཡིན་ནོ། །ཞེས་སོགས་ཀྱི་ལུང་རྣམས་ཀྱིས་ཀྱང་ཁྱེད་རང་གི་འདོད་པ་ཆེན་པོ་བཀག་པར་བལྟའོ། །དེ་ལྟ་མིན་པར། བདག་དོན་དམ་པར་ཡོད་ན། འབུམ་ལས། རབ་འབྱོར། ཕྱིན་ཅི་ལོག་མ་གཏོགས་པར་བྱིས་པ་རྣམས་གང་ལ་གནས་ཏེ་ལས་མངོན་པར་འདུ་བྱེད་པའི་དངོས་པོ་ནི། སྐྲའི་རྩེ་མོའི་ཆ་ཤས་བསགས་པ་ཙམ་ཡང་མེད་དོ། །ཞེས་བསྟན་པ་དེ་ཡང་འགལ་བར་འགྱུར་ཏེ། དངོས་པོ་རང་གི་ངོ་བོ་ཞིན་ཏུ་ཕྲ་བ་ཡང་བཀག་པའི་ཕྱིར་ཞེས་སློབ་དཔོན་ཀ་མ་ལ་ཤཱི་ལས་དབུ་མ་སྣང་བར་བཤད་པ་དང་། ཡང་ཀ་མ་ལ་ཤཱི་ལས། སེམས་ཅན་ཐམས་ཅད་དེ་བཞིན་གཤེགས་པའི་སྙིང་པོ་ཡིན་ནོ། །ཞེས་བྱ་བ་འདིས་ཀྱང་ཐམས་ཅད་བླ་མེད་བྱང་ཆུབ་ཀྱི་གོ་འཕང་ཐོབ་པར་རུང་བ་ཉིད་དུ་ཡོངས་སུ་བསྟན་ཏེ། དེ་བཞིན་གཤེགས་པའི་སྐྲ་ནི་ཆོས་ཀྱི་དབྱིངས་གང་ཟག་དང་ཆོས་ལ་བདག་མེད་པའི་མཚན་ཉིད་རང་བཞིན་གྱིས་འོད་གསལ་བ་ཡིན་པར་བརྗོད་པར་བཞེད་པའི་ཕྱིར་རོ། །ཞེས་དང་། འཕགས་པ་ཐོགས་མེད་ཀྱིས། དེ་བཞིན་

གཤེགས་པས་ནི། ཡང་དག་པ་ཇི་ལྟ་བ་བཞིན་ཡེ་ཤེས་ཀྱིས་ཆོས་ཐམས་ཅད་བདག་མེད་པ་དམ་པའི་ཕ་རོལ་ཏུ་ཕྱིན་པ་བརྙེས་ལ། དེས་ཇི་ལྟར་གཟིགས་པའི་བདག་མེད་པ་ཡང་བདག་ཡོད་པ་མིན་པའི་མཚན་ཉིད་ཀྱིས་མི་བསླུ་བ་དང་ལྡན་པའི་ཕྱིར་དུས་ཐམས་ཅད་དུ་བདག་ཏུ་འདོད་དོ། །བདག་མེད་པ་ཉིད་བདག་ཏུ་གྱུར་ཏེ། ཇི་སྐད་དུ། མི་གནས་པའི་ཚུལ་གྱིས་གནས་པ་ཞེས་གསུངས་པ་ལྟ་བུའོ། །ཞེས་སོགས་ཀྱིས་བདག་མེད་ལ་བདག་ཏུ་གསུངས་ནས་དོན་དམ་པའི་བདག་བཀག་གོ། །གལ་ཏེ་དོན་དམ་པའི་བདག་བདེན་པ་ཡོད་ན། འཕགས་པ་ཀླུ་སྒྲུབ་ཀྱིས། འདི་ལྟར་སྣང་བའི་དངོས་པོ་ལ། །རིགས་པས་དཔྱད་ན་འགའ་མི་རྙེད། །མ་རྙེད་པ་ཉིད་དོན་དམ་སྟེ། །ཡེ་ནས་གནས་པའི་ཆོས་ཉིད་ཡིན། །ཞེས་གསུངས་པའི་དོན་ཡང་ཇི་ལྟར་དྲང་། དེ་ལ། ཁ་ཅིག་ན་རེ། འཇིག་ཚོགས་ལ་བདག་ཏུ་བཏགས་པ་ལྟ་བུའི་བདག་ནི། ངེད་ནམ་ཡང་ཁས་མི་ལེན་གྱི། དབྱིངས་རང་བཞིན་གྱིས་རྣམ་དག་དེ་གློ་བུར་གྱི་དྲི་མས་ཀྱང་རྣམ་པར་དག་པ། བདེན་པ་ཡང་དག་པ་རྟག་པ་གནས་པ་བདག་པོར་གྱུར་པ་མི་འགྱུར་བ་མི་འཕོ་བ་དམ་པའི་བདག །བདག་མེད་པ་མཆོག་གི་བདག་བདག་ཉིད་ཆེན་པོའི་བདག་དེ་དོན་དམ་གྱི་བདག་ཏུ་ཁས་ལེན་ཟེར་རོ། །དེས་ན། བདེར་སྙིང་དེ་ལྟ་བུའི་བདག་ཆེན་པོ་ཡིན་པར་ཁས་བླངས་པ་ལ། མུ་སྟེགས་བྱེད་ལ་སོགས་པས་བཏགས་པའི་བདག་ལྟ་བུར་ཁས་ལེན་པར་འགྲུབ་ནས་ སྲུན་འབྱིན་སླབ་རྣམས་ནི། བབ་ཅོལ་ཏེ། ཕ་རོལ་པོའི་གྲུབ་མཐའ་ལ་དགག་པ་བྱེད་པ་ལ་ཐོག་མར་ཕྱོགས་སྔ་ལོངས་པ་ཞིག་དགོས་སོ། །ཞེས་ཟེར་བ་ནི། ཕྱོགས་སྔ་མ་ལོངས་པར་སྲུན་འབྱིན་སླན་བབ་ཅོལ་ཡིན་པ་བདེན་མོད། ཕྱོགས་སྔ་ཤིན་ཏུ་ཡང་ལོངས་ཏེ། བཅོམ་ལྡན་འདས་ཀྱིས། བདག་ལ་སོགས་པ་ལྟ་བ་ལོག་པར་འཛིན་པ་རྣམས་བསྟན་པ་དྲི་མ་མེད་པ་ལ་དྲང་བའི་ཕྱིར་དགོངས་ཏེ་གསུངས་པའི་མདོ་ལ། ཁྱེད་སྨྲ་དྲང་ཐད་དུ་ཟུང་ནས་བདག་ཆེན་པོ་ལ་སོགས་པ་འདོད་པ་དེས་སླས་ཆོས་ལ། འཇིག་ཚོགས་ལ་བདག་ཏུ་བཏགས་པ་ལྟ་བུའི་བདག་ནམ་ཡང་ཁས་མི་ལེན་ཞེས་སླས་པས་ཅི་ཞིག་ཕན། ཞེ་འདོད་ལ་ཕྱི་རོལ་པའི་བདག་ཏུ་འདོད་པ་དང་། ཕྱི་རོལ་པས་བཏགས་པའི་བདག་དང་སྒྲུབ་བྱེད་ཁྱད་པར་མེད་པའི་ཕྱིར་ཏེ། དྲང་སྲོང་གཟེགས་ཟན་གྱིས། བདག་ནི་ལུས་དང་དབང་པོ་དང་བློ་ལས་ཐ་དད་པའི་བདག་ཏུ་བརྗོད་པའི་རྟགས། འདོད་པ་དང་། སྡང་བ། འབད་པ། བདེ་བ། སྡུག་བསྔལ། ཤེས་པ། ཆོས། ཆོས་མིན་པ། འདུ་བྱེད་རྣམས་ཀྱི་རྟེན་འདུ་བའི་རྒྱུ་སེམས་མེད་པའི་ངོ་བོ་མི་འཇིག་པ། གཅིག་པུ། གཡོ་བ་མེད་པ། རྟག་པ། ཐམས་ཅད་དུ་སོང་བ། ལས་རྣམས་ཀྱི་བྱེད་པ་པོ། ཞེས་དང་། དབང་ཕྱུག་ནག་པོས་ཀྱང་། གཙོ་བོ་ནི་རྒྱུ་དང་ལྡན་རྫུལ་མུན་སྙིང་སྟོབས་གསུམ་ཆ་མཉམ། རྟག་པ་ཡིན། ཐམས་ཅད་ལ་ཁྱབ། མིག་རྟག་སྲིད་པ་གསུམ་དུ་མ་ཁྱབ། བདག་ནི་རྟག་པ་གཅིག་པུ་རང་དབང་ཅན་ཞེས་དང་། རིག་པ་

ཅན་དག །བདག་མེད་དོ་ཞེས་བྱ་བ་ནི། དམ་བཅས་པ་དང་འགལ་བ་ཞེས་བྱ་བ་དམ་བཅའ་བའི་སྐྱོན་ཡིན་ཏེ། དོན་ལ་སྨྲ་བ་འདེབས་ན་སྒྲ་སྦྱོར་བ་མི་སྲིད་པའི་ཕྱིར། སྦྱོར་བས་ནི་དོན་ཉེ་བར་འཇོག་པ་ཡིན་ལ། མེད་ཅེས་སྨྲས་ན་སྐྱུར་པ་ཡང་ཡིན་པའི་ཕྱིར་དམ་བཅའ་བའི་ཚིག་དག་འགལ་བས་དམ་བཅའ་བའི་སྐྱོན་ཡིན་ནོ། །ཞེས་སོགས་དང་མཚུངས་པར། དོན་དམ་པའི་བདག་མེད་དོ་ཞེས་བྱ་བ་ནི། དམ་བཅས་པ་དང་འགལ་བའི་སྐྱོན་ཡིན་ཏེ། དོན་དམ་པའི་བདག་ཡོད་པ་ལ་སྐུར་པ་འདེབས་ན། བཅོམ་ལྡན་འདས་ཀྱིས། དོན་དམ་པའི་བདག་ཅེས་སྒྲ་སྦྱོར་བ་མི་སྲིད་པའི་ཕྱིར། དོན་དམ་པའི་བདག་ཅེས་སྒྲ་སྦྱོར་བས་ནི། དོན་དམ་པའི་བདག་ཉེ་བར་འཇོག་པ་ཡིན་ལ། དོན་དམ་པའི་བདག་མེད་ཅེས་བརྗོད་ན་སྐུར་པ་ཡང་ཡིན་པའི་ཕྱིར་དོན་དམ་པའི་བདག་མེད་ཅེས་པ་དམ་བཅས་པའི་ཚིག་དང་འགལ་བས། དོན་དམ་པའི་བདག་མེད་ཅེས་བྱ་བ་ནི། དམ་བཅའ་བའི་སྐྱོན་ཡིན་ནོ། །ཞེས་ཟེར་བ་འདི། རིག་པ་ཅན་ཇི་ལྟར་སླུ་བ་དང་ཁྱད་པར་ཉིལ་གྱི་འབྲུ་ཙམ་ཡང་མེད་དོ། །

དེས་ན། དོན་དམ་པའི་བདག་རྟག་པ་བརྟན་པ་ཐེར་ཟུག་པ་གཡུང་དྲུང་མི་འགྱུར་བའི་ཆོས་ཅན་དུ་བདེན་ཞེན་གྱིས་འདོད་པའི་ལྟ་བ་ངན་པ། ལྟ་ངན་འདི་དང་འབྲེལ་བའི་གྲུབ་མཐའ་སྟོན་པའི་གཞུང་། ཐུབ་པའི་བསྟན་པ་མ་འཁྲུགས་པ་དཀྲུག་པར་བྱེད་པ་ཐམས་ཅད་རིགས་པའི་དབང་ཕྱུག་ཕྱོགས་གླང་ཆོས་གྲགས་ཀྱིས་རྒྱས་པར་བཀག་ཚར་བས་འདིར་མང་པོས་ཅི་ཞིག་བྱ། གཞན་ཡང་། བདེར་སྙིང་བདག་ཡིན་པར་གསུངས་པ་དང་། ཕ་དང་མ་ནི་གསད་བྱ་ཞིང་། །ཞེས་སོགས་མི་འདྲ་ཟེར་ཏེ། ཅིའི་ཕྱིར་མི་འདྲ། འཇིག་རྟེན་ལས་འདས་པའི་བདག་ཡིན་ན། ཕ་དང་མ་ཡང་གསད་བྱ་ཡིན་པར་མཚུངས་ཏེ། འདིར་འཇིག་རྟེན་ལས་འདས་པའི་བདག་བདག་མེད་ལ་དགོངས་པ་ཡིན་པས། གསད་བྱའི་ཕ་དང་མ་ཡང་ལས་དང་ཉོན་མོངས་པ་ལ་དགོངས་པ་ཡིན་པར་མཚུངས་ཤིང་། གཞན་ཡང་མྱང་འདས་ཆེན་པོར། དགོངས་པས་གསུངས་པའི་བདེར་སྙིང་ཞེས་ཡང་ཡང་གསུངས་པ་ནི། མདོ་དེ་ཉིད་ལས་བདེར་སྙིང་བདག་དང་རྟག་པ་ལ་སོགས་པར་བསྟན་པ་དེ། སྒྲ་ཇི་བཞིན་པ་མིན་པའི་དགོངས་པ་ཅན་དུ་བསྟན་ཞེས་མཛེས་རྒྱན་དུ་ཁས་བླངས་པ་ལ། དེ་མིན་ཏེ། མདོ་གཅིག་ཉིད་ཀྱི་ནང་དུ་ཆོས་ཀྱི་རྣམས་གྲངས་གཅིག་ངེས་དོན་དུ་བཤད་པ་དེ་མ་ཐག་དྲང་དོན་དུ་སྟོན་པ་དང་། ཡང་དེ་མ་ཐག་ཏུ་ཆོས་ཀྱི་རྣམ་གྲངས་དེ་སྒྲ་ཇི་བཞིན་པ་ངེས་པའི་དོན་ཡིན་ནོ། །ཞེས་སྟོན་པ་མི་རིགས་སོ། །ཟེར་བ་ཡང་ཁྱབ་པ་མེད་དེ། འོ་ན། མྱང་འདས་དེ་ཉིད་དུ་སྨན་པ་བཟང་པོ་བཞིན་དུ་བདག་ཡོད་དོ་ཞེས་སྟོན་པ་མི་རིགས་པར་འགྱུར་རོ། །དེ་མ་ཐག་ཏུ་ང་སེམས་ཅན་ཐམས་ཅད་ལ་བདག་མེད་དོན་ཞེས་བསྟན་པ་སྟོན་པར་མཛད་པའི་ཕྱིར། མདོ་དེ་ཉིད་དུ་བཅོམ་ལྡན་འདས་ཀྱིས་ང་ནི་རྟག་ཏུ་སེམས་ཅན་ཐམས་ཅད་ལ་སངས་རྒྱས་ཀྱི་རང་བཞིན་

ཡོད་དོ། །ཞེས་བཤད་ན། སངས་རྒྱས་ཀྱི་རང་བཞིན་དེ་ཉིད་བདག་མ་ཡིན་ནམ་ཞེས་གསུངས་པ་དེ་མི་རིགས་པར་འགྱུར་ཏེ། དེ་མ་ཐག་ཏུ་རིགས་ཀྱི་བུ། སངས་རྒྱས་ཀྱི་རང་བཞིན་དེ་ཡང་དག་པར་ན་བདག་མིན་ཏེ། སེམས་ཅན་གྱི་ཕྱིར་བདག་ཅེས་བཤད་དོ། །ཞེས་གསུངས་པའི་ཕྱིར་རོ། །དེ་སོགས་ཁྱེད་རང་གིས་འཁོར་གསུམ་ཁས་བླངས་པའི་ཐལ་འགྱུར་དུ་མ་ཡོད་པས་དེ་རྣམས་ཀྱིས་མགོ་བོ་མ་གས་པར་གྱིས་ཤིག །དགོངས་པས་གསུངས་པའི་དོན་རྣམས་ལ་སྒྲ་ཇི་འགལ་བ་ལྟར་སྣང་བ་མི་རིགས་ན། ཤེར་ཕྱིན་འབུམ་པར། གང་ཡང་དག་པའི་སྐྱོན་མེད་པར་ཞུགས་པར་གྱུར་པ་དེ་དག་ལ་ནི་བླ་མེད་རྫོགས་པའི་བྱང་ཆུབ་ཏུ་སེམས་བསྐྱེད་པའི་མཐུ་མེད་དེ། དེ་དག་གིས་འཁོར་བའི་རྒྱུད་ཀྱི་ས་མཚམས་བཅད་པའི་ཕྱིར་རོ། །ཞེས་གསུངས་མ་ཐག་ཏུ། གལ་ཏེ་དེ་དག་བླ་མེད་རྫོགས་པའི་བྱང་ཆུབ་ཏུ་སེམས་བསྐྱེད་ན་དེ་དག་ལ་ངས་རྗེས་སུ་ཡི་རང་བར་མཛད་དོ། །ཞེས་པ་ཇི་ལྟར་འགལ་ཏེ། སེམས་བསྐྱེད་པའི་མཐུ་མེད་ཅེས་པ་རེ་ཞིག་སྣོད་མིན་པ་ལ་དགོངས་ནས་དྲང་དོན་དུ་གསུངས་ལ། སེམས་བསྐྱེད་ན་རྗེས་སུ་ཡི་རང་བ་ལྟ་བུའོ། །ལས་དང་ཉོན་མོངས་པ་ཡང་ཕ་དང་མ་ཉིད་མིན་པའི་ཕྱིར་ཞེས་པ་ཡང་མ་འབྲེལ་ཏེ། ལས་ཉོན་ཕ་མར་དགོངས་ནས་གསུངས་བྱས་པ་ཡིན་པའི་ཕྱིར། མ་གསུངས་ན། སྲིད་པ་དག་ནི་མར་བཤད་དེ། །མ་རིག་པ་ནི་ཕ་ཞེས་བྱ། །རྣམ་ཤེས་ཡུལ་རྣམས་རིག་པས་ན། །སངས་རྒྱས་སུ་ནི་དེ་ཡང་བསྟན། །བག་ལ་ཉལ་ནི་དགྲ་བཅོམ་སྟེ། །ཕུང་པོ་ལྔ་འདུས་དགེ་འདུན་ནོ། །མཚམས་མེད་པར་ནི་མཚམས་བཅད་པས། །དེ་ནི་མཚམས་མེད་ལས་ཡིན་ནོ། །ཞེས་བཤད་དོ། །ཡང་། ལྷང་འདས་སུ། དགོངས་ཏེ་གསུངས་པའི་སྙིང་པོ་ཞེས་ཡང་ཡང་གསུངས་པའི་དགོངས་པ། བཅོམ་ལྡན་འདས་ཀྱིས་མདོ་སྡེ་མ་རྣམས་སུ་བདེར་སྙིང་བདག་ཡིན་པ་སོགས་གསང་བ་ལྟ་བུ་དགོངས་གཞིར་མཛད་ནས། ཆོས་ཐམས་ཅད་སྟོང་པ་དང་བདག་མེད་པ་དང་མཉམ་པ་ཉིད་ལ་སོགས་པ་དགོངས་པ་ཅན་གྱི་ཚིག་དུ་མ་གསུངས་པའི་དགོངས་གཞི་བདེར་སྙིང་བདག་ཡིན་པ་ལ་སོགས་པ་དེ། ལྷང་འདས་ཀྱི་མདོ་འདིར་ཤིན་ཏུ་གསལ་བ་ཡང་ཡང་གསུངས་པས་ན། མདོ་སྡེ་འདི་མདོ་གཞན་མང་པོ་དགོངས་ཏེ་གསུངས་པའི་སྙིང་པོ་ཞེས་བྱ་བ་ཡིན་ཏེ། མདོ་དེ་ཉིད་ལས། རིགས་ཀྱི་བུ། ཡོངས་སུ་མྱ་ངན་ལས་འདས་པ་ཆེན་པོའི་མདོ་ནི། དེ་བཞིན་གཤེགས་པ་ཐམས་ཅད་ཀྱིས་དགོངས་ཏེ་གསུངས་པའི་སྙིང་པོའོ། །དེ་ཅིའི་ཕྱིར་ཞེ་ན། དེ་བཞིན་གཤེགས་པ་རྣམས་ལ་མདོ་སྡེ་བཅུ་གཅིག་མངའ་མོད་ཀྱི། དེ་དག་ལས་སངས་རྒྱས་ཀྱི་རང་བཞིན་དང་དེ་བཞིན་གཤེགས་པའི་རྟག་པ་དང་བདེ་བ་དང་བདག་དང་ཡོངས་སུ་དག་པ་མི་འཆད། སངས་རྒྱས་བཅོམ་ལྡན་འདས་རྣམས་མཐའ་ཡུན་དུ་མྱ་ངན་ལས་མི་འདའ་བས། དེའི་ཕྱིར་མདོ་སྡེ་འདི་ནི་དེ་བཞིན་གཤེགས་པའི་དགོངས་ཏེ་གསུངས་པའི་སྙིང་པོ་ཞེས་བྱའོ། །ཞེས

སོགས་ལུང་དུ་འདྲེན་པ་ནི། མདོའི་དོན་སྒྲིགས་ཏེ་བཤད་པ་ཡིན་གྱི་དགོངས་ཏེ་གསུངས་པ་དང་དགོངས་ཏེ་གསུངས་པའི་སྙིང་པོ་ལ་ཁྱད་པར་མི་ཕྱེད་ཅིང་། སྟོང་པ་ཉིད་དང་བདག་མེད་པ་དང་མཉམ་པ་ཉིད་ལ་སོགས་པ་ལ་དགོངས་ནས་བདེར་སྙིང་སངས་རྒྱས་ཀྱི་རང་བཞིན་བདག་ཏུ་གསུངས་པ་དགོངས་པ་ཅན་ཡིན་ན། ཁྱེད་རང་གིས་དེ་ངེས་དོན་ཡིན་པར་སྨྲར་ཡང་ཡང་བསྒྲུབས་པ་དང་འགལ། མཐའ་ཡུན་དུ་མྱ་ངན་ལས་མི་འདའ་བར་གསུངས་པ་ལ། གདོད་མ་ནས་རྟག་པ་ཡིན་པས་ཁྱབ་པ་ཡང་མེད་དོ། །ཡང་བཅོམ་ལྡན་འདས་ཀྱིས་བདག་གསུངས་པའི་དགོངས་གཞི་བདག་ཡོད་མེད་གཉིས་ཀའི་སྤྲོས་བྲལ་མཉམ་ཉིད་དུ་གྱུར་པའི་སྟོང་པ་ཉིད་ཡིན་པར་ཁས་བླངས་པ་ལ། ཁ་ཅིག་ན་རེ། མུ་སྟེགས་ཀྱིས་བཏགས་པའི་བདག་དང་། ཉན་ཐོས་པས་བཏགས་པའི་བདག་མེད་ནི། སྤྲོས་པའི་མཐའ་ཡིན་ལ། དེ་དག་དང་བྲལ་བའི་དོན་དམ་པའི་བདག་ནི། མྱང་འདས་ཆེན་པོ་ལ་སོགས་པར་བདག་ཡོད་པ་ལྷེམ་པོ་ངག་ཏུ་གསུངས་པའི་དགོངས་གཞིར་མི་རུང་སྟེ། དེ་དག་ཏུ་བདག་ཅེས་གསུངས་པ་སྒྲ་ཇི་བཞིན་པར་གསུངས་པའི་དོན་ཡིན་པའི་ཕྱིར་རོ། །དེ་བས་ལྷག་པའི་བདག་ཡོད་མེད་ཀྱི་སྤྲོས་པ་དང་བྲལ་བ་ནི་གསུངས་པ་མེད་དོ། །ཞེས་ཟེར་ཏེ། མུ་སྟེགས་པས་བཏགས་པའི་བདག་དང་། ཉན་ཐོས་པས་བཏགས་པའི་བདག་མེད་པ་སྤྲོས་པའི་མཐའ་ཡིན་ལ། དེ་དག་དང་བྲལ་བའི་དམ་པའི་བདག་ནི། དེ་བས་ལྷག་པའི་བདག་ཡོད་མེད་ཀྱི་སྤྲོས་བྲལ་ཡིན་ན། དམ་པའི་བདག་དེ་བདག་ཡོད་མེད་ཀྱིས་སྤྲོས་བྲལ་མིན་པར་འགྱུར་ཏེ། བདག་ཡིན་པའི་ཕྱིར། མདོར་ན། ངེད་དབུ་མ་པའི་ལུགས་ལ་ཐ་སྙད་དང་ཀུན་རྫོབ་གང་ཡིན་ཀྱང་འདྲ་སྟེ། དོན་དམ་དུ་གྲུབ་པའི་ཆོས་རྡུལ་ཕྲ་རབ་ཙམ་ཡང་བདེན་པར་མི་འདོད་དེ། དོན་དམ་དུ་བདེན་པར་འདོད་པ་ཐམས་ཅད་བདག་ཏུ་སྨྲ་བ་ཞེས་བྱ་བར་མཚུངས། བདག་ཏུ་སྨྲ་ན། ནང་པ་མུ་སྟེགས་པའམ་ཕྱི་པ་མུ་སྟེགས་པ་ཞེས་བྱ་བར་འཇོག་གོ། །

དེས་ན་སེམས་ཅན་ལ་བདེར་སྙིང་རྟག་བརྟན་ལྷུན་གྲུབ་ཏུ་ཡོད་པར་འདོད་པར་ཡང་། དགོངས་པ་ཅན་གྱི་དོན་མ་ཤེས་པར་དངོས་པོ་བདེན་པར་འདོད་པར་འཛིན་པས་མུ་སྟེགས་བྱེད་ཀྱི་ནང་དུ་འདུས་སོ། །དེས་ན་ཁོ་བོ་ཅག་གི་འདོད་པ་དང་རྗེས་སུ་མཐུན་པར་རྗེ་བཙུན་འཇམ་པའི་དབྱངས་དང་མི་གཉིས་པ་ཆོས་ཀྱི་རྗེ་ས་སྐྱ་པཎྜི་ཏ་ཆེན་པོས་སྡོམ་པ་གསུམ་གྱི་རབ་ཏུ་དབྱེ་བ་ཞེས་བྱ་བའི་བསྟན་བཅོས་སུ། འོན་ཀྱང་མདོ་སྡེ་འགའ་ཞིག་དང་། །ཐེག་པ་ཆེན་པོ་རྒྱུད་བླ་མར། །གོས་ངན་ནང་ན་རིན་ཆེན་ལྟར། །སེམས་ཅན་རྣམས་ལ་སངས་རྒྱས་ཀྱི། །སྙིང་པོ་ཡོད་པར་གསུངས་པ་ནི། །དགོངས་པ་ཡིན་པར་ཤེས་པར་བྱ། །དེ་ཡི་དགོངས་གཞི་སྟོང་ཉིད་ཡིན། །དགོས་པ་སྐྱོན་ལྔ་སྤང་ཕྱིར་གསུངས། །དངོས་ལ་གནོད་བྱེད་ཚད་མ་ནི། །དེ་འདྲའི་སངས་རྒྱས་ཁམས་ཡོད་ན། །

མུ་སྟེགས་བདག་དང་མཚུངས་པ་དང་། །བདེན་པའི་དངོས་པོར་འགྱུར་ཕྱིར་དང་། །ངེས་པའི་དོན་གྱི་མདོ་སྡེ་དང་། །རྣམ་པ་ཀུན་ཏུ་འགལ་ཕྱིར་རོ། །འདི་དོན་དེ་བཞིན་གཤེགས་པ་ཡི། །སྙིང་པོའི་ལེའུའི་མདོ་སྡེ་ལྟོས། །སློབ་དཔོན་ཟླ་བ་གྲགས་པས་ཀྱང་། །དབུ་མ་ལ་ནི་འཇུག་པ་ལས། །བདེ་གཤེགས་སྙིང་པོ་དྲང་དོན་དུ། །གསུངས་པ་དེ་ཡང་ཤེས་པར་གྱིས། །ཞེས་གསུངས་སོ། །

ལུང་འདིས་ནི་ས་སྐྱ་པའི་བུ་ཆེན་དུ་སྒོམ་པའི་ཀླད་ཆུང་འགའ་ཞིག །སེམས་ཅན་ཐམས་ཅད་ལ་བདེ་གཤེགས་སྙིང་པོ་ཡོད་པར་སྟོན་པའི་མདོ་རྣམས་ངེས་དོན་ཡིན་པར་འདོད་ཅིང་། ལྟོ་ཕྱིར་དུ་གནམ་རྡིབ་པ་ཐམས་ཅད་བཅོམ་པར་ཤེས་པར་བྱའོ། །གཞན་ཡང་ཁ་ཅིག་ན་རེ། ཀུན་རྫོབ་ཏུ་ནི་བདག་དང་བདག་མེད་པ་མཉམ་པ་ཉིད་ཡིན་མི་སྲིད་པས། དོན་དམ་པར་མཉམ་པ་ཉིད་ཡིན་ན། དོན་དམ་པར་བདག་དང་བདག་མེད་པ་ཁྱད་མེད་པར་འགྱུར། དེ་འདོད་ན། བདག་དོན་དམ་པར་གྲུབ་པར་འགྱུར་ཏེ། བདག་མེད་དོན་དམ་པར་གྲུབ་པའི་ཕྱིར། རྟགས་མ་གྲུབ་ན། བདག་མེད་པ་སྟོན་པའི་ཐེག་ཆེན་གྱི་ལུང་རྣམས་ངེས་པའི་དོན་སྒྲ་ཇི་བཞིན་པ་ཡིན་པར་འཆད་པ་དང་འགལ་ཟེར་རོ། །ཁྱབ་པ་མེད་དེ། འོན་འགའ་ཡང་མཐོང་བ་མེད་པ་མཐོང་བ་དོན་དམ་པ་མཐོང་བར་སྟོན་པའི་ཐེག་ཆེན་གྱི་ལུང་རྣམས་ངེས་པའི་དོན་སྒྲ་ཇི་བཞིན་པ་སྟོན་པ་མ་ཡིན་པར་འགྱུར་ཏེ༑ འགའ་ཡང་མཐོང་བ་མེད་པ་མཐོང་བ་མེད་པའི་ཕྱིར། འདོད་ན། མདོ་ལས་ཅི་ཡང་མཐོང་བ་མེད་པ་མཐོང་བ་ནི༑ དོན་དམ་པ་མཐོང་བའོ། །ཞེས་དང་། རྣམ་པར་མི་རྟོག་པའི་གཟུངས་ལས། རྣམ་པར་མི་རྟོགས་པའི་ཡེ་ཤེས་ཀྱིས་ནི་ཆོས་ཐམས་ཅད་ནམ་མཁའི་ངོས་དང་འདྲ་བར་ཐུགས་སུ་ཆུད་དོ། །ཞེས་དང་། སངས་རྒྱས་ཡེ་ཤེས་ཞབས་ཀྱིས། ཤེར་ཕྱིན་ནི། འདུས་བྱས་ལ་སོགས་པ་ལ་དམིགས་པ་དང་འགལ་བས་རྣམ་པ་ཐམས་ཅད་དུ་དབེན་པར་སྤྱོད་ཡུལ་གཅིག་པའི་ཕྱིར་རོ། །ཞེས་བྱ་བ་དང་། སློབ་དཔོན་ཨ་བྷྱས། མཉམ་པར་བཞག་པའི་གནས་སྐབས་ན་རྣམ་པར་རྟོག་པའི་སྤྲོས་པ་མཐའ་དག་ལྡོག་པ་ན་དམིགས་པ་ལ་སོགས་པ་ཅི་ཡང་མེད་དོ། །ཞེས་སོགས་གསུངས་སོ། །དེ་བཞིན་དུ་དོན་དམ་པར་འཁོར་འདས་མཉམ་ན། དོན་དམ་པར་འཁོར་འདས་ཁྱད་པར་མེད་པར་འགྱུར་ཟེར་བ་འདོད། འོན་འཁོར་བ་དོན་དམ་དུ་གྲུབ་པར་འགྱུར་ཏེ། མྱང་འདས་དོན་དམ་དུ་གྲུབ་པའི་ཕྱིར། ཟེར་བ་རྟགས་མ་གྲུབ། འོན་ཆོས་སྐུ་དོན་དམ་དུ་མ་གྲུབ་པར་འགྱུར་ཟེར་བ་འདོད། དེ་ལྟར་ན༑ སངས་རྒྱས་ཀྱི་དོན་དམ་གྱི་སྐུ་དང་གདན་གྱི་སྐྱབས་ལ་སོགས་པ་མེད་པར་ཧ་ཅང་ཐལ་ཞིང་ཆད་པ་ཆེན་པོའི་མཐར་ལྷུང་བ་ཡིན་ནོ། །ཟེར་བ་ལ་ཁྱབ་པ་མེད་དེ། དོན་དམ་མ་གྲུབ་ཀྱང་ཐ་སྙད་ཇི་ལྟར་སྣང་བ་བཞིན་གྲུབ་པར་འདོད་པའི་ཕྱིར། དེ་ལྟ་མིན་པར་ཆགས་བྲལ་དང་ཐམས་ཅད་མཁྱེན་པ་ལ་སོགས་པ་དོན་དམ་ཀུན་

རྫོབ་གང་དུའང་མེད་པར་འདོད་པ་རྒྱང་འཕེན་པ་འདོད་པ་ལྟར་ཁས་བླངས་ན་ཆད་མཐར་ལྷུང་བ་ཡིན་པས་སྐྱོན་དེར་འགྱུར་རོ། །

དེ་བཞིན་དུ། སངས་རྒྱས་ཀྱི་སྐུ་དང་གཏན་གྱི་སྐྱབས་ལ་སོགས་པ་དོན་དམ་པར་རྟག་བརྟན་དུ་འདོད་པ་ནི། རྟག་པ་ཆེན་པོའི་མཐར་ལྷུང་བ་གྲངས་ཅན་དང་རིག་པ་ཅན་གྱི་འདོད་པ་དང་མཐུན་པ་ཡིན་ནོ། །ཁོ་བོ་ཅག་དབུ་མ་པའི་ལུགས་ཀྱིས་སངས་རྒྱས་ཀྱི་དོན་དམ་པའི་སྐུ་དང་། གཏན་གྱི་སྐྱབས་དང་། མྱ་ངན་ལས་འདས་པ་དང་། དེ་བཞིན་ཉིད་ལ་སོགས་པ་ཐ་སྙད་ཀུན་རྫོབ་ཙམ་དུ་སྣང་བའི་ཆོས་ཅན་དེ་ཉིད་ཆོས་ཉིད་སྟོང་པ་ཉིད་ལས་དོན་གཞན་དུ་བརྗོད་དུ་མེད་ལ། དོན་དམ་པར་གཅིག་དང་ཐ་དད་པ་དང་ཡོད་པ་དང་མེད་པ་དང་ཡིན་མིན་ལ་སོགས་པ། མདོར་ན་སྤྲོས་པའི་མཐའ་ཐམས་ཅད་དང་བྲལ་བ་ཡིན་ནོ། །དེའི་ཕྱིར་དཔལ་ཕྲེང་གི་མདོ་ལས། བཅོམ་ལྡན་འདས། དེ་བཞིན་གཤེགས་པ་ཡང་གཞན་མ་ལགས། ཆོས་ཀྱི་སྐུ་ཡང་གཞན་མ་ལགས་ཀྱི༑ བཅོམ་ལྡན་འདས། དེ་བཞིན་གཤེགས་པ་ཉིད་ཆོས་སྐུ་ལགས་སོ། །ཞེས་པ་དང་། མྱང་འདས་ལྷའི་བླ་བས་བསྒྱུར་བ་ལས་ཀྱང་། དེ་བཞིན་གཤེགས་པ་ཡང་ཆོས་ཀྱི་སྐུ་ཡིན་བཞིན་དུ་ཐབས་ཀྱི་སྐུ་དུག་སྨན་གྱི་སྡོང་པོ་དང་འདྲ་བ་འཛིན་ཅིང་། སེམས་ཅན་མགུ་བར་མཛད་དོ། །ཞེས་སོགས་ལུང་དུ་མ་དང་མཐུན་ནོ། །དེ་བཞིན་དུ༑ མྱ་ངན་འདས་ཆེན་ལས། མཁས་པ་ཤེས་རབ་ཅན་ནི། རང་བཞིན་གྱིས་གཉིས་སུ་མེད་པར་རྟོགས་ཏེ། གཉིས་སུ་མེད་པ་ནི་ཡང་དག་པ་ཉིད་དོ། །ཞེས་དང་། བདག་ཅེས་བྱ་བ་དང་བདག་མེད་པར་རང་བཞིན་གྱིས་གཉིས་སུ་མེད་པར་ཁྱོད་ཀྱིས་དེ་ལྟར་གཟུངས་སུ་བཟུང་ལ་སྐྱོ་བོར་ལོངས་ཤིག །ཅེས་སོགས་གསུངས་པའི་དོན་ཡང་དེ་ཉིད་ཡིན་ཅིང་། དེ་བཞིན་དུ་ཤེས་རབ་ཀྱི་ཕ་རོལ་ཏུ་ཕྱིན་པ་རྒྱས་འབྲིང་བསྡུས་གསུམ་ལས། ཤེས་རབ་ཀྱི་ཕ་རོལ་ཏུ་ཕྱིན་པ་རྣམ་པར་དག་པ་གང་ཡིན་པ་དེ་ནི། གཟུགས་རྣམ་པར་དག་པ། གཟུགས་རྣམ་པར་དག་པ་གང་ཡིན་པ་དེ་ནི། རྣམ་པ་ཐམས་ཅད་མཁྱེན་པ་ཉིད་རྣམ་པར་དག་པ་སྟེ། དེ་ལྟར་ན། ཤེས་རབ་ཀྱི་ཕ་རོལ་ཏུ་ཕྱིན་པ་རྣམ་པར་དག་པ་དང་། གཟུགས་རྣམ་པར་དག་པ་དང་། རྣམ་པ་ཐམས་ཅད་མཁྱེན་པ་ཉིད་རྣམ་པར་དག་པ་འདི་ལ་གཉིས་སུ་མེད་དེ་གཉིས་སུ་བྱར་མེད་སོ་སོ་མ་ཡིན་ཐ་མི་དད་དོ། །ཞེས་སོགས་དང་། བྱང་སེམས་རྣམས་ཀྱི་ཡུམ་ནི། ཚུར་རོལ་གྱི་མཐར་མ་ལགས། ཕ་རོལ་གྱི་མཐར་མ་ལགས། དེ་གཉིས་ཀའི་བར་ནའང་མི་དམིགས་ཏེ་ཞེས་པ་ནས་དུས་གསུམ་པའི་ཆོས་ཐམས་ཅད་མཉམ་པ་ཉིད་ཀྱི་ཕྱིར་རོ། །ཞེས་དང་། བྱམས་པ། བླ་ན་མེད་པ་ཡང་དག་པར་རྫོགས་པའི་བྱང་ཆུབ་ཏུ་མངོན་པར་རྫོགས་པར་སངས་རྒྱས་ནས་གཟུགས་རྟག་ཅེས་བྱ་བའམ་མི་རྟག་ཅེས་བྱ་བར་ཆོས་སྟོན་པར་མི་འགྱུར་རོ། །ཞེས་དང་། ཀུན་རྫོབ་དང་དོན་

དམ་པའི་བདེན་པ་བསྟན་པའི་མདོར། འཇམ་དཔལ་གྱིས་སྨྲས་པ། དོན་དམ་པར་ན་ཆོས་ཐམས་ཅད་ཤིན་ཏུ་མི་འབྱུང་བར་མཉམ་པ་དང་། དོན་དམ་པར་ན་ཆོས་ཐམས་ཅད་ཤིན་ཏུ་མི་སྐྱེ་བར་མཉམ་པ་དང་། དོན་དམ་པར་ན་ཆོས་ཐམས་ཅད་ཤིན་ཏུ་དངོས་པོ་མེད་པར་མཉམ་པས་ལྷའི་བུ་ཆོས་ཐམས་ཅད་མཉམ་མོ། །

དེ་ཅིའི་ཕྱིར་ཞེ་ན། ལྷའི་བུ། དོན་དམ་པར་ནི་ཤིན་ཏུ་མི་འབྱུང་བ་ཉིད་ཀྱི་ཕྱིར་ཆོས་ཐམས་ཅད་ནི་ཐ་དད་དུ་བྱ་བ་མེད་དོ། །ཞེས་དང་། མྱང་འདས་སུ། དགེ་སློང་དག །སྡུག་བསྔལ་གྱི་ཆོས་ལ་བདེ་བར་འདུ་ཤེས་སྐྱེད་ཅིག །སྡུག་བསྔལ་བ་ནི་མུ་སྟེགས་ཅན་ཐམས་ཅད་དོ། །བདེ་བ་ནི་ཡོངས་སུ་མྱ་ངན་ལས་འདས་པའོ། །ཞེས་པ་ནས། བདག་མེད་པ་ལ་བདག་ཏུ་འདུ་ཤེས་སྐྱེད་ཅིག །བདག་མེད་པ་ནི་འཁོར་བའོ། །བདག་ཅེས་བྱ་བ་ནི། དེ་བཞིན་གཤེགས་པའོ། །ཞེས་སོགས་ཀྱི་སངས་རྒྱས་ཀྱི་བཀའ་ལུང་དུ་མ་དང་། ཁོ་བོ་ཅག་དབུ་མ་པའི་མཐར་ཐུག་གི་ལྟ་བ་ཤིན་ཏུ་མཐུན་པ་ཆེན་པོའོ། །དེ་དག་གི་དེ་བཞིན་ཉིད་ལ་དགོངས་པ་ཡིན་ཞེ་ན། དེས་ནི་ཁོ་བོ་ཅག་གི་འདོད་པ་ལ་གནོད་པ་ཅུང་ཟད་ཀྱང་བྱས་པ་མེད་དོ། །མཛེས་རྒྱན་དུ། ཕྱི་ནང་ཡོད་མེད་ལ་སོགས་མཉམ་ཉིད་ཀྱི་ཤེས་བྱེད་དུ་དྲངས་པའི་མྱང་འདས་ཀྱི་ལུང་། སངས་རྒྱས་ཀྱི་རང་བཞིན་དེ། ནང་ན་མིན། ཕྱི་རོལ་ན་མིན། ནང་དང་ཕྱི་རོལ་ཀྱང་ཡིན་ནོ། །ཞེས་སོགས་དྲངས་པ་ལ། ཁ་ཅིག་ན་རེ། དེས་ཕྱི་ནང་གིས་བསྡུས་པའི་ཆོས་མཉམ་ཉིད་དུ་སྟོན་པ་མིན་གྱི། སངས་རྒྱས་ཀྱི་རང་བཞིན་དེ་ནང་ཁོ་ན་ན་ཡོད་པ་མིན། ཕྱི་ཁོ་ན་ན་ཡོད་པ་མིན། ཞེས་བསྟན་ནས་ནང་དང་ཕྱི་རོལ་ཀྱང་ཡིན་ནོ་ཞེས་པ་ནི་ཕྱི་ནང་གི་ཆོས་རྣམས་ཀྱི་ཆོས་ཉིད་ཡིན་པའི་ཕྱིར་ན། ཕྱི་ནང་གཉིས་ལ་ཁྱབ་པར་བསྟན་པས་ཕྱི་ནང་གི་མཐའ་དང་བྲལ་བའི་དབུ་མའི་ལམ་དུ་གསུངས་པ་ཡིན་ཏེ། མདོ་དེ་ཉིད་ལས། སེམས་ཅན་ཐམས་ཅད་མི་རྟག་པ་ཡིན་མོད་ཀྱི། སངས་རྒྱས་ཀྱི་རང་བཞིན་ནི་རྟག་པ་མི་འགྱུར་མི་འཕོ་བ་ཡིན་ཏེ། ཞེས་པ་ནས། སེམས་ཅན་གྱི་སངས་རྒྱས་ཀྱི་རང་བཞིན་ཡང་དེ་དང་འདྲའོ། །ཞེས་སོགས་དྲངས་པའི་དོན་གྱིས་ཀྱང་། ངེད་ཀྱི་མདོའི་དོན་ཆོས་ཐམས་ཅད་སྤྲོས་བྲལ་མཉམ་པ་ཉིད་སྟོན་པ་ཡིན་ཏེ། ཐ་སྙད་ཙམ་དུ་འཁོར་འདས་ཀྱིས་རང་བཞིན་མཉམ་ཉིད་དུ་ངེད་ཀྱང་མི་འདོད། དོན་དམ་པར་འཁོར་འདས་ཀྱི་རང་བཞིན་མཉམ་ཉིད་མིན་ན། དོན་དམ་པར་འཁོར་འདས་ཀྱི་རང་བཞིན་མཉམ་ཉིད་ཡིན་པར་ཁྱེད་རང་གིས་ཀྱང་ཁས་བླངས་ཤིང་། མྱ་ངན་འདས་ཆེན་མདོ་ལས་ཀྱང་། སེམས་ཅན་གྱི་སངས་རྒྱས་ཀྱི་རང་བཞིན་ནི། ནང་ན་མིན་ཕྱི་རོལ་ན་མིན། ཞེས་སོགས་ནས། ཡོད་པ་མིན་མེད་པ་ཡང་མིན་ལ། ཡོད་པ་དང་མེད་པ་ཡིན་ཞེས་སོགས་གསུངས་པའི་ཕྱིར་རོ། །

དེ་ལ་ཁ་ཅིག་ན་རེ། དེས་མཉམ་ཉིད་སྟོན་པ་མིན་གྱི། ནམ་མཁའ་སྟོང་པ་དང་འདྲ་བར་ཡོད་པ་མིན། རི་

པོང་གི་རྭ་དང་འདྲ་བར་མེད་པ་མིན། སེམས་ཅན་ཐམས་ཅད་ལ་ཡོད་པ་ཡིན། སེམས་ཅན་ཐམས་ཅད་ལ་ད་ལྟར་གྱི་དུས་ན་ཐོབ་པའི་ཚུལ་གྱིས་མེད་པ་ཡིན་ཞེས་ལྟོས་ས་ཐ་དད་ལ་ལྟོས་ནས་ཡོད་པ་དང་མེད་པ་དང་གཉིས་ཀ་ཡིན་པ་དང་གཉིས་ཀ་མིན་པ་ལེགས་པར་རྣམ་པར་ཕྱེ་སྟེ་བསྟན་པ་ཡིན་ནོ། །ཞེས་ཟེར་ཞིང་། གཞན་ཡང་། རིགས་ཀྱི་བུ། སངས་རྒྱས་ཀྱི་རང་བཞིན་ཞེས་བྱ་བ་ནི། དོན་དམ་པ་སྟོང་པའོ། །ཞེས་སོགས་ཀྱི་དགོངས་པ་ཡང་། སྟོང་པ་དང་མི་རྟག་པ་དང་སྡུག་བསྔལ་བ་དང་བདག་མེད་པ་ནི། འཁོར་བ་ཐམས་ཅད་ཡིན་ལ། དེ་དག་ལས་ལྡོག་པ་མི་སྟོང་པ་དང་རྟག་པ་དང་བདེ་བ་དང་བདག་ནི། ཡོངས་སུ་མྱ་ངན་ལས་འདས་པ་ཡིན་ནོ། །ཞེས་སྟོང་མི་སྟོང་སོགས་ལེགས་པར་ཕྱེ་ནས་ཤེས་རབ་ཅན་གྱིས་དེ་ལྟར་མཐོང་བར་བྱས་པ་ཡིན་ལོ། །འདི་ནི་མདོའི་དོན་ཕྱིན་ཅི་ལོག་ཏུ་བཤད་པ་ཡིན་ཏེ། དེ་ལྟ་བུས་དབུ་མའི་ལམ་གྱི་གོ་ཆོད་ན། ཕྱི་རོལ་བའི་བཏགས་པའི་བདག་དང་གཙོ་བོ་དང་ཤེས་ཅན་དང་ཤེད་བདག་ལ་སོགས་པ་རྣམས་ཀྱང་ནམ་མཁའ་སྟོང་པ་དང་འདྲ་བར་ཡོད་པ་མིན། རི་བོང་རྭ་དང་འདྲ་བར་མེད་པ་མིན། སེམས་ཅན་ཐམས་ཅད་ལ་ཡོད་པ་ཡིན། སེམས་ཅན་ཐམས་ཅད་ཀྱིས་མཐོང་བའི་ཚུལ་དུ་མེད་པ་ཡིན། ཞེས་པ་འདིའང་བརྗོད་བྱ་བདེན་ལྡན་དུ་འགྱུར། འདོད་ན། དེ་རིགས་པ་དང་ལུང་གིས་སུན་དབྱུང་བར་མི་ནུས་པར་འགྱུར་ཞིང་། སྟོང་པ་དང་མི་རྟག་པ་དང་སྡུག་བསྔལ་བ་དང་བདག་མེད་པ་ནི། འཁོར་བ་ཐམས་ཅད་ཡིན་ལ། དེ་དག་ལས་ལྡོག་པ་མི་སྟོང་པ་དང་རྟག་པ་དང་བདེ་བ་དང་བདག་ནི། ཡོངས་སུ་མྱ་ངན་ལས་འདས་པ་ཡིན་ནོ། །ཞེས་འདོད་པ་འདིའང་ཕྱི་རོལ་མུ་སྟེགས་བྱེད་ཀྱི་ལྟ་བ་བཅས་བཅོས་མེད་པའི་ཟང་མ་དེ་ཡིན་མིན། སུ་སྣོད་ཀྱི་དོན་ལ་ཐུགས་སྦྱངས་པ་རྣམས་ཀྱིས་དཔྱོད་ཅིག་དེས་ན། རྫོགས་པའི་སངས་རྒྱས་དོན་དུ་གཉེར་བར་འདོད་ན། འདི་ལྟ་བུའི་ལྟ་བ་དང་། གྲུབ་མཐའ་ལ་ཡིད་རྟོན་པ་དང་རྣ་གདད་པར་མི་བྱའོ། །ཡང་བདེར་སྙིང་སངས་རྒྱས་ཀྱི་རང་བཞིན་བདག་ཡིན་པ་ལྡེམ་དགོངས་སུ་གསུངས་པའི་དགོས་པ། མུ་སྟེགས་ཅན་བསྟན་པ་ལ་གཞུག་པའི་དོན་ཡིན་པར་ཁས་བླངས་པ་ལ། མྱ་ངན་འདས་ཆེན་ལས། རིགས་ཀྱི་བུ། ཡོངས་སུ་མྱ་ངན་ལས་འདས་པ་ཆེན་པོའི་མདོ་འདི་མ་གསུངས་ན། བྱང་ཆུབ་སེམས་དཔའ་ཆད་མེད་པ་ཕ་རོལ་ཏུ་ཕྱིན་པ་ཡོངས་སུ་རྫོགས་པ་ནས་ས་བཅུའི་བར་དུ་གནས་ཀྱང་སངས་རྒྱས་ཀྱི་རང་བཞིན་མི་མཐོང་བ་ནི། དེ་དང་འདྲ་སྟེ། དེ་བཞིན་གཤེགས་པས་གསུངས་ནས་ཅུང་ཟད་ཅིག་མཐོང་བར་གྱུར་ཏོ། །ཞེས་པ་དང་། སྨན་པ་མཁས་པས་རང་གི་བུ་ལ་སྨན་དཔྱད་ཀྱི་གནས་ཕལ་པ་རྣམས་རིམ་པར་བསྟན་ནས། མཐར་སྨན་དཔྱད་གསང་བའི་མཆོག་སྟོན་པ་དཔེར་མཛད་ཅེས་སོགས་ཀྱི་དོན། ལྡེམ་དགོངས་སྟོན་པ་མིན་གྱི། སངས་རྒྱས་ཀྱི་རང་བཞིན་བདག་ཡིན་ཅིང་། བདག་མེད་ལ་ཡིད་མི་རྟོན་པར་གསུངས་པ་དང་།

སངས་རྒྱས་ཀྱི་རང་བཞིན་བདག་ཡིན་པ་གཙོ་ཆེར་བྱང་ཆུབ་སེམས་དཔའ་རྣམས་ཀྱི་དོན་དུ་ཡིན་པ་དང་། སངས་རྒྱས་ཀྱི་རང་བཞིན་བདག་མིན་པར་གསུངས་པའི་ལུང་། དཔལ་ཕྲེང་གི་མདོ་ལས། བཅོམ་ལྡན་འདས། དེ་བཞིན་གཤེགས་པའི་སྙིང་པོ་ཡང་བདག་མ་ལགས། ཞེས་སོགས་དང་། རྒྱུད་བླར། གང་དག་འགྲོ་ཀུན་བདག་མེད་མཐའ་ཞི་ཞེས་སོགས་ཀྱི་དོན་མུ་སྟེགས་པས་བཏགས་པའི་བདག་རྣམ་པ་ཐམས་ཅད་དུ་མེད་པ་ཡིན་ཞེས་ཟེར་བ་དང་། བདག་མེད་པ་ཉིད་བདག་ཏུ་བྱས་ཞེས་པའི་དོན་མུ་སྟེགས་པས་བཏགས་པའི་བདག་མེད་པའི་གཞི་བདེར་སྙིང་དེ་འཇིག་རྟེན་ལས་འདས་པའི་བདག་ཡིན་ཞེས་སྨྲ་བ་རྣམས་མདོ་བསྟན་བཅོས་ཀྱི་དགོངས་པ་མིན་པར་སྣང་ཡང་ཡང་བཀག་ཟིན་ཅིང་། རྩོད་གཞི་ཉིད་ཡང་ཡང་ལུང་དུ་དྲངས་ནས་རང་གི་ཞེ་འདོད་ཀྱི་བསྒྲུབ་བྱ་སྒྲུབ་པ་ཡང་མཁས་པའི་རྣམ་གཞག་ལས་འདས་པའི་སྐྱོན་མེད་དོ། །དེ་བཞིན་དུ། བཅོམ་ལྡན་འདས་ཀྱིས་ཆོས་ཐམས་ཅད་བདག་མེད་པར་གསུངས་པ་དགོངས་པ་ཅན་གྱི་ཚིག་ཡིན་གྱི་ངེས་པའི་དོན་དུ་བདག་ཡོད་ཟེར་ཞིང་། དེའི་ཤེས་བྱེད་དུ་མྱང་འདས་ཆེན་པོ་ལྷའི་ཟླ་བས་བསྒྱུར་བ་ལས། ཇི་ལྟར་གྲུད་རང་གི་ལུས་ལ་རྡོ་རྗེ་འདུག་ཀྱང་འདུ་ཤེས་ཉམས་པས་སྟོར་བའི་འདུ་ཤེས་སུ་རྟོག་པ་དེ་བཞིན་དུ། སེམས་ཅན་འཇིག་རྟེན་པ་རྣམས་བདག་གི་དེ་ཁོ་ན་ཉིད་མ་རྟོགས་པ་དང་། ཞེས་པ་ནས། དེ་ནས་རྡོ་རྗེ་བཞིན་དུ་དེ་བཞིན་གཤེགས་པའི་སྙིང་པོ་མཐོང་བར་འགྱུར་རོ། །ཞེས་སོགས་ཀྱི་བར་དང་། མྱང་འདས་ཆེན་པོའི་མདོ་ལས། འདོད་ཆགས་དང་ཞེ་སྡང་དང་གཏི་མུག་གིས་སེམས་བསྒྲིབས་པས་ན་སངས་རྒྱས་ཀྱི་རང་བཞིན་མི་ཤེས་པ་ནི། ཇི་ལྟར་གྲུད་དེས་ནོར་བུ་རིན་པོ་ཆེ་ཤའི་ནང་དུ་ནུབ་པ་མི་ཤེས་ཏེ་སྟོར་སྙམ་སེམས་པ་ལྟར། སོ་སོའི་སྐྱེ་བོ་ཡང་དེ་དང་འདྲ་སྟེ། ཞེས་པ་ནས། ཇི་ལྟར་སྨན་པ་མཁས་པས་གྲུད་ཀྱི་རྡོ་རྗེའི་ནོར་བུ་བསྟན་པ་བཞིན་ནོ། །ཞེས་སོགས་གསུངས་པའི་དགོངས་པ།

བདག་མེད་པའི་གནས་ཞེས་པ་ནི། གང་ཟག་དང་ཆོས་ཀྱི་བདག་གཉིས་མེད་པའི་གཞི་ཟག་མེད་ཀྱི་དབྱིངས་རང་བཞིན་གྱིས་འོད་གསལ་བ་དེ་ཡིན་ལ། བདག་མེད་ཅེས་པ་སྒྲ་ཇི་བཞིན་པར་བཟུང་ན་གང་ཟག་དང་ཆོས་ཀྱི་བདག་གཉིས་བཀག་ཙམ་གྱི་མེད་དགག་ཙམ་དེ་ཤེས་ཀྱི། བཀག་པའི་གཞི་དབྱིངས་རང་བཞིན་གྱིས་འོད་གསལ་བ་དེ་བདག་མེད་པའི་གནས་དེ་མི་ཤེས་པས་བདག་མེད་པའི་མཚན་ཉིད་མི་ཤེས་ལ། དེ་མ་ཤེས་ན། བདག་གི་ཡང་དག་པའི་མཚན་ཉིད་མི་ཤེས་སོ། །ཞེས་པ་སྟེ། བདག་གི་ཡང་དག་པའི་མཚན་ཉིད་ནམ། ཡང་དག་པའི་བདག་དེ་ཉིད་བདག་མེད་པའི་མཐའ་ཞི་བ་ཞེས་པ་དེ་ཡིན་ནོ། །ཞེས་ཟེར་བ་ཡང་། དེ་མ་ཐག་བཀག་པའི་རིགས་པ་དང་མཚུངས་ཤིང་། གཞན་ཡང་། ཆོས་ཀྱི་བདག་མེད་པའི་གཞི་ཡིན་ན། ལོ་ཀ་ལས་

འདས་པའི་བདག་མེད་པའི་གཞིའང་ཡིན། དེ་ལྟ་མིན་པར་འཇིག་རྟེན་ལས་འདས་པའི་བདག་ཡོད་ན། ཆོས་ཀྱི་བདག་ཀྱང་ཡོད་ཅེས་པའི་མགོ་མཚུངས་ཀྱི་རིགས་པ་བཙུགས་ན་རྣམ་པ་ཐམས་ཅད་དུ་མཚུངས། འཇིག་རྟེན་ལས་འདས་པའི་བདག་ཁས་བླངས་པ་དེ་ཆོས་བདག་ཁས་བླངས་པ་མིན་ན། གཟུང་འཛིན་བདེན་པར་ཁས་བླངས་པས་ཀྱང་ཆོས་བདག་ཁས་བླངས་པ་མིན་པ་རིགས་པ་མཚུངས་ཤིང་། གཞན་ཡང་། དབྱིངས་རང་བཞིན་གྱིས་འོད་གསལ་བ་དེ། གང་ཟག་དང་ཆོས་ཀྱི་བདག་གཉིས་མེད་པའི་གནས་ཡིན་པས་ཁྱེད་ཀྱི་དོན་དམ་པའི་བདག་དེ་བདག་མེད་པར་སྒྲུབ་བྱེད་དུ་མི་རུང་། རུང་སྟེ། དབྱིངས་རང་བཞིན་གྱིས་འོད་གསལ་དང་དོན་དམ་པའི་བདག་གཉིས་པོ་གཅིག་ཡིན་གྱི། ཐ་དད་དུ་མི་རུང་ངོ་། །ཞེ་ན། འོ་ན། དབྱིངས་རང་བཞིན་འོད་གསལ་དེ་ཡོད་ན་བདག་ཡོད་པར་འགྱུར་ཏེ། འཇིག་རྟེན་ལས་འདས་པའི་བདག་ཡོད་པའི་ཕྱིར་དེ་ལ་ཁོ་ན་རེ། མུ་སྟེགས་ལ་སོགས་པས་བཏགས་པའི་བདག་ཡོད་པར་འགྱུར་ཟེར་ན། ཁྱབ་པ་མེད། འཇིག་རྟེན་ལས་འདས་པའི་བདག་ཡོད་པར་འགྱུར་བ་ལ་འདོད་ཟེར་ན། འོ་ན། འཇིག་རྟེན་ལས་འདས་པའི་གཞན་ཡོད་པར་ཡང་འགྱུར་ཏེ། འཇིག་རྟེན་ལས་འདས་པའི་བདག་ཡོད་པའི་ཕྱིར། འདོད་ན། འཇིག་རྟེན་ལས་འདས་པའི་ཉེས་པ་ཐམས་ཅད་འབྱུང་བར་འགྱུར་ཏེ། ཚད་མ་རྣམ་འགྲེལ་དུ། བདག་ཡོད་ན་ནི་གཞན་དུ་ཤེས། །བདག་གཞན་ཆ་ལས་འཛིན་དང་སྡང་། །འདི་དག་དང་ནི་ཡོངས་འབྲེལ་ལས། །ཉེས་པ་ཐམས་ཅད་འབྱུང་བར་འགྱུར། །ཞེས་དང་། འཕགས་པ་བསམ་གཏན་པའི་དཔེ་མཁྱུད་ཀྱི་མདོ་ལས་ཀྱང་། འཇམ་དཔལ། བདག་དང་བདག་གི་བར་དམིགས་པས་སེམས་ཅན་རྣམས་འཁོར་བ་ལས་མི་འདའོ། །དེ་ཅིའི་ཕྱིར་ཞེ་ན། འཇམ་དཔལ། བདག་དང་གཞན་དུ་ཡང་དག་པར་མཐོང་བ་གང་ཡིན་པ་དེ་ནི་ལས་མངོན་པར་འདུ་བྱེད་པར་འགྱུར་རོ། །ཞེས་སོགས་གསུངས་པའི་ཕྱིར། དོན་དམ་པའི་བདག་དེ་མཐའ་གཉིས་སུ་མ་ལྟུང་བའི་དབུས་མིན་པར་ཡང་འགྱུར་ཏེ། རྟག་མཐར་ལྟུང་བའི་ཕྱིར། རྟགས་བསལ་ཁས་བླངས། རྟག་ཆད་ཀྱི་མཐར་ལྟུང་ན། དབུས་མིན་པས་ཁྱབ་པ་ཡོད་ཅིང་། དབུས་མིན་ན། བསྟན་དུ་མེད་པས་རྣམ་པར་རིག་པ་མེད་པ་དང་གནས་མེད་པ་ལ་སོགས་པར་གསུངས་ཏེ། དཀོན་བརྩེགས་འོད་སྲུང་གིས་ཞུས་པའི་མདོ་ལས། འོད་སྲུང་། རྟག་ཅེས་བྱ་བ་ནི། མཐའ་གཅིག་གོ། །

མི་རྟག་ཅེས་བྱ་བ་འདི་ནི། མཐའ་གཉིས་པའོ། །འོད་སྲུང་། ཡོད་ཅེས་བྱ་བ་འདི་ནི། མཐའ་གཅིག་གོ། །མེད་ཅེས་བྱ་བ་འདི་ནི། མཐའ་གཉིས་པའོ། །མཐའ་འདི་གཉིས་ཀྱི་དབུས་གང་ཡིན་པ་འདི་རྟག་ཏུ་མེད་པ་བསྟན་དུ་མེད་པ་ཞེས་དང་། འོད་སྲུང་། བདག་ཅེས་བྱ་བ་འདི་ནི། མཐའ་གཅིག་གོ། །བདག་མེད་ཅེས་བྱ་བ་འདི་ནི། མཐའ་གཉིས་པའོ། །མཐའ་དེ་གཉིས་ཀྱི་དབུས་གང་ཡིན་པ་དེ་ནི། གཟུགས་མེད་པ། བསྟན་དུ་མེད་པ།

རྟེན་མེད་པ། སྣང་བ་མེད་པ། རྣམ་པར་རིག་པ་མེད་པ། གནས་མེད་པ་སྟེ། འོད་སྲུང་། འདི་ནི། དབུ་མའི་ལམ་ཆོས་རྣམས་ལ་ཡང་དག་པར་སོ་སོར་རྟོག་པ་ཞེས་བྱའོ། །ཞེས་གསུངས་ལ། ཁྱེད་ཀྱིས་འཇིག་རྟེན་ལས་འདས་པའི་བདག་བདེར་སྙིང་དེ། བསྟན་པ་ཡོད། རྟེན་ཡོད། སྣང་བ་ཡོད། རྣམ་པར་རིག་པ་ཡོད་པ་གང་ཟག་དང་ཆོས་ཀྱི་བདག་མེད་པའི་གནས་ཞེས་སོགས་སུ་ཁས་བླངས་སོ། །གཞན་ཡང་། དབྱིངས་རང་བཞིན་གྱིས་འོད་གསལ་བ་དེ་ལ་བདེར་སྙིང་གི་སྒྲས་བཏགས་ཏེ་བསྟན་པས་སེམས་ཅན་ཐམས་ཅད་བླ་མེད་བྱང་ཆུབ་ཐོབ་རུང་དུ་བསྟན་གྱི། དེ་གཉིས་གཅིག་ཏུ་བསྟན་པ་མིན་ཏེ། སློབ་དཔོན་ཀ་མ་ལ་ཤཱི་ལས། ཚད་མ་སྟོང་ཕྲག་བཅོ་བརྒྱད་པར། སེམས་ཅན་ཐམས་ཅད་དེ་བཞིན་གཤེགས་པའི་སྙིང་པོ་ཅན་ཡིན་ནོ། །ཞེས་བྱ་བ་འདིས་ཀྱང་ཐམས་ཅད་བླ་མེད་བྱང་ཆུབ་ཀྱི་གོ་འཕང་ཐོབ་པར་རུང་བ་ཉིད་དུ་ཡོངས་སུ་བསྟན་ཏེ། དེ་བཞིན་གཤེགས་པའི་སྒྲ་ནི། ཆོས་ཀྱི་དབྱིངས་གང་ཟག་དང་ཆོས་ལ་བདག་མེད་པའི་མཚན་ཉིད་རང་བཞིན་གྱིས་འོད་གསལ་བ་ཡིན་པར་བརྗོད་པར་བཞེད་པའི་ཕྱིར་རོ། །ཞེས་སོགས་གསུངས་སོ། །དེས་ན་འཇིག་རྟེན་ལས་འདས་པའི་བདག་ཁས་མི་ལེན་ན། ཆད་མཐར་ལྟུང་། གང་ཟག་དང་ཆོས་ཀྱི་བདག་ཁས་བླངས་ན། རྟག་མཐར་ལྟུང་བས་དེ་གཉིས་མིན་པའི་དོན་དམ་པའི་བདག་སྨྲས་པའི་མཐའ་བྲལ་ཡིན་པར་འདོད་པ་མདོའི་དགོངས་པར་འཆད་པ་ཡང་ལོག་པར་བཤད་པ་ཡིན་གྱི། ངེད་དབུ་མ་པའི་ལུགས་ཀྱིས་འཇིག་རྟེན་ལས་འདས་མ་འདས་གང་ཡིན་ཡང་། དོན་དམ་པར་བདེན་པའི་དངོས་པོར་གྲུབ་པ་རྡུལ་ཕྲ་རབ་ཙམ་ཡང་མི་འདོད། དོན་དམ་བདེན་པའི་དངོས་པོར་གྲུབ་པར་འདོད་པ་ཐམས་ཅད་ཕྱི་ནང་སུ་ཡིན་ཡང་མུ་སྟེགས་བྱེད་ཟེར་བའི་གནད་ཆེན་པོ་དེ་ལ་བརྒྱབ་པ་ལགས་སོ། །མཛོས་རྒྱན་ལས། སོར་མོའི་ཕྲེང་བ་ལ་ཕན་པའི་མདོར། ཇི་ལྟར་ཐར་པའི་མཚན་ཉིད་སྟོང་པ་ཞེས་བྱ་དབྱེ་བ་མེད་པའི་འདུ་ཤེས་སུ་མ་བྱེད་ཅིག །འཇམ་དཔལ། གང་གྲོང་ཁྱེར་བརྩིགས་པའི་ཁྱིམ་སྟོང་པ་ནི་མི་མེད་པས་སྟོང་ངོ་། །བུམ་པ་ནི་ཆུ་མེད་པས་སྟོང་ངོ་། །ཀླུང་ནི་ཆུ་མིག་འབབ་པས་སྟོང་ངོ་། །ཞེས་སོགས་གསུངས་པ་རྣམས་མུ་སྟེགས་པ་དག །བདག་གི་སྟེང་དུ་ཆོས་གཞན་གྱིས་སྟོང་པའི་སྟོང་པ་ལ་ཞེན་པས་དེ་དག་དྲང་བའི་དོན་དུ་གསུངས་པ་ཡིན་ཏེ། མྱང་འདས་སུ། སྟོན་པ་དྲུག་གི་གསོལ་པ། གཽ་ཏ་མ། གལ་ཏེ་བདག་མེད་ན། སུས་དགེ་བ་དང་མི་དགེ་བ་བྱེད་པར་འགྱུར། བཅོམ་ལྡན་འདས་ཀྱིས་བཀའ་བསྩལ་པ། གལ་ཏེ་བདག་ཅེས་བྱ་བ་དེས་བྱེད་ན། རྟག་པ་ཞེས་བྱར་རུང་ངམ། དེ་སྟེ་རྟག་པ་ཡིན་ན། ཅི་སྟེ་རེས་འགའ་ནི་མི་དགེ་བ་བྱེད་ལ། རེས་འགའ་ནི་དགེ་བ་བྱེད་ཅེས་པ་ནས་མུ་སྟེགས་བྱེད་ཚད་མེད་པ་རྣམས་ཀྱང་དད་པའི་སེམས་ཀྱིས་སངས་རྒྱས་ཀྱི་བསྟན་པ་ལ་དད་པའི་སེམས་ཀྱིས་རབ་ཏུ་བྱུང་ངོ་། །ཞེས་སོགས་བཤད་པས། དེ་

དགོས་པ་མུ་སྟེགས་པ་གཞུག་པ་ལ་ལྟེམ་དགོངས། དགོངས་གཞི་སྟོང་མི་སྟོང་གི་སྤྲོས་བྲལ་དེ་བཞིན་ཉིད་དེ་ལ་སྤྲོས་པའི་ཆོས་གཞན་གྱིས་སྟོང་པ་ལ་དགོངས་ནས་གསུངས་ཏེ། མྱང་འདས་སུ། རྣམ་པར་གྲོལ་བ་ནི། མི་སྟོང་པའི་སྟོང་པའོ། །

དཔེར་ན། ཆུ་དང་མར་དང་ཞེས་པ་ནས་སྣང་རྩེའི་བར་དུ་མེད་ཀྱང་དེ་ལ་ཆུ་ལ་སོགས་པའི་རྫེ་འུ་ཞེས་འདོགས་ཏེ། རྫེ་འུ་དེ་ལ་ནི་སྟོང་ཞེས་བྱ་བའམ། མི་སྟོང་ཞེས་གདགས་སུ་མེད་དོ། །ཞེས་སོགས་ནས། རྣམ་པར་གྲོལ་བ་ཡང་དེ་དང་འདྲ་སྟེ། གཟུགས་ཞེའམ། གཟུགས་མིན་ནོ་ཞེའམ། སྟོང་ཞེའམ། མི་སྟོང་ཞེས་གདགས་སུ་མེད་དོ། །ཞེས་སོགས་གསུངས་པ་ལ། ཁ་ཅིག་ན་རེ། མདོའི་ལུང་དེ་གཉིས་ཀྱིས་སྟོང་པ་ཉིད་ཀྱི་དོན་སྟོན་ལུགས་མི་འདྲ་བར་འཆད་པ་ནི། རྣམ་པར་འཕྱོད་པ་རྩིང་བ་ཡིན་ཏེ། སོར་ཕྲེང་ལ་ཕན་པའི་མདོར་ཡང་། དོན་དམ་པའི་ཐར་པ་དང་སངས་རྒྱས་དེ་ཆོས་གཞན་གྱིས་སྟོང་པའི་གཞན་སྟོང་དུ་བསྟན་ལ། མྱང་འདས་ཀྱི་མདོའི་ལུང་དེས་ཀྱང་། ཆུ་ལ་སོགས་པའི་སྣོད་རྫེ་འུ་ཆུ་ལ་སོགས་པས་སྟོང་པ་དཔེར་ཡང་མཛད་ནས་རྣམ་པར་གྲོལ་བ་ཡང་མི་སྟོང་པའི་སྟོང་པ་ཞེས་བསྟན་པ་དེ་གཉིས་ལ་དཔེ་དོན་གཉིས་ཀའི་སྟོང་མི་སྟོང་གི་ཚུལ་ལ་ཁྱད་པར་ཅི་ཡང་མེད་པ་གསལ་པོར་གསུངས་པར་སྣང་བས་ཤེས་རབ་ཞིབ་མོས་ཤིན་ཏུ་ཡང་དཔྱད་འཚལ་བར་གདའོ། །ཟེར་ཏེ། མདོ་དེ་གཉིས་ཀྱི་གཅིག་གིས་རང་སྟོང་བསྟན་ལ་གཅིག་གིས་གཞན་སྟོང་བསྟན་ཞེས་མ་སྨྲས། གཉིས་ཀས་གཞན་སྟོང་བསྟན་པར་མཚུངས་ཀྱང་། གཅིག་གིས་དགོངས་གཞི་བསྟན། གཅིག་གིས་དགོངས་པའི་དགོས་པ་བསྟན་པས་གཉིས་ཀ་ཡང་གཞན་སྟོང་སྟོན་པའི་མདོ་དྲང་དོན་དགོངས་པ་ཅན་ཡིན་གྱི། ངེས་པའི་དོན་དུ་ཁྲིམ་དང་རྫེ་འུའི་དཔེས་སྟོང་མི་སྟོང་གཉིས་ཀ་མིན་པའི་དོན་དམ་སྤྲོས་བྲལ་བསྟན། མི་དང་ཞོའི་དཔེས་སྤྲོས་པའི་ཆོས་གཞན་བསྟན། དེ་བཞིན་དུ་བུམ་པ་དང་ཆུ། ཀླུང་དང་ཆུ་ལ་སོགས་པ་ཡང་ཤེས་པར་བྱ་སྟེ། དེས་ན༑ མདོ་གཉིས་ཀའི་དགོངས་པ་དོན་དམ་པར་སྟོང་མི་སྟོང་གི་སྤྲོས་བྲལ་དེ་བཞིན་ཉིད་ལ་སྤྲོས་པའི་ཆོས་གཞན་གྱིས་སྟོང་པ་ལ་དགོངས་པར་མཚུངས་སོ། །དེ་ལ་ཁ་ཅིག་ན་རེ། སྤྲོས་པ་དང་བྲལ་བའི་དེ་བཞིན་ཉིད་དེ། རང་གི་ངོ་བོས་སྟོང་པ་ཡིན་ནམ་མིན། ཡིན་ན། སྤྲོས་པ་དང་བྲལ་བའི་དེ་བཞིན་ཉིད་དེ་རྣམ་པར་དཔྱད་ན། སྤྲོས་བྲལ་གྱི་དེ་བཞིན་ཉིད་མིན་པར་འགྱུར་ཏེ། སྤྲོས་བྲལ་གྱི་དེ་བཞིན་ཉིད་དེ་རང་གི་ངོ་བོས་སྟོང་པ་ཡིན་པའི་ཕྱིར་ཟེར་ཏེ། ཁྱབ་པ་འགལ་ནས་མ་གྲུབ། ཐ་སྙད་ཀུན་རྫོབ་པའི་ཆོས་རྣམས་དོན་དམ་པར་རང་གི་ངོ་བོས་སྟོང་པ་སྤྲོས་བྲལ་དེ་བཞིན་ཉིད་ཡིན་ཏེ། འཕགས་པ་ཀླུ་སྒྲུབ་ཀྱིས། ཀུན་རྫོབ་འདི་ལྟར་སྣང་བ་འདི། །རིགས་པས་དཔྱད་ན་འགའ་མི་རྙེད། །མ་རྙེད་པ་དེ་དོན་དམ་སྟེ། །ཡེ་ནས་གནས་པའི་ཆོས་ཉིད་དོ། །ཞེས་དང་། གཞན་

ལས་ཤེས་མིན་ཞི་བ་དང་། །སྤྲོས་པ་རྣམས་ཀྱིས་མ་སྤྲོས་དང་། །རྣམ་རྟོག་མེད་དོན་ཐ་དད་མིན། །དེ་དེ་ཁོ་ནའི་མཚན་ཉིད་དོ། །ཞེས་དང་། མདོ་ལས། རང་བཞིན་ཉིད་ཅིང་སྤྲོས་མེད་པ། །དེ་ཉིད་དོན་དམ་སྤྱོད་ཡུལ་ལོ། །ཞེས་སོགས་དང་། རྒྱུད་བླ་ར། བསམ་མེད་བརྗོད་དུ་མེད་ཕྱིར་ཏེ། །བརྗོད་མེད་དོན་དམ་ཡིན་ཕྱིར་རོ། །དོན་དམ་བརྟག་བྱ་མི་ཕྱིར་ཏེ། །བརྟག་མིན་རྗེས་དཔག་བྱ་མིན་ཕྱིར། །ཞེས་སོགས་མང་དུ་གསུངས་པས་སོ། །

ཁ་ཅིག་ན་རེ། རང་རང་ངོ་བོས་སྟོང་པའི་སྟོང་པ་ཉིད་ཀྱི་དོན་ནི། ཆོས་དེ་རྣམ་པར་དཔྱད་ན་ཆོས་དེ་ཉིད་མིན་པ་ཁོ་ན་ལས་གཞན་པ་ཅི་ཞིག་ཡོད་ཅེས་ཟེར་བ་ནི། མ་གོ་བ་དེ་ཡུས་ཆེ། འཐེན་འཐེན་པ་དེ་བརྟབ་ན། ཞེས་ཟེར་བ་དང་མཚུངས་ཏེ། དཔྱད་ན། རང་རང་མ་ཡིན་པས་རང་སྟོང་དུ་འགྱུར་ན། རི་བོང་གི་རྭ་མོ་གཤམ་གྱི་བུ་ལ་སོགས་པ་རྣམས་ཀྱང་རང་སྟོང་དུ་འགྱུར་མོད། འོ་ན། རང་སྟོང་གི་ངོས་འཛིན་གང་ཡིན་ན། འཁོར་འདས་སུ་སྣང་བའི་ཆོས་རྣམས་ཐ་སྙད་ཀུན་རྫོབ་ཙམ་དུ་ཆོས་ཅན་ཆོས་ཉིད་ཡོད་མེད་སོགས་དང་། དེ་ཉིད་དང་གཞན་དུ་བརྗོད་དུ་མེད་པར་གྲུབ་ལ། དོན་དམ་པར་ཡོད་མེད་ལ་སོགས་ཀྱི་སྤྲོས་པའི་མཐའ་བྲལ་ལ་རང་སྟོང་ཟེར་བ་ཡིན་ནོ། །

ཁ་ཅིག་ན་རེ། སྤྲོས་བྲལ་དེ་བཞིན་ཉིད་དེ། རང་གི་ངོ་བོས་མི་སྟོང་པ་ཡིན་ན། དེ་ལ་སྤྲོས་པའི་ཆོས་གཞན་གྱིས་སྟོང་པ་ཁྱོད་ཀྱིས་ཀྱང་ཁས་བླངས་པས་ཁྱོད་ཀྱིས་ཀྱང་གཞན་སྟོང་ཁས་བླངས་སོ། །ཞེས་ཟེར་རོ། །ཀུན་རྫོབ་ཏུ་གཞན་སྟོང་། དོན་དམ་དུ་རང་སྟོང་ཁས་ཤིན་ཏུ་ཡང་བླངས་ཀྱང་། ཁྱེད་འདོད་པ་བཞིན་དོན་དམ་གཞན་སྟོང་དང་། ཀུན་རྫོབ་རང་སྟོང་གཞི་མ་གྲུབ་དེ་འདྲ་མི་འདོད་ཅིང་། གཞན་སྟོང་སྟོང་ཉིད་ཐ་ཤལ་བ་ཡིན་པས་དོན་དམ་སྟོང་པའི་གོ་མི་ཆོད་དོ། །མདོ་ལས། བློ་གྲོས་ཆེན་པོ། གཅིག་གིས་གཅིག་སྟོང་པ་འདི་ནི། ཀུན་གྱི་ཐ་ཤལ་ཏེ། དེ་ནི་ཁྱོད་ཀྱི་ཡོངས་སུ་སྤང་བར་བྱའོ། །ཞེས་གསུངས་པས། གཅིག་ལ་གཅིག་མེད་ཀྱི་སྟོང་པ་བསྒོམས་ཀྱང་སངས་རྒྱས་ཀྱི་ལམ་དུ་མི་འགྱུར་ཏེ། དེ་ཙམ་ཞིག་མུ་སྟེགས་རྣམས་ཀྱང་སྒོམ་པའི་ཕྱིར། ཆོས་ཐམས་ཅད་རང་བཞིན་གྱིས་སྟོང་པར་སྒོམ་པ་མེད་ན། སངས་རྒྱས་ཀྱི་ལམ་ལས་གོལ་བ་སྟེ། མྱང་འདས་སུ། རིགས་ཀྱི་བུ། ཆོས་ཐམས་ཅད་ནི། རང་བཞིན་གྱིས་སྟོང་པའོ། །དེ་ཅིའི་ཕྱིར་ཞེ་ན། ཆོས་ཐམས་ཅད་རང་བཞིན་དམིགས་སུ་མེད་པའི་ཕྱིར་རོ། །ཞེས་དང་། རིགས་ཀྱི་བུ། གལ་ཏེ་དགེ་སློང་དང་བྲམ་ཟེ་གང་ཆོས་ཐམས་ཅད་རང་བཞིན་གྱིས་སྟོང་པ་མིན་པར་མཐོང་ན། དེ་ནི་དགེ་སློང་མིན། བྲམ་ཟེ་མིན། ཤེས་རབ་ཀྱི་ཕ་རོལ་ཏུ་ཕྱིན་པ་མི་འཐོབ། ཡོངས་སུ་མྱ་ངན་ལས་མི་འདའ། སངས་རྒྱས་དང་བྱང་ཆུབ་སེམས་དཔའ་རྣམས་མངོན་སུམ་དུ་མི་མཐོང་སྟེ། བདུད་ཀྱི་འཁོར་ལོ་ཡིན་པར་རིག་པར་བྱའོ། །ཞེས་དང་། ཕྱིར་མི་ལྡོག་པ་འཁོར་

ལོའི་མདོ་ལས། སེམས་ཅན་ཁམས་འདི་རང་བཞིན་གྱིས། །སྟོང་སྟེ་བསམ་གྱིས་མི་ཁྱབ་པོ། །ཐམས་ཅད་མཁྱེན་པ་རྣམས་ཀྱིས་ཀྱང་། །འདི་ལས་དེ་ནི་བསྐྱོད་མི་ནུས། །ཞེས་དང་། ཆོས་ཀྱི་རྒྱལ་པོའི་མདོ་ལས། སེམས་ཀྱི་ངོ་བོ་ཉིད་ཀྱི་ཚུལ་ནི་སྟོང་པ་ཡིན་ཏེ། སེམས་ཀྱི་རང་བཞིན་ཉིན་ནི་གང་ནས་ཀྱང་འགྲོ་བ་མེད། ཅེས་སོགས་དང་། སྙིང་རྗེ་ཆེན་པོའི་མདོ་ལས། ཆོས་ཐམས་ཅད་ཀྱི་རང་བཞིན་གང་ཡིན་པ་དེ་ནི་མེད་པའོ། །མེད་པ་གང་ཡིན་པ་དེ་ལ་གཉིས་མེད་པའོ། །ཞེས་སོགས་དང་། ཚངས་པ་ཁྱད་པར་སེམས་ཀྱིས་ཞུས་པའི་མདོ་ལས། ཆོས་རྣམས་ཀྱི་རང་བཞིན་གང་ཞེ་ན། ཆོས་ཐམས་ཅད་ནི། སྟོང་པ་ཉིད་ཀྱི་རང་བཞིན་ཅན་ཏེ། དམིགས་པ་དང་བྲལ་བའོ། །ཆོས་ཐམས་ཅད་མཚན་མ་མེད་པའི་རང་བཞིན་ཅན་ཏེ། རྟོག་པ་དང་བྲལ་བའོ། །

ཆོས་ཐམས་ཅད་ནི། སྨོན་པ་མེད་པའི་རང་བཞིན་ཅན་ཏེ། བླང་བ་མེད་པ་དོར་བ་མེད་ནུས་པ་མེད་པ་ཤིན་ཏུ་ངོ་བོ་ཉིད་དང་བྲལ་བ་ཡིན་ཏེ། དེ་ནི་རང་བཞིན་གྱིས་འོད་གསལ་བའོ། །ཞེས་སོགས་དང་ཚུལ་ཁྲིམས་འཆལ་བ་ཚར་གཅོད་པའི་མདོ་ལས། ཆོས་འགའ་ཞིག་གི་རང་གི་དེ་ཁོ་ན་ཉིད་ཐ་ན་སྐྲའི་རྩེ་མོ་བརྒྱར་གཤགས་པའི་ཆ་ཤས་ཙམ་ཞིག་ཡོད་པར་གྱུར་ན། ཤཱ་རིའི་བུ། དེ་བཞིན་གཤེགས་པ་འཇིག་རྟེན་དུ་བྱོན་ནས་ཆོས་ཐམས་ཅད་རང་བཞིན་མེད་དོ། །ཞེས་སྟོན་པར་མི་འགྱུར་རོ། །ཞེས་སོགས་ངེས་དོན་ཟབ་མོ་སྟོན་པའི་བཀའ་རབ་འབྱམས་དྲི་མ་མེད་པ་རྣམས་ནས་ཆོས་ཐམས་ཅད་རང་བཞིན་མེད་པའི་སྟོང་པ་ཉིད་སྟོན་པར་གསུངས་ཀྱི། དག་པ་ཡེ་ཤེས་ཀྱི་ཀུན་གཞི་ཞེས་བྱ་བ། བདེ་གཤེགས་སྙིང་པོ། རྟག་པ། བརྟན་པ། ཐེར་ཟུག་པ། གཡུང་དྲུང་། གཞན་སྟོང་བྱ་འཁོར་བའི་ཆོས་ཀྱིས་སྟོང་པའི་གཞན་སྟོང་། དོན་དམ་པ་གདོད་མ་ནས་སྟོངས་རྫོགས་ཀྱི་ཡོན་ཏན་ཐམས་ཅད་རང་ཆས་སུ་ལྡན་པ་ཀུན་རྫོབ་རང་སྟོང་དང་བྲལ་བ་བསྒོམས་པར་བྱའོ། །ཟེར་བའི་ལུང་གཙང་མ་ཞིག་ཁྱེར་ལ་ཤོག །དཔལ་ཕྲེང་གི་མདོར། དེ་བཞིན་གཤེགས་པའི་སྙིང་པོ་ཉོན་མོངས་པ་ཐམས་ཅད་ཀྱིས་སྟོང་པ་དང་། སངས་རྒྱས་ཀྱི་ཆོས་བསམ་གྱིས་མི་ཁྱབ་པས་མི་སྟོང་པ་ཞེས་གསུངས་པ་ཡང་བདེར་སྙིང་ཆོས་སྐུ་མཚན་ཉིད་པ་དེ། ཀུན་རྫོབ་ཏུ་སྒྲིབ་གཉིས་བག་ཆགས་དང་བཅས་པས་སྟོང་། ཆོས་སྐུ་དང་གཟུགས་སྐུའི་ཡོན་ཏན་གྱིས་ཆོས་བསམ་གྱིས་མི་ཁྱབ་པས་མི་སྟོང་ཡང་། དོན་དམ་པར་སྟོང་མི་སྟོང་གི་སྤྲོས་པའི་མཐའ་བྲལ་དུ་གསུངས་པ་ཡིན་ནོ། །ཁ་ཅིག་ན་རེ། འདིར་ཆོས་ཐམས་ཅད་ཅེས་པ་ནི། དབུ་མ་རྩ་ཤེ་ལས། གང་ཕྱིར་རྟེན་འབྱུང་མ་ཡིན་པའི། །ཆོས་འགའ་ཡོད་པ་མ་ཡིན་པ། །དེ་ཕྱིར་སྟོང་ཉིད་མ་ཡིན་པའི། །ཆོས་འགའ་ཡོད་པ་མ་ཡིན་ནོ། །ཞེས་གསུངས་པ་ལྟར། ཀུན་རྫོབ་རྟེན་ཅིང་འབྲེལ་བར་འབྱུང་བའི་ཆོས་རྣམས་ཡིན་ལ། རྟེན་འབྲེལ་གྱི་ཆོས་དེ་དག་ཐམས་ཅད་རང་བཞིན་གྱིས་སྟོང་པར་བསྟན་པ་ཡིན་གྱི། ཆོས་ཉིད་དོན་དམ་པའི་བདེན་པ་ནི།

རང་བཞིན་ནམ་རང་གི་ངོ་བོས་སྟོང་པར་བསྟན་པ་མིན་ཏེ། མདོ་སྡེ་དེ་ཉིད་ལས། མི་སྟོང་པའི་སྟོང་པར་གསུངས་པའི་ཕྱིར་རོ། །ཞེས་ཟེར་ཏེ། མདོར། གང་རྣམས་རྟེན་ཅིང་འབྲེལ་པར་འབྱུང་། །དེ་རྣམས་རང་བཞིན་ཙམ་ཟད་མེད། །ཅེས་སོགས་ཀྱི་དོན་དབུ་མ་པས་སྣང་སྲིད་འཁོར་འདས་ཀྱིས་བསྡུས་པའི་ཆོས་ཐམས་ཅད་ལ་རྟེན་འབྲེལ་ཞེས་བཤད་པ་ཡིན་ཅིང་། སློབ་དཔོན་ཨ་རྱུས་ཀྱང་། གང་རྟེན་ཅིང་འབྲེལ་པར་འབྱུང་བ་དེ་ནི། དོན་དམ་པར་རང་བཞིན་སྟོང་པ་སྟེ། སྒྱུ་མ་བཞིན། ཆོས་ཐམས་ཅད་ཀྱང་རྟེན་ཅིང་འབྲེལ་པར་འབྱུང་བའོ། །ཞེས་སོགས་ཀྱི། ཀུན་རྫོབ་རྟེན་ཅིང་འབྲེལ་པར་འབྱུང་བ་ཞེས་མ་གསུངས། མི་སྟོང་པའི་སྟོང་པ་ཞེས་པ་ཡང་། གཞི་གཅིག་གི་སྟེང་དུ་བདེན་གཉིས་ལ་བརྟེན་ནས་རྟོགས་པར་བྱ་དགོས་ཀྱི། གཞི་ཐ་དད་ལ་འཆད་པ་ལོག་པར་བཤད་པའོ། །དཔལ་ཕྲེང་ལས། བཅོམ་ལྡན་འདས། དེ་བཞིན་གཤེགས་པའི་ཆོས་ཀྱི་སྐུ་ཉིད་རྟག་བདེ་གཙང་བདག་གི་ཕ་རོལ་ཏུ་ཕྱིན་པ་ཞེས་སོགས་དང་། རྒྱུད་བླར། དེ་ནི་རང་བཞིན་དག་ཕྱིར་དང་། །བག་ཆགས་སྤངས་ཕྱིར་གཙང་མ་ཡིན། །ཞེས་སོགས་དང་། དེའི་འགྲེལ་པར། མདོར་བསྡུ་ན་རྒྱུ་གཉིས་ཀྱིས་ན། དེ་བཞིན་གཤེགས་པའི་ཆོས་ཀྱི་སྐུ་གཙང་མའི་ཕ་རོལ་ཏུ་ཕྱིན་པར་རིག་པར་བྱ་སྟེ། ཞེས་སོགས་དང་། སྤྲོས་ཆེན་དུ། སྤྲོས་ཆེན་སྙིང་པོ་དེ་ཁོ་ན་དང་། རྟག་པ་དང་། བདག་དང་། སེམས་ཅན་དུ་འདུ་ཤེས་པ་ཞེས་བྱ་བ་ནི། ཐར་པའི་དོན་གྱི་ཚིག་བླ་དྭགས་སོ། །ཞེས་སོགས་དང་། མྱང་འདས་སུ། སངས་རྒྱས་ཆོས་དགེ་འདུན་རྟག་པ་ལ་སོགས་པ་གསུངས་པ་རྣམས་དྲང་དོན་དུ། སྤྲིན་ཆེན་ཉིད་ཀྱི་ལུང་དྲངས་ནས་བཤད་པ་ལ། ཁ་ཅིག་ན་རེ། དེ་ནི་མདོའི་དགོངས་པ་མ་ལོངས་པ་ཡིན་ཏེ། མདོ་དེར། མདོ་སྡེ་གཞན་དུ་མར་ལྡེམ་དགོངས་མང་པོ་གསུངས་པ་རྣམས་ཀྱི་དགོངས་པ་སྤྲིན་ཆེན་དུ་གསལ་བར་མཛད་པ་ཡིན་གྱི། སྤྲིན་ཆེན་གྱི་མདོ་ལ་ངག་གཞན་ཡོད་པར་སྟོན་པ་ནི་མིན་ཏེ། དེའི་རྒྱུ་མཚན་ལུང་གོང་དུ་དྲངས་པ་དེའི་རྗེས་ནས། དེ་བཞིན་གཤེགས་པ་རྟག་པ་ཐེར་ཟུག་བརྟན་པ་ཞི་བའི་ཡོན་ཏན་ཡང་དག་པར་བཤད་པ་ཐོས་ན་སྐྲག་པར་མི་བྱའོ། །ཞེས་སོགས་དུ་མ་གསུངས་པས་སྔར་གྱི་ལུང་དེ། སངས་རྒྱས་རྟག་པ་སོགས་སུ་སྟོན་པའི་ལུང་ལྡེམ་དགོངས་སུ་སྟོན་པ་ཡིན་ན། ལུང་དེའི་རྗེས་ཐོགས་ཉིད་དུ་སངས་རྒྱས་རྟག་པ་ལ་སོགས་པའི་ཡོན་ཏན་དང་བསྔགས་པ་གསུང་བར་མི་རིགས། ཞེས་སོགས་ཟེར་བ་ལ་ཁྲབ་པ་ཡང་མེད་དེ། གདུལ་དབང་གིས་བདག་ཡོད་པར་གསུངས་པ་ལྡེམ་དགོངས་སུ་བསྟན་ནས། དེའི་རྗེས་སུ་བདག་ལ་བསྔགས་པ་བརྗོད་པ་ཡང་སྲིད་ཅིང་། བདག་མི་རྟག་པར་བསྟན་པ་ལྡེམ་དགོངས་སུ་གསུངས་ནས་དེའི་རྗེས་སུ་བདག་མི་རྟག་པ་ལ་བསྔགས་པ་བརྗོད་པ་ཡང་སྲིད་ཅིང་། སྔར་དཔེར་བརྗོད་པ་བཞིན། སྔར་སེམས་བསྐྱེད་པའི་མཐུ་མེད་པར་བཤད་པ་ལ་དེའི་རྗེས་སུ་སེམས་བསྐྱེད་བཤད་པ་ལ་སོགས་པ་

དུ་མ་སྲིད་པའི་ཕྱིར། ཞེས་སྔར་བརྗོད་ཟིན། ལེགས་པར་མདོའི་དོན་ལ་དཔྱད་ན། གཙང་བདེ་རྟག་བདག་གི་ཕ་རོལ་ཏུ་ཕྱིན་པ་ཞེས་གསུངས་པས་ཀྱང་གཙང་བདེ་རྟག་བདག་མ་ཡིན་པར་འགྲུབ་སྟེ། དཔེར་ན། སྲིད་ཞིའི་ཕ་རོལ་ཏུ་ཕྱིན་པ་ཞེས་པས་སྲིད་ཞི་གཉིས་ཀ་མིན་པར་གསུངས་པ་བཞིན། མདོར་ན། དོན་དམ་པའི་བདེར་སྙིང་སེམས་ཅན་ཐམས་ཅད་ལ་གདོད་མ་ནས་བཞུགས་པ་དང་། དེ་དོན་དམ་པར་མཐའ་བཞི་ལས་གྲོལ་བའི་ཚུལ་དང་། འཇིག་རྟེན་ལས་འདས་པའི་བདག་ཡིན་པ་ལ་སོགས་པར་སྟོན་པའི་ལུང་རྣམས་ངེས་དོན་སྒྲ་ཇི་བཞིན་པ་ཡིན་པར་སྒྲུབ་པའི་ལུང་།

མདོ་ལས། མི་ཟད་པའི་ཆོས་ཉིད་ཀྱིས་ན་གཞན་དུ་མི་འགྱུར་བའི་ཆོས་འདི་རྟག་པའོ་ཞེས་སོགས་ཀྱི་ལུང་མང་པོ་དྲངས་སྣང་བ་ཡང་སྔར་གྱི་དོན་རྣམས་བློས་ཏེ་ཁས་བླངས་པར་འདུས་པས་སྨན་འཕྱིན་གྱི་ལུང་དང་རིགས་པ་ཡང་སྔར་གྱི་རྣམས་བརྗོད་པར་བྱའོ། །གཞན་ཡང་། འཁོར་བ་དང་ནི་མྱ་ངན་འདས། །མཉམ་པ་ཉིད་དུ་རྟོགས་ཕྱིར་རྟག །ཅེས་སོགས་ཀྱི་དོན་ཡང་། འཁོར་འདས་ཀྱི་ཆོས་ཀྱི་དབྱིངས་མཉམ་པས་ཆོས་ཀྱི་སྐུ་རྟག་པའི་ཕ་རོལ་ཏུ་ཕྱིན་པས་རྟག་པའི་མཆོག་ཏུ་གྲུབ་པ་ཡིན་ཞེས་སོགས་ཀྱང་། དག་པ་ཡེ་ཤེས་ཀྱི་ཀུན་གཞི་དང་མ་དག་པ་རྣམ་ཤེས་ཀྱི་ཀུན་གཞི། གཞི་གྲུབ་མ་གྲུབ་ལ་སོགས་པའི་སྒོ་ནས་ཁྱད་པར་ཡོད་པར་འདོད་པ་དང་འགལ་བ་སོགས་སྔར་བཤད་ཟིན་ཏོ། །སངས་རྒྱས་ཆོས་སྐུ་རྟག་མི་རྟག་གི་སྤྲོས་པའི་མཐའ་དང་བྲལ་བ་ཤིན་ཏུའང་ཡིན་མོད་ཀྱི། དོན་དམ་པར་རྟག་པ་ཡང་ཡིན་པས་རྟོག་གེའི་བློས་བསམ་གྱིས་མི་ཁྱབ་པ་ཉིད་དོ། །ཞེས་ཟེར་བ་འདི་ཡང་འགལ་བ་ཡིན་ཏེ། རྟག་མི་རྟག་སྤྲོས་པ་དང་བྲལ་ན། རྟག་པ་ཡིན་པར་ཡང་འགལ། རྟོག་གེའི་བློས་བསམ་གྱིས་མི་ཁྱབ་ན། དེ་འཇིག་རྟེན་ལས་འདས་པའི་བདག་དང་སྟོབས་རྟོགས་ཀྱི་ཡོན་ཏན་དང་ལྡན་པར་གདོད་མ་ནས་སེམས་ཅན་ཐམས་ཅད་ལ་ཡོད་པར་རྟོག་གེའི་བློས་རྟོགས་པ་ཡང་འགལ་ལོ། །

ལང་གཤེགས་ལས། དེ་བཞིན་གཤེགས་པ་རྟག་པ་དེ་ལྟ་བུའི་རྣམ་གྲངས་ཀྱང་ཡོད་དོ། །དེ་ཅིའི་ཕྱིར་ཞེ་ན། འདི་ལྟ་སྟེ། མངོན་པར་རྟོགས་པ་ཐུགས་སུ་ཆུད་པའི་ཡེ་ཤེས་རྟག་པས་ན། དེ་བཞིན་གཤེགས་པ་ནི་རྟག་པའོ། །ཞེས་སོགས་ཀྱིས་ཀུན་རྫོབ་ཏུ་དེ་བཞིན་གཤེགས་པ་རྟག་པར་གསུངས་པ་རྣམ་གྲངས་ཀྱི་རྟག་པར་ཐ་སྙད་བྱས་ཤིང་། ཆོས་ཀྱི་སྐུ་ཡང་རྣམ་གྲངས་པའི་རྟག་པར་གསུངས་པར་གྲུབ་བཞིན་དུ། དེ་བཞིན་གཤེགས་པ་ཞེས་པ་གཟུགས་སྐུ་ཡིན། མངོན་པར་རྟོགས་པ་ཐུགས་སུ་ཆུད་པའི་ཡེ་ཤེས་ནི། ཆོས་སྐུ་འགོག་བདེན་ཡིན་པར་ཁྱེད་ཀྱིས་ཀྱང་འཆད་ཅིང་། དོན་ལ་ཡང་ཡིན་པས་ལུང་དེའི་དགོངས་པ་ནི། མངོན་པར་རྟོགས་པ་ཐུགས་སུ་ཆུད་པའི་ཡེ་ཤེས་ཆོས་སྐུ་འགོག་བདེན་དེ་རྟག་པ་ཡང་དག་པ་ཡིན། གཟུགས་སྐུ་རྣམ་གྲངས་ཀྱི་རྟག་པ་ཡིན་པར

བསྟན་ཅེས་སོགས་ཟེར་བ་ཡང་མདོའི་དགོངས་པ་རང་གི་འདོད་པ་དང་མཐུན་པར་བྱ་བའི་ཕྱིར་སྐྱོགས་ཏེ་བཤད་པ་ཡིན་གྱི། ཕྱིན་ཅི་མ་ལོག་པ་འཆད་པ་མིན་ནོ། །ཁྱད་པར་རྫོགས་པའི་སངས་རྒྱས་རྣམས་ཞེས་པ་ཁྱེད་ཉིད་ཀྱིས་འཆད། ཅེས་པ་ཡང་ནན་གྱིས་འདོད་པ་སྟེ། རྫོགས་པའི་སངས་རྒྱས་ཞེས་པ། གཟུགས་སྐུ་རྒྱུད་པ་ལ་ཁས་བླངས་པ་མེད་དོ། །སངས་རྒྱས་ཆོས་ཀྱི་སྐུ་ཀུན་རྫོབ་ཏུ་རྣམ་གྲངས་ཀྱི་རྟག་པར་བསྟན་པ་མདོ་ཉིད་ལས་གསལ་ལོ། །

དེས་ན་སངས་རྒྱས་ཆོས་ཀྱི་སྐུ་རྟག་པར་གསུངས་པ་ནི། རྣམ་གྲངས་ཀྱི་རྟག་པ་ཡིན་གྱི། དོན་དམ་པར་རྟག་མི་རྟག་གི་སྤྲོས་བྲལ་ལ་དགོངས་ནས་མྱང་འདས་སུ། རྟག་པ་ཉིད་དུ་མི་ཤེས་ན། དེ་ནི་རིགས་ངན་ཡིན་པར་ཤེས་པར་བྱའོ། །ཞེས་གསུངས་སོ། །འོ་ན། སངས་རྒྱས་ཀྱི་སྐུ་གསུམ་གྱི་རྟག་པའི་ཚུལ་ལ་ཁྱད་པར་མེད་པར་འགྱུར་ལ། དེ་འདོད་ན། མདོ་སྡེ་རྒྱན་ལས། རང་བཞིན་དང་ནི་རྒྱུན་མི་འཆད། །རྒྱུན་གྱིས་དེ་དག་རྟག་པ་ཉིད། །ཅེས་སོགས་དང་འགལ། གཞན་ཡང་། ཆོས་སྐུ་དང་གཟུགས་སྐུ་རྟག་པའི་རྒྱུ་མཚན་ཁྱད་པར་མེད་པར་འགྱུར་ཏེ། ཐམས་ཅད་རྣམ་གྲངས་པའི་རྟག་པར་གསུངས་པའི་ཕྱིར། འདོད་ན། རྒྱུད་བླར། གཟུགས་སྐུ་རྟག་པའི་རྒྱུ་བདུན། ཆོས་སྐུ་རྟག་པའི་རྒྱུ་གསུམ་མི་འདྲ་བར་གསུངས་པ་དང་འགལ་ཞེ་ན། དོན་དམ་པར་རྟག་པའི་ཚུལ་ལ་ཁྱད་པར་མེད་པར་འདོད། ཀུན་རྫོབ་ཏུ་རྒྱུ་མཚན་དེ་དག་གིས་ཀྱང་རྒྱུན་མི་འཆད་པ་ལ་དགོངས་ནས་རྟག་པར་བཤད་པས་རྣམ་གྲངས་ཀྱི་རྟག་པར་བསྟན་པར་མཚུངས་པ་ཡིན་ནོ། །ཁ་ཅིག་ན་རེ། དེ་ནི་མི་རིགས་ཏེ། འཆི་མེད་ཞི་བའི་གནས་ཐོབ་ལ། །འཆི་བདུད་རྒྱུ་བ་མེད་པའི་ཕྱིར། །ཞེས་སོགས་ཀྱིས་གསུམ་ཀ་ཡང་རང་བཞིན་རྟག་པ་ཉིད་ཀྱི་རྒྱུ་མཚན་ཡིན་པའི་ཕྱིར་རང་བཞིན་གྱིས་རྟག་པ་ཡིན་ན་རྣམ་གྲངས་ཀྱི་རྟག་པ་ཡིན་པ་འགལ་ཞེས་ཟེར་རོ། །རང་བཞིན་གྱིས་རྟག་པ་ཞེས་པའང་དོན་དམ་པར་སྤྲོས་བྲལ་མཉམ་པ་ཉིད་ཆེན་པོ་ལ་བརྟགས་ནས་བཞག་པས་ཀུན་རྫོབ་ཏུ་རྣམ་གྲངས་ཀྱི་རྟག་པ་ཡིན། དོན་དམ་པར་མཉམ་པ་ཉིད་ལ་རང་བཞིན་དང་རྣམ་གྲངས་ཀྱི་རྟག་པ་ཅི་ཞིག་ཡོད་དེ། མེད་དོ། །ཆོས་སྐུ་རྣམ་གྲངས་མེད་པར་རྟག་པ་ཡིན་ན། མི་རྟག་པ་དང་དབྱེར་མེད་པའི་རང་བཞིན་དུ་འགལ་ལ། མི་རྟག་པ་དང་དབྱེར་མེད་ཀྱི་རང་བཞིན་དུ་རྒྱུད་བླ་རྩ་འགྲེལ་ནས་བཤད་པའི་ཕྱིར། ཞེས་སོགས་མཛེས་རྒྱན་ལས་གསུངས་པ་ལ། ཁ་ཅིག་ན་རེ། སངས་རྒྱས་ཀྱི་ཁམས་ཟག་མེད་དབྱིངས་དེ་ཡང་། སྟོབས་དང་མི་འཇིགས་པ་ལ་སོགས་དང་དབྱེར་མེད་མིན་པར་འགྱུར་ཏེ། རྟག་པ་ཡིན་པའི་ཕྱིར། འདོད་ན། རྒྱུད་བླར། རྣམ་དབྱེར་མེད་པའི་མཚན་ཉིད་ཅན། །བླ་མེད་ཆོས་ཀྱིས་སྟོང་མ་ཡིན། །ཞེས་པས་རྣམ་པ་ཐམས་ཅད་དུ་མཚུངས་ཟེར་ན། སངས་རྒྱས་ཀྱི་ཁམས་ཟག་པ་མེད་པའི་དབྱིངས་དེ། དོན་

དམ་པར་རྟག་པ་ཡིན་པ་ནི་མ་གྲུབ། ཐ་སྙད་ཀུན་རྫོབ་ཏུ་རྟག་པ་ཡིན་ན་ནི། རྣམ་གྲངས་ཀྱི་རྟག་པར་མཚུངས། དེས་ན་སངས་རྒྱས་ཀྱི་ཡོན་ཏན་དྲུག་ཅུ་རྩ་བཞིས་བསྡུས་པའི་ཡེ་ཤེས་རྣམས་ལམ་བདེན་ཡིན་པས་རྣམ་གྲངས་ཀྱི་རྟག་པ་ཆོས་སྐུ་དབྱེར་མེད་ཡིན་ནོ། །

འོ་ན་དཔལ་ཕྲེང་ལས། བཅོམ་ལྡན་འདས། གང་འདུས་བྱས་ཀྱི་མཚན་ཉིད་དུ་རྟོགས་པ་དེ་ནི་མི་རྟག་པ་ལགས་སོ། །གང་མི་རྟག་པ་དེ་ནི། རྫུན་པ་སླུ་བའི་ཆོས་ཅན་ལགས་སོ། །བཅོམ་ལྡན་འདས། གང་། རྫུན་པ་སླུ་བའི་ཆོས་ཅན་དེ་ནི། མི་བདེན་པ་དང་། མི་རྟག་པ་ལགས་ཏེ། སྐྱབས་མ་ལགས་སོ། །ཞེས་སོགས་གསུངས་ནས་ལམ་བདེན་ཡིན་ན། སྐྱབས་མིན་པར་བཤད་པ་དང་འགལ་ལོ་ཞེ་ན། དེ་ལྟར་བཤད་པའི་ལམ་བདེན་དེ་ནི༑ ཆོས་སྐུ་རབ་ཏུ་ཕྱེ་བ་མིན་པའི་ལམ་བདེན་ལ་དགོངས། འདིར་ཆོས་སྐུས་རབ་ཏུ་ཕྱེ་བའི་ལམ་བདེན་ལ་དགོངས་པས་སྐྱོན་མེད་དོ། །དེས་ན་ལམ་བདེན་ལ་ཆོས་སྐུས་ཕྱེ་མ་ཕྱེ་གཉིས་ཡོད་པས་ཆོས་དང་དགེ་འདུན་ལ་ཡང་རྣམ་གྲངས་ཀྱི་རྟག་བརྟན་ཡིན་མིན་གཉིས་སུ་གསུངས་ཀྱི། དེ་ལྟ་མིན་ན། དགེ་འདུན་ལ་སོགས་པ་རྟག་པར་འགལ་ལོ། །དེ་ལ་ཁ་ཅིག་ན་རེ། སྟོབས་ལ་སོགས་པ་བྲལ་བའི་ཡོན་ཏན་སོ་གཉིས་པོ་རྣམས་མི་རྟག་པ་ཡིན་ན། ཆོས་སྐུ་ཡང་མི་རྟག་པ་ཡིན་པར་འགྱུར་བའི་རྒྱུ་མཚན་རྣམ་པ་ཐམས་ཅད་དུ་མཚུངས་པ་ཡིན་ནོ། །ཆོས་སྐུ་མི་རྟག་པ་ཡིན་ན་ནི། རྟག་མི་རྟག་གི་སྤྲོས་པ་དང་བྲལ་བར་ཁྱེད་ཉིད་ཀྱིས་རྣམ་པར་བཞག་པ་དང་ཡང་འགལ་ལ། དོན་དམ་པའི་སྐྱབས་དང་གཏན་གྱི་སྐྱབས་མིན་པར་འགྱུར་བར་ཞེ་ན། འདི་ཡང་སྔར་གྱི་རིགས་པ་དང་མཚུངས་ཏེ། དོན་དམ་པར་ཆོས་སྐུ་མི་རྟག་པར་འགྱུར་ཏེ། སྟོབས་ལ་སོགས་པ་མི་རྟག་པ་ཡིན་པའི་ཕྱིར། རྟགས་མ་གྲུབ། ཐ་དད་ཀུན་རྫོབ་ཙམ་དུ་ཆོས་སྐུ་མི་རྟག་པ་ཡིན་པར་འདོད་དེ། དེ་ཉིད་ཀ་རྣམ་གྲངས་ཀྱི་རྟག་པར་འདོད་པ་དང་མཚུངས། དེ་བཞིན་དུ། དོན་དམ་གྱི་སྐྱབས་དང་གཏན་གྱི་སྐྱབས་མ་ཡིན་པར་འགྱུར་བ་སོགས་ལའང་མཚུངས་སོ། །

དེས་ན་ཆོས་དང་དགེ་འདུན་ནི། དུས་ཀྱི་མཐའ་ཡོད་པའི་ཕྱིར་རྣམ་གྲངས་ཀྱི་རྟག་པ་མིན། སངས་རྒྱས་ཀུན་རྫོབ་ཏུ་དུས་ཀྱི་མཐའ་མེད་པའི་ཕྱིར་ཀུན་རྫོབ་ཏུ་རྣམ་གྲངས་པའི་རྟན་བརྟན་དུ་གསུངས་པ་ཡིན། དེ་ལྟ་མིན་པར་སངས་རྒྱས་དང་སངས་རྒྱས་ཀྱི་ཡོན་ཏན་རྣམས་དོན་དམ་པར་རྟག་པ་ཡིན་ན། མདོ་ལས། ཡང་དག་པར་རྫོགས་པའི་སངས་རྒྱས་ཀྱང་སྒྱུ་མ་ལྟ་བུ་རྨི་ལམ་ལྟ་བུ། མྱ་ངན་ལས་འདས་པ་ཡང་སྒྱུ་མ་ལྟ་བུ་རྨི་ལམ་ལྟ་བུ། ཅི་སྟེ་མྱ་ངན་ལས་འདས་པ་ལས་ཆེས་ལྷག་པའི་ཆོས་གཞན་འགའ་ཞིག་ཡོད་ན། དེ་ཡང་སྒྱུ་མ་ལྟ་བུ་རྨི་ལམ་ལྟ་བུ་ཞེས་སོགས་དང་། ཤེས་རབ་ཅན་རྣམས་ཀྱིས་ནི་རྟག་པ་དང་བརྟན་པ་དང་ཐེར་ཟུག་པ་དེ་སྒྱུ་མ་ཙམ་དུ་ཡོད་

པར་ཤེས་སོ། །ཞེས་སོགས་མང་དུ་གསུངས་སོ། །དེས་ན་དོན་དམ་པར་སངས་རྒྱས་གཅིག་པུ་ལ་གསུམ་ཀ་འདུས་པས། དོན་དམ་པར་སྐྱབས་གཅིག །མཐར་ཐུགས་སྐྱབས་གཅིག །ཐེག་པ་གཅིག །ངེས་པའི་དོན་ཡིན་ནོ༑ །ཐ་སྙད་ཀུན་རྫོབ་ཙམ་དུ། སྟོན་པ་བསྟན་པ་སློབ་དོན་དང་། །ཐེག་པ་གསུམ་དང་བྱེད་གསུམ་ལ། །མོས་པ་གསུམ་གྱི་དབང་བྱས་ཏེ། །སྐྱབས་གསུམ་རྣམ་པར་གཞག་པ་ཡིན། །ཁ་ཅིག་ན་རེ། སྒྱུ་མ་ལྟ་བུ་སོགས་གསུངས་པའི་ལུང་དེའི་དགོངས་པ་ནི། བདེར་སྙིང་དོན་དམ་པར་རྟག་བདེན་ཡིན་ཡང་རྟག་བདེན་གྱི་དངོས་པོ་མིན་པ་ལ་དགོངས་ནས་གསུངས་པ་ཡིན་གྱི། རྟག་བརྟན་མི་བདེན་ཞིང་རྫུན་པ་ཡིན་པ་ལ་དགོངས་ནས་སྒྱུ་མ་ཙམ་དུ་གསུངས་པ་མིན་ཟེར་བ། འོ་ན། མདོར་མི་གནས་པའི་སྒྱུ་མ་ཞེས་བྱ་སྟེ། དེ་བཞིན་གཤེགས་པ་སྒྱུ་མ་དང་མཚུངས་ན་ཅིའི་ཕྱིར་གནས། ཞེས་སོགས་དང་འགལ། ཞེས་སྨྲས་པ་ལ། མདོ་དེ་ཉིད་ལས། སངས་རྒྱས་རྣམས་ཀྱིས་ཐོབ་པ་ནི་རྟག་པ་ཞེས་བྱ། རང་གིས་རིག་པའི་ཆོས་ཞེས་ཀྱང་བྱ་སྟེ། ཡང་དག་པའི་བདེན་པ་ཞེས་བྱའོ། །ཞེས་དང་། རིགས་ཀྱི་བུ། ཆོས་ཐམས་ཅད་ཀྱི་ནང་ན་མྱ་ངན་ལས་འདས་པར་མ་གཏོགས་པར་ཆོས་གཅིག་ཀྱང་རྟག་ཅེས་བྱ་བ་མེད་དེ། ཀུན་རྫོབ་ཏུ་འབྲས་བུ་ནི་རྟག་ཅེས་བྱའོ། །ཞེས་དང་། བཅོམ་ལྡན་འདས་ཀྱིས་འཇམ་དཔལ་ལ་བཀའ་བསྩལ་པ། ཅི་ཕྱོད་དེ་བཞིན་གཤེགས་པ་ལ་མྱ་ངན་ལས་འདའ་བར་འདུ་ཤེས་སམ། རིགས་ཀྱི་བུ། དེ་བཞིན་གཤེགས་པ་ནི་ཡང་དག་པར་ན་རྟག་པ་བརྟན་པ་མི་འགྱུར་བ་ཡོངས་སུ་མྱ་ངན་ལས་མ་འདས་པའོ། །རིགས་ཀྱི་བུ། དེ་ལ་གང་ཞིག་བདག་ཏུ་འཛིན་ན་དེ་ནི་སངས་རྒྱས་ཀྱི་བདག་ཅེས་བྱ་སྟེ། བླ་ན་མེད་པར་ཡང་དག་པར་རྫོགས་པའི་བྱང་ཆུབ་ཏུ་མངོན་པར་རྫོགས་པར་འཚང་རྒྱའོ། །ཞེས་སོགས་གསུངས་པའི་ཕྱིར་རོ། །ཟེར། ལུང་དེ་རྣམས་ཀ་དྲང་དོན་དགོངས་པ་ཅན་ཡིན་ནོ། །

གཞན་ཡང་། མདོ་གཅིག་ཉིད་ལས་འབྱུང་བའི་ལུང་རྣམས་ལ་རང་གི་གྲུབ་མཐའི་ཤེས་བྱེད་དུ་དྲང་དུ་རུང་ཙམ་གྱི་ཚིག་ཟུར་ཡོད་པ་རྣམས་ངེས་དོན་ཁོ་ན་ཡིན་ལ། གཞན་གྱི་གྲུབ་པའི་ཤེས་བྱེད་དུ་གསལ་པོར་འགྱུར་བ་རྣམས་ནི། སྒྲ་ཇི་བཞིན་པ་མིན་པའི་དྲང་དོན་ཁོ་ན་ཡིན་ནོ་ཞེས་བྱ་བ་འདི་ནི། རིགས་པར་སྨྲ་བ་མིན་ནོ། །ཟེར་ཞིང་། ཡང་། སངས་རྒྱས་ཀུན་རྫོབ་ཏུ་རྣམ་གྲངས་པའི་རྟག་པ་དང་བརྟན་པ་དང་མི་ཟད་པ་ཡིན་ཏེ། དུས་ཀྱི་མཐའ་མེད་པའི་ཕྱིར་རོ་ཞེས་འཆད་པའང་རིགས་པ་མ་ཡིན་ཏེ། དེ་ལྟ་ན། སངས་རྒྱས་ཀུན་རྫོབ་ཏུ་རྣམ་གྲངས་ཀྱི་སྐྱབས་གནས་ཡིན་པར་འགྱུར་ལ། དེ་འདོད་ན། ཁྱེད་ཉིད་ཀྱིས་དོན་དམ་པར་སྐྱབས་གནས་གསུམ་ཐ་དད་པ་མིན་གྱི། སངས་རྒྱས་གཅིག་པུ་ལ་གསུམ་ག་འདུས་པས་དོན་དམ་པར་སྐྱབས་གཅིག་ཡིན་པར་འཆད་ཅིང་། དེའི་ཤེས་བྱེད་དུ་མྱ་ངན་འདས་མདོར་ཆོས་ཀྱི་དེ་ཁོ་ན་ཉིད་དུ་ནི་གཞི་གསུམ་པོ་ལ་ཐ་དད་དུ་དབྱེ་བར་མ་ལྟ

ཞིག །ཅེས་འགོད་པ་དང་འགལ། ཞེས་ཟེར་བ་ནི། མུ་སྟེགས་གསལ་བྱེད་པའི་བཤད་གད་དང་མཚུངས་ཏེ། མདོ་གཅིག་ཉིད་ལས་རྟག་པ་དང་བདག་ལ་སོགས་པའི་ཚིག་ཟུར་ཡོད་པ་ཁྱེད་རང་གི་གྲུབ་མཐའི་ཤེས་བྱེད་དུ་དྲང་དུ་རུང་ཙམ་རྣམས་ངེས་དོན་ཁོ་ན་ཡིན་ལ། ཁྱེད་ཀྱི་གྲུབ་མཐའ་ལ་གནོད་པའི་རྟག་པ་དང་བདག་ལ་སོགས་པའི་ཚིག་ཟུར་རྣམས་མུ་སྟེགས་ཀྱི་འདོད་པ་ཡིན་ཞེས་ཟེར་ཞིང་། གཞན་གྱི་གྲུབ་མཐའ་སྤྲོས་བྲལ་མཉམ་ཉིད་ཀྱི་ཤེས་བྱེད་དུ་གསལ་པོར་འགྱུར་བའི་ལུང་རྣམས་ལ་བཀའ་བར་པ་སྒྲ་ཇི་བཞིན་པ་མིན་པའི་དྲང་དོན་ཡིན་ནོ། །ཞེས་འཆད་ཅིང་། མདོའི་དོན་ཡང་འཇིག་རྟེན་ལས་འདས་པའི་བདག་ནི་མེད་པ་མིན། འཇིག་རྟེན་པའི་བདག་ནི་ཡོད་པ་མིན་ཞེས་སོགས་ཕྱིན་ཅི་ལོག་ཏུ་འཆད་པ་ནི། རང་ཉིད་མི་རིགས་པར་སྤྱོད་བཞིན་དུ་རིགས་པར་སྨྲ་བ་བརྒྱ་ཡང་ཟློག་པར་བྱེད་པ་རྒྱལ་པོ་ངན་པའི་ཆོས་ལུགས་སོ། །སངས་རྒྱས་ཀུན་རྫོབ་ཏུ་རྣམ་གྲངས་པའི་སྐྱབས་གནས་སུ་ཁས་བླངས་པ་དང་། དོན་དམ་པར་སྐྱབས་གནས་གསུམ་ཐ་དད་པ་མིན་པར་ཁས་བླངས་པ་ལ་འགལ་བ་ཅི་ཡོད། དམ་པའི་དོན་དུ་སྐྱབས་གསུམ་ཐ་དད་པ་མེད་པ་ལ་དགོངས་པ་ཡིན་ཏེ། གཅིག་ཁོ་ན་དོན་དམ་པའི་བདེན་པ་སྟེ། འདི་ལྟ་སྟེ། མ་སྨོངས་པའི་ཆོས་ཅན་གྱི་མྱ་ངན་ལས་འདས་པའོ། །ཞེས་པ་དང་། འགྲེལ་པ་དག་ལས་དགོངས་པ་ཅན་དུ་གསུངས་པ་དང་མཚུངས་སོ། །དཔལ་ཕྲེང་གི་མདོར། བཅོམ་ལྡན་འདས་དེ་བཞིན་གཤེགས་པ་ནི། དུས་ཀྱི་མཐའ་མཆིས་པ་ལ་གནས་པ་མ་ལགས་ཏེ། ཞེས་སོགས་རྣམས་ལ་ཡང་སངས་རྒྱས་ཀྱི་གཟུགས་སྐུ་རྣམ་གྲངས་པའི་རྟག་པ་ཆོས་སྐུ་རང་བཞིན་གྱིས་རྟག་པར་སྟོན་པའི་ཚིག་ཟུར་ཙུང་ཟད་ཀྱང་མེད་དོ། །ཕྱིར་དྲངས་པའི་རྒྱུད་བླའི་ལུང་། སེམས་ཞུམ་སེམས་ཅན་དམན་ལ་བརྙས་པ་དང་། །ཞེས་སོགས་ཀྱི་དགོངས་པ་ཡང་ཁོ་བོ་ཅག་གིས་འགའ་ཞིག་བདག་ལྟ་བུས་བྱང་ཆུབ་ག་ལ་ཐོབ་སྙམ་དུ་སེམས་ཞུམ་པ་ལ། ཁྱོད་ལ་བདེ་གཤེགས་སྙིང་པོ་གདོད་མ་ནས་ཡོད་པས་སེམས་ཞུམ་མི་དགོས་ཞེས་དུས་གཞན་ལ་དགོངས་པ་ཡིན་ཞེས་བཤད་པ་ལ་སོགས་དོན་མིན། །ཁྱེད་ཀྱིས་བདག་ཉིད་ལ་བདེ་ར་སྙིང་གདོད་མ་ནས་ཡོད་པར་མ་ཤེས་ན་བདག་ལྟ་བུས་བྱང་ཆུབ་ཐོབ་པར་ག་ལ་ནུས་སྙམ་དུ་སེམས་ཞུམ་ནས་བྱང་ཆུབ་ཏུ་སེམས་མི་སྐྱེ་བ་ལ་བདག་ལ་བདེ་ར་སྙིང་ཡོད་པར་ཤེས་ནས་སེམས་ཞུམ་པ་དང་སེམས་སྐྱེ་བ་ལ་སོགས་དོན་ཡིན་ཞེས་སོགས་ལ་རིགས་པ་ཅི་ཞིག་ཡོད། སངས་རྒྱས་དོན་དམ་པར་རྟག་མི་རྟག་སྤྲོས་བྲལ་མཉམ་ཉིད་དང་། ཀུན་རྫོབ་ཏུ་རྣམ་གྲངས་པའི་རྟག་པ་མ་ཡིན་ན། ཁྱེད་རང་གིས་བདེ་ར་སྙིང་རང་བཞིན་གྱིས་རྟག་བརྟན་དུ་འདོད་པའི་ཤེས་བྱེད་ཀྱི་ཁུངས་ལང་གཤེགས་སུ། དེ་ནས་ཡང་བྱང་ཆུབ་སེམས་དཔའ་ཆེན་པོ་བློ་གྲོས་ཆེན་པོས་བཅོམ་ལྡན་འདས་ལ་འདི་སྐད་ཅེས་གསོལ་ཏོ། །ལྡན་འདས། དེ་བཞིན་གཤེགས་པ་ཡང་དག་པར་རྫོགས་པའི་

སངས་རྒྱས་རྟག་གམ། དེ་སྟེ་མི་རྟག་གམ་ཅི་ལགས། བཀའ་བསྩལ་པ། བློ་གྲོས་ཆེན་པོ། དེ་བཞིན་གཤེགས་པ་ནི། རྟག་པ་ཡང་མ་ཡིན། མི་རྟག་པ་ཡང་མ་ཡིན་ནོ། །དེ་ཅིའི་ཕྱིར་ཞེ་ན། འདི་ལྟ་སྟེ། གཉིས་ཀར་ཉེས་པར་འགྱུར་བའི་ཕྱིར་རོ། །

བློ་གྲོས་ཆེན་པོ། གཉིས་ཀར་ཡང་ཉེས་པར་འགྱུར་བ་ནི། རྟག་ཏུ་ཟིན་ན། རྒྱུར་འགྱུར་རོ། །བློ་གྲོས་ཆེན་པོ། མུ་སྟེགས་བྱེད་ཐམས་ཅད་ཀྱི་རྒྱུ་རྣམས་ནི། མ་བྱས་པ་རྟག་པ་སྟེ། ཞེས་གསུངས་ཤིང་། དེའི་ཐད་ཀའི་འགྲེལ་པར་རྣོན་ཤྲཱིས། ཚངས་པ་དང་དབང་པོ། རྒྱུ་རྣམས་ནི་མ་བྱས་པར་སྨྲ་ལ། རྟག་པ་ལ་སོགས་པར་ཡང་ཀུན་ཏུ་རྟོག་པར་བྱེད་དེ། དེ་དག་གིས་མ་བྱས་པའི་ཕྱིར་མོ་གཤམ་གྱི་བུ་ལ་སོགས་པ་བཞིན་དུ་མེད་དོ། །དེ་ལྟར་ན། དེ་བཞིན་གཤེགས་པ་རྟག་པར་མི་རུང་ངོ་། །མི་རྟག་པར་ཡང་མིན་ཏེ། ཕུང་པོའི་མཚན་ཉིད་ཐམས་ཅད་བྱས་པས་མི་རྟག་པ་བཞིན་དུ་དེ་བཞིན་གཤེགས་པ་ཡང་མི་རྟག་པར་འགྱུར་རོ། །དེ་བཞིན་གཤེགས་པ་ནི། རྟག་པའི་ཕྱིར་གསེར་ལྟ་བུར་མངོན་པར་རྟོགས་པའི་ཡེ་ཤེས་ཡོངས་སུ་མི་ཟད། དེ་བཞིན་དུ་དེ་བཞིན་གཤེགས་པ་རྟག་པའི་རྣམ་གྲངས་ཡོད་དོ། །ཞེས་གསུངས་པ་དང་འགལ་ལོ། །ཀླུ་སྒྲུབ་ཀྱིས་དབུ་མ་རྩ་བའི་རང་འགྲེལ་དུ། དོན་དམ་པའི་བདེན་པ་ནི། འཕགས་པ་རྣམས་ཀྱིས་ཕྱིན་ཅི་མ་ལོག་པར་ཐུགས་སུ་ཆུད་པས་ཆོས་ཐམས་ཅད་སྐྱེ་བ་མེད་པར་གཟིགས་པ་གང་ཡིན་པ་སྟེ། དེ་ནི་དེ་དག་ཉིད་ལ་དོན་དམ་པར་བདེན་པ་ཉིད་ཡིན་པས་དོན་དམ་པའི་བདེན་པའོ། །ཞེས་སོགས་ཀྱིས་ཕོ་བོ་ཅག་ལ་གནོད་པ་མ་མཐོང་སྟེ། དོན་དམ་མཐའ་བཞི་དང་བྲལ། བློས་ཀྱང་མཐོང་བ་མེད་པ་མཐོང་བ་དོན་དམ་མཐོང་བར་འདོད་པས་སོ། །དཔལ་ཕྲེང་དུ། སྡུག་བསྔལ་འགོག་པའི་བདེན་པ་ཉིད་ནི། ཡང་དག་པར་ན་བདེན་པ་དང་རྟག་པ་སྐྱབས་ལགས་སོ། །ཞེས་སོགས་དྲང་དོན་དུ་ཞར་བཤད་ཟིན་ཏོ། །ཤཱཀྱ་པས་རིགས་གསུམ་དུ་སྨྲ་བ་ནི་དབུ་མ་པའོ། །

ཡང་། གང་ཞིག་ཐམས་ཅད་རྫུན་པར་སྨྲ་བ་ནི། དབུ་མ་པ་ལྟར་སྣང་བ་ཡིན་ནོ། །ཞེས་གསུངས་པ་ཡོད་ཀྱང་། དེ་ནི་སེམས་ཙམ་པའི་ཞལ་འཛིན་མཛད་པའི་གཞུང་ཡིན་ནོ། །བདེར་སྙིང་ངེས་དོན་དུ་སྟོན་པའི་ལུང་དུ་དྲངས་པ་མྱ་ངན་འདས་ཆེན་དུ། བཅོམ་ལྡན་འདས་ཀྱིས་འོད་སྲུང་ལ་བཀའ་བསྩལ་པ། ཤིན་ཏུ་ལེགས་སོ། །ལེགས་སོ། །རིགས་ཀྱི་བུ་ཁྱོད་ཀྱིས་སྨྲས་པ་བཞིན་ཏེ། དེ་བཞིན་གཤེགས་པ་ལ་ཡང་དག་པར་ནི་དགོངས་ཏེ་གསུངས་པའི་སྙིང་པོ་མེད་དོ། །ཞེས་པ་ནས། དེའི་འོག་ཏུ་གཙུག་ལག་ཆེན་པོ་སྟོན་པ་ནི་འདི་ལྟ་སྟེ། དེ་བཞིན་གཤེགས་པ་ནི་རྟག་ཏུ་གནས་པའི་ཆོས་ཅན། མི་འགྱུར་མི་འཕོ་བ་ཞེས་བྱའོ། །ཞེས་སོགས་ཀྱིས་མདོའི་དོན་དམ་ཡང་དེ་བཞིན་གཤེགས་པས་སེར་སྣ་མཛད་དེ་མ་བསྟན། དེ་བཞིན་གཤེགས་པ་ལ་དགོངས་ཏེ་གསུངས

པའི་སྙིང་པོ་ཡོད་ཅེས་བྱར་རུང་ངོ་། །དེ་བཞིན་གཤེགས་པ་ནི་དེ་ལྟ་བུ་མ་ཡིན་ཏེ། དེ་བས་ན་དེ་བཞིན་གཤེགས་པ་ལ་དགོངས་ཏེ་གསུངས་པའི་སྙིང་པོ་མེད་དོ། །ཞེས་སོགས་གསུངས་འདུག་པ་སངས་རྒྱས་ཀྱི་སེར་སྣ་མཛད་ནས་མ་བསྟན་པའི་དགོངས་བཤད་མེད་པར་བསྟན་གྱི། བདེར་སྙིང་སྟོན་པའི་མདོ་རྣམས་དགོངས་བཤད་མ་ཡིན་པར་གསུངས་པའི་ལུང་དུ་མི་ཆེའོ། །མྱང་འདས་ལྟའི་བླ་བས་བསྒྱུར་བ་ལས་ཀྱང་། བཀའ་བསྩལ་པ། ངའི་བསྟན་པ་ལ་ནི་གསང་བ་མེད་དེ། སངས་རྒྱས་ཀྱི་གསུང་ནི། སྟོན་གྱི་ཟླ་བ་རྒྱས་པ་བཞིན་དུ་སྐྱོན་མེད་པ་དང་མཚན་མས་ཡོངས་སུ་མ་བཏབ་པ་དང་། རྨོངས་པ་མེད་པ་དང་། གསང་བ་དང་། གསང་ཆེན་དང་བྲལ་བ་དང་། གསལ་བ་ཡིན་ནོ་ཞེས་གསུངས་པ་ཡང་སྔར་བཞིན་ཏེ། སེར་སྣས་གསང་བ་དང་གསང་ཆེན་མེད་པ་ཡིན་གྱི། སྤྱིར་རང་དེ་བཞིན་གཤེགས་པའི་བཀའ་ལ་དགོངས་པ་མེད་ན། དགེ་སློང་དག་གམ་མཁས་རྣམས་ཀྱིས། །བསྲེགས་བཅད་བདར་བའི་གསེར་བཞིན་དུ། །ལེགས་པར་བརྟགས་ལ་ང་ཡི་བཀའ། །བླང་བར་བྱ་ཡི་གུས་ཕྱིར་མིན། །ཞེས་སོགས་དང་། དེ་བཞིན་གཤེགས་པའི་གསུང་ལ་རྟོན་པ་བཞི་དང་། བརྟག་པ་གསུམ་གྱིས་ལེགས་པར་བརྟགས་པར་གསུངས་པ་རྣམས་ཇི་ལྟར་དྲང་། ཡང་ཁ་ཅིག་ན་རེ། སངས་རྒྱས་ཀྱི་ཆོས་སྐུ་བདག་དང་རྟག་པར་གསུངས་པ་དྲང་དོན་ཡིན་ན། སངས་རྒྱས་ཀྱི་ཆོས་སྐུ་བདེ་བ་དང་གཙང་བར་གསུངས་པའང་དྲང་དོན་ཡིན་པར་འགྱུར། དེ་འདོད་ན། སངས་རྒྱས་རྣམས་ངེས་དོན་སངས་རྒྱས་མ་ཡིན་པར་འགྱུར། དེ་འདོད་ན། ཆད་པ་ཆེན་པོའི་མཐར་ལྟུང་བ་ཡིན་ནོ། །ཟེར་བ་ཡང་ཁྱབ་པ་མེད་དེ། སེམས་ཅན་ཐམས་ཅད་ཀྱང་ཆད་པ་ཆེན་པོའི་མཐར་ལྟུང་བར་འགྱུར་ཏེ། ངེས་དོན་དུ་སངས་རྒྱས་མིན་པའི་ཕྱིར། རྟགས་ཚད་མས་ཀྱང་གྲུབ། ཁས་ཀྱང་བླངས་ཏེ། སེམས་ཅན་སངས་རྒྱས་མིན་ཡང་སེམས་ཅན་གྱི་ནང་ན་སངས་རྒྱས་ཡོད་དེ། མིའི་ནང་ན་མི་གཙང་བ་ཡོད་ཀྱང་མི་མི་གཙང་བ་མིན་ཞེས་ཁྱེད་ཀྱིས་བདེན་ཞེན་གྱིས་ཁས་བླངས་སོ། །

ཧ་བོ་ཆེ་ཆེན་པོའི་མདོ་ལས། བཅོམ་ལྡན་འདས། དགོངས་པའི་ཚིག་ཅེས་བགྱི་བ་ཅི་ལགས། འོད་སྲུང་། དགོངས་པའི་ཚིག་ཅེས་བྱ་བ་ནི། དེ་བཞིན་གཤེགས་པ་ཡོངས་སུ་མྱ་ངན་ལས་འདས་པ་ཞེས་བྱ་བ་ད་ལྟ་འདི་ལས་དེ་བཞིན་གཤེགས་པ་རྟག་པ་བརྟན་པ་ཞི་བ་ཐེར་ཟུག་པ་ཡོངས་སུ་མྱ་ངན་ལས་འདས་ཀྱང་ཉམས་པར་མི་འགྱུར་བ་ཞེས་བྱ་སྟེ། མདོ་འདི་ནི། དགོངས་པའི་ཚིག་ཅེས་བྱའོ། །ཞེས་སོགས་ཀྱིས་ཀྱང་དགོངས་བཤད་དུ་ཁས་བླངས་པ་ལ། ཁ་ཅིག་ན་རེ། དེ་དག་གི་དོན་ཉན་རང་སོགས་ལ་ལྟོས་ནས་དགོངས་པའི་ཚིག་ཡིན་ཡང་མདོའི་ཚིག་དེ་ནི་ཧ་བོ་ཆེའི་མདོའི་སྟོད་དུ་མ་གྱུར་པའི་འཁོར་རྣམས་བསལ་བའི་ཚིག་མདོ་ཙམ་ཞིག་གསུངས་པ་ཡིན་ཏེ། ལུང་དེ་དག་གི་རྗེས་སུ། དེས་ན་རྒྱ་ཆེན་པོ་མིན་པའི་སེམས་ཅན་ཉན་ཐོས་དང་རང་སངས་རྒྱས་ཀྱི

ཐེག་པ་ཅན་རྣམས་དང་། ཐེག་པ་ལ་གསར་དུ་ཞུགས་པའི་བྱང་ཆུབ་སེམས་དཔའ་གང་ཡིན་པ་རྣམས་ཀྱང་བདག་ཅག་ནི་སངས་རྒྱས་བཅོམ་འདས་རྣམས་ཡོངས་སུ་མྱ་ངན་ལས་འདས་བཞིན་དུ། ང་ནི་རྟག་པ་བརྟན་པ་ཞི་བ་ཐེར་ཟུག་པ་ཡིན་ནོ། །ཞེས་སྟོན་པ་འདི་ནི། རྟོགས་པར་མི་ནུས་སོ། །ཞེས་འདོད་པར་བྱེད་དོ། །ཞེས་སོགས་ཀྱི་མདོ་རྣམས་དགོངས་པ་ཅན་མིན་པའི་སྒྲ་ཇི་བཞིན་པ་ངེས་པའི་དོན་ཡིན་ལ། ཆོས་ཐམས་ཅད་མི་རྟག་སྡུག་བསྔལ་སྟོང་བ་བདག་མེད་པ་སྟོན་པའི་ཐེག་དམན་གྱི་མདོ་རྣམས་དང་། ཆོས་ཐམས་ཅད་སྟོང་པ་ཉིད་དང་བདག་མེད་པ་ལ་སོགས་པ་སྟོན་པའི་ཐེག་ཆེན་གྱི་མདོ་རྣམས་ཀྱང་དྲང་བའི་དོན་ཡིན་ཏེ། མྱ་ངན་འདས་ཆེན་ལས། བཀྲི་བའི་དོན་ནི། མདོ་སྡེ་དག་ལས། ཐམས་ཅད་གདུང་བ་ཅན། ཐམས་ཅད་མི་རྟག་པ། ཐམས་ཅད་སྡུག་བསྔལ་བ། ཐམས་ཅད་སྟོང་པ། ཐམས་ཅད་བདག་མེད་པའོ། །ཞེས་གསུངས་པ་ནི། བཀྲི་བའི་དོན་ཞེས་བྱའོ། །ཞེས་དང་། ཪ་བོ་ཆེའི་མདོ་ལས། འོད་སྲུང་། གང་ཞིག་མདོ་སྡེ་འདི་ལྟ་བུ་འདི་དག་མེད་དོ། །ཞེས་སྨྲ་ན། དེའི་སྟོན་པ་ཡང་ང་མིན་ལ་དེ་ཡང་ངའི་ཉན་ཐོས་མིན་ནོ། །གསོལ་པ། བཅོམ་ལྡན་འདས། ཐེག་པ་ཆེན་པོ་ལ་ཡང་སྟོང་པ་ཉིད་ཀྱི་དོན་དམ་པའི་མདོ་མང་དུ་མཆིས་ལགས་སོ། །བཅོམ་ལྡན་འདས་ཀྱིས་བཀའ་བསྩལ་པ། སྟོང་པ་ཉིད་སྟོན་པ་གང་ཅི་ཡང་རུང་བ་དེ་དག་ཐམས་ཅད་ནི། དགོངས་པ་ཅན་དུ་རིག་པར་བྱས་ལ་བླ་ན་མེད་པའི་མདོ་འདི་དག་ནི། དགོངས་པ་ཅན་མ་ཡིན་པར་རིག་པར་བྱའོ། །ཞེས་ཟེར་རོ། །མདོ་འདི་རྣམས་ཀྱི་དགོངས་པ་དྲང་དོན་ཡིན་ནོ། །ཞེས་སྨྲ་ཡང་ཡང་བཤད་ཟིན་ཅིང་། ཁྱད་པར། ཪ་བོ་ཆེའི་མདོ་ལས་མྱ་ངན་ལས་འདས་པ་ཞེས་བྱ་བ་ད་ལྟར་འདི་ལས་དེ་བཞིན་གཤེགས་པ་རྟག་པ་བརྟན་པ་ཞི་བ་ཐེར་ཟུག་པ་ཡོངས་སུ་མྱ་ངན་ལས་འདས་ཀྱང་ཉམས་པར་མི་འགྱུར་བ་ཞེས་བྱ་བ་སྟེ། མདོ་འདི་ནི། དགོངས་པའི་ཚིག་ཅེས་བྱའོ། །ཞེས་གསུངས་པ་དེ་དགོངས་བཤད་མ་ཡིན་ལ། མདོ་དེ་ཉིད་ལས། བདག་ཅག་ནི། སངས་རྒྱས་བཅོམ་ལྡན་འདས་རྣམས་ཡོངས་སུ་མྱ་ངན་ལས་འདས་བཞིན་དུ་ང་ནི་རྟག་པ་དང་བརྟན་པ་ཞི་བ་ཐེར་ཟུག་པ་ཡིན་ནོ། །ཞེས་སྟོན་པ་འདི་རྟོགས་པར་མི་ནུས་སོ་ཞེས་འདོད་པར་བྱེད་དོ། །ཞེས་སོགས་དགོངས་བཤད་ཡིན་ནོ། །ཟེར་བ་འདི་གཉིས་ལ་ཁྱད་པར་ཅི་ཞིག་ཡོད། དོན་དམ་པར་མཐའ་བཞིའི་སྤྲོས་པ་དང་བྲལ་ཡང་ཀུན་རྫོབ་ཏུ་ཇི་ལྟར་སྣང་བ་ཙམ་ཁས་ལེན་པ་ལ་ཆད་པའི་མཐར་ལྟུང་བའི་ཉེས་པ་རྡུལ་ཟད་ཀྱང་མེད་དེ། སྔར་བཤད་པ་བཞིན། ལང་གཤེགས་ལས། ཀུན་རྫོབ་ཏུ་ནི་ཐམས་ཅད་ཡོད། །དམ་པའི་དོན་དུ་ཡོད་པ་མིན། །དེས་ན་དངོས་པོ་གཅིག་ཉིད་ལ། །ཡོད་དང་མེད་པ་ཇི་ལྟར་འགལ། །ཞེས་གསུངས་པས། བདེན་གཉིས་རྣམ་འབྱེད་ཀྱི་ཤེས་རབ་ལ་བརྟེན་ནས་ཆོས་ཐམས་ཅད་རང་བཞིན་གྱིས་སྟོང་པའི་སྟོང་པ་ཉིད་ཡང་དག་པའི་ལྟ་བ་ཡིན། དེ་སྟོན་

པའི་གསུང་རབ་སྲས་ཡུམ་བརྒྱ་བདུན་དུ་གྲགས་པ་ལ་སོགས་ངེས་པ་དོན་གྱི་མདོ་སྡེའོ། །

དེ་ལྟ་མ་ཡིན་པར་སྟོང་པ་ཉིད་སྟོན་པའི་མདོ་སྡེ་དྲང་དོན་ཡིན་ན། དག་པ་ཡེ་ཤེས་ཀྱི་ཀུན་གཞི་ཞེས་བྱ་བའི་བདེ་གཤེགས་སྙིང་པོ། གདོད་མ་ནས་སྤྱངས་རྟོགས་ཀྱི་ཡོན་ཏན་དང་ལྡན་པའི་སངས་རྒྱས། གཞན་སྟོང་བྱ་འཁོར་བའི་ཆོས་ཀྱིས་སྟོང་པར་སྟོན་པའི་མདོ་རྣམས་ཀྱང་དྲང་དོན་དུ་འགྱུར་ཏེ། སྟོང་པ་ཉིད་སྟོན་པའི་ཕྱིར། ཆོས་གསུམ་ཁས་བླངས། ཁྱེད་རང་གིས་དྲངས་པའི་ཐ་བོ་ཆེའི་མདོ་དེ་ཉིད་ཀྱིས་ཀྱང་གཞན་སྟོང་སྟོན་པ་དགོངས་པ་ཅན་དུ་གསུངས་འདུག་པས་སྟོང་ཉིད་སྟོན་པའི་མདོ་རྣམས་དྲང་དོན་དུ་བྱས་ན་ཁྱེད་རང་ལ་གནོད་དོ། །ཇི་ལྟར་བཤད་ན། བཅོམ་ལྡན་འདས་ཀྱིས་བཀའ་བསྩལ་པ། སྟོང་པ་ཉིད་སྟོན་པ་གང་ཅི་ཡང་རུང་བ་དེ་ཐམས་ཅད་ནི། དགོངས་པ་ཅན་དུ་རིག་པར་བྱ་ལ། ཞེས་གསུངས་པའི་མདོ་ཉིད། ཁྱེད་ཀྱིས་ཡིད་ཆེས་སུ་ཁས་བླངས་པས་སོ། །དེས་ན། འཁོར་འདས་ཀྱི་ཆོས་ཐམས་ཅད་སྟོང་པ་ཉིད་དང་། བདག་མེད་པ་དང་། ངོ་བོ་ཉིད་མེད་པ་དང་། མཉམ་པ་ཉིད་སྤྲོས་པ་དང་བྲལ་བ་ལ་སོགས་སྟོན་པའི་མདོ་ཟབ་མོ་ཡུམ་ཆེན་མོ་ཤེས་རབ་ཀྱི་ཕ་རོལ་ཏུ་ཕྱིན་པ་ལ་སོགས་པ་དྲང་དོན་དགོངས་པ་ཅན་ཡིན་ནོ། །ཞེས་ཟེར་ཞིང་། དྲང་དོན་དགོངས་པ་ཅན་སྟོན་པའི་མདོ་རྣམས་ལ་ངེས་པ་དོན་གྱི་མདོ་ཡིན་པར་བདེན་ཞེན་གྱིས་དམ་བཅས་ནས་སླུས་ཆོས་ལ་མུ་སྟེགས་པས་བཏགས་པ་དང་ཐ་དད་དོ། །ཞེས་ཟེར་ཀྱང་། ཞི་འཇོད་ཀྱི་བདག་རྟག་བརྟན་གཡུང་དྲུང་ཐེར་ཟུག་མི་འགྱུར་བའི་ཆོས་ལ་སོགས་ཕྱི་རོལ་པ་དང་ཁྱད་མེད་པར་བསྒྲུབས་ནས། ཆོས་དང་གང་ཟག་དམ་པའི་ཡང་དམ་པ་མཆོག་གི་མཆོག་རྣམས་ལ་ཁོང་ཁྲོ་བས་སྨོད་ཅིང་བླ་ན་མེད་པའི་ཆོས་ཟབ་མོ་སྤྲོས་བྲལ་སྟོང་པ་ཉིད་སྟོན་པར་བྱེད་པ་རྣམས་འདོར་བར་བྱེད་པ་རྣམས་ལ་ཉེས་དམིགས་ཀྱི་འབྲས་བུ་ལྟ་བུ་ལོག་པ་འབྱུང་བའི་རྒྱུ་ཆོས་སྤོང་བའི་ལས་ཀྱི་རང་གི་ངོ་བོ་ལ་སོགས་རྣམས་བཅོམ་ལྡན་འདས་བྱམས་པ་མགོན་པོས་རྒྱུད་བླར་གསུངས་ཤིང་མཛེས་རྒྱན་དུ་ཡང་གསུངས་པ་རྣམས་ཀྱི་དོན་ཤེས་པར་བྱས་ལ། ངེས་པར་བླ་ན་མེད་པའི་བྱང་ཆུབ་ཐོབ་པར་འདོད་པ་རྣམས་ཀྱིས་བྱང་ཆུབ་སེམས་དཔའི་ལྟ་སྒོམ་སྤྱོད་འབྲས་ཕྱིན་ཅི་མ་ལོག་པ་སྟོན་པའི་བཀའ་བར་པ་དེའི་དགོངས་འགྲེལ་ཤིང་རྟ་ཆེན་པའི་སྲོལ་བཞི་ལ་སོགས་ཀྱི་རྗེས་སུ་འབྲངས་ནས་ཐར་པ་དང་ཐམས་ཅད་མཁྱེན་པ་ཐོབ་པར་འདོད་པ་རྣམས་ཀྱིས་རང་ཉིད་ཕྱིན་ཅི་མ་ལོག་པའི་ལམ་འདི་ལྟ་བུ་ལ་འཇུག་པར་བྱ་བའི་ཕྱིར་སྙིགས་མ་ལྔའི་དུས་སུ་ལྷགས། ཁྱད་པར་ལྔ་བའི་སྙིགས་མར་གྱུར་པའི་དུས་སུ་གཞན་གྱི་ལྟ་བ་ལོག་པ་མཐའ་དག་དགག་ནུས་པ་བཀའ་སྩེ། བཅོམ་ལྡན་འདས་ཀྱིས་ཆོས་ཕུང་སྟོང་ཕྲག་བརྒྱད་ཅུ་རྩ་བཞི་གསུངས་ཀྱང་མུ་སྟེགས་དང་། སོག་པོ་དང་། ཀཱུ་ལེ་ལ་སོགས་པ་ལྟ་བ་ལོག་པར་འཛིན་པ་གྲངས་མེད་དུ་མ་བྱུང་ཞིང་།

སྟོན་རྒྱལ་བློན་སྦ་དར་བའི་དུས་སུ་ཧྭ་ཤང་མཧཱ་ཡ་ན་ར་གྲགས་པ་ལ་སོགས་ཀྱང་བྱུང་བའི་ཕྱིར་རོ། །ཨེ་མ་ཧོ། ཚེ་སྒྲོག་རླུང་ལྟར་རབ་ཏུ་གཡོ་བས་ཅུང་ཟད་ཙམ་གྱིས་འཇིག་པར་སླ། །ཡང་དག་ལྟ་བ་རིང་དུ་དོར་ནས་རྟག་ཆད་ལྟ་བ་སྣ་ཚོགས་འཛིན། །ཇི་ལྟར་བྱས་ཀྱང་བདེ་བའི་སྐབས་མེད་བཟོད་དཀའི་ཉོན་མོངས་ཤིན་ཏུ་རགས། །གང་ལ་ཕན་བྱས་དེ་ཡི་ལན་དུ་གནོད་པ་སྒྲོག་ལ་ཐུག་པར་སྐྱེལ། །རྫོགས་ལྡན་ལ་སོགས་བཟང་པོའི་དུས་འདས་རྩོད་པའི་དུས་ཀྱི་ཐ་མར་གྱུར། །འཇིག་རྟེན་དབང་ཕྱུར་ཉི་མའི་གཉེན་དེ་མྱ་ངན་འདས་ནས་རིང་དུ་ལོན། །དམ་ཆོས་མཛོད་འཛིན་རྒྱལ་སྲས་དེ་རྣམས་ལས་ཀྱི་དབང་གིས་སྣང་མ་གྱུར། །སངས་རྒྱས་བསྟན་པ་འཇིག་ལ་ཉེ་བས་སྡེ་སྣོད་རྣམ་དག་ཕལ་ཆེར་ནུབ། །འདི་ན་ཁ་ཅིག་མཁས་པར་རློམ་ཡང་ཐུབ་པའི་གསུང་རབ་གཞན་དུ་འཆད། །ཕྱོགས་ཞེན་དུག་ཆུས་བློ་ངན་ངོམས་པས་ཡང་དག་ལྟ་བའི་བདུད་རྩི་འདོར། །དུས་ངན་འདི་འདྲར་དྲང་པོར་སྨྲས་ཀྱང་བདེན་པར་འཛིན་པ་ཤིན་ཏུ་བཀའ། །དེ་ཕྱིར་རང་གི་ཡིད་ལ་གོམས་ཕྱིར་མ་ནོར་ལྟ་བ་ཅུང་ཟད་སྨྲས། །བསོད་ནམས་དམན་པའི་ལོག་སྲིད་ཅན་ལ་མང་དུ་སྨྲས་ཀྱང་ཁོང་ཁྲོའི་རྒྱུ། །སངས་རྒྱས་ལྟ་བ་མ་ནོར་འཛིན་ན་ཁོ་བོ་ཅག་གི་གཞུང་ལུགས་ཡོངས། །འདི་དོན་ལྟ་བ་རྣམ་དག་ཡིན་མིན་གཟུར་གནས་མཁས་པ་རྣམས་ཀྱིས་དཔྱོད། །ཕྱོགས་ཞེན་ཅན་གྱི་བློ་དང་འགལ་ན་བདག་གིས་ཉེས་པས་བཟོད་པར་གསོལ། །གཞུང་འདིའི་བར་སྐབས་ལ་ལ་འགལ། །ཐོས་ན་རྣ་བར་མི་འཇེབས་ཆེག །མི་བཟོད་སྣང་བ་འབྱུང་སྲིད་ན། །ཕྲག་དོག་འགྲན་སེམས་ཁོང་ཁྲོ་སོགས། །ཀུན་སློང་ངན་པས་སྨྲས་པ་མིན། །མཁས་པ་དག་གིས་མཛད་པ་ཡི། །ཀུལ་ཀའི་ལན་དུ་ཀུལ་ཀར་བགྱིས། །ཐུགས་ཀྱིས་མ་བས་བཟོད་པར་རིགས། །འདི་ལྟའི་དགེ་བ་རྣམ་དག་འོད་སྣང་ཚ་ཟེར་ཕྱོགས་བཅུར་རབ་འཕྲོས་པས། །མ་རིག་ཐིབས་པོའི་མུན་ཁྲོད་ནང་ཞུགས་འཁོར་བའི་འབྲོག་དགོན་འཁྱམས་པ་རྣམས། །ཡང་དག་ལྟ་བའི་བདེ་ལམ་གསལ་བྱས་ཀུན་མཁྱེན་ཐར་པའི་གྲོང་ཁྱེར་ནས། །ཟག་མེད་དགའ་བདེའི་ལོངས་སྤྱོད་དཔལ་ལ་རང་གཞན་རྟག་ཏུ་རོལ་བར་ཤོག །

ཤིན་ཏུ་ཟབ་ཅིང་བརྟག་པར་དཀའ་བ། དེ་བཞིན་གཤེགས་པའི་སྙིང་པོ་གསལ་ཞིང་མཛེས་པར་བྱེད་པའི་རྒྱན་གྱི་རྒྱན། མཁས་པའི་ཡིད་འཕྲོག་ཅེས་བྱ་བ་འདི་ནི། ཐེག་པ་ཆེན་པོ་དབུ་མ་པའི་ལྟ་བ་མ་ནོར་བར་རྟོགས་པར་བྱ་བའི་ཕྱིར་དང་། ཁྱད་པར་དུ་དུས་གསུམ་གྱིས་སངས་རྒྱས་ཐམས་ཅད་ཀྱི་མཁྱེན་བརྩེ་འཕྲིན་ལས་གཅིག་ཏུ་བསྡུས་པའི་ངོ་བོ། འགྲོ་བ་ཐམས་ཅད་ཀྱི་འདྲེན་པ་དམ་པ་ཀུན་མཁྱེན་བུ་སྟོན་ལོ་ཙཱ་ཞེས་གྲགས་པའི་ཆོས་རྗེ་རིན་པོ་ཆེ་དེ་ཉིད་བདེ་བར་གཤེགས་ནས་ལོ་གསུམ་དང་ཟླ་བ་གཉིས་སོང་བ་མེ་མོ་ལུག་གི་ལོ། ཟླ་བ་བརྒྱད་པའི་ཉི་ཤུ་གཅིག་ལན་གཉིས་བྱུང་བའི་རྟིང་མའི་ཐོ་རངས་སྐར་ཁུངས་གཅིག་ན་ནམ་ལངས་བའི་ཚོད་

ཅམ་ལ། བདག་གི་རྨི་ལམ་དུ་ཆོས་རྗེ་རིན་པོ་ཆེ་རི་ཕུག་གི་ཆོས་ཁྲི་ཐང་དུ་བྱོན་ནས་ཁོ་བོ་ཅག་གྲྭ་པ་བཅུ་ལྷག་ཅིག་ལ། ཁྲིད་ལ་ལ་རང་རེའི་རྩ་བའི་གྲུབ་མཐའ་དེ་ལ་ཡིད་མི་ཆེས་པ་འདྲ་སྟེ། ངེད་དང་པོ་ཁྲོ་ཕུར་སྡོད་དུས་ན་དགེ་བཤེས་བྱམས་པ་སོགས་དང་གླིང་མོ་མང་པོ་བྱས་ནས་ཞུན་ཐར་བྱས་བྱས་པ་ཡིན། དེ་བཞིན་གཤེགས་པའི་སྙིང་པོའི་དཀྱིལ་འཁོར་བསྟན་པ་ཟེར་བའི་བསྟན་བཅོས་ཤིག །དབུ་ཞབས་ཚང་མར་བློ་ལ་དེ་དུས་ནས་བརྩམས་ཚར་ཡོད་པ་ཡིན་ཏེ། ཡི་གེར་འགོད་པ་མ་བྱུང་། དུས་ཕྱིས་གཞན་གྱིས་བསྐུལ་ནས་བྱས་པའི་ལན་ཡི་གེ་མ་ལེགས་པོ་ཞིག་བཙུན་ཆུང་ཞིག་གིས་བྲིས་པ་ངེད་རང་གི་ཐེལ་ཆོས་མནན་པ་ཞིག་ཡོད། འདི་ད་གཟོད་ཙ་ན་དགོས་པ་ཞིག་ཡོང་བས་མ་སྟོར་བ་གྱིས་བྱས་ཡོད། འདི་ལ་ལུང་རིགས་ཀྱི་སྒྲུབ་བྱེད་མང་པོ་ཡོད་ཅིང་། འདི་ངེད་རང་གིས་དགེ་བཤེས་བྱམས་པ་ལ་ཞུན་ཐར་བྱས་ཡོད་པས་ཐེ་ཚོམ་མི་དགོས་སོ། །གསུངས་པ་ལ་ཡིད་ཆེས་བརྟན་པོ་ཐོབ་ནས་ཆོས་རྗེའི་ཐུགས་དགོངས་རྫོགས་པར་བྱ་བའི་ཕྱིར་དགེ་སློང་སྨྲ་ཚད་པ་རིན་ཆེན་རྣམ་རྒྱལ་གྱིས། རྗེ་བོ་ཆེན་པོ་རྗེ་ཨ་ཧྲི་ཤ་ལ་སོགས་པ་མཁས་གྲུབ་རིམ་པ་མང་པོས་བྱིན་གྱིས་བརླབས་པའི་གནས། ཞ་ལུ་རི་ཕུག་གི་གཙུག་ལག་ཁང་ཆེན་པོར། སམ་བྱའི་ལོ་དཔྱིད་ཟླ་ཐ་ཆུང་གི་མར་ངོའི་ཚེས་བཅུའི་ཉིན་རྫོགས་པར་སྦྱར་བའི་ཡི་གེ་པ་ནི། སློམས་ལས་པ་དཔལ་མཆོག་དོན་གྲུབ་པོ། །འདིས་འཁོར་བ་སྡུག་བསྔལ་གྱི་རྒྱ་མཚོ་ཆེན་པོ་སྐྱུར་དུ་སྐེམས་པར་གྱུར་ཅིག །དགེའོ།། །།

༄༅། །སྡོམ་པ་གསུམ་གྱི་རབ་ཏུ་དབྱེ་བ་ལ་བརྒལ་ཞིང་བརྟགས་པའི་ལན་དྲང་པོའི་ཐིག་གམ་གནམ་ལྕགས་འཁོར་ལོ་ཞེས་བྱ་བ་བཞུགས་སོ། །

རྟ་ནག་མཁན་ཆེན་ཆོས་རྣམ་རྒྱལ།

སརྦ་མངྒ་ལཾ། མཐའ་དག་ཆོས་ཀུན་གཟིགས་པའི་ཡེ་ཤེས་ཀྱི། །འོད་ཟེར་སྲིད་པ་གསུམ་ན་མངོན་གསལ་བས། །སྐྱེ་དགུའི་ཕན་བདེའི་འདབ་རྒྱ་འཛུམ་པ་ལ། །མཉམ་པ་གཞན་མེད་དམ་པའི་མགོན་གྱིས་སྲུངས། །རིགས་གསུམ་བརྒྱན་པས་སྣར་ཡང་གདངས་ཅན་དུ། །བསམ་བཞིན་སྐྱེ་བོའི་བློས་གར་བྱེ་བ་བརྒྱུས། །འགྲོ་ཀུན་རྣམ་པར་གྲོལ་བའི་ལམ་ཡངས་པོར། །དཀྱི་མཁས་ས་སྐྱ་པ་ཞེས་གྲགས་པ་དཀར། །ཕྱག་ན་རལ་གྲིའི་རྣམ་རོལ་གཟུགས་གསར་པ། །སྐལ་བཟང་འགྲོ་བའི་ཡིད་ཁར་ཤར་བ་ལས། །ས་སྐྱའི་འཇམ་མགོན་ཀུན་དགའ་རྒྱལ་མཚན་ཞེས། །སྙན་པའི་གདུགས་དཀར་སྲིད་གསུམ་བླ་ན་འཁོར། །འཇམ་པའི་དབྱངས་དེས་སྙིང་རྗེའི་གཞན་དབང་ལས། །ཆོས་མིན་སྨྲ་བའི་ཀུ་མུད་ཁ་ཟུམ་ཞིང་། །ཆོས་ཚུལ་འདབ་རྒྱའི་དགའ་ཚལ་འཛུམ་ལྡན་པའི། །བསྟན་བཅོས་ཉི་མའི་སྙིང་པོ་འདི་ན་ཤར། །མགོན་པོ་གང་གི་ལེགས་བཤད་བདུད་རྩིའི་བཅུད། །མྱང་བས་གྲུབ་པ་ཆེན་པོའི་སར་གཤེགས་ཤིང་། །མཐའ་དག་ཤེས་བྱའི་དཀྱིལ་འཁོར་རྣམ་དཔྱོད་ཀྱིས། །བློ་གྲོས་འདོམ་ལ་འཛལ་བའི་ལས་དབང་ཆེ། །ས་གསུམ་འགྲོ་བའི་མགོན་པོ་འཕགས་པ་དང་། །གྲུབ་ཚོགས་ལྔ་དམར་ཤར་ནུབ་དགུང་གསུམ་སོགས། །ནོར་འཛིན་རྡུལ་གྱི་གཞལ་བྱ་ལས་འདས་པས། །འདི་དང་འདི་ཞེས་བགྲང་བར་སུ་ཡིས་སྤྱོབས། །ཕྱིས་དུས་གཡག་བཞོན་རོང་སྟོན་ཤེ་ཕཾ་པ། །མུས་ཆེན་གྲགས་བཟང་ཀུན་མཁྱེན་སངས་རྒྱས་འཕེལ། །གོ་ཤཱཀ་གཉིས་སོགས་ཐུབ་པའི་རྒྱལ་ཚབ་ཏུ། །འོས་པ་གངྒཱའི་རྡུལ་སྙེད་གྲངས་ཀྱི་མཐོ། །མི་ཡི་དབང་ཕྱུག་སེ་ཆེན་གོ་སེ་ལས། །དབང་གི་ཡོན་ཏུ་ཆོལ་ཁ་གསུམ་ཕུལ་བས། །མ་དཔེ་ལྟེབ་གཉིས་པ་མི་འདུག……མི་མྱོང་། གཞུང་ལུགས་སྨྲ་བ་ཀུན་དགའ་རྒྱལ་མཚན་དཔལ། །བཟང་པོ་མིན་པས་ཤེས་བྱའི་བཅུད་མི་མྱོང་། །ཞེས་དང་། གཞི་ལམ་འབྲས་གསུམ་དབྱེར་མེད་དོན་སྨྲ་བ། །འཁོན་གྱི་རིགས་སྐྱེས་ཤཱཀྱའི་སྲས་པོ་མཆོག །རྡོ་རྗེའི་རིགས་གཅིག་ཀུན་དགའ་རྒྱལ་མཚན་དཔལ། །བཟང་པོ་ལས་གཞན་དོན་མཐུན་སྨྲ་བ་སུ། །

ཞེས་ཞལ་གྱིས་འཆེས་པ་ལྟར་གྱི་ཡོན་ཏན་དང་ལྡན་ཞིང་མི་ནས་མིར་གྱུར་པའི་སྐྱེ་བ་ཉི་ཤུ་རྩ་ལྔའི་བར་དུ་མགོན་པོ་འཇམ་པའི་དབྱངས་ཀྱི་ཡང་དག་པའི་དགེ་བའི་བཤེས་གཉེན་མཛད་ནས། གདམས་པ་དང་རྗེས་སུ་བསྟན་པ་དུ་མ་གནང་བས་ཤེས་བྱ་རིག་པའི་གནས་མཐའ་དག་ལ་བསླེབས་པ་དང་བྲལ་བའི་སྤོབས་པ་ཡང་ཐོབ་སྟེ། ཏིང་འཛིན་གྱི་སྒོ་དུ་མ་ལ་མཉམ་པར་བཞག་བཞིན་དུ་འཆད་རྩོད་རྩོམ་པའི་འོད་ཟེར་གྱིས་ཐུབ་བསྟན་རིན་པོ་ཆེ་ཆེས་གསལ་བར་མཛད་པ་ལ་འགྲན་པའི་ཟླ་ཐམས་ཅད་དང་བྲལ་བ་ས་སྐྱ་པཎྜི་ཏ་ཀུན་དགའ་རྒྱལ་མཚན་དཔལ་བཟང་པོ་ཞེས་སྙན་པའི་གྲགས་པ་རི་བོའི་ཁོར་ཡུག་བརྒྱལ་བ་དེ་ཉིད་ཀྱིས། བསྟན་བཅོས་སྡོམ་པ་གསུམ་གྱི་རབ་ཏུ་དབྱེ་བ་ཞེས་བྱ་བ་མདོ་རྒྱུད་ཀུན་གྱི་དགོངས་དོན་མ་ལུས་པ་གསལ་བའི་སྒྲོན་མེ། རང་དབང་བའི་བསོད་ནམས་དང་སྐལ་བ་བཟང་པོར་གྱུར་པའི་དད་ལྡན་མཐའ་དག་གི་དགོས་འདོད་ཐམས་ཅད་འབྱུང་བའི་ཡིད་བཞིན་གྱི་ནོར་བུ་རིན་པོ་ཆེ་དབང་གི་རྒྱལ་པོ། ལོག་པར་སྨྲ་བའི་ཚང་ཚིང་ཐམས་ཅད་སྲེག་པའི་དུས་མཐའི་མེ་ལྟ་བུ་འདིར་ལུང་རིགས་གནམ་ལྕགས་ཀྱི་ཐོག་ལྟ་བུ་ཆོས་དང་མཐུན་པར་སྨྲས་ཀྱང་ཟློག་མི་ནུས་པ་བརྒྱ་ཕྲག་དུ་མ་བཀའ་བསྩལ་བ་དེ་དག་རིས་མེད་ཀྱི་འགྲོ་བ་མཐའ་དག་ལ་ཀུན་ཏུ་ཆགས་པའི་ལྷག་པའི་བསམ་པ་རླབས་པོ་ཆེས་ཀུན་ནས་བསླངས་ཏེ་བླང་དོར་གྱི་གནད་རྣམས་རྒྱལ་བའི་དགོངས་པ་བཞིན་ཤེས་ནས་ཉམས་སུ་ལེན་པ་དང་། བཤད་ཉན་སོགས་བྱེད་པ་ཞིག་བྱུང་ན་ཅི་མ་རུང་སྙམ་དུ་དགོངས་ནས་དངོས་པོའི་གནས་ཚུལ་ཇི་ལྟ་བ་བཞིན་དུ་བརྗོད་པའི་ཕྱིར་ན་ལྷ་དང་བཅས་པའི་འཇིག་རྟེན་ན་ཆོས་དང་མཐུན་པར་སྨྲས་ཀྱང་རྒོལ་དུ་མེད་པར་གྲུབ་ལ། དེ་ཉིད་ཇི་སྙེད་པའི་ཤེས་བྱ་ཐམས་ཅད་ལ་མཁས་པའི་ཕ་མཐར་སོན་ཞིང་། ཇི་ལྟའི་དོན་མངོན་གསུམ་དུ་རྟོགས་པའི་མཁས་པ་དང་གྲུབ་པ་ནོར་འཛིན་རྡུལ་ལས་ཤིན་ཏུ་མང་བ་དག་གིས་འཆད་ཉན་གྱི་གཏན་ལ་ཕབ་ཏེ་དར་ཞིང་རྒྱས་པར་མཛད་ནས་ས་གསུམ་ན་ཉི་ཟླ་ལྟར་གྲགས་པར་གྱུར་ཏོ། །

དེ་ལྟ་ནའང་འཇིག་རྟེན་ཁ་དཔེ་ལ། མཁས་པ་ལ་སྐྱོན་རྟོགས། བླུན་པོ་ལ་ཡོན་ཏན་རྟོགས་ཞེས་དང་། མཐོ་བ་ལ་མི་སྡང་། དམའ་བ་ལ་ཁྲི་སྡང་ཞེས་པ་ལྟར་ས་སྐྱ་པས་བོད་ཁམས་ཀྱི་བདག་པོ་མཛད་ནས་གཙུག་ལག་གཉིས་ཀྱི་སྒོ་ནས་བྱང་ཕྱོགས་ཀྱི་རྒྱུད་འདི་ཆོས་བཞིན་དུ་བསྐྱངས་པས། བདེ་སྐྱིད་རྫོགས་ལྡན་དུས་ལ་འགྲན་པ་ལྟ་བུ་བྱུང་བ་ན་དེ་མ་བཟོད་པར་ངན་འགྲོའི་གཏན་ཡུལ་འཛིན་པ་ལ་རིངས་པར་ཆས་ཤིང་། ཉག་ཕྲན་བདག་པོའི་བྱིས་ཀྱི་སྙིང་ལ་འོད་ཟེར་ཡོག་པ་འགའ་ཞིག་གི་རྐྱེན་བཀུར་ལ་འདྲིས་འཁྲིན་གྱི་བསམ་པ་ཞེ་ལ་བརྟགས་ཏེ། ས་སྐྱ་པས་ཆགས་སྡང་གིས་ཀུན་ནས་བསླངས་ཏེ་དགག་སྒྲུབ་བྱས་པ་ཡིན་ནོ་ཞེས་ཕྲ་མའི་གཏམ་ལ་ཁ་སྟོན་དུ་བྱས་པ། གསུང་རབ་ཀྱི་དོན་ལ་བློ་གྲོས་ལུག་ལྟར་གྱུར་ཀྱང་རང་ཕྱོགས་ལ་སྨོང་ཞེན་དང་གཞན་

ཕྱོགས་ལ་སྡང་ཤུགས་ཀྱི་ཡིད་ཉེ་བར་བསླད་པའི་བླུན་པོ་སྙིང་ཡོད་ཅན་མང་པོས་ཡུལ་མཆོག་ལ་ངན་སྨྲས་ཀྱི་སྐྱར་འདེབས་མ་རབས་ཤགས་འགྱེད་པ་ལྟ་བུ་སྣ་ཚོགས་བྱས་པས་རང་གཞན་གྱི་རྒྱུད་དཀྲུགས་ཤིང་ཆོས་སྤྱོད་གི་ལས་གསོགས་པ་ལ་ཐེ་མི་ཚོམ་པར་བཞུགས་པས། དུས་འཁྲུགས་དལ་ཡམ་སོགས་ཀྱི་སྐྱེ་བོ་རྣམས་ཉམས་དམས། བོད་ཀྱི་བདེ་སྐྱིད་ཀྱང་རིམ་གྱིས་འགྲིབ་པ་ཞིག་དང་། ཡང་གསུང་རབ་ཀྱི་དོན་ཙུང་ཟད་གོ་ཡང་གཟུ་བོར་མི་གནས་པའི་བློས་གཞན་དབང་དུ་གྱུར་བ་ལ་ལ་དག་སྡོམ་གསུམ་རབ་དབྱེ་ནས་བཤད་པའི་ལུང་རིགས་རྣམས་རང་རིགས་ལྟ་སྒྲུབ་ཀྱི་འཚང་ལ་ཕོགས་པས་དེ་དག་ཡང་དག་པ་མིན་པར་གོ་ཡང་འཁོར་དང་ཁྲིམ་ལ་འཁྲིན་པའི་དབང་ལས། བདེན་ལན་མི་འབྲུལ་བའི་ཁར་སླར་ཡང་། རྐུན་པོ་གཡག་མགོར་བཞོན་ནས་སྨྱོན་པ་ལྟར། ལུང་རིགས་ལྟར་སྣང་གི་སྡིག་སྐྱར་བླུན་པོའི་ཁ་ཤགས་ལྟ་བུ་སྣ་ཚོགས་པ་ཞིག་ལྐོག་ལབ་ཀྱི་ཚུལ་དུ་བཟློས་པ་ཞིག་ནི། ཐུ་མོ་ནས་བྱུང་ཚོད་དུ་འདུག་ཀྱང་། ཡེ་གེར་འབྲི་ནུས་པ་ཞིག་ཆེར་མ་བྱུང་བ་འདྲའོ། །དགག་སྒྲུབ་ཀྱི་རྣམ་གྲངས་ཁྲན་བུ་བཀོད་པ་འགའ་རེ་མཐོང་མོད། ལུང་རིགས་གནད་གང་ཡང་མེད་པར་ངན་ཤགས་འདེབས་པ་འདྲ་བ་དང་། ལ་ལ་དག་ནི་ཆང་བཟིའི་གཏམ་ལྟ་བུར་འདུག་པ་ལན་བྱ་འོས་སུ་མ་གོ །དུས་ཕྱིས་རྒྱལ་བ་ཐམས་ཅད་ཀྱི་ཐུགས་རྗེའི་རང་གཟུགས་པད་དཀར་འཛིན་པ་ཉིད་འཕགས་པའི་ཡུལ་དུ་ཇོ་བོ་ནཱ་རོ་ཏ་པ་དང་གངས་ཅན་གྱི་རྒྱུད་འདིར་དཔལ་ལྡན་འབྲུག་པའི་སྐྱེ་མེས་གཙང་རྒྱ་རས་དང་། རྒྱལ་དབང་རྗེ་སོགས་སུ་སྤྲུལ་ནས་རིགས་པའི་གནས་ལྔ་ལ་སྦྱངས་པ་མཐར་ཕྱིན་ཅིང་། དབེན་པར་ཟབ་དོན་ཉམས་སུ་བཞེས་པའི་གནས་ལུགས་ཀྱི་དོན་མངོན་གསུམ་དུ་རྟོགས་པས་རྣལ་འབྱོར་གྱི་དབང་ཕྱུག་ཆེན་པོར་གྱུར་པ་སོགས་སྒྱུ་འཕྲུལ་དྲ་བའི་བཟློས་གར་ཅིར་ཡང་བསྟན་ནས་སླར་ཡང་མི་ཕམ་པདྨ་དཀར་པོ་ཞེས་བྱ་བའི་གཟུགས་ཀྱིས་འགྲོ་བ་མཐའ་ཡས་པའི་དོན་མཛད་པར་རང་ཉིད་ཀྱི་ཞལ་གྱི་བཞེས་པའི་ཡོན་ཏན་དང་ལྡན་པ་དེ་ཉིད་ཀྱི། ཇི་ལྟ་ཇི་སྙེད་ཀྱི་དོན་ཐམས་ཅད་ལ་གཟིགས་པ་ནམ་མཁའི་རྗེས་སུ་འགྲོ་ཞིང་། ཀུན་ཏུ་གཟུ་བོར་གནས་པ་འཕགས་པ་འཇམ་པའི་དབྱངས་ལ་ཅི་སྟེ་རྒོལ་ཡང་། སྡོམ་གསུམ་རབ་དབྱེ་དགག་སྒྲུབ་ཀྱི་རྣམ་གྲངས་མང་ཞིང་། ལྷག་པར་ཕྱག་རྒྱ་པ་ལ་ཆེད་བཟློས་པ་ལྟ་བུའི་དགག་སྒྲུབ་རྣམས་མཉམ་མེད་དྭགས་པོ་ལྷ་རྗེའི་བཀའ་སྲོལ་གྱི་རྗེས་སུ་འབྲངས་པའི་སྒྲུབ་པ་པོ་སྟོང་ཉིད་ཀྱི་དོན་ལ་གོ་མྱོང་ཙུང་ཟད་ཡོང་ཀྱང་། ཇི་སྙེད་པའི་ཤེས་བྱའི་མཐའ་རྒྱ་ཆོད་པའི་ཐུགས་སྦྱབས་དོག་པའི་རྣམ་འགྱུར་ཅན་མང་པོའི་ཡིད་ལ་ཟུག་རྔུར་གྱུར་པ་དག་གཟིགས་པ་ན། དེང་དཔོན་ཐབས་ལ་མཁས་པས་ལམ་གྱི་ངལ་བས་ཡིད་དུབ་པའི་ཚོང་ཕྲུག་རྣམས་ལ་ལམ་དུ་གྲོང་ཁྱེར་ཡིད་དུ་འོང་བ་འདོད་ཡོན་སྣ་ཚོགས་ཀྱི་གང་བ་ཞིག་སྤྲུལ་ནས། དེར་ངལ་བསོ་བར་བྱས། སླར་ཡང་རིན་པོ་ཆེའི་གླིང་དུ་

ཁྲིད་པ་ལྟར། རེ་ཞིག་བཀའ་སྒྲོལ་བཟང་པོའི་རྗེས་སུ་འཇུག་པའི་སྐལ་བས་དབེན་པ་དག་གི་སེམས་གསོ་བའི་ཕྱིར་དུ་བརྟག་གཉིས་ཀྱི་དྲི་བ་དང་། ཕྱག་ཆེན་གཞན་མཛོད་ལ་སོགས་པར་རབ་དབྱེ་ལ་སྐྱོན་གྱི་རྣམ་པ་འདི་དང་འདི་ལྟ་བུ་ཡོད་དོ་ཞེས་ལྟེམ་པོར་དགོངས་པའི་ངག་གིས་དགག་སྒྲུབ་ཀྱི་རྣམ་གྲངས་ཅི་རིགས་པར་འགོད་པར་མཛད་དོ། །

དེ་ལ་བརྟག་གཉིས་དྲི་བ་ནི་མཁས་པའི་གྲྭ་ས་ཕལ་ཆེར་དུ་ཕྱིན་ཅིང་བརྟག་གཉིས་འཆད་པོ་ཡོངས་ལ་དྲི་བའི་ཟློལ་མ་གཏོགས་སྡོམ་གསུམ་རབ་དབྱེ་ལ་ཆེད་དུ་བཟས་པར་གོ་ནས་ལན་གྱི་རྣམ་གྲངས་཈ུང་མང་པོ་ཞིག་བྱུང་ཚོད་དུ་འདུག་ལ། གཞན་མཛོད་ནི་ཕྱོག་ལབ་ཀྱི་ཚུལ་དུ་དྲིས་པས་མཁས་གྲྭ་ཕལ་ཆེར་དུ་མ་སླེབས་པར་དགག་སྒྲུབ་ཀྱི་གནད་ཅི་འདྲ་ཡོད་མ་གཟིགས་པའི་དབང་ལས་ལན་མཛད་པ་པོ་གཞན་ནི་བྱུང་བར་མ་ཐོས། མང་དུ་ཐོས་པ་ཀླུ་སྒྲུབ་རྒྱ་མཚོ་ཞེས་པ་བདེ་བར་གཤེགས་པའི་གསུང་རབ་དགོངས་འགྲེལ་དང་བཅས་པ་ལ་སྐྱེས་སྦྱངས་རྣམ་དཔྱོད་རབ་ཏུ་གསལ་ཞིང་གསུང་ངག་རིན་པོ་ཆེ་གཙོ་བོར་གྱུར་པའི་སྔན་རྒྱུད་ཀྱི་གདམས་པ་མང་པོ་ཐུགས་ཉམས་སུ་ལེན་པའི་དངོས་སློབས་ཀྱི་ཁྱད་པར་ཡང་ཅི་རིགས་པ་བརྟེས་པ་མཁས་པའི་གྲགས་དཀར་ཕྱོགས་ཀྱི་རྣའི་རྒྱན་དུ་གྱུར་པ་དེ་ཉིད་ཀྱི་མི་ཕམ་པདྨ་དཀར་པོ་མཁས་པའི་གྲགས་པ་ཆེ་བས་མཁྱེན་རབ་ཀྱི་གཏིང་མཐའ་མ་དཔོགས་ཤིང་། ལྷུན་རྩེ་ནས་དཔོན་བློན་ཞལ་དྲག་ཅིང་ཟུར་རྫོ་བས་བཙན་ཁུར་རམ། དཔོན་གནད་ཀྱི་རྣམ་པ་བྱུང་དོགས་ཀྱི་ཐུགས་ཙུང་ཟད་འཛངས་པར་ཡང་གྱུར་ཏེ་བསྟོད་སྟགས་ཀྱི་ཕྲེང་བ་ཇི་ལྟར་འཚམས་པ་ཀླད་དུ་བརྗོད་ནས་འཇིག་རྟེན་གྱི་རྣམ་པའང་མཛད། དངོས་གཞི་གཞན་མཛོད་དུ་སྡོམ་གསུམ་རབ་དབྱེ་རྒྱལ་བའི་ལན་དྲང་པོར་བཏབ་པ་རྩོད་སྤོང་ཉི་མའི་འོད་ཅེས་པ་མཛད་ནས་སྤྲུལ་པའི་སྐྱ་བད་དཀར་གྱི་ཕྱག་ཏུ་ཕུལ་བ་ན། སྤྲུལ་སྐུའི་ཉིད་ཀྱི་དངོས་ལན་འདོན་དཀའ་བར་གཟིགས་ནས། མགོ་མཐོང་གི་ལུས་ངོ་ཤེས་སོ་གསུངས། ཆུ་ལ་བསྐྱུར་རྒྱུའི་ཟློལ་གྱི་མཆན་བུ་ཞུང་དུ་ཞིག་འདེབས་ཕྱིར་སྨུལ་བར་གཟིགས་པ་ན། གཞོད་མཁྱེན་རབ་ཀྱི་མཐའ་དཔོགས་ཤིང་། འཇིག་རྟེན་ཁ་དཔེ་ཆུས་ཚོད་ལོངས་པས་ཉ་ལ་སྨྲར་ཟིན་གྱི་རྣམ་པ་དོན་ལ་གནས་པ་དང་། ཐུགས་སྦྱངས་ཀྱི་མཐའ་འཛལ་བའི་ཕྱིར་ཞལ་སྒྲོ་སྐྱིལ་བའི་ཚིགས་བཅད་ཉམས་འགྱུར་ཅན་སྣ་ཚོགས་པ་དང་། དང་པོ་བརྒྱལ་ལན་ཡང་དེ་དང་ཆ་འདྲ་བར་བཏབ་པ་ཡང་ལན་མཁས་པའི་མིག་ཐུར་ཞེས་པ་མཛད། དེ་གཉིས་ཀྱང་རྣམ་པ་ཀུན་ཏུ་ཚད་མར་འོས་མི་འོས་གང་ལྟར་ཡང་། འཕྲུལ་ངོ་མཚར་གྱི་དང་བ་ཅིར་ཡང་སྐྱེད་ནུས་པ་ཞིག་ཏུ་གོ། །དེ་ལ་ཕྱིས་རིག་པའི་གནས་མང་པོ་ལ་རྣམ་དཔྱོད་ཀྱི་བློ་གྲོས་དཀར་ཞིང་། ལེགས་བཤད་སྨྲ་བའི་ལྷགས་བདེ་ལ་རྣོ་བར་ཡོངས་ལ་གྲགས་པ་ལྟར་རང་ཉིད་ཀྱིས་ཀྱང་ཞལ་གྱིས་བཞེས་

པའི་ས་དེ་རྒྱན་དུ་བྱས་ནས་ཇི་ལྟའི་དོན་ལ་གོ་རྟོགས་ཡོད་མེད་ཀྱི་ཆར་འབྲུག་པ་རང་གི་ཁྲོད་ན་ཀུ་ཅོ་དི་རེར་བངག་དབང་སངས་རྒྱས་རྡོ་རྗེར་གྲགས་པ་དེས། རང་ལུགས་གཞན་མཛོད་ཀྱི་དགོངས་པ་གཞུང་སྲོང་ཞིང་། གླུ་སྒྲུབ་རྒྱ་མཚོའི་རྣལ་ལན་ཆོ་ཕྱེ་མར་འཐག་པར་དགོངས་པ་བར་ཆད་པའི་རྩོད་སྤོང་སྲིད་གསུམ་རྣམ་པར་རྒྱལ་བའི་དགེ་མཚན་ཞེས་པ་མཛད། དེ་ཉིད་ཀྱི་དཔེ་སྐྲན་ཚིག་གིས་འཕྲེང་བ་ཡིད་དུ་འཆིས་པ་དང་བཅས་པ་ཁོ་བོ་ཅག་ལ་གནང་ནས། ཉིད་ས་སྐྱའི་གྲུབ་མཐའ་འཛིན་པ་མ་གཏོགས། གླུ་སྒྲུབ་རྒྱ་མཚོའི་རྗེས་འབྲངས་དངོས་མར་མི་འདུག་པས་ལན་གྱི་སྨྲོས་པ་བྱ་མི་དགོས། གཟུ་བོར་གནས་པའི་བློས་བདེན་རྫུན་གྱི་ཤན་དྲང་པོར་ཕྱེས་ལ། གང་བདེན་པ་ལ་ལེགས་སོ་བྱས་པར་འོས་སོ། །ཞེས་བཀའ་དྲག་ཞིབ་ཆ་དང་བཅས་ཕེབས་པ་ན། རྩོད་སྤོང་གི་མགོར་བཀོད་པའི་ཚིགས་དང་སྔོན་འགྲོ་གླེང་སློང་ལུགས་སོགས་ཤིན་ཏུ་མཁས་པའི་རྣམ་འགྱུར་ངོ་མཚར་གྱི་དང་བ་དབང་མེད་དུ་སྐྱེད་ནུས་པ་ཞིག་འདུག་ཀྱང་། དངོས་གཞིའི་རྣལ་ལན་རྣམས་ལས་སྣ་ཚོགས་སྒྲུབ་པའི་ཁ་དོག་ལྷ་བུར་མཐོང་ནས། སྙིགས་དུས་ཀྱི་སྐྱེ་བོ་རང་སྐྱོན་ཐལ་མོས་འགེབས་ཤིང་། གཞན་སྐྱོན་མཛུབ་མོས་འཛུབ་དག་གི་ཕྱོགས་ལྷུང་གི་ཅ་ཅོས་རང་གཞན་གྱི་རྒྱུད་སྲེགས་ཏེ་ངན་འགྲོའི་གནས་སུ་སྤེལ་བའི་ཐབས་སུ་སོང་དོགས་ནས་བཏང་སྙོམས་སུ་བཞག་པ་ཡིན་ནའང་། ཆོས་ཀྱི་རྗེ་ཉིད་ཀྱིས་ཀྱང་གནས་ཚུལ་གྱི་ཞུ་ཚིག་ཙམ་ཞིག་འོང་ཐང་བ་ལ་མ་བྱུང་ཞེས་ཐུགས་ངང་རྫོགས་པའི་རྣམ་པ་དང་། གྲྭ་རིགས་སྦྱིན་བདག་བཅས་པས་ནི་ལན་མ་ཐེབས་སོ་ཞེས་པའི་སྒྲ་བེར་ཙུར་དུ་གྲགས་པ་ཐོས་ནས། གནས་ཚུལ་ཚིགས་བཅད་གཅིག་ཕུལ་བའི་ལན་དུ་ཞུ་འཕྲིན་གདམ་སྐྱེས་དང་བཅས་པ་སངས་རྒྱས་ཀྱི་གྲགས་པ་རྣམ་པར་རྒྱལ་དེས་ཁྲོན་ཡོངས་ནས་ལོ་གསུམ་པའི་དུས་ཀྱི་དགའ་སྟོན་བསྟན་དུས་སུ། བཀའ་ཡིག་རྟེན་ལྡན་ཕེབས་པས་བདེ་བ་ཐོབ། ཅེས་གནས་ཚུལ་བྱུལ་འགྱངས་ལ་ཐུགས་ཅུང་ཟད་ཁྲེལ་ཉམས་དང་། ཡང་། དེ་ལ་གླུ་སྒྲུབ་ཕྱི་མ་སྐྱེས་སྟོབས་ཀྱི་དང་། མཁྱེན་པ་གསལ་ཡང་སྦྱང་སྟོབས་མ་སླིན་ཅིང་། རྟག་དཔྱད་མ་རྫོགས་བཞིན་དུ་ལན་གྱི་འཕྲེང་། མགྲིན་པར་མ་བོས་རྐང་པའི་རྒྱན་དུ་ཕྱིན། ཕྱོགས་སྔའི་འདོད་པར་མ་ཕོག་མུན་པའི་མདའ། རང་གཞན་སྐྱེས་ཆེན་ཡོངས་ལ་ཆེར་རྟོག་པའི། ཡི་གེ་དེ་འདྲ་སྨྲ་བའི་གཞུ་འཁྱོག་ལས། དྲངས་པ་ཙམ་གྱི་བླུན་པོའི་གོ་སར་སླེབས། ཅེས་གླུ་སྒྲུབ་སྤྲུལ་སྐུ་རིན་པོ་ཆེས་ལན་མཛད་མོད་འདུག་པར། ཐུགས་ཤིན་ཏུ་ཁྲེལ་བའི་རྣམ་འགྱུར་དང་། མཁྱེན་རབ་རྒྱལ་ཐུགས་གཟུར་གནས་བློན་པོ་ཡིས། །ཁ་ལོ་བསྒྱུར་བའི་ལེགས་བཤད་གདམ་གསར་པ། །བློ་གསལ་ཡིད་ཁ་འབྱེད་ནུས་སྨན་མཆིས་ན། །སྨྲ་བ་དོན་ཅན་ལགས་པས་མཁྱེན་པར་མཛོད། །ཅེས་ལན་དུ་འོས་པ་ཞིག་བྱ་དགོས་སོ་ཞེས་བསྐུལ་བར་བརྟེན་ནས། ད་ནི་ཁོ་བོ་རང་གི་གོ་ཚོད་དང་བསྟུན་པའི་བདེན་རྫུན་གྱི་ཤན་དྲང་པོར

དབྱེ་བར་བྱ་ཡི། རང་ལུགས་འཁྲུལ་ཡང་ཞེན་པས་སྐྱོང་བ་དང༌། གཞན་ལུགས་འཁྲུལ་ཡང་སྣང་བའི་སུན་འབྱིན་པའི་རྣམ་པར་རྟོག་པ་ནི་ཙུང་ཟད་ཀྱང་མེད་པས། ཐུགས་གཟུ་བོར་གནས་ཤིང་གསུང་རབ་ཀྱི་དོན་ལ་དཔྱད་པར་བཟོད་པའི་བློ་གྲོས་དང་ལྡན་པའི་མཁས་པ་དག་གིས་དཔྱད་པར་མཛོད་ཅིག །ཅེས་གླུད་དུ་བརྗོད་ནས།

༈ ལན་དངོས་ལ། སྔོན་ངག་གི་ཚིགས་བཅད་ལ་སྐྱོན་བརྗོད་པ་མི་འཐད་པ་དང༌། དངོས་གཞིའི་ལན་ལ་རྣམ་པར་བརྟགས་ནས་ཤན་དྲང་པོར་ཕྱེ་བའོ། །དང་པོ། ཀླུ་སྒྲུབ་རྩོད་སྤོང་གི་དབུར། སེམས་འོད་གསལ་དག་པ་གདངས་ཀྱི་རིར། །ལམ་ཕྱག་ཆེན་འོད་བརྒྱའི་སྣང་བ་གསལ། །ཕྱོགས་མི་ཤེས་མུན་པའི་དྲི་མ་བཀྲུས། །མཆོག་བདུད་རྩིའི་ཐིགས་ཕྲེང་འབབ་དེར་བསྟོད། །ཅེས་སྨྲར་བ་ལ། ཉིད་ཀྱི་གསུང་ལས། འདི་གཞི་ལམ་འབྲས་གསུམ་གྱི་ཕྱག་ཆེན་ལ་དགོངས་པར་སྣང་མོད་གཞི་ལ་གནས་པའི་ཕྱག་ཆེན་དེའི་མདངས་ནི། སྒྱུ་མ་ལྟ་བུར་རྣམ་པར་འགྱུར་བ་དང་བཅས་པའི་ཕྱིར་ན་སེམས་ཞེས་བྱ་བར་མིང་བཏགས་ཀྱང༌། བརྟག་དཔྱད་མི་བཟོད་ལ། གཤིས་རང་བཞིན་གྱི་འོད་གསལ་བ་ཀུན་གཞི་རྒྱུད་དེ་ཉིད་གོ་བའི་ཕྱིར་སེམས་ཉིད་ཅེས་དེ་ཕན་གྱི་རྐྱེན་སྦྱར་བས་ཉིད་སྒྲ་མེད་དུ་མི་རུང་བ་ཞིག་ལགས། འདིར་སེམས་འོད་གསལ་ཞེས་དང་པོར་སྨོས་པ་ནི་སྒྲ་རིག་པའི་ཕྱོགས་ལ་འབྱོན་མ་མྱོངས་པའི་གཏམ་གསོང་པོར་སྨྲ་བར་འདུག་པས་ཇོ་བོ་བཟང་བ་དང་ཐུགས་མཛད་པ་ཙམ་ལའང་ཡོད་ཤེས་སྐྱེས་སོ། །ཞེས་འགོད་པར་མཛད་དོ། །དེ་ལ་བརྟགས་ན། དེ་ཕན་གྱི་རྐྱེན་སྦྱར་བས་ཉིད་སྒྲ་མེད་མི་རུང་ཡིན་དུ་ཆུག་ཀྱང༌། སྡེབས་སྦྱོར་གྱི་དབང་ལས་ཚིག་རྐང་པ་སྒོམ་པའི་ཆེད་དུ་ཉིད་སྒྲ་མི་མངོན་པར་མཛད་པ་སྟེ། དཔེར་ན་མངོན་རྟོགས་རྒྱན་ལས། དྷརྨ་ར་ཀ་ཡ་ཞེས་པ་ཆོས་ཉིད་ཀྱི་སྐུ་ཞེས་བརྗོད་དགོས་རྒྱུ་ཡིན་པ་ལ། སྡེབས་སྦྱོར་དབང་གི་ཉིད་ཀྱི་རྐྱེན་མི་མངོན་པར་མཛད་ནས། དྷརྨ་ཀ་ཡ་ཞེས་པ་ཆོས་ཀྱི་སྐུ་ཞེས་བརྗོད་པ་ཡིན། ཞེས་པ་དང་ཚུལ་མཚུངས་པའི་ཕྱིར། གཞན་དུ་འཕགས་པ་ཀླུ་སྒྲུབ་ཀྱིས་ཀྱང་སྒྲ་རིག་པའི་ཕྱོགས་ལ་འབྱོན་པར་མ་མྱོང་ལ། དགེ་ལེགས་སེམས་ལ་སངས་རྒྱས་འབྱུང༌། །རང་སེམས་དེ་ལ་ཕྱག་འཚལ་ལོ། །ཞེས་པར་དེ་ཕན་རྐྱེན་ཉིད་ཀྱི་སྒྲ་མ་བྱུང་བའི་ཕྱིར་རོ། །དེ་སོགས་མཐའ་ཡས་སོ། །གཞན་ཡང་སེམས་ཀྱི་གཤིས་སམ་རང་བཞིན་འོད་གསལ་དེ་ཀུན་གྱི་རྒྱུ་རྒྱུད་དུ་འདོད་པ་ཤིན་ཏུ་འཁྲུལ་ཏེ། ཀུན་གྱི་རྒྱུ་རྒྱུད་ནི་ལང་གཤེགས་ལས། དེ་བཞིན་གཤེགས་པའི་སྙིང་པོ་ཀུན་གཞིའི་རྣམ་པར་ཤེས་པར་གྲགས་པ་སྤྱངས་པར་བྱའོ། །ཞེས་དང༌། རྒྱན་སྟུག་པོ་བཀོད་པ་ལས། ཇི་ལྟར་ཟླ་བ་སྐར་ཚོགས་དང༌། །བརྟག་གཉིས་ལས། སེམས་ནི་རྫོགས་པའི་སངས་རྒྱས་ཉིད། །སངས་རྒྱས་གཞན་དུ་བསྟན་པ་མེད། ཅེས་དང༌། བརྒྱད་སྟོང་པར། སེམས་ལས་སེམས་མ་མཆིས་ཏེ་སེམས་ཀྱི་རང་བཞིན་འོད་གསལ་བའོ། །ཞེས་པར་ཡང་ཉིད་སྒྲ་མ་བྱུང་བས་སངས་རྒྱས་རྡོ་རྗེ་དང༌། བཅོམ་ལྡན་ཤཱཀྱ་ཐུབ་པ་ལའང་སྐྱོན་

བརྗོད་པར་ཆས་པ་ནི་རིག་གནས་ཕྲ་མོ་ཙམ་ཤེས་པས་ང་རྒྱལ་ནས་སླུས་པ་ཁོ་ནའོ། །མཆན། དབུ་ཚད་སེང་གེ་འཕྲིང་ཡིག་གི། །རིགས་སྦྱོར་ལེགས་པར་མ་བསླབས་པས། །རྩོད་པའི་གྲྭ་ར་ཞུགས་ཙ་ན། །རྗོབ་རྟགས་འདི་འདྲ་ཡང་ཡང་སྟོན། །ཅེས་ཏེ་རྗོབ་རྟགས་དང་པོའོ། །སྒྲོན་གསལ་ལས་བདུད་རྩི་ལྔ་ཀ ཞེས་བཤད་པ་མི་འཐད་པར་ཐལ། བདུད་རྩི་ལྔ་དང་ཆུ་བཅུད་བར་མཚུངས་པའི་ཕྱིར་ཏེ། གཟུངས་དག་ལས། ཟས་སུ་མཆིལ་མ་ཟ་བ་དང་། སོགས་ལའང་མཚུངས་ཏེ་མཐའ་ཡས་སོ། །མཆན། གཉིས་པའོ། །མཁའ་ལ་ལྷན་ཅིག་གནས་པ་ལྟར། །དེ་ནི་ཀུན་གཞིའི་རྣམ་ཤེས་ཀྱང་། །རྣམ་ཤེས་བདུན་དང་ལྷན་ཅིག་གནས། །ཞེས་དང་། རྣལ་འབྱོར་དབང་ཕྱུག་གི། ཀུན་གྱི་རྒྱུ་རྒྱུད་ལ་འཁོར་འདས་ཚངས་པས་རྒྱུ་རྒྱུད་ཞེས་སེམས་གསལ་གཞག་གི་དགེ་མི་དགེ་གང་གིའང་ཕྱོགས་མ་ལྟུང་ཞིང་། ཡུལ་དྲུག་གང་གིའང་ཡུལ་ཅན་མིན་པ། སེམས་ཅན་ནས་སངས་རྒྱས་ཀྱི་བར་དུ་རྒྱུན་མ་ཆད་པར་ཡོད་པ་གཅིག་ལ་བཤད་པས། འདུས་བྱས་ཡིན་ལ། སེམས་ཀྱི་རང་བཞིན་འོད་གསལ་ ནི་རྒྱུད་བླ་མར། སེམས་ཀྱི་རང་བཞིན་འོད་གསལ་གང་ཡིན་པ། །དེ་ནི་ནམ་མཁའ་བཞིན་དུ་འགྱུར་མེད་གསུངས། །ཞེས་འདུས་མ་བྱས་སུ་བཤད་པའི་ཕྱིར་རོ། །འདི་ལ་བརྗོད་པར་བྱ་བ་མང་དུ་ཡོད་མོད་རེ་ཞིག་དེས་ཆོག་གོ། །འདི་གཞི་ལམ་འབྲས་གསུམ་ལ་དགོངས་གསུངས་པའང་མ་བརྟགས་པའི་གཏམ་སྟེ། རྩོད་སྤོང་མཛད་པ་པོ་འདི་གཞི་ཕྱག་རྒྱ་ཆེན་པོའི་ཐ་སྙད་མི་བཞེད་པའི་ཕྱིར། དེས་ན་འདི་ལྟ་བུ་ནི་དགག་སྒྲུབ་ཀྱི་མིང་ཙམ་ལ་དོགས་པར་ཟད་དོ། །ཡང་ཀླུ་སྒྲུབ་རྩོད་སྤོང་ལས། ངན་རྟོག་རི་བོ་ལྟ་མིན་མགོན་གྱི་ཞོལ། །རྣམ་དཔྱོད་ལྡོ་བར་ཞུ་ཡང་མ་ཚིམས་པར། །གནས་ལྔའི་མཚོ་ཆེན་རྦབ་གཅིག་གིས་ཟ་བའི། །སྨྲ་མཁས་དྲང་སྲོང་ཆེ་དེ་ཕྱག་གི་གནས། །ཞེས་སྦྱར་པ་ལ། ཉིད་ཀྱི་གསུང་ལས། འདི་དྲང་སྲོང་ཨ་གསྟའི་གཏམ་རྒྱུད་དང་སྦྱར་བར་འདུག་ཀྱང་། ཇི་ལྟར་གྲགས་པ་ལ་བརྟེན་ནས། །རྣམ་པར་དཔྱད་པ་ཐམས་ཅད་བརྗོད། །ཞེས་གྲགས་ཚོད་དང་བསྟུན་ཤེས་ཀྱང་། ཟ་བ་དང་འཐུང་བ་གཉིས་ནོར་བས་ནོངས་པ་སྟེ། འཛིག་རྟེན་དང་བསྟན་བཅོས་ཀྱི་སྒྲ་ལས་ཟན་ཟ་ཆུ་འཐུང་ཞེས་པ་དངོས་སུ་འགལ་བའི་ཕྱིར་རོ། །ཞེས་བྲིས་སོ། །

དེ་ལ་བརྟགས་ན་འདོད་པའི་ཁམས་ཀྱི་དྲི་རོ་རེག་བྱའི་སྐྱེ་མཆེད་ཐམས་ཅད་ཁམས་ཀྱི་ཁ་ཟས་སུ་བཤད་པ་མ་རྟོགས་པའི་སྐྱོན་ཏེ། མདོ་ལས། ཁམས་ཀྱི་ཟས་ནི་འདོད་པ་ན། །སྐྱེ་མཆེད་གསུམ་གྱི་བདག་ཉིད་དོ། །ཞེས་དང་། དེའི་རང་འགྲེལ་ལས། འདོད་པ་ན་སྤྱོད་པའི་དྲི་དང་རོ་དང་རེག་བྱའི་སྐྱེ་མཆེད་རྣམས་ནི་སྣ་དང་ལྕེ་དང་ལུས་ཀྱི་ཁམས་སུ་བཅད་ནས་ཁམས་སུ་བྱས་པའི་ཕྱིར། ཐམས་ཅད་ཁམས་ཀྱི་ཟས་ཁོ་ན་ཡིན་ནོ། །ཞེས་གསུང་པའི་ཕྱིར། དེར་མ་ཟད་ཡང་སྲིད་འཚོལ་བའི་ནུས་པ་དང་ལྡན་པས་ཟས་ཀྱི་སེམས་པ་ལ་སེམས་པའི་ཟས་དང་། ཡང་སྲིད་འགྲུབ་བྱེད་ཀྱི་རྣམ་ཤེས་ལ་རྣམ་ཤེས་ཀྱི་ཟས་སུ་བཤད་པའང་མི་འཐད་པར་ཐལ། རྒྱ་མཚོ

ལ་ཟ་བ་ཞེས་པའི་སྒྲ་སྦྱོར་མི་རུང་ན། དེ་དག་ལ་ལྷ་ཅི་སློས་པའི་ཕྱིར་རོ། །འདོད་མི་ནུས་ཏེ། མདོ་ལས། རིག་དང་སེམས་པ་རྣམ་ཤེས་ནི། །ཟག་བཅས་ཟས་ཡིན་གསུམ་དག་ན། །ཞེས་གསུངས་པའི་ཕྱིར། གཞན་ཡང་རྒྱ་གཞུང་ཚད་ལྡན་ལས། །ཟ་བ་ཤ་ཆང་ལ་ཕྱག་བཅས། །འབྲས་ཆན་འབྲས་བུ་མང་པོ་ཡི། །མཆོད་པ་དེ་ཡི་མགུ་གྱུར་ལ། །ཞེས་པ་མི་འཐད་པར་ཐལ། ཆང་འཐུང་ཞེས་གྲགས་ཀྱི་ཆང་ཟ་ཞེས་མ་གྲགས་པའི་ཕྱིར། དེས་ན་ཟས་ཡིན་ན་ཁ་ནང་དུ་གདལ་གདལ་བྱེད་རྒྱུ་ཞིག་ཡིན་དགོས་དགོངས་ནས་དེ་སྐད་གསུངས་པར་སྣང་མོད། དེ་ལྟར་ན་ཡེ་ཤེས་མཁའ་འགྲོ་མ་ནི་གུ་མའི་མན་ངག་ལས། གཏུམ་མོ་ཟས་སུ་ཟ་བ། ཞེས་དང་རྒྱུད་སྡེ་མང་པོར་བདེ་བ་ཟས་སུ་ཟ་བ་ཞེས་དང་། ཏིང་ངེ་འཛིན་ཟས་སུ་ཟ་བ་དང་། དགའ་བ་ཟས་སུ་ཟ་བ་དང་། ལྷའི་གླུ་མཁན་དང་། བར་སྲིད་ལ་དྲི་ཟ་ཞེས་པ་དང་། ཕ་རོལ་གྱི་གནོད་པ་བྱུང་དོགས་ཀྱི་འཇིགས་སྣང་ལ་གཡེམ་ཟ་བ་དང་། དོགས་པ་ཟ་བ་དང་། རྣམ་རྟོག་ཟ་བ་དང་། སེམས་རྩེ་གཉིས་སུ་ཟ་བ་ལ་ཐེ་ཚོམ་ཟ་བ་ཞེས་པའི་ཐ་སྙད་མདོར་དགོས་པར་འགྱུར་རོ། །གཞན་ཡང་གྲགས་པ་ཚད་མ་ཡིན་ན་ལག་པ་དང་ལྡན་པ་ཐམས་ཅད་གླང་པོ་ཆེ་དང་། འགྲོ་བ་ཐམས་ཅད་བ་གླང་དུ་ལ་བ་སོགས་མཐའ་ཡས་སོ། །ཡང་ཀླུ་སྒྲུབ་རྩོད་སྤོང་ལས། གཉིས་འཐུང་རང་བཞིན་མཛེས་པའི་གོམ་སྟབས་ལ། །འགྲན་འདོད་ལྷ་སྐྱེས་གར་སྟབས་གྱུར་བའི་མོད། །མི་གཙང་འདམ་དུ་ཉལ་བའི་རྣལ་འབྱོར་ལ། །ལྷ་རྣམས་དགོད་པའི་དབྱངས་ཀྱི་ཁྲེལ་ཞེས་ཐོས། །ཞེས་བཀོད་པ་ལ། ཉིད་ཀྱི་གསུང་ལས། གཏམ་རྒྱུད་དང་སྦྱར་བ་འདི་ལ་ཁྲེལ་དགོད་དང་སྦྱར་བའི་དམིགས་རྣམ་དུ་འདུག་ཀྱང་། སྦྱོར་ཕྲེར་འཛོལ་བ་ཡིན་ཏེ། ཐ་སྙད་ཀྱི་གཙུག་ལག་དང་མཐུན་པར་སྦྱོར་བར་བཞེད་ན། ལྷ་རྣམས་ཁྲེལ་བའི་དབྱངས་ཀྱི་དགོད་ཅེས་ཐོས། ཞེས་ཐོག་མར་བསྒྱུར་བཅོས་འདི་དག་སྟེ། ཁྲེལ་ནས་དགོད་པ་ཡིན་གྱི། དགོད་ནས་འཁྲེལ་བ་མ་ཡིན་པའི་ཕྱིར་རོ། །འདི་འདྲ་བའི་ཚིག་སྦྱོར་བཀོད་ན་ལྟར་མ་ཟད་མི་ཡང་ཁྲེལ་རེས་ལགས་ཞེས་བྲི་བར་མཛད། དེ་ལ་བརྟགས་ན། སྙིང་པོ་ཡོད་པར་མ་མཐོང་སྟེ། ཚིགས་བཅད་ཀྱི་དོན་ནི་སྟོན་འབྱུང་གི་གཏམ་རྒྱུད་དང་སྦྱར་ནས་བཞད་གད་ཀྱི་སྒྲ་དབྱངས་དང་བཅས་པའི་སྒོ་ནས་ཁྲེལ་བར་བྱས་ཞེས་པའི་དོན་དུ་སྣང་བའི་ཕྱིར་རོ། །འདི་ནི་སྦྱོར་ཕྲེར་ཤིན་ཏུ་དོད་ཅིང་ནུས་པ་ཆེ་བ་ཞིག་བྱུང་འདུག་པ་དེ་མ་བཟོད་པར་དེ་སྐད་སྨྲས་པ་ཙམ་དུ་ཟད་དོ། །ཡང་རྩོད་སྤོང་ལས། ཆོས་སྟོང་ཉིད་རང་གཟུགས་མ་མཐོང་ཡང་། །སྒྲ་རྟོག་གེའི་འཇུག་ཚུལ་འབྲུལ་བར་གོ། །ཞེས་སྨྲས་པ་ལ་ཉིད་ཀྱི་འདི་རྩོད་སྤོང་མཁན་པོ་ཉིད་ཀྱི་རྟོག་པ་བརྗོད་པ་སྟེ། སྟོང་ཉིད་ཀྱི་རང་གཟུགས་མ་གཟིགས་པ་ཙམ་དུ་མ་ཟད། སྒྲ་རྟོག་པའི་འཇུག་ཚུལ་ལ་ཡང་འཁྲུལ་བར་དགོངས་ཞེས་སྒྲ་དོན་གཉིས་ཀ་ལ་སྨོངས་པར་ཞལ་གྱི་འཆེས་ཀྱང་ཁེངས་སྐྱུངས་པ་དམ་པའི་རྣམ་ཐར་ཡིན་པས་རྗེས་སུ

ཡི་རངས་འབུལ་བའི་གནས་ཏེ་ཞེས་སོགས་འདྲི་བར་མཛོད། དེ་ལྟར་ན་དཔལ་ལྡན་ཆོས་ཀྱི་གྲགས་པ་ཡང་སྒྲ་དོན་གཉིས་ལ་རྨོངས་པར་འགྱུར་ཏེ། རྟོག་དང་ལུང་དག་བྱེད་པ་པོའི། །འདོད་པ་ཙམ་དང་རྗེས་སེལ་དང་། །དངོས་ལས་གཞན་དུ་སྲིད་པའི་ཕྱིར། །བརྟགས་པ་དང་ནི་འཁྲུལ་བ་ཡིན། །ཞེས་སྒྲ་རྟོག་གི་འཇུག་ཚུལ་འཁྲུལ་བར་བཞེད་པའི་ཕྱིར་རོ། །གསུང་རིགས་འདི་ལྟར་ན་སྒྲ་རྟོག་གི་འཇུག་ཚུལ་འཁྲུལ་བར་བཞེད་པ་ལས་འོས་མེད་པ་འདྲ་ཞིང་། དེ་ལྟར་ན་རང་ཅག་ཕྱུགས་ནང་དག་པས་ཙུང་དྲག་པ་འདུག །གཞན་གྱི་སར་དེ་འདྲ་རེ་ཞིག་གསུངས་ན་མི་ལེགས་པར་འདྲའོ། །སྐབས་འདིའི་སྒྲ་དང་རྟོག་པ་ཅི་ལ་ཟེར་དང་། དེའི་ཡུལ་གང་ལ་ཟེར། འཁྲུལ་ཚུལ་ཇི་ལྟར་ཡིན་མ་གོ་བར་སྐད་ངག་ཚིགས་བཅད་དམ་དུམ་སྦྱོར་ཤེས་པས་ཁེངས་ནས་རྫོབ་རྟགས་བསྟན་པ་སྟེ་གསུམ་པའོ། །མཆན། ཡང་ནི་རྟོག་གེ་བ་གང་ལ་ཟེར་མ་གོ་བར་སླས་པ་སྟེ། བསྒྲུབ་བྱ་སྒྲུབ་ནུས་ཀྱི་རྟགས་འགོད་པ་པོ་དེ་ལ་རྟོག་གེ་བར་འབོད་པ་མ་གོ་བར་རྫོབ་རྟགས་བསྟན་འདུག་པས་སོ། །བཞི་པའི་མཆན། ཡང་རྩོད་སྤོང་ལས། ཚིག་མཚོན་ཆའི་ན་བུན་དཀྲིགས་སུ་ཡལ། །ངེད་རྟོག་གེ་མཁན་རྣམས་འོད་གསལ་དང་། །ཞེས་བཀོད་པ་ལ། ཉིད་ཀྱི་རྩོད་སྤོང་མཛད་སྒྲུང་དུ། མཁན་ཆེན་བློ་རྣམ་པ། རྗེ་མཚར་ཆེན། རྗེ་གྲོལ་མཆོག་ཞབས་དང་གསུམ་ལ་བརྟེན་ནས། མཚན་ཉིད་ཐེག་པ་དང་། ཟབ་གསལ་སྣང་རྒྱུད་འཛིན་པར་ཞལ་གྱིས་བཞེས་ནས་རྟོག་གེ་བ་ཡིན་གསུངས་པ་ཅི་སྟེ་རིགས་ཞེས་བྲི་བར་མཛད་པ་ནི། རྟོག་གེ་བ་གང་ལ་ཟེར་གྱི་དོན་མ་དགོངས་པ་སྟེ། ཇོ་བོའི་དབུ་མའི་མན་ངག་གི་འགྲེལ་པར། པཎ་ཆེན་ཤེས་རབ་ཐར་པས། གཏན་ཚིགས་ནི་བསྒྲུབ་བྱ་སྒྲུབ་པ་ལ་མི་བསླུ་བས་ན་གཏན་ཚིགས་སོ་ཞེས་ཀྱང་གསུངས་སོ། །མཆན། རྟོག་གེ་ཞེས་པ་གཏན་ཚིགས་ལ་བརྟེན་ནས་དངོས་པོའི་དོན་གཏན་ལ་འབེབས་པའི་རིགས་པ་ལ་འཇོག་ལ། དེ་ལྟ་བུའི་རིགས་པ་སྨྲ་བའི་གང་ཟག་ལ་རྟོག་གེ་བར་འཇོག་པས། རྗེ་ཀླུ་སྒྲུབ་པ་ཡང་རྟོག་གེ་བ་ཤིན་ཏུ་ཡིན་པའི་ཕྱིར་རོ། །དེ་ར་མ་ཟད་རྟོག་གེ་བ་རྣམས་ཀྱི་གཙུག་གི་ནོར་བུ། རིགས་པ་མཁྱེན་པ་ཕྱོགས་གླང་ཡབ་སྲས་ཀྱང་རྟོག་གེ་བར་བཤད་ཅིང་། མཁྱེན་རབ་དབང་ཕྱུག་ས་སྐྱ་པཎྜི་ཏས་ཀྱང་། །དེ་ལ་རྟོག་གེ་བདག་འདྲ་ཡི། །བློ་ཡང་ཐེ་ཚོམ་མི་འདུག་སྟེ། །གཏན་ཚིགས་བཟང་པོ་དང་ལྡན་པ། །དེ་བས་ཁྱོད་ལ་བསྟོད་ཕྱག་འཚལ། །ཞེས་རྟོག་གེ་བར་ཞལ་གྱི་བཞེས་པའི་ཕྱིར་རོ། །

ཡང་རྩོད་སྤོང་ལས། ཨེ་མ་ཧོ། །ཁོང་སྨྲ་མའི་མཁན་པོ་སྨྲ་མས་བསླུས། །ཆོས་ཕྱུག་རྒྱ་ཆེན་པོའི་རང་ཚུགས་ཞིག །རི་མཐོན་པོའི་བུ་ཆུང་ཐང་ལ་འཁྱམ། །ཆོས་རྟོག་གེའི་གཞུང་ལ་སྐྱབས་གནས་འཚོལ། །ཞེས་བཀོད་པར། ཉིད་ཀྱིས། འདི་ནི་གྲོང་གསེབ་ཏུ་གུ་རུའི་ཆོས་བཅུ་འཛིན་པ་ཚོའི། དབྱངས་ཀྱི་མགོ་འདྲེན་པ་དཔེར་བྱས་པ་སྟེ། དབྱངས་རྟ་ཅི་འདྲ་ན། ཁོང་སྨྲ་མའི་མཁན་པོ་ཞེས་སོགས་ཕྱུག་མོའི་ཕྱི་གཟུར་ལ་བབ་འདུག

ཀྱང་། མོ་བདེན་པོ་མེད་འདྲ་སྟེ། མི་སྲིད་པ་འགའ་ཞིག་སྲིད་པར་ལུང་བསྟན་འདུག་པས་སོ། །ཅིའི་ཕྱིར་ཞེ་ན། སྒྱུ་མའི་འཕྲུལ་འཁོར་གྱི་སྐྱེ་བོ་གཞན་བསླུ་བ་ཡིན་གྱི། སྒྱུ་མ་མཁན་གྱི་ངོར་སྣང་ཡང་བདེན་འཛིན་མེད་པས་མི་ཚུགས། ཕྱག་རྒྱ་ཆེན་པོ་འཁོར་གསུམ་ཡོངས་དག་གི་རང་ཚུགས་སུ་ཞིག་གིས་འཛིགས་པར་སྤྱོབས། རི་མགོ་འཇུག་ལྷོག་ན་མ་གཏོགས་རིའི་བུ་ཆུང་ཐང་ལ་འཁྲུམ་དོན་མེད། ཐེག་པ་མཆོག་གི་གཞུང་བཟང་ཡོད་བཞིན་དུ། རྟོག་གེ་ཁ་སྐྱའི་གཞུང་ལ་སུ་ཞིག་སྐྱབས་ཞེས་བྲི་བར་མཛད་དོ། །དེ་ལྟར་ན་མཁའ་འགྲོ་མ་རྡོ་རྗེ་གུར་ལས། ཨེ་མ་ཧོ་རྡོ་རྗེ་ཨེ་རྡོ་རྗེ་འཆང་། ཨེ་མ་ཧོ་རྡོ་རྗེ་བསྟན་པ་ནི། ཆོས་རྣམས་ཐམས་ཅད་སྟོང་པ་ལ། གང་ཕྱིར་དང་པོ་རབ་གནས་པ། ཞེས་དང་། སྦྱོར་རྒྱུད་ལས། ཨེ་མའོ་སངས་རྒྱས་ཨེ་སངས་རྒྱས། །ཨེ་མའོ་སངས་རྒྱས་མཛད་པ་ལེགས། །ཕྱག་རྒྱ་ཆེན་པོའི་རང་ཚུགས་ཞིག་པར་སོང་སྟེ། ཕྱག་ཆེན་གྱི་རྟོགས་པ་བཟང་པོ་ཡོད་པར་རློམས་པ་རྣམས་ཆོས་བརྒྱད་གཞན་ལས་ཆེ་བར་འདུག་པས་སོ། །གང་ཕྱིར་ངན་སོང་བདག་ཅག་སྦྲུངས། །བྱང་ཆུབ་སྤྱོད་པ་ཉིད་ལ་བཞག །ཅེས་པ་རྣམས་ཀྱང་གུ་རུའི་ཆོས་བཅུ་འཛིན་པ་ཚོའི་དབྱངས་ཀྱི་མགོ་འདྲེན་པ་དཔེར་མཛད་པ་ཕལ་ཆེར་ཡིན། རྟོག་གེར་སྐྱབས་བཙོལ་བར་སོང་སྟེ། གཞན་མཛོད་དུ། རྟོག་གེའི་བརྡ་ཆད་མང་པོར་ངོམ་ངོམ་ཡེར་ཡེར་བྱས་ནས་བྲིས་པས་སོ། །མཆན་ནོ། །ཚིགས་བཅད་ཀྱི་དོན་ནི། སྒྱུ་མའི་མཁན་པོ་སྒྱུ་མས་བསླུས་པར་སོང་སྟེ། ཕྱག་རྒྱ་ཆེན་པོའི་དོན་རྟོགས་པ་བཟང་པོ་ཡོད་པར་རློམ་པའི་རང་ཚུགས་ཞིག་ནས་རྟོག་གེའི་གཞུང་ནས་བཤད་པའི་དགག་སྒྲུབ་མི་མཁྱེན་བཞིན་དུ་མཛད་པ་ན་དབུ་འཁོར་ཏེ། ཅི་གསུངས་འདི་གསུང་ཚང་བརླག་པ་འདི་བྱུང་བའི་ཕྱིར་རོ། །ཞེས་པ་ཡིན་ལ། རིའི་བུ་ཆུང་ཐང་ལ་འཁྲུམས་པ་ལ་རི་མགོ་འཇུག་ལྷོག་མི་དགོས་ཏེ། རིའི་བུ་ཆུང་འགྲོ་ཤེས་པའི་ཕྱིར་རོ། །ཡང་རྩོད་སྤོང་ལས་ཨ་ལ་ལ་ཧོཿ ཆོས་ཚིག་གི་བདག་པོ་འདུལ་བ་ལས། འཁོས་བྲང་བུས་རླ་བ་ཟོས་སོ་ལོ། །ས་ནང་བཅས་མཁའ་ལ་འཕགས་སོ་ལོ། །ཁོང་རྒྱལ་བའི་གསུང་ཡིན་བདེན་ལས་ཆེ། ཞེས་བཀོད་པ་ལ། ཉིད་ཀྱི་འདི་གསང་སྔགས་རྙིང་མའི་ལས་སྦྲུང་འགའ་ཞིག་ཏུ་ཚོགས་ཆང་འཐུང་ཁར་རྣོད་པ་ཞིག་སྣང་ཡང་། རང་རེ་བཙུན་པ་སྐམ་པོ་ཚོ་ལ་མི་མཁོ་བ་འདྲ་ཞེས་དང་། དྲང་དོན་གཙོ་བོར་བྱས་ཆེ་རྒྱལ་བས་གསུངས་པ་ཐམས་ཅད་བདེན་བདེན་ཏག་ཏག་ཏུ་ཁས་ལེན་ཀྱང་མིན། དགོངས་ཏེ་གསུངས་པ་དང་། སྒྲ་ཇི་བཞིན་པ་མ་ཡིན་པ་དང་། ངེས་དོན་སོགས་གཙོ་བོར་སྟོན་ཆེ་གཅིག་ཏུ་མ་ངེས་པའི་འཆད་ཚུལ་དགོས་པས། ལྷའི་བུས་ཞུས་པའི་མདོ་ལས། ལྷའི་བུ་ཆོས་ཐམས་ཅད་ནི་རྫུན་པ་སྒྱུ་མ་ལྟ་བུ་སྟེ་དེའི་ཚེ་ན་ཡང་རྫུན་དུ་སླུའོ། །ཞེས་གསུངས་པ་ལ་བདེན་ལས་ཆེ་ཅི་ཏེ་གསུངས། ཞེས་བྲི་བར་མཛད་དོ། །

དེ་ལ་ཡང་། ཨ་ལ་ལ་ཧོཿ ཞེས་པ་རྙིང་མ་བའི་ཚོགས་ཆང་འཐུང་བའི་སྔགས་ཁ་ནར་འདོད་པ་མི་འཐད་དེ།

གསར་མའི་ཡང་རྫོ་རྗེ་འཇིགས་བྱེད་ཀྱི་སྒྲུབ་པ་ཚད་ལྡན་མང་པོར་བདུད་རྩི་མྱང་བའི་སྐབས་སུ། གཟུགས་སྒྲ་ལ་སོགས་དྲུག་པོ་འདི། །དངོས་དེ་ནམ་མཁའ་ལྷ་བུ་ལ། །ལོངས་སྤྱོད་ཡུལ་དུ་མར་སྣང་། །ཤེལ་ལ་མཚོན་ནི་ཇི་བཞིན་ནོ། །འདོད་པ་ལྔ་དང་ཆོས་རྣམས་ལ། །རྣམ་པར་རྟག་ཏུ་སྤྱོད་པར་དགོས། །ཨ་ལ་ལ་ཧོཿརོལ་ཏུ་གསོལ། ། གནས་པར་མཛོད། མི་ཟིན་སྒྱུ་མ་ལྟ་བུ་ལ། །དགེས་པའི་གར་གྱི་རོལ་བར་མཛོད། །རིག་བྱ་འགག་པ་མེད་པ་ལ༑ །མི་གཡོ་བཞིན་དུ་རོལ་བར་མཛོད། །ཧོ་ཆགས་པ་མེད་བཞིན་ཆགས་པར་མཛོད། །ཨོཾ་སརྦ་ཏ་ཐཱ་ག་ཏ་ཨ་ནུ་རཱ་ག་ཎ་བཛྲ་སྭ་བྷཱ་ཝ་ཨཏྨ་ཀོ྅ཧཾ། ཞེས་བརྗོད་དགོས་པར་བཤད་པའི་ཕྱིར་རོ། །དེས་ན་རང་རེ་བཙུན་པ་སྐམ་པོ་རྣམས་ཀྱང་མངོན་རྟོགས་ཡན་ལག་དྲུག་པ་རེ་སྒོམ་པའི་ཚེ་བདུད་རྩི་མྱང་བ་འདི་མ་ཆད་པ་ཞིག་དགོས་པར་འདུ་བས་ཚིག་དེ་ཡང་མཁོ་བའི་སྐབས་སྲིད་པ་འདྲ་ལགས། དྲང་དོན་གཙོ་བོར་བྱེད་ཚེ་རྒྱལ་བས་གསུངས་ཚེད་བདེན་བདེན་ཏག་ཏག་ཏུ་ཁས་ལེན་ན་བྱེ་མདོ་གཉིས་ལྟ་བུའི་སྐབས་སུ། སེམས་ཅན་ཐམས་ཅད་བདེ་བར་གཤེགས་པའི་སྙིང་པོ་ཅན་དང་། ཆོས་ཐམས་ཅད་བདེན་བདེན་དང་མཐར་ཐུག་ཐེག་པ་གཅིག་ཏུ་གྲུབ་པ་དང་དབང་བཞི་རིམ་གཉིས་སྐུ་ལྔ་ཡེ་ཤེས་ལྔ་སོགས་ཁས་ལེན་ལགས་པའམ། དགོངས་ཏེ་གསུངས་པ་དང་། སྒྲ་ཇི་བཞིན་མིན་པ་དང་། ངེས་དོན་རྣམས་གཅིག་ཏུ་འདོད་པ་ཤིན་ཏུ་ནོར་ཏེ། དགོངས་ཏེ་གསུངས་པ་དང་། ངེས་དོན་དུ་གསུངས་པ་ལེགས་པར་མ་ཕྱེད་པར་སླུས་པ་ནི་རྫོབ་རྟགས་ཏེ། ལྟ་པའོ། །རབ་དབྱེ་ལས། དེས་ན་དྲང་བའི་དོན་དང་ནི། །ཇི་བཞིན་མིན་པའི་སྒྲ་དག་དང་། །དགོངས་པ་དང་ནི་ལྡེམ་དགོངས་དང་། །འཇིག་རྟེན་པ་ཡི་ཐེག་པ་ལ། ། དགོངས་ཏེ་གསུངས་པའི་མདོ་རྒྱུད་ཀུན། །དེ་ལྟར་བདེན་པར་མི་བཟུང་ངོ་། །ངེས་པའི་དོན་དང་ཇི་བཞིན་སྒྲ། ། འཇིག་རྟེན་འདས་པའི་ཐེག་པ་ལ། །དྲང་པོར་དགོངས་པ་རྣམས་ལ་ནི། །ཇི་ལྟར་གསུངས་བཞིན་བདེན་པར་བཟུང་། །ཞེས་གསུངས་པ་ལྟར། དགོངས་ཏེ་གསུངས་པ་དང་། སྒྲ་ཇི་བཞིན་མིན་པ་རྣམས་ནི་དྲང་དོན་གྱི་མིང་གི་རྣམས་གྲངས་ཡིན་ནོ། །དེ་ཡང་དགོངས་པ་ཅན་ནམ་དགོངས་ཏེ་གསུངས་པ་ནི། མདོ་སྡེ་རྒྱན་ལས། མཉམ་པ་ཉིད་དང་དོན་གཞན་དང་། །དེ་བཞིན་དུ་ནི་དུས་གཞན་དང་། །གང་ཟག་གི་ནི་བསམ་པ་ལ། །དགོངས་པ་རྣམས་པ་བཞི་ཞེས་བྱ། །ཞེས་པ་ལྟར་ཡིན་ལ། སྒྲ་ཇི་བཞིན་པ་མ་ཡིན་པ་ནི། རང་གི་བརྗོད་བྱ་སྒྲ་ཇི་བཞིན་དུ་ཁས་བླངས་པ་ལ་ཚད་མས་གནོད་པ་བབས་པ་ལ་བཤད་དོ། །དེས་ན་དྲང་དོན་གྱི་མདོ་རྒྱུད་ལས་གསུངས་པ་ཐམས་ཅད་བདེན་པར་ཁས་ལེན་དུ་ག་ལ་རུང་སྟེ། དྲང་དོན་རྣམས་ཐུབ་པས་ཐུན་དུ་གསུངས་པའི་ཕྱིར་དང་། གཞན་དུ་ན་རང་གི་ཕ་དང་མ་ནི་གསད་པས་ཐར་བ་ཐོབ་པར་ཐལ་བ་སོགས་མཐའ་ཡས་སོ། །ཡང་རྩོད་སྤོང་ལས། སྟོན་རྒྱ་གར་འཕགས་ཡུལ་གྲུབ་ཐོབ་རྣམས། །སྔར་ཐོས་བསམ་སྦྱངས་ནས་བརྟུལ་ཞུགས་སྤྱོད། །ཅེས་

བཀོད་པ་ལ། ཉིད་ཀྱིས། འཕགས་ཡུལ་པ་རྣམས་ཐོས་བསམ་སྦྱངས་རྗེས་སྒོམ་སྒྲུབ་མཛད། དེ་ནས་བརྟུལ་ཞུགས་ཀྱི་སྤྱོད་པ་ལ་འཇུག་པ་ལགས་ཀྱི། ཐོས་བསམ་འབྱོངས་འཕྲལ་བརྟུལ་ཞུགས་ཀྱི་སྤྱོད་པ་སྤྱད་མི་ནུས་ཀྱང་། དེ་ལྟར་དགོངས་པ་ནི་ཨ་ཙ་ར་རྫུན་ཅན་ཞིག་གིས་ཞུས་སྐབས་སུ་སོང་བ་འདྲ་ཞེས་བྲིས་སོ། །དེ་ལ་བརྟགས་ན་ཚིག་དེའི་དོན་ནི། བ་གླང་དང་ལྡན་པའི་ཤིང་རྟ་ལ་བ་གླང་གི་ཤིང་རྟ་ཞེས་པའི་སོ་སོར་རྟོགས་པའི་ཤེས་རབ་ཀྱི་སྤྱང་བྱ་སྤྱངས་པའི་སྟོབས་ཀྱི་ཐོབ་པའི་འགོག་པ་ལ་སོ་སོར་རྟག་འགོག་ཅེས་པ་ལྟར་བར་གྱི་ཚིག་མི་མངོན་པར་བྱས་པ་སྟེ། དེ་ཡང་སྔར་བྱོན་པའི་འཕགས་ཡུལ་གྱི་གྲུབ་ཐོབ་ཐམས་ཅད་མདོ་རྒྱུད་ཀྱི་དོན་ལ་ཐོས་བསམ་གྱི་སྒྲོ་འདོགས་ཆོད་དེ། དབང་བཞི་རྫོགས་པར་བླངས། རིམ་པ་གཉིས་ཀྱི་མན་ངག་ནོད་དེ་ཉམས་སུ་བླངས་པས་མཉམ་བཞག་ཏུ་འཇིག་རྟེན་ཆོས་བརྒྱད་མགོ་མཉམ་སྙོམ་པ་བྱེད་པ་སོགས། སེམས་ལ་བརྟན་པ་ཚུང་ཟད་ཐོབ་པ་ན་ཀུན་འདར་བསང་སྟེ་སྤྱོད། ཚར་བཅད་རྗེས་སུ་དང་གང་རུང་ནུས་པ་བསྟན་པ་ཆེན་པོ་དྲོད་འབྲིང་གི་རྟགས་པ་ཐོབ་ནས་ཀུན་འདར་འཇིག་རྟེན་པའི་མངོན་དུ་སྤྱོད། ཐོས་བསམ་འབྱོངས་འཕྲལ་བརྟུལ་ཞུགས་སྤྱོད་པར་སུས་སླུས་པ་སློས། དེས་ན་སྒྲོ་བཏགས་མ་མཛད། རྣམ་ཤེས་དང་ཡེ་ཤེས་ཆ་མཉམ་པའི་ཚར་བཅད་རྗེས་སུའང་གཉིས་ཀ་ནུས་པ་དྲོད་ཆེན་པོ་མཐོང་བའི་ལམ་ཐོབ་ནས་ཀུན་ཏུ་བཟང་པོ་དང་། ཕྱོགས་ལས་རྣམ་པར་རྒྱལ་བ་དང་། རྒྱལ་ཚབ་ཆེན་པོ་དང་། ཚོགས་བསགས་ཆེན་པོའི་སྤྱོད་པ་ཞེས་སོགས་མཚན་གྱི་རྣམ་གྲངས་དུ་མ་དང་ལྡན་པ་དེ་ཟླ་བ་དྲུག་གི་བར་དུ་སྤྱད་ནས། སླར་ཉེ་རྒྱུའི་སྤྱོད་པ་ཞག་བདུན་གྱི་རྡོ་རྗེ་འཛིན་པའི་ས་གྲུབ་པར་ཚད་ལྡན་ལས་བཤད་དོ། །ཚིག་རང་གི་ངོ་བོ་སྒྲ་ཇི་བཞིན་པ་ལ་སྐྱོན་བརྗོད་ན། ཐམས་ཅད་ཀྱང་དགྲ་བཅོམ་པ། ཞེས་པ་ལ། ཀ་བ་དང་བུམ་པ་སོགས་ཀྱང་དགྲ་བཅོམ་པར་འགྱུར་རོ། །ཞེས་དང་། ཆོས་རྣམས་ཐམས་ཅད་རྒྱུ་ལས་བྱུང་། །ཞེས་པར་ཡང་། འདུས་མ་བྱས་ཀྱི་ཆོས་རྣམས་ཀྱང་རྒྱུ་ལས་བྱུང་བར་འགྱུར་རོ་ཞེས་བརྗོད་པ་དང་འདྲ་བས་འགྲེལ་མི་འབྱུང་ངོ་། །ཡང་རྩོད་སྤོང་དུ། དུས་དེང་གི་རྟོགས་ལྡན་རྒྱལ་པོ་རྣམས། །སྤྱང་དབེན་པ་བརྟེན་ནས་གྲོང་མཐར་འཁྱམས། །ཞེས་བཀོད་པ་ལ། ཉིད་ཀྱིས། གྲོང་མཐར་ཀུན་ཏུ་རྒྱུ་ཞིང་འཁྱམས། །འདི་ཚོ་རྟོག་ལྡན་གྱི་རྒྱལ་པོ་མིན་གྱི། སྙིང་པོའི་དོན་གྱི་རྟོགས་ལྡན་གྱི་རྒྱལ་པོ་རྣམས་ནི་ཆོས་བརྒྱད་ཀྱི་འདུ་ཚོམ་ཞིག །རིའི་བུ་བྱས། ན་བུན་གྱི་གོས་གྱོན། ལྷོ་གོས་གདམ་གསུམ་ལ་རྩེག་རུམ་མི་བྱེད་པར་ཕྱི་དབེན་པ། ནང་མལ་བསྟན། གསང་བ་ལུས་ཀྱི་གནད། དེ་བཞིན་ཉིད་དམིགས་པ་གར་གཏད་ཀྱིས་སྙེང་དུ་སྤྱང་ལ་བེ་ཕུར་བཏབ་པ་བཞིན་དུ་སྒྲུབ་པའི་རྒྱུན་འཛུགས་ཀྱིན་གདའ། ཞེས་སོགས་བྲི་བར་མཛད་དོ། །

དེ་ལ་བརྟགས་ན་ཇི་སྐད་གསུངས་པ་དེ་ལྟ་བུའི་རྣལ་འབྱོར་པ་དེང་སང་རྒྱ་ལམ་ན་སྲིད་པ་ཙམ་ནི་ཡོད་

ཤེས་ཁ། ཕལ་ཆེར་ནི་འབྲུག་པ་ཀུན་ལེགས་ཀྱི་ཁོ་རང་གི་གྲྭ་པ་ཚོར་གནང་བའི་ལམ་ཡིག་ནང་ལྟར་གྱི་མཚན་ཉིད་དང་ལྡན་པ་ཤས་ཆེ་བར་སྣང་། རྟོག་ལྡན་གྱི་རྒྱལ་པོ་ཡིན་པར་རང་རློམ་ཞིང་འདོད་ཡོན་དོན་དུ་གཉེར་བའི་བླུན་པོ་རྣམས་ཀྱི་མིག་སྔ་འབབ་ཚུར་སྒྲོག་པ་ལྟར་སྒྲོ་བཏགས་ཀྱི་བསྟོད་བཀུར་འབྲུག་ལྟར་ལྡིར་བ་འགའ་ཞིག་ཀྱང་གནས་སྐོར་གནས་འབྲེལ་ལ་སྐད་བཏགས་ནས་བླུན་རྨོངས་ཀྱི་འཁོར་འདུ་དང་། ཟང་ཟིང་གི་འདུ་སོགས་ཞེ་ལ་བརྣགས་ཏེ་ཡུལ་ཀུན་ཏུ་གླུ་མཁན་ནང་ཚང་སྐྱུས་འདེགས་པ་ལྟར་ལོང་ལོང་འཁྲུམས་པ་ཡང་མཐོང་། རྟོགས་ལྡན་གྱི་རྒྱལ་པོ་པདྨ་དཀར་པོ་ལྟ་བུས་ཀྱང་ལྟོ་གོས་གཏམ་ནོར་ཕྱོགས་རིས་ལ་རྩེག་རྩུམ་མཛད་ཅིང་། དེ་ལྟར་མཛད་པ་ཆོས་རྗེ་རྣམ་གྲགས་པའི་ཞུས་ལན་དུ་ཁོང་རིགས་ཀྱང་ཞལ་གྱིས་བཞེས་གདའ་ལགས། དེ་མན་གྱི་ཟུར་བབ་ཚོར་དཔྱད་རྒྱུ་མི་འདུག་པས་བཏང་སྙོམས་སུ་བཞག་གོ། །ཡང་རྗེ་ཀླུ་སྒྲུབ་པས་ཡང་ལན་གྱི་མཆོད་བརྗོད་དུ། དྲང་དང་ཇི་བཞིན་དོན་མིན་དྲང་དོན་དང་སྒྲ་ཇི་བཞིན་མིན་པ་དང་ལྡེམ་པོའི་ངག་གི་ཆོས་གདམས་པ་འབྲུག་པའི་བཤེས་གཉེན་ཚོ་ལས། རྗེ་ཀླུ་སྒྲུབ་པའི་འདྲེན་པ་རྣམ་གསུམ་ཆེས་ལྷག་སྟེ། དེ་གསུམ་ནི་ངེས་གསང་འབའ་ཞིག་གི་གསུངས་པའི་ཕྱིར་རོ། །ཞེས་པར་འདུག་པ་སྐྱོན་ཅི་ཡང་མེད་དོ། ། མཆན། ལྡེམས་པོའི་ངག །འདོམས་མཛད་བཤེས་གཉེན་གཞན་ལས་ཆེས་ལྷག་པའི། །ངེས་གསང་བདུད་རྩིའི་བཅུད་ཀྱི་པད་དཀར་སྙིང་། །ཆིམས་མཛད་འདྲེན་པ་རྣམ་གསུམ་འདིར་ཕྱག་ཡིན། །ཞེས་བཀོད་པ་ལ། ཉིད་ཀྱི་གསུང་ལས། རྐང་པ་དང་པོའི་མིན་པ་གསལ་བྱེད་དུ་བྱས་ན་དྲང་དོན་མིན་པ་དང་། སྒྲ་ཇི་བཞིན་མིན་པ་ཞེས་པར་གྲུབ། དེ་གཉིས་འོག་མ་དང་འབྲེལ་ན། དྲང་དོན་མིན་པའི་ངེས་དོན་དང་། སྒྲ་ཇི་བཞིན་པ་མིན་པ་གཉིས། ལྡེམས་པོའི་ངག་ཅེས་པར་སོང་བས། དེ་ལྟར་བཞེད་ཨེ་ནུས། ནུས་ན་མཐའ་དྲུག་གི་རྣམ་གཞག་རྒྱས་པར་བསྟན་པ་ཡེ་ཤེས་རྣམས་ཀུན་ལས་བཏུས་ལ་སོགས་རྒྱུད་སྡེ་དང་། སྒྲོན་གསལ་ལ་སོགས་པ་དགོངས་འགྲེལ་ཆེན་པོ་རྣམས་ཀྱི་འཇོག་མཚམས་འགལ་བས། ཁྱེད་ཀྱི་དངོས་པོར་རྒྱུད་འགྲེལ་རྣམས་ཁོག །ཕྱིས་ནས་བཀའ་རྒྱུད་ཀྱི་དགོངས་པ་སྲུན་འབྱིན་པར་གྱིསཤིག་ཅེས་སོགས་བྲི་བར་མཛད་དོ༎ ༎

དེ་ལ་བརྟགས་ན་ཚིགས་བཅད་དེའི་དོན་ནི། སྟོང་པ་ཉིད་ཁོ་ན་བསྒོམ་པས་རྣམ་པར་གྲོལ་བར་འགྱུར་ཚུལ་དྲང་དོན་དུ་གསུངས་པ་དེ་ངེས་དོན་དུ་འཁྲུལ་ནས་སྟོང་ཉིད་དམ་ཆོས་ཉིད་ཀྱི་དོན་གང་ལ་ཟེར་གྱི་རྣམ་དབྱེ་མི་ཤེས་ཞིང་། རྟག་དཔྱད་གང་ཡང་སྟོན་དུ་མ་སོང་བའི་བླུན་པོ་འཁོར་དུ་སྡུ་བྱུང་ལ། སེམས་ཀྱི་གནས་ལུགས་ངོ་སྤྲོད་པར་དེའི་བཤེས་གཉེན་གཞན་ལས་ཆེས་ལྷག་བསམ་ཁྱད་པར་འཕགས་པའི་ངེས་དོན་གྱི་བདུད་རྩི་སྙིང་དབུས་སུ་འབེབས་ཞིང་ཆིམ་པར་མཛད་པ་རྣམ་གསུམ་ལ་ཕྱག་འཚལ་ཞེས་པར་འདུག །ཁྱོད་ཀྱི་གསུང་རིགས

དེ་དྲང་དོན་སྒྲ་ཇི་བཞིན་པ་མ་ཡིན་པ་དང་། ལྡེམ་དགོངས་རྣམས་དྲང་དོན་གྱི་ཉམས་སྣང་ཡིན་པ་མ་དགོངས་ཤིང་། ཡེ་ཤེས་རྡོ་རྗེ་ཀུན་ལས་དང་། འགྲེལ་ཆེན་སྒྲོན་གསལ་སོགས་ལས། རྒྱུད་འཆད་ལུགས་ལ་ཚོགས་དང་། སློབ་བཤད་གཉིས་ཀྱི་ཁྱད་པར་འཇོག་མཚམས་ནི་སྒྲ་ཇི་བཞིན་པ་དང་སྒྲ་ཇི་བཞིན་མ་ཡིན་པ་གཉིས། དགོངས་པ་ཅན་མིན་པ་དང་དགོངས་པ་ཅན་གཉིས། དྲང་དོན་དང་ངེས་དོན་གཉིས་ཏེ་མཐའ་དྲུག །འཆད་བྱེད་ཡིག་དོན་གྱི་བཤད་པ། སྤྱི་དོན་དུ་བཤད་པ། སྦས་དོན་དུ་བཤད་པ། མཐར་མཐུག་གི་དོན་དུ་བཤད་པ་སྟེ། ཚུལ་བཞི་དང་བཅུའི་སྒོ་ནས་འཆད་པ་ལ་མཐའ་དྲུག་ཚུལ་བཞིའི་སྒོ་ནས་བཤད་པ་ཞེས་པའི་ཐ་སྙད་མེད་ཅིང་། དེ་ཡང་སྒྲ་ཇི་བཞིན་པ་དང་། དགོངས་པ་ཅན་མིན་པ་དང་། དྲང་དོན་དང་། ཡི་གེའི་དོན་གྱི་བཤད་པ་དང་། སྤྱི་དོན་དུ་བཤད་པ་དང་ལྔ་ལ་ཚོགས་བཤད་ཀྱི་འཆད་ལུགས་དང་། གཞན་ལྔ་ལ། སློབ་བཤད་ཀྱི་འཆད་ལུགས་སུ་གསུངས་པ་དེ་ལ་འབྲེལ་ནས་སྤྱི་བབས་ཀྱི་དྲང་ངེས་དང་། འདིའི་སྐབས་ཀྱི་དྲང་ངེས་ཀྱང་། གཅིག་ཏུ་འབྲེལ་ནས་གསུངས་པར་ཟད་དོ། །སྤྱི་བབས་ཀྱི་དྲང་ངེས་ལ་བརྗོད་བྱའི་དབང་དུ་བྱས་ན། ཆོས་དབྱིངས་དང་ཆོས་ཉིད། དོན་དམ་བདེན་པ་སོགས་ངེས་དོན་དང་། ཀུན་རྫོབ་བདེན་པ་དྲང་དོན་དུ་འཇོག་ཅིང་བརྗོད་བྱེད་ཀྱི་དབང་དུ་བྱས་ན། དོན་དམ་བདེན་པ་དངོས་བསྟན་བརྗོད་བྱའི་གཙོ་བོར་སྟོན་པའི་མདོ་ལ་ངེས་དོན་གྱི་མདོ་དང་། ཀུན་རྫོབ་བདེན་པ་བརྗོད་བྱའི་གཙོ་བོར་སྟོན་པའི་མདོ་ལ་དྲང་དོན་གྱི་མདོར་འཇོག་ཏེ། ཏིང་ངེ་འཛིན་རྒྱལ་པོ་ལས། སྟོང་པ་བདེ་བར་གཤེགས་པས་བསྟན་པ་ལྟར། །ངེས་དོན་མདོ་སྡེ་དག་གི་བྱེ་བྲག་ཤེས། །གང་ལ་སེམས་ཅན་གང་ཟག་སྐྱེས་བུ་བསྟན། །ཆོས་དེ་ཐམས་ཅད་དྲང་བའི་དོན་དུ་ཤེས། །ཞེས་དང་། སློབ་དཔོན་ཟླ་བས། མདོ་གང་དེ་ཉིད་མ་ཡིན་བཤད་དོན་ཅན། །དྲང་དོན་གསུངས་པའང་རྟོགས་ནས་དྲངས་བྱ་ཞིང་། །སྟོང་ཉིད་དོན་ཅན་ངེས་དོན་ཤེས་པར་གྱིས། །ཞེས་གསུངས་པའི་ཕྱིར། མཐའ་དྲུག་ཚུལ་བཞིའི་སྐབས་སུ་ནི། བཤད་བྱ་སྤྱི་སྦས་མཐར་ཐུག་གསུམ། རིམ་པ་བཞིན་འཆད་བྱེད་ཡན་ལག་གི་དོན་གྱི་འཆད་པ་ལ། སྒྲ་ཇི་བཞིན་པ་དང་། ངེས་པའི་དོན་དང་། དགོངས་པ་ཅན་མ་ཡིན་པའི་བཤད་པ་ཞེས་ཟེར། བཤད་བྱ་དེ་གསུམ་རིམ་པ་བཞིན་འཆད་བྱེད་ཡིག་དོན་བསྡུས་དོན་མན་ངག་གི་སྒོ་ནས་འཆད་པ་ལ། སྒྲ་ཇི་བཞིན་པ་མིན་པ་དང་། དྲང་བའི་དོན་དང་། དགོངས་པ་ཅན་གྱི་བཤད་པ་ཞེས་ཟེར་བས་ཁྱད་པར་ཤིན་ཏུ་ཆེའོ། །ཡང་ཡང་ལན་ལས། རྩད་ཅིང་དྲིས་པའི་ངག་གི་དབྱུགས་པ་ཡིས། །བསྟུན་ཡང་ལྷབ་ལྷིབ་དབྱར་དུས་རྔ་ཟླུམ་སྒྲས། །སྐྱོན་པ་སྤྲིང་ཚེ་མ་བརྡུངས་ལྷ་ཡི་རྔ། །སྟོང་གསུམ་ཁྱབ་པའི་སྒྲ་ལ་སུ་མི་ཉན། །ཞེས་བཀོད་པ་ལ། ཉིད་ཀྱིས། དབྱར་དུས་ཀྱི་རྔ་བོ་ཆེ་དཔལ་ལྡན་འབྲུག་པ་ལ་ལེགས་པར་བཤད་པའི་སྒྲ་དབྱངས་གསང་ཐོར་སྐད་ཞལ་དུ་སྒྲོག་པའི་མཐུ་

གདོན་མི་ཟ་བར་ཡོད་མོད་ཀྱི། ལྷབ་ལྷིབ་ལས་མི་འབྱིན་པ་ཞིག་ན། བྱང་ཐང་དུ་སྐྱེས་པས་དབྱུ་གུ་ངན་པ་དེས་འདུལ་བ་ཡིན་ལ་རག །ཅེས་དང་། སྒྲ་དེས་སྟོང་གསུམ་ཁྱབ་པར་བཤད་པ་འདི་སྟོན་མེད་པའི་གདམ་གསར་འགམས་ཆེས་པས། གཞུང་རྙིང་པ་རྣམས་དོགས་ཟློན་བྱ་བར་རིགས་སོ། །ཞེས་བྲིས་སོ། །དེ་ཡང་དཔལ་ལྡན་འབྲུག་པ་ལ་རྟོད་སྟོང་གི་ལན་གསང་ཐོར་སྒྲོག་པའི་ནུས་པ་ཡོད་ན། མི་སྒྲོག་པར་འཕགས་པ་རྟ་ཐུལ་གྱི་ཚངས་པ་ཆེན་པོ་ལ་འབྱུང་བ་ཆེན་པོ་བཞི་གོང་དུ་འགག་ཅེས་བྲིས་པའི་ལན་ལྟ་བུའི་མཚན་བྱ་དེ་བཏབ་པ་ལ་དགོས་པ་མེད་པར་འདྲ་ལགས། བྱང་ཐང་དུ་སྐྱེས་པས་ངན་པའི་ངེས་པ་ག་ལ་ཡོད་དེ། དཔེར་ན་འཁྲོམ་སྟོན་པ་རྒྱལ་བའི་འབྱུང་གནས་དང་། འབྲོག་མི་ལོ་ཙྪ་བ་ཤཱཀྱ་ཡེ་ཤེས་དང་། འགོས་ཁུག་པ་ལྷ་རྗེས་སེ་ལ་སོགས་པ་བྱང་ཐང་དུ་སྐྱེས་གདའ་བ། སྒྲ་དེས་སྟོང་གསུམ་ཁྱབ་པར་བཤད་པ་སྐྱོན་དག་པའི་མི་ཕྱུལ་བྱུང་གི་རྒྱུན་ཞེས་པ་དེར་གདའ་འོ། །ཡང་ལན་ལས། རབ་དབྱེར་རྒྱལ་བའི་ཇ་མ་བརྒྱལ་ལན་གྱིས། །དབྱུག་པ་འཕངས་ཆེ་མ་འབྲེལ་ཙ་ཙོའི་འཕྲུན། །མཚན་བྱས་ཕོ་ཉ་འཕྱིར་ཞིང་འདིར་སོན་པ། །ཡང་ལན་ཟས་སྐོམ་འདི་བྱིན་ཆེམ་པར་གྱིས། །ཞེས་བགོད་པར། ཉིད་ཀྱིས། མཚན་བྱའི་ཕོ་ཉ་ཙ་ཙོར་འཕྲུན་པ་ནི་རྟོད་སྟོང་ལ་ཁྲེལ་བ་སྟེ། རྗེ་ས་པཎ་གྱིས། རྣམ་པར་མཐོང་ན་འཕྲུན་འཆོར་བ། །གང་ལ་ཡོད་པ་ཐ་ཤལ་བལྟ། །ཅེས་པའི་ཐོག་ཏུ་བབས་སོ། །ཞེས་བྲི་བར་མཛད་དོ། །དེ་ལ་ཆན་བུའི་ཕོ་ཉ་འཕྲུན་པ་ནི། འཇིག་རྟེན་གྱི་ཁ་དཔེ་ལ། གོ་རང་གི་མ་ཆོད་པར་ཡི་ཕ་མིང་ལ་མུག་པ་ཞེས་པ་ལྟར། མཚན་བྱ་འདེབས་པ་པོ་ལ་འཕྲུན་པ་ལས་འོས་ཅི་ཡོད། ལེགས་བཤད་ཀྱི་ཟས་དང་ཁར་མི་འགྲོ་ཞིང་སྐྱུག་ལོག་པ་དེ་ལེགས་བཤད་ལ་ལོངས་སྤྱོད་མ་མྱོངས་བའི་རྐྱེན་ཡིན་པར་སེམས་སོ། །

འདིར་སྨྲས་པ། སྒྲོས་ངན་མི་གཙང་ཟས་སུ་ཟོས་པ་ཡི། །སྐལ་ངན་ཁྭ་ཏའི་ཚུ་ཡིས་ལེགས་བཤད་ཀྱིས། །དྲི་ཞིམ་པད་མོའི་ཚལ་སྐྱེག་སྐྱན་ངག་པ། །འགའ་ཡི་ཐྲུན་ཞུས་གཏམ་ལ་ཁྱོད་གསན་ནི། །གནས་ལྔ་རིག་པ་ས་སྐྱ་པཎྜི་ཏའི། །ལེགས་བཤད་བདུད་རྩིའི་རྒྱ་མཚོར་རྟག་རོལ་བའི། །ཀླུ་སྒྲུབ་འདབ་བཟང་ངང་པའི་རྒྱལ་པོ་གང་། །སྐྱན་ཚིག་མགྲིན་ཐ་བརྟུངས་ལ་མགྲིན་པ་མཐོ། །ཞེས་སོ། །

༄ གཉིས་པ་ནི་ཕྱོགས་སྔ་མའི་བརྒྱལ་ལན་གྱི་ཚིག་ཇི་ལྟ་བ་བཞིན་བཀོད་ན་ཧ་ཅང་ཡི་གེ་མང་བས་འཇིགས་ནས་སྙིང་པོ་བསྡུས་པ་ཙམ་རེ་བཀོད་དེ། དེ་ལ་འཐད་མི་འཐད་ཀྱི་ཤན་དྲང་པོར་ཕྱེ་སྟེ་སྨྲ་བའི་སྒོ་དབྱེ་བར་བྱའོ། །དེ་ཡང་སྤྲུལ་པའི་སྐུ་པདྨ་དཀར་པོའི་དཔལ་ལྡན་འབྲུག་པ་རང་གི་ཕྱག་ཆེན་དུ་མཛད་པའི་རྫོ་རྗེ་ཕག་མོའི་དབྱིན་རླབས་འདིས་སྨིན་བྱེད་དབང་གི་གོ་ཆོད་ཅིང་། དེའི་སྟོན་དུ་སྨིན་དབང་གཞན་འགྲོ་མི་དགོས་པ་དེ་ཐུགས་བཞེད་ཀྱི་གཙོ་བོ་ཡིན་འདུག་པས། དེ་སྒྲུབ་པའི་ཕྱིར་བྱིན་རླབས་ཀྱི་ཚོག་ཁོ་ནས་དབང་ཐོབ་པ། དེ་

རྒྱུད་ཐམས་ཅད་ཀྱི་རྡོ་རྗེ་སློབ་དཔོན་དུ་འོས་པ་སོགས་ཡེ་ཤེས་གྲུབ་པར་བཤད་ཅེས་གཞན་མཛོད་དུ་འབྱུང་ཞིང་། བརྟག་གཉིས་དྲི་བར་ཡང་། བྱིན་རླབས་སྨིན་བྱེད་ཡེ་ཤེས་གྲུབ་པར་བཤད། །གསང་འདུས་རྒྱུད་ཟིན་ཡིན་པར་དེ་ནས་གསལ། །ཞེས་བྲིས་སོ། །དེ་ལ་ཀླུ་སྒྲུབ་རྩོད་སྤོང་ལས། དེ་ལྟ་བུའི་དབང་གི་མིང་ཅན་དེ་དབང་གི་སྨིན་ཟིན། ཡེ་ཤེས་སྐྱེས་པ། དྲོད་འབྲིང་པོ་ཡན་ཐོབ་པ་ཞིག་ལ་རྗོགས་པ་པོགས་དབྱུང་གིས་ཆེད་དུ་དབང་གོང་མ་དངོས་སམ། དེ་བྱིན་རླབས་ཀྱི་ཚུལ་དུ་སྒྱུར་ནས་བསྐུར་བ་ཞིག་ཡིན་གྱིན་གྱིས། དབང་གིས་མ་སྨིན་པའི་ལས་དང་པོ་བ་ལ་བསྐུར་ཆོག་པ་མིན་ཏེ། དབང་དེ་ཉིད་ཀྱི་གསོལ་བཏབ་ཏུ། ཕྱག་རྗེའི་བདག་ཉིད་དྲིན་ཅན་གྱིས། །ཡན་ལག་ཡེ་ཤེས་མཆོག་ཐོབ་སྟེ། །རང་གི་རིག་པའི་ངོ་བོ་ལ། །བདག་ནི་ཤིན་ཏུ་ངེས་པ་སྐྱེས། །གཉིས་མེད་ཡེ་ཤེས་འདི་ཉིད་ནི། །འགྲོ་བ་གཞན་ལ་ཡོད་མ་ཡིན། །ཆོས་ཀྱི་བདུད་རྩི་འདི་འཐུང་ཕྱིར། །བླ་མ་མཆོག་ལ་གསོལ་བ་འདེབས། །ཞེས་སློབ་མ་དེ་ལ་དབང་གི་ཡེ་ཤེས་སྐྱེས་ཟིན་པར་བཤད་པའི་ཕྱིར་དང་། ལེའུ་དང་པོར། ཡེ་ཤེས་རྡོ་རྗེ་དབང་བསྐུར་བས། །དངོས་གྲུབ་མཆོག་ནི་སྒྲུབ་པར་བྱ། །ཡང་དག་ཡེ་ཤེས་ཀུན་ལྡན་ན། །བྲིས་པའི་དཀྱིལ་འཁོར་སོགས་གཞན་དུ། དབང་བཀུར་བ་ནི་ལན་ཞེ་ན། འདི་ནི་དམ་ཚིག་ཉམས་པར་གྱུར། ཞེས་ཡང་དག་པའི་ཡེ་ཤེས་དང་ལྡན་ན་བྲིས་པའི་དཀྱིལ་འཁོར་སོགས་སུ་དབང་ལེན་མི་དགོས་ཤིང་། དེ་ལས་གཞན་དུ་སླངས་ན་དམ་ཚིག་ཉམས་པར་འགྱུར་བར་བཤད་པའི་ཕྱིར་དང་། ལེའུ་བཅོ་ལྔ་པར། རྡོ་རྗེའི་ཐིག་རྣམས་གདབ་པ་དང་། །ཚོན་རྩི་དག་ཀྱང་བཀྱེ་བ་ནི། །ཐུགས་ཀྱི་སེམས་དཔས་མི་བྱ་སྟེ། །བྱས་ན་དངོས་གྲུབ་རྙེད་པར་དཀའ། །ཞེས་བྱ་སྟེ་དཀྱིལ་འཁོར་གྱི་ཐིག་གདབ་པ་དང་། ཚོན་རྩི་བཀྱེ་བ་ལ་སོགས་པ་མི་བྱའོ། །ཐུགས་ཀྱི་སེམས་དཔའ་ཞེས་བྱ་བ་ཡིད་སྐྱོབ་པར་བྱེད་པའི་ཕྱིར་ཐུགས་ནི་ཡེ་ཤེས་ཡིན་ཏེ། ཡང་དག་པའི་ཡེ་ཤེས་མཐོང་བ་ཞེས་བྱ་བའི་དོན་ཏོ། །གལ་ཏེ་སྨོངས་པས་དེ་ལྟར་བྱེད་ན་ནི་བྱང་ཆུབ་རྙེད་དཀའ་བར་འགྱུར་ཏེ། བྱིས་པའི་སྐྱེ་བོ་ལས་དང་པོ་བའི་སེམས་ཅན་གྱི་བྱ་བ་བྱེད་པས་སངས་རྒྱས་ཉིད་དང་རྡོ་རྗེ་འཛིན་པ་ཉིད་རྙེད་དཀའ་བར་གྱུར་རོ། །ཞེས་བྱ་བའི་དོན་ནོ། །ཞེས་སྐབས་འདིར་ཐུགས་ཀྱི་སེམས་དཔའ་ནི་ཡང་དག་པའི་ཡེ་ཤེས་མཐོང་ཟིན་པ་དང་། ལས་དང་པོ་བ་དངོས་མིན་པར་བཤད་པའི་ཕྱིར་རོ། །གནད་ཀྱི་དོན་ནི་སྐབས་འདིར་ཐུགས་ཀྱི་སེམས་དཔའ་དང་། ཡེ་ཤེས་རྡོ་རྗེ་དབང་བཀུར་བ། ཞེས་པའི་དབང་བྱ་ཡུལ་གྱི་སློབ་མ་གཉིས་དོན་གཅིག་པས། དེང་དབང་གི་མ་སྨིན་པའི་ལས་དང་པོ་བ་བཞིན་མི་སྲིད་པས་ན། བྱིན་རླབས་དེ་སྨིན་བྱེད་ཡིན་པར་མི་འགྲུབ་ཅིང་། གཞན་ཡང་རྣམ་དབྱེད་དང་བྲལ་བ་མང་པོ་དག །རྡོ་རྗེ་སྙིང་འགྲེལ་ལས། ཟབ་ཅིང་རྒྱ་ཆེའི་ཆོས་རྣམས་ལ། །སྐྱེལ་བ་བྲལ་བའི་བདག་ཉིད་ལ། །ཕྱག་རྒྱ་དཀྱིལ་འཁོར་ཐུགས་སོགས་ཀྱི། །ཡིད་འོང་

བདག་གིས་བསྟན་པ་ཡིན། །ཕྱག་རྒྱ་དཀྱིལ་འཁོར་སྔགས་སོགས་ཀྱིས། །སངས་རྒྱས་རྡོ་རྗེ་སེམས་དཔའ་ཉིད། །སྟོན་པར་བྱེད་པ་མ་འོངས་པའི། །སློབ་དཔོན་རྣམས་ནི་བདུད་ཀྱི་རིགས། །ཞེས་སོགས་དང་། གསང་འདུས་སོགས་ལས། རྡོ་རྗེའི་ཐེག་རྣམས་གདབ་པ་དང་། །ཞེས་སོགས་ཀྱི་འབྲུལ་གཞི་བྱུས་ནས། དཀྱིལ་འཁོར་ཆེན་པོར་སྨིན་བྱེད་དབང་བཞི་སྟོན་དུ་མ་སོང་བར་བྱིན་རླབས་ཙམ་ཞིག་སྨིན་བྱེད་དུ་འདོད་པ་དང་། དབང་དང་བསྐྱེད་རིམ་ལ་མ་བརྟེན་པར་རྫོགས་རིམ་ཀྱང་པར་གྲོལ་བ་འདོད་པ་སོགས་ནི་བླ་མེད་ལམ་གྱི་གནད་བཅོས་པའི་ཉེས་པ་ཆེན་པོར་སྣང་སྟེ། བསྐྱེད་རྫོགས་ཀྱི་ཡེ་ཤེས་གོང་མ་གོང་མ་སྐྱེས་ནས་འོག་མ་འོག་མ་དེ་དག་རྩོལ་བ་ཆེར་མི་དགོས་པའི་ཚུལ་གྱི་སྤྱངས་ཚོག་པའི་ལུང་ལ། ལས་དང་པོ་བའི་དེ་དག་སྤྱངས་ཚོག་པའི་ལུང་དུ་འཁྲུལ་འདུག་པའི་ཕྱིར་རོ། །དེའི་ཤེས་བྱེད་ཀྱང་རྡོ་རྗེ་སྙིང་འགྲེལ་ལས། དེ་ལྟར་བསྐྱེད་པའི་རང་བཞིན་ནི། །རྣམ་པར་རྟོག་པའི་བདག་ཉིད་ཅན། །ལག་པའི་ཕྱག་རྒྱ་བཅིངས་པ་དང་། །འདུག་སྟངས་དང་། འཕྲེང་བའི་ཁྱད་པར་ལ་སོགས་པ་ཐོག་མ་ཉིད་དུ་འཛིན་རྟེན་པའི་ཐ་སྙད་ཁྱད་པར་དུ་བྱས་ལ། ཕྱིས་ཕྱི་མ་ཕྱི་མའི་ཡོན་ཏན་གྱིས་སྔོན་མ་རྣམས་སྤྱངས་པར་བྱ་བ་ནི་རྒྱུད་དེ་དང་དེའི་ངེས་པའོ། །ཞེས་གསུངས་པའི་ཕྱིར། རྣལ་རྒྱལ་གྱི་དཔེ་ཡང་། སྤྱང་ཕྱིར་བསླུ་བའི་ཆོས་ཅན་ཕྱིར། ཞེས་ལུང་གི་དམ་ཚིག་རྣམས་ཆུ་ཐོན་པའི་ཟམ་པ་བཞིན་དུ་སྤྱངས་པར་བྱ། ཞེས་གསུངས་ཀྱང་ས་ཐོབ་པ་ལ་ལུང་ལ་གཙོ་བོར་ལྟོས་མི་དགོས་པའི་དོན་ཡིན་གྱིས། ལས་དང་པོ་བས་ལུང་ལ་ལྟོས་མི་དགོས་པར་སྤྱངས་ཚོག་པའི་དོན་མིན་པ་དང་ཆོས་མཚུངས་པའི་ཕྱིར་རོ། །ཞེས་བཀོད་པ་ལ། ཉིད་ཀྱི་གསུངས་ལས། ཡེ་ཤེས་གྲུབ་པའི་ལུང་དོན་ལ་དཔྱད་ན། ཁྱོད་ཀྱི་འདོད་པ་འཇིག་པར་འགྱུར་གྱི། ངེད་ལ་ཕན་པ་ཁོ་ན་སྟེ། ཞེས་དང་། ཐུགས་རྗེའི་བདག་ཉིད་སོགས་ནི་དབང་བསྐུར་བ་པོའི་རྡོ་རྗེ་སློབ་དཔོན་ཁོ་ན་ལ་སྦྱོར་དགོས་ཏེ། ཞེས་སོགས་ལུང་ལ་འབྲུ་སྣོན་མཛད་ཅིང་། དེ་ལྟར་མིན་པར་སློབ་མ་ལ་སྦྱར་ན། ཡང་དག་ཡེ་ཤེས་མཆོག་ཐོབ་ཟིན་ནས་སླར་ཡང་ཆོས་ཀྱི་བདུད་རྩིའི་ཕྱིར་དུ་གསོལ་བ་བཏབ་ནས་གཅིག་གི་དོན་དུ་གཉེར། འདིར་རང་གི་རིགས་པ་ཞེས་དང་། བདག་ནི་ཞེས་པས་འཁྲུལ་གཞི་བྱུས་ནས་གོ་ལོག་རྒྱབ་འདུག་ཀྱང་རྫོབ་རྟགས་དུམ་ཙམ་འཁྲོག་པས་ལོས་སྟོན་ཐུགས་བདེན་མཆིས་སོ་ཞེས་དང་། ཆོས་རྗེ་བྱམས་འཕྲུག་པས། འགྱུར་མེད་བདེ་ཆེན་གྱི་དྲིས་ལན་དུ། གོང་གི་གསོལ་བཏབ་ཀྱི་ཚིག་དེ་ལ་འབྲུ་བསྣོན་མཛད་པ་ན། ཁྱོད་ཀྱི་བརྩེ་བ་ཆེན་པོའི་བཀའ་དྲིན་ལ་བརྟེན་ནས་བདག་གིས་ཀྱང་དྲོད་འབྲིང་ཡང་དག་ཡེ་ཤེས་མཆོག་མཆོན་བྱེད་དཔེའི་ཕྱག་ཆེན་ཐོབ་སྟེ། སླར་དྲོད་ཆེན་པོ་མཆོན་བྱ་དོན་གྱི་ཡེ་ཤེས་ཐོབ་པར་བྱ་བའི་ཕྱིར་དུ་ཆོས་ཀྱི་བདུད་རྩི་བསྐུལ་དུ་གསོལ། ཞེས་གསོལ་བ་འདེབས་པ་ཡིན་ནོ། །ཚིག་དེའི་འཕྲོས་ནི། ཡོན་ཏན་རྒྱ

མཆོའི་བཀའ་དྲིན་གྱིས། །ཡེ་ཤེས་བླ་མེད་ཤེས་པར་འཚལ། །ཀུན་མཁྱེན་རྡོ་རྗེ་དབང་བསྐུར་བ། །མགོན་པོ་བདག་ལ་དབང་བསྐུར་མཛོད། །ཞེས་གསུང་ཚུལ་བཀོད་པ་ལ་ཡང་། ཉིད་ཀྱི་གསུངས་ལས། དྲོད་འབྲིང་དང་དཔེའི་ཡེ་ཤེས་ཙམ་ལ་ཡང་དག་པ་དང་མཆོག་གིས་སྒྲ་མི་ཐོབ་ཏེ། མཆོག་དང་ཡང་དག་པ་ནི་གཙོ་བོའི་མིང་ཡིན་ལ། དཔེའི་ཡེ་ཤེས་དང་དྲོད་འབྲིང་གཙོ་བོ་མ་ཡིན་པའི་ཕྱིར་ཞེས་དང་། སྔགས་ཀྱི་སེམས་དཔས་མི་བྱ་སྟེ། ཞེས་པའི་སྔགས་སེམས་ཡང་སློབ་དཔོན་ཁོ་ན་ཡིན་ཞིང་། ཡང་དག་ཡེ་ཤེས་སོགས་སློབ་དཔོན་ལ་སྦྱོར་རིགས་ཀྱི། དེ་སློབ་མ་ལ་སྦྱར་ན། ཡང་དག་ཡེ་ཤེས་ཀུན་དང་ལྡན་ཕྱིན། དབང་བསྐུར་བའི་ཚིགས་གཅིག་གི་མཛད། ཀུན་ཞེས་པའི་ཚིག་གི་རྣམ་བཤད་ལའང་ནུས་པ་མི་ཐོན་ནོ། །

འདི་ནི་དམ་ཚིག་ཉམས་འགྱུར་ཞེས་པའི་ཚིག་ལ་སྐབས་བཅོལ་ནས་སྔར་ཡེ་ཤེས་སྐྱེས་ཟིན་གྱི་དམ་ཚིག་ཅན་ལ་སྐྱོགས་པ་འདི་འང་རིགས་པ་གསོང་གསོང་མོར་སྒྲོམ་འདུག་ཀྱང་སྙིང་པོ་དབེན་ཏེ། འོན་དབང་མ་ཐོབ་པའི་གོང་དཀྱིལ་འཁོར་དུ་འཇུག་པའི་དམ་ཚིག་སྐབས་སུ། འདི་ནི་ཁྱོད་ཀྱི་དམྱལ་བའི་ཆུ། །ཞེས་སོགས་མང་དུ་འབྱུང་བས། དེ་གོང་དུ་དམ་ཚིག་གང་ཐོས་བསམ་དང་། སྔར་གཞུང་འདི་ལ་སྦྱང་པ་ནི་མ་མཛད། རྩོད་པ་འདི་བྱུང་བ་ན། དཔེ་ཆ་གཡར་གྱིན་གཟིགས་པའི་སྟབས་ཀྱིས་ཏ་ལེ་ཧོ་ལེར་གཟིགས་པའི་འཚང་ཐམས་ཅད་དེར་ཟད་དོ། །ཞེས་དང་། ཡང་མཆན་བུའི་དོན་བཤད་པ་ནི། བྱིན་རླབས་ཀྱི་དབང་ཟེར་བ་ལས་བྱིན་རླབས་ཀྱི་ཚིགས་དབང་ཐོབ་ཅེས་སླས་ན་ཚིག་རྩོ་བའི་ནུས་པ་ཆེ་བའམ་ཁ་གསལ་ཞེས་པའི་དོན་དུ་སོང་བས་རང་ཚིག་དང་འགལ་རྒྱུ་ཅི་ཡོད། བྱིན་རླབས་ཡིན་ན་ཚིག་མིན་ཞེས་པ། ཚིག་ཡིན་ན་བྱིན་རླབས་མིན་ཞེས་པའི་དམ་བཅའ་ཞལ་གྱིས་བཞེས་པ་མེད་དོ། །ཞེས་དང་། རྒྱུད་དང་སེམས་འགྲེལ་ལམ་ཐེག་ཆེན་སྦྱོར་ལམ་པ་མཐའ་དག་ལས་དང་པོ་བར་བསྡུས་འདི་ནི་གྲུབ་ཐོབ་ཁྱུང་པོས་རྫོགས་ཅིག་པ་ལ་ཤེས་དགོས་པའི་ཕར་ཕྱིན་དེ་མ་ཤེས་མ་ཤེས་དགོས་པའི་རྫུན་ཤེས་འདུག་གསུངས་པ་ལྟར། ཉིད་ཀྱིས་ཀྱང་མཁྱེན་དགོས་པའི་ཚོགས་སྦྱོར་གྱི་ས་མཚམས་དེ་མ་མཁྱེན་མཁྱེན་མི་དགོས་པའི་སྟོང་ལུད་དེ་མཁྱེན་འདུག་གོ། །རྒྱ་མཚན་ནི། རྒྱུད་དང་སེམས་འགྲེལ་ན་དོན་དེ་སྟོན་པའི་ཚིག་གཏན་མེད་ལ་རིམ་འཇུག་གཞིར་བཞག་ན་དབང་ཐོབ་ནས་དཔེའི་ཡེ་ཤེས་མ་སྐྱེས་བར་ལས་དང་པོ་པ་དང་པོ་བ་སྐྱེས། རྗེས་ནས་མཐོང་ལམ་མ་སྐྱེས་བར་སྦྱོར་ལམ་པ། དེ་སྐྱེས་ནས་འཕགས་པར་རྒྱུད་སྡེ་ལས་བཤད་པ་དང་། དེ་ཡང་ས་གསེར་ཟླ་བ་མེ། །ཞེས་པའི་འགྲེལ་པར། དེ་ལ་དང་པོ་གསུམ་ནི། ཆུང་དུ་དང་འབྲིང་པོ་དང་ཆེན་པོ་ཉིད་ཀྱིས་མ་འདོད་པའི་སར་བསྡུས་སོ་ཞེས་སེམས་བསྐྱེད་དང་པོ་གསུམ་ཚོགས་ལམ་ཚུལ་ཁྲིམས་དང་སྦྱར་ནས་ལས་དང་པོ་པའི་སར་བཤད་པ་དང་། སྒོམ་རིམ་ལས། མོས་པ་བརྟན་བཞིན་སྒོ་ནས་མོས་པས་སྤྱོད་པའི་སར་རྣམ་པར་དག་གོ། །ས་འདི་ལ་གནས་པའི་བྱང་ཆུབ་སེམས་དཔའ་ནི་སོ་སོ་སྐྱེ་བོ་ཡིན་མོད་ཀྱི། བྱིས་པའི་ཡོངས་པ་ཐམས་ཅད་ལས་ཡང་དག་པར་འདས་ཏེ། ཏིང་ངེ་འཛིན་དང་

གཟུངས་དང་རྣམ་པར་ཐར་པ་དང་མངོན་པར་ཤེས་པ་ལ་སོགས་ཡོན་ཏན་གྲངས་མེད་པ་དང་ལྡན་པར་དཀོན་མཆོག །ཕྱིན། ཁྱོད་ཀྱི་མ་མཐར་བཞག་པའི་འྲོད་འབྲིང་པོ་དེ་ལས་དང་པོ་བར་ཅིའི་ཕྱིར་མི་འགྲོ་ཞེས་སོགས་བྲི་བར་མཛད་དོ། །དེ་དག་གི་དོན་ལ་བརྟགས་ན། ཐུགས་རྗེའི་བདག་ཉིད་དྲིན་ཅན་གྱིས། ཞེས་སོགས། སློབ་མ་ལ་སྦྱོར་བ་ནི་ཤིན་ཏུ་འཐད་དེ། ཡེ་ཤེས་གྲུབ་པར། རྟོགས་པ་ཐམས་ཅད་རྣམས་སྤངས་པའི། །ཡེ་ཤེས་མཆོག་བཟང་ཐོབ་པ་ཡི། །ཡེ་ཤེས་རྡོ་རྗེ་དབང་བསྐུར་བའི། །དངོས་གྲུབ་མཆོག་ནི་བསྒྲུབ་པར་བྱ། །ཞེས་གསུངས་པ་དང་མཐུན་པའི་ཕྱིར་དང་། ལྷག་མ་རྣམས་ཀྱི་དོན་ནི། དེ་ལྟ་བུའི་བྱིན་རླབས་ཞུགས་པོའི་རྒྱུད་ཀྱི་རང་རིགས་པའི་ངོ་བོ་རྗོགས་རིམ་གྱི་ཡེ་ཤེས་ལ་ངེས་པ་སྐྱེས་ཞེས་པའི་དོན་དུ་འཆད་དགོས་པའི་ཕྱིར། དེས་ན་དེ་ལྟ་བུའི་བྱིན་རླབས་ཞུགས་པོའི་སློབ་མ་དེ་ལ། ཏིང་འཛིན་ལ་བརྟན་པ་ཐོབ་པའི་དབང་པོ་ཡང་རབ་ཏུ་གྱུར་བ་དང་། དེ་ལ་བརྟན་པ་མ་ཐོབ་པའི་དབང་འབྲིང་དང་། ཐ་མལ་བ་གཅིག་སྟེ་གསུམ་ལས། གསོལ་བཏབ་དེ་ནི་དངོས་པོའི་དབང་དུ་བྱས་ནས་གསུངས་པ་ཡིན་ཏེ། ཡེ་ཤེས་གྲུབ་པའི་ལེའུ་བཅུ་བདུན་པར། ཡང་དག་ཡེ་ཤེས་ཡང་དག་སྐྱེས། །རྣལ་འབྱོར་ལ་ནི་རྟག་གསོལ་འདེབས། །ཞེས་ཡང་དག་པའི་ཡེ་ཤེས་སྐྱེས་པའི་རྣལ་འབྱོར་པས་གསོལ་བ་འདེབས་པར་བཤད་པའི་ཕྱིར། ཏིང་ངེ་འཛིན་ལ་བརྟན་པ་མ་ཐོབ་པའི་དབང་པོ་འབྲིང་ཐ་གཉིས་ཀྱི་ཡང་དག་པའི་ཡེ་ཤེས་ཀྱིས། ཡང་དག་པའི་ཡེ་ཤེས་མཚོན་བྱེད་དཔེའི་ཡེ་ཤེས་མ་ཐོབ་སྟེ། ལེའུ་བཅུ་དགུར། གང་ཞིག་ཡང་དག་ཡེ་ཤེས་མེད། །འདི་ལྟར་ལོག་ཤེས་སྦྱོར་བར་ལྡན། །དབང་པོ་བར་མ་ཞེས་བཤད་དེ། །དེ་ཡི་བྱ་བ་དེ་བཤད་བྱ། །ཞེས་དང་། ཐོག་མེད་དུས་ནས་འདི་བར་དུའང་། །བདག་ཉིད་འཁོར་བར་འཁོར་གྱུར་ཏེ། །ཡང་དག་ཡེ་ཤེས་མ་མཐོང་བས། །སྡུག་བསྔལ་རྣམས་ཀྱིས་རྟག་ཏུ་དུབ། །ཇི་ལྟར་ཡེ་ཤེས་སྐྱེ་གྱུར་པ། །གང་གི་ཡེ་ཤེས་མཆོག་ཐོབ་ནས། །སེམས་ཅན་ཁ་ལོ་བསྒྱུར་འགྱུར་བས། ཁྱོད་ཀྱི་དེ་ལྟར་བདག་ལ་མཛོད། །ཞེས་དང་། ལེའུ་ཉི་ཤུར། གང་ལ་མཉམ་པའི་སེམས་ཡོད་ན། །དེ་ལ་ཡེ་ཤེས་སྐྱེ་གྱུར་གྱི། །གཞན་དུ་བསྐལ་པ་བྱེ་བ་ནི། །བརྒྱུས་ཀྱང་དེ་ཐོབ་མི་འགྱུར་རོ། །ཀུན་ཏུ་སེམས་པ་དང་ལྡན་པའི། །བརྩེ་བ་ཆེ་ལྡན་བློ་གྲོས་བཟང་། །སྟར་བཤད་མཚན་ཉིད་ལྡན་པ་ཡི། །རྣལ་འབྱོར་ཡེ་ཤེས་མཆོག་ཐོབ་འགྱུར། །གང་ཞིག་བར་མཐའ་གཉིས་པོ་ཉིད། །བསྒོམ་པ་གསུམ་པ་གཙོ་བོ་ལས། །ཡན་ལག་ཡེ་ཤེས་འབྱུང་བའི་དོན། །ཡང་དག་བྱ་བ་དབང་དུ་འགྱུར། །ཞེས་གསུངས་པ་ཡིན་ནོ། །དེ་ལྟར་གསུམ་ལས། དང་པོ་དེས་བྲིས་སྐྲུབས་སོགས་ཀྱི་དཀྱིལ་འཁོར་དུ་དབང་མིན་པ་སོགས་སྦྲོས་པ་བྱ་མི་དགོས་ཏེ། ལས་དང་པོ་བ་བཞིན་བྱས་ན་དངོས་གྲུབ་ཀྱི་བགེགས་སུ་འགྱུར་བའི་ཕྱིར། འདི་ལ་དགོངས་ནས་ཡང་དག་ཡེ་ཤེས་ཀུན་ལྡན་ན། ཞེས་སོགས་དང་། རྡོ་རྗེའི་ཐིག་རྣམས་གདབ་པ་དང་། ཞེས་སོགས་གསུངས་སོ། །

སློབ་མ་གཞན་གཉིས་ཀྱི་དེ་དག་ཀྱང་བྱ་དགོས་ཏེ། ཡང་དེ་ཉིད་ལས། གང་ཞིག་སྔར་ནི་མི་བཤད་པའི། །ཕྱག་ལ་སོགས་པ་ཐམས་ཅད་དང་། །དེ་ཡི་འདུས་པའི་ཚོགས་སུ་བཅད། །དེ་དག་ཀུན་ཀྱང་བྱ་བ་ཡིན། །ཞེས་དང་། ལྷ་དང་སྔགས་ཟླ་རྣལ་འབྱོར་པས། །རྒྱུད་ལས་གསུངས་པ་ཀུན་ཏུ་བྱ། །ཞེས་སོགས་དང་། ཕྱག་རྒྱ་དཀྱིལ་འཁོར་སྐུ་མདོག་སོགས། །ཕྱག་དང་གདན་ནི་རྣམ་སྒོམ་དང་། །ཏིང་འཛིན་གསུམ་དང་ཕྱག་རྒྱ་ནི། །ཞབས་ཟུང་དང་ནི་ཕྱག་དྲུག་རྣམས། །སྒོམ་གྱུར་དེ་ནི་ཕྱི་ཤུན་བཅས། །སྣ་ཚོགས་སྤྲོས་པའི་མན་ངག་རྣམས། །དེ་ཀུན་དམན་པའི་ཡིན་པར་བཤད། །ཅེས་གསུངས་པའི་ཕྱིར། དེ་གསུམ་ཆར་ཡང་སྔར་དབང་ཐོབ་ཟིན་དམ་ཚིག་དང་ལྡན་པ་ཞིག་ནི་ཤིན་ཏུ་ཡིན་ཏེ། དེ་ཉིད་ལས། སྔར་ནི་དབང་བསྐུར་མི་སླུ་ཅིང་། །གཞན་དུ་དམ་ཚིག་ཉམས་པར་འགྱུར། །ཡང་དག་ཆོས་མཆོག་འཛིན་པ་སྟེ། །ཁམས་གསུམ་གྱི་ནི་ཕྱག་བྱས་པ། །དབང་བསྐུར་ཁྱོད་ཀྱི་ཐོབ་པས་ན། །འདི་ལས་མཆོག་གཞན་ཡོད་མ་ཡིན། །ཞེས་དངོས་གྲུབ་ཀྱི་དབང་དུ་བྱས་ནས་གསུངས་པའི་ཕྱིར་དང་། གཞན་གཉིས་ཀྱང་། དཀྱིལ་འཁོར་འཁོར་ལོ་སྒོམ་པ་དང་། སྔགས་ཟླ་བ་དང་། རྫོགས་རིམ་སྒོམ་པ་སོགས་བྱེད་པར་བཤད་པའི་ཕྱིར། སྔགས་ཀྱི་སེམས་དཔས་མི་བྱ་སྟེ། །ཞེས་པའི་སྔགས་ཀྱི་སེམས་དཔའང་སློབ་མ་ལ་སྦྱོར་དགོས་ཏེ། ཡེ་ཤེས་གྲུབ་པར་སྔ་ཕྱིར་འཕྲོར། ཡང་དག་པའི་ཡེ་ཤེས་ཀྱི་མངོན་པར་དབང་བསྐུར་དང་ལྡན་པའི་རྣལ་འབྱོར་པ་དེ་ལ་ནི་དཀྱིལ་འཁོར་བྲི་བ་དང་། འཇུག་པ་དང་། དབང་བསྐུར་བ་ལ་སོགས་པ་བཀག་པ་ཡིན་ནོ། །

ཞེས་པའི་ཚིག་ཟུར་གྱི་དེ་ལ་ནི་ཞེས་པའི་ཚིག་གིས་ནུས་པས་ཤེས་ནུས་པའི་ཕྱིར་རོ། །སྙིང་འགྲེལ་གྱི་ལུང་ཚིག་གཉིས་ཀྱི་དོན་ནི། དབང་ཐོབ་ཅིང་དམ་ཚིག་དང་ལྡན་པའི་རྣལ་འབྱོར་པས། བྲིས་སྒྲུབ་སོགས་ཀྱི་དཀྱིལ་འཁོར་དུ་བདེན་པ་དང་། རྡོ་རྗེའི་ཚིག་གསུམ་དང་། སྒྲ་ཚུལ་བཞི་དང་། མངོན་བྱང་ལྔ་སོགས་ཀྱི་སྒོ་ནས་ལྷ་བསྐྱེད་པ་སོགས་སྤྲོས་བཅས་ཀྱི་རྣལ་འབྱོར་ལྷ་བུས་ཆེ་བར་སྒོམ་ཞིང་། ཏིང་ངེ་འཛིན་ལ་བརྟན་པ་ཐོབ་པའི་རྣལ་འབྱོར་པ་ནི་སྣང་བ་ལྷ། གྲགས་པ་སྔགས། དྲན་རྟོགས་ཆོས་ཉིད་དུ་འཆར་བས། སྔ་ཕྱིར་སྤྲོས་པ་དེ་དག་བྱ་མི་དགོས་ཞེས་པའི་དོན་ཡིན་ཏེ། སྙིང་འགྲེལ་ལས། ཐབས་དམ་པའི་ཚུལ་དུ་ཐོག་མར་རེ་ཞིག་རྗེ་བཙུན་གྱི་ཞལ་གསང་དང་། ལག་པའི་ཕྱག་རྒྱ་བཅིངས་པ་དང་། སྡོམ་པ་བཟུང་བ་ལ་སོགས་པ་སྔོན་དུ་འགྲོ་བར་བྱ་ཞིང་། བརྟགས་པའི་རྣལ་འབྱོར་སྒོམ་པ་དང་། དུས་ཇི་ཙམ་ལེན་པ་ན་ལུས་ཀྱི་དཀྱིལ་འཁོར་ཡོངས་སུ་ཤེས་པར་བྱས་ནས་རོ་མྱོང་ཚུལ་དེས། དེ་ལྟར་གྲོལ་བར་འགྱུར་རོ་ཞེས་བསྟན་པར་བྱ་བའོ། །ཞེས་གསུངས་པའི་ཕྱིར། དེ་ལྟར་མ་ཡིན་པར་སློབ་ལ་སྦྱོར་ན་ཞེས་སོགས་བྲིས་པའང་མི་འཐད་དེ། ཡང་དག་ཡེ་ཤེས་མཆོག

མཚོན་བྱེད་དཔེའི་ཡེ་ཤེས་ཐོབ་ནས་སླར་ཆོས་ཀྱི་བདུད་རྩིའི་ཕྱིར་དུ་གསོལ་བ་བཏབ་པ་ནི་ཕྱག་ཆེན་མཆོག་གི་དངོས་གྲུབ་དོན་དུ་གཉེར་བའི་ཕྱིར་རོ། །ཡང་དག་ཡེ་ཤེས་ཀུན་ལྡན་ན་ཞེས་པས་ཀྱང་མི་གནོད་དེ། དེའི་དོན་ནི། ཡང་དག་པའི་ཡེ་ཤེས་དེ་རྣམ་པ་ཀུན་ཏུ་ལྡན་པའི། དུས་ཀུན་ཏུ་ལྡན་ན་ཞེས་པར་འཆད་དགོས་པའི་ཕྱིར། གཞན་དུ་ན་ཡང་དག་པའི་ཡེ་ཤེས་ཀུན་དང་ལྡན་པའི་གང་ཟག་གཅིག་ཁོ་ན་དགོས་པར་གྱུར་ལ། དེ་ནི་མི་སྲིད་པའི་ཕྱིར་རོ། །འཇུག་པའི་སྐབས་ཀྱི་དམ་ཚིག་གི་དོན་ནི། མནའ་ཆུ་བླུད་པ་འདི་དབང་གི་དངོས་གཞིའི་སྐབས་ཀྱི་དམ་ཚིག་ཐོབ་ནས་མ་སྲུངས་ན་ཐར་བའི་ས་བོན་སྲེག་པའི་མེ་ལྟ་བུ་དང་། བསྲུངས་ན་མཆོག་ཐུན་གྱི་དངོས་གྲུབ་ཀུན་གྱི་རྒྱུར་འགྱུར་རོ་ཞེས་པའི་དོན་དུ་འཆད་དགོས་པས། སྔར་དཀྱིལ་འཁོར་གང་དུ་ཡང་འཇུག་མ་མྱོང་པའི་གང་ཟག་ཞིག་གི །དཀྱིལ་འཁོར་གང་ཡང་རུང་བའི་འཇུག་པ་ཙམ་ཐོབ་པའི་ཚེ། དེའི་རྒྱུད་ལ་སྔགས་ཀྱི་དམ་ཚིག་དང་སྡོམ་པ་ཡོད་མི་དགོས་པས་རྐྱེན་སྦྱོང་འདི་ཡང་རྒྱུས་མེད་ཀྱི་རྒྱུས་གཏམ་ལྟ་བུར་སོང་བར་དོགས་སོ༎ །རྗེ་ཀླུ་སྒྲུབ་བསྟན་པ་ཡོངས་རྫོགས་ཀྱི་དགེ་བཤེས་ཡིན་པས། རིམ་གཉིས་ཀྱི་ཉམས་ཞེས་དང་འཆད་རྩོད་རྩོམ་གསུམ་སོགས་དགེ་བའི་བཤེས་གཉེན་གྱི་བྱ་བ་གཞན་ཡང་མཛད་དགོས་པས། འདིའི་ལན་གཅིག་པུ་ལ། མཚན་གཉིད་ཐེབས་བཅག །ཉིན་པར་འཛིག་རྟེན་པ་རྩོད་བློས་ཆེན་པོ་བྱུང་བ་ན་ཕ་མེས་ཀྱི་ཡིག་ཚང་འཚོལ་བ་ལྟ་བུའི་ངལ་བ་སྒོམ་ཆེན་པ་བློ་ཆུང་བཞིན་དུ་མཛད་པ་ནི་ཅི་ལ་ཡོད་ཀྱང་། ཐུགས་བྲེལ་གཞན་ཚོའི་བར་གསེང་ལ་བདེ་བའི་ལན་འདེབས་པ་ལ་མཁོ་བའི་དཔེ་ཕྱག་ན་མེད་པ་འདྲ་གཡར་ནས་གཟིགས་ཡོད་ཤས་ཆེ་ཡང་། དེ་རྐྱེན་མ་ཡིན་པས། བུ་ཚ་འཕྲིན་ལས་འབྱུང་ངོ་། །ཞེས་དེ་འདྲ་བའི་སོ་སྐྱེ་དེ་ཕྱིས་པའི་ཡོང་བ་ཐམས་ཅད་ལས་འདས་པར་བཤད་ཅིང་ལས་དང་པོ་བ་དེ་ཕྱིས་པ་ལས་མ་འདས་པ་དང་། རྡོ་བོ་རྗེས་ཟམ་ཏོག་ཁ་ཆེ་བ་ལས། ཚོགས་ལ་གནས་པ་དང་ལས་དང་པོ་བའི་ས་དང་དད་པའི་ས་ལ་གནས་པ་དང་། ཞེས་པ་ནས། དེ་ནས་ངེས་པར་འབྱེད་པའི་ཆ་དང་། མཐུན་པའི་དགེ་བའི་རྩ་བ་བསྐྱེད་པར་བྱ་བའི་ཕྱིར། ཞེས་གསུངས་པ་དེར་ཡང་། ངེས་འབྱེད་ཆ་མཐུན་པ་དེ་ལས་དང་པོ་བ་ལ་སོགས་སུ་དགར་ནས་བཤད་འདུག་པས། སྟོང་ལུད་ཀྱི་འགྲོ་ས་མི་གདའོ། །མཆན། ཞིག་གི་ཁ་སྐད་ལ་དེ་ངའི་ཨ་མའི་འདོད་ཡིན་ཟེར་བ་ལྟར་ཀླུ་སྒྲུབ་པའི་རྗེས་གསང་ཚོ་འདོད་ལན་འདེབས་ཤས་ཆེ་ལགས་སོ། །ཁྱིན་ཟླབས་དང་ཆོ་གའི་གཞུང་གཞན་ཡོད་ན། དབང་དང་ཆོ་གའི་གཞུང་གཞན་ཡང་ཡོད་པར་གྱུར་ཞིང་། དེ་ཡང་འདོད་ན། སྔགས་སྡོམ་དང་ཆོ་གའི་གཞུང་གཞན་ཡོད་པར་འགྱུར་ལ་དེ་ལྟར་ན་ཏ་ལེ་ཧོ་ལེར་གཟིགས་པའི་སྐྱོན་ནི་དེ་འདྲ་ལ་ཟེར་ལགས། རྒྱུད་དང་སེམས་འགྲེལ་ལས། སྦྱོར་ལམ་པ་མཐའ་དག་ལས་དང་པོ་བར་བསྡུས་ཟེར་བ་དེ་སྦྱོར་བབས་ལ་ཡིན་ནམ། སྔགས་སྡོམ་ལ་ལྟོས་ནས་ཡིན། དང་པོ་ལྟར་ན་ཤིན་ཏུ་མི་འཐད་དེ། བྱང་སེམས་ལས་དང་པོ་བ་ཞེས་པ་ཐེག་ཆེན་ལམ་དུ་གསར་དུ་ཞུགས

པའི་བྱང་སེམས་ཚོགས་ལམ་པ་ལ་གཙོ་བོར་བཤད། ཚོགས་ལམ་པ་སྤྱི་ལ་ལས་དང་པོ་བར་བཤད་པའང་ཡོད་མོད། བྱང་སེམས་སྦྱོར་ལམ་པ་ལ་བྱང་སེམས་ལས་དང་པོ་བར་བཤད་པ་གང་ནའང་མི་འདུག་པས་སོ། །ཕྱི་མ་ལྟར་ཡང་མི་འཐད་དེ། ཕ་རོལ་ཕྱིན་པའི་ལམ་རང་གང་ལ་གནས་པའི་བྱང་སེམས་སྦྱོར་ལམ་པ་རྣམས་ཀྱིས་ནི་སྔགས་སྡོམ་མ་ཐོབ་པའི་སྔགས་སྡོམ་ལ་ལྟོས་པའི་ལས་དང་པོ་བར་མི་བཤད་པའི་ཕྱིར་དང་། དང་པོ་ཉིད་ནས་ལམ་དུ་ཞུགས་པའི་བྱང་སེམས་སྦྱོར་ལམ་པ་རྣམས་ནི་སྔགས་སྡོམ་ལ་ལྟོས་པའི་ལས་དང་པོ་པ་མིན་པའི་ཕྱིར། ཡང་ཉིད་གསུང་ལས། རྒྱུད་ལས། གཉིས་མེད་ཡེ་ཤེས་སེམས་ལྡན་པས། །མི་བྱ་བ་ནི་ཅི་ཡང་མེད། །ཅེས་སོགས་དང་། སེམས་ཅན་བསླུ་བ་སྤངས་ནས་ནི། །བྱ་བ་མ་ཡིན་ཐམས་ཅད་བྱ། །ཞེས་དང་། མདོ་ར་ཡང་། རྒྱལ་སྲས་རྣམས་ཀྱི་མི་བསླབ་པའི། །དངོས་དེ་གང་ཡང་ཡོད་མ་ཡིན། །དེ་ལྟར་ཤེས་པའི་མཁས་པ་ལ། །བསོད་ནམས་མི་འགྱུར་གང་ཡང་མེད། །ཅེས་སོགས་གསུངས་པ་ཨེ་གཟིགས། ཏིང་ངེ་འཛིན་གྱི་རང་མདངས་ལྷའི་འཁོར་ལོར་ཤར་བས་བྲིས་སྐུབ་བྱས་ཀྱང་དངོས་གྲུབ་འཕྲོག་པ་བདེན་ན། ཐེག་ཆེན་འཕགས་པ་སྤྱབས་འཐུམས་སུ་ལོས་སོང་། ཞེས་པའང་མི་འཐད་དེ། ཏིང་ངེ་འཛིན་ལ་བརྟན་པ་ཐོབ་པའི་རྣལ་འབྱོར་པས་བྲིས་སྐུབ་སོགས་བྱས་ན་དངོས་གྲུབ་འཕྲོག་པ་ཤིན་ཏུ་བདེན་པའི་ཕྱིར་ཏེ། དེ་དག་མི་བྱ་བ་བརྟན་པ་ཐོབ་པའི་དམ་ཚིག་ཏུ་གསུངས་པའི་ཕྱིར་ཏེ། གུར་ལས། ཕྱག་རྒྱ་བཅིངས་པ་རྣམ་སྤང་ཤིང་། །ཆེན་པོ་ལས་ནི་མི་བྱ་སྟེ། །རྡོ་རྗེ་གསུམ་མཆོག་ཕྱག་མི་བྱ། །དཀྱིལ་འཁོར་ལ་སོགས་ལུས་ཀྱི་ལས། །ཕྱི་ལམ་དུ་ཡང་མི་བྱའོ། །སློབ་དཔོན་གཞན་ལ་ཕྱག་མི་བྱ། །བླ་མའི་རྒྱན་རབས་ཕྱག་འཚལ་ལོ། །ཞེས་གསུངས་པའི་ཕྱིར། རྒྱུད་ལུང་གཉིས་ཀྱི་དོན་ནི། བརྟན་པ་ཐོབ་པའི་རྣལ་འབྱོར་པ་སྤྱོད་པ་ལ་རྒྱུ་བ་ན། ལུས་ཀྱི་ཆ་ལུགས། ངག་གི་སྨྲ་བརྗོད། བཟའ་བཏུང་སོགས་ངེས་མེད་སྣ་ཚོགས་བྱེད་པའི་དོན་ཡིན་པས་ཅི་ཡང་མི་གནོད་ཅིང་། ལུང་ཕྱི་མ་དེ་སྤྱོད་པ་དག་གི་གཞུང་ཡིན་མོད་ཀྱང་། མདོ་གསུངས་པ་ནི་མཛད་འདུག་གང་ལྟར་ཀྱང་དོན་ནི་བྱང་ཆུབ་སེམས་དཔས་རིག་པའི་གནས་ཐམས་ཅད་ལ་བསླབ་དགོས་ཏེ། འབྲས་བུ་ཐེག་ཆེན་པ་འབྱུང་བ་ལ་རྒྱུ་དེ་ཐམས་ཅད་ལ་བསླབ་དགོས་པའི་ཕྱིར། ཞེས་པ་ཡིན་པས་ཁྱེད་ཀྱི་ཐུགས་བཞེད་ལ་ཕན་རྒྱུ་ཅི་ཡང་མི་གདའ་འོ། །གོང་དུ་དྲོད་འབྲིང་དང་དཔེའི་ཡེ་ཤེས་ལ་ཡང་དག་པ་དང་། མཆོག་གི་སྒྲུ་མི་ཐོབ་བོ་ཞེས་པ་ཤིན་ཏུ་ནོར་ཏེ། དབུ་མ་རྒྱན་ལས། ཡང་དག་ཤེས་ཚུལ་སྟོན་བཏང་སྟེ། །དོན་དམ་རྣམ་པར་ངེས་གྱུར་ནས། །ལྟ་ངན་འཐིབས་གནས་སེམས་ཅན་ལ། །སྙིང་རྗེས་ཀུན་ནས་འབད་ནས་སུ། །འགྲོ་དོན་བྱེད་པར་དཔའ་གྱུར་པ། །ཅེས་པ་ནས། རྫོགས་པའི་བྱང་ཆུབ་སེམས་དེ་ནས། །ཐུབ་པའི་བརྟུལ་ཞུགས་བླངས་བྱ་སྟེ། །དེ་ནི་ཡང་དག་ཤེས་ཚུལ་བརྟེན། །ཞེས་ལམ་མ་

ཞུགས་ཀྱི་གནས་སྐབས་ཀྱི་ཆོས་ཀྱི་བདག་མེད་རྟོགས་པའི་ཤེས་རབ་ཡང་དག་པའི་ཡེ་ཤེས་སུ་བཤད་པ། བྱང་སེམས་ཚོགས་སྦྱོར་བའི་རྒྱུད་ལ་ཡང་དག་པའི་ལྟ་བ་དང་། ཡང་དག་པའི་རྟོགས་པ་དང་། ཡང་དག་པའི་ཚུལ་ཁྲིམས་དང་།ཡང་དག་པའི་ཏིང་ངེ་འཛིན་སོགས་ཡོད་པ་དང་། ཡང་དག་པའི་ཤེས་པ་དང་མི་ལྡན་པའི་གང་ཟག་མི་སྲིད་པ་དང་། ཚུལ་ཁྲིམས་ཀྱི་མཆོག་དགེ་སློང་གི་སྡོམ་པ་ཡིན་པར་བཤད་ཅིང་། དེ་དང་ལྡན་པའི་སོ་སྐྱེ་མཐའ་ཡས་པ་དང་། བྱང་སར་ཐེག་ཆེན་སེམས་བསྐྱེད་བྱང་ཆུབ་སེམས་པའི་སློན་ལམ་གྱི་མཆོག་ཏུ་བཤད་པ་དང་། ཐེག་ཆེན་གྱི་ཚོགས་གཉིས་ཐེག་པ་མཆོག་ཏུ་ཁས་ལེན་དགོས་པ་དང་། སྦྱོར་ལམ་མཆོག་འབྲིང་དམན་གསུམ་བཤད་པ་དང་། དབང་གོང་མ་གསུམ་མཆོག་དབང་དུ་ཀུན་ལ་གྲགས་ཤིང་། དེ་གསུམ་རྒྱུད་ལྡན་གྱི་སོ་སྐྱེ་མཐའ་ཡས་པ་དང་། དེར་མ་ཟད་མི་བཟང་པོ་ལ་མིའི་མཆོག་དང་། རྟ་བཟང་ལ་རྟའི་མཆོག་ཏུ་གྲགས་པ་མཐའ་ཡས་པའི་ཕྱིར་རོ། །ཡང་ཉིད་གསུང་ལས། གོང་མ་གོང་མའི་ལམ་རྒྱུད་ལ་སྐྱེས་ནས་འོག་མ་སྤོང་རྒྱུ་ཡིན་ན། བསྐྱེད་རྫོགས་ཀྱི་ལམ་སྐྱེས་ནས་སྐྱབས་འགྲོ་དང་སེམས་བསྐྱེད་སོགས་འོག་མ་རྣམས་སྤོང་རམ་སྤོང་ན། བྱང་ཆུབ་སྙིང་པོར་མཆིས་ཀྱི་བར། །སངས་རྒྱས་རྣམས་ལ་སྐྱབས་སུ་མཆི། །ཞེས་སོགས་ལ་ཇི་ལྟར་གསུངས། ལྟག་པར་ས་ཐོབ་ནས་ལུང་སྤོང་ན། །ཆོས་ཐོས་པས་མི་ངོམ་ཉིད་དང་ནི། །ཞེས་པར་ཇི་ལྟར་བྱེད། རྫོགས་རིམ་གྱི་ལམ་རྒྱུད་ལ་སྐྱེས་ནས། བསྐྱེད་རིམ་སྤོང་ན་ལམ་གོང་མར་བསྐྱེད་རྫོགས་ཟུང་འཇུག་ཇི་ལྟར་སྒོམ། ཞེས་སོགས་ཁྲིས་མོད། དེ་ཡང་ཕྱོགས་སྔའི་ནམ་མ་ལངས་པར་དགག་པའི་ཉི་མ་ཤར་བ་སྟེ། བསྐྱེད་རྫོགས་ཀྱི་ལམ་ཐོབ་ནས་སྐྱབས་སེམས་སོགས་ག་ལ་སྤོངས། ས་ཐོབ་ནས་ལུང་ལ་ལྟོས་མི་དགོས་པར་ཚུ་ཐོན་ཟིན་པའི་གཟིངས་ལྟར་སྤང་བྱའི་སྒྲ་སྦྱར་བ་དང་། སར་གནས་བྱང་ཆུབ་སེམས་དཔའ་རྣམས་ཀྱི་ནི་ཐོས་པས་མི་ངོམ་པར་མཛད་པས་ལུང་ཅི་ལ་སྤོང་། རྫོགས་རིམ་ཡེ་ཤེས་ཀྱི་ཇ་ཉམས་ལྟར་ཞེན་གྱི་རྣམ་རྟོག་སྤོང་ཡང་། སྤྱིར་བསྐྱེད་རིམ་མི་སྤོང་ལ། བསྐྱེད་རྫོགས་སྟན་ཐོག་གཅིག་ཏུ་སྒོམ་པ་དང་། སྤྱིར་བསྐྱེད་རིམ་ལ་རྫོགས་རིམ་གྱི་རྒྱས་བཏབ་ནས་སྒོམ་པ་སོ་སྐྱེའི་གནས་སྐབས་ན་ཡང་མཐའ་ཡས་པའི་ཕྱིར་རོ། །

ཕྱི་མའི་ཡོན་ཏན་སྐྱེས་ནས་སྔ་མ་སྤོང་ཞེས་པའི་དོན་ནི། བརྟན་པ་ཐོབ་པའི་རྣལ་འབྱོར་པས། ལས་དང་པོ་བའི་བྱ་བ་ལྟའི་རྣམ་པར་སྒོམ་པ་སྔགས་བཟླ་བ་སོགས་ཀྱིས་བྱང་ཆུབ་དེ་འདྲ་སྤོང་བའི་དོན་ཡིན་གྱི། སྤྱིར་ལྟའི་བསྒོམ་བཟླས་སོགས་སྤོང་བའི་དོན་ག་ལ་ཡིན། དེས་ན་འདི་འདྲ་བ་ལ་དགོངས་ནས་ས་ལོ་ཆེན་པོས། གནད་གཅིག་མ་ཟིན་ཅལ་ཅོལ་མང་པོས་བསླུ། །ཞེས་གསུངས་པ་ཡིན་ནོ། །ཡང་ཀླུ་སྒྲུབ་རྩོད་སྤོང་ལས། ལས་དང་པོ་བས་ཁྲིས་སྒྲུབ་སོགས་ཀྱི་དབང་ལེན་པ་དང་། མཚན་བཅས་ཀྱི་བསྐྱེད་རྫོགས་བསྒོམ་པ་སོགས་མི་རུང་

བ་སྙིང་འགྲེལ་གྱི་ལུང་དོན་དུ་བྱས་ན། ལམ་གྱི་གནད་བཙོས་པས། ཉེས་པ་འབྱུང་བར་བཤད་པ་ལ། པད་དཀར་གྱིས་དེ་ལྟར་ན་ཁྱེད་རང་གི་ལམ་འབྲས་ཀྱི་དཔེ་འགའ་ལས་བླ་མས་ཚིག་གཅིག་མ་བསྟན། སློབ་མས་ཚིག་གི་དོན་མ་བསྒོམ་ཀྱང་། བླ་མའི་མོས་གུས་ཁ་ཞེ་མཐུན་པར་ཡོད་ན་གྲོལ་བར་བཤད་པ་སོགས་དོན་མེད་པར་འགྱུར་རྩུལ་གྱི་མཚན་ཉུ་བཏབ་ཅིང་། དེའི་ཡང་ལན་དུ། དེ་ནི་ལམ་ཟབ་མོའི་ཆེ་བ་བརྗོད་པ་ཙམ་ཡིན་པས། ཆེ་བརྗོད་དོན་དུ་འཁྲུལ་ན་རོང་སྟོན་ལྷ་དགའ་དང་རྗེ་མི་ལའི་དཔེ་དང་འདྲ་རྩུལ་མཛད་པར་ཉིད་ཀྱིས་གསུངས་ལས། འདི་ནི་འཁྲུལ་བའི་དྲི་བྲལ་བླ་མ་ས་སྐྱ་པ་ཆེན་པོ་ཉིད་ཀྱིས་གསུངས་པའི་དོན་བཟང་པོ་ཚིག་འབྲུ་བཟང་པོ་ལགས་ཀྱང་། ཕུར་བརྡུས་ནས་ཕ་རབས་གཙོད་པའི་དཔེ་ལྟར། དེང་དུས་ཀྱི་ལུགས་བཞིན་ཁ་ཅིག་གི་ཐོང་མར་བཏང་ཟིན་པ་འདི་འདྲ་ཡ་ཀ། རོང་སྟོན་ལྷ་དགས་རྫོགས་ཆེན་གྱི་ཆེ་བརྗོད་བྱས་པ་རྣམས་མི་བདེན་པ་ཅི་ལ་ཡིན། མི་ལས་སྐལ་ལྡན་རློམ་ནས་མ་སྒོམ་པར་ཉལ་བསྡད་པས་ལན་གདའ་བ། དོན་དུ་ཆོས་དེ་ཟབ་ཀྱང་ལས་འབྲེལ་མེད་པའི་ཞེད་དུ་སྣང་མོད་ལམ་འབྲས་ལྟ་བུའི་ཟབ་ཆོས་ཁྱད་པར་ཅན་ཡང་ཚིག་ཙམ་དུ་བཞག་ནས། དེ་ནས་བཤད་པའི་མི་དང་ཆེ་བརྗོད་རྣམས་ལ། འདི་ནི་ཆེ་བརྗོད་ཡིན་དོན་ལ་མི་བདེན་འདི་ཡང་ཆེ་བརྗོད་ཡིན་དོན་ལ་མི་བདེན་ཟེར། རེ་རེ་ནས་ལོག་ལྟ་འབབ་ཞིག་སྐྱེ་བ་ལས་འོས་ཅི་ཡོད། འདི་རིགས་ཀྱི་སྨྲ་བ་ཁ་ཐལ་ན་ནི། ཐེག་པ་བླ་ན་མེད་པའི་གནད་གཙོད་པ་ལ་རིངས་པར་ཆས་པའི་ཆོམ་རྐུན་འཇིགས་སུ་རུང་བའོ། །ཞེས་སོགས་དང་། དཀྱིལ་འཁོར་ལམ་མཚན་ཉིད་པ་སྐམ་པོའི་དང་ཁར་གསང་སྔགས་པ་བསྙོན་པའི་ཆོས་སྐད་མཐོང་བ་ཙམ་ཡིན་པས་རེ་སྙོ་ཆུང་ངོ་། །ཞེས་བྲིས་སོ། །དེ་ལ་བརྟགས་ན། བླ་མས་ཚིག་གཅིག་མ་བསྟན་ཞེས་པའི་དོན་ནི། ལས་འཕྲོ་ཅན་རང་ངང་གིས་ཁམས་འདུ་བའི། མོས་གུས་ཅན་བྱིན་རླབས་ཀྱི་ཁམས་འདུ་བ་ལྟ་བུ་དབང་སྨིན་ཟིན་དམ་ཚིག་དང་ལྡན་པ་བླ་མ་ལ་མོས་གུས་ཁ་ཞེ་མེད་པར་མཚུངས་པ་ཞིག་གིས་རིམ་གཉིས་ལམ་ལ་འབད་རྩོལ་ཆེན་པོ་མ་དགོས་པར་གྲོལ་བ་ལ་དགོངས་ནས་དེ་སྐད་གསུངས་པ་ཡིན་གྱི། ལམ་ལ་འབད་རྩོལ་གཏན་ནས་མི་དགོས་པ་ག་ལ་ཡིན་ཏེ། བརྟག་གཉིས་ལས་བླ་མའི་དུས་ཐབས་བཏེན་པ་དང་། བདག་གིས་བསོད་ནམས་ལས་ཤེས་བྱ། ཞེས་གསུངས་པའི་ཕྱིར། དེ་དང་འདྲ་བར་སློབ་དཔོན་དྲིལ་བུ་པས། བླ་མའི་བྱིན་རླབས་ཙམ་གྱིས་ནི། །སྐད་ཅིག་ཉིད་ལ་འབྱུང་གང་ཡིན། །འཁོར་ལོ་སྡོམ་པར་སྦྱས་པ་ཡི། །བྱིན་རླབས་རིམ་པ་འདིར་བཤད་བྱ། །ཞེས་བླ་མའི་བྱིན་རླབས་ཁོ་ནས་གྲོལ་བ་ལྟ་བུར་གསུངས་ཀྱང་། བླ་མའི་བྱིན་རླབས་ཀྱིས་མཚོན་བྱ་དོན་གྱི་ཡེ་ཤེས་སྐྱེ་བའི་རྟ་འདྲེན་བྱས་པ་ཙམ་ཡིན་གྱི། དེ་ཁོ་ནས་གྲོལ་བ་མིན་ཏེ། དེས་ན་གྲུབ་ཐོབ་ཐམས་ཅད་ཀྱང་། ཕྱོགས་རེའི་ཐབས་ཀྱི་གྲོལ་བ་མིན་ཞེས་གསུངས་པའི་ཕྱིར། གདུལ་བྱ་སྤྱི

བ་སྐྱེད་པའི་ཕྱིར་ཆེ་བརྗོད་ཐམས་ཅད་དོན་དང་མཐུན་ན་ཡིག་འབྲུ་འགའ་ཞིག་ཡིད་ལ་དྲན་པ་ཙམ་སངས་རྒྱས་ཀྱི་མཚན་འགའ་ཞིག་རྣམ་པར་ཐོས་པ་ཙམ་གྱིས་སྡིག་པ་ཀུན་ལས་གྲོལ་བར་བཤད་པ་དང་། བདེ་མཆོག་རྒྱུད་ལས། རྒྱུད་འདི་རྒྱུ་ནི་དབང་བཀུར་གང་། །རྒྱུད་བྱེད་ཀུན་གྱི་སྒྲུབ་པོར་འགྱུར། །ཞེས་དཀྱིལ་འཁོར་གཅིག་གིས་དབང་ཐོབ་ན་དཀྱིལ་འཁོར་ཀུན་གྱི་དབང་ཐོབ་པར་བཤད་པ་དང་། འདུས་པའི་རྒྱུད་འབུམ་པ་ལས། བསྐལ་པ་ས་ཡར་བྱས་པ་ཡི། །སྡོན་དུ་ཡོད་པའི་སྡིག་པ་ཀུན། །དེ་ཀུན་འཛད་པར་གྱུར་ན་ནི། །དཀྱིལ་འཁོར་འདི་འདྲ་མཐོང་བས་སོ། །ཞེས་དང་། སྡོམ་འབྱུང་ལས། གསང་བ་མཆོག་གི་དཀྱིལ་འཁོར་དུ། །མཆོག་ཏུ་རབ་མཐོང་བཞུགས་པ་ནས། །དེང་ཕྱིན་སྡིག་པ་ཐམས་ཅད་ལས། །རྣམ་རོལ་བཟང་པོར་འགྱུར་བར་གནས། །ཞེས་དང་། ཧེ་རུ་ཀ་མངོན་བྱུང་དང་། རྣམ་སྣང་མངོན་བྱང་སོགས་རྒྱུད་སྡེ་མང་པོར་དཀྱིལ་འཁོར་ཆེན་པོའི་ཚོན་རྡུལ་མཐོང་བ་ཙམ་གྱིས་སྡིག་པ་ཀུན་ལས་གྲོལ་བར་བཤད་པ་དང་། དཔལ་མཆོག་དང་པོ་སྟོང་ཕྲག་བརྒྱ་གཉིས་པར། གསང་བ་མཆོག་གི་དཀྱིལ་འཁོར་འདིར། །བཞུགས་པས་བདག་ཉིད་གྲོལ་བར་གྱུར། །ཞེས་དཀྱིལ་འཁོར་ཆེན་པོར་བཞུགས་པ་ཙམ་གྱི་བདག་ཉིད་གྲོལ་བར་བཤད་པ་རྣམས་ཀྱང་སྒྲ་ཇི་བཞིན་དུ་བདེན་པར་འགྱུར་རོ། །དེ་ལྟར་ན་དབང་ཐོབ་པ་སུ་ཡིན་ཡང་ལམ་ལ་འབད་མི་དགོས་པར་འགྱུར་རོ། །རོང་སྟོན་ལྷ་དགས་རྗོགས་ཆེན་གྱི་ཆེ་བརྗོད་བྱས་པ་ཐམས་ཅད་སྒྲ་ཇི་བཞིན་དུ་བདེན་ན། མི་ལ་སྐལ་ལྡན་ལས་འཕྲོ་ཅན་དུ་ནི་འདུག །སྐལ་ལྡན་ལས་འཕྲོ་ཅན་ལ་སྒོམ་མི་དགོས་པར་སངས་རྒྱ་བ་ངེས་པ་ཅན་དུ་ནི་ཁས་བླངས་པས། དེ་དུས་གྲོལ་དགོས་པ་ལས་མ་གྲོལ་འདུག་པ་དེ་ཇི་ལྟར་ཡིན་སློམས་ཤིག །རོང་སྟོན་ལྷ་དགའ་རང་གིས་ཀྱང་། ཉིན་མཚན་གང་རིགས་གཅིག་ཙམ་སྒོམ་ཤས་ཆེ་ཡང་མ་གྲོལ་འདུག་པ་ཇི་ལྟར་ཡིན་ལུང་སྟོན་རིགས་སོ། །མཚན་ཉིད་པ་དོན་མཐུན་རྣམས་ནི་སྔར་ཡང་སྐམ་པོ་ཀ་བྱས་པས་ཕྱིས་མིག་ལྟོས་ལ་ཕན་ཞིང་ཚངས་པར་སྤྱོད་པའི་དགྲ་བཟང་པོ་བྱུང་བ་ཡིན་ཞིང་ད་དུང་འདི་ཀ་ལ་སློན་ནོ། །གསང་སྔགས་པའི་རྣལ་འབྱོར་ཆེན་པོར་རློམས་པ་འདི་ཚོ་རློན་པ་ལ་དགྲེས་ཆེ་བའི་མིག་ལྟོས་ཀྱིས་རི་སུལ་ཐམས་ཅད་ཁྲིམ་པས་བཀང་བ་འདི་བྱུང་བ་འདྲ་བས། ལེགས་པོ་ཡིན་རང་བསམ་པ་ནི་མ་ཤར། འོན་ཀྱང་འཁོར་བ་ཕྱི་མཐའ་མེད་པའི་སྒྲུབ་བྱེད་ལ་ནི་ཕན་པར་སེམས་སོ། །ཡང་འཕྲོས་ཚུལ་ལྷ་བུར་ཉིད་ཀྱིས། གཞན་ཡང་རྟོད་སྤྱོང་མཁན་པོས་སྟ་མོར་མཛད་པའི་བརྟག་གཉིས་དྲིས་ལན་དུ། དབང་གི་གྲངས་ཀྱིས་སྐབས། དུས་འཁོར་ཕྲེང་བའི་དབང་ཉིད་མང་པོ་ལ། །བསྐུར་བའི་ས་ཛྷས་འགའ་ཞིག་ཡོད་སྲིད་ན། །འཇམ་དབྱངས་གསུང་གི་གཟིགས་མ་འགོག་པས་ན། །ལུང་རིགས་དྲག་པོས་ཚར་བཅད་ཅིས་མི་རིགས། །ཞེས་བཀོད་པ་འདི་ཡང་དུས་འཁོར་གྱི་དབང་གྲངས་ངེས་མེད་པར་སྟོན་པ་

པོ་རིགས་ལྡན་གྱི་རྒྱལ་པོ་རྣམས་དང་། རྡོ་རྗེ་འཕྲེང་བའི་དབང་ལ་གྲངས་མེད་པར་སྟོན་མཁན་པཎ་ཆེན་ཨ་ཕ་ཡ་ཀ་ར་དང་། དེ་གཉིས་ཀྱི་རྗེས་དཔག་སྐྱེ་དང་། ཁྱད་པར་ཁོང་རང་གི་རྒྱུད་པའི་བླ་མ་དངོར་ཆེན་རྡོ་རྗེ་འཆང་ཀུན་དགའ་བཟང་པོ་རྗེས་འབྲངས་དང་བཅས་པས། དེ་གཉིས་ལ་གྲངས་ངེས་མེད་པར་བསྐུར་བའི་ཕྱག་ཆེན་སློན་མེད་པར་མཛད་འདུག་པས། དེ་རྣམས་ཀྱང་ལུང་རིགས་ཀྱི་ཚར་གཅོད་པའི་སྒྲོབས་པ་ཅན་དེ་དག་ལས་འོངས། ཞེས་སོགས་བྲི་བར་མཛད་དོ། །

དེ་ལ་ཡང་སྤྱིར་སྤྱོད་རྒྱུད་དབང་ལ་སློབ་མ་གྲངས་ངེས་མི་དགོས་པ་རྒྱུད་རང་ལས་གསལ་བར་གསུངས་ཤིང་། རྒྱུད་སྡེ་གཞན་གསུམ་གྱི་དབང་ལ་དེ་དགོས་པར་གསང་བ་སྤྱི་རྒྱུད་ལས། མཁས་པས་སློབ་མ་གཅིག་གིས་གསུམ། །ཞེས་སོགས་ཀྱིས་གྲུབ་ཏེ། རྒྱུད་སྡེ་གང་དུ་དབང་བཀུར་རབ་གནས་སོགས་ཀྱི་ལས་ཡོད་ཅིང་། ལས་ཀྱི་ཆོ་ག་གསལ་པོ་མེད་པ་ཐམས་ཅད་ལ་གསང་བ་སྤྱི་རྒྱུད་ནས་གསུངས་པའི་ཆོ་ག་རྣམས་སྦྱར་དུ་རུང་བར་གང་དུ་ལས་ནི་ཡོད་གྱུར་ལ། ཞེས་སོགས་ཀྱི་བསྟན་པར་གྲུབ་པའི་ཕྱིར། འོན་ཀྱང་དུས་འཁོར་དབང་ལ་གྲངས་མི་དགོས་པ་དུས་འཁོར་རང་གི་གོས་ཆོས་ཡིན་ཡང་། དེ་བླ་མེད་གཞན་ལ་སྦྱར་དུ་མི་རུང་། ཨ་བྷྱ་ཡས། ཡེ་ཤེས་མཁའ་འགྲོའི་མན་ངག་ལ་བརྟེན་ནས་འཕྲེང་བའི་དབང་ལ་སློབ་མ་གྲངས་ངེས་མཛད་མི་དགོས་པར་གྲགས་ལ། དེ་ལྟར་བདེན་ན། དེ་ཟུར་ཀ་གཞན་ལ་སྦྱར་དུ་ནི་མཁའ་འགྲོའི་མན་ངག་ཡོད་ན་མ་གཏོགས་མི་རུང་སྟེ། ཡེ་ཤེས་མཁའ་འགྲོའི་མན་ངག་ཡོད་ན་མདོ་རྒྱུད་སྔགས་སུ་བཀྲལ་དུ་ཡང་རུང་ཞིང་། གཞན་རྒྱུད་ལས་གསུངས་པ་བཞིན་བྱ་དགོས་པའི་ཕྱིར་རོ། །འོན་ཀྱང་ལུགས་དེ་གཉིས་ལ་གྲངས་ངེས་མཚན་ཉིད་པ་ད་ལྟ་དོར་བའི་ཕྱག་ཆེན་ལ་འདུག་པས། དེ་ལུང་རིགས་ཀྱི་ཚར་གཅོད་པར་བཞེད་པ་ནི་མི་རིགས་གསུངས་པ་ནི་བདེན་པར་སེམས་སོ། །ཡང་ས་དཀར་ཞབས་ཀྱིས། དྲི་མ་བཞི་དག་ནུས་པ་བཞི་སྨིན་ལ། །ཡོངས་སུ་སྨིན་པར་བཞག་པ་གང་གིས་དེ། །བྱེད་ནུས་ཐབས་ལ་རྒྱལ་བས་དབང་བསྐུར་གསུངས། །དེ་ཕྱིར་དབང་བསྐུར་དེ་མེད་དངོས་གྲུབ་མེད། །ཞེས་བཀོད་པའང་ཚིག་སྡོམ་པ་སྟེ། དེ་ལྟར་ན་མི་བསྒྲོད་པ་འདི་ཡང་ཤིན་ཏུ་མི་བདེན་ཏེ། དུས་འཁོར་ལས་རིགས་ལྡན་འཇམ་དཔལ་གྲགས་པས། ཚངས་པའི་དུར་སྟོང་བྱེ་བ་ཕྲག་ཕྱེད་བཞི་སྐབས་གཅིག་དབང་བསྐུར་བ་ནི་སྟོན་གྱི་ཆོ་ག་འཕགས་པའི་ཡིན་པའི་ཕྱིར་དང་། དེ་སོ་སྐྱེ་སྤྱད་མི་རུང་བའི་ཕྱིར་དང་། དེང་སང་དུས་འཁོར་དབང་ལ་དུང་ངེས་མི་བྱེད་པ་འདི་ལ་རྒྱུད་འགྲེལ་གྱི་ཟིན་སོ་མེད་པའི་ཕྱིར་དང་། དེང་སང་གི་དུས་འཁོར་དང་འཕྲེང་དབང་གྲངས་མེད་ལ་བསྐུར་བ་འདི་ས་སྐྱ་པའི་ལུགས་ནི་མིན། དེ་མིན་གཞན་དུ་འང་ས་སྐྱ་པའི་ལུགས་སུ་རྫུ་མཁན་འདུག་ན། དེ་ཚར་བཅད་དོ་གསུངས་རྒྱུར་འདུག་པའི་ཕྱིར་དང་། ངོར་པས་ཀྱང་དེ་འདྲ་དེ་ས་ལུགས་ཡིན་པར་མི་གསུངས་པའི་ཕྱིར་དང་། མཆན་ནོ། །རྒྱུད་དབང་ལྔ་བུའི་དྲི་མ་བཞི་སྦྱོང་ཞིང་སྐུ་བཞིས་ས་བོན་འདེབས

ནུས་པར་འགྱུར་ལ། འདོད་ན་དབང་བཞི་ཆར་ཡིན་པར་འགྱུར་རོ། །ཡང་ཀླུ་སྒྲུབ་རྩོད་སྤོང་ལས། དུས་འཁོར་མཆོག་དབང་བཞི་ཡང་སྔར་མ་སྨིན་པའི་དཀྱིལ་འཁོར་ལས་དང་པོ་བ་སྐུར་མི་རུང་སྟེ། དེ་བསྐུར་ཡུལ་གྱི་སློབ་མ་མཆོག་དེ་སྔར་གྱི་དབང་གི་སྨིན་ཟིན་པར་གཞུང་གི་ནུས་པ་ལས་ཤེས་པའི་ཕྱིར་ཞེས་བཀོད་པར། ཉིད་ཀྱིས། དེ་ནི་དཔྱད་ན་ཆུ་ཤིང་གི་རྣམ་ཐར་ལྟར་ཏེ། རྒྱས་འགྲེལ་དྲི་མེད་འདིར་མདོར་བསྡུས་ཡིན་པར་གསུངས་པ་ལ་རྒྱས་འགྲེལ་ཞེས་བྲིས་པ་འཛིགས་རྫམ་ཏ་ཅང་ཐལ་ལོ། །མཆན། འོད་ལས། ད་ནི་ཟབ་ཅིང་ཞེས་སོགས་དྲངས་ནས། ཞེས་དོན་གཉེར་གཉིས་ལ་བསྐུར་ཚུལ་གཉིས་གསུངས་ཀྱི། མཆོག་དབང་གི་སྔོན་དུ་ངེས་པར་མཐའ་གཅིག་ཏུ་དབང་བདུན་བསྐུར་དགོས་པའི་བཤད་པ་མི་འབྱུང་ངོ་། །ཅི་སྟེ་རྒྱུད་ལས། དབང་བདུན་དག་གིས་མངོན་པར་དབང་བསྐུར་དགེ་བའི་དབང་གི་ས་བདུན་གྱི་ནི་དབང་ཕྱུག་ཉིད་དུ་འགྱུར། བུམ་པ་གསང་བས་མངོན་པར་དབང་བསྐུར་སླར་ཡང་ཕྱིར་མི་ལྡོག་པ་སོགས་སུ་རབ་ཏུ་འགྱུར། ཤེས་རབ་ཡེ་ཤེས་མངོན་པར་དབང་བསྐུར་བར་སྲིད་ཞིའི་འཇིགས་པ་འཇོམས་པའི་འཇམ་དབྱངས་ཉིད་དུ་འགྱུར། ཞེས་གོ་རིམ་བཤད་པས་འགྲུབ་བོ་སྙམ་ན། དེ་ནི་བརྒྱུད་ཀྱི་དངོས་བསྟན་བསྟན་བྱའི་གཙོ་བོ་གང་ཟག་ལམ་ལ་མཐར་ཆགས་སུ་བཀྲི་དགོས་པ་ཞིག་གི་དབང་དུ་མཛད་ཀྱི། ཐོད་རྒལ་དུ་འཇུག་པ་དང་ཅི་ཕྱིར་དུ་འཇུག་པའི་སྲིད་མཐའ་འགོག་པ་མ་ཡིན་ནོ། །ཞེས་སོགས་དང་། བཞེད་པ་འདི་ཅིས་ཀྱང་སྒྲུབ་པར་བཞེད་ན། དབང་བསྐུར་མཐར་ཆགས་ལས་གཞན་བསྐུར་ས་མེད་པའི་སྲིད་མཐའ་འགོག་པའི་ལུང་རྙེད་ན་དེར་འགྱུར་བས་ལུང་འཚོལ་བར་འབད་པར་མཛོད་ཅིག །གལ་ཏེ་མཆོག་དབང་དབང་བསྐུར་ཡུལ་གྱི་སློབ་མ་དེ་ཉིད་རྩ་ལྟུང་བཅུ་བཞི་དང་བྲལ་བར་བཤད་པའི་ཕྱིར་སྔར་དབང་གི་སྨིན་པར་སྒྲུབ་ནུས་སོ་སྙམ་ན། ཞེས་སོགས་དེ་མེད་པའི་ཚུལ་བྲི་བར་མཛད་དོ། །

དེ་ལ་བརྟགས་ན། དུས་འཁོར་མཆོག་དབང་གི་སྔོན་དུ་བྱིས་འཇུག་དབང་བདུན་པོ་ངེས་པར་འགྲོ་དགོས་པའི་བཤད་པ་འབྱུང་སྟེ། གནས་ནི་གང་དུ་མེ་ཏོག་བཟང་པོ་ལྷུང་བ་དེ་ཉིད་དེའི་རིགས་སོ་མིའི་བདག་པོ་ཡིས། ཕྱི་ནས་དབང་བདུན་རྣམས་དང་དབང་གསུམ་བླ་མེད་ཇི་ལྟ་བ་བཞིན་འདིར་ནི་ཡང་དག་རབ་སྦྱིན་བྱ་ཞེས་དང་། དེའི་འགྲེལ་ཆེན་དུ། རིམས་པ་ཇི་ལྟ་བའི་བྱིས་པའི་དབང་བདུན་དང་། བུམ་པ་ལ་སོགས་པའི་རྣམ་པ་གསུམ་སྦྱིན་པར་བྱའོ། །ཞེས་དེ་དག་གོ་རིམ་ཇི་ལྟ་བ་བསྐུར་བར་བཤད་པའི་ཕྱིར་དང་། རྒྱུད་ལས། རྩ་བའི་ལྟུང་བ་བྱུང་བ་གང་ཞིག་དགའ་བའི་སྐད་དུ་སླར་ཡང་དཀྱིལ་འཁོར་འདིར་ནི་འཇུག་བྱ་སྟེ། ཞེས་སོགས་ཀྱི་འགྲེལ་པར་མཆོག་དབང་ཐོབ་པ་ལ་ལྟུང་བ་བྱུང་ན་སླར་ཡང་བྱིས་པ་འཇུག་པའི་དབང་བདུན་ལེན་པར་བཤད་པ་དང་། ཟབ་ཅིང་རྒྱ་ཆེ་ལ་སེམས་ཞེས་སོགས་ཀྱི་བྲིལ་བར། མཆོག་དབང་སྐུར་ཡུལ་གྱི་སློབ་མ་དེ་ལ་རྩ་ལྟུང་

བཅུ་བཞི་སྲུང་བའི་སྡོམ་པ་དང་ལྡན་པ་ཞིག་དགོས་པར་བཤད་པས་མཆོག་དབང་དངོས་སུ་བསྐུར་ཡུལ་གྱི་སློབ་མ་དེ་སྔར་དབང་གི་སྨིན་ཟིན་པ་ཡང་ཤིན་ཏུ་སྲུབ་ནུས་པའི་ཕྱིར་རོ། །གཞན་དུ་ན་སྔགས་སྡོམ་དང་མི་ལྡན་པའི་གང་ཟག་ལ་སྔགས་ཀྱི་ཐུན་མོང་མིན་པའི་རྒྱ་ལྟུང་འབྱུང་བ་ཡོད་པར་ཐལ་ལོ། །དེ་ལྟར་ན་བྱང་སེམས་ཀྱི་སྡོམ་པ་དང་མི་ལྡན་པ་ལ་ཡང་བྱང་སྡོམ་ལ་ལྟོས་པའི་རྒྱ་ལྟུང་འབྱུང་བ་དང་། དགེ་སློང་གི་སྡོམ་ལྡན་མིན་པ་ལ་ཡང་སྡོམ་པ་དེ་ལ་ལྟོས་པའི་ཕམ་པ་སོགས་འབྱུང་བ་ཡོད་པར་འགྱུར་རོ། །དེས་ན་རྒྱ་བའི་འདོད་པ་རྡོ་རྗེ་ཕག་མོའི་བྱིན་རླབས་ཀྱི་དབང་གིས་གོ་ཆོད་ཅིང་དེའི་སྔོན་དུ་སྨིན་བྱེད་ཀྱི་དབང་གཞན་འགྲོ་མི་དགོས་པར་འདོད་པ་མེད་དེ། རྗེ་བོས་མཛད་པའི་རྗེ་བཙུན་མ་རིན་ཆེན་བརྒྱན་གྱིས་བསྒྲུབ་པ་ལས། འདི་ལྟར་རྣལ་འབྱོར་པ་དབང་བསྐུར་བ་ཐམས་ཅད་ཡོངས་སུ་རྫོགས་པས་ཡིད་དང་མཐུན་པའི་གནས་སུ། ཞེས་དང་། སྔོན་གྱི་བླ་མའི་མན་ངག་གི་དབང་བསྐུར་བའི་རིམ་པས་དེའི་དོན་ལ་དམིགས་ནས་རྡོ་རྗེ་རྣལ་འབྱོར་མ་བསམ་པར་བྱའོ་ཞེས་དང་། རྒྱལ་པོ་ཨིནྡྲ་བྷུ་ཏིས་མཛད་པའི་ཞལ་གཉིས་མ་ཆུང་བ་ལས། སྔགས་པས་ཐོག་མར་བླ་མ་དང་སངས་རྒྱས་ལ་སེམས་མངོན་པར་དད་པའི་ཡིད་ཅན་གྱིས་བྱང་ཆུབ་ཀྱིས་སེམས་བརྟན་པར་བཟུང་སྟེ། དབུར་བ་ཡང་དག་པར་ཐོབ་ནས་ཞེས་བྱིན་རླབས་བྱ་ཡུལ་གྱི་སློབ་མ་དེས་སྔར་དབང་ཐོབ་པ་ཞིག་དགོས་པར་བཤད་པའི་ཕྱིར། གལ་ཏེ་དེ་སྐབས་ཀྱི་དབང་དེ་ཀ་བྱིན་རླབས་ཡིན་ནོ་ཞེ་ན། མིན་ཏེ་དབང་དང་བྱིན་རླབས་དོན་ཐ་དད་དུ་གསུངས་པའི་ཕྱིར་ཏེ། སཾ་ཊི་ལས། དབང་དང་བཀའ་གནང་ཐོབ་ནས་ནི། །བྱ་བ་བྱས་པས་རབ་འཛུམ་ཞིང་། །འགྲོ་བ་དགའ་བར་བྱེད་པ་ཡིས། །ཤིན་ཏུ་སྣན་པའི་ཚིག་འདི་བརྗོད། །ཅེས་དང་། ཡེ་ཤེས་གྲུབ་པ་ལས། འདི་དག་ཐམས་ཅད་ཡིད་དང་ནི། །ལུས་དང་ངག་ལས་ཡང་དག་འབྱུང་། །སངས་རྒྱས་ཀུན་གྱི་བྱིན་རླབས་ཕྱིར། །རྟེས་སྣང་དེ་ལ་བྱིན་པར་བྱ། །རྡོ་རྗེ་འཛིན་པ་ཀུན་གྱི་ཕྱིར། །རྫོགས་སངས་རྒྱས་ཀྱི་དབང་བསྐུར་ཞིང་། །འདས་དང་མ་འོངས་རྣམས་དང་ནི། །རྡོ་རྗེ་འཛིན་ཀུན་གྱིས་ཀྱང་ངོ་། །ཞེས་གསུངས་པའི་ཕྱིར། དེས་རྡོ་རྗེ་ཡེ་ཤེས་དབང་བསྐུར་བ། ཞེས་པའི་དབང་གིས་མིང་ཅན་དེ་ཡང་བྱིན་རླབས་ཙམ་ཡིན་ཏེ། ཡེ་ཤེས་གྲུབ་པར། དེ་བཞིན་གཤེགས་པ་ཀུན་གྱི་ཐུགས། །སྐུ་དང་གསུང་ནི་ཐམས་ཅད་འདུས། །དེ་ལྟར་གཉིས་ཀ་ཤེས་ནས་ཀྱང་། །བྱིན་གྱིས་བརླབ་པ་བརྗོད་པར་བྱ། །ཞེས་གསུངས་པའི་ཕྱིར། དེ་བསྐུར་ཡུལ་གྱི་སློབ་མ་མཚོན་བྱེད་དཔེའི་ཡེ་ཤེས་ཐོབ་པར་བཤད་པ་ཡང་མི་འཐད་པར་གོང་གི་ལུང་རྣམས་ཀྱིས་གྲུབ་བོ། །

འདིར་སྨྲས་པ། གཞན་མཛོད་ནས་བཤད་སྒྲུབ་བྱེད་ཐག་རྩལ་ལ། །འཁྲོང་རྩལ་འཐུད་པའི་ཞང་པས་སྒྲུབ་པའི་མཐའ། །སྣ་ཚོགས་བསྡུས་པའི་ཁལ་ངན་ཁུར་གྱི་ལྕིད། །མ་བཟོད་དུམ་བུར་འཐོར་འདི་གཟིགས

མོར་ཆེ། །དེ་ཉིད་གཞུང་སྤྲོད་ཁལ་གཉེར་ཆོས་ཀྱི་རྗེ། །མཆོག་དང་ཡང་དག་མིང་གིས་འཕགས་པའི་སར། །སྒྲུབ་པའི་ངལ་བ་འབྲས་མེད་རྟུལ་གྱིས་ནི། །ཐེགས་པས་ཕྱུལ་པོའི་ཁྲིམ་ལ་ཅོ་འདྲི་མཛད། །ཅེས་སོ། །ཡང་གཞན་མཛོད་ལས། སློབ་དཔོན་ཡན་ལག་མེད་པའི་རྡོ་རྗེས་མཛད་པའི་གདན་དབབ་སྒྲུབ་པའི་ལུང་དྲངས་ནས་འདི་ལ་གསུམ་པའི་དབང་མ་བྱུང་། ཚིགའི་འགྲོས་འདི་ལྟ་བུ་མི་འཐད་ན། སློབ་དཔོན་ཚད་མར་གྱུར་པ་དེས་ཅི་ལ་གསུངས། འཐད་ན་ནི་ཀ་དཔེ་མ་དགོས་པ་ཚོའི་འདོད་པ་ཨོཾ་ཨཱཿཧཱུྃ། ཞེས་བྲིས་པའི་ལན་དུ། ཀླུ་སྒྲུབ་རྩོད་སྤོང་ལས། རྡོ་རྗེ་སྙིང་འགྲེལ་ལས། རྡོ་རྗེ་སློབ་དཔོན་བློ་དང་ལྡན་པས། དབང་ལ་འཚོལ་བའི་སྐྱོན་སྤངས་ཏེ། དབང་བཞི་གོ་རིམ་བཞིན་དུ་བསྐུར་བར་བྱའོ། །ཞེས་གསུངས་སོ། །ལུང་འདི་ཚད་མར་ཁས་ལེན་བཞིན་དུ་རྒྱུ་དུས་དབང་བཞི་བསྐུར་ཚུལ་འཆོལ་མར་མཛད་པ་པོ་རྣམས་ཀྱི་ནོར་བུ་པདྨེ་ཧཱུྃ། ཐབས་ཤེས་གཏན་ལ་དབབ་པར་དབང་གསུམ་པ་པོར་ནས་གཞན་བསྐུར་བའི་ཚིག་དེ་འདྲ་མེད་ཅིང་། བྱང་ཆུབ་སེམས་ཀྱི་དབང་བསྐུར་ཞེས་པའི་མིང་ཅན་བླ་མ་ལ་བསང་ཡུམ་ཕུལ་ནས་དབང་བསྐུར་བ་ཞིག་བཤད་པ་དེ་དང་། གསང་བ་གྲུབ་པར། ཕྱག་རྒྱ་ཆེན་པོའི་དབང་བསྐུར་བ། ཞེས་བཤད་པ་དེ་གཉིས་ནི་རྣལ་འབྱོར་པ་སྤྱོད་ལ་རྒྱུ་བའི་ཚེ་བཞི་པ་རྟེན་ཅན་བསྐུར་ནས་བསྐུར་བ་ལྟ་བུ་ཡིན་གྱི། ལས་དང་པོ་བ་ལ་བསྐུར་བ་མ་ཡིན་ཚུལ་བཀོད་པ་ལ། ཉིད་ཀྱི་གསུང་ལས། སྙིང་འགྲེལ་མགོས་འགྱུར་ན་ཚིག་དེ་འདྲ་མེད་མོད། འགྱུར་གཞན་ན་ཡོད་སྲིད་ཀྱང་། གོ་རིམ་འཆོལ་བའི་སྐྱོན་མི་འཇུག་སྟེ། གཞུང་སོ་སོ་ཐ་དད་ཀྱི་རྣམ་གཞག་འཇོག་འཚམས་མི་གཅིག་པ་དུ་མ་ཡོད་པའི་ཕྱིར། མགོ་མི་སྙེ་བཞིན་དུ་མགོ་ཅི་སྙེ་སྙེ་བར་མཛད། དེས་ན་བློ་ཁོག་ཆུང་བར་མི་བྱ་ལ། འོན་ཀྱང་ཀན་ཀོན་མ་ཆེ་དགེ་སོགས་མཛད་པ་ནི་ཅིས་ཀྱང་རིགས་པ་ཉིད་དོ། །ལས་དང་པོ་བ་ལ་བུམ་གསང་ཤེས་རབ་བཞི་པའི་གོ་རིམ་ངེས་པར་དགོས་ལ། རྣལ་འབྱོར་པ་ལ་ཡེ་ཤེས་གྲུབ་པ་དང་གདན་ཕབ་གྲུབ་པ་ལས་བཤད་པ་འཆོལ་མར་བསྐུར་ཡང་ཉེས་པ་མེད་པའི་ལུང་རིགས་ཡོད་ན། ཁྱེད་ཀྱི་སྨྲས་པ་དེ་འགྲུབ་སྲིད་པས་སྟོན་ཤིག་ཅེས་དང་། དུས་འཁོར་དབང་ལེན་པར། ཡེ་ཤེས་ཐབ་པས་སངས་རྒྱས་བླ་མ་ཡིས་ཀྱང་། བླ་མ་རྫུ་འཕྲུལ་དང་ལྡན་པའི་སྟོན་པ་གཅིག་པོར་འགྱུར་རོ། །ཞེས་དཀྱིལ་འཁོར་དུ་འཇུག་པའི་བྱིན་དབབ་དུས་སྐུ་གསུང་ཐུགས་ཡེ་ཤེས་རྡོ་རྗེ་ཕབས་པར་བཤད་པའི་ཡེ་ཤེས་རྡོ་རྗེ་དངོས་སུ་བབས་པའི་ཚེ་དེ་ཉིད་འཚང་རྒྱ་བར་བཤད་པ་ལྟར་ན། དབང་མ་བསྐུར་བར་མཆོག་ཐོབ་པར་སོང་བས། ལུང་རིགས་འདི་ཚོ་དཀྱིལ་ཆོག་གཅིག་གཉིས་ཙམ་གྱི་སྐབས་སྒྲིག་ཐུམ་རིལ་ལ་ཞེན་པ་ཚན་ཞིག་གི་དབུ་ལ་རྡོ་རྗེའི་དྲག་ཆར་འབབ་པ་ཡིན་ནོ། །ཡང་དུས་འཁོར་དུ་དབང་གོང་མ་རེ་ཞིག་བསྐུར་མི་དགོས་པའི་སློབ་མ་ལ་བྱིས་འཇུག་དབང་བདུན་གྱི་མཐར་རྩ་ལྟུང་བཅུ་བཞི་སྒྲགས་པ་ཨེ་

གཟིགས་སམ། གཟིགས་ལམ་ལ་བབ་ཚེ། འོ་ན་བུམ་དབང་གི་མ་སྨིན་པ་ལ་གོང་མ་བསྟན་པ་རྩ་ལྟུང་དང་། གོང་མའང་སྔ་མ་སྔ་མས་མ་སྨིན་པ་ལ་ཕྱི་མ་ཕྱི་མ་བསྟན་ན་ཡན་ལག་ལྟུང་བར་འགྱུར་བའི་རྒྱུ་མཚན་ཁྱེད་རང་གི་བཀོད་པ་ཐམས་ཅད་གདོད་བདེན་མེད་ལ་ཐོངས་ཤིག །དེ་ལྟ་བུའི་རྣམ་འགྲོས་ཁྱོད་ཀྱིས་རྒྱ་གར་པཎ་ཆེན་མཚན་ཉིད་གསུངས་ཀྱང་། ངེད་ཀྱི་རྒྱ་གར་པཎ་ཆེན་གྱི་མཛད་ཚུལ་ལུང་ཚད་མས་ལན་རྒྱར་གྲུབ་པ་དེའོ། །ཞེས་སོགས་བྲི་བར་མཛད་དོ། །དེ་ལ་བརྟགས་ན། སྤྱིར་དབང་མ་ཐོབ་པར་སངས་རྒྱ་བ་ཡོད་ན། ཕྱག་ཐིག་ལས། དབང་མེད་ན་ནི་དངོས་གྲུབ་མེད། །ཞེས་སོགས་དང་། དམ་པ་དང་པོར། དབང་བསྐུར་མེད་པར་གསང་བསྒྲིང་པོ་ལས། བླ་མ་མཉེས་པར་མ་བྱས་ཤིང་། །དབང་རྣམས་བསྐུར་བར་མ་བྱས་པར། །ཉན་ལོ་མེད་པར་རྩོམ་པ་ནི། །འབྲས་བུ་མེད་ཅིང་བརླག་པར་འགྱུར། །ཞེས་དང་། སངས་རྒྱས་ཐོད་པར། དཔེར་ན་བུ་ཚ་མེད་པའི་ཁྱིམ། །ཞེས་སོགས་འོག་ཏུ་འབྱུང་བ་དང་། །རྒྱུ་ཆ་དང་། །ཟབ་མོའི་དེ་ཉིད་སྒོམ་བྱེད་པ། །དེ་དོན་ལེགས་པར་ཤེས་ན་ཡང་། །དམྱལ་བར་འགྱུར་གྱི་གྲོལ་བ་མེད། །ཞེས་དང་། བཤད་རྒྱུད་རྡོ་རྗེ་ཕྲེང་བར། དབང་བསྐུར་བ་ནི་གཙོ་བོ་སྟེ། །དངོས་གྲུབ་ཐམས་ཅད་རྟག་ཏུ་གནས། །ངཡི་ཡང་དག་དོན་བཤད་ཀྱི། །དེ་ཕྱིར་ཐོག་མར་ཡང་དག་ཉོན། །ཐོག་མར་སློབ་མ་གང་གི་ཚེ། །བློ་ལྡན་ཡང་དག་དབང་བསྐུར་ན། །རྫོགས་པའི་རིམ་པའི་རྣལ་འབྱོར་ལ། །དེ་ཡི་ཚེ་ན་བསྟོད་དུ་གྱུར། །ཡང་དག་དབང་བསྐུར་གྱིས་དབེན་ན། །སློབ་པོས་རྒྱུད་ཀྱི་དོན་ཤེས་ཀྱང་། །ཁྱད་པར་འདུས་པ་ཕྱི་མར། ཤེས་དབང་སྐབས་སུ། བླ་མ་རྡོ་རྗེ་ཅན་གྱིས་གོ །ཐབས་གཞན་གྱིས་ནི་སངས་མི་རྒྱ། །དེ་བས་རིག་མ་འདི་མཆོག་ཡིན། །ཞེས། འདི་ནི་སངས་རྒྱས་ཐམས་ཅད་ཀྱི། །རིག་པའི་བརྟུལ་ཞུགས་བླ་མེད་པའོ། །སྨོངས་པ་གང་ཞིག་འདས་གྱུར་ན། །དེ་ཡི་དངོས་གྲུབ་མཆོག་མི་འགྲུབ། །ཞེས་གསུངས་སོ། །སློབ་དཔོན་སློབ་མ་མཚུངས་པ་ནི། །མི་ཟད་དམྱལ་བ་ཆེན་པོར་འགྲོ། །ཞེས་དང་། བདེ་མཆོག་ལས། དཀྱིལ་འཁོར་འདི་ནི་མ་མཐོང་བར། །རྣལ་འབྱོར་འདི་ནི་དངོས་གྲུབ་འདོད། །མཁའ་ལ་ཁུ་ཚུར་གྱིས་རྡེག་དང་། །སྨོངས་པ་ཕུབ་མ་བརྡུངས་དང་མཚུངས། །ཞེས་དང་། སངས་རྒྱས་མཉམ་སྦྱོར་ལས།དཀྱིལ་འཁོར་དུ་ནི་མ་བཞུགས་ཤིང་། །དམ་ཚིག་རྣམས་ནི་སྤངས་པ་དང་། །གསང་བའི་དེ་ཉིད་མི་ཤེས་པས། །སྒྲུབ་ཀྱང་ཅིས་ཀྱང་མི་འགྲུབ་བོ། །ཞེས་དང་། རྡོ་རྗེ་གུར་ལས། དཀྱིལ་འཁོར་དུ་ནི་མ་བཞུགས་དང་། །དབང་བསྐུར་མེད་པར་རྣལ་འབྱོར་པ། །གང་གི་རབ་གནས་མ་མཐོང་ཞིང་། །གང་གི་སྦྱིན་བསྲེག་མ་བྱས་ན། །འཇིག་རྟེན་འདི་དང་གཞན་དུ་ཡང་། །དེ་ལ་དངོས་གྲུབ་མཆོག་ཉིད་མེད། །ཅེས་གསུངས་པ་རྣམས་དང་འགལ་བས་བག་ཡོད་པར་མཛད་དགོས་ཤིང་། ཁྱོད་རང་གི་ལུགས་ཀྱི་ཡི་གེ་མང་པོར་ཡང་གསང་སྔགས་ཀྱི་ལམ་ཉམས་སུ་ལེན་པ་དབང་ལ་རག་ལས་པར་བཤད་པ་དང་འགལ་བས་འགལ་འདུའི་ཕུང་པོ་བཟོས་པ་འདྲའོ། །གཞན་དབང་གི་ཡེ་ཤེས་དབབས་པའི་ཚེ་སངས་རྒྱས་ཀྱི་ཡེ་ཤེས་དངོས་སུ་ཕེབས་ཏེ་དུས་

དེ་ཉིད་དུ་སངས་རྒྱ་ན་དབང་གི་དངོས་གཞིའི་ཚིག་དོན་མེད་པར་འགྱུར་ཞིང་། རིམ་གཉིས་འབད་པས་བསྒོམས་པའང་དོན་མེད་པར་འགྱུར་བ་དང་། དེ་ལྟ་བུའི་ཡེ་ཤེས་འབེབས་པ་དེ་མི་ཞུར་སྟོང་སྒོམ་ལ་སྟུག་རྒྱུར་བྱེད་པ་ཤིན་ཏུ་སྨྲོངས་པར་འགྱུར་བས། སྨྱུལ་པའི་སྐྱུ་ལ་དེ་ཞུ་བར་རིགས་སོ་ཞེས། །ཞེས་རྣལ་འབྱོར་པ་རྣམས་ལ་བཀགས་ཁྲབ་པར་མཛོད་ཅིག །ཆེ་བརྗོད་དོན་དུ་འབྲུལ་ན་དེ་འདྲའི་རིགས་ཅན་མང་པོ་འབྱུང་ཤས་ཆེ། ལས་དང་པོ་བ་ལ་དབང་བཞི་གོ་རིམ་བཞིན་དུ་བསྐུར་བས་སོ། །ཅིག་ཆར་བ་དང་ཐོད་རྒལ་བའི་རྣལ་འབྱོར་བ་ལ་འཚོལ་མར་བསྐུར་ཡང་ཉེས་པ་མེད་པའི་ལུང་ཚད་ལྡན་སྟོན་རྒྱུ་མེད་པས་ན་དེ་ལྟར་བྱར་མི་རུང་ཞེས་བཤད་པ་ཡིན་འདུག །ཁྱོད་ཀྱི་ལུགས་ལ་དེ་ལྟར་བྱར་རུང་བའི་ཤེས་བྱེད་ཐབས་ཤེས་དེ་གཏན་ཐབས་དབབ་གྲུབ་པ་ལས་དབང་གསུམ་པ་མ་བཤད། ཅེས་པ་ཙམ་མིན་པའི་ཀུན་ངེས་ཤེས་འདོངས་པ་ཞིག་སྟོན་པར་རིགས་སོ། །དུས་འཁོར་བྱིས་འཇུག་དབང་བདུན་བསྐུར་ནས་རྩ་ལྟུང་བཅུ་བཞི་བསྲུགས་པ་མཐོང་ཡང་། དེས་བུམ་དབང་གི་མ་སྨིན་པ་ལ་གོང་མའི་དབང་ལམ་བསྟན་ན་རྩ་ལྟུང་དང་། དེས་སྨིན་ཡང་གོང་མ་གསུམ་རང་རང་མ་ཐོབ་པ་ལ་དེང་དེའི་གསང་བ་བསྟན་པ་ན་ཡན་ལག་གི་ལྟུང་བ་འབྱུང་བར་བཤད་པ་དེ་འགོག་མི་ནུས་ཏེ། རྩ་ལྟུང་བཅུ་བཞི་སྡོང་བ་བུམ་དབང་གི་སྤྱིའི་བསྲུང་བའི་དམ་ཚིག་ཡིན་ཞིང་། བྱིས་འཇུག་དབང་བདུན་ཡང་བུམ་དབང་ཡིན་པས། དེ་ལ་དེ་གྲགས་པ་ལ་ཉེས་པ་མི་འབྱུང་བའི་ཕྱིར་རོ། །སྔ་མ་ནི་ཤིན་ཏུ་བདེན་ཏེ། འདི་ཡང་། འགྲེལ་ཆེན་ལས། སྐྱེ་བ་སྔ་མའི་བག་ཆགས་ཀྱི་སྟོབས་ཀྱིས། །ཁ་ཅིག་ལ་ཡེ་ཤེས་ཕེབས་པར་འགྱུར་ཏེ། དེའི་ཚེ་དཀྱིལ་འཁོར་ལ་གྲུབ་པར་གྱུར་ཞིང་། སངས་རྒྱས་སུ་འགྱུར་རོ། །བླ་མ་ཡིན་ཡང་བླ་མ་ཞེས་པ་མངོན་པར་ཤེས་པ་ལྔ་ཐོབ་པ་དང་ས་བཅུའི་དབང་ཕྱུག་ཏུ་འགྱུར་ཏེ། སངས་རྒྱས་ཞེས་པ་ནི་ཉེ་བར་བཏགས་པའི་ཚིག་སྟེ་རྫུ་འཕྲུལ་དང་ལྡན་པའི་སྟོན་པ་གཅིག་པུ་ཞེས་པ་ཡང་དེ་ཉིད་བཞིན་ནོ། །སྐུ་དང་གསུང་དང་ཐུགས་དང་ཡེ་ཤེས་ཀྱི་བྱིན་གྱིས་བརླབས་པའི་མཚན་ཉིད་ངེས་པའོ། །ཞེས་ལས་རིམ་རྒྱས་པ་འཆད་པའི་སྐབས་སུ་གསུངས་པས། སྐྱེ་བ་སྔ་མར་དབང་གི་སྨིན་ཞིང་ལམ་སྒོམ་པའི་བག་ཆགས་བཟང་པོ་ཡོད་པ་ཞིག་ལ་ཡེ་ཤེས་ཕེབས་པར་བཤད་ཀྱི། སུ་རུང་རུང་ལ་སྦྱར་བས་ཅི་ལ་རུང་། འདིས་ནི་སྐལ་ལྡན་ཅིག་ཆར་གསང་སྔགས་པར་ལམ་ལ་གོམ་པས་བག་ཆགས་བཞག་པའང་ལས་རིམ་རྒྱས་པས་དབང་བསྐུར་དགོས་པར་བསྟན་པས་དྲག་ཆར་སུ་ལ་བབས། འགྲེལ་ཚིག་དེ་ཀར་དྲིས་དང་ལུང་བསྟན་གསལ་པོར་འབྱུང་ངོ་། །མཆན། ཡོངས་སུ་མ་སྨིན་སེམས་ཅན་ལ། །གསང་བ་སྒྲོག་པ་བདུན་པ་ཡིན། །ཞེས་དང་། །སྦྱོར་བ་ངེས་པར་མ་བྱས་པར། །སྐལ་མིན་གསང་བ་སྟོན་པ་དང་། །ཞེས་གསུངས་པའི་ཕྱིར། །རྒྱ་གར་གྲུབ་ཐོབ་ཀྱིས་རྗེན་ཧམ་འགྲོས་མཛད་པ་ལུང་ཚད་མས་གྲུབ་ན་རྒྱ་གར་གྱི་གྲུབ་ཐོབ་རྣམས་ཀྱང་ད་ལྟའི་བོད་ཀྱིས་འབྲུལ་ཞིག་འདི་ཚོ་འདྲ་བ་ཞིག་ཀ་ཡོད་པ་ལགས་སམ། གྲུབ་ཐོབ་ཚད་ལྡན་ཡིན་ན་ནི་རྒྱུད་ལས་གསུངས་པ་བཞིན་ཅིའི་ཕྱིར་མི་མཛད། དེས་ན་ལས་དང་

པོ་པ་དང་ཅིག་ཆར་བ་དང་ཐོད་རྒལ་བ་སུ་ཡིན་ཀྱང་། བླ་མེད་ཀྱི་ལམ་ལ་བརྟེན་ནས་སངས་རྒྱས་སྒྲུབ་ན། དབང་བཞི་གོ་རིམ་བཞིན་དུ་ངེས་པར་བླང་དགོས་ཏེ། རྡོ་རྗེ་གུར་ལས། བུམ་པའི་དབང་ནི་དང་པོ་སྟེ། །གཉིས་པ་ལ་ནི་གསང་བའི་དབང་། །གསུམ་པ་ཤེས་རབ་ཡེ་ཤེས་ཏེ། །ཇི་ལྟར་ལུས་ནི་དེ་བཞིན་གཤེགས། །ཞེས་དང་། གསང་བ་འདུས་པའི་རྒྱུད་ཕྱི་མ་ལས། དབང་ནི་རྣམ་པ་བཞི་དག་ཏུ། །རྒྱུད་འདི་ལ་ནི་རབ་ཏུ་གྲགས། །བུམ་པའི་དབང་ནི་དང་པོ་སྟེ། །གཉིས་པ་གསང་བ་ཞེས་བྱར་བརྗོད། །ཤེས་རབ་ཡེ་ཤེས་གསུམ་པ་ཡིན། །དེ་བཞིན་དེ་ལྟར་ཡང་བཞི་དབང་། །ཞེས་བུམ་དབང་ལ་དང་པོ། གསང་དབང་ལ་གཉིས་པ། ཤེར་དབང་ལ་གསུམ་པར་བཤད་པ་སོགས་ཀྱིས་གྲུབ་པའི་ཕྱིར། དེ་ཡང་ཚིག་དབང་བཞི་པར་འཇོག་པ་ལ། དེ་ལ་ལྟོས་པའི་གསུམ་པ་ཤེར་དབང་ངེས་པར་སྔོན་དུ་འགྲོ་དགོས། ཤེར་དབང་གསུམ་པར་འཇོག་པ་ལ་དེ་ལ་ལྟོས་པའི་གཉིས་པ་གསང་དབང་ངེས་པར་སྔོན་དུ་འགྲོ་དགོས། གསང་དབང་གཉིས་པར་འཇོག་པ་ལ་དེ་ལ་ལྟོས་པའི་དང་པོ་བུམ་དབང་ངེས་པར་སྔོན་དུ་འགྲོ་དགོས་པའི་ཕྱིར་ཏེ། དཔེར་ན་དེ་ལྟོས་གཞི་ཐུང་ངུ་མེད་པར། དེ་ལ་ལྟོས་ནས་རིང་པོ་དང་། ལྟོས་གཞི་གཡོན་མེད་པར་དེ་ལ་ལྟོས་པའི་གཡས་མི་འབྱུང་བ་བཞིན་ནོ། །གཞན་ཡང་རྒྱ་བོད་ཀྱི་དཀྱིལ་ཆོག་ཚད་ལྡན་མང་པོར། བུམ་དབང་དཔེ་ཞིང་ས་གཤིན་པ་དང་། གསང་དབང་ས་བོན་སྐྱོན་མེད་པ་དང་། ཤེར་དབང་མྱུ་གུ་ཐོན་པ་དང་། དབང་བཞི་པ་སྨིན་ཐོག་ཕུན་སུམ་ཚོགས་པ་འབྱུང་བ་དང་། དཔེ་དོན་སྦྱར་ནས་གསུངས་པས་ཀྱང་གྲུབ་སྟེ། སྨིན་ཐོག་ཕུན་སུམ་ཚོགས་པ་འབྱུང་བ་ལ་སྔ་མ་གསུམ་པར་སྔོན་འགྲོ་དགོས་པའི་ཕྱིར་རོ། །དེར་མ་ཟད་སངས་རྒྱས་ཐོད་པའི་གསུམ་པ་ལས། དཔེར་ན་བུ་ཆ་མེད་པའི་ཁྱིམ། །ཤི་བ་ཙམ་གྱི་སྟོང་པ་ཉིད། །དེ་བཞིན་དབང་དང་བྲལ་ན་ནི། །ཡེ་ཤེས་ཀུན་གྱི་སྟོང་པ་ཉིད། །དཔེར་ན་པི་ཝཾ་སྦྱོར་ཚོགས་ཀུན། །རྒྱུད་དང་བྲལ་ན་བརྡུང་མི་ནུས། །དེ་བཞིན་དབང་དང་བྲལ་ན་ནི། །སྔགས་དང་བསམ་གཏན་འགྲུབ་མི་འགྱུར། །རྨོངས་པ་གང་ཞིག་དབང་མེད་པར། །བདག་ནི་དབང་བསྐུར་ཞེས་སྨྲ་བ། །ཇི་སྲིད་སངས་རྒྱས་བཞུགས་ཀྱི་བར། །སློབ་མར་བཅས་ཏེ་སྐལ་བར་འགྲོ། །ཞེས་པས་འགྲུབ་ཏེ། །དེའི་འགྲེལ་པར་སར་ཏྲས། ཚིགས་བཅད་གསུམ་པོ་དེ་རིམ་པ་བཞིན་གོང་མ་གསུམ་པོ་རང་རང་མ་ཐོབ་པ་ལ། དབང་མདོར་བསྟན་གྱི་རྒྱུད་ལས། དབང་བསྐུར་གསུམ་ནི་རིམ་བཞིན་དུ། །སྐུ་གསུངས་ཐུགས་ཀྱི་རྣམ་དག་ཡིན། །བཞི་པ་ཡེ་ཤེས་སྦྱོར་བྱེད་པའོ། །ཅེས་སོ། །

དེ་དང་དེའི་ལམ་བསྟན་པའི་འོག་མ་མ་ཐོབ་པར། གོང་མ་བསྟན་པའི་ཉེས་པ་དང་སྦྱར་ནས་བཤད་པའི་ཕྱིར་རོ། །གཞན་ཡང་བརྟག་གཉིས་ལས། སློབ་དཔོན་གསང་བ་ཤེས་རབ་དང་། །བཞི་པ་དེ་ཡང་དེ་བཞིན་ཏེ། །དབང་ནི་བཞི་ཡི་གྲངས་ཀྱིས་ནི། །དགའ་བ་ལ་སོགས་རིམ་ཤེས་བྱ། །ཞེས་དང་། སྙོམ་པ་དག་པ་སློབ་དཔོན་

ཉིད། །ལྟ་བ་གསང་བ་དེ་བཞིན་ཏེ། །ལག་ཅང་ལ་ནི་ཤེས་རབ་ཉིད། །གཉིས་གཉིས་འཁྱུད་པ་དེ་བཞིན་ཉིད། །སེམས་ཅན་རྣམས་ཀྱིས་དངོས་གྲུབ་ཕྱིར། །དབང་ནི་རྣམ་པ་བཞི་ཞེས་བཤད། །ཞེས། དབང་བཞི་དགའ་བ་བཞི་དང་། འདོད་ཁམས་ཀྱི་འདོད་པ་རྟེན་ཚུལ་བཞི་དང་སྦྱར་ནས་གསུངས་པས་འགྲུབ་སྟེ། དཔེར་ན་ལྟུན་སྐྱེས་ཀྱི་དགའ་བ་སྐྱེ་བ་ལ་གཞན་གསུམ་ངེས་པར་སྟོན་དུ་འགྲོ་དགོས་པ་དང་འདྲ་བའི་ཕྱིར་རོ། །གཞན་ཡང་དབང་བཞིའི་སྦྱང་བྱ་དྲི་མ་བཞི་དང་། སྒོམ་བྱ་ལམ་བཞི་དང་། ཐོབ་བྱ་སྐུ་བཞི་ཡིན་པར་གསུངས་པས་ཀྱང་འགྲུབ་སྟེ། གཞན་དུ་དབང་གསུམ་པ་མ་ཐོབ་པར་བཞི་པ་བླངས་པ་ཞིག་ཡོད་ན། སེམས་ཀྱི་དྲི་མ་དག་རུང་དུ་མ་བྱས་པར་ལུས་ངག་ཡིད་གསུམ་གྱི་དྲི་མ་བག་ཆགས་བཅས་པ་དག་རུང་དུ་བྱས་པ་ཞིག་ཡོད་པར་ཐལ་བ་དང་། ཁམས་བདུད་རྩིས་དཀྱིལ་འཁོར་ཆོས་སྐུའི་ས་བོན་མ་ཐེབ་པར་སྙིང་པོ་ཡེ་ཤེས་རླུང་གིས་དཀྱིལ་འཁོར་ངོ་བོ་ཉིད་སྐུའི་ས་བོན་ཐེབས་པ་ཞིག་ཡོད་པར་ཐལ། དེ་ལྟར་བླངས་པའི་དབང་བཞི་པ་དེ་ཡང་། དབང་བཞི་པ་མིན་པར་ཐལ་བ་སོགས་སྐྱོན་མཐའ་ཡས་པ་འབྱུང་བའི་ཕྱིར་རོ། །ཡང་རབ་དབྱེར། ནཱ་རོ་ཆོས་དྲུག་ཞེས་བྱ་བའི་ཁྲིད། །མི་ལ་ཡན་ཆད་དེ་ལས་མེད། །ཆོས་དྲུག་བོར་ནས་ལམ་འབྲས་དང་། །ཕྱག་རྒྱ་ཆེན་པོ་ལ་སོགས་པ༔ །གཞན་གྱིས་གདམས་ངག་སྒོམ་བཞིན་དུ། །ནཱ་རོའི་བརྒྱུད་པ་འདེད་བྱེད་པ། །གཞན་ཡང་འགལ་བ་ལྟ་ཅི་སྨོས། །རང་ལུགས་དང་ཡང་འགལ་བར་འགྱུར། །ཞེས་གསུངས་པ་ལ། གཞན་མཛོད་ལས། རྗེས་གསང་དག །དེ་ལས་དང་། དེ་ལ་མི་འཆམས་དེ་ནི་སྨྲོངས་པ་སྟེ། དེ་མ་ཐག་ཆོས་དྲུག་བོར་ཞེས་པའི་ཚིག་ལ་མ་བརྟགས་པས་སོ༔ །རྩོད་ཁྲེར་ནི། ནཱ་རོ་ཆོས་དྲུག་ཞེས་བྱའི་ཁྲིད་མི་ལ་ཡན་ཆད་དེ་ལས་མེད་དེ། དང་པོ་མན་གྱི་ཆོས་དྲུག་བོར་བས་སོ། །དེ་བོར་ཏེ་དྭགས་པོས་ཕྱག་ཆེན་སོགས་སྦྲས་ལམ་རིམ། ཡང་ཕག་གྲུས་ལམ་འབྲས་ཏེ་གཞན་གྱི་གདམས་ངག་སྒོམ་བཞིན་པར་འདུག་པའི་ཕྱིར་ཞེས་པའོ། །སྒོམ་བཞིན་པ་ཞེས་པ་ནི་སྔར་དེ་ལ་བཞུགས་པ་ཙམ་མིན་ཞེས་ནུས་པ་སྟོན་པའི་ལུགས་སོ་ཞེས་ཕྱོགས་སྔ་བཀོད་ནས། དངོས་ལན་འདེབས་པ་ན། ཕྱག་རྒྱ་ཆེན་པོ་གཞན་ནི་གདམས་ངག་ཡིན་པ་དང་། ལམ་འབྲས་སྒོམ་བཞིན་པ་གཉིས་ཀ་མ་གྲུབ་པས་དགག་པ་འདི་ནི་ཕྱོགས་ཆོས་མ་གྲུབ་པའི་གཏན་ཚིགས་སོ། །དེས་ན་ཐོལ་བ་ཉིད་ཚར་གཅད་ཀྱི་ཞེས་བཀོད་པ་ལ། གླུ་སྒྲུབ་རྩོད་སྤོང་དུ། གསུང་དེ་ནི་རྟོག་གེ་ལ་གྲགས་པའི་ཚར་གཅད་རྗེས་འཛིན་གྱི་འཇུག་པ་ཅི་ཡང་མ་ཤར་བའི་སྤྱི་བརྗོད་ཀྱི་གསུང་ཡིན་ཏེ། སྤྱི་ཐོལ་ཚར་གཅད་འབྱུང་བ་ལ་སྤྱི་ཐོལ་གྱི་ ས་ཕྱི་ཐོལ་ལ་སྒྲུབ་བྱེད་ལྟར་སྣང་བཀོད་པ་ཙམ་གྱིས་ཆོག་པ་ཡིན་གྱི། སྤྱི་ཐོལ་གྱི་དམ་བཅའ་དང་སྒྲུབ་བྱེད་ལྟར་སྣང་བཀོད་པ་ལ། ཕྱི་ཐོལ་གྱི་སྲུན་འབྱིན་ཡང་དག་བརྗོད་ན་སྤྱི་ཐོལ་ལ་ཚར་གཅད་འབྱུང་བ་སོགས་རིགས་གཏེར་རྒྱ་འགྲེལ་དང་། རྩོད་རིག

སོགས་དང་སྦྱར་ནས་རྒྱབ་ནས་རྒྱས་པར་གསུངས་ཤིང་། ཕྱག་རྒྱ་ཆེན་པོ་གཞན་གྱི་གདམས་ངག་ཡིན་པ་མ་གྲུབ་སྟེ། ངེད་རང་གི་གདམས་ངག་ཡིན་པར་གསུངས་པར་སྣང་ཡང་དེས་སྐྱོན་མི་འཕོངས་ཏེ་ཕྱོགས་སྔ་ཁོང་དུ་མ་ཆུད་པའི་སྐྱོན་ཡིན་པའི་ཕྱིར་ཞེས་དང་། ཁོ་བོ་ཅག་ནི་འདི་སྐད་སྨྲ་སྟེ། རྗེ་མི་ལ་ཡན་ཆད་ལ་གཞན་གྱི་བསྲེ་སླད་མ་བྱུས་པའི་ཆོས་དྭག་གཙང་མ་དེ་ཁོ་ན་ཡོད་པ་ལས། ཕྱིས་འགའ་ཞིག་གིས་བསྲེ་སླད་མེད་པའི་ཆོས་དྭག་གཙང་མ་དེ་བོར་ནས། མངའ་བདག་མཻ་ཏྲི་བ་སོགས་རྒྱུད་པ་གཞན་ནས་རྒྱུད་པའི་ཕྱག་ཆེན་སོགས་དང་། ལམ་འབྲས་སོགས་བསྲེས་པའི་ཆོས་དྭག་སྒོམ་བཞིན་དུ། རྒྱུད་པ་གཞན་དེ་དག་གི་མཚན་ནས་མི་སྨོས་པར། གཅིག་ཁོ་ནའི་རྒྱུད་པ་འདེད་པ་མི་རིགས་ཏེ། རྒྱུད་པ་གཉིས་བར་གྱིས་གདམས་པ་སྒོམ་པར་སོང་བའི་ཕྱིར། ཞེས་སོགས་བཀོད་པ་ལ། ཉིད་ཀྱི་གསུང་ལས། གཞན་མཛོད་མཁན་པོ་དང་། རྩོད་སྤྱོང་མཁན་པོ་གཉིས་ཀ་མཁྱེན་པའི་སྤྱན་ཡངས་པ་རྒྱ་མཚན་དུ་བྱས་ནས། སྔིང་པོ་དོན་གྱི་མན་ངག་ཕྱག་རྒྱ་ཆེན་པོ་གཏན་ལ་འབེབས་པའི་ཚེ་ཕྱོགས་ཆོས་དང་ཚར་གཅད་སོགས་རྟོག་གེའི་གདུག་ཚུ་རྙོག་མ་ཅན་གྱིས་སླད་པ་ནི་མཛེས་ཤིང་ཚད་ལྡན་མང་པོས་གནས་ལུགས་ཀྱིས་དོན་རྟོག་གེའི་ཕྱོགས་ཆོས་ཞིབ་མོའི་སྤྱོད་ཡུལ་དུ་མ་གྱུར་ཞེས་ཡང་ཡང་དུ་བཤད་པ་དང་འགལ་ལོ། །དེ་ལྟར་ཡང་ཚད་མ་མདོར། ངག་ཞིག་རྟོག་གེའི་ལམ་ནས་ཆོས་ཉིད་ལ་འཁྲིད་ན། དེ་ནི་ཐུབ་པའི་བསྟན་ལ་ཆེས་རང་གི་ཉམ་པའང་ཡིན། ཞེས་པ་ལྟར་རོ། །ཅི་སྟེ་རྟོག་གེའི་རྒྱས་འགེབས་པ་ངེས་པར་དགོས་པ་ཞིག་ནའང་། ཡང་ལན་དུ། རྒོལ་དང་ཕྱི་རྒོལ་དཔང་པོ་གསུམ། །ངེས་པར་བྱས་ནས་རྩོད་ལ་འཇུག །ཅེས་པའི་ལུང་དྲངས་ནས་ཚར་གཅད་རྗེས་འཛིན་གྱི་རྩོད་པ་ལ་དེ་གསུམ་རྒོལ་བའི་དཀྱིལ་འཁོར་གཅིག་ཏུ་ཚང་དགོས་པར་འགྱུབ་མོད། འོན་རྗེ་ས་པཎ་དང་འཕྲོག་བྱེད་དགའ་བོ་རྩོད་པའི་སྐབས་དཔང་པོར་སུ་ཡོད། དེའི་ཚེ་འཕྲོག་བྱེད་ཚར་གཅད་ནས་རྗེས་བཟུང་བ་མི་བདེན་པར་འདོད་དམ་ཅི། རྒོལ་བ་ཉིད་ཚར་གཅད་ཀྱི་གནས་སུ་ལྟུང་ངོ་། །ཞེས་པའི་ཚིག་ནུས་ལ་མ་དཔྱད་པར་རྟོག་གེའི་དྲེགས་པས་མྱོས་པ་སྟེ། རྒོལ་བ་སྔ་ཕྱི་ཁྱད་པར་ཆེ་བར་བརྟེན། རྩོད་པའི་ཞལ་རྒྱས་མ་བྱུང་བས་ན་ཚར་གཅད་ཀྱི་གནས་སུ་ལྟུང་ངོ་ཞེས་པའི་ཚིག་གི་རྣམ་བཤད་སྨོས་པ་ཡིན་མོད། དངོས་སུ་ཚར་གཅད་ན་དེ་འདྲ་ཟེར་ཅི་དགོས། ཞེས་བཀོད་ནས། དེའི་དཔེར་མདོ་དྲན་པ་ཉེར་གཞག་གི་གླེང་གཞིར། དགེ་སློང་གསར་བུ་མང་པོ་བསོད་སྙོམས་ལ་རྒྱུ་བ་ན་ཀུན་ཏུ་རྒྱུ་དག་གི་དེ་དག་ལ་དྲི་བ་བྱས་པ་ཤཱ་རིའི་བུ་ལ་སྨྲད་པས་ཤཱ་རིའི་བུས་སྨྲས་པ། ང་དང་དེ་དག་འཕྲད་ཚར་གཅད་ཟིན་པ་ཞིག་ན། བདག་གི་མ་ཆོར་ཞེས་སོགས་བཀོད་ཅིང་། ཡང་ཕྱག་ཆེན་གཞན་གྱི་གདམས་ངག་ཡིན་ཟེར་བའི་གཞན་དེ་བཀའ་གདམས་ལ་ཟེར་བར་གྲགས་ཀྱང་། དེའི་ལུགས་ཀྱི་ཕར་ཕྱག་ཆེན་གྱིས་མིང་ཅན་དེ་ནི་ཕག་གྲུས། གོ་ཆ

གཉིས་ལ་བརྟེན་ནས་ནི། །རྣམ་རྟོག་ལམ་དུ་འཁྱེར་བ་ཡིས། །མཛོད་ཀྱི་ཐེག་པས་མ་སླད་པ་ཞེས་གསུངས་པས་འདི་དང་མི་གཅིག །དེའི་ཕྱིར་མཉམ་མེད་དྭགས་པོ་ལ་བཀའ་ཕྱག་ཆུ་བོ་གཉིས་འདུས་ཟེར་བ་དེས་རང་གི་ཕྱག་རྒྱ་ཆེན་པོ་རྒྱུད་པ་གཞན་གྱི་གདམས་ངག་མིན་པར་གྲུབ་བོ་ཞེས་དང་། ལམ་འབྲས་སློམ་བཞིན་པ་མིན་ཏེ་འགྲོ་མགོན་ཕག་གྲུས། བླ་ཆེན་ས་སྐྱའི་སྤྱན་སྔར་ལམ་འབྲས་ཞུ་དུས་ཐུན་མོང་གི་ཉམས་མྱོང་དཔེ་མེད་འཁྲུངས་པ་མཐོང་ལམ་དུ་ངོ་སྤྲོད་མཛད་ཀྱང་མ་ཆིམས་པར་ཆོས་རྗེ་སྒོམ་པོ་བའི་དྲུང་དུ་ཕྱག་ཆེན་གྱི་ཁྲིད་སྐྱངས་ཚེ་ཕྱག་ཆེན་ཡེ་ཤེས་ཀྱི་རང་ཞལ་གཟིགས་པས་སྔར་གྱི་ཉམས་མྱོང་མཐོང་ལམ་ཁོས་གྲུལ་ཡེ་མ་ཐུབ་པར་བོར་ནས་རིང་པོར་ལོན་ནོ་ཞེས་དང་། འོན་ཀྱང་མི་ཏྲི་བའི་ཕྱག་ཆེན་དང་ལམ་འབྲས་བསྲེས་པ་དེ་འདྲ་སློམ་མཁན་བཀར་བརྒྱུད་པའི་ཁྲིད་ན་མི་དགོས་པས་ཞེས་དང་། ནཱ་རོ་ཆོས་དྲུག་སློམ་པ་ལ་མི་ཏྲི་བ་དང་ལམ་འབྲས་ཀྱི་རྒྱུད་པ་འདེད་དོན་མི་གདའ་འོ་ཞེས་སོགས་བྲིས་པར་མཛད་དོ། །དེ་ལ་བརྟགས་ན་ཕྱོགས་ཆོས་སོགས་ཚུལ་གསུམ་གྲུབ་མ་གྲུབ་དང་། ཚར་གཅད་རྗེས་འཛིན་སོགས་ཀྱི་རྣམ་དབྱེ་བྱས་པ་ལ་རྟོག་གེའི་དྲུག་ཆུས་བསླད་ཅེས་ཐུགས་མ་དགྱེས་ཤིང་བཀའ་བཀྱོན་པ་ནི་ཆོས་ཀྱི་རྗེས། ཡོན་ཏན་ལྡན་པ་ཡོན་ཏན་ལ། །དགའ་ཡི་ཡོན་ཏན་མེད་རྣམས་མིན། །སྦྲང་རྩི་འཛིན་པ་མེ་ཏོག་ལ། །དགའ་ཡི་ཤ་སྦྲང་དེ་ལྟར་མིན། །ཞེས་གསུངས་པ་ལྟ་བུ་སྟེ། དེ་དག་གང་ལ་ཟེར་མ་དགོངས་པའི་ཟོལ་སྦྱོར་དུ་རྟོག་གེ་ལ་བཀའ་བཀྱོན་དུ་གནང་བར་ཟད་པའི་ཕྱིར་རོ། །གནས་ལུགས་ཀྱི་དོན་རྟོག་གེའི་བློ་གྲོས་ཀྱི་ཡུལ་མ་ཡིན་པར་བཤད་པ་ནི། ཕྱི་རོལ་མུ་སྟེགས་བྱེད་དང་ཉན་ཐོས་སྡེ་གཉིས་ཀྱི་རྟོགས་གེ་ལ་དགོངས་ཏེ། ཀླུ་སྒྲུབ་ཞབས་ཀྱིས། མཚན་མ་མེད་པར་མ་རྟོགས་པར། །ཁྱོད་ཀྱི་ཐར་པ་མེད་པར་གསུངས། །དེ་ཡི་ཕྱིར་ན་ཐེག་ཆེན་ལས། །དེ་ནི་ཚངས་པར་བསྟན་པ་ལགས། །ཞེས་གསུངས་པའི་ཕྱིར། གཞན་ཡང་མགོན་པོ་བྱམས་པས་མངོན་རྟོགས་རྒྱན་ལས། བྱང་སེམས་སྦྱོར་ལམ་པ་ཕྱིར་མི་ལྡོག་ཏུ་སྒྲུབ་པའི་གཏན་ཚིགས་ཉི་ཤུ། མཐོང་ལམ་པ་ལ་བཅུ་དྲུག །སྒོམ་ལམ་པ་ལ་བརྒྱད་གསུངས་པ་རྣམས་ལ་འབྲས་རང་མ་དམིགས་པའི་རྟགས་གསུམ་གསུམ་ཡོད་པར་བཤད་ཅིང་། དེ་དག་ལ་ཚུལ་གསུམ་ལམ་གྲུབ་མ་གྲུབ་ཀྱིས་རྣམ་གཞག་རྒྱས་པར་བཤད་པ་དང་། དབུ་མ་ཐལ་འགྱུར་བའི་གཞུང་ཆེན་པོ་རྣམས་སུ་ཕྱི་ནང་གི་དངོས་པོ་ཐམས་ཅད་བདེན་པས་སྐྱེ་མཆེད་དུ་སྒྲུབ་པ་ན་གཞན་ལ་གྲགས་ཀྱི་རྗེས་དཔག་འགལ་བ་བརྗོད་པའི་ཐལ་འགྱུར། རྒྱ་མཚན་མཚུངས་པའི་མགོ་སྙོམ། སྒྲུབ་བྱེད་བསྒྲུབ་བྱ་དང་མཚུངས་པའི་མ་གྲུབ་པ་བཞི། དང་པོ་ལ་ངོ་བོ་ལ་དཔྱོད་པ་གཅིག་དུ་བྲལ། རྒྱུ་ལ་དཔྱོད་པ་རྡོ་རྗེ་གཟེགས་མ། འབྲས་བུ་ལ་དཔྱོད་པ་ཡོད་མེད་སྐྱེ་འགོག །གཉིས་ཀ་ལ་དཔྱོད་པ་མུ་བཞི། ཐམས་ཅད་ལ་དཔྱོད་པ་རྟེན་འབྲེལ་གྱི་གཏན་

ཚིགས་དང་ལྔ། དེ་དག་ལ་རང་རྒྱུད་དང་ཐལ་འགྱུར་སོགས་གཉིས་གཉིས་སུ་ཕྱེ་ཞིང་། རེ་རེ་ལ་སྤྱང་ཚུལ་དང་མཐུན་ཕྱོགས་མི་མཐུན་ཕྱོགས་སོགས་ཞིབ་ཏུ་བཤད་པ་དང་། ཚར་གཅད་དང་སྦྱིན་འཕྲིན་སོགས་བཤད་པ་ཐམས་ཅད་རྟོག་གེའི་དྲུག་ཆུས་བརླན་པར་འགྱུར་རོ། །

དེ་ལྟར་ན་ནི་ཀླུ་སྒྲུབ་ཟླ་གྲགས་སོགས་འཕགས་ཡུལ་གྱི་ཤིང་རྟ་ཆེན་པོ་རྣམས་ལ་སྐུར་བ་འདེབས་པར་མ་བྱེད་ཅིག །ས་པཎ་དང་འཕྲོག་བྱེད་དགའ་བོ་རྩོད་པའི་ཚེ། འུ་ཡུག་པ་རིག་པའི་སེང་གེ །ཟང་རིངས་དར་མ་ཚུལ་ཁྲིམས་སོགས་ཆོས་རྗེའི་བུ་སློབ་རང་ལ་མང་བ་དང་། འཕྲོག་བྱེད་ཀྱི་འཁོར་རིག་གནས་ལ་བློ་ཤིན་ཏུ་སྦྱངས་པ་དུ་མ་སྟེ་དབང་པོ་ཤིན་ཏུ་མང་བ་ཡོད་པར་འདུག །གལ་ཏེ་དབང་པོ་ལ་རྐྱོལ་ཕྱིར་རྐྱོལ་ལས་མཁས་པ་ཞིག་དགོས་སོ་སྙམ་ན། ཀ་མ་ལ་ཤཱི་ལ་དང་ཏ་ཤང་མཧཱ་ཡ་ན་རྩོད་པའི་ཚེ་རྒྱལ་པོ་སོགས་ཀྱི་དབང་པོ་བྱས་འདུག་པ་དེ་དག་དེ་གཉིས་ལས་མཁས་པ་ལགས་སམ། དྲན་པ་ཉེར་གཞག་གི་ལུང་འདྲེན་ནི་རྟག་དཔྱད་ཡེ་མ་བྱས་པའམ་བྱས་ཀྱང་མ་དགོངས་པ་གང་རིགས་ལས་མ་འདས་ཏེ། ཤཱ་རིའི་བུས་སྨྲས་པ་ང་དང་དེ་དག་འཕྲད་ན་ཚར་གཅད་ཟིན་པ་ཞིག་ན་བདག་གིས་མ་ཚོར་ཞེས་པས་ཤཱ་རིའི་བུ་དང་ཀུན་ཏུ་རྒྱུ་དེ་དག་དང་དངོས་སུ་འཕྲད་ན་ཚར་གཅད་ཟིན་པ་ཞིག་ན། བདག་གི་མ་ཚོར་བས་ཚར་གཅད་པར་མ་ནུས་པས་དེ་བཞིན་གཤེགས་པ་ལ་ཞུས་ལ་ཚར་གཅོད་པར་གྱིས་ཤིག་ཅེས་པའི་དོན་དུ་སྣང་བའི་ཕྱིར། འདི་ནི་སྤྲང་པོ་བརྟུངས་པའི་ལག་ཆ་སྤྲང་པོས་ཁུར་བ་སྟེ། ང་དང་དེ་དག་འཕྲད་ན་ཚར་གཅད་ཟིན་པ་ཞིག་ན། ཞེས་པའི་ན་གཉིས་ཀྱི་ནུས་པ་ལ་བརྟག་མ་ཤེས་པར་གཞན་ལ་གནོད་ལ་རེ་ནས་དྲངས་ཀྱང་རང་གི་མགོ་བོར་ཐོག་ལྟར་བབས་པའི་ཕྱིར་རོ། །དེ་ལྟར་ན་རྟོག་གེ་ལ་གྲགས་པའི་ཚར་གཅད་རྗེས་འཛིན་བཞིན་འབྱུང་བ་ལ་རྐྱོལ་ཕྱི་རྐྱོལ་གཉིས་དངོས་སུ་འཕྲད་དགོས་པའི་སྒྲུབ་བྱེད་མང་དུ་ཡོད་ཀྱང་བཞི་པ་མན་ཆད་དགོས་ནུས་མེད། ཞེས་པ་ལྟར་ཞུས་ཀྱང་དགོངས་རིས་མིན་པ་འདུག་པས་བཏང་སྙོམས་སུ་བཞག་གོ། །ཕྱག་ཆེན་གཞན་གྱི་གདམས་ངག་ཡིན་ཟེར་བའི་གཞན་བཀའ་གདམས་ལ་གྲགས་ཟེར་བ་ཡང་མི་འཐད་དེ། བཀའ་གདམས་རང་ལུགས་ལ་ཕྱག་རྒྱ་ཆེན་པོའི་གདམས་ངག་ཞེས་པའི་ཐ་སྙད་མ་བྱུང་བའི་ཕྱིར། པོ་ཏོ་བས་གསུང་ལས། ད་ལྟའི་ཕྱག་རྒྱ་ཆེན་པོར་གྲགས་པ་འདི་མདོ་ཏིང་ངེ་འཛིན་རྒྱལ་པོའི་དོན་ཡིན། འོ་སློལ་ནི་དེ་ལ་འཇུག་པར་མི་བྱ་ལ། འགོག་པར་ཡང་མི་བྱའོ། །ཞེས་གསུངས་སོ་ཞེས་དཔེ་ཆོས་རིན་སྤུངས་ཀྱི་འགྲེལ་པར་ལྕེ་སྒོམ་གྱིས་མཛད་པ་ལས་འབྱུང་བའི་ཕྱིར་རོ། །དྭགས་པོ་ལ་བཀའ་ཕྱག་ཆུ་བོ་གཉིས་འདུས་ཟེར་བ་དེས་ཕྱག་རྒྱ་ཆེན་པོ་རྒྱུད་པ་གཞན་གྱི་གདམས་ངག་མ་ཡིན་པར་གྲུབ་ཅེས་པའང་མ་བརྟགས་པ་སྟེ། གཞན་ཞེས་པ་ནཱ་རོ་པ་ལས་གཞན། མི་ཏྲི་དང་ཛོ་བོ་རྗེ་སོགས་གཞན་གྱི་

གདམས་ངག་སྒོམ་བཞིན་དུ་ཞེས་པའི་དོན་ཡིན་པའི་ཕྱིར་རོ། །གཞན་དུ་ན་བཀའ་གདམས་པའི་གདམས་ངག་རྣམས་ཀྱང་ནཱ་རོ་པ་ལས་གཞན་གྱི་གདམས་ངག་མ་ཡིན་པར་འགྱུར་ཏེ། དྭགས་པོ་ལ་བཀའ་ཕྱག་རྒྱ་བོ་གཉིས་འདྲེས་ཟེར་བའི་ཕྱིར་རོ། །ཕག་གྲུས་ལམ་འབྲས་སྒོམ་བཞིན་པ་མིན་ཞིང་། ལམ་འབྲས་ཞུ་དུས་ཐུན་མོང་གི་ཉམས་མྱོང་ཙམ་སྐྱེས་པ་ས་སྐྱ་པས་མཐོང་ལམ་དུ་ངོ་སྤྲོད་པ་དྭགས་པོ་དང་མཇལ་ནས་ཕྱག་ཆེན་ཞུས་ཕྱག་ཆེན་དེས་གྲུབ་མ་ཐུབ་པར་བོར་ནས་ཡུན་རིང་ལོན་ནོ། །ཞེས་པ་ནི། ཕག་གྲུ་ལ་སྐུར་བ་བཏབ་པ་སྟེ། ལམ་འབྲས་ཆོས་རྣམ་གཞག་ལ་གྲུབ་མ་ཐུབ་ཟེར་ནས་ངག་ཏུ་བརྗོད་ཅིང་སེམས་ཀྱིས་སྤྱངས་བར་བཤད་སོང་བའི་ཕྱིར་རོ། །

དེ་ཡང་། རང་ངམ་གཞན་གྱི་སྒྲུབ་པའི་མཐའ། །ཆོས་ལ་དམོད་པ་དྲུག་པ་ཡིན། །ཞེས་རང་ཐེག་ཆེན་དང་། གཞན་ཉན་ཐོས་ཀྱི་ཐེག་པ་ཆོས་མིན་ཞེས་སྐུར་བ་བཏབ་ན་རྩ་ལྟུང་འབྱུང་བར་བཤད་པའི་ཕྱིར་ན་ཕག་གྲུ་སྔགས་སྡོམ་དང་ལྡན་ཕྱིན་དེ་ར་མི་འགྱུར་ལགས་སམ། གཞན་ཡང་སློབ་མའི་ཐེག་པས་ཆགས་ལ་སོགས། སྤྱོང་བར་འགྱུར་བ་མིན་ཞེས་འཛིན། ཕ་རོལ་བདག་ཀྱང་འཛིན་འཛུག་དང་། ཞེས་ཉན་ཐོས་ཐེག་པའི་ཆགས་སོགས་སྤྱོང་མི་ནུས་པར་རང་འདོད་ཅིང་། གཞན་ཡང་དེ་འཛིན་དུ་འཛུག་ན་བྱང་སེམས་ཀྱི་སྡོམ་པ་ལ་ལྟོས་པའི་རྩ་ལྟུང་བར་བཤད་པ་དེ་དྲན་པར་གྱིས་ལ། ལམ་འབྲས་དང་དེ་ནས་བཤད་པའི་ཉམས་མྱོང་གིས་གྲོལ་མི་ཐུབ་ཅེས་ཟེར་བའི་ཉམ་སླའི་སྒོ་བསྟུམས་ཏེ་བག་ཡོད་པར་གྱིས་ཤིག །དེས་ན་དཔལ་ལྡན་ཕག་མོ་གྲུ་པས་གདན་ས་ཆེན་པོ་དཔལ་ལྡན་ས་སྐྱར་ལོ་བཅུ་གཉིས་བཞུགས། རྗེ་ས་ཆེན་གྱི་དྲུང་དུ་གསུང་ངག་སོགས་ས་སྐྱའི་ཟབ་ཆོས་ཕལ་ཆེར་གསན་ཉམས་རྟོགས་ཀྱང་བཟང་པོ་འཁྲུངས། ཕྱུག་པར་རྒྱུ་མིག་གསར་དུ་བརྗོལ་བ་སོགས་ཐུན་མོང་གྲུབ་པའི་རྟགས་ཀྱང་གསལ་བར་ཤར། སླར་དྭགས་པོའི་དྲུང་དུ་བྱོན་ནས་ཕྱག་ཆེན་ཞུས་པས་སྔར་གྱི་ཉམས་མྱོང་ལ་བོགས་ཐོན་ཕྱིས་ཕག་མོ་གྲུ་པའི་མཐའ་རྒྱ་རུ་གདན་ཕབ་ནས་བཞུགས་ཏེ་ལམ་འབྲས་ཀྱང་མང་དུ་གསུངས་པས། ལམ་འབྲས་ཕག་གྲུ་ལུགས་ཞེས་རླུང་ལྟར་གྲགས་ཤིང་། རྡོ་རྗེའི་ཚིག་རྐང་ལ་ས་ཆེན་གྱི་གསུང་དང་མཐུན་པའི་རྣམ་བཤད་བཤད་མཛོད་མ་ཞེས་ཤིན་ཏུ་ཆེ་བ་ཞིག་ཀྱང་མཛད། ཕག་གྲུའི་གསུང་ལ་མཐའ་རྒྱ་བ་པྲ་ཛྙཱ་ཀཱིརྟིས་ཟིན་བྲིས་བཏབ་པའི་གཞུང་བཤད་ཤིན་ཏུ་ཆེ་བ་ཞིག་ཀྱང་འབྱུང་བ་དང་། ཕག་གྲུས་གསང་སྔགས་ལམ་རིམ་དུ་ལམ་འབྲས་ཀྱི་བརྡའ་ཆད་མང་དུ་འབྱུང་བས་ལམ་འབྲས་ལ་སྒོམ་འཆད་གཉིས་ཀ་མཛད་བཞིན་པ་སྟེ། ཕག་གྲུའི་ལམ་འབྲས་དེར་ཞེས་པ་ནི་སྒོམ་ཆེན་པ་བློ་ཆུང་ཕྱོགས་འཛིན་ཆེ་བ། བློ་གྲོས་མུན་པའི་མལ་ན་འདྲེ་ལོག་པ་རེ་གཉིས་བྲིས་པའི་རྣམ་ཐར་གྱི་ཡི་གེ་འགའ་ཞིག་དང་ངག་རྒྱུན་གྱི་འཁྲུམ་པོ་འགའ་ལ་ཚད་མར་བྱས་པ་ལས་གཞན་པའི་གཏན་ཚིགས་མི་སྣང་བའི་ཕྱིར་རོ། །ཕྱག་ཆེན་ལམ་འབྲས་སོགས་དང་

བསྲེས་པའི་ཆོས་དྲུག་སྒོམ་མཁན་བཀར་བརྒྱུད་པའི་ཁྲིད་ན་མི་འདྲའོ། །ཞེས་པ་དང་གཞི་བྱེད་རྫོགས་ཆེན་ལམ་འབྲས་སོགས་དང་བསྲེས་ནས་འཆད་སྒོམ་བྱེད་པའི་དྭགས་པོའི་རིང་ལུགས་པ་གཞན་ནི་ནི་མེད། རྒྱལ་བ་ཡང་དགོན་པས་ཆོས་ཀྱི་རྣམ་གྲངས་མང་པོ་བླ་མ་སོ་སོ་ལ་གསན་པ་རྣམས་ཕྱོགས་གཅིག་ཏུ་སྡོམ་ནས་རི་ཆོས་སྐོར་གསུམ་དུ་མིང་བཏགས་པ་དེ་ལ་བཀའ་བརྒྱུད་མཛད་རྒྱུ་ཡིན་ན་ནི་ཁོང་པ་ཆོས་རྗེ་པ་རང་གི་གྲུབ་པའི་རྒྱུད་འཛིན་དུ་བགྲངས་པའི་སློབ་མ་དམ་ཚིག་པ་ཡིན་པའི་ཁར་ཐུགས་དམ་པ་ཡང་དག་ལགས་པས་ཉེས་མ་ཉེས་ཇི་ལྟར་ཡང་བཀའ་བརྒྱུད་ཀྱི་མི་ཚད་རྒྱུག་བཏྲངས་མཛད་ཀྱང་འཁྲུར་འཆིས་སོ། །ཞེས་སོགས་བྲིས་པ་གཉིས་ནང་འགལ་ཏེ། ཡང་དགོན་པ་བཀའ་བརྒྱུད་པའི་ཁྲིད་ནས་འདོན་ན་མ་གཏོགས་དེ་འདྲ་གཞན་ཕར་ཞོག །ཡང་དགོན་པས་ཀ་སྒོམ་འདུག་པའི་ཕྱིར་རོ། །ཡང་མངའ་བདག་མཻ་ཏྲི་བ་ནས་རྒྱུད་པའི་ཕྱག་རྒྱ་བརྡའ་ཙམ་དང་། བསམ་གཏན་ཐུན་འཛིག་སོགས་ཡིག་སྐོར་ཤིན་ཏུ་མང་པོ་ཡོད་ཀྱང་། དེའི་ཤར་ལུང་འདོམས་པའི་ཚེ། ཤ་ཝ་རི། མཻ་ཏྲི་བ། རི་ཁྲུ་བ། རས་ཆུང་བ་ཞེས་སོགས་བརྒྱུད་པ་འདེད་ཀྱི། ནཱ་རོ་རྒྱུད་པར་མི་འདྲེན་པས་ན། གཞན་གྱི་གདམས་ངག་སྒོམ་བཞིན་དུ། །ཞེས་སོགས་འདི་འཇམ་དབྱངས་ཀྱི་གསུང་དུ་སྣང་ཡང་།ཀློན་ཀ་དེའི་འགྲོ་ས་འདི་ན་མི་གདའ་འོ། །རྒྱུད་པ་ནཱ་རོ་པ་ལ་འདེད་དགོས་པའི་ཕྱག་ཆེན་པའི་ཁུངས་ནི་ནཱ་རོའི་ཁྱད་ཆོས་བསྲེ་འཕོ་གནད་ཀྱི་མཚམས་སྦྱོར་ཞེས་གྲགས་པ་དེའི་སེམས་དངོས་པོའི་གནས་ལུགས་ཀྱི་སྒོམ་རིམ་ཟུར་དུ་འབྱུང་བ་ལས། གདམས་ངག་གི་དབང་པོ་ལ་ལྟོས་པའི་རིམ་པ་གསུམ་དུ་བྱས་པའི་རྒྱས་པ་ལ་ལྷན་ཅིག་སྐྱེས་སྦྱོར་དུ་མཚན་གསོལ་བ་ཡིན། ཞེས་སོགས་དང་། ཁོ་བོ་ཅག་ཕྱོགས་གཉིས་ཀའི་ཆོས་དང་གང་ཟག་ལ་མི་འཕྲོག་པའི་དད་པས་ཡིད་དྲངས་ཏེ་ལུགས་གཉིས་ཀ་ལ་ཙུང་ཟད་འདྲིས་པར་བྱས་པ་ཞིག་ལག་ནའང་། བརྒྱལ་བརྟགས་ཀྱི་སྒོ་ནས་ཚིག་དོན་གཏན་ལ་འབེབས་པའི་ཚེ་བཀའ་བརྒྱུད་པའི་ཕྱོགས་བཟུང་ནས་སྨྲ་བའི་སྒོ་ཙུང་ཟད་རྣོ་བ་ལ་མི་དགེས་པ་མཛད་མི་རིགས་ཏེ། ཞེས་སོགས་བྲི་བར་མཛད་དོ། །དེ་ལ་བརྟགས་ན་དེ་ལྟར་ན་ཕྱག་ཆེན་དང་ཆོས་དྲུག་ཆོས་ཐ་དད་དུ་འདྲེན་པ་མི་འཐད་དེ། མཻ་ཏྲི་བ་ནས་བརྒྱུད་པའི་ཕྱག་ཆེན་དེ། ཕྱག་ཆེན་ཆོས་དྲུག་གཉིས་ཀྱི་བཟླས་ཕྱེ་བའི་ཕྱག་ཆེན་མིན་ཞིང་། ལྷན་ཅིག་སྐྱེས་སྦྱོར་སོགས་ནི་ནཱ་རོ་ཆོས་དྲུག་གི་ནང་སེལ་གྱི་ཡན་ལག་ཡིན་པའི་ཕྱིར། དཔེར་ན་ལམ་འབྲས་དང་འཁོར་དབྱེར་མེད་ཐ་དད་དུ་མི་འདྲེན་པ་བཞིན་ནོ། །འདོད་ན། མི་ལས། དམ་ཆོས་ཕྱག་ཆེན་དང་རྫོགས་ཆེན་ནཱ་རོའི་ཆོས་དྲུག་དང་གསུམ། འདི་གསུམ་མི་ལ་ངའི་དམ་ཆོས་ཡིན་ཞེས་པ་དང་འགལ་ལོ། །

གཞུང་གི་དགོངས་པ་ནི། མི་ལ་ཡན་ཆད་ལ་གདམས་ངག་གཞན་དང་བསྲེ་བསླད་མི་བྱེད་པའི་ཆོས

དྲུག་གཙང་མ་དེ་ཁོ་ན་ཡོད་པ་ལས་དུས་ཕྱིས་ལམ་འབྲས་དང༌། མཻ་ཏྲི་པ་ནས་བརྒྱུད་པའི་ཕྱག་ཆེན་དང༌། གཞི་བྱེད་རྫོགས་ཆེན་སོགས་གདམ་ངག་གཞན་དང་བསྲེ་བསླད་བྱས་པའི་ཆོས་དྲུག་སྒོམ་བཞིན་དུ་བརྒྱུད་པ་ནཱ་རོ་ཁོ་ན་ལ་འདེད་པ་ནི་མི་འཐད་པའི་དོན་ཡིན་པར། ལེགས་བཤད་གསེར་ཐུར་དུ་འདི་ལ་དོགས་པ་བཀོད་ནས། དེའི་ལན་དུ་མཁས་མཆོག་སླུ་བའི་ཡེ་ཤེས་བཤད་ཟིན་པས། དོགས་པ་འདི་ཡང་རྗེས་རོ་ཙམ་ཡིན་ནོ། །གཞན་དུ་རྗེ་བཙུན་མི་ལ་མན་ཆད་དུ་ཆོས་དྲུག་མེད་ཅེས་པ་ཡིན་ན། ཆོས་རྗེ་པ་རང་གི་མོས་སྟོན་ཆེན་པོའི་བརྒྱུད་པ། དྭགས་པོའི་སློབ་མ་གཙང་གཞིར་ནས་བརྒྱུད་པ་དང༌། རས་ཆུང་བའི་སློབ་མ་འབུར་སྒོམ་ནས་བརྒྱུད་པ་སྟེ། ཆོས་དྲུག་ལུགས་གསུམ་གསན་པར་བཤད་པ་ཇི་ལྟར་འཆད། ལེགས་པར་སོམས་ཤིག །དེས་ན་ཉིད་ཕྱོགས་གཉིས་ཀར་མི་འགྲོག་པའི་དད་པ་དང༌། གཉིས་ཀའི་གསུང་རབ་འབུམས་པ་མཐར་ཕྱིན་མཛད་གསུངས་པ་དམ་པའི་རྣམ་ཐར་ཡིན་པས་བཀའ་དྲིན་ཆེ་ཞིང༌། སླུ་བའི་སྒོ་རྗེ་བ་རིགས་པ་དང་ར་པོའི་མཐུ་ལས་བྱུང་བ་ཡིན་པས་མ་དགྲེས་པ་ཅི་ལ་ཡོད། དགག་སྒྲུབ་ཤེས་ནས་བྱེད་པ་བསྟན་པའི་བྱི་དོར་ཡིན་པས་ད་དུང་བརྩོན་པར་བྱ་འོས་སོ། །ད་ལྟའི་གསུང་རིས་འདི་ཙོ་ནི་མཁས་པའི་གྲྭ་སར་ཕྱག་ཕེབས་མ་མྱོང་བའི་མཚོན་བྱེད་ཙམ་ལས་དཔྱད་པ་མཐར་ཕྱིན་པའི་གསུང་དུ་མི་སྣང་ངོ། །

འདིར་སྨྲས་པ། འཇམ་པའི་དབྱངས་ཉིད་མི་ཡི་སྲིད་པ་རུ། །བསམ་བཞིན་སྐྱེ་བའི་ཟློས་གར་ཉེར་ལྟའི་མཐར། །རྩོད་དུས་མུན་པར་སྐྱབས་སོང་གང་ཅན་པའི། །ཆོས་མིན་སླ་ཁ་ཀུན་དའི་ཕྲེང་ཟྲུམ་ཞིང༌། །ཤེས་བྱའི་གནས་ལ་བློ་གྲོས་ཆུ་སྐྱེས་དཀར། །འདབ་རྒྱ་ཕྱོགས་སུ་འཛུམ་པའི་དགའ་སྟོན་མཁན། །ཁྱོད་ལ་འཕྲུལ་བའི་དྲི་ཙམ་མི་བསྣམ་པའི། །ངེས་པ་རིངས་ནས་ཐོབ་ཕྱིར་སོམ་ཉི་གང༌། །ངེས་ཤེས་རྣམ་དཔྱོད་དྲུང་པོས་མཁས་པའི་གྲྭར། །ཧྲིག་ཧྲིག་བློ་གྲོས་སྒྲིན་པོས་མ་སྨྲང་པར། །ཡམ་ཡམ་དཔེ་ཀླག་ལུང་དང་རིགས་པའི་བརྒྱན། །ལོང་ལོང་ བླུན་པོའི་ཁྲིད་ན་ངོམ་རྣམས་མཚར། །ཅེས་ཀྱང་སྨྲས་སོ། །གཞན་མཛོད་ལས། བརྗོད་བྱ་དོན་གྱི་ཕྱག་ཆེན་ལ། བཤད་བྱ་ཕྱག་རྒྱ་ཆེན་པོ། འཆད་བྱེད་བླ་མའི་མན་ངག །དེ་ལ་རྩོད་པ་སྤོང་བ་དང༌། དང་པོ་ལ། གཞན་གྱི་ཕྱིན་ཅི་ལོག་ཏུ་བཤད་ཚུལ་དང་མངོན་བཀར་བརྒྱུད་པས་བཤད་ཚུལ་གཉིས་པོ། དང་པོ་ནི། ངེད་ཀྱི་ཕྱག་རྒྱ་ཆེན་པོ་ནི། ཞེས་སོགས་དྲངས་ནས་ཞེས་སྨྲའོ། །དེའི་དབང་ལས་བྱུང་བ་དང༌། རྫོགས་པའི་རིམ་པ་ལས་བྱུང་བ་གཉིས་ཀ་ཡང་དཔེའི་ཡེ་ཤེས་སུ་འདོད་པར་སྣང་སྟེ། དེ་ཉིད་ཀྱི་ཇོ་བོ་ནཱ་རོ་ཏ་པ་ནི་ཞེས་སོགས་དྲངས་ནས་འདིས་དང་པོ་དང༌། འཕགས་པ་ལྷའི་སྤྱོད་བསྡུས་སུ། ཞེས་སོགས་འདིས་གཉིས་པའོ། །དེ་གཉིས་གཞན་ལུགས་ཡིན་དུ་ཆུག་ཀྱང༌། དེ་དང་ལམ་འབྲས་ལ་སོགས་པ། ཞེས་སོགས་དྲངས་ནས། ཅེས་པའི་ཚིག་འདིས། དེ་གཉིས་ཀ་དང

རང་ལུགས་མཐུན་པར་སྨྲས་ཕྱིར་དང་། ལུགས་ཇི་ལྟར་སྨྲས་དེར་ཟད་དོ། །དེ་ནི་ཉེས་པ་ཆེན་པོ་སྟེ། མཚོན་བྱ་དོན་གྱི་ཕྱག་རྒྱ་ཆེན་པོ་དང་། འབྲས་བུ་ཕྱག་ཆེན་མཆོག་གི་དངོས་གྲུབ་གདན་མེད་དུ་ཐལ་བས་སོ། །རྐང་པ་ཕྱི་མ་དེས་ནི། དེས་ན་གང་ཟག་དབང་པོ་རབ། །དབང་བསྐུར་ཉིད་ཀྱིས་གྲོལ་བར་གསུངས། །ཞེས་པའང་། བདེན་བྱེད་དུ་བཀོད་ལ། ཕྱི་མ་འདིས་ཚིག་གི། དེས་ན་གྲུབ་ཐོབ་ཐམས་ཅད་ཀྱང་། །ཕྱོགས་རེའི་ཐབས་ཀྱིས་གྲོལ་བ་མིན། །ཞེས་པའང་ཚད་མས་བསལ་ལོ། །དབང་བསྐུར་དུས་སུ་སྐྱེ་བའི་མཐོང་ལམ་དེ་ཆོས་མཆོག་རྗེས་ཀྱི་མཐོང་ལམ་མ་ཡིན་པ་ནཱ་རོའི་བཞེད་པའང་མ་ཡིན་ཏེ། བསམ་གཏན་གྱི་མཐའ་ཁོ་ན་ཆོས་མཆོག་ཐ་མ་ཡིན་པ། དེའི་འགྲེལ་ཆེན་གཉིས་སུ་རྒྱུའི་དེ་ཉིད་བཅུ་དྲུག་གམ། རྒྱུའི་བདེན་དོན་བཅུ་གཉིས་ལ་བྱེད་པ་གསལ་བར་མཐོང་བའི་ཕྱིར་རོ། །འདིས་ནི་རྟོག་གེའི་གནད་ལ་རྩོད་པ་པོ་མུན་པར་འཁྱམ་འཁྱམ་འདྲོའོ་ཞེས་བྲིས་པར། ཀླུ་སྒྲུབ་རྩོད་སྤོང་ལས། འདི་དག་ནི་ཕྱོགས་སྔའི་སྐྱ་རེངས་མ་ཤར་བའི་དགག་པའི་ཉི་མ་ཁོ་ནར་སྣང་ངོ་། །ཞེས་ཐུགས་ཁྲེལ་བའི་རྣམ་པར་སྟོན་དུ་བཀོད་ནས། སྙིང་པོ་དབང་ལས་བྱུང་བའི་ཡེ་ཤེས་དང་། རྗོགས་རིམ་གྱི་ཡེ་ཤེས་གང་རུང་ཡིན་ན། མཚོན་བྱེད་དཔེའི་ཡེ་ཤེས་ཡིན་པས་ཁྱབ་པ་དེ། ས་སྐྱས་ཁས་བླངས་པའི་ཤེས་བྱེད་དུ་རབ་དབྱེའི་གཞུང་ཚིག་གཉིས་འདྲེན་པ་ནི་གདན་ནས་མ་འབྲེལ་ཏེ། ལུང་སྔ་མའི་དོན་ནི་བཀའ་བརྒྱུད་གོང་མ་འགའི་གསུང་ལས། ནཱ་རོ་ཏ་པ་ལ་དབང་དུས་སུ་མཐོང་ལམ་སྐྱེས། དེ་རྒྱུན་མི་བརྟན་པར་དེ་མ་ཐག་འགགས། ཆོས་མཆོག་རྗེས་ཀྱི་མཐོང་ལམ་རྒྱུན་འགག་པ་མེད་པ་ནི་ནཱ་རོ་ཏ་པའི་བཞེད་པ་ཡིན། ཞེས་གྲགས་པ་འདི་ལ་ནཱ་རོ་པའི་གསུང་གི་དངོས་སུ་ཟིན་པོ་ཡོད་པར་བདེན་ན། དབང་དུས་སུ་དཔེའི་ཡེ་ཤེས་སྐྱེས་པ་ལ་མཐོང་ལམ་དུ་མིང་བཏགས་པ་ཡིན་ནོ་ཞེས་དང་། ས་སྐྱ་པས་རྫོགས་རིམ་ཡེ་ཤེས་ཡིན་ན། དཔེའི་ཡེ་ཤེས་ཡིན་པས་ཁྱབ་པ་སྤྱོད་བསྡུས་ཀྱི་དགོངས་པ་ཡིན། དེ་དང་དེད་མཐུན་ཞེས་པའི་དོན་ཡང་མིན་ཏེ། དེ་ཡང་སྤྱོད་བསྡུས་ལས། གལ་ཏེ་སྒྲུབ་པ་པོ་བདེན་པ་མཐོང་ཡང་། སྟོན་གྱི་བག་ཆགས་སྒོམ་པའི་སྟོབས་ཀྱིས་ཞིང་ལས་དང་ཚོང་ལས་རྙེད་བཀུར་ལ་སོགས་པས་གཡེངས་པས་སྤྱོད་པ་རྣམ་པ་གསུམ་སྤྱོད་པར་མི་བྱེད་པ་དང་། སྒྲུབ་པ་པོ་གཞན་དག་འགྲོར་པ་མ་ཚང་བས། རྒྱུད་ལས་ཇི་སྐད་གསུངས་པའི་ཆོ་ག་རྫོགས་པར་བྱེད་མི་ནུས་པའི་ཕྱིར། མི་སྤྱོད་པ་དེ་དག་འཆི་བའི་དུས་བྱས་ནས་སྲིད་པ་གཞན་དུ་འགྲོ་བར་འགྱུར་རམ། ཡང་ན་རྡོ་རྗེ་འཆང་ཉིད་ཐོབ་པར་འགྱུར། ཞེས་དྲིས་པའི་ལན་དུ། དེ་བས་ན་དེ་ཁོ་ན་ཉིད་ཤེས་ཚང་བའི་རྐྱེན་མ་ཚང་བ་དང་དེ་ཇི་སྐད་དུ་བཤད་པའི་སྤྱོད་པ་གལ་ཏེ་མ་སྤྱད་དུ་ཟིན་ཡང་། ལྟ་བ་ཐམས་ཅད་རྣམ་པར་སྤངས་ནས་འཆི་བར་འགྱུར་བ་ནི་དོན་དམ་པའི་བདེན་པ་ཡིན་ལ། སྐྱེ་བ་ནི་ཀུན་རྫོབ་ཀྱི་བདེན་པ་ཡང་དག་པར་མངོན་རྟོགས་ནས་རྒྱུ་ལམ་ནས་འོད་

གསལ་བར་བཞུགས་ནས། ཐ་མལ་བའི་ཕུང་པོ་བོར་ནས་བདག་ལ་བྱིན་གྱིས་བརླབས་པས་རིམ་གྱིས་ལྡང་བར་བྱའོ། །ཞེས་བསྟན་པའི་སྐྱེ་མཆེད་དེ་ཡིད་ལ་བྱེད་པས་གནས་པར་བྱེད་ན། དེ་སྐྱེ་བ་གཞན་དུ་ཡིད་ལ་བྱེད་པ་དེ་འདོར་བར་མི་འགྱུར་ཏེ། དེ་བས་ཐམས་ཅད་མཁྱེན་པ་འགྱུར་རོ། །ཞེས་པའི་དོན། རིམ་ལྔ་རྫོགས་རིམ་སྐབས་ཀྱི་རང་བྱུང་ཡེ་ཤེས་སུ་གྱུར་པའི་དཔེའི་ཡེ་ཤེས་ཙམ་སྐྱེས་པ་ལ་བདེན་པ་མཐོང་ཞེས་བཏགས་པ་ཙམ་ཡིན་གྱི། བདེན་མཐོང་གི་མཐོང་ལམ་སྐྱེས་པ་ནི་མ་ཡིན་ཏེ། ཛོ་བོ་ནཱ་རོ་ཏ་པ་ནི། དབང་བསྐུར་དུས་སུ་མཐོང་ལམ་སྐྱེ་བར་བཞེད་དོ་ཞེས་གྲགས་སོ། །སུ་ཞིག་གིས་ན། རྟོག་པས་སོ། །ཇི་ལྟར་ན། དབང་གསུམ་པའི་ཡེ་ཤེས་སྐྱེ་ཚུལ་འཆད་པ་ན། རིན་ཆེན་རྒྱན་འདྲར། དེ་ལ་པཎྜི་ཏ་ནཱ་རོ་པ་དོན་གྱི་ཡེ་ཤེས་སུ་སྐྱེ་བར་བཞེད། མཻ་ཏྲི་པ་དཔེའི་ཡེ་ཤེས་སུ་སྐྱེ་བར་བཞེད། བླ་མའི་གསུང་གི་དབང་པོ་རབ་འབྲིང་ཐ་མའི་དབྱེ་བས། ཞེས་སོགས་བཤད་པའི་ཚུལ་གྱིས་སོ། །དེ་ལྟ་བུ་དེ་ནཱ་རོ་པའི་བཞེད་པ་ཡིན་པའི་ངེས་པ་མེད་ལ། བཞེད་པར་ངེས་ན་དགོངས་པ་ཅན་ཡིན་ཏེ། དེ་ནི་དཔེའི་ཡེ་ཤེས་ལ་དོན་གྱི་ཡེ་ཤེས་ཀྱི་མིང་གིས་བཏགས་ནས་གསུངས་པར་ཟད་པའི་ཕྱིར་རོ། །དེ་སྐད་ཅིག་གཉིས་པར་འགག་པར་རྟོགས་པའི་དངོས་སུ་མ་བཤད་ཀྱང་། དོན་ལ་བཞེད་དགོས་ཏེ། དེ་དངོས་རྒྱུན་བརྟན་པའི་མཐོང་ལམ་མཚན་ཉིད་པ་མ་ཡིན་ཡང་། མཻ་ཏྲི་པ་དང་མ་མཐུན་སོགས་ཀྱིས་སྐྱོན་འབྱུང་བས་སོ། །འབྲུག་པས་ནི་དངོས་སུ་ཡང་ཁས་བླངས་ཏེ། ནཱ་རོའི་འགྲེལ་ཆེན་གཉིས་ཀྱི་བཞེད་པས་གསུམ་པའི་ཡེ་ཤེས། རྒྱུན་མི་བརྟན་པར་ཁས་བླངས་པས་སོ། །གལ་ཏེ་རྟོག་པའི་བཤད་ཡོད་མ་དག་གོ་ཟེར་ན། རྟོག་པས་མར་པའི་གསུང་ལ་ཟེར་བྲིས་བྱས་པ་མ་དག་ན། ཁྱོད་དག་པ་བསུད། གལ་ཏེ་གསུམ་པའི་ཡེ་ཤེས་དོན་གྱི་ཡེ་ཤེས་སུ་སྐྱེ་བར་ནཱ་རོ་པ་བཞེད་དོ་ཞེས་སོགས་སོ། །དཔེའི་ཡེ་ཤེས་ལ་བཏགས་པ་མིན་ནོ་ཟེར་ན། ནཱ་རོ་པ་ལ་ནང་འགལ་ཡོད་པར་ཐལ། འགྲེལ་པའི་དངོས་བསྟན་ལ་དཔེའི་ཡེ་ཤེས་སུ་བཤད། གསུང་འབྲོས་དངོས་བསྟན་ལ་དོན་དུ་བཤད་སོང་བས་སོ། །དེ་བཞིན་དུ་ནཱ་རོ་མཻ་ཏྲི་མར་རྟོག་རྣམས་དགོངས་པ་ཟིང་ཟིང་པོར་ཁྱོད་ལ་ཁས་བླངས་དགོས་སོ། །རྗེན་གང་ཟག་དེ་ཞིང་ལས་དང་ཚོང་ལས་སོགས་ལས་མཐའ་ལ་ཆགས་ཤིང་ཞེན་པར་བཤད་འདུག་པའི་ཕྱིར། མཐོང་ལམ་མཚན་ཉིད་པ་སྐྱེས་པ་འཕགས་པ་མིན་པ་སོ་སྐྱེས་ལ་མི་སྲིད་པ་འདི་གྲུབ་ཐོབ་དེ་རྣམས་དགོངས་པ་མཐུན་ཞེས་པའི་དོན་ཡིན་ཚུལ་དང་། འདི་ནི་ཉེས་པ་ཆེན་པོ་སྟེ་ཞེས་སོགས་ནི། རྟགས་མེད་པའི་གསལ་བ་རྐྱང་པ་ཞིག་ནམ་མཁར་འཕྱུར་བ་ཡིན་ཚུལ་སོགས་བཀོད་པ་ལ། ཉིད་ཀྱི་གསུང་ལས། ཁྲབ་མཐའ་ནི་གོང་དང་མཚུངས་པས་སྨོས་མ་དགོས། རང་ཕྱོགས་སུ་སོང་དམ་སྙམ་པའི་ལུང་རེ་རྙེད་ཅན་བཤད་པར་བྱ་སྟེ་ཞེས་དྲེད་པོ་མཛད་པ་ཞིག་སྐབས་འགའ་རེར་འདུག་སྟེ། དེ་ནི་བླུན་པོའི་ཁ་ཤགས་ལྟར་གང་དུ་འགྲོ་བ་མི་ཤེས་སོ། །ཞེས་པ་དེར་གདའོ། །ཅིའི་ཕྱིར་ན་འཕགས་པ་ཡབ་སྲས་བཞེད་པའི་ལམ་རིམ་ལྔ་ལས། དཔེན་གསུམ་སྒྲུབ་པའི་སྒྱུ་ལུས་ཀུན་རྫོབ་བདེན་པ་མཐོང་བ་དེ་ཐེག་ཆེན་སྦྱོར་ལམ་པའི་མངོན་རྟོགས་དང་མཐུན་ལ། སྒྲོན་གསལ་ལས། ཀུན་རྫོབ་བདེན་པ་དག་པ་ནི། རིམ་པ་བཞི་བ་ཞེས་བརྗོད་དོ། །

ཞེས་སྒྱུ་ལུས་དེ་ཉིད་སླར་མངོན་བྱང་ཏེ་འོད་གསལ་དོན་དམ་པའི་བདེན་པ་ལ་བཞུགས་པ། ཐེག་ཆེན་མཐོང་ལམ་གྱི་བདེན་པ་དངོས་ཡིན་གྱིས། རིམ་ལྔའི་བདེན་མཐོང་དང་། མཐོང་ལམ་གྱི་བདེན་མཐོང་གཉིས་ཐ་དད་དུ་མི་འབྱེད་ཀ་མེད་བྱུང་བའི་ཟློལ་སྦྱོར་དུ་ཡང་ནི་མིན་པ་ལ་ཡིན་པར་མིང་བཏགས་སོ། །སྒྱུ་ལུས་དཔེའི་ཡེ་ཤེས་ཙམ་རྟོགས་པ་དེ་ནི་གཉིས་ཆོས་ལས་མ་གྲོལ་བའི་ཡང་དག་པའི་དོན་མཐོང་བའི་ཐ་སྙད་ཅི་ལ་ཐོབ། དེ་བཞིན་དུ་རྟག་ཆད་དང་འཕོ་བ་ལ་སོགས་པའི་ལྟ་ངན་འགགས་པ་ཞེས་ཅི་སྐད་གསུངས། ཐུགས་གཏད་ཀྱི་དྲག་གྲོས་ལས་མཐའ་ལ་ཆགས་པར་བཤད་པ་དེར་སྣང་ཡང་། མི་འགལ་ཏེ། དོན་དམ་ཆོས་ཉིད་དེ་མཐོང་མ་ཐག་བག་ཆགས་ཐམས་ཅད་འདག་པར་མ་བཤད་པས་སོ། །བག་ཆགས་དེ་བྱང་ཆོག་པའི་ཕྱིར་སྒོམ་ལམ་དུ་མངོན་བྱང་ལས་ཟུང་འཇུག་ཏུ་ལྡང་འཇུག་ཡང་ཡང་བྱེད་དགོས་པས། རིམ་ལྔར། དབུགས་ཀྱི་རླུང་ནི་མེ་ལོང་ལ། །ཇི་ལྟར་ཀུན་ཏུ་ཐིམ་གྱུར་པ། །དེ་བཞིན་རྣལ་འབྱོར་ཡང་དག་མཐར། །ཡང་དང་ཡང་དུ་འཇུག་པར་བྱེད། །ཅེས་གསུངས་ལ། འཇུག་འབྱེར་ཡང་དེ་ཀའི་འཕྲོར། རིལ་བུར་འཛིན་པའི་རིམ་པ་དང་། །དེ་བཞིན་རྗེས་སུ་ཞིག་པས་སོ། །ཞེས་རྣལ་འབྱོར་གཉིས་པོ་གང་ཞིག་གི་ལྡང་ཞིང་འཇུག་པར་བྱེད་དགོས་ལུགས་ཞེས་བྲིས་པར་མཛད་དོ། །དེ་ལ་བརྟགས་ན་ཕྱོགས་སྔ་མ་ངེས་པར་དགག་པ་བྱས་ངེས་སུ་འདུག་པས་སྤྱིར་ལན་གྱི་སྤྲོས་པ་རང་མ་བྱས་པས་ཆོག་པར་འདུག་ཀྱང་།འགའ་ཞིག་སྨོངས་པའི་དབང་གིས། དེ་ལྟར་བདེན་ནམ་སྙམ་པ་ཡང་འབྱུང་སྲིད་པས། དེ་དག་གི་ལོག་རྟོག་བསལ་བའི་ཕྱིར་ཇི་ལྟར་རིགས་པ་ཞིག་དབབ་པར་བྱའོ། །དེ་ཡང་སྡོམ་གསུམ་རབ་དབྱེའི་རྣམ་བཤད་ཚད་ལྡན་ཕལ་ཆེར་ལས་ཕྱག་ཆེན་གྱི་སྐབས་སུ་རྟོག་བྱེད་ཕྱག་རྒྱ་ཆེན་པོའི་ཡེ་ཤེས་ལ་འཁྲུལ་བ་དགག་པ་དང་། རྟོག་བྲ་སྤྲོས་བྲལ་གྱི་ལྟ་བ་ལ་འཁྲུལ་བ་དགག་པ་གཉིས། དང་པོ་ལ་མཚོན་བྱེད་དཔེའི་ཡེ་ཤེས་ལ་འཁྲུལ་བ་དགག་པ་དང་། མཚོན་བྱ་དོན་གྱི་ཕྱག་ཆེན་ལ་འཁྲུལ་བ་དགག་པ་གཉིས། ཞར་ལ་ཐེག་གསུམ་ལག་ལེན་ལ་འཁྲུལ་བ་དགག་པ་དང་གསུམ་དུ་མཛད་ནས། དང་པོ་ནི། ཕྱག་རྒྱ་ཆེན་པོ་སྒོམ་ན་ཡང་། །ཞེས་པ་ནས། དེ་ལ་ཁོ་བོ་ངོ་མཚར་སྐྱེས། །ཞེས་པའི་བར་གྱི་འཆད། གཉིས་པ་ནི། ལ་ལ་ཞི་གནས་ཅུང་ཟད་ལ། །ནས། འཕགས་པ་མིན་ལ་འབྱུང་མི་སྲིད། །ཞེས་པའི་བར་གྱི་འཆད། གསུམ་པ་ནི། ཐེག་པ་གསུམ་གྱི་ལག་ལེན་ཡང་། །སོགས་ཀྱིས་འཆད། དེད་ཀྱི་ཕྱག་རྒྱ་ཆེན་པོ་ནི། །ཞེས་སོགས་མཚོན་བྱེད་དཔེའི་ཕྱག་ཆེན་ཡེ་ཤེས་ཁོ་ན་སྟོན་བྱེད་དེ་ཡིན་ཡང་། དེས་ཕྱག་ཆེན་ཡེ་ཤེས་ཐམས་ཅད་མཚོན་བྱེད་དཔེའི་ཕྱག་ཆེན་ཁོ་ནར་བསྟན་པ་ག་ལ་ཡིན་ཏེ། གཞུང་ཉིད་ལས། དེས་ན་དངོས་གྲུབ་ཐམས་ཅད་ཀྱང་། །ཕྱོགས་རེའི་ཐབས་ཀྱིས་གྲོལ་བ་མིན། །དབང་དང་རིམ་གཉིས་ལས་བྱུང་བའི། །ཡེ་ཤེས་སྐྱེས་ནས་གྲོལ་བ་ཡིན། །ཞེས་དང་།

དབང་བསྐུར་བ་ཡི་བྱིན་རླབས་དང་། །རིམ་གཉིས་སྒོམ་པའི་རྟེན་འབྲེལ་གྱིས། །ཡེ་ཤེས་རྟོགས་ནས་གྲོལ་བ་ཡིན། །ཞེས་དབང་གི་ཡེ་ཤེས་དང་། རྫོགས་རིམ་གྱི་ཡེ་ཤེས་ལ་མཚོན་བྱ་དོན་གྱི་ཡེ་ཤེས་ཡོད་པར་ཤིན་ཏུ་གསལ་བར་བཤད་པའི་ཕྱིར། དེ་ཡང་དབང་བཞིས་སྨིན་མའི་ཕུང་ཁམས་སྐྱེ་མཆེད་ལ་སངས་རྒྱས་ཀྱི་ས་བོན་བཏབ་པ་དེ་ཚོགས་གཉིས་བསགས་པའི་སྐལ་ལྡན་ལས་འགྲོ་ཅན་འགའ་ཞིག་ལ་མཚོན་བྱེད་དཔེའི་ཡེ་ཤེས་ཀྱི་ངོ་བོར་སྐྱེ་བ་ཡང་ཡོད། འགའ་ཞིག་མཚོན་བྱ་དོན་གྱི་ཡེ་ཤེས་ཀྱི་ངོ་བོར་སྐྱེ་བ་ཡང་ཡོད་དོ། །འགའ་ཞིག་ལ་བཅུ་གསུམ་རྡོ་རྗེ་འཛིན་པའི་སའི་ངོར་སྐྱེ་བ་ཡང་ཡོད་ཅིང་། སོ་སོའི་སྐྱེ་བོའི་གནས་སྐབས་ཀྱི་དབང་གི་ཡེ་ཤེས་ལ་མཚོན་བྱེད་དཔེའི་ཕྱག་ཆེན་ཡེ་ཤེས་སམ། མཚོན་བྱེད་དཔེའི་སྡོམ་པ། འཕགས་པའི་གནས་སྐབས་ཀྱི་དབང་གི་ཡེ་ཤེས་ལ་མཚོན་བྱ་དོན་གྱི་ཡེ་ཤེས་སམ། དོན་གྱི་སྡོམ་པར་འཇོག་སྟེ། མཁས་མཆོག་སླུ་བའི་སེང་གེས། ས་བོན་དེ་ཉིད་ཚོགས་གཉིས་བསགས་པ་ཡི། །སྐལ་ལྡན་རྣམས་ལ་ཡེ་ཤེས་ཉིད་དུ་སྐྱེ། །གཞན་ལ་མངོན་གསལ་ཉིད་དུ་མི་སྐྱེ་ཡང་། །དེ་ཚེ་སྡོང་སེམས་ཐོབ་པ་སྡོམ་པ་ཡིན། །ཞེས་དང་། དབང་དང་ལམ་ལས་བྱུང་བའི་ཡེ་ཤེས་བཞི། །སོ་སྐྱེའི་དུས་སུ་དཔེ་ཡི་སྡོམ་པ་ཡིན། །མཐོང་བའི་ལམ་ནས་རྡོ་རྗེ་འཛིན་པའི་བར། །དོན་གྱི་སྡོམ་པ་ཡིན་ཏེ་ཕྱག་ཆེན་ནི། །ཞེས་གསུངས་པའི་ཕྱིར། དབེན་གསུམ་གྱིས་སྒྲུབ་པའི་སྒྱུ་ལུས་ཀུན་རྫོབ་བདེན་པ་མཐོང་བ་དེ་ཐེག་ཆེན་སྦྱོར་ལམ་པའི་མངོན་རྟོགས་དང་མཐུན་ཞིང་། སྒྱུ་ལུས་དེ་ཉིད་འོད་གསལ་དོན་དམ་པའི་བདེན་པ་ལ་བཞུགས་པ་མཐོང་ལམ་གྱི་བདེན་པ་དངོས་ཡིན་ཞེས་པ་ནི་ཤིན་ཏུ་མི་འཐད་དེ། རིམ་ལྔའི་ནང་ཚན་གྱི་འོད་གསལ་དོན་དམ་པའི་བདེན་པ་ཞེས་པ་རིལ་འཛིན་དང་རྗེས་གཞིག་གང་རུང་གི་སྣོད་བཅུད་གང་སྣང་བར་བསམ་པའི་ངང་དུ་འཛིན་མེད་དུ་བཞག་ནས། གཞིའི་འོད་གསལ་ལམ་དུ་བྱས་པས་སེམས་ཟིན། དེས་འབྱུང་བ་བཞིའི་རླུང་ནང་དུ་ཟིན་ནས་དབུ་མར་བཞུགས་པའི་རྟགས་དུ་བ་སོགས་ལྔ་ལྔར་སེམས་དབེན་གྱི་སྐབས་སུ་འབྱུང་བ་དང་ལས་ཆེས་ཕྲ་ཞིང་གསལ་བར་ཤར་བ་དེ་ལ་ལམ་གྱི་འོད་གསལ་ལམ། ཡེ་ཤེས་ཀྱི་འོད་གསལ་དུ་བཤད་ཀྱང་། དེ་ཉིད་ཡང་དག་པའི་ཞེན་པར་སོང་བས། ཞེན་པ་ཆ་ཕྲ་བ་ཞིག་ཡིན་པས་མཐོང་ལམ་དུ་ག་ལ་རིགས་ཏེ། རིན་ཆེན་ཕྲེང་བར། བདག་བྱིན་རླབས་ཆེན་མ་གཏོགས་པ། །རིན་ཆེན་གཞན་དག་འདི་ན་མེད། །མེ་ཡིས་སྦྱངས་པའི་ནོར་བུ་བཞིན། །རང་བཞིན་འོད་གསལ་རྣམ་པའོ། །ཞེས་སྒྱུ་མ་ལྟ་བུའི་སྒྱུ་མ་ཚད་མར་འཛིན་པར་བཤད་པའི་ཕྱིར། འོད་གསལ་དུ་མ་ཟད་ཟུང་འཇུག་གི་རྣལ་འབྱོར་ལ་ཡང་སོ་སྐྱེའི་ལམ་ཡིན་པ་ཞིག་ཀྱང་ཡོད་དེ། ཟུང་འཇུག་ལ་འགོག་པ་ཟུང་འཇུག་སྣང་བ་ཟུང་འཇུག་འབྲེལ་བ་ཟུང་འཇུག་སློབ་པའི་མི་སློབ་པའི་ཟུང་འཇུག་དང་ལྔ་ལས་དང་པོ་གསུམ་ལ་སོ་སྐྱེའི་ལམ་ཡིན་པ་ཡང་ཡོད་པའི་ཕྱིར་རོ། །རིམ་ལྔའི་

བདེན་མཐོང་དང་། མཐོང་ལམ་གྱི་བདེན་དོན་གཅིག་ཏུ་འདོད་པ་ཡང་ཤིན་ཏུ་ནོར་ཏེ། རིམ་ལྔའི་བདེན་མཐོང་ནི་དོན་དམ་བདེན་པའམ་ཆོས་ཉིད་ལ་སྒྱུ་ལུས་ཀྱི་རྣལ་འབྱོར་གྱི་གནས་སྐབས་ལས་གསལ་སྣང་ཆེར་ཐོབ་པ་ཞིག་ལ་བཤད་ཅིང་། དེ་འདྲ་བ་ནི་སོ་སྐྱེའི་ལམ་ཐེག་ཆེན་གྱི་སྦྱོར་ལམ་དྲོད་ཀྱི་གནས་སྐབས་སུ་ཀུན་ནས་ཉོན་མོངས་ཀྱི་བཟུང་བ་རང་བཞིན་མེད་པའི་དོན་ལ་གསལ་སྣང་ཐོབ་པ་དང་། རྩེ་མོའི་གནས་སྐབས་སུ་རྣམ་བྱང་གི་བཟུང་བ་རང་བཞིན་མེད་པའི་དོན་ལ་གསལ་སྣང་ཐོབ་པ་དང་། བཟོད་པའི་གནས་སྐབས་སུ་གང་ཟག་རྫས་ཡོད་ཀྱིས་འཛིན་པ་རང་བཞིན་མེད་པའི་དོན་དང་། ཆོས་མཆོག་གི་གནས་སྐབས་སུ་གང་ཟག་སྐྱེས་བུ་བཏགས་ཡོད་ཀྱི་འཛིན་པ་རང་བཞིན་མེད་པའི་དོན་ལ་གསལ་སྣང་ཐོབ་པ་ཡོད་པར་བཤད་པའི་ཕྱིར་དང་། མཐོང་ལམ་གྱི་བདེན་མཐོང་ནི་ཐེག་ཆེན་གྱི་སྐབས་སུ། དེ་ལ་སྐད་ཅིག་བཅོ་ལྔ་ནི། །མ་མཐོང་མཐོང་ཕྱིར་མཐོང་ལམ། །ཞེས་པ་ལྟར་བདེན་པ་མངོན་སུམ་དུ་སྔར་མ་མཐོང་བ་གསར་དུ་མཐོང་བའི་མཉམ་བཞག་ཐུན་གཅིག་ཁོངས་སུ་རྟོགས་པ་བྱ་ལ། ཐེག་པ་ཆེན་པོ་མཐོང་ལམ་བདེན་པ་མངོན་རྟོགས་ནི་ཆོས་ཉིད་ཆོས་ཀྱི་བདག་མེད་མངོན་སུམ་དུ་སྔར་མ་མཐོང་བ་གསར་དུ་མཐོང་བའི་མཉམ་བཞག་གིས་ཁོངས་སུ་རྟོགས་པས་བདེན་པ་མཐོང་བ་ཞེས་བཞག་པ་ཡིན་པའི་ཕྱིར། དཔེའི་ཡེ་ཤེས་ཀྱི་ཡང་དག་པའི་དོན་མ་མཐོང་ཞེས་པ་ཡང་མི་འཐད་དེ། ཡང་དག་ཉིད་ལ་ཡང་དག་བལྟ། །ཡང་དག་མཐོང་ན་རྣམ་པར་གྲོལ། །ཞེས་གསུངས་པའི་ཕྱིར། ཐེག་ཆེན་གྱི་བདེན་པ་མཐོང་ནས་ཞིང་ལས་དང་ཚོང་ལས་སོགས་ལ་བྱ་བ་ངན་པར་ཆགས་ཤིང་ཞེན་པ་སྤྱོང་མི་ནུས་པར་འདོད་པ་ནི་རབ་ཏུ་ནོར་ཏེ། ས་ཐོབ་གྱུར་མ་ཐག་ཏུ་འཇིགས་པ་ལྔ་དང་བྲལ། ཞེས་འཚོ་བ་འཆད་པ་སོགས་འཇིགས་པ་ལྔ་དང་བྲལ་ས་དང་པོ་ཐོབ་མ་ཐག་སྤྱང་བར་བཤད་ཅིང་། ཞིང་ལས་ཚོང་ལས་སོགས་ནི་འཚོ་བ་ཆད་དོགས་ཀྱི་ཕྱིད་ཡིན་པའི་ཕྱིར། ཆོས་ཉིད་མཐོང་མ་ཐག་བག་ཆགས་ཐམས་ཅད་འདག་པར་མ་བཤད་ཅེས་པ་དེ།ཆོས་ཉིད་མཐོང་མ་ཐག་ཉོན་སྒྲིབ་ཀྱི་བག་ཆགས་འདག་པར་མ་བཤད་ཅེས་པ་ཡིན་ན་ནི། ཆོས་ཉིད་མངོན་སུམ་དུ་མཐོང་བའི་སྐད་ཅིག་གཉིས་པ་ནས་ཉོན་སྒྲིབ་ཐམས་ཅད་སྤྱངས་ཟིན་པས་བྱ་བ་ངན་པ་ལ་ཆགས་ཞེན་མི་ཡོང་བའི་དོན་མེད་ཅིང་། ཤེས་སྒྲིབ་ཀྱི་བག་ཆགས་ལ་ཟེར་ན་སངས་རྒྱས་མ་ཐོབ་བར་དུ་སྤོང་མི་ནུས་པས། དེ་འདྲའི་དོགས་པ་སྤོང་ལུགས་ནི་ཡེ་མ་དགོངས་པའི་གསུང་དུ་སྣང་ངོ། །

ཡང་ཉིད་ཀྱི་གསུང་ལས། ངེད་ཀྱི་ཕྱག་རྒྱ་ཆེན་པོ་ནི། །ཅེས་སོགས་ཀྱི་ཐད་དུ་ཁྱོད་ཟེར་བ་ལྟར་བདེན་ན། དབང་ལས་བྱུང་བའི་ཡེ་ཤེས་དེ་རང་བྱུང་མ་ཡིན་ཏེ། །ལས་རིམ་རྒྱས་པའི་སྒོ་ནས་རྟུལ་ཚོན་གྱི་དལ་དུ་དབང་བསྐུར་བ་ལ་ལྟོས་པས་སོ། །ཞེས་དང་། རིམ་གཉིས་ཀྱི་ཏིང་ངེ་འཛིན་ལས་བྱུང་བའི་ཡེ་ཤེས་དེ་ཡང་རང་བྱུང་མ

ཡིན་ཏེ། རིམ་གཉིས་སྒོམ་པའི་འབད་རྩོལ་ལ་ལྟོས་པའི་ཕྱིར་རོ། །དེས་ན་བྱ་བྱེད་ཀྱི་རྩོལ་བས་སྒྲུབ་པའི་རང་བྱུང་དེ་འདྲ་ངོ་མཚར་ཆེའོ། །རང་བྱུང་གི་དོན་ནི་གཞན་རྐྱེན་གྱི་རྩོལ་བ་ལས་མ་ལྟོས་པ་ཞིག་ཡིན་ལགས། དེས་ན་ངེད་ཀྱི་མཐོང་ལམ་ནི། །འཕགས་པ་མིན་ལ་འབྱུང་མི་སྲིད། །ཞེས་པའང་མཐོང་ལམ་སྐྱེ་བའི་རྟེན་དུ་འཕགས་པ་ངེས་པར་དགོས་ཞེས་གསུངས་པ་འདྲ་ན། དེ་ཡང་སྙིང་པོས་དཔེན་ཏེ། མཐོང་ལམ་སྐྱེས་པ་ནས་འཕགས་པར་འཇོག་མོད། འོན་ཀྱང་མཐོང་ལམ་མཚན་ཉིད་པ་འཕགས་པ་མིན་པ་ལ་མེད་ཅེས་པ་དང་འཕགས་པ་མིན་པ་ལ་མི་འབྱུང་ཞེས་པའི་ཚིག་གིས་རྣམ་དབྱེ་དགོས་སོ། །ནཱ་རོ་ཞབས་ཀྱི་དབང་མདོར་བསྟན་དང་། བརྟག་གཉིས་འགྲེལ་པར། སྦྱོར་ལམ་དྲོད་རྩེ་བཟོད་མཆོག་བཞི་ལ་དག་པའི་དབྱེ་བས་རྒྱུ་ལས་དེ་ཉིད་བཅུ་དྲུག་དང་དམན་མཆོག་བར་མའི་དབྱེ་བས་རྒྱུའི་བདེན་དོན་བཅུ་གཉིས་སུ་བཤད་ལ། རྟེན་ཅན་གྱི་དབང་གསུམ་པའི་དུས་སུ་སྐྱེས་པའི་ཆོས་མཆོག་ཆེན་པོ་དཔེའི་ཡེ་ཤེས་ཀྱི་མིང་ཅན་དེ་ནི། འཇིག་དང་འགྱུར་དང་དེ་ནས་འཛག །ཅེས་པའི་སྐབས་ཀྱི་འཛག་བདེ་ཡིན་པས་མཐོང་ལམ་གྱི་དྲི་མ་མིན་ནམ། ཕྱག་ཆེན་སྐད་ཅིག་གི་དེ་ལ་འགག་པ་ལས་འོས་ཅི་ཡོད། དེ་ལ་མཐོང་ལམ་དུ་མིང་སུས་བཏགས་ཀྱང་། འཆལ་གཏམ་ལས་མ་འདས་ཀྱང་དབང་དུས་སུ་མཐོང་ལམ་མཚན་ཉིད་པ་སྐྱེ་བའི་མཐའ་ནི་མ་བཀག་གོ། །སྦྱོར་ལམ་ཆོས་མཆོག་ཆེན་པོའི་རྗེས་སུ་སྐྱེས་པའི་ཡེ་ཤེས་དེ་ནི། དེས་ན་འགྱུར་བ་མེད་པའི་མཆོག །ཅེས་གསུངས་པ་དེ་ཡིན་པ་ལ་གྲགས་ཅེས་མ་རངས་པའི་གསུངས་འགྲོན་པ་ཅི་ཏེ་རིགས།

རབ་དབྱེར་གྲགས་ཅེས་བྱ་བའི་དོན། སུ་ཞིག་གིས་གྲགས་ན། བཀའ་བརྒྱུད་པ་ཁ་ཅིག་གིས་སོ། །ཚུལ་ཇི་ལྟར་གྲགས་ན། ནཱ་རོ་པས་དབང་བསྐུར་དུས་སུ་མཐོང་ལམ་སྐྱེ། དེ་རྒྱུན་མི་བརྟན་པར་སྐད་ཅིག་དེ་ལ་འགག་ཅིང་། ཆོས་མཆོག་གི་རྗེས་སུ་སྐྱེས་པའི་མཐོང་ལམ་དེ་མི་འགག་པར་བཞེད་དོ། ། ཞེས་སྨྲ་བའི་ཚུལ་གྱིས་སོ། །དེ་སྐད་སྨྲ་བའི་བཀའ་བརྒྱུད་པ་མེད་དོ་ཟེར་ན། ཤིན་ཏུ་ཡོད་དེ། རིན་ཆེན་བརྒྱན་འདྲར་ནཱ་རོ་པ། དབང་དུས་སུ་མཐོང་ལམ་སྐྱེ་བར་དུ་བཞེད་དོ། །ཞེས་བཤད། ཁྱོད་ཀྱི་ནཱ་རོ་པ་དབང་དུས་སུ་དཔེའི་ཡེ་ཤེས་སྐྱེ་བར་བཞེད་པ་དེ་འགྲེལ་པ་གཉིས་ཀྱི་དགོངས་པ་དངོས་པོ་ཡིན་པས་རྒྱུན་མི་བརྟན་པར་འགག་པ་ལས་འོས་མེད་པར་ཁས་བླངས། དེའི་ཚེ་རྟོག་པས་དབང་དུས་སུ་དོན་གྱི་ཡེ་ཤེས་སྐྱེ་བ་ནཱ་རོའི་གསུང་འགྲོས་དངོས་ཡིན་པར་མཛད་པ་དེ། ནཱ་རོའི་འགྲེལ་པ་གཉིས་ཀྱི་དངོས་བསྟན་དང་གྲགས་པ་ན། དཔེའི་ཡེ་ཤེས་ལ་མཐོང་བའི་ལམ་དུ་བཏགས་པར་ཟད་པའམ། ཡང་ན། ནཱ་རོའི་གསུང་འགྲོས་དངོས་བསྟན་དང་། གསུང་རབ་དངོས་བསྟན་འགལ་བར་ཁས་ལོངས། དེ་དང་། མི་ཏྲི་པ་འགལ་བར་ཁས་ལོངས་ཤིག །ངེད་ནི་རྟོག་པས་ཕྲིས་པ། དེ་ལྟར་ནཱ་རོ་པ་བཞེད་ངེས་ན། འགྲེལ་པ་གཉིས་དང་། དགོངས་པ་མི་འགལ་ཏེ་དབང་དུས་སུ་སྐྱེས་པར་བཞེད་པའི་དོན་གྱི་ཡེ་ཤེས་དེ། དཔེའི་ཡེ་ཤེས་ལ་བཏགས་ནས་གསུངས་པར་ཟེར་ཞེས་སྨྲོག །དོན་རྩ་ལ། རིན་ཆེན་བརྒྱན་འདྲར། ནཱ་རོ་པའི་དུས་སུ་དོན་གྱི་ཡེ་ཤེས་སྐྱེས་པར་བཞེད་པར་བཤད། ཁྱོད་ཀྱི་གསུམ་པའི་དུས་སུ་དཔེའི་ཡེ་ཤེས་སྐྱེ་བ་དང་དེ་སྐད་ཅིག་དེ་ནས

འགག་པ་ལས་འོས་མེད་པ་དེ། ནཱ་རོའི་བཞེད་པ་ཡིན་པར་འཆད། འདོད་པ་སྔ་ཕྱི་གཉིས་རྣམས་ནས། ནཱ་རོ་པ་དབང་དུས་སུ་མཐོང་ལམ་སྐྱེ་བ་དང་། དེ་སྐད་ཅིག་དེ་ལ་འགག་པར་བཀོད་པ་གཉིས་ཀ་དངོས་བསྟན་ལ་ཐོན་འདུག་པས་མ་ཉོན་ཅིག །ཞེས་བྲི་བར་མཛད་དོ། །དེ་ལ་བརྟགས་ན། ཕྱག་རྒྱ་ཆེན་པོའི་མིང་གི་ཡེ་ཤེས་ཀྱི་རྣམ་གྲངས་ལ། སྣང་སྟོང་×། རིག་སྟོང་×། བདེ་སྟོང་×། བདེ་ཆེན་ཟུང་འཇུག །ལྷན་སྐྱེས་ཡེ་ཤེས། རང་བྱུང་ཡེ་ཤེས། རང་རིག་ཡེ་ཤེས། སོ་སོར་རྟོག་པའི་ཡེ་ཤེས་སོགས་དུ་མ་དང་ལྡན་པ་དེ་ལ་དགོངས་ནས། བྱུང་བའི་རང་བྱུང་ཡེ་ཤེས་ཡིན། །ཞེས་གསུངས་པ་ཡིན་ལ། དེ་རྒྱུ་ལ་ལྟོས་པས་རང་བྱུང་ཞེས་པར་མི་འཐད་ཟེར་བ་གྱི་ན་སྟེ། རྡོ་རྗེ་གུར་ལས། འདི་ནི་རང་བྱུང་བཅོམ་ལྡན་འདས། །ཆོས་ཀྱི་འཁོར་ལོ་བསྐོར་བ་དང་། །ཞེས་གསུངས་པ་ལྟར་དེ་བཞིན་གཤེགས་པ་ལ་རང་བྱུང་ཞེས་བཤད་པ་མི་འཐད་པར་འགྱུར་ཏེ། དེ་རྒྱུ་ཚོགས་བསགས་པ་ལས་ལྟོས་པའི་ཕྱིར། མཚན་བརྗོད་པ།ཡེ་ཤེས་སྐྱུ་སྟེ་རང་བྱུང་བ། །ཞེས་པའང་མི་འཐད་པར་ཐལ། ཡེ་ཤེས་ཆོས་སྐུ་དེ་རྒྱུ་རིམ་གཉིས་བསྒོམ་པ་སོགས་ལ་ལྟོས་པའི་ཕྱིར། མགོན་པོ་བྱམས་པས། རང་བྱུང་བདག་ཉིད་རྟོགས་པའི་ཕྱིར། །ཞེས་བསེ་རུ་ལྟ་བུའི་རང་རྒྱལ་མི་སློབ་ལམ་རང་བྱུང་གི་ཡེ་ཤེས་སུ་བཤད་པ་མི་འཐད་པར་ཐལ། དེ་བསྐལ་པ་བརྒྱར་ཚོགས་བསག་པ་ལ་ལྟོས་པའི་ཕྱིར་རོ། །གཞན་ཡང་རང་རྒྱལ་གྱི་བྱང་ཆུབ་ལ་རང་བྱུང་གི་བྱང་ཆུབ་ཏུ་བཤད་པ་དང་། རང་རྒྱལ་གྱི་བསྙེན་རྫོགས་ལ་རང་བྱུང་ཆུབ་ཀྱི་ཡེ་ཤེས་སུ་བཤད་པ་སོགས་མི་འཐད་པར་འགྱུར་ཏེ། དེ་དག་རྒྱུ་རྐྱེན་ལ་ལྟོས་པའི་ཕྱིར། དེས་ན་མགོན་པོ་བྱམས་པས། རང་བྱུང་རྣམས་ཀྱིས་དོན་དམ་དེ། །དད་པ་ཉིད་ཀྱི་རྟོག་བྱ་ཡིན། །ཞེས་པ་ལྟར་ཡེ་གདོད་མ་ནས་མ་བཅོས་པའམ་ལྷུན་གྱིས་གྲུབ་པའི་ཆོས་ཉིད་དེ་ནི་རང་བྱུང་ཡིན་ལ་དེ་འདྲ་དེ་རྟོགས་པའི་ཡེ་ཤེས་ལ་རང་བྱུང་ཡེ་ཤེས་སུ་བཞག་པ་ཡིན་པས། རང་བྱུང་གི་མིང་བཏགས་ཚད་བྱ་བྱེད་ཀྱི་རྩོལ་བས་མ་གྲུབ་པ་ག་ལ་ཡིན། མཐོང་ལམ་སྐྱེ་བའི་རྟེན་ལ་འཕགས་པ་ངེས་པར་དགོས་ཅི་ལ་ཟེར་ཏེ། མཐོང་ལམ་དངོས་སུ་སྐྱེ་བའི་གང་ཟག་ཡིན་ན་འཕགས་པ་མིན་པ་ཞིག་དགོས་པའི་ཕྱིར་རོ། །དབང་གསུམ་པའི་དུས་སུ་སྐྱེས་པའི་ཆོས་མཆོག་ཆེན་པོའི་ངོ་བོར་གྱུར་པའི་དཔེའི་ཡེ་ཤེས་ལ་མཐོང་ལམ་གྱི་དྲི་མི་བསྙམ་པས་ཀ་མཐོང་བའི་ལམ་དུ་བཏགས་པར་ཟད་ཅེས་གསུངས་གདའ་བ། གདགས་ནས་ཅི་བྱེད་གསུངས་ན་འབྲས་མིང་རྒྱུ་ལ་བཏགས་པར་བཞེད་པ་དེར་གདའ། རྣམ་པ་གཅིག་ཏུ་ན། དེ་འདོགས་མཁན་བཀའ་བརྒྱུད་རང་གི་བླ་མ་གོང་མ་ཞིག་ཡིན་འདུག་པས་དེ་ལ་གསུངས་པར་རིགས། གཞན་ཡང་མིང་བཏགས་ཚད་ལ་དགོས་པ་མི་དགོས་ཏེ། ཆོས་ཀྱི་གྲགས་པས། དོན་མེད་ན་ཡང་འགྲོ་བ་ཡི། །གང་ལ་གྲགས་པའི་སྒྲ་བཀོད་པ། །དེ་ལ་དེ་དངོས་དེ་མཚུངས་ཕྱིར། །འབྲུལ་རྟོག་ཅན་གཞན་ཕལ་པ་ཡིན། །ཞེས་གསུངས་པའི་ཕྱིར། ཆོས་མཆོག་སྐད་ཅིག་ཐ་མའི་

རྗེས་སུ་སྐྱེས་པའི་ཡེ་ཤེས་དེ་མཐོང་ལམ་མཚན་ཉིད་པ་ཡིན་པ་གྲགས་ཅེས་མ་རངས་པའི་ཚིག་ཅི་ལ་གསུངས་ཏེ། དེ་མཐོང་ལམ་མཚན་ཉིད་པ་ཤིན་ཏུ་ཡིན་པའི་ཕྱིར། གྲགས་ཅེས་པ་མ་རངས་པའི་ཚིག་ནི་ནཱ་རོ་ཏ་པ་དབང་བསྐུར་དུས་སུ་མཐོང་ལམ་སྐྱེ་བའི་རྒྱུན་མི་བརྟན་པར་དེ་མ་ཐག་འགག་ཅེས་པ་དེ་ལ་དགོངས་པ་སྟེ། མཐོང་ལམ་མཚན་ཉིད་པ་ནི་སྐྱེས་ཕྱིན་དེའི་རྒྱུན་མི་བརྟན་པར་དེ་མ་ཐག་འགག་མི་རིགས་པའི་ཕྱིར་སྙམ་དུ་དགོངས་སོ། །དབང་བསྐུར་དུས་སུ་མཐོང་ལམ་མཚན་ཉིད་པར་ཕྱིར་མ་ཟད་རྡོ་རྗེ་འཛིན་པའི་ཡེ་ཤེས་ཀྱང་སྐྱེ་བར་བཤད་ཟིན་ཅིང་། རབ་དབྱེར་ཡང་དེས་ན་གང་ཟག་དབང་པོ་རབ་ཅེས་གསུངས་པའི་ཕྱིར་རོ། །དེ་ལྟར་ཡང་གྲུབ་ཐོབ་ཐམས་ཅད་ཕྱོགས་རེའི་ཐབས་ཀྱི་གྲོལ་བ་མིན་པར་བཤད་པ་དང་མི་འགལ་ཏེ། དབང་གི་གྲོལ་བ་དེ་ཐབས་ལམ་ཕྱོགས་རེ་བས་གྲོལ་བ་མིན་པའི་ཕྱིར། སྒྲུབ་པ་པོ་བདེན་པར་མཐོང་ཡང་ཞེས་པའི་བདེན་མཐོང་མཚོན་བྱེད་དཔེའི་ཡེ་ཤེས་ལ་བྱེད་པ་ཤིན་ཏུ་འཐད་དེ། ཨ་ཏྲ་དེ་བ་ཉིད་ཀྱིས། དེ་ནི་དཔེ་ཡིས་ཉེར་མཚོན་ནས། །བླ་མའི་དྲིན་གྱིས་རྟོགས་པར་འགྱུར། །ཞེས་གསུངས་པའི་ཕྱིར་རོ། །དང་པོ་ལམ་འབྲས་ལ་སོགས་པ། །གྲུབ་ཐོབ་རྣམས་ཀྱི་དགོངས་པ་མཐུན། །ཞེས་པ་ནི། མཐོང་ལམ་མེད་པ་འཕགས་པ་མིན་པ་ལ་མེད་པ་འདི། ནཱ་རོ་པ་དང་། ཨ་ཏྲ་དེ་བ་དང་། བིརྺ་པ་སོགས་དགོངས་པ་མཐུན་ཞེས་པའི་དོན་ཏེ། མཐོང་ལམ་པ་ཡིན་ན་འཕགས་པ་ཡིན་པས་ཁྱབ་ཅེས་པར་དགོངས་པ་མཐུན་པའི་ཕྱིར་རོ། །བསྐྱེད་རིམ་དང་།རླུང་དང་། གཏུམ་མོའི་རྣལ་འབྱོར་སོགས་ཕྱོགས་རེ་བ་ཡིན་གསུང་པ་ནི་མི་འཐད་དེ། ཐེག་ཆེན་གྱི་ལམ་མཐའ་དག་ཐབས་ཤེས་ཟུང་འཇུག་གི་ལམ་ཁོ་ན་ཡིན་པའི་ཕྱིར་རོ། །ཡེ་ཤེས་སྐྱེ་བའི་སྣ་འདྲེན་ཐམས་ཅད་སྨིན་བྱེད་དབང་ཁོ་ནས་བྱེད་ན། སྨིན་བྱེད་ཀྱི་དབང་ཐོབ་ཕྱིན་ལམ་ལ་འབད་མི་དགོས་པར་འགྱུར་ཤིང་། ཡི་ག་འབྲིད་ནུས་ཀྱི་ཟས་དེ་ཡང་ལུས་རྟས་ནུས་ཅིག་ཡིན་གྲང་། ཞེས་པའང་མི་འཐད་དེ། ཡི་ག་འབྲིད་པའི་ཟས་སློག་པ་དང་ལ་ཕྱུག་ལྷ་བུས་ཀྱང་འབྲིད་པ་ཡོད་པའི་ཕྱིར་རོ། །

འདིར་སྨྲས་པ། ཨེ་མ་པ་ལོའི་གསུང་རབ་ཡིད་བཞིན་ནོར། །མི་མཁས་ཉ་བའི་ཚོགས་ཀྱི་ལག་འདར་ནས། །ལེགས་བཤད་དྲི་རོ་འདོད་བཞིན་མ་རྙེད་པར། །རྣམ་གྲངས་དུ་མས་དམད་ནས་དོར་མོད་ཀྱང་། །ལྟར་སྣང་ལུགས་ཀྱི་མེ་ལྕེས་མ་ཚིག་ཞིང་། །དོན་བཟང་ཕྱེ་མར་བརླག་བགྱིད་མ་ནུས་པར། །འཕྲལ་ཡུན་ཕན་བདེའི་འབྲས་བཟང་འབྱིན་བཞིན་དུ། །རང་གནས་ཕྱིན་ལ་དགའ་དར་སུ་མི་འཕྱུར། །དབང་དང་རྫོགས་རིམ་ལས་བྱུང་ཡེ་ཤེས་ཀུན། །མཚོན་བྱེད་དཔེའི་ཕྱག་རྒྱ་ཆེན་པོ་རུ། །སྒྲུབ་བྱེད་མེད་ཀྱང་ནན་གྱིས་བཞེད་ཅེས་པའི། །གསལ་བ་དབང་ཕྱུག་གཏམ་ལ་སྙིང་པོ་གང་། །ཞེས་བར་གྱི་ཚིགས་བཅད་དོ། །ཡང་གན་མཛོད་ལས། ནཱ་རོ་

དང་ནི་མཻ་ཏྲི་པའི། །ཕྱག་རྒྱ་ཆེན་པོ་གང་ཡིན་པ། །དེ་ནི་ལས་དང་ཆོས་དང་ནི། །དམ་ཚིག་དང་ནི་ཕྱག་རྒྱ་ཆེ། ། གསང་སྔགས་རྒྱུད་ལས་ཇི་སྐད་དུ། །གསུང་པ་དེ་ཉིད་ཁོང་བཞེད་དོ། །ཞེས་པ་ཇོ་བོ་གཉིས་ཀྱི་ལུགས་ལ་མཐོང་བར་དེ་སྐད་ཟེར་ཡོང་སྙམ་ནས་སྨྲ་བ་ཁོ་ན་སྟེ། ནཱ་རོའི་དགྱེས་རྡོར་འགྲེལ་ཆེན་དང་། །བསྡུ་ཕོའི་མན་ངག་གཉིས་པར་བཤད། །ལས་དང་ཆོས་དང་ཕྱག་རྒྱ་ཆེ། །དམ་ཚིག་ཅེས་བྱ་འོད་གསལ་ཉིད། །ཞེས་བཤད་པ་དང་། མཻ་ཏྲི་བས། ཕྱག་རྒྱ་བཞི་བཤད་པའི་ཁུངས་དབང་བསྐུར་ངེས་བསྟན་ཡིན་ལ། དེར། ལས་ཀྱི་ཕྱག་རྒྱ་ལ་བརྟེན་ནས། །ཆོས་ཀྱི་ཕྱག་རྒྱ་རྣམ་པར་སྒོམ། །དེའི་སྙེང་དུ་ཕྱག་རྒྱ་ཆེ། །གང་ལ་དམ་ཚིག་འབྱུང་བའོ། །ཞེས་དང་། ཀླུ་སྒྲུབ་ཀྱི་ཕྱག་རྒྱ་བཞི་པའང་འགྲོས་དེ་ཀ་ཡིན་པས། བོད་དུ་གྲགས་པའི་ཆོས་ལུགས་ཀུན་ཐོས་ཙམ་དུ་མ་བཞག་པའང་ཚིག་ཉམས་སོ། །ཞེས་པའི་ཀླུ་གྲུབ་རྟོད་སྤོང་ལས། དེ་སྐད་གསུངས་པ་དེ་ཅིར་འགྱུར་བརྟག་དགོས་ཏེ། རབ་དབྱེ་མཁན་པོས། ནཱ་རོ་མཻ་ཏྲི་གཉིས་ཀུང་ཕྱག་རྒྱ་བཞིའི་རྣམ་བཞག་གསང་སྔགས་རྒྱུད་སྡེ་ནས་གསུངས་པ་བཞིན་མཛད་ཀྱིས། རང་བཟོ་མི་མཛད་ཅེས་བཤད་པ་ལ་སྨྲུན་འཁྲིན་མཛད་པ་ནི། ཁོང་གཉིས་ཕྱག་རྒྱ་བཞིའི་རྣམ་བཞག་རྒྱུད་ནས་གསུངས་པ་བཞིན་མཛད་ཟེར་བ་ཁྱོད་རང་གི་མ་གོ་བ་ཡིན་ཟེར་བར་སོང་འདུག་པའི་ཕྱིར་རོ། །ཞེས་སོགས་དཔྱིས་ཕྱིན་པར་བཀོད་པ་ལ། ཉིད་ཀྱི་གསུང་ལས། ཚིག་འཕྲི་འདི་ཉམས་འགྱུར་ཤིན་ཏུ་དོད་པ་ཞིག་བྱུང་སྣང་ངོ་། །དེ་ལས་རྗེས་སུ་ཆགས་ན་རྩོད་སྤོང་མཁན་པོའི་ལུགས་ཀྱི་སྐྱ་ཡོན་དེ་ཡང་སྨྲུག་བསོག་ཁོ་ན་རང་ལ་མ་ལྟོས་པར་ཐུགས་རབ་ཀྱི་རྩལ་ལས་ཀུང་གྲུབ་བམ་སྙམ། ཞེས་དང་། དེད་བླུན་པོའི་ཁས་ལེན་བྱེད་དོན་མི་འདུག་ཀུང་། མདོ་རྒྱུད་ལུང་སྦྱོར་བྱེད་མོད་ཀྱིས། ཞེས་པ་ལ་ནཱ་རོའི་མཻ་ཏྲིའི་ལུང་དེ་མདོ་ཡིན་ཟེར་རམ། རྒྱུད་ཡིན་ཟེར་གཏམ་བྱུང་རྒྱལ་དུ་སླེབ་ལ་དགེ་བས་ལུགས་ཀྱི་ལུང་དང་དེས་སུ་ཟིན་ཐེངས་དཀའ་མོད། བརྗོད་བྱའི་ཕྱུགས་གང་དུ་འགྲོ་མི་ཤེས་པ་ནི་ངེས་པར་བདེན་པ་ཞིག་གོ། །ཞེས་དང་། པད་མ་དཀར་པོས་མཚན་བྱུར། པཎ་ཆེན་གསུམ་གྱི་ཕྱག་ཆེན་གསུམ་པར་བཤད། རབ་དབྱེ་བས་བཞི་པར་བཤད་པ་མ་མཐུན་པས་འབྲེལ་ལེགས་པར་ལྟོས་ཞེས་པའི་ཡང་ལན་དུ་བལྟས་ཀུང་འབྲེལ་ཆེ་བར་མ་འཚུམ་ཞེས་བཀོད་པ་ལ། ཉིད་ཀྱིས་མ་འཐད་དེ་སྐུ་ན་ཚོད་སྨིན་པས་རྣམ་དཔྱོད་དང་ལྡན་ཅིག་སྤྱན་རས་ཀུང་འགྲིབས་པས་ལན་ནོ་ཞེས་དང་། ཡང་།ཡང་ལན་གྱི་ཚིག་རྣམས་བཀོད་ནས། བློ་གྲོས་མི་ཟད་པའི་གཏེར་ཆེན་པདྨ་དཀར་པོ་རྩོད་པ་ཕྲན་བུ་དེ་ཙམ་གྱི་སྤོབས་པ་བཏུགས་པར་གོ་བ་དེ་ནི་ཕྱིན་ཅི་ལོག་ཏུ་གོ་བར་གདོན་མི་ཟའོ། །རྒྱུ་མཚན་རྩོད་པའི་གཞིར། ནཱ་རོ་དང་ནི་མཻ་ཏྲི་པའི། །ཞེས་སོགས་གྲལ་སྒྲིག་ཁྱེར་དེ་ལ་འབྲུ་གཉེར་ན། ནཱ་རོ་དང་ནི་མཻ་ཏྲི་པའི་ཕྱག་ཆེན་གང་ཡིན་དེ་ནི་དང་པོར་ལས་རྒྱ། དེ་ནས་ཆོས་རྒྱ། དེ་ནས་དམ་རྒྱ། དེའི་རྗེས་སུ་ཕྱག་ཆེན་སྟེ

གསང་སྔགས་ཀྱི་རྒྱུད་ལས་ཇི་སྐད་གསུངས་པ་དེ་ཉིད་ནཱ་རོ་མཻ་ཏྲི་བཞེད་དོ། །ཞེས་པ་ཙམ་ཞིག་ཐོབ་བོ། །འདི་ལ་གཟུ་བོའི་བློའི་ཞིབ་དཔྱོད་བྱས་ན། རྩོད་སྤྱོད་དུ་ཕྱག་རྒྱ་ཆེན་པོ་དེ་ནི་ནཱ་རོ་མཻ་ཏྲི་གཉིས་ཀྱང་རྒྱུད་ནས་གསུངས་པ་མཛད་གསུངས་པ་ཙམ་ལས་ཁོང་གཉིས་ཀྱང་གོ་རིམ་འདི་འདྲ་བ་མཛད་གསུངས་པ་ཡང་མི་སྣང་བས། ཟེར་བ་དེ་ནི་ལྟན་པ་འདེབས་ཉེས་ཁོ་ན་སྟེ། གཞུང་དེར་ལས་ཆོས་དམ་ཚིག་ཕྱག་རྒྱ་བཞི་ཀྲལ་དུ་སྒྲིག་པ་དེ་ཀ་གོ་རིམ་མིན་ནམ། ཕྱག་རྒྱ་བཞིའི་རྣམ་བཞག་མི་འདྲ་བ་ཇི་སྙེད་ཅིག་རྒྱུད་ལས་བཤད་ཚུལ་ཐུགས་ཡུལ་དུ་བཞུགས་བཞིན་དུ།རབ་དབྱེར་བའི་གོ་རིམ་དེ་རྒྱུད་གང་དང་མི་མཐུན་ཞེས་ཤེས་ལྡན་སུ་ཞིག་སྨྲ། གོ་རིམ་ལ་རྩོད་པའི་རྒྱུ་མཚན། རབ་དབྱེར་ནཱ་རོ་མཻ་ཏྲི་གཉིས་བཞེད་གཞུང་ཡིན་རྒྱུའི་ཁུལ་བསྐུར་བ་དེ་དང་། ཁོང་གཉིས་ཀྱི་གཞུང་ནས་བཤད་ངེས་དེ་གཉིས་གོ་རིམ་མཐུན་གསུང་རྒྱུར་འདུག་པ། དེ་གཉིས་མི་མཐུན་ཏེ་རབ་དབྱེར་དམ་རྒྱ་གསུམ་པ་དང་། ཕྱག་ཆེན་བཞི་པར་བྱས། ཇོ་བོ་གཉིས་པོའི་གཞུང་དུ་ཕྱག་ཆེན་གསུམ་པ་དང་། དམ་རྒྱ་བཞི་པར་བྱས་འདུག་པ་མངོན་སུམ་སྐྱོན་པ་ནི། མིག་ལྡན་ཇི་ལྟར་ལམ་ནོར་ཡང་། །གཡང་སར་གོམ་པ་འཛོག་མི་བྱེད། །ཅེས་པ་བདེན་མེད་དུ་བཏང་སྟེ། མིག་གདངས་བཞིན་དུ་གཡང་སར་གོམ་པ་འཛོག །ལོགས་ལ་གཟིགས་ཤིག །དེ་བཞིན་མཁས་པ་འཁྲུལ་ན་ཡང་། །སངས་རྒྱས་བསྟན་ལ་འདའ་མི་ནུས། །ཞེས་གསུངས་ཀྱང་དེང་གི་མཁས་སྒྲོན་ཁ་ཅིག་ཤོར་ན་སངས་རྒྱས་ཀྱི་བསྟན་པ་ལ་འདའང་ཅི་ཆའོ། །དེ་ལྟ་མོད་ཀྱི་ཇོ་བོ་གཉིས་དང་མུན་པའི་རྒྱུད་འགའ་ཞིག་གིས་གོ་རིམ་བཀོད་ནས་གསུངས་ན་ལེགས་རྒྱུ་ལ་བསྒྲུབ་བྱ་སྒྲུབ་བྱེད་འཇོལ་བར་མཛད་པ་དེ། རྗེས་འཇུག་འགའ་ཞིག་འབྲུ་མར་བཞིན་དུ་འཆོར་བྱེད་དུ་བཀོད་པའོ། །ཡང་ན་བར་སྐབས་ཀྱི་ཚིག་མི་མངོན་པར་བྱས་ནས། ནཱ་རོ་དང་ནི་མཻ་ཏྲི་བའི། །ཕྱག་རྒྱ་ཆེན་པོ་གང་ཡིན་པ། །གསང་སྔགས་རྒྱུད་ལས་ཞེས་བརྗོད་ཀྱི་གཞུང་ལས་ཇི་སྐད་པ་བཞིན་སྐབས་སུ་བབ་པའི་བསྒྲུ་བའམ། ཡི་གེ་དཔྲི་བསྒྲུན་གྱི་ངེས་ཚིག་ལ་སྦྱར་ན་གྲུབ་མཐའ་སྨྲོང་བདེ་བས་རྗེས་སུ་འཇུག་པ་རྣམས་དབུགས་དབྱུང་བའི་བཀའ་དྲིན་མཛད་ཅིག་ཅེས་འཇམ་པའི་དབྱངས་ལ་སྙིང་གསོལ་ལོ། །ཞེས་བྲི་བར་མཛད་དོ། །

དེ་ལ་བརྟགས་ན་སླ་བའི་དབང་ཕྱུག་ས་སྐྱ་པཎྜི་ཏའི་གསུང་ལ་སྐྱོན་མེད་བཞིན་དུ་པད་མ་དཀར་པོ་ཁ་ཕྱོ་ཁྲིད་ལ་བརྟེན་པའི་དགག་པ་ཞིག་གནང་ཟིན། བརྒྱལ་ལན་གྱི་ལུང་དང་རིགས་པའི་མཚོན་ཆ་རྣོན་པོས་ཐུགས་ལ་ཟུག་རྔུའི་རྨ་སྲོལ་གཏོད་པ་ལ། དོན་མཐུན་གྱི་དང་པོ་ལན་ནི་མ་ཐེབས། བདེན་ལན་ཕུལ་ན་ནི་གཏམ་ལ་གནོད་དོགས་ནས་ཅི་དྲག་གང་དྲག་ཏུ་བསྒྱུར་ནས་འགྲོས་ཁུངས་འཚོལ་ཕྱིར་རྟག་ཏུ་ཆོམ་རྐུན་ལ་སློམ་པའི་འཇིག་རྟེན་པའི་ཁྲམ་པ་དག་གི་གཏམ་ལ་དཔེ་བླངས་ཏེ། རང་ཕྱོགས་ཞེན་པས་སྟོང་། གཞན་ཕྱོགས་སྡང་བས་སྨོད་

པའི་ངན་ཤགས་ཐོ་རེ་ལོང་ངེ་བ་མ་གཏོགས་གཟུར་གནས་དོན་མཐུན་གྱི་གཏམ་རང་ནི་ཆེར་གཅིག་མི་འདུག་པ་ན། ཆམ་བསྒྱུར་མིན་ཙམ་བརྗོད་ན། ནཱ་རོ་དང་ནི་ཞེས་སོགས་ནཱ་རོ་མཻ་ཏྲི་གཉིས་ཕྱག་རྒྱ་བཞི་ལས་གོ་རིམ་དང་པོར་ལས་རྒྱ། དེ་ནས་ཆོས་རྒྱ། དེ་ནས་དམ་རྒྱ། དེ་རྗེས་ཕྱག་ཆེན་བསྟན་པར་བཞེད། ཅེས་པའི་དོན་ག་ལ་ཡིན་ཏེ། དེ་ལྟ་ཡིན་ན། ནཱ་རོ་དང་ནི་མཻ་ཏྲི་བའི། །ཕྱག་རྒྱ་ཆེན་པོ་གང་ཡིན་པ། །དེ་ནི་ལས་དང་ཆོས་དང་ནི། །དམ་ཚིག་དང་ནི་ཕྱག་རྒྱ་ཆེ། །གསང་སྔགས་རྒྱུད་ལས་ཇི་སྐད་དུ། །གསུངས་པའི་གོ་རིམ་ཁོང་བཞེད་དོ། །ཞེས་སྨོས་རིགས་པ་ལས་མ་སྨོས་པར་སྤྲ་མ་ལྟར་སྨོས་པའི་ཕྱིར། ཁྱེད་སློབ་དཔོན་ཚོའི་གསུངས་རིགས་ལས། ནཱ་རོ་དང་ནི་ཞེས་སོགས་ཚིག་རྐང་ལྔ་ལས། ནཱ་རོ་མཻ་ཏྲི་བའི་དགོངས་པ་ཇི་ལྟ་བ་བཞིན་འགྲེལ་མ་ནུས་ཏེ། ཕྱག་རྒྱ་བཞིའི་གོ་རིམ་ཇོ་བོ་གཉིས་ཀྱི་བཞེད་པ་དང་། རབ་དབྱེར་བཤད་པ་གཉིས་མ་མཐུན་པའི་ཕྱིར་ཏེ། རྩ་རྒྱུད་ལས་དང་པོར་འབྲས་རྒྱུད། དེ་ནས་ཐབས་རྒྱུད། དེ་ནས་རྒྱུ་རྒྱུད་བསྟན་ལ། གུར་ལས་དེ་གསུམ་ངེས་མེད་དུ་བསྟན་ཞིང་། སཾ་བུ་ཊིར། དང་པོར་རྒྱུ་རྒྱུད། དེ་ནས་ཐབས་རྒྱུད། དེ་ནས་འབྲས་རྒྱུད་བསྟན་པའི་ཕྱིར་རོ། །གཞན་ཡང་ཚད་མ་རྣལ་འགྲེལ་གྱི་ཚད་མ་མདོའི་དགོངས་པ་ཇི་ལྟ་བ་བཞིན་འགྲེལ་མ་ནུས་པར་ཐལ། དེ་གཉིས་ལེའུའི་གོ་རིམ་ཡང་མི་མཐུན་པར། རྣལ་འགྲེལ་དུ་རང་དོན་རྗེས་དཔག་དང་པོར་བསྟན། དེ་ནས་ཚད་མ་གྲུབ་པ་བསྟན་པ་སོགས་ཀྱི་ཕྱིར་རོ། །སྙིང་པོད་བསྐྱེད་དེ་འདོད་དོ་ཟེར་ན། སེམས་ནི་ཡུན་རིང་ལེགས་བཤད་གོམས་པ་ལྷུར་ལེན་བསྐྱེད་ཕྱིར་འདི་ལ་དགའ་བ་སྐྱེད། །ཞེས་པ་ཚད་མས་བསལ་བར་བྱས་སོ། །དབུ་མ་འཇུག་པས་རྩ་ཤེའི་དགོངས་པ་ཇི་ལྟ་བ་བཞིན་འགྲེལ་མ་ནུས་པར་ཐལ། དེ་གཉིས་བརྗོད་བྱའི་གོ་རིམ་ཇི་ལྟ་བ་བཞིན་མི་མཐུན་པ་མངོན་སུམ་གྱི་གྲུབ་པའི་ཕྱིར་རོ། །དེ་སོགས་མཐའ་ཡས་སོ། །དགོངས་པ་དེ་བཞིན་ཡིན་ཚེ་རྒྱལ་བ་ཀུན་གྱི་དགོངས་པ་འདི་ཡིན་ཞེས། ཞེས་བཤད་པ་ལ་དེ་མི་འཐད་དེ། སྡོམ་གསུམ་རབ་དབྱེ་འདི་རྒྱལ་བའི་བཀའ་ཐམས་ཅད་དང་བརྗོད་བྱའི་གོ་རིམ་ཇི་ལྟ་བ་མི་མཐུན་པའི་ཕྱིར། ཞེས་གསུངས་ན་ཉེ་མ་ཐུང་ཐབས་ཀྱི་གསུང་རྒྱ་མང་པོ་རང་ཡོང་བ་འདུག་ལགས། པདྨ་དཀར་པོ་དེ་ཙམ་གྱིས་ལན་ལན་ལ་གཏུགས་པ་མེད་ན། དེ་མིན་ཙམ་གྱི་ལན་གཅིག་གསུང་རིགས་པ་ལས་གསུང་རྒྱ་མ་རྙེད་འདུག་པས་གཏུགས་པ་ལས་འོས་མེད་པ་འདྲ་ལགས། ཕྱག་རྒྱ་བཞིའི་གོ་རིམ་ལ་ཇོ་རྗེ་མཁའ་འགྲོར། ལས་དང་ཆོས་དང་དམ་ཚིག་དང་། །ཕྱག་རྒྱ་ཆེན་པོ་བཞི་པ་ཡིན། །ཞེས་རབ་དབྱེའི་གོ་རིམ་དང་མཐུན་པར་གསུངས་ཤིང་། །དུས་འཁོར་དང་སཾ་བུ་ཊིར། ལས་ཆོས་དམ་ཚིག་ཕྱག་རྒྱ་བཞི་དབང་ངེས་བསྟན་དང་། ནཱ་རོ་འགྲེལ་ཆེན་གཉིས་དང་གོ་རིམ་མཐུན་པར་གསུངས། རྡོ་རྗེ་འཆང་ སར། ཆོས་དང་ལས་དང་དམ་ཚིག་དང་། །ཕྱག་རྒྱ་ཆེན་པོར་མངོན་པར་བརྗོད། །ཅེས

ཆོས་ལས་དམ་ཕྱག་རྒྱ་བཞི་གོ་རིམ་བཞིན་གསུངས། ཡེ་ཤེས་སྙིང་པོའི་རྒྱུད་ལས། ལས་དམ་ཚིག་ཡེ་ཤེས་ཆོས་རྒྱ་བཞི་བཤད་པ་སོགས་རྒྱུད་སྡེ་རྣམས་ལས་གོ་རིམ་མི་མཐུན་པ་སྣ་ཚོགས་འབྱུང་བས། གོ་རིམ་ཙམ་ལ་རྩོད་པ་ནི་སྨྲ་བས་འཕོངས་པར་ཁོ་ནར་ཟད་དོ། །དེས་ན་རྗེས་འཇུག་རྣམས་ཉིལ་བཞིན་བཅེར་བའི་ཆས་ནི་དེ་ལྟ་བུ་ལ་ཟེར་བ་ལགས། ཡང་གླུ་སྒྲུབ་རྩོད་སྤོང་ལས། ཕྱག་རྒྱ་བཞིའི་ཟླས་ཕྱེ་བའི་ཕྱག་ཆེན་དེ་ནི་ཆོས་ཀྱིས་ཕྱག་རྒྱ་ལ་བརྟེན་པ་དང་། དེ་ཡང་ལས་ཀྱི་ཕྱག་རྒྱ་ལ་བརྟེན་དགོས་པར་བཤད་འདུག་པ་ལ། ཁྱོད་ནི་མདོ་ལུགས་ཀྱི་ཕྱག་ཆེན་དང་རྒྱུད་སྡེ་འོག་མ་ནས་བཤད་པའི་ཕྱག་ཆེན་སོགས་འཆོལ་མ་ཞིག་བཞེད་པར་འདུག་པས། མཛོད་རང་གང་ལས་ལས་ཀྱི་ཕྱག་རྒྱ་ལ་སོགས་པ་མ་བཤད་པ་དང་ཁས་བླངས་ནང་འགལ་འདུག་པའི་ཕྱིར་རོ། །གལ་ཏེ་དངོས་བཏགས་ཕྱེ་ན་དེ་ལྟར་མི་བཞེད་དོ་ཞེ་ན་འཐོལ་ལོ་བཤགས་སོ་ཞེས་བགོད་པ་ལ། ཞེས་བགོད་པ་ལ་ཉིད་ཀྱི་གསུང་ལས། མདོ་དང་རྒྱུད་སྡེ་འོག་མ་སོགས་འཆོལ་མར་བཏང་བའི་ཆོས་མིན་གྱི་ལས་མི་ཟད་པ་བསགས་ཀྱང་དེ་མ་ཐག་མཐོལ་ལོ་བཤགས་སོ་གསུངས་པར་འདུག་པས་མཁས་པའི་སྡིག་པ་ལྟི་ཡང་ཡང་། ཞེས་པ་དེར་སྣང་བས་ལེགས་སོ། །དཔལ་ལྡན་ས་སྐྱའི་བླ་ཆེན་གོང་མའི་གསུང་ལས། བརྗོད་པ་ཚིག་གི་ཕྱག་རྒྱ་ཆེན་པོ་སྤྲོས་བྲལ་དང་། སྒོམ་པ་མི་དམིགས་པའི་ཕྱག་རྒྱ་ཆེན་པོ་མི་རྟོག་པའི་ཏིང་འཛིན་སོགས་དང་། ཉམས་མྱོང་ཕྱག་རྒྱ་ཆེན་པོ་ཏིང་འཛིན་གྱི་དམིགས་པ་དེ་སྒོམ་པའི་ཉམས་མྱོང་སྟེ། དེ་གསུམ་མཚན་ཉིད་ཀྱི་ཐེག་མར་བསྟན་ཅེས་བཀའ་འབུམ་ན་སྣང་མོད་ཀྱང་ཉན་མཁན་མེད་པ་ནི་དུས་ཀྱི་དབང་གིས་ཡིན་ནོ། །ནཱ་རོ་མཻ་ཏྲིའི་གཞུང་གི་དོན་ལས་ཀྱི་ཕྱག་རྒྱ་འདི་ཡང་པོ་ཆོད་ཁོ་ན་མ་གཏོགས་བཤད་ཁུངས་གཏན་ནས་མེད་དོ། །མཆན།ནི་མི་མོ་འམ་ལྷ་ཀླུ་གནོད་སྦྱིན་སོགས་ཀྱི་བུ་མོ། ཆོས་རྒྱ་དང་ཡེ་རྒྱ་དོན་གཅིག་ཏུ་བྱས་པ་དེ་ཡིད་རིགས། ཕྱག་རྒྱ་ཆེན་པོ་ནི་རྣམ་ཀུན་མཆོག་ལྡན་གྱི་སྟོང་ཉིད་དེ། གཞན་གྱི་བུད་མེད་བསྟེན་པར་བྱ། །ཞེས་པའི་བུད་མེད། དམ་ཚིག་གི་ཕྱག་རྒྱ་ནི་སྟོང་ཉིད་དེ་དང་ཟུང་དུ་འཇུག་རྒྱུའི་འཕོ་མེད་འགྱུར་མེད་ཀྱི་བདེ་ཆེན་ཡིན་པས་ནཱ་རོའི་གཞུང་གི་འགྲེལ་ལས། རྒྱུ་དང་གོམས་པ་ཐོབ་བྱ་དང་། །དེ་བཞིན་བཞི་བ་ལྡན་གྱིས་གྲུབ། །ཅེས་གོ་རིམ་དུ་སྦྱར་རོ། །དེ་དག་ཀྱང་ཕྱག་རྒྱ་བཞི་ལ་རིམ་གྱིས་སྦྱར་འོས་པའི་གང་ཟག་གི་དབང་དུ་བྱས་ནས། སྔ་མ་སྔ་མ་རྒྱུ་དང་། ཕྱི་མ་ཕྱི་མ་འབྲས་བུར་བཞེད། དབང་པོ་ཆོས་རྗེ་བ་དག་ལ། ལས་ཀྱི་ཕྱག་རྒྱ་ཡོངས་དོར་ཞིང་། །ཡེ་ཤེས་ཕྱག་རྒྱ་རྣམ་པར་སྤང་། །ཕྱག་རྒྱ་ཆེ་ལས་ཡང་དག་སྐྱེས། །ལྷན་སྐྱེས་གཞན་དང་འགྲོགས་པས་མིན། །ཞེས་ཕྱག་རྒྱ་དང་པོ་གཉིས་ལ་མ་བརྟེན་པར་སེམས་རྣམ་པར་དབེན་པ་ལས་བྱུང་བའི་ཕྱག་ཆེན་ཏེ། སྟོང་ཉིད་ཀྱི་གཟུགས་བརྙན་བསྒྲུབས་ཏེ་འོད་གསལ་དུ་བཞུགས་པའི་ཟུང་འཇུག་བསྟན་པ་ཉིད་ཀྱི་དོན་གཉིས་འགྲུབ་བོ། །

དེ་ལྟར་ན་དཔལ་ལྡན་དྭགས་པོའི་བཀའ་བརྒྱུད་ལ་གྲགས་པའི་ཕྱག་རྒྱ་ཆེན་པོ་ནི་འདིས་དམ་རྒྱ་དང་དོན་གཅིག་སྟེ། ཕྱག་ཆེན་དེ་ཟུང་འཇུག་ཡིན་པར×། ཞེས་བྲིས་སོ། །དེ་ལ་བརྟགས་ན། དེང་སང་དབང་བསྐུར་དང་མདོ་རྒྱུད་ཀྱི་བཤད་ཉན་ཐོས་བསམ་སོགས་བྱ་མི་དགོས་ཞེས་འཁྲུ་སེ་བ་འདི་ལས་མ་ཡེངས་ཙམ་གྱིས་ཆོག །མཆན། ཆོས་སྐྱོང་གི་ལས་ཆེན་པོ་གསོག་པ་ལ་ཐེ་མི་ཚོམ་བཞིན་ཏུ་གྲུབ་ཐོབ་ཏུ་ཁས་ལེན་པའི་སྙིང་སྟོབས་ཅན་འདི་ཚོ་ནི་བཤགས་པ་མི་འབྱུལ་བའི་ཁར་ངོམ་ངོམ་བྱེད་པར་འདུག་པ་ལ། ཁོང་པ་ནི་མ་ཉེས་བཞིན་དུ་བཤགས་པ་འབྱུལ་བ། ཐུགས་ཆུང་བའི་རྣམ་འགྱུར་ཙམ་དུ་ཟད་ཀྱི། དམ་པའི་ལས་རང་གི་ངེས་པ་མི་སྣང་བར་འདྲ་སྟེ། བཤགས་པ་འབྱུལ་མི་དགོས་བཞིན་དུ་འབྱུལ་བའི་ཕྱིར། ཆོས་རྗེ་པས་མཛད་པའི་ཕྱག་རྒྱ་ཆེན་པོའི་དབྱེ་བར། དེ་ལ་དངོས་པོ་རྟགས་མ་ཕྱེ་བར་དབྱེ་ན། བརྗོད་པ་ཚིག་གི×། སྒོམ་པ་དམིགས་པའི་ཕྱག་རྒྱ་ཆེན་པོ། མྱོང་བ་ཉམ་མྱོང་གི×། རྟོགས་པ་དཔེའི×། མཐོང་བ་དོན་གྱི×། གྲུབ་པ་འབྲས་བུ་ཕྱག་རྒྱ་ཆེན་པོ་དང་དྲུག་ལས། དང་པོ་གསུམ་ཕྱག་ཆེན་བརྟགས་པ་དང་། ཕྱི་མ་གསུམ་མཚན་ཉིད་པར་བཤད་ཅིང་། དེའི་དང་པོ་ནི་སྤྲོས་བྲལ་གྱི་བཤད་པ་བྱེད་པའི་ཚིག་ལ་བཤད་ཀྱི། སྤྲོས་བྲལ་ལ་བཤད་གསུངས་པ་ནི་ནོར་ཏེ། སྤྲོས་བྲལ་ཚིག་མ་ཡིན་པའི་ཕྱིར་རོ། །

དེས་ན་སྤྲོས་བྲལ་གྱི་བཤད་པ་བྱེད་པའི་ཚིག་དང་། རྣམ་པར་མི་རྟོག་པའི་ཏིང་ངེ་འཛིན་དང་། དེ་བསྒོམས་པ་ལས་བྱུང་བའི་ཉམས་མྱོང་གསུམ་ནི། ཕར་ཕྱིན་པའམ་དབུ་མ་པ་ལའང་ཡོད་པར་བཤད་ཀྱི།དེ་དག་ལ་ཕྱག་རྒྱ་ཆེན་པོ་ཡོད་པར་མ་བཤད་དེ། ཆོས་རྗེ་བས་ཕྱག་ཆེན་མིག་ཐུར་ལས། སྤྱིར་ཕ་རོལ་ཏུ་ཕྱིན་པའི་ལུགས་ལ་ཡང་ལྟ་བ་བཀའ་བརྟགས་ཀྱི་ཕྱག་རྒྱ་བཞིའི་རྒྱས་འདེབས། རྒྱུད་སྡེ་འོག་མ་གསུམ་ལ་ཡང་ཟབ་གསལ་གཉིས་མེད་ཀྱི་རྒྱས་འདེབས་པར་བཤད་ཀྱང་། ཆེན་པོའི་ཐ་སྙད་མ་གསུངས་ཤིང་། དེ་དག་གི་ལུགས་ལ་མཆོག་གི་དངོས་གྲུབ་བཤད་ཀྱང་ཕྱག་ཆེན་མཆོག་གི་དངོས་གྲུབ་མ་བཤད་པས་ཕྱག་རྒྱ་ཆེན་པོ་མཚན་ཉིད་པ་བསྒོམ་པར་མི་འདོད། ཡང་དེ་དག་གི་ལུགས་ལ་རྟོག་བྱ་སྟོང་ཉིད་ཟབ་མོ་བཤད་ཀྱང་། རྟོགས་བྱེད་ཐབས་ལམ་ཟབ་མོ་མ་བཤད་པས། ཕྱག་ཆེན་མཚན་ཉིད་པ་མི་བཤད་པ་ཡིན། དཔེར་ན་ཉན་ཐོས་ཀྱི་ལུགས་ལ་སྦྱིན་པ་དང་ཚུལ་ཁྲིམས་ལ་སོགས་པ་བཤད་ཀྱང་། སྒྲོ་འདོགས་ཐབས་ཤེས་ཁྱད་པར་ཅན་མ་བཤད་པས་སྦྱིན་པའི་ཕ་རོལ་ཏུ་ཕྱིན་པ་ལ་སོགས་པ་མི་བཤད་པ་བཞིན། མི་བླུན་པོ་ལ་བ་གླང་དུ་མིང་བཏགས་པ་ལྟར། དེ་དག་གི་ལྟ་སྒོམ་ལ་ཕྱག་རྒྱ་ཆེན་པོར་འདོགས་ན། མིང་ཙམ་ལ་མི་རྩོད། ཅེས་གསུངས་པའི་ཕྱིར། འོན་དེ་ཆོས་ཅན། སྔགས་ལམ་ཐུན་མོང་མ་ཡིན་པ་ཡིན་པར་ཐལ། ནཱ་རོ་མཻ་ཏྲིའི་བཞེད་པའི་དམ་རྒྱ་དང་དོན་གཅིག་པའི་ཕྱིར། འདོད་ན། མ་ཡིན་པར་ཐལ་ཤེར་ཕྱིན་

ཡིན་པའི་ཕྱིར་དང་། སྒོམ་རིམ་ནས་བཤད་པའི་ཉམས་ལེན་ཡིན་པའི་ཕྱིར། རྟགས་ཁས། ཁྱབ་པ་ཡོངས་གྲགས་ཡིན་ནོ། །མཚན། ནཱ་རོ་མཻ་ཏྲིའི་ལུགས་ཀྱི་ཕྱག་རྒྱ་བཞིའི་ངོས་འཛིན་སྐབས། ཕྱག་རྒྱ་ཆེན་པོ་རྣམ་ཀུན་མཆོག་ལྡན་གྱི་སྟོང་ཉིད་ཡིན། ཞེས་པའང་མི་འཐད་དེ། དེ་ལྟར་ན་ཕྱག་རྒྱ་ཆེན་པོའི་ཡེ་ཤེས་དེ་ཆོས་ཉིད་དུ་འགྱུར་ལ། དེ་ཡང་འདོད་ན་འདུས་མ་བྱས་སུ་འགྱུར་རོ། །དབང་པོ་ཆེས་རྣོ་བས་དང་པོ་དང་ཡེ་རྒྱ་གང་རུང་ལ་མ་བརྟེན་པར། སེམས་ལས་བྱུང་བའི་སྒྱུ་ལུས་སྒྲུབ། དེ་འོད་གསལ་དུ་བཞུགས་པའི་ཟུང་འཇུག་བསྟན་པ་ཉིད་ཀྱི་དོན་གཉིས་སྒྲུབ་གསུངས་པ་སྟེ། རྡོ་རྗེ་འཛིན་པའི་ས་འགྲུབ་པ་ལ་དགོངས་པ་ཡིན་ན་ནི་མི་འཐད་དེ། འཚང་རྒྱ་ཁར་རང་དང་རྗེས་པ་མཉམ་པའི་ཕྱག་རྒྱ་ལ་བརྟེན་ནས། ཉེ་རྒྱུའི་དབང་གི་མཚམས་སྦྱར་ཏེ་གཙུག་ཏོར་མཆོག་ཏུ་ཐིམ་དགོས་པར་ཚད་ལྡན་གྱི་གཞུང་ལས་བཤད་པའི་ཕྱིར་རོ། །

འདིའི་སྐབས་ཀྱི་ཕྱག་རྒྱ་ཆེན་པོ་དང་། དམ་ཚིག་གི་ཕྱག་རྒྱ་དོན་གཅིག་ན། དེ་གཉིས་རྒྱུ་འབྲས་མིན་པར་ཐལ། དེ་གཉིས་དོན་གཅིག་མིང་གི་རྣམ་གྲངས་ཡིན་པའི་ཕྱིར། རྟགས་འདོད་མི་ནུས་ཏེ། རྒྱུ་དང་སྒོམ་པ་ཞེས་སོགས་ལྟར་སྔ་མ་སྔ་མ་རྒྱུ་དང་། ཕྱི་མ་ཕྱི་མ་འབྲས་བུར་ཁས་བླངས་པའི་ཕྱིར། ཡང་གཞན་མཛོད་ལས། འཕགས་པ་ཀླུ་སྒྲུབ་ཉིད་ཀྱིས་ཀྱང་། ཕྱག་རྒྱ་བཞི་པར་འདི་སྐད་གསུངས། ཞེས་སོགས་འདི་ཀླུ་སྒྲུབ་ཀྱི་གཞུང་ལས་མི་འབྱུང་ཞིང་། དེར་དེ་ལས་ལོག་པ་ཞིག་གསུངས་ཏེ། དེ་ལ་དགའ་ཞིང་མགུ་བའི་ཆོས་ཀྱི་ཕྱག་རྒྱའི་གཏམ་ཙམ་ཡང་མི་ཤེས་ཏེ། ཆོས་ཀྱི་ཕྱག་རྒྱ་མི་ཤེས་པས། ལས་ཀྱི་ཕྱག་རྒྱ་བཅོས་མ་འགའ་ཞིག་ལས། མ་བཅོས་པའི་ལྷན་ཅིག་སྐྱེས་པའི་རང་བཞིན་འབྱུང་ཞིང་སྐྱེ་བར་ག་ལ་འགྱུར། རིགས་མཐུན་པའི་རྒྱུ་ལས་རིགས་མཐུན་པའི་འབྲས་བུ་སྐྱེ་བར་འགྱུར་གྱིས། རིགས་མི་མཐུན་པ་ལ་ནི་མ་ཡིན་ནོ། །ཇི་ལྟར་སཱ་ལུའི་ས་བོན་ལས་སཱ་ལུའི་མྱུ་གུ་སྐྱེ་བར་འགྱུར་གྱིས། ཀོ་ཏ་པ་ལས་མིན་ནོ། །དེ་བཞིན་དུ་མ་བཅོས་པའི་ཆོས་ཀྱི་ཕྱག་རྒྱའི་རང་བཞིན་ལས། མ་བཅོས་པའི་ལྷན་ཅིག་སྐྱེས་པ་འབྱུང་ངོ་། །དེ་ཕྱིར་ཆོས་ཀྱི་ཕྱག་རྒྱའི་རྒྱུད་ལས་མི་ཕྱེད་པའི་ཕྱག་རྒྱ་ཆེན་པོ་སྐྱེ་བར་འགྱུར་རོ། །ཞེས་འབྱུང་བས་སོ་ཞེས་པར། ཀླུ་སྒྲུབ་རྩོད་སྤོང་ལས། མི་ཕྱེད་པའི་ཕྱག་རྒྱ་ཆེན་པོ་ཆོས་ཀྱི་ཕྱག་རྒྱ་ལས་འབྱུང་དགོས་པར་སཱ་ལུའི་ས་བོན་གྱི་དཔེས་གཏན་ལ་ཕབ་ནས། ཁྱེད་ཅག་གི་ཆོས་ཀྱི་ཕྱག་རྒྱའི་མིང་ཙམ་ལའང་མ་བརྟེན་པར། མདོ་རྒྱུད་ལས་ཕྱག་ཆེན་གྱི་མིང་བཏགས་ཚད་ཕྱག་ཆེན་ཡིན་ནོ་ཞེས་དངོས་བཏགས་མ་ཕྱེ་བར་ཁས་བླངས་ཚུལ་དང་། ཕྱག་རྒྱ་བཞིའི་བསྟན་བཅོས་ལ་ཚིགས་བཅད་དང་ལྷུག་པ་གཉིས་ལས། ཕྱི་མ་ཀླུ་སྒྲུབ་ཀྱི་མཛད་དེས། དེ་འདིར་ཚིགས་བཅད་དུ་སྡེབས་པ་ཙམ་ཡིན་ཚུལ་བཀོད་པ་ལ་ཉིད་ཀྱི་གསུང་ལས་འཕགས་པས་མཛད་ངེས་པའི་ཕྱག་རྒྱ་བཞི་པའི་ལུང་དེས་རང་གི་ཞེ་འདོད་བདེན་མེད་དུ་བཏང་བ་མ་བཟོད་པའི་

ཁ་བྱུན་དུ་འདི་སྨྲས་པར་ཟད་དེ། ལྷག་པ་འདི་འཕགས་པས་མཛད་ངེས་ཡིན་པར་ཁས་བླངས་པ་ལ་ཁྱོད་ཀྱིས་དེ་བཀའ་རྫུས་ཡིན་པར་སྨྲས་སོང་བའི་ཕྱིར་རོ། །མཚན། བཀའ་རྫུས་ལྷན་ཐབས་ཀྱིས་བརྒྱན་པའི་བསྟན་བཅོས་དེ་ཐོག་མར་སུ་ཞིག་གིས་བརྩམས་སམ་སྙམ་དུ་སེམས། དེ་ནི་ཀླུ་སྒྲུབ་ཀྱིས་སོ་སྙམ་ན། འདི་ལ་གཉིས་སུ་ཕྱེ་ནས། ཚིག་ལྷག་དེ་ཀླུ་སྒྲུབ་ཞབས་ཀྱིས་མདོར་བཤད་བཞིན་དུ་སླར་སྟོན་པ་ནི། སླ་བས་འཕོང་བའི་རྟགས་ཡང་དག་གོ །དེས་དེ་མ་མཛད་པར་ཨ་ཕྱ་ཡས་མན་སྐེར་བཤད་དོ། །འོ་ན་ཁྱོད་རང་གི་གྲུབ་པ་སྡེ་བདུན་གྱི་བྱ་བར་མ་གྲངས་སམ་ཞེ་ན། གྲངས་མོད་ཀྱི། དེ་ནི་ཀླུ་སྒྲུབ་སྙིང་པོས་མཛད་ངེས་ཀྱི་ཕྱག་རྒྱ་བཞི་པ་ལྷད་མེད་དེ་ཡིན་པས་མིང་ཙམ་ལ་ཅི་ཞིག་གི་རྩོད་ཟེར་བ་སྣང་ངོ་། །ངེད་ཀྱི་གདུལ་བྱའི་བསམ་པ་དབང་པོ་དང་། ཁམས་དང་། མོས་པ་སྣ་ཚོགས་ཀྱི་རྗེས་སུ་འགྲོ་ལྡོག་བསྟན་པའི་ཕྱིར་ཕྱག་རྒྱའི་གོ་རིམ་སྣ་ཚོགས་དང་། ངེས་འཛིན་སྣ་ཚོགས་དང་། རྒྱས་བསྡུས་སུ་འགྲེལ་ཚུལ་སྣ་ཚོགས་དང་། མིང་སྣ་ཚོགས་ཀྱིས་བསྟན་ཏོ། །ཞེས་རྒྱ་འབག་གི་མིག་བཞིན་འཁྲུལ་ཆགས་པར་གཞན་མཐོང་དུ་གསུངས་ཀྱང་། ཚིག་རྩ་གཏན་ནས་རང་མ་ཟིན་པར་སླར་ཡང་ཨ་མཐས་ཀྱི་ཀླན་ཀ་འཛུགས་པ་འདི་ལྟ་བུ་ནི། ཆང་མ་ཞེས་པའི་སྐམ་འགོང་ཧ་ཀླུང་ལངས་པའི་ཀློན་འགོང་གི་བསྐུལ་བར་ཟད་དོ། །དེས་ན་ཁྱོད་ཀྱི་ཕྱག་རྒྱ་བཞིའི་གཞུང་གནོད་བྱེད་དུ་བཀོད་ནས་གཞན་མཐོང་འགོག་པའི་ཟློལ་གྱི་ལམ་འབྲས་བཀག་པ་ཡིན་ཏེ། འཚང་རྒྱ་བའི་ཉེ་རྒྱུར་རང་དང་སྦྱང་རྟོགས་མཚུངས་པའི་ལས་རྒྱ་ངེས་པར་དགོས་ཞེས་བཤད་པ་ལ། འདིར་ལས་ཀྱི་ཕྱག་རྒྱ་བཅོས་མ་འབའ་ཞིག་ལས། ལས་རྒྱ་བཅོས་མ་འབའ་ཞིག་གི་ལས། ལྷན་སྐྱེས་ཡེ་ཤེས་འབྱུང་བར་ས་སྐྱ་པ་མི་བཞེད་པས་རྫུན་མ་ལབ་ཅིག །མ་བཅོས་པའི་ལྷན་སྐྱེས་མི་འབྱུང་བར་བཤད་པའི་ཕྱིར་རོ། །ངེད་ཀྱི་འདོད་པར་མི་གནོད་ཀྱི་སྟེང་དུ་གཞན་གོང་འོག་མང་པོར་ཕན་པ་ཡིན་ཏེ། ཁྱོད་འདོད་པའི་ཕྱག་ཆེན་དོན། འདིར་བསྟན་ཆོས་རྒྱ་ལས་བྱུང་བ་མ་ཡིན་པར་ཐལ། སྒོམ་རིམ་ནས་བཤད་པའི་ཟུང་འཇུག་ཡིན་པའི་ཕྱིར་ཏེ། སེང་གེའི་ཕྲུ་གུ་གླང་ཆེན་ལས་འབྱུང་དོན་མེད་པའི་ཕྱིར་རོ། །གཞན་ཡང་རིགས་མཐུན་གྱི་རྒྱུ་ལས། རིགས་མཐུན་གྱི་འབྲས་བུ་འབྱུང་བར་བཤད་པ་མི་འཐད་པར་ཐལ། སྒོམ་རིམ་ནས་བཤད་པའི་ལམ་སྒོམ་པའི། བླ་མེད་ཀྱི་ཕྱག་ཆེན་འབྱུང་བའི་ཕྱིར་རོ། །ལན་སྨྲོས་ཤིག །མཚན། རིགས་མཐུན་གྱི་རྒྱུ་ལས་འབྱུང་ཚུལ་བཞིན། མ་བཅོས་པའི་ཆོས་ཀྱི་ཕྱག་རྒྱའི་རྒྱུ་ལས་མི་ཕྱེད་པའི་ལྷན་སྐྱེས་འབྱུང་བར་བཤད་པས་སོ། །དང་པོ་བཏགས་མ་ཕྱེད་ཅེས་ཡང་ཡང་སྨྲ་བ་འདི་ཙུང་མི་རིགས་ཏེ། ཤིན་ཏུ་དཀར་བ་དྲི་མ་མེད་པ་ཏིང་ངེ་འཛིན་གྱི་ཕྱག་རྒྱ་ཞེས་མཛད་དེར་གསུངས་པ་ལྟ་བུ་དང་། འཇམ་དཔལ་རྩ་རྒྱུད་དང་།རྣམ་སྣང་མངོན་བྱང་། དེ་ཉིད་བསྡུས་པ་སོགས་རྒྱུད་སྡེ་འོག་མ་བླ་མེད་རྒྱུད་སྡེ་སོ་སོར་སྤྱིར་ཕྱག་རྒྱ་བཞི་དང་། བྱེ་བྲག་ཕྱག་ཆེན་རྣམ་བཞག་གསུངས་པ་རྣམས་ལ། རང་རང་སོ་སོའི་ཐད་གདོང་དེ་དང་དེར་དངོས་གནས་དེ་ཀ་བདེན། རྒྱ་མཚན་ནི་མུ་ཏྲ་ཞེས་པ་ལ་ཕྱག་དང་རྒྱ་སོ་སོར

ཐྲལ་བའི་བཤད་པ་དང་། གཅིག་ཏུ་སྡོམས་ནས་བཤད་པ་སོ་སོར་འབྱུང་མོད། གང་ལྟར་ཡང་འདྲ། རྡོ་རྗེ་འདིས་ནི་གདབ་པ་ཉིད། །དེས་ན་ཕྱག་རྒྱར་བརྗོད་པར་བྱ། །ཞེས་ཕྱག་རྒྱའི་དོན་མི་འདའ་བར་རྒྱས་བཏབ་པ་ཞིག་ལ་ཟེར་ལ། དེས་ན་མི་འདའ་བ་རྣམས་ལ་ཕྱག་རྒྱའི་སྒྲོ་བཏགས་ན་དངོས་གནས་པ་སྟེ། དཔེར་ན་རྟོགས་པ་དང་ལྡན་པ་ལ་རྟོགས་ལྡན་དུ་བཏགས་པ་ལྟ་བུ་དང་། གལ་ཏེ་རྒྱུ་ལས་འདའ་བ་ཞིག་ལ་དེར་བཏགས་ན་བཏགས་པ་བ་སྟེ། རྟོགས་པ་དང་མི་ལྡན་པ་ལ་རྟོགས་ལྡན་དུ་བཏགས་པ་ལྟ་བུ་ཡིན་ཏེ། དེ་འདྲ་དགོངས་པ་ལ་མིང་ཚིག་ཡི་གེའི་འཇུག་ཚུལ་རྒྱས་པར་བསྟན་པའི་གཞུང་ལུགས་སྒྲ་སྐད་ངག་མངོན་བརྗོད་སྡེབས་སོགས་ལ་བསླབ་དགོས་ཀྱང་། མི་ལ་རབས་པའི་ཚོད་མ་བཞིན་ཐལ་དང་དོར་དང་ཚ་འདེབས་རྒྱུ་མེད་ནས། ལོ་འགག་ཐལ་ལོ་ཟེར། ཞེས་བྲི་བར་མཛད་དོ། །དེ་ལ་བརྟགས་ན། ཕྱག་རྒྱ་བཞི་པ་ལ་ཀླུ་སྒྲུབ་ཀྱིས་མཛད་པར་བྱས་པའི་ཚིགས་བཅད་གཅིག་དང་། ཚིག་ལྷུག་གཅིག་གཉིས་ཡོད་པ་ལས། ཨ་བ་ཡ་དང་། འགོས་ལོ་དང་། ཕྲོང་བཞི་འོད་སོགས་ཀྱི་ཕྱག་རྒྱ་བཞི་པ་ཀླུ་སྒྲུབ་ཀྱིས་མ་མཛད་པར་བྱས་པ་དེ་ནི་དང་པོ་ལ་དགོངས་ཤིང་། གཉིས་པ་ཀླུ་སྒྲུབ་ཀྱིས་མཛད་ངེས་ཡིན་ཏེ། དབང་བསྐུར་ངེས་བསྟན་གྱི་བཀའ་འགྲེལ་པཎ་ཆེན་དགའ་བ་སྐྱོང་གིས་མཛད་པ་ལས། འཕགས་པ་ཀླུ་སྒྲུབ་ཀྱི་ཞལ་སྔ་ནས་ཕྱག་རྒྱ་བཞི་པ་བསྟན་པ་ལས། དཔེར་ན་བཞིན་གྱི་གཟུགས་བརྙན་མེ་ལོང་དུ་ཤར་བ་ནི། བཞིན་མིན་ལ་སྔར་སྒྲུབ་པ་དང་། ཞེས་གསུངས་པའི་ཕྱིར། དེས་ན་ཕྱག་རྒྱ་བཞི་པར་ལས་ཀྱི་ཕྱག་རྒྱ་ལ་བརྟེན་ནས་རྒྱུ་མཐུན་པའི་འབྲས་བུ་སྐྱེད་པར་བྱེད་དོ། །འདྲ་བར་བྱུང་བས་རྒྱུ་མཐུན་པའོ། །ཇི་ལྟར་མེ་ལོང་ལ་བརྟེན་ནས་བཞིན་གྱི་གཟུགས་བརྙན་འབྱུང་བ་དེ་བཞིན་དུ་མི་འབྱུང་བར་མི་འགྱུར་རོ། །སྔོན་དུ་ཡང་མ་གྲུབ་ལ། ད་ལྟར་ཡང་མ་གྲུབ་པའི་ཕྱིར། དེ་ལྟར་བཞིན་གྱི་གཟུགས་བརྙན་བཞིན་འདྲ་བ་ཙམ་དུ་རྟོགས་པར་ཟད་དོ། །དེ་ལྟར་འཇིག་རྟེན་པ་རྣམས་རང་གིས་རང་གི་བཞིན་མཐོང་ཞེས་འཁྲུལ་བས་དགའ་བར་འགྱུར་རོ། །

དེ་བཞིན་དུ་སློབ་དཔོན་དམན་པས་སློབ་མ་དམན་པ་རྣམས་ཤེས་རབ་ཡེ་ཤེས་སྒྲུབས། དེ་ཁོ་ན་ཉིད་ཉམས་སུ་མྱོང་ངོ་ཞེས་དགའ་བ་སྐྱེ་བར་འགྱུར་ཏེ། དེ་ལ་དགའ་ཞིང་མགུ་བས་ཆོས་ཀྱི་ཕྱག་རྒྱའི་གཏམ་ཡང་མི་ཤེས་སོ། །ཞེས་པ་འདི་རབ་དབྱེར་ཚིགས་བཅད་དུ་སྡེབས་པ་ཡིན་ལ། དེས་ན་བཀའ་རྫུས་ལྡན་ཐབས་ཀྱིས་བརྒྱན་པ་འདི་དང་པོར་སུ་ཞིག་གིས་བརྩམས་སམ་ཞེས་སྨྲ་བའང་མི་རིགས་སོ། །གལ་ཏེ་ལྷུག་པ་ཚིགས་བཅད་དུ་སྡེབ་པ་མི་འཐད་དོ་སྙམ་ན། བཀའ་རྒྱས་འབྲིང་བསྡུས་གསུམ་ལྷུག་པར་ཡོད་པ་བྱམས་པ་དང་ཀླུ་སྒྲུབ་གཉིས་ཚིགས་བཅད་དུ་སྡེབ་པའང་མི་འཐད་པར་འགྱུར་རོ། །ཕྱག་རྒྱ་བཞིའི་གོ་རིམ་མ་ངེས་པ་སྣ་ཚོགས་ཡོད་པ་

རང་ལུགས་ཡིན་ན། རབ་དབྱེ་བས་དེ་བཞིའི་གོ་རིམ་ནོར་ཞེས་སྨྲ་བ་ཡང་ནོར་ཏེ། དེ་བཞིའི་གོ་རིམ་ལ་ངེས་མེད་སྣ་ཚོགས་ཡོད་པར་ཁྲིད་རང་གི་ཡང་ཁས་བླངས་སོང་ཞིང་དོན་ལ་ཡང་གནས་པའི་ཕྱིར་རོ། །ལས་ཀྱི་ཕྱག་རྒྱ་བཅོས་མ་ཡིན་པའི་དོན། གདོས་བཅས་གཟུགས་སུ་གྲུབ་པས་མིའི་བུ་མོ་ལྷ་བུ། མ་བཅོས་པའི་ཕྱག་རྒྱ་ཡེ་ཤེས་ཀྱི་རིག་མ་ལ་ཟེར་ན་ནི། མར་པ་ལོ་ཙྪས་མ་བཅོས་པའི་ལྷན་སྐྱེས་ཡེ་ཤེས་ཀྱི་མ་ཐོབ་པར་ཐལ་ཏེ། དེས་གདོས་བཅས་ཀྱི་ཕྱག་རྒྱ་ཞིག་བརྟེན་པའི་ཕྱིར། ཡང་ལས་རྒྱ་དེ་མཚན་ཉིད་དང་མི་ལྡན་པའི་ཕྱག་རྒྱ་ཞིག་ལ་ཟེར་ན་ནི། དེ་འདྲ་བསྟེན་དགོས་པར་སུས་བཤད་དམ། ཐུགས་མནལ་དུ་འབེབས་འཚལ་ལོ། །དེའི་དོན་དེ་ལས་གཞན་པ་ཞིག་ཡོད་ན་བསྟན་པའི་དུས་ལ་བབ་བོ། དངོས་བརྟགས་མ་ཕྱེ་བར་ཕྱག་ཆེན་དུ་མིང་བཏགས་མཛད་ཕྱག་ཆེན་དུ་ཡང་ཡང་ཁས་བླངས་ཅན། དངོས་བཏགས་མ་ཕྱེ་ཞེས་པ་ཡང་ཡང་མི་གསུང་ཁ་མེད་བྱུང་བ་གདའ་བ། མདོ་ལས། ཕྱག་རྒྱ་ཞེས་པའི་མིང་མང་དུ་འབྱུང་ཞིང་། རྣམ་སྣང་མངོན་བྱང་ལས། ལས་ཀྱི་ཕྱག་རྒྱ་མཉམ་བརྟེན་ནས། །ཆོས་ཀྱི་ཕྱག་རྒྱ་བསྒོམ་པར་བྱ། །དེ་ལས་གོང་དུ་ཕྱག་རྒྱ་ཆེ། །དེའི་དམ་ཚིག་འབྱུང་བར་འགྱུར་། །ཞེས་དང་། དེ་བཞིན་དུ་དེ་ཉིད་འདུས་པ་དང་།དཔལ་མཆོག་སོགས་སུ་ཕྱག་རྒྱ་བཞིས་མིང་ཙམ་བསྟན་ཡང་། མདོ་རང་རྐང་དང་། རྒྱུད་སྡེ་འོག་མ་རང་རྐང་ལ་ཕྱག་ཆེན་མཚན་ཉིད་པ་ཡོད་པ་མི་འཐད་དེ། བརྟག་གཉིས་ལས། སངས་རྒྱས་ཀུན་གྱི་སྡོམ་པ་ནི། །སོགས་དང་། སངས་རྒྱས་ཐོད་པར། དཔེར་ན་བུ་ཚ་མེད་པའི་ཁྱིམ། །སོགས་དང་། རྡོ་རྗེ་འཕྲེང་བར། དབང་བསྐུར་པ་ནི་གཙོ་བོ་སྟེ། །སོགས་དང་། འདུས་པ་ཕྱི་མར། བླ་མ་རྡོ་རྗེ་ཅན་གྱིས་སོགས། ཞེས་སོགས་གོང་དུ་དྲངས་པ་རྣམས་ཀྱིས་གནོད་པའི་ཕྱིར། སངས་རྒྱས་མཉམ་སྦྱོར་གྱི་འགྲེལ་པ་ལས། ཚེ་འདི་ལ་རིག་འཛིན་གྱི་འབྲས་བུ་ཐོབ་ཅིང་། དེ་ནི་དངོས་གྲུབ་མཆོག་སྐྱེ་བར་བྱེད་པ་སྟེ། མོས་པས་སྤྱོད་པའི་རིག་འཛིན་དང་། ལས་ལ་སྦྱོར་བའི་རིག་འཛིན་དང་། ལམ་ལ་སྤྱོད་པའི་རིག་འཛིན་དང་། ལམ་སླིན་པའི་རིག་འཛིན་དང་། ཕྱག་རྒྱ་ཆེན་པོའི་རིག་འཛིན་དང་། བྱ་བ་མཐར་ཕྱིན་པའི་ཚུལ་གྱི་གསང་སྔགས་ཀྱི་སྤྱོད་པ་སྤྱོད། ཞེས་ཕྱག་རྒྱ་ཆེན་པོ་གསང་སྔགས་ཁོ་ན་ལ་ཡོད་པར་བཤད་པའི་ཕྱིར་དང་། ཕྱག་ཆེན་ཡེ་ཤེས་ཡིན་ན་རང་རྒྱུད་དབང་བཞི་རིམ་གཉིས་ལས་བྱུང་བས་ཁྱབ་ཅིང་། དབང་བཞི་རིམ་གཉིས་རྒྱུད་སྡེ་འོག་མའི་རང་རྐང་ལ་མེད་པའི་ཕྱིར། རང་རང་སོ་སོའི་ཐད་གདོང་དོང་དེར་དངོས་གནས་དེ་ཀ་བདེན། ཞེས་པའི་དོན་མདོ་ལས་བཤད་པའི་ཕྱག་ཆེན་མདོ་རང་རྐང་སྐབས་སུ་ཕྱག་ཆེན་ཡིན་ཞེས་དང་། རྒྱུད་སྡེ་འོག་མ་གསུམ་ལའང་དེ་བཞིན་གསུང་རྒྱུ་ཡིན་ན། མདོ་ནས་བཤད་པའི་ཕྱག་ཆེན་དེ་ཕྱག་ཆེན་ཡིན་ནམ་མིན། དང་པོ་ལྟར་ན་དེ་སྔགས་ལམ་ལ་ངེས་པར་ལྟོས་དགོས་པར་ཐལ། དེ་མཚན་ཉིད་པ་ཡིན་པར་ཁྱབ་པ་སངས་རྒྱས་མཉམ་སྦྱོར་གྱི་འགྲེལ་པས་གྲུབ། འདོད་ན་མཛོད་རང་

ཀྱང་གི་ཕྱག་ཆེན་མིན་པར་འགྱུར་རོ། །

གཉིས་པ་ལྟར་ན། དངོས་བཏགས་མ་ཕྱེ་ཞེས་པའི་རྩོད་ལན་དུ་དེ་སྐད་སྨྲས་པ་ལ་འབྲེལ་ཅི་ཡོད་ལེགས་པར་སོམས་ཤིག །རྒྱུད་སྡེ་འོག་མ་གསུམ་རང་ཀྱང་དང་། མཚན་ཉིད་ཐེག་པའི་རང་ཀྱང་ལ་བརྟེན་ནས་ཕྱག་ཆེན་གྱི་རྟོགས་པ་ཐོབ་མི་ནུས་ཏེ། ཏི་ལོ་པས་ནཱ་རོ་པ་ལ་གནང་བའི་ཕྱག་ཆེན་གང་ག་མ་ལས། སྔགས་སུ་སྨྲ་དང་ཕ་རོལ་ཕྱིན་པར་སྨྲ། །འདུལ་བའི་སྡེ་སྣོད་ལ་སོགས་ཆོས་རྣམས་དང་། །རང་རང་གཞུང་དང་གྲུབ་པའི་མཐའ་ཡིས་ཀྱང་། །འོད་གསལ་ཕྱག་རྒྱ་ཆེན་པོ་མཐོང་མི་འགྱུར། །ཡིད་ལ་མི་བྱེད་ཞེ་འདོད་ཀུན་དང་བྲལ། །ཞེས་གསུང་པའི་ཕྱིར། དེས་ན་ནཱ་རོ་མཻ་ཏྲི་གཉིས་ལུགས་ཀྱི་ཕྱག་རྒྱ་བཞི་ནི། འཁོར་ལོ་བདེ་མཆོག་ལས་རྫོགས་རིམ་གྱི་ཡེ་ཤེས། ཕྱག་རྒྱ་བཞི་ལ་སྦྱོར་བའི་ཚུལ་གསུངས་པ་དེ་དང་མཐུན་པ་ཡིན་ནོ། །མཻ་ཏྲིའི་ཕྱག་རྒྱ་ཆེན་པོ་ཚིག་ཏུ་བསྡུས་པ་ལས། སྣང་བ་རང་གྲོལ་ཆོས་ཀྱི་དབྱིངས། །རྟོག་པ་རང་གྲོལ་ཡེ་ཤེས་ཆེ། །གཉིས་མེད་མཉམ་པ་ཆོས་ཀྱིས་སྐུ། །ཆུ་བོ་ཆེན་པོའི་རྒྱུན་ལྟར་འབབ། །ཞེས་དང་། དེ་ཉིད་ཉི་ཤུ་པ་ལས། ལས་དང་དམ་ཚིག་གི་ཕྱག་རྒྱ་གཉིས། །འཁོར་ལོ་རྫོགས་པར་སྒོམ་པ་ཉིད། །ཐ་མའི་བྱང་ཆུབ་སྒོམ་པ་ནི། །དག་པའི་དེ་ཉིད་ཕྱིར་ཕྱོགས་པའོ། །ཡེ་ཤེས་ཕྱག་རྒྱ་མཉམ་སྦྱོར་བས། །འཛམ་པའི་མཉམ་སྦྱོར་རྡོ་རྗེ་ལ་སོགས་གཙོ། །བདེན་མིན་རྫུན་མིན་རྣམ་པར་ནི། །བདག་ཉིད་སྒོམ་པ་འབྲིང་པོའོ། །ཞེས་དང་། ཐེག་ཆེན་ཉི་ཤུ་པ་ལས། ཟུང་འཇུག་གོ་འཕང་སྐྱོང་བ་པོ། །རྣམ་པ་ཀུན་གྱི་མཆོག་ལྡན་པ། །མཚན་ཉིད་མེད་ཉིད་འདུས་མ་བྱས། །གཉུག་མའི་ཚུལ་ལ་བདག་ཕྱག་འཚལ། །ཞེས་གསུངས་པ་རྣམས་དང་མཐུན་པའི་ཕྱིར། ཕྱག་རྒྱ་ཆེན་པོའི་མིང་དོན་ལ་ཕྱག་དང་རྒྱ་སོ་སོར་ཕྲལ་བའི་བཤད་པ་དང་། གཅིག་ཏུ་སྡོམ་པའི་བཤད་པ་སོགས་མང་དུ་འབྱུང་ཞེས་པ་ཤིན་ཏུ་ནོར་ཏེ། ཕྱག་རྒྱ་ཆེན་པོའི་སྐད་དོད་ལ་མ་ཧཱ་མུ་དྲ་ཞེས་པ་འབྱུང་བས་མཧཱ་ཆེན་པོ། མུ་དྲ་རྒྱ་དང་བཏགས་དང་མཚན་མ་དང་། གུག་དཀྱེད་སོགས་དུ་མ་ལ་འཇུག་པ་ལས་འདིར་རྒྱ་རུ་བསྒྱུར་བ་ཡིན་པས། རྒྱ་ཆེན་པོ་ཞེས་པ་འབྱུང་ལ། དེ་རྒྱ་ཆེ་ཆུང་གི་ཟླས་ཕྱེ་བའི་རྒྱ་ཆེན་པོ་ལ་ནོར་དོགས་ནས། ལོ་ཙཱ་བ་ཆེན་པོ་ཆོས་ཀྱི་སྤྱན་ལྡན་རྣམས་ཀྱིས་ཕྱག་ཅེས་པའི་ཚིག་བོད་སྐད་ལ་བསྣན་པ་ཡིན་པའི་ཕྱིར། དཔེར་ན་བཅོམ་ལྡན་འདས་ཀྱི་སྐད་དོད་ བྷ་ག་ཝན་ཅེས་པའི་བྷ་ག་བཅོམ་པ་དང་། བསྐལ་པ་སོགས་ལ་འཇུག་ཅིང་། ཝན་ལྡན་པ་ལ་འཇུག །འདས་ཀྱི་སྐད་དོད་མེད་ཀྱང་ལོ་ཙཱ་བས་བསྣན་པ་ལྟ་བུའོ། །

དེ་ཡང་འཁོར་འདས་ཀྱི་ཆོས་ཐམས་ཅད་ལྷན་ཅིག་སྐྱེས་པའི་བདེ་སྟོང་ཡེ་ཤེས་ཀྱི་ངོ་བོར་རྒྱས་བཏབ་ནས་ཉམས་སུ་ལེན་པའི་ཐབས་ཁྱད་པར་ཅན་ཞིག་སྟེ། ཨ་ཝ་དྷུ་ཏི་པས། རྒྱས་འདེབས་ཕྱིར་ན་རྒྱ་ཞེས་བྱ། །

སྲིད་གསུམ་རོ་གཅིག་ཕྱིར་ཆེན་པོ། །ཞེས་དང་། མཁས་མཆོག་སླ་བའི་སེངྒེས། དབང་གི་ཡེ་ཤེས་དེ་ཡིས་སྣང་བ་ལ། །རྒྱས་འདེབས་ཕྱིར་ན་ཕྱག་རྒྱ་ཆེན་པོ་སྟེ། །ཞེས་གསུངས་པའི་ཕྱིར། ཆོས་དྲུག་རྡོ་རྗེའི་ཚིག་རྐང་ལས། ཕྱག་ནི་གཉིས་མེད་ཡེ་ཤེས་ངོ་ཡིས་བཟུང་། །ཞེས་པའང་བོད་ཀྱི་བཅུག་པའི་རྫུན་མ་ཡིན་གསུངས་པའི་གནད་ཀྱང་དེ་འོ། །དེས་ན་འདི་ཙམ་ལ་ཡང་འཁྲུལ་བཞིན་དུ་སྒྲ་སྐད་ཤེས་སྙད་པའི་ཡུས་ཀྱི་སྣང་ཡང་། ཅི་འདྲ་ཀ་ཡོད་དམ་སྙམ་ཐེ་ཚོམ་པར་གྱུར་ཏོ། །རྟོགས་པ་དང་ལྡན་པ་ལ་རྟོགས་ལྡན་ཞེས་པ་དངོས་གནས་དང་། དེ་དང་མི་ལྡན་པ་ལ་རྟོགས་ལྡན་ཞེས་པ་རྟགས་པ་བ་ཡིན་ཞེས་པའང་། རྟོག་དཔྱོད་ལྡན་པའི་གང་ཟག་ལ་གྲོལ་བ་རྟོགས་ལྡན་ཞེས་བཤད་པ་ནི་མཐོང་གིས། གཞན་རྟོགས་ལྡན་གྱིས་མཚན་ཉིད་འདི་འདྲ་བ་ལ་འཛོག་པ་ཡིན་ཞེས་གཞུང་ལུགས་ཚད་ལྡན་གང་ལས་ཀྱང་མ་བཤད་པས་རང་བཟོར་དོགས་སོ། །

སསྐྱ་པ་ལ་སྒྲ་སྐད་སྟེབ་སྦྱོར་མངོན་བརྗོད་སོགས་ཀྱི་བཤད་པ་སོགས་རྗེ་མི་ལའི་ཚོད་སྦོར་བཞིན་མེད་ནས་ལོ་འགའ་ཐལ་ཞེས་གསུངས་པ་ནི། ཉིད་རང་གི་ཡིད་སྨོན་དུ་འཇུག་པས། ཁྱོད་ཀྱི་ཡིད་སྨོན་ཙམ་གྱིས་ནི། །དེ་ལ་གནོད་པའི་རྒྱུར་མི་འགྱུར། །ཞེས་པ་དེ་ཉིད་ལུང་བསྟན་ཤས་ཆེ་འདུག་པས་དགོངས་འཚལ་ལོ། །དེས་ན་ཆོས་རྗེ་བ་ཡན་ཆད་ལ་རིག་གནས་ཆུང་བ་འདི་དག་གི་མིང་ཙམ་ལས། བཤད་ཉན་རྐང་ཚུགས་པ་མ་བྱུང་ཞིང་། ཆོས་རྗེ་བས་བཤད་ཉན་གྱི་སྲོལ་གསར་དུ་བཏོད་དེ་ནན་ཏན་མཛད་པའི་བཀའ་དྲིན་ལས། བོད་ཀྱི་མཁས་པ་རྣམས་མིང་དོན་དང་མཐུན་པ་བྱུང་བ་དང་། ཕྱིས་དཔོན་འཕགས་པས་བཤོང་སྟོན་རྡོ་རྗེ་རྒྱལ་མཚན་རྒྱ་གར་དུ་ཆེད་གཉེར་ནས་བཟུངས། རིག་གནས་ལ་བསླབ་སྦྱངས་མཐར་ཕྱིན་དགོས་ཚུལ་བཀའ་ནན་ཆེན་པོ་གནང་བ་དང་དུ་བླངས་ཏེ།རིག་གནས་ཀྱི་སྲོལ་ཆེར་བཏོད། དར་རྒྱས་སུ་མཛད་པས་ན་ད་ལྟ་ཁ་བའི་ལྗོངས་ཀྱི་སྡེ་དང་སྣོད་དང་རིག་གནས་ཀྱི་བཤད་རྒྱུན་འདི་ཐམས་ཅད་ཆོས་རྗེ་ཁུ་དབོན་གྱི་བཀའ་དྲིན་ནམ་འཕྲིན་ལས་ཀྱི་རྒྱུན་ཡིན་ཏེ། ད་ལྟའི་གཞུང་ལུགས་ཀྱི་བཤད་པ་ཡོད་དོ་ཅོག་སསྐྱའི་དགེ་བའི་བཤེས་གཉེན་རེ་ལས་མ་བརྒྱུད་པ་མི་འདུག་པའི་ཕྱིར་རོ། །དེ་ལྟ་ནའང་། ཆོས་ཀྱི་གྲགས་པའི་གཞུང་བཟུང་ནས། །བདག་ཉིད་ཆེན་པོའི་རིགས་པ་འགོག །ནགས་ལ་གནས་པའི་སྤྲེའུ་དག །ལྗོན་པའི་ཤིང་ལ་མི་གཙང་འཐོར། །ཞེས་གསུངས་པ་ལྟར། བཀའ་དྲིན་རྗེས་སུ་མི་བསམ་པར་ལོག་པར་གཤེ་བ་ནི་དམ་པའི་ལས་མིན་ཡང་། དུས་དབང་ལས། དེ་འདྲ་བྱེད་མཁན་ནི་ཤིན་ཏུ་མང་བས་སོ། །ཡང་ཀླུ་སྒྲུབ་རྩོད་སྤོང་ལས་གོ་རིམ་མི་མཐུན་པ་མང་ཐག་བྱུང་ཞེས་པའི་མཚན་བྱར། ངེས་པ་ཅི་ཡོད། བཞི་པར་བྱས་པ་དང་། གསུམ་པར་བྱས་པ་མ་མཐུན་ཞེས་སྨ །ཞེས་པར་ཀླུ་སྒྲུབ་པས་ནུས་པ་ཟད་པ་ཁོ་ནའོ་ཞེས་ཡང་ལན་བཏབ་པ་ལ། ཉིད་ཀྱིས། གོ་རིམ་ལ་དམ་བཅའ་དང་གཏན་ཚིགས་གོ་

རིམ་མཚུངས་པ་ལ་རྩོད་འདི་ནི་དངོས་འགལ་སྨྲ་བ་སྟེ། གོང་དུ་ཕྱག་རྒྱའི་གོ་རིམ་སྔ་ཆོགས་པ་ཡོད་པ་ཚད་ལྡན་ཡིན་པར་སྨྲས་པའི་ཕྱིར་རོ། །ཀྱིས། སྤྱིར་ཕྱག་རྒྱའི་རྣམ་དབྱེ་ལ་ངེས་པ་མེད་དེ། ཕྱག་ཆེན་གསུམ་པར་བྱས་ཚེ་སྟོང་གཟུགས་ལ་བློ་རྩེ་གཏོད། བཞི་པར་བྱས་ཚེ་ཟུང་འཇུག་ལ་བློ་རྩེ་གཏོད་དགོས་པས། བློ་རྩེའི་གཏད་པ་མ་མཐུན་ཞེས་སྨྲ་སྣང་བ་ལ་བཀའ་མཆན་གྱི་ནུས་པ་ལ་མི་དཔྱོད་པར། ཚིག་པོངས་ཚུང་བ་ཙམ་ལ་བསླུས་པར་འདུག་སྟེ། ཞེས་སོགས་བྲིས་མོད། དེ་ལ་བརྟགས་ན་གོ་རིམ་ལ་དམ་བཅའ་དང་གཏན་ཚིགས་སློ་མ་མཐུན་པ་ལ་རྩོད་པ་གསུང་པ་དེ། ཕྱག་རྒྱ་བཞི་རྒྱུད་ལས་གསུངས་པ་བཞིན། ནཱ་རོ་མཻ་ཏྲི་གཉིས་ཀྱང་བཞེད་ཅེས་པ་དེ་ཉིད་དམ་བཅའ་ཡིན་ལ། དེ་དང་སློམ་མ་མཚུངས་པའི་གཏན་ཚིགས་ནི་གང་བཀོད་འདུག་བསྟན་དགོས་པར་རིགས་སོ། །ཡང་གོ་རིམ་ངེས་པ་མེད། གོ་རིམ་ལ་རྩོད་པ་ཡིན་གསུངས་པ་ནི་མགོ་ཆག་པའི་གནམ་སྟེ། གོ་རིམ་ལ་ངེས་པ་མེད་ན་གོ་རིམ་ལ་རྩོད་དོན་མེད་པའི་ཕྱིར་རོ། །ཡང་ཕྱག་ཆེན་གསུམ་པར་བྱས་ཚེ་སྟོང་གཟུགས་ལ་བློ་རྩེ་གཏད།ཆོས་ཉིད་ཀྱི་མིང་གི་རྣམ་གྲངས་ཡིན་པས་དེ་གཉིས་འགལ་བ་ལྷག་སྤྲོད་ཡིན་པའི་ཕྱིར་རོ། །ཡང་ཉིད་ཀྱིས། རབ་དབྱེའི་དགོངས་པ་འདི་དག་འགལ་བ་མེད། དཔྱིས་ཕྱིན་པར་འཆད་པའི་བློ་གྲོས་ཤིག་ཁོ་བོའི་སྙིང་ཁར་འཇམ་པའི་དཔལ་དང་ལྡན་ཅིག་དགྱེས་རྒྱའི་གར་ལ་བཞུགས་པ་འདི་རེ་ཞིག་ཕྱིར་མི་དབྱུང་སྟེ། དགག་བྱ་དང་ནི་དགོས་པ་གཉིས། །གཙོ་བོ་ནི་གར་ཆེའི་དབང་དུ་མཐོང་། །ཞེས་པ་བཞིན་དུའོ། །ཞེས་བྲིས་མོད། ཐུགས་ཀར་བཞུགས་པའི་འཇམ་དཔལ་དེ་ལ་རྟག་ཆད་མ་གནང་ན་དེ་རིགས་ཀྱི་ལྷ་གྲུབ་ཕྱིན་ཅི་ལོག་བསྟན་པའི་གནམ་བདེན་ངེས་རླུང་ལྟར་གྲགས་པ་གཞན་ཡང་འདུག་པས་ཞིབ་དཔྱོད་གནང་དགོས། བདེན་ངེས་པ་ཞིག་ན་ཐོག་མར་སྐྱོ་མ་སྔ་བཙན་གྱི་བག་ཆགས་ཀྱི་དྲི་མ་དེ་སེལ་བའི་ཐབས་ཞུ་བར་རིགས་ཏེ། དེ་ལྟ་བུའི་སྒྲིབ་གཡོགས་མེད་ན་བཀའ་སྲོལ་བཟང་པོའི་དགོངས་དོན་ཇི་སྙེད་འཆར་བའི་རྣམ་དཔྱོད་ཀྱི་མེ་ལོང་ཞིག་ཉིད་ཀྱིས་ཐུགས་ལ་འདུག་པས་སོ། །

འདིར་སྨྲས་པ། བཀའ་དང་ཚད་ལྡན་མཁས་པའི་གཞུང་ཀུན་གྱིས། །ལུས་བསྲུང་བསྟན་བཅོས་རྡོ་རྗེའི་གོ་ཆ་ལ། །ལྟར་སྣང་ལུགས་ཀྱི་མཚོན་ཆས་མ་ཚོད་པར། །ཕྱིར་ལོག་ཟླུག་ཧུའི་འདྲེ་ལྡོག་མ་གྲུར་གནམ། །བསྐལ་པའི་མེ་ལྟར་རྒོལ་བའི་ཕྲེ་མ་ལེབ། །དུས་ཀྱི་ཁ་སྐོར་ཉམ་ལས་འོས་ཅི་ཞིག །འཇམ་པའི་མགོན་གྱི་མདུན་སར་སྐྱེ་བོའི་གཤིས། །ཇི་ལྟར་མཁས་ཀྱང་བློ་གྲོས་གོམ་སྟབས་འཁྱོར། །འཇམ་དབྱངས་ཁྱོད་ཉིད་འཕྲིས་ལན་ཉི་འོད་ཀྱིས། །བློ་གྲོས་འདབ་རྒྱ་འཛུམ་ཡང་དྲིན་བཟོ་སྤ། །ལོག་པར་བཤེ་རྣམས་དུས་ཀྱིས་གཞན་དབང་ངམ། །ཡེ་ནས་སེམས་ཀྱི་རང་བཞིན་གཏུམ་པས་ལགས། །ཞེས་པ་བར་གྱི་ཚིགས་བཅད་དོ། །ཡང་གཞན་མཛོད་ལས། དབང་བསྐུར་བཞི་པ་མ་ཐོབ་པར། །ཕྱག་རྒྱ་ཆེན་པོ་སོགས་སྒོམ་དང་། །ཞེས་པའང་ཚིག

སྡོམས་སོ། །རྒྱ་མཚན་ཕྱག་རྒྱ་ཆེན་པོ་ཞེས་པའི་སྒྲ་ནི། སྤྱོད་རྒྱུད་དུ་འང་བཤད་ལ། དེ་དག་ཙམ་བཞག་གོ། །རྣལ་འབྱོར་ཆེན་པོ་ཉིད་ཀྱི་འདུས་པར། རྣམ་པར་སྣང་མཛད་ཕྱག་རྒྱ་ཆེ། །སྐུ་གསུང་ཐུགས་ཀྱི་མཛད་པའོ། །ཞེས་བསྐྱེད་རིམ་ལ་ཕྱག་ཆེན་དུ་བཞག་པ་དང་། བརྟག་གཉིས་ལས། དེ་ལས་སྐྱེས་པའི་རྣལ་འབྱོར་མ། །དེ་ཡི་བདེ་བ་ཟབ་པ་ཉིད། །དེ་དང་ལྡན་ཅིག་ཕྱག་རྒྱ་ཆེ། །བདེ་བ་སྦྱིན་པའི་དངོས་གྲུབ་འགྱུར། །ཞེས་ལས་ཀྱི་ཕྱག་རྒྱ་ཆེན་པོར་བཞག་པ་དང་། དུས་འཁོར་རྩ་རྒྱུད་ལས། དུང་ཅན་མ་འདི་ཕྱག་རྒྱ་ཆེ། །དེ་ནི་གཏུམ་མོར་བརྗོད་པར་བྱ༔ །དང་། སོ་སོར་བསྡུས་ལ་ཕྱག་རྒྱ་ཆེ། །ནམ་མཁའ་སྟོང་པའི་རང་བཞིན་ནོ། །ཞེས་གཏུམ་མོ་དང་སྒྱུ་ལུས་ཕྱག་ཆེན་དུ་བཞག་པ་མ་ཕྱེད་པས་སོ། །ཞེས་པའི་ལན། ཀླུ་སྒྲུབ་རྩོད་སྤོང་ལས། དབང་བསྐུར་བཞི་པ་མ་ཐོབ་པར། །ཞེས་སོགས་ཚིག་སྡོམ་གསུང་པ་དེ་མ་བརྟགས་པ་དག་གི་ངོར་མཛད་པར་སྣང་སྟེ། བཞི་པ་མ་ཐོབ་ཀྱང་གསུམ་པའི་སྐབས་སུ་ཕྱག་ཆེན་དཔེའི་ཡེ་ཤེས་སྐྱེས་པའི་ཕྱིར། རབ་དབྱེའི་དགོངས་དོན། སྤྱི་མིང་མཚོན་བྱ་དོན་གྱི་ཡེ་ཤེས་ལ་བྱེ་བྲག་ཏུ་བཏགས་པ་སྟེ། མཚོན་བྱ་དོན་གྱི་ཡེ་ཤེས་དབང་བཞི་མ་ཐོབ་པར་མི་སྐྱེས་པའི་ཕྱིར་རོ། །ཞེས་སོགས་བཀོད་པ་ལ། ཉིད་ཀྱི་གསུང་ལས། གོང་འོག་མང་པོར་དངོས་བཏགས་མ་ཕྱེད་ཀྱི་གླེང་མོལ་མཛད་པའི་དངོས་བཏགས་དེ་ནི་འདི་ལྟ་བུས་མཚོན་ནུས་ཏེ། དོན་གྱི་ཡེ་ཤེས་ཕྱག་ཆེན་དངོས་དང་། དཔེ་ཡི་ཡེ་ཤེས་བཏགས་པ་བར་བྱེད་དགོས་པ་ལས། དཀྱིལ་འཁོར་ཕྱག་ཆེན་དཔེ་ཡི་ཡེ་ཤེས་ཟེར་བ་བྱས་ནས། དཔེའི་ཡེ་ཤེས་དེ་ཡང་ཕྱག་ཆེན་གྱི་ཡེ་ཤེས་ཡིན་རྒྱུའི་ཁུལ་གྱིས་སྐྱབས་འདྲེན་མཛད་ནས་གཞན་ལ་གཤེ་བ་ཡང་མི་རིགས་སོ། །སྤྱི་མིང་བྱེ་བྲག་ལ་བཏགས་གསུངས་པ་དེ་ཡང་ཉིད་རང་གི་མངོན་པར་ཤེས་པས་དགོངས་ན་མ་གཏོགས་གཞུང་གི་དངོས་ཤུགས་ལ་མི་སྣང་ངོ་། །ཞེས་བྲིས་མོད། དེ་ལ་བརྟགས་ན། མཚོན་བྱེད་དཔེའི་ཡེ་ཤེས་དེ་ཕྱག་ཆེན་བཏགས་པ་བ་ཡིན་གསུངས་པ་མི་རིགས་ཏེ། ཕྱག་ཆེན་ཡེ་ཤེས་རྒྱུད་ལ་ལྡན་པའི་སོ་སྐྱེ་ཡོད་པར་འདོད་དགོས་པའི་ཕྱིར་ཏེ། དེ་འདྲ་མེད་ཟེར་ན། ཕྱག་ཆེན་གྱི་སྒོམ་བཟང་པོ་ཡོད་པའི་སོ་སོ་སྐྱེ་བོ་མེད་པའམ། ཡང་ན་དེའི་རྒྱུད་ལ་ཡེ་ཤེས་མེད་པར་འགྱུར་རོ། །གལ་ཏེ་ཕྱག་ཆེན་ཡེ་ཤེས་དང་། ཕྱག་ཆེན་མི་གཅིག་སྟེ། ཡེ་ཤེས་ནི་འདུས་བྱས་ཡིན་ལ། ཕྱག་ཆེན་གནས་ལུགས་ཀྱི་དོན་ཆོས་ཉིད་ཡིན་པའི་ཕྱིར་སྙམ་ན། འོ་ན་མཚོན་བྱ་དོན་གྱི་ཡེ་ཤེས་དེ་ཡང་ཕྱག་ཆེན་མིན་པར་ཐལ་ལོ། །དེ་འདུས་བྱས་ཡིན་ལ། ཕྱག་ཆེན་འདུས་མ་བྱས་ཡིན་པའི་ཕྱིར། འདོད་ན་དོན་གྱི་ཡེ་ཤེས་ཕྱག་ཆེན་དངོས་དང་། དཔེའི་ཡེ་ཤེས་བཏགས་པ་བར་ཁས་བླངས་པ་དང་དངོས་སུ་འགལ་བའི་ཕྱིར་རོ། །ཡང་ཀླུ་སྒྲུབ་རྩོད་སྤོང་ལས། སྔར་གྱི་རྒྱ་མཚན་ནམ་སྒྲུབ་བྱེད་བཀོད་པ་དེ་ཡང་ཆུད་བསན་པར་ཡིན་པ་སྣང་སྟེ། ཕྱག་ཆེན་དུ་མིང་བཏགས་ཚད་ཚད་ཕྱག་ཆེན་དུ་ཁས་བླངས་པས། མཐར་མི་

བླུན་པོ་ལ་བ་གླང་གི་མིང་བཏགས་པའི་མིང་དེ་ཡང་བ་གླང་ཡིན་ཟེར་དགོས་བྱུང་བའི་ཕྱིར་རོ། །ཞེས་བཀོད་པ་ལ་ཉིད་ཀྱི་གསུང་ལས། ཕྱག་ཆེན་གྱི་མིང་བཏགས་ཚད་ཕྱག་ཆེན་ཡིན་ཞེས་དེང་ཀྱི་མ་སླེབས་པའི་ཁར་དངོས་བཏགས་འབྱེད་ཚུལ་རྒྱས་པར་བརྗོད་ཟིན་པས་སྐྱོན་མི་འཇུག་ལ། རྒྱུད་སྡེ་ཕྱི་མ་དང་བསྐྱེད་རིམ། ལས་རྒྱ། གཏུམ་མོ། སྒྱུ་ལུས་ལ་ཕྱག་ཆེན་དུ་བཞག་པ་དེ་རྣམས་དབང་བཞི་དང་འབྲེལ་བའི་གནས་ལུགས་ཕྱག་ཆེན་མིན་ཡང་། རང་ས་རང་སའི་ཕྱག་ཆེན་མཚན་ཉིད་པ་ནི་ཤིན་ཏུ་ཡང་ཡིན་ནོ། །ཤེས་བྱའི་ཆོས་བསམ་གྱིས་མི་ཁྱབ་པ་དཔེར་འགོད་རྒྱུ་ཡོད་བཞིན་དུ་ཕྱག་ཆེན་གྱི་དཔེར་བླུན་པོ་དང་བ་གླང་འཇོག་པའང་ཅི་འདྲ་ན་ཞེས་ཁྲིས་མོད། དེ་ལ་བརྟགས་ན་རྒྱུད་སྡེ་འོག་མའི་ཕྱག་ཆེན་དང་། བསྐྱེད་རིམ་ལས་རྒྱ་སོགས་དབང་བཞི་པ་དང་འབྲེལ་བའི་གནས་ལུགས་ཕྱག་ཆེན་མིན་ཞེས་པའི་དོན། གནས་ལུགས་ཀྱི་དོན་ནམ་ཆོས་ཉིད་མིན་ཞེས་པའི་དོན་ཡིན་ནམ། དབང་བཞིའི་ལམ་ཕྱག་རྒྱ་ཆེན་པོར་གྲགས་པ་དེ་མིན་ཞེས་པའི་དོན་གང་ཡིན། དང་པོ་ལྟར་ན་མཐུན་ཏེ། དེ་རྣམས་ཆོས་ཉིད་དུ་ཁས་ལེན་མཁན་སུ་ཡང་མེད་པའི་ཕྱིར་རོ། །གཉིས་པ་ལྟར་ན་རང་ས་རང་སའི་ཕྱག་ཆེན་མཚན་ཉིད་པ་ཡིན་ཞེས་པ་དེ། རྒྱུད་སྡེ་འོག་མ་རང་རྐང་ནས་བཤད་པའི་ཕྱག་ཆེན་ཞེས་པ་ལྟ་བུ་རྒྱུད་སྡེ་འོག་མ་རང་རྐང་གི་ཕྱག་ཆེན་ཡིན། སྤྱིར་ཕྱག་ཆེན་མིན་གསུང་རྒྱུ་ཡིན་ནམ། རྒྱུད་སྡེ་འོག་མ་རང་རྐང་གི་ཕྱག་ཆེན་དང་སྤྱིར་ཕྱག་ཆེན་མཚན་ཉིད་པ་གཉིས་ཀ་ཡིན་ཏེ་གསུང་རྒྱུ་གང་ཡིན། དང་པོ་ལྟར་ན་དེ་རྒྱུད་སྡེ་འོག་མ་ནས་བཤད་པའི་ཕྱག་ཆེན་མཚན་ཉིད་པར་འགྱུར་ཞིང་། དེ་ཡང་འདོད་ན། རྒྱུད་སྡེ་ནས་བཤད་པའི་ཕྱག་ཆེན་མཚན་ཉིད་པར་འགྱུར་ཞིང་། དེ་ཡང་འདོད་ན། དེ་ཕྱག་ཆེན་མཚན་ཉིད་པར་ཐལ་ལོ། །གཉིས་པ་ལྟར་ན་ཕྱག་ཆེན་དུ་མིང་བཏགས་ཚད་ཕྱག་ཆེན་དུ་ཁས་བླངས་པར་འགྱུར་ཏེ། རྒྱུད་སྡེ་འོག་མ་རང་རྐང་ལ་བཤད་པའི་ཕྱག་ཆེན་གྱི་མིང་ཅན་དེ་ཡང་ཕྱག་ཆེན་དུ་ཁས་བླངས་པ་སོགས་ཀྱིས་ཕྱིར་རོ། །གཞན་ཡང་དེ་དབང་བཞི་པའི་ལམ་ཕྱག་ཆེན་དུ་འགྱུར་ཏེ། དེ་ཕྱག་ཆེན་གྱིས་ཡེ་ཤེས་ཡིན་པའི་ཕྱིར་རོ། །

བ་གླང་དཔེར་བཀོད་པ་ནི། ད་ལྟའི་ཕྱག་རྒྱ་ཆེན་པོའི་རྣལ་འབྱོར་པ་འདི་ཚོའི་ཤེས་རྒྱུད་དང་མཐུན་པ་ལ་དགོངས་པ་འདྲ། ཡང་ཀླུ་སྒྲུབ་རྩོད་སྤོང་ལས། ཁས་བླངས་ནང་འགལ་ལ་ཡང་འཇུག་སྟེ། འདིར་བསྐྱེད་རིམ་དང་ལས་རྒྱ་སོགས་ཕྱག་ཆེན་དུ་ཁས་བླངས་ནས། འོག་ཏུ་རང་ལུགས་ཀྱི་ཕྱག་ཆེན་ངོས་འཛིན་པའི་ཚེ་ཤེས་རབ་ཀྱི་ཕ་རོལ་ཏུ་ཕྱིན་པ་ལ་ངོས་བཟུང་བའི་ཕྱིར་རོ། །ཞེས་བཀོད་པ་ལ་ཉིད་ཀྱིས། སྨོས་ཟིན་པ་དེ་ཀ་བཟློས་པ་སྟེ། བསྐྱེད་རིམ་དང་ལས་རྒྱ་སོགས་སྤྱིར་ཕྱག་ཆེན་ཡིན་པར་ཞལ་གྱིས་བཞེས་ལུང་གིས་རྒྱབ་བསྣན་པ་ཡིན་ལ། དུས་གསུམ་གྱི་སངས་རྒྱས་ཐམས་ཅད་ཀྱི་བགྲོད་པ་གཅིག་པའི་ལམ་ཆེན་དཔལ་དྭགས་པོའི་བཀའ་བརྒྱུད་ལ་

གྲགས་པ་འདི་ཉིད་ཤེར་ཕྱིན་ལ་ངོས་བཟུང་། དེ་འཐད་ལྡན་གྱི་ལུང་རིགས་ཟབ་ཅིང་ཡངས་པ་དག་ཡོད་ཀྱང་ཡི་གེས་སྲུན་ནས་བཞག་གོ། །ཞེས་སོགས་བྲི་བར་མཛད་དོ། །དེ་ལ་བརྟགས་ན་བསྐྱེད་རིམ་དང་ལས་ཀྱི་སོགས་དྭགས་པོ་བཀར་བརྒྱུད་ལ་གྲགས་པའི་ཕྱག་ཆེན་ཡིན་ནམ། མ་གྲགས་པའི་ཕྱག་ཆེན་ཡིན། དང་པོ་ལྟར་དེ་ཀོ་ཡང་ཤེར་ཕྱིན་དུ་ཐལ་ལོ། །དེ་ཡང་འདོད་ན་འབྲས་དུས་ཀྱི་ཡེ་ཤེས་སུ་འགྱུར་རོ། །བསྐྱེད་རིམ་དང་གཏུམ་མོ་ལས་རྒྱུའི་རྣལ་འབྱོར་ཆོས་ཅན། ཕྱག་ཆེན་ཡིན་པར་ཐལ། སྤྱི་ལྡོག་ནས་ཕྱག་ཆེན་ཡིན་པའི་ཕྱིར། འདོད་ན། མ་ཡིན་པར་ཐལ་དམིགས་བཅས་ཀྱི་རྣལ་འབྱོར་ཡིན་པའི་ཕྱིར་རོ། །རྟགས་ཁྱབ་ཀྱང་ཁས་བླངས། ཕྱི་མ་ལྟར་ན་དེ་གཉིས་དྭགས་པོ་བཀའ་བརྒྱུད་ལ་མ་གྲགས་པར་འགྱུར་རོ། །གཞན་ཡང་དྭགས་པོ་བཀའ་བརྒྱུད་ལ་གྲགས་པའི་ཕྱག་ཆེན་འདི་ཉིད་ཉམས་སུ་ལེན་པའི་སོ་སྐྱེའི་རྣལ་འབྱོར་པ་ཡོད་དམ་མེད། དང་པོ་ལྟར་ན་དེས་རྣམ་མཁྱེན་ཉམས་སུ་ལེན་པར་འགྱུར་རོ། །ཁྱབ་པ་ནི། ཕྱོགས་ཀྱི་གླང་པོས། ཤེས་རབ་ཕ་རོལ་ཕྱིན་གཉིས་མེད། །ཡེ་ཤེས་དེ་ནི་དེ་བཞིན་གཤེགས། །ཞེས་དང་། སངས་རྒྱས་བཅོམ་ལྡན་འདས་ཀྱི་གཉིས་སུ་མེད་པའི་ཡེ་ཤེས་སྒྱུ་མ་ལྟ་བུ་ནི་དངོས་ཡིན་ལ། ཞེས་པས་གྲུབ་བོ། །འདོད་ན་རྣམ་མཁྱེན་ཉམས་ལེན་དུ་འགྱུར་རོ། །ཡང་དྭགས་བརྒྱུད་ལ་གྲགས་པའི་ཕྱག་ཆེན་རྟོགས་པའི་སེམས་ཅན་ཡོད་དམ་མེད། དང་པོ་ལྟར་ན་ཤཱཀྱ་ཐུབ་པས། སྤྲིན་མཐོང་མཁའ་ལ་ཉི་བཞིན་འདིར་ཁྱོད་ཕྱོགས་ཤིག་བློ་གྲོས་ཅན། །བློ་མིག་དག་པའི་འཕགས་མཆོག་གིས་ཀྱང་ཐམས་ཅད་མཐོང་བ་མེད། །ཞེས་དང་། མགོན་པོ་བྱམས་པས། སངས་རྒྱས་ཁམས་དང་སངས་རྒྱས་བྱང་ཆུབ་དང་། །སངས་རྒྱས་ཆོས་དང་སངས་རྒྱས་འཕྲིན་ལས་ཏེ། །དག་པའི་སེམས་ཅན་གྱིས་ཀྱང་བསམ་བྱ་མིན། །འདི་ནི་འདྲེན་པ་རྣམས་ཀྱི་སྤྱོད་ཚུལ་ལོ། །ཞེས་དག་སའི་བྱང་སེམས་ཀྱིས་ཀྱང་ཤེར་ཕྱིན་དང་། ངོ་བོ་ཉིད་སྐུ་དང་། དྭགས་སོགས་མ་རྟོགས་པར་བཤད་འདུག་ཀྱང་མི་བདེན་པ་ལགས་སམ། ཕྱི་མ་ལྟར་ན། མ་རྟོགས་བཞིན་དུ་སྒོམ་པའི་སྐྱོན་ཀ་ཡིན་པ་འདྲ། རི་ཕུག་ཏུ་མི་ཚེ་ཡོལ་བར་བསྡད་ཀྱང་འདོད་ཡོན་ལ་སྲེད་པ་དང་། ཆོས་བརྒྱད་ཀྱི་རྟོགས་པ་ཁ་བྲི་བ་ཙམ་ཡང་མེད་པའི་སྟེང་དུ་སླར་མེ་འབར་ལ་ཤིང་བཤགས་པ་མནན་པ་བཞིན་ཆེར་སོང་བ་ཀ་ཡོང་འདུག་ལགས་པ། ཡང་པདྨ་དཀར་པོས་མཆན་བུར། གང་དུ་ཕྱག་ཆེན་དུ་མིང་བཏགས་པ་དེ། དེ་སྐབས་སུ་ཁས་མི་ལེན་ན་བཏགས་ནས་ཅི་བྱེད། དེ་ཐམས་ཅད་གཅིག་ཏུ་ཁས་མ་བླངས་པས། ལ་ལར་ལག་པའི་ཕྱག་རྒྱ་བསྐྱེད་རིམ་སོགས་མང་དུ་འདུག་པ་ལ་བད་རླུང་གི་སྐྱོན་དུ་འགྱུར་ཞེས་པའི་ཡང་ལན་གྱི་ཚིག་རྣམས་བཀོད་ནས་དེའི་ལན་དུ་ཉིད་ཀྱིས། དངོས་པོ་གང་ལ་དངོས་མིང་བཏགས་པ་མིང་ཅི་འདྲ་ཞིག་བཏགས་ཀྱང་འདྲ། དེ་ལ་དཔྱད་ན་སྒྲ་བཤད་འཇུག་མུ་གསུམ་མམ། འདྲ་འབྲེལ་སོགས་གང་རུང་གི་སྒོ་ནས་བཏགས་པའི་མིང་རེ་རེའི་ཐོག་ཏུ་ཡང་དངོས་བཏགས་གཉིས་འཇུག་སྟེ་

དང་པོ་མིང་ལ་མཚོན་ན། གླང་པོ་ཆེའི་མཆུས་ཀྱང་ལག་པའི་བྱ་བ་བྱེད་པས། ལག་ལྡན་ཞེས་བཏགས་པ། གླང་པོ་ཆེ་མཆུ་ནད་ཅན་གྱི་མཆུས་ལག་པའི་བྱ་བ་བྱེད་མི་ནུས་ཀྱང་ལག་ལྡན་དུ་བཏགས་པ་ལྟ་བུས་དངོས་བཏགས་ཕྱེ་བ་དང་། བཏགས་མིང་ལ་མཚོན་ན། མི་སྔ་ཉག་གཏུམ་པོ་ལ་སེང་གེར་བཏགས་པ་དང་། སྔ་མི་ཉག་ཅིང་རྒྱུད་གདུལ་བ་ལ་སེང་གེར་བཏགས་པ་ལྟ་བུས་དངོས་བཏགས་ཕྱེ་ན་འོང་སྟེ། དགེ་བཤེས་ཆེན་པོར་སོང་ཡང་འཁྲོག་བཏགས་མ་སངས་གདའ་བ། དེ་ན་སངས་རྒྱས་ལ་གླང་པོ་ཆེར་མིང་བཏགས་ནས་གཞན་དང་མི་ནོར་བའི་ཆེད་དུ། བྱ་བ་བྱས་པ། བྱེད་པ་བྱས་པ། ཁྱུར་བོར་བ་སོགས་དང་། སངས་རྒྱས་ལ་སེང་གེར་བཏགས་ནས་གཞན་དང་མི་བསྲེ་བའི་ཆེད་དུ། ཆོས་ཀྱི་འཁོར་ལོ་བསྐོར་མཛད་པའི། །ཤཱཀྱ་སེང་གེ་དེ་ལ་འདུད། །ཅེས་དང་། མིའི་སེང་གེ་ཁྱོད་ཕྱག་འཚལ། །ཞེས་པ་ལྟ་བུའོ། །དེ་བཞིན་དུ་འདྲེས་རྐང་དེད་པས་ལེགས་པོ་འོང་མཆིས་སོ། ། དེ་ལྟ་བུའི་དྲང་གཏམ་ཐུགས་སུ་མཤོང་ཅན་སྟོང་སྐད་འུར་ཤང་འདྲ་ཞིག་ཏུ་དགོངས་པ་འདྲ་སྟེ། དོན་དང་མ་འབྲེལ་འུད་སྒྲོག་ཅི་ལ་ཞུ། ཕྱག་རྒྱ་ཆེན་པོའི་གནས་ལུགས་ཚུལ་བཞིན་དུ་སྨྲ་བ་ལ། བསམ་རྗོད་ཀྱི་ཡུལ་ལས་རིང་དུ་བསྒལ་བའི་ཤེས་ཀྱིས། སངས་རྒྱས་ཚོ་ལ་ཡང་དཀའ་སེ་བ་ཀ་ཡོད་གསུངས་པ་ནི་བདེན་པར་འདྲ་སྟེ། གྲུབ་སྡེ་ལས། གང་ཞིག་གིས་ནི་ཉེ་བར་བརྗོད་པའི་དུས་དག་ཏུ། །ཐ་སྙད་བདེན་པའང་ཚིག་གི་དབུལ་གྱུར་རྒྱལ་གྱུར་ཅིག །ཅེས་འབྱུང་བས་ཁོང་རྒྱལ་རྣམས་ཚོགས་ཡང་དཀའ་སེ་བ། ཞེས་ཐུགས་གཅོང་སྐད་མགུར་དུ་བཞེས་པའང་མང་མཆིས། དེ་བས་བད་ཀླུང་གིས་དབུ་འཁོར་བ་དེ་སྐྱུ་ན་སྨིན་པ་དང་བཅས་འཕྲལ་ཡུན་དུ་ཉེན་ཆེ་བས་བསྟུན་གྱིས་གསོས་སྨན་རྒྱུན་ཆགས་སུ་བརྟེན་པར་ཞུ་ལགས་ཞེས་བྲི་བར་མཛད་དོ། །

དེ་ལ་བརྟགས་ན། གླང་པོ་ཆེ་མཆུ་ནད་ཅན་ལ་ལག་ལྡན་ཞེས་པའི་མིང་དེ་ཐ་སྙད་ཀྱི་དུས་སུ་གླང་པོ་ཆེ་འཁྲུལ་མེད་དུ་གོ་ནུས་པའི་མིང་དུ་འགྱུར་ཏེ། དེ་དེའི་དངོས་མིང་ཡིན་པའི་ཕྱིར། ཁྱབ་པ་ནི། ཆོས་ཀྱི་གྲགས་པས། འཁྲུལ་མེད་ཅན་ཞེས་དང་པོ་ཡིས། །བརྡ་ཡི་སྦྱོད་ཡུལ་གང་ཡིན་དངོས། །ཞེས་པས་གྲུབ། འདོད་ན། དེ་ཐ་སྙད་ཀྱི་དུས་སུ་གླང་པོ་ཆེ་དེ་དོན་གཞན་ཞིག་ཏུ་འཁྲུལ་བའི་རྟོག་པ་བསྐྱེད་པའི་མིང་དུ་འགྱུར་ཏེ། དེའི་བཏགས་མིང་ཡིན་པའི་ཕྱིར། ཁྱབ་པ་ནི། ཆོས་ཀྱི་གྲགས་པས། དེ་དང་མཚུངས་པའི་ཕྱིར། འཁྲུལ་རྟོག་ཅན་གཞན་ཕལ་པ་ཡིན། །ཞེས་པས་གྲུབ། གཉིས་ཆར་ལ་འདོད་ན་ཤེས་བྱ་ཁྲ་ལེབ་ཏུ་སོང་། དངོས་མིང་ལའང་དངོས་མིང་དང་བཏགས་མིང་གཉིས་སུ་དབྱེ་བ་འདི་སྔར་རྒྱ་བོད་གང་དུ་ཡང་མ་བྱུང་གདའ། ཉིད་ཀྱི་སྒྲོལ་གསར་དུ་གཏོད་ལུགས་ཀྱིས་ཤིང་རྟ་ཆེན་པོའི་ཐུགས་བཞེད་ཅིག་ཡོད་པ་འདྲ་ལགས། མི་སྔ་ཉག་རལ་པ་སྟུག་པོ་ལ་སེང་གེ་ཞེས་བཏགས་པའི་མིང་དེ་དངོས་མིང་ཡིན་པའི་རྒྱུ་མཚན། དེ་ལྟ་བུའི་མི་དེ་ལ་སྔ་ཉག་པ་དང་རལ་

བ་སྟུག་པོ་སོགས་སེང་གེའི་ཁྱད་ཆོས་དེ་དང་ཆ་འདྲ་བ་ཞིག་ཡོད་པ་ལ་དགོངས་གདའ་བ། དེ་ལྟར་ན་སོ་སོ་སྐྱེ་བོའི་དགེ་སློང་ཆོས་གོས་རྣམ་གསུམ་དང་ལྡན་པ་གཅིག་ལ་ཤཱཀྱ་ཐུབ་པར་མིང་བཏགས་པའི་མིང་དེ་དངོས་མིང་དུ་འགྱུར་ཏེ། དེ་ལ་ཤཱཀྱ་ཐུབ་པའི་ཆ་ལུགས་དང་ཆ་འདྲ་བའི་ཆོས་གོས་རྣམ་པ་གསུམ་དང་ཁ་མིག་འཕྱེད་དང་སྣ་བུག་ཐུར་ལ་ཡོད་པའི་ཕྱིར། འདོད་ན། དེ་དེའི་བཏགས་མིང་དུ་ཐལ། དེ་ལ་ཤཱཀྱ་ཐུབ་པའི་ཁྱད་ཆོས། སྤང་རྟོགས་མཐར་ཕྱིན་པ་དང་། མཚན་དཔེ་སོགས་མེད་པའི་ཕྱིར། དེ་ན་དངོས་མིང་བཏགས་མིང་གང་ཡིན་ཡང་། དེ་རེ་རེའི་སྟེང་དུ་དངོས་མིང་བཏགས་མིང་གཉིས་གཉིས་ཡོད་གསུངས་པ་འདི་འདྲ། འབྲུངས་ཡུལ་གྱིས་སྐབས་ཀྱིས་བྱང་བཏགས་དང་། བཞུགས་ཚུལ་གྱི་སྐབས་ཀྱི་སྒོམ་ཆེན་གྱི་རྟགས་མ་སངས་པའི་སྐྱོན་ཆེན་པོ་འབྲོག་རྟགས་མ་སངས་པ་ལས་ཀྱང་ཆེས་དམན་པར་མཆིས། སངས་རྒྱས་ལ་གླང་པོ་ཆེར་བཏགས་ནས་དེ་གཞན་དང་མི་ནོར་བའི་ཆེད་དུ་བྱ་བ་བྱས་པ། བྱེད་པ་བྱས། ཁྱུར་བོར་བ་སོགས་གསུངས་པ་ཡིན་ཞེས་པ་ནི། སྙིང་པོ་དབེན། ལུང་དེ་ནི་དགྲ་བཅོམ་པ་ཐམས་ཅད་དང་སྦྱར་ནས་འཆད་དུ་རུང་ཕྱིར། སངས་རྒྱས་ལ་སེང་གེར་བཏགས་ནས། དེ་གཞན་དང་མི་བསྲེ་བའི་ཆེད་དུ། ཆོས་ཀྱི་འཁོར་ལོ་བསྐོར་མཛད་པའི། །ཞེས་སོགས་བཀོད་པའང་འབྲེལ་མེད་དོ། །དེ་ལ་སེང་གེར་མ་བཏགས་པར་གླང་པོ་ཆེ་འམ་རི་རབ་ལྟ་བུར་བཏགས་ཀྱང་ཆོས་ཀྱི་འཁོར་ལོ་བསྐོར་ནུས་ཤིང་། ས་བཅུ་པ་ཡན་གྱི་བྱང་སེམས་རྗེས་ཐོབ་པས་ཀྱང་གཞན་དོར་མཛད་པ་བཅུ་གཉིས་ཀྱི་ཚུལ་སྟོན་ནུས་པའི་ཕྱིར། ཕྱག་རྒྱ་ཆེན་པོའི་གནས་ལུགས་ཚུལ་བཞིན་དུ་སྨྲ་བ་ལ་སངས་རྒྱས་ལའང་དཀའ་ལས་ཡོད་ན། དེ་ཚུལ་བཞིན་སྨྲ་མཁན་གཞན་འོང་བའི་རིགས་སུ་མི་འདུག་པས། ཕྱག་ཆེན་གྱི་ཁུར་ཤང་དེ་སྟོང་སྐད་དོན་མི་མཐུན་ཡིན་པ་ལ་འོས་མེད་པ་འདྲ། དངོས་པོ་གསལ་བའི་རྗེས་འགྲོ་གྲུབ་པའི་ལུང་དེ་ནི་གནས་ལུགས་རང་ངོ་ནས་སྨྲ་བསམ་བརྗོད་མེད་ཡིན་པ་ལ་དགོངས་ལགས་སོ། །

འདིར་སྨྲས་པ། དངོས་པོ་གང་ལ་དངོས་དང་བཏགས་པ་ཡིས། །ཁྱད་པར་སོ་སོར་འབྱེད་བློའི་གྲོལ་བའི་མདུད། །རྟོག་གེའི་དྲེགས་པས་སྒོམ་ཆེན་ཀུན་འཆིང་བའི། །སྒྲོག་ཏུ་བྱེད་པས་སྤྲུལ་ལམ་ཡོངས་མི་ཤེས། །ཐ་སྙད་དུས་སུ་དོན་དེ་འཁྲུལ་མེད་དང་། །དོན་གཞན་འཁྲུལ་བར་རྟོག་པའི་འདུ་ཤེས་གཉིས། །ལྷན་ཅིག་སྐྱེས་པའི་དངོས་བཏགས་ཀུན་གཟིགས་པའི། །ཕྱག་ཆེན་ཉམས་ཀྱི་གསལ་སྣང་དེ་ངོ་མཚར། །ཅེས་སོ། །ཡང་པདྨ་དཀར་པོས་མཆན་བུར། བསྐྱེད་རིམ་ལ་ཕྱག་རྒྱ་བཞི་པར་གསུངས་པའི་ཕྱག་ཆེན་དེ་སྐབས་སུ་སྒོམ་མི་དགོས་པར་ཐལ་བ་ལ་ལན་གློན། ཞེས་པའི་ཡང་ལན་གྱི་ཚིག་རྣམས་བཀོད་ནས། འགོག་པ་ན་ཉིད་ཀྱིས་གསུང་ལས། རྟགས་དེ་འདྲ་འདིར་རྟགས་ཁྱབ་དབྱེ་བ་མ་ཕྱེད་པར། རྟགས་ཁས་བླངས་པའི་སྒྲུབ་བྱེད་དུ་ཁྱབ་པ་ཁས་བླངས་པ་བཀོད་འདུག་པས་ཏ

ཏ་ཏེ་ཏེ། འོས་མེད་དོ། །རྟགས་དེ་འདྲ་ཞལ་གྱིས་ནམ་ཡང་བཞེས་པ་ནི་མེད་དེ། བསྐྱེད་རིམ་གཏུམ་མོ་ལས་རྒྱ་ཕྱག་ཆེན་དུ་ཁས་བླངས་མ་ཐག་པ་ཡིན་པའི་ཕྱིར། མཚན། ཞལ་གྱིས་མ་བཞེས་ཏེ། རང་ལུགས་དྭགས་པོའི་བཀའ་བརྒྱུད་པའི་བཞེད་སྒོམ་གནས་ལུགས་ཕྱག་རྒྱ་ཆེན་པོ་དེ་ཤེར་ཕྱིན་ཡིན་གསུངས་ཀྱིས། གཞན་ཤེར་ཕྱིན་ཡིན་ན། ཕྱག་ཆེན་ཡིན་པའི་ཁྱབ་མཐའ་དང་། ཕྱག་ཆེན་ཡིན་ན་ཤེར་ཕྱིན་ཡིན་པས་ཁྱབ་མཐའ་ཞལ་གྱིས་མ་བཞེས་སོ། །ཞེས་ཡང་སྔར་ལས་ཟུང་ཟད་འགྱུར་ཏེ་ལྷན་ཅུང་གཅིག་འདེབས་པར་མཛད་དོ། །དེ་ལ་བརྟགས་ན་བཀའ་བརྒྱུད་ཀྱི་བཞེད་དགོངས་གནས་ལུགས་ཕྱག་ཆེན་དེ་ཉམས་སུ་ལེན་པའི་སོ་སྐྱེའི་རྣལ་འབྱོར་པ་ཡོད་དམ་མེད་དང་། དེ་རྟོགས་པའི་སོ་སྐྱེ་ཡོད་མེད་དཔྱད་པས་སྔར་བཞིན་འགྱུར་རོ། །གཞན་ཡང་དྭགས་པོ་བཀའ་བརྒྱུད་པའི་གནས་ལུགས་ཕྱག་ཆེན་དེ་ལ་གཞི་ལམ་འབྲས་བུའི་ཕྱག་ཆེན་གསུམ་དུ་ཡོད་དམ། འབྲས་བུའི་ཕྱག་ཆེན་དུ་ངེས། དང་པོ་ལྟར་ན་དེ་ཤེར་ཕྱིན་ཁོ་ནར་འདོད་པ་མི་འཐད་དེ། དེ་ལ་དེ་གསུམ་དུ་ཡོད་པའི་ཕྱིར། ཕྱི་མ་ལྟར་ན་དེ་ཉམས་སུ་ལེན་པའི་རྣལ་འབྱོར་པ་སློབ་པ་མེད་པར་འགྱུར་ཏེ། དེ་མི་སློབ་ལམ་ཡིན་པའི་ཕྱིར། གཞན་ཡང་། ཕྱག་ཆེན་ལ་ཤེར་ཕྱིན་གྱིས་མ་ཁྱབ་པ་བདེན་ཡང་། ཤེར་ཕྱིན་ལ་ཕྱག་ཆེན་གྱིས་ཁྱབ་གསུངས་པ་ཤིན་ཏུ་མི་རིགས་ཏེ། ཤེར་ཕྱིན་ནི་འབྲས་དུས་ཡེ་ཤེས་ཀྱི་མིང་ཡིན་པའི་ཕྱིར། གལ་ཏེ་ཤེར་ཕྱིན་ལ་གཞུང་ལམ་འབྲས་བུའི་དེ་གསུམ་ཡོད་དོ་ཞེ་ན། གསུང་རིགས་དེ་འདྲ་ལ་ཀ་དངོས་བཏགས་མ་ཕྱེད་པའི་གཏམ་ཟེར་ལགས་སོ། །ཡང་གཞན་མཛོད་ལས། དབང་བསྐུར་དག་དང་མ་འབྲེལ་བ། །དེ་ལ་ཕྱག་རྒྱ་ཆེན་པོ་བཀག །ཅེས་པ་ནི་ནམ་ཡང་མི་རིགས་ཏེ། དེ་དགག་པའི་གཞུང་མ་དམིགས་པ་དང་། མདོ་རང་ལུགས་ཀྱི་འཚང་རྒྱ་བར་ཁས་བླངས་པ་དང་ནང་འགལ་ཞིང་། གཞན་ཡང་འཐད་ན་གཞི་ཕྱག་རྒྱ་ཆེན་པོ་ཡུལ་ཅི་ལ་མི་འཐོན། གཞི་ཕྱག་རྒྱ་ཆེན་པོའི་ཐ་སྙད་ཁས་མི་ལེན་སྙམ་ན། བརྟག་གཉིས་སུ། གཟུང་ཉིད་ནི་བདག་མེད་མ། །བདེ་བ་བདག་མེད་རྩལ་ཅན་ཉིད། །དེ་ཡི་བདེ་བ་ཕྱག་རྒྱ་ཆེ། །ལྷ་བའི་དཀྱིལ་འཁོར་ཉིད་དུ་གནས། །དང་པོའི་དབྱངས་ཡིག་རང་བཞིན་ཏེ། །བློ་ཞེས་སངས་རྒྱས་རྣམས་ཀྱིས་བཏགས། །ཞེས་པ་བསུབ་བམ། ཞེས་པར། གླུ་སྒྲུབ་རྩོད་སྤོང་ལས། འདིའི་ལན་ལ་གསུམ། དགག་གཞུང་མ་དམིགས་པའི་ལན། མདོ་ལུགས་ཀྱི་འཚང་རྒྱ་བ་དང་འགལ་བའི་ལན། གཞི་ཕྱག་ཆེན་ཡུལ་འཐོན་པ་དང་འགལ་བའི་ལན་ཏེ། དང་པོ་ནི་དབང་བསྐུར་དག་དང་མ་འབྲེལ་སོགས་ནི། བླ་མེད་དབང་ལ་དབང་བསྐུར་མ་ཐོབ་པའི་གང་ཟག་གི་རྒྱུད་ལ་གཞི་ཕྱག་ཆེན་ཡེ་ཤེས་སྐྱེ་བ་བཀག་པ་སྟེ། མདོ་རྒྱུད་ཚད་ལྡན་གང་ལས་ཀྱང་མ་བཤད་ཅེས་པའི་དོན་ཡིན་ལ་ཞེས་སོགས་བཀོད་པའི་ལན་དུ་ཉིད་ཀྱིས། སྡོམ་གསུམ་གྱི་གཞུང་གིས་དངོས་ཤུགས་ཅི་རིགས་པར་ཕྱག་རྒྱ་པ་ལ་ཀླན་ཀར་མཛད་པའི་དགོངས་པ་དེ་དག་དབང་བསྐུར་མ་བྱེད་པར་ཕྱག་

ཆེན་བསྟན་པ་ཞིག་གོ་སླམ་ཐུགས་ལ་བཞག་ནས། ཚིགས་བཅད་མང་པོ་བརྗོད་པའི་གཉེན་པོར་ཕལ་ཚིག་ལྟར་སྙིང་མ་སྡུག་གི་ལན་ཅི་རིགས་པ་གཞན་མཇོད་དུ་བཀོད་མཆན་བུར་ཡང་བཏབ་པ་ཡིན་གྱི་གྱ་ཚོམ་དུ་མིན་ནོ། །གཞན་ཡང་དབང་བསྐུར་མེད་པར་ལམ་ཟབ་མོ། ཞེས་སོགས་འདི་ལའང་། འདི་བདེན་ན་མདོ་ལུགས་པ་ཟབ་མོ་སྟོང་པ་ཉིད་སྒོམ་མཁན་ཚོ་ངན་སོང་གསུམ་གང་དུ་སྐྱེས་ཡོད་ཅེས་སོགས་སུན་འབྱིན་མཛད་པའང་འདི་དང་མཚུངས་སོ། །འདོད་ན་ཕྱག་རྒྱ་པའི་ལུགས་ལ་ཁྲིད་འདིས་སྔོན་དུ་དབང་བསྐུར་མཛད་པ་ཞིག་གམ་འོན་ཏེ་མི་མཛད་ཅེས་དོགས་པ་བསུས་ནས་བཤད་ན། འདི་ཐད་ཀྱི་རབ་དབྱེ་གཞན་མཇོད་རྩོད་སྤོང་ཡང་ལན་རྣམས་སུ་ཕྲིས་པའི་དོན་རྩ་ཁྲོལ་བདེ་བ་ལ་བསམ་ནས་ཙུང་ཟད་བཤད་ན། དཔལ་ལྡན་ས་སྐྱ་པའི་བཀའ་སྲོལ་ལ་རྣལ་འབྱོར་བླ་མེད་ཀྱི་སྣོད་རུང་གང་ཟག་དེ་སྨིན་བྱེད་དབང་བཞི་དང་། གྲོལ་བྱེད་རིམ་གཉིས་ངེས་པ་ཅན་ལ་རིམ་གྱིས་བསླབ་དགོས་པར་བཞེད། བཀའ་བརྒྱུད་གོང་མ་རྣམས་ཀྱི་བཞེད་སྲོལ་ལ། རྒྱུད་ལས་དབང་ནི་རབ་ཕྱེ་བ། །རང་གི་དཀྱིལ་འཁོར་ཚོགས་སྨིན། །ཞེས་པའི་ལུང་དང་སྦྱར་ནས། རིམ་འཇུག་པ་སྦྱོར་བས་འདུལ་དགོས་པ་ལ་ལས་རིམ་རྒྱས་པ་དང་འབྲེལ་བའི་དབང་བསྐུར་རིམ་ཅན་དུ། འབྲིང་པོ་ལ་མོས་པའི་ཐོད་བརྒྱལ་བ་ལ་ལུས་བསིལ་དང་། རྡོ་རྗེ་ཡེ་ཤེས་ཀྱིས་དབང་བསྐུར་ངེས་མེད་དུ། དབང་རྣོན་ལ་རྟོགས་པ་དོན་གྱི་དབང་སེམས་ཐོག་ཏུ་ཅི་ལྟར་བསྐུར་བའི་ཤེས་བྱེད་དུ། ཕྱག་རྒྱ་ཆེན་པོའི་དབང་བསྐུར་བ། ཞེས་པའི་ལུང་འདྲེན་མཛད་ལ། ཕྱི་མ་འདི་ལ་དབང་གི་སྔོན་དུ་འགྲོ་བའི་དཔལ་ཡང་རང་སེམས་བྱང་ཆུབ་སེམས་ཀྱི་དཔལ་ཞེས་དུས་འཁོར་དུ་གསུངས་པ་དེ་ལ་སྙིང་པོ་ལེན་པའི་སྒྲ་བཤད་འཇུག་ཀྱང་ཚང་བ་དང་། དེར་བསྐུར་བྱའི་དབང་ཡང་བླ་མ་དམ་པའི་བྱིན་རླབས་དང་། ཐབས་ལ་མཁས་པའི་བརྡ་སྐབས་ཅི་རིགས་པའི་སྒོ་ནས་རང་བཞིན་ལྷན་ཅིག་སྐྱེས་པའི་ཡེ་ཤེས་ཀྱི་རང་ངོ་སྦྲོས་ངོ་འཕྲོད་པ་དེ་ཆོས་ཅན། ངག་གི་རིག་བྱེད་དུ་ཐལ། ཚིག་ཡིན་པའི་ཕྱིར། འདོད་ན་ངག་ཏུ་ཐལ་ལོ། །སྒྲར་ཐལ་ལོ། །འདོད་ན་མིན་པར་ཐལ། ཕྱག་ཆེན་གྱི་ཉམས་རྟོག་ཡིན་པའི་ཕྱིར། ཕྱག་ཆེན་དེ་ཤེས་པ་ཡིན་པ་མི་འཐད་དེ། ཕྱག་ཆེན་དེ་བླུན་རྨོངས་པ་ལ་བསྟན་ནའང་ སེམས་འཕྲོས་ནས་ཉམས་རྟོག་གང་རུང་སྐྱེ་བར་ཁས་ལེན་པ་གང་ཞིག །ཤེར་ཕྱིན་དེ་བླུན་རྨོངས་ཀྱི་སྤྱོད་ལམ་མ་ཡིན་པའི་ཕྱིར་རོ། །དང་པོ་དངོས་ཤུགས་མང་པོར་ཁས་བླངས། གཉིས་ཀྱི་བརྒྱུད་སྟོང་པར། ཤེས་རབ་ཀྱི་ཕ་རོལ་དུ་ཕྱིན་པ་ནི་ཤེས་རབ་དམན་པ་རྣམས་ཀྱི་རྟོགས་པར་དཀའོ། །ཞེས་པས་འགྲུབ་བོ། །པ་དེ་ཁོ་ན་དབང་མཆོག་ཏུ་འགྱུར་བར་བཞེད་དེ་ཅེས་པ་ནི་སྙིང་པོ་བསྡུས་པ་སྟེ་རྒྱས་པར་གཞན་དུ་ཤེས་པར་བྱའོ། །དེ་ལྟར་ཡིན་མོད་ཀྱང་ས་སྐྱའི་ཆོས་ཉན་ཐམས་ཅད་རིམ་འཇུག་པ་དང་། བཀའ་བརྒྱུད་པའི་ཆོས་ཉན་ཐམས་ཅད་ཅིག་ཅར་བ་མིན་ཕྱིན། གཉིས་ཐད་ནས་ལམ་འཇུག་ལྡོག་མ་འཛོལ་བ་ཞིག་དགོས་རྒྱུ་ལ། ཅི་ཞིག་རྣམ་པ་ཀུན་ཏུ་རིམ་འཇུག་པ་བཀྲི་ཚུལ་དང་། ཅིག་ཤོས་ཀྱི་རྣམ་པ

ཀུན་ཅིག་ཆར་བཀྲི་ཚུལ་གྱི་ཕྱོགས་རེ་བཟུང་ནས་ཆོས་ཀྱི་གདམ་སྒྲ་བར་མཛད་མོད། ཇི་ལྟར་ནད་པ་ནད་པ་ལ། །སྨན་པས་སྨན་ནི་གཏོང་བ་ལྟར། །དེ་བཞིན་སངས་རྒྱས་ས་བོན་ལ། །ཇི་ཙམ་བཟོད་པས་ཆོས་བསྟན་ཏོ། །ཞེས་གསུངས་པ་ཚིག་ཙམ་དུ་འཛོག་པ་གཉིས་ཀ་གང་རུང་འགྲིག་གདའ། འོན་ཀྱང་ཕྱག་ཆེན་ཁྲིད་དུ་བསྟན་ཚེ། ཞི་གནས་ཀྱི་སྦྱོང་བ་སྐྱེ་ལུགས་ལ་སོགས་ནས་ཟུག་རྔུ་ངོ་སྤྲོད་པ་དང་མི་སྤྲོད་པའི་རྣམ་དབྱེ་མཛད་པ་ཡིན་ནོ། །ཞེས་དོན་གྱི་ཁོག་ཕུབ་ནས། ཚིག་གི་ལན་ནི། དབང་བསྐུར་དག་དང་མ་འབྲེལ་བ། །དེ་ལ་ཕྱག་རྒྱ་ཆེན་པོ་བཀག །ཅེས་པ་ལ། བཀག་པའི་གཞུང་ཚད་ལྡན་སྙིང་ལྟ་ན་རྩོད་པ་ཁོ་ན་ནད་གྲོལ་བདེན་གྲོལ་བ་འགྲོར་འདུག་སྟེ། དེ་མ་བྱུང་བས་ཀ །མདོ་རྒྱུད་ཚད་ལྡན་གང་ལས་མ་བཤད་ཅེས་པའི་དོན་ཡིན་ལ། ཞེས་ཞོལ་ལེ་འཛོག་དགོས་བྱུང་བ་ལགས། དེ་འདྲ་བ་དེ་འདི་དང་། གཞན་གྱི་སྨིན་བྱེད་རྒྱུད་ལས་བཀག །ཅེས་སོགས་མང་པོ་བྱུང་བ་ལ་རང་མཚན་དུ་གྲགས་པ་དེར་ཡང་ལུང་ཁུངས་མ་དྲངས་པས། དེ་ཚོ་ལ་ལུང་མེད་ངེས་ཡིན་ཀྱང་། ཆོས་རྗེ་བས་བཀའ་བརྒྱུད་པ་ལ་ཙོ་འདྲི་བའི་ཕྱིར་དེ་འདྲ་བཀོད་པ་ཤིན་ཏུ་མང་། དེས་ན་གཞུང་འདི་མཐའ་དྲུག་གི་སྐྱུ་བར་ནས་མ་དྲངས་པར་སྒྲ་འཛིན་ཙམ་ལ་འཆེལ་ན་འབུབ་མཆིས་སོ། །ཞེས་བྲི་བར་མཛད་དོ། །དེ་ལ་བཏགས་ན་དབང་བསྐུར་མེད་པར་ལམ་ཟབ་མོ་སོགས་ནི་སྐབས་སྐྱོབས་ཀྱི་གསང་སྔགས་ཀྱི་ལམ་ལ་འཇུག་པས་སྨིན་དེ་ལྟ་བུ་ག་ལ་འཇུག །གཞན་དུ་ན་དམ་པ་དང་པོ་ལས། དབང་བསྐུར་མེད་པར་རྒྱུད་འཆད་དང་། །སོགས་ལའང་སྨིན་དེ་བརྗོད་པར་ནུས་སམ། དེ་ལྟར་ན་ནི། རྡོ་རྗེ་འཆང་ལ་ཡང་ཀློལ་བར་བྱེད་པའི་སྐྱེམ་པ་ཅན་དེ་ག་ནས་འོངས་ཞེས་རྩད་བཅད་ནས་རྡོ་རྗེ་འཆང་གི་རྗེས་འབྲང་གིས་སྔགས་པ་རྣམས་བཀའ་བགྲོས་ཤིག་དགོས་པ་འདྲའོ། །ཕོད་བརྒྱལ་བའི་གང་ཟག་ལ་བཅོས་མའི་དཔལ་གཉིས་གང་རུང་དུ་སྨིན་བྱེད་དབང་བསྐུར་མ་བྱས་པར་ལུས་དཀྱིལ་དུ་དབང་བསྐུར་དུ་རུང་གསུངས་པ་ནི་མ་དགོངས་པ་སྟེ། ལུས་དཀྱིལ་དུ་དབང་བསྐུར་བ་ལ་བཅོས་མའི་དཔལ་དུ་དབང་བསྐུར་བ་སྔོན་དུ་འགྲོ་དགོས་པར་ཚད་ལྡན་ལས་གསུངས་པ་མ་མཐོང་བར་ཟད་ཅིང་། དཀྱིལ་འཁོར་དུ་ནི་མ་བཞུགས་ལ། །རྒྱུད་འདི་བསྟན་པར་མི་བྱའོ། །ཞེས་སོགས་ཀྱི་དོན་མ་དགོངས་པའི་གཏམ་དུ་སྣང་བའི་ཕྱིར་རོ། །དབང་རྫོགས་ཞིག་ཆར་བ་ལ་རང་སེམས་ལྷན་སྐྱེས་ཀྱི་ཡེ་ཤེས་རང་ངོ་འཕྲོད་པ་ཁོ་ན་དབང་ཆོག་ཏུ་འགྱུར་ཞེས་པ་ཤིན་ཏུ་མི་རིགས་ཏེ། རྡོ་རྗེ་འཕྲེང་བར། ཐོག་མར་སློབ་མ་གང་གི་ཚེ། །བློ་ལྡན་ཡང་དག་དབང་བསྐུར་ན། །རྫོགས་པའི་རིམ་པའི་རྣལ་འབྱོར་ལ། །དེའི་ཚེ་ན་སྣོད་དུ་འགྱུར། །ཞེས། རྫོགས་རིམ་ཕྱག་ཆེན་སྒོམ་པའི་སྣོད་རུང་བློ་ལྡན་དེ་ལ། ཐོག་མར་དབང་བསྐུར་དགོས་པར་གསུངས་ན། ཁྱེད་ཀྱིས་ཅིག་ཆར་བ་དེ་བློ་ལྡན་མིན་གསུངས་ཨེ་ཡིན། དེ་དབང་ཆོག་ཡིན་ན་དེ་ངག་གི་རིག་བྱེད་དུ་འགྱུར་རོ། །གལ་ཏེ་ལྷན་སྐྱེས་ཡེ་ཤེས་རང་ངོ་འཕྲོད་པ་དེ་ཀ་སྨིན་བྱེད་ཀྱི་དབང་ཐོབ་པ

ཡིན་གསུང་རྒྱུ་ཡིན་ན། ཕ་རོལ་ཏུ་ཕྱིན་པ་རང་རྐང་གི་ལུགས་ལ་སྨིན་བྱེད་ཀྱི་དབང་ཡོད་པར་འགྱུར་ཏེ། དེ་ལ་ལྷན་སྐྱེས་ཡེ་ཤེས་རང་ངོ་འཕྲོད་པ་ཡོད་པའི་ཕྱིར་ཏེ། ལུགས་དེ་ལ་སེམས་ཀྱི་གནས་ལུགས་མངོན་སུམ་དུ་རྟོགས་པ་ཡོད་པའི་ཕྱིར། གོང་དུ་འདོད་ནུས་པའང་མ་ཡིན་ཏེ། སློབ་དཔོན་པྲ་ཛྙཱ་ཤྲཱིས། གསང་སྔགས་ཀྱི་ཐེག་པ་འདི་ཕ་རོལ་ཏུ་ཕྱིན་པའི་ཐེག་པ་ཆེན་པོ་དབུ་མ་པ་ལས་ཁྱད་པར་ཅི་ཡོད་པར་བསྟན་ཅེ་ན། དམིགས་པ་དང་། སྒྲུབ་པ་དང་། ཡེ་ཤེས་དང་། བརྩོན་འགྲུས་དང་། གདུལ་བྱ་ལ་ལུས་པ་རྗེས་སུ་འཛིན་པ་དང་། ཉོན་མོངས་པ་བྱིན་གྱིས་བརློབས་པ། བྱིན་གྱིས་བརླབས་པ་མྱུར་བ་དང་། ཉོན་མོངས་སྤོང་བ་དང་བསམ་པ་དང་། སྤྱོད་པ་བླ་ན་མེད་པའི་ཐབས་ལ་མཁས་པ་སྟེ་རྣམ་པ་བཅུ་གཅིག་གི་ཁྱད་པར་དུ་འཕགས་སོ་ཞེས་དང་། ནག་པོ་དམ་ཚིག་གི་རྡོ་རྗེས། ཕ་རོལ་ཕྱིན་པའི་ཐེག་པ་ལས་འདི་གོང་འགྱུར་པ་ཡིན་ཏེ། བླ་མ་དབང་བསྐུར་བ་དང་། དམ་ཚིག་དང་མན་ངག་དང་། བརྩོན་འགྲུས་ཀྱི་ཁྱད་པར་འཕགས་སོ། །ཞེས་དབང་བསྐུར་བ་ཕ་རོལ་ཏུ་ཕྱིན་པ་ལས་རྡོ་རྗེ་ཐེག་པ་ཁྱད་པར་འཕགས་པའི་འཕགས་ཆོས་སུ་བཤད་པའི་ཕྱིར་རོ། །གཞན་ཡང་ཁྱེད་རང་གི་གཞུང་ལས། དེ་ཕྱིར་དབང་བསྐུར་དེ་མེད་དངོས་གྲུབ་མེད། །ཅེས་པ་ཡང་ནང་འགལ་ཏེ། དཀྱིལ་འཁོར་ཆེན་པོར་སྨིན་དེ་དབང་མ་ཐོབ་པར་ཕྱག་ཆེན་མཆོག་གི་དངོས་གྲུབ་ཐོབ་པ་ཡོད་པར་ཁས་བླངས་པའི་ཕྱིར་རོ། །གཞན་ཡང་སངས་རྒྱས་ཐོབ་པ་ལ་རིག་འཛིན་རྣམ་པ་བདུན་ལ་བློ་སྦྱངས་ཤིང་བསླབ་དགོས་པར་བཤད་པ་ཡང་མི་འཐད་པར་འགྱུར་ཏེ། དཀྱིལ་འཁོར་ཆེན་པོར་སྨིན་བྱེད་ཀྱི་དབང་སྦྱོར་དངོས་རྗེས་གསུམ་ཚང་བ་མ་ཐོབ་པར་ཕྱག་ཆེན་མཆོག་གི་དངོས་གྲུབ་ཐོབ་པར་ཁས་བླངས་པའི་ཕྱིར་རོ། །འདོད་ན། སངས་རྒྱས་མཉམ་སྦྱོར་ལས། རིག་འཛིན་རྣམ་པ་བདུན་གྱི་ནི། །རང་རིགས་ཡེ་ཤེས་གནས་སྦྱོངས་ཤིང་། །གསང་སྔགས་མཐུན་པའི་ཁྱད་པར་གྱིས། །མོས་པའི་བློ་དང་དོན་མཐུན་སྟོན། །རྣམ་རོལ་ཟག་མེད་སངས་རྒྱས་ལ། །མཐར་ཕྱིན་འདི་ཡིས་ཐོབ་པར་བྱེད། །ཞེས་པ་དང་འགལ་ལོ། །གཞན་ཡང་། སངས་རྒྱས་ཡེ་ཤེས་ཀྱིས། སྔགས་ཀྱི་ཐེག་པ་ནི། རྣམ་པ་གསུམ་གྱི་ཐུན་མོང་མ་ཡིན་ཏེ། དེ་སྒྲུབ་པ་པོ་དང་ལམ་དང་འབྲས་བུ་གསུམ་མོའོ། །ཞེས་དང་། དྲིལ་བུ་ཞབས་ཀྱིས། སྔགས་ནི་ཐེག་པ་ཆེན་པོའི་ཡང་ཆེན་པོ་སྟེ། འདི་ལྟར་རྟེན་གྱི་གང་ཟག་གི་ཁྱད་པར་དང་། འཇུག་པ་ལམ་གྱི་ཁྱད་པར་དང་། མངོན་པར་འབྱུང་བའི་ཁྱད་པར་རོ། །ཞེས་དང་། ཌོཾ་བྷི་པས། འདིར་ནི་སྟོད་ཀྱི་ཁྱད་པར་དང་། སྟོད་དུ་བྱེད་པའི་ཆོས་དང་ནི། འབྲས་བུ་དག་གི་ཁྱད་པར་གྱིས། སྔགས་ཀྱི། ཐེག་པ་ཁྱད་པར་འཕགས། ཞེས་པ་རྣམས་དང་འགལ་ལོ། །རང་སེམས་བྱང་ཆུབ་སེམས་ཀྱི་དཔལ་ཞེས་པ་ནི། དབང་བཞི་པ་བསྐུར་ཡུལ་གྱི་དོན་དམ་བྱང་ཆུབ་ཀྱི་དཔལ་ཞེས་པ་དེ་ཡིན་ལ། ཕྱག་རྒྱ་ཆེན་པོའི་དབང་བསྐུར་བ། ཞེས་པ་ཡང་དབང་བཞི་པ་ཡིན་པས། སེམས་ཀྱི་གནས་ལུགས་རྟོགས་པ་ཙམ་གྱིས་དབང་ཐོབ་པའི་ལོ་རྒྱུས་ལུང་སྦྱོར་དུ་དེ་གཉིས་

བཀོད་པ་ནི་མ་གོ་ཡུས་ཆེ་བར་ཟད་དོ། །

དབང་བསྐུར་དང་མ་འབྲེལ་བར་ཕྱག་ཆེན་པའི་གཞུང་ནི། ༈ བརྟག་གཉིས་ལས། དེ་ནས་རྣལ་འབྱོར་མས་ཞུས་པ། །ཕྱག་རྒྱ་ཆེན་པོ་ཧེ་ལྷ་བུ། །ཀུན་རྫོབ་རྣམ་པའི་གཟུགས་ཀྱི་ནི། །བདེ་བ་སྦྱིན་པས་བཤད་དུ་གསོལ། །ཞེས་པའི་ལན་དུ། གཞན་གྱི་བརྗོད་མིན་ལྷན་ཅིག་སྐྱེས། །ཞེས་སོགས་དང་། ཕྱི་ནས་དེ་ཉིད་རབ་ཏུ་དབྱེ། །ཞེས་དང་། ཡང་དག་སྦྱོར་བ་ལས། ནང་གི་དབྱེ་བ་འདི་ཉིད་ནི། །བླ་མའི་ཞལ་ནས་རྟེན་པར་འགྱུར། །ཞེས་དང་། བཤད་རྒྱུད་རྡོར་ཕྲེང་ལས། བླ་མ་ལེགས་པར་མཉེས་བྱས་ཏེ། །ཡང་དག་དབང་བསྐུར་རབ་ཐོབ་ནས། །དེ་ཉིད་དོན་ནི་རབ་ཏུ་དབྱེ། །ཞེས་དང་། གསང་བ་མཛོད་ལས། རྡོ་རྗེ་སེམས་དཔའ་ཉོན་ཅིག་དང་། གསང་སྔགས་ཀྱི་ཐེག་པ་མཆོག་གི་དབང་བསྐུར་བ་གསང་བ་ཆེན་པོ་འདིས་སངས་རྒྱས་ཐོབ་པར་ནུས་ཀྱི། ཐེག་པ་གཞན་ནི་བསྐལ་པ་བྱེ་བས་ཀྱང་སངས་རྒྱས་ཐོབ་པར་མི་འགྱུར་རོ། །ཞེས་དང་། ཡེ་ཤེས་གྲུབ་པ་ལས། རྟོགས་པ་ཐམས་ཅད་རྣམ་སྤངས་ནས། །ཡེ་ཤེས་མཆོག་བཟང་ཐོབ་པ་ཡི། །རྡོ་རྗེ་ཡེ་ཤེས་དབང་བསྐུར་བས། །དངོས་གྲུབ་མཆོག་ནི་གྲུབ་པར་བྱ། །ཞེས་དང་། སློབ་དཔོན་ཨཏྲ་དེ་བས། དེ་ནི་དཔེའི་ཉེར་མཚོན་ནས། །བླ་མའི་ཞལ་གྱི་དྲིན་གྱིས་སོ། །ཞེས་གདན་དབབ་སྒྲུབ་པ་ལས། བདེར་གཤེགས་གནད་ཀྱི་དལ་དུ། རྒྱུད་ཀྱི་ལམ་གྱི་རྗེས་འབྲངས་ནས། །མཁས་པས་གང་ཚེ་དབང་བསྐུར་ན། །སངས་རྒྱས་ཐམས་ཅད་མངོན་སུམ་ཡིན། །དཔག་མེད་འཇིག་རྟེན་ཁམས་དབང་ཕྱུག །བདག་ཕྱིན་བསླབས་པའི་རིམ་པས་ཐོབ། །ཞེས་པ་ལ་སོགས་པ་ཐུགས་མཐལ་དུ་བཞག་ནས། རྒྱུད་ཀྱི་རྒྱལ་པོ་གཞན་དང་ནི། །བསྟན་བཅོས་ཆེན་པོ་གཞན་ལས་ཀྱང་། དབང་བསྐུར་དག་དང་མ་འབྲེལ་བ། །དེ་ལ་ཕྱག་རྒྱ་ཆེན་པོ་བཀག །ཞེས་གསུངས་པ་ཡིན་གྱི། དེང་གི་སྒོམ་ཆེན་ཕལ་མོ་ཆེའི་རྟོགས་པ་ལྟར། མེད་ཀྱང་ཡོད་ཁྲུལ་བྱས་པ་ཙི་ལ་ཡིན། དེས་ན་གཞུང་འདི་མཐའ་དྲུག་གི་སྒོ་བར་ནས་དྲངས་པས་འཆད་མི་དགོས་ལགས་པས། མ་བཅོལ་བའི་ལས་ལ་མི་ཡོང་བཞིན་དུ་འཇུག་འདོད་ཡང་མཛད་པ་དེ་དོན་ལ། ཕྱག་ཆེན་སྒོམ་པའི་བློལ་འགྲོས་ཀྱི་བརྗོད་པ་ལྷུང་བ་ལ་ཞོལ་ན་རིགས་སོ། །ཡང་ཀླུ་སྒྲུབ་རྩོད་སྤོང་དུ། དེ་ལྟར་མ་བཤད་གསུང་པ་འདིའི་ཤེས་ལྡན་གཟུར་གནས་ཞིག་གི་འགོག་མི་རིགས་ཏེ། ༈ ཀུ་རུ་ཀུ་ལེའི་རྟོག་པའི་རྒྱུད་ལས། ཁྱོད་ཀྱི་ཡོད་པ་ཐམས་ཅད་ཀྱི་མཆོག་ཏུ་གསང་བ་འདི། དཀྱིལ་འཁོར་དུ་མ་བཞུགས་པའི་གང་གི་མདུན་དུ་བརྗོད་པར་བྱ་བ་མ་ཡིན་ཏེ། དམ་ཚིག་ཉམས་པར་འགྱུར་ཞིང་ཡང་དང་བ་མ་སྨྲངས་བར་འཆི་བའི་དུས་བྱས་ནས་སེམས་ཅན་དམྱལ་བར་ལྟུང་བར་འགྱུར་ཏ་རེ། ཞེས་གསུངས་སོ། །གལ་ཏེ་ཚོམ་བུའི་དཀྱིལ་འཁོར་སོགས་ལ་དགོངས་སོ་ཟེར་ན་མི་འཐད་དེ། འདིར་བསྟན་དཀྱིལ་འཁོར་དེ་རྗེ་བཙུན་ལས་དངོས་སུ་བཤད་པའི་ཕྱིར་རོ། །དེ་ཉིད་གང་ཞིག་རྗེ་བཙུན་མཐོང་ཙམ་གྱིས། སངས་རྒྱས་མྱུར་དུ་ཐོབ་བྱེད་པ། དཀྱིལ་འཁོར་བྲི་བ་རིམ་

པ་བཞིན། ཞེས་གསུངས་པའི་ཕྱིར་རོ། །དེ་ཡན་ཁྱེད་ཀྱི་ཕྱག་ཆེན་དེ་ཤེར་ཕྱིན་ཡིན་ཟེར་བ་དང་བསྟུན་ན། འདིར་བསྟན་གྱི་མཆོག་ཏུ་གསང་བ་དེ་མིན་པར་ཁས་བླངས་པས་ཡག་པོ་བྱུང་ངོ་། །མཚན། བཀག་ན་རང་གི་མགོ་བོར་གནམ་ལྕགས་ཀྱི་ཐོགས་བབས་པའི་ཕྱིར་ཏེ། ཁྱེད་རང་གིས་ཀྱང་ཕྱག་ཆེན་མཛད་པ་ཕྱག་རྒྱ་བཞིའི་ནང་ཚན་ཕྱི་མ་གསུམ་གང་རུང་ཞིག་ལ་བཞེད་པར་སྣང་ལ། ཕྱག་རྒྱ་བཞིའི་ནང་ཚན་གྱི་ཕྱག་ཆེན་དེ་རྒྱུ་ལ་སྐྱེ་བ་ལ་དབང་བསྐུར་ཐོབ་པ་ཞིག་དགོས་པ་ཁོ་ནར་བཤད་པའི་ཕྱིར་ཏེ། ཕྱག་རྒྱ་བཞིའི་ནང་ཚན་གྱི་ཕྱག་རྒྱ་ཆེན་པོ་ནི། ཆོས་ཀྱི་ཕྱག་རྒྱ་ཞེས་བྱ་བ་མཆོན་བྱེད་དཔེའི་ཡེ་ཤེས་ལ་བརྟེན་ནས་སྐྱེས་དགོས་ཤིང་། ཆོས་ཀྱི་ཕྱག་རྒྱ་དེ་ནི་ལས་ཀྱི་ཕྱག་རྒྱ་ཞེས་པ་དངོས་སམ་ཡིད་རིག་ལ་བརྟེན་ནས་སྐྱེ་དགོས་ཤིང་། ཕྱག་རྒྱ་དེ་བརྟེན་པ་ལ་ཐབས་ཤེས་གཉིས་ཀ་དབང་གི་སྨིན་དགོས་པའི་ཕྱིར་ཏེ། དམ་ཚིག་དག་དང་མི་ལྡན་པའི། །རིག་མ་བསྟེན་པར་དགའ་བ་དང་། །ཞེས་དབང་གི་མ་སྨིན་པའི་ཕྱག་རྒྱ་བསྟེན་པ་ལ་ཡན་ལག་གི་ལྟུང་བ་འབྱུང་བར་བཤད་པའི་ཕྱིར་རོ། །ཞེས་པ་ལ། ཉིད་ཀྱི་གསུང་ལས་སྐྱེ་ཁམས་མགྲོགས་པའི་དུས་ཤིག་ལ་བྲིས་པར་སྣང་ངོ་། དོན་རྐང་གཅིག་ལ་ཕྱིར་ཏེ་སུམ་རྩེགས་སྒྲུབ་པའི་ལུང་རིགས་རྣམས་ཀྱང་བསྒོར་ཐག་རིང་ལ་མཐུ་ཆུང་བར་སྣང་བའི་ཕྱིར་རོ། །དེ་ཡང་ཕྱག་ཆེན་མཚན་ཉིད་པ་ཕྱག་རྒྱ་བཞིའི་ནང་ཚན་ཕྱི་མ་གསུམ་གང་རུང་ཞིག་ལ་བཞེད་པར་སྣང་ཟེར་བ་མི་བདེན་ཏེ་ཕྱི་མ་གཉིས་གང་རུང་ལ་བཞེད་ཀྱི། གསུམ་གང་རུང་ལ་མི་བཞེད། ཆོས་ཀྱི་ཕྱག་རྒྱ་མཆོན་བྱེད་དཔེའི་ཡེ་ཤེས་ལ་བརྟེན་ནས་མི་སྐྱེ། མཆོན་བྱེད་དཔེའི་ཡེ་ཤེས་ཆོས་ཀྱི་ཕྱག་རྒྱ་ལ་བརྟེན་ནས་སྐྱེ། ལས་ཀྱི་ཕྱག་རྒྱ་ཡེ་ཤེས་ཀྱི་ཕྱག་རྒྱ་ལ་བརྟེན་ནས་མི་སྐྱེ། ཡེ་ཤེས་ཀྱི་ཕྱག་རྒྱ་ལས་ཀྱི་ཕྱག་རྒྱ་ལ་བརྟེན་ནས་སྐྱེ་བ་ལགས་མོད་རྒྱུས་གོ་ལོག་དེ་འདྲ་ཕྱིན་ཆད་མ་གསུངས་ཤིག །ལས་རྒྱ་བརྟེན་པ་ལ་ཐབས་ཤེས་གཉིས་ཀ་དབང་གིས་སྨིན་པ་དགོས་པའི་སྒྲུབ་བྱེད་ཀྱི་ལུང་དེ་ཡང་མ་འགྲེལ་ཏེ། དམ་བཅའ་ལ་ཐབས་ཤེས་གཉིས་ཟེར་བ་བྱུས་ནས། སྒྲུབ་བྱེད་ལ་རིག་པ་དབང་གིས་སྨིན་དགོས་པ་ཙམ་ལས་མ་བྱུང་བས་སོ། །རྩོད་པ་དེ་ནི་དེར་ཟད་ན་དེད་ཀྱི་སྤྱི་བོར་འབབས་རྒྱུའི་གནམ་ལྕགས་ཀྱི་ཐོག་དེ་ག་རེ། དེ་འདི་ན་ཡོད་དོ་ཉོན་ཅིག །དབང་བསྐུར་དང་མ་འབྲེལ་བའི་ཕྱག་ཆེན་ཡོད་པར་ཐལ་འདོད་པའི་ཕྱིར། འདོད་ན། མེད་པར་ཐལ། རིམ་འཇུག་པས་བསྒོམ་བྱའི་ཕྱག་ཆེན། ལས་རིམ་རྒྱས་པའི་དབང་དང་འབྲེལ། ཐོད་བརྒལ་བའི་དེ་འདྲ་དེ་ལུས་དཀྱིལ་དང་། རྡོ་རྗེ་ཡེ་ཤེས་དབང་དང་འབྲེལ། དབང་རྔོན་གྱི་དེ་འདྲ་དེ་རྟོགས་པ་དོན་གྱི་དབང་བའི་འབྲེལ་བ་གང་ཞིག །དེ་གསུམ་དུ་མ་འདུས་པའི་ཕྱིར་མེད་པའི་ཕྱིར། ལན་ག་རེ། ཉིད་ཅག་གི་ཕྱག་ཆེན་དེ་ཆོས་ཅན། འདིར་བསྟན་གྱི་ཕྱག་རྒྱ་བཞིའི་ནང་ཚན་གྱི་ཕྱག་ཆེན་ཡིན་པར་ཐལ། ཕྱི་མ་གཉིས་གང་རུང་ལ་བཞེད་པར་ཁས་བླངས་པའི་བློ་རྩེ་དེ་ལ་གཏད་འདུག་པའི་ཕྱིར། འདོད་ན། དེ་དབང་ལ་ངེས་པར་འགྲེལ་བར་ཐལ། དབང་བསྐུར་ནས་ནི་དེ་ཉིད་བསྟན། ཅེས་དང་། ཡང་དག་དབང་བསྐུར་རབ་ཐོབ་ནས། དེ་ཉིད་དོན་ནི་རབ་ཏུ་དབྱེ། ཞེས་སོགས་མཐའ

ཡས་གྲུབ་པའི་ཕྱིར། ལན་ག་རེ། ཡང་དེ་ཆོས་ཅན། མདོའི་བརྗོད་བྱའི་གཙོ་བོ་ཡིན་པར་ཐལ། ཤེར་ཕྱིན་ཡིན་པའི་ཕྱིར། འདོད་ན། ཡིན་པར་ཐལ། སྔགས་ཀྱི་ཐུན་མོང་མ་ཡིན་པའི་ལམ་ཡིན་པའི་ཕྱིར་ཏེ། ཕྱག་རྒྱ་བཞིའི་ནང་ཚན་ཡིན་པའི་ཕྱིར་དང་། བསྒྲེ་འཕོ་གསུམ་གྱི་ནང་ཚན་ཡིན་པའི་ཕྱིར་དང་། རྟོགས་པ་དོན་གྱི་དབང་དང་འབྲེལ་བའི་ཕྱིར། བྱས་ཙེ་"མ་དཔེ་ཆད་སོང་བ་འདྲ་"འདི་ནི་སེར་སྐྱའི་རྟོགས་བརྗོད་ལས། གང་ཕྱིར་སྟོབས་མཐུ་འདོད་པ་ཡི། །སྤྱི་བོས་རི་ལ་བརྡུང་བར་རྩོམ། །ཞེས་པ་དེར་སྣང་ངོ་། །དེ་ལ་བརྟགས་ན། རྟགས་གསལ་གྱི་གནད་མ་དགོངས་པའི་ཕྱིར་ཏེ་སུམ་རྟེགས་ཀྱི་ངོ་བོ་དེ་ཐུགས་མནལ་དུ་མ་བད་བ་མ་འཐད་ནའང་། སྒྲུབ་བྱ་དེ་ལ་ནུས་ཐོན་ངེས་ཀྱི་སྒྲུབ་བྱེད་མཐར་ཕྱིན་བཀོད་པ་ཡིན་འདུག་ལགས། གསུམ་གང་རུང་ལ་མི་བཞེད་གཉིས་གང་རུང་ལ་བཞེད་གསུང་པ་ནི། དཔེར་ན་བུམ་པ་དེ་བེམ་ཤེས་ལྡན་མིན་འདུ་བྱེད་གསུམ་གང་རུང་མིན། བེམ་ཤེས་གང་རུང་ལ་བཞེད་པ་ཡིན་ཞེས་པའམ། དབང་བཞི་པ་དེ་དབང་ཕྱི་མ་གསུམ་གང་རུང་མིན། ཕྱི་མ་གཉིས་གང་རུང་ཡིན་ཞེས་པ་ལྟ་བུར་སོང་བས་ནན་ལྟར་རིགས་པ་ཞིབ་པར་བྱུང་འདུག་པས་ཁོ་བོ་ནི་ཅི་ཡང་མི་རྒྱུ་ལགས་ལགས། ཡེ་ཤེས་སྙིང་པོར་བཤད་པའི་ཆོས་ཀྱི་ཕྱག་རྒྱ་ཞེས་པ་དེ་མཚོན་བྱེད་དཔེའི་ཕྱག་ཆེན་ཡེ་ཤེས་དང་དོན་གཅིག་ཏུ་བྱས་ནས། དེ་ལས་མཚོན་བྱ་དོན་གྱི་ཕྱག་ཆེན་ཡེ་ཤེས་སྐྱེ་ཞིང་། མཚོན་བྱེད་དཔེའི་ཕྱག་ཆེན་དེ་ལས་རྒྱུ་དངོས་དང་ཡེ་རྒྱུ་གཉིས་ལས། དེ་གང་རུང་ལ་བརྟེན་ནས་སྐྱེ་ལ། ལས་རྒྱ་བརྟེན་པ་ལ་ཐབས་ཤེས་གཉིས་ཀ་དབང་གིས་སྨིན་དགོས་གསུང་རྒྱུར་འདུག་པ་ལ་ཉིད་ཀྱིས་ཡེ་ཤེས་སྙིང་པོར་བཤད་པའི་ཆོས་རྒྱ་དང་མཚོན་བྱེད་དཔེའི་ཕྱག་ཆེན་ཡེ་ཤེས་རྒྱུས་སུ་བསམ་ནས་སྐྱོན་བརྗོད་ཅིང་། དངོས་ཀྱི་ཕྱག་རྒྱ་དང་ཡེ་ཤེས་ཕྱག་རྒྱ་ལ་ཡང་དེ་བཞིན་དུ་མཛད་པ་ཤིན་ཏུ་ནོར་ཏེ། ཡེ་ཤེས་སྙིང་པོར་བཤད་པའི་ཆོས་རྒྱ་དེ། །མཚོན་བྱེད་དཔེའི་ཡེ་ཤེས་ཡིན་ཕྱིར་དང་། །དངོས་རྒྱ་དང་ཡེ་རྒྱ་རྒྱུ་འབྲས་ཡིན་པའི་ཤེས་བྱེད་ཅི་ཡང་མིན་པའི་ཕྱིར་རོ། །

ལས་རྒྱ་བརྟེན་པ་ལ་ཐབས་ཤེས་གཉིས་ཀ་དབང་གི་སྨིན་དགོས་པའི་སྒྲུབ་བྱེད་ཀྱང་ཤིན་ཏུ་ཡོད་དེ། བརྟག་གཉིས་ལས། ཤིན་ཏུ་བཞིན་བཟང་མིག་ཡངས་མ། །རང་གི་དབང་བསྐུར་སྙིང་རྗེ་ཅན། །ཞེས་དང་། སཾ་ཊི་ལས། ཕྱག་རྒྱ་ངོས་འཛིན་པ་ན། དེ་ཁོ་ན་ཉིད་ལ་གནས་པ་དང་། སྔགས་དང་རྒྱུད་ཤེས་པ་དང་། ཞེས་དང་། རིག་མ་དེ་ནི་སླངས་ནས་ནི། །སྐྱབས་སུ་འགྲོ་བའི་རིམ་པས་ནི། །སྦྱངས་ནས་དེ་ཉིད་བསངས་བ་དང་། །གསང་སྔགས་དང་རྒྱུད་ཀྱི་རིམ་ཀུན་གྲགས། །ཞེས་བརྟེན་རྒྱུའི་ལས་བྱ་དེ་བརྟེན་མཁན་སྒྲུབ་པ་པོ་རང་གི་དབང་བསྐུར། མན་ངག་བསྟན་རྒྱུད་བཤད་པའི་དམ་ལྡན་ཞིག་ཡིན་པར་བཤད་ལ། གཞན་ལ་དབང་བསྐུར་རྒྱུད་བཤད་བྱེད་པ་ལ་རང་གི་དབང་ཐོབ་པ་ཞིག་ངེས་པར་དགོས་པའི་ཕྱིར་རོ། །དེས་ན་རི་ལ་སྤྱི་བོས་བརྡུངས་བ་ནི་

གཞན་མཛོད་མཁན་སློབ་ཀྱི་རབ་དབྱེར་མི་གནོད་བཞིན་དུ་གནོད་བྱེད་བརྗོད་པ་འདི་འདྲ་ལ་ཟེར་ལགས་སོ། །

ཡང་རྩོད་སྤོང་ལས། དེས་ཀྱང་མི་དགོངས་ན་བརྟག་པ་གཉིས་པར། སངས་རྒྱས་ཀུན་གྱི་སྡོམ་པ་ནི། །ཞེས་སོགས་གནོད་བྱེད་བརྗོད་པའི་ལན་དུ་ ཉིད་ཀྱིས་གསུང་ལས། སྐབས་འདིར་གསོལ་ཞ་ཞིག་ཐོན་པས་སྔར་ལས་སྐུ་ཁམས་དྭངས་སུ་སོང་། འོན་ཀྱང་ད་དུང་སྙིན་འདི་སྣང་སྟེ། དེ་ལ་ཕྱག་རྒྱ་ཆེན་པོ་བཀག་པའི་ལན་དུ། དེ་དགག་པའི་གཞུང་མ་དམིགས་པ་དང་། ཞེས་གསུངས་པ་ལ། དགག་བྱེད་ལུང་གི་དབུལ་བར་གྱུར་ནས་ཞེས་སོགས་ཀྱི་ལན་ནི་བཤད་རྒྱུད་རྡོར་འཕྲེང་ལས། ཇི་ལྟར་སེང་གེའི་འོ་མ་ནི། །སའི་སྣོད་དུ་བཞག་མི་བྱ། །དེ་བཞིན་རྣལ་འབྱོར་ཆེན་པོའི་རྒྱུད། །སྐོད་མིན་རྣམས་ལ་སྦྱིན་མི་བྱ། །གོང་དུ་དབང་མ་ཐོབ་པར་སངས་རྒྱ་བ་མེད་པར་འཆད་པའི་སྐབས་སུ་དྲངས་པའི་ལུང་རྣམས་ཀྱང་འདིས་ལུང་སྦྱོར་ཁོ་ལགས། སྔར་ཕྱུལ་ཟིན་པ་དེ་ཀའོ། །རྩོད་སྤོང་ལས། ད་དུང་ཕན་དགོངས་བདུད་རྩིས་རྒྱ་མཚོ་གང་བར་མ་གྱུར་ན། འདི་སྐད་ཞུ་འཚལ་ཞེས་ཀླད་དུ་བརྗོད་ནས། ཡེ་ཤེས་སྙིང་པོའི་རྒྱུད་དང་སྦྱར་ནས་དཔྱིས་ཕྱིན་པར་བཤད་འདུག་པའི་ལན་དུ་པད་མ་དཀར་པོས་ཡེ་ཤེས་སྙིང་པོ་དང་ར་ལི་སོགས་རྒྱུད་རྣམ་དག་མིན་གསུང་ཞིང་། ཉིད་ཀྱི་གསུང་ལས། ཕྱོགས་སྔའི་འདོད་པ་ལ་བཅར་ཆད་ཕོག་ཏུ་གཏོང་བའི་གནོད་བྱེད་མ་འབྱོར་བའི་ཅི་བྱ་འཚང་བརྟག་ཏུ་སོང་བའི་སྐབས་འདིར། རྒྱུད་སྡེ་རྒྱ་མཚོའི་ནང་ནས་དབང་དང་མ་འབྲེལ་བའི་ཕྱག་རྒྱ་ཆེན་པོ་བཀག་པའི་གཞུང་ཡོད་པ་བྱུས། དེ་ཁོང་ལ་ཐུགས་རྒྱུད་ཡོད་པ་བྱུས། དེ་ཡང་སྐུ་ཁམས་དྭངས་བ་ཞིག་དང་འགྲིག་ན་ལྷ། དགོས་མེད་ལབ་ལོབ་མང་པོས་ཅི་བྱ། ཞེས་དང་། རབ་དབྱེར། རྒྱུད་ཀྱི་རྒྱལ་པོ་གཞན་དང་ནི། །ཞེས་ལུང་མང་པོ་ཡོད་རྒྱུའི་ཁུངས་ཀྱིས་ཤོགས་རམ་གཞི་བརྗིད་ཅན་མཛད་པ་ལ་དབུ་འཁོར་ནས་མང་དུ་གླེང་ཡང་ལག་ཡོད་ཕྱོགས་སྔའི་རྩར་གནོད་བྱེད་རིགས་ཀྱིས་ལུང་ཚིག་རྐང་གཅིག་ཀྱང་མ་འབྱོར་བ་འདི་ནི་ཅི་འདྲ། ཞེས་སོགས་འབྲི་བར་མཛད་དོ། །

དེ་ལ་བརྟགས་ན་རྗེ་ཀླུ་སྒྲུབ་པས་ཕྱོགས་སྔའི་འདོད་པར་གནོད་རིགས་ཀྱི་ལུང་། སངས་རྒྱས་ཀུན་གྱི་སྡོམ་པ་ནི། །ཨེ་ཝཾ་རྣམ་པར་རབ་ཏུ་གནས། །ཨེ་ཝཾ་རྣམ་པའི་བདེ་ཆེན་པོ། །དབང་ལས་ཡང་དག་ཤེས་པར་འགྱུར། །ཞེས་དང་། ཡེ་ཤེས་སྙིང་པོའི་ལུང་ཤིན་ཏུ་མང་བ་དང་བཅས་པ་འགྱུར་འདུག་པ་དེར་གདའ། འོན་ཀྱང་གོང་དུ་དབང་བསྐུར་བཞི་པ་མ་ཐོབ་པར་ཞེས་སོགས་དོན་གྱི་ཡེ་ཤེས་ལ་དགོངས། དཔེའི་ཕྱག་ཆེན་ཡེ་ཤེས་བཞི་པ་མ་ཐོབ་ཀྱང་གསུམ་པའི་སྐབས་སུ་སྐྱེ་བ་ཡོད་གསུངས་པ་ནི་ཙུང་ཟད་མ་དགོངས་པ་སྟེ། དབང་གསུམ་པའི་སྐབས་སུ་སྐྱེས་པའི་བདེ་སྟོང་གི་ཡེ་ཤེས་དེ་ལ། བཞི་པའི་སྐབས་ཀྱི་ཚིག་གིས་ངོ་སྤྲོད་དེ་མ་བྱས་བར་དུ་ཕྱག་ཆེན་གྱི་ཐ་སྙད་མི་ཐོབ་པ་སྐྱེ་གོང་མ་རྣམས་ཀྱི་བཞེད་པ་ཡིན་ཕྱིར་དང་། བཞི་པ་མ་ཐོབ་པར་དེ་སྙོམ་དུ་ཡང་མི་རུང་ན། དེ་

སྐྱེ་བ་ལྟ་ཅི་སྨོས་པའི་ཕྱིར་རོ། །ཡེ་ཤེས་སྙིང་པོ་རྒྱུད་རྣམ་དག་མིན་གསུངས་པའང་རྡོ་རྗེ་འཆང་ལ་སྐུར་བ་བཏབ་པ་སྟེ། ཡེ་ཤེས་ཐིག་ལེར། ཡེ་ཤེས་སྙིང་པོར་གྲགས་པའི་རྒྱུད། །དེ་ནི་ཕྱི་མའི་ཕྱི་མའོ། །ཞེས་དང་། ཕྱག་ཆེན་ཐིག་ལེར་ཡང་། མདོར་བསྡུས་པ་ནི་འདི་རུ་བཤད། །རྒྱས་པར་ཡེ་ཤེས་སྙིང་པོ་རུ། །ཞེས་ཁ་འཕངས་ཤིང་། ཡེ་ཤེས་སྙིང་པོར། བཅོམ་ལྡན་འདས་མས་གསོལ་བ། ཕྱག་རྒྱ་ཆེན་པོ་ཐིག་ལེ་ལས། ཕྱག་རྒྱ་ཆེན་པོ་ཐོབ་པར་བྱེད་པའི་ཐབས་གསུངས་པ་དེ་གང་ལགས། ཞེས་སོགས་རྒྱས་པར་གསུངས་པའི་ཕྱིར་རོ། །དེས་ན་པདྨ་དཀར་པོས་ཡེ་ཤེས་སྙིང་པོ་རྒྱུད་མིན་གསུངས་པ་དང་། ཉིད་ཀྱིས། དེ་འདྲ་མིན་པས་ཡེ་ཤེས་སྙིང་པོ་ལ་མི་བརྟེན་པར་ཞུ། རྒྱུད་དེའི་ལུང་རྣམས་ནི་ཤིན་ཏུ་ལེགས་མོད་ཀྱང་། ཞེས་བྲིས་པས་ན་དཔོན་སློབ་ནང་འཐབས་སོ། །ཡང་ཀླུ་སྒྲུབ་རྩོད་སྤོང་ལས། མདོ་རང་རྐང་གི་སངས་རྒྱས་མེད་ཚུལ་སོགས་བཀོད་པའི་ལན་དུ། ཉིད་ཀྱིས་གསུང་ལས། འོ་ན་རབ་དབྱེར་རྫོགས་པའི་སངས་རྒྱས་ལམ་པོ་ཆེ། ཞེས་སོགས་ཞལ་གསལ་ཅན་བཞུགས་བཞིན་དུ། དེའི་ལུགས་ཟིན་དུ་ཡང་ཁས་བླངས་ནས། སླར་མདོ་རང་རྐང་གི་འཚང་རྒྱ་བར་ཁས་མི་ལེན་ཟེར་བ་འདི་ནི། འགྲོ་བའི་བླ་མའི་གསུང་ལས་བཀལ་བ་སྟེ། ཞེས་པར་སྣང་བས་གང་ཡང་མི་གཏུབ་ལ། རབ་དབྱེ་ལ་མི་རྩི་ན་ནི། འོ་ན་དེ་ལ་ངས་ཅི་བྱ། ཞེས་བྱ་བ་དེར་གདའ་འོ། །ཞེས་བྲིས་ཤིང་། ཡང་ཀླུ་སྒྲུབ་རྩོད་སྤོང་ལས། མདོ་རང་རྐང་ནས་འཚང་རྒྱ་བ་ཁས་མི་ལེན་ན་ཡང་དེས་མི་གནོད་ཚུལ་བྲིས་པའི་ལན་དུ། ཉིད་ཀྱིས། མདོ་རང་རྐང་ནས་སངས་རྒྱས་ཡོད་པར་ཁྱོད་རང་གི་ལུང་གིས་བསྒྲུབས་ནས། དེའི་མཁྱེན་པའི་ཡེ་ཤེས་དེ་འབྲས་བུ་ཕྱག་ཆེན་མཆོག་གི་དངོས་གྲུབ་མིན་ན། གཞན་གང་ཞིག་གི་ཡིན། ཐར་པ་ཞེས་གསུངས་གཅིག་པུ་ཉིད། །མང་པོ་དམིགས་པར་མི་འགྱུར་རོ། །ཞེས་མ་གསུངས། ངོར་རྫོང་གི་འདོད་ལུགས་དེ་ཀ་ཡིན་སྲིད་ཀྱང་མི་རྩོད་ལ། རྒྱུད་དང་སེམས་འགྲེལ་སོགས་ཚད་ཐུབ་དུ་མར་ཕར་ཕྱིན་ཐེག་པ་དང་། སྔགས་ཀྱི་ཐེག་པ་གཉིས། ལྟ་བ་དང་འབྲས་བུ་དོན་གཅིག་པ་དང་། དེ་རྟོགས་བྱེད་ཀྱི་ཐབས་ལ་མ་རྨོངས་པ་སོགས་ཀྱི་ཟབ་ཁྱད་མེད་བཞུགས་པ་ཡིན། ཞེས་འབྱུང་བ་ཡང་འདོད་མོད། མདོ་སྔགས་ཀྱི་ཐོབ་བྱའི་འབྲས་བུ་གཅིག་པ་དེ་ལྟ་ན། སྔགས་ཀྱི་འབྲས་བུ་ཕྱག་ཆེན་མཆོག་གི་དངོས་གྲུབ་ཡིན་པ་ལྷུན་གྱིས་གྲུབ་ཕྱིན། དེ་དང་དོན་གཅིག་ཏུ་སྒྱུར་བའི་མདོའི་སངས་རྒྱས་ཀྱི་མཁྱེན་པ་དེ་ཡང་དེ་ཀའོ། །ཞེས་སོགས་བྲི་བར་དེ་ལ་བརྟགས་ན་རབ་དབྱེར་བཀལ་ན་འགྲོ་བའི་བླ་མའི་གསུང་ལས་བཀལ་བ་ཤིན་ཏུ་ཡིན་ཡང་ཁོང་གི་མདོ་རང་རྐང་ལ་བརྟེན་ནས་འཚང་རྒྱ་བ་གསུང་པ་མེད། གཞུང་གཉིས་ཀྱི་དོན། ཕར་ཕྱིན་ཐེག་པ་བ་རང་རྐང་གི་ས་ལམ་བགྲོད་ཚུལ་གྱི་བཞེད་པ་བཀོད་པ་ཙམ་ཡིན་གྱི། དེ་བླ་མེད་ཀྱི་སྐབས་སུ་ཁས་བླང་དུ་མི་གཏུབ་པའི་ཚུལ་ཙམ་མ་གཏོགས། རབ་དབྱེར་མི་རྩི་གསུངས་པ་མིན་པ་

འདུག་པས། བཀའ་བཀྲོན་དེའི་འགྲོ་དམིགས་མི་འདྲ། རྒྱ་མཚན་དེའི་ཕྱིར་མདོ་རང་རྐང་ལ་བརྟེན་ནས་འཚང་རྒྱ་བ་མེད་པས། དེ་འདྲའི་སངས་རྒྱས་ཀྱི་རྒྱུད་ཀྱི་མཁྱེན་པ་དེ་ཕྱག་ཆེན་མཆོག་གི་དངོས་གྲུབ་ག་ལ་ཡིན། ཁ་སྦྱོར་གྱི་ལུང་གིས་མི་གནོད་དེ། ལུང་དེའི་དོན་ནི་ཕ་རོལ་ཏུ་ཕྱིན་པའི་གཞུང་ནས་བཤད་པའི་སངས་རྒྱས་དང་། རྡོ་རྗེ་ཐེག་པའི་གཞུང་ནས་བཤད་པའི་སངས་རྒྱས་གཉིས། འབྲས་བུ་ཆོས་སྐུར་དོན་གཅིག་པའམ་འབྲས་བུ་ཆོས་སྐུ་ཡིན་མིན་གྱི་ཁྱད་པར་མེད་པ་ལ་དགོངས་ཏེ། གནས་སྐབས་འབྲས་བུར་བཏགས་པ་མང་ཡོད་ཀྱང་། རྒྱུ་ཀླུང་དུ་མར་རྒྱ་མཚོར་རོ་གཅིག་ལྟར། མཐར་ཐུག་འབྲས་བུ་ཐམས་ཅད་ཆོས་སྐུར་ཅིག །འདིའི་འཐད་པ་དུས་འཁོར་རྒྱུད་ཆེན་དང་། འཇམ་དཔལ་མཚན་བརྗོད་སོགས་ནས་གསལ་བར་བཞུགས། ཞེས་པའང་དོན་འདི་ཉིད་དོ། །ཚུལ་གསུམ་སྒྲོན་མེར། དོན་གཅིག་ན་ཡང་མ་རྨོངས་དང་། །ཐབས་མང་དཀའ་བ་མེད་པ་དང་། །དབང་པོ་རྣོན་པོའི་དབང་བྱས་པས། །སྔགས་ཀྱི་ཐེག་པ་ཁྱད་པར་འཕགས། །ཞེས་ཕ་རོལ་ཕྱིན་པ་དང་རྟོག་གེ་པ་གཉིས་རྟོག་བྱ་སྦྱོར་བྲལ་གྱི་ལྟ་བ་དང་། ཐོབ་བྱ་རྫོགས་པའི་སངས་རྒྱས་དང་། ཀུན་རྫོབ་བྱང་ཆུབ་ཀྱི་སེམས་རྣམས་དོན་གཅིག་ཀྱང་ལྟ་བ་རྟོགས་ཚུལ་ལ་ཁྱད་པར་རྨོངས་མ་རྨོངས། སངས་རྒྱས་སྒྲུབ་པའི་ཐབས་མང་མི་མང་། དཀའ་བ་ཆེ་ཆུང་། དབང་པོ་རྣོ་བརྟུལ་གྱི་དབང་ལས། འབྲས་བུ་ཐོབ་པ་མྱུར་བུལ་གྱི་ཁྱད་པར་ཡོད་པར་བཤད་ཅིང་། གཞན་ལས་ཀྱང་དེ་བཞིན་དུ་བཤད་པ་ཡོད་མོད། དེའི་དོན་ནི། མདོ་སྔགས་གཉིས་རྟོག་བྱ་ཆོས་དབྱིངས་རྟོགས་པ་དང་། ཐོབ་བྱ་སྤང་རྟོགས་མཐར་ཐུག་པའི་སངས་རྒྱས་ལ་དམིགས་པ་དང་། ཀུན་སློང་བྱང་སེམས་ཀྱི་ཀུན་ནས་བླངས་ཏེ་ལམ་ཉམས་སུ་ལེན་པ་ལ་ཁྱད་པར་མེད། ཅེས་པའི་དོན་ཡིན་གྱི། ཕར་ཕྱིན་རང་ལམ་ནས་ཐོབ་པའི་འབྲས་བུ་དང་། སྔགས་ཀྱི་རང་ལམ་ནས་ཐོབ་པའི་འབྲས་བུ་ཁྱབ་མཉམ་པའི་དོན་མིན་ཏེ། མདོ་སྔགས་རྣམ་གཉིས་རྟོག་བྱ་ཆོས་ཀྱི་དབྱིངས། །ཐོབ་བྱ་མཐར་ཐུག་འབྲས་བུ་རྫོགས་སངས་རྒྱས། །ཀུན་སློང་བྱང་ཆུབ་སེམས་རྣམས་མཚན་ཉིད་གཅིག །འོན་ཀྱང་ཁྱབ་མཉམ་ཉིད་དུ་འགྲུབ་མི་བྱ། །ཞེས་གསུངས་པ་ལྟར་རོ། །རྩ་བའི་ས་བཅད་གསུམ་པ་གཞི་ཕྱག་ཆེན་ཡུལ་ཅི་ནས་མི་ཐོན་ཞེས་པའི་སྐབས་སུ། ཀླུ་སྒྲུབ་རྩོད་སྤོང་ལས། སྨིན་འབྱིན་དེ་ཡང་ལྟར་སྣང་ཁོ་ན་སྟེ། གཞི་ཕྱག་ཆེན་གྱི་ཐ་སྙད་ཁས་ལེན་དུ་ཆུག་ནའང་དེས་ཕྱག་ཆེན་གྱིས་གོ་མི་ཆོད་པའི་ཕྱིར་རོ། །ཞེས་བཀོད་པ་ལ་ཉིད་ཀྱི་གསུང་ལས། བརྟག་གཉིས་ལས། གཟུགས་ཉིད་ནི་བདག་མེད་མ། །ཞེས་སོགས་དྲངས་ནས། ཞེས་པའི་ལུང་ལ་འཛེམས་ནས་གཞི་ཕྱག་ཆེན་གྱི་ཐ་སྙད་ཁས་མི་ལེན་རང་ཡང་ཟེར་མ་ནུས། དེས་ཕྱག་ཆེན་གྱི་གོ་ཆོད་བྱས་ན་སྔར་གྱི་ཁང་པ་ལ་ཐོ་རེག་ཐོག་དོགས་གཡོན་ལབ་བྱས་པར་ཟད་དོ། །ཞེས་བྲིས་སོ། །དེ་ལ་བརྟགས་ན། གཞི་ཕྱག་ཆེན་ཞེས་པའི་ཐ་སྙད་ཞེན་ལས་བཤད་པ་མ་མཐོང་ཡང་། གླ་ཆེན་

འཕགས་པའི་གསུང་གཅིག་ན་དེ་འདྲའི་ཐ་སྙད་མཛད་པའང་མཐོང་མོད། འོན་ཀྱང་དེས་ཕྱག་ཆེན་གྱི་གོ་མི་ཆོད་དེ། རང་བཞིན་གྱི་ཤེར་ཕྱིན་ནམ། སྙིང་པོ་དོན་གྱི་ཤེར་ཕྱིན་གྱི་གོ་མི་ཆོད་པ་དང་མཚུངས་པའི་ཕྱིར། ག་བུར་ཉིད་ཅེས་སོགས་ཀྱི་གཞི་ཕྱག་ཆེན་བསྟན་ཞེས་པ་ཤིན་ཏུ་ནོར་ཏེ། དེའི་ཚིག་རྐང་དང་པོ་གཉིས་ཀྱི་བྱང་སེམས་འཕོ་རྣམ་ཉིད་པའི་རྒྱུ་མཚན་བཤད་པའི་སྒོ་ནས་དཀྱིལ་འཁོར་འཁོར་ལོའི་ལམ་བསྟན། དེ་ནས་གཉིས་ཀྱི་རང་བྱིན་རླབས་ཀྱི་ལམ་བསྟན། དེ་ནས་གཉིས་ཀྱི་ནང་གི་བདག་མེད་མ་ལྔ་བའི་ཨ་ཐུང་བསྟན་པར། ཀོ་མུ་ཏི་སོགས་རྒྱལ་འགྲེལ་མང་པོར་བཤད་པའི་ཕྱིར། ཡང་ཀླུ་སྒྲུབ་རྩོད་སྤོང་ལས། དེས་གོ་ཆོད་ན་རང་ཉིད་དེ་ལ་ནང་འགལ་བྱུང་སྟེ། རང་གིས་ཕྱག་ཆེན་ངོས་འཛིན་ཚེ་དྲང་དོན་ངེས་དོན་མཐར་ཐུག་གསུམ་དུ་ཕྱེ་བའི་མཐར་ཐུག་དེ་ཀ་ཞེས་དང་། ཤེས་རབ་ཀྱི་ཕ་རོལ་ཏུ་ཕྱིན་པ་ཡང་ཡིན་ལ། བདེ་དགོས་དུས་འཁོར་སོགས་ཐམས་ཅད་ཀྱང་ཡིན་པ་སྐད་གསུངས་པ་དང་། ནཱ་རོ་ཏ་བས་ཕྱག་རྒྱ་བཞི་པ་དང་། ཀླུ་སྒྲུབ་དང་མཻ་ཏྲི་བས་ཕྱག་ཆེན་དང་དམ་རྒྱུར་འདེབས་ཕྱག་ཆེན་བསྟུས་སོ། །ཞེས་སོགས་དང་ནང་འགལ་བའི་ཕྱིར་རོ། །ཐར་ལམ་གྱི་སྡེ་ཀ་མ་ཟིན་པའི་འགྲོ་བ་སེམས་ཅན་གྱི་རྒྱུད་ཀྱི་གཞི་དུས་ཀྱི་ཕྱག་ཆེན་དེ་བདེ་དགོས་སུ་འགལ་བ་དང་། དེ་དག་ཤེར་ཕྱིན་དངོས་སུ་འགལ་བ་དང་། དེ་དག་ཀྱང་ཕྱག་རྒྱ་བཞི་གང་གི་ནང་ཚན་དུ་འགལ་ལོ། །ཞེས་སོགས་ཀྱི་ལན་དུ་ཉིད་ཀྱི་གསུང་ལས། རྩོད་སྤོང་མཁན་པོ་ཉིད། དུས་ཕྱིས་མཚན་ཉིད་ཀྱི་ཐེག་པ་སློབ་རྣམས་ཀྱི་ནང་ནས་མཆོག་ཏུ་གྲགས་ཤིང་བསླབ་ཀྱང་། ལམ་འབྲས་གསུངས་པའི་ཕྱིར་ཚུལ་ལེན་མཁྱེན་གྱུར་པ་ཞེས་པ་བཞིན་གསུང་ངག་རིན་པོ་ཆེའི་ཉན་བཤད་ཡམ་ཤེས་གཅིག་དང་། རབ་དབྱེའི་སྟགས་སྡོམ་ཐར་ཐོར་འདི་ཙམ་མ་གཏོགས་སྟགས་གཞུང་ཆེ་བ་རྣམས་ལ་བཤད་རྐང་ཚུགས་པའི་སྐབས་ཀྱི། རྒྱུད་སྡེ་ལས་བྱུང་བའི་ལྷ་སྒོམ་གྱི་ངེས་གསང་སྒྲོག་པའི་ཚེ་ཉན་ཐོས་སྡེ་བ་དང་ཐེག་ཆེན་གྱི་ཡང་དྲང་དོན་ཙམ་ལ་བག་ཆགས་བལྟས་པའི་གཞན་དབང་གི་ལྟམ་དཔེ་ཞྭ་ལ་འགེབས་ཕྱུལ་མཆེས་སོ། །དེ་ཡང་པད་དཀར་ཞབས་ཀྱིས། ཁོང་ཚེ་རིང་སྦྱངས་པའི་མཁས་པས་ཀྱང་། །དོན་ཡིན་ལུགས་སུ་བསྟན་པ་བློས་མ་མཁྱུད། །ཞེས་གསུངས་པ་ལྟར། གསང་གཏམ་རྒྱ་ཆེན་པོ་ཐུགས་ལ་མི་ཤོང་བ་ནི་དེས་ལན་ཏོ། །གང་ལྟར་ཡང་དྲང་ངེས་མཐར་ཐུག་གསུམ་དུ་བཞགས་པའི་ཕྱི་མ་དེ། ཕྱག་ཆེན་མཆོག་གི་དངོས་གྲུབ་འབྲས་བུའི་ཕྱག་ཆེན། དེ་ཀ་ཤེར་ཕྱིན་དང་། བདེ་ཀྱེ་གསང་གསུམ་ཡིན་བྱས་པ་ལ་འགལ་བ་གཅིག་ཀྱང་མེད་དེ། དཔེར་ན་བདག་མེད་ཀྱི་གསང་འདུས་དུས་འཁོར་སོགས་ཀྱི་རྒྱུད་ཀྱི་དེ་གླེང་གཞི་ཞིག །རང་བཞིན་རྐྱེན་རྣམ་འགྱུར་གསུམ་གྱི་སྒོ་ནས་བཤད་ན་ཡིག་དོན། བསྐྱེད་རིམ་མམ་ལས་རབ་འབྱམས་ལྷ་བུར་བཀྲལ་ན་སྤྱི་དོན། མཚན་བཅས་རྫོགས་རིམ་མམ་ཐུན་མོང་གི་དངོས་གྲུབ་ཏུ་བཀྲལ་ན་སྦས

དོན། མཆོག་གི་དངོས་གྲུབ་ཏུ་བཀྲལ་ན་མཐར་ཐུག་སྟེ་དེ་ལྟར་བྱས་ཙ་ན། ཚིག་གཅིག་ལ་ནི་སྣ་ཚོགས་དོན་ཞེས་རྒྱུད་ལས་གསུངས་པ་དེ་འོང་། དེ་ལས་འདི་མཐར་ཐུག་ཏུ་བཀྲལ་བའི་སྐབས་ཡིན་པས་མཐར་ཐུག་རང་གི་སྐྱེལ་བ་གཅིག་ལས་མེད་དོ། །དེ་ལྟར་མིན་མིན་པར། བདེ་ཆོག་ལ་བརྟེན་ནས་སངས་རྒྱས་པའི་སངས་རྒྱས་དེ་བདེ་ཆོག་གཅིག་པུ་ཡིན་གྱིས། གཞན་གང་ཡང་མིན་གསུང་ན། དཔལ་ལྡན་ས་སྐྱ་པའི་བསྟན་ལ་མི་མཛེས་ཤིང་། ཟབ་གསལ་སྙན་རྒྱུད་ལ་དཀར་བའི་བག་ཆགས་སད་པ་མི་བདེན་པར་འགྱུར་རོ། །ཡང་ཁྱེད་ཀྱི་ཐར་ལམ་གྱི་སྣེ་ཀ་མ་ཟིན་པའི་འགྲོ་བ་སེམས་ཅན་ཞེས་དམའ་དམའ་མོའི་དོན་སྤྱི་ཤར་འདུག་ཀྱང་། ཆོས་སྐད་འདི་ཙམ་གྱི་སྐབས་སུ་སེམས་ཅན་གྱི་གོ་འཕང་དམའ་ཤོས་སམ། ཐབས་རྟུགས་ཤོས་སམ། གོ་ཚུགས་ཆུང་ཤོས་གཅིག་གི་རྒྱུད་ལ་ཡོད་པའི་སེམས་ཉིད་རང་བཞིན་གྱི་འོད་གསལ་བ་ཞེས་བྱ་བ་གཞི་ཕྱག་རྒྱ་ཆེན་པོར་བཞག་པ་དེ་དང་། འབྲས་བུ་མངོན་འགྱུར་གྱི་འཕགས་པ་མཆོག་གི་ཐུགས་རྒྱུད་ཀྱི་དྲི་བྲལ་དེ་ངོ་བོའི་སྒོ་ནས་ཁྱད་པར་གཅིག་ཀྱང་མེད་པས། རྒྱུད་ལས། སེམས་ཅན་རྣམས་ནི་སངས་རྒྱས་ཉིད། །དེ་སངས་རྒྱས་ཆེན་པོ་གཞན་གྱི་འཇིག་རྟེན་ཁམས་ན་ཡོད་མིན། ཞེས་དང་། སེམས་ཅན་ནི་རྫོགས་པའི་སངས་རྒྱས་ཉིད། །ཅེས་དང་། སངས་རྒྱས་རྣམས་ནི་བྱུང་འགྱུར་གཏམ། །མ་བྱུང་ན་ཡང་རྣམ་ཀུན་ཏུ། །བསམ་གྱིས་མི་ཁྱབ་ཆོས་དེ་ནི། །འཕེལ་འགྲིབ་སྤྲངས་པས་གནས་པ་ཡིན། །རིན་ཆེན་སེམས་ལས་ཕྱིར་ཕྱུར་པའི། །སངས་རྒྱས་མེད་ཅིང་སེམས་ཅན་མེད། །ཅེས་སོགས་དང་། སངས་རྒྱས་ཀུན་སྡོམ་པ་ནི། ཨེ་ཝཾ་ཡི་གེ་ལ་རབ་གནས། །སྐུ་དང་གསུང་དང་ཐུགས་ཀྱི་ལས། །རྣམ་ཀུན་མཆོག་གི་སྡོམ་པའོ། །སྡོམ་པ་བྱང་ཆུབ་བདེ་ཆོག་དེ། །ལྟར་མེད་བརྗོད་དུ་མེད་པའོ། །ཞེས་དེ་ཀ་དེ་བདེ་ཆོག་ཡིན་པ་དང་། སངས་རྒྱས་ཀུན་གྱི་གསང་བ་ནི། །འདུས་པ་བདེ་བའི་མཆོག་ཡིན་ཏེ། །ཞེས་གསང་བདེ་གཉིས་དོན་གཅིག་ཏུ་བྱའོ། །ས་སོགས་རྒྱུད་སྡེ་ལས་ཇི་སྙེད་ཅིག་གསུངས་པས་བློ་ཆུང་དུར་མི་བྱའོ། །དེ་སྐད་བྱས་ཙ་ན་སྐབས་འདིར་བདེ་ཀྱི་སོགས་ཀྱང་བཞིན་ལག་གི་རྣམ་པ་ཅན་དེ་ལ་བློ་རྩེ་མི་གཏོད་པར། ཨེ་ཝཾ་ཟུང་འཇུག་ཐབས་ཤེས་དབྱེར་མེད་དེ་ཀ་བ་བདེ་ཀྱི་སོགས་ཡིན་ལ། དེའི་ཚེ་འོན་ཀྱང་གློ་བུར་དྲི་མས་སྒྲིབས་ཞེས་པ་ལ་འཛེམས་མི་དགོས་ཏེ། སེམས་ཀྱི་རང་བཞིན་འོད་གསལ་ཏེ། །དྲི་མ་རྣམས་ནི་གློ་བུར་བ༑ ༑ཞེས་ལུང་ཚད་མ་ལས་བཤད་པ་བཞིན། དྲི་མ་དེ་གཞི་ལ་མེད་ཀྱང་མ་རིག་པས་བསླད་པ་རྣམས་ལ་གློ་བུར་དུ་སྣང་གིས། དེ་སེལ་ཁྱེར་ཡང་། ཁོ་རང་གི་རང་བཞིན་ཡོངས་སུ་ཤེས་པ་ཙམ་གྱི་ཆོག་གིས། དཔེར་ན་བདེན་པར་གོ་བས་རྫུན་པ་ཞིག་པ་ལྟ་བུ་ཟེར་རྒྱུ་ཡིན། དེ་བཞིན་དུ་ཉོན་མོངས་སོགས་འཁོར་བའི་ཆོས་ཐམས་ཅད་དང་། ཡེ་ཤེས་སོགས་རྣམ་བྱང་གི་ཆོས་ཐམས་ཅད་ལ་མཚུངས་པར་རྒྱུད་སྡེ་འཆད་པ་ལ་མཁས་པའི་ཤིང་རྟ

ཆེན་པོ་རྣམས་ཀྱི་ངེས་པའི་དོན་འདི་ལྟ་བུ་བཤད་པ་ལ་སོམ་ཉི་མཛད་མི་རུང་ངོ་། །རྟོད་སྤྱོད་དུ་ཤེས་རབ་ཕ་རོལ་ཕྱིན་གཉིས་མེད། །ཞེས་སོགས་དྲངས་པར། གཞུང་དམ་ཤེར་ཕྱིན་གྱི་ཤེར་ཕྱིན་གྱི་གོ་མི་ཆོད་གསུངས་པར། གཞི་ཕྱག་ཆེན་པོ་ན་རེ། དེ་ང་ལ་ནི་ཁྱད་མེད་ཟེར་གྱིན་གདའ་འོ། །དེ་ལྟར་བཤད་པའི་ཚེ་སྙམ་དོན་ཡིད་བཞིན་ནོར་བུས་གང་བའི་རྒྱལ་བའི་གཞན་མཛོད་ཆེན་པོ་ནི་དབྱར་མཚོ་ལྟར་འཕེལ་བ་ཁོ་ནའོ། །ཞེས་བྲིས་སོ། །དེ་ལ་བརྟགས་ན། གང་ཤར་ཆོས་སྐུའི་རོལ་པར་འཆར་བའི་ཉམས་ཀྱི་གསལ་སྣང་དུ། རིགས་དྲུག་གི་མིག་ཤེས་ཀྱི་སྣང་ཆ་ལྟར་མི་འཆར་དགུ་འཆར་ཡང་དང་ནག་པོ་བཅུ་འཆར་བ་ཞིག་ཡོད་འདུག་པ་དེ། ཕྱི་མཚན་ཉིད་ཐེག་པར་བསླབ་སྦྱངས་མཐར་ཕྱིན་པའི་རྒྱུད་སྡེ་མང་པོར་ཡང་འཆད་ཉན་དང་ཐོས་བསམ་སྤྱིལ་མར་མཛད་པའི་རྣམ་དཔྱོད་ཀྱི་བློ་གྲོས་ཡུལ་དུ་བྱུང་བའི་སྐབས་ཀྱིས་ཧེ་ཀླུ་སྒྲུབ་པའི་ཐུགས་ལ་མ་ཤོང་བས་ཀ་གནོད་བྱེད་ཐོག་ལྟར་འབེབས་དགོས་བྱུང་གདའ་ལགས་ཀྱང་། རིགས་པའི་གྲྭ་ཕྱག་རྒྱས་ཐེབས་མ་སྨྲོང་བས་ཐ་སྙད་ཀྱི་རྣམ་བཞག་ཕྲ་ཞིབ་ཀྱི་རྣམ་དབྱེ་བྱས་པ་ན་རྣམ་དཔྱོད་དབུ་འཁོར་ཏེ་ཙི་གསུང་འཚང་བརྣག་པ་ན་འཁྲུལ་མེད་ཀྱི་གཏམ་ལ་སྣག་ཤོག་རྒྱུད་གསན་པ་འདི་འདྲ་ཡང་མཛད་གདའ་འོ། །འོན་དེ་ཧ་ལྟར་ཞེན་དྲང་ངེས་མཐར་ཐུག་གསུམ་དུ་ཕྱེ་བའི་མཐར་ཐུག་གི་ནང་ཚན་སྤྱི་དོན་མཐར་ཐུག་ཏུ་གྱུར་པའི་བཅུ་གཅིག་ཀུན་ཏུ་འོད་ཀྱི་ས་དེ་ཀོ །ཤེར་ཕྱིན་བདེ་ཀྱེ་གསང་འདུས་སོགས་ཡིན་པར་འགྱུར་ལ།དེ་ཡང་འདོད་ན། དེས་སྤྱང་བྱ་འཕོ་བའི་བག་ཆགས་སྤྱང་དགོས་པ་ལས་དེ་ནི་མ་སྤྱང་སྟེ། སམ་ཏི་ར། གང་དག་བསམ་གྱིས་མི་ཁྱབ་པའི་གནས་མ་ཐོབ་པ་དེ་ནི་དེ་བཞིན་གཤེགས་པ་སྟེ་སངས་རྒྱས་ཡིན་ནོ་ཞེས་གསུངས་པའི་ཕྱིར། གཞན་ཡང་དེ་སྤྲུལ་པ་མཆོག་ཏུ་འགྱུར་ཏེ། བདེ་ཀྱེ་དུས་འཁོར་སོགས་ཡིན་པའི་ཕྱིར། འདོད་ན་སྤྲུལ་སྐུར་ལོ། །བསྐྱེད་རིམ་ལས་རབ་འབྱམས་ལྟ་བུར་བཀྲལ་ན་སྤྱི་དོན། མཚན་བཅས་རྫོགས་རིམ་གཅིག་གམ་ཐུན་མོང་གི་དངོས་གྲུབ་ཏུ་བཀྲལ་ན་སྦས་དོན་ཞེས་པའང་མ་འབྲེལ་ཏེ། བསྐྱེད་རིམ་དང་རྫོགས་རིམ་དང་ལས་རབ་འབྱམས་དོན་མི་གཅིག་ཅིང་། མཚན་བཅས་རྫོགས་རིམ་དང་། ཐུན་མོང་དངོས་གྲུབ་གཉིས་དོན་མི་གཅིག་པའི་ཕྱིར་རོ། །མཐར་ཐུག་སྐྱེལ་ས་གཅིག་རང་ལས་མེད་ཅེས་པ་ཡང་མི་འཐད་དེ་སྤྱི་སྦས་མཐར་ཐུག་གསུམ་གྱི་ནང་ཚན་གྱི་མཐར་ཐུག་དེ་ལ། སྤྱིའི་མཐར་ཐུག་དང་སྦས་པའི་མཐར་ཐུག་གཉིས་ལས། དང་པོ་བཅུ་གཅིག་ཀུན་ཏུ་འོད་ཀྱི་ས་དང་། གཉིས་པ་བཅུ་གསུམ་རྡོ་རྗེ་འཛིན་པའི་ས་ལ་འཇོག་པར་གསུངས་པའི་ཕྱིར། གཞན་ཡང་། ཀྱེ་རྡོ་རྗེ། བདེ་མཆོག །གསང་བ་འདུས་པ། དུས་ཀྱི་འཁོར་ལོ་སོགས་ལ་གང་ཟག་ཡིན་པའི་ཆ་ཡོད་དམ་མེད། དང་པོ་ལྟར་ན་དེ་ཤེར་ཕྱིན་དུ་འགྱུར་ཏེ། དེ་ཀྱེ་རྡོ་རྗེ་སོགས་ཡིན་པའི་ཕྱིར། ཁྱབ་པ་ཁས་བླངས། འདོད་ན། དེ་ཤེས་པ་རབ་ཀྱི་མཐར་ཕྱིན་པ་

ཡིན་པར་ཐལ་ལོ། །དེ་ཡང་འདོད་ན། དེ་ཤེས་པར་འགྱུར་རོ། །གཞན་ཡང་བདེ་ཆོག་ལ་བརྟེན་ནས་སངས་རྒྱས་པའི་སངས་རྒྱས་ཡིན་ན། བདེ་ཆོག་ཡིན་ནས་སོ་གསུངས་རྒྱུར་འདུག་པས། དེ་ལྟར་ན་རྡོ་རྗེ་ཕག་མོ་ཡང་བདེ་བདེ་ཆོག་ཡིན་གསུངས་ལགས་སམ། བདེ་ཆོག་ལ་བརྟེན་ནས་སངས་རྒྱས་པའི་ལྷ་མོ་གཞན་ཡང་ཡོད་དལ་ཆེ། ཐར་ལམ་སྣེ་ཁ་མ་ཟིན་པའི་གང་ཟག་གི་རྒྱུད་ཀྱི་སེམས་རང་བཞིན་འོད་གསལ་བ་གཞི་ཕྱག་ཆེན་དུ་བཞག་པ་དེ་ཤེར་ཕྱིན། ཕྱག་ཆེན་མཆོག་གི་དངོས་གྲུབ། བདེ་ཀྱེ་དུས་འཁོར་སོགས་ཡིན་ཏེ། དེ་དང་འབྲས་བུ་མངོན་འགྱུར་གྱི་སངས་རྒྱས་འཕགས་པ་མཆོག་གི་ཐུགས་རྒྱུད་དེ་ལ་ངོ་བོའི་སྒོ་ནས་ཁྱད་པར་མེད་པའི་ཕྱིར་གསུང་རྒྱུ་ཡིན་པ་འདྲ་གཞན་ནི་འབྲེལ་ཅི་ཡང་མ་བྱུང་། དེ་ལྟར་ན་ནི། ཁྱི་ནག་རྒྱུའོ་དེ་ཡང་། རིམ་བཞིན་ཤེར་ཕྱིན་སོགས་སུ་འགྱུར་ཏེ། དེང་སངས་རྒྱས་འཕགས་པའི་ཐུགས་རྒྱུད་དྲི་བྲལ་ལ་ངོ་བོའི་སྒོ་ནས་ཁྱད་པར་མེད་པའི་ཕྱིར་ཏེ། དེ་གཉིས་དོན་དམ་པར་ཁྱད་པར་མེད་པའི་ཕྱིར། སེམས་ཅན་རྣམ་པ་རང་བཞིན་གྱི་སངས་རྒྱས་སམ། གདོད་མའི་སངས་རྒྱས་ཡིན་ཡང་། དེ་གློ་བུར་གྱི་དྲི་མ་དང་ལྡན་པའི་རྒྱུ་མཚན་གྱིས་སངས་རྒྱས་ཀྱི་གོ་མ་ཆོད་པར་ཀ །དེའི་མཇུག་ཏུ་འོན་ཀྱང་གློ་བུར་དྲི་མས་སྒྲིབས། །ཞེས་གསུངས་ཤིང་། དེ་གློ་བུར་གྱི་དྲི་མ་དེ་དང་བྲལ་ན་སངས་རྒྱས་གོ་ཆོད་པའམ། མཛད་ཕྱིར་འགྲོ་བར་དགོངས་ནས། དེ་བསལ་ན་ནི་སངས་རྒྱས་ཉིད། །ཞེས་གསུངས་པ་མ་གཟིགས་ལགས་སམ། དེ་ལྟར་དང་མཐུན་པར་རྟོག་རྩེ་ཞབས་ཀྱིས། རྟོག་གེའི་དྲི་མའི་དྲྭ་བ་ཡིས། །རིན་ཆེན་སེམས་ནི་དྲི་ཅན་བྱས། །གཉིས་སུ་མེད་པའི་ཡེ་ཤེས་ཉིད། །དྲི་མ་བྲལ་ཕྱིར་སངས་རྒྱས་བརྗོད། །ཅེས་ཀྱང་གསུངས་གདའ། ལུང་གཉིས་པ་ནི། སེམས་ཀྱི་རང་བཞིན་འོད་གསལ་དེ་རང་བཞིན་གྱི་སངས་རྒྱས་ཡིན་ཞེས་པ་སྔར་དང་འདྲའོ། །

གསུམ་པ་ནི། ཆོས་ཉིད་ལ་འཕེལ་སྒྲིབ་མེད་པ་དང་། བཞི་པ་ནི་ཆོས་ཐམས་ཅད་སེམས་སྣང་ཡིན་པ་དང་། ཕྱི་མ་གཉིས་ནི་བསྐྱེད་རྫོགས་ཀྱི་སྡོམ་པ་ལ་དགོངས་པ་སྟེ། ཐབས་ནི་བདེ་བའི་སྡོམ་པ་སྟེ། །ཞེས་དང་། རང་རིག་བདེ་བ་ཆེན་པོ་ཉིད། །ཅེས་པ་དང་དོན་མཐུན་པའི་ཕྱིར། ཐར་ལམ་གྱི་སྣེ་ཁ་མ་ཟིན་པའི་གང་ཟག་གི་རྒྱུད་ཀྱི་སེམས་ཉིད་རང་བཞིན་གྱི་འོད་གསལ་བ་དེ། བདེ་ཀྱེ་སོགས་ཡིན་པ་ལུང་གིས་གྲུབ་ན། ཉོན་མོངས་པ་ལྔ་རིགས་ལྔར་ཁས་ལེན་དགོས་པར་ཐལ། རྡོ་རྗེ་གུར་ལས། ཐུབ་པ་རྣམ་པར་སྣང་མཛད་མྫོངས། །ཞེ་སྡང་འདྲེན་པ་མི་བསྐྱོད་པ། འདོད་ཆགས་དཔག་མེད་རྡོ་རྗེ་སྟེ། །སེར་སྣ་སྣང་བྱེད་རྡོ་རྗེ་ཉིད། །དོན་ཡོད་སྒྲོན་ནི་ཐམས་ཅད་བྱེད། །འདྲེན་པ་ལྔ་ནི་སྒྲོན་ལྡན་ནོ། །ཞེས་གསུངས་པའི་ཕྱིར།ཡང་ཉོན་མོངས་པ་ལྔ་ལྷ་མོ་ལྔར་འགྱུར་ཏེ། ཞེ་སྡང་རྡོ་ཞེས་བཤད་རྡོ་རྗེ་མ། །འདོད་ཆགས་ཆུའི་རྣལ་འབྱོར་མ། །ཕྲག་དོག་རྡོ་རྗེ་མཁའ་འགྲོ་མ། །

སེར་སྣ་གསང་བའི་དཀར་མོ་ཉིད།ཉིད། །གཏི་མུག་དེ་བཞིན་དཀར་མོར་བཤད། །ཅེས་གསུང་པའི་ཕྱིར། བདེ་མཆོག་དང་གསང་འདུས་དོན་གཅིག་པ་ཡང་། སངས་རྒྱས་ཐམས་ཅད་ཐུགས་དགོངས་གཅིག་པ་ཙམ་ལ་དགོངས་པ་ཡིན་ན་ནི་འགལ་བ་མེད། གཞན་དུ་ན་སློབ་པ་ལམ་གྱི་གནས་སྐབས་སུ་གང་ཟག་ཐ་དད་པ་གཉིས་ཀྱི་ལམ་ལ་འབད་རྩོལ་བྱས་པ་ལ་བརྟེན་ནས་གསར་དུ་སངས་རྒྱས་པའི་ཚེ། དེ་གཉིས་ཀྱང་དོན་གཅིག་ཏུ་ཁས་ལེན་དགོས་པར་འགྱུར་ཞིང་། དེ་ལྟར་ན་ནི་ལོང་སྤྱོད་སོགས་ཐམས་ཅད་དོན་གཅིག་ཏུ་ཁས་ལེན་དགོས་པར་འགྱུར་ཞིང་ཤེས་བྱ་ཁྱབ་ལེབ་ཏུ་སོང་གདའོ། །ཀྱེ་རྡོར་བདེ་མཆོག་སོགས་སྒོམ་ཚེ་ཞལ་ཕྱག་གི་རྣམ་པ་ཅན་མ་སྒོམ་པར། ཐབས་ཤེས་དབྱེར་མེད་ཡིན་སྙམ་པ་ལ་ཐུགས་རྩེ་གཏོད་ཀྱིན་ཡོད་པ་ལགས་སམ། སེམས་ཀྱི་རང་བཞིན་འོད་གསལ་སྟེ། །དྲི་མ་རྣམས་ནི་གློ་བུར་བ། །ཞེས་པས་མ་རིག་པས་བསླད་པ་ལ་གློ་བུར་བའི་དྲི་མ་སྣང་། མ་བསླད་པ་ལ་མི་སྣང་ཞེས་པར་བསྟན་ན། དག་པའི་བྱང་སེམས་ཀྱི་མ་རིག་པ་མ་སྤྱངས་པ་ལགས་སམ། དེ་གློ་བུར་གྱི་དྲི་མ་དང་བྲལ་བ་གང་ཡིན། དང་པོ་ལྟར་ན་དེས་ཉོན་སྒྲིབ་སྤྱངས་པས་གསལ་ལོ། །ཕྱི་མ་ལྟར་ན་དེ་སངས་རྒྱས་སུ་འགྱུར་རོ། །ཉོན་མོངས་པ་སོགས་འཁོར་བའི་ཆོས་དང་། ཡེ་ཤེས་སོགས་རྣམ་སྣང་བྱང་གི་ཆོས་མཚུངས་པར་བཤད་གསུངས་པ་དེ། དོན་དམ་ལ་དགོངས་སམ་ཐ་སྙད་ལ་ཡིན། དང་པོ་ལྟར་ན་མཐུན། ཕྱི་མ་ལྟར་ན་ཤིན་ཏུ་ལེགས། དེ་འདྲ་ཞིག་མ་ཡིན་ན། ད་ལྟའི་འབྲུལ་ཞིག་འདི་ཚེ་ཤིན་ཏུ་ཡ་ངབ་ཞིག་འདུག་ཀྱང་། ད་ལམ་དེ་ཆོས་ཉིད་ལ་ལེགས་བྱ་ཞུ་རིགས་པར་འདུག་མོད་ཀྱང་ཅི་འདྲ་ག་བྱེད་དམ་སྙམ་མོ། །གཞི་ཕྱག་ཆེན་པོ་བློ་རྩེ་གཞི་མེད་ལ་གཏད་ནས་ཅི་དགར་ཤོག་ཟེར་བ་ལ་ཁས་བླངས་ན་ལེན་པ་པོ་བླུན་པར་འགྱུར་རོ། །

འདིར་སྨྲས་པ། རབ་འབྱམས་རྒྱལ་བ་ཀུན་གྱི་མཁྱེན་པའི་གཏེར། །ཨུད་པལ་སྔོ་ལྡན་གཟུགས་གཞན་ཟློས་པའི་གར། །ས་སྐྱའི་པཎ་ཆེན་ཀུན་དགའ་རྒྱལ་མཚན་ཞེས། །གྲགས་དཀར་ནམ་མཁའི་ཕ་མཐའ་མཐའ་ཡང་འདིར། །ཀུན་རྨོངས་མུན་པའི་དམག་སྨྱག་རུམ་སྟུག་པོའི་ཁྲིམ། །མཁས་ལ་མནར་སེམས་ཕྲག་དོག་རྩུབ་མོའི་ལམ། །ཡིད་མི་བདེ་བས་ལྷོ་ཁེངས་ངན་སྨྲས་ཀྱིས། །གཤང་བའི་དྲི་མ་ཅན་ཀུན་སྙིང་རྗེའི་ཡུལ། །ཞེས་སོ། །ཡང་གཞན་མཛོད་ལས། ཕྱག་རྒྱ་ཆེན་པོ་སྒོམ་ན་ཡང་། །རྟོགས་པ་ཁ་ཆེམ་ཉིད་སྒོམ་གྱིས། །རིམ་གཉིས་ལས་བྱུང་ཡེ་ཤེས་ལ། །ཕྱག་རྒྱ་ཆེན་པོར་མི་ཤེས་སོ། །འདི་ཡང་མི་རིགས་ཏེ། འབྲུལ་བྱ་ཕྱག་རྒྱ་ཆེན་པོ་དགག་སོང་བས་སོ། །དེ་འདྲའི་ཐ་སྙད་ཁས་མི་ལེན་ནོ་སྙམ་ན། སཾ་བུ་ཊིར། གཏི་མུག་ཕྱག་རྒྱ་ཆེན་པོ་སྟེ། །ཞེ་སྡང་རྟག་ཏུ་ཕྱག་རྒྱ་ཆེ། །འདོད་ཆགས་ཆོས་ཀྱི་ཕྱག་རྒྱའོ། །ཕྱག་རྒྱ་དེ་དག་རྣལ་འབྱོར་པས། །རྫོགས་པར་བྱེད་པ་བསྟན་པར་བྱ། །ཞེས་གསུངས་པ་ཅི་རེད་ན་ཞེས་པའི་ལན་དུ། ཀླུ་སྒྲུབ་རྩོད་སྤོང་ལས། འདི་ཡང་ཆུ་ཤིང་གིས་སྙིང་པོ་

ལྟར་ཏེ། སྤྱིར་ཕྱག་རྒྱ་བཞི་པོ་དེ་ནི་སྣང་བྱ་ཉོན་མོང་བཞི་དང་སྦྱར་བ། སྨིན་བྱེད་དབང་བཞི་སྦྱར་བ། དགའ་བ་བཞི་དང་། ཚད་མེད་བཞི་དང་། རྣལ་འབྱོར་བཞི། རྟེན་དཔལ་བཞི་དང་། འབྲས་བུ་སྐུ་བཞི་དང་སྦྱར་ཚུལ་སོགས་སྒོས་ནས་ཉོན་མོངས་དེ་དག་ཕྱག་ཆེན་མཚན་ཉིད་པ་ཡིན་ན་ཧ་ཅང་ཐལ་ཆེས། མིན་ན་གོང་གི་སྦྱིན་འབྲེལ་མི་འབྱུང་སྟེ། ཕྱག་ཆེན་དབང་དང་རིམ་གཉིས་ལས་མི་ལྟོས་ཏེ། ཉོན་མོངས་བཞི་ལ་ཕྱག་རྒྱ་བཞི་པར་མིང་བཏགས་ཡོད་པའི་ཕྱིར། ཞེས་པར་སོང་འདུག་ཚུལ་བཀོད་པའི་ལན་དུ་ཉིད་ཀྱི་གསུང་ལས། སྤྱིར་རྟོག་པ་ཁ་ཆོམ་ཞེས་པ་རྣམ་རྟོག་ལམ་འཁྱེར་ལ་ཟེར་ན་ནི། ཡིད་ལ་ཅི་ཡང་མི་བསམ་པ་དྭགས་པོ་བའི་ཕྱག་ཆེན་ཡིན་ཞེས་སྨྲས་པ་དང་འགལ། ཡང་རྟོག་པ་ཁ་ཆོམ་ནི་རྣམ་རྟོག་འགོག་པ་ཡིན་ལ་དེ་སྟགས་ཀྱི་ཕྱག་ཆེན་མིན་ཟེར་ན་ནི། ཕྱག་རྒྱ་ཆེན་པོ་མནལ་དུ་མཇོན་པ་མཆོད་རྟེན་དྲུང་ཐོབ་ལས། དེ་ནས་བློ་འཕྲོ་ན་འདས་པའི་རྗེས་མི་བཅད། མ་འོངས་པའི་སྔུན་མི་བསུ། ད་ལྟར་བའི་རྣམ་རྟོག་བྱུང་ན་ཐུགས་འཕྲད་ཡིན་ཏེ། ཞེས་སོགས་དང་། ལམ་ཟབ་བླ་མར། སེམས་གནད་ལ་དབབ་པ་དུས་གསུམ་གྱི་སྦྱོར་པ་གཅད་ནས་མི་རྟོག་པར་བཞག་གོ་ཞེས་དང་། ཕྱག་ཆེན་ཡི་གེ་མེད་པར། དེ་ལ་ཡེ་གེ་ཞེས་བྱ་བ་ནི། །རྣམ་རྟོག་ཡིན་བརྗོད་པ་ཡིན། རྣམ་རྟོག་མེད་ཅིང་བརྗོད་པ་དང་བྲལ་བ་ལ་ཕྱག་རྒྱ་ཆེན་པོ་ཡི་གེ་མེད་པ་ཞེས་བྱའོ། །ཞེས་སོགས་གསུངས་པ་དྲན་པར་མཛད་ནས་གཞན་ལ་སྨྲ་བར་མ་རང་གི་དགེ །ཡང་རྟག་པའི་མཐའ་དེ་གཉིས་མིན་པ་གཞན་ཞིག་སྐྱོན་རྒྱུ་ཡོད་ན་ལེགས་ཀྱང་། དེ་མེད་པའི་ཆ་ང་ལ་ཡོད་དོ། །གཞུང་འདི་དང་གོང་དུ་དེད་ཀྱི་ཕྱག་རྒྱ་ཆེན་པོ་ནི་སོགས་གསུང་ཟིན་ནས་འདིས་རྟོག་པ་གསང་སྔགས་ཀྱིས། ཐབས་ལ་མཁས་ན་ཚེ་འདིར་བསྒྲུབ། །དེ་ལས་གཞན་དུ་ཕྱག་རྒྱ་ཆེ། །རྟོགས་པར་སངས་རྒྱས་ཀྱིས་མ་གསུངས། །དེས་ན་ཕྱག་རྒྱ་ཆེན་པོ་ལ། །མོས་ན་གསང་སྔགས་གཞུང་བཞིན་སྒྲུབས། །ཞེས་ལུང་བསྟན་མཛད་པ་བཀའ་དྲིན་ཆེན་འདང་། དེས་ན་ཉན་ཐོས་ཐེག་པ་ནི་ནུབ་ཀྱང་གཟུགས་བརྙན་ཙམ་ཞིག་སྣང་། རྟོག་གེའི་བསྟན་པ་ནི། གཟུགས་བརྙན་ཙམ་ཡང་མི་སྣང་ངོ་། །ཞེས་གསུངས་པ་བདེན་ན་གསང་སྔགས་གཞུང་ལས་བཤད་པའི་དབང་དང་རིམ་པ་གཉིས་ལས་སྐྱེས་པའི་ཡེ་ཤེས་སོགས་ཇི་ལྟར་འགྲུབ་སྟེ། རྟོག་གེའི་བསྟན་པ་ནི་གཟུགས་བརྙན་ཙམ་ཡང་མ་ལུས་པའི་ཕྱིར་རོ་སྙམ་མོ། །འབྲུལ་ལུགས་ཕྱག་རྒྱ་ཆེན་པོའི་ཐད་ལ་རྩལ་འདོན་མཛད་མཁན་རྒྱལ་བ་ཡང་མགོན་པ་ཡིན་ཏེ་ཁོང་གི་གསུང་འགྲོས་སུ། ངས་འབྲུགས་ཕྱག་རྒྱ་ཆེན་པོ་འདི་ལ་གོ་བ་ལེགས་པར་ཐེབས་པས་འཁོར་བ་ལ་ཕྱིར་མེད་རྒྱབ་སངས་རྒྱས་ལ་ཉེན་ཁུགས་བཏང་བ་ཡིན་ཞེས་གསུང་འདུག །ཁོང་ཆོས་རྗེ་བ་རང་གི་དངོས་སློབ་ཡིན་པས། དེང་གི་དགེ་བཤེས་ཚོ་ལས་ཐུགས་རྒྱུས་ཆེ་བར་འགྱུམས་སོ། །དེའི་དོན་ཡང་གསང་སྔགས་བླ་མེད་ཀྱི་ཉམས་ལེན་ལ་བརྟེན་

ནས་གནས་ལུགས་ཀྱི་རང་རྒྱལ་གཟིགས་པའི་རྣལ་འབྱོར་པ་རྣམས་ཀྱི་ཧེ་བོ་རུ་སྒྲ་ཕྱིར་བག་ཆགས་ཆེ་རྣམ་རྟོག་དང་ཉོན་མོངས་ཀྱི་གཟུགས་བརྙན་དུ་ལྡོངས་ཏེ་མ་འགག་པའི་འཆར་སྒོ་ཧི་སྙེད་པ་འབྱུང་བ་ཡང་། དེ་ལ་ཐ་མལ་པ་བཞིན་རང་གར་མི་སྤྱོད་པར་རང་བཞིན་ཡོངས་སུ་ཤེས་པའི་ཉམས་ལེན་གྱི་རྒྱལ་དུ་ཁྱེར་ནས་གཟུགས་སྐུ་གཉིས་ཀྱི་རྟེན་འབྲེལ་དེ་ཐོག་ནས་དེ་བསྒྲིག་པ་ལ་དེ་སྐད་དུ་བསྟན་པ་སྟེ། འཁྲུལ་བ་ལྟར་སྣང་བའི་ཆ་ནས་ཞེ་སྡང་སོགས་ཉོན་མོངས། རང་བཞིན་ཤེས་པའི་ཆ་ནས་མེ་ལོང་ལྟ་བུའི་ཡེ་ཤེས་སོགས་ཕྱག་ཆེན། གཞི་མཐུན་བསྡུས་ནས་ཉོན་མོངས་ཡེ་ཤེས་དང་རྣམ་རྟོག་ཆོས་སྐུ་ཟེར་བ་ཡིན་པས་གསུང་རབ་ཀྱི་དགོངས་པ་ལ་ཞུགས་ཤིང་ཉམས་ལེན་གྱི་ཐོག་ཏུ་འབབ་པ་ཞིག་ཡིན་ཡང་ཞར་བས་མཐོང་བ་ཅན་ཞིག་གིས་ཁ་ཕྱིར་མཁས་པ་རྣམས་ཀྱང་འབྲངས་ནས་སླ་སྒོ་མང་པོ་ཕྱེ་བ་འདི་ནི། ཁྱི་རྒན་ཀུ་ཅོ་འདོན་པ་ལ། །རྒྱུ་མཚན་མེད་པར་གཞན་རྣམས་རྒྱུག །གསུངས་པ་དེ་ཀར་སྣང་ངོ་། །འཁྲུལ་ལུགས་ཕྱག་ཆེན་ལ་བཀའ་བརྒྱུད་པ་རྣམས་རྣལ་འབྱོར་བཞིའི་ནང་མཚན་གྱིས་རོ་གཅིག་ཟེར་ལ། དེ་ལྟ་བུའི་གནད་མ་གོ་བར་གསང་སྔགས་བླ་མེད་ཀྱི་ཉམས་ལེན་བྱེད་རྒྱུའི་ཁྲུལ་སྐྱིན་རྒྱུ་ཟེར་ངེ་མཛད་ཀྱང་སྤྱང་གཉེན་གྱི་འཛིན་པ་མ་བཏང་བས་སྔགས་བླ་མེད་ཀྱི་དྲི་མ་མི་མནམ་ཞིང་རོ་མི་བྲོའོ། །

དེ་ལྟར་གསང་སྔགས་རྒྱུད་ལྡན་གྲུབ་ཏུ་ཉམས་སུ་ལེན་པའི་གནད་ཟུར་ཙམ་ཁ་ནས་ཤོར་བ་འདི། མི་ཤེས་པའམ་རྨོངས་པ་ལ། །རྒྱ་ལེན་བསྟན་པར་མི་བྱའོ། །ཞེས་པའི་ཉེས་པར་མ་གྱུར་ཅིག །དེ་ཕྱིར་རྩོད་སྤོང་དུ། མདོར་ན་ཕྱག་ཆེན་ཡེ་ཤེས་དབང་རིམ་གང་རུང་ལ་ལྟོས་དགོས་པར་ཁས་བླངས་པ་ལ་འཁྲུགས་ཕྱག་ཆེན་སྒྲོན་ལ་གཏོང་བར་སྣང་ཡང་རྟགས་མ་གྲུབ་ཅེས་པ་གཅིག་ཕྱུས་ཆོག་གོ། །ཞེས་བགོད་མོད། དེ་མཚམས་ནས་རྒོལ་བས་ཁ་རོག་སྡོད་ལུགས་བྱས་ན་འདྲ། དེ་ཀས་མཐུས་ཤས་ཁ་སྟེ། བཀའ་བརྒྱུད་པ་ཚོ་སླར་ཡང་གང་ཟེར་སུས་ཤེས། དེས་ན་རྟགས་མ་གྲུབ་ཀྲུང་པ་རང་ལ་མ་ལྟོས་པའི་ལན་འདྲ་ཡང་གྲབས་སུ་རྒྱ་རྒྱུད་ན་ལེགས་སོ་ཞེས་བྲིས་སོ། །དེ་ལ་བརྟགས་ན་རྟོག་པ་ཁ་ཚོམ་ཞེས་པའི་དོན་ཉིད་ཀྱི་བགོད་པའི་རྟག་པའི་མཐའ་དང་པོ་ལྟར་མིན་པས་སྐྱོན་དེར་མི་འགྱུར་ལ། གཉིས་པ་ལྟར་ཡིན་ཡང་ལུང་གསུམ་དང་མི་འགལ་ཏེ། ལུང་གི་དོན་ནི་གནས་ཀྱི་དོན་གཏན་ལ་འབེབས་པའི་དཔྱད་པ་སྔོན་དུ་སོང་ནས་མཚན་མ་མེད་པའི་མཉམ་བཞག་སྒོམ་པའི་སྔོན་དུ་རྟོག་པ་བཀག་པ་ཡིན་ལ། འདི་ནི་དེ་འདྲའི་དཔྱད་པ་སྔོན་དུ་མ་སོང་བར་བཙན་ཐབས་སུ་རྟོག་པ་བཀག་པ་ཙམ་ཡིན་ནོ། །དེ་ཡང་ཇི་ལྟར་ཞེ་ན། དཔེར་ན་བྱ་བ་གང་ཡིན་གཅིག་བྱེད་འཕྲོ་ལ་ཐེ་ཚོམ་ཞུགས་པ་ན་རེ་ཞིག་བྱེད་ཇོ་མི་ཐོགས་པར་ཧོན་བསྡད་པ་ལ་ཚོམ་པ་ཞེས་ཟེར་བ་ལྟར། རྣམ་པར་རྟོག་པ་ཡུལ་ལ་མི་འཕྲོར་ནང་དུ་ཁ་ཚོམ་

པ་ཞེས་པ་སྟོང་དེ་གནས་པ་ཞིག་ལ་ཟེར་རོ། །དེས་ན་གཞུང་དེའི་དོན་ནི། དབང་རང་རིམ་གཉིས་བྱུང་བའི་ཡེ་ཤེས་ལ་ཕྱག་རྒྱ་ཆེན་པོར་བླ་མེད་ཀྱི་རྒྱུད་ལས་བཤད་པ་དེ་མི་ཤེས་པར། ཕྱག་ཆེན་སྒོམ་པ་ཕལ་ཆེར་མདོས་གང་ཡིད་ལ་བྱེད་པ་དེ་ནི་མི་དགེའོ། །གང་ཡིད་ལ་མི་བྱེད་པ་དེ་ནི་དགེ་བའོ་ཞེས་དང་ཆོས་ཐམས་ཅད་ནི་དྲན་པ་མེད་ཅིང་ཡིད་ལ་སྦྱར་མེད་པའོ། །ཞེས་པའི་དོན་སྒྲ་ཇི་བཞིན་དུ་གཟུང་ནས། རྣམ་པར་རྟོག་པ་ཕྱི་རོལ་གྱི་ཡུལ་ལ་འཕྲོ་བ་བཀག་སྟེ་སྟོང་པ་ཉིད་དུ་རྨོན་ཆེད་འཛོག་པའི་རྟོག་པ་ཁ་ཆོམ་ཉིད་སྒོམ་པར་བྱེད་ཅེས་པའི་དོན་སྟེ། སོ་སྐྱེའི་རིགས་པས་བསྐལ་པར་བཏགས་ཀྱང་སྲུན་འབྱིན་པར་མི་ནུས་སོ། །ཕྱག་ཆེན་ལ་མོས་ན་སྔགས་གཞུང་ནས་གསུངས་པ་བཞིན་ཉམས་ལེན་བྱེད་དགོས་པར་གསུངས་པ་དང་། དེས་ན་ཉན་ཐོས། ཅེས་སོགས་ནང་འགལ་གསུང་རྒྱུར་འདུག་པའང་ཅི་ལ་འགལ་ཏེ། རྡོ་རྗེ་ཐེག་པའི་བསྟན་པ་ནི། གཟུགས་བརྙན་ཙམ་ཡང་མི་སྣང་ངོ་། །ཞེས་པ་དེ། དེང་གསང་སྔགས་པར་རློམ་པ་ཁ་ཞིག་གི་རྡོ་རྗེ་ཕག་མོའི་བྱིན་རླབས་ཙམ་སླིན་བྱེད་དབང་དུ་བྱེད་པ་དང་། དབང་མ་ཐོབ་པར་གསང་སྔགས་ཀྱི་གསང་བ་སྟོན་པ་དང་། བླ་མེད་རྡོ་རྗེ་ཐེག་པའི་ལུགས་ལ་བརྟེན་ལུས་ལ་གནད་དུ་བསྣུན་པས་རྟེན་པ་སེམས་ལ་རྟོགས་པ་འཆར་བའི་གནད་མ་གོ་བར་སེམས་ལ་རྐྱང་འདེད་བྱེད་པའི་སྟོང་སྒོམ་ལ་དགའ་བ་དང་། རིམ་གཉིས་པ་སྒོམ་པའི་དྲོད་རྟགས་གང་ཡང་མ་ཐོབ་པར་ཧེ་རུ་ཀའི་ཆས་དྲུག་གམ་ཇི་ལྟར་རིགས་པ་ཐོགས་ནས་གྲུབ་ཐོབ་ཏུ་ཁས་བླངས་ཏེ་འདོན་ཡོན་གྱི་ཆེད་དུ་བླུན་པོ་མགོ་སྐོར་གྱི་སྤྱོད་པ་སྣ་ཚོགས་བྱེད་པ་གཟིགས་པ་ནས། རྡོ་རྗེ་ཐེག་པའི་བསྟན་པ་འདི་གཟུགས་བརྙན་ཙམ་ཡང་མེད་པ་ལྟ་བུར་སོང་སྣང་སྟེ། རྡོ་རྗེ་ཐེག་པའི་རྣལ་འབྱོར་པར་རློམ་པ་འདི་ཚོའི་སྤྱོད་པ་ནི་འདི་འདྲ་བས་སོ་སྙམ་དུ་དགོངས་པའི་ཕྱིར་རོ། །གཞན་དུ་ཉིད་ལྟར་ན། དབྱིག་གཉེན་ཞབས་ཀྱིས། དེ་ལྟར་ཐུབ་པ་དག་གི་བསྟན་པ་ནི། །ཀློག་མར་སྲོག་འབྱིན་འདྲ་དང་དྲི་མ་ཡིས། །སྟོབས་དང་ལྡན་པའི་དུས་སུ་རིག་ནས་ནི། །ཐར་པ་འདོད་པ་དག་གི་བག་ཡོད་གྱིས། །ཞེས་པ་དང་། ཆོས་ཀྱི་གྲགས་པས། བློའི་ནུས་པ་ཆུང་བ་མེད་པ་དེ་དག་གིས་ཀྱང་ཟབ་མོའི་དེ་ཉིད་རྟོགས་མེད་ཅན། །བརྩོན་འགྲུས་ཤིན་ཏུ་ལྷག་པར་གྱུར་པ་དེ་དག་གིས་ཀྱང་མཆོག་གི་དེ་ཉིད་མཐོང་མེད་ལྡན། །འགྲོ་བ་རྣམས་ལ་མཚུངས་པར་ལེགས་བཤད་སླར་འཛིན་བྱེད་པ་མི་སྐྱེད་པ་ཅན་ཁོ་བོས་གཞུང་། །རྒྱ་མཚོ་ལ་ནི་ཆུ་བོ་བཞིན་དུ་རང་གི་ལུས་ལ་ཐིམ་ཞིང་ནུབ་པ་ཉིད་དུ་གྱུར། །ཞེས་པ་རྣམས་ལ་ཡང་དེ་ལྟ་བུའི་ཚིག་འཕྲིས་པའི་སྐྱོན་བརྗོད་པར་བྱེད་ནུས་སམ། སོམ་ཞིག །ཡང་དགོན་པ་ཆོས་རྗེའི་དངོས་སློབ་ཤིན་ཏུ་ཡིན་ཞིང་། གང་ཟག་ཀྱང་བཟང་པོ་ལགས་མོད།ཆོས་རྗེ་བའི་དགོངས་པ་ཇི་ལྟར་མ་ལོངས་པས་ཀ་དེ་སྐད་གསུངས་གདའ་བ། གཏི་མུག་སོགས་འཁྲུལ་བར་སྣང་བའི་ཆ་ནས་ཉོན་མོངས། རང་བཞིན་ཤེས་པའི་

ཆ་ནས་མི་ལོང་ལྟ་བུའི་ཡེ་ཤེས་སོགས་གཞི་མཐུན་བསྟུས་ནས་ཉོན་མོངས་ཡེ་ཤེས་དང་། རྣམ་རྟོག་ཆོས་སྐུ་ཡིན་གསུངས་པ་མ་བརྟགས་པ་སྟེ། དཔེར་ན་གཏི་མུག་སྣང་གཞི། དེ་ཐ་མལ་དུ་འཛིན་པའི་རྣམ་རྟོག་སྣང་བྱ། གཏི་མུག་མེ་ལོང་ཡེ་ཤེས་རྣམ་སྣང་དུ་ངོ་སྤྲོད་ནས་སྒོམ་པའི་ཉམས་ལེན་སྦྱོང་བྱེད་དེ། དེས་སེམས་རྒྱུད་ཀྱི་སྙིང་གི་གློ་བུར་དྲི་མ་སྦྱངས་ནས་སྔར་གཏི་མུག་ཡིན་པའི་རིགས་རྒྱུན་གྱི་ཤེས་པ་དེ་ཡང་དྲི་བྲལ་དུ་གནས་འགྱུར་བའི་མེ་ལོང་ཡེ་ཤེས་དེ་སྦྱོང་འབྲས་སུ་འཇོག་པ་ལྟ་བུ་ཡིན་གྱི། ཉོན་མོངས་ཡེ་ཤེས་སུ་ཁས་ལེན་པ་ག་ལ་ཡིན་ཏེ། མེ་ལོང་ཡེ་ཤེས་མངོན་དུ་གྱུར་བའི་ཚེ་གཏི་མུག་དང་བྲལ་ཟིན་པའི་ཕྱིར་ཏེ། དྲི་མེད་འོད་ལས།འཁོར་བའི་འཁོར་ལོ་ནི་འགྱུར་བའི་འདོད་ཆགས་ཏེ་མ་རིག་པའོ། །འདིར་གང་གིས་འགྱུར་བའི་འདོད་ཆགས་ཉམ་པ་དེའི་ཚེ། མཆོག་ཏུ་མི་འགྱུར་བར་འགྱུར་ཏེ་མཆོག་ཏུ་མི་འགྱུར་བའི་འདོད་ཆགས་ཆེན་པོའོ། །འདོད་ཆགས་ཆེན་པོ་ལ་ཆགས་པ་ཉམས་པ་སྟེ་ཆགས་པ་ཞེས་བྱ་བ་ནི་ཞེ་སྡང་ངོ་། །ཞེ་སྡང་ཟད་པ་ལས་ཞེ་སྡང་ཆེན་པོར་གྱུར་རོ། །ཞེ་སྡང་ཆེན་པོ་ལས་རྒྱལ་བ་ཞེས་བྱ་བ་ནི་གཏི་མུག་ཉམས་པའོ། །གཏི་མུག་ཉམ་པ་ལས་གཏི་མུག་ཆེན་པོར་འགྱུར་རོ། །

འདོད་ཆགས་ཆེན་པོ་དང་ཞེ་སྡང་ཆེན་པོ་དང་། གཏི་མུག་ཆེན་པོ་ལས། འདོད་ཆགས་དང་ཞེ་སྡང་གཏི་མུག་གི་བདག་ཉིད་མ་རིག་པ་ཉམས་པའོ། །མ་རིག་པ་ཟད་པ་ལས་མ་རིག་པ་ཆེན་པོར་འགྱུར་རོ་ཞེས་གསུངས་པའི་ཕྱིར། རྒྱུ་མཚན་དེས་ན་མེ་ལོང་ལྟ་བུའི་ཡེ་ཤེས་དེ་གཏི་མུག་གི་རིགས་རྒྱུན་ཡིན་པས། དེ་ལ་གཏི་མུག་ཆེན་པོ་ཞེས་མིང་བཏགས་ཤིང་། དེ་ཞལ་ཕྱག་གི་རྣམ་པ་ཅན་དུ་བཞེངས་པ་ལ། རྣམ་སྣང་ཞེས་བྱ་ལ། དེའི་མཚན་གྱི་རྣམ་གྲངས་ལ་གཏི་མུག་རྡོ་རྗེ་ཞེས་འབྱུང་བ་སོགས་ཡིན་པས་གཞན་དུ་འཁྲུལ་བར་མི་བྱའོ། །ཁྱེད་ད་ལྟར་ན་གཏི་མུག་དང་མེ་ལོང་ཡེ་ཤེས་ལ་སྦྱང་གཞི་སྦྱང་འབྲས་ཀྱི་འབྲེལ་བ་མ་གྲུབ་པར་ཐལ་ལོ། །གཏི་མུག་མེ་ལོང་ཡེ་ཤེས་དངོས་ཡིན་པར་ཐལ་ཁས་བླངས་པའི་ཕྱིར། གཞན་ཡང་། བག་ཆགས་བཅས་པ་གཏན་སྤངས་པ། ཡང་མི་རིགས་པར་འགྱུར་ཏེ། གཏི་མུག་སྤང་བྱར་མི་བྱེད་པར་དེའི་རང་བཞིན་ཤེས་པ་ཙམ་གྱི་གཏི་མུག་མེ་ལོང་ཡེ་ཤེས་སུ་འགྱུར་ཏེ། ཉོན་མོངས་ལམ་དུ་ཁྱེར་ཞེས་པའི་ཚིག་ཙམ་ལ་འཁྲུལ་ནས་དེ་འདྲ་ཞིག་ཏུ་དགོངས་པར་འདྲ་ནའང་གསང་སྔགས་ལ་ཉོན་མོངས་མཚན་ཉིད་པ་ལམ་དུ་འགྲོ་བར་མ་བཤད། འོན་ཇི་ལྟར་ཞེ་ན་གང་ཟག་ཐ་མལ་པ་ཞིག་གི་སྒྱུད་ན་ཉོན་མོངས་པར་འགྲོ་བའི་ལས་དེ་རྣལ་འབྱོར་པས་ཐབས་དང་། གཉེན་པོ་ཁྱད་པར་ཅན་གྱིས་ཟིན་པའི་སྒོ་ནས་སྒྱུད་ན་ལམ་དུ་འགྲོ་བ་ཞིག་ལ་དགོངས་ནས་ཉོན་མོངས་ལམ་དུ་ཁྱེར་བ་ཞེས་མིང་བཏགས་པ་ཡིན་ཏེ། དངོས་པོའི་འཆིང་བས་འཆིངས་གྱུར་པ། །དེ་ཡོངས་ཤེས་པས་གྲོལ་བར་འགྱུར། །

ཞེས་པ་ལྟ་བུའོ། །འབྲུལ་ལུགས་ཕྱག་རྒྱ་ཆེན་པོའི་མཚན་གཞིར་ཞི་སྣང་གཟུང་བཞིན་དུ། དེ་རོ་གཅིག་གི་རྣལ་འབྱོར་ཡིན་གསུང་པ་ནི་མི་རིགས་ཏེ། ཞི་སྣང་ལམ་དུ་འདུལ་བའི་ཕྱིར་རོ། །གལ་ཏེ་ཞི་སྣང་གི་རང་བཞིན་ཤེས་ན་ཞི་སྣང་ལམ་ཡིན་ནོ་ཞེ་ན། བུམ་པའི་རང་བཞིན་ཤེས་ན་བུམ་པ་ལམ་འགྱུར་དུ་ཐལ་ལོ། །གཞན་ཡང་སེམས་ཀྱི་རང་བཞིན་གྱི་ཤེས་པ་སེམས་ཀྱི་ཆོས་ཉིད་ལ་འཛོག་པ་ལྟར། ཞི་སྣང་གི་རང་བཞིན་ཞི་སྣང་གི་ཆོས་ཉིད་ལ་བྱ་ཞིང་། དེ་ཐོས་བསམ་གྱི་ཤེས་པ་ཚོགས་ལམ་ན་ཡོད་སྒོམ་བྱུང་གི་ཤེས་པ་སྦྱོར་ལམ་ན་ཡོད་ཀྱང་། དེ་དག་གི་ཉོན་མོངས་པ་དངོས་སུ་སྤོང་མི་ནུས་པས། ཞི་སྣང་གི་རང་བཞིན་ཤེས་མ་ཐག་དེ་ཆོས་དབྱིངས་ཡེ་ཤེས་སུ་འགྱུར་བ་ཡང་ཡིད་སྨོན་ཙམ་མོ། །སྲུང་གཉེན་གྱི་འཛིན་པ་མ་བཏང་བས་བློ་མེད་ཀྱི་དྲི་མནམ་ཞིང་རོ་མི་བྲོའོ་གསུང་པ་ཡང་མཉམ་བཞག་གི་སྐབས་ལ་ཡིན་ནམ། རྗེས་ཐོབ་སྐབས་ལ་དགོངས། དང་པོ་ལྟར་ན་མཚན་ཉིད་ཀྱི་མཉམ་བཞག་སྐབས་སུ་སྲུང་གཉེན་ནམ་སྤང་འཁོར་གྱི་འཛིན་པ་གང་ཡང་མི་འབྱུང་བ་མཐུན། མཚན་བཅས་མཉམ་བཞག་སྐྱེད་རིམ་ལྟ་བུའི་སྐབས་སུ་དལ་གྱིས་འཁོར་ལོ་རིམ་གྱིས་གསལ་འདེབས་པའི་ཚེ་སྦྱངས་གཞི་སྐྱེ་འཆི་བར་དོ་གསུམ་ལ་ཐ་མལ་དུ་འཛིན་པའི་རྣམ་རྟོག་གོ་རིམ་བཞིན་བཀག་ནས་ལྷར་གསལ་འདེབས་དགོས་པས་སྲུང་གཉེན་གྱི་འཛིན་པ་མ་བཏང་ཡང་སྒྲིབ་རྒྱུ་ཟེར་རྒྱུ་ཟེར་བྱེད་པ་དེས་ལགས། ཕྱི་མ་ལྟར་ན་སྲུང་གཉེན་རྣམ་དབྱེ་ཕྱེད་ནས་ཉམས་སུ་ལེན་པ་ཞིག་མི་དགོས་ཀ་མེད་ལགས་ཀྱང་། ད་ལྟ་རྣལ་འབྱོར་པར་རློམ་པ་འདི་ཚོ་ནི་སྲུང་གཉེན་སྤང་འཁོར་གྱི་རྣམ་དབྱེ་མི་ཤེས་པའམ། ཤེས་ཀྱང་རང་བཞིན་ཤེས་པས་ཆོག་ཟེར་ནས་ཕྱིན་ཅི་ལོག་གི་ངན་སྤྱོད་ངོ་སོར་བྱེད་པ་འདི་ཚོ་ལ་ནི་བློ་མེད་ཀྱི་དྲི་ཡིན་ནམ་གང་ལྟར་སྣ་སྒོར་ཤེན་ཏུ་རྟུབ་པ་ཞིག་མནམ་གྱིན་གདའ་ལགས། དེས་ན་སྦྱོར་བྱ་རྒྱ་བཞི་ནི། སམ་བུ་ཊིར། ཡང་དག་སྦྱོར་བྱུང་མཚན་ཉིད་ནི། །དེ་ནས་མཆོག་ཏུ་རབ་བཤད་བྱ། །ཨེ་ནི་ས་སྟེ་ཤེས་པར་བྱ། །ལས་ཀྱི་ཕྱག་རྒྱ་སྤྱན་མ་ཉིད། །ཞེས་སོགས་ལྟར་བཞི་ཚན་གྱི་ཆོས་བཅུ་ལ་སྦྱོར་ཚུལ་གསུང་ཞིང་། མན་ངག་སྐོ་མར་དེ་ལས་ཀྱང་མང་བ་དང་། བསམ་མི་ཁྱབ་ལས། རྣལ་འབྱོར་སྐྱེས་བུར་བཤད་པ་སྟེ། །རྗེས་སུ་རྣལ་འབྱོར་རིག་པ་མཆོག །གཉིས་བསྡུས་ཤིན་ཏུ་རྣལ་འབྱོར་སྟེ། །གཉིས་མེད་ཡེ་ཤེས་རྣལ་འབྱོར་ཆེ། །ཞེས་པ་ལ་རྣལ་འབྱོར་བཞི་ལ་བཤད་པ་དང་། དུས་འཁོར་ལས། དང་པོར་བུད་མེད་གསང་བའི་ཕྱག་རྒྱར་འགྱུར་ཏེ་ཞེས་དང་། དམ་ཚིག་ལ་ནི་སྐྱེས་པ་མཆོག་ཕྱག་རྒྱ། །ཞེས་དང་། རྩེ་མོའི་ཡན་ལག་ལས་ཀྱི་ཕྱག་རྒྱར་འགྱུར་ཏེ། དབང་པོ་གཉིས་ཀྱི་བདེ་ཉམས་དག་གི་ཆོས་ཕྱག་རྒྱ། །ཞེས་ཐབས་ཤེས་གཉིས་ལ་ཕྱག་རྒྱ་བཞིར་དབྱེ་བ་དང་། སླད་འཚོང་དག་དམ་པ་ལས་ཀྱི་ཕྱག་རྒྱར་གྱུར་ཞིང་བསང་བའི་མི་མོ་གཞན་གྱི་བུད་མེད་དམ་ཚིག་སྟེ། རང་དབང་ཆོས་ཀྱི་ཕྱག་རྒྱ་ཡུལ་ནི་མང་པོ་ལ་དགའ་རང་གི་ཆུང་མ

ཆོས་ཀྱི་ཕྱག་རྒྱའོ། །ཞེས་དངོས་རྒྱ་ཁོ་ན་ལ་ཕྱག་རྒྱ་བཞིར་ཕྱེ་བ་སོགས་མང་དུ་ཡོད་ཀྱང་། ནཱ་རོ་མཻ་ཏྲི་གཉིས་བཞེད་པའི་ཕྱག་རྒྱ་བཞི་ནི། ལས་ཀྱི་ཕྱག་རྒྱ་རྡོ་རྗེ་རིགས་ཀྱི་གཡུང་མོ་སོགས་དང་། ཆོས་རྒྱ་གཏུམ་མོ་འཁོར་ལོ་བཞིའི་རྣལ་འབྱོར་དང་། ཕྱག་ཆེན་མཆོན་བྱ་དོན་གྱི་ཡེ་ཤེས་དང་། དམ་རྒྱ་ཐོག་མར་དངོས་ཀྱི་ཕྱག་རྒྱ་ལ་བརྟེན་ནས་སྐྱེས་པའི་བདེ་བ་ཕྱིས་རང་འོད་ཀྱི་རིག་མ་ལ་བརྟེན་ནས་སྐྱོང་བའི་ཉམས་ལེན་ལ་འཛོག་གོ། །དེ་སྐབས་ཀྱི་གསུམ་པ་ཕྱག་ཆེན་དེ་རྣམ་ཀུན་མཆོག་ལྡན་གྱི་སྟོང་ཉིད་ལ་འཇོག་པ་དུས་འཁོར་དང་མཐུན་གསུང་པ་མི་རིགས་ཏེ། དུས་ཀྱི་འཁོར་ལོ་སྙིང་ནི་སྐོག་པ་དང་བཅས་པ་ལས་ཀྱི་ཕྱག་རྒྱ་རྟགས་པའི་ཡེ་ཤེས་ཕྱག་རྒྱ་གཏད་བྱས་ཏེ། ཡང་དག་རྫོགས་པའི་བྱང་ཆུབ་སླད་དུ་རྒྱལ་བ་མཆོག་གི་སྐྱེད་མ་མཆོག་གི་ཕྱག་རྒྱ་གོས་པ་མེད། ཅེས་ཕྱག་རྒྱ་གསུམ་དུ་ཕྱེ་ནས་གསུམ་པ་ངོས་འཛིན་པ་ན། མངོན་ཤེས་ལྔའི་རང་བཞིན་དུ་འགྱུར། སླར་ཡང་འདི་ནི་རྣལ་འབྱོར་པ་རྣམས་དག་གི་སྣ་ཚོགས་ཡུམ། ཕྱག་རྒྱ་སྒྱུ་མའི་རྗེས་སུ་མཐུན་པ་ཡིན་ན་ནམ་མཁའ་ལ་ནི་མེ་ལོང་དག་ལ་གཟུགས་བརྙན་བཞིན་ཏེ། ཞེས་གསུངས་པ་དང་འགལ་བའི་ཕྱིར། གཞི་འབྲས་དབྱེར་མེད་དེ་དམ་རྒྱུས་ལྷུན་གྲུབ་ཅེས་པའི་དོན་བཞིའི་དུས་སུ་ལམ་གྱི་བྱ་བ་འཇུག་རུང་དང་། འབྲས་བུ་ཡོན་ཏན་འབྲས་བུ་ཡོན་ཏན་འབྱུང་རུང་གི་ཚུལ་དུ་ཚང་། ལམ་གྱི་དུས་སུ་ཡང་གཞིའི་དྲི་མ་སྦྱང་རུང་། འབྲས་བུའི་ཡོན་ཏན་འབྱུང་རུང་གི་ཚུལ་དུ་ཚང་། འབྲས་བུའི་དུས་སུ་ཡང་གཞི་གནས་འགྱུར་དང་། ལམ་ཡར་ལྡན་གྱི་ཚུལ་དུ་ཚང་བར་ཤེས་ཤིང་སྒོམ་པ་ཞིག་ལ་ཟེར་གྱི། ཉོན་མོངས་ཡེ་ཤེས་ཡིན། རྣམ་རྟོག་ཆོས་སྐུ་ཡིན་པ་སོགས་རྒྱུད་ལྷུན་གྲུབ་ཏུ་ག་ལ་ཡིན་ཏེ། དེ་ལྟར་སྨྲ་བ་ནི་རྒྱུད་ལྷུན་གྲུབ་མ་དགོས་པ་ཙམ་དུ་ཟད་དོ། །རྗེ་ཀླུ་སྒྲུབ་པས་རྟགས་མ་གྲུབ་ཅེས་པའི་ལན་ཟེར་རྒྱུ་དེ་ཚོ་ཡང་འདི་འདྲ་ཀ་ཡིན་ན་ནི་འགངས་མི་ཆེ་བར་སེམས་ལགས་སོ། །

ཡང་གཞན་མཛོད་ལས། བློན་པོས་ཕྱག་རྒྱ་ཆེ་སྒོམ་པ། །ཕལ་ཆེར་དུད་འགྲོའི་རྒྱུ་རུ་འགྱུར། །ཞེས་སོགས་ཕྱོགས་ཆོས་རང་གི་མ་གཟིགས་པར་གཞན་ལ་སྟོན་པའི་ངག་ཏུ་འདུག་པས་གྲངས་ཅན་གྱི་རང་གི་ལུགས་འཛིན་རྒྱུ་ལགས་ཀྱང་། རང་གི་ལུགས་དེ་ཡང་རྣམ་འགྲེལ་ལས། བདག་མཐོང་མིན་ཡང་ཞེས་སོགས་ཀྱིས་བཀག་ཟིན་ཏོ། །བདག་ཉིད་ཀྱི་མཐོང་ངོ་ཞེ་ན། རང་ཉིད་ལ་གནོད་པར་འགྱུར་ཏེ། ཕྱག་རྒྱ་ཆེན་པོ་དབང་བཞི་པ་ཐོབ་ནས་སྟོན་རྒྱུ་དེའི་གདུལ་བྱ་ནི་དབང་པོ་རྣོན་པོར་ངེས་པས་སོ། །ཞེས་པའི་ལན་དུ། ཀླུ་སྒྲུབ་རྩོད་སྤོང་ལས། མགོ་སྐྲེའི་ལན་དང་རྣལ་མའི་ལན་ནོ། །དང་པོ་ནི་སུན་འབྱིན་དེ་ལྟ་བུས་ནི། འཕགས་པ་ཀླུ་སྒྲུབ་ཀྱང་སུན་འབྱིན་པར་སྣང་ཏེ། ཇི་ལྟར་སྐམ་ན་ཀླུ་སྒྲུབ་ཀྱིས། སྟོང་པ་ཉིད་ལ་ལྟ་ཉེས་ན། །ཤེས་རབ་ཆུང་རྣམས་འཕུང་བར་འགྱུར། །ཇི་ལྟར་སྦྲུལ་ལ་བཟུང་ཉེས་དང་། །རིག་སྔགས་ལོག་པར་བསྒྲུབ་པ་བཞིན། །ཞེས་པ་འདི་

ཡང་ཕྱོགས་སོ་རིགས་མ་གཟིགས་ན་རང་ལ་གནོད་པར་འགྱུར་རོ། །ཕྱག་རྒྱ་ཆེན་པོ་དབང་བཞི་པ་ཐོབ་ནས་སྟོན་རྒྱུ་དེའི་གདུལ་བྱ་ནི་དབང་པོ་རྣོན་པོར་ངེས་པས་སོ། ཞེས་པའི་ལན་དུ། ཀླུ་སྒྲུབ་རྩོད་སྤོང་ལས། མགོ་སྦྲའི་ལན་དང་རྣལ་མའི་ལན་ནོ། དང་པོ་སྨན་བྱིན་དེ་ལྟ་བུས་ནི། འཕགས་པ་ཀླུ་སྒྲུབ་ཀྱང་སྨན་འབྱིན་པར་སྣང་སྟེ། ཇི་ལྟར་སྙམ་ན་ཀླུ་སྒྲུབ་ཀྱིས། སྟོང་པ་ཉིད་ལ་ལྟ་བ་ཉན་ཐོས་ན། ཤེས་རབ་ཆུང་རྣམས་འཕུང་བར་འགྱུར། ཇི་ལྟར་སྦྲུལ་ལ་བཟུང་ཉན་ཐོས་དང་། རིག་སྔགས་ལོག་པར་སྒྲུབ་པ་བཞིན། ཞེས་པ་འདི་ཡང་ཕྱོགས་ཆོས་རང་གི་མ་གཟིགས་པར་གཞན་ལ་སྟོན་པའི་ངག་ཏུ་འདུག་པས་གྲངས་ཅན་གྱི་རང་གི་ལུགས་སོ། །ཕྱོགས་ཆོས་རང་གི་མ་གཟིགས་ན་རང་ལ་གནོད་པར་འགྱུར་རོ། །སྟོང་པ་ཉིད་ལ་ལྟ་བའི་ལྟ་བ་ནི་ལྟ་བ་རྣམ་དག་ཡིན་པ་དང་། དེ་སྟོན་ཡུལ་གྱི་འདུལ་བྱ་དེ་ཡང་། ཟབ་མོ་ལྟ་འཕྲིག་ཅན་འཇིགས་པ། ཞེས་སོགས་དང་། སོ་སོ་སྐྱེ་བོའི་དུས་ན་འང་སྟོང་པ་ཉིད་ཐོས་ན། ནང་དུ་རབ་ཏུ་དགའ་བ་ཡང་དང་ཡང་དུ་འབྱུང་། ཞེས་སོགས་ལྟར་དབང་རྣོན་དུ་ངེས་པའི་ཕྱིར་རོ། །ཞེས་གསུངས་སོ། །ཅི་སྟེ་མི་མཚུངས་ཏེ། སྟོང་པ་ཉིད་ལ་ལྟ་ཉེས་ན་སྐྱོན་དེར་འགྱུར་ཞེས་པའི་དོན་ཡིན་པར་སྙམ་ན། ཁོ་བོ་ཅག་ཀྱང་དེ་སྐད་སྨྲ་སྟེ། ཕྱག་ཆེན་སྒོམ་ཉེས་པ་དང་སྒོམ་མ་ཤེས་ན་སྐྱོན་དེར་འགྱུར་ཞེས་བཤད་པ་ཡིན་ཕྱིར། ཞེས་སྐལ་བར་མཚུངས་སོ། །དེ་བཞིན་དུ་ཀླུ་སྒྲུབ་ཀྱིས། རྒྱལ་བ་ཀུན་གྱིས་སྟོང་པ་ཉིད། །ལྟ་ཀུན་ངེས་པར་འབྱིན་པར་གསུངས། །གང་དག་སྟོང་པ་ཉིད་ལྟ་བ། །དེ་དག་སྒྲུབ་ཏུ་མེད་པར་གསུངས། །ཞེས་གསུངས་པ་ཡང་སྨན་ཕྱུང་བར་སོང་བས་འཇིགས་ཤིང་གཡང་ཟ་བའི་སྨན་འབྱིན་དུ་སྣང་ངོ། །ཞེས་པའི་ལན་དུ། ཉིད་ཀྱིས། དེའི་ལན་ལ་འང་གཉིས་ཏེ། མགོ་སྦྲེ་དང་། རྣལ་མའི་ལན་ནོ། །དང་པོ་ནི། བླུན་པོས་ཕྱག་རྒྱ་ཞེས་སོགས་འདིས་ནི། འཇིག་རྟེན་ན་བསྟན་བཅོས་ལ་གྲགས་པའི་རྒྱུས་ཀྱང་སྨན་འབྱིན་པར་སྣང་ངོ༑ ༑ཇི་ལྟར་སྙམ་ན། བླུན་པོས་ནས་ཀྱི་ས་བོན་བཏབ་པ། ཕལ་ཆེར་གྲོའི་རྒྱུ་རུ་འགྱུར། །ཡང་ན་སྲན་མ་ནག་པོར་ལྡང་། །མིན་ན་གྲོ་ཡི་འབྲས་བུ་སྨིན། །གལ་ཏེ་དེ་ནི་སྐྱེ་ལེགས་ཀྱང་། །སྣ་ལུའི་འབྲུ་ལས་ལྷག་པ་མེད། །སྣ་ལུའི་འབྲུ་དེ་བཟང་མོད་ཀྱིས། །འོན་ཀྱང་སྒྲུབ་པ་ཤིན་ཏུ་དཀའ། །ཞེས་པ་དང་དཔེ་དོན་བསྐལ་བར་མཚུངས་སོ༑ ༑ཁྱེད་མགོ་སྦྲོ་དེ་ནི་མི་འགྲོ་བཞིན་དུ་སྦྲེས་པ་སྟེ། བླུན་པོས་ཕྱག་ཆེན་སྒོམ་པའི་རྒྱུ་གཅིག་པུ་ལས། འབྲས་བུ་དུད་འགྲོ་འམ། གཟུགས་མེད་ཁམས་སམ། འགོག་པ་འམ། དབུ་མའི་སྒོམ་གང་རུང་འབྱུང་བ་སྟེ། རྒྱུ་གཅིག་ལས་འབྲས་བུ་རིགས་མི་འདྲ་བ་བཞི་འབྱུང་བར་བཤད་ལ། ཁྱེད་ཀྱིས་དཔེར་བཀོད་པ་དེ་ལ་སྟོང་པ་ཉིད་ལ་ལྟ་ཉེས་ན། །ཤེས་རབ་ཆུང་རྣམས་འཕུང་ཞེས་པ་ལས་མ་བྱུང་བས། རྒྱུ་གཅིག་ལས་འབྲས་བུ་རིགས་གཅིག་འབྱུང་བ་ནི་མཆོག་ཏུའང་བདེན་ལ། གཞུང་ཕྱི་མའང་དེ་དང་མཚུངས་པས་མགོ་མི་འགྲེའོ། །དེས་ན་འཇིགས་

ཤིང་གཡང་ཟ་བ་དེ་ཡང་། འབྲོག་པ་ཐང་སྐམ་པོ་བསྟོད་ཡུན་རིང་བས་སྟོང་ཉིད་ཀྱི་གཡང་ས་ཆེན་པོ་མཐོང་བས། འཇིགས་པ་ནི་མན་ཆད་ན་གཟུང་འཛིན་གྱི་ཕྱག་རྒྱ་དེས་སྟར་བཞིན་དམ་དུ་འཇུག་གི། རྣལ་མར་གསོལ་ཏེ། སྡོམ་གསུམ་གཞུང་འདི་ལྟ་བུ་དགོངས་པ་ཅན་དུ་འབྲེལ་མ་མཚེན་ན་ཁ་ན་མ་ཐོ་བས་རེག་པར་འགྱུར་རོ། །ཇི་ལྟར་འགྲེལ་ཅེ་ན། དགོངས་པ་ཅན་དུ་སྨྲབ་པ་ལ། དགོངས་གཞི། དགོས་པ། དངོ་ལ་གནོད་བྱེད་གསུམ་འགོ་དགོས་པའི་དགོངས་གཞི་ནི། སྤྱིར་གང་ཟག་དབང་བརྟུལ་ཕར་ཕྱིན་ཐེག་པ་ལུགས་ཀྱི་ལྟ་བ་ལ་ཐོས་བསམ་མ་བྱས་ཤིང་། སྔགས་ཀྱི་སྒོར་དབང་ལྟ་ཙེ་སྟོན་ཙམ་ཡང་ཞུམ་སྨྱོང་བ་ཞིག །མི་ཤེས་བཞིན་དུ་འཁྲིད་པར་རིགས་པའི་གམ་གོམ་གྱི་བླ་མ་འགས། ཕྱག་ཆེན་གྱི་ཁྲིད་ཐེ་ཚོམ་ཙམ་ཡང་མེད་པར་འཆད་ཀྱིན་འདུག་མོད། རྒྱུད་མ་སྨྱངས་པའི་གང་ཟག་དེ་ནི་བླུན་པོ་ལས་འོས་ཅི་ཡོད། དེས་རྣམ་པར་མི་རྟོག་པའི་སེམས་གནས་སྒྲུབ་པའི་ཚེ། དྲན་ཤེས་ཀྱིས་མ་ཟིན་པའི་མི་རྟོག་ཧད་པོ་ལུང་མ་བསྟན་དེ་ཕྱག་ཆེན་དུ་རློམས་ནས་རྒྱུན་བསྲིངས་པ་ན་དུད་འགྲོའི་རྒྱུར་འགྱུར་ཏེ། བླུན་པོ་དེའི་རྒྱུད་ཀྱི་མི་རྟོག་པའི་སེམས་བྱུང་དེ་ནི་རིགས་པའི་མི་མཐུན་ཕྱོགས་མ་རིག་པ་ཡིན་པས་སོ། །མ་རིག་པ་ལའང་ཉོན་མོངས་ཅན་ཡིན་མིན་གཉིས་ལས་འདི་ཕྱི་མ། དེ་ལ་འང་ལས་འབྲས་དང་དེ་ཁོ་ན་ཉིད་ལ་རྨོངས་པའི་མ་རིག་པ་གཉིས་ལས་འདི་ཕྱི་མར་འདུད། དེས་ཀུན་ནས་སློང་བ་ཡི་ལས་ནི་གཙོ་བོར་དུད་འགྲོའི་འགྲུབ་བྱེད་དུ་གསུངས་ཏེ། རྨོངས་པ་ཕལ་ཆེར་དུད་འགྲོར་འགྲོ་ཞེས་པས་སོ། །

དེས་ན་དུག་གསུམ་དང་མཚུངས་ལྡན་གྱི་ལས་སོ་སོ་བ་དག་ངན་སོང་འགྲུབ་བྱེད་དུ་འཆད་ཕྱིར་སྐམ་དུ་དགོངས་སོ། །དེ་བཞིན་དུ་རྫོགས་སྨིན་སྦྱངས་གསུམ་མ་བྱས་པར་ཡང་དག་མཐའ་མངོན་དུ་བྱས་ན་ཆད་པའི་མྱང་འདས་སུ་ལྷུང་ཞེས་པ་དང་། སོ་སོར་རྟོག་པའི་ཤེས་རབ་ཀྱིས་མ་དཔྱད་པར་འདུ་ཤེས་སྟེ་རགས་པ་ལ་སྐྱོན་དུ་ལྟ་བའི་སྒོམ་དེ་ནི། གཟུགས་མེད་ཁམས་ཀྱི་རྒྱུའོ་ཞེས་པ་ལྟ་བུ་དགོངས་གཞི། དེ་ལྟ་བུ་ལ་མུན་སྒོ་འབྱེད་པའི་ལོག་རྟོག་འགོག་པ་དགོས་པ། ཕྱག་ཆེན་སྒོམ་པའི་འཁོར་ལོའི་མཐོ་དམའ་དེ་དག་ཏུ་མི་འཆིང་ཞིང་གྲོལ་བའི་ཐབས་མཆོག་ཏུ་གྱུར་པར་སྟོན་པའི་ལུང་བསམ་གྱིས་མི་ཁྱབ་པ་རྣམས་ནི་དངོས་ལ་གནོད་བྱེད་དུ་བཀོད་ནས་འཆད་ཤེས་ན་ལེགས་པོ་འོངས་ཏེ་དཀའ་བ་འདྲ། དེ་ལྟའི་གོ་བ་མ་ཆགས་པར་གཞུང་དེ་འཆད་བློ་བྱས་ཀྱང་། རྡོ་རྗེ་སྙིང་འགྲེལ་ལས། རྒྱུ་འདྲ་དེ་ལས་སྐྱེ་བ་ཡིས། །འབྲས་བུ་ཐམས་ཅད་དུ་མཐོང་སྟེ། །ཀོ་ཊ་བ་ཡི་ས་བོན་ལས། །སླུ་ལུའི་འབྲས་ནི་འབྱུང་བ་མེད། །ཅེས་པ་དང་། ཆོས་དབྱིངས་བསྟོད་པ་ལས། དེ་འདྲའི་སེམས་ཅན་ཐམས་ཅད་ལས། །རྒྱུ་དང་འདྲ་བའི་འབྲས་བུ་བྱུང་། །ཞེས་སོགས་དང་འགལ་བར་གྱུར་ཏེ། །དུད་འགྲོའི་རྒྱུ་དང་།

འགོག་པའི་རྒྱུ་དང་། གཟུགས་མེད་ཁམས་པའི་རྒྱུ་རྣམས་སྐྱིད་སྡུག་གཅིག་ཏུ་སྲེས་པ་སྟེ། སྐབས་ལེགས་ལ་དབུ་མའི་སྒོམ་དུ་འགྲོ་ཟེར་བ་སོང་འདུག་པས་འབྲེལ་ཅི་འདོད་དེའི་ཕྱིར། བདག་མཐོང་མིན་ཡང་ཞེས་སོགས་བཀོད་པ་དེ་ནི་ས་ལོ་མཁས་པ་ཆེན་པོ་དེས་ལོག་པ་དེ་འདྲ་མི་གཟིགས་ཀྱང་། གཞན་འགའ་ཟེར་རོ་ཞེ་ན། དེ་མི་བདེན་ཏེ་གཏན་ཚིགས་རྣམ་དག་མེད་པའི་ཕྱིར་རོ། །ཞེས་འཕྲལ་དུ་འགོག་པ་ལྟར་སྣང་ཡང་། དོན་དུ་གཡས་འཛོག་མཛད་པའོ་ཞེས་གཉིས་པར་མཛད་དོ། །དེ་ལ་ཡིན་ལུགས་ཀྱི་གཏམ་ཙམ་ཞིག་གླད་དུ་བརྗོད་ནས། གཞོད་དངོས་ལན་གདབ་པར་བྱའོ། །དེ་ཡང་ཐར་པ་དང་ཐམས་ཅད་མཁྱེན་པའི་གོ་འཕང་དོན་གཉེར་བ་དག་གིས་གཞི་ཚངས་པར་སྤྱོད་པའི་ངེས་འབྱུང་གིས། ཚུལ་ཁྲིམས་རྣམ་པར་དག་པ་ལ་གནས་ནས་ཐོས་བསམ་སྒོམ་པའི་རིམ་པས་ལམ་ལ་འཇུག་དགོས་པ་ལས་སྒོམ་པའི་སྔོན་དུ་ཡིད་དཔེའི་ལུང་དང་། རྣམ་པར་དག་པའི་རིག་པ་ལ་བརྟེན་ནས་བསྒོམ་བྱའི་དོན་ཇི་ལྟ་བ་བཞིན་ཤེས་པའི་ཐོས་བསམ་གྱི་དཔྱད་པ་རྣམ་པར་དག་པ་ཞིག་ངེས་པར་སྔོན་དུ་འགྲོ་དགོས། དེ་མ་སོང་བར་མཚོན་བྱེད་ཀྱི་སྒོམ་བྱས་ན་ཕྱིན་ཅི་ལོག་ཏུ་འགྲོ། དེའི་རྒྱུ་མཚན་བདག་མེད་གནས་ལུགས་ཀྱི་དོན་སྒོམ་པ་ལ། བདེན་པ་གཉིས་ཀྱི་རྣམ་དབྱེ་ཕྱིན་ཅི་མ་ལོག་པར་ཤེས་དགོས། དེ་མ་ཤེས་པར་སྒོམ་མི་ཤེས་ཏེ། མི་ཤེས་བཞིན་དུ་བསྒོམས་ན་སྒྲིབ་པ་གཉིས་སྤོང་མི་ནུས། སྒྲིབ་གཉིས་སྤོང་བ་ལ་བདེན་འཛིན་སྤོང་དགོས། དེ་སྤོང་བ་ལ་དེ་གཉིས་ཀྱི་འཛིན་སྟངས་ཀྱི་ཡུལ་དུ་གྱུར་པའི་བདག་གཉིས་ཏེ་དེ་རྟག་པ་མཐའ་བཟུང་གིས་ཚུལ་དུ་ཡོད་ན་འདི་ལྟ་བུ་ཞིག་ལ་འཛོག་ཅེས་ངོས་ཟིན་པར་བྱས་ནས་དེ་སུན་དབྱུང་དགོས་དེ་མ་དབྱུང་ན། འདི་ཡུལ་སུན་དབྱུང་མེད་པར་ནི། །དེ་སྤོང་བ་ནི་ནུས་མ་ཡིན། །ཞེས་པའི་ཚུལ་གྱི་བདག་འཛིན་སྤོང་མི་ནུས། དེ་མ་སྤངས་པར་སྒྲིབ་གཉིས་སྤངས་པའི་སངས་རྒྱས་ཐོབ་མི་ནུས་པས་ན། གནས་ལུགས་ཀྱི་དོན་སྒོམ་པ་ལ་བདེན་གཉིས་རྣམ་དབྱེ་ཤེས་པ་གལ་ཆེ་སྟེ། རྗེ་བོ་རྗེས། ལུང་དང་རིགས་པ་དག་གི་ནི། །ཆོས་རྣམས་ཐམས་ཅད་སྐྱེ་མེད་པའམ། །རང་བཞིན་མེད་པར་ངེས་བྱས་ནས། །རྣམ་པར་རྟོག་དེ་དེ་བསྒོམ་བྱ། །ཞེས་དང་། མདོ་སྡེ་རྒྱན་ལས། འདི་ན་དང་པོར་ཐོས་ལ་བརྟེན་ནས་ཡིད་ལ་བྱེད་པ་འབྱུང་། །ཚུལ་བཞིན་ཡིད་ལ་བྱེད་ལས་ཡང་དག་དོན་ཡུལ་ཡེ་ཤེས་འབྱུང་། །དེ་ལས་ཆོས་ཐོབ་དེ་ཡོད་དེ་ལས་བློ་གྲོས་རབ་ཏུ་སྐྱེ། །གང་ཚེ་དེ་ནི་སོ་སོར་རང་གི་མེད་ན་ཇི་ལྟར་ངེས། །ཞེས་དང་། ཀླུ་སྒྲུབ་ཀྱི་གང་དག་བདེན་པ་དེ་གཉིས་ཀྱི། །རྣམ་དབྱེ་རྣམ་པར་མི་ཤེས་པ། །དེ་དག་སངས་རྒྱས་བསྟན་པ་ཡིས། །ཟབ་མོའི་དོན་ཉིད་རྣམ་མི་ཤེས། །ཞེས་དང་། ཟླ་བ་གྲགས་པས། ཐ་སྙད་བདེན་པ་ཐབས་སུ་གྱུར་པ་དང་། །དོན་དམ་བདེན་པ་ཐབས་སུ་གྱུར་པ་སྟེ། །བདེན་གཉིས་རྣམ་དབྱེ་གང་གི་མི་ཤེས་པ། །དེ་ནི་རྣམ་རྟོག་ལོག་པའི་ལམ་ན་བཞུགས། །ཞེས་དང་།

སྒོམ་རིམ་ལས་དེ་ལ་ཐོག་མར་རེ་ཞིག་ཐོས་པ་བྱུང་བའི་ཤེས་རབ་སྐྱེད་པར་བྱ་སྟེ། དེས་རེ་ཞིག་ལུང་གི་དོན་ཀུན་ཏུ་འཛིན་པར་བྱེད་དོ། །དེ་ནས་བསམ་པ་ལས་བྱུང་བའི་ཤེས་རབ་ཀྱིས། ངེས་པ་དང་དྲང་བའི་དོན་རབ་ཏུ་འབྱེད་པར་བྱེད་དོ། །དེ་ནས་དེ་བྲག་ཕྱེད་པའི་དོན་ལ་བརྟེན་ནས་ཡང་དག་པའི་དོན་ཁོ་ན་བསྒོམ་པར་བྱ་བའི་ཡང་དག་པ་མ་ཡིན་པ་ནི་མིན་ནོ། །དེ་ལྟ་མིན་དུ་ཟིན་ན་ཕྱིན་ཅི་ལོག་ཏུ་སྒོམ་ཞིང་ཐེ་ཚོམ་ཡང་མ་བསལ་བས་ཡང་དག་པའི་ཤེས་པ་འབྱུང་བར་མི་འགྱུར་ཏེ། དེའི་ཕྱིར་སྒོམ་དོན་མེད་པར་གྱུར་བས་མུ་སྟེགས་ཅན་རྣམས་ཀྱིས་སྒོམ་པ་དང་འདྲའོ། །ཞེས་གསུངས་ཏེ། གལ་ཏེ་དཔྱད་སྒོམ་ལ་དེ་ལྟར་དགོས་ཀྱིས། འཇོག་སྒོམ་ལ་མ་ཡིན་ནོ་ཞེ་ན། དེ་གཉིས་ལ་ཐོས་བསམ་གྱི་དཔྱད་པ་ནི་ངེས་པར་སྔོན་དུ་འགྲོ་དགོས་ཏེ། ཏིང་ངེ་འཛིན་རྒྱལ་པོ་ལས། གལ་ཏེ་ཆོས་ལ་བདག་མེད་སོ་སོར་རྟོག །སོ་སོར་དེ་རྟགས་གལ་ཏེ་བསྒོམས་ན་ནི། དེ་ནི་མྱ་ངན་འདས་ཐོབ་འབྲས་བུ་རྒྱུ། །རྒྱུ་གཞན་གང་ཡིན་ཏེ་ དེ་ནི་ཞི་མི་འགྱུར། །ཞེས་གསུང་པའི་ཕྱིར། འོན་དེ་གཉིས་ཀྱི་ཁྱད་པར་གང་ཞེ་ན། ཞི་གནས་སྒོམ་པའི་སྦྱོར་བའི་སྐབས་སུ་ལུང་རིགས་ཀྱིས་དཔྱད་པ་བཏང་ནས་སྒོམ་པ་དང་། དེ་མ་གཏང་བར་སྒོམ་པ་ལ་བྱའོ། །དེ་ལྟའི་རྣམ་དབྱེ་མེད་པར་དེང་ཕྱག་རྒྱ་བའི་སྒོམ་ཆེན་ཕལ་ཆེར། གཞུང་འདིས་ཕྱག་རྒྱ་བ་ཐམས་ཅད་བླུན་པོར་བྱས་སོ་སྙམ་པ་དང་། ཁ་ཅིག་ནི། བླུན་པོས་ཕྱག་ཆེན་སྒོམ་པ་མེད། ཕྱག་ཆེན་ཤེས་ན་དོན་གྱི་མཁས་པ་ཡིན་ནོ་སྙམ་པ་དང་། ལ་ལ་ནི་ཆོས་རྗེ་བས། རྟེད་བཀུར་ལ་འདྲིས་འཁྲིན་གྱི་དབང་ལས་སྣང་ཞུགས་ཀྱི་སྨད་པའོ་སྙམ་པས་ཡིད་ལ་ཟུག་རྔུར་གྱུར་ཏེ་ཡུལ་མཆོག་དང་། དེའི་གསུང་རབ་ལ་ཞེ་སྡང་ཞིང་སྐུར་བ་འདེབས་པ་ངོ་སོར་བྱེད་པ་དག་ནི་ཆོས་སྤོང་གི་ལས་ཀྱི་རང་རྣག་པར་འགྱུར་གྱིས། གཞན་ལ་གནོད་པར་མི་ནུས་པས་ཕྱོགས་ལྷུང་འདིས་རིས་སུ་མ་ཆད་པར་རང་གཞན་གྱི་གཞུང་ལུགས་ལ་རྣམ་དཔྱོད་ཀྱི་མིག་གི་ལན་གཅིག་མིན་པར་ལྟན་སྐྱེས་སྐྱོན་ཡོན་གྱི་ཆ་དཔྱིད་ཕྱིན་པར་ཕྱེད་ནས་དགག་སྒྲུབ་དང་། ཡང་དག་པ་དང་། ཡང་དག་པ་མ་ཡིན་པ་རྣམས་ལ་འཇུག་པར་བྱས་ཅིང་། དེ་ལས་གཞན་དུ་ན་བླུན་པོས་དུག་ཟོས་ནས་ཟུག་རྔུས་མནར་བ་ན། སྨན་པ་མཁས་པས་དེ་ཟར་མི་རུང་ཚལ་སྨྲས་པས་བླུན་པོ་དེ་ལ་ཁྲོ་ཞིང་འཁོན་དུ་འཛིན་པ་ལྟར་འགྱུར་ལ། དེས་རང་གི་བསྟན་པ་མི་ཟིན་པའི་ཁར་གནོད་པར་འགྱུར་བས་ཕྱིན་ཆད་སྨྲ་བར་མི་བྱ་སྟེ། མགོན་པོ་བྱམས་པས། དོན་སྨྲ་ཇི་བཞིན་ཡོངས་རྟོགས་ན། །བདག་ཉིད་ཉམས་ཤིང་བློ་ཉམ་འགྱུར། །ལེགས་པར་གསུངས་པའང་སྤང་བས་ན། །བརླག་པར་འགྱུར་ཆོས་ལ་ཁོང་ཁྲོས་སྒྲིབ། །ཞེས་དང་། ཆོས་རྗེ་བས། བླུན་པོ་རྣམས་ཀྱི་དུག་ཟོས་ནས། །སྨན་པ་མཁས་ལ་ཁྲོ་བ་ལྟར། །བླུན་པོ་ཆོས་ལོག་སྤྱོད་པ་ཡིས། །མཁས་ལ་ཁྲོ་བ་འདི་རེ་མཚར། །ཞེས་དང་། མཁྱེན་རབ་དབང་ཕྱུག་ལེགས་པའི་འབྱུང་གནས་ཀྱིས། དུག་ཅན་འཚོ་ལ་ཤར་

བའི་གཟུགས་བརྙན་ལྟར། །མཐོང་བས་རྨོངས་བྱེད་སྒྱུ་སྒྲུའི་རིང་ལུགས་ལ། །དགའ་བས་འཇུག་པའི་བྱིས་པ་གཞོན་ནུ་རྣམས། །ལུང་དང་རིགས་པའི་མཚོན་རྣོན་མེད་བཞིན་དུ། །རྣམ་དཔྱོད་གྱད་ཀྱི་དཔུང་བས་གཞུ་ཐྲབ་རྣམས། །ཐལ་བར་བརླག་བྱེད་རལ་གྲི་འཁྲུལ་འཁོར་གྱིས། །རང་འདོད་སྙིང་པོ་འཇོམས་པར་ཇི་ལྟར་བཟོད། ། ཚིག་རྒྱབ་ལམ་ལས་དྲངས་ནས་སྨྲོད་པའི་མདའ། །རང་ཡིད་དགེ་བ་སྲེག་པའི་རྒྱུར་འགྱུར་ཞིང་། །གཞན་གྱི་ལེགས་བཤད་རྣམ་དག་མི་བཟོད་པར། །ཁྲིམ་པ་རྣམས་དང་ཕེབས་པར་སླ་བའི་གཏམ། །འཁྲིག་པོ་ཡིས་ཀྱང་བསྟན་པ་ག་ལ་ཟིན། །ཞེས་པ་དེར་འགྱུར་བས་སོ། །

དེས་ན་ས་སྐྱ་པས། ནཱ་རོ་མཻ་ཏྲི་གཉིས་ནས་རྒྱུད་པའི་ལམ་སྒྲོལ་རྣམ་དག་ལས་འོང་བའི་ལྟ་སྒོམ་སྤྱོད་པ་ཚོས་མིན་ཅི་ལ་གསུངས། །མཁས་མཆོག་སླ་བའི་སེང་གེས། མཐའ་བྲལ་ལྟ་བའི་གནད་ལ་གང་རིའི་ཁྲོད་ཀྱི་ཐུབ་པའི་རྒྱལ་ཚབ་བསང་ཕུ་བའི་དགེ་བཤེས་གོང་མ་རྣམས་དང་། མཐའ་མས་རྒྱུད་སྡེའི་མངའ་བདག་རྗེ་བཙུན་ས་སྐྱ་པ་ཡབ་སྲས་རྣམས་དང་། གྲུབ་རྒྱུད་བསྟན་པའི་རྒྱལ་མཚན་འཛིན་པ་མར་པ་མི་ལ་ལ་སོགས་པ་བོད་ཀྱི་མཁས་གྲུབ་ཐམས་ཅད་མཐུན་པར་ཐེག་མཆོག་གནད་ཀྱི་ཟླ་ཟེར་ལས་བཤད་ཅིང་། ཚུལ་འདི་འཕགས་པ་གྲུབ་པའི་མཆོག་རྣམས་དང་། །གངས་ཅན་འདིར་བྱོན་མཁས་ཤིང་གྲུབ་བརྙེས་རྣམས། །སྟོན་ཚུལ་ཚིག་གི་ཁྱད་པར་མ་གཏོགས་པར། །རྟོགས་ཚུལ་ལྟ་བའི་ཆ་ལ་ཁྱད་པར་མེད། །ཞེས་ཀྱང་གསུངས་སོ། །དེ་ལྟ་ནའང་ཕྱིས་ཀྱི་ཕྱག་རྒྱའི་སྒོམ་ཆེན་ཁ་ཅིག །ཐོས་བསམ་གྱི་དཔྱད་པ་གང་ཡང་སྔོན་དུ་མ་སོང་བས་ཆོས་ཉིད་དམ་གནས་ལུགས་ཀྱི་དོན་གང་ལ་ཟེར་གྱི་རྣམ་དབྱེ་ཙམ་ཡང་མེད་པར་རང་གར་བཙན་ཐབས་སུ་རྟོག་པ་བཀག་ནས། ཡིད་ལ་ཅི་ཡང་མི་བྱེད་པའི་མཚན་བྱེད་ཀྱི་སྒོམ་གྱི་གཟུགས་བརྙན་ཞིག་བྱེད་པ་ལ་ཕྱག་རྒྱ་ཆེན་པོ་སྒོམ་པའོ་ཞེས་སླ་ཞིང་། དེ་གཞན་ལ་མེད་པའི་ཟབ་གནད་ཁྱད་པར་ཅན་ཞིག་ཡིན་པར་བསྒོམས་པ་རྣམས་ལ་བཀའ་བཀྲོན་པ་ནི་ཤིན་ཏུ་ཡིན་ཏེ། ད་ལྟའི་ཕྱག་རྒྱ་ཆེན་པོ་ཞེས་དམིགས་སུ་བཀར་ནས་གསུངས་པའི་ཕྱིར་རོ། །དེ་ལྟར་ངེས་པར་བྱས་ནས། ད་ནི་དངོས་ལན་གདབ་པར་བྱ་སྟེ། མགོ་སྨྲའི་ལན་དེ་ནི་མགོ་མི་འགྲེ་བཞིན་དུ་བགྲེས་པ་སྟེ། ས་བོན་གདབ་སོགས་ཞིང་ལས་དང་ཚོང་ལས་དང་། བ་ལང་རྐྱན་གསོན་འབྱེད་པ་སོགས་ལ་གྲོང་པའི་བཟའ་དཔོན་རྐྱན་གསོན་སློང་མོར་གྱི་གནས་ལ་བློ་གྲོས་ལུག་ལྟར་གྱུར་པ་རྣམས་སུ་བས་ཀྱང་མཁས་ཕྱིར་དང་། རབ་དབྱེའི་དགོངས་པ་རྒྱུ་རིགས་མི་མཐུན་བཞིའི་འབྲས་བུ་རིགས་མི་མཐུན་བཞིན་བཞི་སྐྱེད་པའི་དོན་ཡིན་པ་དེ་མ་གོ་བར་རྒྱུ་གཅིག་ལས་འབྲས་བུ་རིགས་མི་མཐུན་བཞི་འབྱུང་བའི་དོན་དུ་བསམ་ནས་མི་སྲིད་པའི་དཔེ་དེ་ལྟ་བུ་འགོད་པའི་ངལ་བ་མཛད་པའི་ཕྱིར་རོ། །གལ་ཏེ་ས་བོན་འདེབས་མི་ཤེས་པའི་གླུན་པོས་ས

བོན་བཏབ་པ་དཔེར་སྦྱོར་རོ་ཞེ་ན། དེ་ལྟར་ན་ལོ་ཉེས་སུ་འགྲོ་བས་འབྲས་བུ་བཞི་འབྱུང་བའི་དཔེར་མི་རུང་ངོ་། །

འོ་ན་ཇི་ལྟར་ཞེ་ན་ཕྱག་རྒྱ་ཆེན་པོར་མིང་བཏགས་པའི་སྟོང་ཉིད་དམ་མཚན་བྱེད་ཀྱི་སྒོམ་གཅིག་ལ་དམིགས་པ་རིགས་མི་འདྲ་བཞི་ལས་རྒྱུ་ལས་འབྲས་བུ་དུད་འགྲོ་སོགས་བཞི་འབྱུང་ཞེས་པ་སྟེ། དེ་ཡང་གནས་ལུགས་ཀྱི་དོན་ལ་ཐོས་བསམ་གྱི་དཔྱད་པ་སྔོན་དུ་མ་བཞུགས་པའམ་མ་སོང་བར་བཙན་ཐབས་སུ་ཡིད་ལ་ཅི་ཡང་མི་སེམས་པར་ཆོགས་དྲུག་གི་རྒྱུ་བ་བཀག་པས་དྲན་རིག ཐལ་པོ་ཆེར། ཆོས་འདི་ཡོངས་སུ་མ་སྒོམ་ན། །ཆོས་ཉིད་མཐོང་བར་མི་འགྱུར་ཏེ། །ཆུ་ནི་མཐོང་དང་ཐོས་པ་ཡིས། །མ་འཐུང་སྐོམ་པ་ཇི་ལྟར་སེལ། །ཞེས་བཤད་པས། ཤེས་པའི་དོན་སྒོམ་དགོས་ཤིང་། དེ་ཡང་སེམས་ནི་རྒྱང་པ་རྣམ་རྟོག་ཁ་འཕྱིལ་དེ་གཉིད་ལོག་པ་ལྟར་གཉེན་པོར་མི་འགྱུར་བས། སོ་སོར་རྟོགས་པའི་ཤེས་རབ་ཀྱི་གཉེན་པོར་ཁ་ལེན་པར་བྱས་ལ་ཡང་དང་ཡང་དུ་འདྲིས་པར་བྱ་དགོས་ཏེ། དབུ་མ་སྙིང་པོ་ལས། སོ་སོར་རྟོགས་པའི་མེ་ཐབ་ཏུ། མི་དགེའི་ཀུན་ཏུ་རྟོག་པ་བསྲེགས། །བླ་མེད་གོ་འཕང་ཐོབ་བྱའི་ཕྱིར། །དེ་ལྟར་ཐུབ་པའི་བརྟུལ་ཞུགས་སྤྱོད། །ཞེས་སོགས། ཅེས་འཆིམས་ནམ་མཁའ་གྲགས་ཀྱིས། སྐྱེས་བུ་གསུམ་གྱི་ལམ་རིམ་ལས་འབྱུང་ངོ་། །མཆན་ཡིན། ཅམ་ཡང་གསལ་བ་མེད་པའི་གཞི་གནས་ལ་སྟོང་རྐྱང་དུ་ལྟ་བའི་ལྷག་མཐོང་གིས་མིང་ཅན་གྱི་རྒྱུས་བཏབ་ནས་སྒོམ་ན་དུད་འགྲོའི་རྒྱུ་རུ་འགྱུར་ཏེ། ཆོས་རྗེ་བའི་ཁྲུ་མ་སྒོམ་ཆེན་གྱི་དྲིས་ལན་ལས། རྟོག་པ་ཁ་ཆོམ་གཞི་གནས་དང་། །སྟོང་པ་ཐལ་ལྷུང་ལྷག་མཐོང་གཉིས། །ངན་འགྲོར་སྐྱེ་བའི་རྒྱུ་རྐྱེན་ཏེ། །ལེགས་འདོད་རྣམས་ཀྱི་སྤངས་ན་ལེགས། །ཞེས་དང་། སྒོམ་ཆེན་སྤྲིངས་ཡིག་ལས། དམ་པའི་གདམས་པས་སྦྱོར་པ་མ་ཆོད་པར། །གཞི་གནས་བྱིང་པོ་གཅིག་ལ་སེམས་བཟུང་ནས། །གཏི་མུག་མུན་པ་ཡང་ཡང་སྤེལ་བྱེད་པ། །ཕྱི་བ་ཚང་དུ་ཉལ་བའི་སྒོམ་ཆེན་ཡིན། །ཞེས་གསུང་པའི་ཕྱིར། དེའི་རྒྱུ་མཚན་ཡང་། དེ་ལྟ་བུའི་ཤེས་ཀྱིས་མ་ཟིན་པའི་རྟོག་པ་ཁ་ཆོམ་དེ་ཉེ་བའི་ཉོན་མོངས་པ་རྨུགས་པའི་ནང་ཚན་ཡིན་ཞིང་། སྙིང་རྗེའི་རྒྱུན་ཆད་པས་དུད་འགྲོར་སྐྱེ་བའི་རྒྱུ་བྱེད་པ་ཡིན་ཏེ། ཨིནྡྲ་བྷུ་ཏིས། རྨོངས་པའི་སྒོམ་པ་གང་ཡིན་པ། །རྨོངས་པས་རྨོངས་པ་ཐོབ་པར་འགྱུར། །ཞེས་གསུངས་ཕྱིར་དང་། རིན་ཆེན་འཕྲེང་བར། མེད་པ་པས་ནི་ངན་འགྲོར་འགྲོ། །ཞེས་དང་། སྟོང་པ་ཉིད་ལ་ལྟ་ཉེས་ན། །སོགས་དང་། འདི་ལྟར་མེད་པར་ལྟ་བ་ཡིས། །མི་མཁས་དེ་ནི་ཆུས་ཀྱང་འཛད། །ཞེས་དང་། ཏིང་ངེ་འཛིན་རྒྱལ་པོ་ལས། འཇིག་རྟེན་པ་དག་སྟོང་ཉིད་སྒོམ་ན་ཡང་། །དེ་ཡི་དངོས་པོར་འཛིན་པ་ཞིག་མི་ནུས། །དེའི་ཉོན་མོངས་ཕྱིར་ཞིང་སླར་ཡང་ལྡང་། །ལྷག་འོད་ཀྱི་ནི་ཏིང་འཛིན་འདིར་སྒོམ་ཞིང་། ཞེས་མུ་སྟེགས་ཀྱི་སྟོན་པ་ལྷག་འོད་ཀྱི་ལོ་བཅུ་གཉིས་སུ་སྟོང་པ་ཉིད་ཀྱི་ཏིང་ངེ་འཛིན་སྒོམ་པའི་འབྲས་བུ་ཕྱི་བྱིར་སྐྱེས་པ་དཔེར་མཛད་ནས་གསུངས་པའི་ཕྱིར། དེ་ལྟ་བུའི་སྒོམ་དེས་དངོས་སློབ་རྣམ་དཀར་གྱི་ཡོན་ཏན་ཐམས་ཅད་ཉམས་པར་བྱེད་དེ། ཡེ་ཤེས་གྲུབ་པ་ལས། གལ་ཏེ་

སྨྱོངས་པའི་དབང་གིས་ནི། །རྣམ་པར་སྨྱོངས་པ་སྒོམ་བྱེད་ན། །བརྩོན་དང་ཡེ་ཤེས་རྣམ་ཤེས་དང་། །དངོས་སློབ་དག་ཀྱང་ཉམ་པར་འགྱུར། །ཞེས་དང་། རྣམ་རྟོག་སྨྱོངས་པའི་འཆིང་བ་ཡིས། །བདེ་བ་དམ་པ་ཉིད་མི་རྟོགས། །ཐབས་དང་ཤེས་རབ་རྣམ་དག་པ། །ཕྱི་རོལ་རྟོག་པ་ངན་པས་བརྟགས། །ཞེས་གསུངས་པའི་ཕྱིར། དེ་དུད་འགྲོར་སྐྱེ་བའི་འཕེན་སྐྱབ་ཀྱི་ཁྱད་པར་ནི་རྣམ་སྨིན་གྱི་ངོ་བོ་འཕེན་པ་དང་། ཁྱད་པར་འཕེན་པ་ལ་བྱ་དགོས་པས། འཕེན་བྱེད་ཡིན་ཏེ་མཛོད་ལས། གཅིག་གི་སྐྱེ་བ་གཅིག་འཕེན་ཏེ། །རྫོགས་པར་བྱེད་པ་དུ་མ་ཡིན། །ཞེས་པའི་རང་འགྲེལ་ལས། དཔེར་ན་རི་མོ་བདག་གིས་སྐྱ་རིས་ལ་མཚོན་གྱིས་ཆོག །ཡོངས་སུ་རྫོགས་པ་ལ་མཚོན་སྣ་ཚོགས་དགོས་པ་དཔེར་མཛད་ནས་གསུངས་པའི་ཕྱིར། ཉིད་ཀྱི་འགྲུབ་བྱེད་ཀྱི་ལས་ཡིན་གསུངས་པ་ནི་འཕེན་སྐྱབ་ཀྱི་གནད་མ་དགོངས་པ་སྟེ། རྣམ་སྨིན་གྱི་སྐྱེ་བའི་ངོ་བོ་འཕེན་པ་ལ་འཕེན་བྱེད་དང་། རྟེན་དེ་ལ་བདེ་སྡུག་སྣ་ཚོགས་འབྱུང་བའི་རྒྱུ་སོ་སོ་བའི་ལས་ལ་རྫོགས་བྱེད་དུ་འཇོག་པའི་ཕྱིར་རོ། །

དེ་ལྟའི་རྣམ་རྟོག་ཁ་ཆོམ་སྟེ། མ་རིག་པ་ལ་གཉིས་ལས་ཉོན་མོངས་ཅན་མིན་པ་དང་དེ་ལའང་གཉིས། དེ་ཁོ་ན་ཉིད་ལ་རྨོངས་པའི་མ་རིག་པ་ཡིན་པ་ནི་ཤིན་ཏུ་ལེགས་སོ། །ཡང་སེམས་ཀྱི་རྒྱུ་བ་མི་གསལ་བའི་གཞི་གནས་ལ་གཟིགས་སྣང་བ་མཐའ་དག་བཀག་ནས་གཟུགས་ལ་འདོད་ཆགས་དང་བྲལ་བར་བྱས་ཏེ་ནམ་མཁའ་ལ་དམིགས་པ་དང་། དེ་ཡང་བཀག་སྟེ་ཡུན་གྱི་རྣམ་པར་ཤེས་པ་ལ་དམིགས་པ་དང་། དེ་ཡང་བཀག་སྟེ་གཟུང་བྱ་ཅི་ཡང་མེད་པ་ལ་དམིགས་པ། དེ་ལས་འདས་ཏེ་འདུ་ཤེས་རགས་པ་མེད་ཅིང་ཕྲ་བ་མེད་པ་མིན་ནོ་སྙམ་དུ་དམིགས་ཏེ། སྟོང་པ་ཉིད་དུ་ལྟ་བའི་ལྟག་མཐོང་གིས་མིང་ཅན་གྱི་རྒྱས་བཏབ་སྟེ་སྒོམ་ན་རིམ་པ་ལྟར་གཟུགས་མེད་སྐྱེ་མཆེད་མུ་བཞིར་སྐྱེ་བའི་རྒྱུ་བྱེད་པ་ཡིན་ཏེ། ཆོས་རྗེ་བས་དྲིས་ལན་ཉིད་དུ། སེམས་རྒྱུ་མི་གསལ་གཞི་གནས་དང་། །གཟུགས་གཟུགས་བཀག་པའི་ལྷག་མཐོང་གཉིས། །གཟུགས་མེད་སྐྱེ་བའི་རྒྱུ་ཅན་ཏེ༑ ༑ཐར་འདོད་རྣམས་ཀྱི་སྤངས་ན་ལེགས། །ཞེས་པ་དང་མཐུན་པའི་ཕྱིར། དེའི་རྒྱུ་མཚན་ཡང་། དེ་ལྟ་བུའི་སྒོམ་དེ་གཟུགས་མེད་ཀྱི་སྙོམ་འཇུག་དང་ཆ་འདྲ་བ་ལ་དགོངས་ཏེ། གཟུགས་མེད་དག་ནི་རྣམ་གཉིས་བཞི། །དེར་སྐྱེས་པ་དག་རབ་ཏུ་བཤད། །སྙོམ་འཇུག་དགེ་བ་རྩེ་གཅིག་པ། །རྫེས་གསང་བཅས་རྣམས་ཕུང་པོ་བཞི། །ཞེས་གསུངས་པའི་ཕྱིར། དེར་སྐྱེས་པར་ཉེས་པ་ཅི་ཡོད་ཅེ་ན། །མདོ་སྡུད་པར། བྱང་ཆུབ་ཡོན་ཏན་འཕེལ་བཞིན་ཉམས་འགྱུར་འོང་ཞེས། །གཟུགས་མེད་ཁམས་དུ་སྐྱེ་བ་དོན་དུ་གཉེར་མི་བྱེད། །ཞེས་པ་ལྟར་རོ། །གནོད་རྒྱུན་ཆད་པ་སོགས་ཉེས་པ་མང་ངོ་། །སོ་སོར་རྟོག་པའི་ཤེས་རབ་ཀྱི་མ་ཟིན་པར། །འདུ་ཤེས་རགས་པ་ལ་སྒྲོན་དུ་ལྟ་བའི་སྒོམ་ཐམས་ཅད་གཟུགས་མེད་དུ་སྐྱེ་བའི་རྒྱུར་མི་ངེས། བཤད་མ་ཐག་པའི་སྒོམ་དེ་ཡང་དེ་

ཡིན་པའི་ཕྱིར་རོ། །ཡང་སྔ་མ་གཉིས་ལས་སྒོམ་ལེགས་ཏེ་ཅི་ཡང་ཡིད་ལ་མི་དྲན་པར་ཡུན་ཡང་ཡུན་རིང་དུ་གནས་པའི་གཞི་གནས་ལ་སོ་སོར་རྟོག་པའི་ཤེས་རབ་ཀྱིས་གང་ཟག་གི་བདེན་འཛིན་བཀག་སྟེ་འཁོར་བ་ལས་ངེས་པར་འབྱུང་བའི་བློར་སྟོང་ཉིད་དུ་ལྟ་བའི་རྒྱས་བཏབ་ནས་སྒོམ་ན་ཉན་ཐོས་ཀྱི་འགོག་པ་སྟེ་དེའི་མྱང་འདས་ཐོབ་པའི་རྒྱུར་འགྱུར་ཏེ། དྲན་ཚོར་མེད་པའི་ཞི་གནས་དང་། །ཚོགས་དྲུག་བཀག་བཞིན་ལྷག་མཐོང་གཉིས། །ཉན་ཐོས་འགོག་པ་ཆ་མཐུན་ཏེ། །མཆོག་འདོད་རྣམས་ཀྱིས་སྤང་ན་ལེགས། །ཞེས་དང་། སྟོད་པར་ཐབས་མེད་ཤེས་རབ་བྲལ་བ་ཉན་ཐོས་ཉིད་དུ་ལྟུང་། །ཞེས་གསུངས་པའི་ཕྱིར། དེས་ན་འདི་སྐབས་ཀྱི་ཉན་ཐོས་ཀྱི་འགོག་པ་ནི་ཉན་ཐོས་ཀྱི་མྱང་འདས་ལ་བྱ་དགོས་ཀྱི་ཡུལ་གྱི་རྣམ་པ་ཅི་ཡང་ཡིད་ལ་མི་བྱེད་མི་དྲན་པར་རྒྱུན་རིང་པོར་གནས་པའི་ཞི་གནས་ལ། ཁ་ཅིག་འདུ་ཤེས་མེད་པའི་སེམས་ཅན་ལ་འདོད་པ་ནི་ནོར་ཏེ། གཞུང་འདིར་སྟོང་ཉིད་རྣམས་ཀྱང་སྒོམ། །དེའི་འབྲས་བུ་འགོག་པ་ཐོབ། །ཅེས་དང་། ཐབས་དང་བྲལ་བའི་སྟོང་ཉིད་ཀྱིས། །མྱ་ངན་འདས་པར་འགྱུར་ཕྱིར་རོ། །ཞེས་དང་། སྟོང་ཉིད་ལྟ་བས་མྱ་ངན་འདའ། །ཞེས་པ་རྣམས་དོན་གཅིག་པའི་ཕྱིར་རོ། །རྫོགས་པའི་བྱང་ཆུབ་གསུམ་མྱ་ངན་འདས་པར་ཡང་དག་མཐའ་མངོན་དུ་བྱས་ན་ཆད་པའི་མྱང་འདས་སུ་ལྟུང་ཞེས་པའང་ནོར་ཏེ་མ་དག་ས་བདུན་གྱི་གནས་སྐབས་སུ་མཚན་འཛིན་སྤྱོང་བའི་ཚེད་དུ་མཉམ་བཞག་ཡེ་ཤེས་ཀྱི་ཚོགས་གཙོ་བོར་བྱ་ཞིང་། དག་པ་ས་གསུམ་གྱི་སྐབས་སུ་མཚན་འཛིན་སྤྱོང་མི་དགོས་པས་རྗེས་ཐོབ་བསོད་ནམས་ཀྱི་ཚོགས་ལ་གཙོ་བོར་བྱ་དགོས་པའི་གནད་ཀྱི་དག་པ་སར་འགོག་པ་ལ་ཡུན་རིང་དུ་མཉམ་པར་བཞག་ན་གཞན་པོ་རྒྱུན་ཆད་པའི་ཉེས་པར་འགྱུར་བས། རྫོགས་སྨིན་སྦྱང་གསུམ་མ་བྱས་པར་ཡང་དག་མཐའ་སྟོན་དུ་མ་བྱེད་གཅིག །ཅེས་པའི་གདམས་པ་མཛད་ཅིང་། རྒྱལ་བ་རྣམས་ཀྱི་འགོག་པ་ལས་རྫོགས་པར་མཛད་ཅེས་པ་ལྟར། ཏིང་ངེ་འཛིན་དེ་སད་པའི་ཐབས་མཛད་པ་ཡིན་ནོ། །དེ་ལ་དགོངས་པ་ཅན་གྱི་མྱང་འདས་ཞེས་གསུངས་ཀྱི། ཆད་པའི་མྱང་འདས་ཞེས་མ་གསུངས་པའི་ཕྱིར་རོ། །

ཡང་སྔ་མ་གསུམ་ལས་སྒོམ་ལེགས་ཏེ་སོ་སོར་རྟོག་པའི་ཤེས་རབ་ཀྱི་ཡོ་བྱེད་ལ་སོགས་པ་གཉིས་འཛིན་གྱིས་སྤྲོས་པ་མཐའ་དག་གཅད་ནས་སྙིང་རྗེ་ཆེན་པོ་དང་། ཟུང་འབྲེལ་དུ་བྱས་ཏེ་སྒོམ་ན། དབུ་མའི་སྒོམ་དུ་ངས་ན་མཉམ་པ་ཙམ་དུ་འགྱུར་གྱི། དེ་ལས་ལྷག་པ་མེད་དེ། ཤིན་སྦྱངས་བདེ་ལྡན་གཞི་གནས་དང་། །སྤྲོས་ཀུན་ཉེར་ཞིའི་ལྷག་མཐོང་གཉིས། །ཕར་ཕྱིན་ཐེག་པའི་ལམ་མཆོག་སྟེ། །རྒྱལ་སྲས་རྣམས་ཀྱིས་སྒྲུབ་ན་ལེགས། །ཞེས་དང་། མདོ་སྡེ་རྒྱན་ལས། དེ་ནས་དེའི་ལུས་དང་སེམས། །ཤིན་ཏུ་སྦྱངས་པ་ཆེ་ཐོབ་ནས། །ཡིད་ལ་བྱེད་དང་བཅས་ཞེས་བྱ། །ཞེས་སོགས་གསུངས་པའི་ཕྱིར། ཐབས་དབང་བཞི་དང་རིམ་པ་གཉིས་ལས་བྱུང་བའི་ཡེ་

ཤེས་སམ། ཡང་ན་མཚན་མ་དང་རྟོག་པ་ཐམས་ཅད་ཆོས་ཀྱི་དབྱིངས་སུ་ཞི་བའམ་ཐིམ་པའི་ཞི་གནས་དང་། བདེ་སྟོང་ཟུང་འཇུག་གི་ལྷག་མཐོང་ཟུང་འབྲེལ་དུ་སྒོམ་པ་ལ་བརྟེན་ནས་བྱུང་བའི་རང་བྱུང་གིས་ཡེ་ཤེས་ཏེ་གསང་སྔགས་ཀྱི་ལུགས་ཀྱི་ཕྱག་ཆེན་ཡེ་ཤེས་ཡིན་ཏེ། མཚན་རྟོག་ཉེར་བཞིའི་ཞི་གནས་དང་། །བདེ་སྟོང་སངས་རྒྱས་འཕྲིན་ཞུ་ལས། ཕྱག་རྒྱ་ཆེན་པོ་སྒོམ་ན་ཡང་། །དབང་ལས་བྱུང་བའི་ཡེ་ཤེས་དང་། །རིམ་གཉིས་ཏིང་འཛིན་ཁྱད་པར་ཅན། །ཡིན་ཞེས་ཁྱེད་ཀྱི་གསུང་ལས་བྱུང་། །ཁ་དོག་དཀར་པོ་ཆིག་ཐུབ་ལ། །ཕྱག་རྒྱ་ཆེན་པོར་ངོ་སྤྲོད་བྱེད། །ཞེས་དང་། ཟུང་འཇུག་ལྷག་མཐོང་གཉིས། །གསང་སྔགས་ཕྱག་ཆེན་ལམ་ཡིན་ཏེ། །ཚེ་འདིར་སྒྲུབ་འདོད་སྒྲུབ་ན་ལེགས། །ཞེས་དང་། དྲི་མེད་འོད་ལས། ཕྱག་རྒྱ་ཆེན་པོ་མི་འགྱུར་བདེ། །གཟུང་དང་འཛིན་པ་དབྱིབས་དག་དང་། །རྟོག་དང་བརྗོད་པ་རྣམ་པར་དྭངས། །དྲི་ཟའི་གྲོང་ཁྱེར་ལྟ་བུ་དང་། །ཕྲ་ཕབ་པ་ཡི་རྣམ་པ་ཅན། །རྣལ་འབྱོར་ཐབ་དང་ཤེས་རབ་དག །ཨེ་ཝཾ་ཡི་གེ་དེ་ལ་འདུད། །ཕྲ་རབ་རྡུལ་གྱི་ཆོས་ཉིད་འདས། །ཕྲ་ཕབ་པ་ཡི་རྣམ་པ་ཅན། །རྣམ་པ་ཀུན་གྱི་མཆོག་ལྡན་པའི། །ཕྱག་རྒྱ་ཆེན་པོ་དེ་ལ་འདུད། །ཞེས་རྟོག་བྱ་ཆོས་ཉིད་གཞུག་མའམ། །རྣམ་ཀུན་མཆོག་ལྡན་གྱི་སྟོང་ཉིད་རྟོགས་ཚུལ་སླ་བསམ་བརྗོད་མེད་ཀྱི་ཉིན་ཕྲ་ཕབ་པའི་རྣམ་པ་ཅན་གྱི་སྒོ་ནས་རྟོག་མེད་ཀྱི་བློ་དང་དབྱེར་མེད་རྟོགས་པའི་ཟུང་འཇུག་གི་ཡེ་ཤེས་ཡིན་པར་བཤད་པའི་ཕྱིར། དེ་ལྟར་ན་དུད་འགྲོའི་རྒྱུ། གཟུགས་མེད་ཀྱི་རྒྱུ། ཉན་ཐོས་འགོག་པའི་རྒྱུ་རྣམས་སྐྱིད་སྡུག་གཅིག་ཏུ་གཏོང་ཞེས་སོགས་ཀྱི་དགག་པ་ཐམས་ཅད་ན་བུན་བཞིན་དུ་ཡལ་ལོ། །ཐབས་དང་བྲལ་བའི་སྟོང་ཉིད་ཀྱི་གཡང་ས་ལ་འཇིགས་པ་བྱང་ཆུབ་སེམས་དཔའ་ཡིན་པའི་རྟགས་ཡིན་ཏེ། འཕགས་པ་དཀོན་མཆོག་རྩེགས་པ་ལས། སེང་གེ་གང་ལའང་མི་འཇིགས་ཀྱང་། །མི་ཆེན་མཐོང་ན་འཇིགས་པ་སྐྱེ། །དེ་བཞིན་བྱང་ཆུབ་སེམས་དཔའ་ཡང་། །ཆོས་གཞན་གང་ལའང་མི་འཇིགས་ཀྱང་། །སྟོང་པ་ཉིད་ལ་སྐྲག་ཅེས་གསུངས། །ཞེས་འབྱུང་ཕྱིར་རོ། །ཉིད་ཀྱིས་གསུང་ལ། བླུན་པོས་ཕྱག་ཆེན་སྒོམ་པ་དུད་འགྲོའི་རྒྱུར་འགྲོ་བའི་ལུང་ཚད་མ་གང་ཡིན། དེ་དུད་འགྲོའི་འཕེན་བྱེད་དང་། རྫོགས་བྱེད་ཀྱི་ལས་གང་དུ་འདོད། ཕྱག་ཆེན་གྱི་ལྟ་བ་དེ་ཉོན་མོངས་པར་འདོད་དམ། དེས་ཀུན་ནས་བསླངས་པའི་ལས་སུ་འདོད། དབུ་མའི་ལྟ་བ་དེ་ལས་དང་ཉོན་མོངས་གང་རུང་དུ་ཁས་བླངས་ན་སྐྱོན་ཅི་ཡོད། ཞེས་སོགས་གླེང་ན། དབུ་བསྙུང་བར་གྱུར་རོ། །ཞེས་དང་། རང་གཞན་གྱི་གཞུང་གང་ལའང་མ་འདྲིས་པར་ཀུན་སློང་ཁོ་ན་ལ་རྩ་སློབ་བྱས་པ་དག་གིས། བླུན་པོས་ཕྱག་རྒྱ་ཆེ་སྒོམ་པ། །སོགས་ཀྱི་ལུང་འདི་ཁྱིས་ཐོང་གི་ཁ་རང་དུ་ཁྱེར་ནས་ཆོས་སོང་གི་ལས་སྒྲུབ་པའི་ཉམས་སུ་ལེན་པ་རྣམས་ལ་སྙིང་རྗེ་བས་འདི་འདྲི་བར་བྱ་སྟེ། བླུན་པོས་ཕྱག་རྒྱ་ཆེན་པོ་སྒོམ་པ་དུད་འགྲོའི་རྒྱུར་འགྲོ་བ་དེ་བསྒོམ་བྱ་ཆོས་ཀྱི་སྐྱོན་ཡིན་ནམ། སྒོམ་མཁན་གང་ཟག་གི་སྐྱོན། དང་པོ་

ལྟར་ན་བླུན་པོས་ཟེར་ཅི་དགོས། དེ་འདྲའི་ཆོས་དེ་མཁས་པས་སྒོམ་ནའང་དུད་འགྲོར་རྒྱུར་མི་འགྱུར་བའི་རྒྱུ་མཚན་གང་ཡིན། གཉིས་པ་ལྟར་ན་འཕགས་པ་ཀླུ་སྒྲུབ་ལའང་མཚུངས་པར་ཐལ། སྟོང་པ་ཉིད་མ་ཡིན་པ་ལ་སྟོང་པ་ཉིད་དུ་མིང་བཏགས་ནས་བོད་པར་མཛད་པའི་ཕྱིར་ཏེ། སྟོང་པ་ཉིད་ལ་ལྟ་ཉེས་ན། །ཤེས་རབ་ཆུང་རྣམས་ཕུང་བར་འགྱུར། །ཞེས་གསུང་པའི་ཕྱིར། འདིར་ཡང་། སྟོང་ཉིད་མིན་ལ་ལྟ་ཉེས་ན། །ཞེས་ཐོག་མར་བསྒྱུར་བཅོས་བྱ་དགོས་པར་མཚུངས་པར་ཐལ་ལོ། །རིགས་སྦྱོར་མ་བསླབ་པར་ཚིག་འཁྲི་འདྲ་བ་བྱས་ཅན་འདི་ལ་ཡང་དོན་མེད་དོ། །བློ་མ་ཚད་པ་དང་བཏགས་པ་མི་ཤེས་པའི་རྩོད་པ་ལ་འབྲེལ་མེད་པ་བདེན་ནོ། ། མཆན། བླུན་པོས་ལམ་འབྲས་སྒོམ་པ་ཡང་། །ཞེས་ཟློག་སྟེ་སླས་ན་ཅི་གསུང་། གལ་ཏེ་དེ་ནི་ཕྱག་ཆེན་ངོས་མ་ཟིན་པ་ལ་ཕྱག་ཆེན་དུ་མིང་བཏགས་པ་དེ་བསྒོམས་པས་དུད་འགྲོའི་རྒྱུར་འགྲོ་བ་ལ་བསམ་ནས་སླས་སོ་ཞེ་ན། བླུན་པོ་ཕྱག་ཆེན་མ་ཡིན་པ་ལ་ཡིན་པར་སྒོམ་པ་སྐྱོན་ཆུང་གི་རང་མཁས་པར་ཁས་བླངས་ནས་ཕྱག་ཆེན་མ་ཡིན་པ་ལ་ཕྱག་ཆེན་དུ་མིང་བཏགས་ནས་འབོད་པ་འདི་འཆལ་ལོ། །དེ་ལྟར་ན་བླུན་པོས་ཕྱག་ཆེན་མིན་སྒོམ་པ༑ ༑ཞེས་ཐོག་མར་བསྒྱུར་བཅོས་ལ། དེ་ནས་རྩད་པར་བྱ་བའི་གཞན་དུ་འབྲེལ་མི་འགྱུར་ངོ་། །ཞེས་བྲི་བར་མཛད་དོ། །དེ་ལ་བརྟགས་ན་ཕྱག་ཆེན་གྱི་སྒོམ་མ་ཡིན་པ་ཞིག་དེར་རློམས་ནས་མུན་སྒོམ་བྱས་ན་སྐྱོན་དེར་འགྱུར་ཞེས་པ་སྟེ། ཞི་བར་སྟོར་བཤད་པ་ལས་གསལ་བར་རྟོགས་ནུས་པས་དེ་ཙམ་གྱི་ཚིག་གོ། །གཞུང་དེ་ལ་རྐུན་པོའི་རྐང་པ་བཞིན་ངོ་ལེན་མཛད་ནས་ཐུགས་ཁྲོ་རང་མི་དགོས་པ་འདྲ། ཅེས་ཀྱང་མཛད་ན་ཤཱཀྱ་ཐུབ་པ་དང་ཨིནྡྲ་བྷཱུ་ཏི་སོགས་ལ་ཐུགས་ཁྲོས་པའི་སྐུར་བཞེངས་ཏེ་གསུངས་པར་རིགས་སོ། །

འདིར་སྨྲས་པ། ཨ་ཧོ་འཇམ་དབྱངས་གསར་མ་ས་སྐྱ་བའི། །རྣམ་དཔྱོད་ཡངས་པའི་སྣོད་དུ་ཤེས་བྱའི་ཚད། །ཉུང་ངུར་བྱས་པས་ཕྱོགས་རེའི་མཁས་ཆུང་རྣམས། །ཤེས་སླམ་བོས་པའི་ཟླུག་ཧྲུ་སྟོང་པར་ཡལ། །སྡོམ་གསུམ་བསྟན་བཅོས་ཡིད་བཞིན་ནོར་གྱི་བུ། །ལོག་བློའི་དྲི་མས་ནག་པོར་བྱས་པ་གང་། །དག་བྱེད་ལུང་དང་རིགས་པའི་ཆུ་གཙང་གིས། །མཆོད་ཡོན་རྒྱ་མཚོར་འཁྲིལ་འདི་འབུལ་ལགས་ན། །རབ་འབྱམས་རྒྱལ་བ་ཀུན་གྱི་གཞལ་དགའ་བའི། །དུས་རིག་པ། བཅུད་རིག་པ། སྒྲ་རིག་པ། བཟོ་རིག་པ། གསོ་བ་རིག་པ། ཚེ་རབས་རིག་པ། སྐྱེ་གནས་རིག་པ། གཞན་སེམས་རིག་པ། ཆོས་རིག་པ། བདག་དོན་རིག་པ། སེམས་ཅན་གྱི་ཁམས་རིག་པ། དབང་པོ་རིག་པ། ཡུལ་རིག་པ། སྨན་རིག་པ། སྐྱེ་བ་རིག་པ། འཆི་བ་རིག་པ། སྤྱོད་པ་རིག་པ་སྟེ། བཅོ་བརྒྱད་རིག་པའི་གནས་ཀྱི་ཡིད་བཞིན་མཚོ། །རྣམ་དཔྱོད་གཙང་མའི་ཞལ་སྐོར་རྟུབ་གཅིག་གིས། །ཉེ་བར་བྱེད་པོའི་ཕྱག་གི་འདི་ལོངས་ཤིག །ཅེས་སོ། །ཡང་གཞན་མཛོད་ལས། གཉིས་པ་མ་ནོར་བཀའ་བརྒྱུད་པས་བསྟན་ཚུལ། ཕྱག་རྒྱ་བཞི་པ་བསྟན་རྣམ་གྲངས་གང་ཡིན་པ། ཕྱག་ཆེན་དེ་རིང་ངོ་བོ་ཇི་ལྟ་བུ་ཡིན་པ། ངེས་ཚིག་མདོ་རྒྱུད་གཉིས་ཀར་བསྟན་ཚུལ། དེ་དཀར་པོ་ཆིག་ཐུབ་ཏུ་འགྲོ་

བའི་གནད་བཤད་པ་དང་བཞི་ལས། དང་པོ་ཇོ་བོ་ནཱ་རོ་པས་གསུངས་པའི་ཕྱག་རྒྱ་བཞིར་འོང་ངེ། ཕྱག་རྒྱ་དང་པོ་ཕྱི་ཚུལ་བུད་མེད། གཉིས་པ་ཡིད་རིག །གསུམ་པ་ཕྱག་རྒྱ་ཆེན་པོ་འམ་ཆེན་མོ་རྣམ་ཀུན་མཆོག་ལྡན་གྱི་སྟོང་ཉིད་ལ་མཛད་པས་དུས་ཀྱི་འཁོར་ལོ་ནས་གསུངས་པའི་ཕྱག་རྒྱ་བཞི་པ་ཇི་ལྟ་བ། སློབ་དཔོན་ཀླུ་སྒྲུབ་དང་རྒྱལ་བ་མཻ་ཏྲི་བས་གསུངས་པའི་ཕྱག་ཆེན་དང་དམ་རྒྱར། འདིས་ཕྱག་ཆེན་བསྡུས་སོ་ཞེས་སོགས་ཀྱི་ལན་ཀླུ་སྒྲུབ་རྩོད་སྤོང་དུ་བཀོད་པ་དང་ཡང་ལན་དང་། དེའི་ལན་ཉིད་ཀྱི་བཀོད་པ་རྣམས་སྔར་གྱི་ཐལ་རར་འདུག་པས་བཏང་སྙོམས་སུ་བཞག་གོ། །ཡང་གཞན་མཛོད་ལས། དེ་ཡང་དབུ་མ་པས་བསོད་ནམས་མིན་པ་བཟློག་པ་དང་། བདག་བཟློག་ལྟ་བ་ཀུན་བཟློག་པའི་སྐབས་གསུམ་དུ་ཕྱེ་བ་དང་། ཕྱིར་མི་བཟློག་འཁོར་ལོའི་མདོར། ཡིད་བཞིན་གྱི་ནོར་བུ་སྦྱོང་བའི་ཚུལ་གསུམ་གྱི་བདེ་བར་གཤེགས་པའི་སྙིང་པོ་སྦྱོང་བའི་རིམ་པ་གསུམ་བསྟན་པ་དུས་ཀྱི་འཁོར་ལོ། བསོད་ནམས་ཀྱི་ཚོགས། ཚུལ་ཁྲིམས་ཀྱི་ཚོགས། ཡེ་ཤེས་ཀྱི་ཚོགས་གསུམ་ལ་བཀྲི་བའི་ཚུལ་རིམ་པ་ཇི་ལྟ་བ་བཞིན། འདིར་ཡང་རྗེ་མི་ལའི་ཞལ་སྔ་ནས་སྣང་བ་ཇི་ལྟར་སྣང་ལགས། མ་རྟོགས་པ་ལ་འཁྲུལ་བ་སྟེ། །རྟོགས་པ་རྣམས་ལ་ཆོས་སྐུར་སྣང་། །མཐར་ཐུག་དོན་ལ་སྣང་མ་མྱོང་། །སྤྲིན་བྲལ་མཁའ་ལྟར་དགོས་གསུངས། །ཞེས་མ་རྟོགས་པའི་སྐབས་རྟོགས་པ་ཤར་བའི་སྐབས། མཐར་ཐུག་པའི་སྐབས་གསུམ། དེ་དག་ཀྱང་སོ་སོ་སྐྱེ་བོའི་གནས་སྐབས་དང་། བྱང་ཆུབ་སེམས་དཔའ་འཕགས་པའི་གནས་སྐབས་དང་། སངས་རྒྱས་ཀྱི་གནས་སྐབས་གསུམ་དུ་ཤེས་པར་བྱ་དགོས་པའི། དང་པོ་ལ་ནི། གཉིས་མེད་ཟུང་འཇུག་ཙམ་བཤད་ཀྱང་། །བློའི་གོ་ཕྱོགས་ལ་གཉིས་སྣང་ཐད་ཀ་གཅིག་བྱུང་སྟེ། དོན་གཉིས་གཉིས་སྣང་མ་སྤྱང་བས་ལན། དེ་དག་གི་བློ་བཟུང་ནས་འཁྲུལ་བ་འཁྲུལ་བ། མ་འཁྲུལ་བ་མ་འཁྲུལ་བ་ཀུན་རྫོབ་ཀུན་རྫོབ། དོན་དམ་དོན་དམ་རང་སྟེ་ཕན་ཚུན་འགལ་བ་ལྟ་བུར་བཤད་པ་རྣམས་བཟུང་བས་དྲང་དོན་བློ་དམན་རྣམས་ལ་དེ་སྐད་བདེན་པར་བཤད་དགོས་པ་ཡིན་ནོ། །

གཉིས་ཀྱི། གཉིས་སྣང་ཟད་པས་གཉིས་མེད་རྟོགས་པ་ཞེས་བཞག །དེའི་དབང་གིས་རྣམ་རྟོག་ཐམས་ཅད་ཆོས་སྐུ། ཉོན་མོངས་པ་ཐམས་ཅད་བདུད་རྩི་འཁྲུལ་བ་ཐམས་ཅད་ཡེ་ཤེས་སུ་འཆར་བས་ཕྱོགས་སུ་ཕྱེ་ཡང་དབྱེ་བ་མི་སྲིད་པས། བདེན་གཉིས་དབྱེར་མེད་དམ། ཐབས་ཤེས་དབྱེར་མེད་སོགས་ཀྱི་གནད་ཀས་བདེན་པ་གཅིག་སྟེ་དོན་དམ་པའི་བདེན་པའོ། །དེ་ཡང་རྒྱལ་དབང་རྗེས། རྣམ་རྟོག་གི་རང་བཞིན་ཤེས་ཙན། །གང་ཤར་འདི་ཆོས་སྐུར་ཁྲིམ་མེ་རེ། །ཞེས་དང་། ས་ར་ཧས་རྟོགས་པར་གྱུར་ན་ཐམས་ཅད་དེ་ཡིན་ཏེ། དེ་ལས་གཞན་ཞིག་སུས་ཀྱང་རྙེད་མི་འགྱུར། །ཞེས་སོ། །འདི་ནི་ངེས་པའོ། །གསུམ་པ་སངས་རྒྱས་ཀྱི་གཟིགས་པ་ལ

སེམས་ཅན་གྱི་བློས་གཞལ་བ་ནི། རྒྱལ་བའི་དབང་པོས། མཁའ་ལ་འདོམ་གྱི་འཇལ་བ་དང་། ཀུན་ཁྱབ་ལ་སྐོར་ལེར་རྟོད་པ་རྣམས་བྱེད་དོན་རང་མེད་དེ་བྱེད་མཁན་མང་། ཞེས་གསུངས་པར་མཛད་ལ། འོན་ཀྱང་ཞེས་སོགས་ནས་དེ་མཐར་ཐུག་ཅེས་པའི་སྐབས་ཏེ། དེས་ན་དྲང་དོན་འདི་ངེས་དོན་འདི་མཐར་ཐུག་འདི་ཞེས་ཕྲན་འབྱེད་པར་བྱའོ། །ཞེས་པའི་ལན་དུ། རྟོད་སྤོང་ལས། འདི་དག་ཕལ་ཆེར་སྙིང་གི་བཙུད་དུ་གྱུར་པ་ལྟར་སྣང་མོད། དཔྱད་པར་བྱ་བའི་གནས་ཀྱང་ཅུང་ཟད་སྣང་སྟེ། དེ་ཡང་གནས་སྐབས་གཉིས་པར་རྣམ་རྟོག་ཆོས་སྐུ་ཡིན་པར་མི་བྱེད། བྱང་འཕགས་མཉམ་ན་གཉིས་སྣང་མེད་པ། རྗེས་ཐོབ་གཉིས་སྣང་ཀུན་རྫོབ་ཙམ་དུ་བཤད་པའི་ཕྱིར། སངས་རྒྱས་པར་རྣམ་རྟོག་ཆོས་སྐུར་ཁས་མི་ལེན་པ་ཡང་ནང་འགལ་ཏེ་སངས་རྒྱས་ཀྱི་གཟིགས་པར་ཚད་མར་བྱས་ནས་རྣམ་རྟོག་ཆོས་སྐུར་བཞེད་ཅེས་རྣམ་རྟོག་ཆོས་སྐུའི་དྲིས་ལན་དུ་བཤད་ཟིན་པའི་ཕྱིར། ཞེས་པའི་ལན་དུ་ཉིད་ཀྱི་གསུང་ལས།འདི་ར་སྐབས་གཉིས་པར་རྣམ་རྟོག་ཆོས་སྐུར་བཞག །དྲིས་ལན་དུ་སངས་རྒྱས་ཀྱི་གཟིགས་པར་དེ་ར་བཞག་པ་མི་མཐུན་པར་ལྟར་སྣང་བ་བདེན་མོད་གྲུབ་མཐའ་ལ་གསར་བཞུགས་ཀྱི་བློ་གྲོས་སྨིན་པ་ལ་དེ་འདྲའི་དོགས་པ་སྐྱེ་སྲིད་ཀྱང་། མཁས་དབང་ཁྱོད་ཀྱི་མཁྱེན་བཞིན་དུ་བདག་ཅག་ལ་ཅོ་འདྲི་ཁོ་ནར་གསུངས་སོ། །དེ་ལ་འདི་ཞུ་སྟེ་གནས་སྐབས་གསུམ་དུ་ཕྱེ་བའི་ཚེ་བྱང་འཕགས་དང་སངས་འཕགས་སོ་སོར་བྱས་པའི་བྱང་འཕགས་ཀྱི་རྗེས་ཐོབ་ཡེ་ཤེས་དེ་རྣམ་རྟོག་ཆོས་སྐུར་བཞག །འདི་སྐབས་ཀྱི་རྣམ་རྟོག་ཅེས་པའང་སྒྲ་དོན་འདྲེས་རུང་ཁོ་ན་མིན་པར་ཀུན་རྫོབ་ཀྱི་ཕྱོགས་ཐམས་ཅད་ལ་འཇོག་པས། བྱང་འཕགས་དེ་རྗེས་ཐོབ་སྒྱུ་མ་ཙམ་དུ་སྣང་བའི་རྣམ་བཞག་རྟོག་དེ་ཀའི་རང་བཞིན་ཆོས་སྐུར་བཞུགས་པ་ལ་བསམ་ནས་རྣམ་རྟོག་ཆོས་སྐུ། དྲིས་ལན་དུ་བྱང་འཕགས་ཡར་བསྡུས་ནས་སངས་རྒྱས་ཀྱི་གཟིགས་ངོར་རྣམ་རྟོག་ཆོས་སྐུ་ཞེས་གདམ་དུ་མཛད་པའི་རྒྱུ་མཚན་མཐའ་སྤྱོད་འོག་ཏུ་འཆད་དོ། ། ཞེས་བྲི་བར་མཛད་དོ། །དེ་ལ་བརྟགས་ན། འདི་དག་སྐུ་ཁམས་ཉོགས་པ་ཞིག་གི་སྐབས་སུ་བྲིས་པའམ། ཡང་ན་མཁའ་འགྲོའི་བརྡ་སྐད་ལྟ་བུ་ཞིག་ཡིན་པ་ཨེ་སྲིད། གཞན་བྱང་འཕགས་རྗེས་ཐོབ་ཡེ་ཤེས་དེ་རྣམ་རྟོག་ཆོས་སྐུར་བཞག་ཅེས་པ་དང་། བྱང་འཕགས་དང་སངས་རྒྱས་འཕགས་པ་སོ་སོར་བྱས་པའི་ཞེས་པ་དང་། འདི་སྐབས་ཀྱི་རྣམ་རྟོག་ཅེས་པའང་སྒྲ་དོན་འདྲེས་རུང་ཁོ་ན་མིན་པར། ཞེས་སོགས་དང་། བྱང་འཕགས་ཡར་བསྡུས་ནས་སངས་རྒྱས་ཀྱི་གཟིགས་ངོར་རྣམ་རྟོག་ཆོས་སྐུ་ཡིན་ཞེས་པ་རྣམས་ནི་བྱིས་པ་མཚོན་མི་ཤེས་ཀྱི་བབ་ཅོལ་དུ་སྨྲས་པའི་གཏམ་ཁོ་ན་འདྲ་སྟེ། དེ་ཡང་བྱང་འཕགས་དང་སངས་འཕགས་གཅིག་ཏུ་བྱས་པའི་སྐབས་གཅིག་ཀྱང་ཞལ་གྱིས་བཞེས་པ་འདྲ། དེ་ལྟ་ན་ནི་བྱང་འཕགས་དང་སངས་འཕགས་ཀྱི་གཞི་མཐུན་ཡང་ཞལ་གྱིས་ལོས་བཞེས། དེ་བཞེས་ན་ཅི་ཡང་མི་ཞུ

ལགས་སོ། །བྱང་འཕགས་ཀྱི་རྗེས་ཐོབ་ཡེ་ཤེས་དེ་རྣམ་རྟོག་ཆོས་སྐུར་བཞག་ཅེས་པ་ཡང་། དེ་འདྲའི་རྗེས་ཐོབ་ཡེ་ཤེས་དེ་རྣམ་རྟོག་ཆོས་སྐུ་གཉིས་ཀ་ཡིན་གསུང་རྒྱུ་ཡིན་ལགས་སམ། དེ་གསུམ་རྩེགས་ནས་བཞག་གསུང་བ་རང་ཞེ་མིན་ནམ། དང་པོ་ལྟར་ན་དེ་རྣམ་རྟོག་ཡིན་པར་ཐལ་ལོ། །

དེ་ཡང་འདོད་ན། དེ་མངོན་ཞེན་མེད་པར་གཟུང་འཛིན་གཉིས་སུ་སྣང་བ་ཙམ་གྱི་རྣམ་རྟོག་ཡིན་གསུང་པ་ལས་འོས་མི་འདུག་པས། དེ་ཟས་སློམ་ལམ་ལ་བཅས་རྒྱུའི་ཟག་པར་ཞལ་གྱི་བཞེས་པ་ལགས་སམ། གཞན་ཡང་དེ་ཡེ་ཤེས་ཆོས་སྐུར་ཡང་ཐལ་ཏེ་དེ་ཡེ་ཤེས་དང་ཆོས་སྐུའི་བཞིན་དུ་ཡིན་པར། འདི་སྐབས་ཀྱི་རྣམ་རྟོག་དེ་ཀུན་རྫོབ་ཀྱི་ཆོས་ཐམས་ཅད་ཡིན་པར་ཐལ་ཏེ། དེ་ཀུན་རྫོབ་ཀྱི་ཆོས་རྣམས་ཐམས་ཅད་ལ་འཛོག་ཅེས་པ། ཡིན་པ་ལས་འོས་མེད་པ་འདུ་བའི་ཕྱིར། འདོད་ན། དེ་བེམ་པོ་ཡང་ཡིན་ཤེས་པ་ཡང་ཡིན་སྤྱི་མཚན་ཡང་ཡིན་ཞེས་ནི་མི་གསུང་ལས་ཀེ། བྱང་འཕགས་ཡར་བསྟུས་ནས་གསུང་པ་དེ་བྱང་འཕགས་སངས་འཕགས་ཀྱི་གྲྭ་ལ་འཇུག་གསུང་བ་ལགས་སམ། དེ་ལྟར་ན་བྱང་འཕགས་ལ་བཀའ་དྲིན་ཆེ་འདུག །སངས་འཕགས་ཚོ་ལ་དགྱེས་པ་ཙུང་ཟད་ཡོད་ལས་ཀེ། གསུང་པ་སངས་རྒྱས་ཀྱི་གཟིགས་ངོར་ཆོས་སྐུ་ཡིན་ན་ཆོས་སྐུ་ཡིན་པའི་གོ་ཆོད་ན། འཁོར་འདས་ཀྱི་ཆོས་ཐམས་ཅད་ཆོས་སྐུར་མི་འགྱུར་ལགས་སམ། རྣམ་རྟོག་དེ་ཀའི་རང་བཞིན་ཆོས་སྐུར་བཞུགས་པ་ཞེས་བྱ་བའི་དོན། རྣམ་རྟོག་གི་རང་བཞིན་སྤྲོས་བྲལ་ཏེ་རང་བཞིན་ཆོས་སྐུ་ཡིན་གསུང་ངམ། རྣམ་རྟོག་དེ་ཀ་ཆོས་སྐུ་ཡིན་རྒྱུ་ཡིན། དེ་ལྟར་ན་ཤིན་ཏུ་ལེགས་ཏེ། ཤིང་རྟ་ཆེན་པོ་རྣམས་དང་མཐུན་ཞིང་། བཀའ་བརྒྱུད་གོང་མའི་བཞེད་པའང་དེ་ཀ་ལས་འོས་མེད་པའི་ཕྱིར་རོ། །ཡང་ཀླུ་སྒྲུབ་རྩོད་སྤོང་ལས། གནས་སྐབས་དེར་བདེན་གཉིས་དང་འབྲུལ་མ་འབྲུལ་སོགས་ཐ་དད་སོ་སོར་ཁས་ལེན། གནས་སྐབས་གཉིས་པ་འདིར་བདེན་གཉིས་དབྱེར་མེད་དང་། ཐབས་ཤེས་དབྱེར་མེད་སོགས་ཁས་ལེན་གསུང་པ་ནི་རྣམ་དཔྱོད་ཆེར་མི་སྣང་སྟེ། ཐེག་ཆེན་གྱི་སྐབས་སུ་བདེན་གཉིས་ཀྱི་རྣམ་བཞག་ཁས་ལེན་པ་དེ་སྲིད་དུ་བདེན་པ་གཉིས་དབྱེར་མེད་དུ་ཁས་ལེན་དགོས་ཤིང་། དེ་ཁས་བླངས་ཀྱང་ཀུན་རྫོབ་བདེན་པ་ཀུན་རྫོབ་བདེན་པ་དོན་དམ་བདེན་པ་དོན་དམ་བདེན་པ། འབྲུལ་བ་འབྲུལ་བ་ཡིན་པ་སོགས་རྣམས་མ་འཚོལ་བར་ཁས་ལེན་དགོས་ཕྱིར། ཞེས་པའི་ལན་དུ་ཉིད་ཀྱིས་གསུང་ལས། ཐེག་ཆེན་གྱི་སྐབས་ཞེས་སྨྲོམ་ཡོར་མཛད་ན་མི་མཐུན་པའི་རྒྱུ་མཚན། ཐེག་ཆེན་སོ་སྐྱེ་དེས་སྐབས་དང་པོ་ལྟར་ཁས་ལེན་དགོས་ཏེ། མ་གཏོགས་པའི་སྐབས་སྐབས་ཡིན་པར། ཞེས་དང་། ཐེག་ཆེན་སོ་སྐྱེ་ཁོ་རང་ཉི་མ་དང་ཉི་མའི་འོད་བཞིན་དུ་འབྲལ་མི་ཤེས་པ་ཁོ་རའི་བབ་ལ་འདུག་པ་ལ་བསམ་ན་རུང་བ་ཙམ་སྟེ། དེ་སྐབས་སུ་དེ་གཉིས་མི་འབྲལ་ཡང་ཉི་མ་ནི་འདི། ཉི་འོད་ནི་འདི་ཞེས་སོ་སོར་ངོས་འཛིན་རྒྱུ་བྱུང་

བས་སོ། །དེ་དང་འདྲ་བར་འཁྲུལ་མ་འཁྲུལ་སོགས་ཀྱང་མ་འཆོལ་བར་ཁས་ལེན་པ་བདེན་ནོ། །བཀའ་བརྒྱུད་རིན་པོ་ཆེའི་ལུགས་ཀྱི་དེ་ལྟ་བུ་ལ་བདེན་གཉིས་ཟུང་འབྲེལ་ཟེར་གྱི། བདེན་གཉིས་དབྱེར་མེད་ཟུང་འཇུག་སོགས་ཀྱིས་སྦྲ་མི་འདོགས་དེ་ཀས་ཁོ་སོ་སྐྱེར་ལུས་པ་ལགས། ཞེས་བྲི་བར་མཛད་དོ། །དེ་ལ་བརྟགས་ན་འདི་ལྟར་གོ་སྟེ། འོ་ན་དེང་སང་གི་དཔལ་ལྡན་འབྲུག་པའི་རྣལ་འབྱོར་པ་འདི་ཚོ་ཐམས་ཅད་སངས་འཕགས་དང་བྱང་འཕགས་གང་རུང་ཡིན་ན་རྗེས་སུ་ཡི་རང་། ཙེ་ཞུ། དེ་བཞིན་མིན་ན་འདི་ཚོ་ཐམས་ཅད་ཀྱི་རྣམ་རྟོག་ཆོས་སྐུ་ཡིན་ཟེར་འདུག་པས། ཁྱེད་ཚོ་ཐེག་ཆེན་སོ་སྐྱེ་ཡིན་པས་དེ་སྐད་མ་ཟེར་ཞིག །ཅེས་དེ་ཀ་ནས་བཀའ་ཁྲབ་ནན་ཏན་ཅན་གནང་དགོས་པར་འདུག་གོ། །རིན་པོ་ཆེ་བ་རང་ཡང་དེ་གང་རུང་དུ་ཞལ་གྱི་བཞེས་ན་མ་གཏོགས་རྣམ་དག་ཆོས་སྐུ་ཡིན། དུག་ལྔ་ཡེ་ཤེས་ཡིན་ཞེས་གསུངས་པ་མི་རིགས་པ་འདྲ་སྟེ། གནས་སྐབས་དང་པོའི་སྐབས་ཡིན་པར་བདེན་གཉིས་ཟུང་འབྲེལ་དང་། བདེན་གཉིས་དབྱེར་མེད་སོ་སོར་འབྱེད་པའི་འབྱེད་ཆོས་གང་ཡིན། བདེན་གཉིས་དབྱེར་མེད་ཀྱི་དོན་ཀུན་རྫོབ་དོན་དམ་ཡིན། དོན་དམ་ཀུན་རྫོབ་ཡིན་པར་ནི་མི་གསུང་ལས་ཆེ། གསུངས་པ་ལྟར་ན་འཁོར་འདས་དབྱེར་མེད་ཀྱིས་དོན་འཁོར་བ་མྱང་འདས་ཡིན་མྱང་འདས་འཁོར་བ་ཡིན་ཞེས་དང་། གཞི་རྒྱུ་འབྲས་དབྱེར་གཉིས་ཀྱི་དོན་གཞི་རྒྱུ་འབྲས་བུ་ཡིན་འབྲས་བུ་གཞི་རྒྱུ་ཡིན་ཞེས་སོགས་ཞལ་གྱི་བཞེས་དགོས་པར་ཐལ་ལོ། །ཏེ་ཏེ། ཡང་རྩོད་སྤོང་ལས། སྣོམ་ཉམས་འཛོག་པ་དག་དེ་སྐད་གསུངས་པ་ལ་འཁྲུལ་གཞི་སྣང་ཡང་མཁས་པའི་གཏམ་མ་ཡིན་ཏེ། ཞེས་པའི་ལན་དུ་ཉིད་ཀྱིས། འདི་ནི་ཤིན་ཏུ་ཐ་ཆད་པའི་ཚིག་ཡིན་པས་མཁས་པའི་ཞལ་ལས་རྒྱུ་བ་ཅི་ཏེ་རིགས། རྒྱུ་མཚན་ཡང་དག་པའི་མཁས་པ་ནི་ནང་དུ་ཡང་དག་པར་མཉམ་པར་མཉམ་བཞག་པ་ལས་འབྱུང་བའི་དེ་ཁོ་ན་ཉིད་ཀྱི་དོན་མངོན་དུ་མེད་པ་ལ་ཟེར་བས། ཆོས་རྗེ་བས། མཁས་གང་ཤེས་བྱའི་དེ་ཁོ་ན། །ཇི་བཞིན་རྟོགས་པར་ཡིན་པར་བརྗོད། །ཅེས་སོ། །

དེས་ན་མཁས་པ་དང་སྒོམ་ཆེན་གཉིས་ལྡན་ཅིག་མི་གནས་འགལ་ལྟ་བུར་མི་བསམ་མོ་ཞེས་སོགས་བྲི་བར་མཛད་དོ། །དེ་ལ་བཏགས་ན། སྒོམ་ཉམས་འཛོག་པ་ཚོ་རྣམ་རྟོག་ཆོས་སྐུ་ཡིན། དུག་ལྔ་ཡེ་ཤེས་ཡིན་ཟེར་བ་དེ་ཚོ་ལ་འཁྲུལ་གཞི་སྣང་ཡང་། ཁྱེད་ཇི་ལྟ་ཇི་སྙེད་ཀྱི་དོན་མཁས་པར་ཞལ་གྱི་མཆེས་པས་དེ་འདྲ་གསུངས་མི་རིགས་ཞེས་པ་སྟེ་ཤིན་ཏུ་ཡང་མད་དོ། །ནང་དུ་ཡང་དག་པར་མཉམ་པར་བཞག་པ་ལས་བྱུང་བའི་དེ་ཁོ་ན་ཉིད་དེ་ཅི་འདྲ་ཞིག །ཆོས་ཉིད་དེ་གསུངས་ན་དེ་མཉམ་པར་བཞག་པ་ལས་བྱུང་བ་ལགས་སམ། དེ་མན་གྱི་འཕྲོས་གཏམ་རྣམས་ལ་དཔྱད་རྒྱུ་མི་འདུག་གོ། །ཡང་ཀླུ་སྒྲུབ་ཀྱིས། རྣམ་རྟོག་ཆོས་སྐུ་ཡིན་ན་རྣམ་རྟོག་ཡང་ཡིན་ཆོས་སྐུ་ཡང་ཡིན་པའི་གཞི་མཐུན་གཅིག་ཁས་ལེན་རྒྱུ་དགོས་པ་ལས་དེ་འདྲ་དེ་གནས་སྐབས་སུ་གསུམ་པོ་

གང་དུ་ཡང་མི་སྲིད་པའི་ཕྱིར་དང་། ཞེས་པའི་ལན་དུ་པད་མ་དཀར་པོས། དེ་བཞིན་བདེ་གཤེགས་ཡེ་ཤེས་ནི། །རྣམ་པ་ཐ་དད་མི་སྒོམ་ཞིང་། །ཡོད་དང་མེད་དོན་མ་མཐོང་བ། །རྣམ་རྟོག་དབང་འགྱུར་ཉིད་ཅེས་བྱ། །ཞེས་པ་རྩོལ་ཤེས་བྱེད་དུ་འདྲེན་པར། ཉིད་ཀྱི་གསུང་ལས་བྱུང་འཕགས་ཀྱི་མཉམ་བཞག་ན་རྣམ་རྟོག་ཡོད་ཟེར་མཁན་མི་སྣང་ཞིང་། རྗེས་ཐོབ་ཏུ་ལྟ་བས་ཟིན་པའི་སྣང་བ་རྨི་ལམ་སྒྱུ་མ་ལྟ་བུ་དེ་ཀ་རྣམ་རྟོག་རྣམ་རྟོག་གཉིས་དབང་སྒྱུར་གྱི་ཆོས་སྐུ་ཡིན་ཞེས་ངེད་ཀྱི་སྨྲས་པ་དེར་སོང་ཏེ། རྣམ་རྟོག་ཆོས་སྐུའི་ཐ་སྙད་བྱུང་འཕགས་ཀྱི་རྗེས་ཐོབ་ཡེ་ཤེས་ལ་བྱས་པ་ཡིན་ཚུལ་མང་དུ་བཤད་ཟིན་པ་དང་མཐུན་པའི་ཕྱིར་ཞེས་བྲིས་སོ། །དེ་ལ་བརྟགས་ན། རྣམ་རྟོག་དབང་འགྱུར་ཞེས་པ་ནི་ཆོས་ཉིད་དམ་ཆོས་ཀྱི་བདག་མེད་རྟོག་པའི་རྣལ་འབྱོར་པའི་གཟིགས་ངོར་སྐད་ཅིག་དང་པོ་ལ་རྣམ་རྟོག་ཤར་ཡང་། དེའི་རང་ངོ་ལ་བལྟས་པས་སྐད་ཅིག་གཉིས་པར་རྣམ་རྟོག་ཡལ་ནས་སྤྲོས་བྲལ་གྱི་ཉམ་བཟང་པོ་ཤར་བ་ལྟ་བུ་ལ་བྱའི། དེ་ལྟ་བུའི་རྣལ་འབྱོར་དེ་ཆོས་སྐུ་ཡིན་པར་ཁས་མི་ལེན་ཏེ། ཆོས་སྐུ་ནི་འབྲས་བུས་གནས་སྐབས་ཡིན་པའི་ཕྱིར་རོ། །རྣམ་རྟོག་ཆོས་སྐུའི་ཐ་སྙད་བྱུང་འཕགས་ཀྱི་རྗེས་ཐོབ་ཡེ་ཤེས་ཡིན་ཚུལ་སོགས་ལ་དཔྱད་པ་ཐལ་ཟིན་པ་དེ་ཀའོ། །ཡང་ཀླུ་སྒྲུབ་རྩོད་སྤོང་ལས། རྣམ་རྟོག་རང་ཡལ་དུ་སོང་བ་ལ་ཆོས་སྐུའི་མིང་འདོགས་ན། མིང་ལ་མི་རྩོད་མོད། དོན་དང་མི་མཐུན་ཏེ། སྤྲིན་ནམ་མཁར་དྭངས་པའི་ཚེ་སྤྲིན་ནམ་མཁའ་ཡིན་ཞེས་སྨྲ་བ་དང་མཚུངས་པའི་ཕྱིར་རོ། །ཞེས་པའི་ལན་དུ། ཉིད་ཀྱི་གསུང་ལས། མིང་ལ་མི་རྩོད་གསུང་པ་མི་བདེན་ཏེ། རྣམ་རྟོག་ཆོས་སྐུའི་མིང་དེ་ཀ་ཐུགས་སུ་མ་ཤོངས་བས་ལན་པའི་ཕྱིར་རོ། །ལར་མིང་ཐམས་ཅད་ལ་གཞི་མཐུན་དགོས་ན་བྱ་རྐྱོད་གཤོངས་ལ། བྱ་རྐྱོད་ཀྱང་ཡིན། གཤོངས་ཀྱང་ཡིན་པའི་གཞི་མཐུན་སུ་ཞིག་གི་བཟོ་དགོངས་ཤིག །དེའི་ཕྱིར། རྣམ་རྟོག་ཆོས་སྐུའི་གདམ་གྱིས་དྭངས་སྐད་པ། །བདེན་ན་བློ་གྲོས་རྣལ་མ་གང་གིས་སྒྲུབ། །ཅེས་པ་དེར་སྣང་ངོ་། །ཉིད་དཔལ་ལྡན་ས་སྐྱའི་བསྟན་འཛིན་ཆེན་པོ་ཡིན་པས། རང་བྱུང་ཡེ་ཤེས་རྟོགས་པ་ལ། །རྣམ་རྟོག་ཉིད་ཀྱང་ཡེ་ཤེས་སུ། །རང་གི་ངང་གིས་འགྱུར་བ་ཡིན། །སྒོམ་དང་མ་བསྒོམས་ཁྱད་པར་མེད། །ཅེས་བླ་མ་ས་ཆེན་གྱིས་གསུངས་པའི་རྗེས་སུ་དཔག་པར་རིགས་ཀྱི། རྣམ་ཤེས་འདི་ནི་ཆོས་སྐུའི་མི་མཐུན་ཕྱོགས། ཡིན་ཕྱིར་ཆོས་སྐུ་གཏན་ནས་མིན་ནོ། །ཞེས་སྨྲ་བའི་རྗེས་སུ་རྣམ་པ་ཐམས་ཅད་དུ་འཇུག་པ་ག་ལ་རིགས། གནས་སྐབས་གཉིས་པར་གཉིས་འཛིན་མ་སྤངས་པའི་སྣང་ངོར། གཉིས་མེད་ཀྱི་གདམ་ཅི་ཙམ་བཤད་ཀྱང་། ཐ་དད་དེར་འཛིན་གྱི་བློ་ངོར་ལྡང་བ་ཞིག་ཀ་འདུག་ཀྱང་། གལ་པོ་ཆེ་ལ་ལན་གསུམ་གྱི་དཔེར་འདུག་པ་དང་། དེ་ཡང་ཡིད་ཆེས་ཚིག་ནི་མི་བསླུ་བའི། །ཞེས་པ་ལྟར་ལུང་ཚད་མས་བསྒྲུབས་པར་བྱས་ཏེ། དེ་ལ་ཐོག་མར་བརྗ་ཆད་ལ་བསླབ་དགོས་པས། རྟོག་པ་དང་། རྣམ་པར་རྟོག་པ་དང་།

ཀུན་ཏུ་རྟོག་པ་སྟེ། འཁོར་བར་འཕེན་བྱེད་དང་། འཁོར་བར་སྐྱེ་བྱེད་དང་། འཁོར་བར་འཆིང་བྱེད། ཅེས་བྱ་བ་དོན་དུ་ཀུན་རྫོབ་ཀྱི་ཕྱོགས་ཐམས་ཅད་རྣམ་རྟོག་ཡིན་པ་ལ་དགོངས་ནས། རྣམ་རྟོག ཉོན་མོངས། དྲི་མ། འདུས་བྱས། མདངས། འཁོར་བ། སྲིད་པ། མ་རིག་པ། སྣང་བ་རྣམ་པ་སོགས་ཀུན་ནས་ཉོན་མོངས་ཀྱི་ཕྱོགས་གདོགས་ཡིན་ནོ་ཅོག །དེ་བཞིན་དུ་ཆོས་སྐུ། ཆོས་དབྱིངས། ཆོས་ཉིད། དབྱིངས། རང་བཞིན། འདུས་མ་བྱས། མ་བྱས། སངས་རྒྱས། བྱང་ཆུབ་ཅེས་སོགས་རྣམ་པར་བྱང་བའི་ཆོས་ཐམས་ཅད། དེ་དག་ཕན་ཚུན་རྣམ་དབྱེར་མེད་པར་རོ་མཉམ་དུ་ཐུགས་སུ་སྟར་ཞིང་། སྐལ་པ་བཟང་པོ་དག་ལ་ལེགས་པར་འདོམས་པ་ནི་སྙིང་པོ་དོན་གྱི་བསྟན་འཛིན་ཡིན་ངེས་ཤེས་པ་དཔལ་ལྡན་དྭགས་པོའི་བཀའ་བརྒྱུད་ཅེས་ཡོངས་སུ་གྲགས་པ་འདི་ཉིད་ཀྱི་ཁྱད་ཆོས་བླ་ན་མེད་པའོ། །དེ་ལྟར་ཡང་། འཕགས་པ་དད་སྟོབས་སྐྱེད་པ་ལ་འཇུག་པའི་ཕྱག་རྒྱ་ཞེས་པ་ཐེག་པ་ཆེན་པོའི་མདོ་ལས། འཇམ་དཔལ་གཞན་ཡང་དབུགས་འབྱིན་པ། རྙེད་པ་ལྔ་དག་བྱང་ཆུབ་སེམས་དཔའ་རྣམས་ཀྱི་ས་དང་པོའི་ཡོངས་སྤྱོད་དུ་འགྱུར་ཏེ། ལྔ་གང་ཞེན་འདི་ལྟ་ཏེ། བདག་ནི་མ་རིག་པ་དང་དབྱེར་མེད་པའི་རིག་པ་ཤེས་པ་ལ་གནས་ཀྱི། གཞན་དག་ཀུང་མ་རིག་པ་དང་དབྱེར་མེད་པའི་རིག་པ་ཤེས་པ་ལ་འགོད་དོ། །ཞེས་དབུགས་འབྱིན་པ་རྙེད་པར་གྱུར་ཏེ། དེ་ལ་མ་རིག་པ་དང་དབྱེར་མེད་པའི་རིག་པ་ནི་མ་རིག་པའི་རང་བཞིན་གང་ཡིན་པའོ། །དེ་ཅིའི་ཕྱིར་ཞེ་ན་རིག་པ་ནི་མ་རིག་པའི་རང་བཞིན་ལས་གཞན་མིན་པའི་ཕྱིར། མ་རིག་པའི་རང་བཞིན་ལས་རིག་པ་གཞན་མེད་པས། མ་རིག་པའི་རང་བཞིན་ཉིད་རིག་པ་སྟེ། མ་རིག་པའི་རང་བཞིན་གྱི་རིག་པ་ཤེས་པ་དེས་ཆོས་ཐམས་ཅད་ཤེས་པ་རིག་པའོ། །ཞེས་པ་ལྟར་འདོད་ཆགས་དང་ཞེ་སྡང་གཏི་མུག ཉིང་མཚམས་སྦྱོར་བ་སོགས་ལ་འགྲེས་རྐང་སྦྱར་བ་དང་། སླར་ཡང་འདུས་བྱས་དང་དབྱེར་མེད་པ་འདུས་མ་བྱས་པ་ནི་འདུས་བྱས་ཀྱིས་རང་བཞིན་གང་ཡིན་པའོ། །དེ་ཅིའི་ཕྱིར་ཞེ་ན་ཞེས་སོགས་ཀྱི་འཕྲོས་སུ། དངོས་པོ་དང་དངོས་མེད་དང་། འཁོར་འདས་དང་། ཡོད་དོ་ལ་སོགས་པ་ཡང་རིགས་འགྲེར་གསུང་ཤིང་། འོད་སྲུང་གིས་ཞུས་པའི་མདོ་ལས། འོད་སྲུང་རིག་པ་དང་མ་རིག་པ་དེ་དག་གཉིས་མིན་ཅིང་རྣམ་པ་གཉིས་སུ་དབྱེར་མེད་པའོ། །འོད་སྲུང་འདི་ལྟར་ཤེས་པ་གང་ཡིན་པ་དེ་ནི། དབུ་མའི་ལམ་ཆོས་རྣམས་ལ་ཡང་དག་པར་སོ་སོར་རྟོག་པ་ཞེས་བྱའོ། །

དེ་བཞིན་དུ་འདུ་བྱེད་རྣམས་དང་འདུས་མ་བྱས་དང་། རྣམ་པར་ཤེས་པ་དང་། རྣམ་པར་ཤེས་པ་འགག་པ་དང་། མིང་དང་གཟུགས་དང་། མིང་དང་གཟུགས་འགག་པ་དང་། ཞེས་པ་ནས། ཀ་ཤི་དང་ཀ་ཤི་འགག་པ་དེ་དག་གཉིས་མ་ཡིན་ཞིང་། རྣམ་པ་གཉིས་སུ་དབྱེར་མེད་དེ། འོད་སྲུང་དེ་ལྟར་ཤེས་པ་གང་ཡིན་པ་དེ་ནི་དབུ

མའི་ལམ་ཆོས་རྣམས་ལ་ཡང་དག་པར་སོ་སོར་རྟོགས་པ་ཞེས་བྱའོ། །ཞེས་གསུངས་སོ། །དེའི་ཕྱིར་གནས་ལུགས་ཀྱི་དོན་དེ་ལ་དྲི་མས་གོས་པ་ལྟར་སྣང་ཡང་དྲི་མ་གདོད་མ་ནས་ཡོད་མ་མྱོང་བས་ཡེ་དག་ཡིན་ཕྱིར་གཉེན་པོས་གསལ་བྱ་མེད་པས་ན། གཟུང་དབང་གི་ཞུས་པའི་མདོར། ཟད་པ་གཉེན་པོ་ཟད་པ་མ་ཡིན་ཏེ། །སྔོན་ནས་ཟད་ཕྱིར་དེང་འདིར་ཟད་ཅེས་བསྟན། །ཞེས་དང་། ཆོས་དབྱིངས་བསྟོད་པར། དུས་རྣམས་ཀུན་ཏུ་ཉོན་མོངས་མེད། །ཐོག་མ་དབུས་མཐར་དྲི་མ་བྲལ། །ཞེས་དང་། རྒྱལ་ཚབ་ཆེན་པོས་ཀྱང་། ཉེས་པ་གློ་བུར་དང་ལྡན་ཅིང་། །ཡོན་ཏན་རང་བཞིན་ཉིད་ལྡན་ཕྱིར། །ཇི་ལྟར་སྔར་བཞིན་ཕྱིས་དེ་བཞིན། །འགྱུར་བ་མེད་པའི་ཆོས་ཉིད་དོ། །ཞེས་སོགས་དང་།མངོན་རྟོགས་རྒྱན་ལས། འདི་ལ་གསལ་བྱ་ཅི་ཡང་མེད། །བཞག་པར་བྱ་བ་ཅུང་ཟད་མེད། །ཡང་དག་ཉིད་ལ་ཡང་དག་ལྟ། །ཡང་དག་མཐོང་ན་རྣམ་པར་གྲོལ། །ཞེས་འཕྲུང་མོད་དགོངས་པ་འགྲེལ་ཚུལ་ལ་མངོན་རྟོགས་རྒྱན་གྱི་སྐབས་སུ། སློབ་དཔོན་ཧ་རི་བྷ་དྲས་གཞན་དུ་བཀྲལ་ཡང་། འཕགས་པ་ཐོག་མེད་ཞབས་ཀྱིས་རྒྱུད་བླའི་ཊཱི་ཀར། དེ་བཞིན་གཤེགས་པའི་སྙིང་པོ་གང་ཞེ་ན་ཞེས་པའི་ལན་དུ། འདི་ལ་གསལ་བྱ་ཅི་ཡང་མེད། །ཅེས་སོགས་ཀྱི་ཚིགས་བཅད་དང་། དེའི་དོན་གསལ་བར་བྱེད་པ་ལ། །རྣམ་དབྱེར་བཅས་པའི་མཚན་ཉིད་ཅན། །གློ་བུར་དག་གི་ཁམས་སྟོང་གི། །རྣམ་དབྱེ་མེད་པའི་མཚན་ཉིད་ཅན། །བླ་མེད་ཆོས་ཀྱི་སྟོང་མ་ཡིན། །ཞེས་བཀོད་ནས། འདིས་ཅི་བསྟན་ཞེ་ན། གང་གི་ཕྱིར་རང་བཞིན་གྱི་ཡོངས་སུ་དག་པ་དེ་བཞིན་གཤེགས་པའི་ཁམས་འདི་ལས། གསལ་བར་བྱ་བ་ཀུན་ནས་ཉོན་མོངས་པའི་རྒྱུ་མཚན་ནི་འགའ་ཡང་མེད་དེ། གློ་བུར་བའི་དྲི་མ་བྲལ་བ་ནི་འདིས་རང་བཞིན་ཡིན་པའི་ཕྱིར་རོ། །འདི་ལ་རྣམ་པར་སྦྱང་བའི་རྒྱུ་མཚན་བཞག་པར་བྱ་བ་ཅུང་ཟད་ཀྱང་བཞག་ཡོད་པ་མ་ཡིན་ཏེ། རྣམ་པར་དབྱེ་བ་མེད་པའི་ཆོས་ཡང་དག་པའི་ཆོས་ཉིད་ནི་འདིས་རང་བཞིན་ཡིན་པའི་ཕྱིར་རོ། །ཞེས་སོགས་དང་། བདག་དང་ཉོན་མོངས་མི་ལྡན་ཕྱིར། །ཀུན་ནས་ཉོན་མོངས་མེད་དག་ཕྱིར། །རྣམ་པར་དབྱེ་བ་མེད་ཆོས་ཕྱིར། །ལྷུན་གྲུབ་རྣམ་པར་མི་རྟོག་ཕྱིར། །ཞེས་དང་། དེའི་འགྲེལ་པར། དེ་ལ་དྲི་མ་མེད་པའི་སངས་རྒྱས་ཀྱི་ཡོན་ཏན་ནི། གཅིག་ཏུ་ཀུན་ནས་ཉོན་མོངས་པ་སོ་སོའི་སྐྱེ་བོའི་ས་ལ་ཡང་རྣམ་པར་དབྱེ་བ་མེད་པའི་ཕྱིར་ཆོས་ཉིད་སྔ་ཕྱིར་ཁྱད་པར་མེད་པར་ཡོད་པའི་ཕྱིར། གནས་འདི་བསམ་གྱིས་མི་ཁྱབ་ཅེས་སོགས་བཤད་དོ། །མ་གཏོགས་པའི་དུས་ཀྱི་འཆིང་བྱེད་གང་ཡིན་པ་དེ་ཉིད་རྟོགས་པའི་དུས་སུ་གྲོལ་བྱེད་ཀྱི་ལམ་ཡིན་པས་ཐ་དད་དུ་བཟུང་བའི་སྤང་བླངས་འདིར་མི་བྱ་ཞེས་སྟོན་པ་ལ། མདའ་བསྐུན་ཞབས་ཀྱིས། གང་ཞིག་འཆིང་བ་དེ་ཡི་གྲོལ། །འཁོར་བ་གང་དེ་མྱ་ངན་འདས་པར་ངེས། །སོགས་གསུངས་པས་ཐུགས་ཁོག་ཆེར་མཛད་དུ་གསོལ། །ཞེས་བྲིས་པར་མཛད་དོ། །དེ་ལ་བརྟགས་ན་མིང་ཙམ་ལ་མི་

རྩོད་ཅེས་པ་རྣམ་རྟོག་ལ་ཆོས་སྐུའི་མིང་བཏགས་ཀྱང་དེ་ཆོས་སྐུ་དངོས་མིན་ཞེས་ཁས་བླངས་ན་མིང་བཏགས་པ་ཙམ་ལ་མི་རྩོད་ཅེས་པ་ཡིན་གྱི། དེ་ལ་ཆོས་སྐུའི་མིང་ཡང་བཏགས། དེ་ཆོས་སྐུ་དངོས་ཀྱང་ཡིན་ཞེས་ཁས་བླངས་པ་ལ། དེ་ལ་ཆོས་སྐུར་མིང་འདོགས་ན་ཡང་ཐོགས། དེ་ཆོས་སྐུ་དངོས་ནི་མིན། ཞེས་རྩོད་པ་སྟེ། དཔེར་ན་མི་བླུན་པོ་ཞིག་ལ། རྡོ་རྗེ་འཆང་དུ་མིང་བཏགས་ན། དེ་ལ་མིང་དེ་འདོགས་མི་རིགས་ཞེས་མི་རྩོད་མོད། དེ་རྡོ་རྗེ་འཆང་དངོས་ཡིན་ཞེས་སྨྲས་ན་རྩོད་པ་དང་མཚུངས་པའི་ཕྱིར་རོ། །མིང་ཐམས་ཅད་ལ་གཞུང་བཞིན་དགོས་ན་ཞེས་པ་ལ་འབྲེལ་མེད་ཅིང་། ཟེར་མཁན་དཔྱོད་ལྡན་སུ་ཡོང་། རྣམ་རྟོག་ཆོས་སྐུ་ཡིན་ཟེར་ན་རྣམ་རྟོག་དང་ཆོས་སྐུའི་མིང་གཞུང་བཞིན་བཟོ་དགོས་ཏེ། དཔེར་ན་བསྐྱེད་རིམ་གསང་སྔགས་ལམ་ཡིན་ཞེས་སྨྲས་ན། བསྐྱེད་རིམ་དང་གསང་སྔགས་ལམ་གྱི་གཞུང་བཞིན་བཟོ་དགོས་པའམ། ཐུམ་དབང་བླ་མེད་ཀྱི་དབང་ཡིན་ཞེས་སྨྲས་ན་ཐུམ་དབང་དང་བླ་མེད་ཀྱི་དབང་གི་གཞུང་བཞིན་ཞིག་བཟོ་དགོས་པ་དང་འདྲ་བའི་ཕྱིར་རོ། །བྱ་རྒོད་གཤོངས་ཀྱི་གཞུང་བཞིན་ཞེས་པ་ནི་མ་བརྟག་པར་སྨྲ་བ་སྟེ། སྤྱིར་བྱ་རྒོད་གཤོངས་ཡིན་པར་སུས་ཀྱང་ཁས་མ་བླངས་བའི་ཕྱིར་རོ། །གལ་ཏེ་བོ་གདོང་ན་ཡོད་པའི་གཉན་ཡོད་བྱ་གཤོངས་ཞེས་པའི་དགོན་པ་འདི་བྱ་གཤོངས་ཡིན་པར་ཁས་བླངས་སོ་ཞེ་ན་དེ་བླང་མོད། དེ་གཉིས་ཀྱི་གཞུང་བཞིན་བཟོ་བ་ལ་དཀའ་ཚེགས་གང་ཡང་མེད་པས་སུ་ཞིག་གིས་བཟོ་ཞེས་པའི་སྟོགས་བཀུར་དེ་ལ་སུ་ཞིག་འཛེགས། རྟོག་པ་དང་འཁོར་བ་ལ་སོགས་པ་མིང་གི་རྣམ་གྲངས་ཡིན་ན། དམྱལ་བའི་གཟུགས་ཕུང་དེ་རྟོག་པར་ཁས་ལེན་དགོས་པར་ཐལ་ཏེ། སྡུག་བསྔལ་འཁོར་བ་ཅན་ཕུང་པོ། ཞེས་དེའཁོར་བར་བཤད་པའི་ཕྱིར། ཆོས་དབྱིངས་དང་འདུས་མ་བྱས་མིང་གི་རྣམ་གྲངས་ཡིན་ན། རི་བོང་གི་རྭ་དེ་ཡང་ཆོས་དབྱིངས་སུ་ཐལ་ཏེ། དེ་འདུས་མ་བྱས་ཡིན་པའི་ཕྱིར། དེ་ལ་སོགས་པ་མཐའ་ཡས་ཀྱང་ཤིག་བསོད་ས་ལ་གྲིའི་དཔེར་འདུག་པས་དེ་ཙམ་གྱི་ཆོག་གོ། །གལ་ཏེ་དོག་གནས་སྐབས་གཉིས་པ་དེར་མིང་གི་རྣམ་གྲངས་ཡིན་པས་སྐྱོན་མི་འཇུག་གོ་ཞེ་ན། འོ་ན་དག་པའི་བྱང་སེམས་ཀྱིས་གཟིགས་ངོར་རྟོག་པ་དང་འཁོར་བ་མིང་གི་རྣམ་གྲངས་སུ་སྣང་ངམ། སྣང་ན་དག་པར་འཁོར་བ་ཆོས་ཉིད་དུ་མི་སྣང་བར་འགྱུར་ཏེ། དེ་ཀོ་རྟོགས་པར་སྣང་བའི་ཕྱིར་རོ། །གཞན་ཡང་གནས་སྐབས་དང་པོ་ལས། གནས་སྐབས་གཉིས་པ་དམན་པར་འགྱུར་ཏེ། གནས་སྐབས་དང་པོ་ཡིན་པ་ལ་ཡིན་པར་སྣང་། གཉིས་པར་དེ་ལས་ལྡོག་ནས་སྣང་བའི་ཕྱིར་རོ། །

མདོའི་ལུང་དོན་ནི་མ་རིག་པའི་རང་བཞིན་ནམ་ཆོས་ཉིད་དང་། རིག་པའི་རང་བཞིན་ནམ་ཆོས་ཉིད་དབྱེར་མེད་པའམ། ཐ་དད་མེད་པར་རྟོགས་པ་ལ་རང་ཉིད་གནས་ནས་སེམས་ཅན་གཞན་ཡང་དེ་ལ་འགོད་

པར་བྱའོ་ཞེས་པའི་དོན་ཡིན་པས། རྣམ་རྟོག་ཆོས་སྐུ་ཡིན་པའི་སྒྲུབ་བྱེད་དུ་མ་འབྲེལ་ལོ་ཏ་ཏ། གཟུངས་དབང་དང་ཆོས་དབྱིངས་བསྟོད་པའི་ལུང་དོན་ནི། ཆོས་ཉིད་དེ་རང་བཞིན་གྱི་དྲི་མས་ཡེ་དག་ཡིན་པ་དང་། རྒྱུད་བླའི་ལུང་དོན། དེ་གློ་བུར་གྱི་དྲི་མ་ལྡན་ཡང་རང་བཞིན་གྱི་དྲི་མ་ཡེ་ནས་དག་ཅིང་། རང་གི་ངོ་བོ་ནམ་ཡང་འགྱུར་བ་མེད་པ་དང་། རྒྱན་གྱི་ལུང་དོན་ནི། དོན་ཕྱིར་གཉེན་པོས་དྲི་མ་བསལ་དུ་མེད་ཅིང་། དེ་མེད་པས་དོན་དམ་པར་དྲི་མ་སྤྱངས་པའི་འགོག་བདེན་བཞག་ཏུ་ཡང་མེད་མོད། ཡང་དག་པ་ཆོས་དབྱིངས་ཀྱི་དོན་མངོན་གསུམ་དུ་མཐོང་བའི་ཚེ་རྣམ་པར་ཐལ་ལོ་ཞེས་བྱ་བའི་ཐ་སྙད་བཞག་པ་ཡིན་ཞེས་པ་དང་། རྒྱུད་བླའི་ལུང་ཕྱི་མའི་དོན་ནི། གང་ཟག་གཅིག་གསར་དུ་སངས་རྒྱས་པའི་ཚེ། དེའི་སེམས་རྒྱུད་ཀྱི་གློ་བུར་གྱི་དྲི་མ་དེས་སྟོང་བ་སྟེ་དེ་དང་བྲལ་ཡང་། དེའི་སྙིང་གི་ཡོན་ཏན་གྱི་ཆ་རྣམས་མི་སྟོང་ཞིང་ཡར་ལྡན་གྱི་ཚུལ་གྱི་ལྡན་ཞེས་པ་དང་། དག་དང་ཉོན་མོངས་མི་ལྡན་ཕྱིར། སོགས་ཀྱི་དོན་ནི། སངས་རྒྱས་ཀྱི་ཆོས་ཉིད་དང་སེམས་ཅན་གྱི་ཆོས་གཉིས་ངོ་བོའི་སྒོ་ནས་རྣམ་པར་དབྱེ་བ་མེད་པའམ་རང་བཞིན་གྱི་དྲི་རྣམ་པར་དག་པ་ཙམ་ལ་རྣམ་པར་དབྱེ་བ་མེད་ཅེས་པའི་དོན་ཡིན་པས་རྣམ་རྟོག་ཆོས་སྐུ་ཡིན་པ་ལ་དགུགས་སྟོད་མཛད་ཅིག །མ་རྟོགས་པའི་དུས་ཀྱི་འཆིང་བྱེད་གང་ཡིན་རྟོགས་པའི་དུས་ཀྱི་ལམ་ཡིན་ན་སྐྱེ་བ་སྔ་ཕྱི་དང་ལས་འབྲས་མེད་པར་འདོད་པའི་ལོག་རྟོག་དེ་ཡང་རྟོགས་པའི་དུས་ཀྱི་གྲོལ་བྱེད་ཀྱི་ལམ་དུ་འགྱུར་རོ། །ལུང་ཕྱི་མ་གཉིས་ཀྱི་དོན་ནི་ཐ་མལ་བ་ཞིག་གིས་སྤྱད་ན་འཆིང་བྱེད་དུ་འགྲོ་བའི་ལས་དེ་རྣལ་འབྱོར་པ་ཞིག་གི་ཐབས་དང་གཉེན་པོ་ཁྱད་པར་ཅན་གྱི་ཟིན་པའི་སྒོ་ནས་སྤྱད་ན་གྲོལ་བའི་ཐབས་སུ་འགྱུར་ཞེས་པ་དང་། འཁོར་འདས་གཉིས་པོ་རང་བཞིན་མེད་པར་མཉམ་པའམ།རང་བཞིན་མེད་པར་རྣམ་པར་དབྱེ་བ་མེད་པའི་དོན་ཡིན་ཏེ། གང་གིས་བླུན་པོ་རྣམས་འཆིང་བ། །དེས་འདིར་མཁས་རྣམས་རྣམ་པར་གྲོལ། །ཞེས་དང་རྗེ་བཙུན་རིན་པོ་ཆེས། འཁོར་བ་བཙལ་བས་མ་རྙེད་པ། །དེ་མྱ་ངན་འདས་པའི་རང་བཞིན་ཡིན། །འཁོར་འདས་མེད་པར་གོ་བ་དེ། །འཁོར་འདས་དབྱེར་མེད་ལྟ་བ་ཡིན། །ཞེས་གསུངས་པའི་ཕྱིར། ཡང་ཉིད་ཀྱིས་རྣམ་པར་བཞག་པ་འདི་ལ་ལོག་རྟོག་གི་མུན་པ་ལྟ་གསལ་བར་བྱ་སྟེ་ལྟ་གང་ཞེ་ན། ལྟ་བའི་སྐབས་སུ་ཉོན་མོངས་སྤང་བྱ་དང་། དཀར་ཕྱོགས་བླང་བྱར་འདོད་པ་ཡུལ་ལ་ལོག་པར་རྟོག་པ་དང་། ཞེས་དང་། བསྐལ་པ་གྲངས་མེད་སོགས་ཡུན་རིང་པོས་བགྲོད་པར་འདོད་པ་ནི་དུས་ལ་ལོག་པར་རྟོག་པ་སྟེ་ཞེས་དང་། སེམས་ལས་གཞན་པའི་ཡེ་ཤེས་འདོད་པ་ངོ་བོ་ལ་ལོག་རྟོག་སྟེ་ཞེས་དང་། སེམས་ཅན་ལས་གཞན་པའི་སངས་རྒྱས་འདོད་པ་རང་བཞིན་ལ་ལོག་པར་རྟོག་པ་སྟེ་ཞེས་དང་། ཐོས་པ་ཙམ་གྱི་རྟོགས་པར་འགྱུར་བ་འདོད་པ་ཤེས་རབ་ལ་ལོག་པར་རྟོག་པ་སྟེ་ཞེས་པ་ལྟ་ལུང་སྦྱོར་མང་པོ་དང་བཅས་པ་བྲིས་པའི་མཐར་ལོག

རྟོག་ལྡེ་འགོག་པའི་ལུགས་ཀྱི་དེ་དག་གིས་ཉོན་མོངས་ཤེས་རབ་རྣམ་རྟོག་ཆོས་སྐུར་ལེགས་པར་གྲུབ་པོ་ཞེས་བྲི་བར་མཛད་དོ། །

དེ་ལ་བརྟགས་ན་ལྟ་བའི་སྐབས་སུ་བླང་དོར་དང་བྲལ་བ་རེད་ཀྱི་ལུགས་ཡིན་པས་དེ་སྐད་ཅི་ལ་གསུངས་ཏེ། རབ་དབྱེར། དེའི་ཕྱིར་དམ་པའི་དོན་དུ་ན། །ཆོས་རྣམས་ཐམས་ཅད་སྤྲོས་བྲལ་ཡིན། །ཞེས་དང་། དཔེར་ན་ཕྱག་དང་མཆོད་པ་དང་། །སྦྱིན་དང་ཚུལ་ཁྲིམས་སོགས་མི་དགོས། །སེམས་དེ་དབང་བསྐུར་བྱ་མི་དགོས། །དགེ་དང་སྡིག་པ་གཉིས་ཀ་མེད། །སངས་རྒྱས་སེམས་ཅན་ཡོད་མིན་སོགས། །འདི་འདྲ་གསུངས་པའི་ལུང་རྣམས་ཀུན། །ལྟ་བའི་ཡིན་གྱི་སྒོམ་པ་དང་། །སྤྱོད་པ་གཉིས་ཀྱི་ལུང་མ་ཡིན། །ཞེས་གསུངས་པའི་ཕྱིར། གལ་ཏེ་དེ་འདྲ་ཟེར་བ་གཞན་ཞིག་ལ་སླས་སོ་གསུངས་ན་ཤིན་ཏུ་ལེགས་སོ། །དུས་ལ་ལོག་རྟོག་གི་སྐབས་བླ་མེད་རྡོ་རྗེ་ཐེག་པའི་སྐབས་འདིར་དབང་ཐོབ་དམ་ཚིག་དང་ལྡན་པས་རིམ་གཉིས་ཀྱི་ལམ་ལ་འབད་རྩོལ་བྱས་ན་རབ་ཀྱིས་ཚེ་འདི། འབྲིང་གིས་འཆི་ཁའམ་བར་དོ། ཐ་མས་སྐྱེ་བ་བདུན་ནམ་བཅུ་དྲུག་ཚུན་ཆད་ལ་ཕྱག་ཆེན་མཆོག་གི་དངོས་གྲུབ་ཐོབ་པ་ཉིད་ཀྱི་ལུགས་ཡིན་པས་དེ་སྐད་ཅི་ལ་གསུངས་ཏེ། ཁ་བའི་ལྗོངས་ཀྱི་རྡོ་རྗེ་ཐེག་པའི་ཤིང་རྟ་ཆེན་པོ་འཁྲུལ་བའི་དྲི་མ་ཟད་པ་གྲགས་པ་རྒྱལ་མཚན་གྱིས། རྡོ་རྗེ་ཐེག་ལ་དད་ཀྱང་མ་སྨིན་པས། །ཟབ་མོ་སྒོམ་ཀྱང་འབྲས་བུ་ངན་འགྲོ་ལས། །མཆོག་གཞན་མི་འགྲུབ་སངས་རྒྱས་གསུངས་པས་ན། །བླ་མ་མཆོག་ལ་དབང་བསྐུར་ནོད་པར་མཛོད། །དབང་ཐོབ་མན་ངག་ཟབ་མོ་འཚོལ་བ་ཡིས། །ས་སྟེང་རྒྱས་པ་ཀུན་ཏུ་བཀང་བྱས་ཀྱང་། །ཕན་པའི་དོན་པོ་མན་ངག་དམ་ཚིག་སྟེ། །འདི་མེད་འགྲམ་རྒྱ་ཞིག་པའི་ཁང་རྡུལ་བཞིན། །ལེགས་པར་སྨིན་པས་དམ་ཚིག་བསྲུངས་བྱས་ན། །རིམ་གཉིས་ཟབ་མོའི་མན་ངག་མ་བརྟེན་ཀྱང་། །སྐྱེ་བ་བཅུ་དྲུག་དག་ན་འགྲུབ་པོ་ཞེས། །འགྲོ་བའི་རྗེ་ལག་ཕན་པར་མཛད་པས་གསུངས། །ཞེས་དང་། རབ་དབྱེར། དེ་ནི་ཚེ་འདི་འམ་བར་དོ་འམ། །སྐྱེ་བ་བཅུ་དྲུག་ཚུན་ཆད་དུ། །འགྲུབ་པར་རྫོགས་པའི་སངས་རྒྱས་གསུང་། །ཞེས་དང་། སྔགས་ཀྱི་བཏབ་པའི་ས་བོན་ནི། །ཉི་མ་གཅིག་ལ་ལོ་ཏོག་སྨིན། །རྡོ་རྗེ་ཐེག་པའི་ཐབས་ཤེས་ན། །ཚེ་འདི་ཉིད་ལ་སངས་རྒྱས་འགྲུབ། །ཞེས་གསུངས་པའི་ཕྱིར། །ཁྱེད་ཅག་ཕྱག་ཆེན་དུ་འདོད་པའི་མན་ངག་འདི། མདོའི་ལུགས་སུ་ཡང་ཡང་ཁས་ལེན་པ་དང་། གྲངས་མེད་གསུམ་མཐར་འབྲས་བུ་མཐར་ཕྱིན་པར་འདོད་པ་དེ་ལོག་རྟོག་ཡིན་ནོ་ཞེས་སྨྲ་བ་ནང་འགལ་ཁོ་ན་སྨྲ་བ་ལ་རིགས་པར་ཆས་པ་སྟེ། གྲངས་མེད་གསུམ་གྱི་མཐར་འབྲས་བུ་འགྲུབ་པ་དེ་ཐེག་ཆེན་མདོ་འགྲེལ་ཐམས་ཅད་ནས་འབྱུང་བར་མ་ཟད། ཡེ་ཤེས་ཐིག་ལེར་ཡང་། བློ་གྲོས་ཆེ་ཡང་ཐེག་གཞན་གྱིས། །གྲངས་མེད་གསུམ་གྱིས་སངས་རྒྱས་ཡིན། །སྔགས་ཀྱི་ཐེག་པ་ལ་མོས་ན། ཚེ་འདི་ཉིད་ལ་སངས་རྒྱའོ། །ཞེས་གསུངས་སོ། །གལ་ཏེ་ཕྱག་ཆེན་དེ་མདོ་ལུགས་སུ་མི་འདོད་ཅེ་ན།

འོ་ན་ཕྱག་ཆེན་དེ། ཤེར་ཕྱིན་དང་གཅིག་ཏུ་འདོད་པ་དང་སྒོམ་རིམ་བར་མ་ནས་བཤད་པའི་སྒོམ་དུ་འདོད་པ་སོགས་བསུབས་ཤིག དེས་ན་མངོན་པའི་ང་རྒྱལ་གྱིས་སྨྲ་བ་འདི་དག་ཞུང་ན་མཛེས་པའི་རིགས་སོ། །མཆན་ནོ། །གལ་ཏེ་ཕ་རོལ་དུ་ཕྱིན་པ་ལ་སླུས་པ་ཡིན་ནོ་གསུངས་ན་ལམ་རིམ་དེ་སངས་རྒྱས་ཀྱི་མདོ་སྡེ་དུ་མ་ནས་གསུང་བ་ཡིན་པས། བླ་མེད་དང་མི་མཐུན་ཞེས་བསྒྱུར་བ་བཏབ་ཏུ་མི་རུང་མཆིས་ཏེ། རང་ངམ་གཞན་གྱིས་སྨྲུབ་པའི་མཐའ། །ཆོས་ལ་དམོད་པ་དྲུག་པ་ཡིན། །ཞེས་པར་གྱུར་རོ། །ཡང་རྣལ་འབྱོར་བླ་མེད་སར་རློམ་པ་གཞན་ཞིག་ལ་སླུས་སོ་གསུངས་ན་སྔར་དང་འདྲའོ། །ངོ་བོ་ལ་ལོག་པར་རྟོག་པའི་སྐབས། སེམས་ལས་གཞན་པའི་ཡེ་ཤེས་དེ་ཤེས་པ་གསལ་རིག་ཙམ་ལ་བྱེད་དམ། སེམས་སེམས་བྱུང་གིས་བླས་ཕྱེ་བའི་སེམས་ལ་བྱེད་དམ། སེམས་སྣང་ཙམ་ལ་བྱེད། དང་པོ་ལྟར་ན་དེ་འདྲ་ཁས་ལེན་བྱེད་ཀྱང་མི་ལེན་རང་བཞིན་ལྷན་ཅིག་སྐྱེས་པའི་ཡེ་ཤེས་དང་། ཆོས་དབྱིངས་ཡེ་ཤེས་ལྟ་བུ་ཆོས་ཉིད་ལ་ཡེ་ཤེས་ཀྱི་མིང་གི་བཏགས་པ་ཁ་རེ་ཡོད་ཀྱང་ཡེ་ཤེས་མཚན་ཉིད་པ་མིན། ཡེ་ཤེས་མཚན་ཉིད་པ་ཐམས་ཅད་ཤེས་པ་གསལ་རིག་ཏུ་ཁས་ལེན་པའི་ཕྱིར། གཉིས་པ་ལྟར་ན་མཚན་བྱེད་དཔེའི་ཡེ་ཤེས་དང་མཚོན་བྱ་དོན་གྱི་ཡེ་ཤེས་སོགས་ཀྱི་ངོ་བོར་གྱུར་པའི་སེམས་བྱུང་ཏིང་ངེ་འཛིན་དང་ཤེས་རབ་སོགས་སེམས་སེམས་བྱུང་གིས་བླས་ཕྱེ་བའི་སེམས་སུ་འགྱུར་རོ། །གསུམ་པ་ལྟར་ན་དེད་ཀྱང་འདོད་དོ། །

མདོ་སྡེ་ས་བཅུ་པ་ལས་ཀྱི་རྒྱལ་བའི་སྲས་དག་ཁམས་གསུམ་འདི་དག་ནི་སེམས་ཙམ་མོ་ཞེས་དང་། ལང་གཤེགས་ལས། ཕྱི་རོལ་སྣང་བ་ཡོད་མིན་ཏེ། །ཞེས་སོགས་དང་། རྡོ་རྗེ་གུར་ལས། རིན་ཆེན་སེམས་ལས་ཕྱིར་གྱུར་པའི། །ཞེས་སོགས་དང་། ཀླུ་སྒྲུབ་ཀྱི་འབྱུང་བ་ཆེ་ལ་སོགས་བཤད་པ་ཞེས་སོགས་ལྟར་འཁོར་འདས་ཀྱི་ཆོས་ཐམས་ཅད་སེམས་སྣང་ཡིན་པ་མདོ་རྒྱུད་ཐམས་ཅད་ཀྱི་དགོངས་པ་ཡིན་པའི་ཕྱིར་རོ། །མདོ་རྒྱན་གྱི་ལུང་དོན་སྐབས། ཐམས་ཅད་ཀྱི་བྱ་བྱེད་ཆོས་དབྱིངས་ཡེ་ཤེས་ཞེས་བཤད་པ་ནི་རབ་ཏུ་ནོར་ཏེ། ཕ་རོལ་ཕྱིན་པའི་ལུང་ལ་ཡེ་ཤེས་བཞི་ལས་མི་བཞེད་པའི་ཕྱིར། མདོ་རྒྱན་ཉིད་དུ། མེ་ལོང་ཡེ་ཤེས་མི་གཡོ་སྟེ། །ཡེ་ཤེས་གསུམ་ནི་དེ་ལ་བརྟེན། །མཉམ་པ་ཉིད་དང་སོ་སོར་རྟོག །བྱ་བ་གྲུབ་པ་པོ་ནའོ། །ཞེས་ཡེ་ཤེས་བཞི་པོ་ནར་བཤད་པའི་ཕྱིར། རང་བཞིན་ལ་ལོག་རྟོག་གི་སྐབས་སེམས་ལས་གཞན་པའི་སངས་རྒྱས་མེད་གསུང་པ་བརྟག་གཉིས་ལས། ང་ལས་འགྲོ་བ་མ་ལུས་འབྱུང་། །ང་ལས་གནས་གསུམ་པོ་ཡང་འབྱུང་། །ང་ཡི་འདི་ཀུན་ཁྱབ་པ་སྟེ། །འགྲོ་བའི་རང་བཞིན་གཞན་མ་མཐོང་། །ཞེས་དང་། སངས་རྒྱས་མ་ཡིན་སེམས་ཅན་ནི། །གཅིག་ཀྱང་ཡོད་པ་མ་ཡིན་ནོ། །ཞེས་པ་ལྟ་བུ་ལ་འཁྲུལ་བ་ཡིན་ནའང་། དེ་དག་གི་དོན་རང་བཞིན་གྱི་སངས་རྒྱས་སམ་གདོད་མའི་སངས་རྒྱས་མེད་པའི་སེམས་ཅན་མེད་ཅེས་པ་སྟེ། དེའི་དོན་སེམས་ཅན་ཐམས་ཅད་རང་བཞིན་གྱི་

རྣམ་པར་དག་པའི་སངས་རྒྱས་ཀྱི་སྙིང་པོ་ཅན་ཡིན་ཞེས་པའི་དོན་ཡིན་པས་ཁྱེད་ཀྱི་འདོད་ཐོག་ཏུ་མ་ཁེལ་ལོ། ། དེ་ལས་གཞན་དུ་སངས་རྒྱས་སེམས་ཅན་ཡིན་གསུངས་པའམ། སེམས་ཅན་ལས་གཞན་པའི་སངས་རྒྱས་མེད་གསུངས་པ་ནི། དེང་སང་གི་ལོང་སྤྱོལ་འདི་ཚོ་ལ་དགོངས་ན་མ་གཏོགས་ཧ་ཅང་ཐལ་ཆེས་སོ། །ཤེས་རབ་ལ་ལོག་རྟོག་གི་སྐབས། ཐོས་པ་ཙམ་གྱིས་རྟོགས་པར་འགྱུར་བར་ཞེས་པ་གཞུང་དེ་ཐོས་པ་ཙམ་གྱིས་དེའི་དོན་ཇི་བཞིན་རྟོགས་པ་ནི་སྐྱེས་བུ་དམ་པ་འགའ་ཞིག་ལ་བྱུང་སྟེ། ཆོས་རྗེ་བའི་བསྟོད་པར། སྐྱེ་བ་སྐྱེ་བ་རྣམས་སུ་ཡང་དང་ཡང་། །མཁས་པ་མཁས་པ་རྣམས་ལ་མངོན་སྦྱང་བས། །གཞུང་ལུགས་ཀུན་ཤེས་ཀུན་དགའ་རྒྱལ་མཚན་དཔལ། །ཞེས་འབྱུང་བའི་ཕྱིར། གཞན་ཡང་གཞུང་དེ་ཐོས་པ་ཙམ་གྱིས་དེ་ནས་བཤད་པའི་ལམ་རིམ་དེ་ཉམས་སུ་ལེན་མི་དགོས་པར་སེམས་རྣམ་པར་གྲོལ་བ་ཞིག་ཁོང་རྙིང་མ་བ་ཚོ་ལ་ཡོད་པའི་སྐད་ཆ་ནི་འདུག རང་རེ་གསར་མ་བ་ལ་དེ་འདྲ་ཡོད་སྐད་མ་ཐོས། དེ་ལྟ་ནའང་མགོན་པོ་བྱམས་པས། གལ་ཏེ་ཐོས་པ་ཙམ་གྱིས་དོན་མཐོང་གྱུར་ན་སྒོམ་པ་དོན་མེད་འགྱུར། ཞེས་ཐོས་པ་ཙམ་གྱི་མི་གྲོལ་བ་དང་། ཐབ་པ་མེད་པར་སྒོམ་དུ་མི་རུང་བའི་དམ་བཅའ་གཉིས་བཀོད་ནས་དེའི་སྒྲུབ་བྱེད་དུ། དེ་ལྟར་བདེ་བར་གཤེགས་ཀྱི་བསྟན་པ་གང་ཡིན་དེ་ཡང་དོན་མེད་མིན། དེ་ལྟར་རྣལ་འབྱོར་ཅན་གྱི་སྒོམ་པ་གང་ཡིན་དེ་ཡང་དོན་མེད་མིན། ཞེས་གསུང་གདའ་འོ། །འོ་ན་རྣམ་རྟོག་ཆོས་སྐུ་མིན་ན་དེ་དག་གི་གཏན་ཚིགས་གང་ཡིན་ཞེ་ན། ལུང་དང་རིགས་པ་གཉིས་ལས། དང་པོ་ནི་ཡང་དག་པར་སྦྱོར་བ་ལས། ཀུན་རྟོག་མང་པོའི་མུན་པས་ཁྱབ་གྱུར་ཅིང་། །རབ་ཏུ་འཇོམས་པས་སྨྱོ་ཞིང་གློག་འགྱུ་བ་ཁྱབ་གྱུར་པ། །ཆགས་སོགས་འདག་དཀའི་དྲི་མས་གོས་གྱུར་པའི། །སེམས་ནི་རྡོ་རྗེ་ཅན་གྱི་འཁོར་བར་གསུངས། །ཞེས་དང་། རྣམ་རྟོག་མ་རིག་ཆེན་པོ་སྟེ། །འཁོར་བའི་རྒྱ་མཚོར་ལྟུང་བྱེད་ཡིན། །ཞེས་དང་། བསམ་མི་ཁྱབ་ལས། སྙིང་རྗེས་གསད་པའི་མདའ་ཡི་ནི། །བདེ་བ་ཆེན་པོའི་འབེན་ལ་འབིགས། །དོགས་པ་ཀུན་ལས་རྣམ་པར་གྲོལ། །གཉིས་སུ་མེད་ཅིང་མཆོག་ཏུ་ཞི། །མཁའ་མཉམ་རྣམ་དག་ལས་གྲོལ་བ། །དེ་ནི་གཉིས་སུ་མེད་པར་བརྗོད། །ཞེས་རྣམ་རྟོག་སྤང་བྱར་བྱས་ནས་དེ་ལས་གྲོལ་བར་བཤད་པ་དང་། དེ་བཞིན་དུ། ཡེ་ཤེས་དེ་ནི་གཉིས་མེད་མིན། །རྟོག་པ་ཐམས་ཅད་ཡང་དག་སྤངས། །དཔལ་ལྡན་བདེན་ནོ་རྡོ་རྗེ་ཅན། །ཞེས་དང་། གཉིས་མེད་སངས་རྒྱས་གཉིས་སུ་མེད། །བསྟན་པས་ཡེ་ཤེས་ཤར་བས་ན། །རྟོགས་པས་རྟོག་པ་རིང་སྤངས་ཏེ། ། དངོས་པོ་ལོག་རྟོག་པ་ཀུན། །དེ་ཉིད་ལས་ནི་ལྐོག་ཏུ་འགྱུར། །ཞེས་སྔ་མ་ལྟར་བཤད་པ་དང་། སློབ་དཔོན་སངས་རྒྱས་ཡེ་ཤེས་ཞབས་ཀྱིས། ཐ་མལ་རྣམ་རྟོག་རྒྱུན་འདི་མ་གཏོགས་པ། །སྲིད་ཞིའི་སྡུག་བསྔལ་ཅི་ཡང་ཡོད་མིན་ཏེ། །ཞེས་དང་། ཕྱོགས་ཀྱི་གླང་པོས། རྣམ་པར་རྟོག་ལས་མ་གཏོགས་པའི། །འཁོར་བ་ཞེས་བྱ་ཅི་

ཡང་མེད། །ཅེས་དང་། སློབ་དཔོན་ཟླ་བས། སོ་སོ་སྐྱེ་བོ་རྣམས་ནི་རྟོགས་པས་བཅིངས། །མི་རྟོག་རྣལ་འབྱོར་པ་ནི་གྲོལ་བར་འགྱུར། །ཞེས་དང་། ཆོས་ཀྱི་གྲགས་པས། རྟོག་པའི་དྲྭ་བ་ཞེས་སོགས་སེམས་ཅན་རྣམས་འཁོར་བར་འཆིང་བྱེད་ཀྱི་རྒྱུའི་གཙོ་བོར་གསུངས་པའི་ཕྱིར། ཞི་བ་ལྷས། རྟོག་པའི་ཞེན་པས་འཆིང་བ་སྟེ། །དེ་ཀུན་འདི་རུ་དགག་པར་བྱ། །ཞེས་དང་། ཇི་ལྟར་ཐོས་སོགས་ཤེས་པ་དག །འདིར་ནི་དགག་པར་བྱ་བ་མིན་ཏེ། །འདིར་ནི་སྡུག་བསྔལ་རྒྱུར་གྱུར་པ། །བདེན་པར་རྟོག་པ་ཟློག་བྱ་ཡིན། །ཞེས་དང་། ཉོན་མོངས་མ་ཆགས་མ་སྤྱངས་པ། །དེས་ནི་དེ་ཉིད་མཐོང་བ་སྟེ། །སྟོང་ཉིད་བག་ཆགས་ཉམ་བྱུང་ཉིད། །སྟོང་ཉིད་བག་ཆགས་གོམ་པས་ནི། །དངོས་པོའི་བག་ཆགས་སྤོང་བར་བྱེད། །ཅི་ཡང་མེད་ཅེས་སྒོམ་པ་ཡིས། །དེ་ཡང་ཕྱིས་ནས་སྤོང་བར་འགྱུར། །ཞེས་དང་། རྣམ་རྟོག་དགྲ་ཆེན་ཆོམ་ན་དགྲ་དེ་ཐམས་ཅད་ཆོམ། བདག་ལྟའི་གདུག་པ་ཐུལ་ན་གདུག་པ་ཐམས་ཅད་ཐུལ། །ཞེས་གཟུང་འཛིན་གཉིས་ཀྱི་རྣམ་རྟོག་སྤང་བྱ་ཡིན་པར་གཉིས་སྣང་སྤྱངས་པའི་ཤིང་རྟ་ཆེན་པོ་དེ་དག་གིས་གསུངས་གདའ་བས་དོན་ལ་གནས་ལ་ཆེ། དེ་དང་མཐུན་པར་རྗེ་མི་ལས་ཀྱང་། མར་པའི་གསུང་བགྲོས་སྐྱུར་བ་ན། །དོན་དུ་རྣམ་རྟོག་ཆེའོ་གསུངས། །ཞེས་དང་། སྤྲ་ནག་པོ་ཚག་ཚིག་པ་དེ། །བོད་ཀྱི་རྣལ་འབྱོར་རས་པ་ལ། །རྣམ་རྟོག་ཕྲ་མོ་ཡོད་པའི་རྟགས། །ཞེས་དང་། གཅེས་སྒོམ་པས། ཉོན་མོངས་རྣམ་རྟོག་ཆོས་ཉིད་ཡིན་ཞེས་ཀྱང་། །ཐ་མལ་རྣམ་རྟོག་ངན་འགྲོའི་རྒྱུ་ཡིན་པས། །རྟག་ཏུ་སེམས་ལ་ལྟོས་ལ་རང་སྐྱོན་ཐོན། །ཞེས་ཀྱང་གསུངས་སྣང་ངོ་། །གཉིས་པ་རིགས་པ་ནི། མངོན་སུམ་ཐམས་ཅད་རྣམ་རྟོག་ཏུ་འགྱུར་ཏེ། དེ་ཐམས་ཅད་ཀུན་རྫོབ་ཀྱི་ཕྱོགས་ཡིན་པའི་ཕྱིར། ཁྱབ་པ་ཁས། འདོད་ན་ཆོས་ཀྱི་གྲགས་པས། མངོན་སུམ་རྟོག་དང་བྲལ་བར་ནི། །མངོན་སུམ་ཉིད་ཀྱིས་འགྲུབ་བར་འགྱུར། །ཞེས་གསུངས་པ་ཅི་རེད། བྱང་འཕགས་ཀྱི་མཉམ་བཞག་དེ་རྣམ་རྟོག་ཏུ་འགྱུར་ཏེ། དེ་ཀུན་རྫོབ་ཀྱི་ཕྱོགས་ཡིན་པའི་ཕྱིར། འདོད་ན་མཚན་བྱེད་ལས། རྣམ་པར་ཤེས་པའི་ཆོས་ཉིད་འདས། །ཡེ་ཤེས་གཉིས་མེད་ཚུལ་འཆང་བ། །རྣམ་པར་རྟོག་མེད་ལྷུན་གྱིས་གྲུབ། །ཅེས་གསུང་པ་ཅི་རེད། དོན་དམ་སེམས་བསྐྱེད་རྣམ་རྟོག་ཏུ་འགྱུར་ཏེ། དེ་ཀུན་རྫོབ་ཀྱི་ཕྱོགས་ཡིན་པར་འདོད་ན། མགོན་པོ་བྱམས་པས། རྫོགས་པའི་སངས་རྒྱས་རབ་མཉེས་བྱས། །བསོད་ནམས་ཡེ་ཤེས་ཚོགས་རབ་བསགས། །ཆོས་ལ་མི་རྟོག་ཡེ་ཤེས་ནི། །སྐྱེས་ཕྱིར་དེ་ནི་དམ་པར་འདོད། །ཞེས་གསུངས་པ་ཅི་རེད། རྫོགས་པའི་སངས་རྒྱས་འབད་རྩོལ་དང་། རྣམ་རྟོག་མེད་བཞིན་དུ་འགྲོ་དོན་མཛད་པ་མིན་པར་འགྱུར་ཏེ། དེའི་ཐུགས་ལ་རྣམ་རྟོག་ཡོད་པའི་ཕྱིར་ཏེ། དེའི་ཐུགས་རྒྱུད་ཀྱི་མཁྱེན་པ་དེ་ཀུན་རྫོབ་ཕྱོགས་ཡིན་པའི་ཆནས་རྣམ་རྟོག་ཏུ་ཁས་བླང་བའི་ཕྱིར། འོ་ན། ལོངས་སྤྱོད་རྒྱན་ཀུན་རབ་ཞི་བ། །རྣམ་པར་རྟོག་པ་མེད་པའི་ཐུགས། །དྲི་མེད་བཻ

ལྟར་བརྒྱ་བྱིན་གྱིས། །གཟུགས་བརྙན་འཆར་བ་ལ་སོགས་བཞིན། །ཡོངས་སྤྱོད་ཞི་བ་དམ་པ་སྟེ། །རྟོགས་མེད་ཐུགས་ནི་གདན་ཚིགས་སོ། །ཞེས་གསུངས་པ་ཙི་རེད། གཞན་ཡང་། རྣམ་མཁྱེན་དེ་རྣམ་རྟོག་ཏུ་འགྱུར་ཏེ། དེ་ཀུན་རྫོབ་ཀྱི་ཕྱོགས་ཡིན་པར་འདོད་ན་རྒྱུད་བླ་མར། དེ་ནི་རྫོགས་པའི་སངས་རྒྱས་པ། །རྣམ་རྟོག་མེད་པ་ལ་བརྟེན་ནས། །འགྲོ་བའི་དགེ་བའི་རྒྱ་བ་ནི། །མ་ལུས་པར་ནི་འཕེལ་བར་འགྱུར། །ཞེས་གསུངས་པ་ཙི་རེད། གཞན་ཡང་སངས་རྒྱས་ཐོབ་པ་ལ་ཆགས་སོགས་ཀྱི་རྣམ་རྟོག་སྤོང་མི་དགོས་པར་འགྱུར་ཏེ། དེ་དག་སྤང་བྱ་མ་ཡིན་པའི་ཕྱིར། འདོད་ན། ངན་སོང་སྦྱོང་རྒྱུད་ལས། རྣམ་པར་རྟོག་པ་མ་ལུས་འདུལ། །མིག་འཛུམ་པ་ཡི་ཚངས་པ་ཆེ། །འདོད་ཆགས་ཞེ་སྡང་སྲིད་མཐར་བྱེད། །ཞེས་དང་། འདོད་ཆགས་ཞེ་སྡང་གཏི་མུག་ཆེ། །སྲིད་དང་སྲིད་མིན་རྣམ་སྦྱོང་བ། །ཞེས་གསུངས་པ་ཙི་རེད། གཞན་ཡང་ཐོབ་སྐྱེས་ཐད་གཅོད་དང་། ཤར་གྲོལ་དུས་མཉམ་སོགས་ཀྱི་སྒོམ་དེ་ཡང་མེད་པར་འགྱུར་ཏེ། རྣམ་རྟོག་སྤང་བྱ་མིན་པས།ཐད་གཅོད་བྱེད་དོན་མེད་ཅིང་། དེ་ལས་གྲོལ་བ་ཞེས་པའི་ཐ་སྙད་མི་རུང་བའི་ཕྱིར། གཞན་ཡང་ཀུན་རྫོབ་ཀྱི་ཕྱོགས་ཐམས་ཅད་འཁོར་བར་འཕེན་བྱེད་དང་འཆིང་བྱེད་དང་། སྐྱེ་མཆེད་དང་རྣམ་རྟོག་སོགས་ཡིན་གསུངས་པ་འདིས། སོ་སོ་སྐྱེ་བོ་མཚན་བཅས་ཀྱི་དགེ་བ་བྱེད་པ་ཉམས་སྐྱིད་ལུག་སྟེ། ཕྱག་མཆོད་སྐོར་བ་སོགས་རྒྱུན་ཆད་པའི་ཉེས་པར་སོང་དོགས། རྣམ་རྟོག་མ་ཡིན་པ་རྣམ་རྟོག་ཏུ་ཁས་ལེན་དགོས་པར་འགྱུར་བ་སོགས་མཐའ་ཡས་ཀྱང་རེ་ཞིག་དེ་ཙམ་མོ། །མདའ་བསྟུན་ཞབས་ཀྱི་ལུང་སོགས་མང་པོ་དྲངས་པའི་དོན་ནི། གནས་ལུགས་ཀྱི་དོན་རྟོགས་པའི་རྟོག་པ་བཟང་པོ་ཡོད་པའི་ཉམས་སྣང་ལ་སྣང་གྲགས་ཀྱི་ཆོས་ཐམས་ཅད་སྤྲོས་བྲལ་ཆོས་ཉིད་དུ་འཆར་བའི་དོན་ཡིན་ཞིང་། དེ་ལ་དགོངས་ནས་བཀའ་བརྒྱུད་གོང་མའི་གསུང་ལས། རྣམ་རྟོག་ཆོས་སྐུ་ཞེས་པའི་གསུང་ཐོར་བུ་བྱུང་པ་ལགས་ནའང་། དེས་རྣམ་རྟོག་ཆོས་སྐུ་ཡིན་པར་མི་གྲུབ་ཏེ། དཔེར་ན་སྐྱེད་རིམ་ལ་བརྟན་པ་ཐོབ་པའི་རྣལ་འབྱོར་པའི་རང་སྣང་ལ་སྣང་གྲགས་ཀྱི་ཆོས་ཐམས་ཅད་ལྷར་འཆར་ཡང་། དེས་དེ་ཐམས་ཅད་ལྷར་ཡིན་པར་མི་འགྲུབ་པ་དང་ཚུལ་མཚུངས་པའི་ཕྱིར་རོ། །རྣམ་དག་ཡེ་ཤེས་གཟུགས་ཅན་དང་། །འཁོར་བ་རྣམ་པར་རྟོག་པ་ལ༔ །ཁྱད་པར་ཙུང་ཟད་ཡོད་མ་ཡིན། །ཞེས་པའི་དོན་ནི། ཐ་མལ་བའི་བློ་ངོར་ཆོས་ཅན་འཁོར་བར་མཐོང་བའི་གཞི་དེ་ཉིད་རྟགས་ཤིང་དཔྱད་པའི་བློ་སྨོངས་མེད་ཀྱིས། ཆོས་ཉིད་དམ་མྱང་འདས་སུ་གཟིགས་ལ། གཟིགས་པ་དེའི་ངོར་ན་ཆོས་ཉིད་མྱང་འདས་ལས་གཞན་པའི་འཁོར་བ་ཞེས་བྱ་བ་གྲུབ་པ་མེད་ཅིང་། དེ་མེད་པས་དེའི་ངོར་ན་ཆོས་ཅན་འཁོར་བ་ལས་གཞན་པའི་ཆོས་ཉིད་མྱང་འདས་ཞེས་བྱ་བ་ཞིག་ཀྱང་དོན་ལ་གྲུབ་པ་མེད་པ་ལ་འཁོར་འདས་དབྱེར་མེད་དམ་བདེན་གཉིས་ཟུང་འཇུག་ཏུ་འཇོག་ཅེས་པ་སྟེ། བརྟག་གཉིས་ལས།

རྨོངས་ཕྱིར་འཁོར་བའི་གཟུགས་ཅན་ཉིད། །རྨོངས་བྱེད་འཁོར་བ་དག་པས་ན། །འཁོར་བ་མྱ་ངན་འདས་པར་འགྱུར། །བྱང་ཆུབ་སེམས་ནི་མྱ་ངན་འདས། །ཀུན་རྫོབ་དོན་དམ་ཚུལ་ཅན་ནོ། །ཞེས་གསུངས་ཕྱིར། དེ་ལྟར་ན་བློ་རྨོངས་མ་རྨོངས་གཉིས་ལ་ལྟོས་ནས་ཡུལ་འཁོར་འདས་གཉིས་སུ་བཏགས་པ་ཙམ་ལས་ཡུལ་རང་ངོ་ནས་ཐ་དད་དུ་གྲུབ་པ་མེད་ཅིང་། རྟེན་གྱིས་དྲིལ་ན་འཁོར་འདས་གཉིས། རང་བཞིན་མེད་པར་མཉམ་པ་ཉིད་དུ་རྟོགས་པ་ལ་འཁོར་འདས་དབྱེར་མེད་རྟོགས་པ་ཞེས་ཟེར་ལ། དེ་ལྟ་བུའི་རྟོགས་པ་དང་ལྡན་པའི་གང་ཟག་ལ་སྣང་གྲགས་ཀྱི་ཆོས་ཐམས་ཅད་ཆོས་ཉིད་ཀྱི་རོལ་པར་འཆར་བས་རྣམ་རྟོག་ཡེ་ཤེས་སུ་འགྱུར་བ་དང་། མཚན་བཅས་མཚོན་མེད་དུ་འགྱུར་བར་གསུངས་པ་ཡིན་ཏེ། དབང་བཞི་ངོ་སྤྲོད་པ། འཁྲུལ་བ་ཆོས་ཀྱི་དབྱིངས་ཉིད་དུ། །གང་གི་གོ་ལ་རྣམ་རྟོག་ཀུན། །ཆེད་དུ་གོམས་ཀྱང་རྟོག་མེད་ཡིན། །བཅལ་ཡང་འཁྲུལ་པ་ག་ལ་སྲིད། །མཚན་བཅས་དགེ་སྦྱོར་མི་སྲིད་དེ། །བསྐྱེད་རིམ་གོམས་པར་གྱུར་ན་ཡང་། །མཚན་མ་མེད་པའི་དགེ་སྦྱོར་ཡིན། །ཆོས་ཉིད་འཛིན་པས་བཀྲིས་པ་ལ། །མི་རྟོག་པ་ཡང་འཁྲུལ་སྣང་ཡིན། །དེ་ཡི་མི་རྟོག་སྒོམ་ན་ཡང་། །རྣམ་རྟོག་མཚན་མའི་འཁྲུལ་འཁོར་ཡིན། །ཞེས་དང་། རྣམ་པར་རྟོག་པ་ཡེ་ཤེས་ཀྱི། །དབང་དུ་སོང་ན་འཁོར་བ་མེད། །ཡེ་ཤེས་རྣམ་པར་རྟོག་པ་ཡིས། །དབང་དུ་གྱུར་ན་གྲོལ་བ་མེད། །ཞེས། རང་བྱུང་ཡེ་ཤེས་སྐྱེས་པ་ལ། །ཞེས་སོགས་གསུང་པའི་ཕྱིར། དེ་བཞིན་དུ་ལམ་འབྲས་པ་རྣམས་ཀྱི་ཉམས་དང་པོ་རི་ཟར་གྱི་འབབ་ཆུ་ལྟ་བུ། གཉིས་པ་རོང་ཁྲུང་རྟོག་པོའི་ཆུ་ལྟ་བུ། གསུམ་པ་ཞུ་གསུམ་གྱི་རྫིང་ཆུ་ལྟ་བུ། བཞི་པ་མཚོ་རླབས་དང་བཅས་པ་ལྟ་བུ། ལྔ་པ་མཚོ་རླབས་བྲལ་བ་ལྟ་བུ། ཞེས་སོགས་ངོ་སྤྲོད་པར་མཛད་པ་ཡང་རྣམ་རྟོག་སྤྱང་བྱར་བྱེད་པའི་སྐད་ཆ་ལགས་ཤིང་། དེ་ཡང་ལས་དང་པོ་བས། དམིགས་པ་ལ་ནི་སེམས་གཏད་ནས། །དེ་རྒྱུན་རྣམ་པར་གཡེང་མི་བྱ། །རྣམ་གཡེང་མྱུར་དུ་རྟོགས་བྱས་ནས། །དེ་ལ་སླར་ཡང་བསླན་པར་བྱ། །ཞེས་གསུངས་པ་ལྟར། རྣམ་རྟོག་ལ་ཆོས་གཉེར་གྱི་གཉེན་པོ་གཏད་ནས་བཀག་སྟེ་མི་རྟོག་པ་སྒོམ་པར་བྱེད། སྒོམ་ལྟོངས་སུ་གྱུར་ནས། གཟིངས་ནས་འཕུར་གྱི་བྱ་རོག་ཇི་བཞིན་དུ། །སྐོར་ཞིང་སྐོར་ཞིང་སླར་ཡང་དེ་རུ་བབ། །ཞེས་པ་ལྟར་རྣམ་རྟོག་དེ་གཉིས་སྐྱེས་ཀྱང་དེ་མ་ཐག་ཡལ་ནས་མི་རྟོག་པའི་ངང་དུ་གནས་པ་འབྱུང་། དེའི་རྒྱུན་བསྐྱངས་པས་གནས་ལུགས་ཀྱི་དོན་མངོན་སུམ་དུ་མཐོང་བ་ན་དབྱིད་ཀྱི་ཆབ་རོམ་ལྟར་འཁྲུལ་བ་རང་ཞིག་ལ་སོང་ནས། སྣང་བ་ལྟ་གྲག་པ་སྤྲུགས་དྲན་རྟོག་ཆོས་ཉིད་ཀྱི་རོལ་པར་འཆར། དེ་ཙམ་ན་སྤྱང་བླང་དང་དགག་སྒྲུབ་ལ་ཆེར་མི་ལྟོས་ཅི་བྱས་སེམས་ཅན་ལ་ཕན་པ་ཞིག་འོང་། དེ་འདྲ་ལ་འཁྲུལ་ཞིག་མཚན་ཉིད་པ་ཟེར་བ་ལགས། དེའི་རྒྱུན་བསྒོམས་པས་ས་ལམ་མཐར་ཕྱིན་ནས་སངས་རྒྱས་ཟེར་བའི་སྐད་པོ་ཆེ་ཐོབ་པ་ཡིན། དེ་འདྲའི་རྣམ་དབྱེ་གང་ཡང་མེད་

པར་རྣམ་རྟོག་ཆོས་སྐུ་ཡིན་ཞེས་སྨྲས་པ་ཙམ་གྱིས་རྟོགས་པ་མཐོན་པོར་སློབས་པ་གཞན་གྱི་གོ་ལ་རེ་བ་འདམ། པོ་རྒྱུས་ཀྱི་སྨྲ་བ་ནི་དོན་དང་མི་མཐུན་པས་བྱང་འཕགས་ཀྱི་གཟིགས་པ་ཅི་ལ་ཡིན། བྱང་འཕགས་སུ་ཧྲུས་པ་གཞན་ཞིག་གིས་ཉམས་སྣང་དུ་དོགས་པས་རྟག་དཔྱད་མཛད་དགོས། ལར་ཡང་བཀའ་བརྒྱུད་གོང་མ་རྣམས་རྒྱ་གར་གྱི་ན་རོ་མཻ་ཏྲི་སོགས་ཀྱི་གདམས་པ་བོད་ཡུལ་གྱིས་མར་པ་མི་ལ་སོགས་ནས་བརྒྱུད་པའི་བསྒྲུབ་བརྒྱུད་ཀྱི་བཀའ་འབབ་ཆུ་བོས་རྒྱུན་ལྟ་བུ་དེ་གཙོ་བོར་བསྐྱངས་པས། གནས་ལུགས་ཀྱི་རང་ཞལ་མངོན་སུམ་དུ་གཟིགས་པའི་རྣལ་འབྱོར་གྱི་དབང་ཕྱུག་མཐའ་ཡས་པ་བྱོན་མོད། ཇི་སྐད་པའི་ཤེས་བྱར་སྦྱང་བ་ཆེས་ཆེར་མ་མཛད་པའི་དབང་ལས་ཐ་སྙད་ཀྱི་གྲུབ་མཐའི་རྣམ་བཞག་འདི་ཡིན་གྱི་རང་རྐང་ཚུགས་པ་རང་ཞིག་མེད་ནའང་། དུས་ཕྱིས་ཆོས་བརྒྱུད་ཀྱི་རྟོགས་པ་རླུང་ལྟར་ལངས་ཏེ་ས་སྐྱ་པ་ལ་མི་དོ་བཞིན་དུ་འགྲན་པའི་རྣམ་པས་ས་སྐྱའི་གསུང་རབས་ནས་བཤད་པའི་ལུགས་ཀྱི་རང་གི་བློ་ལ་དུ་འཆར་བདེ་བ་ལ་ལ་བཀུས། ལ་ལ་འཁྲིག་པ་ས་སྐྱ་པ་ལ་ཁ་ཟེར་བའི་ཆེན་པོ་གཞན་གྱི་ཟེར་བགྲོས་རྣམས་རིམ་གྱིས་ཉོས་ནས་ལྟས་ཕྱིན་གྱི་བཅས་པ་ལྟར་གློ་བུར་དུ་བཟོས་པའི་སྒྲ་སྐད་ངག་མདོ་སྤྲགས་ཀྱི་འཆད་ཉན་སོགས་འཕྱོན་མའི་བུ་ལྟར་གང་ནས་རྒྱུད་རང་ཆེར་མེད་པའི་མྱོག་ལ་དངོས་མ་གཙང་བ་ཁ་རེ་ཡོད་སྐད་ཐོས་དེ་འདྲའི་བསླབས་ཡིན་གྱི་གང་ལྟར་ཡང་གྲུབ་པའི་མཐའི་འཛིན་ཁྲེར་ཡང་དབྱར་གྱི་ཆུ་རླུང་ལྟར་ཡང་ཡང་འགྱུར་ལྡོག་རྩོམ་པ་ཞིག་ལས་གཏན་བཀྱིང་ཁེལ་བ་ཞིག་མེད་འདྲ་བས། སྲིན་བུའི་ཁ་རྒྱུས་རང་བཅིངས་པའི། ས་དན་ལ་སྲེད་པའི་ཁྲིམ་པ་ལྟར་མི་འཁྲིངས་བཞིན་དུ་སྐྱོང་བའི་སྤྲོས་པ་མཛད་ཀྱང་། དེ་སྲིད་དུ་ནལ་བ་ཙམ་ལས་དོན་འབྲས་གཞན་འོང་རིས་སུ་མི་འདུག་པས། ད་ཕྱིན་ཆད་དགོས་པའི་མཆོད་རྟེན་ནག་པོར་བཞག །མི་དགོས་བྲག་ལ་སྐུ་དཀར་གསོལ་བའི་དཔེའི་རྣམ་པ་དེ་དོར་ལ། ཡོང་ངེས་པའི་སྒྲུབ་བརྒྱུད་ཀྱི་བཀའ་བབས་དེ་ཚུལ་བཞིན་དུ་སྐྱོངས་པར་མཛོད་ཅིག་ཅེས་སྙིང་ནས་གསོལ་བ་འདེབས་སོ། །

འདིར་སྨྲས་པ། རབ་འབྱམས་ཤེས་བྱའི་མཁའ་ལ་ཐོགས་མེད་ཅིང་། །དྲིགས་སྨྱོས་འབྲུག་ཏུ་ལྡིར་བའི་ཕྱི་ནང་གིས། །ཕས་རྒོལ་ཉི་ཟླའི་གཟི་བྱིན་ཀུན་ཟ་བའི། །འཛམ་དབྱངས་པ་མཁྱེན་པའི་རང་གཟུགས་དགྲ་གཅན་པོ། །ཡིད་སྐྱེས་དགའ་མས་དད་པ་བརྟན་པའི་ལྷ། །མི་བསྲུན་སྲིན་པོའི་ཁ་སྒོར་ཆུད་རེ་ཡང་། །ཡོན་ཏན་སྣར་གསལ་ལོག་རྟོག་ཀུ་ཤ་ནས། །རྒྱལ་ཛ་སྲིད་གསུམ་བླ་ན་བརྟུངས་འདི་གཟིགས། །ཧ་ཐུལ་གྱིས་དྲིས་འཇིག་རྟེན་མེས་པོའི་ལན། །རླུང་ལ་བསྐྱར་བའི་ལུགས་ཀྱི་རྡོ་རྗེའི་ཐེག །ནམ་མཁར་ཡལ་ཆེ་མ་ཏྲ་ཙི་ན་ཡི། །རྗེས་འབྲང་མ་ལུས་ཅ་ཅོས་འཇིག་རྟེན་གང་། །ཅེས་སོ། །ཡང་ཀླུ་སྒྲུབ་རྩོད་སྤོང་ལས། གནད་དེས་ན་རྣམ་རྟོག་ཆོས

སྐྱུར་ཁས་མི་ལེན་ན་འདོད་ཆགས་ཆེན་པོར་ཁས་ལེན་པ་ཡང་འགལ་བ་གསུང་པ་ཡང་མི་བྱེད། འདོད་ཆགས་སོགས་ཟད་ཅིང་གནས་འགྱུར་བའི་ཡེ་ཤེས་ལ་འདོད་ཆགས་ཆེན་པོར་སོགས་མིང་བཏགས་ཀྱང་འདོད་ཆགས་ཆེན་པོ་སོགས་མཚན་ཉིད་པ་མ་ཡིན་པའི་ཕྱིར་རོ། །ཞེས་བཀོད་པའི་ལན་དུ། ཉིད་ཀྱི་གསུང་ལས་འདོད་ཆགས་སོགས་ཟད་ཅེས་པའང་། རང་བཞིན་མེད་པར་ཤེས་པ་ལ་ཟད་པར་མིང་འདོགས་ན་ནི་འགལ་བ་མེད་ལ། གཞན་ནི་ཟད་པ་གཉེན་པོས་ཟད་པ་མིན་ཏེ། སྔོན་ནས་ཟད་པ་དེ་ཉིད་ཟད་ཅེས་བསྟན། ཞེས་གློ་བུར་དུ་ཟད་རྒྱུ་མེད་ཅིང་གནས་འགྱུར་གྱི་ཐ་སྙད་ཀྱང་དེ་དང་མཚུངས་སོ། །མདོར་རྟེལ་གྱིས་དྲིལ་ན། རང་ཅག་རྣམས་ཀྱི་སེམས་འདི་ལ་མཛུབ་མོ་བཙུགས་ནས་འདི་ཉིད་འཁོར་བ་ཞེས་བྱ་སྟེ། འདི་ཞེས་དང་། དེ་ལས་མཛུབ་མོ་མ་བཏེགས་བཞིན་དུ། འདི་ཉིད་མྱ་ངན་འདས་པ་ཉིད། ཅེས་འཁོར་འདས་མཚན་ཉིད་གཅིག་ཏུ་མཛད་ནས། དེའི་སྒྲུབ་བྱེད་ལ། འཁོར་བ་སྤངས་ནས་གཞན་དུ་ནི། །མྱ་ངན་འདས་པ་རྟོགས་མི་འགྱུར། །ཞེས་སོགས་སོ། །འོན་འཁོར་འདས་གཉིས་འོང་བའི་རྒྱུ་མཚན་གང་ཞེ་ན། རློངས་ཕྱིར་འཁོར་བའི་གཟུགས་ཅན་ཏེ། །ཞེས་མ་རིག་པའམ་རྨོངས་པས་འཁོར་བ། རྨོངས་མེད་འཁོར་བ་དག་སན། འཁོར་བ་མྱ་ངན་འདས་པ་འགྱུར། ཞེས་མཚན་ཉིད་སོ་སོར་མཛད། དེ་ཀ་སྣང་ངོའི་ཆ་ནས་ཀུན་རྫོབ་བམ་འཁོར་བའམ་རྣམ་རྟོག །ངོ་བོའི་ཆ་ནས་དོན་དམ་མྱང་འདས་ཆོས་སྐུ། མིང་དེ་གཉིས་གཅིག་ཏུ་བསྡམ་ནས་བདེན་གཉིས་ཟུང་གི། རྣམ་རྟོག་ཆོས་སྐུའི་མིང་བཏགས་པས། བྱང་ཆུབ་སེམས་ནི་མྱ་ངན་འདས། །ཀུན་རྫོབ་དོན་དམ་ཚུལ་ཅན་ནོ། །ཞེས་པར་དོན་ལ་སྟོན་པའིཤེས་རབ་ཀྱི་དཔྱད་ན་དེ་བཞིན་དུ་ཐོབ་བོ། །དེ་བས་ན་གནས་ཚུལ་གྱི་དབང་དུ་བྱས་ན་རྣམ་རྟོག་ཆོས་སྐུ། སྣང་ཚུལ་ལམ་བློ་ངོ་ལ་ལྟོས་ནས་རྣམ་རྟོག་མ་རིག་པ་སྟེ། འཆད་ཤེས་ན་མི་གསལ་བས་ཡིད་བདེ་བར་མཛོད་ཅིག །ཅེས་བྲི་བར་མཛད་དོ། །དེ་ལ་བརྟགས་ན། འདོད་ཆགས་ཀྱི་རང་བཞིན་ཤེས་པ་ཙམ་ལ་འདོད་ཆགས་ཟད་པ་མི་ཟེར་ཏེ། གཞན་དུ་ན་སྒྲིབ་པའི་རང་བཞིན་ཤེས་པ་ཙམ་གྱིས་སྒྲིབ་པ་ཟད་པའི་ཕྱིར་རོ། །ལུང་དོན་ནི་དོན་དམ་པར་སྒྲིབ་པ་ཟད་པ་མེད་པ་ལ་དགོངས་ཏེ་མགོན་པོ་བྱམས་པས། སྒྲིབ་པ་ཟད་དང་མི་སྐྱེ་བས། །ཡེ་ཤེས་བྱང་ཆུབ་ཅེས་བརྗོད་དེ། །ཟག་མེད་སྐྱེ་མཆེད་ཕྱིར་དེ་དག །གོ་རིམ་བཞིན་དུ་ཤེས་པར་བྱ། །ཞེས་པ་དང་མཐུན་འདུག་ཕྱིར། ཐ་སྙད་དུ་ནི། འདོད་ཆགས་སོགས་སྤང་བྱ་རྣམས་གཉེན་པོས་ཟད་པར་བྱེད་པའམ། སྤོང་བཞིན་ཏུ་འཐད་དེ། ཆོས་ཀྱི་གྲགས་པས། འདོད་ཆགས་ཀྱི་གཉེན་པོར་མི་སྡུག་པ་དང་། ཞེ་སྡང་གི་གཉེན་པོར་བྱམས་པ་སྒོམ་པ་སོགས་ལ་ཕྱོགས་རེ་མགོ་མནོན་གྱི་གཉེན་པོ་དང་སྤང་བྱ་མཐའ་དག་གི་གཉེན་པོར་བདག་མེད་སྒོམ་པ་ལ། མཐའ་དག་དཔྱིས་འབྱིན་གྱི་གཉེན་པོར་བཤད་ཅིང་། མགོན་པོ་བྱམས་པས། མཐོང་དང་

སྒོམ་པའི་ལམ་དག་ལ། །གཟུང་དང་འཛིན་པའི་རྣམ་རྟོག་རྣམས། །ཉེ་བར་ཞི་བར་བྱ་བའི་ཕྱིར། །གཉེན་པོ་རྣམས་པ་བརྒྱད་ཅེས་བྱ། །ཞེས་མཐོང་སྤངས་དང་སྒོམ་སྤངས་ཀྱི་རྟོག་པ་མངོན་གྱུར་པ་རྣམས་སྤྱོར་བའི་ལམ་གྱི་ཆས་སུ་ཕྱེ་ནས་ཟད་པའི་ཉེ་བར་ཞི་བར་བྱེད་ཅིང་། ས་བོན་རྣམས་བར་ཆད་མེད་ལམ་གྱི་དེ་བཞིན་དེར་གསུངས་ཕྱིར། དོན་དེ་ཉིད་ཀླུ་སྒྲུབ་ཀྱང་བཞེད་དེ། ཇི་ལྟར་མྱུག་སོགས་རིམ་སྐྱེས་པས། །ས་བོན་ཤུན་པ་གཙོད་པ་ལྟར། །དེ་བཞིན་མཐོང་ངམ་རིམ་སྐྱེས་པས། །མཐོང་སྤང་རྣམས་ནི་ཟློག་པར་བྱེད། །ཞེས་གསུངས་ཕྱིར། ཐ་མལ་བའི་བློ་ངོར་ཆེན་པོ་འཁོར་བར་སྣང་བའི་གཞི་དེ་ལ་བསམ་ནས། འདི་ཉིད་འཁོར་བ་ཞེས་བྱ་སྟེ། ཞེས་དང་། དེ་བཏགས་ཤིང་དཔྱད་པའི་བློ་སྦྱོངས་བྱེད་ཀྱིས་ངོར་ཆོས་ཉིད་མྱང་འདས་སྣང་བའི་ཆ་དེ་ལ་བསམ་ནས། འདི་ཉིད་མྱ་ངན་འདས་པ་ཉིད། །ཞེས་སོགས་གསུངས་པ་ཡིན་པར་སྣར་བཤད་པ་དེ་ཀས་ཐེ་ཚོམ་གྱི་མདུད་པ་རང་གྲོལ་ལོ། །གནས་ཚུལ་དང་སྣང་ཚུལ་ཞེས་པ་གསུང་རབ་འཆད་པ་སྤྱིའི་སྐད་ལ་སངས་རྒྱས་ཀྱི་གཟིགས་སྣང་དང་གདུལ་བྱའི་བློ་སྣང་ལ་ཟེར་བ་ཞིག་འདུག་པས། དེ་ཀ་ཡིན་ན་རྣམ་རྟོག་སྟེ་སངས་རྒྱས་རང་སྣང་ལ་ཆོས་སྐུ་ཡིན་པ་ཤིན་ཏུ་ལེགས་སོ། །ཆོས་ཐམས་ཅད་མངོན་པར་རྫོགས་པར་བྱང་ཆུབ་པ་ཞེས་པའི་མདོ་དང་མཐུན་པའི་ཕྱིར།འོན་ཀྱང་དེ་འདུལ་བྱའི་བློ་ངོར་ཆོས་སྐུ་མིན་ན། དེ་ཐ་སྙད་དུ་ཆོས་སྐུ་མིན་པར་འགྱུར་ཞིང་། དེ་ཡང་འདོན་དེ་ཆོས་སྐུ་མིན་པར་འགྱུར་ཏེ། ཡོད་དང་ཡིན་མིན་ལ་སོགས་པའི་རྣམ་བཞག་ཐམས་ཅད་ཐ་སྙད་ལ་ཡིན་གྱི་དོན་དམ་པར་མ་ཡིན་པའི་ཕྱིར་རོ། །འདི་ལ་དགོངས་ནས་མདོ་ལས། འཇིག་རྟེན་དང་རྩོད་ཀྱི་ང་ནི་འཇིག་རྟེན་དང་མི་རྩོད་འཇིག་རྟེན་ན་ཡོད་པར་སྨྲ་བ་གང་ཡིན་པ་དེ་ང་ཡང་ཡོད་པར་སྨྲའོ། །ཞེས་དང་། ཟླ་བ་གྲགས་པས། འཇིག་རྟེན་གྲགས་པའི་ཀུན་རྫོབ་མ་ནླག་ཅིག །ཅེས་སོགས་མང་དུ་གསུངས་སོ། །

གཞན་མཛོད་ལས། འཕྲིས་ནད་ཅན་གྱི་དུང་སེར་པོ་མཐོང་བ་དཔེར་མཛད་པའི་སྐབས་སུ། སེར་པོ་དུང་གི་གཤིས་སམ་མདངས་གང་ལ་ཡོད་ན་ནད་མེད་ཀྱིས་ཀྱང་མཐོང་རིགས་པ་ལ་མེད་པས་མ་མཐོང་བ་བཞིན་ནོ། །མ་རྟོགས་ན་འཁྲུལ་བར་སྣང་རུང་། རྟོགས་ན་ཆོས་སྐུར་འཆར་བའང་དེ་ལྟ་བུ་སྟེ། འདི་གཉིས་ཀའི་མཚན་གཞིར་རྣམ་པར་རྟོག་པ་འདི་ཀ་འཛིན་པ་དུང་སེར་མཐོང་དང་། སེར་སེར་མ་མཐོང་བ་གཉིས་ཀའང་སེར་སེར་པོར་བཏགས་པའི་དུང་དེ་གཉིས་མཚན་གཞིར་འཛིན་པ་ལྟ་བུའོ། །ཞེས་བྲིས་པའི་ལན་དུ། ཀླུ་སྒྲུབ་རྩོད་སྤོང་ལས་འདི་རྣམ་རྟོག་ཆོས་སྐུའི་སྒྲུབ་བྱེད་ཐུགས་གཏད་ཀྱི་དྲག་ཤོས་ཡིན་ན་སྙིང་པོ་མི་སྣང་སྟེ། སེར་པོར་བཏགས་པའི་དུང་དེ་སེར་པོར་སྣང་ཁོ་རང་དཀར་པོ་ཡིན་པ་བཞིན། འཁྲུལ་བར་བཏགས་པའི་རྣམ་རྟོག་དེ་འཁྲུལ་བར་བཏགས་པའི་རྣམ་རྟོག་དེ་ཡང་འཁྲུལ་བར་སྣང་ཡང་ཁོ་རང་ཆོས་སྐུ་ཡིན་དགོས་པ་ལས། དེ་ལྟར

མིན་པར་དེའི་ཚེ་ཡང་རྣམ་རྟོག་ཁོ་རང་འཁྲུལ་བ་ཡིན་པའི་ཕྱིར་དང་། རྣམ་རྟོག་རྟོགས་ན་ཆོས་སྐུར་འཆར་བ་ཡང་དུང་དང་དཔེ་དོན་མི་འགྲིག་སྟེ། མིག་མ་བསླད་པས་དུང་སེར་པོར་མ་མཐོང་དཀར་པོ་ཁོ་རང་མཐོང་བ་བཞིན་བློ་མ་འཁྲུལ་བའི་བྱ་བས་རྣམ་རྟོག་འཁྲུལ་བར་མ་མཐོང་རང་དུ་མཐོང་ཞེས་སྦྱར་དགོས་པ་ལས། དེའི་རྣམ་རྟོག་ཁོ་མེད་པར་སོང་བ་ཡིན་གྱིས། དེ་མཐོང་བ་མ་ཡིན་པའི་ཕྱིར་རོ། །ཞེས་བཀོད་པར། ཉིད་ཀྱི་གསུང་ལས། སྔར་ལུང་བསྟན་ནས་དིང་འདིར་སྦྱར་ཞེས་པ་ལྟར་གན་མཛོད་དུ། དང་པོ་ལ་ནི་གཉིས་མེད་ཟུང་འཇུག་སོགས་ཇི་ཙམ་བཤད་ཀྱང་། བློས་གོ་ཕྱོགས་ལ་གཉིས་སྣང་ཐ་དད་གཅིག་ཀ་འབྱུང་སྟེ། དོན་གཉིས་སྣང་མ་སྤྱངས་པས་ལན། ཞེས་ལུང་བསྟན་པ་དེར་འདུག་པས། རེ་ཞིག་གནས་སྐབས་དངོས་པོའི་ཆོས་གཏམ་མཛད་ན་ལེགས་ཀྱི་བྱིས་པས་དར་མའི་ལས་ལ་འཇུག་པར་མི་འགྱུར་རོ། །དུང་སེར་མཐོང་དང་། གངས་རི་གཡུར་སྣང་དང་། ཐག་ཁྲ་སྦྲུལ་སྣང་དང་། གྲིབ་མ་ཤ་ཟར་མཐོང་བའི་དཔེར་བཞི་པོས་འཁོར་འདས་རོ་གཅིག་པར་འཆད་དོ་ཞེས་ངེས་དོན་སྟོན་པའི་གཞུང་འགའ་རེར་འཕགས་པ་ཀླུ་སྒྲུབ་ཀྱིས་བཤད་མོད་ཀྱང་། དེའི་དཔེ་དོན་ལ་སྦྱོན་འཛིན་སྟོང་ནུས་པའི་སྟོན་བཟང་འདི་ནི་འཇིགས་སུ་རུང་བ་སྟེ། འདི་ལྟ་བུའི་མདུན་དུ་ནི་སངས་རྒྱས་ཀྱི་བསྟན་པ་བསྟན་འཛིན་དང་བཅས་པས་ཀྱང་སྐུར་ཚུགས་པ་མིན་ནོ། །དཔེ་དོན་ལ་མི་འགྲིག་པའི་སྐྱོན་མེད་དེ། དུང་སྟེང་ན་སེར་པོ་མེད་ཀྱང་མིག་ནད་ཅན་གྱི་སེར་པོ་མཐོང་བ་དེ་སེར་པོ་མེད་བཞིན་དུ་དེར་མཐོང་བ་ལྟར། རྣམ་རྟོག་གི་སྟེང་ན་འཁྲུལ་བ་རང་མཚན་མེད་ཀྱང་། མ་རིག་པས་སླད་པ་ཅན་གྱི་འཁྲུལ་བར་མཐོང་བ་དེ་འཁྲུལ་བར་མེད་བཞིན་དུ་དེར་མཐོང་བ་ཁྱད་པར་མེད་ཀྱང་། རྩོད་སྤོང་བའི་ཐུགས་དགོངས་ལ། རྣམ་རྟོག་འཁྲུལ་བ་འདི་བདེན་བདེན་རྟག་རྟག་ཨ་མཐས་ཀོ་མཐས་ཤེ་མཐས་རི་མཐས་ཤིག་ཡོད་ཀྱི་དགོངས་པས་ལན་ཏོ༑ ༑དེ་འདྲ་མིན་པར་རྒྱུད་ལས། བརྟན་གཡོའི་དངོས་པོ་ཡོད་མིན་ཏེ། །འོན་ཀྱང་སྣང་བ་ཙམ་མཛད་ཀྱི། ། ཞེས་དང་། འདི་ན་ཡར་ལ་འབྲོན་སྒྲོང་བའི་ལོ་རྒྱུས་མཁས་པ་མི་ལ་རས་པས། ལར་ཐམས་ཅད་སེམས་ཀྱི་ཆོ་འཕྲུལ་ཏེ། །ཨེ་མ་ཁམས་གསུམ་འཁོར་བའི་ཆོས། །མེད་བཞིན་སྣང་བ་ངོ་མཚར་ཆེ། །ཞེས་གསུངས་སོ། ། ཞེས་བྲི་བར་མཛད་དོ། །དེ་ལ་བརྟགས་ན་ཧེ་ཀླུ་སྒྲུབ་པའི་ལན་དེ་སྤྱིར་བཟང་པོར་སྣང་ཡང་། སྤྱིར་བཏང་སྡོམ་ཡོར་མཛད་པས་ཕྱི་རོལ་གྱི་བློ་ཡུལ་དུ་ཧི་ལྟ་བ་བཞིན་མ་ཤར་བའི་དབང་གིས་སླར་ཡང་སྐོན་པར་འདུག་པས། འདི་བཞིན་བྱ་སྟེ། དེ་གཉིས་དཔེ་དོན་སྦྱོར་ན་དུང་དཀར་དེ་སྤྱིར་དཀར་པོ་ཡིན་ཡང་། རང་ལ་ལྟ་བ་པོའི་གང་ཟག་འབྲིས་ནད་ཅན་གྱི་སེར་པོ་མཐོང་བ་དེ་འབྲིས་ནད་ཀྱི་མིག་སླད་པའི་སྐྱོན་ཡིན་ཞིང་། འབྲིས་ནད་སངས་པ་ན་དཀར་པོ་མཐོང་བ་དེ་འབྲིས་ནད་ཀྱི་མིག་སླད་པའི་ཡོན་ཏན་ཡིན་པ་བཞིན། འདོད་ཆགས་ལྟ་བུའི་རྣམ་

རྟོག་ཅིག་སྤྱིར་ཆོས་སྐུ་ཡིན་ཡང་། རང་རྒྱུད་ལྡན་གྱི་སོ་སོ་སྐྱེ་བོ་མ་རིག་པས་བསྒྲིད་པ་ཅན་གྱི་ཆོས་སྐུ་མིན་པར་མཐོང་བ་དེ་མ་རིག་པས་སེམས་རྒྱུད་བསྒྲིད་པའི་སྐྱོན་ཡིན་ཞིང་། མ་རིག་པས་སྒྲིད་པ་སངས་ནས། ས་ཐོབ་པའི་ཚེ་ཆོས་སྐུར་མཐོང་བ་མ་རིག་པས་སྒྲིད་པ་བསངས་བའི་ཡོན་ཏན་ཡིན་ཞེས་སྦྱར་དགོས་པ་ལས། དེ་ནི་མི་རིགས་ཏེ་དེའི་ཚེ་དེའི་རྒྱུད་ལ་འདོད་ཆགས་ཀྱི་རྣམ་རྟོག་མེད་པས་ཆོས་སྐུར་མཐོང་དུ་མི་འབྱུང་བའི་ཕྱིར་རོ། །དོན་དེ་གང་ཟག་རྒྱུད་ཐ་དད་པ་གཉིས་ལ་སྦྱར་ན་གནས་སྐབས་གསུམ་དུ་ཕྱེ་བ་དང་མི་འགྲིག་སྟེ། ཀུན་རྫོབ་ཀྱི་ཆོས་ཐམས་ཅད་བྱང་འཕགས་ལ་ཆོས་ཉིད་དང་། སངས་རྒྱས་ལ་ཆོས་སྐུར་སྣང་ཡང་། དེས་སོ་སྐྱེའི་བློ་ངོར་སྣང་ཚུལ་མཚོན་མི་ནུས་པའི་ཕྱིར་དང་། གང་ཟག་གཅིག་ཉིད། མ་རིག་པས་བསྒྲིད་པ་ཅན་གྱི་སོ་སོ་སྐྱེ་བོའི་གནས་སྐབས་སུ་འཁྲུལ་བ་འཁྲུལ་བ་དང་། མ་འཁྲུལ་བ་ལ་མ་འཁྲུལ་བར་སྣང་། དེས་ས་ཐོབ་ནས་མ་རིག་པའི་བསྒྲིད་པ་ཁོ་སངས་ཟིན་པའི་ཚེ་ཀུན་རྫོབ་ཀྱི་ཆོས་ཐམས་ཅད་ཆོས་ཉིད་དུ་སྣང་ཞེས་སོགས་སྦྱར་ནས་འཆད་དགོས་པའི་ཕྱིར། རྣམ་རྟོག་གི་སྟེང་ན་འཁྲུལ་བ་རང་མཚན་པ་མེད་གསུངས་པ་ཤིན་ཏུ་མི་རིགས་ཏེ་རྟོག་པ་དེ་འཁྲུལ་ཤེས་ནི་ཡིན། དེའི་འཁྲུལ་བ་ཁོ་རང་གི་སྟེང་ན་མེད་ན་གཞན་སུའི་སྟེང་ན་ཡོད་པ་ཡིན་དྲིས་ན་སྨྲ་གཅད་དགོས་པའི་ཕྱིར་རོ། །

གཞན་ཡང་སོ་སྐྱེའི་རྒྱུད་ཀྱི་སྟེང་ན་གློ་བུར་གྱི་དྲི་མ་རང་མཚན་པ་མེད་པར་འགྱུར་ཞིང་། དེ་ཡང་འདོད་ན། ཕྱིར་མི་ལྡོག་པ་འཁོར་ལོའི་མདོ་ལས། ཡིད་བཞིན་གྱི་ནོར་བུའི་དྲི་མ་སྦྱོང་བའི་ཚུལ་གསུམ་གྱི་དཔེས་བདེ་བར་གཤེགས་པའི་སྙིང་པོ་སྦྱོང་བའི་ཚུལ་གསུམ་གསུངས་པ་མེད་པར་ཐལ་ལོ། །ལུང་གཉིས་ཀྱི་དོན་ནི། ཕྱི་རོལ་གྱི་དངོས་པོ་འདི་དག་ཕྱི་རོལ་ཏུ་བདེན་པར་ཡོད་བཞིན་དུ་སྣང་བ་མིན། བདེན་པར་མེད་བཞིན་དུ་སྣང་བ་ཡིན། ཞེས་པའི་དོན་ཡིན་པས་ཕན་གནོད་གང་ཡང་མེད་དོ། །ཡང་གླུ་སྒྲུབ་རྩོད་སྤོང་ལས། ཅི་སྟེ་རྣམ་རྟོག་ཤར་ཡང་འཛིན་པ་མ་ཞུགས་པའོ་སྙམ་ན་ཞེས་སོགས་ཀྱི་ལན་དུ་ཉིད་ཀྱི་གསུང་ལས། དེ་ནི་གཡག་ཤང་གཅིག་ལས་ལོང་ངོ་ཿ ཿཞེས་སོགས་བཀོད་པ་ནི། རི་ཁྲོད་དུ་བཞུགས་པས་བྱ་ན་དཀོན་པའི་སྐབས་ཀྱིས་ཐུགས་མད་ནའང་སྤྱིར་གོ་ཤེས་པས་གཅིག་མ་གསུངས་ཤིག ཡང་རྩོད་སྤོང་ལས། དེས་ན་དྲང་དོན་ངེས་དོན་མཐར་ཐུག་གསུམ་དུ་འབྱེད་པ་ཇི་ལྟར་རིགས་སོ། །དྲང་ངེས་གཉིས་སུ་འདུས་པའི་བཀའི་བརྗོད་བྱ་མི་སྲིད་ཕྱིར། ཞེས་བཀོད་པའི་ལན་དུ། ཉིད་ཀྱི་གསུངས་ལས། བཀའི་བརྗོད་བྱ་རྗོད་བྱེད་དྲང་ངེས་གཉིས་སུ་འདུས་པ་མེད་ནའང་། གསུམ་དུ་ཕྱེ་བ་མི་འགལ་ཏེ། ཚོགས་གཉིས་སུ་འདུས་པ་མེད་ཀྱང་གསུམ་དུ་ཕྱེ་བ་དང་། སྐུ་གཉིས་སུ་འདུས་པ་མེད་ཀྱང་། གསུམ་དུ་ཕྱེ་བ་མི་འགལ་བ་བཞིན་ནོ། །ཞེས་སོགས་བཀོད་པ་ནི་ལན་འདེབས་ལུགས་

ལེགས་པོ་བྱུང་འདུག་ཀྱང་། དྲང་ངེས་མཐར་ཐུག་གསུམ་དུ་འབྱེད་པ་ཚད་ལྡན་གྱི་གཞུང་གང་ན་ཡང་མེད་པས་རང་གཟོ་ཡིན་པར་དོགས་སོ། །གལ་ཏེ་ལུང་ཡོད་དོ་ཞེ་ན། སྟོན་པར་རིགས་སོ། །རྗེ་མི་ལའི་མགུར་ལ་ཡང་། མ་རྟོགས་པ་དང་རྟོགས་པ་ཤར་བ་དང་། རྟོགས་པ་མཐར་ཐུག་པའི་སྐབས་གསུམ་དུ་མཛད་ཀྱང་། མ་རྟོག་པའི་སྐབས་དང་དྲང་དོན་མི་གཅིག །རྟོག་ཚུད་ཤར་བའི་སྐབས་དང་ངེས་དོན་མི་གཅིག་པས་དེའི་སྒྲུབ་བྱེད་དུ་མ་འགྲེལ་ལོ། །མཐར་ཐུག་དོན་ལ་སྣང་མ་མྱོང་ཞེས་པའི་དོན། སངས་རྒྱས་པར་སྣང་བ་མེད་གསུངས་པ་ཡིན་ན་དེར་དག་སྣང་ཡང་མེད་དམ། འཁྲུལ་སྣང་ནི་དོགས་པ་མེད་པས་ཇི་ལྟར་ཡིན་སྨྲ་རིགས་སོ། །ཡང་གཞན་མཛོད་ལས། གཞི་ཇི་ལྟ་བ་སངས་རྒྱས་ཀྱི་གཟིགས་ངོ་ལ་ངོས་འཛིན། དེས་ན་བྱང་ཆུབ་སེམས་དཔའི་གཟིགས་པ་ཐམས་ཅད་དེ་ལ་ལྟོས་ཏེ་གྲུབ་བོ། །སོ་སོ་སྐྱེ་བོ་ལ་ལྟོས་ནས་དོན་དམ། དེ་ཕྱིར་མཁས་པས་རྣམ་གྲངས་པའི་དོན་དམ་བདེན་པ་ཞེས་བཏགས་ཏེ། དེ་ཞིག་གི་དོན་དམ། དེས་ན་ངེས་དོན་དང་མཐར་ཐུག་གཉིས་སུ་འབྱེད་པ་འདིས་ཡིན་ནོ། །ཞེས་པའི་ལན་ཀླུ་སྒྲུབ་རྩོད་སྤོང་ལས། དེ་སྐད་གསུངས་པས་འབྱེད་ཐུབ་པར་མི་སྣང་སྟེ། བྱང་འཕགས་ཀྱི་གཟིགས་ངོ་དེ་དོན་དམ་བདེན་པ་མཚན་ཉིད་པ་མིན་ན། དེ་ངེས་དོན་ཡིན་པ་འགལ་ལགས་ཞེས་སོགས་བཀོད་པའི་ལན་དུ། ཉིད་ཀྱིས། འདི་པ་རབ་དབྱེ་བ་དང་། གཞན་མཛོད་ལས་རྩོད་གཞི་ཡོད་པའི་སྐབས་ཀྱང་མིན་ཞིང་། ཚིག་རོ་མང་དུ་སྤྲུས་པ་དགོས་པ་གཞན་མེད་ཀྱང་། སྨུགས་ལ་གྲྭ་སྐོར་ཐོངས་ཟིན་ནས་ད་ཡང་དབུ་མ་མཁྱེན་པ་ངོམ་ངོམ་ཡེར་ཡེར་མཛད་དེ་བཞེད་པའོ། །བྱང་འཕགས་ཀྱི་གཟིགས་ངོའི་དོན་དམ་བདེན་པ་དེ་ལ། རྣམ་གྲངས་པའི་དོན་དམ་བདེན་པར་མིང་འདོགས་མཁན་འཕགས་ཡུལ་གྱི་མཁས་པ་ཁ་ཅིག་ཡིན་འདུག་པས། དེ་དག་ལ་སྟོན་བཟང་ངོམ་པ་ཞུ། རྣམ་གྲངས་པ་ཞེས་པའི་གོ་དོན། དཔེར་ན་འབྲུལ་ཚའི་རྣམ་གྲངས་ལྟ་བུ་ཆ་ཤས་ཙམ་ལ་ཟེར་བ་སྣང་སྟེ། སྤྲིན་མཐོང་ཉི་བཞིན་ཕྱོགས་ཅིག་འདིར་ཟད་ན། །ཞེས་གསུངས་པའི་ཕྱིར། ཇི་ལྟར་བུད་མེད་ཀྱི་དངོས་པོ་གཅིག་རང་གི་མ་ལ་ལྟོས་ན་བུ་མོ་དང་། རང་བཞིན་བུ་མོ་ལ་ལྟོས་ནས་མར་འགྱུར་བ་མི་གསལ་ལ། དེ་ལ་བུ་མོ་མཚན་ཉིད་པ་ཡིན་མིན། མ་རྒྱན་མཚན་ཉིད་པ་ཡིན་མིན་གླེང་བརྗོད་མི་དགོས་པ་བཞིན་ནོ། །དོན་མཚན་འདི་ལ་བརྟེན་པའི་རྩོད་སྤོང་ཡང་ལན་དང་བཅས་པའི་ལན་འདེབས་དངོས་དང་ཤུགས་ཅི་རིགས་པར་ཕུལ་ཟིན་ཏོ་ཞེས་བྲི་བར་མཛད་དོ། །དེ་ལ་བརྟགས་ན་བྱང་འཕགས་ཀྱི་མཉམ་བཞག་དེ་མཐོང་བ་ཡང་དག་ཡིན་པས། དེའི་གཟིགས་ངོ་འམ་འཛིན་སྟངས་ཀྱི་གཟུང་བྱ་དེ་རྣམ་གྲངས་པའི་དོན་དམ་བདེན་པ་ཡིན་གསུངས་ན། འཇུག་པར། དངོས་ཀུན་ཡང་དག་རྫུན་པར་མཐོང་བ་ཡིས། །ཞེས་སོགས་དང་འགལ་ཞིང་། བྱང་སེམས་འཕགས་པས་དོན་དམ་པ་མངོན་སུམ་དུ་མ་རྟོགས་པར་ཐལ་བ་

སོགས་སྐྱོན་མཐའ་ཡས་སོ། །དེ་ལ་རྣམ་གྲངས་པའི་དོན་དམ་བདེན་པ་ཡིན་ཟེར་བའི་འཕགས་ཡུལ་གྱི་མཁས་པ་སུ་སུ་ཡིན་ནམ་སྟོན་ཆད་ཐོས་པ་ནི་ཉུང་ངོ་། །རྣམ་གྲངས་པའི་དོན་དམ་བདེན་པ་ཞེས་པ་དངོས་མིན་ཡང་། དེ་དང་ཆ་འདྲ་བའམ་ཆ་མཐུན་པའི་དོན་དམ་བདེན་པ་སྒྲ་རྟོག་གི་དངོས་ཡུལ་དུ་གྱུར་པའི་ཆོས་ཉིད་ལྷ་བུ་ལ་འདོག་པ་མཁས་པ་རྣམས་ལ་གྲགས་ཀྱི་ཚཤས་ལ་ཅི་རང་ཟེར་ཡང་། འདི་ཕྱོགས་ལ་འགྲོན་མ་མྱོང་བས་དེ་ཙམ་ལས་མི་ཞུའོ། །ལུང་དེ་འདྲ་གང་ན་ཡང་མི་སྣང་བས། ཉིད་ཀྱི་གསར་རྩོམ་མཛད་པའི་མདོ་ཞིག་ཡིན་པར་འདྲ་ལགས། གཞན་མཛོད་ལས། ངེས་ཚིག་གི་སྐབས་སུ་ཁོ་བོ་བླ་མ་འབྲུག་པ་རིན་པོ་ཆེའི་ཞལ་སྔ་ནས་ཕྱག་རྒྱ་ཞེས་བྱ་བའི་སྒྲ་ནི་མདོར་ཡང་བཤད་ལ་དེ་བཤད་པའི་ཀ་ཆེན་པོ་བཤད་པ་ཡིན་མོད། འོན་ཀྱང་ཆེན་པོ་དང་མ་སྦྱར་བས་མདོའི་དེ་མི་གསལ་བ་མདོར་བསྟན་དུ་སོང་། སྔགས་སུ་དེ་གཉིས་སྦྱར་བས་ཤིན་ཏུ་གསལ་བས་རྒྱུད་བཤད་དོ། །ཞེས་སོགས་བྲིས་པའི་ལན་དུ། ཀླུ་སྒྲུབ་རྩོད་སྤོང་ལས། འོན་འདུལ་བ་ལུང་ལས། ཚེ་དང་ལྡན་པ་བཙུན་པ་ཀུན་དགའ་བོས་ནི་རྐེད་པ་ལེགས་པར་རྐེད་དེ། གང་གི་ཕྱིར་ན་བཙུན་པ་ཀུན་དགའ་བོ་ནི། སློབ་དཔོན་ཆེན་པོའི་དབང་བསྐུར་བས་དབང་བསྐུར་མོད་ཀྱི། བདག་ལེགས་པར་གསུངས་པའི་ཆོས་འདུལ་བ་ལས་བསྙེན་པར་རྫོགས་ཤིང་རབ་ཏུ་བྱུང་ནས་དགེ་སློང་གི་དངོས་པོ་ཐོབ་སྟེ་གང་གི་ཕྱིར་བདག་གིས་ཀུང་སྐྱེད་པ་རབ་ཏུ་རྐེད་པར་གྱུར་ཅིག །ཞེས་དང་། འདུལ་བ་སུམ་བརྒྱ་པ་ལས། རྫོགས་པའི་བྱང་ཆུབ་དཔལ་ནོད་དབང་བསྐུར་ཡིན། །ཞེས་དང་། མདོ་སྡེ་རྒྱན་ལས། སངས་རྒྱས་ཀུན་གྱི་འོད་ཟེར་ཆེན་པོའི་དབང་བསྐུར་སྦྱིན། །ཞེས་པའི་དབང་རྣམས་དང་། དབང་ཕྱུག་ཆེན་པོའི་དབང་བསྐུར་ཞེས་པའི་དབང་དེ་ཡང་དབང་བསྐུར་མཚན་ཉིད་པར་འགྱུར་ཏེ། མདོ་ལས་བཤད་པའི་ཕྱག་རྒྱའི་མིང་ཅན་དེ་ཕྱག་རྒྱ་ཆེན་པོ་མཚན་ཉིད་པ་ཡིན་པའི་ཕྱིར། ཞེས་བཀོད་པའི་ལན། ཉིད་ཀྱིས་གསུང་ལས། སེང་གེའི་ཞལ་ནས་ཝ་སྐྱེས་ཀྱི་སྐད་གྲགས་སོ། །

ཇེ་པད་དཀར་ཞབས་ཀྱི་བཞེད་སྲོལ་ལ་བསྟན་པ་ཐམས་ཅད་འགལ་མེད་འཆད་པའི་དབང་དུ་མཛད་ནས། མདོ་སྔགས་མདོར་བསྟན་རྒྱས་བཤད་དུ་མཛད། དེ་ཡང་སུ་ཏྲ་ཞེས་པ་མདོ་སྡེ་དང་སྡེ་སྣོད་གསུམ་གྱི་དོན་མདོ་ཙམ་བཤད་པས་མདོ། དོན་ལྷག་ལུས་མེད་པར་བཤད་པས་སྔགས་རྒྱས་བཤད་དེ་གྱ་ནོམ་པར་བཤད་པའོ། །དེའི་ཕྱིར་རྒྱ་ཆེར་རོལ་པ་ལས། ཚངས་པ་མི་རྣམས་ལ་ནི་གྱ་ནོམ་ཆོས། །གླན་ཀ་མི་རྒྱལ་མདོ་ཙམ་བཤད་པར་བྱ། །ཞེས་གསུངས་སོ། །དེས་ན་མདོ་སྔགས་གཉིས་པོ་རྟོགས་བྱའི་ལྟ་བ་དང་། ཐོབ་བྱའི་འབྲས་བུ་གཅིག་པས་དོན་གཅིག །ཐོབ་བྱེད་ཀྱི་ཐབས་ལ་མ་རྨོངས་པ་དང་། ཐབས་མང་བ་དང་། དཀའ་བ་མེད་པ་དང་། དབང་པོ་རྣོན་པོའི་དབང་དུ་བྱས་པ་དང་བཞིའི་ཁྱད་པར་དུ་བྱས། དེའི་ཕྱིར་རྒྱས་བསྡུས་ཀྱི་དབང་གི་འཚང་རྒྱ

བའི་ཐབས་ཀྱི་ཆ་ཐམས་ཅད་འཚང་ཞིང་གསལ་བས་སྔགས་ཟབ། མདོར་མི་གསལ་བས་ཅུང་མི་ཟབ། དོན་དུ་ན་སྔགས་ཀྱི་བརྗོད་བྱ་ཐམས་ཅད་མདོའི་ནང་དུ་མི་གསལ་བའི་ཚུལ་གྱི་མདོར་བསྟན་ཏེ། དེ་ཡང་འོད་ཟེར་ཆེན་པོའི་དབང་སོགས་མདོ་ཚིག་དེ་དང་དེས་དབང་དང་རིམ་གཉིས་སོགས་སྔགས་ཀྱི་བརྗོད་བྱ་རེ་རེ་ནས་མདོར་བསྟན་ཚུལ་བཤད་དུ་ཡོད་ཀྱང་། བདག་ཅག་ལས་དང་པོ་བའི་བསམ་གཏན་གྱི་ཚེར་མར་སྣང་བས་བཞག །ཕར་ཐེག་དང་། སྔགས་ཐེག་མདོར་བསྟན་རྒྱས་བཤད་དུ་སྦྱོར་བ་འདི་ཡང་འཕགས་ཡུལ་ལས་འོངས་པའི་ལེགས་བཤད་ཡིན་ནོ། །དེས་ན་འཕགས་པ་ཀུན་དགའ་བོ་དབང་བསྐུར་བ་དང་། རྫོགས་པའི་བྱང་ཆུབ་དཔལ་ནོད་དབང་བསྐུར་དང་། རྒྱལ་སྲིད་ཀྱི་དབང་ཕྱུག་ལ་དབང་བསྐུར་བ་རྣམས་ཀྱང་། རང་རང་སོ་སོའི་ཐད་ཐད་ཀྱི་དབང་བསྐུར་བ་མཛད་ཕྱིར་མ་བྱུས་ན་རྣམ་དག་མང་པོ་འཚོལ་པར་མཆིས་སོ། །འཇིག་རྟེན་པ་དང་ཉན་ཐོས་པའི་དཔེས་གསང་སྔགས་ཟབ་མོ་ལ་རྒྱས་འགེབས་པ་རབ་དབྱེ་རྩོད་སྤོང་ཡང་ལན་རྣམས་སུ་ཧ་སྐྱེད་མཛད་སྣང་ཡང་། ལྷམ་དཔེ་ཞྭ་ལ་བཀབ་པར་འགྲོ། ཕར་ཐེག་ཐེག་ཆེན་དུ་བྱེད་པའི་སྐབས་ཀྱི། ཕྱག་རྒྱའི་རྣམ་གྲངས་དེ་ས་སོ་སོའི་ཐད་ཀར་དངོས་གནས་གོ་ཆོད་འཕྲང་ཁེགས་པ་ཁོ་ནའོ། །ཉིད་ཀྱི་གསུང་རིགས་ལྟར་ན། སྔགས་བླ་མེད་ཀྱི་རྫོགས་རིམ་དུ་བཤད་པའི་བདེ་དང་མིང་ཐ་སྙད་ཐམས་ཅད་མཚན་ཉིད་པ། དེ་མན་གྱི་བདེ་མིང་དང་ཐ་སྙད་ཐམས་ཅད་བཏགས་པ་བར་མཛད་ཀྱི་འདུག་པ། འདི་ལྟ་བུའི་དངོས་བཏགས་འབྱེད་ཁྲེར་ལ་འགྲེས་རྐང་དོད་ན་བཞད་གད་ཆང་གྲལ་ལས་ཀྱང་ཆེ་བ་འོང་བར་གདའ་འོ། །ཞེས་བྲི་བར་མཛད་དོ། །དེ་ལ་བརྟགས་ན་ཕར་ཆེར་སྣར་གྱི་སྔགས་ཀྱི་རྗེས་རོལ་འདུག་པས། མདོར་བསྡུས་ཙམ་བརྗོད་ན། རྡོ་རྗེ་རྣམ་འཇོམས་ཀྱི་མདོ་དེས། སྡེ་སྣོད་གསུམ་གྱི་དོན་མདོ་ཙམ་བཤད་པར་འགྱུར་ཏེ། དེ་མདོ་ཡིན་པས། མདོ་སྡེ་འདི་ནི་མཉན་བྱེད་ན། །ཞེས་དང་། མདོ་སྡེ་འདིས་གཟི་བརྗིད་ཀྱིས། །ཞེས་གསུངས་པའི་ཕྱིར། འདོད་ན་དེས་འདུལ་བ་མདོན་པའི་དོན་གང་བསྟན་ན་དྲིས་ན་ཅི་གསུངས། དོན་ལྷག་ལུས་མེད་པར་བཤད་པས་རྒྱས་བཤད་དུ་བྱེད་ན། ཚིག་གསུམ་རིམ་གྱིས་འབོགས་པའི་ཚོ་ག་གསལ་རྒྱུད་གང་གི་ནང་ན་བཞུགས་ལུང་སྟོན་པར་རིགས་སོ། །དེ་མ་བཞུགས་ན་འཚང་རྒྱ་བའི་ཐབས་ཐམས་ཅད་གསལ་ཞིང་ཚང་བ་བས་སྔགས་ཟབ་ཅེས་དོན་མེད་ལ་སོང་ངོ་། །སྔགས་ཀྱི་བརྗོད་བྱ་ཐམས་ཅད་མདོའི་ནང་ན་མི་གསལ་བའི་ཚུལ་གྱིས་བསྟན་ན། སྐྱབས་འགྲོ་སེམས་བསྐྱེད་ལམ་ས་བཅུ་ལ་སོགས་པ། མདོའི་ནང་དུ་གསལ་བར་མ་བསྟན་ལགས་སམ། རྒྱལ་སྲིད་ཀྱི་དབང་ཕྱུག་ཆེན་པོར་དབང་བསྐུར་བ་དང་། འོད་ཟེར་ཆེན་པོའི་དབང་རྣམས་དབང་མེད་པར་རྒྱུད་གང་ལས་བཤད། གལ་ཏེ་དེ་མ་བཤད་ཀྱང་ཐད་སོ་དེ་དང་དེར་དབང་མཚན་ཉིད་པར་བཞག་པ་ཡིན་གསུངས་ན། དེ་སངས་རྒྱ་བའི་ཐབས་མི་

ལགས་སམ་མདོ་ལས་གསལ་བར་མ་བཤད་པ་གང་ལགས། ཐད་སོ་དེ་དང་དེར་དབང་མཚན་ཉིད་པར་འཇོག་ན་དེའི་དབང་མཆོག་གང་ཡིན། དབང་དེ་དང་དེ་ལ་ཐོབ་པའི་སྔགས་སྡོམ་གང་ཡིན་དྲིས་ན་སླ་བ་བཅད་དགོས་སོ༔ ༔འཇིག་རྟེན་པ་དང་ཉན་ཐོས་པའི་དཔེས་རྡོ་རྗེ་ཐེག་པ་ལ་རྒྱས་འགེབས་པ་ལྷམ་དཔེ་ཞྭ་ལ་བཀབ་པ་ཡིན་ཞེས་པ་དེ་ཡང་གོ་སླ་བ་ཞིག་དཔེར་བཀོད་ནས་དེ་དང་ཆ་འདྲ་བའི་རྟོགས་དཀའ་བ་ཞིག་དོན་དུ་བྱས་ནས་དཔེ་དོན་དུ་སྦྱོར་བ་གསུངས་རབ་འཆད་པ་ཀུན་གྱི་ལུགས་ཡིན་པས། ལྷམ་དཔེ་ཞྭ་ལ་བཀབ་པར་ག་ལ་འགྲོ། གྲུབ་མཐའ་འོག་མའི་སྐབས་སུ་བཤད་པའི་དོན་དེས་གོང་མའི་སྐབས་སུ་རྒྱས་བཀབ། གོང་མའི་སྐབས་སུ་དོན་དེས་འོག་མའི་སྐབས་སུ་རྒྱས་བཀབ་ན་ལྷམ་དཔེ་ཞྭ་དང་ཞྭ་དཔེ་ལྷམ་ལ་བཀབ་པར་འགྲོ་བའི་ཕྱིར། ཕྱག་རྒྱའི་རྣམ་གྲངས་དེ་ས་སོ་སོའི་ཐད་ཀར་དངོས་གནས་གོ་ཆོད་འཕྲང་ཁེགས་ཁོ་ན་ཡིན་གསུངས་པའི་དོན། ཤེས་ཕྱིན་ཐེག་པའི་ལུགས་ཀྱི་ཕྱག་ཆེན་གྱི་ཡེ་ཤེས་དེ། དེ་རིང་ལུགས་ཀྱི་ཕྱག་ཆེན་གྱི་ཡེ་ཤེས་མཚན་ཉིད་པ་ཡིན་གསུངས་རྒྱུར་འདྲ་ན། དེ་ཕར་ཕྱིན་ཐེག་པའི་ལུགས་ཀྱི་དབང་དང་རིམ་གཉིས་ལ་ལྟོས་པར་ཞལ་གྱིས་ལོས་བཞེས། བཞེས་ན་ཕར་ཕྱིན་ཐེག་པའི་ལུགས་ཀྱི་དབང་དང་རིམ་གཉིས་ཞེས་པ་མདོ་རྒྱུད་གང་ནས་བཤད། རྒྱ་བོད་ཀྱི་ཚད་ལྡན་སུས་གསུངས་སླ་དགོས་པ་དེ་ལྟ་མིན་ན་རང་ཟློར་འགྱུར་རོ། །གཞན་ཡང་ཁྱེད་ཀྱི་དེ་ལ་འདི་ལྟ་སྟེ། ཕར་ཕྱིན་པའི་ཐེག་པ་ནས་བུམ་པ་དབང་དང་། གསང་དབང་དང་། ཤེས་རབ་ཡེ་ཤེས་དབང་དང་དབང་བཞི་པ་ཞེས་པའི་ཐ་སྙད་ཀྱང་ཁས་ལེན་དགོས་པར་འགྱུར་ཏེ། ཕར་ཕྱིན་ཐེག་པ་ནས་བུམ་པ་དང་གསང་བ་དང་ཤེས་རབ་ཡེ་ཤེས་དང་། བཞི་པ་ཡང་བཤད། དེ་ནས་དབང་ཞེས་པའི་མིང་མ་བཤད་པའི་ཕྱིར། ཞེས་བརྗོད་ན་ཅི་གསུང་། ཕར་ཕྱིན་ཐེག་པ་ལས་རྡོ་རྗེ་ཐེག་པ་ཐབས་མང་བའི་ཁྱད་པར་འཕགས་པའི་འཕགས་ཆོས་ཀྱི་ཐབས་དེ་མདོ་ནས་བསྟན་པར་འགྱུར་ཏེ། དེ་རྒྱུད་ཀྱི་བརྗོད་བྱ་ཡིན་པའི་ཕྱིར། འདོད་ན་ཕར་ཕྱིན་ཐེག་པ་ལས་རྡོ་རྗེ་ཐེག་པ་ཁྱད་པར་དུ་འཕགས་པ་མ་སོང་ངོ་། །གཞན་ཡང་རང་བྱིན་རླབས་ཀྱི་སྦས་དོན་དང་། དཀྱིལ་འཁོར་འཁོར་ལོའི་སྦས་དོན་དང་། མཐར་ཐུག་གི་སྦས་དོན་རྣམས་ཕར་ཐེག་ནས་མི་འགལ་བའི་ཚུལ་གྱིས་བསྟན་པར་འགྱུར་ཏེ། དེ་རྒྱུད་ཀྱི་བརྗོད་བྱ་ཡིན་པའི་ཕྱིར་རོ། །འདོད་ན་ཕར་ཕྱིན་ཐེག་པ་ལ་གྲགས་པར་འགྱུར་ཞིང་འདོད་ན་དེ་ཕར་ཕྱིན་ཐེག་པ་ལ་ལྟོས་ཏེ་སྦས་དོན་མིན་པར་ཐལ་ལོ། །གཞན་ཡང་ས་བཅུ་གཉིས་པའི་ཡེ་ཤེས་དེ་ཕར་ཐེག་ལས་མི་གསལ་བའི་ཚུལ་གྱི་བསྟན་པར་ཐལ། དེ་གསང་སྔགས་ཀྱི་བརྗོད་བྱ་ཡིན་པའི་ཕྱིར། འདོད་ན། དེ་ཕར་ཕྱིན་ཐེག་པ་བ་ལ་མིང་དོན་གཉིས་ཀ་སྦས་པའི་ས་མ་ཡིན་པར་འགྱུར་རོ། །

གཞན་ཡང་། མདོ་ལས་འཚང་རྒྱ་བའི་ཐབས་མདོར་བསྡུས་པ་ཙམ་བསྟན་པས་མདོར་བསྟན་པ་སྔགས་

ལས་ལྷག་མ་ལུས་པར་བཤད་པས་རྒྱས་བཤད་ཅེས་པའང་ཁས་བླངས་ནང་འགལ་ཏེ། སྔགས་ཀྱི་བརྗོད་བྱ་ཐམས་ཅད་མདོའི་ནང་དུ་མི་གསལ་བའི་ཚུལ་གྱི་བསྟན་ཟིན་ནས་མདོར་མ་བཤད་པའི་ལྷག་མ་སྔགས་སུ་རྒྱས་པར་འཆད་རྒྱུ་མེད་པའི་ཕྱིར་རོ། །བསྟན་ཚུལ་གསལ་མི་གསལ་ལ་དེ་སྔགས་ཀྱི་བརྗོད་བྱ་ཡིན་པའི་ཕྱིར། འདོད་ན། དེ་ཕན་ནི་ཐེག་པ་ལ་ལ་མིང་དོན་གཉིས་ཀ་སྦྲས་པའི་ས་མ་ཡིན་པར་གྱུར་རོ། གཞན་ཡང་མདོས་འཚང་རྒྱ་བའི་ཐབས་མདོར་བསྡུས་པ་ཙམ་བསྟན་པས་མདོར་བསྟན་སྔགས་ལས། ལྷག་མ་ལུས་པར་བཤད་པས། རྒྱས་བཤད་ཅེས་པའང་ཁས་བླངས་ནང་འགལ་ཏེ། སྔགས་ཀྱི་བརྗོད་བྱ་ཐམས་ཅད་མདོའི་ནང་དུ་མི་གསལ་བའི་ཚུལ་གྱི་བསྟན་ཟིན་པ་མདོར་མ་བཤད་པའི་ལྷག་མ་སྔགས་སུ་རྒྱས་པར་འཆད་རྒྱུ་མེད་ཕྱིར་རོ། བསྟན་ཚུལ་གསལ་མི་གསལ་ཟབ་ཁྱད་དུ་བཤད་པ་འདི་ནི་སྐྱོན་མེད་པའི་གློ་བུར་གྱི་བཤད་སྒྲོལ་དུ་འདུག་པས་ཅི་ཡིན་ངོ་མ་ཤེས་སོ། །འདི་འཕགས་ཡུལ་ནས་འབྱུང་བའི་ལེགས་བཤད་ཡིན་ན་འཕགས་ཡུལ་གྱི་ཚད་ལྡན་སུས་བཤད་སྟོན་པར་རིགས་སོ། །དེས་ན་རྒྱུད་དེ་བརྗོད་བྱ་སྤྱི་སྦྲས་མཐར་ཐུག་གསུམ་དུ་གྲགས་པའི། སྤྱི་དོན་ལ་ཕར་ཕྱིན་སྤྱི་དང་སྐྱེད་རིམ་སྤྱི་གཉིས། དང་པོ་ནི་ཕར་ཕྱིན་ཐེག་པ་བ་དང་རྡོ་རྗེ་ཐེག་པ་བ་གཉིས་ཀའི་ཐུན་མོང་དུ་ཉམས་སུ་བླང་བྱའི་ཆོས་ལམ་ལྔ་ས་བཅུ་བྱང་ཕྱོགས་སོ་བདུན་སོགས་ལ་བྱེད། གཉིས་པ་ནི་མཆོག་གི་དངོས་གྲུབ་སྒྲུབ་པ་དང་ཐུན་མོང་གི་དངོས་གྲུབ་སྒྲུབ་པ་གཉིས་ཀའི་ཐུན་མོང་དུ་ཉམས་སུ་བླང་བྱའི་ཆོས་སྐྱེད་རིམ་ཡན་ལག་དང་བཅས་པ་ལ་བྱེད། སྦྲས་དོན་ལ་རང་བྱིན་རླབས་ཀྱི་སྦྲས་དོན་དང་། དཀྱིལ་འཁོར་འཁོར་ལོའི་སྦྲས་དོན་གཉིས་ལས། དང་པོ་ནི་གསང་དབང་གི་ལམ་རྣམས་བུམ་དབང་ཙམ་ཐོབ་པ་མན་ཆད་ལ་སྦྲས་བཞིན་མ་གྲགས་པ་དང་། དེ་འདྲ་བ་མ་བཤད་དུ་མི་རུང་བས་ལམ་རང་བྱིན་རླབས་ཀྱི་སྦྲས་དོན་དུ་བཞག དབང་གསུམ་པའི་ལམ་དང་བཞིའི་ལམ་ཕར་ཆེར་གསང་དབང་ཙམ་མན་ཆད་ཐོབ་པ་མན་ཆད་ལ་མ་གྲགས་པ་དང་། དེ་ལ་བཤད་དུ་མི་རུང་བས་དཀྱིལ་འཁོར་འཁོར་ལོའི་སྦྲས་དོན་དུ་བཞག །མཐར་ཐུག་ལ་སྤྱི་དོན་མཐར་ཐུག་དང་སྦྲས་དོན་མཐར་ཐུག་གཉིས། དང་པོ་ནི་ས་བཅུ་གཅིག་པའི་ཡེ་ཤེས་དེ་ལ་ཕར་ཕྱིན་ཐེག་པ་བ་དང་། རྡོ་རྗེ་ཐེག་པ་གཉིས་ཀའི་འབྲས་བུའི་ཐ་སྙད་བྱེད་པས་སྤྱི་དོན་མཐར་མཐུག་ཏུ་བཞག་སྟེ། ཕར་ཕྱིན་ཐེག་པ་བས། དེ་མཐར་ཐུག་གི་འབྲས་བུར་འདོད་ཅིང་། རྡོ་རྗེ་ཐེག་པ་བས་དེ་མཐར་ཐུག་གི་འབྲས་བུར་མི་འདོད་ཀྱང་། དེ་ལ་ཉེ་བའི་ཆ་ནས་གནས་སྐབས་ཀྱི་འབྲས་བུར་འདོད་ཅིང་། གཉིས་པ་ནི། བཅུ་གསུམ་རྡོ་རྗེ་འཛིན་པའི་ས་དེ་མཐར་ཐུག་གི་འབྲས་བུར་ཡིན་ཞིང་ཕར་ཕྱིན་ཐེག་པ་མན་ཆད་ལ་མ་གྲགས་པའི་ཕྱིར་རོ། །དེ་འདྲའི་རྣམ་དབྱེ་གང་ཡང་མེད་བཞིན་དུ་ཆ་མེད་པར་རྒྱས་གཏམ་གྱི་སྨོངས་པ་མཚར་སྐྱེད་ལ་དགོངས་པ་གང་ཡང་མེད་པས་མདོ་

སྔགས་མདོར་བསྟན་རྒྱས་བཤད་ཡིན་ཞེས་དང་། རྒྱུད་ཀྱི་བརྗོད་བྱ་ཐམས་ཅད་མདོར་མི་གསལ་བའི་ཚུལ་གྱིས་བཤད་ཅེས་སྨྲ་བར་མི་བྱ་སྟེ། བརྟག་དཔྱད་མ་བྱས་པར་གྱུ་རྩོམ་དུ་སྨྲ་བ་ལ་རིངས་པ་ནི་བྱིས་པ་བློ་གྲོས་མ་སྨིན་པ་དག་གི་ཁྱད་པར་གྱི་ཆོས་ཡིན་གྱིས། མཁས་པ་དཔྱོད་ལྡན་གྱི་ལུགས་མ་ཡིན་པའི་ཕྱིར་རོ། །བླ་མེད་ཀྱི་རྫོགས་རིམ་གྱི་སྐབས་ནས་བཤད་པའི་བཏྲ་དང་ཐ་སྙད་རྣམས་མཚན་ཉིད་པ་ཡིན། དེ་མན་གྱི་བཏྲ་དང་ཐ་སྙད་ཐམས་ཅད་བཏགས་པ་བ་ཡིན་ཞེས་སྨྲ་བ་སུ་ཡང་མེད་པས། ཁས་བླངས་མེད་པའི་དགག་པ་དེ་ལ་གཅིག་ཕྱུར་བཞད་གད་མཛད་ན། གཞན་ཆོས་དེ་དག་གླེན་གོང་དུ་གོ་ཉེན་ཡོད་དོ། །ཡང་གཞན་མཛོད་ལས། བཞི་པ་དཀར་པོ་ཆིག་ཐུབ་ཏུ་འགྲོ་བའི་གནད་བཤད་པ་ནི་ཞེས་སོགས་སྐབས་སུ། དེ་ལ་གཞན་དག་ན་རེ། ཁ་ཅིག་དཀར་པོ་ཆིག་ཐུབ་ལ། །འབྲས་བུ་སྐུ་གསུམ་འབྱུང་ཞེས་ཟེར། །གཅིག་ལས་འབྲས་བུ་འབྱུང་མི་སྲིད། །གལ་ཏེ་གཅིག་ལས་འབྲས་བུ་ཤིག །འབྱུང་ཡང་ཉན་ཐོས་འགོག་པ་བཞིན། །འབྲས་བུ་དེ་ཡང་གཅིག་ཏུ་འགྱུར། །ཞེས་པའི་ཚིག་བར་མ་ཕྱི་མ་གཉིས་བཀག་པས་རང་ལ་གནོད་དོ། །རྒྱུ་མཚན་གཅིག་ལས་འབྲས་བུ་མི་འབྱུང་བར་ཁ་ཆོན་བཅད་ནས། ཡང་ཉན་ཐོས་ཀྱི་འགོག་པ་རྒྱུ་གཅིག་ལས་བྱུང་བའི་འབྲས་བུར་བཤད་པས་སོ། །དོན་ཡང་མི་འཐད་དེ། ས་ར་ཧས། སེམས་ཉིད་གཅིག་པུ་ཀུན་གྱི་ས་བོན་ཏེ། །གང་ལས་སྲིད་དང་མྱ་ངན་འདས་འཕྲོ་བ། །འདོད་པའི་འབྲས་བུ་སྟེར་བར་བྱེད་པ་ཡིས། །ཡིད་བཞིན་ནོར་འདྲའི་སེམས་ལ་ཕྱག་འཚལ་ལོ། །ཞེས་དང་། རྩ་བ་གཅིག་ལས་སྡོང་པོ་གཉིས། །རྒྱུ་མཚན་དེ་ལས་འབྲས་བུ་གཉིས། །ཞེས་བཤད་པ་དང་སྦྱིན་རས་གཟིགས་ཀྱི། དཔལ་བོས་རིམ་པ་བདག་བྱིན་རླབས་པ་ཡིས། །རིམ་པ་བདག་ཀྱང་ཐར་བའི་ལམ་མ་ཡིན། །ཤིན་ཏུ་རྣམ་དག་རིམ་པ་གཅིག་པུ་ནི། །ཐར་བའི་བསླད་དུ་སངས་རྒྱས་རྣམས་ཀྱིས་བསྟན། །ཞེས་སོགས་ནས་རྣལ་འབྱོར་མ་ཀུན་སྤྱོད་ལས། གང་དུ་བདེ་ཆེན་ཞེས་བྱ་གཅིག་པུ་ཉིད། །གཅིག་པུའི་ཉམས་ཀྱི་དུ་མའི་གར་མཛད་དོ། །ཞེས་པ་ལ་སོགས་པའི་རྡོ་རྗེའི་ཚིགས་ཐམས་ཅད་དོག་པས་སུབ་པའི་ཚིག་གོ། །མདོ་ལུགས་མ་ཡང་མི་འཐད་དེ། ཆོས་ཀྱི་དབྱིངས་ལས་དབྱེར་མེད་ཕྱིར། །ཞེས་སོགས་དང་མངོན་སུམ་དུ་འགལ་བའི་ཕྱིར་དང་། མཐར་ཐུག་ཐེག་པ་གཅིག་ཏུ་སྒྲུབ་པའི་རིགས་པ་ཐམས་ཅད་མི་འཐད་པར་ཐལ་བས་སོ། །ཞེས་བྲིས་པའི་ལན། ཀླུ་སྒྲུབ་རྩོད་སྤོང་ལས། འདིའི་ལན་ལ་གཉིས། རྩ་བའི་ལན་དང་སྒྲུབ་བྱེད་ཀྱི་ལན་ནོ། །དང་པོ་ལ་གཉིས། མགོ་བསྒྲེའི་ལན་དང་མཐའ་མའི་ལན་ནོ། །དང་པོ་ནི་འོ་ན་ཤེར་ཕྱིན་གླེང་གཞིར། ཐམས་ཅད་ཀུང་དགྲ་བཅོམ་པ་ཟག་པ་ཟད་པ་སོགས་བཤད་ནས་དེའི་མཇུག་ཏུ། གང་ཟག་གཅིག་མ་གཏོགས་པ་ནི་འདི་ལྟ་སྟེ་སློབ་པ་ཀུན་ཤུགས་ཀུན་ནའོ་ཞེས་པའི་ཚིག་ཕྱི་མ་དེས། སྔ་མ་བཀག་པར་ཐལ་སྔ་མ་དེས་ཐམས་ཅད་དགྲ་

བཙོམ་པ་ཞེས་ཁ་ཆོན་བཅད་ནས། ཕྱི་མ་དེས་ནང་ཚན་གཅིག་སློབ་པ་ཡིན་པར་བཤད་པའི་ཕྱིར་རོ། །ཡང་བརྟག་གཉིས་ལས། གཞན་གྱི་བརྗོད་མིན་ལྷན་ཅིག་སྐྱེས། །ཞེས་སོགས་ལ། ཕྱེད་སྔ་མས་ཕྱེད་ཕྱི་མ་བཀག་པར་ཐལ། ཕྱེད་སྔ་མས་གང་དུ་ཡང་མི་རྙེད་ཅེས་བསྟན་ནས། ཕྱེད་ཕྱི་མས་བླ་མའི་དུས་ཐབས་རྟེན་པ་སོགས་ལས་རྙེད་པར་བཤད་པའི་ཕྱིར། དེ་ནི་སྔ་མ་སྒྱུར་བཏང་དང་། ཕྱི་མ་དམིགས་བསལ་ལོ་གསུངས་ན་ཁོ་བོ་ཅག་གིས་ཀྱང་དེ་སྐད་སྨྲས་ན་ཅི་གསུངས། ཡང་མི་གཅིག་ལ་བུ་གླེན་པ་གཅིག་ལས་མེད་པ་ལ་བསམ་ནས་ཁོ་བོ་ལ་བུ་མེད་གླེན་པ་གཅིག་ལས་ཞེས་སྨྲས་པའི་ཚེ་ཡང་ཚིག་ཕྲིམ་དེས་སྔ་མ་བཀག་པར་ཐལ། སྔ་མས་བུ་མེད་པར་ཁ་ཆོན་གཅད། ཕྱི་མས་བུ་གླེན་པ་གཅིག་ཡོད་པར་ཁས་བླངས་སོང་བའི་ཕྱིར། ཅི་སྟེ་སྔ་མ་དེ་ནི་དམན་པ་ལ་དགག་སྒྲ་སྒྱུར་བའོ་གསུང་ན། ཁོ་བོ་ཅག་གིའང་དེ་སྐད་སྨྲས་ན་ཅི་གདམ། དེས་ན་མཁས་པ་ཀུན་ལ་གྲགས་པའི་སྒྱུར་བཏང་དམིགས་བསལ་སོགས་ལ་འགལ་བར་བཟུང་དུ་མི་རུང་ངོ་ཞེས་པ་སྤྱིའི་ལན་ནོ། །ཞེས་བཀོད་པར་ཉིད་ཀྱི་གསུང་ལས། ངེད་ནི་ཁྱོད་ཀྱི་རྗེས་སུ་མི་འབྲང་བས་དཔེ་དེ་དག་སྒྱུར་བཏང་དམིགས་བསལ་ཡིན་ཡང་མི་ཟེར། དམན་པ་ལ་དགག་སྒྲ་སྒྱུར་བ་མི་སྨྲོའོ། །འོན་ཇི་ལྟར་ཞེ་ན། འདི་ནི་བསྟན་པ་སྔ་དར་གྱི་དུས་སུ་བསྒྱུར་བའི་འགྱུར་སྐྱིང་དེ་ཀར་ལས་པ་ཡིན་ལ། དེ་སྐད་གསར་བཅད་ཀྱི་གཏན་ལ་འབེབས་པའི་བསྟན་བཅོས་སྒྲ་སྦྱོར་བམ་པོ་གཉིས་པ་ལས་ཞེས་སོགས་སྒྲ་བསྒྱུར་ལུགས་ཀྱི་རྣམ་དབྱེ་མང་པོ་བྲིས་པའི་མཐར་མདོ་ཚིག་དེ་སྐད་གསར་བཅད་ཀྱི་གཏན་ལ་ཕབ་ན་འདི་ལྟར་འགྱུར་སྟེ། འདི་ལྟ་སྟེ། གང་ཟག་སློབ་པ་རྒྱུན་དུ་ཞུགས་པ་ཀུན་ནའོ། །གཅིག་ཕྱུ་མ་གཏོགས་པ་ཐམས་ཅད་ཀྱང་དགྲ་བཅོམ་པ་ཟག་པ་ཟད་པ་ཞེས་སོགས་བསྒྱུར་ན་དོན་གྱི་ལྷོངས་ཆེ་བ་ལགས་ཞེས་དང་། བརྟག་གཉིས་ལས། དུ་ཡིག་ལ་ཊུ་ཡིག་ཏུ་བསྒྱུར་ལུགས་དང་། ལ་ཡིག་ཏུ་བསྒྱུར་ལུགས་སོགས་བྲིས་པའི་མཐར། དོན་ལ་ལྷན་ཅིག་སྐྱེས་པའི་ཡེ་ཤེས་དེ་ནི་ལུས་ལ་གནས་ཀྱང་། ལུས་ཀྱི་ཆ་ཤས་སམ་རྫོགས་པ་གང་དུ་བརྩལ་ཡང་མི་རྙེད་ཅེས་འཚོལ་བའི་གནས་གཞི་བསྟན་ལ། བླ་མའི་དུས་ཐབས་བསྟན་པ་དང་། བདག་གི་བསོད་ནམས་ཤེས་བྱ། ཞེས་པའི་སྐབས་ཀྱི་ལས་ཞེས་པ་ནི། རྣམ་དབྱེ་ལྔ་པ་འབྱུང་ཁུངས་ཀྱི་དོན་ཏེ། དཔེར་ན་གངས་ལས་ཆུ་འབྱུང་། མེ་ལས་དྲོད་འབྱུང་། ཞེས་པ་ལྟ་བུ་སྟེ། འདིར་ཡང་ལྷན་ཅིག་སྐྱེས་པའི་ཡེ་ཤེས་དེ་ནི་བླ་མའི་བྱིན་རླབས་ལས་འབྱུང་རང་གི་བསོད་ནམས་ལས་ཤེས་ཞེས་པར་སྣང་ངོ། དེ་ལ་ཀླན་ཀ་མཛད་ཀྱང་། གཞི་བརྗོད་སྐྱེལ་བ་ལས་མི་འདུག །རྒྱས་བསྡུས་སྐབས་སུ་བབས་པར་གོ་ལགས།མགོ་སྒྲོ་གཉིས་པའང་དེར་ཟད་ན། ཡང་ཁོ་བོ་ལ་བུ་མེད་བུ་གླེན་པ་གཅིག་ཡོད་ཟེར་མཁན་འདུག་ན་ཟེར་མཁན་དེ་རང་གླེན་པ་སྟེ། དབྱེ་གཞི་བུ་ལ་དབྱེ་ངོ་སྦྱང་གླེན་གཉིས་བྱུང་བ་མ་གོ་བས་སོ། །ཞེས་བྲི་བར

མཛད་དོ། །དེ་ལ་བཏགས་ན་འདིར་སྒྲ་སྙན་ངག་ལ་སོགས་པའི་བཤད་ཡམ་གྱི་སྦྱོས་པ་རྒྱས་པར་མཛད་དགོས་རྒྱུ་མི་འདུག་ཅིང་སྐབས་སུ་ཡང་མ་བབས་པས་དངོས་ལན་ཙམ་གྱིས་མཐུས་རྒྱུར། དེ་ནི་མཛད་འདུག་པ་ནི་སྔར་མདོ་སྔགས་ཀྱི་བསྟན་པའི་རྣམ་བཞག་ལེགས་པར་གྲུབ་ནས་ད་རིགས་གནས་ཀྱི་སྒྱུ་ཡོན་རྫོམ་རྫོམ་ཡེར་ཡེར་མཛད་པ་ཁོ་ནར་འདུག་ཀྱང་། སྔར་གྱི་གསུངས་རིགས་རྣམས་ལ་བརྟགས་ན་ཡིད་གཉིས་འཁྲུག་ལ་འཕྲུང་བ་ཞིག་ལས་ཡོད་ངེས་སྙམ་པའི་དྲོད་ལྷུག་པ་རང་ནི་མ་བྱུང་མ་མངོན་པའི་ང་རྒྱལ་མིན་པར་ཡོད་ངེས་ན་རྗེས་སུ་ཡི་རངས་ཤིང་ལེགས་སོ་ཞེས་མི་འབུལ། འོན་ཀྱང་སྔོན་གྱི་ལོ་ཙྪ་བ་ཆོས་ཀྱི་སྤྱན་ལྡན་རྣམས་ཀྱིས་བསྒྱུར་བ་དེས་གྲུབ་མི་ཐུབ་པར་འདུག་པས། བསྒྱུར་བཅོས་བྱས་ན་འདི་འདྲ་བ་ཞིག་འོང་ཞེས་གསུངས་པ་དེ་ལ་བརྟག་དཔྱད་བྱས་ན་འདི་འདྲ་འོང་སྟེ། གང་ཟག་སྤྱི་དང་སློབ་པ་བྱེ་བྲག་པ་ཡིན་པས་གང་ཟག་སློབ་པ་ཞེས་བརྗོད་ན་ཤེས་བྱ་བུམ་པ་ཞེས་པ་ལྟ་བུར་སོང་བས་རི་བོང་རྭ་དང་འདྲ། དེ་ལ་ལྟོངས་དང་གོ་བ་ཆེ་རྒྱུ་མ་བྱུང་། དེ་རྒྱུན་དུ་ཞུགས་པ་བྱས་ན་རི་བོང་རྭ་གཉིས་རྩེགས། དེ་ཀུན་དགའ་བྱས་ན་རི་བོང་རྭ་གསུམ་རྩེགས། དེ་གཅིག་ཕྱུ་མ་གཏོགས་པའི་ཐམས་ཅད་ཀྱང་དགྲ་བཅོམ་པ་བྱས་ན་བུམ་པ་དང་ཀ་བ་ལ་སོགས་པའང་དགྲ་བཅོམ་པ་ཞེས་པར་འགྱུར་བས་སོ། །དེ་འདྲའི་སྒྲ་བསྒྱུར་ནི་ཆོས་རྗེ་བས་ཞང་ལོ་ལ་གདམས་པར། སྒྲ་ཡི་རྣམ་བཞག་རྩ་ལྟར་དོར་ནས་ནི། །མཁས་པ་སྔ་མས་བསྒྱུར་བ་ཆོས་བཞིན་དུ། །འཕྲལ་སྐད་ཙམ་གྱིས་གཞན་གྱི་བློ་བསྒྱུར་བའི། །སྐད་གཉིས་སྨྲ་ལ་སྙིང་པོ་ངས་མ་མཐོང་། །རྣམ་དག་མཁས་པ་འཇུག་པའི་ལམ་མེད་པར། །གྲོང་པའི་སྐྱེ་བོ་ཕོ་མོ་འདུས་ནང་དུ། །ཟུར་གྱི་ལྟ་དང་མགོ་འཛིག་བཞད་གད་ཅན། །ཆགས་པས་རང་གཟོ་འཆད་ལ་དམ་པས་ཁྲེལ། །ཞེས་པ་དེར་སོང་དགོངས་སོ། །ལྷན་ཅིག་སྐྱེས་པའི་ཡེ་ཤེས་ཞེས་པ་སེམས་ཀྱི་ཆོས་ཉིད་ཡིན་པས། དེ་ལུས་ལ་གནས་ཞེས་པ་མི་རིགས་ཏེ། འོད་སྲུང་གིས་ཞུས་པའི་མདོ་ལས། འོད་སྲུང་སེམས་ནི་ནང་ན་ཡང་མེད་ཕྱི་རོལ་ན་ཡང་མེད། གཉིས་ཀྱི་བར་ན་ཡང་མེད་ཅིང་མི་དམིགས་སོ་ཞེས་གསུངས་པའི་ཕྱིར། གལ་ཏེ་ལུས་ལ་ཡེ་ཤེས་ཆེན་པོ་གནས་ཞེས་དང་། ལུས་གནས་ལུས་ལ་མ་སྐྱེས་པའོ། །ཞེས་པ་དང་འགལ་ལོ་ཞེ་ན། སྐྱོན་མེད་དེ། དེ་སྐབས་ཀྱི་ཡེ་ཤེས་ཆེན་པོ་དེ་ནི། བདེ་བར་གཤེགས་པའི་སྙིང་པོའི་མཚན་གྱི་རྣམས་གྲངས་ཡིན་པས། དེ་ལུས་ཅན་ཐམས་ཅད་ཀྱི་རྒྱུད་ལ་ཡོད་ཅེས་པའི་དོན་ཏེ། ཟབ་མོའི་རྒྱུད་དུ་འཇམ་དཔལ་དང་། །ཡེ་ཤེས་ཆེན་པོ་ལྷན་སྐྱེས་དང་། །རྡོ་རྗེ་རྡོ་རྗེ་སེམས་དཔའ་དཔལ། །ཀུན་བཟང་ལ་སོགས་གྲངས་ཡས་གསུངས། །ཞེས་གསུངས་པའི་ཕྱིར། གཞན་དུ་ན་བརྟག་གཉིས་ལས། ལྷན་ཅིག་སྐྱེས་པ་གང་སྐྱེས་པ། །ཞེས་སོགས་ཀྱི་དངོས་བསྟན་ལྷན་སྐྱེས་ཡེ་ཤེས་དེ་བླ་མའི་བྱིན་རླབས་ལས་བྱུང་། རང་གི་བསོད་ནམས་ལས་ཤེས་ཞེས་ཁས་བླངས་

དགོས་པས་བླ་མའི་བྱིན་རླབས་ལས་བྱུང་བའི་ཆོས་ཉིད་ཅེས་པ་ལ་འབྲེལ་མི་རུང་བའི་ཕྱིར་རོ། །འོན་ལུང་དེའི་དོན་ཇི་ལྟར་ཞེ་ན། རང་གི་ངོ་བོ་བློའི་ཡུལ་དུ་བྱས་པའི་སྒོ་ནས་ཇི་ལྟ་བ་བཞིན་དུ་བསམ་དུ་མེད་ཅིང་། བརྗོད་པ་ཚིག་གི་ཇི་ལྟ་བ་བཞིན་དུ་བརྗོད་དུ་མེད་པའི་རང་སེམས་ལྷན་ཅིག་སྐྱེས་པའི་ཡེ་ཤེས་སམ། སེམས་ཀྱི་གནས་ལུགས་དེ་ལུས་ཀྱི་ལུས་ཀྱི་ཕྱི་ནང་བར་གསུམ་འཁོར་འདས་སྣོད་བཅུད་དུ་གང་དུ་བཙལ་ཀྱང་མི་རྙེད། ཁ་དོག་དང་དབྱིབས་སོགས་གང་དུ་ཡང་མ་གྲུབ། ལུང་རིགས་པ་དཔེ་གཏན་ཚིགས་སོགས་ཐབས་གཞན་གང་གིས་ཀྱང་དེ་ཆོས་ཉིད་དེ་ཀོ་རྟོགས་པའི་ཟེར་རྒྱུ་ཡིན་པ་འདྲ། རྟོགས་པའི་ཕྱག་ཆེན་གྱི་ཡེ་ཤེས་དེ་སྐྱེད་མི་ནུས། འོན་དེ་རྟོགས་པའི་ཐབས་གཏན་ནས་མེད་དམ་ཞེ་ན་མ་ཡིན་ཏེ། རྒྱུད་བླ་མའི་བྱིན་རླབས། དུས་དབང་གསུམ་པའི་གནས་སྐབས། ཐབས་ཕྱག་རྒྱ་བརྟེན་པ་རྐྱེན་རང་གི་བསོད་ནམས་ཀྱི་ཚོགས་རྒྱ་ཆེན་པོ་བསགས་པ་ལ་བརྟེན་ནས་ཕྱག་རྒྱ་ཆེན་པོའི་ཡེ་ཤེས་དེ་སྐྱེད་པའི་ཕྱིར་རོ། །ཞེས་པའི་དོན་ཡིན། དམན་པ་ལ་དགག་སྒྲ་སྦྱར་བ་ཞེས་པ་གཞུང་ཚད་ལྡན་དུ་མར་འབྱུང་བས། དེ་ཐུགས་སུ་མ་ཤོང་བའི་རྣམ་པ་གོང་འོག་མང་པོར་མཛད་འདུག་ཀྱང་ཇི་ལྟར་འོས་ཏེ། དཔེར་ན་ཁམས་གསུམ་གྱི་ཕྱི་མ་ལ་གཟུགས་མེད་ཁམས་ཞེས་པ་མཁས་པ་ཀུན་ལ་རླུང་ལྟར་གྲགས་ཀྱང་། བྱེ་བྲག་སྨྲ་བ་མ་གཏོགས། མདོ་སྡེ་པ་ཡན་ཆད་ཀྱི་དེ་ནས་གཟུགས་ཡོད་ཀྱང་གཟུགས་མེད་ཅེས་པ་གཟུགས་རགས་པ་མེད་པ་ལ་དགོངས་ནས་དམན་པ་ལ་དགག་སྒྲ་སྦྱར་བ་ཡིན་པར་མཁས་པ་ཀུན་བཞེད་པའི་ཕྱིར་རོ། །

དེ་བཞིན་དུ་ཐེག་ཆེན་སྐབས་སུ་འདུ་ཤེས་ཕྲ་བ་ཡོད་ཀྱང་ རགས་པ་མེད་པ་ལ་བསམ་ནས་འདུ་ཤེས་མེད་པའི་སྙོམ་འཇུག་ཅེས་པ་དམན་པར་དགག་སྒྲ་སྦྱར་བ་ཡིན་པ་དང་། སེམས་སེམས་བྱུང་ཕྲ་བ་ཡོད་ཀྱང་རགས་པ་མེད་པ་ལ་བསམ་ནས་དེ་དང་འགོག་པའི་སྙོམ་འཇུག་གཉིས་ལ་སེམས་མེད་ཀྱི་སྙོམ་འཇུག་གཉིས་ཞེས་དམན་པ་ལ་དགག་སྒྲ་སྦྱར་བ་ཡིན་པར་མཁས་པ་རྣམས་ལ་རླུང་ལྟར་གྲགས་པའི་ཕྱིར་རོ། །ཁོ་བོ་ལ་བུ་མེད་བུ་གླེན་པ་ཡོད་ཟེར་ན་བླུན་པ་ལས་འོས་ཅི་ཡོད་མོད་ཀྱང་། དེས་ལན་ལ་ནི་ཅི་ཡང་མ་ཕན་ནོ། །ཡང་ཀླུ་སྒྲུབ་རྩོད་སྤྱོང་ལས། གཉིས་པ་མནལ་མའི་ལན་ནི། རྒྱུ་གཅིག་པོ་ནས་འབྲས་བུ་འབྱུང་མི་སྲིད་པ་ནི་ངེས་པ་སྟེ། བསྐྱེད་བྱ་སྐྱེད་བྱེད་ཀྱི་འབྲས་བུ་སྐྱེ་བ་ལ་ཉེ་བར་ལེན་པའི་རྒྱུ་དང་ལྷན་ཅིག་བྱེད་པའི་རྐྱེན་གཉིས་ངེས་པར་འཚོགས་དགོས་པའི་ཕྱིར་ཏེ། རྣམ་འགྲེལ་ལས། རྒྱུ་ཚོགས་པ་ལས་འབྲས་སྐྱེ་བར། །རྗེས་སུ་དཔོག་པ་གང་ཡིན་ཏེ། །ཞེས་སོགས་ཀྱི་རྒྱུ་ཚོགས་པ་ཚང་ན་འབྲས་བུ་འབྱུང་རུང་དང་། འབྲས་བུ་འབྱུང་བར་ངེས་པ་ལ་དངོས་རྒྱུ་ནུས་པ་ཐོགས་མེད་ཀྱི་རྒྱུ་རྐྱེན་ཚང་དགོས་པ་དང་། རྒྱུ་ཡན་གར་བས་འབྲས་བུ་གཏན་ནས་སྐྱེད་མི་ནུས་པར

བཤད་པའི་ཕྱིར། སྐྱེས་རབས་ཀྱང་། རྒྱུ་གཅིག་གི་ནི་ཀུན་གྲུབ་པའི། །འབྲས་བུ་གང་ནའང་ཡོད་མ་ཡིན། །ལྷ་རྣམས་ཀྱིས་ནི་བྱམས་པ་ཡང་། །རྒྱུ་རྐྱེན་གཞན་ལས་ལྟོས་པ་ཡིན། །ཞེས་དང་། སྤྱོད་འཇུག་ལས་ཀྱང་། རྐྱེན་གཅིག་གི་ནི་ཀུན་ནུས་པ། །དེ་ནི་གང་ནའང་ཡོད་མིན་ཏེ། །ཞེས་བཀོད་པའི་ལན་དུ། ཉིད་ཀྱི་གསུང་ལས། ལུགས་ཀྱི་བཟང་པོ་དེ་ཐམས་ཅད་ཕྱོགས་གཅིག་ཏུ་བསྡོམས་ནས། གལ་ཏེ་གཅིག་ལས་འབྲས་བུ་ཞིག །འབྱུང་ཡང་ཉན་ཐོས་འགོག་པ་བཞིན། །འབྲས་བུ་དེ་ཡང་གཅིག་ཏུ་འགྱུར། །ཞེས་པའི་གཞུང་དེ་བདེན་མེད་དུ་ཐོང་ཞིག །ཡང་རྩོད་སྤོང་དུ། འོན་ཁྱོད་རང་གི་ཉན་ཐོས་འགོག་པ་རྒྱུ་གཅིག་གིས་འབྲས་བུ་གཅིག་བསྐྱེད་པ་དཔེར་བཀོད་པ་མིན་ནམ་སྙམ་ན་ཐུགས་མད་ཀྱང་ཞེས་ཀྲོལ་ལ་བབས་བཏང་ནས། དེ་ནི་གནད་མ་ཟིན་པ་སྟེ་ཞེས་རབ་དབྱེ་མཛད་པ་པོ་ལ་འཕྱུ་བ་ལྟ་བུར་སྣང་ངོ་། །གལ་ཏེ་དེ་འདྲ་མནལ་མའི་ལན་ཡིན་ན་འཁྱོགས་པོའི་ལན་ཧེ་འདྲ། དེས་ན་འདི་ནི་ཆོས་ཀྱིས་རྗེས་གལ་ཏེ་དེ་འདྲ་ཆོས་ཡིན་ན། དེ་ལས་ཆོས་མིན་གང་ཞིག་ལགས། །དེ་གསུངས་པ་དེ་དུས་ལ་བབ་བོ། །རྒྱུ་གཅིག་ལས་འབྲས་བུ་འབྱུང་མི་སྲིད་ན། གལ་ཏེ་གཅིག་ལས་འབྲས་བུ་ཞིག །འབྱུང་ཡང་ཞེས་སྨྲས་ན་ཅི། ཡང་རྩོད་སྤོང་དུ་ཉན་ཐོས་གཅིག་ཏུ་འགྱུར། ཞེས་པའི་གཞུང་དེའི་ཡང་གི་སྒྲས་རྒྱུ་སློས་ནས། རྒྱུ་གཅིག་པ་བཞིན་དུ་འབྲས་བུ་ཡང་གཅིག་ཏུ་འགྱུར་བར་འཆད་དགོས། གཞན་དུ་ན། དེ་ཡང་ཞེས་པའི་སྒྲ་སློས་པ་ལ་དགོས་ནུས་གང་ཡང་མི་འབྱུང་ལགས་ཞེས་འདྲི་བར་མཛད་དོ། །དེ་ལ་བརྟགས་ན། ཉི་མ་ཕྱུལ་གྱི་ལན་ཙམ་མ་གཏོགས་དངོས་ལན་དུ་འགྲོ་བའི་གནད་ཟིན་པ་གང་ཡང་མི་འདུག་མོད། ཟེར་རྒྱུའི་དྲག་ཤོས་གལ་ཏེ་གཅིག་ལས་འབྲས་བུ་ཞིག་འབྱུང་ཡང་།ཞེས་པས་རྒྱུ་གཅིག་ཁོ་ན་ལས་འབྲས་བུ་འབྱུང་བར་བསྟན་ཞེས་སྨྲ་བར་སྣང་མོད། དེ་ནི་མ་གོ་བ་སྟེ།གཞུང་དེའི་དོན་རྒྱུ་གཅིག་ཁོ་ན་ལས་འབྲས་བུ་འབྱུང་བ་མི་སྲིད། གལ་ཏེ་རྟག་པ་མཐའ་བཟུང་གི་དབང་དུ་བྱས་ནས་སྲིད་ན་ཡང་། དེས་སྐྱེས་པའི་འབྲས་བུ་དེ་ཡང་ཉན་ཐོས་ཀྱི་འགོག་པ་བཞིན་གཅིག་ཏུ་ཐལ་བས་སོ། །ཞེས་པའི་དོན་དུ་འདུག་པའི་ཕྱིར་རོ། །འབྲས་བུ་དེ་ཡང་ཞེས་པའི་ཡང་སྒྲ་ཡང་དེ་ཀའོ། །དེས་ན་རྒྱུ་གཅིག་ཙམ་ཁོ་ན་ལས་འབྲས་བུ་གཅིག་དང་དུ་མ་གང་ཡང་འབྱུང་བ་མེད་དེ། སྒོམ་རིམ་དང་པོར་མདོ་དྲངས་པ་ལས། བཀའ་བསྩལ་པ་མ་ཕམ་པ་བྱང་ཆུབ་སེམས་དཔའ་རྣམས་ཀྱི་ཕ་རོལ་ཏུ་ཕྱིན་པ་དྲུག་ཡང་དག་པར་སྒྲུབ་པ་འདི་ནི་བྱང་ཆུབ་ཀྱི་ཕྱིར་ཡིན་ན། དེ་ལ་ཡང་མི་བླུན་པོ་དེ་དག འདི་སྐད་དུ་བྱང་ཆུབ་སེམས་དཔའ་ཤེས་རབ་ཀྱི་ཕ་རོལ་ཏུ་ཕྱིན་པ་ཁོ་ན་ལ་བསླབ་པར་བྱའོ། །ཞེས་ཟེར་ཞིང་ཕ་རོལ་ཏུ་ཕྱིན་པ་ལྷག་མ་རྣམས་སུ་འཛིན་ཏོ། །མ་ཕམ་པ་འདི་ཇི་སྙམ་དུ་སེམས་ཀཱ་ཤི་ཀའི་རྒྱལ་པོར་གྱུར་པ་གང་ཡིན་པས་ཕུག་རོན་གྱི་ཕྱིར་རང་གི་ཤ་ཁྲ་ལ་སྦྱིན་པ་ཤེས་རབ་འཆལ་བ་ཡིན། བྱམས་པས་གསོལ་པ་དེ་ནི་མ་ལགས་སོ། །བཅོམ་ལྡན་འདས་ཀྱིས་བཀའ་རྩལ་པ། བྱམས་པ། བྱང་ཆུབ་སེམས་དཔའི་སྤྱོད་པ་སྤྱད་པ་ན། ཕ་རོལ་ཏུ་ཕྱིན་པ་དྲུག་དང་ལྡན་པའི་དགེ་

བའི་རྩ་བ་དག་བསགས་པས། དགེ་བའི་རྩ་བ་དེ་དག་གིས་གཞན་ནོར་གྱུར་ཏམ། བྱམས་པས་གསོལ་བ་དེ་ནི་མ་ལགས་སོ། །ཞེས་པ་ནས། དེ་ལ་མི་བླུན་པོ་དེ་དག་འདི་སྐད་དུ་ཚུལ་གཅིག་ཁོ་ནས་བྱང་ཆུབ་ཐོབ་སྟེ། འདི་ལྟ་སྟེ་སྟོང་པ་ཉིད་ཀྱི་རྣམ་པས་སོ། །ཞེས་དང་། མཆན་ནོ། །

དབུ་མ་བདེན་གཉིས་ལས། གཅིག་གི་དུ་མའི་དངོས་མི་བྱེད། །གཅིག་གི་གཅིག་བྱེད་པ་ཡང་མིན། །ཞེས་གསུངས་པའི་ཕྱིར། གཞན་ཡང་ངན་སོང་གསུམ་གྱི་ཕུང་ཁམས་སྐྱེ་མཆེད་སོགས་སེམས་ཙམ་གཅིག་པུ་ཁོ་ནས་བསྐྱེད་པ་ཡིན་པར་ཐལ། འཁོར་འདས་ཀྱི་བྱེད་པ་པོ་སེམས་གཅིག་པུ་ཡིན་པའི་ཕྱིར། འདོད་ན་ས་ཆུ་ལ་བརྟེན་ཆུ་རླུང་ལ་བརྟེན་རླུང་ནམ་མཁའ་ལ་བརྟེན་པ་བཞིན་དུ། འཁོར་བའི་ཕུང་ཁམས་སྐྱེ་མཆེད་རྣམས་ལས་དང་ཉོན་མོངས་པ་གཉིས་ལ་བརྟེན། དེ་གཉིས་ཚུལ་མིན་ཡིད་བྱེད་ལ་བརྟེན། དེ་སེམས་རང་བཞིན་གྱི་རྣམ་པར་དག་པ་ལ་རྟེན་པར་བཤད་པ་མི་འཐད་པར་ཐལ། འདོད་པ་དེའི་ཕྱིར། འདོད་ན་གླུ་སྒྲུབ་ཀྱིས། ས་ནི་ཆུ་ལ་ཆུ་རླུང་ལ། །རླུང་ནི་མཁའ་ལ་རབ་ཏུ་བརྟེན། །དེ་བཞིན་ཕུང་པོ་ཁམས་དབང་རྣམས། །ལས་དང་ཉོན་མོངས་དག་ལ་བརྟེན། །ལས་དང་ཉོན་མོངས་ཚུལ་བཞིན་མིན། །ཡིད་ལ་བྱེད་ལ་རྟག་ཏུ་བརྟེན། །ཚུལ་བཞིན་མ་ཡིན་ཡིད་བྱེད་ནི། །སེམས་ཀྱི་དག་པ་ལ་རབ་གནས། །སེམས་ཀྱི་རང་བཞིན་ཆོས་རྣམས་ནི། །ཐམས་ཅད་ལ་ཡང་གནས་མ་ཡིན། །ཞེས་གསུངས་པའི་ཕྱིར་ན་མི་འཐད་དོ། །གཞན་ཡང་འཇིག་རྟེན་གྱི་བདེ་སྡུག་སྣ་ཚོགས་པ་འདི་སེམས་གཅིག་པུས་སྐྱེད་པར་ཐལ། འཁོར་འདས་ཀྱི་བྱེད་པ་པོ་སེམས་གཅིག་པུ་ཡིན་པའི་ཕྱིར། འདོད་མི་ནུས་ཏེ། དབྱིག་གཉེན་གྱིས། འཇིག་རྟེན་སྣ་ཚོགས་ལས་ལས་སྐྱེས། །ཞེས་ཀྱི་བདེ་སྡུག་ལས་སྣ་ཚོགས་ལས་སྐྱེད་པར་བཤད་པའི་ཕྱིར། གཞན་ཡང་བདག་ཏུ་ལྟ་བའི་བལྟ་བ་སྐྱེད་པའི་རྒྱུ་ཡང་སེམས་གཅིག་པུ་ཡིན་པར་ཐལ། འདོད་པའི་ཕྱིར། འདོད་ན་འཇུག་པར། ཁ་ཅིག་བདག་ལྟའི་སྟོན་དུ་ཕུང་པོ་ནི། །ལྔ་ཆར་ཡང་འདོད་ཁ་ཅིག་སེམས་གཅིག་འདོད། །ཅེས་པའི་དོན་འགོག་མི་རིགས་པར་འགྱུར་རོ། །གཞན་ཡང་། མངལ་སྐྱེས་ཀྱི་བུ་ཚ་ལྟ་བུ་སེམས་གཅིག་པུས་སྐྱེད་ནུས་པར་ཐལ། འཁོར་འདས་ཀྱི་བྱེད་པ་པོ་སེམས་ཁོ་ན་ཡིན་པར། འདོད་ན། དེ་བསྐྱེད་པ་ལ་ཕ་མ་གཉིས་མི་དགོས་པར་འགྱུར་རོ། །གཞན་ཡང་། སངས་རྒྱས་ཐོབ་པ་ལ་ཐབས་མང་པོ་ལ་ལྟོས་མི་དགོས་པར་འདོད་པའི་ཕྱིར། འདོད་ན། ཆོས་ཀྱི་གྲགས་པས། རྣམ་པ་དུ་མར་ཐབས་མང་པོ། །ཡུན་རིང་དུས་སུ་སྒོམ་པ་ལས། །དེ་ལ་སྐྱོན་དང་ཡོན་ཏན་དག །རབ་ཏུ་གསལ་བ་ཉིད་དུ་འགྱུར། །ཞེས་པ་དང་འགལ་ལོ། །གཞན་ཡང་འཚང་རྒྱ་བ་ལ། བླ་མ་མཉེས་པའི་ཞལ་ལས་དབང་དང་གདམས་ངག་ཐོབ་པ་ལ་སོགས་པ་དང་། རིམ་གཉིས་སྒོམ་པ་དང་། བླ་མའི་བྱིན་རླབས་བཞུགས་པ་སོགས་ཐབས་དུ་མ་ལ་ལྟོས་མི་དགོས་པར་ཐལ། སེམས་གཅིག་པུའི་སངས་རྒྱས་སྐྱེད་པར་ནུས་པའི་ཕྱིར། འདོད་ན་གླུ་སྒྲུབ་ཀྱིས། རི་དབང

ཕྱེ་ལས། ཞེས་སོགས་དང་། ས་ར་ཧས། བླ་མས་སྨྲས་པ་གང་གི་སྙིང་བཞུགས་པ། །ལག་པའི་མཐིལ་ན་གནས་པའི་གཏེར་མཐོང་འདྲ། །ཞེས་པ་དང་འགལ་ལོ། །ཡང་ཀླུ་སྒྲུབ་རྩོད་སྤོང་ལས། གཞུང་དོན་དངོས་ནི། རྒྱུ་གཅིག་ཁོ་ན་ལས་འབྲས་བུ་འབྱུང་མི་སྲིད་ལ། གལ་ཏེ་ཁྱེད་ཀྱི་དཀར་པོ་ཆིག་ཐུབ་ལྟ་བུའི་རྒྱུ་གཅིག་ཁོ་ན་ལས་འབྲས་བུ་འབྱུང་སྲིད་ན་ཡང་འབྲས་བུ་སྐུ་གསུམ་མི་འབྱུང་གི་ཉན་ཐོས་འགོག་པ་ལྟ་བུའི་འབྲས་བུ་གཅིག་ཁོ་ན་འབྱུང་བར་གྱུར་ཏེ། དེ་ལས་འབྲས་བུ་འབྱུང་བ་ནི་ཁྱེད་ཀྱི་ཁས་བླངས། འབྲས་བུ་སྐུ་གསུམ་འབྱུང་བའི་རྒྱུ་ནི་དེ་ལ་མ་ཚང་འདུག་པའི་ཕྱིར་རོ། །ཞེས་བཀོད་པར། ཉིད་ཀྱི་གསུང་ལས། ཁྱེད་ཀྱི་ཐུགས་ལ་དཀར་པོ་ཆིག་ཐུབ་ཞེས་བྱ་བ་དེ་ཅི་མེད་ཅང་མེད་ཀྱིས་སྟོང་རྐྱང་གཅིག་ལ་ཟེར་འོང་དགོངས་ནས། རིགས་པའི་ང་རོ་སྒྲོག་པར་འདུག་ཀྱང་། དེ་ཁྱེད་རང་གི་གསུང་བ་བཞིན་ཕྱོགས་སྔའི་སྐྱ་རེངས་མཤར་བར་དགག་པའི་ཉི་མ་ཁ་ཤོར་ཤར་བ་ཡིན་པས། དང་པོར་ཕྱོགས་སྔའི་འདོད་པ་གོ་བར་བྱའོ། །དེ་ལ་དེད་ཀྱི་ལུགས་ཀྱི་དཀར་པོ་ཆིག་ཐུབ་ཏུ་མིང་བཏགས་པའི་གཞི་ནི། རྡོ་རྗེ་དྲིལ་བུ་པས། འདི་ནི་ངོ་བོ་ཉིད་ཀྱི་སྐུ། །སྟོང་ཉིད་སྙིང་རྗེ་གཉིས་མེད་པ། །མ་ནིང་ཞེས་ཀྱང་བརྗོད་པ་སྟེ། །ལ་ལ་ཟུང་འཇུག་ཅེས་བྱའོ། །ཟུང་འཇུག་མ་ནིང་ངམ་གོ་འཕང་ཞེས་བཞག་པ་དེ་ལ་ཟེར་ལ། ངོ་བོ་ཉིད་སྐུ་དེ་ལས་སྤྲུལ་པའི་སྐུའི་བར་དུ་རྒྱུ་འབྲས་ཀྱི་རིམ་པས་འབྱུང་བའི་ཚུལ། དགེས་རྡོར་འབུམ་ལྔ་ལས། ངོ་བོ་ཉིད་ཅན་ལས་ཆོས་འགྱུར། །ཆོས་ལས་ལོངས་སྤྱོད་རྫོགས་པ་ཉིད། །དེ་ལས་སྤྲུལ་པའི་སྐུར་འགྱུར་ཏེ། །དེ་ལྟར་སྐུ་ནི་བཞི་ཡིན་ནོ། །ཞེས་དང་། དེ་བཞིན་དུས་འཁོར་ལ་སོགས་པ་རྒྱུད་དེ་དུ་མ་དང་མཐུན་པར། དྭགས་པོའི་བཀའ་བརྒྱུད་པ་རྣམས་ཀྱང་སར་རང་སེམས་གཏེར་མའི་སངས་རྒྱས་ཆོས་ཀྱི་སྐུར་རྟོགས་པ་དཀར་པོ་ཆིག་ཐུབ་དེ་ལས་སྐུ་ལྷག་མ་རྣམས་འཁྲུངས་པར་བཞེད་པ་འདི། མདོ་སྔགས་སྤྱིའི་དགོངས་པ་ཡིན་པ་ལ་ཤེས་པ་རང་བཞིན་དུ་གནས་པ་སུ་ཞིག་སྐྱོན། དེས་ན་རྒྱུ་དཀར་པོ་ཆིག་ཐུབ་ལས་འབྲས་བུ་སྐུ་གསུམ་འབྱུང་བར་ལྷུན་གྱིས་གྲུབ་བོ། །གཞན་དུ་ན་རྒྱུ་སྟོང་ཉིད་སྙིང་རྗེ་སྒོམ་པ་ལས་འབྲས་བུ་ཉན་ཐོས་ཀྱི་འགོག་པ་བྱུང་བ་ཡ་ཆ་སྟེ། སེང་གེའི་ཕྲུ་གུ་གླང་ཆེན་ལ། །བྱུང་ན་སྟོན་དེ་སྒྲོག་ཆགས་ཡིན། །ཟེར་བ་དེར་སྣང་ངོ་༑ ༑ཉན་ཐོས་འགོག་པའི་ངོས་འཛིན་ཀྱང་སོ་སོར་བཏགས་མིན་གྱིས་འགོག་པ་ལ་བཞེད་ན། འབྲས་བུ་གཅིག་ཀྱང་མི་འབྲིན་པས་མཚུངས་པ་བརྗོད་དུ་མེད་ལ། ཉན་ཐོས་སློབ་མི་སློབ་ཀྱི་འགོག་པ་ལ་སྦྱོར་ན། དེ་དག་སྟོང་རྐྱང་སྒོམ་པ་ལས་བྱུང་བའི་ཁུངས་གང་ན་བདོག །སློབ་པ་ཕྱིར་པི་མ་ལ་དང་། ཀ་མ་ལའི་སྒོམ་རིམ་བར་མ་གཉིས་མཐུན་པར། རྒྱུ་དང་རྐྱེན་དེ་དག་གི་ནང་ནས་ཀྱང་མ་ནོར་ཞིང་མ་ཚང་བ་མེད་པ་རྣམས་ལ་སྟོན་པར་བྱའོ། །རྒྱུ་ནོར་བ་ལ་ནན་ཏན་བྱས་ན་ཡུན་རིང་མོ་ཞིག་གིས་ཀྱང་འབྲས་བུ་འཐོབ་པ་མེད་དེ། དཔེར་ན་བ་ལས་འོ་མ་འཛོ་བ་བཞིན་ནོ། །རྒྱུ་མཐའ་དག་ལ་མ་སྤྱད་པ་ལས

ཀྱང་འབྲས་བུ་འབྱུང་བ་མེད་དེ། ས་བོན་ལ་སོགས་པ་གང་ཡང་རུང་བ་ཞིག་མེད་ན། མྱུ་གུ་ལ་སོགས་པའི་འབྲས་བུ་མི་འབྱུང་བའི་ཕྱིར་རོ། །དེ་ལྟ་བས་འབྲས་བུ་དེ་འདོད་པས། རྒྱུ་དང་རྐྱེན་མ་ནོར་བ་དང་མཐའ་དག་ལ་བརྟེན་པར་བྱའོ། །ཞེས་གསུངས་ཏེ། མཆན། རྒྱུ་གཅིག་གིས་འབྲས་བུ་བསྐྱེད་མི་བསྐྱེད་པའི་མདོ་འགྲེལ་གཉིས་སུ་གསལ་ལོ། །གོང་དུ་དྲངས་པའི་མདོ་དང་། དེ་གཉིས་རྒྱུ་གཅིག་ཁོ་ནས་འབྲས་བུ་སྐྱེད་པར་འདོད་པ་ལ་ཤིན་ཏུ་གནོད་པའི་ལུང་ཡིན་མོད། བླུན་པོ་ལ་ལུགས་ཀྱི་འཇུག་པ་དཀའ་འོ། །མཆན། མི་འོང་ལུས་མངོན་བྱེད་ཀྱང་ཚེ་རབས་གཞན་དུ་དབང་པོ་སྨིན་པའི་ཁར་ཚེ་འདིར་ཡང་བསླབ་གསུམ་གྱིས་རྒྱུད་སྦྱངས་ནས་སྒྲིབ་པ་ཅི་རིགས་སྤྱངས་དགོས་ལ། མི་སློབ་པ་ཁམས་གསུམ་གྱི་ཉོན་མོངས་པ་དང་བྲལ་བ་ཤེས་རབ་རྐྱང་གྲོལ་གྱི་དགྲ་བཅོམ་པ་ཡང་སྙོམ་འཇུག་གི་སྒྲིབ་པ་ལས་མ་གྲོལ་བར་དུ་འགོག་སྙོམ་ལ་འཇུག་མི་ནུས་ཀྱིས་གཉིས་ཀའི་ཆ་ལས་གྲོལ་བས་འཇུག་ནུས་ཚུལ་སོགས་མཁྱེན་བཞིན་དུ་རྗེས་འཇུག་རྣམས་ཀྱི་མགོ་བོ་འཁོར་ལོ་ལྟར་བསྐོར་བའི་རྒྱུ་ཐབས་སུ་སྦྱར་བས་འཛམ་པའི་དབྱངས་དེ་ཡང་། སྐུ་རྩེད་ལ་དགོས་པ་ཞིག་གོ། །ཅི་སྟེ་དེ་ནི་འགོག་པའི་སྙོམ་འཇུག་དང་། ལྷག་མེད་ཀྱི་མྱང་འདས་མ་ཡིན་གྱི། ཆད་པའི་མྱང་འདས་ལ་ཟེར་རོ་ཞེ་ན། ཆད་པའི་སྟོང་རྐྱང་སྒོམ་ན་ཆད་པའི་མྱང་འདས་སུ་གྲོལ་བ་སྲིད་ཀྱང་། དེ་ལ་ཉན་ཐོས་ཀྱི་སྒྲ་སྦྱར་ནས་ཅི་ཞིག་བྱ་ཁྱེད་རང་གི་ཉིད་སྟོར་གྲངས་པའི་ལུང་། སྟོང་པ་ཉིད་ལ་ལྟ་ཉེས་ན། །ཤེས་རབ་ཆུང་རྣམས་ཕུང་བར་འགྱུར། །ཞེས་དང་། གང་དག་སྟོང་པ་ཉིད་ལྟ་བ། །དེ་དག་བསྒྲུབ་ཏུ་མེད་པར་གསུངས། །ཞེས་པ་ལྟར་ཆད་པའི་མྱང་འདས་སུ་ཆམ་བཞག །སྟེས་དབང་གིས་དམྱལ་བར་སྐྱེ་ཡང་སྲིད་ན་འགོག་པ་ཁོ་ནས་ཅི་ཉེས། དེ་བས་ན། སླན་ཡིད་ཕེབས་འབྲེལ་བ་དང་། །དོན་གསལ་ཡིད་དུ་འོང་བ་དང་། །ཚིག་དང་ཞེ་སྡང་སྤང་བ་དང་། །འཇམ་ཞིང་རན་པར་སྨྲ་བར་བྱ། །ཞེས་པའི་དོན་དགོངས་པར་བཞུགས་སུ་གསོལ་ཞེས་བྲི་བར་མཛད་དོ། །

དེ་ལ་བརྟགས་ན། རང་སེམས་གདོད་མའི་སངས་རྒྱས་ཆོས་སྐུ་མ་ཡིན་པ།ཆོས་སྐུར་རྟོགས་པ་ལ་དཀར་པོ་ཆིག་ཐུབ་ཏུ་བཞག་ན་དཀར་པོ་ཆིག་ཐུབ་དེ་ལོག་ཤེས་ཞིག་ལ་ཟེར་དགོས་པ་འདྲ་ལགས། དཀར་པོ་ཆིག་ཐུབ་དེ་ཟུང་འཇུག་ཡིན་ན་ཟུང་འཇུག་ལ་ཡ་རྐྱལ་དགོས་པས་དེ་ནི་གཅིག་ཁོ་ན་མིན་པར་གཉིས་ཚོགས་པའམ་གཉིས་འདུས་པའི་ལམ་གཅིག་ཡིན་པར་འགྱུར་ཏེ། ལུང་སྔ་མའི་དོན་ནི། ངོ་བོ་ཉིད་སྐུ་དེ་རྒྱུ་ཐབས་ཤེས་ཟུང་འཇུག་སྒོམ་པ་ལ་བརྟེན་ནས་ཐོབ་པའི་འབྲས་བུ་གསལ་སྟོང་ཟུང་འཇུག་གི་དབྱིངས་རིག་དབྱེར་མེད་ཀྱི་སྐུ་ཡིན་ཞེས་པའི་དོན་དང་། འབུམ་ལྔའི་ལུང་ནི། འབྲས་བུ་དུས་ཀྱི་སྐུ་ལ་བྱེད་པ་ལྟར་ན་གང་ཟག་གཅིག་གསར་དུ་འཚང་རྒྱས་པའི་ཚེ། དེའི་རྒྱུད་ཀྱི་སེམས་ཀྱི་ཆོས་ཉིད་གློ་བུར་གྱི་དྲི་མ་དང་བྲལ་ནས། ངོ་བོ་ཉིད་སྐུར་གནས་གྱུར་བའི་དབང་གིས་དེའི་སྟེང་གི་གསལ་བའི་ཆ་ཡེ་ཤེས་ཆོས་སྐུར་གནས་གྱུར། དེ་གཉིས་དབང་གི་བརྟེན་གྱི

གདམ་ངག་ཡོང་སྐྱུར་གནས་གྱུར། དེ་ལྟ་བུའི་ཡོང་སྐྱུ་དེ་གང་ལ་གང་འདུལ་གྱི་སྐྱུར་བསྟན་ནས་འགྲོ་བའི་དོན་མཛད་པ་ལ་སྤྲུལ་སྐྱུར་འཇོག་ཅེས་པ་ཡིན་ལ། དེས་དཀར་པོ་ཆིག་ཐུབ་ལ་ཕན་རྒྱུ་གང་ཡང་མེད་དོ། །སྟོང་ཉིད་སྙིང་རྗེ་དབྱེར་མེད་དེ་སྒོམ་པ་ལས་ཉན་ཐོས་ཀྱི་འགོག་པ་འབྱུང་ཞེས་སུས་ཁས་བླངས་ལགས་སམ། ཉན་ཐོས་འགོག་པའི་ངོ་འཛིན་སོ་སོར་བརྟགས་མིན་གྱི་འགོག་པ་ལ་བྱེད་མཁན་སུ་ཡོང་། འདི་སྐབས་ཀྱི་འགོག་པ་ཞེས་པ་ཐེག་ཆེན་གྱི་མྱང་འདས་ལ་བྱེད་པ་སྔར་བཤད་ཟིན་ཅིང་། དེ་སྟོང་ཉིད་རྐྱང་སྒོམ་པ་ལས་བྱུང་བའི་ལུང་ཁུངས་ནམ་སྣང་མངོན་བྱང་ལས། ཐབས་དང་མི་ལྡན་ཡེ་ཤེས་དང་། །བསླབ་པ་དག་ཀྱང་གསུངས་པ་ནི། །དཔའ་བོ་ཆེན་པོ་ཉན་ཐོས་རྣམས། །དེ་ལ་བཞུགས་པའི་ཕྱིར་གསུངས་སོ། །གང་དག་དུས་གསུམ་སངས་རྒྱས་རྣམས། །ཐབས་དང་ཤེས་རབ་ལྡན་པ་ལ། །བསླབ་ན་བླ་མེད་ཐེག་པ་ནི། །འདུས་མ་བྱས་པ་དེས་ཐོབ་སོ། །ཞེས་པས་བསྟན་པའི་ཕྱིར་རོ། །སློབ་པ་ཕྱིར་མི་འོང་ལུས་མངོན་བྱེད་ཀྱང་ཞེས་སོགས་ཀྱང་སྐོར་ཐག་རིང་ལ་དངོས་མ་གཙང་བ་ཞིག་སྟེ་དོན་འབྲས་ལ་འདི་ཡིན་མི་འདུག་ཀྱང་། །ཕྱིར་མི་འོང་ལུས་མངོན་བྱེད་ཅེས་གསུངས་ན་རྒྱུད་གསུང་ཁྱེད་དོད་པ་ཡོང་བ་ལ་དེའི་མགོར་སློབ་པ་སྦྱར་བ་ལ་གོས་ནུས་གང་ཡང་མི་འདུག་པའི་ཕྱིར་རོ། །འགོག་པའི་སྙོམ་འཇུག་ལ་ཉན་ཐོས་འགོག་པ་ཟེར་མཁན་སུ་ཡང་མི་འོང་། ལྷག་མེད་མྱང་འདས་ཆད་པའི་མྱང་འདས་མ་ཡིན། །ལྷག་བཅས་མྱང་འདས་དེ་ཡིན་གསུང་རྒྱུ་ཡིན་ན་ནི། དེ་ལ་ཉན་ཐོས་ཀྱི་སྒྲ་སྦྱར་ནས་ཅི་ཞིག་བྱ༔ །ཞེས་པ་དེས་རང་ཚིག་སྨྲ་མ་བདེན་མེད་དུ་བཏང་། གཞན་དུ་ན་ཆད་པའི་མྱང་འདས་དེ་མུ་ཡིན། དེ་གང་ཟག་སུས་རྒྱུད་ལ་ཡོད་ཅེས་སླས་ན་ཅི་གསུངས། སླན་ཡིད་ཕེབས་འབྲེལ་བ་དང་། །སྤྱིར་བཏང་ལ་གསུངས་ལུགས་ལོས་ཡིན། ལོག་པར་རྟོག་པ་འགོག་པ་ན་ཆོས་ཀྱི་གྲགས་པས། བླུན་པོ་ཤེས་རབ་འཆལ་བའི་རྟགས་ལྟ་ཡིན། །ཞེས་རིག་པ་ཅན་པ་ལ་བཀའ་སློན་པའི་ཚིག་དང་། དེ་སྐད་གྲངས་ཅན་ཕྱུགས་ལས་གཞན། །ངོ་མཚར་བཅས་པ་སུས་བརྗོད་རྩོལ། །ཞེས་གྲངས་ཅན་པ་ལ་བཀའ་བཀྱོན་པ་སོགས་དགོས་པ་ཅན་གྱི་ཚིག་ཡིན་པས། གནོད་ཅན་གྱི་སེམས་ལ་འཕོགས་སྲིད་ཀྱང་སྐྱོན་མ་ཡིན་ཏེ། སངས་རྒྱས་འཇིག་རྟེན་བྱོན་པ་དང་། མཁས་པ་རྣམས་ཀྱིས་བཤད་པ་མཛད་པའི་ཚེ་འབྲས་བུ་རྣམ་པ་གསུམ་འབྱུང་བ་རྟེན་འབྲེལ་གྱི་ཆོས་ཉིད་ཡིན་པའི་ཕྱིར་རོ༔ །ཡང་ཀླུ་སྒྲུབ་རྩོད་སྤོང་ལས། གཉིས་པ་དེའི་སྒྲུབ་བྱེད་ཀྱི་ལན་ལ། རྒྱུ་གཅིག་ཁོ་ནས་འབྲས་བུ་འབྱུང་བའི་ལུགས་ཀྱི་འདྲ་སྣང་བ་ནི་སྐྱུར་རྗེས་སྐམ་ལྟར་མཁས་པ་ལ་འོས་པའི་གཏམ་དུ་མི་སྣང་ངོ་། །ཇི་ལྟར་སྐམ་ན། སེམས་ཉིད་གཅིག་པུ་ཀུན་གྱི་ས་བོན་ཏེ། །ཞེས་སོགས་གཅིག་པུ་ཞེས་པའི་མིང་ལ་འཁྲུལ་པ་སྟེ་དཔྱད་ན་འཇིགས་པའི་ཕྱིར། དེ་ཡང་སེམས་ཅན་ཐམས་ཅད་ཡང་ན་འབད་མེད་དུ་གྲོལ་བའམ་ཡང་ན་འབད་ཀྱང་མི་

གྲོལ་བར་འགྱུར་ཏེ། འཁོར་བར་འཁྲུམས་པའི་རྒྱུ་ནི་སེམས་གཅིག་པུ་ཡིན་གྱི་གྲོགས་ལས་དང་ཉོན་མོངས་པ་གཏན་ནས་མི་དགོས་པའི་ཕྱིར་དང་། ཐར་པ་ཐོབ་པ་ལ་ཡང་རྒྱུ་སེམས་གཅིག་པུས་ཆོག་གིས། ལྟ་སྒོམ་སྤྱོད་པ་སོགས་ལམ་ལ་འབད་རྩོལ་གཏན་ནས་མི་དགོས་པའི་ཕྱིར་རོ། །ཞེས་པའི་ལན་དུ་ཉིད་ཀྱིས། ཐལ་ངག་འདི་ནི་འཇིགས་སུ་རུང་བ་གཞན་འཁྲུལ་དབང་བྱེད་པའི་ཐལ་ངག་སྟེ། གྲུབ་ཐོབ་ཀྱི་སྤྱི་མེས་ཆེན་པོ་ས་ར་ཧ་ལ་ཡང་མཐོ་མཚམས་པར་ཆས་པའི་ཕྱིར་རོ། །ཞེས་སོགས་ལུང་གི་སྦྱོར་དང་བཅས་པ་ཁ་རེ་བྲི་བར་མཛད་ཀྱང་སྔར་གྱི་རྗེས་རོ་ལས་སྤྲོས་པ་མི་འདུག་པས། ཐ་མལ་བས་སྤྱད་ན་འཆིང་བའི་རྒྱུར་འགྱུར་བའི་ལས་ཤིག །རྣལ་འབྱོར་པ་ཐབས་ལྡན་ཞིག་གིས་སྤྱད་ན་གྲོལ་བའི་རྒྱུ་རུ་འགྲོ་ཞེས་པ་གཅིག་པུས་ཆོག་པར་སྣང་ངོ་། །ཡང་ཀླུ་སྒྲུབ་རྩོད་སྤོང་ལས། དེས་ན་འཁོར་བ་ཀུན་གྱི་བྱེད་པ་པོ་སེམས་གཙོ་བོ་ཡིན་པ་ལ་དགོངས་ཀྱི། སེམས་གཅིག་པུ་ལས་རྒྱུ་གཞན་མེད་ཅེས་སྒྲ་ཇི་བཞིན་པར་བཟུང་དུ་མི་རུང་སྟེ། དོན་སྒྲ་ཇི་བཞིན་ཡོངས་རྫོགས་ན། །བདག་ཉིད་ཉམས་ཤིང་བློ་ཉམས་འགྱུར། །ཞེས་པའི་ལུང་བསྟན་ཐོགས་ཏུ་འབབ་པ་ཡིན་པའི་ཕྱིར་ཞེས་བཀོད་པའི་ལན་དུ་ཉིད་ཀྱི་གསུང་ལས། ལྷན་ཅུང་ཟུར་གསུམ་པ་ཞིག་བཏབ་འདུག་པ་དེ་ཡང་འཕྲེད་ལྷན་དུ་སོང་ནས་མི་མཛེས་ཏེ། དཔལ་ས་ར་ཧས། སེམས་ཉིད་གཅིག་པུ་ཞེས་ངོས་བཟུང་སྦྱར་བ་ལ་ཁྱོད་ཀྱི་གཙོ་བོ་ཡིན་པ་ལ་དགོངས་ཞེས་བསྒྱུགས་པས་སོ། །ཞེས་སོགས་བྲི་བར་མཛད་ཀྱང་། དེ་གཙོ་བོ་ཡིན་པ་ལ་ཤིན་ཏུ་འཆད་དགོས་ཏེ་གཞན་དུ་ན། ཇི་སྐད་བཤད་པའི་སྐྱོན་རྣམས་འཇུག་པའི་ཕྱིར་དང་། སེམས་ཉིད་ཀྱི་ནི་སེམས་ཅན་འཇིག་རྟེན་དང་། །སྣོད་ཀྱི་འཇིག་རྟེན་སྣ་ཚོགས་ཤིན་ཏུ་འགོད། །ཞེས་དང་། རྡོ་རྗེ་གུར་ལས། རིན་ཆེན་སེམས་ལས་ཕྱིར་གྱུར་པའི། །སངས་རྒྱས་མེད་ཅིང་སེམས་ཅན་མེད། །རྣམ་པར་ཤེས་པ་གནད་དོན་ནི། །ཕྱི་རོལ་གྱུར་པ་ཙུང་ཟད་མེད། །ཡིད་ཀྱི་སངས་རྒྱས་ཐམས་ཅད་ཉིད། །ཁམས་གསུམ་དབང་ཕྱུག་ཆེན་པོ་སྟེ། །འཇིག་རྟེན་གསུམ་གྱི་རྒྱལ་པོ་ཆེ། །སེམས་གཅིག་གིས་ནི་ཐོབ་པར་འགྱུར། །ཞེས་པ་དང་མཐུན་པའི་ཕྱིར། ཡང་ཀླུ་སྒྲུབ་རྩོད་སྤོང་ལས། ཅི་སྟེ་དེ་དག་ཐམས་ཅད་སེམས་གཅིག་པུས་ཆོ་འཕྲུལ་ལོ་སྙམ་ན། དེ་གཅིག་པུས་འཁྲུལ་གཞི་བྱས་པར་སྣང་མོད། ཅེས་པའི་ལན་དུ། ཉིད་ཀྱིས། འདི་ཁོ་ན་བདེན་ཏེ་འཁྲུལ་གཞི་དང་གྲོལ་གཞི་ཐམས་ཅད་ཁོ་གཅིག་པུས་བྱས་པས་སོ༔ །སེམས་ལ་གཞན་མེད་པར་ནི་བློས་རིག་ནས། དེ་ནས་སེམས་ཀྱང་མེད་པ་ཉིད་དུ་རྟོགས། ཞེས་སོགས་ཐེག་ཆེན་གྱི་གཞུང་མང་པོ་ཞལ་ལས་རྒྱ་བཞིན་དུ་ཡང་བག་ཆགས་གཞན་ལྟས་པའི་ཐུགས་ཀྱི་འཛིན་སྟངས་ཀྱི་ཁ་བྱུན་ལ་ལས་ཉོན་དང་བལྟ་སྤྱོད་སྒོམ་སོགས་སེམས་ལས་ལོགས་སུ་སྣང་བ་འདི་འདྲ་སྟེ། རྟེན་འབྲེལ་བཅུ་གཉིས་ཀྱང་དེས་མཚོན་ནོ་ཞེས་སོགས་སེམས་ཉིད་གཅིག་པུ་སོགས་ལ་འབྲུ་སྣོན་ལུགས་སྦྱོར་ཁ་རེ་དང་བཅས

པ་བྲིས་པའི་མཐར། མཉམ་མེད་དྭགས་པོའི་བཀའ་བརྒྱུད་རིང་ལུགས་པ་རྣམས་ཕྱག་རྒྱ་ཆེན་པོ་གདན་ལ་འབེབས་པའི་གཞི་རང་སེམས་ལ་མཛད་ནས་གཞི་ལམ་འབྲས་བུ་ཐམས་ཅད་སེམས་སུ་རྫོགས་པར་བསྟན་པ་འདི་བོད་ཀྱི་མཁས་པ་ལ་མི་འོས་ཀྱང་། རྒྱ་གར་གྱི་གྲུབ་ཐོབ་ལྷག་པར་དགྱེས་པའི་གདམས་མོ་ཞེས་བྲི་བར་མཛད་དོ། །དེ་ལ་བརྟགས་ན། བདེན་ལན་མཛད་པ་ཐུགས་ཚད་པའི་རྟགས་སུ་འགྲོ་ཤས་ཆེ་ཡང་། ད་ལམ་བདེན་ལན་འདི་མ་དགོངས་པའི་བདེན་ལན་ཏེ། འཁོར་འདས་ཐམས་ཅད་སེམས་ཀྱི་ཆོ་འཕྲུལ་ལམ་སེམས་སྣང་ཡིན་པས་འཁྲུལ་གཞི་བྱས་ནས། འཁོར་འདས་ཀྱི་བྱེད་པོ་སེམས་གཅིག་པུ་ཡིན་པར་འཁྲུལ་འདུག་ཅེས་པར་སྣང་བས་སོ། །ལས་ཉོན་དང་བལྟ་སྒོམ་སོགས་སེམས་ལས་ལོགས་སུ་དགར་བ་ཞེས་པའི་བཀའ་སྐྱོན་པ་དེ། དེ་ཐམས་ཅད་སེམས་ཡིན་ཞིང་། དེ་ཆོས་རྒྱུ་བྱས་པས་ཀ་སེམས་གཅིག་པུས་བྱས་པར་སོང་གསུང་རྒྱུ་ཡིན་པར་འདྲ། དེ་ལྟར་ཡིན་ན་མི་རིགས་ཏེ། ཉོན་མོངས་པ་ལ་ཡང་བག་ལ་ཉལ་དང་མངོན་དུ་གྱུར་བ་གཉིས། དང་པོ་ལ་ཡང་སེམས་སེམས་བྱུང་གཉིས་ཀ་ཡོད་ཅིང་། བག་ལ་ཉལ་ནི་ལྡན་མིན་འདུ་བྱེད་ཡིན་པས། དེ་ཐམས་ཅད་སེམས་སུ་ག་ལ་འོང་། ལས་ལ་ཡང་ལུས་ཀྱི་ལས་གསུམ། ངག་གི་ལས་བཞི་སོགས་སེམས་ཡིན་གསུང་བ་རང་གི་ནི་མི་འོང་ལས་ཆེ། འོན་ཀྱང་ཤེས་བྱ་ཁྲ་ལེབ་འདིས་ཁྱེད་རང་གྲུ་ཡངས་སུ་ནི་སོང་འདུག །རྟེན་འབྲེལ་བཅུ་གཉིས་ལ་ཡང་མངོན་པར་རྟོགས་པའི་ངོ་བོ་དེ་ཡང་ཕྱུང་པོ་ལྔ་ཆར་ཡོད་པ་བཤད་ཅིང་། མ་རིག་པའི་རྟེན་འབྲེལ་དང་མ་རིག་པ་ལ་ཁྱད་པར་ཡོད་པའི་རྣམ་དབྱེ་ཡང་དགོས་སོ། །ཐེག་པ་ཆེན་པོའི་སྐབས་སུ་མ་རིག་པ་སོགས་གཙོ་བོར་སེམས་བྱུང་ལ་འཇོག་དགོས་པའི་གནད་ཙམ་ཡང་མ་དགོངས་པའི་བཀའ་སྐྱོན་གནང་ཡང་གསལ་བར་དབང་ཕྱུག་སྤྱོད་པ་ཡིན། ཞེས་པ་དེར་སོགས་དོགས། ལྟ་སྒོམ་སྤྱོད་པ་ལ་ཡང་ཞིབ་ཏུ་བརྟགས་ན་དེའི་རིགས་འོང་། སེམས་ཅན་གང་ཟེར་ལ་དེ་ཕན་གྱི་རྗེན་ཉིད་སྨྲ་སྦྱར་དགོས་པ་ཡང་ཚད་ལྡན་གྱི་ཁུངས་ཡོད་ན་མ་གཏོགས་རང་གཟོར་འགྱུར་རོ། །ལུང་རྣམས་ཀྱི་དོན་ནི་གོ་བར་ཟད་པས་མ་སྤྲོས་སོ། །གཞི་ལམ་འབྲས་བུ་ཐམས་ཅད་སེམས་ཐོག་ཏུ་རྫོགས་པར་བསྟན་པ་ཞེས་པ་འདི་ཡང་། སེམས་སྟེངས་སུ་དེ་གསུམ་དབྱེར་མེད་དུ་ལྡན་པའམ་ཚངས་པ་ཞེས་པ་ཡིན་ན་ལེགས་མོད། གཞན་དཔྱད་རྒྱུ་ཡོད་དོ། །ཡང་ཀླུ་སྒྲུབ་སྟོད་སྦྱོང་ལས། ས་བོན་གཅིག་ལས་སྦྱོང་བུ་གཉིས། །ཞེས་སོགས་ཀྱང་རང་ལ་ནང་འགལ་བསྟན་པར་སྣང་ཞིང་། སེམས་ཉིད་གཅིག་པུ་ཀུན་གྱི་ས་བོན་སྟེ། ཞེས་པས་འཁོར་འདས་གཉིས་ལ་རྒྱུ་གཅིག་ཁོ་ན་ལས་མེད་པར་ཁས་བླངས། རྒྱུ་མཚན་དེ་ལས་འབྲས་བུ་གཅིག །ཞེས་པར་རྒྱུ་ཡལ་ག་གཉིས་ལས་འབྲས་བུ་གཅིག་འབྱུང་བར་ཁས་བླངས་པའི་ཕྱིར་རོ། །གལ་ཏེ་རྩ་བ་གཅིག་ཁོ་ན་ལས་སྡོང་པོ་གཉིས་སུ་ཕྱེས་ཀྱང་འབྲས་བུ་གཅིག་ཁོ་ན་འབྱུང་ཞེས

པའོ་སྙམ་ན། འབྲས་བུ་གཅིག་ཁོ་ན་འབྱུང་བ་མིན་པར་ཐལ། འབྲས་བུ་སྐུ་གསུམ་འབྱུང་བའི་ཕྱིར། ཅི་སྟེ་འབྲས་བུ་སངས་རྒྱས་གཅིག་པུ་འབྱུང་ངོ་ཞེ་ན། རྒྱུ་བ་གཅིག་ཁོ་ན་ལས་འབྲས་བུ་གཅིག་པུ་འབྱུང་བ་ཡང་མི་བདེན་པར་ཐལ། འབྲས་བུ་འཁོར་འདས་གཉིས་འབྱུང་བའི་ཕྱིར། ཞེས་བཀོད་པའི་ལན་དུ་ཉིད་ཀྱི་གསུངས་ལས། ཡང་ནི་གྲུབ་ཐོབ་ལ་འཁོར་གསུམ་བཀལ་ལོ། །ས་ར་ཧ་ལ་ཀླུ་སྒྲུབ་ཀྱི། ནང་འགལ་སྟེབས་པའི་ཐལ་ཕྱིར་འདེབས། །ར་བཤད་པ་ན་ལུག་འདར་བཞིན། །སངས་རྒྱས་རྣམས་ཀྱང་འཛིགས་ཀྱིན་འདའ། །ཞེས་ནམ་མཁའི་ལྷ་རྣམས་གླེང་ངོ་། །དེ་ལ་ཐོག་མར་རེད་དོ་ཧའི་ལུང་དོན་སླ་བའི། དེ་འོག་ཏུ་ཕྱེད་ཁོག་ཅིག །རྒྱ་བ་གཅིག་ལས་ཞེས་པ་ཡི་གེ་མ་དག་པ་ཡིན། ས་བོན་གཅིག་ལས་སྡོང་པོ་གཉིས་ཞེས་བརྗོད་པར་བྱའོ། །དེ་ཡང་རྒྱུ་རྒྱུད་ཇི་ལྟར་ལམ་དང་། དེ་ཇི་ལྟར་འབྲས་བུ་ཡིན་ནོ་ཞེས་བསྟན་པའི་ཕྱིར། ས་བོན་གཅིག་ལས་སྡོང་པོ་གཉིས་ཞེས་བརྗོད་པར་བྱའོ། །དེ་ཡང་རྒྱུ་རྒྱུད་ཇི་ལྟར་ལམ་དང་། དེ་ཇི་ལྟར་འབྲས་བུ་ཡིན་ནོ་ཞེས་བསྟན་པའི་ཕྱིར། ས་བོན་གཅིག་ལས་སྡོང་པོ་གཉིས། །རྒྱུ་མཚན་དེ་ལས་འབྲས་བུ་གཅིག །དེ་ཡང་དབྱེར་མེད་གང་སེམས་པ༔ །དེ་ནི་འཁོར་དང་མྱང་འདས་རྣམས། །གྲོལ་ཞེས་གསུངས་ཏེ། ཆོས་མངོན་པར་ཐོག་མ་མེད་དུས་ཅན་གྱི་ཁམས། ཆོས་རྣམས་ཀུན་གྱི་གནས་ཡིན་ཏེ། །དེ་ཡོད་པས་ན་འགྲོ་ཀུན་དང་། །མྱང་དན་འདས་པའང་ཐོབ་པར་འགྱུར། །ཞེས་ཁམས་བདེ་གཤེགས་སྙིང་པོའི་ནི་འཁོར་འདས་གཉིས་ཀའི་གནས་དང་རྟེན་དུ་གསུངས་ལ། དེ་ཡང་དཔེར་ན་སས་ལོ་ཏོག་གི་རྟེན་བྱེད་པ་ལྟ་བུ་ཙམ་མིན་གྱི། འདི་ནི་འཁོར་འདས་གཉིས་ཀའི་ས་བོན་ཡིན་ཏེ། ཆོས་དབྱིངས་སྟེར། དེ་འདྲའི་ས་བོན་ཐམས་ཅད་ལ། །རྒྱུ་དང་འདྲ་བའི་འབྲས་བུ་འབྱུང་། །ས་བོན་མེད་པར་འབྲས་ཡོད་པར། །ཤེས་ལྡན་གང་གི་སྒྲུབ་པར་նུས། །ས་བོན་གྱུར་པ་ཁམས་དེ་ཉིད། །ཆོས་རྣམས་ཀུན་གྱིས་བརྟེན་དུ་འདོད། །ཅེས་གསུངས། དེ་ན་ས་བོན་ཁམས་གཅིག་པུ་དེ་ལས་རྐྱེན་གྱི་དབང་གི་སྣང་ངོ་གཉིས་སུ་འགྱུར་ཏེ། འཇིག་ཚོགས་ལ་བལྟ་བའི་རྒྱ་བ་ཅན་ལས་དང་ཉོན་མོངས་པའི་ཤིང་སྐྱེའི་གནས་ཐ་དད་པའི་ཡལ་གར་དབང་པོ་དྲུག་གི་མེ་ཏོག་ལ་སྡུག་བསྔལ་གྱིས་འབྲས་བུ་ཆགས་པ་དེ་ནི་འཁོར་བའི་སྡོང་པོའོ། །རྒྱས་པ་ལས་བྱུང་བའི་རྩ་བ་ཅན་མྱང་འདས་གསུམ་ལས་གང་ཡང་རུང་བ་ལ། འདོད་པ་དང་སྨོན་པ་དང་། རྩོལ་བ་ཤིང་ཚོགས་དང་སྦྱོར་བའི་ལམ་ཐ་དད་པའི་ཡལ་ག་ཅན། མངོན་པར་ཤེས་པ་ལ་སོགས་པའི་མེ་ཏོག་དང་ལྡན་པ་རྒྱུན་དུ་ཞུགས་པ་ལ་སོགས་པ་ནས་སངས་རྒྱས་ཉིད་ཀྱི་བར་གྱི་འབྲས་བུ་ཆགས་པ་ནི་མྱང་འདས་པའི་སྡོང་པོའོ། །ས་བོན་དང་བཅས་པའི་འཁོར་འདས་ཀྱི་རྒྱུའི་མཚན་ཉིད་གཉིས་པོ་དེ་ལས་འབྲས་བུ་མཐར་ཐུག་པ་ནི་ཆོས་ཀྱི་སྐུ་གཅིག་པོ་ཉིད་དོ། །འོན་འཁོར་བ་ཇི་ལྟར་ཆོས་ཀྱི་སྐུའི་རྒྱུར་འགྱུར་ཞེ་ན་ཞེས་དང་། དྲི་མ་མེད་པར་གྲགས

པའི་མདོ་ལས། འཇིགས་ཚོགས་ལ་བལྟ་བ་རྣམས་ནི་སངས་རྒྱས་ཀྱི་གདུང་ངོ་ཞེས་དང་། འདུས་པ་རྒྱུད་ཕྱི་མར། ཨེ་མའོ་འདི་རབ་ངོ་མཚར་ཆེ། །ཨེ་མའོ་ཞི་བ་དབང་པོ་འདས། །ཨེ་མའོ་འཁོར་བ་དག་གི་རྒྱུན། །ཨེ་མའོ་མཆོག་ཏུ་མྱ་ངན་འདས། །ཞེས་དང་། དེའི་འགྲེལ་པར་སླན་ཞབས་ཀྱི། བདག་དང་བདག་གི་ལེགས་པར་སྣང་བའི་རྒྱུན་ཁོ་ན་ལ་དེ་བཞིན་ཉིད་དུ་ཤེས་ན་མཆོག་ཏུ་མྱ་ངན་འདས་པ་སྟེ། ཞེས་སོགས་ལུང་མང་སྣང་ངོ། །དེས་ན་འཁོར་འདས་གཉིས་ཀྱང་སེམས་ཉིད་གཅིག་པུ་མ་རིག་པ་དང་རིག་པའི་འཇུག་ལྡོག་ཡིན་པས། རྨོངས་ཕྱིར་འཁོར་བའི་གཟུགས་ཅན་ཏེ། །རྨོངས་བྲལ་འཁོར་བ་དག་པ་ཡིན། །ཞེས་པ་ལྟར་ཡང་སེམས་ཉིད་གཅིག་པུ། ཞེས་པ་ངེས་བཟུང་གི་ཚིག་གིས་ཡིན་པས། རྒྱུ་གཞན་དགོས་པ་གཅོད་ན་ཆོས་སྐུ་གཅིག་པུ་ཞེས་པའང་ངེས་བཟུང་གི་ཚིག་གི་ཡིན་པས། འབྲས་བུ་གཞན་ཡོད་པ་མི་གཅོད་པ་ཐུད། མཆན། མཐར་ཐུག་ཆོས་སྐུ་གཅིག་པུ་ཡིན་བྱས་ཙ་ན་གཟུགས་སྐུ་མེད་དམ་སྙམ་དུ་དོགས་པར་མི་བྱ་སྟེ་རྒྱུ་མཚན་གོང་དུ་བཀོད་ཟིན་ཏོ། །ལུང་དེའི་དཔེ་དོན། ས་བོན་དང་། སྡོང་པོ། འབྲས་བུ་ཞེས་བརྗར་བྱས་ཀྱིས་རྒྱུ་ཡལ་ག་གཉིས་ལས་འབྲས་བུ་གཅིག་ཅེས་སོགས་ཐལ་མ་བསྟུས་ཀྱི་སྔོ་ཕྱི་བའི་སྡོར་མི་འདེབས་སོ། །དེ་གཅིག་པུ་ལས་རྣམ་པ་ལྔ་སྟེ། ཞེས་སོགས་ཀྱི་དུས་འཁོར་ལུང་འདི་ཡང་བརྗོད་དོན་གོ་བཞིན་ཡིན་ཡང་། སྤྲིན་རྣམས་ཅུང་ཟད་མ་སྐྲ་བ་བཞིན་ཡིན་ན་བརྗོད་མེད་དུ་བཞག་འདུག་གོ། །ཞེས་བྲི་བར་མཛད་དོ། །དེ་ལ་བཏགས་ན། ས་ར་ཧ་ལ་རྒྱབ་གཏད་བཅོལ་བ་དྲན་པ་རྣོ་ཡང་། ནག་ཅན་དཔོན་པོའི་དཔེར་སོང་དོགས། རྩ་བ་གཅིག་ལས་ཞེས་པ་གཞན་མཛོད་དུ་བྲིས་པ་ལ། དེ་མ་དག་ས་བོན་ཞེས་པ་ཡིན་གསུངས་པ་དཔོན་སློབ་ནང་འཐབས་སོ། །ས་བོན་གཅིག་ལས་མྱུ་གུ་རིགས་མི་མཐུན་གཉིས་འབྱུང་བ་ཡོད་ན་ཞུ་དག་དེ་བདེན་ལས་ཆེ་ཡང་། རྒྱུ་ནས་ཀྱི་ས་བོན་ལྟ་བུ་ཞིག་ལ་རྐྱེན་ཆུ་ལུད་དྲོད་གཤེར་བཟང་ངན་གྱི་དབང་ལས་འབྲས་བུ་ནས་མྱུག་དང་སྲན་མྱུག་གཉིས་འབྱུང་བ་ཡོད་ན་ཁྱོད་ཀྱི་དེར་སོང་ཡང་། གཞན་དུ་ན་དཔེ་མི་འགྲིག །རྩ་བ་གཅིག་ལས་སྡོང་པོ་གཉིས་འབྱུང་བ་མེད་བསམ་ནས། དེ་སྐད་སྨྲས་པ་འདྲ། དེ་ལྟ་ན་ནི་སླན་བླའི་སྤྲུལ་པ་གཡུ་ཐོག་མགོན་པོ། རྩ་བ་གསུམ་ལ་འགྲེལ་བའི་སྡོང་པོ་དགུ། དགྲེས་པའི་ཡལ་ག་ཉི་ཤུ་རྩ་བདུན་ཏེ། ལོ་འདབ་ཉིས་བརྒྱ་རྩ་བཞིར་རྒྱས་པ་ཡིས། །གསལ་བའི་མེ་ཏོག་འབྲས་བུ་ལྔ་རུ་སྨིན། །ཞེས་རྩ་བ་རེ་རེ་ལས་སྡོང་པོ་གསུམ་གསུམ། དེ་ལས་གྱེས་པའི་ཡལ་ག་ཉི་ཤུ་རྩ་བདུན་སོགས་བཤད་གདའ་བ་མི་འཐད་པ་ལགས་སམ། གང་ལྟར་སེམས་གཅིག་པུས་འཁོར་འདས་གཉིས་ཀ་སྐྱེས་ནུས་ན། རྐྱེན་གཞན་ལ་ལྟོས་མི་དགོས་པ་ལས་རྐྱེན་དབང་གི་འཁོར་འདས་གཉིས་སུ་འགྱུར་བས་ཀ་སེམས་གཅིག་པུས་འཁོར་འདས་གཉིས་ཀ་སྐྱེ་མ་ནུས་པ་ལགས། རྒྱས་པ་ལས་བྱུང་བའི་རྩ་བ་ཅན་ཞེས་པ་རྒྱས་གྱུར་གྱི་རིགས་ལ་བསམ་ནས་བྲིས་པ་འདྲ།དེ་

ལྟར་ན་ནི་རྒྱུས་འགྱུར་གྱི་རིགས་ཐེག་ཆེན་པོ་ན་ལ་ཡོད་ཀྱིས། ཐེག་ཆེན་ལ་མེད་པས་དེ་ལ་ཐེག་པ་གསུམ་གྱི་འབྲས་བུ་ཆགས་པ་མི་འབྱུང་སྟེ། མགོན་པོ་བྱམས་པས། རང་བཞིན་དང་ནི་རྒྱས་པ་དང་། །དེ་ནི་རྟེན་དང་བརྟེན་པ་དང་། །ཡོད་མེད་གཉིས་དང་ཡོན་ཏན་ནི། །གྲོལ་བའི་དོན་དུ་ཤེས་པར་བྱ། །ཞེས་གསུངས་པའི་ཕྱིར། ས་བོན་དང་བཅས་པའི་འཁོར་འདས་ཀྱི་རྒྱུའི་མཚན་ཉིད་གཉིས་པོ་དེ་ལས་འབྲས་བུ་མཐར་ཐུག་ཆོས་ཀྱི་སྐུ་གཅིག་འབྱུང་ཞེས་པ་ནི་རང་ལ་ནང་འགལ་ཏེ། སྔར་འཁོར་འདས་གཉིས་ཀ་རྒྱུ་གཅིག་རང་ལས་འབྱུང་བར་ཁས་བླངས་ནས་ཡང་རྒྱུ་གཉིས་ལས། འབྲས་བུ་ཆོས་སྐུ་འབྱུང་བར་ཁས་བླངས་པའི་ཕྱིར་རོ། །གལ་ཏེ་འཁོར་འདས་ཀྱི་རྒྱུ་གཉིས་ཞེས་པ་མིན། རྒྱུའི་མཚན་ཉིད་གཉིས་ཞེས་པ་མིན་ནོ་ཞེ་ན། འཁོར་འདས་ཀྱི་རྒྱུ་ལ་མཚན་ཉིད་དོན་ཐ་དད་པ་གཉིས་ཡོད་ན།འཁོར་འདས་ཀྱི་རྒྱུ་དེ་ལ་ཡང་གཉིས་ཡོད་དགོས་པ་ལགས་ཏེ། མཚན་ཉིད་གཉིས་ཀྱི་འཇོག་ན་ནི། །མཚོན་བྱ་དེ་ཡང་གཉིས་སུ་འགྱུར། །ཞེས་པ་རིག་པར་སྨྲ་བའི་ལུགས་ཡིན། །འཁོར་བ་ཆོས་སྐུའི་རྒྱུ་ཡིན་པའི་ལུགས་རྣམས་ནི་མ་འབྲེལ་ཏེ། བདག་འཛིན་སོགས་སྤང་བྱ་རྣམས་ཀྱི་རང་བཞིན་ཤེས་ན་གྲོལ་བའི་རྒྱུར་འགྲོ་བའི་དོན་ཡིན་གྱི་སྤང་བྱ་དེ་དག་ཆོས་སྐུའི་རྒྱུ་མ་ཡིན་པའི་ཕྱིར་རོ། །གཞན་དུ་ན་འབྲས་བུ་ཆོས་སྐུ་ཐོབ་པ་ལ་བདག་འཛིན་སྤོང་མི་དགོས་པར་འགྱུར་རོ། །འཁོར་འདས་གཉིས་སེམས་གཅིག་པུ་རིག་མ་རིག་གིས་འཛུག་ལྡོག་ཡིན་ན་སེམས་རྟོག་མ་ཐག་མྱང་འདས་ཐོབ་དགོས་པར་ཐལ་ལོ། །ལུང་འདིས་དཔེ་དོན་ལ་ས་བོན་དང་སྡོང་པོ་འབྲས་བུ་ཞེས་བརྗོད་བྱས་ཀྱི་རྒྱུ་ཡལ་ག་གཉིས་ལས་འབྲས་བུ་གཅིག་སོགས་ཐལ་མ་བསྟུས་ཀྱི་སྡོ་ཕྱེ་མའི་སྡོར་མི་འདེབས་སོ་ཞེས། མཚན་ཉིད་ལ་བག་ཆགས་ཨ་མཐས་པའི་སྐྱོན་ཡིན་ཞེས་སོགས་མཚན་ཉིད་པ་ལ་བཀའ་སྐྱོན་པའི་དགོངས་པར་འདུག་ནའང་། སྡོང་པོ་གཉིས་གཉིས་ལས་འབྲས་བུ་གཅིག་བྱུང་ཙ་ན་རྒྱུ་གཉིས་ལས་འབྲས་བུ་གཅིག་འབྱུང་བ་སོགས་གདའ་བ། ལར་མཚན་ཉིད་ཤེས་པའི་རིག་པའི་རྡོ་དར་ཞིག་མེད་ན་ཚིག་དོན་ཐམས་ཅད་ཤ་ཚོད་རུས་ཚོད་ལ་འགྲོ་བ་ཞིག་མི་འོང་། ཉིད་ཀྱི་ཐུགས་རབ་དེས་ཀྱང་དངོས་པོར་སྡེ་སྣོད་གཅིག་བསླབས་ན་པད་མ་དཀར་པོ་ལས་མི་གཞན་པ་ཙམ་ཡོང་རེས་སུ་འདུག །སྡེ་སྣོད་ལ་མ་སྦྱངས་པའི་གསང་སྔགས་པ་ཡོན་ཏན་ཆེན་པོར་རློམས་པ་ཚོ་ཡང་འབེལ་བའི་གཏམ་གྱི་ཚིག་དོན་སྦྲང་ལ་གཞལ་བ་བཞིན་གཏན་ལ་འབེབས་པའམ་རྩོད་པའི་གྲྭར་བཞུགས་པ་ན་ལྐུགས་པའི་སྨྲ་ལམ་བཞིན་སེམས་ལ་ཕལ་ཕལ་ཞིག་ཡོད་ཀྱང་ངག་ཏུ་བརྗོད་མི་ཤེས་རྟག་ལ་འདྲ་བཀོད་ཀྱང་ཁྲིས་གློ་བ་བཟོས་པའི་རྣམ་པར་འདྲ་བ་ལས་ཅང་རྟོགས་པ་ཞིག་མི་ཡོད། དེ་མ་བྱུང་ཙན་རང་ཡུས་ཀྱང་གཞན་ཡིད་མི་ཆེས། ཡོན་ཏན་དེ་རིགས་ཀྱི་རྣལ་འབྱོར་དང་ཆོས་འབྱུང་འདྲ་དང་ཚིགས་བཅད་ལྷ་བུ་གྲགས་པ་དུ་མ་བཀོད་པ་ཙམ་ན་རྣམ་དཔྱོད་

དེ་དགའ་རབ་ཡོད་པ་འདྲ་བ་ཞིག་ཡོང་། ཡང་གསུང་རབ་སྤྱིའི་གོ་བབས་ཆེ་བ་རང་མེད་ཀྱང་། རིག་གནས་ཁ་ རེར་བསླབ་སྦྱང་རྣམ་ཐོས་བྱས་པས་ཚིགས་བཅད་ཉམས་འགྱུར་ཅན་ནམ་ཚིགས་ལྷུག་སྙེབས་འགྲིག་པོ་ཤེས་ པ་རྣམས་ཚོས། གཞུང་མང་པོར་བསླབ་སྦྱང་མཐར་ཕྱིན་པའི་དགེ་བཤེས་ཡོན་ཏན་རྒྱ་མཚོ་འདྲ་བ་ཡིན་ཡང་། ཚིགས་བཅད་ཟུར་དོད་པོ་རང་མི་ཡོང་བའི་རིང་ལ་བཞད་གད་དང་ཁྲེལ་མོ་བྱེད་པ་ཡོད་ཀྱང་དེ་ནི་ཁྲོན་པའི་ སྦལ་ཆུང་དང་། རྒྱ་མཚོའི་རུས་སྦལ་གྱི་གཏམ་རྒྱུད་དང་འདྲའོ། །འདི་འདྲའི་རིགས་ལ་དགོངས་ནས་ཁོ་བོས་ ཡོངས་འཛིན་དམ་པ་ངག་དབང་ཆོས་གྲགས་ཀྱིས། སྙན་ཚིག་སྦྱོར་བའི་ལམ་དུ་བློ་གྲོས་ཀྱིས། ཁྲོན་པ་གནས་ པའི་ལག་འགྲོའི་དྲེགས་པ་ཡིས། །མུ་མཐའ་བྲལ་བའི་ཆུ་ཆེར་ལ་ལབ་བ། །ཨེ་མ་མཚར་ཆེ་ང་རྒྱལ་བྱེས་པའི་ བློ། །སྙེ་བདུན་རིག་པའི་མིག་དང་མ་ལྡན་ན། །ཚིག་སྦྱོར་སྒྲ་བ་མཁས་ཀྱང་དམུས་ལོང་བས། །ཐ་སྙད་ཕྲ་མོའི་ ལམ་ལ་བྱ་བྱེད་བྲལ། །སྨྲ་བའི་སྐྱེས་བུའི་སྤྱན་ལྟ་ཐོབ་དང་མཚུངས། །ཞེས་གསུངས་པ་ལྟར། ཀླུ་སྒྲུབ་རྩོད་ སྤོང་ལས། དེ་བཞིན་དུ། བཤིན་དུ་རྣམ་དག་རིག་པ་གཅིག་པུ་ནི། །ཞེས་སོགས་ཀྱང་། འདི་སྐྱིན་པའི་དུས་དག་ ཏུ། །ཚུལ་ཁྲིམས་བཏང་སྙོམ་བཞག་པར་གསུངས། །ཞེས་པ་ལྟར་རང་རང་གི་ཆེ་བ་བརྗོད་པ་ཙམ་ཡིན་གྱི་ཚིག་ ཟིན་ལྟར་མི་བདེན་ཏེ། དེ་ལྟར་བདེན་ན་བདག་བྱིན་རླབས་ཀྱི་རིམ་པ་ཐར་ལམ་མ་ཡིན་པར་ཐལ་བའི་ཕྱིར་རོ། །

ཞེས་པའི་ལན་དུ། ཉིད་ཀྱི་གསུང་ལས། སྤྱོད་འཇུག་ཏུ་སྦྱིན་པ་ལ་སྟགས་པའི་ཆོ་ཚུལ་ཁྲིམས་བཏང་སྙོམས་ བཞག་པ་ཙམ་ཡིན་ལ། མདོར་བསྡུས་དང་པོའི་ལུང་དེར། དཔེའི་རིམ་པ་དང་བདག་བྱིན་རླབས་དངོས་སུ་ བསྟན་ནས་ཀྱང་གི་སྐྲས་ཕྱག་རྒྱ་ཆེན་པོ་དང་པོ་གསུམ་སོགས་ཀྱི་མཆོག་གི་གོ་འཕང་མི་རྩོལ་གྱིས་ཤིན་ཏུ་རྣམ་ དག་རིམ་པ་སྟེ། ཟུང་དུ་འཇུག་པའི་ཏིང་ངེ་འཛིན་གྱི་ལམ་གཅིག་པུ་ཐར་པའི་ལམ་མནལ་མ་འམ་ངོ་མ་ཡིན་ ཞེས་མཐའ་དཔྱད་པས་དཔེ་དོན་མི་མཚུངས་སོ། །དེས་ན་བདག་བྱིན་རླབས་མཐར་མ་ཕྱིན་པར་ཐལ་བ་ལ་རེ་ ཞིག་འདོད་ལན་འདེབས་ཏེ། ནཱ་རོ་ཆོས་དྲུག་པོ་ཐམས་ཅད་ཆོས་ཅན་ཐར་ལམ་མ་ཡིན་པར་ཐལ། ཕྱག་རྒྱ་བཞིའི་ནང་ཚན་གྱི་ཟུང་ འཇུག་གི་ཏིང་ངེ་འཛིན་མ་ཡིན་པའི་ཕྱིར་ཏེ། ཞེས་སྨོམ་རིམ་བར་མ་ནས་བཤད་པའི་ཡུམ་ཤེར་ཕྱིན་དུ་གྱུར་པའི་ཕྱག་རྒྱ་ཆེན་པོ་ཁོང་ཡངས ཆེན་ཐར་ལམ་མ་ཡིན་པར་ཐལ། ཕྱག་རྒྱ་བཞིའི་ནང་ཚན་ཟུང་འཇུག་དེ་མིན་པའི་ཕྱིར་ཏེ། སྔགས་ལམ་ཐུན་མོང་མ་ཡིན་པ་མ་ཡིན་པའི་ ཕྱིར་རོ། །མཆན། ཆོས་སྐད་ཀྱི་ཁས་ལེན་ཚད་ཡིན་པའི་སྐབས་འདིར་དངོས་རྒྱུ་ལ་དམིགས་པར་འགྲེལ་ཆེན་གྱི་ ཚིག་མང་པོར་བཤད་པའི་ཕྱིར་རོ། །ཞེས་བྲི་བར་མཛད་དོ། །དེ་ལ་བརྟགས་ན་ཤིན་ཏུ་འཇིགས་སུ་རུང་བ་ནི། གཡང་ཟ་བ་ཚུ་རོལ་མཛེས་པའི་གཏམ་ལྟ་བུར་སྣང་སྟེ་གཞན་དུ་ཕྱག་རྒྱ་བཞིས་ནང་ཚན་གྱི་ཟུང་འཇུག་གི་ཏིང་ ངེ་འཛིན་གཅིག་པུ་ཐར་པའི་མི་རྣལ་མ་ཡིན། ཅེས་སྨྲས་པས། མདོས་བཤད་པའི་ཐར་ལམ་ལྔ་གསུམ་བཅོ་ལྔ་

ཕལ་མོ་ཆེ་དང་། རྒྱུད་སྡེ་འོག་མ་གསུམ་གྱི་མཚན་བཅས་མཚན་མེད་ཀྱི་རྣལ་འབྱོར་རྣམས་དང་། བླ་མེད་ཀྱི་འཆང་སྐྱེད་རིམ་སོགས་འབྲུལ་ལམ་ཕལ་མོ་ཆེ་ཐར་ལམ་རྣལ་མ་ཡིན་པར་སོང་བའི་ཕྱིར་རོ། །དེ་ཡང་འགྲོ་སྟེ། ཟུང་འཇུག་ཧིང་ངེ་འཛིན་གྱི་རྣལ་འབྱོར་ཁོ་ན་ཐར་ལམ་རྣལ་མ་ཡིན་ཞེས་པའི་ཚིག་དེ་གཞན་ལྡན་རྣམ་གཅོད་ཀྱི་ངག་ཡིན་པའི་ཕྱིར་རོ། །ཡང་བདག་བྱིན་རླབས་རེ་མིན་པར་ཐལ་བ་ལ་རེ་ཞིག་འདོད་ལན་འདེབས་ཞེས་པ་རང་ལ་ནང་འགལ་བྱུང་སྟེ། གོང་དུ་ཟུང་འཇུག་ཁོ་ན་ཐར་ལམ་ཡིན་གཞན་མིན་ཞེས་ཁ་ཚོན་གཅད་ནས་ཡང་། འདིར་རེ་ཞིག་ཅེས་པས་སྤུབས་ན་བདག་བྱིན་རླབས་ཀྱང་ཐར་ལམ་ཡིན་པ་དེ་འདུག་པའི་ཕྱིར་རོ། འདིར་དངོས་རྒྱུ་ལ་དམིགས་ཞེས་པ་དེ་སངས་རྒྱས་ཀྱིས་སངས་རྒྱས་ཀྱི་དངོས་རྒྱུར་གྱུར་བའི་ལམ་དེ་ཁོ་ན་ཐར་ལམ་ཡིན་གཞན་མ་ཡིན་ནོ་ཞེས་པ་ཡིན་ན་སྔ་མ་དང་མཚུངས་སོ། །ཡང་ཀླུ་སྒྲུབ་རྩོད་སྤོང་ལས། རྣལ་འབྱོར་མ་ཀུན་སྤྱོད་ལས། གང་དུ་བདེན་བདེན་ཞེས་བྱ་གཅིག་པུ་ཉིད། །གཅིག་པུས་ཉམས་ཀྱི་དུ་མའི་གར་མཛད་དོ། །ཞེས་པའང་ཆེ་བ་བརྗོད་པ་ཙམ་སྟེ། སྒྲ་ཇི་བཞིན་པ་ལྟར་ན་དེ་གཅིག་པུ་མིན་པར་ཐལ་དུ་མ་ཡིན་པའི་ཕྱིར། གལ་ཏེ་ཁོ་རང་གཅིག་པུ་ལས་འབྲས་བུ་དུ་མ་སྐྱེས་པའི་དོན་དུ་འཆད་དོ་སྙམ་ན་ཁས་བླངས་ནང་འགལ་ཏེ་འབྲས་བུ་གཅིག་ལས་མེད་པར་ཁས་བླངས་པའི་ཕྱིར་རོ། །ཞེས་པའི་ལན་དུ་ཉིད་ཀྱི་གསུངས་ལས། ཡང་ནི་རྡོ་རྗེ་འཆང་གི་དབུ་ལ་ཐློག་ཏུ་མེད་པའི་ཐར་འགྱུར་རྡོ་རྗེའི་ཆར་ཕབས་པ་འདི་ནི་ས་ར་ཧ་ལན་བརྒྱུར་བསྒྲིངས་པ་བས་ཀྱང་སྡིག་ཆེ་བསཤིན་ཏུ་ཡ་ངའོ། །རྒྱུད་ཀྱི་དོན་འདི་ལྟར་ཡིན་ཏེ། ཚིག་དེའི་རྐང་པ་གོང་མར། འགྲོ་བ་འདི་དག་སངས་རྒྱས་ལྷ་བདག་ཉིད། །གར་མཁན་དག་དང་རི་མོ་བཟང་དང་མཚུངས། །ཞེས་སོགས་ཏེ་འགྲོ་བ་འདི་དག་གི་ཕུང་པོ་ལྔ་སངས་རྒྱས་ལྔ། །ཤུགས་ལས་ཁམས་གཤེགས་མ་སྐྱིད་མཆེད་བཅུ་གཉིས་སེམས་དཔའ་དང་སེམས་མ། ཡན་ལག་ཁྲོ་བོ་དང་ཁྲོ་མོ་སོགས་ལས་ཕྱེ་བའི་རིགས་བརྒྱ་སྟོང་གྲངས་མེད་ཀྱི་བར་དུ་བཤད་པའི་ད་ལྟར་གར་མཁན་ཞིག་གིས་གར་གྱི་ཉམས་དང་འགྱུར་བ་དུ་མ་བསྟན་པ་དང་། རི་མོ་མཁན་ཞིག་གིས་གཟུགས་བརྙན་སྣ་ཚོགས་རི་མོར་བྲིས་པ་ལྟ་བུ་སྟེ། སེམས་ཉིད་དབྱིངས་གང་ན་དམིགས་པ་མེད་པའི་བདེ་བ་ཆེན་པོ་གཅིག་པུ་ལས་མེད་ཀྱང་། གཅིག་པུ་དེའི་རྣམ་འགྱུར་སྣ་ཚོགས་པའི་འཁོར་ལོ་ཤར་བའི་དུ་མར་སྣང་བའི་གར་མཛད་དོ་ཞེས་པ་སྟེ། དཔེར་ནམ་མཁའི་ཟླ་བ་གཅིག་པུ་ཆུ་སྣོད་ཇི་སྙེད་པའི་ནང་དུ་འཆར་ཡང་། ཟླ་བ་གཅིག་ཁོ་ན་ལས་མེད་དེ། གཉིས་ཕན་ཚད་དུ་མཐོང་བ་ལོག་ཤེས་ཡིན་པའི་ཕྱིར་དང་། དེ་བདེན་མིན་རྫུན་མིན་དུ་བཤད་པས་བརྟག་དཀའ་བའི་ཕྱིར་རོ། །ཞེས་བྲི་བར་མཛད་དོ། །

དེ་ལ་བརྟགས་ན་རྡོ་རྗེ་འཆང་ས་ར་ཧ་སོགས་དང་། རྗེ་ཀླུ་སྒྲུབ་པའི་བར་དུ་དབྱེན་བཙོ་བའི་རྣམ་པར

སྣང་ཡང་། དེ་དག་གི་ཀླུ་སྒྲུབ་པའི་ཁམས་དང་བག་ལ་ཉལ་མཁྱེན་པས་དབྱེ་བར་ཅི་ལ་ནུས་ཕུང་པོ་ལྔ་སངས་རྒྱས་ལྔ་ཡིན་པ་སོགས་ཀྱང་། ཐུབ་པས་འཇིག་རྟེན་མཐུན་འཇུག་ལ། །དགོངས་ནས་ཕྱི་རོལ་དོན་དུ་གསུངས། །ཐ་སྙད་སྤྱོད་པའི་རིགས་པ་ལ། །དགོངས་ནས་སྣང་བ་སེམས་སུ་གསུངས། །དམ་པའི་དོན་ལ་དགོངས་ནས་ནི། །ཆོས་ཀུན་སྤྲོས་དང་བྲལ་ཞེས་གསུངས། །ཞེས་པ་ལྟར་འཇིག་རྟེན་མཐུན་འཇུག་གི་སྐབས། ཐ་སྙད་དཔྱོད་པའི་རིག་པའི་སྐབས། དོན་དམ་དཔྱོད་པའི་རིགས་པའི་སྐབས་དང་གསུམ་ལས། གནས་སྐབས་གཉིས་པ་དེར་སྐྱེད་རིམ་གྱི་སྣང་གཞི་སྟོང་བྱེད་སྒྱུར་བའི་རིག་པ་ཙུང་ཟད་དཔྱད་པའི་ཚེ་རིག་ངོར་དེ་དེ་ཡིན་པ་དང་། དེ་ལ་ཡང་ངོ་བོ་དང་རྣམ་པ་ཡིན་པ་གཉིས་ལས་ཕྱི་མ་ཁས་ལེན་དགོས་པ་སོགས་ཀྱི་རྣམ་དབྱེ་དགོས་མོད་ཀྱིས། དེ་འདྲར་མེད་པར་བབ་ཅོལ་དུ་ཕུང་པོ་ལྔ་སངས་རྒྱས་ཡིན་ཞེས་སོགས་སྒྲ་རྟག་ལ་ཁྱབ། འོན་ཀྱང་དེ་གཅིག་པུ་གསང་སྔགས་པའི་ཆོས་སྐད་ཀྱི་རྣམ་པ་འདྲ་རུང་བ་ཙམ་བྱུང་། གཞན་ནི་སེམས་དང་རྣམ་རྟོག་དང་། ཉོན་མོངས་གསུམ་ཕར་སྒྲོ་ཚུར་སྒྲོ་ལས་གནས་པའི་ཕྱིས་ཀྱི་དཔྱོད་ལྡན་ལ་གོ་བབས་དང་བློ་སྐྱེད་ཐོན་པ་ཆེར་མི་འདུག །ཀུན་སྤྱོད་ཀྱི་ལུང་དོན་བཤད་པས་ཀྱང་ངེས་ཤེས་སྐྱེ་རུམ་སོང་སྟེ་འགྲོ་བ་སེམས་ཅན་རྣམས་ཀྱི་ཕུང་པོ་ལྔ་སངས་རྒྱས་ལྔར་ཡིན་པ་ལ་སོགས་པའི་སེམས་གཅིག་པུས་བྱས་ཞེས་པར་སོང་ལ། གཟུགས་ཕུང་ཡེ་ནས་རྣམ་སྣང་ཡིན་ན་སེམས་ཀྱི་དེ་ཡིན་པར་བྱེད་རྒྱུ་མེད་ལ། གཟུགས་ཕུང་རྣམ་སྣང་མ་ཡིན་ན་སེམས་ཀྱི་ཡིན་པར་བྱས་ཀྱང་མི་འགྲོ་བའི་ཕྱིར་རོ། །ཟླ་བའི་དཔེ་ལ་བརྟགས་ན་ཟླ་བ་ཆུ་སྣོད་དུ་ཤར་བ་མ་ཡིན་གྱིས། དེའི་གཟུགས་བརྙན་ཆུ་སྣོད་དུ་ཤར་བ་ཡིན་པས། ཆུ་སྣོད་དུ་ཤར་བའི་ཟླ་བའི་གཟུགས་བརྙན་དང་པོ་དང་གཉིས་པ་སོགས་ལ་ཟླ་བ་ཡིན་མིན་གྱི་ཁྱད་པར་གང་ཡང་མེད་དོ། །ཟླ་བ་གཅིག་ཁོ་ན་ལས་མེད་ན། དབྱིག་གཉེན་གྱིས། གླིང་བཞི་དང་ནི་རི་རབ་དང་། །ཉི་ཟླ་དང་ནི་འདོད་ལྷ་དང་། །ཚངས་པའི་འཇིག་རྟེན་སྟོང་ལ་ནི། །སྟོང་ནི་སྤྱི་ཕུད་ཡིན་པར་འདོད། །དེ་སྟོང་ལ་ནི་སྟོང་གཉིས་པ། །བར་མའི་འཇིག་རྟེན་ཁམས་ཡིན་ནོ། །དེ་སྟོང་ལ་ནི་སྟོང་གསུམ་མོ། །མཉམ་དུ་འཇིག་ཅིང་འབྱུང་བ་ཡིན། །ཞེས་དང་། ཐོགས་མེད་ཀྱིས། ཉི་མ་རྣམ་པར་སྣང་མཛད་དེ་ཀུན་ཏུ་རྒྱུ་ཞིང་ཕྱོགས་སྣང་བར་བྱེད་པ་ཇི་སྙེད་པ་དེ་སྙེད་ཀྱི་འཇིགས་རྟེན་གྱི་ཁམས་ན་ཉི་མ་སྟོང་དང་ཟླ་བ་སྟོང་དང་ཞེས་གསུངས་པ་ལྟར་སྟོང་སྤྱི་ཕུད་ཀྱི་འཇིག་རྟེན་གྱི་ཁམས་ན་ཟླ་བ་སྟོང་སོགས་ཡོད་པར་བཤད་པ་མ་གཟིགས་པ་ལགས་སམ། འོན་ཟླ་བ་གཉིས་སྣང་གིས་དབང་ཤེས་འཁྲུལ་བ་ཇི་ལྟར་ཞེ་ན། དེ་ནི་ཟླ་བ་གཅིག་གཉིས་སུ་སྣང་བའི་དབང་ཤེས་འཁྲུལ་བ་སྟེ། དེའི་རྒྱུ་མཚན་ཟླ་བ་གཅིག་ཟླ་བ་གཉིས་མ་ཡིན་ཡང་། དེ་ལ་དེར་སྣང་བའི་ཆ་ནས་འཁྲུལ་བར་བཞག་པའི་ཕྱིར་རོ། །ཡང་ཀླུ་སྒྲུབ་རྩོད་སྤོང་ལས། ཕྱོགས་སུ་མ་ཕྱིན་པའི་གཏམ་ཏེ།

གཞུང་གི་དོན། རྟེན་ཆོས་དབྱིངས་ལ་ངོ་བོའི་སྒོ་ནས་དབྱེ་བ་མེད་ཀྱང་། བརྟེན་པ་ཐེག་པ་ཐ་དད་པའི་དབང་གིས་རིགས་ལ་གསུམ་དུ་དབྱེ་ཞེས་པ་ཙམ་ཡིན་གྱིས། བརྟེན་ཆོས་དབྱིངས་གཅིག་ཁོ་ན་ལས་བརྟེན་པ་ཐེག་པ་གསུམ་གྱི་སྐྱེ་ཞེས་པའི་དོན་མ་ཡིན་པའི་ཕྱིར་ཏེ། འཕགས་པ་ཀླུ་སྒྲུབ་སོགས་ལྟར་ན་ཆོས་དབྱིངས་འདུས་མ་བྱས་ཡིན་པའི་ཕྱིར་དང་། བྱམས་པའི་རྗེས་གསང་ཁ་ཅིག་སེམས་རང་བཞིན་གྱི་འོད་གསལ་བ་ཆོས་དབྱིངས་སུ་བཞེད་པ་ལྟར་ན་ཡང་། དེ་གཅིག་པུ་ཁོ་ན་ལས་ཐེག་པ་གསུམ་གྱི་ལམ་གསུམ་སྐྱེ་བར་མི་འཆད་པའི་ཕྱིར་དང་། གལ་ཏེ་འཕགས་པའི་ཆོས་ཀྱི་རྒྱུ་ཡིན་པའི་ཕྱིར། ཞེས་པ་ལ་འཁྲུལ་མཆིས་ན། དེ་ནི་ཆོས་དབྱིངས་འདུས་མ་བྱས་ཡིན་པའི་ཕྱིར་དང་། བྱམས་པའི་རྗེས་གསང་ཁ་ཅིག་སེམས་རང་བཞིན་གྱི་འོད་གསལ་བ་ཆོས་དབྱིངས་སུ་བཞེད་པ་ལྟར་ན་ཡང་། དེ་གཅིག་པུ་ཁོ་ན་ལས་ཐེག་པ་གསུམ་གྱི་ལམ་གསུམ་སྐྱེ་བར་མི་འཆད་པའི་ཕྱིར་དང་། གལ་ཏེ་འཕགས་པའི་ཆོས་ཀྱི་རྒྱུ་ཡིན་པའི་ཕྱིར། ཞེས་པ་ལ་འཁྲུལ་མཆིས་ན། དེ་ནི་ཆོས་དབྱིངས་དམིགས་པར་བྱས་པ་ལས་ཐེག་པ་གསུམ་གྱི་ལམ་གསུམ་སྐྱེ་ཞེས་པའི་དོན་ཡིན་གྱིས། ཆོས་དབྱིངས་ལས་ཐེག་པ་གསུམ་གྱི་ལམ་གསུམ་སྐྱེ་ཞེས་པའི་དོན་མ་ཡིན་པའི་ཕྱིར་རོ་ཞེས་པའི་ལན་དུ། ཉིད་ཀྱི་གསུང་ལས། གཞུང་དོན་ཐེག་པ་གསུམ་ལ་དབྱེར་མ་མཆིས་ཏེ། ཆོས་དབྱིངས་ལ་དབྱེར་མ་མཆིས་པའི་ཕྱིར་ཞེས་པ་དང་། ཐ་དད་དུ་རུང་བ་མ་ཡིན་པའི་ཕྱིར་ཞེས་པར་སྣང་ལ། ཁྱོད་ཀྱིས་གསུམ་དུ་དབྱེ་ཞེས་འགལ་བར་གསུངས་པས། ཕྱོགས་སུ་ཕྱིན་པའི་ངང་ཚུལ་དེ་ར་ངོམས་སོ་ཞེས་བྲི་བར་མཛད་དོ། །དེ་ལ་བརྟགས་ན། བྱམས་པ་དང་ཀླུ་སྒྲུབ་གཉིས་ཀྱི་གནས་སྐབས་ཐེག་པ་གསུམ་དུ་དབྱེ་ཞིང་མཐར་ཐུག་གི་ས་གཅིག་ཏུ་སྒྲུབ་པ་དང་། ཆོས་དབྱིངས་ལ་ངོ་བོས་སྒོ་ནས་དབྱེ་བ་མེད་ཀྱང་། བརྟེན་ཆོས་སྒྲུབ་པའི་སྒོ་ནས་དབྱེ་བ་ཡོད་པའི་ཚུལ་བཞེད་པ་ཇི་ལྟར་སྐྱེ་ན། གསལ་སྟོང་ཟུང་འཇུག་གི་ཆོས་དབྱིངས་དེ། རང་དོན་ཡིད་ཀྱི་སྨོན་སེམས་དང་། གང་ཟག་གི་བདག་མེད་རྟོགས་པའི་ཤེས་རབ་ཀྱིས་ཟིན་ནས་བསྒོམ་ན་ཉན་ཐོས་ལམ་སྐྱེ་བའི་གཞི་རྟེན་བྱེད། གཟུང་བ་ཆོས་ཀྱི་བདག་མེད་རྟོགས་པའི་ཤེས་རབ་ཀྱིས་ཟིན་ནས་བསྒོམ་ན་རང་སངས་རྒྱས་ཀྱི་ལམ་དང་སངས་རྒྱས་སྐྱེ་བའི་གཞི་རྟེན་བྱེད། ཐེག་ཆེན་སེམས་སྐྱེད་དང་བདག་མེད་གཉིས་རྟོགས་ཀྱི་ཤེས་རབ་ཀྱིས་ཟིན་ནས་བསྒོམས་ན་ཐེག་ཆེན་ལམ་དང་མྱང་འདས་སྐྱེ་བའི་གཞི་རྟེན་བྱེད་པས་ན། ཆོས་དབྱིངས་དེ་དང་ཐེག་གསུམ་ལམ་ལ་རྟེན་དང་བརྟེན་པའི་འབྲེལ་བ་གྲུབ་པའོ། །མཆན། ཆོས་དབྱིངས་དམིགས་པར་བྱས་པ་ལ་མ་ཐེག་པ་གསུམ་གྱི་ལམ་སྐྱེ་ཞེས་པའི་དོན་ཡང་། ཆོས་དབྱིངས་མངོན་གསུམ་དུ་རྟོགས་པར་འདོད་པའི་བློ་སྔོན་དུ་གཏང་ནས་ལམ་སྒོམ་པ་ལས་ཐེག་གསུམ་གྱི་རྟོགས་པ་སྐབས་སུ་གང་འོས་སུ་སྐྱེ། ཞེས་པ་མཆན་ནོ། །མཐུན་ཡང་ཉིད་ཀྱི་གཞུང་དོན་འགྲེལ་ལུགས་དེ་ རྟ་འཕྲུལ་དང་མེས་པོའི་དྲིས་ལན་དང་ཆ་འདྲ་བ་ཅི་ཡང་མི་ཞུའོ། །ཡང་ཀླུ་སྒྲུབ་རྗེད་སྤྱོང་ལས་མཐར་ཐུག་ཐེག་པ་གཅིག་ཏུ་སྒྲུབ་པའི་རིགས་པ་

ཐམས་ཅད་མི་འཐད་པར་ཐལ་གསུངས་པ་རྨི་ལམ་གྱི་ཚིག་སྟེ། མཐར་ཐུག་ཐེག་པ་གཅིག་ཏུ་སྒྲུབ་པ་མི་འཐད་པར་ཐལ། རྒྱུ་གཅིག་ཁོ་ན་ལ་འབྲས་བུ་འབྱུང་བ་མི་འཐད་པའི་ཕྱིར་ཞེས་པར་འདུག་པས་སོ། །ཞེས་བཀོད་པའི་ལན་དུ། ཉིད་ཀྱིས། ཐལ་འགྱུར་དེ་འདྲ་སུ་ཞིག་གིས་འཕངས་ཀྱང་འདྲ། རྨི་ལམ་གྱིས་ཚིག་ལ་རྨངས་ལམ་གྱི་མིས་ལན་བཏབ་པར་སྣང་བས་གང་ཡང་མ་འབྲེལ་བས་ཐོ་ཅོའོ། །ཞེས་བྲིས་པ་ཡང་སྔ་མ་དང་འདྲ་ཞིང་ཕ་གསད་པའི་བུས་ཤགས་ལྟ་བུར་འདུག་ཏེ་ཅང་མི་ཞུའོ། །

འདིར་སྨྲས་པ། མཐའ་དག་ཆོས་ཀུན་གཟིགས་པའི་ལང་ཚོ་མར། །མཁའ་མཉམ་འགྲོ་ལ་རྗེས་ཆགས་བྱམས་སྙིང་རྗེས། །རྩེ་དགས་འཕྲུད་པའི་སྲས་ཀྱི་མཐུ་བོ་ལ། །ས་སྐྱ་པ་ཞེས་སྲིད་ན་གྲགས་པ་དཀར། །བདེན་སྨྲའི་བུ་བཞིན་ཁྱོད་ཀྱི་བསྟན་པ་ལས། །ཕྱི་རོལ་གྱུར་པའི་ཟོལ་འཆང་པད་མ་དཀར། །ཁྱོད་སྟོན་སྒྲོག་པའི་ལྷའི་རྔ་བོ་ཆེར། །རྒྱལ་ཀུན་དགོངས་པ་གཅིག་གིས་སྤྲུལ་པ་སྐམ། །མཧཱ་ཡ་ནའི་རིང་ལུགས་འཁྱུག་པའི་མིག །ལྷར་སྣང་ལུང་དང་རིགས་པའི་མུན་ནག་གིས། །ཇི་བཞིན་འབྱེད་ལ་འདི་ན་མཁས་པ་དང་། །སྒྲུབ་པར་རློམ་པའི་སྒོམ་ཆེན་པ་ཀུན་འཁྲུལ། །ཅེས་སོ། །ཡང་གཞན་མཛོད་ལས། ཁ་ཅིག་ཚིག་ཐུབ་སྒོམ་པ་ཡིས། །རྗེས་ལ་བསྔོ་བ་བྱ་དགོས་ཟེར། །འོན་ཚིག་ཐུབ་གཉིས་སུ་འགྱུར། །དེ་ཡང་སྐྱབས་འགྲོ་སེམས་བསྐྱེད་དང་། །ཡི་དམ་སྒོམ་པ་ལ་སོགས་པ། །དགོས་ན་ཚིག་ཐུབ་དུ་མར་གྱུར། །དེས་ན་ཚིག་ཐུབ་འདི་འདྲའི་ལུགས། །རྫོགས་སངས་རྒྱས་ཀྱི་གསུངས་པ་མེད། །ཐུབ་པས་སྟོང་ཉིད་རྟོགས་པ་ནི། །དངོས་པོར་འཛིན་པ་བཟློག་ཕྱིར་ཡིན། །འདི་ནི་བྲིས་པའི་གླེན་ཀ་སྟེ། འཐད་ན་རང་ཉིད་ལའང་རིམ་གཉིས་རིམ་གཉིས་སུ་བཞག་ཏུ་མི་འོང་། འདི་ཡང་དོན་དམ་པའི་ཕྱོགས་སུ་ལོང་གཏམ་སྟེ། ཁོ་བོ་ཅག་གི་ལུགས་ལ་འདི་ཀ་དོན་དམ་པའི་སེམས་བསྐྱེད་ཡིན་པས་ཞེས་སོགས་བྲིས་ཤིང་། དེའི་ལན་མ་བཀོད་པར་རྣམ་རྒྱུག་མཛད་ནས་ཉིད་ཀྱི་གསུང་ལས། ལེགས་པར་བརྟགས་ན་རབ་དབྱེའི་རིགས་པ་འདི་དག་ཕྱག་རྒྱ་ཆེན་པོ་ལྔ་ལྡན་ལ་འཕངས་པར་སྣང་ལ། དེ་ཡང་བྱང་ཆུབ་སེམས་དང་ཡི་དམ་ལྷ།བླ་མ་ཕྱག་རྒྱ་ཆེན་པོ་དང་། བསྔོ་བའི་ཆོས་ཀྱི་ཉམས་སུ་བླངས། ཞེས་པའི་དོན་མཚན་ལྔ་པོ་འདི་དོན་ཀྱི་དྭགས་རྒྱུད་པ་སྤྱི་ལ་ཡོད་ཀྱང་། རྗེ་ཕག་གྲུས་ཐོ་ཡིག་ལ་བརྟེན་ནས་འཇིག་རྟེན་མགོན་པོས་རྩལ་འདོན་དུ་བསྐྱངས་པས་ད་ལྟ་ལྔ་ལྡན་འབྲི་གུང་པའི་ཁྱད་ཆོས་སུ་གྲགས་པ་ཡིན། དེ་ལ་ཕྱག་ཆེན་དངོས་གཞི་དང་གཞན་བཞི་སྦྱོར་རྗེས་སུ་བྱས་པའི་ལྔ་ལྡན་ཞིག་དང་། ཕྱག་ཆེན་ཁོ་ན་ལས་ལྔ་ལྡན་དུ་བྱས་པ་གཉིས་འབྱུང་བའི་སྔ་མ་གྲགས་ཆེ་བས་མ་བཟློས་པར་འདིར་ཕྱི་མ་རྩལ་བཤད་དུ་མཛད་པ་ཡིན་ནོ། །གང་ལྟར་འདྲ་ཚིག་ཐུབ་གཅིག་བྱུང་བའི་ཕན་ཡོན་ཆེ་ལུགས་ལ་བསམས་ན། ཚིག་ཐུབ་ཏུ་མ་བྱུང་ན་རྩ་བར་འདོད་པ་ལས། འོས་ཅི་ཡོད། གོང་དུ

བཤད་པ་ལྟར་ཚིག་ཐུབ་དེ་ཙི་མེད་ཅང་མེད་ཀྱིས་སྟོང་རྐྱང་མོ་རིང་མ་ཞིག་ལ་བློ་རྩེ་གཏད་ནས། དེས་འབྲས་བུ་སྐུ་གསུམ་འགྲུབ་པ་དང་། ཐམས་ཅད་ཀྱི་གོ་ཆོད་པ་ལྟ་བུར་གླེང་རྒྱུག་ལ་ཡིན། དཔེར་ན་སྐྱེས་བུ་དཔའ་བོ་ཡན་ལག་ཅན་དང་། ཡན་ལག་དང་ཉིང་ལག་དང་དབང་པོ་ཐམས་ཅད་ཚང་བ་ཞིག་གི་དགྲ་འདུལ་ཞིང་གཉེན་སྐྱོང་བ་སོགས་བགྱི་བར་འོས་པ་མ་ཐག་བགྱིས་མོད། ཆ་ལག་མ་ཚང་བས་གང་ཡང་བགྱིད་པར་རྫི་མི་ཐོགས་པ་དང་། ཕོ་བྲང་རྣམ་སྣང་དབང་སྐུར་མི་སྐྱོད་པ་སོགས་ཡན་ལག་དྲུག་ཀ་ཚང་བའི་སྒྲུབ་ཞིག་གིས་ཀྱེ་རྡོ་རྗེ་བསྒྲུབས་པ་ལགས་མོད། རེ་རེ་ཙམ་གྱིས་གར་ཡང་མི་ཕྱིན། དེ་བཞིན་དུ་སྟོང་ཉིད་སྙིང་རྗེ་དབྱེར་མེད་དམ། ཐབས་ཤེས་ཟུང་འཇུག་གི་ལྟ་བ་རྣམ་པར་དག་པ་ལ་ཚིག་ཐུབ་ཏུ་ངོས་བཟུང་ནས། ཚུ་རླབས་ཆུ་ལས་མི་འདའ་བཞིན། །ལྟ་བ་དེས་ཟིན་པའི་བྱ་བྱེད་ཐམས་ཅད་ཟུང་འཇུག་དེའི་རྣལ་འབྱོར་དུ་འཁྱེར་ཚུལ་བླ་མ་ས་ཆེན་གྱི་མགུར་སྤྱར་དྲངས་པ་དེ་ལྟ་བུའི་དོན་ལ་བསམ་ནས། སེམས་སྐྱེད་ལྟ་སྒོམ་བླ་མའི་རྣལ་འབྱོར་བསྔོ་བ་དང་བཞི་ཐབས། ཕྱག་རྒྱ་ཆེན་པོ་ཤེས་རབ་ཏུ་བྱས་པའི་ཉམས་ལེན་ལས་འཐམ་པའི་དབྱངས་ཀྱི་བཀའ་སྐྱོན་ཅི་ལ་མཛད་དེ། སྟོང་ཉིད་སྙིང་རྗེའི་སྙིང་པོ་ཅན། བྱང་ཆུབ་སྒྲུབ་པ་ཁ་གཅིག་ལའོ། །ཞེས་གསུངས་པའི་དོན་དང་ལྡན་ཕྱིར་རོ། །དེ་ལྟར་མ་བཤད་ན་སྐྱོན། འདིར་སོ་ན་གནས་ཏེ། དམ་པའི་དོན་དུ་འགྲོ་བ་ཡི། །སྐྱབས་ནི་སངས་རྒྱས་ཉག་གཅིག་ཡིན། །ཞེས་པའང་ཇི་ལྟར་འགྱུར། དེ་འདོད་ན། སངས་རྒྱས་ཆོས་དང་དགེ་འདུན་ནི། །ཐར་པ་འདོད་པ་རྣམས་ཀྱི་སྐྱབས། །ཞེས་པ་ཇི་ལྟར་སྨྲ། ཕྱི་མ་དེ་མཐར་ཐུག་སྐྱབས་གནས་ལ་དགོངས་ཞེ་ན། ཚིག་ཐུབ་ལའང་མི་མཚུངས་པ་མེད་དོ། །ཞེས་བྲི་བར་མཛད་དོ། །དེ་ལ་བརྟགས་ན་ཐོག་མར་གཞན་མཛོད་ཀྱི་བཞེད་པ་སྐྱུར། དེ་རྗེས་ཀླུ་སྒྲུབ་པས་སུན་འབྱིན་བརྗོད་ཚུལ་རྣམས་བཀོད་ནས། དེ་ལ་ལུགས་ཀྱི་དཔྱད་པ་འཇུག་ཚུལ་རྣམས་མཛད་ན་སྔ་ཕྱི་རྣམས་དང་ཆ་མཐུན་ཞིང་འབྲེལ་འགྲིག་པར་འོང་བར་སྣང་ཡང་། ཚིག་རྒྱུག་མཛད་པ་ནི་ཆོས་རྒྱུད་ཆེ་བའི་སྐུ་ཡོན་ངོམ་འདོད་པའི་ཞར་ལ་ཚིག་ལྷག་མ་རྣམས་དགོངས་པར་གོ། །བོད་ཀྱི་ཡུལ་འདིར་སྟོན་དཀར་པོ་ཚིག་ཐུབ་གཅིག་བྱུང་ནས་ལུས་ངག་གི་དགེ་བ་རྒྱུན་བཅད་ཅིང་བསྟན་པ་ཉམས་དམའ་བར་བྱས་པ་ན། བོ་དྷི་ས་ཏྭའི་སློབ་མ་རྣམས་དང་། ཆོས་ཀྱི་རྒྱལ་པོ་ཁྲི་སྲོང་ལྡེ་ཙན་གྱི་ཐུགས་ཁྲལ་དུ་གྱུར་ནས་ཀཱ་མ་ལ་ཤི་ལ་སྤྱན་དྲངས་ནས་སུན་དབྱུངས་དགོས་པ་སོགས་དཀའ་ལས་ཆེན་པོ་བྱུང་འདུག་ན། དུ་མ་འཕེལ་ན་དེ་བས་ཀྱང་དཀའ་ལས་ཆེ་བ་འབྱུང་བས། དེ་འདྲ་ལ་འདོད་ལན་མཛད་ན་གཙང་ཞབས་དྲུང་ནས་དགོངས་ཏེ་བཙད་གཅོད་བཞིན་བྱུང་ཉེན་ཡོད་དོ། །

དཀར་པོ་ཚིག་ཐུབ་སྟོང་རྐྱང་མིན་ཟུང་འཇུག་ཡིན་གསུང་པ་གོང་དུ་ཡང་ཡང་སོང་བས། ཁམ་སའི་སློབ

རྗེ་ཆུ་ལ་ཤོར་བས་སྟུག་སྐད་ལ་ཕོ་མོ་སྦྱར་བའི་གཏམ་བཞིན་རྨི་ལམ་ཙུན་ཆད་ལ་དེ་འདྲ་གསུངས་ཅི་དགོས། ངེད་ཀྱི་བླ་མ་འདི་ལ་ཉིན་སྣང་མཚན་སྣང་འདྲེ་བའི་སློམ་གཅིག་རང་མེད་པ་འདྲ། མནལ་གྱི་རིང་ལ་ཡང་འཆལ་ལབ་འོང་བ་ཞིག་འདུག་སྙམ་ཉེ་བའི་རིམ་འགྲོ་བ་རྗེ་དད་པ་ལོག་ཉེན་ཡོད་དོ། །སྐྱེས་བུ་དཔའ་བོ་ཡན་ལག་ཅན་དང་། ཡན་ལག་དང་ཞེས་སོགས་སྨོས་པ་ནི་ཡན་ལག་གང་ལ་ཟེར་མ་དགོངས་པ་སྟེ། ཡན་ལག་ཀུན་ལྡན་གྱི་མི་ལྟ་བུ་ལ་ཡན་ལག་ཅན་དང་། དེའི་མགོན་པོ་རྐང་ལག་སོགས་ལ་ཡན་ལག་དང་། རྐང་ལག་གི་སོར་མོ་ལྟ་བུ་ལ་ཉིང་ལག་ཟེར་དགོས་པས་སོ། །དགྲ་འདུལ་གཉེན་སྐྱོང་ལ་དབང་པོ་ཚང་མི་དགོས་ཏེ་ཞར་བ་དང་འོན་པ་དང་ཁ་ཅིག་སུ་བས་ཀྱང་འཇིགས་སྲིད་པས་སོ། །རེ་རེ་ཙམ་གྱི་གར་ཡང་མི་ཕྱིན་ཞེས་པ་ནི། ཕྱག་མཐེབ་ཐུགས་ཁར་བཙུགས་ནས་གསུངས་པར་རིགས་ཏེ། སེམས་གཅིག་པུ་འཁོར་འདས་ཐམས་ཅད་ཀྱི་བྱེད་པ་པོར་ཁ་ཕོ་ཁྲིད་ལ་བརྟེན་ནས་སྟོར་སླས་ཟིན་ཀྱང་། ད་དེས་གྲུལ་མི་ཐུབ་པར་འདུག་པས་ཐབས་ལ་མཁས་པ་སྣ་ཚོགས་ལ་འབད་པར་བྱོསཤིག་ཅེས་རང་ལ་རང་གི་གདམས་པ་མཛད་འོས་པའི་ཕྱིར་རོ། །ས་ཆེན་གྱི་ཚིག་དེ་ཚེ་མགུར་མིན་དབང་བཞི་ངོ་སྤྲོད་ཞེས་པའི་གཞུང་ཆུང་ངུ་ཞིག་ཡོད་པ་དེའི་ཚིག་ཡིན་ནོ། །དམ་པའི་དོན་དུ་ཞེས་སོགས་མཐར་ཐུག་གི་སྐྱབས་གནས་དང་། སངས་རྒྱས་ཆོས་དང་དགེ་འདུན་ཞེས་སོགས་གནས་སྐབས་ཀྱི་སྐྱབས་གནས་ཡིན་ལ། དེ་ལ་འགལ་བ་ཅི་ཡོད། གནས་སྐབས་སྐྱབས་གསུམ་དུ་དབྱེ་ཞིང་། མཐར་ཐུག་སྐྱབས་གཅིག་ཏུ་སྒྲུབ་པ་རྒྱུད་བླ་ན་ཡོད། དེའི་དོན་མ་དགོངས་པ་འདྲ་བས་ཟུར་ཙམ་ཕྱུལ་ན། ཐེག་པ་ཐུན་མོང་བའི་ལུགས་ཀྱི་སྐྱབས་གསུམ་ངོས་འཛིན་པ་ན། དགེ་འདུན་དཀོན་མཆོག་འཕགས་པ་ཐམས་ཅད་ལ་འཛོག་པའི་སྐབས་དང་། ཐེག་ཆེན་ཐུན་མོང་མིན་པའི་སྐྱབས་ཡུལ་འཆད་པའི་ཚེ་བྱང་འཕགས་ཁོ་ན་ལ་དགེ་འདུན་དཀོན་མཆོག་ཏུ་འཛོག་པའི་སྐབསཤིག་དང་། ཆོས་དཀོན་མཆོག་ལ་ཡང་ཐེག་པ་ཐུན་མོང་བའི་སྐྱབས་ཡུལ་འཆད་ཚེ་འཕགས་རྒྱུད་ཀྱི་སྤང་རྟོགས་ཐམས་ཅད་དང་། གསུང་རབ་ཡན་ལག་བཅུ་གཉིས་ལ་འཛོག་པའི་སྐབས་དང་། ཐེག་ཆེན་ཐུན་མོང་མིན་པའི་སྐྱབས་འགྲོའི་ཡུལ་འཆད་པའི་ཚེ། བྱང་འཕགས་ཀྱི་རྒྱུད་ཀྱི་འགོག་ལམ་ཁོ་ན་ལ་འཛོག་པའི་སྐབས་སོགས་ཡོད་པས་ཕྱི་མ་དེའི་ཚེ་ཆོས་དང་དགེ་འདུན་དང་གནས་སྐབས་ཀྱི་སྐྱབས་ཙམ་ཡིན་གྱི། མཐར་ཐུག་གི་སྐྱབས་མིན་པ་ལ་དགོངས་ནས་སྐྱབས་གསུམ་སོ་སོར་ཕྱེ་ནས་བཞག་པ་ཡིན། མཐར་ཐུག་སྐྱབས་གཅིག་ཏུ་སྒྲུབ་པ་ཞེས་པ་སྟར་གྱི་ལུང་དེའི་འཕྲོར། ཐུབ་པ་ཆོས་ཀྱི་སྐུ་ཅན་ཕྱིར། །ཚོགས་ཀྱང་དེའི་མཐར་ཐུག་ཕྱིར། །ཞེས་འབྱུང་བས་སངས་རྒྱས་དཀོན་མཆོག་ཉིད་ལ་སྐྱབས་གནས་གསུམ་དུ་ཕྱེ་བ་སྟེ། སངས་རྒྱས་པའི་སྤངས་རྟོག་རྣམས་སངས་རྒྱས་དང་ཆོས་དཀོན་མཆོག་གཉིས་ཀ །ཡོངས་སྤྲུལ་རྣམས་སངས་རྒྱས་

དང་དགེ་འདུན་དཀོན་མཆོག་གཉིས་ཀ་ཡིན་པའི་དོན་ཡིན་ལགས། ཚིག་ཐུབ་དེ་དང་མཚུངས་ན་དེ་ལྟའི་ནང་མཚན་གྱི་ཕྱག་རྒྱ་ཆེན་པོ་དེ་མཐར་ཐུག་གི་སྐབས་ཡིན། གཞན་བཞི་སློབ་པ་དང་སྦྱོར་ཞེས་ཁས་བླངས་དགོས་པ་ལས་དེ་འདྲ་མི་རིགས་པ་ཁོ་ནའོ། །ཡང་ཀླུ་སྒྲུབ་རྩོད་སྤོང་ལས། འདི་དག་ཀྱང་ཕྱོགས་སྔ་ཕྱིའི་དགོངས་པར་མ་སོང་སྟེ། ཚིག་ཐུབ་ཀྱི་རྗེས་ལ་བསྒོ་བ་བྱེད་དགོས་ན་ཚིག་ཐུབ་གཉིས་སུ་འགྱུར་ཞེས་པའི་ལན་དུ་ཚིག་ཐུབ་ཚིག་ཐུབ་ཡིན་པའི་སྒྲུབ་བྱེད་ལས་གཞན་འགོད་རྒྱུ་མ་བྱུང་བའི་ཕྱིར་རོ། །ཞེས་པའི་ལན་དུ་ཉིད་ཀྱི་གསུང་ལས། མཁས་པའི་འཛིན་སྟངས་མངོན་པར་མཐོ་ཡང་ཚིག་གི་རྩ་བ་ཡེ་མ་ཟིན་པར་སླ་བ་ལ་རིང་པ་ཞིག་སྟེ། རྗེས་སུ་བྱེད་པའི་བསྒོ་བ་དེ་ཡང་། ཟུང་འཇུག་ལ་ཚིག་ཐུབ་ཏུ་བཏགས་པ་ཡིན་པས་ཚིག་ཐུབ་གཉིས་སུ་གྱུར་པའི་སྐྱོན་མེད་དེ། སྔོན་དུ་བྱེད་རྒྱུའི་སེམས་བསྐྱེད་སོགས་ཀྱང་ཟུང་འཇུག་ལ་ཚིག་ཐུབ་ཏུ་བཏགས་པ་དེ་ཀ་ཡིན་པས་ཚིག་ཐུབ་དུ་མར་འགྱུར་བའི་སྐྱོན་མེད་དེ། བུ་རམ་ལ་དབྱིབས་མི་གཅིག་པ་ལྟ་ཟློས་ཀྱང་ཐམས་ཅད་རོ་མངར་བའི་ངོ་བོར་གཅིག་པ་བཞིན་ནོ། །དེ་བཞིན་དུ་དབང་སྐུར་སོགས་ལ་འགྲེས་ཆང་འདེད་ཤེས་ན་གཅིག་ཤེས་ཀུན་གྲོལ་དེ་ཡང་ཐག་རིང་གཤེད་ནའང་མེད། འཇིག་བག་གཅིག་ཀྱང་མིན་པའི་ཉིད་ཀྱི་ཕྱག་ཏུ་ཡོན་པ་ལ་ཡང་དཀའ་ཚེགས་མེད་ཀྱི་ཐུགས་ཞུམ་པར་མ་མཛད་གཅིག །ཅེས་བྲི་བར་མཛད་དོ། །དེ་ལ་བརྟགས་ན་ཚིག་ཐུབ་དུ་མར་སོང་སྟེ། དེ་ལྟ་ཚིག་ཐུབ་ནི་ཡིན་པ་གང་ཞིག །དེ་ལྟ་ཐ་དད་ཡིན་པའི་ཕྱིར་རོ། །གལ་ཏེ་དེ་ལྟ་ཟུང་འཇུག་གི་ངོ་བོར་གཅིག་པས་ཐ་དད་དུ་དབྱེར་མི་རུང་ངོ་ཞེ་ན་འོ་ན་ལམ་ལྟ་ཐ་དད་དུ་དབྱེ་མི་རུང་བར་འགྱུར་ཏེ། དེ་ལྟ་ཐར་ལམ་གྱི་ངོ་བོར་གཅིག་པའི་ཕྱིར། དེ་སོགས་མཐའ་ཡས་སོ། །བུ་རམ་ལ་དབྱིབས་མི་འདྲ་བ་ལྟ་ཟློས་པའི་དཔེས་མི་འགྲུབ་སྟེ། དེ་ལ་ངོ་བོའི་སྒོ་ནས་མངར་བ་རོ་གཅིག་ཀྱང་། དབྱིབས་ཀྱི་སྒོ་ནས་ཐ་དད་དུ་དབྱེར་ཡོད་པའི་ཕྱིར་རོ། །དབང་སྐུར་སོགས་ལ་འགྲེས་ཆང་འདེད་ཤེས་ན། གཅིག་ཤེས་ཀུན་གྲོལ་དུ་འགྲོ་གསུང་བའི་གཅིག་ཤེས་ཀུན་གྲོལ་དེ་རིག་པ་རིགས་འགྲེ་ཞིག་ལ་ཟེར་བ་ལགས་སོ། །ཡང་ཀླུ་སྒྲུབ་རྩོད་སྤོང་ལས། ལ་ལ་སྤྲོས་བྲལ་ཧྲང་པ་ལ། དཀར་པོ་ཚིག་ཐུབ་ཡིན་ཞེས་ཟེར། འདི་ཡང་གནད་རྣམས་བཅོས་པར་དོགས། ཞེས་སོགས་ཀྱི་ལུང་འདྲེན་མཛད་པར། ཉིད་ཀྱི་གསུང་ལས། བཀའ་བརྒྱུད་ཀྱི་བསྟན་འཛིན་ཆེན་པོ་རྣམས་ནི་གོང་ལྟར་བཞེད་ལ། སྟོང་ཧྲང་ལ་ཚིག་ཐུབ་ཟེར་མཁན་འདུག་ན། དེ་ནི་གང་ཡང་མ་བསླབས་ཤིང་ཅི་ཡང་མི་སྒོམ་པར་ཡང་། བསམ་གཏན་པ་ལྟར་ཚུལ་འཆོས་པ་ཞིག་གིས་སྲང་བར་དུ་ཁྲི་དང་ལྡན་ཅིག་སླུས་པ་ཡིན་པས། དེ་ལ་ཆོས་ཀྱི་གནད་འཆོས་པའི་ནུས་པ་མེད་ནའང་། གཏམ་ཅམ་གྱིས་ཀྱང་བསྟན་པ་ལ་གནོད་པས་དགག་བྱར་འདུག་ཕྱིར་ཚར་གཅོད་དགོས་ལ་དེ་ལ་ལུགས་ཀྱི་འགྲོ་དམིགས་མེད་ཀྱིས། །ཁུ་ཚུར་དང་དབྱུག་པས་སྲུན་

དབྱུང་སྲིད། །ཅེས་བྲི་བར་མཛད་དོ། །དེ་ལ་བརྟགས་ན། དེ་འདྲ་ནི་སྔོན་ཡང་ཏཱ་ཤང་མཧཱ་ཡ་ན་འཁོར་བཅས་ཀྱི་སྐབས། དེ་སྲུན་ཕྱུང་ནས་རིང་ཞིག་ནས། ད་ལྟའི་བར་དུ་ཟེར་མཁན་རྒྱུན་མ་ཆད་པ་ཞིག་འདུག་པས། དེ་ཚོས་བཟའ་བཏུང་དང་གྲོང་པའི་ཆོས་ཙམ་ལས་གཞན་ནི་སླ་བར་མི་འདྲ་སྒོམ་ནི་ཟེར་ཞིང་མིག་གི་ལྟ་སྟངས་གདོན་གྱིས་བསླད་པ་བཞིན་བྱེད། ཁྲིམ་གསེབ་འཕྲུལ་འཁོར་འཆང་། དགེ་སློང་ཡིན་ཟེར་ཆོས་གོས་གསུམ་ལ་ཡང་སྤང་བྱར་བྱེད། འགྲོག་པ་མི་གཅེས་ཤི་བ་ལྟར་མདུན་གྱི་སྐྲ་བྲེག་རལ་པས་དཔྱང་པ་ནོན་པ། དངོས་སུ་ཆང་མི་འཐུང་ལོག་ཏུ་དེའི་ཟླ་བོ་དེ་བྱེད་པ་མཐའ་ཡས་པ་ཞིག་ཡོད་འདྲ་བས་གཞན་གྱི་ཁུ་ཚུར་དང་དབྱུག་པས་སྲུན་དབྱུང་ན་དུས་འཁྲུགས་དུ་འགྲོ་དགོས་པས་དེ་ག་ནས་ཐབས་མཁས་ཀྱི་བཀའ་ཁྲབ་ཐུགས་རྗེས་འཛིན་པར་ཞུ། ཡང་ཀླུ་སྒྲུབ་རྩོད་སྤོང་ལས། གཅིག་ལས་འབྲས་བུ་འབྱུང་མི་སྲིད། །ཅེས་སོགས་གསད་མདའ་འཕངས་པའི་ཚེ། དེའི་ལན་དུ་རང་གི་ཆོས་ཀྱི་ཆེ་བ་བརྗོད་པ་ཙམ་ཡིན་ཞེས་བཀའ་རྩལ་ན་ཉེ་བར་ཁོ་བ་ལས། མདའ་དེ་ལ་ཆོས་བྲིད་དེ། སེམས་བསྐྱེད་ཀྱང་འདི་ག་ཡིན་སེམས་སྐྱེད་གཞན་སླང་མི་དགོས། ལྟ་སྒོམ་ཡང་འདི་ག་ཡིན་གཞན་སྒོམ་མི་དགོས། དབང་སྐུར་ཡང་འདི་ག་ཡིན་དབང་སྐུར་གཞན་སླང་མི་དགོས། ཞེས་སོགས་སླུ་བ་ནི་སྤྱར་བསྒོ་བ་བྱེད་དགོས་པ་ཁས་བླངས་པ་དང་ནང་འགལ་བར་མ་ཟད་ཏ་ཅང་ཐལ་བ་ཡང་ཡིན་ཏེ། སྔོན་གྱི་གྲུབ་ཐོབ་རྣམས་ལ་དགོངས་གཞི་རེ་ཡོད་པས་དེ་གས་ཆོག་ཀྱང་། རྗེས་འཇུག་རྣམས་ལ་ཆོས་འབྲེལ་བར་འགྱུར་བའི་ཕྱིར་རོ། །དེས་ན་ཚིག་ཐུབ་གཉིས་སུ་འགྱུར་ཏེ། ཚིག་ཐུབ་ཁོ་རང་གི་བསྒོ་བའི་གོ་མ་ཆོད་པར་སླར་བསྒོ་བ་བྱེད་དགོས་བྱུང་འདུག་པའི་ཕྱིར་རོ། །ཞེས་རྩོད་པའི་ལན་དུ་དེད་ཀྱི་འདི་སྒོ་བ་ཕྱག་རྒྱ་ཆེན་པོ་ཡིན་ཞེས་བཀོད་འདུག་པའི་ཕྱིར་རོ། །ཁྱོད་ཀྱི་སྒོ་བ་ཕྱག་རྒྱ་ཆེན་པོ་ཡིན་ན། དེའི་རྗེས་སུ་བསྒོ་བ་བྱ་མི་དགོས་ཏེ་ཁོ་རང་སྒོ་བའི་གོ་ཆོད་པའི་ཚིག་ཐུབ་ཡིན་པའི་ཕྱིར་ཞེས་བཀོད་པའི་ལན་དུ། ཉིད་ཀྱི་གསུངས་ལས། འོ་ན་ཧ་དེ་བཏུང་བ་གོ་ཆོད་ཡིན་ན། དེའི་རྗེས་ལ་ཆང་བཏུང་མི་དགོས་ཏེ། ཁོ་རང་བཏུང་བ་གོ་ཆོད་ཡིན་པའི་ཕྱིར། ཞེས་པར་སོང་ལ། ཧ་ཆང་གཉིས་ཀ་བཏུང་བ་ཙམ་གྱི་ངོ་བོར་གཅིག་ཀྱང་གཉིས་ཀ་འཐུང་མཁན་མང་ཞིང་། དེ་ཡང་གཉིས་ཀ་མཉམ་དུ་མི་འཐུང་བར་སྔ་ཕྱི་བྱས་འཐུང་གིས་སྣང་བའི་ཕྱིར་རོ། །ཞེས་སྨྲས་ན་ཅི་བཟློ། བྲིས་པའི་ཀླན་ཀ་ལ་བྲིས་པས་ལན་བཏབ་པས་བྲིས་པ་རྣམ་པར་འཕྲུལ་བ་དེང་ཕྱིན་ཆད་བྱུང་ཞིང་དགག་གོ། །ཞེས་བྲི་བར་མཛད་དོ། །

དེ་ལ་བརྟགས་ན་དེ་གཉིས་མི་མཚུངས་ཏེ། ཚིག་ཐུབ་ཀྱི་བསྒོ་བའི་གོ་ཆོད་པར་ཁྱེད་རང་གིས་ཁས་བླངས། ཧས་ཆང་གི་གོ་ཆོད་པར་ཀླུ་སྒྲུབ་པས་ཁས་བླང་བ་མི་འདུག་པའི་ཕྱིར་རོ། །དེ་ཁས་ལེན་མཁན་ཞིག་བྱུང་ན། ལྟ་ཉིད་ཀྱི་རིག་པ་དེ་བཟང་པོར་སྣང་ངོ་། །ཡང་ཀླུ་སྒྲུབ་རྩོད་སྤོང་ལས། འདི་ནི་དོན་དམ་པའི་ཕྱོགས

སུ་ཡོང་གདམ་སྟེ། ཞེས་སོགས་ཚིག་ཐུབ་སེམས་སྐྱེད་ཕྱག་ཆེན་ཡིན་པའི་གཏན་ཚིགས་སུ་གསང་འདུས་ལུང་འདྲེན་གནང་བ་ནི་གསུང་དེ་ཉིད་འཁོར་བ་སྟེ། རང་སེམས་འདོད་ནས་མ་སྐྱེས་པ། །སྟོང་པ་ཉིད་ཀྱི་རང་བཞིན་ནོ༑ ༑ཞེས་སོགས་ལུང་དེའི་ཚིག་ཟིན་ལྟར་ན། སྟོང་ཉིད་དོན་དམ་སེམས་སྐྱེད་དུ་ཁས་བླངས་པས། བརྟན་གཡོའི་ཆོས་ཐམས་ཅད་དོན་དམ་སེམས་སྐྱེད་ཀྱིས་སྒྲུབ་པའི་ཕྱིར་རོ། །ཞེས་པའི་ལན་དུ། ཉིད་ཀྱི་གསུང་ལས། རང་འདོད་སྒྲུབ་པའི་སྒྲུ་ཐབས་སུ་ལུང་ཚིག་གིས་བསྒྲུངས་པ་སྟེ། བྱང་ཆུབ་ཀྱི་སེམས་འདི་གསུངས་སོ། །དངོས་པོ་ཐམས་ཅད་དང་བྲལ་བ། ཕུང་ཁམས་དང་སྐྱེ་མཆེད་དང་། གཟུང་དང་འཛིན་པ་རྣམས་སྤངས་པ། །ཆོས་བདག་མེད་པ་མཉམ་ཉིད་པས། །རང་སེམས་གདོད་ནད་མ་སྐྱེས་པ། །སྟོང་པ་ཉིད་ཀྱི་རང་བཞིན་ནོ། །ཞེས་གསུང་པའི་ཕྱིར། ཞེས་སོགས་ཀྱི་མཐར་དབུ་མའི་ལྟ་བ་དེ་རེ་ཞིག་དོན་དམ་སེམས་སྐྱེད་དུ་བྱེད་དགོས་འཆིས་ཞེས་སོགས་བྲིས་སོ། །

དེ་ལ་བརྟགས་ན་དོན་དམ་སེམས་བསྐྱེད་དང་དོན་དམ་བྱང་ཆུབ་ཀྱི་སེམས་སྒོམ་པ་གཉིས་དོན་གཅིག་ཏུ་འབྲུལ་བས་ནོངས་པ་སྟེ། དོན་དམ་སེམས་བསྐྱེད་ནི་ཚོགས་སྦྱོར་གྱི་གནས་སྐབས་སུ་སངས་རྒྱས་མཉེས་པ་སོགས་བསྐལ་པ་གྲངས་མེད་གཅིག་ཏུ་ཚོགས་བསགས་པ་ལ་བརྟེན་ནས་ས་དང་པོར་མཐོང་ལམ་རྣམ་པར་མི་རྟོག་པའི་ཡེ་ཤེས་སྐྱེས་པ་ནས་བཟུང་། སངས་རྒྱས་པའི་བར་གྱི་མཉམ་བཞག་རྣམ་པར་མི་རྟོགས་པའི་ཡེ་ཤེས་ལ་འཇོག་པར་མདོ་སྡེ་རྒྱན་ལས་བཤད་ཅིང་། དོན་དམ་བྱང་སེམས་སྒོམ་པ་ནི། བྱང་སེམས་སོ་སྐྱེས་གནས་ལུགས་ཀྱི་དོན་སྒོམ་པ་ལ་བཤད་པའི་ཕྱིར་རོ། །ཡང་ཀླུ་སྒྲུབ་རྩོད་སྤོང་ལས། བརྟག་གཉིས་ལུང་འདྲེན་གནང་བ་དེ་ཡང་དེ་དང་འདྲ་སྟེ། ལུང་གི་ཚིག་ཟིན་ལྟར་ན་ཀུན་བྱང་སེམས་ཀུན་རྫོབ་སེམས་སྐྱེད་དང་། དེ་ལ་བརྟེན་པའི་བདེ་བ་དོན་དམ་བྱང་སེམས་ཡིན་ན། འདོད་ཁམས་ཀྱི་འགྲོ་བ་ཕལ་ཆེར་བདེན་གཉིས་ཟུང་འཇུག་གིས་བྱང་སེམས་ཉམས་སུ་ལེན་བཞིན་པར་ཐལ་བའི་ཕྱིར་རོ། །ཞེས་པའི་ལན་དུ། ཉིད་ཀྱི་གསུང་ལས། འདི་དག་ནི་སྐྱོན་གཏོང་རྒྱུ་རྩལ་མཐུན་མེད་ཀྱང་། རྐྱལ་བ་ལ་སྐྱོན་མཐོང་ཞེས་པ་འཇམ་རེ་རེ་ནས་ལན་མ་ཐོབ་ཞེས་འཕྲུས་ཀྱི་དོགས་པ་ཁོ་ནས་སྤོན་བསུས་ནས་སླུས་པར་ཟད་དོ། །རྒྱ་མཚན་གཞན་མི་སྣང་ངོ་། །རྒྱུད་ལས། རྡོ་རྗེ་སྙིང་པོས་གསོལ་བ། ཐབས་གང་གི་བྱང་ཆུབ་ཀྱི་སེམས་དེ་སྐྱེད་པ་ལགས། བཅོམ་ལྡན་འདས་ཀྱི་བཀའ་སྩལ་བ། དཀྱིལ་འཁོར་ལོའི་ཐབས་དང་ནི་རང་བྱིན་རླབས་པའི་རིམ་པས་ཀྱང་། ཀུན་རྫོབ་དོན་དམ་གཟུགས་ཅན་གྱི་དང་བྱང་ཆུབ་སེམས་ནི་རབ་ཏུ་སྐྱེད། ཀུན་རྫོབ་ཀུན་ད་ལྟ་བུ་སྟེ། །དོན་དམ་བདེ་བའི་གཟུགས་ཅན་ནོ། །བུད་མེད་ཀོ་ལ་བདེ་བ་ཅན། །ཨེ་ཝཾ་རྣམ་པར་རབ་ཏུ་གནས། །ཞེས་གསུངས་པ་ལ་སློན་པ་སྟེ། རྟེན་བརྟེན་པར

བཤད་པའི་བྱང་སེམས་དེ་གཉིས་ཁམས་དྲུག་ལྡན་གྱི་སྐྱེས་བུས་ལུས་ལ་ཡོད་པ་གཞིར་བཅས་ཀྱང་། དེ་ཐར་པའི་ལམ་དུ་འགྲོ་བའི་ཐབས་ལ་དཔལ་འཁོར་ལོ་སྡོམ་པ་དང་། རང་བྱིན་རླབས་བརྟེན་དགོས་པར་བཤད་ལ། འདོད་ཁམས་སའི་འགྲོ་བ་ཕལ་ཆེར་དེ་ལྟར་བྱེད་ཀྱིན་ཡོད་པར་བསྒྲུབས་ལ། དེ་ནས་རིགས་པ་དེ་ཐོངས་ཤིག །འདོད་ཁམས་པའི་འགྲོ་བ་ཕལ་ཆེར་ཞེས་པའི་ཚིག་ཟུར་མ་སྟོན་ན་སྐྱོན་ཅི་ཞིག་བཞུགས་དོགས་ཡོད། འདོད་ཁམས་དུ་མ་ཟད་དུས་འཁོར་དང་མན་སྔེར་གཟུགས་ཁམས་ཀྱི་ལྷ་ཚངས་པ་ཡང་ཚངས་མ་ལ་ཆགས་པ་སོགས་དང་། དཀྱིལ་འཁོར་དུ་ཡང་ཚངས་པ་ཡུམ་ཅན་དབང་པོ་གཉིས་སྤྱོད་དུ་བཀོད་པ་དང་། མངོན་བརྗོད་ཀྱི་གཏམ་རྒྱུད་སོགས་ལས་ཀྱང་དེ་ལྟར་བཤད་པས་ཐོས་པ་རྒྱ་ཆེར་བཙལ་བར་བྱའོ་ཞེས་བྲིས་པ་ལ་ཉོན་ཅིག །དེ་ལ་བརྟགས་ན་ཕྱོགས་སྔའི་དོན་མ་གཏོགས་པར་བབ་ཅོལ་དུ་སྨྲས་པ་སྟེ། ཀུན་དུ་བྱང་སེམས་ཀུན་རྫོབ་སེམས་སྐྱེད་དང་། དེ་ལ་བརྟེན་པའི་བདེ་བ་དོན་དམ་སེམས་སྐྱེད་ཡིན་ན། འདོད་ཁམས་ཀྱི་འགྲོ་བ་ཕལ་ཆེར་བདེན་གཉིས་ཟུང་འཇུག་གི་བྱང་སེམས་ཉམས་སུ་ལེན་བཞིན་པར་འགྱུར་ཏེ། དེས་འཁྲིག་པའི་འདོད་ཆགས་བརྟེན་པའི་ཕྱིར། ཞེས་པར་འདུག་པ་ལ་དེ་མ་གོ་བར། དཀྱིལ་འཁོར་འཁོར་ལོ་དང་རང་བྱིན་རླབས་ཀྱི་ལམ་ཉམས་སུ་ལེན་པ་འཕྲུལ་འདུག་པའི་ཕྱིར། ཕལ་ཆེར་ཞེས་པའི་ཚིག་ནུས་འདོད་ཁམས་ཀྱི་འགྲོ་བ་ལ་འཁྲིག་པའི་འདོད་ཆགས་མི་བརྟེན་པ་མང་པོ་ཡོད་པར་ཟུར་དུ་བཀར་བའི་ཕྱེད་ཡིན་པར་འདུག་པས་མ་གོ་བར་ཡུས་མ་ཆེ་མཛད་དོ། །གཟུགས་ཁམས་ཀྱི་ལྷ་ཚངས་པས་འཁྲིག་པའི་འདོད་ཆགས་བརྟེན་པ་ཡོད་ན། འདོད་པ་ལ་འདོད་ཆགས་དང་མ་བྲལ་བར་གཟུགས་ཁམས་སུ་མི་སྐྱེ་བར་བཤད་པའི་ལུང་ཚད་མ་ཐམས་ཅད་ལྡོག་པས་གསུབ་བམ། དལ་དུ་ཚངས་པ་ཡུམ་ཅན་དབང་པོ་གཉིས་སྤྱོད་དུ་བཀོད་པས་གཟུགས་ཁམས་ཀྱི་ཚངས་པ་འཁྲིག་པའི་འདོད་ཆགས་བརྟེན་པ་ཡོད་པར་གྲུབ་ན། བདེ་ཀྱི་དུས་འཁོར་སོགས་ཀྱིས་ཀྱང་འཁྲིག་པའི་འདོད་ཆགས་བརྟེན་པར་ཐལ་བ་གང་གིས་བཟློག །གཞན་ཡང་དལ་ལ་བཀོད་པའི་ཚངས་པ་དེ་འཇིག་རྟེན་པའི་ཚངས་པ་ག་ལ་ཡིན་ཏེ། བརྟག་གཉིས་ལས།འཆད་པ་པོ་ང་ཆོས་ཀྱང་ང་། །རང་གི་ཚོགས་ལྡན་ཉན་པ་དང་། །འཇིག་རྟེན་འཇིག་རྟེན་འདས་པ་དང་། །འཇིག་རྟེན་སྟོན་པ་བསླབ་བྱ་དང་། །ལྷན་ཅིག་སྐྱེས་དགའི་རང་བཞིན་དང་། །ཞེས་གསུངས་པ་ལྟར། དལ་དུ་བཀོད་པའི་འཇིག་རྟེན་དང་འཇིག་རྟེན་ལས་འདས་པའི་རྣམ་པ་ཐམས་ཅད་དཀྱིལ་འཁོར་གྱིས་གཙོ་བོའི་སྤྲུལ་པ་ཡིན་པར་བཤད་པའི་ཕྱིར། རིག་བྱེད་ཀྱི་གཏམ་རྒྱུད་ལས་བཤད་པས་བདེན་པར་འགྲོ་ན་སྟོན་རི་རྣམས་རྐང་པས་འགྲོ་བ་ལ་ལྷ་ཆེན་པོ་རྣམས་ཀྱི་རྐང་པ་བཅད་པས་འགྲོ་མ་ནུས་པ་དང་། མཆུ་ར་ཞེས་པའི་རིས་གནམ་འབིགས་པར་དོགས་ནས་འགྱེལ་ནས་བཞག་པ་སོགས་བཤད་འདུག་པ

བདེན་ལུགས་སམ། ཡང་ཀླུ་སྒྲུབ་རྩོད་སྤོང་དུ། ལུགས་སྲོལ་སོ་སོར་མ་ཕྱེད་པ་སྟེ། མངོན་པ་འོག་མར་སོ་སོར་བརྟགས་འགོག་དོན་དམ་པའི་དགེ་བར་བྱས་ནས་དེས་དགེ་བའི་གོ་ཆོད་པ་དང་། མངོན་པ་གོང་མར་དེ་བཞིན་ཉིད་ལ་དོན་དམ་པའི་དགེ་བར་བྱས་ནས་དེས་དགེ་བའི་གོ་ཆོད་པ་དང་། ཀླུ་སྒྲུབ་ལུགས་ལ་ཆོས་དབྱིངས་སོགས་འདུས་མ་བྱས་ཀྱི་དགེ་བ་ཁས་མི་ལེན་པས་ལུགས་སོ་སོར་ཡོད་པ་ལས་ཁོ་བོ་ཅག་ཀླུ་སྒྲུབ་ཀྱི་ལུགས་དེ་ཁས་ལེན་པའི་ཕྱིར་ཞེས་བཀོད་པར། ཉིད་ཀྱི་གསུང་ལས། མངོན་པ་གོང་འོག་ཏུ་ཤེས་བྱ་མི་དགེ་བ་གོ་ཆོད་ཡོད་པ་དང་། ཁྱོད་རང་གིས་བཤད་ལ། ཀླུ་སྒྲུབ་སོགས་འདུས་མ་བྱས་ཀྱི་དགེ་བ་ཁས་མི་ལེན་པའི་རྗེས་སུ་འབྲོད་ཀྱི་བཞུགས་ཕྱིན་ལུགས་སྲོལ་སོ་སོར་འབྱེད་པའི་ཐབས་ཀྱིས་ཆོས་མངོན་པའི་གླེགས་བམ་གཉིས་ཀ་སྒྲུབ་ཏུ་སློབ་སྒྲ་དང་བཅས་བསྒྱུར་བ་དེར་གདའ་འོ། །ཞེས་བྲི་བར་མཛད་དོ། །དེ་ལ་བརྟགས་ན། མངོན་པ་ཀུན་ལས་བཏུས་ལས། དོན་དམ་པའི་དགེ་བ་གང་ཞེ་ན་དེ་བཞིན་ཉིད་དོ་ཞེས་དང་མཛོད་ལས། ཐར་པ། དམ་པའི་དོན་དུ་དགེ་བའི་རྟ་བ། ཞེས་དེ་བཞིན་ཉིད་དམ་སོ་སོར་བརྟགས་འགོག་དོན་དམ་པའི་དགེ་བར་བཤད་པ་ཡོད་ཀྱང་། དེ་དགེ་བ་བཏག་པ་བ་ཡིན་པས་ཤེས་ལ་དགེ་བ་ཡོད་པར་མི་གྲུབ་བོ། །མངོན་པའི་གླེགས་བམ་སྒྲུབ་ཏུ་བསྒྱུར་མི་དགོས་ཏེ། དེ་དག་ཤེས་བྱའི་དགེ་མིན་པའི་ཕྱིར་རོ། །རྗེ་ཀླུ་སྒྲུབ་པས་མངོན་པ་གོང་འོག་སོགས་ལས་དོན་དམ་པའི་དགེ་བས་དགེ་བའི་གོ་ཆོད་པར་བཤད་གསུངས་པ་ཙུང་ཟད་ནོར་བ་འདྲའོ། །ཡང་ཀླུ་སྒྲུབ་རྩོད་སྤོང་ལས། ཁྱེད་ཀྱི་སེམས་ཉིད་གཅིག་པུ་དེ་དཀར་པོ་ཆིག་ཐུབ་ཏུ་སོང་བས། དེ་དེ་མིན་པར་ཐལ། དེ་ནག་པོ་ཆིག་ཐུབ་ཡིན་པའི་ཕྱིར། ཞེས་སོགས་བཀོད་པའི་ལན་དུ། ཉིད་ཀྱི་གསུང་ལས། དགེ་བཤེས་བསྒྲིམས་པོ་འུ་ཐུག་པའི་ཐལ་འགྱུར་དེ་འདྲ་འཕངས་ནས་རྒྱལ་ཁམས་ནག་འབྱམས་ལ་གཏོང་བཞིན་དུ་འདུག་ནའང་། གཞན་ཕན་ལ་མཐུ་མེད་ཀྱང་། དེའི་བསམ་པ་རྟག་ཏུ་བྱ། གང་ལ་བསམ་པ་དེ་ཡོད་པ། དེ་ནི་དེ་ལ་དོན་གྱི་ཞུགས། ཞེས་པ་བཞིན་ཁོ་བོ་ནི་ད་ལྟ་མཐུ་ཆུང་ཡང་རྒྱལ་ཁམས་དཀར་འབྱམས་ལ་གཏོང་བའི་རྟེན་འབྲེལ་སྒྲིག་པ་ལགས་སོ། །

དེས་ན་ཆིག་ཐུབ་དེ་འདྲའི་ལུགས། །རྫོགས་སངས་རྒྱས་ཀྱི་གསུངས་པ་མེད། །ཅེས་པ་ལ་དཀར་པོ་ཆིག་ཐུབ་ཀྱི་མིང་འདི་བཀའ་གདམས་ཐོར་བུ་པ་ལས་འབྱུང་སྟེ། ཇོ་བོ་རྗེ་ལ་དགེ་བཤེས་སྟོན་པས། ཆོས་ཐམས་ཅད་མཐར་ཐུག་གང་ལགས་ཞུས་པས། སྟོང་ཉིད་སྙིང་རྗེའི་སྙིང་པོ་ཅན་ཡིན་དཔེར་ན་འཇིག་རྟེན་ན་སྨན་དཔའ་བོ་ཆིག་ཐུབ་ཅེས་བྱ་བ་ནད་ཐམས་ཅད་ཀྱི་གཉེན་པོར་འགྲོ་བ་གཅིག་ཡོད་པ་དེ་བཞིན་དུ་ཆོས་ཉིད་སྟོང་པ་ཉིད་ཀྱིས་དོན་རྟོགས་ན་ཉོན་མོངས་པ་ཐམས་ཅད་ཀྱི་གཉེན་པོར་འགྲོ་བ་ཡིན་གསུངས། ཞེས་འབྱུང་བ

དཀར་པོ་ཆིག་ཐུབ་ཅེས་པ་དཔེ་གཅིག་པའི་དབང་དུ་མཛད་ནས། རྗེ་གམ་པོ་པ་དང་ཞང་ཚལ་པས་བརྟགས་པར་འདུག་ཅིང་། ཆོས་འདི་ཉམས་སུ་བླངས་ནས་གྲུབ་པ་རྙེས་པ་གངྒཱའི་ཀླུང་གི་བྱེ་མ་སྙེད་ཀྱི་གྲངས་དང་མཉམ་པ་བྱོན་ཞིང་འབྱོན་པར་ཡང་འགྱུར་བས་དོན་དང་མཐུན་པའི་ཀླུན་ཀ་འཛུག་པའི་གནས་མེད་པ་ཁོ་ནའོ། །ཞེས་བྲི་བར་མཛད་དོ། །དེ་ལ་བརྟགས་ན་ནག་པོ་ཆིག་ཐུབ་ཅེས་པའི་མིང་ཙམ་གྱི་དངངས་ཅི་ལ་དགོས་དཀར་པོ་ཆིག་ཐུབ་ཅེས་སེམས་གཅིག་པུས་སངས་རྒྱས་སྐྱེད་ནུས་པའི་ཆ་ནས་བཏགས་འདུག་པར་སེམས་གཅིག་པུས་འཁོར་བའི་སྡུག་བསྔལ་མཐའ་དག་སྐྱེས་ན་དེ་ནག་པོ་ཆིག་ཐུབ་ཏུ་ཡང་སོང་ཞེས་མཚུངས་པ་བཏང་བ་ཡིན་པར་འདུག མཚུངས་པ་བསྒྲེ་ལུགས་ཤིན་ཏུ་ལེགས་སོ་མཆན། དཀར་པོ་ཆིག་ཐུབ་ཀྱིས་མིང་བཀའ་གདམས་ཐོར་བུ་པ་ལས་འབྱུང་བའི་སྒྲུབ་བྱེད་དུ་དེ་ལས་སྨན་དཔའ་བོ་ཆིག་ཐུབ་ཅེས་པ་བཤད་པའི་ཕྱིར། ཞེས་བཀོད་པ་ནི། མདོ་ལས་ཕྱག་ཆེན་བཤད་པའི་སྒྲུབ་བྱེད་དང་ག་འདྲ་སྙིང་པོ་ཡོད་པར་མ་མཐོང་ངོ་། །སྟོང་ཉིད་སྙིང་རྗེ་སྙིང་པོ་ཅན་ལ་དཀར་པོ་ཆིག་ཐུབ་ཀྱི་མིང་བཀའ་གདམས་ཐོར་བུ་ལས་བཏགས་ན། དྭགས་པོ་རིན་པོ་ཆེ་དང་ཞང་ཚལ་པས་དཔེ་གཅིག་པའི་དབང་དུ་བྱས་ནས་གསར་དུ་བཏགས་པར་འདོད་པ་དང་ནང་འགལ་ཏེ། དེ་གོང་དུ་ཇོ་བོ་རྗེས་བཏགས་པར་ཁས་བླངས་པའི་ཕྱིར་རོ། །

འདིར་སྨྲས་པ། རྒྱལ་བ་ཀུན་གྱི་ཡབ་གཅིག་འཇམ་པའི་དབྱངས། །བྱང་ཕྱོགས་འདི་ན་ས་སྐྱ་པར་སྤྲུལ་ནས། །འཁོར་བའི་དགྲ་བཅོམ་བརྒྱ་ཕྲག་བདུན་ཇི་བཞིན། །ཐུབ་གསུང་རྒྱུ་འབྲས་ཐེག་པའི་བཀའ་བསྡུས་ནས། །ཧ་ཤང་གིས་སྐྱུགས་ཆིག་ཐུབ་ལྟ་བ་སོགས། །ལོག་རྟོག་རུང་མིན་བཞི་བཅུ་སུན་དབྱུང་བས། །སླ་བ་ངན་པས་འཚོ་བའི་ཕག་པའི་བུ། །མུན་པའི་ཡིད་ཅན་མ་ལུས་ཟུག་རྡུས་རྒྱལ། །ཕྱིམ་དུས་བོད་ཁམས་རང་བཟོས་ཉེར་སྒྲུབ་པའི། །ལོག་སྨྲའི་ལྷ་མིན་གྲོང་གསུམ་མ་ལུས་པ། །རྣམ་དཔྱོད་ལྷ་ཆེན་ཁྲོས་པའི་མདངས་སྲེགས་ཏེ། །དོན་ལྡན་གཏམ་གྱི་ས་གསུམ་སྣང་བ་བཀང་། །ཞེས་སོ། །ཡང་གཞན་མཛོད་ལས། གསུམ་པ་དེ་ལ་རྩོད་པ་སྤྲངས་བ་ལ་དངོས་སུ་རྩོད་པ་དང་། སྒྲུབ་ཐབས་ཀྱི་རྩོད་པའི་ལན་ནོ། །དང་པོ་ནི། ད་ལྟའི་ཕྱག་རྒྱ་ཆེན་པོ་དང་། །རྒྱ་ནག་ལུགས་ཀྱི་རྫོགས་ཆེན་ལ། །ཡས་བབས་དང་ནི་མས་མཆོག་གཉིས། །རིམ་གྱིས་པ་དང་གཅིག་ཆར་བར། །མིང་འདོགས་འགྱུར་བ་མ་གཏོགས་པ། །དོན་ལ་ཁྱད་པར་དབྱེ་བ་མེད། །ཆོས་ལུགས་འདི་འདྲ་བྱུང་བ་ཡང་། །བྱང་ཆུབ་སེམས་དཔའ་ཞི་བ་འཚོས། །རྒྱལ་པོ་ཁྲི་སྲོང་ལྡེ་བཙན་ལ། །ལུང་བསྟན་ཇི་བཞིན་ཐོག་ཏུ་བབས་ནས། །ཕལ་ཆེར་རྒྱ་ནག་ཆོས་ལུགས་ཡིན། །ཞེས་པའི་བར་དྲངས་ནས། ཐོག་མར་ལོ་རྒྱུས་འདི་ཀ་མ་དག་སྟེ། སྒོམ་རིམ་གྱི་དབང་སྐུར་ཀཱ་མ་ལ་ཤཱི་ལ་རང་གི་སློབ་མ་དག་གི་བཀོད་པ་ལས་འདི་ལྟར་འབྱུང་སྟེ། སྟོན་རྗེ་ཁྲི་སྲོང

ལྡེའུ་བཙན་གྱིས་ཟ་ཧོར་གྱི་མཁན་པོ་ཞི་འཚོ་ཞེས་བྱ་བ་རྒྱ་གར་གྱི་སྐད་དུ་ཤཱནྟ་རཀྵི་ཏ་ཞེས་བྱ་བ་བོ་དྷི་སཏྭ་ཞེས་ཀྱང་གྲགས་པ་འཕགས་པ་འཇམ་དཔལ་གྱི་ཞལ་མཐོང་བ་ས་དང་ཕ་རོལ་ཏུ་ཕྱིན་པ་དང་སྔགས་ཀྱི་དོན་མ་ལུས་པ་མཁྱེན་པ་ཞིག་སྤྱན་དྲངས་ཏེ་བོད་ཡུལ་དུ་ཆོས་རྒྱས་པར་བྱས་ཏེ། དེ་ནས་དབུ་མ་རྒྱན་དང་། དེ་ཉིད་བསྡུས་པ་དང་།རྡོ་རྗེ་འཆང་གི་དབྱངས་ཀྱིས་རྒྱས་ཕྱིར་བཤད་པ་ལ་སོགས་པ་བསྟན་བཅོས་མང་དུ་མཛད་དོ། །དེ་གྲོང་ཁར་རྒྱལ་པོ་ལ་སོགས་པ་ལ་བཀའ་བསྩལ་བ། བོད་ཡུལ་དུ་བསྟན་པ་ལྷ་རྒྱ་ཐ་མ་ལ་བྱུང་སྟེ་ཅུང་ཟད་རྒྱས་པར་གྱུར་པ་ལ་མུ་སྟེགས་ཀྱི་ཕྱི་རོལ་པ་ནི་མི་འབྱུང་། སངས་རྒྱས་པ་རང་ལ་ལྟ་བ་མ་མཐུན་ནས་རྩོད་པར་འགྱུར་གྱིས་ངའི་སློབ་མ་ཀ་མ་ལ་ཤཱི་ལ་ཞེས་བྱ་བ་རྒྱ་གར་ན་ཡོད་ཀྱི་སྤྱན་དྲོངས་ལ་རྩོད་ཅིག །རྒྱལ་པོས་བསྡམས་པར་གྱིས་ཤིག་པར་བཀའ་བསྩལ་ཏོ། །དུས་ཕྱིས་རྒྱ་ནག་གི་མཁན་པོ་ཧྭ་ཤང་མཧཱ་ཡ་ན་ཞེས་བྱ་བ། ཐེག་པ་ཆེན་པོ་བསམ་གཏན་གྱིས་མན་ངག་དང་ལྡན་པར་བྱེད་པ་ཞིག་བོད་དུ་རྒྱལ་པོས་སྤྱན་དྲངས་ཏེ། དེའི་རྒྱུད་པ་ནི་བཅོམ་ལྡན་འདས་ཀྱིས་བསམ་གཏན་གྱི་གདམས་ངག་འཕགས་པ་འོད་སྲུང་ལ་བཏད། དེས་རྒྱ་གར་བ་མཐའ་ཡས་པ། དེ་བཞིན་དུ་རྒྱ་གར་བ་བཅུའི་བར་དང་། དེའི་མཐའ་མ་དེས་རྒྱ་ནག་ཨེ་ག་ལ། དེས་ཨེ་ནེ་ལ། དེས་ཨེ་པ་ལ། དེས་དུ་སུ་ལ། དེ་བཞིན་དུ་རིམ་གྱིས་བཅུ་གཅིག་པ་མཧཱ་ཡ་ན་ལ་གདམས་པ་རྒྱུད་པ་ཉི་ཤུ་རྩ་གཅིག་པ་སྟོན་མིན་གཅིག་ཆར་དུ་འཇུག་པ་ཞེས་བྱ་བ་ལ་ཐེག་ཆེན་པོ་མདོ་སྡེའི་ཚུལ་དབང་པོ་རྣོན་པོ་དག །ཐབས་ཀྱི་བསྐལ་པ་གྲངས་མེད་དུ་མར་འབད་པ་ལ་མ་ལྟོས་པར་གང་དག་ཅིར་ཡང་མི་སེམས་མི་འཛིན་ཡིད་ལ་མི་བྱེད་པ་ནི། འཁོར་བ་ལས་ཡོངས་སུ་ཐར་བར་འགྱུར་ཏེ་དེ་ལྟ་བུ་ཐོབ་པ་ནི་གཅིག་ཆར་བ་འཇུག་པ་ས་དང་པོ་ཐོབ་པ་དང་འདྲའོ་ཞེས་ཟེར་ཞིང་། སྦྱིན་པ་ལ་སོགས་པའི་ཆོས་སྤྱོད་བྱེད་པ་ནི་སྐྱེ་བོ་ལས་འཕྲོ་ཆུང་བ་སྤར་བས་དབང་པོ་བརྟུལ་བ་ཁོ་ན་ལ་བསྟན་པ་ཡིན་ནོ། །སྔོན་དུ་མ་སྦྱངས་པ་དག་ལ་ནི་མཁའ་ལ་སྤྲིན་དཀར་ནག་གཉིས་ཀས་སྒྲིབ་པ་དང་འདྲ་བས་དགེ་མི་དགེ་གཉིས་ཀ་ཡང་དེ་དང་འདྲ་དེ་ཁོ་ནའོ། །དོན་རྟོགས་པར་བྱེད་པ་ལ་སྒྲིབ་པར་དོགས་ནས་འདུས་བྱས་ཀྱི་དགེ་བ་མི་བྱེད་དོ། །བསྐལ་པ་གྲངས་མེད་པ་གསུམ་གྱི་སངས་རྒྱས་ཐོབ་པོ་ཞེས་བྱ་བ་བསྐལ་པ་ནི་རྟོག་པའོ། །རྟོག་པ་དེ་གྲངས་མེད་པ་གསུམ་སྟེ། ཉོན་མོངས་པ་དུག་གསུམ་གྱི་བྱེ་བྲག་གིས་སོ། ། དེ་གང་གིས་སྤོང་ན་སྐྱེ་བ་གཅིག་གམ་ནམ་རྟོགས་ཀྱང་རུང་སངས་རྒྱས་ཐོབ་པོ་ཞེས་ཟེར་བ་མཁའ་ལྟར་ཡས་འབབས་པ་ཞིག་འབྱུང་ངོ་། །དེ་ནས་རྗེ་བཙུན་པོས་སློབ་དཔོན་ཀ་མ་ལ་ཤཱི་ལ་བོད་དུ་སྤྱན་དྲངས་སོ། །ཧྭ་ཤང་གི་ཤེས་རབ་ཀྱི་ཕ་རོལ་དུ་ཕྱིན་པ་འབུམ་པ་གླེགས་པས་བསམ་གཏན་གླིང་གོ་བཅད་ནས་སྟོན་གྱི་ཕྱོགས་ཀྱི་རྩོད་པ་སླངས། འཕགས་པ་དགོངས་པ་ངེས་པར་འགྲེལ་པ་རྗོག་པ་སྒྲིལ་ཏེ་འདི་ཐེག་པ་ཆེན་པོ་རང་རྒྱུད་ཡིན་ནམ

ཟེར་ནས་ཆོས་སྤྱངས། སློབ་དཔོན་ཀ་མ་ལ་ཤཱི་ལ་མ་བྱོན་བར་དུ། ཡེ་ཤེས་དབང་པོ་དང་སྦ་དཔལ་དབྱངས། རཏྣ་ལ་སོགས་པས་རྩེན་མིན་གྱི་ཕྱོགས་བཟུང་ངོ་། །སྟོན་གྱི་སློབ་མ་ཇོ་བོ་བྱང་ཆུབ་དང་། སྤྱུ་ཡང་དག བརྐྱེ་ནམ་མཁའ་ལ་སོགས་པ་མང་། དེ་ལྟར་སྟོན་མིན་རྩེན་མིན་རྒྱ་འདྲེ་ཆེར་བྱུང་། རྩེན་མིན་གྱི་ཕྱོགས་འཛིན་པ་ལ་ལྷའི་ཁྲམས་ཀྱང་དགོས་སོ། །དེ་ནས་བྱང་ཆུབ་གླིང་དུ་རྩོད་པོ་དཀྲུང་ལ་བཞུགས། ཧྭ་ཤང་དང་སློབ་དཔོན་ཀ་མ་ལ་ཤཱི་ལ་གཡས་གཡོན་དུ་སེང་གེའི་ཁྲི་ལ་བཞག རང་རིགས་ཕྱོགས་སུ་རང་རང་གི་སློབ་མ་རྣམས་དངར་ཏེ། དེ་ནས་རྩོད་པོས་མཁན་པོ་གཉིས་དང་བརྐྱེ་རྣམས་ལ་མེ་ཏོག་ཕྲེང་བ་རེ་ལག་ཏུ་བསྐུར་ནས། མཁན་པོ་གཉིས་ཤེས་པ་བསྟུན། ལུགས་ཀྱི་གང་ཆེ་བ་ལ་ང་རྒྱལ་མ་བྱེད་པར་གང་མཁས་པ་དེ་ལ་མེ་ཏོག་ཕྲེང་བ་ཕུལ་ཅིག་ཅེས་བཀའ་གནང་ནས། དེར་པཎྜི་ཏ་གཉིས་ཆོས་ཀྱི་བགྲོ་བ་བགྱིས། རིགས་པ་དང་ལུང་གི་ཅིག་ཆར་བ་བཀག་སྟེ། ཧྭ་ཤང་སློབ་མ་དང་བཅས་པར་སྤོབས་མེད་པར་བྱས། མེ་ཏོག་གི་ཕྲེང་བ་ཡང་སློབ་དཔོན་ལ་ཕུལ་ལོ། །སློབ་དཔོན་འདི་ཡང་རིག་པའི་གནས་དུ་མ་ལ་མཁས་ཤིང་མང་དུ་ཐོས་པ། ཐེག་པ་ཆེན་པོའི་མདོ་སྡེ་མང་དུ་གཟིགས་ཤིང་མང་དུ་མཁྱེན་པ། ཐུགས་རྗེ་ཆེན་པོས་ཐུགས་ཀྱི་རྒྱུད་བརླན་པ། ཚུལ་ཁྲིམས་དྲི་མ་མེད་པ། རྒྱ་གར་སྐད་དུ་ཀ་མ་ལ་ཤཱི་ལ། བོད་སྐད་དུ་པད་མའི་ངང་ཚུལ་ལོ། །དེས་མདོ་འགྲེལ་དང་བསྟན་བཅོས་མང་དུ་མཛད་དོ། །རྡོ་རྗེ་གཅོད་པའི་མདོ་འགྲེལ་དང་། མི་རྟོག་པ་ལ་འཇུག་པའི་མདོ་འགྲེལ་དང་། སཱ་ལུ་ལྗང་པའི་མདོ་འགྲེལ་དང་། ཤེས་རབ་སྙིང་པོའི་འགྲེལ་པ་ལ་སོགས་པ་དང་། དབུ་མ་སྣང་བ་དང་། སྣང་བ་ཆུང་དུ་དང་། རྒྱན་གྱི་འགྲེལ་ཏིག་དང་། རིགས་ཐིགས་ཀྱི་ཕྱོགས་སྔ་མ་དང་། དེ་དབུ་མ་སྒོམ་པའི་རིམ་པ་གསུམ་ལ་སོགས་པ་མང་དུ་མཛད་དོ།། །

དེ་ལ་དབུ་མ་སྒོམ་པའི་རིམ་པ་འདི་དག་ཧྭ་ཤང་ལ་སོགས་པ་ཐེག་པ་ཆེན་པོ་ལྟར་བཅོས་པའི་སྒོམ་པའི་རིམ་པ་རྣམས་སྤྱངས་ཤིང་། ཕྱིན་ཅི་མ་ལོག་པའི་རིམ་པ་རྟོགས་པར་བྱ་བའི་དོན་དུ་ཡིན་ལ། གསུམ་དུ་རྩོམ་པའི་དགོས་པ་ནི་རྒྱས་འབྲིང་བསྡུས་པའི་བྱེ་བྲག་གི་གང་ལ་གང་མོས་པའི་སྐྱེ་བོས་དབང་དུ་བྱས་པའི། གཞན་ཡང་ཧྭ་ཤང་ལ་གཞུང་བེའུ་བུམ་དམར་པོ་ལ་སོགས་པ་གསུམ་ཡོད་པ་དེའི་དོན་དུ་བརྩམས་པའམ། ཡང་ན་རིགས་གཞུང་རྒྱས་བསྡུས་ཀྱི་དོན་ནི་སྒོམ་པའི་རིམ་པ་བར་མ་དང་དང་པོ་ཙམ། གཞན་གཞུང་མི་འཐད་པ་ནི་སྒོམ་རིམ་ཐ་མས་བསྟན། ཡང་གཞུང་མི་འདྲ་སྟེ་སྙིང་རྗེ་དང་། སེམས་བསྐྱེད་དང་། སྒྲུབ་པ་གསུམ་གྱི་དབང་དུ་བྱས་ནས་སྒོམ་རིམ་དང་པོ་བརྩམས་ཤིང་། ཞི་གནས་དང་ལྷག་མཐོང་གི་དབང་དུ་བྱས་ནས་ཐ་མ་བརྩམས་སོ། །དེ་ལ་སྒོམ་རིམ་དང་པོ་ལང་ཀར་གཤེགས་པ་ལ་བརྟེན། བར་མ་ནི་རྣམ་སྣང་མངོན་བྱང་གི་རྒྱུད་ལ་བརྟེན་ནོ། །

ཐ་མ་ནི་དགོངས་པ་ངེས་པར་འགྲེལ་བའི་མདོ་ལ་བརྟེན་པའོ། །ཅེས་འབྱུང་གིས། དེ་ལས་གཞན་ནི་བླུན་པོས་སྦྱར་བའི་གཏམ་ཡིན་པས་ཚད་མར་བྱ་བར་མི་རིགས་སོ། །ཞེས་བྲིས་པའི་ལན་དུ་ཀླུ་སྒྲུབ་རྩོད་སྤོང་ལས། དེ་ཡང་ས་དགེ་བོ་གདོང་བཀའ་ཕྱུག་ལ་སོགས་པ་ཕལ་མོ་ཆེ་ཞིག་གཞན་ཕྱོགས་ཀྱི་ལྟ་བ་གང་ཡིན་རྙིང་གི་ལྟ་བར་སོང་ངོ་ཞེས་ཚོ་ངེས་འདེབས་པ་དེ་འདིར་གཏན་ལ་འབེབས་པ་ཡིན། དེ་གཏན་ལ་འབེབས་པ་ལ་རྙིང་གི་ཕྱོགས་སྔའི་གནད་དང་། འགོག་བྱེད་ཀུ་མ་ལའི་རིགས་པའི་གནད་དང་། དཔང་པོ་རྣམས་ཀྱི་ཤན་ཕྱེ་བའི་གནད་རྣམས་སྙིང་པོ་ཟིན་པ་ཞིག་གཅེས་ཀྱིས། ལོ་རྒྱུས་ཙུང་ཟད་དག་མ་དག་དང་། མིང་འདོགས་ཙུང་ཟད་མི་མཐུན་པ་ལ་འགངས་ཆེར་མི་སྣང་མོད་འོན་ཀྱང་དེ་ལས་གཞན་ནི་བླུན་པོས་སྦྱར་བའི་གཏམ་ཡིན་པས་ཚད་མར་བྱ་མི་རིགས་གསུང་བའི་གཏམ་ནི་སྨྲ་བ་པོ་རང་གི་གསུང་དེ་ཉིད་སྟེ། ཐུབ་པ་དགོངས་གསལ་དུ་ལོ་རྒྱུས་ཟུར་ཙམ་བཀོད་ནས་རྒྱལ་བཞེད་དང་། དབའ་བཞེད་དང་། སྦ་བཞེད་རྣམས་སུ་ལྟ་བར་བྱའོ་ཞེས་སོགས་གསུངས་ནའང་དེ་གསུམ་ན་གསལ་བ་རྣམས་ཀྱང་སུན་དབྱུང་བའི་ཕྱིར་རོ། །ཞེས་བཀོད་པའི་ལན་དུ། ཉིད་ཀྱི་གསུངས་ལས། རང་འདོད་སྒྲུབ་ཕྱིར་ལོ་རྒྱུས་ལྡན་པ་བཏབ་པ་དག་ལ་དགོངས་ནས། དེ་ལས་གཞན་བླུན་པོས་སྦྱར་ཞེས་གསུངས་ཀྱི། ལྡད་མང་བཏབ་པའི་སྦ་བཞེད་སོགས་འགོག་པ་ཅི་སྟེ་སྲིད། ལོ་རྒྱུས་ཕྱོགས་སྔ་ཕྱི་གཉིས་ཀས་དྲངས་པའི་དགོས་པ་ཡིན་པས་དག་མ་དག་ལ་དཔྱོད་པ་ཤིན་ཏུ་འང་རིགས་སོ། །ཕྱོགས་སྔས་བཀོད་པའི་ལོ་རྒྱུས་དེ་ལ་མ་དག་པ་ཅི་དང་ཅི་འདུག་པ་སྨོས་ཤིག་ཅེ་ན། དེ་བཞིན་བྱ་སྟེ། ཐོག་མར་སྦ་དང་དབའ་ཞེས་པ་དོན་གཅིག་པ་ལ་བརྡའ་གསར་རྙིང་གི་བཏགས་པ་མ་གོ་བར་ཐ་དད་དུ་ཕྱེ་བ་འདི་མ་དག །རབ་དབྱེར། ཞི་འཚོས་རྒྱལ་པོ་ལ་དངོས་སུ་ལུང་བསྟན་པ་དང་། ཐུབ་དགོངས་སུ་ཡེ་ཤེས་དབང་པོ་ལ་དྲིས་པར་བཤད་པ་གཉིས་མུན་པས་གང་རུང་གཅིག་མ་དག །ཆོས་འབྱུང་སྙིང་མ་དང་། སྡོམ་རིམ་དུ་དཀར་པོ་ཆིག་ཐུབ་ཀྱི་འཕྲོས་ཙམ་ཡང་མེད་པ་ལ། ཐུབ་དགོངས་སུ་རྒྱ་ནག་དགེ་སློང་ན་རེ། སེམས་དཀར་པོ་གཅིག་ཐུབ་ཡིན་པ་སྨྲས་ཞེས་སྒྲོ་བཏགས་པས་མ་དག །ལོ་རྒྱུས་རྙིང་གི་བསྟན་བཅོས་མཐོང་ནས་བྲིས་སོ་ཞེ་ན་དེ་བསྟན་རྒྱུ་མེད་པས་མ་དག །སྦ་བཞེད་གཙང་བ་དང་ཐུབ་དགོངས་སུ་རྒྱ་ནག་རྩོད་པ་ཕམ་ཁྲལ་ལ་ཡི་གེ་རྣམས་གཏེར་དུ་སྦས་པར་བཤད་པ་དང་། རབ་དབྱེར་ཕྱིས་རྒྱ་ནག་གི་ཡི་གེ་ཙམ་ལ་བརྟེན་ནས་བྱུས་པར་བཤད་པ་འགལ་བས་གང་རུང་གཅིག་མ་དག །རྒྱ་ནག་ལུགས་ཀྱི་རྫོགས་ཆེན་ཞེས་ཚད་ལྡན་ལས་མ་བཤད་ཅེས་ཟུར་གནས་དག་གསུང་ན། མིང་གསར་འདོགས་སྒྲོ་བཏགས་ཡིན་པས་མ་དག །སྡོམ་རིམ་དུ་བཅོམ་ལྡན་འདས་ཀྱིས་གདམས་ངག་འཕགས་པ་འོད་སྲུང་ལ་གཏད་པ་ནས་བཟུང་། རྒྱུད་པ་གསུམ་ཏེ་གཅིག་པ་རྙིང་མཏྲ་ཡ་ན་ཡིན་པར་བཤད་པ་ལ། ཏྲ

ཤང་གིས་ཆོས་ལུགས་མུ་སྟེགས་ལས་ཀྱང་ལོག་པར་རྫི་བ་སྐྱུར་འདེབས་ཡིན་པས་མ་དག །རབ་དབྱེར་ཕྱག་རྒྱ་བའི་ཆོས་འདི་རྒྱ་ནག་གི་ལུགས་སུ་ཐག་བཅད་ནས། ཐུབ་དགོངས་སུ་ཕྱག་རྒྱ་བའི་ནང་ཚན་ཧྭ་ཤང་གི་རྗེས་འབྲངས་དང་། སེམས་ཙམ་རྣམ་མེད་པའི་སྒོམ་དང་། ཤེར་ཕྱིན་ལྟར་སྣང་ཕྱག་ཆེན་དུ་འདོད་པའི་ལུགས་གསུམ་དུ་བཤད་པ་འགལ་བས་གང་རུང་གཅིག་མ་དག །ཐུབ་དགོངས་སུ་ཐེག་པ་ཆེ་ཆུང་གང་ཡང་མིན་པ་འགོག་པ་ལ་བཞི་པར་བྱས་པའི་སེམས་ཙམ་རྣམ་མེད་པ་དང་། ཤེར་ཕྱིན་ལྟར་དང་ཕྱག་ཆེན་མིན་གསུངས་པ་མཁས་པ་སྤྱི་དང་མ་མཐུན་པས་སྐྱོན་འཚང་དེ་འདྲ་མང་པོ་ཡོད་པ་སྒྲིབ་ཟློལ་དུ། རྟོད་སྤྱོང་དུ་ལོ་རྒྱུས་ཅུང་ཟད་དག་མ་དག་དང་། མིང་འདོགས་ཅུང་ཟད་མི་མཐུན་པ་ལ་འགངས་ཆེར་མི་སྣང་མོད་ཅེས་སྐྱུ་ཐབས་སུ་ཀུན་རྒྱབ་རྫུན་གྱིས་མནན་པས་མ་དག་དེ་རྣམས་ལོ་རྒྱུས་ལས་འཕྲོས་པ་སྟེ་གཞན་གཞུང་སོ་སོའི་སྐབས་སུ་འཚང་བརྗོལ་བར་བྱའོ། །ཞེས་བྲིས་པར་མཛད་དོ། །དེ་ལ་བརྟགས་ན་སྤྱིར་ལྟ་སྒོམ་སྤྱོད་གསུམ་ཕྱག་ཆེན་སོགས་གནད་ཆེ་བ་འབྲུལ་ན་ཞིང་གི་ཡུར་མ་ལྟར་བསྟན་པ་ལ་གནོད་པར་འགྱུར་བས་ལུང་རིགས་པས་དཔྱད་པར་བྱ་འོས་ཀྱི། གཞན་ལོ་རྒྱུས་དང་མིང་འདོགས་ཀོ་རིམ་སོགས་ལ་རྩོད་པར་མི་འོས་ཤིང་། སྔར་བྱོན་གྱིས་མཁས་གྲུབ་ཆོས་ཀྱི་སྤྱན་ལྡན་དག་གིས་ཀྱང་དེ་འདྲ་བ་ལ་དཔྱད་པ་མཛད་པ་མེད་དོ། །དེ་ལྟ་ན་འང་གཞན་མཛོད་དུ་ལོ་རྒྱུས་རབ་དབྱེར་བཀོད་པ་འདི་མ་དག་ཚུལ་དཔྱད་པ་མཛད་པ་ལ། ཀླུ་སྒྲུབ་རྟོད་སྤྱོང་དུ་ལོ་རྒྱུས་གསལ་བར་མ་བཀོད་པ་ན། གཟོད་ལོ་རྒྱུས་ཁུངས་མ་མེད་པར་རང་གཟོ་ཡིན་འདུག་སྙམ་དགའ་ཆེས་ཏེ་གླགས་ལྟ་བར་བསམ་ནས་འདི་དག་བྲིས་པར་འདུག་པས། ཐོག་མར་ལོ་རྒྱུས་བཀོད་ནས་གཟོད་ལན་གདབ་པར་བྱའོ། །དེ་ཡང་སྔ་བཞིན་ལ་ཅུང་ཟད་མི་འདྲ་བ་རྒྱུས་འབྲིང་བསྡུས་གསུམ་འབྱུང་ཡང་། སྔ་བཞིན་ཁུངས་དག་པ་ལས་འདི་སྐད་འབྱུང་སྟེ། རྒྱ་ནག་གི་དགེ་སློང་བྱུང་ནས་ཁོ་ན་རེ། ཆོག་ལ་སྙིང་པོ་མེད་ཐ་སྙད་ཀྱི་ཆོས་ཀྱིས་འཚང་མི་རྒྱ། སེམས་རྟོགས་ན་དཀར་པོ་ཅིག་ཐུབ་ཡིན་པས་དེས་ཆོག་ཟེར། དེའི་ཆོས་ལུགས་ཀྱི་བསྟན་བཅོས་བསམ་གཏན་ཉལ་བའི་འཁོར་ལོ། བསམ་གཏན་ལོན་ཡང་ལོན་ལྟ་བའི་རྒྱབ་ཤ །མདོ་སྡེ་བཅུ་ཁུངས་ཞེས་བྱ་བའི་བསྟན་བཅོས་ལྔ་བརྩམས་ནས། རྒྱ་ནག་གི་ཆོས་ལུགས་དཀར་པོ་ཅིག་ཐུབ་འདི་བོད་ཁམས་ཐམས་ཅད་དུ་འཕེལ་ལོ། །དེར་རྒྱ་ནག་གི་ཆོས་ལུགས་དང་རྒྱ་གར་གྱི་ཆོས་ལུགས་མ་མཐུན་ནས། སྦ་ཡེ་ཤེས། དབང་པོ་བསྲུང་བ་ལྷོ་བྲག་ནས་རྒྱལ་པོས་སྤྱན་དྲངས་ཏེ། རྒྱ་གར་དང་རྒྱ་ནག་གི་ཆོས་ལུགས་གང་བདེན་བྲིས་པས། ཡེ་ཤེས་དབང་པོའི་ཞལ་ནས་འོ་སྐོལ་ལ་སློབ་དཔོན་ཞི་འཚོས་ཞལ་ཆེམས་འདི་ལྟར་བཞག་སྟེ། བོད་ཁམས་འདི་སློབ་དཔོན་པདྨ་འབྱུང་གནས་ཀྱི་བསྟན་མ་བཅུ་གཉིས་ལ་གཏད་པས་མུ་སྟེགས་པ་ནི་མི་འབྱུང་ལ། འོན་ཀྱང་ཉིན་མཚན་དང་གཡས་གཡོན་དང་

ཡར་ངོ་མར་ངོ་དང་ཆོས་དག་མ་དག་འབྱུང་བ་རྟེན་འབྲེལ་གྱི་ཆེ་བ་ཡིན་པས་ང་འདས་པའི་འོག་རྒྱ་ནག་གི་མཁན་པོ་ཞིག་འབྱུང་སྟེ། དེས་ཐབས་དང་ཤེས་རབ་ལ་སྐྱུར་བ་འདེབས་པ་དཀར་པོ་ཆིག་ཐུབ་ཞེས་བྱ་སེམས་རྟོགས་པ་འབའ་ཞིག་གིས་སངས་རྒྱའོ་ཞེས་ཟེར་བ་འབྱུང་བ་འགྱུར་རོ། །དེ་བཅོམ་ལྡན་འདས་ཀྱི་མདོ་ལས། སྙིགས་མ་ལྔའི་ནང་ནས་ལྔ་བའི་སྙིགས་མ་ཞེས་བྱ་བ་སྟོང་པ་ཉིད་ལ་དགའ་བ་ཡིན་པར་གསུངས་པས་བོད་ཁོ་ནར་མ་ཟད་སྙིགས་མ་ལྔ་བདོ་བའི་སེམས་ཅན་ཐམས་ཅད་དེ་ལ་དགའ་བ་ཆོས་ཉིད་ཡིན། དེའི་ཆོས་ལུགས་དེ་འཕེལ་ན་སངས་རྒྱས་བསྟན་པ་སྤྱི་ལ་གནོད་པས། དེའི་ཚེ་ངའི་སློབ་མ་ཀ་མ་ལ་ཤཱི་ལ་ཞེས་བྱ་བའི་མཁས་པ་ཆེན་པོ་རྒྱ་གར་ནས་སྤྱན་དྲོངས་ལ་རྒྱ་ནག་མཁན་པོ་དང་རྩོད་དུ་ཆུག་གང་རྒྱལ་བ་དེའི་ལུགས་བགྱིས་ཤིག །ཅེས་ལུང་བསྟན་པས་དེ་ལྟར་མཛད་འཚལ་ཞེས་ཞུས་ནས། དེ་ནས་རྒྱ་གར་ནས་སློབ་དཔོན་ཀ་མ་ལ་ཤཱི་ལ་སྤྱན་དྲངས། བསམ་ཡས་སུ་ཁྲི་བཞུགས་ཏེ་དབུས་སུ་རྒྱལ་པོ། གཡས་གཡོན་གཉིས་སུ་རྒྱ་ནག་མཁན་པོ་དང་། སློབ་དཔོན་ཀ་མ་ལ་ཤཱི་ལ་བཞུགས། །མཐའ་འཁོར་རྣམས་ཀྱིས་བསྐོར་བའི་ཚེ། ཐམས་ཅད་ཀྱི་མཆོན་ཆ་བསྡུས་ལག་ཏུ་མེ་ཏོག་གི་ཕྲེང་བ་རེ་གཏད་ནས་གང་རྒྱལ་བ་ལ་བཏུད་དེ་ཕམ་པའི་ཆོས་ལུགས་དོར་ནས་རྒྱལ་བའི་ཆོས་ལུགས་ལ་འཇུག་པར་རྒྱལ་པོས་ཁྲིམས་བཅས། དེ་ལྟར་མི་བྱེད་པ་ལ་ཆད་པ་གཅོད་པར་དམ་བཅས་པའི་ཚེ། ཀ་མ་ལ་ཤཱི་ལའི་ཁྲལ་དུ་རྒྱ་གར་གྱི་ཆོས་ལུགས་འཛིན་པ་འགའ་དང་། བློན་པོ་འགོས་ལ་སོགས་པ་ཉུང་ཤས་གཅིག་ལས་མ་བྱུང་། རྒྱ་ནག་མཁན་པོའི་ཁྲལ་དུ་རྒྱལ་པོའི་བཙུན་མོ་འགྲོ་ས་བྱང་ཆུབ་དང་། གཟིམ་མལ་བ་ཅོ་ཧྨ་ཧྨ། ངན་ལམ་སྟག་ར་ཀླུ་གོང་ལ་སོགས་པ་ཚོགས་པ་ཤིན་ཏུ་ཆེ་བ་འདུས་སོ། །དེར་སློབ་དཔོན་ཀ་མ་ལ་ཤཱི་ལས་རྒྱ་ནག་གི་ཆོས་ལུགས་ཇི་ལྟར་ཡིན་ཞེས་ཕྱོགས་སྔ་དྲིས་པ་ན། རྒྱ་ནག་ན་རེ་ཁྱེད་ཀྱི་ཆོས་ལུགས་སྐྱབས་འགྲོ་སེམས་བསྐྱེད་ནས་བཟུང་ནས་སྤྲེའུ་ཤིང་རྩེར་འཛེགས་པ་ལྟར་མས་འཛེགས་ཡིན། ངེད་ཀྱི་ཆོས་ལུགས་འདི་བྱ་བྱེད་ཀྱི་ཆོས་ཀྱིས་འཚང་མི་རྒྱ་བས་རྣམ་པར་མི་རྟོག་པ་བསྒོམས་ནས་སེམས་རྟོགས་པ་ཉིད་ཀྱི་སངས་རྒྱས་ཏེ་ཁྱུང་ནམ་མཁའ་ལས་ཤིང་རྩེར་བབས་པ་ལྟར་ཡས་བབས་ཀྱིས་ཆོས་ཡིན་པས། དཀར་པོ་ཆིག་ཐུབ་ཡིན་ནོ་ཞེས་ཟེར། དེ་ལ་སློབ་དཔོན་གྱི་ཁྱེད་ཀྱིས་དཔེ་དོན་གཉིས་ཀ་མི་འཐད་པ་ལས། ཐོག་མར་དཔེ་མི་འཐད་དེ། ཁྱུང་ནམ་མཁའ་ལས་གློ་བུར་དུ་འདབ་གཤོག་རྫོགས་པར་སྐྱེས་ནས་ཤིང་རྩེར་འབབ་པའམ། འོན་ཏེ་གཉིས་པ་ལ་སོགས་པར་སྐྱེད་རིམ་གྱི་འདབ་གཤོག་རྫོགས་པར་བྱས་ཏེ་འབབ། དང་པོ་མི་སྲིད། གཉིས་པ་ནི་རིམ་གྱིས་པའི་དཔེར་རུང་གིས། ཅིག་ཆར་བའི་དཔེར་མི་རུང་ངོ་། །དེ་ནས་རྒྱ་ནག་མཁན་པོས་དཔེ་ལ་ལན་མ་ཐེབ་པ་དང་། སློབ་དཔོན་གྱིས་ཁྱོད་ཀྱིས་དཔེ་ནོར་བར་མ་ཟད་དོན་ཡང་འཁྲུལ་ཏེ་རྣམ་པར་མི་རྟོག་པའི་

སྒོམ་དེ་ཅི། རྣམ་པར་མི་རྟོག་པ་ཕྱོགས་གཅིག་བཀག་ཙམ་ཡིན་ནམ་རྣམ་པར་རྟོག་པ་མཐའ་དག་བཀག་དགོས། དང་པོ་ལྟར་ན་ཕྱོགས་གཅིག་བཀག་པ་ཡིན་ནོ་ཞེ་ན། དེ་ལྟར་ན་གཉིད་དང་རྒྱལ་བ་ལ་སོགས་པ་ཡང་རྣམ་པར་མི་རྟོག་པར་ཐལ། དེ་ལ་རྟོག་པ་ཕྱོགས་གཅིག་བཀག་པ་ཡོད་པའི་ཕྱིར། རྟོག་པ་མཐའ་དག་བཀག་དགོས་པ་ཡིན་ནོ་ཞེ་ན། དེ་ལྟར་ན་ཁྱོད་མི་རྟོག་པ་སྒོམ་པའི་ཚེ་མི་རྟོག་པ་སྒོམ་སྙམ་པའི་རྟོག་པ་སྔོན་དུ་སོང་གཏང་དགོས་སམ་མི་དགོས། མི་དགོས་ན་ཁམས་གསུམ་གྱི་སེམས་ཅན་ཐམས་ཅད་ལ་སྒོམ་སྐྱེ་བར་ཐལ། སྒོམ་སྙམ་པའི་རྟོག་པ་སྔོན་དུ་མ་བཏང་ཡང་སྒོམ་སྐྱེ་བའི་ཕྱིར། མི་རྟོག་པ་སྒོམ་སྙམ་པའི་རྟོག་པ་སྔོན་དུ་བཏང་དགོས་ན། དེ་ཉིད་རྟོག་པ་ཡིན་པས་མི་རྟོག་པ་སྒོམ་པའི་དམ་བཅའ་ཉམས་སྟེ། དཔེར་ན་ང་སྨྲ་བཅད་བྱས་པ་ཡིན་ཅེས་པས་སྨྲ་བཅད་ཤོར་བ་ཡི། ཅ་ཅོ་མ་བྱེད་ཅེས་བརྗོད་ན་ཅ་ཅོར་འགྲོ་བ་བཞིན་ནོ། །ཞེས་བྱ་བ་ལ་སོགས་པའི་ལུང་དང་རིགས་པས་སུན་དབྱུངས་པ་ན་རྒྱ་ནག་མཁན་པོ་སྤོབས་པ་མེད་པར་གྱུར་ཏོ། །དེར་རྒྱལ་པོས་བཀའ་བསྩལ་བ་ལན་ཡོད་ན་གསུངས་ཤིག །

མཁན་པོས་སྨྲས་པ། མགོ་བོར་ཐོག་རྒྱབ་པ་དང་མཚུངས་པར་ལན་མི་ཤེས་སོ། །རྒྱལ་པོས་བཀའ་བསྩལ་བ་དེ་ལྟར་སློབ་དཔོན་ལ་མེ་ཏོག་གི་ཕྲེང་བ་ཕུལ་ཏེ་བཟོད་པར་གསོལ། དཀར་པོ་ཆིག་ཐུབ་ཀྱིས་ཆོས་ལུགས་བོར་ལ་ལུང་རིགས་དང་མི་འགལ་བ་རྒྱ་གར་གྱི་ཆོས་ལུགས་བཞིན་དུ་བགྱིས་ཤིག་སྔན་ཆད་རྒྱ་ནག་གི་ཆོས་ལུགས་དཀར་པོ་ཆིག་ཐུབ་འདི་བྱེད་པ་བྱུང་ན་ཆད་པས་གཅད་དོ། །ཅེས་བོད་ཁམས་ཀུན་ཏུ་ཁྲིམས་བཅས་ཏེ། རྒྱ་ནག་གི་དཔེ་རྣམས་བསྡུས་ནས་བསམ་ཡས་སུ་གཏེར་དུ་སྦས་སོ། །དེར་རྒྱ་ནག་མཁན་པོ་ཡི་མུག་སྟེ་རང་གནས་སུ་སོང་ངོ་། །ཞེས་གསུང་པ་འདི་ཁུངས་སུ་མཛད་ནས་རབ་དབྱེ་དང་ཐུབ་དགོངས་སོགས་སུ་བཀོད་པ་ཡིན་ནོ། །ད་ནི་དངོས་ལན་གདབ་པར་བྱ་སྟེ། སྦ་བཞེད་དང་དབའ་བཞེད་བརྡ་གསར་རྙིང་དབའ་བཞེད་དུ་འཛོག་པ་མ་གོ་བར་དེ་སྐད་སྨྲས་པའི་ཕྱིར་རོ། །སྦ་དཔལ་དབྱངས་ཞེས་པ་གཉིས་བྱུང་བའི་སྔ་མ་དེ་དང་དབའ་རཏྣ་དོན་གཅིག་སྟེ། སྦ་བཞེད་ལས་རྩད་པོའི་ཞལ་ནས་སློབ་དཔོན་ངའི་བོད་ན་དགེ་སློང་མེད་པས་ངའི་ཞང་བློན་དག་ལ་ལ་དགེ་སློང་ཕུབ་བམ་ཞེས་ཞུས་པའི་ལན་དུ་ཕུབ་བམ་སད་པར་བྱ་གསུངས་ནས། སྐད་ལོབས་པ་ཚེ་ལས་ཐོག་མར་བོད་ལ་དད་པ་ཆེ་བ་དབའ་ཁྲི་གཟིགས་དགེ་སློང་བྱས། མཚན་སྦ་དཔལ་དབྱངས་སུ་བཏགས་མ་ཐག་མངོན་པར་ཤེས་པ་དང་ལྡན་པས་བཙན་པོ་དགྱེས་ཏེ། དེའི་ཞབས་སྤྱི་བོར་བླངས་ནས་ཁྱོད་བོད་ཀྱི་རིན་པོ་ཆེ་ཡིན་ནོ་ཞེས་བཀའ་བསྩལ་ནས་མཚན་ཡང་དབའ་རཏྣར་བཏགས་སོ། །བོད་ཀྱི་རབ་ཏུ་བྱུང་བ་ལ་སྔ་བ་དེ་ཡིན་ནོ་ཞེས་གསུངས་པའི་ཕྱིར། སྦ་དཔལ་དབྱངས་ཕྱི་མ་དང་སྦ་སངས་ཤི་གཅིག་སྟེ། ཡང་དེ་

ཉིད་ལས་བཙན་པོ་ན་རེ། སློབ་དཔོན་གྱི་ངའི་ཞང་བློན་དད་པ་ཅན་ད་དུང་རབ་ཏུ་བྱུང་ཞིག་ཅེས་ཞུས་པས།
སད་ཅིག་གསུངས་ནས་སྤྲ་གསལ་སྣང་དང་། དཔའ་ཁྲི་བཞེད་ཀྱི་བུ་སངས་ཤི་ཧ་དང་། པ་གོར་ཧེ་དོད་ཀྱིས་བུ
བཻ་རོ་ཙ་ན་དང་། ངན་ལམ་རྒྱལ་བ་མཆོག་དབྱངས་དང་། རྨ་ཨ་ཙརྻ་རིན་ཆེན་མཆོག་དང་། ལ་གསུམ་རྒྱལ་
བའི་བྱང་ཆུབ་དང་དྲུག་དགེ་སློང་བྱས་ཏེ། མིང་ཡང་ཡེ་ཤེས་དབང་པོ་དང་། སྦ་བོའི་དུས་ན་སྤྲ་གསལ་སྣང་ཟེར།
སེམས་སྐྱེད་ཞུས་ནས་རབ་ཏུ་བྱུང་བའི་མིང་། སློབ་དཔོན་བོ་དྷི་ས་ཏྭས་བཏགས། སྤྲ་དཔལ་དབྱངས་ལ་རྒྱ་ནག
སྐད་སང་ཤི་ཏ་ཟེར། ལ་ལ་དཔའ་ཁྲི་གཞེར་གྱི་བུ་སང་ཤི་ཧ་ཟེར། དེ་ལ་སོགས་པར་བཏགས་ནས་སད་མི་དྲུག
རབ་ཏུ་བྱུང་ངོ་ཞེས་གསུངས་པའི་ཕྱིར་རོ། །མ་གོ་བའི་ཡུས་གཏམ་དང་པོ་དེ་ར་ཟད། རབ་དབྱེར་རྒྱལ་པོ་ལ་
དངོས་སུ་ལུང་བསྟན་པར་བཤད་པ་དང་། ཐུབ་དགོངས་སུ་ཡེ་ཤེས་དབང་པོ་ལ་དྲིས་པར་བཤད་པ་མ་མཐུན་
ཞེས་པ་ཡང་མ་དགོངས་པ་སྟེ། ཧྭ་ཤང་གི་ལུགས་བོད་ཁམས་སུ་མཆེད་ནས་བོད་ཕལ་ཆེར་དེའི་ཕྱོགས་སུ་གྱུར།
བོ་དྷི་ས་ཏྭའི་སློབ་མ་ཚོ་འགྱུར་དུ་མ་འདོད་པར་ཆོས་ལུགས་སྟོན་རྩེན་གཉིས་སུ་གྱེས་ནས་འཁྲུགས་ལོང་དུ་གྱུར་
བ་ན་རྒྱལ་པོ། སྔར་མཁན་པོས་ལུང་བསྟན་པ་ཙུང་ཟད་བསྐྱེལ་བས་དེ་ཡིན་མིན་ཐེ་ཚོམ་པ་ན། ཡེ་ཤེས་དབང་
པོ་ལྷོ་བྲག་ན་སྒོམ་མཛད་པ་ནན་གྱི་པོས་ནས་གཏམ་མཛད་པས་བསྐྱེལ་པོས་ཡིད་དཔེ་སྟེ་ཀ་མ་ལ་ཤཱི་ལ་སྤྱན་
དྲངས་ནས་ཧྭ་ཤང་གི་ཆོས་ལོག་སུན་དབྱུང་བར་སྤྲ་བཞེད་དུ་མ་གཟིགས་པའམ་གཟིགས་ཀྱང་སྣང་ལ་མ་ངེས་
པའི་སྐྱོན་དུ་སྣང་བའི་ཕྱིར་རོ། །གཉིས་པ་ཡང་དེ་ར་ཟད། ཆོས་འབྱུང་སྙིང་མ་དང་སྒོམ་རིམ་དུ་དཀར་པོ་ཆིག
ཐུབ་ཀྱི་མིང་མ་བྱུང་། ཐུབ་དགོངས་སུ་རྒྱ་ནག་དགེ་སློང་གི་མིང་དེ་བཏགས་པར་བཤད་པ་མ་མཐུན……མ་དཔེ་
མི་གསལ……བ་ཡང་སྔ་མ་དང་འདྲ་སྟེ། ཧྭ་ཤང་གི་སེམས་རྟོགས་པ་ལ་དཀར་པོ་ཆིག་ཐུབ་ཏུ་མིང་བཏགས་པ་སྤྲ
བཞེད་དུ་གསལ་བར་གསལ་བར་བྱུང་བའི་ཕྱིར་རོ། །ལོ་རྒྱུས་བསྟན་རྒྱུ་མེད་པས་མ་དག་ཞེས་པ་ཡང་སྔར་དང
འདྲ་སྟེ། ཞི་འཚོས་རྒྱལ་པོ་ལ་ལུང་བསྟན……ལུགས་བྱུང་ཚུལ། ཀ་མ་ལ་ཤཱི་ལ་སྤྱན་དྲངས་ནས་དེ་སུན་དབྱུང
ཚུལ་སོགས་སྤྲ་བཞེད་ན་ཤིན་ཏུ་གསལ་བར་བཞུགས་ཤིང་། ཨ་པོ་ཁུ་སྟོན་གྱིས་མཛད་པའི་ཁུ་སྟོན་གྱི་ཆོས
འབྱུང་དང་། དེའི་སློབ་མ་ལྡེ་སྟོན་གྱིས་མཛད་པའི་ལྡེ་སྟོན་ཆོས་འབྱུང་། གསལ་བར་འབྱུང་བའི་ཕྱིར། གསུམ་
པ་ཡང་དེ་ར་ཟད། སྤྲ་བཞེད་དང་ཐུབ་དགོངས་སུ་རྒྱ་ནག་དགེ་སློང་རྩོད་པ་ཕམ་འཕྲལ་རྒྱ་ནག་གི་བསྟན་བཅོས་
ལྷ་གཏེར་དུ་སྦས་པར་བཤད་པ་དང་། རབ་དབྱེར་ཡི་གེ་དེ་ལ་གཞི་བྱས་ནས། ཕྱག་རྒྱ་ཆེན་པོ་ངོ་སྤྲོད་གསུམ་པ
བྱས་པར་བཤད……སྔར་དང་འདྲ་སྟེ། རྒྱ་ནག་གི་དཔེ་དེ་སྐབས་གཏེར་དུ་སྦས་ཀྱང་ཕྱིས་འོད་སྲུང་དང་སུམ་
བདེན་འཁྲུགས་ནས་དགོན་པ་མང་པོ་ཞིག་རལ་བྱུང་དུས་སུ་དཔེ་རྣམས་ཐོན་ཏེ། དེའི་མིང་གསང་སྟེ་དེ་ནས

བཤད་པ་བཞིན་གྱི་སེམས་འཛིན་གྱི་མན་ངག་གསར་དུ་བཙོས་……ཞེས་ཡི་གེ་སྙིང་མ་ལས་བཤད་པ་གཟིགས་པའམ། གདམ་རྒྱུད་ངེས་པ་ཅན་ལས་གསན་པ་ཞིག་བགོད་པར་སྣང་བའི་ཕྱིར་རོ། །རྒྱ་ནག་ལུགས་ཀྱི་རྫོགས་ཆེན་ཞེས་པའི་མིང་ཚད་ལྡན་གང་ནས་ཀྱང་མ་བཤད་པས་མིང་གསར་འདོགས་སྒྲོ་……དག་ཅེས་པ་ཡང་། རྒྱ་ནག་དགེ་སློང་ལུགས་ཀྱི་རྫོགས་ཆེན་ཞེས་པ། རྒྱ་ནག་དགེ་སློང་གི་ཆོས་ལུགས་དེ་རྫོགས་པ་ཆེན་པོ་རྣམས་ཅིག་ཆོད་ཟང་ཐལ་ཡིན་ཟེར་ནས་ལྟ་བ་གཅིག་པུས་ཆོག་པ་སྐད་བྱས། ལུས་ངག་གི་དགེ་བ་ཡོད་པར……པ་དེ་དང་ཆ་འདྲ་བ་ནས་དེའི་མིང་བཏགས་པ་ཡིན་གྱིས། རྫོགས་པ་ཆེན་པོ་དངོས་ཡིན་པར་མི་འདོད་པའི་ཕྱིར་རོ། །འདི་དང་མཐུན་པའི་བཤད་པ་ནི་སྟག་ཚང་ལོ་ཙཱ་བ་ཤེས་རབ་རིན་ཆེན་གྱི་གྲུབ་མཐའ་ཀུན་ཤེས་ཀྱི་རང་འགྲེལ་ལས་ཀྱང་འབྱུང་སྟེ། དེ་ཉིད་ལས……དེའི་རྗེས་སུ་དོན་གྱི་འབྲང་བ་རྫོགས་པ་ཆེན་པོ་བ་མཐོང་གྲོལ་ཅིག་ཆོད་དུ་སྨྲ་བ་མང་པོས་བསོད་ནམས་ཆུང་བས་ཆོས་འདི་དང་མ་འཕྲད་ལ། འཕྲད་ན་བསླབ་པ་གསུམ་གྱི་དོན་གང་ཡང་མི་དགོས་པར་གྲོལ་ལོ་ཞེས་སྨྲའོ། །ཞེས་གསུངས་པའི་ཕྱིར། གཞན་ཡང་མིང་གསར་འདོགས་ལ་ལུང་ཚད་ལྡན་ལས་བཤད་ཁུངས་དགོས་ན། ཁྱོད་ཀྱི་ཕྱག་རྒྱ་ཆེན་པོ་ལ་དཀར་པོ་ཅིག་ཐུབ་ཏུ་བཏགས་པ་དེ་ལུང་ཚད་ལྡན་གང་དུ་བཤད། བསྟན་པ་ལ་གསར་བཞུགས་ཚོ་ལ་བླ་མ་སོ་སོས་མིང་སྒོ་རུ་མི་རུང་བ་དང་། བུ་ཆུང་སྐྱེས་མ་ཐག་པ་ཚོར་མིང་གསར་པ་འདོགས་མི་རུང་བར་འགྱུར་རོ། །སྒོམ་རིམ་དུ་བསམ་གཏན་གྱིས་མན་ངག་འོད་སྲུངས་ནས་ཧྭ་ཤང་གི་བར་དུ་རྒྱུན་མ་ཆད་པར་བྱུང་བར་བཤད་པ་ལ་ཧྭ་ཤང་གི་ཆོས་ལུགས་མུ་སྟེགས་ལས་ཀྱང་དམན་པར་བཤད་པ་སྐྱུར་འདེབས་ཡིན་པས་མ་དག་པ་ཞེས་པ་ཡང་སྔ་མ་དང་འདྲ་སྟེ། སྒོམ་རིམ་གྱི་ལོ་རྒྱུས་འདི་སྒོམ་རིམ་གྱི་གླེགས་བམ་དང་ཡོན་ནི་མི་འདུག །ལྟན་ཐབས་ལོ་རྒྱུས་ཡིན་པས་མཐའ་དག་གཅིག་ཏུ་དག་པར་དཀའ་འོ། །ཚད་ལྡན་ཡིན་པའི་ངེས་པ་མེད་ཅིང་། ཡིན་ན་ཡང་དེས་ཧྭ་ཤང་རྣམ་དག་ཡིན་པར་སྒྲུབ་མི་ནུས་ལ། ཧྭ་ཤང་དཀོན་མཆོག་གསུམ་མམ་སྟོན་པའི་རྗེས་འབྲང་ཙམ་ཡིན་པས་མུ་སྟེགས་ལས་དམན་པར་སུས་ཀྱང་བཤད་པ་མེད་དོ། །རབ་དབྱེར་ཕྱག་རྒྱ་བའི་ཆོས་རྒྱ་ནག་གི་ཆོས་ལུགས་སུ་ཐག་བཅད་ནས་ཐུབ་དགོངས་སུ་ཧྭ་ཤང་གི་རྗེས་འབྲང་ཕྱག་རྒྱའི་ནང་མཚན་དང་། སེམས་ཙམ་རྣམ་མེད་པའི་སྒོམ་དང་། ཤེར་ཕྱིན་ལྟར་སྣང་ཕྱག་ཆེན་དུ་འདོད་པའི་ལུགས་གསུམ་བཤད་པ་འགལ་བས་གང་རུང་གཅིག་མ་དག །ཅེས་པ་ཡང་སྔ་མ་དང་འདྲ་སྟེ། རབ་དབྱེར་ཐལ་ཆེར་རྒྱ་ནག་ཆོས་ལུགས་ཡིན། །ཞེས་ཐལ་ཆེར་གྱི་སྒྲས་དེ་ལ་གཉིས་ཡོད་པར་བསྟན་པ་མ་གོ་བར་ཟད་པའི་ཕྱིར་དང་། ཐུབ་དགོངས་ལས་གསུམ་དུ་ཕྱེ་བའི་སྔ་མ་རྒྱ་ནག་གི་ལུགས་དང་སྒྲ་ཇི་བཞིན་པར་མཐུན་པ་དང་། ཕྱི་མ་གཉིས་དེ་དང་ཆ་འདྲ་བ་ཙམ་དུ་བཤད་ཀྱིས། ཕྱག་རྒྱ་བ་དངོས་ཡིན་པར་མ་བཤད་པའི་ཕྱིར་རོ། །ཡང་

ཐུབ་དགོངས་སུ་ཐེག་པ་ཆེ་ཆུང་གང་ཡང་མ་ཡིན་པ་འགོག་པ་ལ་དགག་ཡུལ་ལ་བཞིར་ཕྱེ་བའི་སེམས་ཙམ་རྣམ་མེད་པ་དང་། ཤེར་ཕྱིན་ལྟར་སྣང་ཐེག་ཆེན་མིན་ཞེས་པ་མཁས་པ་སྤྱི་དང་མ་མཐུན་པས་མ་དག །ཞེས་པའང་སྔ་མ་དང་འདྲ་སྟེ། ཤན་ཏི་བའི་ལུགས་ཀྱི་རྣལ་འབྱོར་བཞིའི་སྒོམ་ལ་བོད་ཁ་ཅིག་གིས་ཕྱག་རྒྱ་ཆེན་པོར་བྱས་པ་འདི་ཐེག་པ་ཆེ་ཆུང་གང་གི་ཡང་ལུགས་མིན་ཞེས་པ་ཡིན་གྱིས། སེམས་ཙམ་རྣམ་མེད་པ་ཐེག་ཆེན་མ་ཡིན་ཞེས་པ་ག་ལ་ཡིན་པའི་ཕྱིར་དང་། ཐོས་བསམ་གྱིས་དཔྱད་པ་གང་ཡང་སྔོན་དུ་མ་སོང་བར་བཙན་ཐབས་སུ་ཆོས་ཐམས་ཅད་སེམས་དང་། སེམས་ནམ་མཁའ་དང་། ནམ་མཁའ་ཅི་ཡང་མེད་པའི་སྟོང་ཉིད་དུ་ངོ་སྤྲོས་ནས་ཉམས་སུ་ལེན་པ་འདི་ཐེག་པ་ཆེ་ཆུང་གང་གི་ཡང་ཉམས་ལེན་ལམ་མ་ཡིན་པའི་དོན་ཡིན་པའི་ཕྱིར་རོ། །

དེས་ན་གསུང་རིགས་འདི་འདྲ་བ་ནི་ཨེ་ཝཾ་པ་ཆེན་པོ་དཀོན་མཆོག་ལྷུན་གྲུབ་ཀྱིས། ཁོས་མེད་སྤྲང་བུས་གཞོག་རྒྱངས་ཀྱིས། །ཉི་ཟླ་སྒྲིབ་པར་འདོད་པ་མཚར་ཞེས་པ་དེར་གདའོ། །ཆོས་ཀྱི་རྗེ་འདི་ནི་རྒྱལ་བ་ཐམས་ཅད་ཀྱི་རང་གཟུགས་བཅོམ་ལྡན་འདས་འཇམ་པའི་རྡོ་རྗེ་ཉིད་དང་གཉིས་སུ་མེད་ཅིང་གཉིས་སུ་བྱར་མེད་ཡི་དམ་གྱི་ལྷ་དང་དུས་གསུམ་དུས་གསུམ་གཟིགས་པའི་དམ་པ་མང་པོས། མཁྱེན་གཅིག་ཏུ་ལུང་བསྟན་དབུགས་དབྱུངས་གཟེངས་བསྟོད་ལུང་དང་རིགས་པ་དང་དཔེ་གཏན་ཚིགས་ཀྱིས་གྲུབ་པ་ཡིན་པས་མིང་ཆེ་ལ་དོན་ཆུང་བའི་སོ་སྐྱེ་ལ་བཏགས་པའི་སངས་རྒྱས་འདྲ་བ་མ་ཡིན་ནོ། །གང་ཞིག་དེ་འདྲའི་རྒྱལ་སྲས་སྤྲིན་བདག་ལ། །ཞེས་སོགས་ཀྱི་ལུང་དོན་ངེས་པར་བྱས་ནས་བག་ཡོད་པར་བྱ་འོས་སོ། །ངན་རྟོག་བྲག་ཁྱིམ་སྟུག་པོར་གནས་བཅས་ནས། །མཁས་དབང་ཉིན་མོར་བྱེད་ལ་སྡང་ཤུགས་ཀྱི། །ངན་སླས་དབྱངས་སུ་ལེན་པའི་ཨུ་ལུ་ཀཱ། །སླ་བའི་ཐུ་ཁ་འདོད་ལྷའི་བདག་པོས་བྱེད། །མཚན། འདི་འདྲའི་རིགས་ཅན་ལ་དགོངས་ནས་ཤར་ཙོང་ཁ་པ་བློ་བཟང་གྲགས་པའི་དཔལ་གྱི་ཆོས་རྗེ་བའི་རྟོགས་པ་བརྗོད་པར། ཁྱོད་ཀྱི་བློ་གྲོས་དྲི་མ་མེད། །མུ་མཐའ་བྲལ་བའི་ཤེས་བྱ་ལ། །ལྷའི་ལམ་ལ་འོད་སྟོང་ནི། །འཇུག་པར་མཐོང་ཚེ་བདག་གི་ཡིད། །ཡ་མཚན་རྒྱུར་ནས་དེའི་དཔེར། །འཇམ་པའི་དབྱངས་ཀྱི་མཁྱེན་པ་བཟུང་། །དེ་ནས་དེ་གཉིས་དབྱེར་མེད་པར། །མཐོང་བས་བདག་གི་དཔེ་མ་རྙེད། །ཞེས་དང་། ཁྱོད་ནི་ཐུབ་བསྟན་ནོར་བུ་ཡི། །དྲི་མ་རིག་པའི་ཆུ་ཡིས་བཀྲུས། །ཡེ་ཤེས་ལུང་གིས་བྱི་དོར་བྱས། །སྒྲུབ་པའི་རྒྱལ་མཚན་རྩེ་ར་མཆོད། །ཉིན་མཚན་དུས་ནི་ཐམས་ཅད་དུ། །བསྟན་པ་འབའ་ཞིག་དགོངས་པ་ཁྱོད། །སྙིགས་དུས་འགྲོ་བ་སྐྱབས་མེད་ལ། །རྒྱལ་བ་བས་ཀྱང་ཐུགས་རྗེ་ཆེ། །ཞེས་དང་། ཐེག་ཆེན་པ་དཀོན་མཆོག་ལྷུན་གྲུབ་ཀྱིས། མི་ཤེས་གདོལ་བའི་ཕྲུ་གུ་འཕོངས་པ་ཡིས། །འཁོར་གྱི་བདེ་གཤེགས་ལ་འཇིག་རྟེན་འདྲེན་པ་ཞེས། །མིག་སྨྲུ་འབབ་ཆུར་སྒྲོག་པའི་གྲགས་སྟོང་སྒྲས། །འཇིག་རྟེན་ཡང་མོར་བྱེད་དང་འདི་མི་མཚུངས། །ཞེས་གསུངས་པ་ལྟར་

ལགས། ཡང་གཞན་མཛོད་ལས། དེས་ན་རྟོད་པ་པོས་རྒྱག་ལུགས་ཀྱི་རྫོགས་ཆེན་ཞེས་སྨྲ་བས། འདི་མ་གཟིགས་པར་ཟད་དོ། །འདིར་མདོ་སྡེའི་སྒོམ་རིམ་དུ་བཤད་ལ། རྫོགས་ཆེན་ཨ་ཏི་ཡོ་ག་ཡིན་པ་མ་ཕྱེད་པར་རྩད་པས་ཚར་བཅད་ཀྱི་གནས་སོ། །ཞེས་པའི་ལན། ཀླུ་སྒྲུབ་རྟོད་སྤོང་ལས། ཚར་བཅད་ཀྱི་མིང་ཙམ་ལ་དགོས་པའོ། །ཞེས་པའི་ལན་དུ། ཉིད་ཀྱིས། ཚར་བཅད་ཀྱི་མིང་ཙམ་ལ་དགོས་པ་ནི། བདེན་བདེན་ཕ་རོལ་ཟིལ་གྱིས་གནོན་པའི་གདམ་ཡིན་པའི་ཕྱིར་རོ། །འོན་ཀྱང་ཕྱོགས་སྔ་སྨྲ་བ་པོ་དེ་དང་། པད་མ་དཀར་པོ་དུས་མཚུངས་པ་ཞིག་ན་དེ་ལུགས་ཀྱི་ཚར་བཅད་པའི་གནས་ཡིན་མོད་ཀྱང་དུས་སྔ་ཕྱི་འཛོལ་བས་མ་གྲུབ་ཞེས་པའི་ཐ་ཚིག་གོ། །ཞེས་བྲི་བར་མཛད་དོ། །དེ་ལ་བརྟགས་ན་གཞན་མཛོད་དུ་རྒོལ་བ་ཉིད་ཚར་བཅད་ཀྱིས་གནས་སུ་ལྷུང་ཞེས་པ་མང་པོ་སྣང་བའི་དོན། ལུགས་ཀྱིས་ཚར་གཅོད་ནུས་པ་ཞིག་བྱུང་ན་སྐམ་ཡིད་ལ་སྨོན་ཀྱང་བྱེད་མ་ནུས་ཞེས་པའི་ཐ་ཚིག་ཞེས་པ་ནི་ཐུགས་ཚད་པའི་བརྟགས་ཏེ་ཁོ་ཅག་ཀྱང་དེ་དོན་ཞེས་སྨྲའོ། །ཡང་ཀླུ་སྒྲུབ་རྟོད་སྤོང་ལས། རྫོགས་ཆེན་དུ་ཁས་བླངས་པ་ལ། རྒྱུའི་མདོ་སྡེ་དང་རྣམ་སྣང་མངོན་བྱང་གིས་ལུང་གི་མི་གནོད་གསུངས་བ་མ་ཕྱེད་པ་ཞིག་སྟེ། དེ་རྣམས་ཐུན་མོང་བའི་ལྟ་བ་ལ་ལོགས་པར་སྨྲ་བ་ལ་འོག་མའི་ལུང་གིས་གནོད་རིགས་པའི་ཕྱིར་རོ། །ཞེས་བཀོད་པའི་ལན་དུ། ཉིད་ཀྱི་གསུང་ལས། རྫོགས་ཆེན་དང་། རྒྱུའི་མདོ་སྡེ་དང་། རྣམ་སྣང་མངོན་བྱང་རྣམས་ལ་ཐུན་མོང་བའི་ལྟ་བ་ལོག་པ་མེད་ཀྱི་སྟེང་དུ་དེ་དག་ལས་ལྟ་བ་རྣམ་དག་འབའ་ཞིག་གསུངས་སོ་སྙམ་ཁོ་བོ་སེམས་ལགས་སོ། །ལ་ལ་ཐེག་པ་རིམ་དགུ་ལ། །ལྟ་བ་ཐ་དད་ཡོད་ཅེས་ཟེར། །ཞེས་སྐད་གསན་འདུག་པ་བཞིན། གསང་སྔགས་རྙིང་མའི་བསྟན་འཛིན་ཆེན་པོ་རྣམས་ཀྱང་བཞེད་ངེས་སུ་འདུག་གོ། །དེའི་ཚེ་མདོ་སྡེ་དགོངས་པ་ངེས་འགྲེལ། ལང་གཤེགས་རྣམ་སྣང་མངོན་བྱང་སོགས་དང་། ཨ་ཏི་ཡོ་ག་ལྷ་སྒོམ་དམའ་མཐོ་ཁྱད་ཆེ་བས་མ་སྟོགས་དགོས་པ་རྣམ་སྣང་མངོན་བྱང་ལ་བརྟེན་ནས་སྒོམ་རིམ་བར་མ་བརྒྱམས། དེ་ནས་བཤད་པའི་སྒོམ་དང་ཕྱག་རྒྱ་ཆེན་པོ་གཅིག་པར་ཁས་བླངས་ནས། ཡང་ནི་རྣམ་སྣང་མངོན་བྱང་ལས་བཤད་པའི་ལྟ་བས། ཨ་ཏིའི་ལྟ་བ་ལ་མི་སྟོགས་པར་སྨྲ་བ་ནི་ནང་འགལ་ཁོ་ན་སྟེ། ཁྱོད་ཀྱི་ཕྱག་ཆེན་དེ་དཔེ་མེད་ཀྱི་ཟབ་ཆོས་ཡིན་པར་རློམས་ཀྱང་རྫོགས་ཆེན་གྱི་ལྟ་བ་ལ་མ་སྟོགས་པའི་ཕྱིར། ལུགས་ཀྱི་ཞུང་ཟད་འདི་ལྟ་བུའི། །དབུ་ཞབས་ཁས་བླངས་མི་འཁྲུངས་བཞིན། །རྟོད་པ་སྨྲ་བའི་ཁྱུ་མཆོག་ལ། །འཁྲུན་པར་སེམས་པ་གད་མོའི་གནད། །ཞེས་པའོ་མཆན་དང་། རྣལ་འབྱོར་པ་ཡང་བློ་ཁྱད་ཀྱིས། །གོང་མ་གོང་མ་རྣམས་ཀྱིས་གནོད། །ཅེས་པའི་ལུང་འདི་ཡང་བདེན་དུ་རེའོ། །ཞེས་བྲིས། དེ་ལ་བརྟགས་ན། དེ་རྣམས་ཐུན་མོང་བའི་ལྟ་བ་ལ་ལོག་པར་སྨྲ་བ་ཞེས་པ་ཙམ་སྟེ། དེ་རྣམས་ཐུན་མོང་དུ་དགག་འོས་ཀྱི་ལྟ་བ་ཞིག་ལ། ལོག་པར་སྨྲ་བ་ཞེས་སྨྲ་བའམ། ཡང་ན་དེ་རྣམས་ཐུན་མོང་བའི་ལྟ་བ་དེ་དང་མི་མཐུན་པའི་ལོག་པར་སྨྲ་བ་ཞེས་འབྲེལ་ཡང་

མཐུས་པའི་ཕྱིར་རོ། །དེ་རྣམས་ཀྱི་ལྟ་བ་ལ་དམའ་མཐོ་ཡོད་ན་རང་ལ་ནང་འགལ་ཏེ། གོང་དུ་མདོ་སྔགས་གཉིས་ལྟ་བ་དང་། འབྲས་བུ་གཅིག་པར་ཁས་བླངས་བའི་ཕྱིར་རོ། །ཡང་ཀླུ་སྒྲུབ་རྩོད་སྤོང་ལས། སྡོམ་གསུམ་དེ་དུས་ཀྱི་ལན་དངོས་ནི་མིན་ཏེ། རྩོད་པའི་རྗེས་སུ་བརྩམས་པའི་ཕྱིར། ཞེས་བཀོད་པར། ཉིད་ཀྱི་གསུངས་ལས། དེ་གསུམ་རྩོད་པའི་རྗེས་སུ་བརྩམས་པ་གཞིར་བཅས་ཀྱང་། ཕན་ཚུན་གྱི་རྩོད་ངག་ཐམས་ཅད་དེ་གསུམ་ཅི་རིགས་ཚང་བ་ཡིན་ཏེ། མཁས་འཇུག་ལས། དེ་ལྟར་ལེགས་པར་གཏན་ཕབ་ནས། །དཔང་པོ་འཛིན་དུ་བཞུག་པའི་ཕྱིར། །རྩོད་པའི་ངག་རྣམས་བསྡུས་ཏེ་བསྒྲགས། །འདི་ནི་མཁས་པའི་གཞུང་ལུགས་ཡིན། །ཞེས་གསུང་ལ། དེ་ཡང་རང་རང་གི་རིགས་གྲུབ་མཐའ་བཟུང་ནས་རྩོད་པའི་ངག་འཕེན་ལེན་རྣམས་གཏམ་དང་བྱ་བ་གཞན་གྱི་བར་ཆོད་པར་ལྟ་བུས་རྐྱེན་གྱི་དོན་ཙུང་ཟད་མ་ངེས་པའམ་ངག་འཁོར་བ་སྲིད་པས་རྩོད་པའི་འཇུག་ཐོགས་སུ། སློར་གོ་རིམ་བསྒྲིགས་ནས་བསྟན་བཅོས་ཀྱི་ལུས་སུ་སྒྲིག་པ་འདི་ལྟ་བུ་མཁས་པའི་གཞུང་ལུགས་ཡིན་པར་བཤད་པས་སོ། །བསྡུས་ཏེ་ཞེས་པའང་སྔར་རྒྱུས་པ་ལྟ་བུ་ཞིག་ཕྱིས་བསྡུས་སུ་བཏང་བ་མ་ཕྱིན་ཏེ། ཇི་སྐད་དུ་རིག་གཞུང་ཀུན་ལས་ བཏུས་ཏེ་སྣ་ཚོགས་འཁོར་རྣམས་འདིར་གཅིག་བྱ། །ཞེས་པ་ལྟ་བུ་སྟེ། མཁས་འཇུག་གི་རང་འགྲེལ་ལས། དེ་ལྟར་རྩོད་པའི་དངོས་གཞི་བརྒལ་ལན་གྱི་སྒོ་ནས་དགག་སྒྲུབ་ཀྱི་གནད་མ་འཁྲུལ་བས་གྲུབ་མཐའི་རྗོགས་པར་རྟོགས་པར་བྱས་ནས། ངག་ཙུང་ཟད་འཁོར་བ་ཚོགས་པས་གོ་བར་བྱ་བའི་ཕྱིར་བསྡུས་ཏེ་བརྗོད་པར་བྱའོ། །དེ་ལྟར་དེའི་ཐད་དུ་རྒྱུས་ཙམ་སློས་པའི་རྒྱ་མཚན་སྒྲོགས་ཀྱི་རྩོད་ཡིག་མང་པོའི་གྲབས་བཞོམ་ཆེ་ཞེ་ལ་བཞག་ནས་སྡོམ་རིམ་ལས་བྱུང་བའི་རྩོད་པ་དང་ལན་གྱི་འདིར་གོ་མི་ཆོད་དེ། སྡོམ་རིམ་གསུམ་རྩོད་པ་བསྒྲུབས་ནས་བྲིས་པའི་ཕྱིར། གསུང་རྒྱུར་འདུག་པ་ལ་བསམ་པའི་ཕྱིར་རོ་ཞེས་བྲིས་སོ༔ ༔དེ་ལ་བརྟགས་ན། སྡོམ་རིམ་གསུམ་དུ་པད་མའི་དང་ཚུལ་དང་། མཏྭཡ་ནའི་རྩོད་ངག་ཐམས་ཅད་ཚོགས་པར་བཀོད་པའི་སྒྲུབ་བྱེད་དུ་མཁས་འཇུག་རྩ་འགྲེལ་གྱི་ལུང་འདྲེན་མཛད་པའི་ཕྱིར་མ་འགྲེལ་ཞིང་། སྒྲུབ་བྱེད་གཞན་ནི་མ་བྱུང་བའི་སྤྱོབས་པ་གཏུགས་པར་ཟད་དོ། །ཡང་གཞན་མཛོད་ལས། ཕྱག་རྒྱ་མཁན་པོའི་ཆོས་ལུགས་ཕྱིས་འཕེལ་བའི་གཞུང་ཡིན་ན། དེའི་གཞུང་གར་འཕེལ་ཐོག་མར་སུའི་ཡན་ལག་ཏུ་བྱུང་དྲིས་ན་སླ་གཅད་དགོས་པས་ཚར་བཅད་གཉིས་པར་ལྟུང་ངོ་། །ཞེས་པའི་ལན་དུ། ཀླུ་སྒྲུབ་རྩོད་སྤོང་ལས། དེའི་གཞུང་བསམ་གཏན་ཉལ་ཆོག་བསམ་གཏན་གྱི་ལོན་ཡང་ལོན་ལྟ་བའི་རྒྱབ་ཤ །མདོ་སྡེ་རྒྱ་བཅུ་ཁུངས་སོགས་ལྟ་འམ་གསུམ་ཙམ་བྱུང་བ་གཏེར་དུ་སྦས། ཕྱིས་འོད་སྲུང་དང་ཡུམ་བརྟེན་འབྲུགས་དུས་དེའི་གཞུང་འགའ་ཞིག་གཏེར་ནས་ཐོན། བློན་པོ་འགའ་ཞིག་གིས་དེའི་ཡི་གེ་ལ་ཟུར་བཅོས་ཏེ་སྣང་བ་སེམས་སུ་ངོ་སྤྲོད། སེམས་ནམ་མཁར་

ངོ་སྤྲོད། ནམ་མཁའ་ཅི་ཡང་མེད་པའི་སྟོང་ཉིད་དུ་ངོ་སྤྲོད་པའི་ཕྱག་རྒྱ་ཆེན་པོ་ངོ་སྤྲོད་གསུམ་པར་གྲགས་པ་བཅོས་ཏེ། ཧྭ་ཤང་གི་ལྟ་བ་ལ་ཕྱག་རྒྱ་ཆེན་པོའི་ངོ་སྤྲོད་མིང་འདོགས་བྱེད་པ་དེ་ནས་བྱུང་ཞེས་པའི་ཡི་གེ་རྙིང་མ་མཐོང་བ་དེ་ཉིད་བཀོད་པར་སྣང་བས་སྐྱ་གཅད་མི་དགོས་པ་ཡི་གེ་དེ་ཉིད་ན་གསལ་ལོ་ཞེས་བཀོད་པས་ལན་དུ། ཉིད་ཀྱི་གསུང་ལས། ཧྭ་ཤང་གི་ཆོས་རྒྱུས་ཁྲིད་ཚང་ཆེ་བར་འདུག་པས། གཞུང་ལྟ་པོ་དེ་ལ་བརྟེན་ནས་སུས་གང་བཅོས་ཐེང་དཀའ་བ་འདྲ་ཡང་། ཁྭ་ཏས་མི་གཙང་ཟོས་པའི་རྒྱུ། །ས་གཙང་གཞན་ལ་འབབ་ནས་འཕྱིད། །ཞེས་པ་ལྟར་སོང་དོགས་སོ། །ཧྭ་ཤང་གི་ཆོས་རྣམས་གཏེར་སྟོན་སྐྱུག་རྫུན་གླིང་པས་སྟོན་ན་མ་གཏོགས་ཁུང་ཅན་མེད་དོ། །རབ་དབྱེར་ཕྱིས་ནས་རྒྱལ་ཁྲིམས་ནུབ་པ་དང་། ཞེས་སོགས་ལས་རྒྱལ་ཁྲིམས་ནུབ་ཟིན་ནས་ཆོས་ལུགས་དེ་བཅོས་པར་བཤད་ཀྱང་། ཉིད་ཀྱི་རྩོད་སྤོང་དུ་འོད་སྲུང་དང་ཡུམ་བརྟེན་འཁྲུགས་པའི་དུས་སུ་ཐོན་ཟེར་བ་བྱུས་འདུག་པས་འགལ་ཏེ། འོད་སྲུང་གི་དུས་རྒྱལ་མ་ནུབ། དེའི་སྲས་དཔལ་འཁོར་ཙན་གྱི་སྐུ་ཚེའི་མཇུག་ལ་ནུབ་པར་བཤད་ཅིང་སློབ་དཔོན་སངས་རྒྱས་བསང་བས་ཀྱང་ལུང་དེ་ལྟར་དུ་བསྟན་པའི་ཕྱིར་རོ། །

ཡང་ཁྱོད་ཀྱི་ཧྭ་ཤང་གི་ཡི་གེ་ཟུར་བཅོས་པའི་ཕྱག་ཆེན་ངོ་སྤྲོད་པ་དེ་ནི། ལམ་སྐོར་གྱི་མཆོད་རྟེན་ཐོབ་ནའང་སྣང་སྟེ། དེ་ཉིད་ལས། སེམས་ལ་བརྟགས་ན་སེམས་ཐོག་མ་ཐ་མ་མེད་པ་ནམ་མཁའ་ལྟ་བུ། སྐྱེ་འཇིག་མེད་པ་འགྲོ་འོང་མེད་པ་སོགས་འགྲོས་རྐང་ཅན་འབྱུང་བས། སེམས་ནམ་མཁའ་དང་ནམ་མཁའ་སྟོང་པ་ནི་དེར་ཚང་གདའ། དེ་རྩོམ་གཞི་བསྟན་བཅོས་ལྟ་པོ་གང་ལ་བརྟེན་ནས་བརྩམས་ལགས། ཧྭ་ཤང་གི་ལྟ་བ་ལ་ཕྱག་རྒྱ་ཆེན་པོའི་མིང་བརྟགས་པའི་ཡི་གེ་རྙིང་མ་དེ་རི་བོང་རྭས་ཕྱུག་ཟིན་ནས་སུས་ཀྱང་མཐོང་བ་མི་གདའ་ལགས། སྐྱ་བཅད་དགོས་པ་ཞེས་པ་དོན་དང་འགྲེལ་བའི་སྐྱ་བཅད་དགོས་པ་ལ་དགོངས་པར་གདའ། གཞན་རྗེ་ས་པཎ་གྱི་ལེགས་བཤད་དུ་སྐྱ་བ་ཉུང་ན་མཛེས་ཞེས་གསུངས་ཀྱང་མི་ཉན་པས་སྐྱ་བ་གཅོད་རིགས་སུ་མི་སྣང་ངོ་། །ཡང་ཁྱེད་ཀྱི་ཧྭ་ཤང་གི་ལྟ་བ་ལ་རྫོགས་ཆེན་གྱི་མིང་འདོགས། དེ་གཉིས་རྩོད་པའི་རྗེས་སུ་ལོ་ཆེན་པོའི་གོང་དུ་བརྩམ་དུ་བྱུང་སྙམ་སྟེ། ཞེས་པ་ནི་རང་ཉིད་ཐེ་ཚོམ་གྱི་དཔྱད་ཐག་ལ་འཕྱུད་བཞིན་དུ་གཞན་ལ་ཚེར་མ་འཛུགས་པ་སྟེ། ཐེ་ཚོམ་སེལ་ཕྱིར་སྟེ་པ་དྲུང་སྒྲོང་པོས་ལ་མོ་ཆ་འདེབས་སུ་ཆུག་གི། རྩོད་པ་དེ་ནི་བསྟན་པ་སྔ་དར་གྱི་མགོ་རྐང་ལ་ཡིན་ལ། དེ་ནས་ས་ལོའི་བར་ལ་ལོ་ཚིགས་ཤིན་ཏུ་མང་བས། ཁྱོད་ཀྱི་ཕོ་ཆོད་དེ་ནི་མུན་པའི་འབེན་སྐྱོན་པས་མདའ་བསྣུན་པ་འདྲའམ། རི་བོང་གི་རྭ་ནམ་མཁའི་པད་མོའི་ལྕེ་བ་ལ་གནས་སོ་ཞེས་བརྗོད་པ་དང་འདྲའོ། །སྒོམ་རིམ་དུ་དེ་ལྟ་བས་ན་ཅི་མི་བསམ་ཞེས་སོགས་ ལྟར་ན་ས་ལུགས་ཀྱི་ལམ་ཟབ་བླ་མ་དང་མཆོད་རྟེན་དྲུང་ཐོབ། ཡི་གེ་མེད་པ་སོགས་ཀྱང་ཧྭ་ཤང་གི་ལུགས་དང་མཐུན་པར་གོང་དུ་བརྗོད་ཟིན་ལ།

འཆད་ཁ་བ་ནམ་མཁའ་འབུམ་གྱི་ཞུས་ལན་དུ། སེམས་ལ་གོལ་ས་དུ་ཡོད་དྲིས་པའི་ལན་དུ་གོལ་ས་ཁ་ཡར་གསུངས་པའི་རྗེས་སུ་དོན་བསྡུ་ལ། དེ་བས་ན་གང་ལ་ཡང་མི་གནས་པར་བྱ། མི་གནས་པ་ལ་མཚན་མ་མི་སྐྱེ། དེ་མ་སྐྱེས་ན་ལེགས་ཉེས་ཀྱི་འབྲས་བུ་མི་སྨིན། འབྲས་བུ་མ་ཕྱུང་ན་ཁམས་གསུམ་དུ་སྐྱེ་བ་མི་ལེན། མ་བླངས་ན་འཁོར་བའི་སྡུག་བསྔལ་མི་མྱོང་། དེ་ལ་བྱང་ཆུབ་ཅེས་བཏགས་པ་ཡིན་གསུངས་པ་འདི་ཧྭ་ཤང་གི་ལྟ་བ་ལས་འཕྲོགས་སམ་ཅི། ཡང་ཐུབ་དགོངས་སུ་སྨྲོངས་པའི་སྒོམ་པ་གང་ཡིན་པ། །ཞེས་སོགས་དྲང་ནས། སེམས་མ་བཅོས་པར་འཇོག་པ་སྨྲོངས་སྒོམ་དུ་བྱས་ནས། དེ་རྒྱ་ནག་ལུགས་ཀྱི་དཀར་པོ་ཆིག་ཐུབ་གསར་བཟོས་ཁོ་དང་ཁྱད་མེད་ཚུལ་གསུངས་པ་དང་། ལམ་འབྲས་སུ་བཅོས་མིན་སེམས་ཀྱི་ངོ་བོ་ཞེས་བཤད་ཅིང་། རྗེ་བཙུན་གྲགས་པའི་མགུར་དུ་སྤྲུར་མེད་ཚོགས་དྲུག་ལྷུག་པར་བཞག་གོ། །ཅེས་དང་། རབ་དབྱེར། རྒྱ་སྐད་དུ་ཧ་ཞེས་བྱ་བ་བོད་སྐད་ལྷུག་པའམ་མ་བཅོས་པ། ཞེས་འཕྲད་ལྡན་དུ་གསུངས་པ་རྣམས་རྒྱ་ནག་ལུགས་སུ་བཏང་གདའ། དེ་ལྟར་ཡིན་པ་ལ་དྭགས་པོ་བཀའ་བརྒྱུད་རྒྱ་ནག་གི་ལུགས་འཛིན་ཡིན་ནོ། །ཞེས་ཧ་ཅང་མི་འོས་པའི་ཡི་གེ་ཀྱི་སྐྱིད་སྤྱིལ་བ་འདི་ནི། གཞན་ལ་བལྟ་བའི་མིག་གིས་ཀྱང་། །རང་ཉིད་ལྟ་བར་མི་ལོང་དགོས། །ཞེས་པ་དེར་སྣང་བས་ཅུང་ཟད་མཛད་བག་ཡོད་པར་མཛད་ན་མཛེས་སོ། །

འོན་ཀྱང་སྔར་ཕན་ཆད་ཕྱག་རྒྱ་ཆེན་པོ་འདི་ཧྭ་ཤང་གི་ལུགས་ཡིན་ནོ་ཞེས་ཐོས་ཚེ་ཡིད་ལ་ཟུག་རྫུ་ལྟར་བ་ཞིག་ཡོད་ཀྱང་། བོད་ཡུལ་དུ་ལུགས་གཉིས་ཀྱི་སྒོ་ནས་ཆེ་བ་དག་ཀྱང་དེའི་རྗེས་གསང་དུ་གོ་མཚོན་རྟེན་དྲུང་ཐོབ་སོགས་ན་དེ་བཞིན་ཡོད་པ་ནི། སློབ་ཅེད་དབང་གིས། སློབ་ཁྲིད་སྐབས་ཐོས་བསམ་གྱི་སྒྲོ་འདོགས་ཆོད་པ་ཞིག་དངོས་གཞི་མཉམ་པར་འཇོག་དུས་ལ་དགོངས་པས། དེ་མུན་སྒོམ་གྱི་རྗེས་འབྲང་དུ་གོ་བ་དེ་ཕྱིན་ཅི་ལོག་ཏུ་གོ་འདུག་པས་རྒྱན་འཆལ་ལངས་པར་འདྲ་བས། ད་ནི་གོར་ཤོར་ཅི་བྱུང་ནའང་འདོད་མེད་ཀྱི་རང་བྱུན་ཆུད་པ་བདེ་བློ་བདེའོ་ཞེས་གཞི་མེད་ལ་རྟོག་པ་ཁྲིག་སྐྱེ་གཏོང་པར་མཛད་དོ། །དེ་ལ་བརྟགས་ན་རྒྱ་ནག་མཁན་པོའི་གཞུང་སྦྱིས་འཕེལ་བའི་ཕྱག་ཆེན་གྱི་ཡི་གེ་ཡུལ་བར་འཕེལ། ཐོག་མར་སུའི་ལག་ཏུ་བྱུང་། ཞེས་པ་ནི་འུ་ཐུག་ཟེར་རྒྱུ་ཟད་པའི་གཏམ་སྟེ། དེ་རྐུན་ནོར་དུ་སོང་བས་བཟོ་མཁན་ངེས་བསང་བར་བརྟེན། འདིས་བཟོས་རང་བཞིན་ངེས་པ་སླ་དཀའ་ཡང་། དཔྱོད་ལྡན་གྱིས་རིགས་པས་བརྟགས་ན་དེ་ལྟར་ཤེས་ནུས་པའི་ཕྱིར་རོ། །གཞན་དུ་ན་ལྷ་ཐོ་ཐོ་རིའི་སྔན་བཙན་གྱི་སྐུ་མཁར་གྱི་སྟེང་དུ་གཉན་པོ་གསང་བ་འབབ་པ་དེ་ལོ་དང་ཟླ་བ་དང་ཚེས་གྲངས་གང་ལ་ཡིན།ཐོག་མར་མཆོད་པ་གང་ཕུལ། འབུལ་མཁན་གྱི་མིང་ལ་ཅི་ཟེར་ཞེས་བྲིས་ན་སྨྲ་གཅད་དགོས་པར་འགྱུར་རོ། །གཞན་ཡང་ཁྱེད་ཀྱི་ཆོས་འབྱུང་ནས་ཆེན་གྱི་ཏ་ལོ་ངའི་བགེགས་སེལ་བའི་གཏམ་རྒྱུད་དང་། ཤིན་རྟོར་སེང་གི་ཕག་གྲུ་ལ་དབང་བསྐུར་ཐེབས

པའི་གདམས་རྒྱུད་དང་གཉིས་ཕྱིས་བྲོས་པའི་རྗེས་མ་ཡིན་ཞེས་བྲིས་འདུག་པ་ལ། དེ་འདྲའི་གདམས་རྒྱུད་རྗེན་མ་དེ་གཉིས་ཡུལ་གར་འཕེལ། ཐོག་མར་ སུས་ལག་ཏུ་བྱུང་ཞེས་བྲིས་ན་སྒྲ་བཅད་དགོས་པར་འགྱུར་རོ། །ཧྲ་ཤང་གི་ཆོས་རྒྱུས་ཁྲིད་ཚང་ཆེ་གསུང་བ།དེད་ཚང་རང་དང་གཞན་གྱི་གྲུབ་པའི་མཐའ་རྒྱ་མཚོའི་ཕ་རོལ་དུ་སོན་པས་རྒྱུས་ཤིན་ཏུ་ཆེ། ཐོས་བསམ་སྒོམ་གསུམ་ཚ་གྲང་ལྟར་འགལ་བར་མ་བསམ་པར་ཐོས་བྱུང་གིས་ཤེས་རབ་ཀྱི་ཚིག་དོན་རྒྱ་མཚོ་ཙམ་བཟུང་། བསམ་བྱུང་གི་ཤེས་རབ་ཀྱི་གཏན་ལ་ཕབ་སྒོམ་བྱུང་གི་ཤེས་རབ་ཀྱིས་ཚུལ་བཞིན་དུ་ཡིད་ལ་བྱས་ཏེ་ཐོས་བསམ་སྒོམ་གསུམ་ཆུ་རླུང་ཆེན་པོའི་རྒྱུན་ལྟར་བར་མ་ཆད་པར་བསྐྱངས་བས། དོན་དམ་གྱི་ལྟ་བ། ཀུན་རྫོབ་ཀྱི་གྲུབ་མཐའ། བཤད་སྒྲུབ་ཀྱི་ཕྱག་ཆེན་ཐམས་ཅད་རྗེ་བཙུན་གོང་མ་ཆོས་ཀྱི་སྤྱན་ལྔན་རྣམས་ནས་བཟུང་སྟེ། ད་ལྟའི་བར་དུ་སུ་ལ་ཡང་ལྟོས་མ་དགོས་པར་རང་སྐྱ་ཚུགས་པ་འདི་ལགས། ཆོས་རྒྱལ་སྲོང་བཙན་སྒམ་པོ་ནས་མངའ་བདག་ཁྲི་རལ་གྱི་བར་དུ་གཙུག་ལག་གཉིས་ཀའི་ཁྲིམས་ཤིན་ཏུ་དར་ཞིང་གཅེས་སྤྲས་མཛད་པས་བསྟན་པའི་དར་རྒྱས་ཀྱང་། འཕགས་ཡུལ་གྱི་བསྟན་པ་དར་ཆེ་བའི་དུས་ལ་འགྲན་ཟོད་པ་ཙམ་དང་། བདེ་སྐྱིད་རྫོགས་ལྡན་གྱི་དུས་ལ་སློན་མ་དགོས་པ་ཙམ་བྱུང་། ཕྱིས་གླང་དར་མའི་ཐུགས་ལ་གདོན་གསོལ་ནས། ཡབ་མེས་ཀྱི་ཆོས་ཁྲིམས་དང་རྒྱལ་ཁྲིམས་གཉིས་ཀ་བསྒྱུབས་ཏེ་བོད་འཕུང་བར་གྱུར་བ་ནས། མངའ་བདག་དཔལ་འཁོར་གྱི་སྲས་བཀྲ་ཤིས་རྩེགས་པ་དཔལ་དང་། སྐྱིད་བདེ་ཉི་མ་མགོན་གཉིས་བར་དུ་རྒྱལ་ཁྲིམས་མ་ཆགས་པར་ཆོས་འབྱུང་མང་པོར་བཤད་གདའ། མངའ་བདག་འོད་སྲུང་གི་སྐབས་རྒྱལ་ཁྲིམས་མ་ནུབ་པའི་གདམས་ཁུངས་མ་ཡོད་ན་སྟོན་རིགས་ཀྱང་ཅི་ཀ་ཆ། རྒྱལ་ཁྲིམས་དེ་དགེ་བ་བཅུ་དང་ལྡན་པའི་རྒྱལ་ཁྲིམས་གཅིག་ལགས་ཀྱི། དཔོན་གནད་བྱས་པ་ཙམ་ག་ལ་ཡིན་ཏེ་མིན་ལགས་སོ། །

མཆོད་རྟེན་དུང་ཐོབ་སོང་ནས་བཤད་པ་དེ་ཚོ་ནི། ཐོས་བསམ་ལ་བརྟེན་པའི་ལུང་དང་རིགས་པས་གནས་ལུགས་ཀྱི་དོན་གཏན་ལ་ཕབ་ཟིན་པའི་གོ་བབས་ཡོད་པའི་སློབ་མ་གཅིག་ལ། ནམ་མཁའ་སྐྱེ་འགག་མེད་པ་བཞིན་སེམས་ལ་སྐྱེ་འགག་མེད་དེ་ཅེས་སོགས་ཀྱི་གོ་བབས་སྐྱེས་པའི་ངེས་དོན་གྱི་བཤད་པ་མཛད་ཀྱང་དེ་ལ་ངོ་སྤྲོད་ཀྱིས་ཐ་སྙད་མི་བྱེད་པས་ངོ་སྤྲོད་གསུམ་པ་དང་མི་འདྲ་བ་ལགས། དྲན་པ་མེད་ཅིང་ཡིད་ལ་སྤྱར་མེད་པ་ཡང་ཐོས་བསམ་གྱི་བྱ་བ་གང་ཡང་སྔོན་དུ་མ་སོང་བའི་གྲོང་པའི་རྒན་རྒོན་སོགས་ཆོས་ཉིད་དང་གནས་ལུགས་སོགས་སའི་དོན་ཤེས་པ་ལྟ་ཅི། མིང་ཙམ་ལའང་རྨོངས་པའི་ཚོགས་པར་དེ་འདྲ་བའི་ངོ་སྤྲོད་བྱེད་པ་འདི་ཆོ་ཧྭ་ཤང་གི་ལུགས་སྒྲ་ཇི་བཞིན་པར་འདུག་གསུང་པ་ཡིན་འདུག་པས་གནད་མི་འདྲ་ཡིད་ལ་བྱེད་རྒྱུ་མ་ཉེད་ནས་མ་བྱས་པ་དང་། བཏག་དཔྱད་གང་ཡང་མ་བཏགས་པར་ཅི་ཡང་ཡིད་ལ་མ་བྱས་པ་གཉིས་མི་འདྲ་སྟེ།

དཔེར་ན་གནས་ལུགས་ཀྱི་དོན་རྟོགས་ནས་ཆོས་བརྒྱད་མགོ་སྙོམ་པ་དང་། སྨྱོ་བའི་རྒྱལ་བ་ལྷ་བུའི་སྐབས་སུ་ཆོས་བརྒྱད་མགོ་སྙོམ་པ་གཉིས་གནད་མི་འདྲ་བ་དང་མཚུངས་པའི་ཕྱིར། དེས་ན་དེ་གཉིས་ཅི་ཡང་ཡིད་ལ་མི་བྱེད་པའི་འཛིན་སྟངས་ཅན་དུ་འདྲ་ཡང་། བདག་འཛིན་གྱི་གཉེན་པོར་འགྱུར་མི་འགྱུར་གྱི་ཁྱད་པར་ཤིན་ཏུ་ཆེ་ལ་གནད་འདི་ལ་ས་སྐྱ་པ་དང་བཀའ་བརྒྱུད་གོང་མ་དག་དགོངས་པ་མཐུན་ཏེ། ས་སྐྱ་པ་ཆེན་པོ་ལ་འཇམ་དབྱངས་ཀྱི་དངོས་སུ་གནང་བའི་གདམས་ངག་ལས། ཚེ་འདི་ལ་ཞེན་ན་ཆོས་པ་མིན། །འཁོར་བ་ལ་ཞེན་ན་ངེས་འབྱུང་མིན། །བདག་དོན་ལ་ཞེན་ན་བྱང་སེམས་མིན། །འཛིན་པ་བྱུང་ན་ལྟ་བ་མིན། །ཞེས་གསུངས་ཤིང་། ཇེ་མི་ལས། ལྟ་བའི་སེམས་ལ་སྟོང་ཉིད་ཤར། །ལྟ་རྒྱུའི་ངོ་བོ་རྡུལ་ཙམ་མེད། །ཅེས་གསུངས་པའི་ཕྱིར་རོ། །འདི་མདོ་རྒྱུད་བསྟན་བཅོས་ཐམས་ཅད་ཀྱི་དགོངས་པ་ཡིན་པའི་ཚུལ་བཤད་ཡོད་ཀྱང་། ཡི་གེས་འཇིགས་ནས་མ་བྲིས་སོ། །ཧྭ་ཤང་ཤང་དང་ཀཱ་མ་ལའི་རྩོད་པ་བྱུང་བའི་དུས་བསྟན་པ་སྔ་དར་གྱི་མགོ་གང་ལ་ཤིན་ཏུ་ཡིན་ཡང་། དེ་དུས་རྒྱ་ནག་གི་ཆོས་ལུགས་ལ་རྫོགས་ཆེན་ཞེས་པའི་མིང་བྱུང་བ་མིན། ཕྱིས་རྫོགས་ཆེན་དང་ཆ་འདྲ་བ་ནས་དེའི་མིང་བཏགས་པ་བར་སྐབས་སུ་བྱུང་བའི་ཆོས་ཇེ་བས་གསར་འདོགས་མཛད་པ་གང་ལྟར་ཡང་མིང་ཙམ་ལ་རྩད་རྒྱུ་མེད། དེས་ན་ཀླུ་སྒྲུབ་རྒྱ་མཚོ་ཐེ་ཚོམ་གྱི་དཔྱང་ཐག་ལ་འཕྱང་དོགས་མི་གདའ། ཉིད་རང་ལོག་རྟོག་གི་གཡང་སར་ཞོར་དོགས་ཆེ་བས་ཟབ་འཚལ་ལོ། །དེ་སྟ་ཡན་ཆད་ད་ལྟའི་ཕྱག་ཆེན་གྱི་མིང་ཅན་འདི་རྒྱ་ནག་ཆོས་ལུགས་ཡིན་སྙམས་པ་ལ་ཐུག་རྫུ་ལྟུང་བ་བྱུང་ཡང་། བོད་ཡུལ་གྱི་ལུགས་གཉིས་ཀྱི་སྐྱོན་ནས་ཆེ་བ་རྣམས་འདིས་རྫོང་དུ་གོ་བས་བློ་བདེ་གསུངས་པ་ཧ་ཅང་འཇིག་རྟེན་ལ་སྲིད་པ་ཆེས་པའི་གཏམ་སྟེ། ཚིག་དེས་ད་ལྟ་ཟླུག་རྫུ་མི་ལྟུང་བ་ནི་སྔོན་བྱུང་བའི་སྟབས་ཡིན་ཡང་། ཕྱག་རྒྱ་ཆེན་པོ་རང་འགྲོལ་མ་འགྲོལ་ཡིན་ཡང་རྡུང་འབྲི་རྟག་རྟག་ཀར་གསུམ་སོགས་ལུགས་གཉིས་ཀྱི་སྐྱོན་ནས་ཆེ་བར་གྲགས་ཤིང་རློམས་པ་འདི་ཚོ་ཡང་རེད་རང་གི་རྗེས་འབྲང་དུ་བྱུང་སྐམ་ནས་དགའ་ཆེས་ཏེ་སྲིད་པ་གོང་འཕེལ་དུ་སོང་བའི་ཚིག་ཡིན་པའི་ཕྱིར་རོ། །ཡང་གཞན་མཛོད་ལས། དྲན་པ་མེད་པ་དང་ཡིད་ལ་བྱེད་པ་མེད་པ་ནི་ཞེས་སོགས་དང་། བདག་ཅག་ཧི་ལྟ་བ་དང་འདིས་ལུགས་མཐུན་ཞེས་སོགས་པའི་ལན་དུ། ཀླུ་སྒྲུབ་རྩོད་སྤོང་ལས། བཤད་གཞི་ཆེར་སྣང་བས། འདི་ལ་བཞི། ཧྭ་ཤང་གི་ཕྱོགས་སྔ་ངོས་བཟུང་ཀཱ་ཤཱིས་སྐྱོན་འཕེལ་ཚུལ། དཔང་པོས་ཧི་ལྟར་ཕྱེ་ཚུལ། རྩོད་ལན་དངོས་སོ། །ཞེས་དང་པོ་གསུམ་གྱི་སྐབས་སུ་བཤད་གཞི་ཤིན་ཏུ་རྒྱས་པར་བཀོད་པའི་ལན་དུ། ཉིད་ཀྱི་གསུང་ལས། གནས་ལུགས་དབུ་མའི་རིགས་པས་གཏན་ལ་འབེབས་ཚུལ་ཤིན་ཏུ་རྒྱས་པ་ཅན་མཁྱེན་རབས་ཀྱི་དཔལ་ལས་གྲུབ་པ་ཞིག་འདུག་ནའང་། དབུས་པ་བློ་གསལ་གྱི་ཞལ་སྐྱིན་ཟེར་སྒྲོས་སྣ་ཚོགས་ཀྱི་བརྒྱན་པ་ཞིག་ཏུ་འདུག་པས། རེ་ཞིག

ཁས་མི་ལེན་ཞེས་སོགས། སྒོམ་རིམ་གྱིས་ལུང་མང་པོར་དོན་ལ་གནས་པ་དང་རང་བཟོའི་སོག་ཟློས་རྩིགས་པ་དང་བཅས་པ་ཞིག་བྲི་བར་མཛད་དོ། །དེ་ལ་བརྟགས་ན་མཁྱེན་རབ་ཕུལ་དུ་བྱུང་བས་དེའི་དོན་དགོངས་ཏེ་རྒྱུ་མཚན་མེད་པར་ཅི་ཡང་ཡིད་ལ་མི་བྱེད་པའི་སྒོམ་དེ་ནོར་བར་གོ་ཡང་བདེན་ལན་ཕུལ་ན་རྣལ་འབྱོར་པ་ཆོས་རབ་རྒྱག་བྱུང་གི་དོགས་ནས་དངོས་ལན་ལས་གྱོལ་ཏེ་ལན་མ་ཐེབ་ཟེར་བའི་ཁ་ན་མ་ཐོ་བ་སྤྱོང་ཕྱིར་བཤད་ཡམ་དེ་བྲིས་པར་གོ་བས་ལན་ཡང་དེ་ཙམ་གྱི་འཐུས་ལ། སྒོམ་རིམ་གསུམ་བརྩམས་པའི་གོ་རིམས་གཞན་མཛོད་དུ་བཤད་པ་དེ་ནི་སྨྲ་བཞིད་དང་མི་མཐུན་ཏེ། སྨྲ་བཞིད་ལས། བཙན་པོས་སློབ་དཔོན་ཀ་མ་ཤཱི་ལ་ལ་ཆོས་ཐོས་བསམ་གྱི་བདག་མེད་པར་གཏན་ལ་ཕབ་པའི་ཆོས་དེ་ཇི་ལྟར་ལགས་པ་ཞིག་ཡི་གེར་འགོད་པར་ཞུས་པས་སྒོམ་རིམ་དང་པོ་བརྩམས་ནས་གཞན་ཡང་། དེ་བཙན་པོས་གཟིགས་པས་དོན་དགོངས་ནས་དགེས་ཏེ། དེ་སྟན་ཐོག་གཅིག་ཏུ་སྒོམ་ན་ཇི་ལྟར་སྒོམ་ཞུས་པས། སྒོམ་རིམ་བར་མ་བརྩམས་ནས་གཞན་ཡང་། དེ་ལྟར་སྒོམ་པ་ལ་འབྲས་བུ་ཇི་ལྟར་འཆིས་ཞུས་པས། འབྲས་བུ་བསྟན་པའི་ཞར་ལ་ཧྭ་ཤང་གི་ལྟ་བ་དེ་སུན་དབྱུང་བ་སྒོམ་རིམ་ཐ་མ་བརྩམས་ནས་གཞན་ཡང་། དེ་ལ་ཤིན་ཏུ་དགེས་ཏེ། དེའི་དོན་འགྲེལ་དུ། ཛྙཱ་ཉྫི་ས་ཏྲའི་དགོངས་པ་ལ་རྐྱོལ་བ་བྱུང་དོགས་ལུང་དང་རིགས་པ་འགྲེལ་བ་དབུ་མ་སྣང་བ་བརྩམས་ནས་གཞན་ཡང་། ཞེས་བཤད་པའི་ཕྱིར་རོ། །ཡང་ཀླུ་སྒྲུབ་རྩོད་སྤོང་ལས། བདག་ཅག་ཇི་ལྟ་བ་དང་འདི་མཐུན་གསུངས་པ་མེད་དེ། འདིར་ནི། དེ་ཕྱིར་རྟེན་འབྱུང་རིགས་པ་འདི་ཡིན་གྱི། །ལྟ་ངན་དྲ་བ་མཐའ་དག་གཙོད་པར་བྱེད། །ཅེས་སོགས་དྲངས་ནས་དབུ་མའི་གཞུང་ནས་བཤད་པའི་རྟེན་འབྲེལ་གྱི་རིགས་པ་སོགས་ལ་བརྟེན་ནས་ཆོས་ཐམས་ཅད་རང་བཞིན་གྱི་སྐྱེ་མེད་དུ་རྟོགས་པའི་སོ་སོར་རྟོགས་པའི་ཤེས་རབ། ཐོས་བྱུང་དང་། བསམ་བྱུང་སྔོན་དུ་བཏང་སོར་རྟོགས་ཤེས་རབ་དེས་ཟིན་པའི་སྒོམ་བྱུང་སྒོམ་དགོས་པར་བཤད་གདའ་ན། རང་རེའི་ཕྱག་ཆེན་ཁྲིད་ཀྱི་ཚེ་དེ་འདྲ་ཞིག་མི་མཛད་པར་སྣང་བའི་ཕྱིར་རོ། །ཞེས་བཀོད་པར། ཉིད་ཀྱི་གསུང་ལས། དབུ་མ་རང་རྒྱུད་པའི་རིགས་པ་སྒྲུབ་པའི་ལུང་རྒྱབ་ཏུ་ཐལ་འགྱུར་བའི་གཞུང་བཀོད་ནས་སྲང་ཚད་མའི་འཕྲོས་བཏང་ཡང་། དེ་ལ་ཤེས་ལྡན་སུ་ཞིག་བློ་འགེལ། ཇི་སྐད་དུ། གལ་ཏེ་མ་ཐོས་པར་སྒོམ་འཇུག་འགྱུར་ན་བསྟན་པ་དོན་མེད་འགྱུར། སོགས་གསུངས་པའི་ཕྱིར། ཐོས་བསམ་སྔོན་དུ་བཏང་དགོས་ལ། དེ་ཡང་ཁ་ཅིག་ཐོས་བསམ་རྒྱ་མཚོའི་ཕ་རོལ་ཏུ་བརྒྱལ་བའི་མཐར་སྒོམ་བྱུང་ལ་བརྟེན་པ་དང་། ལ་ལ་དག་ཇོ་བོ་རྗེས། ཚེ་འདི་ཡུན་ཐུང་ཤེས་བྱའི་རྣམ་པ་མང་། །ཚེ་ཡི་ཚད་ཀྱང་ཇི་ཙམ་མི་ཤེས་པས། །ངང་པས་ཆུ་ལས་འོ་མ་ལེན་པ་ལྟར། །རང་གི་འདོད་པ་དང་དུ་བླང་པར་བྱ། །ཞེས་གསུངས་པ་ལྟར། རང་ལ་ཇི་ཙམ་འོས་པའི་ཐོས་པ་རྩལ་རྗེས་གྲུབ་པའི་ཤུལ་རྗེས་སྐྱེགས་པ་ཡང་གདའ་བས་

མཐའ་གཅིག་ཏུ་མ་ངེས་སོ། །

གལ་ཏེ་དེ་ལྟ་མིན་ན་པཎ་གྲུབ་རྣམས་ཀྱི་མདོ་རྒྱུད་ཀྱི་གཞུང་ཆེན་པོ་རྣམས་ལས་མན་ངག་གི་གླེགས་བམ་ཤུང་ངུར་བསྡུས་པ་ལའང་དགེས་པ་ཅི་ཞིག་ཡོད་འདིར་ཡང་ཐོས་བསམ་གྱི་ཤེས་རབ་དཀྲུས་པ་བསྟན་པ་ཙམ་དང་། དེར་བརྟས་བརྩེ་བ་ལྟ་བུ་ཡང་དག་པ་སོ་སོར་རྟོག་པ་ཁོ་ན་ཡིན་པར་བཤད་དོ། །དེས་ན་ཐོས་བསམ་རྒྱ་ཆེན་པོ་སྔོན་དུ་བཏང་ཡང་མི་གཏོང་ཡང་རུང་སྟེ། སྒོམ་གྱི་དངོས་ཀྱི་ཕྱག་ཆེན་དང་སྒོམ་རིམ་ཇི་ལྟ་བར་མཐུན་ཚུལ་འདི་ལྟ་སྟེ། སྒོམ་རིམ་ལས། གཞི་གནས་ཀྱི་ལམ་འདི་ཤེས་རབ་ཀྱི་ཕ་རོལ་ཏུ་ཕྱིན་པ་ལས་ཀྱང་བཤད་དེ། བཀའ་བསྩལ་བ་དེ་ཡང་དེ་ལ་སེམས་འཇོག་གོ། །རྒྱུན་དུ་འཇོག་གོ། །སླན་ཏེ་འཇོག་གོ། །ཉེ་བར་འཇོག་གོ། །འདུལ་བར་བྱེད་དོ། །ཞི་བར་བྱེད་དོ། །རྣམ་པར་ཞི་བར་བྱེད་དོ། །རྩེ་གཅིག་ཏུ་བྱེད་དོ། །མཉམ་པར་འཇོག་གོ་ཞེས་ཚིག་དགུ་སྨོས་སོ། །དེ་ལ་འཇོག་ཅེས་བྱ་བ་ནི་དམིགས་པ་ལ་སེམས་འདོགས་པའོ། །ཞེས་སོགས་རྒྱས་བཤད་དང་བཅས་གསུངས་པའི་འཇོག་ཐབས་དགུས། ཕྱག་ཆེན་འཁྲིད་ཀྱི་དཔེན་གསུམ། རྟེན་ཅན། ཐོལ་སྐྱེས་སྐྱུད་གཅོད། གང་ཤར་བཟོ་མེད། བཞག་ཐབས་བཞི་རྣམས་བསྟན་ཏེ། དེ་དག་དང་དོན་གཅིག་ཏུ་བབས་པའི་ཕྱིར་རོ། །དེ་ཉིད་དུ། གང་གི་ཚེ་དམིགས་པ་དེ་ཉིད་ལ་མངོན་པར་འདུ་ཤེས་པ་མེད་པར། ཇི་སྲིད་འདོད་པའི་བར་དུ་སེམས་འཇུག་པར་གྱུར་པ་དེའི་ཚེ། གཞི་གནས་རྫོགས་པ་ཡིན་པར་རིགས་པར་བྱ་སྟེ། གཞི་གནས་ངོ་བོ་ཉིད་ནི་སེམས་རྩེ་གཅིག་པར་ཟད་པའི་ཕྱིར་འདི་ནི་གཞི་གནས་ཐམས་ཅད་ཀྱི་སྤྱིའི་མཚན་ཉིད་དོ། །ཞེས་རྩེ་གཅིག་གི་རྣལ་འབྱོར་བཤད་ནས། ཡང་དེ་ཉིད་དུ། བཅོམ་ལྡན་འདས་ཀྱི་རྣལ་འབྱོར་པ་རྣམས་ཀྱི་དམིགས་པའི་དངོས་པོ་བཞི་བསྟན་ཏེ། ཞེས་སོགས་ཀྱི་མཚན་མེད་ཀྱི་གཞི་གནས་སོ་སོར་རྟོགས་པའི་ཤེས་རབ་ཏུ་ལངས་ཏེ་གནས་འགྱུར་རིག་གསུམ་གྱི་སྟེང་དུ་ཁ་ནང་ལྟའི་ཚུལ་གྱི་དཔྱད་པས། གཙུབ་ཤིང་དང་གཙུབ་སྟན་བསྲུབ་པའི་དཔེས་བསྟན་པའི་ལྷག་མཐོང་མངོན་དུ་བྱེད་ཚུལ་བཤད་དོ། །དེའི་མཐར་སྒོམ་རིམ་དུ། དོན་དམ་མཐོང་བ་གང་ཞེ་ན་ཆོས་ཐམས་ཅད་མཐོང་བ་མེད་པ་གང་ཡིན་པའོ་སོགས་ཀྱི་ཡིད་ལ་མི་བྱེད་པའི་འཐད་པ་དང་། ཡིད་ལ་མི་བྱེད་པ་མེད་པ་ཙམ་དེའི་དོན་དུ་མི་འགྱུར་བ་དང་། གཞི་གནས་ཀྱིས་ཏིང་ངེ་འཛིན་ལ་གནས་པའི་དཔྱད་པ་འདིས་ཉོན་མོངས་པ་སྤོང་ནུས་ཀྱི་གཞན་གྱི་མིན་པ་སོགས་བཀའ་བརྒྱུད་རིན་པོ་ཆེའི་དགོངས་པ་དང་ཐེག་གཅིག་བབས་སོ་ཞེས་བྲི་བར་མཛད་དོ། །དེ་ལ་བརྟགས་ན་དབུ་མ་ཐལ་རང་གཉིས་ཕྱི་ནང་གི་ཆོས་བདེན་མེད་དུ་གཏན་ལ་འབེབས་པའི་རིགས་པ་ལ་དགག་བྱ་ལ་དོན་དམ་གྱི་ཁྱད་པར་སྦྱོར་མི་སྦྱོར་ཙམ་མ་གཏོགས་ཁྱད་པར་ཆེར་མེད་ཅིང་། རྟེན་འབྲེལ་གྱི་རིགས་པ་སོགས་གཉིས་ཀས་ཁས་ལེན་པའི་དབང

དུ་བྱས་ནས་གཞུང་དེ་འདྲེན་པར་མཛད་འདུག་པས་སྐྱོན་མི་སྣང་ཞིང་། ཐལ་རང་སོ་སོར་འབྱེད་བྱེད་ཀྱི་ཁྱད་པར་འགའ་རེ་ཡོད་ཀྱང་། རྣམ་བཞག་ཕལ་ཆེར་མཐུན་པས་རྣམ་པ་ཐམས་ཅད་དུ་འགལ་བར་སེམས་པར་མི་བྱ། མ་གོ་བ་ཡུས་ཆེའི་གཏམ་སྨྲ་བ་ཡང་མི་འཚལ་ལོ། །རང་ལ་ཇི་ཙམ་དགོས་པའི་ཐོས་པ་བཙལ་རྗེས་ཐུབ་པའི་ཞུལ་ལམ་སྐྱེག་པ་ཡང་གདའ་བས་མཐའ་གཅིག་ཏུ་མ་ངེས་ཏེ་གསུངས་པ། རྒྱུད་འདེབས་ཁོ་དང་སེམས་འཛིན་གྱི་དམིགས་པ་ཙམ་བློ་ལ་ཟིན་པ་ལ་ཐུགས་རྗེ་གཏད་འདུག་ཀྱང་། དེ་འདྲའི་ཐོས་པས་གོ་མི་ཆོད་དེ། ཐོས་བསམ་ལ་བརྟེན་ནས་གནས་ལུགས་ཀྱི་དོན་གཏན་ལ་ཕབ་སྟེ། ཆོས་ཉིད་དམ་གནས་ལུགས་ཀྱི་དོན་དེ་འདི་འདྲ་གཅིག་ཡིན་པར་འདུག་སྙམ་པའི་དོན་སྤྱིའི་ཚུལ་གྱི་རྟོགས་པའམ་གོ་བའི་གོ་བ་ལེགས་པོ་ཆགས་པ་ཞིག་སྔོན་དུ་བཏང་དགོས་པའི་ཕྱིར། དེ་ལྟ་བུ་སྔོན་དུ་མ་བཏང་བར་དྲན་པ་དང་ཡིད་བྱེད་བཀག་པའི་བསྒོམས་བྱས་ན་དུད་འགྲོར་སྐྱེ་བ་སོགས་སྐྱོན་བཤད་པའི་ཉེས་པ་རྣམས་འབྱུང་བའི་ཕྱིར་རོ། །གཞན་ཡང་དེ་ལྟ་བུའི་གོ་བབས་མེད་པ་ལ་སྟོང་པ་ཉིད་བསྟན་ན། སྟོན་པ་པོ་དེ་བྱང་ཆུབ་སེམས་དཔའ་ཡིན་ན་ཕམ་ལྟུང་འབྱུང་སྟེ། བློ་སྦྱང་མ་བྱས་སེམས་ཅན་ལ། །སྟོང་པ་ཉིད་ནི་སྟོན་པ་དང་། །ཞེས་གསུངས་པའི་ཕྱིར་རོ། །གཞན་ནི་ཕྱག་ཆེན་གྱི་ཁྲིད་ཁོ་ཞུ་བའི་ཚེ་དེ་སྐབ་ཡན་དེ་འདྲའི་ཐོས་པ་སྔོན་དུ་སོང་བ་ནི་ཤས་ཆུང་ཞིང་། དེ་སྐབས་སུ་ནི་སྒོམ་བྱེད་པ་ཡིན་ཟེར་ནས་གྲོང་གྲོང་བྱེད་པ་མ་གཏོགས་ཐོས་པ་བྱེད་པ་ཞིག་ཡོད་སྐད་མ་ཐོས། བླ་མ་རིན་པོ་ཆེ་ཚོས་ཀྱང་ཐོས་བསམ་དང་ལུས་ངག་གི་དགེ་སྦྱོར་ལ་འགངས་མེད་ཚུལ་ཀ་ནན་གྱིས་བཤད་པས་སློབ་མ་ཚོ་ཡང་དེ་འདྲ་ལ་ཁ་བྱེད་པ་ཟེར་བ་མང་ཞིང་། གལ་ཏེ་མི་ཟེར་ཡང་ཞེ་ནས་བརྩམས་ཆུང་བ་ཞིག་ཡོད་འདྲ་བས། དེ་ཧྲལ་ཤཱང་དང་འདྲ་བ་ལགས་སོད། སྒོམ་རིམ་ལས་ཤེར་ཕྱིན་གྱི་ལུང་། བཀའ་བསྐུལ་བ། དེ་ཡང་དེ་ལ་སེམས་འཛོག་ཞེས་སོགས་ཀྱི་ལུང་དྲངས་ནས་འདི་དང་ཕྱག་ཆེན་གྱི་དཔེན་གསུམ་སོགས་དོན་གཅིག་ཏུ་བབས་གསུང་བ་ནི་མ་དགོངས་པ་སྟེ། ཤེར་ཕྱིན་གྱི་མདོར་སེམས་འཛོག་ཐབས་དགུ་གསུངས་པ་ནི། མདོ་སྡེ་རྒྱན་ལས། དམིགས་པ་ལ་ནི་སེམས་གཏད་ནས། །དེ་རྒྱུན་རྣམ་པར་གཡེང་མི་བྱ། །རྣམ་གཡེང་མྱུར་དུ་རྟོགས་བྱས་ནས། །དེ་ལ་སླར་ཡང་བསླན་པར་བྱ། །བློ་ལྡན་གོང་ནས་གོང་དུ་ཡང་། །སེམས་ནི་ནང་དུ་བསྡུད་པར་བྱ། །དེ་ནས་ཡོན་ཏན་མཐོང་བའི་ཕྱིར། །ཏིང་ངེ་འཛིན་ལ་སེམས་འདུལ་ལོ། །རྣམ་གཡེང་ཉེས་པ་མཐོང་བའི་ཕྱིར། །དེ་ལ་མི་དགའ་ཞི་བར་བྱ། །བརྣབས་སེམས་ཡིད་མི་བདེ་ལ་སོགས། །ལང་བ་དེ་བཞིན་ཞི་བར་བྱ། །དེ་ནས་སྡོམ་བརྩོན་ཅན་གྱི་ནི། །སེམས་ལ་མངོན་པར་འདུ་བྱེད་བཅས། །རང་གི་ངང་གི་འབྱུང་བ་ཐོབ། །དེ་སྒོམ་པ་ལས་འདུ་མི་བྱེད། །དེ་ནས་དེའི་ལུས་དང་སེམས། །ཤིན་ཏུ་སྦྱངས་ཆེན་ཐོབ་ནས། །ཡིད་ལ་བྱེད་དང་བཅས་ཞེས་བྱ། །ཞེས་བྱ་བའི་

ཞགས་ཐབས་དགུ་དང་དོན་གཅིག་པའི་ལུས་དབེན་དང་ངག་དབེན་གཉིས་ཏེ་དགུ་པོ་དེའི་ནང་ནས་གང་ཡིན་དྲིས་ན་སླ་བ་གཙོད་དགོས་སོ། །དེ་ལྟ་བུའི་བཞག་ཐབས་དགུ་པོ་རེ་རེ་ཡང་དབུས་མཐར། ལེ་ལོ་དང་ནི་གདམས་ངག་རྣམས། །རྫེད་དང་བྱིངས་དང་རྒོད་པ་དང་། །འདུ་མི་འདུ་བྱེད་འདུ་བྱེད་དེ། །འདི་དག་ཉེས་པ་ལྔར་འདོད་དོ། །ཞེས་གསུངས་པ་ལྟར་གཞི་གནས་སྒོམ་པ་ལ་བར་དུ་གཅོད་པའི་ཉེས་པ་ལྔའི་གཉེན་པོར། དབུས་མཐར། གནས་དང་དེ་ལ་གནས་པ་དང་། །རྒྱུ་དང་འབྲས་བུ་ཉིད་དུའོ། །དམིགས་པ་བརྗེད་པར་མ་གྱུར་དང་། །བྱིངས་དང་རྒོད་པ་རྟོགས་པ་དང་། །དེ་སྤོང་མངོན་པར་འདུ་བྱེད་དང་། །ཞི་ཚེ་མནལ་དུ་འཇུག་པའོ། །ཞེས་པ་ལྟར་སྤོང་བའི་འདུ་བྱེད་བརྒྱད་བརྟེན་དགོས་པར་བཤད་ཀྱང་། ད་ལྟའི་སྒོམ་མེད་པ་ཚོ་ལ་ཡང་དེའི་རྣམ་དབྱེ་ཡོད་པར་མི་འདྲ་བས། དེ་ཚེ་ཐོས་པ་མེད་པའི་རྟགས་ལགས། སྒོམ་རིམ་ལས། གང་གི་ཚེ་དམིགས་པ་དེ་ཉིད་ལ་མངོན་པར་འདུ་བྱེད་པ་མེད་པར། ཞེས་སོགས་ཀྱི་རྩེ་གཅིག་གི་རྣལ་འབྱོར་བསྟན་ཞེས་གསུངས་པ་ནི། རང་ཉིད་ལ་ནང་འགལ་ཏེ། རྩེ་གཅིག་གི་རྣལ་འབྱོར་མ་མཐའ་སྦྱོར་ལམ་ནས་འཇོག་པར་ཁས་བླངས་ཤིང་། ཇི་སྲིད་འདོད་པའི་བར་དུ་ཞེས་པ་ནི། བཞག་ཐབས་དགུ་པ་ཤིན་ཏུ་མཉམ་འཇོག་གི་འདོད་སེམས་རྩེ་གཅིག་པའི་ཏིང་ངེ་འཛིན་ཡིན་ལ། དེ་འདྲ་བ་ནི་ཕྱི་རོལ་པ་ལ་ཡང་ཡོད་པའི་ཕྱིར་རོ། །རྩེ་གཅིག་ཅེས་པའི་མིང་ཡོད་ཚད་རྩེ་གཅིག་ཏུ་འགྲོ་ན་བཟའ་བཏུང་བཟའ་བཏུང་ལ་རྩེ་གཅིག་པ་དང་། གྲོང་པའི་ཆོས་ལ་རྩེ་གཅིག་པ་ཡང་རྩེ་གཅིག་གི་རྣལ་འབྱོར་དུ་འགྱུར་དུ་དོགས་སོ། །

ཡང་ཀླུ་སྒྲུབ་རྩོད་སྤོང་ལས། དེ་ལྟ་བུའི་སོར་རྟོགས་དེ་གཞི་གནས་ཀྱི་ངང་ནས་དཔྱོད་པའི་སོར་རྟོག་ཡིན་གསུངས་པ་ནི་མི་འཐད་དེ། འོ་ན་གཞི་གནས་ཀྱི་ངང་ནས་དཔྱོད་པའི་སོར་རྟོག་དེ་གཞི་གནས་ཡིན་ནམ། དེ་ལས་འདས་པའི་རྟོག་པ་ཞིག་ཡིན། སྔ་མ་ལྟར་ན་མཐོང་ལམ་སྐྱེས་ནས་དེ་སྲིག་དགོས་པར་བཤད་པ་དང་འགལ་ཏེ། དེ་མཐོང་ལམ་གྱི་རྟེན་དུ་དགོས་པའི་ཕྱིར། ཕྱི་མ་ལྟར་ན་དེ་ལས་མཐོང་ལམ་སྐྱེ་བ་ཁྱེད་ལ་འགལ་ཏེ། རྟོག་པ་ལས་མཐོང་ངམ་མི་སྐྱེ་བར་ཁས་བླངས་པའི་ཕྱིར་རོ། །ཞེས་བཀོད་པའི་ལན་དུ་ཉིད་ཀྱི་གསུང་ལས། རྩོད་སྤོང་ཉི་མའི་འོད་ཟེར་ལས། རིགས་སྦྱོར་གྱི་རྣམ་གྲངས་ཇི་སྙེད་བྱུང་བ་ཐམས་ཅད་ལས་ཕུལ་དུ་བྱུང་བ་དཔྱོད་ལྡན་ལ་སྐྱེ་རིགས་པའི་འགལ་འདུ་སྤྲུགས་པར་འོས་པ་ཡིན་ནོ། །གཞི་གནས་ཀྱི་ངོ་བོ་ནི་ཚུལ་བཞིན་ཡིད་བྱེད་ཀྱི་དྲན་པ། དེའི་ངང་ནས་དཔྱོད་པའི་སོར་རྟོག་དེ་ཤེས་བཞིན། དྲན་ཤེས་དེ་གཉིས་འཇུག་པ་གཅིག་པའི་དབང་གིས་མཚན་བྱེད་རྟོགས་པའི་གཞི་གནས་སོ་སོར་རྟོག་པའི་ཤེས་རབ་ཏུ་ལངས་ཏེ་གསུངས་པའི་གནད་དེ་ཡིན། དེའི་ཕྱིར་མདོ་ལས། ཤིང་གཉིས་དྲུད་པ་ལས་མེ་བྱུང་སྟེ། །བྱུང་བ་དེའི་དེ་གཉིས་སྲེག་པ་ལྟར། །དེ་བཞིན་

ཤེས་རབ་དབང་པོ་སྐྱེས་ནས་ཀྱང་། །སྐྱེས་པ་དེ་ཡིས་དེ་གཉིས་སྲེག་པར་བྱེད། །ཞེས་གསུངས་པ་ལྟར་གཙུབ་ཤིང་དང་། གཙུབ་སྟན་དང་བསྲུབ་པ་ལས་སྐྱེས་པའི་མེས་ཤིང་། ཤིང་དེ་གཉིས་སྲེག་པའི་མཐར་བསྲེག་བྱེད་ཀྱི་མེ་དེ་ཡང་ཞི་བ་བཞིན། གནས་འགྱུ་ལས་བྱུང་བའི་སོ་སོར་རྟོག་པའི་ཤེས་རབ་དེས། གནས་འགྱུ་ལ་དཔྱད་པས་གནས་འགྱུ་རང་བཞིན་མེད་པར་ཤེས་པའི་མཐར་དཔྱོད་སོ་སོར་རྟོག་དེ་ཡང་དབྱིངས་སུ་ཞི་ཞེས་པའི་དོན་དུ་འཆད། དེས་ན་ཁྱེད་ཀྱི་དགོངས་ཡུལ་ན་འདི་བཞིན་བཞུགས་པ་འདྲ་སྟེ། ཞི་གནས་མེས་བསྲེགས་ནས་མེད་པར་སོང་ན། ལྷག་མཐོང་ལ་རྟེན་མ་བྱུང་དོགས་འདུག་པ། ཞི་ལྷག་རང་བཞིན་མེད་པར་རྟོགས་པ་ལ་བསྲེགས་པའི་དཔེ་མཛད་པ་ཡིན། གཞན་ད་དུང་ཞི་ལྷག་གཉིས་ཀ་ཡོད་དེ། སེམས་ཡུལ་ལ་མི་འཕྲོ་བ་ཞི་གནས། དེ་ཁོ་ན་ཉིད་རྟོགས་པའི་ཤེས་རབ་ལྷག་མཐོང་། དེ་དག་མཚུངས་ལྡན་དུ་སྐྱོང་བ་ཞི་ལྷག་ཟུང་འབྲེལ་ཡིན་ཞིང་། དེ་ནི་རིམ་པར་བསྐྱངས་དགོས་ལ། རྟོག་པ་ལ་མཐོང་ལམ་མི་སྐྱེ་བའི་རྟོག་པ་དེ་སྒྲ་དོན་འདྲེས་འཛིན་གྱི་རྟོག་པ་ཁ་ཕྱིར་བལྟ་དེ་ལ་ཟེར་བས་ཁས་བླངས་འགལ་བ་མེད་དོ། །མཁས་རློམ་གཞན་གྱི་དྲན་པ་དང་ཡིད་ལ་བྱེད་པ་མེད་པ་སྒོམ་རིམ་དུ་ནན་གྱིས་བཀག་གོ་སྙམ་དུ་སེམས་མོད། འདིར་ཡང་དག་པ་སོ་སོར་རྟོག་པས། དྲན་པ་དང་ཡིད་ལ་བྱེད་པ་མེད་པ་ལ་བཞུགས། དེས་སྟོང་ཉིད་རྟོགས། དེས་ལྟ་བ་ཐམས་ཅད་སྤོང་བར་སྒྲུབ་པ་གོ་བར་མཛོད་ཅིག །ཡང་སྒོམ་རིམ་དུ་དགེ་བ་ལ་སོགས་པའི་སེམས་ལས་ཅི་ཡང་མི་བྱའོ་ཟེར་བ་དེ་ནི། དེ་སྐད་སྨྲ་བའི་ལས་ཟད་ན་གྲོལ་བར་གྱུར་རོ། །ཞེས་མུ་སྟེགས་ཀུན་ཏུ་འཚོལ་བའི་སྨྲ་བར་ཁས་བླངས་པར་འགྱུར་རོ། །བཅོམ་ལྡན་འདས་ཀྱི་གསུང་རབ་ལས། ཉོན་མོངས་ཟད་ན་གྲོལ་བར་གྱུར་གྱི། །ལས་ཟད་ན་གྲོལ་བར་གྱུར་བ་མི་འཐད་དེ། ཐོག་མ་མེད་པ་ནས་བསགས་པའི་ལས་ཟད་པར་བྱ་མི་ནུས་ཏེ། དེ་ནི་མཐའ་ཡས་པའི་ཕྱིར་རོ། །ཞེས་དགག་པ་མཛད་ཚུལ་ཙུང་ཟད་ཙམ་ལས་མེད་ཀྱང་། ཐུབ་དགོངས་སུ་རྒྱ་ནག་ན་རེ། ཁྱེད་ཀྱི་ཆོས་ལུགས་སྐྱབས་འགྲོ་སེམས་བསྐྱེད་དེ་ནས་བཟུང་སྤྲོ་ཤིང་རྩེར་འཛེགས་པ་མས་འཛེགས་ཡིན། ཞེས་སོགས་རྒྱ་ནག་གི་འདོད་པ་སློས་པའི་ཚུལ་མཛད། དེ་ལ་སློབ་དཔོན་གྱི་དཔེ་དོན་གཉིས་ཀ་མི་འཐད་པ་ལས་ཐོག་མར་དེ་མི་འཐད་དེ། ཞེས་སོགས་ལན་འདེབས་པ་ལྟར་བཅོས་པའི་རབ་རྟོག་གི་རྒྱུན་མཛད་སྣང་ཡང་། རྒྱའི་དམ་བཅའ་སེམས་ཉིད་རྟོགས་པ་ཁོ་ནས་སངས་རྒྱས་ཟེར་བ་དང་། ཡས་བབས་ཀྱི་ཆོས་དེ་དཀར་པོ་ཆིག་ཐུབ་ཡིན་ཞེས་ཟེར་བ་དེ་ལ་སྒོམ་རིམ་དུ་སྐྱོན་མ་བརྗོད་པས། སློབ་དཔོན་དེ་ཡང་རྩོད་པ་ལ་མི་མཁས་པ་ཞིག་གོ་ཞེས་སྐྱུར་འདེབས་འབྱུང་སྲིད་དོ། །

སོགས་སུ་དགག་པ་ཡོད་དོ་ཞེ་ན། དེའི་གཙོ་བོ་ལ་སྐྱོན་བརྗོད་པ་སོགས་སུ་བསྟུས་པ་དེ་བས་ཀྱང་མི་

མཁས་པའོ། །དམ་བཅའ་ལྟར་བཙོས་པ་དེ་གཉིས་ལ་དགག་ཚིག་སྒོམ་རིམ་དུ་མ་བྱུང་བ་ལ་བརྟེན་ནས། ཧྭ་ཤང་དང་ཕྱག་རྒྱ་བ་ལྟ་བ་བསྒོམ་མཐུན་པའི་སྒྲུབ་བྱེད་སླར་བཟློ་དགོས་བྱུང་བ་ཡིན་ནོ་ཞེས་བྲི་བར་མཛད་དོ། །

དེ་ལ་བཏགས་ན། རྟོག་པ་ལ་མཐོང་ལམ་མི་སྐྱེ་བ་སྒྲ་དོན་འདྲེས་འཛིན་གྱི་རྟོག་པ་ཁ་ཕྱིར་ལྟ་དེ་ལ་ཟེར་བས་ཁས་བླངས་འགལ་བ་མེད་གསུང་པ་ཡང་མི་རིགས་ཏེ། རྟོག་པ་ལ་སྒྲ་དོན་འདྲེས་འཛིན་གྱི་ཞེན་བློ་མིན་པ་ཞིག་ཀྱང་ཡོད་པར་ཁས་བླངས་དགོས་པའི་ཕྱིར་དང་། ཆོས་ཀྱི་བདག་མེད་རྟོགས་པའི་ཐེག་ཆེན་གྱི་སྦྱོར་ལམ་ཆོས་མཆོག་སྐད་ཅིག་ཐ་མའི་ཡེ་ཤེས་དེ་རྟོག་པ་ཡིན་ཞིང་དེ་ལས་ཐེག་ཆེན་གྱི་མཐོང་ལམ་སྐྱེ་བའི་ཕྱིར་རོ། །གལ་ཏེ་དེ་ལས་མི་སྐྱེའོ་ཞེ་ན། མགོན་པོ་བྱམས་པས། དེ་ཐོབ་བར་ཆད་མེད་པའི་རྒྱུ། །བསོད་ནམས་མང་པོའི་མཚན་ཉིད་དོ། །ཞེས་གསུངས་པ་དང་འགལ་ལོ། །གཞན་ཡང་མཚན་ཉིད་ཞི་གནས་སོ་སོར་རྟོག་པའི་ཤེས་རབ་ཏུ། ལངས་པའི་སོ་སོར་རྟོག་པའི་ཤེས་རབ་དེ་ཞི་གནས་དང་ལྷག་མཐོང་གང་ཡང་མ་ཕྱིན་པར་ཐལ་ཏེ། དེ་དེ་གཉིས་བསྲེག་བྱེད་ཡིན་པའི་ཕྱིར། འདོད་ན་དེ་ལྷག་མཐོང་དུ་ཁས་བླངས་པ་དང་འགལ་ལོ། །ཡང་དེ་རྟོག་པ་ཡིན་ནམ་རྟོག་མེད་ཤེས་པ་ཡིན། དང་པོ་ལྟར་ན་དེ་ལས་མཐོང་ལམ་མི་སྐྱེ་བར་འགྱུར་རོ། །གཞན་ཡང་དེས་གནས་འགྱུར་རང་བཞིན་མེད་པར་ཤེས་པའི་མཐར་དབྱིངས་སུ་ཞི། ཞེས་བྱ་བའི་དོན་དེ་ཆོས་དབྱིངས་སུ་སོང་ཞེས་པའི་དོན་ཡིན་ནམ། ཁོན་རེ་ཞི་གནས་ཞེས་ཟེར་རོ་སྙམ་ཏེ་དཔྱོད་ཅིག །དེ་མི་རྟོག་པའི་ངང་དུ་གནས་ཞེས་པའི་དོན་ཡིན། དང་པོ་ལྟར་ན་དེ་ཆོས་དབྱིངས་སུ་ཐལ་ལོ། །གཉིས་པ་ལྟར་ན་དེ་དེའི་གོང་དུ་མི་རྟོག་པའི་སྒོམ་མིན་པར་ཐལ་ལོ། །ཡང་སྒོམ་རིམ་དུ་ཧྭ་ཤང་འགོག་ཚུལ་ཉུང་ངུ་ལས་མེད་ཀྱང་ཐུན་མོང་དུ་རྒྱས་པར་བཤད་པ་སྒྲོག་ཡིན་གསུངས་པ་ནི་མ་དགོངས་པ་སྟེ། རྒྱལ་སྲས་ལམ་བཟང་དུ་བཀོད་པ་ནི་སྒྲ་བཞིན་ལས་འབྱུང་བའི་ཧྭ་ཤང་འགོག་ཚུལ་དེ་ཉིད་ཡིན་པའི་ཕྱིར་རོ། །ཡང་སྒོམ་རིམ་ལས། སེམས་རྟོགས་པ་ཁོ་ནས་སངས་རྒྱ་བ་ཟེར་བ་དང་། ཡས་བབ་ཆོས་དེ་དཀར་པོ་ཆིག་ཐུབ་ཡིན་ཟེར་བ་ལ་དགག་པ་མ་བྱུང་བའི་ཕྱིར། དེ་རང་བཟོ་ཡིན་གྱི་ཧྭ་ཤང་གི་འདོད་པ་ཡིན་གསུངས་པ་མི་འཐད་དེ། དང་པོ་ལ་སྒོམ་དུ་ཡང་དགག་པ་འབྱུང་བའི་ཕྱིར་རོ། །དེ་ཡང་སེམས་རྟོག་འཛིན་པ་ཁོ་ནས་སངས་རྒྱ་བའི་རྒྱུ་མཚན་ཆོས་ཐམས་ཅད་ཀྱི་ངོ་བོ་སྟོང་པ་ཉིད་ཁོ་ནར་གནས་པའི་རྒྱུ་མཚན་གྱི་ཡིན་ན་མི་དམིགས་ཏེ། སྟོང་ཉིད་རྟོགས་པའི་ཤེས་རབ་མེད་ན་སྟོང་ཉིད་སྒོམ་པ་པོ་དག་གི་སྟོང་ཉིད་རྟོགས་པར་མི་འགྱུར་ཞིང་སྒྲིབ་པ་སྤོང་བར་ཡང་མི་འགྱུར་ལ་སྟོང་ཉིད་མ་རྟོགས་པར་སྒྲིབ་པ་སྤོང་ན་འབད་མེད་དུ་གྲོལ་བར་ཐལ་བའི་ཕྱིར་རོ། །ཞེས་སྟོན་པ་ལ་སྒོམ་རིམ་ལས། ཆོས་རྣམས་ཀྱི་ངོ་བོ་སྟོང་ཉིད་སྟོང་པར་གནས་པ་ཁོ་ན་ཡིན་དུ་ཟིན་ཀྱང་། སོ་སོར་རྟོག་པ་དེ་མེད་ན་དེ་དག་གིས་སྟོང་པ་ཉིད་རྟོགས་པར་མི་འགྱུར་རོ། །

སྟོང་པ་ཉིད་རྟོགས་པ་མེད་པའི་ཕྱིར་སྒྲིབ་པ་སྤོང་བར་ཡང་མི་འགྱུར་རོ། །དེ་ལྟར་དུ་གྱུར་དུ་ཟིན་ན་ཐམས་ཅད་ཀྱང་དུས་ཐམས་ཅད་དུ་རང་ཐར་བར་འགྱུར་རོ། །ཞེས་གསུངས་པའི་ཕྱིར། ཡས་བབས་ཀྱི་ཆོས་དཀར་པོ་ཆིག་ཐུབ་ཡིན་ཞེས་ཧྭ་ཤང་གིས་ཁས་བླངས་པར་སྨྲ་བཞིན་དུ་བཤད་ཀྱང་། སྒོམ་རིམ་དུ་མིང་ཙམ་ལ་རྩད་རྒྱུ་མེད་པ་ལ་དགོངས་ནས་དགག་པ་མ་མཛད་པ་འདྲ། དེ་དུས་ཀྱི་རྩོད་ངག་ཐམས་ཅད་སྒོམ་རིམ་དུ་ཚང་བར་མ་བཀོད་པའི་གནད་ཀྱིས་ཡིན་ནོ། །ཡང་གཞན་མཛོད་ལས། དེས་ན་དེས་ཅིག་ཅར་བ་བཀག་གོ་སྙམ་ནས་ཐ་སྙད་དེ་བཟོ་བ་ལ་འཛིགས་འཛིགས་ལྟ་བའང་གདའ་སྟེ། རྒྱ་ནག་གི་ལུགས་ཅིག་ཅར་པར་བཞག་པ་དེ་བཀག་གིས། སྤྱིར་ཅིག་ཅར་བ་མ་བཀག་བདག་ཅག་ལམ་འདི་ཀ་ཅིག་ཅར་བའི་ལམ། དེ་ཉིད་ལའང་ཅིག་ཅར་ཐོབ་པར་ཐལ་རིམ་གྱིས་པ་གསུམ་དུ་འབྱེད་པའི་ཕྱིར། ཡས་བབས་དང་ནི་ཞེས་སོགས་དྲངས་ནས་ཞེས་པའང་བོང་སྟོན་འཕྱོངས་ཡིན་པས་ཚར་བཅད་གསུམ་པར་ལྟུང་ངོ་། །ཞེས་བྲིས་པའི་ལན་དུ། གླུ་སྒྲུབ་རྩོད་སྤོང་ལས། ཞེས་པའང་བོང་སྟོན་འཕྱོངས་ཀྱི་ལན་དུ་སྣང་སྟེ། ཧྭ་ཤང་གི་ཡས་བབས་ཞེས་པའི་མིང་དེ་ཅིག་ཅར་པའི་མིང་དུ་བསྒྱུར། མས་འཛེག་ཅེས་པའི་མིང་དེ་རིམ་གྱིས་པའི་མིང་དུ་བསྒྱུར་བ་མ་གཏོགས། ཧྭ་ཤང་གི་ལུགས་དང་ཕྱིས་ཀྱི་ཕྱག་ཆེན་པ་གཉིས་དོན་ལ་ཁྱད་པར་ཆེར་མེད་ཞེས་པ་ཙམ་དུ་སྣང་གིས། ཕྱག་ཆེན་པའི་ལུགས་ལ་ཐོད་བརྒལ་བ་དང་རིམ་གྱིས་ཅིག་ཅར་བ་མེད་ཅེས་མ་གསུངས་འདུག་པའི་ཕྱིར་རོ། །ཞེས་བཀོད་པའི་ལན་དུ། ཉིད་ཀྱི་གསུངས་ལས། ཁྱེད་མཁས་པ་སྔ་ཕྱི་རྣམས་བོང་སྟོན་འཕྱོངས་ཀྱི་རྩོད་པ་ལ་བོང་སྟོན་འཕྱོངས་ཀྱི་ལན་གཉིས་འཚོངས་འགྲན་མཛད་པར་སྣང་ཡང་། ཁོ་བོ་ཅག་བླུན་པོ་འདི་ནི་ཧྭ་མ་སྨྲོ་བ་བང་འགྲན་བྱེད་པ་ལགས་སོ༑ ༑དེ་ཡང་ཡས་བབས་དང་མས་འཛེག་གི་བཙུན་ཆུང་བྲུས་པའི་ཆོས་མིང་ལ་ཅིག་ཅར་བ་དང་རིམ་གྱིས་པར་བཏགས་པའི་གཟོ་འདྲ་ཞིག་ཏུ་སྣ་བར་འདུག་ནའང་། མིང་དེ་གསར་འདོགས་མིན། ཧྭ་ཤང་ཀྭན་ཀྲོན་རང་སྐྱ་ཁམས་བཟང་དུས་ནས་ཅིག་ཅར་བའི་མིང་དེ་ཡོད་པར་སྣང་ཞིང་། སྒོམ་རིམ་དུ་རྒྱའི་འདོད་པ་བརྗོད་པའི་ཚེ། དེ་ལྟ་བུ་ནི་ཅིག་ཅར་དུ་འཇུག་པ་ས་དང་པོ་ཐོབ་པ་དང་འདྲའོ་ཞེས་བཀོད་པ་གཟིགས་བཞིན་དུ། དམ་པའི་ངང་ཚུལ་ཅི་སླད་འདོར་ཞེས་བྲི་བར་མཛད་དོ། །དེ་ལ་བཏགས་ན་ཡས་བབས་ལ་ཅིག་ཅར་པའི་མིང་ཧྭ་ཤང་རང་གི་དུས་ནས་ཤིན་ཏུ་ཡོད་ཀྱང་ཕྱིས་ཡས་བབས་ཀྱི་མིང་དེ་གསང་ནས། དེ་ནས་བཤད་པའི་མན་ངག་ལ་སྦྱར་གྱི་དེ་དང་དོན་འདྲ་ཡང་ཚིག་ཟུང་ཟད་མི་འདྲ་བ་ཞིག་བཅོས་ཏེ་དེ་ལ་ཅིག་ཅར་པའི་ལམ་ཕྱག་རྒྱ་ཆེན་པོ་ཞེས་མིང་བཏགས་པ་ལ་མིང་འདོགས་བསྒྱུར་ཞེས་ཐ་སྙད་མཛད་པ་ཡིན་ནོ། །ཡང་གླུ་སྒྲུབ་རྩོད་སྤོང་ལས། དོན་ལ་ཁྱད་པར་མེད་ཅེས་ཤེས་སྙམ་ན་དགོངས་འཚལ་ཅིག །ཕྱག་རྒྱ་ཆེན་པོ་ཆིག་ཆོད་ལ། །ས་ལམ་རྩེ་བའི་རྨོངས་པ་

འཁྲུལ། །ཞེས་རང་ཉིད་ཀྱི་བཞེད་པའི་ཅིག་ཆར་བ་དེས་ལམ་ལྔ་ས་བཅུ་རིམ་གྱིས་བགྲོད་མི་དགོས་པར་བཞེད་པ་འདྲ་ན་དེ་འདྲའི་ཅིག་ཆར་བ་དེ་ནི་སངས་རྒྱས་ཀྱི་སར་ཡས་བབ་དང་ཐོག་བབས་མཚན་ཉིད་པར་སོང་འདུག་པའི་ཕྱིར་རོ། །ཞེས་བཀོད་པའི་ལན་དུ། ཉིད་ཀྱི་གསུང་ལས། ཞང་ཚལ་པའི་གསུང་ཚོགས་བཅད་དེ་ལ་ཁྱེད་དུ་མ་ཟད་ཐུབ་དགོངས་སུ་འང་བཀའ་སྐྱོན་བྱུང་ཞིང་། མི་དཀར་ལ་ཞྭ་ནག་གཡོགས་པར་འདུག་གོ། །ཅེས་ཤེས་སླམ་ན་དགོངས་འཚལ་ཅིག ཕྱག་རྒྱ་ཆེན་པོ་ཅིག་ཆོད་ཡིན་པ་དང་། དེ་ལ་པ་ལམ་བསྐྱེ་བ་འགལ་ན། རྗེ་བཙུན་གྲགས་པས་ལམ་ལྔ་ས་བཅུ་ཤར་བ་ཡང་། རི་བོང་རྭ་གཉེར་གྲངས་པ་ཡིན། ཞེས་མགུར་མ་གཉན་པོ་འཕེན་འདུག་པ་དང་། ངེད་རེའི་གསུང་ངག་རིན་པོ་ཆེར་ས་ཕྱེད་དང་བཅུ་གསུམ་སྐྱེས་པ་དང་ཨེ་འགལ་གཟིགས་དང་། དེ་ནི་དོན་དམ་ལ་དགོངས་ལ། འདི་ནི་ཀུན་རྫོབ་སྟེ། ས་དང་ལམ་གྱི་དབྱེ་བ་དང་། རྫོགས་པའི་སངས་རྒྱས་ཐོབ་པ་ཡང་། ཀུན་རྫོབ་ཡིན་གྱི་དོན་དམ་མིན། ཞེས་དབྱེ་བ་མཛད་དོ་ཞེ་ན། ཞང་རིན་པོ་ཆེས་ཀྱང་དོན་དམ་ལ་ས་ལམ་ཅིག་ཆོད་ཡིན་པས་ཚིག་སྔ་མ་གསུངས་པ་ནས་དང་། འོན་ཀྱང་རྨོངས་པ་དག་པའི་ཕྱིར། །ས་ལམ་དོད་པོ་སྐྱེ་བར་བྱ། །ཞེས་མ་རྟོགས་པའི་ངོ་བོ་ཀུན་རྫོབ་ཙམ་དུ་ལམ་གྱིས་རྣལ་འབྱོར་བཞི་སྐྱེ་བར་བཤད་གདའ། དེས་ན་གྲུབ་མཐའ་དེ་ཐད་དུ་ས་དཀར་གཉིས་པོ་ཧྭཤང་དང་དོན་ལ་ཁྱད་པར་མེད་ན་མེད་མཉམ་དང་མེད་མཉམ་དུ་འདུག་པས་སླ་ཚོད་ཟིན་པར་མཛོད་ཅིག །ཞེས་བྲི་བར་མཛད་དོ། །དེ་ལ་བརྟགས་ན་དོན་དམ་པར་ས་ལམ་སྐྱེ་བར་མེད་པ་བདེན་ཀྱང་། ཕྱག་རྒྱ་ཆེན་པོ་དོན་དམ་པར་ཅིག་ཆོད་ཡིན་པའི་ཟེར་བའི་དོན། དོན་དམ་པར་ས་ལམ་ཅིག་ཆར་དུ་བགྲོད་པ་ཡིན་ཟེར་རྒྱུ་ཡིན་ནམ། དོན་དམ་པར་སྦྱོས་བྲལ་ཡིན་ཟེར་རྒྱུ་ཡིན། དང་པོ་ལྟར་ན་དོན་དམ་པར་ས་ལམ་གྱི་རྣམ་བཞག་གཅིག་ཁས་ལེན་དགོས་པར་འགྱུར་རོ། །ཕྱི་མ་ལྟར་ན་རང་ལ་ནང་འགལ་ཏེ། ཞང་རིན་པོ་ཆེས་ཀྱང་དོན་དམ་ལ་ས་ལམ་ཅིག་ཆོད་ཡིན་པས་ཞེས་ཁས་བླངས་ཕྱིར། ཐ་སྙད་དུ་ས་ལམ་སྐྱེ་བའི་ཚེ་ས་ལམ་དངོས་མི་སྐྱེ་བར་དེའི་དོད་དོ་སྐྱེ་བ་མི་རིགས་ཏེ་ཡོད་པའི་སྒོ་བོར་ནས་མེད་པའི་འཕྲང་བཙུགས་པར་སོང་བའི་ཕྱིར། ཡང་ཀླུ་སྒྲུབ་སྟོད་སྦྱོང་ལས། དབང་གིས་མ་སྨིན་པ་ཞིག་ལ་སྟོང་ལྟ་ཙམ་བསྟན་པའི་ལམ་དེ་ཕྱག་ཆེན་ཡིན་གསུངས་པ་ནི་ཧྭཤང་ལས་ཀྱང་དམན་པར་སོང་ཏེ་ཞེས་སོགས་བཀོད་པའི་ལན་དུ། ཉིད་ཀྱི་གསུངས་ལས་ཕྱོགས་སྔ་མེད་པའི་དགག་སྟོང་ཡིན་པས་ཅི་ཞིག་བཏུབ། ངེད་ཅག་ནི་བླ་མའི་བྱིན་རླབས་དང་། སྟོན་དགེས་སྐྱུལ་བའི་སློབ་མའི་མོས་གུས་འཕྲད་པའི་རྟེན་ཅིང་འབྲེལ་བར་འབྱུང་བ་ལས་ཕྱག་རྒྱ་ཆེན་པོའི་ཡེ་ཤེས་སོ་སོ་རང་རིག་པ་དེ་ཀ་རྟོགས་པ་དོན་གྱིས་དབང་སེམས་ཐོག་ཏུ་ཐོབ་པ་ཡིན་ཚུལ་གོང་དུའང་སྨྲས་ཟིན་པ་ལྟར། དབང་གིས་མ་སྨིན་པའི་དོགས་གཞི་མེད་ལགས། ཟུང་འཇུག་དེ་ཀ་ཕྱག་

ཆེན་དཀར་པོ་ཆིག་ཐུབ་ཏུ་འདོད་པས་སྟོང་རྒྱང་གི་དོགས་པའམ་མི་གདའ་འོ། །

འོ་ན་སྒོམ་རིམ་གསུམ་མདོའི་ལམ་རིམ་དུ་ཕྱེད་རང་འདོད་ལ་དེ་དང་ཕྱག་ཆེན་མཐུན་པར་སྨྲས་པས་སོ་སྙམ་ན། མདོ་ལས་གསུངས་པའི་ཤེར་ཕྱིན་གྱི་ལྟ་བ་སྔགས་ཀྱི་ཐབས་མཁས་ཀྱི་རྫོགས་པར་བྱས་པ་ལ་སྐྱོན་ཅི་ཞིག་ཡོད་ཅེས་སོགས་བྲི་བར་མཛད་དོ། །དེ་ལ་བརྟགས་ན་བླ་མའི་བྱིན་རླབས་ལས་སེམས་ཀྱི་གནས་ལུགས་རྟོགས་པའམ་ཕྱག་རྒྱ་ཆེན་པོའི་ཡེ་ཤེས་སོ་སོ་རང་རིག་གི་ས་ཐོབ་པ་དེ། རྒྱུད་སྡེ་འོག་མའི་དབང་ཡིན་ནམ་བླ་མེད་ཀྱི་དབང་ཡིན། དང་པོ་ཡིན་དོན་མི་འདུག་ཅིང་། ཕྱི་མ་ལས་འོས་མེད་པས། བུམ་དབང་ཡིན་ནམ། གསང་དབང་ཡིན་ནམ། ཤེར་དབང་ཡིན་ནམ། དབང་བཞི་པ་ཡིན། དང་པོ་ལྟར་ན་དེ་བུམ་དབང་བཅུ་གཅིག་པོ་གང་ཡིན། གཉིས་པ་ལྟར་ན་གསང་དབང་ལྔ་པོ་གང་ཡིན་དྲི། གསུམ་པ་ལྟར་ན་ཤེར་དབང་གཉིས་པོ་གང་ཡིན། བཞི་པ་ལྟར་ན་དེ་དབང་བཞི་པ་ལྔ་པོ་གང་ཡིན་དྲིས་ན། སྨྲ་གཅད་དགོས་པར་འགྱུར་རོ། །དེ་བཞི་གང་ཡང་མིན་ནོ་ཞེ་ན་མི་རིགས་ཏེ་དེ་བཞི་པོ་གང་ཡང་རུང་བར་མ་འདུས་པའི་བླ་མེད་ཀྱི་དབང་རྡོ་རྗེ་འཆང་གི་མ་གསུངས་པའི་ཕྱིར་རོ། །རྒྱས་པར་གོང་དུ་བཀག་ཟིན་པས། དེ་ཙམ་གྱིས་མཆོག་གོ། །ད་ལྟའི་ཕྱག་ཆེན་དང་སྒོམ་རིམ་དབང་མི་དགོས་པའི་ཆ་ནས་མཐུན་པར་འདུག་ཀྱང་། ཕུགས་ཀྱི་དགོངས་པ་ནི་ཤིན་ཏུ་ཐ་དད་པ་ཡིན་ནོ། །འདི་པའི་ཞེ་འདོད། མདོ་ལམ་ནས་ཕྱག་ཆེན་བཤད། དེ་ཀ་ཅིག་ཆར་བའི་ལམ་ཡིན་ཟེར་བར་འདུག་པ་ལ། བསྟུད་པར། ཆུའི་ཐིགས་པས་བུམ་པ་དང་པོ་ཐ་མའི་བར། རིམ་གྱིས་ཉུང་དུས་དེ་ཡོངས་འགེངས་པ་ལྟར། དེ་བཞིན་དང་པོའི་སེམས་ཀྱང་བྱང་ཆུབ་མཆོག་བསྒྱུར་ཏེ། རིམ་གྱིས་དཀར་པོའི་ཡོན་ཏན་རྫོགས་པའི་སངས་རྒྱས་འགྱུར། ཞེས་དང་། གཞན་ཡང་ཤེར་མདོ་དང་། སྤྱོད་བསྡུས་སོགས་ནས་རིམ་གྱིས་འཇུག་པའི་ལམ་ཁོ་ན་བཤད་པས་སོ། །མཆན།

འདིར་སྨྲས་པ། དུས་གསུམ་ཐོགས་མེད་གཟིགས་པའི་གྲུབ་པ་མཆོག །རིག་སྔགས་འཆང་བ་པད་མ་ཨཱ་ཀ་རས། །འཇམ་པའི་དབྱངས་ཞེས་ལུང་བསྟན་ཡོངས་འདུ་ཡི། །མི་ཏོག་ཐོག་པའི་ལྷ་མཆོག་ས་སྐྱ་པ། །རབ་ཞི་རྒྱལ་བའི་རྒྱ་མཚོ་ལས་འཁྲུངས་པའི། །པདྨའི་དང་ཚུལ་ཁྲིད་ཀྱི་བསྟན་པ་ལ། །རྗེས་ཆགས་ཤཱཀྱ་ཐུབ་པའི་རྒྱལ་མཚན་མཆོག །འོག་མིན་གཙང་མའི་བར་དུ་དྲངས་འདི་གཟིགས། །ཕྲག་དོག་སྨྲ་གཅན་གདུག་པས་ལན་གྲངས་བརྒྱར། །ཟློས་ཀྱང་མ་ཉམ་བསིལ་ཟེར་བྱེ་བ་རྒྱས། །བློ་གསལ་ཀུན་དའི་དགའ་ཚལ་ཕྱོགས་བརྒྱར་འཛུམ། །ཡང་གཞན་མཛོད་ལས། ལྟ་བ་དེ་ཡི་ཡན་ལག་ཡིན། ཞེས་པའང་རང་ཉིད་ཀྱི་བློ་སྐྱོན་ཏེ། ལམ་འབྲས་ལྟ་གྲུབ་ཐ་དད་དུ་བཞག་པའི་ཞེན་པས་སོ། །འདི་ནི་མི་རིགས་ཏེ། དུས་ཀྱི་འཁོར་ལོའི་ལྟ་བའི་འདོར་དུས་སུ། །གྲུབ་པའི་མཐའ་ཁོན་ལྟར་བཞག་པས་སོ། །ཞེས་བྲིས་པའི་ལན་དུ། ཀླུ་སྒྲུབ་རྩོད་སྤོང་ལས། དེ་སྐད་གསུངས

པ་ནི་འཕེན་མ་མཐོང་བའི་མུན་པའི་མདའ་སྟེ། ཁོ་བོ་ཅག་རྟོགས་པ་ཙམ་ལ་ལྟ་བ་བཞག་པའི་ལྟ་བ་གཅིག་དང་། ཉམས་མྱོང་ཉིད་འཛིན་ལ་ལྟར་བཞག་པའི་ལྟ་བ་གཉིས་སུ་ཕྱེ་ནས་སྔ་མ་རྒྱུ་དུས་ཀྱི་ལྟ་བ་དུག་ཅན་ཞེས་བཤད་པ་དེ་ལ་ངོས་འཛིན་པས་ག་ལ་འགལ་ཏེ། གྲུབ་མཐའ་བཞི་པོ་གང་རུང་ལ། ཉམས་མྱོང་ཉིད་འཛིན་གྱི་ལྟ་བའི་མཆོག་མཚོན་བྱ་དོན་གྱི་ཕྱག་ཆེན་ཡིན་པས་ཁྱབ་པ་ཁས་ལེན་པའི་ཕྱིར་རོ། །ཞེས་བཀོད་པའི་ལན་དུ། ཉིད་ཀྱི་གསུང་ལས། འཕེན་མ་མཐོང་བར་མུན་པའི་མདའ་འཆོལ་འཕེན་པའི་མདའ་དཔོན་ཆེན་པོ་ནི་མཁས་པ་ཁྱེད་རང་ཡིན་ཏེ། རང་ལུགས་ཀྱི་རྣམ་བཞག་ཅུང་ཟད་འདྲ་མིན་ཚེ་ཡང་རང་ཁྱབ་ཀྱི་སྒྲུབ་པ་ལྷུར་ལེན་པའི་ཕྱིར་རོ། །གཞན་ལུགས་ཀྱི་ལུང་རིགས་རྣམ་དག་ཀྱང་། གོ་མ་ཆོད་ཀྱི་གྲལ་མགོར་སྐྱིལ་བའི་མགྲོན་གཉེར་དཔོན་ཡང་སྐབས་མང་པོར་མཛད་དོ། །གང་ལྟར་ལམ་འབྲས་སློབ་བཤད་པའི་ལུགས་ལ་དེ་ཀ་ཡིན་སྲིད་ཀྱང་། འཕགས་པ་འཇིག་རྟེན་དབང་ཕྱུག་གི་ལུགས་ནི་ཚད་མར་བྱ་དགོས་ཤིང་། ཁྱད་པར་དུ་རབ་དབྱེར། ཉན་ཐོས་དང་ནི་ཐེག་ཆེན་ལ། །ལྟ་བའི་ཁྱད་པར་ཡོད་མོད་ཀྱིས། །ཕ་རོལ་ཕྱིན་དང་གསང་སྔགས་ལ་ད་ལྟ་བའི་དབྱེ་བ་བཤད་པ་མེད། ཕ་རོལ་ཕྱིན་པའི་སྤྲོས་བྲལ་ལས། ལྷག་པའི་ལྟ་བ་ཡོད་ན་ནི། །ལྟ་དེ་སྤྲོས་པ་ཅན་དུ་འགྱུར། །ཐེག་ཆེན་གཉིས་ལའང་ལྟ་བའི་ཁྱད་པར་མེད་པར་ཞལ་གྱི་མཆེས་ནས་གསང་སྔགས་བླ་མེད་ཀྱི་དབང་རེ་རེ་ལ་ལྟ་བ་མི་འདྲ་བ་རེ་བཟོས་པ་དེ་རྣམས་སྤྲོས་བཅས་འབའ་ཞིག་ཡིན་ལགས་གྲང་། ཉམས་མྱོང་ཉིད་འཛིན་འདྲ་བ་ཡིན་པར་བཞེད་ན། ལྟ་སྒོམ་དབྱེ་བ་མ་ཕྱེད་ཅིང་། །ཐབས་དང་ཤེས་རབ་མ་ཤེས་པས། །འདི་འདྲའི་དབྱེ་བ་འཁྲུལ་བ་ཡིན། །ཞེས་པའི་ནང་དུ་རང་གི་ངང་གི་བཞུགས་པའོ། །ཞེས་བྲི་བར་མཛད་དོ། །དེ་ལ་བརྟགས་ན། རབ་དབྱེའི་དགོངས་བཞེད་གང་ཡིན་མ་གོ་བཞིན་དུ་སྟང་ཤུགས་ཀྱིས་སུན་འབྱིན་པར་སྣང་བས། ཞིབ་ཙམ་ཕྱལ་ན་འདི་བཞིན་ལེགས། སྤྱིར་ལྟ་བ་ལ་རྟོགས་བྱའི་ཡུལ་ལ་ལྟ་བར་བཞག་པ་དང་། རྟོགས་བྱེད་ཀྱི་བློ་མའམ་ཡེ་ཤེས་ལ་ལྟ་བར་བཞག་པ་གཉིས་འབྱུང་ཞིང་། དེ་ཡང་གྲུབ་མཐའ་རང་རང་གི་རིགས་པ་ཡང་དག་གིས་དཔྱད་པའི་བློ་ངོར་གནོད་པ་མེད་པར་གྲུབ་པ་ལ་ཡུལ་གྱི་ལྟ་བར་འཛོག་པས། ཕྱི་རོལ་པ་རྣམས་ཀྱི་རིགས་པས་དཔྱད་པའི་ཚེ་གང་ཟག་གི་བདག་སྒྲུབ་པ་ལ་གནོད་པ་མ་མཐོང་། བྱེ་མདོ་གཉིས་ཀྱི་རྒྱུ་མཚན་ཕྱོགས་ཀྱི་ཆ་མེད་དང་། ཤེས་པ་སྐད་ཅིག་ཆ་མེད་བདེན་པར་གྲུབ་པ་ལ་གནོད་པ་མ་མཐོང་། སེམས་ལ་གཟུང་འཛིན་གཉིས་མེད་ཀྱི་ཤེས་པ་རང་རིག་རང་རྒྱལ་འདི་བདེན་པར་གྲུབ་པ་ལ། གནོད་པར་མ་མཐོང་བས་དེ་དང་དེ་གྲུབ་མཐའ་དེ་དང་དེའི་སྐབས་སུ་ཡུལ་གྱི་ལྟ་བར་བཞག་པ་ཡིན། དབུ་མ་པས་གཅིག་དུ་བྲལ་ལ་སོགས་པའི་རིགས་པ་ཡང་དག་གི་དཔྱད་པའི་ཚེ་བདེན་པའི་དཔེར་སྒྲུབ་པ་ཅུང་ཟད་ཀྱང་མི་རྙེད། དགག་བྱ་དངོས་པོ་བདེན་པར་མེད་པའི་

གནད་ཀྱི། དེ་བཀག་པའི་དངོས་མེད་ཀྱང་བདེན་པར་མི་འཐད། རེ་རེ་བ་བདེན་པར་མེད་པའི་གནད་ཀྱིས། དེ་གཉིས་ཀ་བདེན་པར་མི་རྟེད། བློས་བརྟགས་པའི་མཐའ་ནི་ཡོད་མེད་དམ་དངོས་པོ་དངོས་མེད་དེ་གཉིས་སུ་ངེས་པའི་གནད་ཀྱིས་དེ་གཉིས་མ་ཡིན་པ་ཞིག་ཀྱང་བདེན་པར་མི་རྟེད་པས་མཐའ་བཞིའི་སྤྲོས་པ་གང་ཡང་བདེན་པར་མ་རྟེད་པའི་མ་གྲུབ་པ་དེ་ལ་དབུ་མའི་སྐབས་སུ་ཡུལ་གྱི་ལྟ་བ་དང་སྤྲོས་བྲལ་དང་བརྗོད་བྲལ་གྱི་ཐ་སྙད་བྱས་པ་ཡིན། འོན་རིགས་པ་ཡང་དག་གི་ངོ་བོར་གནོད་པ་མེད་པར་གྲུབ་པ་ལ་ཡུལ་གྱི་ལྟ་བར་བཞག་པ་དང་འགལ་ལོ་ཞེ་ན། མི་འགལ་ཏེ་དེའི་ངོ་བོར་མཐའ་གང་དུ་ཡང་མ་གྲུབ་པ་ལ་གནོད་པ་མེད་པར་གྲུབ་པ་ཞེས་ཐ་སྙད་བྱས་པ་ཙམ་ཡིན་པའི་ཕྱིར། གསང་སྔགས་ཀྱི་རྙིང་མ་བ་ཁ་ཅིག་ཐེག་པ་རིམ་པ་དགུ་ལ། རྟོགས་བྱ་ཡུལ་གྱི་ལྟ་བ་ལ་བཟང་ངན་ཐ་དད་པ་དགུ་ཡོད་ཟེར་བ་ལ། དེ་མི་འཐད་དེ་ཉན་ཐོས་ཀྱི་རིགས་ཅན་རྣམས་ཀྱི་གང་ཟག་གི་བདག་མེད་ཙམ་ལས་གཏན་ལ་འབེབས་མི་ནུས། རང་སངས་རྒྱས་ཀྱི་རིགས་ཅན་རྣམས་ཀྱིས་དེའི་སྟེང་དུ་བཟུང་བ་ཆོས་ཀྱི་བདག་མེད་ཙམ་ལས་གཏན་ལ་འབེབས་མི་ནུས་ཏེ། ཐེག་པ་ཆེན་པོ་ཕ་རོལ་ཕྱིན་པ་བས་ཆོས་ཐམས་ཅད་དོན་དམ་པར་སྤྲོས་བྲལ་དུ་གཏན་ལ་འབེབས་ནུས་པས་ཉན་ཐོས་དང་ཐེག་ཆེན་ལ་སྤྲོས་བྲལ་རྟོགས་པ་དང་མ་རྟོགས་པའི་ལྟ་བའི་རིམ་པའམ་ཁྱད་པར་ཡོད་མོད། ཕ་རོལ་ཕྱིན་པ་དང་གསང་སྔགས་ལ་ཐོས་བསམ་གྱི་གཏན་ལ་ཕབས་པའི་ལྟ་བའི་དབྱེ་བའམ་ཁྱད་པར་བཤད་པ་མེད་དོ། །

གལ་ཏེ་ཕ་རོལ་དུ་ཕྱིན་པ་བས་ཐོས་བསམ་གྱི་གཏན་ལ་ཕབ་པའི་ལྟ་བ་དེ་ལས་ལྷག་པའི་ལྟ་བ་ཞིག་གསང་སྔགས་ལ་ཡོད་ན། དེ་སྤྲོས་པ་ཅན་གྱི་ལྟ་བར་འགྱུར་ཏེ། དེ་སྤྲོས་བྲལ་ལས་འདས་པའི་ལྟ་བ་ཡིན་པའི་ཕྱིར། གལ་ཏེ་དེ་ཡང་སྤྲོས་བྲལ་ཡིན་ནོ་ཞེ་ན། དེ་ལྟར་ན་ཐོས་བསམ་གྱི་གཏན་ལ་ཕབ་པའམ། བཤད་པས་གོ་བའམ་ ཐོས་པའི་ལྟ་བ་ཕ་རོལ་དུ་ཕྱིན་པ་བ་དང་གསང་སྔགས་པ་གཉིས་གཅིག་པ་སྟེ་ཁྱད་མེད་པར་ཁས་ལེན་དགོས་ཏེ། དེ་ཐོས་བསམ་གྱི་གཏན་ལ་ཕབ་པའི་ལྟ་བ་སྤྲོས་བྲལ་ཡིན་པར་ཁྱད་མེད་པའི་ཕྱིར། འོན་ཀྱང་རྟོགས་བྱེད་ཀྱིས་ཐབས་ལ་གསང་སྔགས་ཁྱད་པར་མི་འཕགས། ཕ་རོལ་ཏུ་ཕྱིན་པ་བ་ལ་གཅིག་དུ་བྲལ་སོགས་ཀྱི་རྟགས་ལ་བརྟེན་པའི་རིག་ཤེས་རྗེས་དཔག་གི་རྒྱུན་སྒོམ་པ་ཙམ་ལས་མེད་ཅིང་། རྡོ་རྗེ་ཐེག་པ་ལ་རྒྱུད་སྡེ་བཞིའི་ཉམས་ལེན་གྱི་རིམ་པ་ཐམས་ཅད་སྤྲོས་བྲལ་རྟོགས་པའི་ཐབས་ཡིན་པར་མ་ཟད་བླ་མེད་ཀྱི་སྐབས་སུ་དབང་དང་རིམ་གཉིས་བྱུང་བའི་མཚོན་བྱེད་དཔེའི་ཡེ་ཤེས་ཀྱི་ཚོད་ཉིད་དཔེའི་ཚུལ་གྱི་མངོན་སུམ་དུ་རྟོགས་པ་དང་། མཐོང་ལམ་ཐོབ་པའི་ཚེ་རླུང་སེམས་དབུ་མར་བཞུགས་པའི་གནད་ཀྱིས་ཟག་པ་མེད་པའི་བདེ་བ་ཆེན་པོས་རྒྱན་པའི་ཚུལ་གྱིས་རྟོགས་པའི་ཕྱིར་རོ། །ཞེས་པ་སྟེ་དོན་འདི་ལ་དགོངས་ནས་རབ་དབྱེར། ལ་ལ་ཐེག

ཆེན་པ་རིམ་དགུ་ལ། །ནས། ཐབས་ལ་གསང་སྔགས་ཁྱད་པར་འཕགས། །ཞེས་པའི་བར་གསུངས་པ་ལགས། གཉིས་པ་རྟོགས་མེད་ཀྱི་བློ་ལ་ལྟ་བར་བཞག་པ་ལ། ཕྱི་རོལ་པ་རྣམས་ལ་ལྟ་ངན་དྲུག་ཅུ་རྩ་བཞིའི་དེ་བས་ཀྱང་ལྷག་པ་ཞིག་ཡོད་པར་བཤད་དེ། འཇུག་པར། ཟ་པོ་རྟག་དངོས་བྱེད་པོ་མིན་པའི་བདག །ཡོན་ཏན་བྱ་མེད་མུ་སྟེགས་རྣམས་ཀྱི་བརྟགས། །དེ་དབྱེ་ཅུང་ཟད་ཅུང་ཟད་ལ་བརྟེན་ནས། །མུ་སྟེགས་ཅན་ནམ་ལུགས་ནི་ཐ་དད་འགྱུར། །ཞེས་གསུངས་པའི་ཕྱིར། ཕྱི་མདོ་གཉིས་ཀྱི་བདག་མེད་པའི་ཁྱད་པར་དུ་བྱས་པའི་ཕུང་པོ་རང་ཚན་མཐོང་བའི་ཤེས་རབ་དེ་ཡུན་གྱི་ལྟར་འདོད། སེམས་ཙམ་པས་གཟུང་བ་ཕྱི་རོལ་གྱི་དོན་དང་དེ་ལ་ལྟོས་པའི་བློའི་གཟུང་རྣམ་བདེན་མེད་དུ་རྟོགས་པའི་ཤེས་རབ་ལ་འདོད། དབུ་མ་པས་གཅིག་དུ་བྲལ་ལ་སོགས་ཀྱི་གཏན་ཚིགས་ལ་བརྟེན་ནས་ཕྱི་ནང་གི་དངོས་པོ་བདེན་མེད་དུ་རྟོགས་པའི་ཤེས་རབ་ལ་འདོད་ཅིང་། དེའི་རྒྱུན་བསྒོམས་པས་ས་དང་པོར་ཆོས་དབྱིངས་མངོན་སུམ་དུ་མཐོང་བ་ན། འདི་ཞིབ་པར་རྣམ་རྫུན་པས་གཟུང་འཛིན་གཉིས་མེད་ཀྱི་ཤེས་པ་རང་རིག་ཙམ་བདེན་པར་འདོད། རྣམ་བདེན་པ་དོན་སྣང་ཐམས་ཅད་ཤེས་པའི་ངོ་བོར་བདེན་པར་འདོད་པ་སོགས་མཆན། རྟོགས་བཅས་ཀྱི་ལྟ་བ་རྟོག་མེད་དུ་གནས་འགྱུར་བ་ལ་རྟོགས་བྱེད་ཀྱི་བློ་ཆོས་དབྱིངས་སུ་ཐིམ་པ་ཞེས་བྱ་བའི་ཐ་སྙད་མཛད་ཅིང་དེ་ནས་སངས་རྒྱས་པའི་བར་དུ་རང་བཞིན་རྣམ་དག་གི་ཆོས་དབྱིངས་རྟོགས་པའི་ཚུལ་ལ་ཁྱད་པར་མེད་ཅིང་། ས་དེ་དང་དེའི་བར་ཆད་མེད་ལམ་གྱི་ངོ་སྐལ་གྱི་དྲི་མ་ལས་གྲོལ་བའི་བྲལ་བ་གསར་མཐོང་རེ་ཡོད་པས། གློ་བུར་དྲི་བྲལ་གྱི་ཆོས་དབྱིངས་རྟོགས་ཚུལ་ལ་ཁྱད་པར་ཡོད་པའི་ཐ་སྙད་མཛད་ཀྱང་གློ་བུར་དྲི་བྲལ་གྱི་ཆོས་དབྱིངས་དངོས་མཐོང་བ་མིན། སངས་རྒྱས་པའི་ཆོས་དབྱིངས་དང་ཡེ་ཤེས་རོ་གཅིག་ཏུ་གྱུར་པའི་ཏིང་འཛིན་དེ་ལས་ནམ་ཡང་མ་གཡོས་བཞིན་དུ་གདུལ་བྱའི་དོན་རྣམ་རྟོག་དང་འབད་རྩོལ་ལ་མ་ལྟོས་པར་རང་གི་ངང་གི་འབྱུང་བ་ལ་སངས་རྒྱས་ཉི་མ་ཤར་བའི་ཐ་སྙད་མཛད་པ་ཡིན། རྒྱུད་སྡེ་འོག་མ་གསུམ་གྱི་ལུགས་ལ་ཕ་རོལ་ཏུ་ཕྱིན་པ་བ་ལས་རྟོགས་མེད་ཀྱི་ཐབས་ཁྱད་པར་འཕགས་པས་སངས་རྒྱས་ཐོབ་པ་ལ་མྱུར་བུལ་གྱི་ཁྱད་པར་ཙམ་མ་གཏོགས་གཞན་དེ་དང་ཆ་འདྲ་བ་ཞིག་ཡོད་ལ། གསང་སྔགས་བླ་མེད་ཀྱི་ལུགས་ལ་དཔེ་གཏན་ཚིགས་ལ་བརྟེན་ནས་ཕྱི་ནང་གི་ཆོས་ཐམས་ཅད་སེམས་ཙམ་དང་། དེ་སྒྱུ་མ་དང་། དེ་རང་བཞིན་མེད་པར་རྟོགས་པའི་གོ་བ་ཙམ་ལ་སྒྲོ་འདོགས་ཆོད་པའི་ལྟ་བ་དང་། སོ་སོའི་གཞུགས་ལ་ཞེ་འདོད་ཀྱི་ལྟ་བ་དང་། མོས་པའི་གོ་ཡུལ་དུ་བྱེད་པའི་ལྟ་བ། ཕ་རོལ་ཕྱིན་པའི་ཐེག་པ་དང་མཉམ་པའི་ལྟ་བ་ཞེས་བྱ་ཞིང་། དེས་སྤྱང་བྱ་དང་པོ་མི་རིག་པའི་དུག་ཅེས་པ་ཕྱི་ནང་གི་དངོས་པོ་ཐམས་ཅད་ལ་བདེན་པར་ཞེན་པའི་ལོག་རྟོག་དེ་ཟློག་པ་ཙམ་དང་། ཐབས་ཀྱི་ཉམས་ལེན་ཐམས་ཅད་རྣམ་པ་དེ་དང་དེར་སྣང་ཡང་། རང་གི་ངོ་བོ་སེམས་ཀྱི་ཆོ

འཕྲུལ་ཚུལ་དུ་ཤེས་པ་ལས་མི་བྱུང་བས་ལམ་དུས་ཀྱི་ལྟ་བ་དུག་ཅན་དང་། དེ་ཁོ་ན་ཉིད་རྒྱ་མཚོའི་དོན་དང་མ་བྲལ་བའི་ལྟ་བ་ཞེས་པའི་ཐ་སྙད་མཛད། དབང་དང་རིམ་པས་བྱུང་བའི་ཉམས་སྐྱོན་མེད་ཀྱི་ཡེ་ཤེས་སྤང་བྱ་གཉིས་པ་རྩོལ་བའི་དུག་ཅེས་བྱ་བ་ཐ་མལ་རྣམ་རྟོག་རྒྱུན་ཆགས་དེ་ཟློག་ནུས་པས་ན་ལམ་གྱི་ལྟ་བ་དུག་མེད་ཅེས་ཀྱང་བྱ་མཚོན་བྱ་དོན་གྱི་ཡེ་ཤེས་མཚོན་ནུས་པས་ན་མཚོན་བྱེད་དཔེའི་ཡེ་ཤེས་ཞེས་ཀྱང་བྱ། ཆོས་ཉིད་དཔེའི་ཚུལ་དུ་མངོན་སུམ་དུ་མཐོང་བས་ན་མ་རྨོངས་པའི་ལྟ་བ་ཞེས་ཀྱང་བྱ་བ་ཡིན། རྒྱུ་མཚན་དེས་ན་དབང་རེ་ལ་ལྟ་བ་མི་འདྲ་བ་རེ་ཡོད་ཀྱང་རྟོགས་བྱའི་ཡུལ་གྱི་ཆོས་དབྱིངས་ལ་ཁྱད་པར་མེད་པས་སྤྲོས་བཅས་ཀྱི་ལྟ་བར་ག་ལ་འགྱུར་ཞིང་རྟོགས་བྱེད་ཀྱི་བློའི་ངོས་ནས་ཕྱི་མ་ཕྱི་མ་ཁྱད་པར་འཕགས་པ་ནི་ཤིན་ཏུ་འདོད་ཀྱང་སྤྲོས་བཅས་ཀྱིས་ལྟ་བ་ཡིན་མིན་གྱི་ཁྱད་པར་ནི་མེད། ཉམས་མྱོང་ཏིང་འཛིན་ལྟར་ཤིན་ཏུ་བཞེད་ཀྱང་གཞུང་དེ་དང་མི་འགལ་ཏེ་གཞུང་དེའི་དོན་ནི་གསང་སྔགས་རྙིང་མ་བ་ཁ་ཅིག་ཐེག་པ་ཆེན་པོ་དབུ་མ་ནས་རྣལ་འབྱོར་བླ་མེད་ཀྱི་བར་ལ་དོན་དམ་གྱི་ལྟ་བ་ལ་ཁྱད་པར་མེད་ཀྱང་ཀུན་རྫོབ་ཀྱི་ལྟ་བ་ལ་ཁྱད་པར་ཡོད་དེ། ཐེག་པ་ཆེན་པོ་དབུ་མ་པ་རྣམས་ཀུན་རྫོབ་ཀྱི་རྣམ་དག་ཇི་ལྟར་སྣང་བ་བཞིན་འདོད། བྱ་རྒྱུད་པ་རྣམས་ཀུན་རྫོབ་ཀྱི་སྣང་བ་རིགས་གསུམ་རྒྱལ་བའི་དཔལ་དང་། སྤྱོད་རྒྱུད་དང་རྣལ་འབྱོར་རྒྱུད་ལ་རིགས་ལྔའི་དཔལ་དང་། རྣལ་འབྱོར་ཆེན་པོའི་སྐབས་སུ་དམ་པ་རིགས་བརྒྱ་ལ་སོགས་པ་ཡིན་ཟེར་བ་ལ། དེ་ནི་མི་འཐད་དེ་ཀུན་རྫོབ་རིགས་གསུམ་གྱི་དཔལ། སྒོམ་པ་ཡིན་གྱི་ལྟ་བ་མ་ཡིན་པས་ཤེས་རབ་ཀྱི་གནས་ལུགས་ཀྱི་དོན་རྟོགས་པ་ལྟ་བ་དང་དེ་རྟོགས་པའི་ཐབས་ཀྱི་དམིགས་པའི་དབྱེ་བ་རྣམས་སྒོམ་པ་ཡིན་པའི་ཁྱད་པར་མ་ཕྱེད་པའི་གཏམ་དུ་སྣང་ལ་བྱ་སྤྱོད་རྣལ་འབྱོར་རྒྱུད་གསུམ་གྱི་ལུགས་ལ་ཀུན་རྫོབ་ཀྱི་སྣང་བའི་དངོས་པོ་ལྷན་ཅིག་པར་གསུངས་པ་ཡང་མེད་པའི་ཕྱིར་རོ། །ཞེས་པའི་དོན་ཡིན་པས་སོ། །འདི་ལ་དགོངས་ནས་རབ་དབྱེར། ཁ་ཅིག་དབུ་མའི་ལྟ་བ་ནི། །ཀུན་རྫོབ་ཇི་ལྟར་སྣང་བ་བཞིན། །ནས། སྣང་བ་ལྷ་རུ་གསུངས་པ་མེད། །ཅེས་པའི་བར་གསུང་པ་ལགས། །ལྟ་བ་དེའི་ཡན་ལག་ཡིན། །ཞེས་པ་ནི་ཕྱག་རྒྱ་པ་ཁ་ཅིག་ཐབས་ལམ་ཕྱོགས་རེ་བར་འདོད་པའི་སྐྱེད་རིམ་སོགས་དེ་དག་ཐབས་ཤེས་ཟུང་འཇུག་གི་རིམ་པ་གཉིས་ལས་དོན་ཐ་དད་པ་མིན་ཏེ་རིམ་ནི་ཟུང་འཇུག་སྐྱེད་རིམ་དངོས། རླུང་གཏུམ་མོ་སོགས་ནི་ཟུང་འཇུག་གི་རྫོགས་རིམ་དངོས། རིམ་གཉིས་དེ་སྒོམ་པ་ལ་བརྟེན་ནས་རང་རྒྱུད་ཀྱི་ཡོན་ཏན་གོང་འཕེལ་བ་དང་གཞན་གྱི་ནད་གདོན་སོགས་ཞི་བ་ནི་རིམ་གཉིས་དེ་སྒོམ་བཞིན་བྱིན་རླབས་ཀྱི་འབྲས་བུ་དང་། ལྟ་བ་ནི་རིམ་གཉིས་དེ་དག་པར་བྱེད་པའི་ཡན་ལག །ཕྱག་རྒྱ་ཆེན་པོ་ནི་རིམ་གཉིས་དེའི་རྟོགས་པའི་ཡེ་ཤེས་ཀྱི་ཆ་ལ་བཞག་ཅིང་། དེའི་སྤྲོས་བཅས་སྤྱོད་པ་ནི། ཨིནྡྲ་བྷུ་ཏིས་མཛད་པ་ལ་སོགས་པ་ཡིན་པའི་ཕྱིར།

རབ་དབྱེར། བསྐྱེད་རིམ་རླུང་དང་གཏུམ་མོ་སོགས། །རིམ་པ་གཉིས་ལས་ཐ་དད་མིན། །བྱིན་རླབས་དེ་ལས་བྱུང་བ་ཡིན། །ལྷ་བ་དེ་ཡི་ཡན་ལག་ཡིན། །ཕྱག་རྒྱ་ཆེན་པོ་དེའི་ཡེ་ཤེས། །དེའི་སྦྱོར་བཅས་སྦྱོད་པ་ནི། །ཨེ་ཝྃ་ཧྲིས་མཛད་པ་ཡིན། །ཞེས་གསུངས་པའི་ཕྱིར་རོ། །དུས་འཁོར་དང་ཡང་མི་འགལ་ཏེ། དེར་དེ་སྐད་བཤད་པ་ནི་འཕགས་པའི་གནས་སྐབས་ལ་དགོངས་པའི་ཕྱིར་རོ། །

ལམ་འབྲས་ལས་ལྷ་གྲུབ་ཐ་དད་དུ་བཞག་པའི་ཞེན་པས་ཞེས་པའང་མ་དགོངས་པ་སྟེ། ལྷ་གྲུབ་འགལ་བར་བཞག་པར་བསམ་ནས་གསུངས་པ་འདྲ་ཡང་སོ་སྐྱེའི་གནས་སྐབས་སུ་ཡང་གསང་སྔགས་ཀྱི་རྗེས་ཟིན་པའི་བླ་མེད་ཀྱི་ལྷ་བའི་ཡེ་ཤེས་དེ་རིམ་གཉིས་གང་རུང་ལས་ལྡོག་པ་ཐ་དད་པ་ཙམ་ལས་དོན་ཐ་དད་པ་མིན་པར་བཤད་ཟིན་ལ། འཕགས་པའི་གནས་སྐབས་སུ་ནི་དེ་གཉིས་ཐ་དད་དུ་ག་ལ་འདོད་པའི་ཕྱིར་རོ། །ཡང་གཞན་མཛོད་ལས། སྟོང་ཉིད་སྙིང་རྗེ་སོགས་བསྒོམ་པ། །ཕ་རོལ་ཕྱིན་པའི་གཞུང་ལུགས་ཡིན། །དེའི་ཇི་ལྟར་མྱུར་ན་ཡང་། །གྲངས་མེད་གསུམ་གྱི་བཀའ་བཅད་དགོས། །ཞེས་པའང་རང་ཚིག་གི། སྟོང་ཉིད་སྙིང་རྗེའི་སྙིང་པོ་ཅན། །ཐབས་དང་ཤེས་རབ་ཟུང་འཇུག་ཏུ། །མདོ་རྒྱུད་ཀུན་ནས་རྒྱལ་བས་གསུངས། །ཅེས་པ་དང་ནང་འགལ་བ་དང་། རྡོ་རྗེའི་ཐེག་པ་ཆེན་པོ་ལ་སྲུན་འབྱིན་པ་སྟེ། སྟོང་ཉིད་སྙིང་རྗེའི་སྒོམ་ལས་ཟུར་དུ་བཀར་བས་སོ༔ །ཞེས་པའི་ལན་དུ་ཀླུ་སྒྲུབ་རྫོང་སྤོང་ལས། དེ་འདྲའི་སྲུན་འབྱིན་གཉིས་ཀ་ལྟར་སྣང་སྟེ། སྟོང་ཉིད་སྙིང་རྗེ་སོགས་བསྒོམ། ཕ་རོལ་ཕྱིན་པ་ཁོ་ནའི་ཡིན། ཞེས་པར་ཡོད་ན་ཕྱི་མ་དེ་དང་རང་ཚིག་འགལ་བར་འགྱུར་མོད། སྟོང་ཉིད་སྙིང་རྗེ་སོགས་སྒོམ་པ་ཕ་རོལ་ཕྱིན་པའི་གཞུང་ལུགས་ནས་བཤད་པའི་ཉམས་ལེན་ཡིན་ཞིང་། ཕར་ཕྱིན་ཁོ་ནར་མ་ཟད་སྟོང་ཉིད་སྙིང་རྗེའི་སྙིང་པོ་ཅན་གྱི་ཉམས་ལེན་འདི་མདོ་རྒྱུད་ཀུན་ལས་གསུངས་སོ་ཞེས་སྨྲས་པ་ལ་རང་ཚིག་དང་འགལ་བའི་དྲི་མ་ཙམ་ཡང་མེད་པའི་ཕྱིར་རོ་ཞེས་སོགས་བཀོད་པའི་ལན་དུ་ཉིད་ཀྱི་གསུངས་ལས། ཚིག་མང་ཡང་གཞུང་གི་འགལ་བ་སྤོང་མི་ཐུབ་སྟེ། དེ་ལྟར་ཡིན་ན་སྟོང་ཉིད་སྙིང་རྗེའི་ཉམས་ལེན་མདོ་རྒྱུད་ཀུན་ལས་གསུངས་ཞེས་སྨྲས་པས་ཚོག་པ་ལ། ཕ་རོལ་ཕྱིན་པའི་གཞུང་ལུགས་ཡིན་ཞེས་སོགས་ཚིག་ལྷག་མ་རྣམས་དང་བཅས་པ་ཟུར་ཁྲིད་བསྟན་བཙོས་ནས་བཤད་གཞི་ཆེན་མོ་མཛད་འདུག་པ་མ་གོ་བ་ཡུས་ཆེ་བའི་རྣམས་པས་གཞན་ལ་ཤུང་བ་མི་རིགས་པའི་ཕྱིར་རོ། །ཁྱོད་ཟེར་བ་ལྟར་བདེན་ན་ས་སྐྱ་པཎྜི་ཏ་ཆེན་པོ་དེ་ཡང་རྩོམ་པ་ལ་མི་མཁས་པ་ཞིག་སྟེ། ཚིག་ཕྲང་བདུན་གྱི་ནང་དུ་ཟློས་པ་དང་འགལ་བ་དང་མ་འབྲེལ་བ་གསུམ་ཚང་བ་ཞིག་བརྩིས་འདུག་པའི་ཕྱིར་རོ། །དེས་ན་འགལ་བའི་དྲི་མ་ཙམ་ཡང་མེད་ཕྱིར་ཞེས་འཕྲེད་ལན་བཏབ་ཀྱང་མི་མཛེས་པའི་བསྟོན་མ་ཉིད་དུ་འགྱུར་ལ་དྲི་ཙམ་མེད་པ་ནི་རྟོག་དཔྱོད་ཀྱི་ཡང་ཡང་བཀྲུས་པས

ཡལ་བ་ཡིན་ནམ། རོ་ནི་ཁ་བ་འབབ་ཞིག་བྲོའོ་ཞེས་བྲི་བར་མཛད་དོ། །དེ་ལ་བརྟགས་ན་སྤྱིར་སྟོང་ཉིད་སྙིང་རྗེའི་སྙིང་པོ་ཅན་དེ་མདོ་རྒྱུད་གཉིས་ཆར་ལས་གསུང་ཞིང་མདོ་སྔགས་གཉིས་ཆར་གྱི་ཉམས་ལེན་ཡིན། སྟོང་ཉིད་སྙིང་རྗེ་ཀུན་རྫོབ་བྱང་ཆུབ་ཀྱི་སེམས། སྟོང་ཉིད་སྒོམ་པ་དོན་དམ་བྱང་ཆུབ་ཀྱི་སེམས་རྣམས་ལམ་གྱི་དངོས་གཞིར་བྱས་ནས་ཉམས་སུ་ལེན་པ་འདི་ཕ་རོལ་ཕྱིན་པའི་གཞུང་ལུགས་ནས་བཤད་པའི་ཉམས་ལེན་གྱི་རིམ་པ་ཡིན་ཞེས་པ་སྟེ། དེས་ན་འགལ་བར་སེམས་པའི་ལོག་རྟོག་ཐམས་ཅད་སྟོན་ཀའི་སྤྲིན་བཞིན་དེང་པར་འགྱུར་རོ། །

དེ་འདྲའི་རྟོག་དཔྱོད་ཀྱིས་ལེགས་པར་བཤད་པའི་དྲི་བཟང་པོ་ཡལ་བར་སློན་ཞིང་རོ་དེ་འདྲ་བྲོ་བ་སྟོན་གཞིའི་སྐབས་ཀྱིས་ཡིན་སྲིད་ལགས་སོ། །ཡང་གཞན་མཛོད་ལས། རྫོགས་པའི་སངས་རྒྱས་ལམ་པོ་ཆེ། །རྩོད་པ་ཀུན་ལས་གྲོལ་བའི་ཆོས། །མཁས་པ་ཀུན་གྱིས་གུས་པས་བརྟེན། །འདིས་ཞེ་འདོད། ཕྱག་རྒྱ་ཆེན་པོའི་ལམ་རྩོད་པ་ཅན་དུ་གཏོང་འདོད་པ་ཡིན་ལ། སྤྱིར་ན་རྩོད་པ་བྱུང་བ་ཙམ་གྱི་ཐམས་ཅད་རྩོད་པ་ཅན་དུ་འདོད་ན་ཐེག་ཆེན་ཐམས་ཅད་རྩོད་པ་ཅན་སྟེ། ཐེག་ཆེན་བཀར་སྐྱབས་པ་མདོ་སྡེ་རྒྱན་ནས་གསུངས་པ་དང་། བྱེ་བྲག་གསང་སྔགས་བཀར་སྐྱབ་པ་རྒྱ་གཞུང་དུ་མ་ནས་འབྱུང་བ་དང་། རང་གི་མ་རྟོགས་པས་རྩོད་པ་ཅན་དུ་བཞག་པ་ནི་ཤེས་རབ་ཀྱི་ཕ་རོལ་ཏུ་ཕྱིན་པ་དང་འདི་ཡང་ཡིན་ཏེ། བསྟུད་པར་འདྲེན་པ་རྣམས་ཀྱི་ཆོས་འདི་ཟབ་ཅིང་མཐོང་བར་དཀའ། ། ནས། དེས་ན་འཇིག་རྟེན་དག་དང་རྩོད་པ་བྱུང་བ་ཡིན། །ཞེས་སོ། །བརྗོད་པར་བྱ་བ་ལ་རིགས་པས་གནོད་ནུས་པ་རྩོད་པ་ཅན་དུ་བཞག་པ་ནི་མདོ་སྡེ་དགོངས་པ་ངེས་འགྲེལ་ལས་ཆོས་འཁོར་དང་པོ་དང་བར་པ་རྩོད་པ་ཅན་དུ་གསུངས་པ་དང་། དབུ་མ་ལས་བསོད་ནམས་ཀྱིས་མིན་པ་བློག་པ་ལ་བདག་གི་བློག་རིགས་པས་དང་། ཕྱི་མ་ལྟ་བ་ཀུན་བདག་བློག་གི་རིགས་པས་གནོད་པས་དེ་གཉིས་རྩོད་པ་ཅན་སྤྱོང་དགོས་པར་འགྱུར་རོ། །ཞེས་པའི་ལན་དུ། ཀླུ་སྒྲུབ་རྩོད་སྤྱོང་ལས། འདིས་ལན་ལ་གཉིས་དངོས་དང་འཕྲོས་པའོ། ། དང་པོ་ནི་གཞུང་གི་དངོས་བསྟན་ཡང་ན་ཕ་རོལ་ཕྱིན་པ་ཡིན། མདོ་ལས་ཇི་ལྟར་འབྱུང་བཞིན་བགྱིས། ཡང་རྗོ་རྗེ་ཐེག་པ་ཡིས། རྒྱུད་སྡེ་བཞིན་དུ་ཉམས་སུ་མྱོང་། །ཞེས་ལུགས་དེ་གཉིས་གང་རུང་དང་མཐུན་པའི་ཆོས་ཤིག་ལ་ཉམས་ལེན་བྱའི། དེ་གཉིས་དང་མི་མཐུན་པའི་རང་བཟོའི་ཆོས་ལ་ཉམས་ལེན་བྱ་མི་རིགས་ཞེས་པ་ཙམ་དུ་སྣང་ཞིང་། རབ་དབྱེ་འདིས་ཕྱོགས་སྔ་མ་ཡང་རྒྱ་ཙམ་ཞིག་འདོག་པས་ཕྱག་ཆེན་ཁོ་ནས་འབེན་ངོས་སྣང་གནང་རང་མི་དགོས་པ་འདྲ། འོན་ཀྱང་ཐེག་ཆེན་རྣམ་གཉིས་དང་མི་མཚུངས་ཏེ། དེ་དག་སྔར་ཉིད་དུ་བཀར་བསྒྲུབས་ཟིན་པས་ད་ལྟ་རྩོད་མེད་དུ་བསྒྲུབས་ཟིན་པའི་ཕྱིར་རོ་ཞེས་བཀོད་པའི་ལན་དུ། ཉིད་ཀྱི་གསུང་ལས། འདི་

གསོལ་ཏེ་སྔར་རྡོ་རྗེ་ཐེག་པ་སྐྱོ་ལ་ཕུད་བསྒྲུབས་ནས་ད་ནི་ཉན་རང་གི་ཐེག་པ་དང་། ཐེག་པ་ཐུན་མོང་བ་ཙམ་ཡང་རང་བཟོའི་ཆོས་སོ་ཞེས་དམའ་ཕབ་པའམ། ཐེག་ཆེན་གཉིས་དང་ཐུན་མོང་ཞེས་གཟེངས་བསྟོད་པ་གང་རུང་ལ་ཐུགས་ཀྱི་མདེའུ་རྩེ་གཏད་བྱུང་མོད། དེ་དག་རང་བཟོའི་ཆོས་སུ་བཞེད་མི་བཞེད་ཇི་ལྟར་ཡང་སྲིད་དུ་མི་རུང་སྟེ། ཕྱི་ནང་གསང་བ་ཐེག་པ་གསུམ། །དམ་པའི་ཆོས་ནི་མ་ལུས་བཟུང་། །ཞེས་དང་། རྒྱལ་བ་ཀུན་གྱི་དམ་པའི་ཆོས་འཛིན་ཅིང་། །ཞེས་གསུངས་གདའོ། །ཇི་ལྟར་བཀའ་ལུང་གནང་བ་བཞིན། །ཕྱག་རྒྱ་ཆེན་པོ་འདི་ནི་རང་བཟོའི་ཆོས་ཁོ་ན་སྟེ་རྡོ་རྗེ་འཆང་གི་ལུང་བྱིན། ས་ར་ཧ་དང་ཀླུ་སྒྲུབ་ཡབ་སྲས་སོགས་གྲུབ་ཐོབ་བརྒྱད་ཅུ་རྩ་བཞི་སྐྱུར་མགོང་ལངས་པའི་གྲོས་སྟེང་ནས་རང་བཟོ་བྱས་པར་སྣང་ངོ་། །རབ་དབྱེའི་ཕྱོགས་སྔ་ཐམས་ཅད་ཕྱག་ཆེན་པས་ངོས་ལེན་བྱེད་དོན་མི་འདུག་ཀྱང་། འདིར་ནི་ཕྱག་ཆེན་ཐེག་ཆེན་གཉིས་ཀའི་ནང་དུ་མི་ཐེ་གསུངས་རྒྱུ་རེད་པ་ལ་ཞུ་ལན་འབུལ་རིགས་པ་ཁོ་ནའོ། ། སྤྱིར་མུ་སྟེགས་ཀུན་ཏུ་རྒྱུ་མང་པོས། ཐུབ་པའི་དབང་པོ་ཡང་འཇིག་རྟེན་བསླུ་བར་བྱེད་པའི་སྒྱུ་མ་མཁན་དུ་བལྟས་ན། དེའི་གསུང་རབ་ཇི་སྙེད་མའི་ཆོས་སུ་ལྟ་བ་སྨོས་ཅི་དགོས། བྱེ་བྲག་ཐེག་ཆེན་ཀླུ་སྒྲུབ་སོགས་ཀྱི་ཟློག་ཆོས་སུ་འདོད་པ་ཟློག་ཕྱིར་སྤྱོད་འཇུག་ཤེར་འགྲེལ་དང་། མདོ་སྡེ་རྒྱན་སྐབས་དང་པོར་ཐེག་ཆེན་བཀར་བསྒྲུབ་པ་དང་། རྒྱུད་ཀྱི་རྒྱ་འགྲེལ་དུ་མར་གསང་སྔགས་བཀར་བསྒྲུབས་བྱས་ཀྱང་། སེམས་ཁ་ན་མ་ཐོ་བའི་བློ་ཅན་གྲངས་མང་བས། ཕྱོགས་དུས་ཀུན་ཏུ་རྩོད་མེད་དུ་བསྒྲུབས་ཟིན་པ་དཀའ་འོ། །གལ་ཏེ་རྩོད་མེད་དུ་གྲུབ་ཟིན་པ་ལྟར་ན། དེ་བཞིན་དུ་ཁྱེད་ཅག་གིས་ཀྱང་ཕྱག་ཆེན་འགོག་པའི་གཞུང་ཚོགས་དེ་སྙེད་གཅིག་བྲིས་ནས་འགོག་པའི་རྣམ་པ་བསྟན་ཀྱང་མི་ཁེགས་པའི་ཁར། མི་ཕར་བུད་པས་སྨྲ་རཚུར་ཚོག་པའི་གཞོབ་དྲི་ཡོངས་སུ་འཕྱུལ་བ་དེ་མཚོམས་ཤིག །ཅེས་བྲི་བར་མཛད་དོ། །

དེ་ལ་བརྟགས་ན། དམུལ་བར་འགྲོ་བ་སངས་རྒྱས་ཀྱི། །བརྟན་གྱི་བགེགས་བྱེད་མ་ཡིན་ཏེ། །ཉན་ཐོས་དང་ནི་རང་སངས་རྒྱས། །ས་རྣམས་ཀུན་གྱི་བརྟན་གྱི་བགེགས། །ཞེས་དང་། གལ་ཏེ་བསྐལ་བ་བྱེ་བར་དགེ་བའི་ལས་ལམ་བཅུ། །སྤྱོད་ཀྱང་དགྲ་བཅོམ་རང་རྒྱལ་ཉིད་དུ་འདོད་སྐྱེད་ན། །དེ་ཚེ་ཚུལ་ཁྲིམས་སྐྱོན་བྱུང་ཚུལ་ཁྲིམས་ཉམས་པ་སྟེ། །སེམས་བསྐྱེད་དེ་ནི་ཕས་ཕམ་པས་ཀྱང་རབ་ཏུ་ལྕི། །ཞེས་དང་། འདི་ནི་བྱང་ཆུབ་སེམས་དཔའ་ལ༑ ༑ལྟུང་བའི་ནང་ནས་ལྕི་བ་སྟེ། །འདི་ལྟར་དེ་ནི་བྱུང་གྱུར་ན། །སེམས་ཅན་ཀུན་གྱི་དོན་ལ་དམན། །ཞེས་སྤྱོང་དགོས་པར་བཤད་གདའ། དེ་ཕར་ཕྱིན་ལ་ཡིན་གྱི་གསང་སྔགས་ལ་མིན་ནོ་ཞེ་ན། མིན་ཏེ་གསང་སྔགས་ལས་ཀྱང་ཐེག་པ་དམན་ལ་འདོད་མི་བྱ་ཞེས་སྤྱོང་དགོས་པར་བཤད་གདའ། ཕྱི་ནང་གསང་བ་ཐེག་པ་གསུམ། ཞེས་སོགས་ནི་ལུང་གི་ཆོས་འཛིན་པ་ལ་དགོངས་པ་ལགས། ཡང་ཐེག་པ་ཐུན་མོང་བ་ཙམ་ཡང་། ཞེས་གསུང་པ་

དེ་ཐེག་པ་ཐུན་མོང་བའི་གང་ཟག་ལ་ཟེར་རམ་ལམ་ལ་ཟེར། དང་པོ་ལྟར་ན་ཐེག་པ་ཆེ་ཆུང་ཐུན་མོང་བའི་གང་ཟག་ཁོ་བོ་རང་ཡིན་པར་འགྱུར་ཞིང་། འདོད་ན། དེ་ཐེག་པ་ཆེ་ཆུང་གཉིས་ཀའི་གང་ཟག་ཡིན་པར་འགྱུར་རོ། །ཕྱི་མ་ལྟར་ན་ཡང་སྔར་བཞིན་སྨྲར་ནས་བརྗོད་ན་དབུ་སྐྱུང་བར་འགྱུར་རོ། །དེས་ན་ཐེག་པ་ཐུན་མོང་བའི་སྐྱབས་ཞེས་པ་ལྟ་བུ་ལ་འཁྲུལ་བར་སྣང་ཡང་། གནད་མི་འདྲ་སྟེ། ཤྲཱ་ཐུབ་པ་ལྟ་བུ་ཉན་ཐོས་པའི་སྐྱབས་འགྲོའི་ཡུལ་ཡང་ཡིན། ཐེག་ཆེན་པའི་སྐྱབས་འགྲོའི་ཡུལ་ཡང་ཡིན་པས་ཐེག་པ་ཐུན་མོང་བའི་སྐྱབས་འགྲོའི་ཡུལ་དང་། སྟོང་པ་ཉིད་ལྟ་བུ་ཉེས་པས་རྟོགས་བྱ་ཡིན། ཐེག་ཆེན་པས་ཀྱང་རྟོགས་བྱ་ཡིན་པས། ཐེག་པ་ཐུན་མོང་བའི་རྟོགས་བྱའི་སྟོང་ཉིད་དུ་བཞག་པ་ཡིན་ལགས། རབ་དབྱེའི་ཕྱོགས་སྔ་ཐམས་ཅད་ཀྱི་ངོན་ལེན་པདྨ་དཀར་པོས་མཛད་དོན་མེད་ཀྱང་མཛད་ནི་གདའ། ཐེག་པ་ཆེན་པོ་གཉིས་ཀྱང་རན་སོང་གསུམ་གྱི་གནས་སོགས་སུ་བཀར་བསྐྱབས་ཀྱང་ཉོན་མོངས་དང་གོ་མཁན་མེད་པས་སྐྱབ་མཁན་མ་བྱུང་བ་ཤས་ཆེ་བས་རྩོད་མེད་དུ་མཐུན་གྲུབ་པ་ག་ལ་ཡོང་། ཡང་ཀླུ་སྒྲུབ་རྩོད་སྤོང་ལས། གཉིས་པ་འཕྲོས་དོན་ནི། དེང་སང་གི་ཕྱག་ཆེན་རྩོད་པ་ཅན་ཡིན་མིན་ལ་འཕྲོས་ནས། དགོངས་འགྲེལ་ལས་བཤད་པའི་ཆོས་འཁོར་དང་པོ་གཉིས་ཀྱི་བརྗོད་བྱའི་དོན་ལ་རིགས་པས་གནོད་པས་རྩོད་པ་ཅན་ཡིན་གསུང་བའང་སྐབས་མ་ཕྱེད་པ་སྟེ། རྣམ་རིག་པ་ཁ་དྲངས་པའི་སྐབས་སུ་ཆོས་ཐམས་ཅད་བདེན་པའི་ངོ་བོ་ཉིད་མེད་པར་སྟོན་པའི་ཤེར་ཕྱིན་གྱི་མདོ་དྲང་དོན་གྱི་མདོར་བཤད་ཀྱང་དབུ་མ་པས་དྲང་དོན་གྱི་མདོ་མ་ཡིན་པ། དེའི་བརྗོད་བྱའི་དོན་ལ་རིགས་པས་གནོད་པར་ཁས་བླང་དུ་མི་རུང་སྟེ། དེ་ཁས་བླངས་ན་ཆོས་ཐམས་ཅད་ལ་བདེན་པའི་ངོ་བོ་ཉིད་ཡོད་པར་ཁས་བླངས་དགོས་པའི་ཕྱིར་རོ། །ཞེས་པའི་ལན་དུ། ཉིད་ཀྱི་གསུང་ལས། ཆོས་འཁོར་བར་མཐའ་གཉིས་ཀྱི། ངོ་བོ་ཉིད་མཆིས་པ་སོགས་ཚིག་འདྲ་ཡང་དོན་མི་འདྲ་སྟེ། བར་པར་ངོ་བོ་ཉིད་མེད་ཚུལ་བསྟན་པ་དེ་རེ་ཞིག་དངོས་པོའི་ཕྱོགས་ལས་མ་རྒྱལ་བས་ཁས་ལེན་རྒྱུ་ཞིག་བྱུང་དེའི་ཕྱིར། བདག་མེད་ཅེས་ཀྱང་བསྟན་པར་འགྱུར། །ཞེས་གསུངས་ལགས། ཕྱི་མར་རང་བཞིན་མེད་པ་དང་ངོ་བོ་ཉིད་མེད་པ་རྣམ་གྲངས་སུ་བཞག་པ་སྟེ་སློབ་དཔོན་ཟླ་བའི་ཞབས་ཀྱི་ཞེས་སོགས་འཇུག་འགྲེལ་གྱི་ལུང་དྲངས་པའི་མཐར། དེའི་ཕྱིར། འདིར་ངོ་བོ་ཉིད་མེད་པར་བསྟན་པ་ཉིད་ཀྱིས་ཕྱོགས་ཐམས་ཅད་སྤྱངས་པ་ཐོན་ནོ། །དེ་བཞིན་དུ་མ་སྐྱེས་པ་སོགས་ལྟག་མ་རྣམས་ལའང་ཁྱད་བཞུགས་པས་འཁོར་གསུམ་གྱིས་དག་པ་ཉིད་ལེགས་པར་ཕྱེ་བ་ཡིན་པའི་ཕྱིར། སངས་རྒྱས་རྣམས་ཀྱི་བདག་དང་ནི། །བདག་མེད་འགའ་མེད་ཅེས་ཀྱང་བསྟན། །ཞེས་དང་། དེ་ལྟར་བདག་དང་བདག་མེད་པ། །ཡང་དག་ཇི་བཞིན་དམིགས་སུ་མེད། །བདག་དང་བདག་མེད་ལྟ་བ་ནི། །དེའི་ཕྱིར་ཐུབ་པ་ཆེན་པོས་བཟློག །

ཅེས་སོགས་ཀྱི་བར་ཐའི་དོན་ལ་དམན་མཆོག་གི་ཁྱད་དེ་ལྟར་དུ་ཡོད་ལ། ངོ་བོ་ཉིད་མེད་ཙམ་ལ་རིག་པས་གནོད་པར་ཁས་བླངས་ན། ངོ་བོ་ཉིད་ཡོད་པར་ཁས་བླངས་དགོས་པའི་ངེས་པ་མེད་པའང་ལུང་དེ་དག་གིས་ཤེས་སོ༑ ༑རྩོད་སྤོང་དུ། ལྟ་བ་ཀུན་བཟློག་གི་རིགས་པས་བདག་ཟློག་ལ་གནོད་གསུང་པ་ཡང་ལྟ་རིམ་གཉིས་ངོ་བོ་མ་ཟིན་པ་སྟེ། དེ་ལྟར་གནོད་ན་བདག་ཟློག་གི་རིགས་པས་ཆོས་ཐམས་ཅད་བདེན་མེད་དུ་གཏན་ལ་ཕབ་པ་དེ་ལ་རིག་པས་ཕྱི་མས་གནོད་དགོས་པའི་ཕྱིར་རོ། །ཞེས་བྲིས་མོད། དེ་ནི་ལོག་པར་བཤད་པར་སྟེ། བདག་མེད་དུ་ཁས་བླངས་པ་དེ་ལ་འཁོར་གསུམ་ཡོང་དག་གིས་རིགས་པས་གནོད་དོ། །ཞེས་བྲིས་པར་མཛད་དོ། །

དེ་ལ་བརྟགས་ལ་ཤིན་ཏུ་མ་དགོངས་པའི་རྣམ་འགྱུར་ཞལ་དུ་འཕོན་ཕྱུལ་ཆེས་པ་སྟེ་ཇི་ལྟར་ཞེ་ན། འཁོར་ལོ་བར་པར་ངོ་བོ་ཉིད་མེད་ལ། རང་བཞིན་གྱི་ཡོད་པ་ཞིག་ཁས་ལེན་ཞེས་པར་སོང་ལ་དེ་ནི་ཤིན་ཏུ་མི་རིགས་ཏེ། གང་དག་རང་བཞིན་གྱིས་ཡོད་པ། །དེ་ནི་མེད་ཉིད་མིན་པའི་བརྟགས། །སྔོན་བྱུང་ད་ལྟར་མེད་ཅེས་པ༑ ༑དེ་ནི་ཆད་པར་ཐལ་བར་འགྱུར། །ཞེས་དངོས་པོ་རང་བཞིན་གྱི་ཡོད་པར་འདོད་ན་རྟག་ལྟ་དང་། རང་བཞིན་གྱི་ཡོད་པ་ཞིག་ཕྱིས་མེད་པར་སོང་ན་ཆད་ལྟར་འགྱུར་ཞེས་བཤད་ཅིང་། འཇུག་འགྲེལ་གྱི་ལུང་དོན་ཡང་དེ་ཀ་ཡིན་པའི་ཕྱིར། གཞན་དུ་ན་བཀའ་ཐ་མའི་དགོངས་འགྲེལ་ཐོགས་མེད་སྐུ་མཆེད་ཀྱི་བསྟན་བཅོས་ནས་བཤད་པའི་རིགས་པས། བཀའ་བར་པའི་དགོངས་འགྲེལ་དབུ་རིགས་ཚོགས་ནས་བཤད་པའི་བརྗོད་བྱ་ལ་གནོད་པར་འགྱུར་ཞིང་། དེ་ཡང་འདོད་ན་རྣམ་རིག་པའི་རིགས་པས་དབུ་མ་པའི་ཞེ་འདོད་ལ་གནོད་པར་འགྱུར་ལ། དེ་ལྟར་ན། རྣལ་འབྱོར་པ་ཡང་བློ་ཁྱད་ཀྱི། །གོང་མ་གོང་མ་རྣམས་ཀྱི་གནོད། །ཅེས་པའི་དོན་མགོ་འཇུག་ཟློག་པར་འགྱུར་རོ། །འོན་ལེགས་པར་རྣམ་པར་ཕྱེ་བ་ཞེས་པའི་དོན་ཇི་ལྟར་ཞེ་ན། འཁོར་ལོ་དང་པོར་ཕྱི་ནང་གི་དངོས་པོ་རྣམས་བདེན་པར་རང་བཞིན་གྱི་ཡོད་དོ་ཞེས་བསྟན། འཁོར་ལོ་བར་པར་ཆོས་ཐམས་ཅད་བདེན་པར་རམ་རང་བཞིན་གྱི་མེད་དོ་ཞེས་བསྟན་པ་ལ། འཁོར་ལོ་ཐ་མར་འཁོར་ལོ་དང་པོར་བསྟན་པ་ལྟར་དངོས་པོ་ཐམས་ཅད་བདེན་པར་ཡོད་པ་མ་ཡིན་ཏེ། གཟུང་བ་ཕྱི་རོལ་གྱི་དོན་བདེན་པར་མེད་པའི་ཕྱིར། འཁོར་ལོ་བར་པར་བསྟན་པ་ལྟར་ཆོས་ཐམས་ཅད་བདེན་པ་མེད་པ་མི་འཐད་དེ། གཟུང་འཛིན་གཉིས་མེད་ཀྱི་ཤེས་པ་རང་རིག་རང་རྒྱལ་ལམ་འདི་བདེན་པར་གྲུབ་པའི་ཕྱིར་ཞེས་རྣམ་པར་ཕྱེ་ནས་བསྟན་པ་ལ་ལེགས་པར་རྣམ་པར་ཕྱེ་བ་ཞེས་པར་འཇོག་སྟེ། བདག་གོ་ཞེས་ཀྱང་བསྟན་གྱུར་ཅིང་། །བདག་མེད་ཅེས་ཀྱང་བསྟན་པར་གྱུར། །སངས་རྒྱས་རྣམས་ཀྱི་བདག་དང་ནི། །བདག་མེད་འགའ་མེད་ཅེས་ཀྱང་བསྟན། །དེའི་ཕྱིར་བདག་དང་བདག་མེད་པ་ཞེས་སོགས་གསུང་པའི་ཕྱིར། དེས་ན་འཁོར་གསུམ་དག་པ་ཉིད་ལེགས་པར་རྣམ་པར་ཕྱེ་བ

ཡིན་པའི་ཕྱིར། ཞེས་པ་ནི་ཅི་ཟེར་འཚང་བརྟག་པའི་གཏམ་མོ། །དེ་བཞིན་དུ་ཆོས་ཐམས་ཅད་བདེན་མེད་དུ་ཁས་བླངས་པ་ལ་འཁོར་གསུམ་ཡོང་དག་གི་རིགས་པས་གནོད་ཞེས་པའང་ཚིག་གི་དབུལ་བའོ། །ཡང་ན་གཞན་མཛོད་ལས།འདིར་བརྗོད་བྱའི་དོན་ལ་དཔོ་སྙམ་ན་ཕྱག་རྒྱ་ཆེན་པོ་འཁོར་གསུམ་ཡོངས་སུ་དག་པས། ཅི་ཞིག་དགག །སུ་ཞིག་གི་རྩོད་པར་ནུས་ཏེ། རྩ་ཤེར་སྟོང་པ་ཉིད་ཀྱིས་རྩད་བྱས་ན། །ཞེས་སོགས་གསུང་པའི་ཕྱིར། ཞེས་བྲིས་པའི་ལན་དུ། ཀླུ་སྒྲུབ་རྩོད་སྤོང་དུ། མ་འབྲེལ་བ་ཁོ་ན་སྟེ། རྩོད་གཞིའི་ཕྱག་རྒྱ་ཆེན་པོ་ཡིན་ངེས་པ་ཞིག་ལ་རྩོད་པ་མི་འབྱུང་ཡང་། ཕྱག་ཆེན་མ་ཡིན་པ་ལ་ཕྱག་ཆེན་ཡིན་པར་རློམ་པའི་ཞེ་འདོད་དེ་ཕྱག་ཆེན་ཡིན་མིན་རྩོད་པར་སྣང་བའི་ཕྱིར་རོ། །ཞེས་བཀོད་པའི་ལན་དུ་ཉིད་ཀྱི་གསུང་ལས། དེ་བས་ཀྱང་མ་འབྲེལ་བ་ཁོ་ན་སྟེ་ཞེས་སོགས་པ་ནི་དཔྱད་རྒྱུ་མི་འདུག་པས་བཞག་གོ། །ཡང་གཞན་མཛོད་ལས། རྟོགས་ལྡན་མཚན་ཉིད་འདི་ཡིན་ཞེས། །མདོ་རྒྱུད་ཀུན་ལས་གསུངས་པ་མེད། །དེས་ན་རྟོགས་ལྡན་བླུན་པོ་ལ། །གྲགས་ཀྱི་མཁས་པ་རྣམས་ལ་མིན། །ཞེས་པའང་མི་འཐད་དེ། སྒྲ་མདོར་བཟླ་རྟོགས་པ་ལའོ། །ཞེས་སོགས་བྱིང་སྒྲུབ་ལུང་འདྲེན་དཔེ་མེད་ཆོ་བྲིས་པའི་ལན་དུ་ཀླུ་སྒྲུབ་རྩོད་སྤོང་ལས། དེ་ནི་སྤྲོས་པ་ཆེ་ཞིང་དོན་ཆུང་བ་སྟེ། རྟོགས་ལྡན་གྱི་སྒྲ་བཤད་ཚང་ན་རྟོགས་ལྡན་ཡིན་པས་མ་ཁྱབ་པ་དང་། རྟོགས་པ་དང་ལྡན་ན་རྟོགས་ལྡན་ཡིན་པས་མ་ཁྱབ་པའི་གནད་ཁོང་དུ་མ་ཆུད་པར་སྣང་བའི་ཕྱིར་ཏེ། མཚོ་ལས་སྐྱེས་ན་མཚོ་སྐྱེས་ཡིན་པས་མ་ཁྱབ་པ་དང་། ལག་པ་དང་ལྡན་ན་ལག་ལྡན་ཡིན་པས་མ་ཁྱབ་པ་སོགས་ཐད་སོའི་བརྡ་ཆད་བཞག་མཚམས་མ་འཚོལ་བ་ཞིག་དགོས་པའི་ཕྱིར་རོ། །ཞེས་བཀོད་པའི་ལན་དུ། ཉིད་ཀྱི་གསུང་ལས་སྤྲོས་པ་ཆེ་ཞིང་དོན་ཆུང་བ་ཞེས་པ་ཐུགས་ཤིན་ཏུ་མད་དེ། མཚམས་སྦྱོར་ལྟ་བའི་རི་མོ་ཁྱུགས་སེ་བ་ཞིག་རྣན་རློས་མཛད་པ་ཞིག་གི་མདུན་དུ། རང་བཞིན་རྐྱེན་རྣམ་འགྱུར་གསུམ་གྱི་སྒྲ་དབར་ནས་དྲངས་པའི་བྱིང་སྒྲུབ་ཀྱི་སྤྲོས་པ་མཛད་ཀྱང་། ཁོང་གི་ཐུགས་སུ་མི་འབབ་པ། རྡྭ་སྟོན་མཚར་བ་མཐོང་ན་ཡང་གཅན་གཟན་དགའ་བ་མེད་པ་བཞིན་ནོ། །འདི་འདྲའི་རིགས་ཀྱི་ཚིག་རྣམས་འཕྲལ་དུ་ཐུགས་ཉམས་འཆར་ཆར་གྱི་མཛད་པ་མ་གཏོགས། ས་ལོ་ཆེན་པོའི་དགོངས་བཞེད་ཅི་ལ་ཡིན་ཏེ། དཔེར་ན། སསྐྱའི་མཚན་ཉིད་འདི་ཡིན་ཞེས། །མདོ་རྒྱུད་ཀུན་ལས་གསུངས་པ་མེད། །དེས་ན་སསྐྱ་བླུན་པོ་ལ། །གྲགས་ཀྱི་མཁས་པ་རྣམས་ལ་མིན། །ཞེས་པ་བཞིན། འོན་ཀྱང་སྤྱིར་བཏང་སྒྲ་བཤད་འཇུག་ཚང་མ་ཚང་སོགས་ཀྱི་རྣམ་བཞག་ལ་ཁྱད་བས་ང་རྒྱུས་ཆེ་ནའང་རྟོགས་ལྡན་དང་སངས་རྒྱས་ལ་སྒྲ་བཤད་དུ་ཡོད་ཀྱང་མི་འཇུག་པའི་སྒྲུབ་བྱེད་ཚད་ལྡན་བཤད་པ་མ་མཐོང་ལ་དེའི་ཕྱིར་རྩོད་སྤོང་དུ། མདོ་རྒྱུད་ཀུན་ལས་གསུངས་པ་མེད། །ཅེས་པའི་རྣམ་དཔྱོད་ཀྱང་རྟོགས་དགོས་སོ་ཞེས་བྲིས་མོད། འཕགས་པ་ཏིང་འཛིན་རྒྱལ་

པོའི་མདོ་ལས། ཏིང་འཛིན་མཆོག་འདི་གང་ཞིག་སྒོམ་བྱེད་ན། །དེ་ནི་དྲན་དང་ལྡན་ཞིང་བློ་གྲོས་ལྡན། །རྟོགས་ལྡན་ཡེ་ཤེས་འཕགས་པ་ཐོས་པ་འཛིན། །དེ་དག་སྤོབས་པ་དག་ཀྱང་རྒྱ་ཆེར་འགྱུར། །ཞེས་དང་། བྱ་རྒྱུད་སྒོ་མཐའ་ཡས་པའི་གཟུངས་ལས། དྲན་དང་བློ་གྲོས་རྟོགས་ལྡན་འགྱུར། །འཛིག་བྱེད་ཀྱི་མཚན་ཉིད་མ་ཁྱབ་ཁྱབ་ཆེས་མི་སྲིད་གསུམ་གྱི་སྐྱོན་དང་བྲལ་བ་ཞིག་སངས་རྒྱས་ཀྱི་མདོ་རྒྱུད་གང་ནའང་བཤད་པ་མེད་པས། དཔལ་རྟོགས་ལྡན་ཅེས་པ་ནི་ལྷོ་ཕྱིར་དུ་མི་ཆང་དང་བོད་པ་སོག་པ་རྣལ་འབྱོར་པའི་ཆས་ཙམ་བཟུང་བའི་བླུན་པོ་སྲང་བར་དུ་ཁྲི་དང་ལྡན་ཅིག་ལྷོ་འཚོལ་བ་དག་ལ་འཛིག་རྟེན་ན་གྲགས་ཀྱི། མཁས་པ་གསུང་རབ་ཀྱི་དོན་ཤེས་ཤིང་ཁྲིད་ཆོས་རྣམ་གསུམ་དང་ལྡན་པ་རྣམས་ལ་དེ་འདྲའི་སྒྲ་གྲགས་པ་དང་འཇུག་པ་གང་ཡང་མེད་ཅེས་པ་ཡིན་ལ། རྟོགས་ལྡན་གྱི་མཚན་ཉིད་བཤད་པའི་སྐབ་བྱེད་དུ། རྟོགས་ལྡན་ཞེས་པའི་མིང་ཙམ་ཡོད་པ་རེ་དྲངས་ཀྱང་མ་འབྲེལ་ཏེ། རྟོགས་ལྡན་གྱི་སྒྲ་བཤད་ཚང་ན་རྟོགས་ལྡན་ཡིན་པས་མ་ཁྱབ་པའི་ཕྱིར་རོ། །གལ་ཏེ་དེའི་མཚན་ཉིད་མདོ་རྒྱུད་ལས་བཤད་དོ་སྙམ་ན་སྟོན་པར་རིགས་སོ། །ཏིང་འཛིན་རྒྱལ་པོ་དང་སྒོ་མཐའ་ཡས་པའི་གཟུངས་ཀྱི་ལུང་དེའོ་སྙམ་ན། དེར་མིང་ཙམ་ཞིག་བྱུང་། དེ་འདྲའི་མིང་མདོ་རྒྱུད་ལས་བཤད་པ་མེད་ཅེས་ཁས་མ་བླངས་ལ། དེའི་མཚན་ཉིད་རང་བཟོ་མ་ཡིན་པ་ཞིག་མདོ་རྒྱུད་གང་རུང་ལས་བཤད་ངེས་པ་མཁས་པའི་མདུན་སར་སྨྲ་ནུས་པ་ཞིག་ཡོད་ན་སྟོན་པའི་དུས་ལ་བབས་སོ། །དཔེ་དེ་ནི་ཤིན་ཏུ་ཡང་མ་འབྲེལ་ཏེ། ས་སྐྱ་ཞེས་པ་ནི་ས་དཀར་པོ་ཞིག་གི་མིང་ཡིན་པས། དེ་ལ་བླུན་པོར་མ་གྲགས་ཤིང་ཟེར་མཁན་ཡང་མི་ཡོང་། གལ་ཏེ་ས་སྐྱའི་དགོན་པ་ལ་ཟེར་ཡང་དེ་དང་འདྲ་ལ། ས་སྐྱ་པ་ལ་ཟེར་ན་ནི་ཤིན་ཏུ་ཡང་མི་རིགས་ཏེ། དེ་ལ་མཁས་པའི་གྲགས་དཀར་གྱི་ནམ་མཁའི་མཐའ་འཛལ་བ་མངོན་སུམ་དུ་གྲུབ་པའི་ཕྱིར་རོ། །ཡང་གཞན་མཛོད་ལས། དེས་ན་གྲུབ་ཐོབ་བརྒྱ་ལས་རྟོགས་ལྡན་གཅིག་ཅི་ལ་མི་དགའ། གྲུབ་ཐོབ་ཀྱང་ཐུན་མོང་གི་དངོས་གྲུབ་ཐོབ་པ་ལ་བྱས་པས། བསྐོན་བརྡུང་རྒྱུ་ཅི་ཡང་མེད་ཅེས་བྲིས་པའི་ལན་དུ། གླུ་སྒྲུབ་རྩོད་སྤོང་ལས། དེ་འདྲ་ནི་སྒྲ་བཤད་འཇུག་མུ་བཞི་ཙམ་ཡང་མ་དགོངས་པ་སྟེ་ཞེས་སོགས་བཀོད་པའི་ལན་དུ། ཉིད་ཀྱིས། རྩོད་པ་འདི་ལྟ་བུ་ནི་རྟོགས་ལྡན་གྱི་མིང་ཙམ་ལའང་རྩོད་པའི་རྣམ་འགྱུར་བསྟན་པ་ལ་ཞལ་ཀྱལ་གྱི་ཚུལ་དུ་གསུངས་པར་སྣང་བ་ལ། སྐུ་རྩེད་དེ་དོན་དུ་བཟུང་ནས་ཧ་ལས་ལྷ་བ་བུད་གཞན་མཛད་རྒྱ་ཟད་ནས། སངས་རྒྱས་ལ་རྟོགས་ལྡན་སྒྲ་སྒྲུབ་མཁས། གྲུབ་ཐོབ་ཀུན་རྟོགས་ལྡན་ཁྲུ་ནས་ཕུད། རང་བཞིན་པའི་གྲུབ་མཐའི་རྩ་བ་དང་། འགལ་མི་འགལ་གཟུ་བོས་དཔྱད་པར་ཞུ། ཞེས་ཐུགས་སྐྱོ་བས་མགུར་དབྱངས་བཞེས་པར་སྣང་ཡང་། སེན་ག་ཡ་རྣར་ཡན་ཆད་ནི་ངེད་ཀྱི་གླ་ལ་ཞུགས། གཞན་རྟོགས་ལྡན་གྱི་ཁྲུ་ནས་ཕུད་དོགས་མི་དགོས་འཆིས་པས་ཐུགས་ཁྲལ་མི་འཚལ།

འདི་འདྲའི་སྐབས་སུ་རང་བཞིན་གྱི་ལུགས་ལ་འདྲིས་པར་བྱས་ནས་རྣལ་མའི་བརྒྱལ་ལན་བགྱིད་ན་འདི་ལྟར་དགོས་ཏེ། ལ་ལ་གྲུབ་ཐོབ་ངན་ཞེས་ཟེར། །རྟོགས་ལྡན་བཟང་པོ་ཡིན་ནོ་ལོ། །གྲུབ་ཐོབ་བརྒྱད་ཅུའི་དཀྱིལ་ན་ཡང་། །རྟོགས་ལྡན་མེད་ཅེས་ཟེར་བ་ཐོས། །འདི་འདྲ་འཕགས་པའི་གང་ཟག་དང་། བླ་མ་རྣམས་ལ་སྐུར་འདེབས་ཡིན། །འདི་འདྲ་འཛིན་པ་ལྟ་ཅི་སྨོས། །ཐོས་པར་གྱུར་ཀྱང་རྣ་བ་དགབ། །ཞེས་ཕྱོགས་སྔ་བཀོད། དེ་སྐད་ཟེར་མཁན་ཕྱག་རྒྱ་པའི་ཁྲིད་ན་མེད་དེ། རྒྱུ་མཚན། ཕྱག་རྒྱ་ཆེན་པོའི་ཤིང་རྟའི་སྲོལ་འབྱེད་པ་ས་ར་ཧ་པ། ཀླུ་སྒྲུབ་ཏི་ལ་ལི་ནཱ་རོ་སོགས་གྲུབ་ཐོབ་བརྒྱད་ཅུའི་ཁྲིད་ན་བཞུགས་བཞིན་དུ་དེ་འདྲའི་གཟུ་ལུམ་ཅི་ལ་བྱེད། ཆོས་རྗེ་བའི་རིམ་འགྲོ་བ་ལྟ་རྗེའི་རྗེ་ཡིན་པས་ཁོང་གི་ཞུ་ལོག་ཕུལ་བ་འདྲ། འདི་འདྲ་འཛིན་པ་ལྟ་ཅི་སྨོས། །ཅེས་གསུང་ཀྱང་གཟུང་ནས་སྐྱོར་སྒྲུང་དང་རྒྱུགས་སྦྲོད་བྱེད་མི་མང་པོ་གདའ་ཞིང་། དེ་ལ་རྣ་བ་འགེབ་མཁན་ཡང་མི་སྣང་བས་གསུང་ལ་མི་ཉན་མཆིས་སོ། །ཕྱོགས་སྔ་དེ་འགོག་པ་ལ། །དེའི་འཐད་པ་བཤད་ཀྱི་ཉོན། །ཅེས་པ་ནས། ངེད་ཀྱི་གྲུབ་ཐོབ་དེ་འདྲ་ཡིན། །ཞེས་པའི་བར་དུ་གསུངས་ནས་གྲུབ་ཐོབ་ནས་རྟོགས་ལྡན་མི་ལྷག་པའི་ཤེས་བྱེད་དུ། རྟོགས་ལྡན་མཚན་ཉིད་འདི་ཡིན་ཞེས། ཞེས་སོགས་སྤྲེལ་རྒྱུ་ལ་གཞུང་ཁོལ་བུར་སྟོན་པས་ཅུང་ཟད་འཕྲེལ་ཆུང་དུ་སོང་བ་ཡིན་ནོ། །གྲུབ་ཅེས་པའི་སྐབས་སུ་དངོས་གྲུབ་ཐོབ་པ་ལ་གྲུབ་ཐོབ་ཟེར་བ་ཡིན་མོད། དངོས་གྲུབ་ལ་མཆོག་གི་དང་། ཐུན་མོང་གི་དངོས་གྲུབ་ཞེས་ཡོངས་སུ་གྲགས་པའི་ཐུན་མོང་གི་དངོས་གྲུབ་དེ་རལ་གྲི་མིག་དམན་རྐང་མགྱོགས་གྲུབ་པ་སོགས་ལ་ཟེར་དགོས་པ་དེས་ན། ཨོ་རྒྱན་པུ་རིའི་གཏམ་རྒྱུད་སོགས་སུ་རོ་ལངས་ཀྱི་ལྕེའི་རལ་གྲིས་དངོས་གྲུབ་ཐོབ་པའི་མུ་སྟེགས་ལྷ་ཡུལ་དུ་སོང་ཞེས་འབྱུང་བས། རྩོད་སྤྱོད་དུ་ཐུན་མོང་གི་དངོས་གྲུབ་ཙམ་ཐོབ་པས་གྲུབ་ཐོབ་ཏུ་འགྲོ་ན་ཕྱི་རོལ་པའི་རྣལ་འབྱོར་པ་ཕལ་ཆེར་གྲུབ་ཐོབ་ཏུ་ཐལ་བའི་ཕྱིར། ཅེས་སྨྲས་པ་དེ་ཅིར་སོང་འདུག་ལྟོས་ཤིག །ཅེས་དང་། གྲུབ་ཐོབ་ཆུང་ངུ་མཐོང་ལམ་ཡིན། །ཞེས་པ་ནས། ཞེས་གསུངས་དགོངས་པ་དེ་ཉིད་ཡིན་ཞེས་པའི་བར་དྲང་ངེས། ཞེས་པའི་ཚིག་སྣ་མཐུད་ནས་རྩོད་སྤྱོད་དུ། ཐེག་ཆེན་སྦྱོར་ལམ་མན་ཆད་ལ་གྲུབ་པའི་ས་དང་། ས་དང་པོ་ཡན་ཆད་ལ་གྲུབ་པའི་ས་ཞེས་པའི་བརྡ་ཆད་བཞག་པའི་གནད་ཀྱིས་ས་དང་པོ་ཐོབ་ནས་གྲུབ་ཐོབ་ཞེས་པའི་གྲངས་སུ་འགྲོ་ཞིང་། དེ་མ་ཐག་ཐོབ་ན་མི་འགྲོ་བའི་གནད་ཀ་དེར་མཆིས་པས་བསྙོན་བརྡུང་རྒྱུ་ཡོད་མེད་དེ་ཀར་ཞུས་པས་ལུང་བསྟན་གསལ་པོར་འབྱུང་བའི་ཕྱིར་རོ། །ཞེས་བྲིས་མོད། གཞན་མཛོད་ཀྱི་ཚིག་ཟུ་གཟུང་ན་བསྙོན་བརྡུང་རྒྱུ་མེད་ཟེར་བར་འདུག་གིས། བརྡུང་རྒྱུ་ཡོད་ཀྱང་མི་བརྡུང་གསུང་རྒྱུ་མིན་པར་སྣང་ངོ། བརྡུང་རྒྱུ་མེད་པ་ལ་འོལ་སྤྱི་ཙམ་གྱིས་བརྡུང་བ་ལ་བསྙོན་ཟེར་བ་ལགས། མདོ་སྡེ་རྒྱན་གྱི་ལུང་འདི་གྲུབ་ཐོབ་ངོས་འཛིན་པའི་ལུང་

མ་ཡིན་ཏེ། དེའི་འགྲེལ་པར་རྐང་པ་སྔ་མ་གཉིས་ཀྱི་དོན། རྣམ་པར་མི་རྟོགས་པའི་ཡེ་ཤེས་མ་གྲུབ་པ་དང་། གྲུབ་པ་ལ་བཞག་པས་མོས་སྤྱོད་ཀྱི་ས་ལམ་དང་ས་བཅུ་ལ་གྲུབ་པར་བཞག་ཅིང་། རྐང་པ་ཕྱི་མ་གཉིས་རྣམ་རྟོག་མེད་པའི་ཡེ་ཤེས་གྲུབ་པ་དེ་ལ་ཡང་ལྷུན་གྱིས་གྲུབ་མ་གྲུབ་གཉིས་གཉིས་ཡོད་པས། མ་དག་ས་བདུན་ལ་མ་གྲུབ་པ་དང་། དག་པ་ས་གསུམ་ལ་གྲུབ་པར་བཞག་གོ། །དེས་ན་གྲུབ་ཐོབ་ཅེས་པའི་སྒྲ་ཙམ་ལ་འཁྲུལ་བར་ཟད་ཀྱི་དངོས་གྲུབ་ཐོབ་པའི་གྲུབ་ཐོབ་འཆད་པའི་སྐབས་གཏན་ནས་མ་ཡིན་ནོ། །ཡང་རྣལ་འབྱོར་དབང་ཕྱུག་ཆེན་པོ་ཡིས། །ལམ་འབྲས་ལས་ཀྱང་འདི་སྐད་གསུངས། །ཞེས་པ་ལ་དཔྱད་ན། དེའི་ལུགས་ལ་བསྐྱེད་རིམ་གྱིས་ས་དྲུག་བགྲོད་པ་ཞིག་བཤད་བྱུང་བ་དེ་འཕགས་པའི་ས་ལ་བྱེད་ན་བསྐྱེད་རིམ་ཙམ་གྱིས་འཕགས་ས་དྲུག་བགྲོད་པ་རྒྱུད་སྡེ་དང་མི་མཐུན། སོ་སྐྱེའི་ལམ་ལ་སྦྱིག་ན་དེ་ལ་བརྟེན་ནས་ཐུན་མོང་འགྲུབ་པས་ཁྱེད་ཀྱི་ཤེས་བྱེད་དུ་མི་འགྱུར་རོ། །ཡང་སློབ་བླ་བ་བས། སྒྲོན་གསལ་དུ། དགོས་པ་ཡང་ནི་བཤད་བྱ་སྟེ། །ཞེས་སོགས་བྱ་བའི་ཚིག་དང་། །དེ་བཞིན་གྲུབ་པ་བརྒྱད་དང་ནི། །སངས་རྒྱས་ཀྱང་ནི་མཆོག་ཡིན་ནོ། །ཞེས་པ་ལས་བཞི་ཙམ་འགྲུབ་པ་ལ་གྲུབ་ཐོབ་ཆུང་ངུ་དང་། གྲུབ་ཆེན་བརྒྱད་ཐོབ་པ་ལ་འབྲིང་། མཆོག་ཐོབ་པ་ལ་ཆེན་པོར་བཤད་པ་སོགས་ཡོད་པས། རྣམ་གྲངས་གཅིག་ལ་ཨ་འཐད་པར་མི་རིགས་སོ། །ཞེས་མཆོག་ལ་མང་བ་ཆང་བཟིའི་གཏམ་ལྟ་བུ་ཞིག་བྲི་བར་མཛད་དོ། །དེ་ལ་བརྟགས་ན་དུས་འཁྲུག་ཆེན་པོའི་སྐབས་ཀྱི་ཕྱོགས་གཏམ་བཞིན་ག་ཡ་རྡྷ་ར་ཡན་ཆད་ནི་དེང་ལ་ངོ་ལྟས་ཟིན་ཁྱེད་རང་ཚོ་ཡང་བསམ་མནོ་ཐོངས་ཟེར་བ་བཞིན་འདུག་ནའང་། དེང་ནི་དེང་སང་གི་འཁྲུལ་ཞིག་དང་། རྟོགས་ལྡན་འགའ་རེའི་བྱེད་པ་མཐོང་བས་སྐྱུག་ལོག་སྟེ་སྙི་བཅད་ཀྱང་ཁྱེད་ཀྱི་གྲྭ་ལ་འཇུག་མཁན་འོང་རིས་སུ་མི་འདུག་པས། ཀུན་རྟོག་གི་རི་མོ་མང་ཡང་རེ་ཐེག་ཆད་ཤེས་སུ་འདུག་པར། ལུག་ཐུག་དང་ཕ་མོའི་དཔེ་ལྟར་མ་མཛད་པར་ཉམས་ལེན་ལ་བརྩོན་པར་ཞུ། བཀའ་བརྒྱུད་པའི་ཁྲིད་ན་དེ་སྐད་ཟེར་མཁན་མེད་གསུངས་ཡང་། པད་མ་དཀར་པོ་བཀའ་བརྒྱུད་པའི་ཁྲིད་ནས་འདོན་ན་མ་གཏོགས་ཁོང་གི་གསུངས་གདའ་བ། ཐུན་མོང་གི་དངོས་གྲུབ་ཐོབ་པ་གྲུབ་ཐོབ་ཏུ་ཚད་ལྡན་གང་ལས་ཀྱང་བཤད་པ་མེད་ཅིང་། སློབ་དཔོན་ཟླ་བའི་ལུང་འདྲེན་ནི་མ་འབྲེལ་ཏེ། ལུང་དེའི་དོན། དབང་ཐོབ་ནས་རིམ་གཉིས་སྒོམ་པའི་གནས་སྐབས་སྐྱེ་དགོས་པ་འཕྲིན་ལས་བཞི་དང་གྲུབ་ཆེན་བརྒྱད། མཐར་ཐུག་གི་དགོས་པ་མཆོག་གི་དངོས་གྲུབ་ཐོབ་ཅེས་པ་ཡིན་གྱི། འཕྲིན་ལས་བཞི་གྲུབ་པ་གྲུབ་ཐོབ་ཆུང་ངུ་དང་། གྲུབ་ཆེན་བརྒྱད་ཐོབ་པ་གྲུབ་ཐོབ་འབྲིང་པོ་ཡིན་པར་བཤད་ཟེར་བ་རང་འདོད་ཞལ་འཚངས་ཀྱི་གཏམ་དུ་སྣང་བའི་ཕྱིར་རོ། །ཐུན་མོང་གི་དངོས་གྲུབ་གྲུབ་པ་མུ་སྟེགས་དང་བོན་པོ་ལ་ཡང་ཤིན་ཏུ་མང་སྟེ། སྒོམ་བྱུང་གི་མངོན

ཤེས་དང་རྫུ་འཕྲུལ་སྟོན་ནུས་པ་འགའ་འགའ་བྱུང་འདུག་པའི་ཕྱིར་དང་། ཅི་ཡང་མེད་མན་ཆད་ལ་འདོད་ཆགས་བྲལ་བ་ཤིན་ཏུ་མང་བའི་ཕྱིར། མདོ་སྡེ་རྒྱན་གྱི་ལུང་དེས་གྲུབ་ཐོབ་མ་བསྟན་པའི་ཤེས་བྱེད་ནི་ཤིན་ཏུ་མ་འབྲེལ་ཏེ། ཐེག་ཆེན་གྱི་ཐ་སྙད་རྣམ་པར་མི་རྟོག་པའི་ཡེ་ཤེས་དེ་ཀ་དོན་དམ་སེམས་བསྐྱེད་ཡིན་པས། དེ་ཐོབ་པ་ལ་ཐེག་ཆེན་གྱི་མཐོང་ལམ་ཐོབ་པར་འདོག་ཅིང་། དེ་ལ་གནས་པའི་བྱང་སེམས་ནས་བཟུང་སྟེ་ས་བདུན་པ་མན་ཆད་ཀྱི་བྱང་སེམས་རྣམས་གྲུབ་ཐོབ་ཆུང་ངུ་དང་། གནས་སྐབས་དེར་མཚན་འཛིན་གྱི་བར་ཆད་ཡོད་པས་ལྷུན་གྱི་གྲུབ་པ་ཞེས་པའི་ཐ་སྙད་བཞག །ས་བརྒྱད་པ་ཐོབ་ནས་མཚན་འཛིན་གྱི་བར་ཆད་མེད་པས་ལྷུན་གྱི་གྲུབ་པ་དང་དག་པའི་བྱང་སེམས་ལ་གྲུབ་ཐོབ་འབྲིང་པོར་བཞག །རིགས་པ་དེས་རྫོགས་པའི་སངས་རྒྱས་ལ་གྲུབ་ཐོབ་ཆེན་པོར་བཞག་ཅེས་པའང་ཤིན་ཏུ་ཐོབ་པའི་ཕྱིར་རོ། །དེས་ན་དེ་སྐད་གསུང་པའི་ཞལ་གྱི་པད་མ་ཡང་རི་བོང་ཅན་གྱི་རེག་ན་མཛེས་ཞེས་པའང་དེ་འདྲ་ལགས་སོ། །བསྐྱེད་རིམ་གྱི་ས་དྲུག་བགྲོད་པ་རྒྱུ་སྡེ་དང་མི་མཐུན་ཞེས་པ་དང་། གོང་དུ་སྐྱེད་རིམ་ལ་རེ་སློ་ཆུང་ཞེས་པ་ཤིན་ཏུ་ནོར་ཏེ། བླ་མེད་ཀྱི་བུམ་དབང་ཙམ་ཐོབ་ནས་དེའི་ལམ་སྐྱེད་རིམ་ཙམ་གྱིས་དད་པའི་ས་དང་མོས་སྤྱོད་ཀྱི་ས་གཉིས་ས་དང་པོ་དྲུག་སྟེ་བརྒྱད་བགྲོད་ནུས་ཏེ། དེའི་སྟེང་དུ་གསང་དབང་ཐོབ་ནས་དེའི་ལམ་རླུང་དང་གཏུམ་མོ་ལ་བརྟེན་ནས་ས་བདུན་པ་ནས་བཅུ་པའི་བར་བགྲོད་ནུས། དེའི་སྟེང་དུ་ཤེས་རབ་ཡེ་ཤེས་ཀྱི་དབང་ཐོབ་ནས་དེའི་ལམ་དཀྱིལ་འཁོར་འཁོར་ལོ་ལ་བརྟེན་ནས་ས་ཕྱེད་དང་བཅུ་གསུམ་བགྲོད་ནུས་ཤིང་། རྡོ་རྗེ་འཛིན་པའི་ས་ཐོབ་པ་ལ་དབང་བཞི་པ་ངེས་པར་ཐོབ་དགོས་པའི་ཕྱིར་རོ། །དཔལ་མཆོག་སྟོང་ཕྲག་བཅུ་གཉིས་པར། །བུམ་པའི་དབང་བསྐུར་ས་བརྒྱད་ཡིན། །གསང་བའི་དབང་བསྐུར་ས་དགུ་ཡིན། །ཤེས་རབ་ཡེ་ཤེས་བཅུ་ཡིན་ཏེ། །བཞི་པ་བཅུ་གཅིག་པར་བཤད་དོ། །ཞེས་རྣལ་འབྱོར་རྒྱུད་རང་གང་གི་ས་ལམ་གྱི་དབང་དུ་བྱས་ནས་གསུང་ཞིང་། བླ་མེད་ལུགས་ལ་ལམ་འབྲས་ལས་བུམ་དབང་ས་དྲུག་ལ་སོགས་པ་གསུངས་པའི་ཕྱིར་རོ། །གཞན་ཡང་དོ་རྗེ་གུར་ལས། ལུས་ཅན་བསྒོམ་པའི་ཐབས་ཀྱི་དགོས་པ་ཅི་ལགས་ཞེས་པའི་ལན་དུ་སངས་རྒྱས་ཉིད་དོ། །ཞེས་པ་འདིས་སྐྱེད་རིམ་གྱི་མཆོག་མི་འགྲུབ་པའི་ལོག་རྟོག་གསལ་བ་ཡིན་ནོ། །སཾ་པུ་ཊར། ལྷ་དང་བྲལ་བའི་ལམ་དེ་ནི། །ལོག་པའི་ལམ་དུ་གསུང་པ་སྟེ། །སྔགས་ཀྱི་ལམ་དུ་དེ་མི་རུང་། །ཞེས་དང་། གུར་ལས། སངས་རྒྱས་ང་རྒྱལ་རྣལ་འབྱོར་གྱིས། །སངས་རྒྱས་ཉིད་དུ་འགྲུབ་པར་བྱེད། །ཕྱག་རྡོར་བསྟོད་འགྲེལ་ལས། རྣལ་འབྱོར་བྱིས་པས་བཏགས་པ་ཡི། །ལྷ་དང་སྔགས་ལ་སོགས་པ་ཡི། །བསོད་ནམས་མེད་པར་ཡེ་ཤེས་ཀྱི། །ཚོགས་དེ་ཅི་སྟེ་སྐྱེ་བར་འགྱུར། །ཞེས་གསུངས་པས། ལྷ་སྒོམ་ཞིང་སྔགས་བཟླ་བའི་རྣལ་འབྱོར་དེ་མཆོག་གི་རྒྱུར་བཤད་པའོ། །མཆན། དགོངས་པ་ལུང་སྟོན་ལས་ཀྱང་། གསེར་འགྱུར་རྩི་ཡི་དངོས་པོ་ཡིས། །ལྕགས་ནི་གསེར་དུ་བྱེད་པ་ལྟར། །ཡེ་ཤེས་སེམས་དཔའ་བཅུག་པ་ཡིས། །

མིའི་ལུས་ལ་སངས་རྒྱས་བྱེད། །ཞེས་གསུངས་པ་ལ་ལྟོས། འདིར་སྨྲས་པ། མཐའ་དག་ཆོས་ཀུན་གཟིགས་པའི་ཡེ་ཤེས་སྤྱན། །ས་འཛིན་ལྷ་པའི་ལྷ་དང་དབྱེར་མེད་པའི། །བྱང་ཕྱོགས་གངས་རིའི་མགོན་པོ་ས་སྐྱ་པ། །ཀུན་དགའི་རྒྱལ་མཚན་སྲིད་པ་གསུམ་ན་བཞུགས། །ཤེ་མ་ཁྱོད་གསུང་རྫམ་བུ་ཆུ་བོའི་གསེར། །བསྒྲིགས་བཅད་བརྡར་བའི་ཡོན་ཏན་སླར་ལ་ཡང་། །ཕྱོགས་ལྷུང་གདོན་གྱིས་སེམས་དཀྲུག་མ་རིག་པའི། །སྐལ་ངན་བདག་གི་ཉིན་ཡང་མཚན་མོ་བཞིན། །རང་བཟོ་ཆོས་ཀྱི་ཁྲུ་བས་ལྦུགས་པའི་མདངས། །བསྒྱུར་བའི་ཕ་སྐྱེས་ལང་ཚོས་དྲེགས་པ་ཡི། །ལྷར་སྣང་ལུགས་ཀྱི་མཆོན་གྱིས་ཀུན་བསྡིགས་པས། །དྲན་དབང་རི་དྭགས་དབང་པོས་སྲོག་མཐར་བྱས། །ཅེས་སོ། །ཡང་གཞན་མཛོད་ལས། ལ་ལ་ཉམས་དང་གོ་བ་དང་། །རྟོགས་པ་ཞེས་བྱ་རྣམ་པ་གསུམ། །ཉམས་ནི་ངན་ལ་གོ་བ་འབྲིང་། །རྟོགས་པ་བཟང་བ་ཡིན་ཞེས་ཟེར། །འདི་ཡང་རེ་ཞིག་བརྟག་པར་བྱ། །ཉམས་ཞེས་བྱ་བ་ཉམས་མྱོང་ལ། །ཟེར་ན་སེམས་ཡོད་ཐམས་ཅད་ལ། །མྱོང་བ་དེ་ཡང་ཡོད་པ་ཡིན། །གལ་ཏེ་སྒོམ་པའི་ཉམས་མྱོང་ལ། །ཟེར་ན་ཚོགས་ལམ་ཆེན་པོ་ནས། །མཐར་ནི་ལམ་གྱི་བར་དུ་ཡོད། །འོན་སྟེ་སོ་སོར་རང་རིག་པའི། །ཡེ་ཤེས་ཡིན་ན་འཕགས་པ་ཡིས། །གང་ཟག་རྣམས་ལ་ཉམས་དེ་ཡོད། །ཅེས་པ་ནི་མུན་པའི་མདའ་སྟེ། ངེད་ཅི་ཟེར་མ་དགོངས་པར་དྲི་རྫུང་ཙམ་མཛད་པས་སོ། །སྒོམས་པ་གསལ་བར་བྱའོ། །ཉམས་རྟགས་ལ་ཟེར། མྱོངས་བ་རྟགས་ཅན་འོད་གསལ་སྟེ་དོན་སྤྱི་ལུས་ཡིན། རྟོགས་པ་ལྷག་མཐོང་ལ་ཟེར། གོ་བ་གོ་ཡུལ་རྐྱེད་པ་ཙམ་ཐོས་བསམ་གྱི་ཤེས་རབ། མྱོང་བ་དོན་སྤྱི། རྟོགས་པ་རྣལ་འབྱོར་མངོན་སུམ། དེའི་ཕྱིར་བཟང་ངན་དུ་བཞག་པ་ལགས་སོ། །ཞེས་པའི་ལན་དུ་ཀླུ་སྒྲུབ་རྩོད་སྤོང་ལས། འདི་ནི་མུན་པའི་མདའི་ནང་ནས་གཉིད་ཀྱི་མདའ་ཁོ་ནར་སྣང་ངོ་། །ཅི་ཕྱིར་སྙམ་ན་རབ་དབྱེར། མྱོང་བ་ངན། གོ་བ་འབྲིང་། རྟོགས་པ་བཟང་། ཟེར་བ་དེ་ཕྱོགས་སྔར་བྱས་ནས། ཉམས་ཞེས་ཞེས་བྱ་བ་རྟོག་གེ་ལ་གྲགས་པའི་རང་རིག་གི་ཉམས་སུ་མྱོང་བྱ་ཙམ་མོ། །རྣལ་འབྱོར་པ་ལ་གྲགས་པའི་སྒོམས་པའི་ཉམས་མྱོང་ཙམ་མམ། སོ་སོར་རང་རིག་པའི་ཡེ་ཤེས་ལ་བྱེད་པ་གསུམ་པོ་གང་ཡིན། ཞེས་དཔྱད་ནས་བྲིས་པ་ལ་ཉམས་དང་མྱོང་བ་སོ་སོར་ཕྲལ་ནས་ཉམས་རྟགས་ལ་ཟེར། ཞེས་སོགས་ནི། འཕགས་ལམ་དུ་གྱུར་པའི་ཉམས་དང་མྱོང་བ་མེད་པར་སོང་བས་སྙིང་པོས་དབེན་པའི་ཕྱིར་དང་། ཉམས་དང་མྱོང་བ་སོ་སོར་ཕྲལ་ནས་མྱོང་བ་དེ་འོད་གསལ་དང་སྤྱི་ལུས། ཐོས་བསམ་གྱི་ཤེས་རབ་གང་ལ་བྱེད་མཐའ་གཉིས་པའི་ལན་ཙམ་ལས་དངོས་ལན་མ་བྱུང་བའི་ཕྱིར་དང་། ཉམས་རྟགས་ལ་ཟེར་མྱོང་བ་རྟགས་ཅན་འོད་གསལ་ཞེས་པ་མི་མཁས་པ་དག་གི་རང་བཟོའི་རྗེས་སུ་མཁས་པར་རློམ་པ་ཡང་རང་ཤུགས་ཀྱིས་ཤོར་བའི་ཕྱིར་ཏེ། ཉམས་སུ་མྱོང་བ་ཞེས་བར་གྱི་ཚིག་མི་མངོན་པར་བྱས་པའི་ཚིག་ཡིན་པ་ལ

ཉམས་དང་མྱོང་བ་སོ་སོར་ཕྲལ་བའི་བཤད་པ་མཁས་པ་ལ་གྲགས་ཤིང་དོན་ལ་ཡང་མི་གནས་པའི་ཕྱིར་དང་། ཞེས་སོགས་བཀོད་པའི་ལན་དུ་ཉིད་ཀྱི་གསུང་ལས། ཉམས་རྟགས་ལ་ཟེར་ཞེས་སོགས་ཐུགས་སུ་མ་ཤོང་བའི་འཚུབ་འགྱུར་མིང་ཙམ་བྱུང་འདུག་ཀྱང་དེ་འདྲ་མཛད་ཅི་དགོས་མི་མཁས་པའི་ལུགས་ཞེས་འདི་ལ་བསྐུར་པ་བཏབ་ཏུ་མི་རུང་སྟེ། འདི་འདུས་པ་འཕགས་ལུགས་ཀྱི་བརྡ་ཆད་ཡིན་ཕྱིར། དེ་ཡང་ཉམས་ཡུལ་དང་མྱོང་བ་ཡུན་དུ་བཞག་ནས། ཡུལ་དུ་བ་དང་མིག་སྒྱུ་ལ་སོགས་པའི་རྟགས་སྣང་སྣ་ཚོགས། ཡུལ་ཅན་ནམ་རྟགས་ཅན་སྒྱུ་ལུས་ཀྱིས་ལོངས་སུ་སྤྱོད་པ་དེ་ཀ་ཉམས་སུ་མྱོང་བ་ལགས་མོད། དེའི་ཕྱིར་ཉམས་དང་མྱོང་བ་ཕྲལ་མི་དགོས་ཞེས་རིགས་པའི་ང་རོ་ཧེ་སྙེད་གཅིག་སྒྲོག་པ་ཐམས་ཅད་གྲག་སྟོང་བྲག་ཆའི་སྒྲ་འོ། །རབ་དབྱེར་བྲིས་པའི་མུ་གསུམ་དང་འདིར་བསྟན་བརྡ་ཆད་མི་གཅིག །འདི་པའི་ལུགས་ལ་གོ་བ་ཐོས་བསམ་གྱི་སྒོ་ནས་གོ་ཡུལ་ཤར་ཙམ་དེ་བཞིན། ཉམས་མྱོང་གོང་དུ་བཀོད་པ་ལྟར་རང་རྒྱུད་ལ་སྒོམ་སྟོབས་ཀྱིས་ཤར་བའི་ཐུན་མོང་གི་མངོན་རྟོགས་དེ་འབྲིང་། རྟོགས་པ་མངོན་དུ་ཤར་བ་ཐུན་མོང་མིན་པའི་མངོན་རྟོགས་དེ་རབ་ཏུ་བྱེད་པ་ལགས་ཏེ། དཔེ་ཆ་སྤྱར་མ་དེ་ལ་གཙོད་མཚམས་འགའ་རེ་སྣང་བས། ཁྱེད་ཀྱིས་ཀྱང་ང་ན་ཚ་མེད་ཚུ་ཁར་བང་གི་བཀླག་ལུགས་ཀྱི་ཐུགས་ཆོམ་འཁྲུངས་པ་འདྲ་སྣམས་ལགས། རྗོད་སྦྱོང་དུ་རྟགས་དང་རྟགས་ཅན་འོད་གསལ་ཙམ་ལ་ངོ་མཚར་རྒྱུ་ཅི་ཡོད་དེ། ཁོ་བོ་ཅག་རྒྱུ་ལ་གནས་པ། དབང་ལ་ཐོབ། ལམ་ལ་བསྒོམ་པ། ལྟ་བ་ལ་ཉམས་སུ་མྱོང་བ། གྲུབ་མཐའ་ལ་རྟགས་སུ་ཤར་བ་ཞེས་པ་ནས་ལུགས་མཆོག་ཡིན་པའི་ཕྱིར་གསུངས་པ་ནི་ཉམས་འུར་མ་སངས་པའི་འཇུག་ལུས་པ་སྟེ། འཕགས་པ་ཡབ་སྲས་ཀྱི་བརྡ་ཆད་ལ་ངོ་མཚར་རྒྱུ་མེད་ན། དེ་བས་ལམ་འབྲས་པའི་བརྡ་ཆད་ལ་ངོ་མཚར་རྒྱུ་ཅི་ཡོད་ཅེས་ཁ་ཅིག་གླེང་ཡང་ཁོ་བོ་ནི་དེ་གཉིས་ཀ་ངོ་མཚར་ཆེ་བར་འཚུམས་སོ། །ཞེས་བྲི་བར་མཛད་དོ། །དེ་ལ་བརྟགས་ན་ཉམས་དང་མྱོང་བ་སོ་སོར་ཕྲལ་བ་འདུས་པ་འཕགས་ལུགས་པའི་བརྡའ་ཆད་ཡིན་ཟེར་བའང་རང་བཟོ་སྟེ། དེ་སོ་སོར་འཕྲལ་བའི་བཤད་པ་སྟོན་པའི་གྲུབ་པ་འཕགས་ལུགས་ཀྱི་ལུང་ཚད་ལྡན་ཡོད་ན་སྟོན་རིགས་པ་ལས་མ་བྱུང་བའི་ཕྱིར་རོ། །འདུས་པ་འཕགས་ལུགས་ཀྱི་ཡི་གེ་ཚད་ལྡན་མང་པོར་ཐུན་མོང་གི་སྔོན་འགྲོ་དང་། ཐུན་མོང་མིན་པའི་སྔོན་འགྲོ་དབེན་གསུམ་སྔོན་དུ་སོང་ནས་སྒྱུ་ལུས་ཀྱི་རྣལ་འབྱོར་སྐྱེ་བའི་སྔ་ལྟས་སུ་འབྱུང་བཞིའི་རླུང་དབུ་མར་འདུས་པའི་རྟགས་དུ་བ་སོགས་ཀྱི་འཆར་སྒོ། སེམས་སེམས་བྱུང་ལ་ཐིམ་པའི་རྟགས་སྣང་བ་ཞེས་པ་ཟླ་བ་ལྟ་བུ། སེམས་བྱུང་མ་རིག་པ་ལ་ཐིམ་པའི་རྟགས། སྣང་བ་མཆེད་པ་ཞེས་པ་ཉི་མ་ཤར་བ་ལྟ་བུ། མ་རིག་པ་སྟོང་ཉིད་དུ་ཐིམ་པའི་རྟགས། ཉེར་ཐོབ་ཞེས་པ་མུན་པ་སྦྲོས་པ་ལྟ་བུ། དེ་ནས་རྟགས་ཅན་འོད་གསལ་ཞེས་པ་སྟོན་གྱི་ནམ་མཁའ་གཡའ་དག་པ་ལྟ་བུའི་ཉམས་འཆར་བར་

བཤད་ཀྱང་། དེ་དག་སྒྱུ་ལུས་ཀྱི་ཉམས་དངོས་མ་ཡིན། དེ་ནས་རང་གསང་བ་འདུས་པའི་སྐྱུ་སྒྱུ་མ་ལྟ་བུར་གསལ་ཞིང་རྣམ་ཀུན་མཆོག་ལྡན་གྱི་སྟོང་གཟུགས་སྣ་ཚོགས་སུ་འཆར་བ་སྒྱུ་ལུས་ཀྱི་རྣལ་འབྱོར་དངོས་ཡིན་པར་བཤད་པས། སྦྱོང་བ་རྟགས་ཅན་འོད་གསལ་སྟེ་དོན་སྒྱུ་ལུས་ཞེས་པ་དང་། དེ་འདུས་པ་འཕགས་ལུགས་པའི་བརྡ་ཚད་ཡིན་ཞེས་པ་གཉིས་ཀ་རང་བཟོ་ཁོ་ནའོ། །འདི་པའི་ལུགས་ལ་གོ་བ་ཐོས་བསམ་གྱི་སྒོ་ནས་གོ་ཡུལ་ཤར་བ་དེ་ངན་ཞེས་དམད་ནས་མ་གོ་བར་བསྒོམས་པས་ཀ་རྒྱལ་བའམ། འབྲས་བུ་མི་འབྱུང་བ་ཞིག་འོང་གིན་གདའ་བ། ཐུན་མོང་བའི་མངོན་རྟོགས་ཞེས་པ་དེ་སུ་དང་ཐུན་མོང་བ་ཡིན། རྟོགས་པ་མངོན་སུམ་སུ་ཤར་བ་དང་ཐུན་མོང་བ་ཡིན་ན། གང་ཟག་གཅིག་གི་རྒྱུད་དེ་མངོན་རྟོགས་སྐད་ཅིག་མ་གཅིག་ལ་ཡང་བཟང་ངན་སྣ་ཚོགས་སུ་དབྱེ་དགོས་པ་འོང་བས་རྩིང་པོར་སྣང་བ་ལ་རིངས་པར་མ་མཛད་ཅིག །ཡང་ན་གནད་མཛོད་ལས།གོ་བ་དང་ནི་རྟོགས་པ་གཉིས། །རྣམ་གྲངས་སྒྲ་ཡིན་ངོ་བོ་གཅིག །རྒྱ་སྐད་གཅིག་ལ་ལོ་ཙཱ་བའི། །འགྱུར་གྱི་དབྱེ་བ་ཁོ་ནར་ཟད། །བུདྡྷ་རྟོགས་པའམ་གོ་བ་ལའོ། །འདིས་གོ་རྟོགས་གཅིག་ཏུ་སྒྲུབ་ནུས་ན། །ས་ཕྱོགས་ཀྱང་གཅིག་ཏུ་འགྱུར་ཏེ་སྒྲུབ་བྱེད་མཚུངས་པས་སོ། །ཞེས་པའི་ལན་རྩོད་སྤྱོད་དུ་བཀོད་པ་ལ། ཉིད་ཀྱི་གསུང་ལས། གང་ཡང་གཅིག་བཀོད་གདའ་སྟེ་སྙིང་པོ་ལག་ཏུ་བླང་རྒྱུ་ལ། དོན་གཅིག་སྒྲ་མང་པོས་སྣད་པ་དང་། སྒྲ་གཅིག་ལ་དོན་མང་པོ་འབྲེལ་བ་སོགས། སྒྲའི་འཇུག་ཚུལ་ཅི་ཡང་གཅིག་ཡོད་པ་ལས་བུདྡྷ་ཁོང་དུ་ཚུད་པ་ལའོ་ཞེས་པའི་བྱིང་སྒྲུབ་ལས་སྐད་དོད་གཅིག་པུ་དེས་གོ་བ་དང་རྟོགས་པ་གཅིག་ཏུ་འགྲུབ་ན། དཔེར་བརྗོད་ལ་བཀོད་པའི་གོ་ཞེས་པའི་སྒྲ་གཅིག་པུ་དེས་བསྟན་པའི། ངག་ཕྱོགས་པ་དང་འོད་ཟེར་དང་། །ཕྱུགས་དང་མིག་དང་རྡོ་རྗེ་དང་། །མཐོ་རིས་ཆུ་སྟེ་དོན་དགུ་ལ། །མཁས་པས་གོ་སྒྲ་ངེས་པར་གཟུང་། །ཞེས་མགོན་པོ་ཀླུ་སྒྲུབ་ཀྱི་ཞིབ་མོ་རྣམ་དག་ལས་གསུང་པ་དང་། སྐབས་སུམ་གྱི་ལྷག་མར་མདའི་མིང་ལ་ཡང་འཇུག་པར་བཤད་པས། དོན་ཚན་བཅུ་པོ་དེ་གཅིག་པར་འགྱུར་ཏེ། དེའི་སྐད་དོད་གོ་ཞེས་པར་གཅིག་པའི་ཕྱིར་རོ། །ཞེས་པའི་སྙིང་པོའོ། །གོ་ཞེས་པ་དོན་དགུའི་སྐད་དོད་མིན་གསུང་པ་མི་རིགས་ཏེ། སྐད་དོད་སྦྱོར་བའི་ཚེ་སྒྲ་གཅིག་དོན་མང་ཞེས་སློས་པ་ལ་རྒྱུ་མཚན་གཞན་མེད་པའི་ཕྱིར་རོ། །དེའི་ཕྱིར་བཀས་བཅད་བར་མ་ལས། གོའི་སྒྲ་ལས། ཚིག་དང་ཕྱོགས་དང་ས་དང་འོད་དང་མཐོ་རིས་ལ་སོགས་པ་དུ་མར་བསྒྲེགས་པ་དང་ཀཽ་ཤི་ཀ་ལྟ་བུ་དང་། རྩྭ་ཀུ་ཤ་ཐོགས་པ་དང་། མཁས་པ་དང་། པདྨ་ལ་དགའ་བ་དང་། འུག་པ་དང་། མདོ་ལྡན་ལ་སོགས་པ་སྒྲའི་ལུགས་ལས་དྲངས་ཤིང་སྒྱུར་ན་རྣམ་གྲངས་མང་པོ་ཞིག་ལ་སྦྱིག་ལ། སྒྲ་བསྒྱུར་པ་རྣམས་གཅིག་གི་ནང་དུ་ནི་ཐམས་ཅད་འདུས་པར་ཡང་མི་བཏུབ་ལ།གཅིག་ཏུ་འཆད་པར་སྦྱར་ཡང་གཏན་ཚིགས་ཆེན་པོ་མེད་པ་རྣམས་ལ་ནི་མི་བསྒྱུར་བར་རྒྱ་གར་གྱི་

སྐད་ཁོ་ནར་ཞོག་ཅིག་ཞེས་གསུངས་པ་ཡིན་ནོ། །དེས་ན་སྐད་དོད་གཉིས་ཀྱི་ནང་དུ་རྣམ་གྲངས་ལྷག་མ་རྣམས་མི་འདུ་བས་དེ་དག་གི་སྐད་དོད་མི་བསྒྱུར་བར་སཾ་ཀྲི་ཏའི་སྐད་ཐད་སོར་ཞོག་ཞེས་པའི་དོན་དུ་སྣང་ཏེ་དཔེར་ན་གཽ་ཞེས་པའམ། ཀཽ་ཤི་ཀ་ཞེས་པ་ལྟ་བུའོ། །གཞན་ཡང་བསྟན་བཅོས་པའི་བརྡ་ལས་ཚད་མས་རྟོགས་ཚད་མས་གཞལ་ཞེས་གྲགས་ཀྱིས། ཚད་མས་གོ་ཟེར་བ་མེད། ཆོས་ཉིད་མངོན་སུམ་དུ་རྟོགས་ཟེར་གྱི་གོ་ཟེར་མཁན་ཡང་མ་མཆིས་སོ། །རྟོགས་པ་གསལ་དང་མི་གསལ་ལ། །གོ་དང་རྟོགས་པར་འདོད་ན་ཐོགས། །ཞེས་དགོངས་དབྱིངས་ལྟོད་གྲོལ་གཞན་ཡང་འདུག་ནའང་། ཐ་སྙད་ཀྱི་བརྡ་བཞིན་རིམ་པ་ཅན་གྱི་བརྒྱུད་བྱས་ན་ནི། རྟོགས་པ་གསལ་བ་ལ་གོ་བ་དང་། མི་གསལ་བ་ལ་རྟོགས་པར་གོ་བར་འདོགས་དགོས་པས་སོང་འདུག་དེ་ལྟ་ན་ནི་རྣམ་བཞག་འཚོལ་གདའ་ཞེས་བྲིས་སོ། །དེ་ལ་བརྟགས་ན། རབ་དབྱེའི་གཞུང་དེའི་དོན་ནི། ཉམས་དང་གོ་བ་འབྲིང་རྟོགས་པ་བཟང་ཞེས་གླིང་རས་ཀྱི་བཞེད་པར་བྱས་པ་འདིའི་ཉམས་ཞེས་བྱ་བ་དེ་འདིར་བརྟགས་པའི་མཐའ་གསུམ་པོ་གང་ཡིན་ན་ཡང་དེ་ལས་གོ་རྟོགས་བཟང་བ་མི་འགྲུབ་སྟེ། གོ་རྟོགས་གཉིས་པོ་ཉམས་དེའི་ནང་དུ་འདུས་པའི་ཕྱིར་རོ། །གོ་བ་དང་རྟོགས་པ་གཉིས་ཀྱང་རྣམ་གྲངས་ཙམ་ཡིན་གྱི་ངོ་བོ་ཐ་དད་མ་ཡིན་ཏེ། ག་ཏ་ཞེས་པ་དང་ས་མ་ཡ་ཞེས་པ་སྐབས་ཐོབ་ཀྱི་གཉིས་ཀ་ཡང་གོ་བ་དང་རྟོགས་པ་གཉིས་ཀ་ལ་འཇུག་པའི་ཕྱིར་རོ་ཞེས་པའི་དོན་ཡིན། གཽ་ཞེས་པ་ངག་ཕྱོགས་སོགས་དོན་བཅུ་ལ་ཚིག་གྲོགས་ཀྱི་དབང་གིས་འཇུག་ཅེས་པ་ཙམ་ལས་དེ་བཅུ་ཆར་གྱི་དངོས་མིང་ཡིན་ཞེས་པའི་དོན་མིན་པས་གོ་རྟོགས་དང་མི་མཚུངས་ཏེ། གསང་འདུས་འགྲེལ་བཤད་ལས་བརྗོད་པར་བྱེད་པ་གཅིག་གིས་དོན་གཉིས་བརྗོད་པ་ལ་ནུས་པ་ཇི་ལྟར་ཡོད་ཅེ་ན་སྨྲས་པ་སྣ་ཚོགས་གསལ་བ་དང་ལྡན་པའི་སྒྲ་ཡིན་པའི་ཕྱིར་ཏེ། དཔེར་ན་གཽའི་སྒྲ་གཅིག་པུས་དོན་བཅུ་བརྗོད་དེ། ཇི་སྐད་དུ། ངག་ཕྱོགས་པ་དང་རྡོ་རྗེའི་མདའ། །ཕྱུག་མིག་མཐོ་རིས་ཆུ་དག་ཏུ། །དོན་བཅུ་ལ་ནི་བློ་ཅན་གྱིས། །གཽའི་སྒྲ་ནི་བརྟགས་པར་བྱ། །ཞེས་གསུང་པའི་ཕྱིར་རོ། །ཚད་མས་གོ་ཞེས་པའི་ཐ་སྙད་གསུང་རབ་ཚད་ལྡན་ལས་འབྱུང་སྟེ། རྣམ་འགྲེལ་ལས། སྒྲུབ་བྱེད་རྟོགས་པའི་དོན་ཅན་ཉིད། །ཡིན་ཡང་རྨོངས་བྱེད་དེ་ཕྱིར་མཛད་ཀྱི༑ ༑ཅེས་པར་རྨ་དགེ་བློའི་འགྱུར་དུ། །སྒྲུབ་བྱེད་དགོའི་དོན་ཉིད་ནའང་། །ཀུན་ཏུ་རྨོངས་པའི་ཕྱིར་མཛད་ཀྱི། །ཅེས་འབྱུང་བས་གོ་རྟོགས་གཅིག་པུར་འདེས་ཀྱང་མི་འགྲུབ་ཅིང་། རང་ཉིད་མངོན་སུམ་ལས་རྟོགས་པའི། །རང་ཉིད་ཙམ་གྱི་འཇུག་པ་ཅན། །དེ་མཛད་རྣམས་གཞན་གོ་བྱེད་ཡིན། །ཞེས་མངོན་སུམ་གྱི་རང་གསལ་རྟོགས་པ་ལ་གོ་བར་བཤད་པ་དང་། ཚད་མའི་འབྲས་བུ་གང་ཞིག་ཡིན་གཞལ་བྱ་རྟོགས་པའོ་ཞེས་པའི་འགྲེལ་པར་གཞལ་བྱ་རྟོགས་པ་ནི་རྣམ་པ་ཉེ་བ་ཉིད་དུ་གོ་བར་བྱེད་པའོ་ཞེས་ཀྱང་འབྱུང་བའི་ཕྱིར། གཞན་དུ་ཚད་

མས་གོ་བ་མེད་ན་བློ་དང་སེམས་ཀྱི་གོ་བ་ཡང་མེད་པར་འགྱུར་ཞིང་། དེ་ཡང་འདོད་ན། གོ་བ་བཟང་ངན་ཞེས་པ་དེ་སུ་ཞིག་གིས་གོ་བ་ཡིན་སྨྲ་དགོས་སོ། །ཆོས་ཉིད་གོ་བ་མེད་ན་ཆོས་ཉིད་མོས་པའི་གོ་ཡུལ་དུ་བྱེད་པའི་ལྟ་བ་དེ་ཡང་མེད་པར་ཐལ་ལོ། །གཞན་ཡང་གོ་བ་མཐའ་གཅིག་ཏུ་ངན་ན། རྫོགས་པའི་སངས་རྒྱས་ལ་གོ་བ་མེད་པའམ། སངས་རྒྱས་པར་ཡང་གོ་རྟོགས་བཟང་ངན་ཐ་དད་དུ་ཁས་ལེན་དགོས་པར་ཐལ་ལོ། །གཞན་ཡང་མྱོང་བ་དོན་སྤྱི། རྟོགས་པ་རྣལ་མངོན་སུམ་ཞེས་པ་ལའང་འབྲེལ་མེད་དེ། དེ་ལྟར་ཉམས་མྱོང་ཡིན་ན་རང་གསལ་དོན་སྤྱིའི་ཚུལ་གྱིས་རྟོགས་དགོས་པར་འགྱུར་ཞིང་། ཡང་ན་རང་ཡུལ་ལ་དོན་སྤྱིའི་ཚུལ་གྱི་རྟོགས་པའི་རྣལ་འབྱོར་མངོན་སུམ་ཡོད་པར་སོང་འདུག་པའི་ཕྱིར་རོ། །རྟོགས་པ་གསལ་དང་མི་གསལ་ལ། །གོ་དང་རྟོགས་པར་འདོགས་ན་ཐོགས། །རྟོགས་པ་མི་གསལ་བ་ལ་གོ་བ་དང་། གསལ་མ་གསལ་ལ་རྟོགས་པ་ཞེས་མིང་འདོགས་ན་མིང་ཙམ་མི་རྩོད་ཅེས་པ་ཡིན་ལ། དེ་ལ་རྣམ་གཞག་འཆོལ་རྒྱུ་གང་ཡང་མེད་དོ། །དེས་ན་བློས་གོ་བ་དང་རྟོགས་པ་དང་། ཉམས་སུ་མྱོང་བ་གསུམ་གཅིག་ཅེས་པ་ཡིན་གྱིས། ཚིག་གྲོགས་གང་སྦྱར་ཡང་དེ་གསུམ་རྣམ་པ་ཐམས་ཅད་དུ་དོན་གཅིག་ཅེས་པ་ནི་མ་ཡིན་ཏེ། ལྕེས་རོ་མྱོང་ཞེས་གྲགས་ཀྱི་གོ་བ་དང་རྟོགས་པའི་ཐ་སྙད་མ་གྲགས་པའི་ཕྱིར། ཡང་གཞན་མཛོད་ལས། རྩེ་གཅིག་དང་ནི་སྤྲོས་བྲལ་དང་། །སོགས་ཀྱང་རྒྱུ་མཚན་མ་འཚོལ་བར་དགག་བཞེད་པར་འདུག་པས། རྩེ་གཅིག་ནི་སྤྲོས་ལས་མཚན་ཉིད་པ། སྤྲོས་བྲལ་མ་དག་པའི་ས། རོ་གཅིག་དག་ས། སྒོམ་མེད་སངས་རྒྱས་ཀྱི་སའོ། །ཅི་ཏེ་འཕགས་པའི་སར་བྱེད་ན། །མདོ་རྒྱུད་ཀུན་དང་འགལ་བར་འགྱུར། །འདི་ལ་རྒྱུ་མཚན་ཡོད་ན་བཀོད་ནས་གསུང་རིགས་ཏེ་མ་བྱུང་བར་ཟད་དོ། །ཞེས་པའི་ལན་དུ། ཀླུ་སྒྲུབ་རྩོད་སྤོང་ལས། དེ་འདྲ་མདོ་རྒྱུད་དང་འགལ་ཏེ་མདོ་རྒྱུད་ལས་དེ་འདྲ་མ་བཤད་པས་རང་བཟོ་ཡིན་པའི་ཕྱིར་ཞེས་གསུང་པར་སྣང་བས། དེ་བཤད་པའི་སྒྲུབ་བྱེད་མདོ་རྒྱུད་ཀྱི་ལུང་ཡོད་ན་དེ་གསུང་བར་རིགས་ཀྱང་དེ་ཡང་མ་བྱུང་བའི་ཕྱིར་རོ། །ཞེས་བཀོད་པའི་ལན་དུ། ཉིད་ཀྱིས་གསུང་ལས། ཞེས་མགོ་སྨྲི་གཞན་ཡང་གནང་འདུག་པ་ལ་བརྗོད་པར་བྱ་སྟེ། འདི་ལ་ཐུན་མོང་དུ་སློབ་དཔོན་ཤཱནྟི་པའི་སེམས་བརྒྱན་དང་། ཤེར་ཕྱིན་གྱི་མན་ངག་ལས་རྩེ་གཅིག་སྤྲོས་བྲལ་རོ་གཅིག་སྒོམ་མེད་བཞི་གསུངས་པ་ནི་སེམས་རྣམས་མེད་པའི་སྒོམ་ཡིན་གྱིས་དབུ་མ་པ་མན་ཆད་ལ་འདི་མ་གྲགས་སོ། །གལ་ཏེ་འདི་ལ་མོས་ན་ཤཱནྟི་པའི་གཞུང་ཉིད་དུ་ལྟ་བར་བྱའོ། །ཞེས་གསུང་པ་བདེན་ནམ་སྙམ་ལྟས་པས། དེ་གཉིས་ན་ནི། དངོས་པོའི་མཐའ་ལ་དམིགས་པ། སེམས་ཙམ་ལ་དམིགས་པ། དེ་བཞིན་ཉིད་ལ་དམིགས་པ། དམིགས་པ་མེད་པའོ། །ཞེས་པ་ཙམ་ཞིག་བཤད། དེའི་ཁུངས་ཀྱི་མདོ་ལང་གཤེགས་ཀྱིས། སེམས་ཙམ་ལ་ནི་བརྟེན་ནས་སུ། །ཕྱི་རོལ་དོན་ལ་མི་རྟོག་གོ། །

སོགས་དང་། འདུས་པར། རང་གི་སེམས་ལ་བརྟགས་པ་ན། །ཆོས་ཀུན་སེམས་ལ་རབ་ཏུ་གནས། །ཞེས་སོགས་ལ་བརྟེན་པར་འདུག་ལ། རྩེ་གཅིག་སོགས་ཀྱི་འཕྲོས་ཙམ་མི་སྣང་བས་ཡང་ནི་སུ་ཞིག་གི་ལྷན་ཐབས་སུ་བཙུག་གི་སྙམ་མོ། །འོན་ཀྱང་བཀའ་བརྒྱུད་པའི་ལུགས་ཀྱི་རྣལ་འབྱོར་བཞི་རིམ་མདོ་རྒྱུད་ལས་མ་བཤད་ཞེས་གསུངས་པ་མི་རིགས་ཏེ། མདོ་རྒྱུད་ལ་མ་བརྟེན་པར་ཤཀྱི་པས་རང་བཟོར་སྦྲུས་པའམ་ཡང་ན་ཐུབ་དགོངས་མ་དག །གལ་ཏེ་དེ་གཉིས་བདེན་ན། རབ་དབྱེར། འོན་ཀྱང་འདི་འདྲ་བཤད་པ་མེད། ཅེས་ལུང་སྦྱར་མ་གཉིས་དང་འགལ་ཏེ་ཟིང་ཟིང་པོའོ། །རྩེ་གཅིག་མཐོང་ལམ་སྤྲོས་བྲལ་ནི། །ས་བདུན་པར་ཡིན་རོ་གཅིག་ནི། །དག་པ་ས་གསུམ་སྒོམ་མེད་ནི། །སངས་རྒྱས་པ་ཞེས་ལ་ལ་ཟེར། །ཞེས་པ་འདི་རྫུན་ཅན་ཞིག་གི་ཞུས་སྐབས་སུ་སོང་བ་འདྲ་སྟེ། བཀའ་བརྒྱུད་ཀྱི་ཤིང་རྟ་ཆེན་པོ་དག་གི་ཡི་གེ་ན། རྩེ་གཅིག་ཉམས་ཀྱི་སྣང་བ་ཡིན། །འཇིག་རྟེན་ལམ་ཏེ་ལས་རྣམས་བསོག །ཅེས་རྩེ་གཅིག་གི་སྦྱོར་ལམ་དུ་བཤད་གདའ། དེ་ལྟ་ན་ཕྱག་རྒྱའི་ལུགས་ལ། གཞི་གཏན་ལ་དབབ་པའི་རྣལ་འབྱོར་བཞི། དེ་བཞིན་དུ་ལམ་ཉམས་སུ་ལེན་པའི་རྣལ་འབྱོར་ཉམས་མྱོང་གི་སྒྲུ་རིས་འབྱེད་པའི་ས་ལམ་གྱི་བགྲོད་བརྟགས་འབྱེད་པའི་འབྲས་བུ་མངོན་དུ་གྱུར་པའི་རྣལ་འབྱོར་བཞི་བཤད་པའི་ས་ལམ་གྱི་སྐབས་སུ་སྟོན་འགྲོ་ཚོགས་ལམ། རྩེ་གཅིག་གི་སྦྱོར་ལམ། སྤྲོས་བྲལ་མཐོང་ལམ་དང་སྦྱར་བ་དང་། མ་དག་པ་ས་བདུན་ལ་སྦྱར་བའི་མུ་གཉིས། རོ་གཅིག་སྒོམ་ལམ་ས་དགུ་དང་སྦྱར་བ་དང་། དག་པ་ས་གསུམ་ལ་སྦྱོར་བའི་མུ་གཉིས། གོམ་མེད་ཆེན་པོ་སངས་རྒྱས་ཀྱི་སར་མཛད་ཀྱི། རྩེ་གཅིག་མཐོང་ལམ་དང་སྦྱོར་བའི་སྐད་ཆ་མེད་ལགས། འདི་ཡང་ཕྱེ་ཏ་བཤད་ཀྱི་ཉེན། །སོ་སོ་སྐྱེ་བོ་ཉིད་ཡིན་ཡང་། །གལ་ཏེ་ཆོས་མཐུན་ཙམ་རྩེའམ། །འོན་ཏེ་འཕགས་པ་ཉིད་ཡིན་པའི། །བདེན་པའི་ས་ལམ་དངོས་སུ་བྱེད། །ཅེས་བཀའ་བརྩལ་པ་ལ་འདི་སྐད་གསོལ་ཏེ། བྱང་ཆུབ་སེམས་དཔའི་འགྲེལ་པ་སྐོར་དུ། རྒྱུའི་བདེན་དོན་གཉིས་ལ་སྦྱོར་ལམ་དྲོད། རྩེ་མོ། བཟོད་པ། ཆོས་མཆོག་བཞི་ལ་ཆུང་འབྲིང་ཆེན་པོར་ཕྱེ་བའི་འགྲོས་དང་བསྟུན་ནས་སོ་སྐྱེ་སྦྱོར་ལམ་ལ་རྣལ་འབྱོར་བཞི་སྦྱོར་བའི་ལུགས་གཅིག་ཀྱང་སྣང་སྟེ། དེ་ནི་རྩེ་གཅིག་ཁོ་ན་ལ་རྣལ་འབྱོར་བཞི་པར་ཕྱེ་བ་ལགས། གཞན་ཡང་རྣམ་སྣང་མངོན་བྱང་གི་རྒྱུད་དང་དོན་བསྡུས་འགྲེལ་པར། ཚོགས་ལམ་མོས་སྤྱོད་ཀྱི་ཡེ་ཤེས་པ་བཅུ་རྫོགས་པར་བྱེད་པའི་ཆོས་ལ་མོས་པའི་སེམས་བཅུའི། ས་བཅུ་དང་ཕ་རོལ་ཕྱིན་པ་བཅུ་ལ་སྦྱོར་བར་ཡང་གསུངས་སོ། །སོ་སོ་སྐྱེ་བོའི་གང་ཟག་ལ། །ཆོས་མཐུན་ཙམ་ཞིག་སྐྲིག་ན་ནི། །ཆོས་ནས་གསུངས་ན་འགལ་བ་མེད། །ཅེས་པ་ལ་གོང་བཀོད་ཀྱི་ལུང་དེ་དག་ཆོས་ཡིན་མིན་འཛམ་པའི་དབྱངས་ཀྱི་མཁྱེན་པར་འགྱུར་རོ། །དཔེར་ན་རྨི་ལམ་ངེས་བརྟན་ལས། ནས། ས་བཅུ་པ་ཡིན་གྱི་འཕགས་པའི་

མིན། །ཞེས་པའི་བར་དྲངས་ནས། མདོ་དེར། ས་བཅུའི་རྨི་ལྟས་གསུངས་པའི་རྒྱུ་མཚན་གྱིས་འཇིག་རྟེན་པའི་ས་བཅུ་ཡིན་གསུང་པ་འདྲ་ན།དེ་ལ་ངེས་པ་ཅན་མི་སྣང་སྟེ། ས་བཅུ་པ་ལ་གནས་པའི་བྱང་སེམས་དོན་ཐམས་ཅད་གྲུབ་པ་ལྟ་བུའི་སྲིད་པ་ཐ་མལ་པའང་རྒྱལ་པོའི་ཕོ་བྲང་ནས་མངོན་པར་འབྱུང་བའི་ནུབ་མོ་རྨི་ལམ་གྱི་མཚན་བཟང་པོ་མང་པོ་གཟིགས་པར་འདུལ་ལུང་དང་རྒྱ་རོལ་ལས་གསུངས་པའི་ཕྱིར་རོ། །འཕྲུལ་བའི་རྨི་ལམ་རང་ག་བ་ཐེག་ཆེན་སྦྱོར་ལམ་རྩེ་མོ་ཡན་ལ་མི་འབྱུང་བས། བྱམས་མགོན་གྱིས། རྨི་ལམ་ན་ཡང་ཆོས་རྣམས་ཀུན། །རྨི་ལམ་ལྟ་བུར་ལྟ་ལ་སོགས། །རྩེ་མོར་ཕྱིན་པའི་སྦྱོར་བའི་རྟགས། །ཞེས་གསུངས་སོ། །དེས་ན་རྨི་ལམ་ངེས་བསྟན་གྱི་ལུང་དེ་རྣམས་གང་གི་ཤེས་བྱེད་དུ་སོང་གཟིགས་སུ་གསོལ། ཅི་སྟེ་འཕགས་པའི་སར་བྱེད་ན། མདོ་རྒྱུད་ཀུན་དང་འགལ་བར་འགྱུར། །ཞེས་པ་དང་སྐོམ་མཐུན་པའི་ལུང་ཚད་མ་གཅིག་འདྲེན་རྒྱུ་ཡོད་ན། དེ་དྲངས་ནས་རྩོད་སྤོང་མཁན་པོས་ཀུ་ཙོ་ཅི་ཡང་ཞིག་མཛད་ངེས་ཀྱང་། དེ་མེད་པས་མ་གོ་སླ་ཙམ་གྱི་ཟོལ་ལ་བརྟེན་པར་གྱུར་ཏོ། །མདོར་བསྡུ་ན་རྗེ་བཙུན་ས་པཎ་གྱི་མ་དགོངས་པ་དང་། མི་མཁྱེན་པའི་ཆོས་མེད་ཀྱང་། དགོངས་པ་ཁྱད་པར་ཅན་ལ་དགོངས་ནས་གསུང་མཐོ་དམན་སྣ་ཚོགས་སུ་འབྱོན་པའི་དོན་ལེགས་པར་འགྲེལ་མ་ཤེས་པ་ཁ་ཅིག་གི་རྣལ་འབྱོར་བཞི་དང་། དཀར་པོ་ཆིག་ཐུབ་དང་རྣམ་རྟོག་ཆོས་སྐུ་སོགས་བཀའ་བརྒྱུད་ལ་གྲགས་པའི་བརྡའ་ཆད་རྣམས་མདོ་རྒྱུད་དང་དགོངས་འགྲེལ་ཚད་ལྡན་ནས་མ་བཤད་དམ་ཡིད་ལ་སྨོམ་ནས་མཁས་པ་མི་འོས་ཞེས་ཁ་ཟེར་བ་དག་ལ་འདི་སྨྲ་བར་བྱ་སྟེ། དེ་ལྟར་ན་ལམ་འབྲས་རྡོ་རྗེའི་ཚིག་རྐང་གཞུང་བཤད་ཡིག་ཕྲན་དང་བཅས་པ་རྣམས་སུ་འཁོར་ལོ་འཚམས་པ་དང་བསྐོར་བ།ཚད་མ་དང་སྙན་བརྒྱུད་དང་འགྲོས་བཞི་ཚན་རེ་རེ་དང་། དབང་བཞིའི་ལྟ་གྲུབ་དང་། ཚོགས་ལམ་བཞི། མཉེན་གཙུག་བཞི། དབང་བཞི་སོ་སོར་མཐར་ཕྱིན་པས་ས་དྲུག་པ་དང་། བཞི་དང་། གཉིས་དང་། ས་ཕྱེད་ཐོབ་པར་གསུངས་པ་དང་། ཁམས་འདུས་པ་གསུམ་སོགས་ཀྱང་། རེ་རེ་ནས་རྒྱུད་ལུང་ཞལ་གསལ་ཅན་དང་སྦྱོར་རྒྱུད་མི་སྣང་བས། མཁས་པ་ལ་མི་འོས་པའི་ཆོས་དེ་འདྲ་ཅིག་གི་བྱ་སྟེ་དོར་བར་རིགས་སོ། །ཅི་སྟེ་དེ་ནི་རྣལ་འབྱོར་དབང་ཕྱུག་གི་དོན་བསྟན་པའི་གསུང་ཡིན་པས་ལུང་སྦྱོར་མི་དགོས་སོ་ཞེ་ན། བདག་གི་ངོར་མཉམ་ཉིད་དེ་དྭགས་པའི་བཀའ་བརྒྱུད་ཀྱི་ཆོས་དང་བརྡ་དང་ཐ་སྙད་འདི་དག་དོན་ལ་སྟོན་ཅིང་ཁུངས་བཙུན་པ། རྣལ་འབྱོར་དབང་ཕྱུག་བི་རུ་པའི་ལམ་དང་མི་མཚུངས་པ་མེད་པས་ད་ཕྱིན་ཆད་ཀླན་ཀ་མི་བྱའོ། །གྲུབ་ཐོབ་ཆེན་པོ་ཨོ་རྒྱན་པ་རིན་ཆེན་དཔལ་གྱི་གསུང་ལས། རྣལ་འབྱོར་བཞི་པོ་འདི་དྭགས་པོ་རིན་པོ་ཆེའི་མངོན་པར་རྟོགས་པའི་ཆོས་ཡིན། ལུང་མདོ་རྒྱུད་ན་བསམ་གྱིས་མི་ཁྱབ་པ་བཞུགས་ཞེས་འབྱུང་བ་བཞིན། འཕགས་པ་ལང་ཀར་གཤེགས་པ་སོགས་ཐེག་ཆེན་

གྱི་མདོ་སྡེ་མང་པོ་ལས་རྣལ་འབྱོར་བཞི་དང་མངོན་རྟོགས་མཐུན་པའི་རྣམ་གཞག་གསུངས་ཀྱང་མདོ་ཚིག་མང་ཕྱིར་མ་བྲིས་ལ། གསང་སྔགས་སྔ་འགྱུར་བསམ་མི་ཁྱབ་པའི་རྒྱུད་ལས། སེང་གེ་རྣམ་པར་འགྱིང་བའི་ཏིང་འཛིན་གྱིས། །རྩེ་གཅིག་མི་གཡོ་དྭངས་མའི་ཤེས་པ་གསལ། །ཞེས་སོགས་ཀྱང་ཁྱེད་ཅག་གི་ངོར་རྣལ་འབྱོར་བཞིའི་ཁོངས་སུ་འགྲོ་སྟེ། མ་མོའི་རྒྱུད་ལུང་དཀྲུགས་པ་ལས། སོགས་དང་གྲུབ་མཐའ་མཐུན་ཕྱིར། ཐུབ་དགོངས་སུ་གསུངས་པ་ལྟར་ཤཱཀྱ་བས་ཀྱང་ངོ་། །འཕགས་པ་ཏིང་འཛིན་རྒྱལ་པོ་ལས། སེམས་དང་སེམས་ལས་བྱུང་བའི་ཆོས་རྣམས་སྐྱེ་བ་དང་། འཇིགས་པ་མེད་པ་ལ་མཁས་པ་དང་སེམས་རྩེ་གཅིག་པའོ། །ཞེས་གཞི་གནས་ལ་རྩེ་གཅིག་ཏུ་མིང་བཏགས་པ་དང་། ཡང་ཐུབ་པའི་དབང་པོས། ཟབ་ཞི་སྤྲོས་བྲལ་འོད་གསལ་འདུས་མ་བྱས། །ཞེས་སོགས་འཕགས་པའི་མཉམ་གཞག་ལ་སྤྲོས་བྲལ་དང་། རྡོ་རྗེ་འཆང་གི། དེའི་འཁོར་ལོ་བསྒོར་རོ་ཞེས་བརྗོད། སྒོམ་པ་རོ་གཅིག་མཉམ་པ་ཉིད། ཅེས་སློབ་པའི་ཟུང་འཇུག་ལ་རོ་གཅིག་དང་། སྒོམ་མེད་སྒོམ་པ་པོ་ཡང་མེད། །ཅེས་མི་སློབ་པའི་ཟུང་འཇུག་ལ་སྒོམ་མེད་དུ་བཞག་པ་ནི་ཚིག་དོན་གཉིས་ཀ་ལ་སྟོན་པའོ། །ཞེས་བྲི་བར་མཛད་དོ། །དེ་ལ་བརྟགས་ན། ཤཱཀྱ་པའི་གཞུང་དེ་གཉིས་ན། དངོས་པོའི་མཐའ་ལ་དམིགས་པ་ཞེས་སོགས་བཤད་ཅེས་པ་ནི་ཧམ་ལབ་སྟེ། སེམས་ཙམ་བརྒྱན་ཞེས་པ་དབུ་མ་རྒྱན་གྱི་འགྲེལ་པ་ཤཱཀྱ་པའི་མཛད་པ་དེ་ཡིན་ལ། དེ་ལས་དེ་འདྲའི་ཚིག་ཅི་ཡང་མི་འབྱུང་བའི་ཕྱིར་རོ། །ཤཱཀྱ་པའི་མཛད་པའི་ཤེར་ཕྱིན་སྒོམ་པའི་མན་ངག་ཅེས་པ་ལ་རྒྱ་གར་གྱི་མཁན་པོ་རབ་འབྱོར་ཞི་བ་དང་། ལོ་ཙྪ་བ་ཏིང་འཛིན་བཟང་པོ་གཉིས་ཀྱིས་བསྒྱུར་བའི་བསྡུས་པ་ཞིག་དང་། པཎྜི་ཏ་ཞི་བ་བཟང་པོ་དང་། ལོ་ཙྪ་བ་མགོས་ཁུག་པ་ལྷ་བཙས་ཀྱིས་བསྒྱུར་བའི་རྒྱས་པ་ཞིག་གཉིས་འབྱུང་བ་ལས། བསྡུས་པ་དེར་ཚིག་དེ་འདྲ་ཞིག་འབྱུང་ཡང་། རྒྱས་པ་དེར་ཚིག་དེ་འདྲ་ཇི་ལྟ་བ་བཞིན་མི་འབྱུང་མོད། འོན་ཀྱང་དེ་གསུམ་དགུང་མཐུན་པར་རྣལ་འབྱོར་བཞིའི་དོན་དམིགས་པ་དོན་ལ་སེམས་རྩེ་གཅིག་ཏུ་གནས་པའི་ཞི་གནས་དང་། གཟུང་འཛིན་གྱི་སྤྲོས་པ་དང་བྲལ་བའི་ལྷག་མཐོང་དང་། ཞི་ལྷག་དབྱེར་མེད་རོ་གཅིག་གམ་ཟུང་དུ་འཇུག་པ་དང་། ཆོས་ཉིད་མངོན་སུམ་དུ་རྟོགས་པས་སོ་སྐྱེའི་སྐབས་ལྟར་གྱི་སྒོམ་པའི་འབད་རྩོལ་ཆེན་པོ་ལ་ལྟོས་པ་མེད་པའི་རྣལ་འབྱོར་བཞི་པ་ལ་བཤད་པས། རྩེ་གཅིག་སོགས་ཀྱི་མིང་དངོས་སུ་མ་སྨོས་ཀྱང་དོན་གྱི་ཐོབ་པ་ལ་དགོངས་ནས་དེ་སྐད་གསུངས་པ་ཡིན་ནོ། །དངོས་པོའི་མཐའ་ལ་དམིགས་པ་སོགས་ས་བཞི་ཡང་རྩེ་གཅིག་སོགས་བཞིའི་དོན་ཡིན་མོད། ལུང་དེ་ནས་བཤད་པ་སྒྲ་ཇི་བཞིན་དུ་ཁས་ལེན་པའི་ངེས་པ་ནི་མི་འཐད་དེ། པཎྜི་ཏ་རིན་ཆེན་འབྱུང་གནས་ཞི་བ་དེ་རྒྱ་གར་ནཤིན་ཏུ་མཁས་པར་གྲགས་ཀྱང་། ཀླུ་སྒྲུབ་ཡབ་སྲས་ཀྱི་དབུ་མའི་གཞུང་རྣམས་དང་། ཀྱཻ་རྡོ་རྗེའི་རྒྱུད་གསུམ་སོགས་རྣམ་རིག

ཏུ་བཀྲལ་བས་རང་བཟོ་ཆེ་བར་མཁས་པ་རྣམས་ལ་གྲགས་པའི་ཕྱིར་རོ། །དེ་བས་ན་བཀའ་བརྒྱུད་ཀྱི་ལུགས་ཀྱི་རྣལ་འབྱོར་བཞིན་ས་ལམ་གྱི་རིམ་པར་སྦྱོར་བ་འདི་ཡང་། མར་པའི་སློབ་མ་རྣམས་ལ་མེད་ཅིང་། དྭགས་པོས་ཀྱང་ནི་རུབ་ལ་རྩད་ཆོད་ནས་སྦྱར་བར་གྲགས་ལ། དེ་ཡང་སོ་སྐྱེའི་ས་ལ་ཆོས་མཐུན་ཙམ་ཞིག་བསྒྲིགས་ནས་སྦྱོར་ན་མདོ་རྒྱུད་ནས་བཤད་ཚོད་ཡོད་ཆེ་འགལ་བ་མེད་དེ། དཔེར་ན་དཀོན་མཆོག་རྩེགས་པའི་སྐྱི་ལམ་ངེས་བསྟན་གྱི་ལེའུ་ལས། ཐུབ་པའི་མཆོད་རྟེན་འཛིམ་པ་ལ་བྱས་པའི་སྐྱི་ལམ་མཐོང་ན་ས་དང་པོ་ཐོབ་པའི་རྟགས་ཡིན་པ་སོགས་ཚོགས་ལམ་ས་གཉིས། སྦྱོར་ལམ་དང་པོ་གསུམ་ལ་གསུམ་གསུམ་དུ་ཕྱེ་བའི་ས་བཅུ་ལ་སྦྱོར་བར་མཛད་ཅིང་། གསེར་འོད་དམ་པ་ལས་ཀྱང་དེ་བཞིན་དུ་སྦྱར་བའི་ཕྱིར། དེ་འཕགས་པའི་ས་ལམ་དང་སྦྱོར་ན་མདོ་རྒྱུད་ཀུན་དང་འགལ་བར་འགྱུར་ཏེ། མདོ་རྒྱུད་གང་ལས་ཀྱང་དེ་འདྲ་བཤད་པ་མེད་པའི་ཕྱིར། འོན་ཀྱང་རྣལ་འབྱོར་བཞི་མོས་སྤྱོད་ཀྱིས་ས་བཅུ་དང་སྦྱར་ནས་བཤད་པ་མེད་པས་རང་བཟོ་ཡིན་ཞེས་པ་སྟེ། རབ་དབྱེར། རྩེ་གཅིག་དང་ནི་སྤྲོས་བྲལ་དང་། །ནས། མདོ་རྒྱུད་ཀུན་དང་འགལ་བར་འགྱུར། །ཞེས་པའི་བར་གསུངས་པ་ཡིན་པས་ཟིང་ཟིང་པོའི་གནས་མེད་དོ། །

ཟིང་ཟིང་པོ་ནི། སྤྲོས་བྲལ་མཐོང་ལམ་ཁོ་ན་ལ་དག་པ་དང་མ་དག་ས་བདུན་ཆར་ལ་ཞུགས་པའི་སྨྲ་གཉིས། རོ་གཅིག་སྒོམ་ལམ་ས་དགུ་ཆར་ལ་ཞུགས་པ་དང་། དག་པ་ཁོ་ན་ལ་སྦྱར་བའི་སྨྲ་གཉིས། བྱང་ཆུབ་སེམས་འགྲེལ་ལས་རྣལ་འབྱོར་བཞི་ལམ་བཞི་ལ་བཞག་པར་བཤད་པ་དང་། མངོན་བྱང་རྩེ་ལས། ཚོགས་ལམ་ནས་ཀྱང་ཡོད་པར་བཤད་པ་ལྟ་བུ་ལ་ཟེར་ཏེ། དེ་ལྟར་བྱས་ན་ཤེས་བྱ་ཁྲ་ལེབ་ཏུ་འགྱུར་བའི་ཕྱིར། དེ་ཡང་ཇི་ལྟར་ཞེ་ན། སྤྲོས་བྲལ་མཐོང་ལམ་ཁོ་ན་ལ་བཤད་པ་བདེན་ན། མ་དག་ས་བདུན་ལ་སྦྱོར་བ་མདོར་དགོས། ས་བདུན་ལ་སྦྱོར་བ་བདེན་ན་རྟོམ་འདོར་དགོས། རོ་གཅིག་ས་དགུ་ཆར་ལ་སྦྱོར་བ་བདེན་ན། དག་པ་ཁོ་ན་སྦྱོར་བ་མདོར་དགོས་པ་སོགས་འབྱུང་ལགས། སེམས་ཞེས་སྦྱོར་ལམ་བཞི་ལ་སྦྱར་བ་བདེན་ན་རྣམ་སྣང་མངོན་བྱང་རྩ་འགྲེལ་མདོར་དགོས། རྣམ་སྣང་མངོན་བྱང་རྩ་འགྲེལ་ལས་བཤད་པ་བདེན་ན་སེམས་འགྲེལ་འདོར་དགོས་པར་འགྱུར་རོ། །ཐེག་ཆེན་སྦྱོར་ལམ་པ་ལ་རྣལ་འབྱོར་བཞིར་དབྱེ་བ་ཡིན་ན་ལམ་དང་གང་ཟག་གི་གཞི་མཐུན་ཡོད་པར་ཐལ། ཐེག་ཆེན་སྦྱོར་ལམ་པ་གང་ཟག་ཁོ་ནར་ངེས་ཤིང་། རྣལ་འབྱོར་བཞི་ལམ་ཡིན་པར་ཁྱེད་རང་གི་ཁས་བླངས་པའི་ཕྱིར་རོ། །འོན་ཀྱང་དེ་དག་ལས་རྩེ་གཅིག་སོགས་རྣལ་འབྱོར་བཞི་པ་ས་ལམ་དང་སྦྱར་བ་བཤད་པ་མེད་པས་རྟེན་མ་ཁོ་ནའོ། །ས་བཅུ་པ་ཡན་ལ་གནས་པའི་བྱང་སེམས་དོན་ཐམས་ཅད་གྲུབ་པ་ལྟ་བུ་སྲིད་པ་ཐ་མ་ཡང་རྒྱལ་པོའི་ཕོ་བྲང་ནས་མངོན་པར་འབྱུང་བའི་ནུབ་མོ་སྐྱི་ལམ་གྱི་མཚན་མ་བཟང་པོ་བྱུང་བ

ཡིན་གསུངས་པ་ནི་ཤིན་ཏུ་མི་རིགས་ཏེ། ཐེག་པ་ཆེ་ཆུང་གང་གི་ལུགས་དང་ཡང་མི་མཐུན་པའི་ཕྱིར། ཇི་ལྟར་ཞེ་ན་ཉན་ཐོས་པའི་ལུགས་ལ་རྒྱལ་པོ་དོན་གྲུབ་འཆིང་བ་ཀུན་ལྡན་གྱི་སོ་སྐྱེ་ཡིན་ཞིང་། དེས་སྦྱོར་ལམ་དྲོད་ནས་མི་སློབ་ལམ་གྱི་བར་རྫོགས་པ་ཐམས་ཅད་སྟན་ཐོག་གཅིག་ལ་མངོན་དུ་བྱས་གསར་དུ་སངས་རྒྱས་པར་འདོད་དེ། དབྱིག་གཉེན་གྱིས། སྟོན་དང་བསེ་རུ་བྱང་ཆུབ་པར། །བསམ་གཏན་མཐར་ཕྱིན་གཅིག་ལ་གནས། །དེའི་སྔོན་དུ་ཐར་པ་ཆ་མཐུན། ཞེས་གསུངས་པའི་ཕྱིར། ཐེག་ཆེན་པའི་ལུགས་ལ་ནི། བསྐལ་པ་དཔག་ཏུ་མེད་པའི་སྔོན་རོལ་ཞིག་ནས་འོག་མིན་སྟུག་པོ་བཀོད་པའི་འོག་མིན་ཆེན་པོའི་ཞིང་དུ་སངས་རྒྱས་དབང་པོའི་ཏོག་ཅེས་བྱ་བར་སངས་རྒྱས་ཟིན་ནས་སླར་འཛམ་གླིང་དུ་འཚང་རྒྱ་བའི་ཚུལ་ལམ་བསྟན་པར་འདོད་དེ། མདོ་ལས། བསྐལ་པ་བྱེ་སྟོང་བསམ་གྱིས་མི་ཁྱབ་པ། །དེའི་ཚད་ནི་ནམ་ཡང་མེད་པ་ནས། །བྱང་ཆུབ་མཆོག་རབ་དེ་ནི་ངས་ཐོབ་སྟེ། །ང་ནི་རྟག་ཏུ་ཆོས་ཀྱང་རབ་འཆད་དོ། །ཞེས་དང་། ཡབ་སྲས་མཇལ་བར། སྟོང་གསུམ་དྲུག་ཅུ་རྩ་གཅིག་གིས། །སངས་རྒྱས་ཞིང་རྣམས་དག་གྱུར་པའི། །ཇི་ལྟར་ཐུབ་པ་ཐབས་མཁས་པའི། །འདྲེན་པ་ཁྱོད་ནི་ཀུན་གྱི་འཚལ། །ད་དུང་དུ་ཡང་འདྲེན་པ་ཁྱོད། །སངས་རྒྱས་མང་པོར་སྟོན་པར་མཛད། །ཞེས་དང་། ལང་ཀར་གཤེགས་པ་ལས། གཙང་མའི་གནས་ནི་སྤངས་པ་ཡི། །འོག་མིན་གནས་མཆོག་ཉམས་དགའ་བ། །ཡང་དག་སངས་རྒྱས་དེར་སངས་རྒྱས། །སྤྲུལ་པ་པོ་ཞིག་འདིར་འཚང་རྒྱ། །ཞེས་དང་། རྒྱུད་བླ་ར། ཆོས་ཀྱི་སྐུ་ལས་མ་གཡོས་པར། །སྤྲུལ་པའི་རང་བཞིན་སྣ་ཚོགས་ཀྱི། །ཞེས་སོགས་དང་། དབྱིག་གཉེན་གྱི་རྣམ་བཤད་རིགས་པར། བྲམ་ཟེའི་ཁྱེའུ་བླ་མ་ནས་བརྩམས་ཏེ་ཡོངས་སུ་མྱ་ངན་ལས་འདས་པ་ཆེན་པོའི་བར་དུ་སྤྲུལ་པ་ཙམ་ཞིག་ཡིན་པར་བསྟན་ཏོ། །ཞེས་དང་སློབ་དཔོན་ངག་གི་དབང་ཕྱུག་གྲགས་པས། དཔལ་ལྡན་སྟུག་པོ་བཀོད་པ་ཉིད་དུ་བྱང་ཆུབ་ཐུགས་སུ་ཆུད་ཅིང་། །དགའ་ལྡན་སྐྱེ་བོའི་དོན་མཛད་ཕྱིར་ནི་དམ་པ་ཏོག་དཀར་གྱུར། །དེ་ནས་འདིར་ནི་འགྲོ་བའི་དོན་དུ་ཤཱཀྱའི་རིགས་གྱུར་གང་། །འཆི་བདག་ལས་རྒྱལ་སྒྱུ་མ་ཀུན་སྟོན་དེ་ནི་རྒྱལ་གྱུར་ཅིག །ཞེས་གསུངས་པའི་ཕྱིར། ཚུལ་འདི་ལ་ནི་ཡོ་ག་བ་ཤཱཀྱ་བཤེས་གཉེན་མ་གཏོགས་འཕགས་ཡུལ་གྱི་པཎ་གྲུབ་ཐམས་ཅད་དགོངས་པ་མཐུན་པ་ལགས། དབྱིག་གཉེན་གྱིས། དེ་ལ་འགྱོད་གཉིད་མི་དགེ་རྣམས། །བསམ་གཏན་དང་པོ་དག་ན་མེད། །ཞེས་བསམ་གཏན་གྱི་དང་ཀྱི་ཐོབ་ནས་གཉིད་མེད་པར་བཤད་ན། ས་ཐོབ་ནས་གཉིད་ག་ལ་འོང་། དེ་འདྲའི་རིགས་གསུངས་ན་སྐུ་དོན་གྱི་གྲགས་པ་ཆེན་པོ་འདུག་པར་གནོད་འོང་ལགས།ཐེག་ཆེན་སྦྱོར་ལམ་དྲོད་ཐོབ་པའི་རྟགས་ལ་རྨི་ལམ་གྱི་གནས་སྐབས་ཀྱི་རྟགས་དྲུག་དང་། སད་པའི་གནས་སྐབས་ཀྱི་རྟགས་དྲུག་སྟེ་བཅུ་གཉིས་ལས། རྨི་ལམ་གྱི་གནས་སྐབས་སུ་ཡང་། ཆོས་ཐམས་ཅད་རྨི་ལམ་ལྟར་བདེན་མེད་དུ་རྟོགས་པ་དང་།

རང་དེ་བཞིན་གཤེགས་པར་གྱུར་ནས་རིགས་ཅན་གསུམ་ལ་ཆོས་སྟོན་པ་སོགས་ཀྱི་རྨི་ལམ་འབྱུང་བར་བཤད་ཀྱང་། རྨི་ལམ་དུ་མ་ཟད་སད་པའི་གནས་སྐབས་སུ་ཡང་འབྲུལ་པ་འགའ་རེ་འབྱུང་ལགས། གཞུང་འདི་དྲོད་ཀྱི་གནས་སྐབས་སྟོན་བྱེད་ཡིན་གྱིས། རྩེ་མོའི་གནས་སྐབས་སྟོན་བྱེད་དུ་མིན་ལགས། རྩེ་མོར་ཕྱིན་པའི་སྦྱོར་བའི་ཞེས་པ་ལ་འབྲུལ་བར་སྣང་ཡང་། དེ་ཕར་ཕྱིན་ཐེག་པའི་སྐབས་འདིར་སྦྱོར་བ་བཞི་ཞེས་པ་ཞིག་འོང་བས་དེའི་ནང་ཚན་གྱི་རྩེར་ཞེས་པ་དེ་ལ་དགོངས་པ་ལགས། ལམ་འབྲས་ལས་བཤད་པའི་འཁོར་ལོ་འཚམས་པ་ཞེས་པ་དེ་སོ་སྐྱེའི་གནས་སྐབས་ལགས་ཤིང་། འཁོར་ལོ་བསྐོར་བ་ཞེས་པ་དེ་འཕགས་པའི་གནས་སྐབས་ལགས་མོད། དེ་ཚོ་རེ་རེ་ནས་ལུང་དང་སྦྱར་རྒྱུ་ནི་ཤིན་ཏུ་ཡོད་ཀྱང་འདིར་ཡི་གེས་འཇིགས་ནས་བཞག་གོ། །གཟིགས་པར་བཞེད་ན་ལུང་སྦྱོར་གྱི་དཔེ་སྣ་བཞི་ཙམ་གླེགས་བམ་ན་ཞུགས་པས་དེར་གཟིགས་པར་ཞུ། ཨོ་རྒྱན་པ་རིན་ཆེན་དཔལ་གང་བཟང་པོ་ཡིན་ཡང་ཆོས་རྒྱུས་ཆེ་བ་རང་ཡོད་ཤས་ཆུང་བས། དེས་དེ་སྐད་གསུངས་ཀྱང་ཚད་མར་འགྲོ་བ་དཀའ་ལགས། རྩེ་གཅིག་དང་སྤྲོས་བྲལ་རོ་གཅིག་སྒོམ་མེད་ཅེས་པའི་མིང་ཡོད་ཚད་དེ་དང་དེ་ག་ལ་ཡིན། ཧྲང་ངེ་འཛིན་རྒྱལ་པོའི་ལུང་དེ་ནི་ཞི་གནས་དང་། ཟབ་ཞི་སྤྲོས་བྲལ་ཞེས་པ་ཆོས་དབྱིངས་དང་། སྒོམ་པ་རོ་གཅིག་ཅེས་པ་སློབ་པའི་ཟུང་འཇུག་དང་། སྒོམ་མེད་སྒོམ་པ་པོ་ཡང་མེད། །ཅེས་པ་ནི་ཆོས་དབྱིངས་སྟོང་གཞིར་བྱས་ནས་ལྷར་སྒོམ་དུ་མེད་ཞེས་པའི་དོན་ཡིན་པས་ཕྱོགས་སུ་ཡང་མ་ཕྱིན་པའི་གསུང་དུ་གདའོ། །དེ་ཡན་ཆད་ནི་གཞན་མཛོད་ལས་བྱུང་བའི་དགག་སྒྲུབ་ལ་བརྟེན་པའི་རྩོད་ལན་སྤྱི་ཕྱིའི་ཞེ་འདོད་ལ་བརྟགས་པའི་དཔྱད་པ་མདོར་བསྡུས་པ་ཙམ་ཡིན་ལ། ཞིབ་རྒྱས་དཔྱད་ན་བླ་མ་སྤྱར་ཕུའི་ཚ་ཚ་དང་འདྲ་བ་ཞིག་འབྱུང་བར་འདུག་ལགས་སོ། །

༈ དནི་ཉིད་ཀྱི་རྩལ་དུ་སྟོན་པའི་བཞེད་པ་ལ་དཔྱད་པར་བྱའོ། །དེ་ཡང་ཉིད་ཀྱིས་གསུང་ལས། དནི་གཞུང་སོ་སོའི་སོགས་ཁོངས་སུ་དྲངས་པ་དང་། གོ་ཉམས་རྟོགས་གསུམ་ལས་འཕྲོས་པའི་གཏམ་གཞན་ཡང་སྐབ་རྒྱུད་ལ་ཀླུན་ཀ་སྤྱང་ཕྱིར་སྨྲ་བར་བྱའོ། །དེ་ཡང་རབ་དབྱེར། དེང་སང་འགའ་ཞིག་བླ་མ་ཡིས། །མོས་གུས་ཙམ་གྱིས་སེམས་བསྐྱུར་ནས། །སོགས་དྲངས་པའི་མཐར་འདི་ལ་ངེད་ནི་རང་བཞིན་ཡོངས་སུ་ཤེས་པའི་རང་རྩལ་མོས་གུས་སུ་ལོངས་པ་ལ་མོས་གུས་ཕྱག་ཆེན་ཟེར་གྱིས། མོས་གུས་ཀྱི་སེམས་བསྐྱུར་བའི་རྣམ་རྟོག་ཙུང་ཟད་འགག་པ་ཙམ་ལ་ཕྱག་ཆེན་མི་ཟེར་ཡང་། ལམ་འབྲས་ལས་ཁམས་འདུས་པ་གསུམ་བྱུང་བ་དེ་དོན་གྱི་དགག་པར་བཞེད་པ་སྟེ། དེ་ལྟ་བུ་བདུད་རྩི་བསྐྱམ་པའམ་ཡང་ན་ཁམས་འདུས་པ་ལ་འབྱུང་། ཞེས་གཉིས་ཀ་ངན་པའི་གྲངས་སུ་བགྲངས་ཤིང་ཀ་རུ་འཛིན་གྱི་དཔེར་བརྗོད་ཀྱང་མཛད་ཕྱིར་རོ། །ཡང་བཀའ་བརྒྱུད་ལུགས་ལ།

ཕྱག་རྒྱ་ཆེན་པོའི་དབང་བསྐུར་བ། །སོགས་ཀྱི་ལུང་དང་མཐུན་པའི་རྟོགས་པའི་དོན་དབང་སེམས་ལ་བསྐུར་བ་འོ་ན། དེ་འདྲའི་དབང་དེ་སྔགས་ལམ་ཐུན་མོང་མ་ཡིན་པ་ཡིན་པར་ཐལ། དབང་མཚན་ཉིད་པ་ཡིན་པའི་ཕྱིར། འདོད་ན་མ་ཡིན་པར་ཐལ་མདོ་ལས་ཀྱང་བཤད་པའི་ཕྱིར་ཏེ། ཕྱག་ཆེན་ཤེར་ཕྱིན་དུ་ཁས་བླངས་པའི་ཕྱིར། དབང་མཚན་ཉིད་པ་མ་ཡིན་ན། འགྲེལ་ཆེན་ལས། འཕགས་པའི་ཡུལ་དུ་མཁས་པ་མངོན་པའི་ང་རྒྱལ་ཅན་གྱི། ཕུ་སྟི་རྣམས་བལྟས་ནས་དབང་དང་བྲལ་བ་རྣམས་ལ་རྡོ་རྗེ་ཐེག་པ་སྟོན་པར་འགྱུར་རོ། །ཞེས་པའི་ལུང་བསྟན་དེས་ཟིན་པར་སོང་འདུག་སྟེ་ཕྱག་ཆེན་སྔགས་ལམ་བསྲེ་འཕོ་སྐོར་གསུམ་གྱི་ནང་ཚན་ཡིན་པར་འདོད་ཅིང་། དེ་དབང་དང་བྲལ་བ་ལ་སྟོན་གྱིན་འདུག་པའི་ཕྱིར། ཡོད་ཕྱིན་བརྟས་དོགས་ལྷང་མི་དགོས་ཀྱང་། ཕྱག་རྒྱ་བ་ལ་དབང་བསྐུར་གྱི་སྲོལ་མེད་དོ་ཞེས་འཆལ་གཏམ་སྨྲ་བ་ལ་མཁས་པས་ཀྱང་གསན་པའི་ཚུལ་བསྟན་ནས། དཔེར་ན་རབ་བྱུང་མ་བྱས་ན། །མཁན་པོའི་ཐ་སྙད་མེད་པ་བཞིན། །དེ་བཞིན་དབང་བསྐུར་མ་བྱས་མ་ཐོབ་ན། །བླ་མའི་ཐ་སྙད་མི་འབྱུང་ངོ་། །ཞེས་དང་། དབང་མ་བསྐུར་ལ་བླ་མ་མེད། །ཞེས་སོགས་ན་བརྟགས་ན། དབང་མ་བསྐུར་བའི་བླ་མ་དབང་བསྐུར་གྱི་བླ་མར་མི་འགྱུར་གསུང་རྒྱུ་ཡིན་ན་ནི། དེ་འདྲ་ལ་མཁས་པ་སུ་ཞིག་དོགས། སྤྱིར་གསང་སྔགས་ཀྱི་བླ་མར་མི་འགྱུར་གསུང་རྒྱུ་ཡིན་ཆེ། བླ་མ་གཅིག་ལ་དབང་ཐོབ་ཚེ་གཞན་གཅིག་ལ་རྒྱུད་མན་ངག་ལྟ་བུ་ཐོབ་པའི་བླ་མ་དེ་ཡང་གསང་སྔགས་ཀྱི་བླ་མ་མིན་པར་སྨྲ་བ་ཨེ་སྤྱོབས། རྒྱུད་ཀྱི་རྒྱ་ཆེར་འགྲེལ་མང་པོར། དབང་རྒྱུད་མན་ངག་ཐོབ་པའི་བླ་མ་ལ་སུམ་ལྡན་གྱི་བླ་མ་གང་རུང་གཉིས་ཐོབ་པར་གཉིས། གང་རུང་གཅིག་ཐོབ་པར་གཅིག་ལྡན་གྱི་བླ་མར་བཞག་པ་ལ་ཇི་ལྟར་གསུང་། དབང་བསྐུར་སྡོམ་པས་མ་སྨིན་ན། བཟང་ཕ་རོལ་ཕྱིན་པ་ཡིན། ཞེས་པ་ལྟར་ན་གསང་སྔགས་ཀྱི་རྒྱུད་དང་མན་ངག་ཙམ་སྟོན་པའི་བླ་མ་དེ་ཡང་ཕ་རོལ་ཕྱིན་པའི་བླ་མར་འགྱུར་གསུང་བསྐྱ་རྩེད་ལོས་ཡིན། བླ་མ་ལ་ནི་མོས་ན་ཡང་། །དེ་འདྲའི་བླ་མ་བླ་མ་མིན། །ཞེས་སོགས་ལྟར་རྒྱུད་ཙམ་དང་། མན་ངག་ཙམ་སྟོན་པའི་བླ་མ་མིན་ཕྱིར་མོས་གུས་བྱས་ཀྱང་ཚེ་འདིས་བདེ་སྐྱིད་ལས་མཆོག་མི་ཐོབ་ཅེས་པར་སོང་བས། དབང་མན་ངག་གི་རྒྱུད་པ་སོ་སོར་འདེད་པའི་བླ་མ་ཆོས་བླ་མའི་གོ་མི་ཆོད་པ་འདི་སྐྱ་རྩེད་ཁ་ཐལ། གཞུང་ཚིག་དེ་ཐམས་ཅད་བསྡོམས་ནས། །རྡོ་རྗེ་ཐེག་པའི་སྐོར་ཞུགས་ནས། །དབང་བསྐུར་ལས་གཞན་ཆོས་མེད་དོ། །ཞེས་པ་དེ་སྲུན་ཕྱུང་སོང་བས། །དེ་འདྲའི་རྩེད་ཁ་སུས་ཐོབ། །དྭགས་པོ་བས་རང་བཞིན་ཡོང་ཤེས་ལ་བློ་རྩེ་གཏད་ནས་སེམས་ངོ་མཐོང་བས་ཆོག་ཅེས་དང་། རང་ངོ་ཤེས་པས་གྲོལ་ཞེས་གླེང་བ་ལ། དེ་འདྲ་བདུད་ཀྱི་གསང་ཚིག་ཡིན། །ཞེས་དང་། ཁ་བོས་ལུགས་ཀྱི་སེམས་ལ་ངོ་བོ་མེད་པས་སྤྲུས་རྒྱུ་མི་བདོག །ཅེས་གསུང་ནས་ཡང་དཀོན་མཆོག་མགོན་པོའི་ཞུས་ལན་དུ། སེམས་སེམས་ཀྱི་སྟོང་ཉིད་ཅིར་ཡང་མ་གྲུབ་པ་ལ། ཅིར་ཡང་མ་རེད་པས། ཧ་འདོགས་པའི་སྐྱ་མི་ལ་བསྟོད་དབང་མེད་པ་བཞིན།

དབུགས་རྒྱུ་བའི་རྣམ་ཤེས་ལ་བསྟོད་དབང་མེད་པས། ལས་དང་བག་ཆགས་སྣ་ཚོགས་བསགས་ནས་ཁམས་གསུམ་གྱི་འཁོར་བ་སྡུག་བསྔལ་གྱི་འཁོར་ལོ་བསྐོར་བ་དང་། དབུགས་འགགས་ན་རྣམ་ཤེས་འགགས་ནས་སྡུག་བསྔལ་གྱི་འཁོར་ལོ་འགག་པར་ངོ་འཕྲོད་ན་སེམས་ངོ་འཕྲོད་ལུགས་ལེགས་པ་ལགས། ཞེས་སེམས་ངོ་འཕྲོད་རྒྱུ་ཡོད་པ་དང་། སེམས་རྟེན་བརྟེན་པ་དག་མ་དག་རང་ངོ་ཤེས་པའི་དོན་དུ་བཞེད་པར་སྣང་ཞིང་། རྗེ་བཙུན་གྲགས་པས་ཀྱང་། རྫ་མོང་བུ་དང་འཕྲད་པ་བཞིན། །སེམས་དེ་རང་ངོ་རང་གིས་ཤེས། །ཞེས་གསུངས་པ་རྣམས་འགལ་བ་ལྟར་སྣང་ཡང་ཞལ་བཀྲར་མཛད་པའོ། །སྐྱེ་མོ་མཛེས་སྒོམ་གྱི་ཞུས་ལན་དུ། སེམས་སྟོང་པར་རྟོགས་པ་དང་ཟུང་འཇུག་ཏུ་རྟོགས་པ་གཉིས་ཀྱི་ཕྱི་མ་ལ་སྨེ་སྨོད་དང་། རྒྱུད་སྨེ་དང་། དཀོན་མཆོག་གསུམ་ཚང་པར་སོང་འདུག་པས་སེམས་ལ་ངོ་བོ་མ་གྲུབ་ན་ཚང་ཚུལ་ཇི་ལྟར་ལགས། ཡང་སངས་རྒྱས་འཕྲིན་ལས་ལས། ཁ་ཅིག་དཀར་པོ་ཆིག་ཐུབ་ལ། །ཕྱག་རྒྱ་ཆེན་པོར་ངོ་སྤྲོད་བྱེད། །ཤོར་ས་བཞི་དང་གོལ་ས་གསུམ། །སྤངས་ནས་གཉུག་མ་བསྒོམ་པར་བྱ། །བྲམ་ཟེ་སྐྱུད་པ་འཁལ་བ་ལྟར། །སོ་མ་མ་བཅོས་ལྷུག་པར་བཞག །འདི་ལ་ཕྱག་རྒྱ་ཆེན་པོ་ཟེར། །དོན་འདི་བརྟགས་ན་འདི་ལྟར་མཐོང་། །སོ་མར་བཞག་ན་བལ་ཉིད་ཡིན། །སྐྱུད་པར་བྱས་ན་བཅོས་པར་འགྱུར། །དེ་ཕྱིར་འདི་ལ་དཔེ་སྐྱོན་ཡོད། །ཞེས་ཕྱོགས་བཅུའི་སངས་རྒྱས་ལ་ཞུ་ཡིག་འབུལ་བ་གནང་འདུག་པ་ལ་བསྲེག་སྦྱངས་འདི་ལྟར་འབུལ་ཏེ། ཐབས་ཤེས་ཟུང་འཇུག་ཏུ་རྟོགས་པའི་ལྟ་བ་དཀར་པོ་ཆིག་ཐུབ་ཏུ་བྱས་པ་དེ་ལ་ཕྱག་རྒྱ་ཆེན་པོར་ངོ་སྤྲོད་བྱེད་པ་ཅིས་ཀྱང་འཐད་མོད། ཕྱག་རྒྱ་བའི་འཁྲིད་ཡིག་ཏུ། སེམས་ཀྱི་ཞག་ཐབས་གཅིག་ལ་གྲིམ་སྒྲིམ་ལ་ལྷོད་གློད་པ་བྲམ་ཟེ་སྐྱུད་པ་འཁལ་བ་ལྟ་བུ་ཞེས་སྨོས་པ་དེ་ཇི་ལྟར་སྐྱུད་པའི་ལས་ལ་མཁས་པ་དག་གིས་ཐོག་མར་སྐྱུད་པའི་བེའུ་དེ་གྲིམ་པར་སྒྲིམ་རྗེས། སྲད་བུ་འགྲུག་ཁར་གྲིམ་ཅུང་ཟད་བཤིག་རྒྱ་ན། འཇུར་མདུད་མེད་པའི་སྐྱུད་པ་ཁབ་རྒྱུག་པ་ཤིག་འོང་བ་ལྟར་ཐོལ་སྐྱེས་སྲད་གཅོད་ཟེར་བའི་དྲན་ཤེས་ཀྱི་གནད་ཀྱིས་སེམས་ལ་གྲིམ་ཆ་བཅལ་ནས། སྙེད་པ་ན་གང་ཤར་བཟོ་མེད་དུ་གློད་པ་མཐར་སྒྲིམ་གློད་སྙོམ་ནས་སེམས་ལས་སུ་བཀོལ་ཐུབ་པ་ཞིག་འོང་བ་ལ་དགོངས་ནས་སྐྱུད་པ་དཔེར་བཀོད་པ་ལགས་མོད་སྐྱུད་པའི་གནས་སྐབས་ཐམས་ཅད་སེམས་ཀྱི་བཞག་ཐབས་ལ་ཚང་བ་ག་ལ་འོང་སྟེ། དཔེར་ན་སྒྲ་སྒྱུར་བའི་དཔེར་བུམ་པ་བཀོད་ཀྱང་། དེ་བྱས་པར་ཆོས་མཐུན་པ་ཙམ་མ་གཏོགས། །ལྟོ་ལྡིར་བ་སོགས་བུམ་པའི་ཁྱད་ཆོས་ཐམས་ཅད་སྒྲ་ལ་མེད་པ་བཞིན་ནོ། །

དེ་ཕྱིར། འདྲ་བའི་ཆ་ནས་དངོས་མ་ཡིན། །ཕྱོགས་རེ་འདྲ་བ་ཀུན་ལ་ཡོད། །ཐམས་ཅད་འདྲ་བ་གང་ནའང་མེད། །རིགས་པའི་རྒྱལ་པོས་གསུངས་པ་ཡིན། །ཞེས་པ་ལ་བརྗོད་བསོ་རན་པའི་རྟགས་སོ། །གཞན་

ཡང་མཆོད་རྟེན་དྲུང་ཐོབ་ནས། །འཛུར་བའི་བཅིང་བའི་སེམས་འདི་ནི། །གློད་ན་གྲོལ་བར་ཐེ་ཚོམ་མེད། །ཞེས་བྱ་བ་ཡིན་པས་སེམས་ཁོང་གློད་ལ་སོ་མ་ལྷུག་པ་རང་ཐད་མ་བཅོས་པར་བཞག་ཅེས་པར་སྟོན་གདོང་རྒྱུ་ལགས་སམ། རྒྱ་སྐད་དུ་ཏ་ཞེས་བྱ་བ། བོད་སྐད་ལྷུག་པའི་མ་བཅོས་པ། ཞེས་པའང་དེ་ཀར་འདུག་ལ། འབོལ་ལོ་ཤིག་གེ་ཟེར་བ་དེ་སྐྱོན་ཅན་ཡིན་ན་མ་གདོགས། སོ་སོགས་བཞག་ཐབས་གཞན་ལ་བཀའ་སྐྱོན་བསྒྱུར་སྐྱུང་མཛད་ན་རང་ཕྱོགས་དབབ་དབབ་པའི་རྒྱུ་ཐབས་སུ་སོང་དོགས་ཙམ་དགོས་པ་འདྲ། ཞུ་འཕྲིན་གྱི་འཕྲོར། དོན་གྱི་སྐྱོན་ཡང་འདི་ལྟར་མཐོང་། །གོལ་ས་གསུམ་པོ་བཅད་ཙམ་གྱི་ཕྱག་རྒྱ་ཆེན་པོར་འགྱུར་ན་ནི། ཉེས་འགོག་པའང་དེར་འགྱུར་རོ། །ཞེས་གསུངས་པའང་སྟེར་བཞིན་ཏེ། ཤོར་གོལ་སྤྱངས་ལ་གཉུག་མ་སྒོམ། བྱས་པ་ལ་གོལ་ཤོར་གཅད་ཙམ་གྱི་ཕྱག་ཆེན་དུ་འགྱུར་ན་ཉེས་འགོག་པའང་དེར་འགྱུར་རོ་ཞེས་ཐེབས་སྙོ་སྣང་བ་ནི། སྒྲིབ་པ་དང་བྲལ་བའི་སངས་རྒྱས་འདོད་པ་ལ། སྒྲིབ་པ་དང་བྲལ་ཙམ་སངས་རྒྱས་ཡིན་ན། རི་བོང་རྭ་ཡང་སངས་རྒྱས་སུ་འགྱུར་རོ། །ཞེས་པ་དང་འདྲའོ། །དེའི་འཕྲོར། ཤོར་ས་བཞི་པོ་སྤངས་སྐམ་པའི། །རྣམ་རྟོག་ཕྱག་རྒྱ་ཆེན་པོ་མིན། །རྟོག་པ་མེད་ན་སྤྱོང་མི་ནུས། །རྟོག་པ་མེད་ཀྱང་སྤྱོང་ནུས་ན། །སེམས་ཅན་ཀུན་ལ་འབད་མེད་པར། །ཕྱག་རྒྱ་ཆེན་པོ་ཅིས་མི་སྐྱེ། །དེས་ན་ཕྱག་རྒྱ་ཆེན་པོ་ཉིད། །ཡིན་ན་ཤོར་ས་གོལ་པ་མེད། །ཡོད་ན་ཕྱག་རྒྱ་ཆེན་པོ་མིན། །དེ་ཕྱིར་འདི་འདྲའི་ཆོས་ལུགས་ཀྱིས། །ཕྱག་རྒྱ་ཆེན་པོ་གསུངས་པ་མེད། །ཅེས་པ་ལ། རྣམ་རྟོག་ཆོས་སྐུར་ཤར་བའི་རྣལ་འབྱོར་པ་ལ་ཤོར་གོལ་མེད་ཀྱི་ཁར་རྟོགས་པ་རང་རྩོལ་ཡེ་ཤེས་ཆེ། ཟེར་བ་དེ་འོང་བས། ཤོར་གོལ་གྱི་འཕྲང་འདི་ཚེ་སྒོམ་ཉམས་མཐུ་ཆུང་དུའི་སྐབས་སུ་འོང་བ། ཇི་ལྟར་ནགས་ཀྱི་མེ་ཆེན་འབར་བ་ལ་རླུང་ཆེན་པོ་གྲོགས་སུ་འགྲོ་ཡང་། མར་མེ་ཆུང་དུ་རླུང་གིས་གསོད་པ་བཞིན་ནོ། །དེས་ན་ཤོར་གོལ་སྤང་སྐམ་པའི་རྟོག་པ་ཕྱག་ཆེན་ཡིན་མིན་སྒོམ་པ་པོའི་ཉམས་ལེན་གྱི་ཁོས་ཁ་ལ་རག་གདའ། རྟོག་པ་མེད་ན་སྤང་བྱ་སྤྱོང་མི་ནུས་པའང་མེད་དེ། ཞི་ལྷས། ཉོན་མོངས་ཤེས་བྱའི་སྒྲིབ་པ་ཡིས། །མུན་པའི་གཉེན་པོར་སྟོང་པ་ཉིད། །མྱུར་དུ་ཐམས་ཅད་མཁྱེན་འདོད་པས། །དེ་ནི་ཅི་ཕྱིར་སྒོམ་མི་བྱེད། །ཅེས་དང་། རྒྱལ་ཚབ་དམ་པས། བློ་དང་ལྡན་པས་མི་རྟོག་ཡེ་ཤེས་སྟོབས། །རྟག་ཏུ་ཀུན་ནས་མཉམ་པར་སོང་བ་ཡིས། །དེ་ལ་བརྟེན་པའི་ཉེས་ཚོགས་ཚང་ཚིང་རྣམས། །དུག་དམན་ཆེན་པོས་དུག་བཞིན་འཇོམས་པའི་ཕྱིར། །ཞེས་གསུངས་པའི་ཕྱིར་རོ། །གཞན་དུ། རྣམ་པར་མི་རྟོག་པའི་ཡེ་ཤེས་བསྒོམས་པས་སྤང་བྱ་སྤྱོང་མི་ནུས་ན་དེ་སྒོམ་ཡང་དོན་མེད་པར་འདྲ། སྟེར་རྟོགས་པ་ཟེར་བ་འདིས་སྟུག་ལས་བཏང་བ། ད་སྒོས་སེམས་ཅན་ལ་རྟོག་པ་མེད་པ་དང་། འབད་མེད་དུ་ཕྱག་ཆེན་སྐྱེ་བའི་གཏམ་སྙན་འདི་ཐོས་པས་དར་འཕྱར་བར་རིགས་སོ། །དེས་ན་ཕྱག་རྒྱ་ཆེན་པོ་ཉིད། །ཡིན་ན་

ཤོར་ས་གོལ་པ་མེད། །ཅེས་པ་བདག་ཅག་གི་ཐད་དུ་ཅིས་ཀྱང་མེད། གནས་ལུགས་མངོན་སུམ་དུ་རྟོགས་པའི་ཡང་དག་གི་དྲན་པ་ཕྱག་ཆེན་དུ་བཞག་ཕྱིན། དེ་ལ་ཤོར་གོལ་ཡོང་བ་མི་གདའོ། ། ཡོད་ན་ཕྱག་རྒྱ་ཆེན་པོ་མིན། ། གསུངས་པ་འདི་ཉིད་རང་གི་གསུང་དང་ཚུང་མི་མཐུན་ཏེ། རབ་དབྱེར། ཡེ་ཤེས་ཚུང་ཟད་སྐྱེས་ན་ཡང་། །དེ་དག་ཉོན་མོངས་རྣམ་རྟོག་དང་། །འབྱེད་པའི་ཐབས་ལས་མི་མཁས་པས། །རྫོགས་པའི་སངས་རྒྱས་ལམ་མི་འགྱུར། །ཞེས་པའི་སྐབས་ཀྱི་ཡེ་ཤེས་དེ་ནི་ཕྱག་ཆེན་ལ་ཟེར་དགོས་ཤིང་། དེ་དག་དང་ཉོན་མོངས་རྣམ་རྟོག་འབྱེད་མི་ཤེས་པས་སངས་རྒྱས་ཀྱི་ལམ་ལས་གོལ་པར་བཤད་པས་སོ་སྙམ་མོ། །ཕལ་ཆེར་དུད་འགྲོའི་རྒྱུ་རུ་འགྱུར། །སོགས་ཀྱང་ཤོར་གོལ་མིན་ལགས་སམ། དེ་ནི་ཕྱག་ཆེན་མིན་པ་ཡིན་པར་འཁྲུལ་བ་ཆེའི་དབང་དུ་བྱས་སོ་སྙམ་ན། མིན་པ་ལ་ཡིན་པར་བོས་ན་འབོད་མཁན་རང་འཁྲུལ་ལོ། །དེ་ལྟར་ཕྱག་རྒྱ་ཆེན་པོ་ལ་ཤོར་གོལ་མེད་ན་དེའི་མཚུང་ལྡན་གྱི་རིགས་པས་ས་ལམ་གྱི་རིམ་པ་ཀུན་ལ་གོལ་ཚུགས་སོགས་ཡོང་རྒྱུ་མི་འདུག་པས་ཅིས་ཀྱང་ལེགས་གདའ། ཡང་རབ་དབྱེར། ལ་ལ་ཞི་གནས་ཚུང་ཟད་ལ། །སྣང་སྟོང་རྟོགས་པ་ཕྲ་མོ་ལ། ། མཐོང་ལམ་ཡིན་ཞེས་ངོ་སྤྲོད་བྱེད། །ཁྱུང་གིས་གོང་རྒྱ་ཧི་བཞིན་དུ། །ལུས་ཀྱི་རྒྱ་ཡི་བཅིངས་པས་ན། །ལུས་རྒྱ་ཞིག་པའི་ཤི་མ་ཐག །ཡོན་ཏན་ཕྱིས་ནས་འབྱུང་ཞེས་ཟེར། །ཉི་མ་དེ་རིང་ཤར་བ་ཡིས། །འོད་ཟེར་ནང་པར་འབྱུང་བ་འཚར། །ཞེས་པ་ལ་དཔྱད་ན། ཇི་ལྟར་དཔེར་བཀོད་པ་བཞིན་ཁྱུང་ཕྲུག་སྒོ་ངའི་སྦུབས་སུ་སྨིན་ཀྱང་སྒོང་ཀོགས་ཀྱི་རྒྱ་མ་ཞིག་གི་བར་དུ་ནམ་མཁར་ལྡིང་མི་ནུས་ལ། སྒོང་རྒྱ་བྲལ་ན་ནུས་པ་དང་། སེང་གེ་མའི་མངལ་དུ་སེང་ཕྲུག་མཆེ་སྡེར་རྫོགས་ཀྱང་ཕ་རོལ་གནོན་མི་ནུས་ལ། མངལ་རྒྱ་གྲོལ་ནས་བཙས་པ་ན་ནུས་པ་དཔེར་བྱས་པ་ལ་སྐྱོན་མེད་དེ། སྒོང་ཀོགས་ནང་གི་ཁྱུང་ཕྲུག་དེ་ཁྱུང་ཡིན་པ་དང་། སེང་མོའི་མངལ་གྱི་སེང་ཕྲུག་དེ་སེང་གེ་ཡིན་པ་དང་། དེ་གཉིས་རེ་ཞིག་སོ་སོའི་བྱ་བ་བྱེ་མི་ནུས་པ་མངོན་སུམ་ལ་སུ་ཞིག་སྐོན། དེ་བཞིན་དུ་རྣལ་འབྱོར་གྱི་སྟོབས་སེམས་ཐོག་ཏུ་སྨིན་པས། མཐོང་ལམ་དེ་ཁོ་ན་ཉིད་ཀྱི་བདེན་པ་མངོན་སུམ་དུ་རྟོགས་ཀྱང་། རྣམ་སྨིན་གྱི་ལུས་དྭངས་མར་མ་འགྱུར་ན། ཇི་སྲིད་ལྷོས་བཅས་ཀྱི་ལུས་དེ་མ་ཞིག་པ་དེ་སྲིད་དུ། ཡོན་ཏན་རྒྱ་ཕྲག་བཅུ་གཉིས་པོ་གཞན་ལ་སྟོན་མི་ནུས་ཞེས་པའི་དོན་དུ་སོང་ལ། དེ་ལྟ་ནའང་ཡོན་ཏན་དེ་དག་ནང་གི་ཏིང་འཛིན་གྱི་རང་སྣང་ལ་འཆད་པ་ནི་མ་འགལ་ཏེ། བྲག་དཀར་རྟ་སོར་རྗེ་མི་ལ་ལ་ཐོག་མར་བྱུང་བའི་ལོ་རྒྱུས་བཞིན་ནོ། །ལུས་ཀྱི་ཁམས་སྐྱིགས་མ་ཟད་པ་ན་ཡོན་ཏན་དེ་དག་གན་སྣང་ལའང་འཆར་བ། རྗེ་མི་ལའི་ལོ་ཕྱི་མ་བཞིན་ནོ། །

མདོར་ན་ཞི་གནས་ཀྱི་རྩལ་ཡོངས་སུ་རྫོགས་པ་ཞིག་གིས་ས་དང་པོའི་བདེན་པ་མཐོང་མ་ཐག་དེ་ལ

ཡོན་ཏན་རྣམས་འབྱུང་ཡང་། ཕྱག་རྒྱའི་འདི་ནི་དེ་ལྟ་བུ་མིན་པར་འདོད་སེམས་རྩེ་གཅིག་པའི་ཏིང་འཛིན་ཙམ་ལ་བརྟེན་ནས་ལྷག་མཐོང་མངོན་དུ་བྱེད་པ་ཤེས་རབ་རྐྱང་པས་གྲོལ་བའི་དགྲ་བཅོམ་བཞིན་དུ་འགྱུར་ཏེ། ཇི་ལྟར་དུ། འདོད་སེམས་ཅན་རྩེ་གཅིག་ལ་བརྟེན་ནས་ལྷག་མཐོང་བགྲོད་པ་རྐྱང་གྲོལ་བཞིན། ཟག་མེད་ལམ་གྱི་ཁྱད་པར་གྱིས། །ཉན་ཐོས་པ་བཞིན་འདི་མི་འགྱུར། །ཞེས་གསུངས་སོ། །དེས་ན། བཤད་རྒྱུད་ལྷ་མོ་བཞིས་ཞུས་ལས། །གང་ཚེ་ལས་ཀྱི་ལུས་ཞིག་ན། །དེ་ཚེ་དེ་ཡི་རང་མཐུ་ཡིས། །དེ་འདྲའི་ལུས་སུ་དེ་གྱུར་ཏེ། །གང་གི་གཡོ་དང་མི་གཡོ་ཁྱབ། །ནམ་མཁའ་མཉམ་པ་ཉིད་འདྲ་བ། །དེ་ནི་གནས་པར་ཤེས་པར་བྱ། །ཞེས་དང་འཁོར་ལས། གང་ཚེ་ལས་ཀྱི་ལུས་བརྩམས་པ། །དེ་ལྟར་དུ་འགྱུར་བ་ཡིན། །ཞེས་རྣམ་སྨིན་གྱི་ལུས་ཞིག་ནས་ཡོན་ཏན་གྱི་ཚོགས་སྣང་བར་བཤད་པས། ཉི་མ་འོད་ཟེར་གྱི་དཔེ་དེ་དང་དབྲལ་བའི་གཉེར་མ་བཞིན་འགྲིག་འགྲིག་འདྲ་ཡང་མི་འགྲིག་གོ། །ཅི་སྟེ་ལུགས་མཐུན་གྱི་དཔེ་དོན་སྦྱོར་ཚེ། ཉི་མ་འོད་ཟེར་འབྲལ་མི་སྲིད་མོད་ཀྱང་། ལུང་པ་ཁ་ཁེང་ཆེ་སར་ཉི་མ་ཤར་མ་ཐག་པ་ཛོ་དྲོས་པ་དང་འཁྱག་པ་འགྱུར་མི་ནུས་ལ། གཙོང་རོང་རྫོག་པོའི་ཉི་མ་ཤར་བ་ཙམ་གྱིས་དགོས་པ་དེ་དག་བདེ་བླག་ཏུ་འགྲུབ་པ་བཞིན། མན་ངག་གི་བསེབ་ལམ་ཁྱད་པར་ཅན་ལ་བརྟེན་ནས་བདེན་པ་མྱུར་དུ་མཐོང་ཡང་། དེའི་ཡོན་ཏན་རེ་ཞིག་མི་མངོན་པ་དང་། ཕར་ཕྱིན་ཐེག་པའི་གཞུང་ལམ་ལ་ཞུགས་ཚེ་ས་ལམ་སྔ་མའི་ཡོན་ཏན་རིམ་པར་རྫོགས་ནས་ཕྱི་མ་སྐྱེ་བ་སོགས་དང་སྦྱར་ན་ལེགས་པར་འགྱུར་རོ། །རྒྱུ་མཚན་དེ་ཕྱིར་ཕྱག་རྒྱའི་ལུགས་ལ་རྣལ་འབྱོར་བཞི་པོ་རེ་རེ་བཞིན་ངོ་བོ་མཐོང་མ་མཐོང་། རྣམ་རྟོག་སྒོམ་དུ་ཤར་མ་ཤར། རྩལ་རྫོགས་མ་རྫོགས། ཡོན་ཏན་སྐྱེས་མ་སྐྱེས། ཀུན་རྫོབ་ལ་བྱིན་ཚུད་མ་ཚུད། གཟུགས་སྐུའི་ས་བོན་ཐེབས་མ་ཐེབས་ཏེ་གཉིས་ཚན་དྲུག་དྲུག་ཏུ་འབྱེད་པ་ལགས། ལུང་རིགས་དེ་རྣམས་ཀྱི་ཕྱིར་ན། ཚེ་འདིར་མཐོང་ལམ་ཐོབ་པ་ལ། །ཡོན་ཏན་ཤི་ནས་འབྱུང་བ་ནི། །བླུན་པོ་རྣམས་ཀྱི་རྫུན་རིས་ཡིན། །ཞེས་སླས་པ་ནི་སྐྱུ་རྩེད་གསུངས་པར་སྙོམས་ཤིག །རབ་དབྱེར་བདག་ཀྱང་རྡོ་རྗེ་ཕག་མོ་ཡིས། ཞེས་སོགས་དྲངས་ནས། ཞེས་སོགས་གསུང་པ་ལ་དཔགས་ན་དྭགས་པོ་བ་ལ་དགག་པ་མཛད་པའི་རྒྱུ་མཚན་ཡང་གདུལ་བྱ་མ་བྱུང་བས་ཐུགས་སྨུག་པའི་རྣམ་འགྱུར་ཡིན་པ་འདྲ་ཞེས་སྤྱན་སྔ་བསོད་ནམས་རྒྱལ་མཚན་པ་སོགས་གསུངས་པར་སྣང་ཡང་། ཁོ་བོ་ནི། འོན་ཀྱང་སངས་རྒྱས་བསྟན་པ་ལ། །ཕན་པར་བསམ་ནས་བཤད་པ་ཡིན། །ཞེས་གསུང་པ་ལྟར་འདོད་དོ། །ཞེས་བྲི་བར་མཛད་དོ། །འདི་རང་བཞིན་དེ་མེད་པར་བཤད་པས། མེད་པ་ལ་ཡོངས་སུ་ཤེས་པའི་ཐ་སྙད་མི་འཐད་ཅེས་པའོ། །དེ་ལ་བརྟགས་ན། ཡི་ནས་མ་གོ་བས་སྐྱོན་དེ་ལ་སྐྱོན་དུ་བལྟས་པའམ་གོ་ཡང་ཕྱོགས་ལྷུང་ཐལ་ཆེས་པའི་གཏམ་དུ་སྣང་བས་འཚང་རིམ་པ་བཞིན་བརྗོད་པར་བྱའོ། །དོན་ལ་ཆོས་གང་ལའང་

རང་བཞིན་མེད་པས་ན་རང་བཞིན་ཡོངས་སུ་ཤེས་པ་ཞེས་པའི་ཐ་སྙད་ཀྱང་བཞག་དཀའ་སྟེ། མདོ་སྡུད་པར། ཆོས་རྣམས་རང་བཞིན་མེད་པར་ཡོངས་སུ་ཤེས་གྱུར་ན། །འདི་ནི་ཤེས་རབ་ཕ་རོལ་ཕྱིན་མཆོག་སྤྱོད་པ་ཡིན། །ཞེས་དང་། བསམ་མི་ཁྱབ་ལས། རང་བཞིན་མེད་པས་རང་བཞིན་གྱིས། །ཤེས་རབ་ཆར་ནི་ཡང་དག་གནས། །ཐབས་ནི་དངོས་པོ་སྐྱེད་པ་དེར། །བཟང་པོའི་ཞལ་སྔ་ནས་ཀྱི་བསྟན། །ཞེས་གསུང་པའི་ཕྱིར། གལ་ཏེ་རང་བཞིན་མེད་པར་ཡོངས་སུ་ཤེས་པ་ལ་རང་བཞིན་ཡོངས་སུ་ཤེས་པར་འཇོག་གོ་ཞེ་ན། དེ་ལྟར་ན་བདག་མེད་པར་ཡོངས་སུ་ཤེས་པ་ལ་བདག་ཡོངས་སུ་ཤེས་པར་འཇོག་པར་འགྱུར་རོ། །གལ་ཏེ་སེམས་རང་བཞིན་གྱི་སྐྱེ་བ་མེད་པར་ཡོངས་སུ་ཤེས་པ་ལ་རང་བཞིན་ཡོངས་སུ་ཤེས་པར་འཇོག་གོ་ཅེ་ན། དེ་ལྟར་ན་ཆོས་ཉིད་དེ་ཆོས་ཀྱི་བདག་མེད་རྟོགས་པའི་དོན་དུ་སོང་བས། ཐུན་མོང་མིན་པའི་ཁྱད་ཆོས་གཅིག་ཡིན་རྒྱུའི་ཁྱོལ་གྱི་ཡུས་ཡུས་མཛད་ཀྱང་ངལ་བ་ཙམ་དུ་སོང་ཤིང་། དེ་འདྲ་བ་ཕ་རོལ་ཕྱིན་པ་བ་དང་རྒྱུད་སྡེ་འོག་མ་རང་རྐང་ལའང་ཡོད་པས་ཕྱག་རྒྱ་ཆེན་པོའི་རྟོགས་པར་མཐའ་གཅིག་ཏུ་བཞག་ཏུ་ག་ལ་རུང་། ཁམས་འདུས་པ་ལ་ཞེ་སྡང་ཅན་དགྲ་ཕྱོགས་སུ་ཁམས་འདུས་པ་དང་། འདོད་པ་ཅན་ནོར་གྱི་ཕྱོགས་སུ་ཁམས་འདུས་པ་སོགས་འབྱུང་བས། ཁམས་འདུས་པ་ཟེར་བ་ཅན་གྱི་འདུས་པ་གསུམ་གྱི་ཐད་དུ་ག་ལ་སླེབས་ཏེ་སླ་བ་ཞུང་ན་མཛེས་སོ། །ཀ་རུ་འཛིན་གྱི་དཔེར་བརྗོད་ནི་བདུད་ཀྱི་བྱིན་རླབས་ལས་རྟོག་པ་ཅུང་ཟད་འགགས་པའི་ཉམས་སྐྱེ་བའི་དཔེར་མཛད་པ་ཡིན། ཡེ་ཤེས་གྲུབ་པར། ཕྱག་རྒྱ་ཆེན་པོའི་དབང་བསྐུར་བ། ཞེས་གསུངས་པ་དེ་རྟོགས་པ་པོགས་དབྱུངས་ཕྱིར་དུ་བཞི་པ་རྟེན་ཅན་སྐྱུར་ནས་སྐྱུར་བའམ། འདུས་པ་འཕགས་ལུགས་པ་ལ་ཤེས་རབ་ཡེ་ཤེས་ཀྱང་སྐྱུར་ནས་སྐྱུར་བའི་ཕྱག་ཆེན་ཡོད་པས། དེ་འདྲའི་རིགས་ལ་དགོངས་པ་ཡིན་གྱི། གནས་ལུགས་རྟོགས་པ་ཙམ་གྱིས་དབང་ཐོབ་པར་འགྲོ་ཞེས་པའི་དོན་ཅི་ལ་ཡིན་ཏེ། གསང་འདུས་རིམ་ལྔར། བྱང་ཆུབ་སེམས་ནི་དོན་དམ་ཞེས་བྱ་བ། སྐལ་བཟང་སློབ་མ་བཟང་པོ་མན་ངག་ཐོབ། ཐལ་མོ་སྦྱར་ནས་མི་རྟོག་འཛིན་པ་ཡིས། །བླ་མ་ནི་སླར་ཡང་སླང་པར་བྱ། །ཞེས་གསུངས་པའི་ཕྱིར། དེས་ན་གནས་ལུགས་རྟོགས་པ་ཙམ་གྱི་དབང་ཐོབ་པར་འགྲོ་ན། དེ་འདྲའི་གྲོལ་འཕགས་ཡུལ་དུ་འབྱུང་རིགས་པ་ལས་མ་བྱུང་། ཏེ་ལོ་ན་རོ་སོགས་ཀྱིས་ཀྱང་མ་གསུངས། མར་པས་རྒྱ་གར་དུ་བྱོན་ནས་བླ་མ་སོ་སོ་ལ་ཆོས་གསན་པའི་ཚེ་འང་ཐོག་མར་དབང་བསྐུར་དེ་ནས་རྒྱུད་མན་ངག་གསན་པའི་ལོ་རྒྱུས་དོན་ན་སྣང་ཞིང་། མར་པ་རང་གིས་ཀྱང་བཀའ་བབས་ཀྱི་སློབ་མ་བཞི་སོགས་ལ་ཐོགས་མར་དབང་གནང་། དེ་ནས་རྒྱུད་མན་ངག་སོགས་བསྟན་པའི་ལོ་རྒྱུས་ཤ་སྟག་འབྱུང་བས་ན་བཀའ་བརྒྱུད་གོང་མའི་བཞེད་པ་ཡང་མིན་པས་དུས་ཕྱིས་ཀྱི་རང་བཟོ་ཁོ་ནའོ། །རབ་དབྱེའི་གཞུང་སྔ་མ་གཉིས་ཀྱི་དོན་ནི། དབང་མ་

བསྐུར་བ་ལ་བླ་མ་དམ་པ་ཞེས་པའི་ཐ་སྙད་མི་ཐོབ་སྟེ། བླ་མ་དམ་པར་འཛོག་པ་ལ་ཐེག་པ་གསུམ་ཀ་ནས་བཤད་པའི་བླ་མའི་མཚན་ཉིད་ཚང་དགོས་པའི་ཕྱིར་ཞེས་པ་སྟེ། དེ་ལྟའི་ཐེག་པ་གསུམ་པོ་ཡིས། །སོ་སོའི་གཞུང་ནས་བཤད་པ་བཞིན། །བླ་མའི་མཚན་ཉིད་མི་ལྡན་ན། །བླ་མ་ཡིན་གྱི་དམ་པ་མིན། །ཞེས་གསུངས་པའི་ཕྱིར། བླ་མ་དམ་པ་ཞེས་པའི་དོན་ཡང་སློབ་མ་དེས་སངས་རྒྱས་དངོས་སུ་སྒོམ་ཆོག་ཅིང་། དེ་བཤད་ཚོད་དང་འབྲེལ་བ་ཞིག་ཡིན་ཏེ། བླ་མ་སངས་རྒྱས་ཉིད་ཅེས། བྱ་བ་དབང་བསྐུར་ཐོབ་ནས་ཡིན། ཞེས་གསུངས་པའི་ཕྱིར། ཐེག་པ་ཆེན་པོའི་ཕ་རོལ་དུ་ཕྱིན་པའི་ལུགས་ལ་བླ་མ་སངས་རྒྱས་ལྟ་བུར་ལྟ་ཞེས་གསུངས་ཀྱི་སངས་རྒྱས་དངོས་སུ་ལྟར་མ་གསུངས། གསང་སྔགས་ཀྱི་ལུགས་ལ་དཀོན་མཆོག་གསུམ་ཀ་ཡིན་པར་གསུངས། དབང་བསྐུར་ཞིང་སྔགས་ཀྱི་སྡོམ་པས་སྨིན་པ་མདོར་ན་སྔར་དབང་བསྐུར་གཏན་ནས་ཐོབ་མ་མྱོང་བའི་གང་ཟག་ལ་གང་ནས་བཤད་པའི་བླ་མ་མཚན་ཉིད་པ་མེད་དེ། སྔར་རབ་ཏུ་བྱུང་མ་མྱོང་བའི་གང་ཟག་ལ་འདུལ་བར་བཤད་པའི་མཁན་པོ་མཚན་ཉིད་པ་མེད་པ་བཞིན་ནོ། །ཅེས་པ་སྟེ་དཔེ་དོན་ཤིན་ཏུ་བཟང་མོད། ཕྲག་དོག་དབྱངས་སུ་ལེན་པ་ལ་ངེས་པ་མེད་དོ། ། མཆན། མིན་ན་བླ་མ་དེ་ཅི་ཙམ་བཟང་ཞིང་། དེ་ལ་མོས་གུས་བྱས་ཀྱང་། ཕ་རོལ་ཕྱིན་པའི་ལུགས་ཀྱི་བླ་མ་དང་འདྲ་བར་རིམ་གྱིས་འཚང་རྒྱ་བའི་རྒྱུད་འགྲོའོ། །ཚེ་འདིའམ་བར་དོ་ལྟ་བུར་སངས་རྒྱས་དངོས་སུ་བྱིན་ནུས་པའི་བླ་མ་མ་ཡིན། ཡང་ན་སྔར་དལ་ཆེན་པོར་འཇུག་མ་མྱོང་བའི་བླ་མ་རྒྱུད་མ་སྨིན་ཡང་། གཏུམ་མོའི་མན་ངག་ལ་བརྟེན་ནས་རས་ཐུབ་ཙམ་ཞིག །སློབ་མ་ཞིག་གིས་དེའི་མན་ངག་བླངས་ཏེ་རས་ཐུབ་པ་ན་བླ་མ་དེ་ལ་མོས་གུས་བྱས་ཀྱང་དེ་དེའི་བླ་མ་དམ་པ་ཡིན་ཏེ། དཔོན་སློབ་གཉིས་ཀ་ལ་གསང་སྔགས་ཀྱི་སྡོམ་པ་མེད་པའི་ཕྱིར། ཞེས་པ་སྟེ་ཐུན་མོང་མིན་པའི་གསང་བ་ལས།གང་ལས་དབང་བསྐུར་མཆོག་ཐོབ་པ། །དེ་ནི་བླ་མར་ཡོངས་སུ་བཟུང་། །ཞེས་གསུངས་ཕྱིར། གསུམ་ལྡན་གྱི་དོན་དབང་བསྐུར་རྒྱུད་བཤད་མན་ངག་གནང་བ་ལ་ཤིན་ཏུ་བྱེད་ཅིང་། གཉིས་ལྡན་ལ་ཡང་དབང་བསྐུར་བ་ངེས་པར་དགོས་པ་ཕྱག་ཆེན་སྒོ་དོག་ཕྱོགས་ལས་མཛད་དེ། འབྲོག་མི་དང་དཔའ་བོ་རྡོ་རྗེའི་ལོ་རྒྱུས་བཞིན་ནོ། །ཚིག་ལྡན་ཡང་དབང་ཙམ་བསྐུར་བ་ལ་བྱེད་པས་དབང་མ་བསྐུར་བར་རྒྱུད་དང་མན་ངག་སྟོན་པའི་སྤྲོལ་ས་སྐྱ་པ་ལ་མེད་ལགས། གནས་ཚུལ་དཔྱོད་པའི་རིགས་ངོ་འམ། དོན་དམ་པར་སེམས་ལ་ངོ་བོ་མེད་པས་སེམས་ངོ་སྤྲོད་པ་མེད་ཅེས་པ་སྟེ། ཆོས་རྗེ་བས། ཡོད་དང་མེད་པ་ལ་སོགས་པ། །དངོས་པོའི་གནས་ལུགས་དེ་ལ་མེད། །བསྒོམ་བྱ་སྒོམ་བྱེད་ལ་སོགས་པ། །སྒོམ་པར་བྱ་བ་ཡོད་མ་ཡིན། །སེམས་ལ་ངོ་བོ་མ་གྲུབ་པས། །སེམས་ཀྱི་ངོ་སྤྲོད་ག་ལ་ཡོད། །སེམས་ཀྱི་ཡུལ་ལས་འདས་པའི་ཕྱིར། །བརྗོད་པར་བྱ་བ་ཅི་ཡང་མེད་ཕྱིར་དང་། །ཐུབ་དགོངས་ལས། སེམས་ངོ་སྤྲོད་པ་ན་སེམས་རྐྱང་པ་ངོ་སྤྲོད། ཕྱི་རོལ་གྱི་ཡུལ་དང་བཅས

ཏ་ངོ་སྤྲོད་ཞེས་སོགས་ཀྱི་བརྟགས་པ་མཛད་པ་ཡང་རིགས་པས་དཔྱད་པའི་སྐབས་ལགས། ཐ་སྙད་རྣམ་དག་ཤེས་པའི་ཕྱིར། སེམས་དོན་དམ་པར་སྐྱེ་འགག་གནས་གསུམ་དང་བྲལ་ཚུལ་སོགས་ཀྱི་གོ་བབ་སྐྱེད་པའི་བཤད་པ་མཛད་པ་ལ་སེམས་ངོ་སྤྲོད་པའི་ཐ་སྙད་མིང་འདོགས་ན་མིང་ཙམ་མི་འགོག་པ་སྟེ། ལྟ་བའི་རང་འགྲེལ་ལས། དེ་ཉིད་བླ་མས་ཐོག་མར་སྟོན་པའི་དུས་སུ་ལེགས་པར་བསྟན་ལ་སློབ་མ་ངོ་སྤྲོད་དོ། །དེ་ལྟ་བུའི་རང་བཞིན་ལེགས་པར་ངོ་འཕྲོད་ན་ལྟ་བ་འཁོར་འདས་དབྱེར་མེད་ཞེས་བྱ་བ་ཡིན་ནོ། །ཞེས་དང་། རྩ་བར། རྟོགས་པ་དཔེའི་ཡེ་ཤེས་ངོ་སྤྲོད་བྱ། །ཞེས་དང་། དེ་ལྟར་རྒྱུས་བཏབ་ལེགས་པར་གོ་བའི་ཚེ། །རང་བཞིན་སྙེམས་ཞུ་བདེ་ལྷོས་ཞེས་བྱ་བ་མཐོང་བའི་ལམ་གྱི་ཡེ་ཤེས་མཚོན་ནུས་པས་ཀུན་མཁྱེན་ཡེ་ཤེས་དེ་ལྟ་བུ་ཞེས་གསུངས་པ་ནི་དཔེའི་ཡེ་ཤེས་ཡིན་ནོ། །ཞེས་ངོ་སྤྲོད་པར་བྱའོ། །ཞེས་དང་། ཀུན་མཁྱེན་གུང་ཐང་ལས། དབང་བཞིའི་ལམ་རྒྱས་པར་བསྟན་པ་དང་། མཐར་དབང་བཞིའི་ཡེ་ཤེས་ངོ་སྤྲད་འཚལ་ལོ། །ཞེས་པའི་ས་མཛད་པའང་ཡོད་ཅིང་ཆོས་རྗེ་བའི་གསུང་སྒྲོས་ཡིན་ཟེར་བའི་གཏམ་རྒྱུས་ལས་ཀྱང་། ངོ་བོ་མེད་པར་ངོ་སྤྲོད་པ། །ས་སྐྱ་པ་ཡི་ངོ་སྤྲོད་ཡིན། །ཞེས་པའང་འབྱུང་ཕྱིར་རོ། །དོན་དམ་པར་སེམས་ལ་ངོ་བོ་མེད་པ་དང་ཐ་སྙད་དུ་སེམས་གསལ་སྟོང་ཟུང་འཇུག་གི་སྟེང་དུ་དཀོན་མཆོག་གསུམ་ཚང་བ་སོགས་ག་ལ་འགལ། སངས་རྒྱས་འཕྲིན་ཞུའི་དོན་ནི། འཇུར་པོས་བཅིང་པའི་སེམས་ཉིད་འདི། །གློད་ན་གྲོལ་བར་ཐེ་ཚོམ་མེད། །ཅེས་པ་འདི་བྲམ་ཟེ་ཆེན་པོའི་གསུང་གཙང་མ་ཡིན་ཡང་། དེའི་དཔེ་ལ། བྲམ་ཟེ་སྙུད་པ་འཕབལ་བ་ལྟར། ཁྱེད་ཀྱིས། ཚིགས་བཅད་ཕྱེད་ཕྱི་མའི་དོན་བཤད་པ་དེ་ནི་ཚིགས་བཅད་དེ་དང་མི་མཐུན་པ་ཟས་ཟན་ལ་ཚིག་དྲི་བྲོ་བའོ། །མཆན། སོ་མ་མ་བཅོས་ལྷུག་པར་བཞག་གོ། །ཅེས་པ་ཕྱུག་རྒྱུ་པ་ཁ་ཅིག་གི་རང་བཟོར་སྦྱར་བ་ལ་བཀའ་བཀྱོན་པ་སྟེ། དེ་ཡང་ཐོག་མར་དང་པོ་དཔེ་ནོར་ཏེ། སོ་མར་བཞག་ན་བལ་གྱི་ཕུང་པོ་ལས་མ་འདས་ལ། དེ་ལ་སྙུད་པ་བཟོ་བར་རྩོམ་པ་ན་བཅོས་པར་སོང་ཕྱིར། དེ་བཞིན་དུ་དོན་ཡང་མི་འཐད་དེ། མ་བཅོས་ལྷུག་པར་འཇོག་པ་དང་། ཤོར་ས་བཞི་དང་གོལ་པ་གསུམ་སྤོང་བའི་རྩོལ་བ་བྱས་ན་བཅོས་པར་སོང་བས་རང་ཚིག་གི་དངོས་ཤུགས་འགལ་བའི་ཕྱིར་ཞེས་པ་ལགས། དེ་འདྲའི་དགག་པ་བྱུང་བར་བརྟེན། །བྲམ་ཟེ་སྙུད་པ་འཕབལ་བ་ལྟར། །གྲིམ་གྱིས་བསྒྲིམ་ལ་ལྷོད་ཀྱིས་གློད། །ཅེས་ཡང་ནི་རང་བཟོ་གཉིས་པ་བྱས་སོ། །སྒྲ་བྱས་པའི་དཔེར་བུམ་པ་བཀོད་པ་དང་མི་འདྲ་སྟེ། སྔ་མ་དེ་སེམས་ཀྱི་བཞག་ཐབས་ཀྱི་དཔེར་བྲམ་ཟེ་སྙུད་པ་འཕབལ་བ་བཀོད་པ་ཡིན་པས་ཁྱད་ཆོས་མཚུངས་པ་ངེས་པར་དགོས། ཕྱི་མ་འདི་སྒྲ་བྱས་པ་ཡིན་པའི་དཔེར་བུམ་པ་བཀོད་པ་ཡིན་པས་སྒྲ་དང་བུམ་པ་བྱས་པ་ཡིན་པར་ཆོས་མཐུན་ཙམ་གྱི་ཚོག་གིས་ཁྱད་ཆོས་མཚུངས་པ་མི་དགོས་པའི་ཕྱིར་རོ། །དེའི་ལུང་རྒྱབ་རྣམ་འགྲེལ་གྱི་གཞུང་ལམ་དག་པ་ཚིག

ཀྲང་གཅིག་དང་། རིགས་གཏེར་གྱི་ཚིག་ཀྲང་གསུམ་གོང་སྤྲིལ་བྱས་པ་ཞིག་འདུག་པ་སྤྲིལ་མཁན་སུ་ཡིན་གྱི་མ་ཤེས་ལགས། མཆོད་རྟེན་དྲུང་ཐོབ་དང་དྭ་ཧྲའི་སྐད་དོད་ཀྱང་དེ་གས་གྲོལ་ལོ། །

ཕྱག་རྒྱ་ཆེན་པོར་འགྱུར་ན་ནི། ཞེས་པ་ཕས་རྒོལ་གྱི་འདོད་པ་ལ་བརྟགས་པའི་ཚིག་ཡིན་པས། དེ་ཡིན་ན། ཉན་ཐོས་འགོག་པའང་དེར་འགྱུར་རོ། །ཞེས་པ་སྟེ། རི་བོང་རྭའི་མཚུངས་པ་ཕྱོགས་སུ་ཡང་མ་ཕྱིན་པའི་གཏམ་མོ༔ ༔ཤོར་ས་བཞི་སྦྱོང་སླམ་པའི་རྟོག་པ་ཕྱག་ཆེན་ཡིན་མིན་སྒོམ་པ་པོའི་ཉམས་ལེན་གྱི་ཁོས་ཀ་ལ་རག་གསུངས་པ་དེ་རྟོག་པ་དེ་ལ་ཕྱག་ཆེན་ཡིན་མིན་གཉིས་ཡོད་གསུང་པར་སོང་བས་རྟོག་པ་དང་མི་རྟོགས་པའི་གཞི་མཐུན་འཛུག་གི་ཁས་ལེན་པར་སོང་སྟེ། ཕྱག་ཆེན་མི་རྟོག་པ་ཁོ་བོར་ཁས་བླངས་པའི་ཕྱིར། རྣམ་རྟོག་ཆོས་སྐུར་ཤར་བའི་རྣལ་འབྱོར་པ་ལ་ཤོར་གོལ་མེད་ཀྱི་ཁར། རྟོག་པ་རང་གྲོལ་ཡེ་ཤེས་ཆེ། །ཟེར་བ་དེ་འོང་ཞེས་པའང་རང་ལ་ནང་འགལ་ཏེ། རྣམ་རྟོག་ཆོས་སྐུ་ཡིན་སྤྱང་མི་དགོས་ཞེས་སྨྲར་ཁས་བླངས་ནས་ཡང་རྣམ་རྟོག་ལས་གྲོལ་བའི་ཡེ་ཤེས་འཆར་བ་གཅིག་ཁས་བླངས་པའི་ཕྱིར། ཤོར་ས་གོལ་ས་བཞི་སྦྱོང་སླམ་པའི་རྣམ་རྟོག་མེད་ཀྱང་སྦྱོང་ནུས་པའི་ལུང་གཉིས་ནི་མ་འབྲེལ་ཏེ། སྟོ་མ་ནི་ཐམས་ཅད་མཁྱེན་པ་ཐོབ་པར་བྱེད་པ་ལ་ཆོས་ཉིད་དམ་སྟོང་ཉིད་སྒོམ་དགོས་ཞེས་པ་ཙམ་ལས། དེ་སྒོམ་པའི་སྔོན་དུ་སྒོམ་སླམ་པའི་བློ་སྔོན་དུ་འགྲོ་མི་དགོས་པར་མ་བཤད་ཅིང་ཕྱི་མ་ཡང་མི་རྟོག་པའི་ཡེ་ཤེས་བསྒོམས་པས་དུག་སྔན་ཆེན་པོས་དུག་འཇོམས་པ་ལྟར་སྤྱང་བྱ་མཐའ་དག་འཇོམས་ནུས་པ་ཙམ་བསྟན་གྱིས་སྒོམ་སླམ་པའི་བློ་མི་དགོས་པར་མ་བཤད་པའི་ཕྱིར་ཏེ། ཐེག་ཆེན་གྱི་ལམ་གང་ཉམས་སུ་ལེན་ཀྱང་སྦྱོར་བ་རྣམ་མཁྱེན་ཡིད་བྱེད་དང་དངོས་ཀྱིས་མི་དམིགས་པ་རྟོགས་པའི་ཤེས་རབ་རྗེས་བསྔོ་བ་གསུམ་གྱིས་ཟིན་དགོས་པར་བཤད་པའི་ཀུན་སློང་ཐེག་ཆེན་སེམས་བསྐྱེད་ངེས་པར་སྔོན་དུ་འགྲོ་དགོས་པར་བཤད་པའི་ཕྱིར། དེས་ན་དར་འགྱུར་རྒྱུའི་སྐད་ཆ་དེ། སེར་མའི་སྐབས་ཀྱི་སྐན་འཁྲུལ་བ་ཡིན་ཤས་ཁ་འདུག་པས་རུས་ཐང་གཅིག་བཞེས་ནས་བརྟག་དཔྱད་མཛད་པར་ཞུ། གནས་ལུགས་མངོན་སུམ་དུ་རྟོགས་པའི་ཡང་དག་གི་དྲན་པ་ཕྱག་ཆེན་དུ་བཞག་ཅེས་པའང་། ཕྱག་ཆེན་ཐམས་ཅད་དེར་འདུས་ཞེས་པ་ཡིན་ན་མི་རིགས་ཏེ། སོ་སོའི་སྐྱེ་བོའི་གནས་སྐབས་སུ་ཆོས་ཉིད་དུ་མངོན་སུམ་དུ་མཐོང་བ་མེད་ཅིང་ཕྱག་ཆེན་རྒྱུད་ལྡན་གྱི་སོ་སྐྱེ་ཡོད་པའི་ཕྱིར། ཡང་ཁོ་རང་ཕྱག་ཆེན་ཁོ་ནར་ངེས་ཞེས་པ་ཡིན་ན་ཕར་ཕྱིན་ཐེག་པ་རང་རྐང་ནའང་དེ་ཡོད་པས་མཐའ་དག་གི་རྒྱུ་མ་ངེས་སོ། །གཞན་ཡང་ཁྱེད་ཀྱི་ཕྱག་ཆེན་སྒོམ་པ་པོ་ཚོ། དེ་འདྲའི་ཕྱག་ཆེན་དེ་སྒོམ་མཁན་མིན་པར་ཐལ་བའམ། ཡང་ན་འཕགས་ལམ་སྒོམ་མཁན་དུལ་བ་གང་གིས་བློག །ཡེ་ཤེས་ཅུང་ཟད་སྐྱེས་ན་ཡང་། །ཞེས་པའི་ཡེ་ཤེས་དེ་ཕྱག་ཆེན་ཁོ་ནར་མི་བཞེད་དེ། དེ་ལ་ཉོན་མོངས

རང་བྱུང་། རྣམ་རྟོག་རང་བྱུང་། སྤྲུལ་ཞི་རང་བྱུང་། གསལ་ཞིང་ཡང་ལ་མི་རྟོག་པའི་རང་བྱུང་གི་ཡེ་ཤེས་བཞིས་དང་པོ་གསུམ་ཉམས་སྐྱོན་ཡིན་པས་ཕྱག་ཆེན་ཡེ་ཤེས་མིན་ཞིང་། ཕྱི་མ་ལ་ཡང་གཉིས་འབྱུང་ཕྱིར་རོ། །ཕྱག་ཆེན་མིན་པ་ཕྱག་ཆེན་དུ་རློམས་ནས་སྒོམ་ནས་དུད་འགྲོའི་རྒྱུར་སོང་བ་དེ་ཕྱག་ཆེན་མཚན་ཉིད་པའི་གོལ་ཤོར་ཅི་ལ་ཡིན། ཕྱག་ཆེན་མིན་པ་ལ་ཡིན་པར་བོས་ན་འབོད་མཁན་རང་འཁྲུལ་གསུང་པ་ཡང་མ་དགོངས་པ་སྟེ། དཔེར་ན་དགག་དགོས་ཀྱི་དབང་ལས་འཐད་ཀྱི་བདེན་པ་མིན་པ་ལ་དེ་དང་། མཆོག་གི་སྤྲུལ་སྐུ་མིན་པ་ལ་མཆོག་གི་སྤྲུལ་སྐུར་མཁས་བླུན་ཐམས་ཅད་འཛུག་པ་དང་ལམ་འབྲས་སོགས་ལས་བཤད་པས་ཁྱུང་སེང་གིས་དཔེ་དོན་མི་འགྲིག མི་ལས་བྲག་དཀར་རྟ་སོར་འཕུར་ནུས་པ་ཙམ་དང་རླུང་ལམ་གྱི་ལྟས་འགའ་མཐོང་ལམ་ཐོབ་པའི་རྟགས་སུ་ཆོས་རྒྱུས་ཆུང་བ་འགའ་རེས་བཤད་འདུག་ཀྱང་། དེ་འདྲ་ཅི་ལ་ཡིན་ཏེ། འཕུར་ཐུབ་པ་སྦྲང་བུ་ལ་ཡང་འོང་བ་དང་། མིའི་དབང་དུ་བྱས་སོ་ཞེ་ན། བསམ་གཏན་གྱི་དངོས་ཀྱི་ཐོབ་ནས་ནམ་མཁའ་ལ་བྱ་ལྟར་ལྡིང་མཁས་ཀྱི་ཕྱི་རོལ་བ་མཐའ་ཡས་ཤིང་། ནཱ་རོ་བན་ཆུང་གིས་ཀྱང་འཕུར་གདའ་བ། ཡོན་ཏན་དེ་དག་ཏིང་ངེ་འཛིན་གྱི་རང་སྣང་ལ་ཡོད་ཀྱང་ཕྱི་རོལ་དུ་སྟོན་མི་ནུས་ན། དེ་སྐྱོན་ཆེན་པོ་ཞིག་ཡོད་པ་འདམ། ཡང་ན་ལྷུགས་པའི་རླུང་ལམ་འདྲ་བ་ཞིག་ཡོད་པ་ལགས་སམ། ཕྱག་རྒྱ་བའི་ལུགས་ཀྱི་མཐོང་ལམ་འདོད་སེམས་ལ་བརྟེན་པ་ཤེས་རབ་རྒྱུད་གྲོལ་གྱི་དགྲ་བཅོམ་དང་འདྲ་ཚུལ་ལུང་འདྲེན་དང་བཅས་པ་ནི་སྟོན་མེད་པའི་གཏམ་ངོ་མཚར་ཅན་ཞིག་སྟེ། འདོད་ཞེས་དང་སྲིད་རྩེ་ལས་འདས་ལམ་མི་བརྟེན་པར་ཚད་ལྡན་གྱི་གཞུང་དུ་མ་ནས་བཤད་པ་དང་། མཁས་པ་རྣམས་ལ་རླུང་ལྟར་གྲགས་པའི་ཕྱིར་དང་། མཐོང་ལམ། དེ་ནི་ཆོས་མཆོག་དང་ས་གཅིག །ཅེས་པ་ལྟར་སྦྱོར་ལམ་ཆོས་མཆོག་དང་སེམས་རྟེན་གཅིག་ལ་བརྟེན་པར་བཤད་པའི་ཕྱིར་དང་། ངེས་འབྱེད་ཆ་མཐུན་རྣམ་པ་བཞི། སྒོམ་བྱུང་མི་ལྡོགས་མེད་པ་དང་། ཁྱད་པར་བསམ་གཏན་ས་པའོ། །ཞེས་སྦྱོར་ལམ་བསམ་གཏན་ས་དྲུག་གང་རུང་ལ་བརྟེན་པ་ལྟར་མཐོང་ལམ་ཡང་དེ་ལ་བརྟེན་པར་བཤད་པ་དང་། མི་སློབ་ས་དགུ་ལ་བརྟེན་ཏེ་སློབ་པ་དྲུག་ལ་གང་གི་ཕྱིར། ཞེས་སོགས་ཚད་ལྡན་གྱི་གསུང་རབ་དུ་མ་རྒྱབ་ཏུ་འདོར་དགོས་པའི་ཕྱིར། ཚིགས་བཅད་དེ་སུས་ཡིན་མ་ངེས་ཀྱང་།བློ་གྲོས་མུན་པ་ཅན་ཞིག་གི་ཁ་འཆལ་ལས་འོས་མེད་པ་འདྲ་བས། དེས་བསྟན་པའི་བརྗོད་བྱ་ལ་དེ་ལས་ཅི་འོང་བ། ལྷ་མོ་བཞི་ཞུས་དང་ཁ་སྦྱོར་གྱི་ལུང་དོན་ནི། བར་དོར་མཐོང་ལམ་ཐོབ་པ་ཡོད་པའི་དོན་ཡིན་པས་རྒྱན་རྒྱབ་རྫུན་གྱིས་མནོན་པའི་ཧཾ་ཧཾ་གི་རྒྱབ་བརྟེན་དུ་འོང་བའི་རེ་ཐག་ཆད་དོ། །

མན་ངག་གི་གསེབ་ལམ་ཁྱད་པར་ཅན་ལས་འོང་བའི་མཐོང་ལམ་དེ་ཕར་ཕྱིན་ཐེག་པའི་གཞུང་ལམ་ལ་

ཐོམ་ཐོམ་འོང་བའི་མཐོང་ལམ་དེ་ལས་དམན་པར་འགྱུར་ཏེ་སྔ་མས་གཞན་སྣང་ལ་ཡོན་ཏན་རྒྱ་ཕྲག་བཅུ་གཉིས་སྟོན་མ་ནུས་ཕྱི་མ་ཁོ་ནས་ནུས་པའི་ཕྱིར་རོ། །ལུང་པ་ཁ་ཞེང་ཆེ་ཆུང་གི་ཉི་མའི་དཔེ་ཡང་མི་འགྲིག་སྟེ། འགྲིགས་ལྟར་ན་ལུང་པ་དེ་གཉིས་སུ་ཤར་བའི་ཉི་མ་ལ་ནུས་པ་ཆེ་ཆུང་ངམ། དེའི་འོད་ཟེར་ལ་ཚ་བའི་རེག་བྱ་ཆེ་ཆུང་གི་ཁྱད་པར་གཅིག་ཡོད་པར་ཁས་ལེན་དགོས་པ་ལས་དེ་འདྲ་མེད་པའི་ཕྱིར་དང་སྔོ་དྲོས་པ་སྨུར་བུལ་ནི་ཉི་མ་ཤར་བ་སྔ་ཕྱིའི་དབང་ལས་ཉི་མ་དང་བར་ཐག་རིང་ཐུང་གིས་སྐབས་ཡིན་པའི་ཕྱིར་རོ། །གཞན་ཡང་ཁྱེད་ཀྱི་འདོད་པ་ལྟར་ན་ཕྱག་རྒྱའི་ལུགས་ཀྱི་མཐོང་ལམ་དེ་ས་ལམ་སྔ་མའི་ཡོན་ཏན་མ་རྫོགས་པར་གློ་བུར་དུ་དཀར་ཤ་བཞིན་དུ་ཐོན་པའམ།སྙིང་མ་པའི་ཆོས་སྐུ་ཀུན་ཏུ་བཟང་པོ་ལྟ་བུ་ཞིག་ཡིན་པར་དོགས་སོ། །ཆོས་རྗེ་བས། ཉི་མའི་འོད་ཟེར་གྱི་དཔེ་དང་སྦྱར་བ་ནི་གཞན་དབང་གི་རྣམ་འཕྲུལ་མེད་པས་ལྟས་ན་ཤིན་ཏུ་འགྲིག་ཅིང་ལེགས་པའོ། །སྒྱུན་སྔ་བསོད་ནམས་རྒྱལ་མཚན་པའི་གསུང་དེ་ནི་ཁོང་རང་འདོད་ཡོན་ལ་ཤིན་ཏུ་བརྐམས་པ་དེ་འདྲ་ཞིག་གཞན་ལའང་ཡོད་སྙམ་ནས་སྨྲས་པའི་ཚིག་ཏུ་སྣང་ཡང་དེ་འདྲ་སྐྱུར་བཟློས་འདྲ་བྱེད་མཁན་འོང་དུ་རེ་ནས་བྲིས་པ་ནི་མིན་ལས་ཆེ། འོན་ཀྱང་། ཆོས་འདི་ལོག་པར་བཤད་ན་སྡིག་པ་ལྗི། །ལེགས་པར་བཤད་ན་སྐྱེ་བོ་ཕལ་ཆེར་ཁྲོ། །སྙིགས་མའི་དུས་ཀྱི་ཆོས་སྨྲ་དཀའ་མོད་ཀྱི། །འོན་ཀྱང་འགྲོ་ལ་ཕན་པའི་བསམ་པས་བཤད། །ཅེས་པ་ལྟར་ཡིན་པས་བག་ཡོད་པར་བྱ་འོས་སོ། །འདི་ནས་མ་དཔེ་ཆད་སོང་བ་འདྲ། གི་ཀུ་གཏེར་འཕོལ། །སྲིད་པའི་ཞུན་ཚོགས་འཁྲམ་ཅན་བདུག་པའི་ལྟོ། །ལེགས་བཤད་ཉི་མའི་འོད་ཀྱི་མིག་ལོང་སྟེ། །བློ་གྲོས་མུན་པའི་མལ་དུ་རོ་ཉལ་ཡང་། །ཆགས་སྡང་ཐུན་གསུམ་ལང་ཚོའི་མིག་ཕྱེ་ནས། །ཕྱོགས་ལྷུང་ཚུལ་བཞིན་ཅ་ཅོའི་རང་གཞན་གྱི། །ཐར་པའི་ས་བོན་བསྲེག་པའི་རྒྱུར་དོགས་ནས། །བཏང་སྙོམ་གནས་ཚད་ལན་མ་བྱུང་ཞེས་སྨྲ། །ལན་སླས་ཆེ་ན་སྡང་བ་སུན་དབྱུང་ཞེས། །སླ་ན་ཇི་ལྟར་བྱ་བ་ལུང་བསྟན་འོས། །དྲན་དབང་གཞན་གྱི་ལེགས་བཤད་སུན་དབྱུང་ནས། །རང་གི་རྣམ་དཔྱོད་མཚར་བའི་བཞིན་བཟང་པོ། །ངོམ་འདོད་མེད་ཀྱང་སེམས་ཀྱི་མེ་ལོང་ལ། །ཡིན་ལུགས་ཡིན་བཞིན་བཤད་པ་དགག་མ་ནུས། །ལ་ལའི་བློ་གྲོས་བ་ཀུ་ལ་ཡི་ཕྲེང་། །ལེགས་བཤད་ཉི་ཟླ་འབུམ་གྱིས་མ་གྲོལ་བར། །ཚུལ་མིན་ལུས་ཚོར་ཁ་ཆུས་འཛུམ་ལྡན་ཡང་། །དེ་ལ་སེམས་དང་ལྡན་པ་སུ་ཡིས་བསྐྱོད། །སྨྲ་མཁས་ཁྱོད་ཀྱི་ལུང་རིགས་གནམ་ལྕགས་ལྟེས། །ལོག་སྨྲའི་ཚང་ཚིང་མ་ལུས་བསྲེགས་སོ་ཞེས། །བསྟན་མཛད་དགའ་བའི་ཡིད་བཟང་གཞོན་ནུ་ཡིས། །འོག་མིན་ཆེན་པོའི་བར་དུ་ཅིས་མི་སྒྲོགས། །རྩོད་དུས་མུན་པའི་དགྲ་བོ་ས་སྐྱ་པའི། །བསྟན་ལ་དགའ་བའི་བློ་གསལ་དཔྱོད་ལྡན་ཀུན། །མཁའ་དབྱིངས་ཐོན་པའི་གནས་སུ་མིག་བགྲད་ནས། །མཁས་པའི་མདུན་ས་ཀུན་ཏུ་འདི་སྒྲོགས་ཤིག །ཚུལ་འདིར་འབད་པའི་

རྣམ་དཀར་དགེ་བའི་དངོས། །སྔོན་བླའི་འོད་ལྟར་དཀར་བ་གང་ཐོབ་དེས། །སྐྱེ་དགུའི་ཡིད་ཀྱི་མུན་པ་ཀུན་བཅོམ་ནས། །ཀུན་མཁྱེན་ཡེ་ཤེས་སྣང་བ་འབར་གྱུར་ཅིག །སངས་རྒྱས་ཉི་མ་རིགས་གསུམ་གདུལ་བྱའི་རི་ལ་ཧེ་ལྟར་འོས་པར་འབབ། །དམ་ཆོས་ཟླ་བ་སྲིད་ན་ཕན་བདེའི་ཀུ་མུད་དགའ་ཚལ་འཛུམ་ལ་དབང་། །དགེ་འདུན་སྐྲ་གཅན་མཐའ་དག་ཤེས་བྱའི་མཁའ་ལ་ཐོགས་པ་མེད་པར་རྒྱུ། །སྐྱབས་གསུམ་ངོ་བོ་དཔལ་ལྡན་བླ་མས་ས་གསུམ་ཆོས་ཀྱི་ཤིས་པར་མཛོད། །ཅེས་པ་འདི་ནི་བཀའ་སློལ་བཟང་པོ་ལ་མི་ཕྱེད་པའི་དད་པ་ལྷུན་པོ་ལྟར་བརྟེན་ཅིང་། གསུང་རབ་ཀྱི་དོན་ལ་དཔྱད་པར་བཟོད་པའི་རྣམ་དཔྱོད་ཀྱི་བཞིན་རས་གསལ་ཞིང་། ལེགས་བཤད་ཀྱི་བདུད་རྩི་དོན་དུ་གཉེར་བ་རབ་འབྱམས་སྨྲ་བ་རིན་ཆེན་བཀྲ་ཤིས་ལ་སོགས་པ་དུ་མས་བསྐུལ་བའི་ངོར་བདེ་བར་གཤེགས་པའི་རིང་ལུགས་ལ་ཐམས་ཅད་ཀྱི་གཙུག་གི་ནོར་བུ། རྩོད་དུས་ཀྱི་འགྲོ་བ་མགོན་མེད་པ་མཐའ་དག་གི་དཔུང་གཉེན། ཤེས་བྱའི་དཀྱིལ་འཁོར་མཐའ་དག་ལ་གཟིགས་པའི་སྤྱན་མཁའ་ལྟར་ཡངས་ཤིང་། དམིགས་པ་མེད་པའི་ཐུགས་རྗེ་ཆེན་པོས་འགྲོ་བ་མཐའ་དག་བདག་གིར་མཛད་པའི་རྣམ་པར་འདྲེན་པ་ཆེན་པོ་འཇམ་པའི་དབྱངས་ཆོས་འོད་ཟེར་དང་། འཇམ་མགོན་གྲུབ་པའི་དབང་པོ་བསོད་ནམས་ཆོས་འཕེལ། མཁྱེན་རབ་ཀྱི་དབང་ཕྱུག་ངག་དབང་ཆོས་གྲགས། གནས་ལྔ་རིག་པའི་དབང་པོ་སྙིང་རྗེ་བཟང་པོ་ལ་སོགས་པ་ཆོས་བཞིན་དུ་སྐྱོང་པའི་ཡོངས་འཛིན་དུ་མའི་ཞབས་ཀྱི་རྡུལ་ཕྲེང་སྙོག་པ་མེད་པ་སྤྱི་བོས་བླངས་ཤིང་། གསུང་གི་བདུད་རྩིས་སྐལ་བ་བཟང་པོར་གྱུར་པ། ཤཱཀྱའི་དགེ་སློང་སྨྲ་སྨོད་འཛིན་པ་ཆོས་རྣམ་རྒྱལ་ཞེས་བགྱི་བས་རྣམ་འགྱུར་ཞེས་པ་ས་ཕོ་འབྲུག་གི་ལོའི་ཧོར་ལུགས་ཀྱི་ཟླ་བ་བཞི་པའི་ཉེར་ལྔའི་ཉིན་ལེགས་བཤད་ཀྱི་སྒྲ་དབྱངས་ཁོར་ཡུག་ཏུ་སྒྲོགས་པའི་གནས་ནས། ཐུབ་བསྟན་རྣམ་པར་རྒྱལ་བའི་ཆོས་ཆེན་པོར་ལེགས་པར་སྦྱར་བའི་ཡི་གེ་པ་ནི་མཻ་ཏྲི་དྷརྨ་ཀཱིརྟིས་ཤེས་ནས་གུས་པས་བགྱིས་པའོ། །འདིས་ཀྱང་རྒྱལ་བའི་བསྟན་པ་རིན་པོ་ཆེ་དར་ཞིང་རྒྱས་པ་དང་། བསྟན་འཛིན་ཐམས་ཅད་སྐུ་ཚེ་བརྟན་ཅིང་རྣམ་དཀར་གྱི་འཕྲིན་ལས་ཐམས་ཅད་ཡར་ངོའི་ཟླ་ཚེས་ལ་འགྲན་པའི་རྒྱུར་གྱུར་ཅིག ||

༄༅། །སྡོམ་གསུམ་རབ་དབྱེའི་སྐབས་གསུམ་པའི་དཀའ་གནད་ཀྱི་མཐའ་དཔྱད་པ་འཕྲུལ་འཛོམས་རྡོ་རྗེའི་འཕྲེང་བ་ཞེས་བྱ་བ་བཞུགས་སོ། །

རྟ་ནག་མཁན་ཆེན་ཆོས་རྣམ་རྒྱལ།

གསང་ཆེན་ཆོས་ལ་རྣམ་དཔྱོད་རིགས་སད་པའི། །ཡང་དག་རྟགས་ཀྱི་འོད་ཟེར་བྱེ་བ་བརྒྱས། །སྐལ་བཟང་པདྨོའི་གཉེན་དུ་ལྷམ་མེ་བ། །ཡོངས་འཛིན་དམ་པའི་ཉི་མར་ཕྱག་བགྱིས་ནས། །ཆོས་རབ་འབྱེད་པའི་བློ་གྲོས་མཁའ་དབྱིངས་ནས། །ལུང་གི་གློག་ཕྲེང་འབྱུམ་དང་ལྡན་ཅིག་ཏུ། །དངོས་སྟོབས་རིག་པའི་ཐོག་གིས་ཕས་རྒོལ་གྱི། །ལོག་རྟོག་མགོ་བོ་དུམ་བུ་བརྒྱར་བྱའོ། །

སྨིན་བྱེད་ཀྱི་དབང་ཡིན་ན། རང་ཉིད་གདུལ་བྱ་རྒྱུད་མ་སྨིན་པ་གསར་དུ་སྨིན་པར་བྱེད་པའི་སྨིན་བྱེད་ཀྱི་དབང་ཡིན་པས་ཁྱབ་པར་ཐལ། ཁྱབ་གྲུབ་ལ། འདིར། སྨིན་པར་བྱེད་པའི་དབང་བསྐུར་ཡང་། །ཞེས་དང་། ཁ་སྐོང་ལས། རིག་འཛིན་སྡོམ་པ་དབང་བསྐུར་ལས། །ཐོག་མར་ཐོབ་པ་སྨིན་བྱེད་ཡིན། །ཞེས་པ་འདི་བྱུང་བའི་ཕྱིར། འདོད་ན། སོ་སོའི་སྐྱེ་བོའི་རྡོ་རྗེ་སློབ་དཔོན་གྱིས་སོ་སོ་སྐྱེ་བོའི་རྡོ་རྗེ་སློབ་མ་སྨིན་པར་བྱེད་པའི་སྨིན་བྱེད་ཀྱི་ཀྱེ་རྡོ་རྗེའི་གསང་དབང་ཆོས་ཅན། དེར་ཐལ་དེའི་ཕྱིར་ཏེ། སྨིན་བྱེད་ཀྱི་གསང་དབང་ཡིན་པའི་ཕྱིར་ཏེ། ཆོས་ཅན་དེ་ཡིན་པའི་ཕྱིར་ཏེ། དེ་ཡོད་པའི་ཕྱིར་ཏེ། སྨིན་བྱེད་ཀྱི་དབང་དེ་ལ་སྨིན་བྱེད་ཀྱི་དབང་བཞིར་གྲངས་ངེས་པའི་ཕྱིར་ཏེ། དབང་བཞི་སྨིན་མཛད་ལམ་བཞིས་གྲོལ་བར་སྟོན། །ཞེས་གསུངས་པའི་ཕྱིར། རྩ་བར་འདོད་མི་ནུས་ཏེ། རང་གི་གདུལ་བྱ་བུམ་དབང་གིས་སྨིན་ཟིན་པ་རྫོགས་རིམ་གྱི་སྣོད་ལྡན་དུ་བྱེད་པའི་ཐབས་ཁྱད་པར་ཅན་ཡིན་པའི་ཕྱིར་ཏེ། ཆོས་ཅན་དེ་ཡིན་པའི་ཕྱིར། གཞན་ཡང་དེ་ཡིན་ན། རྡུལ་ཚོན་གྱི་དཀྱིལ་འཁོར་དུ་བསྐུར་བར་བྱེད་པའི་དབང་ཡིན་དགོས་པར་ཐལ། ཁྱབ་པ་ནི། འདིར། དེང་སང་གང་ཟག་རབ་འབྲིང་ཀུན། །ཞེས་སོགས་ཚིགས་བཅད་གཅིག་བྱུང་བའི་ཕྱིར། འདོད་ན། རས་བྲིས་ཀྱི་དཀྱིལ་འཁོར་དུ་སྨིན་བྱེད་ཀྱི་དབང་བསྐུར་བ་མེད་པར་ཐལ། འདོད་པའི་ཕྱིར། འདོད་མི་ནུས་ཏེ། སློབ་དཔོན་རྡོ་རྗེ་དྲིལ་བུ་པས། རི་མོར་བྲིས་པའི་ལས་དང་ནི། །ཞེས་སོགས་དང་། སློབ་དཔོན་ཛ་ཡ་སེ་ནས། རྡུལ་ཚོན་བྲི་བར་མ་ནུས་ན། །ཞེས་སོགས་གསུངས་པའི་ཕྱིར། གཞན་ཡང་། རྡུལ་ཚོན་གྱི་དཀྱིལ་འཁོར་དུ་དབང་བཞི་རྫོགས་པར་བསྐུར་བ་ཡོད་

པར་ཐལ། རས་བྲིས་ཀྱི་དཀྱིལ་འཁོར་དུ་དེ་བསྐུར་བ་ཡོད་པའི་ཕྱིར། འདོད་ན། རྫུལ་ཚོན་གྱི་དཀྱིལ་འཁོར་དུ་གསང་དབང་བསྐུར་བ་ཡོད་པར་ཐལ། འདོད་པའི་ཕྱིར། འདོད་མི་ནུས་ཏེ། གསང་དབང་བསྐུར་བའི་ཡུལ་གྱི་དཀྱིལ་འཁོར་ཡིན་ན། རྫས་གསང་བ་བྱང་ཆུབ་སེམས་ཀྱི་དཀྱིལ་འཁོར་ཡིན་པས་ཁྱབ་པའི་ཕྱིར་ཏེ། གསང་དབང་གི་རྟོགས་བརྗོད་ལས། དེ་ལྟར་ན་རྫས་གསང་བ་བྱང་ཆུབ་སེམས་ཀྱི་དཀྱིལ་འཁོར་དུ་གསང་བའི་དབང་ཐོབ། ངག་གི་དྲི་མ་དག་ཅེས་སོགས་གསུངས་པའི་ཕྱིར། གཞན་ཡང་ལུས་ཀྱི་དཀྱིལ་འཁོར་དུ་སློབ་དཔོན་གྱི་དབང་བསྐུར་བར་མི་རུང་བར་ཐལ། དེ་མི་རུང་བའི་ཤེས་བྱེད་དུ། འདིར། ཁ་ཅིག་ཚིག་མེད་བཞིན་དུ། །ཞེས་སོགས་བྱུང་བའི་ཕྱིར། འདོད་མི་ནུས་ཏེ། སོ་སོ་སྐྱེ་བོའི་རྡོ་རྗེ་སློབ་དཔོན་གྱིས་སོ་སོ་སྐྱེ་བོའི་རྡོ་རྗེ་སློབ་མ་སྨིན་པར་བྱེད་པའི་སློབ་དཔོན་གྱི་དབང་བསྐུར་དུ་རུང་བའི་དཀྱིལ་འཁོར་དེ་ལ་རྫུལ་ཚོན་རས་བྲིས་ཏིང་ངེ་འཛིན་ལུས་ཀྱི་དཀྱིལ་འཁོར་དང་བཞིར་ཡོད་པའི་ཕྱིར་ཏེ། བདེ་ཆེན་རྒྱ་མཚོ་ལས། སློབ་དཔོན་གྱི་དབང་བསྐུར་དུ་རུང་བའི་དཀྱིལ་འཁོར་ནི་བཞི་པོ་འདི་ཀུན་ཡིན་པར་ཤེས་པར་བྱའོ། །ཞེས་གསུངས་པའི་ཕྱིར། གཞན་ཡང་། ལུས་ཀྱི་དཀྱིལ་འཁོར་དུ་སློབ་དཔོན་གྱི་དབང་བསྐུར་དུ་རུང་བར་ཐལ། བདེ་ཆེན་རྒྱ་མཚོ་ལས། དེས་ན་རང་བཞིན་གྱིས་གྲུབ་པའི་དཀྱིལ་འཁོར་འདི་གདུལ་བྱ་གསུམ་དུ་ཕྱེ་བའི་དབང་རྟེན་ལ་སློབ་དཔོན་གྱི་དཀྱིལ་འཁོར་དུ་རུང་ཡང་། ཞེས་གསུངས་པའི་ཕྱིར། གཞན་ཡང་སོ་སོའི་སྐྱེ་བོའི་རྡོ་རྗེ་སློབ་དཔོན་གྱིས་སོ་སོའི་སྐྱེ་བོའི་རྡོ་རྗེ་སློབ་མ་སྨིན་པར་བྱེད་པའི་སློབ་དཔོན་གྱི་དབང་བསྐུར་དུ་རུང་བའི་ཡུལ་གྱི་དཀྱིལ་འཁོར་ཡིན་ན། རྫུལ་ཚོན་གྱི་དཀྱིལ་འཁོར་སོགས་བཞི་པོ་གང་རུང་ཡིན་པས་ཁྱབ་པར་ཐལ། ཁྱབ་སྒྲུབ་ལ། སློབ་དཔོན་གྱི་དབང་བསྐུར་དུ་རུང་བའི་དཀྱིལ་འཁོར་ནི་བཞི་པོ་འདི་ཀུན་ཡིན་པར་ཤེས་པར་བྱའོ། །ཞེས་པ་འདི་བྱུང་བའི་ཕྱིར། འདོད་ན། སོ་སོའི་སྐྱེ་བོའི་རྡོ་རྗེ་སློབ་དཔོན་གྱིས་སོ་སོ་སྐྱེ་བོའི་རྡོ་རྗེ་སློབ་མ་ལ་སྨིན་པར་བྱེད་པའི་སློབ་དཔོན་གྱི་ཀྱི་རྡོ་རྗེའི་གསང་དབང་བསྐུར་དུ་རུང་བའི་ཡུལ་གྱིས་རྫས་གསང་བ་བྱང་ཆུབ་སེམས་ཀྱི་དཀྱིལ་འཁོར་ཆོས་ཅན། དེ་དེ་ཡིན་པའི་ཕྱིར་ཏེ། དེས་དེ་སྨིན་པར་བྱེད་པའི་སློབ་དཔོན་གྱི་གསང་དབང་བསྐུར་དུ་རུང་བའི་དཀྱིལ་འཁོར་ཡིན་པའི་ཕྱིར་ཏེ། ཆོས་ཅན་དེ་ཡིན་པའི་ཕྱིར། རྩ་བར་འདོད་ན། སློབ་དཔོན་གྱི་བུམ་དབང་བསྐུར་དུ་རུང་བའི་ཡུལ་གྱི་དཀྱིལ་འཁོར་ཡིན་པར་ཐལ། འདོད་པའི་ཕྱིར། འདོད་མི་ནུས་ཏེ། ཆོས་ཅན་ཡིན་པའི་ཕྱིར། གཞན་ཡང་། བྱ་རྒྱུད་ཀྱི་དབང་ཡིན་ན། དབང་བཞི་པོ་གང་རུང་ཡིན་པས་ཁྱབ་པར་ཐལ། ཁྱབ་སྒྲུབ་ལ་འདིར། བྱ་སྤྱོད་རྣལ་འབྱོར་རྒྱུད་གསུམ་ཀར། །ཞེས་སོགས་རྐང་པ་དྲུག་བྱུང་བའི་ཕྱིར། འདོད་ན། སངས་རྒྱས་རྡོ་རྗེ་འཆང་གི་ཐུགས་རྒྱུད་ཀྱི་བྱ་རྒྱུད་ཀྱི་དབང་ཆོས་ཅན། དེར་ཐལ་དེའི་ཕྱིར་ཏེ། ཆོས་ཅན་དེ་ཡིན་པའི་ཕྱིར། དེ་ཡོད་པའི་ཕྱིར་ཏེ། དེའི་རྒྱུད་ལ

རྒྱུད་སྡེ་བཞི་ཆར་གྱི་དབང་ཡོད་པའི་ཕྱིར་ཏེ། རྒྱུད་སྡེ་བཞི་པོ་གང་གི་དབང་ཡིན་ཡང་རྡོ་རྗེ་འཆང་ནས་རྒྱ་བའི་བླ་མའི་བར་དུ་དབང་གི་ཆུ་བོའི་རྒྱུན་མ་ནུབ་པ་གཅིག་དགོས་པའི་ཕྱིར་ཏེ། འདིར་བླ་མ་རྒྱུད་པ་མ་ཉམས་ཤིང་། ། ཞེས་སོགས་འབྱུང་། རྒྱ་བར་འདོད་མི་ནུས་ཏེ། བླ་མེད་ཀྱི་དབང་ཡིན་པའི་ཕྱིར་ཏེ། འབྲས་དུས་ཀྱི་ཐུགས་སྡོམ་ཡིན་པའི་ཕྱིར་ཏེ། སངས་རྒྱས་རྡོ་རྗེ་འཆང་གི་ཐུགས་རྒྱུད་ཀྱི་དབང་ཡིན་པའི་ཕྱིར་ཏེ། ཆོས་ཅན་དེ་ཡིན་པའི་ཕྱིར། གཞན་ཡང་། ཆུ་དབང་ཡིན་ན། མི་བསྐྱོད་པ་ཆུ་དབང་ཡིན་དགོས་པར་ཐལ། རིན་ཆེན་འབྱུང་ལྡན་ཅོད་པན་གྱི་དབང་ལ་དེའི་ཕྱིར། འདོད་ན། བྱ་རྒྱུད་རང་རྐང་གི་ཆུ་དབང་ཆོས་ཅན། དེར་ཐལ། དེའི་ཕྱིར། བྱ་རྒྱུད་ཀྱི་ཆུ་དབང་ཡིན་པའི་ཕྱིར་ཏེ། ཆོས་ཅན་དེ་ཡིན་པའི་ཕྱིར། དེ་ཡོད་པའི་ཕྱིར་ཏེ། བྱ་རྒྱུད་རང་རྐང་གི་དབང་དེ་ལ་ཆུའི་དབང་དང་ཅོད་པན་གྱི་དབང་གཉིས་སུ་གྲངས་ངེས་པའི་ཕྱིར་ཏེ། ཡེ་ཤེས་ཐིག་ལེར། ཆུའི་དབང་བསྐུར་བའི་ཅོད་པན་དག །བྱ་བའི་རྒྱུད་ལ་རབ་ཏུ་གྲགས། །ཞེས་གསུངས་པའི་ཕྱིར། རྒྱ་བར་འདོད་ན། དེ་ཆོས་ཅན། སྦྱང་གཞི་སྦྱོང་བྱེད་སྦྱོར་བའི་དབང་ཡིན་པར་ཐལ། འདོད་པའི་ཕྱིར། འདོད་ན། བླ་མེད་ཀྱི་དབང་ཡིན་པར་ཐལ། འདོད་པའི་ཕྱིར། འདོད་མི་ནུས་ཏེ། ཆོས་ཅན་དེ་ཡིན་པའི་ཕྱིར། (འདི་ན་མ་དཔེ་མི་ལས་འབྱུ་ཁ་ཤས་མི་གསལ) ཞེས་པ་ལས་གཞུང་གང་དུ་སྟོན་གྱི་གསལ་ཁ་ཆེར་མི་སྣང་། ཕྱིས་སུ་ཁ་ཅིག་གིས། སློབ་དཔོན་གྱི་དབང་དུས་སུ་སློབ་མ་ལ་ཕྱི་ནང་གི་རྟེན་འབྲེལ་བསྒྲིག་དགོས་པས་དེའི་སྐབས་ཀྱི་ཕྱི་ནང་གི་རྟེན་འབྲེལ་དེ་འདིའི་དངོས་བསྟན་གྱི་རྟེན་འབྲེལ་ཡིན་ཟེར་བ་དང་། ལ་ལ་ས་པཎ་གྱིས་རྟེན་འབྲེལ་ལྔའི་ཡིག་ཆུང་ནས་གསུངས་པའི་ཕྱི་ནང་གི་རྟེན་འབྲེལ་དེ་འདིར་དྲངས་ནས་འཆད་པ་སོགས་དངོས་བསྟན་གྱི་རྟེན་འབྲེལ་ངོས་འཛིན་རང་ལ་ཡང་། མི་འདྲ་བ་འགའ་རེ་ཡོད་འདུག་པས་དེང་སང་རང་རང་གི་འཆད་ཉན་གྱི་གྲྭ་ས་ན་བླ་མ་རྣམས་ཀྱིས་ཇི་ལྟར་གསུངས། རང་རང་གི་བློས་དཔྱད་ན་ཇི་ལྟར་ཟེར། ངེད་རང་གི་བློ་ཚོད་ཀྱིས་གཞལ་ན། གཞུང་འདིར། ཕྱི་རུ་ཡུལ་རྣམས་བགྲོད་པ་དང་། །ནང་དུ་རྩ་མདུད་གྲོལ་བ་ནི། །ས་བཅུ་ལ་སོགས་བགྲོད་པ་ཡིས། །རྟེན་འབྲེལ་ཉིད་ཀྱིས་འབྱུང་བ་ཡིན། །འདི་དོན་རྣལ་འབྱོར་ཆེན་པོ་ཡི། །རྒྱུད་ཀྱི་ས་ལམ་སྐབས་སུ་ལྟོས། །ཞེས་གསུངས་བྱུང་བས་ན། དབང་བཞི་ཡོངས་སུ་རྫོགས་པ་དང་། །ཞེས་པ་ནས་དབུ་བཟུང་། ས་རྣམས་བགྲོད་པར་བྱ་བ་དང་། །ཡུལ་རྣམས་དབང་དུ་བསྡུ་བའི་ཕྱིར། །གནས་དང་ཉེ་བའི་གནས་ལ་སོགས། །ཡུལ་ཅན་སུམ་ཅུ་སོ་བདུན་དུ། །རིག་པ་བརྟུལ་ཞུགས་སྤྱོད་ཕྱིར་རྒྱུ། །ཞེས་པ་ནས། དེས་ན་ས་ལམ་མི་བགྲོད་པར། ། ཡུལ་སོགས་བགྲོད་པར་བཤད་གད་གནས། །ཞེས་པའི་བར་གྱི་གཞུང་འདི་ཀུན་གོང་མདོར་བསྟན་དུ་གསུངས་པའི་ཕྱི་ནང་གི་རྟེན་འབྲེལ་དང་། བླ་མེད་ཀྱི་ས་ལམ་གྱི་རྣམ་གཞག་གཉིས་ཀ་ཆབས་ཅིག་ཏུ་སྟོན་པའི་རྒྱུས་

བཤད་ཡིན་ཏེ། སྤྱོད་པ་དང་ས་ལམ་གཉིས་པོ་དེ་ཟུང་འབྲེལ་གྱི་སྒོ་ནས་སྟོན་པ་ལས་ཐ་དད་དུ་བྱས་ནས་སྟོན་མི་འདུག་པའི་ཕྱིར། དེ་ལྟར་ན་དྲོད་འབྱིང་གི་རྟགས་པ་ཐོབ་པ་གཅིག་གིས་པུ་ལི་ར་མ་ལ་ཡ་མ་ལ་སོགས་པའི་གནས་ཀྱི་ཡུལ་བཞིར་སྤྱོད་པ་ལ་ཆས་པ་ལས་སྤྱི་བོ་ལ་སོགས་པ་ནང་གི་ཡུལ་བཞིའི་རླུང་སེམས་དབུ་མར་ཐིམ་སྟེ། ས་དང་པོའི་རྟོགས་པ་སྐྱེས་པ་ནི་སྐབས་འདིའི་ཕྱིའི་རྟེན་འབྲེལ་དང་། ནང་གི་ཡུལ་བཞིའི་རླུང་སེམས་དབུ་མར་འདུས་པ་ལས་ཕྱིའི་ཡུལ་བཞིའི་དཔའ་བོ་དང་རྣལ་འབྱོར་མ་རྣམས་སྤྲུབ་པ་པོའི་དབང་དུ་གྱུར་པ་ནི་སྐབས་འདིའི་ནང་གི་རྟེན་འབྲེལ་ཡིན་ཏེ། རིམ་བཞིན་ཕྱི་ལ་བརྟེན་ནས་བྱུང་བའི་རྟེན་འབྲེལ་ལ་ཕྱིའི་རྟེན་འབྲེལ་དང་། ནང་ལ་བརྟེན་ནས་བྱུང་བའི་རྟེན་འབྲེལ་ལ་ནང་གི་རྟེན་འབྲེལ་དུ་ཐ་སྙད་བཞག་པ་འདྲ་སྙམ་དུ་སེམས། གང་ལྟར་བློ་གྲོས་དང་ལྡན་པ་དག་གིས་མངོན་རྟོགས་ལྗོན་ཤིང་སོགས་རྗེ་བཙུན་གོང་མའི་གསུང་རབ་དང་། ངོར་ཆེན་གྱི་ལྗོན་ཤིང་མཛེས་རྒྱན་ལ་ཡང་དང་ཡང་དུ་བལྟ་ཞིང་བསམ་བྱུང་གི་ཤེས་རབ་ཀྱིས་གོ་བ་མྱང་བས་ཚུལ་བཞིན་རྟོགས་པར་འགྱུར་བ་ཡིན་ནོ། །

གཞུང་འདིའི་བསྟན་བཅོས་ལུས་ཀྱི་སྐབས་སུ་པཎ་ཆེན་རིན་པོ་ཆེས་དོགས་གནས་བརྒྱ་དང་བརྒྱད་བཀོད་པའི་དྲི་བ་མཛད་པ་ཀུན་མཁྱེན་ཆེན་པོའི་གཟིགས་ལམ་དུ་ཕེབས་པ་ན་གསུངས་པ་ལས། དོགས་པ་ཞུགས་སའི་དྲི་བ་བཞི་འདུག་ཅིང་རྣམ་དཔྱོད་དང་ལྡན་པ་དག་གིས་དོགས་པ་སེལ་དགོས་པའི་དཔྱོད་ལྡན་གྱི་དྲི་བ་ཡང་འགའ་ཞིག་འདུག་མོད་ཀྱི། ཕལ་ཆེར་ནི་ཚིག་ལ་འཁྲི་བ་ཙམ་དང་ཞེས་སོགས་གསུང་འདུག་པ་ཡིན། དེ་ལ་དོགས་པ་ཞུགས་སའི་དྲི་བ་དང་པོ་ནི་གཞུང་དུ། དེས་ན་བསྔོ་རྒྱུའི་དགེ་བ་དང་། །བཤགས་པར་བྱ་བའི་སྡིག་པ་ཡང་། །བྱས་པའི་དགེ་སྡིག་ཡིན་མོད་ཀྱི། །མྱང་འདས་ས་ལ་དགེ་སྡིག་མེད། །དེ་ཡི་རྣམ་གཞག་བཤད་ཀྱིས་ཉོན། །འདོད་ཆགས་ཞེ་སྡང་གཏི་མུག་གསུམ། །དེས་བསྐྱེད་ལས་ནི་མི་དགེ་བ། །མ་ཆགས་ཞེ་སྡང་གཏི་མུག་མེད། །དེས་བསྐྱེད་ལས་ནི་དགེ་བ་ཞེས། །གསུངས་པའི་དགོངས་པ་ཤེས་ནས་ནི། །མཁས་པ་རྣམས་ཀྱིས་དཔྱད་པར་བྱ། །ཞེས་རིན་ཐྲེང་བའི་ལུང་དྲངས་པ་དེ་ལ་པཎ་ཆེན་གྱིས། ཆགས་སྡང་རྨོངས་གསུམ་གྱིས་བསྐྱེད་པའི་ལས་ཀུན་མི་དགེ་བ་ཡིན་ན། ཟག་བཅས་དགེ་བ་གཏི་མུག་གིས། །ཀུན་སློང་དག་ལས་འབྱུང་དེ་ཅི། །ཞེས་དྲིས་པ་འདི་ཡིན་ལ།

ལན་ནི། མི་དགེ་བའི་རྩ་བ་གསུམ་གྱི་ནང་ཚན་དུ་གྱུར་པའི་གཏི་མུག་གིས་ཀུན་ནས་བསླངས་ཏེ་བསྐྱེད་པའི་ལས་ཡིན་ན། མི་དགེ་བ་ཡིན་པས་ཁྱབ་པ་གཞུང་གི་དོན་ཡིན་གྱིས། སྤྱིར་གཏི་མུག་གིས་ཀུན་ནས་བསླངས་པའི་ལས་ལ་མི་དགེ་བ་ཡིན་པས་མ་ཁྱབ་སྟེ། མདོ་ལས། མ་རིག་པའི་རྐྱེན་གྱིས་འདུ་བྱེད་ཅེས་སོགས

རྟེན་འབྲེལ་ཡན་ལག་བཅུ་གཉིས་སྔ་མ་སྔ་མ་ལས་ཕྱི་མ་ཕྱི་མ་འབྱུང་བར་གསུངས་པའི་དོན་མྱང་ནས། ཉེར་ལེན་གྱི་ཕུང་པོ་ལ་བདེན་པར་འཛིན་པའི་བདེན་འཛིན་དེ་ཐོག་མའི་མ་རིག་པ་ཡིན་པར་ཀླུ་སྒྲུབ་ཀྱིས་གསུངས། དེའི་རྗེས་སུ་གང་ཟག་རང་ཉིད་ལ་ངའོ་སྙམ་པའི་ངར་འཛིན་ལྷན་སྐྱེས་འབྱུང་བ་དེ་རྟེན་འབྲེལ་བཅུ་གཉིས་ཀྱི་དང་པོ་མ་རིག་པའི་རྟེན་འབྲེལ་གྱི་གཙོ་བོ་ཡིན་ཞིང་འདི་ལ་དེ་ཁོ་ན་ཉིད་ལ་རྨོངས་པའི་མ་རིག་པ་ཟེར། དགེ་མི་དགེ་གཉིས་ཀྱི་ནང་ནས（ཕལ་ཆེར་ཚིག་རེ་ནན་དགོས་པ་འདྲ།）སྒྲིབ་ལུང་མ་བསྟན་ཡིན། འདིས་ཀུན་ནས་བསླངས་ཏེ་བསྐྱེད་པའི་ལས་བསོད་ནམས་དང་བསོད་ནམས་མ་ཡིན་པ་དང་། མི་གཡོ་བའི་ལས་གསུམ་དུ་དབྱེར་ཡོད་པ་ལ་གཉིས་པ་འདུ་བྱེད་ཀྱི་རྟེན་འབྲེལ་དུ་འཇོག །དེས་ན་ཟག་བཅས་ཀྱི་དགེ་བ་ཐམས་ཅད་དེ་ཁོ་ན་ཉིད་ལ་རྨོངས་པའི་མ་རིག་པས་ཀུན་ནས་བསླངས་ཏེ་བསྐྱེད་པར་ཁས་ལེན་ལ། འོན་ཀྱང་། མི་དགེ་བའི་རྩ་བ་གསུམ་གྱི་ནང་ཚན་དུ་གྱུར་པའི་གཏི་མུག་གིས་ཀུན་ནས་བསླངས་པ་མིན་ཏེ། རྩ་བ་གསུམ་གྱི་ནང་ཚན་དུ་གྱུར་པའི་གཏི་མུག་ནི་ལས་འབྲས་ལ་རྨོངས་པའི་མ་རིག་པ་དང་དོན་གཅིག་པའི་ཕྱིར་རོ། །འདི་ལ་ཀླུ་སྒྲུབ་ཡབ་སྲས་ཀྱི་ལུང་གིས་འཐད་པ་ཡང་མང་དུ་ཡོད་པ་འདིར་མ་སྤྲོས།

དོགས་པ་གཉིས་པ་ནི། སྐབས་གཉིས་པར། སོ་སོ་ཐར་པའི་མདོ་བཞིན་དུ། །བསྔོ་བ་ཉན་ཐོས་རྣམས་ཀྱང་བྱེད། །ཅེས་དང་། ཐམས་ཅད་སྒྲོལ་གྱི་སྐྱེས་རབས་ལས། །བདག་གིས་བྲམ་ཟེ་འདོད་པ་ལ། །ཞེས་སོགས་གསུངས་པའི་ཐད་དུ་པཎ་ཆེན་གྱིས། ཉན་ཐོས་རྣམས་ཀྱིས་རྫོགས་བྱང་དུ། །བསྔོ་བ་བྱེད་ན་འཕགས་པ་ཡིས། །ཉན་ཐོས་ཐེག་པ་དེ་ལས་ནི། །སྨོན་པ་ཡོངས་བསྔོ་མ་བཤད་དེ། །ཞེས་གསུངས་པ་དེ་ཅི་ལ་དགོངས། །ཐམས་ཅད་སྒྲོལ་གྱི་སྐྱེས་རབས་ལས། །བསྔོ་བ་བཤད་དེ་ཉན་ཐོས་ཀྱིས། །བསྔོ་བ་ཡིན་པར་བཤད་པའི་ཕྱིར། །དོན་ཞགས་ལས། སེམས་ཅན་ཐམས་ཅད་ལ་ནུས་སམ་མི་ནུས་དྲིས་ཏེ་སྦྱིན་པར་བྱའོ། །ཞེས་དང་། འདིར་ཡང་། བྱ་བའི་རྒྱུད་ལ་རྣམ་གསུམ་ཡོད། །ཅེས་པ་ནས། གང་ཟག་ཀུན་གྱིས་བསྒྲུབ་པར་གསུངས། །ཞེས་པའི་བར་གསུངས་པའི་ཕྱིར། གཞན་ཡང་། བླ་མེད་ཀྱི་ཆུ་དབང་ཡིན་ན། མི་བསྐྱོད་པ་ཆུ་དབང་ཡིན་དགོས་པར་ཐལ། བླ་མེད་ཀྱི་མིང་གི་དབང་ཡིན་ན། རྣམ་པར་སྣང་མཛད་ཀྱི་མིང་གི་དབང་ཡིན་པའི་ཕྱིར། འདོད་ན། རྣམ་པར་སྣང་མཛད་ཆུ་དབང་ཆོས་ཅན། དེར་ཐལ། དེའི་ཕྱིར། རྣམ་པར་སྣང་མཛད་ཆུ་དབང་ཡིན་པའི་ཕྱིར་ཏེ། གསང་བ་འདུས་པའི་རིག་པའི་དབང་ལྔ་པོ་གང་རུང་གི་ནང་ཚན་དུ་གྱུར་པ་དེ་ཡིན་པའི་ཕྱིར་ཏེ། དེ་འདྲ་ཡོད་པའི་ཕྱིར་ཏེ། གསང་བ་འདུས་པ་འཕགས་ལུགས་ལ་རྣམ་པར་སྣང་མཛད་ལ་ཆུ་དབང་དང་མི་བསྐྱོད་པ་ལ་མིང་དབང་སྦྱོར་བའི་ཁྱད་པར་དེ་འཐད་པའི་ཕྱིར་ཏེ། བདེ་ཆེན་རྒྱ་མཚོ་ལས། དེས་ན་དཔལ་དང་ཆོ་ག་གཞན་རྣམས་ལས་མི་

བསྐྱོད་པ་ལ་ཆུ་དབང་སྦྱར་བ་ནི་སྦྱང་གཞི་སྦྱོང་བྱེད་རིགས་གཅིག་པ་ཡིན་ལ། རྣམ་སྣང་ལ་མིང་དབང་སྦྱར་བའི་རྒྱུ་མཚན་ནི་བཤད་ཟིན་ཅིང་། ཉུང་གསལ་ཤ་དང་སྒྲོན་གསལ་དེ་ལས་བཟློག་སྟེ་བཤད་པ་ནི་སྦྱང་གཞི་ཕུང་པོ་ལྔའི་གོ་རིམ་དང་སྦྱར་བའི་ཚེ་གཟུགས་ཕུང་རྣམ་པར་དག་པ་རྣམ་སྣང་ཡིན་ལ། སྦྱོང་བྱེད་དབང་རྫས་ལྔའི་གོ་རིམ་དང་སྦྱར་བའི་ཚེ་བུམ་པའི་ཆུ་ཐོག་མར་འབྱུང་བས་དེ་ལྟ་བུའི་སྦྱང་གཞི་སྦྱོང་བྱེད་ཟུང་འཇུག་ཏུ་འགྱུར་ཏེ། ཆུ་སེམས་ཀྱི་རང་བཞིན་ཡིན་པར་ཀྱེ་རྡོ་རྗེའི་རྒྱུད་ལས་གསུངས་པའི་ཕྱིར་རོ། །ཞེས་དང་། གསང་འདུས་ལས། རིགས་ཀྱི་བུ་ཁྱོད་ཉིད་ལུས་སེམས་ལྟ་བུ་དང་སེམས་ལུས་ལྟ་བུར་བསྐྱེད་ཅིག །ཅེས་དང་། སེམས་ཆིག་ཏུ་བརྗོད་པ་ལྟ་བུ་བསྐྱེད་ཅིག །ཅེས་གསུངས་པའི་ཕྱིར། རྩ་བར་འདོད་མི་ནུས་ཏེ། ཆོས་ཅན་དེ་ཡིན་པའི་ཕྱིར། གཞན་ཡང་། སྨིན་བྱེད་ཀྱི་དབང་ཡིན་ན། སྦྱང་གཞི་སློབ་མའི་ཕུང་ཁམས་སྐྱེ་མཆེད་ལ་སྐུ་བཞི་ས་བོན་ནུས་ལྡན་དུ་འདེབས་པར་བྱེད་པའི་དབང་ཡིན་པས་ཁྱབ་པར་ཐལ། ཁྱབ་བསྒྲུབ་ལ། འདིར་སྨིན་པར་བྱེད་པའི་དབང་བསྐུར་ཡང་། །ཞེས་པ་ནས། སྐུ་བཞིའི་ས་བོན་ཐེབས་ནུས་པ། །སངས་རྒྱས་གསུང་བཞིན་མཛད་པ་ཡི། །བླ་མ་བཅོལ་ལ་དབང་བཞི་བླངས། །ཞེས་དང་བདུད་རྩི་ཉིང་ཁུ་ལས། གཞིར་གནས་དཀྱིལ་འཁོར་བཞི་ལ་དབང་བཞི་ཡིས། །སྐུ་བཞི་ས་བོན་ཐེབས་ཚེ་བླ་མེད་ཀྱི། །སྡོམ་པ་རྫོགས་པ་རྒྱུད་སྡེ་འོག་མ་ལས། །ཟབ་ཁྱད་ཡིན་པ་དབང་གི་རིམ་པས་ཤེས། །ཞེས་གསུངས་པའི་ཕྱིར། འདོད་ན། ཀྱེ་རྡོ་རྗེའི་སྨིན་བྱེད་ཀྱི་གསང་དབང་ཆོས་ཅན། དེར་ཐལ། དེའི་ཕྱིར། རྩ་བར་འདོད་ན། དེ་ཆོས་ཅན། དེ་ལ་སྤྲུལ་སྐུའི་ས་བོན་ནུས་ལྡན་དུ་འདེབས་པར་བྱེད་པའི་དབང་ཡིན་པར་ཐལ། འདོད་པའི་ཕྱིར། འདོད་ན་ལུས་རྩའི་དཀྱིལ་འཁོར་ལ་སྤྲུལ་སྐུའི་ས་བོན་ནུས་ལྡན་དུ་འདེབས་པར་བྱེད་པའི་དབང་ཡིན་པར་ཐལ། འདོད་པའི་ཕྱིར། འདོད་ན། བུམ་དབང་ཡིན་པར་ཐལ། འདོད་པའི་ཕྱིར། འདོད་མི་ནུས་ཏེ། གསང་དབང་ཡིན་པའི་ཕྱིར་ཏེ། ཆོས་ཅན་དེ་ཡིན་པའི་ཕྱིར། གཞན་ཡང་། བྱིན་རླབས་ཡིན་ན། སྨིན་བྱེད་ཀྱི་དབང་ཡིན་དགོས་པར་ཐལ། ཁྱབ་སྒྲུབ་ལ། དཀྱིལ་འཁོར་འདི་ནི་བྱིན་རླབས་ཙམ། །ཡིན་གྱི་སྨིན་པར་བྱེད་པ་མིན། །ཞེས་པ་འདི་བྱུང་། འདོད་ན། ཀྱེ་རྡོ་རྗེའི་སྨིན་བྱེད་དུ་གྱུར་པའི་མི་བསྐྱོད་པའི་ཆུ་དབང་ཆོས་ཅན། དེར་ཐལ། དེའི་ཕྱིར་ཏེ། སློབ་མའི་རྣམ་པར་ཤེས་པའི་ཕུང་པོ་མི་བསྐྱོད་པར་བསྒོམ་དུ་རུང་བར་བྱེད་པའི་བྱིན་རླབས་ཁྱད་པར་ཅན་ཡིན་པའི་ཕྱིར་ཏེ། དེ་ལྟར་བྱེད་པའི་ཐབས་ཁྱད་པར་ཅན་ཡིན་པའི་ཕྱིར་ཏེ། སློབ་མའི་རྣམ་པར་ཤེས་པའི་ཕུང་པོ་མི་བསྐྱོད་པར་ངོ་སྤྲོད་པར་བྱེད་པའི་ཐབས་ཁྱད་པར་ཅན་ཡིན་པའི་ཕྱིར། རྩ་བར་འདོད་མི་ནུས་ཏེ། ཀྱེ་རྡོ་རྗེའི་སྨིན་བྱེད་ཀྱི་དབང་ཡིན་པའི་ཕྱིར་ཏེ། ཆོས་ཅན་དེ་ཡིན་པའི་ཕྱིར་རོ། །གཞན་ཡང་། རྒྱུད་སྡེ་འོག་མའི་རྒྱུད་འཆད་པ་དང་ཉན་པ་ལ་དབང

བའི་རྡོ་རྗེ་སློབ་དཔོན་ཡིན་ན། རྒྱུད་སྡེ་འོག་མའི་རྡོ་རྗེ་སློབ་དཔོན་གྱི་དབང་ཐོབ་པའི་གང་ཟག་ཡིན་དགོས་པར་ཐལ། ཁྱབ་སྟེ། འདིར་ལྷ་ལ་རབ་ཏུ་གནས་པ་དང་། །མི་ལ་དབང་བསྐུར་བྱ་བ་སོགས། །རྡོ་རྗེ་སློབ་མའི་དབང་བསྐུར་བ། །ཐོབ་ཀྱང་བྱ་བར་མ་གསུངས་ན། །དབང་བསྐུར་གཏན་ནས་མ་ཐོབ་པའི། །གང་ཟག་རྣམས་ཀྱིས་སྨོས་ཅི་དགོས། །ཞེས་པ་འདི་བྱུང་། འདོད་ན། རྒྱུད་སྡེ་འོག་མའི་དཀྱིལ་འཁོར་དུ་འཇུག་མ་མྱོང་བར་ཀྱི་རྡོ་རྗེའི་དཀྱིལ་འཁོར་དུ་ཞུགས་ཏེ་དབང་བཞི་རྫོགས་པར་ཐོབ་པའི་རྡོ་རྗེ་སློབ་དཔོན་ཆོས་ཅན། དེར་ཐལ། དེའི་ཕྱིར་ཏེ། ཀྱེ་རྡོ་རྗེའི་དབང་བཞི་རྫོགས་པར་ཐོབ་པའི་རྡོ་རྗེ་སློབ་དཔོན་ཡིན་པའི་ཕྱིར། ཁྱབ་སྟེ། ཁ་སྐོང་ལས། གོང་མའི་དབང་བསྐུར་ནང་དུ་ནི། །འོག་མའི་དབང་དང་ནུས་མཉམ་པ། །འདུས་ཕྱིར་གོང་མའི་དབང་ཐོབ་ན། །འོག་མ་འཆད་དང་ཉན་པར་གསུངས། །ཞེས་གསུངས་པའི་ཕྱིར། རྩ་བར་འདོད་མི་ནུས་ཏེ། རྒྱུད་སྡེ་འོག་མའི་དཀྱིལ་འཁོར་དུ་འཇུག་མ་མྱོང་བའི་གང་ཟག་ཡིན་པའི་ཕྱིར་ཏེ། ཆོས་ཅན་དེ་ཡིན་པའི་ཕྱིར། གཞན་ཡང་སྨིན་བྱེད་ཀྱི་དབང་ཁོ་ན་དང་གྲོལ་བྱེད་ཀྱི་ལམ་ཁོ་ན་ལ་བརྟེན་ནས་སངས་ཐོབ་པ་མེད་ལ། སྨིན་གྲོལ་ཟུང་འཇུག་ལ་བརྟེན་ནས་གྲུབ་པའི་ས་ཐོབ་པའི་ཁྱད་པར་དེ་འཐད་པར་ཐལ། དེ་ཤེས་བྱེད་ལ། འདིར་ཐབས་དང་ཤེས་རབ་གཉིས་མིན་པའི། །སངས་རྒྱས་སྒྲུབ་པའི་ཐབས་གཞན་མེད། །དེས་ན་གྲུབ་ཐོབ་ཐམས་ཅད་ཀྱང་། ། ཕྱོགས་རེའི་ཐབས་ཀྱིས་གྲོལ་བ་མིན། །ཞེས་པ་འདི་བྱུང་། འདོད་ན། སྨིན་བྱེད་ཀྱི་དབང་ཁོ་ན་ལ་བརྟེན་ནས་གྲུབ་པའི་ས་ཐོབ་པ་མེད་པར་ཐལ། འདོད་པའི་ཕྱིར། འདོད་མི་ནུས་ཏེ། འདིར། དེས་ན་གང་ཟག་དབང་པོ་རབ། །དབང་བསྐུར་ཉིད་ཀྱིས་གྲོལ་བར་གསུངས། །དབང་གིས་གྲོལ་བར་མ་ནུས་པའི། །གང་ཟག་གཞན་ལ་བསྒོམ་དགོས་སོ། །ཞེས་གསུངས་པའི་ཕྱིར། གཞན་ཡང་། དབང་གིས་གྲོལ་བ་དེ་ཐབས་ཤེས་ཕྱོགས་རེའི་ལམ་གྱིས་གྲོལ་བར་ཡིན་པར་ཐལ། འདོད་པའི་ཕྱིར། འདོད་ན། སྨིན་བྱེད་ཀྱི་དབང་ལས་གཞན་པའི་གྲོལ་བྱེད་ཀྱི་ལམ་བསྒོམ་དུ་ཡོད་པར་ཐལ། འདོད་པའི་ཕྱིར། འདོད་མི་ནུས་ཏེ། དབང་བསྐུར་ཐོབ་པ་དེའི་ཕྱིར། བསྲུང་ཞིང་སྤེལ་བར་བྱེད་པ་ལ་གྲོལ་བྱེད་ལམ་བསྒོམ་ཞེས་བཏགས་པ་ཡིན་པའི་ཕྱིར། འདིར། དེས་ན་དབང་བསྐུར་ཐོབ་པ་དེས། །བསྲུང་ཞིང་སྤེལ་བར་བྱེད་པ་ལ། །བསྒོམ་པ་ཞེས་ནི་བཏགས་པ་ཡིན། །ཞེས་དང་། ཁ་སྐོང་ལས། རིག་འཛིན་སྡོམ་པ་དབང་བསྐུར་ལས། །ཞེས་སོགས་གསུངས་པའི་ཕྱིར། ཡང་ཁ་ཅིག །བུམ་དབང་རྫོགས་པར་ཐོབ་པའི་ཚེ་སྔགས་སྡོམ་རྫོགས་པར་ཐོབ་པ་ཡིན་ཏེ། བུམ་དབང་གི་གསོལ་བཏབ་ཏུ། སངས་རྒྱས་ཀུན་གྱི་དམ་ཚིག་དང་། །སྡོམ་པའང་བླ་ན་མེད་པར་སྩོལ། །ཞེས་འབྱུང་བའི་ཕྱིར་ཞེ་ན། འོ་ན་བུམ་དབང་རྫོགས་པར་ཐོབ་པའི་ཚེ་རྫོགས་རིམ་གྱི་སྡོམ་པ་རྫོགས་པར་ཐོབ་པར་ཐལ། འདོད་པའི་ཕྱིར། འདོད་ན།

དབང་གོང་མ་མ་ཐོབ་པར་བུམ་དབང་ཙམ་ཐོབ་པའི་གང་ཟག་གིས་རྫོགས་རིམ་གྱི་སྒོམ་པ་ཉམས་སུ་ལེན་དུ་རུང་བར་ཐལ། འདོད་པའི་ཕྱིར། འདོད་ན། བུམ་དབང་མ་ཐོབ་པའི་གང་ཟག་གིས་བསྐྱེད་རིམ་ཉམས་སུ་ལེན་དུ་རུང་བར་ཐལ། འདོད་པའི་ཕྱིར། འདོད་ན། གསང་དབང་མ་ཐོབ་པའི་གང་ཟག་གིས། གསང་དབང་གི་ལམ་ཉམས་སུ་ལེན་དུ་རུང་བ་དང་། གཏུམ་མོ་བསྒོམ་དུ་རུང་བར་ཐལ། འདོད་པའི་ཕྱིར། འདོད་ན། ཤེས་རབ་ཡེ་ཤེས་ཀྱི་དབང་མ་ཐོབ་པར་དེས་ལམ་བདེ་སྟོང་ཕོ་ཉ་བསྒོམ་དུ་རུང་བར་ཐལ། འདོད་པའི་ཕྱིར། འདོད་ན། དབང་བཞི་པ་མ་ཐོབ་པར་དེའི་ལམ་ཕྱག་རྒྱ་ཆེན་པོ་བསྒོམ་དུ་རུང་བར་ཐལ། འདོད་པའི་ཕྱིར། འདོད་མི་ནུས་ཏེ། འདིར་དབང་བསྐུར་དང་པོ་ཞེས་སོགས་གསུངས་པའི་ཕྱིར། གཞན་ཡང་བུམ་དབང་རྫོགས་པར་ཐོབ་པའི་ཚེ་དམ་ཚིག་ཉི་ཤུ་པོ་རྫོགས་པར་ཐོབ་པར་ཐལ། དམ་བཅའ་དེའི་ཕྱིར། ཁྱབ་སྟེ། བདུད་རྩི་ཉིང་ཁུ་ལས། དམ་ཚིག་ཉི་ཤུ་མན་ངག་གནད་དྲུག་སོགས། །ཞེས་སོགས་ཚིགས་བཅད་གཅིག་གསུངས་པའི་ཕྱིར། འདོད་ན། བུམ་དབང་ཙམ་ཐོབ་པའི་གང་ཟག་གི་དབང་གོང་མ་ལ་མ་ལྟོས་པར་བཅུ་གསུམ་རྡོ་རྗེ་འཛིན་པའི་ས་མངོན་དུ་བྱེད་ནུས་པར་ཐལ། འདོད་པ་གང་ཞིག །སྔགས་ཀྱི་དམ་ཚིག་རྫོགས་པར་ཐོབ་ནས་ཉེས་ལྟུང་གི་དྲི་མས་མ་གོས་ན་ཚེ་འདིའམ་བར་དོའམ་སྐྱེ་བ་བཅུ་དྲུག་ཚུན་ཆད་ན་རྫོགས་པའི་སངས་རྒྱས་ཐོབ་པར་གསུངས་པའི་ཕྱིར། དང་པོ་ཁས། ཕྱི་མ་དེ་དེར་ཐལ། དེ་ནི་ཚེ་འམ་བར་དོ་འམ། །ཞེས་གསུངས་པའི་ཕྱིར། གོང་དུ་འདོད་མི་ནུས་ཏེ། བཅུ་གསུམ་རྡོ་རྗེ་འཛིན་པའི་ས་མངོན་དུ་བྱེད་པ་ལ་དབང་བཞི་དང་རིམ་པ་གཉིས་ལ་འབད་དགོས་པའི་ཕྱིར་ཏེ། འདིར། རྡོ་རྗེ་ཐེག་པའི་ལམ་ཞུགས་ཏེ། །ཞེས་སོགས་དང་། ཕ་རོལ་ཕྱིན་གཞུང་མི་ནུས་པར། །ཞེས་སོགས་གསུངས་པའི་ཕྱིར། གཞན་ཡང་དབང་གོང་མ་གསུམ་བསྐུར་བའི་ཆོག་དགོས་པ་མེད་པར་ཐལ། དམ་བཅའ་དེའི་ཕྱིར། ཁོ་ན་རེ། དབང་གོང་མ་གསུམ་པོ་དེ་རྫོགས་རིམ་གྱི་སྣོད་རུང་དུ་བྱེད་པའི་བྱིན་རླབས་ཙམ་ཡིན་གྱིས། སྨིན་བྱེད་ཀྱི་དབང་མཚན་ཉིད་པ་མིན་no་ཞེ་ན། འོ་ན་དབང་གོང་མ་གསུམ་གྱིས་སྐུ་ཕྱི་མ་གསུམ་གྱི་ས་བོན་འདེབས་མི་ནུས་པར་ཐལ། དམ་བཅའ་དེ་འཐད་པའི་ཕྱིར། ཁྱབ་སྟེ། རྡོ་རྗེ་ཕག་མོའི་བྱིན་རླབས་ལ། །ཞེས་སོགས་ཚིག་རྐང་དྲུག་གསུངས་པའི་ཕྱིར། འདོད་ན། བུམ་དབང་གི་སྤྲུལ་སྐུའི་ས་བོན་འདེབས་མི་ནུས་པར་ཐལ། འདོད་པའི་ཕྱིར། འདོད་མི་ནུས་ཏེ། སྐུ་བཞིའི་ས་བོན་འདེབས་ནུས་པ། །ཞེས་གསུངས་པའི་ཕྱིར། གཞན་ཡང་དབང་གོང་མ་གསུམ་བྱིན་རླབས་ཙམ་ཡིན་པ་མི་འཐད་པར་ཐལ། རྗེ་བཙུན་གྱིས་ཞུ་ལན་གསལ་བ་ལས། དེ་ཡིས་ནང་ནས་དཀྱིལ་འཁོར་ཆེན་པོ་རུ། །ཞུགས་ལ་དབང་བཞི་པོ་རྣམས་རྫོགས་པར་བླངས། །བྱིན་རླབས་ཕྲ་མོ་ཙམ་གྱིས་མ་ཡིན་ཏེ། །སྔགས་ཀྱི་རྩ་བ་དབང་བསྐུར་ཡིན་པར་གསུངས། །ཞེས་གསུངས་པའི་

ཕྱིར། གཞན་ཡང་དབང་གོང་མ་གསུམ་པོ་དེ་སྨིན་བྱེད་ཀྱི་དབང་ཡིན་པར་ཐལ། དབང་བཞི་སྨིན་མཛད་ལམ་བཞིས་གྲོལ་བར་སྟོན། །ཞེས་གསུངས་པའི་ཕྱིར། གཞན་ཡང་། ཐབས་རྒྱུད་ཀྱི་སྡོམ་པ་ཡིན་ན། བསྐྱེད་རིམ་གྱི་སྡོམ་པ་དང་། རྫོགས་རིམ་གྱི་སྡོམ་པ་གང་རུང་ཡིན་དགོས་པར་ཐལ། ཁྱབ་སྒྲུབ་ལ། བརྟག་གཉིས་ལས། ཇི་ལྟར་མེ་ཏོག་ལ་གནས་དྲི། །མེ་ཏོག་དངོས་མེད་ཅེས་མི་འགྱུར། །དེ་བཞིན་གཟུགས་སོགས་དངོས་མེད་པར། །བདེ་བ་ཉིད་ཀྱང་དམིགས་མི་འགྱུར། །ཞེས་དང་། སྔང་བྱ་འབྲས་བུ་བརྟན་དང་བརྟན་པ་ཡིས། །རིམ་གཉིས་གྲངས་ངེས་སྒྲུབ་པའི་ལུང་རིགས་ཀྱིས། །ལུགས་མཆོག་འདི་ལ་སྡོམ་པའང་ལུང་རིགས་ཀྱིས། །སྡོམ་པ་གཉིས་སུ་ངེས་པའི་གྲངས་ངེས་གྲུབ། །ཅེས་པ་འདི་བྱུང་། འདོད་ན། བྱ་རྒྱུད་རང་རྐང་གི་སྔགས་སྡོམ་ཆོས་ཅན། དེར་ཐལ་དེའི་ཕྱིར་ཏེ། སློབ་པའི་རྒྱུད་ཀྱི་སྔགས་སྡོམ་ཡིན་པའི་ཕྱིར་ཏེ། ཆོས་ཅན་ཡིན་པའི་ཕྱིར་ཏེ། དེ་ཡོད་པའི་ཕྱིར་ཏེ། བལྟས་པའི་བདེ་བ་ལམ་བྱེད་ཀྱིས་ཡིད་མཚན་རྟོག་ལས་སྐྱོབ་པའི་ཐབས་ཁྱད་པར་ཅན་ཡིན་པའི་ཕྱིར་ཏེ། བརྟག་གཉིས་ལས། རྒོད་དང་བལྟ་བ་དག་གིས་དང་། །འཁྱུད་དང་དེ་བཞིན་གཉིས་གཉིས་ཀྱི། །དབང་ནི་རྣམ་པ་བཞི་རྣམས་ཀྱིས། །དགོངས་པའི་སྐད་ནི་མ་བསྒྲགས་པ། །ཞེས་གསུངས་པའི་ཕྱིར། རྩ་བར་འདོད་ན། བླ་མེད་ཀྱི་སྔགས་སྡོམ་ཡིན་པར་ཐལ། འདོད་པའི་ཕྱིར། འདོད་མི་ནུས་ཏེ། ཆོས་ཅན་དེ་ཡིན་པའི་ཕྱིར་ཏེ། གཞན་ཡང་། རྒོད་པའི་བདེ་བ་ལམ་བྱེད་ཀྱིས་དང་། བལྟས་པའི་བདེ་བ་ལམ་བྱེད་ཀྱིས། ལག་བཅང་གིས་བདེ་བ་ལམ་བྱེད་ཀྱིས་དང་། གཉིས་གཉིས་འཁྱུད་པའི་བདེ་བ་ལམ་བྱེད་ཀྱི་ཡིད་མཚན་རྟོག་ལས་སྐྱོབ་པའི་ཐབས་ཁྱད་པར་ཅན་གང་ཞིག །མི་མཐུན་ཕྱོགས་སྤོང་བའི་སེམས་པ་མཚུངས་ལྡན་དང་བཅས་པ་དེ། རིམ་བཞིན་བྱ་རྒྱུད་སྤྱོད་རྒྱུད་རྣལ་འབྱོར་རྒྱུད། རྣལ་འབྱོར་བླ་མེད་ཀྱི་སྔགས་སྡོམ་གྱི་མཚན་ཉིད་ཡིན་པར་ཐལ། ཤེས་བྱེད་ལ། རྒོད་དང་བལྟ་བ་དག་གིས་དང་། །ཞེས་གསུངས་པའི་ཕྱིར། འདོད་ན། སངས་རྒྱས་རྡོ་རྗེ་འཆང་གི་ཐུགས་རྒྱུད་ཀྱི་བྱ་རྒྱུད་ཀྱི་སྔགས་སྡོམ་ཆོས་ཅན། མཚན་ཉིད་དེར་ཐལ། མཚོན་བྱ་དེའི་ཕྱིར་ཏེ། དེ་ཡོད་པའི་ཕྱིར་ཏེ། དེའི་རྒྱུད་ལ་རྒྱུད་སྡེ་བཞི་ཆར་གྱི་སྔགས་སྡོམ་ཡོད་པའི་ཕྱིར། རྩ་བར་འདོད་མི་ནུས་ཏེ། གཉིས་གཉིས་འཁྱུད་པའི་བདེ་བ་ལམ་བྱེད་ཀྱི་སྔགས་སྡོམ་ཡིན་པའི་ཕྱིར་ཏེ། བླ་མེད་ཀྱི་སྔགས་སྡོམ་ཡིན་པའི་ཕྱིར་ཏེ། བཅུ་གསུམ་རྡོ་རྗེ་འཛིན་པའི་ས་ཡིན་པའི་ཕྱིར་ཏེ། ཆོས་ཅན་དེ་ཡིན་པའི་ཕྱིར། གཞན་ཡང་སྔགས་སྡོམ་ཡིན་ན། དབང་གི་དངོས་གཞིའི་ཆོ་ག་ལས་ཐོབ་པའི་སྡོམ་པ་ཡིན་པར་ཐལ། དེ་ཡིན་ན། དབང་མཆོག་ལས་ཐོབ་པའི་སྡོམ་པ་ཡིན་པའི་ཕྱིར། འདོད་ན། དང་པོ་སོ་ཐར་གསོ་གཞི་ཆོ་ག་ལས་དགེ་སློང་གིས་སྡོམ་པ་ཐོབ། དེའི་རྗེས་སུ་དབུ་སེམས་གང་རུང་གིས་ཆོ་ག་ལས་སེམས་བསྐྱེད། དེའི་རྗེས་སུ་བླ་མེད་ཀྱི་དབང་ཆོག་ལ་བརྟེན་ནས

དབང་བཞི་རྫོགས་པར་ཐོབ་པའི་སུམ་ལྡན་དགེ་སློང་རྡོ་རྗེ་འཛིན་པའི་རྒྱུད་ཀྱི་དགེ་སློང་གི་སྡོམ་པ་ཆོས་ཅན། དེར་ཐལ་དེའི་ཕྱིར་ཏེ། སུམ་ལྡན་དགེ་སློང་རྡོ་རྗེ་འཛིན་པའི་རྒྱུད་ཀྱི་སྡོམ་པ་དེ་ཡིན་པའི་ཕྱིར་ཏེ། ཆོས་ཅན་དེ་ཡིན་པའི་ཕྱིར་ཏེ། དེ་འདྲ་ཡོད་པའི་ཕྱིར་ཏེ། རྩ་བར་འདོད་ན། དབང་ཆོག་ལས་ཐོབ་པའི་སྡོམ་པ་ཡིན་པར་ཐལ། འདོད་པའི་ཕྱིར། འདོད་ན། བྱང་ཆུབ་སྙིང་པོའི་མཐའ་ཅན་གྱི་སྡོམ་པ་ཡིན་པར་ཐལ། འདོད་པའི་ཕྱིར། འདོད་མི་ནུས་ཏེ། ཇི་སྲིད་འཚོའི་མཐའ་ཅན་གྱི་སྡོམ་པ་ཡིན་པའི་ཕྱིར་ཏེ། ཆོས་ཅན་དེ་ཡིན་པའི་ཕྱིར་རོ། །གཞན་ཡང་། དབང་ཆོག་ལས་ཐོབ་པའི་སྡོམ་པ་ཡིན་ན། སྔགས་སྡོམ་ཡིན་དགོས་པར་ཐལ། དེ་ལས་ཐོབ་པའི་སེམས་བསྐྱེད་ཡིན་ན། དེ་ཡིན་དགོས་པའི་ཕྱིར་རོ། །འདོད་ན། ཐོག་མར་དཀྱིལ་འཁོར་གང་དུ་ཡང་འཇུག་མ་མྱོང་བར་ཀྱེ་རྡོ་རྗེའི་དབང་གི་སྔ་གོན་ཙམ་ཐོབ་པའི་གང་ཟག་གི་རྒྱུད་ཀྱི་ཀྱེ་རྡོ་རྗེའི་དབང་གི་སྔ་གོན་གྱི་གནས་སྐབས་སུ་ཐོབ་པའི་དགེ་བསྙེན་གྱི་སྡོམ་པ་ཆོས་ཅན། དེར་ཐལ་དེའི་ཕྱིར་ཏེ། ཀྱེ་རྡོ་རྗེའི་དབང་ཆོག་ལས་ཐོབ་པའི་སྡོམ་པ་ཡིན་པའི་ཕྱིར་ཏེ། ཀྱེ་རྡོ་རྗེའི་དབང་གི་སྔ་གོན་གྱི་གནས་སྐབས་སུ་ཐོབ་པའི་སྡོམ་པ་ཡིན་པའི་ཕྱིར་ཏེ། ཆོས་ཅན་ཡིན་པའི་ཕྱིར་ཏེ། དེ་ཡོད་པའི་ཕྱིར་ཏེ། ཁ་སྐོང་ལས། འོན་ཀྱང་རྡོ་རྗེ་རྩེ་མོ་ལས། །ཞེས་སོགས་ཚིགས་བཅད་གཉིས་གསུངས་པའི་ཕྱིར། རྟོད་པར་མི་ནུས་ཏེ། སྔགས་ཀྱི་རྗེས་མ་ཟིན་པའི་སྡོམ་པ་ཡིན་པའི་ཕྱིར་ཏེ། ཆོས་ཅན་དེ་ཡིན་པའི་ཕྱིར་རོ། །

གཞན་ཡང་། སྔ་གོན་དང་འཇུག་པ་གང་རུང་གི་གནས་སྐབས་སུ་ཐོབ་པའི་སྡོམ་པ་ཡིན་ན། སྔགས་ཀྱི་རྗེས་མ་ཟིན་པའི་སྡོམ་པ་ཡིན་དགོས་པར་ཐལ། དབང་ཆོག་ལས་ཐོབ་པའི་སྡོམ་པ་ཡིན་ན། དབང་གི་དངོས་གཞིའི་ཆོག་ལས་ཐོབ་པའི་སྡོམ་པ་ཡིན་པའི་ཕྱིར། འདོད་ན། ཀྱེ་རྡོ་རྗེའི་དབང་བཞི་རྫོགས་པར་ཐོབ་ལ་མ་ཉམས་པའི་གང་ཟག་གི་རྒྱུད་ཀྱི་ཀྱེ་རྡོ་རྗེའི་དབང་གིས་སྔ་གོན་གྱི་གནས་སྐབས་སུ་ཐོབ་པའི་དགེ་བསྙེན་གྱི་སྡོམ་པ་ཆོས་ཅན། དེར་ཐལ་དེའི་ཕྱིར་ཏེ། ཀྱེ་རྡོ་རྗེའི་དབང་གི་སྔ་གོན་དང་། འཇུག་པ་གང་རུང་གི་གནས་སྐབས་སུ་ཐོབ་པའི་སྡོམ་པ་ཡིན་པའི་ཕྱིར་ཏེ། དེའི་སྔ་གོན་གྱིས་གནས་སྐབས་སུ་ཐོབ་པའི་སྡོམ་པ་ཡིན་པའི་ཕྱིར་ཏེ། ཆོས་ཅན་དེ་ཡིན་པའི་ཕྱིར་རོ། །རྩ་བར་འདོད་མི་ནུས་ཏེ། སྔགས་ཀྱིས་རྗེས་ཟིན་པའི་སྡོམ་པ་ཡིན་པའི་ཕྱིར་ཏེ། ཆོས་ཅན་དེ་ཡིན་པའི་ཕྱིར། གཞན་ཡང་ཀྱེ་རྡོ་རྗེའི་དབང་གི་དངོས་གཞིའི་ཆོག་ལ་བརྟེན་ནས་སྔགས་སྡོམ་དུ་གནས་གྱུར་པའི་སྡོམ་པ་ཡིན་ན། ཀྱེ་རྡོ་རྗེའི་དབང་གི་དངོས་གཞིའི་ཆོག་ལས་ཐོབ་པའི་སྡོམ་པ་ཡིན་དགོས་པར་ཐལ། གསང་བ་འདུས་པ་ལ་དེའི་ཕྱིར། འདོད་ན། དང་པོར་གསོལ་བཞིའི་ཆོག་ལས་ཉན་ཐོས་དགེ་སློང་གིས་སྡོམ་པ་ཐོབ། དེའི་རྗེས་དབུ་སེམས་གང་རུང་གིས་ཆོག་ལས་སེམས་བསྐྱེད་ཀྱི་སྡོམ་པ་ཐོབ།

དེ་རྗེས་ཀྱི་རྡོ་རྗེའི་དབང་བཞི་རྫོགས་པར་ཐོབ་ལ་མ་ཉམས་པའི་གང་ཟག་གི་རྒྱུད་ཀྱི་དགེ་སློང་གི་སྡོམ་པ་ཆོས་ཅན། དེར་ཐལ་དེའི་ཕྱིར་ཏེ། ཆོས་ཅན་དེ་ཡིན་པའི་ཕྱིར་ཏེ། དེ་ཡོད་པའི་ཕྱིར་ཏེ། སུམ་ལྡན་དགེ་སློང་རྡོ་རྗེ་འཛིན་པའི་རྒྱུད་ཀྱི་དགེ་སློང་གི་སྡོམ་པ་ཡོད་པའི་ཕྱིར། རྩ་བར་འདོད་ན། དབང་ཆོག་ལས་ཐོབ་པའི་སྡོམ་པ་ཡིན་པར་ཐལ། འདོད་པའི་ཕྱིར། འདོད་མི་ནུས་ཏེ། གསོལ་བཞིའི་ཆོག་ལས་ཐོབ་པའི་སྡོམ་པ་ཡིན་པའི་ཕྱིར་ཏེ། ཆོས་ཅན་དེ་ཡིན་པའི་ཕྱིར། གཞན་ཡང་རྒྱུ་རྒྱུད་ཀྱི་སྡོམ་པ་རྒྱུད་ལྡན་གྱི་གང་ཟག་ཡིན་ན། སྔགས་སྡོམ་རྒྱུད་ལྡན་གྱི་གང་ཟག་ཡིན་པར་ཐལ་ལོ། །དེ་ལ་གནས་པའི་གང་ཟག་ཡིན་ན། སྔགས་སྡོམ་ལ་གནས་པའི་གང་ཟག་ཡིན་པའི་ཕྱིར། འདོད་ན། ཉན་ཐོས་དགྲ་བཅོམ་པ་ཆོས་ཅན། དེར་ཐལ། དེའི་ཕྱིར། རང་བཞིན་གནས་རིགས་རྒྱུད་ལྡན་གྱི་གང་ཟག་ཡིན་པའི་ཕྱིར་ཏེ། རྒྱུ་བདེ་གཤེགས་སྙིང་པོ་རྒྱུད་ལྡན་གྱི་གང་ཟག་ཡིན་པའི་ཕྱིར་ཏེ། སེམས་ཅན་ཡིན་པའི་ཕྱིར། རྩ་བར་འདོད་ན། བྱང་སེམས་ཀྱི་སྡོམ་པ་རྒྱུན་ལྡན་གྱི་གང་ཟག་ཡིན་པར་ཐལ། འདོད་པའི་ཕྱིར། འདོད་ན། ཐེག་ཆེན་སེམས་བསྐྱེད་རྒྱུན་ལྡན་གྱི་གང་ཟག་ཡིན་པར་ཐལ། འདོད་པའི་ཕྱིར། འདོད་མི་ནུས་ཏེ། ཆོས་ཅན་ཡིན་པའི་ཕྱིར་རོ། །གཞན་ཡང་རྒྱུ་རྒྱུད་ཀྱི་སྡོམ་པ་ཡིན་ན། རང་བཞིན་གནས་རིགས་ཡིན་དགོས་པར་ཐལ། དེ་ཡིན་ན། རྒྱུ་བདེ་གཤེགས་སྙིང་པོ་ཡིན་དགོས་པའི་ཕྱིར། འདོད་ན། དེ་ཡིན་ན། འདུས་མ་བྱས་ཡིན་པར་ཐལ་ལོ། །འདོད་པའི་ཕྱིར། འདོད་མི་ནུས་ཏེ། འདུས་བྱས་སུ་གྱུར་པའི་དེ་ཡོད་པའི་ཕྱིར་ཏེ། དེའི་དབང་གི་གནས་སྐབས་སུ་ཡེ་ཤེས་ཀྱི་ངོ་བོར་སྐྱེ་བ་ཡོད་པའི་ཕྱིར། བདུད་རྩི་སྒྲོལ་བ་ལས། དབང་གི་ཡེ་ཤེས་ནི། ཟུང་འཇུག་དེ་ཉིད་དབང་གིས་སྐབས་སུ་ལམ་གྱི་ངོ་བོར་སྐྱེ་བ་ཡིན་པར་ཐལ། ཞེས་དང་། རྒྱུའི་རྒྱུད་དེ་ཉིད་དབང་གི་སྐབས་སུ་ཡེ་ཤེས་སུ་སྐྱེ་ཞིང་། ཞེས་གསུངས་པའི་ཕྱིར། གཞན་ཡང་འདུས་བྱས་སུ་གྱུར་པའི་རྒྱུ་རྒྱུད་ཀྱི་སྡོམ་པ་ཡོད་པར་ཐལ། ཇི་ལྟར་སྣང་བ་རང་གི་སེམས་སུ་སྡོམ། །ཞེས་པས་འདུས་བྱས་སུ་གྱུར་པའི་རྒྱུ་རྒྱུད་ཀྱི་སྡོམ་པ་བསྟན་ལ། སེམས་ཉིད་སྤྲོས་བྲལ་རང་བཞིན་ལྷན་སྐྱེས་སུ་འདོད་པའི་ཕྱིར། ལེགས་པར་སྡོམ་པ་ཞེས་པས། འདུས་མ་བྱས་སུ་གྱུར་པའི་རྒྱུ་རྒྱུད་ཀྱི་སྡོམ་པ་བསྟན་པའི་ཁྱད་པར་འཐད་པའི་ཕྱིར་ཏེ། རང་གི་རྒྱལ་པོ་རང་གཙོ་བོ། །རང་གིས་འཕྲོག་ཅིང་རང་གིས་བྱེད། །ཅེས་པའི་དགོངས་པ་འགྲེལ་པ་ལས། ཇི་ལྟར་སྣང་བ་རང་གི་སེམས་སུ་སྡོམ། །ཞེས་པ་འདི་བྱུང་ལ། ལྷན་ཅིག་སྐྱེས་པ་གང་སྐྱེས་པ། །ལྷན་ཅིག་སྐྱེས་པ་དེར་བརྗོད་བྱ། །རང་བཞིན་ལྷན་སྐྱེས་པ་ཞེས་བརྗོད། །རྣམ་པ་ཐམས་ཅད་སྡོམ་པ་གཅིག །ཞེས་པའི་དགོངས་པ་འགྲེལ་པ་ལ། སེམས་ཉིད་སྤྲོས་བྲལ་རང་བཞིན་ལྷན་སྐྱེས་སུ། །ལེགས་པར་སྡོམ་པ། ཞེས་པ་འདི་བྱུང་བའི་ཁྱད་པར་འཐད་པའི་ཕྱིར་ཏེ། གཞན་ཡང་དེར་ཐལ། རྒྱུ་ལ་གནས་པའི་སྡོམ་པ་དེ་ཉིད་དབང་གི་གནས་སྐབས

སུ་ཐབས་རྒྱུད་ཀྱི་སྡོམ་པའི་ངོ་བོར་ཐོབ་པའི་ཕྱིར་ཏེ། རྒྱུ་ལ་གནས་པ། དབང་ལས་ཐོབ་པ། ལམ་ལ་གོམས་པ། ལྷ་བ་ལ་ཉམས་སུ་མྱོང་བ། གྲུབ་མཐའ་ལ་རྟགས་སུ་ཤར་བ། འབྲས་བུ་ལ་དོན་མ་ལུས་པ་མངོན་དུ་གྱུར་པ་སྟེ། མན་ངག་གི་གནད་དྲུག་པོ་འདི་དག །དབང་བཞི་པོ་རེ་རེ་ལ་སྦྱར་ནས་འཆད་རིགས་པའི་ཕྱིར། གཞན་ཡང་དེར་ཐལ། རྒྱུ་རྒྱུད་ཀྱི་སྡོམ་པ་ཐབས་རྒྱུད་ཀྱི་སྡོམ་པར་གནས་འགྱུར། ཐབས་རྒྱུད་ཀྱི་སྡོམ་པ་འབྲས་རྒྱུད་ཀྱི་སྡོམ་པར་གནས་འགྱུར་བ་དེ་འཐད་པའི་ཕྱིར་ཏེ། རྗེ་བཙུན་གྱི་འཁོར་འདས་དབྱེར་མེད་ལས། རང་བཞིན་རྒྱུ་ལ་བསམ་ན་ལྷུན་གྲུབ་སྟེ། །མཐའ་ཡས་ཡོན་ཏན་ཚོགས་ནི་གནས་འགྱུར་ཡིན། །ཞེས་སོགས་གསུངས་པའི་ཕྱིར། གཞན་ཡང་། དེའི་ཁྱད་པར་འཐད་པར་ཐལ། རྒྱུ་རྒྱུད་ཀྱི་ཀྱེ་རྡོ་རྗེ་ཐབས་རྒྱུད་ཀྱི་ཀྱེ་རྡོ་རྗེ་གནས་འགྱུར། ཐབས་རྒྱུད་ཀྱི་ཀྱེ་རྡོ་རྗེ། འབྲས་རྒྱུད་ཀྱི་ཀྱེ་རྡོ་རྗེ་གནས་འགྱུར་བའི་ཁྱད་པར་འཐད་པའི་ཕྱིར་ཏེ། བདུད་རྩི་ཉིང་ཁུ་ལས། རྒྱུད་གསུམ་ཀྱེ་རྡོར་སྦྱོར་ཚུལ་དང་། །ཅེས་སོགས་ཚིགས་བཅད་གཅིག་གསུངས་པ་དང་། །ཚུལ་ལམ་མཛེས་རྒྱན་ལས། རང་བཞིན་དགེས་རྡོར་གསལ་སྟོང་ཟུང་འཇུག་རྒྱུ། །ཉམས་ལེན་དགེས་རྡོར་ཐབས་ཤེས་ཟུང་འཇུག་ལམ། །འབྲས་བུ་སྐུ་རྡོར་སྐུ་གཉིས་ཟུང་འཇུག་རྣམས། །ངོ་བོ་དབྱེར་མེད་ཡོན་ཏན་གནས་འགྱུར་ཡིན། །ཞེས་གསུངས་པའི་ཕྱིར། ཁ་ཅིག་རྒྱུ་རྒྱུད་ཀྱི་སྡོམ་པ་ཡིན་ན། ཤེས་པ་གསལ་རིག་ཡིན་དགོས་པར་ཐལ། དེའི་ཤེས་བྱེད་ལ། གདོད་ནས་སྤྲོས་བྲལ་དྲི་བཅས་རང་གི་སེམས། །རྐྱེན་གྱི་འབྲས་བུ་སྐྱེ་རུང་རྒྱུ་རྒྱུད་དེ། །ཅེས་པ་དང་། མཚན་ཉིད་གསལ་ཞིང་རིག་པ་རྒྱུན་ཆགས་པ། །དེ་ལ་བརྗོད་བྱ་དོན་གྱི་རྒྱུད་ཅེས་བྱ། །ཞེས་དང་། འགའ་ཞིག་དབྱིངས་ཀྱི་ངོས་ནས་རྒྱུ་རྒྱུད་ཅེས། །འདོག་པ་དེ་དག་བརྗོད་བྲལ་ཆོས་ཀྱི་དབྱིངས། །བརྗོད་བྱར་སྒྲུབ་པ་གང་མོའི་གནས་མིན་ནམ། །ཞེས་གསུངས་པའི་ཕྱིར་ཞེ་ན། འོ་ན་མན་ངག་གི་གནད་དྲུག་པོ་དེ་དག །དབང་བཞི་པོ་རེ་རེ་ལ་སྦྱར་ནས་འཆད་མི་རིགས་པར་ཐལ། སྔར་དཀྱིལ་འཁོར་གང་དུ་ཡང་འཇུག་མ་མྱོང་བར་ཀྱེ་རྡོ་རྗེའི་དཀྱིལ་འཁོར་དུ་ཞུགས་ཏེ་བུམ་དབང་རྫོགས་པར་ཐོབ་པའི་གང་ཟག་དེས་གསང་དབང་བླང་བའི་ཚེ། དེ་ལྟ་བུའི་གསང་དབང་ལ་མན་ངག་གི་གནད་དྲུག་སྦྱར་ནས་འཆད་མི་རུང་བའི་ཕྱིར། སྔར་དཀྱིལ་འཁོར་གང་དུ་ཡང་འཇུག་མ་མྱོང་བར་ཀྱེ་རྡོ་རྗེ་བུམ་དབང་རྫོགས་པར་ཐོབ་ནས་དེའི་གསང་དབང་ལེན་ཁ་མའི་གང་ཟག་གི་རྒྱུད་ལ་རྒྱུ་རྒྱུད་ཀྱི་སྡོམ་པ་མེད་པའི་ཕྱིར། དེའི་རྒྱུད་ལ་འདུས་བྱས་སུ་གྱུར་པའི་རྒྱུ་རྒྱུད་ཀྱི་སྡོམ་པ་མེད་པ་གང་ཞིག །འདུས་མ་བྱས་སུ་གྱུར་པའི་རྒྱུ་རྒྱུད་ཀྱི་སྡོམ་པ་མེད་པའི་ཕྱིར། དང་པོ་གྲུབ་སྟེ། དེ་ལྟ་བུའི་གང་ཟག་གི་དེས་དབང་བླངས་པའི་ཚེ། དེའི་རྒྱུད་ཀྱི་འདུས་བྱས་སུ་གྱུར་པའི་རྒྱུ་རྒྱུད་ཀྱི་སྡོམ་པ་དེ་ཐབས་རྒྱུད་ཀྱི་སྡོམ་པར་གནས་འགྱུར་བའི་ཕྱིར་ཏེ། རང་བཞིན་རྒྱུ་ལ་བསམ་ན་ལྷུན་གྲུབ་སྟེ། །ཞེས་སོགས་དང་། དབང་ལས་ཐོབ

པ་ཞེས་པའི་དོན་ཁས་ལེན་རིགས་པའི་ཕྱིར། གཉིས་པ་གྲུབ་སྟེ། རྒྱུ་རྒྱུད་ཀྱི་སྡོམ་པ་ཡིན་ན། ཤེས་པ་གསལ་རིག་ཡིན་དགོས་པའི་ཕྱིར། གཞན་ཡང་། རྒྱུད་སྡེ་བཞི་ཆར་གྱི་ལུགས་ལ་སྣང་བའི་དངོས་པོ་ཐམས་ཅད་ལྷར་བསྒོམ་པ་ཡོད་པར་ཐལ། དེའི་ལུགས་ལ་འབྲས་བུ་ལམ་བྱེད་ཀྱི་ཐབས་ཀྱིས་ཟིན་པའི་ཉམས་ལེན་ཡོད་པ་གང་ཞིག །མཚུངས་པའི་ཕྱིར་རོ། །འདོད་ན། རྒྱུད་སྡེ་འོག་མ་གསུམ་རང་རྐང་ལ་དེ་ཡོད་པར་ཐལ། འདོད་པའི་ཕྱིར། འདོད་མི་ནུས་ཏེ། དེས་ན་རྣལ་འབྱོར་རྒྱུད་མན་ཆད་སྣང་བ་ལྷ་རུ་གསུངས་པ་མེད། ཅེས་གསུངས་པའི་ཕྱིར། གཞན་ཡང་བླ་མེད་ཀྱི་ལུགས་ལ་སྣང་བའི་དངོས་པོ་ཐམས་ཅད་ལྷ་རུ་བསྒོམས་པ་དེ་ལྷ་ཡིན་པས་བསྒོམ་པ་ཡིན་པར་ཐལ། ཤེས་བྱེད་ལ། བདུད་རྩི་ཉིང་ཁུ་ལས། སྣང་བའི་དངོས་པོ་རིམ་པ་དང་པོར་ནི། །ཞེས་སོགས་གསུངས་པའི་ཕྱིར། འདོད་ན། བླ་མེད་ཀྱི་ལུགས་ལ་སྣང་བའི་དངོས་པོ་ཐམས་ཅད་ལྷ་ཡིན་པ་དེ། ཕྱི་དོན་ཁས་ལེན་པའི་འཇིག་རྟེན་མཐུན་འཇུག་གི་སྐབས་སུ་ལྷ་ཡིན་པ་ལ་བྱེད་རིགས་པར་ཐལ། དེ་དང་ཐ་སྙད་དཔྱོད་པའི་རིགས་པའི་སྐབས་སུ་དང་། དོན་དམ་དཔྱོད་པའི་རིགས་པའི་སྐབས་གང་རུང་ལ་ལྷ་ཡིན་པ་ལ་བྱེད་རིགས། ཕྱི་མ་གཉིས་པོ་རེ་རེའི་སྐབས་སུ་ལྷ་ཡིན་པ་ལ་བྱེད་མི་རིགས་པའི་ཕྱིར། གཏན་ཚིགས་གསུམ་ཆར་གྲུབ་ཅིང་། རྩ་བར་འདོད་མི་ནུས་ཏེ། བདུད་རྩི་སྤྲེལ་མ་ལས། འོན་ཀྱང་འདི་ལ་ས་པཎ་གྱིས། །གསུང་རབ་འཆད་པ་ལ་འཇུག་ལ། །ཐ་སྙད་ཁས་ནི་མ་བླངས་པར། །དེད་ཅག་འཆད་པར་མི་བྱེད་དོ། །ཞེས་པ་ལྟར། ཐ་སྙད་ཁས་ལེན་པ་འཇིག་རྟེན་མཐུན་འཇུག་གི་སྐབས་དང་། ཐ་སྙད་དཔྱོད་པའི་རིགས་པའི་སྐབས་དང་། དོན་དམ་དཔྱོད་པའི་རིགས་པའི་སྐབས་དང་གསུམ་གསུངས་པ་བླ་མེད་འཆད་ཚུལ་ལ་སྦྱར་ན། སྐབས་དང་པོའི་ཚེ་སྣང་བའི་དངོས་པོ་ཐམས་ཅད་ལྷ་ཡིན་པར་ཁས་མི་ལེན་ཏེ། འདི་སེམས་ཅན་ཡིན། འདི་སངས་རྒྱས་ཡིན། འདི་བུམ་པ་ཡིན། འདི་སྣམ་བུ་ཡིན་ཞེས་སོགས་རྣམ་བཞག་སོ་སོར་ཕྱེ་བའི་སྐབས་ཡིན་པའི་ཕྱིར་རོ། །

གཉིས་པའི་ཚེ་ཕུང་པོ་ལྔ་སངས་རྒྱས་ཡིན་པ་སོགས་སྣང་བ་ཐམས་ཅད་ལྷར་ཁས་ལེན་དགོས་ཏེ། བསྐྱེད་རིམ་གྱི་སྦྱང་གཞི་སྦྱོང་བྱེད་སྦྱར་བའི་རིག་པས་དཔྱད་པའི་ཚེ་ལྷ་མིན་པའི་སྣང་བ་གང་ཡང་མེད་པའི་ཕྱིར། གསུམ་པའི་ཚེ་ལྷ་ཡིན་པ་དང་མིན་པ་སོགས་ཐ་སྙད་ཁས་མི་ལེན་ཏེ། སྤྲོས་པ་ཐམས་ཅད་དང་བྲལ་བའི་ཕྱིར་རོ། །ཞེས་གསུངས་པའི་ཕྱིར། གཞན་ཡང་ཐ་མལ་གྱི་རྣམ་རྟོག་སྦྱོང་བའི་སྦྱོང་སེམས་ཡིན་ན། ཀྱཻ་རྡོར་ལྟར་ཞེན་གྱི་རྣམ་རྟོག་སྦྱོང་བའི་སྦྱོང་སེམས་མ་ཡིན་དགོས་པར་ཐལ་ཏེ། བསྐྱེད་རིམ་གྱི་སྡོམ་པ་ཡིན་ན། རྫོགས་རིམ་གྱི་སྡོམ་པ་མ་ཡིན་པའི་ཕྱིར་རོ། །འདོད་ན། སངས་རྒྱས་པའི་བསྐྱེད་རིམ་གྱི་སྡོམ་པ་ཆོས་ཅན། དེར་ཐལ། དེའི་ཕྱིར། བསྐྱེད་རིམ་གྱི་སྡོམ་པ་ཡིན་པའི་ཕྱིར་ཏེ། ཆོས་ཅན་དེ་ཡིན་པའི་ཕྱིར། རྩ་བར་འདོད་མི་

ནུས་ཏེ། རྫོགས་རིམ་གྱི་སྡོམ་པ་ཡིན་པའི་ཕྱིར་ཏེ། སངས་རྒྱས་པའི་བསྐྱེད་རྫོགས་གང་རུང་ཡིན་པའི་ཕྱིར། མ་གྲུབ་ན། དེར་ཐལ། སངས་རྒྱས་འཕགས་པའི་བསྐྱེད་རྫོགས་ཀྱི་ཏིང་ངེ་འཛིན་བརྒྱ་ཕྲག་དུ་མ་ལ་མཉམ་པར་བཞག་བཞིན་པའི་ངང་ནས་རྗེ་བོས་བྱ་བ་སྣ་ཚོགས་པ་མཛད་པ་དེས་འཐད་པའི་ཕྱིར་ཏེ། བརྟག་གཉིས་ལས། བསྐྱེད་པའི་རིམ་པ་ཉིད་དང་ནི། །རྫོགས་པ་ཡིས་ཀྱང་རིམ་པ་ཉིད། །རིམ་གཉིས་མཉམ་པར་གནས་ནས་ནི། །རྡོ་རྗེ་ཅན་གྱི་ཆོས་འཆད་དོ། །ཞེས་གསུངས་པའི་ཕྱིར། གཞན་ཡང་། སྡོམ་གསུམ་རབ་དབྱེའི་སྐབས་གསུམ་པའི་དངོས་བསྟན་གྱི་སྔགས་སྡོམ་ཡིན་ན། ཉམས་ལེན་ཡིན་དགོས་པར་ཐལ། ཁྱབ་སྒྲུབ་ལ། གསུང་རབ་དགོངས་གསལ་ལས། སོ་ཐར་སྡོམ་པའི་ཉམས་ལེན་བཤད། །བྱང་སེམས་སྡོམ་པའི་ཉམས་ལེན་བཤད། །སྔགས་ཀྱི་སྡོམ་པའི་ཉམས་ལེན་བཤད། །ཅེས་པ་འདི་བྱུང་། འདོད་ན། དང་པོར་གསོལ་བཞིའི་ཆོ་ག་ལས། སྡོམ་གསུམ་རབ་དབྱེའི་སྐབས་དང་པོའི་དངོས་བསྟན་གྱིས་སོ་ཐར་གྱི་སྡོམ་པ་ཐོབ། དེས་རྗེས་དབུ་སེམས་གང་རུང་གི་ཆོ་ག་ལས། དེའི་སྐབས་གཉིས་པའི་དངོས་བསྟན་གྱི་བྱང་སེམས་ཀྱི་སྡོམ་པ་ཐོབ། དེའི་རྗེས་ཀྱི་རྡོ་རྗེའི་དབང་ཆོག་ལས། དེའི་སྐབས་གསུམ་པའི་དངོས་བསྟན་གྱི་ཀྱི་རྡོ་རྗེའི་སྔགས་སྡོམ་རྫོགས་པར་ཐོབ་པའི་སུམ་ལྡན་དགེ་སློང་རྡོ་རྗེ་འཛིན་པས་བཅུ་གསུམ་རྡོ་རྗེ་འཛིན་པའི་ས་ཐོབ་པའི་ཚེ། དེའི་རྒྱུད་ཀྱི་ཀྱི་རྡོ་རྗེའི་སྔགས་སྡོམ་ཆོས་ཅན། དེར་ཐལ། དེའི་ཕྱིར། དེའི་རྒྱུད་ལ་སྡོམ་གསུམ་རབ་དབྱེའི་སྐབས་གསུམ་པའི་དངོས་བསྟན་གྱི་སྡོམ་པ་ཡོད་པའི་ཕྱིར། དེ་ལྟ་བུའི་གང་ཟག་དེ་སྡོམ་གསུམ་རབ་དབྱེའི་སྐབས་གསུམ་པའི་དངོས་བསྟན་གྱིས་སྔགས་སྡོམ་ཐོབ་ལ་མ་ཉམས་པའི་གང་ཟག་ཡིན་པའི་ཕྱིར་ཏེ། ཆོས་ཅན་དེ་ཡིན་པའི་ཕྱིར་ཏེ། རྩ་བར་འདོད་མི་ནུས་ཏེ། ཐེག་ཆེན་གྱི་མི་སློབ་ལམ་ཡིན་པའི་ཕྱིར་ཏེ། བཅུ་གསུམ་རྡོ་རྗེ་འཛིན་པའི་ས་ཡིན་པའི་ཕྱིར་ཏེ། ཆོས་ཅན་དེ་ཡིན་པའི་ཕྱིར། གཞན་ཡང་དེ་མ་ཁྱབ་པར་ཐལ། དེའི་སྐབས་ནས་དངོས་བསྟན་གྱི་འབྲས་དུས་ཀྱི་སྡོམ་པ་ཡོད་པའི་ཕྱིར་ཏེ། དེའི་སྐབས་ནས་དངོས་བསྟན་གྱི་བཅུ་གསུམ་རྡོ་རྗེ་འཛིན་པའི་ས་ཡོད་པའི་ཕྱིར་ཏེ། བཅུ་གསུམ་པ་ནི་འཐོབ་པར་འགྱུར། །ཞེས་པའི་དངོས་བསྟན་གྱིས་བཅུ་གསུམ་རྡོ་རྗེ་འཛིན་པའི་ས་ཡོད་པའི་ཕྱིར་ཏེ། གཞན་ཡང་། དེ་མ་ཁྱབ་པར་ཐལ། དེའི་སྐབས་ནས་དངོས་བསྟན་གྱི་འབྲས་དུས་ཀྱི་དབང་ཡོད་པའི་ཕྱིར་ཏེ། དེའི་སྐབས་ནས་དངོས་བསྟན་གྱི་སངས་རྒྱས་པའི་དབང་ཡོད་པའི་ཕྱིར་ཏེ། དེའི་སྐབས་ནས་དངོས་སུ་བསྟན་པའི་སངས་རྒྱས་རྡོ་རྗེ་འཆང་གི་ཐུགས་རྒྱུད་ཀྱི་དབང་ཡོད་པའི་ཕྱིར་ཏེ། དེའི་སྐབས་ནས་དངོས་བསྟན་གྱི་རྡོ་རྗེ་འཆང་ཡོད་པའི་ཕྱིར་ཏེ། བླ་མ་རྒྱུད་པ་མ་ཉམས་ཤིང་། །ཞེས་པའི་དངོས་བསྟན་གྱི་རྡོ་རྗེ་འཆང་ཡོད་པའི་ཕྱིར། གཞན་ཡང་། བསྐྱེད་རྫོགས་གང་རུང་ཡིན་ན། མཉམ་བཞག་ཡེ་ཤེས་ཡིན་དགོས་པར་ཐལ། ཁྱབ་

བསྒྲུབ་ལ། དེ་ལ་ཀྱེ་ཡི་རྡོ་རྗེ་ཡི། །རྣལ་འབྱོར་རྣམ་པ་གཉིས་ཡིན་ཏེ། །མཉམ་པར་བཞག་པའི་རྣལ་འབྱོར་དང་། །མཉམ་པར་མ་བཞག་རྣལ་འབྱོར་རོ། །མཉམ་བཞག་བསྐྱེད་རྫོགས་གཉིས་ཡིན་ཏེ། །མ་བཞག་ཉལ་དང་ལྡང་དང་ཁྲུས། །མཆོད་གཏོར་བཟླས་དང་ཁ་ཟས་དང་། །སྤྱོད་ལམ་རྗེས་ཆགས་རྣལ་འབྱོར་བརྒྱད། །ཅེས་གསུངས་པའི་ཕྱིར། འདོད་ན། སློབ་པའི་རྒྱུད་ཀྱི་བསྐྱེད་རིམ་གྱི་དང་ནས་བཟའ་བའི་རྣལ་འབྱོར་ཆོས་ཅན། དེར་ཐལ། དེའི་ཕྱིར། བསྐྱེད་རིམ་གྱི་སྒོམ་པ་ཡིན་པའི་ཕྱིར་ཏེ། ཆོས་ཅན་དེ་ཡིན་པའི་ཕྱིར། རྩ་བར་འདོད་མི་ནུས་ཏེ། སློབ་པའི་རྒྱུད་ཀྱི་རྗེ་བོ་ཡེ་ཤེས་ཡིན་པའི་ཕྱིར་ཏེ། དེའི་རྒྱུད་ཀྱི་རྗེ་བོ་ཡི་སྐབས་ཀྱི་ཉམས་ལེན་ཡིན་པའི་ཕྱིར་ཏེ། ཆོས་ཅན་དེ་ཡིན་པའི་ཕྱིར། གཞན་ཡང་། བསྐྱེད་རིམ་དེ་བུམ་དབང་གི་མཉམ་བཞག་གི་དམ་ཚིག་དང་། ལྟ་བ་ངོ་བོ་ཉིད་དེ་དེའི་རྗེས་སྤྱོད་ཀྱི་དམ་ཚིག་དང་། ཤ་ལྔ་དང་བདུད་རྩི་ལྔའི་རིལ་བུ་དེ་དེའི་བཟའ་བའི་དམ་ཚིག་དང་། རྩ་བ་དང་ཡན་ལག་གི་ལྟུང་བ་སྤྱོང་བའི་སྤྱོང་སེམས་དེ་དེའི་བསྲུང་བའི་དམ་ཚིག་དང་། རྡོ་རྗེ་དྲིལ་བུ་དེ་དེའི་མི་འབྲལ་བའི་དམ་ཚིག་ཡིན་པའི་ཁྱད་པར་འཐད་པར་ཐལ། བུམ་དབང་གི་དམ་ཚིག་ལྔ་སོ་སོར་ངེས་འཛིན་རིགས་པ་གང་ཞིག །དེ་ལས་གཞན་པ་འཛིན་རྒྱུ་མེད་པའི་ཕྱིར། འདོད་ན། ཤ་ལྔ་དང་བདུད་རྩི་ལྔའི་རིལ་བུ་དེ་བུམ་དབང་གི་དམ་ཚིག་ཡིན་པར་ཐལ། འདོད་པའི་ཕྱིར། འདོད་ན། དེ་ཆོས་ཅན། སྔགས་ཀྱི་དམ་ཚིག་ཡིན་པར་ཐལ། འདོད་པའི་ཕྱིར། འདོད་ན། སྔགས་ཀྱི་སྡོམ་པ་ཡིན་པར་ཐལ། འདོད་པའི་ཕྱིར། འདོད་ན། ཤེས་པ་ཡིན་པར་ཐལ། འདོད་པའི་ཕྱིར། འདོད་མི་ནུས་ཏེ། བེམ་པོ་ཡིན་པའི་ཕྱིར་ཏེ། ཆོས་ཅན་དེ་ཡིན་པའི་ཕྱིར། རྡོ་རྗེ་དྲིལ་བུ་ལའང་དེ་བཞིན་དུ་འགྲེའོ། །བྱ་རྒྱུད་ལ་རང་ཉིད་ལྷར་བསྐྱེད་པའི་ཉམས་ལེན་མེད་པར་ཐལ། དེ་ཤེས་བྱེད་ལ། བྱ་བའི་རྒྱུད་ལ་བདག་བསྐྱེད་མེད། །ཅེས་པ་འདི་བྱུང་། འདོད་མི་ནུས་ཏེ། བྱ་རྒྱུད་ལ་རང་ཉིད་ལྷར་བསྐྱེད་པ་མེད་པའི་ཕྱིར་ཏེ། བྱ་རྒྱུད་རྣལ་འབྱོར་རྒྱུད་ལྟར་བཀྲལ་བའི་ལུགས་ལ་དེ་ཡོད་པའི་ཕྱིར་ཏེ། འདིར་བདག་བསྐྱེད་སྒྲུབ་ཐབས་ཡོད་པ་ནི། །རྣལ་འབྱོར་རྒྱུད་ཀྱི་རྗེས་འབྲངས་ནས། །དེ་ཡི་ལུགས་བཞིན་མཛད་པ་ཡིན། །ཞེས་གསུངས་པའི་ཕྱིར། གཞན་ཡང་། བླ་མེད་ཀྱི་དབང་གིས་སྐྱ་གོན་ཙམ་ལས་ཐོབ་པའི་སྡོམ་པ་ཡིན་ན། སྔགས་ཀྱི་རྗེས་མ་ཟིན་པའི་སྡོམ་པ་ཡིན་དགོས་པར་ཐལ། འཇུག་པ་ལ་དེའི་ཕྱིར། འདོད་ན། དང་པོར་བྱ་རྒྱུད་ཀྱི་རྡོ་རྗེ་སློབ་དཔོན་གྱིས་དབང་རྫོགས་པར་ཐོབ་ནས་སླར་ཡང་ཀྱེ་རྡོ་རྗེའི་དཀྱིལ་འཁོར་དུ་ཞུགས་ཏེ་ཀྱེ་རྡོ་རྗེའི་དབང་སྐྱ་གོན་ཙམ་ཐོབ་པའི་གང་ཟག་གི་རྒྱུད་ཀྱི་ཀྱེ་རྡོ་རྗེའི་དབང་གིས་སྐྱ་གོན་ལས་ཐོབ་པའི་དགེ་བསྙེན་གྱི་སྡོམ་པ་ཆོས་ཅན། དེར་ཐལ། དེའི་ཕྱིར་ཏེ། ཀྱེ་རྡོ་རྗེའི་དབང་གི་སྐྱ་གོན་ཙམ་ལས་ཐོབ་པའི་སྡོམ་པ་ཡིན་པའི་ཕྱིར་ཏེ། ཆོས་ཅན་དེ་ཡིན་པའི་ཕྱིར་ཏེ། དེ་ཡོད་པའི་ཕྱིར་ཏེ། བདེ་ཆེན་རྒྱ་མཚོ་ལས། སྔར་སོ་

ཐར་དང་བྱང་སེམས་ཀྱི་སྡོམ་པ་མ་ཐོབ་པ་ཞིག་ཡིན་ན། སྔ་གོན་འཇུག་པའི་གནས་སྐབས་སུ་དེ་གཉིས་ཐོབ་པར་གསུངས་པའི་རྒྱུན་བཤགས་ཀྱི་ཚེ་དེ་གཉིས་ཐོབ་ལ། དེ་ཡང་སྔགས་ཀྱི་ཆོ་ག་ལས་ཐོབ་པའི་སྔགས་སྡོམ་གྱི་ངོ་བོར་སྐྱེས་པའོ། །སྔགས་ཕ་རོལ་ཏུ་ཕྱིན་པའི་ལམ་རྒྱུད་པས་དེ་གཉིས་ཐོབ་པ་ཡིན་ན། འདིར་སྔགས་སྡོམ་གྱི་ངོ་བོར་གནས་འགྱུར་ཅི་དགོས་སོ། །

སྡོམ་པ་གསུམ་གྱིས་བཟླས་ཕྱེ་བའི་སྔགས་སྡོམ་ནི། གནས་གསུམ་བྱིན་གྱིས་བརླབས་པའི་ཚེ་རྡོ་རྗེ་གསུམ་གྱི་ས་བོན་ཐེབས་པ་ཙམ་ཞིག་ཐོབ་ལ། སོ་ཤིང་འདོར་བ་ལ་སོགས་པའི་ཆོ་ག་རྣམས་ལས་ཀྱང་། རང་རང་གི་ངོས་སྐལ་གྱིས་སྔགས་སྡོམ་ཅུང་ཟད་རེ་ཐོབ་སྟེ། དབང་བསྐུར་གྱི་ཆོ་ག་ཡིན་པའི་ཕྱིར། ཞེས་གསུངས་པའི་ཕྱིར། རྩ་བར་འདོད་མི་ནུས་ཏེ། སྔགས་ཀྱིས་རྩིས་ཟིན་པའི་སྡོམ་པ་ཡིན་པའི་ཕྱིར་ཏེ། ཆོས་ཅན་དེ་ཡིན་པའི་ཕྱིར། གཞན་ཡང་བསྐྱེད་རིམ་ལ་བརྟེན་ནས་གྲུབ་པའི་ས་ཐོབ་པ་མེད་པར་ཐལ། དེའི་ཤེས་བྱེད་ལ། ཁ་ཅིག་འབྲུལ་དང་མ་འབྲུལ་མེད། །ཅེས་སོགས་ཀྱི་སྐབས་སུ་པདྨ་འབྱུང་གནས་བསྐྱེད་རིམ་ཙམ་གྱིས་གྲོལ་བར་འདོད་པའི་ལོག་རྟོག་བསྟན་ལ། ཐབས་དང་ཤེས་རབ་གཉིས་མེད་པའི། །ཞེས་སོགས་ཀྱིས་དེ་འགོག་བྱེད་ཀྱི་རིགས་པ་བསྟན་པའི་ཁྱད་པར་དེ་འཐད་པའི་ཕྱིར། འདོད་མི་ནུས་ཏེ། བསྐྱེད་རིམ་ཙམ་ལ་བསྟེན་ནས་ས་དྲུག་པ་མན་ཆད་ཀྱི་རྟོགས་པ་མངོན་དུ་བྱེད་ནུས་པ་ཡོད་པའི་ཕྱིར་ཏེ། བུམ་དབང་ཙམ་རྫོགས་པར་ཐོབ་པའི་གང་ཟག་གིས་དེའི་ལམ་བསྐྱེད་རིམ་ཙམ་ཉམས་སུ་བླངས་པ་ལ་བརྟེན་ནས་ས་དྲུག་པ་མན་ཆད་ཀྱི་རྟོགས་པ་མངོན་དུ་བྱེད་ནུས་པ་ཡོད་པའི་ཕྱིར། བུམ་དབང་ས་དྲུག་ཏུ་བཞག་པའི་དོན་བུམ་དབང་ཙམ་རྫོགས་པར་ཐོབ་པའི་གང་ཟག་གིས་དེའི་ལམ་བསྐྱེད་རིམ་ཙམ་ཉམས་སུ་བླངས་པ་ལ་བརྟེན་ནས་ས་དྲུག་པ་མན་ཆད་ཀྱི་རྟོགས་པ་མངོན་དུ་བྱེད་ནུས་པ་ལ་བྱེད་རིགས་པའི་ཕྱིར་ཏེ། བུམ་དབང་ས་དྲུག་ཏུ་འཇོག་པའི་དོན་ཁས་ལེན་རིགས་པའི་ཕྱིར་ཏེ། ཕྱག་ཆེན་གྱི་ཡེ་ཤེས་ཡིན་ན། ངེད་ཀྱི་ཕྱག་རྒྱ་ཆེན་པོ་ནི། །ཞེས་སོགས་ཚིག་གཅིག་གིས་སྐབས་ནས་དངོས་སུ་བསྟན་པའི་ཕྱག་ཆེན་ཡེ་ཤེས་ཡིན་པར་ཐལ་ལོ། །དེ་ཡིན་ན། དེ་ལས་བྱུང་བའི་ཡེ་ཤེས་ནི། །ཕྱག་རྒྱ་ཆེན་པོ་བསྒོམ་པར་བྱ། །ཞེས་པའི་སྐབས་ནས་དངོས་བསྟན་གྱི་ཕྱག་ཆེན་གྱི་ཡེ་ཤེས་ཡིན་དགོས་པའི་ཕྱིར། འདོད་ན། ཉམས་ལེན་དེ་ཆོས་ཅན། དེར་ཐལ། དེའི་ཕྱིར་ཏེ། གྲུབ་པ་འབྲས་བུའི་ཕྱག་ཆེན་གྱི་ཡེ་ཤེས་ཡིན་པའི་ཕྱིར། བཅུ་གསུམ་རྡོ་རྗེ་འཛིན་པའི་ས་ཡིན་པའི་ཕྱིར། ཁྱབ་སྟེ། བདུད་རྩི་ཉིང་ཁུ་ལས། དབང་དང་ལམ་ལས་བྱུང་བའི་ཡེ་ཤེས་བཞི། །ཞེས་སོགས་ཚིགས་བཅད་གཅིག་གསུངས་པའི་ཕྱིར། གོང་དུ་མ་གྲུབ་ན་དེར་ཐལ། ཐེག་ཆེན་གྱི་མི་སློབ་ལམ་ཡིན་པའི་ཕྱིར། ཆོས་ཅན་དེ་ཡིན་པའི་ཕྱིར། རྩ་བར་འདོད། མཚོན་བྱེད་དཔེའི་

ཕྱག་ཆེན་གྱི་ཡེ་ཤེས་ཡིན་པར་ཐལ། འདོད་པའི་ཕྱིར། རྩ་བར་འདོད་མི་ནུས་ཏེ། མཚོན་བྱ་དོན་གྱི་ཕྱག་ཆེན་གྱི་ཡེ་ཤེས་ཡིན་པའི་ཕྱིར་ཏེ། གྲུབ་པ་འབྲས་བུའི་ཕྱག་ཆེན་གྱི་ཡེ་ཤེས་ཡིན་པའི་ཕྱིར་ཏེ། ཆོས་ཅན་དེ་ཡིན་པའི་ཕྱིར། གཞན་ཡང་ཐེག་ཆེན་གྱི་མཐོང་ལམ་ནས་བཅུ་གསུམ་རྡོ་རྗེ་འཛིན་པའི་སའི་བར་གྱིས་མཁྱེན་པ་ཡིན་ན། མཚོན་བྱ་དོན་གྱི་ཕྱག་ཆེན་གྱི་ཡེ་ཤེས་ཡིན་པའི་ཕྱིར་ཏེ། གྲུབ་པ་འབྲས་བུའི་ཕྱག་ཆེན་གྱི་ཡེ་ཤེས་ཡིན་པའི་ཕྱིར་ཏེ། ཆོས་ཅན་དེ་ཡིན་པའི་ཕྱིར། གཞན་ཡང་ཐེག་ཆེན་གྱི་མཐོང་ལམ་ནས་བཅུ་གསུམ་རྡོ་རྗེ་འཛིན་པའི་སའི་བར་གྱི་མཁྱེན་པ་ཡིན་ན། མཚོན་བྱ་དོན་གྱི་ཕྱག་ཆེན་གྱི་ཡེ་ཤེས་ཡིན་པར་ཐལ། དེའི་ཁྱབ་པ་སྒྲུབ་ལ། མཐོང་བའི་ལམ་ནས་རྡོ་རྗེ་འཛིན་པའི་བར། །ཞེས་སོགས་རྐང་པ་གཉིས་གསུངས་པའི་ཕྱིར། འདོད་ན། སྔགས་ལམ་དུ་མ་ཞུགས་པར་ཕ་རོལ་ཏུ་ཕྱིན་པའི་ལམ་རང་རྐང་ལ་བརྟེན་ནས་ཐོབ་པའི་ཐེག་ཆེན་གྱི་མཐོང་ལམ་ཆོས་ཅན། དེར་ཐལ། དེའི་ཕྱིར། ཐེག་ཆེན་གྱི་མཐོང་ལམ་ཡིན་པའི་ཕྱིར་ཏེ། འདྲ་བའང་རིགས་པའི་ཕྱིར། ཆོས་ཅན་དེ་ཡིན་པའི་ཕྱིར། ཕ་རོལ་ཏུ་ཕྱིན་པའི་ལམ་རང་རྐང་ལ་བརྟེན་ནས་ས་བཅུ་པ་མན་ཆད་ཀྱི་རྟོགས་པ་མངོན་དུ་བྱེད་ནུས་པའི་ཕྱིར་ཏེ། རྩ་བར་འདོད་ན། དེ་ཡིན་པར་ཐལ། སྔགས་ཀྱི་སྡོམ་པ་འདོད་པའི་ཕྱིར། འདོད་མི་ནུས་ཏེ། སྔགས་ཀྱིས་རྗེས་མ་ཟིན་པའི་ལམ་ཡིན་པའི་ཕྱིར་ཏེ། ཆོས་ཅན་དེ་ཡིན་པའི་ཕྱིར། གཞན་ཡང་སྔགས་ཀྱི་ལམ་ལ་བརྟེན་ནས་ཐོབ་པའི་ཐེག་ཆེན་གྱི་འཕགས་ལམ་ཡིན་ན། དེ་ཡིན་པར་ཐལ། དེ་ཡིན་ན་ཕྱག་ཆེན་གྱི་ཡེ་ཤེས་ཡིན་པའི་ཕྱིར་ཏེ། འདོད་ན། བྱ་རྒྱུད་རང་རྐང་ལ་བརྟེན་ནས་ཐོབ་པའི་ཐེག་ཆེན་གྱི་མཐོང་ལམ་ཆོས་ཅན། དེར་ཐལ། དེའི་ཕྱིར་ཏེ། བྱ་རྒྱུད་ཀྱི་ལམ་རང་རྐང་ལ་བརྟེན་ནས་ཐོབ་པའི་ཐེག་ཆེན་གྱི་འཕགས་ལམ་ཡིན་པའི་ཕྱིར་ཏེ། དེ་ཡོད་པའི་ཕྱིར་ཏེ། བྱ་རྒྱུད་ཀྱི་ལམ་རང་རྐང་ལ་བརྟེན་ནས་ས་བཅུ་པ་མན་ཆད་ཀྱི་རྟོགས་པ་མངོན་དུ་བྱེད་ནུས་པའི་ཕྱིར། རྩ་བར་འདོད་ན། བླ་མེད་ཀྱི་ལམ་ཡིན་པར་ཐལ། འདོད་པའི་ཕྱིར། འདོད་མི་ནུས་ཏེ། ཆོས་ཅན་དེ་ཡིན་པའི་ཕྱིར། གཞན་ཡང་བླ་མེད་ཀྱི་ལམ་ལ་བརྟེན་ནས་ཐོབ་པའི་ཐེག་ཆེན་གྱི་འཕགས་ལམ་ཡིན་ན། དེ་ཡིན་པར་ཐལ། དེ་ཡིན་ན། ཕྱག་ཆེན་གྱི་ཡེ་ཤེས་ཡིན་པར་ཐལ། འདོད་ན། བུམ་དབང་ཙམ་ཐོབ་པའི་གང་ཟག་གིས་དེའི་ལམ་བསྐྱེད་རིམ་ཙམ་ཉམས་སུ་བླངས་པ་ལ་བརྟེན་ནས་ཐོབ་པའི་ཐེག་ཆེན་གྱི་མཐོང་ལམ་ཆོས་ཅན། དེར་ཐལ་དེའི་ཕྱིར་ཏེ། བསྐྱེད་རིམ་ལ་བརྟེན་ནས་ཐོབ་པའི་ཐེག་ཆེན་གྱི་འཕགས་ལམ་ཡིན་པའི་ཕྱིར་ཏེ། ཆོས་ཅན་དེ་ཡིན་པའི་ཕྱིར་ཏེ། དེ་ཡོད་པའི་ཕྱིར་ཏེ། བུམ་དབང་ཙམ་ཐོབ་པའི་གང་ཟག་གིས་ལམ་བསྐྱེད་རིམ་ཙམ་ཉམས་སུ་བླངས་པ་ལ་བརྟེན་ནས་ས་དྲུག་པ་མན་ཆད་ཀྱི་རྟོགས་པ་མངོན་དུ་བྱེད་ནུས་པའི་ཕྱིར་ཏེ། བུམ་དབང་ས་དྲུག་ཏུ་བཞག་པའི་དོན་ཁས་ལེན་རིགས་པའི་ཕྱིར་རོ། །རྩ་བར་འདོད་ན། རང་རྒྱུད་དབང་བཞི་དང་

རིམ་པ་གཉིས་ལས་བྱུང་བའི་ཡེ་ཤེས་ཡིན་པར་ཐལ། འདོད་པའི་ཕྱིར། ཁྱབ་སྟེ། དེད་ཀྱི་ཕྱག་རྒྱ་ཆེན་པོ་ནི། །ཞེས་སོགས་དང་། དབང་དང་ལམ་ལས་བྱུང་བའི་ཡེ་ཤེས་བཞི། །ཞེས་སོགས་གསུངས་པའི་ཕྱིར། འདོད་མི་ནུས་ཏེ། ཆོས་ཅན་དེ་ཡིན་པའི་ཕྱིར། གཞན་ཡང་། དབང་བཞི་པ་མ་ཐོབ་པར་ཕྱག་ཆེན་གྱི་ཡེ་ཤེས་སྒོམ་དུ་རུང་བ་ལ་འདོད་པའི་ཕྱིར། འདོད་མི་ནུས་ཏེ། དབང་བསྐུར་བཞི་པ་མ་ཐོབ་པར། །ཞེས་སོགས་གསུངས་པའི་ཕྱིར། གཞན་ཡང་རང་རྒྱུ་ལ་དབང་བཞི་དང་རིམ་གཉིས་ལས་བྱུང་བའི་ཕྱག་ཆེན་གྱི་ཡེ་ཤེས་ཡིན་ན། དབང་ཆོག་ལས་ཐོབ་པའི་ཕྱག་ཆེན་གྱི་ཡེ་ཤེས་ཡིན་པར་ཐལ། དེ་ལས་བྱུང་བའི་མཚོན་བྱེད་དཔེའི་ཕྱག་ཆེན་གྱི་ཡེ་ཤེས་ཡིན་ན། དེ་ཡིན་པའི་ཕྱིར། འདོད་ན། ཤཱཀྱ་ཐུབ་པའི་རྒྱུད་ཀྱི་དགེ་སློང་གི་སྡོམ་པ་ཆོས་ཅན། དེར་ཐལ། དེའི་ཕྱིར། མཚོན་བྱ་དོན་གྱི་ཕྱག་ཆེན་གྱི་ཡེ་ཤེས་ཡིན་པའི་ཕྱིར་ཏེ། བཅུ་གསུམ་རྡོ་རྗེ་འཛིན་པའི་ས་ཡིན་པའི་ཕྱིར་ཏེ། ཤཱཀྱ་ཐུབ་པའི་རྒྱུད་ཀྱི་སྡོམ་པ་ཡིན་པའི་ཕྱིར་ཏེ། རྩ་བར་འདོད་མི་ནུས་ཏེ། རང་བྱུང་གི་སྔོན་ཆོག་ལས་ཐོབ་པའི་དགེ་སློང་གི་སྡོམ་པ་ཡིན་པའི་ཕྱིར། ཁྱབ་སྟེ། བདེན་པ་རང་བྱུང་གིས་སོ། །ཞེས་གསུངས་པའི་ཕྱིར། གཞན་ཡང་ཕྱག་རྒྱ་ཆེན་པོ་མཆོག་གི་དངོས་གྲུབ་ཐོབ་པའི་གང་ཟག་ཡིན་ན། བཅུ་གསུམ་རྡོ་རྗེ་འཛིན་པའི་ས་ཐོབ་པའི་གང་ཟག་ཡིན་པར་ཐལ། དེ་ཡིན་ན་ཐེག་ཆེན་གྱི་མི་སློབ་ལམ་ཐོབ་པའི་གང་ཟག་ཡིན་པའི་ཕྱིར། འདོད་ན། ཀྱེ་རྡོ་རྗེའི་དབང་བཞི་རྫོགས་པར་ཐོབ་ནས། རིམ་གཉིས་ཉམས་སུ་བླངས་པ་ལ་བརྟེན་ནས་མཐོང་ལམ་ཙམ་ཐོབ་པའི་གང་ཟག་ཆོས་ཅན། དེར་ཐལ་དེའི་ཕྱིར་ཏེ། མཚོན་བྱ་དོན་གྱི་ཕྱག་ཆེན་གྱི་དབང་བཞི་རྫོགས་པར་ཐོབ་པའི་རིམ་གཉིས་ཉམས་སུ་བླངས་པ་ལ་བརྟེན་ནས་མཐོང་ལམ་ཐོབ་པའི་གང་ཟག་ཡིན་པའི་ཕྱིར་ཏེ། ཆོས་ཅན་དེ་ཡིན་པའི་ཕྱིར་ཏེ། གཞན་ཡང་། མཚོན་བྱེད་དཔེའི་ཕྱག་ཆེན་གྱི་ཡེ་ཤེས་དེ། རང་རིག་མངོན་སུམ་ཡིན་པར་ཐལ། དེའི་ཤེས་བྱེད་ལ། ཕར་ཕྱིན་ལམ་གྱི་སོ་སྐྱེའི་གནས་སྐབས་སུ། །རྟོག་མེད་ཡེ་ཤེས་སྐྱེ་མིན་གསང་སྔགས་ཀྱི། །དབང་དང་ལམ་ལས་བྱུང་བའི་ཡེ་ཤེས་ཀྱི། །ཆོས་ཉིད་དཔེ་ཡི་ཚུལ་གྱིས་དངོས་སུ་རྟོགས། །དེ་ལ་མཚོན་བྱེད་དཔེ་ཡི་ཡེ་ཤེས་ཞེས། །རྒྱུད་གཞུང་ཀུན་ལ་བསྟགས་ཤིང་རང་རིག་པའི། །ཡེ་ཤེས་ཡིན་ཕྱིར་རྟོག་མེད་ཉིད་དུ་འཐད། །ཅེས་གསུངས་པའི་ཕྱིར། འདོད་ན། དེ་ཆོས་ཅན། མངོན་སུམ་ཡིན་པར་ཐལ། འདོད་པའི་ཕྱིར། འདོད་ན། ཆོས་ཉིད་རྟོགས་པའི་མངོན་སུམ་ཡིན་པར་ཐལ། ཆོས་ཉིད་རྟོགས་པ་གང་ཞིག །མངོན་སུམ་ཡིན་པའི་ཕྱིར། འདོད་ན། ཆོས་ཉིད་མངོན་སུམ་དུ་རྟོགས་པའི་མཁྱེན་པ་ཡིན་པར་ཐལ། འདོད་པའི་ཕྱིར། འདོད་ན། ཐེག་ཆེན་གྱི་འཕགས་ལམ་ཡིན་པར་ཐལ། འདོད་པའི་ཕྱིར། འདོད་མི་ནུས་ཏེ། ཐེག་ཆེན་སོ་སྐྱེའི་ལམ་ཡིན་པའི་ཕྱིར་ཏེ། མཚོན་བྱེད་དཔེའི་ཕྱག་ཆེན་གྱི་ཡེ་ཤེས་ཡིན་པའི་ཕྱིར། གཞན་ཡང་།

དེ་ཆོས་ཅན། མངོན་སུམ་མ་ཡིན་པར་ཐལ། འཛིན་དང་ཆོས་ཀྱི་བདག་མེད་རྟོགས་པའི་སོ་སྐྱེའི་བློ་ཡིན་པའི་ཕྱིར་ཏེ། དཔེའི་ཚུལ་གྱིས་རྟོགས་པའི་བློ་ཡིན་པའི་ཕྱིར་ཏེ། ཆོས་ཅན་དེ་ཡིན་པའི་ཕྱིར། གཞན་ཡང་། དེ་ལྟ་བུ་དེ་ཆོས་ཉིད་མངོན་སུམ་དུ་རྟོགས་པའི་བློ་ཡིན་པར་ཐལ། ཤེས་བྱེད་ལ། ཆོས་ཉིད་དཔེའི་ཚུལ་གྱིས་དངོས་སུ་རྟོགས། །ཞེས་གསུངས་པའི་ཕྱིར། འདོད་ན། དེ་ཆོས་ཅན། ཆོས་ཉིད་མངོན་སུམ་དུ་རྟོགས་པར་ཐལ། འདོད་པའི་ཕྱིར། འདོད་ན། ཆོས་ཉིད་དཔེ་དང་རྟགས་གང་རུང་ལ་བརྟེན་ནས་མ་རྟོགས་པར་ཐལ། འདོད་པའི་ཕྱིར། འདོད་མི་ནུས་ཏེ། ཆོས་ཉིད་དཔེ་ལ་བརྟེན་ནས་རྟོགས་པའི་ཕྱིར་ཏེ། ཆོས་ཉིད་དཔེ་ལ་བརྟེན་ནས་རྟོགས་པའི་བློ་དེ། ཆོས་ཉིད་དཔེའི་ཚུལ་གྱི་རྟོགས་པའི་བློ་ཡིན་པའི་ཕྱིར་ཏེ། ཆོས་ཅན་དེ་ཡིན་པའི་ཕྱིར། གཞན་ཡང་། མཚོན་བྱེད་དཔེའི་ཕྱག་ཆེན་གྱི་ཡེ་ཤེས་ཐོབ་པའི་གང་ཟག་གི་རྒྱུད་ཀྱི་སྤྱགས་སྡོམ་ཡིན་ན། མཚོན་བྱེད་དཔེའི་ཕྱག་ཆེན་གྱི་ཡེ་ཤེས་ཡིན་དགོས་པར་ཐལ། ཕྱག་ཆེན་གྱི་ཡེ་ཤེས་ཐོབ་པའི་གང་ཟག་གི་རྒྱུད་ཀྱི་སྔགས་སྡོམ་ཡིན་ན། ཕྱག་ཆེན་གྱི་ཡེ་ཤེས་ཡིན་དགོས་པའི་ཕྱིར། འདོད་ན། དང་པོ་ཉིད་ནས་བླ་མེད་ཀྱི་ལམ་དུ་ཞུགས་ཏེ་མཚོན་བྱེད་དཔེའི་ཕྱག་ཆེན་གྱི་ཡེ་ཤེས་ཐོབ་པའི་བྱང་སེམས་སྦྱོར་ལམ་པའི་རྒྱུད་ཀྱི་གཞན་སེམས་ཤེས་པའི་མངོན་ཤེས་ཆོས་ཅན། དེར་ཐལ། དེའི་ཕྱིར་ཏེ། དེའི་རྒྱུད་ཀྱི་ལམ་ཡིན་པའི་ཕྱིར་ཏེ། དེའི་རྒྱུད་ཀྱི་སྦྱོར་ལམ་ཡིན་པའི་ཕྱིར་ཏེ། ཆོས་ཅན་དེ་ཡིན་པའི་ཕྱིར། རྩ་བར་འདོད་ན། ཆོས་ཉིད་དཔེའི་ཚུལ་གྱི་མངོན་སུམ་དུ་རྟོགས་པའི་ཡེ་ཤེས་ཡིན་པར་ཐལ། འདོད་པའི་ཕྱིར། འདོད་ན། ཆོས་ཉིད་རྟོགས་པར་ཐལ། འདོད་པའི་ཕྱིར། འདོད་ན། ཆོས་ཉིད་མངོན་སུམ་དུ་རྟོགས་པའི་མཁྱེན་པ་ཡིན་པར་ཐལ། འདོད་པ་གང་ཞིག །མངོན་སུམ་ཡིན་པའི་ཕྱིར། འདོད་ན། ཐེག་ཆེན་གྱི་འཕགས་ལམ་ཡིན་པར་ཐལ། འདོད་པའི་ཕྱིར། འདོད་མི་ནུས་ཏེ། ཐེག་ཆེན་སོ་སྐྱེའི་ལམ་ཡིན་པའི་ཕྱིར་ཏེ། ཆོས་ཅན་དེ་ཡིན་པའི་ཕྱིར། གཞན་ཡང་། རྩ་མདུད་གྲོལ་བའི་གང་ཟག་ཡིན་ན། ཕྱི་ནང་གསང་གསུམ་གྱི་རྟེན་འབྲེལ་ཕྱིན་ཅི་མ་ལོག་པར་བསྒྲིག་པའི་ཐབས་དབང་བཞི་རྫོགས་པར་ཐོབ་པའི་གང་ཟག་ཡིན་དགོས་པར་ཐལ། ཁྱབ་སྒྲུབ་ལ། ཕྱི་རུ་ཡུལ་རྣམས་བགྲོད་པ་དང་། །ནང་དུ་རྩ་མདུད་གྲོལ་བ་ནི། །ས་བཅུ་ལ་སོགས་བགྲོད་པ་ཡི། །རྟེན་འབྲེལ་ཉིད་ཀྱི་འབྱུང་བ་ཡིན། །ཞེས་པ་འབྱུང་། འདོད་ན། ཕ་རོལ་ཏུ་ཕྱིན་པའི་ལམ་རང་རྐང་ལ་བརྟེན་ནས་ཐེག་ཆེན་གྱི་མཐོང་ལམ་ཐོབ་པའི་གང་ཟག་ཆོས་ཅན། དེར་ཐལ། དེའི་ཕྱིར་ཏེ། བྱང་སེམས་འཕགས་པ་ཡིན་པའི་ཕྱིར་ཏེ། ཆོས་ཅན་དེ་ཡིན་པའི་ཕྱིར། རྩ་བར་འདོད་ན། དབང་བཞི་རྫོགས་པར་ཐོབ་པའི་གང་ཟག་ཡིན་པར་ཐལ། འདོད་པའི་ཕྱིར། འདོད་མི་ནུས་ཏེ། ཆོས་ཅན་དེ་ཡིན་པའི་ཕྱིར་རོ། །བླ་མེད་ཀྱི་སྡོད་པ་ཡིན་ན། དབང་བཞི་ཡོངས་སུ་རྫོགས་པ་དང་། །ཞེས་སོགས་ཀྱིས་སྐབས

ནས་དངོས་སུ་བསྟན་པའི་སྦྱོད་པ་ཡིན་དགོས་པར་ཐལ་ལོ། །དེ་ཡིན་ན། ཕྱག་ཆེན་བསྒོམ་པས་འཁོར་འདས་བསྲེ་བའི་སྦྱོད་པ་ཞེས་པའི་དངོས་བསྟན་གྱི་སྦྱོད་པ་ཡིན་དགོས་པའི་ཕྱིར། འདོད་ན། ཀུན་ཏུ་བཟང་པོའི་སྦྱོད་པ་ཆོས་ཅན། དེར་ཐལ། དེའི་ཕྱིར་ཏེ། འཇིག་རྟེན་ལས་འདས་པའི་བླ་མེད་ཀྱི་སྦྱོད་པ་ཡིན་པའི་ཕྱིར་ཏེ། ཆོས་ཅན་དེ་ཡིན་པའི་ཕྱིར་ཏེ། དེ་ཡོད་པའི་ཕྱིར་ཏེ། སམ་པུ་ཊི་ར། ཀུན་བཟང་མཚུངས་པ་མེད་གྲུབ་པ། །སྦྱོད་པ་ངེས་རིག་རྡོ་རྗེ་ཅན། །ཞེས་གསུངས་པའི་ཕྱིར། རྩ་བར་འདོད་ན། ཕྱག་ཆེན་བསྒོམ་པ་ལས་འཁོར་འདས་བསྲེ་བའི་སྦྱོད་པ་ཞེས་པའི་དངོས་བསྟན་གྱི་སྦྱོད་པ་ཡིན་པར་ཐལ། འདོད་པའི་ཕྱིར། འདོད་ན། འཇིག་རྟེན་པའི་སྦྱོད་པ་ཡིན་པར་ཐལ། འདོད་པའི་ཕྱིར། འདོད་མི་ནུས་ཏེ། འཇིག་རྟེན་ལས་འདས་པའི་སྦྱོད་པ་ཡིན་པའི་ཕྱིར་ཏེ། ཕྱོགས་ལས་རྣམ་རྒྱལ་གྱི་སྦྱོད་པ་ཡིན་པའི་ཕྱིར་ཏེ། རྒྱལ་ཚབ་ཆེན་པོའི་སྦྱོད་པ་ཡིན་པའི་ཕྱིར་ཏེ། ཚོགས་བདག་ཆེན་པོའི་སྦྱོད་པ་ཡིན་པའི་ཕྱིར་ཏེ། ཆོས་ཅན་དེ་ཡིན་པའི་ཕྱིར། གཞན་ཡང་། ཀུན་འདར་གྱི་སྦྱོད་པ་ཡིན་ན། དེ་ཡིན་པས་ཁྱབ་པར་ཐལ། དེ་ཡིན་ན། ཕྱག་ཆེན་བསྒོམ་པ་ལས་འཁོར་འདས་བསྲེ་བའི་སྦྱོད་པ། ཞེས་པ་ལ་ཁྱབ་པའི་ཕྱིར། འདོད་ན། ཀུན་འདར་གསང་སྦྱོད་ཆོས་ཅན། དེར་ཐལ་དེའི་ཕྱིར་ཏེ། ཆོས་ཅན་དེ་ཡིན་པའི་ཕྱིར་ཏེ། དེ་ཡོད་པའི་ཕྱིར་ཏེ། རྩ་བར་འདོད་ན། ཕྱག་ཆེན་བསྒོམ་པ་ལས་འཁོར་འདས་བསྲེ་བའི་སྦྱོད་པ། ཞེས་པའི་དངོས་བསྟན་གྱི་སྦྱོད་པ་ཡིན་པར་ཐལ། འདོད་པའི་ཕྱིར། འདོད་ན། སྨྱོན་པ་བརྟུལ་ཞུགས་ཀྱི་སྦྱོད་པ་ཡིན་པར་ཐལ། འདོད་པའི་ཕྱིར། འདོད་ན། རྒྱལ་བུ་གཞོན་ནུའི་སྦྱོད་པ་ཡིན་པར་ཐལ། འདོད་པའི་ཕྱིར། འདོད་ན། ཀུན་འདར་མངོན་སྦྱོད་ཡིན་པར་ཐལ། འདོད་པའི་ཕྱིར། འདོད་མི་ནུས་ཏེ། ཆོས་ཅན་དེ་ཡིན་པའི་ཕྱིར། གཞན་ཡང་། ཀུན་འདར་མངོན་སྦྱོད་ཡིན་ན། མངོན་སྦྱོད་ཡིན་པས་ཁྱབ་པར་ཐལ། སྨྱོན་པ་བརྟུལ་ཞུགས་ཀྱི་སྦྱོད་པ་ཡིན་ན། དེ་ཡིན་པས་ཁྱབ་པའི་ཕྱིར། འདོད་ན། དྲོད་འབྲིང་པོ་ཙམ་ཐོབ་པའི་ཀུན་འདར་གྱི་སྦྱོད་པ་ཆོས་ཅན། དེར་ཐལ་དེའི་ཕྱིར་ཏེ། ཆོས་ཅན་དེ་ཡིན་པའི་ཕྱིར་ཏེ། དེ་ཡོད་པའི་ཕྱིར། རྩ་བར་འདོད་མི་ནུས་ཏེ། གསང་སྦྱོད་ཡིན་པའི་ཕྱིར་ཏེ། མངོན་སྦྱོད་གསང་སྦྱོད་གཉིས་ཀྱི་བརླས་ཕྱེ་བའི་གསང་སྦྱོད་ཡིན་པའི་ཕྱིར་ཏེ། ཀུན་འདར་མངོན་སྦྱོད་ཡིན་པས་ཁྱབ་སྟེ། སམ་པུ་ཊ་ར། དེ་ལྟར་མཆོག་གཅིག་བསམ་བྱས་ནས། །ཤིན་ཏུ་གསང་བའི་ཡོ་ག་བསྒོམ། །ཞེས་གསུངས་པའི་ཕྱིར། གཞན་ཡང་། དེ་ཡིན་ན། རྣམ་ཤེས་དང་ཡེ་ཤེས་ཆ་མཉམ་པའི་སྦྱོད་པ་ཡིན་དགོས་པར་ཐལ། དེ་ཡིན་ན། ཚར་བཅད་དང་རྗེས་བཟུང་གཉིས་ཀར་ནུས་པའི་སྦྱོད་པ་ཡིན་པའི་ཕྱིར། འདོད་ན། སྔར་གྱི་དེ་ཆོས་ཅན། དེར་ཐལ་དེའི་ཕྱིར་ཏེ། ཆོས་ཅན་དེ་ཡིན་པའི་ཕྱིར། རྩ་བར་འདོད་ན། ཚར་བཅད་རྗེས་བཟུང་གཉིས་ཀ་ནུས་པའི་སྦྱོད་པ་ཡིན་པར་ཐལ། འདོད་པའི་ཕྱིར། འདོད་ན།

འཇིག་རྟེན་ལས་འདས་པའི་བླ་མེད་ཀྱི་སྤྱོད་པ་ཡིན་པར་ཐལ། འདོད་པའི་ཕྱིར། འདོད་མི་ནུས་ཏེ། འཇིག་རྟེན་པའི་སྤྱོད་པ་ཡིན་པའི་ཕྱིར་ཏེ། ཆོས་ཅན་དེ་ཡིན་པའི་ཕྱིར། གཞན་ཡང་། དྲོད་ཐོབ་པའི་གང་ཟག་ཡིན་ན། སྤྱོད་པ་ལ་རྒྱུ་རན་པའི་གང་ཟག་ཡིན་དགོས་པར་ཐལ། ཁྱབ་སྒྲུབ་ལ། བརྟག་གཉིས་ལས། ཅུང་ཟད་དྲོད་ནི་ཐོབ་པ་ན༑ ༑གལ་ཏེ་སྤྱོད་པ་སྤྱད་དེ་ཉིད། །གལ་ཏེ་འཕྲུལ་འགྱུར་འདོད་ཡོད་ན། །འདིས་ནི་སྤྱོད་པ་སྤྱད་པ་ཉིད། །ཅེས་པ་བྱུང་། འདོད་ན། ཤཱཀྱ་ཐུབ་པ་ཆོས་ཅན། དེར་ཐལ། དེའི་ཕྱིར་ཏེ། དྲོད་ཆེན་པོ་ཐོབ་པའི་གང་ཟག་ཡིན་པའི་ཕྱིར་ཏེ། བླ་མེད་ཀྱི་མཐོང་ལམ་ཐོབ་པའི་གང་ཟག་ཡིན་པའི་ཕྱིར་ཏེ། བླ་མེད་ཀྱི་ལམ་ལྔ་ཆར་ཐོབ་པའི་གང་ཟག་ཡིན་པའི་ཕྱིར་ཏེ། ཆོས་ཅན་དེ་ཡིན་པའི་ཕྱིར། རྩ་བར་འདོད་མི་ནུས་ཏེ། སྤྱོད་པ་ལ་རྒྱུ་མི་དགོས་པའི་གང་ཟག་ཡིན་པའི་ཕྱིར། སངས་རྒྱས་འཕགས་པ་ཡིན་པའི་ཕྱིར། གཞན་ཡང་། དྲོད་ཐོབ་པའི་ཐེག་ཆེན་སོ་སྐྱེ་ཡིན་ན། སྤྱོད་པ་ལ་རྒྱུ་རན་པའི་གང་ཟག་ཡིན་དགོས་པར་ཐལ། ཁྱབ་སྒྲུབ་ལ། ཅུང་ཟད་དྲོད་ནི་ཐོབ་པ་ན། །ཞེས་སོགས་བྱུང་བའི་ཕྱིར། འདོད་ན། དྲོད་ཆུང་ངུ་ཙམ་ཐོབ་པའི་བླ་མེད་ཀྱི་རྣལ་འབྱོར་པ་ཆོས་ཅན། དེར་ཐལ་དེའི་ཕྱིར་ཏེ། དྲོད་ཆུང་ངུ་ཐོབ་པའི་ཐེག་ཆེན་སོ་སྐྱེ་ཡིན་པའི་ཕྱིར་ཏེ། ཆོས་ཅན་དེ་ཡིན་པའི་ཕྱིར། རྩ་བར་འདོད་ན། བརྟན་པ་ཆེན་པོ་དྲོད་འབྲིང་གི་རྟོགས་པ་ཐོབ་པའི་གང་ཟག་ཡིན་པར་ཐལ། འདོད་པའི་ཕྱིར། ཁྱབ་སྟེ། དེ་མ་ཐོབ་པར་སྤྱོད་པ་ལ་རྒྱུ་མི་རུང་བའི་ཕྱིར་ཏེ། འདིར། བརྟན་ཆེན་པོ་ཐོབ་ནས་ནི། །ཞེས་སོགས་དང་། བདག་མེད་བསྟོད་འགྲེལ་ལས། རིམ་གཉིས་བསྒོམ་པ་ལ་བསྟེན་ནས་དྲོད་ཆུང་ངུ་སྐྱེ་ལ། དེས་ཀུན་འདར་གསང་སྟེ་སྤྱོད་དོ། །

དེ་ནས་དྲོད་འབྲིང་པོ་སྐྱེ་ལ། དེས་ཀུན་འདར་འཇིག་རྟེན་པའི་མངོན་དུ་སྤྱོད། དེ་གཉིས་ནི་ཕ་རོལ་ཏུ་ཕྱིན་པ་དང་བསྟུན་ན། ཚོགས་སྦྱོར་གཉིས་སོ། །དེས་ན་དྲོད་ཆེན་པོ་མཐོང་བའི་ལམ་གྱི་ཡེ་ཤེས་སྐྱེས་ནས་ཀུན་ཏུ་བཟང་པོའི་སྤྱོད་པ་སྤྱད་དོ་ཞེས་གསུངས་པའི་ཕྱིར། གཞན་ཡང་། ཡུལ་ཆེན་སུམ་ཅུ་སོ་བདུན་དུ་སྤྱོད་པ་ལ་རྒྱུ་བའི་གང་ཟག་ཡིན་ན། བརྟན་པ་ཆེན་པོ་དྲོད་འབྲིང་གི་རྟོགས་པ་ཐོབ་པའི་གང་ཟག་ཡིན་དགོས་པར་ཐལ། ཁྱབ་སྒྲུབ་ལ། བརྟན་པ་ཆེན་པོ་ཐོབ་ནས་ནི། །ཞེས་སོགས་བྱུང་བའི་ཕྱིར། འདོད་ན། གསང་སྔགས་མི་བསྒོམ་པར་ཡུལ་ཆེན་སུམ་ཅུ་སོ་བདུན་དུ་སྤྱོད་པ་ལ་རྒྱུ་བའི་གང་ཟག་ཆོས་ཅན། དེར་ཐལ། དེའི་ཕྱིར་ཏེ། ཆོས་ཅན་དེ་ཡིན་པའི་ཕྱིར་ཏེ། དེ་འདྲ་ཡོད་པའི་ཕྱིར་ཏེ། རིམ་པ་གཉིས་པོ་མི་བསྒོམ་པའི། །ཞེས་སོགས་ཚིགས་བཅད་ཕྱེད་དང་གསུམ་དང་། དེས་ན་གསང་སྔགས་མི་བསྒོམ་པར། །ཡུལ་ཆེན་བགྲོད་པ་དོན་མེད་ཡིན། །ཞེས་གསུངས་པའི་ཕྱིར། རྩ་བར་འདོད་མི་ནུས་ཏེ། གསང་སྔགས་མི་བསྒོམ་པའི་གང་ཟག་ཡིན་པའི་ཕྱིར་ཏེ། ཆོས་ཅན་དེ་

ཡིན་པའི་ཕྱིར།

༄ འཇིག་རྟེན་པ་ཀུན་འཇིགས་ཤིང་འདར་བའི་བྱང་ཆུབ་སེམས་དཔའི་སྤྱོད་པ་ཡིན་ན། སྨོན་པ་བརྟུལ་ཞུགས་ཀྱི་སྤྱོད་པ་ཡིན་པས་ཁྱབ་ཅེ་ན། བིརྺ་པས་ཕྱི་རོལ་པའི་ལྷ་རྟེན་བགས་པའི་སྤྱོད་པ་དེ་ཆོས་ཅན། དེར་ཐལ། དེའི་ཕྱིར་ཏེ། ཆོས་ཅན་དེ་ཡིན་པའི་ཕྱིར། རྩ་བར་འདོད་ན། འཇིག་རྟེན་པའི་སྤྱོད་པ་ཡིན་པར་ཐལ། འདོད་པའི་ཕྱིར། འདོད་མི་ནུས་ཏེ། འཇིག་རྟེན་ལས་འདས་པའི་སྤྱོད་པ་ཡིན་པའི་ཕྱིར་ཏེ། ས་དྲུག་པ་ཐོབ་པའི་བླ་མེད་ཀྱི་བྱང་ཆུབ་སེམས་དཔའི་སྤྱོད་པ་ཡིན་པའི་ཕྱིར་ཏེ། ཆོས་ཅན་དེ་ཡིན་པའི་ཕྱིར་ཏེ། ཡང་འཇིག་རྟེན་པ་ཀུན་འཇིགས་ཤིང་འདར་བའི་བླ་མེད་ཀྱི་སྤྱོད་པ་ཡིན་ན། དེ་ཡིན་པས་ཁྱབ་ཅེ་ན། སྔར་གྱི་དེ་ཀ་ཆོས་ཅན། དེར་ཐལ། དེའི་ཕྱིར། སྒྲུབ་བྱེད་སྔར་བཞིན་ནོ། །ཡང་བཟའ་བྱ་དང་བཟའ་བྱ་མིན་པ་སོགས་གཉིས་སུ་མེད་པར་སྤྱོད་པའི་བླ་མེད་ཀྱི་སྤྱོད་པ་ཡིན་ན། སྨོན་པ་བརྟུལ་ཞུགས་ཀྱི་སྤྱོད་པ་ཡིན་པས་ཁྱབ་ཅེས་དང་། དེ་ཡིན་ན། གཉིས་སྣང་ཀྱི་སྤྱོད་པ་ཡིན་པས་ཁྱབ་ཅེ་ན། གཉིས་ཆར་ལ་བཟའ་བྱ་དང་བཟའ་བྱ་མིན་པ་སོགས་གཉིས་སུ་མེད་པར་སྤྱོད་པའི་འཇིག་རྟེན་ལས་འདས་པའི་སྤྱོད་པ་ཆོས་ཅན། དེར་ཐལ། དེའི་ཕྱིར་ཏེ། ཆོས་ཅན་དེ་ཡིན་པའི་ཕྱིར་ཏེ། དེ་ཡོད་པའི་ཕྱིར་ཏེ། གཉིས་མེད་ཡེ་ཤེས་སེམས་ལྡན་པས། །མི་བྱ་བ་ནི་ཅི་ཡང་མེད། །ཅེས་གསུངས་པའི་ཕྱིར། རྩ་བར་འདོད་ན། ཀུན་འདར་མངོན་སྤྱོད་ཡིན་པར་ཐལ། འདོད་པའི་ཕྱིར། འདོད་ན། འཇིག་རྟེན་པའི་སྤྱོད་པ་ཡིན་པར་ཐལ། འདོད་པའི་ཕྱིར། འདོད་མི་ནུས་ཏེ། འཇིག་རྟེན་ལས་འདས་པའི་སྤྱོད་པ་ཡིན་པའི་ཕྱིར། ཡང་སྨོན་པར་རྫས་ནས་རིགས་ལ་སོགས་པ་གསང་སྔེ་སྤྱོད་པའི་སྤྱོད་པ་ཡིན་ན། སྨོན་པ་བརྟུལ་ཞུགས་ཀྱི་སྤྱོད་པ་ཡིན་པས་ཁྱབ་པར་ཐལ། དེའི་ཤེས་བྱེད་ལ། བཟའ་དང་བཟའ་མིན་ཇི་སྙེད་པ། །སྨོན་པའི་སྦྱོར་བས་བཟའ་བར་བྱ། །ཞེས་པ་འདི་བྱུང་བའི་ཕྱིར། འདོད་ན། སྨོན་པར་རྫས་ནས་རིགས་ལ་སོགས་པ་གསང་སྔེ་སྤྱོད་པའི་འཇིག་རྟེན་ལས་འདས་པའི་སྤྱོད་པ་ཆོས་ཅན། དེར་ཐལ། དེའི་ཕྱིར་ཏེ། རྟགས་ཆོས་ཅན་གྱིས་གྲུབ། རྩ་བར་འདོད་ན། འཇིག་རྟེན་པའི་སྤྱོད་པར་ཐལ་བ་སོགས་སྔར་བཞིན་བྱའོ། །ཡང་རྒྱལ་ཚབ་ཆེན་པོ་རྡོར་ཆེན་པོའི་རྟོགས་པ་ཐོབ་པའི་ཕྱིར་དུ་སྤྱོད་པའི་སྤྱོད་པ་ཡིན་ན། རྒྱལ་པོ་གཞོན་ནུའི་སྤྱོད་པ་ཡིན་པས་ཁྱབ་ཅེ་ན། འོ་ན་ཀུན་འདར་གསང་སྤྱོད་ཆོས་ཅན། དེ་ཐལ། དེའི་ཕྱིར་ཏེ། གྲུབ་པའི་ས་ཐོབ་པའི་ཆེད་དུ་སྤྱོད་པའི་སྤྱོད་པ་ཡིན་པའི་ཕྱིར་ཏེ། བླ་མེད་ཀྱི་འཇིག་རྟེན་པའི་སྤྱོད་པ་ཡིན་པའི་ཕྱིར་ཏེ། ཆོས་ཅན་དེ་ཡིན་པའི་ཕྱིར། རྩ་བར་འདོད་ན། ཀུན་འདར་མངོན་སྤྱོད་ཡིན་པར་ཐལ། འདོད་པའི་ཕྱིར། འདོད་མི་ནུས་ཏེ། ཆོས་ཅན་དེ་ཡིན་པའི་ཕྱིར། ཡང་། གསང་སྤྱོད་ཡིན་ན། ཀུན་འདར་གསང་སྤྱོད་ཡིན་པས་ཁྱབ་ཅེ་ན། འོ་ན་ཀུན་འདར

མངོན་སྤྱོད་ཆོས་ཅན། དེར་ཐལ། དེའི་ཕྱིར་ཏེ། མངོན་སྤྱོད་གསང་སྤྱོད་གཉིས་ཀྱི་བརླས་ཕྱེ་བའི་གསང་སྤྱོད་ཡིན་པའི་ཕྱིར་ཏེ། ཀུན་འདར་མངོན་སྤྱོད་ཡིན་པའི་ཕྱིར། ཁྱབ་སྟེ། སམྦུ་ཊི་ལས། དེ་ལྟར་མཆོག་ཏུ་བསམ་བྱས་ནས། །ཤིན་ཏུ་གསང་བ་ཡོ་ག་བསྒོམ། །ཞེས་གསུངས་པའི་ཕྱིར། རྩ་བར་འདོད་མི་ནུས་ཏེ། ཆོས་ཅན་དེ་ཡིན་པའི་ཕྱིར། ཡང་། སྣང་བ་ཐམས་ཅད་རང་གི་རྟོགས་པའི་ཡེ་ཤེས་ཀྱི་ངོ་བོར་སྤྱོད་པའི་སྤྱོད་པ་ཡིན་ན། ཀུན་ཏུ་བཟང་པོའི་སྤྱོད་པ་ཡིན་པས་ཁྱབ་པར་ཐལ། དེའི་ཤེས་བྱེད་ལ། ཀུན་བཟང་མཚུངས་པ་མེད་གྲུབ་པ། །སྤྱོད་པ་ངེས་རིག་རྡོ་རྗེ་ཅན། །ཞེས་པ་འདི་བྱུང་བའི་ཕྱིར། འདོད་ན། ཀུན་འདར་མངོན་སྤྱོད་ཆོས་ཅན། དེར་ཐལ། དེའི་ཕྱིར་ཏེ། འཁོར་འདས་ཀྱི་སྣང་བ་ཐམས་ཅད་རང་སེམས་ལྷན་ཅིག་སྐྱེས་པའི་ཡེ་ཤེས་ཀྱི་ངོ་བོར་རྒྱས་བཏབ་ནས་སྤྱོད་པའི་སྤྱོད་པ་ཡིན་པའི་ཕྱིར་ཏེ། ཕྱག་རྒྱ་ཆེན་པོའི་རྟོགས་པ་དང་མ་བྲལ་བའི་ངང་ནས་སྤྱོད་པའི་སྤྱོད་པ་ཡིན་པའི་ཕྱིར་ཏེ། ཆོས་ཅན་དེ་ཡིན་པའི་ཕྱིར། རྩ་བར་འདོད་ན། འཇིག་རྟེན་ལས་འདས་པའི་སྤྱོད་པ་ཡིན་པར་ཐལ། འདོད་པའི་ཕྱིར། འདོད་མི་ནུས་ཏེ། ཆོས་ཅན་དེ་ཡིན་པའི་ཕྱིར། ཡང་། མི་མཐུན་པའི་ཕྱོགས་རྣམས་ཀྱིས་བརྫི་བར་མི་ནུས་ཤིང་དེ་ལས་རྒྱལ་བའི་སྤྱོད་པ་ཡིན་ན། ཕྱོགས་ལས་རྣམ་རྒྱལ་གྱི་སྤྱོད་པ་ཡིན་པས་ཁྱབ་པར་ཐལ། དེའི་ཤེས་བྱེད་ལ། བྱང་ཆུབ་ལ་ནི་སེམས་བཞག་ནས། །ཕྱོགས་ལས་རྒྱལ་བའི་སྤྱོད་པ་བརྩམས། །ཞེས་པ་འདི་བྱུང་བའི་ཕྱིར། འོ་ན། ཕ་རོལ་ཏུ་ཕྱིན་པའི་ལམ་རང་རྐང་ལ་བརྟེན་ནས་ས་བཅུ་པ་ཙམ་ཐོབ་པའི་བྱང་སེམས་ས་བཅུ་པའི་སྤྱོད་པ་དེ་ཆོས་ཅན། དེར་ཐལ། དེའི་ཕྱིར་ཏེ། བྱང་སེམས་འཕགས་པའི་སྤྱོད་པ་ཡིན་པའི་ཕྱིར་ཏེ། ཆོས་ཅན་དེ་ཡིན་པའི་ཕྱིར། རྩ་བར་འདོད་ན། བླ་མེད་ཀྱི་སྤྱོད་པ་ཡིན་པར་ཐལ། འདོད་པའི་ཕྱིར། འདོད་མི་ནུས་ཏེ། ཕར་ཕྱིན་རང་རྐང་གི་སྤྱོད་པ་ཡིན་པའི་ཕྱིར་ཏེ། ཆོས་ཅན་དེ་ཡིན་པའི་ཕྱིར་ཏེ། ཡང་། རྣམ་ཤེས་དང་ཡེ་ཤེས་ཆ་མཉམ་པའི་སྟོབས་ཀྱིས་ཟག་མེད་ཀྱི་ཡེ་ཤེས་མངོན་དུ་གྱུར་ནས་གཞན་དོན་ཐོགས་མེད་དུ་སྒྲུབ་ནུས་པའི་སྤྱོད་པ་ཡིན་ན། རྒྱལ་ཚབ་ཆེན་པོའི་སྤྱོད་པ་ཡིན་པས་ཁྱབ་པར་ཐལ། དེའི་ཤེས་བྱེད་ལ། ཡང་ན་དཔལ་ལྡན་རྒྱལ་ཚབ་ཆེ། །བརྟུལ་ཞུགས་སྤྱོད་པའང་གྲགས་པ་ཉིད། །སེམས་ཅན་ཀུན་གྱི་དོན་གྱི་ཕྱིར། །གང་གིས་དངོས་གྲུབ་མཐར་འགྲོ་བ། །ཞེས་པ་འདི་བྱུང་བའི་ཕྱིར། འདོད་ན། ཐུར་གྱི་དེ་ཀ་ཆོས་ཅན། དེར་ཐལ། དེའི་ཕྱིར་ཏེ། གཞན་ངོར་གཞན་དོན་བྱེད་ཚུལ་སངས་རྒྱས་དང་ཚུལ་མཚུངས་པའི་སྤྱོད་པ་ཡིན་པའི་ཕྱིར་ཏེ། ཆོས་ཅན་དེ་ཡིན་པའི་ཕྱིར། རྩ་བར་འདོད་ན། བླ་མེད་ཀྱི་སྤྱོད་པ་ཡིན་པར་ཐལ། འདོད་ན། ཐུར་བཞིན་ནོ། །ཡང་། བླ་མེད་ཀྱི་ཡེ་ཤེས་མངོན་དུ་གྱུར་ནས་སྐྱེ་བོའི་ཚོགས་རྒྱ་ཆེན་པོའི་མདུན་དུ་བརྟུལ་ཞུགས་སྣ་ཚོགས་ལ་འཇུག་པའི་སྤྱོད་པ་ཡིན་ན། ཚོགས་བདག་ཆེན་པོའི་སྤྱོད་པ་ཡིན་པས་ཁྱབ་པར་ཐལ། དེའི་

ཤེས་བྱེད་ལ། སྔར་གྱི་ལུང་དེ་བྱུང་བའི་ཕྱིར། འདོད་ན། སྔར་གྱི་དེ་ཀ་ཆོས་ཅན། དེར་ཐལ་དེའི་ཕྱིར་ཏེ། བྱང་སེམས་འཕགས་པའི་སྤྱོད་པ་ཡིན་པའི་ཕྱིར། ཁྱབ་སྟེ། གཉིས་མེད་ཡེ་ཤེས་སེམས་ལྡན་པས། །མི་བྱ་བ་ནི་ཅི་ཡང་མེད། །ཅེས་གསུངས་པའི་ཕྱིར། རྩ་བར་འདོད་ན། བླ་མེད་ཀྱི་སྤྱོད་པ་ཡིན་པར་ཐལ། འདོད་པའི་ཕྱིར། འདོད་ན། སྔར་བཞིན་བྱའོ། །ཡུལ་ཆེན་སུམ་ཅུ་སོ་བདུན་དུ་སྤྱོད་པ་ལ་རྒྱུ་ནུས་པའི་གང་ཟག་ཡིན་ན། ཕྱིའི་ཡུལ་ཆེན་སུམ་ཅུ་སོ་བདུན་གྱི་དཔའ་བོ་དཔའ་མོ་དབང་དུ་འདུས་པའི་གང་ཟག་ཡིན་པས་ཁྱབ་པར་ཐལ། དེའི་ཤེས་བྱེད་ལ། ས་རྣམས་བགྲོད་པར་བྱ་བ་དང་། །ཡུལ་རྣམས་དབང་དུ་བྱ་བའི་ཕྱིར། །གནས་དང་ཉེ་བའི་གནས་ལ་སོགས། །ཡུལ་ཆེན་སུམ་ཅུ་སོ་བདུན་དུ། །རིག་པ་བརྟུལ་ཞུགས་སྤྱོད་ཕྱིར་རྒྱུ། །ཞེས་པ་འདི་བྱུང་བའི་ཕྱིར། འདོད་ན། བརྟན་པ་ཆེན་པོ་དྲོད་འབྲིང་གི་རྟོགས་པ་ཐོབ་ཅིང་ལུས་ངག་གི་བརྡ་དང་བརྡའི་ལན་ཤེས་པའི་བླ་མེད་ཀྱི་ཐེག་ཆེན་སྦྱོར་ལམ་པ་ཆོས་ཅན། དེར་ཐལ། དེའི་ཕྱིར་ཏེ། ཆོས་ཅན་དེ་ཡིན་པའི་ཕྱིར། ཁྱབ་སྟེ། དབང་བཞི་ཡོངས་སུ་རྫོགས་པ་དང་། ཞེས་སོགས་གསུངས་པའི་ཕྱིར། རྩ་བར་འདོད་ན། ནང་གི་ཡུལ་ཅན་སོ་བདུན་གྱི་རླུང་སེམས་དབུ་མར་འདུས་པའི་གང་ཟག་ཡིན་པར་ཐལ། འདོད་པའི་ཕྱིར། འདོད་ན། སངས་རྒྱས་འཕགས་པ་ཡིན་པར་ཐལ། འདོད་པའི་ཕྱིར། འདོད་མི་ནུས་ཏེ། བྱང་སེམས་སོ་སྐྱེ་ཡིན་པའི་ཕྱིར། ཡང་། ཕྱིའི་ཡུལ་ཆེན་ཉེར་བཞིའི་དཔའ་བོ་མཁའ་འགྲོ་དབང་དུ་འདུས་པའི་གང་ཟག་ཡིན་ན། སངས་རྒྱས་འཕགས་པ་ཡིན་པས་ཁྱབ་པར་ཐལ། ཕྱིའི་ཡུལ་ཆེན་སུམ་ཅུ་རྩ་གཉིས་ཀྱི་དཔའ་བོ་མཁའ་འགྲོ་དབང་དུ་འདུས་པའི་གང་ཟག་ཡིན་ན། དེ་ཡིན་པས་ཁྱབ་པའི་ཕྱིར། འདོད་ན། དབང་བཞི་རྫོགས་པར་ཐོབ་ནས་རིམ་གཉིས་ཚུལ་བཞིན་བསྒོམས་པ་ལ་བརྟེན་ནས་ས་བཅུ་པ་ཐོབ་པའི་བྱང་སེམས་ཆོས་ཅན། དེར་ཐལ། དེའི་ཕྱིར་ཏེ། ནང་གི་ཡུལ་ཆེན་ཉེར་བཞིའི་རླུང་སེམས་དབུ་མར་འདུས་པའི་གང་ཟག་ཡིན་པའི་ཕྱིར་ཏེ། ཆོས་ཅན་དེ་ཡིན་པའི་ཕྱིར། ཁྱབ་སྟེ། གནས་ནས་ཉེ་བའི་དུར་ཁྲོད་ཀྱི་བར་ཡུལ་བཅུ་ལས་ཕྱེ་བའི་གནས་ཉེར་བཞི་ཙམ་གྱི་རླུང་སེམས་དབུ་མར་འདུས་ཤིང་དཔའ་བོ་མཁའ་འགྲོ་དབང་དུ་འདུས་པ་ལས་ཐོབ་པའི་རྟོགས་པ་རྣམས་ས་བཅུར་འདུས་པ་ཡིན་པའི་ཕྱིར་ཏེ། སམ་པུ་ཊི་དང་། བདེ་མཆོག་རྩ་རྒྱུད་གཉིས་མཐུན་པར། གནས་ནི་རབ་ཏུ་དགའ་བའི་ས། །དེ་བཞིན་ཉེ་གནས་དྲི་མ་མེད། །ཞིང་ནི་འོད་བྱེད་ཤེས་པར་བྱ། །ཉེ་བའི་ཞིང་ནི་འོད་འཕྲོ་ཅན། །ཚན་ཧྡོ་མངོན་དུ་གྱུར་པ་སྟེ། །ཉེ་བའི་ཚན་ཧྡོ་སྦྱངས་དཀའ་བ། །འདུ་བ་རིང་དུ་སོང་བ་སྟེ། །ཉེ་བའི་འདུ་བ་མི་གཡོ་བ༑ །དུར་ཁྲོད་ལེགས་པའི་བློ་གྲོས་ཉིད། །ཉེ་བའི་དུར་ཁྲོད་ཆོས་ཀྱི་སྤྲིན། །ཕ་རོལ་ཕྱིན་བཅུའི་ས་རྣམས་ལ། །རྣལ་འབྱོར་མ་ཡི་ཀླུ་ཀློའི་སྐད། །སུ་ལ་སོགས་པ་ཅི་གསུངས་པ། །ཕྱི་དང་ནང་དུ་ཡང་དག་བསམ། །ཞེས

གསུངས་པའི་ཕྱིར། རྩ་བར་འདོད་མི་ནུས་ཏེ། བྱང་སེམས་འཕགས་པ་ཡིན་པའི་ཕྱིར། ཡང་། རྟོགས་པ་དེས་ཁྱབ་ཅེ་ན། ས་བཅུ་གཉིས་པ་ལ་གནས་པའི་བྱང་ཆུབ་སེམས་དཔའ་ཆོས་ཅན། དེར་ཐལ། དེའི་ཕྱིར་ཏེ། བྱང་སེམས་ས་བཅུ་གཉིས་པ་ཡིན་པའི་ཕྱིར། ཁྱབ་སྟེ། གནས་ནས་ཉེ་བའི་འཐུང་གཅོད་ཀྱི་བར་ཡུལ་བཅུ་གཉིས་ལས་ཕྱེ་བའི་གནས་སུམ་ཅུ་རྩ་གཉིས་ཙམ་གྱི་རླུང་སེམས་དབུ་མར་འདུས་ཤིང་དཔའ་བོ་མཁའ་འགྲོ་དབང་དུ་འདུས་པ་ལས་ཐོབ་པའི་རྟོགས་པ་རྣམས་སློབ་པ་ས་བཅུ་གཉིས་སུ་འདུས་པའི་ཕྱིར་ཏེ། བརྟག་གཉིས་ལས། གནས་དང་ཉེ་བའི་གནས་དང་ནི། །ཞིང་དང་ཉེ་བའི་ཞིང་ཉིད་དང་། །ཚན་དྷོ་ཉེ་བའི་ཚན་དྷོ་དང་། །དེ་བཞིན་འདུ་བ་ཉེ་འདུ་བ། །དུར་ཁྲོད་ཉེ་བའི་དུར་ཁྲོད་ཉིད། །འཐུང་གཅོད་ཉེ་བའི་འཐུང་གཅོད་ཉིད། །འདི་རྣམས་ས་ནི་བཅུ་གཉིས་ཏེ། །ས་བཅུའི་དབང་ཕྱུག་མགོན་པོ་ཉིད། །ཅེས་གསུངས་པའི་ཕྱིར། རྩ་བར་འདོད་ན། སྔར་བཞིན་ནོ། །ཡང་ཡུལ་ཆེན་སུམ་ཅུ་རྩ་གཉིས་ཀྱི་རླུང་སེམས་དབུ་མར་འདུས་པའི་གང་ཟག་ཡིན་ན། སྔགས་པའི་རྩ་ལྔའི་རླུང་སེམས་དབུ་མར་འདུས་པའི་གང་ཟག་ཡིན་པས་ཁྱབ་ཅེ་ན། འོ་ན་སྔར་གྱི་དེ་ཀ་ཆོས་ཅན། དེར་ཐལ། དེའི་ཕྱིར་ཏེ། རྟགས་ཆོས་ཅན་གྱིས་གྲུབ། འདོད་ན། སངས་རྒྱས་འཕགས་པ་ཡིན་པར་ཐལ། འདོད་པའི་ཕྱིར། ཡང་ཡུལ་ཉི་ཤུ་རྩ་བཞིའི་རླུང་སེམས་དབུ་མར་འདུས་ཤིང་དཔའ་བོ་མཁའ་འགྲོ་དབང་དུ་འདུས་པ་ལས་ཐོབ་པའི་རྟོགས་པ་ཡིན་ན། གནས་ནས་ཉེ་བའི་དུར་ཁྲོད་ཀྱི་བར་གྱི་ས་བཅུ་པོ་གང་རུང་ཡིན་པས་ཁྱབ་པར་ཐལ། དེའི་ཤེས་བྱེད་ལ། གནས་ནི་རབ་ཏུ་དགའ་བའི་ས། །ཞེས་སོགས་བྱུང་བའི་ཕྱིར། འདོད་ན། རྣམ་མཁྱེན་ཆོས་ཅན། དེར་ཐལ། དེའི་ཕྱིར་ཏེ། ཡུལ་སུམ་ཅུ་རྩ་གཉིས་ཀྱི་རླུང་སེམས་དབུ་མར་འདུས་ཤིང་དཔའ་བོ་མཁའ་འགྲོ་དབང་དུ་འདུས་པ་ལས་ཐོབ་པའི་རྟོགས་པ་ཡིན་པའི་ཕྱིར་ཏེ། ཡུལ་སུམ་ཅུ་སོ་བདུན་གྱི་རླུང་སེམས་དབུ་མར་འདུས་ཤིང་དཔའ་བོ་མཁའ་འགྲོ་དབང་དུ་འདུས་པ་ལས་ཐོབ་པའི་རྟོགས་པ་ཡིན་པའི་ཕྱིར་ཏེ། བཅུ་གསུམ་རྡོ་རྗེ་འཛིན་པའི་ས་ཡིན་པའི་ཕྱིར། རྩ་བར་འདོད་ན། བྱང་ཆུབ་སེམས་དཔའི་ས་ཡིན་པར་ཐལ། འདོད་པའི་ཕྱིར། འདོད་མི་ནུས་ཏེ། སངས་རྒྱས་ཀྱི་ས་ཡིན་པའི་ཕྱིར། ཡང་། ཡུལ་སུམ་ཅུ་རྩ་གཉིས་ཀྱི་རླུང་སེམས་དབུ་མར་འདུས་ཤིང་དཔའ་བོ་མཁའ་འགྲོ་དབང་དུ་འདུས་པ་ལས་ཐོབ་པའི་རྟོགས་པ་ཡིན་ན། སློབ་ལམ་ས་བཅུ་གཉིས་པོ་གང་རུང་ཡིན་པར་ཐལ། དེའི་ཤེས་བྱེད་ལ། གནས་དང་ཉེ་བའི་གནས་དང་ནི། །ཞེས་སོགས་གསུངས་པའི་ཕྱིར། འདོད་ན། རྣམ་མཁྱེན་ཆོས་ཅན། དེར་ཐལ། དེའི་ཕྱིར་ཏེ། གཉིས་ཀ་སྔར་བཞིན། ཡང་། གནས་ཀྱི་བསྡུས་པའི་ཡུལ་བཞིའི་རླུང་སེམས་དབུ་མར་འདུས་ཤིང་དཔའ་བོ་མཁའ་འགྲོ་དབང་དུ་འདུས་པ་ལས་ཐོབ་པའི་རྟོགས་པ་ཡིན་ན། ས་དང་པོ་རབ་ཏུ་དགའ་བའི་ཡེ་ཤེས་ཡིན་པས་ཁྱབ་ཅེ་ན། མཚོན་

བྱ་དོན་གྱི་ཕྱག་ཆེན་གྱི་ཡེ་ཤེས་ཀྱི་ངོ་བོར་གྱུར་པའི་ས་གཉིས་པའི་ཡེ་ཤེས་ཆོས་ཅན། དེར་ཐལ། དེའི་ཕྱིར་ཏེ། གནས་ཀྱིས་བསྡུས་པའི་ཡུལ་ཆེན་བཞི་དང་། ཉེ་བའི་གནས་ཀྱིས་བསྡུས་པའི་ཡུལ་ཆེན་བཞི་དང་བརྒྱད་ཀྱིས་རླུང་སེམས་དབུ་མར་འདུས་ཤིང་དཔའ་བོ་མཁའ་འགྲོ་དབང་དུ་འདུས་པ་ལས་ཐོབ་པའི་རྟོགས་པ་ཡིན་པའི་ཕྱིར་ཏེ། ཆོས་ཅན་དེ་ཡིན་པའི་ཕྱིར། རྩ་བར་འདོད་ན། ཆོས་ཅན་གྱིས་གྲུབ། ཡང་། ཉེ་བའི་གནས་ཀྱིས་བསྡུས་པའི་ཡུལ་ཆེན་བཞིའི་རླུང་སེམས་དབུ་མར་འདུས་ཤིང་དཔའ་བོ་མཁའ་འགྲོ་དབང་དུ་འདུས་པ་ལས་ཐོབ་པའི་རྟོགས་པ་ཡིན་ན། ས་གཉིས་པའི་ཡེ་ཤེས་ཡིན་པས་ཁྱབ་ཅེ་ན། མཆོན་བྱ་དོན་གྱི་ཕྱག་ཆེན་གྱི་ཡེ་ཤེས་ཀྱི་ངོ་བོར་གྱུར་པའི་ས་བཅུ་གསུམ་པའི་ཡེ་ཤེས་ཆོས་ཅན། དེར་ཐལ། དེའི་ཕྱིར་ཏེ། གནས་དང་ཉེ་གནས་ཀྱིས་བསྡུས་པའི་ཡུལ་ཆེན་བརྒྱད། ཞིང་གི་བསྡུས་པའི་ཡུལ་ཆེན་གཉིས་དང་། བཅུ་གཉིས་རླུང་སེམས་དབུ་མར་འདུས་ཤིང་དཔའ་བོ་མཁའ་འགྲོ་དབང་དུ་འདུས་པ་ལས་ཐོབ་པའི་རྟོགས་པ་ཡིན་པའི་ཕྱིར་ཏེ། ཆོས་ཅན་དེ་ཡིན་པའི་ཕྱིར། རྩ་བར་འདོད་ན་དོན་གྱིས་གྲུབ། ཡང་། གྲུབ་པའི་རྟགས་ཡོན་ཏན་ཡིན་ན། བརྒྱ་ཕྲག་བཅུ་གཉིས་ཐོབ་པའི་ས་ཡིན་ན། ས་དང་པོ་རབ་ཏུ་དགའ་བའི་ཡེ་ཤེས་ཡིན་པས་ཁྱབ་ཅེ་ན། ས་གཉིས་པའི་རྗེས་ཐོབ་ཀྱི་ཡེ་ཤེས་ཆོས་ཅན། དེར་ཐལ། དེའི་ཕྱིར་ཏེ། ཡོན་ཏན་བརྒྱ་ཕྲག་སྟོང་ཐོབ་པའི་ས་ཡིན་ན། །ས་གཉིས་པའི་ཡེ་ཤེས་ཡིན་པའི་ཕྱིར། ཁྱབ་སྟེ། འཇུག་པ་ལས། དེ་བཞིན་ཁོ་ནར་དྲི་མ་མེད་གནས་པས། །དེ་དག་སྟོང་ནི་ཡང་དག་ཐོབ་འགྱུར་ཏེ། །ཞེས་གསུངས་པའི་ཕྱིར། རྩ་བར་འདོད་མི་ནུས་ཏེ། ཆོས་ཅན་དེ་ཡིན་པའི་ཕྱིར། སྡོམ་དང་འདི་གཉིས་ཀའི་སྐབས་སུ་འོག་མ་རྣམས་ལ་ཡང་བརྗོད་ཚུལ་འདི་བཞིན་དུ་ཤེས་པར་བྱའོ། །ཡང་། རྟོགས་པའི་ཁྱད་པར་ཆོས་དབྱིངས་ཀུན་འགྲོའི་ཚུལ་གྱིས་མཐོང་བའི་ས་ཡིན་ན། ས་དང་པོའི་ཡེ་ཤེས་ཡིན་པས་ཁྱབ་ཅེ་ན། ས་གཉིས་པའི་ཡེ་ཤེས་ཆོས་ཅན། དེར་ཐལ། དེའི་ཕྱིར་ཏེ། ཆོས་དབྱིངས་མཆོག་གི་དོན་དུ་རྟོགས་པའི་ས་ཡིན་པའི་ཕྱིར་ཏེ། ཆོས་ཅན་དེ་ཡིན་པའི་ཕྱིར། རྩ་བར་འདོད་ན་ཆོས་ཅན་གྱིས་གྲུབ། ཡང་། གནས་ཀྱི་ས་སོགས་བཅུ་གཉིས་པོ་གང་རུང་ཡིན་ན། སྔགས་སྡོམ་ཡིན་པས་ཁྱབ་ཅེ་ན། ཕ་རོལ་ཏུ་ཕྱིན་པའི་ལམ་རང་རྐང་ལ་བརྟེན་ནས་ཐོབ་པའི་ཐེག་ཆེན་གྱི་མཐོང་ལམ་ཆོས་ཅན། དེར་ཐལ། དེའི་ཕྱིར་ཏེ། གནས་ཀྱི་ས་ཡིན་པའི་ཕྱིར་ཏེ། ས་དང་པོ་རབ་ཏུ་དགའ་བ་ཡིན་པའི་ཕྱིར། ཁྱབ་སྟེ། གནས་ནི་རབ་ཏུ་དགའ་བའི་ས། །ཞེས་གསུངས་པའི་ཕྱིར། གོང་དུ་མ་གྲུབ་ན། དེར་ཐལ། ཐེག་ཆེན་གྱི་མཐོང་ལམ་ཡིན་པའི་ཕྱིར། རྩ་བར་འདོད་ན། སྔགས་ཀྱི་རྗེས་ཟིན་པའི་ལམ་ཡིན་པར་ཐལ། འདོད་པའི་ཕྱིར། ཡང་། ཐེག་ཆེན་སློབ་པ་འཕགས་པའི་ས་ཡིན་ན། ས་བཅུ་པོ་གང་རུང་ཡིན་པས་ཁྱབ་པར་ཐལ། དེའི་ཤེས་བྱེད་ལ། དེ་བཞིན་ཐེག་ཆེན་པ་ཆེན་པོ་ལ། །བྱང་ཆུབ་

སེམས་དཔའི་ས་བཅུ་འོ། །ཞེས་པ་འདི་བྱུང་བའི་ཕྱིར། འདོད་ན། ས་བཅུ་གཉིས་ཡེ་ཤེས་ཆོས་ཅན། དེར་ཐལ། དེའི་ཕྱིར་ཏེ། ཆོས་ཅན་དེ་ཡིན་པའི་ཕྱིར། མ་གྲུབ་ན། དེར་ཐལ། དེ་འདྲ་ཡོད་པའི་ཕྱིར་ཏེ། ཐེག་ཆེན་སློབ་པ་འཕགས་པའི་ས་དེ་ལ་ས་བཅུ་གཉིས་སུ་ཡོད་པའི་ཕྱིར་ཏེ། ཁ་སྐོང་ལས། དེའི་ཕྱིར་སློབ་ལམ་ས་བཅུ་གཉིས། །རྒྱུད་རྒྱལ་གཉིས་ཀ་དགོངས་པ་མཐུན། །ཞེས་གསུངས་པའི་ཕྱིར། རྩ་བར་འདོད་མི་ནུས་ཏེ། ཆོས་ཅན་དེ་ཡིན་པའི་ཕྱིར། ཡང་། གནས་ཀྱི་བསྡུས་པའི་ཨུཊྚྱན། ཛ་ལེན་དྷ་ར། ཀོཾ་ལ་གི་རི། ཀཱ་མ་རུ་པ་བཞི་པོ་གང་རུང་ཡིན་ན། གང་དུ་སྤྱོད་པ་ལ་རྒྱུ་བའི་གནས་ཀྱི་ཡུལ་ཆེན་བཞི་པོ་གང་རུང་ཡིན་པས་ཁྱབ་པར་ཐལ། དེའི་ཤེས་བྱེད་ལ། བརྟག་གཉིས་ལས། གནས་ནི་ཛ་ལན་དྷ་ར་རབ་བཤད། །དེ་བཞིན་དུ་ནི་ཨུཊྚྱན་ཉིད། །གནས་ནི་ཀོཾ་ལ་གི་རི་ཉིད། །དེ་བཞིན་ཀཱ་མ་རུ་པ་ཉིད། །ཅེས་པ་འདི་བྱུང་བའི་ཕྱིར། འདོད་ན། གནས་ཀྱིས་བསྡུས་པའི་ནང་གི་ཡུལ་ཅན་བཞིའི་ནང་ཚན་དུ་གྱུར་པའི་སྤྱི་བོ་ཆོས་ཅན། དེར་ཐལ། དེའི་ཕྱིར་ཏེ། ནང་གི་ཨུཊྚྱན་ཡིན་པའི་ཕྱིར། མ་གྲུབ་ན། དེར་ཐལ། དེ་དང་དེར་གྱུར་པའི་སྤྱི་གཙུག་ནང་གི་ཛ་ལན་དྷ་ར། ཚོགས་མ་ནང་གི་ཀོཾ་ལ་གི་རི། སྙིན་ཕྲག་ནང་གི་ཀཱ་མ་རུ་པ་ཡིན་པའི་ཁྱད་པར་དེ་འཐད་པའི་ཕྱིར་ཏེ། ཕྱི་དང་ནང་དུ་ཡང་དེ་དག་བསམ། །ཞེས་གསུངས་པའི་ཕྱིར། རྩ་བར་འདོད་ན། ཕྱིའི་ཡུལ་ཆེན་བཞི་པོ་གང་རུང་ཡིན་པར་ཐལ། འདོད་པའི་ཕྱིར། འདོད་མི་ནུས་ཏེ། ནང་གི་ཡུལ་ཆེན་ཡིན་པའི་ཕྱིར་ཏེ། ནང་གི་ཨུཊྚྱན་ཡིན་པའི་ཕྱིར་ཏེ། ཆོས་ཅན་དེ་ཡིན་པའི་ཕྱིར། ཡང་། ཉེ་བའི་གནས་ཀྱིས་བསྡུས་པའི་ཡུལ་ཆེན་བཞི་པོ་གང་རུང་ཡིན་ན། གང་དུ་སྤྱོད་པ་ལ་རྒྱུ་བའི་གནས་ཀྱི་ཡུལ་ཆེན་ཡིན་པས་ཁྱབ་པ་ཡང་མི་འཐད་དེ། དེ་ལ་ཕྱི་ནང་གཉིས་སུ་ཡོད་པ་ལས། སྣ་རྩེ་ནང་གི་མ་ལ་ཝ་དང་། མིག་ནང་གི་སིནྡྷུ་ར་དང་། རྣ་བ་ནང་གི་ནཱ་ག་ར་དང་། ཁ་ནང་གི་ལྷུགས་པའི་བྲང་ཡིན་པའི་ཁྱད་པར་འཐད་པའི་ཕྱིར་ཏེ། བརྟག་གཉིས་ལས། ཉེ་གནས་མ་ལ་ཝ་ཞེས་བརྗོད། །སིནྡྷུ་ནཱ་ག་ར་ཉིད་དོ། །ཞེས་གསུངས་པའི་ཕྱིར། ཡང་། ཡུལ་ཆེན་སུམ་ཅུ་སོ་བདུན་པོ་གང་རུང་ཡིན་ན། སྐུའི་འཁོར་ལོའི་གནས། གསུང་གི་འཁོར་ལོའི་གནས། ཐུགས་ཀྱི་འཁོར་ལོའི་གནས་གསུམ་པོ་གང་རུང་ཡིན་པས་ཁྱབ་ཅེ་ན། འོ་ན་ཡུལ་ཆེན་ཕྱི་མ་ལྔ་པོ་དེ་ཆོས་ཅན། དེར་ཐལ། དེའི་ཕྱིར་ཏེ། བདེ་ཆེན་འཁོར་ལོའི་གནས་སུ་གྱུར་པའི་ཡུལ་ཆེན་ཡིན་པའི་ཕྱིར། མ་གྲུབ་ན་དེར་ཐལ། དེང་སང་གནས་དང་ཉེ་བའི་གནས་ཀྱིས་བསྡུས་པའི་ཡུལ་ཆེན་བརྒྱད། ཐུགས་ཀྱི་འཁོར་ལོའི་གནས་ཆེན་དང་། ཞིང་དང་ཉེ་བའི་ཞིང་གིས་བསྡུས་པ་བཞི། ཚན་དྷོ་དང་ཉེ་བའི་ཚན་དྷོས་བསྡུས་པ་བཞི་དང་བརྒྱད་གསུང་གི་འཁོར་ལོའི་གནས་ཆེན་དང་། འདུ་བ་དང་ཉེ་བའི་འདུ་བས་བསྡུས་པ་བཞི། དུར་ཁྲོད་དང་ཉེ་བའི་དུར་ཁྲོད་ཀྱིས་བསྡུས་པ་བཞི་དང་བརྒྱད་སྐུའི་འཁོར་ལོའི་གནས་ཆེན་དང་། འཐུང་གཅོད་དང་ཉེ་བའི་འཐུང་

གཅོད་ཀྱིས་བསྐྱུས་པ་བརྒྱུད་དམ་ཚིག་འཁོར་ལོའི་གནས་ཆེན་ནམ། འཁོར་ལོའི་གནས་ཆེན་ཡིན་པའི་ཁྱད་པར་དེ་འཐད་པའི་ཕྱིར་རོ། །རྩ་བར་འདོད་མི་ནུས་ཏེ། བདེ་ཆེན་འཁོར་ལོའི་གནས་ཆེན་ཡིན་པའི་ཕྱིར། ཡང་ཕྱིའི་ཡུལ་ཆེན་སུམ་ཅུ་སོ་བདུན་པོ་འོག་མིན་སྟུག་པོ་བཀོད་པ་ལ་ངོས་འཛིན་པ་ཡང་མེད་དེ། བརྟན་པ་ཆེན་པོ་དྲོད་འབྱིང་གི་རྟོགས་པ་ཐོབ་ཅིང་། བརྟ་དང་བརྟའི་ལན་ཤེས་པའི་རྣལ་འབྱོར་པ་དེས་ཡུལ་ཆེན་སུམ་ཅུ་སོ་བདུན་དུ་སྤྱོད་པ་ལ་རྒྱུ་མི་ནུས་པར་ཐལ། དེས་འོག་མིན་སྟུག་པོ་བཀོད་པའི་ཞིང་དུ་བགྲོད་མི་ནུས་པའི་ཕྱིར་ཏེ། དེར་ས་བཅུ་པ་ཡན་ཆད་ཀྱིས་བྱང་སེམས་ཁོ་ན་ལས་སེམས་ཅན་གཞན་གྱིས་བགྲོད་མི་ནུས་པའི་ཕྱིར་ཏེ། རྣམ་པར་སྣང་མཛད་གངས་ཆེན་མཚོའི་སྐུ་དངོས་ཀྱི་འཁོར་ཡིན་ན། ས་བཅུ་པ་ཡན་ཆད་ཀྱི་བྱང་སེམས་དང་། དེ་བཞིན་གཤེགས་པ་གང་རུང་ཡིན་པས་ཁྱབ་པའི་ཕྱིར། ཡང་འབྲས་དུས་ཀྱི་དབང་ཡིན་ན། འབྲས་དུས་ཀྱི་ཡེ་ཤེས་ཡིན་པས་ཁྱབ་ཅེ་ན། ཉེ་རྒྱུའི་དབང་ཆོས་ཅན། དེར་ཐལ། དེའི་ཕྱིར་ཏེ། རིག་མ་ས་བཅུ་གཉིས་མའི་ཕྱག་རྒྱ་ཧྲ་གའི་དཀྱིལ་འཁོར་དུ།（མཆན། འདི་ནས་མ་ཡིག་གཞན་པར་བལྟས་ཡོད།）སློབ་དཔོན་དུས་གསུམ་བདེ་གཤེགས་བཅུད་འདུས་ཀྱི་ཐིག་ལེ་ལས་བྱུང་བའི་ཡིན་པའི་ཕྱིར། ཁྱབ་སྟེ། བཅུ་གཉིས་ས་ཐོབ་ཕྱག་རྒྱ་ཧྲ་གར་ནི། །དུས་གསུམ་བདེ་གཤེགས་བཅུད་འདུས་ཐིག་ཆེན་ལས། །འབྲས་དུས་དབང་གིས་ཆུ་བོ་བླངས་པ་ཡི། །གཙུག་ཏོར་མཆོག་ཏུ་འགྲོས་བཞི་ཐིམས་པར་ཤོག །ཅེས་གསུངས་པའི་ཕྱིར། གོང་དུ་མ་གྲུབ་ན། དེར་ཐལ། ཆོས་ཅན་དེ་ཡིན་པའི་ཕྱིར། རྩ་བར་འདོད་མི་ནུས་ཏེ། སློབ་ལམ་ཡིན་པའི་ཕྱིར་ཏེ། ཆོས་ཅན་དེ་ཡིན་པའི་ཕྱིར། ཡང་ཕ་རོལ་ཏུ་ཕྱིན་པའི་ལམ་གྱི་ཐོབ་འབྲས་མཐར་ཐུག་ཏུ་གྱུར་པའི་ས་ཡིན་ན། རྡོ་རྗེ་ཐེག་པའི་ལམ་གྱི་ཐོབ་འབྲས་མཐར་ཐུག་ཏུ་གྱུར་པའི་ས་ཡིན་པས་ཁྱབ་པར་ཐལ། དེའི་ཤེས་བྱེད་ལ། མདོར་ན་ཉན་ཐོས་གཞུང་ལུགས་ནས། །གསང་ཆེན་བླ་ན་མེད་པའི་བར། །འབྲས་བུ་དོན་གཅིག་བཤད་པའི་ཚུལ། །ཐ་དད་སྒྲོ་བ་བསྐྱེད་ཕྱིར་ཡིན། །ཞེས་པ་དང་།

དོན་གཅིག་ན་ཡང་། ཞེས་པ་འདི་བྱུང་བའི་ཕྱིར། འདོད་ན། དེའི་ལམ་གྱིས་ཐོབ་འབྲས་མཐར་ཐུག་ཏུ་གྱུར་པའི་ས་བཅུ་གཅིག་པའི་ཡེ་ཤེས་ཆོས་ཅན། དེར་ཐལ། དེའི་ཕྱིར་ཏེ། ཆོས་ཅན་དེ་ཡིན་པའི་ཕྱིར། ཁྱབ་སྟེ། འཇུག་པ་ལས། ས་ནས་སར་སྣོན་བྱེད་ཅིང་གོང་མར་རབ་ཏུ་འགྲོ་བར་འགྱུར། །ཞེས་གསུངས་པའི་ཕྱིར། རྩ་བར་འདོད་ན། འབྲས་དུས་ཀྱི་ས་ཡིན་པར་ཐལ། འདོད་པའི་ཕྱིར། འདོད་མི་ནུས་ཏེ། སློབ་ལམ་ཡིན་པའི་ཕྱིར། ཡང་། ཕ་རོལ་ཏུ་ཕྱིན་པ་བས་མཐར་ཐུག་གི་འབྲས་བུར་འདོད་པའི་ས་ཡིན་ན། མཐར་ཐུག་གི་འབྲས་བུར་གྱུར་པའི་ས་ཡིན་པས་ཁྱབ་ཅེ་ན། ས་བཅུ་གཅིག་པའི་ཡེ་ཤེས་ཆོས་ཅན། དེར་ཐལ། དེའི་ཕྱིར། གཉིས

གར་ཆོས་ཅན་གྱིས་གྲུབ། ཡང་ཕར་ཕྱིན་ཐེག་པ་བ་ལ་མིང་གྲགས་པའི་ས་ཡིན་ན། དེ་ལ་གྲགས་པའི་ས་ཡིན་པས་ཁྱབ་ཅེ་ན། སྔར་གྱི་དེ་ཀ་ཆོས་ཅན། དེར་ཐལ། དེའི་ཕྱིར་ཏེ། དེ་ལ་མིང་གྲགས་ལ་དོན་མ་གྲགས་པའི་ས་ཡིན་པའི་ཕྱིར་ཏེ། དེ་ལ་མིང་མ་སྨྲས་ལ་དོན་སྨྲས་པའི་ས་ཡིན་པའི་ཕྱིར་ཏེ། ཆོས་ཅན་དེ་དང་གཅིག་ཡིན་པའི་ཕྱིར། རྩ་བར་འདོད་མི་ནུས་ཏེ། དེ་ལ་མ་གྲགས་པའི་ས་ཡིན་པའི་ཕྱིར་ཏེ། དེ་ལ་སྨྲས་པའི་ས་ཡིན་པའི་ཕྱིར་ཏེ། སྨྲས་པའི་ས་གསུམ་པ་གང་རུང་ཡིན་པའི་ཕྱིར་ཏེ། ཆོས་ཅན་དེ་ཡིན་པའི་ཕྱིར། ཡང་དེ་ལ་དོན་གྲགས་པའི་ས་ཡིན་ན། དེ་གྲགས་པའི་ས་ཡིན་པས་ཁྱབ་ཅེ་ན། ས་བཅུ་གསུམ་པའི་ཡེ་ཤེས་ཆོས་ཅན། དེར་ཐལ། དེའི་ཕྱིར་ཏེ། དེ་ལ་དོན་གྲགས་ལ་མིང་མ་གྲགས་པའི་ས་ཡིན་པའི་ཕྱིར་ཏེ། དེ་ལ་དོན་སྨྲས་ལ་མིང་མ་སྨྲས་པའི་ས་ཡིན་པའི་ཕྱིར་ཏེ། ཆོས་ཅན་དེ་དང་གཅིག་ཡིན་པའི་ཕྱིར། རྩ་བར་འདོད་མི་ནུས་ཏེ། དེ་མ་གྲགས་པའི་ས་ཡིན་པའི་ཕྱིར་ཏེ། སྔར་བཞིན། ཡང་ས་བཅུ་གཅིག་པའི་ཡེ་ཤེས་ཡིན་ན། ཕ་རོལ་ཏུ་ཕྱིན་པའི་གཞུང་ལུགས་ནས་བཤད་པའི་ས་བཅུ་གཅིག་པའི་ཡེ་ཤེས་ཡིན་པས་ཁྱབ་ཅེ་ན། ས་བཅུ་གཅིག་པའི་ཡེ་ཤེས་ཆོས་ཅན། དེར་ཐལ། དེའི་ཕྱིར། འདོད་ན། དེ་ནས་བཤད་པའི་སངས་རྒྱས་ཀྱི་ས་ཡིན་པར་ཐལ། འདོད་པའི་ཕྱིར། འདོད་ན། རྡོ་རྗེ་ཐེག་པའི་གཞུང་ལུགས་ནས་བཤད་པའི་སངས་རྒྱས་ཀྱི་ས་ཡིན་པར་ཐལ། འདོད་པའི་ཕྱིར། ཁྱབ་སྟེ། ཁ་སྐོང་ལས། བྱེ་བྲག་སྨྲ་བའི་གཞུང་ལུགས་ནས། །རྣལ་འབྱོར་ཆེན་པོའི་རྒྱུད་སྡེའི་བར། །འབྲས་བུའི་རྣམ་གཞག་གང་བཤད་རྣམས། །རང་རང་གདུལ་བྱའི་བློ་ཉིད་ལ། །འཚམས་པའི་ཡོན་ཏན་ལྷག་པ་ཉིད། །སློས་པའི་ཁྱད་པར་མ་གཏོགས་པ། །མཐར་ཐུག་འབྲས་བུ་ཁྱད་པར་མེད། །དཔེར་ན་ཤཱཀྱ་ཐུབ་ཡོན་ཏན་བཞིན། །ཞེས་གསུངས་པའི་ཕྱིར། འདོད་ན། སྤྱང་བྱ་འཕོ་བའི་བག་ཆགས་སྤྱངས་པའི་ས་ཡིན་པར་ཐལ། འདོད་པའི་ཕྱིར། འདོད་ན། བསམ་གྱིས་མི་ཁྱབ་པའི་གནས་མངོན་དུ་བྱས་པའི་ས་ཡིན་པར་ཐལ། འདོད་པའི་ཕྱིར། འདོད་མི་ནུས་ཏེ། སམྦུ་ཊི་ལས། གང་དག་བསམ་གྱིས་མི་ཁྱབ་པའི་གནས་མངོན་དུ་མ་བྱས་པ་དེ་ནི་དེ་བཞིན་གཤེགས་པ་སྟེ་སངས་རྒྱས་ཡིན་ལ། མཚན་འཛིན་མཆོན་པ་ནི་རྡོ་རྗེ་སེམས་དཔའ་སྟེ་ཡང་དག་པའོ། །ཞེས་གསུངས་པའི་ཕྱིར། ཡང་། ཕ་རོལ་ཏུ་ཕྱིན་པའི་གཞུང་ལུགས་ནས་བཤད་པའི་ས་བཅུ་གཅིག་པའི་ཡེ་ཤེས་ཡིན་ན། ས་བཅུ་གཅིག་པའི་ཡེ་ཤེས་ཡིན་པས་ཁྱབ་ཅེ་ན། རྣམ་མཁྱེན་ཆོས་ཅན། དེར་ཐལ། དེའི་ཕྱིར་ཏེ། མ་གྲུབ་ན། དེར་ཐལ། ཁ་སྐོང་ལས། འདི་ཡང་ཕ་རོལ་ཕྱིན་པ་ལས། །བཅུ་གཅིག་སར་བཤད་ལ་འབྲུལ་ནས། །གྲངས་དང་ཚད་འཛིན་ནོར་བར་ཟད། །ཅེས་གསུངས་པའི་ཕྱིར། རྩ་བར་འདོད་ན། སློབ་ལམ་ཡིན་པར་ཐལ། འདོད་པའི་ཕྱིར། འདོད་མི་ནུས་ཏེ། མི་སློབ་ལམ་ཡིན་པའི་ཕྱིར། ཆོས་ཅན་དེ་ཡིན་པའི་ཕྱིར། ཡང་པ་བཅུ་གཅིག་པའི་ཡེ་ཤེས

ཡིན་ན། ཕ་རོལ་ཏུ་ཕྱིན་པ་བ་ལ་མིང་མ་སྨྲས་པའི་ས་ཡིན་པས་ཁྱབ་ཅེ་ན། འོ་ན་བྱང་སེམས་ས་བཅུ་གཅིག་པའི་རྒྱུད་ཀྱི་བསྐྱེད་རིམ་གྱི་སྡོམ་པ་ཆོས་ཅན། དེར་ཐལ། དེའི་ཕྱིར་ཏེ། རྟགས་དོན་གྱིས་གྲུབ། རྩ་བར་འདོད་མི་ནུས་ཏེ། དེ་ལ་མིང་སྨྲས་པའི་ས་ཡིན་པའི་ཕྱིར་ཏེ། དེ་ལ་མིང་མ་གྲགས་པའི་ས་ཡིན་པའི་ཕྱིར། མ་གྲུབ་ན། དེར་ཐལ། དེའི་ཕྱིར་ཏེ། དེའི་ལུགས་ལ་བསྐྱེད་རིམ་གྱི་སྡོམ་པའི་མིང་མ་གྲགས་པའི་ཕྱིར་ཏེ། བསྐྱེད་རྫོགས་གཉིས་པོ་དེ་རྣལ་འབྱོར་བླ་མེད་ཁོ་ནའི་ཁྱད་ཆོས་ཡིན་པའི་ཕྱིར་ཏེ། དབང་བཞི་དང་ནི་རིམ་པ་གཉིས། །རྣལ་འབྱོར་ཆེན་པོའི་ཁྱད་ཆོས་ཡིན། །ཞེས་གསུངས་པའི་ཕྱིར། གལ་ཏེ་ཁོ་ན་རེ། རྣམ་མཁྱེན་ཆོས་ཅན། ཕ་རོལ་ཏུ་ཕྱིན་པའི་གཞུང་ལུགས་ནས་བཤད་པའི་ས་བཅུ་གཅིག་པའི་ཡེ་ཤེས་མ་ཡིན་པར་ཐལ། དེ་ནས་བཤད་པའི་ས་བཅུ་གསུམ་པའི་ཡེ་ཤེས་ཡིན་པའི་ཕྱིར་ཏེ། དེ་ནས་བཤད་པ་གང་ཞིག །ས་བཅུ་གསུམ་པའི་ཡེ་ཤེས་ཡིན་པའི་ཕྱིར། ཡང་དེ་ཆོས་ཅན། དེ་ནས་བཤད་པའི་ས་བཅུ་གསུམ་པའི་ཡེ་ཤེས་ཡིན་པར་ཐལ། དེ་དང་དེ་ནས་མ་བཤད་པའི་ས་བཅུ་གསུམ་པའི་ཡེ་ཤེས་གང་རུང་གང་ཞིག །ཕྱི་མ་མི་མ་ཡིན་པའི་ཕྱིར། ཕྱི་མ་མ་གྲུབ་ན། དེ་ནས་མ་བཤད་པར་ཐལ། མ་གྲུབ་པ་དེའི་ཕྱིར། འདོད་མི་ནུས་ཏེ། དེ་ནས་བཤད་པའི་ཕྱིར་ཏེ། དེ་ནས་བཤད་པའི་ས་བཅུ་གཅིག་པའི་ཡེ་ཤེས་ཡིན་པའི་ཕྱིར་ཏེ། ཞེ་ན། འོ་ན་ཤཱཀྱ་ཐུབ་པ་ཆོས་ཅན། ཕ་རོལ་ཏུ་ཕྱིན་པའི་གཞུང་ལུགས་ནས་བཤད་པའི་ཀྱེ་རྡོ་རྗེའི་སྤྲུལ་གཞི་ཡིན་པར་ཐལ། དེ་ནས་བཤད་པ་གང་ཞིག །ཀྱེ་རྡོ་རྗེའི་སྤྲུལ་གཞི་ཡིན་པའི་ཕྱིར། ཁྱབ་པ་ཁས། འདོད་ན། དེ་ནས་བཤད་པའི་ཀྱེ་རྡོ་རྗེའི་སྤྲུལ་གཞི་ཡོད་པར་ཐལ། འདོད་པའི་ཕྱིར། འདོད་ན། ཧ་ཅང་ཐལ་ལོ། །གཉིས་པ་ལ་དེ་ཆོས་ཅན། དེ་ནས་བཤད་པའི་ཀྱེ་རྡོ་རྗེའི་སྤྲུལ་གཞི་ཡིན་པར་ཐལ། དེ་དང་དེ་ནས་བཤད་པའི་ཀྱེ་རྡོ་རྗེའི་སྤྲུལ་གཞི་གང་རུང་གང་ཞིག །དེ་ནས་མ་བཤད་པའི་ཀྱེ་རྡོ་རྗེའི་སྤྲུལ་གཞི་མ་ཡིན་པའི་ཕྱིར། ཕྱི་མ་མ་གྲུབ་ན། དེ་ནས་མ་བཤད་པར་ཐལ། མ་གྲུབ་པ་དེའི་ཕྱིར། འདོད་མི་ནུས་ཏེ། དེ་ནས་བཤད་པའི་ཕྱིར་ཏེ། དེ་ནས་བཤད་པའི་སྤྲུལ་སྐུ་ཡིན་པའི་ཕྱིར་ཏེ། གང་གི་སྲིད་པ་ཇི་སྲིད་པར། །ཞེས་པའི་དངོས་བསྟན་གྱི་དེ་ཡིན་པའི་ཕྱིར་ཏེ། ཆོས་ཅན་དེ་ཡིན་པའི་ཕྱིར་ཏེ། གལ་ཏེ་ཤཱཀྱ་ཐུབ་པ་རི་བོང་དུ་སྤྲུལ་པའི་སྤྲུལ་པའི་རི་བོང་ཆོས་ཅན། དེར་ཐལ། དེའི་ཕྱིར་ཞེ་ན་མ་གྲུབ་སྟེ། དེ་དུད་འགྲོའི་རྟེན་ཅན་ཡིན་པའི་ཕྱིར། གལ་ཏེ་དེ་ཆོས་ཅན། དེ་ཡིན་པར་ཐལ། དེའི་སྤྲུལ་པ་ཡིན་པའི་ཕྱིར་ཞེ་ན། མཆོག་གི་སྤྲུལ་སྐུ་ཆོས་ཅན། ལོངས་སྐུ་ཡིན་པར་ཐལ། ལོངས་སྐུའི་སྤྲུལ་པ་ཡིན་པའི་ཕྱིར་ཏེ། སྤྲུལ་སྐུ་ཡིན་པའི་ཕྱིར། རྩ་བར་འདོད་མི་ནུས་ཏེ། ཆོས་ཅན་དེ་ཡིན་པའི་ཕྱིར། ཡང་ས་བཅུ་གསུམ་པའི་ཡེ་ཤེས་ཡིན་ན། ཕ་རོལ་ཏུ་ཕྱིན་པ་བ་ལ་མིང་སྨྲས་པའི་ས་ཡིན་པས་ཁྱབ་ཅེ་ན། འོ་ན་རྣམ་མཁྱེན་ཆོས་ཅན། དེར་ཐལ། དེའི་ཕྱིར་ཏེ། རྟགས་ཆོས་

ཅན་གྱིས་གྲུབ། འདོད་མི་ནུས་ཏེ། དེ་ལ་མིང་མ་སྨྲས་པའི་ས་ཡིན་པའི་ཕྱིར་ཏེ། དེ་ལ་མིང་གྲགས་པའི་ས་ཡིན་པའི་ཕྱིར། མ་གྲུབ་ན། དེར་ཐལ། དེའི་མིང་ཕ་རོལ་ཏུ་ཕྱིན་པ་བ་ལ་གྲགས་པའི་ཕྱིར་ཏེ། ཐུབ་པའི་རྣམ་ཀུན་མཁྱེན་པ་ཉིད། །ཅེས་གསུངས་པའི་ཕྱིར། ཡང་བྱ་རྒྱུད་ཀྱི་ལམ་གྱི་ཐོབ་འབྲས་མཐར་ཐུག་ཏུ་གྱུར་པའི་ས་ཡིན་ན། མཐར་ཐུག་གི་འབྲས་བུ་ཡིན་པས་ཁྱབ་ཅེ་ན། དེ་ལམ་གྱི་ཐོབ་འབྲས་མཐར་ཐུག་ཏུ་གྱུར་པའི་ས་བཅུ་གཅིག་པའི་ཡེ་ཤེས་ཆོས་ཅན། དེར་ཐལ། དེའི་ཕྱིར་ཏེ། གཉིས་ཀར་ཆོས་ཅན་གྱིས་འགྲུབ། དེས་སྤྱོད་རྒྱུད་དང་རྣལ་འབྱོར་རྒྱུད་ལ་ཡང་རིགས་འགྲེས་ཏེ་ཤེས་པར་བྱའོ། །

ཡང་ཁོ་ན་རེ། ཕ་རོལ་ཏུ་ཕྱིན་པའི་གཞུང་ལུགས་ནས་ས་བཅུ་བཞིའི་དོན་བཤད་པར་ཐལ། དེ་ནས་ས་བཅུ་གཅིག་པའི་ཡེ་ཤེས་བཤད་པའི་ཕྱིར། ཞེ་ན། མ་ཁྱབ་སྟེ། དེ་ནས་ས་བཅུ་གཅིག་པའི་ཡེ་ཤེས་ཀྱི་དོན་མ་བཤད། ཅེས་པའི་དོན་ས་བཅུ་གཅིག་པའི་དོན་སློབ་ལམ་ཡིན་ཅིང་སློབ་ལམ་དུ་གྱུར་པའི་ས་བཅུ་གཅིག་པའི་ཡེ་ཤེས་མ་བཤད་པའི་ཕྱིར། ཞེས་པ་ཡིན་པའི་ཕྱིར། ཡང་དེ་ནས་ས་བཅུ་གསུམ་པའི་ཡེ་ཤེས་བཤད་པར་ཐལ། དེ་ནས་དེའི་དོན་དེ་བཤད་པའི་ཕྱིར། ཞེ་ན། མ་ཁྱབ་སྟེ། དེ་ནས་དེའི་དོན་བཤད་ཅེས་པ་ནི་དེའི་དོན་སྤངས་རྟོགས་མཐར་ཐུག་པའི་ས་ཡིན་ཅིང་། དེ་ནས་སྤངས་རྟོགས་མཐར་ཐུག་པའི་ས་བཤད་ཅེས་པའི་དོན་ཡིན་པའི་ཕྱིར། དེ་ནས་ས་བཅུ་གསུམ་པའི་ཡེ་ཤེས་མ་བཤད་དེ། ཕ་རོལ་ཏུ་ཕྱིན་པའི་ལུགས་ཀྱི་ས་ལམ་གྱི་རྣམ་གཞག་བྱེད་པའི་ཚེ་ས་བཅུ་གསུམ་པའི་ཐ་སྙད་ཁས་མི་ལེན་པའི་ཕྱིར་ཏེ། ཁ་སྐོང་ལས། མདོར་ན་ཕ་རོལ་ཏུ་ཕྱིན་པ་ཡི། ། ས་ལམ་རྣམ་གཞག་བྱེད་པའི་ཚེ། །བཅུ་གསུམ་པ་ཡི་ཐ་སྙད་མེད། །ཅེས་གསུངས་པའི་ཕྱིར། རྒྱུད་སྡེ་འོག་མ་གསུམ་རང་ཀྲང་ནས་བཤད་པའི་ས་བཅུ་གསུམ་པའི་ཡེ་ཤེས་ཁས་མི་ལེན་པ་ཡང་འདི་དང་འདྲའོ། །གལ་ཏེ་རྣལ་འབྱོར་རྒྱུད་ལས་ས་བཅུ་གསུམ་པའི་ཡེ་ཤེས་བཤད་པར་ཐལ། དེ་ནས་ཡེ་ཤེས་ལྔ་བཤད་པའི་ཕྱིར། ཞེ་ན། མ་ཁྱབ་སྟེ། དེའི་ལུགས་ལ་ཡེ་ཤེས་ལྔ་པོ་དེ་དག་ས་བཅུ་གསུམ་པའི་ཡེ་ཤེས་སུ་མི་འདོད་པའི་ཕྱིར་རོ། །རྒྱུད་སྡེ་འོག་མ་གསུམ་གྱི་ལུགས་ལ་སྐུ་བཞི་དང་ལྔ་ལ་སོགས་པའི་རྣམ་གཞག་ཀྱང་ཁས་མི་ལེན་ཏེ། བྱ་སྤྱོད་གཉིས་སངས་རྒྱས་འཕགས་པས་རིགས་ལྔར་བསྡུས་པ་མེད་པས་རིགས་ལྔའི་ཐ་སྙད་ཁས་མི་ལེན་ཏེ། རྣལ་འབྱོར་རྒྱུད་ལས་རིགས་ལྔའི་སྐུ་མདོག་དང་ཕྱག་རྒྱ་ཐ་དད་དུ་གསུངས་པ་ནི་ཡེ་ཤེས་ལྔ་མཚོན་པའི་རྟེན་ཅིང་འབྲེལ་འབྱུང་གི་སྐུ་ཡིན་ཀྱང་། སྤྱང་བྱ་འབྱུང་བ་ལྔ་དང་སྤྱང་འབྲས་རིགས་ལྔ་སྦྱར་བའི་རྣམ་གཞག་མི་བྱེད་པས་སྐུ་བཞི་དང་ལྔ་ལ་སོགས་པ་ཁས་མི་ལེན་པའི་ཕྱིར་ཏེ། གཞུང་འདིར། བྱ་སྤྱོད་གཉིས་ཀྱི་རྒྱུད་ལས་ཀྱང་། །སངས་རྒྱས་རིགས་ལྔ་བསྡུས་པ་མེད། །རྣལ་འབྱོར་རྒྱུད་ལས་གསུངས་པ་ཡི། །རིགས་ལྔ་ཁ་དོག་ཐ་དད་ཅིང་། །ཕྱག

རྒྱུ་ཡང་ནི་ཐ་དད་གསུངས། །འདི་ཡི་སྐུ་མདོག་ཕྱག་རྒྱར་ནི། །རྟེན་ཅིང་འབྲེལ་འབྱུང་སྐུ་ཡིན་པས། །ཡེ་ཤེས་ལྔ་ལ་འཐད་པ་ཡིན། །ཞེས་དང་། སྤྱོད་པའི་རྒྱུད་དུ་རིགས་ལྔ་ཡི། དོན་གྲུབ་ན་ཡང་ཐ་སྙད་མེད། །སྐུ་མདོག་ཕྱག་རྒྱ་རྣམ་གཞག་ཀྱང་། །རྣལ་འབྱོར་རྒྱུད་བཞིན་དེར་མ་གསུངས། །ཞེས་དང་། ཁ་སྐོང་ལས། རྒྱུད་སྡེ་འོག་མ་གསུམ་པོ་ཡང་། །སྐུ་གསུམ་འདི་དང་ཆ་འདྲ་ལ། །རྣམ་པའི་འདོད་ཚུལ་སོ་སོར་ཡོད། །ཅེས་གསུངས་པའི་ཕྱིར། ཡང་། ས་བཅུ་གསུམ་པའི་ཕྱེད་འོག་མ་ཡིན་ན། ས་བཅུ་གསུམ་པའི་ཡེ་ཤེས་ཡིན་པས་ཁྱབ་ཅེ་ན། ཉེ་རྒྱུའི་དབང་ཆོས་ཅན། དེར་ཐལ། དེའི་ཕྱིར་ཏེ། ས་བཅུ་གསུམ་པའི་ཡེ་ཤེས་ལ་དངོས་སུ་སྦྱོར་བའི་དབང་ཡིན་པའི་ཕྱིར་ཏེ། ཆོས་ཅན་དེ་ཡིན་པའི་ཕྱིར། རྩ་བར་འདོད་མི་ནུས་ཏེ། ས་བཅུ་གཉིས་པའི་ཡེ་ཤེས་ཡིན་པའི་ཕྱིར། དེས་ན་ས་བཅུ་གསུམ་པའི་ཡེ་ཤེས་ཡིན་ན། ས་བཅུ་གསུམ་པའི་ཕྱེད་གོང་མ་ཡིན་པས་ཁྱབ་ཅེས་ཁས་ལེན་དགོས་སོ། །ཡང་ཡེ་ཤེས་པ་ལྔ་པོ་གང་རུང་ཡིན་ན། བཅུ་གསུམ་རྡོ་རྗེ་འཛིན་པའི་ས་ཡིན་པས་ཁྱབ་ཅེ་ན། འོ་ན་ཆོས་དབྱིངས་ཡེ་ཤེས་ཆོས་ཅན། དེར་ཐལ། དེའི་ཕྱིར། རྟགས་ཆོས་ཅན་གྱིས་འགྲུབ། འདོད་ན། ཡེ་ཤེས་ཡིན་པར་ཐལ། འདོད་པའི་ཕྱིར། འདོད་མི་ནུས་ཏེ། ཆོས་དབྱིངས་ཡིན་པའི་ཕྱིར་ཏེ། སློབ་དཔོན་ཙནྡྲ་གོ་མིས། དེ་ཡང་ཆོས་ཀྱི་དབྱིངས་ཉིད་ཀྱི། །ངོ་བོ་ཉིད་དུ་ཡང་དག་འདོད། །ཅེས་གསུངས་པའི་ཕྱིར། གཞན་ཡང་། དེ་མ་ཁྱབ་པར་ཐལ། ཆོས་དབྱིངས་ཡེ་ཤེས་རྟག་པ་ཡིན་པའི་ཕྱིར་ཏེ། ཀུན་གཞིའི་ཆོས་ཉིད་ཆོས་དབྱིངས་ཡེ་ཤེས་དང་། ཀུན་གཞི་མེ་ལོང་ལྟ་བུ་ཡེ་ཤེས་དང་། ཉོན་ཡིད་མཉམ་པ་ཉིད་ཀྱི་ཡེ་ཤེས་དང་། ཡིད་ཀྱི་རྣམ་ཤེས་སོ་སོར་རྟོག་པའི་ཡེ་ཤེས་དང་། སྒོ་ལྔའི་རྣམ་ཤེས་བྱ་བ་གྲུབ་པའི་ཡེ་ཤེས་སུ་གནས་འགྱུར་བ་དེ་འཐད་པའི་ཕྱིར་ཏེ། སམ་པུ་ཊི་ལས། ཀུན་གཞི་དང་། ཉོན་མོངས་པ་ཅན། ཡིད་དང་། མིག་དང་། རྣ་བ་དང་། སྣ་དང་། ལྕེ་དང་། ལུས་ཀྱི་རྣམ་པར་ཤེས་པ་སྟེ། དེ་རྣམས་ཡོངས་སུ་གྱུར་པ་ནི་རང་གི་ངོ་བོ་ཡོངས་སུ་གྱུར་པའོ། །བདག་མེད་པའི་ཉིང་ངེ་འཛིན་བསྒོམ་པའི་མེ་ལོང་ལྟ་བུ་དང་། མཉམ་པ་ཉིད་དང་། སོ་སོར་རྟོག་པ་དང་། བྱ་བ་ནན་ཏན་གྱི་ཡེ་ཤེས་ལ་གནས་ནས་ལྡོག་པར་འགྱུར་ཞེས་བྱ་བའི་དོན་ཏོ། །ཞེས་དང་། ཙནྡྲ་གོ་མིས། ཀུན་གཞིའི་རྣམ་ཤེས་གང་ཡིན་པ། །དེ་ནི་མེ་ལོང་ཡེ་ཤེས་འགྱུར། །དེ་ཡང་ཆོས་ཀྱི་དབྱིངས་ཉིད་ཀྱི། །ངོ་བོ་ཉིད་དུ་ཡང་དག་འདོད། ། ཉོན་མོངས་ཅན་ཡིད་གནས་གྱུར་པ། །མཉམ་ཉིད་ཡེ་ཤེས་དག་ཏུ་འདོད། །སོ་སོར་རྟོག་པའི་ཡེ་ཤེས་ནི། །ཡིད་ཀྱི་རྣམ་ཤེས་བདག་ཉིད་དོ། །ཞེས་དང་། དབང་པོ་ལྔ་ཡི་རྣམ་ཤེས་གང་། །དེ་ཡི་དོན་ཀུན་ཡོངས་སུ་འཛིན། ། ཐོབ་ནས་སེམས་ཅན་ཀུན་གྱི་དོན། །དེ་ནི་བྱ་བ་གྲུབ་པ་ཙམ། །ཞེས་གསུངས་པའི་ཕྱིར།

ཡང་ཁ་ཅིག །ཕར་ཕྱིན་ཐེག་པའི་ལུགས་ལ་སྐུ་བཞི་དང་ཡེ་ཤེས་ལྔའི་ཐ་སྙད་ཁས་མི་ལེན་ཏེ། འཕགས་

པ་སངས་རྒྱས་ཀྱི་ས་ལས། སངས་རྒྱས་ཀྱི་ས་ནི་ལྔ་པོ་འདིས་ཡང་དག་པར་བསྡུས་པར་རིགས་པར་བྱའོ། །ལྔ་གང་ཞེ་ན། ཆོས་ཀྱི་དབྱིངས་ཤིན་ཏུ་རྣམ་པར་དག་པ་དང་། མེ་ལོང་ལྟ་བུའི་ཡེ་ཤེས་དང་། མཉམ་པ་ཉིད་ཀྱི་ཡེ་ཤེས་དང་། སོ་སོར་ཀུན་ཏུ་རྟོག་པའི་ཡེ་ཤེས་དང་། བྱ་བ་གྲུབ་པའི་ཡེ་ཤེས་སོ། །ཞེས་གསུངས་པའི་ཕྱིར། ཞེ་ན། འོ་ན་ཕར་ཕྱིན་ཐེག་ཆེན་པའི་ལུགས་ལ་བུམ་དབང་སོགས་དབང་བཞི་དང་། བསྐྱེད་རིམ་སོགས་ལམ་བཞིའི་རྣམ་གཞག་ཁས་ལེན་པར་ཐལ། དེའི་ལུགས་ལ་སྐུ་བཞིའི་རྣམ་གཞག་ཁས་ལེན་པའི་ཕྱིར། ཁྱབ་སྟེ། གཞུང་འདིར། ཁ་ཅིག་དབང་བཞི་མི་འདོད་ཅིང་། །བསྐྱེད་རིམ་ལ་སོགས་ལམ་བཞི་པོའི། །རྣམ་པར་གཞག་པ་མི་འདོད་པར། །རྡོ་རྗེ་ཐེག་པའི་འབྲས་བུ་ནི། །སྤྲུལ་སྐུ་ལ་སོགས་སྐུ་བཞི་ཞེས། །འདོད་པ་དེ་ཡང་ལོག་ཤེས་ཡིན། ། ཞེས་གསུངས་པའི་ཕྱིར། གཞན་ཡང་། ཕ་རོལ་ཏུ་ཕྱིན་པའི་ལུགས་ལ་ཡེ་ཤེས་ལྔའི་ཐ་སྙད་ཁས་མི་ལེན་པར་ཐལ། དེའི་ལུགས་ལ་ཡེ་ཤེས་བཞི་པོ་ཁོ་ནའི་ཐ་སྙད་གསུངས་པའི་ཕྱིར་ཏེ། མདོ་སྡེ་རྒྱན་ལས། མེ་ལོང་ཡེ་ཤེས་མི་གཡོ་སྟེ། །ཡེ་ཤེས་གསུམ་ནི་དེ་ལ་བརྟེན། །མཉམ་པ་ཉིད་དང་སོ་སོར་རྟོག །བྱ་བ་གྲུབ་པ་ཁོ་ནའོ། །ཞེས་དང་། འཛིན་པའི་ཕྱིར་དང་སེམས་མཉམ་ཕྱིར། །ཡང་དག་ཆོས་རབ་སྟོན་ཕྱིར་དང་། །བྱ་བ་གྲུབ་པ་ཉིད་ཀྱི་ཕྱིར། །ཡེ་ཤེས་བཞི་པོ་ཡང་དག་འབྱུང་། །ཞེས་གསུངས་པའི་ཕྱིར། སངས་རྒྱས་ཀྱི་སའི་ལུང་དོན་ནི། སངས་རྒྱས་པའི་སྤངས་རྟོགས་ཀྱི་ཡོན་ཏན་དེ་ལ་དག་པ་གཉིས་ལྡན་གྱི་ཆོས་དབྱིངས་དང་། ཡེ་ཤེས་བཞི་དང་ལྔར་ཡོད་ཅེས་པའོ། །ཡང་ཤིན་ཏུ་རྣམ་པར་དག་པའི་ངོ་བོ་ཉིད་ཀྱི་སྐུ་ཡིན་ན། ངོ་བོ་ཉིད་ཀྱི་སྐུ་ཡིན་པས་ཁྱབ་ཅེ་ན། འོ་ན་རྟེན་དཀྱིལ་འཁོར་བཞི་གནས་གྱུར་པའི་སྐུ་བཞི་དང་ཤིན་ཏུ་རྣམ་པར་དག་པའི་ངོ་བོ་ཉིད་ཀྱི་སྐུ་ཆོས་ཅན། དེར་ཐལ། དེའི་ཕྱིར་ཏེ། ཆོས་ཅན་དེ་ཡིན་པའི་ཕྱིར། རྩ་བར་འདོད་ན། འདུས་མ་བྱས་ཀྱི་སྐུ་ཡིན་པར་ཐལ། འདོད་པའི་ཕྱིར། འདོད་ན། འདུས་མ་བྱས་ཡིན་པར་ཐལ། འདོད་པའི་ཕྱིར། འདོད་མི་ནུས་ཏེ། འདུས་བྱས་ཡིན་པའི་ཕྱིར་ཏེ། ཤེས་པ་ཡིན་པའི་ཕྱིར་ཏེ། ཆོས་ཅན་དེ་ཡིན་པའི་ཕྱིར། ཡང་ལུས་རྩའི་དཀྱིལ་འཁོར་སྤྲུལ་སྐུར་གནས་འགྱུར་བ་ཡོད་པར་ཐལ། སྒོ་ལྔའི་རྣམ་ཤེས་སྤྲུལ་སྐུར་གནས་འགྱུར་བ་ཡོད་པ་གང་ཞིག །ལུས་ཞེས་པ་དབང་པོ་ལྔ་ཆར་ལ་འཇོག་པའི་སྐབས་དང་། ལུས་དབང་ཁོ་ན་ལ་འཇོག་པའི་སྐབས་དང་། དབང་རྟེན་ཁོ་ན་ལ་འཇོག་པའི་སྐབས་ལ་སོགས་དུ་མ་ཡོད་པ་ལས་འདིར་དབང་ལྔ་ལ་འཇོག་པའི་སྐབས་ཡིན་པའི་ཕྱིར། འདོད་ན། ལུས་རྩའི་དཀྱིལ་འཁོར་སྤྲུལ་སྐུར་གནས་འགྱུར་ཞེས་པ་སྒོ་ལྔའི་རྣམ་ཤེས་སྤྲུལ་སྐུར་གནས་འགྱུར་བའི་དོན་ཡིན་པར་ཐལ། དེ་སྤྲུལ་སྐུར་གནས་འགྱུར་བ་གང་ཞིག །ལུས་རྩའི་དཀྱིལ་འཁོར་བེམ་པོ་ཡིན་པའི་ཆ་སྤྲུལ་སྐུར་གནས་མི་འགྱུར་བའི་ཕྱིར། འདོད་ན། སྒོ་ལྔའི་རྣམ་ཤེས་སྤྲུལ་སྐུར་གནས་འགྱུར་བར་ཐལ།

འདོད་པའི་ཕྱིར། འདོད་ན། སྒོ་ལྔའི་རྣམ་ཤེས་སྤྲུལ་སྐུར་གནས་འགྱུར་བའི་སྤྲུལ་སྐུ་ཡོད་པར་ཐལ། འདོད་པའི་ཕྱིར། འདོད་ན། དེ་འདྲའི་སྤྲུལ་སྐུ་སྤྲུལ་སྐུ་ཡིན་པར་ཐལ། འདོད་པའི་ཕྱིར། འདོད་ན། དེ་ཆོས་ཅན། གང་ཟག་ཡིན་པར་ཐལ། སྤྲུལ་སྐུ་ཡིན་པའི་ཕྱིར། འདོད་མི་ནུས་ཏེ། ཤེས་པ་ཡིན་པའི་ཕྱིར་ཏེ། ཆོས་ཅན་དེ་ཡིན་པའི་ཕྱིར། དེ་ན་རྟེན་དཔལ་བཞི་སྐུ་བཞིར་འགྱུར་ཞེས་པ་ནི་ཡེ་ཤེས་རང་སྣང་གི་རྟེན་དཔལ་བཞི་གནས་ཚུལ་གྱི་སྐུ་བཞིར་འགྱུར་ཞེས་པ་སྟེ། གནས་ཚུལ་གྱི་སྐུ་བཞི་ནི་མེ་ལོང་ཡེ་ཤེས་གནས་ཚུལ་གྱི་ཆོས་སྐུ་དང་། མཉམ་ཉིད་ཡེ་ཤེས་དང་། སོར་རྟོག་ཡེ་ཤེས་གནས་ཚུལ་གྱི་ལོངས་སྐུ་དང་། བྱ་གྲུབ་ཡེ་ཤེས་གནས་ཚུལ་གྱི་སྤྲུལ་སྐུ་དང་། ཆོས་དབྱིངས་ཡེ་ཤེས་གནས་ཚུལ་གྱིས་ངོ་བོ་ཉིད་སྐུར་ཁས་ལེན་པས། གནས་ཚུལ་གྱི་ལོངས་སྤྲུལ་གང་རུང་ཡིན་ན། ལོངས་སྤྲུལ་གང་རུང་མ་ཡིན་པས་ཁྱབ་ཅེས་ཁས་ལེན་དགོས་སོ། །ཡང་རྒྱུད་ཀྱི་ཀྱེ་རྡོ་རྗེ་ཐབས་རྒྱུད་ཀྱི་ཀྱེ་རྡོ་རྗེར་གནས་འགྱུར། ཐབས་རྒྱུད་ཀྱི་ཀྱེ་རྡོ་རྗེ་འབྲས་རྒྱུད་ཀྱི་ཀྱེ་རྡོ་རྗེར་གནས་འགྱུར་བའི་ཁྱད་པར་དེ་འཐད་པར་ཐལ། དེའི་ཤེས་བྱེད་ལ། རྒྱུད་གསུམ་ཀྱེ་རྡོ་རྗེ་སྦྱོར་ཚུལ་དང་། རྒྱུད་གསུམ་དག་པ་གསུམ་དུ་སྦྱོར་ཚུལ་གྱིས་རྒྱུད་གསུམ་སྡོམ་པར་སྦྱོར་ཚུལ་རྟོགས་པར་འགྱུར། འོན་ཀྱང་མཚན་བརྟགས་ཆེ་བ་གནད་དུ་གཅེས། །ཞེས་དང་། རང་བཞིན་རྒྱུད་ལ་བསམས་ན་ལྷུན་གྲུབ་སྟེ། །མཐའ་ཡས་ཡོན་ཏན་ཚོགས་ནི་གནས་གྱུར་ཡིན། །ཞེས་པ་འདི་བྱུང་བའི་ཕྱིར། འདོད་ན། ཐབས་རྒྱུད་ཀྱི་ཀྱེ་རྡོ་རྗེ་ཀྱེ་རྡོ་རྗེ་གནས་འགྱུར་བ་ཡོད་པར་ཐལ། དེ་འབྲས་དུས་ཀྱི་ཀྱེ་རྡོ་རྗེར་གནས་འགྱུར་བ་ཡོད་པ་གང་ཞིག །འབྲས་དུས་ཀྱི་ཀྱེ་རྡོ་རྗེ་ཡིན་ན། ཀྱེ་རྡོ་རྗེ་ཡིན་པས་ཁྱབ་པའི་ཕྱིར། འདོད་ན། དེ་ཀྱེ་རྡོ་རྗེར་གནས་འགྱུར་བའི་ཀྱེ་རྡོ་རྗེ་ཡོད་པར་ཐལ། འདོད་པའི་ཕྱིར། འདོད་ན། དེ་འདྲའི་ཀྱེ་རྡོ་རྗེ་ཀྱེ་རྡོ་རྗེ་ཡིན་པར་ཐལ། འདོད་པའི་ཕྱིར། འདོད་ན། དེ་ཆོས་ཅན། སངས་རྒྱས་འཕགས་པ་ཡིན་པར་ཐལ། ཀྱེ་རྡོ་རྗེ་ཡིན་པའི་ཕྱིར། འདོད་ན། གང་ཟག་ཡིན་པར་ཐལ། འདོད་པའི་ཕྱིར། འདོད་མི་ནུས་ཏེ། ཤེས་པ་ཡིན་པའི་ཕྱིར་ཏེ། ཆོས་ཅན་དེ་ཡིན་པའི་ཕྱིར། དེས་ན་ཐབས་རྒྱུད་ཀྱི་རྡོ་རྗེ་འབྲས་རྒྱུད་ཀྱི་ཀྱེ་རྡོ་རྗེའི་གནས་ཚུལ་གྱི་ཀྱེ་རྡོ་རྗེར་གནས་འགྱུར་ཡང་ཀྱེ་རྡོ་རྗེའམ་སྣང་ཚུལ་གྱི་ཀྱེ་རྡོ་རྗེར་ནི་མི་འགྱུར་ཏེ། ཤེས་པ་གང་ཟག་ཏུ་འགྱུར་བ་མེད་པའི་ཕྱིར། དེ་བཞིན་དུ་ཀྱེ་རྡོ་རྗེ་དང་། འཁོར་ལོ་བདེ་མཆོག་དང་། གསང་བ་འདུས་པ་སོགས་ལ་ཡང་ལོངས་སྤྲུལ་དང་འདྲ་བར་གནས་ཚུལ་དང་། སྣང་ཚུལ་གཉིས་གཉིས་སུ་ཕྱེ་བའི་གནས་ཚུལ་དེ་དང་དེ་ཤེས་པ་ཡིན་པས། དེ་དང་དེ་མཚན་ཉིད་པར་མི་འདོད་ཅིང་། སྣང་ཚུལ་གྱི་དེ་དང་དེ་གང་ཟག་ཡིན་པས་དེ་དང་དེ་མཚན་ཉིད་པར་ཁས་ལེན་དགོས་པ་ཡིན་ནོ། །

ཡང་འབྲས་རྒྱུད་ཀྱི་ཀྱེ་རྡོ་རྗེ་ཡིན་ན། ཀྱེ་རྡོ་རྗེ་ཡིན་པས་ཁྱབ་ཅེ་ན། འོན་ཀྱེ་རྡོ་རྗེའི་ཐུགས་རྒྱུད་ཀྱི་སྙིང་

རྡོ་རྗེ་ཆེན་པོ་ཟུང་དུ་འཇུག་པའི་ཡེ་ཤེས་ཆོས་ཅན། དེར་ཐལ། དེའི་ཕྱིར་ཏེ། ཆོས་ཅན་དེ་ཡིན་པའི་ཕྱིར། ཁྱབ་སྟེ། དེ་ནི་སྙིང་རྗེ་ཆེན་པོ་སྟེ། །བརྫུའང་ཤེས་རབ་བརྗོད་པར་བྱ། །ཞེས་གསུངས་པའི་ཕྱིར། རྩ་བར་འདོད་ན། གང་ཟག་ཡིན་པར་ཐལ། འདོད་པའི་ཕྱིར། འདོད་མི་ནུས་ཏེ། ཤེས་པ་ཡིན་པའི་ཕྱིར་ཏེ། ཆོས་ཅན་དེ་ཡིན་པའི་ཕྱིར། འོ་ན་འབྲས་རྒྱུད་ཀྱི་ཀྱཻ་རྡོ་རྗེ་ཀྱཻ་རྡོ་རྗེ་མཚན་ཉིད་པར་བཤད་པ་མ་ཡིན་ནམ་ཞེ་ན། བཤད་མོད་དེ་ནི་གནས་ཚུལ་གྱི་ཀྱཻ་རྡོ་རྗེ་མཚན་ཉིད་པ་ཡིན་པ་ལ་དགོངས་པས་སྐྱོན་མེད་དོ། །ཡང་། ཤཱཀྱ་ཐུབ་པ་དེ་མཆོག་གི་སྤྲུལ་སྐུ་ཡིན་ནོ་ཞེ་ན། དེ་ཆོས་ཅན། སྤྲུལ་པ་མཆོག་ཡིན་པར་ཐལ། མཆོག་གི་སྤྲུལ་སྐུ་ཡིན་པའི་ཕྱིར། འདོད་མི་ནུས་ཏེ། སྤྲུལ་པ་འབྲིང་ཡིན་པའི་ཕྱིར་ཏེ། རིགས་ཅན་གསུམ་ལ། ཆོས་འཁོར་དངོས་སུ་བསྐོར་བའི་སྤྲུལ་སྐུ་ཡིན་པའི་ཕྱིར་ཏེ། ཆོས་ཅན་དེ་ཡིན་པའི་ཕྱིར། གལ་ཏེ་ཁོ་ན་རེ། དེ་ཆོས་ཅན། སྤྲུལ་པ་མཆོག་ཡིན་པར་ཐལ། ཤཱཀྱ་ཐུབ་པ་ཡིན་པའི་ཕྱིར། ཞེ་ན། མ་ཁྱབ་སྟེ། དེ་ཆོས་ཅན། ཀྱཻ་རྡོ་རྗེ་མ་ཡིན་པར་ཐལ། ཀྱཻ་རྡོ་རྗེའི་སྤྲུལ་གཞི་ཡིན་པའི་ཕྱིར། མ་གྲུབ་ན། དེར་ཐལ། ཤཱཀྱ་ཐུབ་པ་སྤྲུལ་པ་མཆོག་གི་ཀྱཻ་རྡོ་རྗེའི་སྐུར་བཞེངས་ནས་ཀྱཻ་རྡོ་རྗེའི་རྒྱུད་གསུངས་པར་བཤད་པའི་ཕྱིར་ཏེ། དེ་ནས་བཅོམ་ལྡན་འདས་རྡོ་རྗེ་བཙུན་མོའི་བྷ་ག་ལ་བཞུགས་སོ་ཞེས་སོགས་གསུངས་པའི་ཕྱིར། གཞན་ཡང་། ཤཱཀྱ་ཐུབ་པ་ཆོས་ཅན། གཙོ་བོར་གྲུབ་པའི་ས་ལ་གནས་པ་ཁོ་ནའི་དོན་མཛད་པའི་སངས་རྒྱས་འཕགས་པ་ཡིན་པར་ཐལ། སྤྲུལ་པ་མཆོག་ཡིན་པའི་ཕྱིར་ཏེ། ཀྱཻ་རྡོ་རྗེ་ཡིན་པའི་ཕྱིར། རྟགས་ཁས། འདོད་མི་ནུས་ཏེ། རིགས་ཅན་གསུམ་གྱི་དོན་མཉམ་དུ་མཛད་པའི་སྤྲུལ་སྐུ་ཡིན་པའི་ཕྱིར་ཏེ། ཆོས་ཅན་དེ་ཡིན་པའི་ཕྱིར། ཁྱབ་སྟེ། མཉམ་དུ་མཛད་པའི་སྐུ་དེ་ནི། །ཐུབ་པའི་སྤྲུལ་སྐུ་རྒྱུན་མི་ཆད། །ཅེས་གསུངས་པའི་ཕྱིར། ཡང་ཁ་སྦྱོར་ཡན་ལག་བདུན་ལྡན་གྱི་སྐུ་ཡིན་ན། ལོངས་སྤྱོད་རྫོགས་སྐུ་ཡིན་པས་ཁྱབ་པར་ཐལ། དེའི་ཤེས་བྱེད་ལ། སློབ་དཔོན་ངག་གི་དབང་ཕྱུག་གྲགས་པས། ལོངས་སྤྱོད་རྫོགས་དང་ཁ་སྦྱོར་བདེ་ཆེན་རང་བཞིན་མེད། །སྙིང་རྗེས་ཡོངས་གང་རྒྱུན་མི་ཆད་དང་འགོག་པ་མེད། །ཡན་ལག་བདུན་དང་ལྡན་པའི་སངས་རྒྱས་འདི་ཉིད་ནི། །བདག་འདོད་མཚན་མས་ཡོངས་བསྔོས་བློ་ཆེན་རྣམས་ཀྱང་འདོད། །ཅེས་པ་འདི་བྱུང་བའི་ཕྱིར། འདོད་ན། ཀྱཻ་རྡོ་རྗེ་ཆོས་ཅན། དེར་ཐལ། དེའི་ཕྱིར་ཏེ། ལོངས་སྐུའི་ཡན་ལག་གསུམ་དང་ཡང་ལྡན། ཆོས་སྐུའི་ཡན་ལག་གཅིག་དང་ཡང་ལྡན། སྤྲུལ་སྐུའི་ཡན་ལག་གསུམ་དང་ཡང་ལྡན་པའི་ཕྱིར། དང་པོ་གྲུབ་སྟེ། གྲུབ་པའི་ས་ལ་གནས་པའི་འཕགས་པ་རྣམས་ལ་ཆོས་ཀྱི་ལོངས་སྤྱོད་རྒྱུན་མི་ཆད་པ་དང་། ཡེ་ཤེས་ཀྱི་སྐུའི་བདག་ཉིད་ཅན་གྱི་བཙུན་མོ་དང་ཞལ་སྦྱོར་བ་དང་། ཟག་མེད་ཀྱི་བདེ་བས་རྒྱུད་གང་བ་དང་ལྡན་པའི་སངས་རྒྱས་འཕགས་པ་ཡིན་པའི་ཕྱིར་ཏེ། ཆོས་ཅན་དེ་ཡིན་པའི་ཕྱིར། གཉིས་པ་གྲུབ་སྟེ། སྤྲོས་པའི་

མཚན་མ་ཐམས་ཅད་དང་བྲལ་བའི་རང་བཞིན་མེད་པའི་སྐུ་ཡིན་པའི་ཕྱིར་ཏེ། ཆོས་ཅན་དེ་ཡིན་པའི་ཕྱིར། གསུམ་པ་གྲུབ་སྟེ། སྙིང་རྗེ་ཆེན་པོས་སེམས་ཅན་གྱི་དོན་རྟག་ཏུ་འབྱུང་བ་དང་། མཛད་པ་འཕྲིན་ལས་ཀྱི་འཁོར་ལོ་རྒྱུན་མི་ཆད་པ་དང་། འགོག་པའམ་མི་གནས་པའི་མྱ་ངན་ལས་འདས་པའི་ས་ལ་གནས་པ་གསུམ་དང་ལྡན་པའི་གང་ཟག་ཡིན་པའི་ཕྱིར་ཏེ། ཆོས་ཅན་དེ་ཡིན་པའི་ཕྱིར། རྩ་བར་འདོད་མི་ནུས་ཏེ། སྤྲུལ་སྐུ་ཡིན་པའི་ཕྱིར་ཏེ། མཆོག་གི་སྤྲུལ་སྐུ་ཡིན་པའི་ཕྱིར་ཏེ། སྤྲུལ་པ་མཆོག་ཡིན་པའི་ཕྱིར་ཏེ། ཆོས་ཅན་དེ་ཡིན་པའི་ཕྱིར། ཡང་། ཕ་རོལ་ཏུ་ཕྱིན་པའི་གཞུང་ལུགས་ནས་བཤད་པའི་མཆོག་གི་སྤྲུལ་སྐུ་ཡིན་ན། མཆོག་གི་སྤྲུལ་སྐུ་ཡིན་པས་ཁྱབ་ཅེ་ན། ཤཱཀྱ་ཐུབ་པ་ཆོས་ཅན། དེར་ཐལ། དེའི་ཕྱིར་ཏེ། ཤེར་ཕྱིན་གྱི་མདོ་ནས་བཤད་པའི་དེ་ཡིན་པའི་ཕྱིར་ཏེ། མངོན་པར་རྟོགས་པའི་རྒྱན་ནས་བཤད་པའི་དེ་ཡིན་པའི་ཕྱིར་ཏེ། གང་གིས་སྲིད་པ་ཇི་སྲིད་པ། །འགྲོ་ལ་ཕན་པ་སྣ་ཚོགས་དག །མཉམ་དུ་མཛད་པའི་སྐུ་དེ་ནི། །ཐུབ་པས་སྤྲུལ་སྐུ་རྒྱུན་མི་ཆད། །ཅེས་པའི་དངོས་བསྟན་དེ་ཡིན་པའི་ཕྱིར་ཏེ། ཆོས་ཅན་དེ་ཡིན་པའི་ཕྱིར། རྩ་བར་འདོད་ན། ཁ་སྦྱོར་ཡན་ལག་བདུན་ལྡན་གྱི་སྐུ་ཡིན་པར་ཐལ། འདོད་པའི་ཕྱིར། འདོད་ན། ཡེ་ཤེས་ཀྱི་སྐུའི་བདག་ཉིད་ཅན་གྱི་བཙུན་མོ་དང་ཞལ་སྦྱོར་བའི་རྣམ་པ་ཅན་གྱི་སྐུ་ཡིན་པར་ཐལ། འདོད་པའི་ཕྱིར། འདོད་མི་ནུས་ཏེ། ཚངས་པར་སྤྱོད་པའི་དྲང་སྲོང་གི་ཆ་ལུགས་ཅན་གྱི་སྐུ་ཡིན་པའི་ཕྱིར་ཏེ། ཚངས་པར་སྤྱོད་པའི་ཉན་ཐོས་ཀྱི་ཆ་ལུགས་ཅན་གྱི་སྐུ་ཡིན་པའི་ཕྱིར་ཏེ། དུར་སྨིག་རྒྱལ་མཚན་ཅན་གྱི་སྐུ་ཡིན་པའི་ཕྱིར། ཡང་། ཕ་རོལ་ཏུ་ཕྱིན་པའི་གཞུང་ལུགས་ནས་བཤད་པའི་མཆོག་གི་སྤྲུལ་སྐུ་ཡིན་ན། མཆོག་གི་སྤྲུལ་སྐུ་མ་ཡིན་པས་ཁྱབ་ཅེ་ན། ཀྱེ་རྡོ་རྗེ་ཆོས་ཅན། དེར་ཐལ། དེའི་ཕྱིར་ཏེ། རྡོ་རྗེ་ཐེག་པའི་གཞུང་ལུགས་ནས་བཤད་པའི་མཆོག་གི་སྤྲུལ་སྐུ་ཡིན་པའི་ཕྱིར་ཏེ། དེ་ནས་བཤད་པའི་སྤྲུལ་པ་མཆོག་ཡིན་པའི་ཕྱིར་ཏེ། ཆོས་ཅན་དེ་ཡིན་པའི་ཕྱིར། རྩ་བར་འདོད་མི་ནུས་ཏེ། སྤྲུལ་པ་མཆོག་ཡིན་པའི་ཕྱིར་ཏེ། ཁ་སྦྱོར་ཡན་ལག་བདུན་དང་ལྡན་པའི་སྤྲུལ་སྐུ་ཡིན་པའི་ཕྱིར་ཏེ། ཆོས་ཅན་དེ་ཡིན་པའི་ཕྱིར། ཡང་། གསར་དུ་སངས་རྒྱ་བའི་གང་ཟག་ཡིན་ན། འཁོར་ཚོམ་བུ་གཅིག་དང་བཅས་ཏེ་སངས་རྒྱ་བའི་གང་ཟག་ཡིན་པས་ཁྱབ་པར་ཐལ། དེ་ཡིན་ན། ཆེ་བ་གསུམ་དང་ལྡན་པའི་གང་ཟག་ཡིན་པས་ཁྱབ་པའི་ཕྱིར། འདོད་ན། གང་ཟག་གཅིག་དངོས་སུ་འཚང་རྒྱ་བའི་ཚེ་དེའི་བཀའ་བཞིན་སྒྲུབ་པའི་སློབ་མ་ཆོས་ཅན། དེར་ཐལ། དེའི་ཕྱིར་ཏེ། ཆོས་ཅན་དེ་ཡིན་པའི་ཕྱིར། ཁྱབ་སྟེ། གསུང་ངག་ལས། འཚང་རྒྱ་ཁར་འཁོར་ཚོམ་བུ་གཅིག་དང་བཅས་ཏེ་སངས་རྒྱ། ཞེས་གསུངས་པའི་ཕྱིར། རྩ་བར་འདོད་ན། རང་སྟོབས་ཀྱིས་འཚང་རྒྱ་བའི་གང་ཟག་ཡིན་པར་ཐལ། འདོད་པའི་ཕྱིར། འདོད་མི་ནུས་ཏེ། གཞན་སྟོབས་ཀྱིས་སངས་རྒྱ་བའི་གང་ཟག་ཡིན་པའི་ཕྱིར་ཏེ། ཆོས་ཅན་དེ་ཡིན་

པའི་ཕྱིར། ཡང་། ཡུལ་སུམ་ཅུ་རྩ་གཉིས་ཀྱི་རླུང་སེམས་དབུ་མར་ཐིམས་པའི་གང་ཟག་ཡིན་ན། གཙུག་ཏོར་མཆོག་ཏུ་འགྲོས་བཞི་ཐིམ་པའི་གང་ཟག་ཡིན་པས་ཁྱབ་ཅེ་ན། ས་བཅུ་གཉིས་པའི་བྱང་སེམས་ཆོས་ཅན། དེར་ཐལ། དེའི་ཕྱིར་ཏེ། རྟགས་ཆོས་ཅན་གྱིས་འགྲུབ། དེ་ཆོས་ཅན། རྟེན་དང་བརྟེན་པ་སྒྱུ་ལྟར་གནས་གྱུར་པའི་གང་ཟག་ཡིན་པར་ཐལ། འདོད་པའི་ཕྱིར། འདོད་ན། སངས་རྒྱས་འཕགས་པ་ཡིན་པར་ཐལ། འདོད་པའི་ཕྱིར། འདོད་མི་ནུས་ཏེ། ཆོས་ཅན་དེ་ཡིན་པའི་ཕྱིར། ཡང་མཛད་པ་འཕྲིན་ལས་ཀྱི་འཁོར་ལོ་རྒྱུན་མི་ཆད་པའི་གང་ཟག་ཡིན་ན། སངས་རྒྱས་འཕགས་པ་ཡིན་པས་ཁྱབ་ཅེ་ན། སྐད་ཅིག་གཉིས་པར་སངས་རྒྱ་བར་ངེས་པའི་བྱང་སེམས་འཕགས་པ་ཆོས་ཅན། དེར་ཐལ། དེའི་ཕྱིར་ཏེ། རྟགས་ཆོས་ཅན་གྱིས་འགྲུབ། རྩ་བར་འདོད་མི་ནུས་ཏེ། བྱང་སེམས་འཕགས་པ་ཡིན་པའི་ཕྱིར་ཏེ། སྐད་ཅིག་གཉིས་པར་སྤྱངས་རྟོགས་ཀྱི་ཡོན་ཏན་མཐའ་དག་ལ་དབང་འབྱོར་པ་ཐོབ་པར་ངེས་པའི་གང་ཟག་ཡིན་པའི་ཕྱིར། འདིར་སྨྲས་པ། དམ་པའི་མགོན་གྱི་བྱིན་རླབས་ཉི་མའི་འོད། །སྙིང་དབུས་པད་མཚོར་ཞུགས་པའི་བློས་གར་ལས། །ལེགས་བཤད་སྦྲང་རྩིའི་དོག་པས་བློ་གསལ་གྱི། །བུང་བ་མཐའ་དག་དགའ་བའི་གར་ལ་བཅུག །ཇི་ལྟར་ཀུན་གསལ་དགའ་བ་ཆར་སྤྲིན་གྱི། །ལྷབ་ལྷུབ་གོས་ཀྱིས་བརླུབས་པའི་དཔལ་མཐོང་ཚེ། །མདོངས་ལྡན་བུ་མོ་མཐོན་པོའི་མིག་བསྐྱོད་ནས། །དགའ་བའི་གར་སྟབས་བྲེལ་བ་རྟེན་འབྱུང་ཆོས། །བློ་གསལ་བློ་ཡི་ནོར་ཅན་འབུམ་སྡེའི་དབུས། །རབ་ཟབ་རབ་སྟོན་གཏམ་གྱི་རྒྱུད་མང་མཁན། །སྟོན་གྲགས་སྟོན་པའི་དབྱངས་ཀྱིས་ས་གསུམ་གྱིས། །རྣོ་ལྡན་རྣོ་བ་བདུད་རྩིས་འགེངས་འདོད་ན། །ཆོས་ཕྱུང་བརྒྱད་ཁྲིའི་ཀུན་གསལ་ཁྲོན་ཡངས་པར། །རྣམ་དཔྱོད་ཉི་མ་འབུམ་ཕྲག་བརྒྱ་འབར་ཞིང་། །རྒྱལ་བ་དགེས་པའི་ལྷག་བསམ་དང་ལྡན་པའི། །ལེགས་བཤད་གཏམ་གྱི་རལ་གྲི་འདི་འཕྱོར་ཞིག །བློ་གྲོས་རྣོག་མ་ཅན་གྱི་ལྷབ་ལྷིབ་གཏམ། །རྣ་བ་རྒྱུན་དུ་བཟུང་བས་ཡིད་སྨུག་སྟེ། །གཏི་མུག་གཉིད་ལ་སྦྱོར་བའི་སྒྱུ་མ་མཁན། །ལྷ་གཞན་མཆོད་རྣམས་དོན་མེད་མ་གྱུར་ཏམ། །ངེས་དོན་ལུང་གི་མཐུ་སྟོབས་དང་འགྲོགས་པའི། །ཕྲ་ཞིབ་རིག་པའི་རལ་གྲི་འདི་འཕྱུར་ནས། །དྲེགས་ལྡན་ལེགས་པར་སྨྲ་བའི་མགྲིན་སྡོམ་པོ། །དུམ་བུར་གཏུབས་ཤིག་སྟོན་པའི་གྲགས་པ་དཀར། །ཞེས་པ་འདི་ནི་རང་གི་སློབ་བུ་འགའ་ཞིག་ལ་དགག་སློབ་བྱས་པ་ཟིན་བྲིས་སུ་བཏབ་འདུག་པ་ལ་ཞུས་དག་དང་མཇུག་ཏུ་མཚང་བ་ཁ་བསྐངས་ཏེ་བྲིས་པ་འདི་ནི་རབ་འབྱམས་སྨྲ་བ་དཀོན་མཆོག་རྣམ་རྒྱལ་གྱིས་བསྐུལ་བའི་ངོར། ཤཱཀྱའི་དགེ་སློང་ཆོས་རྣམ་རྒྱལ་གྱིས་ཐུབ་བསྟན་རྣམ་པར་རྒྱལ་བའི་དགོན་པར་སྦྱར་བའི་ཡི་གེ་པ་ནི་བྱམས་པ་ཆོས་གྲགས་ཀྱིས་གུས་པས་བགྱིས་པའོ། །ཤུབྷཾ་མསྟུ་སརྦ་ཛ་གཏཾ།། །།

༄༅། །ཆོས་དང་ཆོས་མ་ཡིན་རྣམ་པར་འབྱེད་པའི་བསྟན་བཅོས་སྡོམ་པ་གསུམ་གྱི་རབ་ཏུ་དབྱེ་བའི་ལེགས་པར་བཤད་པ་ལུང་རིགས་ཉི་མའི་འོད་ཟེར་བྱ་བ་བཞུགས་ལགས་སོ། །

སྐབས་གསུམ་པའི་སྤྱི་དོན་ཡིན་ལགས།

པཎ་ཆེན་འབུམ་ཕྲག་ལྔ་པ་བྱམས་པ་ལུང་རིགས་རྒྱ་མཚོ།

གཉིས་པ་མ་འབྲུལ་པ་སྨིན་བྱེད་དོར་བར་གདམས་པ་ལ་གཉིས་ཏེ། གཞུང་གི་འགྲེལ་སྦྱོར་བསྟན་པ་དང་། དཀའ་བའི་གནས་བྱེ་བྲག་ཏུ་བཤད་པའོ། །དང་པོ་ལ་བཞི་སྟེ། སྨིན་བྱེད་མིན་པ་སྨིན་བྱེད་དུ་འདོད་པ་དགག །སྨིན་བྱེད་ཀྱི་དབང་མི་དགོས་པར་འདོད་པ་དགག །དགོས་ཀྱང་འབྲུལ་པར་སྤྱོད་པ་དགག་པ། དབང་བསྐུར་སྨ་བཞིར་འདོད་པ་དགག་པའོ། །དང་པོ་ལ་བཞི་སྟེ། བྱིན་རླབས་སྨིན་བྱེད་ཡིན་པ་དགག་པ། གྲངས་ངེས་མེད་པའི་དབང་བསྐུར་སྨིན་བྱེད་ཡིན་པ་དགག་པ། དཀྱིལ་འཁོར་མ་དག་པའི་དབང་སྐུར་སྨིན་བྱེད་ཡིན་པ་དགག་པ། ཆོ་ག་མ་དག་པའི་དབང་བསྐུར་སྨིན་བྱེད་ཡིན་པ་དགག་པའོ། །དང་པོ་ལ་གཉིས་ཏེ། ཕྱོགས་སྔ་བརྗོད་པ་དང་། དེ་དགག་པའོ། །དང་པོ་ནི། སྨིན་པར་བྱེད་པའི་དབང་བསྐུར་ཡང་ཞེས་པ་ལས་འཕྲོས་ནས། དེང་སང་དྭགས་པོ་ལྷ་རྗེ་ལ་སོགས་པས་སློབ་མ་སྨིན་པར་བྱེད་པ་ལ་དབང་མི་དགོས་ཏེ། ཕག་མོའི་བྱིན་རླབས་ཙམ་སྨིན་བྱེད་དུ་རུང་བའི་ཕྱིར་ཏེ། ཕག་མོའི་བྱིན་རླབས་ཙམ་བྱས་ནས། ནཱ་རོ་ཆོས་དྲུག་སོགས་ཉམས་སུ་ལེན་དུ་རུང་བའི་ཕྱིར། ཞེས་པ་ནི། དེང་སང་རྡོ་རྗེ་ཕག་མོ་ཡི། །ཞེས་སོགས་ཀྱིས་བསྟན། དེ་ཡང་གོང་ནེ་རུ་པས། ཕག་མོ་ལྷ་ལྔའི་བྱིན་རླབས་ཙམ་རེ་བྱས་ནས། དེ་ལ་དྭགས་པོ་ལྷ་རྗེ་ལ་སོགས་པས་ཆོས་དྲུག་དང་ཕྱག་ཆེན་ལ་སོགས་པ་སྟོན་པར་བྱེད་ཅིང་། དེང་སང་ཡང་ཆོས་སྒོ་བ་དང་འཁྲིད་པ་བ་གཉིས་སུ་བྱས་ནས་འཁྲིད་སྟོན་པའི་སྟོན་དུ་གང་ཟག་གཞན་ཞིག་གི་ཆོས་སྒོ་འབྱེད་པ་ཐོས་སོ། །

གཉིས་པ་དེ་དགག་པ་ནི། ཕག་མོའི་བྱིན་རླབས་སྨིན་བྱེད་མིན་ཏེ། དེ་འདྲ་རྒྱུད་སྡེ་དང་བསྟན་བཅོས་རྣམས་ལས་མ་བཤད་པའི་ཕྱིར། ཞེས་པ་ནི། འདི་འདྲ་རྒྱུད་སྡེ་ལས་མ་གསུངས། །ཞེས་སོགས་ཀྱིས་བསྟན། །གཞན་ཡང་། དེ་སྨིན་བྱེད་མིན་ཏེ། རྡོ་རྗེ་ཕག་མོ་ཉིད་ཀྱི་གཞུང་དུ། རྒྱལ་པོ་ཨིནྡྲ་བྷཱུ་ཏིས་མཛད་པ་ཞལ་གཉིས

ཕྱུང་བ་ལ་སོགས་ལས་ཀྱང་། དབང་བསྐུར་ཐོབ་ཅིང་དམ་ཚིག་ལྡན་པ་ལ་བྱིན་རླབས་བྱ་བར་གསུངས་ཀྱི། དབང་བསྐུར་མེད་པ་བྱིན་རླབས་དགག་པའི་ཕྱིར། ཞེས་པ་ནི། རྡོ་རྗེ་ཕག་མོ་ཉིད་ལས་ཀྱང་། །ཞེས་སོགས་ཀྱིས་བསྟན། གཞན་ཡང་། དེ་སྨིན་བྱ་མིན་ཏེ། དེ་ལ་སྨིན་བྱེད་ཀྱི་དོན་མ་ཚང་བའི་ཕྱིར་ཞེས་པ་ནི། རྡོ་རྗེ་ཕག་མོའི་བྱིན་རླབས་ལ། །ཞེས་སོགས་ཀྱིས་བསྟན། གཞན་ཡང་དེ་སྨིན་བྱེད་མིན་ཏེ། དབང་མ་ཐོབ་པ་ལ་བྱིན་རླབས་དེ་བྱས་ན་དམ་ཚིག་ཉམས་པར་གསུངས་པའི་ཕྱིར་ཞེས་པ་ནི། དེས་ན་ཐུབ་པའི་རྒྱུད་སྡེ་ལས། །ཞེས་སོགས་ཀྱིས་བསྟན། དེ་ལ་ཕྱུག་རྒྱ་བ་སོགས་འགའ་ཞིག་ན་རེ། ཕག་མོའི་བྱིན་རླབས་ལ་ཡང་བཞི་སྟེ། ཕག་མགོ་དང་། ཁྲི་ཤུག་དང་། མདའ་གཞུ་དང་། ཚང་པ་བསྐོར་བ་ལ་སོགས་པའི་དབང་བསྐུར་རིགས་པའི་ཕྱིར་ཞེས་ཟེར་རོ། །མི་འཐད་དེ། དེ་འདྲ་དབང་བསྐུར་ཡིན་པར་རྒྱུད་སྡེ་ལས་མ་གསུངས་པའི་ཕྱིར། ཞེས་པ་ནི། འགའ་ཞིག་འདི་ལའང་ཕག་མགོ་ལས། །ཞེས་སོགས་ཀྱིས་བསྟན། ཞང་ཚལ་པ་ལ་སོགས་པ་ལ་ལ། ཕག་མོའི་བྱིན་རླབས་ལ་སྨིན་བྱེད་དུ་རུང་སྟེ། དེ་ལ་སྡོམ་པ་འབོགས་པའི་ཆོ་ག་དང་དཀྱིལ་འཁོར་དང་དབང་བསྐུར་ལ་སོགས་པ་རིགས་པའི་ཕྱིར་ཞེས་ཟེར་བ་མི་འཐད་དེ། བྱིན་རླབས་དེས་སྡོམ་པ་ཐོབ་ཀྱང་སྡོམ་པ་མི་ཆགས་པའི་ཕྱིར་ཏེ། དཔེར་ན་ཁྱིམ་པས་གསོལ་གཞིས་ལས་བྱས་ཀྱང་དགེ་སློང་གི་སྡོམ་པ་མི་འཆགས་པ་ལྟར་རོ། །ཞེས་པ་ནི། ལ་ལ་རྡོ་རྗེ་ཕག་མོ་ལ། །ཞེས་སོགས་ཀྱིས་བསྟན་ཏོ། །གཞན་ཡང་། ཕག་མོའི་བྱིན་རླབས་དེ་དབང་མ་ཐོབ་པ་ལ་གསང་སྔགས་ཀྱི་ཆོས་སྒོར་བྱེད་པ་མི་འཐད་དེ། དེ་རྒྱུད་སྡེ་གང་ནས་ཀྱང་བཤད་པ་མེད་པའི་ཕྱིར་ཞེས་པ་ནི། གཞན་ཡང་ཕག་མོའི་བྱིན་རླབས་ལ། །ཞེས་སོགས་ཀྱིས་བསྟན། དེས་ན་ད་ལྟར་གྱི་དུས་སུ་དགེ་སློང་བྱེད་པ་ལ་རབ་བྱུང་གི་བསྙེན་རྫོགས་སོགས་བླངས་པར་རིགས་པར་འགྱུར་ཏེ། ད་ལྟར་གྱི་དུས་སུ་རབ་བྱུང་གི་བསྙེན་རྫོགས་སོགས་བྱེད་པ་དང་། རྡོ་རྗེ་ཕག་མོའི་བྱིན་རླབས་ཀྱི་ཆོས་སྒོ་འབྱེད་པ་གཉིས་འཁྲུལ་པར་མཚུངས་ཤིང་། རབ་བྱུང་སོགས་སྔོན་ཚིག་ཏུ་བཤད་པའི་ཕྱིར། ཞེས་པ་ནི། དེ་བས་དགེ་སློང་བྱེད་པ་ལ། །ཞེས་སོགས་ཀྱིས་བསྟན།

གཉིས་པ་གྲངས་ངེས་མེད་པའི་དབང་བསྐུར་སྨིན་བྱེད་ཡིན་པ་དགག་པ་ལ་བཞི་སྟེ། གྲངས་ངེས་མེད་པ་གསང་སྔགས་ནུབ་པའི་དཔེར་བསྟན་པ། དེ་ཉིད་རྒྱུད་ལས་དགག་པའི་ཚུལ། རྒྱུད་དེའི་དོན་བཤད་པ། གཞན་གྱི་དོགས་པ་སྤང་བའོ། །དང་པོ་ནི། དེང་སང་རྡོ་རྗེ་ཐེག་པའི་བསྟན་པ་ལ་གཟུགས་བརྙན་ཙམ་ཡན་ཆད་མི་སྣང་སྟེ། གསང་སྔགས་ཀྱི་དབང་བསྐུར་བྱེད་པ་ན་སློབ་མ་ལ་གྲངས་ངེས་མེད་པར་དབང་བསྐུར་བྱེད་པའི་ཕྱིར་ཞེས་པ་ནི། དེས་ན་ཉན་ཐོས་ཐེག་པ་ནི། །ཞེས་སོགས་ཀྱིས་བསྟན། གཉིས་པ་ནི། སློབ་མ་གྲངས་ངེས

མེད་པར་བླ་མེད་སོགས་རྒྱུད་སྡེ་གསུམ་གྱིས་དབང་བསྐུར་བྱེད་པ་འདི་ནི་རྡོ་རྗེ་འཆང་གིས་བཀག་སྟེ། གསང་བ་སྤྱི་རྒྱུད་ལས། མཁས་པས་སློབ་མ་གཅིག་གམ་གསུམ། །ལྔ་འམ་ཡང་ན་བདུན་དག་གམ། །ཉི་ཤུ་རྩ་ནི་ལྔ་ཡི་བར། །ཟུང་དུ་མ་གྱུར་སློབ་མ་གཟུང་། །དེ་བས་ལྷག་པའི་སློབ་མ་ནི། །ཡོངས་སུ་བཟུང་བར་མི་ཤེས་སོ། །ཞེས་གསུངས་པའི་ཕྱིར་ཞེས་པ་ནི། འདི་ནི་རྡོ་རྗེ་འཆང་གིས་བཀག །ཅེས་སོགས་ཀྱིས་བསྟན། གསུམ་པ་ནི། སྤྱོད་རྒྱུད་མ་གཏོགས་རྒྱུད་སྡེ་གསུམ་པོ་ལ་ཉི་ཤུ་རྩ་ལྔ་ལས་ལྷག་པའི་སློབ་མ་ཐུབ་གཅིག་ལ་བཟུང་དུ་མི་རུང་སྟེ། དེ་ལ་ཚོགས་ཡོངས་སུ་རྫོགས་པ་མཚན་མོ་གཅིག་ལ་ཆར་མི་ནུས་པའི་ཕྱིར། ཞེས་པ་ནི། དེ་བས་ལྷག་པའི་སློབ་མ་ལ༑ ༑ཞེས་སོགས་ཀྱིས་བསྟན། ཐུབ་གཅིག་ལ་ཚོགས་ཡོངས་སུ་རྫོགས་པར་བྱ་དགོས་ཏེ། ཚོགས་ཀྱི་བྱིན་རླབས་ཀྱི་དབང་གིས་དཔའ་བོ་དང་རྣལ་འབྱོར་མ་སོགས་ཀྱི་ལྷ་རྣམས་འདུ་ཞིང་། རྒྱལ་ཆེན་རིགས་བཞི་ལ་སོགས་པའི་ལྷ་རྣམས་ཀྱང་མཚན་མོ་འདུ་བར་གསུངས་པ་དང་། གཏོར་མ་བླང་བའི་ཡུལ་རྣམས་ལ་གཏོར་མས་མཆོད་ན་གཤེགས་གསོལ་བྱ་དགོས་ཏེ། ཚོགས་ཡོངས་སུ་རྫོགས་པར་གྲུབ་ན་ལྷ་རྣམས་དགའ་བ་སོགས་ཀྱི་བཀྲ་ཤིས་པར་འགྱུར་བའི་ཕྱིར། ཞེས་པ་ནི། དེ་ཡང་གསང་བ་སྤྱི་རྒྱུད་ལས། །ཞེས་སོགས་ཀྱིས་བསྟན། བཞི་པ་ནི། ཁ་ཅིག །སྤྱི་རྒྱུད་ལས་གསུངས་པ་འདི་ཉིད། རྒྱུད་སྡེ་གཞན་གྱི་ཚོག་ལ་སྦྱར་དུ་མི་རུང་སྟེ། འདི་ནི་བྱ་རྒྱུད་ཡིན་ཡང་ཞེ་ན། དེ་ཉིད་རྒྱུད་སྡེ་གཞན་ལ་སྦྱར་དུ་རུང་སྟེ། རྒྱུད་སྡེ་གང་དུ་ཡུམ་དབང་བསྐུར་ལ་སོགས་པའི་ལས་ཡོད་ཅིང་ཚོག་གསལ་པོ་མེད་པ་དེ་རནི་སྤྱི་རྒྱུད་ལས་ཀྱི་ཚོག་བརྟེན་པར་གསུངས་པའི་ཕྱིར། ཞེས་པ་ནི། བྱ་བའི་རྒྱུད་ཡིན་པས། །ཞེས་སོགས་ཀྱིས་བསྟན།

གསུམ་པ་དཀྱིལ་འཁོར་མ་དག་པའི་དབང་བསྐུར་སྨིན་བྱེད་ཡིན་པ་དགག་པ་ནི། དེང་སང་གཡུང་དྲུང་རིས་དང་ནས་འདྲ་སོགས་སུ་དབང་བསྐུར་བར་བྱེད་པར་མི་འཐད་དེ། དེ་དག་ཏུ་དབང་བསྐུར་ཡང་སྡོམ་པ་ཐོབ་པར་མི་འགྱུར་བའི་ཕྱིར་ཏེ། ཕྱི་ནང་གི་རྟེན་འབྲེལ་འགྲིག་པར་མི་འགྱུར་བའི་ཕྱིར་ཏེ་ཞེས་པ་ནི། དེང་སང་བྱིན་རླབས་མི་བྱེད་ཅིང་། །ཞེས་སོགས་ཀྱིས་བསྟན།

བཞི་པ་ཚོག་མ་དག་པའི་དབང་བསྐུར་སྨིན་བྱེད་ཡིན་པ་དགག་པ་ནི། དེང་སང་དབང་བསྐུར་བྱེད་པ་ཕལ་ཆེར་སྦྱོར་དངོས་རྗེས་གསུམ་གྱི་ཚོག་འཁྲུལ་བར་སྤྱོད་པ་ལ་དབང་བསྐུར་དུ་འདོད་པ་མི་འཐད་དེ། དེ་ལས་སངས་རྒྱས་ཀྱི་བྱིན་རླབས་འཇུག་པ་མེད་པའི་ཕྱིར་ཏེ། ཚོག་དག་པ་ལས་བྱུང་བའི་བྱིན་རླབས་སངས་རྒྱས་ཀྱི་བྱིན་རླབས་ཡིན་པའི་ཕྱིར། ཞེས་པ་ནི། དབང་བསྐུར་བྱེད་པ་ཕལ་ཆེར་ཡང་། །ཞེས་སོགས་ཀྱིས་བསྟན་ཏོ། །

གཉིས་པ་སྨིན་བྱེད་ཀྱི་དབང་མི་དགོས་པར་འདོད་པ་དགག་པ་ལ་བཞི་སྟེ། དབང་བསྐུར་མེད་པར་ཟབ་ལམ་བསྒོམ་པ་དགག །དབང་བསྐུར་མེད་པར་དབང་རབ་ཡིན་པ་དགག །སེམས་བསྐྱེད་ཙམ་གྱིས་གསང་སྔགས་བསྒོམ་པ་དགག །ཞར་ལ་སྨིན་བྱེད་ནོར་བ་གཞན་ཡང་དགག་པའོ། །དང་པོ་ནི། སྨིན་པར་བྱེད་པའི་དབང་བསྐུར་ཡང་། །ཞེས་པ་ལས་འཕྲོས་ནས། སངས་རྒྱས་འགྲུབ་པ་ལ་དབང་བསྐུར་མི་དགོས་ཏེ། དབང་བསྐུར་མེད་ཀྱང་ལམ་ཟབ་མོ་བསྒོམ་པས་སངས་རྒྱས་འགྲུབ་པའི་ཕྱིར་ཞེ་ན། མི་འཐད་དེ། དབང་བསྐུར་མེད་པར་ལམ་ཟབ་མོ་བསྒོམས་པ་ངན་འགྲོའི་རྒྱུར་ཕྱག་རྒྱ་ཆེན་པོ་ཐིག་ལེ་དང་། དཾ་དང་པོ་དང་། བཤད་རྒྱུད་རྡོ་རྗེ་ཕྲེང་བ་ལ་སོགས་ལས་གསུངས་པའི་ཕྱིར། ཞེས་པ་ནི། དབང་བསྐུར་མེད་ཀྱང་ལམ་ཟབ་མོ། །ཞེས་སོགས་ཀྱིས་བསྟན་ཏོ། །གཉིས་པ་ནི་ཕྱག་རྒྱ་བ་ཁ་ཅིག །གང་ཟག་དབང་པོ་རབ་སྨིན་བྱེད་ཕག་མོའི་བྱིན་རླབས་ཡིན་པས་དབང་བསྐུར་མི་དགོས་ཤིང་། འབྲིང་དང་ཐ་མ་ལ་དབང་བསྐུར་དགོས་ཞེས་ཟེར་རོ། །མི་འཐད་དེ། གང་ཟག་རབ་འབྲིང་གསུམ་ཀ་ལ་ཕག་མོའི་བྱིན་རླབས་སྨིན་བྱེད་དུ་བུམ་རྒྱུད་ལས་མ་གསུངས་པའི་ཕྱིར་དང་། འཕགས་པ་རྣམས་ཀྱིས་གང་ཟག་རབ་སྤྲུལ་པའི་དཀྱིལ་འཁོར་དུ་དབང་བསྐུར་བར་གསུངས་པ་ནི་སྟོན་གྱི་ཚིག་ཡིན་པའི་ཕྱིར། ཞེས་པ་ནི། ཁ་ཅིག་གང་ཟག་དབང་པོ་རབ། །ཅེས་སོགས་ཀྱིས་བསྟན། འོན་ད་ལྟའི་སྨིན་བྱེད་ལ་རྡུལ་ཚོན་གྱི་དཀྱིལ་འཁོར་ཁོ་ན་དགོས་སམ་ཞེ་ན། ཤེས་བྱ་ཆོས་ཅན། མངོན་པར་རྟོགས་པ་བདུན་ལྡན་གྱི་སྒོ་ནས་དབང་བསྐུར་བ་ལ་རྡུལ་ཚོན་གྱི་དཀྱིལ་འཁོར་དགོས་ཏེ། དེ་ལས་གཞན་རས་བྲིས་ལ་སོགས་པར་དབང་བསྐུར་བ་བཀག་པའི་ཕྱིར། ཞེས་པ་ནི། དེང་སང་གང་ཟག་རབ་འབྲིང་ཀུན། །ཞེས་སོགས་ཀྱིས་བསྟན།

གསུམ་པ་ནི། གསང་འདུས་བསྟོད་ལུགས་པ་ལ་སོགས་པ་ལ་ལ། ལམ་ཟབ་མོ་བསྒོམ་པ་ལ་དབང་བསྐུར་སྔོན་དུ་འགྲོ་མི་དགོས་ཏེ། སེམས་བསྐྱེད་ཙམ་བྱས་པ་ལ་གསང་སྔགས་བསྒོམ་དུ་རུང་བའི་ཕྱིར། ཞེས་ཟེར་ན། མི་འཐད་དེ། བྱ་བའི་རྒྱུད་ལ་རིགས་གསུམ་ཡོད་པའི་དོན་ཞགས་སོགས་པདྨའི་རིགས་འགའ་ཞིག་ལ་དབང་བསྐུར་སེམས་བསྐྱེད་མ་ཐོབ་ཀྱང་ཉམས་སུ་ལེན་དུ་རུང་བར་གསུངས་པའི་ཕྱིར། དམ་ཚིག་གསུམ་བཀོད་སོགས་རྡོ་རྗེའི་རིགས་ཀྱི་འཁྲིན་ལས་འགའ་ཞིག་སྒྲུབ་པ་ལ་འཇུག་པ་སེམས་བསྐྱེད་ཐོབ་ནས་བྱར་རུང་བར་གསུངས་ཀྱང་། རྡོ་རྗེའི་རིགས་ལེགས་པར་གྲུབ་པ་ཡན་ཆད་དུ་དབང་བསྐུར་བར་མ་ཐོབ་པ་ལ་གསང་སྔགས་དགག་པའི་ཕྱིར། ཞེས་པ་ནི། ལ་ལ་སེམས་བསྐྱེད་བྱས་པ་ལ། །ཞེས་སོགས་ཀྱིས་བསྟན། ལྷག་མ་རྒྱུད་སྡེ་གོང་མ་གསུམ་པོ་ལ་སེམས་བསྐྱེད་ཙམ་ལ་བརྟེན་པའི་ཡི་དམ་བསྒོམ་པ་གསུངས་པ་མེད་དེ། དེ་ལྟར་བསྒོམ་

པ་ལ་ལྟུང་བ་ཡོད་པར་རྒྱལ་བས་གསུངས་པའི་ཕྱིར། ཞེས་པ་ནི། ལྷག་མ་རྒྱུད་སྡེ་གསུམ་པོ་ལ། །ཞེས་སོགས་ཀྱིས་བསྟན།

བཞི་པ་ནི། གཏོར་མའི་དབང་བསྐུར་སོགས་སློབ་མ་སྨིན་བྱེད་དུ་འདོད་པ་མི་འཐད་དེ། དེ་ལྟར་རྒྱུད་ལས་མ་གསུངས་པའི་ཕྱིར་ཞེས་པ་ནི། གཏོར་མའི་དབང་བསྐུར་ཞེས་བྱ་དང་། །ཞེས་སོགས་ཀྱིས་བསྟན་ཏོ། །

གསུམ་པ་དབང་བསྐུར་དགོས་ཀྱང་འཁྲུལ་པར་སྤྱོད་པ་དགག་པ་ལ་ལྔ་སྟེ། དབང་བསྐུར་བའི་དུས་ལ་འཁྲུལ་པ་དགག །སློབ་མའི་རྒྱུད་ལ་འཁྲུལ་པ་དགག །བསྐུར་བྱེད་ཀྱི་དབང་ལ་འཁྲུལ་པ་དགག །རྒྱུད་སྡེའི་ཁྱད་པར་ལ་འཁྲུལ་བ་དགག །ཆོས་སྐོའི་མིང་ལ་འཁྲུལ་པ་དགག་པའོ། །དང་པོ་ནི། འགའ་ཞིག་གསང་སྔགས་ད་ལྟ་སྤྱོད་ཅིང་དབང་བསྐུར་ཕྱི་ནས་ཁས་ལེན་བྱེད་ཅེས་ཟེར་བ་ཡང་སངས་རྒྱས་ཀྱི་བསྟན་པ་མིན་ཏེ། དབང་མ་ཐོབ་པ་ལ་ཆོས་བཤད་ན་སློབ་དཔོན་ལྟུང་བ་ཅན་དུ་འགྱུར་ཞིང་སློབ་མ་ཡང་སྨོན་དུ་ཉམས་པར་འགྱུར་བའི་ཕྱིར་ཞེས་པ་ནི། འགའ་ཞིག་གསང་སྔགས་ད་ལྟ་སྤྱོད། །ཅེས་སོགས་ཀྱིས་བསྟན། མདོར་ན་སངས་རྒྱས་བྱེད་ན་ཆོས་བཞིན་དུ་བྱ་དགོས་ཏེ། དམ་ཆོས་ནོར་བར་སྤྱད་པ་ལས་སངས་རྒྱས་མི་འབྱུང་བའི་ཕྱིར་ཞེས་པ་ནི། མདོར་ན་ཆོས་ཀྱིས་ཅི་བྱེད་སོམས། །སངས་རྒྱས་བྱེད་ན་ཆོས་བཞིན་གྱིས། །ཞེས་སོགས་ཀྱིས་བསྟན་ཏོ། །

གཉིས་པ་ནི། ལ་ལ་གསང་སྔགས་བསྒོམ་པ་ལ་དབང་བསྐུར་མི་དགོས་ཏེ། སེམས་ཉིད་མ་རྟོགས་ན་དབང་བསྐུར་ཀྱང་མི་ཕན་ཞིང་། སེམས་ཉིད་རྟོགས་ན་དབང་བསྐུར་བ་ལ་དགོས་པ་མེད་པའི་ཕྱིར་ཞེ་ན། འོན་སྡོམ་པ་ཡང་བསྲུང་མི་དགོས་པར་འགྱུར་ཏེ། སེམས་ཉིད་མ་རྟོགས་ན་བསྲུངས་ཀྱང་མི་ཕན་ཞིང་རྟོགས་ན་བསྲུང་མི་དགོས་པའི་ཕྱིར། གཞན་ཡང་། ཕག་མོའི་བྱིན་རླབས་ཡང་བྱ་མི་དགོས་པར་འགྱུར་ཏེ། སེམས་ཉིད་མ་རྟོགས་ན་བྱས་ཀྱང་མི་ཕན་ཞིང་རྟོགས་ན་བྱ་མི་དགོས་པའི་ཕྱིར། དེ་བཞིན་དུ་སེམས་བསྐྱེད་ལ་སོགས་པའི་ཆོ་ག་ཀུན་ལ་ཚུལ་འདི་མཚུངས་ཏེ། སེམས་ཉིད་མ་རྟོགས་ན་བྱས་ཀྱང་མི་ཕན་ཞིང་རྟོགས་ན་བྱ་མི་དགོས་པའི་ཕྱིར། ཞེས་པ་ནི། ལ་ལ་སེམས་ཉིད་མ་རྟོགས་ན། །ཞེས་སོགས་ཀྱིས་བསྟན་ཏོ། །

གསུམ་པ་ལ་གཉིས་ཏེ། འདོད་པ་བརྗོད་པ་དང་། དེ་དགག་པའོ། །དང་པོ་ནི། ཕྱག་རྒྱ་བ་ཁ་ཅིག །ཚོ་གའི་རྣམ་གཞག་མེད་བཞིན་དུ་བླ་མའི་ལུས་ཀྱི་དཀྱིལ་འཁོར་ལ་དབང་བཞི་རྫོགས་པར་ལེན་ཞེས་ཟེར་རོ། །ཞེས་པའི་དོན་ནི། ལ་ལ་ཆོ་ག་མེད་བཞིན་དུ། །ཞེས་སོགས་ཀྱིས་བསྟན། གཉིས་པ་ལ་གསུམ་སྟེ། ཆོ་ག་མེད་པ་ལ་གནོད་བྱེད་བསྟན། ཆོ་ག་ཡོད་པའི་སྒྲུབ་བྱེད་འགོད། བདེན་གཉིས་སྒོ་ནས་མཚུངས་པར་བསྟན་པའོ། །དང་པོ་ནི། དགེ་ཚུལ་དང་དགེ་སློང་གི་སྡོམ་པ་ལེན་པའི་ཆོ་ག་མི་དགོས་པར་འགྱུར་དེ། བླ་མའི་སྐུ་ལས་བླངས

པས་ཐོབ་པར་མཚུངས་པའི་ཕྱིར། སེམས་བསྐྱེད་ཀྱི་ཆོ་ག་ཡང་མི་དགོས་པར་འགྱུར་ཏེ། བླ་མའི་སྐུ་ལས་ཐོབ་པའི་ཕྱིར། རྡོ་རྗེ་ཕག་མོའི་བྱིན་རླབས་ཡང་མི་དགོས་པར་འགྱུར་ཏེ། ཆོས་སྒོ་བ་ལ་མི་དགོས་པར་འགྱུར་ཏེ། བླ་མའི་སྐུ་ལས་ཐོབ་པའི་ཕྱིར། དེས་ན་རྫོགས་པའི་སངས་རྒྱས་ཀྱིས་གསུངས་པའི་ཆོ་ག་ཟབ་མོ་ཐམས་ཅད་སྤོང་བར་རིགས་ཏེ། སྡོམ་པ་ཐམས་ཅད་བླ་མའི་སྐུ་ལས་ཐོབ་པའི་ཕྱིར། ཞེས་པ་ནི། འོན་དགེ་ཚུལ་དགེ་སློང་ཡང་། །ཞེས་སོགས་ཀྱིས་བསྟན། གཉིས་པ་ནི། རིག་པ་འཛིན་པ་སྔགས་ཀྱི་སྡོམ་པ་ཐོབ་པ་ལ་དབང་བསྐུར་བའི་ཆོ་ག་དགོས་ཏེ། སོ་ཐར་དང་སེམས་བསྐྱེད་ཀྱི་སྡོམ་པ་སོགས་ཐོབ་པ་ལ་ཆོ་ག་དགོས་པའི་ཕྱིར། ཞེས་པ་ནི། གལ་ཏེ་ཆོ་ག་ཉམས་གྱུར་ན། །ཞེས་སོགས་ཀྱིས་བསྟན། གསུམ་པ་ནི། ཀུན་རྫོབ་ཏུ་སྡོམ་པ་གསུམ་གྱི་ཆོ་ག་ཐམས་ཅད་ཡོད་མཚུངས་ཡིན་ཞིང་། དོན་དམ་དུ་མེད་མཚུངས་ཡིན་ཏེ། ལང་ཀར་གཤེགས་པ་ལས། ཀུན་རྫོབ་ཏུ་ནི་ཐམས་ཅད་ཡོད། །དམ་པའི་དོན་དུ་ཡོད་མ་ཡིན། །དེས་ན་དངོས་པོ་གཅིག་ཉིད་ལ། །ཡོད་དང་མེད་པ་ཇི་ལྟར་འགལ། །ཞེས་གསུངས་པའི་ཕྱིར་ཞེས་པ་ནི། དེ་ཕྱིར་དམ་པའི་དོན་དུ་ན། །ཞེས་སོགས་ཀྱིས་བསྟན། བཞི་པ་ནི། ཁ་ཅིག །བྱ་རྒྱུད་སོགས་ལའང་དབང་གི་ཆོ་ག་དང་རིམ་གཉིས་སྒོམ་པར་བྱེད་པ་ཡོད་ཅེས་ཟེར་རོ། །འདི་ཡང་སངས་རྒྱས་ཀྱི་དགོངས་པ་མིན་ཏེ། རྒྱུད་སྡེ་འོག་མ་གསུམ་ལ་དབང་བཞི་དང་རིམ་པ་གཉིས་མེད་པའི་ཕྱིར། ཞེས་པ་ནི། ཁ་ཅིག་བྱ་བའི་རྒྱུད་སོགས་ལ། །ཞེས་སོགས་ཀྱིས་བསྟན། གལ་ཏེ་རྒྱུད་སྡེ་འོག་མ་གསུམ་པོ་དེ་དག་ལ་དབང་བཞི་དང་རིམ་གཉིས་ཡོད་ན་གསུམ་པོ་དེ་དག་རྣལ་འབྱོར་ཆེན་པོའི་རྒྱུད་ཉིད་དུ་འགྱུར་ཏེ། དབང་བཞི་དང་རིམ་པ་གཉིས་ནི་རྣལ་འབྱོར་ཆེན་པོའི་ཁྱད་ཆོས་ཡིན་པའི་ཕྱིར་ཞེས་པ་ནི། གལ་ཏེ་ཡོད་ན་དེ་དག་ཀྱང་། །ཞེས་སོགས་ཀྱིས་བསྟན། གཞན་ཡང་རྒྱུད་སྡེ་འོག་མ་གསུམ་ལ་དབང་བཞི་དང་རིམ་གཉིས་ཡོད་པ་མི་འཐད་དེ། རྒྱུད་སྡེའི་རིམ་པ་མི་ཤེས་པའི་སྐྱོན་ཡོད་པའི་ཕྱིར་ཞེས་པ་ནི། གྲུབ་མཐའི་རྣམ་དབྱེ་མི་ཕྱེད་ཅིང་། །ཞེས་སོགས་ཀྱིས་བསྟན། དེས་ན་རྒྱུད་སྡེ་རང་རང་གི་ཆོ་ག་བཞིན་བྱས་ན་དེས་གསུངས་པའི་དངོས་གྲུབ་འབྱུང་སྟེ། རྒྱུད་སྡེ་བཞི་ལ་དབང་དང་ལམ་གྱི་དབྱེ་བ་མི་འདྲ་བ་བཞི་ཡོད་པའི་ཕྱིར་ཞེས་པ་ནི། དེས་ན་རྒྱུད་སྡེ་བཞི་པོ་ཡི། །ཞེས་སོགས་ཀྱིས་བསྟན།

ལྔ་པ་ལ་གསུམ་སྟེ། མོས་པ་ཆོས་སྒོ་ཡིན་པ་དགག །དབང་ལས་ལོགས་ན་གསང་སྔགས་ཡོད་པ་དགག །དབང་ལས་གསང་སྔགས་ལོགས་ན་མེད་པའི་རྒྱུ་མཚན་ནོ། །དང་པོ་ནི། ཕྱག་རྒྱ་བ་ལ་ལ་གསང་སྔགས་བསྒོམ་པ་ལ་དབང་བསྐུར་མི་དགོས་ཏེ། དབང་བསྐུར་མ་བྱས་ཀྱང་གསང་སྔགས་སྒོམ་དུ་རུང་བའི་ཕྱིར་ཏེ། གསང་སྔགས་ལ་མོས་པ་ཐོབ་ན་གསང་སྔགས་སྒོམ་དུ་རུང་བའི་ཕྱིར་ཏེ། གསང་སྔགས་ལ་མོས་པ་དེ་ཉིད

གསང་སྔགས་ཀྱི་ཆོས་སྒོ་ཡིན་པའི་ཕྱིར་ཞེ་ན། འོ་ན་རབ་བྱུང་གི་སྡོམ་པ་མ་ཐོབ་ཀྱང་སྡོམ་པ་སྲུང་བའི་ཆོ་ག་བླངས་པར་འགྱུར་ཏེ། དེ་ཉིད་སྡོམ་པ་ལེན་པའི་སྒོ་ཡིན་པའི་ཕྱིར། སེམས་བསྐྱེད་ཀྱང་ཆོ་ག་ལས་བླང་མི་དགོས་པར་འགྱུར་ཏེ། སེམས་བསྐྱེད་ལ་མོས་པ་ཉིད་བྱང་ཆུབ་སྤྱོད་པའི་སྒོ་ཡིན་པའི་ཕྱིར། དེ་བཞིན་སོ་ནམ་པ་རྣམས་ཀྱིས་སོ་ནམ་ལ་འབད་མི་དགོས་པར་འགྱུར་ཏེ། ལོ་ཏོག་ལ་མོས་པ་ཉིད་བཟའ་རྒྱུ་ཟ་བའི་སྒོ་ཡིན་པའི་ཕྱིར་ཞེས་པ་ནི། ལ་ལ་དབང་བསྐུར་མ་བྱས་ཀྱང་། །ཞེས་སོགས་ཀྱིས་བསྟན། གཉིས་པ་ནི། དབང་བསྐུར་གསང་སྔགས་ཀྱི་ཆོས་སྒོ་ཙམ་མིན་ཏེ། ཆོས་སྒོའི་ཐ་སྙད་གསང་སྔགས་ཀྱི་རྒྱུད་སྡེ་ལས་དངོས་སུ་གསུངས་པ་མེད་པའི་ཕྱིར། ཞེས་པ་ནི། དེས་ན་ཆོས་སྒོ་ཞེས་བྱ་བ། །ཞེས་སོགས་ཀྱིས་བསྟན། གཞན་དུ་ན་དགེ་སློང་གི་སྡོམ་པ་དེ་ཡང་དགེ་སློང་གི་སྡོམ་པའི་ངོ་བོ་མིན་པར་འགྱུར་ཞིང་། སོ་ནམ་བྱེད་པ་ཡང་ཁ་ཟས་འབྱུང་བའི་ཐབས་མིན་པར་འགྱུར་ཏེ། དབང་བསྐུར་དེ་སངས་རྒྱས་པའི་ཆོས་མིན་པའི་ཕྱིར་ཞེས་པ་ནི། འོ་ན་དགེ་སློང་སྡོམ་པ་ཡང་། །ཞེས་སོགས་ཀྱིས་བསྟན། །

གསུམ་པ་ལ་གསུམ་སྟེ། མདོར་བསྟན། རྒྱས་པར་བཤད། དོན་བསྡུ་བའོ། །དང་པོ་ནི། དབང་བསྐུར་གསང་སྔགས་ཀྱི་ཆོས་སྒོ་ཙམ་མིན་ཏེ། སློབ་མའི་ཕུང་ཁམས་སྐྱེ་མཆེད་ལ་རྟེན་འབྲེལ་སྒྲིག་པའི་གདམས་ངག་ཡིན་པའི་ཕྱིར་ཞེས་པ་ནི། དེས་ན་སྙིང་གཏམ་འདི་ལྟར་ཡིན། །ཞེས་སོགས་ཀྱིས་བསྟན། གཉིས་པ་ནི། དབང་བསྐུར་བ་ནི། སློབ་མའི་ཕུང་ཁམས་སྐྱེ་མཆེད་ལ་རྟེན་འབྲེལ་སྒྲིག་པའི་གདམས་ངག་ཡིན་ཏེ། དེ་ལ་སངས་རྒྱས་ཀྱི་ས་བོན་བཏབ་ནས་ཚེ་འདིར་སངས་རྒྱས་བྱེད་པའི་ཐབས་ཁྱད་པར་ཅན་ཡིན་པའི་ཕྱིར། ཞེས་པ་ནི། ཕུང་པོ་ཁམས་དང་སྐྱེ་མཆེད་ལ། །ཞེས་སོགས་ཀྱིས་བསྟན། དེས་ན་དབང་བསྐུར་དེ་གསང་སྔགས་ཀྱི་ལམ་གྱིས་གཙོ་བོ་ཡིན་ཏེ། གང་ཟག་དབང་པོ་རབ་དབང་བསྐུར་ཉིད་ཀྱིས་གྲོལ་བར་གསུངས་པའི་ཕྱིར་ཞེས་པ་ནི། དེས་ན་གང་ཟག་དབང་པོ་རབ། །ཅེས་སོགས་ཀྱིས་བསྟན། གང་ཟག་གཞན་ལ་བསྒོམ་དགོས་ཀྱང་དབང་གི་སྐབས་སུ་ཐོབ་པ་དེ་ཉིད་སྲུང་ཞིང་འཕེལ་བར་བྱེད་པ་ལ་སྒོམ་པ་ཞེས་སུ་བཏགས་པ་ཡིན་ཏེ། བསྐྱེད་རིམ་སྒོམ་པ་ནི་བུམ་དབང་གི་དུས་སུ་ཕུང་ཁམས་སྐྱེ་མཆེད་ལྷར་བསྐྱེད་པ་དེ་བསྒོམ་པ་ཡིན་པའི་ཕྱིར། རྫོགས་རིམ་སྒོམ་པ་ནི་དབང་གོང་མ་གསུམ་གྱི་དུས་སུ་ངག་ལ་ལོངས་སྐུ་དང་ཡིད་ལ་ཆོས་སྐུ་དང་སྒོ་གསུམ་ཀ་ལ་ངོ་བོ་ཉིད་སྐུའི་ས་བོན་བཏབ་པ་དེ་ཉིད་བསྲུང་ཞིང་འཕེལ་བར་བྱེད་པ་ཡིན་པའི་ཕྱིར་ཞེས་པ་ནི། དེས་ན་དབང་བསྐུར་ཐོབ་པ་དེས། །ཞེས་སོགས་ཀྱིས་བསྟན། དེས་ན་ཐེག་པ་ཆེན་པོ་ཕ་རོལ་ཏུ་ཕྱིན་པའི་ལུགས་ལ་སེམས་བསྐྱེད་ལས་གཞན་པའི་ཆོས་གཞན་མེད་དེ། དེ་ཉིད་སངས་རྒྱས་སྒྲུབ་པའི་ཆོས་ཐམས་ཅད་ཀྱི་རྩ་བ་ཡིན་པའི་ཕྱིར། དེ་

བཞིན་དུ་བླ་མེད་རྡོ་རྗེ་ཐེག་པའི་སྒོར་ཞུགས་ན་དབང་བསྐུར་བ་ལས་གཞན་པའི་ཆོས་མེད་དེ། དེ་ཉིད་སྔགས་ལམ་གྱི་རྩ་བ་ཡིན་པའི་ཕྱིར། ཞེས་པ་ནི། དེ་ཕྱིར་ཕ་རོལ་ཕྱིན་པ་ལ། །ཞེས་སོགས་ཀྱིས་བསྟན། གསུམ་པ་ནི། ཐུབ་པའི་རྒྱུད་སྡེ་ལས་དབང་བསྐུར་ཁོ་ན་བསྔགས་པ་སོགས་ཀྱི་རྒྱུ་མཚན་ཡོད་དེ། དབང་བསྐུར་དེ་སྔགས་ལམ་གྱི་རྩ་བ་ཡིན་པའི་ཕྱིར་ཞེས་པ་ནི། དེས་ན་ཐུབ་པའི་རྒྱུད་སྡེ་ལས། །ཞེས་སོགས་ཀྱིས་བསྟན།

བཞི་པ་དབང་བསྐུར་མུ་བཞིར་འདོད་པ་དགག་པ་ལ་གཉིས་ཏེ། འདོད་པ་བརྗོད་པ་དང་། དེ་དགག་པའོ། །དང་པོ་ནི། ཏི་ཕུ་པ་དང་། རས་ཆུང་པ་ལ་སོགས་པ་ལ་ལ་དབང་བསྐུར་མུ་བཞིར་འདོད་དེ། དབང་བསྐུར་བྱས་ཀྱང་མ་ཐོབ་པ་སོགས་བཞིར་འདོད་པའི་ཕྱིར་ཞེས་པ་ནི། ལ་ལ་དབང་བསྐུར་མུ་བཞིར་འདོད། །ཅེས་སོགས་ཀྱིས་བསྟན། གཉིས་པ་ལ་བཞི་སྟེ། མུ་བཞི་སྒྲུབ་བྱེད་ཀྱི་ལུང་མེད་པ། རིགས་པས་བརྟགས་ན་ཀུན་ལ་མཚུངས་པ། མུ་བཞི་ཡོད་ཀྱང་ཤེས་པར་མི་ནུས་པ། ནུས་ན་དབང་བསྐུར་དགོས་པར་གྲུབ་པའོ། །དང་པོ་ནི། དབང་བསྐུར་མུ་བཞིར་འདོད་པ་མི་འཐད་དེ། མདོ་རྒྱུད་གང་ནས་ཀྱང་མ་བཤད་པའི་ཕྱིར་ཞེས་པ་ནི། འདི་འདྲ་གང་ནའང་བཤད་པ་མེད། །ཅེས་སོགས་ཀྱིས་བསྟན། གཉིས་པ་ནི། སོ་ཐར་གྱི་སྡོམ་པ་སོགས་ལ་ཡང་མུ་བཞི་རྩི་རིགས་པར་འགྱུར་ཏེ། དབང་བསྐུར་ལ་མུ་བཞི་རྩི་རིགས་པའི་ཕྱིར་ཞེས་པ་ནི། འོན་ཀྱང་འདི་ཡང་བརྟག་པར་བྱ། །ཞེས་སོགས་ཀྱིས་བསྟན། གསུམ་པ་ནི། དབང་བསྐུར་མུ་བཞི་རྩི་བ་མི་འཐད་དེ། མུ་བཞི་སོ་སོའི་མཚན་ཉིད་ཤེས་པར་མི་ནུས་པའི་ཕྱིར་ཞེས་པ་ནི། གལ་ཏེ་མུ་བཞི་ཡོད་ན་ཡང་། །ཞེས་སོགས་ཀྱིས་བསྟན། བཞི་པ་ནི། དབང་བསྐུར་བྱས་ནས་ཐོབ་པའི་གང་ཟག་ལ་དབང་བསྐུར་བྱེད་དགོས་པར་འགྱུར་ཏེ། མུ་བཞི་སོ་སོའི་མཚན་ཉིད་ཤེས་པར་ནུས་པའི་ཕྱིར་ཞེས་པ་ནི། གལ་ཏེ་མུ་བཞི་བདེན་སྲིད་ན། །ཞེས་སོགས་ཀྱིས་བསྟན་ཏོ། །

གཉིས་པ་དཀའ་བའི་གནས་བྱེ་བྲག་ཏུ་བཤད་པ་ལ། དེང་སང་རྡོ་རྗེ་ཕག་མོ་ཡི་ཞེས་སོགས་ཀྱི་སྐབས་སུ། ཕག་མོའི་བྱིན་རླབས་སྨིན་བྱེད་དུ་རུང་མི་རུང་དཔྱད། དེ་ལ་སྡོམ་པ་འབོགས་པའི་ཆོ་ག་སོགས་ཡོད་མེད་དཔྱད། དེ་ཉིད་ཆོས་སྒོ་ཡིན་མིན་དཔྱད་པ་དང་གསུམ་ལས། དང་པོ་ནི། ཕག་མོ་ལྷ་ལྔའི་བྱིན་རླབས་དེ་སྨིན་བྱེད་ཀྱི་དབང་བསྐུར་ཡིན་པར་ཐལ། རྡོ་རྗེ་ཕག་མོ་ལ་སྨིན་བྱེད་ཀྱི་དབང་བསྐུར་ཡོད་པའི་ཕྱིར་ཏེ། གཞུང་འདིར། རྡོ་རྗེ་ཕག་མོ་ཉིད་ལས་ཞེས་སོགས་གསུངས་པའི་ཕྱིར་དང་། ཕག་མོ་སྟོན་བྱུང་གི་རྒྱུད་ལས་རྫུལ་ཚོན་གྱི་དཀྱིལ་འཁོར་དུ་དབང་བསྐུར་བར་གསུངས་པའི་ཕྱིར་དང་། ཕག་མོ་ལྷ་བཅུ་གསུམ་མའི་དཀྱིལ་འཁོར་གྱི་ཆོ་ག་ཤམ་བྷ་ལའི་རིགས་ལྡན་ཁྱབ་འཇུག་སྦས་པས་མཛད་པ་དང་། ཕག་མོ་ལྷ་སུམ་ཅུ་སོ་བདུན་མའི་སྒྲུབ་ཐབས་སློབ

དཔོན་དགེ་བའི་འབྱུང་གནས་སྨྲས་པས་མཛད་པ་སོགས་ཡོད་པའི་ཕྱིར། ཞེས་ཟེར་ན་མི་འཐད་དེ། རྗེ་བཙུན་རྡོ་རྗེ་བདག་མེད་མའི་བྱིན་རླབས་དེ་སྨིན་བྱེད་ཀྱི་དབང་བསྐུར་ཡིན་པར་ཐལ། དེ་ལ་སྨིན་བྱེད་ཀྱི་དབང་ཡོད་པའི་ཕྱིར། ཁྱབ་པ་ཁས། རྟགས་གྲུབ་སྟེ། རྩ་རྒྱུད་བརྟག་གཉིས་ཀྱི་ལེའུ་བཅོ་ལྔ་པ་ལས། དེ་ལ་སྨིན་བྱེད་ཀྱི་དབང་བསྐུར་གསུངས་པའི་ཕྱིར། འདོད་མི་ནུས་ཏེ། བྱིན་རླབས་དེ་དབང་མ་ཐོབ་པ་ལ་བྱར་མི་རུང་བའི་ཕྱིར། དེ་བཞིན་དུ་ཤིན་ཏུ་སྤྲོས་མེད་སོགས་ལ་ཡང་རིགས་འགྲེའོ། །ཁ་ཅིག །ཕག་མོ་ལ་སྨིན་བྱེད་མེད་ཅེས་ཟེར་བ་མི་འཐད་དེ། སྔར་བཤད་པའི་ལུང་ཚད་ལྡན་དེ་རྣམས་དང་འགལ་བའི་ཕྱིར་རོ། །གཉིས་པ་ནི། ཁ་ཅིག །ལ་ལ་རྡོ་རྗེ་ཕག་མོ་ལ་ཞེས་སོགས་གསུངས་པ་མི་འཐད་པར་ཐལ། རྡོ་རྗེ་ཕག་མོ་ལ་སྡོམ་པ་གསར་དུ་འབོགས་པའི་ཆོ་ག་དང་། དབང་བསྐུར་ཡོད་པའི་ཕྱིར། དང་པོ་གྲུབ་སྟེ། དེ་ལ་རྒྱུན་བཤགས་དང་རིགས་ལྔའི་སྡོམ་བཟུང་བྱེད་པ་ཡོད་པའི་ཕྱིར། གཉིས་པ་གྲུབ་སྟེ། དེ་ལ་དབང་བཞིའི་ཐ་སྙད་གསུངས་པའི་ཕྱིར། ཞེས་ཟེར་ན་མི་འཐད་དེ། ལམ་དུས་ཐུན་བཞིར་ཉམས་སུ་ལེན་པའི་ཚེ། ཐུན་རེ་རེ་ལ་སྡོམ་པ་གསར་དུ་འབོགས་པའི་ཆོ་ག་ཡོད་པར་ཐལ། དེ་རེ་རེ་ལ་རྒྱུན་བཤགས་དང་རིགས་ལྔའི་སྡོམ་བཟུང་བྱེད་པ་ཡོད་པའི་ཕྱིར། ཁྱབ་པ་ཁས། གཞན་ཡང་། ཕག་མོའི་བྱིན་རླབས་ཀྱིས་རིགས་ལྔའི་སྡོམ་བཟུང་སོགས་སྡོམ་པ་གསར་དུ་འབོགས་པའི་ཆོ་ག་མིན་པར་ཐལ། དེ་སྡོམ་པ་ཐོབ་ཟིན་གོང་འཕེལ་དུ་བྱེད་པའི་ཐབས་ཡིན་པའི་ཕྱིར་རོ། །

གཉིས་པ་ཡང་མི་འཐད་དེ། ཕ་རོལ་ཏུ་ཕྱིན་པ་ལ་དབང་བཅུ་ཡོད་པར་ཐལ། དེ་ལ་དབང་བཅུའི་ཐ་སྙད་གསུངས་པའི་ཕྱིར་དང་། རྒྱལ་པོ་རྒྱལ་རིགས་སྤྱི་བོ་ནས་དབང་བསྐུར་བ་ཞེས་སོགས་གསུངས་པའི་ཕྱིར། ཁྱབ་པ་ཁས། གསུམ་པ་ནི། ཁ་ཅིག །གཞན་ཡང་ཕག་མོའི་བྱིན་རླབས་ལ་ཞེས་གསུངས་པ་མི་འཐད་པར་ཐལ། ཕག་མོའི་བྱིན་རླབས་དེ་ཆོས་དྲུག་གི་སྨིན་བྱེད་ཀྱི་ཆོས་སྒོ་ཡིན་པའི་ཕྱིར་ཏེ། དེ་དེའི་ཆོས་སྒོ་ཡིན་པའི་ཕྱིར་ཏེ། ཤིན་ཏུ་སྤྲོས་མེད་ཀྱི་བྱིན་རླབས་སོགས་དེའི་རྫོགས་རིམ་གྱི་ཆོས་སྒོ་ཡིན་པའི་ཕྱིར་ཏེ། དེའི་རྫོགས་རིམ་བསྒོམ་པའི་སྔོན་དུ་བྱིན་རླབས་བྱ་དགོས་པའི་ཕྱིར། ཞེས་ཟེར་ན་མི་འཐད་དེ། བྱིན་རླབས་ཡིན་ན་སྨིན་བྱེད་ཡིན་དགོས་པར་ཐལ། ཕག་མོའི་བྱིན་རླབས་དེ་སྨིན་བྱེད་ཡིན་པའི་ཕྱིར། འདོད་ན། ཤིན་ཏུ་སྤྲོས་མེད་ཀྱི་བྱིན་རླབས་ཡིན་ནོ། །དེར་ཐལ། དེའི་ཕྱིར། འདོད་ན། འོན་བྱིན་རླབས་དེ་སྨིན་བྱེད་ཀྱི་དབང་མ་ཐོབ་པའི་གང་ཟག་ལ་བྱར་རུང་བར་ཐལ། དེ་སྨིན་བྱེད་ཀྱི་དབང་བསྐུར་ཡིན་པའི་ཕྱིར། ཡང་དབང་བསྐུར་ཡིན་ན་ཆོས་སྒོ་ཡིན་དགོས་པར་ཐལ། བྱིན་རླབས་ཡིན་ན་ཆོས་སྒོ་ཡིན་དགོས་པའི་ཕྱིར། འདོད་ན། སྔགས་སྡོམ་ཡིན་ན་ཆོས་སྒོ་ཡིན་དགོས་པར་ཐལ། འདོད་པའི་ཕྱིར། འདོད་ན། སྔགས་ལམ་གྱི་དངོས་གཞི་མེད་པར་ཐལ། འདོད་པའི་

ཕྱིར།

སྤྱོད་པའི་རྒྱུད་ཀྱི་དབང་བསྐུར་ལ། །ཞེས་སོགས་ཀྱི་སྐབས་སུ་སློབ་མའི་གྲངས་ངེས་ལ་དོགས་པ་དཔྱད་པ་ལ། དགག་གཞག་སྤང་གསུམ་ལས། དང་པོ་ནི། ཁ་ཅིག །རྒྱུད་སྡེ་བཞི་ཀ་ལ་དབང་བསྐུར་བའི་ཚེ་སློབ་མ་ལ་གྲངས་ངེས་མི་དགོས་ཏེ། རིགས་ལྡན་འཇམ་དཔལ་གྲགས་པས་དྲང་སྲོང་བྱེ་བ་ཕྲག་ཕྱེད་དང་བཞི་ལ་སོགས་པ་ལ་དུས་འཁོར་གྱི་དཀྱིལ་འཁོར་དབང་བསྐུར་བར་བཤད་པའི་ཕྱིར། ཞེས་ཟེར་བ་མི་འཐད་དེ། ད་ལྟར་གྱི་སྐབས་སུ་ཡང་སོ་སོའི་སྐྱེ་བོའི་རྡོ་རྗེ་སློབ་དཔོན་གྱིས་ཡེ་ཤེས་ཀྱི་སྣང་བ་ལས་གྲུབ་པའི་དབང་བསྐུར་དུ་རུང་བར་ཐལ། བདག་མེད་མས་རྣལ་འབྱོར་དབང་ཕྱུག་ལ་དེ་ལྷ་བུའི་དཀྱིལ་འཁོར་དུ་དབང་བསྐུར་བར་བཤད་པའི་ཕྱིར། ཁྱབ་པ་ཁས། ཏ་ཙང་ཐལ་ལོ། །ཡང་ད་ལྟ་ཚུར་ཤོག་གི་བསྙེན་རྫོགས་བྱེད་རིགས་པར་ཐལ། རྫོགས་པའི་སངས་རྒྱས་ཀྱིས་ཤཱ་རིའི་བུ་ལ་སོགས་པ་ལ་དགེ་སློང་དག་ཚུར་ཤོག་ཚངས་པར་སྤྱད་པ་སྤྱོད་ཅིག་ཅེས་ཚུར་ཤོག་གི་བསྙེན་རྫོགས་མཛད་པའི་ཕྱིར། ཁྱབ་པ་ཁས། ཡང་ཉི་ཤུ་རྩ་ལྔའི་བར་ཞེས་གསུངས་པ་མི་འཐད་པར་ཐལ། དེང་སང་གི་དུས་སུ་ཡང་ཉི་ཤུ་རྩ་ལྔ་ལས་ལྷག་པ་ལ་ཅིག་ཆར་དུ་དབང་བསྐུར་བར་རུང་བའི་ཕྱིར། ཡང་། ལྷག་མ་དམིགས་བསལ་མཛད་པ་ཡི། །སློབ་མ་ལ་ནི་གྲངས་ངེས་ཡོད། །ཅེས་གསུངས་པ་མི་འཐད་པར་ཐལ། བླ་མེད་ཀྱི་དབང་བསྐུར་བའི་ཚེ་སློབ་མ་ལ་གྲངས་ངེས་མེད་པའི་ཕྱིར། རྟགས་ཁས། ཡང་མཁས་པ་ཁ་ཅིག །གསང་བ་སྤྱི་རྒྱུད་ཀྱི་དགོངས་པ་ནི་སློབ་མ་རྗེས་འཛིན་དང་། སྔ་གོན་གྱི་དུས་སུ་ཉེར་ལྔ་མན་ཆད་ཀྱི་གྲངས་ཁ་ཡར་བ་ཇི་ཙམ་ཡོད་པ་དེ་ཐམས་ཅད་གཅིག་ཏུ་ཚོགས་པ་ལ་རྗེས་འཛིན་དང་། སྔ་གོན་གྱི་ཚོ་ག་ཡོངས་སུ་རྫོགས་པར་བྱས་ནས། དབང་བསྐུར་དངོས་གཞིའི་ཚོ་ག་ནི་སློབ་མ་རེ་རེ་ནས་བྱ་བར་གསུངས་པ་ཡིན་ཏེ། སྤྱི་རྒྱུད་ཉིད་ལས། བློ་དང་ལྡན་པས་ཚོ་ག་འདི། །སློབ་མ་རྣམས་ནི་ལེགས་པར་བཟུང་། །སློབ་མ་རེ་རེ་ནས་བཀུག་སྟེ། །བསང་གཏོར་སྔ་མ་བཞིན་བྱས་ལ། །ཞེས་གསུངས་སོ། །དེ་ཡང་དངོས་གཞིའི་དུས་སུ་སློབ་མ་གཉིས་སམ་བཞི་དུས་གཅིག་ཏུ་གྲལ་ལ་འདུག་ཏུ་མི་རུང་བ་ནི་མིན་མོད། དབང་རྫས་གཅིག་ཉིད་ཀྱི་སློབ་མ་གཉིས་ལ་སོགས་པ་ལ་དུས་ཅིག་ཆར་དུ་དབང་བསྐུར་དུ་རུང་བ་ནི་མིན་ནོ། །ཞེས་ཤེས་པར་བྱ་བའི་ཕྱིར་དུ། དེ་ཉིད་ལས། གཉིས་སམ་ཞེས་པ་ནས། ཐམས་ཅད་སོ་སོ་སོ་སོར་བྱ། །ཞེས་པའི་བར་གསུངས་སོ། ། དོན་དེ་ལ་རྗེས་སུ་དཔགས་ན་དབང་དེ་ལ་དགོས་པའི་དབང་གིས་ཡོ་བྱད་གཅིག་ལས་མེད་ན། སློབ་མ་རྣམས་རིམ་གྱིས་བསྐུར་བ་དང་། སློབ་མའི་གྲངས་དང་མཉམ་པའི་དབང་རྫས་ཡོད་ན་གཅིག་ཆར་དུ་དབང་བསྐུར་བས་ཆོག་པ་ལྟ་བུར་མངོན་ནོ། །གཞན་ཡང་། སྤྱོད་པའི་རྒྱུད་ཀྱི་དབང་བསྐུར་ལ། །སློབ་མ་གྲངས་ངེས་མེད་

པར་གསུངས། ཞེས་པའི་དོན། སློབ་མ་ཁ་འབྱམ་ཁ་ཡར་གྱི་གྲངས་ངེས་མེད་པ་ཡིན་གྱི། སྤྱིར་གྲངས་ངེས་མེད་པ་མིན་ཏེ། བཅུ་ལས་ལྷག་པ་བཀག་པའི་ཕྱིར་རོ། །དེས་ན་སྤྱོད་རྒྱུད་ཀྱི་སློབ་མ་རྗེས་འཛིན་ལ་གྲངས་ངེས་མེད་ཅིང་། ལྷག་མ་རྒྱུད་སྡེ་གསུམ་རྗེས་འཛིན་སོགས་ལ་གྲངས་ངེས་ཡོད་པས། གཞུང་འདི་ལྟར་སྟོན་ན་བདེ་བ་ཡིན་ཏེ། སྤྱོད་པའི་རྒྱུད་ཀྱི་དབང་བསྐུར་ལ། །སློབ་མ་རྗེས་བཟུང་གྲངས་ངེས་མེད། །ལྷག་མ་དམིགས་བསལ་མཛད་པ་ཡི། །ཞེས་སོགས་སྦྱོར་ཞེས་གསུང་ངོ་། །མི་འཐད་དེ། སྔགས་ཀྱི་དབང་བསྐུར་བྱེད་པ་ན། །གྲངས་ངེས་མེད་པར་དབང་བསྐུར་བྱེད། །ཅེས་པའི་སྐབས་ཀྱི་དབང་བསྐུར་ཡིན། སློབ་མ་ལ་དབང་བསྐུར་དུས་ཀྱི་དབང་བསྐུར་ཡིན་པའི་གཞི་མཐུན་པ་མེད་པར་ཐལ། སྤྱོད་པའི་རྒྱུད་ཀྱི་དབང་བསྐུར་ལ། །སློབ་མ་གྲངས་ངེས་མེད་པར་གསུངས། །ཞེས་པའི་སྐབས་ཀྱི་དངོས་བསྟན་གྱི་དབང་བསྐུར་དང་། སློབ་མ་ལ་དབང་བསྐུར་དུས་ཀྱི་དབང་བསྐུར་གྱི་གཞི་མཐུན་མེད་པའི་ཕྱིར་ཏེ། དབང་བསྐུར་དུས་ཀྱི་སློབ་མ་ཡང་ཡིན། དེའི་དངོས་བསྟན་གྱི་སློབ་མ་ཡང་ཡིན་པའི་གཞི་མཐུན་མེད་པའི་ཕྱིར་ཏེ། དེའི་དངོས་བསྟན་གྱི་སློབ་མ་དེ་སློབ་མ་རྗེས་འཛིན་ཁོ་ནའི་དབང་དུ་བྱས་པའི་སློབ་མ་ཡིན་པའི་ཕྱིར། རྟགས་ཁས། ཡང་ཁ་ཅིག །ཉིས་མེད་ཕྱུན་ཚོགས་ཀྱི་དབང་དུ་བྱས་ན་སློབ་མ་གྲངས་གཉིས་དང་བཞི་ལ་སོགས་པ་ཁ་འབྱམ་པ་དང་། ཉི་ཤུ་རྩ་ལྔ་ལས་ལྷག་པ་ལ་མི་རུང་བ་ཡིན་ལ། སྐྱེ་ལ་ཉིས་བྱས་ཀྱི་དབང་དུ་བྱས་ན་རུང་བ་ཡོད་དེ། དེ་འདྲ་བའི་སློབ་མ་ལ་དབང་བསྐུར་བ་ལ་བརྟེན་ནས་དབང་དོན་གོ་བ་ཡོད་པའི་ཕྱིར། དེས་ན་གཞུང་འདིའི་དངོས་བསྟན་དང་། གསང་བ་སྤྱི་རྒྱུད་ཀྱི་དོན་ནི། ཉིས་མེད་ཕྱུན་ཚོགས་ཀྱི་དབང་དུ་བྱས་པ་ཡིན་ཞེས་ཟེར་རོ། །མི་འཐད་དེ། ལས་གྲལ་གཅིག་ཏུ་བསྒྲུབ་བྱ་ལ་བསྙེན་རྫོགས་ཀྱི་སྡོམ་པ་སྐྱེ་བ་ཡོད་པར་ཐལ། དཀྱིལ་འཁོར་གཅིག་ཏུ་ཉི་ཤུ་རྩ་ལྔ་ལས་ལྷག་པ་ལ་དབང་བསྐུར་བས་སྔགས་སྡོམ་སྐྱེ་བ་ཡོད་པའི་ཕྱིར། རྟགས་ཁས། འདོད་མི་ནུས་ཏེ། འདུལ་བ་ལས། ཚོགས་ཀྱིས་ཚོགས་ལ་ལས་མི་བྱ། །ཞེས་གསུངས་པའི་ཕྱིར། ཡང་ཉིས་མེད་ཕྱུན་ཚོགས་ཀྱི་དབང་དུ་བྱས་ན་ཡང་དེ་འདྲ་བའི་གང་ཟག་དབང་བསྐུར་དུ་རུང་བར་ཐལ། དེ་ལ་དབང་བསྐུར་བས་དབང་དོན་གོ་བ་ཡོད་པའི་ཕྱིར། འཁོར་གསུམ།

གཉིས་པ་རང་ལུགས་ནི་སྤྱོད་རྒྱུད་ཀྱི་དབང་བསྐུར་བའི་ཚེ་སློབ་མ་ལ་གྲངས་ངེས་མེད་དེ། རྣམ་སྣང་མངོན་བྱང་དུ། གཅིག་གཉིས་བཞི་ལས་ལྷག་ཀྱང་རུང་། །དཔྱད་མི་དགོས་པར་བཟུང་བར་བྱ། །ཞེས་གསུངས་པའི་ཕྱིར་དང་། ཡང་དེ་ཉིད་དུ། བྱང་ཆུབ་ཀྱི་སེམས་ཀྱི་རྒྱུར་འགྱུར་བར་བྱ་བའི་ཕྱིར་སེམས་ཅན་ཚད་མེད་པ་ཡོངས་སུ་བཟུང་བར་བྱའོ། །ཞེས་དང་། གཞུང་འདིར་ཡང་། སྤྱོད་པའི་རྒྱུད་ཀྱི་དབང་བསྐུར་ལ། །སློབ་མ་

གྲངས་ངེས་མེད་པར་གསུངས། །ཞེས་གསུངས་པའི་ཕྱིར། རྒྱུད་སྡེ་ལྷག་མ་གསུམ་གྱི་སློབ་མ་ལ་གྲངས་ངེས་ཡོད་དེ། གཞུང་འདིར། ལྷག་མ་དམིགས་བསལ་མཛད་པ་ཡི། །སློབ་མ་ལ་ནི་གྲངས་ངེས་ཡོད། །ཅེས་དང་། སྤྱི་རྒྱུད་དུ། མཁས་པས་སློབ་མ་གཅིག་གམ་གསུམ། །ལྔ་འམ་ཡང་ན་བདུན་དག་གམ། །ཉི་ཤུ་རྩ་ནི་ལྔ་ཡི་བར། །ཟུང་དུ་མ་གྱུར་སློབ་མ་ཟུང་། །དེ་བས་ལྷག་པའི་སློབ་མ་ནི། །ཡོངས་སུ་བཟུང་བར་མི་ཤེས་སོ། །ཞེས་སོགས་གསུངས་པའི་ཕྱིར་རོ། །

གསུམ་པ་རྩོད་པ་སྤོང་བ་ནི། ཁ་ཅིག །བླ་མེད་ཀྱི་སྐབས་སུ་སློབ་མ་བཞི་དང་གཉིས་ལ་དབང་བསྐུར་བ་ཡོད་པར་ཐལ། སྤྱི་རྒྱུད་དུ། གཉིས་སམ་གསུམ་མམ་བཞི་ཡང་རུང་། །བླ་མས་དབང་བསྐུར་བྱ་བ་ནི། །ཡོ་བྱད་གསར་པ་གཞན་རྣམས་ཀྱིས། །ཐམས་ཅད་སོ་སོ་སོ་སོར་བྱ། །ཞེས་གསུངས་པའི་ཕྱིར་ཞེ་ན། མི་འཐད་དེ། བླ་མེད་ཀྱི་སྐབས་སུ་སློབ་མ་བཞི་དང་གཉིས་ལ་སོགས་པ་ཟུང་དུ་མ་གྱུར་པ་ལ་དབང་བསྐུར་དུ་མི་རུང་བར་ཐལ། སྤྱི་རྒྱུད་དུ། བླ་མས་སློབ་མ་གཅིག་པུ་ནི། །དཀྱིལ་འཁོར་དག་ཏུ་དབང་བསྐུར་བྱ། །མཁས་པས་གཅིག་ཆར་སློབ་མ་གཉིས། །དབང་བསྐུར་བ་ནི་ཡོངས་མི་བྱ། །ཞེས་གསུངས་པའི་ཕྱིར། འཁོར་གསུམ། གཞན་ཡང་། ཡོ་བྱད་གསར་པ་གཞན་རྣམས་ཀྱིས། །ཐམས་ཅད་སོ་སོ་སོ་སོར་བྱ། །ཞེས་གསུངས་པ་མི་འཐད་པར་ཐལ། བླ་མེད་ཀྱི་སྒྲུབ་པའི་དཀྱིལ་འཁོར་དུ་དབང་བསྐུར་བའི་ཚེ་གཉིས་དང་བཞི་ལ་སོགས་པ་ཟུང་དུ་གྱུར་པ་ལ་ཅིག་ཆར་དུ་དབང་བསྐུར་དུ་རུང་བའི་ཕྱིར། དེས་ན་ལུང་དེའི་དོན་ནི། སྐུ་གོན་དང་འཇུག་པ་དང་། ཆུ་དང་ཅོད་པན་གྱི་དབང་རྣམས་གཅིག་ནས་ཉི་ཤུ་རྩ་ལྔའི་བར་ཟུང་དུ་མ་གྱུར་པ་ལ་ཅིག་ཆར་བྱས་ནས་སྒྲུབ་པའི་དཀྱིལ་འཁོར་གྱི་དབང་བསྐུར་བར་བྱ་བའི་ཚེ། སློབ་མ་གཅིག་ཁོ་ན་ལ་བྱ་བ་ཡིན་གྱི། གཉིས་དང་གསུམ་དང་བཞི་ལ་སོགས་པ་ལ་ཅིག་ཆར་མི་རུང་བར་རྒྱུད་དེར་གསལ་བར་གསུངས་ལ། གལ་ཏེ་དུ་མ་ལ་བྱ་དགོས་ན། ཡོ་བྱད་གསར་པ་བྱས་ནས་དེ་དེ་བཞིན་དུ་སོ་སོར་བྱ་བར་དགོས་སུ་གསུངས་པ་ཡིན་ཏེ། ཡོ་བྱད་གསར་པ་གཞན་རྣམས་ཀྱིས། །ཐམས་ཅད་སོ་སོ་སོ་སོར་བྱ། །རིགས་ལྔའི་དབང་ནི་ཐོབ་པ་ལ། བསྒྲུབ་པའི་དཀྱིལ་འཁོར་དབང་བསྐུར་བྱ། །དབང་བསྐུར་བ་ཡི་ཆོག་དང་། །བསྒྲུབ་པའི་ཆོ་གའང་དེ་བཞིན་བྱ། །ཞེས་གསུངས་པའི་ཕྱིར། ཡང་ཁ་ཅིག །བླ་མེད་སོགས་ཀྱི་སྐབས་སུ་གཅིག་ནས་ཉི་ཤུ་རྩ་ལྔའི་བར་ཟུང་དུ་མ་གྱུར་པ་ཁོ་ན་ལ་ཅིག་ཆར་དབང་བསྐུར་བ་མི་འཐད་པར་ཐལ། གཉིས་དང་བཞི་ལ་སོགས་པ་ཟུང་དུ་གྱུར་པ་ལ་ཡང་ཅིག་ཆར་དབང་བསྐུར་དུ་རུང་བའི་ཕྱིར། དེ་ཡང་དབང་བསྐུར་དུ་རུང་བའི་ཕྱིར་ཞེ་ན། འོན་དེང་སང་གི་དུས་སུ་ལམ་འབྲས་པ་དག་གིས་སློབ་མ་བརྒྱ་དང་སྟོང་ལ་སོགས་པ་ལ་ཡང་ཅིག་ཆར་དབང་བསྐུར་དུ་རུང་བར་ཐལ། དེ་ལ་དབང་བསྐུར་དུ་རུང་བའི་

ཕྱིར། ཁྱབ་པ་ཁས། མ་གྲུབ་ན་དེར་ཐལ། དེ་ལ་རྒྱུ་དུས་ཀྱི་དབང་བསྐུར་བར་མངོན་སུམ་གྱིས་མཐོང་བའི་ཕྱིར་ཏེ། རྒྱུ་དུས་ཀྱི་དབང་ཐོབ་པའི་སློབ་མ་བརྒྱ་སྟོང་ལ་སོགས་པ་ཡོད་པའི་ཕྱིར་རོ། །ཡང་ཁ་ཅིག །སྤྱོད་རྒྱུད་ཀྱི་དབང་གི་སློབ་མ་ལ་གྲངས་ངེས་ཡོད་པར་ཐལ། རྣམ་སྣང་མངོན་བྱང་དུ། བཅུའམ་བརྒྱད་དམ་བདུན་ནམ་ལྔ། །གཅིག་གཉིས་བཞི་ལས་ལྷག་ཀྱང་རུང་། །དཔྱད་མི་དགོས་པར་ཤེས་པར་བྱ། །ཞེས་གསུངས་པའི་ཕྱིར། ཞེས་ཟེར་བ་མི་འཐད་དེ། དཔྱད་མི་དགོས་པར་བཟུང་བར་བྱ། །ཅེས་གསུངས་པ་མི་འཐད་པར་ཐལ། དེ་ལ་གཅིག་ནས་བཅུའི་བར་གྱི་གྲངས་ངེས་བྱེད་ཀྱིན་འདུག་པའི་ཕྱིར། ཡང་དེ་ལ་བཅུ་ལས་ལྷག་པ་ལ་དབང་བསྐུར་དུ་མི་རུང་བར་ཐལ། རྟགས་དེའི་ཕྱིར། འདོད་མི་ནུས་ཏེ། དཔྱད་མི་དགོས་པར་བཟུང་བར་བྱ། །ཞེས་གསུངས་པའི་ཕྱིར། སློབ་མའི་གྲངས་ངེས་ཀྱི་དོགས་དཔྱོད་འདི་དག་ཀྱང་། ད་ལྟར་གྱི་སོ་སོའི་སྐྱེ་བོའི་རྡོ་རྗེ་སློབ་དཔོན་གྱིས་དབང་བསྐུར་བའི་དབང་དུ་བྱས་པ་ཡིན་གྱི། སྟོན་གྱི་ཚོགས་སོགས་ཀྱིས་ཚད་བཟུང་བར་མི་བྱའོ། །

དེང་སང་གང་ཟག་རབ་འབྲིང་ཀུན། །རྡུལ་ཚོན་གྱི་ནི་དཀྱིལ་འཁོར་དུ། །དབང་བསྐུར་བྱ་བར་གསུངས་མོད་ཀྱི། གཞན་གྱི་སྨིན་བྱེད་རྒྱུད་ལས་བཀག །ཅེས་པའི་སྐབས་སུ། གང་དུ་དབང་བསྐུར་བའི་དཀྱིལ་འཁོར་ལ་དོགས་པ་དཔྱད་པ་ལ། དགག་བཞག་སྤོང་གསུམ་ལས། དང་པོ་ནི། ཁ་ཅིག །རྡུལ་ཚོན་གྱི་དཀྱིལ་འཁོར་ཁོ་ནར་སྨིན་བྱེད་ཀྱི་དབང་བསྐུར་བར་བྱ་བ་ཡིན་གྱི། རས་བྲིས་ཀྱི་དཀྱིལ་འཁོར་སོགས་སུ་སྨིན་བྱེད་ཀྱི་དབང་བསྐུར་དུ་མི་རུང་སྟེ། འདི་འང་། གཞན་གྱི་སྨིན་བྱེད་རྒྱུད་ལས་དགག །ཅེས་དང་། ཕྱོགས་བཅུའི་འཕྲིན་ཞུ་ལས། ཁ་ཅིག་ཕག་མོའི་བྱིན་རླབས་དང་། །ཏིང་ངེ་འཛིན་གྱི་དབང་བསྐུར་དང་། །གཏོར་མའི་དབང་བསྐུར་ལ་སོགས་པ། །རྫུན་མས་སྦྱར་བའི་ཚིག་ལ། །གླེན་པོ་འཇུག་པ་སྨོས་ཅི་དགོས། །སྡེ་སྣོད་འཛིན་པར་རློམ་པ་ཡིས། །སྙིང་མེད་རྣམས་ཀྱང་དེ་འབད་པར། །གལ་ཏེ་འདི་འདྲ་ཆོས་ཡིན་ན། །དེ་ལས་གཞན་མིན་གང་ཞིག་ལགས། །ཞེས་གསུངས་པའི་ཕྱིར་དང་། དམ་པ་དང་པོའི་སངས་རྒྱས་ལས། །དབང་བསྐུར་བདུན་པོ་འདི་དག་ནི། །དཀྱིལ་འཁོར་བཞེངས་ལ་སྨིན་པར་བྱ། །ཞེས་གསུངས་པའི་ཕྱིར་ཞེས་ཟེར་བ་མི་འཐད་དེ། ཡེ་ཤེས་ཀྱི་དཀྱིལ་འཁོར་དུ་སྨིན་བྱེད་ཀྱི་དབང་བསྐུར་དུ་རུང་བར་ཐལ། སངས་རྒྱས་རྡོ་རྗེ་འཆང་གིས་རྒྱུད་གསུང་བའི་ཚེ་ཡེ་ཤེས་ཀྱི་དཀྱིལ་འཁོར་དུ་སྨིན་བྱེད་ཀྱི་དབང་བསྐུར་བར་གསུངས་པའི་ཕྱིར། སྤྲུལ་བའི་དཀྱིལ་འཁོར་དུ་སྨིན་བྱེད་ཀྱི་དབང་བསྐུར་དུ་རུང་བར་ཐལ། བདག་མེད་མས་སློབ་དཔོན་དཔལ་ལྡན་ཆོས་སྐྱོང་ལ་སྤྲུལ་པའི་དཀྱིལ་འཁོར་དུ་སྨིན་བྱེད་ཀྱི་དབང་བསྐུར་བའི་ཕྱིར། ཏིང་ངེ་འཛིན་གྱི་དཀྱིལ་འཁོར་དུ་དབང་བསྐུར་དུ་རུང་བར་ཐལ། སློབ་དཔོན་དཔའ་བོ་རྡོ་རྗེས་འབྲོག་མི་ལོ་ཙྪ་བ་ལ་ཏིང་ངེ་འཛིན་གྱི་དཀྱིལ་འཁོར་དུ་སྨིན་བྱེད་ཀྱི་དབང་བསྐུར་བའི་

ཕྱིར། ལུས་ཀྱི་དཀྱིལ་འཁོར་དུ་དབང་བསྐུར་དུ་རུང་བར་ཐལ། སློབ་དཔོན་རྡོ་རྗེ་དྲིལ་བུ་པས་ལུས་དཀྱིལ་དུ་སྨིན་བྱེད་ཀྱི་དབང་བསྐུར་བའི་ཕྱིར། རས་བྲིས་ཀྱི་དཀྱིལ་འཁོར་དུ་དབང་བསྐུར་དུ་རུང་བར་ཐལ། སློབ་ཛ་ཡ་སེ་ནས།རྡུལ་ཚོན་བྲི་བར་མ་ནུས་ན། །དཀྱིལ་འཁོར་དང་མཉམ་རས་ལ་ནི། །ངེས་པར་བཅོམ་ལྡན་ཧེ་རུ་ཀ །ཕྱག་རྒྱའི་ཚོགས་དང་བཅས་པ་བྲིས། །ཞེས་དང་། སློབ་དཔོན་རྡོ་རྗེ་དྲིལ་བུ་པས། རི་མོ་གནས་པའི་ལས་དང་ནི༑ ༑ཐིག་ལ་ཚོན་གྱི་རིམ་པ་བསྟན། །འགྲོ་བ་འདི་དག་རང་བཞིན་གྱིས། །གྲུབ་པའི་དཀྱིལ་འཁོར་གཉིས་མེད་པའོ། །ཞེས་དང་། རྗེ་བཙུན་རྩེ་མོའི་དབང་ཆུར། རས་བྲིས་ལ་བརྟེན་པའི་ལུགས་འདི་ནི་བདེ་མཆོག་ཨ་བྷི་དྷ་ན་ལ་བརྟེན་ནས། སློབ་དཔོན་རྡོ་རྗེ་དྲིལ་བུ་པ་དང་། སློབ་དཔོན་དགའ་རབ་རྡོ་རྗེ་ལ་སོགས་པས་གསུངས་ལ། དེང་སང་རྒྱ་གར་ན་ཡང་ཚོག་ཕལ་ཆེར་འདི་ལ་བྱེད་ལ། བླ་མ་གོང་མ་རྣམས་ཀྱང་སྐབས་སུ་ཕྱག་ལེན་འདི་ལ་མཛད་པས་ལུགས་འདི་ནི་ཧ་ཅང་མི་ལེགས་པ་མིན་ནོ། །ཞེས་དང་། རྗེ་བཙུན་གྲགས་པ་རྒྱལ་མཚན་གྱིས། གཞན་ཕན་སྙིང་ཐིགས་སུ། སྡོང་རྒྱུད་ལས་གསུངས་པའི་དཀྱིལ་འཁོར་བཅུ་གཉིས་ལ་རྡུལ་ཚོན་གྱི་དཀྱིལ་འཁོར་བཅུ་གཉིས། རས་བྲིས་ཀྱི་དཀྱིལ་འཁོར་བཅུ་གཉིས་གསུངས་པའི་ཕྱིར་དང་། ཡང་ཁ་ཅིག །དེང་སང་རས་བྲིས་ཀྱི་དཀྱིལ་འཁོར་དུ་སྨིན་བྱེད་ཀྱི་དབང་བསྐུར་བ་ཡོད་ཀྱང་། གཞན་གྱི་སྨིན་བྱེད་རྒྱུད་ལས་བཀག་ཅེས་པས་མི་གནོད་དེ། རས་བྲིས་ཀྱི་དཀྱིལ་འཁོར་དེ་རྡུལ་ཚོན་གྱི་དཀྱིལ་འཁོར་ཡིན་པའི་ཕྱིར། ཞེས་ཟེར་ན། མི་འཐད་དེ། དཀྱིལ་འཁོར་ཡིན་ན་རྡུལ་ཚོན་གྱི་དཀྱིལ་འཁོར་ཡིན་དགོས་པར་ཐལ། རས་བྲིས་ཀྱི་དཀྱིལ་འཁོར་དེ་རྡུལ་ཚོན་གྱི་དཀྱིལ་འཁོར་ཡིན་པའི་ཕྱིར་རོ། །ཁ་ཅིག །གཞན་གྱི་སྨིན་བྱེད་རྒྱུད་ལས་བཀག་ཅེས་པའི་དོན། རྡུལ་ཚོན་དང་རས་བྲིས་གང་རུང་ལས་གཞན་པའི་སྨིན་བྱེད་རྒྱུད་ལས་བཀག་ཅེས་པའི་དོན་ཡིན་ཞེས་ཟེར་བ་དང་། ཁ་ཅིག་གིས། རས་བྲིས་ལ་རྡུལ་ཚོན་གྱི་དཀྱིལ་འཁོར་ཞེས་མིང་གི་བཏགས་ནས་དཀྱིལ་འཁོར་དེ་གཉིས་གང་རུང་མ་ཡིན་པར་སྨིན་བྱེད་ཀྱི་དབང་བསྐུར་དུ་མི་རུང་བའི་ཕྱིར། ཞེས་ཟེར་བ་མི་འཐད་དེ། རས་བྲིས་ཀྱི་དཀྱིལ་འཁོར་དེ་རྡུལ་ཚོན་གྱི་དཀྱིལ་འཁོར་ཡིན་པར་ཐལ་བ་དང་། རྡུལ་ཚོན་རས་བྲིས་དཀྱིལ་འཁོར་དུ༑ ༑དབང་བསྐུར་བྱ་བ་གསུང་མོད་ཀྱི། །ཞེས་འབྱུང་རིགས་པར་ཐལ་གསུངས་པའི་ཕྱིར། ཡང་མཁས་པ་ཁ་ཅིག །རྡུལ་ཚོན་གྱི་དཀྱིལ་འཁོར་དུ། དབང་བསྐུར་བྱ་བར་གསུངས་མོད་ཀྱི། །སྤྲུལ་པའི་དཀྱིལ་འཁོར་ལ་སོགས་པ། །གཞན་གྱི་སྨིན་བྱེད་རྒྱུད་ལས་བཀག །ཅེས་སྟོན་ན་ སྔ་མའི་འཕྲོས་དང་འགྲིག་པར་འགྱུར་རོ། ། མདོར་ན། ལུས་དཀྱིལ་དང་། རས་བྲིས་དང་། གཞལ་མེད་ཁང་པར་དབང་བསྐུར་བ་དང་། ཆོམ་བུའི་དཀྱིལ་འཁོར་དུ་དབང་བསྐུར་བ་རྣམས་ནི་དམིགས་བསལ་གྱི་བཤད་པ་ཡིན་པའི་ཕྱིར་རོ། །སྤྱིར་བཏང་དུ་སློབ་མ

སྨིན་བྱེད་ཀྱི་དབང་ནི་རྡུལ་ཚོན་གྱི་དཀྱིལ་འཁོར་ཉིད་དུ་བསྐུར་དགོས་པ་ཡིན་ཏེ། རྒྱུད་སྡེ་ཀུན་ལས་དེ་ལྟར་གསུངས་པའི་ཕྱིར་དང་། ཇི་སྐད་དུ་འདུལ་བ་ལས། ཚོགས་ཅན་པོ་དག་ཡོད་ན་བག་ཡངས་སུ་བྱ་བ་ལ་བརྟེན་པར་མི་བྱའོ། །ཞེས་བཤད་པ་དང་ཆ་མཐུན་པར་སྤྱིར་བཏང་བསླབ་པའི་ནུས་པ་ཡོད་བཞིན་དུ་དམིགས་བསལ་རྟེན་པར་མི་རིགས་པའི་ཕྱིར་དང་། སོ་སོའི་སྐྱེ་བོའི་རྡོ་རྗེ་སློབ་དཔོན་སློབ་མའི་སེམས་རྒྱུད་རྟོགས་པ་རྣམས་ཀྱིས། སྐལ་དམན་རིམ་འཇུག་པའི་ཚུལ་ལ་བརྟེན་དགོས་པའི་ཕྱིར། ཞེས་གསུང་ངོ་། །མི་འཐད་དེ། ལུས་དཀྱིལ་དང་གཞལ་མེད་ཁང་སོགས་སུ་སྨིན་བྱེད་ཀྱི་དབང་བསྐུར་དུ་རུང་བར་གསུངས་པ་དེ་དམིགས་བསལ་གྱི་བཤད་པ་ཡིན་པར་ཐལ། དེང་སང་གི་དུས་སུ་ཡང་སློབ་དཔོན་རྣམ་པར་མཁས་པས་ལུས་དཀྱིལ་སོགས་སུ་དབང་བསྐུར་དུ་རུང་ཞིང་། སྔོན་གྱི་དུས་སུ་ལུས་དཀྱིལ་འཁོར་སོགས་སུ་དབང་བསྐུར་བ་དེ་ལ་དམིགས་བསལ་མི་དགོས་པའི་ཕྱིར་རོ། །ཡང་ཁ་ཅིག །གཞུང་དེའི་དོན། གང་ཟག་དབང་བརྟུལ་རས་བྲིས་ཀྱི་དཀྱིལ་འཁོར་དུ་སྨིན་བྱེད་ཀྱི་དབང་བསྐུར་དུ་རུང་ཞིང་། རབ་དང་འབྲིང་ལ་བསྐུར་དུ་མི་རུང་ཞེས་པའི་དོན་ཡིན་ཏེ། དེང་སང་གང་ཟག་རབ་འབྲིང་ཀུན། །ཞེས་གསུངས་པའི་ཕྱིར། ཞེས་ཟེར་བ་མི་འཐད་དེ། གང་ཟག་དབང་བརྟུལ་ལ་རྡུལ་ཚོན་གྱི་དཀྱིལ་འཁོར་དུ་སྨིན་བྱེད་ཀྱི་དབང་བསྐུར་དུ་མི་རུང་བར་ཐལ། གཞུང་འདིས་དེ་ལ་རྡུལ་ཚོན་གྱི་དཀྱིལ་འཁོར་དུ་དབང་བསྐུར་དུ་མི་རུང་བར་བསྟན་པའི་ཕྱིར་ཏེ། གཞུང་དེས་གང་ཟག་རབ་འབྲིང་གཉིས་ཁོ་ན་ལ་རྡུལ་ཚོན་གྱི་དཀྱིལ་འཁོར་དུ་དབང་བསྐུར་དུ་རུང་བར་བསྟན་པའི་ཕྱིར། རྟགས་ཁས། ཡང་དབང་པོ་རབ་འབྲིང་གཉིས་ལ་རས་བྲིས་ཀྱི་དཀྱིལ་འཁོར་དུ་དབང་བསྐུར་དུ་མི་རུང་བར་ཐལ། དབང་བརྟུལ་ལ་རྡུལ་ཚོན་གྱི་དཀྱིལ་འཁོར་དུ་དབང་བསྐུར་དུ་མི་རུང་བའི་ཕྱིར་དང་། ཁྱེད་རང་གི་དམ་བཅའ་སྨྲ་མ་དེའི་ཕྱིར། ཡང་ཁ་ཅིག །རྡུལ་ཚོན་གྱི་དཀྱིལ་འཁོར་བྲི་མ་ནུས་ན་རས་བྲིས་སོགས་སུ་སྨིན་བྱེད་ཀྱི་དབང་བསྐུར་དུ་རུང་སྟེ། རྡུལ་ཚོན་བྲི་བར་མ་ནུས་ན། །ཞེས་སོགས་གསུངས་པའི་ཕྱིར། ཞེས་ཟེར་ན་ཡང་ངོ་། །

གཉིས་པ་རང་ལུགས་ནི། འདི་ལ་རྒྱ་གར་ན་དུས་ཀྱི་འཁོར་ལོའི་རྗེས་སུ་འབྲངས་ནས། ནཱ་རོ་པས་དབང་མདོར་བསྟན་གྱི་འགྲེལ་པར། དབང་བདུན་པོ་འདི་དག་ནི་རྡུལ་ཚོན་གྱི་དཀྱིལ་འཁོར་སྤངས་ནས། གཞན་རས་བྲིས་ལ་སོགས་པར་བསྐུར་བར་བྱ་བ་མིན་ཏེ། ཞེས་རྡུལ་ཚོན་ཁོ་ན་དགོས་པར་བཞེད་པ་དང་། ཀྱེ་རྡོ་རྗེའི་རྒྱུད་ཀྱི་རྗེས་སུ་འབྲངས་ནས། རྣལ་འབྱོར་དབང་ཕྱུག་གིས་ཐོག་མར་རྒྱུད་སྨིན་པར་བྱེད་པ་ལ་དབང་གི་མངོན་པར་རྟོགས་པ་བདུན་ལྡན་དགོས་པས་རྡུལ་ཚོན་ཁོ་ན་དགོས་པར་བཞེད་པ་ནི་སྒྲོལ་ཆེན་པོ་ཞིག་ཏུ་སྣང་ངོ་། །ཡང་ཨ་བྷི་དྷ་ན་ལས། དཀྱིལ་འཁོར་དྲུག་གསུངས་པའི་ནང་ནས་རས་བྲིས་ཀྱི་དཀྱིལ་འཁོར་ཞིག་ཏུ

གསུངས་པའི་རྗེས་སུ་འབྲངས་ནས། སློབ་དཔོན་དགའ་རབ་རྡོ་རྗེ་དང་། རྡོ་རྗེ་དྲིལ་བུ་པས། སྨིན་བྱེད་ལ་རས་བྲིས་རུང་བར་གསུངས་ཤིང་། དེ་བཞིན་དུ་མཁས་གྲུབ་ཀླུ་བྱང་གིས། སློབ་མའི་དོན་ཀུན་འགྲུབ་པའི་ཕྱིར། །འཁོར་ལོ་རྣམ་བརྒྱད་བྲི་བར་བྱ། །ཞེས་དཀྱིལ་འཁོར་བརྒྱད་གསུངས་པའི་ནང་དུ་ཡང་རས་བྲིས་ཀྱི་དཀྱིལ་འཁོར་གསུངས་པ་སོགས་ནི་སྤྲོས་ཆེན་པོ་ཞིག་ཏུ་སྣང་ངོ་། །དེ་ལ་བསྟན་བཅོས་འདིར། ལམ་གྱི་རིམ་པ་ཐམས་ཅད་པི་ཊ་པའི་དགོངས་པ་གཞིར་བཞག་ནས་རྡུལ་ཚོན་དགོས་པར་གསུངས་ལ། བདེ་མཆོག་སྐབས་སུ་རྗེ་ས་ཆེན་གྱིས། ནག་པོ་དཀྱིལ་ཆོག་རས་བྲིས་ལ་བརྟེན་ནས་མཛད་པ་ལཱུ་ཧི་པ་རས་བྲིས་ཀྱང་བཞེད་པས། འཁོར་ལོ་བདེ་མཆོག་རས་བྲིས་ཀྱི་དཀྱིལ་འཁོར་ཏུ་དབང་བསྐུར་ནས་ཕག་མོའི་བྱིན་རླབས་མཛད་པ་ཡང་དགོངས་པ་དེ་བཞིན་དུ་ཤེས་པར་བྱའོ། །དེས་ན་གཞུང་འདིའི་དོན་ནི། དམ་པ་དང་པོ་སོགས་ལས་གསུངས་པ་ལྟར་དབང་གི་མངོན་པར་རྟོགས་པ་བདུན་ལྡན་གྱི་སྒོ་ནས་དེང་སང་གི་དུས་སུ་གང་ཟག་དབང་པོ་རབ་འབྲིང་ཐ་མ་ཀུན་གྱིས་སྨིན་པར་བྱེད་པ་ལ་རྡུལ་ཚོན་གྱི་དཀྱིལ་འཁོར་དུ་དབང་བསྐུར་བར་གསུངས་པ་ཡིན་གྱི། གཞན་རས་བྲིས་ལ་སོགས་པར་སྨིན་པར་བྱེད་པ་རྒྱུད་ལས་བཀག་ཅེས་པའི་དོན་ཡིན་གྱི། རས་བྲིས་ཀྱི་དཀྱིལ་འཁོར་དུ་སྨིན་བྱེད་ཀྱི་དབང་བསྐུར་དུ་མི་རུང་བ་ནི་མིན་ནོ། །མངོན་པར་རྟོགས་པ་བདུན་ནི། ལྡོན་ཤིང་ལས། གཉིས་པ་དེ་ནས་དབང་བསྐུར་བར་འདོད་པས། མངོན་པར་རྟོགས་པ་བདུན་ཏེ། བསྙེན་པ་དང་། སའི་ཆོ་ག་དང་། སྟ་གོན་དང་། བྲིས་ཤིང་རྒྱན་དགྲམ་པ་དང་། སྒྲུབ་པའི་མཆོད་པ་དང་། འཇུག་ཅིང་དབང་བསྐུར་བ་དང་། འཇུག་གི་ཚོགའོ། །ཞེས་གསུངས་སོ། །མདོར་ན། ཀུན་མཁྱེན་མཁས་པའི་དབང་པོའི་དབང་ཆུར། རྡུལ་ཚོན་གྱི་དཀྱིལ་འཁོར་དང་། རས་བྲིས་ཀྱི་དཀྱིལ་འཁོར་དང་། ཡིད་ཀྱི་དཀྱིལ་འཁོར་དང་། ལུས་ཀྱི་དཀྱིལ་འཁོར་ཏེ། རྒྱུད་སྨིན་བྱེད་དུ་རུང་བའི་དཀྱིལ་འཁོར་ནི་བཞི་པ་འདི་ཁོ་ན་ཡིན་པར་ཤེས་པར་བྱའོ། །ཞེས་གསུངས་པ་དང་། སྡོམ་གསུམ་འགྲེལ་སྤྱོད་དུ། རྡུལ་ཚོན་གྱི་དཀྱིལ་འཁོར་དང་། རས་བྲིས་ཀྱི་དཀྱིལ་འཁོར་དུ་དེང་སང་སྨིན་བྱེད་ཀྱི་དབང་བསྐུར་དུ་རུང་བར་གསུངས་པ་འདི་གཉིས་ཀ་ཁས་བླངས་པར་བྱ་བ་ཡིན་ནོ། །གསུང་རབ་དགོངས་གསལ་ལས། བསྟན་བཅོས་འདིའི་དངོས་བསྟན་ཙམ་ལས་མ་གསུངས་ཤིང་། སྤྱི་དོན་དུ་རྗེ་བཙུན་གོང་མ་རྣམས་ཀྱི་བཞེད་པ་ལ་རས་བྲིས་སུ་ཡང་རུང་བར་བཞེད་ཅིང་། རྗེ་བཙུན་དཀོན་མཆོག་རྒྱལ་མཚན་གྱིས་བཞེད་པ་ལ། སྔར་རྒྱུད་མ་སྨིན་པ་སྨིན་པར་བྱེད་པ་ལ་རྡུལ་ཚོན་གྱི་དཀྱིལ་འཁོར་དགོས་པ་དང་། དཀྱིལ་འཁོར་གཅིག་ཏུ་སྨིན་བྱེད་ཀྱི་དབང་ཐོབ་ནས་དཀྱིལ་འཁོར་གཞན་དུ་དབང་བསྐུར་བ་ལ་རས་བྲིས་ལ་བརྟེན་ནས་ཀྱང་རུང་བར་བཞེད་དོ། །ཞེས་གསུངས་སོ། །

གསུམ་པ་རྩོད་པ་སྤོང་བ་ནི། ཁ་ཅིག །རས་བྲིས་ཀྱི་དཀྱིལ་འཁོར་དུ་དེང་སང་སྨིན་བྱེད་ཀྱི་དབང་བསྐུར་དུ་མི་རུང་བར་ཐལ། གཞན་གྱི་སྨིན་བྱེད་རྒྱུད་ལ་བཀག་ཅེས་པའི་གཞུང་འདིས་དེ་བཀག་པའི་ཕྱིར་ཏེ། གཞུང་དེས་དེང་སང་རྡུལ་ཚོན་གྱི་དཀྱིལ་འཁོར་ཁོ་ནར་སྨིན་བྱེད་ཀྱི་དབང་བསྐུར་བར་བསྟན་པའི་ཕྱིར་ཏེ། དེའི་གཞུང་དོན་གྲུབ་པའི་ཕྱིར། གཞན་ཡང་། དེང་སང་ལུས་ཀྱི་དཀྱིལ་འཁོར་དུ་སྨིན་བྱེད་ཀྱི་དབང་བསྐུར་དུ་མི་རུང་བར་ཐལ། དེང་སང་དྲིལ་བུ་ལུས་དཀྱིལ་དུ་སྨིན་བྱེད་ཀྱི་དབང་བསྐུར་དུ་མི་རུང་བའི་ཕྱིར་ཏེ། དེང་སང་དྲིལ་བུ་ལུས་དཀྱིལ་དུ་དབང་བསྐུར་བའི་སྔོན་དུ་རྡུལ་ཚོན་གྱི་དཀྱིལ་འཁོར་སོགས་སྔོན་དུ་འགྲོ་དགོས་པའི་ཕྱིར་ཏེ། བཅོས་མ་གཉིས་ཀྱི་ངོ་བོ་གང་། །དེ་ནི་གདུལ་བྱའི་དབང་ལས་འདོད། །མཁས་པའི་བསྒྲུབ་བྱ་དེ་མིན་ཏེ༑ ༑ཡང་དག་དོན་མཐོང་གྲོལ་ཕྱིར་རོ། །ཞེས་གསུངས་པའི་ཕྱིར། ཡང་དེང་སང་སྤྲུལ་པའི་དཀྱིལ་འཁོར་དུ་སྨིན་བྱེད་ཀྱི་དབང་བསྐུར་དུ་རུང་བར་ཐལ། སྤྲུལ་པའི་དཀྱིལ་འཁོར་དུ་སྨིན་བྱེད་ཀྱི་དབང་བསྐུར་དུ་རུང་བ་ཡོད་པའི་ཕྱིར། དེ་བཞིན་དུ་ཡེ་ཤེས་ཀྱི་དཀྱིལ་འཁོར་སོགས་ལ་ཡང་རིགས་འགྲེའོ། །ཞེས་ཟེར་རོ། །དང་པོ་མི་འཐད་དེ། རས་བྲིས་ཀྱི་དཀྱིལ་འཁོར་དུ་སྨིན་བྱེད་ཀྱི་དབང་བསྐུར་དུ་རུང་བར་ཐལ། རྡུལ་ཚོན་བྲི་བར་མ་ནུས་ན༑ ༑དཀྱིལ་འཁོར་དང་མཉམ་པའི་རས་ལ་ནི། །ཞེས་པའི་གཞུང་འདིས་དེ་བསྟན་པའི་ཕྱིར་ཏེ། དེའི་གཞུང་དོན་གྲུབ་པའི་ཕྱིར། ཡང་བསལ་པ་དེར་ཐལ། རྗེ་བཙུན་རྩེ་མོ་དང་གྲགས་པ་སོགས་ཀྱིས་རུང་བར་བཤད་པའི་ཕྱིར། གཉིས་པ་ཡང་མི་འཐད་དེ། དེང་སང་ལུས་དཀྱིལ་དུ་སྨིན་བྱེད་ཀྱི་དབང་བསྐུར་དུ་རུང་བར་ཐལ། དེང་སང་སློབ་མའི་སེམས་རྒྱུད་མངོན་དུ་རྟོགས་པའི་ རྡོ་རྗེའི་སློབ་དཔོན་མཁས་པས་ལུས་དཀྱིལ་དུ་སྨིན་བྱེད་ཀྱི་དབང་བསྐུར་དུ་རུང་བའི་ཕྱིར་ཏེ། མཁས་པའི་བསྒྲུབ་བྱ་དེ་མིན་ཏེ། །ཞེས་སོགས་གསུངས་པའི་ཕྱིར། གསུམ་པ་ཡང་མི་འཐད་དེ། དེང་སང་རབ་བྱུང་དང་ཚུར་ཤོག་སོགས་ཀྱིས་བསྙེན་རྫོགས་བྱེད་དུ་རུང་བར་ཐལ། རབ་བྱུང་སོགས་ཀྱིས་བསྙེན་རྫོགས་བྱེད་དུ་རུང་བའི་ཕྱིར་ཏེ། དེ་ཡོད་པའི་ཕྱིར། འཁོར་གསུམ། གཞན་ཡང་། སྤྲུལ་པ་ཡི་ནི་དཀྱིལ་འཁོར་དུ། །དབང་བསྐུར་མཛད་ཅེས་གསུངས་པ་ནི། །སྔོན་གྱི་ཆོ་ག་འཕགས་པའི་ཡིན། ཞེས་གསུངས་པ་མི་འཐད་པར་ཐལ། དེང་སང་སྤྲུལ་པའི་དཀྱིལ་འཁོར་དུ་སྨིན་བྱེད་ཀྱི་དབང་བསྐུར་དུ་རུང་བ་ཡོད་པའི་ཕྱིར་རོ། །ཁ་ཅིག །སློབ་དཔོན་བིརྺ་པའི་ལུགས་ལ་རྡུལ་ཚོན་ཁོ་ན་དགོས་ཤིང་། དྲིལ་བུ་པའི་ལུགས་ལ་ལུས་དཀྱིལ་དུ་ཡང་སྨིན་བྱེད་ཀྱི་དབང་བསྐུར་དུ་རུང་བ་ཡིན་ཞེས་ཟེར་བ་ནི། འབྲེལ་མེད་དེ། བིརྺ་པའི་ལུགས་ལ་ཡང་སློབ་མའི་དོན་དུ་ཤེས་པའི་མཁས་པས་ལུས་དཀྱིལ་དུ་དབང་བསྐུར་དུ་རུང་ཞིང་། དྲིལ་བུ་པའི་ལུགས་ལ་ཡང་དབང་གི་མངོན་པར་རྟོགས་པ་བདུན་དང་ལྡན་པ་ནི་རྡུལ་ཚོན་གྱི་དཀྱིལ་འཁོར་དུ་བསྐུར་དགོས་པའི་

ཕྱིར་རོ། །དེས་ན། དེང་སང་གང་ཟག་རབ་འབྲིང་ཀུན། །ཞེས་སོགས་གསུངས་པ་ནི། དེང་སང་གི་དུས་སུ་སོ་སོ་སྐྱེ་བོའི་རྡོ་རྗེ་སློབ་དཔོན་གྱིས་སློབ་མ་སྨིན་པའི་དབང་དུ་བྱས་པ་ཡིན་པས་སྟོན་གྱི་ཚོག་སོགས་ལ་འབྲུལ་བར་མི་བྱ་སྟེ། གནད་འདི་རྣམས་མ་བརྗེད་པ་གལ་ཆེའོ། །

གསུམ་པ་དབང་ལས་ཐོབ་པའི་དམ་ཚིག་ལ་འཁྲུལ་བ་དགག་པ་ལ་གཉིས་ཏེ། འདོད་པ་བརྗོད་པ་དང་། དེ་དགག་པའོ། །དང་པོ་ནི། སྨིན་པར་བྱེད་པའི་དབང་བསྐུར་ཡང་། །ཞེས་སོགས་ལས་འཕྲོས་ནས། དབང་གིས་མ་སྨིན་པའི་སེམས་ཅན་ལ་གསང་བ་སྒྲོགས་པ་ལ་ལྟུང་བ་འབྱུང་ངམ་མི་འབྱུང་ཞེ་ན། རྙིང་མ་པ་སོགས་ཁ་ཅིག །མི་འབྱུང་སྟེ། ཡེ་གསང་ཞེས་བྱ་བའི་ཐབས་ཀྱིས་ཆོད་པའི་ཕྱིར་ཏེ། གསང་སྔགས་ཡེ་ནས་གསང་བར་བྱ་བ་ཡིན་པའི་ཕྱིར། ཞེས་པ་ནི། ཁ་ཅིག་གསང་སྔགས་གསང་བ་ལ། །ཞེས་སོགས་ཀྱིས་བསྟན། གཉིས་པ་ནི། ཡེ་གསང་གི་དོན་གསང་སྔགས་ཀྱི་ཚིག་དོན་གོ་བ་མེད་པ་ལ་ཡེ་གསང་ཡིན་ན། གོ་བའི་གང་ཟག་ལ་གསང་སྒྲོགས་ཀྱི་ལྟུང་བ་འབྱུང་བར་འགྱུར་ཏེ། དེ་ལ་ཡེ་གསང་མིན་པའི་ཕྱིར། ། ཞེས་པ་ནི། འདི་ཡང་ཅུང་ཟད་བརྟག་པར་བྱ། །ཞེས་སོགས་ཀྱིས་བསྟན། གལ་ཏེ་གསང་སྒྲོགས་མི་འབྱུང་སྟེ། དམ་ཚོས་བདེན་པའི་བྱིན་རླབས་འདི་སུ་ཡིས་ཐོས་ཀྱང་ཕན་ཡོན་ཆེན་པོ་འབྱུང་བའི་ཕྱིར་ཞེས་པ་ནི། གལ་ཏེ་དམ་པའི་ཆོས་ཡིན་པས། །ཞེས་སོགས་ཀྱིས་བསྟན། གལ་ཏེ་དམ་ཆོས་བདེན་པ་རུ་གོ་ན་ཆོས་ནས་འབྱུང་བ་བཞིན་དུ་བྱ་དགོས་ཏེ། ཆོས་ལ་གསང་བ་དང་མི་གསང་བའི་ལུགས་གཉིས་རྒྱལ་བས་གསུངས་པའི་ཕྱིར་ཞེས་པ་ནི། གལ་ཏེ་དམ་ཆོས་བདེན་པ་རུ། །ཞེས་སོགས་ཀྱིས་བསྟན། དེས་ན་ཡེ་གསང་ཞེས་བྱ་བ་མི་འཐད་དེ། བསྟན་པ་ལ་གནོད་པའི་ཚིག་ཡིན་པའི་ཕྱིར་ཞེས་པ་ནི། དེས་ན་ཡེ་གསང་ཞེས་བྱ་བ། །འདི་ཡང་བསྟན་ལ་གནོད་ཚིག་ཡིན། །ཞེས་པས་བསྟན་ཏོ། །སྐལ་ལྡན་ཚོ་འདིར་སངས་རྒྱས་དོན་གཉེར་རྣམས། །སྨིན་བྱེད་དབང་བསྐུར་བླ་མ་ཚད་ལྡན་ལས། །རྒྱུད་ལས་ཇི་ལྟར་གསུངས་བཞིན་བླང་བྱ་སྟེ། །དམ་ཚིག་སྡོམ་པ་ཚུལ་བཞིན་སྲུངས་པར་མཛོད། །ཅེས་པ་བར་སྐབས་སོ། །

གཉིས་པ་གྲོལ་བྱེད་འཁྲུལ་པ་མེད་པའི་ལམ་རིམ་པ་གཉིས་ལ་གཉིས་ཏེ། གཞུང་གི་འགྲེལ་བ་སྤྱིར་བསྟན་པ་དང་། སོ་སོའི་དཀའ་གནས་བྱེ་བྲག་ཏུ་བཤད་པའོ། །དང་པོ་ལ་བཞི་སྟེ། ལམ་གྱི་གཙོ་བོ་མི་དགོས་པར་འདོད་པ་དགག་པ། ལམ་གྱི་གཙོ་བོ་ངོས་བཟུང་བ། སངས་རྒྱས་ཐོབ་པར་འདོད་པས་དེ་ལ་བསླབ་པར་གདམས་པ། དེ་དག་དང་མ་འབྲེལ་བའི་ཆོས་ལུགས་དགག་པའོ། །དང་པོ་ལ་གཉིས་ཏེ། འདོད་པ་བརྗོད་པ་དང་། དེ་དགག་པའོ། །དང་པོ་ནི། ཕྱག་རྒྱ་བ་སོགས་ཁ་ཅིག །སངས་རྒྱས་སྒྲུབ་པའི་ཐབས་ལམ་ལ་འཁྲུལ་བ

དང་མ་འབྲེལ་བའི་དབྱེ་བ་མེད་ཅིང་། ཐབས་ལམ་མཐའ་གཅིག་ཏུ་ངེས་པ་ཡང་མིན་ཏེ། རླུང་དང་གཏུམ་མོ་ལ་སོགས་པ་ཐབས་ལམ་ཕྱོགས་རེ་བས་གྲུབ་པ་ཐོབ་པ་ཡོད་པའི་ཕྱིར་ཏེ། ལྷ་བ་རྫོགས་པས་ཀླུ་སྒྲུབ་ལ་སོགས་པ་གྲོལ་བའི་ཕྱིར་ཞེས་པ་ནི། ཁ་ཅིག་འབྲེལ་དང་མ་འབྲེལ་མེད། །ཅེས་སོགས་ཀྱིས་བསྟན།

གཉིས་པ་ལ་ལྔ་སྟེ། ཕྱོགས་རེའི་ཐབས་ཀྱིས་གྲོལ་བ་དགག །རིམ་གཉིས་ཐབས་ཀྱི་གཙོ་བོར་བསྟན། གཙོ་བོ་ཡིན་པས་སྒྲུབ་བྱེད་འགོད། ཕྱོགས་རེའི་ཐབས་ཀྱི་དགོས་པ་བསྟན། སྒྲོ་བསྐུར་སྤངས་ནས་གཙོ་བོར་སྒྲུབ་པར་བསྟན་པའོ། །དང་པོ་ནི། ཐབས་དང་ཤེས་རབ་གཉིས་ལས་གཞན་པའི་སངས་རྒྱས་སྒྲུབ་པའི་ཐབས་མེད་དེ། གྲུབ་ཐོབ་དེ་དག་ཀྱང་ཐབས་ལམ་རེ་རེ་བ་རྐྱང་པས་གྲོལ་བ་མ་ཡིན་གྱི། དབང་དང་རིམ་གཉིས་ལས་བྱུང་བའི་ཐབས་ཤེས་ཟུང་འཇུག་གིས་ཡེ་ཤེས་སྐྱེས་པས་གྲོལ་བ་ཡིན་པའི་ཕྱིར། ཞེས་པ་ནི། འདི་ཡང་ལེགས་པར་བཤད་ཀྱིས་ཉོན། །ཞེས་སོགས་ཀྱིས་བསྟན། གཉིས་པ་ནི། སྟོང་ཉིད་རྫོགས་པའི་ལྟ་བ་རྐྱང་པ་དང་བསྐྱེད་རིམ་རྐྱང་པ་སོགས་ཀྱིས་གྲོལ་བ་མིན་ཏེ། སངས་རྒྱས་སྒྲུབ་པ་ལ་ཐབས་ཤེས་གཉིས་དགོས་པའི་ཕྱིར་ཞེས་པ་ནི། ལྟ་བ་དང་ནི་བསྐྱེད་རིམ་དང་། །ཞེས་སོགས་ཀྱིས་བསྟན། གསུམ་པ་ནི། རིམ་པ་གཉིས་པོ་སངས་རྒྱས་སྒྲུབ་པའི་ལམ་གྱི་གཙོ་བོ་ཡིན་པའི་རྒྱུ་མཚན་གང་ཞེ་ན། དེའི་རྒྱུ་མཚན་ཡོད་དེ། འདི་གཉིས་ཡོད་ན་ཐབས་ལམ་ཕྱོགས་རེ་བ་འགའ་ཞིག་མ་ཚང་ཡང་སངས་རྒྱས་སྒྲུབ་པར་ནུས་ལ། འདི་གཉིས་མ་ཚང་ན་ཐབས་ལམ་ཕྱོགས་རེ་བས་གྲོལ་བ་མི་སྲིད་པའི་ཕྱིར་ཞེས་པ་ནི། བསྐྱེད་རིམ་རླུང་དང་གཏུམ་མོ་སོགས། །ཞེས་སོགས་ཀྱིས་བསྟན། བཞི་པ་ནི། རླུང་དང་གཏུམ་མོ་སོགས་ཐབས་ལམ་རེ་རེ་བ་རྐྱང་པས་གྲོལ་བ་མིན་ཏེ། རྒྱུ་རྐྱེན་མ་ཚོགས་པར་སངས་རྒྱས་མི་འབྱུང་བའི་ཕྱིར། འོན་ཀྱང་དེ་དག་སྒོམ་པ་ལ་དགོས་པ་མེད་པ་མིན་ཏེ། ཡེ་ཤེས་སྐྱེ་བའི་སྣ་འདྲེན་ཡིན་པའི་ཕྱིར། ཞེས་པ་ནི། སྔ་མའི་ལས་འཕྲོའི་བྱེ་བྲག་དང་། །ཞེས་སོགས་ཀྱིས་བསྟན། རིམ་གཉིས་ཐབས་ཀྱི་གཙོ་བོ་ཡིན་པ་དང་ཐབས་ལམ་རེ་རེ་བ་ཡེ་ཤེས་སྐྱེ་བའི་སྣ་འདྲེན་ཡིན་པའི་དཔེ་ཡོད་དེ། བཟའ་བ་དང་བཏུང་བས་ལུས་བརྟས་པར་བྱེད་པ་དང་། སེ་འབྲུ་སོགས་ཀྱིས་ཡིད་ཁ་འབྱེད་པ་དེ་དེ་གཉིས་ཀྱི་དཔེ་ཡིན་པའི་ཕྱིར། དཔེར་ན་ནད་པའི་ལུས་བརྟས་པ། །ཞེས་སོགས་ཀྱིས་བསྟན། ལྔ་པ་ནི། ཐབས་ལམ་རེ་རེ་བ་ལ་བསྐུར་བ་འདེབས་པ་བླུན་པོ་ཡིན་ཏེ། དེ་དག་ཡེ་ཤེས་སྐྱེ་བའི་སྣ་འདྲེན་ཡིན་པའི་ཕྱིར། འོན་ཀྱང་དེ་དག་རྐྱང་པས་འཚང་རྒྱ་བར་འདོད་པ་འཁྲུལ་པ་ཡིན་ཏེ། འཚང་རྒྱ་བ་ལ་རིམ་གཉིས་ཟུང་གི་རྣལ་འབྱོར་དགོས་པའི་ཕྱིར། དེས་ན་སྨིན་བྱེད་ཀྱི་དབང་དང་གྲོལ་བྱེད་ཀྱི་ལམ་རིམ་པ་གཉིས་ལ་འབད་དགོས་ཏེ། དེ་ལམ་གྱི་གཙོ་བོ་ཡིན་པའི་ཕྱིར། ཞེས་པ་ནི། དེ་ཕྱིར་ཐབས་ཀྱི་ཁྱད་པར་ལ། །ཞེས་སོགས་ཀྱིས་བསྟན། གཉིས་པ་ལ་གཉིས་ཏེ།

དཔེའི་སྒོ་ནས་འབྲས་བུ་འགྲུབ་པའི་དུས་བསྟན་པ། ཉམས་ལེན་གྱི་སྒོ་ནས་ལམ་བགྲོད་ཚུལ་སོ་སོར་བསྟན་པའོ། །དང་པོ་ནི། ཕ་རོལ་ཏུ་ཕྱིན་པའི་ལམ་དུ་ཞུགས་ན་གྲངས་མེད་གསུམ་གྱིས་སངས་རྒྱས་པའི་དཔེ་ཡོད་དེ། སོ་ནམ་ཚུལ་བཞིན་བྱས་པས་ལོ་ཏོག་རིམ་གྱིས་སྨིན་པ་དེ་དེའི་དཔེ་ཡིན་པའི་ཕྱིར། རྡོ་རྗེ་ཐེག་པའི་ཐབས་ཤེས་ན་ཚེ་འདི་ཉིད་ལ་སངས་རྒྱས་འགྲུབ་པའི་དཔེ་ཡོད་དེ། སྔགས་ཀྱིས་བཏབ་པའི་ས་བོན་གྱིས་ཉི་མ་གཅིག་ལ་ལོ་ཏོག་སྨིན་པ་དེ་དེའི་དཔེ་ཡིན་པའི་ཕྱིར། ཞེས་པ་ནི། སོ་ནམ་ཚུལ་བཞིན་བྱས་པ་ཡི། །ཞེས་སོགས་ཀྱིས་བསྟན། གཉིས་པ་ལ་གཉིས་ཏེ། ཕ་རོལ་ཏུ་ཕྱིན་པའི་ལམ་གྱི་བགྲོད་ཚུལ་དང་། རྡོ་རྗེ་ཐེག་པའི་ལམ་གྱི་བགྲོད་ཚུལ་ལོ། །དང་པོ་ནི། སྟོང་ཉིད་སྙིང་རྗེའི་སྙིང་པོ་ཅན་སྒོམ་པ་ནི་ཕ་རོལ་ཏུ་ཕྱིན་པའི་ལུགས་ཀྱི་ལམ་བགྲོད་ཚུལ་ཡིན་ཏེ། དེ་བསྒོམ་པས་གང་ཟག་བརྩོན་འགྲུས་མྱུར་བ་ཡིན་ན་གྲངས་མེད་གསུམ་གྱིས་སངས་རྒྱས་འགྲུབ་པའི་ཕྱིར། ལམ་དེ་ཉིད་མཁས་པ་ཀུན་གྱིས་གྲུས་པས་བསྟེན་པར་བྱ་བ་ཡིན་ཏེ། རྫོགས་པའི་སངས་རྒྱས་ཀུན་གྱི་ལམ་པོ་ཆེ་ཡིན་པའི་ཕྱིར་དང་། ལམ་ཡིན་མིན་གྱི་རྩོད་པ་ཀུན་ལས་གྲོལ་བའི་ཆོས་ཡིན་པའི་ཕྱིར། ཞེས་པ་ནི། སྟོང་ཉིད་སྙིང་རྗེ་སོགས་བསྒོམ་པ། །ཞེས་སོགས་ཀྱིས་བསྟན། གལ་ཏེ་འདི་བཞིན་དུ་སྒྲུབ་པར་འདོད་ན། རྡོ་རྗེ་ཕག་མོའི་བྱིན་རླབས་ལ་སོགས་པ་མི་བྱེད་དེ། དེ་དག་མེད་ཀྱང་སངས་རྒྱས་ཐོབ་པར་འདོད་པའི་ཕྱིར། ཞེས་པ་ནི། གལ་ཏེ་འདི་བཞིན་སྒྲུབ་འདོད་ན། །ཞེས་སོགས་ཀྱིས་བསྟན། འོ་ན་དེ་དག་མེད་ཀྱང་སངས་རྒྱས་ཐོབ་པར་ཇི་ལྟར་འདོད་ཅེ་ན། ཕ་རོལ་ཏུ་ཕྱིན་པའི་ལུགས་ལ་རྡོ་རྗེ་ཕག་མོའི་བྱིན་རླབས་སོགས་མེད་ཀྱང་སངས་རྒྱས་སྒྲུབ་པའི་ཐབས་ཡོད་དེ། ཐེག་པ་ཆེན་པོའི་སྡེ་སྣོད་ལས་འབྱུང་བ་བཞིན་བྱང་ཆུབ་ཀྱི་མཆོག་ཏུ་སེམས་བསྐྱེད་པ་ལ་སོགས་པའི་སྒོ་ནས་ས་བཅུའི་ཐ་མར་བདུད་བཏུལ་ཏེ་རྫོགས་པའི་སངས་རྒྱས་ཐོབ་པར་གསུངས་པའི་ཕྱིར། ཞེས་པ་ནི། འོན་ཀྱང་ཐེག་པ་ཆེན་པོ་ཡི། །ཞེས་སོགས་ཀྱིས་བསྟན།

གཉིས་པ་ནི། ཕ་རོལ་ཏུ་ཕྱིན་པའི་གཞུང་ལུགས་ལས་བཤད་པའི་བསྐལ་པ་གྲངས་མེད་གསུམ་གྱིས་དཀའ་སྤྱད་མི་ནུས་པར། གསང་སྔགས་རྡོ་རྗེ་ཐེག་པའི་ལམ་ལ་བརྟེན་ནས་ཚེ་འདིའམ་བར་དོ་ལ་སོགས་པར་སངས་རྒྱས་ཐོབ་པར་འདོད་ན། སྨིན་བྱེད་ནོར་བ་མེད་པའི་དབང་བཞི་གྲོལ་བྱེད་འཁྲུལ་བ་མེད་པའི་རིམ་པ་གཉིས་དབང་དང་རིམ་གཉིས་ལས་བྱུང་བའི་ཡེ་ཤེས་ཕྱག་རྒྱ་ཆེན་པོ། ཕྱག་ཆེན་གོམས་པ་ལས་འཁོར་བྱུང་བའི་འཁོར་འདས་སྲེ་བའི་སྤྱོད་པ་སྤྱད་པ་དང་ཉེར་རྒྱུ་རྣམས་ཉམས་སུ་ལེན་དགོས་ཏེ། དེ་རྣམས་ལ་བརྟེན་ནས་ཚེ་འདི་ཉིད་ལ་ནང་གི་ས་ལམ་ཀུན་བགྲོད་ནས་བཅུ་གསུམ་རྡོ་རྗེ་འཛིན་པའི་ས་ཐོབ་པར་འགྱུར་བའི་ཕྱིར་ཞེས་པ་ནི། ཕ་རོལ་ཕྱིན་གཞུང་མི་ནུས་པར། །ཞེས་སོགས་ཀྱིས་བསྟན། དབང་དང་རིམ་གཉིས་ལ་སོགས་པ་ཆོས་ཅན།

དམ་པའི་ཆོས་ཀྱི་སྙིང་པོ་དང་རྒྱུད་སྡེ་རྣམས་ཀྱི་གསང་ཚིག་མཆོག་ཡིན། སྔགས་ལམ་གྱི་གཙོ་བོ་ཡིན་པའི་ཕྱིར་ཞེས་པ་ནི། འདི་ནི་དུས་གསུམ་སངས་རྒྱས་ཀྱི། །ཞེས་སོགས་ཀྱིས་བསྟན། གསུམ་པ་ནི། སངས་རྒྱས་ཐོབ་པར་འདོད་པའི་གདུལ་བྱ་ཆོས་ཅན། ཕ་རོལ་ཏུ་ཕྱིན་པའི་མདོ་ལས་འབྱུང་བའི་ལམ་རིམ་དང་། རྡོ་རྗེ་ཐེག་པའི་རྒྱུད་སྡེ་ལས་འབྱུང་བའི་ལམ་རིམ་གང་རུང་ཉམས་སུ་བླངས་བར་རིགས་ཏེ། འདི་གཉིས་མིན་པའི་ཐེག་པ་ཆེན་པོ་སངས་རྒྱས་ཀྱིས་མ་གསུངས་པའི་ཕྱིར། ཞེས་པ་ནི། གང་དག་སངས་རྒྱས་བྱེད་འདོད་ན། །ཞེས་སོགས་ཀྱིས་བསྟན། བཞི་པ་དེ་དག་དང་མ་འབྲེལ་བའི་ཆོས་ལུགས་དགག་པ་ལ་བདུན་ཏེ། བསྟན་པ་དང་མ་འབྲེལ་བའི་ཆོས་པ་དགག །སྡོམ་པ་དང་མ་འབྲེལ་བའི་ཐར་ལམ་དགག །ངེས་འབྱུང་དང་མ་འབྲེལ་བའི་སོ་ཐར་དགག །སྨོན་སྐྱོད་དང་མ་འབྲེལ་བའི་སེམས་བསྐྱེད་དགག །རྒྱུད་སྡེ་དང་མ་འབྲེལ་བའི་གསང་སྔགས་དགག །དབང་བསྐུར་དང་མ་འབྲེལ་བའི་བླ་མ་དགག །དམ་ཆོས་དང་མ་འབྲེལ་བའི་ཆོས་པ་དགག་པའོ། །དང་པོ་ནི། སངས་རྒྱས་ཀྱི་བསྟན་པའི་སྒོར་ཞུགས་པའི་གང་ཟག་ཆོས་ཅན། ཉན་ཐོས་ཀྱི་ཆོས་ལུགས་དང་ཕ་རོལ་ཕྱིན་པའི་ཆོས་ལུགས་དང་རྡོ་རྗེ་ཐེག་པའི་ཆོས་ལུགས་གསུམ་པོ་གང་རུང་རང་རང་གི་གཞུང་ལུགས་ཁུངས་མ་ནས་འབྱུང་བ་བཞིན་ཉམས་སུ་ལེན་དགོས་ཏེ། ཁུངས་མ་མིན་པ་ཉམས་སུ་བླངས་ཀྱང་སངས་རྒྱས་པར་མི་នུས་པའི་ཕྱིར། དཔེར་ན་དག་དུག་བསྡུས་པའི་གོས་ལ་ཚེན་པོའི་ཆས་སུ་མི་རུང་བ་བཞིན་ནོ། །ཞེས་པ་ནི། ད་ལྟའི་ཆོས་པ་ཕལ་ཆེ་བ། །ཞེས་སོགས་ཀྱིས་བསྟན། གཉིས་པ་ལ་གཉིས་ཏེ། འདོད་པ་བརྗོད་པ་དང་། དེ་དགག་པའོ། །དང་པོ་ལ་གཉིས་ཏེ། སྔད་པའི་ཆེད་དུ་མུ་སྟེགས་བྱེད་ཀྱི་དཔེ་བརྗོད་པ་དང་། བོད་བླུན་གྱིས་འདོད་པའི་དོན་ལ་སྦྱར་བའོ། །དང་པོ་ནི། མུ་སྟེགས་བྱེད་པ་ཁ་ཅིག །དགེ་སྦྱོང་གོའུ་ཏ་མའི་ཆོས་ལུགས་བཟང་ལ་མུ་སྟེགས་བྱེད་ཀྱི་ཆོས་ལུགས་ངན་པ་མི་འཐད་དེ། སྡིག་པ་སྤོང་ཞིང་དགེ་བ་བྱེད་པར་མཚུངས་པའི་ཕྱིར། ཞེས་པ་ནི། མུ་སྟེགས་བྱེད་པ་ཁ་ཅིག་ཀྱང་། །ཞེས་སོགས་ཀྱིས་བསྟན།

གཉིས་པ་ནི། དེ་བཞིན་དུ་གངས་ཅན་འདི་ན་ཡང་སངས་རྒྱས་སྒྲུབ་པ་ལ་མདོ་རྒྱུད་དང་མཐུན་པར་ཉམས་སུ་ལེན་མི་དགོས་ཏེ། དཀོན་མཆོག་མཆོད་པ་དང་སྙིང་རྗེ་བསྒོམ་པ་དང་། ཕ་རོལ་ཏུ་ཕྱིན་པའི་སྤྱོད་པ་སོགས་ཀྱི་ཉམས་ལེན་ཡོད་ན་མདོ་རྒྱུད་དང་མི་མཐུན་ཡང་སྐྱོན་མེད་ཅིང་། དེ་མེད་ན་མདོ་རྒྱུད་དང་མཐུན་ཡང་མི་ཕན་པའི་ཕྱིར་ཞེས་པ་ནི། དེ་བཞིན་འདི་ནའང་བླུན་པོ་འགའ། །ཞེས་སོགས་ཀྱིས་བསྟན། གཉིས་པ་ལ་གཉིས་ཏེ། སྡོམ་གསུམ་གྱིས་དབྱེན་པའི་དགེ་བས་སངས་རྒྱས་མི་འགྲུབ་པར་བསྟན་པ་དང་། སྡོམ་གསུམ་གྱི་དགེ་བས་སངས་རྒྱས་བསྒྲུབ་པར་བསྟན་པའོ། །དང་པོ་ནི། མུ་སྟེགས་བྱེད་ཀྱིས་དགེ་བ་ཅི་བྱས་ན་ཡང་སངས་

རྒྱས་བསྒྲུབ་པར་མི་ནུས་ཏེ། མུ་སྟེགས་བྱེད་ལ་ངེས་འབྱུང་གི་བསམ་པས་ཟིན་པའི་སྡོམ་པ་ལས་བྱུང་བའི་དགེ་བ་མེད་པའི་ཕྱིར། ཞེས་པ་ནི། དེ་ཡང་བརྟག་པར་བྱ་བས་ཉོན། །ཞེས་སོགས་ཀྱིས་བསྟན། གཉིས་པ་ནི། དབང་བསྐུར་དང་མ་འབྲེལ་ན་གསང་སྔགས་ཐབས་ལམ་ཟབ་ཀྱང་སངས་རྒྱས་པར་མི་ནུས་ཏེ། དེ་དང་མ་འབྲེལ་ན་སྔགས་སྡོམ་ཐོབ་པར་མི་འགྱུར་བའི་ཕྱིར། ཞེས་པ་ནི། དེ་བཞིན་དབང་བསྐུར་མ་ཐོབ་པ། །ཞེས་སོགས་ཀྱིས་བསྟན། དབང་བསྐུར་གྱི་སྒོ་ནས་སྡོམ་པ་གསུམ་ལྡན་དུ་བྱེད་པ་འདི་ལ་མཁས་པ་རྣམས་གུས་པའི་རྒྱུ་མཚན་ཡོད་དེ། དེ་ལྟར་བྱས་ནས་རིམ་གཉིས་ཟབ་མོའི་གནད་ཤེས་ན། ཚེ་འདིའམ་བར་དོ་ལ་སོགས་པར་སངས་རྒྱས་ཐོབ་པར་ནུས་པའི་ཕྱིར་ཞེས་པ་ནི། སྡོམ་པ་གསུམ་དང་ལྡན་པ་ཡི། །ཞེས་སོགས་ཀྱིས་བསྟན།

གསུམ་པ་ནི། རབ་ཏུ་བྱུང་བར་འདོད་པའི་གང་ཟག་ཆོས་ཅན། ངེས་འབྱུང་གི་བསམ་པས་ཟིན་པའི་སྡོམ་པ་སྲུང་བའི་ཆེད་དུ་གུས་པས་བླང་བར་རིགས་ཏེ། ལྟོ་གོས་ཙམ་ལ་དམིགས་པའི་རབ་ཏུ་བྱུང་བ་ཐུབ་པས་དགག་པའི་ཕྱིར་ཞེས་པ་ནི། གང་དག་རབ་ཏུ་འབྱུང་འདོད་ན། །ཞེས་སོགས་ཀྱིས་བསྟན། བཞི་པ་ནི། སེམས་བསྐྱེད་བྱེད་པར་འདོད་པ་དེ་དག་ཆོས་ཅན། དབུ་སེམས་ཀྱི་ཆོ་ག་ལས་བསྟན་པའི་ལུགས་བཞིན་དུ་བྱ་དགོས་ཏེ། བསྟན་པ་དང་མི་མཐུན་པའི་ཆོ་ག་དགག་པའི་ཕྱིར། ཞེས་པ་ནི། སེམས་བསྐྱེད་བྱེད་པ་དེ་དག་ཀྱང་། །ཞེས་སོགས་ཀྱིས་བསྟན། ལྔ་པ་ལ་གཉིས་ཏེ། མདོར་བསྟན་པ་དང་། རྒྱས་པར་བཤད་པའོ། །དང་པོ་ནི། གསང་སྔགས་བསྒོམ་པར་འདོད་པ་ཆོས་ཅན། རྒྱུད་སྡེ་བཞིན་དུ་ཉམས་སུ་བླང་དགོས་ཏེ། རྒྱུད་སྡེ་དང་མི་མཐུན་པའི་གསང་སྔགས་བཀག་པའི་ཕྱིར་ཞེས་པ་ནི། གསང་སྔགས་བསྒོམ་པ་མང་མོད་ཀྱི། །ཞེས་སོགས་ཀྱིས་བསྟན། གཉིས་པ་ལ་བཞི་སྟེ། རྒྱུད་སྡེ་དང་མ་འབྲེལ་བའི་དབང་བསྐུར་དགག །སྒྲུང་གཞི་མི་སྦྱོང་བའི་བསྐྱེད་རིམ་དགག །རྟེན་འབྲེལ་མི་ཤེས་པའི་རྫོགས་རིམ་དགག །སྣང་བྱ་དང་མི་ཕྱེད་པའི་ཡེ་ཤེས་དགག་པའོ། །དང་པོ་ནི། དབང་བསྐུར་བྱེད་པའི་གང་ཟག་ཆོས་ཅན། རྒྱུད་སྡེ་བཞིན་དུ་བྱ་དགོས་ཏེ། བརྫུན་མའི་ཆོ་གས་སྡོམ་པ་སྐྱེ་བར་མི་ནུས་པའི་ཕྱིར་ཞེས་པ་ནི། གལ་ཏེ་དབང་བསྐུར་བྱེད་ན་ཡང་། །ཞེས་སོགས་ཀྱིས་བསྟན། གཉིས་པ་ནི། བསྐྱེད་རིམ་བསྒོམ་པར་འདོད་པའི་གང་ཟག་ཆོས་ཅན། སྦྱང་གཞི་སྦྱོང་བྱེད་ལེགས་པར་འཕྲོད་པའི་བསྐྱེད་རིམ་བསྒོམ་དགོས་ཏེ། ཆོ་ག་དང་མ་འབྲེལ་བའི་བསྐྱེད་རིམ་བསྒོམ་དུ་མི་རུང་བའི་ཕྱིར་ཞེས་པ་ནི། རྒྱ་ལ་བསྐྱེད་རིམ་བསྒོམ་ན་ཡང་། །ཞེས་སོགས་ཀྱིས་བསྟན། གསུམ་པ་ནི། གཏུམ་མོ་བསྒོམ་པར་འདོད་པའི་གང་ཟག་ཆོས་ཅན། རིག་སྟོང་དབྱེར་མེད་སྟོན་དུ་བྱེད་པའི་ནང་གི་རྟེན་འབྲེལ་ལ་བརྟེན་པའི་གཏུམ་མོ་བསྒོམ་པར་རིགས་ཏེ། དེ་ལ་བརྟེན་ནས་ཡང་དག་པའི་ཡེ་ཤེས་སྐྱེ་བར་ནུས་པའི་ཕྱིར། དེ་ཆོས་ཅན། དྲོད་ཙམ་ལ་དམིགས

པའི་གཏུམ་མོ་བསྒོམ་པར་མི་རིགས་ཏེ། དེ་ལ་བརྟེན་ནས་ཡེ་ཤེས་སྐྱེ་བར་མི་ནུས་པའི་ཕྱིར་ཞེས་པ་ནི། གཏུམ་མོ་བསྒོམ་པ་ཕལ་ཆེར་ཡང་། །ཞེས་སོགས་ཀྱིས་བསྟན། བཞི་པ་ནི། རྫོགས་རིམ་བསྒོམ་པར་འདོད་པའི་གང་ཟག་ཆོས་ཅན། རང་བྱུང་བཞི་ལ་སོགས་པ་སོ་སོར་འབྱེད་པའི་མན་ངག་ཉམས་སུ་ལེན་དགོས་ཏེ། དེ་ལ་བརྟེན་ནས་རྫོགས་པའི་སངས་རྒྱས་ཐོབ་པར་ནུས་པའི་ཕྱིར་ཞེས་པ་ནི། ཡེ་ཤེས་ཅུང་ཟད་སྐྱེས་ན་ཡང་། །ཞེས་སོགས་ཀྱིས་བསྟན། ལྔ་པ་ལ་གསུམ་སྟེ། དབང་མ་བསྐུར་བ་བླ་མ་དམ་པ་མི་འབྱུང་བར་བསྟན། དམ་པ་མ་ཡིན་པས་སངས་རྒྱས་སྦྱིན་མི་ནུས་པར་བསྟན། མདོ་སྔགས་ཀྱི་བླ་མའི་ཁྱད་པར་བསྟན་པའོ། །དང་པོ་ནི། དབང་མ་བསྐུར་བར་དྲོད་ཙམ་ལ་དམིགས་པའི་གཏུམ་མོའི་དམིགས་པ་སྟོན་པའི་བླ་མ་ཆོས་ཅན། བླ་མ་དམ་པ་མིན་ཏེ། དབང་མ་བསྐུར་བའི་ཕྱིར་རོ། །དཔེར་ན་རབ་བྱུང་མ་བྱས་ན་མཁན་པོའི་ཐ་སྙད་མེད་པ་བཞིན་ནོ། །ཞེས་པ་ནི། བླ་མ་ལ་ནི་མོས་ན་ཡང་། །ཞེས་སོགས་ཀྱིས་བསྟན། གཉིས་པ་ནི། གསང་སྔགས་མིན་པའི་བླ་མ་ལ་མོས་པ་བྱས་པ་ཆོས་ཅན། ཚེ་འདི་འམ་བར་དོ་སོགས་སུ་སངས་རྒྱས་ཉིད་སྦྱིན་པར་མི་ནུས་ཏེ། གསང་སྔགས་ཀྱི་དབང་མ་བསྐུར་བའི་ཕྱིར་རོ། །ཕན་ཡོན་གཏན་ནས་མེད་པ་མིན་ཏེ། རིམ་གྱིས་སངས་རྒྱས་འགྲུབ་པའི་རྒྱུར་འགྱུར་བ་སྲིད་པའི་ཕྱིར་ཞེས་པ་ནི། གསང་སྔགས་མིན་པའི་བླ་མ་ལ། །ཞེས་སོགས་ཀྱིས་བསྟན། གསུམ་པ་ནི། ཕ་རོལ་ཏུ་ཕྱིན་པ་དང་རྡོ་རྗེ་ཐེག་པ་ཆོས་ཅན། བླ་མའི་འདོད་ཚུལ་ལ་ཁྱད་པར་ཡོད་དེ། བླ་མ་སངས་རྒྱས་ལྟ་བུར་འདོད་པ་དང་། སངས་རྒྱས་དངོས་སུ་འདོད་པའི་ཁྱད་པར་ཡོད་པའི་ཕྱིར་ཞེས་པ་ནི། ཕ་རོལ་ཕྱིན་པའི་གཞུང་ལུགས་ལས། །ཞེས་སོགས་ཀྱིས་བསྟན། དབང་བསྐུར་སྡོམ་པས་མ་འབྲེལ་བའི་བླ་མ་ཆོས་ཅན། ཚེ་འདིར་སངས་རྒྱས་སྦྱིན་པར་མི་ནུས་ཏེ། བཟང་ཡང་ཕ་རོལ་ཏུ་ཕྱིན་པ་ལྟར་རིམ་གྱིས་སངས་རྒྱས་འགྲུབ་པའི་རྒྱུ་ཙམ་ཡིན་པའི་ཕྱིར་ཞེས་པ་ནི། དབང་བསྐུར་སྡོམ་པས་མ་འབྲེལ་ན། །ཞེས་སོགས་ཀྱིས་བསྟན། བདུན་པ་ནི། དགེ་སྦྱོང་སྡོམ་པ་མེད་པ་སོགས་གསུམ་པོ་ཆོས་ཅན། སངས་རྒྱས་བསྟན་པའི་ཆོམ་རྐུན་ཡིན་ཏེ། རབ་བྱུང་མིན་པ་ལ་མཁན་པོ་མེད་པ་དང་། དབང་མ་བསྐུར་བ་ལ་སངས་རྒྱས་དངོས་སུ་ལྟ་བའི་བླ་མ་མེད་པ་དང་། སྡོམ་པ་མེད་པ་ལ་སྦྱོང་སེམས་ཀྱི་དགེ་བ་རྒྱུན་ཆགས་པ་མེད་པ་དང་། དཀོན་མཆོག་གསུམ་ལ་སྐྱབས་སུ་འགྲོ་བ་མེད་ན་ཆོས་འདི་བའི་ཁོངས་སུ་མ་གཏོགས་པའི་ཕྱིར་ཞེས་པ་ནི། རབ་བྱུང་མིན་ལ་མཁན་པོ་མེད། །ཅེས་སོགས་ཀྱིས་བསྟན་ནོ། །

གཉིས་པ་སོ་སོའི་དཀའ་གནས་བྱེ་བྲག་ཏུ་བཤད་པ་ལ་གསུམ་སྟེ། རིམ་གཉིས་སྤྱིའི་མཚོན་རྟོགས་དང་། སོ་སོའི་མཚོན་རྟོགས་དང་། རྟོགས་པའི་གནས་ལ་དཔྱད་པའོ། །དང་པོ་ལ་བཞི་སྟེ། ངེས་ཚིག་དང་། གྲངས

ངེས་དང་། རིམ་པ་གཉིས་ཀྱིས་གྲོལ་བའི་རྒྱུ་མཚན་དང་། གོ་རིམ་བསྟན་པའོ། །དང་པོ་ལ་གསུམ་སྟེ། སྦྱང་གཞི་ལ་མིང་དུ་བཏགས་པ་དང་། འབྲས་བུ་ལ་མིང་དུ་བཏགས་པ་དང་། ལམ་ལ་མིང་དུ་བཏགས་པའོ། །དང་པོ་ནི། སློབ་དཔོན་འཕགས་པ་ཀླུ་སྒྲུབ་ཡབ་སྲས་ཀྱིས་བཞེད་པ། སྦྱང་གཞི་དང་སྦྱོང་བྱེད་ཀྱི་རིམ་པ་གཉིས་ཏེ། དེ་ལ་སྦྱང་གཞི་བསྐྱེད་པའི་རིམ་པ་ལ། བསྐྱེད་པ་ཞེས་བྱ་བ་ནི་ཐ་མལ་གྱི་ལུས་གྲུབ་པ་ཡིན་ལ། རིམ་པ་ཞེས་བྱ་བ་ནི། བསྐྱེད་པའི་རིམ་པ་སྐྱེ་གནས་བཞི་དང་། བྱེ་བྲག་ཏུ་མངལ་སྐྱེས་ཀྱི་དབང་དུ་བྱས་ན་མངལ་གྱི་གནས་སྐབས་ལྔའོ། །དེ་སྦྱོང་བར་བྱེད་པའི་ལྷའི་རྣམ་པ་ནི་སྦྱོང་བྱེད་བསྐྱེད་རིམ་མོ། །སྦྱང་གཞི་རྫོགས་པ་ནི་ཐ་མལ་གྱི་སེམས་ཅན་འཆི་བ་ཡིན་ལ། རིམ་པ་ནི་ས་ཆུ་ལ་ཐིམ་པ་ལ་སོགས་པའི་འཆི་བའི་རིམ་པའོ། །དེ་སྦྱོང་བར་བྱེད་པའི་ཐབས་རྡོ་རྗེའི་བཟླས་པ་དང་། འོད་གསལ་ལ་སོགས་པ་ལ་ནི་སྦྱོང་བྱེད་རྫོགས་པའི་རིམ་པ་ཡིན་ནོ་ཞེས་བཞེད་དོ། །གཉིས་པ་ནི། བྱང་ཆུབ་སེམས་དཔའ་རྣམས་ཀྱིས་བཞེད་པས། བསྐྱེད་པ་ཞེས་བྱ་བ་ནི་མཆོག་གི་དངོས་གྲུབ་ལ་སྨྲོ་བ་བསྐྱེད་པའི་ཕྱིར། ཐུན་མོང་གི་དངོས་གྲུབ་ཡིན་པར་ཐལ། དེ་སྒྲུབ་པར་བྱེད་པའི་ཐབས་ལྷའི་རྣལ་འབྱོར་བསྒོམ་པ་ལ་རིམ་པ་ཞེས་བྱའོ། །རྫོགས་པ་ཞེས་བྱ་བ་ནི་དེ་ལས་འབྲས་བུས་བོགས་དབྱུང་དུ་མེད་པའི་ཕྱིར། མཆོག་གི་དངོས་གྲུབ་ཡིན་པར་ཐལ། རིམ་པ་ནི་དེ་སྒྲུབ་པར་བྱེད་པའི་ཐབས་སྦྱོར་བ་ཡན་ལག་དྲུག་ཡིན་ནོ་ཞེས་བཞེད་དོ། །གསུམ་པ་ནི། སློབ་དཔོན་བི་རཱུ་པ་སོགས་ཀྱིས་ལམ་ལ་གཙོ་བོར་མིང་བཏགས་པ་སྟེ། བློས་ཀུན་ཏུ་ལྷའི་རྣམ་པ་བསྐྱེད་པ་ནི་བསྐྱེད་པ་ཡིན་ལ། གསལ་འདེབས་པ་ནི་རིམ་པ་ཡིན་ཏེ། དེའི་སྦྱང་གཞི་རྒྱུ་དང་འབྲས་བུའང་བསྐྱེད་པའི་རིམ་པར་ཞེསཤེས་པར་བྱའོ། །རྫོགས་པ་ཞེས་བྱ་བ་ནི། ལུས་ངག་ཡིད་གསུམ་རྫོགས་པ་ཉིད་གསལ་འདེབས་པས་རྫོགས་པ་སྟེ། རང་བྱིན་རླབས་དང་། དཀྱིལ་འཁོར་འཁོར་ལོ་སྒོམ་པ་ཡིན་ལ། རིམ་པ་ཞེས་བྱ་བ་ནི་རིམ་གྱིས་བསྒོམ་པས་ཏེ། དེའི་རྒྱུ་སྦྱང་གཞི་དང་འབྲས་བུའང་རྫོགས་པའི་རིམ་པར་ཤེས་པར་བྱའོ། །

གཉིས་པ་གྲངས་ངེས་པ་ནི། འོན་དེ་ལྟ་བུའི་རིམ་པ་གཉིས་ཀ་བསྒོམ་མམ། གང་རུང་གཅིག་བསྒོམ་སྙམས་ན། གཉིས་ཀ་བསྒོམ་དགོས་སོ། །དེའི་འཐད་པ་ལ་གསུམ་སྟེ། སྤང་བྱ་གཉིས་ཡིན་པར་གཉིས་ཀ་བསྒོམ་པ་འཐད་པ་དང་། ཐོབ་བྱ་གཉིས་ཡིན་པར་གཉིས་ཀ་བསྒོམ་པར་འཐད་པ་དང་། རང་གི་ངོ་བོ་རྟེན་དང་བརྟེན་པ་ཡིན་པར་གཉིས་ཀ་བསྒོམ་པར་འཐད་པའོ། །དང་པོ་ནི། རིམ་པ་གཉིས་ཀ་བསྒོམ་དགོས་ཏེ། ཐ་མལ་གྱི་རྣམ་རྟོག་གི་གཉེན་པོར་བསྐྱེད་རིམ་དང་། གྱི་ནོམ་ལྷར་ཞེན་གྱི་རྣམ་རྟོག་གི་གཉེན་པོར་རྫོགས་རིམ་བསྒོམ་དགོས་པའི་ཕྱིར་རོ། །དེ་ཡང་བསྐྱེད་རིམ་གྱིས་ཐ་མལ་རྣམ་རྟོག་སྤོང་སྟེ། རྡོ་རྗེ་གུར་ལས། ཕལ་པའི་གནས་

སྐབས་གཞོམ་པའི་ཕྱིར། །བསྒོམ་པ་ཡང་དག་རབ་ཏུ་གྲགས། །ཞེས་སོགས་གསུངས་པའི་ཕྱིར། ཐ་མལ་རྣམ་རྟོག་དེ་ལ་ཡང་གཉིས་ཏེ། རྒྱུ་ལས་དང་ཉོན་མོངས་པ་དང་། འབྲས་བུ་བདག་དང་བདག་གིར་འཛིན་པའོ། །དང་པོ་སྦྱང་བ་ནི། ཚོགས་གཉིས་བསགས་པ་ཡིན་ལ། གཉིས་པ་བདག་དང་བདག་གིར་འཛིན་པའི་ཡུལ་ནི་སྣོད་བཅུད་གཉིས་ཏེ། དེ་ལ་སྣོད་སྦྱོང་བ་ནི་འབྱུང་བ་བཞི་ལས་གྲུབ་པའི་གཞལ་ཡས་ཁང་པ་དང་། དཔའ་བོ་གཅིག་པའི་དབང་དུ་བྱས་ན་གདན་ནོ། །བཅུད་སྦྱོང་བ་ལ་གཉིས་ཏེ། བསྐྱེད་ཚོག་གིས་སྐྱེ་གནས་བཞི་སྦྱོང་ཚུལ་དང་། ལྷའི་རྣམ་པས་ཉོན་མོངས་པ་སྦྱོང་ཚུལ་ལོ། །དང་པོ་ནི། དཀྱིལ་འཁོར་གྱི་འཁོར་ལོ་གཅིག་ལ་སྦྱར་ན། མངོན་བྱང་ལྔ་ལས་རྒྱུ་རྡོ་རྗེ་འཛིན་པ་བསྐྱེད་པའི་ཉི་མ་ནི་དྲོད། ཟླ་བ་ནི་བཤེར་བ་སྟེ་དྲོད་བཤེར་གཉིས་ལས་སྐྱེས་པའམ། ཉི་ཟླ་གཉིས་ཀྱིས་ཁུ་ཁྲག་གཉིས་མཚོན་པས་མངལ་སྐྱེས་ཀྱི་བློ་སྦྱོང་ངོ་། །འཁོར་གྱི་ལྷ་མོ་མངལ་ནས་འབྱིན་པས་མངལ་སྐྱེས་སྦྱོང་ངོ་། །འབྲས་བུ་རྡོ་རྗེ་འཛིན་པ་ཐིག་ལེའི་གོང་བུ་ལས་བཞེངས་པས་སྒོང་སྐྱེས་སྦྱོང་ངོ་། །སེམས་བསྐྱེད་ཀྱི་ལྷ་སྐད་ཅིག་གམ་ས་བོན་ཙམ་ལས་བསྐྱེད་པས་བརྫུས་སྐྱེས་ཀྱི་བློ་སྦྱོང་ངོ་། །དེ་ནས་དཀྱིལ་འཁོར་བསྡུ་བ་ནི་སྣོད་བཅུད་འཇིག་པ་སྦྱོང་ངོ་། །དེ་ལྟར་སྦྱང་གཞི་སྦྱོང་བའི་བསྐྱེད་པའི་ཆོག་ཞེས་བྱ་བ་ཡིན་ནོ། །

གཉིས་པ་ལྷའི་རྣམ་པས་ཉོན་མོངས་སྦྱོང་ཚུལ་ནི། ཤིན་ཏུ་ཟབ་པའི་བསྐྱེད་པའི་རིམ་པ་ཁྲོ་ཆགས་ཀྱི་རྣམ་པ་ཅན་དེ་ཁྲོ་བོའི་སྐུར་བཞུགས་པས་ཞེ་སྡང་འདུལ། བཙུན་མོའི་འཁོར་གྱི་དབུས་ན་བཞུགས་པས་འདོད་ཆགས་སྦྱོང་། མཚན་དང་དཔེ་བྱད་ཀྱིས་བརྒྱན་པའི་སྐུར་བསྒོམས་པས་གཏི་མུག་ཞི་བར་བྱེད་པ་ཡིན་ཏེ། རྡོ་རྗེ་གུར་ལས། འདོད་ཆགས་ཞེ་སྡང་གཏི་མུག་དང་། །ང་རྒྱལ་སེར་སྣའི་སྐྱེ་བོ་རྣམས། །བསྒྲུ་ཕྱིར་རང་གི་དཀྱིལ་འཁོར་ལ། །རྡོ་རྗེའི་གཟུགས་ནི་དུ་མ་འཛིན། །ཞེས་སོགས་གསུངས་སོ། །དེས་ན་ཁྲོ་ཆགས་ཀྱི་རྣམ་པའི་སྐུ་མེད་པ་རྣམས་ནི་བསྐྱེད་པའི་རིམ་པ་མི་ཟབ་པ་ཞེས་བྱའོ། །རྫོགས་རིམ་གྱིས་གྱ་ནོམ་ལྟར་ཞེན་གྱི་རྣམ་རྟོག་སྦྱོང་བ་ཡིན་ཏེ། བརྟག་གཉིས་ལས། བསྐྱེད་པའི་རིམ་པའི་རྣལ་འབྱོར་གྱིས། །བརྟུལ་ཞུགས་ཅན་གྱི་སྤྲོས་པ་བསྒོམ། །སྤྲོས་པ་རྨི་ལམ་ལྟར་བྱས་ནས། །སྤྲོས་པ་ཉིད་ནི་སྤྲོས་མེད་བྱེད། །ཅེས་གསུངས་པའི་ཕྱིར། ཡང་ཐ་མལ་གྱི་རྣམ་རྟོག་ཀུང་སྦྱང་སྟེ། སཾ་པུ་ཊར། རྣམ་རྟོག་གཏི་མུག་ཆེན་པོ་སྟེ། །འཁོར་བའི་རྒྱ་མཚོར་ལྟུང་བྱེད་ཡིན། །མི་རྟོག་ཏིང་འཛིན་ལ་གནས་ནས། །མཁའ་བཞིན་དྲི་མ་མེད་པར་གནས། །ཞེས་གསུངས་པའི་ཕྱིར། །རྟེན་དང་བརྟེན་པ་འཇིག་པའི་ཚུལ་ཡང་སྦྱོང་སྟེ། །གུར་ལས། དང་པོ་སྤྲིན་གྱི་རྣམ་པས་ཏེ། །གཉིས་པ་དུ་བ་འདྲ་བ་ཉིད། །གསུམ་པ་མེ་ཁྱེར་རྣམ་པ་སྟེ། །བཞི་པ་མར་མེ་མེ་འབར་བ། །ལྔ་པ་རྟག་ཏུ་སྣང་བ་སྟེ། །སྤྲིན་མེད་

ནམ་མཁའ་འདྲ་བ་ཉིད། །ཅེས་སོགས་གསུངས་སོ། །གཉིས་པ་ཐོབ་བྱ་སྐུ་གཉིས་ཡིན་པར་རིམ་གཉིས་བསྒོམ་པར་འཐད་པ་ནི། རིམ་པ་གཉིས་ཀ་བསྒོམ་པ་འཐད་དེ། བསྐྱེད་རིམ་བསྒོམ་པ་ལས་གཟུགས་སྐུ་ཐོབ་པར་བྱེད། རྫོགས་རིམ་བསྒོམ་པ་ལས་ཆོས་སྐུ་ཐོབ་པར་བྱེད་པའི་ཕྱིར། བསྐྱེད་རིམ་བསྒོམས་པས་གཟུགས་སྐུ་ཐོབ་སྟེ། རྡོ་རྗེ་གུར་ལས། དེ་ནི་དཀྱིལ་འཁོར་འཁོར་ལོ་ཞེས། ། ཐབས་ནི་བདེ་བའི་སྡོམ་པ་སྟེ། །སངས་རྒྱས་ང་རྒྱལ་རྣལ་འབྱོར་གྱིས། །སངས་རྒྱས་ཉིད་དུ་ངེས་པར་འགྲུབ། །སྟོན་པ་སུམ་ཅུ་རྩ་གཉིས་མཚན། །གཙོ་བོ་དཔེ་བྱད་བརྒྱད་ཅུར་ལྡན། །དེ་ནི་ཐབས་ཀྱི་གཟུགས་ཅན་ནོ། །ཞེས་གསུངས་པའི་ཕྱིར། །དེ་ཡང་ཚོགས་གཉིས་བསགས་པ་ནི། བསྐལ་པ་གྲངས་མེད་གསུམ་དུ་ཚོགས་བསགས་པ་དང་འདྲ། བསྲུང་བའི་འཁོར་ལོ་སྒྲོད་ལ་བདུད་བཏུལ་བ་དང་འདྲ། གཞལ་ཡས་ཁང་གིས་མ་དག་པའི་སྣོད་བཅུད་སྦྱངས་ཏེ་འོག་མིན་ཏུ་བྱིན་གྱིས་བརླབས། མངོན་པར་བྱང་ཆུབ་པ་ལྔའི་རིམ་པས་ལྷའི་རྣམ་པ་གྲུབ་པ་ནི། འོག་མིན་རྡོ་རྗེ་གདན་གྱི་སྟེང་དུ་སངས་རྒྱས་པ་དང་འདྲ། ཁམས་གསུམ་ཆོས་ཀྱི་རྒྱལ་པོར་དབང་བསྐུར་ནས་འོད་ཟེར་གྱི་འཕྲོ་འདུས་སེམས་ཅན་གྱི་དོན་བྱེད་པ་དང་། བཟླས་པ་ལ་སོགས་པ་ནི་ཆོས་ཀྱི་འཁོར་ལོ་བསྐོར་བ་དང་མཐུན། བསྐྱེད་པའི་རིམ་པ་བསྡུས་ཏེ་སྟོང་པ་ཉིད་དུ་སྒོམ་པ་ནི་ཡོངས་སུ་མྱ་ངན་ལས་འདས་པ་དང་མཐུན་ཏེ། དེ་ལྟར་མཛད་པ་བཅུ་གཉིས་དང་མཐུན་པར་སངས་རྒྱས་ཀྱི་འཕྲིན་ལས་མཛད་ནས། སླར་ཡང་མཛད་པ་རྒྱུན་མི་འཆད་པ་དང་འདྲ་བར་སྟོང་པ་ཉིད་ཀྱི་ངང་ལ་ལྷའི་སྐུར་ལངས་ནས་སྤྱོད་ལམ་གྱི་རྣལ་འབྱོར་གྱི་ཚུལ་གྱིས་སེམས་ཅན་གྱི་དོན་བྱེད་པ་ཡིན་ཏེ། དེས་ན་བསྐྱེད་པའི་རྣམ་པས་སངས་རྒྱས་ཀྱི་གཟུགས་ཀྱི་སྐུ་འགྲུབ་པར་བྱེད་པ་དང་མཐུན་པ་འབྲས་བུ་ལམ་དུ་བྱེད་པ་ཞེས་ཀྱང་བྱའོ། །རྫོགས་རིམ་བསྒོམས་པས་ཆོས་སྐུ་ཐོབ་པར་བྱེད་དེ། རང་བྱུང་ངོ་བོ་མཚན་ཉིད་ནི། །ཆོས་ཀྱི་སྐུར་ནི་རབ་ཏུ་སྦྲ། །ཞེས་གསུངས་ཤིང་། གུར་ལས་ཀྱང་། ཆོས་ཀྱི་དབྱིངས་ནི་འོད་གསལ་བ། །གང་ཞིག་བསྒོམ་པ་དེ་བས་ན། །སེམས་ཅན་སངས་རྒྱས་མཉམ་པར་འགྱུར། །ཞེས་གསུངས་སོ། །

གསུམ་པ་རང་གི་ངོ་བོ་རྟེན་དང་བརྟེན་པ་ཡིན་པས་གཉིས་ཀ་བསྒོམ་པར་འཐད་པ་ནི། རིམ་པ་གཉིས་ཀ་བསྒོམ་པར་འཐད་དེ། དེ་གཉིས་རྟེན་དང་བརྟེན་པ་ཡིན་པའི་ཕྱིར། བསྐྱེད་རིམ་དེ་རྫོགས་རིམ་གྱི་རྟེན་ཡིན་ཏེ། དཔེར་ན་མེ་ཏོག་དེ་དྲི་ཞིམ་པོའི་རྟེན་བཞིན་ནོ། །དེ་སྐད་དུ་ཀྱེ་རྡོ་རྗེ་ལས། ཇི་ལྟར་མེ་ཏོག་ལ་གནས་དྲི། །མེ་ཏོག་དངོས་མེད་ཤེས་མི་འགྱུར། །དེ་བཞིན་གཟུགས་སོགས་དངོས་མེད་ན། །བདེ་བ་ཉིད་ཀྱང་དམིགས་མི་འགྱུར། །ཞེས་གསུངས་སོ། །གཉིས་པ། གསུམ་པ་རིམ་པ་བསྒོམ་པས་གྲོལ་བར་འཐད་པ་ལ་གསུམ་སྟེ། རིགས་སམ་རྒྱུ་ཡིན་པས་གྲོལ་བར་འཐད་པ། ཐབས་ཁྱད་པར་ཅན་གྱིས་ཟིན་པས་གྲོལ་བར་འཐད་པ། དག་

པ་གསུམ་གྱི་རང་བཞིན་ཡིན་པས་གྲོལ་བར་འཐད་པའོ། །དང་པོ་ནི། རིམ་གཉིས་བསྒོམ་པས་གྲོལ་བར་འཐད་དེ། འབྲས་བུ་དེ་བཞིན་གཤེགས་པའི་རྒྱུའམ་རིགས་ཡིན་པའི་ཕྱིར། ཐམས་ཅད་གསང་བ་ལས། རྒྱུ་ལ་འབྲས་བུས་རྒྱས་བཏབ་ཅིང་། །འབྲས་བུ་ལ་ཡང་རྒྱུ་རྒྱས་བཏབ། །ཞེས་སོགས་གསུངས་སོ། །གཉིས་པ་ནི། རིམ་གཉིས་བསྒོམ་པས་གྲོལ་བར་འཐད་དེ། དེ་གཉིས་ཐབས་ཁྱད་པར་ཅན་གྱིས་ཟིན་པའི་ཕྱིར། རྩ་རྒྱུད་ཕྱི་མའི་གཉིས་པ་ལས། དུག་གི་དུམ་བུ་གང་ཉིད་ཀྱིས། །སྐྱེ་བོ་ཐམས་ཅད་འཆིང་བར་འགྱུར། །དུག་གི་དེ་ཉིད་ཤེས་པ་དེས། །དུག་གིས་དུག་ལ་འབིགས་པར་བྱེད། །ཅེས་དང་། སྐྱེ་བོ་མི་ཟད་པ་ཡི་ལས། །གང་དང་གང་གི་འཆིང་བར་འགྱུར། །ཐབས་དང་བཅས་ན་དེ་ཉིད་ཀྱིས། །སྲིད་པའི་འཆིང་བ་ལས་གྲོལ་འགྱུར། །ཞེས་གསུངས་སོ༔ ༔

གསུམ་པ་ནི། རིམ་གཉིས་བསྒོམ་པས་གྲོལ་བ་འཐད་དེ། དེ་གཉིས་ཀ་དག་པ་གསུམ་གྱི་བདག་ཉིད་ཡིན་པའི་ཕྱིར། དེ་ལ་དེ་བཞིན་ཉིད་ཀྱི་དག་པ་ཞེས་བྱ་བ་ནི། ཆོས་ཐམས་ཅད་རང་བཞིན་གྱིས་མ་སྐྱེས་པའི་དེ་བཞིན་ཉིད་ལ་བྱ་སྟེ། ཧེ་བཛྲ་ལས། དཔེར་ན་དངོས་པོ་ཐམས་ཅད་ཀྱི། །དག་པ་དེ་བཞིན་ཉིད་དུ་བརྗོད། །ཅེས་གསུངས་སོ། །ལྷ་སོ་སོའི་དག་པ་ནི་སེམས་ཅན་ཐམས་ཅད་ཀྱི་ལུས་རང་བཞིན་གྱི་དག་པ་ལྷའི་ཞལ་ཕྱག་གི་རྣམ་པར་གྲུབ་པ་སྟེ། ཞལ་ཕྱག་རྣམ་པའི་གཟུགས་ཅན་ཉིད། །ཅེས་པ་དང་། ཕྱི་ནས་རེ་རེའི་དབྱེ་བ་ཡི། །ལྷ་རྣམས་ཀྱི་ནི་བརྗོད་པར་བྱ། །ཞེས་གསུངས་སོ། །རང་རིག་པའི་དག་པ་ནི། འོན་དེ་ལྟར་དེ་བཞིན་ཉིད་དུ་རང་བཞིན་གྱིས་དག་ན་ཞལ་ཕྱག་གི་རྣམ་པ་ཉིད་གང་ལས་འབྱུང་ཞེ་ན། རང་གི་སེམས་ཀྱི་ཆོ་འཕྲུལ་ལས་འབྱུང་བ་ཡིན་ནོ། །ཞེས་པའི་དོན་ཏེ། རང་རིག་བདག་ཉིད་དག་པ་ཉིད། །དག་པ་གཞན་གྱིས་རྣམ་གྲོལ་མིན། །ཞེས་གསུངས་སོ། །དེ་ལྟ་བུའི་ལམ་རིམ་པ་གཉིས་དག་པ་གསུམ་ལྡན་བསྒོམ་པའི་འབྲས་བུ་ནི། དེ་བཞིན་ཉིད་དག་པས་མཐར་ཕྱིན་པ་ཆོས་ཀྱི་སྐུ་ཡིན་ལ། རང་རིག་པའི་དག་པ་མཐར་ཕྱིན་པའི་ངོ་བོ་ཉིད་ཀྱི་སྐུ་ཡིན་ཞིང་། ལྷ་སོ་སོའི་དག་པ་མཐར་ཕྱིན་པ་ནི་གཟུགས་ཀྱི་སྐུ་གཉིས་ཡིན་ནོ། །བཞི་པ་རིམ་གཉིས་བསྒོམ་ཚུལ་བསྒོམ་པའི་གོ་རིམ་བསྟན་པ་ནི། སློབ་དཔོན་ཀླུ་སྒྲུབ་ཡབ་སྲས་ནི། བསྐྱེད་རིམ་ལ་བརྟན་པ་ཐོབ་ནས་རྫོགས་རིམ་བསྒོམ་པར་བཞེད་དེ། རིམ་པ་ལྔ་པ་ལས། བསྐྱེད་པའི་རིམ་པ་ལེགས་གནས་ནས། །རྫོགས་པའི་རིམ་པ་འདོད་རྣམས་ལ༔ ༔ཐབས་འདི་རྫོགས་པའི་སངས་རྒྱས་ཀྱིས། །སྐས་ཀྱི་གདང་བུ་ལྟ་བུར་གསུངས། །ཞེས་བཤད་དོ། །བྱང་ཆུབ་སེམས་དཔའ་རྣམས་ནི། བརྟན་རུང་མི་བརྟན་རུང་ལོ་བཅུ་གཉིས་བསྒོམ་ན་གདོད་རྫོགས་རིམ་བསྒོམ་པར་བཞེད་དོ། །སློབ་དཔོན་སངས་རྒྱས་ཡེ་ཤེས་ཞབས་ནི། བསྐྱེད་པའི་རིམ་པ་ལ་རྫོགས་པའི་རིམ་པས་རྒྱས

བཏབ་ནས་བསྒོམ་མོ་ཞེས་གསུང་སྟེ། ཁོ་བོས་གང་ཡིན་ལེགས་པར་མ་རྟོགས་སོ། །ཛོ་བོ་ག་ཡ་དྷ་རས་བཞེད་པས། ལེའུ་བརྒྱད་པ་ལས། རིམ་གཉིས་མཉམ་པར་གནས་ནས་ནི། །ཞེས་གསུངས་པས། སྟན་ཐོག་གཅིག་ཏུ་རིམ་གཉིས་བསྒོམ་སྟེ། ཐུན་སྟོད་ལ་བསྐྱེད་པའི་རིམ་པ་བསྒོམས་ནས། ཐུན་སྨད་ལ་རྫོགས་པའི་རིམ་པ་བསྒོམ་པར་བཞེད་དོ། །རིམ་གཉིས་སྤྱིའི་མངོན་པར་རྟོགས་པ་བསྟན་ཟིན་ཏོ། །

གཉིས་པ་སོ་སོའི་མངོན་རྟོགས་ལ་གཉིས་ལས། དང་པོ་བསྐྱེད་པའི་རིམ་པ་ལ་ལྔ་སྟེ། སྒོམ་པའི་གང་ཟག་དང་། གནས་དང་། དུས་དང་། བསམ་པ་དང་། ལྷའི་རྣལ་འབྱོར་རོ། །དང་པོ་ནི། དབང་ཐོབ་ཅིང་དམ་ཚིག་དང་ལྡན་པའོ། །གཉིས་པ་ལ་ལས་དང་པོའི་གནས་དང་། ཅུང་ཟད་བརྟན་པ་ཐོབ་པའི་གནས་དང་། བརྟན་པ་ཆེར་ཐོབ་པའི་གནས་སོ། །དང་པོ་ནི། དབེན་པ་དང་། ཡིད་དང་མཐུན་པ་དང་། རང་གི་ཁྱིམ་དང་། བཀྲ་ཤིས་པ་དང་བཞི་ཡིན་ཏེ། རྩ་བའི་རྒྱུད་ལས། དང་པོ་གོམས་པར་བྱེད་དུས་ཀྱི། །གནས་ནི་གང་དུ་བསྔགས་པའི་སེམས། །གཅིག་ཏུ་མཉམ་བཞག་འགྲུབ་འགྱུར་བའི། །གནས་ནི་བཟང་པོ་ངེས་པར་བརྟག །རང་གི་ཁྱིམ་དུའོ། །ཞེས་གསུངས་སོ། །བརྟན་པ་ཅུང་ཟད་ཐོབ་པའི་གནས་ནི། བརྩོན་འགྲུས་བརྩོན་པའི་གནས་དུར་ཁྲོད་སོགས་ཡིན་ནོ། །བརྟན་པ་ཆེར་ཐོབ་པའི་གནས་ནི། ངེས་པ་མེད་པ་ཡིན་ཏེ། རྡོ་རྗེ་གུར་ལས། སྙིང་རྗེ་ཆེན་པོ་ཀྱེ་རྡོ་རྗེ། །ང་ནི་དུར་ཁྲོད་ཚུ་འགྲམ་དང་། །ནགས་ཚལ་ཆེན་པོའི་འགྲམ་དུ་ནི། །བསྙེན་བཀུར་ཅན་ལ་དངོས་གྲུབ་སྟེར། །ཞེས་གསུངས་སོ། །གསུམ་པ་དུས་ལ། ལས་དང་པོའི་བསྒོམ་པའི་དུས་ནི། རྣམ་རྟོག་གིས་གང་དུ་འཕྲོ་ཤུང་བས་མཚན་དུས་སུ་བསྒོམ་པར་བྱ་བ་ཡིན་ཏེ། རྩ་རྒྱུད་ལས། རང་གི་ཁྱིམ་དུ་མཚན་དུས་སུ། །ཞེས་གསུངས་སོ། །ཅུང་ཟད་བརྟན་པ་ཐོབ་པའི་གནས་ནི། ཐུན་བཞིའི་དུས་སུ་བསྒོམ་པར་བྱ་བ་ཡིན་ཏེ། སཾ་པུ་ཊི་ལས། སྒྲོ་ཞིང་འདུ་བའི་གཟུགས་ཅན་ཏེ། །ཐུན་ཚོད་བཞིར་ནི་ཉིན་གྱིས་བརླབས། །ཞེས་གསུངས་སོ། །བརྟན་པ་ཆེར་ཐོབ་པས་ནི་དུས་ཐམས་ཅད་དུ་བསྒོམ་པ་ཡིན་ཏེ། རྩ་རྒྱུད་ཕྱི་མ་ལས། ཀྲང་པ་འཁྲུད་དང་ཟ་བ་དང་། །ཙན་དན་གྱི་ལག་རྐེད་དང་། །སྨད་གཡོགས་ཀྱི་སྐྱེད་འགེབས་པ་དང་། །འབྲུང་དང་སྨྲ་དང་འགྲོ་བ་དང་། །འདུག་དང་ཁྲི་དང་རྐོད་པ་དང་། །བཅོམ་ལྡན་འདས་མ་བརྟེན་པ་ནས། །ཤེས་རབ་བརྟུལ་ཞུགས་ཅན་ཉིད་ཀྱིས། །རྣལ་འབྱོར་མ་ནི་རྣམ་པར་བསྒོམ། །ཞེས་གསུངས་སོ། །

བཞི་པ་བསམ་པ་ནི། བདག་སེམས་ཅན་ཐམས་ཅད་ཀྱི་དོན་དུ་སངས་རྒྱས་འདོད་པ་སྟེ། རྩ་རྒྱུད་ཕྱི་མ་ལས། བདག་ཉིད་འགྲུབ་པའི་སེམས་ཀྱིས་ནི། །རྣལ་འབྱོར་མ་བསྒོམ་ཤེས་རབ་ཅན། །ཡང་ན་ཧེ་རུ་ཀ་དཔལ་བརྩོན། །ཞེས་གསུངས་སོ། །ལྔ་པ་ལྷའི་རྣལ་འབྱོར་ལ་གཉིས་ཏེ། སྡོམ་པ་དང་། དེའི་དོན་ཚུལ་བཞིན་དུ་

བཤད་པའོ། །དང་པོ་ནི། བཀའ་སྲོལ་རྣམ་བཞིའི་འབྱུང་ཁུངས་ངེས་བྱ་སྟེ། །དཀྱིལ་འཁོར་གྲངས་ཀྱི་བསྒྲུབ་བྱ་ངོས་བཟུང་ནས། །སྦྱོར་དངོས་རྒྱུས་བསྡུས་སྒོ་ནས་སྒྲུབ་བྱེད་བཤད། །ལུང་རིགས་གཉིས་ཀྱིས་གཙོ་བོར་བསྒྲུབས་བྱས་ནས། །དེ་ཉིད་མངོན་རྟོགས་བཅུ་བཞིས་རྟོགས་པ་བསྐྱེད། །རྣལ་འབྱོར་རྣམ་བཅུའི་ཉམས་སུ་ལེན་པའི་ཐབས། །སྒྲུང་གཞི་སྦྱོང་ཞིང་ལམ་བྱེད་རྣམ་བཞི་ཡིས། །ལམ་བྱེད་ཚུལ་འདི་བིརྺའི་མན་ངག་ཡིན། །ཞེས་གསུངས་སོ། །གཉིས་པ་ནི། དེ་ལྟར་བདུན་ཡོད་པ་ལས། དང་པོ་བཀའ་སྲོལ་རྣམ་བཞིས་འབྱུང་ངེས་པར་བྱ་བ་ནི། རྗེ་ས་སྐྱ་པ་ཆེན་པོ་ལ་བཀའ་བབས་བཞུགས་པའི། དཔལ་ཀྱི་རྡོ་རྗེའི་བཀའ་སྲོལ་ལ། གཞུང་འགྲེལ་ལ་བརྟེན་པ་གསུམ་དང་། མན་ངག་ལ་བརྟེན་པ་གཅིག་སྟེ་བཞི། དང་པོ་ནི། རྗེ་བཙུན་ཆེན་པོ་ནས། བིརྺའི་རྗེས་འབྲང་ཏཾ་ཕྲིའི་སྐོར། །ཡན་ལག་མེད་ཅེས་པདྨའི་སྐོར། །དམ་ཚིག་རྡོ་རྗེ་ནག་པོའི་སྐོར། །གཙོ་ཆེའི་ཆོས་སྣ་སུམ་ཅུ་དགུ། །ལམ་བསྐོར་དགུ་ནི་ཁྱད་པར་རོ། །ཞེས་ཆོས་སྐོར་གསུམ་གསུངས་པའི་ཆོས་སྐོར་དང་པོ་ལ་ཉི་ཤུ་རྩ་གསུམ། ཆོས་སྐོར་གཉིས་པ་ལ་བདུན། གསུམ་པ་ལ་བཅུ་གཉིས་ཏེ་བཞི་བཅུ་ཞེ་གཉིས་ཡོད་པ་ལས། ཏཾ་ཕྲི་པའི་ལྷན་ཅིག་སྐྱེས་སྒྲུབ། མཚོ་སྐྱེས་ཀྱི་བསྐྱེད་རྫོགས་གཉིས་ཏེ་གསུམ་ནི། ལམ་སྐོར་དགུ་ནི་ཁྱད་པར་རོ་ཞེས་ལམ་སྐོར་དགུའི་ཁོངས་སུ་རྟོགས་པས་ལྷག་མ་སུམ་ཅུ་རྩ་དགུ་ལ་བཞེད་པ་མངོན་ཏེ། གནད་ཀྱི་ཟླ་ཟེར་གྱི་བགྲང་ལུགས་ཀྱི་འགྲོས་ལསཤེས་སོ། །ཡང་ན་རིན་ཆེན་འབར་བ་གཅིག་ཏུ་བགྲང་ནས། ཆོས་སྐོར་དང་པོ་ལ་བཙོ་ལྔ། ཆོས་སྐོར་གཉིས་པ་ལ་སྐབས་ཀྱི་འགྲེལ་ཆུང་བརྒྱད་དང་བཅས་པས་བཅོ་ལྔ། གསུམ་པ་ལ་བཅུ་གཉིས་ཏེ་བཞི་བཅུ་ཞེ་གཉིས་ཡོད་པ་ལས། མདོར་ལེན་སྔ་མ་བཞིན་དུ་བྱེད་པ་གང་རུང་ལས་མ་འདས་སོ། །གཉིས་པ་མན་ངག་ལ་བརྟེན་པ་ལ། རྒྱུད་འཆད་པའི་སྐབས་ཀྱི་ཆོས་སྣའི་བགྲང་ཚུལ་དང་། གསུང་ངག་ཉམས་སུ་ལེན་པའི་ཆོས་སྣའི་བགྲང་ཚུལ་ལོ། །དང་པོ་ནི། རྗེ་བཙུན་གྱིས་དག་ལྡན་ལས། ཚོམ་བཞིར་གསུངས་ཏེ། རྒྱུད་སྤྱི་ལ་དགོས་པའི་སྡོམ། རྒྱུད་སོ་སོ་ལ་དགོས་པའི་སྡོམ། རྡོ་རྗེ་ཐེག་པ་སྤྱི་དང་བྱེ་བྲག་རྒྱུད་འདིའི་རྣལ་འབྱོར་ལ་དགོས་པའི་སྡོམ། སྔགས་པའི་རྣལ་འབྱོར་ལ་དགོས་པའི་སྡོམ་མོ། །དང་པོ་ནི། རྒྱུད་སྡེའི་དུམ་བུ་རྣམ་བཞག་མངོན་རྟོགས་དང་། །སྟོང་ཐུན་གཉིས་ཀྱི་དོན་བསྡུས་བསྡོད་པ་གཉིས། །བདག་མེད་བསྟོད་པའི་རྣམ་འགྲེལ་དང་བཅས་པ། །ཀུན་ཏུ་དགོས་པའི་གཞུང་བདུན་འཁོར་མི་བྱ། །ཞེས་གསུངས་སོ། །གཉིས་པ་ནི། རྒྱུད་དོན་སོ་སོའི་རྣམ་འགྲེལ་དོན་བསྡུས་བཅས། །གང་ལ་གང་དགོས་དེ་དེ་བླངས་བྱ་སྟེ། །དེ་ལྟར་བཅུ་གསུམ་ལེགས་པར་བརྟག་བྱས་ན། །རྣམ་པར་ཕྱེ་བས་རྒྱུད་གསུམ་ཤེས་པར་འགྱུར། །ཞེས་གསུངས་སོ། །གསུམ་པ་ནི། སྨིན་བྱེད་ལྷུང་བའི་རྣམ་བཞག་སྒྲུབ་ཐབས་དང་། །རབ་གནས་སྦྱིན་སྲེག་ཚོགས་ཀྱི་ཅོ་གར་བཅས། །རྡོ་རྗེ་དྲིལ་

ཕུ་བགྲང་ཕྲེང་དཀར་ལྷུགས་དང་། །ཐ་མའི་ཆོག་མཆོད་རྟེན་སྒྲུབ་པ་སྟེ། །དེ་ལྟར་བཅུ་བཞི་དང་པོའི་ལས་ཅན་ནས། །ཅམ་སྟེ་གང་ཟག་ཀུན་གྱིས་བཟུང་བར་བྱ། །ཞེས་གསུངས་སོ། །བཞི་པ་ནི། ལུས་རྒྱན་བཏུང་བའི་སྣོད་དང་བཟུང་བྱའི་རྫས། །རོལ་མོའི་ཆོག་བརྟན་དང་བགོ་བའི་གོས། །འདི་དག་ཧེ་རུ་ཀ་དཔལ་ཆས་དྲུག་སྟེ། །རྣམ་པར་ཕྱེ་ན་བཅུ་བཞིར་འགྱུར་བ་ཡིན། །ཞེས་གསུངས་སོ། །

གཉིས་པ་གསུང་རབ་ཉམས་སུ་ལེན་པའི་ཆོས་སྐུའི་བགྲང་ཚུལ་ནི། རྗེ་བཙུན་ཆེན་པོ་ནས། གླེགས་བམ་དཀར་ཆག་ཏུ་བཏབ་པའི་ཆོས་སྐུ་དྲུག་པོ་རྣམས་ཏེ། འདིར་མ་སྤྲོས་སོ། །གཉིས་པ་དཀྱིལ་འཁོར་གྲངས་ཀྱི་བསྒྲུབ་བྱ་ངོས་བཟུང་བ་ནི། འོན་བཀའ་སྩོལ་དེ་ལ་རྒྱུད་གསུམ་ནས་གསུངས་པའི་བསྒྲུབ་བྱ་དཀྱིལ་འཁོར་གྱི་གྲངས་དུ་ཡོད་ཅེ་ན། འདི་ལ་མཆོག་བསྒྲུབ་པའི་དཀྱིལ་འཁོར་དང་། ལས་རྒྱས་པའི་ལྷའི་གྲངས་གཉིས་སོ། །དང་པོ་ནི། རྩ་རྒྱུད་ལས། དཀྱིལ་འཁོར་དྲུག །རྡོ་རྗེ་གུར་ལས་བརྒྱད་ཅུ་རྩ་གཉིས། སཾ་པུ་ཊི་ལས་བཅུ་གཉིས་ཏེ་ཐམས་ཅད་དྲིལ་བས་རྒྱུད་གསུམ་ནས་གསུངས་པའི་མཆོག་སྒྲུབ་པའི་དཀྱིལ་འཁོར་བརྒྱ་ཐམ་པ་འབྱུང་བ་འདི་ནི། རྗེ་བཙུན་ས་སྐྱ་པ་ཡབ་སྲས་ཀྱིས་བཞེད་པ་ཡིན་ནོ། །གཉིས་པ་ནི། རྒྱུད་གསུམ་ལས་གསུངས་པའི་ལས་རྒྱས་པའི་ལྷའི་རྣལ་འབྱོར་དྲུག་ཅུ་རྩ་དྲུག་གསུངས་སོ། །

གསུམ་པ་སྦྱོར་དངོས་རྒྱས་བསྡུས་སྒོ་ནས་སྒྲུབ་བྱེད་བཤད་པ་ནི། འོན་ལྷའི་རྣལ་འབྱོར་དེ་དག་སྒྲུབ་པར་བྱེད་པའི་མངོན་པར་རྟོགས་པ་ཇི་ལྟར་ཞེ་ན། འདི་ལ་སྔོན་འགྲོ། དངོས་གཞི། རྗེས་རྫོགས་པར་བྱེད་པ་ལམ་གྱི་ཡན་ལག་དང་གསུམ་མོ། །དང་པོ་ལ་ཡང་བསོད་ནམས་ཀྱི་ཚོགས་བསགས་པ། ཡེ་ཤེས་ཀྱི་ཚོགས་བསགས་པ། བསྲུང་བའི་འཁོར་ལོ་བསྒོམ་པའོ། །གཉིས་པ་ལ་གསུམ་སྟེ། བསྐྱེད་ཆོག་ཡོངས་སུ་རྫོགས་པ་རྒྱས་པ་དང་། འབྲིང་དང་། བསྡུས་པའོ། །དང་པོ་ལ་གསུམ་སྟེ། ཏིང་ངེ་འཛིན་གསུམ་གྱིས་འཆིང་བ། ཡན་ལག་དྲུག་གིས་འཆིང་བ་དང་། བསྙེན་སྒྲུབ་ཡན་ལག་བཞིས་འཆིང་བའོ། །དང་པོ་ནི། སཾ་པུ་ཊ་དང་། རྡོ་རྗེ་རྩེ་མོའི་དགོངས་པ་སྟེ། རྡོ་རྗེ་རྩེ་མོ་ལས། དང་པོ་སྦྱོར་བའི་ཏིང་འཛིན་གྱིས། །རྣལ་འབྱོར་པས་ནི་སྙོམས་འཇུག་བྱ། །དེ་ནས་དཀྱིལ་འཁོར་རྒྱལ་པོ་མཆོག །དེ་ནས་ཡང་ནི་ལས་རྒྱལ་པོ། །ཞེས་གསུངས་པས་གཙོ་བོ་བསྐྱེད་པ་སྦྱོར་བའི་ཏིང་ངེ་འཛིན་ནི། འཁོར་གྱི་ལྷ་མོ་སྤྲོ་བ། ཡེ་ཤེས་པ་གཞུག་པ། དབང་བསྐུར་ཞིང་རིགས་ཀྱི་བདག་པོས་རྒྱས་བཏབ་པ། མཆོད་བསྟོད་བདུད་རྩི་མྱོང་བའི་བར། དཀྱིལ་འཁོར་རྒྱལ་མཆོག །ཕྲ་ཐིག་སོགས་ལ་སློབ་པ་ནི་ལས་རྒྱལ་མཆོག་གོ། །གཉིས་པ་ནི། རྡོ་རྗེ་གུར་གྱི་དགོངས་པ་སྟེ། གུར་ལས། སངས་རྒྱས་གནས་ནི་རྫོགས་པ་དང་། །ཀུན་ཏུ་བཟང་པོའི་རང་བཞིན་དང་། །རང་གི་ལག་པའི་སྒྲུབ་པ་དང་། །མཆོད་བསྟོད་བདུད

རྩི་མྱོང་ལ་སོགས། །རྣལ་འབྱོར་ཡན་ལག་དྲུག་ཏུ་འདོད། །ཅེས་གསུངས་ཏེ། སངས་རྒྱས་གནས་ནི་རྫོགས་པ་ནི་གཞལ་ཡས་ཁང་བསྐྱེད་པ་རྣམ་པར་སྣང་མཛད་ཀྱི་ཡན་ལག་སྟེ། ཆོས་འབྱུང་བསྐྱེད་པ་ནས་གདན་བསྐྱེད་པའི་བར་རོ། །ཀུན་ཏུ་བཟང་པོའི་རང་བཞིན་ནི་རྗེས་སུ་ཆགས་པ་རྡོ་རྗེ་སེམས་དཔའི་ཡན་ལག་སྟེ། རྒྱུ་རྡོ་རྗེ་འཆང་བསྐྱེད་པ་ནས་ཡེ་ཤེས་ཀྱི་འཁོར་ལོ་བཞུགས་པའི་བར་རོ། །རང་གི་ལྷག་པའི་ལྷར་སྒྲུབ་པ་ནི་དབང་བསྐུར་བ་མི་བསྐྱོད་པའི་ཡན་ལག་སྟེ། དབང་ལྷ་སྤྱན་དྲངས་པ་ནས་རིགས་ཀྱི་བདག་པོས་རྒྱས་བཏབ་པའི་བར་རོ། །མཆོད་པ་དོན་ཡོད་གྲུབ་པ། བསྟོད་པ་རིན་ཆེན་འབྱུང་ལྡན། བདུད་རྩི་མྱང་བ་འོད་དཔག་མེད་ཀྱི་ཡན་ལག་རྣམས་ནི། མཆོད་བསྟོད་བདུད་རྩི་མྱོང་ལ་སོགས། །ཞེས་པས་དངོས་སུ་བསྟན་ཏོ། །གསུམ་པ་ནི། རྩ་རྒྱུད་བརྟག་གཉིས་སོགས་ཀྱི་དགོངས་པ་སྟེ། རྩ་རྒྱུད་ལས། དང་པོ་སྟོང་ཉིད་བྱང་ཆུབ་སེམས། །གཉིས་པ་ལ་ནི་ས་བོན་བསྡུ། །གསུམ་པ་ལ་ནི་གཟུགས་བརྙན་རྫོགས། །བཞི་པ་ལ་ནི་ཡིག་འབྲུ་འགོད། །ཅེས་པ་སྟེ། སྟོང་པ་ཞེས་པས་ཡེ་ཤེས་ཚོགས་བསགས། བྱང་ཆུབ་སེམས་ཞེས་པས་དམ་ཚིག་པ་བསྐྱེད་པ་བསྟེན་པའི་ཡན་ལག་བསྟན། གཉིས་པ་ལ་ནི་ས་བོན་བསྡུ་ཞེས་པས་སྐུ་གསུང་ཐུགས་བྱིན་གྱིས་བརླབས་པའམ། སྐྱེ་མཆེད་བྱིན་གྱིས་མི་བརླབ་པར་སྐུ་གསུང་ཐུགས་བྱིན་གྱིས་བརླབས་པ་ཉེར་སྒྲུབ་ཀྱི་ཡན་ལག །གསུམ་པ་ལ་ནི་གཟུགས་བརྙན་རྫོགས། །ཞེས་པས་ཡེ་ཤེས་པ་འཇུག་པ་བསྒྲུབ་པའི་ཡན་ལག་བསྟན། བཞི་པ་ལ་ནི་ཡིག་འབྲུ་འགོད། །ཅེས་པས་དབང་བསྐུར་ནས་རིགས་ཀྱི་བདག་པོས་རྒྱས་བཏབ་པའམ། དབང་མ་བསྐུར་བར་དབུ་རྒྱན་རང་ཆས་ཅན་དུ་བསྒོམ་པ་སྒྲུབ་པ་ཆེན་པོའི་ཡན་ལག་བསྟན་ཏོ། །གཉིས་པ་འབྲིང་པོ་ནི། ཏིང་ངེ་འཛིན་གསུམ་དང་ཡན་ལག་དྲུག་གི་འཆིང་བ་མེད་ལ། སྔར་གྱི་ཡན་ལག་བཞིས་བཅིངས་ནས་མཆོད་བསྟོད་ལ་སོགས་པ་མེད་པར་བཟླས་པ་ལ་འཇུག་པ་ཉིད་དོ། །ཡན་ལག་དྲུག་པ་ལ་འབྲིང་པོར་བཤད་པ་ནི། བསྐྱེད་ཚོག་གི་དབང་དུ་བྱས་པ་ཡིན་ལ། འདིར་རྒྱས་པར་བཤད་པ་ནི་དངོས་གཞིའི་འཆིང་བ་རྒྱས་པའི་དབང་དུ་བྱས་པ་ཡིན་པས་མི་འགལ་ལོ། །གསུམ་པ་བསྡུས་པ་ནི། དམ་ཚིག་སེམས་དཔའ་དབུ་རྒྱན་རང་ཆས་ཅན་དུ་སྐད་ཅིག་གིས་བསྐྱེད་ནས་བཟླས་པ་ལ་འཇུག་པ་ཉིད་དོ། །དེ་ལྟ་བུའི་དངོས་གཞིའི་དམ་ཚིག་སེམས་དཔའ་བསྐྱེད་པའི་ཆོ་ག་ལ་ཚུལ་མི་འདྲ་བ་ལྔ་སྟེ། མངོན་བྱང་ལྔ་ལས་བསྐྱེད་པ་དང་། རྡོ་རྗེའི་ཆོ་ག་གསུམ་ལས་བསྐྱེད་པ་དང་། སྙིང་པོ་ཚིག་ཙམ་ལས་བསྐྱེད་པ་དང་། དབུགས་ཀྱི་སྦྱོ་བསྡུས་བསྐྱེད་པ་དང་། འབྲིན་པའི་ཚུལ་གྱིས་བསྐྱེད་པའོ། །དང་པོ་ལ་མཉམ་སྦྱོར་དང་མི་མཉམ་སྦྱོར་གཉིས་སོ། །གསུམ་པ་རྗེས་རྫོགས་པར་བྱེད་པ་ལམ་གྱི་ཡན་ལག་ལ་བྲུས་ལ་སོགས་པ་བདུན་ནི་ཀུན་གྱི་ཐུན་མོང་བ་ཡིན་ལ། མཆོག་སྒྲུབ་པ་ལ་དག་པ་རྗེས་སུ་དྲན་པ་ཞེས

བྱ་བ་ཁྱད་པར་གྱི་ཆོས་སུ་གསུངས་སོ། །བཞི་པ་ལུང་རིགས་གཉིས་ཀྱིས་གཙོ་བོར་སྒྲུབ་པ་ལ་གཉིས་ཏེ། ཐུན་མོང་མིན་པའི་རྩ་བཤད་གཉིས་ཀྱིས་གཙོ་བོར་སྒྲུབ་པ། ཐུན་མོང་བའི་བཤད་རྒྱུད་ཀྱིས་གཙོ་བོར་སྒྲུབ་པའོ། །དང་པོ་ལ་གཉིས་ཏེ། ཕྱག་བཅུ་དྲུག་པ་ཡབ་ཡུམ་གཙོ་བོར་སྒྲུབ་པ་དང་། དེ་ལས་མི་བསྐྱོད་པའི་རིགས་གཙོ་བོར་སྒྲུབ་པའོ། །དང་པོ་ནི། མཆོག་སྒྲུབ་པའི་དཀྱིལ་འཁོར་དེ་རྣམས་ཀྱི་ནང་ནས་གང་གཙོ་བོ་ཡིན་ཞེ་ན། སྙིང་པོ་ཀྱེ་རྡོ་རྗེ་ཕྱག་བཅུ་དྲུག་པའི་དཀྱིལ་འཁོར་དང་། བདག་མེད་ལྷ་མོ་བཅོ་ལྔའི་དཀྱིལ་འཁོར་གཉིས་གཙོ་བོ་ཡིན་ཏེ། རྩ་རྒྱུད་ལས། བདག་མེད་རྣལ་འབྱོར་ལྡན་པའམ། །ཡང་ན་ཧེ་རུ་ཀ་དཔལ་བརྟེན། །གནས་པའི་སེམས་ཀྱིས་སྐད་ཅིག་ཀྱང་། །དངོས་གྲུབ་འདོད་པས་མི་གནས་སོ། །ཞེས་གསུངས་པའི་ཕྱིར། འོན་རྒྱུ་འབྲས་ཀྱི་ཧེ་རུ་ཀ་གཉིས་གང་གཙོ་བོ་ཡིན་སྙམ་ན། འབྲས་བུ་རྡོ་རྗེ་འཛིན་པ་ཉིད་གཙོ་བོ་ཡིན་ནོ། །

གསུམ་པ་ལ་གཉིས་ཏེ། ལུང་གིས་སྒྲུབ་པ་དང་། རིགས་པས་སྒྲུབ་པའོ། །དང་པོ་ནི། རྩ་རྒྱུད་ཀྱི་སྤྱོད་པའི་སྐབས་སུ། རྡོ་རྗེའི་བུ་མོ་འདི་ཁྱེར་ནས། །སྤྱོད་པར་བྱ་བ་རྫོགས་པར་བྱ། །ཞེས་རྡོ་རྗེའི་རིགས་ཀྱི་ཕྱག་རྒྱ་གཡུང་མོ་མཆོག་ཏུ་བསྔགས་པས་མི་བསྐྱོད་པའི་རིགས་གཙོ་བོར་གྲུབ་པའོ། །གཉིས་པ་ནི། མི་བསྐྱོད་པའི་རིགས་གཙོ་བོར་གྲུབ་པ་ཡིན་ཏེ། གཞིའི་སྐབས་སུ་སེམས་ཅན་གྱི་ཕུང་པོ་ལྔའི་ནང་ནས་རྣམ་པར་ཤེས་པའི་ཕུང་པོ་གཙོ་བོ་ཡིན་པའི་ཕྱིར་རོ། །

གཉིས་པ་ཐུན་མོང་བའི་བཤད་རྒྱུད་ཀྱི་གཙོ་བོར་སྒྲུབ་པ་ནི། སཾ་པུ་ཊར། དེ་ནས་དཀྱིལ་འཁོར་རྒྱལ་པོ་མཆོག །རྡོ་རྗེ་དབྱིངས་དང་འདྲ་བས་ན། །རྡོ་རྗེ་དབྱིངས་ཞེས་བརྗོད་པ་ཡིན། །ཞེས་གསུངས་པས་འགྲུབ་བོ། །ལྔ་པ་དེ་ཉིད་མངོན་རྟོགས་བཅུ་བཞིའི་རྟོགས་པ་བསྐྱེད་པ་ལ་ལྔ་སྟེ། གང་ལ་སྒྲུར་བའི་དཀྱིལ་འཁོར་ངོས་བཟུང་བ། རྒྱུད་ལས་གསུངས་པའི་མངོན་པར་རྟོགས་པ་ལ་ལྔར་ཕྱེ་བ། དེ་ཉིད་རྟེན་གྱི་གང་ཟག་གི་སྒོ་ནས་བཞིར་བསྡུ་བ། རྩ་བཤད་ཀྱི་བསྐྱེད་ཆོག་གི་སྒོ་ནས་བཅུ་བཞིར་དབྱེ་བ། ཁྱད་པར་གྱི་ཆོས་ཞིབ་ཏུ་བཤད་པའོ། །དང་པོ་ནི། སྔར་བཤད་པའི་ཕྱག་བཅུ་དྲུག་པ་དང་། བདག་མེད་མའི་དཀྱིལ་འཁོར་གཉིས་གཙོ་བོ་ཡིན་ནོ། །དེས་ན་ཕྱག་བཅུ་དྲུག་པ་ལ་བསྐྱེད་ཆོག་ཁྲིད་སྐྱིད་ཀྱི་སྒོ་ནས་མངོན་པར་རྟོགས་པ་ཚུལ་བཅུ་བཞི་དང་། ཡུམ་ལ་ཁྲིད་སྐྱིད་མ་གསུངས་པས་ཚུལ་གཅིག་སྒྲུར་བར་བྱ་བ་ཡིན་ནོ། །གཉིས་པ་ནི། རྩ་རྒྱུད་ཀྱི་ཕྱི་མའི་ལྔ་པར། སྐད་ཅིག་གིས་བསྐྱེད་པ་དང་། ས་བོན་ལས་བསྐྱེད་པ་གཉིས་གསུངས། དང་པོའི་བརྒྱད་པར། དེ་ཡི་སྟེང་དུ་ཟླ་བ་ཡིན། །ཟླ་བའི་སྟེང་དུ་ས་བོན་ཉིད། །ཕྱི་ནས་བདུད་ལས་རྒྱལ་བས་བསྟན། །གཉིས་བསྟུས་པ་ལས་བདེ་ཆེན་པོ། །ཞེས་པས་ཨ་ལི་ཀ་ལི་ལ་མི་ལྟོས་པའི་མི་མཉམ་སྦྱོར་དང་། ཨ་ལི་ཟླ་བའི་གཟུགས་ཀྱི་གནས། །ཀ་ལི་

གཟུགས་ཀྱི་སྣང་བྱེད་དོ། །ཟླ་བ་ཉི་མ་འདུས་པ་ལས། །དཀར་མོ་ལ་སོགས་རབ་ཏུ་གྲགས། །ཞེས་ཨ་ལི་ཀཱ་ལི་ལ་མི་ལྡོས་པའི་མི་མཉམ་སྦྱོར་དང་། ཨ་ལི་ཀཱ་ལི་མཉམ་སྦྱོར་བ། །རྡོ་རྗེ་སེམས་དཔའ་ཉིད་ཀྱི་གདན། །ཡི་གེ་ལས་བྱུང་གོང་བུ་ལ། །ཧཱུྃ་ཕཊ་རྣམ་པས་སྣད་མི་བྱ། །སེམས་དཔའི་གཟུགས་བརྟན་ལས་བྱུང་བའི། །དཀྱིལ་འཁོར་བདག་པོ་རྣམ་པར་བསྒོམ། །ཞེས་པ་མཉམ་སྦྱོར་གྱི་མངོན་པར་རྟོགས་པ་ཏེ་མངོན་པར་རྟོགས་པ་ལྔ་གསུངས་སོ། །གསུམ་པ་ནི་དབང་བསྐུར་བ་ཐོབ་ཅིང་དམ་ཚིག་དང་ལྡན་པས་བསྐྱེད་པའི་རིམ་པ་བསྒོམ་པའི་གང་ཟག་གཅིག་ཉིད་ལ། སློབ་དཔོན་བིརྺ་པའི་བཞེད་པས། མངོན་པར་རྟོགས་པ་བཞིར་འགྱུར་བར་གསུངས་ཏེ། འཆིང་མ་ཐག་པ་དང་ལྡན་པའི་གང་ཟག་ཐ་མའི་ཐ་མས་ནི། ཨ་ལི་ཀཱ་ལི་ལ་ལྟོས་པའི་མི་མཉམ་སྦྱོར་དང་། མཉམ་སྦྱོར་གཉིས་བསྒོམ། གང་ཟག་ཐ་མས་ནི་ཨ་ལི་ཀཱ་ལི་ལ་མི་ལྟོས་པའི་མི་མཉམ་སྦྱོར་བསྒོམ། གང་ཟག་འབྲིང་གིས་ལྟོས་པས་བསྐྱེད་པ་བསྒོམ། གང་ཟག་རབ་ཀྱིས་སྐད་ཅིག་གི་བསྐྱེད་པ་བསྒོམ་པར་གསུངས་ཤིང་། དེ་དག་ཀུང་བློ་རིམ་གྱིས་སྦྱང་བའི་དབང་དུ་མཛད་དོ། །ཡང་ཁ་ཅིག་དབང་བསྐུར་བཞིའི་དབང་དུ་བྱས་ནས་སྒོམ་ཚུལ་བཞིར་གསུངས་པ་ཡང་ཡོད་དོ། །བཞི་པ་ནི། ས་བོན་དང་སྐད་ཅིག་གིས་བསྐྱེད་པ་ནི་དབྱེ་བ་མེད་ལ། མངོན་བྱང་གི་མངོན་པར་རྟོགས་པ་གསུམ་པོ་རེ་རེ་ཡང་རྒྱ་རྒྱུད་ཀྱི་བསྐྱེད་ཚོག་སྦྱར་ནས། གཙོ་འཁོར་ཐམས་ཅད་མངོན་བྱང་ལས་བསྐྱེད་པ་ཡན་ལག་བཞི་པའི་ཕྱོགས་དང་ཚོག་དང་། བཤད་རྒྱུད་ཀྱི་བསྐྱེད་ཚོག་སྦྱར་ནས་རྒྱུ་རྡོ་རྗེ་འཆང་ཁོ་ན་མངོན་བྱང་ལས་བསྐྱེད་པ་ཡན་ལག་དྲུག་པའི་ཚོ་ག་གཉིས་གཉིས་སུ་ཕྱེ་བས་དྲུག །ཡན་ལག་བཞི་པའི་ཕྱོགས་རྣམས་ལ་འཁོར་གྱི་ལྷ་མོ་ཐིག་ལེའི་འགྲོས་དང་ས་བོན་འགྲོས་གཉིས་གཉིས། དྲུག་པའི་ཕྱོགས་རྣམས་ལ་འཁོར་གྱི་ལྷ་མོ་ས་བོན་འགྲོས་དང་ལྷ་མོ་འགྲོས་གཉིས་གཉིས་ཏེ་བཅུ་གཉིས། དེའི་སྟེང་དུ་སྔར་གྱི་སྐད་ཅིག་གིས་བསྐྱེད་པ་དང་ས་བོན་ལས་བསྐྱེད་པ་གཉིས་བསྣན་པས་བཅུ་བཞིའོ། །དེས་ན་བིརྺ་པའི་མན་ངག་ལུགས་འདི་ལ་གྲུབ་ཆེན་མཚོ་སྐྱེས་དང་ཆ་མཚུངས་པའི་མངོན་རྟོགས་བཞིའི་དང་པོ་གཉིས་ལ་འཁོར་གྱི་ལྷ་མོ་སྒྲོ་ཚུལ་གཉིས་གཉིས་ཕྱེ་བ་ཡང་། མཉམ་སྦྱོར་གྱི་ཡན་ལག་བཞི་པའི་ཕྱོགས་ལ་ལྷ་མོ་སྒྲོ་ཚུལ་གཉིས་སུ་ཕྱེ་བས་དྲུག །མངོན་བྱང་གསུམ་པོ་རེ་རེ་ལ་ཡན་ལག་དྲུག་པའི་ཕྱོགས་རེ་རེ། དེ་རེ་རེ་ལ་ཡང་འཁོར་ལོ་སྒྲོ་ཚུལ་གཉིས་གཉིས་སུ་ཕྱེ་བས་བཅུ་བཞིར་འགྱུར་བ་འདི་ནི། རྒྱུད་ཀྱི་སྟེང་དུ་མན་ངག་གིས་བཤད་ཚུལ་མཚུངས་པ་མེད་པ་ཡིན་ནོ། །སྐད་ཅིག་གིས་བསྐྱེད་པ་དང་། ས་བོན་ལས་བསྐྱེད་པ་དང་། ཡན་ལག་བཞི་པའི་ཨ་ལི་ཀཱ་ལི་ལ་ལྟོས་པ་དང་མི་ལྟོས་པའི་མི་མཉམ་སྦྱོར་བཞི་ནི། རྒྱུ་རྡོ་རྗེ་འཆང་ནག་པོ་ཁོ་ན་དང་། ཡན་ལག་དྲུག་པའི་མི་མཉམ་སྦྱོར་བཞི་དང་། བཞི་དྲུག་གཉིས་ཀའི་མཉམ་སྦྱོར་དང་། རྒྱུ་རྡོ་རྗེ་འཆང་ནི་དཀར་པོ་ཁོ་ན་ཡིན་ཏེ།

མཉམ་སྦྱོར་གྱི་གཙོ་བོ་ནི་དཀར་པོ་ཁོ་ནར་གསུངས་པའི་ཕྱིར་རོ། །ལྔ་པ་ནི། འོ་ན་རྡོ་རྗེ་བཙུན་གྱི་མངོན་པར་རྟོགས་པ་བཅུ་བཞི་འམ་བཅོ་ལྔར་སྣང་མོད་ཀྱི་རྒྱུད་ཀྱི་སྙིང་དུ་རྟོགས་པར་བྱའོ། །ཞེས་གསུངས་པའི་བཅོ་ལྔ་གང་ཡིན་ཞེ་ན།

འདིའི་ལན་ལ་གཞན་ལུགས་དགག་པ་དང་། རང་ལུགས་བཞག་པ་གཉིས། དང་པོ་ནི། ཁ་ཅིག །རྡོ་རྗེའི་ཚིག་གསུམ་བསྐྱེད་བཅོ་ལྔ་པ་ཡིན་ཞེས་ཟེར་བ་མི་འཐད་དེ། དེ་ཆོས་ཅན། སྐད་ཅིག་གིས་བསྐྱེད་པ་དང་ས་བོན་ལས་བསྐྱེད་པ་དང་མངོན་བྱང་ལས་བསྐྱེད་པའི་གསུམ་པོ་གང་རུང་སྟེ། མངོན་པར་རྟོགས་པ་ལྔ་པོ་གང་རུང་དུ་ཐལ། འདིར་བཤད་པའི་མངོན་པར་རྟོགས་པ་བཅོ་ལྔ་པོ་གང་རུང་ཡིན་པར་ཐལ། ཁ་ཅིག །མན་ངག་ལུགས་ཀྱི་འཁྲུགས་ཅན་བགྲང་བ་ཡིན་ཞེས་ཟེར་བ་མི་འཐད་དེ། དེའི་མཚན་ཉིད་བཟུང་རྒྱུ་མེད་པའི་ཕྱིར་དང་། ངོ་བོ་དང་འབྱེད་ཚུལ་བྱེད་ན་བཞག་དཀའ་བའི་ཕྱིར་རོ། །ཁ་ཅིག །མི་ཐུབ་ཟླ་བའི་འཁྲུགས་ཅན་བགྲང་བ་ཡིན་ཏེ། འདིའི་བཅོ་ལྔ་པར་ཡབ་ཀྱི་མངོན་པར་རྟོགས་པ་ཡིན་པའི་ཕྱིར་ཏེ། རྗེ་བཙུན་རྩེ་མོས། རྒྱུད་སྡེའི་སྤྱི་རྣམ་དུ། ལེའུ་ལྔ་པོ་སྟོན་བྱུང་གི་བུམ་དབང་གི་ལམ། ནང་བསྐྱེད་རིམ་སྙིང་ཁར་ལུས་དཀྱིལ་གྱི་ལྷ་དགུ་བསྒོམ་པ་དང་། ཕྱི་བསྐྱེད་རིམ་ལེའུ་བརྒྱད་དང་ཐུན་མོང་དུ་མངོན་པར་རྟོགས་པ་ལྔ་ལས་ཕྱེ་བའི་རྒྱས་འབྲིང་བཅོ་ལྔ་བསྒོམ་པའོ། །ཞེས་པའི་བཅོ་ལྔ་པོ་དེ་ཡབ་ཀྱི་མངོན་པར་རྟོགས་པ་ཡིན་པའི་ཕྱིར། དེ་ལས་གཞན་དུ་ན། ཡུམ་ལ་ཡང་ཡན་ལག་བཞི་དྲུག་གཉིས་ཡོད་པས་གཉིས་ཀ་བགྲང་ན་བཅུ་དྲུག་ཏུ་འགྱུར་ཞིང་། གང་རུང་ཞིག་འདྲེན་འོས་མི་འདྲེན་པ་ལ་རྒྱུ་མཚན་མེད་པའི་ཕྱིར་དང་། ཡུམ་ལ་ཨ་ལི་ཀ་ལི་ལ་མ་ལྟོས་པ་དང་། ལྟོས་པ་གཉིས་ཡོད་པས་གཉིས་ཀ་སོ་སོར་འདྲེན་ན་བཅུ་དྲུག་ཏུ་འགྱུར་ཞིང་། གང་རུང་ཞིག་འདྲེན་གཅིག་པོ་མི་འདྲེན་པ་ལ་རྒྱུ་མཚན་མེད་པའི་ཕྱིར་ཞེས་ཟེར་བ་མི་འཐད་དེ། དང་པོ་ལ། གླེགས་བམ་གྱི་ཆོས་སྣ་ལ་ཡང་དྲུག་ཅུ་རྩ་གཅིག་ཡོད་པར་ཐལ། ཡུམ་ལ་ཡན་ལག་བཞི་དྲུག་གཉིས་ཡོད་པ་གང་ཞིག །གཉིས་ཀ་བགྲང་ན་དྲུག་ཅུ་རྩ་གཅིག་ཏུ་འགྱུར་ཞིང་། གང་རུང་ཞིག་བགྲང་གཅིག་པོ་མི་བགྲང་བ་ལ་རྒྱུ་མཚན་མེད་པའི་ཕྱིར། འཁོར་གསུམ། གཉིས་པ་ཡང་མི་འཐད་དེ། མི་ཐུབ་ཟླ་བའི་འཁྲུགས་ཅན་བགྲང་བ་མི་འཐད་པར་ཐལ། དེ་ལ་ཡང་ཨ་ལི་ཀ་ལི་ལ་ལྟོས་མི་ལྟོས་གཉིས་ཡོད་པ་གང་ཞིག །གཉིས་ཀ་སོ་སོར་འདྲེན་ན་དྲུག་ཅུ་རྩ་གཅིག་ཏུ་འགྱུར་ལ། གང་རུང་འདྲེན་གཅིག་པོ་མི་འདྲེན་པ་ལ་རྒྱུ་མཚན་མེད་པའི་ཕྱིར། འཁོར་གསུམ། ཡང་ཁ་ཅིག །ཡུམ་གྱི་མངོན་རྟོགས་བགྲང་བ་མི་འཐད་པར་ཐལ། ཡབ་ཀྱི་མངོན་རྟོགས་བགྲང་བའི་སྐབས་སུ་ཡུམ་གྱི་མངོན་རྟོགས་བགྲང་བ་ལ་འབྲེལ་བ་མེད་པའི་ཕྱིར། ཞེ་ན། འོ་ན་མི་ཐུབ་ཟླ་བའི་འཁྲུགས་ཅན་བགྲང་བ་མི་འཐད་པར་ཐལ། མན་ངག་ལུགས་ཀྱི་

མངོན་རྟོགས་བགྲང་བའི་སྐབས་སུ་འགྲེལ་པ་ལུགས་ཀྱི་མངོན་རྟོགས་བགྲང་བ་ལ་འབྲེལ་བ་མེད་པའི་ཕྱིར། རྣམ་པ་ཀུན་ཏུ་མཚུངས་སོ། །གཞན་ཡང་། བདག་མེད་རྣལ་འབྱོར་ལྡན་པ་འམ། །ཡང་ན་ཧེ་རུ་ཀ་དཔལ་བརྗོན། །ཞེས་གསུངས་པ་མི་འཐད་པར་ཐལ། སྐབས་འདིར་བདག་མེད་མའི་མངོན་རྟོགས་བགྲང་བ་ལ་འབྲེལ་མེད་པའི་ཕྱིར་རོ། །

གཉིས་པ་རང་གི་ལུགས་ནི། བདག་མེད་མའི་མངོན་རྟོགས་བགྲང་བར་རིགས་ཏེ། སྨིན་བྱེད་དབང་གི་སྐོ་ནས་ཡབ་ཡུམ་གྱི་རྟེན་ཆོན་གྱི་དཀྱིལ་འཁོར་གཉིས་གསུངས་པ་དང་། ལྟ་བའི་སྒོ་ནས། ཕྱི་ནས་དེ་ཉིད་ཡང་དག་བཤད། །ཅེས་པ་ཡུམ་གྱི་སྐབས་སུ་གསུངས་པ་དང་། གྲོལ་ལམ་བསྐྱེད་རིམ་ལ་ཡབ་ཡུམ་གཉིས་གཙོ་བོར་གསུངས་པ་དང་། རྫོགས་རིམ་ལ་རང་བྱིན་རླབས་དང་དཀྱིལ་འཁོར་ལམ་འབྲས་ནས་བཤད་པ་ཕལ་ཆེར་ཡུམ་གྱི་སྐབས་སུ་གསུངས་པ་དང་། སྤྱོད་པའི་སྐབས་སུ་བུད་མེད་དང་སྐྱེས་པའི་རྟེན་ཅན་གཉིས་ཀས་སྤྱོད་པ་བྱེད་ཚུལ་གསུངས་པ་དང་། ཉེར་རྒྱུའི་སྐབས་སུ་བུད་མེད་ཡུམ་གྱི་རྣལ་འབྱོར་དང་ལྡན་པས་ས་བཅུ་པ་ཐོབ་པའི་ཉེར་རྒྱུ་བྱེད་ཚུལ་ལ་དགོས་དགོངས་གསུངས་པ་དང་། འབྲས་བུ་ལོངས་སྤྱོད་རྫོགས་པའི་སྐུ་ཡབ་ཡུམ་ཞལ་སྦྱོར་གྱི་རྣམ་པར་བཞུགས་པ་སྟེ། རྒྱུ་དང་ལམ་དང་འབྲས་བུའི་གནས་སྐབས་ཀུན་ཏུ་ཡབ་ཡུམ་གཉིས་ཀ་ལ་གཙོ་བོར་སྦྱར་ནས་གསུངས་པའི་ཕྱིར་དང་། འདི་གཉིས་སུ་མེད་པའི་རྒྱུད་ཡིན་པ་ལ་ཡང་རྒྱུ་མཚན་དགོས་པའི་ཕྱིར་རོ། །

དྲུག་པ་རྣལ་འབྱོར་རྣམ་བཅུས་ཉམས་སུ་ལེན་པའི་ཐབས་ནི། འོ་ན་མངོན་པར་རྟོགས་པ་བཅུ་བཞིའམ་བཅོ་ལྔ་པོ་གང་ཟག་གཅིག་གིས་ཉིན་ཞག་ཐུགས་གཅིག་ལ་ཇི་ལྟར་ཉམས་སུ་ལེན་སྙམ་ན། དེ་ལ་ཀྱེ་རྡོ་རྗེ་ཡིས། རྣལ་འབྱོར་རྣམ་པ་གཉིས་ཡིན་ཏེ། །མཉམ་པར་བཞག་པའི་རྣལ་འབྱོར་དང་། །མཉམ་པར་མ་བཞག་རྣལ་འབྱོར་རོ། །མཉམ་བཞག་བསྐྱེད་རྫོགས་གཉིས་ཡིན་ཏེ། །མ་བཞག་ཉལ་དང་ལྡང་དང་ཁྲུས། །མཆོད་གཏོར་བཟླས་དང་ཁ་ཟས་དང་། །སྤྱོད་ལམ་རྗེས་ཆགས་རྣལ་འབྱོར་བརྒྱད། །ཅེས་པ་ལྟར་རྣལ་འབྱོར་བཅུའི་ཉམས་སུ་བླང་བར་བྱ་བ་ཡིན་པ་ལས། ཉམས་སུ་ལེན་པའི་གོ་རིམ་ནི། ཉལ་བ་དང་། ལྡང་བ་དང་། ཁྲུས་དང་། མཆོད་གཏོར་གྱི་རྣལ་འབྱོར་སྔོན་དུ་བཏང་ནས་མཉམ་བཞག་བསྐྱེད་རྫོགས་གཉིས་བསྒོམ། དེ་ནས་བཟླས་པའི་རྣལ་འབྱོར་སོགས་བཞི་ཉམས་སུ་ལེན་པའོ། །དེ་ཡང་བཅུ་པ་རྗེས་ཆགས་ཀྱི་རྣལ་འབྱོར་ནི། རྣལ་འབྱོར་པ་ཁྱིམ་པ་ཁོ་ནའི་དབང་དུ་མཛད་ནས་གསུངས་ཀྱི། དགེ་སློང་རྡོ་རྗེ་འཛིན་པ་ལ་ནི་འདི་མི་དགོས་པས་རྣལ་འབྱོར་དགུ་ཡིས་ཉིན་མཚན་ཁོར་ཡུག་ཏུ་འདའ་བར་བྱེད་པ་ཡིན་ཏེ། འོན་ཀྱང་གོང་དུ་བཤད་པ་ལྟར་བཟླས་པ

དང་། སྦྱོད་ལམ་དང་། ཐུན་མཚམས་ཀྱི་བྱ་བ་དང་། ཁ་ཟས་དང་། གཏོར་མ་དང་། ཉལ་བ་དང་། ལྡང་བའི་རྣལ་འབྱོར་ཞེས་བྱ་བ་བདུན་ནི། ཀུན་གྱི་ཐུན་མོང་བ་ཡིན་ལ། མཆོག་སྒྲུབ་པའི་དཀྱིལ་འཁོར་ལ་ནི་དག་པ་རྗེས་སུ་དྲན་པ་ཞེས་བྱ་བ་ཁྱད་པར་གྱི་ཆོས་ཡིན་ནོ། །ཞེས་གསུངས་པའི་རྗེས་ཆགས་ཀྱི་ཡན་ལག་བརྒྱད་ནི་དགེ་སློང་ལ་ཡང་ཡོད་པར་མངོན་ནོ། །འོན་རྗེས་ཆགས་ཀྱི་རྣལ་འབྱོར་ཇི་ལྟ་བུ་ཡིན་ཞེ་ན། ཁྱིམ་པ་རྡོ་རྗེ་འཛིན་པས་ལས་ཀྱི་ཕྱག་རྒྱ་བརྟེན་པར་འདོད་ན། ལྷའི་འདུ་ཤེས། སྔགས་ཀྱི་འདུ་ཤེས། ཆོས་ཀྱི་འདུ་ཤེས་ཏེ་གསུམ་དང་ལྡན་པས་བརྟེན་ན་འདོད་ཆགས་ཉིད་བྱང་ཆུབ་ཀྱི་ལམ་དུ་འགྱུར་བའོ། །

རྣལ་འབྱོར་བཅུ་ལ་བཤད་པའི་གོ་རིམ་ནི། མཉམ་པར་བཞག་པའི་རྣལ་འབྱོར་གཉིས། མ་བཞག་པའི་རྣལ་འབྱོར་བརྒྱད་ཅེས་བཤད་ན་བདེ་བ་ཡིན་ཡང་། འདི་ནི་མདང་ནུབ་མོ་ཉལ་བའི་རྣལ་འབྱོར་བརྩམས་ཏེ། ཉིན་ཞག་གཅིག་གི་ཉམས་ལེན་གྱི་རིམ་པའི་དབང་དུ་བྱས་ནས་བཤད་པ་ཡིན་ནོ། །

བདུན་པ་སྦྱང་གཞི་སྦྱོང་ཞིང་ལམ་བྱེད་རྣམ་བཞིའི་ལམ་བྱེད་བྱེད་ཚུལ་ལ་གཉིས་ཏེ། སྦྱང་གཞི་སྦྱོང་བའི་ཚུལ་དང་། དེ་ཉིད་ལམ་བྱེད་བཞིས་ལམ་དུ་བྱེད་པའི་ཚུལ་ལོ། །དང་པོ་ལ་གཉིས་ཏེ། རྟོག་པས་བཏགས་པའི་ལུགས་དགག་པ། རྒྱུད་ཀྱི་དགོངས་པ་ཕྱིན་ཅི་མ་ལོག་པར་བཤད་པའོ། །དང་པོ་ལ་གཉིས་ཏེ། ཕྱོགས་སྔ་མ་བརྗོད། དེ་སུན་དབྱུང་བའོ། །དང་པོ་ལ་གཉིས་ཏེ། ཆོས་དབྱིངས་ཁོ་ན་སྦྱང་གཞིར་འདོད་པ་དགག །མ་འོངས་པའི་ཆོས་གསུམ་ཁོ་ན་སྦྱང་གཞིར་འདོད་པའི་ལུགས་སོ། །དང་པོ་ནི། གཞན་མཐོང་གི་གྲུབ་མཐའ་འཛུགས་པའི་མཁས་པ་ཁ་ཅིག །ཕྱུང་ཁམས་སྐྱེ་མཆེད་ཀྱི་ཆོས་རེ་རེ་ལ་ཡང་མཚན་ཉིད་གསུམ་གསུམ་དུ་ཕྱེ་བའི་ཡོངས་གྲུབ་ཁོ་ན་སྦྱང་གཞི་ཡིན་གྱི། ཀུན་བཏགས་དང་གཞན་དབང་གཉིས་ནི་སྦྱང་གཞི་མིན་ཏེ། དེ་དག་ནི་ཀུན་རྫོབ་ཀྱི་བདེན་པ་སྤང་བར་བྱ་བ་ཁོ་ན་ཡིན་པའི་ཕྱིར་དང་། སྦྱང་གཞིའི་དོན་ལྷར་བསྒོམས་པས་ལྷར་འགྱུར་བ་ཞིག་དགོས་ལ། ཀུན་རྫོབ་ཀྱི་བདེན་པ་ནི་རང་བཞིན་རྣམ་དག་གི་ལྷ་མིན་པས་ལྷར་བསྒོམས་ཀྱང་ལྷར་འགྱུར་བ་མི་སྲིད་པའི་ཕྱིར། ཞེས་གསུངས་སོ། །དེའི་དོན་ཡང་འདི་ལྟ་སྟེ། ཀུན་རྫོབ་ཀྱི་བདེན་པ་ཆོས་ཅན། ཁྱོད་སྦྱང་གཞི་མིན་པར་ཐལ། ཁྱོད་སྤང་བྱ་ཡིན་པའི་ཕྱིར། ཡང་དེ་ཆོས་ཅན། ཁྱོད་སྦྱང་གཞི་མིན་པར་ཐལ། ཁྱོད་ལྷར་བསྒོམས་པས་ལྷར་འགྱུར་བ་མེད་པའི་ཕྱིར་ཏེ། ཁྱོད་རང་བཞིན་རྣམ་དག་གིས་ལྷར་བསྒོམས་པས་ལྷར་འགྱུར་བ་མེད་པའི་ཕྱིར་ཏེ། ཁྱོད་རང་བཞིན་རྣམ་དག་གི་ལྷ་མིན་པར་ཐལ། ཞེས་པར་སོང་འདུག་གོ། །

གཉིས་པ་ནི། ཕྱིས་ཀྱི་བླ་མ་གསང་སྔགས་རང་བཟོར་བྱེད་པ་དག་ན་རེ། སྔར་འདས་ཟིན་པས་ད་ལྟར་སྐྱེས་པའི་དངོས་པོ་ཐམས་ཅད་ནི་སྦྱང་གཞི་མིན་ཏེ། དེ་ཡང་འདི་ལྟར་འདས་ཟིན་པའི་དངོས་པོ་ཆོས་ཅན། སྦྱང་

གཞི་མིན་པར་ཐལ། འདས་ཟིན་པའི་ཕྱིར། ད་ལྟ་བའི་དངོས་པོ་ཆོས་ཅན། སྦྱང་གཞི་མིན་པར་ཐལ། སྦྱང་མི་དགོས་པའི་ཕྱིར་ཏེ། སྐད་ཅིག་གིས་མི་གནས་པའི་ཕྱིར་ཏེ། རང་གི་ངང་གིས་འཇིག་པའི་ཕྱིར་ཏེ། ད་ལྟ་བ་ཡིན་པའི་ཕྱིར་རོ། །དེས་ན་ལམ་བསྒོམ་པའི་སྒྲུབ་པ་པོ་ལ་མ་འོངས་པ་ན་འབྱུང་འགྱུར་གྱི་སྐྱེ་འཆི་བར་དོ་གསུམ་པོ་ཁོ་ན་སྦྱང་གཞི་ཡིན་ཏེ། སྦྱང་གཞི་སྦྱོང་བའི་དོན་ལམ་མ་བསྒོམ་ན་སྐྱེ་ཤི་བར་དོ་གསུམ་འབྱུང་རྒྱུ་ཡིན་པ་ལས། ལམ་བསྒོམ་པའི་བྱེད་པས་སྐྱེ་ཤི་བར་དོ་གསུམ་གྱི་ཚབ་ཏུ་འབྲས་བུ་སྐུ་གསུམ་འབྱུང་བ་ལ་འཇོག་དགོས་པའི་ཕྱིར་རོ། །ཞེས་མང་དུ་སྨྲ་བར་བྱེད་དོ། །གཉིས་པ་དེ་སུན་དབྱུང་བ་ལ་གཉིས་ཏེ། སོ་སོར་དགག་པ་དང་། ཐུན་མོང་དུ་དགག་པའོ། །དང་པོ་ལ་གཉིས་ཏེ། ཆོས་དབྱིངས་ཁོ་ན་སྦྱང་གཞིར་འདོད་པ་དགག །མ་འོངས་པའི་ཆོས་གསུམ་ཁོ་ན་སྦྱང་གཞིར་འདོད་པ་དགག་པའོ། །དང་པོ་ནི། དོན་དམ་བདེན་པ་ཆོས་ཅན། ཁྱོད་སྦྱང་གཞི་མིན་པར་ཐལ། ཁྱོད་ཐོབ་བྱ་ཡིན་པའི་ཕྱིར། རྟགས་ཁས། མ་གྲུབ་ན་དེར་ཐལ། ཆོས་སྐུ་ཡིན་པའི་ཕྱིར། རྟགས་ཁས། འདོད་མི་ནུས་ཏེ། ཆོས་དབྱིངས་ཡིན་པའི་ཕྱིར། འཁོར་གསུམ། ཐལ་འགྱུར་གཉིས་པ་ལ། ཆོས་དབྱིངས་ཆོས་ཅན། ཁྱོད་ལྷར་བསྒོམས་པས་ལྷར་འགྱུར་བ་མི་འཐད་པར་ཐལ། ཁྱོད་ལྷར་བསྒོམས་པས་ཀུན་རྫོབ་ཀྱི་ལྷར་འགྱུར་བ་ཡང་མེད། ཁྱོད་ལྷར་བསྒོམས་པས་དོན་དམ་གྱི་ལྷར་འགྱུར་བ་ཡང་མེད་པའི་ཕྱིར། དང་པོ་མ་གྲུབ་ན་དེར་ཐལ། ཁྱོད་ཀུན་རྫོབ་ཀྱི་ལྷ་མིན་པའི་ཕྱིར། འཁོར་གསུམ། གཉིས་པ་མ་གྲུབ་ན། ཁྱོད་ལྷར་བསྒོམས་པའི་ལྷ་དེ་དོན་དམ་གྱི་ལྷ་ཡིན་པར་ཐལ། ཁྱོད་ལྷར་བསྒོམས་པས་དོན་དམ་གྱི་ལྷར་འགྱུར་བ་ཡོད། ཀུན་རྫོབ་ཀྱི་ལྷར་འགྱུར་བ་མེད་པའི་ཕྱིར། རྟགས་ཁས། འདོད་ན། ཁྱོད་ལྷར་བསྒོམས་པའི་བསྐྱེད་རིམ་གྱི་ལྷ་དེ་དོན་དམ་པའི་ལྷ་ཡིན་པར་ཐལ། ཁྱོད་ལྷར་བསྒོམས་པའི་བདག་བསྐྱེད་ཀྱི་ལྷ་དེ་ལྷ་ཡིན་པ་གང་ཞིག །ཁྱོད་ལྷར་བསྒོམས་པའི་བསྐྱེད་རིམ་གྱི་ལྷ་དེ་དོན་དམ་པའི་ལྷ་ཡིན་པར་ཐལ། འདོད་པའི་ཕྱིར། འདོད་ན། དེ་ཆོས་ཅན། དོན་དམ་པའི་ལྷ་མིན་པར་ཐལ། སྦྱང་བྱ་ཡིན་ཏེ། བསྐྱེད་རིམ་ཡིན་པའི་ཕྱིར། ཁྱབ་པ་ཨེ་སོང་། ཡང་དེ་ཆོས་ཅན། དོན་དམ་པའི་ལྷ་མིན་པར་ཐལ། ཀུན་རྫོབ་ཀྱི་ལྷ་ཡིན་པའི་ཕྱིར་ཏེ། བསྐྱེད་རིམ་གྱི་ལྷ་ཡིན་པའི་ཕྱིར་རོ། །ཡང་ཀུན་རྫོབ་ཀྱི་ལྷ་མེད་པར་ཐལ། ཀུན་རྫོབ་ཀྱི་ལྷ་བསྒོམ་པ་མེད་པའི་ཕྱིར་ཏེ། ཀུན་རྫོབ་ཀུན་རྫོབ་ཀྱི་ལྷར་བསྒོམ་པ་ཡང་མེད། དོན་དམ་ཀུན་རྫོབ་ཀྱི་ལྷར་བསྒོམ་པ་ཡང་མེད་པའི་ཕྱིར། དེ་བཞིན་དུ་བདག་བསྐྱེད་ཀྱི་ལྷ་སོགས་ལ་ཡང་རིགས་འགྲེས་ཏེ་བརྗོད་པར་བྱའོ། །གཞན་ཡང་། ཆོས་དབྱིངས་ཆོས་ཅན། ཁྱོད་ལྷར་བསྒོམ་པ་མེད་པར་ཐལ། ཁྱོད་སྤྲོས་བྲལ་ཡིན་པའི་ཕྱིར། ཁྱབ་པ་ཁས། རྩ་རྒྱུད་བརྟག་གཉིས་ལས། སྒོམ་མེད་སྒོམ་པ་པོ་ཡང་མེད། །ལྷ་མེད་སྔགས་ཀྱང་ཡོད་མ་ཡིན། །ཞེས་གསུངས་པའི་ཕྱིར། ཡང་ཤེས་བྱ་ཆོས་

ཅན། ཐལ་བའི་གནས་སྐབས་གཞོམ་པའི་ཕྱིར། །སྒོམ་པ་ཡང་དག་རབ་ཏུ་གྲགས། །ཞེས་པའི་སྐབས་ནས་དངོས་བསྟན་གྱི་ལྷ་བསྒོམ་པ་དེ་དོན་དམ་པའི་ལྷ་ཡིན་པར་ཐལ། ཀུན་རྫོབ་ལྷར་བསྒོམ་པ་མེད་པའི་ཕྱིར། འདོད་ན། བསྐྱེད་རིམ་དོན་དམ་པའི་ལྷ་ཡིན་པར་ཐལ། འདོད་པའི་ཕྱིར། ཡང་འོན་ཀྱང་མི་རུ་བའི་ཚད་མཉམ་པར་སྦྱོང་བའི་ཕྱིར་དེ་བཞིན་གཤེགས་པའི་སྐུ་གཟུགས་བསྒོམ་པར་བྱའོ། །ཞེས་པའི་དངོས་བསྟན་གྱི་སྐུ་གཟུགས་དེ་དོན་དམ་པའི་སྐུ་གཟུགས་ཡིན་པར་ཐལ། ཀུན་རྫོབ་དེ་བཞིན་གཤེགས་པའི་སྐུ་གཟུགས་སུ་བསྒོམས་པ་མེད་པའི་ཕྱིར། འདོད་ན། བསྐྱེད་རིམ་དེ་དེར་ཐལ། འདོད་པའི་ཕྱིར། གལ་ཏེ་ཁོ་ན་རེ། སྐྱོན་མེད་དེ། ཆོས་དབྱིངས་སྦྱང་གཞི་ཡིན་ཞེས་པའི་ཆོས་དབྱིངས་ནི། སྒྲ་རྟོག་གི་དངོས་ཡུལ་དུ་གྱུར་པའི་ཆོས་དབྱིངས་ལ་བྱེད་པ་ཡིན་ནོ། །ཞེ་ན། དེ་ཆོས་ཅན། ཁྱོད་ཆོས་དབྱིངས་མིན་པར་ཐལ། ཁྱོད་ཀུན་རྫོབ་བདེན་པ་ཡིན་པའི་ཕྱིར་ཏེ། སྒྲ་རྟོག་གི་དངོས་ཡུལ་ཡིན་པའི་ཕྱིར། རྟགས་ཁས། འདོད་ན། ཆོས་དབྱིངས་སྦྱང་གཞིར་འཇོག་པ་མི་འཐད་པར་ཐལ། འདོད་པའི་ཕྱིར། ཡང་གསལ་བ་དེར་ཐལ། ཆོས་དབྱིངས་ཡིན་ན་སྦྱང་གཞི་མ་ཡིན་དགོས་པའི་ཕྱིར། རྟགས་ཁས། ཡང་དེ་ཆོས་ཅན། ཁྱོད་སྦྱང་གཞི་མིན་པར་ཐལ། ཁྱོད་ལྷར་བསྒོམ་པ་མེད་པའི་ཕྱིར། ཁྱོད་ཀུན་རྫོབ་བདེན་པ་ཡིན་པའི་ཕྱིར། རེ་ཞིག་དེ་ཙམ་མཛད་པར་ཞུ། དེས་ན་ཆོས་དབྱིངས་ཡིན་ན་སྦྱང་གཞི་མིན་དགོས་ཤིང་། སྒྲ་རྟོག་གི་དངོས་ཡུལ་དུ་གྱུར་པའི་ཆོས་དབྱིངས་སྦྱང་གཞི་ཡིན་ཀྱང་། འདི་ནི་ཀུན་རྫོབ་བདེན་པ་ཡིན་ལ། ཕུང་པོ་ལྔའི་ཆོས་ཉིད་རིགས་དྲུག་པའི་སྦྱང་གཞིར་གསུངས་པ་ཡང་འདི་ལ་དགོངས་པ་ཡིན་ནོ༑ ༑ཡང་གཅིག་གསན་པར་ཞུ། རྩ་རྒྱུད་ལས། ངེས་པར་དངོས་པོ་ཐམས་ཅད་ཀྱི། །དག་པ་དེ་བཞིན་ཉིད་དུ་བརྗོད། །ཕྱི་ནས་རེ་རེའི་དབྱེ་བ་ཡི། །ལྷ་རྣམས་ཀྱིས་ནི་བརྗོད་པར་བྱ། །ཅེས་གསུངས་པ་མི་འཐད་པར་ཐལ། དོན་དམ་སྤྲོས་བྲལ་ལྷར་བསྒོམ་ཞིང་། ཀུན་རྫོབ་ལྷར་བསྒོམ་པ་མེད་པའི་ཕྱིར་རོ། །ལུང་དེའི་དོན་ནི། ངེས་པར་དངོས་པོ་ཐམས་ཅད་དེ་བཞིན་ཉིད་སྤྲོས་བྲལ་ཡིན་པས་ལྷར་བསྒོམས་པ་མེད་ཀྱང་། ཕྱི་ནས་དེ། དེ་མ་རྟོགས་པར་ཀུན་རྫོབ་ཀྱི་སྤྲོས་པ་སྣ་ཚོགས་སུ་འཆར་བ་ན་དེ་ནས་སྒོམ་ལྷར་བསྒོམས་ཞེས་པའི་དོན་ཡིན་ནོ། །གཞན་ཡང་། གུར་ལས། གལ་ཏེ་འགལ་བར་ཡོད་པ་མིན་ཡང་། །དེ་ཚེ་རྒྱལ་བའི་དངོས་པོ་སྦྱངས་པ་ཡོད། །ཀུན་རྫོབ་གཟུགས་སུ་རྣམ་པར་གནས་ནས་ནི། །འཁོར་ལོའི་གཟུགས་ཀྱི་ཆོས་ཙམ་རྣམ་པར་བརྟག །ཅེས་གསུངས་པ་མི་འཐད་པར་ཐལ། རྟགས་སྔ་མའི་ཕྱིར། ལུང་དེའི་དོན་ནི། དོན་དམ་ཆོས་ཉིད་ཀྱི་ངོས་ནས་འགལ་བ་སྦྱང་གཞི་དང་སྦྱོང་བྱེད་སོ་སོར་ཡོད་པ་མིན་ཡང་། ཆོས་ཉིད་མ་རྟོགས་པར་ཀུན་རྫོབ་ཕུང་ཁམས་སྐྱེ་མཆེད། ཀུན་རྫོབ་ཕུང་ཁམས་སྐྱེ་མཆེད་ཀྱི་སྣང་བ་འཆར་བ་དེའི་ཚེ། སྦྱང་གཞི་དེ་དག་རྒྱལ་བའི་དངོས་པོ་སྦྱང་

བའི་སྣང་གཞི་དང་སྟོང་བྱེད་ཀྱི་རྣམ་པར་གཞག་པ་ཡོད་དོ། །དེས་ན་སྣང་གཞི་དང་སྟོང་བྱེད་གཉིས་ཀ་ཡང་ཀུན་རྫོབ་གཟུགས་སུ་རྣམ་པར་གནས་ནས་ཡིན་གྱི་དོན་དམ་པར་ནི་མ་ཡིན་ཞེས་པའི་དོན་ནོ། །དེ་ལྟར་རྒྱ་རྒྱུད་ལས། ཕྱི་ནས་ཞེས་པ་དང་། གུར་ལས། དེ་ཚེ་ཞེས་པ་དོན་གཅིག་ཏུ་ཤེས་པར་བྱའོ། །གཞན་ཡང་། སྤྱོད་བསྡུས་ལས། གང་གིས་སྐྱེ་བ་ཀུན་རྫོབ་བདེན་པ་སྟེ། །འཆི་བའི་མིང་ཡང་དོན་དམ་བདེན་པ་ཡིན། །རིམ་གཉིས་འདི་དག་བླ་མའི་བཀའ་དྲིན་གྱིས། །རྙེད་པ་གང་དེ་མ་འོངས་སངས་རྒྱས་ཡིན། །ཞེས་གསུངས་པ་མི་འཐད་པར་ཐལ། སྐྱེ་བ་ཀུན་རྫོབ་ཀྱི་བདེན་པ་དེ་བསྐྱེད་རིམ་གྱི་སྣང་གཞི་ཡང་མིན། སྟོང་བྱེད་ཀྱི་ལྷ་ཡང་མིན་པའི་ཕྱིར། དང་པོ་མ་གྲུབ་ན། དེར་ཐལ། ཀུན་རྫོབ་བདེན་པ་ཡིན་པའི་ཕྱིར། ཁྱབ་པ་ཁས། གཉིས་པ་མ་གྲུབ་ན། དོན་དམ་ཀུན་རྫོབ་ཀྱི་ལྷར་བསྒོམ་པ་ཡོད་པར་ཐལ། ཁས་བླངས་དེའི་ཕྱིར། འདོད་ན། དོན་དམ་ཆོས་ཅན། ཀུན་རྫོབ་ཀྱི་ལྷར་བསྒོམ་པ་མེད་པར་ཐལ། ཀུན་རྫོབ་ལྷ་མ་ཡིན་པའི་ཕྱིར། འཁོར་གསུམ།

གཉིས་པ་མ་འོངས་པའི་ཆོས་གསུམ་ཁོ་ན་སྣང་གཞིར་འདོད་པའི་ལུགས་དགག་པ་ནི། མ་འོངས་པའི་ཆོས་གསུམ་ཆོས་ཅན། སྣང་གཞི་མིན་པར་ཐལ། མ་སྐྱེས་པའི་ཕྱིར། ཁྱབ་པ་སྔ་མ་ལ་ཁས། གཞན་ཡང་། མ་འོངས་པ་ན་སྐྱེ་ཤི་བར་དོ་གསུམ་འབྱུང་མི་སྲིད་པའི་འཛམ་བུ་གླིང་གི་མིའི་བླ་མེད་ཀྱི་རིམ་གཉིས་བསྒོམ་པའི་རིམ་པ་གཉིས་པོ་དེ་ཆོས་ཅན། ཁྱོད་ཉིད་སྣང་གཞི་མ་ཡིན་པར་ཐལ། ཁྱོད་ཉིད་སྣང་གཞི་གྱུར་པའི་མ་འོངས་པའི་ཆོས་གསུམ་ཡང་མེད། དེ་ལས་གཞན་ཡང་མེད་པའི་ཕྱིར། དང་པོ་གྲུབ་སྟེ། ཁྱོད་མ་འོངས་པ་ན་དེ་གསུམ་མི་འབྱུང་བར་ངེས་པའི་རྣལ་འབྱོར་པ་ཡིན་པའི་ཕྱིར་ཏེ། ཆོས་ཅན་དེའི་ཕྱིར། མ་གྲུབ་ན་དེ་དེར་ཐལ། དེ་ཡོད་པའི་ཕྱིར་ཏེ། དེ་མི་འབྱུང་བ་ངེས་པའི་མི་ཡོད་པའི་ཕྱིར་ཏེ། དེ་མི་འབྱུང་བར་ངེས་པའི་སོ་སོ་སྐྱེ་བོ་ཡོད་པའི་ཕྱིར་ཏེ། ཚེ་འདི་ལ་སངས་རྒྱས་ཐོབ་པར་ངེས་པའི་སོ་སོའི་སྐྱེ་བོ་ཡོད་པའི་ཕྱིར་ཏེ། སྔགས་ཀྱིས་བཏབ་པའི་ས་བོན་ནི། །ཉི་མ་ལ་གཅིག་ལོ་ཏོག་སྨིན། །རྡོ་རྗེ་ཐེག་པའི་ཐབས་ཤེས་ན། །ཚེ་འདི་ཉིད་ལ་སངས་རྒྱས་འགྲུབ། །ཅེས་གསུངས་པའི་ཕྱིར། རྩོད་མི་ནུས་ཏེ། ཁྱོད་ཐབས་རྒྱུད་ཀྱི་ལམ་རིམ་པ་གཉིས་པོ་གང་རུང་ཡིན་པའི་ཕྱིར་རོ། །གཞན་ཡང་། འོག་མིན་ན་བཞུགས་པའི་ལོངས་སྤྱོད་རྫོགས་སྐུའི་འཁོར་དུ་བྱུང་བའི་བྱང་ཆུབ་སེམས་དཔས་སྒོམ་པའི་རྣལ་འབྱོར་ཆེན་པོའི་ཉམས་ལེན་ཆོས་ཅན། ཁྱོད་ཀྱི་སྣང་གཞི་མེད་པར་ཐལ། ཁྱོད་ཀྱི་སྣང་གཞིར་གྱུར་པའི་མ་འོངས་པའི་ཆོས་གསུམ་གང་རུང་ཡང་མེད། དེ་ལས་གཞན་ཡང་མེད་པའི་ཕྱིར། དང་པོ་མ་གྲུབ་ན་དེར་ཐལ། ཁྱོད་ཀྱི་སྣང་གཞིར་གྱུར་པའི་འཛམ་བུ་གླིང་གི་མིའི་ཆོས་གསུམ་གང་རུང་མེད་པ་གང་ཞིག །སྣང་གཞིར་གྱུར་པའི་ཆོས་གསུམ་གང་རུང་ཡིན་ན། འཛམ་བུ་གླིང་གི་མིའི་ཆོས་གསུམ་གང་རུང་ཡིན་དགོས

པའི་ཕྱིར། ཧྲགས་ཕྱི་མ་ཁས། རྩོད་མི་ནུས་ཏེ། ཆོས་ཅན་ཡིན་པའི་ཕྱིར།

གཉིས་པ་ཐུན་མོང་དུ་དགག་པ་ནི། ལུགས་འདི་གཉིས་ཀྱིས་ཀྱང་ཀུན་རྫོབ་ཕུང་ཁམས་སྐྱེ་མཆེད་ཀྱིས་དངོས་པོ་རྣམས་ལྷའི་ངོ་བོར་བསྒོམས་ཀྱང་ལྷར་འགྱུར་བ་མི་སྲིད་དེ། ལྷའི་ངོ་བོར་རང་བཞིན་གྱིས་རྣམ་པར་དག་པ་མི་སྲིད་པའི་ཕྱིར་ཏེ། ལྷར་བསྒོམས་ཀྱང་ལྷར་འགྱུར་བ་མི་སྲིད་པའི་ཕྱིར། ཞེས་འདོད་དོ། །དེ་ནི་མི་འཐད་དེ། དཔལ་འཁོར་ལོ་སྡོམ་པའི་རྒྱུད་ལས། གཟུགས་ཀྱི་ཕུང་པོ་རྣམ་པར་སྣང་མཛད་དོ། །ཚོར་བ་རྡོ་རྗེ་གསུམ་གྱི་མའོ། །འདུ་ཤེས་པདྨ་གར་གྱི་དབང་ཕྱུག །འདུ་བྱེད་རྡོ་རྗེ་རྒྱལ་པོ། རྣམ་པར་ཤེས་པ་རྡོ་རྗེ་སེམས་དཔའ། ཞེས་སོགས་གསུངས་པ་མི་འཐད་པར་ཐལ། གཟུགས་སོགས་ལྷར་སྒོམ་པ་མེད་པའི་ཕྱིར་ཏེ། གཞན་ཡང་། ཀྱེ་རྡོ་རྗེའི་རྩ་རྒྱུད་ལས། གཟུགས་ལ་སོགས་པའི་ཡུལ་རྣམས་དང་། །གཞན་ཡང་རྣལ་འབྱོར་པས་མཐོང་བ། །དངོས་པོ་དེ་ཀུན་དག་པ་སྟེ། །འདི་ལྟར་འགྲོ་བ་སངས་རྒྱས་འགྱུར། །ཞེས་གསུངས་པ་དང་། གཟུགས་ཕུང་རྡོ་རྗེ་མ་ཡིན་ཏེ། །ཚོར་བ་ལ་ནི་དཀར་མོ་གྲགས། །ཞེས་སོགས་གསུངས་པ་མི་འཐད་པར་ཐལ། གཟུགས་སོགས་ལྷར་སྒོམ་པ་མེད་པའི་ཕྱིར་ཏེ། གཞན་ཡང་། གསང་བ་འདུས་པའི་རྒྱུད་ལས། མདོར་ན་ཕུང་པོ་ལྔ་རྣམས་ནི། །སངས་རྒྱས་ལྔར་ནི་རབ་ཏུ་གྲགས། །ཞེས་གསུང་པ་མི་འཐད་པར་ཐལ། གཟུགས་སོགས་ལྷར་སྒོམ་པ་མེད་པའི་ཕྱིར།

གཉིས་པ་རྒྱུད་ཀྱི་དགོངས་པ་ཕྱིན་ཅི་མ་ལོག་པར་བཤད་པ་ལ་གསུམ་སྟེ། སྦྱང་གཞི་དང་སྦྱོང་བྱེད་ཀྱི་དོན་བཤད་པ། དེ་ཉམས་ལེན་གྱི་རིམ་པ་ལ་ཇི་ལྟར་སྦྱང་བའི་ཚུལ། ཡིད་ཆེས་སྐྱེད་པའི་ཕྱིར་འཕྲུལ་ཟད་ཀྱི་ལུང་ཁུངས་བསྟན་པའོ། །དང་པོ་ནི། སྦྱང་གཞི་དང་སྦྱོང་བྱེད་ཀྱི་དོན། རྩ་རྒྱུད་ལེའུ་དང་པོ་ལས། དངོས་པོ་ཉིད་ཀྱི་རྣམ་གྲོལ་ཞིང་། །དངོས་པོས་འཆིང་བས་འཆིང་བར་འགྱུར། །དེ་ཡོངས་ཤེས་པས་གྲོལ་བ་ཡིན། །དངོས་པོ་མེད་པ་ཡོངས་ཤེས་པ། །དངོས་པོ་སྒོམ་འགྱུར་ཤེས་རབ་ཅན། །ཞེས་དང་། ལེའུ་དགུ་པར། ཕུང་པོ་ལྔ་དང་དབང་པོ་དྲུག །སྐྱེ་མཆེད་དྲུག་དང་འབྱུང་ཆེན་ལྔ། །རང་བཞིན་གྱིས་ནི་རྣམ་པར་དག །ཉོན་མོངས་ཤེས་བྱའི་སྒྲིབ་བྱང་བྱ། །ཞེས་སོགས་རྒྱུད་སྡེ་རྣམས་ལས་རྒྱས་པར་གསུངས་སོ། །འདི་དག་གི་དོན་ལ་སྦྱང་གཞི། སྦྱང་བྱ། སྦྱོང་བྱེད། སྦྱང་ཚུལ། སྦྱང་འབྲས་ངོས་བཟུང་བ་དང་ལྔ་ལས། དང་པོ་ནི། ཐ་མལ་པའི་བློ་ལ་ཕུང་ཁམས་སྐྱེ་མཆེད་དུ་སྣང་བ་དང་། བཟུང་བ་དང་འཛིན་པར་སྣང་བའི་ཀུན་རྫོབ་ཀྱི་བདེན་པས་བསྡུས་པའི་སའི་ཆོས་མཐའ་དག་སྟེ། ལྷའི་ངོར་རང་བཞིན་གྱི་རྣམ་པར་དག་པས་ལྷར་འགྱུར་བའི་གཞི་ཡང་ཡིན། ཐ་མལ་གྱི་རྣམ་རྟོག་གིས་ཐ་མལ་དུ་བཟུང་བས་སྦྱང་དགོས་པའི་གཞི་ཡང་ཡིན་པའི་ཕྱིར་རོ། །གཉིས་པ་ནི། སྣང་བ་འདི་དག

བདེན་པར་འཛིན་པའམ། བདེན་འཛིན་གྱི་སྒྲོ་འདོགས་ཆོད་ནས་བཏགས་པ་ཙམ་དུ་འཛིན་པ་གང་ཡིན་ཀྱང་རུང་སྟེ། ལྷའི་ངོ་བོ་མ་ཤེས་པ་འདི་ནི་གཟུགས་སོ། །འདི་ནི་ཆོར་བའོ། །ཞེས་སོགས་སྣང་བ་རང་གར་འཛིན་པའི་རྟོག་པ་ཐམས་ཅད་དེ། འདིར་ནི་འཁོར་བར་འཆིང་བའི་རྒྱུ་ཡིན་པས་འཆིང་བྱེད་དང་། ཡུལ་གྱི་སྣུ་རིས་ཕྱེ་ནས་མངོན་པར་ཞེན་པས་མཚན་རྟོག་དང་། ཉོན་སྒྲིབ་དང་ཤེས་སྒྲིབ་སྤྱོངས་སུ་ཡང་འཇོག་པའི་ཕྱིར་རོ། །འོན་རྣམ་རྟོག་དེ་ཉིད་སྦྱང་གཞི་མིན་ན་ཞུང་ཁམས་སྐྱེ་མཆེད་ཀྱི་ཆོས་སུ་འདོད་པ་དང་འགལ་ཞིང་། ཡིན་ན་སྦྱང་བྱར་བཤད་པ་དང་ཡང་འགལ་ལོ་སྙམ་ན་མི་འགལ་ཏེ། གཞི་གཞན་གྱི་སྟེང་དུ་རྣམ་རྟོག་དེ་ཉིད་སྦྱང་བྱ་ཡིན་ཀྱང་། དེ་ཉིད་ལ་ཐ་མལ་དུ་རྣམ་པར་རྟོག་པའི་བརྟག་ཆ་ཡུལ་གྱི་རྣམ་རྟོག་སྦྱང་གཞི་དང་། ཡུལ་གྱི་རྣམ་རྟོག་སྦྱང་བྱར་འདོད་དགོས་པའི་ཕྱིར་རོ། །

གསུམ་པ་ནི། རྣམ་ཐར་སྒོ་གསུམ་དང་། བྱང་ཕྱོགས་སོ་བདུན་དང་། ཡེ་ཤེས་ལྔ་ལ་སོགས་པ་ཆོས་སྐུའི་ཡོན་ཏན་རྣམས་དང་། རིགས་ལྔ་ཡུམ་བཞི་སོགས་གཟུགས་སྐུ་གདན་གསུམ་ཚང་བའི་ལྷ་ཚོགས་རྣམས་ཀྱིས་སྦྱོང་བར་བྱེད་པ་ཡིན་ནོ། །བཞི་པ་ནི། རྣལ་འབྱོར་པས། སྦྱང་གཞི་ཕུང་ཁམས་སྐྱེ་མཆེད་ཀྱི་ཆོས་ཐམས་ཅད་ཐ་མལ་པ་མིན་པར། རྣམ་ཐར་སྒོ་གསུམ་མམ། བྱང་ཕྱོགས་སོ་བདུན་ནམ། ཡེ་ཤེས་ལྔའམ། རིགས་ལྔ་ཡུམ་བཞི་ལ་སོགས་པའི་ངོ་བོར་བསྒོམས་ཏེ། འདི་ལ་མཉམ་བཞག་གི་རྣལ་འབྱོར་གྱིས་སྦྱོང་ཚུལ་དང་། རྗེས་སྤྱོད་ཀྱི་རྣལ་འབྱོར་གྱིས་སྦྱོང་ཚུལ་གཉིས་ལས། དང་པོ་ནི། ཡེ་ཤེས་ཚོགས་བསྲེག་གིས་སྣང་བའི་དངོས་པོ་ཐམས་ཅད་སྟོང་པ་ཉིད་དུ་སྦྱངས་པའི་སྟོང་ཉིད་དང་། སེམས་གསལ་བ་ཐ་མི་དད་པའི་གསལ་སྟོང་ཟུང་འཇུག་ལ་མཉམ་པར་བཞག་ནས། དེ་ལས་ལངས་པའི་ཚེ་ཀུན་རྫོབ་ཐ་མལ་པའི་སྣང་བ་འཆར་དུ་མི་འཇུག་པར་རྟེན་དང་བརྟེན་པ་བཅས་པའི་འཁོར་ལོ་བསྒོམས་ནས། དེ་ཀུན་རྫོབ་ཀྱི་སྣང་བ་དང་དབྱེར་མེད་དུ་བྱེད་པའོ། །

གཉིས་པ་ནི། མཉམ་བཞག་ལས་ལངས་ནས་རྗེས་སྤྱོད་ཀྱི་ཚེ་ཐོག་མ་མེད་པའི་བག་ཆགས་ཀྱི་དབང་གིས་སྣང་བའི་དངོས་པོ་མཐོང་ཐོས་ཐམས་ཅད་ཐ་མལ་དུ་འཛིན་པ་རང་ཤུགས་ཀྱིས་སྐྱེ་ལ། དེའི་ཚེ་དྲན་པའི་རྩས་ཟིན་པར་བྱས་ནས་ཐ་མལ་གྱི་རྣམ་རྟོག་དགག་སྟེ། འདི་ནི་ལྷའོ་སྙམ་དུ་བསྒོམས་པས་སྔར་གྱི་མཉམ་བཞག་གིས་རྟོག་པ་བོགས་དབྱུང་བའོ། །འདིའི་གནད་ཀྱང་མཉམ་རྗེས་གཉིས་པོ་སྦྱང་གཞི་གཅིག་ཡིན་པ་དང་། སྦྱོང་ཚུལ་ཐ་མལ་གྱི་རྣམ་རྟོག་ཡོང་བར་གཅིག་པའི་ཕྱིར་རོ། །ལྔ་པ་ནི། ཕུང་ཁམས་སྐྱེ་མཆེད་ཀྱི་ཆོས་འདི་དག་ལྷའི་ངོ་བོར་བསྒོམས་པས་གློ་བུར་གྱི་དྲི་མ་དག་ནས་ཆོས་སྐུའམ་གཟུགས་སྐུའི་ངོ་བོར་གྱུར་པ་སྟེ། རྟག་ཏུ་འདི་དག་རྣམ་དག་ནས། །དེ་ཉིད་རྣལ་འབྱོར་པས་འགྲུབ་འགྱུར། །ཞེས་གསུངས་སོ། །འདི་དག་ཀྱང་

གཞི་གཅིག་གི་སྟེང་དུ་གནད་མདོར་བསྟུན། གཟུགས་ནི་སྣང་གཞི། རྣམ་པར་སྣང་མཛད་དམ་རྡོ་རྗེ་མ་ནི་སྣང་བྱེད། གཟུགས་ཕུང་ལྟར་མ་ཤེས་པར་གཟུགས་ཕུང་ཙམ་དུ་འཛིན་པ་ནི་སྣང་བྱ། གཟུགས་ཕུང་རྣམ་སྣང་ངམ་རྡོ་རྗེ་མའི་ངོ་བོར་རང་བཞིན་གྱི་རྣམ་པ་དག་པར་ཤེས་ནས་མཉམ་བཞག་དང་། རྗེས་ཐོབ་ཀྱི་ལྟར་བསྒོམ་པ་ནི་སྦྱོང་ཚུལ། དེ་ལྟར་བསྒོམས་པས་གཟུགས་ཕུང་རྣམ་སྣང་ངམ་རྡོ་རྗེ་མའི་ངོ་བོར་གནས་གྱུར་པ་ནི་སྦྱོང་འབྲས་ཏེ་ཐམས་ཅད་འདི་བཞིན་དུ་སྦྱར་བར་བྱའོ། །ཡེ་ཤེས་ལྟར་སྒོམ་ཚུལ་ལ་རྣམ་པ་གཟུགས་ཀྱི་རྣམ་པར་བསྒོམ་དགོས་པས། ཟླ་བ་ལ་སོགས་པ་མངོན་བྱང་ལྔ་པོ་རེ་རེའི་སྟེང་དུ་སྔ་མ་བཞིན་སྦྱར་བར་བྱའོ། །གཉིས་པ་ལ། སྟོན་འགྲོ་ལས་ཉོན་སྦྱོང་ཚུལ། དངོས་གཞི་རྟེན་གྱི་སྣོད་སྦྱོང་ཚུལ། བསྐྱེད་ཆོག་གིས་སྐྱེ་གནས་བཞི་སྦྱོང་ཚུལ། ལྷ་བསྟུས་པས་འཆི་སྲིད་སྦྱོང་ཚུལ། ལྷའི་རྣམ་པས་དུག་གསུམ་སྦྱོང་ཚུལ། ཁ་དོག་དང་དབྱིབས་ཀྱིས་དུག་ལྔ་སྦྱོང་ཚུལ། ཕྱག་ཞབས་ཀྱི་རྣམ་འགྱུར་གྱིས་མཐའ་གཉིས་སྦྱོང་ཚུལ་དང་བདུན་ཡོད་དོ། །

གསུམ་པ་ཡིད་ཆེས་བསྐྱེད་པའི་ཕྱིར་འཕྲུལ་ཟད་ཀྱི་ལུང་ཁུངས་བསྟན་པ་ནི། གནད་འདི་དག་རྗེ་ས་ཆེན་གྱིས། དབང་བཞིའི་ངོ་སྤྲོད་ཀྱི་འགྲེལ་པ་སོགས་ལས་གསུངས་སོ། །གཉིས་པ་དེ་ཉིད་ལམ་བྱེད་བཞིའི་ལམ་དུ་བྱེད་པའི་ཚུལ་ནི། སྔར་བཤད་པའི་སྣང་གཞི་དང་སྦྱོང་བྱེད་དེ་དག་ཐམས་ཅད་ཀྱང་། འདྲ་ཆོས་དང་མཚོན་དོན་ནི་སེམས་ཀུན་གཞིའི་སྟེང་དུ་མྱ་ངན་ལས་འདས་པའི་ཆོས་ཐམས་ཅད་ཀྱི་བག་ཆགས་གནས་པའི་སྟོབས་ཀྱིས་ཀུན་རྫོབ་ཀྱི་སྣང་བ་ཐམས་ཅད། འབྲས་བུ་སངས་རྒྱས་པའི་གཟུགས་སྐུ་དང་ཆོས་སྐུའི་རྣམ་པ་རང་བཞིན་རྣམ་དག་གི་ཚུལ་གྱིས་འབྱུང་བ་ཡིན་པ་དེའི་ཕྱིར་བསྒོམས་པས་གློ་བུར་གྱི་དྲི་མ་དག་སྟེ་མངོན་དུ་འགྱུར་བ་ནི་སྣང་གཞི་དང་སྦྱོང་བྱེད་མཚོན་དོན་སྒྲིག་པའི་དོན་ནོ། །ཁ་ཅིག །འདི་སྐད་དུ་ཟླ་བ་ལ་སོགས་པ་འདི་དག་མེ་ལོང་ལྟ་བུ་ལ་སོགས་པ་ཡིན་ནས་བསྒོམ་མམ་མ་ཡིན་ནས་བསྒོམ། དང་པོ་ལྟར་ན་གྲུབ་ཟིན་སྒྲུབ་པར་འགྱུར་ལ། གཉིས་པ་ལྟར་ན་སྨྲང་པོ་རྒྱལ་སར་རློམ་པ་ལྟར་བསྒོམས་ཀྱང་མི་འགྲུབ་པར་འགྱུར་རོ་སྙམ་ན། ཡིད་ནས་བསྒོམས་ལ་འདི་ལ་ཡང་འབྲས་བུ་དངོས་ཡིན་པ་དང་། ཆོས་ཉིད་དམ་རྣམ་པ་ཡིན་པ་གཉིས་ལས། འདི་ནི་ཆོས་ཉིད་དམ་རྣམ་པར་ཡིན་ལ། དེའང་ཚུལ་འདི་ལྟར་སྒོམ་སྟེ། རྣམ་པ་ཟླ་བ་ལྟར་བསྒོམས་པས་རྣམ་པ་ལམ་དུ་བྱེད་པ་ཞེས་བྱ། རྣམ་པ་དེ་ཉིད་ལ་དོན་མེ་ལོང་ལྟ་བུའི་ཡེ་ཤེས་ལ་སོགས་པར་མོས་པ་བྱས་པས་ལན་གཅིག་དེ་ཐོབ་པར་འགྱུར་བས་མོས་པ་ལམ་དུ་བྱེད་པ་སྟེ། ཟླ་བ་མེ་ལོང་ཡེ་ཤེས་ལྡན། །ཞེས་འབྱུང་ངོ་། །དེ་ཡང་སངས་རྒྱས་ལ་མངའ་བའི་མེ་ལོང་ལྟ་བུའི་ཡེ་ཤེས་འདི་ཉིད་ཡིན་སྙམ་དུ་འབྲས་བུ་ད་ལྟ་ཉིད་ནས་སྒོམ་པས་འབྲས་བུ་ལམ་དུ་བྱེད་པའོ། །དེས་བདག་གི་རྒྱུད་ལ་ཚོགས་བསགས་ཤིང་སྒྲིབ་པ་འདག་པའི་རྟེན་འབྲེལ་དུ

འགྱུར་བས་བྱིན་རླབས་ལམ་དུ་བྱེད་པའོ། །དེ་བས་ན་རྣམ་པ་དེ་ལ་འབྲས་བུའི་ངོར་ཞེན་པས་ལམ་ལ་འཇུག་པས་ཞེས་པ་འཇུག་པའི་ལམ། ཐབས་དེ་དེ་བཞིན་གཤེགས་པའི་ཐུགས་རྗེས་མི་བསླུ་བས་ན་འབྲེལ་པས་མི་བསླུ་བའི་ལམ་ཞེས་བྱ་བ་ཡིན་ནོ། །དེ་ལྟར་རྣལ་འབྱོར་རྣམ་པ་བཅུ་པོ་སྣང་གཞི་སྦྱོང་བྱེད་སྦྱར་ཞིང་ལམ་བྱེད་བཞི་ལྡན་དུ་བརྩོན་འགྲུས་དྲག་པོས་བསྒོམས་པས་དྲོད་ཆུང་དུ་ཐོབ་པ་ན་ཀུན་འདར་གསང་ནས་སྤྱོད། དེ་ནས་དྲོད་འབྲིང་པོ་ཐོབ་པ་ན་ཀུན་འདར་འཇིག་རྟེན་པའི་མངོན་དུ་སྤྱོད། དེས་ལུང་བསྟན་པའི་བུ་མོ་པད་ཅན་མ་ལ་བརྟེན་ནས་དྲོད་ཆེན་པོ་ཐོབ་པ་ན་ཀུན་ཏུ་བཟང་པོའི་སྤྱོད་པ་ཟླ་བ་གཅིག་གིས་ས་བརྒྱད་པ་ཐོབ་སྟེ་ཉེར་རྒྱུ་སྤྱོད་པའི་སྐལ་བ་དང་ལྡན་པར་འགྱུར་ཞིང་། དེ་ནས་ཉེར་རྒྱུ་ཞག་བདུན་གྱིས་རྡོ་རྗེ་འཆང་ཆེན་པོའི་ས་བཅུ་གསུམ་པ་ཐོབ་པར་འགྱུར་བ་ནི་ངེས་པའོ། །དེ་སྐད་དུ་ཡང་རྗེ་བཙུན་ཆེན་པོས། དེ་ལྟར་རིམ་གཉིས་ལམ་ལ་སྦྱོར་བ་ཡིས། །དྲོད་ཐོབ་ནས་ནི་སྤྱོད་པས་བསྟན་བྱས་ལ། །ས་རྣམས་བགྲོད་ནས་ཉེ་རྒྱུས་མཚམས་སྦྱར་ཏེ། །རྡོ་རྗེ་འཛིན་པ་མངོན་དུ་ཐོབ་པར་འགྱུར། །ཞེས་གསུངས་སོ། །བསྐྱེད་རིམ་བཤད་ཟིན་ཏོ། །

གཉིས་པ་རྫོགས་རིམ་ལ། སྔོན་འགྲོ་དང་། དངོས་ཉམས་ལེན་གྱི་རིམ་པ་གཉིས། དང་པོ་ནི། རྗེ་བཙུན་ཆེན་པོས། རྫོགས་རིམ་ཟབ་མོ་ཀུན་གྱི་སྔོན་འགྲོའི་ཆོས། །སྣང་བ་རྣམ་གསུམ་དེ་ནས་རླུང་ལ་བསླབ། །སྦྱོར་བ་རྣམ་བདུན་གཙོ་བོར་བྱུམ་པ་ཅན། །སངས་རྒྱས་ལམ་ནི་ཁ་སྦྱོར་དག་ལ་གནས། །ཞེ་གསུངས་པ་ལྟར་ཤེས་པར་བྱའོ། །གཉིས་པ་ལ་རང་བྱིན་རླབས་དང་། དཀྱིལ་འཁོར་འཁོར་ལོའི་ཐབས་གཉིས་ཡོད་དེ། རྗེ་བཙུན་ཆེན་པོས། རང་བྱིན་རླབས་ལ་གཏུམ་མོ་ཕྲ་ཐིག་གསུམ། ལས་ཀྱི་ཕྱག་རྒྱ་དངོས་དང་ཡེ་ཤེས་གཉིས། །ཞེས་གསུངས་སོ། །དེ་རེ་རེ་ལ་ཡང་རྟེན་དམིགས་བཅས་དང་། བརྟེན་པ་དམིགས་པ་མེད་པ་གཉིས་ཏེ། ཀུན་རྫོབ་དོན་དམ་ཚུལ་ཅན་གྱིས། །བྱང་ཆུབ་སེམས་ནི་རབ་ཏུ་བསྐྱེད། །ཅེས་དང་། དང་པོའི་བརྒྱུ་པ་ལས་ཀྱང་། ལྷན་ཅིག་སྐྱེས་པས་གང་སྐྱེས་པ། །ལྷན་ཅིག་སྐྱེས་པས་དེ་བརྗོད་བྱ། །རང་བཞིན་ལྷན་ཅིག་སྐྱེས་ཞེས་བརྗོད། །རྣམ་པ་ཐམས་ཅད་སྡོམ་པ་གཅིག །ཅེས་གསུངས་པས་ན། རྟེན་ཞུ་བདེ་ལྷན་སྐྱེས་དང་། བརྟེན་པ་རང་བཞིན་ལྷན་སྐྱེས་གཉིས་སོ། །རང་བྱིན་རླབས་དམིགས་བཅས་ལ་གཉིས་ཏེ། ཟབ་མོ་རྫོགས་པའི་རིམ་པ་དང་། མི་ཟབ་པ་རྫོགས་པའི་རིམ་པའོ། །དང་པོ་ནི། ལྟེ་བར་གཏུམ་མོ་འབར་བ་ཡིས། །དེ་བཞིན་གཤེགས་པ་ལྔ་བསྲེགས་ཤིང་། །བསྲེགས་པས་རི་བོང་ཅན་ཧང་འཛག །ཅེས་གསུངས་པ་ལྟར་རོ། །མི་ཟབ་པ་རྫོགས་པའི་རིམ་པ་ནི། ཕྲ་མོའི་རྣལ་འབྱོར་ཏེ་རྩ་གཉིས་འཛོམས་པའི་སྣ་རྩེར་ཕྲ་མོའི་དཀྱིལ་འཁོར་བསྒོམས་ཏེ། གུར་ལེའུ་བཞི་པ་ལས། རྡོ་རྗེ་མཁའ་འགྲོ་བདག་མེད་མ། །ཚོགས་བསྐུལ་བས་བསྒོམ་པར་བྱ། །མཁའ་འགྲོ་སྣ་ཡི་མཐར་གནས་པ། །

ཡུངས་དཀར་ཙམ་དུ་རྣམ་པར་བསྒོམས། །ཞེས་གསུངས་སོ། །རང་བྱིན་རླབས་བཤད་ཟིན་ཏོ། །

གཉིས་པ་དཀྱིལ་འཁོར་འཁོར་ལོའི་ཐབས་དམིགས་བཅས་ཀྱི་རྟེན་ལ་གཉིས་ཏེ། དངོས་ཀྱི་ཕྱག་རྒྱ་དང་། ཡེ་ཤེས་ཀྱི་ཕྱག་རྒྱའོ། །བརྟེན་པའི་ཐབས་ལ་གསུམ་སྟེ། སྦྱོར་བ་འདུ་ཤེས་གསུམ་ལྡན། དངོས་གཞི་དབབ་བཟུང་གིས་ཡེ་ཤེས་བཟུང་བ་དང་། རྗེས་ལྡོག་ཁྱབ་ཀྱིས་ཡེ་ཤེས་མི་ཉམས་པར་བསྲུང་བའོ། །དེ་ལ་རྟེན་ནས་སྐྱེས་པའི་ཡེ་ཤེས་ཀྱི་ངོ་བོ་ནི། མཚོན་བྱེད་དཔེའི་ཡེ་ཤེས་ཞེས་བྱ་བ་གཞན་གྱི་དཀྱིལ་འཁོར་ལྟ་བར་འདོད་པ་ལ་མི་ལོང་གི་གཟུགས་བརྙན། བདུད་རྩི་དོན་དུ་གཉེར་བ་ལ་སྨྲང་རྩི་ལྟེ་ལ་བཞག་པ་ལྟ་བུ་སྟེ། ཡང་དག་པར་རྫོགས་པའི་སངས་རྒྱས་ཀྱིས་ཆོས་ཉིད་མཐོང་ལམ་གྱི་ཡེ་ཤེས་དང་འདྲ་བ། དེ་མཚོན་དུ་རུང་བ་སྦྱོར་བའི་མཐའ་ཐམས་ཅད་དང་བྲལ་བ་སྐྱེས་པ་ཡིན་ཏེ། རྩ་རྒྱུད་ལས་ཀྱང་། ཀུན་མཁྱེན་ཡེ་ཤེས་དེ་ལྟ་བུ། །ཞེས་སོགས་གསུངས་པ་ལྟ་བུའོ། །དམིགས་བཅས་བསྟན་ཟིན་ཏོ། །

གཉིས་པ་དམིགས་པ་མེད་པ་བསྒོམ་པ་ནི། དམིགས་པ་དང་བཅས་པ་དེ་དག་ལ་བརྟེན་ནས་དམིགས་པ་མེད་པའི་ཡེ་ཤེས་སྐྱེ་བ་ཡིན་ཏེ། མདོ་སྡེ་རྒྱན་ནས། དམིགས་པ་ལ་ནི་བརྟེན་ནས་སུ། །མི་དམིགས་པ་ནི་རབ་ཏུ་སྐྱེ། །མི་དམིགས་པ་ལ་བརྟེན་ནས་ཀྱང་། །མི་དམིགས་པ་ནི་རབ་ཏུ་སྐྱེ། །ཞེས་གསུངས་པ་དང་། རྩ་རྒྱུད་ལས། སྒོམ་པ་པོ་མེད་བསྒོམ་པའང་མེད། །ལྷ་མེད་སྔགས་ཀྱང་ཡོད་མ་ཡིན། །སྤྲོས་པ་མེད་པའི་རང་བཞིན་ལས། །སྔགས་དང་ལྷ་ནི་ཡང་དག་གནས། །ཞེས་དང་། སཾ་པུ་ཊས། སྟོང་པ་བསྒོམ་པར་མི་བྱ་སྟེ། །སྟོང་མིན་བསྒོམ་པར་མི་བྱའོ། །སྟོང་པ་མིན་ཡང་རྣལ་འབྱོར་པས། །སྟོང་མིན་ཡོངས་སུ་མི་སྤང་ངོ་། །ཞེས་གསུངས་པ་དང་། བྱང་ཆུབ་སེམས་འགྲེལ་ལས། དམིགས་པ་མེད་པའི་སེམས་སུ་ནི། །གནས་པ་ནམ་མཁའི་མཚན་ཉིད་ཡིན། །ནམ་མཁའ་སྒོམ་པ་དེ་ཉིད་ནི། །སྟོང་ཉིད་སྒོམ་པར་བཞེད་པ་ཡིན། །དེ་ཐམས་ཅད་ཀྱི་དོན། རྗེ་བཙུན་ཆེན་པོས་སྤྲས་དོན་གསལ་བར། ཉམས་མྱོང་སྐྱེས་ནས་ལྟ་བ་དག་དང་བསྲེས། །རང་སེམས་གདོད་ནས་སྤྲོས་བྲལ་རྒྱུ་རྒྱུད་དང་། །དབང་གི་ཡེ་ཤེས་ལམ་གྱི་ལྟ་བ་དང་། །ཉམས་མྱོང་སངས་རྒྱས་ས་དང་ངོ་བོ་གཅིག །རྟོགས་པའི་ཁྱད་པར་བླ་བའི་དཔེ་ཡིས་བསྟན། །འགའ་ཞིག་ཕྱག་རྒྱ་ཆེན་པོ་ཐོག་བབ་ཅེས། །ཐོག་མར་སྟོན་བྱེད་མྱོངས་པ་འགའ་སླུ་མོད། །དེ་ནི་དེ་མིན་ལྟ་བའི་བསམ་གཏན་ཏེ། །སྒོམ་པའི་ཤུགས་འབྱུང་ཕྱག་རྒྱ་ཆེན་པོ་ཡིན། །ཞེས་གསུངས་པ་དང་། དགའ་སྟོན་ལ་གདམས་པར། མངོན་པར་རྟོགས་པ་འབྲིང་དུ་སྒོམ་པ་ཡིན་ན་མཆོད་བསྟོད་བདུད་རྩི་མྱོང་བ་བྱས་ལ། ཐུམ་དབང་གི་ལྟ་བ་ཟུང་འཇུག་ངོ་བོ་ཉིད་གསུམ་སྒོམ་ཡང་བཏུབ། བཞི་པའི་ལྟ་བ་ནམ་མཁའ་དང་བསྲེ་ཡང་བཏུབ། དེ་ཡང་ནམ་མཁའ་ལ་སེམས་བསྲེས་ན་ཆོས་ཐམས་ཅད་རང་གི་སེམས

ཡིན་ཏེ། དེ་ཡང་རྒྱུ་མ་ཡིན། ངོ་བོ་ཉིད་མེད་པ་ནམ་མཁའ་ལྟ་བུ་ཡིན་ཏེ། མཐའ་དང་དབུས་མེད་པ་ནམ་མཁའ་ལྟ་བུ། ཐོག་མ་དང་ཐ་མ་མེད་པ་ནམ་མཁའ་ལྟ་བུ། སྐྱེ་བ་དང་འཇིག་པ་མེད་པ་ནམ་མཁའ་ལྟ་བུ། འགྲོ་བ་དང་འོང་བ་མེད་པ་ནམ་མཁའ་ལྟ་བུ། དེ་ཉིད་གསལ་བ་དང་མ་བྲལ་བ་ཡིན། དེ་འདྲའི་གསལ་སྟོང་དབྱེར་མེད་དེ་ཉིད་ལ་ཟུང་འཇུག་ཅེས་བྱ། འཁོར་འདས་དབྱེར་མེད་ཅེས་བྱའོ། །དེའི་ངང་ལ་བློ་གནས་ཚད་ཀྱིས་བཞག ། བཟླས་པ་མི་བྱ། བྱེད་ན་ཡང་བཟླས་པའི་དམིགས་པ་གཞན་མི་བྱ་བར་ལྟ་བ་དེ་ཉིད་ཀྱི་ངང་ལ་བྱའོ། །ཞེས་གསུངས་སོ། །རྫོགས་པའི་རིམ་པ་བསྟན་ཟིན་ཏོ། །

གསུམ་པ་དོགས་པའི་གནས་ལ་དཔྱད་པ་ལ་བཞི་སྟེ། ས་མཚམས་ལ་དོགས་པ་དཔྱད། མཚན་ཉིད་ལ་དོགས་པ་དཔྱད། ངོ་བོ་ལ་དོགས་པ་དཔྱད། གྲངས་ངེས་ལ་དོགས་པ་དཔྱད་པའོ། །དང་པོ་ནི། དགའ་སྟོང་པ་སོགས་ཁ་ཅིག །རྒྱུད་སྡེ་འོག་མ་གསུམ་ལ་ཡང་སྨིན་བྱེད་ཀྱི་དབང་བཞི་མེད་པས་དེ་ལ་ལྟོས་པའི་རིམ་གཉིས་མེད་པ་ཡིན་གྱི། སྤྱིར་རིམ་གཉིས་ཡོད་དེ། གལ་ཏེ་མེད་ན་དེ་གསུམ་ལ་སྔགས་ལམ་མེད་པར་ཐལ། དེ་ལ་རིམ་གཉིས་མེད་པའི་ཕྱིར། ཁྱབ་སྟེ། ཕྱོགས་བཅུའི་འཁྲིན་ཡིག་ལས། བཅོམ་ལྡན་ཁྱོད་ཀྱི་གསང་སྔགས་ལམ། །རིམ་པ་གཉིས་སུ་བསྡུས་ཏེ་གསུངས། །ཞེས་དང་། འདིར་ཡང་། དབང་དང་རིམ་གཉིས་མི་ལྡན་པས། །རྡོ་རྗེ་ཐེག་པའི་བསྟན་པ་མིན། །ཞེས་གསུངས་པའི་ཕྱིར་ཞེ་ན། རྒྱུད་སྡེ་འོག་མ་གསུམ་ལ་དབང་བཞི་ཡོད་པར་ཐལ། དེ་ལ་སྡོམ་པ་གསུམ་ཡོད་པའི་ཕྱིར། ཁྱབ་སྟེ། བླ་མ་བཅོལ་ལ་དབང་བཞི་བླང་། །དེ་ཡིས་སྡོམ་པ་གསུམ་ལྡན་འགྱུར། །ཞེས་དང་། ནོར་བ་མེད་པའི་དབང་བཞི་ལོང་། །ཞེས་སོགས་གསུངས་པའི་ཕྱིར་རོ། །ཡང་རྒྱུད་སྡེ་འོག་མ་གསུམ་གྱི་ལམ་ཁོ་ན་བརྟེན་ནས་ཚེ་འདིར་སངས་རྒྱས་ཐོབ་པ་ཡོད་པར་ཐལ། དེ་གསུམ་ལ་རིམ་གཉིས་ཡོད་པའི་ཕྱིར། ཁྱབ་སྟེ། སྡོམ་པ་གསུམ་དང་ལྡན་པ་ཡིས། །རིམ་གཉིས་ཟབ་མོའི་གནད་ཤེས་ན། །དེ་ནི་ཚེ་འདི་འམ་བར་དོ་འམ། །སྐྱེ་བ་བཅུ་དྲུག་ཚུན་ཆད་དུ། །འགྲུབ་པར་རྫོགས་པའི་སངས་རྒྱས་གསུངས། །ཞེས་གསུངས་པའི་ཕྱིར། ཡང་ཁ་ཅིག །སངས་རྒྱས་ཀྱི་ས་ན་རིམ་གཉིས་ཡོད་དེ། དེ་ན་དག་པའི་གཞལ་ཡས་ཁང་དང་ལྷའི་རྣམ་པ་ཡོད་པའི་ཕྱིར་དང་། ཕྱག་རྒྱ་ཆེན་པོ་བདེ་ཆེན་གྱི་ཡེ་ཤེས་ཡོད་པའི་ཕྱིར། ཞེ་ན། འོ་ན་དེ་ནས་སློབ་ལམ་ཡོད་པར་ཐལ། དེ་ན་བྱང་ཕྱོགས་སོ་བདུན་ཡོད་པའི་ཕྱིར། ཁྱབ་པ་ཁས། ཡང་དེ་ན་ཐབས་རྒྱུད་ཀྱི་སྡོམ་པར་ཡོད་པར་ཐལ། དེ་ན་རིམ་གཉིས་ཡོད་པའི་ཕྱིར། འདོད་མི་ནུས་ཏེ། བཅུ་གསུམ་རྡོ་རྗེ་འཛིན་པའི་ས་ཡིན་ན་ཐབས་རྒྱུད་ཀྱི་སྡོམ་པ་མིན་དགོས་པའི་ཕྱིར་ཏེ། དེ་ཡིན་ན་འབྲས་རྒྱུད་ཀྱི་སྡོམ་པ་ཡིན་དགོས་པའི་ཕྱིར་རོ། །བློ་གཟུ་བོར་གནས་མཛོད།

དེས་ན་རང་ལུགས་ནི། འདི་གཉིས་གསང་སྔགས་བླ་མེད་ཀྱི་ཐབས་རྒྱུད་ཀྱི་སྡོམ་པ་ཡིན་པས་རྒྱུད་སྡེ་འོག་མ་གསུམ་དང་སངས་རྒྱས་ཀྱི་སར་མི་འབྱུང་བར་ཤེས་པར་བྱའོ། །གཉིས་པ་མཚན་ཉིད་ལ་གཉིས་ཏེ། བསྐྱེད་རིམ་གྱི་མཚན་ཉིད་ངོས་བཟུང་བ་དང་། རྫོགས་རིམ་གྱི་མཚན་ཉིད་ངོས་བཟུང་བའོ། །དང་པོ་ནི། ཁ་ཅིག །ཡི་དམ་གྱི་བསྐྱེད་རིམ་གསལ་བ་མ་གསལ་བ་དང་། དེ་ལ་གང་དུའང་མི་འཛིན་པ་སྟོང་པ་སྟེ། དེ་ལྟ་བུའི་གསལ་སྟོང་ཟུང་འཇུག་གི་ཉམས་ལེན་དེ་ཉིད་བསྐྱེད་རིམ་ཡིན་ཞེས་ཟེར་རོ། །མི་འཐད་དེ། རྒྱུད་སྡེ་འོག་མ་གསུམ་ལ་བསྐྱེད་རིམ་ཡོད་པར་ཐལ། དེ་གསུམ་ལ་དེ་ལྟ་བུའི་ཉམས་ལེན་ཡོད་པའི་ཕྱིར་ཏེ། དེ་གསུམ་གྱིས་ཡི་དམ་གྱི་ལྷ་སྒོམ་པ་པོས་མཚན་མེད་ཀྱི་རྣལ་འབྱོར་སྒོམ་པ་ཡོད་པའི་ཕྱིར་ཏེ། དེ་གསུམ་ལ་མཚན་མེད་ཀྱི་རྣལ་འབྱོར་ཡོད་པའི་ཕྱིར་རོ། །དེས་ན་རང་ལུགས་ནི། སྦྱང་གཞི་མི་སྦྱོང་བའི་ལྷའི་རྣལ་འབྱོར་བློས་བསྐྱེད་པ་ཙམ་ནི་རྒྱུད་སྡེ་འོག་མ་གསུམ་ལ་ཡང་ཡོད་པས་བསྐྱེད་པའི་རིམ་པར་མི་འགྱུར་ཞིང་། སྦྱང་གཞི་དང་སྦྱོང་བྱེད་ལེགས་པར་ངོ་འཕྲོད་པའི་ལྷའི་རྣལ་འབྱོར་གང་བསྒོམས་པ་ཐམས་ཅད་རྣལ་འབྱོར་ཆེན་པོའི་རིམ་པ་གཉིས་ཀྱི་ནང་ནས་བསྐྱེད་པའི་རིམ་པར་འགྱུར་བ་ཡིན་នོ། །

གཉིས་པ་རྫོགས་རིམ་གྱི་མཚན་ཉིད་ལ་ཁ་ཅིག །སྭ་བྷཱ་ཝས་སྟོང་པར་བསྒོམ་པ་ལ་འདོད་པ་མི་འཐད་དེ། བསྐྱེད་རིམ་གྱི་སྔོན་འགྲོ་སྣང་བ་མི་དམིགས་པའི་སྟོང་པ་ཙམ་ཡིན་པའི་ཕྱིར། གཞན་དག་ལྷ་བསྡུ་བ་ལ་འདོད་པ་མི་འཐད་དེ། བསྐྱེད་རིམ་གྱི་འཇུག་ཡིན་པའི་ཕྱིར་རོ། །ལ་ལ་ལྷ་སྣང་ལ་རང་བཞིན་གྱི་མེད་པ་ལ་འདོད་པ་མི་འཐད་དེ། བསྐྱེད་རིམ་གྱི་ལྷ་ལ་ཞེན་པ་འགོག་པའི་ལྟ་བ་ཙམ་ཡིན་པའི་ཕྱིར་རོ། །དེང་སང་འདི་བཞིན་དུ་སྨྲ་བ་མང་བར་འདུག་གོ། །འགའ་ཞིག་དངོས་པོའི་གནས་ལུགས་སྟོང་པ་ཉིད་ལ་རྫོགས་རིམ་དུ་འདོད་པ་མི་འཐད་དེ། དེ་ནི་ལྟ་བ་ཡིད་ལ་བྱེད་པ་སྟོང་པ་ཉིད་དབུ་མའི་སྒོམ་ཡིན་པའི་ཕྱིར་རོ། །དེས་ན་རང་ལུགས་ནི། སློབ་དཔོན་བི་རཱུ་པའི་དགོངས་པ་བསྒྲུབ་བྱ་གྲུབ་ཟིན་ནམ། རྫོགས་ཟིན་གཅིག་རིམ་གྱིས་བསྒོམས་པ་ལ་རྫོགས་རིམ་དུ་བཞེད་པས། དེའི་མཚན་ཉིད་ནི། མཆོག་དབང་གསུམ་ཐོབ་པའི་གང་ཟག་གིས་ཉམས་སུ་བླང་བར་བྱ་བ་རྟེན་དཀྱིལ་འཁོར་བཞི་དང་། དངོས་པོའི་ཆོས་ཉིད་རྫོགས་ཟིན་པ་རྣལ་འབྱོར་དུ་བྱས་པས་མཆོག་གི་གོ་འཕང་འགྲུབ་པར་འགྱུར་བའོ། །དེ་སྐད་དུ་ཡང་ཁ་སྐོང་ལས། དབང་བསྐུར་བཞི་ལ་མ་ལྟོས་པའི་རིམ་གཉིས་སྟོན་མེད་པ་ཡིན་པའི་ཕྱིར་ཏེ། ས་བོན་འདེབས་པ་ལ་མ་ལྟོས་པའི་མྱུ་གུ་སྟོན་པོ་ཇི་བཞིན་ནོ། །བློ་ཡིས་རིམ་གྱིས་ལྷ་བསྐྱེད་ཙམ། །བསྐྱེད་པའི་རིམ་པའི་དོན་མིན་ཏེ། །བསྐྱེད་རིམ་སྦྱང་གཞི་སྦྱོང་བྱེད་གཉིས། །སྦྱར་བ་ཉིད་ལ་གསུངས་ཕྱིར་རོ། །མཚན་མེད་རྣལ་འབྱོར་སྒོམ་པ་ཙམ། །རྫོགས་པའི་རིམ་པའི་དོན་མིན་ཏེ། །

རྫོགས་རིམ་ལུས་ངག་ཡིད་གསུམ་ནི། །རྫོགས་པ་ཉིད་ལ་གསུངས་ཕྱིར་རོ། །ཞེས་གསུངས་པས་སོ། །

གསུམ་པ་ངོ་བོ་ལ་དོགས་པ་དཔྱད་པ་ལ་ལྔ་སྟེ། ལམ་དང་ལམ་མིན་པ་གང་ཡིན་དཔྱད། མཚན་བཅས་དང་མཚན་མེད་གང་ཡིན་དཔྱད། སྤྲང་བྱ་དང་གཉེན་པོ་གང་ཡིན་དཔྱད། མཉམ་བཞག་དང་རྗེས་ཐོབ་གང་ཡིན་དཔྱད། རིམ་གཉིས་འགལ་མི་འགལ་དཔྱད་པའོ། །དང་པོ་ནི། ཁ་ཅིག །བསྐྱེད་རིམ་སངས་རྒྱས་ཀྱི་ལམ་ཡིན་རྫོགས་རིམ་སངས་རྒྱས་ཀྱི་ལམ་མིན་ཟེར་བ་དང་། ཁ་ཅིག །རྫོགས་རིམ་སངས་རྒྱས་ཀྱི་ལམ་ཡིན་བསྐྱེད་རིམ་སངས་རྒྱས་ཀྱི་ལམ་མིན་ཞེས་ཟེར་བ་གཉིས་ཀ་མི་འཐད་དེ། གསང་བ་འདུས་པའི་རྒྱུད་ཕྱི་མ་ལས། སངས་རྒྱས་རྣམས་ཀྱིས་ཆོས་བསྟན་པ། །རིམ་པ་གཉིས་ལ་ཡང་དག་བརྟེན། །བསྐྱེད་པ་ཡི་ནི་རིམ་པ་དང་། །དེ་བཞིན་རྫོགས་པའི་རིམ་ཉིད་དོ། །ཞེས་གསུངས་པ་མི་འཐད་པར་ཐལ། དེ་གཉིས་ལམ་མ་ཡིན་པའི་ཕྱིར། ཡང་ཀྱི་རྡོ་རྗེ་ལས། བསྐྱེད་པའི་རིམ་པ་ཉིད་དང་ནི། །རྫོགས་པ་ཡི་ཡང་རིམ་པ་ཉིད། །རིམ་གཉིས་མཉམ་པར་གནས་ནས་ནི། །རྡོ་རྗེ་ཅན་གྱི་ཆོས་འཆད་དོ། །ཞེས་གསུངས་པ་མི་འཐད་པར་ཐལ། དེ་གཉིས་ལམ་མ་ཡིན་པའི་ཕྱིར།

དེས་ན་རང་ལུགས་ནི། དེ་གཉིས་སངས་རྒྱས་ཀྱི་ལམ་ཡིན་ཏེ། གསང་སྔགས་བླ་མེད་ཀྱི་ལམ་ཡིན་པའི་ཕྱིར། ཕྱོགས་བཅུའི་འཁྲིན་ཞུར། བཅོམ་ལྡན་ཁྱོད་ཀྱི་གསང་སྔགས་ལམ། །རིམ་པ་གཉིས་སུ་བསྡུས་ཏེ་བསྟན། ཞེས་གསུངས་པའི་ཕྱིར། གཉིས་པ་ནི། ཁ་ཅིག །བསྐྱེད་རིམ་ཡིན་ན་མཚན་བཅས་ཀྱི་རྣལ་འབྱོར་ཡིན་དགོས་ཏེ། དེ་ཡིན་ན་རྟོག་པ་ཡིན་དགོས་པའི་ཕྱིར་ཏེ། དེ་ཡིན་ན་གྱ་ནོམ་ལྟར་ཞེན་གྱི་རྣམ་རྟོག་ཡིན་དགོས་པའི་ཕྱིར། ཞེས་ཟེར་བ་མི་འཐད་དེ། མི་རྟོག་ཡེ་ཤེས་སྔོན་དུ་གྱུར་པའི་བྱང་ཆུབ་སེམས་དཔའི་སྒོམ་པའི་བསྐྱེད་རིམ་ཆོས་ཅན། རྟོག་པ་ཡིན་པར་ཐལ། བསྐྱེད་རིམ་ཡིན་པའི་ཕྱིར་ཏེ། ཆོས་ཅན་ཡིན་པའི་ཕྱིར། མ་གྲུབ་ན། དེར་ཐལ། དེ་ཡོད་པའི་ཕྱིར་ཏེ། ས་བཅུ་པའི་བྱང་ཆུབ་སེམས་དཔའི་སྒོམ་པའི་བསྐྱེད་རིམ་ཡོད་པའི་ཕྱིར། རྩ་བར་འདོད་ན། རྟོག་པ་མིན་པར་ཐལ། རྟོག་མེད་ཀྱི་ཤེས་པ་ཡིན་པའི་ཕྱིར་ཏེ། མི་རྟོག་ཡེ་ཤེས་མངོན་དུ་གྱུར་པའི་བྱང་ཆུབ་སེམས་དཔའི་རྒྱུད་ཀྱི་ལམ་ཡིན་པའི་ཕྱིར་ཏེ། ཆོས་ཅན་ཡིན་པའི་ཕྱིར། དེ་སྐད་དུ་ཡང་དབང་བཞིའི་ངོ་སྤྲོད་ལས། དེ་ལྟར་ཆོས་ཀྱི་དབྱིངས་གོ་ན། །མཚན་བཅས་དགེ་སྦྱོར་མི་སྲིད་དེ། །བསྐྱེད་རིམ་སྒོམ་པར་གྱུར་ན་ཡང་། །མཚན་མ་མེད་པའི་དགེ་སྦྱོར་ཡིན། །ཞེས་གསུངས་པའི་ཕྱིར། ཡང་ཁ་ཅིག །རྫོགས་རིམ་ཡིན་ན་མཚན་མེད་ཀྱི་རྣལ་འབྱོར་ཡིན་དགོས་ཏེ། དེ་ཡིན་ན་མི་རྟོག་ཡེ་ཤེས་ཡིན་དགོས་པའི་ཕྱིར་ཏེ། དེ་ཡིན་ན་རྟོག་མེད་ཀྱི་ཤེས་པ་ཡིན་དགོས་པའི་ཕྱིར། ཞེས་ཟེར་བ་མི་འཐད་དེ། འོན་ཤེས་བྱ་ཆོས་ཅན། མཆོག་དབང་གསུམ་པོ་གང་རུང་གི་

ལྷ་བ་ཡིན་ན་མཚན་མེད་ཀྱི་རྣལ་འབྱོར་ཡིན་དགོས་པར་ཐལ། རྫོགས་རིམ་ཡིན་ན་མཚན་མེད་ཀྱི་རྣལ་འབྱོར་ཡིན་དགོས་པའི་ཕྱིར། འདོད་ན། སོ་སོའི་སྐྱེ་བོའི་དབང་བཞི་པའི་ལྷ་བ་སྟོང་པ་ཉིད་སྒོམ་པའི་རྣལ་འབྱོར་དེ་ཆོས་ཅན། དེར་ཐལ། དེའི་ཕྱིར། མ་གྲུབ་ན། དེར་ཐལ། དབང་བཞི་པའི་ལྷ་བ་ཡིན་པའི་ཕྱིར། རྩ་བར་འདོད་ན། མཚན་མེད་ཀྱི་རྣལ་འབྱོར་མིན་པར་ཐལ། མཚན་བཅས་ཀྱི་རྣལ་འབྱོར་ཡིན་པའི་ཕྱིར་ཏེ། ཆོས་ཉིད་དོན་སྤྱིའི་ཚུལ་གྱིས་སྒོམ་པའི་རྣལ་འབྱོར་ཡིན་པའི་ཕྱིར་ཏེ། ཆོས་ཅན་ཡིན་པའི་ཕྱིར་རོ། །དེ་སྐད་དུ་དབང་བཞིའི་ངོ་སྤྲོད་དུ། ཆོས་ཉིད་འཛིན་པས་དཀྲིས་པ་ལ། །མི་རྟོག་པ་ཡང་འཁྲུལ་སྣང་ཡིན། །དེ་ཡི་མི་རྟོག་བསྒོམ་ན་ཡང་། །རྣམ་རྟོག་མཚན་མའི་འཁྲུལ་འཁོར་ཡིན། །ཞེས་གསུངས་སོ། །གཞན་ཡང་། དབང་གསུམ་པའི་མཚོན་བྱེད་ཀྱི་དཔེའི་ཡེ་ཤེས་དེ་ཆོས་ཅན། མི་རྟོག་ཡེ་ཤེས་ཡིན་པར་ཐལ། རྫོགས་རིམ་ཡིན་པའི་ཕྱིར། ཁྱབ་པ་ཁས། མ་གྲུབ་ན། དེར་ཐལ། ཀུན་མཁྱེན་ཡེ་ཤེས་དེ་ལྷ་བུ་ཞེས་པའི་ཡེ་ཤེས་ཡིན་པའི་ཕྱིར། རྩ་བར་འདོད་ན། ཆོས་ཉིད་མངོན་སུམ་དུ་མཐོང་བར་ཐལ། འདོད་པའི་ཕྱིར། འདོད་མི་ནུས་ཏེ། དཔེའི་ཡེ་ཤེས་ཡིན་པའི་ཕྱིར་རོ། །དེས་ན་རང་ལུགས་ནི། སོ་སོ་སྐྱེ་བོའི་བསྐྱེད་རིམ་ལ་མཚན་བཅས་ཡོད་དེ། དབང་བཞིའི་ངོ་སྤྲོད་དུ། བསྐྱེད་རིམ་རྟོག་པ་ཡིན་མོད་ཀྱི། །རྟོག་པའི་ངོ་བོ་སེམས་ཉིད་ཡིན། །སེམས་ཀྱི་མཚན་ཉིད་གསལ་རིག་ཡིན། །གསལ་རིག་རང་བཞིན་སྟོང་པ་ཡིན། །སྟོང་པ་གདོད་ནས་ཆོས་ཀྱི་དབྱིངས། །ཞེས་དང་། རྒྱུད་ལས། བསྐྱེད་རིམ་རྟོག་པ་ཡིན་མོད་ཀྱི། །ཕྱིའི་ཕྱིའི་འཕྱིན་པ་ལྟར། །རྟོགས་པས་རྟོག་པ་སེལ་བར་བྱེད། །གྲོལ་བའི་ཐབས་ཀྱི་མཆོག་ཡིན་ནོ། ། ཞེས་གསུངས་པའི་ཕྱིར། དེ་དག་ཀྱང་གཙོ་ཆེ་བ་ལ་དགོངས་པ་ཡིན་གྱི། རྟོག་མེད་ཀྱང་ཡོད་དེ། དཔེའི་ཡེ་ཤེས་རྒྱུད་ལ་ལྡན་པའི་སོ་སོ་སྐྱེ་བོའི་བསྐྱེད་རིམ་དེ། རྟོག་མེད་ཀྱི་ཡེ་ཤེས་ཡིན་པའི་ཕྱིར་ཏེ། དབང་བཞིའི་ངོ་སྤྲོད་དུ། འཁྲུལ་པ་ཆོས་ཀྱི་དབྱིངས་ཉིད་དུ། །ཤེས་པས་རྟོག་པ་ཐམས་ཅད་ཀྱང་། །ཇི་ལྟར་སྒོམ་ཀྱང་མི་རྟོག་ཉིད། ། བཙལ་ཀྱང་འཁྲུལ་པ་ག་ལ་རྙེད། །ཅེས་གསུངས་སོ། །སོ་སོའི་སྐྱེ་བོའི་རྫོགས་རིམ་ལ་ཡང་མཚན་མེད་ཡོད་དེ། དཔེའི་ཡེ་ཤེས་དེ་རྟོག་མེད་ཁོ་ན་ཡིན་པའི་ཕྱིར་རོ། །མཚན་བཅས་ཀྱང་ཡོད་དེ། ཆོས་ཉིད་དོན་སྤྱིའི་ཚུལ་གྱིས་བསྒོམས་པའི་རྫོགས་རིམ་དེ་མཚན་བཅས་ཡིན་པའི་ཕྱིར་ཏེ། དབང་བཞིའི་ངོ་སྤྲོད་དུ། ཆོས་ཉིད་འཛིན་པས་དཀྲིས་པ་ལ། །མི་རྟོག་པ་ཡང་འཁྲུལ་སྣང་ཡིན། །ཞེས་གསུངས་པའི་ཕྱིར། འཕགས་པའི་རྒྱུད་ཀྱི་རིམ་གཉིས་ལ་ནི་མཚན་མེད་ཀྱི་རྣལ་འབྱོར་ཡིན་པས་ཁྱབ་སྟེ། དེ་ཡིན་ན་ཆོས་ཉིད་མངོན་སུམ་དུ་རྟོག་པའི་མི་རྟོག་ཡེ་ཤེས་ཡིན་དགོས་པའི་ཕྱིར་ཏེ། དེ་ཡིན་ན་མཚོན་བྱ་དོན་གྱི་ཕྱག་ཆེན་ཡིན་དགོས་པའི་ཕྱིར་རོ། །མདོར་ན་སོ་སོའི་སྐྱེ་བོའི་རིམ་གཉིས་ལ་མཚན་བཅས་མཚན་མེད་གཉིས་གཉིས་ཡོད་ཅིང་། འཕགས་པའི་རིམ་གཉིས་ལ་མཚན་

མེད་ཁོ་ནས་ཁྱབ་པར་ཤེས་པར་བྱའོ། །

གསུམ་པ་ནི། ཁ་ཅིག །བསྐྱེད་རིམ་སྤང་བྱ་ཡིན་ཏེ། སྒྲུབ་བྱེད་ནི། དེ་ཆོས་ཅན། སྤང་བྱ་ཡིན་པར་ཐལ། རྫོགས་རིམ་ཐོབ་པ་ན་ཆུ་བརྒྱལ་ཟིན་པའི་གཟིངས་ལྟར་སྤང་བྱ་ཡིན་པའི་ཕྱིར་ཏེ། རྡོ་རྗེ་མཁའ་འགྲོའི་རྒྱུད་ལས། བཙོས་མ་དག་ནི་མི་བྱའོ། །དཔེར་ན་གཟིངས་ལ་འཛུས་ནས་ནི། །ཆུ་བོའི་ཕ་རོལ་འགྲོ་བར་བྱེད། །ཕ་རོལ་ཕྱིན་ནས་འདོར་བ་ལྟར། །བཙོས་མ་དག་ཀྱང་དེ་བཞིན་ནོ། །ཞེས་གསུངས་པའི་ཕྱིར། ཞེས་ཟེར་བ་མི་འཐད་དེ། རྫོགས་རིམ་ཆོས་ཅན། སྤང་བྱ་ཡིན་པར་ཐལ། རྫོགས་པའི་སངས་རྒྱས་ཐོབ་པ་ན་ཆུ་བརྒྱལ་ཟིན་པའི་གཟིངས་ལྟར་སྤང་བྱ་ཡིན་པའི་ཕྱིར་རོ། །ཡང་ལུང་གི་ཆོས་ཅན། དེར་ཐལ། དེའི་ཕྱིར། རྟགས་གྲུབ་སྟེ། རྒྱུད་བླ་མར། སྤང་ཕྱིར་བསླུ་བའི་ཆོས་ཅན་ཕྱིར། །ཞེས་གསུངས་པའི་ཕྱིར། ཡང་རྫོགས་རིམ་སྤང་བྱ་ཡིན་པར་ཐལ། མཆོག་དབང་གསུམ་པོ་དེ་ཡང་སྤང་བྱ་ཡིན་པའི་ཕྱིར་ཏེ། དེ་གསུམ་གྱི་ལྟ་བ་སྤང་བྱ་ཡིན་པའི་ཕྱིར་ཏེ། དབང་གསུམ་པའི་ལྟ་བ་སྤང་བྱ་ཡིན་པའི་ཕྱིར་ཏེ། དབང་གསུམ་པའི་དགའ་བ་དང་པོ་གསུམ་པོ་སྤང་བྱ་ཡིན་པའི་ཕྱིར་ཏེ། དབང་གསུམ་པའི་དགའ་བ་དང་པོ་གསུམ་པོ་སྤང་བྱ་ཡིན་པའི་ཕྱིར་ཏེ། དེ་གསུམ་དང་གསང་དབང་གི་རང་འབྱུང་དང་པོ་གསུམ་དང་། བུམ་དབང་གི་ངོ་བོ་ཉིད་དང་པོ་གཉིས་ཏེ་བརྒྱད་པ་སྤང་བྱ་ཡིན་པའི་ཕྱིར་ཏེ། དེ་རྣམས་སྒྲིབ་པ་ཡིན་པའི་ཕྱིར་ཏེ། བདེ་ཆེན་གྱི་སྒྲིབ་པ་ཡིན་པའི་ཕྱིར་ཏེ། རྡོ་རྗེའི་ཚིག་རྐང་ལས། ལུས་ལ་བརྟེན་ནས་བདེ་ཆེན་གྱི་སྒྲིབ་པ་འགག་ཅིང་། ཞེས་གསུང་ཞིང་། དེའི་གཞུང་བཤད་གཉག་མར། བདེ་ཆེན་གྱི་སྒྲིབ་པ་ནི། སྤྱིར་ཉམས་སྐྱོན་ཅན་བརྒྱད་ཤེས་བྱའི་སྒྲིབ་པ་ཡིན་ལ། ཞེས་གསུངས་པའི་ཕྱིར། དེས་ན་རང་ལུགས་ནི། དེ་གཉིས་གཉེན་པོ་ཁོ་ན་ཡིན་གྱི། སྤང་བྱ་ཡིན་པ་མི་སྲིད་དེ། བསྐྱེད་རིམ་དེ་ཐ་མལ་རྣམ་རྟོག་གི་གཉེན་པོ་དང་། རྫོགས་རིམ་དེ་གྲུ་ནོམ་ལྟར་ཞེན་གྱི་རྣམ་རྟོག་གི་གཉེན་པོར་གསུངས་པའི་ཕྱིར་རོ། །

བཞི་པ་མཉམ་རྗེས་གང་ཡིན་དཔྱད་པ་ནི། ཁ་ཅིག །བསྐྱེད་རིམ་རྗེས་སྤྱོད་ཁོ་ན་དང་། །རྫོགས་རིམ་མཉམ་བཞག་ཁོ་ན་ཡིན། །ཞེས་ཟེར་བ་མི་འཐད་དེ། དེ་གཉིས་ཀ་ལ་མཉམ་རྗེས་གཉིས་ཀ་ཡོད་པའི་ཕྱིར་ཏེ། མཉམ་བཞག་ཏུ་ཡང་དེ་གཉིས་ཀ་ཉམས་སུ་ལེན་པ་ཡོད། རྗེས་ཐོབ་ཏུ་ཡང་དེ་གཉིས་ཀ་ཉམས་སུ་ལེན་པ་ཡོད་པའི་ཕྱིར་རོ། །ལྔ་པ་ནི། ཁ་ཅིག །དེ་གཉིས་འགལ་ཏེ། བསྐྱེད་རིམ་ཡིན་ན་ཀུན་རྫོབ་ཀྱི་རྣམ་པ་ཅན་དང་། རྫོགས་རིམ་ཡིན་ན་དོན་དམ་པའི་རྣམ་པ་ཅན་ཡིན་དགོས་པའི་ཕྱིར། ཞེས་ཟེར་རོ། །དེ་ལ་ཁ་ཅིག་ན་རེ། དེ་གཉིས་མི་འགལ་བར་ཐལ། དེ་གཉིས་ཀྱི་གཞི་མཐུན་ཡོད་པའི་ཕྱིར་ཏེ། བསྐྱེད་རྫོགས་ཟུང་འཇུག་གི་རྣལ་འབྱོར་ཡོད་པའི་ཕྱིར། ཞེས་ཟེར་ན་འགོག་བྱེད་མི་འཐད་དེ། བདེན་གཉིས་ཀྱི་གཞི་མཐུན་ཡོད་པར་ཐལ།

བདེན་གཉིས་ཟུང་འཇུག་ཡོད་པའི་ཕྱིར། འཁོར་འདས་གཉིས་ཀྱི་གཞི་མཐུན་ཡོད་པར་ཐལ། དེ་གཉིས་དབྱེར་མེད་ཡོད་པའི་ཕྱིར། སྐུ་གཉིས་ཀྱི་གཞི་མཐུན་ཡོད་པར་ཐལ། དེ་གཉིས་ཟུང་འཇུག་ཡོད་པའི་ཕྱིར། གསལ་སྟོང་གཉིས་ཀྱི་གཞི་མཐུན་ཡོད་པར་ཐལ། དེ་གཉིས་ཟུང་འཇུག་ཡོད་པའི་ཕྱིར། དེས་ན་རང་ལུགས་ནི། རིམ་པ་གཉིས་པོ་འདི་འགལ་བ་ཡིན་ཏེ། ཐོབ་བྱེད་ཀྱི་དབང་ཐ་དད་པ་དང་། རང་གི་ངོ་བོ་ཧྲེན་དང་བརྟེན་པ་ཐ་དད་པ་དང་། ཐོབ་བྱའི་འབྲས་བུ་སྐུ་གཉིས་ཐ་དད་དུ་གནས་པ་ཡིན་པའི་ཕྱིར་དང་། སངས་རྒྱས་ཡེ་ཤེས་ཞབས་ཀྱིས། བསྐྱེད་རིམ་ལ་རྫོགས་རིམ་གྱིས་རྒྱས་བཏབ་ནས་བསྒོམ་པར་གསུངས་པ་ལ། རྗེ་བཙུན་ཆེན་པོས། ཁོ་བོས་གང་ཡིན་ལེགས་པར་མ་རྟོགས་སོ། །ཞེས་གསུངས་པའི་གནད་ཀྱིས་སོ། །དེ་ལ་ཁ་ཅིག །རི མ་གཉིས་ཟུང་འཇུག་ཏུ་ཉམས་སུ་ལེན་པའི་གང་ཟག་གཅིག་གི་རྫོགས་རིམ་ཆོས་ཅན། བསྐྱེད་རིམ་མིན་པར་ཐལ། རྫོགས་རིམ་ཡིན་པའི་ཕྱིར། ཁྱབ་པ་ཁས། འདོད་ན། བསྐྱེད་རིམ་ཡིན་པར་ཐལ། བསྐྱེད་རིམ་རྒྱུད་ལ་ལྡན་པའི་གང་ཟག་གི་རྒྱུད་ཀྱི་བསྐྱེད་རིམ་ཡིན་པའི་ཕྱིར་ཏེ། དེའི་རྒྱུད་ཀྱི་བསྐྱེད་རིམ་དང་ངོ་བོ་གཅིག་ཏུ་གྱུར་པའི་ལམ་ཡིན་པའི་ཕྱིར་ཏེ། དེའི་རྒྱུད་ཀྱི་ལམ་ཡིན་པའི་ཕྱིར། ཞེ་ན། དེའི་རྒྱུད་ཀྱི་སེམས་བྱུང་ཆོས་ཅན། དེའི་རྒྱུད་ཀྱི་རྣམ་པར་ཤེས་པ་ཡིན་པར་ཐལ། དེ་དང་ངོ་བོ་གཅིག་ཏུ་གྱུར་པའི་ཤེས་པ་ཡིན་པའི་ཕྱིར་རོ། །ཡང་སྡོམ་ལྡན་དགེ་སློང་རྡོ་རྗེ་འཛིན་པའི་རྒྱུད་ཀྱི་རྫོགས་རིམ་ཆོས་ཅན། བུམ་དབང་ལས་ཐོབ་པའི་སྡོམ་པ་ཡིན་པར་ཐལ། དེ་དང་ངོ་བོ་གཅིག་ཏུ་གྱུར་པའི་སྡོམ་པ་ཡིན་པའི་ཕྱིར། ཡང་དེ་ཆོས་ཅན། དགེ་སློང་གི་སྡོམ་པ་ཡིན་པར་ཐལ། དེ་དང་ངོ་བོ་གཅིག་ཏུ་གྱུར་པའི་སྡོམ་པ་ཡིན་པའི་ཕྱིར། ཡང་དེ་ཆོས་ཅན། ཕ་རོལ་ཏུ་ཕྱིན་པའི་ལམ་དུ་ཐོབ་པའི་སྡོམ་པ་ཡིན་པར་ཐལ། དེ་དང་ངོ་བོ་གཅིག་ཏུ་གྱུར་པའི་སྡོམ་པ་ཡིན་པའི་ཕྱིར། ཁྱབ་པ་རིམ་པར་ཁས། ཡང་བྱང་སེམས་འཕགས་པའི་རྒྱུད་ཀྱི་འཛིན་པ་ཆོས་ཀྱི་བདག་མེད་རྟོགས་པའི་རྟོགས་རིགས་ཆོས་ཅན། དེའི་རྒྱུད་ཀྱི་ཉན་ཐོས་ཀྱི་རྟོགས་རིགས་ཡིན་པར་ཐལ། དེ་དང་ངོ་བོ་གཅིག་ཏུ་གྱུར་པའི་རྟོགས་རིགས་ཡིན་པའི་ཕྱིར། ཁྱབ་པ་ཁས།

བཞི་པ་གྲངས་ངེས་ལ་དཔྱད་པ་ཁ་ཅིག །བླ་མེད་ཀྱི་ལམ་གྱི་རིམ་པ་དེ་ལ་རིམ་པ་གཉིས་སུ་གྲངས་མ་ངེས་ཏེ། གལ་ཏེ་ངེས་ནས་བླ་མེད་ཀྱི་ལམ་ཡིན་ན་དེ་གཉིས་གང་རུང་ཡིན་དགོས་པར་ཐལ། དེ་ལ་དེ་གཉིས་སུ་གྲངས་ངེས་པའི་ཕྱིར། འདོད་ན། རྒྱུ་རྒྱུད་དང་འབྲས་རྒྱུད་ཀྱི་ལམ་ཆོས་ཅན། དེར་ཐལ། དེའི་ཕྱིར། ཞེ་ན། འོ་ན་སངས་རྒྱས་ཀྱི་སྐུ་ཡིན་ན་སྐུ་གསུམ་གང་རུང་ཡིན་དགོས་པར་ཐལ། དེ་ལ་དེ་གསུམ་དུ་གྲངས་ངེས་པའི་ཕྱིར། འདོད་ན།

རྫོགས་པའི་ཆོས་སྐུ་དང་ལོངས་སྐུའི་མཚན་དཔེ་སོགས་ཆོས་ཅན། དེར་ཐལ། དེའི་ཕྱིར། དེའི་དོན་ནི། བླ་མེད་ཀྱི་ལམ་ལ་དེ་གཉིས་སུ་གྲངས་ངེས་ཀྱང་། གྲངས་ངེས་ལ་ཁྱབ་པ་མི་འཛིན་ཏེ། འདི་ནི་སྡེ་ཚན་གྱི་གྲངས་ངེས་ཡིན་གྱི། རིགས་ཀྱི་གྲངས་ངེས་མིན་པའི་ཕྱིར་རོ། །ཁོངས་སུ་ནི་ཐམས་ཅད་འདུས་ཏེ། མདོར་རྫོགས་ལྡོན་ཤིང་ལས། གལ་ཏེ་རྡོ་རྗེ་ཅན་གྱི་ཆོས་རིམ་པ་གཉིས་སུ་འདུས་ན་རྒྱུའི་རྒྱུད་དང་འབྲས་བུའི་རྒྱུད་རིམ་པ་གཉིས་སུ་ཇི་ལྟར་འདུ་སྙམ་ན། དེ་ལ་རྒྱུའི་རྒྱུད་ནི། དེ་གཉིས་ཀྱི་སྦྱང་གཞི་ཡིན་ལ། དབང་བསྐུར་བ་ནི་དེ་གཉིས་ཀྱི་སྔོན་དུ་འགྲོ་བ་ཡིན་ཞིང་། འབྲས་བུ་སྐུ་གཉིས་ནི་དེ་གཉིས་ཐོབ་པར་བྱ་བའི་འབྲས་བུ་ཡིན་པས་དེར་འདུས་ཏེ། རྒྱས་པར་འོག་ནས་བཤད་པར་བྱའོ། །ཞེས་གསུངས་སོ། །ཁ་ཅིག །བསྐྱེད་རིམ་ལ་སྐད་ཅིག་གིས་བསྐྱེད་པ་སོགས་མི་འཐད་དེ། འདིར་རང་བཟོའི་དཀྱིལ་བསྐྱེད་བསྒོམ་པར་ཟད་ཅེས་གསུངས་སོ། །ཞེ་ན་སྐྱོན་མེད་དེ། དེའི་དོན་ནི་གང་ཟག་ལས་དང་པོ་པས་སྐད་ཅིག་གིས་བསྐྱེད་པ་སོགས་སྦྱང་གཞི་སྦྱོང་བྱེད་ངེ་འཕྲོད་པའི་ཆོ་ག་གང་ཡང་མེད་པར་ལྷའི་རྣམ་པ་བསྒོམས་པ་ལ་བསྐྱེད་རིམ་དུ་འདོད་པ་དགག་པ་ཡིན་ཏེ། འོ་ན་ཕྱོགས་བཅུའི་འཕྲིན་ལུར། དཀྱིལ་བསྐྱེད་གསུངས་པའི་དོན་གང་ཡིན་ཞེ་ན། བསྐྱེད་རིམ་ལ་གསལ་བ་རབ་ཀྱི་མཐར་ཕྱིན་པའི་གང་ཟག་དབང་པོ་ཡང་རབ་ཀྱིས་རྫོགས་རིམ་གྱི་རྗེན་དུ་སྐད་ཅིག་གིས་བསྐྱེད་ནས་སྒོམ་པར་བྱ་བ་ཡིན་གྱི། ས་བོན་ལས་བསྐྱེད་པ་སོགས་བསྒོམ་མི་དགོས་ཞེས་པའི་དོན་ཡིན་ཏེ། དེ་ཉིད་ལས། བསྐྱེད་རིམ་སྒོམ་པ་ཕལ་ཆེར་ཡང་། །སྦྱང་གཞི་སྦྱོང་བྱེད་ལེགས་འཕྲོད་པའི། །ཆོ་གའི་རྣམ་བཞག་མི་ཤེས་པར། །རང་བཟོའི་དཀྱིལ་སྐྱེ་བསྐྱེད་པ་མཐོང་། །བསྐྱེད་རིམ་གསལ་བ་རབ་ཀྱི་མཐར། །སོང་བའི་གང་ཟག་ཡང་རབ་ཀྱིས། །རྫོགས་རིམ་གཙོ་བོར་སྐྱོང་བའི་ཚེ། །དཀྱིལ་སྐྱེད་གསུངས་ཀྱི་དེ་ལྟ་མིན། །ཞེས་གསུངས་སོ། །དབང་དང་དམ་ཚིག་ལྡན་པའི་གང་ཟག་གིས། །རིམ་གཉིས་འདི་དག་ཚུལ་བཞིན་བླངས་བྱས་ན། །ཚེ་འདི་ཉིད་ལ་སངས་རྒྱས་འགྲུབ་པོ་ཞེས། །རྒྱལ་བས་གསུང་ཕྱིར་མཁས་རྣམས་གུས་པས་ལོངས། །ཞེས་པ་བར་སྐབས་སོ། །

གཉིས་པ་ས་ལམ་གྱི་རྣམ་བཞག་ལ་དཔྱད་པ་ལ་གཉིས་ཏེ། ས་ལམ་ངོས་བཟུང་བ་དང་། དེ་ལ་རྟོགས་པ་རིམ་པར་དཔྱད་པའོ། །དང་པོ་ནི། བརྟག་གཉིས་སུ། གནས་དང་ཉེ་བའི་གནས་དང་ནི། །ཞིང་དང་ཉེ་བའི་ཞིང་ཉིད་དང་། །མཚན་རྡོ་ཉེ་བའི་ཚན་རྡོ་དང་། །དེ་བཞིན་འདུ་བ་ཉེ་འདུ་བ། །འཐུང་སྤྱོད་ཉེ་བའི་འཐུང་སྤྱོད་ཉིད། །དུར་ཁྲོད་ཉེ་བའི་དུར་ཁྲོད་ཉིད། །འདི་རྣམས་ས་ནི་བཅུ་གཉིས་ཏེ། །ས་བཅུའི་དབང་ཕྱུག་མགོན་པོ་ཉིད། །ཅེས་གསུངས་ཤིང་། བདེ་མཆོག་ཙ་རྒྱུད་དང་། སཾ་པུ་ཊ། གནས་ནི་རབ་ཏུ་དགའ་བའི་ས། །དེ་བཞིན་ཉེར་གནས་དྲི་མ་མེད། །ཞིང་ནི་འོད་བྱེད་ཤེས་པར་བྱ། །ཉེ་བའི་ཞིང་ནི་འོད་འཕྲོ་ཅན། །ཚན་རྡོ་མངོན་དུ་གྱུར་པ་སྟེ། །

ཉེ་བའི་ཚན་དྷོ་སྦྱང་དཀའ་བ། །འདུ་བ་རིང་དུ་སོང་བ་སྟེ། །ཉེ་བའི་འདུ་བ་མི་གཡོ་བ། །དུར་ཁྲོད་ལེགས་པའི་བློ་གྲོས་ཏེ། །ཉེ་བའི་དུར་ཁྲོད་ཆོས་ཀྱི་སྤྲིན། །ཕ་རོལ་ཕྱིན་བཅུའི་ས་རྣམས་ལ། །རྣལ་འབྱོར་མ་ཡི་ཀླུ་གླུའི་སྐད། ། ཅེས་འཐུང་སྤྱོད་དང་ཉེ་བའི་འཐུང་སྤྱོད་མ་གཏོགས་པ་གཞན་བཅུ་པོ་ཕ་རོལ་ཏུ་ཕྱིན་པའི་ས་བཅུ་དང་སྦྱར་ཞིང་། འགྲེལ་པ་ཀུ་མུ་དིར། རྒྱུད་རྒྱས་པའི་ལུང་དྲངས་པར། འཐུང་སྤྱོད་དཔེ་མེད་ཡེ་ཤེས་ཏེ། །ཉེ་བའི་འཐུང་སྤྱོད་ཡེ་ཤེས་ཆེ། །ཞེས་དང་། རྒྱུད་གཞན་ལས་ཀྱང་། རྡོ་རྗེའི་ས་ནི་བཅུ་གསུམ་པ། །ཞེས་པ་ཡང་ཡོད་དོ། །འདི་དག་གི་དོན་ལ། རྗེ་བཙུན་ས་སྐྱ་པ་ཡབ་སྲས་རྣམས་ཀྱིས་བཞེད་པ། ས་ལྷག་མ་གསུམ་པོ་རྡོ་རྗེ་ཐེག་པའི་ལམ་ཁོ་ནས་བགྲོད་པར་བྱ་བ་ཡིན་པས་ཕ་རོལ་ཏུ་ཕྱིན་པའི་ལམ་གྱིས་བགྲོད་པར་མི་ནུས་པ་ཡིན་ནོ། །ཕར་ཕྱིན་ཐེག་པ་ནས་ས་བཅུ་གཅིག་པ་སངས་རྒྱས་སུ་བཤད་པ་དང་། རྡོ་རྗེ་ཐེག་པ་ནས་ས་བཅུ་གསུམ་པ་སངས་རྒྱས་སུ་བཤད་པ་ནི། མཚན་ཉིད་ལ་མི་མཐུན་པ་ཡིན་པས་རང་རང་གི་ལམ་དེ་ཉིད་ཀྱི་བགྲོད་པར་བྱ་བ་མཐར་ཐུག་པ་དེ་ལ་དེར་རྫོགས་པའི་སངས་རྒྱས་སུ་གསུངས་སོ། །འོན་ཀྱང་ས་བཅུ་གཅིག་པ་ནི་སངས་རྒྱས་མཚན་ཉིད་པའི་མིན་ཏེ། སློབ་ལམ་གྱི་གནས་སྐབས་ཡིན་པའི་ཕྱིར་རོ། །འོན་ཕར་ཕྱིན་ཐེག་པར་ཡང་སློབ་ལམ་དུ་ཅིའི་ཕྱིར་མ་བཤད་ཅེ་ན། དེ་ནི་ཐེག་པ་རང་ལུགས་ལ་དེ་ལས་ལྷག་པའི་ལམ་བགྲོད་པའི་ནུས་པ་མེད་པས་འབྲས་བུའི་ཕྱོགས་པ་ནས་བཤད་པ་ཡིན་ནོ། །དེའི་གོང་དུ་ཡང་ས་གཉིས་བགྲོད་དུ་ཡོད་པའི་རྒྱུ་མཚན་ནི། ཡུལ་སུམ་ཅུ་སོ་བདུན་གྱི་རླུང་སེམས་དབུ་མར་ཞུགས་པར་རྫོགས་པའི་སངས་རྒྱས་མི་ཐོབ་ལ། ཡུལ་ཉི་ཤུ་རྩ་བཞིའི་རླུང་སེམས་དབུ་མར་ཞུགས་པས་ནི། ས་བཅུ་པ་མན་ཆད་ཀྱི་རྟོག་པ་ལས་མི་སྐྱེ་བར་གོང་དུ་དྲངས་པའི་བདེ་མཆོག་རྩ་རྒྱུད་དང་། སཾ་པུ་ཊིའི་ལུང་རྣམས་ཀྱིས་གྲུབ་ལ། ལྷག་མ་སྙིང་ཁའི་ཕྱི་སྐོར་གྱི་རྩ་འདབ་བརྒྱད་དང་། སྤྲས་པའི་རྩ་ལྔའི་རླུང་སེམས་དབུ་མར་ཞུགས་པས་བསྐྱེད་པར་བྱ་བའི་ས་ལྷག་མ་གསུམ་ངེས་པར་ཡོད་པའི་ཕྱིར་རོ། ། ཁ་ཅིག །ས་སྐྱ་པའི་བཞེད་པ་ལ། ས་བཅུ་གཅིག་པ་དང་བཅུ་གཉིས་པ་ཕ་རོལ་ཏུ་ཕྱིན་པའི་ས་བཅུའི་ཁོངས་སུ་བསྡུ་བ་གོང་དུ་དྲངས་པའི་བརྟག་གཉིས་དང་། སཾ་པུ་ཊིའི་དགོངས་པར་འཆད་པ་ནི་ཤིན་ཏུ་འཁྲུལ་ཏེ། བརྟག་གཉིས་ཀྱི་ལུང་གི་དོན་ནི། ས་བཅུ་གཉིས་པོ་དེ་དག་ཕ་རོལ་ཏུ་ཕྱིན་པའི་ས་བཅུ་ཡིན་ཞེས་པའི་དོན་མ་ཡིན་གྱི། ས་བཅུ་གཉིས་པོ་དེ་དག་ཕ་རོལ་ཕྱིན་པའི་ཐེག་པ་ལས། ས་བཅུ་པ་མན་ཆད་ལ་སློབ་ལམ་དུ་བཞག་པ་ལྟར། རྡོ་རྗེ་ཐེག་པ་འདིར་ཡང་སློབ་ལམ་ཡིན་པའི་དོན་དུ་མངོན་རྟོགས་ལྗོན་ཤིང་ལས་བཤད་པ་ལྟར་མ་མཐོང་བར་ཟད་པའི་ཕྱིར་དང་། སཾ་པུ་ཊ་ལས། འཐུང་སྤྱོད་དང་ཉེ་བའི་འཐུང་སྤྱོད་མ་རྟོགས་པའི་ཡུལ་ཉི་ཤུ་རྩ་གཅིག་དང་། ཕ་རོལ་ཏུ་ཕྱིན་པའི་ས་བཅུ་སྦྱོར་བ་ལ་བློ་ཁ་མ་ཕྱོགས་པར། རྡོ་རྗེ་ཐེག་པའི་ས་ཐམས་ཅད་ཕ་རོལ་ཏུ་ཕྱིན་པ

བཅུའི་ཁོངས་སུ་འདུས་སྐམ་དུ་མུན་སྒོམ་བྱེད་པ་ཙམ་དུ་ཟད་པའི་ཕྱིར་རོ། །

གཉིས་པ་ནི། འོན་ཕར་ཕྱིན་ཐེག་པ་ནས་བཤད་པའི་སངས་རྒྱས་དང་། རྡོ་རྗེ་ཐེག་པ་ནས་བཤད་པའི་སངས་རྒྱས་འགལ་ལམ་མི་འགལ་ཞེ་ན། འདིའི་ལན་ལ་དགག་གཞག་སྤང་གསུམ་ལས། དང་པོ་ནི། ཁ་ཅིག་འགལ་ཏེ། ཕར་ཕྱིན་ཐེག་པ་ནས་བཤད་པའི་སངས་རྒྱས་ཡིན་ན་རྡོ་རྗེ་ཐེག་པ་ནས་བཤད་པའི་སངས་རྒྱས་མིན་དགོས་པའི་ཕྱིར་ཏེ། དེ་ནས་བཤད་པའི་སངས་རྒྱས་ཀྱི་ས་ཡིན་ན། རྡོ་རྗེ་ཐེག་པ་ནས་བཤད་པའི་སངས་རྒྱས་ཀྱི་ས་མིན་དགོས་པའི་ཕྱིར་ཏེ། དེ་ནས་བཤད་པའི་ས་བཅུ་གཅིག་པ་ཡིན་ན་རྡོ་རྗེ་ཐེག་པ་ནས་བཤད་པའི་ས་བཅུ་གསུམ་པ་མིན་དགོས་པའི་ཕྱིར་ཏེ། ས་བཅུ་གཅིག་པ་ཡིན་ན་ས་བཅུ་གསུམ་པ་མིན་དགོས་པའི་ཕྱིར། གཞན་ཡང་། དེ་གཉིས་འགལ་ཏེ། ཕར་ཕྱིན་ཐེག་པ་ནས་བཤད་པའི་སངས་རྒྱས་ཡིན་ན་བསམ་གྱིས་མི་ཁྱབ་པའི་གནས་སྐོར་དུ་མ་བྱས་པས་ཁྱབ། རྡོ་རྗེ་ཐེག་པ་ནས་བཤད་པའི་སངས་རྒྱས་ཡིན་ན་དེ་མངོན་དུ་བྱས་པས་ཁྱབ་པའི་ཕྱིར། སཾ་པུ་ཊ་ལས། གང་དག་བསམ་གྱིས་མི་ཁྱབ་པའི་གནས་མ་ཐོབ་པ་དེ་ནི་བདེ་བར་གཤེགས་པ་སྟེ་སངས་རྒྱས་ཡིན་ལ། མཚན་གྱིས་མཚོན་པར་བྱེད་པ་ནི་རྡོ་རྗེ་སེམས་དཔའ་ཡང་དག་པའོ། །ཞེས་གསུངས་པའི་ཕྱིར་ཞེས་ཟེར་ན་མི་འཐད་དེ། སྟོན་པ་ཤཱཀྱ་ཐུབ་པ་ཆོས་ཅན། རྡོ་རྗེ་ཐེག་པ་ནས་བཤད་པའི་སངས་རྒྱས་མིན་པར་ཐལ། ཕར་ཕྱིན་ཐེག་པ་ནས་བཤད་པའི་སངས་རྒྱས་ཡིན་པའི་ཕྱིར། ཁྱབ་པ་ཁས། རྟགས་གྲུབ་སྟེ། དེ་ནས་བཤད་པའི་མཆོག་གི་སྤྲུལ་སྐུ་ཡིན་པའི་ཕྱིར། ཡང་སྐུ་གསུམ་ཆོས་ཅན། དེར་ཐལ། དེའི་ཕྱིར། རྟགས་སླ། རྫོགས་པའི་སངས་རྒྱས་ཡང་ཆོས་ཅན། དེར་ཐལ། དེའི་ཕྱིར། ཡང་རྣམ་མཁྱེན་ཆོས་ཅན། རྡོ་རྗེ་ཐེག་པ་ནས་བཤད་པའི་སངས་རྒྱས་མིན་པར་ཐལ། ཕར་ཕྱིན་ཐེག་པ་ནས་བཤད་པའི་སངས་རྒྱས་ཀྱི་ས་ཡིན་པའི་ཕྱིར་ཏེ། དེ་ནས་བཤད་པའི་རྣམ་མཁྱེན་ཡིན་པའི་ཕྱིར། རྩོད་པར་མི་ནུས་ཏེ། དེ་ནས་བཤད་པའི་རྣམ་མཁྱེན་ཡིན་པའི་ཕྱིར། ཡང་རྣམ་མཁྱེན་ཆོས་ཅན། བསམ་གྱིས་མི་ཁྱབ་པའི་གནས་སྐོར་དུ་མ་བྱས་པར་ཐལ། ཕར་ཕྱིན་ཐེག་པ་ནས་བཤད་པའི་སངས་རྒྱས་ཡིན་པའི་ཕྱིར། ཁྱབ་པ་ཁས། འདོད་ན། དེ་སྐོར་དུ་བྱས་པར་ཐལ། རྡོ་རྗེ་ཐེག་པ་ནས་བཤད་པའི་སངས་རྒྱས་ཡིན་པའི་ཕྱིར། ལུང་དེའི་དོན་ནི། ལུགས་གཉིས་ཀའི་མཐར་ཐུག་གི་སངས་རྒྱས་གཅིག་ཉིད་ཡིན་ཀྱང་ལྡོག་པའི་སྒོ་ནས་མིང་འདོགས་ལུགས་མི་འདྲ་བ་ཡིན་ཏེ། ཕར་ཕྱིན་ཐེག་པ་ལ་ནི་ཤེས་སྒྲིབ་སྤངས་པས་སངས་རྒྱས་དང་། རྡོ་རྗེ་ཐེག་པ་ལ་ནི་དེའི་སྟེང་དུ་སྤང་བྱ་འཕོ་བའི་བག་ཆགས་སྤངས་པས་རྡོ་རྗེ་འཛིན་པ་ཞེས་བྱ་བར་འདོགས་སོ། །

དེ་ཡང་ཕར་ཕྱིན་ཐེག་པ་ལས་འཕོ་བའི་བག་ཆགས་ཀྱི་ཐ་སྙད་མ་བཤད་པ་ཡིན་གྱི། དེ་གཉིས་ཀྱི་

སངས་རྒྱས་ལ་སྤྱང་རྟོགས་ཀྱི་ཁྱད་པར་ཡོད་པ་ནི་མ་ཡིན་ནོ། །ཡང་དགའ་སྟོང་པ་ལ་སོགས་པ་ཁ་ཅིག །དེ་གཉིས་ཀྱི་སངས་རྒྱས་འགལ་ཡང་སངས་རྒྱས་ཀྱི་ས་ལ་བཅུ་གཅིག་ཀུན་ཏུ་འོད་ཀྱི་ས་དང༌། བཅུ་གཉིས་མ་ཆགས་པད་མ་ཅན་གྱི་ས་དང༌། བཅུ་གསུམ་པ་ཡེ་ཤེས་བླ་མའི་ས་ཞེས་པའི་ཐ་སྙད་འཐད་པར་མངོན་ནོ། །ས་གསུམ་པོ་དེ་གཅིག་སངས་རྒྱས་ཡིན་ན་གཅིག་ཤོས་སངས་རྒྱས་མིན་མི་དགོས་ཏེ། ཐམས་ཅད་མཁྱེན་པའི་ཡེ་ཤེས་སྤྱི་ཕྱི་དང་ཉན་ཐོས་དགྲ་བཅོམ་གཉིས་བཞིན་ནོ། །ལུགས་དེ་གཉིས་ཀྱི་སངས་རྒྱས་འགལ་ཏེ། བདག་མེད་བསྟོད་འགྲེལ་དུ། རྒྱུ་ལ་ཁྱད་པར་ཡོད་ན་འབྲས་བུ་ལ་ཁྱད་པར་འབྱུང་རིགས་ཏེ། ཀ་ཏ་པ་དང་ས་ལུ་བཞིན་ནོ་ཞེས་དང༌། འོ་མས་བསྒྲུབས་པའི་སྐྱུ་རུ་ར་དང༌། ཆུས་བསྒྲུབས་པའི་སྐྱུ་རུ་ར་དཔེར་བཞག་ནས། དེ་གཉིས་ཀྱི་སངས་རྒྱས་ལ་བཟང་ངན་གྱི་ཁྱད་པར་ཡོད་པ་བཤད་པའི་ཕྱིར། ཞེས་གསུང་ངོ༌། །མི་འཐད་དེ། ས་བཅུ་གཅིག་པ་བཞིན་ནོ། །ཁྱོད་མི་སློབ་ལམ་ཡིན་པར་ཐལ། ཁྱོད་སངས་རྒྱས་ཀྱི་ས་ཡིན་པའི་ཕྱིར། འདོད་མི་ནུས་ཏེ། སློབ་ལམ་ཡིན་པའི་ཕྱིར་ཏེ། ཆོས་ཅན་ཡིན་པའི་ཕྱིར། ས་བཅུ་གཉིས་པ་ཡང་ཆོས་ཅན། སངས་རྒྱས་མིན་པར་ཐལ། ཕར་ཕྱིན་ཐེག་པ་ནས་བཤད་པའི་སངས་རྒྱས་ཀྱང་མིན། རྡོ་རྗེ་ཐེག་པ་ནས་བཤད་པའི་སངས་རྒྱས་ཀྱང་མིན་པའི་ཕྱིར། དང་པོ་གྲུབ་སྟེ། དེ་ནས་མ་བཤད་པའི་ཕྱིར། ཕྱི་མ་མ་གྲུབ་ན། ས་བཅུ་གསུམ་པ་ཡིན་པར་ཐལ། རྡོ་རྗེ་ཐེག་པ་ནས་བཤད་པའི་སངས་རྒྱས་ཀྱི་ས་ཡིན་པའི་ཕྱིར། གཞན་ཡང༌། ཉན་ཐོས་གཞུང་ལུགས་ནས་བཤད་པའི་དགེ་འདུན་ཡིན་ན། ཐེག་པ་ཆེན་པོའི་ཕ་རོལ་ཏུ་ཕྱིན་པ་ནས་བཤད་པའི་དགེ་འདུན་མིན་དགོས་པར་ཐལ། ཉན་ཐོས་རྣམས་ཀྱི་བླ་མ་དེ། །བཟང་ཡང་གང་ཟག་ཁོ་ནར་བས། །ཕ་རོལ་ཕྱིན་པའི་བླ་མ་ནི། །བཟང་ན་དགེ་འདུན་དཀོན་མཆོག་ཡིན། །ཞེས་གསུངས་པའི་ཕྱིར། ཁྱབ་པ་ཁས། གཞན་ཡང༌། སེམས་ཙམ་གཞུང་ལུགས་ནས་བཤད་པའི་དོན་དམ་བདེན་པ་ཡིན་ན་དབུ་མའི་གཞུང་ལུགས་ནས་བཤད་པའི་དོན་དམ་བདེན་པ་མིན་དགོས་པར་ཐལ། སེམས་ཙམ་གཞུང་ལུགས་ནས་དོན་དམ་བདེན་པ་བདེན་གྲུབ་ཏུ་བཤད། དབུ་མའི་གཞུང་ལུགས་ནས་བདག་མེད་དུ་བཤད་པའི་ཕྱིར། ཁྱབ་པ་ཁས། འདོད་ན། དོན་དམ་བདེན་པ་མ་ངེས་སོ༔ །དེ་བཞིན་དུ་ལྷ་བ་སོགས་ལ་ཡང་སྦྱར་ནས་འཕེན་པར་བྱའོ། །དེས་ན་ལུང་དེའི་དོན་ནི། སངས་རྒྱས་ཀྱི་མཚན་ཉིད་ཀྱི་འདོད་ཚུལ་ལ་ཁྱད་པར་མེད་ཀྱང༌། མཚན་མིན་འདོད་ཚུལ་ལ་ཁྱད་པར་ཡོད་པས། དེ་ལ་དགོངས་ནས་བཟང་ངན་གྱི་ཁྱད་པར་ཡོད་པར་གསུངས་པ་ཡིན་ཏེ། །ཕ་རོལ་ཏུ་ཕྱིན་པས་ས་བཅུ་གཅིག་པ་ལ་སངས་རྒྱས་ཀྱི་མཚན་ཉིད་ཡིན་པར་འདོད། རྡོ་རྗེ་ཐེག་པས་ས་བཅུ་གསུམ་པ་ལ་སངས་རྒྱས་ཀྱི་མཚན་ཉིད་པར་འདོད་པའི་ཕྱིར་རོ། །

གཉིས་པ་ལ་རང་ལུགས་ནི། དེ་གཉིས་མི་འགལ་ཞིང་དོན་གཅིག་པ་ཡིན་ཏེ། ཕར་ཕྱིན་ཐེག་པ་ནས་བཤད་པའི་སྦྱངས་རྟོགས་མཐར་ཐུག་པའི་སངས་རྒྱས་ཡིན་ན་ཡང་སྐུ་གསུམ་བརྙེས་པའི་སངས་རྒྱས་ཡིན་དགོས། རྡོ་རྗེ་ཐེག་པ་ནས་བཤད་པའི་སྦྱངས་རྟོགས་མཐར་ཐུག་པའི་སངས་རྒྱས་ཡིན་ན་ཡང་སྐུ་གསུམ་བརྙེས་པའི་སངས་རྒྱས་ཡིན་དགོས་པའི་ཕྱིར་རོ། །

གསུམ་པ་རྩོད་པ་སྤོང་བ་ནི། འོན་ཕར་ཕྱིན་ཐེག་པ་ནས་བཤད་པའི་ལམ་ཉམས་སུ་བླངས་ཀྱང་དེ་ནས་བཤད་པའི་སངས་རྒྱས་མི་ཐོབ་པར་ཐལ། དེ་ནས་བཤད་པའི་སངས་རྒྱས་དེས་བཅུ་གསུམ་རྡོ་རྗེ་འཛིན་པའི་ས་ཐོབ་པའི་ཕྱིར་ཏེ། དེས་སྐུ་བཞི་ཐོབ་པའི་ཕྱིར། འདོད་ན། དེ་ཉམས་སུ་བླངས་པ་ལ་དགོས་པ་མེད་པར་ཐལ་ལོ༑ ༑ཡང་དེ་ནས་བཤད་པའི་ལམ་ཉམས་སུ་བླངས་པས་དེ་ནས་བཤད་པའི་སངས་རྒྱས་ཐོབ་པར་ཐལ། དེ་ཉམས་སུ་བླངས་པས་དེ་ནས་བཤད་པའི་ཆོས་སྐུ་ཐོབ་པའི་ཕྱིར་ཏེ། འགྲེལ་པ་དོན་གསལ་ལས། སྐད་ཅིག་མ་གཅིག་པའི་མངོན་པར་རྫོགས་པར་བྱང་ཆུབ་པའི་སྐད་ཅིག་མ་གཉིས་པ་ལ་ཆོས་ཀྱི་སྐུ་མངོན་པར་རྫོགས་པ་བྱང་ཆུབ་པ་ཡིན་ཏེ། ཞེས་གསུངས་པའི་ཕྱིར་ཞེས་ཟེར་ན། མི་འཐད་དེ། འོན་སེམས་ཙམ་གཞུང་ལུགས་ནས་བཤད་པའི་ལམ་ཉམས་སུ་བླངས་པ་ལ་དགོས་པ་མེད་པར་ཐལ། དེ་ནས་བཤད་པའི་ལམ་ཉམས་སུ་བླངས་པས་དེ་ནས་བཤད་པའི་སངས་རྒྱས་ཐོབ་པ་མེད་པའི་ཕྱིར། མ་གྲུབ་ན། དབུ་མའི་ལམ་ལ་མ་བརྟེན་པར་སངས་རྒྱས་ཐོབ་པ་ཡོད་པར་ཐལ། མ་གྲུབ་པ་དེའི་ཕྱིར། མདོར་ན་འདོད་ལུགས་དང་གནས་ལུགས་མ་ནོར་བ་གལ་ཆེའོ། །འོན་ཕར་ཕྱིན་ཐེག་པ་ནས་བཤད་པའི་ས་བཅུ་གཅིག་པ་དང་། རྡོ་རྗེ་ཐེག་པ་ནས་བཤད་པའི་ས་བཅུ་གསུམ་པ་འགལ་ལམ་མི་འགལ་ཞེ་ན། འདི་ལ་ཁ་ཅིག །མི་འགལ་ཏེ། ཕར་ཕྱིན་ཐེག་པ་ནས་བཤད་པའི་ས་བཅུ་གཅིག་པ་ཡིན་ན། རྡོ་རྗེ་ཐེག་པ་ནས་བཤད་པའི་ས་བཅུ་གསུམ་པ་ཡིན་དགོས་པའི་ཕྱིར་རོ། །དེ་ནས་བཤད་པའི་བཅུ་གཅིག་ཀུན་ཏུ་འོད་ཀྱི་ས་ཡིན་ན་རྡོ་རྗེ་ཐེག་པ་ནས་བཤད་པའི་བཅུ་གསུམ་རྡོ་རྗེ་འཛིན་པའི་ས་ཡིན་དགོས་པའི་ཕྱིར་ཏེ། རྣམ་མཁྱེན་དེ་དེ་གཉིས་ཀ་ཡིན་པའི་ཕྱིར། མ་གྲུབ་ན། རྣམ་མཁྱེན་ཆོས་ཅན། ཕར་ཕྱིན་ཐེག་པ་ནས་བཤད་པའི་བཅུ་གཅིག་ཀུན་ཏུ་འོད་ཀྱི་ས་ཡིན་པར་ཐལ། དེ་ནས་བཤད་པའི་ས་ཡིན་ན། དེ་ནས་བཤད་པའི་ས་བཅུ་པ་མན་ཆད་ཀྱི་ས་མིན་དགོས་པའི་ཕྱིར། ཞེས་ཟེར་ན་མི་འཐད་དེ། ས་བཅུ་གཅིག་པ་ཆོས་ཅན། རྡོ་རྗེ་ཐེག་པ་ནས་བཤད་པའི་ས་བཅུ་གསུམ་པ་ཡིན་པར་ཐལ། ཕར་ཕྱིན་ཐེག་པ་ནས་བཤད་པའི་ས་བཅུ་གཅིག་པ་ཡིན་པའི་ཕྱིར། ཁྱབ་པ་ཁས། མ་གྲུབ་ན་དེར་ཐལ། དེ་ནས་བཤད་པའི་ས་གི། དེ་ནས་བཤད་པའི་ས་བཅུ་པ་མན་ཆད་ཀྱི་ས་མིན་པའི་ཕྱིར། ཁྱབ་པ་ཁས། ཡང་ས་བཅུ་གསུམ་པ་མ་ཐོབ་པའི་ས་བཅུ

གཅིག་པ་ཆོས་ཅན། རྡོ་རྗེ་ཐེག་པ་ནས་བཤད་པའི་ས་བཅུ་གསུམ་པ་ཡིན་པའི་ཕྱིར། ཡང་རྡོ་རྗེ་ཐེག་པ་ནས་བཤད་པའི་ས་བཅུ་གསུམ་པ་ཡིན་ན། ཕར་ཕྱིན་ཐེག་པ་ནས་བཤད་པའི་ས་བཅུ་གཅིག་པ་ཡིན་དགོས་པར་ཐལ། ཕར་ཕྱིན་ཐེག་པ་ནས་བཤད་པའི་ས་བཅུ་གཅིག་པ་ཡིན་ན་རྡོ་རྗེ་ཐེག་པ་ནས་བཤད་པའི་ས་བཅུ་གསུམ་པ་ཡིན་དགོས་པའི་ཕྱིར། རྟགས་ཁས། འདོད་ན། ས་བཅུ་གསུམ་པ་ཆོས་ཅན། དེར་ཐལ། དེའི་ཕྱིར། ཨེ་སོང་།

དེས་ན་རང་ལུགས་ནི། དེ་གཉིས་འགལ་བ་ཁོ་ན་ཡིན་ཏེ། ཕར་ཕྱིན་ཐེག་པ་ནས་བཤད་པའི་ས་བཅུ་གཅིག་པ་ཡིན་ན་སློབ་ལམ་ཡིན་དགོས། རྡོ་རྗེ་ཐེག་པ་ནས་བཤད་པའི་ས་བཅུ་གསུམ་པ་ཡིན་ན་མི་སློབ་ལམ་ཡིན་དགོས་པའི་ཕྱིར་རོ། །རྣམ་མཁྱེན་དེ་དེ་གཉིས་ཀ་ཡིན་ཞེས་ཟེར་བ་ནི་དངོས་སྟོབས་ཀྱི་རིགས་པ་མི་ཤེས་པའི་སྐྱོན་ཡིན་ནོ། །འོན་ཀྱང་ཕར་ཕྱིན་ཐེག་པ་ནས་ས་བཅུ་གཅིག་པར་བཤད་ན་བཅུ་གཅིག་པ་ཡིན་པས་མ་ཁྱབ་པ་དང་། དེ་ནས་སངས་རྒྱས་སུ་བཤད་ན་སངས་རྒྱས་ཡིན་པས་མ་ཁྱབ་སྟེ། རྣམ་མཁྱེན་དེ། དེ་ནས་བཅུ་གཅིག་པར་བཤད་ཀྱང་། ས་བཅུ་གཅིག་པ་དེ་མིན། ས་བཅུ་གཅིག་པ་དེ་དེ་ནས་སངས་རྒྱས་སུ་བཤད་ཀྱང་སངས་རྒྱས་མིན་པའི་ཕྱིར་རོ། །གནད་འདི་དག་ཀྱང་མ་བརྗེད་པ་གལ་ཆེའོ། །འོ་ན་ས་བཅུ་གཅིག་པ་དང་། བཅུ་གཅིག་ཀུན་ཏུ་འོད་ཀྱི་ས་དོན་གཅིག་གམ་མི་གཅིག་ཞེ་ན། འདིའི་ལན་ལ་ཁ་ཅིག །དེ་གཉིས་དོན་མི་གཅིག་སྟེ། ས་བཅུ་གཅིག་པ་ཡིན་ན་སློབ་ལམ་ཡིན་དགོས་པའི་ཕྱིར། བཅུ་གཅིག་ཀུན་ཏུ་འོད་ཀྱི་ས་ཡིན་ན། མི་སློབ་ལམ་ཡིན་དགོས་པའི་ཕྱིར། དང་པོ་གྲུབ་སྟེ། མི་སློབ་ལམ་ཡིན་ན་ས་བཅུ་གསུམ་པ་ཡིན་དགོས་པའི་ཕྱིར། གཉིས་པ་གྲུབ་སྟེ། དེ་ཡིན་ན་བཅུ་གསུམ་རྡོ་རྗེ་འཛིན་པའི་ས་ཡིན་དགོས་པའི་ཕྱིར་ཏེ། ཕར་ཕྱིན་ཐེག་པ་ནས་བཤད་པའི་དེ་ཡིན་ན་བཅུ་གསུམ་རྡོ་རྗེ་འཛིན་པའི་ས་ཡིན་དགོས། རྡོ་རྗེ་ཐེག་པ་ལས་དེ་མ་བཤད་པའི་ཕྱིར་ཏེ། རྡོ་རྗེ་ཐེག་པ་ལས་བཅུ་གཅིག་ཀུན་ཏུ་འོད་ཀྱི་ས་མ་བཤད་པའི་ཕྱིར་ཏེ། རྡོ་རྗེ་ཐེག་པ་ལས། འབྱུང་སྤྱོད་དཔེ་མེད་ཡེ་ཤེས་ཏེ། །ཉེ་བའི་འབྱུང་སྤྱོད་ཡེ་ཤེས་ཆེ། །ཞེས་དཔེ་མེད་ཡེ་ཤེས་ཀྱི་ས་ཙམ་དུ་གསུངས་པའི་ཕྱིར། ཞེས་ཟེར་བ་མི་འཐད་དེ། ས་བཅུ་གཅིག་པ་ནི། མི་སློབ་ལམ་ཡིན་པར་ཐལ། བཅུ་གཅིག་ཀུན་ཏུ་འོད་ཀྱི་ས་ཡིན་པའི་ཕྱིར། ཕར་ཕྱིན་ཐེག་པ་ནས་བཤད་པའི་བཅུ་གཅིག་ཀུན་ཏུ་འོད་ཀྱི་ས་ཡིན་པའི་ཕྱིར། རྩ་བར་འདོད་ན། མི་སློབ་ལམ་མིན་པར་ཐལ། སློབ་ལམ་ཡིན་པའི་ཕྱིར་ཏེ། ས་བཅུ་གཅིག་པ་ཡིན་པའི་ཕྱིར། ཁྱབ་པ་ཁས། གཞན་ཡང་། རྡོ་རྗེ་ཐེག་པ་ལས་བཅུ་གཅིག་ཀུན་ཏུ་འོད་ཀྱི་ས་བཤད་པར་ཐལ། དགོངས་པ་ལུང་སྟོན་པའི་རྒྱུད་ལས། འཇིག་རྟེན་དང་ནི་འཕགས་པའི་ཆོས། །སྟོ་མ་ཀུན་གྱི་སྨྲུན་མེད་ཅིང་། །དེ་ཕྱིར་ཀུན་ཏུ་འོད་བྱེད་པ། །དཔེ་མེད་ཡེ་ཤེས་ཞེས་སུ་བཤད། །ཅེས་གསུངས་པའི་ཕྱིར་དང་། ཡེ་ཤེས་ཐིག་ལེའི་རྒྱུད་ལས། ཀུན་

ཏུ་འོད་ཀྱི་ས་ནི་ཡང་དག་པར་རྫོགས་པའི་སངས་རྒྱས་ཀྱི་ས། །ཀུན་ཏུ་སྣང་བ་མཆེད་པའི་འོད་ནི་དཔལ་རྡོ་རྗེ་སེམས་དཔའ་སྤྲུལ་པའི་སྐུའི་ས། ཀུན་ཏུ་སྣང་བ་ཐོབ་པའི་འོད་ནི་ལོངས་སྤྱོད་རྫོགས་པའི་སྐུའི་ས། ཡང་དག་འོད་ནི་ཆོས་ཀྱི་སྐུའི་ས། བརྗོད་དུ་མེད་པའི་ཚད་མེད་པ་ནི་བདེ་བ་ཆེན་པོའི་ས་སྟེ། ཞེས་གསུངས་པའི་ཕྱིར། དེས་ན་རང་ལུགས་ནི། དེ་གཉིས་དོན་གཅིག་སྟེ། དེ་གཉིས་ཀ་ལས་རང་རང་གི་ས་བཅུ་གཅིག་པ་ལ་རང་རང་གི་བཅུ་གཅིག་ཀུན་ཏུ་འོད་ཀྱི་ས་ཞེས་གསུངས་པ་ཡིན་པའི་ཕྱིར་ཏེ། ཕར་ཕྱིན་ཐེག་པ་ལས་ས་བཅུ་གཅིག་པ་དང་། བཅུ་གཅིག་ཀུན་ཏུ་འོད་ཀྱི་ས་གཉིས་ཀ་མི་སློབ་ལམ་དུ་བཤད། རྡོ་རྗེ་ཐེག་པ་ལས་དེ་གཉིས་ཀ་སློབ་ལམ་དུ་བཤད་པའི་ཕྱིར་རོ། །འོ་ན་རྡོ་རྗེ་ཐེག་པ་ལས་བཤད་པའི་ས་ཡིན་ན། དེས་ནས་བཤད་པའི་ས་བཅུ་གསུམ་པོ་གང་རུང་ཡིན་པས་ཁྱབ་བམ་མ་ཁྱབ་ཅེ་ན། དེ་ལ་ཁ་ཅིག་ཁྱབ་སྟེ། དེ་ནས་བཤད་པའི་སློབ་ལམ་དྲུག་པའི་ས་ཡིན་ན་ས་བཅུ་གཉིས་པོ་གང་རུང་ཡིན་པས་སོ། །དེ་ནས་བཤད་པའི་མི་སློབ་ལམ་ཡིན་ན་ས་བཅུ་གསུམ་པ་ཡིན་དགོས་པའི་ཕྱིར་རོ། །ཞེས་ཟེར་བ་མི་འཐད་དེ། ས་བཅུ་གསུམ་པའི་ཕྱེད་འོག་མ་ཆོས་ཅན། དེ་ནས་བཤད་པའི་ས་བཅུ་གཅིག་པོ་གང་རུང་ཡིན་པར་ཐལ། དེ་ནས་བཤད་པའི་སློབ་ལམ་དྲུག་པའི་ས་ཡིན་པའི་ཕྱིར་ཏེ། ཆོས་ཅན་ཡིན་པའི་ཕྱིར། འདོད་ན། དེ་ནས་བཤད་པའི་ས་བཅུ་གཅིག་པ་དང་ས་བཅུ་གཉིས་པ་གང་རུང་ཡིན་པར་ཐལ། འདོད་པ་གང་ཞིག །དེ་ནས་བཤད་པའི་ས་དང་པོ་སོགས་མིན་པའི་ཕྱིར། འདོད་ན། དབང་གསུམ་པའི་ལག་རྗེས་སུ་གྱུར་པའི་ས་ཡིན་པར་ཐལ། བླ་མེད་ནས་བཤད་པའི་ས་བཅུ་གཅིག་པ་དང་ས་བཅུ་གཉིས་པ་གང་རུང་ཡིན་པའི་ཕྱིར། འདོད་མི་ནུས་ཏེ། དབང་བཞི་པའི་ལག་རྗེས་སུ་གྱུར་པའི་ས་ཡིན་པའི་ཕྱིར་ཏེ། ཆོས་ཅན་ཡིན་པའི་ཕྱིར། དེས་ན་འདི་ལ་ཡང་གྲངས་ངེས་ལ་ཁྱབ་པ་མི་འཛིན་པའི་ལུགས་ལྟར་ཁས་བླངས་དགོས་པ་འདྲ་སྟེ། ཞིབ་པར་ནི་གྲུབ་པའི་དབང་ཕྱུག་རྣམས་ཀྱི་མན་ངག་དང་། ཁོ་བོའི་མན་ངག་ལས་ཤེས་པར་བྱའོ། །བཅུ་གསུམ་པ་ལ་ཕྱེད་འོག་མ་དང་ཕྱེད་གོང་མ་གཉིས་སུ་འབྱེད་པའི་རྒྱུ་མཚན་ཤེས་ན་རང་གྲོལ་དུ་འགྱུར་རོ། །འོ་ན་ཕར་ཕྱིན་ཐེག་པས་སངས་རྒྱས་པ་ལ་རྡོ་རྗེ་ཐེག་པའི་ཉེ་ལམ་ལ་ལྟོས་སམ་མི་ལྟོས་ཞེ་ན། ཁ་ཅིག །མ་ལྟོས་ཏེ། ཕར་ཕྱིན་ཐེག་པ་རང་གང་ནི་ལམ་གྱིས་སངས་རྒྱས་ཐོབ་པའི་ཕྱིར་རོ། །ཟེར་བ་ནི་གོང་དུ་བཀག་ཟིན་ཏོ། །བོ་དོང་པ་ལ་སོགས་པ་མཁས་པ་ཁ་ཅིག །སྔགས་ཀྱི་ཉམས་ལེན་ལ་ལྟོས་ཤིང་། དེ་ཡང་ཐེག་པ་གསུམ་ཆར་གྱི་ཚོགས་ལམ་ཆེན་པོ་ཡན་ཆད་ནི་སྔགས་ལམ་ཁོ་ནས་ཐོབ་པར་འདོད་དེ། ཚོགས་ལམ་ཆེན་པོ་ཐོབ་པའི་ཚེ་ཆོས་རྒྱུན་གྱི་ཏིང་ངེ་འཛིན་ཐོབ་པས་སངས་རྒྱས་ཀྱི་ཞིང་དུ་བགྲོད་ནུས་ཤིང་། དེའི་ཚེ་ལམ་གྱི་ཟབ་ཞོས་གསང་སྔགས་ཀྱི་ལམ་གདུལ་བྱ་ལ་ཉན་དུ་ཡོད་ཅིང་། སངས་རྒྱས་ལ་ཡང་དེ་སྟོན་པའི་མཁྱེན་བརྩེ་མངའ

བའི་ཕྱིར་ཏེ། རྒྱན་ལས། དེ་ཚེ་ཆོས་ཀྱི་རྒྱུན་ལས་ནི། །སངས་རྒྱས་རྣམས་ལ་ཞི་གནས་དང་། །ཡེ་ཤེས་སྤྱངས་པ་ཐོབ་བྱའི་ཕྱིར། །གདམ་ངག་རྒྱ་ཆེན་རྙེད་པར་འགྱུར། །ཞེས་གསུངས་པའི་ཕྱིར་ཞེས་ཟེར་བ་མི་འཐད་དེ། ཐེག་ཆེན་གྱི་ཚོགས་ལམ་ཆེན་པོ་དེ་ཆོས་ཅན། ཐེག་ཆེན་གྱི་ཚོགས་ལམ་ཡིན་པར་ཐལ། དེ་ཚེ་ཆོས་ཀྱི་རྒྱུན་ལ་ནི། །ཞེས་པའི་དངོས་བསྟན་གྱི་ཚོགས་ལམ་ཡིན་པའི་ཕྱིར། རྟགས་ཁས། ཡང་ཐེག་ཆེན་གྱི་ཚོགས་ལམ་ཆེན་པོ་ཡིན་ན་ཆོས་རྒྱུན་གྱི་ཏིང་ངེ་འཛིན་ཐོབ་པས་ཁྱབ་པར་ཐལ། དེ་ཡིན་ན་དེའི་ཚེ་ཆོས་ཀྱི་རྒྱུན་ལས་ནི་ཞེས་པའི་དངོས་བསྟན་གྱི་ཚོགས་ལམ་ཡིན་པའི་ཕྱིར། རྟགས་ཁས། འདོད་ན། དེ་ཡིན་ན་བསམ་གཏན་གྱི་དངོས་གཞི་ཐོབ་པས་ཁྱབ་པར་ཐལ། འདོད་པའི་ཕྱིར། འདོད་ན། རྒྱན་ཞུགས་དང་ཕྱིར་འོང་མི་སྲིད་པར་ཐལ་བ་དང་། ཕྱིར་མི་འོང་ཡིན་ན་ཆགས་བྲལ་སྔོན་སོང་ཡིན་དགོས་པར་ཐལ། འདོད་པའི་ཕྱིར། གཞན་ཡང་། རྫོགས་པའི་སངས་རྒྱས་ཀྱིས་ཐེག་པ་གསུམ་གྱི་ལམ་རིམ་བསྟན་པ་དོན་མེད་པར་ཐལ། ཚོགས་ལམ་ཆེན་པོ་ལ་གནས་པའི་གང་ཟག་ཡིན་ན། ཐེག་ཆེན་གྱི་ལམ་ཉན་འདོད་ཀྱི་གང་ཟག་ཡིན་དགོས་པའི་ཕྱིར་དང་། སངས་རྒྱས་ཀྱི་སྐུ་དངོས་ཀྱི་གདུལ་བྱ་ཡིན་ན། དེ་ཡིན་དགོས་པའི་ཕྱིར། ཡང་སྟོན་པས་གདུལ་བྱའི་བློའི་རིམ་པ་དང་འཚམས་པར་ཆོས་གསུངས་པ་མི་འཐད་པར་ཐལ། སྟོན་པས་སྐུ་དངོས་ཀྱི་གདུལ་བྱ་ཐམས་ཅད་ལ་བླ་མེད་ཀྱི་ཆོས་ཁོ་ན་གསུངས་པའི་ཕྱིར། རྟགས་ཁས།

གཞན་ཡང་། ཐེག་ཆེན་གྱི་འཕགས་ལམ་མི་སྲིད་པར་ཐལ་བ་དང་། ཐེག་ཆེན་དགྲ་བཅོམ་པ་མི་སྲིད་པར་ཐལ། འཕགས་ལམ་ཡིན་ན་ཐེག་ཆེན་གྱི་ལམ་ཡིན་དགོས་པའི་ཕྱིར་ཏེ། དེ་ཡིན་ན་སྔགས་ལམ་ཡིན་དགོས་པའི་ཕྱིར་ཏེ། ཐེག་པ་གསུམ་ཆར་གྱི་ཚོགས་ལམ་ཆེན་པོ་ཡན་ཆད་སྔགས་ལམ་ཁོ་ནས་བགྲོད་དགོས་པའི་ཕྱིར། རྟགས་ཁས། དེས་ན་རང་ལུགས་ནི། སྤྱིར་སངས་རྒྱ་བ་ལ་སྔགས་ལམ་ལ་ངེས་པར་ལྟོས་དགོས་ཏེ། ས་བཅུ་གཅིག་པ་དང་བཅུ་གཉིས་པ་བཅུ་གསུམ་པ་གསུམ་པོ་སྔགས་ལམ་ཁོ་ནས་བགྲོད་དགོས་པའི་ཕྱིར་རོ། །དེ་ཡང་དང་པོ་ཉིད་ནས་སྔགས་ལམ་དུ་ཞུགས་ནས་སྔགས་ལམ་ཁོ་ནས་སངས་རྒྱས་ཐོབ་པ་ཡང་ཡོད། ཚོགས་ལམ་མན་ཆད་ཕ་རོལ་ཏུ་ཕྱིན་པའི་ལམ་གྱིས་བགྲོད་ནས་སངས་རྒྱ་བ་ཡང་ཡོད། ས་དང་པོ་མན་ཆད་ཕ་རོལ་ཏུ་ཕྱིན་པའི་ལམ་གྱིས་བགྲོད་ནས་སངས་རྒྱས་པ་ཡང་ཡོད། ས་བཅུ་པ་མན་ཆད་ཕ་རོལ་ཏུ་ཕྱིན་པའི་ལམ་གྱིས་བགྲོད་ནས་སངས་རྒྱ་བ་ཡང་ཡོད་དེ། བླ་མ་ས་སྐྱ་པ་ཆེན་པོའི་དཀའ་ཐེར་མར། ལམ་འཇུག་ལྡོག་གི་སྐབས་སུ། དེ་ཡང་སྔར་ཁམས་འདུས་པ་ཐ་མ་ལ། ལུང་བསྟན་པའི་བུ་མོ་པད་ཅན་མ་ལ་བརྟེན་ནས་ས་བཅུ་གཉིས་ཀྱི་བར་དུ་བགྲོད་པ་ཡིན་ལ། སྔར་ནས་འགྲོགས་བྱེད་ཕོ་ཉའི་ལམ་ལ་བརྟེན་ནས་ས་བཅུ་གཉིས་ཀྱི་བར་དུ་བགྲོད་པ

ཡིན་ན། རྟེན་རྩ་ལ་མི་དགོས་ལ། དེ་ལྟར་མིན་ཏེ། ས་དང་པོ་མན་ཆད་དམ་གཉིས་པ་གསུམ་པ་བདུན་མན་ཆད་ཕ་རོལ་ཏུ་ཕྱིན་པའི་ལམ་གྱིས་བགྲོད་དུ་བཏུབ་ལ། དེ་ནས་རང་དང་རྟོགས་པ་མཉམ་པའི་བུ་མོ་དང་རྡོ་རྗེ་ཐ་སྣླབས་ཉམས་སུ་བླངས་པས་སྐད་ཅིག་མ་བདུན་གྱིས་ས་གཉིས་པ་ནས་བཅུ་པའི་བར་བགྲོད་ནས། སྟན་ཐོག་གཅིག་ཏུ་ས་བཅུ་གཉིས་པ་མངོན་དུ་བྱེད་པ་ཡང་སྲིད། དེ་བཞིན་དུ་ས་གཉིས་པ་གསུམ་པ་བཞི་པ་ལྔ་པ་དྲུག་པ་བདུན་པ་བརྒྱད་པ་དགུ་པ་བཅུ་པ་མན་ཆད་ཕ་རོལ་ཏུ་ཕྱིན་པའི་ལམ་གྱིས་བགྲོད་ནས། ས་བཅུ་གཅིག་པ་ལ་རང་དང་རྟོགས་པ་མཉམ་པའི་བུ་མོ་དང་། རྡོ་རྗེའི་ཐ་སྣླབས་ཉམས་སུ་བླངས་པས་སྐད་ཅིག་མ་བདུན་གྱིས་ས་བཅུ་གསུམ་གྱི་བར་དུ་ལམ་བགྲོད་པ་ཡང་སྲིད་དེ། རྡོ་རྗེ་གུར་ལས། ཉི་མ་གཅིག་གི་སྦྱོར་བ་དང་། །ཞེས་པ་ནས། ཉི་མ་བདུན་གྱི་སྦྱོར་བ་ཡི། །འགྲུབ་འགྱུར་འདི་ལ་ཐེ་ཚོམ་མེད། །ཅེས་གསུངས་སོ། །དེ་ཡང་སྐད་ཅིག་མ་བདུན་ལ་དགོངས་ནས་གསུངས་པ་ཡིན་ལ། བླ་ཆེན་འབྲོག་མི་ལ་ཞག་བདུན་གྱི་སངས་རྒྱ་བའི་གདམས་ངག་ཡོད་ཟེར་བ་ཡང་དེ་ཡིན་ནོ། །འོ་ན་རྒྱུད་སྡེ་འོག་མ་གསུམ་གྱིས་སངས་རྒྱ་བ་བླ་མེད་ཀྱི་ལམ་ལ་ལྟོས་སམ་མ་ལྟོས་ཞེས་ན། ལྟོས་ཏེ། རྒྱུད་སྡེ་འོག་མ་གསུམ་གྱིས་ལམ་རང་གང་གིས་ས་གོང་མ་གསུམ་བགྲོད་མི་នུས་པའི་ཕྱིར་ཏེ། དེ་དག་ནི་གཙོ་བོར་རྟེན་པ་སེམས་ལ་གནད་དུ་བསྣུན་ནས་ལམ་བགྲོད་པ་ཡིན་པས། ས་བཅུ་པ་མན་ཆད་ཀྱི་རྟོགས་པ་ལས་བསྐྱེད་མི་ནུས་པའི་ཕྱིར་ཏེ། རིམ་གཉིས་ཟབ་མོ་བསྒོམ་པ་མེད་པའི་ཕྱིར། དེ་སྐད་དུ་གཞུང་འདིར། རིམ་པ་གཉིས་པོ་མི་བསྒོམ་པའི། །སྒོམ་ཆེན་བཟང་ཡང་ཕ་རོལ་ཏུ། །ཕྱིན་པའི་སྒོམ་ཆེན་ལས་མ་འདས། །ཞེས་དང་། ལྟན་མ་བསྟོན་འགྲུས་ཀྱི་དྲིས་ལན་འཕགས་པས་མཛད་པ་ལས་ཀྱང་། རྒྱུད་སྡེ་འོག་མའི་ཐབས་ཀྱི་མཐར་ཐུག་གི་འབྲས་བུ་གྲུབ་པའི་དུས་ནམ་ཡིན་ཟེར་བ་ནི། སྦྱོར་རྣལ་འབྱོར་བླ་མེད་ལ་ཡེ་མ་བརྟེན་པའི་རྒྱུད་སྡེ་འོག་མ་རྐྱང་པས་རྡོ་རྗེ་འཆང་གི་གོ་འཕང་ཐོབ་པ་མི་སྲིད་དེ། བརྟག་གཉིས་ལས། ཐམས་ཅད་རིག་བྱེད་གྲུབ་པ་དང་། །དེ་བཞིན་ལས་རྒྱ་ལ་སོགས་པ། །སྲིད་པ་དག་འགྱུར་དངོས་གྲུབ་མིན། །ཞེས་གསུངས་པའི་ཕྱིར། ཞེས་གསུངས་སོ། །འོ་ན་རྒྱུད་སྡེ་འོག་མ་གསུམ་གྱིས་ལམ་དེ་ཚེ་འདིར་སངས་རྒྱས་ཐོབ་པའི་ཐབས་ཡིན་ནམ་མིན་ཞེ་ན། འདི་དཀའ་གནད་ཆེ་བར་འདུག་ནའང་། ཁོ་བོ་ལྟར་ན་ཡིན་ཏེ། རྣམ་སྣང་མངོན་བྱང་ལས། ཚེ་འདི་ཉིད་ལ་བླ་ན་མེད་པའི་བྱང་ཆུབ་ཏུ་མངོན་པར་རྫོགས་པར་འཚང་རྒྱ་བར་འགྱུར་རོ། །ཞེས་དང་། ཚུལ་གསུམ་སྒྲོན་མེ་ལས། དོན་གཅིག་ན་ཡང་མ་རྨོངས་དང་། །ཞེས་སོགས་གསུངས་པ་དང་། ཆོས་རྗེ་ས་པཎ་གྱིས། དོ་བསྐོར་བའི་དྲིས་ལན་དུ། སྔགས་དང་ཕ་རོལ་ཕྱིན་པ་གཉིས། །སྐུ་དང་ཡེ་ཤེས་འཕྲིན་ལས་ཀྱིས། །རྫོགས་སངས་རྒྱས་པར་དོན་གཅིག་ཀྱང་། །མ་རྨོངས་ཐབས་མང་དཀའ་མེད་པར། །དབང་པོ་རྣོན་པོས་

དབང་བྱས་པས། །སྔགས་ཀྱི་ཐེག་པ་ཁྱད་པར་འཕགས། །ཞེས་གསུངས་པའི་ཕྱིར། འོ་ན་ཕ་རོལ་ཏུ་ཕྱིན་པ་དང་ཁྱད་པར་མེད་པར་ཐལ། ས་བཅུ་པ་མན་ཆད་ལས་བགྲོད་མི་ནུས་པའི་ཕྱིར། ཞེས་པ་དང་། ཡང་བླ་མེད་དང་ཁྱད་པར་མེད་པར་ཐལ། ཚེ་འདིར་སངས་རྒྱས་སྒྲུབ་པའི་ཐབས་ཡིན་པའི་ཕྱིར། ཞེ་ན། སྐྱོན་གཉིས་ཀ་མི་འཐད་དེ། ཕ་རོལ་ཏུ་ཕྱིན་པ་ལ་བལྟོས་ཏེ་ལམ་ཤིན་ཏུ་མྱུར་བ་དང་། བླ་མེད་ལ་ལྟོས་ཏེ་བུལ་བ་ཡིན་པའི་ཕྱིར། དེ་སྐད་དུ་ཡང་། སྟར་བཤད་པའི་འཕགས་པའི་དྲིས་ལན་དུ། དེས་ན་སྟ་ཕྱི་ཡོད་ཀྱང་ཕ་རོལ་ཏུ་ཕྱིན་པ་དང་གསང་སྔགས་བླ་མེད་ལྟར་ཁྱད་པར་ཆེན་པོ་མེད་དོ། །ཅེས་དང་། དབང་ཕྱུག་འབུམ་གྱི་དྲིས་ལན་འཕགས་པའི་མཛོད་པ་ལས། རྒྱལ་བའི་རྣམ་འཕྲུལ་གཅིག་ཉིད་ལ། །རྣམ་པའི་རྟེན་ཅིང་འབྲེལ་འབྱུང་དང་། །སྒྲུབ་པས་ལས་ཀྱི་དངོས་གྲུབ་ལ། །ཉེ་རིང་འབྱུང་ཞིང་དེ་ཡང་ནི། །ཐུན་མོང་ལྟ་ལ་སྒྲོལ་བ་དང་། །ཐུན་མོང་མིན་ན་བདེ་བའི་མཆོག །ཤིན་ཏུ་སྒྲུབ་ཐག་ཉེ་བོ་ཞེས། །བླ་མ་མཆོག་གི་གསུངས་ལས་འབྱུང་། །ཞེས་དང་། འདིར་ཡང་། སོ་ནམ་ཚུལ་བཞིན་བྱས་པ་ཡི། །ཞེས་སོགས་ཀྱི་དོན་ལ་ཞིབ་མོར་དཔྱོད། རྒྱས་པར་ནི་དག་ལས་ཤེས་པར་བྱའོ། །ལུགས་གཉིས་སངས་རྒྱས་མཚན་ཉིད་མཐུན་པར་གསུངས། །གཉིས་ཀ་སངས་རྒྱས་ཡིན་པ་ཁྱད་པར་མེད། །འོན་ཀྱང་མཚན་གཞི་མི་མཐུན་སོ་སོར་གསུངས། །འདོད་ལུགས་མི་འདྲ་སོ་སོར་ཤེས་པར་བྱ། །ཞེས་པ་བར་སྐབས་ཀྱི་ཚིགས་བཅད་དོ། །ས་ལམ་གྱི་རྣམ་བཞག་བཤད་ཟིན་ཏོ། །

གསུམ་པ་དབང་དང་རིམ་གཉིས་ལས་བྱུང་བའི་ཡེ་ཤེས་ཕྱག་རྒྱ་ཆེན་པོ་ལ་གཉིས་ཏེ། གཞུང་གི་འགྲེལ་པ་སྤྱིར་བསྟན་པ་དང་། ཕྱག་རྒྱ་ཆེན་པོའི་རང་བཞིན་བསྟན་ལ་ཕབ་པའོ། །དང་པོ་ལ་གཉིས་ཏེ། རྟོགས་བྱེད་ཕྱག་ཆེན་གྱི་ཡེ་ཤེས་ལ་འཁྲུལ་པ་དགག་པ། རྟོགས་བྱ་སྤྲོས་བྲལ་གྱི་ལྟ་བ་ལ་འཁྲུལ་པ་དགག་པའོ། །དང་པོ་ལ་གསུམ་སྟེ། མཚོན་བྱེད་དཔེའི་ཕྱག་ཆེན་ལ་འཁྲུལ་པ་དགག་པ། མཚོན་བྱ་དོན་གྱི་ཕྱག་ཆེན་ལ་འཁྲུལ་པ་དགག་པ། ཞར་ལ་ཐེག་པ་གསུམ་གྱིས་ཉམས་ལེན་ལ་འཁྲུལ་པ་དགག་པའོ། །དང་པོ་ལ་གསུམ་སྟེ། སྟོང་རྐྱང་དུ་ལྟ་བའི་ལྟག་མཐོང་ལྟར་སྣང་ལ་ཕྱག་ཆེན་དུ་འདོད་པ་དགག་པ། མོས་གུས་ཙམ་གྱི་སེམས་རྒྱུར་བའི་ཞི་གནས་ལྟར་སྣང་ལ་ཕྱག་ཆེན་དུ་འདོད་པ་དགག་པ། ཞར་ལ་ཕྱག་ཆེན་གྱི་རྒྱུ་ལ་ལོག་པར་རྟོག་པ་དགག་པའོ། །དང་པོ་ལ་བཞི་སྟེ། གཞན་ལུགས་ཀྱི་ཕྱག་ཆེན་དགག་པ་དངོས། རང་ལུགས་ཀྱི་ཕྱག་ཆེན་ངོས་བཟུང་བ། གཞན་ལུགས་ཀྱི་ཕྱག་ཆེན་རྒྱ་ནག་ལུགས་སུ་བསྟན་པ། རང་ལུགས་ཀྱི་ཕྱག་ཆེན་རྒྱ་གར་ལུགས་སུ་བསྟན་པའོ། །དང་པོ་ནི། དེ་ལས་བྱུང་བའི་ཡེ་ཤེས་ནི། །ཕྱག་རྒྱ་ཆེན་པོ་བསྒོམ་པར་བྱ། །ཞེས་པ་ལ་འཕྲོས་ནས། ཁ་ཅིག །རྟོག་པ་ཁ་ཚོམ་ཙམ་བསྒོམ་པར་ཕྱག་ཆེན་དུ་འདོད་པ་མི་འཐད་དེ། དེ་ཆོས་ཅན། ཕྱག་རྒྱ་ཆེན་པོ་མིན་ཏེ།

དབང་དང་རིམ་གཉིས་ལས་བྱུང་བའི་ཡེ་ཤེས་མིན་པའི་ཕྱིར། ཞེས་པ་ནི། ཕྱག་རྒྱ་ཆེན་པོ་བསྒོམ་ན་ཡང་། །ཞེས་སོགས་ཀྱིས་བསྟན། བླུན་པོ་ཁ་ཅིག་སེམས་ཀྱི་གསལ་རིག་བཀག་ནས་སྟོང་པ་སྒོམ་པ་ཆོས་ཅན། ཕྱག་རྒྱ་ཆེན་པོ་མིན་ཏེ། དུད་འགྲོའི་རྒྱུ་རུ་གསུངས་པའི་ཕྱིར། གཟུགས་ཀྱི་སྣང་བ་བཀག་ནས་ནམ་མཁའི་འདུས་ལ་སོགས་པ་སྒོམ་པ་ཆོས་ཅན། ཕྱག་རྒྱ་ཆེན་པོ་མིན་ཏེ། གཟུགས་མེད་ཁམས་སུ་སྐྱེ་བའི་རྒྱུ་ཡིན་པའི་ཕྱིར། ཞེས་པ་ནི། བླུན་པོ་ཕྱག་རྒྱ་ཆེ་སྒོམ་པ། །ཞེས་སོགས་ཀྱིས་བསྟན། ངེས་འབྱུང་གི་བསམ་པས་ཀུན་ནས་བསླང་སྟེ་གང་ཟག་གི་བདག་མེད་ཙམ་སྒོམ་པ་ཆོས་ཅན། ཕྱག་རྒྱ་ཆེན་པོ་མིན་ཏེ། ཉན་ཐོས་ཀྱི་མྱང་འདས་ཐོབ་པའི་རྒྱུ་ཙམ་ཡིན་པའི་ཕྱིར་ཞེས་པ་ནི། ཡང་ན་ཉན་ཐོས་འགོག་པར་ལྟུང་ཞེས་བསྟན། འདིའི་ཉན་ཐོས་འགོག་པ་ཞེས་པ་ནི། ཉན་ཐོས་ཀྱི་མྱང་འདས་ལ་བྱེད་པ་ཡིན་ཏེ། ཐབས་ཤེས་ཁྱད་པར་ཅན་གཉིས་ཀྱིས་སྒོ་ནས་མཐའ་བཞི་སྤྲོས་བྲལ་གྱི་ལྟ་བ་སྒོམ་པ་ཆོས་ཅན། ཕྱག་རྒྱ་ཆེན་པོ་མིན་ཏེ། ཕ་རོལ་ཏུ་ཕྱིན་པའི་དབུ་མའི་སྒོམ་ཡིན་པའི་ཕྱིར། དེ་ཆོས་ཅན། ཁྱོད་འགྲུབ་པ་ལ་ཡུན་རིང་དུ་འགོར་བ་ཡིན་ཏེ། ཁྱོད་འགྲུབ་པ་ལ་བསྐལ་པ་གྲངས་མེད་གསུམ་དུ་ཚོགས་བསགས་དགོས་པའི་ཕྱིར། ཞེས་པ་ནི། གལ་ཏེ་དེ་ནི་བསྒོམ་ལེགས་ཀྱང་། །ཞེས་སོགས་ཀྱིས་བསྟན། གཉིས་པ་ནི། འོན་ཕྱག་རྒྱ་ཆེན་པོའི་རྒྱུ་ཇི་ལྟ་བུ་ཡིན་ཞེ་ན། དེ་ཆོས་ཅན། ཁྱོད་ཀྱི་རྒྱུ་ཡོད་དེ། དབང་དང་རིམ་གཉིས་ལས་བྱུང་བ་ཡིན་པའི་ཕྱིར། ཁྱོད་ཀྱི་ངོ་བོ་ཡོད་དེ། རང་བྱུང་གནས་ལུགས་མཐོང་བའི་ཡེ་ཤེས་ཡིན་པའི་ཕྱིར། ཁྱོད་འགྲུབ་པའི་དུས་ཡོད་དེ། གསང་སྔགས་ཀྱི་ཐབས་ལ་མཁས་ན་ཚེ་འདིར་འགྲུབ་པའི་ཕྱིར། དེ་ཆོས་ཅན། གསང་སྔགས་ཀྱི་ཐབས་ལས་གཞན་པས་མི་རྟོགས་ཏེ། དེ་འདྲ་སངས་རྒྱས་ཀྱིས་མ་གསུངས་པའི་ཕྱིར་རོ། །དེ་ཆོས་ཅན། ཁྱོད་ལ་མོས་ན་གསང་སྔགས་བླ་མེད་ཀྱི་གཞུང་བཞིན་སྒྲུབ་དགོས་ཏེ། ཁྱོད་གསང་སྔགས་བླ་མེད་ཁོ་ནའི་ལམ་ཡིན་པའི་ཕྱིར། ཞེས་པ་ནི། ངེད་ཀྱི་ཕྱག་རྒྱ་ཆེན་པོ་ནི། །ཞེས་སོགས་ཀྱིས་བསྟན།

གསུམ་པ་ནི། རྒྱ་ནག་མཁན་པོའི་གཞུང་ལུགས་ལ་བརྟེན་ནས་ད་ལྟའི་ཕྱག་རྒྱ་ཆེན་པོར་མིང་བཏགས་པ་ཆོས་ཅན། རྒྱ་ནག་ལུགས་ཀྱི་རྫོགས་ཆེན་དང་དོན་ཁྱད་པར་མེད་དེ། རྒྱ་ནག་ལུགས་ཀྱི་རྫོགས་ཆེན་ལ་ཕྱག་རྒྱ་ཆེན་པོར་མིང་བཏགས་པའི་ཆོས་ལུགས་ཡིན་པའི་ཕྱིར་ཞེས་པ་ནི། རྒྱ་ནག་ལུགས་ཀྱི་ཞེས་སོགས་ཀྱིས་བསྟན། རྒྱ་ནག་ལུགས་ཀྱི་ཆོས་ལུགས་ཆོས་ཅན། ཁྱོད་འབྱུང་བར་ལུང་བསྟན་པ་ཡོད་དེ། ཁྱོད་འབྱུང་བར་བྱང་ཆུབ་སེམས་དཔའ་ཞི་བ་འཚོས་ལུང་བསྟན་པའི་ཕྱིར། ཞེས་པ་ནི། ཆོས་ལུགས་འདི་འདྲ་ཞེས་སོགས་ཀྱིས་བསྟན། འོན་ལུང་བསྟན་དེ་ཇི་ལྟ་བུ་ཡིན་ཞེ་ན། བྱང་ཆུབ་སེམས་དཔའ་ཞི་བ་འཚོ་ཆོས་ཅན། རྒྱ་ནག་ལུགས་ཀྱི་ཆོས་ལུགས་འབྱུང་བར་ལུང་བསྟན་ཏེ། བོད་ཡུལ་འདིར་མུ་སྟེགས་མི་འབྱུང་ཡང་ཆོས་ལུགས་གཉིས་སུ་འགྲོ

བར་གསུངས་པའི་ཕྱིར་རོ། །ཞེས་པ་ནི། ལུང་བསྟན་དེ་ཡང་ཞེས་སོགས་ཀྱིས་བསྟན། འོ་ན་ཆོས་ལུགས་དེ་གང་གིས་སྟོན་པར་གསུང་ཞེ་ན། དེ་ཆོས་ཅན། ཆོས་ལུགས་དེ་རྒྱ་ནག་དགེ་སློང་གིས་སྟོན་པར་གསུངས་ཏེ། རྒྱ་ནག་དགེ་སློང་གིས་དཀར་པོ་ཆིག་ཐུབ་ཅེས་བྱ་བ་ཅིག་ཆར་བའི་ལམ་སྟོན་པར་གསུངས་པའི་ཕྱིར། ཞེས་པ་ནི། དེ་ཡང་ཐོག་མར་ཞེས་སོགས་ཀྱིས་བསྟན། འོ་ན་ཆོས་ལུགས་དེ་གང་གིས་སུན་འབྱིན་པར་གསུང་ཞེ་ན། དེ་ཆོས་ཅན། མཁས་པ་ཆེན་པོ་ཀ་མ་ལ་ཤཱི་ལས་ཆོས་ལུགས་དེ་སུན་འབྱིན་པར་གསུངས་ཏེ། ངའི་སློབ་མ་ཀ་ལ་མ་ལ་ཤཱི་ལ་རྒྱ་གར་ནས་སྤྱན་དྲོངས། དེས་སུན་འབྱིན་པས་དེའི་ཆོས་ལུགས་བཞིན་སྤྱོད་ཅིག་ཅེས་གསུངས་པའི་ཕྱིར། ཞེས་པ་ནི། དེ་ཚེ་ངའི་སློབ་མ་ནི་ཞེས་སོགས་ཀྱིས་བསྟན། མཁས་པ་ཆེན་པོ་ཀ་མ་ལ་ཤཱི་ལ་ཆོས་ཅན། རྒྱ་ནག་ལུགས་ཀྱི་ཆོས་ལུགས་བསྐྱབས་ནས་རིམ་གྱིས་པའི་ཆོས་ལུགས་སྤེལ་ཏེ། བྱང་ཆུབ་སེམས་དཔའ་ཞི་བ་འཚོས་དེ་ལྟར་ལུང་བསྟན་པའི་ཕྱིར། ཞེས་པ་ནི། དེའི་ཇི་སྐད་གསུངས་པ་བཞིན། །ཞེས་སོགས་ཀྱིས་བསྟན།

དེ་དག་གིས་དོན་བསྡུ་བ་ནི། ངོ་སྤྲོད་གསུམ་པ་སོགས་ད་ལྟའི་ཕྱག་རྒྱ་ཆེན་པོར་མིང་བཏགས་པ་ཆོས་ཅན། ཕལ་ཆེར་རྒྱ་ནག་ཆོས་ལུགས་ཡིན་ཏེ། རྒྱལ་པོ་གླང་གི་རྒྱལ་ཁྲིམས་བསྐྱབས་ནས་རྒྱ་ནག་མཁན་པོའི་གཞུང་ལུགས་ཀྱི་ཡི་གེ་གཏེར་ནས་གཏོན་པ་ལ་བརྟེན་ནས། རྒྱ་ནག་ཆོས་ལུགས་ཀྱི་མིང་འདོགས་གསང་ནས་ཕྱག་རྒྱ་ཆེན་པོར་མིང་བསྒྱུར་བ་ཡིན་པའི་ཕྱིར། ཞེས་པ་ནི། ཕྱིས་ནས་རྒྱལ་ཁྲིམས་ནུབ་པ་དང་། །ཞེས་སོགས་ཀྱིས་བསྟན། བཞི་པ་ལ་བཞི་སྟེ། ནཱ་རོ་དང་མཻ་ཏྲི་པའི་ལུགས་དང་མཐུན་པ། འཕགས་པ་ཀླུ་སྒྲུབ་ཀྱི་ལུགས་དང་མཐུན་པ། རྒྱུད་དང་བསྟན་བཅོས་གཞན་དང་མཐུན་པ། དེ་ལྟ་བུའི་ཕྱག་ཆེན་རྟོགས་པའི་ཕན་ཡོན། དང་པོ་ནི། འོ་ན་རང་ལུགས་ཀྱི་ཕྱག་རྒྱ་ཆེན་པོ་གང་དང་མཐུན་ཞེ་ན། དེད་ཀྱི་ཕྱག་རྒྱ་ཆེན་པོ་ཆོས་ཅན། རྒྱ་གར་གྱི་ཆོས་ལུགས་དང་མཐུན་པ་ཡིན་ཏེ། ནཱ་རོ་དང་མཻ་ཏྲི་པའི་ལུགས་ཀྱི་ཕྱག་ཆེན་དང་མཐུན་པའི་ཕྱིར། དེ་ཆོས་ཅན། ནཱ་རོའི་ཕྱག་ཆེན་དང་མཐུན་ཏེ། ཏེ་ལོས་ནཱ་རོ་ལ་གནང་བའི་ཕྱག་ཆེན་གཾ་ག་མ་ལས། སྣགས་སུ་སྨྲ་དང་ཕ་རོལ་ཕྱིན་པར་སྨྲ། །འདུལ་བའི་སྡེ་སྣོད་ལ་སོགས་ཆོས་རྣམས་དང་། །རང་རང་གཞུང་དང་གྲུབ་པའི་མཐའ་ཡོད་ཀྱང་། །འོད་གསལ་ཕྱག་རྒྱ་ཆེན་པོ་མཐོང་མི་འགྱུར། །ཡིད་ལ་མི་བྱེད་ཞི་འདོད་ཀུན་དང་བྲལ། །ཞེས་གསུངས་པ་དང་མཐུན་པའི་ཕྱིར། མཻ་ཏྲི་པའི་ཕྱག་ཆེན་དང་མཐུན་ཏེ། མཻ་ཏྲི་པའི་ཕྱག་ཆེན་གཅིག་བསྡུས་ལས། སྣང་བ་རང་གྲོལ་ཆོས་ཀྱི་དབྱིངས། །རྟོག་པ་རང་གྲོལ་ཡེ་ཤེས་ཆེ། །གཉིས་མེད་མཉམ་པ་ཆོས་ཀྱི་སྐུ། །ཆུ་བོ་ཆེན་པོའི་རྒྱུན་ལྟར་འབབ། །ཅེས་སོགས་གསུངས་པ་དང་མཐུན་པའི་ཕྱིར། ཡང་དེད་ཀྱི་ཕྱག་རྒྱ་ཆེན་པོ་ཆོས་ཅན། ནཱ་རོ་

དང་མེ་ཏྲི་པའི་ཕྱག་རྒྱ་ཆེན་པོ་དང་མཐུན་ཏེ། དེ་གཉིས་ཀྱི་ལས་ཀྱི་ཕྱག་རྒྱ་སོགས་གསུངས་པ་དང་མཐུན་པའི་ཕྱིར། ཞེས་པ་ནི། ནཱ་རོ་དང་ནི་མེ་ཏྲི་པའི་ཞེས་སོགས་ཀྱིས་བསྟན།

གཉིས་པ་ནི། དེད་ཀྱི་ཕྱག་རྒྱ་ཆེན་པོ་ཆོས་ཅན། འཕགས་པ་ཀླུ་སྒྲུབ་ཀྱིས་གསུངས་པའི་ཕྱག་ཆེན་དང་མཐུན་ཏེ། འཕགས་པ་ཀླུ་སྒྲུབ་ཀྱིས་ཕྱག་རྒྱ་བཞིར་གསུངས་པའི་ཕྱག་ཆེན་དང་མཐུན་པའི་ཕྱིར། ཞེས་པ་ནི། འཕགས་པ་ཀླུ་སྒྲུབ་ཞེས་སོགས་ཀྱིས་བསྟན། གསུམ་པ་ནི། དེ་ཆོས་ཅན། རྒྱུད་ཀྱི་རྒྱལ་པོ་བརྟག་གཉིས་སོགས་དང་མཐུན་ཏེ། བརྟག་གཉིས་ལས། གཞན་གྱི་བརྗོད་མིན་ལྷན་ཅིག་སྐྱེས། གང་དུ་ཡང་ནི་མི་རྙེད་དེ། །བླ་མའི་དུས་ཐབས་བརྟེན་པ་དང་། །བདག་གི་བསོད་ནམས་ལས་ཞེས་བྱ། །ཞེས་གསུངས་པ་དང་མཐུན་པའི་ཕྱིར། སཾ་པུ་ཊ་དང་མཐུན་ཏེ། དེ་ཉིད་ལས། ནང་གི་དབྱེ་བ་འདི་ཉིད་ནི། །བླ་མའི་ཞལ་ལས་རྙེད་པར་འགྱུར། །ཞེས་གསུངས་པ་དང་མཐུན་པའི་ཕྱིར། དེ་ཆོས་ཅན། བསྟན་བཅོས་ཆེན་པོ་གཞན་དང་ཡང་མཐུན་ཏེ། གྲུབ་པ་སྡེ་བདུན་སོགས་དང་མཐུན་པའི་ཕྱིར། དེས་ན་རྒྱུད་ཀྱི་རྒྱལ་པོ་བརྟག་གཉིས་སོགས་ཆོས་ཅན། རྒྱ་ནག་ཆོས་ལུགས་དང་མཐུན་པའི་ཕྱག་ཆེན་བཀག་སྟེ། དབང་བསྐུར་དང་མ་འབྲེལ་བའི་ཕྱག་ཆེན་བཀག་པའི་ཕྱིར། ཞེས་པ་ནི། རྒྱུད་ཀྱི་རྒྱལ་པོ་ཞེས་སོགས་ཀྱིས་བསྟན།

བཞི་པ་ནི། འོ་ན་དེ་ལྟ་བུའི་ཕྱག་ཆེན་རྟོགས་པ་ལ་ཕན་ཡོན་ཅི་ཡོད་ཅེ་ན། དེ་རྟོགས་པ་ཆོས་ཅན། ཕན་ཡོན་དང་ལྡན་པ་ཡིན་ཏེ། མཚན་མ་དང་བཅས་པའི་འབད་རྩོལ་ལ་མི་ལྟོས་པར་མཚན་མེད་ཀྱི་རྣལ་འབྱོར་དང་གིས་འབྱུང་བའི་ཕྱིར། ཞེས་པ་ནི། དབང་བསྐུར་བ་ལས་བྱུང་བ་ཡི། །ཞེས་སོགས་ཀྱིས་བསྟན། གཉིས་པ་མོས་གུས་ཙམ་གྱི་ཞི་གནས་ལྷར་སྣང་ལ་ཕྱག་ཆེན་དུ་འདོད་པ་དགག་པ་ལ་གཉིས་ཏེ། འདོད་པ་བརྗོད་པ་དང་། དེ་དགག་པའོ། །དང་པོ་ནི། དེང་སང་བླ་མའི་མོས་གུས་ཙམ་གྱིས་སེམས་འགྱུར་ནས་རྟོགས་པ་ཅུང་ཟད་འགག་པ་ལ་ཕྱག་རྒྱ་ཆེན་པོ་ངོ་སྤྲོད་བྱེད་པ་ཆོས་ཅན། མི་འཐད་དེ། སྒྲུབ་བྱེད་མེད་ཅིང་གནོད་བྱེད་དང་བཅས་པའི་ཆོས་ལུགས་ཡིན་པའི་ཕྱིར། ཞེས་པ་ནི། དེང་སང་འགའ་ཞིག་ཅེས་སོགས་ཀྱིས་བསྟན། གཉིས་པ་ནི། དེ་ཆོས་ཅན། མི་འཐད་དེ། བདུད་ཀྱི་བྱིན་རླབས་ཡིན་པ་སྲིད་ཅིང་ཁམས་འདུས་པ་ལ་ཡང་འབྱུང་སྲིད་པའི་ཕྱིར་དང་། ཀ་ཧྭ་འཛིན་ཞེས་བྱ་བའི་རྫུན་རླབས་ཅན་གྱི་གྲུབ་ཐོབ་ཀྱི་ཏིང་ངེ་འཛིན་དང་མཚུངས་པའི་ཆོས་ལུགས་ཡིན་པའི་ཕྱིར། ཞེས་པ་ནི། དེ་འདྲ་བདུད་ཀྱི་ཡིན་པའང་སྲིད། །ཞེས་སོགས་ཀྱིས་བསྟན། ཀ་ཧྭ་འཛིན་གྱི་བསྟན་པའི་ཏིང་ངེ་འཛིན་ཆོས་ཅན། བདུད་རིགས་ཀྱི་བསྟན་པའི་ཆོས་ལུགས་ཡིན་ཏེ། སངས་རྒྱས་ཀྱི་གསུང་དང་མི་མཐུན་པའི་ཏིང་ངེ་འཛིན་ཡིན་པའི་ཕྱིར། ཞེས་པ་ནི། དེ་འདྲའི་ཏིང་ངེ་འཛིན་ཞེས་སོགས་ཀྱིས་བསྟན། དེད་ཀྱི་ཕྱག་རྒྱ་ཆེན་

པོའི་ཏིང་ངེ་འཛིན་ཆོས་ཅན། སངས་རྒྱས་ཀྱི་བྱིན་རླབས་ལས་བྱུང་བ་ཡིན་ཏེ། སངས་རྒྱས་ཀྱི་གསུང་བཞིན་སྒྲུབ་པའི་ཏིང་ངེ་འཛིན་ཡིན་པའི་ཕྱིར། ཞེས་པ་ནི། སངས་རྒྱས་གསུང་བཞིན་ཞེས་སོགས་ཀྱིས་བསྟན། གསུམ་པ་ཕྱག་ཆེན་གྱི་རྒྱུ་ལ་ལོག་རྟོགས་དགག་པ་ལ་གསུམ་སྟེ། ཁས་བླངས་བརྗོད། མགོ་མཚུངས་དགག །སྨྲད་པའི་གནས་སུ་བསྟན་པའོ། །དང་པོ་ནི། དེད་ཀྱི་ཕྱག་རྒྱ་ཆེན་པོ་ནི་ཞེས་སོགས་ལས་འཕྲོས་ནས། ཁ་ཅིག །ཕྱག་ཆེན་སྒོམ་པ་ལ་དབང་བསྐུར་མི་དགོས་ཏེ། ཆོས་ལ་དད་པ་ཐོབ་པའི་གང་ཟག་གིས་ཕྱག་ཆེན་སྒོམ་དུ་རུང་བའི་ཕྱིར་ཏེ། དེ་དག་གིས་སྐྱེ་བ་སྔ་མར་དབང་བསྐུར་ཐོབ་པའི་ཕྱིར། ཞེས་པ་ནི། ཁ་ཅིག་སྐྱེ་བ་སྔ་མ་ལ་ཞེས་སོགས་ཀྱིས་བསྟན། གཉིས་པ་ནི། འོ་ན་སོ་ཐར་དང་བྱང་སེམས་ཀྱི་སྡོམ་པ་ལ་སོགས་པ་ཡང་ད་ལྟ་ཆོ་ག་མི་དགོས་པར་འགྱུར་ཏེ། དེ་དག་ལ་ཡང་མོས་པ་ཙམ་གྱིས་ཐོབ་པའི་ཕྱིར་ཏེ། དེ་དག་གིས་སྐྱེ་བ་སྔ་མར་སོ་ཐར་སོགས་ཐོབ་པའི་ཕྱིར། ཞེས་པ་ནི། འོ་ན་སོ་སོར་ཐར་པ་ཡི་ཞེས་སོགས་ཀྱིས་བསྟན། གསུམ་པ་ནི། དབང་མ་ཐོབ་པར་ཕྱག་ཆེན་སྒོམ་པར་འདོད་པ་ཆོས་ཅན། མུ་སྟེགས་བྱེད་ཀྱི་ཆོས་སྤངས་པ་ལས་ཀྱང་ངོ་མཚར་ཆེ་སྟེ། སངས་རྒྱས་ཀྱི་ཆོས་ལ་བརྟེན་བཞིན་དུ་མདོ་རྒྱུད་ཀྱི་ཉན་བཤད་དགག་པའི་ཕྱིར་ཞེས་པ་ནི། སངས་རྒྱས་གསུང་དང་མི་མཐུན་པའི་ཞེས་སོགས་ཀྱིས་བསྟན།

གཉིས་པ་མཆོན་བྱ་དོན་གྱི་ཕྱག་ཆེན་ལ་འཁྲུལ་པ་དགག་པ་ལ་གསུམ་སྟེ། ཡོན་ཏན་མེད་པའི་མཐོང་ལམ་དགག །དེ་ལ་ལུང་དང་འགལ་བ་སྤང་། དེས་ན་འཕགས་པའི་ཕྱག་ཆེན་པར་གྲུབ་པའོ། །དང་པོ་ལ་གསུམ་སྟེ། ཕྱོགས་སྔ་བརྗོད། དེ་དགག །ཉེས་སྤོང་གི་ལན་དགག་པའོ། །དང་པོ་ནི། ཡང་དེད་ཀྱི་ཕྱག་རྒྱ་ཆེན་པོ་ནི་ཞེས་སོགས་ལས་འཕྲོས་ནས། བོད་ལ་ལ་ཕྱག་རྒྱ་ཆེན་པོ་ལ་རིམ་གཉིས་སྒོམ་མི་དགོས་ཏེ། ཞི་གནས་ཅུང་ཟད་ཙམ་དང་། སྣང་སྟོང་གི་རྟོག་པ་ཕྲ་མོ་ཙམ་མཆོན་བྱ་དོན་གྱི་ཕྱག་ཆེན་ཡིན་པའི་ཕྱིར་ཏེ། དེ་མཐོང་ལམ་ཡིན་པའི་ཕྱིར། ད་ལྟར་ཡོན་ཏན་བརྒྱ་ཕྲག་བཅུ་གཉིས་མི་འབྱུང་སྟེ། ལུས་ཀྱི་རྒྱུའི་བཅིངས་པའི་ཕྱིར། དཔེར་ན་ཁྲུང་གི་སྒྲུ་གུ་སྒོ་ངའི་རྒྱས་བཅིངས་པས་འཕུར་མི་ནུས་པ་བཞིན་ནོ། །ཞེས་པ་ནི། ལ་ལ་ཞི་གནས་ཅུང་ཟད་དང་། །ཞེས་སོགས་ཀྱིས་བསྟན། གཉིས་པ་ནི། ཞི་གནས་ཅུང་ཟད་ཙམ་ཆོས་ཅན། ཁྱོད་ཕྱག་ཆེན་མིན་ཏེ། ཁྱོད་ཕྱག་ཆེན་ཡིན་པར་ཐེག་པ་ཆེན་པོའི་མདོ་རྒྱུད་གང་ལས་ཀྱང་མ་བཤད་པའི་ཕྱིར། དེ་ཆོས་ཅན། ཁྱོད་མཐོང་ལམ་ཡིན་ཡང་ཡོན་ཏན་ཕྱིས་ནས་འབྱུང་བ་མི་འཐད་དེ། ཉི་མ་དེ་རིང་ཤར་བའི་འོད་ཟེར་ནངས་པར་འབྱུང་བ་དང་མཚུངས་པའི་ཕྱིར། ཞེས་པ་ནི། ཐེག་པ་ཆེན་པོ་ཞེས་སོགས་ཀྱིས་བསྟན། གསུམ་པ་ནི། ཁ་ཅིག །གསང་སྔགས་ཀྱི་མཐོང་ལམ་ཐོབ་ཀྱང་ཡོན་ཏན་བརྒྱ་ཕྲག་བཅུ་གཉིས་འབྱུང་མི་དགོས་ཏེ། ཕ་རོལ་ཏུ་ཕྱིན་པ

དང་གསང་སྔགས་ཀྱི་མཐོང་ལམ་ལ་རྒྱུན་ཅན་རྒྱུན་མེད་ཀྱི་ཁྱད་པར་ཡོད་པའི་ཕྱིར། ཞེས་པ་ནི། ཁ་ཅིག་ཕ་རོལ་ཕྱིན་པ་དང་ཞེས་སོགས་ཀྱིས་བསྟན། འོ་ན་དེ་གཉིས་ཀྱི་སངས་རྒྱས་ཀྱང་རྒྱུན་ཅན་རྒྱུན་མེད་གཉིས་སུ་འགྱུར་ཏེ། མཐོང་ལམ་རྒྱུན་ཅན་དང་རྒྱུན་མེད་གཉིས་སུ་འགྱུར་བའི་ཕྱིར། འདོད་མི་ནུས་ཏེ། ཉན་ཐོས་ཀྱི་དགྲ་བཅོམ་ལ་རྒྱུན་ཅན་རྒྱུན་མེད་གསུངས་ཀྱི། ཐེག་པ་ཆེན་པོའི་འཕགས་པ་ལ་དེ་མ་གསུངས་པའི་ཕྱིར། ཞེས་པ་ནི། དེ་ལྟ་ཡིན་ན་སངས་རྒྱས་ཀྱང་། །ཞེས་སོགས་ཀྱིས་བསྟན། དེས་ན་ཚེ་འདིར་མཐོང་ལམ་ཐོབ་པ་ལ་ཡོན་ཏན་བརྒྱ་ཕྲག་བཅུ་གཉིས་ཕྱི་མར་འབྱུང་བའི་ཆོས་ལུགས་ཆོས་ཅན། མཁས་པ་རྣམས་ཀྱིས་སྤང་བར་རིགས་ཏེ། མདོ་རྒྱུད་ཀུན་དང་མི་མཐུན་པའི་ཆོས་ལུགས་ཡིན་པའི་ཕྱིར། ཉན་ཐོས་ཚེ་འདིར་མྱང་འདས་མ་ཐོབ་པར་བར་དོར་མྱ་ངན་ལས་འདའ་བར་གསུངས་པ་བཞིན་དུ། ཚེ་འདིར་མཐོང་ལམ་མ་ཐོབ་པར་བར་དོར་མཐོང་ལམ་འཐོབ་པ་སྲིད་མོད་ཀྱི། ཚེ་འདིར་མཐོང་ལམ་སྐྱེས་པ་ལ་ཡོན་ཏན་བརྒྱ་ཕྲག་བཅུ་གཉིས་ཤི་ནས་འབྱུང་བ་ཆོས་ཅན། མི་འཐད་དེ། བླུན་པོ་རྣམས་ཀྱི་རྫུན་གསོབ་ཡིན་པའི་ཕྱིར། ཞེས་པ་ནི། ཉན་ཐོས་ལྟ་བུ་ལ་ཡང་ཚེ་འདི་བར་དོར་དཔེ་ཞེས་སོགས་ཀྱིས་བསྟན། གཉིས་པ་ལ་གཉིས་ཏེ། ནཱ་རོའི་ལུང་དང་འགལ་བ་སྤང་། འཕགས་པ་ལྷའི་ལུགས་དང་འགལ་བ་སྤང་བའོ། །དང་པོ་ནི། ཛོ་བོ་ནཱ་རོ་ཏ་པས། ཆོས་མཆོག་གི་གོང་དུ་མཐོང་ལམ་སྐྱེ་བར་གསུངས་པ་ཆོས་ཅན། མཐོང་ལམ་དངོས་མིན་ཏེ། དཔེའི་ཡེ་ཤེས་ལ་མཐོང་ལམ་དུ་བཏགས་ནས་གསུངས་པ་ཙམ་ཡིན་པའི་ཕྱིར།

གཉིས་པ་ནི། འཕགས་པ་ལྷའི་སྤྱོད་བསྡུས་སུ། ཞིང་ལས་སོགས་ལས་ཀྱི་མཐའ་ལ་ཆགས་ཀྱང་བདེན་པ་མཐོང་བར་གསུངས་པ་ཆོས་ཅན། མཐོང་ལམ་དངོས་མིན་ཏེ། རང་བྱུང་དཔེའི་ཡེ་ཤེས་ལ་བདེན་པ་མཐོང་བར་མིང་བཏགས་ནས་གསུངས་པའི་ཕྱིར། ཞེས་པ་ནི། འཕགས་པ་ལྷ་ཡིས་སྤྱོད་བསྡུས་སུ། །ཞེས་སོགས་ཀྱིས་བསྟན། གསུམ་པ་ནི། ཤེས་བྱ་ཆོས་ཅན། འཕགས་པ་མིན་པ་ལ་མཐོང་ལམ་མེད་དེ། མཁས་གྲུབ་རྣམས་ཀྱིས་འཕགས་ལམ་ཁོ་ནར་གསུངས་པའི་ཕྱིར། ཞེས་པ་ནི། དེ་དང་ལམ་འབྲས་ལ་སོགས་པ། །ཞེས་སོགས་ཀྱིས་བསྟན། གསུམ་པ་ཞར་ལ་ཐེག་པ་གསུམ་གྱིས་ལག་ལེན་ལ་འཁྲུལ་པ་དགག་པ་ལ་གཉིས་ཏེ། མདོར་བསྟན་པ་དང་། རྒྱས་པར་བཤད་པའོ། །དང་པོ་ནི། ནཱ་རོ་དང་ནི་མེ་ཏྲི་པའི་ཞེས་སོགས་ལས་འཕྲོས་ནས། ཕྱག་རྒྱ་ཆེན་པོ་གཞུང་ལུགས་དང་མཐུན་པ་དགོས་ན། ཕྱག་ཆེན་ཉམས་སུ་ལེན་པའི་ཚེ་ཐེག་པ་གསུམ་གྱིས་ལག་ལེན་ཇི་ལྟར་བྱ་ཞེ་ན། ཕྱག་ཆེན་དུ་མ་ཟད་ཐེག་པ་གསུམ་གྱིས་ལག་ལེན་ལ་ཡང་རང་རང་གི་གཞུང་ལུགས་བཞིན་ཉམས་སུ་བླངས་པ་ཆོས་ཅན། དགོས་པ་ཡོད་དེ། སངས་རྒྱས་ཀྱི་བསྟན་པ་དང་མཐུན་པར་ཤེས་པར་བྱ་

བའི་ཆེད་ཡིན་པའི་ཕྱིར། ཞེས་པ་ནི། ཐེག་པ་གསུམ་གྱིས་ལག་ལེན་ཡང་། །ཞེས་སོགས་ཀྱིས་བསྟན། ཡང་ན་བསླབ་པ་གསུམ་པོ་མི་སྤྱོད་བའི་ཞེས་སོགས་ལ་འཕྲོས་ཚུལ་ཡང་ཤེས་པར་བྱའོ། །འོ་ན་ཐེག་པ་གསུམ་གྱིས་ལག་ལེན་འདི་ཕྱུག་ཆེན་གྱི་སྐབས་སུ་སྟོན་པ་ལ་དགོས་པ་ཅི་ཡོད་ཅེ་ན། དེ་ཆོས་ཅན། དགོས་པ་ཡོད་དེ། འགའ་ཞིག་ཕྱག་རྒྱ་ཆེན་པོ་སྒོམ་པའི་ཚེ། ལག་ལེན་འཁྲུལ་མ་འཁྲུལ་གྱི་དབྱེ་བ་གང་ཡང་མེད་དོ་ཟེར་བའི་ལོག་རྟོགས་དགག་པའི་ཆེད་ཡིན་པའི་ཕྱིར། གཉིས་པ་རྒྱས་པར་བཤད་པ་ལ་ལྔ་སྟེ། ལམ་གྱི་རྩ་བ་བླ་མ་བསྟེན་ཚུལ། ལམ་གྱི་གོ་རིམ་ཐོད་བརྒལ་དུ་སྤྱོད་པ་དགག་པ། ལམ་གྱི་ཡན་ལག་མཆོད་གཏོར་གྱི་ཚུལ། ལམ་གྱི་དམིགས་རྟེན་སྐུ་གཟུགས་བཞེངས་ཚུལ། ལམ་གྱི་ངོ་བོ། མདོ་སྔགས་འཆོལ་བ་དགག་པའོ། །དང་པོ་ལ་གཉིས་ཏེ། བླ་མའི་མཚན་ཉིད་དང་། གསོལ་བ་འདེབས་པའི་ཚུལ་ལོ། །དང་པོ་ནི། ཉན་ཐོས་རྣམས་ཀྱི་བླ་མ་མཆོག་གི་སྤྲུལ་སྐུ་ལྟ་བུ་ཆོས་ཅན། ཉན་ཐོས་ལུགས་ལ་དགེ་འདུན་དཀོན་མཆོག་མིན་ཏེ། གང་ཟག་གཅིག་པོ་ན་ཡིན་པའི་ཕྱིར། ཁྱབ་སྟེ། དེའི་ལུགས་ལ་དགེ་འདུན་དཀོན་མཆོག་ཡིན་ན་བཞི་ཡན་ཆད་ཚོགས་པ་དགོས་པའི་ཕྱིར། ཕ་རོལ་ཏུ་ཕྱིན་པའི་བླ་མ་མཆོག་གི་སྤྲུལ་སྐུ་ལྟ་བུ་ཆོས་ཅན། དགེ་འདུན་དཀོན་མཆོག་ཡིན་ཏེ། མཐར་ཐུག་གི་དགེ་འདུན་དཀོན་མཆོག་ཡིན་པའི་ཕྱིར། དབང་བཞི་རྫོགས་པར་བསྐུར་བའི་གསང་སྔགས་པའི་བླ་མ་ཆོས་ཅན། དཀོན་མཆོག་གསུམ་དང་དབྱེར་མེད་ཡིན་ཏེ། དེ་ལྟར་རྒྱུད་ལས་གསུངས་པའི་ཕྱིར་ཏེ། ཧེ་རུ་ཀ་སྡོམ་འབྱུང་གི་རྒྱུད་ལས། བླ་མ་སངས་རྒྱས་བླ་མ་ཆོས་ཞེས་སོགས་གསུངས་པའི་ཕྱིར། ཞེས་པ་ནི། ཉན་ཐོས་རྣམས་ཀྱི་བླ་མ་དེ་ཞེས་སོགས་ཀྱིས་བསྟན། དེས་ན་གཞུང་འདིས་ཐེག་པ་གསུམ་པོ་སོ་སོའི་བླ་མའི་འདོད་ཚུལ་ཙམ་བསྟན་པ་ཡིན་པས་འགལ་བར་མ་སེམས་ཤིག །འོ་ན་ད་ལྟའི་སོ་སོ་སྐྱེ་བོའི་སློབ་དཔོན་ལ་ཡོན་ཏན་ཇི་ལྟ་བུ་དང་ལྡན་པ་དགོས་ཞེ་ན། དེ་ཆོས་ཅན། ཐེག་པ་གསུམ་པོ་སོ་སོའི་གཞུང་ལུགས་ནས་བཤད་པའི་བླ་མའི་མཚན་ཉིད་དང་ལྡན་པ་དགོས་ཏེ། དེ་ནས་བཤད་པའི་སྡོམ་པ་གསུམ་དང་ལྡན་པ་དགོས་པའི་ཕྱིར། ཞེས་པ་ནི། ད་ལྟའི་ཐེག་པ་གསུམ་པོ་ཡི། །ཞེས་སོགས་ཀྱིས་བསྟན་ཏོ། །གཉིས་པ་ནི། འོ་ན་བླ་མ་དེ་དག་ལ་གསོལ་བ་འདེབས་པའི་ཚུལ་ཇི་ལྟ་བུ་ཡིན་ཞེ་ན། དབང་བཞི་རྫོགས་པར་ཐོབ་པའི་མི་ཆོས་ཅན། དཀོན་མཆོག་གསུམ་པོ་བླ་མ་རུ་འདུས་པ་མཐོང་ནས་བླ་མ་ལ་གསོལ་བ་བཏབ་པར་བྱས་ཏེ། དེ་ལ་གསོལ་བ་བཏབ་པས་དཀོན་མཆོག་གསུམ་པོ་ཚེ་འདིར་འགྲུབ་པའི་ཕྱིར། ཞེས་པ་ནི། དེས་ན་དབང་བསྐུར་ཐོབ་པའི་མི། །ཞེས་སོགས་ཀྱིས་བསྟན། དབང་བསྐུར་མ་ཐོབ་པའི་མི་ཆོས་ཅན། བླ་མ་དཀོན་མཆོག་གསུམ་ལ་ཕར་བསྟུས་ནས་དཀོན་མཆོག་གསུམ་ལ་གསོལ་བ་བཏབ་པར་བྱ་བ་ཡིན་ཏེ། དེ་ལ་གསོལ་བ་བཏབ་པས་བྱིན་རླབས་རིམ་གྱི་འཇུག་གི།

དབང་བསྐུར་མ་ཐོབ་པའི་བླ་མ་རྒྱུད་པ་ལ་གསོལ་བ་བཏབ་པས། དཀོན་མཆོག་གསུམ་ལ་གསོལ་བ་བཏབ་པ་བཟང་བའི་ཕྱིར། ཞེས་པ་ནི། གལ་ཏེ་དབང་བསྐུར་ཞེས་སོགས་ཀྱིས་བསྟན། གཉིས་པ་ལམ་གྱི་གོ་རིམ་ཐོབ་བཏུལ་དུ་སྤྱོད་པ་དགག་པ་ནི། དབང་བཞི་པོ་མ་ཐོབ་པར་ལམ་སྒོམ་པ་དང་། དགེ་སློང་གི་སྡོམ་པ་མ་ཐོབ་པར་མཁན་སློབ་བྱེད་པ་མི་འཐད་དེ། ཕན་ཡོན་མེད་ཅིང་ཉེས་དམིགས་ཆེན་པོ་འབྱུང་བའི་ཕྱིར། ཞེས་པ་ནི། དབང་བསྐུར་དང་པོ་མ་ཐོབ་པར། །ཞེས་སོགས་ཀྱིས་བསྟན།

གསུམ་པ་ལམ་གྱི་ཡན་ལག་མཆོད་གཏོར་གྱི་ཚུལ་ནི། གཞན་ཡང་ཁ་འབར་མའི་གཏོར་མ་ལ་དེ་བཞིན་གཤེགས་པ་བཞིའི་མཚན་སྔོན་ན་བརྗོད་ནས་དེའི་རྗེས་སུ་སྔགས་བཟླས་པའི་ལག་ལེན་བྱེད་པ་མི་འཐད་དེ། མདོ་དང་མི་མཐུན་པའི་ཕྱིར་ཞེས་པ་ནི། གཞན་ཡང་གངས་རིའི་ཁྲོད་འདི་ན་ཞེས་སོགས་ཀྱིས་བསྟན། དགེ་བའི་བཤེས་གཉེན་སྤྱན་སྔ་བ་སོགས་ཀྱི་རྗེས་སུ་འབྲངས་ནས། འགའ་ཞིག་ཆུ་སྦྱིན་ནང་དུ་ཟན་འདྲུག་པའི་ལག་ལེན་བྱེད་པ་མི་འཐད་དེ། ཆུ་སྦྱིན་ནང་དུ་ཟན་འཇུར་འགོགས་ཅན་གྱི་ཡི་དྭགས་ཀྱིས་མཐོང་ན་འཇིགས་པ་ཆེན་པོ་སྐྱེ་བས་ཆོག་ཉམས་པ་ཡིན་པའི་ཕྱིར། ཞེས་པ་ནི། འགའ་ཞིག་ཆུ་སྦྱིན་ནང་དུ་ཟན་ཞེས་སོགས་ཀྱིས་བསྟན། ཟན་གྱི་ཕུད་ལ་ལྷ་ལ་འབུལ་བའི་ལྷ་བཤོས་དང་། འབྱུང་པོ་ལ་སྟེར་བའི་ཚང་བུ་བྱ་བར་སངས་རྒྱས་ཀྱིས་གསུངས་ཏེ། རྡོ་རྗེ་རྩེ་མོའི་རྒྱུད་དང་། འཕྲོག་མའི་མདོ་ལས་བྱ་བར་གསུངས་པའི་ཕྱིར། ཞེས་པ་ནི། ཟན་གྱི་ཕུད་ལ་ཞེས་སོགས་ཀྱིས་བསྟན། སྔར་ཐང་པ་སོགས་འགའ་ཞིག་འབྲང་རྒྱས་དང་། འབྲི་ཁུང་པ་སོགས་གྲུ་གསུམ་བྱེད་པའི་ལག་ལེན་མི་འཐད་དེ། སངས་རྒྱས་ཀྱིས་མ་གསུངས་པའི་ཕྱིར། ཞེས་པ་ནི། འགའ་ཞིག་སངས་རྒྱས་གསུངས་པ་ཡི་ཞེས་སོགས་ཀྱིས་བསྟན། གསང་སྔགས་རྙིང་མ་བ་འགའ་ཞིག་ལས་གྲུ་གསུམ་སོགས་སུ་བཤད་པ་ཡོད་དེ། གྲུ་གསུམ་དབང་ཕྱུག་ཆེན་པོའི་སྙིང་སོགས་སུ་བྱས་ནས་ཧེ་རུ་ཀ་ལ་མཆོད་པར་བཤད་པའི་ཕྱིར། ཞེས་པ་ནི། གསང་སྔགས་རྙིང་མ་ཞེས་སོགས་ཀྱིས་བསྟན། གསང་སྔགས་གསར་མར་ཟས་ཀྱི་ཕུད་ལ་གྲུ་གསུམ་བྱེད་པ་མི་འཐད་དེ། དེ་འདྲ་གཞུང་ལས་མ་བཤད་པའི་ཕྱིར། ཞེས་པ་ནི། གསང་སྔགས་གསར་མར་ཞེས་སོགས་ཀྱིས་བསྟན། དེས་ན་ཟས་ཀྱི་ཕུད་ལ་ལྷ་བཤོས་བྱ་བ་སོགས་སངས་རྒྱས་ཀྱི་གསུང་བཞིན་དུ་ཉམས་སུ་བླང་དགོས་ཏེ། ལག་ལེན་ཐམས་ཅད་སངས་རྒྱས་ཀྱི་གསུང་དང་མཐུན་ན་བསྟན་པ་ཡིན་པའི་ཕྱིར། ཞེས་པ་ནི། ལག་ལེན་ཐམས་ཅད་ཅེས་སོགས་ཀྱིས་བསྟན། བཞི་པ་ལམ་གྱི་དམིགས་རྟེན་སྐུ་གཟུགས་བཞེངས་ཚུལ་ནི། སངས་རྒྱས་རབ་ཏུ་བྱུང་བའི་ཆ་ལུགས་ཅན་ཆོས་ཅན།ཕྱག་ཏུ་མཚོན་ཆ་སྐུར་བ་སོགས་མི་འཐད་དེ། དེ་འདྲ་སངས་རྒྱས་ཀྱིས་མ་གསུངས་པའི་ཕྱིར། ཞེས་པ་ནི། སངས་རྒྱས་རབ་ཏུ་བྱུང་བ་ཡི། །

ཞེས་སོགས་ཀྱིས་བསྟན། བྱང་ཆུབ་མཆོག་གི་ཕྲུག་རྒྱུ་སོགས་མཛད་པའི་རིགས་ལྔ་སེར་འབྱམས་ཆོས་ཅན། མདོ་ལུགས་མ་ཡིན་ཏེ། མདོ་ལས་འདི་འདྲ་མ་བཤད་པའི་ཕྱིར། ཞེས་པ་ནི། བྱང་ཆུབ་མཆོག་གི་ཅེས་སོགས་ཀྱིས་བསྟན། དེ་ཆོས་ཅན། བྱ་སྤྱོད་གཉིས་ཀྱི་ལུགས་ཀྱང་མིན་ཏེ། དེ་གཉིས་ལས་སངས་རྒྱས་རིགས་གསུམ་དུ་བསྡུས་ཀྱི། རིགས་ལྔར་བསྡུས་པ་མེད་པའི་ཕྱིར། ཞེས་པ་ནི། བྱ་སྤྱོད་གཉིས་ཀྱི་ཞེས་སོགས་ཀྱིས་བསྟན། རྣལ་འབྱོར་རྒྱུད་ཀྱི་ལུགས་ཀྱང་མིན་ཏེ། དེ་ལས་རིགས་ལྔ་ཁ་དོག་ཐ་དད་དུ་གསུངས་པའི་ཕྱིར་ཞེས་པ་ནི། རྣལ་འབྱོར་རྒྱུད་ཀྱི་ཞེས་སོགས་ཀྱིས་བསྟན། བླ་མེད་ཀྱི་ལུགས་ཀྱང་མིན་ཏེ། དུས་ཀྱི་འཁོར་ལོ་སོགས་ལས་ཁ་དོག་ཐ་དད་དུ་གསུངས་པའི་ཕྱིར། ཞེས་པ་ནི། དུས་ཀྱི་འཁོར་ལོ་ཞེས་སོགས་ཀྱིས་བསྟན། འོ་ན་རིགས་ལྔ་སེར་འབྱམས་མི་འཐད་ན། པགས་པ་གསེར་མདོག་པགས་པ་སྲབ་པ་དང་། །ཞེས་གསུངས་པ་དང་འགལ་ལོ་ཞེ་ན། ལུང་དེ་ཆོས་ཅན། སངས་རྒྱས་ཐམས་ཅད་གསེར་མདོག་ཅན་དུ་བསྟན་པ་མིན་ཏེ། དྲི་མ་མེད་ཅིང་དྭངས་པའམ་སྐྱིལ་སྐྲུ་ཕལ་ཆེ་བ་ལ་དགོངས་ནས་གསུངས་པའི་ཕྱིར་དང་། སངས་རྒྱས་སྨན་བླ་ནི་ནམ་མཁའི་མདོག་ཅན་དུ་མདོ་ལས་གསུངས་པའི་ཕྱིར། འོ་ན་གསེར་འོད་དམ་པ་ལས། སངས་རྒྱས་ཐམས་ཅད་ཁ་དོག་མཚུངས། །འདི་ནི་སངས་རྒྱས་ཆོས་ཉིད་ཡིན། །ཞེས་གསུངས་པ་དང་འགལ་ལོ་ཞེ་ན། མདོ་དེ་ཆོས་ཅན། སངས་རྒྱས་ཐམས་ཅད་ཁ་དོག་མཚུངས་པར་བསྟན་པ་མིན་ཏེ། སངས་རྒྱས་ཐམས་ཅད་གདུལ་བྱའི་བློའི་རིམ་པ་དང་འཚམས་པར་ཁ་དོག་དཀར་པོ་སོགས་སུ་སྟོན་པར་ནུས་པར་བསྟན་པ་ཙམ་ཡིན་པའི་ཕྱིར། ཞེས་པ་ནི། སངས་རྒྱས་གསེར་མདོག་ཞེས་སོགས་ཀྱིས་བསྟན་ནོ། །

བཞི་པ་ལམ་གྱི་ངོ་བོ་མདོ་སྔགས་འཚོལ་བ་དགག་པ་ནི། དེང་སང་ཡི་དམ་ལྷའི་སྒྲུབ་ཐབས་སོགས་ཆོས་ཅན། སྔགས་ལུགས་བཞིན་དུ་ཉམས་སུ་བླང་དགོས་ཏེ། རྒྱུད་སྡེ་ལས་གསུངས་ཀྱི་མདོ་ལས་གསུངས་པ་མེད་པའི་ཕྱིར། ཞེས་པ་ནི་ཡི་དམ་ལྷའི་ཞེས་སོགས་ཀྱིས་བསྟན། གཞན་ཡང་སྦྱིན་སྲེག་གི་ཆོ་ག་སོགས་ཆོས་ཅན། སྔགས་ལུགས་བཞིན་དུ་བྱ་དགོས་ཏེ། སྔགས་ལས་གསུངས་ཀྱི་ཕ་རོལ་ཏུ་ཕྱིན་པ་ལས་མ་གསུངས་པའི་ཕྱིར། ཞེས་པ་ནི། གཞན་ཡང་སྦྱིན་སྲེག་ཅེས་སོགས་ཀྱིས་བསྟན། དེ་བཞིན་དུ་རབ་གནས་ཀྱི་ཆོ་ག་སོགས་ཆོས་ཅན། སྔགས་ལུགས་བཞིན་དུ་བྱ་དགོས་ཏེ། སྔགས་ལས་གསུངས་ཀྱི་མདོ་ལས་མ་གསུངས་པའི་ཕྱིར། ལྷུང་བཤགས་སོགས་ཆོས་ཅན། མདོ་ལུགས་བཞིན་དུ་བྱ་དགོས་ཏེ། མདོ་ལས་བཤད་ཀྱི་སྔགས་ལས་མ་བཤད་པའི་ཕྱིར། ཞེས་པ་ནི། དེ་བཞིན་རབ་གནས་ཞེས་སོགས་ཀྱིས་བསྟན། འོ་ན་རབ་གནས་ཀྱི་ཆོ་ག་མདོ་ལས་མ་གསུངས་པའི་རྒྱུ་མཚན་ཅི་ཡིན་ཞེ་ན། དེ་ཆོས་ཅན། མདོ་ལས་མ་གསུངས་ཏེ། མཆོད་བསྟོད་བཀྲ་ཤིས་

སོགས་གསུངས་ཀྱང་ཡི་དམ་གྱི་ལྷ་སྒོམ་པ་མ་གསུངས་པའི་ཕྱིར། ཞེས་པ་ནི། འདི་ཡང་བརྟག་པར་བྱ་བས་ཉོན་ཞེས་སོགས་ཀྱིས་བསྟན། ལ་ལ་རབ་གནས་མདོ་ལུགས་དེ་ཇོ་བོའི་གདམས་ངག་ཡིན་ནོ་ཞེས་ཟེར་བ་མི་འཐད་དེ། མདོ་སྡེ་གང་ལ་ཡང་བརྗེན་པ་མེད་པའི་ཕྱིར། ཞེས་པ་ནི། ལ་ལ་གདམས་ངག་ཅེས་སོགས་ཀྱིས་བསྟན། དེར་སང་ཕྱག་རྒྱ་བ་སོགས་འགའ་ཞིག་གསང་བ་འདུས་པའི་ལྷ་སྒོམ་པའི་ཆོ་ག་མདོ་ལུགས་སུ་འདོད་པ་མི་འཐད་དེ། མདོ་ལས་འབྱུང་བ་མི་སྲིད་པའི་ཞེས་པ་ནི། དེང་སང་གསང་བ་འདུས་པའི་ལྷ་ཞེས་སོགས་ཀྱིས་བསྟན། དེས་ན་རབ་གནས་དང་དབང་བསྐུར་སོགས་ཆོས་ཅན། མདོ་ལུགས་མིན་ཏེ། དབང་མ་ཐོབ་པའི་གང་ཟག་གིས་བྱར་མི་རུང་བའི་ཕྱིར། ཞེས་པ་ནི། ལྷ་ལ་རབ་ཏུ་གནས་པ་དང་ཞེས་སོགས་ཀྱིས་བསྟན། དེང་སང་རབ་གནས་མདོ་ལུགས་སུ་འཆད་པ་ཆོས་ཅན། སངས་རྒྱས་ཀྱི་བསྟན་པ་མིན་ཏེ། ཁྱིམ་པས་མཁན་སློབ་བྱེད་པ་སོགས་དང་མཚུངས་པའི་ཕྱིར་ཞེས་པ་ནི། དེང་སང་རབ་གནས་ཞེས་སོགས་ཀྱིས་བསྟན། འདིར་དངོས་སུ་བསྟན་པའི་རབ་གནས་སོགས་ནི། རྒྱུད་སྡེ་འོག་མའི་རྡོ་རྗེ་སློབ་དཔོན་གྱི་དབང་ཐོབ་པ་ཙམ་གྱིས་འདི་དག་ཐམས་ཅད་བྱར་རུང་བའི་ངེས་པ་ནི་མེད་དོ། །འོན་ཀྱང་དེ་དག་ལ་དབང་བསྐུར་བ་དང་། རབ་གནས་དང་། རྒྱུད་འཆད་པ་རྣམས་ནི་རུང་ངོ་། །འོན་ཕྱག་ན་རྡོ་རྗེ་མདོ་ལུགས་མི་འཐད་པའི་རྒྱུ་མཚན་ཅི་ཡིན་ཞེ་ན། ཕྱག་ན་རྡོ་རྗེའི་བསྒོམ་བཟླས་ཆོས་ཅན། མདོ་ལུགས་སུ་བྱེད་པ་མི་འཐད་དེ། མདོ་ནས་བཤད་པ་མེད་ཅིང་། གཟུངས་ནས་བཤད་པ་ནི་རྒྱུད་ཀྱི་ལུགས་ཡིན་པའི་ཕྱིར་རོ། །ཞེས་པ་ནི་ཕྱག་ན་རྡོ་རྗེའི་ཞེས་སོགས་ཀྱིས་བསྟན། འོན་ལྷུང་བཤགས་སྔགས་ལུགས་སུ་མི་འཐད་པའི་རྒྱུ་མཚན་ཅི་ཡིན་ཞེ་ན། ལྟུང་བཤགས་ཀྱི་སངས་རྒྱས་སུམ་ཅུ་རྩ་ལྔའི་ཕྱག་མཚན་ལ་ཕྱུབ་དང་རལ་གྲི་སོགས་འཛིན་པའི་སྒྲུབ་ཐབས་ཆོས་ཅན། སྔགས་ལུགས་མིན་ཏེ། སངས་རྒྱས་ཀྱིས་མ་གསུངས་པའི་ཕྱིར། ཞེས་པ་ནི། ལྟུང་བཤགས་སངས་རྒྱས་ཕྱག་མཚན་ལ། །ཞེས་སོགས་ཀྱིས་བསྟན། འོ་ན་མདོ་དང་རྒྱུད་ཀྱི་ཁྱད་པར་ཇི་ལྟ་བུ་ཡིན་ཞེ་ན། དེ་གཉིས་ལ་ཁྱད་པར་ཡོད་དེ། རང་དོན་དུ་ལྷ་བསྒོམ་པ་སོགས་དང་། གཞན་དོན་དུ་དབང་བསྐུར་བ་སོགས་ཀྱི་ཆོ་གའི་བྱ་བ་ཡོད་མེད་ཀྱི་ཁྱད་པར་ཡོད་པའི་ཕྱིར། ཞེས་པ་ནི། མདོ་དང་རྒྱུད་ཀྱི་ཁྱད་པར་ནི་ཞེས་སོགས་ཀྱིས་བསྟན་ནོ། །

གཉིས་པ་རྫོགས་བྱ་སྨིན་གྲོལ་གྱི་ལྟ་བ་ལ་འཁྲུལ་པ་དགག་པ་ལ་གཉིས་ཏེ། དངོས་དང་། ཞར་ལ་རྒྱུད་སྡེ་བཞིའི་སྒྲུབ་པ་ལ་འཁྲུལ་པ་དགག་པའོ། །དང་པོ་ལ་བཞི་སྟེ། ཐེག་པ་རིམ་པ་དགུ་ལ་ལྟ་བ་ཐ་དད་པ་དགག །རྒྱུད་སྡེ་བཞི་ལ་ལྟ་བ་ཐ་དད་ཡོད་པ་དགག །རྣལ་འབྱོར་བཞིའི་ཐེག་པའི་རིམ་པར་འདོད་པ་དགག །དེས་ན་དབུ་མ་ཡན་ཆད་ལྟ་བ་གཅིག་ཏུ་བསྟན་པའོ། །དང་པོ་ནི། ཕྱག་རྒྱ་ཆེན་པོ་སྒོམ་ན་ཡང་ཞེས་སོགས་ལས་འཕྲོས

ནས། རྟོགས་བྱེད་ཕྱག་ཆེན་གྱི་ལྟ་བ་དེ་དེ་ལྟར་ཡིན་ན། རྟོགས་བྱ་སྤྲོས་བྲལ་གྱི་ལྟ་བ་དེ་ཇི་ལྟ་བུ་ཡིན་ཞེ་ན། འདིའི་ལན་ལ་གསང་སྔགས་རྙིང་མ་པ་ལ་ལ། ཉན་ཐོས། རང་རྒྱལ། བྱང་སེམས་ཏེ་ཕྱིའི་ཕ་རོལ་ཏུ་ཕྱིན་པའི་ཐེག་པ་གསུམ། ཀྲི་ཡ། ཨུ་པ། ཡོ་ག་སྟེ་ནང་སྔགས་ཀྱི་ཐེག་པ་གསུམ། མ་ཧཱ། ཨ་ནུ། ཨ་ཏི་ཏེ་གསང་བ་མཐར་ཐུག་གི་ཐེག་པ་གསུམ་སྟེ། ཐེག་པ་རིམ་པ་དགུ་ལ་ལྟ་བ་ཐ་དད་ཡོད་ཅེས་ཟེར་བ་མི་འཐད་དེ། ཉན་ཐོས་དང་ཐེག་ཆེན་གྱི་ལྟ་བ་ལ་ཁྱད་པར་ཡོད་ཀྱིས། ཐེག་པ་ཆེན་པོ་ཕ་རོལ་ཏུ་ཕྱིན་པ་དང་། གསང་སྔགས་ཀྱི་ཐེག་པའི་ཐོས་བསམ་གྱིས་གཏན་ལ་ཕབ་པའི་ལྟ་བ་ཐ་དད་དུ་བཤད་པ་མེད་པའི་ཕྱིར། དེ་གཉིས་ཀྱི་ཐོས་བསམ་གྱིས་གཏན་ལ་ཕབ་པའི་ལྟ་བ་ལ་ཁྱད་པར་མེད་དེ། སྤྲོས་བྲལ་གྱི་ལྟ་བར་མཚུངས་པའི་ཕྱིར། འོན་ཀྱང་ལྟ་བ་རྟོགས་པའི་ཐབས་ལམ་ཡོད་དེ། ཕར་ཕྱིན་ཐེག་པ་ལས་གསང་སྔགས་ཀྱི་ཐེག་པ་ཁྱད་པར་འཕགས་པའི་ཕྱིར། ཞེས་པ་ནི། ལ་ལ་ཐེག་པ་རིམ་དགུ་ལ། །ཞེས་སོགས་ཀྱིས་བསྟན།

གཉིས་པ་ནི། རྙིང་མ་པ་ཁ་ཅིག །དབུ་མ་སོགས་ཀྱི་དོན་དམ་གྱི་ལྟ་བ་ལ་ཁྱད་པར་མེད་ཀྱང་། ཀུན་རྫོབ་ཀྱི་ལྟ་བ་ལ་ཁྱད་པར་ཡོད་དེ། དབུ་མ་ལས། ཀུན་རྫོབ་ཇི་ལྟར་སྣང་བ་བཞིན་དུ་ཁས་ལེན་པ་སོགས་ཀྱི་ཁྱད་པར་ཡོད་པའི་ཕྱིར། ཞེས་ཟེར་བ་མི་འཐད་དེ། ལྟ་བ་དང་སྒོམ་པའི་རྣམ་དབྱེ་མ་ཕྱེད་པ་སོགས་ཀྱི་སྐྱོན་ཡོད་པའི་ཕྱིར། ཞེས་པ་ནི། ཁ་ཅིག་དབུ་མའི་ལྟ་བ་ནི། །ཞེས་སོགས་ཀྱིས་བསྟན། དེ་འདྲའི་རྣམ་བཞག་འཁྲུལ་པ་ཡིན་ཏེ། སྒོམ་ལྟ་བསྒོམ་པ་ལྟ་བ་མིན་ཞིང་། བྱ་སྤྱོད་རྣལ་འབྱོར་རྒྱུད་གསུམ་ལས་སྣང་བ་ལྟར་བསྒོམས་པ་གསུངས་པ་མེད་པའི་ཕྱིར། ཞེས་པ་ནི། འདི་ཡི་འཐད་པ་ཞེས་སོགས་ཀྱིས་བསྟན། འོ་ན་རྒྱུད་སྡེ་བཞིའི་ལྟ་སྒོམ་ཚུལ་གྱིས་ཁྱད་པར་ཇི་ལྟ་བུ་ཡིན་ཞེ་ན། སྒོམ་པའི་དམིགས་པ་ལ་ཁྱད་པར་ཡོད་དེ། བྱ་རྒྱུད་དུ་བྲིས་སྐུ་ལྟར་སྒོམ་པ་དང་། སྤྱོད་རྒྱུད་དུ་བྲིས་སྐུ་དང་རང་ཉིད་གཉིས་ཀ་ལྟར་སྒོམ་པ་དང་། རྣལ་འབྱོར་རྒྱུད་དུ་དམ་ཚིག་སེམས་དཔའ་ལ་ཡེ་ཤེས་པ་སྤྱན་དྲངས་ནས་གཤེགས་གསོལ་བྱེད་པ་དང་། བླ་མེད་དུ་དག་པ་གསུམ་གྱིས་རང་བཞིན་གྱིས་ལྟར་བསྒོམ་ནས་གཤེགས་གསོལ་མི་བྱེད་པར་བཤད་པའི་ཕྱིར། ཞེས་པ་ནི། འོན་ཀྱང་བྱ་བའི་རྒྱུད་དུ་ནི་ཞེས་སོགས་ཀྱིས་བསྟན། གལ་ཏེ་བྱ་བའི་རྒྱུད་ཀྱིས་ཀུན་རྫོབ་ལྟ་རུ་བསྒོམ་པ་མི་འཐད་དེ། དཀའ་ཐུབ་དང་གཙང་སྦྲ་ལ་སོགས་པ་མི་འཐད་པར་ཐལ་བའི་སྐྱོན་ཡོད་པའི་ཕྱིར། ཞེས་པ་ནི། གལ་ཏེ་བྱ་བའི་རྒྱུད་ཀྱི་ཡང་ཞེས་སོགས་ཀྱིས་བསྟན། ཁ་ཅིག །སྤྱོད་རྒྱུད་ཀྱི་ལྟ་བ་རྣལ་འབྱོར་རྒྱུད་དང་མཐུན། སྤྱོད་པ་བྱ་བའི་རྒྱུད་བཞིན་བྱེད་པ་ཡིན་ནོ། །ཞེས་ཟེར་རོ། །འདི་ཡང་དེ་ལྟར་ངེས་པ་མེད་དེ། སྤྱོད་རྒྱུད་འདི་ནི་ཕྱིའི་བྱ་བ་དང་ནང་གི་ཏིང་ངེ་འཛིན་གྱི་བྱ་བ་གཉིས་ཀ་སྤྱོད་པའི་རྒྱུད་ཡིན་པའི་ཕྱིར་དང་། སྤྱོད་པའི་རྒྱུད་ཀྱི་བྱ་བ་ལ་རིགས་ལྔའི

དོན་གྲུབ་ཀྱང་ཐ་སྙད་མེད་ཅིང་ཕྱག་རྒྱ་སོགས་ཀྱང་རྣལ་འབྱོར་རྒྱུད་བཞིན་དུ་མ་གསུངས་པའི་ཕྱིར། ཞེས་པ་ནི། ཁ་ཅིག་སྤྱོད་པའི་ཞེས་སོགས་ཀྱིས་བསྟན། རྣལ་འབྱོར་ཆེན་པོའི་རྒྱུད་ལས་ཀུན་རྫོབ་ལྷ་རུ་གསུངས་པ་ཡོད་དེ། ཀུན་རྫོབ་ཇི་ལྟར་སྣང་བ་འདི་ཐབས་ལ་མཁས་པའི་ཁྱད་པར་གྱིས་སྦྱང་གཞི་སྦྱོང་བྱེད་ངོ་འཕྲོད་པའི་བསྐྱེད་རིམ་སྒོམ་པའི་ཚེ་དམ་པ་རིགས་བརྒྱ་ལ་སོགས་པའི་དབྱེ་བ་རྒྱལ་བས་གསུངས་པའི་ཕྱིར། ཞེས་པ་ནི། རྣལ་འབྱོར་ཆེན་པོའི་ཞེས་སོགས་ཀྱིས་བསྟན། དེས་ན་གསང་སྔགས་རྙིང་མ་བ་ཆོས་ཅན། ཀུན་རྫོབ་ལྷར་སྒོམ་པའི་རིམ་པ་ལ་ལྷ་བ་བཟང་ངན་དུ་འདོད་པ་མི་འཐད་དེ། རྒྱུད་སྡེ་འོག་མ་གསུམ་ལ་ཀུན་རྫོབ་ལྷར་སྒོམ་པ་མེད་ཅིང་། བླ་མེད་ཡོད་ཀྱང་ལྟ་བ་མིན་པའི་ཕྱིར། ཞེས་པ་ནི། དེས་ན་ཀུན་རྫོབ་ལོག་པ་དང་། །ཞེས་སོགས་ཀྱིས་བསྟན།

གསུམ་པ་ནི། གསང་སྔགས་སྔ་འགྱུར་བ་རྣམས་ཀྱིས་ཐེག་པ་བཞིའི་རིམ་པ་འདོད་ཚུལ་ཡོད་དེ། རྣལ་འབྱོར་བཞི་ལ་ཐེག་པ་བཞིར་འདོད་པའི་ཕྱིར། གསང་སྔགས་ཕྱི་འགྱུར་བས་རྣལ་འབྱོར་བཞི་དང་རྒྱུད་སྡེ་བཞིའི་འདོད་ཚུལ་ཡོད་དེ། རྣལ་འབྱོར་བཞི་ནི་རྣལ་འབྱོར་དང་རྗེས་སུ་རྣལ་འབྱོར་ལ་སོགས་པ་ལ་འདོད་པའི་ཕྱིར། དེས་ན་རྒྱུད་སྡེ་བཞིའི་རྣལ་འབྱོར་དང་། རྣལ་འབྱོར་ཆེན་པོ་དང་། རྣལ་འབྱོར་བཞིའི་རྣལ་འབྱོར་དང་། རྣལ་འབྱོར་ཆེན་པོ་མི་གཅིག་སྟེ། སྔ་མ་རྒྱུད་སྡེ་བཞིའི་རིམ་པ་ཡིན་ཅིང་། ཕྱི་མ་ཏིང་ངེ་འཛིན་གྱི་རིམ་པ་ཡིན་པའི་ཕྱིར་ཞེས་པ་ནི། གསང་སྔགས་སྔ་འགྱུར་ཞེས་སོགས་ཀྱིས་བསྟན། དེས་ན་གསང་སྔགས་གསར་མ་ཆོས་ཅན། རྣལ་འབྱོར་ཆེན་པོ་ལས་བཟང་བའི་ཤིན་ཏུ་རྣལ་འབྱོར་མེད་དེ། རྣལ་འབྱོར་ཆེན་པོ་ལས་ལྷག་པའི་རྒྱུད་སྡེ་མེད་པའི་ཕྱིར། ཞེས་པ་ནི། དེས་ན་གསང་སྔགས་ཞེས་སོགས་ཀྱིས་བསྟན། བཞི་པ་ནི། དབང་བསྐུར་ཡན་ཆད་ཐམས་ཅད་ཆོས་ཅན། ཐོས་བསམ་གྱིས་གཏན་ལ་ཕབ་པའི་ལྟ་བ་མཐུན་ཏེ། ཕ་རོལ་ཏུ་ཕྱིན་པའི་ལུགས་བཞིན་དུ་སྤྲོས་བྲལ་དུ་མཐུན་པའི་ཕྱིར། ཞེས་པ་ནི། ལུགས་འདི་ལེགས་པར་ཤེས་གྱུར་ན། །ཞེས་སོགས་ཀྱིས་བསྟན། གཉིས་པ་ཞར་ལ་རྒྱུད་སྡེ་བཞིའི་སྒྲུབ་པ་ལ་འཁྲུལ་པ་དགག་པ་ལ་གསུམ་སྟེ། འཁྲུལ་པ་དགག་པ་མདོར་བསྟན། མ་འཁྲུལ་བའི་སྒྲུབ་པ་རྒྱས་པར་བཤད། དེ་དག་གིས་དོན་བསྡུ་བའོ། །དང་པོ་ནི། རྒྱུད་སྡེ་བཞིའི་སྒྲུབ་པ་ཡང་ཞེས་སོགས་ཀྱིས་བསྟན།

གཉིས་པ་ལ་གསུམ་སྟེ། བྱ་རྒྱུད་ཀྱི་སྒྲུབ་པ། རྒྱུད་སྡེ་བར་བ་གཉིས་ཀྱི་སྒྲུབ་པ། རྣལ་འབྱོར་ཆེན་པོའི་སྒྲུབ་པ་བཤད་པའོ། །དང་པོ་ནི། བྱ་རྒྱུད་རང་གང་ལ་བདག་བསྐྱེད་ཡོད་པ་མེད་དེ། བྱ་རྒྱུད་ཀྱི་ལྷ་ལ་བདག་བསྐྱེད་བཤད་པ་ནི་རྣལ་འབྱོར་རྒྱུད་ཀྱི་རྗེས་སུ་འབྲངས་ནས་གསུངས་པ་ཡིན་ཞིང་། རང་གང་ལ་བདག་བསྐྱེད་

བྱེད་ན། སྔགས་གནས་སོགས་མི་འཐད་པའི་སྐྱོན་ཡོད་པའི་ཕྱིར། ཞེས་པ་ནི། བྱ་བའི་རྒྱུད་ལ་བདག་བསྐྱེད་མེད། །ཞེས་སོགས་ཀྱིས་བསྟན། གལ་ཏེ་སྔགས་གནས་བྱེད་འདོད་ན་བདག་བསྐྱེད་བསྒོམ་དུ་མི་རུང་སྟེ། རང་ཉིད་ཐ་མལ་དུ་གནས་ནས་རྗེ་དཔོན་བཞིན་དུ་དངོས་གྲུབ་བླང་དགོས་པའི་ཕྱིར། ཞེས་པ་ནི། གལ་ཏེ་སྔགས་གནས་ཞེས་སོགས་ཀྱིས་བསྟན། གཉིས་པ་ནི། བྱ་རྒྱུད་དང་རྣལ་འབྱོར་རྒྱུད་གཉིས་ཀྱི་ལས་ཚོགས་སྒྲུབ་པ་འགའ་ཞིག་ལ་གཙང་སྦྲ་སོགས་བཤད་པ་ཡོད་དེ། ཕྱག་ན་རྡོ་རྗེ་དབང་བསྐུར་བའི་རྒྱུད་སོགས་ལས་དེ་ལྟར་གསུངས་པའི་ཕྱིར། ཞེས་པ་ནི། སྤྱོད་དང་རྣལ་འབྱོར་རྒྱུད་གཉིས་སུ། །ཞེས་སོགས་ཀྱིས་བསྟན། གསུམ་པ་ནི། རྣལ་འབྱོར་ཆེན་པོའི་རྒྱུད་ཆོས་ཅན། གཙང་སྦྲ་སོགས་མི་འཐད་དེ། འབྱུང་པོའི་གཏོར་མ་བཟའ་བར་གསུངས་པའི་ཕྱིར། དཀའ་ཐུབ་སོགས་འགོག་སྟེ། འདུག་པ་བདེ་བའི་རྣལ་འབྱོར་གྱིས་གསང་སྔགས་རྒྱལ་པོ་ཚེ་འདིར་འགྲུབ་པར་གསུངས་པའི་ཕྱིར། ཞེས་པ་ནི། རྣལ་འབྱོར་ཆེན་པོའི་ཞེས་སོགས་ཀྱིས་བསྟན། གསུམ་པ་དོན་བསྡུ་བ་ནི། གྲུབ་མཐའི་རྣམ་དབྱེ་མི་ཤེས་ཤིང་ཞེས། །སོགས་ཀྱིས་བསྟན་ཏོ། །གཞུང་གི་འགྲེལ་བཤད་ཟིན་ཏོ། །

གཉིས་པ་ཕྱག་རྒྱ་ཆེན་པོའི་རང་བཞིན་གཏན་ལ་ཕབ་པ་ལ་གསུམ་སྟེ། རྟོགས་བྱེད་ཕྱག་ཆེན་གྱི་ཡེ་ཤེས་བཤད་པ། རྟོགས་བྱ་སྤྲོས་བྲལ་གྱི་ལྟ་བ་བཤད་པ། རྒྱུད་སྡེ་བཞིའི་སྒྲུབ་པ་བཤད་པའོ། །དང་པོ་ལ་གསུམ་སྟེ། བཤད་བྱ་རྡོ་རྗེའི་ཚིག་འགོད་པ་དང་། དེའི་དོན་ཚུལ་བཞིན་བཤད་པ། དེ་དག་ལ་དོགས་པ་དཔྱད་པའོ། །དང་པོ་ནི། ཏེ་ལོས་ནཱ་རོ་ལ་གནང་བའི་ཕྱག་ཆེན་གཾ་གཱ་མ་ལས། སྔགས་སུ་སྨྲ་དང་ཕ་རོལ་ཕྱིན་པར་སྨྲ། །འདུལ་བའི་སྡེ་སྣོད་ལ་སོགས་དམ་ཆོས་དང་། །རང་གི་གཞུང་དང་གྲུབ་པའི་མཐའ་ཡིས་ཀྱང་། །འོད་གསལ་ཕྱག་རྒྱ་ཆེན་པོ་མཐོང་མི་འགྱུར། །ཡིད་ལ་མི་བྱེད་ཞེ་འདོད་ཀུན་དང་བྲལ། །ཞེས་དང་། མེ་ཏྲི་པའི་ཕྱག་རྒྱ་ཆེན་པོ་གཅིག་བསྡུས་ལས། སྣང་བ་རང་གྲོལ་ཆོས་ཀྱི་དབྱིངས། །རྟོགས་པ་རང་གྲོལ་ཡེ་ཤེས་ཆེ། །གཉིས་མེད་མཉམ་པ་ཆོས་ཀྱི་སྐུ། །ཆུ་བོ་ཆེན་པོའི་རྒྱུན་ལྟར་འབབ། །ཞེས་གསུངས་པའི་ཕྱིར། ཇི་སྐད་དུ་གཞུང་འདིར། ནཱ་རོ་དང་ནི་མེ་ཏྲི་པའི། །ཕྱག་རྒྱ་ཆེན་པོ་གང་ཡིན་པ། །དེ་ནི་ལས་དང་ཆོས་དང་ནི། །དམ་ཚིག་དང་ནི་ཕྱག་རྒྱ་ཆེ། །གསང་སྔགས་རྒྱུད་ནས་ཇི་སྐད་དུ། །གསུང་པ་དེ་ཉིད་ཁོང་བཞེད་དོ། །ཞེས་གསུངས་སོ། །འཕགས་པ་ཀླུ་སྒྲུབ་ཀྱི་ཕྱག་རྒྱ་བཞི་པ་ལས་ཀྱང་། ལས་ཀྱི་ཕྱག་རྒྱ་ལ་བརྟེན་ནས་རྒྱུ་མཐུན་པའི་འབྲས་བུ་སྐྱེ་བར་བྱེད་དོ། །འདྲ་བར་འབྱུང་བས་རྒྱུ་མཐུན་པའོ། །ཇི་ལྟར་མེ་ལོང་ལ་བརྟེན་ནས་བཞིན་གྱི་གཟུགས་བརྙན་འབྱུང་བ་དེ་བཞིན་དུ་མི་འབྱུང་བར་མི་འགྱུར་རོ། །ཞེས་གསུང་ཞིང་། གཞུང་འདིར། འཕགས་པ་ཀླུ་སྒྲུབ་ཉིད་ཀྱིས་ཀྱང་། ཕྱག་རྒྱ་བཞི་པར་འདི་སྐད་གསུངས། ཞེས་སོགས་གསུངས་སོ། །རྒྱུད་ཀྱི་རྒྱལ་པོ་བརྟག་གཉིས་ལས། དེ་ནས་རྣལ་

འབྲོར་མས་ཞུས་པ། །ཕྱག་རྒྱ་ཆེན་པོ་ཇི་ལྟ་བུ། །ཀུན་རྫོབ་རྣམ་པའི་གཟུགས་བཞིན་གྱིས། །བདེ་སྟྱིན་པ་ཡི་བཤད་དུ་གསོལ། །ཞེས་པའི་ལན་དུ། གཞན་གྱི་བརྗོད་མིན་ལྷན་ཅིག་སྐྱེས། །གང་དུ་ཡང་ནི་མི་རྙེད་དེ། །བླ་མའི་དུས་ཐབས་བརྟེན་པ་དང་། །བདག་གི་བསོད་ནམས་ལས་ཞེས་བྱ། །ཞེས་པ་དང་། སཾ་པུ་ཊི་ལས། ནང་གི་དབྱེ་བ་འདི་ཉིད་ནི། །བླ་མའི་ཞལ་ལས་རྙེད་པར་འགྱུར། །ཞེས་པ་དང་། གསང་བ་མཛོད་ཀྱི་མདོ་ལས་ཀྱང་། རྡོ་རྗེ་སེམས་དཔའ་ཉོན་ཅིག་དང་། གསང་སྡུགས་ཀྱི་ཐེག་པ་མཆོག་གི་དབང་བསྐུར་བ་གསང་བ་ཆེན་པོ་འདིས་སངས་རྒྱས་ཐོབ་པར་ནུས་ཀྱི། ཐེག་པ་གཞན་གྱིས་ནི་བསྐལ་པ་བྱེ་བས་ཀྱང་སངས་རྒྱས་ཐོབ་པར་མི་འགྱུར་རོ། །ཞེས་གསུངས་པ་དང་། གཞན་ཡང་། རྒྱུད་སྡེ་གཞན་དང་བསྟན་བཅོས་ཆེན་པོ་གྲུབ་པ་སྡེ་བདུན་སོགས་ལས་ཀྱང་གསུང་ཞིང་། དེ་དག་གི་དོན་གཞུང་འདིར། རྒྱུད་ཀྱི་རྒྱལ་པོ་གཞན་དང་ནི། །བསྟན་བཅོས་ཆེན་པོ་གཞན་ལས་ཀྱང་། །དབང་བསྐུར་དག་དང་མ་འབྲེལ་བ། །དེ་ལ་ཕྱག་རྒྱ་ཆེན་པོ་དགག །ཅེས་སོགས་གསུངས་སོ། །གཉིས་པ་དེའི་དོན་བཤད་པ་བརྒྱད་དེ། གྲུབ་མཐའི་འདོད་ཚུལ། ངོ་བོ། སྒྲ་དོན། དབྱེ་བ། གྲངས་ངེས། མིང་གི་རྣམ་གྲངས། སྐྱེ་ཚུལ། ས་ལམ་གྱི་བགྲོད་ཚུལ་བཤད་པའོ། །དང་པོ་ལ་དགག་གཞག་གཉིས། དང་པོ་ལ་གཉིས་ཏེ། རྒྱ་ནག་གིས་ཕྱོགས་སུ་གཏོགས་པའི་ལུགས་དགག །རྒྱ་གར་བའི་ཕྱོགས་སུ་གཏོགས་པའི་ལུགས་གཞན་དགག་པའོ། །དང་པོ་ལ་གཉིས་ཏེ། སྔོན་བྱུང་རྒྱ་ནག་མཁན་པོའི་ལུགས་དགག ། དེ་རྗེས་འབྲང་བ་ཕྱི་རབས་པའི་ལུགས་དགག་པའོ། །དང་པོ་ལ་འདོད་པ་བརྗོད་པ་དང་། དེ་དགག་པ་གཉིས། དང་པོ་ནི། རྒྱལ་པོ་ཁྲི་སྲོང་ལྡེ་བཙན་གྱི་དུས་སུ། རྒྱ་ནག་དགེ་སློང་ན་རེ། ཚིག་ལ་སྙིང་པོ་མེད་ཐ་སྙད་ཀྱི་ཆོས་ཀྱིས་སངས་མི་རྒྱ། སེམས་རྟོགས་ན་དཀར་པོ་ཆིག་ཐུབ་ཡིན། ཞེས་ཟེར་ཞིང་། དེའི་བསྟན་བཅོས་ལ། སྒོམ་ཡིག་བསམ་གཏན་ཉལ་བའི་འཁོར་ལོ། དེའི་གནད་སྟོན་པ་ལ་བསམ་གཏན་གྱི་ལན། གེགས་སེལ་བསམ་གཏན་གྱི་ཡང་ལན། རིགས་པས་སྐྱབ་པ་ལ་ལྟ་བའི་རྒྱབ་ཤ །ལུང་གི་སྐྱབ་པ་ལ་མདོ་སྡེ་བརྒྱད་ཅུ་ཁུངས་ཞེས་བྱ་བ་ཙམ་སྟེ། དཀར་པོ་ཆིག་ཐུབ་འདི་བོད་ཁམས་ཐམས་ཅད་འཕེལ་ལོ། །དེ་ཉིད་རྒྱ་གར་གྱི་ཆོས་ལུགས་དང་མ་མཐུན་པས། རྒྱལ་པོས་རྒྱ་གར་ནས་མཁས་པ་ཀ་མ་ལ་ཤཱི་ལ་སྤྱན་དྲངས་ནས་རྩོད་དུ་བཙུག་པའི་ཚེ། ཀ་མ་ལ་ཤཱི་ལས། རྒྱ་ནག་གི་ཆོས་ཇི་ལྟར། ལུགས་ཇི་ལྟར་ཡིན་ཞེས་ཕྱོགས་སྔ་དྲིས་པ་ན། རྒྱ་ནག་ན་རེ། ཁྱེད་ཀྱི་ཆོས་ལུགས་སྐྱབས་འགྲོ་སེམས་བསྐྱེད་ནས་བཟུང་ནས་སྤྱིལ་ཤིང་རྩེ་ར་འཛེག་པ་ལྟར་མས་འཛེག་ཡིན། ངེད་ཀྱི་ཆོས་ལུགས་ནི། བྱ་བྱེད་ཀྱི་ཆོས་ཀྱིས་འཚང་མི་རྒྱ་བས་རྣམ་པར་མི་རྟོག་པ་བསྒོམ་ནས་སེམས་རྟོག་པ་ཉིད་ཀྱི་འཚང་རྒྱ་སྟེ། ཁྱུང་ནམ་མཁའ་ལས་ཤིང་རྩེ་ར་འབབ་པ་ལྟར་ཡས་འབབ་ཀྱི་ཆོས་ཡིན་པས་དཀར་པོ་ཆིག་ཐུབ་པ་ཡིན་

ནོ༎ ༎ཞེས་ཟེར་རོ། །གཉིས་པ་དེ་དགག་པ་ལ་གཉིས་ཏེ། དཔེ་དགག་པ་དང་། དོན་དགག་པའོ། །དང་པོ་ནི། ཀ་མ་ལ་ཤཱི་ལས། ཁྱེད་ཀྱི་དཔེ་དེ་མི་འཐད་དེ། ཁྱུང་ནམ་མཁའ་ལས་གློ་བུར་དུ་འདབ་གཤོག་རྫོགས་པར་སྐྱེས་ནས་ཤིང་རྩེར་འབབ་བམ། བྲག་ལ་སོགས་པར་སྐྱེས་ནས་རིམ་གྱིས་འདབ་གཤོག་རྫོགས་པར་བྱས་ཏེ་འབབ། དང་པོ་མི་སྲིད་ལ། གཉིས་པ་ནི་རིམ་གྱིས་པའི་དཔེར་རུང་གིས། གཅིག་ཅར་བའི་དཔེར་མི་རུང་ངོ་། །ཞེས་གསུངས་པས་མཁན་པོས་ལན་མ་ཐེབས་སོ། །གཉིས་པ་ནི། སློབ་དཔོན་གྱིས་དཔེ་ནོར་བར་མ་ཟད་དོན་ཡང་འཁྲུལ་ཏེ། རྣམ་པར་མི་རྟོག་པའི་སྒོམ་དེ་ཅི། རྣམ་རྟོག་ཕྱོགས་གཅིག་དགག་པ་ཙམ་ཡིན་ནམ། མཐའ་དག་དགག་པ་ཡིན། དང་པོ་ལྟར་ན། གཉིད་དང་རྒྱལ་བ་ལ་སོགས་པ་ཡང་རྣམ་པར་མི་རྟོག་པར་ཐལ། རྣམ་རྟོག་ཕྱོགས་གཅིག་དགག་པ་ཡིན་པའི་ཕྱིར། གཉིས་པ་ལྟར་ན། ཁྱོད་མི་རྟོགས་པ་བསྒོམས་པའི་ཚེ་མི་རྟོག་པ་སྒོམ་སྙམ་པའི་རྟོག་པ་སྔོན་དུ་བཏང་དགོས་སམ་མི་དགོས། མི་དགོས་ན་ཁམས་གསུམ་གྱི་སེམས་ཅན་ཐམས་ཅད་ལ་སྒོམ་སྐྱེ་བར་ཐལ། སྒོམ་སྙམ་པའི་རྟོག་པ་སྔོན་དུ་མ་བཏང་ཡང་སྒོམ་སྐྱེ་བའི་ཕྱིར། རྟོག་པ་སྔོན་དུ་བཏང་དགོས་ན། རྟོག་པ་ལ་མ་ལྟོས་པར་མི་རྟོག་པ་ཁོ་ན་སྒོམ་པ་མི་འཐད་པར་ཐལ། རྟོག་པ་སྔོན་དུ་བཏང་དགོས་པའི་ཕྱིར། དཔེར་ན་སྨྲ་བཅད་བྱས་པ་ཡིན་ནོ་ཞེས་བརྗོད་ན། སྨྲ་བཅད་ཤོར་བའམ། ཙ་ཙོམ་བྱེད་ཅེས་པ་ཙ་ཙོ་འགྲོ་བ་བཞིན་ནོ། །ཞེས་གསུངས་པས། རྒྱ་ནག་མཁན་པོ་སྤོབས་པ་མེད་པར་གྱུར་ཏོ། །དེའི་ཚེ་རྒྱལ་པོས་སྨྲས་པ། ལན་ཡོད་ན་གསུངས་ཤིག །མཁན་པོས་སྨྲས་པ། མགོ་ཐོག་རྒྱབ་པ་དང་མཚུངས་པས་ལན་མི་ཤེས་སོ། ། རྒྱལ་པོས་སྨྲས་པ། དེ་ལྟར་ན་སློབ་དཔོན་ལ་མེ་ཏོག་ཕྲེང་བ་ཕུལ་ལ་བཟོད་པར་གསོལ་ཏེ། དཀར་པོ་ཆིག་ཐུབ་ཀྱི་ཆོས་ལུགས་བོར་ལ། ལུང་རིགས་དང་མི་འགལ་བ་རྒྱ་གར་གྱི་ཆོས་ལུགས་བཞིན་དུ་གྱིས་ཤིག །ད་སླན་ཆད་དཀར་པོ་ཆིག་ཐུབ་འདི་སུས་བྱེད་ཀྱང་ཆད་པ་གཅོད་དོ། །ཞེས་བོད་ཁམས་ཀུན་ཏུ་ཁྲིམས་བཅས་ཏེ། རྒྱ་ནག་གི་དཔེ་རྣམས་བསྡུས་ནས་བསམ་ཡས་སུ་གཏེར་དུ་སྦས་ཏེ། རྒྱ་གར་གྱི་ཆོས་ལུགས་དར་བར་མཛད་དོ། །འདི་དག་ནི་གཞུང་འདིར། ད་ལྟའི་ཕྱག་རྒྱ་ཆེན་པོ་དང་། །རྒྱ་ནག་ལུགས་ཀྱི་ཕྱག་ཆེན་ལ། །ཞེས་སོགས་ཀྱིས་བསྟན་ནོ༎ ༎

གཉིས་པ་རྗེས་འབྲང་གི་ལུགས་གཞན་དགག་པ་ལ་ཡང་འདོད་པ་བརྗོད་པ་དང་། དེ་དགག་པ་གཉིས། དང་པོ་ནི། རྒྱལ་པོ་གླང་གི་བསྟན་པ་བསྣུབས་ནས། རྒྱ་ནག་གི་དཔེ་རྣམས་གཏེར་ནས་ཐོན་པའི་ཚེ། དེའི་མིང་འདོགས་གསང་ནས། ལྷུན་པོ་འགའ་ཞིག་སེམས་ཅན་བདེ་བ་ལས་གོལ་ན་འདོད་ཁམས་ཀྱི་ལྟར་སྐྱེ། བསམ་པ་ལས་གོལ་ན་གཟུགས་ཁམས། མི་རྟོག་པ་ལས་གོལ་ན་གཟུགས་མེད་ཁམས་སུ་སྐྱེ་བས། གོལ་ས་གསུམ་

དང་། ཕྱག་རྒྱ་ཆེན་པོ་གཞིས་ལ་ཤོར་བ། སྒོམ་དུ་ཤོར་བ། ལམ་དུ་ཤོར་བ། རྒྱས་འདེབས་སུ་ཤོར་བ་སྟེ་ཤོར་བ་བཞི་བཅད་ནས། བྲམ་ཟེ་སྐྱུད་པ་འཁེལ་བ་ལྟར། སོ་མ་དང་། མ་བཅོས་པ་དང་། ལྷུག་པ་དང་། འབོལ་ལེ་ཤིག་གེ་འཇོག་པ་ཡིན་ཏེ། འཇུར་པོས་བཅིངས་པའི་སེམས་ཉིད་འདི། །གློད་ན་གྲོལ་བར་ཐེ་ཚོམ་མེད། །བྲམ་ཟེ་སྐྱུད་པ་འཕབ་བ་ལྟར། །སོ་མ་མ་བཅོས་ལྷུག་པར་ཞོག །ཞེས་བྲམ་ཟེ་ཆེན་པོས་གསུངས་སོ། །ཞེས་ཟེར་རོ། །

གཉིས་པ་དེ་དགག་པ་ནི། བདག་ཉིད་ཆེན་པོའི་ཕྱོགས་བཅུའི་འཕྲིན་ཡིག་ལས། །ཁ་ཅིག་དཀར་པོ་ཆིག་ཐུབ་ལ། །ཕྱག་རྒྱ་ཆེན་པོའི་ངོ་སྤྲོད་བྱེད། །ཤོར་བ་བཞི་དང་གོལ་ས་གསུམ། །སྤངས་ལ་གཞུག་མ་སྒོམ་པར་བྱ། །བྲམ་ཟེར་སྐྱུད་པ་འཁེལ་བ་ལྟར། །སོ་མ་མ་བཅོས་ལྷུག་པར་བཞག །འདི་ལ་ཕྱག་རྒྱ་ཆེན་པོ་ཟེར། །འདི་དོན་རྟོགས་ན་འདི་ལྟར་མཐོང་། །སོ་མར་བཞག་ན་བལ་ཉིད་ཡིན། །སྐྱུད་པར་བྱས་ནས་བཅོས་པར་འགྱུར། །དེ་ཕྱིར་འདི་ལ་དཔེ་སྐྱོན་ཡོད། །དོན་གྱི་སྐྱོན་ཡང་འདི་ལྟར་མཐོང་། །གོལ་ས་གསུམ་པོ་སྤྱད་ཙམ་གྱིས། །ཕྱག་རྒྱ་ཆེན་པོ་འགྱུར་ན་ནི། །ཉན་ཐོས་འགོག་པའང་དེར་འགྱུར་རོ། །ཤོར་བ་བཞི་པོ་སྤོང་སྙམ་པའི། །རྣམ་རྟོག་ཕྱག་རྒྱ་ཆེན་པོ་མིན། །རྟོག་པ་མེད་ན་སྤོངས་མི་ནུས། །རྟོག་པ་མེད་ཀྱང་སྤོང་ནུས་ན། །སེམས་ཅན་ཀུན་ལ་འབད་མེད་པར། །ཕྱག་རྒྱ་ཆེན་པོ་ཅིས་མི་སྐྱེ། །དེས་ན་ཕྱག་རྒྱ་ཆེན་པོ་ཉིད། །ཡིན་ན་ཤོར་བ་གོལ་ས་མེད། །ཡོད་ན་ཕྱག་རྒྱ་ཆེན་པོ་མིན། །ཞེས་གསུངས་པ་ལྟར་ཤེས་པར་བྱའོ། །འདི་དག་ནི་གཞུང་འདིར། ཕྱིས་ནས་རྒྱལ་ཁྲིམས་ནུབ་པ་དང་། །རྒྱ་ནག་མཁན་པོའི་གཞུང་ལུགས་ཀྱིས། །ཡི་གེ་ཙམ་ལ་བརྟེན་ནས་ཀྱང་། །དེ་ཡི་མིང་འདོགས་གསང་ནས་ནི། །ཕྱག་རྒྱ་ཆེན་པོར་མིང་བསྒྱུར་རོ། །ཞེས་སོགས་ཀྱིས་བསྟན་ནོ། །

གཉིས་པ་ལ་གསུམ་སྟེ། དེང་སང་གྲགས་པ་སེམས་ཙམ་པ་ཡི་ལུགས། ཤེར་ཕྱིན་ལྟར་སྣང་ཕྱག་ཆེན་དུ་འདོད་པའི་ལུགས། ཆེན་པོ་གསུམ་གྱིས་མ་རེག་པའི་ཕྱག་ཆེན་དགག་པའོ། །དང་པོ་ནི། སློབ་དཔོན་ཤཱནྟི་པས་སེམས་ཙམ་རྒྱན་དང་། མན་ངག་ཅེས་པའི་བསྟན་བཅོས་ལས། རྩེ་གཅིག་སྤྲོས་བྲལ་རོ་གཅིག་སྒོམ་པ་མེད། །ཅེས་རྣལ་འབྱོར་བཞི་གསུངས་པ་ལ་ཕྱག་རྒྱ་ཆེན་པོ་འདོད་པ་མི་འཐད་དེ། འདི་ནི་སེམས་ཙམ་རྣམ་མེད་པའི་ལུགས་ཡིན་གྱིས། དབུ་མ་ཡན་ཆད་ལ་མ་གྲགས་པའི་ཕྱིར་རོ། །གཉིས་པ་ནི། འགའ་ཞིག་དབང་བསྐུར་ལས། ཆོས་ཐམས་ཅད་ནམ་མཁའི་ངང་ཚུལ་ཅན་ཞེས་བྱ་བར་ཆོས་སྟོན་ཏོ། །ཞེས་གསུངས་པ་ལ་བརྟེན་ནས། ཕྱག་རྒྱ་ཆེན་པོ་ངོ་སྤྲོད་གསུམ་པ་ཞེས་བྱ་བ་ཆོས་ཐམས་ཅད་སེམས་སུ་ངོ་སྤྲོད། སེམས་ནམ་མཁའ་ལ་ངོ་སྤྲོད། ནམ་མཁའ་སྟོང་པ་ཉིད་ལ་ངོ་སྤྲོད་ཟེར་བ་དང་། ཁ་ཅིག །དྲན་པ་མེད་ཅིང་ཡིད་ལ་བྱ་བ་མེད་པ་ནི་སངས་རྒྱས་རྗེས

སུ་དྲན་པའོ། །ཞེས་གསུངས་པ་བརྟེན་ནས། དྲན་པ་མེད་ཅིང་ཡིད་ལ་བྱ་བ་མི་བྱེད་པ་ཕྱག་རྒྱ་ཆེན་པོར་འདོད་པ་དང་། ཡང་འགའ་ཞིག །གང་སེམས་དེ་ནི་སེམས་མ་མཆིས་པ་སྟེ་སེམས་ཀྱི་རང་བཞིན་འོད་གསལ་བའི་སླད་དུའོ། །ཞེས་གསུངས་པ་ལ་བརྟེན། སེམས་འོད་གསལ་བ་ཕྱག་རྒྱ་ཆེན་པོའི་སྒོམ་དུ་འདོད་པ་མི་འཐད་དེ། དེ་དག་སྒོམ་མ་ཤེས་ན་དུད་འགྲོའི་རྒྱུ་དང་། གཟུགས་མེད་དུ་སྐྱེ་བའི་རྒྱུར་འགྱུར་ལ། སྒོམ་ལེགས་ཀྱང་ཕ་རོལ་ཏུ་ཕྱིན་པ་དབུ་མའི་སྒོམ་དུ་འགྱུར་བ་ཡིན་གྱིས། ཕྱག་རྒྱ་ཆེན་པོ་མི་མཚུངས་པའི་ཕྱིར་རོ། །དེ་སྐད་དུ་གཞུང་འདིར། བླུན་པོ་ཕྱག་རྒྱ་ཆེར་སྒོམ་པ། །ཕལ་ཆེར་དུད་འགྲོའི་རྒྱུ་རུ་གསུངས། །མིན་ན་གཟུགས་མེད་ཁམས་སུ་སྐྱེ། །ཡང་ན་ཉན་ཐོས་འགོག་པར་ལྟུང་། །གལ་ཏེ་དེ་ནི་སྒོམ་ལེགས་ཀྱང་། །དབུ་མའི་སྒོམ་ལས་ལྷག་པ་མེད། །ཅེས་གསུངས་པས་སོ། །

གསུམ་པ་ནི། འབྲི་གུང་དགོངས་གཅིག་ཏུ། ཕྱག་རྒྱ་ཆེན་པོ་བྱ་བ་དེ། །རང་གི་རིག་པ་འདི་ཉིད་ཡིན། །དེ་ལ་མ་གཡེངས་སྐྱོང་བ་དེ། །གཉུག་མ་ཆོས་སྐུ་སྒོམ་པ་ཡིན། ཕྱག་རྒྱ་ཆེན་པོས་པོགས་འདོན་དེ། །བླ་མ་དམ་པའི་མོས་གུས་ཡིན། །ཞེས་དང་། ཡང་ཕྱག་རྒྱ་ཆེན་པོ་དང་སོ་སོར་ཐར་པའི་ཚུལ་ཁྲིམས་དོན་གཅིག་ཅེས་པ་དང་། ཡང་སྣང་བ་ཐམས་ཅད་སེམས་སུ་རྟོགས་ན་ཕྱག་རྒྱ་ཆེན་པོ་ཡིན་ཞེས་པ་དང་། ཡང་ངའི་ཕྱག་རྒྱ་ཆེན་པོ་དང་རྒྱུད་བླ་མའི་ལྟ་བ་དོན་གཅིག་ཅེས་གསུངས་པ་རྣམས་ནི། སྒོམ་ལེགས་ཀྱང་ཕ་རོལ་ཏུ་ཕྱིན་པའི་སྒོམ་ལས་མ་འདས་པས་མི་འཐད་པར་བཤད་ཟིན་ཏོ། །

ཡང་ཕྱག་རྒྱ་ཆེན་པོའི་ལྟ་བ་འདི་ལ། ཆེན་པོ་གསུམ་གྱིས་མ་རེག་པ་བྱ་བ་ཡིན་ཏེ། དེ་ཡང་མཚན་ཉིད་ཐེག་པའི་ཡང་རྩེར་གྱུར་པ་དབུ་མ་ཆེན་པོས་མ་རེག །གསང་སྔགས་ལ་གསར་རྙིང་གཉིས་ལས། རྙིང་མའི་མཐར་ཐུག་ནི་ཨ་ཏི་ཡོ་ག་ཅེས་བྱ་བ་རྫོགས་པ་ཆེན་པོ་ཡིན་ལ་དེས་ཀྱང་འདི་ལ་མ་རེག །གསར་མའི་མཐར་ཐུག་ནི་མཚན་མེད་ཀྱི་རྫོགས་རིམ་ཕྱག་རྒྱ་ཆེན་པོ་ཡིན་ལ་དེས་ཀྱང་འདི་ལ་མ་རེག་སྟེ། ཆེན་པོ་གསུམ་ནི་བློས་གཞལ་ཚིག་གི་བརྗོད་པ་ཡིན་ལ། ངེད་ཀྱི་སེམས་ཉིད་རྟོགས་པ་འདི་ནི་བློའི་ཡུལ་ལས་འདས་པའི་ཕྱིར། ཞེས་གསུངས་པ་ཡང་མི་འཐད་དེ། དབུ་མའི་ལྟ་བ་སོགས་ཀྱང་དོན་དམ་པར་སྨྲ་བསམ་བརྗོད་པའི་ཡུལ་ལས་འདས་ཤིང་། ཐ་སྙད་ཀུན་རྫོབ་ཏུ་བློའི་ཡུལ་ལས་མ་འདས་པ་ཡིན་ལ། འདི་ཡང་དེ་དང་མཚུངས་པའི་ཕྱིར་དང་། འདི་ཡང་མཚན་མེད་ཀྱི་རྫོགས་རིམ་ཕྱག་རྒྱ་ཆེན་པོ་ཡིན་པའི་ཕྱིར་རོ། །མདོར་ན། དེང་སང་། མ་བཅོས་མ་བཅོས་བློ་མ་བཅོས། །བཅོས་མའི་ཆོས་ཀྱིས་འཚང་མི་རྒྱ། །ཞེས་པ་དང་། དམ་ཆོས་ཕྱག་རྒྱ་ཆེན་པོ་འདི་ལ། །སྒོམ་ནས་སྒོམ་རྒྱུ་ཅི་ཡང་མེད་དོ། །ཐ་མལ་ཤེས་པ་རང་སོར་ཞོག་ཅིག །རང་སར་མི་སྡོད་འགྲོ་བའི་ཚེ་ན། །འགྲོ

མཁན་གང་ཡིན་འཛིན་ཏེ་ཟུངས་ཤིག །ཞེས་སོགས་ཀྱི་སྒོ་ནས་རྟོག་པ་དགག་ཙམ་ཕྱག་ཆེན་དུ་འདོད་པ་དང་། མོས་གུས་ཀྱི་སེམས་བསྒྱུར་བའི་ཏེང་ངེ་འཛིན་ལྷུར་སྣང་ལ་ཕྱག་ཆེན་དུ་འདོད་པ་དང་། ཞི་གནས་ཙུང་ཟད་ཙམ་དང་། སྣང་སྟོང་གི་རྟོག་པ་ཕྲ་མོ་ཙམ་ལ་ཕྱག་ཆེན་དུ་འདོད་པ་རྣམས་དགག་པ་ནི། གཞུང་འདིར་ཕྱག་རྒྱ་ཆེན་པོ་སྒོམ་ན་ཡང་། ཞེས་སོགས་དང་། དེང་སང་འགའ་ཞིག་བླ་མ་ཡི། །མོས་གུས་ཙམ་གྱིས་སེམས་བསྒྱུར་ནས། །ཞེས་སོགས་དང་། ལ་ལ་ཞི་གནས་ཙུང་ཟད་དང་། །སྣང་སྟོང་རྟོག་པ་ཕྲ་མོ་ལ། །མཐོང་ལམ་ཡིན་ཞེས་ངོ་སྤྲོད་བྱེད། །ཅེས་སོགས་རིམ་བཞིན་གསུངས་པ་ཡིན་ཏེ། གཉིས་པ་རང་ལུགས་ནི། ཕ་རོལ་ཏུ་ཕྱིན་པ་དང་། རྒྱུད་སྡེ་འོག་མ་གསུམ་གྱི་ལུགས་ལ་ལྟ་བ་ཕྱག་རྒྱ་ཆེན་པོ་མཚན་ཉིད་པ་མེད་དེ། ཕ་རོལ་ཏུ་ཕྱིན་པའི་ལུགས་ལ་ལྟ་བ་བཀར་རྟགས་ཀྱི་ཕྱག་རྒྱ་བཞིའི་རྒྱས་འདེབས་དང་། རྒྱུད་སྡེ་འོག་མ་གསུམ་གྱི་ལུགས་ལ་ཟབ་གསལ་གཉིས་མེད་ཀྱི་རྒྱས་འདེབས་གསུངས་ཀྱང་། ཕྱག་རྒྱ་ཆེན་པོའི་ཐ་སྙད་མ་གསུངས་པའི་ཕྱིར་དང་། དེ་དག་གི་ལུགས་ལ་མཆོག་གི་དངོས་གྲུབ་བཤད་ཀྱང་། ཕྱག་རྒྱ་ཆེན་པོ་མཆོག་གི་དངོས་གྲུབ་མ་བཤད་པའི་ཕྱིར། དེ་དག་གི་ལུགས་ལ་རྟོགས་བྱ་སྟོང་པ་ཉིད་ཟབ་མོ་བཤད་ཀྱང་། རྟོགས་བྱེད་ཟབ་ལམ་གྱི་མཐར་ཐུག་མ་བཤད་པའི་ཕྱིར། དཔེར་ན་ཉན་ཐོས་ཀྱི་ལུགས་ལ་སྦྱིན་པ་དང་ཚུལ་ཁྲིམས་སོགས་བཤད་ཀྱང་། གྲོགས་ཐབས་ཤེས་ཁྱད་པར་ཅན་མ་བཤད་པས། ཕ་རོལ་ཏུ་ཕྱིན་པ་ལ་སོགས་པ་མི་འཐད་པ་བཞིན་ནོ། །འོན་ཀྱང་དེ་དག་གིས་ལྷའི་སྒོམ་ལ་ཕྱག་རྒྱ་ཆེན་པོར་མིང་བཏགས་པ་སོགས་ཡོད་ཀྱང་། ཕྱག་རྒྱ་ཆེན་པོ་མཚན་ཉིད་པར་མི་འགྲོ་སྟེ། དཔེར་ན། མི་བླུན་པོ་ལ་དུད་འགྲོ་འདོགས་པ་བཞིན་ནོ། །ཇི་སྐད་དུ་ཚུལ་གསུམ་སྒྲོན་མེར། དོན་གཅིག་ན་ཡང་མ་རྨོངས་དང་། །ཐབས་མང་དཀའ་བ་མེད་པ་དང་། །དབང་པོ་རྣོན་པའི་དབང་བྱས་ནས། །སྔགས་ཀྱི་ཐེག་པ་ཁྱད་པར་འཕགས། །ཞེས་གསུངས་སོ། །དེས་ན་ཕྱག་རྒྱ་ཆེན་པོ་འདི་རྣལ་འབྱོར་ཆེན་པོའི་ཁྱད་ཆོས་ཡིན་ཏེ། ཉན་ཐོས་ལུགས་ལ་མ་བཤད་པས་གསང་བ་དང་། ཐེག་ཆེན་ཕ་རོལ་ཏུ་ཕྱིན་པ་ལ་ཡང་མ་བཤད་པས་ཆེས་གསང་བ་དང་། རྒྱུད་སྡེ་འོག་མ་གསུམ་ལ་ཡང་མ་བཤད་པས་ཤིན་ཏུ་གསང་བ་ཡིན་པའི་ཕྱིར། ཇི་སྐད་དུ་རྩ་བའི་རྒྱུད་ལས། རྗེ་བཙུན་གསང་བ་ལས་ཀྱང་ཆེས་ཤིན་ཏུ་གསང་བ་དང་། ཞེས་གསུངས་སོ། །གྲུབ་མཐའི་འདོད་ཚུལ་བཤད་ཟིན་ཏོ། །

གཉིས་པ་ངོ་བོ་ལ་ཡང་གཉིས་ལས། དང་པོ་ནི། ཁ་ཅིག །བསྐྱེད་རིམ་ཡིན་ན་ཕྱག་ཆེན་ཡིན་པས་ཁྱབ་ཅེས་ཟེར་བ་མི་འཐད་དེ། མཚན་བཅས་ཀྱི་བསྐྱེད་རིམ་ཆོས་ཅན། དེར་ཐལ། དེའི་ཕྱིར། འདོད་ན། རྟོག་མེད་ཀྱི་ཡེ་ཤེས་ཡིན་པར་ཐལ། ཕྱག་ཆེན་གྱི་ཡེ་ཤེས་ཡིན་པའི་ཕྱིར། འདོད་མི་ནུས་ཏེ། རྟོག་པ་ཡིན་པའི་ཕྱིར་ཏེ།

ཆོས་ཅན་ཡིན་པའི་ཕྱིར། ཡང་ཁ་ཅིག །བསྐྱེད་རིམ་ཡིན་ན་ཕྱག་ཆེན་མིན་པས་ཁྱབ་ཅེར་ཟེར་བ་མི་འཐད་དེ། ས་བཅུ་པའི་བྱང་ཆུབ་སེམས་དཔའི་སྒོམ་པའི་བསྐྱེད་རིམ་ཆོས་ཅན། དེར་ཐལ། དེའི་ཕྱིར། འདོད་མི་ནུས་ཏེ། མཆོན་བྱ་དོན་གྱི་ཕྱག་ཆེན་ཡིན་པའི་ཕྱིར་ཏེ། ས་བཅུ་པའི་བྱང་ཆུབ་སེམས་དཔའི་རྒྱུད་ཀྱི་ཕྱག་ཆེན་ཡིན་པའི་ཕྱིར་ཏེ། དེའི་རྒྱུད་ཀྱི་ཐུགས་སྡོམ་ཡིན་པའི་ཕྱིར་ཏེ། དེའི་རྒྱུད་ཀྱི་བསྐྱེད་རིམ་གྱི་སྡོམ་པ་ཡིན་པའི་ཕྱིར་རོ། །ཡང་ཁ་ཅིག །རྫོགས་རིམ་ཡིན་ན་ཕྱག་ཆེན་ཡིན་པས་ཁྱབ་ཅེས་ཟེར་བ་མི་འཐད་དེ། མཚན་བཅས་ཀྱི་རྫོགས་རིམ་ཆོས་ཅན། དེར་ཐལ། དེའི་ཕྱིར། རྟགས་གྲུབ། དེ་ཡོད་པའི་ཕྱིར་ཏེ། དབང་བཞིའི་ངོ་སྤྲོད་དུ། ཆོས་ཉིད་འཛིན་པས་དཀྲིས་པ་ལ། །མི་རྟོག་པ་ཡང་འཁྲུལ་སྣང་ཡིན། །དེ་ཡི་མི་རྟོག་སྒོམ་ན་ཡང་། །རྣམ་རྟོག་མཚན་མའི་འཁྲུལ་འཁོར་ཡིན། །ཞེས་གསུངས་པའི་ཕྱིར་རོ། །འདོད་མི་ནུས་ཏེ། རྟོག་པ་ཡིན་པའི་ཕྱིར་ཏེ། ཆོས་ཅན་ཡིན་པའི་ཕྱིར་རོ། །ཁ་ཅིག །རྟོག་མེད་ཀྱི་རྫོགས་རིམ་ཡིན་ན་ཕྱག་ཆེན་ཡིན་པས་ཁྱབ་ཅེས་ཟེར་བ་མི་འཐད་དེ། མཉག་མར། ཚིག་ཙམ་གྱི་ཐོབ་ན་ཐ་མའོ་ཞེས་པའི་དངོས་བསྟན་གྱིས་རྫོགས་རིམ་ཆོས་ཅན། དེར་ཐལ། དེའི་ཕྱིར། རྟགས་ཆོས་ཅན་གྱིས་གྲུབ། འདོད་མི་ནུས་ཏེ། ཡེ་ཤེས་མ་སྐྱེས་པའི་སྤྱོང་སེམས་ཙམ་དུ་གྱུར་པའི་སྡོམ་པ་ཡིན་པའི་ཕྱིར། ཟབ་དོན་བདུད་རྩིའི་ཉིང་ཁུར། ཡེ་ཤེས་སྐྱེས་ཚེ་དེ་དག་སྡོམ་པ་ཡི། །མིང་གི་རྣམ་གྲངས་ཡིན་ཀྱང་མ་སྐྱེས་ན། །སྤྱོང་སེམས་ཙམ་ལ་དེ་དག་མི་འཇུག་པས། །ཁྱབ་བམ་ཉིད་དུ་འཁྲུལ་པར་མི་བྱའོ། །ཞེས་པའི་དངོས་བསྟན་གྱི་སྤྱོང་སེམས་ཙམ་ཡིན་ཏེ། ཆོས་ཅན་ཡིན་པའི་ཕྱིར། དེང་སང་མཁས་པ་འགའ་ཞིག་ཕྱག་ཆེན་གྱི་ཡེ་ཤེས་ཡིན་ན། ཆོས་ཉིད་མངོན་སུམ་དུ་མཐོང་བས་ཁྱབ་ཅེས་ཟེར་བ་མི་འཐད་དེ། མཆོན་བྱེད་དཔེའི་ཡེ་ཤེས་ཆོས་ཅན། དེར་ཐལ། དེའི་ཕྱིར། རྟགས་ཆོས་ཅན་གྱིས་གྲུབ། འདོད་ན། བདེན་པ་མངོན་སུམ་དུ་མཐོང་བར་ཐལ། འདོད་པའི་ཕྱིར། འདོད་ན། མཐོང་ལམ་དུ་ཐལ། དང་པོར་བདེན་པ་མངོན་སུམ་དུ་མཐོང་བའི་ཡེ་ཤེས་ཡིན་པའི་ཕྱིར། འདོད་ན། གྲུབ་པའི་ས་ཡིན་པར་ཐལ། ཐེག་པ་ཆེན་པོའི་མཐོང་ལམ་ཡིན་པའི་ཕྱིར། འདོད་མི་ནུས་ཏེ། སོ་སྐྱེའི་ལམ་ཡིན་པའི་ཕྱིར། དེ་རྣམས་ལ་ཁྱབ་པ་ཡོད་དེ། ལྗོན་ཤིང་ལས། དེ་ཁོ་ན་ཉིད་མཐོང་ལམ་དངོས་ཡིན་ན་སྐྱོན་ཡོད་དེ། བདེན་པ་མཐོང་བར་འགྱུར་བ་དང་། འདོད་ན་གྲུབ་པར་འགྱུར་བ་དང་། དེ་འདོད་ན་མངོན་སུམ་གྱིས་བསལ་བ་དང་། བདེན་པ་མཐོང་ཡང་མི་འགྲུབ་ན་སྣང་གྲགས་ཀྱི་ཆོས་སེམས་ལས་མེད་ལ། སེམས་རྟོགས་ནས་མི་འགྲུབ་ན་གྲུབ་པའི་ཡོན་ཏན་སྐྱེ་བ་མེད་པར་འགྱུར་བ་དང་། ཞེས་སོགས་གསུངས་སོ། །ཡང་དེ་ཆོས་ཅན། འཕགས་ལམ་དུ་ཐལ། མཐོང་ལམ་ཡིན་པའི་ཕྱིར། ཁྱབ། དེས་ན་དེད་ཀྱི་མཐོང་ལམ་ནི། །འཕགས་པ་མིན་ལ་འབྱུང་མི་སྲིད། །ཅེས་གསུངས་པའི་ཕྱིར། བྱས་པ་ལ་ཁོ་ན་རེ། དེ་

ཆོས་ཅན། ཆོས་ཉིད་མངོན་སུམ་དུ་མཐོང་བར་ཐལ། དེ་མཐོང་བ་གང་ཞིག །དེ་དོན་སྤྱིའི་ཚུལ་གྱིས་མ་མཐོང་བའི་ཕྱིར། དང་པོ་གྲུབ་སྟེ། ཆོས་ཅན་ཡིན་པའི་ཕྱིར། ཞེས་ཟེར་བ་མི་འཐད་དེ། མཚོན་བྱེད་དཔེའི་ཡེ་ཤེས་རྒྱུད་ལ་ལྡན་པའི་གང་ཟག་གི་རྒྱུད་ཀྱི་གཞན་སེམས་ཤེས་པའི་མངོན་ཤེས་ཆོས་ཅན། གཞན་སེམས་མངོན་སུམ་དུ་ཤེས་པར་ཐལ། དེ་ཤེས་པ་གང་ཞིག །དེ་དོན་སྤྱིའི་ཚུལ་གྱིས་མ་ཤེས་པའི་ཕྱིར། དང་པོ་གྲུབ་སྟེ། ཆོས་ཅན་ཡིན་པའི་ཕྱིར། ཁྱབ་པ་རིམ་པར་ཁས། དེས་ན་ནམ་མཁའི་ཟླ་བ་ལྟར་འདོད་པ་ལ་ཆུ་ནང་གི་ཟླ་བའི་(མ་དཔེ་ལས་ཆད།)མངོན་སུམ་དུ་མ་མཐོང་ཡང་དཔེའི་ཚུལ་གྱིས་མཐོང་ཞེས་ཁས་བླང་བར་བྱའོ། །གཉིས་པ་རང་ལུགས་ནི། རྟོགས་བྱ་ཆོས་ཉིད་གཉུག་མ་ཞེས་བྱ་བ་རྣམ་པ་ཀུན་གྱི་མཆོག་དང་ལྡན་པའི་སྟོང་པ་ཉིད་དེ། རྟོགས་ཚུལ་སྨྲ་བསམ་བརྗོད་མེད་ཀྱི་ཉམས་ཅན་ནམ། སྤྲ་ཕབ་པའི་རྣམ་པ་ཅན་གྱི་སྒོ་ནས་བརྟགས་པའི་(མ་དཔེ་ལས་ཆད།)པས། ཕྱག་རྒྱ་ཆེན་པོ་མི་འགྱུར་བདེ། །གཟུང་དང་འཛིན་པ་དབྱིངས་དག་དང་། །རྟོག་དང་བརྗོད་པ་རྣམ་པར་སྤངས། །དྲི་ཟའི་གྲོང་ཁྱེར་ལྟ་བུ་དང་། །ཕྲ་ཕབ་པའི་རང་བཞིན་ཅན། །རྣལ་འབྱོར་ཐབས་དང་ཤེས་རབ་དག །ཨེ་ཡི་ཡི་གེ་དེ་ལ་འདུད། །ཕྲ་རབ་རྡུལ་གྱི་ཆོས་ཉིད་འདས། །སྤྲ་ཕབ་པའི་རྣམ་པ་ཅན། །(མ་དཔེ་ལས་ཆད།)ཕྱག་རྒྱ་ཆེན་པོ་དེ་ལ་འདུད། །ཞེས་གསུང་ཞིང་། རྗེ་བཙུན་ཆེན་པོས། འགའ་ཞིག་ཕྱག་རྒྱ་ཆེན་པོ་ཐོབ་བབས་ཅེས། །ཐོག་མར་སྟོན་བྱེད་སྨྱོངས་པ་འགའ་སླ་མེད། །དེ་ནི་དེ་མིན་ལྟ་བའི་བསམ་གཏན་ཏེ། །སྒོམ་པའི་ཤུགས་བྱུང་ཕྱག་རྒྱ་ཆེན་པོ་ཡིན། །ཞེས་གསུངས་སོ། །གསུམ་པ་སྒྲ་དོན་ལ་ཡང་དགག་གཞག་(མ་དཔེ་ལས་ཆད།)ངེས་པ་དག །ཕྱག་ནི་སྟོང་པའི་ཡེ་ཤེས་ཏེ། །རྒྱ་ནི་འཁོར་བའི་འདུད་པ་གྲོལ། །ཞེས་གསང་སྙིང་དང་། ཕྱག་ཆེན་ཐིག་ལེ་ལས་འབྱུང་། ཞེས་སྒྲ་བ་འཕྲུལ་ཏེ། ལེགས་སྦྱར་གྱི་སྐད་ལ་མ་ཧཱ་མུ་ཏྲ་ཞེས་པ་ནི། བོད་སྐད་དུ། མ་ཧཱ་ཆེན་པོ། མུ་ཏྲ་རྒྱ་སྟེ། འདིར་ཕྱག་གི་སྐད་དོད་མེད་པས་(མ་དཔེ་ལས་ཆད།) སྔོན་གྱི་ལོ་ཙཱ་བ་རྣམས་ཀྱིས་ཕྱག་ཞེས་པའི་ཚིག་བོད་སྐད་ལ་བསྣན་པ་ཡིན་ཏེ། དཔེར་ན་བྷ་ག་ཝ་ཏི་ཞེས་པ་ལ། འདས་ཀྱི་སྐད་དོད་མེད་ཀྱང་། བོད་སྐད་ལ་འདས་ཞེས་པའི་ཚིག་བསྣན་པ་བཞིན་ནོ། །དེས་ན་འདིར་རྒྱུད་ལས། ཕྱག་གི་བཤད་པ་ཡོད་དོན་མེད་པས། ཕྱག་ནི་སྟོང་པའི་ཡེ་ཤེས་(མ་དཔེ་ལས་ཆད།)ཡིན་ནོ། །གཉིས་པ་རང་ལུགས་ནི། ཕྱག་ཆེན་ཐིག་ལེ་ལས། ཚིག་འདི་དག་གསུངས་པ་མེད་དེ། མུ་ཏྲ་ཞེས་པ་རྒྱ་དང་། རྟགས་དང་། མཚན་མ་དང་། གུག་སྐྱེད་སོགས་ལ་འཇུག་པ་ལས། སྐབས་འདིར་ནི་རྒྱ་རུ་བསྒྱུར་བ་ཡིན་ཞིང་། དེ་བཞིན་ཨ་ཤྭ་ཏྠ་ཏི་པས། རྒྱས་བཏབ་ཕྱིར་ན་རྒྱ་ཞེས་པ་སྟེ། སྲིད་གསུམ་རོ་གཅིག་(མ་དཔེ་ལས་ཆད།)ས་ཀྱི་ཆོས་ཐམས་ཅད་བདེ་སྟོང་ཟུང་འཇུག་གི་ངང་དུ་རྒྱས་བཏབ་ནས་ཉམས་སུ་ལེན་པའི་དོན་གྱི་ན། ལྟ་བ་ཕྱག་རྒྱ་ཆེན་པོ་ཞེས་བྱ་བ་ཡིན་ནོ། །དེ་ཡང་མ

དག་པ་ཕུང་ཁམས་སྐྱེ་མཆེད་ལ། འབྲས་བུ་ཡེ་ཤེས་ལྔ་དང་། སངས་རྒྱས་ལྔའི་རྒྱས་བཏབ་པ་རྒྱུ་ལ་འབྲས་བུའི་རྒྱས་བཏབ་པ་དང་། འབྲས་བུ་ཡེ་ཤེས་དང་སངས་རྒྱས་ལ་ཡོད (མ་དཔེ་ལས་ཆད།) པ་ལས་བྱུང་ངོ་། །ཞེས་པ་ལ་རྒྱུའི་རྒྱས་བཏབ་པར་བྱ་བ་ཡིན་ཏེ། ཐམས་ཅད་གསང་བ་ལས། རྒྱུ་ལ་འབྲས་བུའི་རྒྱས་བཏབ་ཅིང་། །འབྲས་བུ་ལ་ཡང་རྒྱུ་རྒྱས་བཏབ། །གཞན་དུ་བསྐལ་པ་བྱེ་བར་ནི། །གྲངས་མེད་པར་ཡང་འགྲུབ་མི་འགྱུར། །ཞེས་དང་། རྗེ་བཙུན་ཆེན་པོས། རྫོགས་པ་ལུས་དང་ངག་ཡིད་(མ་དཔེ་ལས་ཆད།) རྫོགས་པར། ཕན་ཚུན་རྒྱུ་དང་འབྲས་བུའི་རྒྱས་བཏབ་ཅིང་། །རྟོགས་པ་དཔེའི་ཡེ་ཤེས་ངོ་སྤྲོད་བྱ། །ཞེས་དང་། ཉིང་ཁུར། དབང་གི་ཡེ་ཤེས་དེ་ཡི་སྣང་བ་ལ། །རྒྱས་འདེབས་ཕྱིར་ན་ཕྱག་རྒྱ་ཆེན་པོ་སྟེ། །སྣང་བ་ཐམས་ཅད་ཡེ་ཤེས་དེ་ཉིད་དུ། །འདུས་ཕྱིར་སྡོམ་པ་ཁ་སྦྱོར་ཉིད་ལས་གསུངས། །ཞེས་གསུངས་སོ། །

བཞི་པ་དབྱེ་བ་ནི། ཕྱག་རྒྱ་ཆེན་པོ་འདི་ལ་ངོ་བོའི་སྒོ་ནས་དབྱེ་བ་མེད་ཀྱང་། མིང་དང་རྣམ་པ་སོགས་ཀྱི་སྒོ་ནས་མཐའ་ཡས་པ་ཡོད་ཅིང་། དེ་ཡང་དངོས་བཏགས་མ་ཕྱེ་བའི་དབང་དུ་མཛད་ནས། བླ་མ་ས་སྐྱ་པ་ཆེན་པོས་འདི་རྣམས་བཞེད་དེ། བརྗོད་པ་ཚིག་གི་ཕྱག་རྒྱ་ཆེན་པོ། སྒོམ་པ་དམིགས་པའི་ཕྱག་རྒྱ་ཆེན་པོ། མྱོང་བ་ཉམས་མྱོང་གི་ཕྱག་རྒྱ་ཆེན་པོ། རྟོགས་པ་དཔེའི་ཕྱག་རྒྱ་ཆེན་པོ། མཐོང་བ་དོན་གྱི་ཕྱག་རྒྱ་ཆེན་པོ། གྲུབ་པ་འབྲས་བུའི་ཕྱག་རྒྱ་ཆེན་པོའོ། །དེ་ལ་དང་པོ་ནི། དམིགས་པ་དང་མཚན་མ་ལས་མ་གྲོལ་ཏེ་སྤྲོས་པ་ཐམས་ཅད་ཉེ་བར་ཞི་བའི་བཤད་པ་མཛད་པ་དེ་ཡིན་ནོ། །གཉིས་པ་ལ་གཉིས་ཏེ། རྣམ་པར་མི་རྟོག་པའི་ཏིང་ངེ་འཛིན་ལ་བློ་འཛོག་པ་དང་། ལྷ་སྣང་ལ་རང་བཞིན་མེད་པ་ལ་རྩེ་གཅིག་ཏུ་འཛོག་པའོ། །ཕྱི་མ་འདི་ལ་ལྷའི་སྐུ་ཕྱག་རྒྱ་ཆེན་པོ་སྒོམ་པ་ཞེས་གསུངས་སོ། །གསུམ་པ་ཉམས་མྱོང་གི་ཕྱག་རྒྱ་ཆེན་པོ་ནི། དེ་ལྟར་དམིགས་པའི་ཕྱག་རྒྱ་ཆེན་པོ་བསྒོམས་པས། གཉིས་མེད་ཀྱི་ཉམས་སུ་མྱོང་བ་གཞན་གྱི་མོས་པ་འཕྲོག་པར་མི་ནུས་པ་ནང་ནས་སྐྱེས་པ་དེ་ཡིན་ནོ། །འོན་ཀྱང་དེ་དག་ཕྱག་རྒྱ་ཆེན་པོ་བཏགས་པ་བ་ཡིན་གྱིས། དངོས་མིན་ཏེ། དེ་ལྟ་བུའི་སྒོམ་ནི་ཕ་རོལ་ཏུ་ཕྱིན་པའི་དབུ་མའི་སྒོམ་ལ་ཡང་སྐྱེ་བ་ཡོད་པའི་ཕྱིར། བཞི་པ་དཔེའི་ཕྱག་ཆེན་ནི། དབང་གི་དུས་སུ་སྐྱེས་པའི་ཡེ་ཤེས་སམ། སྔར་བཤད་པའི་ལྷའི་སྐུ་ཕྱག་རྒྱ་ཆེན་པོ་དང་། རྫོགས་རིམ་རང་བྱུང་གི་ཡེ་ཤེས་གཉིས་ཟུང་འབྲེལ་དུ་བསྒོམས་པ་ལས་བྱུང་བའི་དཔེའི་ཡེ་ཤེས་སོ། །ཡང་ན་དབང་བསྐུར་བའི་རྗེས་ལ་ལམ་ཟབ་མོ་བླ་མའི་རྣལ་འབྱོར་ལ་བརྟེན་ནས། བྱིན་རླབས་ཀྱི་སྟོབས་ཀྱིས་རིམ་པ་གཉིས་ཀྱི་ཡེ་ཤེས་ཇི་ལྟ་བ་བཞིན་སྐྱེས་ཏེ། མཚན་མ་དང་རྣམ་པར་རྟོག་པ་རང་གྲོལ་དུ་འགྲོ་བའི་ཡེ་ཤེས་དེ་ཡིན་ནོ། །འདིའི་མཐོང་སྤངས་ཀྱི་དྲི་མ་མ་སྤངས་པས་མཐོང་ལམ་དངོས་མ་ཡིན་ཞིང་། དེ་དང་ཆ་འདྲ་བས་དཔེའི་ཡེ་ཤེས་ཞེས་བྱ་བ་ཡིན་ནོ། །ལྔ་པ་ནི།

དཔེའི་ཡེ་ཤེས་ལ་བརྟེན་ནས་ཕྱི་ལྟར་ན་མཐོང་སྣང་གི་སྒྲིབ་པ་སྤངས་པ། ནང་ལྟར་ན་རྩ་དབུ་མའི་མདུད་པ་གྲོལ་ཏེ་ཆོས་ཉིད་མངོན་སུམ་དུ་མཐོང་བ་ཡན་ཆད་ཡིན་ནོ། །དྲུག་པ་ནི། ཕྱག་རྒྱ་ཆེན་པོ་མཆོག་གི་དངོས་གྲུབ་ཅེས་བྱ་བ། སྐུ་བཞི་ཡེ་ཤེས་ལྔ་དང་ལྡན་པ་དྲུག་པ་རྡོ་རྗེ་འཆང་ཆེན་པོར་མངོན་པར་རྫོགས་པར་སངས་རྒྱས་པ་དེ་ཡིན་ནོ། །ཕྱག་རྒྱ་ཆེན་པོའི་རབ་ཏུ་དབྱེ་བ་ཆོས་རྗེ་ས་སྐྱ་པ་ཆེན་པོའི་དགོངས་པ་བཞིན་བྲིས་པ་ཡིན་ནོ། །གཞན་ཡང་། ངོ་བོའི་སྒོ་ནས་བསྐྱེད་རིམ་དང་རྫོགས་རིམ་གྱི་ཕྱག་ཆེན་གཉིས། རྟེན་གྱི་སྒོ་ནས་དཔེ་དོན་གྱི་ཕྱག་ཆེན་གཉིས་ལ་སོགས་པ་ཡོད་དེ། ཀུན་མཁྱེན་དོལ་པོ་པས། མིང་ནི་དུ་མ་དོན་ནི་རོ་གཅིག་སྟེ། །ངོ་བོའི་སྒོ་ནས་དབྱེ་བ་ཅུང་ཟད་མེད། །མིང་དང་རྣམ་པའི་དབྱེ་བ་བསམ་ལས་འདས། །ཞེས་གསུངས་པ་དང་། སཾ་པུ་ཊི་ར། ནང་གི་དབྱེ་བ་འདི་ཉིད་ནི། །བླ་མའི་ཞལ་ལས་རྟོགས་པར་འགྱུར། །ཞེས་གསུངས་སོ། །ལྔ་པ་གྲངས་ངེས་ནི། ཕྱག་རྒྱ་ཆེན་པོ་དེ་ལ་དཔེའི་ཡེ་ཤེས་དང་། དོན་གྱི་ཡེ་ཤེས་གཉིས་སུ་གྲངས་ངེས་ཏེ། དེ་ལ་སོ་སོ་སྐྱེ་བོའི་ཕྱག་ཆེན་གྱི་ཡེ་ཤེས་དང་། འཕགས་པའི་ཕྱག་ཆེན་གྱི་ཡེ་ཤེས་གཉིས་སུ་གྲངས་ངེས་པའི་ཕྱིར་རོ། །ཇི་སྐད་དུ་ཉིད་ཁྱུར། དབང་དང་ལམ་ལས་བྱུང་བའི་ཡེ་ཤེས་བཞི། །སོ་སྐྱེའི་དུས་སུ་དཔེའི་ཡེ་ཤེས་དང་། །མཐོང་བའི་ལམ་ནས་རྡོ་རྗེ་འཛིན་པའི་བར། །དོན་གྱི་ཡེ་ཤེས་ཡིན་ཏེ་ཕྱག་ཆེན་བཞིན། །ཞེས་གསུངས་སོ། །འདི་ནི་རིགས་ཀྱི་གྲངས་ངེས་ཡིན་པས་ཕྱག་ཆེན་གྱི་ཡེ་ཤེས་ཡིན་ན་དེ་གཉིས་གང་རུང་ཡིན་པས་ཁྱབ་ཅེས་པའི་དོན་ནོ། །འོན་ཀྱང་བྱིས་པ་རྣམས་ཀྱི་རྫས་སྤྱི་ཉིས་མགོ་སོགས་སྐྱོན་ཅན་ལ་མིག་ཧུར་ཧུར་མ་བྱེད་ཅིག །དྲུག་པ་མིང་གི་རྣམ་གྲངས་ནི། ཕྱག་རྒྱ་ཆེན་པོའི་ཡེ་ཤེས། སྣང་སྟོང་ཟུང་འཇུག་གི་ཡེ་ཤེས། རིག་སྟོང་ཟུང་འཇུག་གི་ཡེ་ཤེས། བདེ་སྟོང་ཟུང་འཇུག་གི་ཡེ་ཤེས། སོ་སོར་རྟོག་པའི་ཡེ་ཤེས། རྣམ་པར་མི་རྟོག་པའི་ཡེ་ཤེས་ཞེས་བྱ་བ་ལ་སོགས་པ་མཚན་གྱི་རྣམ་གྲངས་དུ་མ་དང་ལྡན་ཏེ། སཾ་པུ་ཊི་ར། འདི་ནི་གཉིས་སུ་མེད་པར་བརྗོད། །འདི་ནི་བྱང་ཆུབ་སེམས་མཆོག་ཉིད། །རྡོ་རྗེ་རྡོ་རྗེ་སེམས་དཔའི་དཔལ། །རྫོགས་པའི་སངས་རྒྱས་བྱང་ཆུབ་ཉིད། །འདི་ནི་ཤེས་རབ་ཕ་རོལ་ཕྱིན། །ཕ་རོལ་ཕྱིན་པ་ཀུན་གྱི་དངོས། །མཉམ་ཉིད་བསམ་བྱ་ཉིད་དུ་གསུངས། །སངས་རྒྱས་ཀུན་མཆོག་སྒོམ་པ་ཉིད། །ཅེས་གསུངས་སོ། །དེ་ཡང་ཕྱག་རྒྱ་ཆེན་པོའི་ཡེ་ཤེས་ཉིད་མཚན་གྱི་རྣམ་གྲངས་འདི་རྣམས་དང་ལྡན་པས། མིང་གི་རྣམ་གྲངས་གསུངས་པ་ཡིན་གྱི། ཁྱབ་བམ་དུ་འཁྲུལ་པར་མི་བྱའོ། །

བདུན་པ་སྐྱེ་བའི་ཚུལ་ལ་དགག་གཞག་གཉིས་ལས། དང་པོ་ནི། ཁ་ཅིག །ཕྱག་རྒྱ་ཆེན་པོ་སྐྱེ་བ་ལ་དབང་བསྐུར་མི་དགོས་ཏེ། ཕྱག་རྒྱ་ཆེན་པོ་ལ་མོས་པ་དང་ལྡན་པའི་གང་ཟག་ལ་དེ་སྐྱེ་བའི་ཕྱིར་ཏེ། དེས་སྐྱེ་བ་སྔ་མར་དབང་དང་བསྐྱེད་རིམ་སོགས་ཐོབ་པའི་ཕྱིར། ཞེས་ཟེར་བ་མི་འཐད་དེ། འོ་ན་སོ་སོ་ཐར་པའི་སྡོམ་པ

དང་སེམས་བསྐྱེད་སོགས་ཀྱང་། ད་ལྟ་ཆོག་ལས་བླང་མི་དགོས་པར་ཐལ། དེ་དག་ལ་མོས་པ་ཙམ་གྱིས་ཐོབ་པའི་ཕྱིར། ཞེས་པ་ནི། འོ་ན་སོ་སོ་ཐར་པ་ཡི། །སྡོམ་པ་དག་ལ་མོས་པ་ཡང་། །སྔ་མའི་སྡོམ་པ་ཡོད་པའི་ཕྱིར། །ད་ལྟ་རབ་ཏུ་བྱུང་ཅི་དགོས། །ཞེས་སོགས་ཀྱིས་བསྟན་ནོ། །ཡང་ཁ་ཅིག །དེ་ལ་དབང་བསྐུར་ཐོབ་མི་དགོས་ཏེ། ཆོས་ཉིད་སྨི་ལམ་ཙམ་སྒྱུ་མ་ཙམ་དུ་བསྒོམས་པ་ཙམ་གྱིས་ཐོབ་པའི་ཕྱིར། ཞེས་ཟེར་བ་མི་འཐད་དེ། སྒོམ་དེ་ནི་ཐེག་ཆེན་ཕ་རོལ་ཏུ་ཕྱིན་པ་ལ་ཡང་ཡོད་པའི་ཕྱིར་ཏེ། ཤེར་ཕྱིན་གྱི་མདོ་ལས། མྱ་ངན་ལས་འདས་པ་ནི་རྨི་ལམ་ལྟ་བུ་སྒྱུ་མ་ལྟ་བུ་ཞེས་སོགས་གསུངས་པ་དང་། སློབ་དཔོན་ཨཙྪ་དེ་ཝས། ཆོས་ཀུན་རྨི་ལམ་སྒྱུ་འདྲ་ཞེས། །སངས་རྒྱས་པ་ཀུན་སྨྲ་མོད་ཀྱིས། །རང་བྱིན་རླབས་ལས་ཕྱིར་ཕྱོགས་པའི། །རྨི་ལམ་སྒྱུ་འདྲ་རྟོག་པ་མེད། །ཅེས་གསུངས་པའི་ཕྱིར་རོ། །ཁ་ཅིག །དེ་ལ་དབང་བསྐུར་བ་ཐོབ་མི་དགོས་ཏེ། ཐ་མལ་པ་འཆི་བའི་ཚེ་རྒྱ་མདུད་རྣམས་གྲོལ་ནས་བདེ་སྟོང་དཔེའི་ཡེ་ཤེས་སྐྱེ་བ་ཡོད་པའི་ཕྱིར་ཏེ། ཀྱེ་རྡོ་རྗེ་ལས། བདེ་བ་གང་གི་འཆི་བ་འདིར། །དེའི་བདེ་བ་བསམ་གཏན་བརྗོད། །ཅེས་དང་། དེའི་འགྲེལ་པ་དག་ལྡན་ལས། བདེ་བ་གང་གི་འཆི་བ་ཞེས་བྱ་བ་འདི་ནི། ཐ་མལ་པ་རྣམས་འཆི་བའི་ཚེ། རྒྱ་མདུད་རྣམ་གྲོལ་ནས་བདེ་སྟོང་དཔེའི་ཡེ་ཤེས་སྐྱེ་བར་འགྱུར་ལ་དེ་ངོ་ཤེས་ན་གྲོལ་བ་ལས། མ་ཤེས་ན་འཁོར་བར་འཁྱམས་པར་འགྱུར་རོ། །ཞེས་གསུངས་པའི་ཕྱིར། ཞེས་ཟེར་བ་མི་འཐད་དེ། ཐ་མལ་པ་རྣམས་འཆི་བའི་ཚེ་དང་། རྒྱལ་བ་དང་། གཉིད་ལོག་པ་སོགས་ཀྱི་ཚེ་ཡང་ཆོས་སྐུ་མངོན་དུ་འགྱུར་བར་ཐལ། འཇམ་དཔལ་ཞལ་ལུང་ལས། ཆོས་སྐུ་རབ་དགའ་མཁའ་མཉམ་པ། །ཤི་དང་རྒྱལ་དང་གཉིད་ལོག་དང་། །སྐལ་དང་འཁྲིག་ཏུ་ཙུང་ཟད་ཙམ། །མྱོང་བར་འགྱུར་བས་རབ་བསྒོམ་ནས། །ལུས་ཅན་རྣམས་ནི་ཡིད་ནི་སྦྱོང་། །ཞེས་གསུངས་པའི་ཕྱིར། ཁྱབ་པ་ཁས། འདོད་ན། ཆོས་སྐུ་ཐོབ་པ་ལ་ལམ་ཉམས་སུ་ལེན་མི་དགོས་པར་ཐལ་ལོ། །བྱས་པ་ལ་ཁོ་ན་རེ། ཐ་མལ་པ་འཆི་བའི་ཚེ་རྣམ་པར་ཤེས་པ་འོད་གསལ་ལ་ཐིམ་པའི་གནས་སྐབས་ཀྱིས་འོད་གསལ་དེ་ཕྱག་ཆེན་གྱི་ཡེ་ཤེས་ཡིན་པར་ཐལ། དབང་གསུམ་པའི་ཐབས་ལ་བརྟེན་ནས་བདེ་སྟོང་གི་ཡེ་ཤེས་རྒྱུད་ལ་སྐྱེས་པའི་གནས་སྐབས་ཀྱི་འོད་གསལ་དེ་ཕྱག་ཆེན་གྱི་ཡེ་ཤེས་ཡིན་པའི་ཕྱིར། ཞེ་ན། འོ་ན་སྔ་མ་དེ་སྔགས་ཀྱི་སྡོམ་པ་ཡིན་པར་ཐལ། ཕྱི་མ་དེ་སྔགས་ཀྱི་སྡོམ་པ་ཡིན་པའི་ཕྱིར། ཡང་སྔ་མ་དབང་གི་ཡེ་ཤེས་ཡིན་པར་ཐལ། ཕྱི་མ་དེ་དེ་ཡིན་པའི་ཕྱིར། དེས་ན་གཟུང་འཛིན་གྱི་རྣམ་པར་རྟོག་པས་བསྡུས་པའི་རྣམ་པར་ཤེས་པ་རྣམས་འགགས་ནས་སེམས་རྟོག་མེད་ཀྱི་ངོ་བོར་གསལ་སྟོང་ཟུང་འཇུག་ཏུ་གནས་པ་དེ་ཉིད་དཔེའི་ཡེ་ཤེས་དང་། བརྗོད་བྲལ་ལས། རིག་སྟོང་ཟུང་འཇུག་ཏུ་མཚུངས་པ་ཙམ་ལ་མིང་དུ་བཏགས་པ་ཡིན་པས་མིང་ལ་དོན་དུ་འཁྲུལ་པར་མི་བྱའོ། །དེ་ཡང་སྔར་མན་ངག་དང་མི་ལྡན་པའི་

དབང་དུ་བྱས་པ་ཡིན་ལ། དབང་བསྐུར་བ་ཐོབ་ཅིང་མན་ངག་དང་ལྡན་པ་རྣམས་ལ་ནི། དེར་དཔེའི་ཡེ་ཤེས་སྐྱེ་བའང་ཡོད། དོན་གྱི་ཡེ་ཤེས་སྐྱེ་བའང་ཡོད། ཆོས་སྐུ་ཐོབ་ཡང་ངེས་པར་ཡོད་དོ། །འདིའི་སྐབས་སུ་པཎ་ཆེན་པ་ན་རེ། འཆི་བ་འོད་གསལ་ཞེས་བྱ་བ་དེ། ཚེ་འདིའི་རྟེན་ལ་ཡོད་པ་མིན་ཏེ། འོད་གསལ་མངོན་དུ་གྱུར་པ་དང་། འདི་འཆི་སྲིད་འགགས་ཟིན་པ་དུས་མཉམ་པའི་ཕྱིར། ཞེས་དང་། ཡང་རྗེ་སྲིད་ཚེ་འདིའི་རྣམ་སྨིན་གྱི་བསྡུས་པའི་ཀུན་གཞིའི་རྣམ་པར་ཤེས་པ་འོད་གསལ་དུ་མ་ཐིམ་པ་དེ་སྲིད་དུ་ནི། འཆི་བ་འོད་གསལ་མངོན་དུ་མི་འགྱུར་ལ། དེ་དེར་ཐིམ་པའི་ཚེ་ན་ནི་ཤི་བར་ཐ་སྙད་འདོགས་པའི་ཕྱིར་ཞེས་དང་། ཡང་ཚུལ་དེ་ལ་ནི། སྔོན་གྱི་མན་ངག་པ་རྣམས་ཀྱིས་འོད་གསལ་མ་བུ་འཕྲོད་པ་ཞེས་བྱ་བའི་བརྡ་སྦྱར་བ་ཡིན་ལ། དེ་འདྲ་དེ་སྐྱེ་བ་ཕྱི་མར་རྫོགས་པ་མིན་ཏེ། ཕྱི་མའི་སྲིད་པ་གང་ཡང་མངོན་དུ་མ་གྱུར་པའི་ཕྱིར། དེ་ལྟར་ཡང་འདི་ལ་བར་དོར་འཚང་རྒྱ་བ་ཞེས་མིང་གིས་བཏགས་པ་ཡིན་ཏེ། འདིའི་འཆི་སྲིད་འགགས་ཤིང་ཕྱི་མའི་སྐྱེ་སྲིད་མ་གྲུབ་པའི་བར་དེར་འཚང་རྒྱ་བའི་ཕྱིར་རོ། །ཞེས་དང་། དེ་དག་གིས་དོན་བསྡུས་ནས། འཆི་བ་འོད་གསལ་ཞེས་བྱ་བ་ཚེ་འདིའི་སྲིད་པས་བསྡུས་པ་མིན། དེའི་ཕྱིར་ཆོས་སྐུ་ལོངས་སྐུ་གཉིས་ལུས་རྟེན་གཅིག་ལ་མཉམ་དུ་མ་གྲུབ། ཅེས་གསུངས་སོ། །

འདི་ལ་ཅུང་ཟད་དཔྱད་པར་བྱ་སྟེ། འཆི་བ་འོད་གསལ་ལ་གནས་པའི་སེམས་ཅན་མེད་པར་ཐལ། འཆི་བ་འོད་གསལ་ལ་གནས་པའི་སེམས་ཅན་དེ་དེ་མིན་པའི་ཕྱིར་ཏེ། དེ་ཤི་ཟིན་པའི་སེམས་ཅན་ཡིན་པའི་ཕྱིར། རྟགས་ཁས། འདོད་ན། བདེ་བ་གང་གི་འཆིང་བ་འདིར། །ཞེས་གསུངས་པ་དང་འགལ་ལོ། །གཞན་ཡང་། ཐ་མལ་པ་འཆི་བ་འོད་གསལ་ལ་གནས་པའི་སྲིད་པ་དེ་ཆོས་ཅན། བར་སྲིད་ཡིན་པར་ཐལ། འཆི་སྲིད་འགགས་ནས་སྐྱེ་སྲིད་མ་ཐོབ་པའི་བར་གྱི་སྲིད་པ་ཡིན་པའི་ཕྱིར། རྟགས་ཁས། ཁྱབ་སྟེ། མཛོད་ལས། འདིར་གང་འཆི་དང་སྐྱེ་བ་ཡི། །སྲིད་པའི་བར་དུ་བྱུང་བའོ། །ཞེས་གསུངས་པའི་ཕྱིར། འདོད་ན། དེའི་ལུས་དེ་བར་དོའི་ལུས་སུ་ཐལ། འདོད་པའི་ཕྱིར། འདོད་ན། ཕྲ་ཞི་དྭངས་པའི་ལུས་སུ་ཐལ། འདོད་པའི་ཕྱིར། ཁྱབ་སྟེ། རྣམ་འགྲེལ་ལས། ལུས་ཅན་ཡིན་ཡང་ཕྲ་བའི་ཕྱིར། །འགའ་ཞིག་ལ་ལར་ཐོགས་མེད་དེ། ཆུ་བཞིན་གསེར་ལ་དངུལ་ཆུ་བཞིན། །ཞེས་གསུངས་པའི་ཕྱིར། གཞན་ཡང་། དེ་འདྲ་བའི་འོད་གསལ་ལ་གནས་པའི་གང་ཟག་གི་རྒྱུད་ལ་རྣམ་པར་ཤེས་པ་མེད་པར་ཐལ། དེ་ལ་ཚེ་འདིའི་བསྡུས་པའི་རྣམ་ཤེས་ཀྱང་མེད། བར་སྲིད་ཀྱིས་བསྡུས་པའི་རྣམ་ཤེས་ཀྱང་མེད། ཚེ་ཕྱི་མས་བསྡུས་པའི་རྣམ་ཤེས་ཀྱང་མེད་པའི་ཕྱིར། རྟགས་ཁས། འདོད་ན། སེམས་ཅན་མིན་པར་ཐལ་ལོ། །གཞན་ཡང་། དེ་འདྲ་བའི་སྲིད་པ་དེ་བར་སྲིད་མིན་པར་ཐལ། དེ་ལ་འཇིག་རྟེན་ལ་བར་

སྲིད་དུ་མ་གྲགས་པའི་ཕྱིར། གསུང་རབ་ལས་བཤད་པའི་བར་སྲིད་མིན་པའི་ཕྱིར་རོ། །དེས་ན་དེ་ཉིད་འཆི་བའི་སྲིད་པ་ཡིན་གྱི། ཤི་ཟིན་པ་མིན་ཏེ། གསུང་རབ་ལས་བཤད་པ་ལྟར་དོན་ལ་གནས་ཀྱིས། འཇིག་རྟེན་ན་གྲགས་པ་ལྟར་དོན་ལ་མི་གནས་པའི་ཕྱིར་རོ། །འོན་འོད་གསལ་དེ་ཇི་ལྟ་བུ་ཞེ་ན། འདིའི་ལན་ལ། མདོ་ལས་གསུངས་པའི་ཚུལ། དགོངས་འགྲེལ་གྱིས་བཀྲལ་བའི་ཚུལ། འགལ་མེད་ཀྱི་གནད་དོན་བཟུང་བའོ། །དང་པོ་ནི། སྟོན་པས་ཆོས་འཁོར་བསྐོར་བའི་ཐོག་མར། ཟབ་ཞི་སྤྲོས་བྲལ་འོད་གསལ་འདུས་མ་བྱས། །བདུད་རྩི་ལྟ་བུའི་ཆོས་ཞིག་ཁོ་བོས་རྙེད། །ཅེས་དང་། ཤེར་ཕྱིན་གྱི་མདོ་ལས། སེམས་ལ་སེམས་མ་འཆིས་ཏེ་སེམས་ཀྱི་རང་བཞིན་འོད་གསལ་བའོ། །ཞེས་སོགས་གསུངས་སོ། །གཉིས་པ་ནི། ཐེག་པ་ཆེན་པོའི་དབུ་མ་པ་རྣམས་ཀྱིས། གཙོ་བོ་སེམས་ཀྱི་ཆོས་ཉིད་དང་རང་བཞིན་གྱི་སྐྱེ་བ་མེད་པ་སོགས་ལ་བཞེད་དེ། མགོན་པོ་བྱམས་པས། སེམས་དེ་རང་བཞིན་འོད་གསལ་བས་ན་ཉོན་མོངས་ངོ་བོ་མེད་གཟིགས་པས། ཞེས་གསུངས་པ་དང་། བརྒྱད་སྟོང་འགྲེལ་ཆེན་ལས། གང་གི་ཕྱིར་གཅིག་དང་དུ་མའི་རང་བཞིན་དང་བྲལ་བས་སེམས་ཀྱི་རང་བཞིན་ངོ་བོ་ཉིད་དང་ནི་མ་སྐྱེས་པ་ཉིད་ནི་འོད་གསལ་བ་ཡིན་ཏེ། མེད་པར་ཀུན་ཏུ་རྟོག་པའི་མུན་པ་ཐམས་ཅད་རྣམ་པར་བསལ་བ་ཡིན་ནོ། །ཞེས་དང་། དེ་དག་གི་དོན་བསྡུས་ནས། མ་སྐྱེས་ངོ་བོ་ཉིད་ལ་ནི། །རྟག་དང་ཆད་ཉིད་ག་ལ་ཞིག །ཆོས་ཀྱི་བྱེ་བྲག་རྣམ་རྟོག་པ། །ངོ་བོ་ཉིད་ལ་རྟོག་པར་བྱེད། །ཇི་ལྟར་སུས་ཀྱང་ནམ་མཁའ་ལ། །ཡིག་སོགས་དགོད་པར་མི་ནུས་ལྟར། །དངོས་པོ་རྣམས་ནི་མ་སྐྱེས་ལ། །ཆོས་སུ་རྣམ་རྟོག་དེ་བཞིན་ནོ། །ཞེས་གསུངས་པ་དང་། མངོན་རྟོགས་ལྗོན་ཤིང་ལས། དེ་ལ་སེམས་གང་ལས་སྐྱེ་ཞེ་ན། འོད་གསལ་ལས་སོ། །དེ་ལ་འོད་གསལ་བ་ཞེས་བྱ་བ་གང་ཡིན། དེ་ལས་སེམས་ཇི་ལྟར་སྐྱེ་ཞེ་ན། དེ་ལ་འོད་གསལ་བ་ནི་མ་སྒྲིབ་པའི་ཕྱིར་འོད་གསལ་བ་སྟེ། སེམས་ཀྱི་ཆོས་ཉིད་གང་གི་ངོར་ཡང་མ་གྲུབ་པའོ། །ཞེས་གསུངས་པའི་ཕྱིར། དེ་དག་གིས་དོན་ཡང་སེམས་ཀྱི་ཆོས་ཉིད་དེ་རང་བཞིན་གྱིས་འོད་གསལ་ཞེས་བྱ་བ་སྟེ། རང་བཞིན་གྱིས་མ་སྒྲིབ་པའི་ཕྱིར། རང་བཞིན་གྱི་དྲི་མས་རྣམ་པར་དག་པའི་ཕྱིར་ཏེ། རང་བཞིན་གྱི་སྟོང་པ་ཉིད་ཡིན་པའི་ཕྱིར། ཞེས་པའོ། །ཡུལ་དོན་སེམས་ཙམ་དུ་འགྲེལ་བ་རྣམས་ནི། གཟུང་འཛིན་གཉིས་མེད་ཀྱི་ཤེས་པ་རང་རིག་རང་གསལ་འོད་གསལ་དུ་བཞེད་པ་ཡིན་ཏེ། རྣམ་འགྲེལ་ལས། དེ་ཕྱིར་གཉིས་སྟོང་གང་ཡིན་ལ། །དེ་ནི་དེའང་དེ་ཉིད་ཡིན། །ཞེས་དང་། དེ་ནི་རང་བཞིན་འོད་གསལ་ཡིན། །ཞེས་གསུངས་པ་དང་། རིགས་གཏེར་དུ། ཤེས་པའི་སྒོ་ནས་རང་རིག་གཅིག །ཅེས་དང་། ཚད་མའི་ཤེས་པ་གཉིས་པོ་འང་། །རང་རིག་ཚད་མ་ཁོ་ནར་འདུས། །ཡིད་ཀྱི་མངོན་སུམ་དུ་མ་ཡང་། །དབང་ཤེས་བཞིན་དུ་རང་རིག་གཅིག །ཅེས་དང་། རང་རིག་བེམ་པོ་ལོག་ཙམ་ཡིན། །ཞེས

སོགས་གསུངས་པའི་ཕྱིར། དེ་དག་གི་དོན་ཡང་རང་རིག་རང་གསལ་དེ་ལ་རང་བཞིན་གྱི་འོད་གསལ་ཞེས་བརྗོད་དེ། རང་བཞིན་གྱི་གཟུང་འཛིན་ཐ་དད་དུ་སྣང་བའི་དྲི་མ་དང་བྲལ་བའི་ཕྱིར། ཞེས་པའི་དོན་ཡིན་ཏེ། མདོ་སྡེ་རྒྱན་ནས། ཇི་ལྟར་ཆུ་སློགས་པ་ལས་དྭངས་པ་ན། །དང་བ་དེ་ཉིད་དེ་ལས་སྐྱེས་མིན་ཏེ། །དེ་ནི་དེ་ལ་དྲི་མ་བྲལ་བར་ཟད། །ཞེས་སོགས་གསུངས་སོ། །

གསུམ་པ་འགལ་མེད་ཀྱི་གནད་དོན་བཟུང་བ་ནི། ལུགས་གཉིས་པོ་དེ་འགལ་བ་མིན་ཏེ། སེམས་ཀྱི་ཆོས་ཉིད་སྟོང་པ་དང་། ཤེས་པ་རང་རིག་རང་གསལ་གཉིས་པོ་དེ་དབྱེར་མེད་ཟུང་འཇུག་ཡིན་པའི་ཕྱིར་རོ། །འོ་ན་ལུགས་གཉིས་མི་འདྲ་བ་འབྱུང་བའི་རྒྱུ་མཚན་ཅི་ཡིན་ཞེ་ན། དེའི་རྒྱུ་མཚན་ཡོད་དེ། སེམས་ཙམ་པས་སེམས་རང་བཞིན་གྱིས་སྟོང་པར་མི་འདོད་པའི་ཕྱིར་ཏེ། རང་བཞིན་གྱིས་གྲུབ་པར་འདོད་པའི་ཕྱིར། དབུ་མ་པས་ནི་སེམས་རང་བཞིན་གྱིས་གྲུབ་ན་དེ་ལ་བྱ་བྱེད་མི་རུང་བས། རང་བཞིན་གྱིས་མ་གྲུབ་པའི་སྟོང་པ་ཉིད་ལ་འཁོར་འདས་ཀྱི་བྱ་བྱེད་ཐམས་ཅད་རུང་བར་ཤེས་པའི་ཆེད་ཡིན་ཏེ། མགོན་པོ་ཀླུ་སྒྲུབ་ཀྱི། གང་ལ་སྟོང་པ་ཉིད་རུང་བ། །དེ་ལ་ཐམས་ཅད་རུང་བ་ཡིན། །ཞེས་སོགས་གསུངས་པའི་ཕྱིར་རོ། །འོ་ན་རང་བཞིན་གྱིས་འོད་གསལ་དེ་ཤེས་པ་ཡིན་ནམ་མིན་ཞེ་ན་འདི་ལ་འདོད་ལུགས་མི་འདྲ་བ་གཉིས་སུ་ཡོད་ཀྱང་། རང་ལུགས་ནི། ལྡོག་པའི་སྒོ་ནས་སྟོང་པ་ཉིད་དང་། གསལ་རིག་གཉིས་སུ་ཕྱེ་བའི་ཡིན་གྱི། གཉིས་ཀ་ཡིན་པ་དོན་ལ་གནས་ཏེ། སྒྲུབ་བྱེད་ནི་བདེ་གཤེགས་སྙིང་པོའི་སྐབས་སུ་ཚུད་ཟད་བཤད་ཟིན་ཏོ། །

གཉིས་པ་རང་ལུགས་ནི། གང་ཟག་བསྐལ་བཟང་འགའ་ཞིག་ལ། དབང་གི་ཡེ་ཤེས་དབབ་པའི་དུས་ན་ཕྱག་ཆེན་གྱི་ཡེ་ཤེས་མཚན་ཉིད་པ་སྐྱེ་བ་ཡོད་ཅིང་། དེ་ལས་གཞན་པ་རྣམས་ལ་རིམ་གཉིས་ཀྱི་ཐབས་ཟབ་མོ་བསྒོམས་པ་ལ་ལྟོས་ནས། ཐོག་མར་ཕྱག་ཆེན་ལྟར་སྣང་སྐྱེ་ཞིང་ཕྱིས་མཚན་ཉིད་པ་སྐྱེ་བ་ཡིན་ཏེ། ཕྱག་ཆེན་ལྟར་སྣང་ཞེས་པ་ཡང་། ཆ་མཐུན་པ་དུག་ཅན་དང་། འབའ་ཞིག་པ་སྐྱོན་ཅན་གཉིས་ཡོད་པ་ལས། དང་པོ་ནི། ཐོས་བསམ་གྱིས་བསྡུས་པ་གོ་རྟོགས་དང་། སྒོམ་བྱུང་གིས་བསྡུས་པ་རྣམ་རྟོག་གི་ཐ་སྙད་བས་མ་ཡལ་བཞིན་དུ་ཟུང་འཇུག་གི་ཉམས་བན་བུན་ཙམ་སྐྱེ་བ་ཡིན་ནོ། །འབའ་ཞིག་པ་ནི་གནས་པ་འབའ་ཞིག་ཏུ་གྱུར་པ་དང་། སོ་སོར་རྟོག་པ་འབའ་ཞིག་ཏུ་གྱུར་པ་དང་། སྣང་ཕྱོགས་འབའ་ཞིག་ཏུ་གྱུར་པ་དང་། སྟོང་ཕྱོགས་འབའ་ཞིག་ཏུ་གྱུར་པ་དང་། ལུས་ལ་བདེ་དྲོད་འབར་གཡོ་དང་། ངག་ལ་ངེས་མེད་ཀྱི་སྨྲ་བརྗོད་དང་། སེམས་ལ་ངེས་མེད་ཀྱི་ཧིང་ངེ་འཛིན་གྱིས་ཉམས་ཉི་ཚེ་བ་བན་བུན་སྣ་ཚོགས་སྐྱེ་བ་རྣམས་ཡིན་ནོ། །མཚན་ཉིད་པ་ནི། དཔེ་དང་དོན་གྱི་ཡེ་ཤེས་གཉིས་ཡོད་དེ་རྒྱས་པར་གོང་དུ་བཤད་ཟིན་ཏོ། །ཇི་སྐད་དུ་བརྟག་གཉིས་ལས། གཞན་གྱིས་བརྗོད་

མིན་ལྡན་ཅིག་སྐྱེས། །གང་དུ་ཡང་ནི་མི་རྙེད་དེ། །བླ་མའི་དུས་ཐབས་བརྟེན་པ་དང་། །བདག་གི་བསོད་ནམས་ལས་ཞེས་བྱ། །ཞེས་གསུངས་པ་དང་། གཞུང་འདིར། དབང་བསྐུར་ཆོས་སྒོ་ཙམ་མ་ཡིན། །གསང་སྔགས་རྟེན་འབྲེལ་ལམ་བྱེད་པའི། །རྟེན་འབྲེལ་སྒྲིག་པའི་གདམ་ངག་ཡིན། །ཕུང་པོ་ཁམས་དང་སྐྱེ་མཆེད་ལ། །སངས་རྒྱས་ས་བོན་བཏབ་ནས་ནི། །ཚེ་འདིར་སངས་རྒྱས་བྱེད་པ་ཡི། །ཐབས་མང་དབང་བསྐུར་ཞེས་སུ་བཏགས། །དེས་ན་གང་ཟག་དབང་པོ་རབ། །དབང་བསྐུར་ཉིད་ཀྱིས་གྲོལ་བར་འགྱུར། །དབང་གིས་གྲོལ་བར་མ་ནུས་པའི། །གང་ཟག་གཞན་ལ་སྒོམ་དགོས་སོ། །ཞེས་གསུངས་སོ། །

བརྒྱད་པ་ས་ལམ་གྱི་བགྲོད་ཚུལ་ལ་ཡང་དགག་གཞག་གཉིས་ལས། དང་པོ་ནི། འགའ་ཞིག །ཕྱག་རྒྱ་ཆེན་པོ་ཅིག་ཆོད་ལ། །ས་ལམ་རྫི་བའི་རྨོངས་པ་འཁྲུལ། །ཞེས་སྨྲ་ཞིང་། ས་ལམ་གྱི་རྣམ་གཞག་མེད་པར་འདོད་དོ། །དེ་ནི་མི་འཐད་དེ། མཚན་བརྗོད་ལས། མགོན་པོ་ས་བཅུའི་དབང་ཕྱུག་སྟེ། །ཅེས་ས་ལམ་གྱི་རྣམ་གཞག་རྒྱ་ཆེར་མཛད་པའི་ཕྱིར་རོ། །འོ་ན་མཚན་བརྗོད་ལས། སྐད་ཅིག་གཅིག་གིས་རྫོགས་སངས་རྒྱས། །ཞེས་གསུངས་པ་དང་འགལ་ལོ་ཞེ་ན། དེའི་དོན་ནི་ས་ལམ་བགྲོད་པའི་སྐད་ཅིག་ཐ་མ་ལ་མངོན་པར་རྫོགས་པ་སངས་རྒྱ་བའི་ཚུལ་སྟོན་པ་ཡིན་པས་སྐྱོན་མེད་དོ། །འོ་ན། འདའ་ཁ་ཡེ་ཤེས་ལས། སེམས་རྟོགས་ན་སངས་རྒྱས་ཡིན་པས་སངས་རྒྱས་གཞན་དུ་བཙལ་མི་དགོས་པའི་འདུ་ཤེས་སྒོམ་པར་བྱའོ། །ཞེས་གསུངས་པ་དང་འགལ་ཞེ་ན། སྐྱོན་མེད་དེ། དེའི་དོན་ནི། ས་ར་ཧས། སེམས་ཉིད་གཅིག་པུ་ཀུན་གྱི་ས་བོན་ཏེ། །གང་ལ་སྲིད་དང་མྱ་ངན་འདས་འགྲོ་བའི། །འདོད་པའི་འབྲས་བུ་སྟེར་བར་བྱེད་པ་ཡི། །ཡིད་བཞིན་ནོར་འདྲའི་སེམས་ལ་ཕྱག་འཚལ་ལོ། །ཞེས་གསུངས་པ་ལྟར། སེམས་ཀུན་གཞི་རྣམ་པར་ཤེས་པའི་ཀུན་རྫོབ་དང་དོན་དམ་པའི་གནས་ཚུལ་མངོན་དུ་གྱུར་པའི་སྒོ་ནས་ས་ལམ་བགྲོད་པ་ལ་དགོངས་ནས་གསུངས་པའི་ཕྱིར་རོ། །

གཉིས་པ་རང་ལུགས་ནི། བྱང་ཆུབ་དོན་དུ་གཉེར་བས་སྨིན་བྱེད་དབང་བསྐུར་བ་ནས་བཟུམ་སྟེ། ཉམས་སྐྱོན་ཅན་རྣམས་རྫོགས་པ་ཡན་ཆད། ཐེག་པ་ཆུང་དུ་བ་ལྟར་ན་ཚོགས་ལམ་ཞེས་བྱ་བ་ཡིན། བརྟག་གཉིས་ལས། ཀུན་མཁྱེན་ཡེ་ཤེས་དེ་ལྟ་བུ། ཞེས་གསུངས་པ་ལྟར། བདེ་སྟོང་ཟུང་འཇུག་གི་ཡེ་ཤེས་མཚན་ཉིད་པ་རྒྱུད་ལ་སྐྱེས་ཤིང་། རྣམ་པར་མི་རྟོག་པའི་ཉམས་རྒྱུན་ཆགས་སུ་འབྱུང་ཡང་། རྣམ་པར་རྟོག་པའི་བག་ཆགས་ཕྲ་མོ་དང་བཅས་པ་ནམ་ལངས་ནས་ཉི་མ་ཤར་བ་ལྟ་བུའི་དཔེའི་ཡེ་ཤེས་དེ་ནི་སྦྱོར་ལམ་ཞེས་བྱ་བ་ཡིན། མཚན་བརྗོད་ལས། རྣམ་པར་ཤེས་པའི་ཆོས་ཉིད་འདས། །ཡེ་ཤེས་གཉིས་མེད་ཚུལ་འཆང་བ། །རྣམ་པར་རྟོག་མེད་ལྷུན་གྱིས་གྲུབ། །ཅེས་གསུངས་པ་ལྟར། རྣམ་པ་ཀུན་གྱི་མཆོག་དང་ལྡན་པའི་སྟོང་པ་ཉིད་མངོན་སུམ་དུ་རྟོག

པའི་རྣམ་པར་མི་རྟོག་པའི་ཡེ་ཤེས་མཚན་ཉིད་པ་དང་། ཕྱག་རྒྱ་ཆེན་པོ་དོན་གྱི་ཡེ་ཤེས་ཐོག་མར་སྐྱེས་པའི་ཚེ་ན་མཐོང་ལམ་ཞེས་བྱ་བ་ཡིན། དེ་ནས་རྒྱུན་ཆགས་སུ་སྒོམ་ཞིང་གོང་ནས་གོང་དུ་བགྲོད་དེ། ས་བཅུ་གཉིས་པའི་བར་དུ་ཕྱིན་པ་དེ་ནི་སྒོམ་པའི་ལམ་ཞེས་བྱ་བ་ཡིན། དེ་ནས་ས་བཅུ་གསུམ་པ་མངོན་དུ་བྱས་ནས་སྐུ་བཞི་ཡེ་ཤེས་ལྔ་ལ་སོགས་པ་ཡོན་ཏན་རྒྱ་མཚོ་ལྟ་བུ་ཐོབ་པ་ནི། མི་སློབ་པའི་ལམ་མངོན་དུ་བྱས་པ་ཡིན་ནོ། །དེ་ཡང་ཐུན་མོང་བ་ལྟར་ན་སྦྱོར་ལམ། ཐུན་མོང་མིན་པ་ལྟར་ན་དཔེའི་ཡེ་ཤེས་རྒྱུད་ལ་སྐྱེས་ནས་དོན་གྱི་ཡེ་ཤེས་མངོན་སུམ་དུ་བྱེད་པ་དང་། ཟུང་འཇུག་རྡོ་རྗེ་འཆང་གི་གོ་འཕང་ཚེ་འདི་ཉིད་ལ་མངོན་དུ་བྱེད་པར་འདི་ཉིད་རྒྱུད་སྡེ་ནས་བཤད་པའི་སྦྱོད་པ་དང་ཉེ་རྒྱུའི་ཚུལ་བཞིན་དུ་ཉམས་ལེན་བྱས་ན། རྒྱ་གར་གྱི་གྲུབ་ཐོབ་ལྟར་ཚེ་འདིར་གྲུབ་པ་ཐོབ་པར་འགྱུར་ཞིང་། དཔེའི་ཡེ་ཤེས་མཚན་ཉིད་པ་རྒྱུད་ལ་སྐྱེས་ནས། མྱོང་བ་མ་གྲུབ་ན་འདའ་ཀ་མ་དང་བར་དོའི་གནད་ངག་གི་གྲུབ་པ་ཐོབ་པར་འགྱུར་བ་ཡིན་ཏེ། དེ་སྐད་དུ་གཞུང་འདིར། ཕ་རོལ་ཕྱིན་གཞུང་མི་ནུས་པར། །གལ་ཏེ་གསང་སྔགས་བསྒོམ་འདོད་ན། །ནོར་བ་མེད་པའི་དབང་བཞི་ཡོངས། །འཁྲུལ་པ་མེད་པའི་རིམ་གཉིས་སྒོམས། །དེ་ལས་བྱུང་བའི་ཡེ་ཤེས་ནི། །ཕྱག་རྒྱ་ཆེན་པོ་གོམས་པར་བྱ། །དེ་ནས་འཁོར་འདས་བསྲེ་བའི་ཕྱིར། །རྣམ་པར་དག་པའི་སྤྱོད་པ་སྤྱད། །ནང་གིས་ལམ་ཀུན་བགྲོད་ནས། །རྡོ་རྗེ་འཛིན་པའི་ས་དགེ་བ། །བཅུ་གསུམ་པ་ནི་ཐོབ་པར་འགྱུར། །འདི་ནི་དུས་གསུམ་སངས་རྒྱས་ཀྱིས། །དམ་པའི་ཆོས་ཀྱི་སྙིང་པོ་ཡིན། །ཞེས་གསུངས་སོ། །རྣམ་གཞག་འདི་དག་ནི། རྗེ་བཙུན་ས་སྐྱ་པཎྜི་ཏའི་གསུང་བའི་རྒྱུའི་རི་བོ་རྩེ་ལྟར་བྲིས་པ་ལྟར་བཤད་པ་ཡིན་པས་ཡིད་ཆེས་པར་གྱིས་ཤིག །དེས་ན་ཕྱག་རྒྱ་ཆེན་པོའི་ཡེ་ཤེས་ཡིན་ན་རྣལ་འབྱོར་ཆེན་པོའི་ཡེ་ཤེས་ཡིན་པས་ཁྱབ། དབང་གི་ཡེ་ཤེས་ཡིན་པས་ཁྱབ། རང་བྱུང་གི་ཡེ་ཤེས་ཡིན་པས་ཁྱབ། ཟུང་འཇུག་གི་ཡེ་ཤེས་ཡིན་པས་ཁྱབ། ལྷན་ཅིག་སྐྱེས་པའི་ཡེ་ཤེས་ཡིན་པས་ཁྱབ། མི་རྟོག་པའི་ཡེ་ཤེས་ཡིན་པས་ཁྱབ། ཞེས་ཁས་བླང་བར་བྱའོ། །

གསུམ་པ་རྟོགས་པའི་གནས་ལ་དཔྱད་པ་ནི། ཁ་ཅིག །ཕྱག་རྒྱ་ཆེན་པོའི་ཡེ་ཤེས་ཆོས་ཅན། རང་བྱུང་གི་ཡེ་ཤེས་ཡིན་པར་ཐལ། དབང་དང་རིམ་གཉིས་ལས་བྱུང་བའི་ཡེ་ཤེས་ཡིན་པའི་ཕྱིར་ཞེ་ན། དེ་ཆོས་ཅན། ལྷན་ཅིག་སྐྱེས་པའི་ཡེ་ཤེས་མིན་པར་ཐལ་བ་དང་། གཉིས་མེད་ཀྱི་ཡེ་ཤེས་མིན་པར་ཐལ་བ་དང་། མི་རྟོག་པའི་ཡེ་ཤེས་མིན་པར་ཐལ་བ་དང་། རང་བཞིན་གྱི་འོད་གསལ་མིན་པར་ཐལ། དབང་དང་རིམ་གཉིས་ལས་བྱུང་བའི་ཡེ་ཤེས་ཡིན་པའི་ཕྱིར། ཁྱབ་པ་ཁས། སྟོན་པ་ཤཱཀྱ་ཐུབ་པ་ཆོས་ཅན། རང་བྱུང་གི་སངས་རྒྱས་མིན་པར་ཐལ། ཚོགས་གཉིས་ལས་བྱུང་བའི་སངས་རྒྱས་ཡིན་པའི་ཕྱིར། གཞན་ཡང་། ཞུ་བདེ་ལྷན་སྐྱེས་ཀྱི་ཡེ་ཤེས་ཡིན་ན

རང་བཞིན་ལྷན་སྐྱེས་ཀྱི་ཡེ་ཤེས་མིན་དགོས་པར་ཐལ། ཁྱེད་རང་གི་དེ་ལ་ཁྱབ་པ་ཡོད་པའི་ཕྱིར། འདོད་ན། གློ་བུར་དྲི་བྲལ་གྱི་ཆོས་སྐུ་ཡིན་ན། རང་བཞིན་རྣམ་དག་གི་ཆོས་སྐུ་མིན་དགོས་པར་ཐལ། འདོད་པའི་ཕྱིར། འདོད་ན། ངོ་བོ་ཉིད་སྐུ་ཆོས་ཅན། དེར་ཐལ། དེའི་ཕྱིར། བྱས་པ་ལ་ཁོ་ན་རེ། དབང་དང་རིམ་གཉིས་ལས་བྱུང་བའི་མཚོན་བྱེད་དཔེའི་ཡེ་ཤེས་ཆོས་ཅན། རང་གི་རིགས་འདྲ་ཐོག་མ་མེད་པ་ནས་རྒྱུན་མ་ཆད་པར་ཡོད་པར་ཐལ། ལྷན་ཅིག་སྐྱེས་པའི་ཡེ་ཤེས་ཡིན་པའི་ཕྱིར་དང་། རང་བཞིན་གྱི་འོད་གསལ་ཡིན་པའི་ཕྱིར། ཁྱབ་པ་ཁས། ཡང་ཁ་ཅིག །ཕྱག་ཆེན་གྱི་ཡེ་ཤེས་ཡིན་ན་རིམ་གཉིས་བསྒོམས་པ་ལས་བྱུང་བས་ཁྱབ་ཅེས་ཟེར་རོ། །མི་འཐད་དེ། དབང་དུས་སུ་དང་པོར་སྐྱེས་པའི་མཚོན་བྱེད་དཔེའི་ཡེ་ཤེས་ཆོས་ཅན། དེར་ཐལ། དེའི་ཕྱིར། འདོད་ན། རང་རྒྱུད་རྫོགས་རིམ་བསྒོམ་པ་ལས་བྱུང་བར་ཐལ། འདོད་པའི་ཕྱིར། འདོད་ན། དེ་ལ་སྐྱེས་པར་ཐལ། འདོད་པའི་ཕྱིར། འདོད་མི་ནུས་ཏེ། ཁྱོད་རྫོགས་རིམ་གྱི་ཐོག་མ་ཡིན་པའི་ཕྱིར། ཁ་ཅིག །དེ་ཡིན་ན་རིམ་གཉིས་གང་རུང་ཡིན་པས་ཁྱབ་ཅེས་ཟེར་བ་སྟེ་མ་མི་འཐད་དེ། བཅུ་གསུམ་རྡོ་རྗེ་འཛིན་པའི་ས་ཆོས་ཅན། དེར་ཐལ། དེའི་ཕྱིར། རྟགས་སླའོ། །

གཉིས་པ་རྟོགས་བྱ་སྒྲིབ་བྲལ་གྱི་ལྟ་བ་གཏན་ལ་ཕབ་པ་ལ་དགག་གཞག་གཉིས་ལས། དང་པོ་ནི། གསང་སྔགས་རྙིང་མ་བ་ཁ་ཅིག །ཐེག་པ་རིམ་པ་དགུ་ལ་རྟོགས་བྱ་ལྟ་བ་ཐ་དད་པ་དགུ་ཡོད་ཟེར་བ་མི་འཐད་དེ། ཐེག་པ་ཆེན་པོ་དབུ་མ་དང་། རྡོ་རྗེ་ཐེག་པའི་རྟོགས་བྱའི་ལྟ་བ་ལ་ཁྱད་པར་ཡོད་པར་ཐལ། ཁས་བླངས་དེའི་ཕྱིར། འདོད་ན། དེ་གཉིས་ཀྱིས་ཐོས་བསམ་གྱི་གཏན་ལ་དབབ་བྱའི་ལྟ་བ་ལ་ཁྱད་པར་ཡོད་པར་ཐལ། འདོད་པའི་ཕྱིར། འདོད་ན། རྡོ་རྗེ་ཐེག་པའི་ཐོས་བསམ་གྱིས་གཏན་ལ་དབབ་བྱའི་ལྟ་བ་དེ་སྤྲོས་བྲལ་མིན་པར་ཐལ། འདོད་པའི་ཕྱིར། ཁྱབ་སྟེ། ཕ་རོལ་ཕྱིན་པའི་ལྟ་བ་ལས། །ལྷག་པའི་ལྟ་བ་ཡོད་ན་ནི། །ལྟ་དེ་སྤྲོས་པ་ཅན་དུ་འགྱུར། །ཞེས་གསུངས་པའི་ཕྱིར། ཡང་དེ་གཉིས་ཀྱིས་རྟོགས་བྱའི་ཆོས་དབྱིངས་ལ་ཁྱད་པར་ཡོད་པར་ཐལ། དེ་གཉིས་ཀྱིས་རྟོགས་བྱའི་ལྟ་བ་ལ་ཁྱད་པར་ཡོད་པའི་ཕྱིར། འདོད་ན། མཐར་ཐུག་ཐེག་པ་གཅིག་ཏུ་མ་གྲུབ་པར་ཐལ། འདོད་པའི་ཕྱིར། ཁྱབ་སྟེ། ཀླུ་སྒྲུབ་ཀྱིས། ཆོས་ཀྱི་དབྱིངས་ལ་དབྱེར་མེད་ཕྱིར། །གཙོ་བོའི་ཐེག་པ་དབྱེར་མ་མཆིས། །ཞེས་གསུངས་པའི་ཕྱིར། གཉིས་པ་རང་ལུགས་ནི། སྤྱིར་ལྟ་བ་ལ་རྟོགས་བྱེད་ཀྱི་ཡེ་ཤེས་ལ་ལྟ་བར་བྱས་པ་དང་། རྟོགས་བྱའི་ཡུལ་ལ་ལྟ་བར་བྱས་པ་གཉིས་ལས། འདི་ཕྱི་མ་ཡིན་ཞིང་། དེ་ཡང་གྲུབ་མཐའ་རང་རང་གི་ལུགས་ཀྱིས་རིགས་པ་ཡང་དག་གིས་དཔྱད་པའི་ཚེ། བློ་དེའི་ངོར་གནོད་པ་མེད་པར་གྲུབ་པ་ལ་ལྟ་བར་འཛོག་པ་ཡིན་པས། ཕྱི་རོལ་པ་རྣམས་ཀྱིས་རིགས་པས་དཔྱད་པའི་ཚེ་གང་ཟག་གིས་བདག་གྲུབ་པ

ལ་གནོད་པ་མ་མཐོང་། ཉན་ཐོས་སྡེ་གཉིས་ནི། རྫུལ་ཕྲན་དང་ཤེས་པ་སྐད་ཅིག་མ་གྲུབ་པ་ལ་གནོད་པ་མ་མཐོང་། སེམས་ཙམ་པ་རྣམས་ཀྱིས་ནི་གཟུང་འཛིན་གཉིས་མེད་ཀྱི་ཤེས་པ་གསལ་རིག་ཙམ་གྲུབ་པ་ལ་གནོད་པ་མ་མཐོང་བས། དེ་དག་གྲུབ་མཐའ་དེ་དང་དེའི་ལྟ་བར་འཛོག་གོ། །དབུ་མ་པས་ནི་གཅིག་དུ་བྲལ་ལ་སོགས་པའི་རིག་པ་ཡང་དག་གིས་དཔྱད་པའི་ཚེ། དངོས་པོར་གྲུབ་པའི་ཆོས་ཙུང་ཟད་ཙམ་ཡང་མི་རྙེད་ཅིང་། དེ་དགག་པའི་དངོས་མེད་ཀྱང་མི་རྙེད་དེ། དགག་བྱ་དངོས་པོ་མེད་པའི་ཕྱིར་རོ། །གཉིས་ཀ་འང་མི་རྙེད་དེ། རེ་རེ་བ་མེད་པའི་ཕྱིར་རོ། །གཉིས་ཀ་མིན་པ་ཡང་མི་རྙེད་དེ། བློས་བཏགས་པའི་མཐའ་ནི་དེ་གཉིས་སུ་ཟད་པའི་ཕྱིར་རོ། །དེས་མཐའ་བཞིའི་སྤྲོས་པ་གང་ཡང་མ་རྙེད་པ་ལ་སྤྲོས་བྲལ་དང་། བརྗོད་བྲལ་དང་། ཟུང་འཇུག་གི་ཐ་སྙད་བཏགས་པ་ཙམ་མོ། །དེས་ན་དབུ་མ་ནས་རྣལ་འབྱོར་ཆེན་པོའི་བར་གྱིས་ཐེག་པ་ཆེན་པོའི་ཐོས་བསམ་གྱི་ལྟ་བ་ནི་མཐུན་ཏེ། ཐམས་ཅད་ཀྱིས་སྤྲོས་བྲལ་དུ་ཁས་ལེན་པའི་ཕྱིར་རོ། །དེས་ན་ཐོས་པའི་ལྟ་བ་ནི། དབུ་མ་ཡན་ཆད་ཐམས་ཅད་མཐུན། ཞེས་གསུངས་སོ། །སྤྲོས་བྲལ་རྟོགས་པའི་ཐབས་ལ་ཁྱད་པར་མེད་པ་མིན་ཏེ། ཕ་རོལ་ཏུ་ཕྱིན་པ་ལས་རྡོ་རྗེ་ཐེག་པ་ཁྱད་པར་དུ་འཕགས་པའི་ཕྱིར། འོན་ཀྱང་སྤྲོས་བྲལ་རྟོགས་པ་ཡི། །ཐབས་ལ་གསང་སྔགས་ཁྱད་པར་འཕགས། །ཞེས་གསུངས་སོ། །ལྟ་བ་བཤད་ཟིན་ཏོ། །

གསུམ་པ་རྒྱུད་བཞིའི་སྒྲུབ་པ་བཤད་པ་ལ་གསུམ་སྟེ། བྱ་རྒྱུད་ཀྱི་སྒྲུབ་པ་བཤད་པ། རྒྱུད་སྡེ་བར་པ་གཉིས་ཀྱི་སྒྲུབ་པ་བཤད་པ། རྣལ་འབྱོར་ཆེན་པོའི་སྒྲུབ་པ་བཤད་པའོ། །དང་པོ་ལ་ལྔ་སྟེ། རྒྱུད་ལས་ཇི་ལྟར་གསུངས་པའི་ཚུལ། དེ་ལས་ས་སྐྱ་པའི་བཞེད་པ་ངོས་བཟུང་བ། རྟོག་པས་བཏགས་པའི་ལུགས་དགག་པ། གཞན་གྱི་དོན་བསྡུས་ཏེ་བསྟན་པའོ། །དང་པོ་ལ་བཞི་སྟེ། བྱ་བ་སྤྱིའི་རྒྱུད་ཆེན་བཞི་ངོས་བཟུང་བ། རིགས་དྲུག་ཏུ་དབྱེ་བ། དེ་རིགས་གསུམ་དུ་བསྡུ་བ། དེ་ཐབས་ཤེས་གཉིས་སུ་བསྡུ་བའོ། །དང་པོ་ནི། སྤྱོར་བ་གསུམ་ག་མདོར་བསྡུས་ཏེ་བསྟན་པ་དཔུང་བཟང་གི་རྒྱུད། འཇུག་པའི་སྤྱོད་པ་གསལ་བར་སྟོན་པ་གསང་བ་སྤྱི་རྒྱུད། སྦྱོར་བའི་སྤྱོད་པ་གསལ་བར་སྟོན་པ་ལེགས་གྲུབ་ཀྱི་རྒྱུད། སྒྲུབ་པའི་སྤྱོད་པ་གསལ་བར་སྟོན་པ་བསམ་གཏན་ཕྱི་མའོ། །གཉིས་པ་ནི། དེ་བཞིན་གཤེགས་པའི་རིགས། པདྨའི་རིགས། རྡོ་རྗེའི་རིགས། ནོར་བུའི་རིགས། ཀྲུས་པའི་རིགས་ཏེ་འཇིག་རྟེན་ལས་འདས་པའི་རིགས་ལྔ་དང་། འཇིག་རྟེན་པའི་རིགས་དང་དྲུག་གོ། །དེ་ལ་དེ་བཞིན་གཤེགས་པའི་རིགས་ནི་ཤཱཀྱ་ཐུབ་པ་སོགས་དེ་བཞིན་གཤེགས་པའི་གསུང་། པདྨའི་རིགས་ནི་སྤྱན་རས་གཟིགས་ལ་སོགས་པས་གསུང་། རྡོ་རྗེའི་རིགས་ནི་ཕྱག་ན་རྡོ་རྗེའི་སོགས་ཀྱིས་གསུང་། ནོར་བུའི་རིགས་ནི་ནོར་གྱི་བདག་པོ་ནོར་བུ་བཟང་པོ་སོགས་ཀྱིས་གསུང་། ཀྲུས་པའི་རིགས་ནི་ཆོ་ལོང་ལྷས་ཏྲེ་བའི་ལྷས་ཏྲེ་

དང་། དེའི་ཆུང་མ་འཁྲོག་མ་གཉིས་ཀྱིས་བཤད། འཇིག་རྟེན་པའི་རིགས་ནི་སངས་རྒྱས་ལ་དད་པའི་ལྷ་དང་ལྷ་མ་ཡིན་ལ་སོགས་པས་རང་རང་གི་ཆོག་དང་བཅས་ཏེ་གསུང་སྟོན་པ་ལ་ཕུལ་ཞིང་། སྟོན་པས་ཀྱང་བཀའ་ལྟར་བྱིན་གྱིས་བརླབས་པའོ། །དེས་ན་གླང་པོ་དང་། རྒྱས་པ་དང་བ་གླང་གི་རིགས་ནི་རྣམ་གྲངས་སུ་ཤེས་པར་བྱའོ། །གསུམ་པ་གསུམ་དུ་བསྡུ་བ་ནི། སློབ་དཔོན་པདྨས། འདི་ལྟར་བྱ་བའི་རྒྱུད་འདི་རིང་དུ་ཞིག་ཏུ་འགྱུར་ཞེ་ན། འདི་ལ་གསུམ་སྟེ། དེ་བཞིན་གཤེགས་པའི་རིགས་ལ་སོགས་པའོ། །ཞེས་གསུངས་པའི་ཕྱིར། དཔུང་བཟང་གི་བསྡུས་དོན་ལས་ཀྱང་། ནོར་ཅན་ནི་པདྨའི་རིགས་ཀྱིས་བསྡུས་སོ། །རྒྱས་པ་ནི་རྡོ་རྗེའི་རིགས་ཀྱིས་བསྡུས་སོ། །འཇིག་རྟེན་པའི་རིགས་ཀྱང་དེ་དག་གིས་འགའ་ཏུ་ཕལ་ཆེར་འདུས་པར་རིག་པར་བྱའོ། །ཞེས་གསུངས་པས་སོ༑ །དེ་བཞིན་གཤེགས་པའི་རིགས་དང་། པདྨའི་རིགས་དང་། རྡོ་རྗེའི་རིགས་གསུམ་དུ་འདུས་པ་ཡིན་ནོ། །གཞུང་འདིར། བྱ་བའི་རྒྱུད་ལ་རྣམ་གསུམ་ཡོད། །ཅེས་གསུངས་སོ། གཉིས་པ་བཞི་པ་ཐབས་ཤེས་གཉིས་སུ་བསྡུ་བ་ནི། བསམ་གཏན་ཕྱི་མའི་འགྲེལ་པ་ལས། དེ་ལ་རིགས་སྔགས་ནི། བུད་མེད་ཀྱི་གཟུགས་དང་། དབྱིབས་ཀྱི་ལྷ་དང་། དེ་སྟོན་པའི་སྒྲ་དང་། ཕྱག་རྒྱ་ལ་སོགས་པའོ། །དེ་ལས་བཟློག་པ་ནི་གསང་སྔགས་ཀྱི་མཚན་ཉིད་དོ། །ཞེས་གསུང་ཞིང་། ཛྙ་ན་ཤྲིས། མཐའ་གཉིས་སེལ་བ་ལས་ཀྱང་། དེ་ལ་(མ་དཔེ་ལས་ཆད།)ནི་གསང་སྔགས་དང་། མོ་ནི་རིགས་སྔགས་དང་། སྔགས་གཅིག་ཉིད་ལྷ་ཕོ་མོ་གཉིས་ཀའི་སྔགས་སུ་འགྱུར་བ་ནི་གཟུངས་སྔགས་སོ། །ཞེས་གསུངས་པས། གསང་སྔགས་དང་རིགས་སྔགས་གཉིས་སུ་འདུས་པ་ཡིན་ཏེ། རྟེན་ལྷ་ཕོ་མོའི་རིགས་གཉིས་སུ་འདུས་པ་དང་། བརྟེན་པ་ལམ་ཐབས་ཤེས་ཀྱི་རིགས་གཉིས་སུ་འདུས་པའི་ཕྱིར་རོ། །

གཉིས་པ་ལ་བཞི་སྟེ། བྱ་རྒྱུད་བླ་མེད་ལྟར་བཀྲལ་བ། རྣལ་འབྱོར་རྒྱུད་ལྟར་བཀྲལ་(མ་དཔེ་ལས་ཆད།)རྒྱུད་ལྟར་བཀྲལ་བ། བྱ་རྒྱུད་རང་ལུགས་ལྟར་བཀྲལ་བའོ། །དང་པོ་ནི། འཕགས་པ་ཀླུ་སྒྲུབ་ཀྱིས་མཛད་པའི་སྤྱན་རས་གཟིགས་ཕྱག་སྟོང་སྤྱན་སྟོང་གི་སྒྲུབ་ཐབས་ལས། སྤྱན་རས་གཟིགས་འཁོར་བཅས་ཡན་ལག་བཞི་རྫོགས་སུ་བསྐྱེད་ནས་རྫོགས་རིམ་བསྒོམ་པར་གསུངས་པ་ལྟ་བུའོ། །གཉིས་པ་ནི། དེ་ཉིད་འདུས་པའི་འགྲེལ་པར། རྣལ་འབྱོར་རྒྱུད་ཀྱི་ཆོ་(མ་དཔེ་ལས་ཆད།)རྒྱུད་དང་སྤྱོད་རྒྱུད་ལ་སྦྱར་དུ་རུང་བར་གསུངས་པས། སྒྲུབ་ཐབས་རྒྱ་མཚོ་དང་། རྒྱ་རྩ་སོགས་ལས་བྱ་རྒྱུད་ཀྱི་ལྷའི་སྒྲུབ་ཐབས་གསུངས་པ་རྣམས་ཀྱང་། རྣལ་འབྱོར་རྒྱུད་ཀྱི་དབང་དུ་བྱས་ནས་གསུངས་པ་ཡིན་ཏེ། གཞུང་འདིར། བདག་བསྐྱེད་སྒྲུབ་ཐབས་ཡོད་པ་ནི། །རྣལ་འབྱོར་རྒྱུད་ཀྱི་རྗེས་འབྲངས་ནས། །དེའི་ལུགས་བཞིན་མཛད་པ་ཡིན། །ཞེས་གསུངས་སོ། །གསུམ་པ་ནི། སློབ་དཔོན་སངས་རྒྱས་གསང་བས། བྱ་སྤྱོད་གཉིས་ལ་གཅིག་ཏུ་བསྡུས་ནས་ཉམས་ལེན་གྱི་ཚུལ་འདྲ་བར་བཞེད་པ་

ཡིན་ནོ། །བཞི་པ་ནི། སློབ་དཔོན་བྱང་ཆུབ་མཆོག་དང་། སློབ་དཔོན་པདྨ་འབྱུང་གནས་ཀྱིས་མཛད་པའི་རྣམ་འཇོམས་ཀྱི་འགྲེལ་པ་སོགས་ལས། ལྷ་སྤྱན་དྲངས་ནས་མཆོད་བསྟོད་བྱ་སྟེ། བཟླས་བརྗོད་བྱ་བར་གསུངས་ཀྱིས། བདག་ཉིད་ལྷར་བསྐྱེད་པ་མ་གསུངས་པ་དང་། བྱ་རྒྱུད་ཀྱི་རབ་གནས་ཀྱི་སྐབས་སུ། རྟེན་དང་པོར་ལྷར་མི་བསྐྱེད་པར་ལྷ་སྤྱན་དྲངས་པ་ཉིད་ལ་ཐིམ་པས། ལྷ་སོ་སོའི་སྐུར་སྒོམ་པར་བཤད་པ་རྣམས་སོ། །གསུམ་པ་ནི། དེ་ལྟར་རྒྱུད་སྡེ་གོང་མའི་བྱ་རྒྱུད་ལ་རྒྱུད་སྡེ་གོང་མའི་དབང་དུ་བྱས་པའི་འགྲེལ་ལུགས་གསུམ་དང་། བྱ་རྒྱུད་རང་ལུགས་ལྟར་འགྲེལ་བ་དང་བཞི་ཡོད་པ་ལས། རྗེ་བཙུན་ས་སྐྱ་པ་རྣམས་ནི་ཕྱི་མ་འདི་ཉིད་བཞེད་དོ། །བླ་ཆེན་ས་སྐྱ་པའི་རྒྱུད་སྡེའི་སྤྱི་རྣམ་དང་། དེའི་གསུང་སྒྲོས་སྐྱན་ཕྱལ་བྱུང་བའི་བྲིས་པའི་བདེ་མཆོག་གི་ཊཱི་ཀ་དང་། རྗེ་བཙུན་རྩེ་མོའི་རྒྱུད་སྡེ་སྤྱི་རྣམས་དང་། རྗེ་བཙུན་གྲགས་པ་རྒྱལ་མཚན་གྱི་མངོན་རྟོགས་ལྗོན་ཤིང་དང་། རྗེ་ས་པཎ་གྱི་གཞུང་འདི་རྣམས་ལས། བྱ་རྒྱུད་ལ་བདག་བསྐྱེད་མེད་པའི་ལུགས་དེ་ཉིད་གསལ་བར་འབྱུང་བའི་ཕྱིར་རོ། །དེ་ལྟར་བཞེད་པའི་རྒྱུ་མཚན་ཡང་བདག་ཉིད་ཆེན་པོ་འདི་རྣམས་ཀྱིས་སྡེ་སྣོད་དང་རྒྱུད་སྡེའི་རིམ་པ་ཐམས་ཅད། རང་རང་གི་ལུགས་བཞིན་དུ་སྤྱོད་པ་སངས་རྒྱས་ཀྱི་བསྟན་པ་རྣམ་དག་ཡིན་པར་དགོངས་ཤིང་། བྱ་རྒྱུད་ལ་རང་ངོས་ནས་བདག་བསྐྱེད་བཤད་པ་མེད་པ་དང་། དེར་མ་ཟད་རྒྱུད་སྡེ་གོང་མར་བྱ་རྒྱུད་ལ་བདག་བསྐྱེད་མེད་པར་གསལ་བར་བཤད་པས་སོ། །རིགས་པས་ཀྱང་གྲུབ་སྟེ། བྱ་རྒྱུད་ལ་བདག་བསྐྱེད་ཡོད་ན། བྱ་སྤྱོད་གཉིས་རྒྱུད་སྡེ་གཅིག་ཏུ་འགྱུར་ཏེ། གཉིས་ཀ་ལ་བདག་བསྐྱེད་ཡོད་པར་མཚུངས་ཤིང་། དེ་ལས་གཞན་པའི་ཁྱད་པར་མེད་པའི་ཕྱིར་རོ། །བཞི་པ་ནི། ཕྱིས་ཀྱི་མཁས་པ་ཁ་ཅིག །བྱ་རྒྱུད་ལ་བདག་བསྐྱེད་ཡོད་དེ། སློབ་དཔོན་སངས་རྒྱས་གསང་བས་ཡོད་པར་བཤད་པའི་ཕྱིར་ཞེ་ན། འོ་ན་དེ་ལ་བདག་བསྐྱེད་མེད་པར་ཐལ། སློབ་དཔོན་བྱང་ཆུབ་མཆོག་དང་པདྨ་འབྱུང་གནས་སོགས་ཀྱིས་དེ་ལ་དེ་མེད་པར་བཤད་པའི་ཕྱིར། དེས་ན་སློབ་དཔོན་སངས་རྒྱས་གསང་བས་ནི། རྣམ་སྣང་མངོན་བྱང་ལ་སོགས་ལ་ཡང་བྱ་རྒྱུད་ཅེས་པའི་ཐ་སྙད་མཛད་ཅིང་། བྱ་སྤྱོད་གཉིས་གཅིག་ཏུ་བསྲེས་པའི་ལུགས་ཡིན་ནོ། །ཁ་ཅིག །བྱ་རྒྱུད་ལ་བདག་བསྐྱེད་ཡོད་དེ། རྣམ་སྣང་མངོན་བྱང་ལྟ་བུ་བྱ་རྒྱུད་དུ་གསུངས་པ་ཡང་། བྱ་སྤྱོད་གདུལ་བྱའི་དབང་གིས་འབྱེད་པ་མ་གཏོགས་རྒྱུད་རང་གི་ངོ་བོའི་སྒོ་ནས་མི་འབྱེད་པའི་ཕྱིར། ཞེས་ཟེར་བ་མི་འཐད་དེ། རྣམ་སྣང་མངོན་བྱང་སོགས་གདུལ་བྱའི་དབང་གིས་བྱ་རྒྱུད་དུ་གསུངས་པའི་དོན། བྱ་རྒྱུད་དུ་འགྲེལ་བའི་གང་ཟག་ཡོད་པ་ལ་བྱེད་དམ། བྱ་རྒྱུད་ཀྱི་གདུལ་བྱས་ཉམས་སུ་ལེན་དུ་རུང་བ་ལ་བྱེད། དང་པོ་ལྟར་ན། གསང་བ་འདུས་པ་ཡང་རྣལ་འབྱོར་རྒྱུད་དུ་འགྱུར་ཏེ། གྲུབ་ཆེན་ཀུན་སྙིང་གིས་དེ་ལྟར་བཀྲལ་བའི་ཕྱིར། གཉིས་པ་ལྟར་ན། རྒྱུད་སྡེ་གོང་མ་གསུམ་ཀ་ཡང

བྱ་རྒྱུད་དུ་འགྱུར་ཏེ། བྱ་རྒྱུད་ཀྱི་གདུལ་བྱས་ཉམས་སུ་ལེན་དུ་རུང་བའི་ཕྱིར། ཁྱབ་པ་གཉིས་པར་ཁས། དེས་ན་རྣམ་སྣང་མངོན་བྱང་ལས་གཞི་གཉིས་གསུང་ཞིང་། བསམ་གཏན་ཕྱི་མར་གཅིག་ལས་མ་གསུངས་པས་ཀྱང་། བྱ་རྒྱུད་ལ་བདག་བསྐྱེད་མེད་པར་འགྲུབ་སྟེ། བསམ་གཏན་ཕྱི་མར། སྒྲ་དང་སེམས་དང་གཞི་ལ་གནོལ། །ཞེས་གསུངས་པ་དང་། རྣམ་སྣང་མངོན་བྱང་དུ། གཞི་ནི་རང་གི་ལྷར་བཞག་པའི། །རང་གི་ལུས་ཀྱི་གནས་ལ་བྱ། །གཞི་གཉིས་པ་ནི་རྫོགས་སངས་རྒྱས། །སྔད་གཉིས་མཆོག་ཏུ་ཤེས་པར་བྱ། །ཞེས་གསུངས་སོ། །ཡང་དེ་ང་སང་ཁ་ཅིག །བྱ་རྒྱུད་ལ་བདག་བསྐྱེད་ཡོད་པར་ཐལ། བྱ་རྒྱུད་ཀྱི་ལྷ་ལ་བདག་བསྐྱེད་ཡོད་པའི་ཕྱིར་ཏེ། དེ་ལ་ཡན་ལག་བཞི་རྫོགས་སུ་བསྐྱེད་པ་ཡོད་པའི་ཕྱིར་ཏེ། ཀླུ་སྒྲུབ་དང་སངས་རྒྱས་གསང་བ་སོགས་ཀྱིས་དེ་ལྟར་བཤད་པའི་ཕྱིར་ཞེ་ན། འོན་རྒྱུད་ལ་རིམ་གཉིས་ཡོད་པར་ཐལ། བྱ་རྒྱུད་ཀྱི་ལྷ་ལ་རིམ་གཉིས་ཡོད་པའི་ཕྱིར་ཏེ། བྱ་རྒྱུད་ཀྱི་ལྷ་ལ་རིམ་གཉིས་བསྒོམ་པ་ཡོད་པའི་ཕྱིར་ཏེ། བྱ་རྒྱུད་བླ་མེད་ལྟར་དུ་ཉམས་སུ་ལེན་པ་ཡོད་པའི་ཕྱིར་ཏེ། དེ་བླ་མེད་ལྟར་ཉམས་སུ་ལེན་དུ་རུང་བར་ཀླུ་སྒྲུབ་སོགས་ཀྱིས་བཤད་པའི་ཕྱིར། དེས་ན་ལྷ་ལ་བདག་བསྐྱེད་བསྒོམ་པ་ཡོད་པས་བྱ་རྒྱུད་རང་གང་ལ་བདག་ཡོད་པར་མི་གྲུབ་པོ། །

ལྔ་པ་ནི། དེ་ལྟར་བྱ་རྒྱུད་ཀྱི་ལྷ་ལ་རྒྱུད་སྡེ་གོང་མའི་ཉམས་ལེན་སྦྱར་བ་དང་། བྱ་བ་སྤྱིའི་རྒྱུད་ཆེན་བཞི་ནས་བཤད་པའི་ཉམས་ལེན་བཤད་པ་གཉིས་ལས། དང་པོ་ལ། སྤྱོད་རྒྱུད་ཀྱི་ཉམས་ལེན་སྦྱར་ན་བདག་བསྐྱེད་ཡོད་ཅིང་། རྣལ་འབྱོར་རྒྱུད་ཀྱི་ཉམས་ལེན་སྦྱར་ན་ཡེ་ཤེས་པར་གཞུག་པ་ཡོད་ལ། བླ་མེད་ཀྱི་ཉམས་ལེན་སྦྱར་ན་རིམ་གཉིས་ཀྱང་ཡོད་དོ། །དེ་དག་གིས་བྱ་རྒྱུད་རང་ངོས་ནས་བདག་བསྐྱེད་ཡོད་པར་མི་གྲུབ་སྟེ། དཔེར་ན་སེམས་ཙམ་པའི་གཞུང་ལུགས་ནས་བཤད་པའི་བྱང་སེམས་ཀྱིས་སྤྱོད་པ་ལ་དབུ་མ་པའི་ལྟ་བ་སྦྱར་ནས་ཉམས་སུ་ལེན་པའི་ཚེ། སེམས་ཙམ་པར་རང་ངོས་ནས་དབུ་མའི་ལྟ་བ་ཡོད་པར་མི་གྲུབ་པ་བཞིན་ནོ། །གཉིས་པ་ལྟར་ན། བདག་བསྐྱེད་དང་ཡེ་ཤེས་པ་གཞུག་པ་སོགས་མེད་དེ། སྤྱིའི་རྒྱུད་ཆེན་བཞི་དང་། སོ་སོའི་རྒྱུད་རྣམས་ལས་བདག་བསྐྱེད་མ་གསུངས་ཤིང་། བདག་བསྐྱེད་མེད་པར་རྒྱུད་སྡེ་གོང་མ་ནས་དངོས་སུ་གསུངས་པའི་ཕྱིར་རོ། །གཞན་འདི་དག་ནི། འཇམ་དབྱངས་ཀུན་དགའ་བཟང་པོ་རྗེ་བཙུན་ས་སྐྱ་པའི་བཞེད་པ་ཡིན་ཏེ། གཞུང་འདིར། བྱ་བའི་རྒྱུད་ལ་བདག་བསྐྱེད་མེད། །ཕྱིས་སྐྱ་མཆོད་ནས་གསོལ་བ་འདེབས། །བདག་བསྐྱེད་སྒྲུབ་ཐབས་མཛད་པ་ནི། །ཞེས་སོགས་གསུངས་པའི་ཕྱིར་རོ། །

གཉིས་པ་རྒྱུད་སྡེ་བར་པ་གཉིས་ཀྱི་སྒྲུབ་པ་བཤད་པ་ལ་གཉིས་ཏེ། རྒྱུད་ལས་གསུངས་པའི་ཚུལ་དང་། དེ་དག་གིས་དོན་བསྡུས་ཏེ་བསྟན་པའོ། །དང་པོ་ལ་གཉིས་ཏེ། སྤྱོད་རྒྱུད་བཤད་པ་དང་། རྣལ་འབྱོར་རྒྱུད་

བཤད་པའོ། །དང་པོ་ལ་གསུམ་སྟེ། དེ་བཞིན་གཤེགས་པའི་རིགས། པདྨའི་རིགས། རྡོ་རྗེའི་རིགས་ཀྱི་རྒྱུད་དོ། །དང་པོ་ལ་བཞི་སྟེ། རིགས་ཀྱི་གཙོ་བོ་དང་། བདག་པོ་དང་། ཡུམ་དང་། ཁྲོ་བོའི་རྒྱུད་དོ། །དང་པོ་ནི། རྣམ་སྣང་མངོན་བྱང་སོགས་སོ། །གཉིས་པ་ནི། འཇམ་དཔལ་གྱི་རྩ་བའི་རྟོགས་པའི་རྒྱུད། དཔའ་བོ་གཅིག་གྲུབ་ཀྱི་རྒྱུད་ལྟ་བུའོ། །གསུམ་པ་ནི། རིགས་སྔགས་ཀྱི་རྒྱལ་མོ་རྒྱལ་བ་ཅན་མ་ལ་སོགས་པའོ། །བཞི་པ་ནི། ཁྲོ་བོའི་རྒྱལ་པོ་མི་གཡོ་བའི་རྟོགས་པ་བརྗོད་པ་དང་། འཕགས་པ་འཇམ་དཔལ་གྱི་རྩ་བའི་རྟོགས་པ་བརྗོད་པ། ཁྲོ་བོའི་རྒྱལ་པོ་ཁམས་གསུམ་རྣམ་རྒྱལ་གྱི་རྒྱུད་ཅེས་བྱ་བའམ། གཤིན་རྗེའི་གཤེད་པྲ་ཁོག་གླང་གི་རྒྱུད་ལྟ་བུའོ། །དེ་ལ་པྲ་ཁོག་ནི། མིའི་རོའི་མིང་དང་། གླང་ནི་རོ་ལངས་སྒྲུབ་པ་ལ་སྟོན་དུས་གྲགས་སོ། །གཉིས་པ་ནི། བོད་དུ་མ་འགྱུར་བར་གསུང་ཞིང་། གསུམ་པ་ནི། ཕྱག་ན་རྡོ་རྗེ་དབང་བསྐུར་བའི་རྒྱུད་དང་། འབྱུང་པོ་འདུལ་བྱེད་ཅེས་བྱ་བའི་རྒྱུད་ཀྱི་རྒྱལ་པོ་ལྟ་བུའོ། །གཉིས་པ་རྣལ་འབྱོར་རྒྱུད་ལ་ཐབས་དང་ཤེས་རབ་གཙོ་བོར་སྟོན་པའི་རྒྱུད་གཉིས་ཡོད་པ་ལས། དང་པོ་ལ། རྩ་རྒྱུད། བཤད་རྒྱུད། ཆ་མཐུན་པའི་རྒྱུད་དང་གསུམ་ལས། དང་པོ་ནི། དེ་ཉིད་འདུས་པའི་རྒྱུད་ལྟ་བུའོ། །གཉིས་པ་ནི། རྡོ་རྗེ་རྩེ་མོ་བརྟག་པ་བཅུ་ལས་འཇིག་རྟེན་གསུམ་རྒྱལ་གྱི་རྟོགས་པ་རྫོགས་ནས། ཕྱི་རོལ་རྡོ་རྗེའི་རིགས་ཀྱི་མཚན་བརྒྱ་རྩ་བརྒྱད་ལ་སོགས་པ་གསུངས་པ་ལྟ་བུའོ། །གསུམ་པ་ནི། ངན་སོང་སྦྱོང་བ་གཟི་བརྗིད་ཀྱི་རྒྱལ་པོའི་རྒྱུད་ལ་སོགས་པ་ལྟ་བུའོ། །དེ་ཉིད་འདུས་པ་འདི་ལ་ལྟ་གནས་གསུམ་དུ་གྲགས་པ་ཞེས་བྱ་སྟེ། དང་པོར་འོག་མིན་དུ་བཞི་གསུངས་པས། དེ་ནས་སུམ་ཅུ་རྩ་གསུམ་དུ་རྒྱུད་ཕྱི་མ་དང་། ཕྱི་མའི་ཕྱི་མ་གསུང་། མཐར་ལྕང་ལོ་ཅན་དུ་རྒྱུད་དོན་གཉེར་བསྡུས་པ་རྣམས་གསུངས་སོ། །

གཉིས་པ་ཤེས་རབ་གཙོ་བོར་སྟོན་པ་ནི། དཔལ་མཆོག་དང་པོ་ལྟ་བུ་ཡིན་པར་གསུངས་སོ། །གཉིས་པ་དེ་དག་གིས་དོན་བསྡུས་ཏེ་བསྟན་པ་ནི། སྤྱོད་རྒྱུད་དང་བྱ་རྒྱུད་གཉིས་ཀྱིས་ལས་ཚོགས་སྒྲུབ་པ་འགའ་ཞིག་ལ་གཙང་སྦྲ་བཤད་པ་ཡོད་དེ། ཕྱག་རྡོར་དབང་བསྐུར་བའི་རྒྱུད་ལས། དེས་ཟས་མི་འཚལ་བར་ལག་ན་རྡོ་རྗེ་ལ་ལྟ་ཞིང་། ལན་གསུམ་བཟླས་པ་བརྗོད་པ་བགྱིས་ན་རྒྱལ་སྲིད་ཐོབ་པར་འགྱུར་རོ། །ཞེས་སོགས་གསུངས་སོ། །རབ་གནས་ཀྱི་རྒྱུད་ལས། བདེ་གཤེགས་ལྷག་མ་འདི་དག་ནི། །ཟོས་ཤིག་སྡིག་པ་འདག་པར་འགྱུར། །ཞེས་གསུངས་ལ། འབྱུང་པོའི་གཏོར་མ་ནི་འདི་ཡང་མི་ཟ་སྟེ། རྒྱུད་འོག་མ་གསུམ་ལ་སྣང་བ་ཐམས་ཅད་ལྷར་བསྒོམ་པ་མེད་པའི་ཕྱིར། ཇི་སྐད་དུ་གཞུང་འདིར། སྤྱོད་དང་རྣལ་འབྱོར་རྒྱུད་གཉིས་སུ། །ལས་ཚོགས་སྒྲུབ་པ་འགའ་ཞིག་ལ། །གཙང་སྦྲ་དཀའ་ཐུབ་བཤད་པ་ཡོད། །ཅེས་སོགས་གསུངས་སོ། །འདིར་ཁ་ཅིག །སྤྱོད་རྒྱུད་དེ་བྱ་རྒྱུད་དང་རྣལ་འབྱོར་རྒྱུད་གཉིས་ཀ་ཡིན་ཏེ། གཞུང་འདིར། འདི་ནི་གཉིས་ཀའི་རྒྱུད་ཡིན་པས། །ཞེས

གསུངས་པའི་ཕྱིར་ཞེ་ན། འོན་སྤྱོད་རྒྱུད་རང་གང་ལ་བདག་དང་ཡེ་ཤེས་པ་གཞུག་པ་སོགས་རུང་བར་ཐལ། འདི་རྣལ་འབྱོར་གྱི་རྒྱུད་ཡིན་པའི་ཕྱིར། འདོད་ན། མི་རུང་བར་ཐལ། བྱ་བའི་རྒྱུད་ཡིན་པའི་ཕྱིར། དེས་ན་གཞུང་དེའི་དོན་ནི། གཙང་སྦྲ་སྤྱོད་པའི་ཆ་ནས་བྱ་རྒྱུད་དང་མཐུན། རང་ལྷར་བསྒོམས་ཏེ་ཅི་བདེ་བར་སྤྱོད་པའི་ཆ་ནས་རྣལ་འབྱོར་རྒྱུད་དང་མཐུན་པས་གཉིས་ཀའི་རྒྱུད་ཅེས་གསུངས་པ་ཡིན་ཏེ། གཞུང་འདིར། འདི་ཡང་དེ་ལྟར་ངེས་པ་མེད། །འདི་ནི་གཉིས་ཀའི་རྒྱུད་ཡིན་པས། །རིས་འགའ་གཙང་སྦྲ་སྤྱོད་མོད་ཀྱིས། །ཕལ་ཆེར་ཅི་བདེར་སྤྱོད་པར་གསུངས། །ཞེས་གསུངས་པའི་ཕྱིར། གསུམ་པ་བླ་མེད་ཀྱི་སྐབས་པ་ལ་གཉིས་ཏེ། རྒྱུད་སྡེ་ངོས་བཟུང་བ་དང་། སྐབས་པའི་ཁྱད་པར་བཤད་པའོ། །དང་པོ་ནི། གསང་བ་འདུས་པ་ལྟ་བུ་ཕ་རྒྱུད་དང་། འཁོར་ལོ་བདེ་མཆོག་ལྟ་བུ་མ་རྒྱུད་དང་། ཀྱཻ་རྡོ་རྗེ་ལྟ་བུ་གཉིས་སུ་མེད་པའི་རྒྱུད་མཐའ་ཡས་པ་ཡོད་པར་ཤེས་པར་བྱའོ། །

གཉིས་པ་ནི། རྣལ་འབྱོར་ཆེན་པོའི་ཨ་བ་ རྡུ་ཏིའི་གཉིས་སྤངས་ཀྱི་སྤྱོད་པ་སོགས་ལས་འབྱུང་བོའི་གཏོར་མ་ཟ་བར་ཡང་སྣང་སྟེ། ཀྱཻ་རྡོ་རྗེ་ལས། བཟའ་བྱ་དེ་ཉིད་བཏུང་བ་ཉིད། །ཇི་ལྟར་རྙེད་པ་རབ་ཏུ་ཟད། །ཡིད་འོང་མི་འོང་རྣམ་རྟོག་ཕྱིར། །ཞེན་པ་ཙམ་དུ་ཡང་མི་བྱ། །ཅེས་གསུངས་སོ། །དཀའ་ཐུབ་ལ་སོགས་པ་འགོག་སྟེ། གསང་བ་འདུས་པ་ལས། དཀའ་ཐུབ་དཀའ་སྤྱད་མི་ཟད་པ། །བརྟེན་ན་འགྲུབ་པར་མི་འགྱུར་ཞིང་། །ཞེས་གསུངས་སོ། །འཇུག་པ་བདེ་བའི་རྣལ་འབྱོར་གཙོ་བོར་གསུངས་ཏེ། འདོད་པའི་ལོངས་སྤྱོད་ཐམས་ཅད་ལ། །ཅི་འདོད་པར་ནི་བརྟེན་བཞིན་དུ། །རང་གིས་ལྷག་པའི་ལྷ་སྦྱོར་བ། །བདག་དང་གཞན་ལ་མཆོད་པར་བྱ། །ཞེས་གསུངས་སོ། །ཇི་སྐད་དུ་གཞུང་འདིར། རྣལ་འབྱོར་ཆེན་པོའི་རྒྱུད་རྣམས་ལས། །ཨ་ཝ་དྷཱུ་ཏིའི་སྤྱོད་སོགས་ལ། །འབྱུང་པོའི་གཏོར་མ་བཟའ་བའང་སྣང་། །ཞེས་གསུངས་པ་ཡིན་ནོ། །མདོར་ན་བྱ་རྒྱུད་ཀྱི་སྐབས་པ་ཉམས་སུ་ལེན་པའི་ཚེ་མདུན་དུ་ཡེ་ཤེས་སྐུ་ལྟར་བསྐྱེད་ནས་རང་ཉིད་ཐ་མལ་དུ་གནས་ཏེ། གཙང་སྦྲ་དང་དཀའ་ཐུབ་ལ་སོགས་པ་སྤྱོད་པའི་སྒོ་ནས་རྗེ་དཔོན་ལྟ་བུའི་དངོས་གྲུབ་ལེན། སྤྱོད་རྒྱུད་ལ་ཡེ་ཤེས་སྐུ་དང་རང་ཉིད་གཉིས་ཀ་ལྟར་བསྒོམས་ནས་གྲོགས་པོ་ལྟ་བུའི་དངོས་གྲུབ་ལེན། རྣལ་འབྱོར་རྒྱུད་ལ་རང་ཉིད་ལྷར་བསྒོམས་ནས་དེ་ལ་ཡེ་ཤེས་པ་སྤྱན་དྲངས་ཏེ་ཡེ་ཤེས་སྐུ་ལ་ཕྱིའི་དམིགས་པའི་རྟེན་ཙམ་བྱས་ནས་དངོས་གྲུབ་ལེན་ཞིང་། ཕྱག་རྒྱ་བཀྲོལ་ནས་ཡེ་ཤེས་པ་གཤེགས་གསོལ་བྱེད་པར་འདོད་དོ། །བླ་མེད་ལ་རང་ལྷ་ཡན་ལག་བཞི་རྫོགས་སུ་བསྐྱེད་ཡེ་ཤེས་པ་ནམ་ཡང་མི་གཤེགས་པར་དག་པ་གསུམ་གྱིས་རང་བཞིན་དུ་ཤེས་པར་བྱས་ནས་དངོས་གྲུབ་ལེན་པ་ཡིན་ཏེ། ཇི་སྐད་དུ་གཞུང་འདིར། འོན་ཀྱང་བྱ་བའི་རྒྱུད་དུ་ནི། །ཡེ་ཤེས་སྐུ་ལྷ་རུ་བསྒོམས་ནས་ཀྱང་། །དེ་ལ་དངོས་གྲུབ་ལེན་པ་ཡིན། །ཞེས་དང་། སྤྱོད་པའི་རྒྱུད་དུ་ཡེ་ཤེས་སྐུ་དང་། །རང་ཉིད་གཉིས་ཀ་ལྟར་བསྒོམས་

ནས། །གྲོགས་པོ་ལྷ་བུའི་དངོས་གྲུབ་ལེན། །ཞེས་དང་། རྣལ་འབྱོར་རྒྱུད་དུ་ཕྱི་རོལ་ལ། །དམིགས་པའི་རྐྱེན་ཙམ་བྱས་ནས་ཀྱང་། །རང་ཉིད་དམ་ཚིག་སེམས་དཔའ་ལ། །ཡེ་ཤེས་འཁོར་ལོ་སྤྱན་དྲངས་ནས། །རྗེ་སྲིད་ཕྱག་རྒྱ་མ་དགྲོལ་བར། །དེ་ཡི་བར་དུ་སངས་རྒྱས་བཞུགས། །ཕྱག་རྒྱ་བགྲོལ་ནས་སངས་རྒྱས་གཤེགས། །དེ་ནས་རང་ཉིད་ཐ་མལ་འགྱུར། །ཞེས་དང་། རྣལ་འབྱོར་ཆེན་པོའི་རྒྱུད་དུ་ནི། །དག་པ་གསུམ་གྱི་རང་བཞིན་བཤད། །ཞེས་གསུང་ཞིང་། འཆད་ཀ་བ་ནམ་མཁའ་འབུམ་གྱི་དྲིས་ལན་ལས་ཀྱང་འདི་བཞིན་དུ་གསུངས་སོ། །དེས་ན་བྱ་རྒྱུད་ལ་བདག་བསྐྱེད་མེད་ཅིང་། སྤྱོད་རྒྱུད་ལ་བདག་བསྐྱེད་ཡོད་ཀྱང་ཡེ་ཤེས་པ་བཞུགས་པ་མེད། རྣལ་འབྱོར་རྒྱུད་ལ་ཡེ་ཤེས་པ་བཅུག་ཀྱང་གཤེགས་གསོལ་བྱེད་པ་ཡོད། རྣལ་འབྱོར་ཆེན་པོ་ལ་གཤེགས་གསོལ་མི་བྱེད་པར་དག་པ་གསུམ་ལྡན་དུ་ཉམས་སུ་ལེན་པ་ཡང་། རྒྱུད་སྡེ་བཞིའི་སྐབས་པ་ཉམས་ལེན་གྱིས་ཁྱད་པར་ཡིན་པར་ཤེས་པར་བྱའོ། །

ད་ནི་དོགས་པའི་གནས་འདི་དཔྱད་པར་བྱ་སྟེ། གཞུང་འདིར། བྱ་རྒྱུད་ལ་རིགས་ལྔའི་དོན་མ་གྲུབ་པ་དང་། སྤྱོད་རྒྱུད་ལ་དོན་གྲུབ་ཀྱང་ཐ་སྙད་མ་གྲུབ་པ་དང་། གོང་མ་གཉིས་ཀ་ལ་གཉིས་ཀ་གྲུབ་པར་གསུངས་པའི་དོན་ཇི་ལྟར་ཡིན་ཞེ་ན། དེའི་དོན་ནི། རྒྱུད་སྡེ་རང་རང་གི་ནང་གསེས་ཀྱི་དབྱེ་བ་ལ། རིགས་ལྔ་སོ་སོར་སྟོན་པའི་རྒྱུད་ཡོད་མེད་ཀྱི་དོན་བསྟན་པ་མིན་གྱིས། དཀྱིལ་འཁོར་གྱི་ལྷ་ལ་རིགས་ལྔའི་དོན་བཀོད་པ་ཡོད་མེད་ཀྱི་ཁྱད་པར་ཡིན་ཏེ། དཔེར་ན་བྱ་རྒྱུད་ཀྱི་དཀྱིལ་འཁོར་གྱི་གཙོ་བོ་རིགས་གསུམ་སྤྱིའི་དཀྱིལ་འཁོར་ལ་རིགས་གསུམ་ཁོ་ན་བཀོད་པ་དང་། སྤྱོད་རྒྱུད་ལ་ཨ་ར་པ་ཙ་ན་ལྔ་ལྔ་ལྔ་བུ་ལ་རིགས་ལྔའི་དོན་བཀོད་པ་དང་། ཡོ་གའི་དེ་ཉིད་འདུས་པ་དང་། བླ་མེད་གསང་བ་འདུས་པ་ལྟ་བུ་ལ་རིགས་ལྔ་དངོས་སུ་བཀོད་པ་ལྟ་བུའོ། །འདི་དག་ནི་ཀུན་མཁྱེན་བླ་མའི་ལེགས་པར་བཤད་པ་གཞན་ལ་ཕན་པའི་ཕྱིར་མ་སྨྲས་པར་བྲིས་པ་ཡིན་ནོ། །

གནས་ལུགས་ཕྱག་རྒྱ་ཆེན་པོ་ལ། །འདོད་ལུགས་མང་ཡང་དེ་དག་ཀུན། །ཡིན་ལུགས་རྟགས་དང་མ་འབྲེལ་ཕྱིར། །ས་ལུགས་ཕྱག་རྒྱ་ཆེན་པོ་མིན། །དེད་ཀྱི་ཕྱག་རྒྱ་ཆེན་པོ་ནི། །དབང་ལས་བྱུང་བའི་ཡེ་ཤེས་དང་། །རིམ་པ་གཉིས་ཀྱི་ཏིང་འཛིན་ལས། །བྱུང་བའི་ཕྱག་རྒྱ་ཆེན་པོ་ཡིན། །འདིའི་རྟོགས་པ་གསང་སྔགས་ཀྱི་ཐབས་ལ་མཁས་ན་ཚེ་འདིར་འགྲུབ། དེས་ན་ཕྱག་རྒྱ་ཆེན་པོ་ལ། །མོས་ན་གསང་སྔགས་གཞུང་བཞིན་སྒྲུབས། །ཞེས་པ་ནི་བསྡུ་བའི་ཚིགས་སུ་བཅད་པའོ། །

བཞི་པ་ཕྱག་ཆེན་གོམས་པ་ལ་འཁོར་འདས་བསྲེ་བའི་སྤྱོད་པ་ལ་གཉིས་ཏེ། གཞུང་གི་འགྲེལ་དང་། དེའི་དོན་བསྟན་ལ་དབབ་པའོ། །དང་པོ་ལ་གཉིས་ཏེ། སྤྱོད་པའི་རྣམ་གཞག་སྤྱིར་བསྟན་པ་དང་། ལོག་རྟོག་བྱེ་

བྲག་ཏུ་དགག་པའོ། །དང་པོ་ནི། ཕ་རོལ་ཕྱིན་གཞུང་མི་ནུས་པར། །ཞེས་སོགས་དང་། ངེད་ཀྱི་ཕྱག་རྒྱ་ཆེན་པོ་ནི། །ཞེས་སོགས་ལས་འཕྲོས་ནས། འོ་ན་ཕྱག་རྒྱ་ཆེན་པོ་གོམས་པ་ལས་འཁོར་འདས་བསྲེ་བའི་སྤྱོད་པ་བྱ་བའི་ཚུལ་ཇི་ལྟ་བུ་ཡིན་ཞེ་ན། དབང་བཞི་རྫོགས་པར་ཐོབ་ཅིང་རིམ་པ་གཉིས་ལ་རྟོགས་པ་བརྟན་པའི་རྣལ་འབྱོར་པ་ཆོས་ཅན། སྤྱོད་པ་བྱ་བའི་དུས་དང་ཡུལ་ཡོད་དེ། དང་པོར་རང་གི་ཁྱིམ་ལ་སོགས་པར་བསྒོམ་པར་བྱ་བ་ཡིན་པའི་ཕྱིར། ཞེས་པ་ནི། དབང་བཞི་ཡོངས་སུ་རྫོགས་པ་དང་། །ཞེས་སོགས་ཀྱིས་བསྟན། འོ་ན་དགོས་པ་ཅིའི་ཕྱིར་དུ་སྤྱོད་ཅེ་ན། དེས་སྤྱོད་པ་བྱས་པ་ཆོས་ཅན། དགོས་པ་ཡོད་དེ། ནང་གི་ས་ལམ་རྣམས་བགྲོད་པ་དང་ཕྱི་ནང་གི་ཡུལ་རྣམས་དབང་དུ་འདུ་བའི་ཆེད་ཡིན་པའི་ཕྱིར། ཞེས་པ་ནི། ས་རྣམས་བགྲོད་པར་བྱ་བ་དང་། །ཞེས་སོགས་ཀྱིས་བསྟན། འོ་ན་གནས་གང་དུ་སྤྱོད་པ་སྤྱད་ཅེ་ན། དབང་བཞི་རྫོགས་པར་ཐོབ་པའི་རྣལ་འབྱོར་པ་ཆོས་ཅན། སྤྱོད་པ་བྱ་བའི་གནས་ཡོད་དེ། གནས་དང་ཉེ་བའི་གནས་ལ་སོགས་པ་ཡུལ་ཆེན་སོ་བདུན་དུ་སྤྱོད་པ་བྱ་བར་གསུངས་པའི་ཕྱིར། ཞེས་པ་ནི། གནས་དང་ཉེ་བའི་གནས་ལ་སོགས། །ཞེས་སོགས་ཀྱིས་བསྟན། འོ་ན་གང་ལས་གསུང་ཞེ་ན། ས་ལམ་བགྲོད་པར་བྱ་བའི་ཕྱིར་ཡུལ་ཆེན་སོ་བདུན་དུ་སྤྱོད་པ་བྱ་བའི་ལུགས་འདི་ཆོས་ཅན། རྣལ་འབྱོར་ཆེན་པོའི་རྒྱུད་སྡེ་ལས་གསུང་སྟེ། བརྟག་གཉིས་ལས། གནས་དང་ཉེ་བའི་གནས་དང་ནི། །ཞེས་སོགས་དང་། སཾ་པུ་ཊ་ལས། གནས་ནི་རབ་ཏུ་དགའ་བའི་ས། །ཞེས་སོགས་གསུངས་པའི་ཕྱིར་ཞེས་པ་ནི། ལུགས་འདི་རྣལ་འབྱོར་ཆེན་པོ་ཡི། །ཞེས་སོགས་ཀྱིས་བསྟན། འོ་ན་མཐར་ཐུག་གི་དགོས་པ་ཇི་ལྟ་བུ་ཡིན་ཞེ་ན། སྤྱོད་པ་བྱས་པ་ཆོས་ཅན། མཐར་ཐུག་གི་དགོས་པ་ཡིན་དེ། ཚེ་འདི་ཉིད་ལ་རྫོགས་པའི་སངས་རྒྱས་ཀྱི་གོ་འཕང་ཐོབ་པའི་ཆེད་ཡིན་པའི་ཕྱིར། ཞེས་པ་ནི། འདི་འདྲའི་སྤྱོད་པ་ཤེས་ནས་ནི། །ཚེ་འདི་ཉིད་ལ་རྫོགས་སངས་རྒྱས། །ཞེས་པས་བསྟན།

གཉིས་པ་ལ་གསུམ་སྟེ། གང་གི་རྒྱུ་བའི་གང་ཟག་ལ་འཁྲུལ་པ་དགག །གང་དུ་རྒྱུ་བའི་གནས་ལ་འཁྲུལ་པ་དགག །དེ་གཉིས་ཀའི་འཇུག་བསྡུ་བའོ། །དང་པོ་ལ་གསུམ་སྟེ། མཚན་ཉིད་དང་མི་ལྡན་པའི་གང་ཟག་གིས་སྤྱོད་པ་སྤྱད་པ་དགག །མཚན་ཉིད་དང་ལྡན་པའི་གང་ཟག་གིས་སྤྱོད་པ་སྤྱད་པའི་དགོས་པ། དེའི་གྲུབ་མཐའི་དོན་བསྟན་པའོ། །དང་པོ་ནི། དེང་སང་རིམ་གཉིས་ཀྱི་རྟོགས་པ་བརྟན་པ་ལྟ་ཅི་སྨོས། དབང་བསྐུར་བ་ཙམ་ཡང་མ་ཐོབ་པའི་གང་ཟག་གིས་སྤྱོད་པ་བྱ་བར་འདོད་པ་མི་འཐད་དེ། རིམ་པ་གཉིས་པོ་མི་བསྒོམ་པའི་རྣལ་འབྱོར་རྒྱུད་མན་ཆད་ཀྱི་སྒོམ་ཆེན་ཆོས་ཅན། ཡུལ་ཆེན་སོ་བདུན་དུ་སྤྱོད་པ་བྱ་བའི་ཆེད་དུ་འགྲོ་བ་སངས་རྒྱས་ཀྱིས་མ་གསུངས་ཏེ། གཙོ་བོར་སེམས་ལ་གནད་དུ་བསྣུན་ནས་སྒོམ་པ་ཕ་རོལ་ཏུ་ཕྱིན་པའི་

ལུགས་དང་མཚུངས་པའི་སྒོམ་ཆེན་ཡིན་པའི་ཕྱིར་ཏེ། རིམ་པ་གཉིས་པོ་མི་བསྒོམ་པའི་སྒོམ་ཆེན་བཟང་པོ་ཡིན་པའི་ཕྱིར། ཞེས་པ་ནི། དེང་སང་གསང་སྔགས་མི་ཤེས་པར། །ཞེས་སོགས་ཀྱིས་བསྟན། དེས་ན་སྐབས་ཀྱི་དོན་ནི། སྒོམ་ཆེན་བཟང་པོ་ཞེས་པ་ས་དང་པོ་ཡན་ཆད་ཀྱི་རྟོགས་པ་སྐྱེས་པ་ཡིན་ལ། དེ་ལ་སེམས་གནད་དུ་བསྣུན་ནས་སྐྱེས་པ་དང་། ལུས་ལ་གནད་དུ་བསྣུན་ནས་སྐྱེས་པ་གཉིས་ལས། རིམ་གཉིས་མ་བསྒོམ་པར་སྐྱེས་པ་ནི། སེམས་ལ་གནད་དུ་བསྣུན་ནས་སྐྱེས་པ་ཡིན་པས་རྒྱུད་སྡེ་འོག་མ་གསུམ་གྱིས་ས་ལམ་གྱི་རྟོག་པ་བསྐྱེད་པའི་ཚུལ་ཡང་སེམས་ལ་གནད་དུ་བསྣུན་པ་ལས་མ་འདས་པའི་ཕྱིར་ན། ཕ་རོལ་ཏུ་ཕྱིན་པའི་ལུགས་ཀྱི་ས་ལམ་གྱི་རྟོག་པ་བསྐྱེད་པའི་ལུགས་དང་ཆོས་མཚུངས་པར་སྟོན་པ་ཡིན་གྱི། ཉམས་ལེན་ཐམས་ཅད་ཕ་རོལ་ཏུ་ཕྱིན་པའི་ཉམས་ལེན་དུ་འདུས་པ་ནི་མིན་ནོ། །འདི་ཇི་ལྟ་བ་བཞིན་རྟོགས་པ་ནི། ཀུན་མཁྱེན་བསོད་ནམས་སེང་གེའོ། །པཎ་ཆེན་པ་ན་རེ། གཞུང་འདིའི་སྤྱི་ཁྱབ་མི་འཛིན་པར། དགོས་ཁྱབ་འཛིན་པ་ཡིན་ཏེ། དེའི་ཚུལ་ཡང་ཁྱེད་འདོད་པའི་སྒོམ་ཆེན་ཆོས་ཅན། ཕ་རོལ་ཏུ་ཕྱིན་པའི་སྒོམ་ཆེན་དུ་ཐལ། སྒོམ་ཆེན་གང་ཞིག །གསང་སྔགས་ཀྱི་སྒོམ་ཆེན་མིན་པའི་ཕྱིར། རྟགས་ཕྱི་མ་གྲུབ་སྟེ། རྒྱུད་སྡེ་འོག་མ་གསུམ་གྱི་སྒོམ་ཆེན་ཡང་མིན། རྣལ་འབྱོར་ཆེན་པོའི་སྒོམ་ཆེན་ཡང་མིན་པའི་ཕྱིར། དང་པོ་གྲུབ་སྟེ། ཡུལ་ཆེན་སོ་བདུན་དུ་སྤྱོད་པ་བྱེད་པའི་སྒོམ་ཆེན་མིན་པའི་ཕྱིར། གཉིས་པ་གྲུབ་སྟེ། རིམ་པ་གཉིས་པོ་མི་བསྒོམ་པའི་སྒོམ་ཆེན་ཡིན་པའི་ཕྱིར། ཞེས་གསུངས་སོ། །འདིར་ཁ་ཅིག །རིམ་པ་གཉིས་པོ་མི་བསྒོམ་པའི་སྒོམ་ཆེན་ཡིན་ན། ཕ་རོལ་ཏུ་ཕྱིན་པའི་སྒོམ་ཆེན་ཡིན་པས་ཁྱབ་ཅེས་སྤྱི་ཁྱབ་བཟུང་ནས་རྒྱུད་སྡེ་འོག་མ་གསུམ་ལ་ཡང་། རིམ་གཉིས་ཡོད་པར་འདོད་པ་ནི་གོང་དུ་བཀག་ཟིན་ཏོ། །གལ་ཏེ་རིམ་གཉིས་མི་བསྒོམ་པར་རྟོག་པ་ཡོད་པར་རློམས་པའི་གང་ཟག་ཆོས་ཅན། ཡུལ་ཆེན་སོ་བདུན་དུ་འགྲོ་བ་མི་འཐད་དེ། དེར་ཕྱིན་ཡང་བར་ཆད་འབྱུང་བར་གསུངས་པའི་ཕྱིར། རྟོགས་པ་དང་རློམས་པ་ཅི་ཡང་མེད་པའི་སྒོམ་ཆེན་ཆོས་ཅན། ཡུལ་དེར་ཕྱིན་པ་ལ་དགོས་པ་མེད་དེ། དེར་ཕྱིན་ཡང་ཕན་གནོད་ཅི་ཡང་མེད་པའི་ཕྱིར། དཔེར་ན་ཨུ་རྒྱན་ཛཱ་ལན་དྷ་ར་སོགས་གླ་གློ་སོགས་ཀྱི་གང་ཡང་སེམས་ལ་རྟོག་པ་བསྐྱེད་པའི་ཕན་པ་དང་། བར་ཆད་འབྱུང་བས་གནོད་པ་སོགས་མེད་པ་བཞིན་ནོ། །ཞེས་པ་ནི། གལ་ཏེ་གསང་སྔགས་མི་བསྒོམ་པའི། །ཞེས་སོགས་ཀྱིས་བསྟན། གཉིས་པ་ནི། འོ་ན་གང་ཟག་ཇི་ལྟ་བུའི་རྒྱུ་བ་ཡིན་ཞེ་ན། གསང་སྔགས་བསྒོམས་པའི་རྟོགས་པ་ཅན་བརྡ་དོན་འཕྲོད་པའི་སྐལ་བར་ལྡན་པའི་རྣལ་འབྱོར་བ་ཆོས་ཅན། ཡུལ་ཆེན་སོ་བདུན་དུ་སྤྱོད་པ་སྤྱད་པ་ལ་དགོས་པ་ཡོད་དེ། དེ་ན་གནས་པའི་མཁའ་འགྲོ་མ་རྣམས་ཀྱིས་བྱིན་གྱིས་བརླབས་ཤིང་ནང་གི་ས་ལམ་གྱི་རྟོགས་པ་མྱུར་དུ་སྐྱེ་བའི་ཕྱིར། ཞེས་པ་ནི། གསང་སྔགས་བསྒོམས་པའི་རྟོགས་

པ་ཅན། །ཞེས་སོགས་ཀྱིས་བསྟན། གསུམ་པ་ནི། དེས་ན་གསང་སྔགས་ཞེས་སོགས་རྐང་པ་གཉིས་ཀྱིས་བསྟན། གཉིས་པ་ལ་གཉིས་ཏེ། ཏི་སེ་གངས་ཅན་དུ་འདོད་པ་དགག །ཙ་རི་གནས་ཆེན་དུ་འདོད་པ་དགག་པའོ། །དང་པོ་ལ་གསུམ་སྟེ། དགག་པ་སྤྱིར་བསྟན། ལུང་འགལ་བྱེ་བྲག་ཏུ་བཤད། ཉེས་སྤོང་གི་ལན་དགག་པའོ། །དང་པོ་ནི། གངས་ཏི་སེ་ཆོས་ཅན། རི་བོ་གངས་ཅན་མིན་ཏེ། དཔལ་ལྡན་དུས་འཁོར་སོགས་ནས་བཤད་པའི་གངས་ཅན་གྱི་མཚན་ཉིད་མ་ཚང་བའི་ཕྱིར། མ་ཕམ་གཡུ་མཚོ་ཆོས་ཅན། མཚོ་མ་དྲོས་པ་མིན་ཏེ། དེའི་མཚན་ཉིད་མ་ཚང་བའི་ཕྱིར་ཞེས་པ་ནི། དཔལ་ལྡན་དུས་ཀྱི་འཁོར་ལོ་དང་། །ཞེས་སོགས་ཀྱིས་བསྟན། གཉིས་པ་ལ་ལྔ་སྟེ། དུས་ཀྱི་འཁོར་ལོ་དང་། མདོན་པ་དང་། མུ་སྟེགས་བྱེད་དང་། ཕྱ་བྱ་ཆེན་མོའི་མདོ་དང་། ཕལ་པོ་ཆེའི་ལུང་དང་འགལ་བའོ། །དང་པོ་ནི། འོན་དཔལ་ལྡན་དུས་འཁོར་ནས་གསུངས་པའི་གངས་ཅན་གྱི་མཚན་ཉིད་སོགས་མ་ཚང་བའི་རྒྱུ་མཚན་ཅི་ཡིན་ཞེ་ན། ད་ལྟའི་ཏི་སེ་ཆོས་ཅན། དུས་འཁོར་ནས་གསུངས་པའི་གངས་ཅན་གྱི་མཚན་ཉིད་མ་ཚང་སྟེ། ཤམྦྷ་ལའི་གྲོང་ཁྱེར་དང་རྒྱལ་པོའི་ཕོ་བྲང་ལ་སོགས་པ་ཡོད་པར་གསུངས་པ་རྣམས་མ་ཚང་བའི་ཕྱིར། ཞེས་པ་ནི། དེའི་མཚན་ཉིད་འདི་ལྟར་ཡིན། །ཞེས་སོགས་ཀྱིས་བསྟན། དེས་ན་ཏི་སེར་རང་དགར་འགྲོ་བའི་གང་ཟག་ཆོས་ཅན། རི་བོ་གངས་ཅན་དུ་བགྲོད་ནུས་པ་མིན་ཏེ། རྫུ་འཕྲུལ་དང་མི་ལྡན་པའི་ཕྱིར་ཞེས་པ་ནི། དེས་ན་རི་བོ་གངས་ཅན་དུ། །ཞེས་སོགས་ཀྱིས་བསྟན།

གཉིས་པ་ནི། ད་ལྟའི་མ་ཕམ་འདི་ཆོས་ཅན། མདོན་པ་ནས་བཤད་པའི་མཚོ་མ་དྲོས་པ་མིན་ཏེ། དེ་ནས་བཤད་པའི་མ་དྲོས་པའི་མཚན་ཉིད་མ་ཚང་བའི་ཕྱིར་ཏེ། མདོན་པ་ལས། ཇོ་རྗེ་གདན་འདི་ནས་བྱང་དུ་རི་ནག་པོ་དགུ་འདས་པ་ན། རི་བོ་གངས་ཅན་ཡོད་པར་གསུངས་ཤིང་། དེ་ནས་རི་སྤོས་ཀྱི་ངད་དང་ལྡན་པའི་ཚུ་རོལ་ན། ཆུ་ཞེང་ལྔ་བཅུ་ཡོད་པའི་མཚོ་མ་དྲོས་པ་ཡོད་པར་གསུངས་པ་རྣམས་མང་བའི་ཕྱིར། མདོན་པ་ལས་ཀྱང་འདི་སྐད་དུ། །ཞེས་སོགས་ཀྱིས་བསྟན། གཞན་ཡང་ད་ལྟའི་ཏི་སེ་འདི་ཆོས་ཅན། མདོན་པ་ལས་བཤད་པའི་རི་བོ་གངས་ཅན་མིན་ཏེ། དེའི་མཚན་ཉིད་མ་ཚང་བའི་ཕྱིར་ཞེས་པ་ནི། ད་ལྟའི་ཏི་སེ་འདི་ལ་ནི། །མཚན་ཉིད་དེ་དག་གང་ཡང་མེད། ཅེས་པས་བསྟན།

གསུམ་པ་ནི། དེ་ཆོས་ཅན། མུ་སྟེགས་བྱེད་ཀྱི་གཞུང་ལས་བཤད་པའི་གངས་ཅན་ཡང་མིན་ཏེ། དེ་ནས་བཤད་པའི་གངས་ཅན་གྱི་མཚན་ཉིད་མ་ཚང་བའི་ཕྱིར་ཏེ། ཤར་ནུབ་གཉིས་ཀྱི་རྒྱ་མཚོའི་བར་གངས་ཅན་གྱིས་ཁྱབ་པར་བཤད་པ་སོགས་མང་བའི་ཕྱིར། ཞེས་པ་ནི། མུ་སྟེགས་བྱེད་པའི་ཞེས་སོགས་ཀྱིས་བསྟན། བཞི་པ་ནི། ད་ལྟའི་ཏི་སེ་ཆོས་ཅན། རི་བོ་གངས་ཅན་མིན་ཏེ། ཕྱ་བྱ་ཆེན་མོའི་མདོ་ལས་གངས་ཅན་དང་ཏི་སེ་ཐ་དད་དུ

གསུངས་ཤིང་། ཁྱོད་ཏི་སེ་ཁོ་ན་ཡིན་པའི་ཕྱིར་ཞེས་པ་ནི། རྨ་བྱ་ཆེན་མོའི་མདོ་ལས་ཞེས་སོགས་ཀྱིས་བསྟན། ལྔ་པ་ནི། ད་ལྟའི་མ་ཕམ་འདི་ཆོས་ཅན། ཕལ་པོ་ཆེ་ནས་བཤད་པའི་མཚོ་མ་དྲོས་པ་མིན་ཏེ། དེ་ནས་བཤད་པའི་མ་དྲོས་པའི་མཚན་ཉིད་མ་ཚང་བའི་ཕྱིར་ཏེ། རྒྱ་ཞེང་དུ་དཔག་ཚད་ལྔ་བཅུ་ལྔ་བཅུར་གསུངས་པ་དང་། ཆུ་བོ་ཆེན་པོ་བཞི་འབབ་པར་གསུངས་པ་རྣམས་མང་བའི་ཕྱིར། ཞེས་པ་ནི། ཕལ་པོ་ཆེའི་མདོ་ལས་ཀྱང་། །ཞེས་སོགས་ཀྱིས་བསྟན། གསུམ་པ་ལ་གཉིས་ཏེ། ཉེས་སྤྱོངས་བརྗོད་པ་དང་། དེ་དགག་པའོ། །དང་པོ་ནི། ཁ་ཅིག །མཚན་ཉིད་དེ་དག་དང་མི་ལྡན་ཡང་གངས་ཅན་དང་མ་དྲོས་པ་མིན་པར་མི་འགྱུར་ཏེ། དུས་ཀྱི་སྟོབས་ཀྱིས་ཡུལ་ཀུན་འགྱུར་བ་ཡིན་པའི་ཕྱིར་ཏེ། དཔེར་ན་བྱ་རྐོད་ཕུང་པོའི་རི་ལ་ཡང་དཀོན་བརྩེགས་ལས་བཤད་པ་ལྟར་གྱི་མཐོ་བ་དང་ཟླུམ་པ་ལ་སོགས་པ་ད་ལྟ་མེད་པ་བཞིན་ནོ། །ཞེས་པ་ནི། དེ་ལ་ཁ་ཅིག་འདི་སྐད་དུ། །ཞེས་སོགས་ཀྱིས་བསྟན། གཉིས་པ་ལ་གཉིས་ཏེ། འཆར་ཡུལ་གཉིས་ཀྱི་རང་བཞིན་བཤད། དེ་ཉིད་སྐབས་ཀྱིས་ལན་ལ་སྦྱར་བའོ། །དང་པོ་ལ་གཉིས་ཏེ། སྒྲ་བསྒྱུར་སྐྱོན་དུ་འགྱུར་མི་འགྱུར་དཔྱད། དེའི་དཔེར་བརྗོད་སོ་སོར་བཤད་པའོ། །དང་པོ་ནི། དངོས་པོའི་གནས་ལུགས་འཆད་པའི་སྐབས་ཆོས་ཅན། སྒྲ་བསྒྱུར་བརྗོད་ན་སྐྱོན་ཡོད་དེ། དངོས་པོའི་གནས་ལུགས་ངོས་མི་ཟིན་པའི་སྐྱོན་ཡོད་པའི་ཕྱིར། སྐྱོན་ཡོན་བསྟུགས་པའི་སྐབས་ཆོས་ཅན། སྒྲ་བསྒྱུར་བརྗོད་ཀྱང་སྐྱོན་མེད་དེ། དངོས་པོའི་གནས་ལུགས་འཆད་པའི་སྐབས་མ་ཡིན་པའི་ཕྱིར། ཞེས་པ་ནི། འདི་ཡང་ཕྱེ་སྟེ་བཤད་ཀྱིས་ཉོན། །ཞེས་སོགས་ཀྱིས་བསྟན། གཉིས་པ་ནི། གནས་ལུགས་འཆད་པ་དང་སྐྱོན་ཡོན་བསྟུགས་པ་གཉིས་ཆོས་ཅན། སྒྲ་བསྒྱུར་སྐྱོན་དུ་མི་འགྱུར་བ་དང་འགྱུར་བའི་དཔེ་ཡོད་དེ། བ་ལང་ལ་གངས་རིའི་དུམ་བུ་ལྟ་བུར་བསྟུགས་པ་སོགས་དང་། སྐྱེས་བུའི་བཞིན་ལ་ཉི་ཟླ་སོགས་དང་། རྒྱ་ཆེ་བ་ལ་ནམ་མཁའ་སོགས་དང་། ཆུང་བ་ལ་རྡུལ་ཕྲན་སོགས་དང་། རགས་པ་ལ་ནི་རི་བོ་དང་། ཕྱི་བ་ལ་གླང་ཆེན་སོགས་དང་། ཕྲུག་པོ་ལ་རྣམ་ཐོས་ཀྱི་བུ་སོགས་དང་། རྒྱལ་ཕྲན་ལ་བརྒྱ་བྱིན་སོགས་དང་། དགེ་བའི་བཤེས་གཉེན་ཕལ་པ་ལ་སངས་རྒྱས་ལྟ་བུ་བསྟུགས་པ་རྣམས་སྐྱོན་ཡོན་བསྟུགས་པའི་ཚེ་སྐྱོན་དུ་མི་འགྱུར་བའི་དཔེ་དང་། དངོས་པོའི་གནས་ལུགས་འཆད་པའི་ཚེ་སྐྱོན་དུ་འགྱུར་བའི་དཔེ་ཡིན་པའི་ཕྱིར་ཏེ། སྐྱོན་ཡོན་བསྟུགས་པའི་ཚེ་ཡོན་ཏན་དེ་དག་ཚང་མི་དགོས་ཀྱང་། གནས་ལུགས་འཆད་པའི་ཚེ་ཡོན་ཏན་དེ་དག་ཚང་དགོས་པའི་ཕྱིར། ཞེས་པ་ནི། དཔེར་ན་བ་ལང་བསྟུགས་པའི་ཚེ། །ཞེས་སོགས་ཀྱིས་བསྟན། གཉིས་པ་ནི། དེས་ན་བྱ་རྐོད་ཕུང་པོའི་རི་ཆོས་ཅན། དཀོན་བརྩེགས་ལས་གསུངས་པ་བཞིན་གྱིས་མཚན་ཉིད་མ་ཚང་ཡང་སྐྱོན་དུ་མི་འགྱུར་ཏེ། དཀོན་བརྩེགས་ལས་གསུངས་པ་ནི་སྟོན་ངག་མཁན་གྱིས་ལུགས་བཞིན་དུ་མཛད་པ་ཡིན་པའི་ཕྱིར། ཞེས་པ་ནི།

དེས་ན་བྱ་རྒོད་ཅེས་སོགས་ཀྱིས་བསྟན། གངས་ཅན་དང་མ་དྲོས་པ་སོགས་ཆོས་ཅན། དུས་འཁོར་སོགས་ནས་གསུངས་པའི་མཚན་ཉིད་མ་ཚང་བས་སྐྱོན་དུ་འགྱུར་ཏེ། དེ་དག་ལ་དངོས་པོའི་གནས་ལུགས་འཆད་པའི་དབང་དུ་མཛད་ནས་གསུངས་པའི་ཕྱིར། ཞེས་པ་ནི། གངས་ཅན་མ་དྲོས་ཞེས་སོགས་ཀྱིས་བསྟན། གཉིས་པ་ནི། ཀོང་ཡུལ་གྱི་ཙ་རི་ཏྲ་མོ་དེ་ཆོས་ཅན། གནས་འབྱུང་སྐྱོད་ཀྱི་བྱེ་བྲག་གི་ཙ་རི་མོ་མིན་ཏེ། ལྷོ་ཕྱོགས་རྒྱ་མཚོའི་འགྲམ་ན་ཡོད་པ་སོགས་ཀྱིས་མཚན་ཉིད་མ་ཚང་བའི་ཕྱིར་ཞེས་པ་ནི། ཙ་རི་ཏྲ་ཞེས་སོགས་ཀྱིས་བསྟན། ཁ་ཅིག །དེ་ཝི་ཀོ་ཊ་ལ་གཉིས་ཡོད་པའི་ཆེ་བ་རྒྱ་གར་ལྷོ་ཕྱོགས་ན་ཡོད་ཅིང། ཆུང་བ་ཀོང་ཡུལ་གྱི་ཙ་རི་ཡིན་ཞེས་ཟེར་བ་མི་འཐད་དེ། ཙ་རི་དེ་ཆོས་ཅན། དེ་ཝི་ཀོ་ཊའི་ཡུལ་མིན་ཏེ། རྡོ་རྗེ་མཁའ་འགྲོའི་རྒྱུད་ལས་གསུངས་པའི་དེ་ཝི་ཀོ་ཊའི་མཚན་ཉིད་མ་ཚང་བའི་ཕྱིར་ཏེ། གནས་དེར་ལྷ་མོ་དྲག་མོ་ནི། །རྐ་ཊའི་ཤིང་ལ་བརྟེན་ཏེ་གནས། །བོད་ཡུལ་དུ་ནི་ལྡན་སྐྱེས་ཏེ། །རང་བྱུང་གི་ནི་སྐྱེ་གནས་བྱུང་། །ཞེས་གསུངས་པའི་དོན་མ་ཚང་བའི་ཕྱིར། ཞེས་པ་ནི། དེ་ཝི་ཀོ་ཊའི་གནས་གཞན་ཞིག །ཅེས་སོགས་ཀྱིས་བསྟན། གསུམ་པ་དེ་གཉིས་ཀའི་དོན་བསྡུ་བ་ནི། ཏི་སེ་དང་ཙ་རི་སོགས་ཆོས་ཅན། གནས་ཆེན་མིན་ཏེ། རིམ་པ་གཉིས་ཀྱི་རྟོགས་པ་བརྟན་པའི་གང་ཟག་གིས་སྤྱོད་པའི་དོན་དུ་རྒྱུ་བར་གསུངས་པ་སོགས་ཀྱི་མཚན་ཉིད་དང་མི་ལྡན་པའི་ཕྱིར། ཞེས་པ་ནི། ཏི་སེ་དང་ནི་ཙ་རི་སོགས་ཞེས་སོགས་ཀྱིས་བསྟན་ཏོ། །གཞུང་གི་འགྲེལ་པ་བསྟན་ཟིན་ཏོ།། །།

གཉིས་པ་དེ་དག་གི་དོན་གཏན་ལ་དབབ་པ་ལ་གསུམ་སྟེ། སྤྱོད་པའི་སྔོན་དུ་འགྲོ་བ་དྲོད་བཤད་པ། དྲོད་ཀྱིས་ཐོབ་པའི་སྤྱོད་པ་བཤད་པ། སྤྱོད་པས་ཐོབ་པའི་ཉེར་རྒྱུ་བཤད་པའོ། །དང་པོ་ལ་དྲུག་སྟེ། ངོ་བོ། དབྱེ་བ། སོ་སོའི་མཚན་ཉིད། མ་ཐོབ་པ་ཐོབ་པར་བྱེད་པའི་ཐབས། ཐོབ་པ་བརྟན་པར་བྱེད་པའི་དུས། དྲོད་དང་སྤྱོད་པའི་མཚམས་སྦྱར་བའོ། །དང་པོ་ནི། ཏིང་ངེ་འཛིན་ལས་སྐྱེས་པའི་ལུས་ངག་ཡིད་གསུམ་གྱི་མཐུའམ། ནུས་པའི་ཁྱད་པར་ལ་དྲོད་ཅེས་བྱའོ། །གཉིས་པ་ནི། དྲོད་ཆུང་དུ། འབྲིང་། ཆེན་པོ་གསུམ་མོ། །གསུམ་པ་ལ་དྲོད་ཆུང་དུ་ནི། མཉམ་གཞག་ཏུ་འཛིག་རྟེན་ཆོས་བརྒྱད་མགོ་སྙོམས་པ་མཉམ་བྱེད་ཉོན་མོངས་པ་གློ་བུར་བ་ཟློག་པ་སྙམ་བྱེད་པའོ། །དྲོད་འབྲིང་པོ་ནི་ཚར་བཅད་དང་རྗེས་བཟུང་གི་ལས་གང་རུང་གཅིག་ནུས་པའོ། །དྲོད་ཆེན་པོ་ནི་ཚར་བཅད་དང་རྗེས་བཟུང་གི་ལས་གཉིས་ཀ་ནུས་པ་སྟེ། རྫུ་འཕྲུལ་དང་མངོན་ཤེས་ཀྱི་ལས་ཅ་སྙོམས་པ་ཞེས་བྱའོ། །བཞི་པ་ནི། དྲོད་ཆུང་ངུ་མ་ཐོབ་པ་ཐོབ་པར་བྱེད་པའི་ཐབས་རིམ་པ་གཉིས་བསྒོམ་པ་ཡིན་ལ། འབྲིང་མ་ཐོབ་པ་ཐོབ་པར་བྱེད་པ་ནི་ཀུན་འདར་གྱི་གསང་སྤྱོད་ཡིན་ཅིང་། ཆེན་པོ་མ་ཐོབ་པ་ཐོབ་པར་བྱེད་པ་ནི་དྲག་ཤུལ་གྱི་ལས་སོ། །ལྔ་པ་ནི། ཟླ་བ་བྱེད་དུ་སྔར་གྱི་དེ་ལ་གོམས་པར་བྱེད་ཅིང་གནས་པར་བྱེད་པའོ། །

དྲུག་པ་ནི། ཐྲོད་ཆུང་དུ་ཐོབ་ནས་ཀུན་འདར་གསང་ནས་སྤྱོད་ལ། འབྲིང་ཐོབ་ནས་འཇིག་རྟེན་པའི་མངོན་དུ་སྤྱོད་ཅིང་། ཆེན་པོ་ཐོབ་ནས་ཀུན་འདར་བཟང་པོ་སྤྱོད་དོ། །

གཉིས་པ་སྤྱོད་པ་ལ་གཉིས་ཏེ། རྣམ་གཞག་སྤྱིར་བསྟན་པ། གང་དུ་སྤྱོད་པ་བྱ་བའི་གནས་བྱེ་བྲག་ཏུ་བཤད་པའོ། །དང་པོ་ལ་དྲུག་སྟེ། ངོ་བོ། དབྱེ་བ། མཚན་ཉིད། སྤྱད་པའི་དུས། རྟེན་གྱི་གང་ཟག །སྤྱོད་པའི་དགོས་པའོ། །དང་པོ་ནི། ནང་དུ་དེ་ཁོ་ན་ཉིད་ཀྱི་རྟོགས་པས་ཀུན་ནས་བསླངས་པའི་ཕྱི་རོལ་དུ་ལུས་ངག་གཡོ་ཞིང་། རྒྱུ་བ་ཅི་འདོད་བྱེད་པའི་ཁྱད་པར་ལ་སྤྱོད་པ་ཞེས་བྱ་སྟེ། ལུས་དང་བཟའ་བ་དང་བཏུང་བ་སོགས་ལ་བཟང་ངན་གྱི་བླང་དོར་མི་བྱེད་པར་ཅི་དགར་སྤྱོད་པའོ། །གཉིས་པ་ལ། ཀུན་འདར་གྱི་སྤྱོད་པ་དང་། ཀུན་ཏུ་བཟང་པོའི་སྤྱོད་པ་གཉིས་ལས། དང་པོ་ལ་མིང་གི་རྣམ་གྲངས་རྣམས་ནི། སྤོན་པ་བརྟུལ་ཞུགས་ཀྱི་སྤྱོད་པ་དང་། རྒྱལ་བུ་གཞོན་ནུའི་སྤྱོད་པ་དང་། གསང་སྤྱོད་ཅེས་ཀྱང་བྱའོ། །གཉིས་པ་ལ་མིང་གི་རྣམ་གྲངས་ནི། ཕྱོགས་ལས་རྣམ་པར་རྒྱལ་བའི་སྤྱོད་པ་དང་། རྒྱལ་ཚབ་ཆེན་པོའི་སྤྱོད་པ་དང་། འཇིག་རྟེན་པའི་མངོན་དུ་སྤྱོད་པ་ཞེས་བྱའོ། །གསུམ་པ་ནི། ཅིའི་ཕྱིར་མིང་དེ་སྐད་དུ་བརྗོད་ཅེ་ན། འཇིག་རྟེན་པ་རྣམས་འཇིགས་ཤིང་འདར་བས་ན་ཀུན་འདར། ཀུན་གྱི་སྒྲ་ལ་ཨ་ཝ་དྷཱུ་ཏི་ཞེས་པ། གཉིས་སྤངས་ཞེས་བྱ་བར་ཡང་འགྱུར་བས་ན། བཟའ་བྱ་དང་བཟའ་བྱ་མིན་པ་སོགས་བླང་དོར་གཉིས་སུ་མེད་པར་སྤྱོད་པས་ན་གཉིས་སྤངས། སྤོན་པ་བརྟུས་ཏེ་རིགས་ལ་སོགས་པ་བསད་ནས་སྤྱོད་པས་ན་སྤོན་པ་བརྟུལ་ཞུགས་ཀྱི་སྤྱོད་པ་དང་། རྒྱལ་ཚབ་ཆེན་པོ་ལ་ཐོབ་པས་ན་རྒྱལ་བུ་གཞོན་ནུའི་སྤྱོད་པ་དང་། རྣལ་འབྱོར་པར་ཁས་མི་ལེན་པར་གསང་སྟེ་སྤྱོད་པས་ན་གསང་སྤྱོད་ཅེས་བྱའོ། །གཉིས་པ་ལ། སྣང་བ་ཐམས་ཅད་རང་གི་རྟོགས་པའི་ཡེ་ཤེས་ཀྱི་ངོ་བོར་ཀུན་ཏུ་བཟང་པོར་རྟོགས་པས་ན་ཀུན་ཏུ་བཟང་པོ་དང་། རྣམ་ཤེས་དང་ཡེ་ཤེས་ཆ་མཉམ་པས་གཞན་དོན་ཐོགས་མེད་དུ་ནུས་པས་ན། རྒྱལ་ཚབ་ཆེན་པོ་དང་། འཇིག་རྟེན་པས་མངོན་དུ་སྤྱོད་པས་ན་མངོན་སྤྱོད་ཅེས་བྱའོ། །བཞི་པ་ནི། ཐྲོད་ཆུང་དུ་ཐོབ་ནས་ཀུན་འདར་གསང་སྟེ་སྤྱོད་པ་ཞེས་བྱ་བ། མཚན་མོའི་དུས་སུ་བཟའ་བྱ་དང་བཟའ་བྱ་མིན་པ་གཉིས་སུ་མེད་པ་སོགས་སྤྱོད་ལ། ཉིན་མོ་རང་གི་རིགས་དང་མཐུན་པར་སྤྱོད་དོ། །དེ་ནས་ཐྲོད་འབྲིང་པོ་སྐྱེས་པ་ན་ཀུན་འདར་མངོན་དུ་སྤྱོད་པ་ཞེས་བྱ། རང་ཡུལ་འཁོར་སྤངས་ཏེ་རི་དྭགས་ལ་སོགས་པ་བསད་ནས་སྨྱོན་པར་བརྟུས་ཏེ་སྤྱོད་པ་ཡིན་ནོ། །དེས་ཐྲོད་ཆེན་པོ་འཇིག་རྟེན་ལས་འདས་པའི་ཟག་པ་མེད་པའི་ཡེ་ཤེས་ཐོབ་པ་ན་ཀུན་དུ་བཟང་པོའི་སྤྱོད་པ་སྤྱད་དོ། །དེ་ཡང་སྤྱིར་བཏང་དུ་དུས་ཟླ་བ་རེ་གསུངས་ཏེ། ཙ་རྒྱུད་དུ། ཟླ་བ་གཅིག་ཏུ་གསང་ལ་སྤྱོད། །ཇི་སྲིད་ཕྱག་རྒྱ་མ་རྙེད་པ། །ཞེས་པས་དང་པོའི་དུས་དང་། ཟླ་བ་གཅིག་གིས་སྐལ་ལྡན་

པར། །འགྱུར་བ་འདི་ལ་ཐེ་ཚོམ་མེད། །ཅེས་པས་གཉིས་པའི་དུས་བསྟན་ནོ། །ལྔ་པ་ནི། དྲོད་ཐོབ་ཅིང་སེམས་ཅན་གྱི་དོན་དུ་ཚེ་འདི་ཉིད་ལ་མཆོག་གི་དངོས་གྲུབ་འདོད་པའི་ཆོས་གཉིས་དང་ལྡན་པ་གཅིག་གིས་སྤྱོད་པ་སྤྱོད་པ་ཡིན་གྱིས། གང་ཡང་རུང་བ་གཅིག་མ་ཚང་བས་ནི་མིན་ནོ། །

དྲུག་པ་ལ་གསུམ་ལས། ཀུན་འདར་གསང་ནས་སྤྱོད་པའི་དགོས་པ་ནི། རང་གི་སེམས་ཀྱི་བརྟན་གཡོ་བརྟག་པའི་ཆེད་ཡིན་ལ། ཀུན་འདར་མངོན་དུ་སྤྱོད་པའི་དགོས་པ་ནི། གྲུབ་མཐའི་དབང་དང་གྲོགས་དབང་དུ་བྱ་བའི་ཆེད་ཡིན་ཅིང་། ཀུན་དུ་བཟང་པོའི་སྤྱོད་པའི་དགོས་པ་ནི། སེམས་ཅན་ཡོངས་སུ་སྨིན་པར་བྱ་བའི་ཕྱིར་ཡིན་ནོ། །དེ་ལྟར་སྤྱོད་པ་གཉིས་ལས། གཞུང་འདིར། ཀུན་འདར་གྱི་སྤྱོད་པ་སྟོན་པ་ཡིན་ཞིང་། དེ་ལ་ཡང་གསང་སྤྱོད་དང་མངོན་སྤྱོད་གཉིས་ཡོད་པ་ལས་ཕྱི་མ་སྟོན་ཏེ། གང་ཟག་དང་གནས་ལ་ལོག་རྟོག་དགག་པ་ནི། ཕྱི་མའི་དབང་དུ་མཛད་ནས་གསུངས་པའི་ཕྱིར་རོ། །གཉིས་པ་གང་དུ་རྒྱུ་བའི་གནས་བྱེ་བྲག་ཏུ་བཤད་པ་ལ་གསུམ་སྟེ། མཁས་པ་སྔ་མའི་བཞེད་པ་འགོད་པ། ཡོངས་འཛིན་དམ་པའི་བཞེད་པ་ངོས་བཟུང་བ། རིང་འདོད་པ་རྒྱས་པར་བཤད་པའོ། །དང་པོ་ནི། འོན་ཡུལ་ཆེན་སུམ་ཅུ་སོ་བདུན་དུ། །རིག་པ་བརྟུལ་ཞུགས་སྤྱོད་ཕྱིར་རྒྱུ། །ཞེས་གསུངས་པའི་ཡུལ་ཆེན་སོ་བདུན་པོ་དེ་ཇི་ལྟ་བུ་ཡིན་ཞེ་ན། འདིའི་ལན་ལ། རྣམ་བཤད་མཛད་པ་ལྷ་བཙུན་པས། ཀྱེ་རྡོ་རྗེ་རྩ་བའི་ཟིན་པའི་སུམ་ཅུ་རྩ་གཉིས་ཀྱི་སྟེང་དུ། གླིང་བཞི་དང་། བཞི་པོ་གཅིག་ཏུ་སྡོམ་པས་ཏེ་ལྔ་བསྣན་པས་སུམ་ཅུ་སོ་བདུན་གསུངས་སོ། །སྤྲོས་ཁང་པས་གནས་ཆེན་པོ་སུམ་ཅུ་རྩ་བདུན་ནི། རྒྱུད་དུ་གསལ་བར་གསུངས་པའི་སུམ་ཅུ་རྩ་གཉིས་ཀྱི་སྟེང་དུ། ལུས་ལ་སྦྲས་པའི་རྣམས་ཕྱི་རོལ་དུ་གླིང་བཞི་ལྷུན་པོ་དང་བཅས་པ་སུམ་ཅུ་རྩ་བདུན་ནོ། །ཞེས་འཆད། དགའ་སྟོང་པས། བདེ་མཆོག་ལས་གསུངས་པའི་ཡུལ་ཉི་ཤུ་རྩ་བཞི་དང་། དེའི་སྟེང་དུ་སྙིང་ཁར་པདྨ་འདབ་བརྒྱད་རིམ་པ་གཉིས་ཡོད་པའི། ནང་མའི་ཕྱོགས་བཞིར་དབུས་དང་བཅས་པ་ལྔ་དང་། ཕྱི་མའི་ཕྱོགས་མཚམས་བརྒྱད་དང་བཅས་པས་ཡུལ་སུམ་ཅུ་སོ་བདུན་ནོ། །ཞེས་བྱའོ། །ནང་ན་ཡུལ་སུམ་ཅུ་སོ་བདུན་ཡོད་པ་ལྟར། ཕྱི་ན་ཡང་ཙ་རི་ཏྲ་སོགས་སུམ་ཅུ་སོ་བདུན་ཡོད་པར་ཤེས་པར་བྱའོ། །ཞེས་འཆད། ཀུ་མ་རའི་རྣམ་བཤད་ལས། ཀྱེ་རྡོ་རྗེའི་རྒྱུད་ལས། གནས་ནི་ཛ་ལན་དྷ་རར་བཤད། །ཅེས་སོགས་བཤད་པ་རྣམས་ཡུལ་སུམ་ཅུ་སོ་བདུན། བྱང་ཆུབ་ཀྱི་ཕྱོགས་ཀྱི་ཆོས་སུམ་ཅུ་སོ་བདུན། རྩ་སུམ་ཅུ་སོ་བདུན་རྣམས་ནི་ཕྱིའི་གནས་འཛམ་བུའི་གླིང་ན་གནས། ནང་ན་རང་གི་སྤྱི་བོ་ནས་རྐང་མཐིལ་གྱི་བར་ལ་གནས་ཏེ་ཞེས་འཆད་པར་བྱེད་དོ། །དེ་ཡང་དང་པོས་གླིང་བཞི་ལ་སོ་བདུན་ཚང་བར་བཞེད། གཉིས་པས་གླིང་བཞི་ལྷུན་པོ་དང་བཅས་པ་ལ་སོ་བདུན་ཚང་བར་བཞེད། ཕྱི་མ་གཉིས་ཀྱིས་འཛམ་བུ་གླིང་ལ་སོ་བདུན་ཚང་བར

བཞེད་དོ། །

རྣམ་བཤད་བཞི་པོ་འདི་ལ། སྡོམ་གསུམ་གྱི་རྣམ་བཤད་ཆུ་བོ་ཆེན་པོ་བཞིར་གྲགས་སོ། །ལེགས་བཤད་གསེར་ཐུར་ལས། ཡུལ་སོ་གཉིས་ཀྱི་རྐང་གྲངས་ངོས་བཟུང་བ་དང་། དེའི་ཤེས་བྱེད་རྒྱས་པར་བཤད་པའོ། །དང་པོ་ལ་རིགས་ཀྱི་དབྱེ་བ་བཅུ་གཉིས་བཤད་པ། གསལ་བའི་དབྱེ་བ་སུམ་ཅུ་རྩ་གཉིས་བཤད་པ། དེར་ཁ་བསྐང་ནས་སུམ་ཅུ་སོ་བདུན་དུ་འགྲོ་བའི་ཚུལ་ལོ། །དང་པོ་ནི། ཀྱེ་རྡོ་རྗེ་ལས། གནས་དང་ཉེ་བའི་གནས་དང་ནི༑ །ཞེས་སོགས་གསུངས་པའི་བཅུ་གཉིས་ལ་ངོས་འཛིན་པར་མཛད། གཉིས་པ་གསལ་བའི་དབྱེ་བ་ནི། ཀྱེ་རྡོ་རྗེ་ལས་ཀྱེ་བཅོམ་ལྡན་འདས་གནས་ལ་སོགས་པ་གང་ལགས། བཅོམ་ལྡན་འདས་ཀྱིས་བཀའ་བསྩལ་པ། གནས་ནི་ཛ་ལན་དྷ་ར་རར་བཤད། །དེ་བཞིན་དུ་ནི་ཨོ་ཊྱི་ན། །ཞེས་སོགས་གསུངས་པ་ལྟར། སུམ་ཅུ་སོ་གཉིས་ལ་ངོས་འཛིན་པར་མཛད། གསུམ་པ་ཁ་བསྐང་བ་ནི་སྔར་གྱི་སོ་གཉིས་ཀྱི་སྟེང་དུ། དབྱེ་གཞི་འདུ་བ་དང་ཉེ་བའི་འདུ་བ་གཉིས་ལ་དབྱེ་བའི་ཡ་གྱལ་གཉིས་གཉིས་ཡོད་པས་བཞི་དང་། མི་སློབ་པའི་ཕྱི་རོལ་གྱི་གནས་རྡོ་རྗེའི་གདན་ནམ། འོག་མིན་གྱི་གནས་དང་སོ་བདུན་ནོ། །འོ་ན་འདུ་བ་གཉིས་པོའི་དབྱེ་བའི་ཡ་གྱལ་བཞི་པོ་གང་ཡིན་ཞེ་ན། ཕྱག་ཆེན་ཐིག་ལེ་ལས། འདུ་བ་ལ་ཀརྨ་ར་པ་ཊ་ཀ་དང་། གསེར་གླིང་གཉིས་དང་། ཉེ་བའི་འདུ་བ་ལ་ཀོང་ཀ་ན་དང་། འཕགས་བྱེད་གཉིས་ཏེ་བཞིར་བཤད། བདེ་མཆོག་ལས། འདུ་བ་ལ། པྲེ་ཏ་པུ་རི་དང་། གྲིཧྣ་དེ་ཝི་ཏེ་གཉིས། ཉེ་བའི་འདུ་བ་ལ། སཽ་རཥྚ་དང་། སུ་ཝརྞ་དེ་ཝ་དང་བཞིར་བཤད་དོ། །ཞེས་གསུང་ཞིང་། དེ་དག་ནི་སློབ་པའི་གནས་སོ་དྲུག་དང་། མི་སློབ་པའི་གནས་གཅིག་སྟེ་སོ་བདུན་དུ་བསྟན་པ་བཞེད་དེ། ཡང་ན་ཀྱེ་རྡོར་དངོས་བསྟན་གྱིས་སུམ་ཅུ་རྩ་གཉིས་པོའི་སྟེང་དུ། དེར་མ་བཤད་ཅིང་བདེ་མཆོག་ལས་བཤད་པ་ལྔ་བསྟན་པས་སོ་བདུན་ནོ། །ལྔ་པོ་གང་ཞེ་ན། ཪྣ་མི་ཤྭ་ར་དང་། ཨོ་ཊ་དང་། ཊེ་ཤ་ཀུ་ནེ་དང་། པྲེ་ཏ་པུ་རི་དང་། གྲི་ཧ་དེ་ཝི་སྟེ་ལྔའོ། །དེ་ལྟར་བཤད་ན་སློབ་པའི་གནས་རྐྱང་པ་ལ་སོ་བདུན་ནོ། །ཞེས་གསུངས་ཤིང་། གཞན་ཡང་། བདེ་མཆོག་ལས་གསུངས་ཚུལ་སོགས་ཀྱང་རྒྱས་པར་བཤད་དོ། །དེང་སང་ཁ་ཅིག །ཡུལ་ཉི་ཤུ་རྩ་བཞིའི་སྟེང་དུ་དུར་ཁྲོད་ཆེན་པོ་བརྒྱད། གླིང་བཞི་ལྷུན་པོ་དང་བཅས་པ་བསྟན་ནས་སོ་བདུན་དུ་འདོད་པ་ཡང་ཡོད་དོ། །གཉིས་པ་ཡོངས་འཛིན་དམ་པའི་བཞེད་པ་ངོས་བཟུང་བ་ནི། ཀུན་མཁྱེན་ཆེན་པོའི་གསུང་རབ་དགོངས་གསལ་ལས། གནས་གང་དུ་སྤྱོད་པ་སྤྱད་ན། གནས་དང་ཉེ་བའི་གནས་ལ་སོགས་པ་བཅུ་གཉིས་ལས་ཕྱེ་བའི་སུམ་ཅུ་སོ་གཉིས་དང་། གླིང་བཞི་དང་། གླིང་བཞི་གཅིག་ཏུ་བསྡོམ་པས་ཏེ་སུམ་ཅུ་སོ་བདུན་ནོ། །ཞེས་གསུང་ཞིང་། སྡོམ་གསུམ་འབྲུལ་སྤོང་དུ། སྤྱིར་ཕྱི་རོལ་གྱི་ཡུལ་ཆེན་པོ་ཉི་ཤུ་རྩ་བཞིར་བཤད་པའི་ཚུལ་

དང་། སུམ་ཅུ་སོ་གཉིས་སུ་བཤད་པའི་ཚུལ་དང་། སུམ་ཅུ་སོ་བདུན་དུ་བཤད་པའི་ཚུལ་དང་གསུམ་ཡོད་པ་ལས། དང་པོ་ནི། བདེ་མཆོག་དང་། སཾ་པུ་ཊ་ལས། ཕ་རོལ་ཏུ་ཕྱིན་པའི་ཐེག་པ་དང་སྦྱོ་བསྟུན་པའི་དབང་དུ་བྱས་ནས། དངོས་བསྟན་ས་བཅུའི་རྣམ་གཞག་མཛད་པའི་སྐབས་ཡིན་པས། པུ་ལི་ར་མ་ཡ་ལ་སོགས་པ་ཉི་ཤུ་རྩ་བཞི་གསུངས་སོ། །གཉིས་པ་ནི། རྩ་རྒྱུད་བརྟག་གཉིས་ལས། སློབ་ལམ་ས་བཅུ་གཉིས་ཀྱི་རྣམ་གཞག་མཛད་པའི་དབང་དུ་མཛད་ནས། ལེའུ་དང་པོར་ནང་རྡོ་རྗེའི་ལུས་ལ་རྩ་སུམ་ཅུ་རྩ་གཉིས་དང་། ལེའུ་བདུན་པར་ཕྱི་རོལ་གྱི་ཡུལ་ཆེན་སུམ་ཅུ་རྩ་གཉིས་གསུངས་སོ། །གསུམ་པ་ནི། དེའི་སྟེང་དུ་རི་གི་ཨ་ར་ལིའི་རྒྱུད་ལས། གནས་ནི་ཤར་གྱི་ལུས་འཕགས་པོ། །དེ་བཞིན་དུ་ནི་བ་གླང་སྤྱོད། །གནས་ནི་བྱང་གི་སྒྲ་མི་སྙན། །གནས་ནི་དེ་བཞིན་འཛམ་བུ་གླིང་། །རི་རབ་སྤྱི་བོར་རི་གིས་གཞུང་། །ཨ་ར་ལི་དང་མཉམ་སྦྱོར་བས། །ཞེས་གླིང་བཞི་རི་རབ་དང་བཅས་པ་ལྔ་གསུངས་པས་སུམ་ཅུ་རྩ་བདུན་དུ་འགྱུར་ལ། འགྲེལ་ཆེན་དྲི་མེད་འོད་ལས། གནས་ནི་ཕྱོགས་བཞིར་རླུང་དང་མེ་དང་ཆུ་དང་སའི་རང་བཞིན་གྱིས་གནས་པ་སྟེ། ཤར་གྱི་ལུས་འཕགས་དང་། འཛམ་བུའི་གླིང་ཆུང་དུ་དང་། བྱང་གི་སྒྲ་མི་སྙན་དང་། ནུབ་ཀྱི་བ་གླང་སྤྱོད་ཅེས་གསུང་ལ། འདི་ལ་གླིང་བཞི་གཅིག་ཏུ་སྡོམ་པ་གཅིག་ཏུ་བགྲང་དགོས་པར་མཁས་པ་ཁ་ཅིག་བཞེད་དོ། །རྗེ་བཙུན་གྱིས། ཨིནྡྲ་བྷུ་ཏིའི་ལམ་སྐོར་དུ། གླིང་བཞི་གནས་ཆེན་དུ་ངེས་ཀྱང་འགྲུབ་ཚུལ་སྔ་མ་དང་འདྲའོ། །ཞེས་གསུངས་སོ། །དེས་ན་ཀུན་མཁྱེན་མཁས་པའི་དབང་པོས། ཀྱེ་རྡོ་རྗེ་ནས་བཤད་པའི་སུམ་ཅུ་རྩ་གཉིས་ཀྱི་སྟེང་དུ། གླིང་བཞི་དང་། གླིང་བཞི་གཅིག་ཏུ་བསྡོམ་པས་ཏེ་ལྔ་བསྣན་པས་སོ་བདུན་དུ་བཞེད་པ་ཡིན་ནོ། །

གསུམ་པ་རང་གི་འདོད་པ་བསྟན་པ་ལ་གསུམ་སྟེ། གནས་ཀྱི་དབྱེ་བ་རྒྱུད་ལས་གསུངས་པའི་ཚུལ། དེའི་དོན་བཤད་པ། དེ་ལ་ལོག་རྟོག་དགག་པའོ། །དང་པོ་ལ་བཞི་སྟེ། གནས་ཀྱི་དབྱེ་བ་སྤྱིར་གསུང་ཚུལ། གནས་དང་ས་སྦྱར་ནས་གསུང་ཚུལ། སའི་དབྱེ་བ་རྒྱས་པར་གསུང་ཚུལ། གནས་ཀྱི་དབྱེ་བ་རྒྱས་པར་གསུང་ཚུལ་ལོ། །དང་པོ་ནི། རྩ་རྒྱུད་བརྟག་གཉིས་ལས། གནས་བཅུ་གཉིས་ལས་ཕྱེ་བའི་ཡུལ་ཆེན་སུམ་ཅུ་རྩ་གཉིས་དངོས་བསྟན་ཏེ། ཇི་སྐད་དུ། གནས་དང་ཉེ་བའི་གནས་དང་ནི། །ཞིང་དང་ཉེ་བའི་ཞིང་ཉིད་དང་། །ཚན་དྷོ་ཉེ་བའི་ཚན་དྷོ་དང་། །དེ་བཞིན་འདུ་བ་ཉེ་འདུ་བ། །འཐུང་སྤྱོད་ཉེ་བའི་འཐུང་སྤྱོད་ཉིད། །དུར་ཁྲོད་ཉེ་བའི་དུར་ཁྲོད་ཉིད། །འདི་རྣམས་ས་ནི་བཅུ་གཉིས་ཏེ། །ས་བཅུའི་དབང་ཕྱུག་མགོན་པོ་ཉིད། །ཅེས་གསུངས་སོ། །
གཉིས་པ་ནི། སཾ་པུ་ཊི་ར། གནས་བཅུ་གཉིས་དང་ས་བཅུ་གཉིས་སྦྱར་ནས་གསུངས་ཏེ། ཇི་སྐད་དུ། གནས་ནི་རབ་ཏུ་དགའ་བའི་ས། །དེ་བཞིན་ཉེར་གནས་དྲི་མ་མེད། །ཞིང་ནི་འོད་བྱེད་ཤེས་པར་བྱ། །ཉེ་བའི་ཞིང་ནི་འོད་

འཕྲོ་ཅན། །ཚན་རྡོ་མངོན་དུ་གྱུར་པ་སྟེ། །ཉེ་བའི་ཚན་རྡོ་སྤྱང་དཀའ་བ། །འདུ་བ་རིང་དུ་སོང་བ་སྟེ། །ཉེ་བའི་འདུ་བ་མི་གཡོ་བ། །དུར་ཁྲོད་ལེགས་པའི་བློ་གྲོས་ཉིད། །ཉེ་བའི་དུར་ཁྲོད་ཆོས་ཀྱི་སྤྲིན། །འཐུང་སྤྱོད་དཔེ་མེད་ཡེ་ཤེས་ཏེ། །ཉེ་བའི་འཐུང་སྤྱོད་ཡེ་ཤེས་ཆེ། །ཞེས་གསུངས་སོ། །གསུམ་པ་ནི། བདེ་མཆོག་ཨ་བྷི་དྷ་ན་ལས། ས་བཅུ་གསུམ་ལ་གནས་པའི་ཚུལ་བཟུང་བའི་སྤྲུལ་པ་སུམ་ཅུ་རྩ་བདུན། ས་བཅུ་གསུམ་གྱིས་མིང་གི་སྒོ་ནས་བསྟན་པ་ཡིན་ཏེ། ཇི་སྐད་དུ། རབ་ཏུ་དགའ་དང་དྲི་མ་མེད། །འོད་བྱེད་པ་དང་འོད་འཕྲོ་བ། །སྦྱངས་དཀའ་དང་ནི་མངོན་དུ་གྱུར། །རིང་དུ་སོང་དང་མི་གཡོ་བ། །ལེགས་པའི་བློ་གྲོས་ཆོས་ཀྱི་སྤྲིན། །དཔེ་མེད་པ་དང་ཡེ་ཤེས་ལྡན། །རྡོ་རྗེའི་ས་ནི་བཅུ་གསུམ་པ། །ཞེས་གསུངས་སོ། །བཞི་པ་ནི། ཕྱག་རྒྱ་ཆེན་པོ་ཐིག་ལེ་སོགས་ལས་བཤད་དོ། །

གཉིས་པ་ལ་བཞི་སྟེ། ཕྱི་ནང་གི་ཡུལ་གྱི་དབྱེ་བ་སྤྱིར་བསྟན་པ། ཕྱི་ནང་སྦྱར་བའི་ཚུལ་གྱིས་བཤད་པ། དེ་གང་ན་གནས་པའི་ས་ངོས་བཟུང་བ། དེའི་ཤེས་བྱེད་འགོད་པའོ། །དང་པོ་ལ་གསུམ་སྟེ། ཕྱིའི་གནས་དང་། ནང་གི་གནས་དང་། གནས་གསུམ་གྱིས་ཁྱད་པར་བསྟུས་ཏེ་བསྟན་པའོ། །དང་པོ་ལ་གཉིས་ཏེ། གནས་ཀྱི་སྒོ་ནས་སུམ་ཅུ་རྩ་བདུན་དུ་འགྱུར་བའི་ཚུལ་བཤད་པ། སའི་སྒོ་ནས་སུམ་ཅུ་རྩ་བདུན་དུ་འགྱུར་བའི་ཚུལ་བཤད་པའོ། །དང་པོ་ལ་མདོར་བསྟན་པ་དང་། རྒྱས་པར་བཤད་པ་གཉིས། དང་པོ་ནི། གནས་དང་ཉེ་བའི་གནས་ལ་སོགས་པ་བཅུ་གཉིས་པོ་དེ་དག་གིས་ནང་ཚན་གྱིས་སྒོ་ནས་དབྱེ་ན། ཡུལ་ཆེན་སུམ་ཅུ་རྩ་གཉིས་སུ་འགྱུར་ཏེ། གནས་ཀྱི་ནང་ཚན་དུ་གྱུར་པའི་ཡུལ་ཆེན་བཞི། ཉེ་བའི་གནས་ཀྱི་ནང་ཚན་དུ་གྱུར་པའི་ཡུལ་ཆེན་བཞི་སྟེ་བརྒྱད། ཞིང་དང་ཉེ་བའི་ཞིང་། ཚན་རྡོ་དང་ཉེ་བའི་ཚན་རྡོ་བཞི་ལ་ཡུལ་ཆེན་གཉིས་གཉིས་སུ་ཕྱེ་བས་བརྒྱད། འདུ་བ་དང་ཉེ་བའི་འདུ་བ་དུར་ཁྲོད་དང་ཉེ་བའི་དུར་ཁྲོད་བཞི་ལ་གཉིས་གཉིས་སུ་ཕྱེ་བས་བརྒྱད། འཐུང་སྤྱོད་ཀྱི་ནང་ཚན་བཞི་ཉེ་བའི་འཐུང་སྤྱོད་ཀྱི་ནང་མཚན་བཞི་སྟེ་བརྒྱད་དུ་ཕྱེ་བས་སུམ་ཅུ་རྩ་གཉིས་སུ་འགྱུར་བ་ཡིན་ནོ༔ །གཉིས་པ་རྒྱས་པར་བཤད་པ་ལ་ལྔ་སྟེ། ཐུགས་ཀྱི་འཁོར་ལོའི་གནས་ཆེན། གསུང་གི་འཁོར་ལོའི་གནས་ཆེན། སྐུའི་འཁོར་ལོའི་གནས་ཆེན། དམ་ཚིག་འཁོར་ལོའི་གནས་ཆེན། བདེ་ཆེན་འཁོར་ལོའི་གནས་ཆེན་བཤད་པའོ། །དང་པོ་ལ་བརྒྱད་ཡོད་པ་ལས། གནས་ཀྱི་ཡུལ་ཆེན་བཞི་ནི། འཛམ་བུ་གླིང་གི་ལྟེ་བའི་ཤར་ཕྱོགས་ན། པུ་ལི་ར་མ་ལ་ཡ། བྱང་ན་ཛ་ལན་དྷ་ར། ནུབ་ན་ཨོ་ཊྲི་ན། ལྷོ་ན་ཨར་བུ་ཏའོ། །ཉེ་བའི་གནས་ཀྱི་ཡུལ་ཆེན་བཞི་ནི། ཤར་ལྷོ་ན་གོ་དྷ་ཝ་རི། ལྷོ་ནུབ་ན་ར་མི་ཤྭ་ར། ནུབ་བྱང་ན་དེ་ཝི་ཀོ་ཊི། བྱང་ཤར་ན་མ་ལ་ཡ་སྟེ། འདི་དག་ལ་ཐུགས་ཀྱི་འཁོར་ལོའི་གནས་ཆེན་དང་། མཁའ་སྤྱོད་ཀྱི་གནས་བརྒྱད་ཅེས་བྱའོ། །གཉིས་པ་ནི།

གནས་ཆེན་དེ་དག་ལ་ཕྱི་སྐོར་གྱི་ཚུལ་དུ་བརྒྱད་ཡོད་པ་ལས། ཞིང་གི་ཡུལ་ཆེན་གཉིས་ནི། ཤར་ཕྱོགས་ན་ཀ་མ་ལ་རཱུ་པ། བྱང་ཕྱོགས་ན་ཨོ་ཊེ་འོ། །ཉེ་བའི་ཞིང་གི་ཡུལ་ཆེན་གཉིས་ནི། ནུབ་ན་ཏྲི་ཤ་ཀུ་ནེ། ལྷོ་ན་ཀོ་ས་ལའོ། །ཚནྡྷོའི་ཡུལ་ཆེན་གཉིས་ནི། ཤར་ལྷོ་ན་ཀ་ལིང་ཀ །ལྷོ་ནུབ་ན་ལཾ་པ་ཀའོ། །ཉེ་བའི་ཚནྡྷོའི་ཡུལ་ཆེན་གཉིས་ནི། ནུབ་བྱང་ན་ཀཱན་ཚི་ཀ །བྱང་ཤར་ན་ཧི་མ་ལ་ཡ་སྟེ་འདི་དག་ལ་གསུང་གི་འཁོར་ལོའི་གནས་ཆེན་དང་། ས་སྤྱོད་ཀྱི་གནས་ཆེན་བརྒྱད་ཅེས་གསུངས་སོ། །གསུམ་པ་ནི། ཡང་དེའི་ཕྱི་བསྐོར་གྱི་ཚུལ་དུ་བརྒྱད་ཡོད་པ་ལས། འདུ་བའི་ཡུལ་ཆེན་གཉིས་ནི། ཤར་ཕྱོགས་ན་པྲེ་ཏ་པུ་རི། བྱང་ན་གྲི་ཧ་དེ་ཝའོ། །ཉེ་བའི་འདུ་བའི་ཡུལ་ཆེན་གཉིས་ནི། ནུབ་ན་སཽ་ར་ཥྚ། ལྷོ་ན་སུ་ཝརྞའོ། །དུར་ཁྲོད་ཀྱི་ཡུལ་ཆེན་གཉིས་ནི། ཤར་ལྷོ་ན་ན་ག་ར། ལྷོ་ནུབ་ན་སིནྡྷུ་རའོ། །ཉེ་བའི་དུར་ཁྲོད་ཀྱི་ཡུལ་ཆེན་གཉིས་ནི། ནུབ་བྱང་ན་མ་རུ བྱང་ཤར་ན་ཀུ་ལུ་ཏ་སྟེ། འདི་དག་ལ་སྐུའི་འཁོར་ལོའི་གནས་ཆེན་དང་། ས་འོག་ན་སྤྱོད་པའི་གནས་ཆེན་བརྒྱད་ཅེས་བྱའོ། །བཞི་པ་ལ། འཕུང་སྤྱོད་ཀྱི་ཡུལ་ཆེན་བཞི་ནི། ལུས་འཕགས་ཀྱི་ལྟེ་བ་ན་ཁ་གདོང་མ་བཞུགས་པའི་གནས། ཛམྦུ་གླིང་གི་ལྟེ་བ་ན་ཕག་གདོང་མ་བཞུགས་པའི་གནས་ཆེན་ནོ། །ཉེ་བའི་འཕུང་སྤྱོད་ཀྱི་ཡུལ་ཆེན་བཞི་ནི། ཤར་ལྷོའི་གླིང་ཕྲན་གཉིས་ན་གཤིན་རྗེ་བརྟན་མ་བཞུགས་པའི་གནས་ཆེན། ལྷོ་ནུབ་ཀྱི་གླིང་ཕྲན་གཉིས་ན་གཤིན་རྗེ་ཕོ་ཉ་མོ་བཞུགས་པའི་གནས། ནུབ་བྱང་གི་གླིང་ཕྲན་གཉིས་ན་གཤིན་རྗེ་འཆེ་བ་མོ་བཞུགས་པའི་གནས། བྱང་ཤར་གྱི་གླིང་ཕྲན་གཉིས་ན་གཤིན་རྗེ་འཇོམས་པ་མ་བཞུགས་པའི་གནས་ཆེན་ཏེ་བཞིའོ། །དེ་ཡང་གླིང་ཕྲན་བརྒྱད་ཡོད་ཀྱང་། རྟེན་གྱི་གང་ཟག་གིས་སྣོ་ནས་བཞིར་འཇོག་པ་ཡིན་ནོ། །གནས་ཆེན་བརྒྱད་པོ་འདི་དག་ལ་དམ་ཚིག་འཁོར་ལོའི་གནས་ཆེན་དང་། འཕྲིན་ལས་ཀྱི་གནས་ཆེན་ཞེས་གསུངས་སོ། །ལྔ་པ་ནི། རི་རབ་ཀྱི་རྩེའི་དབུས་ན་འཁོར་ལོ་བདེ་མཆོག་ཡབ་ཡུམ། ཤར་མཁའ་འགྲོ་མ་སྔོན་མོ། བྱང་ན་ལོ་མ་ལྗང་ཁུ། ནུབ་ན་ཁཎྜ་རོ་ཧི་དམར་མོ། ལྷོ་ན་གཟུགས་ཅན་མ་སེར་མོ་བཞུགས་པའི་གནས་ཆེན་ལྔ་སྟེ། འདི་དག་ལ་བདེ་ཆེན་འཁོར་ལོའི་གནས་ཆེན་དང་། ལྷའི་གནས་ཆེན་ཞེས་གསུངས་པའོ། །དེ་ལྟར་ན་མི་ཡུལ་བཞུགས་པའི་གནས་ཆེན་སུམ་ཅུ་རྩ་གཉིས་དང་། ལྷའི་ཡུལ་ན་བཞུགས་པའི་གནས་ཆེན་ལྔ་སྟེ་སུམ་ཅུ་རྩ་བདུན་དུ་འགྱུར་བ་ཡིན་ནོ། །

གཉིས་པ་སའི་སྣོ་ནས་སུམ་ཅུ་རྩ་བདུན་དུ་འགྱུར་བའི་ཚུལ་བཤད་པ་ནི། ས་བཅུ་གསུམ་ལ་རིམ་བཞིན་གནས་པའི་ཚུལ་བཟུང་བའི་སྤྲུལ་པ་སུམ་ཅུ་རྩ་བདུན་དང་པོ་ནས་གནས་བྱིན་གྱིས་བརླབས་པས། ཡུལ་ཆེན་སུམ་ཅུ་རྩ་བདུན་དུ་འགྱུར་བ་ཡིན་ནོ། །དེ་ཡང་ཅུང་ཟད་བཤད་ན། ས་དང་པོ་དང་གཉིས་པ་ལ་གནས་པའི་

ཚུལ་བཟུང་བའི་སྤྲུལ་པ་བཞི་བཞི་སྟེ་བརྒྱད། ས་གསུམ་པ། བཞི་པ། ལྔ་པ། དྲུག་པ་ལ་གནས་པའི་ཚུལ་བཟུང་བའི་སྤྲུལ་པ་གཉིས་གཉིས་ཏེ་བརྒྱད། བདུན་པ། བརྒྱད་པ། དགུ་པ། བཅུ་པ་ལ་གནས་པའི་ཚུལ་བཟུང་བའི་སྤྲུལ་པ་གཉིས་གཉིས་ཏེ་བརྒྱད། ས་བཅུ་གཅིག་པ་དང་བཅུ་གཉིས་པ་ལ་གནས་པའི་ཚུལ་བཟུང་བའི་སྤྲུལ་པ་བཞི་བཞི་སྟེ་བརྒྱད། ས་བཅུ་གསུམ་པ་ལ་འཁོར་གྱིས་ཚུལ་བཟུང་བའི་སྤྲུལ་པ་བཞི། གཙོ་བོའི་ཚུལ་བཟུང་བའི་སྤྲུལ་པ་གཅིག་སྟེ། དེ་ལྟར་ན་སའམ་སྤྲུལ་པའི་སྒོ་ནས་སུམ་ཅུ་རྩ་བདུན་དུ་འགྱུར་བ་ཡིན་ནོ། །འོན་ཕྱི་མ་ལྔ་བརྟག་གཉིས་དང་། སཾ་པུ་ཊ་ར་མི་སྟོན་པའི་རྒྱུ་མཚན་ཅི་ཡིན་ཞེ་ན། དེའི་རྒྱུ་མཚན་ཡོད་དེ། མིའི་འཇིག་རྟེན་ལས་འདས་པ་དང་། ལྷའི་འཇིག་རྟེན་ན་ཡོད་པ་དང་། སྙིང་ཁའི་ནང་ན་གནས་པའི་སྦས་པའི་རྩ་ལྔ་ས་མཚོན་པར་བྱ་བའི་གནས་ཡིན་པའི་ཕྱིར་རོ། །

སཾ་པུ་ཊི་ལས། ལུས་ཅན་སྙིང་ཁའི་ནང་དུ་ནི། །རྩ་རྣམས་ལྔ་ནི་རྣམ་པར་གནས། །ཞེས་གསུངས་སོ། །གཉིས་པ་ནང་གི་གནས་ནི་སྤྱི་བོ། སྤྱི་གཙུག །རྣ་བ་གཡས་པ་ལྟག་པ་ལ་སོགས་པའི་ལུས་ཀྱི་ཆ་ཤས་ཉི་ཤུ་རྩ་བཞི། སྙིང་ཁའི་ཕྱི་སྐོར་གྱི་རྩ་འདབ་བརྒྱད། ནང་བསྐོར་གྱི་རྩ་འདབ་བཞི། དབུས་ཀྱི་ཧཱུྃ་ཡིག་སྟེ་རྩ་སུམ་ཅུ་རྩ་བདུན་ནོ། །དེ་ལྟར་ལུས་ཀྱི་ཆ་ཤས་སུམ་ཅུ་རྩ་བདུན་པོ་རྣམས་ནང་གི་གནས་ཆེན་ཞེས་གསུངས་ཏེ། དེ་དཀྱིལ་འཁོར་ལ་གནས་པའི་དཔའ་བོ་དང་མཁའ་འགྲོ་མའི་རང་བཞིན་ཅན་གྱི་ཁམས་དང་རྩ་རྣམས་གནས་པའི་རྟེན་ཡིན་པའི་ཕྱིར་རོ། །

གསུམ་པ་ནི། སྤྱིར་གནས་ཙམ་ལ་ཕྱི་ནང་གསང་བའི་གནས་གསུམ་ཡོད་པ་ལས། དང་པོ་གཉིས་ནི་སྔར་བཤད་ཟིན་ལ། སྤྲུལ་པ་དེ་དག་གི་སྤྲུལ་གཞི་བཞུགས་པའི་འོག་མིན་ཆོས་ཀྱི་ཕོ་བྲང་དམ། རང་གིས་ཐོབ་བྱར་གྱུར་པའི་འོག་མིན་ཆོས་ཀྱི་ཕོ་བྲང་ལ་བྱའོ། །གནས་གསུམ་པོ་འདི་དག་ལ་རིམ་བཞིན་དུ་ཞིང་སྐྱེས་ཀྱི་གནས། སྔགས་སྐྱེས་ཀྱི་གནས། ལྷན་སྐྱེས་ཀྱི་གནས་ཞེས་བྱ་སྟེ། ཕྱིའི་ཡུལ་ཆེན་ན་བཞུགས་པའི་སྤྲུལ་པ་ལ་ཕོ་ཉ་ཞིང་སྐྱེས། རང་གི་ལུས་ལ་བཀོད་པའི་དཔའ་བོ་དང་རྣལ་འབྱོར་མ་ལ་ཕོ་ཉ་སྔགས་སྐྱེས། འོག་མིན་ན་བཞུགས་པའི་སངས་རྒྱས་ལ་ཕོ་ཉ་ལྷན་སྐྱེས་སུ་བཤད་པའི་ཕྱིར་རོ། །བདེ་མཆོག་རྩ་རྒྱུད་ལས། ཕོ་ཉ་རྣམ་གསུམ་ལེགས་བསྒྲེས་ན། །སྒྲུབ་པ་པོ་ལ་དངོས་གྲུབ་སྟེར། །ཞེས་གསུངས་སོ། །

གཉིས་པ་ཕྱི་ནང་སྦྱར་བའི་ཚུལ་གྱིས་བཤད་པ་ལ་ཡང་ལྔ་ཡོད་པ་ལས། དང་པོ་བདེ་ཆེན་འཁོར་ལོའི་གནས་ཆེན་ལྔའི་ཕྱི་ནང་སྦྱར་བ་ལ། ནང་གི་གནས་ནི་སྙིང་ཁའི་དཀྱིལ་ན་ཧཱུྃ་རིང་པོ། ཕྱོགས་བཞིན་ལཾ་མཾ་པཾ་ཏཾ་སྟེ་སྦས་པའི་རྩ་ལྔ་བཞུགས་པའི་གནས་ཆེན་ལྔའོ། །ཕྱིའི་ལྔ་ནི་རི་རབ་ཀྱི་རྩེ་ན་ཡོད་པའི་གནས་ཆེན་ལྔའོ། །

གཉིས་པ་ཐུགས་ཀྱི་འཁོར་ལོའི་གནས་ཆེན་བརྒྱད་ཀྱི་ཕྱི་ནང་སྦྱར་བ་ལ། གནས་ཀྱི་ནང་གི་གནས་ཆེན་བཞི་ནི། སྤྱི་བོ། །སྤྱི་གཙུག །རྣ་བ་གཡས་པ། ལྟག་པ་རྣམས་ན་པུ་ཛ་ཨོ་ཨ་སྟེ་ཡི་གེ་བཞི་བཞུགས་པའི་གནས་ཆེན་ནོ། །ཕྱིའི་གནས་ནི་སྔར་བཤད་པ་ལྟར། པུ་ལི་ལ་སོགས་པ་གནས་ཀྱི་ནང་ཚན་བཞིའོ། །ཉེ་བའི་ནང་གི་གནས་ནི། རྣ་བ་གཡོན་པ། སྨིན་མཚམས། མིག་གཉིས། ཕྲག་པ་གཉིས་རྣམས་ཏེ། གོ་ར་དེ་མ་སྟེ་ཡི་གེ་བཞི་བཞུགས་པའི་གནས་ཆེན་ནོ། །ཕྱིའི་གནས་ཆེན་ནི། གོ་དྷ་ཝ་རི་ལ་སོགས་པ་ཉེ་བའི་གནས་ཀྱི་ནང་ཚན་བཞིའོ། །གསུམ་པ་གསུང་གི་འཁོར་ལོའི་ཕྱི་ནང་སྦྱར་བ་ལ་བརྒྱད་ཡོད་པ་ལས། ཞིང་དང་ཉེ་བའི་ཞིང་གི་ནང་གི་གནས་ཆེན་བཞི་ནི། མཆན་ཁུང་། ནུ་མ་གཉིས། ལྟེ་བ། སྣ་རྩེ་རྣམས་ཏེ་ཀ་ཨོ་ཏྲི་ཀོ་སྟེ་ཡི་གེ་བཞི་བཞུགས་པའི་གནས་ཆེན་ནོ། །ཕྱིའི་གནས་ཆེན་ནི། ཀ་མ་རུ་པ་ལ་སོགས་པ་གནས་ཀྱི་ནང་ཚན་གཉིས་གཉིས་སོ། །ཚན་དྷོ་དང་ཉེ་བའི་ཚན་དྷོའི་ནང་གི་གནས་ཆེན་བཞི་ནི། ཁ། མགྲིན་པ། སྙིང་ཁ། འདོམས་བར་ཏེ་ཀ་ལ་ཀ་ཧི་སྟེ་ཡི་གེ་བཞི་བཞུགས་པའི་གནས་ཆེན་ནོ། །ཕྱིའི་གནས་ནི་ཀ་ལིང་ཀ་ལ་སོགས་པ་གནས་ཀྱི་ནང་ཚན་གཉིས་གཉིས་སོ། །བཞི་པ་སྐུའི་འཁོར་ལོའི་ཕྱི་ནང་སྦྱར་བ་ལ། འདུ་བ་དང་ཉེ་བའི་འདུ་བའི་ནང་གི་གནས་ཆེན་བཞི་ནི། མཚན་མ། བཤང་ལམ། བརླ་གཉིས། བྱིན་པ་གཉིས་ཏེ་པྲེ་གྲི་སོ་སུ་ཏེ་ཡི་གེ་བཞི་བཞུགས་པའི་གནས་ཆེན་ནོ། །དུར་ཁྲོད་དང་ཉེ་བའི་དུར་ཁྲོད་ཀྱི་ནང་གི་གནས་ཆེན་བཞི་ནི། སོར་མོ་བཅུ་དྲུག །བོལ་གོང་གཉིས། མཐེ་བོང་བཞི། པུས་མོ་གཉིས་ཏེ་ན་སི་མ་ཀུ་སྟེ་ཡི་གེ་བཞི་བཞུགས་པའི་གནས་ཆེན་བཞིའོ། །ཕྱིའི་གནས་ཆེན་བརྒྱད་ནི། སྔར་བཤད་པའི་ས་འོག་ན་སྤྱོད་པའི་གནས་ཆེན་བརྒྱད་དོ། །ལྔ་པ་དམ་ཚིག་འཁོར་ལོའི་ཕྱི་ནང་སྦྱར་བ་ལ། ནང་གི་གནས་ཆེན་བརྒྱད་ནི། སྙིང་གི་ཕྱི་སྐོར་ན་རྩ་རིང་པོ་བརྒྱད་བཞུགས་པའི་གནས་ཆེན་བརྒྱད་དོ། །ཕྱིའི་གནས་ཆེན་བརྒྱད་ནི། སྔར་བཤད་པའི་གདོང་ཅན་མ་བཞི་དང་། གཤིན་རྗེ་མ་བཞི་བཞུགས་པའི་གནས་ཆེན་བརྒྱད་དོ། །

གསུམ་པ་གང་ན་གནས་པའི་ཕྱོགས་ངོས་བཟུང་བ་ནི། བདེ་ཆེན་འཁོར་ལོའི་གནས་ཆེན་ལྔ་ནི། རི་རབ་ཀྱི་རྩེ་སུམ་ཅུ་རྩ་གསུམ་ལྷའི་གནས་ན་ཡོད། མཁའ་སྤྱོད་ཀྱི་གནས་ཆེན་བརྒྱད་ནི། འཛམ་གླིང་གི་ལྟེ་བ་ནས་གཞལ་བའི་ནང་སྐོར་གྱིས་ཕྱོགས་མཚམས་བརྒྱད་ན་ཡོད། ས་སྤྱོད་ཀྱི་གནས་ཆེན་བརྒྱད་ནི། བར་སྐོར་གྱི་ཕྱོགས་མཚམས་བརྒྱད་ན་ཡོད། ས་འོག་ན་སྤྱོད་པའི་གནས་ཆེན་བརྒྱད་ནི། དེའི་ཕྱི་སྐོར་གྱི་གནས་ཆེན་ཕྱོགས་མཚམས་བརྒྱད་ན་ཡོད། དམ་ཚིག་འཁོར་ལོའི་གནས་ཆེན་བརྒྱད་ནི། རྒྱ་བའི་གླིང་བཞི་དང་གླིང་ཕྲན་བརྒྱད་ན་ཡོད་དོ། །དེ་ཡང་གནས་དང་པོ་ལྔ་ལ་སྦས་པ་བཞིའི་གནས་ཞེས་བྱ་སྟེ། སྦས་པའི་རྒྱ་ལྔའི་མཆོད་པའི་གནས

ཡིན་པའི་ཕྱིར་རོ། །ལྷའི་གནས་ཞེས་བྱ། སུམ་ཅུ་རྩ་གསུམ་ན་ཡོད་པའི་གནས་ཡིན་པའི་ཕྱིར་རོ། །བདེ་ཆེན་འཁོར་ལོའི་གནས་ཞེས་བྱ་སྟེ། བདེ་ཆེན་འཁོར་ལོའི་ལྷ་གཙོ་བོ་འཁོར་ལྷས་བྱིན་གྱིས་བརླབས་པའི་གནས་ཡིན་པའི་ཕྱིར་རོ། །པུ་ལི་ར་མ་ཡ་ལ་སོགས་པའི་གནས་བརྒྱད་ལ་མཁའ་སྤྱོད་ཀྱི་གནས་ཞེས་བྱ་སྟེ། དབང་ཕྱུག་གི་ཐུགས་ལས་སྤྲུལ་པ་སྙིང་ལྷ་ལས་བབས་པའི་འཇིག་རྟེན་བརྒྱད་དང་པོར་བྱུང་བའི་གནས་ཡིན་པའི་ཕྱིར་རོ། །ཐུགས་ཀྱི་འཁོར་ལོའི་གནས་ཞེས་བྱ་སྟེ། བཅོམ་ལྡན་འདས་ཀྱི་ཐུགས་ལས་སྤྲུལ་བའི་དཔའ་བོ་དང་རྣལ་འབྱོར་མས་བྱིན་གྱིས་བརླབས་པའི་གནས་ཡིན་པའི་ཕྱིར་རོ། །ཀ་མ་རུ་པ་ལ་སོགས་པའི་གནས་ཆེན་བརྒྱད་པོ་འདི་དག་ལ་ས་སྤྱོད་ཀྱི་གནས་ཞེས་བྱ་སྟེ། དབང་ཕྱུག་གིས་གསུངས་ལས་སྤྲུལ་པའི་གནོད་སྦྱིན་གཙོ་འཁོར་བཞི་དང་། སྲིན་པོ་གཙོ་འཁོར་བཞི་སྟེ། ས་སྟེང་ན་སྤྱོད་པའི་འཇིགས་བྱེད་བརྒྱད་དང་པོར་བྱུང་བའི་གནས་ཡིན་པའི་ཕྱིར། གསུང་གི་འཁོར་ལོའི་གནས་ཞེས་བྱ་སྟེ། བཅོམ་ལྡན་འདས་ཀྱིས་གསུང་ལས་སྤྲུལ་པའི་དཔའ་བོ་དང་རྣལ་འབྱོར་མས་བྱིན་གྱིས་བརླབས་པའི་གནས་ཡིན་པའི་ཕྱིར་རོ། ཕྲེ་ཏ་པུ་རི་ལ་སོགས་པའི་གནས་ཆེན་བརྒྱད་ལ། ས་འོག་ན་སྤྱོད་པའི་གནས་ཞེས་བྱ་སྟེ། དབང་ཕྱུག་གི་སྐུ་ལས་སྤྲུལ་བའི་རྒྱ་མཚོའི་ཀླུ་བདུན་གཙོ་འཁོར་བཞི་དང་། རི་རབ་ཀྱི་འོག་ནས་བྱུང་བའི་ལྷ་མ་ཡིན་གཙོ་འཁོར་བཞི་སྟེ། ས་འོག་ན་གནས་པའི་འཇིགས་བྱེད་བརྒྱད་དང་པོར་བྱུང་བའི་གནས་ཡིན་པའི་ཕྱིར་རོ། །སྐུའི་འཁོར་ལོའི་གནས་ཆེན་ཞེས་བྱ་སྟེ། བཅོམ་ལྡན་འདས་ཀྱི་སྐུ་ལས་སྤྲུལ་པའི་དཔའ་བོ་དང་རྣལ་འབྱོར་མས་བྱིན་གྱིས་བརླབས་པའི་གནས་ཡིན་པའི་ཕྱིར། །ཁ་གདོང་མ་སོགས་བརྒྱད་བཞུགས་པའི་གནས་ཆེན་འདི་ལ། འཕྲིན་ལས་ཀྱི་གནས་ཆེན་ཞེས་བྱ་སྟེ། དབང་ཕྱུག་གི་འཕྲིན་ལས་ཀྱི་སྤྲུལ་བའི་ལྷ་མོ་བརྒྱད་དང་པོར་བྱུང་བའི་གནས་ཡིན་པའི་ཕྱིར། དམ་ཚིག་འཁོར་ལོའི་གནས་ཆེན་ཞེས་བྱ་སྟེ། བཅོམ་ལྡན་འདས་ཀྱི་དམ་ཚིག་ལས་སྤྲུལ་བས་སྤྲུལ་བའི་སྒོ་མཚམས་ཀྱི་ལྷ་མོ་བརྒྱད་ཀྱི་བྱིན་གྱིས་བརླབས་པའི་གནས་ཡིན་པའི་ཕྱིར་རོ། །བཞི་པ་དེ་དག་གིས་ཤེས་ཆེད་འགོད་པ་ལ་གཉིས་ཏེ། སྦྱང་གཞི་དང་སྦྱོང་བྱེད་སྦྱར་བའི་སྒོ་ནས་ཤེས་ཆེད་འགོད་པ་དང་། སྔོན་གྱི་གླེང་གཞི་བསྟན་པའི་སྒོ་ནས་ཤེས་ཆེད་འགོད་པའོ། །དང་པོ་ནི། ཕྱིའི་ཡུལ་ཆེན་དེ་ལ་སུམ་ཅུ་རྩ་བདུན་དུ་ངེས་ཏེ། སྦྱང་གཞི་ལ་སུམ་ཅུ་རྩ་བདུན། རྩའི་ཡི་གེ་སོ་བདུན། ཁམས་སོ་བདུན། དེ་དག་ལ་དབང་བྱེད་པའི་རླུང་སོ་བདུན་ཡོད། སྦྱོང་བྱེད་ཀྱི་ལམ་བྱང་ཕྱོགས་སོ་བདུན་དུ་ངེས་པའི་ཕྱིར་རོ། །རྩ་སོ་བདུན་ནི། མི་ཕྱེད་མ་དང་། ཕྲན་གཟུགས་མ་ལ་སོགས་པ་བརྟག་གཉིས་ལས་དངོས་སུ་བཤད་པ་སོ་གཉིས། སྙིང་གི་ནང་གིས་སྦྲས་པའི་རྩ་ལྔ་རྣམས་སོ། །

རྩའི་ཡི་གེ་སོ་བདུན་ནི། པུ་ཛ་ཨུ་ཨ་ལ་སོགས་པ་ཉི་ཤུ་རྩ་བཞི། སྙིང་གི་ཕྱི་སྐོར་གྱི་ཧཱུྃ་རིང་པོ་བརྒྱད།

ནང་གི་ཡི་གེ་རྣམས་སོ། །ཁམས་སོ་བདུན་ནི། སོ་དང་སེན་མོ་འབབ་པའི་ཁམས་ཉེར་བཞི། རྣམ་ཤེས་བརྒྱད་དང་འབྲེལ་བའི་ཁམས་བརྒྱད། སྨྲས་པའི་རྩ་ལྔ་ལ་གནས་པའི་བདུད་རྩི་ལྔའི་དྭངས་མ་རྣམས་སོ། །རླུང་སོ་བདུན་ནི། ཁམས་དེ་དག་དང་ལྷན་ཅིག་ཏུ་རྒྱུ་བའི་རླུང་སོ་བདུན་ཡོད་དོ། །གཉིས་པ་ལ་གཉིས་ཏེ། འདུལ་བར་བྱ་བ་དབང་ཕྱུག་གི་བྱུང་ཚུལ་དང་། འདུལ་བྱེད་ཧེ་རུ་ཀའི་བྱུང་ཚུལ་ལོ། །དང་པོ་ལ་གཉིས་ཏེ། དབང་ཕྱུག་ཡབ་ཡུམ་དང་བཅས་པ་བྱུང་ཚུལ་དང་། དེའི་སྤྲུལ་པ་བྱོན་ཚུལ་ལོ། །དང་པོ་ནི། སྟོན་ཆེ་ལོ་དཔག་མེད་ནས་རྫོང་དུས་ཀྱི་མགོ་རྩོམ་པའི་ཚེ། རི་རབ་ཀྱི་སྙིང་གི་དབུས་སུ། ལྷ་དབང་ཕྱུག་ཆེན་པོ་སྐུ་མདོག་ནག་པོ་ཞལ་གཅིག་ཕྱག་བཅུ་གཉིས་པ། ཡུམ་ཨུ་མ་དེ་མ་དམར་མོ་ཞལ་གཅིག་ཕྱག་གཉིས་མ་དང་མཉམ་པར་སྦྱོར་བ། དེའི་ཐུན་མཚམས་ཀྱི་ཡུམ་བཞི་ནི། མདུན་དུ་སྨྲ་གཅན་མ་སྔོན་མོ། གཡོན་ན་ཉི་མའི་སྨྲ་གཅན་མ་ལྗང་ཁུ། རྒྱབ་ན་སྨུན་པ་མ་དམར་མོ། །གཡས་ན་ཉེ་བའི་མུན་པ་མ་སེར་མོ་སྟེ་གཙོ་འཁོར་ལྔ་བཞུགས་པའོ། །

གཉིས་པ་ལ་བཞི་སྟེ། དབང་ཕྱུག་གི་ཐུགས་ཀྱི། གསུང་གི། སྐུའི་འཕྲིན་ལས་ཀྱི་སྤྲུལ་པ་བྱོན་ཚུལ་ལོ། །དང་པོ་ནི། འཛམ་གླིང་གི་ལྟེ་བའི་ཤར་པུ་ལི་ར་མ་ལ་ཡ། བྱང་ཛ་ལན་དྷ་ར། ནུབ་ཨོ་ཊྱི་ན། ལྷོ་ཨ་བུ་ད་རྣམས་སུ་དབང་ཕྱུག་གི་ཐུགས་ལས་སྤྲུལ་པའི་ལྷའི་གཙོ་བོ་བཞི་ཡུམ་དང་བཅས་པ་གནས། གནས་བཞི་པོ་དེ་ལ་ལྷའི་སྐད་དུ་གནས་ཞེས་བྱའོ། །འཛམ་གླིང་གི་ཤར་ལྷོ་གོ་ད་ཝ་རི། ལྷོ་ནུབ་ར་མེ་ཤྭ་ར། ནུབ་བྱང་དེ་ཝ་ཀོ་ཊ། བྱང་ཤར་མ་ལ་ཝ་རར། དབང་ཕྱུག་གི་ཐུགས་ལས་སྤྲུལ་པའི་ལྷའི་གཡོག་བཞི་ཚུང་མ་དང་བཅས་པ་གནས་ཤིང་། གནས་ཆེན་བཞི་པོ་དེ་ལ་དྲི་ཟའི་སྐད་དུ་ཉེ་བའི་གནས་ཞེས་བྱའོ། །དེ་ལྟར་དབང་ཕྱུག་གི་ཐུགས་ལས་སྤྲུལ་པའི་ལྷ་གཙོ་འཁོར་བརྒྱད་པོ་དེ་དག་ནི། ནམ་མཁའ་ནས་འཛམ་བུ་གླིང་དུ་བྱོན་པས་ན། མཁའ་སྤྱོད་ཀྱི་གནས་ཞེས་བྱའོ། །གཉིས་པ་ནི། གནས་བརྒྱད་པོ་དེ་དག་གིས་ཕྱི་རོལ་གྱི་ཤར་ཀ་མ་རུ་པ། བྱང་ཨོ་ཏེ་གཉིས་སུ་དབང་ཕྱུག་གི་གསུང་ལས་སྤྲུལ་པའི་གནོད་སྦྱིན་གྱི་གཙོ་བོ་གཉིས་ཚུང་མ་དང་བཅས་པ་གནས་ཤིང་། གནས་དེ་དག་ལ་གནོད་སྦྱིན་གྱི་སྐད་དུ་ཞིང་ཞེས་བྱའོ། །ནུབ་ཏྲི་ཤ་ཀུ་ནི། ལྷོ་ཀོ་ས་ལར་གནོད་སྦྱིན་གྱི་མགོ་གཉིས་ཚུང་མ་དང་བཅས་པ་གནས་ཤིང་། དེ་དག་ལ་གནོད་སྦྱིན་གྱི་སྐད་དུ་ཉེ་བའི་ཞིང་ཞེས་བྱའོ། །ཤར་ལྷོ་ཀ་ལིང་ཀ །ལྷོ་ནུབ་ལམ་པ་ཀར་སྲིན་པོའི་གཙོ་བོ་གཉིས་ཚུང་མ་དང་བཅས་ཤིང་། ནུབ་ཀན་ཙི། བྱང་ཤར་ཧི་མ་ལ་ཡར་སྲིན་པོའི་གཡོག་གཉིས་ཚུང་མ་དང་བཅས་ཤིང་། གནས་དེ་དག་ལ་སྲིན་པོའི་སྐད་དུ་ཚནྡྷོ་དང་ཉེ་བའི་ཚནྡྷོ་ཞེས་བྱའོ། །དབང་ཕྱུག་གིས་གསུང་ལས་སྤྲུལ་པ་བརྒྱད་པོ་དེ་དག་དང་པོ་ཉིད་ནས་ས་སྟེང་ན་སྤྱོད་པས་ན་ས་སྤྱོད་ཀྱི་འཇིགས་བྱེད་བརྒྱད་ཅེས་བྱའོ། །གསུམ་པ་ནི། ཡང་གནས་བརྒྱད་པོ་དེ་དག་གི་ཕྱི་རོལ་ཤར་ཕྱོགས་ཏེ་ཏ་པུ་རི།

བྱང་གྲི་ཧ་ན་དེ་བ་ན། དབང་ཕྱུག་གིས་སྐུའི་སྤྲུལ་པ་རྒྱ་མཚོའི་ནང་ནས་ཡོངས་པའི་ཀླུའི་གཙོ་བོ་གཉིས་ཆུང་མ་དང་བཅས་པ་གནས་ཤིང་། ནུབ་སོ་ཙུ་རཥྚ། ལྷོ་སོ་ཙུ་ཕར་ནར་ཀླུ་གཡོག་གཉིས་ཆུང་མ་དང་བཅས་པ་གནས་ཤིང་། གནས་དེ་དག་ལ་ཀླུའི་སྐད་དུ་འདུ་བ་དང་ཉེ་བའི་འདུ་བ་ཅེས་བྱའོ། །ཤར་ལྷོ་ན་ག་ར། ལྷོ་ནུབ་སེན་རྒྱུ་གཉིས་སུ་རི་རབ་ཀྱི་འོག་ནས་ཡོང་བའི་ལྷ་མ་ཡིན་ཐམས་ཅད་ཀྱི་གཙོ་བོ་གཉིས་ཆུང་མ་དང་བཅས་པ་གནས། ནུབ་བྱང་ཀ་མ་རུ་པ། བྱང་ཤར་ཀུ་ལུ་དར་ལྷ་མ་ཡིན་གྱི་གཡོག་གཉིས་ཆུང་མ་དང་བཅས་པ་གནས་ཤིང་། གནས་དེ་དག་ལ་ལྷ་མ་ཡིན་གྱི་སྐད་དུ་དུར་ཁྲོད་དང་ཉེ་བའི་དུར་ཁྲོད་ཅེས་བྱའོ། །དེ་དག་ནི་དབང་ཕྱུག་གི་འཁྲིན་ལས་ཀྱི་སྤྲུལ་པ་མ་མོ་ཞེས་ཀྱང་བྱའོ། །དབང་ཕྱུག་གིས་སྤྲུལ་པ་བརྒྱད་པོ་འདི་དག་ས་འོག་ནས་འཛམ་བུའི་གླིང་དུ་བཀྲོན་པས་ན། ས་འོག་ན་སྤྱོད་པའི་འཇིགས་བྱེད་བརྒྱད་ཅེས་བྱའོ། །བཞི་པ་ནི། རྒྱ་བའི་གླིང་བཞིའི་ལྟེ་བ་ན་གདོང་ཅན་མ་བཞི། གླིང་ཕྲན་བརྒྱད་ན་གཤིན་རྗེ་མ་བཞི་སྟེ་བརྒྱད་གནས་ཤིང་། གནས་དེ་དག་ལ་མ་མོའི་སྐད་དུ་འཐུང་སྤྱོད་དང་ཉེ་བའི་འཐུང་སྤྱོད་ཅེས་བྱའོ། །དེ་དག་ནི་དབང་ཕྱུག་གི་འཁྲིན་ལས་ཀྱི་སྤྲུལ་པ་མ་མོ་ཞེས་ཀྱང་བྱའོ། །དེ་ཡང་དབང་ཕྱུག་གི་འཁོར་དེ་རྣམས་ལ་ཇོ་ལས་རང་བྱུང་དུ་གྲུབ་པའི་ལིང་ག་རེ་མཆོད་པའི་རྟེན་དུ་བྱིན་ཏེ། འཁོར་དེ་རྣམས་ཀྱིས་དེ་ལ་དུས་གསུམ་དུ་ཤ་ཁྲག་གིས་མཆོད་པར་བྱེད་དོ། །ཇོའི་ལིང་ག་དེ་གནས་ཆེན་རྣམས་ན་ད་ལྟ་ཡང་ཡོད་པར་བཞེད་དོ། །དེའི་དབང་ཕྱུག་འཁོར་བཅས་དེ་དག་གིས་སུམ་ཅུ་གསུམ་མན་ཆད་ཀྱི་སེམས་ཅན་ལ་གནོད་ཅིང་འཚེ་བར་བྱེད་པའི་སྒོ་ནས་སེམས་ཅན་རྣམས་ཀྱི་ཤ་ཁྲག་ལ་བཟའ་བཏུང་བྱེད། པགས་པ་གོས་སུ་གྱོན། རུས་པ་བརྒྱན་དུ་བྱེད། སྐྲ་ལ་ཚལ་སྐུད། མགོ་བོས་དོ་ཤལ་བྱེད་པར་གྱུར་ཏོ། །

གཉིས་པ་འདུལ་བྱེད་ཧེ་རུ་ཀའི་བྱུང་ཚུལ་ལ་གསུམ་སྟེ། དང་པོར་སྤྲུལ་པ་མཛད་པའི་ཚུལ། དེས་དབང་ཕྱུག་ཇི་ལྟར་བཏུལ་བའི་ཚུལ། རྒྱུད་གསུངས་ནས་གནས་ཆེན་དུ་འགྱུར་བའི་འཐད་པའོ། །དང་པོ་ནི། ཡང་དག་པར་རྫོགས་པའི་སངས་རྒྱས་ཀྱིས་དངོས་སུ་དབང་ཕྱུག་འཁོར་བཅས་ལ་གནས་སྐབས་དང་མཐར་ཐུག་གི་ཕན་བཏགས་པར་བྱ་བ། རྒྱུད་ནས་སེམས་ཅན་མཐའ་ཡས་པ་ལ་ཕན་པ་རྒྱ་ཆེན་པོ་སྒྲུབ་པར་བྱ་བའི་ཕྱིར་དུ། རི་རབ་ཀྱི་རྩེའི་དབུས་སུ་དབང་ཕྱུག་ཡབ་ཡུམ་དང་ཆ་འདྲ་བའི་འཁོར་ལོ་བདེ་མཆོག་ཡབ་ཡུམ། དེའི་ཕྱོགས་བཞིར་ཐུན་མཚམས་ཀྱི་ཡུམ་བཞི་དང་ཆ་འདྲ་བའི་སྙིང་པོའི་རྣལ་འབྱོར་མ་བཞི། འཛམ་བུ་གླིང་དུ་ནང་བསྐོར་གྱི་ཕྱོགས་མཚམས་བརྒྱད་དུ། མཁའ་སྤྱོད་ཀྱི་འཇིགས་བྱེད་བརྒྱད་དང་ཆ་འདྲ་བའི་ཐུགས་ཀྱི་སྤྲུལ་པ་དཔའ་བོ་བརྒྱད་ཡབ་ཡུམ་དང་བཅས་པ། བར་སྐོར་གྱི་ཕྱོགས་མཚམས་བརྒྱད་དུ་ས་སྤྱོད་ཀྱི་འཇིགས་བྱེད་འཇིགས་

བརྒྱད་དང་ཆ་འདྲ་བའི་གསུང་གི་སྤྲུལ་པ་དཔའ་བོ་དང་རྣལ་འབྱོར་མ་བརྒྱད་ཡབ་ཡུམ་དང་བཅས་པ། ཕྱི་སྐོར་གྱིས་ཕྱོགས་མཚམས་བརྒྱད་དུ་ས་འོག་ནས་སྤྱོད་པའི་འཇིགས་བྱེད་འཇིགས་བྱེད་བརྒྱད་དང་ཆ་འདྲ་བའི་སྐུའི་སྤྲུལ་པ་དཔའ་བོ་བརྒྱད་ཡབ་ཡུམ་དང་བཅས་པ། གླིང་བཞིའི་ལྟེ་བ་གླིང་ཕྲན་དང་བཅས་པར་མ་མོ་བརྒྱད་དང་ཆ་འདྲ་བའི་ཕྱོགས་མཚམས་བརྒྱད་ཀྱི་ལྷ་མོ་བརྒྱད་དེ། དབང་ཕྱུག་འཁོར་བཅས་སུམ་ཅུ་རྩ་བདུན་གྱི་གཉེན་པོར། འཁོར་ལོ་བདེ་མཆོག་གཙོ་འཁོར་སུམ་ཅུ་སོ་བདུན་དུ་སྤྲུལ་པར་མཛད་པ་ཡིན་ནོ། །གཉིས་པ་ལ་གསུམ་སྟེ། ལོངས་སྤྱོད་པའི་ཚུལ། ཐིམ་ནས་ལུང་བསྟན་པའི་ཚུལ། དབང་དུ་བྱས་པའི་བརྟ་དང་གསུམ་མོ། །དང་པོ་ནི། བཅོམ་ལྡན་འཁོར་དང་བཅས་པ་རྣམས་ཀྱིས། དབང་ཕྱུག་འཁོར་དང་བཅས་པ་རྣམས་ཀྱི་ལོངས་སྤྱོད་བརྒྱན་དང་བཅས་པ་འཕྲོགས་ནས། ཤ་ཁྲག་ཚོགས་འཁོར་གྱི་ཚུལ་དུ་ལོངས་སྤྱོད་དོ། །རུས་པ་རྣམས་ལ་བརྒྱན་དང་མགོ་བོའི་དོ་ཤལ་མཛད་པ་ལ་སོགས་པའི་སྒོ་ནས་ལོངས་སྤྱོད་པར་མཛད་དོ། །

གཉིས་པ་ནི། དབང་ཕྱུག་འཁོར་བཅས་ཚར་བཅད་དེ་རྣམ་པར་ཤེས་པ་འོད་གསལ་དུ་ཐིམ་པར་མཛད་ནས། མ་འོངས་པའི་དུས་ན་དབང་ཕྱུག་ཆེན་པོ་དེ་ཉིད་དེ་བཞིན་གཤེགས་པ་ཐལ་བའི་དབང་པོ་ཞེས་བྱ་བར་སངས་རྒྱ་བར་ལུང་བསྟན་པར་འགྱུར་རོ། །གསུམ་པ་ནི། དབང་ཕྱུག་འཁོར་བཅས་བཅོམ་པའི་བརྟར། བཅོམ་ལྡན་འདས་འཁོར་བཅས་ཐམས་ཅད་རོའི་གདན་ལ་བཞུགས་པ། རུས་པའི་རྒྱན་ཅན་མི་མགོ་དོ་ཤལ་དང་བཅས་པར་བཞུགས་པའོ། །གསུམ་པ་ནི། བཅོམ་ལྡན་འདས་འཁོར་ལོ་བདེ་མཆོག་དེས་དབང་ཕྱུག་འཁོར་བཅས་བཏུལ་བའི་རྗེས་སུ། དང་པོར་དཔའ་བོ་དང་རྣལ་འབྱོར་མའི་ཚོགས་ལ་འཁོར་ལོ་བདེ་མཆོག་གི་རྒྱུད་ལེའུ་འབུམ་ཡོད་པ་གསུངས། དེའི་རྗེས་སུ་ཤློ་ཀ་འབུམ་ཡོད་པ་གསུངས། དེ་གཉིས་རྩོད་དུས་ཀྱི་གདུལ་བྱ་རྣམས་ཀྱི་དོན་དུ་མི་འགྱུར་བར་དགོངས་ནས། ཨུ་རྒྱན་གྱི་ཡུལ་དུ་མཁའ་འགྲོ་མ་རྣམས་ཀྱི་སྤྱན་དྲངས། དེའི་རྗེས་སུ་ཡི་གེ་འབུམ་ཡོད་པ་ལེའུ་ལྔ་བཅུ་རྩ་གཅིག་གི་བདག་ཉིད་ཅན་བདེ་མཆོག་རྩ་བའི་རྒྱུད་གསུངས་ནས། གཙོ་བོ་ཡབ་ཡུམ་མི་སྣང་བའི་ཚུལ་གྱིས་སྤྲུལ་པ་ཆོས་སྐུའི་ངང་དུ་བསྡུ་བར་མཛད་དོ། །དེ་ཡང་བཅོམ་ལྡན་འདས་ཀྱིས་དང་པོར་སྤྲུལ་པ་མཛད་པའི་གནས་དེ་དག་ལ། གནས་ཆེན་ཁྱད་པར་ཅན་ཞེས་བྱ་སྟེ། རི་རབ་ཀྱི་སྟེང་ནས་ཡོན་ཏན་གྱི་སྤྲུལ་པ་བདེ་ཆེན་གྱི་ལྷ་མོ་བཞི། འཛམ་བུ་གླིང་ན་ཐུགས་ཀྱི་སྤྲུལ་པ། གསུང་གི་སྤྲུལ་པ། སྐུའི་སྤྲུལ་པ་ཉི་ཤུ་རྩ་བཞི། གླིང་བཞི་གླིང་ཕྲན་དང་བཅས་པ་ན་འཕྲིན་ལས་ཀྱི་སྤྲུལ་པ་ལྷ་མོ་བརྒྱད་སྐུའི་བཀོད་པ་མ་བསྡུས་པར་ད་ལྟ་ཡང་བཞུགས་པའི་རྒྱུ་མཚན་གྱིས། བསྐྱེད་རྫོགས་ཀྱི་རྟོགས་པ་དང་ལྡན་ཞིང་། དམ་ཚིག་དང་ལྡན་པའི་རྣལ་འབྱོར་པས་གནས་དེ་དང་དེར་ཕྱིན་པ་ཙམ་གྱིས་དཔའ་བོ་དང་མཁའ་འགྲོ་མས་སེམས

རྒྱུད་བྱིན་གྱིས་བརླབས་ཏེ་རྟོགས་པ་གོང་འཕེལ་དུ་འགྱུར་བའི་ཕྱིར། རྒྱུ་མཚན་དེས་ན་འཁོར་ལོ་བདེ་མཆོག་བསྐྱེད་རིམ་ཟབ་པ་དང་། ཕོ་ཉ་གསུམ་བསྲེས་པས་རང་གི་ངང་གིས་འགྲུབ་པ་ཡིན་ཏེ། ཕོ་ཉ་རྣམ་པ་གསུམ་བསྲེས་ན། །སྒྲུབ་པ་པོ་ལ་དངོས་གྲུབ་སྟེར། །ཞེས་གསུངས་སོ། །འདི་དག་ནི་རྗེ་བཙུན་གྲགས་པ་རྒྱལ་མཚན་གྱིས། ཧེ་རུ་ཀའི་བྱུང་ཚུལ་ནས་ཇི་ལྟར་གསུངས་པ་བཞིན་བཀོད་པ་ཡིན་པས་ཡིད་ཆེས་པར་གྱིས་ཤིག །གསུམ་པ་དེ་དག་ལ་ལོག་རྟོག་དགག་པ་ལ་གསུམ་སྟེ། གནས་ཀྱི་གྲངས་ངེས་ལ་ལོག་རྟོག་དགག །ངོ་བོ་ལ་ལོག་རྟོག་དགག །མ་འཁྲུལ་བའི་གནད་བསྡུས་ཏེ་བསྟན་པའོ། །དང་པོ་ནི། ཁ་ཅིག །འཛམ་གླིང་ཙམ་པོ་གནས་ཆེན་དུ་མི་འཐད་དེ། ཤེས་བྱ་ཆོས་ཅན། འཛམ་གླིང་ནས་གངས་ཅན་དུ་བགྲོད་པ་དོན་མེད་པར་ཐལ། དེ་གཉིས་ཀ་གནས་ཆེན་ཡིན་པར་མཚུངས་པའི་ཕྱིར། ཡང་སྒྲ་མི་སྙན་སོགས་གནས་ཆེན་མིན་པར་ཐལ། འཛམ་བུའི་གླིང་ནས་སྒྲ་མི་སྙན་དུ་བགྲོད་དགོས་ན་ཧ་ཅང་ཐལ་བའི་སྐྱོན་ཡོད་པའི་ཕྱིར། ཡང་ཏི་སེ་དང་ཙ་རི་ཆོས་ཅན། གནས་ཆེན་ཡིན་པར་ཐལ། འཛམ་བུ་གླིང་གནས་ཆེན་གང་ཞིག །དེའི་ཁོངས་སུ་འདུས་པའི་ཕྱིར། ཞེས་ཟེར་རོ་མི་འཐད་དེ། དང་པོ་ལ། གངས་ཅན་ནས་ཨུ་རྒྱན་སོགས་སུ་བགྲོད་པ་དོན་མེད་པར་ཐལ། དེ་གཉིས་གནས་ཆེན་ཡིན་པར་མཚུངས་པའི་ཕྱིར། སྐུ་འཁོར་གྱི་གནས་ནས་གསུང་གི་འཁོར་ལོའི་གནས་སུ་བགྲོད་པ་དོན་མེད་པར་ཐལ། དེ་གཉིས་གནས་ཆེན་ཡིན་པར་མཚུངས་པའི་ཕྱིར། སྐུའི་འཁོར་ལོའི་ལྷ་བསྒོམས་པས་གསུང་གི་འཁོར་ལོའི་ལྷ་བསྒོམ་པ་དོན་མེད་པར་ཐལ། དེ་གཉིས་སངས་རྒྱས་ཡིན་པར་མཚུངས་པའི་ཕྱིར། ཁྱབ་པ་ཁས། གཉིས་པ་ལ། གངས་ཅན་སོགས་གནས་ཆེན་མིན་པར་ཐལ། རྡོ་རྗེ་གདན་ནས་གངས་ཅན་སོགས་སུ་བགྲོད་དགོས་ན་ཧ་ཅང་ཐལ་བར་མཚུངས་པའི་ཕྱིར་རོ། །ཡང་ཁྱེད་རང་གི་འོག་མིན་མི་སློབ་པའི་གནས་ཆེན་དུ་འདོད་པ་དང་འགལ་ཏེ། འོག་མིན་གནས་ཆེན་མིན་པར་ཐལ། རྡོ་རྗེ་གདན་ནས་དེར་བགྲོད་དགོས་ན་ཧ་ཅང་ཐལ་བའི་ཕྱིར་རོ། །འཁོར་གསུམ།

གསུམ་པ་ལ། ཀུན་མཁྱེན་ས་སྐྱ་པའི་ལྷ་ཁང་ཆེན་མོའི་མཐོད་ཁྲུངས་ཀྱི་དཀྱིལ་གྱི་རྟེན་འབྲེལ་ཁང་པ་ཆོས་ཅན། གཙུག་ལག་ཁང་མིན་པར་ཐལ། ལྷ་ཁང་ཆེན་མོའི་གཙུག་ལག་ཁང་གང་ཞིག །དེའི་ཁོངས་སུ་འདུས་པའི་ཕྱིར། མི་མཇེད་འཇིག་རྟེན་གྱི་ཁམས་འདི་ན། འོག་མིན་སྟུག་པོ་བཀོད་པའི་ཞིང་ཁམས་མིན་པར་ཐལ། དེ་ཉིད་ཞིང་ཁམས་གང་ཞིག །དེའི་ཁོངས་སུ་འདུས་པའི་ཕྱིར། ཁྱབ་པ་གཉིས་པར་ཁས། རྟགས་གྲུབ་སྟེ། དེར་བཞུགས་པའི་རྣམ་པར་སྣང་མཛད་གངས་ཅན་རྒྱ་མཚོའི་ཕྱག་མཐིལ་ན་ཡོད་པའི་ཕྱིར། ཞེས་བྱ་བས་ཁེགས་སོ། །བདག་གི་གླིང་བཞིའི་ལྟེ་བ་གནས་ཆེན་དུ་ཁས་བླངས་པ་ལ། ཁ་ཅིག །རྡོ་རྗེའི་གདན་ན་ཡོད་པའི་

གང་ཟག་ཐམས་ཅད་མཐའ་དག་ལ་འཁོར་ལོ་བདེ་མཆོག་གི་སྐུ་བཞུགས་པའི་གནས་ཆེན་སྣང་བ་དང་། བགྲོད་པའི་ནུས་པ་ཡོད་པར་ཐལ། འཛམ་བུ་གླིང་གི་ལྟེ་བ་ན་ཡུལ་ཆེན་སུམ་ཅུ་རྩ་བདུན་གྱི་ནང་ཚན་དུ་གྱུར་པའི་གནས་ཆེན་ཡོད་པའི་ཕྱིར་ཞེ་ན། ཁྱབ་པ་མེད་དེ། གངས་ཅན་ན་ཡོད་པའི་འགྲོ་བ་མཐའ་དག་ལ་གསལ་བ་དེར་ཐལ། གངས་ཅན་དེ་ཡུལ་ཆེན་སུམ་ཅུ་རྩ་བདུན་གྱི་ནང་ཚན་དུ་གྱུར་པའི་གནས་ཆེན་ཡིན་པའི་ཕྱིར། ཁྱབ་པ་ཁས། འདོད་ན། གངས་ཅན་དེ་ཧི་མ་ཀ་ཏ་སོགས། །ཀླུ་ཀློ་བླུན་པོ་མུ་སྟེགས་བྱེད། །འབྲོག་པ་རྣམས་ཀྱི་གང་མོད་ཀྱིས། །དེ་དག་གྲུབ་པ་ཐོབ་བམ་ཅི། །ཞེས་གསུངས་པ་དང་དངོས་སུ་འགལ་ལོ། །དེས་ན་དྲོད་ཐོབ་པ་ཡན་ཆད་ཀྱི་སྐལ་ལྡན་རྣམས་ལ་དེ་དག་གནས་ཆེན་དུ་སྣང་བ་ཡིན་གྱིས། སྤྱི་མཐུན་གྱི་ལས་ཀྱིས་འཕངས་པའི་འགྲོ་བ་མཐའ་དག་ལ་སྣང་དུ་རུང་བ་ནི་མིན་ནོ། །

གཉིས་པ་ལ་གསུམ་སྟེ། གངས་མཆོ་ལ་འཁྲུལ་པ་དགག །གནས་ཆེན་གྱི་ནང་ཚན་ལ་འཁྲུལ་པ་དགག །གངས་མཚོའི་ཁྱད་ཆོས་རྒྱས་པར་བཤད་པའོ། །དང་པོ་ལ་གསུམ་སྟེ། གངས་ཅན་དང་ཏི་སེ་གཅིག་ཏུ་འདོད་པ་དགག །མ་དྲོས་དང་མ་ཕམ་གཅིག་ཏུ་འདོད་པ་དགག །དེ་ལ་གཞན་གྱི་རྩོད་པ་སྤང་བའོ། །དང་པོ་ནི། ད་ལྟའི་ཏི་སེ་འདི་རི་བོ་གངས་ཅན་མིན་ཏེ། དུས་འཁོར་ནས་བཤད་པའི་གངས་ཅན་ཡང་མིན། མངོན་པ་ནས་བཤད་པའི་གངས་ཅན་ཡང་མིན། མུ་སྟེགས་བྱེད་ཀྱི་གཞུང་ནས་བཤད་པའི་གངས་ཅན་ཡང་མིན། རྨ་བྱ་ཆེན་མོའི་མདོ་ལས་གསུངས་པའི་གངས་ཅན་ཡང་མིན་པའི་ཕྱིར། དང་པོ་གྲུབ་སྟེ། དེའི་འགྲམ་ན་ཤམ་ཐ་ལ་དང་། གྲོང་ཁྱེར་བྱེ་བ་དགུ་བཅུ་རྩ་དྲུག་དང་། རྒྱལ་པོའི་ཕོ་བྲང་སོགས་མེད་པའི་ཕྱིར། ཞེས་པ་ནི། དཔལ་ལྡན་དུས་ཀྱི་འཁོར་ལོ་ལས། །ཞེས་སོགས་ཀྱིས་བསྟན། རྟགས་གཉིས་པ་གྲུབ་སྟེ། དེའི་འགྲམ་ན་མཚོ་མ་དྲོས་པ་སོགས་དང་། གླང་པོ་ཆེ་རབ་བརྟན་གླང་ཕྲན་ལྔ་བརྒྱས་བསྐོར་བ་དང་། འཛམ་བུའི་ཤིང་དང་བྲག་གསེར་གྱི་བྱ་སྐྱིབས་ཅན་ལ་སོགས་པ་མེད་པའི་ཕྱིར་ཞེས་པ་ནི། མངོན་པ་ལས་ཀྱང་འདི་སྐད་དུ་ཞེས་སོགས་ཀྱིས་བསྟན། རྟགས་གསུམ་པ་གྲུབ་སྟེ། ཤར་ནུབ་གཉིས་ཀྱི་རྒྱ་མཚོའི་འགྲམ་གངས་ཅན་གྱིས་ཁྱབ་པ་སོགས་མེད་པའི་ཕྱིར། ཞེས་པ་ནི། མུ་སྟེགས་བྱེད་པའི་གཞུང་ལས་ཀྱང་། །ཞེས་སོགས་ཀྱིས་བསྟན། རྟགས་བཞི་པ་གྲུབ་སྟེ། རྨ་བྱ་ཆེན་མོའི་མདོ་ལས། རི་བོ་ཆེན་པོ་གངས་ཅན་དང་། རི་བོ་ཆེན་པོ་ཏི་སེ་དང་། ཞེས་གངས་ཅན་དང་ཏི་སེ་གཉིས་ཐ་དད་དུ་གསུངས་པའི་ཕྱིར། ཞེས་པ་ནི། རྨ་བྱ་ཆེན་མོའི་མདོ་ལས་ཀྱང་། །ཞེས་སོགས་གསུངས་སོ། །དེས་ན་ཏི་སེ་འདི་ཆོས་ཅན། རི་བོ་གངས་ཅན་མིན་ཏེ། དེ་ཡིན་པར་སྣང་རུང་ཚད་མས་མ་དམིགས་པའི་ཕྱིར་ཞེས་པ་ནི་རིགས་པའོ། །གཉིས་པ་ནི། ད་ལྟའི་མ་ཕམ་འདི་ཆོས་ཅན། མཚོ་མ་དྲོས་པ་མིན་ཏེ། ཆུ་ཞེང་ལ་དཔག་ཚད་ལྔ་

བཅུ་ལྔ་བཅུ་སོགས་མེད་པའི་ཕྱིར། ཞེས་པ་ནི། ཕལ་པོ་ཆེའི་མདོ་ལས་ཀྱང་། །ཞེས་སོགས་ཀྱིས་བསྟན། གསུམ་པ་ནི། ཁ་ཅིག །བྱ་རྒོད་ཕུང་པོའི་རི་དེ་ཡང་དཀོན་བརྩེགས་ནས་བཤད་པའི་བྱ་རྒོད་ཕུང་པོའི་རི་མིན་པར་ཐལ། དེ་ལ་མགོ་བོ་ཤིན་ཏུ་མཐོ་བ་ཟླུམ་པ་སོགས་མེད་པའི་ཕྱིར། ཞེ་ན་སྐྱོན་མེད་དེ། དཀོན་བརྩེགས་ལས་བཤད་པ་སྙན་ངག་མཁན་གྱི་ལུགས་བཞིན་མཛད་པ་ཡིན་ཅིང་། དུས་འཁོར་སོགས་ལས་གངས་ཅན་གསུངས་པ་ནི་དངོས་པོའི་གནས་ལུགས་འཆད་པའི་དབང་དུ་མཛད་པ་ཡིན་པའི་ཕྱིར་ཞེས་པ་ནི། དེ་ལ་ཁ་ཅིག་འདི་སྐད་དུ། །བྱ་རྒོད་ཕུང་པོའི་རི་ལ་ཡང་། །ཞེས་སོགས་ཀྱིས་བསྟན། དེང་སང་ཕྱུག་རྒྱ་བ་རྣམས་ཀྱིས་ཏི་སེ་ལ་གངས་ཅན་དུ་འདོད་པ་དེ་ཡང་། གནས་ཆེན་དུ་བསམ་ནས་ཁས་ལེན་པ་ཡིན་ཏེ། དེའི་སྒྲུབ་བྱེད་ནི། རྗེ་བཙུན་མི་ལས། གངས་དཀར་ཏི་སེ་སྙད་པ་དེ། །དགྲ་བཅོམ་ལྔ་བརྒྱ་བཞུགས་པའི་གནས། །རི་བོ་གངས་ཅན་བྱ་བ་ཡིན། །མ་ཕམ་གཡུ་མཚོར་སྙད་པ་དེ། །མ་དྲོས་མཚོ་མོ་བྱ་བ་ཡིན། །བྲག་དམར་སྤོ་མཐོར་སྙས་པ་དེ། །རི་ནག་འབིགས་བྱེད་བྱ་བ་ཡིན། །ཞེས་གསུངས་པའི་ཕྱིར། ཞེས་ཟེར་རོ། །འོན་བྲག་དམར་སྤོ་མཐོ་དེ་རི་བོ་འབིགས་བྱེད་ཡིན་པར་ཐལ། རྗེ་བཙུན་གྱིས་དེ་ལྟར་གསུངས་པའི་ཕྱིར། ལན་ཅི་སྨྲ། དེས་ན་རྗེ་བཙུན་གྱི་གསུང་དེ་ནི། སྙན་ངག་མཁན་གྱི་ལུགས་སུ་མཛད་པའམ། ཡང་ན་རྣལ་འབྱོར་པ་རང་གི་ཉམས་སྣང་གིས་དབང་དུ་མཛད་པ་ཡིན་ཏེ། འདི་ལ་ཁ་ཅིག །ཉམས་སྣང་དེ་འཁྲུལ་ཤེས་སུ་ཐལ། ཏི་སེ་གངས་ཅན་མིན་པ་གང་ཞིག །དེ་ལ་གངས་ཅན་དུ་སྣང་བའི་ཕྱིར་ཞེ་ན། སངས་རྒྱས་ཀྱི་ཡེ་ཤེས་དེ་འཁྲུལ་ཤེས་སུ་ཐལ། སྣོད་བཅུད་ཀྱི་འཇིག་རྟེན་ཐམས་ཅད་མ་དག་པ་ཡིན་པ་གང་ཞིག །དེ་ལ་དག་པར་སྣང་བའི་ཕྱིར། འཁོར་གསུམ།

གཉིས་པ་གནས་ཆེན་གྱི་ནང་ཚན་ལ་འཁྲུལ་པ་དགག་པ་ལ། ཁ་ཅིག །འཐུང་སྤྱོད་ཀྱི་ནང་ཚན་གྱི་ཙ་རི་གཉིས་དང་། ཙ་རི་ཙ་གོང་དོན་གཅིག་ཅེས་ཟེར་རོ། །ཁ་ཅིག །ཉེ་བའི་གནས་ཀྱི་ནང་ཚན་གྱི་དེ་ཝི་ཀོ་ཊ་ཙ་རི་ཙ་གོང་དོན་གཅིག་ཟེར། དང་པོ་འགོག་པ་ནི། ཙ་རི་ཏྲ་ཞེས་བྱ་བའི་ཡུལ། །ཞེས་སོགས་ཀྱིས་བསྟན། གཉིས་པ་འགོག་པ་ནི། རྡོ་རྗེ་མཁའ་འགྲོའི་རྒྱུད་ལས་ནི། །ཞེས་སོགས་ཀྱིས་བསྟན།

གསུམ་པ་གངས་མཚོའི་ཁྱད་ཆོས་རྒྱས་པར་བཤད་པ་ལ་གསུམ་སྟེ། གངས་ཅན་གྱི་ཁྱད་ཆོས་ལ་དཔྱད་པ། མ་དྲོས་པའི་ཁྱད་ཆོས་ལ་དཔྱད་པ། དེ་དག་ལ་ཡང་དོགས་པ་དཔྱད་པའོ། །དང་པོ་ལ་གཉིས་ཏེ། མངོན་པ་ལས་བཤད་ཚུལ་དང་། དུས་འཁོར་ལས་བཤད་ཚུལ་ལོ། །དང་པོ་ནི། མདོ་ལས། འདི་ནས་བྱང་དུ་རི་ནག་པོ། །དགུ་འདས་གངས་རི་དེ་ནས་ནི། །སྤོས་ངད་ལྡན་པའི་ཚུ་རོལ་ན། །ཆུ་ཞེང་ལྔ་བཅུ་ཡོད་པའི་མཚོ། །ཞེས་རྒྱ་འགྲེལ་ལས་ཤེས་པར་བྱའོ། །གཉིས་པ་ལ་གསུམ་སྟེ། རི་མཚོའི་གནས་ཚུལ། ཤམ་བྷ་ལའི་གནས་ཚུལ། དེ་ལ་

བརྟེན་ནས་གངས་ཅན་ངོས་འཛིན་པའི་ཚུལ་ལོ། །དང་པོ་ནི། རི་རབ་ཀྱི་སྙིང་པ་གྲུ་ཞིང་། སྟེང་གི་རྩེ་མོའི་ཕྱོགས་རྒྱ་ཆེ་བར་གནས་པ་ཡིན་ལ། རི་རབ་དེ་ཉིད་ལ་གླིང་བདུན། མཚོ་བདུན། རི་བདུན་གྱིས་ཁོར་ཡུག་ཏུ་བསྐོར་ནས་གནས་ཤིང་། རི་དྲུག་པ་གངས་ཅན་གྱི་རི་ནང་གི་རི་རྣམས་ལ་ཤིན་ཏུ་མཐོ་བར་གནས་པ་དེ་ལ་རི་རབ་ཀྱི་བང་རིམ་འོག་མ་གདུགས་ཕུབ་པའི་ཚུལ་གྱིས་ཡོད་དེ། དེ་དག་གི་ནང་གི་གླིང་དྲུག་དང་། རི་མཚོ་རྣམས་ལ་ཉི་ཟླའི་བྱེད་པ་མི་འཇུག་ཀྱང་། གླིང་དེ་ན་གནས་པའི་སེམས་ཅན་རྣམས་ཀྱིས་ལུས་ཀྱི་རང་འོད་ཀྱིས་འཚོ་བར་བཞེད་ཅིང་། ནང་གི་གླིང་དྲུག་པོ་དེ་དག་ལ་ཡང་ལོངས་སྤྱོད་ཀྱི་ས་པའི་གླིང་ཞེས་བཞེད་དོ། །གངས་ཅན་གྱི་རི་བོ་དེའི་ཕྱི་རོལ་ན་ལས་ཀྱི་ས་པའི་འཛམ་གླིང་ཞེས་བྱ་བས་ཁོར་ཡུག་ཏུ་བསྐོར་ཞིང་། དེའི་ཕྱི་རོལ་ན་ལན་ཚྭའི་རྒྱ་མཚོ་དང་། ཁོར་ཡུག་རྡོ་རྗེའི་ར་བ་ཡོད་པར་འདོད། །འཛམ་གླིང་ཆེན་པོ་དེ་ལ་ས་དུམ་བུ་བཅུ་གཉིས་ཡོད་པའི་ལྷོའི་གླིང་དབུས་མ་འདི་ལ་འཛམ་བུའི་གླིང་ཆུང་དུ་ཞེས་འདོད་དོ། །

གཉིས་པ་ལ་བཞི་སྟེ། གཞིའི་ཁྱད་པར། གྲོང་གི་ཁྱད་པར། ཕོ་བྲང་གི་ཁྱད་པར། རྒྱལ་པོའི་ཁྱད་པར་རོ། །དང་པོ་ནི། འཛམ་བུ་གླིང་ཆུང་དུ་འདིའི་བྱང་ཕྱོགས་རི་བོ་གངས་ཅན་དང་ཉེ་བ་ན་ཆུ་བོ་སི་ཏ་ཞེས་བྱ་བ་ཡོད། དེའི་འགྲམ་ནཤམ་ཟླ་ལ་པདྨ་འདབ་བརྒྱད་ཀྱི་ཚུལ་གྱིས་གནས་ལ། མཐའ་སྐོར་དུ་ཀེ་ཤ་ལའི་གངས་ཅན་གྱི་ཁོར་ཡུག་ཏུ་བསྐོར་བའི་ཚུལ་གྱིས་ཡོད་པར་འདོད་དོ། །གཉིས་པ་ནི། འདབ་མ་བརྒྱད་པོ་རེ་རེའི་སྟེང་ན་གྲོང་ཁྱེར་བྱེ་བ་ཕྲག་བཅུ་གཉིས་བཅུ་གཉིས་ཏེ་ཐམས་ཅད་སྡོམ་པས་གྲོང་ཁྱེར་བྱེ་བ་ཁྲག་དགུ་བཅུ་རྩ་དྲུག་ཡོད་པར་འདོད་དོ། །གསུམ་པ་ནི། ས་པདྨ་ལྟ་བུ་དེ་དག་གི་ལྟེ་བ་ལ་སུམ་ཆའི་ཁྱོན་ལ་ཀེ་ཤ་ལའི་རི་བོ་མཛེས་ཤིང་ཡིད་དུ་འོང་བའི་སྟེང་ན། ཆོས་རྒྱལ་སུམ་ཅུ་རྩ་གཉིས་བྱོན་པའི་ཕོ་བྲང་ཀ་ལ་པ་ཞེས་བྱ་བ་དང་། དཔལ་དུས་ཀྱི་འཁོར་ལོའི་གཞལ་མེད་ཁང་། དུས་འཁོར་རྩ་རྒྱུད་ཤོ་ལོ་ཀ་སྟོང་ཕྲག་བཅུ་གཉིས་བཞུགས་པའི་གནས་དང་བཅས་པ་ཡོད་ཅིང་། དེ་དག་གི་ཕྱི་རོལ་ན་མ་ལ་ཡི་སྐྱེད་མོས་ཚལ་ཡིད་ལ་དགའ་བ་སྐྱེད་པའི་རྫིང་བུ་རྫིང་བུ་ལ་སོགས་པ་ཡོད་པར་འདོད་དོ། །

བཞི་པ་ལ་གསུམ་སྟེ། སྤྱིར་བཤད་པ་དང་། ཆོས་རྒྱལ་ལུང་བསྟན་ཚུལ། དེ་ལ་དོགས་པ་སྤང་བའོ། །དང་པོ་ནི། གྲོང་ཁྱེར་བྱེ་བ་རེ་རེ་ལ་དབང་བསྒྱུར་བའི་རྒྱལ་ཕྲན་དགུ་བཅུ་རྩ་དྲུག་ཕོ་བྲང་ཀ་ལ་པ་དེར་འཁོར་རྒྱལ་ཕྲན་དགུ་བཅུ་རྩ་དྲུག་པོ་དེ་དག་གིས་བསྐོར་བའི་ཆོས་རྒྱལ་སུམ་ཅུ་རྩ་གཉིས། དུས་ཀྱི་འཁོར་ལོའི་རྒྱུད་གསུངས་པ་ལ་རིམ་པར་འབྱོན་པར་གསུངས་སོ། །དེ་ལྟར་ཡང་འདིར། དཔལ་ལྡན་དུས་ཀྱི་འཁོར་ལོ་ལས། །ཆུ་བོ་སི་ཏའི་བྱང་ཕྱོགས་ན། །རི་བོ་གངས་ཅན་ཡོད་པར་གསུངས། །དེའི་འགྲམ་ནཤམ་ཟླ་ལ། །གྲོང་ཁྱེར་བྱེ་

བ་དགུ་བཅུ་དྲུག །དེ་ན་རྒྱལ་པོའི་ཕོ་བྲང་མཆོག །ཀ་ལ་པ་ཞེས་བྱ་བ་ཡོད། །དེ་ན་སྤྲུལ་པའི་རྒྱལ་པོ་རྣམས། །ལོ་གྲངས་བརྒྱ་བརྒྱར་ཆོས་གསུང་ངོ་། །ཞེས་གསུངས་སོ། །

གཉིས་པ་ལ་གཉིས་ཏེ། ཆོས་རྒྱལ་རྒྱུད་ལས་ཇི་ལྟར་གསུང་ཚུལ་དང་། དེའི་དོན་ཅུང་ཟད་བཤད་པའོ། །དང་པོ་ནི། ཆོས་རྒྱལ་སུམ་ཅུ་རྩ་གཉིས། དེའི་སྤྲུལ་པ་གཞི་དང་བཅས་པ་རྩ་རྒྱུད་མཆོག་གི་དང་པོའི་སངས་རྒྱས་ལས་གསུངས་ཏེ། རྒྱུད་འདིར། འདས་པའི་རྒྱལ་པོ་ཉི་མའི་འོད། །དེ་ནི་བགེགས་དགྲའི་སྤྲུལ་པ་སྟེ། །ཕྱག་ན་རྡོ་རྗེ་ཟླ་བཟང་ཁྱོད། །ས་སྙིང་གཤིན་རྗེ་མཐར་བྱེད་དང་། །སྒྲིབ་པ་ཐམས་ཅད་རྣམ་སེལ་དང་། །རྨུགས་བྱེད་ཁེངས་བྱེད་རིམ་པས་ཏེ། །ནམ་མཁའི་སྙིང་པོ་འཇམ་དབྱངས་དང་། །འཇིག་རྟེན་མགོན་པོ་གོ་རིམ་བཞིན། །གཤིན་རྗེ་གཤེད་སོགས་ཁྲོ་བོ་བཅུ། །དེ་བར་བྱང་ཆུབ་སེམས་དཔའ་གཞན། །བཅུ་གསུམ་དེ་རྣམས་རིམ་པ་ཡི། །རིགས་ནས་རིགས་ལ་འབྱུང་བར་འགྱུར། །གྲགས་པ་རིགས་ལྡན་རིགས་ཀུན་སྟེ། །དེ་ནས་རིགས་ལྡན་པདྨ་དཀར། །བཟང་པོ་རིགས་ལྡན་གསུམ་པ་སྟེ། །དེ་བཞིན་བཞི་པ་རྣམ་གྲོལ་ལོ། །བཤེས་གཉེན་བཟང་པོ་རིན་ཆེན་ཕྱག །བདུད་པ་ཁྱབ་འཇུག་སྟོབས་པའོ། །ཉི་མ་གྲགས་དང་ཤིན་ཏུ་བཟང་། །རྒྱ་མཚོ་རྣམ་རྒྱལ་རྒྱལ་དགའ་དང་། །རིགས་ལྡན་ཉི་མ་བཅུ་གཉིས་པ། །སྣ་ཚོགས་གཟུགས་དང་ཟླ་བའི་འོད། །མཐའ་ཡས་དང་ནི་ས་སྐྱོང་དང་། །དཔལ་སྐྱོང་སེང་གེ་རྣམ་སྣོན་དང་། །བསྙོད་པོ་ཆེ་དང་མ་འགགས་པ། །མིའི་སེང་གེ་དབང་ཕྱུག་ཆེ། །མཐའ་ཡས་རྣམ་རྒྱལ་རིགས་ལྡན་དང་། །གྲགས་པ་རིགས་ལྡན་དེ་ནས་སླར། །དེ་སྲས་འཁོར་ལོ་ཆེན་པོ་ཅན། །རིགས་ལྡན་དྲག་པོ་འབྱུང་འགྱུར་ཏེ། །སླ་མཁས་རྟ་མཆོག་ཏིང་འཛིན་གྱིས། །ཀླ་ཀློའི་ཆོས་ནི་མཐར་བྱེད་པའོ། །ཞེས་གསུངས་སོ། །

གཉིས་པ་ལ་ལྔ་སྟེ། ཆོས་རྒྱལ་དང་པོར་བྱོན་ཚུལ། རིགས་ལྡན་གྱི་ཐོག་མ་ངོས་བཟུང་བ། ཀླ་ཀློ་དང་པོར་འཇུག་པའི་དུས། ཀླ་ཀློ་གནས་པའི་ཡུན་ཚད། ཀླ་ཀློ་བཅོམ་ནས་བསྟན་པ་སྤེལ་བའི་ཚུལ་ལོ། །དང་པོ་ནི། སྟོན་པ་སངས་རྒྱས་མངོན་པར་རྫོགས་པར་སངས་རྒྱས་པའི་ཚུལ་མ་བསྟན་པའི་གོང་དུ། བྱང་ཤམ་ཟླ་ལ་ན་སྤྲུལ་པའི་རྒྱལ་པོ་ཉི་མའི་འོད་ཅན་གྱི་སྲས་ཕྱག་རྡོར་གྱི་སྤྲུལ་པ་རྒྱལ་པོ་ཟླ་བ་བཟང་པོ་ཆོས་རྒྱལ་སུམ་བཅུ་རྩ་གཉིས་ཀྱི་ཐོག་མ་ཡིན་ནོ། །དེ་ཡང་སྟོན་པ་མངོན་པར་རྫོགས་པར་སངས་རྒྱས་པའི་ཕྱིའི་ལོ་རྒྱལ་པོ་ཟླ་བ་བཟང་པོ་རྒྱ་གར་འཕགས་པའི་ཡུལ་དུ་རྫུ་འཕྲུལ་གྱིས་སྐྱོ་ནས་བྱོན་ཏེ། དཔལ་འབྲས་སྤུངས་ཀྱི་མཆོད་རྟེན་དུ། སྟོན་པ་ལས་དུས་འཁོར་རྩ་རྒྱུད་དབང་དང་བཅས་པ་གསན། སླར་ཡང་ཤམ་ཟླ་ལར་བྱོན་ནས་ལོ་གཉིས་ཀྱི་བར་དུ་དུས་འཁོར་རྩ་བའི་རྒྱུད་གདུལ་བྱ་རྣམས་ལ་གསུངས་ནས། རྒྱལ་པོ་དེ་ཉིད་སྤྲུལ་པའི་གཞི་བཅོམ་ལྡན་

འདས་ཀྱི་སྟེང་ལ་ཐིམ་པའི་ཚུལ་གྱིས་གཤེགས་སོ། །གཉིས་པ་ནི། རྒྱལ་པོ་ལྷ་དབང་ལ་སོགས་པའི་རྒྱལ་པོ་དྲུག་གིས་ལོ་བརྒྱ་བརྒྱར་ཆོས་བསྟན། ལོ་དྲུག་བརྒྱ་འདས་པའི་རྗེས་སུ་འཇམ་དབྱངས་ཀྱི་སྤྲུལ་པ་རིགས་ལྡན་གྲགས་པས་ལོ་བརྒྱར་ཆོས་བསྟན། རྩ་རྒྱུད་ཀྱི་དོན་ཕྱོགས་གཅིག་ཏུ་བསྡུས་པ་བསྡུས་རྒྱུད་མཛད་དེ། དྲང་སྲོང་ཉི་མའི་ཤིང་རྟ་ལ་སོགས་པ་དྲང་སྲོང་བྱེ་བ་ཕྲག་ཕྱེད་དང་བཅུ་གཉིས་ལ་དུས་ཀྱི་འཁོར་ལོའི་དབང་བསྐུར། ཐམས་ཅད་རྡོ་རྗེའི་རིགས་སུ་བསྒྱུར་བས་རིགས་ལྡན་འཇམ་དཔལ་གྲགས་པ་ཞེས་བྱའོ། །དེས་ན་རིགས་ལྡན་གྱི་ཐོག་མ་འདི་ཉིད་ཡིན་པས། ཆོས་རྒྱལ་སུམ་ཅུ་རྩ་གཉིས་ཡོད་ཀྱང་། རིགས་ལྡན་ཉི་ཤུ་རྩ་ལྔར་ངེས་སོ། །

གསུམ་པ་ནི། རིགས་ལྡན་འཇམ་དཔལ་གྲགས་པའི་སྲས་རིགས་ལྡན་པདྨ་དཀར་གྱིས་ལོ་བརྒྱར་ཆོས་བསྟན། བསྡུས་རྒྱུད་ཀྱི་འགྲེལ་པ་དྲི་མེད་འོད་མཛད། པད་དཀར་ལ་སོགས་པ་རིགས་ལྡན་བརྒྱད་ཀྱིས་ལོ་བརྒྱ་བརྒྱར་ཆོས་སྟོན་པའི་ལོ་བརྒྱད་བརྒྱ་འདས་པའི་རྗེས་སུ། རྒྱ་གར་འཕགས་ཡུལ་འདི་ཀླ་ཀློས་འཇིག་པར་བཤད་པ་ཡིན་ཏེ། དུས་འཁོར་རྩ་རྒྱུད་དུ། ལོ་འདི་ནས་ནི་དྲུག་བརྒྱའི་ལོའི་གསལ་བར་མི་དག་གྲགས་པ་ཤམ་ཐྭ་ལ་ཞེས་བྱ་བར་འབྱུང་། །དེ་ནས་ཀླུའི་ལོ་བརྒྱ་རྣམས་ཀྱི་ངེས་པར་མིའི་ཡུལ་དུ་ཀླ་ཀློའི་ཆོས་དག་རབ་ཏུ་འཇུག །ཅེས་གསུངས་སོ། །དེ་ཡང་ཚིག་རྐང་དང་པོས། རིགས་ལྡན་གྲགས་པ་འབྱུང་བའི་དུས་བསྟན། གཉིས་པས་ཀླ་ཀློ་འཇུག་པའི་དུས་བསྟན་ནོ། །

བཞི་པ་ནི། སྔར་བཤད་པའི་རིགས་ལྡན་ལྷག་མ་བཅུ་དྲུག་གི་ནང་ནས་རྒྱ་མཚོ་རྣམ་རྒྱལ་དང་། རྒྱལ་ཀ་གཉིས་ཀྱི་ལོ་ཉིས་བརྒྱ་ཉིས་བརྒྱ། ལྷག་མ་བཅུ་བཞིའི་ལོ་བརྒྱ་བརྒྱར་ཆོས་བསྟན་པའི་ལོ་བརྒྱད་བརྒྱ་ནི་ཀླ་ཀློ་གནས་པའི་ཡུན་ཚད་དུ་འདོད་དོ། །གྲངས་བཅོ་བརྒྱད་ཀྱིས་བརྒྱ་ཕྲག་གཅིག་བསྒྱུར་བ་ལ་སྟོང་བརྒྱད་བརྒྱ་འབྱུང་ལ། དེ་དག་ཀླ་ཀློ་གནས་པའི་ཡུན་ཚད་དུ་གནས་པའི་ཕྱིར། དེ་ལྟར་ཡང་རྒྱུད་ལས། དེ་ལ་བཅོ་བརྒྱད་ལུས་བརྒྱ་ཕྲག་བསྒྱུར་ལོ་ཉིས་བརྒྱ་ཉིས་རྒྱ། ལྷག་མ་ཉེར་དགུའི་ལོ་བརྒྱ་བརྒྱར་ཆོས་བསྟན་པའི་ཕྱིར་རོ། །ལྔ་པ་ནི། རིགས་ལྡན་འཇམ་དཔལ་གྲགས་པས། རིགས་ལྡན་མཐའ་ཡས་རྣམ་རྒྱལ་གྱི་སྲས། དྲག་པོ་འཁོར་ལོ་ཅན་དུ་གྱུར་ཏེ་ལོ་བརྒྱའི་བར་དུ་ཆོས་བསྟན། ཀླ་ཀློའི་གནས་ཚད་ལོ་སྟོང་དང་བརྒྱད་བརྒྱ་རྫོགས་པ་ན། རྟོར་གྱི་ཡུལ་གྱི་བྱང་ཕྱོགས་དགའ་སྐྱིན་ཞེས་བྱ་བར་ལྷ་མིན་གྱི་སྤྲུལ་པ་སྟོབས་དང་ལྡན་པ་ཞིག་བྱུང་སྟེ། འཛམ་བུ་གླིང་གི་ཕྱེད་དབང་དུ་བསྡུས་འཁོར་དང་སྟོབས་ཀྱིས་དྲེགས་ནས་ཤམ་ཐྭ་ལར་དམག་འདྲེན་པར་བརྩམ་པ་དེའི་ཚེ། དྲག་པོ་འཁོར་ལོ་ཅན་གྱིས་ཀླ་ཀློའི་ཚོགས་རྣམས་རྒྱ་གར་འཕགས་པའི་ཡུལ་གྱི་བར་དུ་བཅོམ་ནས་སངས་རྒྱས་ཀྱི་བསྟན་པ་དར་ཞིང་རྒྱས་པར་མཛད་དོ། །དེ་སྐད་དུ་གཞུང་འདིར། སྙིགས་མའི་དུས་སུ་འཕགས་པའི་ཡུལ། །

ཀླུ་ཀློའི་ཆོས་ཀྱིས་གང་བར་འགྱུར། །དེ་ནས་ཀླ་ཀློའི་རྫུ་འཕྲུལ་གྱིས། །ཤམ་བྷ་ལ་རུ་དམག་འདྲེན་འགྱུར། །དེ་ཚེ་ཕྱག་ན་རྡོ་རྗེ་ཡི། །སྤྲུལ་པ་དྲག་པོ་ཞེས་བྱ་བའི། །རྒྱལ་པོས་ཀླ་ཀློ་ཀུན་བཅོམས་ནས། །འཕགས་པའི་ཡུལ་གྱི་བར་དུ་ཡང་། །སངས་རྒྱས་བསྟན་པ་སྤེལ་བར་གསུངས། །ཞེས་གསུངས་སོ། །

གསུམ་པ་དོགས་པ་སྤང་བ་ལ། དོགས་པ་དང་དེའི་ལན་གཉིས། དང་པོ་ནི། དེ་ཚེ་ཕྱག་ན་རྡོ་རྗེ་ཡིས། །སྤྲུལ་པ་དྲག་པོ་ཞེས་བྱ་བས། །རྒྱལ་པོས་ཀླ་ཀློ་ཀུན་བཅོམ་ནས། །ཞེས་གསུངས་པ་ལ། ཁ་ཅིག །རིགས་ལྡན་དྲག་པོ་ཕྱག་རྡོར་གྱི་སྤྲུལ་པ་ཡིན་པ་གང་ལས་བཤད་ཅེ་ན། གཉིས་པ་ལ། སྤོས་ཁང་པས། དེ་ཚེ་འཇམ་དཔལ་གྲགས་པ་ཡིས། །སྤྲུལ་པ་ཞེས་བཤད་ལ། དེ་ཉིད་ཀུ་མ་རའི་རྣམ་བཤད་དུའང་བྲིས་སོ། །གསེར་ཐུར་ལས། ཕྱི་དྲང་དོན་གྱི་དབང་དུ་བྱས་པ་དང་། ནང་ངེས་དོན་གྱི་དབང་དུ་བྱས་པའོ། །དང་པོ་ནི། གསང་བའི་བདག་པོ་ཕྱག་ན་རྡོ་རྗེ་དང་། རྗེ་བཙུན་འཇམ་པའི་དབྱངས་གཉིས། གཞི་སྡོན་འཁོར་བའི་གནས་སྐབས་དང་། ལམ་བྱང་ཆུབ་སེམས་དཔའི་གནས་སྐབས་གཉིས་ཀ་རུ་རིགས་དང་ཤེས་རྒྱུད་ཐ་དད་པའི་དབང་དུ་བྱས་ནས་འཆད་པ་དེའི་ཚེ་ན། རིགས་ལྡན་དྲག་པོ་འཇམ་དབྱངས་ཀྱི་སྤྲུལ་པར་འཆད་དགོས་ཏེ། རྒྱལ་པོ་འཇམ་དཔལ་གྲགས་པ་དེའི་སྤྲུལ་པར་རྩོད་པ་མེད་ཅིང་། དྲག་པོ་ནི་དེའི་སྤྲུལ་བར་རྩོད་མེད་དུ་ལུང་གིས་གྲུབ་པའི་ཕྱིར་རོ། །དེས་ན་གཞུང་འདི་ལྟར། དེ་ཚེ་འཇམ་པའི་རྡོ་རྗེ་ཡི། །སྤྲུལ་པ་དྲག་པོ་ཞེས་བྱ་བའི། །རྒྱལ་པོས་ཀླ་ཀློ་ཀུན་བཅོམས་ནས། །ཞེས་སྦྱོར། གཉིས་པ་ནི་ནང་ལུས་ལ་སྦྱོར་བའི་དབང་དུ་བྱས་པ་དེའི་ཚེ། རིགས་ལྡན་དྲག་པོ་ཕྱག་ན་རྡོ་རྗེའི་སྤྲུལ་པར་བཞག་པས་ཆོག་པ་ཡིན་ཏེ། ཇི་སྐད་དུ། དཔལ་ལྡན་རྒྱུད་ལས། འཁོར་ལོ་ཅན་ནི་རང་གི་ལུས་ལ་རྡོ་རྗེ་ཅན་ཏེ་ལྷ་མཆོག་བདག་རྣམས་ཡན་ལག་བཅུ་གཉིས་འགོག །ཅེས་གསུངས་སོ། །ཀུན་མཁྱེན་མཁས་པའི་དབང་པོ་བསོད་ནམས་སེང་གེའི་སྡོམ་གསུམ་འཁྲུལ་སྤོང་ལས། རིགས་ལྡན་དྲག་པོ་ཕྱག་རྡོར་གྱི་སྤྲུལ་པ་དུས་འཁོར་རྩ་རྒྱུད་ལས་བཤད་དེ། རིགས་ལྡན་དྲག་པོ་འཇམ་དབྱངས་གྲགས་པའི་སྤྲུལ་པ་ཡིན། འཇམ་དབྱངས་གྲགས་པ་ཟླ་བ་བཟང་པོའི་སྤྲུལ་པ་ཡིན། ཟླ་བ་བཟང་པོ་ཕྱག་ན་རྡོ་རྗེའི་སྤྲུལ་པ་ཡིན་པར་དེར་བཤད་པའི་ཕྱིར་རོ། །རྟགས་དང་པོ་གྲུབ་སྟེ། འགྲེལ་ཆེན་དྲི་མེད་འོད་དུ། རྩ་རྒྱུད་ཀྱི་ལུང་དྲངས་པ་ལས། རིགས་ལྡན་ཉི་શུ་རྩ་བཞི་རྫོགས་པའི་རྗེས་སུ། གྲགས་པ་རིགས་ལྡན་དེ་ནས་སླར། །དེ་སྲས་འཁོར་ལོ་ཆེན་པོ་ཅན། །རིགས་ལྡན་དྲག་པོ་འབྱུང་འགྱུར་ཏེ། །ཀླ་ཀློའི་ཆོས་ནི་མཐར་བྱེད་པའོ། །ཞེས་འཇམ་དབྱངས་གྲགས་པ་སླར་ཡང་རིགས་ལྡན་དྲག་པོར་སྤྲུལ་པར་བཤད་པའི་ཕྱིར་རོ། །གཉིས་པ་གྲུབ་སྟེ། དེ་ཉིད་ལས། དེའི་ཟླ་བཟང་རྩ་རྒྱུད་ལས། །ཁྱོད་ནི་སྟོད་པར་བྱེད་པས་ཏེ། །འགྲེལ་བཤད་བྱེད་པ་པད་འཛིན་རང་། །ཞེས་བསྟུས་རྒྱུད་མཛད་

པ་གྲགས་པ་དང་། འགྲེལ་བཤད་མཛད་པས་པད་དཀར་གཉིས་ཀ་ཡང་ཟླ་བ་བཟང་པོའི་སྤྲུལ་པར་བཤད་པའི་ཕྱིར་རོ། །གསུམ་པ་གྲུབ་སྟེ། དེ་ཉིད་ལས། ཕྱག་ན་རྡོ་རྗེ་བཟང་ཁྱོད། །ཅེས་གསུངས་པའི་ཕྱིར། གལ་ཏེ་རིགས་ལྡན་དྲག་པོ་ཆོས་ཅན། ཕྱག་རྡོར་གྱི་སྤྲུལ་པ་མིན་པར་ཐལ། འཇམ་དབྱངས་ཀྱི་སྤྲུལ་པ་ཡིན་པའི་ཕྱིར་སྙམ་ན། དེ་ཉིད་འདུས་པར་གསུངས་པའི་ཕྱག་ན་རྡོ་རྗེ་སྟོན་པོ་ཆོས་ཅན། དེར་ཐལ། དེའི་ཕྱིར། ཞེས་སོགས་འཁྲུལ་མེད་ཀྱི་ལན་མཛད་དོ། །དེ་ལ་ཁ་ཅིག །དྲག་པོ་འཁོར་ལོ་ཅན་ཕྱག་རྡོར་གྱི་སྤྲུལ་པར་བཤད་པ་མི་འཐད་པར་ཐལ། ཟླ་བ་བཟང་པོ་ཕྱག་རྡོར་གྱི་སྤྲུལ་པར་བཤད་ཅིང་། དེ་གཉིས་ཆོས་རྒྱལ་རིགས་ཐ་དད་ཡིན་པའི་ཕྱིར་རོ། །གཞན་ཡང་། དྲག་པོ་འཁོར་ལོ་ཅན་འཇམ་དབྱངས་ཀྱི་སྤྲུལ་པར་རིགས་ཏེ། འཇམ་དཔལ་གྲགས་པ་འཇམ་དབྱངས་ཀྱི་སྤྲུལ་པ་ཡིན་ཅིང་། དེ་དྲག་པོ་འཁོར་ལོ་ཅན་དང་རྒྱུད་གཅིག་ཏུ་བཤད་པའི་ཕྱིར། རྟགས་གཉིས་ཀ་སྔར་བཤད་པའི་ལུང་གིས་གྲུབ་ཅེས་ཟེར་རོ། །

འདིའི་ལན་ལ་ཚིག་གི་ལན་དང་། དོན་གྱི་ལན་གཉིས་ལས། དང་པོ་ནི། ཐལ་འགྱུར་དང་པོ་ལ། དྲག་པོ་འཁོར་ལོ་ཅན་འཇམ་དབྱངས་ཀྱི་སྤྲུལ་པར་མི་རིགས་པར་ཐལ། རིགས་ལྡན་འཇམ་དཔལ་གྲགས་པ་འཇམ་དབྱངས་ཀྱི་སྤྲུལ་པར་བཤད་ཅིང་། དེ་གཉིས་ཆོས་རྒྱལ་རིགས་ཐ་དད་ཡིན་པའི་ཕྱིར། ཐལ་འགྱུར་གཉིས་པ་ལ། མགོ་མཚུངས་ཀྱི་ལན་ནི། བྲམ་ཟེའི་ཁྱེའུ་སྣང་བྱེད་དེ་སངས་རྒྱས་ཀྱི་སྐྱེ་བ་སྤྲུལ་སྐུ་ཡིན་པར་ཐལ། རྒྱལ་པོ་དོན་གྲུབ་དེ་སངས་རྒྱས་ཀྱི་སྐྱེ་བ་སྤྲུལ་སྐུ་ཡིན་པ་གང་ཞིག དེ་གཉིས་རྒྱུད་གཅིག་ཡིན་པའི་ཕྱིར། དེས་ན་རིགས་ལྡན་གྲགས་པ་དང་། དྲག་པོ་འཁོར་ལོ་ཅན་རྒྱུད་གཅིག་ཡིན་ཀྱང་སྤྲུལ་གཞི་གཅིག་ཁོ་ནར་ངེས་པ་མིན་ཏེ། རིགས་ལྡན་གྲགས་པ་དང་། དྲག་པོ་འཁོར་ལོ་ཅན་ཆོས་རྒྱལ་སྔ་ཕྱི་ཐ་དད་ཡིན་པའི་རྒྱུ་མཚན་གྱིས་གྲགས་པའི་སྤྲུལ་གཞི་འཇམ་དབྱངས། འཁོར་ལོ་ཅན་གྱི་སྤྲུལ་གཞི་ཕྱག་རྡོར་དུ་གསུངས་པའི་ཕྱིར། གཞན་ཡང་། དྲག་པོ་འཁོར་ལོ་ཅན་ཕྱག་རྡོར་གྱི་སྤྲུལ་པར་རིགས་པར་ཐལ། ཟླ་བ་བཟང་པོ་དེའི་སྤྲུལ་པ་གང་ཞིག །ཟླ་བ་བཟང་པོ་དང་འཁོར་ལོ་ཅན་རྒྱུད་གཅིག་ཡིན་པའི་ཕྱིར་ཏེ། ཆོས་རྒྱལ་སུམ་ཅུ་རྩ་གཉིས་པོ་འདི་དག་བཅོམ་ལྡན་འདས་ཀྱི་སྐུའི་ཆ་ཤས་སོ་སོ་ལ། གཤིན་རྗེ་གཤེད་ལ་སོགས་པ་ཁྲོ་བོའི་ཚོགས་དང་། འཇམ་དབྱངས་དང་ཕྱག་རྡོར་ལ་སོགས་པ་བྱང་ཆུབ་སེམས་དཔའི་ཚོགས་སུ་སྤྲུལ། དེ་དག་ཉིད་གདུལ་བྱའི་སྣང་ངོར་ཆོས་རྒྱལ་སུམ་ཅུ་རྩ་གཉིས་ཀྱིས་ཚུལ་བཟུང་བར་སྣང་བའི་ཕྱིར་རོ། །དཔེར་ན་དེ་བཞིན་གཤེགས་པའི་སྐན་གྱི་ཆ་ཤས་ཕྱག་རྡོར་དུ་སྤྲུལ། དེ་ཉིད་རྒྱལ་པོ་ཟླ་བ་བཟང་པོར་སྤྲུལ་པ་ལྟ་བུའོ། །

གཉིས་པ་དོན་གྱི་ལན་ནི། འཇམ་དབྱངས་ཀྱི་སྤྲུལ་པ་དང་། ཕྱག་རྡོར་གྱི་སྤྲུལ་པ་དོན་ལ་འགལ་བ་མིན་ཏེ།

ཆོས་རྒྱལ་སུམ་ཅུ་རྩ་གཉིས་ཀྱི་སྤྲུལ་གཞི་སུམ་ཅུ་རྩ་གཉིས་པོ་དེ་དག་རྒྱུ་གཅིག་ཡིན་པ་ལ། གདུལ་བྱ་འདུལ་ཚུལ་གྱི་སྒོ་ནས་ཐ་དད་དུ་སྣང་བའི་རྒྱུ་མཚན་གྱིས་སྤྲུལ་པའི་རྒྱལ་པོ་རྣམས་ཀྱང་རྒྱུད་གཅིག་ལ་སྣང་ཚུལ་ཐ་དད་པ་ཙམ་ཡིན་པའི་ཕྱིར་རོ། །ཀུན་རྫོབ་ཀྱི་སྣང་ཚུལ་གྱིས་དབང་དུ་བྱས་ན། དྲག་པོ་འཁོར་ལོ་ཅན་ཕྱག་རྡོར་གྱི་སྤྲུལ་པ་མིན་པ་ཡང་མི་འཐད་དེ། དང་པོར་ཕྱག་རྡོར་གྱིས་ཟླ་བ་བཟང་པོའི་ཚུལ་བཟུང་ནས། བཅོམ་ལྡན་འདས་ལ་རྒྱུད་གསུང་བར་གསོལ་བ་བཏབ། མཐར་དྲག་པོ་འཁོར་ལོ་ཅན་གྱི་ཚུལ་བཟུང་ནས་བསྟན་པ་དར་བར་མཛད་པའི་ཕྱིར་ཏེ། ཆོས་རྒྱལ་དང་པོ་དགུའི་སྤྲུལ་གཞི་དངོས་སུ་བཤད་ནས། རིགས་ལྡན་བཟང་པོ་ལ་སོགས་པ་ཉེར་གསུམ་གྱི་སྤྲུལ་གཞི་ལ་ཁྲོ་བོ་བཅུ་དང་། བྱང་ཆུབ་སེམས་དཔའ་བཅུ་ཡོད་པར་རྩ་རྒྱུད་ལས་དངོས་སུ་བཤད་པའི་ཕྱིར་རོ། །མཁས་པ་ཁ་ཅིག །དྲག་པོ་འཁོར་ལོ་ཅན་དེ་ཕྱག་ན་རྡོ་རྗེ་དང་འདྲ་བར་དྲག་པོའི་སྒོ་ནས་ཀླ་ཀློ་ཚར་བཅད་པས་ན་ཕྱག་ན་རྡོ་རྗེའི་སྤྲུལ་པ་མིང་གིས་བཏགས་པ་ཡིན་ནོ། །ཞེས་བཤད་ན་ཡང་འགལ་བ་མེད་དོ། །ཅེས་གསུངས་སོ། །

གསུམ་པ་དེ་ལ་བརྟེན་ནས་གངས་ཅན་ངོས་འཛིན་ཚུལ་ནི། དུས་ཀྱི་འཁོར་ལོའི་ལུགས་ལ་རི་བོ་གངས་ཅན་ལ་ཚུལ་གཉིས་བཤད་དེ། གླིང་དྲུག་གི་མཐའ་བསྐོར་ནས་ཡོད་པའི་རི་དྲུག་པ་གངས་ཅན་གྱི་རི་བོ་ནི། གངས་ཅན་ཆེན་པོ་ཡིན་ལ། ཤམ་བྷ་ལའི་མཐའ་བསྐོར་ནས་ཡོད་པའི་གངས་ཅན་ནི་གངས་ཅན་ཆུང་ངུར་བཤད་པ་ཡིན་ནོ། །དེས་ན་གངས་ཅན་དང་ཏི་སེ་དོན་མི་གཅིག་སྟེ། ཏི་སེ་གངས་ཅན་གཉིས་པོ་དེ་གང་གི་ཡང་ནང་ཚན་མིན་པའི་ཕྱིར་རོ། །

གཉིས་པ་མ་དྲོས་པའི་ཁྱད་ཆོས་བཤད་པ་ལ་གཉིས་ཏེ། གནས་དང་ཚད་ཀྱི་ཁྱད་པར། ཆུ་བོ་བཞིའི་འབབ་ཚུལ་ལོ། །དང་པོ་ནི། རྒྱ་གར་རྡོ་རྗེ་གདན་ནས་བྱང་ཕྱོགས་སུ་རི་ནག་པོ་དགུ་འདས་པ་ན་རི་བོ་གངས་ཅན། དེའི་བྱང་ཕྱོགས་ན་རི་སྤོས་ཀྱི་ངད་ལྡན། དེ་གཉིས་ཀྱི་ནུབ་ཕྱོགས་ན་བྲག་རི་གསེར་གྱི་བྱ་སྐྱིབས་ཅན་བྲག་ཕྲན་ལྔ་བརྒྱས་བསྐོར་བ་ཡོད། དེ་གཉིས་ཀྱི་དཀྱིལ་ན་མ་དྲོས་པའི་རྒྱ་མཚོ་ཆུ་ཞེང་དུ་དཔག་ཚད་ལྔ་བཅུ་ཡོད་པ། ངོས་རིན་ཆེན་ཕ་གུའི་བརྩིགས་པ། འོག་བཞི་ཤར་དངུལ། ལྷོ་སེར། ནུབ་བཻཌཱུརྻ། བྱང་རྡོ་རྗེའི་རང་བཞིན་ཅན་གྱི་ས་གཞི་རིན་ཆེན་བསེག་མ་གདལ་བ་ཡོད་ཅིང་། མཚོ་དེའི་དབུས་ན་ཀླུའི་རྒྱལ་པོ་མ་དྲོས་པའི་ཕོ་བྲང་། ཕོ་བྲང་དེའི་ཕྱོགས་ཤར་ཕྱོགས་ན་གླང་པོ་ཆེ། ལྷོ་ན་ཁྱུ་མཆོག །ནུབ་ན་རྟ་མཆོག །བྱང་ན་སེང་གེའི་ཁ་ཡོད་པར་བཤད་དེ། དེ་ལྟར་ཡང་མངོན་པ་ལས། འདི་ནས་བྱང་དུ་རི་ནག་པོ། དགུ་འདས་གངས་རི་བོ་དེ་ནས་ནི། སྤོས་ངད་ལྡན་པའི་ཚུ་རོལ་ན། ཆུ་ཞེང་ལྔ་བཅུ་ཡོད་པའི་མཚོ། ཞེས་དང་། འདིར་ཡང་། ཕལ་པོ་ཆེའི་མདོ་ལས

ཀྱང་། མ་དྲོས་པ་ཡི་ཆུ་ཞེང་དུ། །དཔག་ཚད་ལྔ་བཅུ་ཡོད་པར་གསུངས། །ས་གཞི་རིན་ཆེན་བསེག་མ་གདལ། །ངོས་ནི་རིན་ཆེན་ཕ་གུར་བརྩེག །ཞེས་གསུངས་སོ། །གསུང་རབ་ཚད་ལྡན་འགའ་ཞིག་ལས། འཛམ་གླིང་འདི་ནས་བྱང་ཕྱོགས་སུ་ཞེས་དང་། རི་སྤོས་ངད་ལྡན་ནས་ཀྱང་བྱང་ཕྱོགས་སུ་དཔག་ཚད་ཉི་ཤུ་ཉི་ཤུ་འདས་པ་ན། བྲག་རི་གསེར་གྱི་བྱ་སྐྱིབས་ཅན་དང་། ཤིང་སྦ་ལའི་རྒྱལ་པོ་རབ་བརྟན་དང་། རྫིང་བུ་དལ་གྱིས་འབབ་པ་རྣམས་ཡོད་ཅིང་། དེ་རྣམས་སུ་རིམ་པ་བཞིན་དུ་གླང་པོ་ཆེ་རབ་བརྟན། གླང་ཕྲན་ལྔ་བརྒྱས་བསྐོར་བ་དང་བཅས་པ་དགུན་དཔྱིད་དབྱར་གྱི་ཟླ་བ་བཞི་བཞི་གནས་པར་བཤད་དོ། །འགའ་ཞིག་དེ་རྣམས་ཟླ་བ་གསུམ་གསུམ་གནས་ཤིང་། ཟླ་བ་གསུམ་ནི་རི་རབ་ཀྱི་རྩེར་གནས་པར་བཤད་དོ། །གཉིས་པ་ནི། མཚོ་དེའི་ཤར་ཕྱོགས་ན་གང་གཱ་གླང་པོ་ཆེའི་ཁ་ནས་དངུལ་གྱི་བྱེ་མ་འདྲེན་ཅིང་འབབ། ལྷོ་ཕྱོགས་ན་སིན་དྷུ་ཁྱུ་མཆོག་གི་ཁ་ནས་གསེར་གྱི་བྱེ་མ་འདྲེན་ཅིང་འབབ། ནུབ་ཏུ་པཀྵུ་རྟ་མཆོག་གི་ཁ་ནས་བཻཌཱུརྱའི་བྱེ་མ་འདྲེན་ཅིང་འབབ། བྱང་དུ་སི་ཏ་སེང་གེའི་ཁ་ནས་རྡོ་རྗེའི་བྱེ་མ་འདྲེན་ཞིང་འབབ་ལ། ཆུ་བོ་བཞི་པོ་དེའི་ཁ་ཞེང་ལ་དཔག་ཚད་རེ་རེ་ཡོད་ཅིང་། མ་དྲོས་པའི་རྒྱ་མཚོ་ལ་བསྐོར་ནས་ཕྱོགས་བཞིར་འབབ། ཆུ་བོ་དེ་དག་གི་བར་མཚམས་རྣམས་སུ་མཛེས་ཤིང་ཡིད་དུ་འོང་བའི་མེ་ཏོག་དང་། ཤིང་ལྗོན་པ་ཕུན་སུམ་ཚོགས་པས་བརྒྱན་པར་གནས་པ་ཡིན་ནོ། །དེ་སྐད་དུ། གདགས་པའི་བསྟན་བཅོས་ལས། ཆུ་ཀླུང་གང་གཱ་སིན་དྷུ་པཀྵུ་ཏ། །སི་ཏ་ཟླ་རླབས་སྒྲོ་བའི་ཕྲེང་བ་ཅན། །འབབ་ཅིང་ཐམས་ཅད་བསིལ་བའི་ཆུ་ཡིན་ཏེ། །ཕྱོགས་བཞི་ཁོ་ར་ཁོར་ཡུག་དག་ནས་འབྱུང་། །གང་གཱ་ཤར་ཕྱོགས་རྒྱ་མཚོར་འགྲོ་བ་སྟེ། །སིན་དྷུ་ལྷོ་ཕྱོགས་རྒྱ་མཚོར་འགྲོ་བ་ཡིན། །པཀྵུ་ཡང་ནི་ནུབ་ཕྱོགས་རྒྱ་མཚོར་འགྲོ། །དེའི་བྱང་ཕྱོགས་རྒྱ་མཚོར་སི་ཏ་འགྲོ། །ཆུ་ཀླུང་རབ་མཆོག་བཞི་པོ་དེ་དག་ནི། །མཆོག་ཏུ་བཟང་ཞིང་སོ་སོར་འབབ་པ་སྟེ། །རེ་རེ་ཞིང་ཡང་ལྔ་བརྒྱ་ཁྲིར་ནས་ནི། །ཆུ་ཡི་རྒྱུན་རྣམས་རྒྱ་མཚོ་ཆེན་པོར་འགྲོ། །ཞེས་གསུངས་ཤིང་། ཤིང་ཛམ་བུ་འབྲས་བུ་མངར་བ་དང་ལྡན་པ་ཡང་དེ་ན་ཡོད་ལ། སྟོན་སེར་སྐྱའི་གྲོང་ན་ཡང་ཙུང་ཟད་ཡོད་པར་བཤད་དོ། །དེ་བཞིན་དུ་གཞུང་འདིར་ཡང་། དེ་ལས་འབབ་པའི་ཆུ་བོ་བཞི། །གང་གཱ་གླང་ཆེན་ཁ་ནས་ནི། །དངུལ་གྱི་བྱེ་མ་འདྲེན་ཅིང་འབབ། །སི་ཏ་སེང་གེའི་ཁ་ནས་ནི། །རྡོ་རྗེའི་བྱེ་མ་འདྲེན་ཅིང་འབབ། །སིན་དྷུ་གླང་གི་ཁ་ནས་ནི། །གསེར་གྱི་བྱེ་མ་འདྲེན་ཅིང་འབབ། །པཀྵུ་རྟའི་ཁ་ནས་ནི། །བཻཌཱུརྱ་སྡོན་འདྲེན་ཅིང་འབབ། །ཐམས་ཅད་ཀྱི་ནི་ཁ་ཞེང་ལ། །དཔག་ཚད་རེ་རེ་ཡོད་པར་གསུངས། །ཆུ་བོ་དེ་བཞིན་མ་དྲོས་ལ། །ལན་གྲངས་བདུན་བདུན་གཡས་བསྐོར་ནས། །ཕྱོགས་བཞི་དག་ཏུ་འབབ་པར་བཤད། །དེའི་བར་མཚམས་ཐམས་ཅད་ནི། །ཨུཏྤལ་པདྨ་ལ་སོགས་ཀྱིས། །མེ་ཏོག་རྣམ་པ་སྣ་ཚོགས་དང་། །རིན་ཆེན་ལྗོན་ཤིང་སྣ་

ཚོགས་ཀྱིས། །རབ་ཏུ་གང་བར་གནས་པ་ཡིན། །ཞེས་གསུངས་སོ། །

གསུམ་པ་དོགས་པ་དཔྱད་པ་ལ། འོ་ན་མངོན་པ་ནས་བཤད་པའི་གངས་ཅན་འདི། དུས་འཁོར་ནས་བཤད་པའི་གངས་ཅན་དང་གཅིག་གམ་མི་གཅིག །གཅིག་ན་དུས་འཁོར་ནས་བཤད་པའི་གངས་ཅན་དང་། མ་དྲོས་པའི་རྒྱ་མཚོ་སོགས་ལྡན་ཅིག་ཏུ་ཡོད་པར་འགྱུར་ཏེ། མངོན་པ་ནས་བཤད་པའི་གངས་ཅན་དང་དེ་གཉིས་ལྡན་ཅིག་ཏུ་ཡོད་པར་བཤད་པའི་ཕྱིར། མི་གཅིག་ན་གངས་ཅན་མིན་པར་འགྱུར་རོ་ཞེ་ན། འོ་ན་མངོན་པ་ནས་བཤད་པའི་རི་རབ་དེ་དུས་འཁོར་ནས་བཤད་པའི་རི་རབ་དང་དོན་གཅིག་གམ་མི་གཅིག །གཅིག་ན་དུས་འཁོར་ནས་བཤད་པའི་རི་རབ་ཀྱི་རྩེ་མོའི་ངོས་རེ་ལ་དཔག་ཚད་བརྒྱད་ཁྲི་ཡོད་པར་འགྱུར་ཏེ། མངོན་པ་ལས་དེ་ལྟར་བཤད་པའི་ཕྱིར། མི་གཅིག་ན་དེ་ཡང་རི་རབ་མིན་པར་འགྱུར་རོ། །དེ་བཞིན་དུ་འཛམ་གླིང་སོགས་ལ་ཡང་སྦྲེས་པས་སྐྱོན་མཐའ་ཡས་པའོ། །དེས་ན་གདུལ་བྱའི་སྣང་ཚུལ་གྱི་དབང་གིས་ཐ་དད་དུ་བཤད་པ་ཡིན་པས། དོན་མི་གཅིག་ཀྱང་གཉིས་ཀ་མཚན་ཉིད་པར་ཁས་ལེན་དགོས་སོ། །འོ་ན་ད་ལྟའི་ཏི་སེ་འདི་མུ་སྟེགས་བྱེད་པའི་གཞུང་ལས་བཤད་པའི་ཏི་སེ་དང་། མདོ་ལས་བཤད་པའི་ཏི་སེ་གང་ཡིན་ཞེ་ན། དང་པོ་མིན་ཏེ། དེ་ནི་སྤྲེའུ་ཧ་ནུ་མ་ནྟས་འཕངས་པའི་རི་བོ་གངས་ཅན་གྱི་དུམ་བུ་ཡིན་པར་བཤད་ཅིང་། འདི་ནི་དེ་ལྟར་དུ་ཁས་བླངས་དུ་མི་རུང་བའི་ཕྱིར་རོ། །ཁ་ཅིག །འདི་དེ་གཉིས་ཀ་མིན་ཏེ། ཏེ་ཏྲ་ཡིན་གྱི་ཏི་སེ་མིན་པའི་ཕྱིར་ཞེས་ཟེར་བ་མི་འཐད་དེ། མ་ཕམ་གཡུ་མཚོ་དེ་མ་ཕམ་མིན་པར་ཐལ་བ་དང་། ཙ་རི་ཙ་གོང་དེ་ཙ་རི་མིན་པར་ཐལ། འདི་ཏི་སེ་མིན་པའི་ཕྱིར།

འོ་ན་ཆུ་བོ་གང་གཱ་འདི་མུ་སྟེགས་བྱེད་པའི་གཞུང་ལས་བཤད་པའི་གང་གཱ་དང་། གསུང་རབ་ལས་བཤད་པའི་གང་གཱ་གང་ཡིན་ཞེ་ན། འདིའི་ལན་ལ་གསེར་ཐུར་ལས། ཆུ་བོ་གང་གཱའི་མིང་ཅན་གཉིས་ཏེ། ཕྱི་རོལ་པ་སོགས་འཇིག་རྟེན་དག་དང་ཐུན་མོང་དུ་གྲགས་པ་དང་། སངས་རྒྱས་ཀྱི་ཆོས་ལས་ཐུན་མོང་མིན་པར་བཤད་པའོ། །དང་པོ་ནི། རྩ་བ་མ་ཕམ་ནས་འབབ་པ་འདི་ཉིད་ཡིན་ཏེ། འདི་ལ་སྔོན་སྤྱོད་དང་། སྨན་སྤྱོད་དང་། འདུལ་བ་སོགས་ལས་ཆུ་བོ་གང་གཱ་ཞེས་རྒྱ་ཆེར་བཤད་ཅིང་། ལྷོ་བལ་གྱི་སྐྱེ་བོ་ཀུན་ལ་གང་གཱ་ཞེས་གྲགས་ལ། མདོ་སྡེ་ལས་ཀྱང་། གང་གཱའི་ཀླུང་གི་བྱེ་མ་སྙེད་ཅེས་བཤད་དོ། །གཉིས་པ་ནི། ཆོས་མངོན་པ་སོགས་ནས་གསུངས་པའི་མཚན་ཉིད་ཅན་གྱི་མཚོ་མ་དྲོས་པ་དེ་ལས་འབབ་པའི་ཆུ་བོ་བཞི་དང་བཅས་པ་འཛམ་བུ་གླིང་འདི་ཉིད་ན་བྱང་གི་ཕྱོགས་ན་ཡོད་ཀྱང་། རྒྱ་བོད་ཧོར་ལ་སོགས་པའི་མི་རིགས་རྫུ་འཕྲུལ་དང་མི་ལྡན་པ་རྣམས་ཀྱིས་མངོན་སུམ་གྱི་ཡུལ་ལས་འདས་པ་ཞིག་སྟེ། དཔེར་ན་བྱང་ཤམ་ཤམ་བྷ་ལའི་བཀོད་པ་བཞིན་ནོ། །ཞེས

གསུངས་སོ། །

འདི་ལ་ཅུང་ཟད་དཔྱད་པར་བྱ་སྟེ། རྒྱ་བ་མ་ཕམ་ནས་འབབ་པའི་གང་གཱར་གྲགས་པ་དེ་གང་གཱ་ཡིན་ནམ་མིན། དང་པོ་ལྟར་ན། མ་དྲོས་ལས་འབབ་པའི་ཆུ་བོ་ཡིན་པར་ཐལ་བ་དང་། མ་ཕམ་དེ་མ་དྲོས་རྒྱ་མཚོ་ཡིན་པར་ཐལ། དེ་གང་གཱ་ཡིན་པའི་ཕྱིར། ཕྱི་མ་ལྟར་ན། མདོ་སྡེ་དག་ལས། གང་གཱའི་ཀླུང་གི་བྱེ་མ་སྙེད་ཅེས་པའི་གང་གཱ་དེ་གང་གཱ་མིན་པར་ཐལ། སྔ་མ་གང་གཱ་མིན་པ་གང་ཞིག །དེ་གཉིས་དོན་གཅིག་པའི་ཕྱིར། འདོད་ན། མདོ་སྡུད་པ་ལས། འཛམ་བུ་གླིང་འདིར་ཆུ་ཀླུང་ཇི་སྙེད་ཅིག་འབབ་ཅིང་། །མེ་ཏོག་འབྲས་ལྡན་སྨན་དང་ནགས་ཚལ་བསྐྱེད་བྱེད་པ། །མ་དྲོས་གནས་པའི་ཀླུ་དབང་ཀླུ་བདག་རྗེན་གནས་ཏེ། །དེ་ནི་ཀླུའི་བདག་པོ་དེའི་མཐུ་དཔལ་ཡིན། །ཞེས་པའི་གང་གཱ་དེ་གང་གཱ་མིན་པར་ཐལ། འདོད་པའི་ཕྱིར། འདོད་ན། དེའི་སྐབས་ནས་བསྟན་པའི་མ་དྲོས་རྒྱ་མཚོ་དེ་མ་གྲོས་རྒྱ་མཚོ་མིན་པར་ཐལ། འདོད་པའི་ཕྱིར།

དེས་ན་རང་ལུགས་ནི། མ་ཕམ་ནས་འབབ་པའི་ལྷོ་བལ་གྱི་སྐྱི་བོ་འགའ་ཞིག་ལ་གྲགས་པ་དེ་ནི་གང་གཱ་མིན་ཏེ། ཆུ་ཀླུང་ལྔ་བརྒྱ་ཁྲིད་ནས་འགྲོ་བ་སོགས་སྔར་བཤད་པའི་གཞུང་གཉིས་ནས་གསུངས་པའི་གང་གཱའི་མཚན་ཉིད་གང་ཡང་མ་ཚང་བའི་ཕྱིར། གཞན་ཡང་། མུ་སྟེགས་ཀྱི་གཞུང་ལས། གང་གཱའི་སྒོ་དང་ཀུ་ཤ་འཁྱིལ། །བིལ་བ་ཅན་དང་སྔོན་པོའི་རི། །ཀ་ལི་ཀ་ནའི་འཇུག་ངོགས་སུ། །ཁྲུས་བྱས་ཡང་འབྱུང་སྲིད་མ་ཡིན། །ཞེས་བཤད་ཅིང་། དེའི་དོན་ནི། ཁྱབ་འཇུག་གི་མིའུ་ཐུང་སྤྲུལ་ནས། ལྷ་མིན་རྒྱལ་པོ་སྟོབས་ལྡན་གྱི་བུ་དྲུག་ཁྲི་བསད། དེ་རྣམས་དམྱལ་བར་སོང་བ་དེ་དག་གིས་ཚ་བོ་ཧྲཱུཾ་གི་ར་ཏ་ཞེས་བྱ་བས་མ་བཟོད་ནས། ལྷ་ཚངས་པ་ལ་གསོལ་བ་བཏབ་པས། ལྷ་ཡུལ་ན་ཆུ་བོ་གང་གཱ་ལྷ་མོའི་གཟུགས་སུ་གནས་པ་དེ་ཆུ་བོའི་གཟུགས་སུ་བྱས་ནས་ཕྱིན་པ་ན། བར་སྐབས་སུ་དབང་ཕྱུག་ཆེན་པོའི་རལ་པར་བཞེད་པས་ལོ་སྟོང་གི་བར་དུ་འཁྱིལ། དུས་དེར་དབང་ཕྱུག་ལ་གསོལ་བ་བཏབ་པས། རལ་པ་བཅེར་བའི་ཐིག་པ་གཅིག་གངས་ཏི་སེའི་འགྲམ་དུ་འཁྱིལ། དེ་རྒྱ་མཚོར་བབས་ནས་ས་འོག་ཏུ་སོང་བས། ལྷ་མིན་གྱི་བུ་དྲུག་ཁྲིའི་རུས་པ་བཀྲུས་པས། དམྱལ་བ་ནས་ཚེ་འཕོས་ཏེ་མཐོ་རིས་སུ་སྐྱེ་བར་འཆད་ལ། དེ་ལྟར་ཆུ་བོ་འདི་ནམ་མཁའ་ནས་བབས་པའི་རྒྱུ་མཚན་གྱིས་གང་གཱ་དང་། ལྷ་ཡུལ་དང་། ས་སྟེང་དང་། ས་འོག་གསུམ་དུ་འབབས་པའི་རྒྱུ་མཚན་གྱིས་རྒྱུན་གསུམ་པ་དང་། ལམ་གསུམ་ཅན་དང་། སྐལ་ལྡན་ཤིང་རྟ་དང་། ཛྙཱ་ནུའི་བུ་མོ་ལ་སོགས་པ་མིང་གིས་འདོགས་སོ། །དེ་ཡང་མ་ཕམ་ནི་གང་གཱ་འཁྱིལ་བ་ལས་བྱུང་བའི་མཚོར་ཁས་ལེན་པ་ཡིན་གྱིས། མ་དྲོས་པ་ལ་བྱུང་བར་མི་འདོད་དོ། །དེ་ཡང་གང་གཱ་མཚན་ཉིད་པ་མིན་ཏེ། དེའི་མཚན་ཉིད་མ་ཚང་བའི་ཕྱིར་རོ། །སངས་རྒྱས་ཀྱི་མདོ་དང་། མངོན་པ་དང་།

གཞུང་འདིར་བསྟན་པའི་གང་གཱ་ནི་གང་གཱ་མཚན་ཉིད་པ་ཡིན་ཏེ། མ་དྲོས་པ་ལས་ཤར་ཕྱོགས་སུ་བབས་པ་སོགས་ཀྱི་མཚན་ཉིད་མ་ཚང་བའི་ཕྱིར་རོ། །འོན་ཡུལ་ཆེན་སུམ་ཅུ་རྩ་བདུན་དུ་བགྲོད་པའི་དགོས་པ་གང་ཡིན་ཞེ་ན། དེ་ན་གནས་པའི་དཔའ་བོ་དང་རྣལ་འབྱོར་མ་རྣམས་དབང་དུ་བསྡུས་ཏེ་ས་ལམ་གྱི་རྟོགས་པ་མྱུར་དུ་བསྐྱེད་པའི་ཆེད་ཡིན་ནོ། །

གསུམ་པ་མ་འཁྲུལ་བའི་གནད་བསྟན་པའི་སྐོན་ནས་དོན་བསྡུ་བ་ནི། ཡུལ་ཆེན་སུམ་ཅུ་སོ་བདུན་པོ་འདི་དག་རི་རབ་ཀྱི་རྩེ་དང་། གླིང་བཞིའི་ལྟེ་བ་ལ་སོགས་པ་ལ་བཞག་ཀྱང་འགལ་བ་མེད་དེ། རྒྱས་པར་ཕྱེ་ན་འོག་གཞི་རླུང་གི་དཀྱིལ་འཁོར་ནས་ཚངས་པའི་འཇིག་རྟེན་གྱི་བར་ལ་ཡང་ཚང་བར་ཡོད་ཅིང་། བསྡུ་ན་འཛམ་བུའི་གླིང་ལ་ཡང་ཚང་བར་ཡོད་པའི་ཕྱིར་ཏེ། རྗེ་བཙུན་ཆེན་པོའི་འགྲེལ་པ་དག་ལྡན་ལས། གནས་རྒྱས་པར་བཤད་པ་འདི་ནི་འོག་རླུང་གི་དཀྱིལ་འཁོར་ནས་ཚངས་པའི་འཇིག་རྟེན་གྱི་བར་ལ་ཡང་ཡུལ་སུམ་ཅུ་རྩ་བདུན་པོ་འདི་དག་ཡོད་ལ། སངས་རྒྱས་འབྱུང་བའི་གནས་ཀྱི་གཙོ་བོ་ཡིན་པས་འཛམ་བུའི་གླིང་འདི་ཉིད་ནའང་འདི་དག་ཡོད་དེ། གང་ན་གང་ཡོད་པ་ནི་གཞུང་གི་སྟེང་དུ་ཤེས་པར་ནུས་ཏེ། ཕྱི་དོན་གྱི་བཤད་པའོ། །འཛམ་བུ་གླིང་ལ་ཚང་བར་བརྩི་བའི་ཚེ། ཀུན་མཁྱེན་མཁས་པའི་དབང་པོའི་གསུང་བཞིན་དུ་ཁས་བླངས་པར་བྱའོ། །

གསུམ་པ་སྦྱོད་པས་ཐོབ་པའི་ཉེར་རྒྱུ་ནི། ས་བརྒྱད་པའམ་བཅུ་པའི་རྟོགས་པ་ཐོབ་པའི་གང་ཟག་གི་རིག་མ་མཚན་ཉིད་དང་ལྡན་པ་དང་། ལྷན་ཅིག་ཏུ་སྙོམ་པར་འཇུག་པའི་རླུང་སེམས་དབུ་མར་བཅུག་སྟེ། འབྲས་བུ་སངས་རྒྱས་ཀྱི་ས་མངོན་དུ་བྱེད་པའི་ཐབས་ཁྱད་པར་ཅན་ལ་འཇོག་སྟེ། རྡོ་རྗེ་གུར་ལས། སྐད་ཅིག་གཅིག་གིས་འགྲུབ་པར་འགྱུར་ཞེས་དང་། སྐད་ཅིག་གིས་ནི་རྫོགས་སངས་རྒྱ། །ཞེས་སོགས་གསུངས་པའི་ཕྱིར། འོ་ན་གནས་གང་དུ་འཚང་རྒྱ་སྙམ་ན། ཕྱིའི་གནས་དང་། ནང་གི་གནས་སོ། །དང་པོ་ལ་གསུམ་སྟེ། ཐུན་མོང་དུ་གྲགས་པ་དང་། ཐུན་མོང་མིན་པ་ལ་གྲགས་པ་དང་། ཡང་དག་པའི་གནས་སོ། །དང་པོ་ནི། རྡོ་རྗེ་གདན་ཡིན་ལ། གཉིས་པ་ནི་འོག་མིན་ཡིན་ཞིང་། གསུམ་པ་ནི། རྡོ་རྗེ་ཐེག་པའི་དགོངས་པས་སླུབ་པ་པོ་རང་གང་དུ་སངས་རྒྱ་བའི་གནས་དེ་ཉིད་འོག་མིན་ཡིན་ཏེ། སེམས་ལས་མ་གཏོགས་པའི་ཆོས་ཕྱི་རོལ་ན་ངོ་བོས་སྒྲོ་ནས་གྲུབ་པ་མེད་ཅེས་ཟེར་རོ། །དེ་སྐད་དུ་རྗེ་བཙུན་ཆེན་པོས། ང་གང་ན་འདུག་པ་རྡོ་རྗེའི་གདན། །ཞེས་དང་། སེམས་ཅན་དམྱལ་བའི་གཡང་ས་ཡང་། །འོག་མིན་ཆོས་ཀྱི་ཕོ་བྲང་ཡིན། །ཞེས་གསུངས་སོ། །གཉིས་པ་ནང་གི་གནས་ནི། ཐབས་ཀྱི་རིགས་ཀྱི་བདག་པོའི་ཁ་དང་། ཤེས་རབ་ཀྱི་རྩ་མཛེས་པའི་སྦྱི་བོ་སྟེ། རྩ་རྒྱུད་ཕྱི་མ་ལས། ཨེའི་ཆ་བྱད་བཟང་པོ་ཅན། །དབུས་སུ་ཝཾ་གིས་རྣམ་པར་བརྒྱན། །བདེ་བ་ཐམས་ཅད་ཀྱི་ནི་གནས། །

སངས་རྒྱས་རིན་ཆེན་ཟ་མ་ཏོག །ཅེས་གསུངས་སོ། །དེ་ལྟར་རིམ་གཉིས་ལམ་ལ་སྦྱོར་བ་ཡིས། །དྲོད་ཐོབ་ནས་ནི་སྤྱོད་པས་བསྟན་བྱས་ལ། །ས་རྣམས་བགྲོད་ནས་ཉེར་རྒྱུའི་མཚམས་སྦྱར་ཏེ། །རྡོ་རྗེ་འཛིན་པ་མངོན་དུ་ཐོབ་པར་འགྱུར། །ཞེས་གསུངས་སོ། །སྤྱོད་པ་ལེགས་པར་བཤད་ཟིན་ཏོ། །

ལྔ་པ་དེ་ལ་བརྟེན་ནས་ས་ལམ་བགྲོད་པ་སྟེ་འབྲས་བུ་མངོན་དུ་བྱེད་པའི་ཚུལ་ལ་གཉིས་ཏེ། གཞུང་གི་འགྲེལ་དང་། དེའི་དོན་གཏན་ལ་དབབ་པའོ། །དང་པོ་ལ་གཉིས་ཏེ། མཐར་ཐུག་གི་འབྲས་བུ་ལ་འཁྲུལ་པ་དགག །གནས་སྐབས་ཀྱི་འབྲས་བུ་ལ་འཁྲུལ་པ་དགག་པའོ། །དང་པོ་ལ་ལྔ་སྟེ། རྒྱུ་འབྲས་རིགས་མི་མཐུན་དགག་པ། རྒྱུ་འབྲས་ཕྱིན་ཅི་ལོག་དགག་པ། རྒྱུ་མེད་པར་འབྲས་བུ་འབྱུང་བ་དགག་པ། རྒྱུ་མ་ཚང་བར་འབྲས་བུ་འབྱུང་བ་དགག་པ། འབྲས་བུའི་ངོ་བོ་ལ་འཁྲུལ་པ་དགག་པའོ། །དང་པོ་ལ་གཉིས་ཏེ། ཐིག་ཐུབ་ལས་སྐུ་གསུམ་འབྱུང་བ་དགག །ཐིག་ཐུབ་རང་གི་ངོ་བོ་དགག་པའོ། །དང་པོ་ནི། དབང་བཞི་ཡོངས་སུ་རྫོགས་པ་དང་ཞེས་པ་ལས་འཕྲོས་ནས། ཞང་ཚལ་པ་ལ་སོགས་པ་ཁ་ཅིག །སངས་རྒྱས་ཐོབ་པ་ལ་དབང་དང་རིམ་གཉིས་ལས་བྱུང་བའི་སྤྱོད་པ་ནམས་སུ་ལེན་མི་དགོས་ཏེ། དཀར་པོ་ཆིག་ཐུབ་སྟོང་ཉིད་རྐྱང་པ་སྒོམ་པས་འབྲས་བུ་སྐུ་གསུམ་འབྱུང་བའི་ཕྱིར་ཞེས་ཟེར་བ་མི་འཐད་དེ། དེ་གཉིས་རྒྱུ་འབྲས་རིགས་མི་མཐུན་ཡིན་པའི་ཕྱིར་ཞེས་པ་ནི། ཁ་ཅིག་དཀར་པོ་ཆིག་ཐུབ་ལས། །ཞེས་སོགས་ཀྱིས་བསྟན། གཉིས་པ་ལ་བཞི་སྟེ། ཆིག་ཐུབ་ཐབས་དང་བཅས་ན་ཁས་བླངས་འགལ་བ། ཐབས་དང་བྲལ་ན་ལུང་རིགས་གཉིས་དང་འགལ་བ། དེས་ན་ཐབས་མཁས་ལམ་གྱི་གཙོ་བོར་སྒྲུབ་པ། སྟོང་ཉིད་ཁོ་ན་སྒོམ་པའི་ཉེས་དམིགས་བསྟན་པའོ། །དང་པོ་ལ་གཉིས་ཏེ། དངོས་དང་ལུང་འགལ་སྤང་བའོ། །དང་པོ་ནི། དྭགས་པོ་ལྷ་རྗེ་ལ་སོགས་པ་ཁ་ཅིག་གི། ཆིག་ཐུབ་བསྒོམ་པའི་རྗེས་ལ་བསྔོ་བ་བྱ་དགོས་ཟེར་བ་མི་འཐད་དེ། ཆིག་ཐུབ་དེ་གཉིས་སུ་འགྱུར་བར་ཐལ། དེ་ལ་སྟོང་ཉིད་བསྒོམ་པ་དང་བསྔོ་བ་བྱ་དགོས་པའི་ཕྱིར་ཞེས་པ་ནི། འགའ་ཞིག་ཆིག་ཐུབ་ཅེས་སོགས་ཀྱིས་བསྟན། གལ་ཏེ་དེ་ལ་སྐྱབས་འགྲོ་དང་ཡི་དམ་བསྒོམ་པ་སོགས་དགོས་སོ་ཞེ་ན། འོ་ན་ཆིག་ཐུབ་དེ་དུ་མར་འགྱུར་ཏེ། དེ་ལ་སྐྱབས་འགྲོ་སོགས་དགོས་པའི་ཕྱིར། ཞེས་པ་ནི། དེ་ལ་སྐྱབས་འགྲོ་ཞེས་སོགས་ཀྱིས་བསྟན། གཉིས་པ་ནི། འོ་ན་གསང་བ་བསམ་གྱིས་མི་ཁྱབ་པའི་མདོ་ལས། དམ་པའི་ཆོས་ནི་འཛིན་པ་དང་། །བྱང་ཆུབ་སེམས་ཀྱི་བསོད་ནམས་དེས། །སྟོང་པ་ཉིད་ལ་མོས་པ་ཡི། །བཅུ་དྲུག་ཆར་ཡང་མི་ཕོད་དོ། །ཅེས་གསུངས་པ་དང་འགལ་ལོ་ཞེ་ན། སྟོང་ཉིད་རྐྱང་པ་བསྒོམས་པས་སངས་རྒྱས་མི་ཐོབ་ཀྱང་ཐུབ་པས་སྟོང་ཉིད་བསྔགས་པ་ཆོས་ཅན། དགོས་པ་ཡོད་དེ། དངོས་པོར་འཛིན་པ་ལྡོག་པའི་ཆེད་ཡིན་པའི་ཕྱིར། དཔེར་ན་དམ་ཆོས་པད་དཀར་ལས། སངས་རྒྱས་ལ་ཕྱག

འཚལ་བ་དང་མཆོད་རྟེན་ལ་བསྐོར་བ་སོགས་བྱས་པས་འཁོར་བ་སོགས་ལས་ཐར་པར་གསུངས་པ་བཞིན་ནོ། །ཞེས་པ་ནི། ཐུབ་པས་སྟོང་ཉིད་ཅེས་སོགས་ཀྱིས་བསྟན།

གཉིས་པ་ལ་གཉིས་ཏེ། ལུང་དང་འགལ་བ། རིགས་པ་དང་འགལ་བའོ། །དང་པོ་ནི། སྟོང་ཉིད་རྐྱང་པ་ལ་སངས་རྒྱས་འགྲུབ་པའི་བྱེད་པ་མེད་དེ། དཔེར་ན་མདའ་རྐྱང་ལ་འདོད་པ་སྒྲུབ་པའི་བྱ་བ་མེད་པའི་ཕྱིར། ཞེས་པ་ནི། མདའ་རྐྱང་ལ་ནི་ཞེས་སོགས་ཀྱིས་བསྟན། གཉིས་པ་ནི། འོན་རྡོ་རྗེ་གུར་སོགས་ལས། སྟོང་ཉིད་རྐྱང་པས་སངས་རྒྱས་མི་འགྲུབ་པར་ཐབས་ལམ་ཟབ་མོ་བསྒོམ་དགོས་པར་གསུངས་པ་དང་འགལ་ཏེ། གུར་ལས། གལ་ཏེ་སྟོང་པ་ཐབས་ཡིན་ན། །ཞེས་སོགས་དང་། རྣམ་སྣང་མངོན་བྱང་ལས། ཐབས་དང་མི་ལྡན་ཡེ་ཤེས་དང་། །ཞེས་སོགས་དང་། ཆོས་ཀྱི་གྲགས་པས། རྣམ་པ་དུ་མར་ཐབས་མང་པོ། །ཞེས་སོགས་གསུངས་པའི་ཕྱིར་ཞེས་པ་ནི། རྡོ་རྗེ་གུར་ལས་འདི་སྐད་དུ། །ཞེས་སོགས་ཀྱིས་བསྟན།

གསུམ་པ་ལ་གསུམ་སྟེ། རྣམ་གྲོལ་བཟང་ངན་ཐབས་ཀྱིས་བྱེད་པར་བསྟན། དེ་ལ་ཡིད་ཆེས་ལུང་གིས་སྒྲུབ་བྱེད་འགོད། རྣམ་གྲོལ་བཟང་པོ་འདོད་པས་ཐབས་ལ་འབད་པར་གདམས་པའོ། །དང་པོ་ནི། རྫོགས་པའི་བྱང་ཆུབ་སྒྲུབ་པའི་རྒྱུ་ཐུན་མོང་མིན་པ་ནི་ཐབས་ལ་མཁས་པ་ཡིན་ཏེ། བྱང་ཆུབ་གསུམ་གྱིས་སྟོང་ཉིད་བསྒོམ་པས་རྣམ་པར་གྲོལ་བར་མཚུངས་ཀྱང་། བྱང་ཆུབ་ཆེན་པོས་གཞན་དོན་འབད་མེད་ལྷུན་གྲུབ་ཏུ་བྱེད་པའི་ཐབས་མཁས་ལས་བྱུང་བའི་ཕྱིར། ཞེས་པ་ནི། དེས་ན་ཐབས་ལ་མ་སྦྱང་ན། །ཞེས་སོགས་ཀྱིས་བསྟན། གཉིས་པ་ལ་གཉིས་ཏེ། བྱམས་པའི་ལུང་དང་དཔའ་བོའི་ལུང་ངོ་། །དང་པོ་ནི། སངས་རྒྱས་ཐོབ་པ་ལ་ཐབས་མཁས་དགོས་ཏེ། མདོ་སྡེ་རྒྱན་ནས། ཇི་ལྟར་འདུད་པའི་བྱེ་བྲག་གིས། །ཞེས་སོགས་ཀྱིས་བསྟན། གཉིས་པ་ནི། དེ་དགོས་ཏེ། སྟོང་ཉིད་ལྔ་བཅུ་པ་ལས། བསེ་རུའི་རྭ་དང་འབྲུག་དང་དང་། །ཞེས་སོགས་གསུངས་པའི་ཕྱིར་ཞེས་པ་ནི། སློབ་དཔོན་མ་ཏི་ཙི་ཏྲས་ཀྱང་། །ཞེས་སོགས་ཀྱིས་བསྟན། གསུམ་པ་ནི། སངས་རྒྱས་ཐོབ་པ་ལ་ཐབས་མཁས་གཙོ་བོར་དགོས་ཏེ། ཤེར་ཕྱིན་གྱི་མདོ་ལས། སྟོང་པ་ཉིད་ལ་འདྲིས་པར་བྱ་བའི། སྟོང་ཉིད་མངོན་དུ་མ་བྱེད་ཅིག །ཅེས་གསུངས་པའི་ཕྱིར་ཞེས་པ་ནི། དེས་ན་སངས་རྒྱས་ཐོབ་འདོད་ན། །ཞེས་སོགས་ཀྱིས་བསྟན། བཞི་པ་ནི། སྟོང་ཉིད་རྐྱང་པ་བསྒོམ་པས་སངས་རྒྱས་ཐོབ་པར་མི་ནུས་ཏེ། དེ་བསྒོམས་ན་སྟོང་ཉིད་ཀྱང་རྟོགས་པར་མི་ནུས་ཤིང་། གལ་ཏེ་ནུས་ན་ཡང་ཉན་ཐོས་ཀྱི་འགོག་པར་ལྷུང་བའི་ཕྱིར་ཞེས་པ་ནི། སྟོང་ཉིད་རྐྱང་པ་ཞེས་སོགས་ཀྱིས་བསྟན།

གཉིས་པ་ནི། ལ་ལ་སྟོང་ཉིད་བསྒོམས་པས་སྐུ་གསུམ་འདོད་པ་དང་། ལ་ལ་ཟུང་འཇུག་བསྒོམས་པས

འབྲས་བུ་འོད་གསལ་ཐོབ་པར་འདོད་པ་གཉིས་མི་འཐད་དེ། རྒྱུ་འབྲས་ཕྱིན་ཅི་ལོག་ཏུ་སོང་བའི་སྐྱོན་ཡོད་པའི་ཕྱིར། ཞེས་པ་ནི། ལ་ལ་སྟོང་ཉིད་ཞེས་སོགས་ཀྱིས་བསྟན། གསུམ་པ་ནི། ཞང་ཚལ་པ་ལ་སོགས་པ་ཁ་ཅིག །སངས་རྒྱས་ཐོབ་པ་ལ་ལམ་བགྲོད་མི་དགོས་ཏེ། ཕྱག་རྒྱ་ཆེན་པོ་ཅིག་ཆོད་བསྒོམས་པས་སངས་རྒྱས་ཐོབ་པའི་ཕྱིར་ཞེས་ཟེར་བ་མི་འཐད་དེ། རྣལ་འབྱོར་ཆེན་པོའི་རྒྱུད་སཾ་པུ་ཊི་ལས། གནས་ནི་རབ་ཏུ་དགའ་བའི་ས། །ཞེས་སོགས་གསུངས་པ་དང་། རྡོ་རྗེ་གུར་ལས། གནས་དང་ཉེ་བའི་གནས་དང་ནི་ཞེས་སོགས་ས་ལམ་གྱི་རྣམ་གཞག་གསུངས་པ་དང་འགལ་བའི་ཕྱིར། ཞེས་པ་ནི། ཁ་ཅིག་ས་ལམ་མི་བགྲོད་པར་ཞེས་སོགས་ཀྱིས་བསྟན། བཞི་པ་ནི། ལ་ལ་དབང་བཞི་མི་འདོད་པར་སྐུ་བཞི་ཐོབ་པར་འདོད་པ་མི་འཐད་དེ། སྐུ་བཞི་ཐོབ་པ་ལ་དབང་བཞི་དང་ལམ་བཞི་ལ་སོགས་པ་ཉམས་སུ་ལེན་དགོས་པའི་ཕྱིར་ཞེས་པ་ནི། ལ་ལ་དབང་བཞི་མི་འདོད་ཅིང་། །ཞེས་སོགས་ཀྱིས་བསྟན། ལྔ་པ་ནི་གསང་འདུས་པ་ཁ་ཅིག །འབྲས་བུའི་མཐར་ཐུག་འོད་གསལ་སྟོང་ཉིད་ཡིན་ཞེས་སྨྲ་བ་འཕགས་པ་ཀླུ་སྒྲུབ་ཡབ་སྲས་ཀྱི་དགོངས་པ་མིན་ཏེ། རིམ་པ་ལྔ་པ་ལས། ཡང་དག་མཐའ་ལས་ལངས་ནས་ནི། །གཉིས་མེད་ཡེ་ཤེས་ཐོབ་པར་འགྱུར། །ཞེས་དང་། སྤྱོད་བསྡུས་ལས་ཀྱང་དེ་ལྟར་གསུངས་པའི་ཕྱིར་ཞེས་པ་ནི། ཁ་ཅིག་འབྲས་བུའི་མཐར་ཐུག་ནི། །ཞེས་སོགས་ཀྱིས་བསྟན།

གཉིས་པ་གནས་སྐབས་ཀྱི་འབྲས་བུ་ལ་འཁྲུལ་པ་དགག་པ་ལ་གསུམ་སྟེ། གྲུབ་ཐོབ་ལས་རྟོགས་ལྡན་བཟང་བ་དགག་པ། ཉམས་ལས་གོ་བ་བཟང་བ་དགག་པ། རྣལ་འབྱོར་བཞི་པོ་འཕགས་པའི་ས་ལ་སྦྱོར་བ་དགག་པའོ། །དང་པོ་ལ་གཉིས་ཏེ། འདོད་པ་བརྗོད་པ་དང་། དེ་དགག་པའོ། །དང་པོ་ནི། ཕྱག་རྒྱ་བ་ལ་སོགས་པ་ལ་ལ་གྲུབ་ཐོབ་ངན་པ་དང་། རྟོགས་ལྡན་བཟང་བ་ཡིན་ཞིང་། གྲུབ་ཐོབ་བརྒྱད་ཅུའི་ནང་ན་ཡང་རྟོགས་ལྡན་མེད་ཅེས་ཟེར་རོ། །གཉིས་པ་ནི། འདི་འདྲ་འཕགས་པའི་གང་ཟག་དང་བླ་མ་རྣམས་ལ་བཀུར་པ་འདེབས་པ་ཡིན་ཏེ། གྲུབ་ཐོབ་ཆུང་ངུ་མཐོང་ལམ་ཐོབ་པ་ཡིན་ཅིང་། གྲུབ་པ་འབྲིང་པོས་བརྒྱད་པ་ཐོབ་པ་ཡིན་པའི་ཕྱིར་དང་། གྲུབ་པ་ཆེན་པོ་སངས་རྒྱས་ཀྱི་ས་ཐོབ་པ་ལ་འཇོག་པ་ཡིན་པའི་ཕྱིར། ཞེས་པ་ནི། ལ་ལ་གྲུབ་ཐོབ་ངན་ཞེས་ཟེར་ཞེས་སོགས་དང་། འདི་འདྲ་འཕགས་པའི་གང་ཟག་དང་། །ཞེས་སོགས་ཀྱིས་བསྟན། དེས་ན་འཕགས་པ་མིན་པ་ལ་གྲུབ་ཐོབ་མེད་དེ། མདོ་སྡེ་རྒྱན་ནས། གྲུབ་པ་དག་དང་མ་གྲུབ་དང་ཞེས་སོགས་གསུངས་པའི་ཕྱིར་ཞེས་པ་ནི། འཕགས་པ་མིན་ལ་གྲུབ་ཐོབ་མེད། །ཅེས་སོགས་ཀྱིས་བསྟན། གཉིས་པ་ལ་གཉིས་ཏེ། འདོད་པ་བརྗོད་པ་དང་། དེ་དགག་པའོ། དང་པོ་ནི། གླིང་རས་ལ་སོགས་པ་ལ་ལ། ཉམས་ངན། གོ་བ་བཟང་། རྟོགས་པ་འབྲིང་ཞེས་ཟེར་རོ། །གཉིས་པ་ནི། དེ་མི་འཐད་དེ། སེམས་ཅན་ཐམས་ཅད་རྟོགས་

ལྡན་དུ་ཐལ་བ་སོགས་ཀྱི་སྐྱོན་ཡོད་པའི་ཕྱིར། ཞེས་པ་ནི། ལ་ལ་ཉམས་དང་ཞེས་སོགས་དང་། འདི་ཡང་རེ་ཞིག་བརྟག་པར་བྱ། །ཞེས་སོགས་ཀྱིས་བསྟན། གསུམ་པ་གཉིས་ཏེ། འདོད་པ་བརྗོད་པ་དང་། དེ་དགག་པའོ། །དང་པོ་ནི་ཁ་ཅིག རྩེ་གཅིག་དང་སྤྲོས་བྲལ་སོགས་རྣལ་འབྱོར་བཞི་ལ་མཐོང་ལམ་དང་སྒོམ་ལམ་སོགས་སུ་ངོ་སྤྲོད་པར་བྱེད་དོ་ཅེས་པ་ནི། རྩེ་གཅིག་དང་ནི་སྤྲོས་བྲལ་དང་། །ཞེས་སོགས་ཀྱིས་བསྟན། གཉིས་པ་ནི། རྣལ་འབྱོར་བཞི་པོ་ས་བཅུ་གཅིག་ལ་སྦྱོར་བའི་ཚེ། སོ་སོ་སྐྱེ་བོའི་ས་ལ་ཆོས་མཐུན་ཙམ་སྐྱེ་རུང་ཡང་། འཕགས་པའི་ས་ལ་སྐྱེ་བ་མེད་དེ། འཕགས་པའི་ས་སྦྱོར་ན་མདོ་རྒྱུད་ཀུན་དང་འགལ་བའི་སྐྱོན་ཡོད་པའི་ཕྱིར། ཞེས་པ་ནི། འདི་ཡང་ཕྱི་སྟེ་བཤད་ཀྱིས་ཉོན། །ཞེས་པ་ནས། ཅི་སྟེ་འཕགས་པའི་སར་བྱེད་ན། །མདོ་རྒྱུད་ཀུན་དང་འགལ་བར་འགྱུར། །ཞེས་པའི་བར་གྱིས་བསྟན་པ་ཡིན་ནོ། །གཞུང་གི་འགྲེལ་བཤད་ཟིན་ཏོ། །

གཞུང་འགྲེལ་འདི་དག་ནི་བློ་གྲོས་གསར་བུ་བ་འགའ་ཞིག་ལ་ཕན་པ་དང་། ཡི་གེ་མང་དུ་དོགས་ནས་མདོར་བསྡུས་པ་ཙམ་ཞིག་བསྟན་པ་ཡིན་ནོ། །གཉིས་པ་དེའི་དོན་གཏན་ལ་དབབ་པ་ལ་བཞི་སྟེ། སངས་རྒྱས་པའི་དུས་ནམ་ཡིན་པ་དང་། གནས་གང་ཡིན་པ་དང་། ཚུལ་ཇི་ལྟར་སངས་རྒྱ་བ་དང་། མཛད་པ་འཕྲིན་ལས་ཀྱི་འཁོར་ལོ་རྒྱུན་མི་འཆད་པར་བསྟན་པའོ། །དང་པོ་ནི། སློབ་དཔོན་ཤཱཀྱ་བཤེས་གཉེན་ལ་སོགས་པ་གསུམ་སྟེ། རྒྱལ་པོ་ཟས་གཙང་མའི་སྲས་དོན་ཐམས་ཅད་གྲུབ་པ། དཀའ་ཐུབ་མཛད་པ་ཡན་ཆད་བྱང་ཆུབ་སེམས་དཔའ་རང་རྒྱུད་པ་ཡིན་ལ། དེ་ནས་ཡིད་ཀྱི་ལུས་འོག་མིན་དུ་སངས་རྒྱས་ནས། དེ་ནས་སྤྲུལ་པ་པོ་འདིར་སངས་རྒྱས་པའི་ཚུལ་སྟོན་པའོ། །ཞེས་བཞེད། རང་ལུགས་ནི། ཡང་དག་པར་རྫོགས་པའི་སངས་རྒྱས་འདི་བསྐལ་པ་དཔག་ཏུ་མེད་པའི་སྔོན་རོལ་ནས་སངས་རྒྱས་ཤིང་། འདིར་སངས་རྒྱ་བའི་ཚུལ་སྟོན་པ་ཡིན་ཏེ། མདོ་ལས། བཅོམ་ལྡན་འདས་ནི་བསྐལ་པ་བསམ་གྱིས་མི་ཁྱབ་པའི་སྔོན་དུ་ཡང་དག་པར་རྫོགས་པར་སངས་རྒྱས་ནས། སླར་ཡང་ཤཱཀྱའི་རིགས་སུ་སྐྱེ་བ་སྟོན་པར་མཛད་དོ། །ཞེས་གསུངས་པའི་ཕྱིར། གཉིས་པ་གནས་ནི། འོག་མིན་སྟུག་པོ་བཀོད་པའི་གནས་སུ་སངས་རྒྱས་པ་ཡིན་ཏེ། སློབ་དཔོན་ངག་གི་དབང་ཕྱུག་གྲགས་པས། དཔལ་ལྡན་སྟུག་པོ་བཀོད་པ་ཉིད་དུ་དོན་དམ་ཐུགས་ཆུད་ཅིང་། །འཛམ་གླིང་སྐྱེ་བའི་དོན་ཕྱིར་ཤཱཀྱའི་ཏོགས་གྱུར་གང་། །ཞེས་གསུངས་པ་དང་། ལང་ཀར་གཤེགས་པ་ལས་ཀྱང་། འོག་མིན་ཞེས་བྱ་ཉམས་དགའ་བར། །ཡང་དག་སངས་རྒྱས་དེར་སངས་རྒྱས། །སྤྲུལ་པ་པོ་གཅིག་འདིར་སངས་རྒྱས། །ཞེས་གསུངས་པ་ལྟ་བུའོ། །དེ་ལ་འོག་མིན་ཞེས་བྱ་བའི་དོན་ནི། སློབ་དཔོན་ཀུན་དགའ་སྙིང་པོས། དེ་ཉིད་བསྡུས་པའི་གླིང་གཞིར། བཅོམ་ལྡན་འདས་འོག་མིན་ལྷའི་རྒྱལ་པོའི་གནས་ན་བཞུགས་ཏེ། ཞེས་གསུངས་པའི་འགྲེལ་པ་ལས། འོག་མིན་གྱི་ལྷ་

ཞེས་བྱ་བ་ནི། ཐོག་མའི་ལྟ་སྟེ། བཅོམ་ལྡན་འདས་རྣམ་པར་སྣང་མཛད་ཀྱི་སྲས་ཀྱི་ཐུ་བོ་སྟེ་ས་བཅུ་པའི་བྱང་ཆུབ་སེམས་དཔའ་འོ། །དེའི་གནས་ནི་ཐོག་མར་སངས་རྒྱས་པའི་གནས་སོ། །འོ་ན་འོག་མིན་གྱི་གནས་དེ་གང་ན་ཡོད་ཅེ་ན། ཁ་ཅིག །གནས་གཙང་མའི་སྟེང་མ་ནི་འོག་མིན་ཡིན་ལ། དེ་སྤངས་པའི་སྟེང་ན་ཡང་དབང་ཕྱུག་ཆེན་པོའི་གནས་འོག་མིན་ཞེས་བྱ་བ་ཡོད་པས་དེ་སངས་རྒྱས་པའི་གནས་ཡིན་ཞེས་ཟེར་རོ་མི་འཐད་དེ། དེ་དག་ཡོད་དུ་ཆུག་ཀྱང་། སྣོད་འཇིག་པ་ལ་བཅུད་འཇིག་པ་བརྟེན་པས་འཇིག་རྟེན་གྱི་ཁམས་ཞེས་བྱ་བ་མི་རྟག་པ་ཡིན། སྟུག་པོ་བཀོད་པ་ནི་རྒྱུན་གྱི་འཇིག་པ་མེད་པ་ཡིན་ཏེ། རྡོ་རྗེ་རྩེ་མོ་ལས། འོག་མིན་སྟུག་པོ་ཉམས་དགའ་འདི། །སྟུག་པོའི་ཞིང་ཁམས་འཇིག་མེད་པ། །དེས་ན་སངས་རྒྱས་རྣམས་ཀྱི་ཆོས། །རྫོགས་པར་ལོངས་སྤྱོད་ཚུལ་འདི་འབྱུང་། །ཞེས་གསུངས་སོ། །འོ་ན་གང་ལས་གསུངས་པ་ཡིན་ཞེ་ན། །འཕགས་པ་ཕལ་པོ་ཆེ་ལས་གསུངས་པ་བཞིན་དུ་ཤེས་པར་བྱའོ། །གསུམ་པ་ལ་གཉིས་ཏེ། ཇི་ལྟར་སངས་རྒྱས་པའི་ཚུལ་དངོས་དང་། སངས་རྒྱས་པའི་སྐུའི་རང་བཞིན་གཏན་ལ་དབབ་པའོ། །དང་པོ་ནི། འོ་ན་གནས་དེར་སངས་རྒྱས་པའི་ཚུལ་ཇི་ལྟར་ཡིན་ཞེ་ན། བྱང་ཆུབ་སེམས་དཔའ་སྲིད་པ་ཐ་མ་པ་རྣམས་བདག་ཀྱང་བླ་ན་མེད་པ་ཡང་དག་པར་རྫོགས་པའི་བྱང་ཆུབ་ཏུ་འཚང་རྒྱ་བར་བྱའོ་སྙམ་ནས། དཔལ་ལྡན་སྟུག་པོ་བཀོད་པར་བྱང་ཆུབ་ཀྱི་སྙིང་པོ་ལ་འདུག་ནས། མི་གཡོ་བའི་བསམ་གཏན་ལ་མཉམ་པར་བཞག་གོ། །དེ་ནས་དེ་བཞིན་གཤེགས་པ་རྣམས་ཀྱི་བྱང་ཆུབ་སེམས་དཔའ་དེ་ལ་དབང་བཞི་བསྐུར་བས་སྐུ་བཞི་ཐོབ་པར་འདོད་དེ། རྡོ་རྗེ་རྩེ་མོ་ལས། དེ་ནས་སངས་རྒྱས་ཐམས་ཅད་ནི། །ཕྱོགས་ཁ་ནས་ནི་བྱུང་ནས་ནི། །ཆོས་ཀྱི་དབང་བསྐུར་བཞི་པོ་ཡི། །དེ་ཚེ་ཐོབ་པ་དབང་བསྐུར་འགྱུར། །བྱང་ཆུབ་སེམས་དཔར་བྱས་པ་ཡི། །བྱང་ཆུབ་སེམས་ཀྱི་དབང་བསྐུར་བ། །འབྲས་བུ་བྱང་ཆུབ་སེམས་ལྡན་གང་། །རྡོ་རྗེ་སེམས་དཔའི་དབང་བསྐུར་ཡིན། །ཞེས་སོགས་རྒྱས་པར་གསུངས་སོ། །

གཉིས་པ་ལ་ལྔ་སྟེ། ངོ་བོ། སྒྲ་དོན། དབྱེ་བ། བསྡུ་བ། དེ་དག་ལ་དོགས་པ་དཔྱད་པའོ། །དང་པོ་ནི། ཁྱད་ཆོས་གསུམ་ལྡན་གྱི་མཐར་ཐུག་གི་སྐུ་སྟེ། རྫོགས་པའི་སངས་རྒྱས་མཚན་ཉིད་པ་ཡིན་ནོ། །འོ་ན་ཁྱད་ཆོས་གསུམ་པོ་དེ་ཇི་ལྟ་བུ་ཞེ་ན། དངོས་པོའི་གནས་ལུགས་ཕྱིན་ཅི་མ་ལོག་པར་རྟོགས་པ་དང་། ཟག་པ་མེད་པའི་བདེ་བ་ཕུན་སུམ་ཚོགས་པ་དང་ལྡན་པ་དང་། སྒྲིབ་པའི་དྲི་མ་མ་ལུས་པ་སྤྱོངས་པ་ཞེས་བྱ་བ་ཡིན་ནོ། །རྩ་རྒྱུད་བརྟག་གཉིས་ལས། དངོས་པོ་རྟོགས་ཕྱིར་སངས་རྒྱས་དང་། །ཞེས་དང་། བདེ་བ་རྟོགས་ཕྱིར་རྣམས་སངས་རྒྱས། །ཞེས་དང་། ཚངས་པའི་སྒྲིབ་བྲལ་སངས་རྒྱས་ཉིད། །ཅེས་གསུངས་སོ། །གཉིས་པ་ནི། ཤེས་བྱ་ཇི་ལྟ་བ་དང་ཇི་སྙེད་པ་མཁྱེན་པའི་གེགས་སུ་གྱུར་པའི་མ་རིག་པའི་སྒྲིབ་པ་མ་ལུས་པ་སྤངས་པས་ན་སངས་རྒྱས་ཞེས་

བྱ་སྟེ། དཔེར་ན་སྙིང་པོ་སངས་པ་ལྟ་བུའོ། །ཞེས་བྱ་ཧི་ལྟ་བ་དང་ཧི་སྙེད་པ་རྟོགས་པའི་བློ་གྲོས་རྒྱས་པས་ན་སངས་རྒྱས་ཞེས་བྱ་བ་ཡིན་ཏེ། དཔེར་ན་པདྨ་རྒྱས་པ་ལྟ་བུའོ། །ཇི་སྐད་དུ། མ་རིག་གཉིད་ལས་སངས་ཕྱིར་དང་། །ཤེས་བྱ་ལ་ཡང་བློ་རྒྱས་ཕྱིར། །སངས་རྒྱས་པདྨ་ལྟར་སངས་རྒྱས། །དེ་ཕྱིར་སངས་རྒྱས་ཞེས་བརྗོད་དོ། །ཅེས་གསུངས་སོ། །འདི་དག་ཀྱང་། བུདྡྷ་ཞེས་པའི་སྒྲ་གཅིག་ཉིད་སངས་པ་དང་རྒྱས་པ་གཉིས་ཀ་ལ་འཇུག་པའི་དབང་དུ་མཛད་དོ། །

གསུམ་པ་དབྱེ་བ་ལ་གསུམ་སྟེ། ཐུན་མོང་གི་དབྱེ་བ་མདོར་བསྟན་པ། ཐུན་མོང་མིན་པའི་དབྱེ་བ་རྒྱས་པར་བཤད་པ། ཡན་ལག་གི་དབྱེ་བ་བྱེ་བྲག་ཏུ་བཤད་པའོ། །དང་པོ་ལ་གསུམ་སྟེ། གཉིས་སུ་འདོད་པའི་ལུགས། གསུམ་དུ་འདོད་པའི་ལུགས། བཞིར་འདོད་པའི་ལུགས་སོ། །དང་པོ་ནི། བྱེ་བྲག་ཏུ་སྨྲ་བས་ཆོས་སྐུ་དང་། གཟུགས་སྐུ་གཉིས་སུ་འདོད་པ་ཡིན་གྱི། དེ་ལས་གཞན་པའི་སྐུ་ནི་མི་འདོད་དོ། །གཟུགས་སྐུ་ཡང་ཤཱཀྱ་ཐུབ་པ་ལྟ་བུ་ལ་འདོད་ཀྱང་། སྤྲུལ་སྐུ་དང་ལོངས་སྐུ་སོགས་ཀྱི་ཐ་སྙད་ནི་ཁས་མི་ལེན་ཏེ། ཤཱཀྱ་ཐུབ་པ་དེ་འཛམ་བུ་གླིང་དུ་སངས་གསར་དུ་རྒྱས་པར་འདོད་པའི་ཕྱིར་རོ། །ཐེག་པ་ཆེན་པོའི་ལུགས་ལ་ཡང་རང་དོན་དོན་དམ་པའི་སྐུ་དང་། གཞན་དོན་ཀུན་རྫོབ་ཀྱི་སྐུ་གཉིས་ལ་སོགས་པ་ཡོད་པར་གསུངས་སོ། །གཉིས་པ་ནི། མདོ་སྡེ་པ་དང་། སེམས་ཙམ་པ་དང་། དབུ་མ་པ་སོགས་ཀྱིས་བཞེད་པ་སྟེ། རྣམ་འགྲེལ་དང་། ཀུན་ལས་བཏུས་དང་། མདོ་སྡེ་རྒྱན་དང་། རྒྱུད་བླ་མ་དང་། ཀླུ་སྒྲུབ་ཀྱི་ཆོས་དབྱིངས་བསྟོད་པ་སོགས་ལས་སྐུ་གསུམ་དུ་གསུངས་པའི་ཕྱིར་རོ། །དེ་ལ་སྐུ་གསུམ་ནི། ངོ་བོ་ཉིད་སྐུ། ལོངས་སྐུ། སྤྲུལ་སྐུ་གསུམ་ལ་འདོད་དེ། རྒྱན་ལས། ངོ་བོ་ཉིད་ལོངས་རྫོགས་བཅས་དང་། །དེ་བཞིན་གཞན་པ་སྤྲུལ་པ་ནི། །ཆོས་སྐུ། ཞེས་གསུངས་སོ། །གསུམ་པ་ནི། མཁན་པོ་རྣམ་སྣང་མཛད་དང་། སློབ་དཔོན་སེང་གེ་བཟང་པོའི་འགྲེལ་པ་དོན་གསལ་གྱི་དངོས་བསྟན་ལ་སྐུ་བཞིར་གསུངས་ཤིང་། མངོན་རྟོགས་ལྗོན་ཤིང་ལས་ཀྱང་། གཞུང་ལས་ནི་སྐུ་བཞིར་གསལ་ཏེ་ཞེས་གསུངས་ཀྱང་མངོན་རྟོགས་རྒྱན་གྱི་དགོངས་པ་ནི་སྐུ་ཁོ་ནར་ངེས་པ་ཡིན་ནོ། །

གཉིས་པ་ཐུན་མོང་མ་ཡིན་པའི་དབྱེ་བ་ལ་གསུམ་སྟེ། ལྔར་དབྱེ་བ། གསུམ་དུ་བསྡུ་བ། སྐུ་གཅིག་ཏུ་བཞག་པའོ། །དང་པོ་ནི། ཕུང་པོ་ལྔ་གནས་གྱུར་པའི་དབང་དུ་བྱས་ན་རྣམ་པར་སྣང་མཛད་ལ་སོགས་པ་རིགས་ལྔ་དང་། མེ་ལོང་ལྟ་བུའི་ཡེ་ཤེས་ལ་སོགས་པ་ཡེ་ཤེས་ལྔར་འགྱུར་ཏེ། གཟུགས་ནི་སངས་རྒྱས་རྣམ་སྣང་མཛད། །ཚོར་བ་རྡོ་རྗེ་ཉི་མ་སྟེ། །འདུས་ཤེས་པདྨ་གར་དབང་ཕྱུག །འདུ་བྱེད་དེ་བཞིན་རྡོ་རྗེ་རྒྱལ། །རྣམ་པར་ཤེས་པ་མི་བསྐྱོད་པ། །ཀུན་མཁྱེན་ངོ་བོ་ཧེ་རུ་ཀ །ཞེས་སཾ་པུ་ཊ་ལས་གསུངས་སོ། །གཞན་ཡང་། ཧེན་དཀྱིལ་འཁོར་

བཞི་དང་། བརྟེན་པ་ཡིད་གནས་གྱུར་པ་ལས་ཀྱང་ལྟར་འགྱུར་བ་ཡིན་ཏེ། ལུས་རྩའི་དཀྱིལ་འཁོར་གནས་གྱུར་པ་ལས་སྤྲུལ་སྐུ། རྩ་ཡི་གེ་གནས་གྱུར་པ་ལས་ལོངས་སྐུ། ཁམས་བདུད་རྩི་གནས་པ་གྱུར་པ་ལས་ཆོས་སྐུ། སྙིང་པོ་རླུང་གནས་གྱུར་པ་ལས་ངོ་བོ་ཉིད་སྐུ། བརྟེན་པ་ཡིད་གནས་གྱུར་པ་ལས་ཤིན་ཏུ་རྣམ་པར་དག་པའི་ངོ་བོ་ཉིད་ཀྱི་སྐུར་འགྱུར་བ་ཡིན་པའི་ཕྱིར་རོ། །འདི་དག་ནི། ཐུན་མོང་མིན་པའི་མན་ངག་དང་། སློབ་དཔོན་དྲིལ་བུ་པས། འགྲོ་བ་འདི་དག་རང་བཞིན་གྱིས། །གྲུབ་པའི་དཀྱིལ་འཁོར་དང་གཉིས་མེད་པའོ། །ཞེས་གསུངས་པ་ལས་ཤེས་པར་བྱའོ། །གཉིས་པ་ནི། ལུས་ངག་ཡིད་གསུམ་གནས་གྱུར་པ་ལས་སྐུ་གསུམ་གསུངས་ཏེ། རྩ་རྒྱུད་ལས། སྐུ་རྡོ་རྗེ་ཆོས་སྐུ། གསུང་རྡོ་རྗེ་ལོངས་སྐུ། ཐུགས་རྡོ་རྗེ་སྤྲུལ་སྐུར་གསུངས་པའི་ཕྱིར་རོ། གསུམ་པ་ནི། དེ་ཐམས་ཅད་ཀྱི་བྱེད་པ་པོ་མིན་པར་སེམས་ཡིན་པའི་ཕྱིར། གོང་མ་རྣམས་ཀྱང་ཡིད་གནས་གྱུར་ཏུ་འདུས་ཤིང་། ཡིད་གནས་གྱུར་པ་ལས་ཀྱང་ཡེ་ཤེས་ལྟར་འགྱུར་ཏེ། ཀུན་གཞི་རྣམ་པར་ཤེས་པའི་ཆོས་ཉིད་གནས་གྱུར་པ་ནི་ཆོས་དབྱིངས་ཡེ་ཤེས། ཀུན་གཞི་ཉིད་གནས་གྱུར་པ་མེ་ལོང་ལྟ་བུའི་ཡེ་ཤེས། ཡིད་ཀྱི་རྣམ་ཤེས་གནས་གྱུར་པ་སོར་རྟོག་ཡེ་ཤེས། སྒོ་ལྔའི་རྣམ་ཤེས་གནས་གྱུར་པ་བྱ་གྲུབ་ཡེ་ཤེས་སུ་བཤད་པའི་ཕྱིར། སློབ་དཔོན་ཙཎྜ་གོ་མིས། ཀུན་གཞི་རྣམ་ཤེས་གང་ཡིན་པ། །དེ་ནི་མེ་ལོང་ཡེ་ཤེས་འགྱུར། །དེ་ཡང་ཆོས་ཀྱི་དབྱིངས་ཉིད་ཀྱིས། །ངོ་བོ་ཉིད་དུ་ཡང་དག་འདོད། །ཉོན་མོངས་ཅན་ཡིད་གནས་གྱུར་པ། །མཉམ་ཉིད་ཡེ་ཤེས་དག་ཏུ་འདོད། །སོ་སོར་རྟོག་པའི་ཡེ་ཤེས་ནི། །ཡིད་ཀྱི་རྣམ་ཤེས་དེ་ཉིད་དོ། །དབང་པོ་ལྔའི་རྣམ་ཤེས་གང་། །དེ་ཡི་དོན་ཀུན་ཡོངས་སུ་འཛིན། །ཐོབ་ནས་སེམས་ཅན་ཀུན་དོན་དུ། །དེ་ནི་བྱ་བ་སྒྲུབ་པ་ཙམ། །ཞེས་སོགས་གསུངས་སོ། །དེས་ན་ཕར་ཕྱིན་ཐེག་པའི་ལུགས་ལ་སྐུ་གསུམ་དང་ཡེ་ཤེས་བཞིར་བཤད་པ་ཡིན་གྱི། ཤིན་ཏུ་རྣམ་པར་དག་པའི་ངོ་བོ་ཉིད་ཀྱི་སྐུ་དང་། ཆོས་དབྱིངས་ཡེ་ཤེས་ཀྱི་ཐ་སྙད་ཁས་མི་ལེན་ནོ། །རྡོ་རྗེ་ཐེག་པའི་ལུགས་ལ་སྐུ་བཞི་དང་ཡེ་ཤེས་ལྔར་བཞེད་པ་ཡིན་ཏེ། སྨིན་བྱེད་དབང་བཞི་དང་། གྲོལ་བྱེད་ལམ་བཞི་དང་། སྤང་བྱ་དྲི་མ་བཞི་ཡིན་པ་སོགས་སྦྱབ་བྱེད་རྒྱས་པར་གསུངས་སོ། །ཇི་སྐད་དུ་གཞུང་འདིར། ཁ་ཅིག་དབང་བཞི་མི་འདོད་ཅིང་། །ཞེས་སོགས་གསུངས་སོ། །

གསུམ་པ་ཡན་ལག་གི་དབྱེ་བ་ནི། སློབ་དཔོན་ངག་གི་དབང་ཕྱུག་གྲགས་པས། ཡན་ལག་བདུན་ལྡན་གསུངས་ཏེ། ལོངས་སྤྱོད་རྫོགས་དང་ཁ་སྦྱོར་བདེ་ཆེན་རང་བཞིན་མེད། །སྙིང་རྗེའི་ཡོངས་གང་རྒྱུན་མི་ཆད་དང་འགོག་པ་མེད། །ཡན་ལག་བདུན་དང་ལྡན་པའི་སངས་རྒྱས་འདི་ཉིད་ནི། །བདག་འདོད་ཚད་མ་ཡོངས་སྨོམ་བློ་ལྡན་རྣམས་ཀྱང་འདོད། །ཞེས་གསུངས་སོ། །དེ་ཡང་ཡན་ལག་བདུན་ནི། ཐེག་པ་ཆེན་པོའི་ཆོས་ལ་

རྫོགས་པར་ལོངས་སྤྱོད་པ་དང་། ཡེ་ཤེས་ཀྱི་རང་བཞིན་ཅན་གྱི་བཙུན་མོ་དང་ཞལ་སྦྱོར་བ་དང་། ཟག་པ་མེད་པའི་བདེ་བས་རྒྱུད་གང་བ་དང་། རང་བཞིན་གྱི་ངོ་བོ་ཉིད་མེད་པ་དང་། སྙིང་རྗེ་ཆེན་པོས་རྒྱུད་ཡོངས་སུ་གང་བ་དང་། མཛད་པ་འཕྲིན་ལས་རྒྱུན་མི་འཆད་པ་དང་། འགོག་པ་མེད་པ་སྟེ་མི་གནས་པའི་མྱ་ངན་ལས་འདས་པ་དང་བདུན་ནོ། །འདི་དག་ནི་ལོངས་སྤྱོད་རྫོགས་པའི་སྐུ་ཉིད་ལ་ཡན་ལག་བདུན་ཆར་ལྡན་པས་ཡན་ལག་བདུན་ལྡན་དུ་བཞག་པ་ཡིན་གྱིས། གཞན་ཡང་། སྐུ་གསུམ་ཡན་ལག་བདུན་ལྡན་དུ་འདོད་པ་དང་། སྐུ་གསུམ་ཡན་ལག་བཞིར་འདོད་པ་སོགས་ཀྱང་ལྗོན་ཤིང་ལས་གསུངས་པ་ལྟར་ཤེས་པར་བྱའོ། །བཞི་པ་དེ་དག་གི་བསྡུ་བ་ནི། མཐར་ཐུག་གི་འབྲས་བུ་དེ་དག་ཀྱང་སྐུ་གཅིག་ཏུ་འདུས་པ་ཡིན་ཏེ། དཔལ་ཁ་སྦྱོར་ལས། གང་ཕྱིར་ཆོས་ནི་དུ་མ་ནི། །ཆུ་བོའི་རྒྱུན་ནི་རྒྱ་མཚོ་ལྟར། །ཐར་པ་ཉིད་ནི་གཅིག་པུ་ཉིད། །མང་པོ་དམིགས་པར་མི་འགྱུར་རོ། །ཞེས་གསུངས་སོ། །རིགས་པས་ཀྱང་འགྲུབ་སྟེ། འབྲས་བུའི་མཐར་ཐུག་ནི་དངོས་པོའི་གནས་ལུགས་རྟོགས་པ་ཡིན་ལ། དངོས་པོའི་གནས་ལུགས་གཅིག་ལས་མེད་པའི་ཕྱིར། དེ་ཡང་གཅིག་ཡིན་ཞེས་བྱ་བ་ཡང་། སྤངས་པ་དང་ཡེ་ཤེས་ཕུན་སུམ་ཚོགས་པར་རིགས་གཅིག་པ་ཡིན་གྱིས། མུ་སྟེགས་བྱེད་ཀྱི་བདག་གཅིག་ལ་གཅིག་ཐིམ་པ་ལྟར་རང་གི་ངོ་བོ་གཅིག་ཏུ་འདྲེན་པ་ནི་མིན་ནོ། །

ལྔ་པ་དོགས་པ་དཔྱད་པ་ལ་ལྔ་སྟེ། དབྱེ་བསྡུ་ལ་དོགས་པ་དཔྱད་པ། གནས་གྱུར་ལ་དོགས་པ་དཔྱད་པ། ཡེ་ཤེས་རང་གི་ངོ་བོ་ལ་དོགས་པ་དཔྱད་པ། གཉིས་མེད་ཀྱི་དོན་ལ་དོགས་པ་དཔྱད་པ། མི་གནས་པའི་མྱང་འདས་ལ་དོགས་པ་དཔྱད་པའོ། །དང་པོ་ནི། ཁ་ཅིག །མཐར་ཐུག་གི་འབྲས་བུ་གཅིག་ཏུ་འདོད་པ་མི་འཐད་དེ། གྲུབ་མཐའ་དུ་མ་ཡོད་པའི་ཕྱིར་དང་། ཐེག་པ་གསུམ་དུ་གསུངས་པའི་ཕྱིར་རོ་ཞེ་ན། སྐྱོན་དང་པོ་མེད་དེ། གྲུབ་མཐའ་སོ་སོའི་མཐར་ཐུག་གི་འབྲས་བུ་དུ་མར་རྟོགས་པ་ནི་རང་གི་རྣམ་པར་རྟོག་པས་བཏགས་པ་ཡིན་གྱིས། དོན་ལ་མེད་དེ། རྟེན་འབྲེལ་ཟབ་མོའི་དོན་མ་རྟོགས་པ་རྣམས་ལ་འབྲས་བུ་རིགས་མི་འདྲ་བ་སྣ་ཚོགས་སུ་སྣང་བ་འགལ་ཡང་མེད་པའི་ཕྱིར་རོ། །དཔེར་ན་རྒྱ་མཚོ་ལས་ཕྱི་རོལ་དུ་ཆུ་བོ་སྣ་ཚོགས་སྣང་ཡང་རྒྱ་མཚོར་ཐིམ་པ་ན་རོ་གཅིག་པ་ལྟ་བུའོ། །ཇི་སྐད་དུ་མདོ་སྡེ་རྒྱན་ལས། ཀླུང་དག་ས་ཡི་འོག་ཏུ་མ་སོང་བ། །གནས་རྣམས་ཐ་དད་ཆུ་ཡང་ཐ་དད་ལ། །ཆུ་ཡང་ཆུང་ཞིག་བྱ་བ་ཐ་དད་བྱེད། །ཆུ་གནས་སྲོག་ཆགས་ཕྲ་མོའི་ཉེར་སྤྱོད་འགྱུར། །རྒྱ་མཚོ་སོང་བར་གྱུར་ན་ཐམས་ཅད་ཀྱང་། །གནས་རྣམས་གཅིག་ཅིང་ཆུ་ཡང་ཆེ་ལ་གཅིག །བྱ་བ་གཅིག་ཅིང་ཆུ་ལ་གནས་པ་ཡི། །སྲོག་ཆགས་མང་པོའི་རྟག་ཏུ་ཉེར་སྤྱོད་ཆེ། །སངས་རྒྱས་ཉིད་དུ་མ་ཞུགས་བརྟན་པ་རྣམས། །རྟེན་ཀྱང་ཐ་དད་བློ་གྲོས་ཐ་དད་ཅིང་། །རྟོགས་ཆུང་རང་གི་བྱ་བ་ཐ་དད་ལ། །སེམས་ཅན་ཉུང་དོན་རྟག་ཏུ་ཉེར

སྤྱོད་འགྱུར། །སངས་རྒྱས་ཉིད་དུ་ཞུགས་ན་དེ་དག་ཀུན། །རྟེན་ཀྱང་གཅིག་ཅིང་རྟོག་པ་ཆེ་ལ་གཅིག །མཛད་པ་གཅིག་ཏུ་འདྲེས་ཤིང་རྟག་པར་ཡང་། །སེམས་ཅན་ཚོགས་ཆེའི་ཉེ་བར་སྤྱོད་པ་ཆེ། །ཞེས་གསུངས་སོ། །སྐྱོན་གཉིས་པ་ཡང་མེད་དེ། མཐར་ཐུག་ཐེག་པ་གསུམ་དུ་གསུངས་པ་ནི་དྲང་དོན་དགོངས་པ་ཅན་གྱི་མདོ་ཡིན་པའི་ཕྱིར་ཏེ། དམ་ཆོས་པད་དཀར་ལས། ཐེག་པ་གཅིག་སྟེ་གཉིས་པ་ཡོད་མ་ཡིན། །གསུམ་པ་ནམ་ཡང་ཡོད་མིན་འཇིག་རྟེན་ན། །སྐྱེས་བུའི་མཆོག་རྣམས་ཐབས་ཀྱི་ཐེག་པ་གང་། །སྣ་ཚོགས་ཉེ་བར་སྟོན་པ་མཛད་མ་རྟོགས། །ཞེས་གསུངས་སོ། །

གཉིས་པ་གནས་གྱུར་པ་དོགས་པ་དཔྱད་པ་ནི། འོ་ན་གནས་གྱུར་པའི་ཡེ་ཤེས་ལྷུས་སྐུ་གསུམ་ཇི་ལྟར་བསྡུ་ཞེ་ན། མདོ་སྡེ་རྒྱན་ལས། མེ་ལོང་ཡེ་ཤེས་ནི་ལོངས་སྐྱུར་བཤད་ལ། དེའི་དོན་ལ་ཁ་ཅིག །ལོངས་སྐྱུར་བཤད་པ་ནི་ལོངས་སྐུའི་རྒྱུ་ཡིན་པ་ལ་དགོངས་པ་ཡིན་གྱིས། མེ་ལོང་ལྟ་བུ་དང་ཆོས་དབྱིངས་གཉིས་ཀ་ཆོས་སྐུ། མཉམ་པ་ཉིད་དང་སོར་རྟོག་གཉིས་ཀ་ལོངས་སྐུ། བྱ་བ་གྲུབ་པ་སྤྲུལ་སྐུ་ཞེས་ཟེར་རོ། །འདིར་བླ་མ་རྣམས་ཀྱི་བཞེད་པས། ཆོས་དབྱིངས་ཡེ་ཤེས་ཆོས་སྐུ། མེ་ལོང་ལྟ་བུ་དང་མཉམ་ཉིད་དང་སོ་སོར་རྟོགས་པ་ནི་ལོངས་སྐུ། བྱ་བ་གྲུབ་པ་ནི་སྤྲུལ་པའི་སྐུའོ། །ཞེས་གསུངས་སོ། །དེ་ལྟར་ན་གནས་ཚུལ་གྱི་དབང་དུ་བྱས་པའི་སངས་རྒྱས་ཀྱི་སྐུ་ནི་ཡེ་ཤེས་ཀྱི་སྐུ་ཁོ་ན་ཡིན་ནོ། །གསུམ་པ་ནི། ཁ་ཅིག་ན་རེ། སངས་རྒྱས་ཀྱི་ས་ན་ཡེ་ཤེས་མེད་དེ། དབུ་མ་འཇུག་པ་ལས། སེམས་འགགས་པ་སྐུ་སྐུའི་མངོན་སུམ་མཛད། །ཞེས་གསུངས་པའི་ཕྱིར། ཞེས་ཟེར་བ་ནི། སློབ་དཔོན་གྱི་དགོངས་པ་མིན་ཏེ། འཇུག་པ་ཉིད་ལས། ཡེ་ཤེས་ཀྱི་རང་བཞིན་ཅན་གྱི་སྐུ་ཤེས་བྱའི་བུད་ཤིང་སྐམ་པོ་མ་ལུས་པ་བསྲེགས་པ་ལས། ཤེས་བྱ་སྐྱེ་བ་མེད་པ་ལ་སྐྱེ་བ་མེད་པ་དང་ལྡན་པར་གྱུར་པ་གང་ཡིན་པ་དེ་ནི། སངས་རྒྱས་རྣམས་ཀྱི་ཆོས་ཀྱི་སྐུའོ་ཞེས་ཡེ་ཤེས་ཀྱི་སྐུར་བཤད་པའི་ཕྱིར་རོ། །གཞན་ཡང་། སྟོབས་བཅུ་དང་མི་འཇིགས་པ་བཞི་ལ་སོགས་པ་མེད་པར་ཐལ། སངས་རྒྱས་ཀྱི་ཡེ་ཤེས་མེད་པའི་ཕྱིར་རོ། །རྟགས་ཁས། དེས་ན་སངས་རྒྱས་ཀྱི་སྐུ་ནི་མེད་པ་མིན་ཞིང་། བེམ་པོ་མིན་ལ་ཡེ་ཤེས་ཀྱི་རང་བཞིན་ཅན་གྱི་སྐུ་ཡིན་ཏེ། རྡོ་རྗེ་གུར་ལས། སངས་རྒྱས་ཉིད་དེ་ཅི་ལགས་རྣམ་པ་ཐམས་ཅད་མཁྱེན་པའོ། །དེ་ཅི་ལགས་ལུས་ཅན་འདི་ནི་བདེན་པའོ། །དེའི་རྒྱུ་ཅིའི་སླད་དུ་ཞེ་ན། རྡོ་རྗེ་འཛིན་པས་བཀའ་སྩལ་པ། འདི་ལྟར་ང་ནི་མཚན་བཟང་པོ་སུམ་ཅུ་རྩ་གཉིས་དང་ལྡན་ཞིང་། དཔེ་བྱད་བཟང་པོ་བརྒྱད་ཅུས་བརྒྱན་པའོ། །དེ་ཅིའི་ཕྱིར་ཞེ་ན། མི་འདྲ་བའི་ཕྱིར་བསྒྲུབ་པར་བྱ་བ་ཡིན་ནོ། །ཞེས་སོགས་རྒྱས་པར་གསུངས་སོ། །དེ་ལ་ཁ་ཅིག །སངས་རྒྱས་ཡིན་ན་བེམ་པོ་མིན་དགོས་པར་ཐལ། སངས་རྒྱས་སྐུ་དེ་ཡེ་ཤེས་ཀྱི་སྐུ་ཡིན་པའི་ཕྱིར་དང་། སྔར་དྲངས་པའི་རྡོ་རྗེ་གུར་གྱི་ལུང་

གིས་ཕྱིར། འདོད་ན། སངས་རྒྱས་ཀྱི་དབུ་སྐྲ་བྱུང་བ་ལྟར་ནག་པ་ཆོས་ཅན། དེར་ཐལ། དེའི་ཕྱིར། འདོད་མི་ནུས་ཏེ། ཁ་དོག་ཡིན་པའི་ཕྱིར་ཏེ། ནག་པོ་ཡིན་པའི་ཕྱིར་ཏེ། ཆོས་ཅན་ཡིན་པར་ཞེན་སྐྱོན་མེད་དེ། སྔར་ཡེ་ཤེས་ཀྱི་སྐུར་ཁས་བླངས་པ་ནི་ཐ་སྙད་སྤྱོད་པའི་དབང་དུ་བྱས་པ་ཡིན་ལ། དེའི་ཚེ་ན་སངས་རྒྱས་ཀྱི་དབུ་སྐྲ་སོགས་ཀྱང་ཡེ་ཤེས་སུ་ཁས་བླངས་དགོས་ཏེ། དེའི་ཚེ་སེམས་ལས་མ་གཏོགས་པའི་ཆོས་གཞན་མེད་པའི་ཕྱིར། ཐ་སྙད་ཀྱི་དབང་དུ་བྱས་པའམ། ཉན་ཐོས་ཀྱི་འདོད་ལུགས་ལྟར་ན་བེམ་པོར་ཁས་བླང་དགོས་ཏེ། བྱེ་བྲག་སྨྲ་བས་སྣང་བ་ལ་དོན་དང་། མདོ་སྡེ་པས་སྣང་བ་དེ་ཉིད་ཕྱི་དོན་ལས་སྐྱེས་པར་འདོད་པའི་ཕྱིར། མཐར་ཐུག་སྤྱོད་པའི་དབང་དུ་བྱས་ན་དོན་གང་དུ་ཡང་ཁས་ལེན་དུ་མི་རུང་སྟེ། དེའི་ཚེ་ན་སྤྲོས་པའི་མཐའ་ཐམས་ཅད་དང་བྲལ་བ་ཡིན་པའི་ཕྱིར། དོན་འདི་ལ་དགོངས་ནས། ཐུབ་པས་འཇིག་རྟེན་མཐུན་འཇུག་ལ། །དགོངས་ནས་ཕྱི་རོལ་དོན་དུ་གསུངས། །ཐ་སྙད་སྤྱོད་པའི་རིགས་པ་ལ། །དགོངས་ནས་ཆོས་ཀུན་སེམས་སུ་གསུངས། །དམ་པའི་དོན་ལ་དགོངས་ནས་ནི། །ཆོས་ཀུན་སྤྲོས་པ་བྲལ་ཅེས་གསུངས། །ཞེས་གསུངས་སོ། །དེས་ན་ཆོས་ཀུན་སེམས་དང་སྐུ་རྣམས་ཡེ་ཤེས་སུ་ཁས་ལེན་པའི་ཚེ། དབུ་སྐྲ་བྱུང་བ་ལྟར་ནག་པ་ཡིན་ན་ནག་པོ་ཡིན་པས་མ་ཁྱབ་སྟེ། གདུལ་བྱ་ལས་དག་པ་ལ་ནག་པོ་སྣང་བ་ལ་བྱུང་བ་ལྟར་ནག་པ་དང་། དཀར་པོ་སྣང་བ་ལ་ཆེམ་དུང་ལྟར་དཀར་བ་སོགས་སུ་གསུངས་པ་ཙམ་ཡིན་པའི་ཕྱིར་རོ། །བཞི་པ་ནི། འོ་ན་སངས་རྒྱས་ཀྱི་སྐུ་རྣམས་དབྱིངས་རིག་དབྱེར་མེད་ཅིང་གཉིས་སུ་མེད་པའི་སྐུ་ཡིན་ན། དབྱིངས་དང་ཡེ་ཤེས་གང་ཡིན་ཞེ་ན། འདིའི་ལན་ལ། དབྱིངས་རིག་འགལ་བར་འདོད་པར་རང་རྒྱུད་པ་སོགས་ཀྱིས་ལུགས་ལ་སྟོབས་སོགས་ཡེ་ཤེས་སྐུ་རྣམས་རིག་པ་དང་། ཆོས་ཉིད་འདུས་མ་བྱས་ཀྱི་སྐུ་རྣམས་དབྱིངས་སུ་འདོད་ཀྱང་། ལུགས་མཆོག་འདི་ལ་ནི་དབྱིངས་རིག་མི་འགལ་བས། སངས་རྒྱས་པའི་དབྱིངས་དང་རིག་པ་ཡིན་ཁྱབ་མཉམ་ཡིན་ཏེ། དེའི་འགོག་ལམ་གཉིས་པོ་ཡིན་ཁྱབ་མཉམ་ཡིན་པའི་ཕྱིར་རོ། །འོ་ན་སེམས་ཅན་གྱི་རྒྱུད་ཀྱི་ཐོག་མ་མེད་པ་ནས་རྒྱུན་མ་ཆད་པའི་སེམས་གསལ་བའི་ཆ་དང་། དེའི་ཆོས་ཉིད་སྟོང་པ་ཉིད་ཀྱང་ཡིན་ཁྱབ་མཉམ་དུ་འགྱུར་ཏེ། སངས་རྒྱས་ཀྱི་སའི་གསལ་སྟོང་གཉིས་པོ་དེ་ཡིན་ཁྱབ་མཉམ་ཡིན་པའི་ཕྱིར་ཞེ་ན། འདོད་པ་ཡིན་ཏེ། དེ་གཉིས་ཀ་བདེ་གཤེགས་སྙིང་པོ་ཡིན་པའི་ཕྱིར་ཏེ། དེའི་གསལ་བ་དེ་ཡང་བདེ་གཤེགས་སྙིང་པོ་ཡིན། དེའི་སྟོང་པ་དེ་ཡང་བདེ་གཤེགས་སྙིང་པོ་ཡིན་པའི་ཕྱིར། དང་པོ་གྲུབ་སྟེ། རིག་ཁམས་སྦྲང་རྩི་དང་འདྲ་འདི་གཟིགས་ཏེ་ཞེས་པའི་རིག་པ་དེ་བདེ་གཤེགས་སྙིང་པོ་ཡིན་པའི་ཕྱིར་དང་། ཟག་པ་མེད་པའི་ཤེས་པ་སྦྲང་མའི་རྩི་དང་འདྲ་ཞེས་པའི་ཤེས་པ་དེ་བདེ་གཤེགས་སྙིང་པོ་ཡིན་པའི་ཕྱིར་ཏེ། གཞུང་དེ་གཉིས་བདེ་གཤེགས་སྙིང་པོ་སྟོན་བྱེད་ཀྱི་རང་གཞུང་རྣམ་དག

ཡིན་པའི་ཕྱིར་རོ། །རྟགས་གཉིས་པ་གྲུབ་སྟེ། སློབ་པ་ཡི་ནི་རྟེན་གྱུར་པ། །ཆོས་ཀྱི་དབྱིངས་ཀྱི་རང་བཞིན་དང་། །ཞེས་པའི་ཆོས་དབྱིངས་དེ་བདེ་གཤེགས་སྙིང་པོ་ཡིན་པའི་ཕྱིར་རོ། །ལྔ་པ་ནི། མི་གནས་པའི་མྱ་ངན་ལས་འདས་པ་དེ་དངོས་པོ་མེད་པའམ་དངོས་པོ་གང་དུ་ཁས་ལེན་ཞེ་ན། དང་པོ་ལྟར་ན། མདོ་སྡེ་པས་འདོད་པའི་མྱང་འདས་དང་ཁྱད་པར་མེད་པར་འགྱུར་ལ། གཉིས་པ་ལྟར་ན། བྱེ་བྲག་ཏུ་སྨྲ་བའམ་སེམས་ཙམ་པ་དང་ཁྱད་པར་མེད་པར་འགྱུར་རོ་ཞེ་ན། དེ་གཉིས་གང་དུ་ཡང་ཁས་མི་ལེན་ཏེ། མགོན་པོ་ཀླུ་སྒྲུབ་ཀྱིས། མྱ་ངན་འདས་པ་དངོས་མེད་པའང་། །མིན་ན་དེ་དངོས་ག་ལ་ཡོད། །དངོས་དང་དངོས་མེད་ཡོངས་ཤེས་པ། །ཟད་པ་མྱ་ངན་འདས་ཞེས་བྱ། །ཅེས་བློའི་ཡུལ་ཐམས་ཅད་ལས་འདས་པར་གསུངས་པའི་ཕྱིར་རོ། །དེས་ན་སྙིང་རྗེ་ཆེན་པོས་ཞི་བ་ལ་མི་གནས་ཤིང་། ཤེས་རབ་ཆེན་པོས་སྲིད་པ་ལ་མི་གནས་པ་ན་མི་གནས་པའི་མྱང་འདས་ཞེས་བྱ་བ་ཡིན་នོ། །

བཞི་པ་མཛད་པ་འཕྲིན་ལས་འཁོར་ལོ་རྒྱུན་མི་འཆད་པ་ལ་གསུམ་སྟེ། ཆོས་སྐུ་མཛད་པའི་རྒྱུ་དང་། ལོངས་སྐུ་ས་བཅུ་པའི་དོན་མཛད་ལ། སྤྲུལ་སྐུའི་མཛད་པ་ནི་གསུམ་སྟེ། མཆོག་དང་འབྲིང་དང་ཐ་མའོ། །དེ་དག་ཀྱང་གང་ལ་ཅི་འདུལ་བ་ལ་དེའི་རྣམ་པར་སྟོན་པ་སྟེ། རྡོ་རྗེ་གུར་ལེའུ་བརྒྱད་པ་ལས། འདི་ནི་རང་བྱུང་བཅོམ་ལྡན་འདས། །ཆོས་ཀྱི་འཁོར་ལོ་བསྐོར་བ་དང་། །རིགས་དང་བྱང་ཆུབ་བྱེད་པ་དང་། །དེ་བཞིན་ཉིད་ལྟར་བཤགས་པ་དང་། །ཁྲིམ་ནས་འབྱུང་བར་བྱེད་པ་དང་། །རབ་ཏུ་འབྱུང་བ་འཛིན་པ་དང་། །སྐྱེ་བ་ཡོངས་སུ་ལེན་པ་དང་། །ཡོངས་སུ་མྱ་ངན་འདས་པ་སྟོན། །འདུལ་བ་འཇིག་རྟེན་མཐོང་ནས་ནི། །འདི་ནི་གཟུགས་ནི་དུ་མར་བྱེད། །སངས་རྒྱས་སེམས་ཅན་སྐྱབས་བྱེད་པས། །སངས་རྒྱས་གར་ནི་རོལ་པར་མཛད། །རི་བོང་སྟག་དང་སེང་གེ་དང་། །གླང་པོ་རྣམས་ཀྱི་རིགས་སུ་ཡང་། །སྙིང་རྗེ་ཕན་པའི་སེམས་ཀྱིས་ནི། །ཕྲུག་གྲུ་གྲུབ་པ་སྐྱེ་བར་འགྱུར། །བུད་མེད་སྒྱུ་མའི་སྦྱོར་པ་ཡི། །འདོད་ཆགས་ཅན་ལ་མཆོག་ཏུ་གསུངས། །བུད་མེད་སྒྱུ་མ་སངས་རྒྱས་ཉིད། །སྒྱུ་མ་ཐམས་ཅད་སེལ་བར་བྱེད། །ཞེས་གསུངས་པ་དང་། སཾ་པུ་ཊ་ལས་ཀྱང་། དེ་ལྟར་རིགས་ཀྱི་བུ་འདི་ལྟར་ཁྱད་པར་དུ་མས་རྨི་ལམ་ལྟ་བུར་སངས་རྒྱས་ཀྱི་རིམ་པ་མཆོག་ཏུ་སྟོན་པར་མཛད་དེ། གང་གིས་གྲུབ་པ་སྒྱུ་མའི་ཚུལ་གྱིས་འགྲོ་བ་ཐམས་ཅད་ཀྱི་དོན་མཛད་དོ། །ཞེས་མཛད་པ་བཅུ་དྲུག་ལ་སོགས་པའི་ཚུལ་གྱིས་སེམས་ཅན་གྱི་དོན་མཛད་པ་རྒྱས་པར་བཤད་དོ། །མཛད་པ་རྒྱུན་མི་འཆད་པ་བསྟན་ཟིན་ཏོ། །

ཚོགས་གཉིས་རྫོགས་པའི་སངས་རྒྱས་ནི། །དག་པ་གཉིས་དང་དབྱེར་མེད་པའི། །ཟག་པ་མེད་པའི་ཡེ་ཤེས་མཆོག །འདི་ནི་ངེས་པའི་དོན་དུ་མཐོང་། །འོན་ཀྱང་སངས་རྒྱས་སློན་ལམ་གྱིས། །གདུལ་བྱའི་སྐལ་པ་ཇི་

ལྟ་བར། །སྐུ་ཡི་དབྱེ་བ་སྣ་ཚོགས་པས། །འཕྲིན་ལས་རྒྱུན་མི་འཆད་པ་འབྱུང་། །ཞེས་པའོ། །འབྲས་བུ་བསྟན་ཟིན་ཏོ། །དེ་རྣམས་ཀྱི་སྡོམ་གསུམ་སོ་སོའི་དོན་རྣམས་ཞིབ་ཏུ་བཤད་ཟིན་ཏོ། །

གཉིས་པ་རྩོད་པ་སྤོང་བ་ནི། ཁ་ཅིག །ཐེག་པ་ཆེ་ཆུང་གི་ལྟ་སྒོམ་སྤྱོད་འབྲས་ཐམས་ཅད་རང་རང་གི་གཞུང་ལུགས་ནས་བཤད་པ་བཞིན་བདེན་པ་ཡིན་ནོ་ཞེས་ཟེར་བ་ནི་མི་འཐད་དེ། སྐྱ་ཚད་བདེན་ན་རྫུན་ཚིག་ཤེས་བྱ་ལ་མི་སྲིད་པ་དང་། གྲུབ་མཐའ་ཀུན་བདེན་ན་མུ་སྟེགས་ཀྱི་གྲུབ་སོགས་ཀྱང་བདེན་པར་ཐལ་བའི་སྐྱོན་ཡོད་པའི་ཕྱིར་ཞེས་པ་ནི། ཁ་ཅིག་ཐེག་པ་རང་ས་ན། །ཞེས་སོགས་ཀྱིས་བསྟན། གསུམ་པ་གནད་མ་འཁྲུལ་བར་སྒྲུབ་པར་གདམས་པའི་སྒོ་ནས་མཇུག་བསྡུ་བ་ལ་གསུམ་སྟེ། མ་འཁྲུལ་བའི་གནད་སྒྲུབ་པར་གདམས་པ། འཁྲུལ་པའི་གྲུབ་མཐའ་སྤུན་དབྱུང་བར་གདམས་པ། བློ་བུར་གྱི་ཆོས་ལ་བརྟག་དཔྱད་བྱེད་པར་གདམས་པའོ། །དང་པོ་ནི། ཆོས་གཞན་ལེགས་པར་སྟོན་ན་ཡང་། །ཞེས་སོགས་ཀྱིས་བསྟན། གཉིས་པ་ནི། འཁྲུལ་པའི་གྲུབ་མཐའ་སྤུན་དབྱུང་བའི་ཞེས་སོགས་ཀྱིས་བསྟན། གསུམ་པ་ནི། སྔན་བརྒྱུད་དང་ནི་ཚིག་བརྒྱུད་དུ། །ཞེས་སོགས་ཀྱིས་བསྟན། གཉིས་པ་ཚིག་ལ་འཁྲུལ་པ་དགག་པ་ལ་གཉིས་ཏེ། དོར་བྱ་ནོར་བའི་བཤད་པ་དགག་པ། བླང་བྱ་མ་ནོར་བ་བཤད་པ་སྒྲུབ་པའོ། །དང་པོ་ནི། དེ་ན་ཚིག་ལ་འཁྲུལ་པ་ཡི། །ཞེས་སོགས་ཀྱིས་བསྟན། གཉིས་པ་ནི། དེ་བཞིན་གཤེགས་པའི་བཤད་པ་ནི་ཞེས་སོགས་ཀྱིས་བསྟན།

གསུམ་པ་བཤད་པ་ཡོངས་སུ་རྫོགས་པའི་བྱ་བ་ལ་ལྔ་སྟེ། བསྟན་བཅོས་རྩོམ་པའི་རྒྱུ་དོན་བཟུང་བ། འབྲས་བུ་བསྟན་བཅོས་བཟུང་བར་གདམས་པ། བཟུང་བྱའི་ཆོས་ཀྱི་ཆེ་བ་བརྗོད་པ། བརྩམ་པའི་དགེ་བ་གཞན་དོན་དུ་བསྔོ་བ། བཀའ་དྲིན་རྗེས་སུ་དྲན་པའི་བྱ་བའོ། །དང་པོ་ལ་གསུམ་སྟེ། དམིགས་རྐྱེན་བསྟན་པའི་འཕེལ་འགྲིབ་བྱུང་བ། ཀུན་སློང་ཟང་ཟིང་མེད་པའི་བྱམས་པ། བདེ་ཆེན་ཕྱོགས་ལྷུང་མེད་པའི་ཤེས་རབ་བོ། །དང་པོ་ནི། སངས་རྒྱས་གསུང་རབ་དྲི་མ་མེད། །ཅེས་སོགས་ཀྱིས་བསྟན། གཉིས་པ་ནི། བདག་ནི་སེམས་ཅན་ཀུན་ལ་བྱམས། །ཞེས་སོགས་ཀྱིས་བསྟན། གསུམ་པ་ནི། བདག་གིས་སྒྲ་དང་ཚད་མ་བསླབས། །ཞེས་སོགས་ཀྱིས་བསྟན། གཉིས་པ་ནི། དེ་ཕྱིར་གཟུ་བོས་དཔྱད་པ་འདི། །ཞེས་སོགས་ཀྱིས་བསྟན། གསུམ་པ་ནི། ཐུབ་པའི་བསྟན་པ་རིན་ཆེན་གཞལ་མེད་ཁང་། །ཞེས་སོགས་ཀྱིས་བསྟན། བཞི་པ་ནི། ཀུན་དགའི་ཉི་མས་སངས་རྒྱས་བསྟན་པ་ཡི། །ཞེས་སོགས་ཀྱིས་བསྟན།

ལྔ་པ་ནི། གང་གི་ཐུགས་བརྩེའི་ཉེར་བཟུང་ནས། །ཞེས་སོགས་ཀྱིས་བསྟན། གསུམ་པ་བྱས་ཤེས་དྲིན་བཟོ་སྐྱེད་པའི་ཆེད་དུ་མཇད་བྱང་སྨོས་པ་ནི། སྡོམ་པ་གསུམ་གྱིས་རབ་ཏུ་དབྱེ་བ་ཞེས་བྱ་བ་ཆོས་དང་ཆོས་མ་

ཡིན་པ་རྣམ་པར་འབྱེད་པའི་བསྟན་བཅོས་མང་དུ་ཐོས་པའི་ནོར་དང་ལྡན་པ་རིགས་པ་དང་མི་རིགས་པ་དཔྱོད་པར་ནུས་པའི་བློ་གྲོས་ཅན་སྡེ་སྣོད་འཛིན་པ་ཀུན་དགའ་རྒྱལ་མཚན་དཔལ་བཟང་པོས་སྦྱར་བ་རྫོགས་སོགས་ཞེས་པ་བསྟན་ནོ། །སོ་སོར་ཐར་དང་བྱང་སེམས་གསང་སྔགས་ཀྱིས། །ཇི་བཞིན་ཉམས་ལེན་སོ་སོའི་གཞུང་ནང་གསལ། །འདིར་ནི་ལོག་རྟོག་འགོག་པ་གཙོ་བོ་སྟེ། །བློ་མིག་དག་པས་ཉམས་ལེན་དོན་ཀུན་མཐོང་། །རིས་བདུན་དུས་དང་བསྙེན་གནས་ཚིག་དང་། །བསྔོ་བའི་གནད་དང་ལས་ཀྱི་འབྲས་བུ་དང་། །བསླབ་བྱ་གནང་བཀག་འཕྲུལ་གྱི་ལག་ལེན་ལ། །འཁྲུལ་པ་འགོག་པ་སོ་ཐར་སྡོམ་པའི་སྐབས། །བྱང་སེམས་ཚིག་དོན་དམ་སེམས་བསྐྱེད་དང་། །བསླབ་བྱའི་གཙོ་བོ་བདག་གཞན་བརྗེ་བའི་སེམས། །དེ་དང་འགྲེལ་བའི་ཐབས་ལམ་སྣ་ཚོགས་ལ། །འཁྲུལ་པ་འགོག་པ་བྱང་སེམས་སྡོམ་པའི་སྐབས། །དབང་དང་དམ་ཚིག་རིམ་གཉིས་ཕྱག་ཆེན་དང་། །ཐེག་གསུམ་ལག་ལེན་རྟོགས་བྱའི་ལྟ་བ་དང་། །རྒྱུད་སྡེའི་སྒྲུབ་པ་སྤྱོད་པ་འབྲས་བུ་ལ། །འཁྲུལ་པ་འགོག་པ་རིག་འཛིན་སྡོམ་པའི་སྐབས། །སོ་སོར་ཐར་པ་ལེགས་གསུངས་འདུལ་བ་བཞིན། །བྱང་སེམས་སྡོམ་པ་ཐེག་ཆེན་མདོ་སྡེའི་ལུགས། །གསང་སྔགས་རྒྱུད་སྡེའི་དགོངས་པ་བཞིན་སྟོན་པ། །བསྟན་བཅོས་འདི་ཡི་བརྗོད་བྱར་མཁས་པས་རྟོགས། །དེ་ལྟར་ཐོས་བསམ་སྒོམ་པས་གསོལ་བཏབ་ན། །དགོས་འདོད་ཀུན་འབྱུང་བསྟན་བཅོས་ཡིད་བཞིན་ནོར། །ལེགས་པར་བཤད་པའི་རྒྱལ་མཚན་རྩེ་མོ་ནས། །དོན་དུ་གཉེར་བའི་རེ་བ་སྐོང་བར་བྱས། །འདི་དོན་འབྱེད་པ་རྨོངས་པ་མང་ན་ཡང་། །དམ་པའི་གསུང་དང་རྣམ་དཔྱོད་ཉི་འོད་ཀྱིས། །གོ་སར་སྟོན་པ་དེང་སང་ཁོ་བོ་ཙམ། །ཀུན་གཞི་དག་པའི་དངོས་ལ་གསུང་རབ་མཆོག །ཡོངས་འཛིན་མཁས་པའི་ཕྱག་གི་འདུ་བྱེད་དང་། །རྣམ་དཔྱོད་བརྩོན་པའི་པིར་གྱིས་བྲིས་པ་ལ། །སྣ་ཚོགས་ཤེས་བྱའི་རི་མོ་མི་འཆར་མེད། །དེ་ལྟར་བཀའ་དྲིན་དྲན་པས་ཡིད་གཡོས་ཏེ། །དམ་ཆོས་འོ་མས་རྣམ་དཔྱོད་ལུས་སྐྱོང་བའི། །ཡོངས་འཛིན་མ་མའི་ཚོགས་ལ་གུས་ཕྱག་འཚལ། །ད་དུང་བྱང་ཆུབ་བར་དུ་བསྐྱེད་དུ་གསོལ། །གནས་སྐབས་ཀུན་ཏུ་རྗེ་བཙུན་ས་སྐྱ་པའི། །བཤད་སྒྲུབ་ཉི་ཟླའི་སྣང་བ་འཛིན་པ་ཡིས། །རྒྱ་ཆེན་ཤེས་བྱའི་མཁའ་ལ་རབ་བགྲོད་དེ། །ཐུབ་བསྟན་གླིང་བཞིན་ཀུན་ཏུ་གསལ་བར་ཤོག །བདག་ཀུང་སྐྱེ་བ་འདི་ནས་བཟུང་ནས་ནི། །རྗེ་སྲིད་རྡོ་རྗེ་འཛིན་པ་མ་ཐོབ་པར། །མཐུ་སྟོབས་དབང་ཕྱུག་གཞུང་དང་མི་འབྲལ་ཞིང་། །བླ་མའི་ཚོགས་ཀྱི་བྲན་དུ་སྐྱེ་བར་ཤོག །བླ་མའི་ཚོགས་རྣམས་མཉེས་པར་བྱས་པ་ཡིས། །སྐུ་གསུམ་ཡེ་ཤེས་ལྷ་ལྡན་ཐོབ་ནས་ཀུང་། །ནམ་མཁའི་མཐས་གཏུགས་གྱུར་པའི་སེམས་ཅན་རྣམས། །གཉིས་མེད་སངས་རྒྱས་ས་ལ་འགོད་པར་ཤོག །སངས་རྒྱས་ཞིང་ཁམས་མཐའ་ཡས་སྣོད་མ་ལུས་ཀུན། །རྣལ་འབྱོར་འདིས་ནི་དོན་ཀུན་རབ་སྒྲུབ་ཅེས། །སྟོན་པའི་གྲགས

པས་ཁྱབ་པར་གྱུར་ནས་ཀྱང་། །རྡོ་རྗེ་འཛིན་པའི་རྒྱལ་མཚན་བརྟན་པར་ཤོག །བྱམས་པའི་སྟོབས་མངའ་ཐུགས་རྗེའི་སྤྲིན་ཕུང་ལས། །ལུང་དང་རིགས་པའི་ཆོས་ཆར་ལེགས་ཕབ་སྟེ། །བློ་གསལ་རྒྱ་མཚོའི་དཔལ་དུ་གྱུར་པ་ཡིས། །ཀུན་མཁྱེན་ཆོས་ཀྱི་རྒྱལ་པོར་བདག་གྱུར་ཅིག །སྡོམ་པ་གསུམ་གྱི་རབ་ཏུ་དབྱེ་བའི་ལེགས་པར་བཤད་པ་ལུང་རིགས་ཉི་མའི་འོད་ཟེར་ཞེས་བྱ་བ་འདི་ནི། རྗེ་བཙུན་ས་སྐྱ་པ་རྣམས་ཀྱི་གསུང་རབ་དང་། ཀུན་མཁྱེན་མཁས་པའི་དབང་པོ་བསོད་ནམས་སེང་གེའི་གསུང་རབ་དགོངས་གསལ་སོགས་ལེགས་པར་བཤད་པ་རྣམས་གཞིར་བཞག་ཅིང་། དེ་ལ་གཞན་གྱིས་མ་རྟོགས་ལོག་རྟོག་ཐེ་ཚོམ་གསུམ་གྱི་དྲི་མ་ཅུང་ཟད་ཡོད་པ་རྣམས་བསལ་ཏེ། མཁས་པ་སྔ་མ་གཞན་གྱིས་ལེགས་པར་བཤད་པས་ཀྱང་མཛེས་པར་བྱས་ནས། བསྟན་པ་དང་སེམས་ཅན་ལ་ཕན་པའི་ཕྱིར་དུ། གསུང་རབ་ཀྱི་དོན་ལ་ཡང་དག་པའི་སྣང་བ་ཅུང་ཟད་ཐོབ་ཅིང་། ཁྱད་པར་དུ་ལུགས་འདི་ལ་མི་ཕྱེད་པའི་དད་པ་གཏིང་ནས་སྐྱེད་པ། མང་དུ་ཐོས་པའི་བཙུན་པ་སྡེ་སྣོད་འཛིན་པ་བྱམས་པ་ལུང་རིགས་རྒྱ་མཚོས་བཞེད་ཐུབ་བསྟན་ཡངས་པ་ཅན་གྱི་གཙུག་ལག་ཁང་ཆེན་པོར་སྦྱར་བ་རྫོགས་སོ།། །།འདིས་བསྟན་པ་དང་སེམས་ཅན་ལ་ཕན་བདེ་ཚད་མེད་པ་འབྱུང་བར་གྱུར་ཅིག །དགེའོ། །བཀྲ་ཤིས།

ཐོས་བསམ་སྒོམ་པའི་རྒྱ་མཚོའི་དབུས་གནས་ཤིང་། །གྲུབ་མཐའ་རྣམ་བཞིའི་གདེངས་ཀ་མཐོང་ལམ་ཅན། །དམ་ཆོས་ཡིད་བཞིན་ནོར་བུ་གཙུག་ན་མཛེས། །འདུལ་འཛིན་ཀླུའི་དབང་པོ་འཕེལ་ལ་འདུད། །མདོ་རྒྱུད་རྒྱ་མཚོའི་གཏེར་ལ་སྤྱོད་པར་ཤོག །བཀྲ་ཤིས།

༄༅། །ཆོས་དང་ཆོས་མ་ཡིན་པ་རྣམ་པར་འབྱེད་པའི་བསྟན་བཅོས་སྡོམ་པ་གསུམ་གྱི་རབ་ཏུ་དབྱེ་བའི་རྣམ་པར་བཤད་པ་ལུང་རིགས་ཉི་མའི་འོད་ཟེར་ཞེས་བྱ་བ་བཞུགས་སོ། །

པཎ་ཆེན་འབུམ་ཕྲག་ལྔ་པ་བྱམས་པ་ལུང་རིགས་རྒྱ་མཚོ།

ཐོག་མར་བླ་མའི་ཞབས་ལ་ཕྱག་འཚལ་ནས། །རྡོ་རྗེ་འཆང་ལ་གཉིས་པའི་ཚིག་གིས་འདུད། །མཐུ་སྟོབས་དབང་ཕྱུག་རྗེ་བཙུན་ས་སྐྱ་པ། །བརྒྱུད་པར་བཅས་པའི་ཚོགས་ལ་ཕྱག་འཚལ་ལོ། །བློ་ཆེན་ཤེས་བྱ་ཀུན་ལ་ལེགས་སྦྱངས་ཤིང་། །བརྩེ་ཆེན་མཐའ་ཡས་འགྲོ་བར་བུ་བཞིན་གཟིགས། །རྒྱ་ཆེན་མཛད་པ་ནམ་མཁའི་མཐར་སོན་པ། །པཎ་ཆེན་འགྲོ་བའི་བླ་མས་བདག་སྐྱོངས་ཤིག །

གསུམ་པ་སྔགས་སྡོམ་ཉམས་སུ་ལེན་པའི་ཚུལ་ལ་གཉིས་ཏེ། མདོར་བསྟན་པ་དང་། རྒྱས་པར་བཤད་པའོ། ། དང་པོ་ནི། རྡོ་རྗེ་ཐེག་པའི་ལམ་ཞུགས་ཏེ། །མྱུར་དུ་སངས་རྒྱས་ཐོབ་འདོད་ན། །སྨིན་གྲོལ་གཉིས་ལ་འབད་པར་བྱ། །ཞེས་པས་བསྟན་ཏོ། །འདིའི་སྐབས་སུ་གཞུང་གི་འགྲེལ་བ་སྤྱིར་བསྟན་པ། དཀའ་བའི་གནས་བྱེ་བྲག་ཏུ་བཤད་པ། ངག་དོན་གྱི་སྦྱོར་བ་ལ་དཔྱད་པ་དང་གསུམ། དང་པོ་ནི། བསྟན་བཅོས་འདིའི་ལུས་མདོར་བསྟན་དུ། །གསང་སྔགས་ཀྱི་ནི་དབང་བསྐུར་དང་། །ཞེས་གསུངས་པ་ལས་འཕྲོས་ནས། འོན་གཞུང་འདིར། སྨིན་བྱེད་ཀྱི་དབང་དང་གྲོལ་བྱེད་ཀྱི་ལམ་ལ་སོགས་པ་ཇི་ལྟ་བུ་ཞིག་སྟོན་པ་ཡིན་ཞེ་ན། འདིའི་ལན་དུ། སྤྱིར་རྒྱུད་སྡེ་བཞི་ལ།ཡེ་ཤེས་ཐིག་ལེའི་རྒྱུད་ལས་གསུངས་པ་ལྟར། སྨིན་བྱེད་ཀྱི་དབང་གི་བབ་མི་འདྲ་བ་བཞི་ཡོད་ཅིང་། དེའི་རྒྱུ་མཚན་གྱིས་ཡེ་ཤེས་རྡོ་རྗེ་ཀུན་ལས་བཏུས་པའི་རྒྱུད་ལས་གསུངས་པ་ལྟར། ལམ་གྱི་བབ་མི་འདྲ་བ་བཞི་ཡོད་པར་བཞེད་པ་ལས། གཞུང་འདིར་ནི། གཙོ་བོར་བླ་མེད་ཀྱི་ལམ་གྱི་རྣམ་གཞག་སྟོན་ཏེ། འདིར་ནི་ཉམས་ལེན་ལ་འཁྲུལ་པ་འགོག་པའི་སྐབས་ཡིན་ལ། བླ་མེད་ཀྱི་ལམ་ལ་འཁྲུལ་པ་ཞུགས་པ་ཤས་ཆེ་བར་སྣང་བའི་ཕྱིར་རོ། །འོན་རྒྱུད་སྡེ་འོག་མ་གསུམ་ལ་འཁྲུལ་པ་མི་འགོག་གམ་ཞེ་ན། ཞར་བྱུང་གི་ཚུལ་དུ་ནི་རྒྱུད་སྡེ་འོག་མ་གསུམ་ལ་འཁྲུལ་པ་འགོག་པའང་སྟོན་ཏེ། རྒྱུད་སྡེ་འོག་མ་གསུམ་ལ། སྨིན་བྱེད་ཀྱི་དབང་གི་སྐབས་སུ་དབང་བཞི་ཡོད་པར་འདོད་པ་དང་། གྲོལ་བྱེད་ཀྱི་སྐབས་སུ་རིམ་གཉིས་ཡོད་པར་འདོད་པ་དང་། བྱ་

རྒྱུད་ལ་བདག་བསྐྱེད་ཡོད་པར་འདོད་པ་སོགས་འཁྲུལ་པ་འགའ་ཞིག་སྣང་བའི་ཕྱིར་རོ། །དོན་འདི་མ་རྟོགས་པ་ཁ་ཅིག །བཅོམ་ལྡན་ཁྱོད་ཀྱི་གསང་སྔགས་ལམ། །རིམ་པ་གཉིས་སུ་བསྡུས་ཏེ་བསྟན། །ཞེས་སོགས་དང་། །རིམ་པ་གཉིས་པོ་མི་བསྒོམ་པའི། །ཞེས་སོགས་དང་། དབང་དང་རིམ་གཉིས་མི་ལྡན་པའི། །རྡོ་རྗེ་ཐེག་པའི་བསྟན་པ་མིན། །ཞེས་སོགས་ཀྱི་ཚིག་ཙམ་ལ་བརྟེན་ནས། རྒྱུད་སྡེ་འོག་མ་གསུམ་ལ་དབང་བཞི་མེད་པས། དེ་ལ་ལྟོས་པའི་རིམ་གཉིས་མེད་པ་ཡིན་གྱི། སྤྱིར་རིམ་གཉིས་ཡོད་ཅེས་སྨྲ་བ་ནི། རྡོ་རྗེ་ཐེག་པ་ལ་བློ་ཁ་མི་ཕྱོགས་ཤིང་། བྱེ་བྲག་ཏུ་རྗེ་བཙུན་ས་སྐྱ་པའི་གྲུབ་མཐའ་ལས་ཕྱི་རོལ་ཏུ་གྱུར་པ་ཡིན་ཏེ། དབང་གོང་མ་མེད་པར་རྫོགས་རིམ་ཡོད་པར་འདོད་པ་ནི། སྐལ་མིན་གསང་བ་སྒྲོགས་པ་དང་། །ཞེས་པའི་སྐབས་ཀྱི་རྩ་ལྟུང་འཁྲུལ་སྤོང་དང་དངོས་སུ་འགལ་ཞིང་། ས་བོན་མ་བཏབ་པར་མྱུ་གུ་འབྱུང་བར་འདོད་པ་དང་ཆོས་མཚུངས་པའི་ཕྱིར་དང་། རྗེ་བཙུན་རྩེ་མོའི་རྒྱུད་སྡེ་སྤྱི་རྣམ་དང་། རྗེ་བཙུན་གྲགས་པ་རྒྱལ་མཚན་གྱི་མངོན་རྟོགས་ལྗོན་ཤིང་དང་། རྗེ་ས་པཎ་གྱི་གཞུང་འདི་གསུམ་ཆར་ལས་རིམ་གཉིས་བླ་མེད་འབའ་ཞིག་གི་ཁྱད་ཆོས་སུ་བཤད་པའི་ཕྱིར་རོ། །ཁྱེད་ཀྱིས་སྨྲ་བྱེད་ལྟར་ན། རྒྱུད་སྡེ་འོག་མ་གསུམ་ལ་དབང་བཞི་ཡོད་པར་འགྱུར་ཏེ། གཞུང་འདིར། སྨིན་གྲོལ་གཉིས་ལ་འབད་པར་བྱ། །ཞེས་དང་། བླ་མ་བཅོལ་ལ་དབང་བཞི་བླང་། །ཞེས་དང་། གལ་ཏེ་གསང་སྔགས་སྒོམ་འདོད་ན། །ནོར་བ་མེད་པའི་དབང་བཞི་ལོངས། །ཞེས་གསུངས་པའི་ཕྱིར། འཁོར་གསུམ་ཁས་བླངས་སོ། །

འོ་ན་བླ་མེད་ཀྱི་ལམ་གྱི་རིམ་པ་ཇི་ལྟར་ཞེ་ན། རྣལ་འབྱོར་གྱི་དབང་ཕྱུག་བི་རཱུ་པའི་བཞེད་པས། གསང་བ་འདུས་པའི་རྒྱུད་ཕྱི་མ་ལས། རྒྱུད་ནི་རྒྱུན་ཆགས་ཞེས་བྱ་སྟེ། །རྒྱུད་སྡེ་རྣམ་པ་གསུམ་དུ་འགྱུར། །གཞི་དང་དེ་ཡི་རང་བཞིན་དང་། །མི་འཕྲོག་པ་ཡི་རབ་ཕྱེའོ། །རང་བཞིན་རྣམ་པ་རྒྱུ་ཡིན་ཏེ། །གཞི་ནི་ཐབས་ཞེས་བྱ་བར་བརྗོད། །དེ་བཞིན་མི་འཕྲོག་འབྲས་བུ་སྟེ། །གསུམ་གྱི་རྒྱུད་ཀྱི་དོན་བསྡུས་པའོ། །ཞེས་གསུངས་པ་ཤེས་བྱེད་དུ་མཛད་ནས། རྒྱུད་དོན་མངོན་རྟོགས་ཀྱིས་རིམ་པར་སྟེ་བ་ན། རྒྱུ་རྒྱུད། ཐབས་རྒྱུད། འབྲས་བུའི་རྒྱུད་དང་གསུམ་དུ་གསུངས་སོ། །འདི་དག་གི་དོན་ལ་བཞི་སྟེ། རྒྱུད་གསུམ་ངོས་བཟུང་བ། དེ་ཉིད་ཉམས་སུ་ལེན་པའི་ཚུལ། དེ་ཉིད་རྒྱུད་ལས་གསུངས་པའི་ཚུལ། དེ་ཉིད་བསྟན་བཅོས་སུ་གཏན་ལ་ཕབ་པའི་ཚུལ་ལོ། །དང་པོ་ནི། སྤྱིར་རྒྱུད་ཅེས་བྱ་བ་ནི། སེམས་གསལ་ཙམ་འཁོར་འདས་ཀྱི་གནས་སྐབས་ཐམས་ཅད་དུ་རྒྱུན་མི་འཆད་པར་འབྱུང་བ་འདི་ཡིན་ལ། དེ་ལ་རྒྱུ་རྒྱུད། ཐབས་རྒྱུད། འབྲས་རྒྱུད་དང་གསུམ་ལས། དང་པོ་ནི། སེམས་ཉིད་ལྷན་ཅིག་སྐྱེས་པའི་ཡེ་ཤེས་ཐོག་མ་མེད་པ་ནས་ད་ལྟའི་བར་དུ་རྒྱུན་མ་ཆད་ཅིང་། བག་ཆགས་ཀྱི་དབང་གིས་ཡེ་ཤེས་དེ་ཉིད་འཁོར་བའི་སྣང་བ་སྣ་ཚོགས་སུ་ཤར་བ་དང་བཅས་པ་འདིའོ། །ཐབས་རྒྱུད་ནི། དེ་ཉིད་ལ་གློ་བུར་

གྱི་དྲི་མ་སྦྱང་བས་ཆེད་དུ། བླ་མ་དམ་པའི་མན་ངག་ལ་བསྟེན་ནས། བསྐྱེད་རྫོགས་ཀྱི་ཏིང་ངེ་འཛིན་ཉམས་སུ་ལེན་པའི་ཚུལ། འབྲས་བུ་མངོན་དུ་མ་གྱུར་གྱི་བར་དུ་རྒྱུན་མི་ཆད་དུ་འབྱུང་བའོ། །འབྲས་བུའི་རྒྱུད་ནི། དེ་ཉིད་ལ་གློ་བུར་གྱི་དྲི་མ་དང་བྲལ་བས། ཡོན་ཏན་བསམ་ལས་འདས་པ་རྒྱུའི་གནས་སྐབས་སུ་རང་བཞིན་ལྷུན་གྲུབ་ཀྱི་ཚུལ་དུ་ཡོད་པ། འབྲས་བུའི་དུས་སུ་མངོན་དུ་གྱུར་ནས། དག་པའི་སྣང་བ་དང་བཅས་པའི་ཡེ་ཤེས་ནམ་མཁའ་གནས་ཀྱི་བར་དུ་རྒྱུན་མི་འཆད་དུ་འབྱུང་བའོ། །དེ་སྐད་དུ་རྗེ་བཙུན་ཆེན་པོས། རང་སེམས་གདོད་ནས་སྤྲོས་བྲལ་རྒྱུ་རྒྱུད་དང་། །དབང་གི་ཡེ་ཤེས་ལམ་གྱི་ལྟ་བ་དང་། །ཉམས་མྱོང་སངས་རྒྱས་ས་དང་ངོ་བོ་གཅིག །རྟོགས་པའི་ཁྱད་པར་ཟླ་བའི་དཔེ་ཡིས་བསྟན། །

གཉིས་པ་ཉམས་ལེན་ལ་གསུམ་ལས། དང་པོ། རྒྱུ་རྒྱུད་ཀྱི་ཉམས་ལེན་ནི། ཀྱེ་རྡོ་རྗེ་ལས། སྐལ་དམན་སེམས་ཅན་འདུལ་དཀའ་བ། །གང་གིས་འདུལ་བར་འགྱུར་བ་ལགས། །ཞེས་ཞུས་པའི་ལན་དུ། དང་པོར་གསོ་སྦྱོང་སྦྱིན་པར་བྱ། །དེ་རྗེས་བསླབ་པའི་གནས་བཅུ་སྦྱིན། །དེ་ལ་བྱེ་བྲག་སྨྲ་བ་བསྟན། །མདོ་སྡེ་པ་ཡང་དེ་བཞིན་ནོ། །དེ་ནས་རྣལ་འབྱོར་སྤྱོད་པ་ཉིད། །དེ་ཡི་རྗེས་སུ་དབུ་མ་བསྟན། །སྔགས་ཀྱི་རིམ་པ་ཀུན་ཤེས་ནས། །ཞེས་གསུངས་པ་ལྟར། སྤྱོད་པ་རིམ་ཅན་ལ་བསླབ་པ་དང་། ལྟ་བ་རིམ་ཅན་ལ་བསླབ་པ་གཉིས། དང་པོ་ནི། དགེ་བའི་བཤེས་གཉེན་གྱིས་གང་ཟག་བློ་དམན་དཀྲི་བའི་ཚེ། ཐོག་མར་ཚེ་འདིའི་སྤྱོད་ཡུལ་མི་རྟག་པར་བསྟན་པས། སྐྱེ་བ་སྐྱེས་ནས་ཚེ་འདིའི་མངོན་ཞེན་དོར་ཏེ། ཕྱི་མ་ལྷ་མི་ཙམ་འདོད་པའི་བློ་སྐྱེས་པ་དང་། དེ་ཐོབ་པའི་རྒྱུར་གསོ་སྦྱོང་སྦྱིན་པར་བྱ་བ་ཡིན་ནོ། །དེ་ལྟར་ཉིན་ཞག་གི་མཐའ་ཅན་གྱི་ཚུལ་ཁྲིམས་སྲུང་ནུས་པ་དེ་ལ། དགེ་བསྙེན་གྱི་སྡོམ་པ་སོགས་བསྟན། ཁྲིམས་བདུན་སྟེར་བར་བྱ་བ་ཡིན་ནོ། །དེ་ལྟ་བུའི་ཚུལ་ཁྲིམས་དེ་ཡང་། གང་ཟག་གི་བསམ་པའི་བྱེ་བྲག་གིས། འཇིགས་སྐྱོབ། ལེགས་སྨོན། ངེས་འབྱུང་གི་ཚུལ་ཁྲིམས་གསུམ་དུ་འགྱུར་བར་རྗེ་བཙུན་ཆེན་པོས་གསུངས་སོ། །དེའི་རྗེས་སུ་ནམ་སྐྱེ་ངེས་པ་མེད་པའི་ཐེག་པ་ཆེན་པོའི་སེམས་བསྐྱེད་ལ་བསླབ་པར་བྱ་བ་ཡིན་ནོ། །གཉིས་པ་ལྟ་བ་རིམ་ཅན་ནི། དེ་ནས་གྲུབ་མཐའ་བཞི་དང་། རྒྱུད་སྡེ་འོག་མ་གསུམ་ལ་རིམ་པ་བཞིན་དུ་སྦྱངས་པའི་ལྟ་བ་རིམ་ཅན་ལ་སློབ་ཅིང་། དེ་ནས། དེ་རྗེས་ཀྱེའི་རྡོ་རྗེ་བརྩམས། །ཞེས་གསུངས་པ་ལྟར། སྨིན་བྱེད་ཀྱི་དབང་བཞི་བསྐུར་ཏེ། ལམ་རིམ་པ་གཉིས་བསྒོམ་པའི་སྣོད་རུང་དུ་བྱེད་པ་ཡིན་ནོ། །འདི་ནི་སྐལ་དམན་རིམ་འཇུག་པའི་དབང་དུ་བྱས་པ་ཡིན་ལ། ཐུན་མོང་གི་སྦྱང་བ་ལ་མ་ལྟོས་པར་དང་པོ་ཉིད་ནས་རྡོ་རྗེ་ཐེག་པའི་སྣོད་དུ་རུང་བ་རྣམས་ལ་ནི། སྐལ་ལྡན་ཅིག་ཅར་བ་ཞེས་བྱ་བ་ཡིན་ཞིང་། འདི་དག་ལ་དང་པོ་ནས་དབང་བསྐུར་བར་བྱ་བ་ཡིན་ཏེ། སཾ་པུ་ཊི་ལས། ཐོག་མར་དཀྱིལ་འཁོར་ཆེན་པོ་ཡི། །སྙིང་

ཁ་ཡི་ནི་དཀྱིལ་འཁོར་དུ། །རང་གི་དབང་སོགས་རྒྱས་པ་ཡི། །རྡོ་རྗེ་སློབ་དཔོན་འགྲུབ་པར་འགྱུར། །ཞེས་སོགས་གསུངས་སོ། །སྨིན་བྱེད་ཀྱི་དབང་འདི་ཉིད་གང་ཟག་གི་བློའི་རིམ་པ་དང་བསྟུན་ནས་རྒྱུ་རྒྱུད། ཐབས་རྒྱུད། འབྲས་རྒྱུད་ཀྱི་ཉམས་ལེན་གསུམ་དུ་འགྱུར་བ་ཡོད་པས་སོ། །

གཉིས་པ་ཐབས་རྒྱུད་ཀྱི་ཉམས་ལེན་ལ། སྨིན་གྲོལ་གཉིས་ལས། དང་པོ་སྨིན་བྱེད་ལ། བླ་མེད་ཀྱི་རྒྱུད་སྡེ་རྣམས་ལས་དབང་བཞིར་གསུངས་ཤིང་། དབང་བཞིར་ངེས་པའི་རྒྱུ་མཚན་ཆེ་ཡང་། རྟེན་དཀྱིལ་འཁོར་བཞི་ཡིན་པ་དང་། སྦྱང་བྱ་དྲི་མ་བཞི་ཡིན་པ་དང་། སྦྱོང་བྱེད་ལམ་བཞི་ཡིན་པ་དང་། སྦྱང་འབྲས་སྐུ་བཞི་ཡིན་པ་སོགས་མང་དུ་གསུངས་སོ། །གྲོལ་བྱེད་ཀྱི་ལམ་ཐམས་ཅད་རིམ་པ་གཉིས་སུ་འདུས་ཏེ། ཀྱེ་རྡོ་རྗེ་ལས། བསྐྱེད་པའི་རིམ་པ་ཉིད་ནི། །རྫོགས་པ་ཡི་ཡང་རིམས་པ་ཉིད། །རིམ་གཉིས་མཉམ་པར་གནས་ནས་ནི། །རྡོ་རྗེ་ཅན་གྱིས་ཆོས་འཆད་དོ། །ཞེས་གསུངས་སོ། །འདི་དག་གི་རྣམ་པར་གཞག་པ་ལ། རྒྱུད་སྡེ་སོ་སོའི་དགོངས་པ་གྲུབ་པའི་དབང་ཕྱུག་རྣམས་ཀྱིས་བཀྲལ་བའི་ཚུལ། ཅུང་ཟད་མི་འདྲ་བ་དུ་མ་ཡོད་པ་ལས། འདིར་ཀྱེ་རྡོ་རྗེ་རྒྱུད་གསུམ་གྱི་དགོངས་པ། རྣལ་འབྱོར་དབང་ཕྱུག་བིརྺ་པས་བཀྲལ་བའི་ཚུལ་བརྗོད་ན། དབང་བསྐུར་གྱི་རྗེས་ལ་དབང་གི་ཡེ་ཤེས་དེ་ཉིད་ལྷན་ཅིག་སྐྱེས་པའི་ཡེ་ཤེས་སུ་ངོ་སྤྲོད་ཅིང་། འོག་ཏུ་འབྱུང་བའི་བསྐྱེད་རྫོགས་ཀྱི་ཉམས་ལེན་ཐམས་ཅད་ཀྱང་། དེ་དང་དེའི་རྣམ་པར་སྣང་ཡང་རང་གི་ངོ་བོ་ལྷན་ཅིག་སྐྱེས་པའི་ཡེ་ཤེས་སུ་རྟོགས་པར་བྱ་བའི་ཕྱིར། ལྷ་བ་འཁོར་འདས་དབྱེར་མེད་བསྒོམ་པར་བྱ་བ་ཡིན་ཏེ། ཀྱེ་རྡོ་རྗེ་ལས། ཕྱིས་ནས་དེ་ཉིད་ཡང་དག་བཤད། །རྣམ་དག་ཡེ་ཤེས་གཟུགས་ཅན་དང་། །འཁོར་བའི་རྣམ་པར་རྟོག་པ་ལ། །ཁྱད་པར་ཅུང་ཟད་ཡོད་མ་ཡིན། །ཞེས་གསུངས་སོ། །དེ་ནས་རྫོགས་རིམ་གྱི་རྟེན་བསྐྱེད་པའི་རིམ་པ་བསྒོམ་སྟེ། རྒྱུ་རྒྱུད་བག་ཆགས་ཀྱི་དབང་གིས་འཁོར་བའི་སྣང་བ་སྣ་ཚོགས་སུ་ཤར་བ་འདི། ད་ལྟ་ཉིད་ནས་དག་པའི་སྣང་བར་བསྒྱུར་བར་བྱེད་པ་ཡིན་པའི་ཕྱིར། དེ་ཡང་འཁོར་བའི་ཆོས་ཀྱི་གཙོ་བོ་སྐྱེ་གནས་བཞི་ཡིན་པས། དེའི་གཉེན་པོར་མངོན་པར་བྱང་ཆུབ་པ་ལྔ་ལ་སོགས་པའི་བསྐྱེད་ཆོག་རྣམས་གསུངས། སྐྱེ་བ་བླངས་པ་ལ་བརྟེན་ནས་སྡོད་བཅུད་དང་རང་གཞན་ལ་སོགས་པའི་སྣང་བ་སྣ་ཚོགས་འཆར་བས་དེའི་གཉེན་པོར་རྟེན་དང་བརྟེན་པར་བཅས་པའི་དཀྱིལ་འཁོར་གྱི་འཁོར་ལོ་གསུངས་ཏེ། མདོར་ན་བླ་མེད་ཀྱི་དཀྱིལ་འཁོར་གཅིག་གི་སྟེང་དུ་རྒྱུ་ལས་དང་ཉོན་མོངས་པ་དང་། འབྲས་བུ་འཁོར་བའི་སྡུག་བསྔལ་གྱིས་བསྡུས་པའི་མ་དག་པའི་སྣང་བ་ཐམས་ཅད་དག་པའི་སྣང་བར་བསྒྱུར་བའི་ཉམས་ལེན་ཡོད་པར་ཤེས་པར་བྱའོ། །དེ་ནས་བསྐྱེད་རིམ་གྱི་ལྷ་བདེ་ཆེན་གྱི་ཡེ་ཤེས་སུ་རྟོགས་པར་བྱ་བའི་ཕྱིར་དུ་རྫོགས་པའི་རིམ་པ་བསྒོམ་སྟེ། དེ་ཡང་ལུས་ཐམས་ཅད་ལ་རྩས་ཁྱབ།

དེ་ལ་བྱང་ཆུབ་སེམས་དང་རླུང་གིས་ཁྱབ། དེ་དང་སེམས་ཉིད་ལྷན་ཅིག་སྐྱེས་པའི་ཡེ་ཤེས་དབྱེར་མེད་དུ་གནས་པ་ལས། རྟེན་རྩ་ཐིག་རླུང་གསུམ་ལ་གནད་དུ་བསྣུན་ནས། བརྟེན་པ་སེམས་ཉིད་ལྷན་ཅིག་སྐྱེས་པའི་ཡེ་ཤེས་མངོན་དུ་བྱས་ཏེ། སྣང་བ་ཐམས་ཅད་ཟུང་འཇུག་གི་ངོ་བོར་བསྒྱུར་བའོ། །དེ་ལྟར་རིམ་པ་གཉིས་ལ་བརྟན་པ་ཐོབ་ནས། ད྄ྲོད་ཆུང་དུ་ཞེས་བྱ་བ་མཉམ་གཞག་ཏུ་འཇིག་རྟེན་ཆོས་བརྒྱད་མགོ་སྙོམས་མཉམ་བྱེད་པའི་ཚེ། ཀུན་འདར་གསང་ནས་སྤྱོད། དེ་ནས་དྲོད་འབྲིང་པོ་ཚར་བཅད་དང་རྗེས་བཟུང་གང་རུང་གཅིག་ནུས་པའི་ཚེ། ཀུན་འདར་འཇིག་རྟེན་པའི་མངོན་དུ་སྤྱོད། དེ་ནས་དྲོད་ཆེན་པོ་ཚར་བཅད་དང་རྗེས་བཟུང་གཉིས་ཀ་ནུས་པ་ཟག་པ་མེད་པའི་ཡེ་ཤེས་དང་པོར་སྐྱེས་པའི་ཚེ། གཞན་དོན་ཕྱོགས་ལས་རྣམ་པར་རྒྱལ་བའི་སྤྱོད་པ་བྱ་སྟེ་ས་རྣམས་བསྐྱེད་པར་བྱའོ། །དེ་ཡང་ཕྱི་རོལ་གནས་དང་ཉེ་བའི་གནས་སོགས་ན་གནས་པའི་མཁའ་འགྲོ་མ་རྣམས་དབང་དུ་འདུས་པས། ནང་གི་སྤྱི་བོ་ལ་སོགས་པའི་རྩ་རྣམས་ཀྱི་རླུང་སེམས་དབུ་མར་ཞུགས་ནས་ས་དང་པོ་ནས་བཅུ་པའི་བར་གྱི་རྟོགས་པ་སྐྱེ་བའི་ཐབས་ལ་སྤྱོད་པ་ཞེས་བྱའོ། །དེ་ནས་ས་བརྒྱད་པའམ་ས་བཅུ་པ་ཐོབ་པའི་ཚེ་ཉེ་རྒྱུའི་སྤྱོད་པ་བྱ་སྟེ། ས་ལྷག་མ་རྣམས་བགྲོད་ནས་བཅུ་གསུམ་རྡོ་རྗེ་འཛིན་པའི་ས་མངོན་དུ་བྱའོ། །དེ་ལྟར་ལྟ་བ། བསྐྱེད་རིམ། རྫོགས་རིམ། སྤྱོད་པ་ཉེ་རྒྱུ་ལྔ་ནི། གཙོ་བོར་མཆོག་གི་དངོས་གྲུབ་སྒྲུབ་པའི་མངོན་པར་རྟོགས་པ་ཡིན་ཞིང་། གང་ཟག་གཙོ་བོར་ནང་ལ་གཞོལ་བས་ཉམས་སུ་བླང་བར་བྱ་བ་ཡིན་ནོ། །འཇིག་རྟེན་དང་འཇིག་རྟེན་ལས་འདས་པའི་དངོས་གྲུབ་མཐའ་དག་སྒྲུབ་པ་དང་། གང་ཟག་གཙོ་བོར་ཕྱི་ལ་གཞོལ་བས་ཉམས་སུ་བླང་བར་བྱ་བ་ནི། ཕྱག་ཀྱི་བཟླས་པ་དང་། གཏོར་མ་དང་། རབ་གནས་དང་། སྦྱིན་བསྲེག་དང་། ལས་ཀྱི་ཚོགས་རབ་འབྱམས་དང་ལྔའོ། །དེ་གཉིས་ཀ་ལ་གྲོགས་དམ་ཚིག་དང་སྡོམ་པ་དགོས་པས། བཟའ་བའི་དམ་ཚིག་དང་བསྲུང་བའི་དམ་ཚིག་གཉིས་སོ། །དེས་ན་གཙོ་བོར་མཆོག་གི་དངོས་གྲུབ་སྒྲུབ་པར་བྱེད་པའི་མངོན་པར་རྟོགས་པ་ལྔ་དང་། འཇིག་རྟེན་དང་འཇིག་རྟེན་ལས་འདས་པའི་དངོས་གྲུབ་མཐའ་དག་སྒྲུབ་པར་བྱེད་པའི་མངོན་པར་རྟོགས་པ་ལྔ་དང་། གཉིས་ཀ་ལ་དགོས་པའི་གྲོགས་དམ་ཚིག་དང་སྡོམ་པ་སྟེ་བཅུ་གཅིག་པོ་འདི་ལ། མངོན་རྟོགས་ལྗོན་ཤིང་ལས་ཐབས་རྒྱུད་ཀྱི་གཙོ་བོར་གསུངས་སོ། །

གསུམ་པ་འབྲས་བུའི་རྒྱུད་ནི། དེ་ལྟར་ཐབས་རྒྱུད་ཉམས་སུ་བླངས་པས། རྒྱུ་རྒྱུད་ཀྱི་དྲི་མ་དག་ནས་སྐུ་གསུམ་ཡན་ལག་བདུན་ལྡན་མངོན་དུ་གྱུར་པའོ། །དེ་སྐད་དུ་རྗེ་བཙུན་ཆེན་པོས། དེ་ལྟར་རིམ་གཉིས་ལམ་ལ་སྦྱོར་བ་ཡི། །དྲོད་ཐོབ་ནས་ནི་སྤྱོད་པ་བསྟན་བྱས་ལ། །ས་རྣམས་བགྲོད་ནས་ཉེ་རྒྱུའི་མཚམས་སྦྱར་ཏེ། །རྡོ་རྗེ་འཛིན་པ་མངོན་དུ་ཐོབ་པར་འགྱུར། །ཞེས་གསུངས་པས་དེ་ཡང་། དང་པོར་གསོ་སྦྱོང་སྦྱིན་པར་བྱ། །ཞེས་པའི་

གསོ་སྦྱོང་ནི་ལེགས་སྨོན་གྱི་ཚུལ་ཁྲིམས་ལ་འདོད་དགོས་ཏེ། མངོན་མཐོའི་དོན་དུ་གཉེར་བའི་གདུལ་བྱ་ལ་སྟོན་པར་གསུངས་པའི་ཕྱིར་རོ། །དེ་རྗེས་བསླབ་པའི་གནས་བཅུ་སྦྱིན། །ཞེས་པའི་གཏན་ཁྲིམས་བདུན་ནི། ངེས་འབྱུང་གི་ཚུལ་ཁྲིམས་ཡིན་ཏེ། ཐར་པ་འདོད་པའི་གདུལ་བྱ་ལ་སྟོན་པར་གསུངས་པའི་ཕྱིར། དེ་ལས་བསླབ་པའི་གནས་བཅུ་ནི། རྗེ་བཙུན་ཆེན་པོས། མི་དགེ་བ་བཅུ་སྤོང་ལ་གསུངས་ཤིང་།འཕགས་པ་རིན་པོ་ཆེས། སྐྱབས་གསུམ་འཛིན་པ་སོགས་དགེ་བསྙེན་ལྔ་དང་། དགེ་ཚུལ་ཕ་མ་གཉིས། དགེ་སློབ་མ། དགེ་སློང་ཕ་མ་གཉིས་ཀྱི་ཚུལ་ཁྲིམས་ཏེ་བཅུ་ལ་ངོས་འཛིན་པར་མཛད་དོ། །སྔགས་ཀྱི་རིམ་པ་ཀུན་ཤེས་ནས། །ཞེས་པའི་སྔགས་ནི། རྒྱུད་སྡེ་འོག་མ་གསུམ་དང་བླ་མེད་ཀྱི་རྒྱུད་ཀྱི་མ་རྒྱུད་དང་ཕ་རྒྱུད་མན་ཆད་ལ་འདོད་དགོས་ཏེ། གཉིས་མེད་ཀྱི་རྒྱུད་ཀྱི་རྒྱུ་རྒྱུད་ཀྱི་ཉམས་ལེན་འཆད་པའི་སྐབས་ཡིན་པའི་ཕྱིར། དེ་རྗེས་ཀྱེ་རྡོ་རྗེ་བརྩམས། །ཞེས་པ་ནི་གཉིས་མེད་རྒྱུད་ཀྱི་ཉམས་ལེན་སྟོན་པ་ཡིན་ཏེ། ཀྱེ་རྡོ་རྗེའི་ཐབས་རྒྱུད་སྟོན་པའི་སྐབས་ཡིན་པའི་ཕྱིར། འབྲས་བུའི་རྒྱུད་ནི། སློབ་མས་གུས་པར་བླངས་ནས་ནི། །འགྲུབ་འགྱུར་འདི་ལ་ཐེ་ཚོམ་མེད། །ཅེས་པས་བསྟན་ཏོ། །འདི་དག་གི་རྣམ་གཞག་རྒྱས་པར་ནི། མངོན་པར་རྟོགས་པ་རིན་པོ་ཆེའི་ལྗོན་ཤིང་དུ་བལྟ་བར་བྱའོ། །གསུམ་པ་དེ་ཉིད་རྒྱུད་ལས་གསུངས་པའི་ཚུལ་ལ་གཉིས་ཏེ། གླེང་གཞི་ཕུན་སུམ་ཚོགས་པའི་ཚུལ་གྱིས་རྒྱུད་ཀྱི་ལུས་རྣམ་པར་གཞག་པ་དང་། གང་བཤད་པའི་ཚིག་ཕུན་སུམ་ཚོགས་པའི་ཚུལ་གྱིས་རྒྱུད་ཀྱི་བླ་མ་སངས་རྒྱས་པར་བཤད་པའོ། །དང་པོ་ནི། འདི་སྐད་བདག་གིས་ཐོས་པ་དུས་གཅིག་ན་བཅོམ་ལྡན་འདས་དེ་བཞིན་གཤེགས་པ་ཐམས་ཅད་ཀྱི་སྐུ་དང་གསུང་དང་ཐུགས་ཀྱི་སྙིང་པོ་རྡོ་རྗེ་བཙུན་མོའི་བྷ་ག་ལ་བཞུགས་སོ། །ཞེས་པས་བསྟན་ནོ། །གཉིས་པ་ཆོས་ཕུན་སུམ་ཚོགས་པ་ལ་གཉིས་ཏེ། བརྟག་པ་དང་པོ་རྩ་བའི་ཚུལ་དུ་བཤད་པ་དང་། དེ་གསལ་བར་བྱེད་པའི་རྒྱུད་ཕྱི་མའོ། །དང་པོ་ལ་གསུམ་སྟེ། འབྲས་བུའི་རྒྱུད། ཐབས་ཀྱི་རྒྱུད། རྟེན་གྱི་གང་ཟག་གོ། །དང་པོ་ནི། འོན་རྒྱུད་གསུམ་པོ་འདི་ཉིད། དཔལ་ཀྱེ་རྡོ་རྗེའི་རྒྱུད་ལས་ཇི་ལྟར་གསུང་ཞེ་ན། ཚོང་པས་ཚོང་གི་ཁེ་མཐོང་ནས་འཇུག་པ་དང་འདྲ་བར། ཐོག་མར་འབྲས་བུའི་རྒྱུད་སྟོན་ཏེ། རྩ་རྒྱུད་བརྟག་གཉིས་ལས། དེ་ནས་བཅོམ་ལྡན་འདས་ཀྱིས་བཀའ་བསྩལ་པ། ཨེ་མ་ཧོ། བྱང་ཆུབ་སེམས་དཔའ་སེམས་དཔའ་ཆེན་པོ་རྡོ་རྗེ་སྙིང་པོ་སྙིང་རྗེ་ཆེན་པོ། ལེགས་སོ་ལེགས་སོ། །རྡོ་རྗེ་སེམས་པ་དང་། སེམས་དཔའ་ཆེན་པོ་དང་། དམ་ཚིག་སེམས་དཔའ་ཆེན་པོ་དང་། སྙིང་པོ་ཀྱེ་རྡོ་རྗེ་ཞེས་བྱ་བ་ཉོན་ཅིག །ཅེས་མཚན་གྱི་རྣམ་གྲངས་གཞན་བསྟན་པའི་སྒོ་ནས། ཧེ་རུ་ཀ་བཞི་དང་པོར་གསུངས་པའི་ཕྱིར། དེ་ཡང་དང་པོ་གསུམ་ལ་ཞུ་བ་དང་ལན་གཉིས་ལས། དང་པོ་ནི། རྡོ་རྗེ་སྙིང་པོས་གསོལ་པ། གང་ཕྱིར་རྡོ་རྗེ་སེམས་པ་ལགས། །ཇི་ལྟར་སེམས་དཔའ་ཆེན་པོ་ལགས། །

གང་གི་དམ་ཚིག་སེམས་དཔའ་ལགས། །བཅོམ་ལྡན་འདས་ཀྱིས་བདག་ལ་གསུངས། །ཞེས་པས་བསྟན། གཉིས་པ་ལན་ནི། བཅོམ་ལྡན་འདས་ཀྱིས་བཀའ་བསྩལ་པ། རྡོ་རྗེ་མི་ཕྱེད་ཅེས་བྱར་བརྗོད། །སེམས་དཔའ་སྲིད་པ་གསུམ་གཅིག་པ། །འདིས་ནི་ཤེས་རབ་རིག་པ་ཡི། །རྡོ་རྗེ་སེམས་པ་ཞེས་བྱར་བརྗོད། །ཡེ་ཤེས་ཆེན་པོས་རོས་གང་བའི། །སེམས་དཔའ་ཆེན་པོར་བརྗོད་པར་བྱ། །རྟག་ཏུ་དམ་ཚིག་ལ་སྤྱོད་ཕྱིར། །དམ་ཚིགས་སེམས་དཔར་བརྗོད་པར་བྱ། །ཞེས་པས་བསྟན་ནོ། །སྐུ་བཞི་པ་ལ་ཡང་ཞུ་བ་དང་ལན་གཉིས་ལས། དང་པོ་ནི། རྡོ་རྗེ་སྙིང་པོས་གསོལ་པ། མིང་བསྡུས་པ་ནི་འདི་ལྟ་བུ། །གང་གི་ཀྱེ་རྡོ་རྗེ་ལགས། །ཧེ་ཡི་རྣམ་པས་ཅི་ཞིག་བཤད། །བཛྲ་ཡིས་ཀྱང་དེ་བཞིན་ཅིང་། །ཞེས་པས་བསྟན། གཉིས་པ་ལ་ནི། བཅོམ་ལྡན་འདས་ཀྱིས་བཀའ་བསྩལ་པ། ཧེ་ནི་སྙིང་རྗེ་ཆེན་པོ་ཉིད། །བཛྲ་ཤེས་རབ་བརྗོད་པར་བྱ། །ཞེས་གསུངས་སོ། །འདི་དག་གི་དོན་ལ། ཐུན་མོང་གི་སྐུ་གསུམ་དང་། ཁྱད་པར་བཞི་པ་ལ་གཉིས་ལས། དང་པོ་འདི་ལ་རྗེ་ག་ཡ་རྡ་རས་སྐུ་གསུམ་དུ་གསུངས་ཤིང་། དེའང་རྡོ་རྗེ་སེམས་དཔའ་ནི་ཆོས་ཀྱི་སྐུ་སྟེ། སྐུ་རྡོ་རྗེ་ཞེས་བརྗོད། སེམས་དཔའ་ཆེན་པོ་ནི་ལོངས་སྐུ་སྟེ། གསུང་རྡོ་རྗེ་ཞེས་བརྗོད། དམ་ཚིག་སེམས་དཔའ་ཆེན་པོ་ནི་སྤྲུལ་པའི་སྐུ་སྟེ་ཐུགས་རྡོ་རྗེ་ཞེས་བརྗོད། ཐུན་མོང་མ་ཡིན་པའི་སྐུ་ནི་ཤིན་ཏུ་རྣམ་པར་དག་པ་ངོ་བོ་ཉིད་ཀྱི་སྐུ་ཞེས་བྱ་བ་ཡིན་ཏེ། སྐུ་གསུམ་ལས་སྙིང་པོའམ་མཆོག་ཏུ་གྱུར་པ་དམིགས་པ་མེད་པའི་སྟོང་པ་ཉིད་དང་སྙིང་རྗེ་ཆེན་པོ་གཉིས་སུ་མེད་པ་ཤྲི་ཧེ་རུ་ཀ་ཞེས་བྱ་བ་ཡི་གེ་བཞིའི་དོན་དང་ལྡན་པས་ཏེ། རྗེ་བཙུན་གསང་བ་ལས་ཤིན་ཏུ་ཆེས་གསང་བའི་སྙིང་པོ་ཀྱེ་རྡོ་རྗེ་ཞེས་བྱ་བ་ཡིན་ནོ། །དེ་ཡང་རྗེ་བཙུན་ཞེས་བྱ་བ་ནི་དྲང་སྲོང་སྟེ། དད་པ་ཅན་འཁོར་བའི་རྒྱ་མཚོ་ལས་སྒྲོལ་བར་བྱེད་པས། འཇིག་རྟེན་གྱི་ལྷ་རྣམས་ལས་ཁྱད་པར་དུ་འཕགས་སོ། །གསང་བ་ཞེས་པ་ནི་གསང་སྔགས་ཀྱིས་སྒྲུབ་པའི་འབྲས་བུ་སྟེ། སོ་སོའི་སྐྱེ་བོ་དང་ཉན་ཐོས་དང་། རང་སངས་རྒྱས་རྣམས་ཀྱིས་སྤྱོད་ཡུལ་མ་ཡིན་པའི་ཕྱིར་གསང་བའོ། །བྱང་ཆུབ་སེམས་དཔའ་རྣམས་ལ་ཡང་དོན་དེ་སྦས་པས་ན་ཤིན་ཏུ་གསང་བའོ། །སྔགས་ཀྱི་རྒྱུད་སྡེ་འོག་མ་རྣམས་ལ་ཡང་མ་གྲགས་པས་ན་ཆེས་གསང་བ་སྟེ། དམན་པ་རྣམས་ཀྱིས་དད་པ་ཙམ་ཡང་དཀའ་བའི་ཕྱིར་རོ། །

དེ་ལྟར་ན་འབྲས་བུ་ཀྱེ་རྡོ་རྗེ་འདི་ཉིད་བརྗོད་བྱའི་གཙོ་བོ་ཡིན་པའི་ཕྱིར་ན། རྒྱུ་ཆོས་ཅན་དང་ཆོས་ཉིད་ཀྱང་། ཀྱེ་རྡོ་རྗེ་ཡིན་ཞིང་། ལམ་སྟོང་པ་དང་། སྙིང་རྗེ་དང་། བསྐྱེད་པ་དང་། རྫོགས་པ་དང་། ལྟ་བ་འཁོར་འདས་དབྱེར་མེད་ཀྱང་ཀྱེ་རྡོ་རྗེ་ཞེས་བྱ་བར་བཏགས་ཤིང་། གླིང་གཞི་ཀྱེ་རྡོ་རྗེ་ཡིན་པའི་ཕྱིར་ན། གླིང་བ་ཐམས་ཅད་ཀྱེ་རྡོ་རྗེ་གླིང་ལ། དེ་དག་སྟོན་པར་བྱེད་པའི་གཞུང་འདི་ལའང་ཀྱེ་རྡོ་རྗེ་ཞེས་བྱ་བར་བཏགས་སོ། །དེ་

སྐད་དུ་སློབ་དཔོན་ཕྱོགས་གླང་གིས། ཤེས་རབ་ཕ་རོལ་ཕྱིན་གཉིས་མེད། །ཡེ་ཤེས་དེ་ནི་དེ་བཞིན་གཤེགས། ། བསྒྲུབ་བྱ་དེ་དོན་སྦྱོར་བ་ཡི། །གཞུང་དང་ལམ་ནི་དེས་སྒྲ་ཡིན། །ཞེས་གསུངས་ཏེ། འདིར་ཡང་། ཀྱེ་ཡི་རྡོ་རྗེ་དེ་གཉིས་མེད། །ཡེ་ཤེས་དེ་ནི་དེ་བཞིན་གཤེགས། །བསྒྲུབ་བྱ་དེ་དོན་སྦྱོར་བ་ཡི། །གཞུང་དང་ལམ་ནི་དེས་སྒྲ་ཡིན། །ཞེས་སྦྱར་བར་བྱའོ། །འབྲས་བུ་འདི་ལ་སློབ་དཔོན་མི་ཐུབ་ཟླ་བས་འདི་ལྟར་བཞེད་དེ། སྐུ་རྡོ་རྗེ་རང་གི་ངོ་བོ་ནི་ཆོས་དབྱིངས་དེ་བཞིན་ཉིད་ཡིན་ཞིང་། དེ་ཉིད་ཐུན་མོང་བའི་གདུལ་བྱ་ལ་མཚན་དང་དཔེ་བྱད་འབར་བའི་སྐུར་སྣང་། ཐུན་མོང་མ་ཡིན་པའི་གདུལ་བྱ་ལ་ཧེ་རུ་ཀ་ཕྱག་གཉིས་པར་སྣང་བར་བཞེད། སེམས་དཔའ་ཆེན་པོ་ནི་ཡེ་ཤེས་གཞན་ལ་སྟོན་པ་ཡིན་ལ། དེ་ཉིད་ཐུན་མོང་བའི་གདུལ་བྱ་ལ་གསུང་དབྱངས་ཡན་ལག་དྲུག་བཅུར་སྣང་། ཐུན་མོང་མ་ཡིན་པའི་གདུལ་བྱ་ལ་ཧེ་རུ་ཀ་ཕྱག་བཞི་པར་སྣང་བར་བཞེད། དམ་ཚིག་སེམས་དཔའ་ནི་ཡེ་ཤེས་ལྷ་རང་གི་ཐུགས་རྒྱུད་དུ་ཆུད་པ་ཡིན་ལ། དེ་ཉིད་ཐུན་མོང་བའི་གདུལ་བྱ་ལ་ཇི་ལྟ་བ་དང་ཇི་སྙེད་པ་མཁྱེན་པར་སྣང་།ཐུན་མོང་མ་ཡིན་པའི་གདུལ་བྱ་ལ་ཧེ་རུ་ཀ་ཕྱག་དྲུག་པར་སྣང་བར་བཞེད་དོ། །

དགེ་སློང་དཔའ་བོ་རྡོ་རྗེའི་གསུང་གི། །རེ་རེ་ཡང་སྐུ་གསུམ་གསུམ་དུ་སྣང་སྟེ། རང་གི་ངོ་བོ་རྣམས་ནི་ཆོས་ཀྱི་སྐུ། གདུལ་བྱ་ཐུན་མོང་བ་ལ་གནང་བ་ནི་སྤྲུལ་པའི་སྐུ། ཐུན་མོང་མ་ཡིན་པ་ལ་གནང་བ་ནི་ལོངས་སྐུ་ཡིན་ནོ། །ཞེས་གསུངས་སོ། །བཞི་བ་ལ་ཐུན་མོང་མ་ཡིན་པའི་འབྲས་བུ་སྐུ་བཞི་པའི་ངོ་བོ་ནི། སྟོང་པ་ཉིད་དང་སྙིང་རྗེ་གཉིས་སུ་མེད་པ་ཡིན་ལ། དེ་ཉིད་གདུལ་བྱ་ཐུན་མོང་བ་ལ་སྐུ་གསུམ་དབྱེར་མེད་དུ་སྣང་ཞིང་། ཐུན་མོང་མ་ཡིན་པ་ལ་ཞལ་བརྒྱད་ཞབས་བཞི་ཕྱག་བཅུ་དྲུག་པར་སྣང་བར་བཞེད་དོ། །འབྲས་བུའི་རྒྱུད་བསྟན་ཟིན་ཏོ། །

གཉིས་པ་ཐབས་རྒྱུད་ལ་གསུམ་མདོར་བསྟན་པ་དང་། ཡན་ལག་རྒྱས་པར་བཤད་པ་གཉིས། དང་པོ་ནི། འབྲས་བུའི་རྒྱུད་དེ་ཉིད་ཐོབ་པར་བྱེད་པ་ལ། ཐབས་རྒྱུད་ཉམས་སུ་ལེན་དགོས་པས། དེ་ཉིད་འཆད་པར་བྱེད་པ་ལ། ཐབས་དང་ཤེས་རབ་བདག་ཉིད་རྒྱུད། །དེ་ནི་ང་ཡིས་བཤད་ཀྱིས་ཉོན། །ཞེས་གསུངས་སོ། །གཉིས་པ་ཡན་ལག་རྒྱས་པར་བཤད་པ་ལ། ལེའུ་བཅུ་གཅིག་ཡོད་པ་ལས། རྡོ་རྗེ་རིགས་ཀྱི་ལེའུ་ནི། ལུས་ལ་ཡེ་ཤེས་ཆེན་པོ་གནས། །ཞེས་སོགས་ཀྱིས་བསྟན། འོ་ན། ལེའུ་འདི་ཐོག་མར་སྟོན་པའི་རྒྱུ་མཚན་ཅི་ཡིན་ཞེ་ན་དེའི་རྒྱུ་མཚན་ཡོད་དེ། རྒྱུད་འདིར་མཆོག་གི་དངོས་གྲུབ་སྒྲུབ་པར་བྱེད་པའི་ཐབས་ནི་དབང་བཞི་དང་རིམ་པ་གཉིས་ལས་བྱུང་བའི་ལྷན་ཅིག་སྐྱེས་པའི་ཡེ་ཤེས་ཡིན་ཞིང་། ལྷན་ཅིག་སྐྱེས་པའི་ཡེ་ཤེས་དེ་ཡང་ཕྱི་རོལ་གྱི་སྦྱོར་བ་ལས་མི་འབྱུང་བར་རང་གི་ལུས་ལས་འབྱུང་ངོ་ཞེས་ཤེས་པར་བྱ་བའི་ཆེད་ཡིན་པའི་ཕྱིར། འོ་ན་ལེའུ་འདི་ལ་རྡོ་

རྗེ་རིགས་ཀྱི་ལེའུ་ཞེས་བརྗོད་པའི་རྒྱུ་མཚན་ཅི་ཡིན་ཞེ་ན། དེའི་རྒྱུ་མཚན་ཡོད་དེ། རྡོ་རྗེ་ནི་རྣམ་པར་རྟོག་པས་མི་ཕྱེད་པའི་ལྷན་ཅིག་སྐྱེས་པའི་ཡེ་ཤེས་སོ། །རིགས་ནི་དེ་བསྐྱེད་པར་བྱེད་པའི་རྒྱུ་སྟེ། རྟེན་དཀྱིལ་འཁོར་བཞི་ཡིན་ལ། དེ་རྟོགས་པར་བྱེད་པའི་གཞུང་གི་དུམ་བུ་ནི་ལེའུ་ཡིན་པའི་ཕྱིར་རོ། །དེའི་རྗེས་སུ་སྔགས་ཀྱི་ལེའུ་སྟོན་པའི་རྒྱུ་མཚན་ཡོད་དེ། ལྷན་ཅིག་སྐྱེས་པའི་ཡེ་ཤེས་རྟེན་དཀྱིལ་འཁོར་བཞི་དང་བཅས་པ་ལས་གཞན་པའི་འབྲས་བུ་ཧེ་རུ་ཀ་བཞི་ཐོབ་པའི་ཐབས་གཞན་མེད་དམ་ཞེ་ན། ཡོད་དེ། སྔགས་བཟླས་པ་ལ་སོགས་པ་ཐབས་གཞན་གྱིས་ཀྱང་འགྲུབ་པའི་ཕྱིར། ཞེས་པ་ནི། སྔགས་ཀྱི་ལེའུ་བཤད་པར་བྱའོ། །ཞེས་སོགས་ཀྱིས་བསྟན། དེའི་རྗེས་སུ་ལྷའི་ལེའུ་སྟོན་པའི་རྒྱུ་མཚན་ཡོད་དེ། འོ་ན་མཆོག་གི་དངོས་གྲུབ་འགྲུབ་པ་ལ་སྔགས་བཟླས་པ་ཙམ་གྱི་ཆོག་གམ་ཞེ་ན། མི་ཆོག་སྟེ། དེ་ལ་ཡང་ལུས་ལྷར་བསྐྱེད་དགོས་པའི་ཕྱིར་ཞེས་པ་ནི། དེ་ནས་ལྷའི་ལེའུ་བཤད་པར་བྱའོ་ཞེས་སོགས་ཀྱིས་བསྟན། དེའི་རྗེས་སུ་དབང་གི་ལེའུ་སྟོན་པའི་རྒྱུ་མཚན་ཡོད་དེ་ལུས་ལྷར་བསྐྱེད་ཀྱང་དབང་མ་བསྐུར་ན་ཁམས་གསུམ་ཆོས་ཀྱི་རྒྱལ་པོ་མི་ཐོབ་པས། དེ་ཐོབ་པར་བྱེད་པ་ལ་དབང་བསྐུར་དགོས་སོ། །ཞེས་ཤེས་པར་བྱ་བའི་ཆེད་ཡིན་པའི་ཕྱིར་ཞེས་པ་ནི། ལྷས་དབང་བསྐུར་བའི་ལེའུ་བཤད་པར་བྱའོ་ཞེས་སོགས་ཀྱིས་བསྟན། དེའི་རྗེས་སུ་དེ་ཁོ་ན་ཉིད་ཀྱི་ལེའུ་སྟོན་པའི་རྒྱུ་མཚན་ཡོད་དེ་ལུས་ལྷར་བསྐྱེད་ཅིང་དབང་བསྐུར་ཡང་དེ་ཁོ་ན་ཉིད་མ་རྟོགས་ན་གྲོལ་བ་མི་ཐོབ་པས། དེ་ཐོབ་པ་ལ་དེ་ཁོ་ན་ཉིད་བསྒོམ་དགོས་སོ་ཞེས་ཤེས་པར་བྱ་བའི་ཆེད་ཡིན་པའི་ཕྱིར་ཞེས་པ་ནི། དེ་ནས་དེ་ཁོ་ན་ཉིད་ཀྱི་ལེའུ་བཤད་པར་བྱའོ། །ཞེས་སོགས་ཀྱིས་བསྟན། དེའི་རྗེས་སུ་སྤྱོད་པའི་ལེའུ་སྟོན་པའི་རྒྱུ་མཚན་ཡོད་དེ་རིམ་པ་གཉིས་ལ་གནས་པའི་རྣལ་འབྱོར་པས། དྲོད་ཐོབ་ནས་རང་གི་སེམས་ཀྱི་བརྟན་གཡོ་བརྟག་པའི་ཕྱིར། སྤྱོད་པ་བྱ་དགོས་སོ་ཞེས་ཤེས་པའི་ཆེད་ཡིན་པའི་ཕྱིར་ཞེས་པ་ནི། དེ་ནས་གཞན་ཡང་རབ་བཤད་བྱ། །སྤྱོད་པ་ཕ་རོལ་ཕྱིན་མཆོག་ཉིད། །ཅེས་སོགས་ཀྱིས་བསྟན། དེའི་རྗེས་སུ་ཉེ་རྒྱུ་གཙོ་མའི་ལེའུ་སྟོན་པའི་རྒྱུ་མཚན་ཡོད་དེ།སྤྱོད་པ་བྱེད་པ་ལ་གྲོགས་མོ་ཤེས་དགོས་ཤིང་། དེ་ལ་ཡང་བརྡ་དང་བརྡའི་ལན་ཤེས་དགོས་པའི་ཕྱིར་དང་། ས་ལམ་གྱི་རྟོགས་པ་བསྐྱེད་པ་ལ་ཕྱི་ནང་གི་ཡུལ་རྣམས་ཀྱང་བགྲོད་དགོས་པའི་ཕྱིར་ཞེས་པ་ནི། དེ་ནས་གཙོ་མའི་ལེའུ་བཤད་པར་བྱའོ། །ཞེས་སོགས་ཀྱིས་བསྟན། དེའི་རྗེས་སུ་རྣལ་འབྱོར་མའི་ལེའུ་སྟོན་པའི་རྒྱུ་མཚན་ཡོད་དེ། བརྡས་མཚོན་པའི་གྲོགས་རྡོ་རྗེ་རྣལ་འབྱོར་མ་ནི་འདི་ནས་འབྱུང་བའི་ལྷ་མོ་བཅོ་ལྔ་པོ་ཡིན་ལ། དེ་དང་ལྷན་ཅིག་ཏུ་འགྲོགས་པས་ཉེ་རྒྱུ་ལྷན་ཅིག་སྐྱེས་པའི་ཡེ་ཤེས་འབྱུང་བ་ཡིན་ནོ། །ཞེས་ཤེས་པའི་ཆེད་ཡིན་པའི་ཕྱིར་ཞེས་པ་ནི། དེ་ནས་རྣལ་འབྱོར་མའི་འཁོར་ལོ་བཤད་པར་བྱའོ། །ཞེས་སོགས་ཀྱིས་བསྟན། དེའི་རྗེས་སུ་རྣམ་པར་དག་པའི་ལེའུ

སྟོན་པའི་རྒྱུ་མཚན་ཡོད་དེ། བསྐྱེད་རྫོགས་དང་ལྡན་པའི་རྣལ་འབྱོར་མའི་འཁོར་ལོ་དེ་ཡང་དག་པ་གསུམ་གྱི་སྒོ་ནས་ཉམས་སུ་ལེན་དགོས་པའི་ཕྱིར་ཞེས་པ་ནི། དེ་ནས་མཆོག་ཏུ་རྣམ་པར་དག་པའི་ལེའུ་བཤད་པར་བཤད་པར་བྱའོ། །ཞེས་སོགས་ཀྱིས་བསྟན། གསུམ་པ་རྟེན་གྱི་གང་ཟག་ནི། དེ་ནས་ཇི་ལྟར་དཀྱིལ་འཁོར་གྱི། །རིམ་པ་ཡང་དག་རབ་ཏུ་བཤད། །གང་གི་སློབ་མ་དབང་བསྐུར་བའི། །ཚོགའང་རབ་ཏུ་བཤད་པར་བྱ། །ཞེས་སོགས་ཀྱིས་བསྟན། དེ་ཡང་རིམ་པ་གཉིས་ཀྱི་རྣམ་པར་དག་པའི་རྗེས་སུ་སྟོན་པའི་རྒྱུ་མཚན་ཡོད་དེ། དབང་མ་བསྐུར་ན་རིམ་པ་གཉིས་པོ་དེ་ཉིད་ཉམས་སུ་བླང་དུ་མི་རུང་བའི་ཕྱིར་རོ། །དེའི་རྗེས་སུ་ལྷ་སྐུ་རྟགས་ཀྱི་ལེའུ་སྟོན་པའི་རྒྱུ་མཚན་ཡོད་དེ། དབང་བསྐུར་ནས་སློབ་དཔོན་གྱི་གནས་ཐོབ་པ། དེས་སེམས་ཅན་གཞུག་པའི་ཕྱིར་ལྷ་སྐུ་རྟགས་བྱ་དགོས་པའི་ཕྱིར་ཞེས་པ་ནི། མཉམ་པར་མ་རུང་དཔྲལ་བ་ཅན། རྟག་ཏུ་ལྷུང་བ་བྱེད་པར་བརྗོད། །ཅེས་སོགས་ཀྱིས་བསྟན་ཏེ། ཐམས་ཅད་ཀྱི་དོན་བསྡུ་བ་ནི། ཀྱེ་རྡོ་རྗེ་མཁའ་འགྲོ་མ་དྲྭ་བའི་སྡོམ་པ་ལས་རྡོ་རྗེ་སྙིང་པོ་མངོན་པར་བྱང་ཆུབ་པ་ཞེས་བྱ་བ་བརྟག་པའི་རྒྱལ་པོ་རྫོགས་སོ། །ཞེས་པས་བསྟན་ནོ། །

གསུམ་པ་བཤད་པའི་རྒྱུད་ཕྱི་མ་ནི། རྡོ་རྗེ་སྙིང་པོས་གསོལ་པ། བཅོམ་ལྡན་རྡོ་རྗེ་སྙིང་པོ་བདག །སངས་རྒྱས་ཐམས་ཅད་གཅིག་བསྡུས་པའི། །རབ་གནས་མཚན་ཉིད་བཟང་པོ་ཉིད། །རིམ་པ་ཇི་ལྟར་བཤད་དུ་གསོལ། །ཞེས་སོགས་ལེའུ་བཅུ་གཉིས་ཀྱིས་བསྟན་ཏོ། །འོན་བརྟག་པ་ཕྱི་མ་འདི་ལ་བཤད་པའི་རྒྱུད་ཅེས་བརྗོད་པའི་རྒྱུ་མཚན་ཅི་ཡིན་ཞེ་ན། དེའི་རྒྱུ་མཚན་ཡོད་དེ། རྒྱུད་འདི་གང་ཟག་གཅིག་མངོན་པར་རྫོགས་པར་འཚང་རྒྱ་བའི་ཆ་རྐྱེན་སྟོན་ལ་དེ་ཡང་དམིགས་པར་བྱ་བའི་ཡུལ་འབྲས་བུའི་རྒྱུད་དང་། དེ་ཐོབ་པར་བྱེད་པའི་ཐབས་རྒྱུད་རིམ་པ་གཉིས་འཁོར་དང་བཅས་པ་དང་། དེ་ཉམས་སུ་ལེན་པ་ལ་སྣོད་དུ་རུང་བ་དགོས་པས། སྨིན་བྱེད་ཀྱི་དབང་བསྐུར་ཏེ་མངོན་པར་རྟོགས་པའི་གཙོ་བོ་རྣམས་རིམ་པ་བཞིན་དུ་བརྟག་པ་དང་པོས་བསྟན་ལ། བརྟག་པ་གཉིས་པ་འདིས་ནི་དེ་དག་གི་མ་ཚང་བ་ཁ་སྐོང་བ་དང་། མི་གསལ་བ་གསལ་བར་བྱེད་པའི་རྒྱུད་ཕྱི་མ་ཡིན་པའི་ཕྱིར་རོ། །དེ་སྐད་དུ་ཡང་། སྤྱོད་པའི་ལེའུ་ལས་གང་བཤད་པ། །ཞེས་སོགས་གསལ་བར་གསུངས་སོ༑ ༑འདི་དག་ནི་སྐལ་ལྡན་རྣམས་ཀྱི་རྒྱུད་གསུམ་ངོས་ཟིན་པའི་ཕྱིར་དུ་རྒྱུད་ཀྱི་ལེའུས་འགྲེལ་པ་དང་སྦྱར་ཏེ་མདོར་བསྡུས་པ་ཙམ་བསྟན་པ་ཡིན་ལ། རྒྱས་པར་ནི་རྗེ་བཙུན་ཆེན་པོའི་དག་ལྡན་དུ་བལྟ་བར་བྱའོ། །

བཞི་པ་བསྟན་བཅོས་འདི་གཏན་ལ་ཕབ་པའི་ཚུལ་ནི། འོ་ན་བསྟན་བཅོས་འདིར་ཡང་། རྒྱུད་ལས་གསུངས་པ་ལྟར་འབྲས་བུའི་རྒྱུད་ཐོག་མར་སྟོན་ནམ་ཞེ་ན་མ་ཡིན་ཏེ། འདིར་ནི་རྟེན་གྱི་གང་ཟག་གི་རྒྱུད་ལ་སྐྱེ་བའི་རིམ་པ་དང་མཐུན་པར། ཐོག་མར་རྒྱུ་རྒྱུད། དེ་ནས་ཐབས་རྒྱུད། དེ་ནས་འབྲས་བུའི་རྒྱུད་འཆད་པར་བྱེད་

པ་ཡིན་ནོ། །དེ་ཡང་སྐལ་དམན་རིམ་འཇུག་པའི་དབང་དུ་བྱས་ནས། སྐབས་དང་པོར་ཐར་པ་འདོད་པ་ལ་སོ་ཐར། སྐབས་གཉིས་པར་གཞན་དོན་དུ་རྫོགས་བྱང་འདོད་པ་ལ་སེམས་བསྐྱེད། སྐབས་གསུམ་པར་ཚེ་འདིར་བཅུ་གསུམ་རྡོ་རྗེ་འཛིན་པ་འདོད་པ་ལ་སྔགས་ཀྱི་ཉམས་ལེན་རྣམས་བསྟན་ཏོ། །འོ་ན་སྐལ་ལྡན་ཅིག་ཅར་བའི་རྒྱུད་གསུམ་གྱི་ཉམས་ལེན་ཇི་ལྟར་བསྟན་ཞེ་ན། དེ་ནི་སྐབས་གསུམ་པར་བསྟན་ཏེ། དེ་ཡང་སྐབས་གསུམ་པར་རྒྱུ་རྒྱུད་ནི། སྨིན་པར་བྱེད་པའི་དབང་བསྐུར་ཡང་། །ཞེས་སོགས་དབང་གིས་བསྟན། ཐབས་རྒྱུད་ནི། ཁ་ཅིག་འབྲུལ་དང་མ་འབྲུལ་མེད། །ཅེས་སོགས་རིམ་པ་གཉིས་ཀྱིས་བསྟན། འབྲས་བུའི་རྒྱུད་ནི། ཁ་ཅིག་དཀར་པོ་ཆིག་ཐུབ་ལས། ཞེས་སོགས་ཀྱིས་བསྟན། གལ་ཏེ་སྨིན་བྱེད་ཀྱི་དབང་རྒྱུ་རྒྱུད་ལ་སྦྱོར་བ་མི་འཐད་དེ། ཐབས་རྒྱུད་ཀྱི་གཙོ་བོ་ཡིན་པའི་ཕྱིར་ཏེ། རྡོ་རྗེ་རྩེ་མོ་ལས། སྨིན་པ་དང་ནི་གྲོལ་བའི་ལམ། །སངས་རྒྱས་བྱང་ཆུབ་བསྟན་པའི་མཆོག །ཅེས་དང་། འདིར་ཡང་། རྡོ་རྗེ་ཐེག་པའི་ལམ་ཞུགས་ཏེ། ཞེས་སོགས་གསུངས་པའི་ཕྱིར་ཞེ་ན། སྐྱོན་མེད་དེ། ལམ་གྱི་གཙོ་བོ་རིམ་པ་གཉིས་ཉམས་སུ་ལེན་པ་ལ། རྒྱུད་སྣོད་དུ་རུང་བར་བྱ་བའི་ཕྱིར། སྨིན་བྱེད་མངོན་དུ་འགྲོ་དགོས་པའི་དབང་དུ་བྱས་ནས། རྩ་བའི་རྒྱུད་དང་རྗེ་བཙུན་གོང་མས་རྒྱུ་རྒྱུད་ལ་སྦྱར་བ་ཙམ་ཡིན་གྱི། རྒྱུ་རྒྱུད་ཀྱི་སྡོམ་པར་སུས་ཀྱང་ཁས་མ་བླངས་པའི་ཕྱིར། ཇི་སྐད་དུ་མངོན་རྟོགས་ལྗོན་ཤིང་ལས། དབང་གི་རྒྱུད་མིན་པར་བྱས་པ་ནི། ལམ་གྱི་གཙོ་བོའི་རིམ་པ་གཉིས་ཡིན་པའི་དབང་དུ་བྱས་ནས། ལམ་ཉམས་སུ་ལེན་པའི་གང་ཟག་ཅེས་བསྟན་པ་ཡིན་གྱི། ལམ་སྨིན་གྲོལ་གཉིས་སུ་བྱེད་ན་དབང་ལམ་ཡིན་ཞིང་། གང་ཟག་མཆོག་རྒྱལ་པོ་ཨིནྡྲ་བོ་དྷི་ལྟ་བུ་རྣམས་ནི་དབང་བཞི་པའི་དུས་ཉིད་ནས་གྲོལ་བར་འགྱུར་བ་རྣམས་ཀྱི་དབང་དུ་བྱས་ན་འབྲས་བུར་ཡང་འགྱུར་ཏེ། འདིར་ནི་གང་ཟག་འབྲིང་དང་ཐ་མའི་དབང་དུ་བྱས་ནས། ལམ་གྱི་དངོས་གཞི་རིམ་པ་གཉིས་ཡིན་ལ། དེ་ཉམས་སུ་ལེན་པ་ལ་དབང་སྔོན་དུ་འགྲོ་དགོས་པས། དབང་བསྐུར་བ་རྟེན་གྱི་གང་ཟག་གི་ཁོངས་སུ་བསྡུས་པ་ཡིན་ནོ། །ཞེས་གསུངས་སོ། །རྒྱུད་གསུམ་གྱི་ཉམས་ལེན་འདི་ཉིད་རྣལ་འབྱོར་དབང་ཕྱུག་གི་མན་ངག་ལས་ཀྱང་གྲུབ་པར་གསུངས་ཏེ། ལམ་འབྲས་རྡོ་རྗེའི་ཚིག་རྐང་ལས། ཀུན་གཞི་རྒྱུ་རྒྱུད་ལ་འཁོར་འདས་ཚང་བའི་རྩ་རྒྱུད། ལུས་ཐབས་རྒྱུད་ལ་གདན་སོགས་སོགས་གསུམ་པ་བཞི་རྒྱུའི་དབང་། ལམ་དུ་བསྐྱེད་རིམ་སོགས་ལྟ་བ་བཞིས་བསྟན། མཉམ་གཞག་གི་དམ་ཚིག་སོགས་བསྲུང་། རྡོ་རྗེ་མཁའ་འགྲོ་སོགས་ཀྱི་ཉམས་ཆག་བསྐང་། འདོད་ཡོན་སོགས་ལྟས་མཉེས་པ་སོགས་བྱ། ལམ་གྱི་ཐུན་བཞི་ལ་དབང་བཞི་བསྒོམས་པས། ལུས་ལ་བརྟེན་པ་བདེ་ཆེན་གྱི་སྒྲིབ་པ་འགག་ཅིང་། འཚང་རྒྱ་བར་གསལ་བས་བཤད་རྒྱུད། ཕྱག་རྒྱ་ཆེན་པོ་འབྲས་བུའི་རྒྱུད་ནི། འབྲས་བུའི་དབང་བཞི་ཐམས་ཅད་མཁྱེན་

ཏོ༔ །ཞེས་གསུངས་སོ། །

གཉིས་པ་དཀའ་བའི་གནས་བྱེ་བྲག་ཏུ་བཤད་པ་ལ་གཉིས་ཏེ། ངོ་བོ་ངོས་བཟུང་བ་དང་། རང་བཞིན་གཏན་ལ་ཕབ་པའོ། །དང་པོ། སྔགས་ཀྱི་ཐེག་པ། སྔགས་ཀྱི་སྡོམ་པ། རྡོ་རྗེའི་ཐེག་པ། གཞི་མི་སྤྱོང་བའི་ཐེག་པ། འབྲས་བུའི་ཐེག་པ། རིག་པ་འཛིན་པའི་སྡོམ་པ་ཞེས་པ་རྣམས་མིང་གི་རྣམ་གྲངས་ཡིན་ནོ། །དེ་ལ་དང་པོ་ནི། ཡིད་མཚན་རྟོག་ལས་སྐྱོབ་པའི་ཐབས་ཁྱད་པར་ཅན་ལ་བརྟེན་ནས་འབྲས་བུ་སངས་རྒྱས་ཀྱི་སར་བགྲོད་པར་བྱེད་པའོ། །གཉིས་པ་ནི། ཐབས་དེ་ལ་བརྟེན་ནས་ཐ་མལ་རྣམ་རྟོག་དང་གྱ་ནོམ་ལྟར་ཞེན་གྱི་རྣམ་རྟོག་སོགས་སྤང་བྱ་མཐའ་དག་ལས་སྡོམ་པར་བྱེད་པའོ། །གསུམ་པ་ནི། རྒྱུ་དུས་སུ་ལུས་ངག་ཡིད་གསུམ་རྡོ་རྗེ་འཆང་གི་སྐུ་གསུང་ཐུགས་དང་དབྱེར་མེད་དུ་བྱིན་གྱིས་བརླབས་པར་བྱེད་ཅིང་། ལམ་གྱི་དུས་སུ་དེ་ཉིད་གོང་ནས་གོང་དུ་འཕེལ་བར་བྱེད་པའི་ཐེག་པའོ། །བཞི་པ་ལ། གཞི་ཞེས་བྱ་བ་ནི་འདོད་པའི་ཡོན་ཏན་ལྔ་ལ་བྱ་སྟེ། ཐབས་ཀྱིས་མ་ཟིན་ན་འཁོར་བའི་གཞི་བྱེད། དེས་ཟིན་ན་མྱ་ངན་ལས་འདས་པའི་གཞི་བྱེད་པའི་ཕྱིར་རོ། །ཕ་རོལ་ཏུ་ཕྱིན་པ་ལ་དེ་ཡང་སྤོང་བར་བྱེད་པ་ཡིན་ཏེ། ཤེར་ཕྱིན་ལས། འདོད་པ་ནི་དུག་གི་ལོ་མ་ལྟ་བུ། འདོད་པ་ནི་འཆིལ་མ་ལྟ་བུ། ཞེས་སོགས་གསུངས་སོ། །སྔགས་ཀྱི་ཐེག་པར་གཞི་མི་སྤོང་བ་ཡིན་ཏེ། འདོད་པའི་ཡོན་ཏན་ལྔ་པོ་དེ་ཉིད། ལྷག་པའི་ལྷ་དང་ཡེ་ཤེས་ཀྱི་རྣམ་པར་བྱིན་གྱིས་བརླབས་ནས་ལོངས་སྤྱོད་པའི་ཕྱིར་ཏེ། བརྟག་གཉིས་ལས། དངོས་ཀུན་གང་དང་གང་སྣང་བ། །གཙོ་དེ་རང་གི་ལྷག་པའི་ལྷ། །ཞེས་དང་། གཟུགས་ཕུང་རྡོ་རྗེ་མ་ཡིན་ཏེ། །ཚོར་བ་ལ་ནི་དཀར་མོར་གྲགས། །ཞེས་སོགས་གསུངས་སོ། །ལྔ་བ་འབྲས་བུའི་ཐེག་པ་ནི། འབྲས་བུ་འགྲུབ་པ་ལ་ཉེ་བ་དང་། རྒྱུ་འབྲས་རིགས་འདྲ་བས་ན་འབྲས་བུའི་ཐེག་པ་སྟེ། རྒྱུའི་དུས་སུ་འབྲས་བུའི་རྣམ་པ་ལམ་དུ་བྱས་པས་འབྲས་བུའི་དུས་སུ་དེ་ཉིད་མངོན་དུ་འགྱུར་བའི་ཐེག་པ་ཡིན་པའི་ཕྱིར། དྲུག་པ་ནི། འོ་ན་རིག་པ་འཛིན་པའི་སྡོམ་པ་གང་ཞེ་ན། རྩ་ལྟུང་འགྲེལ་སྤྱོང་ལས། རིག་པ་འཛིན་པ་ནི་དེ་དག་ཀྱང་ལྷའི་རྣམ་པའམ། ཡེ་ཤེས་ཀྱི་བྱིན་གྱིས་བརླབས་ནས་ལོངས་སྤྱོད་པས་ན་འདི་ལ་འགལ་བ་ཅི་ཡང་ཡོད་པ་མ་ཡིན་ནོ། །ཞེས་གསུངས་ལ། སྡོམ་པ་ཉི་ཤུ་པའི་ཊཱི་ཀར། དེའི་སྐད་དུ་རིག་པ་འཛིན་པ་ནི་རིག་པ་འཛིན་པའི་སྡོམ་པ་ཡིན་པའི་ཕྱིར་རོ། །ཞེས་གསུངས་པ་ནི། རྒྱུད་སྡེ་བཞི་ཆར་ལ་འཇུག་སྟེ། རྒྱུད་སྡེ་འོག་མ་གསུམ་ལ་མཚན་བཅས་ཀྱི་རྣལ་འབྱོར་ནི་ལྷའི་རྣམ་པས་བྱིན་གྱིས་བརླབས་པ་དང་། མཚན་མེད་ཀྱི་རྣལ་འབྱོར་ནི་ཡེ་ཤེས་ཀྱི་བྱིན་གྱིས་བརླབས་པའི་དོན་ཡིན་པའི་ཕྱིར་དང་། བླ་མེད་ལ་བསྐྱེད་རིམ་ནི་ལྷའི་རྣམ་པས་བྱིན་གྱིས་བརླབས་པ་དང་། རྫོགས་རིམ་ནི་ཡེ་ཤེས་ཀྱི་བྱིན་གྱིས་བརླབས་པ་ཡིན་པའི་ཕྱིར་རོ། །གཉེན་གྱི་མུ་ཏིག་ཕྲེང་བར། རིག་པ་ནི་

དཀྱིལ་འཁོར་དུ་ཞུགས་པའི་དུས་སུ་མེ་ཏོག་གང་ལ་ཕོག་པའི་ལྷ་དང་། དེའི་སྔགས་ཡིན་ལ། དེ་འཛིན་པ་ནི་དེ་མཉེས་པར་བྱེད་པའོ། །ཞེས་གསུངས་པ་ནི་རིག་པ་འཛིན་པའི་ཉམས་ལེན་ཙམ་ལ་དགོངས་པར་སྣང་ཞིང་། དཀྱིལ་ཆོག་རྣམས་ལས། རིག་པ་དབང་ལྔའི་སྒྲ་དོན་བཤད་པ་ལྟར་ན། །རིག་པ་ནི་མ་རིག་པ་ལ་སོགས་པའི་ཉོན་མོངས་པ་ལྔ་གནས་གྱུར་པའི་ཡེ་ཤེས་ལྔ་ཡིན་ལ། དེ་འཛིན་པར་བྱེད་པ་ནི་སྒྲུབ་པར་བྱེད་པ་དང་། བསྒྲུབ་པར་བྱས་པ་གཉིས་ལ་འཇུག་གོ། །གསེར་ཐུར་དུ། རིག་པ་ནི་བཟུང་འཛིན་གཉིས་མེད་ཀྱི་ཡེ་ཤེས་ཡིན་ལ། འཛིན་པ་ནི་སྒྲུབ་པར་བྱེད་པའི་ཐབས་ཡིན་ཞེས་གསུངས་སོ། །འོན་རིག་པ་འཛིན་པ་དེ་སྔགས་ཀྱི་ཁྱད་ཆོས་མ་ཡིན་པར་ཐལ། ཁྱེད་ཀྱིས་བཟུང་འཛིན་གཉིས་མེད་ཀྱི་ཡེ་ཤེས་སྒྲུབ་པར་བྱེད་པའི་ཐབས་དེ་ཕར་ཕྱིན་ཐེག་པ་ལ་ཡང་ཡོད་པའི་ཕྱིར། ཁྱབ་པ་ཁས། ལུང་གིས་ཀྱང་གནོད་དེ། རྗེ་བཙུན་ཆེན་པོས་སྡོམ་པ་ཉི་ཤུ་པའི་ཊཱི་ཀར། རིག་པ་འཛིན་པ་ནི་རིག་པ་འཛིན་པའི་སྡོམ་པའོ། །ཞེས་གསུངས་པའི་ཕྱིར་རོ། །

གཉིས་པ་དེའི་དོན་གཏན་ལ་ཕབ་པ་ལ་གསུམ། མཚན་ཉིད། དབྱེ་བ། རེ་རེ་ཡང་དོན་ཚན་ལྔ་ལྔས་གཏན་ལ་ཕབ་པའོ། །དང་པོ་ལ། དགག །གཞག །སྤང་བས་གསུམ། དང་པོ། ཁ་ཅིག །སྤང་བྱ་འཕོ་བའི་བག་ཆགས་དང་མཚན་རྟོགས་ལས་ཡིད་སྐྱོབ་པར་བྱེད་པའི་སེམས་དཔའ་ས་བོན་དང་བཅས་པ་ཞེས་པ་དང་། ཁ་ཅིག །སྡོམ་བྱེད་བདེ་བ་ཆེན་པོའི་ཡེ་ཤེས་ཀྱི་གདམས་བྱ་འཕོ་བའི་བག་ཆགས་དང་། མཚན་འཛིན་གྱི་རྟོག་པ་སྡོམ་པར་བྱེད་པའི་ལྷན་སྐྱེས་ཡེ་ཤེས་འཛིན་པར་ཁས་བླངས་པའི་སེམས་དཔའ་ས་བོན་དང་བཅས་པ་གང་ཞིག །རང་རྒྱུ་དབང་བསྐུར་ལས་མངོན་དུ་གྱུར་པའོ། །ཞེས་ཟེར་རོ། །དེ་ལ་ཁ་ཅིག་ན་རེ། བླ་མེད་ཀྱི་སྤང་བྱ་ཡིན་ན། ཐ་མལ་གྱི་རྣམ་རྟོག་དང་ཞེན་མ་ལྟར་ཞེན་གྱི་རྣམ་རྟོག་གང་རུང་ཡིན་པས་མ་ཁྱབ་པར་ཐལ། སྤང་བྱ་འཕོ་བའི་བག་ཆགས་དེ་དེ་གཉིས་གང་རུང་དུ་མ་འདུས་པར་བཤད་པའི་ཕྱིར་ཏེ། མཚན་རྟོག་ལས་ལོགས་སུ་འཕོ་བའི་བག་ཆགས་སློས་པ་ལ་དགོས་པ་ཡོད་པའི་ཕྱིར་ཏེ་མཚན་ཉིད་དེ་འཐད་པའི་ཕྱིར།རྩ་བར་འདོད་ན།བླ་མེད་ཀྱི་སྔགས་སྡོམ་ཡིན་ན། རིམ་གཉིས་གང་རུང་ཡིན་པས་མ་ཁྱབ་པར་ཐལ།འདོད་པའི་ཕྱིར།འདོད་མི་ནུས་ཏེ། རྒྱུད་ལས་དེ་གཉིས་སུ་འདུས་པར་བཤད་པའི་ཕྱིར།ཞེས་ཟེར་བ་མི་འཐད་དེ། ཐ་མལ་མཚན་རྟོག་གི་ས་བོན་ཆོས་ཅན། དེ་གཉིས་གང་རུང་ཡིན་པར་ཐལ། བླ་མེད་ཀྱི་སྤང་བྱ་ཡིན་པའི་ཕྱིར། འདོད་ན་མངོན་ཞེན་ཅན་གྱི་བློ་ཡིན་པར་ཐལ། འདོད་པའི་ཕྱིར། འདོད་མི་ནུས་ཏེ། ཆོས་ཅན་ཡིན་པའི་ཕྱིར་རོ། །གཞན་ཡང་། བླ་མེད་ཀྱི་ལམ་ཡིན་ན། རིམ་གཉིས་གང་རུང་ཡིན་པས་ཁྱབ་པར་ཐལ། བླ་མེད་ཀྱི་སྤང་བྱ་ཡིན་ན། ཐ་མལ་མཚན་རྟོག་དང་ཞེན་མ་ལྟར་ཞེན་གྱི་རྣམ་རྟོག་ཡིན་དགོས་པའི་ཕྱིར། འདོད་ན། བླ་མེད་ཀྱི་སྔ་གོན་དང་འཇུག་པའི་གནས་

སྐབས་སུ་ཐོབ་པའི་སྔགས་སྡོམ་ཆོས་ཅན། དེར་ཐལ། དེའི་ཕྱིར། འདོད་ན། སྔ་གོན་དང་འཇུག་པའི་གནས་སྐབས་སུ་སྔགས་སྡོམ་རྫོགས་པར་ཐོབ་པར་ཐལ་ལོ། །ཁྱབ་པ་ལ་ཁོ་ན་རེ། བླ་མེད་ཀྱི་སྦྱང་བྱ་ཡིན་ན། མཚན་རྟོག་གཉིས་པོ་གང་རུང་ཡིན་དགོས་པར་ཐལ། དེ་ཡིན་ན། དེ་གཉིས་གང་རུང་གི་ཁོངས་སུ་འདུས་པས་ཁྱབ་པའི་ཕྱིར། གཞན་ཡང་། བླ་མེད་ཀྱི་སྔགས་སྡོམ་ཡིན་ན་རིམ་གཉིས་གང་རུང་ཡིན་པས་ཁྱབ་པར་ཐལ། དེ་ཡིན་ན་དེ་གཉིས་གང་རུང་གི་ཁོངས་སུ་འདུས་པས་ཁྱབ་པའི་ཕྱིར་ཞེ་ན། འོ་ན།སངས་རྒྱས་ཀྱི་སྐུ་ཡིན་ན་སྐུ་གསུམ་གང་རུང་ཡིན་པས་ཁྱབ་པར་ཐལ། དེ་ཡིན་ན་སྐུ་གསུམ་གང་རུང་གི་ཁོངས་སུ་འདུས་པས་ཁྱབ་པའི་ཕྱིར་ཏེ། རྒྱན་ལས། སྐུ་གསུམ་དག་གི་སངས་རྒྱས་ཀྱི། །སྐུ་བསྡུས་པ་ནི་ཤེས་བྱ་སྟེ། །ཞེས་གསུངས་པའི་ཕྱིར། འདོད་ན། ལོངས་སྐུའི་མཚན་དཔེ་སོགས་ཀྱིས་མ་ངེས་སོ། །གོང་དུ་ཡང་དཔེ་དང་བཅས་ཏེ་བཀག་ཟིན་ཏོ། །གཞན་ཡང་། སྔགས་སྡོམ་གྱི་ས་བོན་སྔགས་སྡོམ་ཡིན་པར་ཐལ། མཚན་ཉིད་གཉིས་ཀ་འཐད་པའི་ཕྱིར། འདོད་ན། དགེ་བའི་ས་བོན་དགེ་བ་ཡིན་པར་ཐལ། འདོད་པའི་ཕྱིར། འདོད་ན། མི་དགེ་བའི་ས་བོན་མི་དགེ་བ་ཡིན་པར་ཐལ། འདོད་པའི་ཕྱིར། འདོད་མི་ནུས་ཏེ། ལུང་མ་བསྟན་ཡིན་པའི་ཕྱིར། ཡང་ཉོན་སྒྲིབ་ཀྱི་ས་བོན་ཉོན་མོངས་ཡིན་པར་ཐལ། ཉོན་མོངས་ཀྱི་ས་བོན་ཉོན་མོངས་ཡིན་པའི་ཕྱིར་ཏེ། མཚན་རྟོག་གི་ས་བོན་མཚན་རྟོག་ཡིན་པའི་ཕྱིར། རྟགས་ཁས། གཉིས་པ་ལ། དང་པོར་བླ་མེད་ཀྱི་དབང་བསྐུར་གྱི་ཆོ་ག་ལས་སྔགས་སྡོམ་ཐོབ། དེ་རྗེས་གསོལ་བཞིའི་ཆོ་ག་ལས་དགེ་སློང་གི་སྡོམ་པ་ཐོབ་པའི་དགེ་སློང་རྡོ་རྗེ་འཛིན་པའི་རྒྱུད་ཀྱི་དགེ་སློང་གི་སྡོམ་པ་ཆོས་ཅན། མཚན་ཉིད་དེར་ཐལ། མཚོན་བྱ་དེའི་ཕྱིར། འབྲས་བུ་ལམ་བྱེད་ཀྱི་ཐབས་ཀྱིས་ཟིན་པའི་སྡོམ་པ་ཡིན་པའི་ཕྱིར། རྩ་བར་འདོད་ན། རང་རྒྱུ་དབང་ཆོག་ལས་ཐོབ་པར་ཐལ། འདོད་པའི་ཕྱིར། འདོད་མི་ནུས་ཏེ། རང་རྒྱུ་གསོལ་བཞིའི་ཆོ་ག་ལས་ཐོབ་པའི་སྡོམ་པ་ཡིན་པའི་ཕྱིར་ཏེ། ཆོས་ཅན་ཡིན་པའི་ཕྱིར། ཡང་ཁ་ཅིག ། སྨིན་བྱེད་དབང་གི་དུས་སུ་རང་གི་ལུས་ངག་ཡིད་གསུམ་དང་རྡོ་རྗེ་འཆང་གི་སྐུ་གསུང་ཐུགས་དབྱེར་མེད་དུ་བྱིན་གྱིས་བརླབས་པའི་རྟེན་འབྲེལ་བསྒྲིགས་ནས། གྲོལ་བྱེད་ལམ་གྱི་དུས་སུ་འབྲས་བུའི་རྣམ་པ་ལམ་དུ་བྱེད་པའི་ཐབས་གོང་ནས་གོང་དུ་འཕེལ་བར་བྱེད་པའི་རྒྱུ་འབྲས་ལྷུན་གྲུབ་ཏུ་ལོངས་སྤྱོད་པའི་ཐབས་ཁྱད་པར་ཅན། ཞེས་ཟེར་བ་མི་འཐད་དེ། བྱ་རྒྱུད་རང་གང་ནས་བཤད་པའི་སྔགས་སྡོམ་ཆོས་ཅན། མཚན་ཉིད་དེར་ཐལ། མཚོན་བྱ་དེའི་ཕྱིར། འདོད་ན། བྱ་རྒྱུད་རང་གང་ལ་དེ་འདྲ་བའི་རྟེན་འབྲེལ་བསྒྲིགས་པ་ཡོད་པར་ཐལ། འདོད་པའི་ཕྱིར། འདོད་ན། བྱ་རྒྱུད་རང་གང་ལ་རང་གི་ལུས་ངག་ཡིད་གསུམ་དང་རྡོ་རྗེ་འཆང་གི་སྐུ་གསུང་ཐུགས་དབྱེར་མེད་དུ་སྒོམ་པ་ཡོད་པར་ཐལ། འདོད་པའི་ཕྱིར། འདོད་ན། བྱ་རྒྱུད་རང་གང་ལ་བདག་བསྐྱེད་ཡོད་པར

ཐལ། འདོད་པའི་ཕྱིར། འདོད་མི་ནུས་ཏེ། བྱ་རྒྱུད་རང་གང་གི་ལམ་ཉམས་སུ་ལེན་པའི་ཚེ་རང་ཐ་མལ་དུ་གནས་ནས། རྫེ་འབབས་ལྷ་བུའི་སྒོ་ནས་དངོས་གྲུབ་ལེན་པ་ཡིན་པའི་ཕྱིར་ཏེ། གཞུང་འདིར། འོན་ཀྱང་བྱ་བའི་རྒྱུད་དུ་ནི། །ཁྲིས་སྐུ་ལྷ་རུ་བསྒོམ་ནས་ཀྱང་། །དེ་ལ་དངོས་གྲུབ་ལེན་པ་ཡིན། །ཞེས་གསུངས་པའི་ཕྱིར་རོ། །ཡང་སྔགས་སྡོམ་ཡིན་ན། ཕུང་པོ་ཁམས་དང་སྐྱེ་མཆེད་ལ། །ཞེས་སོགས་ཀྱི་དངོས་བསྟན་གྱི་སྔགས་སྡོམ་ཡིན་དགོས་པར་ཐལ། མཚན་ཉིད་དེ་འཐད་པའི་ཕྱིར། འདོད་ན། དེ་ཡིན་ན། བླ་མེད་ཀྱི་སྔགས་སྡོམ་ཡིན་དགོས་པར་ཐལ་ལོ། །ཡང་ཁ་ཅིག །རང་སྔགས་སྡོམ་དུ་སྒྲུབ་པར་བྱེད་པའི་རྒྱུ་ཕུན་སུམ་ཚོགས་པ་ལ་བརྟེན་ནས་ཐོབ་ཅིང་། འབྲས་བུ་རྣམ་པ་ལམ་དུ་བྱེད་པའི་ཐབས་ཁྱད་པར་ཅན་གྱིས་ཟིན་པའི་ངེས་འབྱུང་གི་ཚུལ་ཁྲིམས་ཞེས་ཟེར་རོ། །འདི་ལ་ཁ་ཅིག །འཇིགས་སྐྱོབ་ཀྱི་སྔགས་སྡོམ་གྱི་མ་ངེས་ཞེས་ཟེར་བ་མི་འཐད་དེ། འཇིགས་སྐྱོབ་དང་ལེགས་སྨོན་གྱི་སྔགས་སྡོམ་མེད་པའི་ཕྱིར་ཏེ། གྲུབ་ཆེན་ཀུན་སྙིང་གི་སྡོམ་པ་འཛིན་མི་ནུས་པར་སྡིག་པ་ཞི་བ་ཙམ་གྱི་ཆེད་དུ་དབང་ཞུ་བ་དང་། དམ་ཚིག་དང་སྡོམ་པ་སྣ་རེ་ཙམ་འཛིན་ནུས་པ་དང་། དེ་མ་ལུས་པར་འཛིན་ནུས་པ་དང་གསུམ་དུ་ཕྱེ་ནས། དང་པོ་ལ་འཇུག་པའི་ཆོས་ཙམ་དང་། གཉིས་པ་ལ་རྡོ་རྗེ་སློབ་མའི་དབང་ཙམ་དང་། གསུམ་པ་ལ་རྡོ་རྗེ་སློབ་དཔོན་གྱི་དབང་བསྐུར་བར་གསུངས་པའི་ཕྱིར་རོ། །གཞན་ཡང་། འཇིགས་སྐྱོབས་ཀྱི་སྔགས་སྡོམ་མེད་པར་ཐལ། ངེས་འབྱུང་གི་བསམ་པས་མ་ཟིན་པའི་སྔགས་སྡོམ་མེད་པའི་ཕྱིར་ཏེ། བསམ་པ་ཐེག་ཆེན་སེམས་བསྐྱེད་ཀྱིས་མ་ཟིན་པའི་སྔགས་སྡོམ་མེད་པའི་ཕྱིར་ཏེ། སྔགས་སྡོམ་ཡིན་ན་ཐེག་ཆེན་སེམས་བསྐྱེད་ཡིན་དགོས་པའི་ཕྱིར་ཏེ། དེ་ཡིན་ན་བྱང་སེམས་ཀྱི་སྡོམ་པ་ཡིན་དགོས་པའི་ཕྱིར་རོ། །དེས་ལེགས་སྨོན་ཡང་ཁེགས་སོ། །ཡང་ཁ་ཅིག་ན་རེ། བྱ་རྒྱུད་རང་གང་ནས་བཤད་པའི་སྔགས་སྡོམ་ཆོས་ཅན། མཚན་ཉིད་དེར་ཐལ། མཚོན་བྱ་དེའི་ཕྱིར། འདོད་ན། འབྲས་བུ་ལམ་བྱེད་ཀྱི་ཐབས་ཀྱིས་ཟིན་པར་ཐལ་ལོ། །འདོད་ན། སྣང་བ་ཐམས་ཅད་ལྷ་དང་བདེ་ཆེན་གྱི་ངོ་བོར་སྒོམ་པའི་ཐབས་ཀྱིས་ཟིན་པར་ཐལ། འདོད་པའི་ཕྱིར། ཁྱབ་སྟེ། ཟབ་དོན་བདུད་རྩིའི་ཉིང་ཁུར། འབྲས་བུ་རྣམས་ལམ་དུ་བྱེད་དགོས་པས། །ལམ་གྱི་དུས་སུ་ཤེས་བྱ་མ་ལུས་ཀུན། །ལྷ་དང་བདེ་ཆེན་ངོ་བོར་སྒོམ་པ་ནི། །འབྲས་བུ་སྒོམ་པ་འདི་ཡིས་སྒྲུབ་བྱེད་ཡིན། །ཞེས་གསུངས་པའི་ཕྱིར། འདོད་མི་ནུས་ཏེ། ཆོས་ཅན་ཡིན་པའི་ཕྱིར་རོ། །དེས་ན་འབྲས་བུ་ལམ་བྱེད་ཀྱི་ཐབས་ཀྱིས་ཟིན་པའི་སྡོམ་པ་ཡིན་ན་བླ་མེད་ཀྱི་སྔགས་སྡོམ་ཡིན་པས་ཁྱབ་ཅེས་ཟེར་རོ། །མི་འཐད་དེ། བྱ་རྒྱུད་རང་གང་ནས་བཤད་པའི་སྔགས་སྡོམ་ཆོས་ཅན། འབྲས་བུ་ལམ་བྱེད་ཀྱི་ཐབས་ཀྱིས་ཟིན་པར་ཐལ། ལམ་བྱེད་བཞི་ལྡན་གྱི་ཐེག་པ་ཡིན་པའི་ཕྱིར་ཏེ། འབྲས་བུ་ཐེག་པ་ཡིན་པའི་ཕྱིར་ཏེ། སྔགས་ཀྱི་ཐེག་པ་ཡིན་པའི་ཕྱིར་རོ། །

ལུང་སྔ་མས་མི་གནོད་དེ། དེ་ནི་བླ་མེད་ལ་དགོངས་ནས་གསུངས་པའི་ཕྱིར་རོ། །དེས་ན་རྒྱུད་སྡེ་བཞིའི་ཡི་དམ་གྱི་ལྷའི་བདག་བདུན་གང་བསྒོམ་ཡང་གསང་སྔགས་སྤྱི་འགྲོའི་གོ་བ་འདི་ཆགས་དགོས་ཏེ། འབྲས་བུ་སངས་རྒྱས་ལམ་དུ་བྱེད་པ་དང་། སངས་རྒྱས་གཟུགས་སྐུའི་རྣམ་པ་ལམ་གྱི་དུ་བྱེད་པ་དང་། སངས་རྒྱས་སྒྲ་མོས་པ་ལམ་དུ་བྱེད་པ་དང་། སངས་རྒྱས་ཀྱི་བྱིན་རླབས་ལམ་དུ་བྱེད་པའོ། །དེ་བཞི་ཡང་ཞེན་པས་འཛུག་ཅིང་འབྲེལ་པས་མི་བསླུ་བ་རྟེན་འབྲེལ་གྱི་ཆོས་ཉིད་ཡིན་ནོ། །དེ་ཡང་མངོན་རྟོག་ལྡོན་ཤིང་ལས། ཞེན་པས་འཛུག་ཅིང་འབྲེལ་བས་མི་བསླུ་བ་ཡིན་ནོ། །དེའང་ཞེན་པ་ནི་འབྲས་བུ་ལ་ཞེན་ལ། འཇུག་པ་ནི་ལམ་ལ་འཛུག་པའོ། །འབྲེལ་པ་ནི་རིགས་པས་དེ་བསྒོམ་ན་འབྲས་བུ་འགྲུབ་པར་ངེས་ཏེ་མི་བསླུ་བའོ། །དེའང་འབྲས་བུ་ལམ་དུ་བྱེད་པ་དང་། རྣམ་པ་ལམ་དུ་བྱེད་པ་དང་། མོས་པ་ལམ་དུ་བྱེད་པ་དང་། བྱིན་རླབས་ལམ་དུ་བྱེད་པ་ཞེས་བྱ་བ་བཞིས་རྡོ་རྗེ་ཐེག་པའི་ལམ་ཐམས་ཅད་གཏན་ལ་འབེབས་པར་བྱེད་པ་ཡིན་ནོ། །ཞེས་གསུངས་པ་འདི་ཡིད་ལ་བཟུང་བར་བྱའོ། །ཡང་ཁ་ཅིག །དབང་ལས་ཐོབ་པའི་སྡོམ་པ་ཞེས་ཟེར་བ་མི་འཐད་དེ། ཆོས་ཉིད་ཀྱིས་ཐོབ་པའི་སྔགས་སྡོམ་ཆོས་ཅན། མཚན་ཉིད་དེར་ཐལ། མཚོན་བྱ་དེའི་ཕྱིར། ཆོས་ཅན་གྲུབ་སྟེ། ཆོས་ཉིད་ཀྱིས་ཐོབ་པའི་དགེ་སློང་གི་སྡོམ་པ་ཡོད་པའི་ཕྱིར། མ་ཁྱབ་ན། ཆོས་ཉིད་ཀྱིས་ཐོབ་པའི་དགེ་སློང་གི་སྡོམ་པ་རྒྱུད་ལ་ལྡན་བཞིན་པའི་དགེ་སློང་རྡོ་རྗེ་འཛིན་པའི་རྒྱུད་ཀྱི་དགེ་སློང་གི་སྡོམ་པ་ཆོས་ཅན། མཚན་ཉིད་དེར་ཐལ། མཚོན་བྱ་དེའི་ཕྱིར། འདོད་མི་នུས་ཏེ། ཆོས་ཉིད་ཀྱིས་ཐོབ་པའི་སྡོམ་པ་ཡོད་པའི་ཕྱིར། གཉིས་པ་རང་ལུགས་ལ། མཚན་ཉིད་ངོས་བཟུང་བ་དང་། དེའི་དོན་བཤད་པ་གཉིས། དང་པོ་ནི། ཡིད་མཚན་རྟོག་ལས་སྐྱོབ་པའི་ཐབས་ཁྱད་པར་ཅན་གང་ཞིག །མི་མཐུན་ཕྱོགས་སྤོང་བའི་སེམས་པ་མཚུངས་ལྡན་དང་བཅས་པའོ། །

གཉིས་པ་ནི། འདི་ལ་གང་སྐྱོབ་པ། གང་ལས་སྐྱོབ་པ། གང་གིས་སྐྱོབ་པ་དང་གསུམ་ལས། དང་པོ་ནི། སྔགས་ཀྱི་སྐད་དོད་ལ་མནྟྲ་ཞེས་པའི་མན་ནི། མ་ན་ཏེ་ཡིད་ལ་འཇུག །ཏྲ་ནི་སྐྱོབ་པ་ལ་འཇུག་པས། དབང་པོ་དང་ཡུལ་གྱི་རྐྱེན་ལས་བྱུང་བའི་ཚོགས་དྲུག་གམ་བརྒྱད་ལ་ཡིད་ཅེས་པའི་ཐ་སྙད་བྱས་དེ་ཉིད་སྐྱོབ་པོ། །འོ་ན་རྣམ་ཤེས་ཚོགས་དྲུག་ལ་ཡིད་ཅེས་པའི་ཐ་སྙད་གང་དུ་བཤད་ཅེ་ན། མཛོད་དུ། དྲུག་པོ་འགགས་མ་ཐག་པ་ཡི༑ ༑རྣམ་ཤེས་གང་ཡིན་དེ་ཡིད་དོ། །ཞེས་གསུངས་སོ། །གཉིས་པ་ནི། མཚན་རྟོག་ལས་སྐྱོབ་སྟེ། མཚན་མ་ནི་ཡུལ་གྱི་སྒྲ་རིས་སོ་སོ་བ་ཡིན་ལ། རྟོག་པ་ནི། དེར་མངོན་པར་ཞེན་པ་སྟེ། འདི་ལ་ཐ་མལ་གྱི་མཚན་མ་ལ་མངོན་པར་ཞེན་པ་དང་། ལྷའི་མཚན་མ་ལ་མངོན་པར་ཞེན་པ་གཉིས་ཡོད་དོ། །གསུམ་པ་ནི། ཐབས་ཁྱད་པར་ཅན་གྱིས་སྐྱོབ་སྟེ། ཐེག་པ་དམན་པའི་ཉམས་ལེན་ལ་ལྟོས་ནས་ཐེག་ཆེན་གྱི་ཉམས་ལེན་ཐབས་ཁྱད་པར་ཅན་

ཡིན་ལ། དེ་ལ་ལྟོས་ནས་རྡོ་རྗེ་ཐེག་པའི་སྨིན་གྲོལ་གཉིས་ཐབས་ཁྱད་པར་ཅན་ཡིན་པས་དེས་སྒྲུབ་པོ། །དེ་ལྟར་ཡང་འདུས་པའི་རྒྱུད་ཕྱི་མར། དབང་པོ་རྣམས་དང་ཡུལ་རྣམས་ཀྱི། །རྐྱེན་ལས་གང་དང་གང་བྱུང་བ། །ཡིད་དེ་མན་ཞེས་བྱ་བར་བཤད། །ཏྲ་ནི་སྐྱོབ་པར་བྱེད་པའི་དོན། །འཇིག་རྟེན་སྤྱོད་ལས་རྣམ་གྲོལ་བར། །གང་བཤད་དམ་ཚིག་སྡོམ་པ་སྟེ། །རྡོ་རྗེ་ཀུན་གྱི་བསྲུང་བ་ནི། །སྔགས་ཀྱི་སྤྱོད་པ་ཞེས་བཤད་དོ། །ཞེས་གསུངས་སོ། །

གསུམ་པ་རྩོད་པ་སྤོང་བ་ནི། ཁ་ཅིག་ན་རེ། སངས་རྒྱས་འཕགས་པའི་རྒྱུད་ཀྱི་སྔགས་སྡོམ་ཆོས་ཅན། ཡིད་མཚན་རྟོག་ལས་སྐྱོབ་པའི་ཐབས་ཁྱད་པར་ཅན་ཡིན་པར་ཐལ། སྔགས་སྡོམ་ཡིན་པའི་ཕྱིར། འདོད་ན། མ་ཡིན་པར་ཐལ། དེ་ལས་སྐྱབས་ཟིན་པའི་ཐབས་ཁྱད་པར་ཅན་ཡིན་པའི་ཕྱིར་ཏེ། རྣམ་མཁྱེན་ཡིན་པའི་ཕྱིར་ཞེ་ན། དེ་ཆོས་ཅན། རྫོགས་པའི་བྱང་ཆུབ་ཀྱི་སྒྲུབ་པ་ཁྱད་པར་བ་མ་ཡིན་པར་ཐལ། རྫོགས་པའི་བྱང་ཆུབ་སྒྲུབས་ཟིན་པའི་ཐབས་ཁྱད་པར་ཅན་ཡིན་པའི་ཕྱིར་ཏེ། རྣམ་མཁྱེན་པའི་ཕྱིར། འཁོར་གསུམ། འདོད་མི་ནུས་ཏེ། ཐེག་ཆེན་སེམས་བསྐྱེད་ཡིན་པའི་ཕྱིར་ཏེ། ཆོས་ཅན་ཡིན་པའི་ཕྱིར། ཡང་དེ་ཆོས་ཅན། གཞན་གནོད་བཞི་བཅས་སྤོང་བའི་སྡོམ་པ་མིན་པར་ཐལ། དེ་སྤངས་ཟིན་པའི་སྡོམ་པ་ཡིན་པའི་ཕྱིར་ཏེ། ཆོས་ཅན་ཡིན་པའི་ཕྱིར། འཁོར་གསུམ། འདོད་མི་ནུས་ཏེ། སོ་ཐར་སྡོམ་པ་ཡིན་པའི་ཕྱིར་ཏེ། ཆོས་ཅན་ཡིན་པའི་ཕྱིར་རོ། །དེས་ན་སྐྱོན་ལྟ་མ་མེད་དེ། སྐྱོབ་པའི་ཐབས་ཞེས་པ། སྐྱོབ་པར་བྱེད་པ་དང་བསྐྱབས་ཟིན་པ་གཉིས་ཀ་ལ་འཇུག་པའི་ཕྱིར་རོ༑ ༑ཡང་ཁ་ཅིག །སོ་སོ་སྐྱེ་བོའི་རྒྱུད་ཀྱི་བསྐྱེད་རིམ་གྱི་སྡོམ་པ་ཆོས་ཅན། མཚན་ཉིད་དེར་ཐལ། མཚོན་བྱ་དེའི་ཕྱིར། འདོད་ན། ཡིད་མཚན་རྟོག་ལས་སྐྱོབ་པར་ཐལ། འདོད་པའི་ཕྱིར། འདོད་ན། ཐ་མལ་གྱི་མཚན་རྟོག་ལས་སྐྱོབ་ན། མཚན་རྟོག་ལས་སྐྱོབ་པས་ཁྱབ་པར་ཐལ། འདོད་པའི་ཕྱིར། འདོད་ན། དེ་ལས་གྲོལ་ན་མཚན་རྟོག་ལས་གྲོལ་བས་ཁྱད་པར་ཐལ། འདོད་པའི་ཕྱིར། འདོད་ན། བསྐྱེད་རིམ་ལ་བརྟན་པ་ཐོབ་པའི་རྣལ་འབྱོར་བ་ཆོས་ཅན། དེར་ཐལ། དེའི་ཕྱིར། འདོད་ན། རྫོགས་པའི་སངས་རྒྱས་ཡིན་པར་ཐལ་ལོ། །འདོད་པའི་ཕྱིར་ཞེས་ཟེར་རོ། །མི་འཐད་དེ། ཡིད་མཚན་རྟོག་ལས་སྐྱོབ་པའི་ཐབས་ཁྱད་པར་ཅན་མེད་པར་ཐལ། བསྐྱེད་རིམ་དེ་ཡང་དེ་མ་ཡིན། རྫོགས་རིམ་དེ་ཡང་དེ་མ་ཡིན་པའི་ཕྱིར། དང་པོ་མ་གྲུབ་ན། ཐ་མལ་གྱི་མཚན་རྟོག་ལས་སྐྱོབ་ན་མཚན་རྟོག་ལས་སྐྱོབ་པས་ཁྱབ་པར་ཐལ། མ་གྲུབ་པ་དེའི་ཕྱིར། འཁོར་གསུམ། ཕྱི་མ་མ་གྲུབ་ན། ཀུ་ནོམ་ལྟར་ཞེན་གྱི་མཚན་རྟོག་ལས་སྐྱོབ་ན་མཚན་རྟོག་ལས་སྐྱོབ་པའི་ཁྱད་པར་ཐལ། མ་གྲུབ་པའི་ཕྱིར། ཁྱབ་པ་ཁས། འདོད་ན། དེ་ལས་གྲོལ་ན་མཚན་རྟོག་ལས་གྲོལ་བས་ཁྱབ་པར་ཐལ། འདོད་པའི་ཕྱིར། ཁྱབ་པ་ཁས། འདོད་ན། རྫོགས་རིམ་ལ་བརྟན་པ་ཐོབ་པའི་རྣལ་འབྱོར་བ་ཆོས་ཅན། དེར་ཐལ། དེའི་ཕྱིར།

འདོད་ན། རྫོགས་པའི་སངས་རྒྱས་ཡིན་པར་ཐལ་ལོ། །འདོད་པའི་ཕྱིར། འཁོར་གསུམ། གཞན་ཡང་། ཡིད་མཚན་རྟོག་ལས་སྐྱོབ་པའི་ཐབས་ཁྱད་པར་ཅན་མེད་པར་ཐལ། བླ་མེད་ཀྱི་སྔགས་སྡོམ་དེ་ཡང་དེ་མ་ཡིན། རྣལ་འབྱོར་རྒྱུད་ཀྱི་སྔགས་སྡོམ་དེ་ཡང་དེ་མ་ཡིན། སྤྱོད་རྒྱུད་དེ་ཡང་དེ་མ་ཡིན། བྱ་རྒྱུད་ཀྱི་དེ་ཡང་དེ་མ་ཡིན་པའི་ཕྱིར། བྱས་པ་ལ་ཁོ་ན་རེ། སྐྱོན་མེད་དེ། ས་བཅུ་གཉིས་པའི་ཡེ་ཤེས་དེ་དེ་ཡིན་པའི་ཕྱིར། ཞེ་ན། མཚན་རྟོག་གི་གཉེན་པོ་ཡིན་ན། ས་བཅུ་གཉིས་པའི་ཡེ་ཤེས་ཡིན་དགོས་པར་ཐལ། ཡིད་མཚན་རྟོག་ལས་སྐྱོབ་པའི་ཐབས་ཁྱད་པར་ཅན་ཡིན་ན་ས་བཅུ་གཉིས་པའི་ཡེ་ཤེས་ཡིན་དགོས་པའི་ཕྱིར། འདོད་ན། ཀྱེ་རྡོ་རྗེའི་སྨིན་བྱེད་ཀྱི་དབང་ཆོས་ཅན། དེར་ཐལ། དེའི་ཕྱིར། རྟགས་གྲུབ་སྟེ། ཀྱེ་རྡོ་རྗེའི་གྲོལ་བྱེད་ཀྱི་ལམ་དེ་མཚན་རྟོག་གི་གཉེན་པོ་ཡིན་པའི་ཕྱིར་ཏེ། ཀྱེ་རྡོ་རྗེ་དེ་མཚན་རྟོག་ལས་གྲོལ་བའི་མཐར་ཐུག་གི་འབྲས་བུ་ཡིན་པའི་ཕྱིར་རོ། །ལན་སྨྲ་རྒྱུ་ཅི་ཡོད། གཞན་ཡང་། རིག་པ་འཛིན་པའི་སྡོམ་པ་མེད་པར་ཐལ། བྱ་རྒྱུད་རང་གང་ནས་བཤད་པའི་རིག་པ་འཛིན་པའི་སྡོམ་པ་དེ་རིག་པ་འཛིན་པའི་སྡོམ་པ་མ་ཡིན་པའི་ཕྱིར་ཏེ། བྱ་རྒྱུད་རང་གང་ནས་བཤད་པའི་ཡིད་མཚན་རྟོག་ལས་སྐྱོབ་པའི་སྡོམ་པ་དེ། ཡིད་མཚན་རྟོག་ལས་སྐྱོབ་པའི་སྡོམ་པ་མ་ཡིན་པའི་ཕྱིར། རྟགས་ཁས།

གཉིས་པ་དབྱེ་བ་ལ་གསུམ་སྟེ། བརྗོད་བྱ་དོན་གྱི་རྒྱུད་ཀྱི་སྒོ་ནས་དབྱེ་བ། རྗོད་བྱེད་རྒྱུད་སྡེ་བཞིའི་སྒོ་ནས་དབྱེ་བ། གང་ལས་ཐོབ་པའི་ཆོ་གའི་སྒོ་ནས་དབྱེ་བའོ། །དང་པོ་ལ་གསུམ་སྟེ། དབྱེ་བ་དངོས་ལ་དཔྱད་པ། མཚན་འདོགས་ཀྱི་ཁྱད་པར་ལ་དཔྱད་པ། ས་མཚམས་འཛོག་ཚུལ་ལ་དཔྱད་པའོ། །དང་པོ་ལ་གསུམ་ཏེ། རྒྱུ་རྒྱུད་ཀྱི་སྡོམ་པ། ཐབས་རྒྱུད་ཀྱི་སྡོམ་པ། འབྲས་རྒྱུད་ཀྱི་སྡོམ་པ་ངོས་བཟུང་བའོ། །དང་པོ་ནི། སྣང་བའི་ཆོས་ཐམས་ཅད་རང་བཞིན་ལྷན་ཅིག་སྐྱེས་པའི་ཡེ་ཤེས་ཀྱི་ངོ་བོར་སྡོམ་པ་སྟེ། བརྟག་གཉིས་ལས། རང་བཞིན་ལྷན་ཅིག་སྐྱེས་ཞེས་བརྗོད། །རྣམ་པ་ཐམས་ཅད་སྡོམ་གཅིག་པ། །ཞེས་གསུངས་པའི་ཕྱིར། གཉིས་པ་ནི། ཐབས་ཁྱད་པར་ཅན་མཚན་བཅས་མཚན་མེད་ཀྱི་རྣལ་འབྱོར་གཉིས་སམ། བསྐྱེད་རྫོགས་གཉིས་ལ་འདོད་དེ། དེ་ཉིད་དུ། དེ་ར་ནི་དཀྱིལ་འཁོར་འཁོར་ལོ་ཞེས། །ཐབས་ནི་བདེ་བའི་སྡོམ་པ་སྟེ། །ཞེས་དང་། སྡོམ་པའི་དབྱེ་བའང་བཤད་པར་བྱ་སྟེ་ཞེས་གསུངས་པ་ལྟར་རོ། །གཉིས་པ་ནི། སྣང་བ་ཐམས་ཅད་རང་སྣང་གི་ཡེ་ཤེས་ཀྱི་ངོ་བོར་སྡོམ་པ་སྟེ། དེ་ཉིད་དུ། དེ་ནས་ཆོས་ཀུན་སྡོམ་གཅིག་པའི། །རྡོ་རྗེ་སེམས་དཔའ་ཞེས་བྱར་བཤད། །ཅེས་གསུངས་པ་ལྟར་རོ། །གསུམ་པ་ལ། དགག་གཞག་གཉིས། དང་པོ་ནི། ཁ་ཅིག །དེ་གསུམ་ག་སྡོམ་པ་མཚན་ཉིད་པ་ཡིན་ཞེས་ཟེར་རོ། །མི་འཐད་དེ། དབང་མ་ཐོབ་པའི་སེམས་ཅན་ཐམས་ཅད་སྔགས་སྡོམ་རྒྱུད་ལྡན་གྱི

གང་ཟག་ཏུ་ཐལ། རྒྱུ་རྒྱུད་ཀྱི་སྡོམ་པ་སྔགས་སྡོམ་ཡིན་པའི་ཕྱིར། འདོད་ན། དེ་འབད་མེད་དུ་གྲོལ་བར་ཐལ་ལོ། །གཞན་ཡང་། གསང་སྔགས་ཀྱི་རྩ་ལྟུང་འབྱུང་བའི་ཡུལ་མེད་པར་ཐལ། སེམས་ཅན་ཡིན་ན་སྔགས་སྡོམ་རྒྱུད་ལྡན་ཡིན་དགོས་པའི་ཕྱིར། རྟགས་ཁས། འདོད་ན། གསང་སྔགས་ཀྱི་རྩ་ལྟུང་མེད་པར་ཐལ་ལོ། །གཞན་ཡང་། སྨིན་བྱེད་ཀྱི་དབང་དེ་ལམ་དུས་ཀྱི་དབང་དུ་ཐལ། སྨིན་བྱེད་ཀྱི་དབང་བསྐུར་བའི་གདུལ་བྱ་དེ་སྔགས་སྡོམ་རྒྱུད་ལ་ལྡན་པའི་གང་ཟག་ཡིན་པའི་ཕྱིར། འདོད་ན། དེ་གྲོལ་བྱེད་ཀྱི་ལམ་དུ་ཐལ་ལོ། །གཞན་ཡང་། མངལ་སྐྱེས་ཐམས་ཅད་དགེ་སློང་དུ་ཐལ། རྫུས་སྐྱེས་ཐམས་ཅད་རིག་པ་འཛིན་པ་ཡིན་པའི་ཕྱིར། འདོད་ན། དུད་འགྲོའི་དགེ་སློང་དང་བྱིས་པའི་དགེ་སློང་ཡོད་པར་ཐལ་ལོ། །འདི་ནི་མང་པོ་ལ་འཕོག་པ་འདུག་གོ། །སོ་སྐྱེས་དང་སེམས་ཅན་ཐམས་ཅད་བྱང་སེམས་སུ་ཐལ། འཕགས་པ་དང་ཐེག་ཆེན་ཐམས་ཅད་སྔགས་པ་ཡིན་པའི་ཕྱིར། རིགས་པ་འདི་རྣམས་ནི་ཀུན་མཁྱེན་བསོད་ནམས་སེང་གེའི་ཞབ་དོན་བདུད་རྩིའི་ཉིང་ཁུ་ནས་རྙེད་པ་ཡིན་ནོ། །

གཉིས་པ་རང་ལུགས་ནི། རྒྱུ་རྒྱུད་ནི་སྔགས་སྡོམ་བཏགས་པ་བ་དང་། ཐབས་རྒྱུད་དང་འབྲས་བུའི་རྒྱུད་ནི་སྔགས་སྡོམ་མཚན་ཉིད་པ་ཡིན་ཏེ། རྗེ་བཙུན་ཆེན་པོས་དེ་ཁོ་ན་ཉིད་བསྡུས་པ་ཞེས་བྱ་བའི་མིང་གི་ཐབས་རྒྱུད་དང་འབྲས་རྒྱུད་དངོས་སུ་བསྟན་ནས། རྒྱུ་རྒྱུད་ཤུགས་ལས་ཤེས་པར་གསུངས་པའི་ཕྱིར་དང་། རྗེ་བཙུན་ཆེན་པོ་གྲགས་པ་རྒྱལ་མཚན་གྱི་དག་ལྡན་དུ། ཕྱོགས་སྣང་གི་བརྒྱད་སྟོང་དོན་བསྡུས་གཞུང་དཔེར་མཛད་ནས། ཀྱེ་ཡི་རྡོ་རྗེ་དེ་གཉིས་མེད། །ཡེ་ཤེས་དེ་ནི་དེ་བཞིན་གཤེགས། །བསྒྲུབ་བྱ་དེ་དོན་སྦྱོར་བ་ཡི། །གཞུང་དང་ལམ་ལ་དེས་སྒྲ་ཡིན། །ཞེས་གསུངས་པས་ཀྱང་འདི་ཤེས་པར་ནུས་སོ། །དེ་སྐད་དུ་ཉིང་ཁུར། རྒྱུད་གསུམ་ཀྱེ་ཡི་རྡོ་རྗེ་སྦྱོར་ཚུལ་དང་། །རྒྱུད་གསུམ་དགག་པ་གསུམ་དུ་སྦྱོར་ཚུལ་གྱིས། །རྒྱུད་གསུམ་སྡོམ་པར་སྦྱོར་ཚུལ་རྟོགས་པར་འགྱུར། །འོན་ཀྱང་མཚན་བཏགས་ཕྱེ་བ་གནད་དུ་གཅེས། །ཞེས་གསུངས་སོ། །

གསུམ་པ་ས་མཚམས་འཛིན་ཚུལ་ལ། དགག་གཞག་སྤང་གསུམ། དང་པོ་ནི། ཁ་ཅིག་ན་རེ། རྒྱུ་རྒྱུད་ཀྱི་སྡོམ་པ་རྒྱུད་ལྡན་དང་ལམ་མ་ཞུགས་ཀྱི་གང་ཟག་དོན་གཅིག །ཐབས་རྒྱུད་ཀྱི་སྡོམ་པ་རྒྱུད་ལྡན་དང་ལམ་ཞུགས་ཀྱི་སེམས་ཅན་དོན་གཅིག །འབྲས་རྒྱུད་ཀྱི་སྡོམ་པ་རྒྱུད་ལྡན་དང་སངས་རྒྱས་འཕགས་པ་དོན་གཅིག་ཅེས་ཟེར་རོ། །མི་འཐད་དེ། འོ་ན་བྱང་སེམས་ཚོགས་ལམ་པ་ཆོས་ཅན། ལམ་ལ་མ་ཞུགས་ཀྱི་གང་ཟག་ཡིན་པར་ཐལ། རྒྱུ་རྒྱུད་ཀྱི་སྡོམ་པ་རྒྱུད་ལྡན་གྱི་གང་ཟག་ཡིན་པའི་ཕྱིར་ཏེ། སེམས་ནི་རྫོགས་པའི་སངས་རྒྱས་ཉིད། །སངས་རྒྱས་གཞན་དུ་བསྟན་པ་མེད། །ཅེས་པའི་སྐབས་ནས་དངོས་བསྟན་གྱི་སེམས་རྒྱུད་ལྡན་གྱི་གང་ཟག

ཡིན་པའི་ཕྱིར་ཏེ། སངས་རྒྱས་མ་ཡིན་སེམས་ཅན་ནི། །གཅིག་ཀྱང་ཡོད་མ་ཡིན་ནོ། །ཞེས་པའི་དངོས་བསྟན་གྱི་སེམས་ཅན་ཡིན་པའི་ཕྱིར་ཏེ། སེམས་ཅན་ཡིན་པའི་ཕྱིར། ཡང་། དེ་ཆོས་ཅན། རྒྱུ་རྒྱུད་ཀྱི་སྡོམ་པ་རྒྱུད་ལྡན་ཡིན་པར་ཐལ། རྒྱུ་དུས་ཀྱི་བདེ་གཤེགས་སྙིང་པོ་རྒྱུད་ལྡན་ཡིན་པའི་ཕྱིར་ཏེ། སེམས་ཅན་ཡིན་པའི་ཕྱིར། ཁྱབ་སྟེ། རྫོགས་སངས་སྐུ་ནི་འཕྲོ་ཕྱིར་དང་། །ཞེས་སོགས་གསུངས་པའི་ཕྱིར། གཉིས་པ་ནི། ཕར་ཕྱིན་རང་གང་ནས་བཤད་པའི་མཐོང་ལམ་རྒྱུད་ལྡན་གྱི་བྱང་སེམས་ཆོས་ཅན། ཐབས་རྒྱུད་ཀྱི་སྡོམ་པ་རྒྱུད་ལྡན་ཡིན་པར་ཐལ། ལམ་ཞུགས་ཀྱི་གང་ཟག་ཡིན་པའི་ཕྱིར། འདོད་ན། སྔགས་སྡོམ་རྒྱུད་ལྡན་ཡིན་པར་ཐལ། འདོད་པའི་ཕྱིར། འདོད་མི་ནུས་ཏེ། ཆོས་ཅན་ཡིན་པའི་ཕྱིར། གསུམ་པ་ལ་ཡང་། འཕགས་པ་རིན་པོ་ཆེ་ལྟར་ན། ས་དང་པོ་ལ་གནས་པའི་བྱང་སེམས་ཆོས་ཅན། སངས་རྒྱས་འཕགས་པ་ཡིན་པར་ཐལ། འབྲས་རྒྱུད་ཀྱི་སྡོམ་པ་རྒྱུད་ལ་ལྡན་པའི་གང་ཟག་ཡིན་པའི་ཕྱིར། ཁྱབ་སྟེ། སྤྱི་རྣམ་ལས། ལྟ་བ་ལ་གསུམ། རྒྱུ་རྒྱུད། ཐབས་རྒྱུད། འབྲས་རྒྱུད་དོ། །དང་པོ་ནི། ཆོས་ཅན་ཕུང་པོ་ཁམས་དང་སྐྱེ་མཆེད་ཆོས་ཉིད་དེ་བཞིན་ཉིད་ཇི་ལྟར་གནས་པའི་ཚུལ་སྟོན་པའོ། །གཉིས་པ་ནི། ལམ་སྨིན་གྲོལ་གཉིས་འཁོར་དང་བཅས་པ་ཉམས་སུ་བླང་བའི་ཐབས་སྟོན་པའོ། །གསུམ་པ་ནི། ས་དང་པོ་ནས་སངས་རྒྱས་ཀྱི་སའི་བར་སྟོན་པའོ། །ཞེས་གསུངས་པའི་ཕྱིར། བསྟན་བཅོས་འདི་ལྟར་ན་ཡང་འདི་བཞིན་ཁས་ལེན་དགོས་པ་འདྲ་སྟེ། འབྲས་བུའི་སྐབས་སུ་གནས་སྐབས་དང་མཐར་ཐུག་གི་འབྲས་བུ་གཉིས་ཀ་དངོས་སུ་བཤད་པའི་ཕྱིར་རོ། །

གཉིས་པ་ནི། གསུང་རབ་དགོང་གསལ་ལྟར་ན། རྒྱུ་རྒྱུད་ཀྱི་སྡོམ་པ་ནི། ཐོག་མ་མེད་པ་ནས་རྒྱུན་མ་ཆད་པའི་སེམས་ཅན་གྱི་རྒྱུད་ཀྱི་སེམས་གསལ་རིག་ལ་བྱེད། ཐབས་རྒྱུད་ཀྱི་སྡོམ་པ་ནི། གློ་བུར་གྱི་དྲི་མ་ལས་མ་གྲོལ་བའི་སྔགས་སྡོམ་ལ་བྱེད། འབྲས་རྒྱུད་ཀྱི་སྡོམ་པ་ནི། དེ་ལས་གྲོལ་བའི་སྔགས་སྡོམ་ལ་བྱེད། འོན་ཀྱང་གསང་སྔགས་བླ་མེད་ལ་ལྟོས་ཏེ། རྒྱུད་སྡེ་འོག་མ་གསུམ་གྱི་སྔགས་སྡོམ་ཐབས་རྒྱུད་དུ་མ་ཡིན་ཏེ། དེའི་ཚེ་བླ་མེད་ཀྱི་སྨིན་གྲོལ་གཉིས་པོ་དེ་ཐབས་རྒྱུད་དུ་འཛོག་པའི་སྐབས་ཡིན་པའི་ཕྱིར། དེ་བཞིན་དུ་ཀྱཻ་རྡོ་རྗེ་ལྟ་བུ་གཉིས་མེད་རྒྱུད་ཀྱི་དབང་དུ་བྱས་ན། ཕ་རྒྱུད་དང་མ་རྒྱུད་ཀྱི་སྔགས་སྡོམ་ཀྱང་ཐབས་རྒྱུད་ཀྱི་སྡོམ་པ་མ་ཡིན་ཏེ། དེའི་ཚེ་གཉིས་མེད་ཀྱི་སྨིན་གྲོལ་གཉིས་པོ་དེ་ཐབས་རྒྱུད་དུ་འཛོག་པའི་སྐབས་ཡིན་པའི་ཕྱིར། ཐབས་གང་གི་སྡོམ་པའི་སྐབས་སུ། བླ་མེད་ལ་དེའི་སྨིན་གྲོལ་གཉིས་ཐབས་རྒྱུད་དུ་གསུངས་པའི་ཕྱིར། གསུམ་པ་རྩོད་པ་སྤོང་བ་ནི། ཁ་ཅིག །ས་བཅུ་པ་ལ་གནས་པའི་བྱང་སེམས་ཆོས་ཅན། རྒྱུ་རྒྱུད་ཀྱི་སྡོམ་པ་དང་ལྡན་པའི་གང་ཟག་མ་ཡིན་པར་ཐལ། ཐབས་རྒྱུད་ཀྱི་སྡོམ་པ་དང་ལྡན་པའི་གང་ཟག་ཡིན་པའི་ཕྱིར་ཟེར་ན། མི་འཐད་དེ། དེ་

ཆོས་ཅན། རྒྱུ་རྒྱུད་ཀྱི་དག་པ་དང་ལྡན་པའི་གང་ཟག་མ་ཡིན་པར་ཐལ། ཐབས་རྒྱུད་ཀྱི་དག་པ་དང་ལྡན་པའི་གང་ཟག་ཡིན་པའི་ཕྱིར། ཡང་། དེ་ཆོས་ཅན། ཀུན་གཞི་རྒྱུ་རྒྱུད་དང་ལྡན་པའི་གང་ཟག་མ་ཡིན་པར་ཐལ། ལམ་ཐབས་རྒྱུད་དང་ལྡན་པའི་གང་ཟག་ཡིན་པའི་ཕྱིར། ཡང་དེ་ཆོས་ཅན། རྒྱུ་དུས་ཀྱི་འཁོར་འདས་དབྱེར་མེད་རྒྱུད་ལྡན་གྱི་གང་ཟག་མ་ཡིན་པར་ཐལ། ལམ་དུས་ཀྱི་འཁོར་འདས་དབྱེར་མེད་རྒྱུད་ལྡན་གྱི་གང་ཟག་ཡིན་པའི་ཕྱིར། ཡང་དེ་ཆོས་ཅན། རྒྱུ་དུས་ཀྱི་བདེ་གཤེགས་སྙིང་པོ་རྒྱུད་ལྡན་གྱི་གང་ཟག་མ་ཡིན་པར་ཐལ། ལམ་དུས་ཀྱི་བདེ་གཤེགས་སྙིང་པོ་རྒྱུད་ལྡན་གྱི་གང་ཟག་ཡིན་པའི་ཕྱིར། འདི་རྣམས་ལ་ལན་ཅི་སྨྲ། གཉིས་པ། རྗོད་བྱེད་དང་རྒྱུད་སྡེ་བཞིའི་སྒོ་ནས་དབྱེ་བ་ལ། བྱ་རྒྱུད་ཀྱི། སྤྱོད་རྒྱུད་ཀྱི། རྣལ་འབྱོར་རྒྱུད་ཀྱི། བླ་མེད་ཀྱི་སྔགས་སྡོམ་དང་ས་མཚམས། ངོ་བོ་རིམ་པ་བཞིན་དུ། ལྟ་བའི་བདེ་བ་ལམ་བྱེད་ཀྱི་དང་། རྗོད་པའི་བདེ་བ་ལམ་བྱེད་ཀྱི་དང་། ལག་བཅངས་ཀྱི་བདེ་བ་ལམ་བྱེད་ཀྱི་དང་། གཉིས་གཉིས་འཁྱུད་པའི་བདེ་བ་ལམ་བྱེད་ཀྱི་ཡིད་མཚན་རྟོག་ལས་སྐྱོབ་པའི་ཐབས་ཁྱད་པར་ཅན་གང་ཞིག །མི་མཐུན་ཕྱོགས་སྤོང་བའི་སེམས་པ་མཚུངས་ལྡན་དང་བཅས་པའོ། །འདི་ལ་དགོས་པ་དཔྱད་པ་ནི། མཚན་ཉིད་གཉིས་པ་ལ་རྗོད་པའི་བདེ་བ་ལམ་བྱེད་ཀྱི་བུམ་དབང་གི་སྡོམ་པ་ཆོས་ཅན། མཚོན་བྱ་དེར་ཐལ། མཚན་ཉིད་དེའི་ཕྱིར། དང་པོ་ལ། ལྟས་པའི་བདེ་བ་ལམ་བྱེད་ཀྱི་གསང་དབང་གི་སྡོམ་པ་ཆོས་ཅན། མཚོན་བྱ་དེར་ཐལ། མཚན་ཉིད་དེའི་ཕྱིར། གསུམ་པ་ལ། ལག་བཅངས་ཀྱི་བདེ་བ་ལམ་བྱེད་ཀྱི་ཤེས་རབ་ཡེ་ཤེས་ཀྱི་སྡོམ་པ་ཆོས་ཅན། མཚོན་བྱ་དེར་ཐལ། མཚན་ཉིད་དེའི་ཕྱིར། ཆོས་ཅན་རྣམས་གྲུབ་སྟེ། བརྟག་གཉིས་ལས། རྗོད་པ་དག་པ་སློབ་དཔོན་ཉིད། །ལྟ་བ་གསང་བ་དེ་བཞིན་ཏེ། །ལག་བཅངས་ལ་ནི་ཤེས་རབ་ཉིད། །གཉིས་གཉིས་འཁྱུད་པ་དེ་ཡང་ནི། །སེམས་ཅན་རྣམས་ཀྱི་དངོས་གྲུབ་ཕྱིར། །དབང་ནི་རྣམ་པ་བཞི་ཞེས་བཤད། །ཅེས་གསུངས་པའི་ཕྱིར། དེས་ན་རང་ལུགས་ནི། གཙོར་བོར་བལྟས་པའི་བདེ་བ་ལམ་བྱེད་ཀྱི་རིགས་སུ་གནས་པ་དེ་བཞིན་དུ། གཙོ་བོར་རྗོད་པའི་བདེ་བ་ལམ་བྱེད་ཀྱི་རིགས་སུ་གནས་པའི། གཙོ་བོར་ལག་བཅངས་ཀྱི་བདེ་བ་ལམ་བྱེད་ཀྱི་རིགས་སུ་གནས་པའི། གཙོ་བོར་གཉིས་གཉིས་འཁྱུད་པའི་བདེ་བ་ལམ་བྱེད་ཀྱི་རིགས་སུ་གནས་པའི་ཡིད་མཚན་རྟོགས་ལས་སྐྱོབ་པའི་ཐབས་ཁྱད་པར་ཅན་གང་ཞིག །མི་མཐུན་ཕྱོགས་སྤོང་བའི་སེམས་པ་མཚུངས་ལྡན་དང་བཅས་པའོ། །དེ་སྐད་དུ་སཾ་པུ་ཊི་ལས། རྗོད་དང་བལྟས་དང་ལག་བཅངས་དང་། །གཉིས་གཉིས་འཁྱུད་དང་རྣམ་པ་བཞི། །ཞེས་གསུངས་སོ། །འདི་དག་གི་རྩོད་སྤོང་ནི་སྔ་མ་ལ་དཔགས་ཏེ་ཤེས་པར་བྱའོ། །གསུམ་པ་ཆོ་གའི་སྒོ་ནས་དབྱེ་བ་ལ་གསུམ་སྟེ། སྔ་གོན་གྱི་སྐབས་སུ་ཐོབ་པ། འཇུག་པའི་སྐབས་སུ་ཐོབ་པ། དངོས་གཞིའི་སྐབས་སུ་ཐོབ་པའོ། །

དང་པོ་ནི། སོ་ཐར་དང་བྱང་སེམས་རྒྱུན་བཤགས་ཀྱི་སྐབས་སུ་ཐོབ་པ་དང་། སྔགས་སྡོམ་གྱི་རང་ལྡོག་གནས་གསུམ་བྱིན་རླབས་ཀྱི་སྐབས་སུ་ཐེ་ཙམ་ཐོབ་པ་ཐམས་ཅད། སྐབས་འདིར་སྔགས་སྡོམ་གྱི་ངོ་བོར་སྐྱེའོ། །གསུམ་པ་ལ། ཕྱི་འཇུག་གི་འདོད་པ། དྲི་བའི་ལན་དང་། ཟླ་བ་རྡོ་རྗེ་ངོ་སྤྲོད་པའི་སྐབས་སུ་ཐོབ་པ་དང་།ནང་འཇུག་གི་དམ་བཞག་དང་། ཡེ་ཤེས་དབབ་པ་དང་། དཀྱིལ་འཁོར་གྱི་ལྷ་ངོ་བསྟན་པའི་སྐབས་སུ་ཐོབ་པ་རྣམས་ལ། རྗེ་བཙུན་རྩེ་མོས་ལྷ་དང་སྐལ་བ་མཉམ་ཞེས་གསུངས་པའི་སྡོམ་པ་ཐོབ་པ་རྣམས་སོ། །གཉིས་པ་ལ། བུམ་དབང་གི་སྐབས་སུ་ཐོབ་པ་དང་། དབང་གོང་མའི་སྐབས་སུ་ཐོབ་པ་གཉིས་ནི། བླ་མེད་ཀྱི་དབང་དུ་བྱས་པ་ཡིན་ལ། རྒྱུད་སྡེ་འོག་མ་གསུམ་ལ་རང་རང་གི་དབང་གི་དངོས་གཞིའི་སྐབས་སུ་ཐོབ་པ་རྣམས་སོ། །འདི་དག་གི་སྐབས་སུ་མཚན་བཏགས་དཔྱད་པ་ལ། ཁ་ཅིག །སྨིན་དང་འཇུག་པའི་སྐབས་སུ་ཐོབ་པའི་སྔགས་སྡོམ་མེད་དེ། གལ་ཏེ་ཡོད་ན། བླ་མེད་སྔགས་སྡོམ་ཡིན་ན་རིམ་གཉིས་གང་རུང་ཡིན་པས་མ་ཁྱབ་པར་ཐལ། ཁས་བླངས་དེའི་ཕྱིར། འདོད་མི་ནུས་ཏེ། གསང་འདུས་ལས། སངས་རྒྱས་རྣམས་ཀྱིས་དེར་བསྟན་པ། །རིམ་པ་གཉིས་ལ་ཡང་དག་བརྟེན། །བསྐྱེད་པ་ཡི་ནི་རིམ་པ་དང་། །དེ་བཞིན་རྫོགས་པའི་རིམ་ཉིད་དོ། །ཞེས་གསུངས་པའི་ཕྱིར་ཞེས་ཟེར་རོ། །མི་འཐད་དེ། རྣམ་མཁྱེན་ཆོས་ཅན། རིམ་གཉིས་གང་རུང་ཡིན་པར་ཐལ། བླ་མེད་ཀྱི་སྔགས་སྡོམ་ཡིན་པའི་ཕྱིར། ཁྱབ་པ་ཁས། མ་གྲུབ་ན། དེར་ཐལ། བཅུ་གསུམ་རྡོ་རྗེ་འཛིན་པའི་ས་ཡིན་པའི་ཕྱིར་ཏེ། ཆོས་ཅན་ཡིན་པའི་ཕྱིར། འདོད་ན། ཐབས་རྒྱུད་ཀྱི་སྡོམ་པ་ཡིན་པར་ཐལ། འདོད་པའི་ཕྱིར། བྱས་པ་ལ་ཁོ་ན་རེ། དེ་ཆོས་ཅན། རིམ་གཉིས་གང་རུང་ཡིན་པར་ཐལ། དེའི་ཁོངས་སུ་འདུས་པའི་ཕྱིར། ཞེས་ཟེར། འདི་འདྲའི་ཚད་ལ། ཀུན་མཁྱེན་མཁས་པའི་དབང་པོས། ལྷ་ཁང་ཆེན་མོའི་བདེ་སྤྱོད་ཆོས་ཅན། ལྷ་ཁང་ཆེན་མོ་ཡིན་པར་ཐལ། ལྷ་ཁང་ཆེན་མོའི་ཁོངས་སུ་འདུས་པའི་ཕྱིར། ཞེས་གསུངས་པ་དེའི་རིགས་ཅན་མང་དུ་དྲན་པར་བྱའོ། །ཡང་ཁ་ཅིག །བུམ་དབང་དེ་བསྐྱེད་རིམ་གྱི་སྨིན་འགྲོ་མ་ཡིན་པར་ཐལ། བུམ་དབང་གི་སྨིན་དུ་ཐོབ་པའི་བླ་མེད་ཀྱི་སྔགས་སྡོམ་ཡོད་པའི་ཕྱིར་ཟེར་ན། གསལ་པ་དེར་ཐལ། བུམ་དབང་གི་སྐབས་སུ་ཐོབ་པའི་བླ་མེད་ཀྱི་སྔགས་སྡོམ་ཡོད་པའི་ཕྱིར། ཁྱབ་པ་ཁས། གཞན་ཡང་། ཅོད་པན་གྱི་དབང་དེ་བསྐྱེད་རིམ་གྱི་སྨིན་འགྲོ་མ་ཡིན་པར་ཐལ། དེའི་སྨིན་དུ་ཐོབ་པའི་བླ་མེད་ཀྱི་སྔགས་སྡོམ་ཡོད་པའི་ཕྱིར། ཡང་། དབང་གོང་མ་དེ་རྫོགས་རིམ་གྱི་སྨིན་འགྲོ་མ་ཡིན་པར་ཐལ། དེའི་མངོན་དུ་ཐོབ་པའི་བླ་མེད་ཀྱི་སྔགས་སྡོམ་ཡོད་པའི་ཕྱིར། ཁྱབ་པ་རིམ་པར་ཁས། ཁ་ཅིག །རྒྱུན་གཤེགས་ཀྱི་སྐབས་སུ་ཐོབ་པའི་སོ་ཐར་དང་བྱང་སེམས་སྔགས་སྡོམ་བཏགས་པ་བ་དང་། གཞན་རྣམས་མཚན་ཉིད་པ་ཡིན་ཞེས་ཟེར་རོ། །མི་འཐད་དེ། དེ་ཆོས་ཅན། སྔགས་སྡོམ་ཡིན་པར

ཐལ། སྔགས་ཀྱི་ཉམས་ལེན་གྱིས་ཟིན་པའི་སྡོམ་པ་ཡིན་པའི་ཕྱིར་ཏེ། སྔགས་ཀྱི་ཆོ་ག་ལས་ཐོབ་པའི་སྡོམ་པ་ཡིན་པའི་ཕྱིར་ཏེ། སྔགས་ཀྱི་སྔ་འགོན་གྱི་ཆོ་ག་ལས་ཐོབ་པའི་སྡོམ་པ་ཡིན་པའི་ཕྱིར་ཏེ། ཆོས་ཅན་ཡིན་པའི་ཕྱིར་རོ། །གཞན་ཡང་། བླ་མེད་ཀྱི་སྔ་འགོན་གྱི་ཆོ་ག་ལས་ཐོབ་པའི་འཇིགས་སྐྱོབ་དང་ལེགས་སྨོན་གྱི་སྡོམ་པ་ཡོད་པར་ཐལ། དེ་ལས་ཐོབ་པའི་སྔགས་ཀྱི་རྒྱུ་བས་མ་ཟིན་པའི་སྡོམ་པ་ཡོད་པའི་ཕྱིར་ཏེ། དེའི་སྐབས་སུ་ཐོབ་པའི་སོ་ཐར་དང་བྱང་སེམས་ཀྱི་སྡོམ་པ་གཉིས་པོ་སྔགས་སྡོམ་མ་ཡིན་པའི་ཕྱིར། རྟགས་ཁས། དེས་ན་རང་ལུགས་ནི། དེ་ཐམས་ཅད་སྔགས་སྡོམ་མཚན་ཉིད་པ་ཡིན་ལ། འོན་ཀྱང་ཐོབ་ཚུལ་ལ་ཁྱད་པར་ཡོད་དེ། རྒྱུན་གཤེགས་ཀྱི་གནས་སྐབས་སུ། སངས་རྒྱས་ཆོས་དང་ཚོགས་མཆོག་ལ། །བྱང་ཆུབ་བར་དུ་བདག་སྐྱབས་འཆི། །ཞེས་ལན་གསུམ་བརྗོད་པ་ལས་སོ་ཐར་གྱི་ལྡོག་སྡོམ་པ་དང་། རང་གཞན་དོན་ནི་རབ་བསྒྲུབ་ཕྱིར། །ཞེས་ལན་གསུམ་བརྗོད་པ་ལས་བྱང་སེམས་ཀྱི་སྡོམ་པའི་ལྡོག་པའི་ངོས་ནས་སྡོམ་པ་སྐྱེ་བ་ཡིན་གྱི། སྔགས་སྡོམ་གྱི་ལྡོག་པའི་ངོས་ནས་སྐྱེ་བ་མ་ཡིན་ཞིང་། གནས་གསུམ་བྱིན་རླབས་སོགས་སུ་སྔགས་སྡོམ་རང་གི་ལྡོག་པ་ནས་སྐྱེ་བ་ཡིན་ནོ། །འདི་བཞིན་དུ་ཀུན་མཁྱེན་མཁས་པའི་དབང་པོས་བཤད་དོ། །

གསུམ་པ་དེ་རེ་རེ་ཡང་དོན་མཚན་ལྔ་ལྔས་གཏན་ལ་ཕབ་པ་ནི། རྗེ་བཙུན་རྩེ་མོས། གང་དུ་སྡོམ་པའི་གནས། གང་སྡོམ་པའི་ངོ་བོ། ཐབས་གང་གིས་སྡོམ་པ། སྡོམ་པ་དང་ལྡན་པའི་རྟེན་གྱི་གང་ཟག་དང་བཞི་ལས། གང་སྡོམ་པའི་ངོ་བོ་ལ། གྲངས་ཇི་སྙེད་གཅིག་སྡོམ་པ། སྲུང་བྱ་གང་སྡོམ་པ། སྡོམ་པ་རང་གི་ངོ་བོ་དང་གསུམ་དུ་གསུངས་ཤིང་། དེ་དག་ཀུང་རིམ་བཞིན་བྱང་སེམས་ཀྱི་སྡོམ་པ་སོགས་ལ་ཡང་སྦྱར་བར་གསུངས་སོ། །རྗེ་བཙུན་གྱིས། གང་དུ་སྡོམ་པའི་གནས། གྲངས་ཇི་སྙེད་གཅིག་སྡོམ་པ། སྲུང་བྱ་གང་སྡོམ་པ། ཐབས་གང་གིས་སྡོམ་པ། སྡོམ་པ་རང་གི་ངོ་བོ་ལྔ་གསུངས་ཤིང་། དེ་ལ་ཡང་སོ་ཐར་དཔེར་བྱས་ནས་རྫོགས་རིམ་ལ་སྦྱར། སྲུང་བྱ་གང་སྡོམ་གྱི་སྐབས་སུ་བྱང་སེམས་ཀྱི་སྡོམ་པར་དཔེ་མཛད་དོ། །དེ་དག་གི་དོན། སོ་ཐར། བྱང་སེམས། བསྐྱེད་རིམ། རྫོགས་རིམ་བཞི་ཆར་ལ་སྦྱར་ནས། གང་དུ་སྡོམ་པའི་གནས་ནི། སོ་ཐར་ལ། ནུ་ལེནྡྲ་ལ་སོགས་པ་བཞི་པོ་འདུ་བའི་གནས། བྱང་སེམས་ལ། རྟེན་གྱི་ཡུལ་མཆོད་པར་བྱེད་པ་ཉིད་དུ་བྱེད་པ། ཞེས་པ་ལྟར། གང་ཟག་རེ་རེ་ཡང་གང་དུ་བཞུགས་པའི་གནས། བསྐྱེད་རིམ་ལ། མཉམ་བཞག་ལྟར་ན། རང་སེམས་རྗེས་སྤྱོད་ལྟར་ན། སྣང་བའི་དངོས་པོ་གང་དུ་ཡོད་པ། རྫོགས་རིམ་ལ། རང་བྱིན་རླབས་ལྟར་ན། ཕྱིར་རྩའི་འཁོར་ལོ་ཐམས་ཅད། ཁྱད་པར་དུ་ལྟེ་བའི་གནས། དཀྱིལ་འཁོར་འཁོར་ལོ་ལྟར་ན། དབང་གི་གནས་སོ། །གྲངས་ཇི་སྙེད་གཅིག་སྡོམ་པ་ནི། སོ་ཐར་ལ། ལུས་ངག་གིས་བསླབ་པར་བྱ་བ་ཇི་སྙེད་ཡོད་པ་རྣམས། ལྔ་དང་། བརྒྱ

དང་། བཙུ་དང་། ཉིས་བརྒྱ་ལྔ་བཅུ་རྩ་གསུམ་སོགས་སུ་སྡོམ། བྱང་སེམས་ལ། སེམས་ཀྱིས་བསླབ་པར་བྱ་བ་ཐམས་ཅད་ཚུལ་ཁྲིམས་གསུམ་མམ། ཕ་རོལ་ཏུ་ཕྱིན་པ་དྲུག་ཏུ་སྡོམ། བསྐྱེད་རིམ་ལ་མཉམ་བཞག་ལྟར་ན། སྣང་གཞི་ཐམས་ཅད་དཀྱིལ་འཁོར་གྱི་འཁོར་ལོ་དེར་སྡོམ། རྗེས་སྤྱོད་ལྟར་ན། ལྷག་པའི་ལྷའམ་ལྷ་སོ་སོའི་ངོ་བོར་སྡོམ། རྫོགས་རིམ་ལ། ཕྱི་རོལ་ཏུ་ཇི་སྙེད་ཡོད་པའི་ཆོས་ཐམས་ཅད་ནང་དུ་རྩ་འཁོར་ལོ་བཞི་ལ་སོགས་པར་སྡོམ་མོ། །སྲུང་བྱ་གང་སྡོམ་པ་ནི། སོ་ཐར་ལ་ལུས་ངག་གི་ཁ་ན་མ་ཐོ་བ། བྱང་སེམས་ལ་སེམས་ཀྱི་ཁ་ན་མ་ཐོ་བ། བསྐྱེད་རིམ་ལ་ཐ་མལ་གྱི་རྣམ་རྟོག །རྫོགས་རིམ་ལ་གྲུ་ནོམ་ལྟར་ཞེན་གྱི་རྣམ་རྟོག་སྡོམ་མོ། །ཐབས་གང་གིས་སྡོམ་པ་ནི། སོ་ཐར་ལ་གསོལ་བཞིའི་ཆོ་ག་སོགས་དང་། བྱང་སེམས་ལ་དབུ་སེམས་ཀྱི་ཆོ་ག་སོགས་དང་། བསྐྱེད་རྫོགས་གཉིས་ལ་དང་པོར་དབང་གི་ཆོ་ག་སོགས་དང་། ཕྱིས་སྡོན་དུ་བྱེད་པ་ནི། བསྐྱེད་རྫོགས་བསྒོམ་པའི་ཐབས་ཀྱིས་སོ། །སྡོམ་པ་རང་གི་ངོ་བོ་ནི། སམ་བྷ་ར་ཞེས་པ་བདེ་བའི་མཆོག་ལ་འཇུག་པས། དེས་བདེ་བར་གྱུར་པས་ན་སྡོམ་པ་སྟེ། སོ་ཐར་ལ། མཐུན་པ་རྣམས་ཀྱི་བཀའ་ཐུབ་བདེ། །བྱང་སེམས་ལ། བདེ་བའི་འབྱུང་གནས་དེ་ལ་སྐྱབས་སུ་མཆི། །ཞེས་པ་དང་། བསྐྱེད་རིམ་ལ། ཐབས་ནི་བདེ་བའི་སྡོམ་པ་སྟེ། ཞེས་པ་དང་། རྫོགས་རིམ་ལ། རང་རིག་བདེ་བ་ཆེན་པོ་ཉིད། །ཅེས་པ་ལྟ་བུའོ། །སྐབས་འདིའི་བདེ་བ་ནི། ཚོར་བ་བདེ་བ་དང་། ཤིན་ཏུ་སྦྱངས་པའི་བདེ་བ་སོགས་མ་ཡིན་གྱི། རང་རང་གི་སྲུང་བྱ་མི་མཐུན་པའི་ཕྱོགས་སྡོམ་པས་བདེ་བའི་མཆོག་ཏུ་གྱུར་པའོ། །

གསུམ་པ་ངག་དོན་གྱི་སྦྱོར་བ་ནི། སྐལ་དམན་རིམ་འཇུག་པ་ལྟར་ན། ཤེས་བྱ་ཆོས་ཅན། སྡོམ་པ་འོག་མ་གཉིས་ཀྱི་སྦྱང་བ་སྔོན་དུ་སོང་ནས་རྡོ་རྗེ་ཐེག་པའི་ལམ་དུ་ཞུགས་ཏེ། མྱུར་དུ་སངས་རྒྱས་ཐོབ་པར་འདོད་ན། སྨིན་གྲོལ་གཉིས་ལ་འབད་པར་བྱ་དགོས་ཏེ། སྨིན་གྲོལ་གཉིས་པོ་དེ་སྔགས་ལམ་གྱི་གཙོ་བོ་ཡིན་པའི་ཕྱིར། སྐལ་ལྡན་ཅིག་ཅར་བ་ལྟར་ན། དེ་ཆོས་ཅན། ཐུན་མོང་གི་སྦྱང་བ་ལ་མ་ལྟོས་པར་དང་པོ་ཉིད་ནས་རྡོ་རྗེ་ཐེག་པའི་ལམ་དུ་ཞུགས་ཏེ་མྱུར་དུ་སངས་རྒྱས་ཐོབ་པར་འདོད་ན་སྨིན་གྲོལ་གཉིས་ལ་འབད་པར་བྱ་དགོས་ཏེ། སྨིན་གྲོལ་གཉིས་པོ་དེ་སྔགས་ལམ་གྱི་གཙོ་བོ་ཡིན་པའི་ཕྱིར། ཡང་ན། བླ་མེད་ཀྱི་གདུལ་བྱ་དབང་རྣོན་ཆོས་ཅན། སྨིན་གྲོལ་གཉིས་ལ་འབད་པར་བྱ་དགོས་ཏེ། བླ་མེད་ཀྱི་རྡོ་རྗེ་ཐེག་པའི་ལམ་དུ་ཞུགས་ཏེ་མྱུར་དུ་སངས་རྒྱས་ཐོབ་པར་འདོད་པའི་གདུལ་བྱ་ཡིན་པའི་ཕྱིར་རོ། །གསུམ་པ་རྒྱས་པར་བཤད་པ་ལ་ལྔ་སྟེ། སྨིན་བྱེད་ལོང་པ་མེད་པའི་དབང་དང་། གྲོལ་བྱེད་འཁྲུལ་པ་མེད་པའི་རིམ་པ་གསུམ། དབང་དང་རིམ་གཉིས་ལས་བྱུང་བའི་ཡེ་ཤེས་ཕྱག་རྒྱ་ཆེན་པོ། ཕྱག་ཆེན་གོམས་པས་འཁོར་འདས་འགྲེལ་པའི་སྤྱོད་པ་སྤྱད་པ། དེ་ལ་བརྟེན་ནས

ལམ་བགྲོད་དེ་འབྲས་བུ་མངོན་དུ་བྱེད་པའི་ཚུལ་ལོ། །དང་པོ་ལ་གསུམ་སྟེ། མ་འཁྲུལ་པའི་སྨིན་བྱེད་སྒྲུབ་པར་གདམས་པ། འཁྲུལ་པའི་སྨིན་བྱེད་དོར་བར་གདམས་པ། དབང་ལས་ཐོབ་པའི་དམ་ཚིག་ལ་འཁྲུལ་པ་དགག་པའོ། །དང་པོ་ནི། སྨིན་པར་བྱེད་པའི་དབང་བསྐུར་ཡང་། །ཞེས་སོགས་ཚིགས་བཅད་གཉིས་ཀྱིས་བསྟན། འདིའི་སྐབས་སུ་གཞུང་གི་འགྲེལ་བ་དཔྱད་པ། དཀའ་བའི་གནས་ལ་དཔྱད་པ། ངག་དོན་གྱི་སྦྱོར་ལམ་དཔྱད་པའོ། །དང་པོ་ནི། སྨིན་གྲོལ་གཉིས་ལ་འབད་པར་བྱ། །ཞེས་པ་ལས་འཕྲོས་ནས། འོན་སྨིན་བྱེད་ཀྱི་དབང་དེ་གང་ལས་བླང་བར་བྱ་བ་ཡིན་ཞེ་ན། སྨིན་བྱེད་ཀྱི་དབང་དེ་ཡང་སངས་རྒྱས་རྡོ་རྗེ་འཆང་ནས་རྩ་བའི་བླ་མའི་བར་དུ་བླ་མ་བརྒྱུད་པ་མ་ཉམས་ཤིང་། སྦྱོར་དངོས་རྗེས་གསུམ་གྱི་ཆོ་ག་འཁྲུལ་༼མཚན་མ་ཡིག་ལྟར་ན་བྲ་ཡིག་ལྟར་འདི་ན་འདུག ༽པར་མ་གྱུར་པ་དང་། ཕྱི་ནང་གི་རྟེན་འབྲེལ་བསྒྲིག་པ་མཁྱེན་ཅིང་། སློབ་མའི་ཕུང་ཁམས་སྐྱེ་མཆེད་ལ་སྐུ་བཞིའི་ས་བོན་ཐེབས་ནུས་ཤིང་། འདིར་ཉམས་ལེན་ཐམས་ཅད་སངས་རྒྱས་ཀྱི་གསུང་ཇི་ལྟ་བ་བཞིན་མཛད་པའི་བླ་མ་བཙལ་ལ་དབང་བཞི་བླང་བར་བྱ་བ་ཡིན་ཏེ། དེའི་རྟེན་གྱི་གང་ཟག་དེ་སྡོམ་པ་གསུམ་ལྡན་དུ་འགྱུར་བའི་ཕྱིར། ༼དཔེ་སྔར་པས་མཚན་བྲ་ཡིག་འདི་གང་དུ་འཇོག་དགོས་པ་མི་ཤེས། ༽གསང་བ་སྤྱི་རྒྱུད་ལས། ཁྱད་པར་ཅན་གྱི་ལས་རྣམས་ལ། །ལྷ་དུས་བྱ་བ་དུས་བཞིན་སྤྱད། །གཞན་དུ་ཆོ་ག་ཉམས་པའི་ཕྱིར། །གྲུབ་པ་ནམ་ཡང་ཡོད་མ་ཡིན། །དེ་ཡང་སྔར་སྡོམ་པ་འོག་མ་གཉིས་པོ་བླངས་པ་ཡིན་ན། དབང་བསྐུར་གྱི་ཚེ་སྔགས་སྡོམ་དུ་གནས་འགྱུར་བ་ཡིན་ལ། སྔར་མ་བླངས་ན་སྔ་གོན་གྱི་ཚེ་སོ་ཐར་དང་བྱང་སྡོམ་ཐོབ་པར་རྗེ་བཙུན་གྱིས་གསུངས་པ་ལ་ཚད་མར་བྱའོ། །གཉིས་པ་དཀའ་བའི་གནས་བྱེ་བྲག་ཏུ་བཤད་པ་ལ་ལྔ་སྟེ། སྡོམ་པ་མ་ཐོབ་པ་ཐོབ་པར་བྱེད་པའི་ཆོ་ག །ཐོབ་པ་མི་ཉམས་པར་བསྲུང་བའི་བསླབ་བྱ། ཉམས་ན་ཕྱིར་བཅོས་པའི་ཚུལ། སྡོམ་པ་གནས་གཏོང་གི་ཚུལ་ལ་དཔྱད་པ། གསུམ་ལྡན་གྱི་གང་ཟག་གི་སྡོམ་གསུམ་ཉམས་སུ་ལེན་པའི་ཚུལ་ལོ། །དང་པོ་ལ་དྲུག་སྟེ། གང་ལ་བླང་བའི་ཡུལ། གང་གིས་ལེན་པའི་གང་ཟག །གང་དུ་དབང་བསྐུར་བའི་དཀྱིལ་འཁོར། ཇི་ལྟར་དབང་བསྐུར་བའི་ཆོ་ག །དེ་ལྟར་དབང་བསྐུར་བའི་དགོས་པ། དེ་ལས་སྔགས་སྡོམ་ཐོབ་པའི་དུས་བསྟན་པའོ། །དང་པོ་ནི། སྤྱིར་ས་ཐོབ་ནས་མཆོག་གི་སྤྲུལ་སྐུ་དང་ལོངས་སྤྱོད་རྫོགས་པའི་སྐུ་ལས་བླང་བ་སོགས་མང་དུ་བཤད་ཀྱང་། སོ་སོ་སྐྱེ་བོའི་སློབ་མ་སྐྱོད་ལྡན་ཞིག་གིས། སོ་སོ་སྐྱེ་བོའི་རྡོ་རྗེ་སློབ་དཔོན་ལ་དབང་ཞུ་བའི་དབང་དུ་བྱས་ནས། དེའི་མཚན་ཉིད་རྒྱུད་སྡེ་རྣམས་ལས། མང་དུ་གསུངས་པ་རྣམས་མདོར་བསྡུས་ཏེ་བླ་མ་ལྔ་བཅུ་པ་ལས། བརྟན་ཞིང་དུལ་ལ་བློ་གྲོས་ལྡན། །བཟོད་ལྡན་དྲང་ལ་གཡོ་སྒྱུ་མེད། །སྔགས་དང་རྒྱུད་ཀྱི་སྦྱོར་བ་ཤེས། །སྙིང་རྗེ་ལྡན་ཞིང་བསྟན་བཅོས་མཁས། །དེ་ཉིད་བཅུ་ནི་ཡོངས་སུ་ཤེས། །དཀྱིལ་འཁོར་བྲི་བའི་ལས་ལ་མཁས། །སྔགས་བཤད་པ་ཡི་

སྦྱོར་བ་ཤེས། །རབ་ཏུ་དྭངས་ཤིང་དབང་པོ་དུལ། །ཞེས་གསུངས་ཏེ། དེ་ལ་དེ་ཉིད་བཅུ་ནི། རྡོ་རྗེ་སྙིང་པོ་རྒྱན་གྱི་རྒྱུད་ལས། གསང་བའི་དེ་ཉིད་བཅུ་དང་། ཕྱིའི་དེ་ཉིད་བཅུ་གསུངས་ཤིང་། རབ་གནས་ཀྱི་རྒྱུད་ལས། ཆོག་དེ་ཉིད་བཅུ་གསུངས། བླ་མ་ཡོངས་བཟུང་གི་རྒྱུད་ལས། སློབ་དཔོན་ལ་ཉེ་བར་མཁོ་བའི་དེ་ཉིད་བཅུ་གསུངས། སློབ་དཔོན་དཔའ་བོ་རྡོ་རྗེས་མུ་གུ་ལུང་དུ་བརྩིས་པའི་དབང་ཆོག །རིན་ཆེན་འབར་བ་ལས། དེ་ཁོ་ན་ཉིད་ཀྱི་དེ་ཉིད་བཅུ་གསུངས་སོ། །མདོར་ན། དེང་སང་སྔགས་སྡོམ་ལེན་པའི་ཡུལ་གྱི་རྡོ་རྗེ་སློབ་དཔོན་ནི། རྗེ་བཙུན་ཆེན་པོས། བླ་མེད་བརྒྱུད་པ་དང་ལྡན་བརྒྱུད་དོན་རིག །དམ་ཚིག་མཆོག་བསྲུང་མན་ངག་དུ་མས་བརྒྱན། །སྙིང་རྗེས་རྒྱུད་བརླན་བསྟན་བཅོས་མང་དུ་ཤེས། །དེ་ཡི་ཞབས་བརྟན་གསོལ་བ་ལན་མང་བཏབ། ། ཅེས་གསུངས་པ་དང་། གཞུང་འདིར། བླ་མ་བརྒྱུད་པ་མ་ཉམས་ཤིང་། །ཞེས་སོགས་གསུངས་པ་ལྟར། བླ་མ་བརྒྱུད་པ་དང་ལྡན་ཞིང་ཚོག་ལ་མཁས་པ་སོགས་ཀྱི་མཚན་ཉིད་དང་ལྡན་པ་བཟུང་བར་བྱ་བ་ཡིན་ནོ། །གཉིས་པ་གང་གིས་ལེན་པའི་གང་ཟག་ལ། སྐལ་དམན་རིམ་འཇུག་པ་དང་། སྐལ་ལྡན་ཅིག་ཅར་བ་གཉིས་ལས། དང་པོ་ནི། ཐོག་མར་འཆི་བ་མི་རྟག་པ་དང་། དལ་འབྱོར་རྙེད་དཀའི་སྒོ་ནས་ཚེ་འདི་ལ་བློ་ལྡོག་སྟེ། ཕྱི་མ་ཕན་ཆད་ཀྱིས་ཆེད་དུ། བསྙེན་གནས་ཡན་ལག་བརྒྱད་པ་ཙམ་ལེན་དུ་གཞུག །དེའི་འོག་ཏུ་འཁོར་བའི་ཉེས་དམིགས་དང་། དལ་འབྱོར་རྙེད་དཀའི་སྒོ་ནས་འཁོར་བ་ལ་བློ་ལྡོག་སྟེ། བྱང་ཆུབ་ཀྱི་ཆེད་དུ་སོ་ཐར་རིས་བདུན་པོ་གང་ལ་སློབ་ནུས་པ་དེ་ལེན་དུ་གཞུག་ལ། དེ་ནས་ཐེག་པ་འོག་མ་གཉིས་ཀྱང་། གཞན་དོན་བསྒྲུབ་པའི་གེགས་སུ་མཐོང་ནས་རྫོགས་པའི་བྱང་ཆུབ་ཀྱི་ཆེད་དུ། ཐེག་པ་ཆེན་པོའི་སེམས་བསྐྱེད་ཀྱི་སྡོམ་པ་ལེན་དུ་གཞུག་པའི་སྦྱོད་པ་རིམ་ཅན་དང་། དེ་ནས་གྲུབ་མཐའ་བཞི་དང་། རྒྱུད་སྡེ་བཞི་ལ་རིམ་གྱིས་བསླབས་ཏེ། རྣལ་འབྱོར་བླ་མེད་ཀྱི་སྨིན་བྱེད་ཀྱི་དབང་། གྲོལ་བྱེད་ཀྱི་ལམ་ལ་བརྟེན་ནས། སངས་རྒྱས་རྡོ་རྗེ་འཆང་གི་གོ་འཕང་མངོན་དུ་བྱེད་པ་ནི་སྐལ་དམན་རིམ་འཇུག་པའི་ལམ་གྱི་རིམ་པ་ཡིན་པས། འདི་ལ་ནི། སོར་རིས་བདུན་གང་རུང་གི་རྟེན་ངེས་པར་དགོས་པ་ཡིན་ནོ། །ལམ་གྱི་བགྲོད་ཚུལ་དེ་ཡང་ཀྱེ་རྡོ་རྗེ་ལས། དང་པོར་གསོ་སྦྱོང་སྦྱིན་པར་བྱ། །ཞེས་སོགས་ལ་བརྟེན་ནས། རྣལ་འབྱོར་དབང་ཕྱུག་བརྒྱད་པ་དང་བཅས་པ་རྣམས་ཀྱིས་གདུལ་བྱ་དགྲི་བའི་ཚུལ་དུ་སྣང་ངོ་། །

གཉིས་པ་སྐལ་ལྡན་ཅིག་ཆར་བའི་རྟེན་ནི། སྡོམ་པ་འོག་མས་སྔོན་བ་མ་བྱས་ཀྱང་། དང་པོ་ནས་དབང་བསྐུར་དུ་རུང་བ་ཡིན་ཏེ། ཕྱི་མའི་ལེའུ་བཞི་པ་ལས། གདོལ་པ་མིག་མཁན་ལ་སོགས་པ། །གསོད་དོན་དོན་དུ་སེམས་དཔའ་བོ། །དེ་རྣམས་ཀྱི་རྡོར་རྗེ་ཤེས་ན། །འགྲུབ་འགྱུར་འདི་ལ་ཐེ་ཚོམ་མེད། །ཅེས་དང་། འཕགས་པ་དེ་ཁོ་ན་ཉིད་བཏུས་པ་ལས། བཅོམ་ལྡན་འདས་རྡོ་རྗེ་དབྱིངས་ཀྱི་དཀྱིལ་འཁོར་ཆེན་པོར་འཇུག་པ་ལ། སྣོད་དུ

གྱུར་པ་དང་མ་གྱུར་པ་བརྟག་མི་དགོས་པ་འཚལ་ལོ། །དེ་ཅིའི་ཕྱིར་ཞེ་ན། དཀྱིལ་འཁོར་ཆེན་པོ་མཐོང་བ་ཙམ་གྱིས་སྡིག་པ་འདག་པའི་ཕྱིར་རོ། །ཞེས་དང་། སཾ་པུ་ཊི་ར། ཤེས་རབ་སྒྲོན་དུ་མ་རྙེད་ན། །བྱོལ་སོང་དག་ལ་ཡང་གོམས་པར་བྱའོ། །ཞེས་བྱོལ་སོང་གི་ཕྱག་རྒྱ་བསྟེན་པར་བཤད་ཅིང་། ཕྱག་རྒྱ་དེ་ཡང་དབང་བསྐུར་བ་ཐོབ་ཅིང་། དམ་ཚིག་དང་སྡོམ་པ་དང་ལྡན་པ་དགོས་པའི་ཕྱིར་རོ། །དེ་ལྟར་ཅིག་ཅར་འཇུག་པ་ཡིན་མོད་ཀྱང་། བླ་མ་གོང་མ་རྣམས་ཀྱི་ཕྱག་ལེན་ལ། ཐེག་པ་ཆེན་པོའི་ཐུན་མོང་མ་ཡིན་པའི་སྐྱབས་འགྲོ་དང་སེམས་བསྐྱེད་ཙམ་སྔོན་དུ་བཏང་ནས་དཀྱིལ་འཁོར་དུ་འཇུག་པར་མཛད་དོ། །དེ་ལྟར་ཡང་སཾ་པུ་ཊི་ར། སྐྱབས་སུ་འགྲོ་བའི་རིམ་པ་ཡི། །དང་པོ་ལེགས་པར་སྦྱངས་ནས་ནི། །སྔགས་དང་རྒྱུད་ཀྱི་རིམ་པ་ཡི། །གསང་བའི་དེ་ཁོ་ན་ཉིད་བསྒྲགས། །ཅེས་གསུངས་སོ། །

གསུམ་པ་དཀྱིལ་འཁོར་ལ་ལྔ་སྟེ། ཡེ་ཤེས་ཀྱི་དཀྱིལ་འཁོར། སྤྲུལ་པའི་དཀྱིལ་འཁོར། ཏིང་ངེ་འཛིན་གྱི་དཀྱིལ་འཁོར། རྡུལ་ཚོན་གྱི་དཀྱིལ་འཁོར། རས་བྲིས་ཀྱི་དཀྱིལ་འཁོར་རོ། །དང་པོ་ནི། སངས་རྒྱས་རྡོ་རྗེ་འཆང་གིས་རྒྱུད་གསུང་བའི་ཚེ་འཁོར་རྣམས་ཡེ་ཤེས་ཀྱི་དཀྱིལ་འཁོར་དུ་བཙུག་ནས་དབང་བསྐུར་བའི་ཆེད་དུ་ཡེ་ཤེས་ཀྱི་སྣང་བ་ལས་གྲུབ་པའི་དཀྱིལ་འཁོར་རོ། །གསུམ་པ་ནི། ས་ལ་གནས་པའི་འཕགས་པ་རྣམས་དང་། སོ་སོའི་སྐྱེ་བོ་ལས་དག་པ་རྣམས་ཀྱི་དོན་དུ། སྤྲུལ་བ་མཆོག་གི་དཀྱིལ་འཁོར་གྱི་འཁོར་ལྟ་ཚོགས་སུ་སྤྲུལ་པས་ཏེ། དེ་ལས་གཙོ་བོ་གྲུབ་པའི་ས་ལ་གནས་པ་རྣམས་ཀྱིས་དབང་བླངས་ཤིང་། སོ་སོ་སྐྱེ་བོ་ལས་དག་པ་འགའ་ཞིག་གིས་དབང་བླངས་པས་དེ་མ་ཐག་ཏུ་གྲུབ་པའི་ས་ཐོབ་པ་ཡོད་དེ། དཔལ་ལྡན་ཆོས་སྐྱོང་གིས། བདག་མེད་མའི་སྤྲུལ་བའི་དཀྱིལ་འཁོར་དུ་དབང་བླངས་པ་ལས་ས་དང་པོ་སྔོན་དུ་བྱས་པ་བཞིན་නོ། །

གསུམ་པ་ནི། ཏིང་ངེ་འཛིན་ལ་བརྟན་པ་ཐོབ་པའི་སོ་སོ་སྐྱེ་བོའི་རྡོ་རྗེ་སློབ་དཔོན་དང་། འཕགས་པའི་གང་ཟག་གི་ལུས་ངག་གི་བྱེད་པ་མེད་པར་ཏིང་ངེ་འཛིན་འབའ་ཞིག་གིས་ས་ཆོག་གི་བར་ཚང་བའི་སྒོ་ནས་རྡུལ་ཚོན་གྱི་དཀྱིལ་འཁོར་ཇི་ལྟ་བ་བཞིན་དུ་བཞེངས་པའོ། །འདི་ལ་ཏིང་ངེ་འཛིན་བརྟན་མི་བརྟན་གྱི་བྱེ་བྲག་གིས་དཀྱིལ་འཁོར་རང་གིས་ལྟ་ནུས་ཤིང་། གཞན་ལ་བསྟན་ནུས་པ་དང་། རང་གིས་ལྟ་ནུས་ཀྱི་གཞན་ལ་བསྟན་མི་ནུས་པ་གཉིས་ཡོད་དོ། །ཞེས་བླ་མས་གསུངས་སོ། །དབང་བསྐུར་བ་ལ་ནི་གཞན་ལ་བསྟན་ནུས་པ་ཞིག་དགོས་ཏེ། དཔའ་བོ་རྡོ་རྗེས། འབྲོག་མི་ལོ་ཙྰ་བ་ལ། དབང་བསྐུར་བར་གསུངས་པ་ལྟ་བུའོ། །བཞི་པ། རྡུལ་ཚོན་གྱི་དཀྱིལ་འཁོར་ནི། སོ་སོའི་སྐྱེ་བོའི་རྡོ་རྗེ་སློབ་དཔོན་གྱི་སློབ་མ་སྨིན་པར་བྱེད་པའི་དབང་དུ་མཛད་ནས། རྒྱལ་བ་རྡོ་རྗེ་འཆང་གིས་རྒྱུད་སྡེ་རྣམས་ལས་འདི་རྒྱས་པར་གསུངས་སོ། །

ལྔ་པ་ནི། རས་གཞི་རྣམ་པར་དག་པ་ལ་དཀྱིལ་འཁོར་ཡོངས་སུ་རྫོགས་པ་བྲིས་ནས་རབ་གནས་ཚུལ་བཞིན་དུ་བྱས་པ་ཡིན་ནོ། །ལུས་ཀྱི་དཀྱིལ་འཁོར་ནི། རང་གི་ལུས་ལ་གདོད་མ་ནས་གྲུབ་པའི་རྩ་ཁམས་ལྷའི་རང་བཞིན་དུ་གནས་པ་ལ་འདོད་དེ། སློབ་དཔོན་རྡོ་རྗེ་དྲིལ་བུ་པས། འགྲོ་བ་འདི་དག་རང་བཞིན་གྱི། །གྲུབ་པའི་དཀྱིལ་འཁོར་གཉིས་མེད་པའོ། །ཞེས་དང་། གསང་བ་འདུས་པ་ལས། རྡོ་རྗེ་སློབ་དཔོན་ལུས་འདི་ལ། །རྒྱལ་བའི་སྐུ་ནི་རིམ་བཞིན་གནས། །ཞེས་གསུངས་པའི་ཕྱིར། ཞར་ལ་བྱུང་བ་ནི། སྤྱིར་རྒྱུད་དཀྱིལ་འཁོར་བཅུ་གཉིས་ལ། འཇིག་རྟེན་ལས་འདས་པའི་དཀྱིལ་འཁོར་དྲུག འཇིག་རྟེན་པའི་དཀྱིལ་འཁོར་དྲུག་ལས། དང་པོ་ལ། བརྟག་པ་ཕྱི་མ་ལས་འབྱུང་བ། ཤཱཀྱ་ཐུབ་པ་སྐུའི་དཀྱིལ་འཁོར། ཚེ་དཔག་མེད་གསུང་གི་དཀྱིལ་འཁོར། ཕྱག་ན་རྡོ་རྗེ་ཐུགས་ཀྱི་དཀྱིལ་འཁོར། འཁོར་ལོས་བསྒྱུར་བ་ཡོན་ཏན་གྱི་དཀྱིལ་འཁོར། མེ་ལྷར་འབར་བ་འཕྲིན་ལས་ཀྱི་དཀྱིལ་འཁོར་དང་ལྔ། བརྟག་པ་དང་པོ་ཀུན་རིག་རྩ་བའི་དཀྱིལ་འཁོར་དང་དྲུག་གོ། །འཇིག་རྟེན་པའི་དཀྱིལ་འཁོར་དྲུག་ནི། ཕྱག་ན་རྡོ་རྗེ་ལ་འཇིག་རྟེན་པས་བསྐོར་བ་དྲུག་སྟེ། རྒྱལ་ཆེན་བཞིའི་དཀྱིལ་འཁོར། ཕྱོགས་སྐྱོང་བཅུའི་དཀྱིལ་འཁོར། གཟའ་ཆེན་བརྒྱད་རྒྱུ་སྐར་དང་བཅས་པའི་དཀྱིལ་འཁོར། ཀླུ་ཆེན་བརྒྱད་ཀྱི་དཀྱིལ་འཁོར། འཇིགས་བྱེད་ཆེན་པོ་དགུ་ཚུང་མ་དང་བཅས་པའི་དཀྱིལ་འཁོར། ལྷ་ཆེན་བརྒྱད་ཀྱི་དཀྱིལ་འཁོར་དང་དྲུག་གོ། །འཇིག་རྟེན་ལས་འདས་མ་འདས་ཀྱི་ཁྱད་པར་ཡང་། དཀྱིལ་འཁོར་གྱི་གཙོ་བོ་བཅུ་གཉིས་སངས་རྒྱས་སུ་འདྲ་བ་ལ། འཁོར་དེ་བཞིན་གཤེགས་པས་བསྐོར་བ་དྲུག་དང་འཇིག་རྟེན་པས་བསྐོར་བ་དྲུག་ཡོད་པའི་དབྱེ་བྲག་གིས་འབྱེད་དོ། །རྗེ་བཙུན་ཆེན་པོས། དཀྱིལ་འཁོར་བཅུ་གཉིས་པོ་རེ་རེ་ལ་ཡང་། ཏིང་ངེ་འཛིན་གྱི། རྟུལ་ཚོན་གྱི། རས་བྲིས་ཀྱི་དཀྱིལ་འཁོར་བཅུ་གཉིས་གསུངས་སོ། །བཞི་བ་དབང་བསྐུར་བའི་ཚོ་ག་ལ་གཉིས་སྟེ། སློབ་མ་རྗེས་སུ་བཟུང་བའི་ཆོ་ག་དང་། དེ་སྨིན་པར་བྱ་བ་དབང་བསྐུར་བའི་ཆོ་གའོ། །དང་པོ་ནི། སཾ་པུ་ཊི་ལས། སློབ་མས་ཕྱུས་མོའི་ལྷ་ང་ནི། །ས་ལ་དད་པས་བཙུགས་ནས་ནི། །ཐལ་མོ་སྦྱར་ནས་བསྟོད་པ་ཡི༑ །སྟོན་པ་ལ་ནི་ཞུ་བར་བྱ། །ཞེས་གསུངས་པ་ལྟར་ཤེས་པར་བྱའོ། །གཉིས་པ་ལ་གཉིས་ཏེ། སྟོན་དུ་བསྙེན་པ་བྱ་བ་དང་། ཆོ་ག་དངོས་བཤད་པ་གཉིས། དང་པོ་ནི། དབང་བསྐུར་བའི་ལས་ལ་འཇུག་པ་ལ་སྔོན་དུ་བསྙེན་པ་འགྲོ་དགོས་ཏེ། དཀྱིལ་འཁོར་ལས་རིམ་ལས། དཀྱིལ་འཁོར་བྲི་བའི་སྔོན་དུ་ནི། །དང་པོར་ལྷ་ཡི་བསྙེན་པ་བྱ་ཞེས་དང་། རྣམ་སྣང་མངོན་བྱང་ལས། དེ་གཉིས་གདམས་པར་བྱས་ནས་སུ། །སྔོན་དུ་བསྙེན་པ་ལེགས་པར་བྱ༑ །ཞེས་གསུངས་སོ། །དེའང་མཚན་མའི་བསྙེན་པ་རབ་འབྲིང་གསུམ་ནི། རབ་ཡི་དམ་གྱི་ལྷ་ལས་དངོས་སུ་སྣང་བ་ཐོབ་པ། འབྲིང་རྡོ་རྗེ་དྲིལ་བུ་ནམ་མཁའ་ལ་འཛིན་ནུས་པ། ཐ་མ་རྨི་ལམ་དུ་སྣང་བ་ཐོབ་པ། དུས་ཀྱི་

བསྙེན་པ་རབ་འབྲིང་གསུམ་ནི། རབ་ལོ་དྲུག འབྲིང་ཟླ་བ་དྲུག ཐ་མ་ཞག་བདུན། གྲངས་ཀྱི་བསྙེན་པ་རབ་འབྲིང་གསུམ་ནི། རབ་གཙོ་བོ་ལ་བཞི་འབུམ། འཁོར་ལ་བཞི་ཁྲི། འབྲིང་གཙོ་བོ་ལ་བཞི་ཁྲི། འཁོར་ལ་བཞི་སྟོང་། ཐ་མ་གཙོ་བོ་ལ་བཞི་སྟོང་། འཁོར་ལ་བཞི་བརྒྱ་ཡིན། དུས་དང་གྲངས་ཀྱི་འབྲིང་དང་ཐ་མ་གཉིས་ནི། བསྙེན་པ་ཁ་གསོ་ལ་གསུངས་པ་ཡིན་གྱི། དངོས་གཞིའི་བསྙེན་པ་ནི་མ་ཡིན་ནོ། །བླ་མས་ཁྲིམས་ཤིག་ཅེས་ལུང་བསྟན་ན་ནི། བསྙེན་པར་མ་རྫོགས་ཀྱང་འདྲེར་རུང་བ་ཡིན་ཏེ། དེ་ཡང་མཆན་མའི་བསྙེན་པ་རབ། དུས་ཀྱི་བསྙེན་པ་འབྲིང་། གྲངས་ཀྱི་བསྙེན་པ་ཐ་མ་ཡིན་པར་བདག་གི་བླ་མ་རྗེ་བཙུན་ཆེན་པོས་གསུངས་སོ། །དེ་དག་ཀྱང་རྩ་རྒྱུད་བརྟག་གཉིས་ལས། དཀྱིལ་འཁོར་བདག་པོ་བཟླས་འབུམ། དཀྱིལ་འཁོར་ཅན་གྱི་དེ་བཞིན་ཁྲི། ། ཞེས་སོགས་ཀྱིས་བཤད་དོ། །འོན་རྩ་རྒྱུད་ལས། དཀྱིལ་འཁོར་བདག་པོ་བཟླས་པ་འབུམ། །དཀྱིལ་འཁོར་ཅན་གྱི་དེ་བཞིན་ཁྲི། །ཞེས་གཙོ་བོ་ལ་འབུམ་དང་།འཁོར་རྣམས་ལ་ཁྲི་ཕྲག་རེ་བཟླས་པར་བཤད་པ་དང་འགལ་ལོ་སྙམ་ན། བོད་ཀྱི་བླ་མ་རྣམས་ལུང་དེ་ནི་རྫོགས་ལྡན་དུས་ཀྱི་དབང་བྱས་ལ། ད་ལྟ་རྩོད་དུས་ཡིན་པ་དེ་བཞི་འགྱུར་དུ་བྱ་དགོས་ཏེ། སྡོམ་འབྱུང་ལས། རྫོགས་ལྡན་ལ་ནི་བཟླས་བྱ་གཅིག །གཉིས་འགྱུར་གསུམ་ལྡན་ལ་བཟླས་བྱ། །སུམ་འགྱུར་གཉིས་ལྡན་ལ་རབ་བརྗོད། །རྩོད་ལྡན་བཟླས་པ་བཞི་འགྱུར་རོ། །ཞེས་གསུངས་པས་མི་འགལ་བར་བཞེད་པ་ནི་ཤིན་ཏུ་ལེགས་ཞེས། ཀུན་མཁྱེན་མཁས་པའི་དབང་པོས་གསུངས་པ་ལྟར་ཁས་བླངས་པར་བྱའོ། །གཉིས་པ་ནི། གསང་བ་སྤྱི་རྒྱུད་ལས། རྣམ་དཔྱད་དང་པོ་ས་གཞི་བཟུང་། །གཉིས་པ་ལ་ནི་སྟ་གོན་བྱ། །ཉུབ་གསུམ་པ་ལ་འཇུག་པ་ཤེས། །ཞེས་གསུངས་པ་ལྟར། །ཉུབ་དང་པོ་སའི་ཆོ་ག གཉིས་པ་སྟ་གོན་གྱི་ཆོ་ག །གསུམ་པ་དངོས་གཞིའི་ཆོ་ག་དང་གསུམ་ལས། དང་པོ་ལ། རྒྱུད་སྡེ་རྣམས་ལས་ཇི་སྙེད་གསུངས་པ་ཐམས་ཅད། ས་བརྟག་པ། ས་བླངས་པ། ས་སྦྱང་པ། ས་བཟུང་པ་དང་བཞིར་འདུས་སོ། །དང་པོ་ནི། ས་ཕྱོགས་དེར་དཀྱིལ་འཁོར་བྱ་བར་རུང་མི་རུང་བརྟག་པར་བྱ་བ་ཡིན་ཏེ། བརྟག་གཉིས་ལས། ཚལ་དང་སྐྱེ་བོ་མེད་གནས་དང་། །ཞེས་སོགས་ཚིགས་བཅད་གཅིག་གསུངས་སོ། །གཉིས་པ་ལ། མངོན་པ་ལས་བླང་བ་ནི། གོ་སླ་སྟེ་ས་དེའི་བདག་པོར་གྱུར་པའི་རྒྱལ་པོ་སོགས་ལ་བླང་བ་ཡིན་ནོ། །མི་མངོན་པ་ལས་བླང་བ་ནི། མི་མ་ཡིན་པ་ལ་གཏོར་མ་སྦྱིན་པའི་སྒོ་ནས་བླང་བ་ཡིན་ཏེ། བརྟག་གཉིས་ལས། གོང་གི་ཨ་སོགས་སྔགས་ཉིད་ཀྱི། །དེ་ལ་གཏོར་མ་རྣམ་པར་སྦྱིན། །གསུམ་པ་ལ། ལས་བྱ་བས་སྦྱོན་སྦྱང་བ་ནི། དཀྱིལ་འཁོར་གྲུ་གསུམ་བྱས་ནས་ནི། །ཞེས་སོགས་ཀྱིས་བསྟན། ས་ལྷ་བ་སོགས་ཏིང་ངེ་འཛིན་གྱིས་བགེགས་སྦྱང་བ་ནི། དང་པོ་ལྷ་ཡི་བདག་ཉིད་ཀྱི། །རྣལ་འབྱོར་པས་ནི་ནོར་འཛིན་སྦྱང་། །ཞེས་དང་། གོང་དུ་གསུངས་པའི་སྔགས་ཉིད་

ཀྱིས། །མཁས་པས་འཛིན་མ་རྣམ་པར་སྤྲུངས། །ཞེས་པས་བསྟན་ཏོ། །བཞི་བ་ནི། ས་དེར་སྤྲུང་བའི་འཁོར་ལོ་སྒོམ་པ་དང་། དཀྱིལ་འཁོར་བྲི་བར་བྱེད་ཀྱིས་བརླབས་པ་སོགས་ཡིན་ལ། དེ་ནི་བརྟག་གཉིས་ལས། ཇི་ལྟར་བསམ་གཏན་དེ་བཞིན་འདིར། །སྲུང་བ་ཇི་ལྟར་གསུངས་པ་ཉིད། །ཅེས་པས་བསྟན་ཏོ། །

གསུམ་པ་སྟ་གོན་གྱི་ཆོ་ག་ལ། སའི་ལྷ་མོ་སྟ་གོན། ལྷའི་བུམ་པའི་སྟ་གོན། སློབ་མ་སྟ་གོན་དང་གསུམ། དང་པོ་ནི། སྡོམ་འབྱུང་ལས། བཾ་ལས་བསྐྱེད་པར་བཤད། རྡོ་རྗེ་མཁའ་འགྲོ་ལས། ལམ་ལས་བསྐྱེད་པར་གསུངས་ཤིང་། ལུས་ཕྱེད་འཐོན་ལ། ཕྱག་གཉིས་ཀྱི་བུམ་པ་འཛིན་པ་ལ་ཡེ་ཤེས་པ་མི་གཞུག་པར་མཆོད་བསྟོད་སོགས་བྱེད་པར་གསུངས། སཾ་པུ་ཊི་ལས། ཡེ་ཤེས་པ་གཞུག་པར་གསུངས། རྩེ་མོའི་དབང་ཆུ་ལས། ཕྱག་གཉིས་ཀྱི་གསེར་གྱི་བུམ་པ་ཐུགས་ཀར་འཛིན་པའི་དམ་ཚིག་པ་ལ་ཡེ་ཤེས་པ་གཞུག་ཅིང་། དབང་བསྐུར་རིན་ཆེན་འབྱུང་ལྡན་གྱིས་རྒྱས་བཏབ། དེ་ལ་ལྷུང་བཟེད་ཞལ་གཅིག་མདུན་དུ་བཞག་ནས་ཆུ་བཞི་སྔོན་དུ་འགྲོ་བའི་མཆོད་པ་དང་གཏོར་མ་ཕུལ། སའི་ལྷ་མོ་ཡིད་ཀྱི་ནམ་མཁའ་ལ་བཏེགས་ཏེ་དཔང་པོར་བྱོན་པར་བསམ། ཞེས་ས་བླང་བའི་སྐབས་སུ་གསུངས་སོ། །ལ་བ་པ་སོགས་ཀྱི་གཡོན་གསེར་གྱི་བུམ་པ་དང་། གཡས་མི་འཛིགས་པ་མཛད་པར་ཡང་བཤད་དོ། །འདི་དག་ཀྱང་བརྟག་གཉིས་ལས། མ་མ་རིན་ཆེན་སྣ་ཚོགས་འཛིན། །ཞེས་སོགས་གསུངས་སོ། །གཉིས་པ་ནི། དངོས་གཞིའི་དུས་སུ་ལྷ་རྣམས་འབྱོན་པར་སྣང་གསན་དབབ་པའི་ཕྱིར་ལྷ་གྲངས་དང་མཉམ་པའི་ཚོམ་བུ་བཀོད་ནས། དཀྱིལ་འཁོར་ཡོངས་སུ་རྫོགས་པ་བསྒོམ་སྟེ། བཟླས་པ་དང་། མཆོད་བསྟོད་དང་། གཏོར་མ་འབུལ་བ་སོགས་བྱས་ནས་སྔགས་དང་ཕྱག་རྒྱའི་སྒོ་ནས། ནམ་མཁར་བཏེགས་ཏེ་བཞུགས་སུ་གསོལ་བ་ཡིན་ལ། འདི་ལ། སཾ་པུ་ཊི་ལས། དཀྱིལ་འཁོར་སྟོན་ཏུ་གནས་པ་བྱས་ལ་ཞེས་བྱ་བ་ནས། སྦྱིན་བསྲེག་བྱས་ལ་གཏོར་མ་སྦྱིན་པའི་བར་བྱའོ། །ཞེས་གསུངས་སོ། །

གསུམ་པ་ནི། རྣམ་རྒྱལ་བུམ་པ་དབང་གི་དངོས་གཞིའི་དུས་སུ། བུམ་ཆུ་ནུས་ལྡན་དུ་བྱ་བའི་ཕྱིར་དུ་བུམ་པར་ལྷ་བསྐྱེད་དེ། བཟླས་པ་དང་མཆོད་བསྟོད་སོགས་བྱས་ནས། ལྷ་འོད་དུ་ཞུ་ནས་བུམ་ཆུ་དང་དབྱེར་མེད་དུ་བྱེད་པའོ། །ལས་བུམ་དབང་བསྐུར་བ་ལ་བར་དུ་གཅོད་པའི་བགེགས་དང་ལོག་པར་འདྲེན་པ་བསལ་བའི་ཕྱིར་དུ། བདུད་རྩི་འཁྱིལ་བ་སོགས་བསྐྱེད་དེ། བཟླས་པ་བྱས་ལ་འོད་དུ་ཞུ་ནས་བུམ་ཆུ་དང་དབྱེར་མེད་པ་བྱེད་པའོ། །བུམ་པའི་འཛོག་ཚུལ་ལ། རྣ་རི་ཀ་པ་སོགས་ཀྱིས་བུམ་པ་བརྒྱད་སྒོ་འཚམས་དང་། དགུ་པ་དབུས་སུ་འགོད་པར་བཤད། བསྐྱེད་ཚུལ་ནི། པྲཛྙཱ་རཀྵི་ཏས། ཧཱུྃ་ལས་བསྐྱེད་པར་བཤད། ཤཱནྟི་པ་སོགས་ཀྱིས་བཾ་ལས་བསྐྱེད་པར་བཤད། ལམ་འབྲས་གཞུང་བཤད་དམར་མ་ལས། དུང་ཆོས་སུ་ལྷག་པའི་ལྷ་བསྐྱེད་

པར་གསུངས་ཤིང་། ས་པཎ་གསུང་སྒྲོས་ལས། དུང་ཆོས་ཀྱི་ནང་དུ་ཧེ་རུ་ཀ་བསྐྱེད་པར་གསུངས་སོ། །ལུམ་པར་ལྷ་བསྐྱེད་ཚུལ་ནི། པྲཛྙཱ་རཀྵི་ཏས། རྣམ་པར་རྒྱལ་བའི་བུམ་པ་རུ། །ལྷ་ཡི་འཁོར་ལོ་རྫོགས་པར་ཡང་། །སྐད་ཅིག་གིས་ནི་བསམ་པར་བྱ། །གཞན་དུ་འཁོར་ལོའི་རྗེས་འབྲང་བ། །རིགས་དང་བཅས་པ་བསམ་པར་བྱ། །ཞེས་བཤད་ལ། ཀུ་ཪྻ་རྡེ་ལས་རིམ་གྱི་ཚིག་ལས་ཀྱང་། གཙོ་བོའི་བུམ་པར་ལྷ་རྫོགས་པར་བསྐྱེད་པ་དང་། དོན་ཡོད་ཞབས་ཀྱིས། གཙོ་བོའི་བུམ་པར་གཙོ་རྐྱང་དང་། བུམ་པ་གཞན་དུ་ལྷ་སོ་སོ་ཚིག་གསུམ་གྱིས་བསྐྱེད་པར་བཤད་དོ། །འདི་དག་ཀྱང་། བརྟག་གཉིས་སུ། བུམ་པ་བརྒྱད་ལ་སོགས་པར་ལྡན། །ཞེས་སོགས་གསུངས་སོ། །བཞི་པ་ནི། སློབ་མ་སྟུགས་ལ་སྦྲོ་བ་བསྐྱེད་པ་དང་དངོས་གྲུབ་ཀྱི་མཚན་ལྟས་བརྟག་པ་ལ་སོགས་པ་སྟེ། དབང་བསྐུར་བ་ལ་བར་དུ་གཅོད་པ་བསལ་བའི་ཕྱིར་དུ་སྟ་གོན་གྱི་ཆོས་བཞི་ལྷ་བུ་བྱེད་པའོ། །འདི་ནི་སཾ་པུ་ཊི་ལས། སློབ་མ་ལྷག་པར་གནས་པར་བྱའོ། །ཞེས་སོགས་གསུངས་སོ། །གསུམ་པ་དངོས་གཞིའི་ཚོག་ལ་བཞི་སྟེ། དཀྱིལ་འཁོར་ཕྱི་ཞིང་རྒྱན་བཀྲམས་ལ་སྒྲུབ་ཅིང་མཆོད་པ། བདག་ཉིད་འཇུག་ཅིང་དབང་བླང་། སློབ་མར་གཞུག་ཅིང་དབང་བསྐུར་བ། དང་པོ། ཐིག་གིས་བྲི་བ་དང་། ཚོན་གྱིས་བྲི་བ་གཉིས། དང་པོ་ལ། ཐིག་གིས་དབྱེ་བ། ངེས་ཚིག །ཐིག་གདབ་པའི་ཚུལ་དང་གསུམ། དང་པོ་ནི། ཐིག་ཙམ་ལ་རྣམ་གྲངས་ཀྱི་སྒོ་ནས་དབྱེ་ན། མི་འགྱུར་བ་ཆོས་ཉིད་ཀྱི་ཐིག རིག་པ་ཡེ་ཤེས་ཀྱི་ཐིག བྱིན་རླབས་ཆོ་འཕྲུལ་གྱི་ཐིག གདབ་པ་དྲང་པོའི་ཐིག་དང་བཞིའོ། । ཕྱི་མ་འདི་ལ། ཡེ་ཤེས་ཀྱི་ཐིག་དང་། ལས་ཀྱི་ཐིག་གཉིས་ཡོད་ཅིང་། དང་པོ་ལ་གནམ་ཐིག་དང་། ཕྱི་མ་ལ་ས་ཐིག་ཅེས་ཀྱང་བྱའོ། །གཉིས་པ་ངེས་ཚིག་ནི། དཀྱིལ་འཁོར་གྱི་ཆ་ཆེ་ཆུང་གཞན་དུ་མི་འགྱུར་བའི་ཕྱིར་དུ་གདབ་པར་བྱ་བ་ཡིན་པས་ན་ཐིག་ཅེས་བྱའོ། །གསུམ་པ་ཐིག་གདབ་ཚུལ་ནི། དཀྱིལ་འཁོར་བྲི་བའི་ཚེ། དང་པོར་ཐིག་ཆེན་བརྒྱད་ལ་སོགས་གདབ་པར་བྱ་བ་ཡིན་ནོ། །ཐིག་ཚོན་བྱིན་གྱིས་བརླབས་པ་ནི། གཞན་ཕན་འོད་ཟེར་ལས། རྒྱུད་འདི་ནས་ཐིག་ཚོན་གཉིས་ཀ་བྱིན་རླབས་མ་བཤད་ཅིང་། མ་བྱས་ཀྱང་འགལ་བ་མེད་ལ། བྱེད་ན་རིགས་ལྔའི་ས་བོན་ལས། རིགས་ལྔར་བསྐྱེད་ལ་ཅི་འགྲོར་པས་མཆོད། དེ་དག་ཞུ་བ་ལས་བྱུང་བའི་ཐིག་ཚོན་དུ་བསམ་མོ། །དེ་དག་གི་ཁ་དོག་ནི་རྒྱུད་ལས་བཤད་པ་མེད་ཀྱང་རིན་ཆེན་ལྔའི་ཕྱེ་མའམ། ཡང་ན་འབྲས་ལ་སོགས་པའོ། །ཞེས་པས་རྒྱུད་ལས་ཁ་དོག་བསྟན་ནམ་སྙམ་མཐོང་བ་རྒྱུད་པ་ལས་ཤེས་སོ་ཞེས་གསུངས་སོ། །འདི་ནི། བརྟག་གཉིས་ལས། རང་འདོད་ལྷ་ཡི་མཉམ་སྦྱོར་བས། །སཱུ་ལེགས་པར་སྐལ་བ་དང་། །ཤིན་ཏུ་ཚད་མ་མཛེས་པ་ཡི། །སྲད་བུ་ཤེས་རབ་ཅན་གྱིས་གདབ། །ཅེས་གསུངས་སོ། །གཉིས་པ་ཚོན་གྱིས་བྲི་བ་ལ། སྐུ་ཕྱག་རྒྱ་ཆེན་པོ། གསུང་ཡིག་འབྲུ། ཐུགས་ཕྱག་མཚན། དེ་ཙམ་མ་ནུས་ན་མཚན་མ་ཙམ་

བྲིའོ། །འདི་དག་ནི། བརྟག་གཉིས་ལས། རྟུལ་ཞུགས་དམ་པའི་ཞུགས་དང་ནི། །ཞེས་སོགས་དང་། ཤར་དུ་གྲི་གུག་རྣམ་པར་བྲི། །ཞེས་སོགས་གསུངས་སོ། །རྒྱན་དགྲམ་པ་ནི། སཾ་པུ་ཊི་ལས། འདོད་ཡོན་ལྔ་ཡིས་གང་བ་དང་། །བླ་བྲེ་བྲེས་པས་ཉེར་བར་འབར། །ཞེས་སོགས་གསུངས་སོ། །གཉིས་པ་བསྒྲུབ་ཅིང་མཆོད་པ། བསྒྲུབ་པ་དང་མཆོད་པ་གཉིས། དང་པོ་ལ། བདག་མདུན་ཐ་དད་དུ་སྒྲུབ་པ་དང་། མི་བསྲེ་བར་ཐ་དད་དུ་གནས་པ་ལྟ་བུའོ། །གཉིས་པ་ནི། བདག་བསྐྱེད་བསྒོམས་ནས་མདུན་བསྐྱེད་སྒྲུབ་པའི་དུས་སུ་དཀྱིལ་འཁོར་བདུན་བསྲེ་བ་ལ་སོགས་པའི་ཚུལ་གྱིས་བསྒྲུབས་པ་ཡིན་ཏེ། དང་པོར་བདག་བསྐྱེད་ཀྱི་རྟེན་དང་བརྟེན་པའི་དཀྱིལ་འཁོར་གྱི་དམ་ཚིག་པ་བསྒོམས་ནས། དེ་ལ་ཡེ་ཤེས་པ་བཅུག །དེ་ནས་མདུན་བསྐྱེད་ཀྱི་རྟེན་དང་བརྟེན་པའི་དཀྱིལ་འཁོར་ཡོངས་རྫོགས་བསྒོམས་ནས། བདག་མདུན་ཐ་མི་དད་དུ་བསྲེ། སླར་ཡང་གཙོ་བོ་ཡབ་ཡུམ་གྱི་མངལ་དུ་རྟེན་དང་བརྟེན་པའི་དཀྱིལ་འཁོར་ཡོངས་རྫོགས་བསྐྱེད། ཕྱིར་སྤྲོས་ནས། རང་གི་སྒོམ་པའི་དཀྱིལ་འཁོར་དང་དབྱེར་མེད་དུ་བསྲེས། དེའི་རྗེས་སུ་སྔ་གོན་གྱི་དམ་ཚིག་པ་དང་ཡེ་ཤེས་པ་གཉིས་བསྲེས་ནས་ཐམས་ཅད་ལ་ཐུན་མོང་དུ་ཡེ་ཤེས་ཀྱི་དཀྱིལ་འཁོར་སྤྱན་དྲངས་ནས་བསྟིམས་པའོ། །དེ་ཡང་རྗེ་བཙུན་རྩེ་མོའི་དབང་ཆུ་ལས། བདག་གི་མངོན་པར་རྟོགས་པ་དང་མཐུན་པར་བསྲུང་བའི་འཁོར་ལོ་དང་། དུར་ཁྲོད་བརྒྱད་གཞལ་ཡས་ཁང་བ་བསྒོམ། བདག་གིས་བསྒོམ་པའི་བསྲུང་འཁོར་དང་། གཞལ་ཡས་ཁང་གི་བར་དུ་བསྲེས། རྟུལ་ཞུགས་ཀྱི་དཀྱིལ་འཁོར་དང་། མངལ་ནས་སྐྱེས་པ་གཉིས་བསྲེས། སྔ་གོན་གྱིས་ལྷ་བསྐྱེད་པ་དང་། དེ་ལ་ཡེ་ཤེས་པ་བཀུག་པ་གཉིས་དང་བཞི་བསྲེས། དེ་ལ་ཡེ་ཤེས་པ་གཅིག་སྤྱན་དྲངས་པ་དང་། ལྔ་བསྲེས་སུ་བྱ། བསྲུང་བའི་འཁོར་ལོ། དུར་ཁྲོད་བརྒྱད་གཞལ་ཡས་ཁང་དང་བཅས་པ་མདུན་དུ་བསྐྱེད་པ་དང་གཉིས་བསྟན་པས་བདུན་བསྲེས་སུ་འགྲོའོ། །ཞེས་གསུངས་སོ། །འདི་ནི་བརྟག་གཉིས་ལས། དེར་ནི་རིགས་ལྔ་ལས་བྱུང་བའི་རིག་མ་བཟང་མོ་རྣམ་པར་གཞུག །ཅེས་གསུངས་སོ། །མདོར་ན། མདུན་བསྐྱེད་བསྡུས་པ་བྱེད་ན་རྟུལ་ཞུགས་ཀྱི་དཀྱིལ་འཁོར་ལ། བདག་གི་སྒོམ་པའི་མངོན་པར་རྟོགས་པ་དང་། མངལ་འབྱིན་གཉིས་བསྲེས་པས་གསུམ་བསྲེས་སུ་འགྲོ། དེའི་སྟེང་དུ་སྔ་གོན་གྱི་དམ་ཚིག་པ་དང་ཡེ་ཤེས་པ་གཉིས་བསྲེས་པས་ལྔ་བསྲེས་སུ་འགྲོ་ཞིང་། དེ་ཐམས་ཅད་ལ་ཡེ་ཤེས་པ་གཅིག་བསྲེས་པས་དྲུག་བསྲེས་སུ་འགྲོ་བར་གསུངས་སོ། །མདུན་བསྐྱེད་རྒྱས་པར་བྱེད་ན། རྟུལ་ཞུགས་ཀྱི་དཀྱིལ་འཁོར་ལ། བདག་གི་སྒོམ་པའི་དཀྱིལ་འཁོར་དང་། གསར་དུ་བསྐྱེད་པའི་དཀྱིལ་འཁོར་གཉིས་བསྲེས་པས་གསུམ་བསྲེས་སུ་འགྲོ་ཞིང་། དེའི་སྟེང་དུ་མངལ་འབྱིན་སོགས་སྔ་མ་བཞིན་དུ་བསྲེས་པས་བདུན་བསྲེས་སུ་འགྲོ་བ་ཡིན་ནོ། །སྔ་གོན་གྱི་དམ་ཚིག་པ་དང་ཡེ་ཤེས་པ་སོ་སོར་བཀྲངས་ནས། བདག་བསྐྱེད

ཀྱིས་དེ་གཉིས་སོ་སོར་མི་བགྲོང་བ་ནི། ལུགས་འདི་ལ་བདག་བསྐྱེད་ཀྱི་ཡེ་ཤེས་པ་གཤེགས་གསོལ་བྱེད་པ་མེད་ཅིང་། སྔ་གོན་གྱི་ཡེ་ཤེས་པ་ནི་རྫུལ་ཚོན་ལ་ཚོག་ཚར་བའི་རྗེས་སུ་གཤེགས་གསོལ་བྱེད་དགོས་པའི་རྒྱུ་མཚན་གྱི་ཡིན་ཏེ་འབྲུལ་པ་མེད་དོ། །འཁོར་ལྔ་བསྲེས་དང་། གཙོ་བོ་ལ་ལྔ་བསྲེས་སམ། དྲུག་བསྲེས་སུ་གསུངས་པ་ནི་གཞན་དུ་ཤེས་པར་བྱའོ། །གཉིས་པ་མཆོད་པ་ནི། ཕྱི། ནང་། གསང་བ། དེ་ཁོ་ན་ཉིད་ཀྱི་མཆོད་པ་དང་བཞི་ཡོད་དོ། ། འདི་ནི་བརྟག་གཉིས་ལས། སྣ་ཚོགས་ཧཱུྃ་ནི་རྫོགས་པ་དང་། །མེ་ཏོག་ལ་སོགས་འབུལ་བ་ཉིད། །ཅེས་གསུངས་སོ། །གཉིས་པ་བདག་ཉིད་འཇུག་ཅིང་དབང་བླང་བ་ནི། སཾ་པུ་ཊི། སྔགས་ཀྱི་ལམ་ནི་རྗེས་བཙལ་བས། །གང་ཚེ་མཁས་པར་དབང་བསྐུར་བ། །སངས་རྒྱས་ཀུན་གྱི་མངོན་སུམ་དུ། །དཀྱིལ་འཁོར་བདེ་བར་གཤེགས་ནས་སུ། །འཇིག་རྟེན་ཁམས་ནི་མཐའ་ཡས་བདག །བློ་དང་ལྡན་པས་དེ་བཞིན་བླངས། །ཞེས་གསུངས་པའི་དགོངས་པར་མཛད་ནས། སློབ་མ་ལ་དབང་བསྐུར་བའི་སྔོན་དུ་སློབ་མ་ལ་ཇི་ཙམ་དབང་བསྐུར་བ། རང་ཉིད་ཀྱིས་བདག་འཇུག་གི་ཚུལ་དུ་ལེན་པ་ནི། རྒྱ་བོད་ཀྱི་མཁས་གྲུབ་རྣམས་ཀྱིས་ཕྱག་ལེན་དུ་སྣང་ངོ་། །བཞི་བ་སློབ་མ་གཞུག་ཅིང་དབང་བསྐུར་བ་ལ་གཉིས་ཏེ། དབང་གི་རྣམ་གཞག་སྤྱིར་བསྟན་པ། བླ་མེད་ཀྱི་དབང་བྱེ་བྲག་ཏུ་བཤད་པའོ། །

དང་པོ་ལ་གསུམ་སྟེ། དབང་གི་ངོ་བོ། དབྱེ་བ། སྒྲ་དོན་ནོ། །དང་པོ་ནི། ཚོག་ཁྱད་པར་ཅན་ལ་བརྟེན་ཏེ། ཕུང་ཁམས་སྐྱེ་མཆེད་ལ་སངས་རྒྱས་ཀྱིས་ས་བོན་བཏབ་པའི་སྒོ་ནས་རྒྱུད་ཡོངས་སུ་སྨིན་པའི་སྒོ་ནས། སློབ་དཔོན་ནག་པོ་པས་མ་སྨིན་པ་ལྔ་བཤད་པའི་ལོག་ཕྱོགས་སྨིན་པ་ལྔ་ནི། སྟོད་ཀྱིས་སྨིན་པ་ནི་སྨིན་པའི་མི་ཚོད་པའི་ཕྱིར་དང་། ཚོགས་སྨིན་པ་ནི་བུམ་དབང་གིས་སྨིན་པ་དང་། ཚོག་རྫོགས་པས་སྨིན་པ་ནི་གསང་ཤེར་གྱི་དབང་གིས་སྨིན་པ་དང་། ཟབ་མོས་སྨིན་པ་ནི་བཞི་པས་སྨིན་པ་དང་། མ་ཉམས་པས་སྨིན་པ་ནི། དབང་ཐོབ་ནས་རྩ་ལྟུང་གིས་མ་ཉམས་པ་ཙམ་ལ་བཞེད་དོ། །སྨིན་པའི་ཚད་ནི། མདོ་སྡེ་རྒྱན་ལས། ཇི་ལྟར་སྨྲ་དང་ཟས་ལ་དེ་དག་གི། །གཟག་དང་སྤྱད་དུ་རུང་བ་སྨིན་འདོད་ལྟར། །ཞེས་སོགས་གསུངས་ཤིང་། ཕར་ཕྱིན་ཐེག་པར། སྤང་བྱ་མཐོང་སྤང་སྒོམ་སྤང་རུང་དང་། གཉེན་པོ་མཐོང་ལམ་སྐྱེ་རུང་ལ་སྨིན་པར་འཇོག་པ་ལྟར། རྡོ་རྗེ་ཐེག་པའི་སྐབས་འདིར། སྤང་བྱ་སྒྲིབ་གཉིས་སྤང་རུང་དང་། ཐོབ་བྱ་མཆོག་གི་དངོས་གྲུབ་ཐོབ་རུང་དུ་འགྱུར་བ་ནི་སྨིན་པའི་ངོ་བོ་ཡིན་ནོ། །དེས་ན་དབང་བསྐུར་དང་། སྔགས་ཀྱི་དམ་ཚིག་དང་། སྔགས་ཀྱི་སྡོམ་པ་དང་། རྒྱུད་སྨིན་པའི་ངོ་བོ་རྣམས་དོན་གཅིག་སྟེ། འདི་ལ་དགོངས་ནས། བདག་ཉིད་ཆེན་པོ་ས་སྐྱ་པཎྜི་ཏས། དེ་ཕྱིར་ཕ་རོལ་ཕྱིན་པ་ལ། །སེམས་བསྐྱེད་མིན་པའི་ཆོས་གཞན་མེད། །རྡོ་རྗེ་ཐེག་པའི་སྒོར་ཞུགས་ནས། །དབང་བསྐུར་ལས་གཞན་ཆོས་མེད་དོ། །ཞེས་གསུངས་སོ། །འདི་ལ་དབྱེ་ན། རྒྱུད་དུས་

ཀྱི་དབང་དང་། ལམ་དུས་ཀྱི་དབང་དང་། འབྲས་དུས་ཀྱི་དབང་དང་གསུམ་ལས། དང་པོ་ནི། སྨིན་བྱེད་ཀྱི་དབང་ཁོ་ན་ཡིན་ལ། ཕྱི་མ་གཉིས་གྲོལ་བྱེད་ཀྱི་ལམ་ཡིན་ནོ། །གཉིས་པ་ནི། ཚོགས་འི་སྒོ་ནས་རྒྱུད་སྡེ་བཞི་ལ་དབང་གི་བབ་མི་འདྲ་བ་བཞི་ཡོད་དེ། ཡེ་ཤེས་ཐིག་ལེའི་རྒྱུད་ལས། ཆུ་ཡི་དབང་བསྐུར་ཅོད་པན་དག །བྱ་བའི་རྒྱུད་ལ་རབ་ཏུ་གྲགས། །རྡོ་རྗེ་དྲིལ་བུ་མིང་གི་དབང་། །སྤྱོད་པའི་རྒྱུད་དུ་ཡོངས་སུ་བསྒྲགས། །ཕྱིར་མི་ལྡོག་པ་ཡི་ནི་དབང་། །རྣལ་འབྱོར་རྒྱུད་དུ་གསལ་བར་ཕྱེ། །དེ་བཞིན་དྲུག་གི་བྱེ་བྲག་དབང་། །དེ་ནི་སློབ་དཔོན་དབང་ཞེས་བྱ། །རྣལ་འབྱོར་བླ་མ་ཡི་ནི་མཚན། །གསང་བ་ཡི་ནི་དབང་རྒྱས་བཤད། །ཤེས་རབ་ཡེ་ཤེས་བླ་ན་མེད། ། བཞི་བ་དེ་ཡང་དེ་བཞིན་ནོ། །ཞེས་བྱ་རྒྱུད་ལ་ཆུ་དང་ཅོད་པཎ་གྱི་དབང་གཉིས། སྤྱོད་རྒྱུད་ལ་དེའི་སྟེང་དུ་རྡོ་རྗེ་དྲིལ་བུ་མིང་གི་དབང་དང་གསུམ། རྣལ་འབྱོར་རྒྱུད་ལ་དེ་ཐམས་ཅད་རྡོ་རྗེ་སློབ་མའི་དབང་དུ་བྱས་ནས། དེའི་སྟེང་དུ་ཕྱིར་མི་ལྡོག་པ་རྡོ་རྗེ་སློབ་དཔོན་གྱི་དབང་། དེ་བཞིན་དྲུག་གི་བྱེ་བྲག་དབང་། ཞེས་སོགས་ཀྱི་དོན་ཡང་། རིགས་ཀྱི་བདག་པོ་རྣམ་སྣང་སོགས་སུ་བསྐྱེད་ནས། དེ་ལ་དམ་ཚིག་གསུམ་སྦྱིན་ནས། ལུང་བསྟན། དབུགས་དབྱུང་། གཟེངས་བསྟོད་དེ། དྲུག་པོ་དེ་ཉིད་ལ། རྣལ་འབྱོར་རྒྱུད་ཀྱི་རྡོ་རྗེ་སློབ་དཔོན་གྱི་དབང་དུ་འཛོག་ཅེས་པའི་དོན་ནོ། །ཡང་ན་རིག་པའི་དབང་ལྔ་དང་། ཕྱིར་མི་ལྡོག་པ་རྡོ་རྗེ་སློབ་དཔོན་གྱི་དབང་སྟེ་དྲུག་པོ་དེ་རྣམས་ཀྱི་བྱེ་བྲག་སྟེ། ནང་ཚན་དྲུག་པ། ཕྱིར་མི་ལྡོག་པའི་དབང་ལ་སློབ་དཔོན་གྱི་དབང་དུ་འཛོག་ཅེས་པའི་དོན་ཡིན་ནོ༎ །བླ་མེད་ལ་དེ་ཐམས་ཅད་བུམ་དབང་དུ་བྱས་ནས། དེའི་སྟེང་དུ། གསང་དབང་། ཤེས་རབ་ཡེ་ཤེས་དབང་བཞི་པ་རྣམས་ཡོད་པར་གསུངས་སོ། །གཉིས་པ་ནི། བརྟག་གཉིས་ལས། གཏོར་དང་བླུག་པ་ཞེས་བྱ་འདིས། ། དེས་ན་དབང་ཞེས་བརྗོད་པར་བྱ། །ཞེས་པའི་འགྲེལ་པ་དག་ལྡན་ལས། བུམ་དབང་གི་དུས་སུ་སྤྱི་བོ་ནས། གསང་དབང་གི་དུས་སུ་ལྕེ་མ། ཤེས་རབ་ཡེ་ཤེས་ཀྱི་དུས་སུ་གསང་གི་གནས་སུ། བཞི་པ་ལ་རང་གི་སེམས་ལ་གཏོར་ཞིང་བླུག་པ་སྟེ། ཨ་བྷི་ཥི་ཀ་ཏ་ཞེས་པའི་དོན་ནོ། །ཡང་ན་ཨ་བྷི་ཥིཉྩ་ནི་དབང་བར་བྱས་པས་དབང་སྟེ། དབང་བཞི་ཐོབ་པས་བསྐྱེད་རིམ་དང་ཙཎྜ་ལི་དང་དཀྱིལ་འཁོར་འཁོར་ལོ་དང་བཞི་པའི་ལམ་སྒོམ་པ་ལ་དབང་བར་བྱས་པའོ། །

གཉིས་པ་བླ་མེད་ཀྱི་དབང་བྱེ་བྲག་ཏུ་བཤད་པ་ལ་གཉིས་ཏེ། མདོར་བསྟན་པ་དང་། རྒྱས་པར་བཤད་པའོ། །དང་པོ་ལ་ལྔ་སྟེ། དབང་བཅུ་བཞིར་དབྱེ་བ། དེ་བཅུ་གཅིག་ཏུ་བསྡུ་བ། དེ་བཞིར་བསྡུ་བ། དེ་གཉིས་སུ་བསྡུ་བ། སྐབས་སུ་བབས་པའི་དོགས་པའི་གནས་ལ་དཔྱད་པའོ། །དང་པོ་ནི། བཤད་རྒྱུད་རྡོ་རྗེ་ཕྲེང་བ་ལས། དང་པོ་གཙོ་བོའི་དབང་ཡིན་ཏེ། །ཞེས་གསུངས་ཤིང་། སྡོམ་འབྱུང་ལས། རིགས་ཀྱི་ལྷ་ར་ངེས་མེ་ཏོག་ཕྲེང་། །ཆུ་

དང་ཅོད་པཎ་རྡོ་རྗེ་དང་། །དྲིལ་བུ་དང་ནི་མིང་གི་དབང་། །བདེ་གཤེགས་ལྔ་ཡི་བདག་ཉིད་དབང་། །བརྟུལ་ཞུགས་དང་ནི་ལུང་བསྟན་ཉིད། །རྗེས་གནང་དང་ནི་དབུགས་དབྱུང་དང་། །ཕྱིར་མི་ལྡོག་པ་སློབ་དཔོན་དབང་། ། བུམ་པ་ལས་ནི་བྱུང་བའོ། །གཉིས་པ་གསང་བའི་མཆོག་ཡིན་ལ། །གསུམ་པ་ཤེས་རབ་ཡེ་ཤེས་ཡིན། །བཞི་པ་དེ་ལྟར་ཡང་དེ་ནི། །ཞེས་བུམ་དབང་ལ་བཅུ་གཅིག་ཏུ་ཕྱེ་ནས། དབང་གོང་མ་གསུམ་དང་བཅུ་བཞིར་གསུངས་སོ༑ ༑གཉིས་པ་དེ་བཅུ་གཅིག་ཏུ་བསྡུ་བ་ལ། བུམ་དབང་ལ་བརྒྱད་དུ་ཕྱེ་ནས་དབང་གོང་མ་གསུམ་དང་བཅུ་གཅིག་ཏུ་བྱེད་པའི་ལུགས་དང་། བྱིས་པ་འཇུག་པའི་དབང་བདུན་དབང་གོང་མ་བཞི་དང་བཅུ་གཅིག་ཏུ་ཕྱེ་པའི་ལུགས་གཉིས་ལས། དང་པོ་ནི། བཤད་རྒྱུད་རྡོ་རྗེ་གུར་ལས། དང་པོ་ཆུ་ཡི་དབང་བསྐུར་ཡིན། ། གཉིས་པ་ཅོད་པཎ་དབང་ཡིན་ལ། །གསུམ་པ་དར་དཔྱངས་དབང་བསྐུར་ཡིན། །བཞི་པ་རྡོ་རྗེ་དྲིལ་བུའོ། །ལྔ་པ་རིགས་ཀྱི་བདག་པོ་སྟེ། །མིང་གི་དབང་བསྐུར་དྲུག་པ་ཡིན། །སངས་རྒྱས་བཀའ་བསྒོ་བདུན་པ་སྟེ། །བརྒྱད་པ་སློབ་དཔོན་དབང་ཡིན་ལ། །དགུ་པ་གསང་བའི་དབང་བསྐུར་ཡིན། །ཤེས་རབ་ཡེ་ཤེས་བཅུ་པ་ཡིན། །དེ་ཉིད་རྡོ་རྗེ་སྦྱོར་བ་དང་། །བརྟུལ་ཞུགས་ཐམས་ཅད་སྦྱིན་ནས་སུ། །བདག་ཉིད་སྟོན་པས་ལུང་བསྟན་བྱ། །ཚིག་དེ་ལྟར་ཁྱོད་ལ་བཤད། །ཅེས་གསུངས་སོ། །ལུགས་གཉིས་པ་ནི། དང་པོའི་སངས་རྒྱས་མཆོག་གི་རྒྱུད་ལས། ཆུ་དང་ཅོད་པཎ་དར་དང་ནི། །རྡོ་རྗེ་དྲིལ་བུ་བརྟུལ་ཞུགས་དང་། །མིང་རྒྱལ་དབང་ནི་རྣམ་པ་བདུན། །བྱིས་པ་རྣམས་ནི་བཟུང་ཕྱིར་ཡིན། །གསུམ་པོ་འཇིག་རྟེན་ཀུན་རྫོབ་དང་། །བཞི་པ་དོན་གྱི་དམ་པའོ། །ཞེས་གསུངས་ཤིང་། བྱིས་པ་འཇུག་པའི་དབང་བདུན་ནི། ཆུ་དང་། ཅོད་པཎ་དང་། དར་དཔྱངས་དང་། རྡོ་རྗེ་དང་། དྲིལ་བུ་དང་། བརྟུལ་ཞུགས་དང་། མིང་གི་དབང་སྟེ། རིག་པའི་དབང་ལྔ་ལ་བདུན་དུ་ཕྱེ་ནས་གསུངས་སོ། །

གསུམ་པ་ནི། རྩ་རྒྱུད་བརྟག་གཉིས་ལས། སློབ་དཔོན་གསང་བ་ཤེས་རབ་སྟེ། །བཞི་པ་དེ་ཡང་དེ་བཞིན་ནོ། །དབང་ནི་བཞི་ཡི་གྲངས་ཀྱི་ནི། །དགའ་བ་ལ་སོགས་རིམ་ཤེས་བྱ། །ཞེས་དང་། རྒྱུད་པ་དག་པ་སློབ་དཔོན་ཉིད། །ལྟ་བ་གསང་བ་དེ་བཞིན་ཏེ། །ལག་བཅངས་ལ་ནི་ཤེས་རབ་ཉིད། །གཉིས་གཉིས་འཁྲུད་པ་དེ་ཡང་ནི། །སེམས་ཅན་རྣམས་ཀྱི་དངོས་གྲུབ་ཕྱིར། །དབང་ནི་རྣམ་པ་བཞི་ཞེས་བཤད། །ཅེས་དང་། གསང་བ་འདུས་པའི་རྒྱུད་ཕྱི་མ་ལས། དབང་ནི་རྣམ་པ་བཞི་དག་ཏུ། །རྒྱུད་འདི་ལ་ནི་རབ་ཏུ་གྲགས། །བུམ་པའི་དབང་ནི་དང་པོ་སྟེ། །གཉིས་པ་གསང་བ་ཞེས་བྱར་བརྗོད། །ཤེས་རབ་ཡེ་ཤེས་གསུམ་པ་སྟེ། །དེ་ནི་དེ་ལྟར་ཡང་བཞི་པ། །ཞེས་གསུངས་སོ། །དེས་ན་སྔར་བཤད་པའི་དབང་བཅུ་བཞི་དང་། བཅུ་གཅིག་པོ་རྣམས་ཀྱང་། བུམ་དབང་གི་དབྱེ་བསྡུ་ཙམ་དུ་ཟད་པས། རྣལ་འབྱོར་བླ་མེད་ཀྱི་དབང་ཐམས་ཅད་བཞི་པོ་འདིར་མ་འདུས་པ

མེད་དོ། །དེའི་རྒྱུ་མཚན་ཡང་། སྦྱངས་བྱ་དྲི་མ་བཞི་ཡིན་པ་དང་། སྒོམ་བྱ་ལམ་བཞི་ཡིན་པ་དང་། ཐོབ་བྱ་འབྲས་བུ་བཞི་ཡིན་པ་སོགས། རྣལ་འབྱོར་དབང་ཕྱུག་གི་མན་ངག་བརྒྱུད་པ་ལས་ཤེས་པར་བྱའོ། །བཞི་པ་ལ། ཐུན་མོང་དང་ཐུན་མོང་མ་ཡིན་པའི་དབང་གཉིས་ལས། དང་པོ་ལ་དྲུག་སྟེ། ཆུ་དང་ཅོད་པན་དང་། རྡོ་རྗེ་དང་། དྲིལ་བུ་དང་། མིང་གི་དབང་དང་། ཐུན་མོང་གི་བརྟུལ་ཞུགས་ཀྱི་དབང་ངོ་། །གཉིས་པ་ལ་བཞི་སྟེ། བུམ་དབང་། གསང་དབང་། ཤེར་དབང་། བཞི་པའོ། །དེ་ལྟར་ཐུན་མོང་དང་ཐུན་མོང་མ་ཡིན་པ་གཉིས་སུ་འོང་བ་ཡང་། རྡོ་རྗེ་གུར་ལེའུ་བཅོ་ལྔ་པ་ལས། ཆུ་ཡི་དབང་གི་དང་པོ་སྟེ། །ཅོད་པན་དབང་ལ་གཉིས་པའོ། །རྡོ་རྗེའི་དབང་གི་གསུམ་པ་སྟེ། །རིགས་ཀྱི་བདག་པོ་བཞི་པ་ཉིད། །མིང་གི་དབང་བསྐུར་ལྔ་པ་སྟེ། །དྲུག་པ་རྫོགས་པའི་སངས་རྒྱས་ཉིད། །བུམ་པའི་དབང་ནི་བདུན་པ་སྟེ། །གསང་བའི་དབང་ནི་བརྒྱད་པ་སྟེ། །ཤེས་རབ་ཡེ་ཤེས་དགུ་པའོ། །དེ་ཉིད་རྡོ་རྗེ་སྦྱོར་བ་སྟེ། །ཀུན་གྱི་དེ་ཉིད་བརྟུལ་ཞུགས་བསྟན། །སློན་པ་རང་གི་ལུང་བསྟན་ཏེ། །དེ་འདིར་དབང་གི་ཆོག་འོ། །ཞེས་བདུན་པ་ལ་བུམ་དབང་དུ་གསུངས་པ་འདིས་ཀྱང་འགྲུབ་བོ། །

ལྔ་པ་ལ། རྒྱུད་སྡེ་སྤྱི་ལ་སྦྱར་ཏེ་དོགས་པ་ལ་དཔྱད་པ་དང་། བླ་མེད་ལ་སྦྱར་ཏེ་དོགས་པ་དཔྱད་པ་གཉིས། དང་པོ་ནི། འོ་ན་ཐུན་མོང་གི་དབང་དྲུག་པོ་གང་རུང་ཡིན་ན། བུམ་དབང་ཡིན་པས་ཁྱབ་བམ། མ་ཁྱབ་ཅེ་ན། མཁས་པ་ཁ་ཅིག་ཁྱབ་སྟེ། རྒྱུད་སྡེ་འོག་མ་འོག་མའི་དབང་རྣམས། གོང་མ་གོང་མའི་དབང་དུ་འདུས་པའི་ཕྱིར་ཏེ། རྣལ་འབྱོར་བླ་མེད་ཀྱི་དབང་གཅིག་ཉིད་ཐོབ་པས། རྒྱུད་སྡེ་ཀུན་གྱི་དབང་ཐོབ་པར་འགྱུར་བའི་ཕྱིར། འདི་བསྒྲུབ་པ་ལ། ལུང་གིས་བསྒྲུབ་པ་དང་། རིགས་པའི་བསྒྲུབ་པ་གཉིས། དང་པོ་ནི་བདེ་མཆོག་ལས། རྒྱུད་འདི་རྒྱུ་ནི་དབང་བསྐུར་གང་། །རྒྱུད་ཀུན་གྱི་ནི་སླུབ་པོར་འགྱུར། །ཞེས་གསུངས་པའི་ཕྱིར། གཉིས་པ་ནི། རྒྱུད་སྡེ་གོང་མའི་དབང་ཐོབ་པས། རྒྱུད་སྡེ་འོག་མའི་དབང་ཐོབ་པར་འགྱུར་ཏེ། རིག་པའི་དབང་ལྔའི་བརྡ་སྦྱོར་བྱེད་པའི་ཚེ། བྱ་སྤྱོད་གཉིས་འཆད་པ་དང་། རྣལ་འབྱོར་རྒྱུད་ཉན་པ་ལ་དབང་བ་ཡིན་ནོ། །ཞེས་གསུངས་པའི་ཕྱིར། ཞེས་ཟེར་རོ། །

འདི་འགོག་པ་ལ། ལུང་གིས་འགོག་པ་དང་། རིགས་པས་འགོག་པ་གཉིས་ལས། དང་པོ་ནི། ཕག་མོ་སྔོན་བྱུང་གི་རྒྱུད་དང་། མི་གཡོ་བ་བླ་མེད་ཀྱི་རྒྱུད་ལས། དཀྱིལ་འཁོར་དུ་མ་ཞུགས་པ་ལ་རྒྱུད་འདི་བསྟན་པར་མི་བྱ་ཞིང་། དཀྱིལ་འཁོར་དུ་ཞུགས་པ་ལ་ཡང་རྒྱུད་འདི་བསྟན་པར་མི་བྱའོ། །ཞེས་གསུངས་པ་མི་འཐད་པར་ཐལ། བྱ་སྤྱོད་ཀྱི་རྒྱུད་བསྟན་དུ་རུང་བའི་སྣོད་ཡིན་ན། བླ་མེད་ཀྱི་རྒྱུ་ལྟན་དུ་རུང་བའི་སྣོད་ཡིན་དགོས་པའི་ཕྱིར་ཏེ། བྱ་སྤྱོད་ཀྱི་དབང་ཐོབ་པའི་གང་ཟག་ཡིན་ན། བླ་མེད་ཀྱི་དབང་ཐོབ་པའི་གང་ཟག་ཡིན་དགོས་པའི་ཕྱིར་ཏེ། ཆུ་

དང་ཅོད་པན་གྱི་དབང་ཐོབ་པའི་གང་ཟག་ཡིན་ན། བུམ་དབང་ཐོབ་པའི་གང་ཟག་ཡིན་དགོས་པའི་ཕྱིར་ཏེ། དེ་གང་རུང་ཡིན་ན་བུམ་དབང་ཡིན་དགོས་པའི་ཕྱིར། ཁྱབ་སྟེ། ཀུན་མཁྱེན་ཆེན་པོའི་སྡོམ་གསུམ་ཁ་སྐོང་ལས། འདི་ནི་ཕག་མོ་སྔོན་བྱུང་དང་། །མི་གཡོ་བླ་མེད་རྒྱུད་དག་ལས། །དཀྱིལ་འཁོར་དུ་ནི་མ་ཞུགས་ལ། །རྒྱུད་འདི་བསྟན་པར་མི་བྱ་ཞིང་། །དཀྱིལ་འཁོར་གཞན་དུ་ཞུགས་པ་ལའང་། །རྒྱུད་འདི་བསྟན་པར་མི་བྱའོ། །ཞེས་གསུངས་པའི་ཕྱིར། གཉིས་པ་ནི། སྔོན་པས་རྒྱུད་སྡེ་ལས། བླ་མེད་ཀྱི་དབང་ཆོག་གཅིག་ཉིད་གསུང་རིགས་པར་ཐལ། བླ་མེད་ཀྱི་དབང་བསྐུར་གཅིག་ཉིད་ཐོབ་པས། དབང་ཐམས་ཅད་ཐོབ་པའི་ཕྱིར་ཏེ། དཔེར་ན་འདུལ་བའི་ལས་ཆོག་བཞིན་ནོ། །དེ་སྐད་དུ་ཁ་སྐོང་ལས། དབང་བསྐུར་གཅིག་གིས་དབང་བསྐུར་ཀུན། །ཐོབ་ན་སྔོན་པའི་རྒྱུད་སྡེ་ལས། །དབང་བསྐུར་གཅིག་ཉིད་ཅེས་མ་གསུངས། །དཔེར་ན་འདུལ་བའི་ལས་ཆོག་བཞིན། །ཞེས་གསུངས་པའི་ཕྱིར། དེ་ལ་ཁོ་ན་རེ། བླ་མེད་ཀྱི་དབང་ཐོབ་པའི་གང་ཟག་དེས། རྒྱུད་སྡེ་འོག་མའི་དབང་ཐོབ་པར་ཐལ། དེས་རྒྱུད་སྡེ་འོག་མ་འགའ་ཞིག་འཆད་པ་དང་། འགའ་ཞིག་ཉན་པ་ལ་དབང་བའི་ཕྱིར་ཏེ། དེའི་རྒྱུད་སྡེ་འོག་མ་དང་ནུས་པ་མཉམ་པའི་ཡོན་ཏན་ཐོབ་པའི་ཕྱིར་ཞེས་ཟེར་ན། བྱང་སེམས་མཐོང་ལམ་པའི་རྒྱུད་ལ་ཐེག་དམན་གྱི་རྟོགས་པ་ཡོད་པར་ཐལ། དེའི་ཐེག་དམན་གྱི་རིགས་ཅན་ལ། ཐེག་དམན་གྱི་ལམ་སྟོན་ནུས་པའི་ཕྱིར་ཏེ། ཐེག་དམན་གྱི་ལམ་དང་ནུས་པ་མཉམ་པའི་ཡོན་ཏན་ཐོབ་པའི་ཕྱིར། ཁྱབ་པ་ཁས།གཏན་ཚིགས་གྲུབ་སྟེ། ས་དང་པོ་ནས་ཉན་རང་གི་སྤང་རྟོགས་ཟྫོགས་པའི་ཕྱིར། དེ་སྐད་དུ། ཁ་སྐོང་ལས། གོང་མའི་དབང་བསྐུར་ནང་དུ་ནི། །འོག་མའི་དབང་དང་ནུས་མཉམ་པ། །འདུས་ཕྱིར་གོང་མའི་དབང་ཐོབ་ན། །འོག་མ་འཆད་དང་ཉན་པར་གསུངས། །དེ་ཙམ་གྱི་ནི་གོང་མའི་དབང་། །ཐོབ་པར་འགྱུར་ན་ཐེག་ཆེན་གྱི། །མཐོང་ལམ་ཐོབ་ཚེ་ཉན་ཐོས་དང་། །རང་རྒྱལ་མི་སློབ་ལམ་ཐོབ་འགྱུར། །ཞེས་གསུངས་པའི་ཕྱིར་རོ། །ཕྱོགས་ལས་རྣམ་རྒྱལ་ཡིན་ནའང་། །ཐུགས་ལས་མི་འབྲུངས་པ་ཞུ།

གཉིས་པ་བླ་མེད་ལ་སྦྱར་ཏེ་དོགས་པ་དཔྱད་པ་ནི། འོ་ན་བླ་མེད་ནས་བཤད་པའི་ཐུན་མོང་གི་དབང་དྲུག་པོ་གང་རུང་ཡིན་ན། བུམ་དབང་ཡིན་དགོས་སམ་ཞེ་ན། འདི་ལ་གཞན་ལུགས་དགག་པ། རང་ལུགས་གཞག་པ། གནད་ཀྱི་དོན་ངོས་བཟུང་བ་དང་གསུམ་ལས། དང་པོ་ནི། ཁ་ཅིག་ན་རེ་དགོས་ཏེ། བླ་མེད་ནས་བཤད་པའི་ཆུ་དབང་ཆོས་ཅན། བུམ་དབང་ཡིན་པར་ཐལ། རྡོ་རྗེ་ཕྲེང་བ་ནས་བཤད་པའི་དབང་ཡིན་པའི་ཕྱིར་ཏེ། གཙོ་བོའི་དབྱེ་བ་བཅུ་གཅིག་སྟེ། །བཅུ་གཉིས་པ་ནི་གསང་བའོ། །ཞེས་པའི་སྐབས་ནས་དངོས་བསྟན་གྱི་གཙོ་བོའི་དབང་ཡིན་པའི་ཕྱིར། ཡང་དེ་ཆོས་ཅན། དེར་ཐལ། ཕྱག་ཆེན་ཐིག་ལེ་ནས་བཤད་པའི་བུམ་དབང་ཡིན་

པའི་ཕྱིར་ཏེ། དང་པོ་སློབ་དཔོན་དབང་ནི་གཅིག །གཉིས་པ་གསང་བའི་དབང་ནི་མཆོག །ཅེས་པའི་སྐབས་ནས་དངོས་བསྟན་གྱི་སློབ་དཔོན་གྱི་དབང་ཡིན་པའི་ཕྱིར། ཡང་དེ་ཆོས་ཅན། དེར་ཐལ། དྲིལ་བུ་དཀྱིལ་ཆོག་ནས་བཤད་པའི་བུམ་དབང་ཡིན་པའི་ཕྱིར་ཏེ། ཆུ་ཡི་དབང་སོགས་དབྱེ་བ་ཡི། །བཞི་པོ་དེ་ཡང་བཅུ་གཅིག་གོ། །ཞེས་པའི་སྐབས་ནས་དངོས་བསྟན་གྱི་དབང་བཅུ་གཅིག་པོ་གང་རུང་ཡིན་པའི་ཕྱིར།ཡང་དེ་ཆོས་ཅན། དེར་ཐལ། བུམ་དབང་བཅུ་གཅིག་པོ་གང་རུང་ཡིན་པའི་ཕྱིར། ཞེས་ཟེར་བ་མི་འཐད་དེ། དབང་བཞི་རིམ་གྱིས་བསྐུར་བའི་གནས་སྐབས་ཀྱི་བུམ་དབང་གི་མཐའ་རྟེན་དུ་གྱུར་པའི་ལུང་བསྟན་ཆོས་ཅན། བུམ་དབང་ཡིན་པར་ཐལ། རྡོ་རྗེ་ཕྲེང་བ་སོགས་ནས་བཤད་པའི་བུམ་དབང་ཡིན་པའི་ཕྱིར། རྟགས་ཁྱབ་རིམ་པར་ཁས། འདོད་ན། བུམ་དབང་གི་དངོས་གཞི་ཡིན་པར་ཐལ། འདོད་པའི་ཕྱིར། འདོད་མི་ནུས་ཏེ། ཆོས་ཅན་ཡིན་པའི་ཕྱིར། དེ་བཞིན་དུ་དབང་བཞི་རིམ་གྱིས་བསྐུར་བའི་གནས་སྐབས་ཀྱི་བུམ་དབང་གི་མཐའ་རྟེན་དུ་གྱུར་པའི་རྗེས་གནང་སོགས་ཀྱིས་ཀྱང་མ་ངེས་སོ། །ཡང་ཁ་ཅིག །དབང་དྲུག་པོ་གང་རུང་ཡིན་ན། བུམ་དབང་མ་ཡིན་དགོས་ཏེ་བླ་མེད་ནས་བཤད་པའི་ཆུ་དབང་ཆོས་ཅན། གུར་ལས། བརྒྱད་པ་བུམ་པའི་དབང་བསྐུར་ཡིན། །ཞེས་དང་། བུམ་པའི་དབང་ནི་བདུན་པ་སྟེ། །ཞེས་པའི་བུམ་དབང་དུ་ཐལ་བ་དང་། སྡོམ་གསུམ་ལས། རྡོ་རྗེ་སློབ་དཔོན་ཁོ་ནའི་ལས། །ཉིད་ཡིན་གཞན་གྱི་བྱར་མི་རུང་། །ཞེས་པའི་རྡོ་རྗེ་སློབ་དཔོན་གྱི་དབང་དུ་ཐལ། བུམ་དབང་ཡིན་པའི་ཕྱིར། འདོད་མི་ནུས་ཏེ། ཆོས་ཅན་ཡིན་པའི་ཕྱིར། ཞེས་ཟེར་མི་འཐད་དེ། དབང་བཞིས་རིམ་གྱིས་བསྐུར་བའི་གནས་སྐབས་ཀྱི་བུམ་དབང་གི་མཐའ་རྟེན་དུ་གྱུར་པའི་རྗེས་གནང་ཆོས་ཅན། རྡོ་རྗེ་ཕྲེང་བ་སོགས་ནས་བཤད་པའི་བུམ་དབང་མ་ཡིན་པར་ཐལ། བུམ་དབང་མ་ཡིན་པའི་ཕྱིར། དེས་ན་རྡོ་རྗེ་ཕྲེང་བ་སོགས་ནས་བཤད་པའི་བུམ་དབང་ཡིན་ན། བུམ་དབང་ཡིན་པས་མ་ཁྱབ་སྟེ། དེ་དག་ཏུ་བུམ་དབང་ལ་བཅུ་གཅིག་ཏུ་ཕྱེས་ནས། དབང་བཅུ་བཞིར་འཇོག་པའི་སྐབས་ཡིན་པའི་ཕྱིར། བུམ་དབང་ཡིན་ན། རྡོ་རྗེ་ཕྲེང་བ་སོགས་ནས་བཤད་པའི་བུམ་དབང་ཡིན་པས་ཀྱང་མ་ཁྱབ་སྟེ། ཐུན་མོང་མ་ཡིན་པའི་བུམ་དབང་དེ། རྡོ་རྗེ་ཕྲེང་བ་སོགས་ནས་བཤད་པའི་བུམ་དབང་མ་ཡིན་པའི་ཕྱིར། གུར་ལས་བདུན་པ་སོགས་སུ་བཤད་པའི་བུམ་དབང་ཡིན་ན། བུམ་དབང་ཡིན་པས་ཁྱབ་ཀྱང་། བུམ་དབང་ཡིན་ན་དེ་ཡིན་པས་མ་ཁྱབ་སྟེ། གུར་ལས་བདུན་པ་སོགས་སུ་བཤད་པའི་བུམ་དབང་ཡིན་ན་ཐུན་མོང་མ་ཡིན་པའི་བུམ་དབང་ཡིན་དགོས་པའི་ཕྱིར། གཉིས་པ་རང་ལུགས་ནི་བླ་མེད་ནས་བཤད་པའི་ཆུ་དབང་སོགས་བུམ་དབང་ཡིན་ཏེ། བུམ་དབང་ལ་བཅུ་གཅིག་ཏུ་ཕྱེ་བའི་དབང་གི་དངོས་གཞི་བདུན་པོ་དེ་བུམ་དབང་དངོས་ཡིན་ཞིང་། ལྷག་མ་རྣམས་ཆ་ལག་ལ་མིང་དུ་བཏགས་པར་བདག་གི་བླ་མ་རྗེ་

བཙུན་ས་སྐྱ་པ་བཞེད་པའི་ཕྱིར་ཏེ། ཆག་ལོའི་དྲི་བར། ཀྱཻ་ལ་ཕག་མོ་ལ་སོགས་པའི་དབང་ཡོད་ན། དབང་བཞི་བརྗོད་པ་ལ་འགལ་བ་ཅི་མཆིས་ཞེས་ཞུས་པའི་ལན་དུ། དབང་བསྐུར་ལ་སྦྱོར་དངོས་རྗེས་ཀྱི་ཆོག་མང་དུ་ཡོད་ཀྱང་དངོས་གཞི་དེ་དབང་བསྐུར་དངོས་ཡིན་ཞིང་ལྷག་མ་རྣམས་ཆ་ལག་ལ་མིང་དུ་བཏགས་པ་ཡིན་ཏེ། དགེ་སློང་གི་སྡོམ་པ་འབོགས་པའི་ཆོག་མང་དུ་ཡོད་ཀྱང་གསོལ་བཞིའི་ལས་དེ་ཆོག་དངོས་ཡིན་ནོ། །བུམ་དབང་ལ་བཅུ་གཅིག་ཟེར་ཡང་། ཆ་ལག་ལ་མིང་དུ་བཏགས་པ་ཙམ་དུ་ཟད་པའི་ཕྱིར་རོ། །འོན་ཀྱང་བླ་མེད་ནས་བཤད་པའི་ཆུ་དབང་སོགས་ཐུན་མོང་མ་ཡིན་པའི་བུམ་དབང་མ་ཡིན་ཏེ། དེ་དག་རྒྱུད་སྡེ་འོག་མ་ལ་ཡང་ཡོད་པའི་ཕྱིར། ཡང་དེ་དག་ཐུན་མོང་མ་ཡིན་པའི་རྡོ་རྗེ་སློབ་དཔོན་གྱི་དབང་ཡང་མ་ཡིན་ཏེ། རྒྱུད་སྡེ་འོག་མ་གཉིས་ལ་རྡོ་རྗེ་སློབ་དཔོན་གྱི་དབང་དང་། སློབ་མའི་དབང་གཉིས་སུ་ཕྱེ་བའི། སློབ་དཔོན་གྱི་དབང་མེད་པའི་ཕྱིར། རྣལ་འབྱོར་རྒྱུད་ལ་དེ་གཉིས་སུ་ཕྱེ་བའི་རྡོ་རྗེ་སློབ་དཔོན་གྱི་དབང་ཡོད་ཀྱང་། ཐུན་མོང་མ་ཡིན་པའི་རྡོ་རྗེ་སློབ་དཔོན་གྱི་དབང་མེད་པའི་ཕྱིར་རོ། །ཀུན་མཁྱེན་མཁས་པའི་དབང་པོས། གཞུང་ལུགས་འགའ་ཞིག་ལས། རྒྱུད་སྡེ་འོག་མ་འགའ་ཞིག་ལ་བུམ་དབང་ཡོད་པ་དང་། འགའ་ཞིག་ལ་མེད་པར་གསུངས་པ་ནི། སྔ་མ་ཐུན་མོང་བ་དང་། ཕྱི་མ་ཐུན་མོང་མ་ཡིན་པ་ལ་དགོངས་སོ། །མཁས་པར་རློམ་པ་ཁ་ཅིག །རྒྱུད་སྡེ་འོག་མ་ལ་རྡོ་རྗེ་སློབ་མའི་དབང་མེད་དེ། གལ་ཏེ་དེ་ཡོད་ན། བྱ་རྒྱུད་ཀྱི་ཆུ་དབང་དེ། བྱ་རྒྱུད་ཀྱི་རྡོ་རྗེ་སློབ་མའི་དབང་ཡིན་པར་ཐལ། བྱ་རྒྱུད་ལ་རྡོ་རྗེ་སློབ་མའི་དབང་ཡོད་པའི་ཕྱིར། འདོད་ན། དེ་ཆོས་ཅན། རྡོ་རྗེ་སློབ་མའི་དབང་མ་ཡིན་པར་ཐལ། སློབ་དཔོན་གྱི་དབང་ཡིན་པའི་ཕྱིར། དེ་བཞིན་དུ་སྤྱོད་རྒྱུད་ལ་ཡང་འགྲེའོ། །ཞེས་ཟེར། མི་འཐད་དེ། བྱ་སྤྱོད་གཉིས་ལ་རྡོ་རྗེ་སློབ་དཔོན་གྱི་དབང་དང་། སློབ་མའི་དབང་གིས་ཟླས་ཕྱེ་བའི་སློབ་མའི་དབང་མེད་པར་ཐལ། བྱ་སྤྱོད་གཉིས་ལ་སློབ་མའི་དབང་མེད་པའི་ཕྱིར། འདོད་ན། བྱ་སྤྱོད་གཉིས་ལ་སློབ་དཔོན་གྱི་དབང་མེད་པར་ཐལ། དེ་མེད་པར་ཀུན་མཁྱེན་ཆེན་པོས་གསུངས་ཤིང་། ཁྱོད་ཀྱང་དེའི་རྗེས་འབྲངས་ཡིན་པའི་ཕྱིར། ཡང་བླ་མེད་ནས་བཤད་པའི་རིག་པའི་དབང་ལྔ་པོ་དེ་སློབ་དཔོན་གྱི་དབང་མ་ཡིན་པར་ཐལ། དེ་རྡོ་རྗེ་སློབ་མའི་དབང་ཡིན་པའི་ཕྱིར། རྟགས་ཁྱབ་ཁས། འདོད་ན། དེ་རྡོ་རྗེ་སློབ་དཔོན་གྱི་དབང་ཡིན་པར་ཐལ། དྲིལ་བུ་དཀྱིལ་ཆོག་ལས། སློབ་དཔོན་དབང་སོགས་དབྱེ་བ་ཡི། །དབང་ནི་རྣམ་པ་བཞི་ཞེས་བརྗོད། །ཆུ་ཡི་དབང་སོགས་དབྱེ་བ་ཡི། །བཞི་པོ་དེ་ཡང་བཅུ་གཅིག་གོ། །ཞེས་གསུངས་པའི་ཕྱིར།

གསུམ་པ་གནད་ཀྱི་དོན་ངོས་བཟུང་བ་ནི། ཐུན་མོང་མ་ཡིན་པའི་བུམ་དབང་དང་། དེའི་རྡོ་རྗེ་སློབ་དཔོན་གྱི་དབང་ནི། ཕྱག་རྒྱ་སྐུའི་དམ་ཚིག་གི་ཕྱག་རྒྱ་དང་མཉམ་པར་སྦྱོར་བ་ལས་བྱུང་བའི་ལུས་ཀྱི་རིག་པའི་

བདེ་བ་ཉམས་སུ་མྱོང་བ་ནི། རྣལ་འབྱོར་ཆེན་པོའི་ཐུན་མོང་མ་ཡིན་པའི་རྣམ་གཞག་ཡིན་ཏེ། གནད་ཀྱི་གསལ་བྱེད་ལས། ཡང་ན་ནི་རྣལ་འབྱོར་རྒྱུད་དང་། ཐུན་མོང་བའི་རྡོ་རྗེ་སློབ་དཔོན་གྱི་དབང་གི་བར་ནི་རྒྱུད་འདིར་མ་བསྟན་པས་གཞན་དུ་ཤེས་པར་བྱའོ། །འདིར་ནི་ཐུན་མོང་མ་ཡིན་པའི་རྡོ་རྗེ་སློབ་དཔོན་གྱི་དབང་སྟོན་ཏེ། ཏེ་བརྡ་ལས། ཤེས་རབ་བཅུ་དྲུག་ལོན་པ་ལ། །ཞེས་སོགས་དྲངས་ནས། ཚིགས་སུ་བཅད་པ་གཉིས་པོ་འདི་ཡང་དེའི་དོན་དང་མཐུན་པར་ཁོ་བོའི་རྣམ་པར་རྟོག་པ་ལས་བྱུང་བའོ། །ཞེས་གསུངས་པའི་ཕྱིར། དོན་དེ་ཉིད་ཀྱི་དབང་དུ་མཛད་ནས། གནད་ཀྱི་གསལ་བྱེད་དང་། ལྟོན་ཤིང་ལས་ཐུན་མོང་དང་། ཐུན་མོང་མ་ཡིན་པའི་དབང་གི་རྣམ་གཞག་རྒྱས་པར་གསུངས་སོ། །འདི་ནི་ཐུན་མོང་མ་ཡིན་པའི་རྡོ་རྗེ་སློབ་དཔོན་གྱི་དབང་ཡིན་ཏེ། དམ་ཚིག་གསུམ་སྦྱིན་པ་ཙམ་རྡོ་རྗེ་སློབ་དཔོན་གྱི་དབང་དུ་བཞག་པ་ཡང་། ཡོ་ག་དང་སྤྱོ་བསྟུན་པ་ཡིན་ཞིང་། བླ་མེད་རང་གང་གི་རྡོ་རྗེ་སློབ་དཔོན་གྱི་དབང་མ་ཡིན་ཏེ། བཞི་བརྒྱ་ལྔ་བཅུ་པ་ལས། དམ་ཚིག་གསུམ་སྦྱིན་པ་ཙམ་རྡོ་རྗེ་སློབ་མའི་དབང་དུ་གསུངས་པའི་ཕྱིར། དེས་ན་བླ་མེད་ཀྱི་ཆུ་དབང་སོགས་རྡོ་རྗེ་སློབ་དཔོན་གྱི་དབང་ཡིན་ཡང་། རྡོ་རྗེ་སློབ་དཔོན་གྱི་དབང་སློབ་མའི་དབང་གིས་ཟླས་ཕྱེ་བའི་རྡོ་རྗེ་སློབ་དཔོན་གྱི་དབང་མ་ཡིན་ཞིང་། ཡོ་ག་དང་སྤྱོ་བསྟུན་པའི་དམ་ཚིག་གསུམ་སྦྱིན་པ་རྡོ་རྗེ་སློབ་དཔོན་གྱི་དབང་དང་སློབ་མའི་དབང་གི་ཟླས་ཕྱེ་བའི་རྡོ་རྗེ་སློབ་དཔོན་གྱི་དབང་ཡིན་ཡང་། བླ་མེད་རང་གང་གི་ཐུན་མོང་མ་ཡིན་པའི་རྡོ་རྗེ་སློབ་དཔོན་གྱི་དབང་མ་ཡིན་ནོ། །འདི་ནི་དུས་འཁོར་བ་དག་གི་ཤེས་རབ་མའི་དཀར་འཛིན་ཡོངས་སུ་རྒྱས་པ་ལ། རེག་པ་དང་། སྦྱབ་པ་དང་། མྱུག་པ་ལ་བརྟེན་ནས་དགའ་བའི་ཡེ་ཤེས་སྐྱེས་པ་གང་ཡིན་པ་དེ་བུམ་དབང་དུ་འདོད་པ་ལྟར་འདིར་ཡང་།ཤེས་རབ་བཅུ་དྲུག་ལོན་པ་ལ། །ལག་པ་དག་གིས་ཡང་དག་འཁྱུད། །ཅེས་ཤེས་རབ་མ་དང་། ལུས་ཀྱི་གནས་ཐམས་ཅད་རེག་པ་ལ་བརྟེན་པ་དགའ་བའི་ཡེ་ཤེས་སྐྱེས་པ་དེ་བུམ་དབང་དུ་འདོད་དེ། གནད་འདི་དག་ནི། རྒྱ་ཆེན་ཆོས་ཀྱི་སྤྱན་ལྡན། གསུང་བ་ཀུན་ལ་བལྟ་བའི་མིག་གཅིག །ཀུན་མཁྱེན་བསྟན་པའི་སྒྲོན་མེ་བསོད་ནམས་སེང་གེའི་གསུང་བཞིན་བྲིས་པ་ཡིན་ནོ། །འདི་ལ་གསར་བུ་བ་ཁ་ཅིག །བླ་མེད་ཀྱི་ཆུ་དབང་ཆོས་ཅན། བླ་མེད་ཀྱི་ཐུན་མོང་མ་ཡིན་པའི་བུམ་དབང་ཡིན་པར་ཐལ། བུམ་དབང་ཡིན་པའི་ཕྱིར། ཁྱབ་སྟེ། རྒྱུད་སྡེ་འོག་མ་རྣམས་ལ་བུམ་དབང་མེད་པའི་ཕྱིར། ཞེས་མང་དུ་སྨྲ་བར་བྱེད་དོ། །སྟོན་པ་ཤཱཀྱ་ཐུབ་པ་ཆོས་ཅན། སྔགས་སྡོམ་ཐོབ་པའི་རྡོ་རྗེ་ཐེག་པའི་ཐུན་མོང་མ་ཡིན་པའི་སངས་རྒྱས་ཡིན་པར་ཐལ། སྔགས་སྡོམ་ཐོབ་པའི་སངས་རྒྱས་ཡིན་པའི་ཕྱིར། ཁྱབ་སྟེ། ཕ་རོལ་ཏུ་ཕྱིན་པའི་ལུགས་ལ་སྔགས་སྡོམ་ཐོབ་པའི་སངས་རྒྱས་མེད་པའི་ཕྱིར། བདེ་གཤེགས་བཀའ་འདས་ཀྱི་རྩ་ལྟུང་ཆོས་ཅན། སྔགས་ཀྱི་ཐུན་མོང་མ་ཡིན་པའི་རྩ་ལྟུང་ཡིན་

པར་ཐལ། སྔགས་ཀྱི་རྒྱ་ལྟུང་ཡིན་པའི་ཕྱིར། ཁྱབ་སྟེ། ཕ་རོལ་ཏུ་ཕྱིན་པའི་ལུགས་ལ་སྔགས་ཀྱི་རྩ་ལྟུང་མེད་པའི་ཕྱིར།སངས་རྒྱས་སའི་བྱང་ཕྱོགས་སོ་བདུན་ཆོས་ཅན། ཐུན་མོང་མ་ཡིན་པའི་རྣམ་མཁྱེན་གྱི་རྣམ་པ་ཡིན་པར་ཐལ། རྣམ་མཁྱེན་གྱི་རྣམ་པ་ཡིན་པའི་ཕྱིར། ཁྱབ་སྟེ་འཕགས་པ་འོག་མའི་རྒྱུད་ལ་རྣམ་མཁྱེན་གྱི་རྣམ་པ་མེད་པའི་ཕྱིར་རོ། །

གཉིས་པ་རྒྱས་པར་བཤད་པ་ལ། སོ་སོའི་དབྱེ་བ། ཁྱད་ཆོས། སྒྲ་དོན། མཐའ་རྟེན་བཤད་པའོ། །དང་པོ་ལ་བཞི་ལས། བུམ་དབང་བཅུ་གཅིག་གསུངས་པ་ནི། བདག་གི་ཕུང་པོ་ལྔ་དང་། ཉོན་མོངས་པ་ལྔ། རིགས་ལྔ་དང་ཡེ་ཤེས་ལྔར་བྱིན་གྱིས་བརླབས་པའི་ཆེད་དུ། ཆུ་དང་། ཅོད་པན་དང་། རྡོ་རྗེ་དང་། དྲིལ་བུ་དང་། མིང་སྟེ་རིགས་པའི་དབང་ལྔ་དང་། རིགས་དྲུག་པའི་ངོ་བོར་བྱིན་གྱིས་བརླབས་པའི་ཆེད་དུ། དྲུག་པ་རྫོགས་པའི་སངས་རྒྱས་ཀྱི་དབང་དང་། གཞན་དོན་མཐུ་དང་ལྡན་པའི་ཆེད་དུ། བདུན་པ་སློབ་དཔོན་གྱི་དབང་སྟེ་བུམ་དབང་གི་དངོས་གཞི་བདུན་གསུངས་ཤིང་། དེའི་ཡན་ལག་ཏུ་ལམ་གྱི་དུས་སུ་བདག་གི་འཇུག་པའི་བྱ་བ་གཞན་ལ་རག་མ་ལས་པར་བསྟན་པའི་ཆེད་དུ། རྗེས་གནང་དང་། ལམ་ཉམས་སུ་བླངས་པས་མ་འོངས་པ་ན། མེ་ཏོག་གང་ལ་འཕོག་པའི་སངས་རྒྱས་སུ་འགྱུར་བར་བསྟན་པའི་ཆེད་དུ་ལུང་བསྟན་དང་། སྲིད་ཞིའི་གདུང་བ་ལས་གྲོལ་བར་བསྟན་པའི་ཆེད་དུ། དབུགས་དབྱུང་དང་། དེ་དག་ལ་དགའ་བ་བསྐྱེད་དེ་སེམས་ཞུམ་པ་དང་བྲལ་བར་བསྟན་པའི་ཆེད་དུ་གཟེངས་བསྟོད་པའོ། །

གཉིས་པ་གསང་དབང་ལ་ལྔ་སྟེ། ཤིན་ཏུ་རྣམ་རྟོག་ཤས་ཆུང་ན་ཡུམ་གྱིས་ཁ་ནས་ལྡེས་ལེན་པ་ཡུམ་ལས་ཐོབ་པ་དང་། དེ་བས་རྣམ་རྟོག་ཤས་ཆེ་ན་ཡབ་ཀྱི་རྡོ་རྗེ་ནོར་བུ་ནས་ཁས་ལེན་པ་ཡབ་ལས་ཐོབ་པ་དང་། རྣམ་རྟོག་ཆེན་པོའི་གྲོལ་བའི་སྟོབས་ལས་ཐོབ་པ་དང་གསུམ་ལས། ཕྱི་མ་འདི་ལ་རྣམ་རྟོག་ཆེ་འབྲིང་ཆུང་གསུམ་དུ་ཕྱེ་བའི་རྣམ་རྟོག་ཆུང་དུས། བླ་མའི་མཐེ་བོང་དང་སྲིན་ལག་གིས་དུང་ཆོས་དང་། ཉ་ལྕིབས་ཀྱི་སྣོད་ནས་བླངས་པའི་བྱང་སེམས་དངོས་ལྡེས་ལེན་པ་དང་། འབྲིང་གིས་བྱང་སེམས་ཞོ་དང་ཆང་ལ་སྦྱར་ཏེ་སྦྱིན་པ་ལེན་པ་དང་།ཆེན་པོས་བྱང་སེམས་མགྲིན་པར་ཉིན་བར་གྱི་ཐིག་ལེ་ཙམ་བྱས་ཏེ་ལེན་པའོ། །གསང་རྫས་འདི་དག་གི་དོན་ལ་རྗེ་བཙུན་ཆེན་པོས། གསང་དབང་ལ་གཉིས་ཀས་བྱང་ཆུབ་ཀྱི་སེམས་དཀར་བས། གཉིས་ཀ་ཟླ་བའོ། །ཞེས་གསུངས་སོ། །འདིའི་དོན་ལ་ཁ་ཅིག ཡུམ་ལ་དཀར་ཆ་ཡོད་པས། དེ་ཡང་ཆུང་བས་ན་གཉིས་ཀའི་དཀར་པོ་ཞེས་དང་། ལ་ལ་དག་ཡབ་ཀྱི་བྱང་སེམས་ལས་ཡུམ་གྱི་དམར་ཆ་མངོན་པར་མི་བྱེད་པས། གཉིས་ཀ་དཀར་པོ་ཞེས་དང་། གཞན་དག །ཡུམ་ལ་དམར་ཆ་ཡོད་ཀྱང་། རང་བཞིན་བརྒྱད་ཅུའི་རྟོག་པ་དང་

བྲལ་བའི་ཆ་ནས། དཀར་པོར་བཞག་པས་གཉིས་ལ་དཀར་པོ་ཞེས་དང་། འགའ་ཞིག་སློབ་མའི་གཞིར་གནས་ཀྱི་བྱང་སེམས་ཀྱི་སྟེང་དུ། སློབ་དཔོན་གྱི་དབང་བྱུང་བས་བྱང་སེམས་ལྷུག་པས་གཉིས་ལ་དཀར་པོ་ཞེས་འདོད་དེ། དེ་ལ་ཕྱོགས་དང་པོ་མི་འཐད་དེ། སྡོམ་འཇུག་གི་ཚེ་ཡུམ་གྱི་དཀར་ཆ་བབ་ན། དེ་འཆི་ལྟས་སུ། བདེ་མཆོག་སྡོམ་འབྱུང་དང་། དུས་འཁོར་དུ་བཤད་པ་དང་། གསང་དབང་གི་ཚེ་ཡུམ་ལ་དཀར་ཆ་བབ་པ་ད་དུང་བསྒྲུབ་དགོས་པའི་ཕྱིར། གཉིས་པའང་མི་འཐད་དེ། དེའི་ཚེ་དམར་ཆ་མངོན་དུ་མི་བྱེད་ན། དགའ་བོ་མངལ་འཇུག་གི་མདོ་ལས། མ་ནད་པར་གྱུར་པ་དང་། ཆགས་པའི་སེམས་མེད་ན་དམར་ཆ་མི་བབས་ལ། གཞན་སྐྱོམ་པར་འཇུག་པའི་སེམས་ཀྱིས་བབས་པར་བཤད་པ་ལ། འདིར་གསང་དབང་གི་རྟེན་དུ་རིག་མ་ནད་ཀྱིས་བཏབ་པ་མི་དགོས་ཏེ། ཤིན་ཏུ་བཞིན་བཟང་མིག་ཡངས་མ། །གཟུགས་དང་ལང་ཚོས་རྣམ་པར་བརྒྱན། །ཞེས་བཤད་པའི་ཕྱིར་རོ། །དེ་བཞིན་དུ་ཆགས་པའི་སེམས་མེད་པའང་མི་དགོས་ཏེ། ལམ་འབྲས་ལས། གཉིས་ཀ་འདོད་པ་མཉམ་དགོས་པར་བཤད་པའི་ཕྱིར་རོ། །

གསུམ་པ་མི་འཐད་དེ། གསང་དབང་ཐོབ་ནས་རང་བཞིན་བརྒྱད་ཅུའི་རྣམ་རྟོག་དང་བྲལ་ཡང་། འདིར་གསང་རྫས་སྟེར་བའི་ཚེ། གསང་དབང་མ་ཐོབ་པའི་ཕྱིར་ཏེ། རྟོག་པའི་གྲྭ་ཟུར་ཅན་དུ་གསུངས་པའི་ཕྱིར་རོ། །བཞི་པ་ཡང་མི་འཐད་དེ། རྗེ་བཙུན་རྩེ་མོས། གསང་དབང་གི་ཐབས་དང་ཤེས་རབ་གཉིས་ལའི་སེམས་ཟླ་བ་ལྟར་དཀར་བས་ཟླ་བ་གཉིས་སོ། །ཞེས་གཉིས་ཀའི་དོན་ཡབ་ཡུམ་ལ་ངོས་བཟུང་གི །དཔོན་སློབ་ལ་མ་བཤད་པའི་ཕྱིར་རོ། །བླ་མ་ཁ་ཅིག གསང་དབང་བསྐུར་བའི་ཕྱིར། ཡབ་ཡུམ་སྙོམ་པར་བཞུགས་ནས། ཡབ་ཀྱི་བྱང་སེམས་བབས་པའི་རྡུལ་ཉམ་པར་བྱས་པ་དེ་ཉིད། ཡུམ་གྱི་བྷ་གར་བཞག་པ་སྟེ། སློབ་མ་ལ་དབང་བསྐུར་བ་ཡིན་ཏེ། དེ་ནས་ཡབ་ཀྱི་བྱང་སེམས་དེ་ཉིད། ཡུམ་གྱི་བྷ་ག་ནས་ལེན་པའི་ཕྱིར། གཉིས་ཀའི་བྱང་སེམས་དཀར་པོའོ། །ཞེས་པའི་ཐ་སྙད་མཛད་པ་ཡིན་ཏེ། དཔེར་ན། མཆོད་ཀྱི་སྟེང་གི་ནས་ལ། མཆོད་ཀྱི་ནས་ཞེས། བརྗོད་པ་ལ་རྟེན་གྱི་མིང་བཏགས་པ་ལྟ་བུའོ། །ཞེས་གསུངས་པ་ཡང་། རྗེ་བཙུན་ཡབ་ལས་ཐོབ་པ་ལ་གཉིས་ཀའི་བྱང་སེམས་ཀྱི་དོན་མཛད་པར་ཐལ། དེའི་ཚེ་ཡུམ་གྱི་བྷ་གར་བཞག་པ་མེད་པའི་ཕྱིར་ཞེས་པའི་སྐྱོན་འཇུག་གོ། །དེས་ན་དོན་འདི་ཡིན་ཏེ། སཾ་པུ་ཊི་ལས། སི་ཧླ་ག་བུར་དགོས་པ་ནི། །ཪི་ཤྲིད་ཁུ་བ་ལྡན་གྱུར་པ། །དེ་ཤྲིད་ཕྱག་རྒྱ་བསྟེན་པར་བྱ། །ཞེས་པའི་འགྲེལ་པར། རྗེ་བཙུན་རྩེ་མོས། སི་ཧླ་ཞེས་བྱ་བ་ལ་སོགས་པས་ནི། བསྟེན་པའི་ཚད་བསྟན་ཏེ། གསང་བའི་དབང་བསྐུར་བ་ལ། གཉིས་ཀའི་བྱང་ཆུབ་ཀྱི་སེམས་དགོས་པའི་ཕྱིར། ཞེས་གསུངས་པས་གསང་དབང་གི་རྟེན་ཚད་ནི། ཡབ་ཀྱི་རྡོ་རྗེ་ཪི་ཤྲིད་ཁུ་བ་ལྡན་གྱི་བར་བརྟེན། ཁུ་བ་དེ་ཡང་

ཡབ་ཀྱི་རྡོ་རྗེ་དང་མ་བྲལ་བའི་ཚེ། ཡུམ་གྱི་སི་ཧྲ་ལས་ཅུང་ཟད་བསྙོས་ནས་གཉིས་ཀའི་བྱང་སེམས་དཀར་དམར་ཚང་ཡང་། ཁ་དོག་གཞན་དུ་བསྒྱུར་བར་མ་ནུས་པས་དཀར་པོ་གནས་པའོ། །དེ་ཉིད་ཡབ་ཀྱི་རྡོ་རྗེས་འགྲིམས་ན་ཡབ་ལས་ཐོབ་པ་དང་། ཡུམ་གྱི་མཁར་ཕབ་ནས་འགྲིམས་ན་ཡུམ་ལས་ཐོབ་པ་དང་། ཉ་ཕྱིས་སོགས་སུ་བླུགས་ནས་སྟེར་ན་གྲོལ་བའི་སྟོབས་ལས་ཐོབ་པར་འདོག་གོ། །འདི་ཡང་སླལ་ལྡན་རྣམས་ལ། རྒྱལ་བ་དགོས་པའི་བཤེས་གཉེན་བསོད་ནམས་སེང་གེའི་གསུང་བཞིན་དུ་བྲིས་པ་ཡིན་ནོ། །གསུམ་པ་ཤེས་རབ་ཡེ་ཤེས་ལས། དངོས་ཀྱི་རིག་མ་དང་། ཡེ་ཤེས་ཀྱི་རིག་མ་ལས་ཐོབ་པ་གཉིས་ཡོད་ཅིང་། ཚིག་ཙམ་གྱི་ཐོབ་པ་དང་གསུམ་ཡོད་པར་བཤད་དོ། །དེ་ཡང་ལམ་འབྲས་གཞུག་མར། དངོས་ཀྱི་རིག་མ་ལས་ཐོབ་ན་རབ། ཡེ་ཤེས་ཀྱི་རིག་མ་ལས་ཐོབ་ན་འབྲིང་། ཚིག་ཙམ་གྱིས་ཐོབ་ན་ཐ་མའོ། །ཞེས་གསུངས་སོ། །འདིའི་རབ་ནི་ཡེ་ཤེས་གསལ་བ་དང་། འབྲིང་ནི་ཡེ་ཤེས་མི་གསལ་བ་དང་། ཐ་མ་ནི་ཡེ་ཤེས་མ་སྐྱེས་ཀྱང་ཉམས་མྱོང་ཁྱད་པར་ཅན་སྐྱེས་པའི་སྟགས་སྡོམ་ལ་འདོག་གོ། །བཞི་པ་དབང་བཞི་པ་ལ་ལྔ་སྟེ། ཚིག་གི་དོན་དང་། ལམ་དུ་བྱེད་པ་དང་། བཞི་བའི་རྟེན་ཅན་དང་། འབྲས་བུ་སྔོན་དུ་བྱེད་པའི་བཞི་པའོ། །དང་པོ་ནི། དབང་གསུམ་པའི་དུས་སུ་མྱོང་བའི་ཡེ་ཤེས་དང་། རང་གི་སེམས་ཡོངས་སུ་དག་པ་གཉིས་རྟག་ཆད་མེད་པར་གཅིག་ཏུ་ཚིག་ཙམ་གྱི་བརྡ་སྤྲོད་པ་ཚིག་གི་བཞི་པའོ། །གཉིས་པ་ནི། དེ་ལས་དེ་ཁོ་ན་ཉིད་བདེ་སྟོང་མཆོག་གི་ཏིང་ངེ་འཛིན་རྒྱུད་ལ་སྐྱེས་པ་དོན་གྱི་བཞི་པའོ། །གསུམ་པ་ནི། དབང་གསུམ་པའི་དུས་སུ་ཡེ་ཤེས་ངོས་མ་ཟིན་ན། པདྨ་ཅན་ལ་བརྟེན་ནས་མས་རྟེན་གྱི་དགའ་བ་བཞིའི་མཐར། ལྷན་སྐྱེས་ཀྱི་ཉམས་མྱོང་སྐྱེས་པ་ནི་བཞི་པའི་རྟེན་ཅན་ནོ། །བཞི་པ་ནི། ཉམས་མྱོང་དེ་ལྷ་བ་གསོ་བའི་ཆེད་དུ་ལམ་དུས་སུ་གོམས་པར་བྱེད་པ་ལམ་དུ་བྱེད་པའི་བཞི་པའོ། །ལྔ་པ་ནི། ལམ་གྱི་ཉམས་མྱོང་དང་། ཆོས་སྐུའི་ཡེ་ཤེས་དབྱེར་མེད་པར་བླ་མས་སྟོན་པ་བདགས་པ་བ་དང་། ས་བཅུ་གསུམ་པའི་ཆེད་ལ་རྒྱུད་ཡོངས་སུ་དག་པའི་ཕྱག་རྒྱ་སེ་བཅུ་པ་ལ་བརྟེན་ནས་འགྲོས་བཞི་ཐིམ་པས། སྐུ་ལྔ་འཆར་བ་མཚན་ཉིད་པ་སྟེ། དེ་གཉིས་ནི་འབྲས་བུ་མངོན་དུ་བྱེད་པའི་བཞི་པའོ། །དེ་དག་ནི་དབང་བཞི་བའི་མཐར་ཐུག་པ་ཡིན་པས་དབང་བཞི་བ་ཞེས་བྱའོ། །

གཉིས་པ་ཁྱད་ཆོས་ལ་བཞི་སྟེ། གསུམ་ཚན་གྱི་སྒོ་ནས་བཤད་པ། ལྔ་ཚན་གྱི་སྒོ་ནས་བཤད་པ། བཅོ་ལྔ་ཚན་གྱི་སྒོ་ནས་བཤད་པ། དབང་གི་རབ་དབྱེ་བཅུ་གཉིས་བཤད་པའོ། །དང་པོ་ནི། ལམ་འབྲས་ལས། ལུས་ཐབས་རྒྱུད་ལ་གདན་སོགས་སོགས་གསུམ་པ་བཞི་རྒྱུའི་དབང་ཞེས་གསུངས་ཤིང་། འདིའི་དོན་ལ་དབང་རེ་རེ་ལ་དཀྱིལ་འཁོར་གང་ལས་ཐོབ་པ། དབང་གང་ཐོབ་པ། དྲི་མ་གང་དག་པ་དང་གསུམ་གསུམ་ཡོད་དེ། དང་པོ་

བུམ་དབང་ལ་དཀྱིལ་འཁོར་ནི། རྡུལ་ཚོན་གྱི་དཀྱིལ་འཁོར། དབང་ནི་བུམ་དབང་བཅུ་གཅིག །དྲི་མ་ནི་ལུས་ཀྱི་དྲི་མ་དག་པའོ། །གཉིས་པ། གསང་དབང་ལ། དཀྱིལ་འཁོར་ནི་རྒྱ་ཡི་གེའི་དཀྱིལ་འཁོར། དབང་ནི་གསང་དབང་རྣམ་པ་ལྔ། དྲི་མ་ནི་ངག་གི་དྲི་མ་དག་པའོ། །གསུམ་པ་ཤེས་རབ་ཡེ་ཤེས་ལ། དཀྱིལ་འཁོར་ནི་ཁམས་བདུད་རྩིའི་དཀྱིལ་འཁོར། དབང་ནི་ཤེས་རབ་ཡེ་ཤེས་ཀྱི་དབང་གཉིས་དྲི་མ་ནི་ཡིད་ཀྱི་དྲི་མ་དག་པའོ། །དབང་བཞི་པ་ལ། དཀྱིལ་འཁོར་ནི་རླུང་གི་དཀྱིལ་འཁོར། དབང་ཚིག་ཙམ་གྱི་བཞི་བ་སོགས་ལྔ། དྲི་མ་ནི་ལུས་ངག་ཡིད་གསུམ་གྱི་དྲི་མ་དག་པའོ། །དེ་དག་རེ་རེ་ལ་ཡང་གདན་གསུམ་ཚང་བ་ཞིག་དགོས་ཏེ། འཁོར་འདས་དབྱེར་མེད་ལས། དང་པོ་དཀྱིལ་འཁོར་དབང་དང་དབང་རྫས་སོགས། །རེ་རེའང་གདན་གསུམ་འཁོར་འདས་དབྱེར་མེད་དུ། །དཔལ་ལྡན་བླ་མའི་ཞལ་ལས་བླང་བར་བྱ། །ཞེས་གསུངས་སོ། །དེ་ལ་གདན་གསུམ་ནི། སངས་རྒྱས་དང་བྱང་ཆུབ་སེམས་དཔའི་གདན། རིག་མ་དང་ལྷ་མོའི་གདན། ཁྲོ་བོ་དང་ཁྲོ་མོའི་གདན་ནོ། །

གཉིས་པ་ལྡེ་ཚན་གྱི་སྒོ་ནས་བཤད་པ་ནི། ལམ་འབྲས་ལས། ལམ་དུ་བསྐྱེད་རིམ་སོགས་ལྔ་པ་བཞིས་བསྟན་ཞེས་གསུངས་ཤིང་། འདི་དག་གི་དོན་ལ། དབང་རེ་རེ་ལ་ཡང་ལམ་གང་ཡིན་པ། ལྟ་བ་གང་ཡིན་པ། འདའ་ཀ་མ་གང་ཡིན་པ། འབྲས་བུ་གང་ཡིན་པ་སྟེ་ལྔའོ། །དེ་ལ་བུམ་དབང་གི་ལྔ་ནི། ལམ་བསྐྱེད་པའི་རིམ་པ་དབྱིབས། ལྟ་བ་ངོ་བོ་ཉིད་རྣམ་པ་གསུམ། གྲུབ་མཐའ་འཁོར་འདས་དབྱེར་མེད། འདའ་ཀ་མའི་གོང་དུ་འཕོ་བ། འབྲས་བུ་སྤྲུལ་པའི་སྐུ་རང་བཞིན་ལྷུན་གྲུབ་སྟེ་ལྔའོ། །གསང་དབང་གི་ལྔ་ནི། ལམ་བདག་བྱིན་གྱིས་བརླབས་པའི་རིམ་པ། ལྟ་བ་རང་བྱུང་གི་ཡེ་ཤེས་བཞི། གྲུབ་མཐའ་མ་འདྲེས་ལ་ཡོངས་སུ་རྫོགས་པ། འདའ་ཀ་མ་འོད་གསལ་བ། འབྲས་བུ་ལོངས་སྤྱོད་རྫོགས་པའི་སྐུའི་རང་བཞིན་ལྷུན་གྲུབ་སྟེ་ལྔའོ། །ཤེས་རབ་ཡེ་ཤེས་ཀྱི་ལྔ་ནི། ལམ་དཀྱིལ་འཁོར་འཁོར་ལོའི་ཐབས་ཀྱི་ལམ། ལྟ་བ་ལྷན་ཅིག་སྐྱེས་པའི་ཡེ་ཤེས་དགའ་བ་བཞི། གྲུབ་མཐའ་བདེ་སྟོང་རྒྱ་ཆུང་བ། འདའ་ཀ་མ་ནི་འཆི་བའི་ཚེ་རྡོ་རྗེ་སེམས་དཔའ་འགྲོན་པར་འགྱུར་བ། འབྲས་བུ་ཆོས་ཀྱི་སྐུའི་རང་བཞིན་ལྷུན་གྲུབ་སྟེ་ལྔའོ། །དབང་བཞི་པའི་ལྔ་ནི། ལམ་རྡོ་རྗེའི་རྦ་རླབས་གསུམ། ལྟ་བ་ཆོས་ཐམས་ཅད་ཤིན་ཏུ་རྣམ་པར་དག་པའི་དེ་ཁོ་ན་ཉིད་ལས་བསྟན་པའི་དགའ་བ་བཞི། གྲུབ་མཐའ་བདེ་སྟོང་རྒྱ་ཆེ་བ། འདའ་ཀ་མ་ཕྱག་རྒྱ་ཆེན་པོས་འཕོ་བ། འབྲས་བུ་ངོ་བོ་ཉིད་སྐུའི་རང་བཞིན་ལྷུན་གྲུབ་སྟེ་ལྔའོ། །དེ་ལ་དང་པོ་ནི། རྒྱུ་དང་། གཉིས་པ་ནི་ལམ་གྱི་དབང་དུ་བྱས་པ་ཡིན་ལ། འབྲས་བུའི་དབང་ནི། ཕྱག་རྒྱ་ཆེན་པོ་འབྲས་བུའི་རྒྱུད་ནི་འབྲས་བུ་དབང་བཞི་ཐམས་ཅད་མཁྱེན་ཏོ། །ཞེས་པས་བསྟན་ནོ། །

གསུམ་པ་བཅོ་ལྔ་ཚན་གྱི་སྒོ་ནས་དབྱེ་བ་ནི། དཔལ་ལྡན་ས་སྐྱ་པའི་དབང་གི་ཆུ་བོ་མ་ནུབ་པའི་རྒྱུན་

ལས། དབང་བཞི་པོ་རེ་རེ་ལ་ཁྱད་པར་གྱི་ཆོས་བཅོ་ལྔ་བཅོ་ལྔ་སྟེ།དེ་ལ་དང་པོ་བུམ་དབང་ལ། དབང་གི་ངོ་བོ་དང་། དཀྱིལ་འཁོར་དང་། བླ་མ་དང་། དྲི་མ་གང་བྱང་བ་དང་། དཔེ་དང་། ཡོན་ཏན་དང་། དམ་ཚིག་དང་། ངོ་སྤྲོད་དང་། ལམ་དང་། ལྟ་བ་དང་། གྲུབ་མཐའ་དང་། བརྟ་དང་།འདའ་ཀ་མ་འཕོ་བ་དང་། འབྲས་བུ་དང་། མཐར་ཐེན་དང་བཅོ་ལྔ་ཡོད་པ་ལས། དང་པོ་ནི། བུམ་དབང་བཅུ་གཅིག་གོ། །གཉིས་པ་ནི། དབང་པོའི་བྱེ་བྲག་གི་རྟུལ་ཆེན་དང་། རས་བྲིས་དང་། ལུས་ཀྱི་དཀྱིལ་འཁོར་རོ། །གསུམ་པ་ནི། སྤྲུལ་སྐུའི་རྣམ་པ་ཅན་ནོ། ། བཞི་པ་ནི། ལུས་ཀྱི་དྲི་མ་དག་པའོ། །ལྔ་པ་ནི། ཞིང་པ་བཟང་པོ་ལྟ་བུའོ། །དྲུག་པ་ནི། ས་གཞི་གཤིན་པ་ལ་སོགས་པ་འབུལ་ན་བཀྲ་ཤིས་སོ། །བདུན་པ་ནི། མི་འབྲལ་བའི་དམ་ཚིག །བཟའ་བའི་དམ་ཚིག །བསྲུང་བའི་དམ་ཚིག །བརྒྱད་པ་ནི། ལུས་སྣང་སྟོང་གི་ཡེ་ཤེས་སུ་ངོ་སྤྲོད་པའོ། །དགུ་པ་ནི། བསྐྱེད་པའི་རིམ་པ་བསྒོམ་པ་ལ་དབང་ངོ་། །བཅུ་པ་ནི། ངོ་བོ་ཉིད་རྣམ་པ་གསུམ་མོ། །གང་ཞེ་ན། སྣང་ཕྱོགས་ཀྱི་ངོ་བོ་ཉིད། སྟོང་ཕྱོགས་ཀྱི་ངོ་བོ་ཉིད། ཟུང་འཇུག་གི་ངོ་བོ་ཉིད་དོ། །གསལ་བ་སེམས་ཀྱི་མཚན་ཉིད། སྟོང་པ་སེམས་ཀྱི་རང་བཞིན། བཅོས་མིན་སེམས་ཀྱི་ངོ་བོ་ཞེས་ཀྱང་བྱའོ། །བཅུ་གཅིག་པ་ནི་འཁོར་འདས་དབྱེར་མེད་དོ། །བཅུ་གཉིས་པ་ནི། ལུས་ཀྱི་བརྟའ་ནི་ལྟ་བསྟུས་རྩེ་མོས་བསྟན་པའོ། །བཅུ་གསུམ་པ་ནི། འོད་ཀྱི་གོང་བུས་འཕོ་བའོ། །བཅུ་བཞི་པ་ནི། འབྲས་བུ་སྤྲུལ་པའི་སྐུའི་ས་བོན་ལུས་ལ་བཏབ་ནས་རྟེན་འབྲེལ་ལྷུན་གྲུབ་ཏུ་བསྒྲིགས་པའོ། །བཅོ་ལྔ་པ་ནི། སེམས་ཀྱི་དོན་བྱེད་པ་དང་། ཆོས་འཆད་པའི་རྩེས་གནང་ངོ་། །

གཉིས་པ་གསང་དབང་གི་བཅོ་ལྔ་ལ། དང་པོ་ནི། རྗེ་བཙུན་ཡབ་ལས་ཐོབ་པ་སོགས་ལྔའོ། །གཉིས་པ་ནི། གསང་བ་རྡོ་གའི་དཀྱིལ་འཁོར་རམ། རྒྱ་ཡི་གེའི་དཀྱིལ་འཁོར་ཞེས་ཀྱང་བྱའོ། །གསུམ་པ་ནི། ལོངས་སྐུའི་རྣམ་པ་ཅན་ནོ། །བཞི་པ་ནི། ངག་གི་དྲི་མ་དག་པའོ། །ལྔ་པ་ནི། ས་བོན་དྲུང་མོ་བཏབ་པ་ལྟ་བུའོ། །དྲུག་པ་ནི། ཧྲ་དང་གླང་པོ་ལ་སོགས་པ་འབུལ་ན་བཀྲ་ཤིས་སོ། །བདུན་པ་ནི། རླུང་གི་དཀྱིལ་འཁོར་སྒོམ་པའོ། །བརྒྱད་པ་ནི། ངག་གསལ་སྟོང་གི་ཡེ་ཤེས་སུ་ངོ་སྤྲོད་པའོ། །དགུ་པ་ནི། བདག་བྱིན་གྱིས་བརླབས་པའི་རིམ་པ་སྒོམ་པ་ལ་དབང་། བཅུ་པ་ནི། རང་བྱུང་གི་ཡེ་ཤེས་བཞིའོ། །གང་ཞེ་ན། རྣམ་པ་གསལ་བ། རང་བཞིན་སྟོང་པ། ངོ་བོ། བདེ་བ། མཚན་ཉིད་ཟུང་འཇུག་གོ། །བཅུ་གཅིག་པ་ནི། གསལ་ལ་མ་འདྲེས་པ་ཡོངས་སུ་རྫོགས་པའོ། །བཅུ་གཉིས་པ་ནི། ལུས་ཀྱི་བརྟ་མཐེབ་སྲིན་ཨེ་ལ་རེག་བྱེད་གཅིག །བཅུ་གསུམ་པ་ནི། གསལ་སྟོང་ཟུང་འཇུག་ཏུའོ། །བཅུ་བཞི་པ་ནི། འབྲས་བུ་ལོངས་སྐུའི་ས་བོན་ངག་ལ་བཏབ་ནས་རྟེན་འབྲེལ་ལྷུན་གྲུབ་བསྒྲིགས་པའོ། ། བཅོ་ལྔ་པ་ནི། ལུང་བསྟན་པའོ། །གསུམ་པ་ཤེས་རབ་ཡེ་ཤེས་ཀྱི་བཅོ་ལྔ་ལ། དང་པོ་ནི། ཤེས་རབ་ཀྱི་དབང་

དང་ཡེ་ཤེས་ཀྱི་དབང་གཉིས་སོ། །གཉིས་པ་ནི། ཀུན་རྫོབ་བྱང་སེམས་ཀྱི་དཀྱིལ་འཁོར་རམ། ཁམས་བདུད་རྩིའི་དཀྱིལ་འཁོར་ཞེས་ཀྱང་བྱའོ། །གསུམ་པ་ནི། ཚོས་སྐུའི་ངོ་བོ་ཅན་ནོ། །བཞི་པ་ནི། ཡིད་ཀྱི་དྲི་མ་དག་གོ། །ལྔ་པ་ནི། ཆུ་ལུད་དྲོད་གཤེར་འཛོམས་པ་ལྟ་བུའོ། །དྲུག་པ་ནི། རིག་མ་ལ་སོགས་པ་འབུལ་ན་བཀྲ་ཤིས་སོ། །བདུན་པ་ནི། ཐིག་ལེ་མི་ཉམས་པར་བསྲུང་བའོ། །བརྒྱད་པ་ནི། ཡིད་བདེ་སྟོང་གི་ཡེ་ཤེས་སུ་ངོ་སྤྲོད། དགུ་པ་ནི། དཀྱིལ་འཁོར་འཁོར་ལོ་ཡོ་ཉའི་ལམ་སྒོམ་པ་ལ་དབང་། བཅུ་པ་ནི། ལྷན་སྐྱེས་ཀྱི་ཡེ་ཤེས་སོ། །བཅུ་གཅིག་པ་ནི། བདེ་སྟོང་རྒྱ་ཆུང་བའོ། །བཅུ་གཉིས་པ་ནི། ལུས་ཀྱི་བཏྲ་བྱང་ཆུབ་མཆོག་གི་ཕྱག་རྒྱ་སྟེ་རྡོ་རྗེ་གསུམ་ཁྲལ་ཏེ་བསྟན་པའོ། །བཅུ་གསུམ་པ་ནི། རྡོ་རྗེ་སེམས་དཔའ་འགྲོན་པར་འགྱུར། བཅུ་བཞི་པ་ནི། འབྲས་བུ་ཆོས་སྐུའི་ས་བོན་ཡིད་ལ་བཏབ་ནས་རྟེན་འབྲེལ་ལྷུན་གྲུབ་བསྒྲིགས་པའོ། །བཅོ་ལྔ་པ་ནི། སངས་རྒྱས་མ་ཐོབ་བར་དུ་བདེ་བ་ནས་བདེ་བར་འགྲོ་བས་བདེ་བའི་ལམ་གྱི་དུབ་པ་མེད་དོ་ཞེས་དབུགས་དབྱུང་བའོ། །བཞི་པ་ཤེས་རབ་ཡེ་ཤེས་ཆེན་པོའི་དབང་ལ་བཅོ་ལྔ་སྟེ། དང་པོ་ནི། དབང་གསུམ་པ་ལས་ཀྱང་མཆོག་ཏུ་གྱུར་པའི་བཞི་པ་རྟེན་ཅན་རྟེན་མེད་གཉིས་སོ། །གཉིས་པ་ནི། དོན་དམ་བྱང་སེམས་ཀྱི་དཀྱིལ་འཁོར་རམ། སྙིང་པོ་ཡེ་ཤེས་རླུང་གི་དཀྱིལ་འཁོར་ཞེས་ཀྱང་བྱའོ། །གསུམ་པ་ནི། ངོ་བོ་ཉིད་སྐུ་བདེ་བ་ཆེན་པོའི་ངོར་མོས་པ་ལས་སོ། །བཞི་པ་ནི། སྒོ་གསུམ་གྱི་དྲི་མའི་བག་ཆགས་དགོས། ལྔ་པ་ནི། ལོ་ཐོག་སྨིན་པ་ལྟ་བུའོ། །དྲུག་པ་ནི། གསེར་ལ་སོགས་པ་འབུལ་ན་བཀྲ་ཤིས་སོ། །བདུན་པ་ནི། ཁྱོད་ཀྱི་སྲོག་ཆགས་བསད་མི་བྱ། །ཞེས་སོགས་དགོངས་ཏེ་གསུངས་པའི་དམ་ཚིག་བཞིའོ། །བརྒྱད་པ་ནི། སྒོ་གསུམ་གྱི་རླུང་བདེ་སྟོང་མཆོག་གི་ཡེ་ཤེས་སུ་ངོ་སྤྲོད་པའོ། །དགུ་པ་ནི། རྡོ་རྗེའི་ཐ་རླབས་གསུམ་སྒོམ་པ་ལ་དབང་། བཅུ་པ་ནི། ཆོས་ཐམས་ཅད་རང་བཞིན་གྱི་རྣམ་པར་དག་པའི་དེ་ཁོ་ན་ཉིད་དོ། །བཅུ་གཅིག་པ་ནི། བདེ་སྟོང་རྒྱ་ཆེ་བ་མཆོག་གི་དངོས་གྲུབ་པོ། །བཅུ་གཉིས་པ་ནི། ལུས་ཀྱི་བཏྲ་མཛུབ་མོའི་རྩེ་མོས་ནི་ནམ་མཁའ་མཚོན་པའོ། །བཅུ་གསུམ་པ་ནི། ཕྱག་རྒྱ་ཆེན་པོ་ནས་སོ། །བཅུ་བཞི་པ་ནི། འབྲས་བུ་བདེ་བ་ཆེན་པོའི་སྐུའི་ས་བོན་སྒོ་གསུམ་གྱི་རླུང་ལ་བཏབ་ནས་རྟེན་འབྲེལ་ལྷུན་གྲུབ་བསྒྲིགས་པའོ། །བཅོ་ལྔ་པ་ནི། མི་འགྱུར་བའི་བདེ་བ་མཆོག་ཐོབ་པས་གཟེངས་བསྟོད་པའོ། །བཞི་པ་དབང་གི་རབ་དབྱེ་བཅུ་གཉིས་བཤད་པ་ནི། གནས་ལུགས་ཟབ་མོའི་དོན་ལ་འཁྲུལ་པ་མེད་པ་རྗེ་བཙུན་ཆེན་པོས། ཕྱར་མ་སྨིན་པ་གཅིག་སྦྱོར་དངོས་འཇུག་གསུམ་གྱི་གཞན་ལས་ལེན་པ་རྒྱུ་དུས་ཀྱི་དབང་དང་། དེ་ནས་ཚོ་ག་དེ་ཉིད་ཀྱི་དབང་དེ་ཡང་ནས་ཡང་དུ་གཞན་ལས་ལེན་པ་རྒྱུའི་དབང་ལམ་དུ་བྱེད་པ་དང་། ཚོ་ག་དེ་ཉིད་ཀྱི་རང་གི་ལེན་པ་རྒྱུ་དབང་ཏིང་ངེ་འཛིན་གྱི་ལམ་དུ་བྱེད་པ་དང་། སཚོག་ཡན་ཆད་གཏོར་མ་སྦྱིན་ཏེ་བདེན་པ་བརྗོད་པ་ཙམ་བྱས

ནས། ལྷ་ལྷག་གནས་མན་ཆད་ལེན་པ་དང་། སློབ་མ་ལྷག་ནས་ཡན་ཆད་དོར་ནས། དེའི་དོད་རྒྱུན་གཤེགས་བཅུག་སྟེ་གཞན་རྣམས་ལེན་པར་བྱེད་པ་དང་། འཇུག་པ་ཡན་ཆད་དོར་ནས་དེའི་དོད་རིགས་ལྔའི་སྡོམ་བཟུང་བཅུག་སྟེ་གཞན་རྣམས་ལེན་པ་དང་། སྡོམ་པ་སྔགས་བཟུང་གཉིས་མདོར་བསྡུས་བཟུང་ནས་བུམ་དབང་མན་ཆད་ལེན་པ་དང་། རྒྱུན་གཤེགས་སྟོན་དུ་བཏང་ནས་དབང་བཞི་ཚིག་བཞིས་ལེན་ཞིང་། འཇུག་འབྲས་བུ་དབུགས་དབྱུང་ཙམ་སྟེར་བ་དང་། བྱང་ཆུབ་སེམས་ཀྱི་ཆུ་རྒྱུན་གཅིག་ལ་དབང་བཞི་ལེན་པ་དང་། འཇུག་འདྲ། རྒྱུན་གཤེགས་སྟོན་དུ་སོང་ནས་རིགས་ལྔའི་སྡོམ་བཟུང་གིས་ལེན། གཙོ་བོས་ཇི་ལྟར་བཀའ་བསྩལ་པ་སོགས་དམ་ཚིག་གྲུབ་པར་ཁས་བླངས་པ་དང་། དེ་བཞིན་གཤེགས་པ་ཐམས་ཅད་ཀྱི་ཅིག་ཅར་དབང་བསྐུར་ཏེ་འབྲས་བུ་ལ་མཚམས་སྦྱོར་བ་དང་། ཟབ་ལམ་གང་རུང་ཞིག་གི་དབང་ལེན་པ་སྟེ། རིམ་པ་བཅུ་གཉིས་སོ། །

དེ་ལྟར་དབང་བསྐུར་ཚུལ་དེ་དག་ལས། དང་པོ་ནི། སྔར་མ་སྨིན་པ་ལ་བྱ་ཞིང་། གཉིས་པ་ནི། ཚོགས་མི་ཤེས་པ་ལ་བྱ། གསུམ་པ་ནས་བཅུ་པའི་བར་ནི། རང་གཞན་དབང་གི་སྨིན་པ་ལ་དུས་སྐབས་དང་དགག་དགོས་རྩིས་ལ་བྱ་ཡི། སྨྱོ་རོར་དུ་ནི་མི་བྱའོ། །བཅུ་གཅིག་པ་ནི། གང་ཟག་མཆོག་ཁོན་ཡིན་ལ། བཅུ་གཉིས་པ་ནི། འཁྲིད་ཀྱང་པ་རྣམས་ལ་དུས་སྐབས་དང་དྲོད་ཚད་དང་སྦྱར་ལ་བྱའོ། །ཕན་ཡོན་ནི་ལམ་ལ་མ་ཞུགས་པ་རྣམས་ཀྱི་བར་ཆད་ཞི་ཞིང་། མཐུན་རྐྱེན་ཚང་བ་དང་། རིམ་གྱིས་ལམ་ལ་འཇུག་པ་རྣམས་སྔོན་དུ་རུང་བ་དང་། ལམ་ཞུགས་རྣམས་ཀྱི་དགེ་སྦྱོར་གྱིས་བོགས་འདོན་པ་དང་། ཡན་ལག་གི་ཉེས་པ་ཐམས་ཅད་འདག །ཐུན་བཞིར་བླངས་ན་ཇ་བའི་ལྟུང་བ་མི་འབྱུང་ངོ་། །མཐར་བརྟེན་པ་ཆེ་འབྲིང་ཆུང་གསུམ་གྱི་བྱེ་བྲག་གི་ཚེ་འདི་དང་། བར་དོ་དང་། སྐྱེ་བ་བདུན་ནམ་བཅུ་དྲུག་ཚུན་ཆད་དུ་གྲོལ་ཏེ། རྒྱུད་ལས་འབྱུང་ངོ་། ཞེས་གསུངས་སོ། །དབང་དེ་ཐམས་ཅད་ཀྱི་དོན་ཕྱོགས་གཅིག་ཏུ་བསྡོམས་ནས། བདག་གི་བླ་མ་ཟབ་ལམ་མཆོག་གི་མངའ་བདག་རྡོ་རྗེ་འཆང་ཀུན་དགའ་བཟང་པོས། རྣམ་དག་དཀྱིལ་འཁོར་བཞི་ཡི་འཛིན་མ་ལ། །རྣམ་དཀར་དབང་བཞིའི་ཆར་རྒྱུན་ལེགས་ཕབ་སྟེ། །རྣམ་གྲོལ་སྐུ་བཞིའི་ལོ་ཐོག་རྒྱས་མཛད་པའི། །རྣམ་མཁྱེན་བླ་མ་བཞི་ལ་གསོལ་བ་འདེབས། །ཞེས་གསུངས་སོ། །འདི་ལ་བཞི་སྟེ། དབང་བསྐུར་བའི་ངོ་བོ། དབང་བསྐུར་བའི་འབྲས་བུ། དབང་བསྐུར་བའི་བླ་མ་ངོས་བཟུང་བའོ། །དང་པོ་ནི། འོ་ན་རྒྱུད་ལས་གསུངས་པའི་དབང་དེ་དག །གང་ལ་བསྐུར་བར་བྱེད་པ་ཡིན་ཞེ་ན། རང་བཞིན་གྱི་དྲི་མས་རྣམ་པར་དག་པའི་ལུས་རྩའི་དཀྱིལ་འཁོར་དང་། རྩ་ཡི་གེའི་དཀྱིལ་འཁོར་དང་། ཁམས་བདུད་རྩིའི་དཀྱིལ་འཁོར་དང་། སྙིང་པོ་རླུང་གི་དཀྱིལ་འཁོར་དང་། བཞིའི་འཛིན་མས་ཏེ་ས་གཞི་བཟང་པོ་ལ་བསྐུར་རོ། །གཉིས་པ་ནི། འོ་ན་དབང་བསྐུར་ཞེ་ན། ནོར་འཕྲུལ་གྱི་དྲི་མ་མཐའ་དག་དང་བྲལ་

བས་ན། རྣམ་པར་དཀར་བའི་བུམ་དབང་གསང་དབང་ཤེས་རབ་ཡེ་ཤེས་ཀྱི་དབང་། ཁྱད་པར་ཅན་བཞི་པའི་དབང་སྟེ་བཞིའི་ཆར་པའི་རྒྱུན་ལེགས་པར་ཕབ་སྟེ་སྔར་བཤད་པའི་དཀྱིལ་འཁོར་དང་། བཞིའི་འཛིན་མ་སྟེ་ས་གཞི་བཟང་པོ་ལ་བསྐྱར་བར་བྱེད་པའོ། །གསུམ་པ་ནི། འོན་དབང་དེ་དག་བསྐྱར་བའི་འབྲས་བུ་གང་ཞེ་ན། སྒྲིབ་གཉིས་བག་ཆགས་དང་བཅས་པ་ལས་རྣམ་པར་གྲོལ་བའི་སྤྲུལ་སྐུ་དང་། ལོངས་སྐུ་དང་། ཆོས་སྐུ་དང་། ངོ་བོ་ཉིད་སྐུ་སྟེ་བཞིའི་ལོ་ཐོག་རྣམས་རིམ་པ་བཞིན་དུ་ཆར་རྒྱུན་བཞི་ལ་བརྟེན་ནས་རྒྱས་པར་མཛད་པ་ཡིན་ནོ། །བཞི་པ་ནི། འོན་དབང་དེ་དག་སུས་བསྐྱར་བར་མཛད་པ་ཡིན་ཞེ་ན། ཤེས་བྱའི་རྣམ་པ་མ་ལུས་པ་མཁྱེན་པ་ཕྱི་སྒྲོ་འདོགས་ཡོངས་སུ་གཅོད་པའི་བླ་མ་ནང་རང་བྱུང་སྟོན་པའི་བླ་མ། གསང་བ་ལྷན་སྐྱེས་སྟོན་པའི་བླ་མ། ལྷ་བ་དེ་ཁོ་ན་ཉིད་སྟོན་པའི་བླ་མ་སྟེ་བཞི་ཡི་དབང་བཞི་པོ་དེ་དག་རིམ་པ་བཞིན་དུ་བསྐྱར་བར་མཛད་པས་དེ་ལ་སྒོ་གསུམ་གུས་པས་གསོལ་བ་འདེབས་སོ། །འདི་ལ་བཤད་གཞིར་བཀོད་ན།གསོལ་བ་འདེབས་སོ། །གང་ལ་ན། རྣམ་མཁྱེན་བླ་མ་བཞི་ལའོ། །འོན་གསོལ་བ་འདེབས་པའི་རྒྱུ་མཚན་ཅི་ཡིན་ཞེ་ན། དེའི་རྒྱུ་མཚན་ཡོད་དེ། རྣམ་གྲོལ་སྐུ་བཞིའི་ལོ་ཐོག་རྒྱས་པར་མཛད་པའི་ཕྱིར་རོ། །འོན་ལོ་ཐོག་དེ་རྒྱུ་གང་གིས་རྒྱས་པར་མཛད་ཅེ་ན། དེའི་རྒྱུ་མཚན་ཡོད་དེ། རྣམ་དཀར་དབང་བཞིའི་ཆར་པའི་རྒྱུ་མཚན་ལེགས་པར་ཕབ་སྟེ་རྒྱས་པར་མཛད་པ་ཡིན་པའི་ཕྱིར། འོན་ཆར་པའི་རྒྱུན་དེ་གང་ལ་ཕབ་ཅེ་ན། རྣམ་དག་དཀྱིལ་འཁོར་བཞིའི་འཛིན་མ་ལ་ཕབ་སྟེ། ལུས་རྩའི་དཀྱིལ་འཁོར་གྱི་འཛིན་མ་ལ་བུམ་དབང་གི་ཆར་རྒྱུན་ཕབ་པས་སྤྲུལ་སྐུའི་ལོ་ཐོག །རྩ་ཡི་གེའི་དཀྱིལ་འཁོར་གྱི་འཛིན་མ་ལ་གསང་དབང་གི་ཆར་རྒྱུན་ཕབ་པས་ལོངས་སྐུའི་ལོ་ཐོག་བསྐྱེད། ཁམས་བདུད་རྩིའི་དཀྱིལ་འཁོར་གྱི་འཛིན་མ་ལ་ཤེས་རབ་ཡེ་ཤེས་ཀྱི་ཆར་རྒྱུན་ཕབ་པས་ཆོས་སྐུའི་ལོ་ཐོག་བསྐྱེད། སྙིང་པོ་རླུང་གི་དཀྱིལ་འཁོར་གྱི་འཛིན་མ་ལ་དབང་བཞི་པའི་ཆར་རྒྱུན་ཕབ་པས་ངོ་བོ་ཉིད་སྐུའི་ལོ་ཐོག་བསྐྱེད་པར་བྱེད་པའི་ཕྱིར་རོ། །འོན་བླ་མ་གང་གིས་ཕབ་ཅེ་ན། བླ་མ་བཞིས་ཕབ་སྟེ། ཕྱི་སྒྲོ་འདོགས་ཡོངས་སུ་གཅོད་པའི་བླ་མ། ནང་རང་བྱུང་སྟོན་པའི་བླ་མ། གསང་བ་ལྷན་སྐྱེས་སྟོན་པའི་བླ་མ། ལྷ་བ་དེ་ཁོ་ན་ཉིད་སྟོན་པའི་བླ་མ་དང་བཞིས་ལེགས་པར་ཕབ་པའི་ཕྱིར་རོ། །བླ་མ་བཞི་པོ་འདི་ཡང་བྱེད་ལས་ཀྱི་སྒོ་ནས་རྩ་བའི་བླ་མ་གཅིག་ལ་ངོས་འཛིན་པ་ཡིན་གྱི། ངོ་བོ་སོ་སོ་ལ་འཛོག་པ་ནི་མ་ཡིན་ནོ། །

འོན་རྩ་བའི་བླ་མ་དེ་ཉིད་ཀྱི་རྒྱུད་པ་ཇི་ལྟར་ཡིན་ཞེ་ན། དེ་ནི། ཁྱབ་བདག་རྡོ་རྗེ་འཆང་དབང་བདག་མེད་མ། །ཞེས་གསུངས་སོ། །གསུམ་པ་སྐབ་དོན་ནི། ཅིའི་ཕྱིར་བུམ་པའི་དབང་ཞེས་བྱ་ཞེ་ན། གནས་སྐབས་ཐམས་ཅད་དུ། བུམ་པའི་བྱ་བ་འཇུག་པའི་ཕྱིར་རོ། །ཐུན་མོང་གི་དབང་རྣམས་ཀྱང་བུམ་པའི་དབང་གི་ཁོངས

སུ་བསྟུས་པས། བུམ་པའི་དབང་ནི་ཆུ་ལ་སོགས་པ་བདུན་ནོ། །རྫས་གསང་བའི་ཕྱིར་གསང་བའི་དབང་ཞེས་བྱའོ། །ཤེས་རབ་ཕྱག་རྒྱ་གདད་ཅིང་ཡེ་ཤེས་དགའ་བ་བཞི་སྐྱེས་པས་ཤེས་རབ་ཡེ་ཤེས་ཀྱི་དབང་ཞེས་བྱའོ། །དབང་བཞི་པའི་མཐར་ཐུག་ཡིན་པས་ན་བཞི་པ་མཐར་ཐུག་གི་དབང་ཞེས་བྱ་བ་ཡིན་ནོ། །བཞི་པ་མཐར་རྟེན་ནི། ཉུབ་གཅིག་ལ་དབང་གཅིག་རྫོགས་པར་བསྐུར་ན། བུམ་དབང་གི་མཐར་རྟེན་རྗེས་གནང་ནི་གསུམ་སྟེ། ལྷ་མཆོད་པ་དང་། སེམས་ཀྱི་དོན་བྱ་བ་དང་། ཆོས་བཤད་པའི་རྗེས་སུ་སྣང་བའོ། །དེ་དག་ཀྱང་། བརྟག་གཉིས་ལས། སློབ་མའི་ཚོགས་རྣམས་བསྡུ་བར་གྱིས། །ཞེས་སོགས་གསུངས་སོ། །གསང་གི་མཐར་རྟེན་ལུང་བསྟན་ནི། གུར་ལས། ཤཱཀྱ་ཐུབ་པར་གྱུར་ནས་སློབ་མ་ཆེན་པོ་ལུང་བསྟན་པར་བྱའོ། །ཞེས་གསུངས་སོ། །ཤེས་རབ་ཡེ་ཤེས་ཀྱི་མཐའ་རྟེན་དབུགས་དབྱུང་ནི་བརྟག་གཉིས་ལས། དབུགས་དབྱུང་ཐམས་ཅད་བྱས་ནས་ནི། །ཞེས་གསུངས་སོ། །དབང་བཞི་པའི་མཐའ་རྟེན་གཟེངས་བསྟོད་ནི། སཾ་པུ་ཊི་ལས། མི་ཡི་སྲིད་པ་ལེགས་པར་ཐོབ། །དེ་རིང་སངས་རྒྱས་རིགས་སུ་སྐྱེས། །སངས་རྒྱས་སྲས་སུ་ད་གྱུར་ཏོ། །ཞེས་གསུངས་སོ། །ཉུབ་གཅིག་ལ་དབང་བཞི་རྫོགས་པར་མི་བསྐུར་ན། རྡོ་རྗེ་སློབ་མའི་རིགས་ལ་ནི་མཐའ་རྟེན་གང་ཡང་མི་དགོས་ལ། རྡོ་རྗེ་སློབ་དཔོན་གྱི་རིགས་ལ་ནི་མཐའ་རྟེན་བཞི་ག་བུམ་དབང་གི་རྗེས་ལ་བྱའོ། །འཇིག་གི་བྱ་བ་ལ་ལྟ། བླ་མ་ལ་ཡོན་འབུལ་བ་དང་།དཀྱིལ་འཁོར་མཆོད་པ་དང་། བཟོད་པར་གསོལ་ཏེ། གཤེགས་སུ་གསོལ་བ་དང་། ལས་ཀྱི་རྗེས་བསྡུ་བ་དང་། དགའ་སྟོན་བྱ་བས་ཏེ། རྒྱུད་ཀྱི་ལུང་དང་ཡང་སྦྱར་ཏེ་ཤེས་པར་བྱའོ། །ཞར་ལས་བྱུང་བ་ནི། ཀུན་རིག་གི་དབང་གི་སྐབས་སུ། སྦྱོང་རྒྱུད་ལས། མོས་པ་རྟེན་དང་ལྡན་པར་དམ་བཅའ་ལ། སནྟ་པིད་ཀྱི་ཇི་ལྟར་དབང་བསྐུར་ཏེ། བུམ་པ་ལ་སོགས་ཇི་སྙེད་མང་ཐོས་ནས། །བཅུ་པོ་རྣམས་ཀྱི་དབང་ནི་ཅི་དགར་བསྐུར། །དེ་ནས་རྡོ་རྗེ་དྲིལ་བུ་ལག་ཏུ་སྦྱིན། །འཁོར་ལོ་ལ་སོགས་རིན་ཆེན་བདུན་ཐོགས་ལ། །མི་དབང་དབང་ཕྱུག་འཁོར་ལོ་ཐོབ་པ་དང་། །སྡིག་པ་གཞོམ་ཕྱིར་དབང་ནི་བསྐུར་བར་བྱ། ། སྔགས་སྒྲུབ་ཕྱིར་ནི་མོས་ལྡན་སློབ་མ་ལ༑ །སྔགས་པའི་བཀའ་ནི་རབ་ཏུ་བསྒོ་བར་བྱ། །ཞེས་གསུངས་ཤིང་། འདི་དག་གི་སྐབས་སུ་དབང་གི་གྲངས་ནི། གཞན་ཕན་ཅི་ཆེ་ངེས་སུ་བཅོ་བརྒྱད་དུ་མཛད་དེ། བཅུ་ཞེས་པ་དང་། བདུན་ཞེས་པ་དང་། དེ་ནས་རྡོ་རྗེ་དྲིལ་བུ་ལག་ཏུ་སྦྱིན། །ཞེས་པས་གཅིག་བསྟན་པར་བཞེད་པའི་ཕྱིར་རོ། །འོད་ཟེར་དང་། ཉེར་མཁོ་གཉིས་སུ། བུམ་པ་ལ་སོགས་ཇི་སྙེད་མང་ཐོགས་ནས། །བཅུ་པོ་རྣམས་ཀྱི་དབང་ནི་ཅི་དགར་བསྐུར། །ཞེས་པས་བཅུ་གཅིག་བསྟན་པས། བཅུ་དགུར་གསུངས། སྒྲོ་ལུང་པས། སྔགས་ཀྱི་དབང་དང་། བཀའ་བའི་དབང་དང་ཉེར་གཅིག་ཏུ་མཛད་དོ། །འདི་ལ་དངོས་བཏགས་ཕྱེ་ན། རིན་ཆེན་སྣ་བདུན་དང་། སྔགས་དབང་དང་། བཀའི་དབང་

རྣམས་དབང་དངོས་མ་ཡིན་ནོ། །བུམ་པ་ལ་སོགས་ཇི་སྙེད་མང་ཐོགས་ནས། བཅུ་པོ་རྣམས་ཀྱི་དབང་ནི་ཅི་དགར་བསྐུར། །ཞེས་པའི་དོན་ལ། གཞན་ཕན་འོད་ཟེར་ལས། བུམ་པ་དངོས་སུ་སློས་པ་ཡིན་ལ། སོགས་ཀྱིས་བསྡུས་པ་དབང་བཅུ་སྟེ་འོག་ནས་འབྱུང་བའི་རིགས་ལྔའི་ཅོད་པན་ནས། གསང་བའི་དབང་གི་བར་བཅུའམ། ཡང་ན་བུམ་པ་ལ་སོགས་པ་བཅུ་སྟེ། དར་དང་རིན་པོ་ཆེའི་ཅོད་པན་གཅིག་ཏུ་བྱས་ཏེ་བཅུའོ། །ཞེས་གསུངས་སོ། །དེ་ལྟར་ལུགས་གཉིས་གསུངས་པའི་དགོས་པ་ནི། སྤྱིར་གསུང་རབ་རྣམས་ལས་སོགས་ཀྱི་སྒྲས་གསུངས་པའི་དོན་ལ། སྦྱིན་པ་ལ་སོགས་པའི་ཕ་རོལ་ཏུ་ཕྱིན་པ་བཅུ་ཞེས་པ་ལྟ་བུ། དོན་དངོས་སུ་སློས་པ་དེ་ཉིད། སོགས་སྒྲས་བསྡུས་པ་དང་། འདོད་ཡོན་སོགས་ལྔས་མཉེས་པ་སོགས་བྱ། ཞེས་པ་ལྟ་བུ་སོགས་སྒྲས་མ་བསྡུས་པ་གཉིས་ཡོད་པ་གཉིས་པ་དེའི་རྣམ་གཞག་རྟོགས་པའི་ཆེད་ཡིན་ནོ། །འོན་ཀྱང་དབང་བཅུ་དགུ་ངོས་འཛིན་པའི་ཚེ། ལུགས་དང་པོ་ལྟར་ཏེ། བུམ་དབང་ནས་རིན་ཆེན་སྣ་བདུན་གྱི་བར་ལ་དབང་བཅུ་དགུ་པོ་ཚང་བ་གཅིག་དགོས་པའི་ཕྱིར་རོ། །འོ་ན་དབང་བཅུ་པོ་གང་ཞེ་ན། དང་པོ་བུམ་དབང་། གཉིས་པ་དབུ་རྒྱན། གསུམ་པ་མེ་ཏོག་ཕྲེང་བ། བཞི་པ་དར་གྱི་ཅོད་པན། ལྔ་པ་རིགས་ལྔའི་ཕྱག་རྒྱ། དྲུག་པ་རིགས་ལྔའི་མིང་། བདུན་པ་ཕྲིན་ལས། བརྒྱད་པ་སློབ་དཔོན། དགུ་པ་སྐུའི་དམ་ཚིག །བཅུ་པ་གསུང་གི་དམ་ཚིག །བཅུ་གཅིག་པ་ཐུགས་ཀྱི་དམ་ཚིག །བཅུ་གཉིས་པ་ཐབས་དང་ཤེས་རབ། བཅུ་གསུམ་པ་འཁོར་ལོ། བཅུ་བཞི་པ་རིན་པོ་ཆེ། བཅོ་ལྔ་པ་བཙུན་མོ། བཅུ་དྲུག་པ་བློན་པོ། བཅུ་བདུན་པ་གླང་པོ། བཅོ་བརྒྱད་པ་རྟ་མཆོག །བཅུ་དགུ་པ་དམག་དཔོན་གྱི་དབང་རྣམས་སོ། །འོ་ན་མེ་ཏོག་གི་ཕྲེང་བ་དང་དར་དཔྱངས་སོ་སོར་བགྲངས་ནས། རྡོ་རྗེ་དྲིལ་བུ་གཅིག་ཏུ་བྱེད་པའི་རྒྱུ་མཚན་ཅི་ཡིན་ཞེ་ན། དེའི་རྒྱུ་མཚན་ཡོད་དེ། དང་པོ་གཉིས་ལ་སྔགས་དང་ཕྱག་རྒྱ་ཉིང་ངེ་འཛིན་སོ་སོར་གསུངས་ཤིང་། དབང་བསྐུར་བའི་ཚིག་ཀྱང་། རིན་ཆེན་མཛེས་པའི་མེ་ཏོག་ཕྲེང་བ་འདི། །ཞེས་སོགས་དང་། མཛེས་ཤིང་ཡིད་འོང་དར་གྱི་ཅོད་པན་འདི། །ཞེས་སོགས་སོ་སོར་གསུངས་པའི་ཕྱིར་དང་། ཕྱི་མ་ལ་དེ་དག་ཕྱོགས་གཅིག་ཏུ་གསུངས་པའི་ཕྱིར་རོ། །འདི་ལ་དགོངས་ནས། ཀུར་སོགས་ལས་ཀྱང་བགྲོད་ཚུལ་འདི་བཞིན་དུ་གསུངས་སོ། །འོན་ཀྱང་རིགས་ལྔའི་དབང་སོ་སོར་འབྱེད་པའི་ཚེ་ན། དབུ་རྒྱན་མེ་ཏོག་དར་དཔྱངས་གསུམ་ཅོད་པན་གྱི་དབང་ཞེས་གཅིག་ཏུ་བྱས་ནས། རྡོ་རྗེ་དབང་དང་། དྲིལ་བུའི་དབང་སོ་སོར་ཕྱེ་དགོས་སོ། །སྔགས་ཀྱི་དབང་ནི་དབང་བཅུ་དགུ་པོ་གང་རུང་མ་ཡིན་ཏེ། སྔགས་དབང་བསྐུར་ཟིན་པའི་རྗེས་སུ་བུམ་དབང་སོགས་བཅུ་དགུ་ལ་བསྡུས་ཏེ་བསྐུར་བ་དང་།རྒྱས་པར་བསྐུར་བ་གཉིས། གཞན་ཕན་འོད་ཟེར་དུ་གསལ་བར་གསུངས་པའི་ཕྱིར་རོ། །དེ་ཉིད་ལས། དེ་ལ་དབང་བཅུ་དགུ་པོ་རྒྱུད་ཇི་ལྟ་བ་བཞིན་བསྡུས་ཏེ་

བསྐུར་བ་དང་། ཀྱུས་པར་བསྐུར་བ་གཉིས། དང་པོ་ནི། ཏིང་ངེ་འཛིན་དང་ཕྱག་རྒྱས་དབང་བསྐུར་ཏེ། དང་པོ་བུམ་པའི་དབང་ནི། དངོས་སུ་འམ་ཏིང་ངེ་འཛིན་གྱིས་བསྐུར་ཞིང་། ཨོཾ་བཛྲ་ཀ་ལ་ཤ་ཨ་བྷི་ཥིཉྩ་ཧཱུྃ།ཞེས་སོགས་གསུངས་ཤིང་། བསྡུས་ཏེ་བསྐུར་བའི་འདུག་ཏུ། ཨོཾ་ཁཊ་ག་རཏྣ་ཨ་བྷི་ཥིཉྩ་མཾ། ཞེས་བརྗོད་ཅིང་དབང་བཅུ་དགུ་བསྐུར་བར་བྱའོ། །ཞེས་གསུངས་སོ། །འོན་ཀྱང་བདག་གི་བསམ་པ་ལ་ནི་འཁོར་ལོ་ལ་སོགས་རིན་ཆེན་བདུན་ཐོགས་ལ། ཞེས་པའི་ཚིག་འགྲོས་དང་བསྟུན་ན། དབང་བཅུ་དགུ་ནི། སྔགས་དབང་ལ་སོགས་པ་བཅུ་དགུ་ལ་འདོད་དགོས་ཏེ། བཅུ་པོ་རྣམས་ཀྱིས་དབང་ནི་ཅི་དགར་བསྐུར། །ཞེས་པའི་དབང་བཅུ་ལ་བུམ་དབང་བགྲང་དགོས་པའི་ཕྱིར་ཏེ། འཁོར་ལོ་ལ་སོགས་རིན་ཆེན་བདུན་ཐོགས་ལ། །ཞེས་པའི་དབང་བདུན་ལ་འཁོར་ལོའི་དབང་བགྲངས་དགོས་པའི་ཕྱིར་རོ། །འདི་བཞིན་དུ་ཀུན་མཁྱེན་མཁས་པའི་དབང་པོ་ཡང་བཞེད་དེ། སྤྱོད་རྒྱུད་ཊཱིཀྐར་དབང་གི་དངོས་གཞི་ཇི་ལྟར་བསྐུར་ན། འདི་ལ་སྔགས་ཀྱི་དབང་། བུམ་པ་ལ་སོགས་ཀྱི་དབང་བཅུ། ཐབས་ཤེས་རབ་ཀྱི་དབང་། རིན་ཆེན་སྣ་བདུན་གྱི་དབང་སྟེ་བཅུ་དགུ་ཡོད་པ་ལས། དང་པོ་ནི། སནྡྷི་ཡིད་ཀྱི་སྔར་སྔགས་ཀྱི་ཕྲེང་བའི་སྐབས་སུ་བཤད་པ་ཇི་བཞིན་གྱིས་དབང་བསྐུར་ཏེ། རྩ་རིག་ལ་སོགས་པ་སྔགས་བཅུ་གསུམ་མོ། །ཞེས་གསུངས་སོ། །འདི་གཉིས་གང་འཐད་དཔྱད་པར་བྱའོ། །བོ་དོང་པའི་རིགས་པའི་རྣམ་ངེས་ལས། རིན་ཆེན་སྣ་བདུན་གྱི་རྗེས་སུ། ཚེ་དཔག་མེད་ནས་གསུངས་པའི་བཀའི་དབང་བསྐུར་བར་འདོད་དེ། དེ་ཉིད་ལས། དེ་ཐམས་ཅད་ཀྱང་མཆོག་གི་དངོས་གྲུབ་ཀྱི་ཐབས་སུ་བྱ་བའི་ཕྱིར་བཀས་དབང་བསྐུར་ཏེ། ཚེ་དཔག་མེད་ལས། ཨོཾ་སརྦ་ཏ་ཐཱ་ག་ཏ་སོགས་ཏེ། བདེ་བའི་དངོས་གྲུབ་བཟུང་ཞིག་པའོ། །ཞེས་གསུངས་སོ། །མི་འཐད་དེ། འོན་བཀའི་དབང་གི་སྔོན་ཏུ། དེ་ནས་གསུངས་པའི་དམ་ཚིག་ཀྱང་བྱིན་དགོས་པར་ཐལ། དེ་ཉིད་ལས། དེ་ནས་དམ་ཚིག་དང་བཀའི་དབང་བསྐུར་བར་བྱ་སྟེ། དེ་ལ་དམ་ཚིག་ནི། དཀོན་མཆོག་གསུམ་དང་བྱང་ཆུབ་སེམས། །ཅེས་པ་ནས། སྙིང་རྗེར་ལྡན་པས་སྨོན་ཅི་དགོས། དེ་ནས་འདིས་བཀའི་དབང་བསྐུར་བར་བྱའོ། །ཨོཾ་སརྦ་ཏ་ཐཱ་ག་ཏ་ཞེས་གསུངས་པའི་ཕྱིར། འཁོར་གསུམ་ཁས་བླངས་སོ། །གཞན་ཕན་མཐའ་ཡས་ལས། བཀས་དབང་བསྐུར་ཏེ། ཞེས་གསུངས་པ་ནི། ཚེ་འདིའི་བདེ་བ་མ་ལུས་དང་། །ཞེས་སོགས་བཀའ་བསྒོ་བ་ཙམ་ལ་དབང་དུ་མིང་བཏགས་པ་ཡིན་གྱི། དབང་བཅུ་དགུ་པོ་གང་ཡང་མ་ཡིན་ནོ། །

དེ་ལ་མི་ཤེས་པ་ཁ་ཅིག །བཀའ་བསྒོ་བ་ཆོས་ཅན། ཁྱོད་ལ་དབང་གི་མིང་གི་འདོགས་པ་མི་འཐད་པར་ཐལ། ཁྱོད་དབང་བཅུ་དགུ་པོ་གང་ཡང་མ་ཡིན་པའི་ཕྱིར་དང་། དབང་དངོས་མ་ཡིན་པའི་ཕྱིར། ཞེས་ཟེར་བ་མི་འཐད་དེ། དབང་བཅུ་དགུ་པོའི་ཐོག་མ་བུམ་དབང་ནས་འཛིན་པ་ལྟར་ན།སྔགས་དབང་ཆོས་ཅན། དེར་

ཐལ། དེའི་ཕྱིར། ཡང་རིན་ཆེན་སྣ་བདུན་གྱི་དབང་ཆོས་ཅན། ཁྱོད་ལ་དབང་གི་མིང་གི་འདོགས་པ་མི་འཐད་པར་ཐལ། ཁྱོད་དབང་དངོས་མ་ཡིན་པའི་ཕྱིར་ཏེ། ཁྱོད་དབང་གི་མཐའ་རྟེན་ཡིན་པའི་ཕྱིར། ཡང་། ཕ་རོལ་ཏུ་ཕྱིན་པའི་ལུགས་ལ། རྒྱལ་པོ་རྒྱལ་རིགས་སྤྱི་བོ་ནས་དབང་བསྐུར་བ་ཞེས་གསུངས་པ་མི་འཐད་པར་ཐལ། དེའི་ལུགས་ལ་དབང་དངོས་མེད་པའི་ཕྱིར། ཁ་ཅིག །གཞན་ཕན་མཐའ་ཡས་ལས། བཀའི་དབང་བསྐུར་ཏེ་ཞེས་གསུངས་པ་ཡི་གེ་ཉམས་ཟེར་བ་ནི་གཞུང་ལུགས་འཆད་མ་ཤེས་པའི་སྐྱོན་ཡིན་ནོ། །

དེས་ན་ཁོ་བོའི་བསམ་པ་ལ་ནི། རྒྱུད་གཞན་ཕན་མཐའ་ཡས་ཀྱི་དགོངས་པ་ནི། སྔགས་ཀྱི་དབང་རིག་པའི་དབང་ལྔ། ཕྲིན་ལས་ཀྱི་དབང་སོགས་ལྔ། ཐབས་ཤེས་རབ་ཀྱི་དབང་རིན་ཆེན་སྣ་བདུན། བཀའི་དབང་དང་ཉི་ཤུ་འདོད་དགོས་སོ། །འདི་ཡང་རྒྱུད་སྡེ་སྤྱིའི་བབ་དང་བསྟུན་པ་ཡིན་ནོ། །གལ་ཏེ་བཀའ་བསྒོ་བ་ལ་དབང་གི་ཐ་སྙད་བྱེད་པ་མི་འཐད་པར་ཐལ། སྔགས་པས་བཀའ་ནི་རབ་ཏུ་བསྒོ་བར་བྱ། །ཞེས་གསུངས་ཀྱི། བཀའི་དབང་གི་ཐ་སྙད་མ་གསུངས་པའི་ཕྱིར་སྙམ་ན། འོ་ན་ཐབས་ཤེས་རབ་ཀྱི་དབང་གི་ཐ་སྙད་མི་འཐད་པར་ཐལ། དེ་ནས་རྡོ་རྗེ་དྲིལ་བུ་ལག་ཏུ་སྦྱིན། །ཞེས་གསུངས་ཀྱི། བཀའི་དབང་གི་ཐ་སྙད་མ་གསུངས་པའི་ཕྱིར། རྣམ་པ་ཀུན་ཏུ་མཚུངས་སོ། །

ལྔ་པ་དེ་ལྟར་བསྟན་པའི་དགོས་པ་ལ་གཉིས་ཏེ། དབང་མ་བསྐུར་བའི་ཉེས་དམིགས་དང་། བསྐུར་བའི་ཕན་ཡོན་ནོ། །དང་པོ་ནི། དམ་པ་དང་པོ་ལས། དབང་བསྐུར་མེད་པར་རྒྱུད་འཆད་དང་། །ཟབ་མོའི་དེ་ཉིད་སྒོམ་བྱེད་པ། །དེ་དོན་ལེགས་པར་ཤེས་ན་ཡང་། །དམྱལ་བར་འགྱུར་གྱི་གྲོལ་བ་མིན། །ཞེས་དང་། བཤད་རྒྱུད་རྡོ་རྗེ་ཕྲེང་བར། ཡང་དག་དབང་བསྐུར་གྱིས་དབེན་ན། །སློབ་པོས་རྒྱུད་དོན་ཤེས་ཀྱང་། །སློབ་དཔོན་སློབ་མ་མཚུངས་པར་ནི། །མི་ཟད་དམྱལ་བ་ཆེན་པོར་འགྲོ། །ཞེས་དང་། སངས་རྒྱས་ཐོད་པའི་རྒྱུད་དུ། དཔེར་ན་བུ་ཚ་མེད་པའི་ཁྱིམ། །ཤི་བ་ཙམ་གྱི་སྟོང་པ་ཉིད། །དེ་བཞིན་དབང་དང་བྲལ་ན་ནི། །ཡེ་ཤེས་ཀུན་གྱི་སྟོང་པ་ཉིད། །ཅེས་དང་། ཕྱག་ཆེན་ཐིག་ལེར། དབང་མེད་ན་ནི་དངོས་གྲུབ་མེད། བྱེ་མ་བཙིར་ཡང་མར་མེད་བཞིན། །གང་ཞིག་རྒྱུད་ལུང་ང་རྒྱལ་གྱི། །དབང་བསྐུར་མེད་པར་འཆད་བྱེད་པ། །སློབ་དཔོན་སློབ་མ་ཤི་མ་ཐག །དངོས་གྲུབ་ཐོབ་ཀྱང་དམྱལ་བར་སྐྱེ། །ཞེས་དང་། འདིར་ཡང་། དབང་དང་རིམ་གཉིས་མི་ལྡན་པས། །རྡོ་རྗེ་ཐེག་པའི་བསྟན་པ་མིན། །ཞེས་དང་། དགེ་སྦྱོང་སྡོམ་པ་མེད་པ་དང་། །རྒྱལ་སྲས་སེམས་བསྐྱེད་མ་ཐོབ་དང་། །སྔགས་པ་དབང་བསྐུར་མེད་པ་གསུམ། །སངས་རྒྱས་བསྟན་པའི་ཆོམ་རྐུན་ཡིན། །ཞེས་གསུངས་སོ། །གཉིས་པ་བསྐུར་བའི་ཕན་ཡོན་ནི། གསང་བ་འདུས་པའི་རྒྱུད་འབུམ་པ་ལས། བསྐལ་པ་ས་ཡར་བྱས་པ་ཡི། །སྡོན་དུ

ཡོད་པའི་སྡིག་པ་གང་། །དེ་ཀུན་ཟད་པར་འགྱུར་བ་ནི། །དཀྱིལ་འཁོར་འདི་འདྲ་མཐོང་བས་སོ། །ཞེས་དང་། སྡོམ་འབྱུང་ལས། གསང་བ་མཆོག་གི་དཀྱིལ་འཁོར་དུ། མཆོག་ཏུ་རབ་ཞུགས་མཐོང་བ་ན། །དེང་ཕྱིན་སྡིག་པ་ཐམས་ཅད་ལས། །རྣམ་གྲོལ་བཟང་པོར་འགྱུར་བར་གནས། །ཞེས་དང་། ནག་པོ་དཀྱིལ་ཆོག་ལས། དབང་བསྐུར་འདི་དག་ཐོབ་ནས་ནི། །སློབ་མ་ཡོན་ཏན་བདག་པོར་འགྱུར། །སངས་རྒྱས་ཀུན་གྱིས་རབ་ཏུ་མཆོད། །མཚམས་མེད་པ་དང་སྡིག་ཅན་ཡང་། །ཚོན་ཙི་མཐོང་བས་གྲོལ་བར་འགྱུར། །མངོན་པར་ཞུགས་པ་ཙམ་གྱིས་ཀྱང་། །གཙང་མའི་གནས་སུ་སྐྱེ་བར་འགྱུར། །ཞེས་དང་། གསང་བའི་མཛོད་དུ། དབང་བསྐུར་ཡང་དག་སྨིན་ལྡན་ན། །སྐྱེ་ཞིང་སྐྱེ་བར་དབང་བསྐུར་འགྱུར། །དེ་ཡི་སྐྱེ་བ་བདུན་པོ་འདི། །མ་བསྒོམ་པར་ཡང་སངས་རྒྱས་འགྱུར། །ཞེས་དང་། འདིར་ཡང་། དབང་བསྐུར་ཆོས་སྒོ་ཙམ་མ་ཡིན། །གསང་སྔགས་རྟེན་འབྲེལ་ལམ་བྱེད་པས། །རྟེན་འབྲེལ་བསྒྲིགས་པའི་གདམས་ངག་ཡིན། །ཕུང་པོ་ཁམས་དང་སྐྱེ་མཆེད་ལ། །སངས་རྒྱས་ས་བོན་བཏབ་ནས་ནི། །ཚེ་འདིར་སངས་རྒྱས་བྱེད་པ་ཡི། །ཐབས་ལ་དབང་བསྐུར་ཞེས་སུ་བཏགས། །ཅེས་དང་། སངས་རྒྱས་གསུང་བཞིན་མཛད་པ་ཡི། །བླ་མ་བཅོལ་ལ་དབང་བཞི་བླང་། །དེ་ཡི་སྡོམ་པ་གསུམ་ལྡན་འགྱུར། །ཞེས་དང་། སྡོམ་པ་གསུམ་དང་ལྡན་པ་ཡི། །རིམ་གཉིས་ཟབ་མོའི་གནད་ཤེས་ཅན། །དེ་ནི་ཚེ་གསང་བ་འདུས་པར་སངས་རྒྱས་ཐོབ་པ་ལ།རིག་པ་འཛིན་པའི་ཕན་ཡོན་ནི། །གནས་སྐབས་ཀུན་ཏུ་བདེ་ལོངས་སྤྱོད། །གལ་ཏེ་སྒོམ་པ་དང་བཅས་ན། །ཚེ་འདི་ཉིད་ལ་སངས་རྒྱས་འགྲུབ། །མ་སྒོམ་གྱུར་ཀྱང་ལྟུང་མེད་ན། །སྐྱེ་བ་བཅུ་དྲུག་དག་ནས་འགྲུབ། །འདིས་ནི་དེ་བཞིན་གཤེགས་པའི་སྐུ། །ཆོས་འཛིན་མཆོག་གི་གསུང་དང་ནི། །རྡོ་རྗེ་འཛིན་པའི་ཐུགས་དག་ཀྱང་། །ཚེ་འདི་ཉིད་ལ་སྟེར་བར་བྱེད།འདི་འམ་བར་དོ་འམ། །ཡེ་ཤེས་ཐིག་ལེ་ལས། ཡང་ན་ལུས་འདི་སྤངས་མ་ཐག །བརྩོན་ཡང་མི་ལྡན་པས་ཀྱང་འགྲུབ། །སྐྱེ་བ་བཅུ་དྲུག་ཚུན་ཆད་དུ། །འགྲུབ་པར་རྫོགས་པའི་སངས་རྒྱས་གསུངས། །དེ་ཕྱིར་འདི་ལ་མཁས་རྣམས་གུས། །ཅེས་གསུངས་སོ། །དེ་ལྟར་དབང་མ་བསྐུར་བའི་ཉེས་དམིགས་དང་། བསྐུར་བའི་ཕན་ཡོན་རྣམས་རྒྱལ་བ་རྡོ་རྗེ་འཆང་གིས་གསུངས་པ་ལེགས་པར་ཤེས་པར་བྱས་ནས། རྡོ་རྗེ་ཐེག་པའི་ལམ་གྱི་རྩ་བ་དབང་བསྐུར་བ་རྣམ་པར་དག་པ་ཞུ་ཞིང་། དམ་ཚིག་དང་སྡོམ་པ་མི་ཉམས་པར་བསྲུང་བ་ལ་བློ་གྲོས་དང་ལྡན་པ་དག་གིས་འབད་པར་བྱའོ། །དྲུག་པ་དེ་ལས་སྔགས་སྡོམ་ཐོབ་པའི་དུས་བསྟན་པ་ལ། དགག །བཞག །སྤང་གསུམ། དང་པོ་ལ་གཉིས་སྟེ། སྔ་གོན་ནམ་འཇུག་པའི་སྐབས་སུ་རྫོགས་པར་ཐོབ་པ་དགག །བུམ་དབང་གི་སྐབས་སུ་རྫོགས་པར་ཐོབ་པ་དགག །རང་རང་ཆོ་གའི་སྐབས་སུ་རྫོགས་པར་ཐོབ་པ་དགག་པའོ། །དང་པོ་ལ། འགོག་བྱེད་ཀྱི་རིགས་པ་དངོས་དང་། དེའི་ཉེས་སྤྱོང་དགག་པ་གཉིས། དང་པོ་ནི། ཁ་ཅིག །ཕྱིར་རི་བོ་དགེ་ལྡན་པ་དང་། བོ་དོང་ས་ཆེན་པོ་རིགས་ལྡའི་སྡོམ་བཟུང་

སྐབས་སྔགས་སྡོམ་རྫོགས་པར་ཐོབ་པར་འདོད། རྫོང་ཕྱོགས་འགའ་ཞིག །སྡོམ་བཟུང་སྐབས་སྔགས་སྡོམ་སྐྱེ་ཞིང་། དབང་གི་དངོས་གཞིའི་ཚེ་ཐོབ་ཅེས་གླེང་། པཎ་ཆེན་དབང་བཞི་ས་ཐོབ་པའི་ཚེ་རྫོགས་པར་བཞེད། ཁའུ་པ་ཡབ་སྲས་མཁས་མཆོག་ཀླུ་སྒྲུབ་རྒྱ་བོད་སོགས། བླ་མེད་བུམ་དབང་གི་ཚེ་སྔགས་སྡོམ་རྫོགས་པའི་སྒྲུབ་བྱེད་ཀྱི་གཙོ་བོ། རིགས་དྲུག་གི་སྔགས་སྡོམ་རྫོགས་པའི་ཕྱིར། བླ་མེད་བུམ་དབང་སྐབས་སུ་རྫོགས་ཞེས་པ། འདི་ལ་ལུང་རིགས་སྒྲུབ་བྱེད་ཡོད་དོ་སྙམ། ཅི་ཕྱིར་ཞེ་ན་སྡོམ་པ་གང་དང་གང་། །རྫོགས་པ་སྤྱང་བྱ་མི་མཐུན་ཕྱོགས་དེ་ར་ལྟོས། །གཞན་གནོད་གཞི་དང་ཞི་བདེའི་དམན་སེམས་དང་། །ཐ་མལ་ཞེན་པའི་སྤྱང་བྱ་སྡོམ་པའི་ཚེ། །སོ་སོར་ཐར་དང་བྱང་སེམས་རིག་འཛིན་གྱི། །སྡོམ་པར་འཛོག་པ་བསྟན་པའི་སྤྱི་ལུགས་ཡིན། །བླ་མེད་བུམ་པའི་དབང་བསྐུར་རྫོགས་དུས་འདིར། ། སྤྱང་གཞི་སྦྱོང་བྱེད་འཕྲོད་པའི་རྟེན་འབྲེལ་གྱིས། །མ་དག་སྣང་བ་སྦྱོང་བྱེད་རིགས་དྲུག་ཏུ། །སྦྱོང་ཐབས་སྔགས་སྡོམ་རྫོགས་པ་མ་ཡིན་ནམ། །ཅིའི་ཕྱིར་ཞེ་ན་རིག་པའི་དབང་ལྔའི་ཚེ། །རིགས་ལྔའི་སྡོམ་པ་རྫོགས་ཤིང་བརྟུལ་ཤུགས་དང་། །སློབ་དཔོན་དབང་ཚེ་དྲུག་པ་རྡོར་སེམས་ཀྱི། །སྔགས་སྡོམ་རྫོགས་པ་སྐྱེད་པོ་ཡིན་ཕྱིར་རོ། །རྡོ་རྗེ་ཐེག་པའི་སྡོམ་པའི་དངོས་གཞི་ནི་རིགས་ལྔའི་སྡོམ་བཟུང་ལན་གསུམ་རྗེས་ཟློས་བྱས་པའི་རྗེས་སུ་ཐོབ་པ་ཡིན་པས། སྔ་གོན་ནམ་འཇུག་པའི་ཆོས་ཀྱི་གནས་སྐབས་སུ་རྫོགས་པར་ཐོབ་པ་ཡིན་ཞེས་ཟེར་རོ། །མི་འཐད་དེ། དབང་བསྐུར་གྱི་དངོས་གཞིའི་ཆོ་ག་དེ། སྔགས་སྡོམ་རྒྱུད་ལ་སྐྱེ་བའི་ཆོ་ག་མ་ཡིན་པར་ཐལ། ཁས་བླངས་དེའི་ཕྱིར། འདོད་ན། དངོས་གཞིའི་ཆོ་ག་དོན་མེད་པར་ཐལ། འདོད་པའི་ཕྱིར། གཞན་ཡང་། སོ་ཐར་དང་བྱང་སེམས་ཀྱི་སྡོམ་པ་ཡང་། རང་རང་གི་དངོས་གཞི་ལ་མ་ལྟོས་པར་སྦྱོར་བའི་སྐབས་སུ་ཐོབ་པར་ཐལ། ཁས་བླངས་དེའི་ཕྱིར། ཡང་། རྒྱུད་སྡེ་གོང་མ་གཉིས་ཀྱི་སྡོམ་པ་ལ་ཁྱད་པར་མེད་པར་ཐལ། དེ་གཉིས་ཀ་རིགས་ལྔའི་སྡོམ་བཟུང་གི་གནས་སྐབས་སུ་སྔགས་སྡོམ་ཐོབ་པར་མཚུངས་པའི་ཕྱིར། རྟགས་ཁས། ཡང་། སྨིན་བྱེད་ཀྱི་དབང་བསྐུར་མེད་པར་ཐལ། དབང་གི་དངོས་གཞི་ལ་བརྟེན་ནས་སྔགས་སྡོམ་སྔར་མེད་གསར་དུ་ཐོབ་པ་མེད་པའི་ཕྱིར་ཏེ། རིགས་ལྔའི་སྡོམ་བཟུང་གི་གནས་སྐབས་སུ་སྔགས་སྡོམ་རྫོགས་པར་ཐོབ་ཟིན་པའི་ཕྱིར། རྟགས་ཁས། གཉིས་པ་ནི། ཁོ་ན་རེ། རིགས་ལྔའི་སྡོམ་བཟུང་གི་གནས་སྐབས་སུ་སྔགས་སྡོམ་རྫོགས་པར་ཐོབ་པར་ཐལ། དེའི་གནས་སྐབས་སུ་དམ་ཚིག་དང་སྡོམ་པ་མ་ལུས་པ་ཐོབ་པའི་ཕྱིར་ཏེ། དེའི་གནས་སྐབས་སུ་དམ་ཚིག་དང་སྡོམ་པ་མ་ལུས་པ་ཁས་བླང་གི་ཚུལ་གྱིས་ཐོབ་པའི་ཕྱིར་ཏེ། དེའི་གནས་སྐབས་སུ་དམ་ཚིག་དང་སྡོམ་པ་མ་ལུས་པ་བཟུང་བར་ཁས་བླངས་པའི་ཕྱིར། ཞེས་ཟེར་རོ། །མི་འཐད་དེ། འོན་བསྙེན་རྫོགས་ཀྱི་སྡོམ་པའི་སྦྱོར་བའི་གནས་སྐབས་སུ། བསྙེན་རྫོགས་ཀྱི་སྡོམ་པ་རྫོགས་པར་ཐོབ་པར་ཐལ། དེའི་གནས་སྐབས་སུ་བསྙེན་རྫོགས་ཀྱི་སྡོམ་པ་ཁས་བླང་གི་ཚུལ་གྱིས་ཐོབ་པའི་ཕྱིར་ཏེ། དེའི་གནས་སྐབས་སུ་བསྙེན་རྫོགས་ཀྱི་སྡོམ་པ་བསྲུང་བར་ཁས་བླངས་པའི་ཕྱིར་ཏེ། དེའི་གནས

སྐབས་སུ་འགལ་རྐྱེན་ངེས་པ་ལྔ་དང་བྲལ་བའི་སྒོ་ནས་བསྙེན་རྫོགས་ཀྱི་སྡོམ་པ་བསྲུང་བར་ཁས་བླངས་པའི་ཕྱིར་ཏེ། ཉེས་མེད་ཕུན་ཚོགས་ཀྱི་དབང་དུ་བྱས་པའི་བསྙེན་རྫོགས་ཀྱི་སྡོམ་པ་དེ་ལ་འགལ་རྐྱེན་ངེས་པ་ལྔ་དང་བྲལ་བ་དགོས་པའི་ཕྱིར་རོ། །གཉིས་པ་ལ་ཡང་། འགོག་བྱེད་ཀྱི་རིགས་པ་དངོས་དང་། དེའི་ཉེས་སྤོང་དགག་པ་གཉིས། དང་པོ་ནི། མཁས་པ་ཁ་ཅིག །བུམ་དབང་གི་རྡོ་རྗེ་སློབ་དཔོན་གྱི་དབང་རྫོགས་པའི་རྗེས་སུ་བླ་མེད་ཀྱི་སྔགས་སྡོམ་རྫོགས་པར་ཐོབ་པ་ཡིན་ཏེ། དེར་རྒྱ་བའི་ལྟུང་བ་བཅུ་བཞི་དང་། ཡན་ལག་གི་ལྟུང་བ་བརྒྱད་སྤོང་བའི་སྔགས་སྡོམ་རྫོགས་པར་ཐོབ་པའི་ཕྱིར། ཞེས་ཟེར་བ་མི་འཐད་དེ། བུམ་དབང་གི་གནས་སྐབས་ཀྱི་རིགས་ཀྱི་བདག་པོ་རྡོ་རྗེ་འཆང་དུ་བསྐྱེད་ནས། དེ་ལ་དམ་ཚིག་གསུམ་སྦྱིན་པའི་སློབ་དཔོན་གྱི་དབང་ཐོབ་ན་སྔགས་སྡོམ་རྫོགས་པར་ཐོབ་པས་ཁྱབ་པར་ཐལ། བུམ་དབང་གི་གནས་སྐབས་སུ་སྔགས་སྡོམ་རྫོགས་པར་ཐོབ་པའི་ཕྱིར། འདོད་ན། རྒྱུད་སྡེ་གོང་མ་གཉིས་ཀྱི་སྔགས་སྡོམ་གྱི་ཐོབ་འཚམ་ལ་ཁྱད་པར་མེད་པར་ཐལ། འདོད་པ་གང་ཞིག །རྣལ་འབྱོར་རྒྱུད་ཀྱི་ཕྱིར་མི་ལྡོག་པ་རྡོ་རྗེ་སློབ་དཔོན་གྱི་དབང་ཐོབ་པའི་གང་ཟག་ཡིན་ན། དེའི་སྔགས་སྡོམ་རྫོགས་པར་ཐོབ་པའི་ཁྱབ་པའི་ཕྱིར། རྟགས་གཉིས་ཆར་ཁས། འདོད་ན། དེ་གཉིས་ཀྱི་དབང་གི་དངོས་གཞིའི་རིམ་པ་ལ་ཁྱད་པར་མེད་པར་ཐལ། འདོད་པའི་ཕྱིར། ཡང་། བུམ་དབང་གི་གནས་སྐབས་སུ་དབང་བཞི་རྫོགས་པར་ཐོབ་པར་ཐལ། དེའི་གནས་སྐབས་སུ་བླ་མེད་ཀྱི་སྔགས་སྡོམ་རྫོགས་པར་ཐོབ་པའི་ཕྱིར། གཞན་ཡང་། བུམ་དབང་ཙམ་རྫོགས་པར་ཐོབ་པའི་གང་ཟག་དེས་བླ་མེད་ཀྱི་ཕྱི་ནང་གི་སྡོམ་པ་གཉིས་ཀ་ཐོབ་པར་ཐལ། དེས་བླ་མེད་ཀྱི་སྔགས་སྡོམ་རྫོགས་པར་ཐོབ་པའི་ཕྱིར། འདོད་ན། དེས་རྫོགས་རིམ་གྱི་སྡོམ་པ་ཐོབ་པར་ཐལ་ལོ། །དེ་སྐད་དུ། རྗེ་བཙུན་གྱི་རྩོམ་ཕྲེ་བའི་ལམ་ལས། ལུས་ཆུད་མ་ཟོས་པ་ནི་སྡོམ་པ་གསུམ་དང་ལྡན་པས་ཏེ། སོ་སོར་ཐར་པ་དང་། བྱང་ཆུབ་སེམས་དཔའ་དང་། རིག་པ་འཛིན་པའོ། །དེ་རེ་རེ་ལ་ཡང་ཕྱིའི་སྡོམ་པ་དང་། ནང་གི་སྡོམ་པ་གཉིས་སོ། །དེ་ལ་ཕྱིའི་སོ་སོར་ཐར་པ་ནི། དགེ་བསྙེན་གྱི་བསྲུང་བ་རྣམ་པ་ལྔ། དགེ་ཚུལ་གྱི་ཡང་དག་པར་བླང་བ་བཅུ། དགེ་སློང་གི་བསྙེན་པར་རྫོགས་པའི་ཁྲིམས་ཉིས་བརྒྱ་ལྔ་བཅུ་རྩ་གསུམ་མོ། །ནང་ཐིག་ལེ་མི་ཉམས་པར་ལུས་ལ་གནས་པ་ཉིད་དོ། །བྱང་ཆུབ་སེམས་དཔའི་ཕྱི་ནང་གཉིས་ལས།ཕྱི་ནི་ཕམ་པའི་ཆོས་བཞི་དང་། ཉེས་བྱས་བཞི་བཅུ་རྩ་དྲུག་ལ་སོགས་པའོ། །ནང་གི་ནི་སྡུག་བསྔལ་ཅན་ལ་སྙིང་རྗེ་ཆེན་པོས་ཀུན་ནས་བླངས་ཏེ་སེམས་ཅན་གྱི་དོན་སྙིང་རྗེ་བྱེད་པ་དང་། ཤེས་པ་གསལ་ལུགས་མ་འགགས་པས་ལུས་ཅི་རིགས་སུ་སྐྱིལ་བ་ཉིད་དོ། །

རིག་པ་འཛིན་པའི་སྡོམ་པ་ལ་ཕྱི་ནང་གཉིས་ལས། ཕྱི་ནི་རྒྱུད་སྡེ་རྣམས་ལ་ཐུན་མོང་དུ་གྲགས་པའི་རྩ་

བའི་ལྟུང་བ་བཅུ་བཞི། ཡན་ལག་གི་ལྟུང་བ་བརྒྱད་དེ་ཉི་ཤུ་རྩ་གཉིས་སྲུང་བའོ། །ནང་ནི་ཤེས་པ་གཞུག་མར་མི་རྟོགས་པར་གནས་པའོ། །དེ་ལྟར་ན་ཕྱིའི་སྡོམ་པ་གསུམ་གྱིས་ནི་བཀའ་ཐུབ་ཀྱི་ལམ་དུ་འགྱུར་ལ། ནང་གི་སྡོམ་པ་གསུམ་གྱིས་ནི་བྱུ་རྒྱུད་གི་མི་རྟོགས་པའི་ལམ་དུ་འགྱུར་རོ། །ཞེས་གསུངས་སོ། །གཞན་ཡང་། བུམ་དབང་ཙམ་ཐོབ་པའི་གང་ཟག་དེས་ལྔོན་ཤིང་ལས་གསུངས་པའི་མངོན་པར་རྟོགས་པ་བཅུ་གཅིག་པོ་ཐམས་ཅད་ཉམས་སུ་ལེན་དུ་རུང་བར་ཐལ། དེས་བླ་མེད་ཀྱི་རྡོ་རྗེ་སློབ་དཔོན་གྱི་དབང་རྫོགས་པར་ཐོབ་པའི་ཕྱིར་ཏེ། དེས་བླ་མེད་ཀྱི་སྔགས་སྡོམ་རྫོགས་པར་ཐོབ་པའི་ཕྱིར། འདོད་ན། དེས་རྫོགས་རིམ་དང་། སྤྱོད་པ་དང་། ཉེ་རྒྱུ་རྣམས་ཉམས་སུ་ལེན་དུ་རུང་བར་ཐལ། འདོད་པའི་ཕྱིར། འདོད་མི་ནུས་ཏེ། དེས་རྫོགས་རིམ་མ་ཐོབ་པའི་ཕྱིར་དང་། དབང་གོང་མ་མ་ཐོབ་པའི་ཕྱིར། ཁྱབ་སྟེ། རིམ་པ་གཉིས་པོ་མི་སྒོམ་ན། །ཡུལ་ཆེན་སུམ་ཅུ་སོ་བདུན་དུ། །འགྲོ་བར་སངས་རྒྱས་ཀྱིས་མ་གསུངས། །ཞེས་གསུངས་པའི་ཕྱིར། ཡང་བུམ་དབང་ཙམ་ཐོབ་པའི་གང་ཟག་དེས། ལམ་གཏུམ་མོའི་ལམ་དང་། ལམ་བདེ་སྟོང་གི་ལམ་དང་། ལམ་ཕྱག་རྒྱ་ཆེན་པོ་སྒོམ་དུ་རུང་བར་ཐལ། དེའི་སྔགས་སྡོམ་རྫོགས་པར་ཐོབ་པའི་ཕྱིར། འདོད་མི་ནུས་ཏེ། དེའི་དབང་གོང་མ་མ་ཐོབ་པའི་ཕྱིར། ཁྱབ་སྟེ། དབང་བསྐུར་གཉིས་པ་མ་ཐོབ་པར། །གཏུམ་མོ་ལ་སོགས་སྒོམ་པ་དང་། །དབང་བསྐུར་གསུམ་པ་མ་ཐོབ་པར། །བདེ་སྟོང་ལ་སོགས་སྒོམ་པ་དང་། །དབང་བསྐུར་བཞི་པ་མ་ཐོབ་པར། །ཕྱག་རྒྱ་ཆེན་པོ་སོགས་བསྒོམ་དང་། །དགེ་སློང་སྡོམ་པ་མ་ཐོབ་པར། །མཁན་སློབ་ལ་སོགས་བྱེད་པ་ནི། །གསང་སྔགས་མེད་པར་སྨྲུལ་དུག་གི། །མགོ་ལས་རིན་ཆེན་ལེན་པ་ལྟར། །རང་གཞན་བརླག་པའི་རྒྱུ་རུ་བསམ། །མཁས་པ་རྣམས་ཀྱིས་རྒྱང་རིང་སྤྲངས། །ཞེས་གསུངས་པའི་ཕྱིར། གཞན་ཡང་། བུམ་དབང་མ་ཐོབ་པའི་གང་ཟག་གིས་བསྐྱེད་རིམ་སྒོམ་དུ་རུང་བར་ཐལ། དབང་གོང་མ་མ་ཐོབ་པའི་གང་ཟག་གིས་རྫོགས་རིམ་སྒོམ་དུ་རུང་བའི་ཕྱིར། རྟགས་ཁས། འདོད་མི་ནུས་ཏེ། བུམ་དབང་མ་ཐོབ་པའི་ཕྱིར། ཁྱབ་སྟེ། དབང་བསྐུར་དང་པོ་མ་ཐོབ་པར། །བསྐྱེད་པའི་རིམ་པ་སྒོམ་པ་དང་། །ཞེས་གསུངས་པའི་ཕྱིར། གཞན་ཡང་དགེ་སློང་གི་སྡོམ་པ་མ་ཐོབ་པའི་གང་ཟག་གིས་མཁན་སློབ་བྱེད་དུ་རུང་བར་ཐལ། དབང་གོང་མ་མ་ཐོབ་པའི་གང་ཟག་གིས་རྫོགས་རིམ་སྒོམ་རིམ་སྒོམ་དུ་རུང་བའི་ཕྱིར། གཞན་ཡང་། བུམ་དབང་མ་ཐོབ་པའི་གང་ཟག་ལ་རྫོགས་རིམ་བསྟན་པའི་ཚེ་ན་ཡན་ལག་གི་ལྟུང་བ་མི་འབྱུང་བར་ཐལ། བུམ་དབང་ཙམ་ཐོབ་པའི་གང་ཟག་གིས་རྫོགས་རིམ་ཉམས་སུ་ལེན་དུ་རུང་བའི་ཕྱིར། འདོད་མི་ནུས་ཏེ། རྩ་ལྟུང་འགྲུལ་སྤོང་ལས། སྨིན་བ་ངེས་པར་མ་བྱས་པར། །སྐལ་མེད་གསང་བ་སྒྲོགས་པ་དང་། །ཞེས་དང་། དེའི་འགྲེལ་པར་རྗེ་བཙུན་ཆེན་པོས། སྨིན་བ་ངེས་པར་མ་བྱས་པ་ནི་

དབང་ཡོངས་སུ་མ་རྫོགས་པ་ཡིན་ལ། སྡོམ་པ་གསུམ་ལྡན་བྱར་མི་རུང་། །ཕྱི་ནང་རྟེན་འབྲེལ་འགྲིག་མི་འགྱུར། ། སྐུ་བཞིའི་ས་བོན་ཐེབས་མི་ནུས། །ཞེས་གསུངས་པའི་ཕྱིར། དེ་ཡང་འདོད་ན། བུམ་དབང་གི་སྤྲུལ་སྐུའི་ས་བོན་ཐེབས་མི་ནུས་པར་ཐལ། འདོད་པའི་ཕྱིར། གཞན་ཡང་། རྫོགས་རིམ་གྲོལ་བྱེད་ཀྱི་ལམ་མ་ཡིན་པར་ཐལ། དབང་གོང་མ་སྨིན་བྱེད་ཀྱི་དབང་མ་ཡིན་པའི་ཕྱིར། འདོད་ན། བསྐྱེད་རིམ་གྲོལ་བྱེད་ཀྱི་ལམ་མ་ཡིན་པར་ཐལ། འདོད་པའི་ཕྱིར། འདོད་ན། བླ་མེད་ཀྱི་གྲོལ་བྱེད་ཀྱི་ལམ་མེད་པར་ཐལ། རིམ་པ་གཉིས་པོ་དེ་གྲོལ་བྱེད་ཀྱི་ལམ་མ་ཡིན་པའི་ཕྱིར། གཞན་ཡང་། དབང་གོང་མ་གསུམ་པོ་དེ་སྨིན་བྱེད་ཀྱི་དབང་ཡིན་པར་ཐལ། རྗེ་བཙུན་རྩེ་མོས། དབང་བཞིས་སྨིན་མཛད་ལམ་བཞིས་གྲོལ་བར་སྟོན། །ཞེས་དང་། རྗེ་བཙུན་གྱི་དབང་གི་རབ་དབྱེར། དབང་བཞི་རྒྱས་བསྡུས་དུས་སྐབས་ཀྱི། །དབྱེ་བ་བླ་མའི་གསུང་བཞིན་བྲི། །ཞེས་གསུངས་པའི་ཕྱིར། བཞི་པ་ནི། ཁ་ཅིག །སྔགས་སྡོམ་རྫོགས་པར་ཐོབ་པ་ལ་དབང་བཞི་རྫོགས་པར་ཐོབ་མི་དགོས་ཏེ། རྫོགས་རིམ་སྡོམ་པ་མ་ཡིན་པའི་ཕྱིར། ཞེས་ཟེར་བ་མི་འཐད་དེ། བརྟག་གཉིས་ལས། སྡོམ་པའི་དབྱེ་བའང་བཤད་པར་བྱ་སྟེ། ཞེས་དང་། རྣལ་འབྱོར་མ་ལུས་དབུས་གནས་སུ། །ཨང་གི་རྣམ་པ་སྡོམ་པའི་གནས། །ཇི་ལྟར་ཕྱི་རོལ་དེ་བཞིན་ནང་། ། སྡོམ་པའི་དེ་ཉིད་རབ་ཏུ་ཕྱེ། །ཞེས་གསུངས་པ་མི་འཐད་པར་ཐལ། རྫོགས་རིམ་སྡོམ་པ་མ་ཡིན་པའི་ཕྱིར། ཡང་། ཁ་སྦྱོར་དུ། ཀུན་ནས་སྣ་ཚོགས་ཕྱག་རྒྱ་སྟེ། །ཀུན་ནས་སྣ་ཚོགས་སྡོམ་པ་ཡིས། །ཞེས་པའི་དངོས་བསྟན་གྱི་སྡོམ་པ་དེ་སྔགས་སྡོམ་མ་ཡིན་པར་ཐལ། རྫོགས་རིམ་སྔགས་སྡོམ་མ་ཡིན་པའི་ཕྱིར། རྟགས་ཁས། ཡང་། ཡེ་ཤེས་ཐིག་ལེ་ལས། ཀུ་ཡི་དབང་བསྐུར་ཅོད་པན་དག །བྱ་བའི་རྒྱུད་ལ་རབ་ཏུ་གྲགས། །ཞེས་སོགས་གསུངས་པ་མི་འཐད་པར་ཐལ། རྒྱུད་སྡེ་བཞི་ལ་དབང་གི་བབ་མི་འདྲ་བ་བཞི་མེད་པའི་ཕྱིར་ཏེ། དབང་གོང་མ་གསུམ་པོ་སྨིན་བྱེད་མ་ཡིན་པའི་ཕྱིར་ཏེ། རྫོགས་རིམ་གྲོལ་བྱེད་ཀྱི་ལམ་མ་ཡིན་པའི་ཕྱིར་ཏེ། རྫོགས་རིམ་སྔགས་སྡོམ་མ་ཡིན་པའི་ཕྱིར། རྟགས་ཁས། ཡང་། རྗེ་བཙུན་ས་སྐྱ་པ་ཆེན་པོས། སྡོམ་པ་གསུམ་ལྡན་གྱི་སྔགས་ཀྱི་སྡོམ་པ་ནི། སྔགས་ཀྱི་དབང་བཞིའི་སྡོམ་པ་ཐོབ་པའོ། །ཞེས་གསུངས་པ་མི་འཐད་པར་ཐལ། དབང་གོང་མ་གསུམ་ལས་ཐོབ་པའི་སྔགས་སྡོམ་མེད་པའི་ཕྱིར་ཏེ། རྫོགས་རིམ་སྔགས་སྡོམ་མ་ཡིན་པའི་ཕྱིར། རྟགས་ཁས། ཡང་རྗེ་བཙུན་རྩེ་མོས། ཁ་སྦྱོར་གྱི་འགྲེལ་པར། སྡོམ་པ་ཞེས་བྱ་བ་གོང་དུ་བྱང་ཆུབ་སེམས་དཔའི་དངོས་སུ་གསུངས་ཤིང་། སྐྱེས་པའི་རིམ་པའང་གསུངས་ན། འདིར་རྫོགས་པའི་རིམ་པའི་སྡོམ་པ་དེ་ཞུ། ཞེས་གསུངས་པ་མི་འཐད་པར་ཐལ། རྫོགས་རིམ་སྡོམ་པ་མ་ཡིན་པའི་ཕྱིར། ཡང་། རྗེ་བཙུན་ཆེན་པོ་གྲགས་པ་རྒྱལ་མཚན་གྱིས། སྐབས་གསུམ་སྟོན་དུ་འགྲོ་བའི་སོ་སོ་ཐར་པའི་སྡོམ་པ་དང་ཡང་ལྡན། སྨིན་འཇུག་གིས་

སེམས་བསྐྱེད་པར་བྱས་ཏེ་བྱང་ཆུབ་སེམས་དཔའི་བསླབ་པ་དང་ཡང་ལྡན། དབང་བཞི་ཡོངས་སུ་རྫོགས་ཏེ་རྡོ་རྗེ་ཐེག་པའི་སྡོམ་པ་དང་ཡང་ལྡན། ཞེས་གསུངས་པ་མི་འཐད་པར་ཐལ། བླ་མེད་ཀྱི་སྔགས་སྡོམ་རྫོགས་པར་ཐོབ་པ་ལ་དབང་བཞི་ཡོངས་སུ་རྫོགས་པར་ཐོབ་མི་དགོས་པའི་ཕྱིར། ཡང་བདག་ཉིད་ཆེན་པོ་ས་སྐྱ་པཎྜི་ཏས། བླ་མ་བརྩལ་ལ་དབང་བཞི་བླང་། །དེ་ཡི་སྡོམ་པ་གསུམ་ལྡན་འགྱུར། །ཞེས་གསུངས་པ་མི་འཐད་པར་ཐལ། བླ་མེད་ཀྱི་སྔགས་སྡོམ་རྫོགས་པར་ཐོབ་པ་ལ་དབང་བཞི། རྫོགས་པར་ཐོབ་མི་དགོས་པའི་ཕྱིར། འཁྲུལ་མེད་ཀྱི་རིགས་པ་འདི་དག་ནི། །ཉིང་ཁུར། རྩ་རྒྱུད་ཁ་སྦྱོར་ཡེ་ཤེས་ཐིག་ལེ་དང་། །ལུགས་འདི་ཚད་མར་བྱེད་པའི་གཞུང་འགྲེལ་དང་། །སློང་པོ་རྩེ་མོ་རྒྱལ་མཚན་བཟང་པོ་སྟེ། །མཐའ་ཅན་བླ་མའི་གསུང་རྣམས་འདི་སྐྱུར་བྱ། །ཞེས་གསུངས་པ་ལས་རྙེད་པ་ཡིན་ནོ། །

བྱས་པ་ལ་ཁོ་ན་རེ། རྫོགས་རིམ་སྡོམ་པ་མ་ཡིན་པར་ཐལ། དབང་གོང་མ་ལ་སྡོམ་པ་མེད་པའི་ཕྱིར་ཏེ། བུམ་དབང་གི་གསོལ་བཏབ་ལས། སངས་རྒྱས་ཀུན་གྱི་དམ་ཚིག་དང་། །སྡོམ་པའང་བླ་ན་མེད་པ་རྩོལ། །ཞེས་འབྱུང་གི་དབང་གོང་མ་ལ་སྡོམ་པ་བསྐུལ་ཏུ་གསོལ་ཞེས་པའི་གསོལ་བཏབ་མ་བྱུང་བའི་ཕྱིར། ཞེས་སྨྲའོ། །སྐྱོན་མེད་དེ། ཚིག་གཉིས་པོ་དེ་ནི་དབང་བཞི་ཆར་གྱི་ཐུན་མོང་གི་གསོལ་བཏབ་ཏུ་སྣང་བའི་ཕྱིར་ཏེ། རྒྱུད་ལས། སངས་རྒྱས་ཀུན་གྱི་སྡོམ་པ་དབང་གསུམ་པའི་སྐབས་སུ་ཐོབ་པར་གསུངས་པའི་ཕྱིར། གཞན་དུ་ན། རྡོ་རྗེ་སློབ་མའི་དབང་གི་སྐབས་སུ་ཡང་སྡོམ་པ་མི་ཐོབ་པར་འགྱུར་ཏེ། དེ་ལ་སྡོམ་པ་བསྐུལ་ཏུ་གསོལ་ཞེས་པའི་ཚིག་མི་སྣང་བའི་ཕྱིར། ལ་པ་ནི། ཁ་ཅིག །རྫོགས་རིམ་སྔགས་སྡོམ་མཚན་ཉིད་པ་ཡིན་ཞིང་། དབང་གོང་མ་ལ་བརྟེན་ནས་སྔགས་སྡོམ་ཐོབ་པ་ཡོད་ཀྱང་། བུམ་དབང་གི་སྐབས་སུ་སྔགས་སྡོམ་རྫོགས་པར་ཐོབ་པ་ལ་སྐྱར་བཤད་པའི་རིགས་པས་མི་གནོད་དེ། འདི་ལྟར་ཀྱེ་རྡོ་རྗེའི་རྒྱུད་དུས་ཀྱི་སྔགས་སྡོམ་རྫོགས་པར་ཐོབ་པའི་གང་ཟག་དེས། ཀྱེ་རྡོ་རྗེའི་ལམ་དུས་ཀྱི་སྔགས་སྡོམ་རྫོགས་པར་ཐོབ་པར་ཐལ། དེས་ཀྱེ་རྡོ་རྗེའི་སྔགས་སྡོམ་རྫོགས་པར་ཐོབ་པའི་ཕྱིར། ཁྱབ་པ་ཁས། ཡང་། ཀྱེ་རྡོ་རྗེའི་སྔགས་སྡོམ་རྫོགས་པར་ཐོབ་པའི་གང་ཟག་དེས། འཁོར་ལོ་སྡོམ་པའི་སྔགས་སྡོམ་རྫོགས་པར་ཐོབ་པར་ཐལ། དེས་བླ་མེད་ཀྱི་སྔགས་སྡོམ་རྫོགས་པར་ཐོབ་པའི་ཕྱིར། ཁྱབ་པ་ཁས། ཡང་། བླ་མེད་ཀྱི་སྔགས་སྡོམ་རྫོགས་པར་ཐོབ་པའི་སོ་སོ་སྐྱེ་བོ་དེས། སངས་རྒྱས་རྡོ་རྗེ་འཆང་གི་ཐུགས་རྒྱུད་ཀྱི་སྔགས་སྡོམ་རྫོགས་པར་ཐོབ་པར་ཐལ། དེའི་སྔགས་སྡོམ་རྫོགས་པར་ཐོབ་པའི་ཕྱིར། ཁྱབ་པ་ཁས། ཞེས་ཟེར་ན། མི་འཐད་དེ། ཀྱེ་རྡོ་རྗེའི་རྒྱུད་དུས་ཀྱི་གནས་སྐབས་སུ་ཐོག་པའི་སྔགས་སྡོམ་ལས་རིགས་གཞན་པའི་ལམ་དུས་ཀྱི་སྔགས་སྡོམ་ཡོད་པར་ཐལ། ཀྱེ་རྡོ་རྗེའི་བུམ་དབང་གི་གནས་སྐབས་སུ་ཐོབ་པའི་

སྔགས་སྡོམ་ལས་རིགས་གཞན་པའི་དབང་གོང་མའི་གནས་སྐབས་སུ་ཐོབ་པའི་སྔགས་སྡོམ་ཡོད་པའི་ཕྱིར། ཁྱབ་པ་ཁས། རྟགས་གྲུབ་སྟེ། བུམ་དབང་གི་གནས་སྐབས་སུ་བསྐྱེད་རིམ་ཐོབ། དབང་གོང་མའི་གནས་སྐབས་སུ་རྫོགས་རིམ་ཐོབ་པའི་ཕྱིར། རྩ་བར་འདོད་ན། ཀྱེ་རྡོ་རྗེའི་རྒྱུ་དུས་ཀྱི་གནས་སྐབས་སུ། བླ་མེད་ཀྱི་སྔགས་སྡོམ་གྱི་རིགས་རྫོགས་པར་ཐོབ་པ་མེད་པར་ཐལ། འདོད་པའི་ཕྱིར། འདོད་ན། ཀྱེ་རྡོ་རྗེ་རྒྱུ་དུས་ཀྱི་དབང་གི་གནས་སྐབས་སུ་གྲོལ་བ་ཐོབ་པ་མེད་པར་ཐལ། འདོད་པའི་ཕྱིར། འདོད་མི་ནུས་ཏེ། དེས་ན་གང་ཟག་དབང་པོ་རབ། །དབང་བསྐུར་ཉིད་ཀྱིས་གྲོལ་བར་འགྱུར། །ཞེས་གསུངས་པའི་ཕྱིར། གཉིས་པ་ནི། ཀྱེ་རྡོ་རྗེའི་སྔགས་སྡོམ་གྱི་རིགས་རྫོགས་པར་ཐོབ་པའི་གང་ཟག་དེ། འཁོར་ལོ་སྡོམ་པའི་སྔགས་སྡོམ་གྱི་རིགས་རྫོགས་པར་ཐོབ་པའི་གང་ཟག་མ་ཡིན་པར་ཐལ། བུམ་དབང་གི་སྔགས་སྡོམ་གྱི་རིགས་རྫོགས་པར་ཐོབ་པའི་གང་ཟག་དེ། དབང་གོང་མའི་གནས་སྐབས་སུ་ཐོབ་པའི་སྔགས་སྡོམ་གྱི་རིགས་རྫོགས་པར་ཐོབ་པའི་གང་ཟག་མ་ཡིན་པའི་ཕྱིར། ཁྱབ་པ་ཁས། རྟགས་སླ། འདོད་མི་ནུས་ཏེ། ཀྱེ་རྡོ་རྗེའི་སྔགས་སྡོམ་གྱི་རིགས་རྫོགས་པར་ཐོབ་པའི་གང་ཟག་དེ། འཁོར་ལོ་སྡོམ་པའི་སྔགས་སྡོམ་གྱི་རིགས་རྫོགས་པར་ཐོབ་པའི་གང་ཟག་ཡིན་པའི་ཕྱིར་ཏེ། ཀྱེ་རྡོ་རྗེ་དེ་འཁོར་ལོ་སྡོམ་པའི་སྔགས་སྡོམ་གྱི་རིགས་རྫོགས་པར་ཐོབ་པའི་གང་ཟག་ཡིན་པའི་ཕྱིར་ཏེ། དེ་སྔང་རྟོགས་མཐར་ཕྱུག་པའི་རྫོགས་པའི་སངས་རྒྱས་ཡིན་པའི་ཕྱིར་རོ། །

གསུམ་པ་ལ། བླ་མེད་ཀྱི་སྔགས་སྡོམ་གྱི་རིགས་རྫོགས་པར་ཐོབ་པའི་སོ་སོའི་སྐྱེ་བོ་དེས། སངས་རྒྱས་རྡོ་རྗེ་འཆང་གི་ཐུགས་རྒྱུད་ཀྱི་སྔགས་སྡོམ་གྱི་རིགས་རྫོགས་པར་མ་ཐོབ་པར་ཐལ། བུམ་དབང་གི་སྔགས་སྡོམ་གྱི་རིགས་རྫོགས་པར་ཐོབ་པའི་གང་ཟག་དེས་དབང་གོང་མའི་སྔགས་སྡོམ་གྱི་རིགས་རྫོགས་པར་མ་ཐོབ་པའི་ཕྱིར། ཁྱབ་པ་ཁས། འདོད་མི་ནུས་ཏེ། ཀྱེ་རྡོ་རྗེའི་སྔགས་སྡོམ་གྱི་རིགས་རྫོགས་པར་ཐོབ་པའི་སོ་སོའི་སྐྱེ་བོ་ཡོད་པའི་ཕྱིར་ཏེ། ཀྱེ་རྡོ་རྗེའི་རིགས་རྫོགས་གཉིས་ཀ་རྫོགས་པར་ཐོབ་པའི་སོ་སོའི་སྐྱེ་བོ་ཡོད་པའི་ཕྱིར་རོ། །

རིགས་པ་འདི་དག་ནི། ཉིང་ཁུར། ཐུག་མེད་སྐྱོན་དང་བསྲུང་བའི་དམ་ཚིག་དང་། །གསོལ་བཏབ་ཚིག་དང་བུམ་དབང་ཚིག་དང་། །ཐོབ་འཚམ་འགའ་ཞིག་ལ་སོགས་སྐྱོན་རྣམས་ཀྱི། །ལུགས་བཟང་འདི་ལ་གནོད་པར་ག་ལ་འགྱུར། །ཞེས་གསུངས་པའི་རིགས་པའོ། །དེ་ཡང་ཉིང་ཁུར། དབང་གོང་མ་བུམ་དབང་གི་གནས་སྐབས་སུ་མ་ཐོབ་པའི་སྡོམ་པའི་རིགས་རྫོགས་རིམ་གྱི་སྡོམ་པ་གསར་དུ་ཐོབ་པར་བྱ་བ་ཡོད་ལ། ཅིག་ཤོས་ལ་ནི་སྔར་ཐོབ་ཟིན་གྱི་སྡོམ་པ་ཡང་ཡང་མངོན་དུ་བྱེད་པ་ཡིན་གྱི། བསྐྱེད་རྫོགས་ཀྱི་སྡོམ་པའི་རིགས་སྔར་མ་ཐོབ་པ་གསར་དུ་ཐོབ་པར་བྱ་བ་མེད་པའི་ཕྱིར་རོ། །ཞེས་གསུངས་སོ། །འདིར་བྱིས་པ་ཁ་ཅིག བུམ་དབང་གི་སྐབས་

སུ་སྡིགས་སྡོམ་རྫོགས་པར་ཐོབ་པར་ཐལ། བུམ་དབང་གི་སྐབས་སུ་སྔགས་སྡོམ་རྫོགས་པར་སྐྱེས་པའི་ཕྱིར་ཏེ། དེའི་སྐབས་སུ་སྔགས་སྡོམ་རང་རྒྱུད་ལ་རྫོགས་པར་སྐྱེས་པའི་ཕྱིར་ཏེ། དེའི་སྐབས་སུ་སྔགས་སྡོམ་རང་རྒྱུད་ལས་རྫོགས་པར་གྲུབ་ཟིན་པའི་ཕྱིར་ཏེ། དེའི་སྐབས་སུ་སྔགས་སྡོམ་འབྲས་བུ་ཡིན་པའི་ཕྱིར། ཁྱབ་སྟེ། ཚོས་ཀྱི་གྲགས་པས། རང་གི་རྒྱུ་ལས་གྲུབ་པའི་ཕྱིར། །འབྲས་བུ་རག་ལས་མེད་པར་ཡང་། །ཞེས་གསུངས་པའི་ཕྱིར། རྟགས་གྲུབ་སྟེ། དེའི་སྐབས་སུ་སྔགས་སྡོམ་དངོས་པོ་ཡིན་པའི་ཕྱིར་ཏེ། དེའི་སྐབས་སུ་སྔགས་སྡོམ་ཡོད་པའི་ཕྱིར་ཏེ། དེའི་སྐབས་སུ་བུམ་དབང་གི་སྐབས་སུ་ཐོབ་པའི་སྔགས་སྡོམ་ཡོད་པའི་ཕྱིར། ཞེས་ཟེར་ན་མི་འཐད་དེ། འོ་ན་མི་བསྐྱོད་པ་ཆུ་དབང་གི་སྐབས་སུ་སྔགས་སྡོམ་རྫོགས་པར་ཐོབ་པར་ཐལ། དེའི་སྐབས་སུ་སྔགས་སྡོམ་རྫོགས་པར་སྐྱེས་པའི་ཕྱིར།རྟགས་གསལ་རིགས་འགྲེ། ཡང་། སྟ་གོན་དང་འཇུག་པའི་སྐབས་སུ་སྔགས་སྡོམ་རྫོགས་པར་ཐོབ་པར་ཐལ། དེའི་སྐབས་སུ་སྔགས་སྡོམ་རྫོགས་པར་སྐྱེས་པའི་ཕྱིར། རྟགས་གསལ་རིགས་འགྲེ། ཡང་སྔགས་སྡོམ་ཐོབ་པའི་གང་ཟག་ཡིན་ན། སྔགས་སྡོམ་རྫོགས་པར་ཐོབ་པའི་གང་ཟག་ཡིན་དགོས་པར་ཐལ། བསྙེན་རིམ་གྱི་སྡོམ་པ་ཐོབ་པའི་གང་ཟག་ཡིན་ན་སྔགས་སྡོམ་རྫོགས་པར་ཐོབ་པའི་གང་ཟག་ཡིན་དགོས་པའི་ཕྱིར། འདོད་ན། བླ་མེད་ཀྱི་སྔགས་སྡོམ་ཐོབ་པའི་གང་ཟག་ཡིན་ན། རིམ་གཉིས་ཐོབ་པའི་གང་ཟག་ཡིན་དགོས་པར་ཐལ། འདོད་པའི་ཕྱིར་རོ། །

གཉིས་པ་རང་རང་གི་ཚོགའི་སྐབས་སུ་ཐོབ་པར་འདོད་པ་དགག་པ་ལ་གསུམ་སྟེ། ཕྱོགས་སྔ་བརྗོད་པ། འགོག་བྱེད་བཤད་པ། ཉེས་སྤོང་གི་ལན་དགག་པའོ། །དང་པོ་ནི། ཁ་ཅིག །སྤྱིར་དབང་ལ་གཉིས་ཏེ། རང་ཉིད་ལ་དགོས་པའི་དབང་དང་། གཞན་རྗེས་སུ་འཛིན་པའི་དབང་གཉིས། །དང་པོ་ལ། མ་སྨིན་པ་སྨིན་པར་བྱེད་པའི་དབང་། སྨིན་ཟིན་གོང་འཕེལ་དུ་བྱེད་པའི་དབང་། སྨིན་ཟིན་ཉམས་པ་ཕྱིར་བཅོས་པའི་དབང་དང་གསུམ། དང་པོ་ལ། སྤྱིར་སྔགས་ཀྱིས་མ་སྨིན་པ་སྨིན་པར་བྱེད་པའི་དབང་། བྱེ་བྲག་ཏུ་རྒྱུད་དེ་དང་དེའི་མ་སྨིན་པ་སྨིན་པར་བྱེད་པའི་དབང་། རྒྱུད་སྡེ་གཅིག་ཉིད་ཀྱང་ནང་ཚན་སོ་སོའི་ཚོགས་མ་སྨིན་པ་སྨིན་པར་བྱེད་པའི་དབང་དང་གསུམ། དང་པོ་ནི། ཚེ་འདིར་སྔགས་ལ་འཇུག་མ་མྱོང་བའི་གང་ཟག་གིས་ཐོག་མར་བླང་བའི་དབང་ལྟ་བུ། གཉིས་པ་ནི། རྒྱུད་སྡེ་འོག་མ་འོག་མའི་དབང་གིས་སྨིན་ནས་གོང་མའི་དབང་ལེན་པ་ལྟ་བུའོ། །གསུམ་པ་ནི། ཕ་རྒྱུད་ཀྱི་དབང་གི་སྨིན་ནས་མ་རྒྱུད་ཀྱི་དབང་ལེན་པ་ལྟ་བུའོ། །གཉིས་པ་ནི། རྒྱུ་དུས་སུ་དབང་གོང་མ་ཐོབ་པ་དེ་ཉིད་ལམ་དུས་སུ་སློབ་དཔོན་གྱི་ཞལ་ལས་བསམ་ནས་བདག་འཇུག་གི་ཚུལ་དུ་ལེན་པ་ལྟ་བུ། གསུམ་པ་ནི། རྩ་བའི་ལྟུང་བ་བྱུང་ནས་སླར་གསོ་བའི་དོན་དུ་སློབ་དཔོན་ལ་བསམ་ནས་བདག་ཉིད་ཀྱི་དཀྱིལ་

འཁོར་དུ་ཞུགས་ནས་དབང་ལེན་ལྟ་བུ། གཉིས་པ་ནི། གོང་མའི་སྡོམ་པ་ལ་གནས་ནས། འོག་མའི་དབང་ལེན་པ་ལྟ་བུ། ཟབ་མི་ཟབ་ཀྱི་ཁྱད་པར་མེད་པའི་དབང་དུ་མ་ལེན་པར་བྱེད་པ་ལྟ་བུ། ཞེས་ཟེར་རོ། །མི་འཐད་དེ། ཀྱེ་རྡོ་རྗེའི་རྟུལ་ཆེན་གྱི་དཀྱིལ་འཁོར་དུ་དབང་བཞི་རྫོགས་པར་ཐོབ་པའི་གང་ཟག་དེས། འཁོར་ལོ་སྡོམ་པའི་རྟུལ་ཆེན་གྱི་དཀྱིལ་འཁོར་དུ་དབང་བསྐུར་ཞུ་བའི་ཚེ་སྔར་མ་ཐོབ་པའི་སྔགས་སྡོམ་གྱི་རིགས་གསར་དུ་ཐོབ་པ་ཡོད་པར་ཐལ་བ་དང་། དམ་ཚིག་གི་རིགས་གསར་དུ་ཐོབ་པ་ཡོད་པར་ཐལ། དེ་ལྟ་བུའི་འཁོར་ལོ་སྡོམ་པའི་དབང་བསྐུར་དེ་གང་ཟག་དེའི་སྨིན་བྱེད་ཀྱི་དབང་བསྐུར་ཡིན་པའི་ཕྱིར། འདོད་མི་ནུས་ཏེ། གང་ཟག་དེས་འཁོར་ལོ་སྡོམ་པའི་སྔགས་སྡོམ་གྱི་རིགས་རྫོགས་པར་ཐོབ་པའི་ཕྱིར། ཡང་། དབང་བསྐུར་ཡིན་ན་སྨིན་བྱེད་ཀྱི་དབང་བསྐུར་ཡིན་པས་ཁྱབ་པར་ཐལ། ཕ་རྒྱུད་ཀྱི་དབང་བསྐུར་ཡོངས་སུ་རྫོགས་པར་ཐོབ་པའི་གང་ཟག་དེས། མ་རྒྱུད་ཀྱི་དབང་བསྐུར་ཞུ་བའི་ཚེ་མ་རྒྱུད་ཀྱི་དབང་བསྐུར་དེ་དེའི་སྨིན་བྱེད་ཀྱི་དབང་ཡིན་པའི་ཕྱིར། འདོད་ན། ལམ་དུས་ཀྱི་དབང་གི་མ་ངེས་སོ། །ཡང་རྒྱུད་དུས་ཀྱི་དབང་བཞི་རྫོགས་པར་ཐོབ་པའི་གང་ཟག་དེས། ལམ་དུས་ཀྱི་དབང་བསྐུར་ཞུ་བའི་ཚེ་ན་ལམ་དུས་ཀྱི་དབང་བསྐུར་དེ་དེའི་སྨིན་བྱེད་ཀྱི་དབང་བསྐུར་ཡིན་པར་ཐལ། ཕ་རྒྱུད་ཀྱི་དབང་གིས་སྨིན་པར་བྱས་པའི་གང་ཟག་དེས། མ་རྒྱུད་ཀྱི་དབང་བསྐུར་ཞུ་བའི་ཚེ། མ་རྒྱུད་ཀྱི་དབང་བསྐུར་དེ་དེའི་སྨིན་བྱེད་ཀྱི་དབང་ཡིན་པའི་ཕྱིར། གསུམ་པ་ནི། ཁོ་ན་རེ། བླ་མེད་ཀྱི་སྨིན་བྱེད་ཀྱི་དབང་མ་ཐོབ་པར། བླ་མེད་ཀྱི་གྲོལ་བྱེད་ཀྱི་ལམ་ཉམས་སུ་ལེན་དུ་རུང་བ་ཡོད་པར་ཐལ། འཁོར་ལོ་སྡོམ་པའི་སྨིན་བྱེད་ཀྱི་དབང་མ་ཐོབ་པར་གྲོལ་བྱེད་ཀྱི་ལམ་ཉམས་སུ་ལེན་དུ་རུང་བ་ཡོད་པའི་ཕྱིར་ཏེ། ཀྱེ་རྡོ་རྗེའི་སྨིན་བྱེད་ཀྱི་དབང་བསྐུར་ཐོབ། འཁོར་ལོ་སྡོམ་པའི་དཀྱིལ་འཁོར་དུ་ཞུགས་ཏེ་འཁོར་ལོ་སྡོམ་པའི་གྲོལ་བྱེད་ཀྱི་ལམ་ཉམས་སུ་ལེན་པའི་གང་ཟག་དེས། འཁོར་ལོ་སྡོམ་པའི་སྨིན་བྱེད་ཀྱི་དབང་མ་ཐོབ་པའི་ཕྱིར་ཏེ། དེའི་ཐོབ་པའི་ཀྱེ་རྡོ་རྗེའི་དབང་བསྐུར་དེ་ཡང་དེ་མ་ཡིན། དེའི་ཐོབ་པའི་འཁོར་ལོ་སྡོམ་པའི་དབང་བསྐུར་དེ་ཡང་དེ་མ་ཡིན་པའི་ཕྱིར་རིགས་པ་འདིས་སྨིན་བྱེད་ཀྱི་དབང་གཅིག་ཁོ་ནར་འདོད་པ་བཀག་གོ། །ཞེས་ཟེར།

འོ་ན་ཀྱེ་རྡོ་རྗེའི་སྨིན་བྱེད་ཀྱི་དབང་མ་ཐོབ་པར། དེའི་གྲོལ་བྱེད་ཀྱི་ལམ་ཉམས་སུ་ལེན་དུ་རུང་བ་ཡོད་པར་ཐལ། ནག་པོ་པའི་ལུགས་ཀྱི་ཀྱེ་རྡོ་རྗེའི་སྨིན་བྱེད་ཀྱི་དབང་མ་ཐོབ་པར་དེའི་ལུགས་ཀྱི་ཀྱེ་རྡོ་རྗེའི་གྲོལ་བྱེད་ཀྱི་ལམ་ཉམས་སུ་ལེན་དུ་རུང་བ་ཡོད་པའི་ཕྱིར། ཁྱབ་པ་ཁས། མ་གྲུབ་ན། དེར་ཐལ། རྗོམ་རླི་པའི་ལུགས་ཀྱི་ཀྱེ་རྡོ་རྗེའི་སྨིན་བྱེད་ཀྱི་དབང་ཐོབ་ནས། ནག་པོ་པའི་ལུགས་ཀྱི་ཀྱེ་རྡོ་རྗེའི་དཀྱིལ་འཁོར་དུ་ཞུགས་ཏེ་ཀྱེ་རྡོ་རྗེའི་གྲོལ་བྱེད་ཀྱི་ལམ་ཉམས་སུ་ལེན་པའི་གང་ཟག་དེས། ནག་པོ་པའི་ལུགས་ཀྱི་ཀྱེ་རྡོ་རྗེའི་སྨིན་བྱེད་ཀྱི་

དབང་བསྐུར་མ་ཐོབ་པའི་ཕྱིར་ཏེ། དེའི་ཐོབ་པའི་རྗོམ་ཆྭི་པའི་ལུགས་ཀྱི་དབང་བསྐུར་དེ་ཡང་དེ་མ་ཡིན། དེའི་ཐོབ་པའི་ནག་པོ་པའི་ལུགས་ཀྱི་དབང་བསྐུར་དེ་ཡང་དེ་མ་ཡིན་པའི་ཕྱིར། རྣམ་པ་ཀུན་ཏུ་མཚུངས་སོ། །གཞན་ཡང་། འཁོར་ལོ་སྡོམ་པའི་སྨིན་བྱེད་ཀྱི་དབང་མ་ཐོབ་པར་དེའི་གྲོལ་བྱེད་ཀྱི་ལམ་ཉམས་སུ་ལེན་དུ་རུང་བ་ཡོད་པར་ཐལ། སློབ་དཔོན་དྲིལ་བུ་པའི་ལུགས་ཀྱི་འཁོར་ལོ་སྡོམ་པའི་སྨིན་བྱེད་ཀྱི་དབང་མ་ཐོབ་པར། དེའི་ལུགས་ཀྱི་གྲོལ་བྱེད་ཀྱི་ལམ་ཉམས་སུ་ལེན་དུ་རུང་བ་ཡོད་པའི་ཕྱིར། ཁྱབ་པ་ཁས། མ་གྲུབ་ན། དེར་ཐལ། སློབ་དཔོན་ལཱུ་ཧི་པའི་ལུགས་ཀྱི་འཁོར་ལོ་སྡོམ་པའི་སྨིན་བྱེད་ཀྱི་དབང་ཐོབ་ནས། དྲིལ་བུ་པའི་ལུགས་ཀྱི་དཀྱིལ་འཁོར་དུ་ཞུགས་ནས་འཁོར་ལོ་སྡོམ་པའི་གྲོལ་བྱེད་ཀྱི་ལམ་ཉམས་སུ་ལེན་པའི་གང་ཟག་དེས། དྲིལ་བུ་པའི་ལུགས་ཀྱི་འཁོར་ལོ་སྡོམ་པའི་སྨིན་བྱེད་ཀྱི་དབང་མ་ཐོབ་པའི་ཕྱིར་ཏེ། དེའི་ཐོབ་པའི་ལཱུ་ཧི་པའི་ལུགས་ཀྱི་འཁོར་ལོ་སྡོམ་པའི་དབང་བསྐུར་དེ་ཡང་དེ་མ་ཡིན། དེའི་ཐོབ་པའི་དྲིལ་བུ་པའི་ལུགས་ཀྱི་འཁོར་ལོ་སྡོམ་པའི་དབང་དེ་ཡང་དེ་མ་ཡིན་པའི་ཕྱིར་རོ། །ཁྱབ་པ་ཁས།

གཞན་ཡང་། ཀྱཻ་རྡོ་རྗེའི་སྨིན་བྱེད་ཀྱི་དབང་ཐོབ་ནས། འཁོར་ལོ་སྡོམ་པའི་དཀྱིལ་འཁོར་དུ་ཞུགས་པའི་ཚེ་འཁོར་ལོ་སྡོམ་པའི་དབང་བསྐུར་དེ། གང་ཟག་དེའི་འཁོར་ལོ་སྡོམ་པའི་སྨིན་བྱེད་ཀྱི་དབང་བསྐུར་མ་ཡིན་པར་ཐལ། དེ་དེའི་གྲོལ་བྱེད་ཀྱི་ལམ་ཡིན་པའི་ཕྱིར་ཏེ། དེ་གང་ཟག་དེའི་སྔར་ཐོབ་ཟིན་གྱི་བླ་མེད་ཀྱི་སྔགས་སྡོམ་གོང་ནས་གོང་དུ་འཕེལ་བར་བྱེད་པའི་ཐབས་ཁྱད་པར་ཅན་ཡིན་པའི་ཕྱིར་ཏེ། གང་ཟག་དེ་འཁོར་ལོ་སྡོམ་པའི་དབང་བསྐུར་ཞུ་བའི་སྔོན་དུ་བླ་མེད་ཀྱི་སྔགས་སྡོམ་རྫོགས་པར་ཐོབ་ཟིན་པའི་གང་ཟག་ཡིན་པའི་ཕྱིར། དེ་སྐད་དུ་ཉིད་ཁྱུར། དེ་རྗེས་དཀྱིལ་འཁོར་འདི་འམ་གཞན་དུའང་རུང་། ཆུ་དབང་བཞི་དང་ལུས་དཀྱིལ་དབང་བཞི་དང་། བླ་མའི་རྣལ་འབྱོར་བྱིན་རླབས་རིམ་གཉིས་སོགས། ཐོབ་པའི་སྡོམ་པ་ཡང་ཡང་གསོས་པའི་ཐབས། ཞེས་གསུངས་སོ། །རྩ་བར། འདོད་མི་ནུས་ཏེ། དེ་དེའི་འཁོར་ལོ་སྡོམ་པའི་སྨིན་བྱེད་ཀྱི་དབང་བསྐུར་ཡིན་པའི་ཕྱིར། རྟགས་ཁས། མ་ཁྱབ་ན། འཁོར་ལོ་སྡོམ་པའི་དབང་བསྐུར་ཡིན་ན་དབང་བསྐུར་ཡིན་པས་མ་ཁྱབ་པར་ཐལ་བ་དང་། དེའི་གྲོལ་བྱེད་ཀྱི་ལམ་ཡིན་ན་གྲོལ་བྱེད་ཀྱི་ལམ་ཡིན་པས་མ་ཁྱབ་པར་ཐལ། དེའི་སྨིན་བྱེད་ཀྱི་དབང་ཡིན་ན་སྨིན་བྱེད་ཀྱི་དབང་ཡིན་པས་མ་ཁྱབ་པའི་ཕྱིར། རྟགས་ཁས། གལ་ཏེ་ཁོ་ན་རེ། སྐྱོན་མེད་དེ། སློབ་དཔོན་ལཱུ་ཧི་པའི་ལུགས་ཀྱི་འཁོར་ལོ་སྡོམ་པའི་སྨིན་བྱེད་ཀྱི་དབང་ཐོབ་ནས། དྲིལ་བུ་པའི་ལུགས་ཀྱི་དཀྱིལ་འཁོར་དུ་ཞུགས་པའི་ཚེ་ན། དབང་བསྐུར་དེ་གཉིས་ཀ་གང་ཟག་དེའི་འཁོར་ལོ་སྡོམ་པའི་སྨིན་བྱེད་ཀྱི་དབང་ཡིན་པའི་ཕྱིར། ཞེ་ན། འོ་ན་དང་པོར་སློབ་དཔོན་ལཱུ་ཧི་པའི་ལུགས་ཀྱི་འཁོར་ལོ་སྡོམ་པའི་

སྨིན་བྱེད་ཀྱི་དབང་ཐོབ་མ་ཐག་པའི་གང་ཟག་དེ། འཁོར་ལོ་སྡོམ་པའི་དབང་གི་མ་སྨིན་པའི་གང་ཟག་ཡིན་པར་ཐལ། དང་པོར་དེ་ཐོབ་ནས་དེའི་རྗེས་སུ་སློབ་དཔོན་དྲིལ་བུ་པའི་ལུགས་ཀྱི་འཁོར་ལོ་སྡོམ་པའི་སྨིན་བྱེད་ཀྱི་དབང་ཐོབ་ཁ་མའི་གང་ཟག་དེ་འཁོར་ལོ་སྡོམ་པའི་དབང་གི་མ་སྨིན་པའི་གང་ཟག་ཡིན་པའི་ཕྱིར་ཏེ། དེ་འདྲ་བའི་དྲིལ་བུའི་ལུགས་ཀྱི་དབང་བསྐུར་དེ་གང་ཟག་དེ་འཁོར་ལོ་སྡོམ་པའི་དབང་གི་མ་སྨིན་པ་སྨིན་པར་བྱེད་པའི་དབང་བསྐུར་ཡིན་པའི་ཕྱིར་ཏེ། དེ་གང་ཟག་དེའི་འཁོར་ལོ་སྡོམ་པའི་སྨིན་བྱེད་ཀྱི་དབང་བསྐུར་ཡིན་པའི་ཕྱིར་ཏེ། དེ་འདྲ་བའི་དབང་གཉིས་ཀ་གང་ཟག་དེའི་འཁོར་ལོ་སྡོམ་པའི་སྨིན་བྱེད་ཀྱི་དབང་ཡིན་པའི་ཕྱིར། རྟགས་ཁས། རྩ་བར་འདོད་ན། གང་ཟག་དེའི་འཁོར་ལོ་སྡོམ་པའི་སྨིན་བྱེད་ཀྱི་དབང་མ་ཐོབ་པར་ཐོབ་པར་ཐལ། འདོད་པའི་ཕྱིར། འདོད་མི་ནུས་ཏེ། ལཽ་ཧི་པའི་ལུགས་ཀྱི་འཁོར་ལོ་སྡོམ་པའི་སྨིན་བྱེད་ཀྱི་དབང་བསྐུར་ཐོབ་པའི་ཕྱིར། རྟགས་ཁས། གལ་ཏེ་ཁོ་ན་རེ། སྐྱོན་མེད་དེ། དེའི་ཚེ་ན་དབང་བསྐུར་གཉིས་པོ་དེ་སློབ་དཔོན་རང་རང་གི་ལུགས་ཀྱི་འཁོར་ལོ་སྡོམ་པའི་སྨིན་བྱེད་ཀྱི་དབང་ཡིན་ཡང་། དང་པོ་དེ་འཁོར་ལོ་སྡོམ་པའི་སྨིན་བྱེད་ཀྱི་དབང་བསྐུར་ཡིན་གྱི། ཕྱི་མ་དེ་འཁོར་ལོ་སྡོམ་པའི་སྨིན་བྱེད་ཀྱི་དབང་བསྐུར་མ་ཡིན་པའི་ཕྱིར། ཞེ་ན། འོ་ན་དྲིལ་བུ་པའི་ལུགས་ཀྱི་འཁོར་ལོ་སྡོམ་པའི་གྲོལ་བྱེད་ཀྱི་ལམ་ཡིན་ན་གྲོལ་བྱེད་ཀྱི་ལམ་ཡིན་པས་མ་ཁྱབ་པར་ཐལ་བ་དང་། ལཽ་ཧི་པའི་ལུགས་ཀྱི་གྲོལ་བྱེད་ཀྱི་ལམ་ཡིན་ན་གྲོལ་བྱེད་ཀྱི་ལམ་ཡིན་པས་མ་ཁྱབ་པར་ཐལ། སློབ་དཔོན་དེ་གཉིས་ཀྱི་ལུགས་ཀྱི་སྨིན་བྱེད་ཀྱི་དབང་ཡིན་ན་སྨིན་བྱེད་ཀྱི་དབང་ཡིན་པས་མ་ཁྱབ་པའི་ཕྱིར། དེ་བཞིན་དུ་རྒྱུད་སྡེ་གང་ལ་སྦྱར་ཡང་ཁྱད་པར་མེད་དོ། །རིགས་པ་འདིས་ནི་སྨིན་བྱེད་ཀྱི་དབང་ཐུག་མེད་དུ་འདོད་པ་སུན་འབྱིན་པ་ཡིན་ནོ། །

ཡང་ཁོ་ན་རེ། བླ་མེད་ཀྱི་རྒྱུད་སྡེ་གཅིག་གིས་དབང་བསྐུར་ཐོབ་ན་བླ་མེད་ཀྱི་རྒྱུད་སྡེ་མཐའ་དག་གི་དབང་བསྐུར་ཐོབ་པས་ཁྱབ་པར་ཐལ། བླ་མེད་ཀྱི་རྒྱུད་སྡེ་གཅིག་གི་སྨིན་བྱེད་ཀྱི་དབང་བསྐུར་ཐོབ་ན་བླ་མེད་ཀྱི་རྒྱུད་སྡེ་མཐའ་དག་གི་དབང་བསྐུར་ཐོབ་པས་ཁྱབ་པའི་ཕྱིར་ཏེ། ཀྱཻ་རྡོ་རྗེའི་སྨིན་བྱེད་ཀྱི་དབང་བསྐུར་ཐོབ་པའི་གང་ཟག་ཡིན་ན། འཁོར་ལོ་སྡོམ་པའི་སྨིན་བྱེད་ཀྱི་དབང་བསྐུར་ཐོབ་པས་ཁྱབ་པའི་ཕྱིར་ཏེ། ཀྱཻ་རྡོ་རྗེའི་སྨིན་བྱེད་ཀྱི་དབང་བསྐུར་ཐོབ་པའི་གང་ཟག་དེས་འཁོར་ལོ་སྡོམ་པའི་དཀྱིལ་འཁོར་དུ་སྨིན་བྱེད་ཀྱི་དབང་ཞུ་བ་མེད་པའི་ཕྱིར་ཏེ། གང་ཟག་དེས་འཁོར་ལོ་སྡོམ་པའི་དཀྱིལ་འཁོར་དུ་ཞུགས་པའི་ཚེ། འཁོར་ལོ་སྡོམ་པའི་དབང་བསྐུར་དེ་གང་ཟག་དེའི་འཁོར་ལོ་སྡོམ་པའི་སྨིན་བྱེད་ཀྱི་དབང་མ་ཡིན་པའི་ཕྱིར། ཞེ་ན། མི་འཐད་དེ། འོ་ན་བླ་མེད་ཀྱི་དབང་བསྐུར་གཅིག་ཐོབ་ན་བླ་མེད་ཀྱི་དབང་བསྐུར་མཐའ་དག་ཐོབ་པས་ཁྱབ་པར་ཐལ། བླ་

མེད་ཀྱི་སྨིན་བྱེད་ཀྱི་དབང་བསྐུར་གཅིག་ཐོབ་ན་བླ་མེད་ཀྱི་སྨིན་བྱེད་ཀྱི་དབང་བསྐུར་མཐའ་དག་ཐོབ་པས་ཁྱབ་པའི་ཕྱིར་ཏེ། བླ་མེད་ཀྱི་སྨིན་བྱེད་ཀྱི་དབང་བསྐུར་གཅིག་ཐོབ་པའི་གང་ཟག་དེས་བླ་མེད་ཀྱི་སྨིན་བྱེད་ཀྱི་དབང་བསྐུར་ཞུ་བ་མེད་པའི་ཕྱིར་ཏེ། བླ་མེད་ཀྱི་སྨིན་བྱེད་ཀྱི་དབང་བསྐུར་གཅིག་ཐོབ་པའི་གང་ཟག་དེས། བླ་མེད་ཀྱི་དཀྱིལ་འཁོར་དུ་ཞུགས་པའི་ཚེ་ན་བླ་མེད་ཀྱི་དབང་དེ་གང་ཟག་དེའི་བླ་མེད་ཀྱི་སྨིན་བྱེད་ཀྱི་དབང་བསྐུར་མ་ཡིན་པའི་ཕྱིར། ཁྱབ་པ་ཡིན་པར་ཁས། མ་གྲུབ་ན། དེར་ཐལ། དེ་དབང་དེས་གང་ཟག་དེར་བླ་མེད་ཀྱི་མ་སྨིན་པ་སྨིན་པར་བྱེད་པའི་དབང་བསྐུར་མ་ཡིན་པའི་ཕྱིར་ཏེ། གང་ཟག་དེ་བླ་མེད་ཀྱིས་སྨིན་ཟིན་པའི་གང་ཟག་ཡིན་པའི་ཕྱིར་ཏེ། དེ་བླ་མེད་ཀྱི་སྨིན་བྱེད་ཀྱི་དབང་ཐོབ་ཟིན་པའི་གང་ཟག་ཡིན་པའི་ཕྱིར། ཨེ་སོང་། ཡང་འཁོར་ལོ་སྡོམ་པའི་སྨིན་པའི་གང་ཟག་ཡིན་ན་བླ་མེད་ཀྱིས་སྨིན་པའི་གང་ཟག་ཡིན་པས་མ་ཁྱབ་པར་ཐལ། འཁོར་ལོ་སྡོམ་པའི་སྨིན་བྱེད་ཀྱི་དབང་ཡིན་ན་བླ་མེད་ཀྱི་སྨིན་བྱེད་ཀྱི་དབང་ཡིན་པས་མ་ཁྱབ་པའི་ཕྱིར། རྟགས་ཁས། ཀྱེ་རྡོ་རྗེ་ལ་སོགས་པ་ལ་རིགས་སྦྲེས་ཏེ་ཤེས་པར་བྱའོ། །

གཉིས་པ་རང་ལུགས་གཞག་པ་ལ་བཞི་སྟེ། ཐོབ་པའི་ས་མཚམས་བཤད་པ། ཐོབ་པའི་ཚུལ་བཤད་པ། ཐོབ་པའི་ཉམས་ལེན་བཤད་པ། ཐོབ་པའི་འབྲས་བུ་བཤད་པའོ། །དང་པོ་ལ་གཉིས་ཏེ། ཁས་བླང་གི་ཐོབ་པ་དང་། ཆོགས་ཐོབ་པའོ། །དང་པོ་ནི། སྔ་གོན་དང་འཇུག་པའི་སྐབས་སུ་ཐོབ་ཀྱང་། དངོས་གཞིའི་ཆོག་ལ་མ་ལྟོས་པར། སྐབས་དེར་ཁས་བླངས་པའི་དམ་ཚིག་རྣམས་ཀྱང་བསྲུང་བར་དབང་བ་མ་ཡིན་ནོ། །འོན་ཁས་བླང་གི་ཐོབ་ཚུལ་ཇི་ལྟར་སྙམ་ན། དབང་གི་དངོས་གཞི་ལ་བརྟེན་ནས་སྔགས་སྡོམ་མཚན་ཉིད་པ་ཐོབ་པའི་ཚེ། དམ་ཚིག་དང་སྡོམ་པ་འདི་དག་བསྲུང་བར་བྱའོ་ཞེས་པའི་ཚུལ་གྱིས་ཐོབ་པ་ཡིན་ནོ། །དེ་ལ་ཁ་ཅིག་ན་རེ། སྐྱབས་འགྲོ་དང་སེམས་བསྐྱེད་ཀྱི་གནས་སྐབས་སུ་སྔགས་སྡོམ་ཐོབ་པར་ཐལ། དེའི་སྐབས་སུ་སྔགས་སྡོམ་སྐྱེས་པའི་ཕྱིར། ཞེས་ཟེར་ན་མི་འཐད་དེ། འོན་ལམ་མ་ཞུགས་པའི་གནས་སྐབས་སུ་རྒྱུ་རྒྱུད་ཀྱི་སྡོམ་པ་ཐོབ་པ་ཡོད་པར་ཐལ། དེའི་གནས་སྐབས་སུ་དེ་སྐྱེས་པ་ཡོད་པའི་ཕྱིར། ཁྱབ་པ་ཁས། མ་གྲུབ་ན། དེར་ཐལ། དེའི་གནས་སྐབས་སུ་སྐྱེས་པའི་རྒྱུ་རྒྱུད་ཀྱི་སྡོམ་པ་ཡོད་པའི་ཕྱིར་ཏེ། དེའི་གནས་སྐབས་སུ་སྐྱེས་པའི་རྒྱུ་རྒྱུད་ཡོད་པའི་ཕྱིར་ཏེ། དེའི་གནས་སྐབས་སུ་སྐྱེས་པའི་ཀུན་གཞི་ཡོད་པའི་ཕྱིར་ཏེ། ལམ་མ་ཞུགས་ཀྱི་གང་ཟག་གི་རྒྱུད་ལ་ཀུན་གཞི་ཡོད་པའི་ཕྱིར། རྩ་བར་འདོད་ན། རྣལ་འབྱོར་དབང་ཕྱུག་གིས། རྒྱུ་ལ་གནས་པ་དབང་ལས་ཐོབ་པ། ཞེས་གསུངས་པ་མི་འཐད་པར་ཐལ། འདོད་པའི་ཕྱིར། དེ་སྐད་དུ་ཉིད་ཁྱུར། དེ་ཉིད་རྒྱུ་ལ་ཇི་ལྟར་གནས་པ་དང་། །ལམ་གྱི་ཐོག་མ་གང་ལས་ཐོབ་པ་དང་། །བར་དུ་གང་གིས་སྨོན་དུ་བྱེད་པ་དང་། །ཐ་མར་འབྲས་བུ་ངོ་བོར

འགྱུར་ཚུལ་དང་། །ཞེས་གསུངས་སོ། །གཞན་ཡང་། དང་པོར་སོ་ཐར་རིས་བདུན་གང་རུང་བླང་། དེའི་རྗེས་སུ་བྱང་སེམས་ཀྱི་སྡོམ་པ་བླང་། དེའི་རྗེས་སུ་བླ་མེད་ཀྱི་དབང་བསྐུར་གྱི་ཆོ་ག་ལས་སྔགས་སྡོམ་བླངས་པའི་ཚེ་ན། དབང་བསྐུར་གྱི་ཆོ་ག་ལས་སོ་ཐར་དང་བྱང་སེམས་ཀྱི་སྡོམ་པའང་ཐོབ་པར་ཐལ། དེའི་ཚེ་ན་དབང་བསྐུར་གྱི་ཆོ་ག་ལས་སོ་ཐར་དང་བྱང་སེམས་ཀྱི་སྡོམ་པ་སྐྱེས་པའི་ཕྱིར་ཏེ། དེའི་ཚེ་ན་སྐྱེས་པའི་སོ་ཐར་དང་བྱང་སེམས་ཀྱི་སྡོམ་པ་ཡོད་པའི་ཕྱིར། ཁྱབ་པ་རིམ་པར་ཁས། རྟགས་ཁས། དེ་འདྲ་བའི་དབང་བསྐུར་ཐོབ་པའི་གང་ཟག་གི་རྒྱུད་ལ་སྡོམ་པ་གསུམ་ཀ་ཡོད་པའི་ཕྱིར། རྩ་བར་འདོད་ན། དེ་འདྲ་བའི་དབང་བསྐུར་ཐོབ་པའི་གང་ཟག་དེས་སྡོམ་པ་གསུམ་པོ་ཅིག་ཅར་དུ་ཐོབ་པར་ཐལ། འདོད་པའི་ཕྱིར། འདོད་མི་ནུས་ཏེ། དེས་སྡོམ་པ་གསུམ་པོ་རིམ་གྱིས་ཐོབ་པའི་ཕྱིར་ཏེ། དང་པོ་སོ་ཐར་ཐོབ། དེའི་རྗེས་སུ་བྱང་སྡོམ་ཐོབ། དེའི་རྗེས་སུ་སྔགས་སྡོམ་ཐོབ་པའི་གང་ཟག་ཡིན་པའི་ཕྱིར། མ་གྲུབ་ན། དེ་དེ་ཡིན་པར་ཐལ། དེ་གསུམ་རིམ་གྱིས་ཐོབ་པའི་གང་ཟག་ཡོད་པའི་ཕྱིར། ཡང་། དང་པོར་སྔགས་སྡོམ་ཐོབ། དེ་རྗེས་བྱང་སྡོམ་ཐོབ། དེ་རྗེས་གསོལ་གཞིའི་ཆོ་ག་ལས་དགེ་སློང་གི་སྡོམ་པ་ཐོབ་པའི་ཚེ་ན། གསོལ་གཞིའི་ཆོ་ག་ལས་སྡོམ་པ་གོང་མ་གཉིས་ཀྱང་ཐོབ་པར་ཐལ། དེ་ལས་སྡོམ་པ་གོང་མ་གཉིས་སྐྱེས་པའི་ཕྱིར་ཏེ། དེ་ལས་སྐྱེས་པའི་སྡོམ་པ་གོང་མ་གཉིས་ཡོད་པའི་ཕྱིར། ཁྱབ་པ་ཁས། རྟགས་གསལ་རིགས་འགྲེ། དེས་ན་ཁྱེད་ཀྱི་སྐྱབ་བྱེད་འདི་ནི་བྱེ་བྲག་སྨྲ་བས། ཐོབ་དང་མ་ཐོབ་རང་རྒྱུད་དུ། །རྟོགས་པ་རྣམས་ཀྱིའོ། །ཞེས་རྒྱུ་རྒྱུད་དུ་རྟོགས་པའི་ཆོས་རྣམས་ལ་ཐོབ་པ་དང་། མ་ཐོབ་པའི་ཐ་སྙད་འཇོག་པ་ལྟར། འདིར་ཡང་དེ་ལྟར་འཇོག་པར་འདུག་མོད། དེ་ནི་ལུགས་མཆོག་འདི་ལ་སྦྱོར་དུ་མི་རུང་ངོ་། །མདོར་ན་སྡོམ་པ་སྐྱེ་བ་དང་ཐོབ་པ་དོན་མི་གཅིག་ཅིང་། སྐྱེ་བ་ནི་ཐུན་མོང་མ་ཡིན་པའི་སྐྱབས་འགྲོ་དང་སེམས་བསྐྱེད་ནས་ཀྱང་ཡོད་ལ། ཐོབ་པ་ནི་དབང་གི་དངོས་གཞི་ལ་མ་ལྟོས་པར་ཐོབ་པ་མེད་དོ། །འདི་ནི་རྒྱུད་སྡེ་མཐའ་དག་གི་དགོངས་པ་ཡིན་ཡང་། བྱིས་པ་རྣམས་ཀྱི་བློར་གཤོང་བ་དཀའོ། །ཐུན་མོང་མ་ཡིན་པའི་སྐྱབས་འགྲོ་དང་སེམས་བསྐྱེད་ཀྱི་སྐབས་སུ་ཡང་། སྔགས་སྡོམ་སྐྱེ་བ་ཡོད་པར་སྔར་བཤད་ཟིན་ཞིང་། དེ་སྐད་དུ་ས་པཎ་གྱི་སྐྱེས་བུ་དམ་པ་ལ་སྤྲིངས་ཡིག་ལས། བླ་ན་མེད་པའི་སྐྱབས་འགྲོ་དང་སེམས་བསྐྱེད་ལ་བརྟེན་ནས་རིག་པ་འཛིན་པ། སྔགས་ཀྱི་སྡོམ་པ་སྐྱེའོ། །དེ་དབང་གི་དུས་སུ་ཐོབ་ཀྱི་གཞན་ལས་ཐོབ་པར་གསུངས་པ་མ་མཐོང་། དབང་གི་སྡོམ་པ་དེ་ལམ་རིམ་པ་གཉིས་ཀྱིས་སྦྱངས་ན་ཆེན་པོའི་ཡེ་ཤེས་རྟོགས་ཏེ། རབ་ཚེ་འདི་ལ་སངས་རྒྱ། འབྲིང་འཆི་ཁའམ་བར་དོར། ཐ་མ་སྐྱེ་བ་བདུན་ནམ་བཅུ་དྲུག་ན་སངས་རྒྱ་བར་གསུངས། ཞེས་བཤད་དོ། །ད་དུང་འདི་ལ་དཔྱད་པར་བྱ་བ་ཡིན་ནོ། །

གཉིས་པ་ཚོགས་ཐོབ་པ་ལ་གཉིས་ཏེ། ས་མཚམས་ངོས་བཟུང་བ་དང་། དེའི་སྒྲུབ་བྱེད་བཤད་པའོ། །དང་པོ་ནི། སྔགས་སྡོམ་གྱི་གཙོ་བོ་ཡིན་པས་རྒྱུད་སྡེ་བཞི་པོ་རང་རང་གི་རྡོ་རྗེ་སློབ་དཔོན་གྱི་དབང་ཡོངས་སུ་རྫོགས་པར་ཐོབ་པ་ན། རྒྱུད་སྡེ་དེ་དང་དེའི་སྔགས་སྡོམ་གྱི་གཙོ་བོ་ཡོངས་སུ་རྫོགས་པར་ཐོབ་པ་ཡིན་ནོ། །དེ་ལ་བྱ་རྒྱུད་ལ་ནི་ཆུ་དང་ཅོད་པན་གྱི་དབང་དང་། སྤྱོད་རྒྱུད་ལ་ནི་མིག་གི་དབང་དང་། རྣལ་འབྱོར་རྒྱུད་ལ་ནི་ཕྱིར་མི་ལྡོག་པའི་དབང་དང་། བླ་མེད་ལ་དབང་བཞི་རྫོགས་པར་ཐོབ་པའི་ཚེ། རྒྱུད་སྡེ་རང་རང་གི་སྔགས་སྡོམ་རྫོགས་པར་ཐོབ་པ་ཡིན་ཏེ། གནས་སྐབས་དེ་དང་དེར་རང་རང་གི་རྡོ་རྗེ་སློབ་དཔོན་གྱི་དབང་རྫོགས་པར་ཐོབ་པའི་ཕྱིར། དེ་སྐད་དུ་ཡེ་ཤེས་ཐིག་ལེར། ཆུ་ཡི་དབང་བསྐུར་ཅོད་པན་དག །བྱ་བའི་རྒྱུད་ལ་རབ་ཏུ་གྲགས། །རྡོ་རྗེ་དྲིལ་བུ་མིང་གི་དབང་། །སྤྱོད་པའི་རྒྱུད་དུ་རབ་ཏུ་གསལ། །ཕྱིར་མི་ལྡོག་པ་ཡི་ནི་དབང་། །རྣལ་འབྱོར་རྒྱུད་དུ་གསལ་བར་བྱ། །དེ་བཞིན་དྲུག་གིས་བྱེ་བྲག་དབང་། །དེ་ནི་སློབ་དཔོན་དབང་ཞེས་བྱ། །རྣལ་འབྱོར་བླ་མ་ཡི་ནི་མཚན། །གསང་བ་ཡི་ནི་དབང་རྒྱས་བཤད། །ཤེས་རབ་ཡེ་ཤེས་བླ་ན་མེད། །བཞི་པ་དེ་ཡང་དེ་བཞིན་ནོ། །ཞེས་གསུངས་སོ། །དེས་ན་གཞིར་གནས་ཀྱི་དཀྱིལ་འཁོར་བཞི་ལ་དབང་བཞི་རྫོགས་པར་བསྐུར་བས། སྐུ་བཞིའི་ས་བོན་ནུས་ལྡན་དུ་ཐེབས་པའི་ཚེ། བླ་མེད་ཀྱི་སྡོམ་པ་རྫོགས་པར་གསུངས་པ་ནི། རྒྱུད་སྡེ་འོག་མ་གསུམ་ལས་ཟབ་ཁྱད་ཡིན་པར་དབང་གི་རིམ་པས་ཤེས་ཏེ། དབང་བཞི་ནི་རྣལ་འབྱོར་བླ་མེད་ཁོ་ནའི་ཁྱད་ཆོས་ཡིན་པའི་ཕྱིར་རོ། །དེ་སྐད་དུ་ཟབ་དོན་བདུད་རྩིའི་ཉིང་ཁུར། གཞིར་གནས་དཀྱིལ་འཁོར་བཞི་ལ་དབང་བཞི་ཡི། །སྐུ་བཞིའི་ས་བོན་ཐེབས་ཚེ་བླ་མེད་ཀྱི། །སྡོམ་པ་རྫོགས་པ་རྒྱུད་སྡེ་འོག་མ་ལས། །ཟབ་ཁྱད་ཡིན་པར་དབང་གི་རིམ་པས་ཤེས། །ཞེས་གསུངས་སོ། །གཉིས་པ་ནི། ཐོབ་མཚམས་དེ་ལ་སྒྲུབ་བྱེད་འགོད་པར་འདོད་ནས། ཉིང་ཁུར། དམ་ཚིག་ཉི་ཤུ་མན་ངག་གནད་དྲུག་སོགས། །རྒྱུ་དང་དབང་དང་ལམ་དང་འབྲས་བུ་རྣམས། །བཞི་བཞིར་ཕྱེ་བ་རྣལ་འབྱོར་དབང་ཕྱུག་གིས། །མན་ངག་མཐའ་དག་འདི་ཡི་སྒྲུབ་བྱེད་ཡིན། །ཞེས་གསུངས་ཤིང་། འདིས་ཀྱང་ལུགས་འདིའི་སྔགས་སྡོམ་རྫོགས་པ་ལ་དབང་བཞི་རྫོགས་པར་ཐོབ་དགོས་པར་གྲུབ་སྟེ། ལུགས་འདིའི་སྔགས་སྡོམ་ཡོངས་སུ་རྫོགས་པ་ལ་དམ་ཚིག་ཉི་ཤུ་རྫོགས་པར་ཐོབ་དགོས་པའི་ཕྱིར་དང་། རྣལ་འབྱོར་དབང་ཕྱུག་གིས། རྒྱུ་ལ་གནས་པ། དབང་ལས་ཐོབ་པ། ལམ་ལ་སྒོམ་པ། ལྟ་བ་ལ་ཉམས་སུ་མྱོང་བ། གྲུབ་མཐའ་ལ་རྟགས་སུ་ཤར་བ། འབྲས་བུ་ལ་དོན་མ་ལུས་པ་མངོན་དུ་གྱུར་པ་སྟེ། མན་ངག་གི་གནད་དྲུག་གསུངས་པ་དེ་ཡང་། དབང་བཞི་པོ་རེ་རེ་ལ་ཡང་སྦྱར་དགོས་པར་མཚུངས་པའི་ཕྱིར་དང་། རྗེ་བཙུན་གྱི་དབང་གི་རབ་དབྱེར། རྒྱུ་དབང་བཞི་དང་། རྒྱུ་དབང་ལམ་དུ་བྱེད་པའི་དབང་བཞི་ལ་སོགས་པར

གསུངས་པ་དེ་ཡང་དབང་བཞི་ཆར་ལ་སྦྱར་དགོས་པར་མཚུངས་པའི་ཕྱིར་རོ། །དེ་ལ་དམ་ཚིག་ཉི་ཤུ་ནི་རྣལ་འབྱོར་དབང་ཕྱུག་གི་མན་ངག་གི་སྐབས་སུ། དབང་བཞི་པོ་རེ་རེ་ལ་ཡང་། མཉམ་གཞག་གི་དམ་ཚིག །རྗེས་སྤྱོད་ཀྱི་དམ་ཚིག །བཟའ་བའི་དམ་ཚིག །བསྲུང་བའི་དམ་ཚིག །མི་འབྲལ་བའི་དམ་ཚིག་དང་ལྔ་ལྔར་གསུངས་ཏེ། དེ་ལ་བུམ་དབང་གི་མཉམ་གཞག་གི་དམ་ཚིག་བསྐྱེད་རིམ། རྗེས་སྤྱོད་ཀྱི་དམ་ཚིག་ངོ་བོ་ཉིད་གསུམ། བཟའ་བའི་དམ་ཚིག་བདུད་རྩི་ལྔ་དང་ཤ་ལྔའི་རིལ་བུ། སྲུང་བའི་དམ་ཚིག་རྩ་བ་དང་ཡན་ལག་གི་དམ་ཚིག་ཉི་ཤུ་རྩ་གཉིས། མི་འབྲལ་བའི་དམ་ཚིག་རྡོ་རྗེ་དང་དྲིལ་བུའོ། །གསང་དབང་གི་མཉམ་གཞག་གི་དམ་ཚིག་ཙཎྜ་ལི། རྗེས་སྤྱོད་ཀྱི་དམ་ཚིག་རང་བྱུང་གི་ཡེ་ཤེས། བཟའ་བའི་དམ་ཚིག་སྟོང་གསལ། སྲུང་བའི་དམ་ཚིག་རང་བྱུང་དང་ཐུང་དང་འགལ་བ་མཐའ་དག་སྤོང་བ། མི་འབྲལ་བའི་དམ་ཚིག་ཐུང་ཞི་དྲག་གང་རུང་ངོ་། །ཤེས་རབ་ཡེ་ཤེས་ཀྱི་མཉམ་བཞག་གི་དམ་ཚིག་དཀྱིལ་འཁོར་འཁོར་ལོ། རྗེས་སྤྱོད་ཀྱི་དམ་ཚིག་ལྷན་སྐྱེས། བཟའ་བའི་དམ་ཚིག་བདེ་བ། བསྲུང་བའི་དམ་ཚིག་ཐིག་ལེ་འཛག་པ་བསྲུང་བ། མི་འབྲལ་བའི་དམ་ཚིག་དངོས་སམ་ཡེ་ཤེས་ཀྱི་ཕྱག་རྒྱའོ། །དབང་བཞི་པའི་མཉམ་བཞག་གི་དམ་ཚིག་ཐ་སྙད་བས་གསུམ། རྗེས་སྤྱོད་ཀྱི་དམ་ཚིག་ཤིན་ཏུ་རྣམ་པར་དག་པའི་དེ་ཁོ་ན་ཉིད། བཟའ་བའི་དམ་ཚིག་བདེ་ཆེན་བདེ་སྟོང་། བསྲུང་བའི་དམ་ཚིག་སྒྲིབ་པ་གཉིས་ལས་ཤེས་བྱའི་སྒྲིབ་པ། མི་འབྲལ་བའི་དམ་ཚིག་པད་ཙན་མ་དངོས་སམ་ཡེ་ཤེས་ཀྱི་ཕྱག་རྒྱའོ། །དེ་དག་མི་ཉམས་པར་བསྲུང་བའི་ཚུལ་ནི་བཞི་སྟེ། ཚུལ་ཇི་ལྟ་བ་བཞིན་རྒྱུད་ལ་སྐྱེས་པ་མི་ཉམས་པར་བསྲུང་བ་དང་། རྣམ་གྲངས་རྗེས་སུ་དྲན་པས་མི་ཉམས་པར་བསྲུང་བ་དང་། ཉམས་སུ་མྱོང་བ་སྣ་གཅིག་སྐྱེས་པས་མི་ཉམས་པར་བསྲུང་བ་དང་། བླ་མ་དམ་པ་ལ་གུས་པ་ཁྱད་པར་ཅན་གྱིས་མི་ཉམས་པར་བསྲུང་བའོ། །

གཉིས་པ་ལ་ཡང་གཉིས་ཏེ། ཐོབ་ཚུལ་ངོས་བཟུང་བ། དེའི་སྒྲུབ་བྱེད་བཤད་པའོ། །དང་པོ་ནི། ཐོབ་པའི་ས་མཚམས་བཤད་ཟིན་ནས། ཐོབ་ཚུལ་བྱེ་བྲག་ཏུ་བཤད་པ་ལ། ཉིང་ཁུར། ས་བོན་དེ་ཉིད་ཚོགས་གཉིས་བསགས་པ་ཡི། །སྐལ་ལྡན་རྣམས་ལ་ཡེ་ཤེས་ཉིད་དུ་བསྐྱེད། །གཞན་ལ་དངོས་གསལ་ཉིད་དུ་མི་སྐྱེ་ཡང་། །དེ་ཚེ་སྡོང་སེམས་ཐོབ་པ་སྡོམ་པ་ཡིན། །སྡོང་སེམས་བུམ་དབང་ཉིད་དུ་ཐོབ་སྙམ་ན། །ཐ་མལ་རྣམ་རྟོག་སྡོང་སེམས་དེར་ཐོབ་ཀྱི། །ཕྱི་ནོམ་ལྷར་ཞེན་རྣམ་རྟོག་སྡོང་སེམས་ནི། །མཆོག་དབང་གསུམ་དུ་ཐོབ་ཀྱི་གཞན་དུ་མིན། །ཞེས་གསུངས་སོ། །འདིའི་དོན་ནི། སྐུ་བཞིའི་ས་བོན་ཐེབས་པའི་ས་བོན་དེ་ཉིད་ཀྱི་རྡོ་རྗེ་ལས། བདག་གི་བསོད་ནམས་ལ་ཤེས་བྱ། །ཞེས་པ་ལྟ་བུ་ཚེ་འདིར་བསོད་ནམས་བསགས་པ་དང་། ལས་འཕྲོ་ཅན་རང་གི་ཁམས་འདུ་བ་ལྟ་བུ་ཚེ་སྔ་མའི་ལས་འཕྲོ་བཟང་པོ་ཡོད་ཅིང་། རྩ་རླུང་གི་བྱེད་པ་བཟང་བའི་སྐལ་ལྡན་རྣམས་ལ་

རྗེས་ཀྱི་བློས་གསལ་བར་ངོ་ཤེས་པའི་ཡེ་ཤེས་སྟོན་གསལ་ཉིད་དུ་སྐྱེ་སྟེ། དངོས་དབང་བསྐུར་བའི་ཚེ་དབང་གསུམ་པའི་སྐབས་སུ་འགའ་ཞིག་ལ་མཚོན་བྱེད་དཔེའི་ཡེ་ཤེས་ཉིད་དུ་སྐྱེའོ། །རྗེ་བཙུན་རྣལ་འབྱོར་གྱི་དབང་ཕྱུག་ལྟ་བུ་འགའ་ཞིག་ལ་མཚོན་བྱ་དོན་གྱི་ཡེ་ཤེས་ཉིད་དུ་སྐྱེའོ། །རྒྱལ་ཆེན་ཨིནྡྲ་བྷཱུ་ཏི་ལྟ་བུ་འགའ་ཞིག་ལ་ནི་འབྲས་བུ་སངས་རྒྱས་ཀྱི་ཡེ་ཤེས་ཉིད་དུ་སྐྱེའོ། །དེ་དག་ལས་གཞན་པ་རྣམས་ལ་ཡེ་ཤེས་མངོན་གསལ་ཉིད་དུ་མི་སྐྱེ་ཡང་། སློབ་དཔོན་དང་། ཚིག་དང་། སློབ་མ་མཚན་ཉིད་དང་ལྡན་པའི་ཚེ། དབང་གི་སྐབས་སུ་ཉམས་མྱོང་ཁྱད་པར་ཅན་ངེས་པར་སྐྱེ་ལ། དེའི་ཚེ་མི་མཐུན་ཕྱོགས་སྤོང་བའི་སེམས་དཔའ་ཐོབ་པ་ནི་སྔགས་སྡོམ་ཐོབ་པར་འཇོག་པ་ཡིན་ནོ། །དོན་འདི་ལ་དགོངས་ནས། གནས་ལུགས་ཟབ་མོའི་དོན་ལ་ཡེ་ཤེས་ཀྱི་འཇུག་པ་འགྲན་ཟླ་མེད་པ་རྗེ་བཙུན་དམ་པ་དཀོན་མཆོག་རྒྱལ་མཚན་གྱི་ཞལ་སྔ་ནས། དབང་གི་སྐབས་སུ་མཚོན་བྱེད་དཔེའི་ཡེ་ཤེས་སྐྱེ་བའང་ཡོད། མཚོན་བྱ་དོན་གྱི་ཡེ་ཤེས་མཐོང་ལམ་སྐྱེ་བའང་ཡོད། བཅུ་གསུམ་རྡོ་རྗེ་འཛིན་པའི་ས་སྐྱེ་བའང་ཡོད་མོད་ཀྱི། དེ་དག་སྐྱེ་བས་ནི་མ་ཁྱབ་སྟེ། བླ་མས་ཚིག་མཚན་ཉིད་དང་ལྡན་པ་བྱས་ནས། སློབ་མ་སྣོད་ལྡན་གྱི་དམིགས་པ་བཟུང་བའི་ཚེ། སྔར་གྱི་ཡེ་ཤེས་དེ་དག་མ་སྐྱེས་ཀྱང་སྔར་དང་མི་འདྲ་བའི་ཉམས་མྱོང་ཁྱད་པར་ཅན་ཞིག་ངེས་པར་སྐྱེ་ལ། དེ་ཉིད་དབང་གི་ཡེ་ཤེས་སུ་བྱས་ནས་དེ་ལ་དབང་བཞི་པའི་ངོ་སྤྲོད་དང་། ལྟ་བ་འཁོར་འདས་དབྱེར་མེད་ཀྱི་ངོ་སྤྲོད་ཐམས་ཅད་བྱེད་པ་ཡིན་ནོ། །ཞེས་གསུངས་སོ། །འདི་ནི་གཞུང་བཤད་གཉག་མར། དེ་དག་ཀྱང་དངོས་ཀྱི་རིག་མ་ལ་བརྟེན་ནས་ཐོབ་ན་རབ། ཡེ་ཤེས་ཀྱི་རིག་མ་ལ་བརྟེན་ནས་ཐོབ་ན་འབྲིང་། ཚིག་ཙམ་གྱི་སྒོ་ནས་ཐོབ་ན་ཐ་མའོ། །ཞེས་གསུངས་པའི་དགོངས་པ་བླ་ན་མེད་པའོ། །གཉིས་པ་ནི། ཐོབ་ཚུལ་དེ་ཉིད་ལ་སྒྲུབ་བྱེད་འགོད་པར་འདོད་ནས། ཉིང་ཁུར། རྒྱས་གདབ་ལྔ་དང་རྡོ་རྗེའི་བརྟུལ་ཞུགས་དང་། །དམ་ཚིག་གསུམ་གྱི་བརྡ་དོན་འཕྲོད་པའི་ཚེ། །ཆོས་ཅན་ལྔ་པོ་ཆོས་ཉིད་དང་བཅས་པ༔ །སྒོ་གསུམ་ཐ་མལ་རྣམ་རྟོག་སྦྱོང་སེམས་ཐོབ། །གཞིར་གནས་བྱང་ཆུབ་སེམས་ལ་བླ་མ་ཡི། །བྱང་སེམས་འདྲེས་དང་མས་བསྟེན་བཞི་པ་དང་། །དེ་ཉིད་ཚིག་གི་བརྡ་དོན་འཕྲོད་པའི་ཚེ། །གྲུ་ནོམ་ལྔར་ཞེན་རྣམ་རྟོག་སྦྱོང་སེམས་ཐོབ། །ཅེས་གསུངས་སོ། །འདིའི་དོན་ནི། སྦྱོང་སེམས་དེ་དག་ཀྱང་ཆོ་གའི་སྒོ་ནས་ཐོབ་དགོས་པས། མི་བསྐྱོད་པ་ཆུའི་དབང་ལ་སོགས་པ་རིག་པའི་དབང་ལྔའི་སྐབས་སུ། སློབ་མ་དང་དབང་རྫས་ཀྱི་དག་བྱ་དག་བྱེད་ངོ་འཕྲོད་པའི་སྒོ་ནས་སློབ་མ་ལ་ཆུ་ལ་སོགས་པའི་དབང་བསྐུར་ཏེ། དབུ་རྒྱན་ལ་རིགས་བདག་ལྔས་རྒྱས་བཏབ་ཚར་བ་དང་། རྡོ་རྗེའི་བརྟུལ་ཞུགས་ཀྱི་དབང་ཐོབ་པའི་ཚེ་ཆོས་ཅན་ཕུང་པོ་ལྔ་དང་ཉོན་མོངས་པ་ལྔ་དང་། དེ་དག་གི་ཆོས་ཉིད་ལ་ཐ་མལ་གྱི་རྣམ་རྟོག་སྦྱོང་བའི་སེམས་ཐོབ་སྟེ། དེའི་ཚེ་སྣང་གཞི་དེ་དག་སྦྱོང་བྱེད་

དེའི་ངོར་བསྒྱུར་བའི་དབང་གི་ཚིག་རྫོགས་པའི་ཕྱིར། འདི་ཇི་ལྟར་ཤེས་ཅེ་ན། ཀྱཻ་རྡོ་རྗེ་ལས། དབང་བསྐུར་ནས་སྤྱི་བོར་རང་གི་རིགས་ཀྱི་བདག་པོར་འགྱུར་རོ། །འདི་འི་ནི་ཧེ་རུ་ཀ་རྫོགས་པ་ཉིད་དོ། །ཞེས་གསུངས་སོ། ། དམ་ཚིག་གསུམ་གྱི་བརྡ་དོན་འཕྲོད་པའི་ཚེ། སྒོ་གསུམ་ཐ་མལ་རྣམ་རྟོག་སྦྱོང་སེམས་ཐོབ་ཚུལ་ནི། རྡོ་རྗེ་ཐུགས་ཀྱི་དམ་ཚིག་ངོ་འཕྲོད་པའི་ཚེ་སེམས་ལ་ཐ་མལ་གྱི་རྣམ་རྟོག་སྦྱོང་སེམས་ཐོབ་སྟེ། དེའི་སེམས་ཐོག་མཐའ་མེད་པའི་སེམས་དང་། རྡོ་རྗེ་སེམས་དཔའ་དང་ཀུན་ཏུ་བཟང་པོ་དང་། དཔལ་མཆོག་དང་པོའི་སྐྱེས་བུ་སོགས་ཀྱི་རང་བཞིན་གྱི་རྣམ་པར་ངོ་འཕྲོད་པའི་ཕྱིར། དྲིལ་བུ་གསུང་གི་དམ་ཚིག་གིས་ཚེ་ངག་ཐ་མལ་གྱི་རྣམ་རྟོག་སྦྱོང་སེམས་ཐོབ་སྟེ། དེའི་ཚེ་ངག་སྒྲིད་པ་རྣམ་པར་དག་པ་གསུང་གི་ངོ་བོའི་རང་བཞིན་གྱི་རྣམ་པར་ངོ་འཕྲོད་པའི་ཕྱིར། ཕྱག་རྒྱ་སྐུའི་དམ་ཚིག་གི་ཚེ་ལུས་ཐ་མལ་གྱི་རྣམ་རྟོག་སྦྱོང་སེམས་ཐོབ་སྟེ། དེའི་ཚེ་ལུས་རྡོ་རྗེ་འཆང་ཆེན་པོ་ཁ་སྦྱོར་གྱི་རྣམ་པར་དག་པར་ངོ་འཕྲོད་པའི་ཕྱིར། གཞིར་གནས་ཀྱི་བྱང་ཆུབ་ཀྱི་སེམས་ལ་བླ་མ་ཡབ་ཡུམ་སྙོམས་པར་ཞུགས་པའི་བྱང་སེམས་འདྲེས་པ་དང་། དབང་གསུམ་པའི་དངོས་གཞི་ལྷན་སྐྱེས་ཀྱི་སྐབས་ཀྱི་མས་བརྟེན་གྱི་བཞི་པ་དང་། དབང་བཞི་པར་དེ་ཉིད་ལ་སངས་རྒྱས་ཀྱི་ཡེ་ཤེས་དང་། འཁོར་འདས་ཚང་ངོ་ཞེས་ཚིག་གི་བཞི་པའི་བརྡ་དོན་འཕྲོད་པའི་ཚེ། ཀུ་ནོམ་ལྟར་ཞེན་གྱི་རྣམ་རྟོག་སྦྱོང་སེམས་ཐོབ་སྟེ། ཀུ་ནོམ་ལྟར་ཞེན་གྱི་རྣམ་རྟོག་སྦྱོང་སེམས་སྙོམ་པ་ནི། གྲོལ་བྱེད་ཀྱི་ལམ་རྫོགས་རིམ་ཡིན་པས་དེའི་སྨིན་བྱེད་ཀྱི་དབང་གོང་མ་གསུམ་ཡིན་པའི་ཕྱིར། དེ་ཉིད་ལ་རྩོད་པ་སྦྱོང་བར་འདོད་པ་ནི། ཉིང་ཁུར། ཡེ་ཤེས་སྐྱེས་ཚེ་སྦྱོང་སེམས་གཞན་ཡོད་དང་། །རྩ་བའི་ལྟུང་བ་སྦྱོང་སེམས་མ་འདུས་དང་། །སྨིན་གྲོལ་སྤང་བྱ་འཆོལ་སོགས་སྐྱོན་རྣམས་ཀྱི། །མི་སྲིབ་རྒྱུན་ཆེན་དབང་ལས་ཤེས་པར་བྱ། །ཅེས་གསུངས་སོ། །འདི་འི་དོན་ནི། གལ་ཏེ་མཚོན་བྱེད་དཔེའི་ཡེ་ཤེས་སྐྱེས་པའི་ཚེ་ཐ་མལ་གྱི་རྣམ་རྟོག་སྦྱོང་བར་བྱའོ་སྙམ་པའི་སྦྱོང་སེམས་གཞན་ཡོད་པར་འགྱུར་ཏེ། ཡེ་ཤེས་དེ་སྦྱོང་སེམས་མ་ཡིན་པའི་ཕྱིར། ཞེ་ན་སྐྱོན་མེད་དེ། དེའི་ཚེ་ཡེ་ཤེས་དེའི་ངོར་མ་གྱུར་པའི་སྣང་བའི་དངོས་པོ་གང་ཡང་མེད་པའི་ཕྱིར་དང་། རྟོག་པ་མངོན་གྱུར་པ་ནི་སྐབས་དེར་སྐྱེ་བ་མི་སྲིད་པའི་ཕྱིར་རོ། །

འོ་ན་འདིར་སྦྱོང་སེམས་ཐམས་ཅད་ཐ་མལ་རྣམ་རྟོག་སྦྱོང་སེམས་དང་ཀུ་ནོམ་རྟོག་སྦྱོང་སེམས་གཉིས་སུ་འདུས་ན། རྩ་བ་དང་ཡན་ལག་གི་ལྟུང་བ་སྦྱོང་བའི་སྦྱོང་སེམས་མེད་པར་འགྱུར་རོ་ཞེ་ན། སྐྱོན་མེད་དེ། དེ་དག་ཐ་མལ་རྣམ་རྟོག་སྦྱོང་བའི་སྦྱོང་སེམས་སུ་འདུས་པའི་ཕྱིར་ཏེ། སྤང་བྱའི་རྣམ་རྟོག་དེ་དག་ཐ་མལ་གྱི་རྣམ་རྟོག་ལས་མ་འདས་པའི་ཕྱིར་རོ། །ཡང་། སྨིན་གྲོལ་སྤང་བྱ་འཆོལ་བར་འགྱུར་ཏེ་ཐ་མལ་རྣམ་རྟོག་དང་ཀུ་ནོམ

ལྷར་ཞེན་གྱི་རྣམ་རྟོག་སྤྱོང་བའི་སེམས་སྐབས་སུ་ཐོབ་པའི་ཕྱིར། ཞེ་ན་སྐྱོན་མེད་དེ། ལུགས་འདི་ལ་དབང་དང་ལམ་གཉིས་སྤྱང་བྱ་གཅིག་ཉིད་སྤོང་བར་བྱེད་པ་ཡིན་པའི་ཕྱིར་ཏེ། དབང་གི་སྐབས་སུ་ཐོབ་པ་དེ་ཉིད་ལམ་དུ་སྒོམ་པར་བྱེད་པ་ཡིན་གྱི། དབང་ལས་ལོགས་སུ་ལམ་མེད་པའི་ཕྱིར་རོ། །ཡང་། འོན་དབང་བསྐུར་ཉིད་ཀྱིས་གྲོལ་བར་འགྱུར་ཏེ། དབང་ལས་ལོགས་སུ་ལམ་མེད་ཅིང་། ལམ་གྱི་སྤྱང་བྱ་དབང་གིས་སྤོང་བའི་ཕྱིར་རོ། །ཞེ་ན། དེ་ཡང་ལུགས་མཆོག་འདི་ལ་ཡོད་དེ། གཞུང་འདི།དེས་ན་གང་ཟག་དབང་པོ་རབ། །དབང་བསྐུར་ཉིད་ཀྱིས་གྲོལ་བར་འགྱུར། །ཞེས་གསུངས་སོ། །གསུམ་པ་ལ་ཡང་གཉིས། ཉམས་སུ་ལེན་ཚུལ་ངོས་བཟུང་བ་དང་། དེའི་སྒྲུབ་བྱེད་བཤད་པའོ། །དང་པོ་ནི། དབང་གི་ཐོབ་པ་དེ་ཉིད་ལམ་དུ་ཉམས་སུ་ལེན་ཚུལ་བརྗོད་པར་འདོད་ནས། ཉིང་ཁུར། དེར་རྗེས་དཀྱིལ་འཁོར་འདི་འམ་གཞན་དུ་འང་རུང་། །རྒྱུ་དབང་བཞི་དང་ལུས་དཀྱིལ་དབང་བཞི་དང་། །བླ་མའི་རྣལ་འབྱོར་བྱིན་རླབས་རིམ་གཉིས་སོགས། །ཐོབ་པའི་སྡོམ་པ་ཡང་ཡང་གསོས་པའི་ཐབས། །ཞེས་གསུངས་སོ། །འདིའི་དོན་ནི། དང་པོ་དཀྱིལ་འཁོར་གཅིག་ཏུ་སྨིན་བྱེད་ཀྱི་དབང་བཞི་ཐོབ་ནས། དེའི་རྗེས་སུ་དཀྱིལ་འཁོར་དེ་ལས་སམ་དེ་གཞན་དུའང་རུང་སྟེ། བླ་མ་ལ་རྒྱུ་དུས་ཀྱི་དབང་བཞི་ལེན་པའམ། རང་ཉིད་ཀྱི་དཀྱིལ་འཁོར་བྲིས་ནས་བདག་འཇུག་གི་ཚུལ་གྱིས་ལེན་པ་དང་། དེ་བཞིན་དུ་བདེ་མཆོག་ལུས་དཀྱིལ་དང་། རྡོ་རྗེ་བདག་མེད་མ། ཀྱེ་རྡོ་རྗེའི་ལུས་དཀྱིལ་ལ་བརྟེན་ནས་དབང་བཞི་བླ་མ་ལས་ལེན་པ་དང་། རང་ཉིད་ཀྱི་ཏིང་ངེ་འཛིན་གྱི་ཐུན་བཞི་ལ་སོགས་པའི་ཚུལ་གྱིས་ལེན་པ་དང་། གང་ཟག་དབང་པོ་རབ་བླ་མའི་རྣལ་འབྱོར་ཁོ་ན་སྒོམ་པ་དང་། རྫོགས་རིམ་ཟབ་མོ་འགའ་ཞིག་བསྒོམ་པའི་སྔོན་དུ་བྱིན་རླབས་ཀྱི་ཆོག་བྱེད་པ་དང་། རིམ་གཉིས་བརྩོན་འགྲུས་དྲག་པོས་བསྒོམ་པ་དང་། དམ་ཚིག་ཚུལ་བཞིན་དུ་བསྲུང་བ་ལ་སོགས་པའི་སྒོ་ནས་སྔར་སྨིན་བྱེད་ཀྱི་སྐབས་སུ་ཐོབ་པའི་སྡོམ་པ་དེ་ཉིད་ཉམས་སུ་ལེན་པར་བྱེད་པ་ཡིན་ཏེ། ལམ་དེ་ཐམས་ཅད་ཀྱང་སྔར་སྨིན་བྱེད་ཀྱི་སྐབས་སུ་ཐོབ་པའི་སྡོམ་པ་དེ་ཉིད་གོང་ནས་གོང་དུ་འཕེལ་བར་བྱེད་པའི་ཐབས་ཁྱད་པར་ཅན་ཡིན་པའི་ཕྱིར་རོ། །གཉིས་པ་ནི། འདི་དག་ལ་སྒྲུབ་བྱེད་འགོད་པར་འདོད་ནས། ཉིང་ཁུར། དབང་གི་རབ་དབྱེ་བཅུ་གཉིས་གསུངས་པ་དང་། ལམ་དུས་དབང་དང་ལམ་ཟབ་བླ་མ་ཡི། །རིམ་གཉིས་སྒོམ་པ་མེད་ཀྱང་དངོས་གྲུབ་མཆོག །འགྲུབ་པར་གསུངས་པ་འདི་ལ་འཐད་པ་ཡིན། །ཞེས་གསུངས་སོ། །འདིའི་དོན་ནི། སྨིན་བྱེད་ཀྱི་དབང་ཐོབ་པའི། རྗེས་སུ་ལམ་ཉམས་སུ་ལེན་པ་ཐམས་ཅད་སྨིན་བྱེད་ཀྱི་སྐབས་སུ་ཐོབ་པའི་ལམ་དེ་ཉིད་གོང་ནས་གོང་དུ་འཕེལ་བའི་ཐབས་ཡིན་ཏེ། རྗེ་བཙུན་དབང་གི་རབ་དབྱེ་བཅུ་གཉིས་གསུངས་པ་དང་། ལམ་དུས་ཀྱི་དབང་དང་། ལམ་ཟབ་མོ་ཚུལ་བཞིན་དུ་བསྒོམ་ན། བླ་མས་ཐུན་གཅིག་བསྟན་

པ་མེད། སློབ་མས་རིམ་གཉིས་ཐུན་གཅིག་སྒོམ་པ་མེད་ཀྱང་། ལམ་ཟབ་མོ་བསྒོམས་པས་མཆོག་གི་དངོས་གྲུབ་འགྲུབ་པར་གསུངས་པ་རྣམས་འདི་ལ་སྒྲུབ་བྱེད་དུ་འཐད་པ་ཡིན་པའི་ཕྱིར་རོ། །དེའི་རྒྱུ་མཚན་ཡང་རིམ་གཉིས་ཚུལ་བཞིན་དུ་སྒོམ་པ་དང་། ལམ་ཟབ་མོ་འདི་དག་དབང་གི་དངོས་གཞིའི་སྐབས་སུ་ཐོབ་པའི་སྔོམ་པ་གོང་འཕེལ་དུ་བྱེད་པའི་ཐབས་སུ་མཐུངས་པས་མཆོག་གི་དངོས་གྲུབ་འགྲུབ་པར་མཐུངས་པའི་ཕྱིར་དང་། དབང་མ་ཐོབ་ན་མཆོག་གི་དངོས་གྲུབ་མི་འགྲུབ་པར་མཐུངས་པའི་ཕྱིར་རོ། །བཞི་པ་ལ་གཉིས་ཏེ། འབྲས་བུ་ངོས་བཟུང་པ་དང་། དེའི་སྒྲུབ་བྱེད་བཤད་པའོ། །དང་པོ་ནི། དབང་ལས་ཐོབ་ཅིང་ལམ་གྱི་གོམ་པ་དེ་ཉིད་འབྲས་བུའི་གནས་སྐབས་སུ་སྔོན་དུ་འགྱུར་བའི་ཚུལ་བརྗོད་པར་འདོད་ནས། ཉིང་ཁུར། དབང་ལས་བྱུང་བ་ཐབས་ཀྱི་གོམས་པ་ཡི། །བདེ་ཆེན་སྒྲིབ་པ་འགགས་ནས་རང་སྣང་གི། །ཡེ་ཤེས་སྐྱེ་ཚེ་ཤེས་བྱ་མ་ལུས་པ། །གསང་གསུམ་ངོ་བོར་སྔོམ་པ་འབྲས་བུའི་སྔོམ། །ཞེས་གསུངས་སོ། །འདིའི་དོན་ནི། སྔར་རྒྱུ་རྒྱུད་ཀྱི་དུས་སུ་སྣང་བ་ཐམས་ཅད་གསལ་སྟོང་ཟུང་འཇུག་གི་ངོ་བོར་རང་བཞིན་གྱི་སྔོམ་པ་དེ་ཉིད། དབང་གི་སྐབས་སུ་ཐབས་རྒྱུད་ཀྱི་ངོ་བོར་གྲུབ་པའི་སྔོམ་པར་བསྒྱུར་ནས། དབང་ལས་བྱུང་བ་དེ་ཉིད་སྔར་བཤད་པའི་ཐབས་རྒྱུད་ཀྱི་གཙོ་བོ་རིམ་པ་གཉིས་ལ་སོགས་པ་དེ་དག་གི་གོམས་པ་ཡི་བདེ་ཆེན་གྱི་སྒྲིབ་པ་ཉམས་སྐྱོན་ཅན་བརྒྱད་ཤེས་བྱའི་སྒྲིབ་པ་མ་ལུས་པ་འགགས་ནས། ཤེས་བྱའི་སྣང་བ་དེ་ཉིད་ཀྱང་ཡེ་ཤེས། ཡེ་ཤེས་ཉིད་ཀྱང་སྣང་བ། དེ་དག་ཀྱང་སྟོང་པ། སྟོང་པ་ཡང་དེ་དག་དང་དབྱེར་མེད་པའི་རང་སྣང་གི་ཡེ་ཤེས་སྐྱེས་པའི་ཚེ། ཤེས་བྱ་མ་ལུས་པ་སྐུ་གསུང་ཐུགས་ཀྱི་གསང་བ་གསུམ་གྱི་ངོར་སྔོམ་པ་ན་འབྲས་བུའི་སྔོམ་པ་ཡིན་ཏེ། ཀྱཻ་རྡོ་རྗེ་ལས། དེ་ནས་ཆོས་ཀུན་སྔོམ་གཅིག་པའི། །རྡོ་རྗེ་སེམས་དཔའ་ཞེས་བྱར་བཤད། །ཅེས་དང་སཾ་པུ་ཊི་ལས། དངོས་དང་དངོས་མེད་ལས་གྲོལ་བ། །རྡོ་རྗེ་སེམས་དཔའ་བདེ་བའི་སྔོམ། །ཞེས་གསུངས་པས་བསྟན་ནོ། །གཉིས་པ་ནི། སྔོམ་པ་ཐམས་ཅད་མཐར་འབྲས་བུའི་སྔོམ་པའི་ངོ་བོར་འགྱུར་བའི་སྒྲུབ་བྱེད་འགོད་པར་འདོད་ནས། ཉིང་ཁུར། འབྲས་བུའི་རྣམ་པ་ལམ་དུ་བྱེད་དགོས་པས། །ལམ་གྱི་དུས་སུ་ཤེས་བྱ་མ་ལུས་པ། །ལྷ་དང་བདེ་ཆེན་ངོ་བོར་སྔོམ་པ་ནི། །འབྲས་བུའི་སྔོམ་པ་འདི་ཡིས་སྒྲུབ་བྱེད་ཡིན། །ཞེས་གསུངས་སོ། །

འདིའི་དོན་ནི། འབྲས་བུའི་སྔོམ་པའི་དུས་ན་སྣང་བ་ཐམས་ཅད་སྐུའི་གསང་བ་དང་། གསུང་གི་གསང་བ་དང་། ཐུགས་ཀྱི་གསང་བ་གསུམ་གྱི་ངོ་བོར་སྔོམ་པ་ཡིན་གྱི། དེ་ལས་ལོགས་སུ་གྱུར་པའི་མ་དག་པའི་སྣང་བ་མེད་པའི་སྒྲུབ་བྱེད་ཡོད་པ་ཡིན་ཏེ། ཐེག་པ་ཆེན་པོའི་མདོ་རྒྱུད་ལས། སངས་རྒྱས་རང་སྣང་ལ་མ་དག་པའི་སྣང་བ་མེད་པར་གསུངས་པ་དང་། ལམ་གྱི་དུས་སུ་བསྐྱེད་རིམ་གྱི་ཤེས་བྱ་མ་ལུས་པ་ལྷའི་ངོ་བོར་སྔོམ་པ་དང་།

རྫོགས་རིམ་གྱི་དེ་དག་ཀུང་བདེ་ཆེན་གྱི་ཡེ་ཤེས་ཀྱི་ངོ་བོར་སྡོམ་ནས་བསྒོམས་པ་ནི་འདིའི་སྒྲུབ་བྱེད་ཡིན་པའི་ཕྱིར་ཏེ། བསྐྱེད་རྫོགས་འདི་དག་འབྲས་བུའི་རྣམ་པ་ལམ་དུ་བྱེད་དགོས་པ་ཡིན་པས་འབྲས་བུའི་དུས་སུ་དེ་ལྟ་བུའི་སྡོམ་པ་མེད་ན་འབྲས་བུ་ལམ་བྱེད་དུ་མི་འགྱུར་བའི་ཕྱིར་རོ། །ཡེ་ཤེས་སྐྱེས་པའི་ཚེ་ཡེ་ཤེས་ལས་ལོགས་སུ་སྡོམ་པ་མེད་པས་དེ་དག་ཀུང་དཔེ་དང་དོན་གྱི་ཡེ་ཤེས་གཉིས་སུ་བསྡུ་བར་འདོད་ནས། ཉིད་ཁྱུར། དབང་དང་ལམ་ལས་བྱུང་བའི་ཡེ་ཤེས་བཞི། །སོ་སྐྱེའི་དུས་སུ་དཔེ་ཡི་སྡོམ་པ་དང་། །མཐོང་བའི་ལམ་ནས་རྡོ་རྗེ་འཛིན་པའི་བར། །དོན་གྱི་སྡོམ་པ་ཡིན་ཏེ་ཕྱག་ཆེན་བཞིན། །ཞེས་གསུངས་སོ། །འདིའི་དོན་ནི། དབང་དང་ལམ་ལས་བྱུང་བའི་ཡེ་ཤེས་བཞི་ནི། སོ་སྐྱེའི་དུས་སུ་དཔེའི་སྡོམ་པ་ཡིན་ཏེ། དཔེའི་ཡེ་ཤེས་དང་དཔེའི་ཕྱག་ཆེན་བཞིན། མཐོང་བའི་ལམ་ནས་རྡོ་རྗེ་འཛིན་པའི་བར་ནི་མཚོན་བྱ་དོན་གྱི་སྡོམ་པ་ཡིན་ཏེ། མཚོན་བྱ་དོན་གྱི་ཡེ་ཤེས་དང་མཚོན་བྱ་དོན་གྱི་ཕྱག་ཆེན་བཞིན་ནོ། །དེ་ལྟར་མིང་གི་རྣམ་གྲངས་བསྟན་པ་དེ་དག་ཀུང་ཡིན་ཁྱབ་སྐམ་དུ་འཁྲུལ་པ་སྤྱོང་བར་འདོད་ནས། ཉིད་ཁྱུར། ཡེ་ཤེས་སྐྱེས་ཚེ་དེ་དག་སྡོམ་པ་ཡི། །མིང་གི་རྣམ་གྲངས་ཡིན་ཡང་མ་སྐྱེས་ན། །སྤྱོང་སེམས་ཙམ་ལ་དེ་དག་མི་འཇུག་པས། །ཁྱབ་སྐམ་ཉིད་དུ་འཁྲུལ་བར་མི་བྱའོ། །ཞེས་གསུངས་སོ། །འདིའི་དོན་ནི། དབང་གི་ཡེ་ཤེས་སྐྱེས་པའི་གནས་སྐབས་ཀྱི་ཡེ་ཤེས་དང་སྡོམ་པ་དོན་གཅིག་ཡིན་ཡང་། སྤྱིར་སྔགས་སྡོམ་ཙམ་ལ་ཡེ་ཤེས་ཀྱིས་མ་ཁྱབ་སྟེ། ཚིག་ཙམ་གྱིས་ཐོབ་ན་ཐ་མ། ཞེས་གསུངས་པ་ལྟ་བུ་ཡེ་ཤེས་མ་སྐྱེས་པའི་གནས་སྐབས་ཀྱི་མཉམ་བཞག་དང་རྗེས་ཐོབ་གཉིས་ཀ་ལ་སྔགས་སྡོམ་ཡོད་པར་གསུངས་པའི་ཕྱིར་རོ། །བདག་ཉིད་འབའ་ཞིག་གིས་རྟོག་པས་སྦྱར་བའི་ཉེས་པ་སྤང་བར་འདོད་ནས། ཉིད་ཁྱུར། བདག་གི་བླ་མ་རྫོགས་པའི་སངས་རྒྱས་ཀྱིས། མཛད་པ་ཇི་བཞིན་བློ་ཡི་རིམ་པ་དང་། །འཚམས་པར་སྟོན་ཞིང་སྣོད་མིན་རྣམས་ལ་གསང་། །བླ་མས་གནང་ནས་དོན་དེ་གཞན་ལ་སྤེལ། །ཞེས་གསུངས་སོ། །འདིའི་དོན་ནི། འོན་བླ་མ་གོང་མ་རྗེ་བཙུན་དམ་པ་དཀོན་མཆོག་རྒྱལ་མཚན་གྱི་གསུང་ལས། བུམ་དབང་གི་སྐབས་སུ་སྔགས་སྡོམ་ཐོབ་པར་གསུངས་པ་དང་འགལ་ལོ་ཞེ་ན་སྐྱོན་མེད་དེ། འདི་ནི་དྲང་དོན་དགོངས་པ་ཅན་དུ་གསུངས་པ་ཡིན་པའི་ཕྱིར་རོ། །

དེ་ལ་འདིའི་དགོངས་གཞི་ནི། རྩ་ལྟུང་བཅུ་བཞི་དང་། ཡན་ལག་གི་ལྟུང་བ་བརྒྱད་བསྲུང་བ་ལ་དབང་བའི་སྔགས་སྡོམ་རྫོགས་པ་ཐོབ་པ་ལ་དགོངས་པ་ཡིན་ཏེ། དཔེར་ན་ཁྲིམས་ཉིས་བརྒྱ་ལྔ་བཅུ་རྩ་གསུམ་བསྲུང་བ་ལ་དབང་བའི་སྡོམ་པ་ལ་དགེ་སློང་གི་སྡོམ་པར་འཇོག་པ་བཞིན་ནོ། །དགོས་པ་ནི་རྫོགས་པའི་སངས་རྒྱས་ཀྱིས་མཛད་པ་ཇི་ལྟ་བ་བཞིན་དུ་བདག་གི་བླ་མས་ཀུང་བློའི་རིམ་པ་དང་འཚམ་པར་ཆོས་སྟོན་པའི་ཕྱིར། རེ་

ཞིག་སྟོང་མིན་པ་རྣམས་ལ་གསང་ཞིང་། སྟོད་དང་ལྡན་པ་རྣམས་ལ་བླ་མས་དོན་གྱི་གནང་ནས་བསྟན་པའི་ཆེད་ཡིན་ནོ། །དངོས་ལ་གནོད་བྱེད་ནི་བུམ་དབང་ཁོ་ནས་མཆོག་གི་དངོས་གྲུབ་བསྒྲུབ་པར་མི་ནུས་ཤིང་། རྫོགས་རིམ་ཟབ་མོའི་ལམ་རྣམས་ཀྱང་ཉམས་སུ་བླང་དུ་མི་རུང་བའི་ཕྱིར་རོ། །

དེས་ན་ཟབ་དོན་འདི་ཀུན་མཁྱེན་མཁས་པའི་དབང་པོས་སྟོད་དང་ལྡན་པའི་གདུལ་བྱ་གཞན་ལ་སྤེལ་བ་ནི། རྗེ་བཙུན་དཀོན་མཆོག་རྒྱལ་མཚན་གྱིས་སྣང་བ་ཡིན་ཏེ། ཡབ་སྲས་གཉིས་ཞལ་འཛོམས་པའི་ཚེ། འགའ་ཞིག་སྔགས་སྡོམ་ཡིན་ན་མཆོན་བྱེད་དཔེའི་ཡེ་ཤེས་ཡིན་པས་ཁྱབ་ཅེས་སྨྲ་བར་འདུག་ཅེས་ཞུས་པ་ལ། བླ་མ་དགག་པ་མཛད་པར་སྣང་གི །བླ་མེད་ཀྱི་སྔགས་སྡོམ་དབང་གོང་མས་རྫོགས་དགོས་པ་འདི་དཔྱོད་ལྡན་གྱི་དཔྱད་པར་བྱ་བའི་གཞིར་འདུག་ཅེས་ཡང་ཡང་གསུངས་ཤིང་། དགག་པ་མི་སྣང་བའི་ཕྱིར་རོ། །འདི་ལ་ཁྱབ་པ་ཡོད་དེ། མདོ་ལས་གཞན་དོན་རྗེས་དཔག་གསུངས་པའི་སྐབ་བྱེད་དུ། ཆོས་ཀྱི་གྲགས་པས། རྗེས་སུ་དཔག་པ་མ་ལོག་ཕྱིར། །ཞེས་སོགས་གསུངས་པ་དང་ཆོས་མཚུངས་པའི་ཕྱིར་རོ། །དེས་ན་གནད་ཀྱི་དོན་ཡིན་ཏེ། བུམ་དབང་གི་སྐབས་སུ་སྔགས་སྡོམ་རྫོགས་པར་མ་ཐོབ་སྟེ། དེའི་གནས་སྐབས་སུ་རིམ་པ་གཉིས་མ་ཐོབ་པའི་ཕྱིར། དབང་བཞི་རྫོགས་པར་ཐོབ་པའི་ཚེ་སྔགས་སྡོམ་རྫོགས་པར་ཐོབ་སྟེ། དེའི་ཚེ་རིམ་པ་གཉིས་ཀ་ཐོབ་པའི་ཕྱིར། ཁྱབ་པ་ཡོད་དེ། བླ་མེད་ཀྱི་སྔགས་སྡོམ་མཐའ་དག་རིམ་པ་གཉིས་སུ་འདུས་ཤིང་། དེ་གཉིས་གང་རུང་གཅིག་མ་ཚང་ན་ཡང་མཆོག་གི་དངོས་གྲུབ་མི་ཐོབ་པའི་ཕྱིར་རོ། །དེ་ཡང་བུམ་དབང་རྫོགས་པར་ཐོབ་པའི་ཚེ། བསྐྱེད་རིམ་ཐོབ་པ་ཡིན་ཏེ། བུམ་དབང་ནི་བསྐྱེད་རིམ་གྱི་སྔོན་འགྲོ་ཡིན་པའི་ཕྱིར་རོ། །དབང་གོང་མ་གསུམ་རྫོགས་པར་ཐོབ་པའི་ཚེ་རྫོགས་རིམ་ཐོབ་པ་ཡིན་ཏེ། དབང་གོང་མ་གསུམ་ནི་རྫོགས་རིམ་གྱི་སྨིན་བྱེད་ཡིན་པའི་ཕྱིར་རོ། །ལམ་དུས་ཀྱི་དབང་སོགས་ལས་རིམ་པ་གཉིས་ཐོབ་པ་ཡོད་ཀྱང་སྔར་ཐོབ་པའི་སྔགས་སྡོམ་དེ་ཉིད་གོང་ནས་གོང་དུ་འཕེལ་བར་བྱེད་པ་ཡིན་གྱི། སྔར་མ་ཐོབ་པའི་སྔགས་སྡོམ་གྱི་རིགས་ཐོབ་པ་ནི་མེད་པས་ཀླན་ཀའི་གནས་མེད་དོ། །གསུམ་པ་རྩོད་པ་སྤོང་བ་ནི། ཁ་ཅིག་ན་རེ། ཀྱེ་རྡོ་རྗེའི་སྔགས་སྡོམ་རྫོགས་པར་ཐོབ་པའི་ཚེ་ན། འཁོར་ལོ་སྡོམ་པ་སོགས་རྒྱུད་སྡེ་གཞན་གྱི་སྔགས་སྡོམ་ཡང་རྫོགས་པར་ཐོབ་པར་ཐལ། དེའི་ཚེ་ན་རྒྱུད་སྡེ་གཞན་གྱི་སྔགས་སྡོམ་གྱི་རིགས་རྫོགས་པར་ཐོབ་པའི་ཕྱིར་ཞེ་ན། འདིའི་ལན་ལ་མཁས་པ་ཁ་ཅིག །རྣམ་ལ་ཐམས་ཅད་དུ་འདོད་ལན་འདེབས་པ་ཡིན། ཞེས་ཟེར་མོད། འོན་ཀྱང་གནས་ལུགས་ཀྱི་དབང་དུ་བྱས་ན། རྫོགས་པའི་སངས་རྒྱས་ཀྱིས་ཀྱེ་རྡོ་རྗེས་འདུལ་བ་རྣམས་ལ་ཀྱེ་རྡོ་རྗེའི་དབང་བསྐུར་བསྟན་ནས། དེའི་ལམ་སྲོལ་གསུང་བ་སོགས་སྟོད་དང་འཚམ་པར་ཆོས་ཀྱི་འཁོར་ལོ་བསྐོར་བ་ཡིན་གྱི། ལམ་གྱི་ངོ་བོ་ལ་མི་འདྲ་བ

མེད་པས་འདོད་པ་ཡིན་ཏེ། འདི་ལ་དགོངས་ནས། རྗེ་བཙུན་ཆེན་པོས་ཀྱི་རྡོ་རྗེ་དང་།འཁོར་ལོ་སྡོམ་པ་དང་། དུས་ཀྱི་འཁོར་ལོ་སོགས་མིང་གི་རྣམ་གྲངས་སུ་གསུངས་སོ། །འོན་ཀྱང་ཐ་སྙད་འཇོག་པའི་ཚེ་ཁྱབ་པ་མ་ངེས་པ་ཡིན་ཏེ། འདི་ལྟར། དམན་ལམ་སྔོན་དུ་སོང་བའི་སངས་རྒྱས་འཕགས་པ་ཆོས་ཅན། ཐེག་པ་འོག་མ་གཉིས་ཀྱི་ལམ། ཐོབ་པར་ཐལ། དེའི་རིགས་ཐོབ་པའི་ཕྱིར། ཞེས་བརྗོད་ན་ལན་སླ་རྒྱུ་ཅི་ཡོད། འོན་དོན་དང་ཐ་སྙད་གཉིས་པོ་གང་ཁས་ལེན་ཞེ་ན། ཐ་སྙད་དོན་མཐུན་ལྟར་ཁས་ལེན་དགོས་ཏེ། ཀླུ་སྒྲུབ་ཀྱིས། ཐ་སྙད་ལ་ནི་མ་བརྟེན་པར། །དམ་པའི་དོན་ནི་རྟོགས་མི་འགྱུར། །དམ་པའི་དོན་ནི་མ་རྟོགས་པར། །མྱ་ངན་འདས་པ་ཐོབ་མི་འགྱུར། །ཞེས་གསུངས་སོ། །གཞན་དུ་ན་ཧ་ཅང་ཐལ་བའི་སྐྱོན་ཡོད་དེ། །འཁོར་བ་དེ་མྱ་ངན་ལས་འདས་པ་ཡིན་པར་ཐལ། དེ་དོན་དམ་པར་མྱ་ངན་ལས་འདས་པ་ཡིན་པའི་ཕྱིར། ཁྱབ་པ་ཁས། མ་གྲུབ་ན། དེར་ཐལ། བརྟག་གཉིས་ལས། འདི་ནི་འཁོར་བ་ཞེས་བྱ་སྟེ། །འདི་ནི་མྱ་ངན་འདས་པ་ཉིད། །ཅེས་གསུངས་པའི་ཕྱིར། གལ་ཏེ་སྐྱོན་མེད་དེ། གཞུང་དེས་དོན་དམ་པར་འཁོར་འདས་དབྱེར་མེད་བསྟན་པ་ཡིན་ནོ་ཞེ་ན། འོ་ན་འཁོར་འདས་དབྱེར་མེད་ཡིན་པར་ཐལ། དོན་དམ་པར་འཁོར་འདས་དབྱེར་མེད་ཡིན་པའི་ཕྱིར། ཨེ་སོང་། ཡང་བུམ་དབང་རྫོགས་པར་ཐོབ་པའི་ཚེ་སྔགས་སྡོམ་རྫོགས་པར་ཐོབ་པར་ཐལ། དེའི་ཚེ་ན་རྡོ་རྗེ་སློབ་དཔོན་གྱི་དབང་རྫོགས་པར་ཐོབ་པའི་ཕྱིར་ཏེ།སྡོམ་འབྱུང་ལས། དང་པོ་སློབ་དཔོན་དབང་དང་གཅིག །གཉིས་པ་གསང་བའི་དབང་དང་གཉིས། །ཞེས་པའི་དངོས་བསྟན་གྱི་སློབ་དཔོན་གྱི་དབང་རྫོགས་པར་ཐོབ་པའི་ཕྱིར་ཞེ་ན། འོ་ན་ཡོ་ག་དང་སྒོ་བསྟུན་པའི་སློབ་དཔོན་གྱི་དབང་རྫོགས་པར་ཐོབ་ན། སློབ་དཔོན་གྱི་དབང་རྫོགས་པར་ཐོབ་པས་ཁྱབ་པར་ཐལ། དང་པོ་སློབ་དཔོན་དབང་དང་གཅིག །ཅེས་པའི་དངོས་བསྟན་གྱི་སློབ་དཔོན་གྱི་དབང་ཐོབ་ན་སློབ་དཔོན་གྱི་དབང་རྫོགས་པར་ཐོབ་པས་ཁྱབ་པའི་ཕྱིར། རྟགས་ཁས། འདོད་ན། བླ་མེད་ཀྱི་ཐུན་མོང་མ་ཡིན་པའི་སློབ་དཔོན་གྱི་དབང་མེད་པར་ཐལ། འདོད་པའི་ཕྱིར། འདོད་ན། བླ་མེད་ཀྱི་ཐུན་མོང་མིན་པའི་དབང་མེད་པར་ཐལ། འདོད་པའི་ཕྱིར། དེས་ན་བླ་མེད་ཀྱི་དབང་དུ་བྱས་པའི་རྡོ་རྗེ་སློབ་དཔོན་གྱི་དབང་ལ་གཉིས་ལས། བུམ་དབང་གི་ནང་ཚན་གྱི་རིགས་ཀྱི་བདག་པོ་རྡོ་རྗེ་འཆང་དུ་བསྐྱེད་ནས། དམ་ཚིག་གསུམ་སྦྱིན་པ་ལ་རྡོ་རྗེ་སློབ་དཔོན་གྱི་དབང་དུ་གཞག་པ་ནི་ཡོ་ག་དང་སྒོ་བསྟུན་པ་ཡིན་ལ། བླ་མེད་རང་ལུགས་ཀྱི་རྡོ་རྗེ་སློབ་དཔོན་གྱི་དབང་ཡོངས་སུ་རྫོགས་པ་ལ་ནི་ཐུན་མོང་མ་ཡིན་པའི་དབང་བཞི་ག་རྫོགས་པར་ཐོབ་དགོས་པ་ཡིན་ནོ། །ཡང་ཁོ་ན་རེ། རྒྱུད་སྡེ་རང་རང་གི་སློབ་དཔོན་གྱི་དབང་རྫོགས་པར་ཐོབ་པའི་ཚེ། རང་རང་གི་སྔགས་སྡོམ་རྫོགས་པར་ཐོབ་པ་དེ་མི་འཐད་པར་ཐལ། རྒྱུད་སྡེ་འོག་མ་གཉིས་ལ་སློབ་དཔོན་གྱི་དབང་མེད་པའི་ཕྱིར་

རོ༎ ༎ཞེས་ཟེར་ན། མི་འཐད་དེ། རྒྱུད་སྡེ་འོག་མ་གཉིས་ལ་སློབ་དཔོན་གྱི་དབང་ཡོད་པར་ཐལ། རྒྱུད་སྡེ་འོག་མ་གཉིས་ཀྱི་སློབ་དཔོན་གྱི་དབང་མ་ཐོབ་པར། རྒྱུད་སྡེ་དང་དེ་གཉིས་ཀྱི་དབང་བསྐུར་བ་དང་། རབ་གནས་ལ་སོགས་པ་བྱར་མི་རུང་བའི་ཕྱིར་ཏེ། གཞུང་འདིར་ཁྱིམ་པས་མཁན་སློབ་བྱེད་པ་དང་། རྡོ་རྗེ་སློབ་དཔོན་མ་ཡིན་པས། །དབང་བསྐུར་རབ་གནས་བྱེད་པ་ནི། །གཉིས་ཀ་བསྟན་པ་ཡིན་པར་མཚུངས། །ཞེས་གསུངས་པའི་ཕྱིར། ཡང་། དེ་གཉིས་ལ་སློབ་དཔོན་གྱི་དབང་ཡོད་པར་ཐལ། གསང་བ་སྤྱི་རྒྱུད་ལས། དབང་བསྐུར་བ་ནི་རྣམ་པ་བཞི། །སློབ་དཔོན་རྣམ་པར་མཁས་པ་ཡིས། །དེ་དག་ཤེས་ན་ཅི་རིགས་དབྱེད། །སློབ་དཔོན་གོ་འཕང་རབ་བསྒྲུབ་ཕྱིར། །དང་པོ་ཡོངས་སུ་བསྒྲགས་པ་ཡིན། །རིགས་སྔགས་རྣམས་ནི་བསྒྲུབ་པའི་ཕྱིར། །གཉིས་པ་ལེགས་པར་བཤད་པ་ཡིན། །བགེགས་རྣམས་འཇོམས་པར་བྱ་བའི་ཕྱིར། །གསུམ་པ་ཡོངས་སུ་བསྒྲགས་པ་ཡིན། །བཞི་པ་འཁོར་པ་སྒྲུབ་པའི་ཕྱིར། །ཚིག་རྒྱས་པ་དེ་བཤད་དོ། །ཞེས་རྡོ་རྗེ་སློབ་དཔོན་གྱི་གོ་འཕང་བསྒྲུབ་པའི་ཕྱིར་དུ། དབང་དང་པོ་ཆུ་དང་ཅོད་པན་གྱི་དབང་། རིགས་སྔགས་བསྒྲུབ་པའི་ཕྱིར་དུ་གཉིས་པ་སྔགས་ཀྱི་བཟླས་ལུང་། བགེགས་འཇོམས་པའི་ཆེད་དུ་གསུམ་པ་བྱ་གླུ་བསྲུང་གསུམ། འཁོར་པ་ཐོབ་པའི་ཆེད་དུ་བཞི་པ་བཀྲ་ཤིས་རྫས་བརྒྱད་སྦྱིན་པ་རྣམས་བཤད་པའི་ཕྱིར་རོ། །

ཡང་ཁོ་ན་རེ། འོན་ཡེ་ཤེས་ཐིག་ལེའི་རྒྱུད་ལས། རྡོ་རྗེ་སློབ་དཔོན་གྱི་དབང་རྣལ་འབྱོར་རྒྱུད་ཀྱི་ཚོས་སུ་བཤད་པ་མི་འཐད་པར་ཐལ། རྒྱུད་སྡེ་འོག་མ་གཉིས་ལ་ཡང་སློབ་དཔོན་གྱི་དབང་ཡོད་པའི་ཕྱིར། ཞེ་ན། འོན་གསལ་པ་དེར་ཐལ། བླ་མེད་ལ་རྡོ་རྗེ་སློབ་དཔོན་གྱི་དབང་ཡོད་པའི་ཕྱིར། ཁྱབ་པ་ཁས། དེས་ན་ཡེ་ཤེས་ཐིག་ལེ་ལས། རྡོ་རྗེ་སློབ་དཔོན་གྱི་དབང་རྣལ་འབྱོར་རྒྱུད་ཀྱི་ཁྱད་ཚོས་སུ་བཤད་པ་ནི་ཕྱིར་མི་ལྡོག་པ་འཁོར་ལོའི་དབང་ཙམ་ལ་དགོངས་པ་ཡིན་པས་སྐྱོན་མེད་དོ། །རྩོད་སྤོང་རྒྱས་པར་ནི་ཏ་ཙང་ཐལ་བའི་ལུགས་གཞན་འགོག་པའི་སྐབས་སུ་བཤད་ཟིན་པས་དེ་ཡིད་ལ་དྲན་པར་བྱའོ། །

གཉིས་པ་བསླབ་བྱ་བཤད་པ་ལ་གཉིས་ཏེ། བསླབ་བྱ་སོ་སོ་བཤད་པ་དང་། ཕན་ཚུན་གསལ་ན་ཇི་ལྟར་བསྒྲུབ་པའོ། །དང་པོ་ལ་བཞི་སྟེ། བྱ་རྒྱུད། སྤྱོད་རྒྱུད། རྣལ་འབྱོར་རྒྱུད། བླ་མེད་ཀྱི་བསླབ་བྱ་བཤད་པའོ། །དང་པོ་ལ། དགག །གཞག་གཉིས། དང་པོ་ནི། ཁ་ཅིག་ན་རེ། བྱ་སྤྱོད་གཉིས་ལ་ཕ་རོལ་ཏུ་ཕྱིན་པའི་སྐོན་འཇུག་གི་སེམས་བསྐྱེད་བླངས་ནས་བསྲུང་བ་མ་གཏོགས་དམ་ཚིག་དང་སྡོམ་པ་གཞན་བསྲུང་རྒྱུ་མེད་དོ། །ཞེས་ཟེར་བ་ནི། རྣམ་པར་འཁྲུམས་ཏེ། དེ་ལྟར་ན་བྱ་སྤྱོད་གཉིས་ཀྱི་སྨིན་བྱེད་ཀྱི་དབང་ལ་བརྟེན་ནས་སྔགས་ཀྱི་དམ་ཚིག་དང་སྡོམ་པ་ཐོབ་པ་མེད་པར་ཐལ། ཁས་བླངས་དེའི་ཕྱིར། འདོད་ན། རྒྱུད་སྡེ་གོང་མ་གཉིས་ཀྱི་

སྨིན་བྱེད་ཀྱི་དབང་ལ་བརྟེན་ནས་ཀྱང་དམ་ཚིག་དང་སྡོམ་པ་ཐོབ་པ་མེད་པར་ཐལ་ལོ། །ཡང་རྒྱུད་སྡེ་འོག་མ་
གཉིས་ཀྱི་སྨིན་བྱེད་ཀྱི་དབང་དེ་སྔགས་ཀྱི་དབང་མ་ཡིན་པར་ཐལ། དེ་ལ་བརྟེན་ནས་སྔགས་སྡོམ་ཐོབ་པ་མེད་
པའི་ཕྱིར་རོ། །གཉིས་པ་རང་ལུགས་ནི། འོན་བྱ་རྒྱུད་ཀྱི་བསྲུང་བྱའི་དམ་ཚིག་གང་ཞེ་ན། གསང་བ་སྤྱི་རྒྱུད་
ལས། དེ་ནས་བླ་མས་སློབ་མ་རྣམས། །མ་གཡེངས་ལེགས་པར་བཀོད་ནས་སུ། །ཤེས་རབ་ཕ་རོལ་ཕྱིན་
བླངས་ཏེ། །དམ་ཚིག་འདི་དག་བསྒོམ་པར་བྱ། །ཞེས་སོགས་གསུངས་པ་ལྟར། སྤྱིའི་དམ་ཚིག་གསུམ། ཁྱད་
པར་གྱི་དམ་ཚིག་བཅུ་གསུམ་དུ་བྱས་ནས། བདག་གི་བླ་མས་བྱ་རྒྱུད་སྤྱིའི་རྣམ་གཞག་ལེགས་པར་བཤད་པ་རྒྱ་
མཚོར་གྲུས་པར་བཤད་ཡོད་པས་དེར་བལྟ་བར་བྱའོ། །གཉིས་པ་སྤྱོད་རྒྱུད་ཀྱི་བསླབ་བྱ་ནི། རྣམ་སྣང་མངོན་
བྱང་ལས། དེ་རིང་ཕྱིན་ཆད་ཁྱོད་ཀྱིས། །དམ་པའི་ཆོས་དང་བྱང་ཆུབ་སེམས། །སྲོག་གི་ཕྱིར་ཡང་ད་ཕྱིན་ཆད། །
སྤོན་དུ་བཏང་བར་མི་བྱའོ། །ཁྱོད་ཀྱི་སེར་སྣ་དང་ནི་གང་། །སེམས་ཅན་གནོད་པ་མི་བྱའོ། །དམ་ཚིག་འདི་དག
སངས་རྒྱས་ཀྱི། །བརྟུལ་ཞུགས་བཟང་པོ་ཁྱོད་ལ་བཤད། །ཅེས་གསུངས་པ་རྣམས་སོ། །

གསུམ་པ་ནི་རྣལ་འབྱོར་རྒྱུད་ཀྱི་བསླབ་བྱ་ལ། དགག་གཞག་གཉིས་ལས། དང་པོ་ནི། ཁ་ཅིག་ན་རེ།
རྡོ་རྗེ་རྩེ་མོར། དེ་ལས་གཞན་ཡང་བཅུ་བཞི་ནི། །ཞེས་པས་རྣལ་འབྱོར་བླ་མེད་ནས་བཤད་པའི་རྩ་ལྟུང་བཅུ
བཞི་ལ་འདོད་དགོས་ཏེ། སྦྱོར་རྒྱུད་དུ། རྡོ་རྗེ་སློབ་དཔོན་བརྙས་ན་ནི། །རྟག་ཏུ་སྡུག་བསྔལ་ཐོབ་འགྱུར་བས། །
སློབ་དཔོན་ལ་ནི་བརྙས་མི་བྱ། །ཞེས་རྩ་ལྟུང་དང་པོ་དང་རྡོ་རྗེ་སྤུན་དང་། ཞེས་གསུམ་པ་དང་། སྲིང་མོ་དང་།
རྡོ་རྗེ་མ་རྣམས་ཉིད་ལ་ཡང་། །རྣལ་འབྱོར་ཅན་གྱིས་བརྙས་མི་བྱ། །ཞེས་བཅུ་བཞི་པ་བསྟན་ཞིང་། ཀ་མོ་ཧྗེ
ནུའི་སྦྱོར་རྒྱུད་ཀྱི་འགྲེལ་པར་ཡང་རྩ་ལྟུང་བཅུ་བཞི་བཤད་པའི་ཕྱིར་དང་། རྣལ་འབྱོར་བླ་མེད་དང་ཡོག་གཉིས་ལ།
ཁས་བླང་རྒྱུའམ་བཟུང་རྒྱུའི་སྡོམ་པ་རིགས་ལྔའི་སྡོམ་བཟུང་གཅིག་པུ་ལས་མེད་པས། བསྲུང་བྱའི་དམ་ཚིག
ཀྱང་རྩ་ལྟུང་བཅུ་བཞི་སྲུང་བར་གཅིག་པ་གཅིག་དགོས་པའི་ཕྱིར་རོ། །ཞེས་ཟེར་རོ། །དེ་ནི་མི་འཐད་དེ། སྲིང་
མོ་དང་། རྡོ་རྗེ་མ་ལ་བརྙས་པ་རྩ་ལྟུང་དུ་འཇོག་ན་གསུམ་པར་འཇོག་དགོས་ཀྱི། བཅུ་བཞི་པར་འཇོག་པ་ནི་རྩ་
ལྟུང་བཅུ་བཞི་པའི་དོན་ངོས་མ་ཟིན་པའི་ཕྱིར་དང་། ཀ་མོ་ཧྗེ་ནུའི་རྩ་ལྟུང་བཅུ་བཞི་བཤད་པ་ནི། སྦྱོར་རྒྱུད་བླ
མེད་དུ་འབྲེལ་བའི་ལུགས་ཡིན་པས། ཡོ་ག་ལ་རྩ་ལྟུང་བཅུ་བཞི་ཡོད་པའི་ཤེས་བྱེད་དུ་མ་འགྲེལ་བའི་ཕྱིར་རོ། །
གཞན་ཡང་། རྩ་ལྟུང་གསུམ་པ་ལ་མངལ་སྒོ་མི་གཅིག་ན་རྡོ་རྗེ་སྤུན་གྱི་དོན་མི་གནས་པར་འདོད་པ་དང་། ཡོ་ག
ལ་རྩ་ལྟུང་བཅུ་བཞིར་འདོད་པ་འགལ་ཏེ། ཡོ་གའི་དབང་བསྐུར་ལ་མངལ་སྒོ་གཅིག་པའི་དོན་བཤད་དུ་མེད་
པའི་ཕྱིར་རོ། །གཉིས་པ་རང་ལུགས་ལ། སྤྱིར་ཡོ་གའི་དམ་ཚིག་ལ། ཁས་བླང་གི་ཐོབ་པ་དང་། ཆོ་གའི་ཐོབ་པ

གཉིས་ལས། དང་པོ་ནི། རྡོ་རྗེ་རྩེ་མོའི་སྡོམ་པ་བསྒྲུག་བཟུང་གི་སྐབས་ནས་བསྟན་པ་རྣམས་ཏེ། བཟུང་བའི་རིམ་པ་ལྟར་བཤད་ན་རིགས་ལྔ་སྤྱིའི་དམ་ཚིག་དང་། སོ་སོའི་དམ་ཚིག་དང་། སྡོམ་པ་མདོར་བསྡུས་ཏེ་བསྲུང་བ་དང་གསུམ་ལས། དང་པོ་ནི། ཇི་ལྟར་དུས་གསུམ་མགོན་པོ་རྣམས། །ཞེས་སོགས་ཚིགས་བཅད་གཉིས་ཀྱིས་བསྟན་ཏེ། སློན་པ་དང་། འཇུག་པ། བསླབ་བྱ་རྣམས་བསྲུང་བའོ། །གཉིས་པ་ནི། སངས་རྒྱས་ཆོས་དང་དགེ་འདུན་ཏེ། །ཞེས་སོགས་ཚིགས་བཅད་ལྔ་སྟེ། དེ་བཞིན་གཤེགས་པའི་རིགས་ཀྱི་དམ་ཚིག་ལ་དཀོན་མཆོག་གསུམ་སྐྱབས་སུ་བཟུང་བ་སྟེ་གསུམ། རྡོ་རྗེའི་རིགས་ལ་རྡོ་རྗེ་དྲིལ་བུ། ཕྱག་རྒྱ་སློབ་དཔོན་བཟུང་བ་སྟེ་བཞི། རིན་པོ་ཆེའི་རིགས་ལ་ཟང་ཟིང་། མི་འཇིགས་པ། ཆོས། བྱམས་པའི་སྦྱིན་པ་དུས་རྟག་ཏུ་གཏོང་བ་སྟེ་བཞི། པདྨའི་རིགས་ལ་དམ་པའི་ཆོས་མ་ལུས་པར་བཟུང་བ་སྟེ་གཅིག །ལས་ཀྱི་རིགས་ལ་སྡོར་གྱི་རྣམས་ཅི་ནུས་སུ་བསྲུང་བ་དང་། མཆོད་པའི་ལས་ཅི་ནུས་བྱེད་པ་གཉིས་ཏེ་བཅུ་བཞིའོ། །གསུམ་པ་ནི། བྱང་ཆུབ་སེམས་ནི་བླ་མེད་མཆོག །ཅེས་སོགས་ཚིགས་བཅད་གཅིག་སྟེ། ཚིག་ཕྲང་དང་པོ་གཉིས་ཀྱི་རིགས་ལྔ་སྤྱིའི་དམ་ཚིག་མདོར་བསྡུས་ཏེ་བཟུང་ཞིང་། ཕྱི་མ་གཉིས་ཀྱིས་སོ་སོའི་དམ་ཚིག་མདོར་བསྡུས་ཏེ་བཟུང་བ་ཡིན་ནོ། །གཞན་ཡང་། ཁྱོད་ཀྱི་སྲོག་ཆགས་བསད་མི་བྱ། །ལ་སོགས་པ་དམ་ཚིག་དང་སྡོམ་པ་མ་ལུས་པ་མདོར་བསྡུས་ཏེ་བཟུང་བའོ། །གཉིས་པ་ཚོགས་ཐབ་པ་ནི། དཔལ་མཆོག་ལས། དམ་ཚིག་སྡོམ་པ་གྲུབ་པ་འདི། །ཁྱོད་ཀྱིས་རྟག་ཏུ་བསྲུང་བར་བྱ། །སངས་རྒྱས་ཀུན་གྱིས་མཐུན་པར་གསུངས། །དམ་པ་བརྟག་པའི་བཀའ་ཡིན་ནོ། །ཞེས་གསུངས་པ་ལྟར་བཅུ་གཅིག་ཙམ་ཡོད་པར་གསུངས་ཏེ་འདི་དག་གི་རྣམ་གཞག་རྒྱས་པར་ནི་ཀུན་མཁྱེན་ཆེན་པོའི་སྤྱི་དོན་དུ་བལྟ་བར་བྱའོ། །བཞི་པ་རྣལ་འབྱོར་བླ་མེད་ཀྱི་བསླབ་བྱ་ལ། སྤྱིར་བསྟན་པ་དང་། བྱེ་བྲག་ཏུ་བཤད་པ་གཉིས། དང་པོ་ནི། སྤྱིར་རྒྱུད་སྡེ་སོ་སོའི་དགོངས་པ། བདེ་མཆོག་ཏུ་དམ་ཚིག་ཉི་ཤུ་རྩ་གཉིས་བཤད་པ་དང་། གསང་བ་འདུས་པ་ལས། དེ་བཞིན་གཤེགས་པའི་རིགས་ལྔའི་དམ་ཚིག་ཏུ་ཤ་རྟེན་པ་སོགས་བཤད་པ་དང་། རྣལ་འབྱོར་དབང་ཕྱུག་གི་མན་ངག་ལས། དབང་བཞི་ལ་དམ་ཚིག་ཉི་ཤུ་གསུངས་པ་སོགས་ཐུན་མོང་མ་ཡིན་པ་མང་དུ་ཡོད་མོད་ཀྱི། དེ་དག་ནི་སོ་སོའི་རྒྱུད་མན་ངག་གི་སྐབས་སུ་ཤེས་པར་བྱའོ། །རྣལ་འབྱོར་བླ་མེད་ཀུན་མཐུན་པར་བུམ་དབང་གི་བསྲུང་བྱའི་དམ་ཚིག་ནི་རྩ་བའི་ལྟུང་བ་བཅུ་བཞི་དང་། ཡན་ལག་གི་ལྟུང་བ་བརྒྱད་བསྲུང་བ་ཡིན་ནོ། །རྩ་བའི་ལྟུང་བ་བཅུ་བཞི་པོ་འདི་ནི་ཚིག་ཙུང་ཟད་མི་འདྲ་ཡང་དོན་ཁྱད་པར་མེད་པས། དམ་པ་དང་པོའི་རྒྱུད་དང་སྔགས་ནག་གི་རྒྱུད་དང་། རྡོ་རྗེ་གུར་གྱི་རྒྱུད་གསུམ་ཆར་ལས་འབྱུང་ལ། དེང་སང་གི་རྩ་ལྟུང་བཅུ་བཞི་པའི་གཞུང་འདི་ནི། གསང་བ་འདུས་པའི་རྒྱུད་འབུམ་པ་ན་བཞུགས་པ། གྲུབ་

པའི་སློབ་དཔོན་རྣམས་ཀྱི་ཟུར་དུ་ཕྱུང་བ་ཡིན་ནོ། །དེ་ཡང་རྣལ་འབྱོར་དབང་ཕྱུག་གི་བརྒྱུད་པ་འཛིན་པ་རྣམས་ཀྱི་ནི། བིརྺ་པས་ཕྱུང་བར་བཞེད་ལ། །ཁ་ཅིག་ནི། འཕགས་པ་ཀླུ་སྒྲུབ་ཀྱིས་ཕྱུང་བར་བཞེད་ཅིང་། འགའ་ཞིག་ནི་ཟླ་བ་ལྷས་ཕྱུང་ཞེས་གསུངས་མོད། གང་ལྟར་ཡང་འགལ་བ་མེད་དེ། བཀའ་ལས་བྱུང་བའི་བསྟན་བཅོས་ཡིན་པའི་ཕྱིར་རོ། །

གཉིས་པ་བྱེ་བྲག་ཏུ་བཤད་པ་ལ་གཉིས་ཏེ། རྩ་བའི་ལྟུང་བ་དང་། ཕན་པའི་ལྟུང་བ་བཤད་པའོ། །དང་པོ་ལ་གཉིས་ཏེ། གླད་ཀྱི་དོན་དང་། གཞུང་གི་དོན་ནོ། །དང་པོ་ལ་གཉིས་ཏེ། མཆོད་པར་བརྗོད་པ་དང་། བཤད་པར་དམ་བཅའ་བའོ། །དང་པོ་ནི། ཀུན་ནས་དང་བས་བླ་མ་ཡི། །ཞབས་ཀྱི་པདྨོ་ལ་བཏུད་ནས། །ཀུན་ནས་དང་བ་ཞེས་པ་ནི་བཅོས་མ་མ་ཡིན་པ་སྙིང་དང་བའི་དད་པ་རྩེ་གཅིག་པའོ། །བླ་མ་ནི་བུམ་པའི་དབང་བསྐུར་ནས་དེའི་ལམ་དང་ཡན་ལག་སྟོན་པ་ཀྱཻ་ལུས་ངག་གི་བླ་མ་དང་། དབང་གོང་མ་བསྐུར་ནས་དེའི་ལམ་དང་ཡན་ལག་སྟོན་པ་འབྲས་བུ་སེམས་ཀྱི་བླ་མའོ། །ཡང་ན་དབང་བསྐུར་བ་དང་། རྒྱུད་བཤད་པ་དང་། མན་ངག་གི་ཐོབ་པས་དྲི་གསུམ་ལྡན་ནམ། གང་ཡང་རུང་བ་གཉིས་ཐོབ་པས་གཉིས་ལྡན་ནམ། གང་ཡང་རུང་བ་གཅིག་ཐོབ་པ་ཡིན་ཡང་རུང་སྟེ། རྡོ་རྗེ་ཐེག་པའི་བཀའ་དྲིན་ཅན་དོན་པ་ལ་ནི་བླ་མ་ཞེས་ཡོངས་སུ་གྲགས་པ་ཡིན་ནོ། །དེའི་སྐུ་ལ་དམན་པ་ཞབས་ཡིན་ལ་ཞབས་ཀྱི་འོག་ནང་གདན་པདྨ་ཡོད་པས་དམན་པ་ལ་ཕྱག་བྱས་ན་མཆོག་ལ་ལྟ་སྨོས་ཀྱང་ཅི་དགོས་ཅེས་པའོ། །བཏུད་དེ་ཞེས་པ་ནི་ལུས་ཐམས་ཅད་ཕལ་པའི་སྤྱི་བོས་གདན་ལ་ཕྱག་བྱས་པའོ། །གཉིས་པ་ནི། རྩ་བའི་ལྟུང་བ་བཅུ་བཞི་ནི། །རྒྱུད་ལས་གསུངས་བཞིན་བཤད་པར་བྱ། །དེ་ལ་རྩ་བ་ཞེས་པ་ནི་ཤིང་གི་སྡོང་པོའི་རྩ་བ་དང་འདྲ་སྟེ། རྩ་བ་བཅད་ན་ལོ་འདབ་མི་སྐྱེ་བ་ལྟར་རྩ་ལྟུང་བཅད་ནས་སངས་རྒྱས་མི་འགྱུར་བའོ། །བཅུ་བཞི་ནི་གྲངས་མཆོན་པ་ཡིན་ཏེ། རྨོངས་པ་ཁ་ཅིག །དམ་ཚིག་ས་ཡ་འབུམ་སྡེ་ཡོད་ཟེར་བ་སྤང་བའི་ཕྱིར་རོ། །རྒྱུད་ལས་གསུངས་བཞིན་བཤད་པར་བྱ། །ཞེས་པ་ནི་རང་བཟོ་སྤང་བའི་ཆེད་ཡིན་ཏེ། ཇི་ལྟར་བཤད་པ་བཞིན་དུ་གསང་བ་འདུས་པའི་རྒྱུད་འབུམ་པ་སོགས་ནས་བཤད་པའི་ཕྱིར་རོ། །འོ་ན་འདིར་བསྟན་པ་ལ་དགོས་པ་མེད་དེ། རྒྱུད་ལས་གསུངས་ཟིན་པའི་ཕྱིར་རོ། །ཞེ་ན། སྐྱོན་མེད་དེ། རྒྱུད་དོན་བདེ་བླག་ཏུ་རྟོགས་པའི་ཆེད་དུ་བཤད་པར་བྱ་བ་ཡིན་པའི་ཕྱིར་རོ། །ཞེས་པ་ནི། བཤད་པར་བྱ། ཞེས་གསུངས་སོ། །

གཉིས་པ་གཞུང་གི་དོན་ལ་ལྔ་སྟེ། རང་བཞིན་སོ་སོར་བཤད་པ། བསྲུང་བའི་ཕན་ཡོན་བསྟན་པ། མ་བསྲུང་བའི་ཉེས་དམིགས་བསྟན་པ། མི་འབྱུང་བར་བྱ་བའི་ཕྱིར་བསླབ་པ། བྱུང་བ་ཕྱིར་བཅོས་པའི་ཐབས་བསྟན་པའོ། །དང་པོ་ལ་བཅུ་བཞི་ཡོད་པ་ལས། དང་པོ་ནི། གང་ཕྱིར་རྡོ་རྗེ་འཛིན་པ་ཡི། །དངོས་གྲུབ་སློབ་

དཔོན་རྗེས་འབྲང་ཕྱིར། །དེ་བས་དེ་ལ་བརྙས་པ་ནི། །རྩ་བའི་ལྟུང་བ་དང་པོར་བཤད། །གང་གི་ཕྱིར་སློབ་དཔོན་ལ་བརྙས་པ་རྩ་བའི་ལྟུང་བར་འཐད་ཅེ་ན། དེའི་རྒྱུ་མཚན་ཡོད་དེ། སངས་རྒྱས་རྡོ་རྗེ་འཆང་གི་རྩ་ལྟུང་གསུངས་པའི་ཕྱིར་ཏེ། མཆོག་དང་ཐུན་མོང་གི་དངོས་གྲུབ་ཐམས་ཅད་སློབ་དཔོན་གྱི་རྗེས་སུ་འབྲང་བར་གསུངས་པའི་ཕྱིར། གང་ལས་གསུང་ཞེ་ན། དཔལ་གསང་བ་འདུས་པ་ལས། དུས་གསུམ་གྱི་དེ་བཞིན་གཤེགས་པ་ཐམས་ཅད་མཆོད་པའི་དངོས་གྲུབ་ནི་སློབ་དཔོན་གྱི་བ་སྤུའི་ཁོངས་སུ་གཅིག་ལས་མཐོང་ངོ་། །ཞེས་སོགས་གསུངས་སོ། །རྒྱུ་གང་གིས་སློབ་དཔོན་ལ་བརྙས་པར་འགྱུར་ཞེ་ན། བརྙས་པ་ནི་ཅུང་དེ་ཁྲོས་པས་བརྙས་པར་མི་འགྱུར་ལ། སློབ་དཔོན་འདི་ནི་ངན་པའོ། །ཚུལ་ཁྲིམས་འཆལ་པའོ། །ཆོས་ལྟར་མི་བྱེད་པའོ། །ཞེས་པ་ལ་སོགས་པས་བརྙས་ན་རྩ་ལྟུང་དུ་འགྱུར་རོ། །ཅུང་ཟད་བརྙས་ན་བཤད་པར་བྱའོ། །རྩ་བའི་ལྟུང་བ་རྣམས་ཀྱི་ནང་ནས་ཆེས་ལྕི་བ་ཡིན་པའི་ཕྱིར་དང་པོར་བཤད་དོ། །གཉིས་པ་ནི། བདེ་གཤེགས་བཀའ་ལས་འདས་པ་ནི། །ལྟུང་བ་གཉིས་པ་ཡིན་པར་གསུངས། །བདེ་བར་གཤེགས་པའི་བཀའ་ལ་འདས་པ་ནི། །སངས་རྒྱས་ཀྱི་བཀའ་ཁྱད་དུ་བསད་པ་ཡིན་ལ། དེ་ཡང་ཉན་ཐོས་དང་ཐུན་མོང་བའི་ཕམ་པ་བཞི་དང་། བྱང་ཆུབ་སེམས་དཔའ་དང་ཐུན་མོང་བའི་ཕམ་པ་ལྔ་བུའི་ཆོས་བཞི་པོ་འདི་ནི། ཁྱད་གསོད་མ་ཞུགས་ཀྱང་སྤྱད་པ་ཙམ་གྱི་རྩ་ལྟུང་དུ་འགྱུར་ཞིང་། ཡན་ལག་རྣམས་ལ་སངས་རྒྱས་ཀྱི་གསུང་ཡང་ཅི་ཧོ་ཟེར་ཞིང་། ཁྱད་དུ་བསད་ནས་སྤྱད་ན་རྩ་ལྟུང་དུ་འགྱུར་རོ། །དེ་དག་ཀུན་སྡོམ་པ་ཉི་ཤུ་པ་ནས་འབྱུང་བ་ཡིན་ནོ། །བླ་མས་བདེ་བར་གཤེགས་པའི་བཀའ་ཆད་པའི་ཕྱིར་གཉིས་པར་བཤད་དོ། །གསུམ་པ་ནི། རྡོ་རྗེ་སྤུན་ལ་ཁྲོས་པ་ནི། །ཉེས་པར་བརྗོད་པ་གསུམ་པ་ཡིན། །རྡོ་རྗེ་ཐེག་པ་ལ་ཞུགས་ཤིང་དམ་ཚིག་མ་ཉམས་པ་ཐམས་ཅད་ལ་རྡོ་རྗེ་སྤུན་ཞེས་ཟེར་ལ། དེ་ལ་ཁྲོས་ན་རྩ་ལྟུང་དུ་འགྱུར་རོ། །དེ་ཡང་བླ་མ་གཅིག་གིས་བཏུས་པ་ནི་ལྕི་འོ། །དཀྱིལ་འཁོར་གཅིག་ཏུ་ཞུགས་ན་ཤིན་ཏུ་ལྕི་སྟེ་རྩ་ལྟུང་ལས་མ་འདས་སོ། །ཁྲོས་པ་ཞེས་བྱ་བ་འཐབ་པ་ལྟ་བུ་མ་ཡིན་ཏེ། དགྲར་འཛིན་པའི་བསམ་པ་སྐྱེས་ན་རྩ་ལྟུང་ཡིན་ལ། ཁ་འཐབ་པ་ནི་བཤགས་བྱ་ཡིན་ནོ། །བདེ་བར་གཤེགས་པའི་བཀའ་ལ་ཞུགས་པ་ལས་རྡོ་རྗེའི་སྤུན་འབྱུང་བས་ན་གསུམ་པར་བཤད་དོ། །བཞི་པ་ནི། སེམས་ཅན་རྣམས་ལ་བྱམས་པ་སྤོང་། །བཞི་པ་ཡིན་པར་རྒྱལ་བས་གསུངས། །སེམས་ཅན་ཐམས་ཅད་བདེ་བར་གྱུར་ཅིག་སྙམ་པ་ལས་ལོག་ནས་རྟག་ཏུ། སྡུག་བསྔལ་བར་གྱུར་ཅིག་སྙམ་པའི་བསམ་པ་སྐྱེས་ན་བྱམས་པ་བཏང་བ་སྟེ་རྩ་ལྟུང་ངོ་། །དེ་ཡང་སེམས་ཅན་གཅིག་ལ་བྱམས་པ་བཏང་བས་ཀྱང་རྩ་ལྟུང་ཡིན་གྱི། ཐམས་ཅད་ལ་བྱམས་པ་སྤང་བ་མི་སྲིད་དེ། སྙིང་རྗེ་ཡེ་མེད་པའི་གནོད་སྦྱིན་དང་། སྲིན་པོ་སོགས་ལ་ཡང་རང་གི་བུ་དང་། ཆུང་མ་ལ་བྱམས་པ་ཡོད་པའི་

ཕྱིར་རོ། །རྡོ་རྗེ་སྤྱན་ལའང་བྱམས་པའི་སེམས་ཀྱི་བསྒྲུབ་བས་ན་བཞི་པར་བཤད་དོ། །ལྔ་པ་ནི། ཆོས་ཀྱི་རྒྱ་བ་བྱང་ཆུབ་སེམས། །དེ་སྟོང་བ་ནི་ལྔ་པ་ཡིན། །ཆོས་ཀྱི་རྒྱ་བ་སེམས་ཅན་ཐམས་ཅད་ཀྱི་དོན་དུ་སངས་རྒྱས་བསྒྲུབ་པར་བྱའོ་སྙམ་པའི་བསམ་པ་ལས་ལོག་པ་སྟེ་སྨོན་སེམས་བཏང་བའོ། །ལུང་བའི་ངོ་བོ་འདི་ལ་ཁ་ཅིག །སྨོན་པའི་སྟེང་དུ་འཇུག་པའི་བྱང་ཆུབ་ཀྱི་སེམས་ཀྱང་ཡིན་ནོ། །ཞེས་ཟེར་བ་དང་། དོན་དམ་པར་བྱང་ཆུབ་ཀྱི་སེམས་བདག་མེད་པ་སྤངས་པ་ཡིན་ནོ། །ཞེས་ཟེར་བ་དང་། ཡང་ཀུན་རྫོབ་བྱང་ཆུབ་ཀྱི་སེམས་ཀུན་ད་ལྟ་བུ་སྤངས་པ་ཡིན་ནོ། །ཞེས་སྨྲ་བ་ཡོད་དེ། དེ་དག་ནི་དེ་ལྟ་མ་ཡིན་ཏེ། དང་པོ་ལྟར་སྨྲ་ན། གོང་འོག་ཐམས་ཅད་ཀྱང་བྱང་ཆུབ་སེམས་དཔའི་འཇུག་པ་ཡིན་པའི་ཕྱིར། ལྔ་པའི་ཁོངས་སུ་ཐམས་ཅད་འདུས་པའི་སྐྱོན་ཡོད་དོ། །གཉིས་པ་ལྟར་ཡང་མ་ཡིན་ཏེ། ལྟུང་བ་དགུ་པ་དང་བཅུ་གཅིག་པར་བསྟན་པའི་ཕྱིར་རོ། །གསུམ་པ་ལྟར་ཡང་མ་ཡིན་ཏེ། དེ་ལྟར་ཡིན་ན་ཁྲིམ་པའི་རྡོ་རྗེ་འཛིན་པ་མི་སྲིད་པར་འགྱུར་བའི་སྐྱོན་ཡོད་དོ། །ཡང་གསུམ་པ་འདི་ནི་ཤེས་རབ་ཡེ་ཤེས་ཀྱི་དབང་གི་བསྒྲུང་བྱའི་དམ་ཚིག་ཡིན་པར་འདིར་སློས་པ་དོན་མེད་དོ། །བྱམས་པ་དང་སྙིང་རྗེ་ལ་བརྟེན་ནས་བྱང་ཆུབ་ཀྱི་སེམས་སྐྱེ་བའི་ཕྱིར་ལྔ་པར་བཤད་དོ། །དྲུག་པ་ནི། རང་དམ་གཞན་གྱི་གྲུབ་པའི་མཐའ། །ཆོས་ལ་སྨོད་པ་དྲུག་པ་ཡིན། །རང་གི་གྲུབ་པའི་མཐའ་ཐེག་པ་ཆེན་པོ་དང་། གཞན་གྱི་གྲུབ་པའི་མཐའ་ཉན་ཐོས་ཀྱི་ཐེག་པ་གཉིས་ལ་འདི་ནི་ལམ་གཏན་མ་ཡིན་ནོ་སྙམ་ནས་སྨོད་ན་རྩ་ལྟུང་ངོ་། །མུ་སྟེགས་བྱེད་ཀྱི་གཞུང་ལ་སྨོན་ན་བཤད་པར་བྱ་བ་ཉིད་དོ། །སྒྲ་དང་ཚད་མ་ནི་སངས་རྒྱས་ཀྱི་ཐེག་པའམ། མུ་སྟེགས་བྱེད་ཀྱི་གཞུང་ལའང་གནས་པས། གང་དང་གང་ལྡན་པ་དེ་རྩ་བའམ་བཤགས་བྱ་ཉིད་དུ་འགྱུར་རོ། །བྱང་ཆུབ་ཀྱི་སེམས་དང་ལྡན་པས་སངས་རྒྱས་སྒྲུབ་པར་བྱེད་ན་བདེ་བར་གཤེགས་པའི་བཀའ་བསྒོས་པས་དྲུག་པར་བཤད་དོ། །བདུན་པ་ནི། ཡོངས་སུ་མ་སྨིན་སེམས་ཅན་ལ། །གསང་བ་སྒྲོགས་པ་བདུན་པ་ཡིན། །དབང་བསྐུར་བ་མ་ཐོབ་པ་དང་། ཐོབ་ཀྱང་དམ་ཚིག་ཉམས་པའི་དྲུང་དུ་གསང་བའི་རྫས་རྡོ་རྗེ་དྲིལ་བུ། ཐོད་པ་ལ་སོགས་པ་དང་། གསང་བའི་སྤྱོད་པ་ཚོགས་འཁོར་ལ་སོགས་པ་དང་། གསང་བའི་ཆོས་གསང་སྔགས་ཀྱི་ཟབ་དོན་བཤད་ན་རྩ་ལྟུང་ངོ་། །དམ་པའི་ཆོས་ཀྱི་ནང་ནས་རྡོ་རྗེ་ཐེག་པ་འདི་ཆེས་ཟབ་པར་བསྟན་པའི་ཕྱིར་བདུན་པར་བཤད་དོ། །བརྒྱད་པ་ནི། ཕུང་པོ་སངས་རྒྱས་ལྔ་བདག་ལ། །སྨོད་པར་བྱེད་པ་བརྒྱད་པ་ཡིན། །རང་གི་ཕུང་པོ་ལྔ་ནི་སངས་རྒྱས་ལྔའི་བདག་ཉིད་ཡིན་ཏེ། གཟུགས་རྣམ་སྣང་། ཚོར་བ་རིན་འབྱུང་། འདུ་ཤེས་འོད་དཔག་མེད། འདུ་བྱེད་དོན་ཡོད་གྲུབ་པ། རྣམ་པར་ཤེས་པ་མི་བསྐྱོད་པ་ཡིན་ལ། དེ་ལྟར་མི་ཤེས་པར་ངའི་ལུས་འདི་དམན་པའོ་སྙམ་ན་རྩ་བའི་ལྟུང་བའོ། །དེ་བཞིན་དུ་ཁམས་བཞི་ནི་ལྷ་མོ་བཞིའི་རང་བཞིན། ནང་གི་སྐྱེ

མཆེད་ནི་བྱང་ཆུབ་སེམས་དཔའི་ངོ་བོ། ཕྱིའི་སྐྱེ་མཆེད་རྣམས་ནི་ལྷ་མོའི་རང་བཞིན་ཏེ། གསང་བ་འདུས་པ་ལས། མདོར་ན་ཕུང་པོ་ལྔ་རྣམས་ནི། །སངས་རྒྱས་ལྔ་ནི་རབ་ཏུ་བཤད། །ཅེས་གསུངས་སོ། །གསང་བའི་ཆོས་དེ་ནས་ལུས་སངས་རྒྱས་སུ་བཤད་པའི་ཕྱིར་བདུན་པའི་རྗེས་ལ་བརྒྱད་པར་བཤད་དོ། །དགུ་པ་ནི། རང་བཞིན་དག་པའི་ཆོས་རྣམས་ལ། །སོམ་ཉི་ཟ་བ་དགུ་པ་ཡིན། །ཆོས་ཐམས་ཅད་རང་བཞིན་གྱི་སྤྲོས་པ་དང་བྲལ་བ་དེ་བཞིན་ཉིད་ཀྱིས་དག་པ་དང་། ཕུང་པོ་ལྔ་རྒྱལ་བ་ལྔའི་རང་བཞིན་དུ་གནས་པ་ལྷ་སོ་སོའི་དག་པ་ཡིན་པ་ལ་དེ་ལྟར་མི་ཤེས་པར། ཆོས་ཐམས་ཅད་སྤྲོས་བྲལ་ཡིན་ནམ་མིན་ནམ་སྙམ་པ་དང་། ཕུང་པོ་ལྔ་སངས་རྒྱས་མིན་ནམ་སྙམ་དུ་ཐེ་ཚོམ་ཟ་ན་རྩ་བའི་ལྟུང་བའོ། །རང་བཞིན་གྱི་དག་པར་འཛིན་ན་ལྟ་སྨོས་ཀྱང་ཅི་དགོས་ཏེ། རྩ་བའི་ལྟུང་བ་ལྟི་བའོ། །ཕུང་པོ་ལྔ་སངས་རྒྱས་སུ་བསྟན་པ་ལ་ཐེ་ཚོམ་ཟོས་ན་ལྟུང་བར་འགྱུར་བའི་ཕྱིར། དགུ་པར་བཤད་དོ། །བཅུ་པ་ནི། གདུག་ལ་རྟག་ཏུ་བྱམས་ལྡན་པ། །བྱེད་པ་དེ་ནི་བཅུ་པར་འདོད། །བླ་མ་དང་སངས་རྒྱས་ཀྱི་བསྟན་པ་ལ་བརྙས་ཤིང་གནོད་པ་བྱེད་པ་སེམས་ཅན་དུ་མ་ལ་འཚེ་བར་བྱེད་པ་སྟེ། གདུག་པ་ཅན་དེ་ལ་འདི་ནི་བདག་གི་མཛའ་བོ་ཞེས་བྱ་བ་ལ་སོགས་པའི་ཚུལ་གྱིས་ལུས་ངག་གི་སྒྲོར་བས་བྱམས་པ་སྟོན་ན་རྩ་བའི་ལྟུང་བའོ། །དེ་ལྟར་གོང་དུ། སེམས་ཅན་རྣམས་ལ་བྱམས་པ་སྤྱོང་། །ཞེས་པ་དང་འགལ་ལོ་ཞེ་ན། མི་འགལ་ཏེ། འདིའི་བྱམས་པ་སྤྱང་བ་ནི། གནས་སྐབས་སུ་སྤྱོང་བ་ལྟར་སྣང་ཡང་། རང་གི་བྱམས་པ་མི་སྤྱོང་བའི་ཕྱིར། དཔེར་ན། བུ་ལོག་པའི་ལམ་ལ་འགྲོ་བ་ལ་མ་ཁྲོས་པ་བཞིན་ནོ། །ཡང་། སེམས་ཅན་གྱི་དོན་རྒྱ་ཆེན་པོར་འགྱུར་ན་བྱམས་པ་སྤྱང་ཡང་ཉེས་པ་མེད་དེ། སེམས་ཅན་གྱི་དོན་ཡིན་པའི་ཕྱིར་རོ། །ཡུལ་གྱི་གནས་ཚུལ་ལ་སོམ་ཉི་དང་ལོག་པར་སེམས་པ་ལ་བརྟེན་ནས་གདུག་པ་ཅན་འདུལ་བའི་ཕྱིར་དུ་དགུ་པའི་རྗེས་ལ་བཅུ་པར་བཤད་དོ། །བཅུ་གཉིས་པ་ནི། མིང་སོགས་བྲལ་བའི་ཆོས་རྣམས་ལ། །དེར་རྟོག་པ་ནི་བཅུ་གཅིག་པ། །ཆོས་ཐམས་ཅད་མིང་དང་བྲལ་བ་ལ་མིང་དང་བྲལ་བར་རྟོག་པ་སྟེ། དེ་ལ་མིང་དང་བྲལ་བ་ནི། ཆོས་ཐམས་ཅད་རང་བཞིན་གྱི་མེད་པ་ངོ་བོ་ཉིད་དང་བྲལ་བའི་རྟེན་ཅིང་འབྲེལ་པར་འབྱུང་བའོ། །འདི་ནི་མིང་དང་མཚན་མ་ཐམས་ཅད་དང་བྲལ་བ་ཡིན་ཏེ། འབུམ་ལས། གཟུགས་ལ་རང་བཞིན་མེད་དེ། གང་ལ་རང་བཞིན་མེད་པ་དེ་ནི་བརྗོད་དུ་མེད་པའོ། །ཞེས་སོགས་དང་། སློབ་དཔོན་རྟོག་རྩེ་པའི་བསམ་མི་ཁྱབ་པའི་མན་ངག་ལས། གཉིས་སུ་མེད་པ་མིང་ཙམ་སྟེ། དེ་ལ་མིང་ནི་ཡོད་མ་ཡིན། །གཉིས་མེད་མིང་དུ་བཟུང་བ་ལ། །བདག་ལ་རྣལ་འབྱོར་པས་བཟོད་མཛོད། །ཅེས་གསུངས་སོ། །

མདོར་ན་ཆོས་ཐམས་ཅད་ངོ་བོ་ཉིད་མེད་པ་སྤྲོས་པ་དང་བྲལ་བ་ལ་སྟོང་ཉིད་དུ་བཟུང་ན་རྩ་ལྟུང་ངོ། །

དཔེར་ན་མི་འདིའི་མིང་ཅི་ཡིན་ཟེར་ན། འདི་ལ་ནི་མིང་མེད་དོ་ཞེས་བརྗོད་པའི་ཚེ། འོན་འདི་ནི་མིང་མེད་ཅེས་བྱའོ། །ཞེས་འཛིན་པ་ལྟ་བུ་དང་འདྲའོ། །གདུག་པ་ཅན་དེ་ཡང་རང་བཞིན་གྱི་མེད་པར་ཤེས་པར་བྱ་བའི་ཕྱིར་བཅུ་པའི་རྗེས་ལ་བཅུ་གཅིག་པར་བཤད་དོ། །བཅུ་གཉིས་པ་ནི། སེམས་ཅན་དད་དང་ལྡན་པ་ལ། །སེམས་སུ་འཛིན་པ་བཅུ་གཉིས་པ། །དེ་ལ་སེམས་ཅན་གང་ཞིག་སངས་རྒྱས་ཀྱི་བསྟན་པ་ལ་དད་པའམ་སློབ་ཐེག་པ་ཆེན་པོ་ལ་དད་པའམ་བྱེ་བྲག་སྨྲ་གས་ལ་དད་པའམ། དེ་ལ་བདག་གི་ལུས་ངག་གི་སྒོ་ནས་མི་དད་པར་རིགས་པའི་སྤྱོད་པ་བསྟན་ནས། གང་ཟག་དེ་ལ་སངས་རྒྱས་ཀྱི་བསྟན་པ་སོགས་ལ་མ་དད་ཅིང་སྐྱོ་བར་གྱུར་ན་རྩ་ལྟུང་ངོ་། །དེ་ལ་བདག་གིས་མ་དད་པར་རིགས་པའི་སྤྱོད་པ་མ་བྱས་ཀྱང་། ཕ་རོལ་མ་དད་པ་ལ་ནི་ཉེས་པ་མེད་དོ། །མིང་དང་བྲལ་བའི་ཆོས་ལ་བརྟེན་ནས། དད་པའི་མཆོག་ཡིད་ཆེས་པའི་དད་པ། བསྐྱེད་པས་བཅུ་གཉིས་པར་བཤད་དོ། །བཅུ་གསུམ་པ་ནི། དམ་ཚིག་རྫས་ནི་ཇི་བཞིན་རྟེན། །མི་བསྟེན་པ་ནི་བཅུ་གསུམ་པ། །ཚོགས་ཀྱི་འཁོར་ལོ་ལ་སོགས་པའི་དུས་སུ་ཤ་ཆེན་ལ་སོགས་པ་དམ་ཚིག་གི་རྫས་དང་ཕྲད་པའི་ཚེ་སྐྱུག་བྲོ་བའམ། མི་གཙང་བ་ལ་སོགས་པའི་བསམ་པས་སྤངས་སམ། ཡང་རབ་ཏུ་བྱུང་བ་ལ་སོགས་པའི་བསླབ་པའི་བཅིངས་པས་ཆང་འཐུང་བ་དང་། ཕྱི་དྲོའི་ཁ་ཟས་ལ་བརྟེན་པ་ལ་སོགས་པའི་ལྟུང་བ་བྱུང་དུ་དོགས་པའི་བསམ་པས་མི་བསྟེན་པའོ། །ཡང་ཁ་ཅིག །ཚུལ་འཆོས་པས་མི་བསྟེན་པ་ཡང་མཐོང་སྟེ་འདི་ནི་ཆེས་སྨད་པར་བྱ་བའི་གནས་སོ༔ །དད་པ་དང་ལྡན་པ་དེས་དམ་ཚིག་གི་རྫས་བརྟེན་པར་ནུས་པའི་ཕྱིར་བཅུ་གསུམ་པར་བཤད་དོ། །བཅུ་བཞི་པ་ནི། ཤེས་རབ་རང་བཞིན་བུད་མེད་ལ། །སྨོད་པར་བྱེད་པ་བཅུ་བཞི་པ། །ཤེས་རབ་སྟོང་པ་ཉིད་སྟོན་པའི་བརྡ་བུད་མེད་ཡིན་ལ། དེ་ལ་བུད་མེད་ཀྱི་ལོག་པ་ནས་སྨོད་པས་ཏེ་བུད་མེད་དེ་ནི་མི་གཙང་བའི་གནས་བསོད་ནམས་མ་ཡིན་པ་ལས་གྲུབ་པ། འདི་ལ་སྐྱེས་པའི་ལུས་ཀྱང་དགོན་ན་བྱང་ཆུབ་ལྟ་ག་ལ་ཞིག་ཅེས་སྨོད་ན་རྩ་ལྟུང་ངོ་། །བུད་མེད་ལ་འཕབ་ན་བཤད་པར་བྱའོ། །འོན་ཀྱང་བུད་མེད་རྡོ་རྗེ་སྤྱན་ཡིན་ཞིང་དགྲར་འཛིན་བྱུང་ན་རྩ་ལྟུང་གསུམ་པའོ། །རྡོ་རྗེ་སྤྱན་དུ་མ་གྱུར་ཀྱང་བྱམས་པ་སྤངས་ན་བཞི་པར་འགྱུར་རོ། །དམ་ཚིག་རྫས་ལ་མི་གཙང་བར་འཛིན་པའི་བློ་མེད་པ་དེའི་ཚེ་བུད་མེད་ལ་སྨོད་པར་མི་འགྱུར་བའི་ཕྱིར་བཅུ་གསུམ་པའི་རྗེས་ལ་བཅུ་བཞི་པ་འདི་བཤད་དོ། །བཅུ་བཞི་པོ་འདིའི་གོ་རིམ་ནི། ལྷོ་བ་དང་ཡང་བའི་རིམ་པས་ཀྱང་བསྟན་ཏེ། སྡོམ་སྡོམ་ལྷོ་བ་དང་། ཕྱི་མ་ཕྱི་མ་རྣམས་ཡང་བར་གསུངས་པའི་ཕྱིར་རོ། །རྩ་བའི་ལྟུང་བའི་ངོ་བོ་བཤད་ཟིན་ཏོ༔ །གཉིས་པ་བསྲུངས་པའི་ཕན་ཡོན་ནི། སྡུགས་པས་འདི་དག་སྤངས་ནས་ནི། །དངོས་གྲུབ་ངེས་པར་ཐོབ་པར་འགྱུར། །དེ་ལ་ཐོག་མར་དབང་ཐོབ། །དེ་ནས་རྩ་བའི་ལྟུང་བ་འདི་དག་མེད་པར་བྱས་ན་ལམ་མ་བསྒོམ

ཀྱང་། སྐྱེ་བ་བཅུ་དྲུག་ནས་མཆོག་གི་དངོས་གྲུབ་འགྲུབ་པར་སངས་རྒྱས་ཀྱིས་གསུངས་སོ། །ཇི་སྐད་དུ་དམ་ཚིག་ལྔ་པ་ལས། གལ་ཏེ་ལྟུང་བ་མེད་གྱུར་ན། །སྐྱེ་བ་བཅུ་དྲུག་དག་ནས་འགྲུབ། །ཅེས་སློབ་དཔོན་པདྨ་བཛྲ་གྱིས་གསུངས་པ་བཞིན། གསུམ་པ་མ་བསྲུངས་པའི་ཉེས་དམིགས་ནི། གཞན་དུ་དམ་ཚིག་ལ་ཉམས་ན། །ཉམས་པ་བདུད་ཀྱིས་བཟུང་བར་འགྱུར། །དེ་ནས་སྡུག་བསྔལ་མྱོང་འགྱུར་ཞིང་། །ཐུར་དུ་བལྟས་ཏེ་དམྱལ་བར་འགྲོ། །རྩ་བའི་ལྟུང་བ་བཅུ་བཞི་པོ་ཐམས་ཅད་བྱུང་བའམ་གཅིག་བྱུང་ཡང་དམ་ཚིག་ལས་ཉམས་པ་ཡིན་ཏེ། དཔེར་ན་ཕྱོགས་བཞི་ན་དུག་སྦྲུལ་བཞི་ཅིག་ཅར་བྱུང་བ་གྱུར་ལ་དེ་ལ་བཙོན་འགྲུས་དང་བསྟུན་པས་གསུམ་བསད་ཀྱང་གཅིག་གིས་ཀྱང་བདག་ཉམས་པར་བྱེད་པ་བཞིན་ནོ། །དམ་ཚིག་ལ་ཉམས་ན་བདུད་བཞིས་བཟུང་བར་འགྱུར་ཏེ། ཐོག་མར་ཉོན་མོངས་པའི་བདུད་མི་དགེ་བའི་བསམ་པ་དུ་མ་འབྱུང་། དེ་ནས་ལྷའི་བུའི་བདུད་ཀྱིས་མི་མཐུན་པའི་ཕྱོགས་སྣ་ཚོགས་བྱས་ནས་འཆི་བདག་གི་བདུད་ཀྱིས་བསད་དེ། ཕུང་པོའི་བདུད་ཀྱིས་འཁོར་བ་ནས་འཁོར་བར་ཉིང་མཚམས་སྦྱོར་བར་འགྱུར་རོ། །དེ་ནས་ཚེ་འདི་དང་ཕ་རོལ་གྱི་གནས་སྐབས་ཐམས་ཅད་དུ་སྡུག་བསྔལ་མཐའ་དག་མྱོང་བར་འགྱུར་ཞིང་། ཁྱད་པར་དུ་བླ་མ་བཀྲོངས་པ་ལ་སོགས་པའི་ཉེས་པ་ཆེན་པོ་སྤྱད་ན། ལུས་དེ་ཉིད་ལ་མེ་འབར་བཞིན་དུ་མནར་མེད་པའི་སེམས་ཅན་དམྱལ་བ་མྱོང་བར་འགྱུར་བ་ཡིན་ནོ། །ཚེ་འདི་འང་མིའི་སྣང་བ་ནུབ་པས་ཚེ་ཕ་རོལ་གྱི་ཕོངས་སུ་གཏོགས་པའོ། །བཞི་པ་མི་འབྱུང་བར་བྱ་བའི་ཕྱིར་བསླབ་པ་ནི། དེ་བས་ང་རྒྱལ་བཅོམ་ནས་ནི། །བདག་ཉིད་མ་འཁྲུལ་ཤེས་པར་བྱ། །ལྟུང་བ་ཐམས་ཅད་ང་རྒྱལ་ལ་བརྟེན་ནས་འབྱུང་བས་རིགས་དང་གཟུགས་དང་ཡོན་ཏན་ལ་སོགས་པའི་སྒོ་ནས་བདག་ནི་མཆོག་ཏུ་གྱུར་པ་ཡིན་ལ། གཞན་ནི་དམན་པའོ་ཞེས་བྱ་བ་ལ་སོགས་པའི་ང་རྒྱལ་དོར་ལ། ཞི་ཞིང་དུལ་བ་ལ་བདག་གིས་བསླབ་པར་བྱ་བ་ཡིན་ནོ། །བདག་ཉིད་བསླབ་པ་རྣམས་མ་འཁྲུལ་བར་བསྲུང་བར་འདོད་པ་དག་གིས། བག་ཡོད་པ་དང་། དྲན་པ་དང་། ཤེས་བཞིན་གྱིས་བསྲུངས་པར་བྱ་བ་ཡིན་ཏེ། དེ་ལྟར་བསྲུངས་ན་ཉེས་པ་མི་འབྱུང་ཞིང་། མ་བསྲུངས་ན་ཉེས་པ་ཐམས་ཅད་འབྱུང་བའི་ཕྱིར་ཏེ། སྤྱོད་འཇུག་ལས། ཤེས་བཞིན་མེད་པའི་ཆོམ་རྐུན་དག །དྲན་པ་ཉམས་པའི་རྗེས་འབྲངས་ནས། །བསོད་ནམས་དག་ནི་ཉེར་བསགས་ཀྱང་། །རྐུན་པོས་འཕྲོགས་བཞིན་ངན་འགྲོར་འགྲོ། །ཞེས་གསུངས་སོ། །

ལྔ་པ་བྱུང་བ་ཕྱིར་བཅོས་པའི་ཐབས་ལ་གཉིས་ཏེ། ལྟུང་བ་ལས་ལྡང་བ་དང་། དམ་ཚིག་དང་སྡོམ་པ་ཡང་དག་པར་བླངས་པའོ། །དང་པོ་ནི། མཉམ་པར་བཞག་པའི་བླ་མ་ལ། །ཅི་འབྱོར་པ་ཡིས་མཆོད་བྱས་ལ། །བླ་མའམ་དམ་ཚིག་གིས་ཉེས་པ་མེད་པའི་རྡོ་རྗེ་སྤུན་ལ་སོགས་པ་ལ་ཚོགས་ཀྱི་འཁོར་ལོ་ལ་སོགས་པ་ཅི་འབྱོར

བའི་མཆོད་པ་བྱས་ལ། སྟོབས་བཞིའི་སྒོ་ནས་སྡིག་པ་བཤགས་པས་ལྟུང་བ་ལས་ལྡང་བར་འགྱུར་རོ། །གཉིས་པ་ནི། གསུམ་ལ་སྐྱབས་འགྲོ་ནས་བརྩམས་ཏེ། །བྱང་ཆུབ་སེམས་སོགས་སྡོམ་པ་ནི། །སྔགས་པས་འབད་དེ་བཟུང་བར་བྱ། །རྩ་བའི་ལྟུང་བ་བྱུང་ནས་སྡོམ་པ་བཏང་ན་སླར་ཡང་སྡོམ་པ་བླང་དགོས་ལ། དེ་ཡང་ཐུན་མོང་གི་སྐྱབས་སུ་འགྲོ་བ་དང་། རང་གང་ལ་གནས་པའི་སོ་སོ་ཐར་པ་བླང་བར་བྱའོ། །དེའི་རྗེས་ལ་ཐུན་མོང་མ་ཡིན་པའི་སྐྱབས་འགྲོ་དང་། སྨོན་འཇུག་གི་བདག་ཉིད་ཅན་གྱི་བྱང་ཆུབ་ཀྱི་སེམས་བསྐྱེད་པར་བྱའོ། །འདི་ནི་གུར་དུ། བླང་ཡང་རུང་། མ་བླང་ཡང་སྔ་གོན་གྱི་གནས་སྐབས་སུ་འབྱུང་བར་བཤད་དོ། །གལ་ཏེ། བདག་ལ་མཆོག་དང་ཐུན་མོང་གི་དངོས་གྲུབ་ཐོབ་པར་འདོད་ན། སྒྲུབ་པ་པོ་སྔགས་སྨྱུར་དུ་འབད་དེ་དབང་བསྐུར་བ་ཞུ་ཞིང་དམ་ཚིག་དང་སྡོམ་པ་བཟུང་བར་བྱ་བ་ཡིན་ཏེ། དམ་པ་དང་པོ་ལས། རྩ་བའི་ལྟུང་བ་བྱུང་གྱུར་ན། །སླར་ཡང་དཀྱིལ་འཁོར་འདི་རུ་ནི། །དག་པའི་རྒྱུ་རུ་འཇུག་པར་བྱ། །ཞེས་གསུངས་སོ། །རྩ་བའི་ལྟུང་བ་རྫོགས་སོ། །གཉིས་པ་ཡན་ལག་གི་ལྟུང་བ་ནི། ཡན་ལག་དམ་ཚིག་ཅེས་བྱ་བ། །ཅིའི་ཕྱིར་ཡན་ལག་གི་ལྟུང་བ་ཞེས་བྱ་ཞེ་ན། ཤིང་གི་ཡལ་ག་དང་འདྲ་སྟེ། ཡན་ལག་བཅད་ཅིང་ཉམས་པ་ཡིན་མོད་ཀྱི་འོན་ཀྱང་མི་སྐྱེ་བ་ནི་མ་ཡིན་ནོ། །དེ་བཞིན་དུ་ཡན་ལག་གི་ལྟུང་བ་བརྒྱད་པོ་བྱུང་ན་ཉམས་པ་ཡིན་གྱི་དམྱལ་བར་མི་སྐྱེ་བས་ཤིང་གི་ཡལ་ག་བཅད་པ་དང་འདྲའོ། །ལྟུང་བ་དང་པོ་ནི། དམ་ཚིག་དང་ནི་མི་ལྡན་པས། །རིག་མ་བསྟེན་པར་དགའ་བ་དང་། །དབང་བསྐུར་མ་ཐོབ་པའི་རིག་མ་ཡིད་ཀྱི་ཡུལ་དུ་བསྟེན་པར་འགྱུར་བའི་ཚུལ་གྱིས་བསྟེན་པར་དགའ་བ་ཡན་ལག་གི་ལྟུང་བར་འགྱུར་རོ། །དབང་བསྐུར་བ་མ་ཐོབ་པ་ལ་དངོས་སུ་མཁའ་གསང་བྱིན་རླབས་ལ་སོགས་པའི་རྟེན་རྩ་ལྟུང་བདུན་པར་འགྱུར་རོ། །ཚོགས་ཀྱི་འཁོར་ལོ་རྩོད་པ་དང་། །ཞེས་པ་ནི་ཚོགས་ཀྱི་འཁོར་ལོའི་དུས་སུ་འཐབ་མོ་དངོས་བྱེད་ན་ནི་རྩ་ལྟུང་གསུམ་པར་འགྱུར་རོ། །ཀུ་རེའི་ཁ་ཤགས་བྱེད་ན་ཡན་ལག་གི་ལྟུང་བར་འགྱུར་རོ། །གསང་བའི་ཆོས་ནི་སྟོན་པ་དང་། །ཞེས་པའི་གསང་བའི་ཆོས་ནི་བརྡ་སྐད་དེ། ཚོགས་འཁོར་གྱི་དུས་སུ་ཆང་ལ་མ་དུ་ལ་སོགས་པ་བྱ་དགོས་ལ། དེ་མིན་པའི་དུས་སུ་དགོས་པ་མེད་པར་དབང་ཐོབ་པའི་དྲུང་དུ་ཡང་སྨྲ་ན་ཡན་ལག་གི་ལྟུང་བར་འགྱུར་རོ། །དབང་མ་ཐོབ་པ་ལ་སྨྲ་ན་ནི་རྩ་བའི་ལྟུང་བ་བདུན་པར་འགྱུར་རོ། །སེམས་དད་དང་ལྡན་པ་ལ། །དམ་ཆོས་གཞན་དུ་སྟོན་པ་དང་། །ཞེས་པ་སློབ་མ་ལམ་མ་ནོར་བའི་ཆོས་འདོད་པ་ལ་དེ་མ་ཡིན་པར་དེ་ལོག་པར་སྟོན་པ་ནི་ཡན་ལག་གི་ལྟུང་བའོ། །དེའི་སེམས་སུན་ཕྱུང་བ་ནི་རྩ་བའི་ལྟུང་བ་བཅུ་གཉིས་པར་འགྱུར་རོ། །ཉན་ཐོས་དག་ཏུ་རློམ་བྱེད་པའི། །ནང་དུ་ཞག་བདུན་འདས་པ་དང་། །ཞེས་པ་ཉན་ཐོས་སུ་ཁས་འཆེ་བའི་ཁྱིམ་དུ་ཞག་བདུན་འདས་པ་སྟེ། མདོར་ན་ལྷ་དང་བླ་མ་ཡིད་ལ་བྱེད་པ་མེད་པར་ཞག

བདུན་སོང་ན་ཡན་ལག་གི་ལྟུང་བའོ། །སྨྲོར་བ་ངེས་པར་མ་བྱས་པར། །སྐལ་མིན་གསང་བ་སྒྲོགས་པ་དང་། །ཞེས་པ་དབང་གོང་མའི་སྦྱོར་བ་མ་བྱས་པར། དབང་གོང་མའི་ཆོས་སྟོན་ན་ཡན་ལག་གི་ཉེས་པ་ཡིན་ལ། དབང་བསྐུར་མ་བྱས་པ་ལ་སྟོན་པ་རྩ་ལྟུང་བདུན་པའོ། །གང་ཞིག་ཕྱག་རྒྱ་མི་མཁས་ལ། །ལུས་ཀྱི་ཕྱག་རྒྱ་སྟོན་པ་དང་། །ཞེས་དབང་བསྐུར་བ་ཐོབ་པ་རྣམས་ཀྱི་དྲུང་དུ་ཡང་དགོས་པ་མེད་པར་ལྷུགས་ཀྱུ་དང་ཞགས་པ་ལ་སོགས་པའི་ཕྱག་རྒྱ་འཆའ་ན་ཡན་ལག་གི་ལྟུང་བའོ། །དབང་མ་ཐོབ་པའི་དྲུང་དུ་རྩ་ལྟུང་བདུན་པར་འགྱུར་རོ། །བསྙེན་རྫོགས་དག་པར་མ་བྱས་པར། །དཀྱིལ་འཁོར་ལས་ལ་འཇུག་པ་དང་། །ཞེས་པ་སྔོན་དུ་ལྷའི་བསྙེན་པ་ཚད་དང་ལྡན་པ་མ་སོང་བ་དང་། སོགས་ཀྱི་སྒྲས་ཆོ་ག་བཤད་པ་བཞིན་བྱས་པར་དབང་བསྐུར་བ་ལ་སོགས་པ་བྱེད་ན་ཡན་ལག་གི་ལྟུང་བའོ། །སྡོམ་པ་གཉིས་ཀྱི་བཅས་པ་ལ། །དགོས་པ་མེད་པར་འདའ་བ་དང་། །ཞེས་པ་ཉན་ཐོས་དང་ཐེག་ཆེན་གཉིས་ཀྱི་སྡོམ་པ་ལ། དགོས་པ་ཡོད་ན་འདའ་བར་སྣང་བ་ལས་དགོས་པ་མེད་པར་འདའ་བའོ། །ཁ་ན་མ་ཐོ་བཅས་གྱུར་ན། ། སྔགས་པ་དེ་ཡི་དམ་ཚིག་ཟད། །ཟད་པས་འགྲུབ་པར་མི་འགྱུར་ཞིང་། །བདུད་དང་སྡུག་བསྔལ་མང་དུ་འཕེལ། །ཁ་ན་མ་ཐོ་བ་ནི་རྣམ་པ་གཉིས་ཏེ། རང་བཞིན་གྱི་ཁ་ན་མ་ཐོ་བ་དང་། བཅས་པའི་ཁ་ན་མ་ཐོ་བའོ། །དེ་ལྟར་གཉིས་ལས་རང་བཞིན་ནི་ཕལ་པ་ལའང་ཉེས་པར་འགྱུར་ལ། བཅས་པ་ནི་སྡོམ་པ་བླངས་པའི་གང་ཟག་རྣམས་ལ་ཉེས་པར་འགྱུར་བ་ཡིན་ནོ། །དེས་ན་ཡན་ལག་གི་ལྟུང་བ་འདི་དག་ནི་བཅས་པའི་ཁ་ན་མ་ཐོ་བའོ། །ཡང་། རྩ་བའི་ལྟུང་བ་ལ། རང་བཞིན་གྱི་ཁ་ན་མ་ཐོ་བ་དང་། ཡན་ལག་གི་ལྟུང་བ་ལ་བཅས་པའི་ཁ་ན་མ་ཐོ་བར་ཡང་གསུངས་སོ། །འདིའི་ལྟུང་བའི་མིང་གི་དོན་བསྟན་ནོ། །མ་བསྲུང་པའི་ཉེས་དམིགས་ནི། སྔགས་པ་དེའི་ཡན་ལག་གི་ལྟུང་བ་མ་བསྲུང་ན། དམ་ཚིག་ཟད་པར་འགྱུར་ལ་དམ་ཚིག་ཟད་པས་དངོས་གྲུབ་མྱུར་དུ་འགྲུབ་པར་མི་འགྱུར་ཞིང་། ཉོན་མོངས་པ་ལ་སོགས་པའི་བདུད་བཞི་དང་། ཚེ་འདི་དང་ཕ་རོལ་གྱི་སྡུག་བསྔལ་མང་དུ་འཕེལ་ཞིང་རྒྱས་པར་འགྱུར་བས། དམ་ཚིག་ཚུལ་བཞིན་དུ་བསྲུང་བར་བྱའོ། །བཤགས་པའི་དུས་ནི། ཉིན་དང་མཚན་མོ་ལན་གསུམ་དུ། །ཉིན་རེ་བཞིན་ནི་བཟླ་བར་བྱ། །ཉིན་ལན་གསུམ་མཚན་ལན་གསུམ་དུ་ཉིན་རེ་བཞིན་ནི་རྩ་བ་དང་ཡན་ལག་གི་ལྟུང་བ་འདི་དག་བཟླ་བར་བྱ། བགླགས་པར་བྱ་ཞེས་བྱ་བ་སྟེ། དྲན་པ་དང་ཤེས་བཞིན་གྱི་ཟིན་པས་དུས་དྲུག་ཏུ། རྩ་བ་དང་ཡན་ལག་གི་གཞུང་གཉིས་པོ་འདི་ཁ་དོན་དུ་བྱ་སྟེ། དེའི་ཉེས་པ་ཇི་ལྟ་བུ་བྱུང་བ་དྲན་པར་བྱས་ལ་དུས་ཀྱི་དྲུག་ཆ་ལས་ཐལ་དུ་མི་འཇུག་པར་བཤགས་པར་བྱ་བའི་དོན་ཏོ། །བཤགས་པ་བྱ་ཚུལ་ནི། རྩ་ལྟུང་གི་ཡན་ལག་ཚང་བ་དང་། ཡན་ལག་གི་ལྟུང་བ་འདི་རྣམས་ལ་སྟོབས་བཞིས་སྒོ་ནས་བཤགས་པ་བྱས་པས་ཀྱང་ལྟུང་བ་ལས་ལྡང་བར་གསུངས་སོ། །

ལྟུང་བ་འདི་མ་བྱུང་ན་དགའ་བ་བསྒོམ་མོ། །ཡན་ལག་གི་ཉེས་པ་འདི་དག་ཀྱང་ཚོགས་ཀྱི་འཁོར་ལོ་རྩོད་པ་དང་། གསང་བའི་ཆོས་སྟོན་པ་གཉིས། གཅིག་ཏུ་བྱས་ན་ཡན་ལག་བརྒྱད་དང་། སོ་སོར་བགྲངས་ན་དགུར་འགྱུར་བར་གསུངས་སོ། །འདི་དག་གི་དོན་རྒྱས་པར་ཤེས་པར་འདོད་ན། དྲི་མེད་བླ་མས་མཛད་པའི་རྩ་ལྟུང་འགྲེལ་སྤྱོང་དུ་བལྟ་བར་བྱའོ། །འདི་དག་ཀྱང་རྩ་ལྟུང་འགྲེལ་སྤྱོང་དང་། སསྐྱ་པཎྜི་ཏའི་གསུང་ཇི་ལྟ་བ་བཞིན་བྲིས་པ་ཡིན་པས་ཡིད་ཆེས་པར་གྱིསཤིག །

གཉིས་པ་བསླབ་བྱ་ཕན་ཚུན་ནང་འགལ་བ་ཇི་ལྟར་བསྒྲུབ་པའི་ཚུལ་ནི། སྡོམ་པ་གསུམ་རིམ་ཅན་དུ་བླངས་པའི་དགེ་སློང་རྡོ་རྗེ་འཛིན་པ་ཞིག་གིས། སྐབས་འགའ་ཞིག་ཏུ་སྡོམ་པ་གོང་འོག་ལ་ལྟོས་པའི་བསླབ་བྱ་རྣམས་ཕན་ཚུན་འགལ་བར་གྱུར་ན། གང་གི་དབང་དུ་བྱས་ནས་དཔྱད་སྙམ་ན། སཔཎ་གྱི་བཀའ་གདམས་དྲི་ཀོར་བའི་དྲིས་ལན་ལས། སྡོམ་གསུམ་ལྡན་པའི་དགེ་སློང་གིས། །སྤང་བྱ་ཕན་ཚུན་ནང་འགལ་ཚེ། །དགག་བྱ་དང་ནི་དགོས་པ་གཉིས། །གཙོ་བོ་གང་ཆེའི་དབང་དུ་ཐོང་ས། །ཞེས་གསུངས་པ་ལ། འཕགས་པའི་དྲིས་ལན་འགའ་ཞིག་ལས། སྡོམ་པ་གོང་མ་གོང་མའི་དབང་དུ་བྱས་ནས་དཔྱད་པར་གསུངས་པ་ཡང་ཡོད་དོ། །དོན་འདི་ཡིན་ཏེ། གོང་འོག་རྩ་བར་མཉམ་པའི་ཡན་ལག་ཏུ་མཉམ་པ་ལྟ་བུ་བསླབ་བྱ་མཉམ་པ་དང་། འོག་མའི་ཡན་ལག་དང་། གོང་མའི་རྩ་བ་འགལ་བའི་ཚེ། རྣམ་པ་ཐམས་ཅད་དུ་གོང་མའི་དབང་དུ་བྱས་ནས་བསྲུང་དགོས་ཏེ། དེའི་རྒྱུད་ཀྱི་སྡོམ་པ་འོག་མ་ཐམས་ཅད་གནས་གྱུར་ནས་གོང་མའི་ངོ་བོར་ཡོད་པའི་ཕྱིར་དང་། དེའི་བསྲུང་བྱའི་གཙོ་བོ་ནི་གོང་མ་ཡིན་པའི་ཕྱིར་རོ། །འདི་ལ་དགོངས་ནས་འཕགས་པས། གོང་མའི་དབང་དུ་བྱས་ནས་དཔྱད་པར་གསུངས་སོ། །འོན་ཀྱང་ལས་དང་པོ་པའི་ཚེ་སེམས་ཅན་གྱི་དོན་དུ་འགྱུར་བའི་དགག་དགོས་ཁྱད་པར་ཅན་མེད་པར་གོང་མའི་ཡན་ལག་འགའ་ཞིག་དང་། འོག་མའི་རྩ་བ་ལྟ་བུ་འགལ་བའི་ཚེ། འོག་མའི་དབང་དུ་བྱས་ནས་བསྲུང་དགོས་པ་ཡང་ཡོད་དེ། སྤྱོད་འཇུག་ལས། ཆུང་ངུའི་ཕྱིར་ནི་ཆེ་མ་བཏང་། །གཙོ་ཆེར་གཞན་གྱི་དོན་བསམ་མོ། །ཞེས་དང་། འདི་ལྟར་སྦྱིན་པས་དུས་རྟག་ཏུ། །ཚུལ་ཁྲིམས་བཏང་སྒོམ་བྱ་བར་གསུངས། །ཅེས་བཤད་པ་ལྟར་རོ། །འདི་ལ་དགོངས་ནས། སཔཎ་གྱིས་དགག་བྱ་དགོས་པ་གཙོ་གང་ཆེ་བའི་དབང་དུ་བཏང་བར་གསུངས་སོ། །གསུམ་པ་ཉམས་པ་ཕྱིར་བཅོས་པའི་ཐབས་ལ་གཉིས་ཏེ། ཡན་ལག་ཚང་བའི་ལྟུང་བ་བྱུང་ན་སྡོམ་པ་ཡང་དག་པར་བླང་བ་དང་། ཡན་ལག་མ་ཚང་བའི་རྩ་ལྟུང་བྱུང་ན་ལྟུང་བ་ལས་ལྡང་བའི་ཐབས་སོ། །དང་པོ་ནི། རྗེ་བཙུན་གྱི་རྩ་ལྟུང་འགྲེལ་སྤྱོང་ལས། ཡན་ལག་ཚང་བའི་རྩ་ལྟུང་བྱུང་ན་རྡོ་རྗེ་སློབ་དཔོན་གྱི་དྲུང་དུ་སྡོམ་པ་བླང་དགོས་ཏེ། དམ་པ་དང་པོ་ལས། རྩ་བའི་ལྟུང་བ་བྱུང་གྱུར་ན། །སླར་ཡང་དཀྱིལ་

འཁོར་འདི་རུ་ནི། །དག་པའི་རྒྱུ་རུ་འཇུག་པར་བྱ། །ཞེས་སོགས་ཀྱི་དགོངས་པ་རྩ་བའི་ལྟུང་བ་བྱུང་ན་སླར་ཡང་སྡོམ་པ་བླང་བར་བཞེད། བླ་ཆེན་འཕགས་པའི་དྲིས་ལན་འགའ་ཞིག་ལས། ཡུལ་རྡོ་རྗེ་སློབ་དཔོན་མ་འཁྲོར་ན་ཐོག་མར་ཡི་གེ་བརྒྱ་པ་བཟླས་བརྗོད་ལ་སོགས་པའི་སྒོ་ནས་སྡིག་པ་འདག་པའི་མཚན་མ་བྱུང་གི་བར་དུ་གཤགས་པ་བྱེད་ཅིང་། མཚན་མ་བྱུང་བའི་ཚེ་རང་ཉིད་ཀྱི་རྟུལ་ཚོན་གྱི་དཀྱིལ་འཁོར་ཚུལ་བཞིན་དུ་བྲིས་ཏེ། བདག་འཇུག་བླངས་ནས་སྡོམ་པ་སོར་ཆུད་པ་ཡང་ཡོད་དོ། །བླ་མ་འགའ་ཞིག་ནི། རྩ་ལྟུང་དང་པོ་རྡོ་རྗེ་སློབ་དཔོན་ལ་སྨོད་པའི་རྩ་ལྟུང་བྱུང་ན། དབང་བསྐུར་བ་ཞུ་བའི་སྒོ་ནས་སྡོམ་པ་སླར་ཡང་བླང་དགོས་ཏེ། སྔགས་ཀྱི་ཉམས་ལེན་དང་མ་འབྲེལ་ཞིང་། སྔགས་སྡོམ་ཐོབ་པ་ཙམ་ཞིག་བདག་འཇུག་བྱས་པས་ཀྱང་སོར་ཆུད་པར་བཞེད་དོ། །ཁོ་བོའི་འདི་ལྟར་སེམས་ཏེ། རྟེན་གྱི་གང་ཟག་དེ་སྔགས་ཀྱི་ཉམས་ལེན་གྱི་ཚུལ་མི་ཤེས་ཤིང་། ཉམས་ལེན་ཅུང་ཟད་ཀྱང་མ་བྱས་པ་ལ་དབང་བསྐུར་གྱི་སྒོ་ནས་སྔགས་སྡོམ་ཐོབ་པ་ཙམ་ཞིག་ཡིན་ན། དེ་ལ་རྩ་ལྟུང་བྱུང་བའི་ཚེ་སྡོམ་པ་སླར་ཡང་བླང་དགོས་ཏེ། སྔགས་ཀྱི་ཉམས་ལེན་དང་མ་འབྲེལ་ཞིང་། སྔགས་སྡོམ་ཐོབ་པ་ཙམ་ཡིན་པའི་ཕྱིར། གལ་ཏེ་ཉམས་ལེན་གྱི་ཚུལ་ལེགས་པར་ཤེས་ཤིང་། རྒྱུན་དུ་ཉམས་ལེན་པའི་གང་ཟག་ཡིན་ན། དེ་ལ་ལྟུང་བ་བྱུང་བའི་ཚེ་རང་ཉིད་ཀྱི་བདག་འཇུག་བླངས་ཀྱང་སོར་ཆུད་པར་འགྱུར་ཏེ། རྩ་བའི་ལྟུང་བས་དམ་ཚིག་ལ་སྐྱོན་བྱུང་བ་ཙམ་ཡིན་གྱི། སྔགས་ཀྱི་ཉམས་ལེན་གྱི་ཚུལ་དང་འབྲེལ་བ་ཡིན་པས་བདག་འཇུག་གིས་ཀྱང་སྐྱོན་སྤྱང་བར་ནུས་སོ་སྙམ་དུ་སེམས་སོ། །རྗེ་བཙུན་གྱིས་སྤྱོད་པ་དོགས་ཕྱོགས་ནས་བཀག་པའམ། ཡང་ན་འདིའི་སྟ་མ་ལྟ་བུ་ལ་དགོངས་པར་མངོན་ནོ། །གཉིས་པ་ཡན་ལག་མ་ཚང་བའི་ལྟུང་བ་དང་། ཡན་ལག་གི་ལྟུང་བ་རྣམས་ལ་ལྟུང་བ་ལས་ལྡང་བའི་ཐབས་ནི། སྟོབས་བཞིའི་སྒོ་ནས་བཤགས་པ་བྱེད་པ་དང་། དམ་ཚིག་རྡོ་རྗེའི་བསྒོམ་བཟླས་བྱེད་པ་དང་། བསྙེན་འགྲུབ་དྲག་པོས་རིམ་གཉིས་ཚུལ་བཞིན་དུ་སྒོམ་པ་དང་། བཞི་འབུམ་ལ་སོགས་པ་གྲངས་ཀྱི་བསྙེན་པ་བྱེད་པ་དང་། བསྙེན་པའི་བཅུ་ཆ་སོགས་ཀྱི་སྦྱིན་སྲེག་བྱེད་པ་དང་། དམ་ཚིག་དང་ལྡན་པའི་རྡོ་རྗེ་སྤུན་གྲོགས་ལ་ཚོགས་འཁོར་བྱེད་པ་སོགས་ཀྱི་སྒོ་ནས་རྒྱུད་ལ་ལྟུང་བ་མེད་པར་བྱས་ནས་རྣལ་འབྱོར་ཉམས་སུ་ལེན་པ་ལ་འབད་པར་བྱའོ། །བྱུང་བ་ཕྱིར་བཅོས་པའི་ཐབས་བཤད་ཟིན་ཏོ། །

བཞི་པ་སྡོམ་པ་གནས་གཏོང་གི་ཚུལ་ལ་དཔྱད་པ་ལ་གཉིས་ཏེ། གནས་པའི་ཚེ་གཅིག་དང་ཐ་དད་གང་དུ་གནས་དཔྱད་པ། གཏོང་བའི་ཚེ་རིམ་དང་ཅིག་ཅར་གང་དུ་གཏོང་དཔྱད་པའོ། །དང་པོ་ལ། དགག་གཞག་སྤང་གསུམ། དང་པོ་ལ་བཞི་སྟེ། ཉི་ཟླ་སྐར་གསུམ་གྱི་དཔེས་འོག་མ་བག་ལ་ཉལ་བའི་ཚུལ་དུ་འདོད་པ་དགག །སྐྱེས་བུ་རྒྱན་གྱི་དཔེས་དུས་མཉམ་དགག་གཞན་དུ་འདོད་པ་དགག །ཆུ་གཞོང་དུ་ནོར་བུ་བཞག་པའི་དཔེས

རྟེན་དང་བརྟེན་པ་རྫས་གཞན་དུ་འདོད་པ་དགག །གཞན་ལུགས་ལ་རང་ལུགས་སུ་འཁྲུལ་ནས་གནས་གྱུར་རྫས་གཞན་དུ་འདོད་པ་དགག་པའོ། །

དང་པོ་ལ། འདོད་པ་བརྗོད་པ་དང་། དེ་དགག་པ་གཉིས། དང་པོ་ལ་བཞི་སྟེ། དང་པོ་སོ་ཐར་ཐོབ་གནས་གཏོང་གསུམ་གྱི་འདོད་ཚུལ། བྱང་སེམས་ཐོབ་གནས་གཏོང་གསུམ་གྱི་འདོད་ཚུལ། གསུམ་ལྡན་གྱི་འདོད་ཚུལ་བྱེ་བྲག་ཏུ་བཤད་པའོ། །དང་པོ་ནི། འོད་ཕྲེང་ན་རེ། སོ་ཐར་སྡོམ་པའི་ཐོབ་ཚུལ་ནི། རྟེན་གྱི་གང་ཟག་གླིང་གསུམ་གྱི་སྐྱེས་པ་དང་བུད་མེད་གང་རུང་བསམ་པའི་ཡན་ལག་རང་ཉིད་འཁོར་བ་ལས་སྒྲོལ་བའི་དོན་དུ། ཆོ་གའི་ཡན་ལག་མཁན་སློབ་ཚོགས་ཚད་ལྡན་ལས། དུས་ཀྱི་ཡན་ལག་ཇི་སྲིད་འཚོའི་བར་དུ་སྤང་བྱ་གཞན་གནོད་གཞི་བཅས་ལུས་ངག་གི་གཙོ་བོར་སྡོམ་པར་འདོད། གནས་ཚུལ་རང་རྒྱུད་ལྡན་གྱི་གང་ཟག་དང་ཐོབ་པའི་རྫས་ཀྱིས་སྦྲེལ་ནས་གནས་ཏེ། དཔེར་ན་གླང་ལ་ཁལ་ཐག་པས་སྦྲེལ་ནས་གནས་པ་བཞིན་ནོ། །གཏོང་ཚུལ་ནི་བསླབ་པ་ཕུལ་བ་སོགས་ཀྱིས་གཏོང་བར་འདོད་དེ། དེ་སྐད་དུ་འོད་ཕྲེང་དུ། གླིང་གསུམ་སྐྱེས་པ་བུད་མེད་ཀྱི། །རང་ཉིད་འཁོར་བ་གྲོལ་དོན་དུ། །མཁན་སློབ་ཚོགས་ཚད་ལྡན་ལ། །ཇི་སྲིད་འཚོ་ཡི་བར་དག་ཏུ། །གནོད་པ་གཞི་དང་བཅས་པ་ལ། །གཙོ་ཆེར་ལུས་ངག་སྡོམ་པ་སྟེ། །ཉན་ཐོས་བྱེ་བྲག་སྨྲ་བའི་སྡོམ། །གང་ཟག་གླང་པོ་འདྲ་བ་ལ། །སྡོམ་པ་ཁལ་དང་འདྲ་བ་སྟེ། །ཐོབ་པ་ཐག་པས་འབྲེལ་བར་གནས། །སོ་སོ་ཐར་པའི་གནས་ཚུལ་ཡིན། །བསླབ་པ་ཕུལ་དང་ཤི་འཕོས་དང་། །རྩ་བ་ཆད་དང་མཚན་འདས་དང་། །མཚན་གཉིས་དག་ནི་བྱུང་བ་ལས། །སོ་སོ་ཐར་པའི་སྡོམ་པ་གཏོང་། །གསུངས་སོ་ཕམ་པ་བྱུས་པས་཈ཀྱང་། །སོ་ཐར་སྡོམ་པའི་གཏོང་ཚུལ་ཡིན། །ཞེས་གསུངས་སོ། །གཉིས་པ་ནི། བྱང་སེམས་ཀྱི་སྡོམ་པ་ཐོབ་ཚུལ་ལ། རྟེན་གྱི་གང་ཟག་ལྷ་མི་གང་རུང་གིས་ལེན། ཀུན་སློང་འགྲོ་བ་མ་ལུས་པ་བསྒྲུབ་པར་འདོད་པའི་བསམ་པས། ཆོ་ག་སློབ་དཔོན་ཚད་ལྡན་གྱི་དྲུང་དུ་དུས་བྱང་ཆུབ་མ་ཐོབ་བར་དུ་སྤང་བྱ་དོན་ཡིད་བྱེད་ཀྱི་བསམ་པ་སྤོང་བའི་ཚུལ་གྱི་སྒོན་འཇུག་གི་བདག་ཉིད་ཅན་གྱི་བྱང་ཆུབ་ཀྱི་སེམས་ཐོབ། གནས་ཚུལ་ནི་སེམས་སེམས་བྱུང་གིས་བསྡུས་པའི་ཐེག་ཆེན་སེམས་བསྐྱེད་དང་། བྱང་སྡོམ་གཉིས་ཉི་མ་དང་ཉི་མའི་འོད་ཟེར་བཞིན་གནས་པར་བྱེད། གཏོང་ཚུལ་རང་དོན་ཡིད་བྱེད་ཀྱི་བསམ་པ་སྐྱེས་པ་དང་། ནག་པོའི་ཆོས་བཞིས་གཏོང་། དེར་མ་ཟད་འབྲས་བུ་བྱང་ཆུབ་ཐོབ་པའི་ཚེ་ཡང་གཏོང་སྟེ། རྒྱ་བརྒྱལ་ཟིན་པའི་གཟིངས་བཞིན་ནོ། །དོན་དམ་བྱང་ཆུབ་སེམས་ཀྱི་ཐོབ་ཚུལ་ནི། དེ་ཉིད་སྟོང་ལ་རང་བཞིན་མེད་པར་སྒོམ་པ་ལས་གཉིས་འཛིན་ལས་གྲོལ་བའི་ཚུལ་གྱིས་ཐོབ་པར་འདོད་དེ། དེ་སྐད་དུ་འོད་ཕྲེང་དུ། ལྷ་མི་ལ་སོགས་གང་རུང་གིས། །འགྲོ་བ་མ་ལུས་བསྒྲུབ་པའི་ཕྱིར། །སློབ་

དཔོན་ཆོ་ག་ཚད་ལྡན་ལས། །ཇི་སྲིད་བྱང་ཆུབ་སྙིང་པོའི་བར། །སློབ་དང་འཇུག་པའི་བདག་ཉིད་ཅན། །ལུས་ངག་ཡིད་གསུམ་རང་དོན་དང་། །གཞན་དོན་ཐབས་མ་ཡིན་པས་སྡོམ། །ཀུན་རྫོབ་བྱང་ཆུབ་སེམས་ཀྱིའོ། །དེ་ཉིད་སྣང་ལ་རང་བཞིན་མེད། །འཇིག་ཚོགས་ཤིན་ཏུ་གོམས་པ་ལས། །ཡུལ་དང་ཡུལ་ཅན་གཉིས་ལས་གྲོལ། །དོན་ནི་བྱང་ཆུབ་སེམས་ཡིན་ནོ། །སེམས་དང་སེམས་བྱུང་སེམས་བསྐྱེད་གཉིས། །རང་དོན་གཟའ་དང་བྲལ་བ་ན༑ ༑ཉི་མ་དང་ནི་འོད་ཟེར་བཞིན། །དེ་དག་གནས་པའི་ཚུལ་ཡིན་ནོ། །རང་དོན་བླངས་དང་ནག་པོ་ཡི། །ཆོས་བཞིན་ལོག་པར་ཞུགས་པ་དང་། །འབྲས་བུ་དག་ནི་ཐོབ་པ་ན། །ཚ་གྲང་བཞིན་གྲུ་བཞིན་སེམས་བསྐྱེད་དོ། ། ཞེས་གསུངས་སོ། །གཉིས་པ་ལ་ སྔགས་སྡོམ་གྱི་ཐོབ་ཚུལ་ནི། རྟེན་གྱི་གང་ཟག་རིགས་བཞི་པོ་གང་རུང་། བསམ་པ་དགོས་འདོད་ཕུན་ཚོགས་འབྱུང་བར་འདོད་པས་ཆོ་ག་བླ་མ་མཚན་ཉིད་དང་ལྡན་པའི་དྲུང་དུ། དུས་ནམ་མཁའ་གནས་ཀྱི་བར་དུ་ལྷན་སྐྱེས་ཀྱི་ཡེ་ཤེས་ཀྱི་བརྡ་དོན་འཕྲོད་པའི་སྒོ་ནས། སྤང་བྱ་རྣམ་རྟོག་གི་དྲི་མ་འགོག་པའི་ཚུལ་གྱིས་ཐོབ་པར་བྱེད། གནས་ཚུལ་རིམ་གཉིས་ཀྱི་རྣལ་འབྱོར་ལ་བརྟེན་ནས་དགོས་འདོད་འབྱུང་བའི་ཚུལ་གྱིས་གནས་པར་འདོད། གཏོང་ཚུལ་དགོས་མེད་ཀྱི་བློ་སྐྱེས་པ་དང་རྩ་ལྟུང་བྱུང་བས་གཏོང་བར་འདོད་དེ། དེ་སྐད་དུ་འོད་ཕྲེང་ལས། རིགས་བཞི་ལ་སོགས་བསོད་ནམས་ལྡན། །རང་གཞན་དགོས་འདོད་ཕུན་སུམ་ཚོགས། །བླ་མ་མཚན་ཉིད་ལྡན་པ་ལས། །ནམ་མཁའ་ཇི་སྲིད་གནས་བར་དུ། །རྣམ་རྟོག་དྲི་མ་ཀུན་ལས་སྡོམ། །རིག་འཛིན་སྡོམ་པའི་ཐོབ་ཚུལ་ཡིན། །སྐུ་གསུང་ཐུགས་ཀྱི་རྒྱལ་མཚན་ལ། །རིམ་གཉིས་ཡིད་བཞིན་ནོར་བུས་སྤྲས། །འདོད་ཡོན་ལྔ་ཡིས་ཀུན་ནས་མཆོད། །དགོས་འདོད་ཀུན་གྱི་འབྱུང་གནས་པ། ། རིག་འཛིན་སྡོམ་པའི་གནས་ཚུལ་ཡིན། །དགོས་དོན་མེད་དོ་སྐྱོན་རྣམས་བྱུང་། །དཔག་བསམ་ཤིང་བུ་འགྱེལ་བ་བཞིན། །རྩ་བའི་ལྟུང་བ་བྱུང་བ་ན། །རིག་པ་འཛིན་པའི་སྡོམ་པ་གཏོང་། །ཞེས་གསུངས་སོ། །བཞི་པ་ནི། སོ་ཐར་དང་ལྡན་པའི་གང་ཟག་གིས་སེམས་བསྐྱེད་ཀྱི་སྡོམ་པ་བླངས་པ་ན་སོ་ཐར་ཀུན་གཞི་ལ་བག་ལ་ཉལ་བའི་ཚུལ་དུ་གནས་ཀྱི་མངོན་གྱུར་དུ་མི་འབྱུང་ལ། སྔགས་སྡོམ་བསྲུང་ན་འོག་མ་གཉིས་ཀ་ཡང་བག་ལ་ཉལ་བའི་ཚུལ་དུ་གནས་ཏེ། དཔེར་ནམ་མཁའ་ལ་རྒྱུ་སྐར་རྒྱུ་བ་ཤར་བ་ན་དེའི་འོད་ཟེར་སྣང་ཞིང་། ཟླ་བ་ཤར་བ་ན་སྐར་མའི་འོད་ཟེར་ཉམས། ཉི་མ་ཤར་བ་ན་ཟླ་བ་དང་སྐར་མ་གཉིས་ཀའི་འོད་ཟེར་ཉམས་པ་བཞིན་ནོ། ། གལ་ཏེ་སྡོམ་པ་གོང་མ་དང་ལྡན་པའི་གང་ཟག་གིས་འོག་མའི་སྡོམ་པ་བླངས་པ་ན། གོང་མ་ཟིལ་གྱིས་མི་ནོན་ཡང་སྡོམ་པ་ཚོགས་ཐོབ་སྟེ། ཉི་མ་གནས་པའི་ཚེ་ཡང་ཟླ་སྐར་འཆར་བ་བཞིན་ནོ། །གོང་མ་གནས་ཀྱི་བར་དུ་འོག་མའི་ལྟུང་བ་བྱུང་ཡང་ཉམས་སྐྱོན་གྱིས་མི་གོས་ཏེ། ཉི་མ་གནས་ཀྱི་བར་ཟླ་སྐར་ནུབ་ཀྱང་འོད་མི་འགྲིབ་པ་

བཞིན་ནོ། །གོང་མར་ལྷུང་བ་བྱུང་བ་ན་འོག་མ་གནས་ཀྱང་སྐྱོབ་མི་ནུས་ཏེ། ཉི་མ་ནུབ་པ་ན་ཟླ་སྐར་གནས་ཀྱང་མུན་པའི་བག་ཏུ་འགྱུར་བ་བཞིན་ནོ། །རྒྱུད་འབུམ་པ་ལས། གསེར་འགྱུར་གྱི་དཔེ་གསུངས་པ་ཡང་གོང་མ་གོང་མས་འོག་མ་འོག་མ་ཟིལ་གྱིས་གནོན་ཞིང་། འོག་མ་འོག་མ་ལས་གོང་མ་གོང་མ་མཆོག་ཏུ་གྱུར་པ་ལ་དགོས་ཏེ། ཟླ་སྐར་གྱི་འོད་ཟེར་ཡང་ཉི་མ་གནས་ཀྱི་བར་དུ་ཉི་མའི་འོད་ཟེར་ཞེས་སྒྲིག་པ་བཞིན་ནོ། །ཞེས་འདོད་དེ། དེ་སྐད་དུ་འོད་ཕྲེང་ལས། དེས་ན་སོ་ཐར་སྡོམ་པ་ཡི། །བྱང་ཆུབ་མཆོག་གི་སེམས་བླངས་ནས། །དང་པོ་དེ་ནི་ཀུན་གཞི་ལ། །བག་ལ་ཉལ་བའི་ཚུལ་དུ་གནས། །རིགས་འཛིན་སྡོམ་པ་ཐོབ་པ་ན། །འོག་མ་གཉིས་ཀ་བག་ལ་ཉལ། །དཔེར་ན་མཁའ་ལ་རྒྱུ་སྐར་ཤར། །ཅུང་ཟད་སྣང་བར་བྱས་ཀྱུར་མོད། །ཟླ་བའི་དཀྱིལ་འཁོར་ཤར་གྱུར་ན༔ །སྐར་འོད་ཉམས་མོ་འཇིག་རྟེན་སྣང་། །རྟ་བདུན་ཚ་ཟེར་ཤར་བ་ན། །ཟླ་བའི་འོད་ཉམས་འཇིག་རྟེན་གསལ། །ཞེས་སོགས་གསུངས་སོ། །

གཉིས་པ་དེ་དགག་པ་ལ་བཞི་སྟེ། སོ་ཐར་ཐོབ་ཚུལ་སོགས་དགག །བྱང་སྡོམ་ཐོབ་ཚུལ་སོགས་དགག །སྔགས་སྡོམ་ཐོབ་ཚུལ་སོགས་དགག །བག་ལ་ཉལ་དུ་ལྡན་པ་དགག་པའོ། །དང་པོ་ནི། སོ་ཐར་ལེན་པའི་བསམ་པའི་ཡན་ལག་ཏུ་རང་དོན་ཡིད་བྱེད་ཀྱི་བསམ་པ་དགོས་པ་མ་ཡིན་པར་ཐལ། ངེས་འབྱུང་གི་བསམ་པས་ཟིན་པའི་སྒོ་ནས་ཡན་ལག་གཞན་རྣམས་ཚང་ན་སོ་ཐར་སྡོམ་པར་འགྱུར་བའི་ཕྱིར་ཏེ། མདོ་རྩ་ར། ངེས་འབྱུང་བའི་ཚུལ་ཁྲིམས་ཀྱི་དབང་དུ་བྱས་ཏེ། ཞེས་དང་། སུམ་བརྒྱ་པར། ངེས་པར་འབྱུང་བའི་ཚུལ་ཁྲིམས་སྡུག་བསྔལ་སྤོང་། །ཞེས་གསུངས་པའི་ཕྱིར། ཡང་རྩ་བའི་གསལ་བ་དེར་ཐལ། བྱེ་བྲག་ཏུ་སྨྲ་བ་རང་གི་གཞུང་ལས་ཀྱང་བྱང་ཆུབ་མཆོག་ཏུ་སེམས་བསྐྱེད་པའི་སྒོ་ནས། སོ་ཐར་ལེན་པ་ཡོད་པའི་ཕྱིར་ཏེ། སུམ་བརྒྱ་པ་ལས། རྫོགས་པའི་བྱང་ཆུབ་དཔལ་ནོད་དབང་བསྒྱུར་ཡིན། །ཞེས་གསུངས་པའི་ཕྱིར། ཡང་རྩ་བའི་གསལ་པ་དེར་ཐལ། ངེས་འབྱུང་གི་བསམ་པ་དེ་ལ་བྱང་ཆུབ་ཏུ་སེམས་བསྐྱེད་པ་གསུམ་ཡོད་པའི་ཕྱིར་ཏེ། ཉན་ཐོས་རྣམས་ལ་སེམས་བསྐྱེད་གསུམ། །དགྲ་བཅོམ་རང་རྒྱལ་སངས་རྒྱས་སོ། །ཞེས་གསུངས་པའི་ཕྱིར། ཡང་མཁན་སློབ་ཀྱི་ཚིག་ཁོ་ན་ལས་ལེན་དགོས་པ་ཡང་མི་འཐད་པར་ཐལ། ཉིས་མེད་ཕྱུན་ཚོགས་ཀྱི་དབང་དུ་བྱས་པའི་སོ་ཐར་གྱི་སྡོམ་པ་ཡིན་ན་ཡང་དེ་ཡིན་མི་དགོས། སྐྱེ་ལ་ཉེས་བྱས་ཀྱི་དབང་དུ་བྱས་པའི་སོ་ཐར་སྡོམ་པ་ཡིན་ན་ཡང་དེ་ཡིན་མི་དགོས་པའི་ཕྱིར། དང་པོ་མ་གྲུབ་ན། རང་བྱུང་དང་། ཡེ་ཤེས་ཁོངས་ཆུད་དང་། ཚུར་ཤོག་གིས་བསྙེན་པར་རྫོགས་པའི་སྡོམ་པ་རྣམས་ཆོས་ཅན། དེར་ཐལ། དེའི་ཕྱིར། གཉིས་པ་མ་གྲུབ་ན། མཁན་སློབ་མེད་པའི་དགེ་སློང་གི་སྡོམ་པ་ཆོས་ཅན། དེར་ཐལ། དེའི་ཕྱིར། ཐོབ་པ་ཐག་པས་སྦྲེལ་ནས་གནས། །ཞེས་པ་ཡང་། བྲི་

བྲག་ཏུ་སླ་བ་ལྟར་ཁས་ལེན་ན། བྱང་སྡོམ་དང་སྔགས་སྡོམ་ཡང་རང་རྒྱུད་ལྡན་གྱི་གང་ཟག་ལ་ཐོབ་པ་ཐག་པས་སྦྲིལ་ནས་གནས་པར་ཐལ། དེ་གཉིས་ཀྱང་རྒྱུད་ཀྱིས་བསྡུས་པའི་ཡོན་ཏན་ཡིན་པའི་ཕྱིར། ཁྱབ་སྟེ། མཛོད་ལས། ཐོབ་དང་མ་ཐོབ་རང་རྒྱུད་དང་། །རྟོགས་པ་རྣམས་ཀྱི་འོ། །ཞེས་གསུངས་ཤིང་། གཞུང་དེ་སྦྲ་ཧི་བཞིན་དུ་ཁས་ལེན་རིགས་པའི་ཕྱིར། རྟགས་ཁས། བྲེ་བྲག་ཏུ་སླ་བ་ལྟར་གྱི་ཐོབ་པ་ཁས་མི་ལེན་ན། སོ་ཐར་སྡོམ་པ་ལའང་ཐོབ་པ་དོན་མེད་དོ། །གཉིས་པ་ནི། བྱང་སྡོམ་མཁན་སློབ་ཀྱི་ཆོ་ག་ཁོ་ན་ལས་ཐོབ་དགོས་པ་མི་འཐད་པར་ཐལ། རྟེན་གྱི་དྲུང་དུ་རང་ཉིད་ཀྱིས་བླངས་པས་ཀྱང་། དབུ་མའི་ལུགས་དང་སེམས་ཙམ་ལུགས་ཀྱི་སེམས་བསྐྱེད་གཉིས་ཀ་སྐྱེ་བར་བཤད་པའི་ཕྱིར། དུས་བྱང་ཆུབ་མ་ཐོབ་བར་དུ་ལེན་པ་ཡང་སྦྱོར་འཐད་ཀྱང་ཁྱེད་ལ་ནང་འགལ་ཏེ། སྔགས་སྡོམ་ནམ་མཁའ་གནས་ཀྱི་བར་དུ་ལེན་པར་གསུངས་ཤིང་། སྔགས་སྡོམ་དང་བྱང་སེམས་ཀྱི་སྡོམ་པ་ལ་དུས་རྒྱུན་གྱི་རིང་ཐུང་གི་ཁྱད་པར་གང་ནས་ཀྱང་མ་བཤད་པའི་ཕྱིར་རོ། །གཏོང་ཚུལ་ལ་རང་དོན་ཡིད་བྱེད་སྐྱེས་པ་ན་གཏོང་བར་འདོད་པ་ཡང་། ཁྱེད་རང་གི་ཁས་བླངས་འགལ་ཏེ། བྱང་སེམས་ཀྱི་སྡོམ་ལྡན་གྱི་སོ་ཐར་བླངས་པའི་ཚེ་ན་བྱང་སེམས་ཀྱི་སྡོམ་པ་གཏོང་བར་ཐལ། སོ་ཐར་ལེན་པའི་བསམ་པའི་ཡན་ལག་ཏུ་རང་དོན་ཡིད་བྱེད་དགོས་པའི་ཕྱིར། བྱང་ཆུབ་ཐོབ་ན་སེམས་བསྐྱེད་ཀྱི་སྡོམ་པ་གཏོང་བ་ཡང་མི་འཐད་དེ། འོ་ན་བྱང་ཆུབ་ཐོབ་པ་ན་སྨོན་སེམས་ཡང་གཏོང་བར་ཐལ། དེའི་ཚེ་བྱང་སྡོམ་གཏོང་བའི་ཕྱིར། འདོད་ན། དེའི་ཚེ་སྔགས་སྡོམ་གཏོང་བར་ཐལ། འདོད་པའི་ཕྱིར། ཁྱབ་སྟེ། ཆོས་ཀྱི་རྩ་བ་བྱང་ཆུབ་སེམས། །དེ་སྤོང་བ་ནི་ལྟུང་བ་ཡིན། །ཞེས་གསུངས་པའི་ཕྱིར། འདོད་མི་ནུས་ཏེ། སྔགས་སྡོམ་དེ་ནམ་མཁའ་གནས་ཀྱི་བར་དུ་མི་གཏོང་བར་ཁྱེད་རང་གི་ཁས་བླངས་པའི་ཕྱིར། གསུམ་པ་ནི།སྔགས་སྡོམ་གྱི་ངོ་བོ་ལྷན་སྐྱེས་ཡེ་ཤེས་ཀྱི་བརྡ་དོན་འཕྲོད་པ་ལ་འདོད་པ་མི་འཐད་པར་ཐལ། རྒྱུད་སྡེ་འོག་མ་གསུམ་ལ་དེ་མེད་པའི་ཕྱིར་ཏེ། དེ་གསུམ་ལ་རྫོགས་རིམ་གྱི་ཡེ་ཤེས་མེད་པའི་ཕྱིར་དང་། བླ་མེད་ལ་ཡང་དབང་གསུམ་པ་ནས་ཡེ་ཤེས་སྐྱེ་བ་ཡོད་ཀྱང་། བརྡ་དོན་འཕྲོད་པ་དབང་བཞི་པ་ནས་ཡོད་པ་ཡིན་གྱི་གཞན་ལ་མེད་པའི་ཕྱིར། གནས་ཚུལ་རིམ་གཉིས་ཀྱི་ཉམས་ལེན་ལ་བརྟེན་གནས་དགོས་པ་ཡང་མི་འཐད་དེ། རིམ་གཉིས་ཀྱིས་ཉམས་ལེན་མེད་ཀྱང་དབང་བསྐུར་བ་ཐོབ་ནས་དམ་ཚིག་དང་སྡོམ་པ་བསྲུང་ན། སྔགས་སྡོམ་གནས་པ་སུས་ཀྱང་འགོག་མི་ནུས་པའི་ཕྱིར། བཞི་པ་ལ་གསུམ་སྟེ། གོང་མ་དང་ལྡན་པའི་ཚེ་འོག་མ་བག་ལ་ཉལ་དུ་གནས་པ་དགག །གོང་མ་ལ་གནས་པའི་ཚེ་འོག་མའི་རྣམ་སྨིན་གྱིས་མི་དགོས་པ་དགག །གོང་མའི་ལྟུང་བ་བྱུང་བའི་ཚེ་འོག་མས་སྐྱོབ་མི་ནུས་པ་དགག །དང་པོ་ནི། གོང་མ་ཐོབ་པའི་ཚེ་འོག་མ་མངོན་གྱུར་ཏུ་མེད་པར་བག་ལ་ཉལ་དུ་འདོད་ན། གོང་འོག་

འཛིན་སྟངས་འགལ་བས་མངོན་གྱུར་ཏུ་མི་འགྱུར་བ་ཡིན་ནམ། ཚ་རེག་དང་གྲང་རེག་ལྟར་ལྷན་ཅིག་མི་གནས་འགལ་བ་ཡིན་པས་མངོན་གྱུར་དུ་མི་འགྱུར་བ་ཡིན། དང་པོ་ལྟར་ན་ཤིན་ཏུ་མི་འཐད་དེ། གཞན་ལ་ཕན་པ་བསྒྲུབ་པའི་བསམ་པ་དང་། གཞན་ལ་གནོད་པ་སྤོང་བའི་བསམ་པ་གཉིས་པོ་དེ་འཛིན་སྟངས་འགལ་བ་ཡིན་པར་ཐལ། བྱང་སྡོམ་དང་སོ་ཐར་སྡོམ་པ་འཛིན་བཏང་འགལ་བའི་ཕྱིར། འདོད་མི་ནུས་ཏེ། དེ་གཉིས་ཁྱབ་བྱ་ཁྱབ་བྱེད་དུ་ཁྱེད་རང་གིས་ཁས་བླངས་ཞིང་། དོན་ལ་ཡང་གནས་པའི་ཕྱིར། གཉིས་པ་ལྟར་ན། གསུམ་ལྡན་གྱི་གང་ཟག་མི་སྲིད་པར་ཐལ། སྡོམ་པ་གསུམ་པོ་ལྷན་ཅིག་མི་གནས་འགལ་བ་ཡིན་པའི་ཕྱིར། རྟགས་ཁས། གཞན་ཡང་། བྱང་སེམས་ཀྱི་སྡོམ་ལྡན་གྱི་གང་ཟག་ལ་ཉེས་སྤྱོད་སྡོང་བའི་ཚུལ་ཁྲིམས་མངོན་གྱུར་དུ་མི་འགྱུར་བར་ཐལ། དེ་ལ་སོ་ཐར་སྡོམ་པ་མངོན་གྱུར་དུ་མི་འགྱུར་བའི་ཕྱིར། རྟགས་ཁས། ཁྱབ་སྟེ། བྱང་སར། དེ་ལ་བྱང་ཆུབ་སེམས་དཔའི་སྡོམ་པའི་ཚུལ་ཁྲིམས་ནི་སོ་སོ་ཐར་པ་ཡང་དག་པར་བླང་བ་རིས་བདུན་ཏེ། ཞེས་གསུངས་པའི་ཕྱིར། ཡང་། སྔགས་སྡོམ་དང་ལྡན་པའི་གང་ཟག་ལ་སྨོན་འཇུག་གི་སེམས་བསྐྱེད་སྔོན་འགྱུར་དུ་མི་འགྱུར་བར་ཐལ། དེ་ལ་བྱང་སྡོམ་མངོན་གྱུར་དུ་མི་འགྱུར་བའི་ཕྱིར། རྟགས་ཁས། འདོད་ན། དེ་ལ་བྱང་ཆུབ་སེམས་དཔའི་ཚུལ་གསུམ་མངོན་གྱུར་དུ་མི་འགྱུར་བར་ཐལ། འདོད་པའི་ཕྱིར། འདོད་ན། དེས་རྫོགས་པའི་བྱང་ཆུབ་བསྒྲུབ་མི་ནུས་པར་ཐལ། འདོད་པའི་ཕྱིར། གཞན་ཡང་། རྒྱུད་སྡེ་གོང་མ་གཉིས་ཀྱི་རྡོ་རྗེ་སློབ་དཔོན་གྱི་དབང་ཐོབ་པའི་གང་ཟག་ལ་རིགས་ལྔ་སྤྱིའི་དམ་ཚིག་མངོན་གྱུར་དུ་འགྱུར་བ་མེད་པར་ཐལ། དེ་ལ་སྨོན་པ་སེམས་བསྐྱེད་དང་འཇུག་པ་སེམས་བསྐྱེད་མངོན་གྱུར་ཏུ་འགྱུར་བ་མེད་པའི་ཕྱིར། རྟགས་ཁས། ཁྱབ་སྟེ། རྡོ་རྗེ་རྩེ་མོར། ཇི་ལྟར་དུས་གསུམ་མགོན་པོ་རྣམས། །ཞེས་སོགས་ཀྱི་སྨོན་འཇུག་གཉིས་པོ་དེ་རིགས་ལྔ་སྤྱིའི་དམ་ཚིག་ཏུ་གསུངས་པའི་ཕྱིར།

གཞན་ཡང་། གསུམ་ལྡན་གྱི་དགེ་སློང་གི་རྒྱུད་ཀྱི་ཀུན་གཞི་ལ་གནས་པའི་དགེ་སློང་གི་སྡོམ་པའི་བག་ཆགས་དེ་སོ་ཐར་སྡོམ་པ་ཡིན་នམ་མིན། གལ་ཏེ་ཡིན་ན་དགེ་སློང་དེ་ཤི་འཕོས་པའི་ཚེ་དགེ་སློང་གི་སྡོམ་པའི་བག་ཆགས་གཏོང་བར་ཐལ། དེའི་ཚེ་སོ་ཐར་སྡོམ་པ་གཏོང་བའི་ཕྱིར། རྟགས་ཁྱབ་ཁས། འདོད་ན། དགེ་སློང་ཤི་འཕོས་པའི་རྗེས་སུ་ཤེས་རྒྱུད་ལ་དགེ་སློང་གི་བག་ཆགས་མེད་པར་ཐལ། འདོད་པའི་ཕྱིར། འདོད་ན། གཞི་ཚུལ་ཁྲིམས་ལ་གནས་ནས་ཐོས་བསམ་བྱས་པའི་བག་ཆགས་ཡང་མེད་པར་ཐལ། འདོད་པའི་ཕྱིར། འདོད་ན། ཐོས་བསམ་སྒོམ་གསུམ་བྱས་པ་དོན་མེད་པར་ཐལ། ཤི་འཕོས་པའི་ཚེ་དེའི་བག་ཆགས་ཡང་མེད་པའི་ཕྱིར། གལ་ཏེ་བག་ཆགས་དེ་སོ་ཐར་སྡོམ་པ་མིན་ན། དེའི་རྒྱུད་ལ་སོ་ཐར་སྡོམ་པ་གཏན་མེད་པར་ཐལ། དེའི་བག་

ཆགས་ལས་གཞན་པའི་སོ་ཐར་སྡོམ་པ་མེད་པ་གང་ཞིག །བག་ཆགས་དེ་ཡང་སོ་ཐར་སྡོམ་པ་མ་ཡིན་པའི་ཕྱིར་རོ༑ ༑གཞན་ཡང་། སྔགས་སྡོམ་ལ་གནས་པའི་གང་ཟག་གིས་གཞན་དོན་དུ་སྡོམ་པ་འོག་མ་གཉིས་ཀ་ལེན་པ་མེད་པར་ཐལ། སོ་ཐར་ལེན་པའི་བསམ་པའི་ཡན་ལག་ཏུ་རང་དོན་ཡིད་བྱེད་ཀྱི་བསམ་པ་དགོས་པའི་ཕྱིར་རོ། །གཉིས་པ་གོང་མ་གནས་ཀྱི་བར་དུ་འོག་མའི་རྣམ་སྨིན་གྱི་མི་དགོས་པར་འདོད་པ་ཡང་མི་འཐད་དེ། སྔགས་སྡོམ་ལ་གནས་པའི་གང་ཟག་ལ་བྱང་སྡོམ་ལ་ལྟོས་པའི་རྟ་ལྟུང་བྱུང་བའི་ཚེ་ན། འགྲོ་བ་ཀུན་བསླུས་པས་གནོད་པ་ཤིན་ཏུ་མང་བ་སོགས་ཀྱི་རྣམ་སྨིན་འབྱུང་བར་ཐལ། དེའི་ཚེ་ན་བྱང་སེམས་ཀྱི་སྡོམ་པ་ལས་ཉམས་པའི་ཕྱིར། ཁྱབ་སྟེ། རྒྱལ་དང་དེ་སྲས་ཐམས་ཅད་དང་། །འགྲོ་བ་ཀུན་གྱི་ཤིན་ཏུ་ཁྲེལ། །ཕམ་པའི་ལྟི་ཡང་བྱེ་བྲག་གིས། །བསྐལ་པའི་གྲངས་བཞིན་དམྱལ་བར་གནས། །ཞེས་ཁས་བླངས་པའི་ཕྱིར། གལ་ཏེ་ཉེས་དམིགས་དེ་དག་ནི་སྡོམ་པ་རེ་རེ་དང་ལྡན་པ་ཉམས་པའི་དབང་དུ་བྱས་ཀྱི། གོང་མ་དང་ལྡན་པའི་དབང་དུ་བྱས་པ་མ་ཡིན་ནོ་སྙམ་ན་མི་འཐད་དེ། གོང་མ་དང་ལྡན་པའི་ཚེ་ཡང་སྡོམ་པ་གསུམ་ཆར་གྱིས་གཏོང་ཐོབ་གནས་པའི་ཚུལ་ཐམས་ཅད་རང་རང་གི་ཆོ་ག་བཞིན་གནས་པར་ཁས་བླངས་པ་དང་འགལ་བའི་ཕྱིར། གཉིས་པ་གོང་མའི་ལྟུང་བ་བྱུང་ན་འོག་མ་གནས་ཀྱང་སྐྱོབ་མི་ནུས་པ་མི་འཐད་དེ། བྱང་སེམས་ལས་དང་པོ་པ་འགའ་ཞིག་བྱང་སེམས་ཀྱི་སྡོམ་པ་བཏང་ནས་སོ་ཐར་ལ་གནས་ཏེ་ཉན་ཐོས་ཀྱི་བྱང་ཆུབ་ཐོབ་པ་མེད་པར་ཐལ། གོང་མའི་ལྟུང་བ་བྱུང་ན་འོག་མའི་སྐྱོབ་མི་ནུས་པའི་ཕྱིར། འདོད་ན། བྱང་སེམས་རིགས་མ་ངེས་པ་རྣམས་ཐེག་དམན་ལམ་དུ་འཇུག་པ་མེད་པར་ཐལ། འདོད་པའི་ཕྱིར། གཞན་ཡང་། དཔེ་དོན་བསྒྲིགས་པ་ལྟར་ན། སྔགས་སྡོམ་ལ་ལྟོས་པའི་རྟ་ལྟུང་བྱུང་བའི་བྱང་སེམས་ཀྱི་སྡོམ་པས་སྐྱོབ་མི་ནུས་པ་ལྟར། སྔགས་སྡོམ་མ་བླངས་པས་བྱང་སེམས་ཀྱི་སྡོམ་པས་ཀྱང་སྐྱོབ་མི་ནུས་པར་ཐལ། ཉི་མ་ནུབ་ན་ཟླ་སྐར་གནས་ཀྱང་མུན་པའི་བག་ཡིན་པ་ལྟར། ཉི་མ་མ་ཤར་ན་ཟླ་སྐར་གནས་ཀྱང་མུན་པའི་བག་ཡིན་པའི་ཕྱིར། འཁོར་གསུམ་ཁས་བླངས་སོ། །དེས་ན་འོད་ཕྲེང་འདི་ནས་བཤད་པའི་སྡོམ་གསུམ་གྱི་རྣམ་གཞག་ཕལ་ཆེར་ནི་ལུང་དང་རིགས་པ་དང་ཉམས་མེད་ཀྱི་ཚུལ་གང་དང་ཡང་མི་མཐུན་ཞིང་། ཁྱད་པར་རྗེ་བཙུན་ས་སྐྱ་པའི་ལུགས་དང་རྣམ་པ་ཀུན་དུ་མི་མཐུན་པས་ས་སྐྱ་པའི་ལུགས་ཀྱི་སྡོམ་གསུམ་གྱི་རྣམ་གཞག་འཆད་པ་པོ་རྣམས་ཀྱི་འདིའི་རྗེས་སུ་མ་འབྲངས་ན་ལེགས་སོ། །

གཉིས་པ་རྒྱན་གྱི་དཔེ་དུག་མཉམ་རྫས་གཞག་ཏུ་འདོད་པ་དགག་པ་ལ་གཉིས་ལས། དང་པོ་འདོད་པ་བརྗོད་པ་ནི། སློབ་དཔོན་ཨ་བྷ་ཡ་ཀ་རའི་དགོངས་རྒྱན་ལས། འོ་ན་གང་ཟག་ལ་ལ་གཅིག་དགེ་བསྙེན་གྱི་སྡོམ་པ་གསུམ་དང་། དགེ་ཚུལ་དང་། དགེ་སློང་དང་། བྱང་ཆུབ་སེམས་དཔའ་དང་། རྡོ་རྗེ་ཐེག་པའི་སྡོམ་པ་རིམ་པ

བཞིན་དུ་བླངས་པ་ན། མི་དང་བྲལ་ན་གྲང་བ་ལྟར་སྡོམ་པ་ཕྱི་མ་སྐྱེས་དུས་སྔ་མ་འཇིག་གམ། ཡང་ན་སོ་ཐར་གྱི་སྤྱོང་བ་འཕེལ་བ་དང་ལྡན་པ་ལྟར་སྔ་ཕྱི་ལྡན་ཅིག་གམ། ཡང་ན་ཉིན་གཅིག་ལ་སྣ་ཚོགས་པའི་རྒྱན་བཞིན་དུ་སོ་སོ་གནས་པར་བརྗོད་ཅེ་ན། སྡོམ་པ་ཉམས་པའི་རྒྱུད་མ་ཡིན་པའི་ཕྱིར་དང་། འགལ་བ་མེད་པའི་ཕྱིར། བསགས་པ་ཁོ་ན་འདི་རྣམས་ཀྱི་ཐ་སྙད་འཇོག་པས་སྔ་མ་གཉིས་ཡིན་གྱི་སྡོམ་པ་གོང་མ་ཐམས་ཅད་བླངས་ནས་སྐྱེས་ཏེ་སོ་སོར་གནས་པ་ཁོ་ནའོ། །ཞེས་གསུངས་སོ། །འདིའི་དོན་ཡང་། གཞན་ནི་གོ་སླ་ལ། དགེ་བསྙེན་གྱི་སྡོམ་པ་གསུམ་ནི། སྣ་གཅིག་སྤྱོད་པ། སྣ་འགའ་སྤྱོད་པ། ཕལ་ཆེར་སྤྱོད་པ་གསུམ་ཡིན་ལ། འདོད་པ་དང་པོ་སྡོམ་པ། ཕྱི་མ་སྐྱེས་དུས་སྔ་མ་འཇིག་པ་མ་ཡིན་ཏེ། ཕྱི་མ་སྔ་མ་འཇིག་པའི་རྒྱུ་མ་ཡིན་པའི་ཕྱིར་རོ། །དྲི་བ་གཉིས་པ་སྔ་ཕྱི་ལྡན་ཏུ་གནས་པ་ཡང་མ་ཡིན་ཏེ། རྒྱུ་བསགས་པའི་གཟུགས་བརྙན་ཁོ་ན་ལ་སྡོམ་པ་གསུམ་གྱི་ཐ་སྙད་འཇོག་པ་ཡིན་ཞིང་། གཟུགས་རྫས་གཞན་པ་གཉིས་གང་ཟག་གི་རྒྱུད་ལ་གནས་པ་ལ་འགལ་བ་མེད་པའི་ཕྱིར་རོ། །དེས་ན་འདིའི་ལུགས་ཀྱི་མཛོད་ལས། ཐ་དད་དེ་དག་འགལ་བ་མེད། །ཅེས་པ་ཤེས་བྱེད་དུ་མཛད་ནས་སྡོམ་པ་གཟུགས་ཅན་རྫས་ཐ་དད་སྐྱེས་བུའི་རྒྱན་སྣ་ཚོགས་པ་བཞིན་དུ་གནས་པར་མཛད་དོ། །

གཉིས་པ་དེ་དགག་པ་ལ་གཉིས་ཏེ། སྡོམ་པ་གཟུགས་ཅན་ཡིན་པ་དགག །དུས་མཉམ་རྫས་གཞན་ཡིན་པ་དགག་པའོ། །དང་པོ་ནི། སྡོམ་པ་གཟུགས་ཅན་དུ་འདོད་པ་མི་འཐད་པར་ཐལ། སོ་ཐར་སྡོམ་པ་ཡང་གཟུགས་ཅན་མ་ཡིན། བྱང་སེམས་ཀྱི་སྡོམ་པ་ཡང་གཟུགས་ཅན་མ་ཡིན། སྔགས་ཀྱི་སྡོམ་པ་ཡང་གཟུགས་ཅན་མ་ཡིན་པའི་ཕྱིར། དང་པོ་དེར་ཐལ། དེ་དགེ་བ་ཡིན་པའི་ཕྱིར། ཁྱབ་སྟེ། མདོ་ལས། གང་གཟུགས་དགེ་བ་དང་མི་དགེ་བར་སྨྲ་བ་དེ་ནི་ཤཱཀྱའི་བུ་མ་ཡིན། ཤཱཀྱའི་སྲས་མ་ཡིན། ཤཱཀྱའི་དགེ་སྦྱོང་མ་ཡིན་ནོ། །ཞེས་གསུངས་པའི་ཕྱིར། གཉིས་པ་མ་གྲུབ་ན། དེར་ཐལ། དེ་ཡིན་ན་སྤོང་སེམས་ཡིན་དགོས་པའི་ཕྱིར་ཏེ། སྤྱོད་འཇུག་ལས། སྤོང་བའི་སེམས་ནི་ཐོབ་པ་ལ། །ཚུལ་ཁྲིམས་ཕ་རོལ་ཕྱིན་པར་བཤད། །ཞེས་གསུངས་པའི་ཕྱིར། གསུམ་པ་མ་གྲུབ་ན་དེར་ཐལ། སྔགས་སྡོམ་དེ་ཐ་མལ་གྱི་ལུས་ངག་ཡིད་གསུམ་ལ་སངས་རྒྱས་ཀྱི་ས་བོན་བཏབ་ནས་རྒྱུ་ལ་འབྲས་བུ་ལྷུན་གྲུབ་ཏུ་ཡོངས་སྤྱོད་པའི་ཐབས་ཁྱད་པར་ཅན་ཡིན་པའི་ཕྱིར་ཏེ། ཕུང་པོ་ཁམས་དང་སྐྱེ་མཆེད་ལ། །ཞེས་སོགས་གསུངས་པའི་ཕྱིར། གཉིས་པ་ནི། གཞན་ཡང་། ཉན་ཐོས་སོ་ཐར་དང་ལྡན་པའི་གང་ཟག་གིས་སྡོམ་པ་གོང་མ་གཉིས་རིམ་ཅན་དུ་བླངས་པའི་ཚེ་ཉན་ཐོས་ཀྱིས་སོ་ཐར་དེ་ཐེག་ཆེན་སོ་ཐར་དུ་གནས་འགྱུར་རམ་མི་འགྱུར། འགྱུར་ན་དེ་བྱང་སེམས་ཀྱི་སྡོམ་པར་ཡང་གནས་འགྱུར་བར་ཐལ། དེ་ཐེག་ཆེན་སོ་ཐར་དུ་འགྱུར་བའི་ཕྱིར། འདོད་ན། དེའི་རྒྱུད་ཀྱི་སྡོམ་པ་གསུམ་པོ་དེ་དུས་མཉམ་རྫས་གཞན་མ་ཡིན་

པར་ཐལ་ལོ། །གཉིས་པ་ལྟར་ན། གང་ཟག་དེའི་རྒྱུད་ལ་བྱང་སེམས་ཀྱི་སྡོམ་པ་དང་ཉན་ཐོས་ཀྱི་སོ་ཐར་གཉིས་ཀ་ཡོད་པར་ཐལ། ཉན་ཐོས་ཀྱི་སོ་ཐར་གཏོང་བྱེད་ཀྱི་རྒྱུ་མ་བྱུང་ཞིང་། ཐེག་ཆེན་སོ་ཐར་དུ་གནས་འགྱུར་བ་ཡང་མེད་པའི་ཕྱིར་རོ། །འདོད་མི་ནུས་ཏེ། ཉེ་བར་འཁོར་གྱིས་ཞུས་པའི་མདོ་ལས། ཉེ་བར་འཁོར་ཉན་ཐོས་ཀྱི་ཐེག་པ་བ་རྣམས་ཀྱི་སྤྱོར་བ་ཡང་གཞན། ལྷག་པའི་བསམ་པ་ཡང་གཞན། ཐེག་པ་ཆེན་པོ་ལ་ཡང་དག་པར་ཞུགས་པ་རྣམས་ཀྱི་སྦྱོར་བ་ཡང་གཞན། ཞེས་སོགས་གསུངས་པའི་ཕྱིར།

གསུམ་པ་ཆུ་གཞོང་དུ་ནོར་བུ་བཞག་པའི་དཔེས་རྟེན་དང་བརྟེན་པ་རྫས་གཞན་དུ་འདོད་པ་དགག་པ་ནི། བོད་ཀྱི་སྡོམ་གསུམ་གྱི་རྣམ་གཞག་བྱེད་པ་ཁ་ཅིག་ན་རེ། དང་པོར་སོ་ཐར་རིས་བདུན། དེ་ནས་བྱང་སེམས་ཀྱི་སྡོམ་པ། དེ་ནས་སྔགས་སྡོམ་ཐོབ་པའི་ཚེ་སྔ་ཕྱི་རྟེན་དང་བརྟེན་པའི་ཚུལ་དུ་རྫས་གཞན་དུ་གནས་པ་ཡིན་པ་ལ་གོང་མ་གོང་མའི་རྟེན་དུ་འོག་མ་འོག་མ་སྔོན་དུ་སོང་བ་ངེས་པར་དགོས་ཏེ། དཔེར་ན་གཞོང་པའི་ནང་དུ་ཆུ་བླུགས་ནས་དེའི་ནང་དུ་ནོར་བུ་བཞག་པ་བཞིན་នོ། །ཞེས་ཟེར་རོ། །གཉིས་པ་དེ་དགག་པ་ལ་གཉིས་ཏེ། རྟེན་དང་བརྟེན་པར་འདོད་པ་དགག །སྡོམ་པ་རྫས་གཞན་ཡིན་པ་དགག་པའོ། །དང་པོ་ནི། བྱང་སེམས་ཀྱི་སྡོམ་པའི་རྟེན་དུ་སོ་ཐར་དགོས་པ་དེ་ཉན་ཐོས་སོ་ཐར་ལ་བྱེད་དམ། ཐེག་ཆེན་སོ་ཐར་ལ་བྱེད། དང་པོ་ལྟར་ན་མི་འཐད་དེ། ཉན་ཐོས་སོ་ཐར་ནི་བྱང་སེམས་ཀྱི་སྡོམ་པ་སྐྱེ་བ་དང་གནས་པ་གཉིས་ཀའི་རྟེན་དུ་མི་རུང་བའི་ཕྱིར། དང་པོ་གྲུབ་སྟེ། ཉན་ཐོས་སོ་ཐར་གཏན་མི་སྐྱེ་བའི་རྟེན་པ་ཡང་བྱང་སེམས་ཀྱི་སྡོམ་པ་སྐྱེ་བའི་ཕྱིར་ཏེ། དེའི་རྟེན་དབུ་མའི་ལུགས་ཀྱི་སེམས་བསྐྱེད་སྐྱེ་བའི་ཕྱིར། གཉིས་པ་གྲུབ་སྟེ། ཉན་ཐོས་སོ་ཐར་ནི་ཤི་འཕོས་པའི་ཚེ་གཏོང་ལ། བྱང་སེམས་ཀྱི་སྡོམ་པ་ནི་ཤི་འཕོས་ནས་ཀྱང་མི་གཏོང་བའི་ཕྱིར་རོ། །གཉིས་པ་ལྟར་ན། རྟེན་དང་བརྟེན་པ་རྫས་གཞན་དུ་འདོད་པ་མི་འཐད་དེ། ཐེག་ཆེན་སོ་ཐར་ནི་རྫོགས་པའི་བྱང་ཆུབ་ལ་དམིགས་ཏེ་གཞན་ལ་གནོད་པ་སྤོང་བ་ཡིན་ལ། བྱང་སེམས་ཀྱི་སྡོམ་པ་ནི་རྫོགས་པའི་བྱང་ཆུབ་ལ་དམིགས་ཏེ་གཞན་ལ་ཕན་པ་བསྒྲུབ་པ་ཡིན་ཞིང་། གཞན་ལ་ཕན་པ་བསྒྲུབ་པ་དང་གཞན་ལ་གནོད་པ་སྤོང་བ་གཉིས་ངོ་བོ་གཅིག་ཏུ་སྐྱེ་བའི་ཕྱིར་རོ། །གཞན་ཡང་ཁྱེད་ལྟར་ན། སོ་ཐར་རིས་བདུན་པོ་དེ་བྱང་སེམས་ཀྱི་སྡོམ་པ་མེད་པའི་སྔགས་སྡོམ་དང་། བྱང་སེམས་ཀྱི་སྡོམ་པ་དང་བཅས་པའི་སྔགས་སྡོམ་གཉིས་ཀའི་རྟེན་དུ་རུང་བར་ཐལ། གཞོང་པ་དེ་ཆུ་མེད་པའི་ནོར་བུ་དང་ཆུ་དང་བཅས་པའི་ནོར་བུ་གཉིས་ཀའི་རྟེན་དུ་རུང་བའི་ཕྱིར། ཁྱབ་པ་ཁས། འདོད་ན། སྔགས་སྡོམ་དང་བྱང་སེམས་ཀྱི་སྡོམ་པ་རྣམ་པ་ཀུན་ཏུ་རྟེན་དང་བརྟེན་པ་མ་ཡིན་པར་ཐལ། འདོད་པའི་ཕྱིར། གཞན་ཡང་། དགེ་སློང་རྡོ་རྗེ་འཛིན་པ་སེམས་ཀྱི་དོན་དུ་འགྱུར་བ་མཐོང་ནས་དགེ་སློང་གི་བསླབ་པ་ཕུལ་བའི་ཚེ། སྡོམ་པ་

གོང་མ་གཉིས་གཏོང་བར་ཐལ། དེའི་ཚེ་དེ་གཉིས་ཀྱི་རྟེན་སོ་ཐར་གཏོང་བའི་ཕྱིར། ཁྱབ་སྟེ། རྟེན་གཞོང་པ་མེད་ན་བརྟེན་པ་གཞོང་པའི་རྒྱུ་མེད་དགོས་པའི་ཕྱིར་རོ། །གཉིས་པ་ནི། གསུམ་ལྡན་གྱི་གང་ཟག་གི་བྱང་སེམས་ཀྱི་སྡོམ་པ་དང་སྔགས་སྡོམ་རྫས་གཞན་མ་ཡིན་པར་ཐལ། དེའི་རྒྱུད་ཀྱི་སྔགས་སྡོམ་དེ་དེའི་རྒྱུད་ཀྱི་བྱང་སེམས་ཀྱི་སྡོམ་པ་ཡིན་པའི་ཕྱིར་ཏེ། དེ་དེའི་རྒྱུད་ཀྱི་བྱང་ཆུབ་སེམས་དཔའི་ཚུལ་ཁྲིམས་གསུམ་པོ་གང་རུང་ཡིན་པའི་ཕྱིར་ཏེ། དེ་དེའི་རྒྱུད་ཀྱི་དགེ་བའི་ཆོས་ཡིན་པའི་ཕྱིར་རོ། །དེས་ན་རྒྱ་གཞོང་དུ་ནོར་བུ་བཞག་པ་ལྟར་སྔགས་སྡོམ་གྱི་ཉམས་ལེན་གྱི་རང་རྒྱུད་ཀྱི་སྡོམ་པ་གཞན་གཉིས་ཀྱི་ཉམས་ལེན་ལ་ཡང་མ་ཁྱབ་པར་ཟུར་དུ་ཙུང་དེ་ཙམ་ཡོད་པར་འདོད་པ་ནི། བསྐྱེད་རིམ་གྱི་དུས་སུ་སྣང་བའི་དངོས་པོ་ཐམས་ཅད་ལྷ་དང་། རྫོགས་རིམ་གྱི་དུས་སུ་སྣང་བ་ཐམས་ཅད་བདེ་ཆེན་དུ་ཤར་བ་དགོས་སོ། །ཞེས་སྨྲ་བ་ནི། འུད་གོག་འབའ་ཞིག་ཏུ་སྣང་སྟེ། རྒྱལ་སྲས་སེམས་དཔའ་ཆེན་པོས། འགྲོ་ལ་ཉེ་རིང་ཆགས་སྡང་མ་འཕོངས་ཀྱང་། །སྲིད་ཞི་མཉམ་པར་སྨྲ་བའི་འུད་གོག་ཅན། །ཞེས་གསུངས་པ་དང་ཆོས་མཚུངས་སོ་སྙམ་མོ། །བཞི་པ་གཞན་ལུགས་ལ་རང་ལུགས་སུ་འཁྲུལ་ནས་གནས་གྱུར་རྫས་གཞན་དུ་འདོད་པ་ལ་དབྱུག་སྟེ། འཁྲུལ་སྤོང་འོད་ཕྲེང་གཅིག་ཏུ་འདོད་པ་དགག །སྡོམ་གསུམ་ཐེམ་ཤེས་གནས་གྱུར་འདོད་པ་དགག །སྡོམ་གསུམ་རྒྱུན་གྱི་རྫས་གཅིག་ཡིན་པ་དགག །སྡོམ་གསུམ་རྫས་གཅིག་ཡིན་པའི་སྒྲུབ་བྱེད་དགག །ལུང་གི་དགོངས་པ་ལོག་པར་བཤད་པ་དགག །ཁྱབ་པར་སྡོམ་གསུམ་མངོན་གྱུར་མི་ལྡན་དགག་པའོ། །དང་པོ་ནི། དགའ་སྡོང་པ་ལ་སོགས་པ་ཁ་ཅིག །རྗེ་བཙུན་གྱི་རྩ་ལྟུང་འཁྲུལ་སྤོང་དུ། སྡོམ་པ་གསུམ་པོ་ངོ་བོ་གཅིག་ཏུ་གསུངས་པ་པཎྜི་ཏ་བི་བྷུ་ར་ཙནྡྲའི་སྡོམ་གསུམ་འོད་ཀྱི་ཕྲེང་བར། ཉི་ཟླ་སྐར་གསུམ་གྱི་དཔེས་ངོ་བོ་གཅིག་པ་བཀག་ནས་རྫས་ཐ་དད་དུ་བཤད་ཅེས་ཟེར་རོ། །དེ་ནི་རི་བོང་གི་ཅལ་ལྟར་ཡིན་ཏེ་འཁྲུལ་སྤོང་ལས་ངོ་བོ་གཅིག་ཏུ་གསུངས་པ། འོད་ཕྲེང་མཁན་པོས་བཀག་པའི་ཕྱིར། ཞེས་ཟེར་རོ། །དེ་ནི་ཕྱོགས་སྔ་ཕྱི་གཉིས་ཀ་ལ་ཞིབ་ཏུ་མ་དཔྱད་པ་ཡིན་པས་ཤིན་ཏུ་མི་འཐད་དེ། འཁྲུལ་སྤོང་ལས་སྡོམ་གསུམ་ངོ་བོ་གཅིག་ཏུ་གསུངས་པ་འོད་ཕྲེང་མཁན་པོས་བཀག་པར་ཐལ། འཁྲུལ་སྤོང་ལས་སྡོམ་གསུམ་ངོ་བོ་གཅིག་ཏུ་གསུངས་པ་གང་ཞིག །འོད་ཕྲེང་ལས་སྡོམ་གསུམ་གནས་གྱུར་ངོ་བོ་གཅིག་པ་བཀག་པའི་ཕྱིར། དང་པོ་གྲུབ་སྟེ། རྩ་ལྟུང་འཁྲུལ་སྤོང་ལས། འདི་ལ་སྡོམ་པ་ཇི་ལྟར་ལྡན་ཞེ་ན། དགེ་སློང་གིས་སེམས་བསྐྱེད་པའི་ཚེ་སོ་སོ་ཐར་པ་ཐམས་ཅད་བྱང་ཆུབ་སེམས་དཔའི་སྡོམ་པར་གནས་འགྱུར་ལ། དཀྱིལ་འཁོར་དུ་ཞུགས་པའི་ཚེ་ནི་སྡོམ་པ་ཐམས་ཅད་ཀྱང་རིག་པ་འཛིན་པའི་སྡོམ་པ་ཞེས་བྱ་བ་ཡིན་ནོ། །དེ་སྐད་དུ། རྒྱུད་འབུམ་པའི་ལུང་དེ་ཁོ་ན་ཉིད་ཡེ་ཤེས་གྲུབ་པ་ཞེས་བྱ་བ་ལས་བྱུང་བ། རྡོ་ཡི་རིགས་ཀྱི་བྱེ་བྲག་གིས། །བཞུ་བས་ལྕགས་དང

ཟངས་དངུལ་འགྱུར། །གསེར་འགྱུར་རྩི་ཡི་དངོས་པོ་ཡི། །ཀུན་ཀྱང་གསེར་དུ་བསྒྱུར་བར་བྱེད། །ཅེས་སོགས་གསུངས་པའི་ཕྱིར། རྟགས་གཉིས་པ་གྲུབ་སྟེ། འོད་ཕྲེང་ལས། རིགས་ཅན་གསུམ་གྱི་སྡོམ་པ་ཡང་། །དཀྱིལ་འཁོར་ཆེན་པོ་འདིར་ཞུགས་ན། །རྡོ་རྗེ་འཛིན་པ་ཞེས་བྱ་འོ། །གསུངས་པའི་དོན་ལ་ཁ་ཅིག་ནི། །སྡོམ་གསུམ་གནས་གྱུར་ངོ་བོ་གཅིག །གོང་མའི་རྩ་ལྟུང་བྱུང་བ་ན། །འོག་མ་གཏོང་ཞེས་སྒྲོགས་པ་ཡོད། །ཅེས་སོགས་གསུངས་པའི་ཕྱིར། གཉིས་པ་ནི། རྗེ་བཙུན་གྱི་དགོངས་པ་སྡོམ་པ་གསུམ་གནས་གྱུར་པར་འདོད་པ་ཡང་ཕྱིད་ཀྱི་ལུགས་ལ་ཤིན་ཏུ་འགལ་ཏེ། ཤེས་བྱ་ཆོས་ཅན། སོ་ཐར་སྡོམ་པ་བྱང་སེམས་ཀྱི་སྡོམ་པར་གནས་འགྱུར་བ་མེད་པར་ཐལ། སོ་ཐར་སྡོམ་པ་བྱང་སེམས་ཀྱི་སྡོམ་པའི་ངོ་བོར་སྐྱེ་བ་མེད་པའི་ཕྱིར། སོ་ཐར་སྡོམ་པས་བྱང་སེམས་ཀྱི་སྡོམ་པའི་ཉེར་ལེན་བྱེད་པ་མེད་པའི་ཕྱིར་ཏེ། སོ་ཐར་སྡོམ་པ་གཟུགས་ཅན་དང་བྱང་སེམས་ཀྱི་སྡོམ་པ་ཤེས་པ་ཡིན་པའི་ཕྱིར། རྟགས་ཁས། ཁྱབ་སྟེ། ཆོས་ཀྱི་གྲགས་པས། རྣམ་ཤེས་མིན་པའི་རྣམ་ཤེས་ཀྱི། །ཉེར་ལེན་མིན་པའི་ཕྱིར་ཡང་གྲུབ། །ཅེས་གསུངས་པའི་ཕྱིར། གསུམ་པ་ནི། རྗེ་བཙུན་གྱིས། དགེ་སློང་རྡོ་རྗེ་འཛིན་པ་ལྟ་བུའི་སྡོམ་གསུམ་གནས་གྱུར་པའི་ཚེ། སྒྲས་ཟིན་ལ་ངོ་བོ་གཅིག །ཅེས་གསུངས་ལ། དེ་ཡང་དེའི་ཚེ་སྡོམ་གསུམ་རྫས་རྒྱུན་གཅིག་པ་ལ་དགོངས་པ་ཡིན་ཏེ། སྡོམ་པའི་སྐད་ཅིག་སྔ་ཕྱི་རྫས་གཅིག་པར་ནི་མི་བཞེད་དོ། །ཞེས་ཟེར་རོ། །དེ་ཡང་དཔྱད་ན་མི་འཐད་དེ། སྡོམ་གསུམ་གནས་གྱུར་པའི་ཚེ་རྒྱུན་རྫས་གཅིག་མ་ཡིན་པར་ཐལ། དེའི་རྒྱུན་དུ། གདགས་པའི་གདགས་གཞིའི་སྡོམ་གསུམ་ཡང་རྫས་གཅིག་མ་ཡིན། རྒྱུན་དུ་སྒྲོ་བཏགས་པའི་རྒྱུན་ཡང་རྫས་གཅིག་མ་ཡིན་པའི་ཕྱིར། དང་པོ་མ་གྲུབ་ན། སྐད་ཅིག་སྔ་ཕྱིའི་སྡོམ་པ་གསུམ་རྫས་གཅིག་ཏུ་ཐལ། རྒྱུན་དུ་སྒྲོ་བཏགས་པའི་གདགས་གཞིའི་སྡོམ་གསུམ་རྫས་གཅིག་ཡིན་པའི་ཕྱིར། ཕྱི་མ་མ་གྲུབ་ན། རྒྱུན་རྫས་སུ་གྲུབ་པར་ཐལ། དེའི་ཚེ་སྡོམ་གསུམ་གྱི་རྒྱུན་རྫས་གཅིག་ཡིན་པའི་ཕྱིར། འདོད་མི་នུས་ཏེ། སྒྲོ་བཏགས་ཡིན་པའི་ཕྱིར་རོ། །སྡོམ་པའི་སྐད་ཅིག་སྔ་ཕྱི་རྫས་གཅིག་པར་རྗེ་བཙུན་གྱི་དགོངས་པར་འདོད་པ་ལ་དགག་པ་བརྗོད་པ་ནི་དོན་མེད་པ་ཁོ་ན་ཡིན་ཏེ། དེ་ལྟར་སྨྲ་མཁན་སུ་ཡང་མེད་པའི་ཕྱིར་རོ། །རྟོག་གཉིས་གཅིག་ཅར་འཇུག་པ་མེད་པའི་དོན། གཙོ་བོ་ཡིད་ཀྱི་རྣམ་པར་ཤེས་པ་ལྟ་བུའི་སེམས་རིགས་མཐུན་སྐད་ཅིག་སྔ་ཕྱི་ཅིག་ཅར་མི་སྐྱེ་བ་ལ་འདོད་པ་ནི་བཤད་གད་ཀྱི་གནས་ཡིན་ཏེ། སྐད་ཅིག་སྔ་ཕྱི་ལ་རྫས་གཅིག་འདོད་མཁན་གྱི་གྲོལ་བ་རྟོགས་ལྡན་མེད་པའི་ཕྱིར་དང་། སེམས་རིགས་མཐུན་སྐད་ཅིག་སྔ་ཕྱི་ཡང་ཅིག་ཅར་དུ་འབྱུང་བ་མེད་པའི་ཕྱིར་དང་། སེམས་རིགས་མི་མཐུན་སྐད་ཅིག་སྔ་ཕྱི་ཡང་ཅིག་ཅར་དུ་འབྱུང་བ་མེད་པའི་ཕྱིར་རོ། །

དེས་ན་རྟོག་གཉིས་ཅིག་ཅར་འཇུག་པ་མེད་པའི་དོན་ནི། རྟོག་པ་རིགས་མཐུན་དང་རིགས་མི་མཐུན་

གང་ཡིན་ཡང་རྫས་ཐ་དད་པ་གཉིས་སམ། འཛིན་སྟངས་ཐ་དད་པ་གཉིས་ཅིག་ཅར་ཏུ་འཇུག་པ་མེད་ཅེས་པའི་དོན་ཡིན་ཏེ། རྟོག་པ་ཐམས་ཅད་སེལ་འཇུག་ཡིན་པའི་ཕྱིར་རོ། །བཞི་པ་ནི། སྡོམ་གསུམ་གནས་གྱུར་རྫས་ཅན་ཡིན་ན། སྡོང་སེམས་དུ་མ་ཅིག་ཅར་དུ་སྐྱེ་བར་འགྱུར་རོ། །ཞེས་ཟེར་བ་ཡང་མི་འཐད་དེ། སྡོང་སེམས་དུ་མ་ཅིག་ཅར་སྐྱེ་བ་ཡོད་པར་ཐལ། བྱང་སེམས་ཀྱི་སྡོམ་པའི་མི་མཐུན་ཕྱོགས་སྡོང་སེམས་དང་། སོ་ཐར་སྡོམ་པའི་མི་མཐུན་ཕྱོགས་སྡོང་བའི་སྡོང་སེམས་ཅིག་ཅར་དུ་འབྱུང་བ་ཡོད་པའི་ཕྱིར་ཏེ། རང་དོན་ཡིད་བྱེད་ཀྱི་བསམ་པ་སྡོང་བའི་སྡོང་སེམས་དང་། གཞན་གནོད་གཞི་བཅས་སྡོང་བའི་སྡོང་སེམས་གཉིས་པོ་ཅིག་ཅར་དུ་འབྱུང་བ་ཡོད་པའི་ཕྱིར་ཏེ། སྲོག་གཅོད་སྡོང་བའི་སྡོང་སེམས་དང་། མ་བྱིན་ལེན་སྡོང་བའི་སྡོང་སེམས་ཅིག་ཅར་དུ་འབྱུང་བ་ཡོད་པའི་ཕྱིར་ཏེ། དགེ་སློང་གི་སྡོམ་པ་རྒྱུད་ལ་ལྡན་པའི་དགེ་སློང་ཡོད་པའི་ཕྱིར། གལ་ཏེ་འོ་ན་རེ། སྐྱོན་མེད་དེ། སྡོང་སེམས་དེ་དག་རྫས་གཞན་ཡིན་ནོ། །ཞེ་ན། མི་འཐད་དེ། མ་ཆགས་པ་དང་། ཞེ་སྡང་མེད་པ་དང་། གཏི་མུག་མེད་པའི་སེམས་གསུམ་པོ་ཡང་རྫས་གཞན་དུ་ཐལ། དགེ་སློང་གི་སྡོམ་པའི་ངོ་བོ་གྱུར་པའི་སྡོང་སེམས་བདུན་པོ་རྫས་གཞན་ཡིན་པའི་ཕྱིར། རྟགས་ཁས། འདོད་ན། གཙོ་སེམས་གཅིག་གི་འཁོར་དུ་དེ་གསུམ་འབྱུང་བ་མི་སྲིད་པར་ཐལ། འདོད་པའི་ཕྱིར་རོ། །ལྔ་པ་ནི། མཛོད་ཀྱི་དགོངས་པ་ལ། དགེ་སློང་ཕ་མ་ལྔ་བུ་མཚན་ཡོངས་སུ་གྱུར་པའི་ཚེ། དགེ་སློང་ཕ་མའི་སྡོམ་པ་ནི་རྫས་གཅིག་ཅེས་མི་བྱ་སྟེ། མཛོད་ལས། ཐ་དད་དེ་དག་འགལ་བ་མེད། །ཅེས་སོགས་གསུངས་པའི་ཕྱིར། ཞེས་ཟེར་བ་ནི་རང་གི་དེ་ཉིད་སྟོན་པར་ཟད་པས་མི་འཐད་དེ། ཐ་དད་དེ་དག་འགལ་བ་མེད། །ཅེས་སོགས་རྩ་འགྲེལ་གྱི་དགེ་སློང་ཕ་མའི་སྡོམ་པ་རྫས་གཞན་དུ་སྟོན་པ་མི་འཐད་པར་ཐལ། གཞུང་དེས་ཚིགས་གསུམ་རིམ་ཅན་དུ་བླངས་པའི་གང་ཟག་གི་རྒྱུད་ཀྱི་དགེ་བསྙེན་དང་དགེ་ཚུལ་དང་དགེ་སློང་གི་སྡོམ་པ་གསུམ་རྫས་ཐ་དད་པར་བསྟན་པ་ཡིན་པའི་ཕྱིར་ཏེ། དེའི་འགྲེལ་པར། སྡོམ་པ་གསུམ་པོ་དེ་དག་ལ་སྲོག་གཅོད་པ་སྡོང་བ་གསུམ་ནས་ཉན་ཐོས་པར་འགྱུར་བའི་ལྟ་བ་སྡོང་བ་གསུམ་གྱི་བར་དུ་མཚན་ཉིད་ཐ་དད་པར་སྐྱེ་སྟེ་ལྡག་མ་རྣམས་ཀྱང་དེ་དང་འདྲའོ། །ཞེས་གསུངས་པའི་ཕྱིར། གཞན་ཡང་། མཛོད་ཀྱི་ལུགས་ལ་དགེ་སློང་ཕ་མའི་སྡོམ་པ་རྫས་རིགས་གཞན་དུ་འདོད་པ་མི་འཐད་པར་ཐལ། དེའི་ལུགས་ལ་དེ་གཉིས་རྫས་རིགས་གཅིག་ཡིན་པའི་ཕྱིར་ཏེ། རྫས་སུ་རྣམ་པ་བཞི་ཡིན་ནོ། །ཞེས་སོགས་གསུངས་པའི་ཕྱིར་རོ། །སྡོམ་གསུམ་ལྡན་པའི་ཚུལ་ལ་གཅིག་མངོན་གྱུར་ཏུ་ལྡན་པའི་ཚེ། ཅིག་ཤོས་མངོན་གྱུར་ཏུ་ལྡན་པ་ལ་ནི་སྔར་འོད་ཕྲེང་མཁན་པོས། བག་ལ་ཉལ་བའི་ཚུལ་དུ་འདོད་པ་ལ་བརྗོད་པའི་རིགས་པ་རྣམས་འཕངས་པར་བྱའོ། །དྲུག་པ་ནི། ཁྱད་པར་དུ་འདིར་འོག་མ། མངོན་གྱུར་ཏུ་ལྡན་པའི་ཚེ། གོང་

མ་མངོན་གྱུར་ཏུ་མི་ལྡན་པར་འདོད་པ་ནི་ཤིན་ཏུ་མི་འཐད་དེ། སོ་ཐར་དང་བྱང་སེམས་ཀྱི་སྡོམ་པ་མངོན་གྱུར་དུ་ལྡན་པའི་ཚེ། སྔགས་སྡོམ་མངོན་གྱུར་ཏུ་ལྡན་པ་ཡོད་པར་ཐལ། སྡོམ་པ་འོག་མ་གཉིས་ཀྱི་ལྟུང་བ་སྤོང་བའི་སྤོང་སེམས་མངོན་གྱུར་ཏུ་ལྡན་པའི་ཚེ། སྔགས་སྡོམ་གྱི་ལྟུང་བ་སྤོང་བའི་སྤོང་སེམས་མངོན་གྱུར་དུ་ལྡན་པའི་ཕྱིར་ཏེ། དེའི་ཚེ་བདེ་གཤེགས་བཀའ་འདས་ཀྱི་རྩ་ལྟུང་སྤོང་སེམས་མངོན་གྱུར་ཏུ་ལྡན་པ་ཡོད་པའི་ཕྱིར་ཏེ། གསུམ་ལྡན་དགེ་སློང་རྡོ་རྗེ་འཛིན་པ་ལ་སྡོམ་པ་འོག་མ་གཉིས་ཀྱི་རྩ་ལྟུང་བྱུང་བའི་ཚེ་བདེ་གཤེགས་བཀའ་འདས་ཀྱི་རྩ་ལྟུང་ཡང་འབྱུང་བའི་ཕྱིར། གཞན་ཡང་། སློན་སེམས་ཉམས་པ་སྤོང་བའི་སྤོང་སེམས་དང་། རྩ་ལྟུང་ལྔ་པ་སྤོང་བའི་སྤོང་སེམས་གཉིས་དུས་མཉམ་དུ་ལྡན་པ་མི་སྲིད་པར་ཐལ། སྡོམ་པ་གོང་འོག་གི་སྤོང་སེམས་དུས་མཉམ་དུ་ལྡན་པ་མི་སྲིད་པའི་ཕྱིར་ཏེ། སྡོམ་པ་གསུམ་པོ་དུས་མཉམ་དུ་ལྡན་པ་མི་སྲིད་པའི་ཕྱིར། འདོད་ན། སློན་སེམས་དང་བྱང་སེམས་ལྷན་ཅིག་ཏུ་འབྱུང་བ་མི་སྲིད་པར་ཐལ།འདོད་པའི་ཕྱིར། དེ་ལ་སོགས་པ་མཐའ་ཡས་སོ། །

གཉིས་པ་རང་ལུགས་བཞག་པ་ལ་གཉིས་ཏེ། བཤད་བྱ་རྡོ་རྗེའི་ཚིག་འགོད་པ་དང་། དེའི་དོན་ཚུལ་བཞིན་དུ་བཤད་པའོ། །དང་པོ་ནི། རྗེ་བཙུན་འཕྲུལ་པའི་དྲི་མ་ཐམས་ཅད་ཟད་སྤངས་པ་རྡོ་རྗེ་འཛིན་པ་ཆེན་པོ་གྲགས་པ་རྒྱལ་མཚན་གྱི་ཞལ་སྔ་ནས། སྡོམ་པ་ཉི་ཤུ་པའི་འགྲེལ་པར། དེ་ལྟར་ན་རྡོ་རྗེ་རྩེ་མོ་ལས། སྡོམ་པ་གསུམ་ལ་གནས་པ་ནི། །དང་པོའི་ཁྲིམས་སུ་བཤད་པ་ཡིན། །ཞེས་གང་ཟག་གཅིག་གི་རྒྱུད་ལ་སོ་སོ་ཐར་པ་དང་། བྱང་ཆུབ་སེམས་དཔའ། རིག་པ་འཛིན་པའི་སྡོམ་པ་གསུམ་དང་ལྡན་པར་གསུངས་པ་འགལ་ལོ་ཞེ་ན། དེའི་དོན་འདི་ཡིན་ཏེ། སྤྱིར་སོ་སོ་ཐར་པ་ཞེས་བྱ་བར་རང་གི་ངོ་བོ་ནི་གཞན་ལ་གནོད་པ་གཞི་དང་བཅས་པ་ལས་ལྡོག་པ་ཡིན་ལ། དེའི་སྟེང་དུ་ཕན་འདོགས་པར་འདོད་ཅིང་ཞུགས་པ་ནི་བྱང་ཆུབ་སེམས་དཔའི་སྡོམ་པ་ཡིན་ཞིང་། དེའི་སྟེང་དུ་རིག་པ་འཛིན་པ་ནི་རིག་པ་འཛིན་པའི་སྡོམ་པ་ཡིན་ནོ། །དེ་ལ་སོ་སོ་ཐར་པ་ནི་གཉིས་ཏེ། ཉན་ཐོས་ཀྱི་སོ་སོ་ཐར་པ་དང་། བྱང་ཆུབ་སེམས་དཔའི་སོ་སོ་ཐར་པ་ལས་འདིར་བྱང་ཆུབ་སེམས་དཔའི་སོ་སོ་ཐར་པ་ནི། སྡོམ་པ་ཐོབ་པ་དང་། གནས་པ་གཉིས་ཀའི་རྟེན་ཏུ་རུང་གི་སྔ་མ་ནི་དེ་ལྟར་མ་ཡིན་པས་རྡོ་རྗེ་རྩེ་མོའི་དགོངས་པ་ནི་བྱང་ཆུབ་སེམས་དཔའི་སོ་སོ་ཐར་པའོ། །བྱང་ཆུབ་སེམས་དཔའི་སྡོམ་པ་དེ་བླངས་པའི་ཚེ་ག་གཞན་ཞིག་ཡོད་དམ་སོ་སོ་ཐར་པའི་སྡོམ་པ་ཉིད་ཡིན་ཞེ་ན། སྔར་སོ་སོ་ཐར་པའི་སྡོམ་པ་ཐོབ་ན་ཕྱིས་བྱང་ཆུབ་སེམས་དཔའི་སྡོམ་པ་ཐོབ་པའི་དུས་སྔར་གྱི་དེ་བྱང་ཆུབ་སེམས་དཔའི་སྡོམ་པར་གནས་གྱུར་ལ། སྔར་མ་ཐོབ་ན་ནི་བྱང་ཆུབ་སེམས་དཔའི་སློན་པའི་དུས་ཉིད་དུ་བྱང་ཆུབ་སེམས་དཔའི་སོ་སོ་ཐར་པའི་སྡོམ་པ་ཐོབ་པ

ཡིན་ནོ། །རྣམ་པར་སྦྱོར་བས་ཚོགས་སོ། །ཞེས་པ་དང་། རྒྱ་ལྟུང་འགྲེལ་སྦྱོང་ལས། འདིར་ཁ་ཅིག་འདི་སྐད་དུ། གསུམ་ལ་སྐྱབས་འགྲོ་ནས་བརྩམས་ཏེ། །ཞེས་བྱ་བ་ཐུན་མོང་གི་སྐྱབས་འགྲོ་དང་། སོ་སོ་ཐར་པ་ལ་འཆད་ཅིང་། རྡོ་རྗེ་རྩེ་མོ་ལས་ཀྱང་། སོ་སོར་ཐར་དང་བྱང་ཆུབ་སེམས། །རིག་འཛིན་རང་གི་ངོ་བོའོ། །ཞེས་གསུངས་པ་གཉིས་ཀ་འང་སྐྱོན་དང་བཅས་པ་ཡིན་ཏེ། རིག་པ་འཛིན་པ་དང་། བྱང་ཆུབ་སེམས་དཔའི་སྡོམ་པ་གཉིས་ནི་ནང་མི་འགལ་མོད། སོ་སོ་ཐར་པའི་སྡོམ་པ་འདི་ནི་བྱང་ཆུབ་སེམས་དཔའི་སྡོམ་པ་ཐོབ་པའི་རྟེན་དུ་མི་རུང་སྟེ། སོ་སོ་ཐར་པ་ནི་གླིང་གསུམ་གྱི་སྐྱེས་པ་དང་བུད་མེད་མ་ཡིན་པ་གཞན་ལ་མི་སྐྱེ་ལ། བྱང་ཆུབ་ཀྱི་སེམས་ནི་འགྲོ་བ་མཐའ་དག་ལ་སྐྱེ་བར་གསུངས་པའི་ཕྱིར་རོ། །ཡང་ན་གནས་པའི་རྟེན་དུའང་མི་འཐད་དེ། སོ་སོར་ཐར་པ་ནི་ཤི་ནས་གཏོང་ལ། བྱང་ཆུབ་སེམས་དཔའ་ནི་ཧི་སྲིད་སངས་མ་རྒྱས་ཀྱི་བར་དུ་མི་གཏོང་བའི་ཕྱིར་རོ། །ཞེ་ན། ཉན་ཐོས་དང་ཐུན་མོང་བའི་སོ་སོར་ཐར་པ་འདི་ནི་ཐོབ་པ་དང་གནས་པའི་རྟེན་དུ་མི་རུང་བར་ཁྱེད་སྨྲ་བ་བཞིན་དུ་ཁོ་བོ་ཅག་ཀྱང་སྨྲའོ། །འོན་ཁྱད་ཀྱི་སོ་སོ་ཐར་པ་སྔོན་དུ་མ་སོང་བའི་སྡོམ་པ་གསུམ་གང་ཞེ་ན། འདིར་སོ་སོ་ཐར་པའི་རང་བཞིན། གཞན་ལ་གནོད་པ་གཞི་དང་བཅས་པ་ལྡོག་པར་བྱེད་པ་ཡིན་ལ། བྱང་ཆུབ་སེམས་དཔའི་སྡོམ་པ་ནི་དེའི་སྟེང་དུ་གཞན་ལ་ཕན་འདོགས་པར་ཞུགས་པ་ཡིན་ཞིང་། རིག་པ་འཛིན་པ་ནི་དེ་དག་ཀྱང་ལྷའི་རྣམ་པར་ཡེ་ཤེས་ཀྱིས་བྱིན་གྱིས་བརླབས་ནས་ལོངས་སྤྱོད་པས་ན་འདི་ལ་འགལ་བ་ཅི་ཡང་ཡོད་པ་མ་ཡིན་ནོ། །འོན་ནུར་སོ་སོ་ཐར་པའི་སྡོམ་པ་དགེ་སློང་གི་བར་ཐོབ་པ་ཞིག་གིས། ཕྱིས་བྱང་ཆུབ་ཏུ་སེམས་བསྐྱེད་ནས་སླར་ཡང་དབང་གནོས་པར་གྱུར་ན་འདི་ལ་སྡོམ་པ་ཇི་ལྟར་ལྡན་ཞེ་ན། དགེ་སློང་གི་ཡེ་ཤེས་བསྐྱེད་པའི་ཚེ་སོ་སོ་ཐར་པ་ཐམས་ཅད་བྱང་ཆུབ་སེམས་དཔའི་སྡོམ་པར་འགྱུར་ལ། དཀྱིལ་འཁོར་དུ་ཞུགས་པའི་ཚེ་ན་སྡོམ་པ་ཐམས་ཅད་ཀྱང་རིག་པ་འཛིན་པའི་སྡོམ་པ་ཞེས་བྱ་བ་ཡིན་ནོ། །དེ་སྐད་དུ། རྒྱུད་འབུམ་པའི་ལུང་དེ་ཁོ་ན་ཉིད་ཡེ་ཤེས་གྲུབ་པ་ཞེས་བྱ་བ་ལས་བྱུང་བ། རྡོ་ཡི་རིགས་ཀྱི་བྱེ་བྲག་གིས། །བཞུ་བས་ལྕགས་དང་ཟངས་དངུལ་འབྱུང་། །གསེར་འགྱུར་རྩི་ཡི་དངོས་པོ་ཡིས། །ཀུན་ཀྱང་གསེར་དུ་བསྒྱུར་བར་བྱེད། །དེ་བཞིན་སེམས་ཀྱི་བྱེ་བྲག་གིས། །རིགས་ཅན་གསུམ་གྱི་སྡོམ་པ་ཡང་། །དཀྱིལ་འཁོར་ཆེན་པོ་འདིར་ཞུགས་ན། །རིག་པ་འཛིན་པ་ཞེས་བྱའོ། །ཞེས་གསུངས་སོ། །དེ་ལ། དེའི་རྡོ་ནི་ཕལ་པ་ཡིན་ལ། ལྕགས་ནི་ཉན་ཐོས་ཀྱི་བསླབ་པར་བྱ་བ། ཟངས་ནི་རང་རྒྱལ་གྱི་བསླབ་པར་བྱ་བ། དངུལ་ནི་བྱང་ཆུབ་སེམས་དཔའི་བསླབ་པར་བྱ་བ་ཡིན་ཞིང་། གསེར་འགྱུར་གྱི་རྩི་ནི་རྡོ་རྗེ་ཐེག་པའི་བསླབ་པར་བྱ་བ་ཡིན་པར་མངོན་ནོ། །ཞེས་གསུངས་སོ། །གཉིས་པ་དེའི་དོན་ཚུལ་བཞིན་བཤད་པ་ལ་གསུམ་སྟེ། རིམ་གྱིས་བླངས་པའི་ཚེ་གནས་འགྱུར་བའི་ཚུལ། གསུམ་ཆར་

ལྡན་པའི་ཆོ་ག་ཅོ་བོ་གཅིག་པའི་ཚུལ། ལུང་གི་དོན་ལ་དོགས་པ་དཔྱད་པའོ། །དང་པོ་ལ་གཉིས་ཏེ། སྡོམ་པ་ལེན་པའི་ཚུལ་བཤད་པ་དང་། གནས་འགྱུར་བའི་ཚུལ་བཤད་པའོ། །དང་པོ་ནི། སྤྱིར་སྡོམ་པ་གསུམ་ལེན་པའི་རིམ་པ་ལ་བདུན་གསུངས་ཏེ། དང་པོར་སོ་ཐར་རིས་བདུན་གང་རུང་གང་ཡང་རུང་བ་བླངས། དེ་ནས་བྱང་སེམས་ཀྱི་སྡོམ་པ་དབུ་སེམས་ཀྱི་ཆོག་ས་བླང་། དེ་ནས་སྔགས་སྡོམ་བླང་བའི་ཚུལ་ནི་དང་པོའོ། །དང་པོར་ཐེག་ཆེན་གྱི་སོ་ཐར། སྐྱེས་ནས་གོང་མ་གཉིས་རིམ་གྱིས་བླངས་པའི་ཚུལ་ནི་གཉིས་པའོ། །དང་པོར་ཉན་ཐོས་ཀྱི་སོ་ཐར་གང་ཡང་རུང་བ་བླངས། དེ་ནས་སྡོམ་པ་གསར་པ་གཉིས་མ་བླངས་པར་སྔགས་སྡོམ་བླང་བའི་ཚུལ་ནི་གསུམ་པའོ། །དང་པོར་ཐེག་ཆེན་སོ་ཐར་རིག་བདུན་གང་རུང་གཅིག་བླངས། དེ་ནས་བྱང་སྡོམ་མ་བླངས་པར་སྔགས་སྡོམ་ལེན་པའི་ཚུལ་ནི་བཞི་པའོ། །དང་པོར་སོ་ཐར་སྔོན་དུ་མ་སོང་བར་བྱང་སེམས་ཀྱི་སྡོམ་པ་བླངས་ནས་སྔགས་སྡོམ་ལེན་པའི་ཚུལ་ནི་ལྔ་པའོ། །དང་པོ་ཉིད་ནས་སྡོམ་པ་འོག་མ་གཉིས་གང་ཡང་སྔོན་དུ་སོང་བར་སྔགས་སྡོམ་བླངས་པའི་ཚུལ་ནི་དྲུག་པའོ། །དང་པོར་སྔགས་སྡོམ་བླངས་ནས་དེའི་རྗེས་སུ་སྡོམ་པ་འོག་མ་གཉིས་བླང་བའི་ཚུལ་ནི་བདུན་པའོ། །དེ་ལ་དང་པོ་གཉིས་ནི། ཀྱཻ་རྡོ་རྗེ་ལས། དང་པོར་གསོ་སྦྱོང་སྦྱིན་པར་བྱ། ། ཞེས་སོགས་སྐལ་དམན་རིམ་འཇུག་པའི་ལས་ཀྱི་དགྲི་ཚུལ་གསུངས་པས་འགྲུབ་ལ།

གསུམ་པ་དང་བཞི་བ་གཉིས་ནི་རྒྱུད་འབུམ་པ་ལས། དེ་བཞིན་སེམས་ཀྱི་བྱེ་བྲག་གིས། །རིགས་ཅན་གསུམ་གྱི་སྡོམ་པ་ཡང་། །དཀྱིལ་འཁོར་ཆེན་པོ་འདིར་ཞུགས་ན། །ཞེས་རིགས་ཅན་གསུམ་གྱི་སྡོམ་པ་ལ་གནས་པས་སྔགས་སྡོམ་ལེན་པ་གསུངས་པས་འགྲུབ་བོ། །ལྔ་པ་ནི། སོ་ཐར་སྔོན་དུ་མ་སོང་བར་དབུ་མ་ལུགས་ཀྱི་སེམས་བསྐྱེད་བླངས་པ་ཡོད་ཅིང་། དེའི་སྟེང་དུ་སྔགས་སྡོམ་ལེན་པ་ཡོད་པས་འགྲུབ་པོ། །དྲུག་པ་ནི། རྗེ་བཙུན་རྩེ་མོའི་དབང་ཆུར། དང་པོ་ཉིད་ནས་ཕྱག་རྒྱ་ཆེན་པོ་མཆོག་གི་དངོས་གྲུབ་ཐོབ་པའི་དོན་དུ་དབང་བསྐུར་བར་བྱའོ། །ཞེས་ཟེར་ན། དེ་ལ་དང་པོ་ནས་དབང་བསྐུར་བྱེད་པར་གསུངས་པས་འགྲུབ་པོ། །བདུན་པ་ནི། རྡོ་རྗེ་རྩེ་མོ་ལས། སེམས་ཅན་ཀུན་གྱི་དོན་གྱི་ཕྱིར། །བདག་གི་སྡོམ་པ་མ་ལུས་བཟུང་། །ཞེས་ཁྲིམ་པས་སྔགས་སྡོམ་ཐོབ་པའི་རྗེས་སུ་སྡོམ་པ་མ་ལུས་པ་བཟུང་བ་ཡོད་པར་གསུངས་པས་འགྲུབ་པོ། །གཉིས་པ་གནས་འགྱུར་བའི་ཚུལ་ལ་གསུམ་སྟེ། གཞན་ལུགས་དགག །རང་ལུགས་གཞག །དོན་བསྡུ་བའོ། །དང་པོ་ནི། སོ་ཐར་སྡོམ་པ་བྱང་སྡོམ་དུ་གནས་འགྱུར་བ་དང་། བྱང་སྡོམ་སྔགས་སྡོམ་དུ་གནས་འགྱུར་བ་ཡིན་ཟེར་རོ། །མི་འཐད་དེ། བྱང་སྡོམ་དེ་སོ་ཐར་སྡོམ་པའི་བྱེ་བྲག་ཡིན་པའི་ཕྱིར་ཏེ། སྔགས་སྡོམ་དེ་བྱང་སྡོམ་གྱི་སྡོམ་པའི་བྱེ་བྲག་ཡིན་པའི་ཕྱིར་རོ། །ཁ་ཅིག །ཐེག་ཆེན་སོ་ཐར་བྱང་སྡོམ་དུ་གནས་འགྱུར་ཞིང་། ཆོག་ཐུན་མོང་མ་ཡིན་པ་ལས་ཐོབ་པའི་

བྱང་སྡོམ་ཐམས་ཅད་སྔགས་སྡོམ་དུ་གནས་འགྱུར་བ་ཡིན་ཞེས་ཟེར་རོ། །དེ་ཡང་མི་འཐད་དེ། ཐེག་ཆེན་སོ་ཐར་ཆོས་ཅན། ཁྱོད་བྱང་སེམས་ཀྱི་སྡོམ་པར་གནས་འགྱུར་བ་མ་ཡིན་པར་ཐལ། ཁྱོད་བྱང་སེམས་ཀྱི་སྡོམ་པ་ཡིན་པའི་ཕྱིར། ཡང་། འབྲས་བུ་ལམ་བྱེད་ཀྱི་ཐབས་ཀྱིས་ཟིན་པའི་ཚོག་ཐུན་མོང་མ་ཡིན་པ་ལས་ཐོབ་པའི་བྱང་སྡོམ་ཆོས་ཅན། ཁྱོད་སྔགས་སྡོམ་དུ་གནས་འགྱུར་བ་མ་ཡིན་པར་ཐལ། ཁྱོད་སྔགས་སྡོམ་ཡིན་པའི་ཕྱིར། གཉིས་པ་རང་ལུགས་ནི། དེ་ལྟར་ལེན་ཚུལ་བདུན་ཡོད་པ་ལས། དང་པོ་ལ་བྱང་སེམས་ཀྱི་སྡོམ་པ་ལེན་པའི་ཚེ། སྔར་གྱི་ཉན་ཐོས་ཀྱི་སོ་ཐར་དེ་ཉིད་བྱང་སེམས་ཀྱི་སྡོམ་པའམ། བྱང་སེམས་ཀྱི་སོ་ཐར་དུ་གནས་འགྱུར་བ་ཡིན་ཏེ། རང་ཉིད་གཅིག་པུ་ཞི་བདེ་དོན་གཉེར་གྱི་དམན་སེམས་དང་། མི་མཐུན་ཕྱོགས་སྤོང་བའི་སྤོང་སེམས་གཉིས་ཡོད་པ་ལས། དམན་སེམས་མཐའ་དག་དོར་ནས་སྤོང་སེམས་དེ་ཉིད་བྱང་སེམས་ཀྱི་སྡོམ་པའི་ངོ་བོར་འགྱུར་བའི་ཕྱིར་རོ། །ལེན་ཚུལ་གཉིས་པ་ལ་ནི། སྔར་གྱི་སོ་ཐར་བྱང་སེམས་ཀྱི་སྡོམ་པར་གནས་འགྱུར་བ་མ་ཡིན་ཏེ། དང་པོ་ཉིད་ནས་བྱང་སེམས་ཀྱི་སྡོམ་པའི་ངོ་བོར་ཡོད་པས་ཕྱིས་བྱང་སེམས་ཀྱི་སྡོམ་པ་སྐྱེས་པའི་ཚེ་ཡང་ཡོན་ཏན་བསྟན་པའི་ཚུལ་ཏུ་ངོ་བོ་གཅིག་ཏུ་སྐྱེས་པ་ཡིན་པའི་ཕྱིར་རོ། །དེས་ན་བྱང་སེམས་ཀྱི་སྡོམ་པར་གནས་འགྱུར་རྒྱུའི་སོ་ཐར་པ་ནི། ཉན་ཐོས་ཀྱི་སོ་ཐར་ཁོ་ན་ཡིན་གྱི་བྱང་སེམས་ཀྱི་སོ་ཐར་ནི་མ་ཡིན་ཏེ། སྡོམ་པ་འོག་མ་བར་མར་གནས་འགྱུར་བའི་དོན་ནི། དམན་སེམས་དོར་ཞིང་སྤོང་སེམས་མི་དོར་བ་ལ་འཇོག་དགོས་ཤིང་། ཐེག་ཆེན་སོ་ཐར་ལ་དང་པོ་ཉིད་ནས་དམན་སེམས་མེད་པའི་ཕྱིར་རོ། །ལེན་ཚུལ་གསུམ་པ་བཞི་པ་ལྔ་པ་རྣམས་ལ་ནི། སྔགས་སྡོམ་ཐོབ་པའི་ཚེ་སྔར་གྱི་སྡོམ་པ་ཐམས་ཅད་སྔགས་སྡོམ་དུ་གནས་འགྱུར་བ་ཡིན་ཏེ། སྔགས་ཀྱི་བྱང་སེམས་དང་སོ་ཐར་འབྲས་བུ་ལམ་བྱེད་ཀྱི་ཐབས་ཀྱིས་མ་ཟིན་པ་ཡིན་པ་ལས། ཕྱིས་སྔགས་སྡོམ་ཐོབ་པའི་ཚེ་སྡོམ་པ་ཐམས་ཅད་ཀྱང་འབྲས་བུ་ལམ་བྱེད་ཀྱི་ཐབས་ཀྱིས་ཟིན་པའི་སྡོམ་པར་འགྱུར་བའི་ཕྱིར་རོ། །དེས་ན་སྔར་ཉན་ཐོས་ཀྱི་སོ་ཐར་དང་ལྡན་པས་སྔགས་སྡོམ་ཐོབ་པའི་གནས་གྱུར་གཉིས་ཀ་ཚང་ལ། སྔར་བྱང་སེམས་ཀྱི་སྡོམ་པ་དག་ལྡན་པས་དབང་བསྐུར་ཐོབ་པ་ལ་ནི་གནས་གྱུར་ཕྱི་མ་ཁོ་ན་བརྩི་བར་རིག་པར་བྱའོ། །ལེན་ཚུལ་དྲུག་པ་ལ་ནི་སྡོམ་པ་གསུམ་ཆར་ཡང་ཚོག་གཅིག་ཉིད་ལས་ཐོབ་པས་ངོ་བོ་གཅིག་ཏུ་སྐྱེ་བ་ཁོ་ན་ཡིན་གྱི། གནས་གྱུར་རྩིར་མེད་དོ། །དེ་བཞིན་དུ་སོ་ཐར་སྔོན་དུ་མ་སོང་བར་བྱང་སེམས་ཀྱི་སྡོམ་པ་ལེན་པའི་ཚོག་ལས་བྱང་སེམས་ཀྱི་སྡོམ་པ་དང་། སོ་ཐར་གྱི་སྡོམ་པ་གཉིས་ཐོབ་པ་ལའང་གནས་གྱུར་རྩིར་མེད་དེ། དེ་ལ་ནི་ཐེག་ཆེན་གྱི་སོ་ཐར་ཁོ་ན་སྐྱེ་བའི་ཕྱིར་རོ། །

ལེན་ཚུལ་བདུན་པ་ནི། སྡོམ་པ་འོག་མ་གཉིས་པོ་དེ་ཐོབ་པའི་ཚེ་ངོ་བོ་གཅིག་ཏུ་སྐྱེ་བ་ཁོ་ན་ཡིན་གྱི་

གནས་འགྱུར་རྒྱུར་མེད་དེ། སྔགས་སྡོམ་ལ་གནས་བཞིན་དུ་སྡོམ་པ་བླང་ཡང་སྔགས་སྡོམ་གྱི་ངོ་བོར་སྐྱེ་བའི་ཕྱིར་རོ། །གཉིས་པ་དོན་བསྡུ་བ་ནི། དེས་ན་ཉན་ཐོས་ཀྱི་སོ་ཐར་བྱང་སེམས་ཀྱི་སྡོམ་པར་གནས་འགྱུར་བ་དང་། འབྲས་བུ་ལམ་བྱེད་ཀྱི་མ་ཟིན་པའི་སོ་ཐར་དང་། བྱང་སེམས་ཀྱི་སྡོམ་པ་སྔགས་སྡོམ་དུ་གནས་འགྱུར་བ་ཡིན་གྱི། སྤྱིར་སོ་ཐར་ཙམ་ནི་བྱང་སེམས་ཀྱི་སྡོམ་པར་གནས་འགྱུར་བ་མ་ཡིན་ཞིང་། ཐེག་ཆེན་སོ་ཐར་ཡང་བྱང་སེམས་ཀྱི་སྡོམ་པར་གནས་འགྱུར་བ་མ་ཡིན་ཏེ། བྱང་སེམས་ཀྱི་སྡོམ་པ་ཡང་སོ་ཐར་གྱི་སྡོམ་པའི་བྱེ་བྲག་ཡིན་པའི་ཕྱིར་རོ། །དེ་བཞིན་དུ་སོ་ཐར་ཙམ་དང་བྱང་སེམས་ཀྱི་སྡོམ་པ་ཙམ་སྔགས་སྡོམ་དུ་གནས་འགྱུར་བ་ཡང་མ་ཡིན་ཏེ། སྔགས་སྡོམ་ཡང་སྡོམ་པ་དེ་དག་གི་བྱེ་བྲག་ཡིན་པའི་ཕྱིར་རོ། །དེ་དག་ནི་གོང་དུ་དྲངས་པའི་སྡོམ་པ་ཉི་ཤུ་པའི་འགྲེལ་པར། སྔར་སོ་ཐར་པའི་སྡོམ་པ་ཐོབ་ན་ཕྱིས་བྱང་ཆུབ་སེམས་དཔའི་སྡོམ་པ་ཐོབ་པའི་དུས་སུ། སྔར་གྱི་དེ་བྱང་ཆུབ་སེམས་དཔའི་སྡོམ་པར་གནས་འགྱུར་ལ། ཞེས་པ་དང་། རྒྱ་ལྟུང་འབྲུལ་སྤོང་ལས། འོན་སྔར་སོ་སོར་ཐར་པའི་སྡོམ་པ་དགེ་སློང་གི་བར་ཐོབ་པ་ཞིག་གི་ཞེས་སོགས་གསུངས་པའི་དོན་ཕྱོགས་འདི་ལ་མོས་པ་ཡོད་པ་རྣམས་ཀྱི་དོན་དུ་སྙིང་བརྩེ་བའི་བསམ་པས་དཔྱིས་ཕྱིན་པར་བཤད་དོ། །

གཉིས་པ་གསུམ་པ་ལྡན་པའི་ཚེ་ངོ་བོ་གཅིག་པའི་ཚུལ་ལ་གཉིས་ཏེ། སྡོམ་གསུམ་ངོ་བོ་གཅིག་ཚུལ་སྤྱིར་བསྟན་པ། གནས་འགྱུར་ངོ་བོ་གཅིག་ཚུལ་བྱེ་བྲག་ཏུ་བཤད་པའོ། །དང་པོ་ལ། དགག །གཞག །སྤང་གསུམ། དང་པོ་ལ། ཁ་ཅིག །སྡོམ་པ་གསུམ་པོ་དེ་ཁྱབ་མཉམ་པའི་རྫས་གཅིག་ཡིན་ཞེས་ཟེར་བ་མི་འཐད་དེ། སོ་ཐར་སྡོམ་པ་ཡིན་ན་བྱང་སེམས་ཀྱི་སྡོམ་པ་ཡིན་པས་ཀྱང་མ་ཁྱབ། སྔགས་སྡོམ་ཡིན་པས་ཀྱང་མ་ཁྱབ་པའི་ཕྱིར་ཏེ། ཐེག་དམན་སོ་ཐར་དེ་དེ་གང་ཡང་མ་ཡིན་པའི་ཕྱིར། ཁ་ཅིག །སྡོམ་གསུམ་དབྱེར་མེད་རྫས་གཅིག་ཡིན་བྱང་སེམས་ཀྱི་སྡོམ་པའི་རྫས་ཡིན་པས་མ་ཁྱབ། སྔགས་སྡོམ་གྱི་རྫས་ཡིན་པས་ཀྱང་མ་ཁྱབ་པའི་ཕྱིར་ཏེ། ཐེག་ཆེན་སོ་ཐར་དེ། དེ་གཉིས་ཀ་གང་ཡང་མ་ཡིན་པའི་ཕྱིར། ཁ་ཅིག །སྡོམ་གསུམ་གྲུབ་བདེ་རྫས་གཅིག་ཡིན་ཞེས་ཟེར་བ་མི་འཐད་དེ། སོ་ཐར་སྡོམ་པ་གྲུབ་པའི་གཞི་ཡིན་ན་གོང་མ་གཉིས་པོ་གྲུབ་པའི་གཞི་ཡིན་པས་མ་ཁྱབ་པའི་ཕྱིར་ཏེ། དེ་དང་ལྡན་པའི་གཞི་ཡིན་ན་གོང་མ་གཉིས་དང་ལྡན་པའི་གཞི་ཡིན་པས་མ་ཁྱབ་པའི་ཕྱིར། མ་གྲུབ་ན། ཐེག་ཆེན་དགེ་སློང་ཆོས་ཅན། དེར་ཐལ། དེའི་ཕྱིར། གཉིས་པ་རང་ལུགས་ནི། སྤྱིར་སྡོམ་པ་གསུམ་པོ་ཁྱབ་བྱ་ཁྱབ་བྱེད་ཀྱི་རྫས་གཅིག་ཡིན་ཏེ། སོ་ཐར་སྡོམ་པ་གོང་མ་གཉིས་ཁྱབ་བྱེད་དང་། གོང་མ་གཉིས་དེའི་ཁྱབ་བྱ་ཡིན་པའི་ཕྱིར་དང་། བྱང་སྡོམ་སྔགས་སྡོམ་གྱི་ཁྱབ་བྱེད་དང་། སྔགས་སྡོམ་དེའི་ཁྱབ་བྱ་ཡིན་པའི་ཕྱིར་རོ། །སྡོམ་གསུམ་རྫས་ཐ་དད་དམ་ངོ་བོ་ཐ་དད་ནི་མ་ཡིན་ཏེ། དེ་གསུམ་རྒྱུད་ལྡན་གྱི་གང་ཟག་གི་རྒྱུད་ལ་སྡོང་སེམས་རྫས་ཐ་དད་པ་གསུམ་ཅིག་ཅར་དུ་འབྱུང་བ་མི་སྲིད་པའི་

ཕྱིར་རོ། །གསུམ་ལྡན་དགེ་སློང་རྡོ་རྗེ་འཛིན་པའི་རྒྱུད་ཀྱི་སྡོམ་པ་གསུམ་ནི་ཁྱབ་མཉམ་པའི་རྫས་གཅིག་ཡིན་ཏེ། དེའི་རྒྱུད་ཀྱི་སྡོམ་པ་གསུམ་པོ་དེ་ཡིན་ཁྱབ་མཉམ་ཡིན་པའི་ཕྱིར་རོ། །གསུམ་པ་རྩོད་པ་སྤོང་བ་ནི། ཁ་ཅིག །དེ་གསུམ་སྤོང་ཐོབ་ཅིག་ཅར་བྱེད་པར་ཐལ། དེ་གསུམ་པོ་གཅིག་ཡིན་པའི་ཕྱིར། ཞེས་སྨྲའོ། །འདི་དེང་སང་ཡང་སྨྲ་བ་མང་བར་འདུག་པས། འདི་ལ་དཔྱད་པར་བྱ་སྟེ། སྤྱིར་ངོ་བོ་གཅིག་པ་ལ་གྲུབ་སྡེ་རྫས་གཅིག་པ་དང་། ངོ་བོ་གྲུབ་ཅིང་རྫས་ཐ་དད་དུ་ལྡན་པ་ཙམ་ལ་ངོ་བོ་གཅིག་པར་བྱས་པ་གཉིས་ལས། དང་པོ་ལ་གཏོང་ཐོབ་ཅིག་ཅར་དུ་བྱེད་དགོས་ཀྱང་སྡོམ་གསུམ་རིམ་ཅན་དུ་བླངས་པ་གནས་གྱུར་ནས་ངོ་བོ་གཅིག་ཏུ་གནས་པ་ནི་གྲུབ་སྡེ་རྫས་གཅིག་པ་མ་ཡིན་པས་སྐྱོན་མི་གནས་ལ། ཕྱི་མ་ལ་ནི་གཏོང་ཐོབ་ཀྱི་ཆོ་ག་གཅིག་པ་མི་དགོས་ཏེ། གལ་ཏེ་དགོས་ན་བསླབ་ཚིག་གསུམ་རིམ་ཅན་དུ་བླངས་པའི་དགེ་སློང་གི་རྒྱུད་ཀྱི་དགེ་བསྙེན་དང་དགེ་ཚུལ་དང་དགེ་སློང་གི་སྡོམ་པའི་སྲོག་གཅོད་སྤོང་བའི་སྤོང་སེམས་གསུམ་པོ་གཏོང་ཐོབ་ཀྱི་ཆོ་ག་གཅིག་ཏུ་ཐལ། དེ་གསུམ་ངོ་བོ་གཅིག་ཡིན་པའི་ཕྱིར། ཁྱབ་པ་ཁས། མ་གྲུབ་ན། དེ་ལྟ་བུའི་དགེ་སློང་གི་རྒྱུད་ཀྱི་གཙོ་བོ་ཡིད་ཀྱི་རྣམ་པར་ཤེས་པའི་འཁོར་དུ་དུས་གཅིག་ལ་བསླབ་ཚིག་གསུམ་གྱི་སྤོང་སེམས་འབྱུང་བ་མི་སྲིད་པར་ཐལ། བསླབ་ཚིག་གསུམ་གྱི་སྤོང་སེམས་རྫས་ཐ་དད་གང་ཞིག །གཙོ་སེམས་གཅིག་གི་འཁོར་དུ་སེམས་སུ་རྫས་ཐ་དད་པ་གཉིས་དུས་མཉམ་དུ་འབྱུང་བ་མི་སྲིད་པའི་ཕྱིར། འདོད་ན། དེ་ལྟ་བུའི་དགེ་སློང་གི་རྒྱུད་ལ་བསླབ་ཚིག་གསུམ་ཅིག་ཅར་དུ་འབྱུང་བ་མི་སྲིད་པར་ཐལ་ལོ། །གཞན་ཡང་། དེ་ལྟ་བུའི་དགེ་སློང་གི་རྒྱུད་ཀྱི་སྤང་བྱ་ཉིས་བརྒྱ་ལྔ་བཅུ་རྩ་གསུམ་སྤོང་བའི་སྤོང་སེམས་རྣམས་རྫས་ཐ་དད་ཡིན་ནམ་རྫས་གཅིག་ཡིན། དང་པོ་ལྟར་ན། གཙོ་སེམས་གཅིག་གི་འཁོར་དུ་སྤང་བྱ་ཉིས་བརྒྱ་ལྔ་བཅུ་རྩ་གསུམ་སྤོང་བའི་སྤོང་སེམས་དུས་གཅིག་ཏུ་འབྱུང་བ་མི་སྲིད་པར་ཐལ། སྤོང་སེམས་དེ་རྣམས་སྤང་བྱའི་གྲངས་བཞིན་དུ་རྫས་ཐ་དད་ཡིན་པའི་ཕྱིར། འདོད་ན། དགེ་སློང་གི་རྒྱུད་ལ་ཁོས་སྤང་བྱ་ཉིས་བརྒྱ་ལྔ་བཅུ་རྩ་གསུམ་པོ་ཐམས་ཅད་སྤོང་ངོ་སྙམ་པའི་བློ་སྐྱེ་བ་མི་སྲིད་པར་ཐལ། འདོད་པའི་ཕྱིར། འདོད་ན། ཁོ་བོའི་ལུས་ངག་གི་ཁ་ན་མ་ཐོ་བ་ཐམས་ཅད་སྤོང་སྙམ་པའི་བློ་སྐྱེ་བ་མེད་པར་ཐལ། འདོད་པའི་ཕྱིར། འདོད་ན། ཁོ་བོ་དགེ་སློང་ཡིན་ནོ་སྙམ་པའི་བློ་སྐྱེས་པ་མེད་པར་ཐལ། འདོད་པའི་ཕྱིར། འདོད་ན། དགེ་སློང་མེད་པར་ཐལ། དགེ་སློང་གི་རྒྱུད་ལ་ཁོ་བོ་དགེ་སློང་ཡིན་ནོ་སྙམ་པའི་བློ་སྐྱེ་བ་མི་སྲིད་པའི་ཕྱིར། ཕྱོགས་གཉིས་པ་ལྟར་ན། སྤང་བྱ་ཉིས་བརྒྱ་ལྔ་བཅུ་རྩ་གསུམ་སྤོང་བའི་སྤོང་སེམས་རྣམས་གཏོང་ཐོབ་ཀྱི་ཆོ་ག་གཅིག་ཏུ་ཐལ། དེ་རྣམས་ངོ་བོ་གཅིག་ཡིན་པའི་ཕྱིར། རྟགས་ཁྱབ་ཁས། འདོད་ན། ཚིག་གསུམ་རིམ་གྱིས་ནོས་པའི་དགེ་སློང་གི་བསླབ་པ་ཕུལ་བའི་ཚེ། སྲོག་གཅོད་སྤོང་བའི་སྤོང་སེམས་གཏོང་བར་

ཐལ། དེའི་ཚེ་གསོག་འཇོག་བྱས་པའི་སྨོན་སེམས་གཏོང་བའི་ཕྱིར། ཁྱབ་པ་ཁས། མ་གྲུབ་ན་དེར་ཐལ། དེའི་ཚེ་དགེ་སློང་གི་སྡོམ་པ་གཏོང་བའི་ཕྱིར། རྩ་བར་འདོད་ན། དེའི་དགེ་བསྙེན་དང་དགེ་ཚུལ་གྱི་སྡོམ་པ་གཏོང་བར་ཐལ། དེའི་ཚེ་སྲོག་གཅོད་སྤོང་བའི་སྨོན་སེམས་གཏོང་བའི་ཕྱིར། གཞན་ཡང་། དེ་ལྟ་བུའི་དགེ་སློང་གི་དགེ་ཚུལ་གྱི་སྡོམ་པ་ཐོབ་པའི་ཚེ། བྱིན་ལེན་མ་བྱས་པར་བཟའ་བ་སྤོང་བའི་སྨོན་སེམས་ཐོབ་པར་ཐལ། དེའི་སྲོག་གཅོད་སྤོང་བའི་སྨོན་སེམས་ཐོབ་པའི་ཕྱིར། ཁྱབ་པ་ཁས། དེར་ཐལ། དེའི་ཚེ་དགེ་ཚུལ་གྱི་སྡོམ་པ་ཐོབ་པའི་ཕྱིར། འདོད་ན། དེའི་ཚེ་དགེ་སློང་གི་སྡོམ་པ་ཡང་ཐོབ་པར་ཐལ། འདོད་པའི་ཕྱིར། རིག་པའི་མཆོག་འདི་རྣམས་ནི་ཀུན་མཁྱེན་མཁས་པའི་དབང་པོས་གསུངས་པ་ལས་རྙེད་པ་ཡིན་ནོ། །

གཉིས་པ་གནས་གྱུར་ངོ་བོ་གཅིག་ཚུལ་བྱེ་བྲག་ཏུ་བཤད་པ་ལ། དགག །གཞག །སྤང་གསུམ། དང་པོ་ནི། ཁ་ཅིག །དགེ་སློང་རྡོ་རྗེ་འཛིན་པའི་རྒྱུད་ཀྱི་སོ་ཐར་བྱང་སེམས་དགེ་སློང་གི་སྡོམ་པ་རྣམས་ཡིན་ཁྱབ་མཉམ་ཡིན་ཏེ། དེའི་རྒྱུད་ཀྱི་སོ་ཐར་བྱང་སེམས་སྔགས་སྡོམ་གསུམ་པོ་ཡིན་ཁྱབ་མཉམ་ཡིན་པའི་ཕྱིར། ཞེས་ཟེར་ན། མི་འཐད་དེ། འོན་དང་པོར་གསོལ་གཞིའི་ཆོ་ག་ལས་དགེ་སློང་གི་སྡོམ་པ་ཐོབ། དེ་རྗེས་ལུགས་གཉིས་གང་རུང་གི་ཆོ་ག་ལ་བརྟེན་ནས་བྱང་སེམས་ཀྱི་སྡོམ་པ་ཐོབ། དེ་རྗེས་དབང་བསྐུར་གྱི་ཆོ་ག་ལ་བརྟེན་ནས་སྔགས་སྡོམ་ཐོབ་པའི་གསུམ་ལྡན་དགེ་སློང་རྡོ་རྗེ་འཛིན་པའི་རྒྱུད་ཀྱི་དབང་མཆོག་ལས་ཐོབ་པའི་སྔགས་སྡོམ་ཆོས་ཅན། རང་རྒྱུ་གསོལ་གཞིའི་ཆོ་ག་ལས་ཐོབ་པར་ཐལ། དེའི་རྒྱུད་ཀྱི་དགེ་སློང་གི་སྡོམ་པ་ཡིན་པའི་ཕྱིར་ཏེ། འདོད་མི་ནུས་ཏེ། ཆོས་ཅན་ཡིན་པའི་ཕྱིར། ཡང་དེའི་རྒྱུད་ཀྱི་ལུགས་གཉིས་གང་རུང་གི་ཆོ་ག་ལས་ཐོབ་པའི་བྱང་སྡོམ་ཆོས་ཅན། རང་རྒྱུ་གསོལ་གཞིའི་ཆོ་ག་ལས་ཐོབ་པར་ཐལ། དེའི་རྒྱུད་ཀྱི་དགེ་སློང་གི་སྡོམ་པ་ཡིན་པའི་ཕྱིར་ཏེ། དེའི་རྒྱུད་ཀྱི་བྱང་སྡོམ་ཡིན་པའི་ཕྱིར། ཁྱབ་པ་ཁས། འདོད་མི་ནུས་ཏེ། ཆོས་ཅན་ཡིན་པའི་ཕྱིར། ཡང་དེའི་རྒྱུད་ཀྱི་སྔགས་སྡོམ་གྱི་གཏོང་རྒྱུ་ཡིན་ན། དེའི་རྒྱུད་ཀྱི་དགེ་སློང་གི་སྡོམ་པའི་གཏོང་རྒྱུ་ཡིན་དགོས་པར་ཐལ། དེའི་རྒྱུད་ཀྱི་སྔགས་སྡོམ་ཡིན་ན། དེའི་རྒྱུད་ཀྱི་དགེ་སློང་གི་སྡོམ་པ་ཡིན་དགོས་པའི་ཕྱིར། འདོད་ན། དེའི་རྒྱུད་ཀྱི་སྔགས་ཀྱི་ཐུན་མོང་མ་ཡིན་པའི་གཏོང་རྒྱུ་མེད་པར་ཐལ་ལོ། །ཡང་བསྙེན་གནས་པ་རྡོ་རྗེ་འཛིན་པའི་རྒྱུད་ཀྱི་སྡོམ་པ་ཡིན་ན། བསྙེན་གནས་ཀྱི་སྡོམ་པ་ཡིན་དགོས་པར་ཐལ། དགེ་སློང་རྡོ་རྗེ་འཛིན་པ་ལ་དེའི་ཕྱིར། འདོད་ན། བསྙེན་གནས་ཀྱི་སྡོམ་པ་ཡང་ཡིན་བྱང་ཆུབ་སྙིང་པོའི་མཐའ་ཅན་ཡང་ཡིན་པའི་གཞི་མཐུན་ཡོད་པར་ཐལ། དེའི་རྒྱུད་ཀྱི་བྱང་སྡོམ་དེ་དེ་ཡིན་པའི་ཕྱིར། རྟགས་ཁས། འདོད་མི་ནུས་ཏེ། དེ་འདྲ་རྫོགས་པའི་སངས་རྒྱས་ཀྱིས་མ་གསུངས་པའི་ཕྱིར། ཡང་སྣ་གཅིག་སྤྱོད་པའི་དགེ་བསྙེན་རྡོ་རྗེ་འཛིན་པའི་རྒྱུད་ཀྱི་སྡོམ་

པ་ཡིན་ན། སྣ་གཅིག་སྤྱོད་པའི་དགེ་བསྙེན་གྱི་སྡོམ་པ་ཡིན་པས་ཁྱབ་པར་ཐལ། དགེ་སློང་རྡོ་རྗེ་འཛིན་པ་ལ་དེའི་ཕྱིར། འདོད་ན། དེའི་རྒྱུད་ཀྱི་མི་དགེ་བ་བཅུ་སྤོང་བའི་སྔགས་སྡོམ་ཆོས་ཅན། དེར་ཐལ། དེའི་ཕྱིར། གཞན་ཡང་། གསོལ་གཞིའི་ཆོག་ལ་བརྟེན་ནས་ཐོབ་པའི་དགེ་སློང་གི་སྡོམ་པ་རྒྱུད་ལ་ལྡན་པའི་དགེ་སློང་རྡོ་རྗེ་འཛིན་པའི་རྒྱུད་ཀྱི་སྡོམ་པ་ཡིན་ན། གསོལ་གཞིའི་ཆོག་ལ་བརྟེན་ནས་ཐོབ་པའི་དགེ་སློང་གི་སྡོམ་པ་ཡིན་དགོས་པར་ཐལ། རྟགས་འདྲ། འདོད་ན། དེའི་རྒྱུད་ལ་དབང་ཆོག་ལས་ཐོབ་པའི་སྡོམ་པ་མེད་པར་ཐལ་ལོ། །ཡང་དབུ་མ་ལུགས་ཀྱི་ཆོག་ལས་ཐོབ་པའི་བྱང་སྡོམ་རྒྱུད་ལ་ལྡན་པའི་བྱང་སེམས་རྡོ་རྗེ་འཛིན་པའི་སྡོམ་པ་ཡིན་ན། དབུ་མའི་ལུགས་ཀྱི་ཆོག་ལས་ཐོབ་པའི་བྱང་སེམས་ཀྱི་སྡོམ་པ་ཡིན་དགོས་པར་ཐལ། རྟགས་འདྲ། འདོད་ན། དེའི་རྒྱུད་ལ་དབང་ཆོག་ལས་ཐོབ་པའི་སྔགས་སྡོམ་མེད་པར་ཐལ། འདོད་པའི་ཕྱིར། དེ་ལ་སོགས་པ་མཐའ་ཡས་པ་ཡོད་དོ། །གཉིས་པ་རང་གི་ལུགས་ནི། སྔར་བཤད་པའི་ལེན་ཚུལ་བདུན་པོ་གང་ཡིན་ཡང་། སྔགས་སྡོམ་རྒྱུད་ལ་ལྡན་པའི་ཚེ་སྡོམ་པ་གསུམ་ཆར་ངོ་བོ་གཅིག་ཏུ་ལྡན་པ་ཡིན་ཏེ། སྔར་སྡོམ་པ་འོག་མ་གཉིས་སྔོན་དུ་སོང་ནས་སྔགས་སྡོམ་ཐོབ་པའི་ཚེ་སྡོམ་པ་འོག་མ་གཉིས་གནས་གྱུར་ནས་སྔགས་སྡོམ་གྱི་ངོ་བོ་ཡོད་པའི་ཕྱིར་དང་། སྔོན་དུ་མ་སོང་ན་སྔགས་སྡོམ་གཅིག་པུ་ལ་གཞན་གནོད་བཞི་བཅས་སྤོང་བའི་སྡོམ་པ་དང་། གཞན་ལ་ཕན་པ་སྒྲུབ་པ་དང་། དེ་ཐམས་ཅད་ཀྱང་འབྲས་བུ་ལམ་བྱེད་ཀྱི་ཐབས་ཀྱིས་ཟིན་པའི་སྡོམ་པ་གསུམ་ཡོད་པའི་ཕྱིར་རོ། །དེས་ན་སྔགས་སྡོམ་དང་ངོ་བོ་གཅིག་པའི་སོ་ཐར་དང་བྱང་སེམས་ནི་འབྲས་བུ་ལམ་བྱེད་ཀྱི་ཐབས་ཀྱིས་ཟིན་པའི་སོ་ཐར་དང་བྱང་སེམས་ཡིན་གྱི། ཕ་རོལ་ཏུ་ཕྱིན་པའི་ཉམས་ལེན་རྐྱང་པའི་སོ་ཐར་དང་བྱང་སེམས་ནི། སྔགས་སྡོམ་དང་ངོ་བོ་གཅིག་པ་མ་ཡིན་ཏེ། དེ་དག་ནི་སྔགས་ཀྱི་ཉམས་ལེན་གྱིས་མ་ཟིན་པའི་ཕྱིར་རོ། །དེ་བཞིན་དུ་བྱང་སེམས་ཀྱི་སྡོམ་པ་དང་ངོ་བོ་གཅིག་པའི་སོ་ཐར་ཡང་བྱང་སེམས་ཀྱི་སོ་ཐར་ཁོ་ན་ཡིན་གྱི། ཉན་ཐོས་ཀྱི་སོ་ཐར་མ་ཡིན་ཏེ། དེ་གཉིས་རྣམས་པ་ཀུན་ཏུ་འགལ་བའི་ཕྱིར་རོ། །དེས་ན་བྱང་སེམས་ཀྱི་སྡོམ་པ་དང་ལྡན་ན་གཉིས་ངེས་པར་ལྡན་ཞིང་། སྔགས་སྡོམ་དང་ལྡན་ན་སྡོམ་པ་གསུམ་ཆར་དང་ལྡན་པས། གསུམ་ལྡན་གྱི་རྒྱུད་ཀྱི་སྡོམ་པ་གསུམ་ཕན་ཚུན་ཡིན་ཁྱབ་སྙམ་ཡིན་ཞིང་། གཉིས་ལྡན་གྱི་རྒྱུད་ཀྱི་སྡོམ་པ་གཉིས་ཀྱང་དེ་བཞིན་དུ་ཤེས་པར་བྱའོ། །སྔགས་སྡོམ་དང་ལྡན་ན་སྡོམ་པ་གསུམ་ཆར་དང་ལྡན་དགོས་པ་འདི་ཡང་མདོ་རྒྱུད་ཀྱི་དགོངས་པ་ཕྱིན་ཅི་མ་ལོག་པ་རྗེ་བཙུན་ས་སྐྱ་པ་ཡབ་སྲས་ཀྱིས་བཀྲལ་བའི་ལུགས་འབའ་ཞིག་ཏུ་སྣང་སྟེ། རྡོ་རྗེ་རྩེ་མོ་ལས། སྡོམ་པ་གསུམ་ལ་གནས་པ་ནི། །དང་པོའི་ཁྲུས་སུ་བཤད་པ་ཡིན། །ཞེས་སོགས་གསུངས་སོ། །འདི་དག་གིས་ནི། ལུགས་འདི་ལ་སྡོམ་པ་འོག་མ་གཉིས་སྔོན་དུ་སོང་མ་སོང་གང་

ཡིན་ཡང་སྔགས་སྡོམ་ཐོབ་པའི་ཚེ་སྡོམ་པ་གསུམ་ལྡན་དུ་གཏན་ལ་ཕབ་པའོ། །རྒྱུད་ལས་གསུངས་པའི་གསེར་འགྱུར་གྱི་རྩིའི་དཔེ་ནི་སྡོམ་པ་གནས་གྱུར་པ་དང་ངོ་བོ་གཅིག་པའི་དཔེ་ཡིན་ནོ། །དེ་དག་ནི་རྗེ་བཙུན་གྱི་སྡོམ་པ་ཉི་ཤུ་པའི་འགྲེལ་པར། སྤྱིར་སོ་སོར་ཐར་པ་ཞེས་བྱ་བ་རང་གི་ངོ་བོ་ནི་གཞན་ལ་གནོད་པ་གཞི་དང་བཅས་པ་ལ་ལྡོག་པ་ཡིན་ལ། ཞེས་སོགས་དང་། འབྲུལ་སྤོང་ལས། འོན་ཁྱོད་ཀྱི་སོ་སོར་ཐར་པ་སྔོན་དུ་མ་སོང་བའི་སྡོམ་པ་གང་ཡིན་ཞེ་ན། ཞེས་སོགས་ཀྱི་དོན། རྗེ་བཙུན་མུས་པ་ཆེན་པོ་དེ་དཀོན་མཆོག་རྒྱལ་མཚན་དང་། ཀུན་མཁྱེན་མཁས་པའི་དབང་པོ་བསོད་ནམས་སེང་གེའི་གསུང་བཞིན་དུ་བྲིས་པ་ཡིན་པས་ཡིད་ཆེས་པར་གྱིས་ཤིག །

གསུམ་པ་རྩོད་པ་སྤོང་བ་ནི། ཁ་ཅིག་ན་རེ། གསུམ་ལྡན་དགེ་སློང་རྡོ་རྗེ་འཛིན་པའི་རྒྱུད་ཀྱི་སོ་ཐར། བྱང་སེམས། དགེ་སློང་གི་སྡོམ་གསུམ་ཡིན་ཁྱབ་སྙམ་དུ་འདོད་པ་ལ་བརྗོད་པའི་སྐྱོན་དེ་དག་ནི། དེའི་རྒྱུད་ཀྱི་སོ་ཐར་བྱང་སེམས་སྔགས་སྡོམ་གསུམ་ཡིན་ཁྱབ་སྙམ་དུ་འདོད་པ་ཡང་མཚུངས་ཏེ། འདི་ལྟར་དགེ་སློང་རྡོ་རྗེ་འཛིན་པའི་རྒྱུད་ཀྱི་སྔགས་སྡོམ་ཡིན་ན་དབང་ཆོག་ལས་ཐོབ་པས་ཁྱབ་པར་ཐལ། དེའི་རྒྱུད་ཀྱི་དགེ་སློང་གི་སྡོམ་པ་ཡིན་ན་གསོལ་གཞིའི་ཆོ་ག་ལས་ཐོབ་པས་ཁྱབ་པའི་ཕྱིར། འཁོར་གསུམ། ཡང་དེའི་རྒྱུད་ཀྱི་བྱང་སྡོམ་ཡིན་ན་ཐུན་མོང་མ་ཡིན་པའི་ཆོ་ག་ལས་ཐོབ་པས་ཁྱབ་པར་ཐལ། རྟགས་སྔར་དང་འདྲ། ཡང་དེའི་རྒྱུད་ཀྱི་དགེ་སློང་གི་སྡོམ་པའི་གཏོང་རྒྱུ་ཡིན་ན། དེའི་རྒྱུད་ཀྱི་སྔགས་སྡོམ་གྱི་གཏོང་རྒྱུ་ཡིན་དགོས་པར་ཐལ། དེའི་རྒྱུད་ཀྱི་དགེ་སློང་གི་སྡོམ་པ་ཡིན་ན། དེའི་རྒྱུད་ཀྱི་སྔགས་སྡོམ་ཡིན་དགོས་པའི་ཕྱིར། ཁྱབ་པ་ཁས། ཡང་བསྙེན་གནས་པ་རྡོ་རྗེ་འཛིན་པའི་རྒྱུད་ཀྱི་སྡོམ་པ་ཡིན་ན། བསྙེན་གནས་ཀྱི་སྡོམ་པ་མ་ཡིན་དགོས་པར་ཐལ། དགེ་སློང་རྡོ་རྗེ་འཛིན་པའི་སྡོམ་པ་ཡིན་ན་སྔགས་སྡོམ་ཡིན་དགོས་པའི་ཕྱིར་རོ། །དེས་ཕྱི་མ་རྣམས་ལ་ཡང་རིགས་འགྲེའོ། །ཞེས་ཟེར་རོ། །འདྲ་མོ་འདུག་མོད་ཀྱང་མི་མཚུངས་ཏེ། ཆོག་གསུམ་རིམ་གྱིས་ནོས་པའི་དགེ་སློང་རྡོ་རྗེ་འཛིན་པའི་རྒྱུད་ཀྱི་དགེ་ཚུལ་གྱི་སྡོམ་པ་ཆོས་ཅན། དེའི་རྒྱུད་ཀྱི་དགེ་སློང་གི་སྡོམ་པ་ཡིན་པར་ཐལ། དེའི་རྒྱུད་ཀྱི་སྔགས་སྡོམ་ཡིན་པའི་ཕྱིར། ཁྱབ་པ་སོང་བ་ཨེ་ཞེས། མ་གྲུབ་ན་དེར་ཐལ། དེའི་རྒྱུད་ཀྱི་འབྲས་བུ་ལམ་བྱེད་ཀྱི་ཐབས་ཀྱིས་ཟིན་པའི་སྡོམ་པ་ཡིན་པའི་ཕྱིར་ཏེ། ཆོས་ཅན་ཡིན་པའི་ཕྱིར། འདོད་ན། སྤོང་བདུན་གྱི་སྡོམ་པ་ཡིན་པར་ཐལ། འདོད་པའི་ཕྱིར། ཁྱབ་པ་ཡོད་ན་ཤཱཀ་གིས་བཅས། རྟགས་ཁྱེད་རང་ལ་ཁས། འདོད་ན། ཨ་ལ་ལ་ཧོ། དེ་ཆོས་ཅན། སྤོང་བདུན་གྱི་སྡོམ་པ་མ་ཡིན་པར་ཐལ། སྤོང་བཞིའི་སྡོམ་པ་ཡིན་པའི་ཕྱིར་ཏེ། དགེ་ཚུལ་གྱི་སྡོམ་པ་ཡིན་པའི་ཕྱིར་ཡང་། དེའི་རྒྱུད་ཀྱི་དགེ་བསྙེན་གྱི་སྡོམ་པ་ཆོས་ཅན། དེའི་རྒྱུད་ཀྱི་དགེ་སློང་གི་སྡོམ་པ་ཡིན་པར་ཐལ། དེའི་རྒྱུད་ཀྱི་སྔགས་སྡོམ་ཡིན་པའི་ཕྱིར། ཁྱབ་པ་ཁས། རྟགས་འདྲ། འདོད་ན། དེ་ཆོས་

ཅན། རབ་བྱུང་གི་སྡོམ་པ་ཡིན་པར་ཐལ། དགེ་སློང་གི་སྡོམ་པ་ཡིན་པའི་ཕྱིར། འདོད་མི་ནུས་ཏེ། དགེ་བསྙེན་གྱི་སྡོམ་པ་ཡིན་པའི་ཕྱིར། ཡང་དུས་ཉིན་གཅིག་ཙམ་དུ་སྲོག་གཅོད་ཙམ་སྤོང་བར་ཁས་བླངས་པའི་བྱང་སེམས་ཀྱི་རྒྱུད་ཀྱི་ཉིན་གཅིག་སྲོག་གཅོད་ཙམ་སྤོང་བའི་སྡོམ་པ་ཆོས་ཅན། དེའི་རྒྱུད་ཀྱི་དགེ་སློང་གི་སྡོམ་ཡིན་པར་ཐལ། དེའི་རྒྱུད་ཀྱི་བྱང་སེམས་ཀྱི་སྡོམ་པ་ཡིན་པའི་ཕྱིར། ཁྱབ་པ་ཁས། མ་གྲུབ་ན་དེར་ཐལ། དེའི་རྒྱུད་ཀྱི་བསམ་པ་ཐེག་ཆེན་སེམས་བསྐྱེད་ཀྱིས་ཟིན་པའི་སྡོམ་པ་ཡིན་པའི་ཕྱིར། རྩ་བར་འདོད་ན། ཇི་སྲིད་མཚོའི་མཐའ་ཅན་ཡིན་པར་ཐལ། འདོད་པའི་ཕྱིར། འདོད་མི་ནུས་ཏེ། ཆོས་ཅན་ཡིན་པའི་ཕྱིར། གཞན་ཡང་། དགེ་སློང་རྡོ་རྗེ་འཛིན་པའི་རྒྱུད་ཀྱི་སྔགས་ཀྱི་ཐུན་མོང་མ་ཡིན་པའི་ལུང་བ་བྱུང་བའི་དབང་གི་གཏོང་བའི་སྔགས་སྡོམ་ཆོས་ཅན། དེའི་རྒྱུད་ཀྱི་དགེ་སློང་གི་སྡོམ་པ་ཡིན་པར་ཐལ། དེའི་རྒྱུད་ཀྱི་སྔགས་སྡོམ་ཡིན་པའི་ཕྱིར། ཁྱབ་པ་ཁས། ཡང་དེའི་རྒྱུད་ཀྱི་དབང་ཆོག་ཁོ་ན་ལས་ཐོབ་པའི་སྔགས་སྡོམ་ཆོས་ཅན། དེའི་རྒྱུད་ཀྱི་དགེ་སློང་གི་སྡོམ་པ་ཡིན་པར་ཐལ། དེའི་རྒྱུད་ཀྱི་སྔགས་སྡོམ་ཡིན་པའི་ཕྱིར། ཚིག་གི་སུ་སྲུད་ལ་སྙིང་པོ་མེད། རིགས་འདི་རྣམས་ལ་གཟུ་བོའི་བློས་དཔྱད་ན་ལེགས་སོ། །ཡང་ཁོ་ན་རེ། དགེ་སློང་རྡོ་རྗེ་འཛིན་པའི་རྒྱུད་ལ་དགེ་སློང་གི་སྡོམ་པའི་ངོ་བོར་གྱུར་པའི་སྤོང་སེམས་དང་། དེའི་ངོ་བོ་མ་ཡིན་པར་གྱུར་པའི་སྤོང་སེམས་རྫས་ཐ་དད་པ་གཉིས་ཅིག་ཅར་དུ་ཡོད་པར་ཐལ། དེའི་རྒྱུད་ལ་དགེ་སློང་གི་སྡོམ་པ་ཡིན་པར་གྱུར་པའི་སྤོང་སེམས་དང་། དེ་མ་ཡིན་པར་གྱུར་པའི་སྤོང་སེམས་རྫས་ཐ་དད་པ་གཉིས་ཅིག་ཅར་ཡོད་པའི་ཕྱིར་ཏེ། དེའི་རྒྱུད་ཀྱི་སྡོམ་པ་ཡིན་ན་དགེ་སློང་གི་སྡོམ་པ་ཡིན་པས་མ་ཁྱབ་པའི་ཕྱིར། རྟགས་ཁས། འདོད་ན། གཙོ་སེམས་གཅིག་གི་འཁོར་དུ་སྤོང་སེམས་རྫས་ཐ་དད་པ་གཉིས་ཅིག་ཅར་དུ་འབྱུང་བ་མི་སྲིད་པར་ཐལ་ལོ། །ཡང་། དགེ་སློང་རྡོ་རྗེ་འཛིན་པའི་རྒྱུད་ཀྱི་སྡོམ་པ་ཡིན་ན། དགེ་སློང་གི་བསླབ་བྱ་ལ་སློབ་དགོས་ཀྱི་སྡོམ་པ་ཡིན་པས་མ་ཁྱབ་པར་ཐལ། དེའི་རྒྱུད་ཀྱི་སྡོམ་པ་ཡིན་ན་དགེ་སློང་གི་སྡོམ་པ་ཡིན་པས་ཁྱབ་པའི་ཕྱིར། ཞེས་ཟེར་རོ། །འོ་ན་དགེ་སློང་རྡོ་རྗེ་འཛིན་པའི་རྒྱུད་ལ་རྫོགས་རིམ་གྱི་ངོ་བོར་གྱུར་པའི་སྤོང་སེམས་དང་། དེའི་ངོ་བོ་མ་ཡིན་པར་གྱུར་པའི་སྤོང་སེམས་རྫས་ཐ་དད་པ་གཉིས་ཅིག་ཅར་དུ་ཡོད་པར་ཐལ། དེའི་རྒྱུད་ལ་རྫོགས་རིམ་གྱི་སྡོམ་པ་ཡིན་པར་གྱུར་པའི་སྤོང་སེམས་དང་། དེ་མ་ཡིན་པར་གྱུར་པའི་སྤོང་སེམས་རྫས་ཐ་དད་པ་གཉིས་ཅིག་ཅར་དུ་ཡོད་པའི་ཕྱིར། རྟགས་ཁྱབ་ཁས། ཡང་དེའི་རྒྱུད་ཀྱི་སྡོམ་པ་ཡིན་ན་རྫོགས་རིམ་གྱི་བསླབ་བྱ་ལ་སློབ་དགོས་ཀྱི་སྡོམ་པ་ཡིན་པས་མ་ཁྱབ་པར་ཐལ། དེ་ཡིན་ན་རྫོགས་རིམ་གྱི་སྡོམ་པ་ཡིན་པས་མ་ཁྱབ་པའི་ཕྱིར། རྟགས་ཁྱབ་ཁས། བསྐྱེད་རིམ་སོགས་ལ་ཡང་སྦྱར་ནས་འཕེན་ནོ། །གནས་གྱུར་ངོ་བོ་གཅིག་པའི་དོན་མ་རྟོགས་པ་ཁ་ཅིག །བྱང

སེམས་ཀྱི་སྡོམ་པར་གནས་འགྱུར་རྒྱུའི་སོ་ཐར་དང་། བྱང་སེམས་ཀྱི་སྡོམ་པར་གནས་འགྱུར་རྒྱུའི་བྱང་སེམས་ཀྱི་སྡོམ་པ་ངོ་བོ་གཅིག་ཡིན་པར་ཐལ། སྡོམ་གསུམ་གནས་གྱུར་ངོ་བོ་གཅིག་ཡིན་པའི་ཕྱིར། ཡང་སངས་རྒྱས་ཀྱི་ཡེ་ཤེས་སུ་གནས་འགྱུར་རྒྱུའི་སེམས་ཅན་གྱི་ཤེས་པ་དང་། སངས་རྒྱས་ཀྱི་ཡེ་ཤེས་ངོ་བོ་མིན་པར་ཐལ། སྡོམ་གསུམ་གནས་གྱུར་ངོ་བོ་གཅིག་ཡིན་པའི་ཕྱིར། ཞེས་ཟེར་ན་མི་འཐད་དེ། དང་པོ་ལ།བྱང་སེམས་ཀྱི་སྡོམ་པར་གནས་འགྱུར་རྒྱུའི་སོ་ཐར་དེ་བྱང་སེམས་ཀྱི་སྡོམ་པ་ཡིན་པར་ཐལ། བྱང་སེམས་ཀྱི་སྡོམ་པར་གནས་གྱུར་པའི་སོ་ཐར་དེ་བྱང་སེམས་ཀྱི་སྡོམ་པ་ཡིན་པའི་ཕྱིར། ཁྱབ་པ་ཁས། གཉིས་པ་ལ། སངས་རྒྱས་ཀྱི་ཡེ་ཤེས་སུ་གནས་འགྱུར་རྒྱུའི་ཤེས་པ་དེ་སངས་རྒྱས་ཀྱི་ཡེ་ཤེས་ཡིན་པར་ཐལ། སངས་རྒྱས་ཀྱི་ཡེ་ཤེས་སུ་གནས་གྱུར་པའི་ཤེས་པ་དེ་སངས་རྒྱས་ཀྱི་ཡེ་ཤེས་ཡིན་པའི་ཕྱིར། ཁྱབ་པ་ཁས། ད་ནི་འདི་དཔྱད་པར་བྱ་སྟེ། འོ་ན་གསུམ་ལྡན་དགེ་སློང་རྡོ་རྗེ་འཛིན་པའི་རྒྱུད་ཀྱི་སྡོམ་པ་ཡིན་ན། སྔགས་སྡོམ་ཡིན་པས་ཁྱབ་བམ་མ་ཁྱབ་ཅེ་ན། འདིའི་ལན་ལ་ཁ་ཅིག་ཁྱབ་ཅེས་སྨྲའོ། །དེ་ལ་ཁ་ཅིག །དེའི་རྒྱུད་ཀྱི་གཟུགས་ཀྱི་བཅུ་པ་སྲིད་པའི་རྟེན་འབྲེལ་ཆོས་ཅན། དེར་ཐལ། དེའི་ཕྱིར། མ་གྲུབ་ན། དེར་ཐལ། དེའི་རྒྱུད་ཀྱི་བསམ་གཏན་གྱི་སྡོམ་པ་ཡིན་པའི་ཕྱིར་ཏེ། དེའི་རྒྱུད་ཀྱི་བསམ་གཏན་གྱི་དངོས་གཞིའི་སྙོམ་འཇུག་ཡིན་པའི་ཕྱིར་ཏེ། དེའི་རྒྱུད་ཀྱི་གཟུགས་ཀྱི་སྲིད་པའི་རྟེན་འབྲེལ་ཡིན་པའི་ཕྱིར། རྩ་བར་འདོད་ན། དེའི་རྒྱུད་ཀྱི་སྔགས་སྡོམ་མ་ཡིན་པར་ཐལ། དེའི་རྒྱུད་ཀྱི་ཀུན་ནས་ཉོན་མོངས་ཕྱོགས་ཀྱི་རྟེན་འབྲེལ་ཡན་ལག་བཅུ་གཉིས་ཀྱི་ནང་ཚན་དུ་གྱུར་པའི་སྲིད་པའི་རྟེན་འབྲེལ་ཡིན་པའི་ཕྱིར་ཏེ། ཆོས་ཅན་ཡིན་པའི་ཕྱིར། མ་གྲུབ་ན། དེ་དེ་ཡིན་པར་ཐལ། དེ་ཡོད་པའི་ཕྱིར། མ་གྲུབ་ན། དེར་ཐལ། གསུམ་ལྡན་དགེ་སློང་རྡོ་རྗེ་འཛིན་པ་ལས་ཉོན་གྱི་དབང་གིས་གཟུགས་སུ་སྐྱེ་བ་ལེན་པ་ཡོད་པའི་ཕྱིར་ཏེ། དེ་ལས་ཉོན་གྱི་དབང་གིས་འཁོར་བར་སྐྱེས་པ་ལེན་པ་ཡོད་པའི་ཕྱིར། ཞེས་ཟེར་རོ། །འགོག་བྱེད་མི་འཐད་དེ། སྔགས་སྡོམ་རྒྱུད་ལ་ཡོད་བཞིན་པའི་དགེ་སློང་རྡོ་རྗེ་འཛིན་པའི་རྒྱུད་ལ་གཟུགས་ཀྱི་བཅུ་པ་སྲིད་པའི་རྟེན་འབྲེལ་ཡོད་པར་ཐལ། དེ་ལས་ཉོན་གྱི་དབང་གིས་གཟུགས་སུ་སྐྱེ་བ་ལེན་པ་ཡོད་པའི་ཕྱིར་ཏེ། དེ་ལས་ཉོན་གྱི་དབང་གིས་འཁོར་བར་སྐྱེ་བ་ལེན་པ་ཡོད་པའི་ཕྱིར་ཏེ། བྱང་སེམས་ཀྱི་སྡོམ་པ་ལ་གནས་བཞིན་པའི་བྱང་སེམས་ལས་ཉོན་གྱི་དབང་གིས་འཁོར་བར་སྐྱེ་བ་ལེན་པ་ཡོད་པའི་ཕྱིར་ཏེ། དེ་ཡིན་ན་ལས་ཉོན་གྱི་དབང་གིས་འཁོར་བར་སྐྱེ་བ་མི་ལེན་པས་མ་ཁྱབ་པའི་ཕྱིར་རོ། །དེས་ན་གནད་ཀྱི་དོན་ནི་འདི་ཡིན་ཏེ། ཁམས་གོང་གི་བཅུ་པ་སྲིད་པའི་རྟེན་འབྲེལ་དང་། སྔགས་སྡོམ་གཉིས་གསུམ་ལྡན་དགེ་སློང་རྡོ་རྗེ་འཛིན་པའི་རྒྱུད་ལ་ཅིག་ཅར་དུ་འབྱུང་བ་མི་འཐད་དེ། དགེ་སློང་རྡོ་རྗེ་འཛིན་པའི་རང་དོན་དུ་ཁམས་གོང་གི་སྐྱེ་བ་དོན་དུ་གཉེར་བའི་སྒོ་ནས

བསམ་གཏན་གྱི་ངོས་གཞིའི་སྙོམ་འཇུག་སྙོམ་པའི་ཚེ། བསམ་གཏན་གྱི་དངོས་གཞིའི་སྙོམ་འཇུག་དེ་སྔགས་སྡོམ་མ་ཡིན་པའི་ཕྱིར། དགེ་སློང་རྡོ་རྗེ་འཛིན་པས་བླ་ན་མེད་པའི་བྱང་ཆུབ་དོན་དུ་གཉེར་བའི་སྒོ་ནས་བསམ་གཏན་གྱི་དངོས་གཞིའི་སྙོམ་འཇུག་སྙོམ་པའི་ཚེ་ན། བསམ་གཏན་གྱི་དངོས་གཞིའི་སྙོམ་འཇུག་དེ་སྲིད་པའི་རྟེན་འབྲེལ་མ་ཡིན་པའི་ཕྱིར། དང་པོ་མ་གྲུབ་ན། དེ་ཆོས་ཅན། སྔགས་སྡོམ་མ་ཡིན་པར་ཐལ། བྱང་སྡོམ་མ་ཡིན་པའི་ཕྱིར་ཏེ། སོ་ཐར་སྡོམ་པ་མ་ཡིན་པའི་ཕྱིར་ཏེ། ངེས་འབྱུང་གི་བསམ་པས་ཟིན་པའི་སྡོམ་པ་མ་ཡིན་པའི་ཕྱིར་ཏེ། སྲིད་པ་ལ་བརྟེན་པའི་སྡོམ་པ་ཡིན་པའི་ཕྱིར་ཏེ། རང་དོན་དུ་སྲིད་པའི་སྐྱེ་བ་དོན་དུ་གཉེར་བའི་སྡོམ་པ་ཡིན་པའི་ཕྱིར་ཏེ། རང་དོན་དུ་ཁམས་གོང་གི་སྐྱེ་བ་དོན་དུ་གཉེར་བའི་སྡོམ་པ་ཡིན་པའི་ཕྱིར་ཏེ། ཆོས་ཅན་ཡིན་པའི་ཕྱིར། གཉིས་པ་མ་གྲུབ་ན། དེ་ཆོས་ཅན། ཁྱོད་བཅུ་པ་སྲིད་པའི་རྟེན་འབྲེལ་མ་ཡིན་པར་ཐལ། ཁྱོད་བླ་ན་མེད་པའི་བྱང་ཆུབ་ཀྱི་རྒྱུའི་གཙོ་བོར་གྱུར་པའི་སྡོམ་པ་ཡིན་པའི་ཕྱིར་ཏེ། ཁྱོད་འབྲས་བུ་ལམ་བྱེད་ཀྱི་ཐབས་ཀྱིས་ཟིན་པའི་སྡོམ་པ་ཡིན་པའི་ཕྱིར་ཏེ། ཁྱོད་སྔགས་སྡོམ་ཡིན་པའི་ཕྱིར་ཏེ། སྔགས་སྡོམ་དང་རྫས་གཅིག་ཏུ་གྱུར་པའི་སྡོམ་པ་ཡིན་པའི་ཕྱིར། མ་གྲུབ་ན། དེའི་རྒྱུད་ལ་གཙོ་བོ་ཡིད་ཀྱི་རྣམ་པར་ཤེས་པ་རྫས་ཐ་དད་པ་གཉིས་ཅིག་ཅར་དུ་ཡོད་པར་ཐལ། དེའི་རྒྱུད་ལ་སྡོམ་པ་རྫས་ཐ་དད་པ་གཉིས་ཅིག་ཅར་ཡོད་པའི་ཕྱིར་ཏེ། དེའི་རྒྱུད་ཀྱི་སྔགས་སྡོམ་དང་དེའི་རྒྱུད་ཀྱི་བསམ་གཏན་གྱི་སྡོམ་པ་གཉིས་རྫས་ཐ་དད་ཡིན་པའི་ཕྱིར། རྟགས་ཁས། གལ་ཏེ་ཁོ་ན་རེ། གསུམ་ལྡན་དགེ་སློང་རྡོ་རྗེ་འཛིན་པ་ཆོས་ཅན། ཁྱོད་ཀྱི་རྒྱུད་ལ་བཅུ་པ་སྲིད་པའི་རྟེན་འབྲེལ་དང་སྔགས་སྡོམ་ཅིག་ཅར་དུ་ཡོད་པར་ཐལ། ཁྱོད་ཀྱི་རྒྱུད་ལ་ཁམས་གོང་གི་སྲིད་པའི་རྟེན་འབྲེལ་ཡོད་པ་གང་ཞིག །ཁྱོད་ཀྱི་རྒྱུད་ལ་སྔགས་སྡོམ་ཡོད་པའི་ཕྱིར། དང་པོ་མ་གྲུབ་ན་དེར་ཐལ། ཁྱོད་ལས་ཉོན་གྱི་དབང་གིས་ཁམས་གོང་དུ་སྐྱེ་བ་ལེན་པ་སྲིད་པའི་ཕྱིར། གཉིས་པ་མ་གྲུབ་ན། དེར་ཐལ། ཁྱོད་གསུམ་ལྡན་དགེ་སློང་རྡོ་རྗེ་འཛིན་པ་ཡིན་པའི་ཕྱིར། ཞེས་ཟེར། འདི་འདྲའི་ཚང་གི་རྣམ་སྤྱི་དང་རང་ལྟོག་གཏུག་ཚེ་འབད་པའི་ཐབས་སུ་འདུག་མོད། དང་པོ་ལ། ཁམས་གོང་གི་འཕེན་བྱེད་ཀྱི་ལས་གསོག་བཞིན་པའི་གང་ཟག་ཆོས་ཅན། ཁྱེད་ཀྱི་རྒྱུད་ལ་ཁམས་གོང་གི་སྲིད་པའི་རྟེན་འབྲེལ་ཡོད་པར་ཐལ། ཁྱོད་ལས་ཉོན་གྱི་དབང་གིས་ཁམས་གོང་དུ་སྐྱེ་བ་ལེན་པ་སྲིད་པའི་ཕྱིར། གཉིས་པ་ལ་ཞེ་སྡང་དྲག་པོ་རྒྱུད་ལ་སྐྱེས་པའི་དགེ་སློང་རྡོ་རྗེ་འཛིན་པ་ཆོས་ཅན། ཁྱོད་ཀྱི་རྒྱུད་ལ་སྔགས་སྡོམ་ཡོད་པར་ཐལ། ཁྱོད་གསུམ་ལྡན་དགེ་སློང་རྡོ་རྗེ་འཛིན་པ་ཡིན་པའི་ཕྱིར། ཁྱབ་པ་ཁས། དེས་ན་རྣམ་སྤྱི་བསྟར་དགོས་ན། གསུམ་ལྡན་དགེ་སློང་རྡོ་རྗེ་འཛིན་པའི་རྒྱུད་ལ་སྔགས་སྡོམ་ཡོད། བཅུ་པ་སྲིད་པའི་རྟེན་འབྲེལ་མེད་བྱས་པ་ཆོག་གོ། །དེ་བཞིན་དུ་དགེ་སློང་རྡོ་རྗེ་འཛིན་པས་གཞན་དོན་དུ

ཁམས་གོང་གི་སྐྱེ་བ་དོན་དུ་གཉེར་བའི་སྒོ་ནས་བསམ་གཏན་གྱི་དངོས་གཞིའི་སྙོམ་འཇུག་སྒོམ་པའི་ཚེ། བསམ་གཏན་གྱི་དངོས་གཞིའི་སྙོམ་འཇུག་དེ་བཙུ་པ་སྲིད་པའི་རྟེན་འབྲེལ་མ་ཡིན་ཏེ། དེ་བྱང་སེམས་ཀྱི་སྡོམ་པ་ཡིན་པའི་ཕྱིར་ཏེ། བསམ་པ་ཐེག་ཆེན་སེམས་བསྐྱེད་ཀྱིས་ཟིན་པའི་སྡོམ་པ་ཡིན་པའི་ཕྱིར་རོ། །མདོར་ན་བཙུ་པ་སྲིད་པའི་རྟེན་འབྲེལ་དང་། སྡོམ་གསུམ་གྱི་གཞི་མཐུན་མེད་པ་དོན་ལ་གནས་པས་གནད་དོན་ཟིན་པ་གལ་ཆེའོ། །འདི་ཡང་བློ་ལྡན་རྣམས་ཀྱི་ཡིད་ལ་ཟུངས་ཤིག །གསུམ་པ་ལུང་གི་དོན་ལ་དོགས་པ་དཔྱད་པ་ནི། འོན་སྔར་བཤད་པའི་སྡོམ་པ་ཉིཤུ་པ་སོགས་ཀྱི་ཐེག་དམན་སོགས། ཐེག་ཆེན་སོ་ཐར་གཉིས་ཀ་བྱང་སེམས་ཀྱི་སྡོམ་པ་ཐོབ་པ་དང་གནས་པ་གཉིས་ཀའི་རྟེན་དུ་དགོས་པར་བསྟན་པ་ཡིན་ནམ་ཞེ་ན། མ་ཡིན་ཏེ། ཉན་ཐོས་སོ་ཐར་ནི་ཐོབ་པ་དང་གནས་པ་གཉིས་ཀའི་རྟེན་དུ་མི་རུང་བའི་ཕྱིར་ཏེ་ཐོབ་པའི་རྟེན་དུ་ཡང་མི་རུང་གནས་པའི་རྟེན་དུ་ཡང་མི་རུང་བའི་ཕྱིར། དང་པོ་གྲུབ་སྟེ། ཉན་ཐོས་སོ་ཐར་ནི་གླིང་གསུམ་གྱི་སྐྱེས་པ་བུད་མེད་ཁོ་ན་ལ་སྐྱེ་ཞིང་། བྱང་སེམས་ཀྱི་སྡོམ་པ་ནི་འགྲོ་བ་གཞན་ལ་ཡང་སྐྱེ་བར་གསུངས་པའི་ཕྱིར་རོ། །གནས་པའི་རྟེན་དུ་མི་རུང་སྟེ། ཉན་ཐོས་སོ་ཐར་ནི་ཤི་འཕོས་པའི་ཚེ་གཏོང་ཞིང་བྱང་སེམས་ཀྱི་སྡོམ་པ་ནི་ཤི་འཕོས་པའི་མི་གཏོང་བར་གསུངས་པའི་ཕྱིར་རོ། །ཐེག་ཆེན་སོ་ཐར་ནི་བྱང་སེམས་ཀྱི་སྡོམ་པ་ཐོབ་པ་དང་གནས་པ་གཉིས་ཀའི་རྟེན་དུ་དགོས་ཏེ། ཐེག་ཆེན་སོ་ཐར་དང་མི་ལྡན་པ་ལ་བྱང་སེམས་ཀྱི་སྡོམ་པ་མི་སྲིད་པའི་ཕྱིར་རོ། །དེ་སྐད་དུ་སྡོམ་པ་ཉིཤུ་པར། དེ་ལ་སོ་སོ་ཐར་ནི་གཉིས་ཏེ། ཉན་ཐོས་ཀྱི་སོ་སོ་ཐར་པ་དང་། བྱང་ཆུབ་སེམས་དཔའི་སོ་སོ་ཐར་པའོ། །འདིར་བྱང་ཆུབ་སེམས་དཔའི་སོ་སོ་ཐར་པ་ནི། སྡོམ་པ་ཐོབ་པ་དང་གནས་པ་གཉིས་ཀའི་རྟེན་དུ་རུང་གི །ཕྱི་མ་ནི་དེ་ལྟར་མ་ཡིན་པས་རྡོ་རྗེ་རྩེ་མོའི་དགོངས་པ་ནི་བྱང་ཆུབ་སེམས་དཔའི་སོ་སོ་ཐར་པའོ། །ཞེས་གསུངས་པའི་ཕྱིར། འོན་ཐེག་ཆེན་སོ་ཐར་རིས་བདུན་པོ་གང་རུང་ཡང་བྱང་སེམས་ཀྱི་སྡོམ་པ་ཐོབ་པ་དང་གནས་པ་གཉིས་ཀའི་རྟེན་དུ་དགོས་སམ་ཞེ་ན། དེ་ནི་མི་དགོས་ཏེ་དེ་ནི་གླིང་གསུམ་གྱི་སྐྱེས་པ་བུད་མེད་ཁོ་ན་ལ་སྐྱེ་ཞིང་། བྱང་སེམས་ཀྱི་སྡོམ་པ་ནི་འགྲོ་བ་གཞན་ལ་ཡང་སྐྱེ་བར་བཤད་པའི་ཕྱིར་དང་། དེ་ནི་ཤི་འཕོས་པའི་ཚེ་གཏོང་ཞིང་བྱང་སེམས་ཀྱི་སྡོམ་པ་ནི་ཤི་འཕོས་ནས་ཀྱང་རྗེས་སུ་འབྲང་བའི་ཕྱིར། དེ་སྐད་དུ་རྩ་ལྟུང་འགྲེལ་སྤྱོང་ལས། ཉན་ཐོས་དང་ཐུན་མོང་བའི་སོ་སོ་ཐར་པ་འདི་ནི། ཐོབ་པ་དང་གནས་པ་གཉིས་ཀའི་རྟེན་དུ་མི་རུང་བར་ཁྱེད་སྨྲ་བ་བཞིན་ཁོ་བོ་ཅག་ཀྱང་སྨྲའོ། །ཞེས་གསུངས་པའི་ཕྱིར་རོ། །འོན་བྱང་སེམས་ཀྱི་སྡོམ་པའི་རྟེན་དུ་གྱུར་པའི་སོ་ཐར་སྡོམ་པ་དེ་གང་ཞེ་ན། ཚོགས་ཐུན་མོང་མ་ཡིན་པ་ལས་ཐོབ་པའི་སོ་ཐར་སྡོམ་པ་དེ་ཉིད་ཡིན་ཏེ། དེ་དང་བྱང་སེམས་ཀྱི་སྡོམ་པ་གཉིས་ཐོབ་གཏོང་གནས་གསུམ་ཅིག་ཅར་དུ་བྱེད་པའི་ཕྱིར་རོ། །དེ་སྐད་དུ

འགྲེལ་སྦྱོང་ལས། འོན་ཁྱེད་ཀྱི་སོ་སོ་ཐར་པ་སྡོན་དུ་མ་སོང་བའི་སྡོམ་པ་གསུམ་གང་ཡིན་ཞེ་ན། འདིར་སོ་སོ་ཐར་པའི་རང་བཞིན་ནི་གཞན་ལ་གནོད་པ་གཞི་དང་བཅས་པ་ལས་ལྡོག་པར་བྱེད་པ་ཡིན་ལ། ཞེས་སོགས་གསུངས་པའི་ཕྱིར། སྡོམ་པ་ཉི་ཤུ་པར་ཡང་།སྤྱིར་སོ་སོ་ཐར་པ་ཞེས་བྱ་བ་རང་གི་ངོ་བོ་ནི་གཞན་ལ་གནོད་པ་གཞི་དང་བཅས་པ་ལས་ལྡོག་པ་ཡིན་ལ།ཞེས་སོགས་གསུངས་པའི་ཕྱིར་རོ། །འོན་བྱང་སེམས་ཀྱི་སྡོམ་པའི་རྟེན་དུ་གྱུར་པའི་སོ་ཐར་ཡིན་ན། ཆོ་ག་ཐུན་མོང་མ་ཡིན་པ་ལས་ཐོབ་པའི་ཁྱབ་བམ་ཞེ་ན། མ་ཁྱབ་སྟེ། ཆོས་ཉིད་ཀྱི་ཐོབ་པའི་ཐེག་ཆེན་སོ་ཐར་གྱི་མ་ངེས་སོ། །འོན་ཆོ་ག་ཐུན་མོང་མ་ཡིན་པ་ལས་ཐོབ་པའི་ཐེག་ཆེན་སོ་ཐར་ཡིན་ན། བྱང་སེམས་ཀྱི་སྡོམ་པའི་རྟེན་དུ་གྱུར་པའི་སོ་ཐར་སྡོམ་པ་ཡིན་པས་ཁྱབ་བམ་ཞེ་ན། མ་ཁྱབ་སྟེ། ཆོ་ག་ཐུན་མོང་མ་ཡིན་པ་ལས་ཐོབ་པའི་བྱང་སེམས་ཀྱི་སྡོམ་པ་རང་ཉིད་ཀྱིས་མ་ངེས་པའི་ཕྱིར་རོ། །དེས་ན་ཐེག་དམན་སོ་ཐར་ཡིན་ན་བྱང་སེམས་ཀྱི་སྡོམ་པའི་རྟེན་དུ་གྱུར་པའི་སོ་ཐར་སྡོམ་པ་མ་ཡིན་པས་ཁྱབ། ཆོ་ག་ཐུན་མོང་པ་ལས་ཐོབ་པའི་སོ་ཐར་རིས་བདུན་གང་རུང་ཡིན་ན་ཡང་དེ་མ་ཡིན་པས་ཁྱབ། ཆོ་ག་ཐུན་མོང་མ་ཡིན་པ་ལས་ཐོབ་པའི་སོ་ཐར་དང་བྱང་སེམས་གཉིས་ཀྱིས་ཟླས་ཕྱེ་བའི་སོ་ཐར་ཡིན་པས་ཁྱབ་ཅེས་པ་འདི་ཙམ་ཁས་བླངས་པར་བྱའོ། །གལ་ཏེ་སོ་ཐར་རིས་བདུན་པོ་དེ་བྱང་སེམས་ཀྱི་སྡོམ་པ་སྐྱེ་བའི་རྟེན་དུ་དགོས་པར་ཐལ། ཇོ་བོ་རྗེས། སོ་སོ་ཐར་པ་རིགས་བདུན་གྱི། །རྟག་ཏུ་སྡོམ་གཞན་ལྡན་པ་ལ། །བྱང་ཆུབ་སེམས་དཔའི་སྡོམ་པ་ཡི། །སྐལ་བ་ཡོད་ཀྱི་གཞན་དུ་མིན། །ཞེས་གསུངས་པའི་ཕྱིར་ཞེ་ན། སྐྱོན་མེད་དེ། དེ་ནི་སེམས་ཙམ་ལུགས་ཀྱི་སེམས་བསྐྱེད་ལ་དགོངས་པའི་ཕྱིར། དེ་སྤྱིར་བཏང་ཙམ་གྱི་དབང་དུ་བྱས་པ་ཡིན་གྱི་དམིགས་བསལ་དུ་ནི་ངེས་པ་མེད་དོ། །

གཉིས་པ་རྟོད་པ་སྤོང་བ་ལ་གཉིས་ཏེ། །ཐོབ་ཚུལ་ལ་རྩོད་པ་སྤོང་བ་དང་། གནས་ཚུལ་ལ་རྩོད་པ་སྤོང་བའོ། །དང་པོ་ནི། ཁ་ཅིག །དང་པོར་ཉན་ཐོས་ཀྱི་ལམ་དུ་གསོལ་གཞིའི་ཆོ་ག་ལས་དགེ་སློང་གི་སྡོམ་པ་ཐོབ། དེ་རྗེས་ཕ་རོལ་ཏུ་ཕྱིན་པའི་ལམ་དུ་དབུ་སེམས་གང་རུང་གི་ཆོ་ག་ལས་བྱང་སེམས་ཀྱི་སྡོམ་པ་ཐོབ། དེ་རྗེས་སྔགས་ལམ་དུ་དབང་བསྐུར་གྱི་ཆོ་ག་ལས་སྔགས་སྡོམ་ཐོབ་པའི་སྡོམ་པ་གསུམ་པོ་དེ་རིམ་བཞིན་དུ་ཐོབ་པ་མ་ཡིན་པར་ཐལ། དེ་གསུམ་ཅིག་ཅར་དུ་ཐོབ་པ་ཡིན་པའི་ཕྱིར་ཏེ། དེ་གསུམ་དུས་མཉམ་དུ་ཐོབ་པ་ཡིན་པའི་ཕྱིར་ཏེ། དེ་གསུམ་ངོ་བོ་གཅིག་ཏུ་སྐྱེས་པ་ཡིན་པའི་ཕྱིར་ཏེ། དེ་གསུམ་རྫས་གཅིག་ཡིན་པའི་ཕྱིར། ཡང་དེ་གསུམ་དུས་མཉམ་དུ་ཐོབ་པར་ཐལ། དེ་གསུམ་དེ་ལྟ་བུའི་དགེ་སློང་གི་རྒྱུད་ལ་དུས་མཉམ་དུ་ཐོབ་པའི་ཕྱིར་ཏེ། དེའི་རྒྱུད་ལ་དུས་མཉམ་དུ་སྐྱེས་པའི་ཕྱིར། ཡང་དེ་འདྲ་བའི་དགེ་སློང་ཆོས་ཅན། ཁྱོད་ཀྱི་རྒྱུད་ལ་སྡོམ་པ་

གསུམ་དུས་མཉམ་དུ་ཐོབ་པར་ཐལ། ཁྱོད་ཀྱིས་ཁྱོད་རང་གི་རྒྱུད་ཀྱི་སྡོམ་པ་གསུམ་དུས་མཉམ་དུ་ཐོབ་པའི་ཕྱིར་ཏེ། ཁྱོད་གསུམ་ལྡན་དགེ་སློང་རྡོ་རྗེ་འཛིན་པ་ཡིན་པའི་ཕྱིར། ཡང་དེ་འདྲ་བའི་དགེ་སློང་ཆོས་ཅན། ཁྱོད་ཀྱིས་ཁྱོད་རང་གི་རྒྱུད་ཀྱི་དགེ་སློང་གི་སྡོམ་པ་ཐེག་དམན་གྱི་ལམ་དུ་ཐོབ་པར་ཐལ། དེ་ཉན་ཐོས་ཀྱི་ལམ་དུ་ཐོབ་པའི་ཕྱིར། རྟགས་ཁས། དེ་ཐེག་དམན་གྱི་ལམ་ཡིན་པར་ཐལ། འདོད་པའི་ཕྱིར། འདོད་མི་នུས་ཏེ། ཐེག་ཆེན་གྱི་ལམ་ཡིན་པའི་ཕྱིར་ཏེ། སྔགས་སྡོམ་ཡིན་པའི་ཕྱིར། ཡང་དེ་ཆོས་ཅན། ཁྱོད་ཀྱིས་ཁྱོད་རང་གི་རྒྱུད་ཀྱི་བྱང་སྡོམ་ཕ་རོལ་ཏུ་ཕྱིན་པའི་ལམ་དུ་ཐོབ་པར་ཐལ། ཁྱོད་ཀྱི་བྱང་སྡོམ་ཕ་རོལ་ཕྱིན་པའི་ལམ་དུ་ཐོབ་པའི་ཕྱིར། འདོད་ན། ཁྱོད་ཀྱི་རྒྱུད་ཀྱི་བྱང་སྡོམ་དེ་ཕ་རོལ་ཏུ་ཕྱིན་པའི་ལམ་ཡིན་པར་ཐལ། འདོད་པའི་ཕྱིར། འདོད་མི་ནུས་ཏེ། རྡོ་རྗེ་ཐེག་པའི་ལམ་ཡིན་པའི་ཕྱིར་ཏེ། སྔགས་སྡོམ་ཡིན་པའི་ཕྱིར། ཞེས་སོགས་མང་དུ་སྨྲ་བར་བྱེད་དོ༔ །མི་འཐད་དེ། དང་པོ་ལ། དགེ་སློང་གི་སྡོམ་པ་དང་། བྱང་སེམས་ཀྱི་སྡོམ་པ་དང་། སྔགས་སྡོམ་གསུམ་རིམ་གྱིས་ཐོབ་པའི་སྡོམ་པ་གསུམ་པོ་དེ་རིམ་བཞིན་དུ་ཐོབ་པ་མ་ཡིན་པར་ཐལ། དེ་གསུམ་ཅིག་ཅར་དུ་ཐོབ་པ་ཡིན་པའི་ཕྱིར་ཏེ། དེ་གསུམ་དུས་མཉམ་དུ་ཐོབ་པ་ཡིན་པའི་ཕྱིར་ཏེ། དེ་གསུམ་ངོ་བོ་གཅིག་ཏུ་སྐྱེས་པ་ཡིན་པའི་ཕྱིར་ཏེ། དེ་གསུམ་རྫས་གཅིག་ཡིན་པའི་ཕྱིར། རྩ་བར་འདོད་ན། སྡོམ་གསུམ་རིམ་གྱིས་ཐོབ་པའི་སྡོམ་པ་གསུམ་པོ་དེ་རིམ་གྱིས་ཐོབ་པ་མ་ཡིན་པར་ཐལ། འདོད་པའི་ཕྱིར། འདོད་ན། སྡོམ་གསུམ་རིམ་གྱིས་ཐོབ་པ་མེད་པར་ཐལ་ལོ། །གཉིས་པ་ལ། སྡོམ་གསུམ་གྱིས་ཐོབ་པའི་སྡོམ་པ་གསུམ་པོ་དེ་དང་མཉམ་དུ་ཐོབ་པ་ཡིན་པར་ཐལ། དེ་སྡོམ་གསུམ་རིམ་གྱིས་ཐོབ་པའི་གང་ཟག་གི་རྒྱུད་ལ་དུས་མཉམ་དུ་ཐོབ་པ་ཡིན་པའི་ཕྱིར་ཏེ། དེའི་རྒྱུད་ལ་དུས་མཉམ་དུ་སྐྱེས་པའི་ཕྱིར། གསུམ་པ་ལ། སྡོམ་གསུམ་རིམ་གྱིས་ཐོབ་པའི་དགེ་སློང་རྡོ་རྗེ་འཛིན་པ་ཆོས་ཅན། ཁྱོད་ཀྱི་སྡོམ་གསུམ་ཅིག་ཅར་དུ་ཐོབ་པར་ཐལ། ཁྱོད་ཀྱིས་ཁྱོད་རང་གི་རྒྱུད་ཀྱི་སྡོམ་པ་གསུམ་ཅིག་ཅར་ཐོབ་པའི་ཕྱིར་ཏེ། ཁྱོད་གསུམ་ལྡན་དགེ་སློང་རྡོ་རྗེ་འཛིན་པ་ཡིན་པའི་ཕྱིར། བཞི་པ་ལ། དང་པོར་ཉན་ཐོས་ཀྱི་ལམ་དུ་དགེ་སློང་གི་སྡོམ་པ་ཐོབ། དེ་རྗེས་ཕ་རོལ་ཏུ་ཕྱིན་པའི་ལམ་དུ་བྱང་སྡོམ་ཐོབ། དེ་རྗེས་སྔགས་ལམ་དུ་སྔགས་སྡོམ་ཐོབ་པའི་དགེ་སློང་རྡོ་རྗེ་འཛིན་པ་ཆོས་ཅན། ཁྱོད་ཀྱི་ཉན་ཐོས་ཀྱི་ལམ་དུ་དགེ་སློང་གི་སྡོམ་པ་ཐོབ་པར་ཐལ། ཁྱོད་དང་པོར་ཉན་ཐོས་ཀྱི་ལམ་དུ་དགེ་སློང་གི་སྡོམ་པ་ཐོབ་པའི་དགེ་སློང་ཡིན་པའི་ཕྱིར། ཆོས་ཅན་ཡིན་པའི་ཕྱིར། འདོད་ན། ཁྱོད་ཀྱི་ཉན་ཐོས་ཀྱི་ལམ་དུ་དགེ་སློང་གི་སྡོམ་པ་མ་ཐོབ་པར་ཐལ། ཁྱོད་ཀྱི་ཉན་ཐོས་ཀྱི་ལམ་དུ་ཁྱོད་རང་གི་རྒྱུད་ཀྱི་དགེ་སློང་གི་སྡོམ་པ་འབའ་མ་ཐོབ། གང་ཟག་གཞན་གྱི་རྒྱུད་ཀྱི་དགེ་སློང་གི་སྡོམ་པ་འབའ་མ་ཐོབ་པའི་ཕྱིར། དང་པོ་ཁས། ཕྱི་མ་གྲུབ་སྟེ། གང་ཟག་གཞན་རྒྱུད་ཀྱི་སྡོམ་པ་ཁྱོད

ཀྱི་རྒྱུད་ལ་མངོན་དུ་འགྱུར་བ་མེད་པའི་ཕྱིར། ཁྱབ་པ་རྣམས་རིམ་པར་ཁས། ཡང་དེ་ཆོས་ཅན། ཁྱོད་ཀྱི་ཕ་རོལ་ཏུ་ཕྱིན་པའི་ལམ་དུ་ཁྱོད་རང་གི་རྒྱུད་ཀྱི་བྱང་སྡོམ་ཡང་མ་ཐོབ། གང་ཟག་གཞན་གྱི་རྒྱུད་ཀྱི་བྱང་སྡོམ་ཡང་མ་ཐོབ་པའི་ཕྱིར། རྟགས་གསལ་རིགས་འགྲེ། གཞན་ཡང་། སདང་པོའི་ཡེ་ཤེས་ཆོས་ཅན། ཕ་རོལ་ཏུ་ཕྱིན་པའི་ལམ་མ་ཡིན་པར་ཐལ། རྡོ་རྗེ་ཐེག་པའི་ལམ་ཡིན་པའི་ཕྱིར། ཁྱབ་པ་ཁས། མ་གྲུབ་ན། དེར་ཐལ། ཕ་རོལ་ཏུ་ཕྱིན་པ་དང་རྡོ་རྗེ་ཐེག་པའི་ཐུན་མོང་བའི་ལམ་ཡིན་པའི་ཕྱིར། མ་གྲུབ་ན། དེ་དེ་ཡིན་པར་ཐལ། དེ་གཉིས་ཐུན་མོང་བའི་ལམ་ཡོད་པའི་ཕྱིར་ཏེ། དེ་གཉིས་ཀྱི་ཐུན་མོང་བའི་སངས་རྒྱས་ཡོད་པའི་ཕྱིར་ཏེ། སྟོན་པ་ཤཱཀྱ་ཐུབ་པ་དེ་དེ་ཡིན་པའི་ཕྱིར། ཡང་དེ་གཉིས་ཀའི་ཐུན་མོང་བའི་ལམ་ཡོད་པར་ཐལ། སཾ་པུ་ཊི་ལས། ཕ་རོལ་ཕྱིན་བཅུའི་ས་རྣམས་ལ། །ཞེས་གསུངས་པའི་ཕྱིར། ཡང་ཐེག་ཆེན་གྱི་སེམས་བསྐྱེད་ཆོས་ཅན། རྩ་ཁྱབ་ལ་དེར་ཐལ། དེའི་ཕྱིར། མ་གྲུབ་ན། དེར་ཐལ། དེ་གཉིས་ཀྱི་ཐུན་མོང་བའི་ལམ་ཡིན་པའི་ཕྱིར་རོ། །དེས་ན་སྐྱེ་འཇིག་ཅིག་ཅར་བྱེད་ན་གཏོང་ཐོབ་ཅིག་ཅར་བྱེད་དགོས་པར་འགྱུར་རོ། །ཞེས་ཟེར་བ་ནི། རྟོག་གེ་པའི་རིགས་པའི་གནད་མ་ཤེས་པ་ཡིན་ཏེ། སྐྱེ་འཇིག་ནི་སྐད་ཅིག་མ་ལ་འཇོག་ཅིང་། གཏོང་ཐོབ་ནི་རྒྱུན་ལ་འཇོག་དགོས་པའི་ཕྱིར་རོ། །དེ་ལས་གཞན་དུ་ན། སྡོམ་པ་ཐམས་ཅད་རང་སྐྱེས་པའི་དུས་ཐོབ་པ་དང་། རང་གྲུབ་དུས་ཀྱི་སྐད་ཅིག་གཉིས་པར་གཏོང་བར་ཐལ་བའི་སྐྱོན་ཡོད་དོ། །གཉིས་པ་གནས་པའི་ཚུལ་ལ་རྩོད་པ་སྤོང་བ་ནི། འོད་ཕྲེང་ལ་སོགས་པ་ན་རེ། རྒྱུད་འབུམ་པའི་དོན་ལ། སྡོམ་གསུམ་གནས་གྱུར་ངོ་བོ་གཅིག་པ་དང་། གོང་མའི་རྩ་ལྟུང་བྱུང་ན་འོག་མ་གཏོང་བར་འདོད་པ་མི་འཐད་དེ། ངོ་བོ་གཅིག་ན། གཅིག་གཏོང་བའི་ཚེ་ཡང་སྡོམ་པ་གཅིག་པོ་དེ་ཉིད་གཏོང་བར་འགྱུར་བས། གསུམ་ལྡན་གྱི་གཏོང་བའི་དོན་མི་གནས་པའི་ཕྱིར། གཞན་ཡང་། བུད་མེད་ལ་སྨོད་པའི་ལྟུང་བས་བུད་མེད་ལ་རེག་པའི་སྡོམ་པ་གཏོང་བར་ཐལ། གོང་མའི་ལྟུང་བ་བྱུང་བས་འོག་མའི་སྡོམ་པ་གཏོང་བ་ཡོད་པའི་ཕྱིར། འདོད་ན། མཁའ་ལ་སྤྱིན་ཆེན་འཁྲིགས་པས་ལོ་ཏོག་ཉམས་པར་འགྱུར་རོ། །གཞན་ཡང་། སྡོམ་པ་གཏོང་ཐོབ་སངས་རྒྱས་ཀྱི་གསུངས་པ་ལས་གཞན་དུ་བྱེད་རིགས་པར་ཐལ།གོང་མའི་རྩ་ལྟུང་འོག་མའི་སྡོམ་པ་གཏོང་རྒྱུ་ཡིན་པའི་ཕྱིར། གཞན་ཡང་། སྡོམ་པ་གོང་མ་གོང་མར་གནས་འགྱུར་བ་མ་ཡིན་པར་ཐལ། གོང་འོག་འགལ་བའི་ཕྱིར། འགལ་ཡང་གནས་འགྱུར་ན། ཉི་མའི་དཀྱིལ་འཁོར་འདི་གཟླའི་ཆུ་བོར་གནས་འགྱུར་བར་ཐལ་ལོ། །གཞན་ཡང་། སྡོམ་གསུམ་ལྡན་པའི་དོན། ཤེས་རྒྱུད་གཅིག་ལ་དུས་མཉམ་རྫས་ཐ་དད་དུ་ལྡན་ན་ལྡན་བཞེ་ཤེས་རྒྱུད་དེ་ཉིད། དུས་མཉམ་རྫས་ཐ་དད་གསུམ་དུ་འགྱུར་ཏེ། ལྡན་ཆོས་སྡོམ་པ་གསུམ་པོ་རྫས་ཐ་དད་ཡིན་པའི་ཕྱིར། གལ་ཏེ་ཤེས་རྒྱུད་སྔ་ཕྱི་ལ་འགལ་ན། སྡོམ་པ་གསུམ་དང་ལྡན་པའི་

དོན་མི་གནས་པར་ཐལ། གང་ཟུང་སྐྱེས་པའི་ཚེ་གཅིག་ཤོས་འགགས་ནས་མེད་པའི་ཕྱིར་རོ། །འོན་ཏེ་སྡོམ་གསུམ་ཤེས་རྒྱུད་གཅིག་ལ་རྫས་གཅིག་ཏུ་ལྡན་ན་གཏོང་ཐོབ་ཀྱི་ཆོག་གཅིག་ཏུ་འགྱུར་རོ། །ཞེས་ཟེར་རོ། །དེ་ལ་སྡོམ་གསུམ་ངོ་བོ་གཅིག་ཡིན་ཡང་གཏོང་བའི་ཚེ་ཅིག་ཅར་གཏོང་མི་དགོས་ཏེ། ཐུན་མོང་མ་ཡིན་པའི་གཏོང་རྒྱུ་རྣམས་ཀྱིས་སྡོམ་པ་དེ་ཉིད་གཏོང་གི །གཞན་མི་གཏོང་བའི་ཕྱིར་རོ། །གོང་མའི་རྩ་ལྟུང་བྱུང་ན་འོག་མ་གཏོང་བ་ལ་སྐྱོན་བརྗོད་པ། གོང་མའི་རྩ་ལྟུང་བྱུང་ན་འོག་མ་གཏོང་བས་ཁྱབ་པ་ལ་བརྗོད་པ་ཡིན་ནམ། གཏོང་སྲིད་པ་ལ་སྐྱོན་བརྗོད་པ་ཡིན། དང་པོ་ལྟར་ན་མི་འཐད་དེ། དེ་ལྟར་དུ་ཁས་བླངས་པའི་ཕྱིར། གཉིས་པ་ལྟར་ན། བུད་མེད་ལ་སྨོད་པའི་ལྟུང་བ་བྱུང་བས་བུད་མེད་ལ་རེག་པའི་སྡོམ་པ་གཏོང་བར་ཐལ། གོང་མའི་རྩ་ལྟུང་བྱུང་ན་འོག་མ་གཏོང་སྲིད་པའི་ཕྱིར། ཁྱབ་པ་ཁས། མ་གྲུབ་ན་དེ་ཐལ། རྩ་ལྟུང་ལྔ་པ་བྱུང་ན་བྱང་སེམས་ཀྱི་སྡོམ་པ་གཏོང་བའི་ཕྱིར། གཞན་ཡང་། སྡོམ་པ་གཏོང་ཐོབ་ཀྱི་རྒྱུ་སངས་རྒྱས་ཀྱིས་གསུངས་པ་ལས་གཞན་དུ་བྱེད་རིགས་པར་ཐལ། བདེ་གཤེགས་བཀའ་འདས་ཀྱི་ལྟུང་བ་བྱུང་བས་འོག་མའི་སྡོམ་པ་གཏོང་བ་ཡོད་པའི་ཕྱིར། འགལ་བ་ལ་གནས་གྱུར་བརྩི་བ་མི་འཐད་ཅེས་སྨྲ་བ་ནི་གནས་གྱུར་གྱི་དོན་ཙུང་ཟད་ཙམ་ཡང་མ་རྟོགས་པས་དེ་སེམས་ཅན་གྱི་ཤེས་པ་སངས་རྒྱས་ཀྱི་ཡེ་ཤེས་སུ་གནས་འགྱུར་བ་མེད་པར་ཐལ། དེ་འགལ་བའི་ཕྱིར། ཡང་ཁྱེད་ཀྱི་ལུགས་ལ་གནས་གྱུར་གཏན་མི་སྲིད་པར་ཐལ། འགལ་བ་ལ་གནས་གྱུར་རྩིར་མེད་ཅིང་། མི་འགལ་བ་ལ་གནས་གྱུར་གྱི་དོན་མེད་པའི་ཕྱིར་རོ། །ལྷག་མ་རྣམས་ཀྱི་ལན་ནི་གོ་སླའོ། །གཉིས་པ་ལ་དང་པོའི་ཚེ་རིམ་དང་ཅིག་ཅར་གང་དུ་འདོད་དཔྱད་པ་ལ། དགག་གཞག་སྤང་གསུམ། དང་པོ་ནི། ཁ་ཅིག །དགེ་སློང་རྡོ་རྗེ་འཛིན་པ་ལ་སྡོམ་པ་གསུམ་པོ་གང་རུང་གི་གཏོང་རྒྱུ་བྱུང་ན། དེའི་རྒྱུད་ཀྱི་སྡོམ་པ་གསུམ་ག་གཏོང་དགོས་ཏེ། དཔེར་ན་སྲོག་གཅོད་ཀྱི་ཕམ་པ་འཆབ་བཅས་དེ་ཡང་དེ་གསུམ་གྱི་གཏོང་རྒྱུ་ཡིན། བྱང་ཆུབ་ཀྱི་སེམས་སྤོང་བའི་རྩ་ལྟུང་དེ་ཡང་དེ་གསུམ་གའི་གཏོང་རྒྱུ་ཡིན་པའི་ཕྱིར། ཞེས་ཟེར་རོ། །མི་འཐད་དེ། དགེ་སློང་རྡོ་རྗེ་འཛིན་པའི་རྒྱུད་ཀྱི་སྡོམ་པ་གསུམ་པོ་དེ་ལ་གཏོང་ཐོབ་ཀྱི་ཆོག་ཐུན་མོང་མ་ཡིན་པ་རེ་རེ་མེད་པར་ཐལ། དེའི་རྒྱུད་ཀྱི་སོ་ཐར་སྡོམ་པ་དང་། སྔགས་སྡོམ་ཐོབ་བྱེད་ཀྱི་ཆོག་ཐུན་མོང་མ་ཡིན་པ་རེ་རེ་མེད་པའི་ཕྱིར་ཏེ། དེ་གཉིས་ཀྱི་གཏོང་རྒྱུ་ཐུན་མོང་མ་ཡིན་པ་རེ་རེ་མེད་པའི་ཕྱིར། རྟགས་ཁས། ཡང་བུད་མེད་ལ་སྨོད་པའི་རྩ་ལྟུང་དེ་སྔགས་ཀྱི་ཐུན་མོང་མ་ཡིན་པའི་རྩ་ལྟུང་མ་ཡིན་པར་ཐལ། དེ་སྔགས་སྡོམ་གྱི་ཐུན་མོང་མ་ཡིན་པའི་གཏོང་རྒྱུ་མ་ཡིན་པའི་ཕྱིར་ཏེ། དེ་སྡོམ་པ་གསུམ་གའི་གཏོང་རྒྱུ་ཡིན་པའི་ཕྱིར། དེ་བཞིན་དུ་རྩ་ལྟུང་བརྒྱད་པ་ལ་ཡང་རིགས་འགྲེ། གཞན་ཡང་། བསླབ་པ་ཕུལ་བས་སྡོམ་པ་གོང་མ་གཉིས་ཀྱིས་གཏོང་རྒྱུ་ཡིན་པར་ཐལ། དེ་དགེ་སློང་གི་

སྡོམ་པའི་གཏོང་རྒྱུ་ཡིན་པའི་ཕྱིར། ཁྱབ་པ་ཁས།

གཉིས་པ་རང་ལུགས་ལ། བཤད་བྱ་རྡོ་རྗེའི་ཚིག་འགོད་པ་དང་། དེའི་དོན་བཤད་པ་གཉིས། དང་པོ་ནི། འཕགས་པ་རིན་པོ་ཆེས་སྡེ་སྣོད་འཛིན་པ་གྲགས་པ་རིན་ཆེན་གྱི་དྲིས་ལན་དུ། ཉན་ཐོས་དང་ཐེག་ཆེན་གྱི་སྡོམ་པ་གཉིས་པོ་ལེན་པའི་ཚུལ་སྤྱི་ནས་ཀྱང་ཐ་དད། བྱང་ཆུབ་སེམས་དཔའ་དང་སྔགས་ཀྱི་སྡོམ་པ་རིམ་གྱིས་པའི་ལུགས་ལ་སོ་སོར་ལེན། སོ་སོར་ཐབ། ཅིག་ཅར་འཇུག་པ་ལ་ཅིག་ཅར་ཐོབ་པའང་ཡོད། གཏོང་བའི་ཚེ་ཉན་ཐོས་ཀྱི་སྡོམ་པའི་གཏོང་རྒྱུ་ཕལ་ཆེར་གྱིས་བྱང་ཆུབ་སེམས་དཔའ་དང་རིག་པ་འཛིན་པའི་སྡོམ་པ་མི་གཏོང་། སྡོམ་པ་གོང་མ་གཉིས་གཏོང་བས་ཉན་ཐོས་ཀྱི་སྡོམ་པ་མི་གཏོང་བའི་སྐབས་ཀྱང་སྲིད། སྔགས་ཀྱི་སྡོམ་པ་བཏང་བས་བྱང་སེམས་ཀྱི་སྡོམ་པ་མི་གཏོང་བའི་སྐབས་ཀྱང་སྲིད་པ་ཡིན། བྱང་ཆུབ་སེམས་དཔའི་སྡོམ་པའི་དངོས་གཞི་བཏང་བས། སྔགས་ཀྱི་སྡོམ་པ་མི་གཏོང་བ་མི་སྲིད། བྱང་ཆུབ་ཀྱི་སེམས་ལས་འདས་ནས་སྨྲོར་དངོས་རྗེས་གསུམ་ཚང་བས་རྡོ་རྗེ་སྤུན་བསད་པ་ལྟ་བུ་ལ་མཐར་ཐུག་གྲུབ་པའི་ཚེ་གསུམ་ཀ་དུས་གཅིག་ཏུ་གཏོང་བ་ཡིན། མང་པོའི་དོན་དུ་མི་བསད་པ་ལྟ་བུའི་ཉན་ཐོས་ཀྱི་སྡོམ་པ་གཏོང་ཡང་། སྡོམ་པ་གོང་མ་གཉིས་མི་གཏོང་བའི་སྟེང་དུ་དགེ་བ་ཡར་འཕེལ་དུ་འོང་བ་ཡིན་ཞེས་གསུངས་སོ། །གཉིས་པ་དེའི་དོན་བཤད་པ་ལ་གཉིས་ཏེ། སྡོམ་གསུམ་རིམ་ཅན་དུ་བླངས་པའི་དགེ་སློང་རྡོ་རྗེ་འཛིན་པ་ལྟ་བུའི་གཏོང་ཚུལ་དང་། དབང་བསྐུར་གྱི་ཚོ་ག་ཁོ་ན་ལས་སྡོམ་པ་གསུམ་གར་ཐོབ་པའི་གཏོང་ཚུལ་ལོ། །དང་པོ་ནི། སྤྱིར་རིམ་གྱིས་བླངས་པའི་གསུམ་ལྡན་གྱི་གཏོང་ཚུལ་ལ་དགེ་སློང་གི་སྡོམ་པ་བཏང་ནས་གོང་མ་གཉིས་མི་གཏོང་བ་དང་། གོང་མ་གཉིས་བཏང་ནས་དགེ་སློང་གི་སྡོམ་པ་མི་གཏོང་བ་དང་། དགེ་སློང་གི་སྡོམ་པ་དང་སྔགས་སྡོམ་གཉིས་བཏང་ནས་བྱང་སེམས་ཀྱི་སྡོམ་པ་ཡི་གཏོང་བ་དང་། སྔགས་སྡོམ་བཏང་ནས་འོག་མ་གཉིས་མི་གཏོང་བ་དང་། གསུམ་ཆར་དུས་མཉམ་དུ་གཏོང་བ་དང་རྣམ་པ་ལྔ་ཡོད་པ་ལས། དང་པོ་ནི། དེ་ལྟ་བུའི་དགེ་སློང་གི་སེམས་ཅན་གྱི་དོན་དུ་འགྱུར་བ་སོགས་དགོས་ཆེད་ཁྱད་པར་ཅན་གྱི་ཚེ། དགེ་སློང་གི་བསླབ་པ་ཕུལ་བ་དང་ཤི་འཕོས་པའི་ཚེ་དགེ་སློང་གི་སྡོམ་པ་གཏོང་སྟེ། དེའི་གཏོང་རྒྱུ་བྱུང་བའི་ཕྱིར། དེའི་ཚེ་གོང་མ་གཉིས་མི་གཏོང་སྟེ། གཏོང་རྒྱུ་མ་བྱུང་བའི་ཕྱིར། གཉིས་པ་ནི། དེ་ལྟ་བུའི་དགེ་སློང་གི་སྨོན་སེམས་བཏང་བའམ། བྱང་སེམས་ཀྱི་སྡོམ་པའི་ཕམ་འདྲ་ཀུན་དཀྲིས་དྲག་པོས་སྤྱད་པའི་ཚེ་གོང་མ་གཉིས་གཏོང་སྟེ། བྱང་སེམས་ཀྱི་སྡོམ་པའི་གཏོང་རྒྱུ་བྱུང་བའི་ཕྱིར་དང་། སྔགས་སྡོམ་གྱི་རྩ་ལྟུང་ལྟ་བུའམ་གཉིས་པ་བྱུང་བའི་ཕྱིར་རོ། །དགེ་སློང་གི་སྡོམ་པ་མི་གཏོང་སྟེ།གཏོང་རྒྱུ་མ་བྱུང་བའི་ཕྱིར་རོ། །གསུམ་པ་ནི། དེ་ལྟ་བུའི་དགེ་སློང་གི་དགོས་ཆེད་ཁྱད་པར་ཅན་མེད་

པར་དགེ་སློང་གི་ཕམ་པ་བཞི་བཅད་པའི་ཚེ་དགེ་སློང་གི་སྡོམ་པ་དང་སྔགས་སྡོམ་གཉིས་ཀ་གཏོང་སྟེ། དགེ་སློང་གི་སྡོམ་པ་ལ་ལྟོས་པའི་ཕམ་པ་བྱུང་བའི་ཕྱིར་དང་། སྔགས་སྡོམ་གྱི་རྩ་ལྟུང་གཉིས་པ་བྱུང་བའི་ཕྱིར་རོ། །བྱང་སེམས་ཀྱི་སྡོམ་པ་མི་གཏོང་སྟེ། རང་གི་ཚོགས་ཐོབ་ཅིང་དེའི་གཏོང་རྒྱུ་མ་བྱུང་བའི་ཕྱིར་རོ། །བཞི་པ་ནི། དེ་ལྟ་བུའི་དགེ་སློང་གི་རྩ་ལྟུང་བདུན་པ་དང་བརྒྱད་པ་ལྟ་བུ་ཕྲན་མོང་མ་ཡིན་པ་རྣམས་སྤྱད་པའི་ཚེ། སྔགས་སྡོམ་གཏོང་སྟེ། དེའི་ཚེ་རྩ་ལྟུང་བྱུང་བའི་ཕྱིར་རོ། །འོག་མ་གཉིས་མི་གཏོང་སྟེ། དེའི་གཏོང་རྒྱུ་མ་བྱུང་བའི་ཕྱིར་རོ༑ །ལྔ་པ་ནི། དེ་ལྟ་བུའི་དགེ་སློང་གི་སྨོན་སེམས་བཏང་ནས་སོ་ཐར་གྱི་ཕམ་པ་བཞི་སྤྱད་པའི་ཚེ། གསུམ་ཆར་བཏང་སྟེ། དགེ་སློང་གི་སྡོམ་པའི་ཕམ་པ་བྱུང་བའི་ཕྱིར་དང་། བྱང་སེམས་ཀྱི་སྨོན་སེམས་བཏང་བའི་ཕྱིར་དང་། སྔགས་ཀྱི་བདེ་གཤེགས་བཀའ་འདས་ཀྱི་ལྟུང་བ་བྱུང་བའི་ཕྱིར་རོ། །འདི་ལ་བྱང་སེམས་ཀྱི་སྡོམ་པ་བཏང་ནས་སྔགས་སྡོམ་མི་གཏོང་བའི་མུ་ནི་མེད་དེ། བྱང་སེམས་ཀྱི་སྡོམ་པ་གཏོང་བའི་རྒྱུ་ཀུན་དཀྲིས་དྲག་པོས་བྱང་སེམས་ཀྱི་ཕམ་པ་སྤྱད་པ་དང་། སྨོན་སེམས་བཏང་བ་གཉིས་སུ་ངེས་པ་ལས། དང་པོ་ནི། བདེ་གཤེགས་བཀའ་འདས་ཀྱི་རྩ་ལྟུང་དང་། གཉིས་པ་ནི། རྩ་ལྟུང་ལྔ་པ་བྱུང་བའི་ཕྱིར་དང་། སྔགས་སྡོམ་ཡང་བྱང་སེམས་ཀྱི་སྡོམ་པའི་བྱེ་བྲག་ཡིན་པའི་ཕྱིར་རོ། །དེ་བཞིན་དུ་དགེ་སློང་ལ་སོགས་པའི་རིས་བདུན་བཏང་ནས་གོང་མ་གཉིས་མི་གཏོང་བའི་མུ་ཡོད་པ་ཡིན་གྱི། སོ་ཐར་བཏང་ནས་གོང་མ་གཉིས་མི་གཏོང་བའི་མུ་ཡོད་པ་མ་ཡིན་ཏེ། གོང་མ་གཉིས་སོ་ཐར་སྡོམ་པའི་བྱེ་བྲག་ཡིན་པའི་ཕྱིར་རོ། །

གཉིས་པ་དབང་བསྐུར་ཚིག་ཁོ་ན་ལས་གསུམ་གར་ཐོབ་པའི་གཏོང་ཚུལ་ནི། སྡོམ་པ་འོག་མ་གཉིས་ལེན་པའི་ཆོ་ག་སྔོན་དུ་མ་སོང་བར་དབང་བསྐུར་གྱི་ཆོ་ག་གཅིག་པོ་ལས་སྡོམ་པ་གསུམ་གར་ཐོབ་པ་ལ་ནི། སྔགས་ཀྱི་རྩ་ལྟུང་བྱུང་བའི་ཕྱིར་སྡོམ་པ་གསུམ་གར་གཏོང་སྟེ། དེ་ལྟ་བུའི་སྡོམ་པ་གསུམ་ག་ཡང་སྔགས་སྡོམ་གཅིག་པུ་ལ་ལྟོག་པའི་སྒོ་ནས་གསུམ་དུ་ཕྱེ་བ་ཙམ་ཡིན་པའི་ཕྱིར་དང་། ལེན་པའི་ཆོ་ག་ཡང་དབང་བསྐུར་ཁོ་ན་ལས་ཐོབ་དགོས་པ་ཡིན་གྱི། ཆོ་ག་གཞན་ལས་མ་ཐོབ་པའི་ཕྱིར་རོ། །འོན་ཀྱང་སྨོན་སེམས་མ་བཏང་ན་རྩ་ལྟུང་བྱུང་བས་སྡོམ་པའི་ལྡོག་པ་བཏང་ཡང་ཀུན་རྫོབ་བྱང་སེམས་ཀྱི་ལྡོག་པ་མི་གཏོང་བ་ནི་ཡོད་དོ། །རིགས་པ་འདི་ལ་བརྟེན་ནས་སོ་ཐར་ལེན་པའི་ཆོ་ག་སྔོན་དུ་མ་སོང་བར་བྱང་སེམས་ཀྱི་སྡོམ་པ་ཐོབ་པ་གཉིས་ལྡན་ཡང་། བྱང་སེམས་ཀྱི་སྡོམ་པ་གཏོང་བའི་ཚེ་གཉིས་ཀར་གཏོང་བར་ཤེས་པར་བྱ་ཞིང་། བྱང་སེམས་ཀྱི་སྡོམ་པ་ཆོ་གའི་སྒོ་ནས་མ་བླངས་པར་སོ་ཐར་རིས་བརྒྱད་པོ་བྱང་ཆུབ་ཀྱི་སེམས་ཀྱིས་ཟིན་པའི་སྒོ་ནས་བླངས་པའི་གཉིས་ལྡན་ལ་ཡང་སོ་ཐར་བཏང་བའི་ཚེ་སྡོམ་པ་གཉིས་ཀར་བཏང་བར་ཤེས་པར་བྱའོ། །གསུམ་པ་རྩོད་པ་སྤོང་བ་ནི། ཁ་ཅིག །

ཤེས་བྱ་ཆོས་ཅན། དགེ་སློང་རྡོ་རྗེ་འཛིན་པའི་རྒྱུད་ཀྱི་སྔགས་སྡོམ་ཡིན་ན་ཐུན་མོང་མ་ཡིན་པའི་རྩ་ལྟུང་བྱུང་བའི་ཁྱབ་པར་ཐལ། དེ་དེའི་རྒྱུད་ཀྱི་སྔགས་སྡོམ་མཐའ་དག་གཏོང་བའི་ཕྱིར། འདོད་ན། དགེ་སློང་རྡོ་རྗེ་འཛིན་པའི་རྒྱུད་ཀྱི་དགེ་སློང་གི་སྡོམ་པ་ཆོས་ཅན། དེར་ཐལ། དེའི་ཕྱིར། འཁོར་གསུམ་ཞེས་ཟེར་ན། མི་འཐད་དེ། ཉན་ཐོས་དགེ་སློང་གི་བྱང་ཆུབ་མཆོག་ཏུ་སེམས་བསྐྱེད་པའི་ཚེ། དམན་སེམས་ཀྱིས་ཟིན་པའི་ཉམས་ལེན་མཐའ་དག་གཏོང་ངམ་མི་གཏོང་། མི་གཏོང་ན་ཧ་ཅང་ཐལ་ཞིང་།གལ་ཏེ་གཏོང་ན་ཉན་ཐོས་ཀྱི་དགེ་སློང་གི་དམན་སེམས་ཀྱིས་ཟིན་པའི་ཉམས་ལེན་ཡིན་ན། བྱང་ཆུབ་མཆོག་ཏུ་སེམས་བསྐྱེད་པའི་ཚེ་གཏོང་བས་ཁྱབ་པར་ཐལ། དེའི་ཚེ་དེའི་རྒྱུད་ཀྱི་དམན་སེམས་ཀྱིས་ཟིན་པའི་ཉམས་ལེན་མཐའ་དག་གཏོང་བའི་ཕྱིར་རོ། །རྟགས་ཁྱབ་ཁས་བླངས། འདོད་ན། དེའི་རྒྱུད་ཀྱི་དགེ་སློང་གི་སྡོམ་པ་ཆོས་ཅན། དེར་ཐལ། དེའི་ཕྱིར། འདོད་ན། གང་ཟག་དེས་བྱང་ཆུབ་མཆོག་ཏུ་སེམས་བསྐྱེད་པའི་རྗེས་སུ་དགེ་སློང་གི་སྡོམ་པ་མེད་པར་འགྱུར་རོ། །གལ་ཏེ་ཁོ་ན་རེ། དེ་ལྟ་བུའི་དགེ་སློང་གིས་བྱང་ཆུབ་མཆོག་ཏུ་སེམས་བསྐྱེད་པའི་ཚེ། སྔར་གྱི་དགེ་སློང་གི་སྡོམ་པ་གཏོང་སྟེ། དེའི་སྔར་གྱི་དགེ་སློང་གི་སྡོམ་པ་མེད་པའི་ཕྱིར། ཞེས་ཟེར་ན། འདི་ལ་གོང་དུ་ཡང་སྐྱོན་མང་དུ་བརྗོད་ཟིན་མོད། འོན་ཀྱང་ཁྱེད་ཀྱིས་རློམ་པ་དེ་བསལ་བའི་དོན་དུ། རྣམ་གསལ་གྱི་དཔེ་གཅིག་བརྗོད་ན། དགེ་སློང་རྡོ་རྗེ་འཛིན་པ་ཤི་འཕོས་པའི་ཚེ་དེའི་རྒྱུད་ཀྱི་སྔགས་སྡོམ་གཏོང་བར་ཐལ། དེ་ཤི་འཕོས་ནས་ལྷར་སྐྱེས་པའི་ཚེ། དེའི་རྒྱུད་ལ་དགེ་སློང་རྡོ་རྗེ་འཛིན་པའི་རྒྱུད་ཀྱི་སྔགས་སྡོམ་མེད་པའི་ཕྱིར། ཞེས་བརྗོད་ན་ཅི་ཡོད་སོམས་ཤིག །དེས་ན་སྔགས་སྡོམ་ཡིན་ན་སྔགས་ཀྱི་ཐུན་མོང་མ་ཡིན་པའི་ལྟུང་བ་བྱུང་བའི་ཚེ་གཏོང་བས་ཁྱབ་པར་ཐལ། ལྟུང་བ་དེ་བྱུང་བའི་ཚེ་སྔགས་སྡོམ་མཐའ་དག་གཏོང་བའི་ཕྱིར། ཞེས་པ་འདི་འདྲའི་རིགས་ཅན་ནི་སྡོམ་པ་གང་ལ་སྦྱར་ཡང་ཁྱབ་པ་མི་ཡོང་ངོ་། །ཡང་ཁ་ཅིག །མུ་དང་པོ་མི་འཐད་དེ། དགེ་སློང་རྡོ་རྗེ་འཛིན་པས་དགོས་ཆེད་ཁྱད་པར་ཅན་གྱི་ཚེ་དགེ་སློང་གི་བསླབ་པ་ཕུལ་བ་ན། དགེ་སློང་གི་སྡོམ་པ་མི་གཏོང་བར་ཐལ། དེའི་ཚེ་དགེ་སློང་གི་སྡོམ་པ་ཡོད་པའི་ཕྱིར་ཏེ། དེའི་ཚེ་དགེ་སློང་རྡོ་རྗེ་འཛིན་པའི་སྡོམ་པ་གོང་མ་གཉིས་ཡོད་པའི་ཕྱིར་ཏེ། དེའི་དེ་གཉིས་མ་བཏང་བའི་ཕྱིར་རོ། །མུ་གཉིས་པ་ཡང་མི་འཐད་དེ། དགེ་སློང་རྡོ་རྗེ་འཛིན་པའི་རྒྱུད་ལ་བྱང་སེམས་ཀྱི་སྡོམ་པ་མ་ཡིན་པའི་སོ་ཐར་ཡོད་པར་ཐལ། དགེ་སློང་རྡོ་རྗེ་འཛིན་པའི་སྨོན་སེམས་བཏང་བའི་ཚེ་དེའི་རྒྱུད་ཀྱི་སོ་ཐར་སྡོམ་པ་མི་གཏོང་བའི་ཕྱིར་ཏེ། དེའི་ཚེ་དགེ་སློང་གི་སྡོམ་པ་མ་བཏང་བའི་ཕྱིར། མུ་གསུམ་པ་ཡང་མི་འཐད་དེ། དགེ་སློང་རྡོ་རྗེ་འཛིན་པའི་རྒྱུད་ལ་སྔགས་སྡོམ་མ་ཡིན་པའི་བྱང་སེམས་ཀྱི་སྡོམ་པ་ཡོད་པར་ཐལ། དགེ་སློང་རྡོ་རྗེ་འཛིན་པས་ཕམ་པ་བཞི་སྤྱད་པའི་ཚེ་ན། བྱང་སྡོམ་ཡོད་པའི་ཕྱིར་ཏེ།

དེའི་ཚེ་ན། བྱང་སྡོམ་མ་བཏང་བའི་ཕྱིར། མུ་བཞི་པ་ཡང་མི་འཐད་དེ། དེའི་རྒྱུད་ལ་སྔགས་སྡོམ་མ་ཡིན་པའི་སྡོམ་པ་འོག་མ་གཉིས་ཡོད་པར་ཐལ། དགེ་སློང་རྡོ་རྗེ་འཛིན་པ་ལ་རྩ་ལྟུང་བརྒྱད་པ་དང་བཅུ་བཞི་པ་བྱུང་བའི་ཚེ། དེའི་རྒྱུད་ལ་སྡོམ་པ་འོག་མ་གཉིས་ཡོད་པའི་ཕྱིར་ཏེ། དེའི་ཚེ་སྡོམ་པ་འོག་མ་གཉིས་མ་བཏང་བའི་ཕྱིར་རོ། ། དེས་ན་དགེ་སློང་རྡོ་རྗེ་འཛིན་པའི་སྡོམ་པ་གཅིག་བཏང་བའི་ཚེ་གསུམ་ག་ངེས་པར་གཏོང་ཞིང་། དགེ་སློང་གི་སྡོམ་པ་བཏང་བའི་དགེ་སློང་རྡོ་རྗེ་འཛིན་པ་དེ་དགེ་སློང་གི་སྡོམ་པ་བཏང་བའི་དགེ་སློང་རྡོ་རྗེ་འཛིན་པ་ཡིན་ཏེ། བསླབ་པ་ཕུལ་བའི་དགེ་སློང་རྡོ་རྗེ་འཛིན་པ་དེ་སྡོམ་པ་གསུམ་ག་བཏང་བའི་གང་ཟག་ཡིན་པའི་ཕྱིར། ཞེས་ཟེར་ན། མི་འཐད་དེ། དང་པོ་ལ། དགེ་སློང་རྡོ་རྗེ་འཛིན་པས་དགོས་ཆེད་ཁྱད་པར་ཅན་མཐོང་ནས་བསླབ་པ་ཕུལ་བའི་ཚེ་དགེ་སློང་གི་སྡོམ་པ་མ་བཏང་བར་ཐལ། དེའི་ཚེ་དགེ་སློང་གི་སྡོམ་པ་ཡོད་པའི་ཕྱིར་ཏེ། དེའི་ཚེ་དགེ་སློང་རྡོ་རྗེ་འཛིན་པ་ཡོད་པའི་ཕྱིར། ཁྱབ་པ་ཁས། མ་གྲུབ་ན། དེའི་ཚེ་དགེ་སློང་རྡོ་རྗེ་འཛིན་པ་ཆོས་ཅན། ཁྱོད་ཡོད་པར་ཐལ། ཁྱོད་བསླབ་པ་ཕུལ་བའི་དབང་གི་སྡོམ་པ་གསུམ་ག་བཏང་བའི་གང་ཟག་ཡིན་པའི་ཕྱིར། རྟགས་ཁས། གཉིས་པ་ལ། དགེ་སློང་རྡོ་རྗེ་འཛིན་པས་སྨོན་སེམས་བཏང་བའི་ཚེ་དེའི་བྱང་སེམས་ཀྱི་སྡོམ་པ་མ་བཏང་བར་ཐལ། དེའི་ཚེ་དེའི་རྒྱུད་ཀྱི་བྱང་སེམས་ཀྱི་སྡོམ་པ་ཡོད་པའི་ཕྱིར་ཏེ། དེའི་ཚེ་ན་དགེ་སློང་རྡོ་རྗེ་འཛིན་པ་ཡོད་པའི་ཕྱིར་ཏེ། དེའི་ཚེ་དགེ་སློང་རྡོ་རྗེ་འཛིན་པ་དེ་སྡོམ་པ་གསུམ་ག་བཏང་བའི་གང་ཟག་ཡིན་པའི་ཕྱིར། རྟགས་ཁས། གསུམ་པ་ལ་དགེ་སློང་རྡོ་རྗེ་འཛིན་པས་དགེ་སློང་གི་ཕམ་པ་བཞི་སྤྱད་པའི་ཚེ་དེའི་སྔགས་སྡོམ་མ་བཏང་བར་ཐལ། དེའི་ཚེ་དེའི་རྒྱུད་ཀྱི་སྔགས་སྡོམ་ཡོད་པའི་ཕྱིར་ཏེ། དེའི་ཚེ་དགེ་སློང་རྡོ་རྗེ་འཛིན་པ་ཡོད་པའི་ཕྱིར་ཏེ། དེའི་དགེ་སློང་རྡོ་རྗེ་འཛིན་པ་དེ་སྡོམ་པ་གསུམ་ག་བཏང་བའི་གང་ཟག་ཡིན་པའི་ཕྱིར། རྟགས་ཁས། བཞི་པ་ལ། དགེ་སློང་རྡོ་རྗེ་འཛིན་པ་ལ་རྩ་ལྟུང་བརྒྱད་པ་དང་བཅུ་བཞི་པ་བྱུང་བའི་ཚེ་དེའི་རྒྱུད་ཀྱི་སྔགས་སྡོམ་མ་བཏང་བར་ཐལ། དེའི་ཚེ་དགེ་སློང་རྡོ་རྗེ་འཛིན་པའི་སྔགས་སྡོམ་ཡོད་པའི་ཕྱིར་ཏེ། དེའི་ཚེ་དགེ་སློང་རྡོ་རྗེ་འཛིན་པ་ཡོད་པའི་ཕྱིར་ཏེ། དེའི་ཚེ་དགེ་སློང་རྡོ་རྗེ་འཛིན་པ་དེ་སྡོམ་པ་གསུམ་ག་བཏང་བའི་གང་ཟག་ཡིན་པའི་ཕྱིར། རྟགས་ཁས། རྩ་བའི་གསལ་བ་རྣམས་ལ་འདོད་མི་ནུས་ཏེ། རྩ་ལྟུང་དེ་དང་དེ་སྡོམ་པ་དེ་དང་དེའི་གཏོང་རྒྱུ་ཡིན་པའི་ཕྱིར་རོ། །འདི་རྣམས་དོན་ལ་འཁོར་གསུམ་ཡིན་ནོ། །རིགས་པ་འདི་ནི་དགེ་སློང་རྡོ་རྗེ་འཛིན་པའི་བསླབ་པ་ཕུལ་བའི་ཚེ། དགེ་སློང་རྡོ་རྗེ་འཛིན་པ་དེ་དགེ་སློང་རྡོ་རྗེ་འཛིན་པ་མ་ཡིན་ཡང་། དེའི་ཚེ་དགེ་སློང་རྡོ་རྗེ་འཛིན་པ་ཡོད་ཅེས་ཟེར་བ་ལ་ཡང་འཕེན་ནོ། །དེས་ན་གནད་ཀྱི་དོན་ནི། དགེ་སློང་རྡོ་རྗེ་འཛིན་པས་བསླབ་པ་ཕུལ་བའི་ཚེ་དགེ་སློང་རྡོ་རྗེ་འཛིན་པ་མེད་དེ། དེའི་ཚེ་དགེ་སློང་གི་སྡོམ་པ་མེད་པའི་ཕྱིར་ཏེ།

དེའི་ཚེ་དགེ་སློང་གི་སྡོམ་པ་བཏང་བའི་ཕྱིར། ཁྱབ་སྟེ། དགེ་སློང་གི་སྡོམ་པ་བཏང་བའི་གང་ཟག་སྟེ་དགེ་སློང་དུ་མི་རུང་བའི་ཕྱིར། དེ་བཞིན་དུ་དགེ་སློང་གི་སྡོམ་པ་གཏོང་རྒྱུ་གཞན་ལ་ཡང་རིགས་འགྲེའོ། །དགེ་སློང་རྡོ་རྗེ་འཛིན་པའི་སློན་སེམས་བཏང་བའི་ཚེ་དགེ་སློང་རྡོ་རྗེ་འཛིན་པ་མེད་དེ། དེའི་ཚེ་རྡོ་རྗེ་འཛིན་པ་མེད་པའི་ཕྱིར་ཏེ། དེའི་ཚེ་སྔགས་སྡོམ་མེད་པའི་ཕྱིར་ཏེ། དེའི་ཚེ་སྔགས་སྡོམ་བཏང་བའི་ཕྱིར་ཏེ། དེའི་ཚེ་བྱང་སེམས་ཀྱི་སྡོམ་པ་བཏང་བའི་ཕྱིར། ཁྱབ་སྟེ། བྱང་སེམས་ཀྱི་སྡོམ་པ་བཏང་བའི་གང་ཟག་དེ་རྡོ་རྗེ་འཛིན་པར་མི་རུང་བའི་ཕྱིར། དེས་བྱང་སེམས་ཀྱི་སྡོམ་པ་གཏོང་རྒྱུ་གཞན་ལ་ཡང་རིགས་འགྲེའོ། །

དགེ་སློང་རྡོ་རྗེ་འཛིན་པ་ལ་སྔགས་ཀྱི་ཐུན་མོང་མ་ཡིན་པའི་རྩ་ལྟུང་བྱུང་བའི་ཚེ་དགེ་སློང་རྡོ་རྗེ་འཛིན་པ་མེད་དེ། དེའི་ཚེ་རྡོ་རྗེ་འཛིན་པ་མེད་པའི་ཕྱིར་ཏེ། དེའི་ཚེ་སྔགས་སྡོམ་མེད་པའི་ཕྱིར་ཏེ། དེའི་ཚེ་སྔགས་སྡོམ་བཏང་བ་མེད་པའི་ཕྱིར། ཁྱབ་སྟེ། སྔགས་སྡོམ་བཏང་བའི་གང་ཟག་དེ་རྡོ་རྗེ་འཛིན་པར་མི་རུང་བའི་ཕྱིར་རོ། །དེ་བཞིན་དུ་སྔགས་སྡོམ་གྱི་གཏོང་རྒྱུ་གཞན་ལ་ཡང་རིགས་འགྲེའོ། །མདོར་ན་དོན་ལ་སྦྱར་བའི་ཚེ་དགེ་སློང་རྡོ་རྗེ་འཛིན་པས་དགེ་སློང་གི་སྡོམ་པ་བཏང་བ་ན་དགེ་སློང་རྡོ་རྗེ་འཛིན་པ་མེད་ཅིང་། དེའི་ཚེ་དགེ་སློང་རྡོ་རྗེ་འཛིན་པ་དེ་ཁོ་ཁོ་རང་མ་ཡིན་ནོ། །ཚིག་ལ་འཁྲི་བའི་ཚེ། དགེ་སློང་རྡོ་རྗེ་འཛིན་པས་དགེ་སློང་གི་སྡོམ་པ་བཏང་བ་ན། དགེ་སློང་རྡོ་རྗེ་འཛིན་པ་ཡོད་ཀྱང་ཁོ་ཁོ་རང་མ་ཡིན་ཞེས་ཁས་བླང་བར་བྱའོ། །དགེ་སློང་ལྷས་སྦྱིན་ལྟ་བུའི་དགེ་སློང་གི་སྡོམ་པ་བཏང་བའི་ཚེ། དགེ་སློང་རྡོ་རྗེ་འཛིན་པ་ཡོད་ཅིང་། དགེ་སློང་རྡོ་རྗེ་འཛིན་པ་དེ་དགེ་སློང་རྡོ་རྗེ་འཛིན་པ་ཡང་ཡིན་ནོ། །ཞིབ་མོར་དཔྱོད་པ་ཁ་ཅིག །དགེ་སློང་རྡོ་རྗེ་འཛིན་པས་དགེ་སློང་གི་སྡོམ་པ་བཏང་བའི་ཚེ་དགེ་སློང་རྡོ་རྗེ་འཛིན་པ་ཡོད་ཅིང་། དེའི་ཚེ་ཁོ་ཁོ་རང་ཡིན། དེའི་ཚེ་དགེ་སློང་གི་སྡོམ་པ་བཏང་བའི་དགེ་སློང་རྡོ་རྗེ་འཛིན་པ་མེད་ཅིང་། དེའི་ཚེ་དགེ་སློང་གི་སྡོམ་པ་བཏང་བའི་དགེ་སློང་རྡོ་རྗེ་འཛིན་པ་དེ་ཁོ་ཁོ་རང་མ་ཡིན། ཞེས་ཟེར་རོ། །

ད་ནི་ཤར་ལས་བྱུང་བའི་འདི་དཔྱད་པར་བྱ་སྟེ། འོ་ན་བསླབ་ཚིག་གསུམ་རིམ་ཅན་དུ་བླངས་པའི་ཚེ། དགེ་བསྙེན་དགེ་ཚུལ་དགེ་སློང་གི་སྡོམ་པ་གསུམ་ངོ་བོ་ཐ་དད་དུ་ལྡན་ནམ། ངོ་བོ་གཅིག་ཏུ་ལྡན་ནམ། འོག་མ་འོག་མ་གོང་མ་གོང་མར་གནས་གྱུར་པའི་ཚུལ་གྱི་ལྡན་ཞེ་ན། བྱེ་བྲག་སྨྲ་བའི་ལུགས་ལ་གསུམ་པོ་ངོ་བོ་ཐ་དད་དུ་ལྡན་ཏེ། དེ་གསུམ་ཐོབ་བྱེད་དུ་རྒྱུའི་ཐོབ། གཏོང་བྱེད་ཀྱི་རྒྱུའི་མ་བཏང་བའི་གཟུགས་ཅན་ངོ་བོ་ཐ་དད་ཡིན་པའི་ཕྱིར་ཏེ། མཛོད་དུ། ཐ་དད་དེ་དག་འགལ་བ་མེད། །ཅེས་གསུངས་པའི་ཕྱིར། དབུ་མ་པ་ལྟར་ན། དེའི་ཚེ་དེ་གསུམ་ངོ་བོ་གཅིག་ཏུ་ལྡན་པ་ཡིན་གྱི་ཐ་དད་དུ་ལྡན་པ་མ་ཡིན་ཏེ། ཡིན་ན་གཙོ་སེམས་གཅིག་གི་འཁོར་དུ

སྡོང་སེམས་རྫས་ཐ་དད་པ་གསུམ་ཅིག་ཅར་དུ་འབྱུང་བར་ཐལ་བའི་ཕྱིར་རོ། །དེ་ལ་ཁ་ཅིག །དེ་གསུམ་ངོ་བོ་གཅིག་པ་མི་འཐད་པར་ཐལ། ཤེས་རྒྱུད་གཅིག་ལ་དེ་གསུམ་གྱི་གཞི་མཐུན་མི་སྲིད་པའི་ཕྱིར། ཞེས་ཟེར་བ་མི་འཐད་དེ། འོ་ན་རྟོག་པས་རྟོགས་སྒྲུབ་རང་རིག་མངོན་སུམ་ངོ་བོ་གཅིག་མ་ཡིན་པར་ཐལ། ཤེས་རྒྱུད་གཅིག་ལ་དེ་གཉིས་ཀྱི་གཞི་མཐུན་མི་སྲིད་པའི་ཕྱིར། ཁ་ཅིག །གནས་འགྱུར་གྱི་ཚུལ་གྱི་ངོ་བོ་གཅིག་ལྡན་ཏེ། དགེ་སློང་གི་རྒྱུད་ཀྱི་སྡོམ་པ་ཡིན་ན་དགེ་སློང་གི་སྡོམ་པ་ཡིན་དགོས་པའི་ཕྱིར། ཞེས་ཟེར་རོ། །འདི་ནི་གོང་དུ་བཀག་ཟིན་ཏོ༑ ༑ཁ་ཅིག ཚིག་གསུམ་རིམ་གྱིས་ནོད་པའི་དགེ་སློང་གི་རྒྱུད་ལ་སྡོམ་པ་འོག་མ་གཉིས་མེད་ཅེས་ཟེར་རོ། །དེ་ནི་མི་འཐད་དེ། དེའི་རྒྱུད་ལ་སྡོམ་པ་འོག་མ་གཅིག་ཡོད་པར་ཐལ། དེ་འདྲ་བའི་དགེ་སློང་དེ་སྡོམ་པ་འོག་མ་གཉིས་ཐོབ་ལ་མ་ཉམས་པའི་གང་ཟག་ཡིན་པའི་ཕྱིར། དེས་ན་རང་ལུགས་ནི། དབུ་མ་པའི་ལུགས་བཞིན་དུ་ཁས་བླངས་པར་བྱ་བ་ཡིན་ནོ། །ད་ནི་འདི་དཔྱད་པར་བྱ་སྟེ། རྒྱུད་སྡེ་བཞིའི་སྡོམ་པ་རིམ་ཅན་དུ་ཐོབ་པའི་རྡོ་རྗེ་འཛིན་པའི་རྒྱུད་ལ། རྒྱུད་སྡེ་བཞིའི་སྡོམ་པ་བཞི་པོ་ངོ་བོ་ཐ་དད་དང་། ངོ་བོ་གཅིག་དང་། གནས་གྱུར་གང་དུ་འདོད་པ་ཡིན་ཞེ་ན། ངོ་བོ་ཐ་དད་དུ་ལྡན་པ་མ་ཡིན་ཏེ། གལ་ཏེ་ཡིན་ན་གང་ཟག་གཅིག་གི་རྒྱུད་ལ་སྡོང་སེམས་རྫས་ཐ་དད་པ་དུ་མ་ཅིག་ཅར་དུ་འབྱུང་བའི་ཕྱིར་རོ། །ཁ་ཅིག །གནས་གྱུར་ཏུ་འདོད་པ་ཡིན། ཞེས་ཟེར་རོ། །དེ་ལ་ཁ་ཅིག །དེ་རྣམས་ངོ་བོ་ཐ་དད་དུ་ལྡན་པ་ཡིན་པར་ཐལ། དེའི་རྒྱུད་ཀྱི་བྱ་རྒྱུད་ཀྱི་སྡོམ་པ་དེ་བྱ་རྒྱུད་ཀྱི་སྡོམ་པ་ཡིན། བླ་མེད་ཀྱི་སྡོམ་པ་མ་ཡིན་པའི་ཕྱིར་དང་། དེའི་རྒྱུད་ཀྱི་སྤྱོད་རྒྱུད་ཀྱི་སྡོམ་པ་དེ་སྤྱོད་རྒྱུད་ཀྱི་སྡོམ་པ་ཡིན་ཡང་། བླ་མེད་ཀྱི་སྡོམ་པ་མ་ཡིན། དེའི་རྒྱུད་ཀྱི་རྣལ་འབྱོར་རྒྱུད་ཀྱི་སྡོམ་པར་རྣལ་འབྱོར་རྒྱུད་ཀྱི་སྡོམ་པ་ཡིན་ཡང་བླ་མེད་ཀྱི་སྡོམ་པ་མ་ཡིན་པའི་ཕྱིར། ཞེས་ཟེར་བ་མི་འཐད་དེ། རྒྱུད་སྡེ་བཞིའི་སྡོམ་པ་རིམ་གྱིས་ཐོབ་པའི་བླ་མེད་ཀྱི་སྔགས་སྡོམ་རྒྱུད་ལ་ལྡན་བཞིན་པའི་རྡོ་རྗེ་འཛིན་པའི་རྒྱུད་ཀྱི་བྱ་རྒྱུད་ཀྱི་སྡོམ་པ་ཆོས་ཅན། ཁྱོད་བྱ་རྒྱུད་ཀྱི་སྡོམ་པ་མ་ཡིན་པར་ཐལ། ཁྱོད་བླ་མེད་ཀྱི་ཉམས་ལེན་གྱིས་ཟིན་པའི་སྔགས་སྡོམ་ཡིན་པའི་ཕྱིར་ཏེ། བླ་མེད་ཀྱི་སྡོམ་པ་རྒྱུད་ལ་ལྡན་བཞིན་པའི་རྡོ་རྗེ་འཛིན་པའི་རྒྱུད་ཀྱི་སྔགས་སྡོམ་ཡིན་པའི་ཕྱིར་ཏེ། དེའི་རྒྱུད་ཀྱི་བྱ་རྒྱུད་ཀྱི་སྔགས་སྡོམ་ཡིན་པའི་ཕྱིར། རྟགས་ཁས། དེ་བཞིན་དུ་གཞན་རྣམས་ལ་ཡང་རིགས་འགྲེའོ། །ཡང་དེ་ཆོས་ཅན། ཁྱོད་གཙོ་བོར་ལྟས་པའི་བདེ་བ་ལམ་བྱེད་ཀྱི་སྔགས་སྡོམ་ཡིན་པར་ཐལ། ཁྱོད་བྱ་རྒྱུད་ཀྱི་སྔགས་སྡོམ་ཡིན་པའི་ཕྱིར། འདོད་མི་ནུས་ཏེ། གཙོ་བོར་གཉིས་གཉིས་འཁྱུད་པའི་བདེ་བ་ལམ་བྱེད་ཀྱི་སྔགས་སྡོམ་ཡིན་པའི་ཕྱིར་ཏེ། བླ་མེད་ཀྱི་ཉམས་ལེན་གྱིས་ཟིན་པའི་སྔགས་སྡོམ་ཡིན་པའི་ཕྱིར། གཞན་རྣམས་ལ་ཡང་རིགས་འགྲེའོ། །

དེས་ན་རང་ལུགས་ནི། ངོ་བོ་གཅིག་ཏུ་ལྡན་པ་ཡིན་ཏེ། བླ་མེད་ཀྱི་སྔགས་སྡོམ་རྒྱུད་ལ་ལྡན་བཞིན་པའི་སྔགས་སྡོམ་ཡིན་ན། བླ་མེད་ཀྱི་སྔགས་སྡོམ་ཡིན་དགོས་པའི་ཕྱིར་རོ། །ཁ་ཅིག །དེ་འདྲ་བའི་དགེ་སློང་རྡོ་རྗེ་འཛིན་པའི་རྒྱུད་ལ་རྒྱུད་སྡེ་འོག་མའི་སྡོམ་པ་མེད་ཅེས་ཟེར་བ་ཡང་ཐོས་སོ། །ལྔ་པ་གསུམ་ལྡན་གྱི་གང་ཟག་གི་སྡོམ་གསུམ་ཉམས་སུ་ལེན་པའི་ཚུལ་ལ་གཉིས་ཏེ། དང་པོའི་བསླབ་བྱ་ལ་སློབ་ཚུལ་དང་། རེ་རེ་ཡང་གསུམ་ལྡན་དུ་ཉམས་སུ་ལེན་ཚུལ་ལོ། །དང་པོ་ནི། རྟེན་གྱི་གང་ཟག་སྡོམ་གསུམ་རིམ་ཅན་དུ་བླངས་པའི་དགེ་སློང་རྡོ་རྗེ་འཛིན་པ་དེས། ཇི་སྲིད་བསླབ་དང་དབང་ལས་རྣམ་པར་གྲོལ། །ཞེས་གསུངས་པ་ལྟ་བུའི་རྟོགས་པ་མ་ཐོབ་ཀྱི་བར་དུ་རང་རྒྱུད་ཀྱི་སྡོམ་པ་གསུམ་གྱི་བསླབ་བྱ་རྣམས། སེམས་ཅན་གྱི་དོན་དུ་འགྱུར་བ་སོགས་ཀྱི་དགོས་པ་ཁྱད་པར་ཅན་མེད་པའི་ཚེ། སོ་སོའི་གཞུང་ལས་འབྱུང་བ་བཞིན་དུ་བསླབ་དགོས་ཏེ། གསང་བ་འདུས་པའི་བཤད་རྒྱུད་ལས། ཕྱི་རུ་ཉན་ཐོས་སྤྱོད་པ་བསྲུང་། །ནང་དུ་ངེས་པའི་དོན་ལ་དགའ། །ཞེས་དང་། རྡོ་རྗེ་གུར་ལས། ཉན་ཐོས་སྤྱོད་པ་བསྲུང་བ་པོ། །ཞེས་དང་། ལྟུང་བ་འཆད་པའི་སྐབས་སུ་ཡང་། །སྡོམ་པ་གཉིས་ཀྱི་བཅས་པ་ལ། །དགོས་པ་མེད་པར་འདའ་བ་དང་། །ཞེས་གསུངས་པ་དང་། སྤྱོད་འཇུག་ལས། འཇིག་རྟེན་མ་དད་གྱུར་པའི་ཆ། །མཐོང་དང་དྲིས་ཏེ་སྤང་བར་བྱ། །ཞེས་སོགས་གསུངས་པ་དང་། གཞུང་འདིར་ཡང་། འདི་ལ་སྡིག་ཏོ་མི་དགེའི་ཕྱོགས། །ཕལ་ཆེར་ཉན་ཐོས་ལུགས་བཞིན་བསྲུངས། །ཞེས་སོགས་མང་དུ་གསུངས་པའི་ཕྱིར་རོ། །སེམས་ཅན་གྱི་དོན་དུ་འགྱུར་བ་སོགས་དགོས་ཆེད་ཁྱད་པར་ཅན་ཡོད་པའི་ཚེ། རྟེན་གྱི་གང་ཟག་དེ་ལྟ་བུ་ལ་ལུས་ངག་གི་བཅས་པ་ཐམས་ཅད་ཀྱང་གནང་སྟེ། སྤྱོད་འཇུག་ལས། ཐུགས་རྗེ་མངའ་བས་རིང་གཟིགས་ལ། །བཀག་པ་རྣམས་ཀྱང་དེ་ལ་གནང་། །ཞེས་པ་དང་། བཞི་བརྒྱ་པ་ལས། བསམ་པས་བྱང་ཆུབ་སེམས་དཔའ་ལ། །དགེ་བ་འམ་ཡང་ན་མི་དགེ་བ། །ཐམས་ཅད་དགེ་བ་ཉིད་འགྱུར་ཏེ། །གང་ཕྱིར་སེམས་དེ་གཙོ་བའི་ཕྱིར། །ཞེས་དང་། གཞུང་འདིར་ཡང་། འཇིག་རྟེན་འཇུག་པའི་རྒྱུར་འགྱུར་ན། །ཐེག་ཆེན་སོ་སོ་ཐར་ལ་སྣང་། །གཉིས་པ་ནི། བྱང་ཆུབ་སེམས་དཔའ་ཕྱག་ན་པདྨོའི་རྣམ་པར་སྤྲུལ་པ་རྣལ་འབྱོར་གྱི་དབང་ཕྱུག་ས་སྐྱ་པ་ཆེན་པོའི་ཞལ་ནས། དེ་ལྟར་དབང་བཞིའི་ལམ་དེ་དག་བསྡུས་ནས་ཉམས་སུ་ལེན་ན་སྡོམ་པ་གསུམ་ལྡན་གྱིས་སྒོམ་དགོས་ཏེ། སོ་སོ་ཐར་པའི་སྡོམ་པ་དགེ་བསྙེན་ནས་དགེ་སློང་གི་བར་དུ་ཐོབ་པ། བྱང་ཆུབ་སེམས་དཔའི་སྨོན་འཇུག་གིས་སེམས་བསྐྱེད་ཐོབ་པ། གསང་སྔགས་ཀྱི་དབང་བཞིའི་སྡོམ་པ་ཐོབ་པའོ། །དེ་ལ་ཉན་ཐོས་ཉོན་མོངས་པའི་སྐྱོན་ཡོན་ཤེས་པར་བྱས་ནས་མྱུར་དུ་སྤོང་། བྱང་ཆུབ་སེམས་དཔའི་སྐྱོན་ཡོན་འདྲེས་པར་བྱས་ནས་གནས་གྱུར། སྔགས་པས་ཉོན་མོངས་པ་གང་སྐྱེས་པ་དེའི་ཚེ། ཆོས་ཅན་དང་ཆོས་ཉིད་དབྱེར་དང་

ཡེ་ཤེས་གཉིས་སུ་མེད་པར་གཟུགས་ཀྱི་སྐུ་དང་། ཆོས་ཀྱི་སྐུ་གཉིས་ཀྱི་ངོ་བོར་ཤེས་པར་བྱས་ནས་ལྷུན་གྲུབ་དང་གནས་གྱུར་གྱི་སྐུ་སྒྲུབ་པར་བྱེད་དོ། །དེ་ལྟར་ཤེས་པར་བྱས་ཏེ་མཚན་མ་དང་རྣམ་རྟོག་ཡེ་ཤེས་ཀྱི་དབང་དུ་བསྒྱུ་བའི་ཕྱིར། འདི་སྒོམ་སྟེ། དཔེར་ན་བདག་ལ་འདོད་ཆགས་སྐྱེས་ན་གཉེན་པོས་འདོད་ཆགས་ཀྱི་དབང་དུ་མི་གཏོང་བ་ནི་སོ་ཐར་པའི་སྡོམ་པའོ། །

དེ་ནས་བདག་ལ་སེམས་ཅན་གྱི་ཉོན་མོངས་པ་བག་ཆགས་དང་བཅས་པ་བྲལ་ནས་མངོན་པར་རྫོགས་པར་འཚང་རྒྱ་བར་གྱུར་ཅིག །ཅེས་བྱང་ཆུབ་ཀྱི་སེམས་བསྒོམ་པ་ནི་བྱང་ཆུབ་སེམས་དཔའི་སྡོམ་པའོ། །བླ་མ་སྤྱི་བོའམ་སྙིང་ཁར་བསྒོམ་པ་ལ་མོས་གུས་བྱ། སེམས་རྫོགས་རིམ་གྱི་ཡེ་ཤེས་དྲན་པར་བྱས་ཏེ། རང་གི་ལུས་ངག་ཡིད་གསུམ་ཀྱི་སྐུ་དང་། གཟུགས་སྐུར་སྒོམ་པ་ནི་རིགས་འཛིན་སྔགས་ཀྱི་སྡོམ་པའོ། །དེ་ནས་དགེ་བའི་རྩ་བ་སངས་རྒྱས་ཐོབ་པར་གྱུར་ཅིག །ཅེས་བསྔོ་བ་དང་། དེ་མ་རྟོགས་པའི་སེམས་ཅན་ལ་སྙིང་རྗེ་བསྒོམ་པ་དང་། ཆོས་ཐམས་ཅད་རྨི་ལམ་ལྟ་བུའི་ངང་ལས་སྤྱོད་ལམ་བྱ་བ་ནི་སྡོམ་པ་གསུམ་མྱུར་དུ་སྨིན་པར་བྱེད་པའོ། །ཞེས་གསུངས་ཤིང་། དེའི་དོན་ཉམས་ལེན་གྱི་རིམ་པ་ལ་སྦྱར་ན། སེམས་རྒྱུད་ལ་འདོད་ཆགས་ལྟ་བུ་གཅིག་སྐྱེས་པའི་ཚེ། རང་ཉིད་རྟེན་དགེ་སློང་སོགས་ཡིན་པ་རྒྱུ་མཚན་དུ་བྱས་ནས་འདོད་ཆགས་ཆེད་དུ་གཉེར་ནས་སྤོང་བ་ནི་སོ་ཐར་གྱི་ཉམས་ལེན། འདོད་ཆགས་དེའི་སྟེང་དུ་གཞན་གྱི་འདོད་ཆགས་འབྲས་བུ་དང་བཅས་པ་རང་ལ་ལེན་ཞིང་། རང་གི་བདེ་དགེ་གཞན་ལ་སྦྱིན་པ་ནི་བྱང་སེམས་ཀྱི་ཉམས་ལེན། དེ་ནས་བླ་མ་སྤྱི་བོ་མ་སྙིང་ཁར་བསྒོམས་ནས་འདོད་ཆགས་ཀྱི་གསལ་བའི་ངོ་བོ་དེ་ཉིད་འོད་དཔག་མེད་དུ་བསྒོམས་ཞིང་། སེམས་བདེ་སྟོང་གི་ངང་ལ་མཉམ་པར་བཞག་པ་ནི་སྔགས་སྡོམ་གྱི་ཉམས་ལེན་ནོ། །དེ་བཞིན་དུ་ཉོན་མོངས་པ་གཞན་རྣམས་ལ་ཡང་ཅི་རིགས་པར་སྦྱར་བར་བྱའོ། །དེ་དག་ནི་སོ་ཐར་གསུམ་ལྡན་དུ་ཉམས་སུ་ལེན་པའི་ཚུལ་ཡིན་ལ། བྱང་སེམས་ཀྱི་སྡོམ་པ་གསུམ་ལྡན་དུ་ཉམས་སུ་ལེན་པའི་ཚུལ་ནི་གཞན་ལ་སྦྱིན་པ་གཏོང་བའི་ཚེ་ཡང་། ཚད་དང་དུག་དང་མཚོན་བྱ་ལ་སོགས་པ་མ་དག་པའི་སྦྱིན་པ་སྤོང་བ་ནི་སོ་ཐར་གྱི་ཉམས་ལེན། སྦྱིན་པས་འཁོར་བསྡུས་ནས་ཆོས་བསྟན་པས་གནས་སྐབས་དང་མཐར་ཐུག་གི་ཕན་བདེ་ལ་འགོད་ཅིང་། མི་དམིགས་པའི་ཤེས་རབ་ཀྱིས་ཟིན་པ་ནི་བྱང་སེམས་ཀྱི་སྡོམ་པའི་ཉམས་ལེན། ཐམས་ཅད་ཀུང་ལྷ་དང་ཡེ་ཤེས་སུ་བྱིན་གྱིས་བརླབས་ནས་ལོངས་སྤྱོད་པ་ནི་སྔགས་སྡོམ་གྱི་ཉམས་ལེན་ནོ། །དེ་བཞིན་དུ་ཕ་རོལ་ཏུ་ཕྱིན་པའི་སྤྱོད་པ་ཐམས་ཅད་ཀུང་གསུམ་ལྡན་དུ་ཉམས་སུ་ལེན་པར་བྱའོ། །སྔགས་སྡོམ་གསུམ་ལྡན་དུ་ཉམས་སུ་ལེན་ཚུལ་ནི། སྒྲུབ་ཐབས་གཅིག་ལ་ཡང་སྡོན་འགྲོ་ཐམས་ཅད་ཀུང་སྡོམ་པ་གསུམ་གྱི་ཉམས་ལེན་དང་། དངོས་གཞི་ཡང་སྡོམ་གསུམ་གྱི་

ཉམས་ལེན་དང༌། ལྷའི་སྐུ་དང་ཕྱག་མཚན་ཐམས་ཅད་ཀྱང་སྡོམ་གསུམ་གྱི་ཉམས་ལེན་དུ་འགྲོ་བའི་ཚུལ། བླ་མ་དམ་པ་བསྟེན་ཞིང་དྲི་མ་མེད་པའི་རྒྱུད་སྡེ་ལ་སྦྱངས་ཏེ་ཤེས་པར་བྱའོ། །གསུམ་པ་དགག་དོན་ནི། མ་འཁྲུལ་བའི་སློབ་བྱེད་སྒྲུབ་པར་གདམས་པ་ཆོས་ཅན་དགོས་པ་ཡོད་དེ། སྡོམ་པ་གསུམ་པོ་བདེ་བླག་ཏུ་ཐོབ་པར་བྱ་བའི་ཆེད་ཡིན་པའི་ཕྱིར། རྒྱས་པར་ནི་གཞུང་འགྲེལ་ལས་ཤེས་པར་བྱའོ། །གྲོལ་བྱེད་འཁྲུལ་པ་མེད་པའི་རིམ་གཉིས་སོགས་བཞི་ནི། ལོགས་སུ་འཆད་པར་འདོད་ཅིང་ཡི་གེ་མང་དུ་དོགས་ནས་འདིར་མ་བྲིས་སོ། །སྲིད་གསུམ་བླ་མའི་དགོངས་པ་ཇི་བཞིན་དུ། །དུས་གསུམ་རྒྱལ་བའི་བགྲོད་པ་གཅིག་པུའི་ལམ། །སྡོམ་གསུམ་ཉམས་ལེན་ཇི་བཞིན་གསལ་བྱས་པའི། །སྒོ་གསུམ་དགེ་བ་བྱང་ཆུབ་ཆེན་པོར་བསྔོ། །བདག་ཀྱང་དེང་ནས་ཚེ་རབས་ཐམས་ཅད་དུ། །ཀུན་དགའི་ལེགས་བཤད་བཟང་པོ་རྟག་ཉན་ཞིང༌། །དཀོན་མཆོག་དད་པའི་རྒྱལ་མཚན་རྩེར་མཆོད་ནས། །སངས་རྒྱས་བསྟན་པ་འཕེལ་བའི་མཐུ་ལྡན་ཤོག །འགྲོ་ཀུན་དག་གིས་མི་སྙན་རྗོད་བྱེད་ཅིང༌། །ལུས་ཀྱི་ཅིག་ཅར་བརྡེག་དང་འཚོག་ན་ཡང༌། །གནོད་པའི་བསམ་པ་སྐད་ཅིག་མི་སྐྱེ་བར། །ལྷག་པར་དེ་ལ་དགའ་བ་སྒོམས་པར་ཤོག །བླ་མེད་བྱང་ཆུབ་མཆོག་གི་སེམས་བསྐྱེད་ནས། །འགྲོ་བའི་སྡུག་བསྔལ་མ་ལུས་བདག་སྨིན་ཞིང༌། །བདག་གི་བདེ་བས་འགྲོ་རྣམས་བདེ་བར་ཤོག །དཀྱིལ་འཁོར་བཞི་ལ་དབང་བཞིའི་ཆབ་ཀྱིས་བལྟམས། །ཅིར་སྣང་ལྷ་དང་བདེ་བའི་རྣམ་པ་ཤར། །སྤྱོད་པས་དབོགས་དབྱུང་ཉེ་རྒྱུའི་འཚམས་སྦྱར་ནས། །རྡོ་རྗེ་འཛིན་པ་མངོན་དུ་འགྱུར་བར་ཤོག །གནས་སྐབས་ཀུན་ཏུ་དམ་ཆོས་བསྒྲུབ་པ་ཡིས། །འགལ་རྐྱེན་སྤོང་ཞིང་མཐུན་རྐྱེན་ཀུན་ཚང་ནས། །མཁྱེན་རབ་དབང་ཕྱུག་རྗེ་བཙུན་ས་སྐྱ་པའི། །གསུང་རབ་ཕྱོགས་བཅུར་རྒྱས་པའི་མཐུ་ལྡན་ཤོག །ཅེས་པ་འདི་ནི། ལུགས་འདི་ལ་མི་ཕྱེད་པའི་དད་པ་དང་ལྡན་ཞིང༌། བླ་མ་རྣམས་ཀྱི་དྲན་དུ་གྱུར་པ། མང་དུ་ཐོས་པའི་བཙུན་པ་བྱམས་པ་ལུང་རིགས་རྒྱ་མཚོས། བསྟན་པ་དང་སེམས་ཅན་ལ་ཕན་པའི་ཕྱིར་དུ། བསྟན་པའི་མངའ་བདག་ཀུན་མཁྱེན་བསོད་ནམས་སེང་གེའི་གསུང་ཇི་ལྟ་བ་བཞིན་དུ། ཐུབ་བསྟན་ཡངས་པ་ཅན་གྱི་གཙུག་ལག་ཁང་ཆེན་པོར་སྦྱར་བའོ། །འདིས་བསྟན་པ་དང་སེམས་ཅན་ལ་ཕན་ཐོག་པར་གྱུར་ཅིག །བསྐྲིམས་ཏེ་གཅིག་ཞུས་དག །མངྒ་ལཾ།། ༎

༄༅། །སྡོམ་པ་གསུམ་གྱི་རྣམ་གཞག་གནས་འགྱུར་ངོ་བོ་གཅིག་ཚུལ་སྐུ་བཞིའི་དཔལ་འབྱོར་རྒྱས་བྱེད་གསལ་སྟོང་དབྱེར་མེད་ཀྱི་ཐ་སྙད་བས་གཡོ་བ་བཞུགས་སོ། །

ལུ་ཕྲུ་བ་བྱམས་པ་ཆོས་ཀྱི་རིན་ཆེན།

ཨོཾ་སྭ་སྟི་སིདྡྷཾ། སྡོམ་པ་གསུམ་གྱི་རྣམ་གཞག་སྐུ་བཞིའི་དཔལ་འབྱོར་རྒྱས་བྱེད་ཅེས་བྱ་བ། བླ་མ་དང་མགོན་པོ་འཇམ་པའི་དབྱངས་ལ་ཕྱག་འཚལ་ལོ། །སངས་རྒྱས་ཀུན་འདུས་མཉམ་མེད་ཆོས་ཀྱི་རྗེ། །སྡོམ་གསུམ་དགའ་བདེའི་དཔལ་འབྱོར་རྒྱ་མཚོ་ལས། །བློ་གྲོས་ཕན་བདེའི་འབྱུང་གནས་རིན་པོ་ཆེ། །བཀའ་དྲིན་མཚུངས་མེད་བླ་མའི་ཞབས་ལ་འདུད། །སྐུ་ཡི་ཕྲིན་གྱིས་ནམ་མཁའ་ཁྱབ་པའི་གར། །གསུང་གིས་གདུལ་བྱའི་བསམ་བཞིན་ཆོས་འཁོར་བསྐོར། །འཁོར་འདས་ཆོས་ཀུན་རོ་གཅིག་རྟོགས་པའི་ཐུགས། །ཁམས་གསུམ་མ་སྤངས་སྐུ་གསུམ་བརྙེས་ལ་འདུད། །འགྲོ་བའི་དོན་དུ་བྱང་ཆུབ་མཆོག་བརྙེས་ནས། །ཐབས་མཁས་ཐུགས་རྗེས་སོ་ཐར་བྱང་སེམས་དང་། །བླ་མེད་རྒྱུད་སྡེའི་ཆོས་ཀྱི་འཁོར་ལོ་བསྐོར། །ཐུབ་དབང་ཐམས་ཅད་མཁྱེན་པའི་ཞབས་ལ་འདུད། །དོན་དམ་བྱང་སེམས་སྤྲོས་བྲལ་ནམ་མཁའ་ལ། །སྨིན་འཇུག་ཟླ་ཉིའི་འོད་ཟེར་དཔག་མེད་ཀྱིས། །མ་རིག་མུན་པའི་ཚོགས་རྣམས་འཇོམས་མཛད་པའི། །རྒྱལ་བའི་འབྱུང་གནས་བྱང་ཆུབ་སེམས་ལ་འདུད། །སངས་རྒྱས་བསྟན་པའི་སྒྲོན་མེ་ལེགས་བཟུང་ནས། །འགྲོ་བའི་སྡུག་བསྔལ་མུན་པ་སེལ་མཛད་ཅིང་། །མཐོ་རིས་ཐར་པའི་ལམ་མཆོག་སྟོན་མཛད་པའི། །ཉན་ཐོས་དགྲ་བཅོམ་འཕགས་པའི་ཞབས་ལ་འདུད། །སངས་རྒྱས་བསྟན་པའི་མི་མཐུན་ཕྱོགས་འཇོམས་ཤིང་། །དྲི་མེད་བསླབ་གསུམ་བསྟན་པ་རྒྱས་པའི་ཕྱིར། །མཐུ་སྟོབས་བརྟུལ་ཞུགས་དཔག་མེད་སྤྱོད་པ་མཛད། །སྟོན་པའི་རྣམ་འཕྲུལ་དྲུག་སྡེའི་ཞབས་ལ་འདུད། །སངས་རྒྱས་བསྟན་པའི་རྩ་བ་ཚུལ་ཁྲིམས་ཏེ། །དེ་ཡང་དགེ་བའི་བཤེས་ལ་རག་ལས་པས། །དེ་ཕྱིར་སོ་ཐར་བྱང་སེམས་གསང་སྔགས་ཀྱི། །སྡོམ་གསུམ་མདོར་བསྡུས་བླ་མའི་གསུང་བཞིན་བྲི། །དེ་ཡང་རྩ་རྒྱུད་བརྟག་པ་གཉིས་པ་ལས། སྐལ་མེད་སེམས་ཅན་འདུལ་དཀའ་བ། །གང་གིས་འདུལ་བར་འགྱུར་བ་ལགས། །བཅོམ་ལྡན་འདས་ཀྱིས་བཀའ་སྩལ་པ། །དང་པོར་གསོ་སྦྱོང་སྦྱིན་པར་བྱ། །དེ་རྗེས་བསླབ་པའི་གནས་བཅུ་སྦྱིན། །དེ་

ལ་བྱེ་བྲག་སྨྲ་བ་བསྟན། །མདོ་སྡེ་པ་ཡང་དེ་བཞིན་ནོ། །དེ་ནས་རྣལ་འབྱོར་སྤྱོད་པ་ཉིད། །དེ་ཡི་རྗེས་སུ་དབུ་མ་བསྟན། །སྔགས་ཀྱི་རིམ་པ་ཀུན་ཤེས་ནས། །དེ་རྗེས་ཀྱེའི་རྡོ་རྗེ་བརྩམ། །སློབ་མས་གུས་པས་བླངས་ནས་ནི། ། འགྲུབ་འགྱུར་འདི་ལ་ཐེ་ཚོམ་མེད། །ཅེས་གསུངས་པས།

དེ་ལ་ཐུན་མོང་གི་ཐེག་པ་ལ་རིམ་གྱིས་འཇུག་པ་དང་། ཐུན་མོང་མ་ཡིན་པའི་ཐེག་པ་ལ་རིམ་གྱིས་འཇུག་པའོ། །དང་པོ་ལ། སྤྱོད་པ་རིམ་ཅན་དུ་བསླབ་པ་དང་། ལྟ་བ་རིམ་ཅན་དུ་བསླབ་པའོ། །དང་པོ་ལ། སྐྱབས་སུ་འགྲོ་བ་དང་། དུས་ཚིགས་ཀྱི་གསོ་སྦྱོང་དང་། སོ་སོ་ཐར་པ་གཏན་ཁྲིམས་བདུན་དང་། དུས་ནམ་སྐྱེ་ངེས་པ་མེད་པའི་སེམས་བསྐྱེད་དོ། །དང་པོ་ལ། རྒྱུ་གང་གིས་སྐྱབས་སུ་འགྲོ་བ་དང་། ཡུལ་གང་ལ་སྐྱབས་སུ་འགྲོ་བ་དང་། ཚུལ་ཇི་ལྟར་སྐྱབས་སུ་འགྲོ་བ་དང་། དེའི་ཕན་ཡོན་དང་། བསླབ་བྱ་དང་། སྒྲའི་དོན་དང་། དབྱེ་བ་དང་། ཁྱད་པར་བཞག་པ་བསྟན་པ་རྣམས་ཏེ། རྒྱས་པར་རྗེ་བཙུན་རིན་པོ་ཆེའི་མངོན་རྟོགས་ལྗོན་ཤིང་དང་། ཁོ་བོས་བྱས་པའི་བདེ་མཆོག་དཀའ་འགྲེལ་ལ་བལྟ་བར་བྱའོ། །

གཉིས་པ་གསོ་སྦྱོང་ལ་ཡང་། མིང་གི་དོན་དང་། བསླབ་བྱ་དང་། ཆོ་ག་དང་། དགོས་པ་དང་བཞི་སྟེ། རྒྱས་པར་མངོན་པར་རྟོགས་པའི་ལྗོན་ཤིང་དུ་བལྟའོ། །གསུམ་པ་སོ་སོར་ཐར་པའི་སྡོམ་པ་ལ། གང་ཟག་དང་། བསམ་པ་དང་། རབ་ཏུ་དབྱེ་བ་དང་། མ་ཐོབ་པ་ཐོབ་པར་བྱེད་པའི་ཚུལ་དང་། ཐོབ་པ་གཏོང་བའི་རྒྱུ་དང་། ཐོབ་པ་བསྲུང་བའི་ཚུལ་ལོ། །དང་པོ་ནི། གླིང་གསུམ་དུ་སྐྱེས་པའི་སྐྱེས་པ་དང་བུད་མེད་དོ། །གཉིས་པ་ནི། དེ་ཡང་བསམ་པའི་བྱེ་བྲག་གིས་བཞིར་འགྱུར་ཏེ། ཚེ་འདིའི་འཚོ་བ་དང་། རྒྱལ་པོ་ལ་སོགས་པའི་འཇིགས་པ་དང་། ཕྱི་མའི་ངན་སོང་གི་འཇིགས་པའི་སྒོ་ནས་ཚུལ་ཁྲིམས་བསྲུངས་པ་རྣམས་ནི་འཇིགས་སྐྱོབ་ཀྱི་ཚུལ་ཁྲིམས་ཞེས་བྱའོ། །ཚེ་འདིའི་བདེ་བ་དང་ཕྱི་མའི་མཐོ་རིས་ཀྱི་བདེ་བ་དོན་དུ་གཉེར་བའི་སྒོ་ནས་ཚུལ་ཁྲིམས་བསྲུངས་པ་རྣམས་ནི། ལེགས་སྨོན་གྱི་ཚུལ་ཁྲིམས་ཞེས་བྱའོ། །འཁོར་བའི་རྒྱ་མཚོ་ལས་ཐར་པ་དོན་དུ་གཉེར་བའི་སྒོ་ནས་བསྲུངས་པ་རྣམས་ནི་བྱང་ཆུབ་ཀྱི་ཡན་ལག་གི་ཚུལ་ཁྲིམས་ཞེས་ཀྱང་བྱ། ངེས་པར་འབྱུང་བའི་ཚུལ་ཁྲིམས་ཞེས་ཀྱང་བྱ། སོ་སོར་ཐར་པའི་སྡོམ་པ་ཞེས་ཀྱང་བྱའོ། །བདེན་པ་མཐོང་བ་རྣམས་ལ་ནི་ཟག་པ་མེད་པའི་ཚུལ་ཁྲིམས་ཞེས་ཀྱང་བྱའོ། །

གསུམ་པ་རབ་ཏུ་དབྱེ་བ་ལ། སོ་སོར་ཐར་པ་རིགས་བདུན་དང་། དེ་བསླབ་པའི་གནས་བཅུར་བསྡུ་བའོ། །དང་པོ་ནི། དགེ་བསྙེན་ཕ་མ་གཉིས་དང་། དགེ་ཚུལ་ཕ་མ་གཉིས་དང་། དགེ་སློབ་མ་དང་། དགེ་སློང་ཕ་མ་གཉིས་སོ། །དང་པོ་ལ། དགེ་བསྙེན་གྱི་བསླབ་པའི་རྣམ་གྲངས་དང་། དེ་ལ་འགལ་བ་སྤང་བའོ། །དང་པོ་ལ

དྲུག །སྐྱབས་གསུམ་འཛིན་པ་དང་། སྣ་གཅིག་སྤྱོད་པ་དང་། སྣ་འགའ་སྤྱོད་པ་དང་། ཕལ་ཆེར་སྤྱོད་པ་དང་། ཡོངས་སུ་རྫོགས་པ་དང་། ཚངས་པར་སྤྱོད་པའི་དགེ་བསྙེན་ནོ། །

དང་པོ་སྐྱབས་གསུམ་འཛིན་པའི་དགེ་བསྙེན་འདི་ཡང་ནུས་ན་དང་པོ་ནས་བསླབ་པའི་གནས་བཅུ་ཉིད་ལ་སློབ་ཀྱང་། མི་ནུས་ན་སྲོག་གཅོད་པ་སྤོང་བ་ལ་སོགས་པ་གང་ཡང་རུང་བ་གཅིག་ལ་སློབ་ན་སྣ་གཅིག་སྤྱོད་པའི་དགེ་བསྙེན། གཉིས་ལ་སློབ་ན་སྣ་འགའ་སྤྱོད་པ། གསུམ་ལ་སློབ་ན་ཕལ་ཆེར་སྤྱོད་པ། དེ་བཞི་ནི་ཡང་དག་པ་མ་ཡིན་ནོ། །རྩ་བ་བཞི་ཆང་དང་ལྔ་སྤོང་བ་ལ་སློབ་ན་ཡོངས་སུ་རྫོགས་པའི་དགེ་བསྙེན། དེའི་སྟེང་དུ་མི་ཚངས་པར་སྤྱོད་པ་བསྲུང་ན་ཚངས་པར་སྤྱོད་པའི་དགེ་བསྙེན་ཞེས་བྱའོ། །དགེ་བསྙེན་འདིས་མི་དགེ་བ་བཅུ་ཀ་སྤོང་བ་ལ་བསླབ་པར་བྱས་ཏེ། མདོ་ལས། དགེ་བསྙེན་སྟོན་པ་གཞན་ལ་མི་བརྟེན་པ་ཆོས་དགེ་བ་བཅུ་ལ་སྤྱོད་པ། ཞེས་གསུངས་སོ། །

གཉིས་པ་དེ་ལ་འགལ་བ་སྤང་བ་ནི། དེ་ལྟར་ན་བསླབ་བྱ་ལྔ་དང་བཅུ་མི་འགལ་ལམ་ཞེ་ན། མི་འགལ་ཏེ། ཇི་སྐད་དུ། ཡན་ལག་ལྔ་ཡི་ཚིག་ནི། །བཞུགས་པ་རྣ་ནི་འདོད་པས་སོ། །ཞེས་གསུངས་པས། བཅུ་སློས་ན་མང་པའི་འཇིགས་པ་ལ་ལྔ་སློས་པས་འཇུག་པ་ཡིན་ལ། ལྔ་བསྲུངས་པས་བཅུ་ཤུགས་ཀྱིས་བསྲུངས་པ་ཡིན་ནོ། །དེ་དག་རྒྱས་པར་མདོ་དང་བསྟན་བཅོས་ཀུན་ནས་གསུངས་སོ། །དགེ་བསྙེན་གྱི་བསླབ་པ་འདི་ཡན་ཆད་ལ་ཞིབ་ཏུ་བསླབ་པར་འདོད་ན། དགེ་བསྙེན་གྱི་སྡོམ་པ་བརྒྱད་པ་ལས་སྟོན་པས་དེ་ལ་བསླབ་པར་བྱའོ། །དེའི་རྗེས་ལ་དགེ་ཚུལ་གྱི་སྡོམ་པ་ལ་བསླབ་པར་འདོད་ན། འདི་ཡང་བསླབ་པའི་གནས་བཅུ་ཞེས་པ་འདི་ཉིད་ཀྱིས་ཤེས་ཏེ། གང་ཞིག་སྲོག་གཅོད་གཞན་གྱི་ནོར་འཕྲོག་དང་། །མི་ཚངས་སྤྱོད་རྫུན་བཅོས་པའི་ཆང་ལ་སོགས། །གར་སོགས་ཕྲེང་སོགས་མལ་ཆེན་མཐོ་བ་དང་། །དུས་མིན་ཁ་ཟས་གསེར་དངུལ་ལེན་ལས་ལྡོག །ཡན་ལག་བཅུ་ནི་དགེ་ཚུལ་སྡོམ་པ་ཡིན། །ཞེས་ཀཱ་རི་ཀཱ་དང་། སུམ་བརྒྱ་པ་ལས་གསུངས་པ་ལྟ་བུའོ། །དེའི་སྟེང་དུ་དགེ་སློང་གི་སྡོམ་པའི་བར་དུ་འང་བླང་བར་བྱའོ། །

གཉིས་པ་དེ་བསླབ་པའི་གནས་བཅུར་བསྡུ་བ་ཡང་། དགེ་སློང་གི་ཁྲིམས་ཉིས་བརྒྱ་ལྔ་བཅུ་རྩ་གསུམ་པོ་ཡང་། ལ་ལ་ལུས་ཀྱི་ལས་གསུམ་གྱི་ཁོངས་སུ་འདུ། དེ་བཞིན་དུ་ལ་ལ་ངག་གི་ལས་བཞི་དང་། ལ་ལ་ཡིད་ཀྱི་ལས་གསུམ་ཏེ། མདོར་ན་བསླབ་པའི་གནས་བཅུར་མ་འདུས་པ་མེད་དོ། །དེ་དག་ཇི་ལྟར་འདུ་ཚུལ་རྒྱས་པར་ཡང་བཤད་པར་བྱའོ། །བཞི་པ་མ་ཐོབ་པ་ཐོབ་པར་བྱེད་པའི་ཆོ་ག་ནི་གཞན་དུ་ཤེས་པར་བྱའོ། །

ལྔ་པ་གཏོང་བའི་རྒྱུ་ནི། མཛོད་ལས། བསླབ་པ་ཕུལ་དང་ཤི་འཕོས་དང་། །མཚན་གཉིས་དག་ནི་བྱུང་

བ་དང་། །རྩ་བ་ཆད་དང་མཚན་འདས་ལས། །སོ་སོར་ཐར་པའི་འདུལ་བ་གཏོང་། །ཞེས་བྱ་བའི་གཞན་ནི་ཤེས་པར་ཟད་ལ། རྩ་བ་ཆད་པ་ནི་ལོག་ལྟ་སྐྱེས་པ་ཡིན་ལ། མཚན་མོ་འདས་པ་ནི་བསྙེན་གནས་ཀྱི་སྡོམ་པ་ནམ་ལངས་པ་དང་གཏོང་བའོ། །དེའི་སྐྱེང་དུ། ཉན་ཐོས་སྡེ་པ་ལ་ལ་དག །ཁ་ཅིག་ལྟུང་བ་བྱུང་བ་ལས། །གཞན་དག་དམ་ཆོས་ནུབ་པ་ལས། །ཁ་ཆེ་རྣམས་ནི་བྱུང་བ་ལ། །བུ་ལོན་ནོར་ཅན་གཉིས་སུ་འདོད། །ཅེས་འབྱུང་ངོ་། །

དྲུག་པ་ཐོབ་པ་བསྲུང་བའི་ཚུལ་ལ། མི་ཉམས་པར་བསྲུང་བ་དང་། ཉམས་པ་ཕྱིར་བཅོས་པ་གཉིས་སོ། །རྒྱས་པར་གཞན་དུ་ཤེས་པར་བྱའོ། །ཞེས་གསུངས་པས་དེ་ཡང་རྡོ་རྗེ་རྩེ་མོ་ལས། སྲོག་གཅོད་རྐུ་དང་འཁྲིག་པ་དང་། །རྫུན་དང་སྨྱོས་བྱེད་རྣམ་སྤངས་ཏེ། །ཁྱིམ་པའི་སྡོམ་པ་ལ་གནས་ནས། །གསང་སྔགས་རྒྱལ་པོ་བསྒྲུབ་པར་བྱ། །གལ་ཏེ་དེ་ནི་རབ་བྱུང་གྱུར། །སྡོམ་པ་གསུམ་དང་ཡང་དག་ལྡན། །སོ་སོ་ཐར་དང་བྱང་ཆུབ་སེམས། །རིག་འཛིན་སྔགས་ཀྱི་སྡོམ་པའོ། །ཞེས་གསུངས་པས། དེ་ལ་སོ་སོར་ཐར་པའི་སྡོམ་པ། བྱང་ཆུབ་སེམས་དཔའི་སྡོམ་པ། རིག་འཛིན་སྔགས་ཀྱི་སྡོམ་པ། སྡོམ་གསུམ་གནས་གྱུར་ངོ་བོ་གཅིག་ཚུལ་བཤད་པ་དང་བཞི། དང་པོ་ལ། ཐེག་དམན་སོ་ཐར་དང་། ཐེག་ཆེན་སོ་ཐར་གཉིས། དང་པོ་ལ། རྒྱས་པར་ན། གཞི་དང་། རྣམ་འབྱེད་དང་། ཕྲན་ཚེགས་དང་། གཞུང་དམ་པ་སྟེ་ལུང་སྡེ་བཞིའོ། །དང་པོ་ལ་གཞི་བཅུ་བདུན་ཏེ། གནས་སམ་རབ་བྱུང་གི་གཞི། གསོ་སྦྱོང་གི་གཞི། དགག་དབྱེའི་གཞི། དབྱར་གྱི་གཞི། ཀོ་ལྤགས་ཀྱི་གཞི། སྨན་གྱི་གཞི། གོས་ཀྱི་གཞི། སྲ་བརྐྱང་གི་གཞི། ཀོའུ་ཤཾ་བྷིའི་གཞི། ལས་ཀྱི་གཞི། ཕྱིར་བཅོས་པའི་གཞི། གང་ཟག་གི་གཞི། སྤོ་བའི་གཞི། གསོ་སྦྱོང་བཞག་པའི་གཞི། གནས་མལ་གྱི་གཞི། རྩོད་པ་ཞི་བར་བྱེད་པའི་གཞི། དགེ་འདུན་དབྱེན་གྱི་གཞི་སྟེ། འདུལ་བ་ལུང་ལས། རབ་བྱུང་གསོ་སྦྱོང་གཞི་དང་ནི། །དགག་དབྱེ་དབྱར་དང་ཀོ་ལྤགས་གཞི། །སྨན་དང་གོས་དང་སྲ་བརྐྱང་དང་། །ཀོའུ་ཤཾ་བྷི་ལས་ཀྱི་གཞི། །དམར་སེར་ཅན་དང་གང་ཟག་དང་། །སྤོ་དང་གསོ་སྦྱོང་བཞག་པ་དང་། །གནས་མལ་དང་ནི་རྩོད་པ་དང་། །དགེ་འདུན་དབྱེན་རྣམས་བསྡུས་པ་ཡིན། །ཞེས་གསུངས་ཏེ། རྒྱས་པར་གཞན་དུ་ཤེས་པར་བྱའོ། །འདིར་གྲུབ་པའི་མཐའ་ལས། ཚུལ་གནས་ཐོས་དང་བསམ་ལྡན་པ། །སྒོམ་པ་ལ་ནི་རབ་ཏུ་སྦྱོར། །ཞེས་གསུངས་པས།ཐོག་མར་ཚུལ་ཁྲིམས་ཀྱི་བསླབ་པ་ཉམས་སུ་ལེན་པའི་ཚུལ་ཙུང་ཟད་བཤད་ན། མ་ཐོབ་པ་ཐོབ་པར་བྱེད་པའི་ཐབས། ཐོབ་པ་མི་ཉམས་པར་བསྲུང་བར་བྱེད་པའི་ཐབས། ཉམས་ན་ཕྱིར་བཅོས་པའི་ཐབས། སློབ་དགོས་པའི་རྒྱུ་མཚན་དང་བཞི།

དང་པོ་ནི། ཆོག་ཚོགས་ཆུང་དུས་ཐོབ་པ་སྔོན་གྱི་ཆོ་ག །བར་མ་རབ་བྱུང་དང་། བསྙེན་པར་རྫོགས་པ་གཅིག་ཅར་དུ་བསྒྲུབ་པ་དང་། ཆོག་ཚོགས་ཆེན་པོས་ཐོབ་པ་ད་ལྟར་གྱི་ཆོ་ག །དང་པོར་དགེ་བསྙེན། དེ་ནས

བར་མ་རབ་བྱུང་། དེ་ནས་དགེ་ཚུལ། བུད་མེད་ལ་བྱེ་བྲག་ཏུ་དགེ་སློབ་མ། དེའི་རྗེས་སུ་བསྙེན་པར་རྫོགས་པ་བསྒྲུབ་པ་ཡིན་ཏེ། དེ་དག་གི་ཚུལ་ནི་གཞན་དུ་ལྟའོ། །གཉིས་པ་ལ་ལྔ་སྟེ། གང་ཟག་གཞན་ལ་བརྟེན་ཏེ་བསྲུང་བ། རང་ཉིད་ཀྱི་བསམ་པ་ཕུན་སུམ་ཚོགས་པའི་སྒོ་ནས་བསྲུང་བ། མི་མཐུན་ཕྱོགས་ངོ་ཤེས་པའི་སྒོ་ནས་བསྲུང་བ། བསླབ་པ་ཡོངས་སྤྱོད་གི་སྒོ་ནས་བསྲུང་བ། བདེ་བར་གནས་པའི་རྐྱེན་བསྟེན་པའི་སྒོ་ནས་བསྲུང་བའོ། །

དང་པོ་ནི། གནས་ཀྱི་བླ་མ་མཚན་ཉིད་དང་ལྡན་པ་གཅིག་ལ་བརྟེན་ནས་བྱ་བ་ཐམས་ཅད་དེའི་བཀའ་བཞིན་དུ་བསྒྲུབ་པ་ལ་བྱ་ལ། བླ་མའི་མཚན་ཉིད་ནི་བསྙེན་པར་རྫོགས་པའི་སྡོམ་པ་རྣམ་དག་དང་ལྡན་པ། མཚན་དང་ལྟ་བ་མཐུན་པ། སྨྲ་ཤེས་པ། རྟོན་གོ་བ། བསམ་པ་རང་བཞིན་དུ་གནས་པ་སྟེ་ཐ་སྙད་གསུམ་དང་ལྡན་པ། ས་རང་བཞིན་དུ་གནས་པ། བྱེ་བ་ན་ཆོས་མིན་ཕྱོགས་སུ་མ་སོང་བ། ལྔ་ཕྲུགས་ཀྱི་ཡོན་ཏན་དང་ལྡན་པ། བསམ་པ་བྱམས་སྙིང་རྗེ་ཆེ་བ། སྤྱོར་བ་ཆོས་དང་ཟང་ཟིང་གིས་ཕན་འདོགས་ནུས་ཤིང་མཁས་པ། འཁོར་ཡོངས་སུ་དག་པ། བསྙེན་པར་རྫོགས་ནས་ལོ་བཅུའམ་བཅུ་གཉིས་བར་མ་ཆད་དུ་ལོན་པ། རང་གི་གནས་ཀྱི་བླ་མའི་འོས་སུ་གྱུབ་པ་སྟེ་ཆོས་བཅུ་གཉིས་དང་ལྡན་པ་དགོས། དེ་དག་ཚང་བ་མ་རྙེད་ན་གང་ཡོན་ཏན་ཤས་ཆེ་བ་ལ་བརྟེན་པ་ཡིན་ནོ། །ལྔ་ཕྲུགས་ནི་ཉེར་གཅིག་སྟེ། ལུང་ལས་ལོ་བཅུ་འཛིན་དང་མཁས་པ་དང་། །རིག་དང་གསལ་དང་འཛིན་འཛུག་དང་། །སློབ་དང་སློབ་འཇུག་རྣམ་པ་གཉིས། །ཕུན་སུམ་ཚོགས་གཉིས་རྣམ་པ་གསུམ། །སློབ་དང་མི་སློབ་འབྱུང་ཤེས་དང་། །གནས་འཆའ་འཆར་འཇུག་ལྟུང་ཤེས་སོ། །ཞེས་གསུངས་པ་ལྟར་ཡིན་ཏེ། རྒྱས་པར་གཞན་དུ་བལྟ། གནས་པ་སློབ་མའི་མཚན་ཉིད་ཀྱང་། རབ་ཏུ་བྱུང་བ་སྡེ་ལྔ་གང་རུང་གི་སྡོམ་པ་གསོ་རུང་ཡན་ཆད་ལ་ཞུགས་པ། ལུས་ཐ་མལ་པར་གནས་པ། གནས་ནས་ཕྱུང་བ་མ་ཡིན་པ། ཆོས་ཕྱོགས་ཀྱི་དབང་དུ་བྱས་ན་ཆོས་མིན་ཕྱོགས་སུ་མ་སོང་བ། ཐ་སྙད་གསུམ་དང་ལྡན་པ། མཚན་དང་ལྟ་བ་མཐུན་པ། བཅས་པ་དང་འབྲེལ་བ། གང་ཟག་རང་དབང་ཅན་མིན་པའོ། །དེ་ཡང་སུམ་བརྒྱ་པ་ལས། སློབ་དཔོན་ལ་གུས་ཚུལ་ཁྲིམས་ཡོངས་དག་དང་། །བསམ་གཏན་དང་ནི་འདོན་ལ་རྟག་བརྩོན་ཞིང་། །སྒྲིམས་ཤིང་དུལ་ལ་བཟོད་དང་ལྡན་པ་ནི། །སྡོམ་བརྩོན་གནས་པའི་ཆོས་ལྡན་ཤེས་པར་བྱ། །ཞེས་གསུངས། སློབ་མ་སྐྱོང་ཚུལ་སོགས་རྒྱས་པར་གཞན་དུ་ཤེས།

གཉིས་པ་རང་གི་བསམ་པ་ཕུན་སུམ་ཚོགས་པའི་སྒོ་ནས་བསྲུང་བ་ནི། ལྟུང་བའི་རྒྱུ་དང་རྒྱུ་མ་ཡིན་པ་ལེགས་པར་ཤེས་པ་སྔོན་དུ་སོང་བ་ལ་བརྟེན་ནས། ལྟུང་བའི་རྒྱུ་དང་རྒྱུ་མ་ཡིན་པ་མ་བརྗེད་པའི་དྲན་པ་དང་། དེའི་ཡན་ལག་ཏུ་ལྟུང་བའི་རྒྱུ་འབྱུང་མི་འབྱུང་། ལྟུང་བ་འབྱུང་མི་འབྱུང་ཡང་དང་ཡང་དུ་རྟོགས་པའིཤེས་བཞིན་

དང་། ཚུལ་ཁྲིམས་ལ་གཅེས་སྤྲས་སུ་བྱེད། ལྟུང་བ་ལ་སྐྱོན་ཅན་དུ་བྱེད་པའི་བག་ཡོད་དང་། སྔར་བྱས་ལ་དུག་འཕྲུངས་པ་ལྟ་བུའི་འགྱོད་པ། ཕྱིན་ཆད་སྲོག་ལ་བབ་ཀྱང་མི་བྱེད་པའི་སྡོམ་སེམས། དེ་དང་མཐུན་པའི་ཡན་ལག་ཏུ་ངེས་པར་འཆི་བ། ནམ་འཆི་ཆ་མེད། འཆི་བ་ལ་གང་གིས་ཀྱང་མི་ཕན་པ། འདི་ཕྱིར་ཚུལ་ཁྲིམས་ལས་སྐྱབས་གཞན་མེད་པ། ཤི་ནས་གར་སྐྱེ་རང་དབང་མེད་པའི་ཚུལ་རྣམས་བསམ་ཞིང་། དེ་ཐམས་ཅད་ཀྱང་ངེས་འབྱུང་གི་བསམ་པས་ཟིན་པར་བྱས་ནས་བསྲུང་བ་ཡིན་ནོ། །

གསུམ་པ་མི་མཐུན་ཕྱོགས་ངོ་ཤེས་པའི་སྒོ་ནས་བསྲུང་བ་ནི། ལྟུང་བའི་རྒྱུ་དང་། ངོ་བོ་དང་། འབྲས་བུ་གསུམ་ངོ་ཤེས་པའི་སྒོ་ནས་བསྲུང་བ་སྟེ། དེ་ལ་རྒྱུ་ནི་བཞི། ཉོན་མོངས་པ་མང་བ་དང་། མི་ཤེས་པ་དང་། བག་མེད་པ་དང་།མ་གུས་པའོ། །ལྟུང་བའི་ངོ་བོའམ་མཚན་ཉིད་ནི། རབ་ཏུ་བྱུང་བའི་རྟེན་ལས་བྱུང་བའི་བཅས་འགལ་གྱི་ཁ་ན་མ་ཐོ་བ་དང་། རང་བཞིན་གྱི་ཁ་ན་མ་ཐོ་བའི་ཉེས་པའོ། །དེའི་དོན་གཏན་ལ་འབེབས་པ་ལ། རྣམ་འབྱེད་རྣམ་པ་གཉིས་སོ་སོར་བཤད་པ་དང་། ཐུན་མོང་གི་ཡན་ལག་སྦྱིར་བཤད་པ་གཉིས་སོ། །དང་པོ་ལ། ཐུན་མོང་བ་ཕའི་རྣམ་འབྱེད་དང་།ཐུན་མོང་མ་ཡིན་པ་མའི་རྣམ་འབྱེད་ཙུང་ཟད་བཤད་པ་གཉིས། དང་པོ་ལ་ལྟུང་བ་སྡེ་ལྔ་སྟེ། ཕམ་ཕམ། དགེ་འདུན་ལྷག་མ། ལྟུང་བྱེད། སོར་བཤགས། ཉེས་བྱས་ཀྱི་སྡེ་དང་ལྔ། དང་པོ་ལ། མཚན་ཉིད། སྒྲ་དོན། རང་བཞིན་བཤད་པ་དང་གསུམ། དང་པོ་ནི། སྡོམ་པ་ལྷག་མ་མེད་གཅོད། ཅེས་པས། གང་བྱུང་ན་སོ་ཐར་གྱི་སྡོམ་པ་རྩད་ནས་འཇིག་པའི་ལྟུང་རིགས། གཉིས་པ་ནི། ཉོན་མོངས་པའི་དགྲས་ཚུར་ཕམ་པར་བྱས་པས་ཕམ་ཕམ་སྟེ། ཉོན་མོངས་དགྲས་ཕམ་ཁས་བླངས་ནས། །ཉོན་མོངས་དག་གིས་ཕམ་བྱས་ན། །དེ་ཕྱིར་ཕམ་ཕམ་ཞེས་བྱ་སྟེ། །ཚུལ་ཁྲིམས་བྲལ་ཞེས་ངེས་པར་བརྗོད། །ཅེས་གསུངས་སོ། །གསུམ་པ་ནི། ལུང་ལས། སྡོམ་ལ། མི་ཚངས་སྤྱོད་དང་རྐུ་བ་དང་། །མི་ལ་བསད་པར་མི་བྱ་བ། །རྫུན་དུ་སྨྲ་དང་བཅས་པ་ཡིས། །ཆོས་བཞི་འདིར་ནི་གསུངས་པ་ཡིན། །ཞེས་གསུངས་པ་ལྟར་བཞི་ལས། དང་པོ་མི་ཚངས་པར་སྤྱོད་པའི་ཕམ་པ་ལ་དཔྱོད་གཞི། སྨྲོས་པོ། ཉེས་བྱས་དང་གསུམ། དང་པོ་ནི། སངས་རྒྱས་ཀྱི་བསྟན་པ་ལ་ལོ་བཅུ་གཉིས་ཀྱི་བར་དུ་ཆུ་བུར་མེད་པ་ལ། ཐོག་མར་དགེ་སློང་བཟང་སྦྱིན་ལ་མི་ཚངས་སྤྱོད་ཀྱི་ཆུ་བུར་བྱུང་བ་ནི། ལུང་ལས། ངའི་ཉན་ཐོས་རྣམས་ཀྱིས་འདུལ་བ་ལ་བསླབ་པའི་གཞི་འདི་ལྟར་གདོན་ཏེ། དགེ་སློང་རྣམས་དང་ལྷན་ཅིག་བསླབ་པ་མཚུངས་པར་གྱུར་པས་བསླབ་པ་ཉམས་པར་མ་བྱས་པར་མི་ཚངས་པར་སྤྱོད་པ་འཁྲིག་པའི་ཆོས་བསྟེན་ན་དགེ་སློང་དེ་ཡང་ཕམ་པར་འགྱུར་པ་ཡིན་གྱི་གནས་པར་མི་བྱའོ། །ཞེས་གསུངས། རྗེས་བཅས་ནི། དགེ་སློང་གིས་སྤྲ་མོ་ལ་སྤྱད་པ་ན། ངའི་ཉན་ཐོས་རྣམས་འདྲེ། ཐན་དུད་འགྲོའི་སྐྱེ་གནས་སུ་སྐྱེས

པ་དང་ལྡན་ཅིག་ཀྱང་རུང་སྟེ། དགེ་སློང་དེ་ཡང་ཕམ་པར་འགྱུར་བ་ཡིན་གྱི་གནས་པར་མི་བྱའོ། །ཞེས་གསུངས། ཡང་སྡོམ་ལ། རྒྱབ་གཉེན་དང་ནི་འཕྲང་བ་དང་། །མཛེས་དགའ་ཚོགས་ཅན་རྒྱན་མོ་དང་། །དགེ་སློང་གཉིད་ཀྱིས་ལོག་པ་ལ། །ལྐྱི་ཐུན་མས་རྩལ་ཉེས་མེད་པའོ། །རྒྱབ་གཉེན་ལ། དགེ་སློང་དག་རེ་ཞིག་གཞན་གྱི་ལ་བཀག་ན་རང་ལ་ལྷ་ཅི་སློས། མི་གཏི་མུག་ཅན་དེ་ཕམ་པར་འགྱུར་རོ། །རང་གི་ཡན་ལག་རྣམ་པ་འདོད་པ་བསྟེན་འདོད་ཀྱིས་རང་ངམ་གཞན་གྱི་ཁར་བཙུག་མ་ཐག་ཏུ་ཕམ་པར་འགྱུར་རོ་ཞེས་དང་། བཤང་ལམ་ནི། ཆགས་སེམས་ཀྱིས་རང་གི་ཡན་ལག་གི་རྣམ་པ་ལས་སུ་རུང་བ་རང་ངམ་གཞན་གྱི་བཤང་ལམ་དུ་རྩོལ་ན་བཙུག་མ་ཐག་ཕམ་པར་འགྱུར་རོ། །ཞེས་སོ། །མཛེས་དགའ་ནི། ཆགས་སེམས་ཀྱིས་ཟག་བྱེད་ཟག་བྱེད་ཀྱི་ཕྱི་རོལ་ཏུ་དྲུད་ཅིང་ནང་དུ་ཕོ་བ་དང་།ནང་དུ་དྲུད་ཅིང་ཕྱི་རོལ་ཏུ་ཕོ་ན་ཕམ་པར་འགྱུར་རོ། །ཞེས་གསུངས། མདོ་རྩ་བ་ལས། བཙུག་རེག་ཉམས་སུ་མྱོང་བར་བྱས་ནའོ། །ཟག་བྱེད་དོ། །དེ་ར་རོ། །མ་ཉམས་པར་རོ། །ཁའམ་བཤང་བའི་ལམ་དུའོ། །ཉམས་པ་དག་ལ་ནི་སྦོམ་པོའོ། །མི་རུང་བ་ཉིད་ལ་ནི་ན་ལྟུང་དོ། །མི་མ་ཡིན་པའི་འགྲོ་བ་པ་ཉིད་དང་། སྐྱེས་པ་ཉིད་དང་། མ་ནིང་ཉིད་དང་། རོ་ཉིད་དང་། བསྟེན་པར་བྱེད་པ་དང་། བསྟེན་པར་བྱ་བ་གཡོགས་མ་ཅན་ཉིད་དག་ལ་ནི་ན་ལྟུང་བ་མེད་དོ། །ཞེས་དང་། ཁའི་དང་པོ་ནི་སོ་ཕན་ཆད་དོ། །བཤང་བའི་ལམ་གྱི་སྣ་ གུའི་སྣབས་ཀྱི་མཐའ་ཡན་ཆད་དོ། །ཟག་བྱེད་ཀྱིས་ནི་པགས་རིམ་ཡན་ཆད་དོ། །དེའི་ནོར་བུ་བཙུག་པ་ཉིད་ནི་དེའི་མཐའོ། །ཞེས་སོགས་གསུངས། དགེ་སློང་ཉིད་དང་དེ་མ་ཉམས། །མ་ཉམས་པ་ཡི་ལམ་དག་ཏུ། །བཙུག་རེག་རོ་ནི་མྱོང་བ་ན། །གང་ཕྱིར་སེམས་ནི་རང་བཞིན་གནས། །ཞེས་གསུངས་པས། བདག་ཉིད་རྟེན་དགེ་སློང་གི་སྡོམ་པ་དང་ལྡན་པ། བསམ་པ་མ་ཉམས་པ་སྨྱོ་བ་སོགས་མ་ཡིན་པས། རང་གཞན་གྱི་ཁ་ཟག་བྱེད་བཤང་ལམ་གསུམ་མ་ཉམས་པར། ནོར་བུའི་རྣམ་པ་འདས་པར་བཙུག་པས་རེག་བདེ་མྱོང་བའོ། །དེའང་དུད་འགྲོ་དང་འདྲེ་མོ་དང་རོའི་ལམ་གསུམ་མ་ནིང་གི་ཁ་བཤང་ལམ་མ་ཉམས་ཤིང་སྲུད་བཟོད་པ་ལའང་དངོས་གཞིར་འགྱུར་རོ། །

གཉིས་པ་ལ། སྡོམ་པོ་སྤྱིའི་མཚན་ཉིད་དང་། དབྱེ་བ། ཁྱད་པར་འདིའི་སྡོམ་པོ་བསྟན་པ་དང་གསུམ། དང་པོ་ནི། དངོས་གཞི་དང་ཉེས་བྱས་ལས་གཞན་པའི་བཅས་ལྟུང་། དབྱེ་ན། དངོས་གཞིའི། སྦྱོར་བའི། དངོས་གཞིའི་རྣམ་པའི། སྦྱོར་བའི་རྣམ་པའི་སྡོམ་པོ་དང་བཞི། དང་པོ་ནི། དངོས་གཞིའི་ཡན་ལག་གང་རུང་མ་ཚང་བའི་དངོས་གཞི་ཡང་བའོ། །གཉིས་པ་ནི། ལྟུང་བའི་སྦྱོར་བའོ། །གསུམ་པ་ནི། དངོས་གཞིའི་སྦྱོར་བ་དངོས་མིན་པ་དེ་དང་ཆ་འདྲས་བསྐྱེད་པ་དངོས་གཞི་དང་ཆ་འདྲའོ། །བཞི་པ་ནི། སྦྱོར་བའི་ཀུན་སློང་དངོས་དང་

ཆ་འདྲས་བསྐྱེད་པའི་སྦྱོར་བ་དང་ཆ་མཐུན་གྱི་སྦྱོར་བའོ། །དེ་རེ་རེ་ལའང་། ལྟེ་དང་ཤིན་ཏུ་ལྟེ་བ་ཉིད། །ཡང་དང་ཤིན་ཏུ་ཡང་བ་སྟེ། །ཕས་ཕམ་པ་ཡིས་ཀུན་བསྡུང་བའི། །སྡོམ་པོ་རྣམ་པ་བཞི་ཞེས་བྱ། །ཞེས་པ་ལྟར་བཞིའོ། །གསུམ་པ་ནི། ནོར་བུ་དང་། རྨའི་སྒོ་གསུམ་ཉམས་པར་འཁྲིག་པ་དང་། བུ་མོ་ཆུང་དུ་བསྟེན་མི་བཟོད་པ་དང་། རོ་མཚམས་མ་འགྱོར་བ་དང་། འཇིགས་པ་དང་། སྐྲག་པ་དང་། མི་འདོད་བཞིན་བསྟེན་པ་ལྟ་བུའོ། །གསུམ་པ་ནི། སྦྱིར་ཉེས་བྱས་ཀྱི་མཚན་ཉིད། དངོས་གཞི་དང་སྡོམ་པོ་ལས་དམན་པའི་བཅས་ལྟུང་སྟེ། དངོས་གཞི་དང་། སྦྱོར་བའི་ཉེས་བྱས་གཉིས་ཡོད་ལ། སྐབས་འདིའི་ཉེས་བྱས་ནི། མི་ཚངས་སྤྱོད་ཀྱི་ཕྱིར་ལྷང་བའི་བསམ་པ་ལྟ་བུའོ། །

གཉིས་པ་མ་བྱིན་ལེན་གྱི་ཕམ་པ་ནི། །དགེ་སློང་ནོར་ཅན་གྱིས་མ་སྐྱེས་དགྲའི་ཤིང་རྐུས་པ་ལ་བཅས་ཏེ། ལུང་ལས། དགེ་སློང་རྣམས་ལ་བཀའ་སྩལ་པ། ངའི་ཉན་ཐོས་རྣམས་ཀྱིས་བསླབ་པའི་གཞི་འདི་ལྟར་གདོན་ཏེ། ཡང་དགེ་སློང་གཞན་དག་གི་གྲོང་ན་འདུག་པའམ། ཞེས་ནས། དགེ་སློང་དེ་ཡང་ཕམ་པར་གྱུར་པ་ཡིན་གྱི་གནས་པར་མི་བྱའོ། །ཞེས་སོ། །ཇི་ལྟར་ལྟོ་བ་ཡིན་ན་མཤ་ཀ་ལྔའམ་ལྔ་ལས་ལྷག་པ་ཞེས་གསུངས། མདོ་རྩ་ལས། ཀ་ཀ་ནི་བཞི་ལ་མཤ་ཀའོ། །ལྔ་ཉིད་ནི་ཀར་ཤ་པ་ཎིའི་བཞི་ཆའི་དཔེ་ཡིན་ནོ། །གང་ན་དེའི་ཚིགས་ཉིད་ཉི་ཤུ་ཡིན་པ་དེ་ལ་བརྟེན་ནས་སོ། །རྐུ་བའི་གནས་དང་དུས་ཀྱི་དེའི་བཅོ་བ་རྣམ་པར་བཞག་གོ །ཞེས་དང་རྐུའམ་རྐུར་བཅུག་པ་དག་གིས་སོ། །མངགས་པས་ཀྱང་ངོ་། །མ་བྱིན་པའོ། །མཤ་ཀ་ལྔ་ལ་སོགས་པའོ། །རྐུ་སེམས་ཀྱིས་སོ། །མིའི་རྒྱུད་ཀྱིས་ཡོངས་སུ་བཟུང་བའོ། །དེར་འདུ་ཤེས་པས་སོ། །ཕྱིར་བ་ཉིད་ན་བསམ་པས་མ་གཏང་བ་ནི་བདག་པོ་ཉིད་དང་མ་བྲལ་བ་ཉིད་ཡིན་ནོ། །ཞེས་གསུངས་པས། དེ་ལ་དངོས་གཞི་དང་། སྡོམ་པོ་དང་། ཉེས་བྱས་དང་གསུམ་ལས། དང་པོ་ནི། མི་དང་གཞན་ནོར་རྐུ་སེམས་ཀྱིས། །སྦྱོར་བ་གཅིག་ལ་ཚང་ན་ནི། །མདོར་ན་བསླབ་པ་ཉམས་པ་སྟེ། །ཕས་ཕམ་པ་ཡི་རྒྱུ་ཡིན་ནོ། །ཞེས་གསུངས་པས། བརྐུ་བྱ་རང་དང་རྫས་ཐ་དད་པའི་མིའི་བདག་ཏུ་བཟུང་བའི་ནོར་མཤ་ཀ་ལྔ་ཚང་བ་གཅིག་བསམ་པ་མ་འཁྲུལ་བས། རང་གི་འཚོ་བའི་ཆེད་དུ་དབྲལ་འདོད་ཀྱི་རང་གིས་བསྐོས་ནས་རྐུར་བཅུག་ཏེ་ཐོབ་བློ་སྐྱེས་སམ་གནས་ནས་འཕོས་པ་ན་དངོས་སོ། །འདུལ་བ་ལུང་ལས། གནས་གང་དུ་བཞག་པར་གྱུར་པའི་གནས་དེ་ནས་སྤྱུགས་ནས་གནས་གཞན་དུ་འཇོག་པར་བྱེད་པ་སྟེ། དེ་ལྟར་གནས་ནས་གནས་སུ་སྤྲོད་པའོ། །ཞེས་གསུངས། མཤ་ཀ་ལྔའི་ཚད་ནི། དམར་སྟོན་གྱི་ཞལ་མངའ་ནས་སེ་བ་གཉིས་དང་གསུམ་ཙམ་ལ་བྱ་གསུངས། སློབ་ཕན་ལས་ཁལ་ཕྱེད་ཙམ་ལ་དཔེར་བརྗོད་མཛད། ཀཱ་རི་ཀཱ་ཆུང་བའི་ཊཱི་ཀ་ལས། རྒྱ་གར་གྱི་རིན་ཐང་སྦྱར་ན་དདུལ་ཞོ་གཅིག་ཙམ་རྐུས་ན

ཕམ་པར་རྩི་འོ། །ཡང་ཁ་ཅིག་ཞོའི་བརྒྱད་ཆ་ཙམ་གཅིག་ལ་བྱ་སྟེ། དེ་ཙམ་གྱི་རིན་ཐང་ཚང་བར་བརྩི། ཞེས་དང་། ཤེས་རབ་འབྱེད་པར་དེང་སང་གི་དུས་དང་སྦྱར་ཏེ། རྒྱ་གར་གྱི་ཡུལ་གྱི་མ་ཤ་ཀ་ལས་བོད་ཀྱི་དངུལ་གྱི་ཐང་དུ་བརྩི་ན་དངུལ་ཞོའི་བརྒྱད་ཆ་གཅིག་སྟེ། བརྒྱད་ཆ་གཅིག་ཡན་ཆད་རྐུས་ན་ཕམ་པ་ཞེས་གསུངས། ཆོས་རྗེ་རིན་པོ་ཆེ་སེང་གེ་བས་ཀྱང་དངུལ་ཞོ་གང་གི་བརྒྱད་ཆ་ལ་གསུངས། འདི་རྣམས་རྗེ་བཙུན་རིན་པོ་ཆེའི་གསུང་དང་དགོངས་པ་གཅིག་པས་དེ་བཞིན་ཡིན་ནོ། །དེ་ཡང་མི་དབང་བ་ལ་ཤེད་ཀྱིས་ཁྱུགས་པ་དང་། རྐུགས་ཀྱིས་འཁྱུགས་པ་དང་། ཚོང་རྒྱལ་པོས་ཐོབ་པ་དང་། གཞན་གྱིས་ཞིང་ལ་འབབ་པའི་ཆུ་རང་ལ་དྲངས་པས་གཞན་གྱིས་ཁྲི་བ་དང་། རྒྱལ་པོར་དབང་བའི་དཔྱ་དང་། གྲུ་རྫས་མ་གཞལ་བ་དང་། བཙོལ་བ་མི་སྦྱིན་པ་དང་། མི་དབང་བ་དབང་བར་བསྒྲགས་པས་རིན་ཐང་ཚང་བར་ཁྱུགས་ན་དངོས་གཞིར་འགྱུར་མེད་དོ། །གཉིས་པ་སྦྱོམ་པོ་ནི། དུད་འགྲོའི་རྫས་སམ། རང་གི་རྫས་སམ། ནོར་མ་ཡིན་པའི་ཟས་སམ། རིན་ཐང་མ་ཚང་བ་ལ་སོགས་པ་བླངས་པའོ། །གསུམ་པ་ཉེས་བྱས་ནི། མགྲོན་དུ་མ་བོས་པའི་ཟས་ཟ་བ་དང་། རང་འཚོ་བའི་ཚད་ལས་ལྷག་པར་བླངས་པ་ལ་སོགས་པའོ། །

གསུམ་པ་སྲོག་གཅོད་ཀྱི་ཕམ་པ་ནི། འདུལ་བ་ལུང་ལས་དགེ་སློང་སྦྱིན་གྱིས་དགེ་སློང་དྲུག་ཅུ་སྲོག་དང་ཕྲལ་བ་ལས། ཅི་དགེ་སློང་དག་ཀྱང་དགེ་སློང་དག་ལ་རྩོལ་བར་བྱེད་དམ། བྱེད་ལགས་སོ། །དགེ་སློང་དག་གིས་ཚུལ་མིན་པ་ཞེས་སོགས་སྨད་ནས། ངའི་ཉན་ཐོས་རྣམས་ཀྱིས་འདུལ་བ་ལ་བསླབ་པའི་གཞི་འདི་ལྟར་གདོན་ཏེ། ཡང་དགེ་སློང་གང་བསམ་བཞིན་དུ་མིའམ་མིར་ཆགས་པ་ལ་རང་གི་ལག་བདར་ཏེ་གསོད་དམ། ཞེས་ནས། དགེ་སློང་དེ་ཡང་ཕམ་པར་གྱུར་པ་ཡིན་གྱིས་གནས་པར་མི་བྱའོ། །ཞེས་གསུངས། མདོ་རྩ་ལས། སྲོག་གཅོད་ནའོ། །དེ་ལྟར་བསམས་པས་སོ། །མིར་གྱུར་པའིའོ། །དེ་ལྟར་འདུ་ཤེས་པས་སོ། །གང་ཡང་རུང་བས་སོ། །ཞེས་དང་། ཕན་པར་འདོད་པ་ཉིད་ཀྱི་འཆི་བའི་ཕྱིར་སྨན་མ་ཡིན་པ་བྱིན་པ་ལ་ནི་ན་སྨད་པ་མེད་དོ། །ཞེས་དང་། མིའི་འགྲོ་བ་པའི་ལག་པ་གཅོད་ན་སྦྱོམ་པོའོ། །ཞེས་སོགས་གསུངས་པས། དེ་ལ་དངོས་གཞི། སྦྱོམ་པོ། ཉེས་བྱས་གསུམ་ལས། དང་པོ་ནི། ཡང་དག་བསམ་པ་མ་འཁྲུལ་བས། །རང་ངམ་གཞན་གྱིས་ཕ་རོལ་བསད། །མི་ལ་འཆི་བའི་བསྟོད་པ་དག །བརྗོད་གྲུབ་དེ་ལས་མཐར་འགྱུར་རོ། །ཞེས་གསུངས་པས། གསད་བྱ་དབང་པོ་དྲུག་འདུས་པའམ། གསུམ་འདུས་པའི་མངལ་ན་ཡོད་པའི་མི་ཡིན་པ། གསོད་འདོད་ཀྱི་ཀུན་སློང་དང་འདུ་ཤེས་མ་འཁྲུལ་བས། རང་ངམ་བསྐོས་ནས་སྲོག་གི་དབང་པོ་འགགས་པར་བྱེད་ན་དངོས་སོ། །མི་ལ་འཆི་བའི་བསྟོད་པ་ཤེ་ན་ལེགས་སོ། །ཞེས་འཆི་འདོད་ཀྱིས་བརྗོད་པ་དང་། དུག་སྦྱེར་བ་དང་། སྐྱུལ་པ་

དང་། ངོང་དུ་ལྟུང་བར་བྱེད་པ་དང་། འཕྲུལ་འཁོར་དང་སྔགས་དང་། འཆི་བའི་གནས་སུ་བཏང་བས་ཤི་ན་ཁྱད་པར་མེད་པར་དངོས་གཞིའོ། །

གཉིས་པ་སྦྱོར་བ་ནི། ནགས་མེས་བསྲེགས་པ་དང་། མིའི་ཡན་ལག་གཅོད་པ་དང་། མི་ཤ་ཟ་བ་དང་། མི་འཚོང་བ་ལ་སོགས་པའོ། །གསུམ་པ་ཉེས་བྱས་ནི། ལྟུང་བཟེད་ལ་སོགས་པའི་དོན་དུ་གཞན་འཆི་བ་ལ་དགའ་བ་དང་། གསོད་སེམས་མེད་པར་གཞན་བསད་པ་ལྟ་བུའོ། །

བཞི་པ་རྫུན་དུ་སྨྲ་བ་ནི། ལུང་ལས། སྟོན་པས་དགེ་འདུན་བསྡུ་བ་མཛད་དེ། མཁྱེན་བཞིན་དུ་ཡིད་འོང་ལྡན་གྱི་འགྲམ་གྱི་དགེ་སློང་རྣམས་ལ་སྨྲས་པ། དགེ་སློང་དག་ཁྱེད་ཀྱིས་ཟང་ཟིང་ཙུང་ཟད་ཀྱི་ཕྱིར་མི་ཆོས་བླ་མ་མེད་པ་ལ་ཡོད་བཞིན་སྨྲས་པ་བདེན་ནམ། བཙུན་པ་མད་དོ། །སྟོན་པས་དགེ་སློང་གི་ཚུལ་མ་ཡིན་པ་དེ་ནི་བྱ་བ་མིན་ནོ་ཞེས་སྨད་ནས། ངའི་ཉན་ཐོས་རྣམས་ཀྱིས་བསླབ་པའི་གཞི་འདི་ལྟར་གདོན་ཏེ། ཡང་དགེ་སློང་གང་མངོན་པར་མི་ཤེས་ཤིང་ཡོངས་སུ་མི་ཤེས་ལ། མིའི་ཆོས་བླ་མ་མཐའ་དང་། ཞེས་ནས། གསོག་གསོབ་རྫུན་དུ་སྨྲས་སོ། །ཞེས་ཟེར་ན། དགེ་སློང་དེ་ཡང་ཕམ་པར་གྱུར་པ་ཡིན་གྱི་གནས་པར་མི་བྱའོ། །དེ་ལྟ་བས་ན་མངོན་པའི་ང་རྒྱལ་མ་གཏོགས་སོ། །ཞེས་གསུངས་སོ། །མདོ་རྩ་ལས། འདུ་ཤེས་བསྒྱུར་ཏེ་བདག་ཉིད་མིའི་ཆོས་བླ་མ་དང་ལྡན་པ་ཉིད་དུ་སྨྲས་ནའོ། །ཞེས་དང་། བླ་མ་ཐོབ་པ་ཡོངས་སུ་ཉམས་པ་གོ་བར་བྱེད་པ་ནི་མ་བརྗོད་པ་མ་ཡིན་ནོ། །བླ་མ་བརྗོད་པའི་འདུན་པས་མིང་མཐུན་པའི་དོན་བརྗོད་ན་སྦྱོར་བའོ། །ཞེས་གསུངས་པས། དེ་ལ་དངོས་གཞི། སྦྱོར་བ། ཉེས་བྱས་སོ། །དང་པོ་ནི། ཁྱད་པར་གྱུར་པའི་རྟོགས་པ་རྣམས། །མ་ཐོབ་པར་ནི་ཐོབ་བོ་ཞེས། །མངོན་པའི་ང་རྒྱལ་མེད་སྨྲ་ན། །སྡོམ་བརྩོན་མཐའི་ལྟུང་བ་ཐོབ། །ཅེས་གསུངས་པས་སྨྲ་རྒྱུ་མི་ཕལ་པ་ལ་མེད་པའི་ཡོན་ཏན་མངོན་ཤེས་རྫུ་འཕྲུལ་སྤྱངས་རྟོགས་ལྷ་ཀླུ་སོགས་མཐོང་ཐོས་གནས་པའི་ཆོས་སོགས་ཡིན་པ། རྫུན་སྨྲ་འདོད་ཀྱི་ཀུན་སློང་དང་འདུ་ཤེས་མ་འཁྲུལ་བས། མངོན་པའི་ང་རྒྱལ་མ་ཡིན་པར་མི་ཐ་སྙད་ལྔ་ལྡན་ཏེ། མི་ཡིན་པ། སྨྲ་ཤེས་པ། དོན་གོ་བ། བསམ་པ་རང་བཞིན་དུ་གནས་པ་མ་ནིང་མཚན་གཉིས་པ་མིན་པའི་ལྔ་ལྡན་ལ། རང་གི་ངག་མཚན་ཉིད་དྲུག་ལྡན་ཏེ། ངག་ཡིན་པ། དེ་ཡང་རང་གི་ཡིན་པ། བདག་ཉིད་དང་འབྲེལ་བ། མ་ནོར་བ། གསལ་པོར་སྨྲས་པ། མངོན་སུམ་དུ་སྨྲས་པ་ལས་ཕ་རོལ་པོས་ཚིག་རྣ་བས་ཐོས། དོན་ཡིད་ཀྱིས་གོ་ན་དངོས་གཞིའོ། །གཉིས་པ་སྦྱོར་བ་ནི། དུར་ཁྲོད་ཀྱི་ཤ་ཟ་སོགས་དམན་པ་མཐོང་སོགས་དང་། བདག་གིས་ཞེས་མི་སྨྲ་བར། དེ་ལྟ་བུའི་དགེ་སློང་འདི་ན་ཡོད་ཅེས་ཟུར་གྱིས་སྨྲ་བ་དང་། ཁྱོད་རྒྱུན་ཞུགས་སོགས་ཡིན་ནམ་ཞེས་པ་ན་ཅང་མི་སྨྲ་བ་དང་། ཡོན་ཏན་དེ་དག་ཡོད་ན་བསྒོམས་སོ། །ཁྱིམ་དུ་བཞུགས་ཟེར་བ

ལ་དེ་ལྟར་བྱེད་པ་ལ་སོགས་སོ། །

གསུམ་པ་ཉེས་བྱས་ནི། རྫུན་སྨྲ་འདོད་མེད་པར་ཡོན་ཏན་དང་ལྡན་ནོ། །ཞེས་སྨྲས་པ་དང་། དེ་ལྟར་ནོར་བར་སྨྲས་པ་རྣམས་ལ་ནོར་བའོ་ཞེས་བཤགས་པར་མི་བྱེད་པ་ལ་སོགས་པའོ། །ཡང་སོ་སོར་ཐར་པའི་མདོ་ལས། ལྟུང་བ་ཡོད་ལ་དྲན་བཞིན་དུ་མི་མཐོལ་ན་ཤེས་བཞིན་དུ་རྫུན་དུ་སྨྲ་བ་ཡིན་ནོ། །ཞེས་གསུངས་པས། རང་གི་ལུས་ཀྱི་བརྟས་དོན་གོ་རེས་ཤེས་པ་ཡིན་པར་སེམས་སོ། །ཁ་ཅིག་རྫུན་མ་ཡིན་ཏེ་བརྗོད་པ་མེད་པའི་ཕྱིར་ཟེར་ཏེ་དཔྱད། གཉིས་པ་དགེ་འདུན་ལྷག་མའི་སྡེ་ལ་མཚན་ཉིད། སྒྲ་དོན། དབྱེ་བ་གསུམ། དང་པོ་ནི། གང་བྱུང་ན་དེ་མ་བྱུང་བའི་དགེ་འདུན་ལྷག་མ་ལ་བརྟེན་ནས་ལྷང་དགོས་པའི་ལྟུང་རིགས་སོ། །གཉིས་པ་ནི། ལྟུང་བ་དེ་དག་གསོ་ཐབས་སྤོ་བ་སོགས་དགེ་འདུན་ལ་རག་ལས་པས་དེ་སྐད་བརྗོད་དེ། མཛོད་ལས། བཅུ་གསུམ་འདི་དག་དགེ་འདུན་ལ། །ལྷང་ཕྱིར་དགེ་འདུན་ལྷག་མའོ། །ཞེས་གསུངས། གསུམ་པ་ནི། ལུང་ལས། སྡོམ་ནི། ཁུ་བ་འབྱིན་པ་འཁྲིག་ཚིག་བསྙེན་བཀུར་བཀྲན། ཁང་པ་ཁང་ཆེན་དང་ནི་གཞི་མེད་དང་། །བག་ཙམ་དགེ་འདུན་དབེན་དང་དེར་རྗེས་ཕྱོགས། ཁྱིམ་སུན་འབྱིན་དང་དཀའ་བློ་མི་བདེ་བའོ། །ཞེས་བཅུ་གསུམ་ལས། དང་པོ་ཁུ་བ་འབྱིན་པ་ནི། ལུང་ལས། མཉན་ཡོད་དུ་འཆར་ཀ་ལ། འཆར་ཀ་དངས་འདོད་ཆགས་དང་བྲལ་ཕྱིར་ཆོས་བསྟན་ནས། ཞེས་སོགས་གསུངས་ནས། མི་གཏི་མུག་ཅན་ཁྱོད་སྨྱུལ་གདུག་ཁྲབ་པར་བྱེད་པ་སོགས་ལག་པས་བཟུང་བ་སླའི་དེ་ལྟ་བུར་གྱུར་པས་རང་གི་ཡན་ལག་གི་རྣམ་པ་བཟུང་བ་ནི་དེ་ལྟ་མ་ཡིན་ནོ། །ཁྱོད་ཀྱིས་ལུས་ཀྱི་བསྙེན་བཀུར་བདག་གིར་མ་བྱས་སམ་བྱས་སོ། །སྟོན་པས་འདུལ་བ་ལ་བསླབ་གཞི་འདི་ལྟར་གདོན་པར་བྱ་སྟེ། བསམ་བཞིན་ཁུ་བ་འབྱིན་ན་དགེ་འདུན་ལྷག་མའོ། །ཞེས་གསུངས། ལྟུང་མེད་ནི། འདི་ནི་རྗེས་སུ་གནང་བ་སྟེ་བསམ་བཞིན་དུ་ཁུ་བ་བྱུང་ན་རྨི་ལམ་གྱི་མ་གཏོགས་ཏེ་དགེ་འདུན་ལྷག་མའོ། །ཞེས་གསུངས་མདོ་རྩ་ལས། རྨི་ལམ་ནི་མེད་པ་དང་འདྲའོ། །དེའི་འབྲས་བུ་ནི་མ་བྱས་པ་ཉིད་དོ། །ཕྱུང་ནའོ། །དེར་འདུན་པས་སོ། །རང་གི་ཁུ་བའོ། །དང་པོ་ལའོ། །ཞེས་དང་། རེག་པས་སོ། །བཅའ་བས་སོ། །ཡན་ལག་གི་རྣམ་པ་ལའོ། །ཕྱི་རོལ་གྱིས་ཀྱང་ངོ་། །སེམས་ཅན་དུ་བགྲང་བས་སོ། །ཞེས་དང་། བྱེ་བྲག་ངེས་པར་སྨྲོང་བ་དང་བྱུང་ལ་ཐུག་པ་དང་། ལས་པའི་བདེ་བ་ཉམས་སུ་མྱོང་བ་དག་ཀྱང་ངོ་། །སྤྲུབས་སུ་མ་འོངས་པའོ། །ཤུགས་ཀྱིས་གནས་སྐབས་སུ་གཏང་ན་རྫོགས་པར་མ་བྱས་པ་ཉིད་དོ། །གར་བྱེད་པ་དང་རབ་ཏུ་གར་བྱེད་པ་གཉིས་ལ་ནི་ན་སྨད་པ་ཉིད་དོ༑ །ཞེས་དང་། ལག་པ་དང་ཕྲག་པ་དང་དཔུང་པ་དག་དང་དཔུང་པའི་བར་དང་སྣེད་པ་དང་བརླ་དང་རྐང་པ་དང་བགྱིད་པ་དག་དང་བགྱིད་པའི་བར་དུ་འབྱིན་ན་དངོས་གཞིའོ། །སྦོམ་པོ་ནི། ལྟ་བ་དང་ཕྱིང་པ་དང་དྲིའུ

རྫོག་དང་སྤྲུས་ནང་ཚངས་ཅན་ནས་ཤའི་དུམ་བུ་དག་གོ །ཞེས་གསུངས། ཡང་ཞུ་བ་ལས། བཙུན་པས་ནི་སྒྲུ་གུར་འོངས་པའི་ཕྲུ་བ་ཕྱུང་བ་ཉེས་པ་སྦོམ་པོའོ། །ཞེས་གསུངས་ན་ཅི་ཙམ་གྱིས་སྒྲུ་གུར་མཆིས་པ་ལགས། གནས་ནས་འཕགས་མ་ཐག་ཏུ་སྒྲུ་གུར་བཀག་པའོ། །བཙུན་པ་བཅོམ་ལྡན་འདས་ཀྱིས་གཡོས་པ་ལས་བཀག་ལགས། གནས་ནས་གཡོས་མ་ཐག་ཏུ་བཀག་པའོ། །ཞེས་གསུངས་པས། དེ་ལ་དངོས་གཞི། སྦོམ་པོ། ཉེས་བྱས་གསུམ། དང་པོ་ནི། དབྱུང་རྒྱུ། དང་པོའི་གནས་ནས་མ་འཕོས་པའི་རང་གི་ཕྲུ་བ། ཕྱུང་བའི་བདེ་བ་མྱོང་འདོད་ཀྱིས། སེམས་ཅན་གྱི་ལུས་རྣ་གསུམ་མ་ཡིན་པར་རེག་པས་དང་པོའི་གནས་ནས་འཕོས་པའོ། །དང་པོའི་གནས་ནི། ཏིལ་ལ་ཏིལ་མར་གྱི་ཚུལ་དུ་ལུས་ཀྱི་ཆ་ཐམས་ཅད་ལ་གནས་པའོ། །སྦོམ་པོ་ནི། སྣན་དང་སྤྲུས་དང་རྩིག་པ་ལ་སོགས་སེམས་ཅན་མིན་པ་ལ་བརྟེན་ནས་ཕྱུང་བའོ། །ཉེས་བྱས་ནི། ཕྲུ་བ་ཕྱུང་འདོད་མེད་པར་རང་དགར་ལག་པ་དང་གོས་སོགས་ཀྱིས་རེག་པ་དང་། སྒྲ་སྙན་པ་དང་གཟུགས་ཡིད་དུ་འོང་བ་ལ་ཆགས་པ་དང་། ཆགས་ཡུལ་དྲན་པ་དང་། གཡན་པ་འབྲུགས་པ་སོགས་ཀྱིས་ཕྲུ་བཤོར་བ་ལ་ནི་འདིའི་ཉེས་བྱས་སོ། །

གཉིས་པ་རེག་པའི་དགེ་འདུན་ལྷག་མ་ནི། ལུང་ལས། འཆར་ཀ་ལ། དགེ་སློང་གི་ཚུལ་མ་ཡིན་སོགས་སྨད་ནས། ངའི་ཉན་ཐོས་རྣམས་ཀྱིས་འདུལ་བ་ལ་བསླབ་པའི་གཞི་འདི་ལྟར་གདོན་ཏེ། དགེ་སློང་གང་དྲལ་ཅིང་གྱུར་པའི་སེམས་ཀྱིས་བུད་མེད་ཀྱི་ཡུལ་དང་ལྷན་ཅིག་ལུས་ལ་རེག་པར་བྱེད་དམ། ལག་པ་དཔུང་པ་ལན་བུ་ནས་བཟུང་ངམ། ཡན་ལག་ཉིང་ལག་གང་རུང་ལ་ནོམ་པ་དང་ཞུག་པ་བདག་གིར་བྱེད་ན་དགེ་འདུན་ལྷག་མའོ། །ཞེས་གསུངས། མདོ་རྩ་ལས། འདི་ལ་བྱེད་པ་པོ་ཉིད་ནི་བུད་མེད་དོ། །དབེན་པ་ན་འདུག་པ་དང་འགྲེང་བ་གཉིས་ཀྱིའོ། །ཞེས་དང་། དགེ་སློང་མ་ལ་རེག་པར་མི་བྱའོ། །བུད་མེད་ལ་ཡང་མི་བྱའོ། །ཆུར་ཉམ་ཐག་པ་བསྒྲལ་བའི་ཕྱིར་ནི་རེག་པར་བྱའོ། །མ་དང་སྲིང་མོ་དང་བུ་མོའི་འདུ་ཤེས་ཉེ་བར་བཞག་སྟེ། ལག་པའམ་སྒྲ་དག་ལས་སོ། །ཞེས་སོགས་གསུངས་པས། དེ་ལ་དངོས་གཞི་ནི། བུད་མེད་ཀྱི་ལུས་མ་ཉམས་པ་ལ་རེག་བདེ་མྱོང་འདོད་ཀྱིས་རང་གི་ལུས་ཀྱིས་དངོས་སུ་རེག་པར་བྱས་པའོ། །སྦོམ་པོ་ནི། ལུས་ཉམས་པ་དང་། གོས་ཀྱིས་ཆོད་པ་ལ་རེག་པ་ལྟ་བུའོ། །ཉེས་བྱས་ནི། སྐྱེས་པ་དང་མ་ནིང་དུད་འགྲོ་མོ་ལ་རེག་པ་ལྟ་བུའོ། །ཉམ་ཐག་པའི་བུད་མེད་སྐྱོབ་པའི་ཕྱིར་རེག་པ་ལ་ཉེས་པ་མེད་དོ། །གསུམ་པ་འཁྲིག་ཚིག་ནི། ལུང་ལས། འཆར་ཀ་ལ། དགེ་སློང་གི་ཚུལ་མ་ཡིན་སོགས་སྨད་ནས། ངའི་ཉན་ཐོས་རྣམས་ཀྱི་འདུལ་བ་ལ་བསླབ་གཞི་འདི་ལྟར་གདོན་ཏེ། ཡང་དགེ་སློང་གང་དྲལ་ཅིང་མྱུར་བའི་སེམས་ཀྱིས་བུད་མེད་ཀྱི་ཡུལ་ལ་གནས་ངན་ལེན་གྱི་ཚིག་སྡིག་པ་ཅན་ཚོགས་པར་མི་དབྱུང་བ་འཁྲིག་པ་དང་ལྡན་པ་སྨྲས་ན་དགེ་འདུན་ལྷག་མའོ། །ཞེས་གསུངས། མདོ་རྩ་ལས།

འཕྲིག་པ་སྨྲས་ནའོ། །རྒྱ་ལ་སོགས་པའི་དོན་གྱིས་སོ། །གང་ལ་གོ་བར་བྱ་བ་ཉིད་དེ་བརྡ་ཕྲད་པ་ན་མཐའོ། ། ཞེས་སོགས་གསུངས་པས། དེ་ལ་དངོས་གཞི་ནི། སྨྲ་རྒྱུ་འཕྲིག་པའི་དངོས་པོ་ཡུལ་དུས་དེར་མེད་དུ་གྲགས་ཤིང་གོ་བར་ནུས་པའི་དངོས་མེད་བཏགས་མེད་གང་རུང་ངོ་། །བུད་མེད་སྨྲ་ཤེས་དོན་གོ་བ་ལ་ཚིག་གི་བདེ་བ་མྱོང་འདོད་ཀྱི་ངག་མཚན་ཉིད་དྲུག་ལྡན་གྱིས་སྨྲས་ནས་ཚིག་ཐོས་ཤིང་དོན་གོ་བའོ། །སྦྱོམ་པོ་ནི། འཕྲིག་ཚིག་དངོས་མིན་ཀྱང་དེ་མཚོན་པ་སྒྲུ་ཁྲིད་ལ་ཅི་མཐོང་བ་དེ་བྱིན་ཅིག་ཅེས་པ་ལྟ་བུའོ། །ཉེས་བྱས་ནི། འཕྲིག་ཚིག་ལ་བསམ་ནས་ཆོས་མི་གསལ་བའི་གཏམ་བརྗོད་པ་ལྟ་བུའོ། །ཡུལ་སོ་སོའི་སྐད་ཀྱིས་རང་གི་སྐད་དུ་གཞན་དུ་སྨྲས་པ་ལ་གཞན་གྱི་སྐད་དུ་འཕྲིག་པར་གོ་ཡང་ཉེས་པ་མེད་དོ། །དེ་བཞིན་དུ་གཞན་ལ་ཡང་ཅི་རིགས་སུ་སྦྱར་རོ། །བཞི་པ་བསྙེན་བཀུར་བསྔགས་པ་ནི་ལུང་ལས། འཆར་ཀ་ལ་སྨྲད་ནས། ངའི་ཉན་ཐོས་རྣམས་ཀྱིས་ཞེས་ནས། ཡང་དགེ་སློང་གང་དྲལ་ཅིང་གྱུར་པའི་སེམས་ཀྱིས་བུད་མེད་ཀྱི་ཡུལ་གྱི་མདུན་དུ་བདག་ཉིད་ཀྱི་ལུས་ཀྱི་བསྙེན་བཀུར་གྱི་ཕྱིར། ང་ལྟ་བུ་དགེ་སློང་ཚུལ་ཁྲིམས་དང་ལྡན་པ་དགེ་བའི་ཆོས་ཅན་ཚངས་པར་སྤྱོད་པ་ལ་འཕྲིག་པ་དང་ལྡན་པའི་ཆོས་འདིས་བསྙེན་བཀུར་བྱས་ན། སྲུ་འདི་ནི་བསྙེན་བཀུར་རྣམས་ཀྱི་མཆོག་ཡིན་ནོ། །ཞེས་བསྔགས་པ་བརྗོད་ན་དགེ་འདུན་ལྷག་མའོ། །ཞེས་གསུངས། མདོ་རྩ་ལས། བདག་ཉིད་དང་འཕྲིག་པ་ཀུན་ཏུ་སྤྱོད་པ་བསྔགས་ནའོ། །ཞེས་སོགས་གསུངས། ཡང་། བདག་ཉིད་ཚུལ་ལྡན་དགེ་ཆོས་ཅན། །ཚངས་སྤྱོད་གནས་པ་རྒྱང་པ་གསུམ། །གཉིས་སྦྱར་དྲུག་དང་གསུམ་སྦྱར་གཅིག །བདག་ཉིད་བསྔགས་པ་བཅུ་ཡིན་ནོ། ། མཆོག་ཞུལ་ཁྱད་འཕགས་བཟང་མཛེས་དགེ །མཆོད་འོས་བསྟོད་འོས་རྒྱ་ཆེ་དག །ཆོས་སྦྱར་བ་ནི་བཅོ་བརྒྱད་དེ༑ ༑འཕྲིག་པའི་བསྔགས་པར་ལུང་ལས་གསུངས། །བཅོ་བརྒྱད་བཅུ་ཡིས་བསྒྱུར་བ་ན། །བརྒྱ་ཕྲག་བཅུ་དང་བརྒྱད་ཅུར་འགྱུར། །གཉིས་ཀ་སྦྱར་ན་ལྷག་མའོ། །ཞེས་སོགས་གསུངས་པས། དེ་ལ་དངོས་གཞི་ནི། མི་མོ་སྨྲ་ཤེས་ཤིང་དོན་གོ་བ་ལ་བདག་ལྟ་བུ་ལ་འཕྲིག་པ་ནི་བསྙེན་བཀུར་གྱི་མཆོག་གོ་ཞེས་བསྔགས་པ་སྨྲ་བའི་ཚིག་གི་བདེ་བ་ཉམས་སུ་མྱོང་བར་འདོད་པའི་འདུན་པ་རྒྱུན་དུ་འདོད་ཆགས་དང་ལྡན་པ་རྒྱུན་མ་ཆད་པས་གོ་བར་སྨྲས་པའམ། བུད་མེད་ཀྱིས་ཚུར་སྨྲས་པའི་ལན་སྨྲ་བའོ། །སྦྱོམ་པོ་ནི། བདག་ལ་ཞེས་མི་སྨྲ་ཡང་། ཅི་རིགས་ནས་འཕྲིག་པ་ལ་བསྔགས་པ་བརྗོད་པའོ། །ཉེས་བྱས་ནི། འཕྲིག་པ་ལ་བསམས་ནས་དགེ་འདུན་ལ་བསྙེན་བཀུར་ན་མཆོག་གོ་ཞེས་པ་ལྟ་བུའོ། །ལྔ་པ་བཀྲན་ནི། ལུང་ལས། དྲུག་སྡེ་ལ། ཚུལ་མིན་སོགས་སྨད་ནས། ངའི་ཉན་ཐོས་ཞེས་ནས། ཡང་དགེ་སློང་གང་བུད་མེད་ལ་སྐྱེས་པའི་ཚིག་དང་། སྐྱེས་པ་ལ་བུད་མེད་ཀྱི་ཚིག་གིས་ཆུང་མ་ཉིད་དམ་མཛའ་མོ་ཉིད་དུ་བཀྲན་བྱེད་ན། ཐང་འགའ་ཕྲད་པ་ལའང་རུང་སྟེ་དགེ་འདུན་ལྷག་མའོ། །ཞེས

གསུངས། མདོ་རྩ་ལས། ཐྲད་ནའོ། །གཞན་དང་ངོ། །གཞན་དུའོ། །

དེའི་དོན་དུ་མི་མཐུན་པ་མཐུན་པར་བསྒྲུབ་པའི་ཕྱིར་སྤྲད་པར་བྱ་བ་ལས་སྤྱིང་བ་མནོས་པས་གཞན་དེ་ལ་གོ་བར་བྱས་ཤིང་དེས་སླས་པ་སྟོ་མ་ལ་བརྗོད་ནའོ། །ཞེས་སོགས་གསུངས་པས། དེ་ལ་དངོས་གཞི་ནི། གང་སྤྲད་བྱ་ཐ་སྙད་ཕྱེད་དང་ལྡ་དང་ལྡན་པའི་སྐྱེས་པ་དང་བུད་མེད་ཟུང་ཡིན་པ།གཉིས་ཀ་ལུས་རྟེན་རུང་ཡིན་པ་མཚན་དོན་བྱེད་ནུས་པ། རང་ལས་རྒྱུད་ཐ་དད་པ། ཕན་ཚུན་མི་མཐུན་པ་ལ་རང་ངམ་བསྐོས་ཏེ་ཕན་ཚུན་གྱི་འཕྲིན་ལན་གསུམ་བྱས་པས་དེ་གཉིས་ཐྲད་པའོ། །སྦོམ་པོ་ནི། སྤར་དུམ་པ་བསྒྲིག་པར་བྱེད་པ་དང་འཐབ་པ་བསྡུམས་པའོ། །ཉེས་བྱས་ནི། ཁྱེའུའམ་བུ་མོ་འདི་ཅིའི་ཕྱིར་ཁྱིམ་མི་བྱེད་ཅེས་སྨྲ་བ་ལྟ་བུའོ། །དྲུག་པ་ཁང་པ་ནི། ལུང་ལས། དགེ་སློང་རྣམས་ལ་སྨད་སོགས་མཛད་ནས། ངའི་ཉན་ཐོས་རྣམས་ཀྱིས་ཞེས་ནས། དགེ་སློང་གི་བདག་པོ་མེད་པ་བདག་གིས་བླངས་པ་བདག་གི་ཕྱིར་ཁང་པ་རྩིག་ཏུ་འཇུག་ན་ཚད་བཞིན་དུ་བྱེད་དུ་ཆུག་ཅིག་ཚད་ལས་འདས་ན་དགེ་འདུན་ལྷག་མའོ། །ཞེས་གསུངས། མདོ་རྩ་ལས། གཞི་མ་དག་པ་ལའོ། །མ་བསྟན་པའོ། །གནས་བྱེད་དུ་བཅུག་ནའོ། །མཐར་རོ། །འོག་མ་ལ་ཡང་དེ་དག་ཉིད་དེ་མ་བཅལ་བ་ཉིད་དོ། །གཅིག་གི་དོན་དུའོ། །ཚད་ལས་ལྷག་པའོ། །ཞེས་སོགས་གསུངས་པས། དེ་ལ་དངོས་གཞི་ནི། རྩིག་རྒྱུ་སྤྱོད་ལམ་བཞི་ཤོང་བ་ཚད་ལས་ཆེ་བ་གཞི་མ་དག་པ་བཅལ་བ་དགེ་འདུན་ལ་མ་བསྟན་པའི་ཁང་པ། རང་དོན་དུ་རྩིག་འདོད་ཀྱིས་རང་ངམ་བསྐོས་པས་བརྩིགས་ཏེ་ལོགས་བསྐོར་ཐོག་ཕུབ་པར་བྱས་པའོ། །སྦོམ་པོ་ནི། གཞི་མི་རུང་བའམ། རྩོད་པ་དང་བཅས་པའམ། བཅུམ་དུ་མི་རུང་བའམ། དགེ་འདུན་ལ་མ་བསྟན་པ་གང་རུང་གིས་བརྩིགས་པའོ། །ཉེས་བྱས་ནི་བརྩམས་ནས་མ་ཚར་བ་ལྟ་བུའོ། །ཁང་པའི་ཚད་ནི། ཆུར་ཁྲུ་བཅོ་བརྒྱད། ཞེང་དུ་བཅུ་གཅིག་པའོ། །བདུན་པ་ཁང་ཆེན་ནི། ལུང་ལས། དྲུག་སྡེ་ལ། སྟོན་པས་སྨད་སོགས་མཛད་ནས། ངའི་ཉན་ཐོས་ཞེས་ནས། གལ་ཏེ་གཞི་མ་རུང་བ་དང་། རྩོད་པ་དང་བཅས་པའམ་བཅུམ་དུ་མི་རུང་གཙུག་ལག་ཁང་རྩིག་ཏུ་འཇུག་གམ། གཞི་ལྟ་བའི་དགེ་སློང་མི་ཁྲིད་དམ། ཁྲིད་པ་ལ་མི་སྟོན་ན་དགེ་འདུན་ལྷག་མའོ། །ཞེས་གསུངས། མདོ་རྩ་ལས། རྩོམ་པ་ནི་སྦྱོར་བ་ཉིད་དོ། །མ་གཡོགས་པ་བྱེད་འཇུག་པའི་མཐའ་ཡང་དེ་དང་འདྲའོ། །དུ་མའི་དོན་དུའོ། །མ་བསྐོས་པར་རོ། །གང་ཟག་གིས་སོ་ཞེས་གསུངས་པས། །ཚོགས་ཀྱི་ཁང་པ་དེའི་དོན་དུ་རྩིག་འདོད་ཀྱིས་བརྩིགས་པ་སྟེ། གཞན་སྔར་དང་མཚུངས་ཚད་ངེས་པ་མེད། དེ་གཉིས་ཀ་ལ་གཞན་གྱིས་བྱས་ཟིན་པར་དོད་པ་ལ་ལྟུང་བ་མེད་དོ། །བརྒྱད་པ་གཞི་མེད་ནི། ལུང་ལས། མཛའ་བོ་དང་ས་ལས་སྐྱེས་ལ་སྨད་སོགས་མཛད་ནས། ཡང་དགེ་སློང་གང་ཁྲོས་ཤིང་སྡང་བས་དགེ་སློང་དག་པ་ཚངས་སྤྱོད་དང་དབྲལ་ཕྱིར་གཞི

མེད་པར་ཕམ་པའི་ཆོས་ཀྱི་སྐུར་པ་འདེབས་ན་དགེ་འདུན་ལྷག་མའོ། །ཞེས་གསུངས། མདོ་རྩ་ལས། ཕམ་པར་འགྱུར་བ་ལྷག་པར་སྤྱོད་པས་དགེ་སློང་ཉམས་པ་ལ་ཡང་ངོ་། །ཕྱོགས་ལས་རང་ཉིད་ནི་འདིར་ཡན་ལག་མ་ཡིན་ནོ། །རྫུན་དུ་སྨྲ་བས་སོ། །གང་ཡང་རུང་བ་ལ་གོ་བར་བྱས་ནའོ། །ཉམས་པར་འདུན་པས་སོ། །ཞེས་སོགས་གསུངས་པས། དང་པོས་ནི། དགེ་སློང་དག་ལ་གཞི་གང་ཡང་མེད་པར་ཕམ་པས་སྐུར་པ་གཞན་གྱིས་གོ་བར་བཏབ་པའོ། །གཞན་འདྲ། དགུ་པ་བག་ཙམ་ནི། ལུང་ལས། མཛའ་བོ་དང་ས་ལས་སྐྱེས་ལ་སྟོན་པས་སྨད་སོགས་མཛད་ནས། བག་ཙམ་ལས་བསམས་པ་ཙམ་གྱིས། དགེ་འདུན་ལ་ཕམ་པས་སྐུར་པ་འདེབས་ན་དགེ་འདུན་ལྷག་མའོ། །ཞེས་གསུངས། མདོ་རྩ་ལས། བརྗོད་པར་བྱ་བ་གཞན་ལ་གནས་པའི་ཚིག་གིས་རྫུན་ནའོ། །ཞེས་གསུངས་པས། དེ་ལ་དངོས་ནི། དགེ་སློང་དག་པ་ལ་རྒྱུ་མཚན་ཅུང་ཟད་ཀྱིས་སྨད་དེ། ཕམ་པ་བྱུང་ངོ་ཞེས་གཞན་གྱིས་གོ་བར་སྐུར་པ་སྨྲས་པའོ། །སྦོམ་པོ་ནི། དགེ་སློང་སྐུར་པ་གདབ་བྱའི་མིང་མ་སྨོས་པར་སྨྲས་པའོ། །ཉེས་བྱས་ནི། དགེ་སློང་དང་ཕམ་པའི་མིང་མ་སྨོས་པར་ཟུར་གྱིས་བརྗོད་པའོ། །

བཅུ་པ་དབྱེན་ལ་དང་པོ་ནི། ལུང་ལས། ལྷས་སྦྱིན་ལ། དགེ་སློང་གི་ཚུལ་མ་ཡིན་པ་སོགས་ཞེས་སོགས་སྨད་ནས། ངའི་ཉན་ཐོས་ཞེས་ནས། ཡང་དགེ་སློང་གང་དགེ་འདུན་དབྱེ་བའི་ཕྱིར་ཞུགས་པ་ལ། བཞམས་བསྒོ་གསོལ་བརྗོད་སོགས་ཀྱིས་བཟློག་པར་བྱའོ། །དེ་ལྟར་བཟློག་པས་གཞི་དེ་གཏོང་ན་ལེགས་མི་གཏོང་ན་དགེ་འདུན་ལྷག་མའོ། །ཞེས་གསུངས། མདོ་རྩ་ལས་གཞན་གྱི་འཁོར་ཁ་འདྲེན་ན་སྦོམ་པོའི་ཞེས་ནས། དེ་དག་ལ་གཞམ་པ་དང་ལས་ཀྱིས་བསྒོ་བར་མི་བྱའོ། །དེའི་མཐའ་ལ་མི་གཏོང་ནའོ། །བརྟུལ་བར་བྱེད་པ་ཉིད་དོ། །དབེན་ལའོ། །དགེ་འདུན་གྱིའོ། །ཞེས་སོགས་གསུངས་པས། དེ་ལ་དངོས་གཞི་ནི། སོ་སོ་སྐྱེ་བོའི་དགེ་སློང་ཁ་བསྐོང་བར་འོས་པ། གྲངས་བརྒྱད་དུ་ཚང་བ་མི་མཐུན་པ་མེད་པ་དབྱེ་བའིགབསམ་པས་འབྱེད་པ་ལ། གསོལ་གཞིའི་ལས་ཀྱིས་བཟློག་ཀྱང་འབྱེད་པ་མི་གཏོང་བའོ། །སྦོམ་པོ་ནི། གསོལ་བའམ་བརྗོད་པ་དང་པོ་གཉིས་ལ་མི་གཏོང་བའོ། །ཉེས་བྱས་ནི། འབྱེད་པ་རྩོམ་པའོ། །

བཅུ་གཅིག་པ་དེ་རྗེས་ཕྱོགས་ནི། ཀོ་ཀ་ལི་ཀ་སོགས་བཞི་ལ། སྟོན་པས་སྨད་སོགས་མཛད་ནས། ངའི་ཉན་ཐོས་ཞེས་ནས། དེའི་གྲོགས་བྱེད་པ་མི་མཐུན་པར་སྨྲ་བའི་དགེ་སློང་གཅིག་སོགས་ལ་ཡང་བཞམས་བསྒོ་གསོལ་བརྗོད་སོགས་ཀྱིས་བཟློག་པར་བྱའོ། །བཟློག་པས་གཞི་དེ་གཏོང་ན་ལེགས་མི་གཏོང་ན་ལྷག་མའོ། །ཞེས་གསུངས། མདོ་རྩ་ལས། དེའི་གྲོགས་ཉིད་རྗེས་སུ་སྒྲུབ་པར་བྱེད་པའོ། །ཞེས་སོགས་གསུངས་པས། དངོས་གཞི་ནི། དགེ་འདུན་འབྱེད་པའི་རྗེས་སུ་འབྲང་བའི་དགེ་སློང་ལ། ལས་ཀྱིས་བཟློག་ཀྱང་མི་གཏོང་བ་སྟེ།

གཞན་སྟ་མ་དང་འདྲ།

བཅུ་གཉིས་པ་ཁྲིམ་སུན་འབྱིན་པ་ནི། ལུང་ལས། ནམ་སོ་དང་འགྲོ་མགྲོགས་གཉིས་ལ་སྨད་སོགས་མཛད་ནས། ངའི་ཉན་ཐོས་ཞེས་ནས། དགེ་སློང་དག་གིས་ཁྲིམ་སུན་འབྱིན་པ་སྡིག་པའི་ཆོས་ཀུན་ཏུ་སྤྱོད་ཅིང་དེ་དག་ལ་དགེ་སློང་གིས་སྤྲོད་པའི་ལས་བྱས་ལ་དེ་ལ་འདུན་པས་འགྲོ་བ་སོགས་ཟེར་ན། བཞམས་བསྒོ་གསོལ་བརྗོད་ཀྱིས་གཏོང་ན་ལེགས་མི་གཏོང་ན་དགེ་འདུན་ལྷག་མའོ། །ཞེས་གསུངས། མདོ་རྩ་ལས། རང་སྤྲོད་པར་བྱེད་པའི་དགེ་འདུན་ལ་ལོག་པའི་བསམ་པས་དེ་དེ་ལ་དེ་ལྟར་ཞུགས་སོ་ཞེས་རྫུན་དུ་སྨྲ་བ་ཉིད་དོ་ཞེས་གསུངས་པས། དེ་ལ་དངོས་གཞི་ནི། སྐྱུར་ཡུལ་རང་སྤྲོད་པར་བྱེད་པའི་དགེ་འདུན་ཚང་བ་ཁ་སྐོང་བའི་ཆོས་དང་ལྡན་པ། འདུན་པས་འགྲོ་བ། ཞེ་སྡང་གིས་འགྲོ་བ། གཏི་མུག་གིས་འགྲོ་བ། འཇིགས་པས་འགྲོ་བ་སྟེ་འགྲོ་མིན་བཞི་དང་བྲལ་བ། ཆོས་ལྡན་གྱི་ལས་ཀྱིས་རང་སྤྲོད་པ་པོ་ལ་ཆོས་དང་འགལ་བའི་སྐུར་པ་འདེབས་པའི་སྤྱོད་པ་སོགས་ཀྱིས་ཁྲིམ་པ་མ་དད་པར་བྱེད་པའི་དགེ་སློང་ལ་བཟློག་ཀྱང་མི་གཏོང་བ་སྟེ་སྟ་མ་དང་མཚུངས། བཅུ་གསུམ་པ་བཀའ་བློ་མི་བདེ་བའི་དགེ་འདུན་ལྷག་མ་ནི། ལུང་ལས། འདུན་པ་ལ་སྟོན་པས་སྨད་ཅིང་། ངའི་ཉན་ཐོས་ཞེས་ནས། འདི་ན་དགེ་སློང་བཀའ་བློ་མི་བདེ་བའི་རང་བཞིན་ཅན་ལ་དགེ་སློང་རྣམས་ཀྱིས་གདོན་པ་དང་མདོར་རྟོགས་པ་རྣམས་ཀྱིས་འདུལ་བ་དང་མཐུན་པར་སླུས་པ་ན། ཚེ་དང་ལྡན་པ་དག་ཁྱེད་ཅག་དགེ་ཡང་རུང་སྡིག་ཀྱང་རུང་བདག་ལ་ཅི་ཡང་མ་སྨྲ་ཞིག་ལ་སོགས་པ་ཟེར་བ་ལ་བཞམས་བསྒོ་གསོལ་བརྗོད་སོགས་བྱས་པས་གཞི་དེ་གཏོང་ན་ལེགས་མི་གཏོང་ན་དགེ་འདུན་ལྷག་མའོ། །ཞེས་གསུངས། མདོ་རྩ་ལས། དགེ་སློང་གིས་ལྷག་པའི་ཚུལ་ཁྲིམས་ཀྱིས་གླེང་པ་ཉིད་ན་བདག་ཉིད་ཀྱི་དེ་ལ་དགེ་སློང་དག་གིས་བརྗོད་པར་མི་བྱ་བ་ཉིད་དུ་བྱེད་པའོ། །ཞེས་སོགས་གསུངས་པས། དགེ་སློང་གཞན་འདུལ་བ་དང་འགལ་བ་ལ་ཆོས་བཞིན་བསྐུལ་བ་ན། དེ་མི་ཉན་པར་ཚུར་རྒོལ་བར་བྱེད་པ་བཟློག་ཀྱང་མི་གཏོང་བ་སྟེ། སྡོམ་པོ་དང་། ཉེས་བྱས་ཀྱང་སྟར་བཞིན་ནོ། །དགེ་འདུན་ལྷག་མ་བཤད་ཟིན་ཏོ། །ཞར་ལ་མ་ངེས་པ་གཉིས་བསྟན་ན། ལུང་ལས། སྡོམ་ནི། དཔེན་པ་སྐྱབས་ཡོད་འདུག་པའོ། །དེ་ཡང་ལུང་ལས། འཆར་ཀ་ལ། དགེ་སློང་གི་ཚུལ་མིན་སོགས་སྨད་ནས། ངའི་ཉན་ཐོས་ཞེས་ནས། ཡང་དགེ་སློང་གང་བུད་མེད་ཀྱི་ཡུལ་དང་ལྷན་ཅིག་བུ་གཅིག་དང་དབེན་པ་སྐྱབས་ཡོད་པ་འདོད་པ་བྱར་རུང་བར་སྟན་གཅིག་ལ་འདུག་ཅིང་། དེ་དགེ་བསྙེན་མ་ཡིད་ཆེས་པའི་ཚིག་གི་ཕམ་ལྷག་ལྟུང་གསུམ་ལས་གང་ཡང་རུང་བ་སྨྲས་པ་ལ་དགེ་སློང་གིས་འདུག་པར་ཁས་བླངས་ན། ཕམ་ལྷག་ལྟུང་གསུམ་ལས་གང་ཡང་རུང་བ་བྱེད་དུ་བཞུགས་ཏེ་འདི་ནི་མ་ངེས་པའི་ཆོས་སོ། །ཞེས་གསུངས། མ་ངེས་པ་

གཉིས་པ་ནི། དགེ་སློང་ཞི་ཏི་ཀ་ལ། སྟོན་པས་སྨད་སོགས་འདྲ། ཡང་དགེ་སློང་གང་བུད་མེད་ཀྱི་ཡུལ་དང་ལྷན་ཅིག་གཅིག་པུ་དང་དབེན་པ་སྐབས་ཡོད་པར་འདོད་པ་བྱུར་རུང་བར་སྟན་གཅིག་ལ་འདུག་ཅིང་། དེ་ལ་དགེ་བསྙེན་མ་ཡིད་ཆེས་པའི་ཚིག་གིས་ལྷག་ལྟུང་གཉིས་པོ་གང་ཡང་རུང་བས་སྨྲས་པར་གྱུར་ལ་དགེ་སློང་གིས་འདུག་པར་ཁས་བླངས་ན་ལྷག་ལྟུང་གཉིས་པོ་གང་ཡང་རུང་བ་བྱེད་དུ་བཞུགས་ཏེ་དེ་ཡང་མ་ངེས་པའི་ཆོས་སོ། །ཞེས་གསུངས་པས། དང་པོ་སྐྱེ་བོ་མེད་པའི་དབེན་པ། རྩིག་པ་དང་མུན་པ་སོགས་ཀྱིས་སྐབས་ཡོད་པར་བུད་མེད་དང་ལྷན་ཅིག་འདོམ་གང་ཚུན་ལ་འདུག་པ་དང་། གཉིས་པ་ནི། དབེན་ཅིང་སྐབས་ཡོད་དུ། བུད་མེད་བསྙེན་རུང་དང་སྤྱོད་ལམ་བཞི་གང་རུང་བྱེད་པ་སྟེ། ཕམ་ལྷག་ལྟུང་གསུམ་གང་ཡིན་མ་ངེས་པར་སྤྱོད་པར་བྱ་བས་དེ་སྐད་བརྗོད་དོ། །

གསུམ་པ་ལྟུང་བྱེད་ཀྱི་སྡེ་ལ། མཚན་ཉིད། སྒྲ་དོན། དབྱེ་བ་གསུམ་ལས། དང་པོ་ནི། གང་ཟག་ལས་ལྟུང་བའི་རིགས་ཀྱི་བཅས་ལྟུང་། གཉིས་པ་ནི། གང་སྤྱད་ན་ངན་སོང་དུ་ལྟུང་བས་དེ་སྐད་ཅེས་བྱ་སྟེ། མཛོད་ལས། གང་ཕྱིར་གང་གིས་ངན་སོང་དུ། །ལྟུང་ཕྱིར་ལྟུང་བའི་མིང་དུ་བཏགས། །ཞེས་སོ། །གསུམ་པ་ལ། སྤང་བྲལ་སྟོན་དུ་འགྲོ་བས་སྤང་ལྟུང་དང་། །སྤང་བྲལ་སྟོན་དུ་མི་འགྲོ་བ་ལྟུང་བྱེད་འབའ་ཞིག་པ་གཉིས། དང་པོ་ལ་སུམ་ཅུའི་བཅུ་ཚན་དང་པོ་ནི། ལུང་ལས། སྡོམ་ནི། འཆང་བ་འབྲལ་བ་འཇོག་པ་དང་། །འབྲུར་འཇུག་པ་དང་ལེན་པ་དང་། །སློང་དང་སྟོད་གཡོགས་སྨད་གཡོགས་བཅས། །རིན་ཐང་སོ་སོར་བསྒྱུར་བའོ། །ཞེས་གསུངས་པས། དང་པོ་འཆང་བ་ནི། ལུང་ལས། དགེ་སློང་རྣམས་ལ་སྟོན་པས་སྨད་སོགས་མཛད་ནས། ངའི་ཉན་ཐོས་རྣམས་ཀྱིས་བསླབ་པའི་གཞི་འདི་ལྟར་གདོན་ཏེ། ཆོས་གོས་ཟིན་པས་སྲ་བརྐྱང་ཕྱུང་ནས་ཆོས་གོས་གསུམ་བཅང་བར་བྱའོ། །དེ་ལས་ལྷག་པར་འཆང་ན་སྤང་བའི་ལྟུང་བྱེད་དོ། །ཞེས་གསུངས། གནང་བ་ནི། ཆོས་གོས་ཟིན་པ་སྲ་བརྐྱང་ཕྱུང་ན་ཞག་བཅུའི་བར་དུ་གོས་ལྷག་པ་རུང་བར་མ་བྱས་པ་བཅང་བར་བྱའོ། །དེ་ལས་ལྷག་པར་འཆང་ན་སྤང་བའི་ལྟུང་བའོ། །ཞེས་གསུངས། མདོ་རྩ་ལས། ཉིན་མཚན་གྱི་དང་པོ་མ་ཡིན་པ་ལ་ཐ་མ་མ་ཡིན་པ་མེད་པ་ཉིད་དོ། །གནས་པ་ལ་ནི་སྦྱོར་བའི་སྟོད་ཉིད་དོ། །དེའི་དང་པོ་ནི་སྐྱ་རེངས་དང་པོ་དེའོ། །ལས་ལ་ནི་འདས་ན་ཉི་མ་ཤར་བའིའོ། །སྤང་བ་ལ་ནི་འདུ་ཤེས་ལས་གཙོ་ཆེར་རང་གི་ཉིད་དོ། །དེ་ནི་བསྔོས་པ་ཉིད་ན་བྲལ་བ་ཉིད་དོ། །ཞེས་གསུངས་པས། དེ་ལ་དངོས་དང་ཉེས་བྱས་གཉིས། དང་པོ་རང་གི་ཆོས་གོས་རུང་བ་ལྷག་པོ་རང་དོན་དུ་འཆང་འདོད་མ་འབྲལ་བས་བཅངས་ནས་ཞག་བཅུ་འདས་པའོ། །གཞན་གྱི་དོན་དུ་འཆང་བ་ལ་ནི་ཉེས་བྱས་སོ། །

གཉིས་པ་འབྲལ་བ་ནི། ལུང་ལས། དགེ་སློང་རྣམས་ལ་སྟོན་པས་གསོ་དཀའ་སོགས་ལ་སྨད་ཅིང་། གསོ་སླ་སོགས་ཀྱིས་བསྔགས་པ་བརྗོད་ནས། བསླབ་གཞི་འདི་ལྟར་བཅས་ཏེ། དགེ་སློང་གི་ཆོས་གོས་ཟིན་ལ་ཟླ་རྒྱུད་ཕྱུང་ན་གལ་ཏེ་ནུབ་གཅིག་ཀྱང་ཆོས་གོས་གསུམ་ལས་གང་རུང་དང་མཚམས་ཀྱི་ཕྱི་རོལ་ཏུ་འབྲལ་བར་བྱེད་ན་སྤང་བའི་ལྟུང་བའོ། །གནང་བ་ནི། སྟོན་པས་དགེ་སློང་དགྲ་ཕྱེད་ཀྱིས་འོད་སྲུང་ཆེན་པོ་རྨས་པ་དང་། གཞན་ཡང་དེ་ལྟར་གྱུར་པ་ལ་སྣམ་སྦྱར་དང་མི་འབྲལ་བའི་གནང་བ་སྦྱིན་པར་བྱ། ཞེས་གསུངས། མདོ་རྩ་ལས། གདིང་བ་དང་བྲལ་བ་ལ་ནི་ཉེས་པ་མེད་དོ། །གལ་ཏེ་དེང་ཉིད་ཕྱིར་བཟློག་ཅིང་གནས་པར་བྱའོ་སྣམ་པ་མེད་ན་གདིང་བ་བཞག་སྟེ་འགྲོ་བར་མི་བྱའོ། །ཞེས་དང་། དེའི་གནས་ཉེ་འཁོར་དང་བཅས་པ་ནས་གཞན་ན་གནས་པ་ལ་སྐྱ་རེངས་ཤར་ན་འོ། །མཚམས་བྱས་པ་ལ་ནི་མཚམས་གནས་ཀྱི་མཐའོ། །བདག་པོ་གཅིག་ཉིད་མ་ཡིན་པའི་བར་གྱི་མཚམས་རྣམས་ནི་ཐ་དད་པ་ཉིད་དོ། །ཞེས་སོགས་གསུངས་པས། རང་གི་ཆོས་གོས་གསུམ་པོ་གང་ཡང་རུང་བ། གནང་བའི་རྐྱེན་མེད་པར་འབྲལ་འདོད་ཀྱིས་བོར་ཏེ་གནས་དེའི་ཉེ་འཁོར་ལས་འདས་ན་དངོས་གནང་བའི་དུས་ནི་ཟླ་རྒྱུད་གཏིང་བ་དང་། དགེ་འདུན་གྱི་གནང་བ་སོགས་སོ། །ཞག་མ་ཚང་བར་བྲལ་བ་ལ་ནི་ཉེས་བྱས་སོ། །འདུལ་བ་ལུང་ལས། འདི་ལྟ་སྟེ། དགེ་སློང་གིས་ཆོས་ལ་གོས་རྙེད་ན། དགེ་སློང་དེས་གོས་དེ་ཞག་བཅུ་ས་དེ་ཉིད་ཀྱི་ནང་དུ་བྱིན་གྱིས་བརླབ་པར་བྱ་བའམ། བཏང་བར་བྱ་བའམ། སྤང་བར་བྱ་བའམ། གཞན་ལ་སྦྱིན་པར་བྱའོ། །བྱིན་གྱིས་རློབ་པར་མི་བྱེད་དམ། གཏོང་བར་མི་བྱེད་དམ། སྤང་བར་མི་བྱེད་དམ། གཞན་ལ་སྦྱིན་པར་མི་བྱེད་ན་ཉི་མ་བཅུ་གཅིག་གི་སྐྱ་རེངས་ཤར་ན་སྤང་བའི་ལྟུང་བྱེད་དུ་འགྱུར་རོ། །ཞེས་གསུངས། གསུམ་པ་འཇོག་པ་ནི། ལུང་ལས། སྟོན་པས། དགེ་སློང་དག་ལ་འདོད་པ་ཆེ་བ་སོགས་སྨད། ཚུང་སོགས་བསྟོད་ནས། བསླབ་གཞི་འདི་ལྟར་བཅས་ཏེ། ཟླ་རྒྱུད་ཕྱུང་ཞིང་ཆོས་གོས་ཟིན་ནས་དུས་མ་ཡིན་པའི་གོས་ཤིག་རྙེད་ན་གལ་ཏེ་ལྡང་ན་མྱུར་བར་གོས་སུ་བྱས་ཏེ་བཅང་ངོ་། །མ་ལྡང་ན་ཁ་སྐོང་གི་གོས་ལ་རེ་བ་ཡོད་ན་དེ་ཟླ་བ་གཅིག་གི་མཐར་བཞག་པར་བྱའོ། །དེ་ལས་འདས་པར་འཇོག་ན་སྤང་བའི་ལྟུང་བྱེད་དོ། །ཞེས་གསུངས། མདོ་རྩ་ལས། ཁ་བསྐང་བ་ལ་རེ་བ་མེད་ན་ཚུང་བ་ཁྲུ་གང་ཡན་ཆད་ཀྱང་ཆོག་པ་དང་འདྲའོ། །བྱིན་གྱིས་བརླབ་པར་བྱ་བ་ཡོད་པ་ཉིད་ན་ཡང་ངོ་། །གཞན་དུ་ན་དེ་ནི་ཞག་སུམ་ཅུ་འདས་ནའོ། །ཞེས་སོགས་གསུངས་པས། ཆོས་གོས་གང་རུང་གི་རྒྱུ་མ་ཚང་བ་རུང་བ་བསྟན་པ་ལ་དགུགས་པས་རང་དགར་འཆང་འདོད་ཀྱིས། ཟླ་བ་གཅིག་ལས་ལྷག་པར་བཅངས་ན་དངོས། ཞག་བཅུ་མ་ཚང་ན་ཉེས་བྱས་སོ། །

བཞི་པ་འབྲུར་འཇུག་ནི། ལུང་ལས། འཆར་ཀ་ལ་སྟོན་པས་སྨད་སོགས་མཛད་ནས། བསླབ་གཞི་འདི

ལྟར་གདོན་ཏེ། དགེ་སློང་མ་ཉེ་དུ་མ་ཡིན་པ་ལ་གོས་རྙིང་པ་འབྲུར་འཇུག་གམ། འཚེད་དུ་འཇུག་གམ། འཆག་ཏུ་འཇུག་ན་སྤང་བའི་ལྟུང་བྱེད་དོ། །ཞེས་གསུངས། མདོ་རྩ་ལས། དགེ་སློང་མ་ཉིད་དང་དེ་ཉེ་དུ་མ་ཡིན་པ་ཉིད་དག་ལའོ། །འོག་མ་ལ་ཡང་ངོ་། །ཕྱིན་གྱིས་བརླབས་པ་རང་གི་རྙིང་པ་འབྲུར་བཞུགས་པར་འོས་པ་ཆོས་གོས་དང་གདིང་བ་དག་ལས་འགའ་ཞིག་བསྒོ་བས་འབྲུར་བཙུག་གམ་འཚེད་དུ་འཇུག་གམ་འཆག་ཏུ་འཇུག་པ་དག་ནའོ། །ཞེས་སོགས་གསུངས་པས། དགེ་སློང་རང་གི་ཆོས་གོས་གསུམ་མམ་གདིང་བ་རང་དགར་འབྲུད་འདོད་ཀྱིས་དགེ་སློང་མ་ཉེ་དུ་མ་ཡིན་པ་འབྲུར་འཇུག་པའམ་འཆག་པའམ་འཚེད་དུ་འཇུག་པ་ལས་བྱས་པ་ན་དངོས་སྦྱོན་དང་སྤངས་པ་སོགས་ལ་ནི་ཉེས་བྱས་སོ། །

ལྷ་པ་ལེན་པ་ནི། ལུང་ལས། ཉེ་དགའ་ལ་སྟོན་པས་སྨད་སོགས་ནས། ངའི་ཉན་ཐོས་ཞེས་ནས། ཡང་དགེ་སློང་གང་དགེ་སློང་མ་ཉེ་དུ་མ་ཡིན་པ་ལས་ཆོས་གོས་གང་རུང་ལེན་ན་སྤང་བའི་ལྟུང་བྱེད་དོ། །ཞེས་གསུངས། །ཡང་དགེ་སློང་གང་ཉེ་དུ་མ་ཡིན་པའི་དགེ་སློང་མ་ལ་གོས་དག་ལེན་ན་བརྗེ་བ་མ་གཏོགས་ཏེ་སྤང་བའི་ལྟུང་བྱེད་དོ། །ཞེས་གསུངས། མདོ་རྩ་ལས། དགེ་སློང་མས་གོས་རིན་ཆེན་པོ་བརྗེ་བའི་ཕྱིར་བླང་བར་བྱའོ། །དགེ་སློང་མ་དང་ལྷན་ཅིག་བརྗེ་བར་བྱའོ། །མཉམ་པས་སོ། །ཡང་ན་དེ་དགའ་བ་ཉིད་ཀྱིས་སོ། །ལེན་ནའོ། །རྣམ་པར་རིག་བྱེད་ཀྱིས་སོ། །གོས་སོ། །དགེ་འདུན་ལ་གོས་འབུལ་བ་དང་ལེགས་པར་སྨྲ་བ་ལ་ལྟུང་བ་མེད་དོ། །ཞེས་སོགས་གསུངས་པས།ཆོས་གོས་རུང་བ་ཙམ་ཞིག་རང་དགར་ལེན་འདོད་ཀྱིས་དགེ་སློང་མ་ཉེ་དུ་མ་ཡིན་པ་ལ་བླངས་ནས་ཐོབ་པ་ན་དངོས་དང་། མ་ཐོབ་པ་ན་ཉེས་བྱས་སོ། །བརྗེ་བ་དང་། ཆོས་ཀྱི་ཡོན་དང་། ཆོས་གོས་མེད་པ་ལ་ནི་ལྟུང་བ་མི་འབྱུང་ངོ་། །

དྲུག་པ་སློང་བ་ནི། ལུང་ལས། ཉེ་དགའ་ལ་སྟོན་པས་སྨད་ནས། བསླབ་གཞི་འདི་ལྟར་གདོན་ཏེ། ཡང་དགེ་སློང་གང་ཁྱིམ་བདག་གམ་དེའི་ཆུང་མ་ཉེ་དུ་མ་ཡིན་པ་ལས་གོས་སློང་ན་སྤང་བའི་ལྟུང་བྱེད་དོ། །ཞེས་གསུངས། གནང་བ་ནི། དུས་མ་གཏོགས་པར་ཉེ་དུ་མ་ཡིན་པ་ལ་སློང་ན་སྤང་བའོ། །ཞེས་སོ། །དུས་ནི་ཆོས་གོས་ཕྲོགས་སམ། བརླག་གམ། མེས་ཚིག་གམ། ཆུས་ཁྱེར་རམ། རླུང་གིས་ཁྱེར་བ་སོགས་སོ། །ཞེས་གསུངས། མདོ་རྩ་ལས། མིའི་འགྲོ་བར་གཏོགས་པ་ཁྱིམ་པར་གྱུར་པ་སྐྱེ་དང་ལྡན་པ་ཉེ་དུ་མ་ཡིན་པ་ནི་ལྟུང་བའི་བྱེད་པ་པོ་ཡིན་ནོ། །འོག་མ་གསུམ་ལ་ཡང་ངོ་། །གོས་ཕྲོགས་པ་དང་བརླག་པ་དང་ཚིག་པ་དང་རླུང་གིས་ཁྱེར་བ་དང་། ཆུས་ཁྱེར་བར་མ་གྱུར་པ་ལའོ། །བླངས་ན་ཉེས་བྱས་ཀྱིའོ། །ཐོབ་ན་དངོས་གཞིའོ། །ཞེས་གསུངས་སོ། །ཆོས་གོས་རུང་བ་ཚད་ལྡན་ཞིག །ཆོས་གོས་ཡོད་བཞིན་པས་རང་དགར་སློང་འདོད་ཀྱིས་ཁྱིམ་པ་

ཉེ་དུ་མ་ཡིན་པ་ལ་བླངས་ནས་ཐོབ་ན་དངོས་སོ། །མ་ཐོབ་ན་ཉེས་བྱས་སོ། །བདུན་པ་སློང་བར་རིགས་པ་ནི། ལུང་ལས། ཕྲེང་བ་ཅན་གྱི་དགེ་སློང་རྣམས་ལ་སྟོན་པས་སྨད་སོགས་མཛད་ནས། བསླབ་གཞི་འདི་ལྟར་གདོན་ཏེ། གོས་གྲོགས་སོགས་དག་གིས་ཉེ་དུ་མིན་པ་ལས། གོས་སློང་བ་མང་པོར་སྟོབས་ཀྱང་སྟོད་གཡོགས་སྨད་གཡོགས་དང་བཅས་པའི་མཐར་ཐུག་པར་བླང་ངོ་། །དེ་ལས་ལྷག་པར་སློང་ན་སྤང་བའི་ལྟུང་བྱེད་དོ། །ཞེས་གསུངས། མདོ་རྩ་ལས། ཁྱིམ་པའི་སྟོད་གཡོགས་ཆེ་ཚད་ནི་རས་ཡུག་ཆེན་ཁྲུ་བཅུ་གཉིས་པའོ། །སྨད་གཡོགས་ནི་རས་ཡུག་ཕྲན་བདུན་པ་དང་དོ་པའོ། །དགེ་སློང་གི་ཆེ་ཚད་ནི་སྣམ་སྦྱར་དང་ཤམ་ཐབས་ཀྱི་རིམ་པ་ཇི་སྐད་བསྟན་པའོ། །ཟུང་བླང་བར་བྱ་བ་ཉིད་དོ། །གང་ཡང་རུང་བའོ། །ཚད་དེ་དག་ལས་ལྷག་པ་ནི་བླང་བར་བྱ་བ་མ་ཡིན་ནོ། །ཞེས་སོགས་གསུངས་པས། རང་ཆོས་གོས་མེད་པས་རང་དགར་ལྷག་པར་བླངས་ནས་ཐོབ་ན་དངོས་དང་། མི་རུང་བ་བླངས་ན་ཉེས་བྱས་སོ། །བརྒྱད་པ་རིན་ཐང་སྤྱགས་པ་སློང་བ་ནི། ལུང་ལས། ཉེ་དགའ་ལ། སྟོན་པས་སྨད་སོགས་ནས། དགེ་སློང་གི་ཕྱིར་ཁྱིམ་བདག་མོ་ཉེ་དུ་མ་ཡིན་པས་གོས་ཀྱི་རིན་སྤྱགས་པ་ལས་ལྷུ་ཚོམས་སུ་སློང་ན་གོས་གྲུབ་ནས་སྤང་བའི་ལྟུང་བྱེད་དོ། །ཞེས་གསུངས། མདོ་རྩ་ལས། སྤྱགས་པ་མ་ཕུལ་བར་ཤེས་པ་ནི་མ་སྤྱགས་པ་དང་འདྲའོ། །དེ་ཉིད་གཞན་ཡིན་ནོ། །ཞེས་སོགས་གསུངས་པས་སྦྱིན་བདག་ཕོ་མོ་གང་རུང་གིས་ལྷོག་ཏུ་བསྡོམས་ཤིང་དངོས་སུ་འབུལ་བ་མིན་པའི་ཆོས་གོས་རུང་བ་ལ་དེ་ལྟར་རྟོག་ཅིང་བླངས་ནས་ཐོབ་ན་དངོས་སོ། །ཉེས་བྱས་འདྲ། དགུ་པ་སོ་སོར་སྤྱགས་པ་སློང་བ་ནི། སྦྱིན་བདག་ཕོ་མོ་གཉིས་ཀས་ལྷོག་ཏུ་བསྡོམས་པ་སློང་བ་སྟེ་སྔར་དང་འདྲ། བཅུ་པ་བསྐུར་བ་ནི། ལུང་ལས། སྟོན་པས་སྨད་སོགས་མཛད་ནས། བསླབ་གཞི་ནི་འདི་ལྟར་གདོན་ཏེ། དགེ་སློང་གི་ཕྱིར་རྒྱལ་པོ་སོགས་ཀྱིས་གོས་ཀྱི་རིན་ཕོ་ཉ་བ་ལ་བསྐུར་ནས་ཕོ་ཉ་བས་འདི་རྒྱལ་པོ་སོགས་ཆེ་གེ་མོས་བསྐུར་རོ་ཞེས་ཟེར་ན་དགེ་སློང་དེས་གོས་ཀྱི་རིན་ལེན་དུ་མི་རུང་གི་གོས་རུང་བ་དུས་སུ་རྙེད་ན་ལེན་ནོ། །ཞེས་བརྗོད་དོ། །ཕོ་ཉ་བ་དེས་ཞལ་ཏ་བྱེད་པ་ལ་གོས་ཀྱི་རིན་གཏད་དེ་འདིས་གོས་ཉོས་ལ་དགེ་སློང་འདི་ཞེས་བྱ་བ་ལ་གོས་རུང་བ་དུས་སུ་སྣོན་ཅིག་ཅེས་བརྗོད་ནས་དགེ་སློང་ཅན་འོངས་ཏེ་ཞལ་ཏ་བ་ལ་གོས་རིན་གཏད་ནས་དེས་གོས་རུང་བ་དུས་སུ་སྣོན་པ་ཡོད་དོ། །ཞེས་བརྗོད་དོ། །དགེ་སློང་དེས་ཞལ་ཏ་བ་ཅན་སོང་ལ་གོས་འདོད་དོ་ཞེས་ལན་གསུམ་གྱི་བར་དུ་བསྐུལ་བར་བྱ། དྲན་པར་བྱ། དེས་མ་གྲུབ་ན། ལན་གསུམ་གྱི་བར་དུ་ཕྱོགས་སུ་ཅང་མི་སྨྲ་བར་བསྡད་པར་བྱ། དེས་གྲུབ་ན་ལེགས་མ་གྲུབ་ན་དེའི་འོག་ཏུ་གོས་བསྒྲུབ་ཕྱིར་བཙལ་ཏེ་གོས་གྲུབ་ན་སྤང་ལྟུང་ངོ་། །ཞེས་སོ། །ཞལ་ཏ་བ་ལས་གོས་མ་བྱུང་ན་དགེ་སློང་རང་སྦྱིན་བདག་ཅན་འགྲོ་བའམ། ཕོ་ཉ་བས་སྦྱིན་བདག་ལ་གོས་ཀྱི་རིན་ཞལ་ཏ་བ་ལ་གཏད་ཀྱང་དགེ་

སློང་དེའི་དོན་ཅི་ཡང་མ་གྲུབ་ཀྱིས་རང་གི་ནོར་ཆུད་མ་གསན་ཞིག་ཅེས་འཕྲིན་ཡིག་བསྐུར་རོ། །ཞེས་གསུངས། མདོ་རྩ་ལས། བསྐུར་པ་རུང་བ་མ་ཡིན་པ་ཆོས་གོས་ཀྱི་རིན་སྤྲངས་ནས་ཡོངས་སུ་དྲི་བ་སྟོན་དུ་བཏང་ཞིང་བསྟན་ཏེ་སྒོ་ ཞིང་སླས་པ་བྱུང་བའི་མཐའ་རྗེས་སུ་བརྗོད་པར་སྤར་བྱས་པའི་ཞལ་ཏ་བྱེད་པ་ལ་བསྐུལ་བར་གྱུར་ནའོ། །གོ་བར་མ་ནུས་པ་ཉིད་ན་བསྐུལ་བ་ཉིད་མ་ཡིན་ནོ། །མ་གྲུབ་ན་ལན་གཉིས་སུ་ཡང་ངོ་། །ལན་གསུམ་དུ་ཡང་ངོ་། །དེའི་འོག་ཏུ་ལན་གསུམ་གྱི་བར་དུ་ཕྱོགས་སུ་བསྡད་པར་བྱའོ། །མ་གྲུབ་ན་སྦྱིན་པར་བྱེད་པ་ལ་བསྒྲག་པར་བྱའོ། །ཞེས་སོགས་གསུངས་པས། དགེ་སློང་ལ་སྦྱིན་བདག་གི་ཆོས་གོས་ཀྱི་རྒྱུ་སྦྱིན་པ་ཞལ་ཏ་བ་ལ་གཏད་ནས། དེས་འབུལ་བའི་ཆོས་གོས་མ་གྲུབ་ན་ངག་གིས་བསྐུལ་བ་གསུམ་མཐོང་སར་བསྡད་པས་བསྐུལ་བ་གསུམ་ལས། ལྷག་པར་བླངས་ནས་ཐོབ་ན་དངོས། སྦྱིན་བདག་གིས་ཞལ་ཏ་བ་ལ་བསྐུལ་ཞེས་མ་སླས་པར་སློང་ན་ཉེས་བྱས་སོ། །

བཅུ་ཚན་གཉིས་པ་ནི། ལུང་ལས། སྡོམ་ལ། ཕྲིན་བལ་འབའ་ཞིག་ཆ་གཉིས་དང་། །དྲུག་དང་མཐོ་གང་ལམ་དང་ནི། །འཁྲུ་བ་དང་ནི་གསེར་དངུལ་དང་། །མངོན་ཚན་ཅན་དང་ཉོ་ཚོང་སོགས། །ཞེས་གསུངས་པས། དང་པོ་ཕྲིན་བལ་ནི། ལུང་ལས། སྟོན་པས་དགེ་སློང་རྣམས་ལ་སྨད་སོགས་མཛད་ནས། ཡང་དགེ་སློང་གང་ཕྲིན་བལ་གསར་པའི་སྟན་བྱེད་ན་སྤང་ལྟུང་ངོ་། །ཞེས་གསུངས། མདོ་རྩ་ལས། སྟན་བཅང་བར་བྱའོ། །ཕྲིན་བལ་གྱིས་བྱས་སམ་བྱེད་དུ་བཅུག་པ་ནའོ། །སྟན་ལ་ནི་བགྲམ་པ་ཉིད་བྱེད་པ་མཐར་ཐུག་པའི་དང་པོ་ཡིན་ནོ། །ཞེས་གསུངས་པས། དཀོན་པའི་ཕྲིན་བལ་གྱི་སྟན་ཚད་རང་དོན་དུ་བྱས་སམ་བྱེད་དུ་བཅུག་ན་བགྲམ་ཙམ་ན་དངོས་དང་། རྫས་གཞན་དང་བསྲེས་པ་ལ་ཉེས་བྱས་སོ། །གཉིས་པ་འབའ་ཞིག་ནི། དཀོན་པའི་ལུག་བལ་ནག་པོ་ཁོ་ནའི་སྟན་བྱེད་པ་སྟེ། མདོ་རྩ་ལས། ལུག་གི་བལ་ནག་པོ་འབའ་ཞིག་དག་གོ་རང་བཞིན་གྱིས་སོ། །སྔོན་པོ་དང་འདམ་ཁ་དང་། ཁམ་པ་དག་ཀྱང་དེ་ཉིད་དོ། །ཞེས་གསུངས། གསུམ་པ་ཆ་གཉིས་ནི། བལ་ནག་པོ་ཕྱེད་ལས་ལྷག་པར་བསྲེས་པའི་སྟན་བྱས་པ་སྟེ། མདོ་རྩ་ལས། དེ་དག་ཕྱེད་པས་ལྷག་པ་ཉིད་ནའོ། །ཕྱེད་དཀར་པོ་དང་འཁོབ་བལ་དག་ལས་ཆ་མཉམ་པ་ཉིད་དུའོ། །ཞེས་གསུངས། བཞི་པ་ལོ་དྲུག་ནི། ལུང་ལས། དགེ་སློང་རྣམས་ལ་སྟོན་པས་སྨད་སོགས་ནས། ལོ་དྲུག་ཚུན་ཆད་དུ་སྟན་རྙིང་པ་དེ་སྤངས་ཀྱང་རུང་མ་སྤངས་ཀྱང་རུང་སྟན་གསར་པ་གཞན་བྱེད་ན་སྤང་བའི་ལྟུང་བའོ། །ཞེས་གསུངས། གནང་བ་ནི། སྟོན་པ་དགེ་སློང་གི་གནང་བ་མ་གཏོགས་ཞེས་གསུངས། མདོ་རྩ་ལས། མཆུ་དང་ཞིང་གཉིས་ཀར་ལྷག་པ་ཉིད་ཡིན་ན་བཅང་བར་བྱའོ། །ཐུང་བ་དང་དོག་པ་ཉིད་དག་ནི་བསྐྱེད་པར་བྱའོ། །རལ་ན་བཅེམ་པར་བྱའོ། །ཞེས་སོགས་གསུངས་པ།

སྤུ་མ་བྱས་ནས་ལོ་དྲུག་མ་លོན་པར་སྟན་བྱེད་ན་སྐྱེ་གཞན་འདྲ། ལྔ་པ་མཐོ་གང་ནི། ལུང་ལས། དགེ་སློང་རྣམས་ལ་སྟོན་པས་སྨད་སོགས་མཛད་ནས། དགེ་སློང་གིས་གདིང་བ་གསར་པ་ཁ་དོག་མི་སྡུག་པར་བྱ་བའི་ཕྱིར་གདིང་བ་རྙིང་པ་དེ་བཞིན་གཤེགས་པའི་མཐོ་གང་འཁོར་བར་གླན་པར་བྱའོ། །མི་གླན་པར་གསར་པ་སྤྱོད་ན་སྤང་བའི་ལྟུང་བྱེད་དོ། །ཞེས་གསུངས། མདོ་རྩ་ལས། གདིང་བ་རྙིང་པ་ལས་བདེ་བར་གཤེགས་པའི་མཐོ་གང་གིས་མ་གླན་པའི་གདིང་བ་གསར་པ་སྤྱོད་ནའོ། །གལ་ཏེ་ཡོད་ནའོ། །དེ་ཙམ་ཡང་ངོ་ཞེས་སོགས་གསུངས་པས། གདིང་བ་གསར་པ་བྱེད་པ་ན་རྙིང་པ་ནས་སངས་རྒྱས་ཀྱི་མཐོ་གང་ཙམ་གྱི་ཚད་གླན་པར་མི་བྱེད་ན་དངོས། མི་གླན་པར་རྫོགས་པ་ན་ཉེས་བྱས་སོ། །

དྲུག་པ་ལམ་ནི། ལུང་ལས། དྲུག་སྡེ་ལ་སྟོན་པས་སྨད་སོགས་མཛད་ནས། བསླབ་གཞི་འདི་ལྟར་གདོན་ཏེ། དགེ་སློང་ལམ་དུ་ཞུགས་པས་ལུག་བལ་རྙེད་ན་འདོད་ན་བླང་ངོ་། །བླངས་ནས་ཁྱེར་བ་མེད་ན་དཔག་ཚད་གསུམ་གྱི་མཐར་བདག་ཉིད་ཀྱི་འཁུར་རོ། །དེ་ལས་འདས་པར་ཁྱེར་ན་སྤང་བའི་ལྟུང་བྱེད་དོ། །ཞེས་གསུངས། མདོ་རྩ་ལས། ཁྱེར་བ་མེད་ན་དཔག་ཚད་གསུམ་ལས་འདས་པར་ལུག་གི་བལ་འཁྱེར་ནའོ། །ཡོད་ན་ཡང་ངོ་། །ལམ་དུ་འགྲོ་བ་ནི་རྒྱང་གྲགས་ཀྱི་བདག་ཉིད་དོ། །ཞེས་སོགས་གསུངས་པས། བལ་ཁུར་དུ་ལོངས་པ་དཔག་ཚད་གསུམ་ལས་འདས་པར་ཁུར་ན་དངོས། ཞ་དང་ལྷམ་སྒྲོག་གུའི་རྒྱུ་ལྷ་བུ་ལ་ཉེས་པ་མེད། དཔག་ཚད་གསུམ་མ་འདས་པར་ཁུར་བ་ཉེས་བྱས་སོ། །

བདུན་པ་འཁྲུར་བ་ནི། ལུང་ལས། འཆར་ཀ་ལ་སྟོན་པས་སྨད་སོགས་མཛད་ནས། ཡང་དགེ་སློང་གང་དགེ་སློང་མ་ཉེ་དུ་མ་ཡིན་པ་ལ་ལུག་བལ་དག་འཁྲུད་དུ་འཇུག་གམ། འཚེད་དུ་འཇུག་གམ། སྙིལ་དུ་འཇུག་ན་སྤང་བའི་ལྟུང་བྱེད་དོ། །ཞེས་གསུངས། མདོ་རྩ་ལས། ཆོས་གོས་རྙིང་པའི་གནས་སུ་ལུག་གི་བལ་དག་གོ །འཆག་པར་སྙིལ་བའི་འོ་ཞེས་སོགས་གསུངས་པས། དགེ་སློང་མ་ཉེ་དུ་མ་ཡིན་པ་ལ་བལ་རྫུང་བ་སྙིལ་བའམ། འཆག་པའམ་འཚེད་དུ་འཇུག་ན་དངོས། ཉམས་པ་ལ་ཉེས་བྱས་སོ། །

བརྒྱད་པ་གསེར་དངུལ་ནི། ལུང་ལས། དྲུག་སྡེ་ལ་སྟོན་པས་སྨད་སོགས་སྔར་བཞིན། ཡང་དགེ་སློང་གང་རང་གི་ལག་གི་གསེར་དངུལ་ལེན་ནམ་ལེན་དུ་འཇུག་ན་སྤང་བའི་ལྟུང་བྱེད་དོ། །གནང་བ་ནི། ཀྱི་མ་བྲམ་ཟེ་དང་ཁྱིམ་བདག་རྣམས་ཀྱིས་གོས་ཀྱི་རིན་དག་བྱིན་ལ། ངའི་ཉན་ཐོས་རྣམས་ཀྱང་གོས་ཀྱི་རིན་དག་འདོད་ཀྱིས་རུང་བར་བྱ་བ་ཙུང་ཞིག་གནང་ངོ་སྙམ་དུ་དགོངས་ནས་གསུངས་པ་བླང་བར་བྱ་ཞིང་བླངས་ནས་ཀྱང་སྦྱིན་བདག་དེ་ཉིད་ལ་ཡིད་བརྟན་བྱའོ། །གཞན་ཡང་དགེ་སློང་ཞལ་ཏ་བྱེད་པ་སྒྲོ་བར་བྱའོ། །ཞེས་གསུངས། མདོ་

རྩ་ལས། རིན་པོ་ཆེ་བདག་གིར་བྱས་ནའོ། །ལྟོགས་པ་ཉིད་ན་དེ་རྫོགས་སོ། །དེ་བས་ཕ་ཟད་ན་ནི་ཕྱེད་ཉིད་དོ། །རང་གིས་རུང་བར་མ་བྱས་པ་ཡང་ངོ་། །རེག་གམ་རེག་ཏུ་བཅུག་ནའོ། །གང་ཡང་རུང་བས་སོ། །སྐྱིད་གདགས་སུ་རུང་བའི་ཟངས་མ་ལ་ནི་ཉེས་བྱས་སོ། །ཞེས་དང་། བྱིན་གྱིས་བརླབ་ཏུ་རུང་བ་ནི་གཉིས་ཏེ། ལྕུགས་ལས་བྱས་པ་དང་། ས་ལས་བྱས་པའོ། །ཞེས་སོགས་གསུངས་པས།རིན་པོ་ཆེ་སྣ་བདུན་རུང་བ་མ་བྱས་པ་ལ་བདག་ཕྱིར་བྱེད་འདོད་ཀྱིས་བླངས་ན་རེག་པ་ལ་དངོས་དང་། རིན་པོ་ཆེ་ཕལ་པ་ལ་ཉེས་བྱས་སོ། །

དགུ་པ་མངོན་མཚན་ཅན་ནི། ལུང་ལས། དྲུག་སྡེ་ལ།སྨོན་པས་ཚུལ་མིན་སོགས་སྨད་ནས། ཡང་དགེ་སློང་གང་མངོན་མཚན་ཅན་གྱི་སྤྱོད་པ་སྣ་ཚོགས་བྱེད་ན་སྤང་བའི་ལྟུང་བྱེད་དོ། །ཞེས་གསུངས། མདོ་རྩ་ལས། ཕ་རོལ་པོ་ཁྱིམ་པ་ཉིད་དང་ཉེ་དུ་མ་ཡིན་པ་ཉིད་ཡིན་ན་དངོས་གཞིའོ། །བསྐྱེད་ཕྱིན་ནའོ། །འོག་མ་ལ་ཡང་ངོ་། །ས་ནམ་མཁའ་རིན་པོ་ཆེ་སྤྱོད་པ་ལས་སོ། །ཞེས་དང་། དཔང་པོ་དང་ལོ་དང་ཟླ་བ་དང་ཉི་མ་དང་དགེ་འདུན་གྱི་གནས་བརྟན་དང་དགེ་བསྐོས་དང་ལེན་པ་པོ་དང་རྫས་དང་སྐྱེད་རྣམས་དཔང་རྒྱར་བྲིས་ནས་སོ། །ཞེས་སོགས་གསུངས་པས། རང་གི་རིན་པོ་ཆེ་རུང་བ་ཁྱིམ་པ་ལ་བདུན་སྐྱེ་སོགས་བསྐྱེད་ཐོབ་འདོད་ཀྱིས་བཏང་ནས་བསྐྱེད་ཐོབ་པ་ན་དངོས་དང་། སྦྱོར་བ་རྩོམ་པ་ན་ཉེས་བྱས་སོ། །དགུ་པ་ཉོ་ཚོང་ནི། ལུང་ལས། དྲུག་སྡེ་ལ་སྨོན་པས། ཡང་དགེ་སློང་གང་ཉོ་ཚོང་སྣ་ཚོགས་བྱེད་ན་སྤང་བའི་ལྟུང་བའོ། །ཞེས་གསུངས། མདོ་རྩ་ལས་གཞན་གྱིས་སོ། །དགེ་འདུན་གྱི་གསོས་ཀྱི་ཕྱིར་དགེ་འདུན་གྱི་འབྲས་རིན་གྱིས་ཉོས་ལ་སྦྱིན་པར་བྱའོ། །ཞེས་དང་། ཁྱིམ་པ་ཉོར་བཞུག་གོ། །མེད་ན་ལན་གསུམ་གྱི་བར་དུ་ཚིག་བརྗོད་པར་བྱའོ། །ཟོང་ལ་རྩེག་པ་ནི་གཞན་གྱི་དོན་དུ་ཡང་མི་བྱ་སྟེ། དཀོན་མཆོག་གསུམ་ནི་མ་གཏོགས་སོ། །ཞེས་སོགས་གསུངས་པས། རང་གི་རྫས་རིན་པོ་ཆེ་ལས་གཞན་གོས་དང་འབྲུ་ལ་སོགས་པ་ཉོ་ཚོང་བྱེད་པ་ལ་དངོས་གཞིའོ། །གཞན་སྔ་མ་བཞིན། འདི་གཉིས་དགེ་འདུན་སོགས་དཀོན་མཆོག་གི་དོན་དུ་བྱེད་པ་ལ་ཉེས་པ་མེད་དོ། །

བཅུ་ཚན་གསུམ་པ་ནི། ལུང་ལས། སྡོམ་ལ། ལྷུང་བཟེད་གཉིས་དང་ཐག་གཉིས། །བྱིན་འཕྲོག་སྨོན་ཟླ་ཐ་ཆུང་དང་། །དགོན་པ་པ་དང་རས་ཆེན་དང་། །བསྡོས་པ་དང་ནི་གསོག་འཇོག་གོ། ཞེས་གསུངས་པའི་དང་པོ། ལྷུང་བཟེད་འཆང་བ་ནི། ལུང་ལས། དྲུག་སྡེ་ལ་སྨོན་པས་སྨད་སོགས་མཛད་ནས། བསླབ་གཞི་འདི་ལྟར་གདོན་ཏེ། དགེ་སློང་གིས་ལྷུང་བཟེད་ལྷག་པ་ཞག་བཅུའི་བར་དུ་བཅང་ངོ་། །དེ་ལས་འདས་པར་འཆང་ན་སྤང་བའི་ལྟུང་བྱེད་དོ། །ཞེས་གསུངས། མདོ་རྩ་ལས། སྐྱ་བ་དང་། དཀར་བ་དང་ཆེ་བ་རྣམས་ནི་རུང་བ་ཉིད་མ་ཡིན་ནོ། །ཞེས་སོགས་གསུངས་པས། ལྷུང་བཟེད་རུང་བ་ཚད་ལྡན་རང་ཉིད་དབང་བ་ལྷག་པོ་ཞག་བཅུ་འདས་པར

རང་དོན་དུ་བཅངས་ན་བཅུ་གཅིག་པའི་སྐྱ་རེངས་ཤར་བ་ན་དངོས་གཞི། དེ་མ་འདས་ན་ཉེས་བྱས་སོ། །གཉིས་པ་ལྷུང་བཟེད་ཆོལ་བ་ནི། ལུང་ལས། སྟོན་པས། ཉེར་དགའ་ལ་སྨད་སོགས་ནས། དགེ་སློང་གི་ལྷུང་བཟེད་ཡོད་ཅིང་བདོག་བཞིན་དུ་གཞན་བཙལ་བར་མི་བྱ། ལྷུང་བཟེད་ནི་ལྷུགས་དངས་ལས་བྱས་པ་གཉིས་པོ་ནའོ། ། ཞེས་གསུངས། མདོ་རྩ་ལས། ཏ་ཅང་ཆགས་པར་མི་བྱའོ། །ཡོ་བྱད་ལ་ཏ་ཅང་ལྷག་པར་ཆགས་པར་མི་བྱའོ། ། གང་ལ་ཞེན་པ་དེ་བཅང་བར་མི་བྱའོ། །ལྷུང་བཟེད་ཀྱང་མེད་ན་བླང་བར་བྱའོ། །དེ་ཡོད་པ་ཉིད་ནའོ། །ལྷན་པ་བཞི་མན་ཆད་ནས་དེ་དག་རུང་ཞིང་ཡོངས་སུ་སྤྱད་བཟོད་པའོ། །ཁྲིམ་པ་ཉེ་དུ་མ་ཡིན་པ་ལས་བླངས་པས་ཡོངས་སུ་བཙལ་ནའོ། །ཞེས་སོགས་གསུངས་པས། ལྷུང་བཟེད་དེ་སྔ་མ་ལ་ལྷན་པ་ལྔ་མ་ཡོག་པར་གཞན་ཆོལ་བ་ཐོབ་ན་དངོས་དང་། མ་ཐོབ་ན་ཉེས་བྱས་སོ། །གསུམ་པ་གོས་འཐག་ཏུ་འཇུག་པ་ནི། ལུང་ལས། སྟོན་པས། ཉེར་དགའ་ལ་སྨད་སོགས་ནས་ཡང་དགེ་སློང་གང་རང་གི་ཉེ་དུ་མ་ཡིན་པ་ལ་རང་གིས་བླངས་པའི་བདོག་པ་འཐག་ཏུ་འཇུག་ན་གོས་གྲུབ་པ་ན་སྤང་བའི་ལྟུང་བའོ། །ཞེས་གསུངས། མདོ་རྩ་ལས་རིན་མེད་པར་བསྒོ་བས་གཞན་གྱིས་ཀྱང་འཐག་ཏུ་བཅུག་ནའོ། །ཞེས་སོགས་གསུངས་པས། ཐ་ག་པ་ཁྱིམ་པ་ཐ་སྙད་ལྔ་ལྡན་ནོར་མི་གཅིག་ཅིང་ཉེ་དུ་མ་ཡིན་པ་ལ། རང་གི་ཆོས་གོས་ཀྱི་རྒྱུར་རུང་བའི་བདོག་པ། གླ་མ་བྱིན་པར་ངག་མཚན་ཉིད་དྲུག་ལྡན་གྱིས་འཐག་ཏུ་བཅུག་ནས་ལག་ཏུ་གྲུབ་པ་ན་དངོས། མ་གྲུབ་ན་ཉེས་བྱས་སོ། །

བཞི་པ་འཐག་པ་བསྐྱེད་པ་ནི། ལུང་ལས།ཉེར་དགའ་ལ། སྟོན་པས་སྨད་སོགས་མཛད་ནས། དགེ་སློང་གི་ཕྱིར་ཁྱིམ་བདག་གི་དེའི་ཆུང་མ་ཉེ་དུ་མ་ཡིན་པས་ཐ་ག་བས་ཉེ་དུ་མིན་པ་ལ་གོས་འཐག་ཏུ་བཅུག་པ་ལ་དགེ་སློང་གིས་གླ་རྔན་བཟའ་བའམ་བཅའ་བའི་རྒྱུ་ཙུང་ཟད་བྱིན་ནས་ཞིང་ཆེ་ཁྲུན་རང་གི་ཐར་གྱིས་ཐག་རན་བཟང་བར་གྱིས་ཞེས་བྱ་སྟེ་གོས་གྲུབ་ན་སྤང་ལྟུང་ངོ་། །ཞེས་གསུངས། མདོ་རྩ་ལས། དེའི་ཕྱིར་བརྟག་པར་བྱ་བ་བསམ་པ་ལས་བྱུང་བ་ཉིད་དོ། །ཁོ་ལག་ཆེ་བ་ཉིད་དམ་འཁྲུས་བཟང་བ་ཉིད་ལ་ཐ་ག་བ་ངེས་པར་སྒྲུར་བར་བྱའོ། །གལ་ཏེ་སྦྱིན་བདག་གི་ཟད་ནའོ། །རྔན་པ་མ་བྱིན་ན་ཡང་ངོ་། །ཞེས་སོགས་གསུངས་པས། རང་གི་ཆོས་གོས་སྦྱིན་བདག་གིས་འཐག་ཏུ་བཅུག་པ་ན། དེ་བས་ཆེ་བ་བཟང་བ་བསྐྱེད་ནས་གྲུབ་ན་དངོས་སོ། །ལྷུང་མེད་ནི། ཇི་ལྟར་བཞེད་པའི་ཞལ་ཏ་མཛད་ཅེས་གནང་བ་ཐོབ་པ་དང་། ཅི་ཙམ་བསྒོས་པ་དེ་ཙམ་ལས་ནི་ཉེས་པ་མེད་དོ། །

ལྔ་པ་བྱིན་འཕྲོག་ནི། ལུང་ལས། སྟོན་པས་དགའ་བོ་ལ་སྨད་སོགས་མཛད་ནས། ཡང་དགེ་སློང་གང་དགེ་སློང་ལ་ཆོས་གོས་བྱིན་པ་དེའི་འོག་ཏུ་ཁྲོས་པ་སོགས་ཀྱིས་འཕྲོག་གམ་འཕྲོག་ཏུ་འཇུག་ཅིང་ཁྱོད་ལ་གོས་མི་སྦྱིན་གྱིས་ཕྱིར་བྱིན་ཞིག་ཅེས་ཟེར་ན། དེས་གཏང་བར་བྱ་ལ་བྲལ་ན་སྤང་བའི་ལྟུང་བའོ། །ཞེས་གསུངས།

མདོ་རྩ་ལས། དབྱལ་བར་བྱ་བ་དགེ་སློང་ཉིད་དོ། །དབྲོག་པར་བྱ་བ་རང་གི་ཉིད་མ་ཡིན་ནའོ། །དེ་གོས་ཉིད་ཡིན་ནའོ། །དེའི་འམ་དེས་བསྔོས་པའི་ལུས་དང་ངག་བསྡུས་པའི་ཐ་དད་པ་དག་གིས་དབྲོག་པའི་དོན་དུ་ཞུགས་པ་ལྔ་བུ་ནི་བྱེད་པ་པོ་ངག་ཡིན་នོ། །ཞེས་སོགས་གསུངས་པས། ཕྲོག་ཡུལ་བསྙེན་པར་རྫོགས་པའི་སྡོམ་པ་རྣམ་དག་དང་ལྡན་པ། མཚན་མཐུན་ལྟ་བ་མཐུན། ཐ་སྙད་གསུམ་དང་ལྡན་པ། རྒྱུད་ཐ་དད་པ། ལུས་ཐ་མལ་པར་གནས་པ་ཏེ་དྲུག་ལྡན་ལ། རང་གི་ཆོས་གོས་སོགས་རུང་བ་ཚད་ལྡན་བྱིན་ཚར་ནས་ངན་སེམས་ཀྱིས་འཕྲོགས་པ་ན་གཞན་གྱི་ལུས་དང་བྲལ་བ་ན་དངོས། མ་བྲལ་ཙམ་ན་ཉེས་བྱས་སོ། །

དྲུག་པ་སྟོན་ཟླ་ཐ་ཆུང་ནི། ལུང་ལས། དྲུག་སྡེ་ལ་སྟོན་པས། དགེ་སློང་དག་ཁྱེད་ཀྱིས་དབྱར་གྱི་རྙེད་པ་དབྱར་གྱི་ནང་དུ་བསྔོས་པ་བདེན་ནམ། བཙུན་པ་མདོ་ཞེས་སྨྲད་ནས་བསླབ་པའི་གཞི་འཆའ་བ་མཛད་དོ། །གནང་བ་ནི། སྟོན་ཟླ་ཐ་ཆུང་ཉར་ཞག་བཅུས་མ་ཚང་བ་ཚུན་ཆད་དུ་བསྡད་པ་ལས་བྱུང་བ་བོས་ཤིག་འདོད་ན་དགེ་སློང་ཞིག་གིས་བླང་ཞིང་བླངས་ནས་དུས་ཀྱི་བར་དུ་བཅང་ངོ་། །དེ་ལས་འདས་པར་འཆང་ན་སྤང་བའོ། །ཞེས་གསུངས། མདོ་རྩ་ལས། དབྱར་གྱི་རྙེད་པ་ནི་བྱེད་པ་པོ་ཉིད་དོ། །དབྱར་གྱི་ནང་ལོགས་སུ་བདག་གིར་བྱེད་ནའོ། །ཞེས་སོགས་གསུངས་པས། དངོས་པོ་ཟས་ལས་གཞན་པའི་དབྱར་རྙེད་རུང་བ་ཚད་དང་ལྡན་པ་རང་གི་ཡིན་པ་དབྱར་གནས་མ་ཚར་བར་དགོས་ན་རྙེད་པ་ཐོབ་ན་དངོས། མ་ཐོབ་ན་ཉེས་བྱས་སོ། །

བདུན་པ་དགོན་པའི་འབྲལ་བ་ནི། ལུང་ལས། དགེ་སློང་དྲུག་ཅུ་ལ། སྟོན་པས་དེ་ལྟ་བས་ན་དགེ་སློང་དགོན་པ་བས་ཆོས་གོས་གསུམ་ལས་གང་ཡང་རུང་བ་ཁྱིམ་དུ་བཞག་པར་བྱའོ། །ཞེས་གསུངས། མདོ་རྩ་ལས། དགོན་པ་པའི་ཆོས་གོས་གཅིག་ལ་ནི་འཇིགས་པ་དང་བཅས་པ་ཉིད་ཡིན་ན་གྲོང་ཡང་རང་གི་གནས་དང་འདྲའོ། །དེས་དོན་གྱི་དབང་གིས་གྲོང་གཞན་ན་འདུག་པ་དེ་ལས་ཞག་དྲུག་ཚུན་ཆད་དུ་འབྲལ་བར་བྱའོ། །ཞེས་སོགས་གསུངས་པས། འཇིགས་པ་དང་བཅས་པའི་དགོན་པར་གནས་པའི་ཆོས་གོས་ཁྱིམ་གཞན་དུ་འཇོག་པ་ཞག་བདུན་འདས་པ་ན་དངོས་ཏེ་དྲུག་མན་ལ་ཉེས་པ་མེད་དོ། །ཞག་བདུན་པའི་ཆ་སྟོད་ལ་ཉེས་བྱས་སོ། །

བརྒྱད་པ་རས་ཆེན་ཚོལ་བ་ནི། ལུང་ལས། དགེ་སློང་རྣམས་ལ། སྟོན་པས་གསོ་དཀའ་སོགས་སྨྲད་ཅིང་གསོ་སླ་སོགས་མངགས་ནས། དགེ་སློང་རྣམས་ཀྱིས་སོ་ག་རྣམས་ཀྱི་ཟླ་བ་གཅིག་ལུས་པ་ན་དབྱར་གྱི་རས་ཆེན་བཙལ་བར་བྱ་ལ། དབྱར་ཟད་པའི་འོག་ཏུ་ཟླ་ཕྱེད་ཀྱི་བར་དུ་བཅང་ངོ་། །དེ་དག་ལས་སྔ་བར་ཚོལ་ལམ། ལྷག་པར་འཆང་ན་སྤང་བའི་ལྟུང་བའོ། །ཞེས་གསུངས། མདོ་རྩ་ལས། བདག་ཉིད་གནས་པར་ཁས་བླངས་པའི་ཉིན་མོའི་ཟླ་བ་སྨིན་མའི་དང་པོ་ཚུན་ཆད་ནས་དབྱར་གྱི་རས་ཆེན་བཙལ་བར་བྱའོ། །བདག་ཉིད་ཀྱི་དབྱར་

གྱི་འོག་གི་ཟླ་བ་ཕྱེད་ཀྱི་མཐའི་བར་དུ་བཅང་བར་བྱའོ། །ཞེས་སོགས་གསུངས་པས། དབྱར་གནས་པའི་ཟླ་བ་གཅིག་གི་སྔོན་ལ། རས་ཆེན་རུང་བ་བཙལ་ཞིང་། དབྱར་གནས་གྲོལ་ནས་ཟླ་བ་ཕྱེད་བཅངས་ཏེ། དེ་ལས་སྔ་ཕྱིར་ཆོལ་ལམ་བཅངས་ན་དགོས། མི་རུང་བ་ལ་ཉེས་བྱས་སོ། །

དགུ་པ་བསྔོས་བསྒྱུར་ནི། ལུང་ལས། ཉེར་དགའ་ལ། སྟོན་པས་སྨད་སོགས་ནས། ཡང་དགེ་སློང་དགེ་འདུན་ལ་བསྔོས་པའི་རྙེད་པ་ཤེས་བཞིན་དུ་གང་ཟག་ལ་བསྒྱུར་ཏེ་འཇུག་ན་སྤང་བའི་ལྟུང་བ་ཞེས་གསུངས། མདོ་རྩ་ལས། གཞན་གྱི་གང་ཟག་གཞན་ནམ་དགེ་འདུན་ལ་བསྔོས་པའི་གོས་ཤེས་བཞིན་དུ་བདག་ཉིད་ལ་བསྒྱུར་ཏེ་ཐོབ་ནའོ། །ཞེས་གསུངས་པས། ཁྱིམ་པས་དགེ་འདུན་ནམ་གང་ཟག་ལ་བསྔོས་པའི་ཆོས་གོས་ལྷུང་བཟེད་སོགས་ཚད་ལྡན་ངག་མཚན་ཉིད་དྲུག་ལྡན་གྱིས་བདག་ལ་བསྒྱུར་ནས་ལག་ཏུ་ཐོབ་ན་དགོས། གཞན་ལ་བསྒྱུར་ན་ཉེས་བྱས་སོ། །

བཅུ་པ་གསོག་འཇོག་ནི། ལུང་ལས། སྟོན་པས། པི་ལིན་དའི་བུས་ལྷན་ཅིག་གནས་པ་དང་། ཉེ་གནས་རྣམས་ལ་སྨད་སོགས་མཛད་ནས། དགེ་སློང་རྣམས་ལ་བཀའ་སྩལ་པ། །དགེ་སློང་ན་བ་རྣམས་ལ་བསྟེན་བྱའི་སྨན་འདི་ལྟ་སྟེ། ཞུན་མར་དང་། འབྲུ་མར་དང་། སྦྲང་རྩི་དང་། བུ་རམ་གྱི་དབུ་བ་དེ་དག་ལས་དགེ་སློང་ན་བས་འདོད་ན་རིངས་ཞག་བདུན་པར་བྱིན་གྱིས་བརླབས་ཏེ་གསོག་འཇོག་གིས་ལོངས་སྤྱོད་པས་སྤྱད་དོ། །དེ་ལས་འདས་པར་སྤྱོད་ན་སྤང་བའི་ལྟུང་བའོ། །ཞེས་གསུངས། མདོ་རྩ་ལས། ཞག་བདུན་པར་བྱིན་གྱིས་བརླབས་པའི་ཉི་མ་འདས་སོ་ཅོག་དགེ་སློང་ལ་བརྗོད་པར་བྱའོ། །བཟའ་བའི་ཕྱིར་འཆང་ནའོ། །དེའོ། །སྐྱེ་རེངས་བརྒྱད་པ་ཤར་ནའོ། །རུང་བ་བྱས་ནའོ། །བཟའ་བར་བྱ་བ་རུང་བ་མ་ཡིན་པ་ཉིན་མཚན་འདས་པ་ནི་འདིར་ཐོབ་པ་དང་འདྲ་བར་རྣམ་པར་བཞག་གོ །ཞེས་སོགས་གསུངས་པས། རང་ཉིད་ཟ་བའི་ཆེད་དུ། བྱིན་ལེན་བྱས་ལ་མ་ཞིག་པ། སྨན་རྣམ་པ་བཞི་བྱིན་བརླབས་བྱས་པ་ཞག་བདུན་ལས་འདས་པར་ཐོབ་ན་མེད་པ་ན་དགོས་དང་། ཚོམ་པ་ན་ཉེས་བྱས་སོ། །

གཉིས་པ་ལྟུང་བྱེད་ལ། སྤྱི་སྡོམ་ནི། ཤེས་བཞིན་དང་ནི་ས་བོན་དང་། མ་སྨྲས་པ་དང་ཡང་ཡང་དང་། །ཆུ་དང་ཁྲིམ་དང་བསམས་བཞིན་དང་། །མགྲོན་མ་རྐུན་མ་ཚོས་སྟོན་ནོ། །ཞེས་བཅུ་ཚན་དགུ་ལས། དང་པོ་ཤེས་བཞིན་གྱི་བཅུ་ཚན་ནི། ལུང་ལས། སྡོམ་ལ། རྫུན་སྨྲིན་དགེ་སློང་ཕྲ་མ་དང་། །སྨྱོར་སྨོགས་བྱེད་དང་སྟོན་པ་དང་། །འདོན་དང་གནས་ངན་ལེན་དང་ཆོས། །བཤེས་ངོར་བྱེད་དང་ཁྲུད་དུ་གསོད། །ཅེས་གསུངས་པའི་དང་པོ། ཤེས་བཞིན་གྱི་རྫུན་སྨྲ་བའི་ལྟུང་བྱེད་ནི། ལུང་ལས། སྟོན་པས་ལག་རྒྱུད་ལ་དགེ་སློང་གི་ཚུལ་མིན་པ

སོགས་སྨད་ནས། ངའི་ཉན་ཐོས་རྣམས་ཀྱིས་འདུལ་བ་ལ་བསླབ་པའི་གཞི་འདི་ལྟར་གདོན་ཏེ། ཤེས་བཞིན་དུ་རྫུན་སྨྲ་ན་ལྟུང་བྱེད་དོ། །ཞེས་གསུངས། མདོ་རྩ་ལས། དེ་གཉིས་དང་ཕམ་པར་འགྱུར་བ་དང་དགེ་འདུན་ལྷག་མར་འགྱུར་བ་གཉིས་ལས་གཞན་པའི་བརྫུན་དུ་སྨྲ་བའོ། །ཞེས་སོགས་གསུངས་པས། ཕམ་པ་ལྷག་མ་སྡོམ་པོ་ཉེས་བྱས་བཤེས་ངོར་འགྱུ་བ་ཟས་ཅུང་ཟད་སྐྱུར་འདེབས་ཉེར་འཇོག་དང་སྣོད་ཀྱི་བརྫུན་དྲུག་ལས་གཞན་པའི་མཐོང་བ་ལམ་མཐོང་སོགས་ཀྱི་རྫུན་ཤེས་བཞིན་དུ་ངག་མཚན་ཉིད་དྲུག་ལྡན་གྱིས་སྨྲས་ན་ཚིག་ཐོས་ཤིང་དོན་གོ་ན་དངོས། མ་གོ་ན་ཉེས་བྱས་སོ། །

གཉིས་པ་སྐྱོན་བརྗོད་ནི། ལུང་ལས། སྟོན་པས། དྲུག་སྡེ་ལ་སྨྲས་པ། དགེ་སློང་ཁྱེད་ཀྱིས་དགེ་སློང་རྣམས་ལ་ཞར་བ་སོགས་སྐྱོན་ནས་སྨྲ་བའི་ཀུན་ཏུ་སྤྱོད་པ་བདེན་ནམ། མད་དོ། །ཚུལ་མིན་སོགས་སྨད་ནས། དགེ་སློང་དག་རེ་ཞིག་དུད་འགྲོའི་སྐྱེ་གནས་དེ་དག་ཀྱང་མིའི་སྐྱོན་ནས་སྨྲས་པས་དེ་ལྟར་སེམས་ན་མི་རྣམས་ལྟ་ཅི་སྨོས། ཞེས་གསུངས། མདོ་རྩ་ལས། དགེ་སློང་གིའོ། །འོག་མ་ལ་ཡང་ངོ་། །སྐྱོན་ཉིད་བརྗོད་པར་འདོད་པས་སོ། །འཛམ་པོ་བྱས་ཀྱང་རུང་རྩུབ་པོ་བྱས་ཀྱང་རུང་ངོ་། །ཞེས་སོགས་གསུངས་པས། དགེ་སློང་རྫོགས་པ་དྲུག་ལྡན་ལ། རིགས་ལུས་ཆོས་ཀྱི་སྐྱོན་དུ་བྱེད་པ་ཡུལ་དེར་གྲགས་པ། མི་དགའ་བར་བྱེད་འདོད་ཀྱི་ངག་མཚན་ཉིད་དྲུག་ལྡན་གྱིས་སྨྲས་པ། ཚིག་ཐོས་ཤིང་དོན་གོ་ན་དངོས། མ་གོ་ན་ཉེས་བྱས་སོ། །

གསུམ་པ་ཕྲ་མ་ནི། ལུང་ལས། སྟོན་པས་དྲུག་སྡེ་ལ་སྨད་སོགས་མཛད་ནས། དགེ་སློང་དག་དུད་འགྲོའི་སྐྱེ་གནས་ལ་ཡང་ཕྲ་མ་སྦྱད་ན་གསོད་པར་སེམས་ན་མི་རྣམས་ལྟ་ཅི་སྨོས། དེ་ལྟ་བས་ན་དགེ་སློང་གིས་ཕྲ་མ་སྦྱད་པར་མི་བྱའོ། །སྤྱོད་ན་འགལ་ཚབས་ཅན་ནོ། །ཞེས་གསུངས། མདོ་རྩ་ལས། ཕྲ་མ་བྱེད་འདོད་པས་ཆེ་གེ་མོ་ཞིག་ཟེར་རོ། །ཞེས་སྨྲ་ནའོ། །གལ་ཏེ་མིང་ནས་སོ། །དེ་ཡང་དགེ་སློང་ཉིད་ཡིན་ནའོ། །ཞེས་སོགས་གསུངས་པས། དགེ་སློང་རྫོགས་པ་དྲུག་ལྡན་ལ་དབྱེ་འདོད་ཀྱི་ཕྲ་མ་ངག་མཚན་ཉིད་དྲུག་ལྡན་གྱིས་སྨྲས་པ་ཚིག་ཐོས་ཤིང་དོན་གོ་ན་དངོས་ཡུལ་གཅིག་ལ་ཉེས་བྱས། ཕྲ་མ་བྱེད་འདོད་མེད་ན་ལྟུང་བ་མེད་དོ། །

བཞི་པ་སྐྱུར་སྡོགས་བྱེད་པ་ནི། སྟོན་པས། དྲུག་སྡེ་ལ་སྨད་སོགས་མཛད་ནས། ཡང་དགེ་སློང་གང་དགེ་འདུན་མཐུན་པས་ཆོས་བཞིན་དུ་རྩོད་པ་སྨྲུངས་པར་ཤེས་བཞིན་དུ་ཡང་ལས་ཀྱིས་སྐྱུར་སྡོགས་བྱེད་ན་ལྟུང་བྱེད་དོ། །ཞེས་གསུངས། མདོ་རྩ་ལས། གཉིས་ཀྱི་རྩོད་པ་ཉིད་དགེ་འདུན་གྱི་ལེགས་པར་ཞི་བར་བྱས་པ་ཉིད་ལའོ། །སྐྱུར་སྡོགས་སོ། །གཞུག་མར་གནས་པ་དང་ལས་བྱེད་པ་དང་དད་པ་འབུལ་བ་དག་ཁོན་ལ་དངོས་གཞིའོ་ཞེས་སོགས་གསུངས་པས། དགེ་སློང་གི་ལས་ཆོས་མཐུན་བྱས་ཚར་བ་ལ་དེར་རྟོགས་པས་ཟློས་འདོད་ཀྱིས་སྐྱུར

དགོས་པར་སྨྲ་བ་དོན་གོ་ནའོ། །ཚོས་མིན་ཕྱོགས་སུ་ཞེ་བ། བདག་ཉིད་ཞེ་བྱེད་ཀྱི་ཁོངས་སུ་མ་གཏོགས་པ། གོ་བྱ་མ་གཏོགས་པ། རང་ཞེར་སོང་བ་རྣམས་ལ་ཉེས་བྱས་སོ། །

ལྔ་པ་ཁྲིམ་པ་མོ་ལ་ཆོས་སྟོན་པའི་ལྟུང་བྱེད་ནི། ལུང་ལས། སྟོན་པས། དྲུག་སྡེ་ལ་སྨད་སོགས། ཚིག་ལྔའམ་དྲུག་ལས་ལྷག་པར་བུད་མེད་ཀྱི་ཡུལ་ལ་ཆོས་སྟོན་ན་རིག་པའི་སྐྱེས་པ་མ་རྟོགས་ཏེ་ལྟུང་བྱེད་དོ། །ཞེས་གསུངས། མདོ་རྩ་ལས།སྟོན་པ་ལའོ། །ཆོས་སོ། །ཚིག་དྲུག་ལས་ལྷག་པར་རོ། །ལྷག་པ་ཉིད་དུ་ཤེས་པ་ལའོ། །ཞེས་སོགས་གསུངས་པས། རིག་པའི་སྐྱེས་པ་མེད་པའི་ཁྲིམ་པ་མོ་རྟེན་རུང་ལ། ལུང་གི་ཆོས་ཚིག་ལྔའམ་དྲུག་ལས་ལྷག་པར་འདུ་ཤེས་བཞིན་དུ་ངག་མཚན་ཉིད་དྲུག་ལྡན་གྱིས་སྟོན་ན་གོ་ན་དངོས། གུས་པས་ཉན་མི་འདོད་པ་དང་། ཆོས་མིན་སོགས་སྟོན་ན་ཉེས་བྱས་སོ། །

དྲུག་པ་བསྙེན་པར་མ་རྫོགས་པ་དང་ལྷན་ཅིག་འདོན་པའི་ལྟུང་བྱེད་ནི། ལུང་ལས། སྟོན་པས། དྲུག་སྡེ་ལ་སྨད་སོགས། ཡང་དགེ་སློང་གང་གང་ཟག་རྫོགས་པར་མ་བསྙེན་པ་དང་ཚིག་གིས་ཆོས་འདོན་ན་ལྟུང་བྱེད་དོ། །ཞེས་གསུངས། མདོ་རྩ་ལས། བསྙེན་པར་མ་རྫོགས་པ་དང་གཅིག་ཅར་རམ་འཇུག་ཐོགས་སུ་སྟོན་བྱེད་དུ་གྱུར་པའི་ཆོས་དང་ཡི་གེ་ཡང་འདོན་ནའོ། །མི་འདོད་བཞིན་དུ་གྲུབ་པ་ནི་མ་གཏོགས་སོ། །ཞེས་གསུངས་པས། དགེ་ཚུལ་དང་དུས་མཉམ་དུ་ཆོས་འདོན་ན་གོ་ན་དངོས། བསྙེན་པར་རྫོགས་པ་ལ་ཉེས་བྱས་སོ། །

བདུན་པ་གནས་ངན་ལེན་བརྗོད་པའི་ལྟུང་བྱེད་ནི། ལུང་ལས། སྟོན་པས། དྲུག་སྡེ་ལ་སྨད་སོགས། ཡང་དགེ་སློང་གང་རྫོགས་པར་མ་བསྙེན་པ་ལ་གནས་ངན་ལེན་གྱི་ལྟུང་བ་བརྗོད་ན་ལྟུང་བྱེད་དོ། །ཞེས་གསུངས། གནང་བ་ནི། ཡང་དགེ་སློང་གང་མ་རྫོགས་པ་ལ་གནས་ངན་ལེན་གྱི་ལྟུང་བ་བརྗོད་ན་དགེ་འདུན་གྱི་གནང་བ་མ་གཏོགས་ཏེ་ལྟུང་བྱེད་དོ། །ཞེས་གསུངས། མདོ་རྩ་ལས། དགེ་སློང་དང་དགེ་སློང་མ་སྡིག་ཅན་དག་ཁྲིམ་དུ་སོ་སོར་གོ་བར་བྱེད་པ་བསྒོ་བར་བྱའོ། །ཞེས་དང་། ཚེ་དང་ལྡན་པ་དག་ཁྱེད་ཅག་དགེ་སློང་འདི་དང་དགེ་སློང་མ་འདིས་བསྟན་པའི་ཚོད་མ་འཛིན་ཅིང་། འདི་ལྟར་དགེ་སློང་འདི་དང་དགེ་སློང་མ་འདི་ནི་ཡོས་ཚིག་པ་བཞིན་དུ་ཆོས་འདུལ་བ་འདི་ལ་སྐྱེ་བར་མི་རུང་བའི་ཆོས་ཅན་ཡིན་གྱིས་བཅོམ་ལྡན་འདས་དང་དགེ་སློང་གནས་བརྟན་གནས་བརྟན་རྣམས་ལ་ལྟོས་ཤིག །ཅེས་སྨྲ་བར་བྱའོ། །མི་སྦྲོན་གསོལ་བ་བྱའོ། །ཞེས་སོགས་གསུངས་པས། དགེ་སློང་གི་ཕམ་པའམ་ལྷག་མ་བྱུང་བ་བསྙེན་པར་མ་རྫོགས་པ་ལ་རང་དགར་བཤད་ན་གོ་ན་དངོས། ཕམ་ལྷག་ལས་གཞན་པའི་ལྟུང་བ་ཉེས་བྱས་སོ། །

བརྒྱད་པ་མི་ཆོས་བླ་མ་བདེན་སྨྲའི་ལྟུང་བྱེད་ནི། ལུང་ལས། སྟོན་པས། ཉ་བ་ལྔ་བརྒྱ་པོ་ལ་ཁྲིད་ཀྱིས་མ་

རྫོགས་པ་ལ་མི་ཆོས་བླ་མ་བདེན་པར་བརྗོད་པ་བདེན་ནམ། བརྫུན་པ་མད་དོ། །སྨྲ་སོགས་མཛད་ནས། དེ་ལྟར་བརྗོད་ན་ལྟུང་བྱེད་དོ། །ཞེས་གསུངས། མདོ་རྩ་ལས། བདེན་པ་ཉིད་ནའོ། །བདེན་པ་མ་མཐོང་བ་བསྙེན་པར་མ་རྫོགས་པ་ལའོ། །ཞེས་སོགས་གསུངས་པས། རང་ཉིད་ཀྱིས་ཐོབ་པའི་མིའི་ཆོས་བླ་མ། བསྙེན་པར་མ་རྫོགས་ཤིང་བདེན་པ་མ་མཐོང་བ་ལ། རྫུན་གྱི་འདུ་ཤེས་སྤྲངས་ཏེ་རང་དགར་སྟོན་འདོད་ཀྱིས་བསྟན་ན་གོ་ན་དངོས།

དགུ་པ་བཤེས་ངོར་བྱེད་ནི། ལུང་ལས། སྟོན་པས། མཛའ་བོ་དང་ས་ལས་སྐྱེས་གཉིས་ལ་སྨྲ་སོགས། ཡང་དགེ་སློང་གང་སྟེར་ལེགས་པར་རུང་བར་བྱས་ནས་དེའི་འོག་ཏུ་ཚེ་དང་ལྡན་པ་དག་གིས་འདི་ལྟར་བཤེས་ངོར་བྱས་ཏེ་དགེ་འདུན་གྱི་རྙེད་པར་བསྔོས་པ་གང་ཟག་ལ་བསྔོས་སོ་ཞེས་ཟེར་ན་ལྟུང་བྱེད་དོ། །ཞེས་གསུངས། མདོ་རྩ་ལས། གལ་ཏེ་བརྟན་པ་ཉིད་དུ་དགོས་ན་གསོལ་བ་སྟེར་གཏང་བའི་དོན་བྱའོ། །དད་པས་ཕུལ་བ་ལའོ། །ཞེས་སོགས་གསུངས་པས། དགེ་འདུན་གྱི་ཞལ་ཏ་བ་རྫོགས་པ་དྲུག་ལྡན་ལ། དགེ་འདུན་གྱི་རྙེད་པ་རུང་བ་ཚད་ལྡན་དགེ་འདུན་དབང་བ། བཤེས་ངོར་སྟེར་རོ་ཞེས་ལོག་པར་སྨྲས་པ་ཚིག་ཐོས་ཤིང་དོན་གོ་ན་དངོས། ཟས་ཀྱི་རྙེད་པ་དང་། དགེ་འདུན་གྱི་མིན་ན་ཉེས་བྱས་སོ། །

བཅུ་པ་ཁྲེད་དུ་གསོད་པ་ནི། །ལུང་ལས། སྟོན་པས་དྲུག་སྡེ་ལ་དགེ་སློང་དག་ཁྱེད་ཅག་ཕམ་པ་བཞི་པོ་འདོན་ཆེ་ཅང་མི་སླ་བར་འགོད་ནས་ཞེས་ནས་སོ་ཐར་གྱི་མདོ་གདོན་པ་བཏོན་པས་ཅི་བྱ་ཞེས་སླས་པ་བདེན་ནམ། མད་དོ། །ཚུལ་མིན་པ་ཞེས་སྨྲ་ནས། དེ་ལྟར་སླ་ཞིང་བསླབ་པ་ཁྲེད་དུ་གསོད་ན་ལྟུང་བྱེད་དོ། །ཞེས་གསུངས། མདོ་རྩ་ལས། འདུལ་བ་དང་ལྡན་པ་ཉིད་དོ། །མདོ་སྡེ་ལ་ནི་ཉེས་བྱས་སོ། །ཞེས་གསུངས་པས། གསོ་སྦྱོང་ལ་སོ་སོར་ཐར་པ་འདོན་པ་ན་བསླབ་པ་གང་རུང་ལ་དགོས་པ་མེད་དོ་ཞེས་སླ་ན་གོ་ན་དངོས་སོ། །དེ་དག་མ་གོ་བ་དང་། གཞོགས་སློས་ལ་ཉེས་བྱས་སོ། །

བཅུ་ཚན་གཉིས་པ་ནི། ལུང་ལས། སྡོམ་ལ། ས་བོན་འཕྱ་བ་བཙོ་བ་དང་། ཁྲི་དང་གདིང་དང་བསྒྲད་པ་དང་། །ཕྱིས་གནོན་འབྱུང་བ་འདེབས་པ་དང་། །རིམ་པ་གཉིས་སུ་རྩིག་པའོ། །ཞེས་གསུངས་པའི་དང་པོ། ས་བོན་དང་སྐྱེ་བ་འཇིག་པའི་ལྟུང་བྱེད་ནི། ལུང་ལས། དྲུག་སྡེ་དག །ཤིང་ལྗོན་པ་དང་། རྩ་སྔོན་དང་། མེ་ཏོག་དག །རང་ཡང་གཅོད་པ་དང་བཏྫ་བ་དང་འཐོག་པར་བྱེད་ལ། གཞན་ཡང་གཅོད་པ་དང་བཏྫ་བ་དང་འཐོག་ཏུ་འཇུག་པར་བྱེད་ནས། སྟོན་པས་སྨྲ་སོགས། ས་བོན་གྱི་ཚོགས་དང་འབྱུང་པོའི་གནས་འཇིག་གམ་འཇིག་ཏུ་འཇུག་ན་ལྟུང་བྱེད་དོ། །ཞེས་གསུངས། མདོ་རྩ་ལས། ལག་གིས་བླངས་ནས་མཆོད་རྟེན་དང་དགེ་འདུན་གྱི་

དོན་དུ་ཤིང་ལྷོན་པ་བཅད་པར་བྱའོ། །ཞེས་དང་། ས་བོན་ལ་ས་བོན་གཞན་ཉིད་དུ་འདུ་ཤེས་པ་ནི་དེ་དང་འདྲ་བ་ཉིད་དོ། །ཞེས་སོགས་གསུངས་པས། འབྲས་བུ་སོགས་ས་བོན་དང་། སྐྱེ་ཤིང་རྫུང་བ་མ་བྱས་པར་ཉམས་འདོད་ཀྱིས་ཉམས་པར་བྱས་ན་དེའི་གྲངས་དང་མཉམ་པའི་དངོས་སོ། །སྦྱོར་བ་དང་། ཤུན་པ་དང་། འདབ་མ་ལ་སོགས་པ་ཉེས་བྱས་སོ། །

གཉིས་པ་ཞལ་ཏ་བ་ལ་འཕྱ་བའི་ལྟུང་བྱེད་ནི། ལུང་ལས། སྟོན་པས། མཛའ་བོ་དང་ས་ལས་སྐྱེས་ལ་སྨད་སོགས། འཕྱའམ་གཞོགས་འཕྱས་བྱེད་ན་ལྟུང་བྱེད་དོ། །ཞེས་གསུངས། མདོ་རྩ་ལས། བདག་དང་འབྲེལ་བའི་དོན་གྱིས་ཐོས་པར་འཕྱ་ཡང་རུང་། ཟུར་གྱིས་གཞོགས་འཕྱས་བྱེད་ཀྱང་རུང་ངོ་། །བགྲངས་པ་ལས་ནི་དངོས་གཞིའོ། །ཞེས་སོགས་གསུངས་པས། དགེ་འདུན་གྱི་ཞལ་ཏ་བ་ཚད་ལྡན་ལ། ངན་སེམས་ཀྱིས་འཕྱ་བ་བཟློག་ཀྱང་མི་ཉན་ན་དངོས། ཞལ་ཏ་བ་ཆོས་དང་མི་ལྡན་པ་དང་། ངན་སེམས་མིན་པས་ཉེས་བྱས་སོ། །

གསུམ་པ་བསྒོ་བ་རྣ་ལ་གཟོན་པ་ནི། ལུང་ལས། སྟོན་པས། འདུན་པ་ལ། དགེ་སློང་ཕྱེད་དགེ་སློང་རྣམས་ཀྱི་སྒོ་བ་རྣ་ལ་གཟོན་པ་དང་། ཅང་མི་སྨྲ་བས་རྣ་ལ་གཟོན་པ་བདེན་ནམ། མད་དོ། །ཚུལ་མིན་སོགས་སྨད་ནས། བསྒོ་བ་རྣ་ལ་གཟོན་ན་ལྟུང་བྱེད་དོ། །ཞེས་གསུངས། མདོ་རྩ་ལས། གླེང་བར་རྟོགས་པའི་བསྒོ་བ་ཚིག་གིས་རྣ་ལ་གཟོན་པ་དང་། ཅང་མི་སྨྲ་བས་རྣ་ལ་གཟོན་པ་དང་། ཞེས་དང་། དགེ་སློང་གིས་བསྒོ་བ་རྣ་ལ་གཟོན་ནའོ། །དེར་འདུན་པས་སོ། །གཞན་བརྗོད་པས་སོ། །ཞེས་སོགས་གསུངས་པས། དགེ་སློང་ལ་ཚུལ་ཁྲིམས་འདི་ལ་བསླབ་བོ་ཞེས་གླེང་པ་ན་ངན་སེམས་ཀྱིས་ལན་ལོན་པར་སྨྲ་ན་གོ་ན་དངོས། མི་སྨྲ་ན་ཉེས་བྱས་སོ༑ ༑

བཞི་པ་ཁྲི་དང་ནི། ལུང་ལས། དགེ་སློང་རྣམས་ལ་སྟོན་པས། དགེ་སློང་དག་ཁྱེད་ཀྱིས་དད་པས་བྱིན་པ་ན། རན་པར་གདངས་ནས། ཁྱོད་ཀྱིས་ཡོངས་སུ་གཅོད་ན་ལེགས་སོ། །ཞེས་ནས། ཡང་དགེ་སློང་གང་དགེ་འདུན་གྱི་ཁྲིའམ་ཁྲི་འུའམ། སྔན་ནང་ཚངས་ཅན་ནམ། ལྤ་བའམ། སྣས་སམ། གོར་བུ་བླ་གབ་མེད་པར་གཏིང་ངམ། གཏིང་དུ་བཅུག་ནས་མ་བསྡུས་སམ། བསྡུད་དུ་མ་བཅུག་པར་དེ་ནས་འགྲོ་ན་ལྟུང་བྱེད་དོ། །ཞེས་གསུངས། གནང་བ་ནི། དེ་འདྲ་བའི་རྐྱེན་མ་གཏོགས་ཏེ་ལྟུང་བའོ། །ཞེས་གསུངས། མདོ་རྩ་ལས། ཁྲི་དང་ཁྲི་འུ་དང་། སྔན་ནང་ཚངས་ཅན་དང་། ལྤ་བ་དང་། སྣས་དང་། གོར་བུ་ཞེས་བྱ་བ་ནི་གནས་མལ་ལོ་ཞེས་དང་། ཉམ་ང་བ་དང་ཕྲད་པར་མི་འགྱུར་བ་ལྟ་ན་གནས་མལ་བསྡུ་བར་བྱའོ། །གལ་ཏེ་དྲི་མ་ཅན་དུ་གྱུར་ན་སྒྲུག་པར་བྱའོ། །དེ་དབུལ་བར་བྱའོ། །ཡང་ན་བཅོལ་བར་བྱའོ། །ཞེས་སོགས་གསུངས་པས། དགེ་འདུན་རྫོགས་པ་དྲུག་ལྡན་གྱི་

གནས་མལ་རུང་བ་ཚད་ལྡན་རང་གིས་སྦྱིད་པ་མ་བསྟུས་པར་རྒྱེན་མེད་དུ་འགྲོ་ན་འདོམ་བཞི་བཅུ་རྩ་དགུ་འདས་པའམ་ཕན་ཚུན་དུ་གྱུར་ན་དངོས། ཕན་ཚུན་ནི་རླུང་གིས་མགོ་མཇུག་ལྡོག་པ་དང་། སྟེང་གི་ཆར་པས་རིམ་པ་བཞིན་དུ་སླེབ་པ་དང་། འོག་གི་འབུ་སྲིན་གྱིས་སླེབ་པའོ། །འདོམ་བཞི་བཅུ་རྩ་དགུ་མ་འདས་པ་དང་ཕན་ཚུན་དུ་མ་གྱུར་ན་ཉེས་བྱས་སོ། །རྒྱེན་ནི། སྲོག་དང་ཚངས་སྤྱོད་སོགས་ཀྱི་བར་ཆད་བྱུང་བ་སྟེ་དེ་ལ་ཉེས་པ་མེད་དོ། །

ལྔ་པ་གདིང་བ་ནི། སྟོན་པས། དགེ་སློང་རྣམས་ལ། ཡང་དགེ་སློང་གང་དགེ་འདུན་གྱི་གཙུག་ལག་ཁང་དུ་རྩྭའམ་ལོ་མའི་གདིང་བ་གཏིང་དམ། འདིངས་སུ་བཅུག་ནས་མ་བསྟུས་སམ། བསྟུད་དུ་མ་བཅུག་པར་དེ་ནས་སོང་ན་ལྟུང་བྱེད་དོ། །ཞེས་གསུངས། གནང་བ་ནི། དེ་འདྲའི་རྒྱེན་མ་གཏོགས་ཏེ། ཞེས་གསུངས། མདོ་རྩ་ལས། ཁྱིམ་གཞན་དུ་གདིང་བ་བྱས་པ་ཁྱིམ་བདག་ལ་དྲིས་ཏེ་དོར་བར་བྱའོ། །དགོན་པར་ནི་ཡང་ན་སློང་བར་བྱའོ། །ཞེས་སོགས་གསུངས་པས། དགེ་འདུན་གྱི་གཙུག་ལག་ཁང་དུ་རྩྭའི་ལོ་མ་ལ་སོགས་པའི་གདིང་བ་མ་བསྟུས་པར་རྒྱེན་མེད་དུ་འགྲོ་ན་ཉེ་འཁོར་འདས་ན་དངོས། སྲོག་ཆགས་མི་སྐྱེ་བར་མ་བསྟུས་པ་ལྟ་བུ་ལ་ཉེས་བྱས་སོ། །

དྲུག་པ་བསྒྲོད་པ་ནི། ལུང་ལས། སྟོན་པས་འཆར་ཀ་ལ་སྨད་སོགས་མཛད་ནས། ཡང་དགེ་སློང་གང་ཁྲོས་འཁྲུགས་ཇམ་པས་ཡིད་མ་རང་ནས་དགེ་འདུན་གྱི་གཙུག་ལག་ཁང་ནས་དགེ་སློང་བསྒྲོད་དམ་བསྒྲོད་དུ་འཇུག་ན་ལྟུང་བྱེད་དོ། །ཞེས་གསུངས། མདོ་རྩ་ལས། དགེ་སློང་ཉིད་དགེ་འདུན་གྱི་གཙུག་ལག་ཁང་ཉིད་ནི་བྱེད་པ་པོ་ཉིད་དོ། །གལ་ཏེ་དེ་ལ་གནོད་པ་དང་དགེ་འདུན་འཁྲུག་པ་སྐྱེ་བ་ཉེ་བར་ཞི་བར་མི་འགྱུར་བའི་གཉེན་པོར་འདོད་པ་མ་ཡིན་ནའོ། །བསྒྲོད་པ་ལའོ། །ཞེས་སོགས་གསུངས་པས། དགེ་སློང་རྫོགས་པ་དྲུག་ལྡན། དགེ་འདུན་གྱི་གཙུག་ལག་ཁང་ནས་ཕན་སེམས་མ་གཏོགས་པར་ཞེ་སྡང་གིས་བསྒྲོད་ན་ཕྱི་རོལ་ཏུ་ཐོན་པ་ན་དངོས། དགེ་སློང་མའམ་དགེ་ཚུལ་སོགས་བསྒྲོད་པ་ལ་ཉེས་བྱས་སོ། །

བདུན་པ་ཕྱིས་གནོན་ནི། ལུང་ལས། འཆར་ཀས། དགེ་འདུན་གྱི་གཙུག་ལག་ཁང་ན་དགེ་སློང་དག་སྔ་ན་འཁོད་པར་ཤེས་བཞིན་དུ་ཕྱིས་འོངས་ནས་སུ་ལ་གནོད་པ་དེ་ཉིད་ཀྱི་རྒྱེན་དུ་བྱས་ཏེ་ཕྱིས་གནོན་ཅིང་སྟན་ལ་ཉལ་བ་དང་འདུག་པར་བྱེད་ན། སྟོན་པས་སྨད་སོགས་ནས། གང་དགེ་སློང་གང་དེ་ལྟར་བྱེད་ན་ལྟུང་བའོ། །ཞེས་གསུངས། མདོ་རྩ་ལས། དགེ་འདུན་གྱི་གཙུག་ལག་ཁང་གི་གནས་སུ་དགེ་སློང་ཞུགས་པ་ཉིད་ལའོ། །ན་བ་དང་འཇིགས་པའི་དབང་མ་གཏོགས་པར་ཕྱིས་གནོན་བྱེད་པ་ལའོ། །ཞེས་སོགས་གསུངས་པས། དགེ་

འདུན་གྱི་གནས་ན་འཁོད་པའི་དགེ་སློང་ལ་གནོད་སེམས་ཀྱིས་ལུས་ངག་གི་ཐོ་འཚམ་ན་འདུག་པའམ་གོ་ན་དངོས། རྩོམ་པ་ཉེས་བྱས་སོ། །

བརྒྱད་པ་འབྲུང་བ་ནི། ལུང་ལས། སྟོན་པས།ཉེར་དགའ་ལ་སྨད་སོགས་ནས། ཡང་དགེ་སློང་གང་དགེ་འདུན་གྱི་གཙུག་ལག་ཁང་གི་སྟེང་གི་ནམ་མཁའ་ལ་ཐོག་བོར་བར་ཁྲི་དང་ཁྲིའུ་རྩ་བ་འབྲུང་བ་ལ་ཤེས་བཞིན་དུ་ལྟིད་ཀྱིས་ཕབ་སྟེ་འདུག་པའམ་ཉལ་ན་ལྟུང་བྱེད་དོ། །ཞེས་གསུངས། མདོ་རྩ་ལས། དགེ་འདུན་གྱི་གཙུག་ལག་ཁང་གི་སྟེང་གི་ཐོག་ཉིད་ནི་བྱེད་པ་པོའོ། །གལ་ཏེ་བྱིན་གྱིས་གཞོལ་བ་ཉིད་དམ་སྤྲང་ལེབ་ཉིད་དམ་དེ་དང་འདྲ་བས་གཡོགས་པ་ཉིད་མ་ཡིན་ནའོ། །ཞེས་སོགས་གསུངས་པས། དགེ་འདུན་གྱི་གཙུག་ལག་ཁང་ཕུབ་པར་ཁྲི་རྐང་སོགས་གཙུགས་ན་འདུག་པ་ན་དངོས། རྩོམ་པ་ཉེས་བྱས་སོ། །

དགུ་པ་འདེབས་པ་ནི། ལུང་ལས། འདུན་པ་ཤེས་བཞིན་སྲོག་ཆགས་དང་བཅས་པའི་ཆུས་རྩྭ་དང་ལྟི་བ་དང་ས་ལ་འདེབས་པར་བྱེད། འདེབས་སུ་འཇུག་ན། སྟོན་པས་སྨད་སོགས་ནས།ཡང་དགེ་སློང་གང་ཤེས་བཞིན་དུ་དེ་ལྟར་འདེབས་སམ་འདེབས་སུ་འཇུག་ན་ལྟུང་བའོ། །ཞེས་གསུངས། མདོ་རྩ་ལས་རང་སྤྱོད་པའི་དོན་ཉིད་དེ་ལས་གཞན་པ་ལའོ། །ཞེས་སོགས་གསུངས་པས། མིག་ལམ་དུ་སྣང་བའི་སྲོག་ཆགས་ཅན་གྱི་ཆུས་དེར་ཤེས་བཞིན་དུ་ཕྱི་རོལ་ཁང་པ་སོགས་ལ་འདེབས་ན་སྲོག་ཆགས་ཀྱི་གྲངས་དང་མཉམ་པའི་མི་དངོས། ཡོད་མེད་ཐེ་ཚོམ་གྱིས་ཉེས་བྱས་སོ། །

བཅུ་པ་རིམ་པ་གཉིས་སུ་ཅིག་པ་ནི། ལུང་ལས། སྟོན་པས། དྲུག་སྡེ་ལ་སྨད་སོགས་ནས།དགེ་སློང་གི་གཙུག་ལག་ཁང་ཆེན་པོ་ཞིག་ཅིག་ཏུ་འཇུག་ན་སྒོའི་སྒྲུབས་དང་བརྟན་པ་དང་སྣང་བའི་གནས་ཅི་ཙམ་པའི་འདུ་ཤེས་ཀྱིས་ས་བརྟག་པ་ནས་བཟུང་སྟེ་ཕ་ཁུའི་རིམ་པ་འཛིམ་པ་དང་བཅས་པ་གཉིས་སམ་གསུམ་ཅིག་གི་དེ་ལས་ལྷག་པར་ཅིག་ཏུ་འཇུག་ན་ལྟུང་བ། ཞེས་གསུངས། མདོ་རྩ་ལས། སྒོ་ཆ་བཞུགས་པར་བྱའོ། །སྒོ་ལེགས་དག་ཀྱང་ངོ་། །སྐར་ཁུང་དག་ཀྱང་གདོད་པར་བྱའོ། །གཙུག་ལག་ཁང་ནི་བྱེད་པ་པོ་ཉིད་དོ། །སྤྱོད་ལམ་བཞི་ཤོང་བའོ། །ཞེས་དང་། ཕ་གུ་རིམ་པ་གསུམ་ལས་ལྷག་པར་ཅིག་པར་བྱས་པ་ལའོ། །གཞན་གྱིས་ཀྱང་ངོ་། །ཉི་མ་དེ་ལའོ། །ཞེས་སོགས་གསུངས་པས་གཙུག་ལག་ཁང་སྤྱོད་ལམ་བཞི་ཤོང་བ་འཛིམ་པས་འཇིག་པ་ན་ཉི་མ་ལ་རིམ་པ་བཞི་པ་ཅིག་གམ་ཅིག་ཏུ་འཇུག་ན། ཕ་གུ་རིམ་པ་བཞི་པའི་སྣ་ཕན་ཚུན་འཕྲོད་ན་དངོས།རྩོམ་པ་ཉེས་བྱས་སོ། །

བཅུ་ཚན་གསུམ་པ་ནི། ལུང་ལས། སྡོམ་ལ། མ་སྐོས་ཉི་མ་ནུབ་པ་དང་། །ཟས་དང་ཆོས་གོས་གཉིས

དག་དང་། །དོན་མཐུན་གྲུ་དང་དབེན་པ་གཉིས། །དགེ་སློང་མ་ཡི་སྦྱོར་བཅུག་པའོ། །ཞེས་གསུངས་པས། དང་པོ་མ་སྐྱོས་པར་དགེ་སློང་མ་ལ་ཆོས་སྟོན་པའི་ལྟུང་བྱེད་ནི། ལུང་ལས། སྟོན་པས། དྲུག་སྡེ་ལ་སྨད་སོགས། ཡང་དགེ་སློང་གང་དགེ་འདུན་གྱིས་མ་སྐོས་པར་དགེ་སློང་མ་ལ་ཆོས་སྟོན་ན་ལྟུང་བྱེད་དོ། །ཞེས་གསུངས། མདོ་རྩ་ལས། སྐོས་པ་དེ་དག་ལས་གཅིག་དང་ཡང་མི་ལྡན་པ་དང་མ་སྐོས་པར་དགེ་སློང་མ་ལ་སྟོན་ནའོ། །སྔར་སྐོས་པ་ནི་མ་སྐོས་པ་ཉིད་མ་ཡིན་ནོ། །ཞེས་སོགས་གསུངས་པས། དགེ་སློང་མ་རྟེན་རུང་ལ་དགེ་འདུན་གྱིས་མ་སྐོས་པར་གདམས་ངག་རྗེས་བསྟན་སྟོན་ན་གོ་ན་དངོས་སོ། །ཆོས་མིན་པ་སྟོན་ན་ཉེས་བྱས་སོ། །

གཉིས་པ་ཉི་མ་ནུབ་ཀྱི་བར་དུ་ཆོས་སྟོན་པའི་ལྟུང་བྱེད་ནི། ལུང་ལས། སྟོན་པས་དགའ་བྱེད་བཟང་པོ་ལ་སྨད་སོགས་ནས། དགེ་འདུན་གྱིས་སྐོས་ཀྱང་ཉི་མ་ནུབ་ཀྱི་བར་དུ་སྟོན་ན་ལྟུང་བྱེད་དོ། །ཞེས་གསུངས། མདོ་རྩ་ལས། ཉི་མ་ནུབ་པ་ཉིད་ལའོ། །མཚན་ཐོག་ཐག་ཏུ་ཆོས་སྟོན་པ་མ་གཏོགས་པར་དགེ་སློང་མ་ལ་སྟོན་ནའོ། །ཞེས་སོགས་གསུངས་པས། དགེ་སློང་མ་ལ་སྟོན་པར་སྐོས་པས་གནས་འཇིགས་པ་དང་བཅས་པར་ཉི་མ་ནུབ་ནས་སྐྱ་རེངས་ཤར་གྱི་བར་དུ་ཆོས་སྟོན་ན། གོ་ན་དངོས། ཉི་མ་ནུབ་མ་ནུབ་ཐེ་ཚོམ་གྱིས་ཉེས་བྱས་སོ། །

གསུམ་པ་ཟས་ཙུང་ཟད་ཙམ་གྱི་ཕྱིར་དགེ་སློང་མ་ལ་ཆོས་སྟོན་པའི་སྐུར་འདེབས་ཀྱི་ལྟུང་བྱེད་ནི། ལུང་ལས། སྟོན་པས། ཉེར་དགའ་ལ་སྨད་སོགས་ནས། ཡང་དགེ་སློང་གང་དགེ་སློང་དག་ཟས་ཙུང་ཟད་ཙམ་གྱི་ཕྱིར་དགེ་སློང་མ་ལ་ཆོས་སྟོན་ནོ། །ཞེས་ཟེར་ན་ལྟུང་བྱེད་དོ། །ཞེས་གསུངས། མདོ་རྩ་ལས། དགེ་སློང་མས་ཆོས་འདྲི་བ་ལ་མི་འཇིགས་པར་བྱ་བའི་ཕྱིར་དགེ་སློང་ལ་ཟས་དབུལ་བར་བྱའོ། །ཞེས་དང་། དགེ་སློང་དེ་ལྟར་གྱུར་པ་མ་ཡིན་པ་ལ་ཟས་ཙུང་ཟད་ཙམ་གྱི་ཕྱིར་དགེ་སློང་མ་ལ་སྟོན་ནོ། །ཞེས་སྨྲ་ནའོ། །ཞེས་སོགས་གསུངས་པས། དགེ་སློང་མ་ལ་སྟོན་པ་ཡང་དག་ལ་ཕྲག་དོག་གིས་ཟས་ངོར་ཆོས་སྟོན་ནོ་ཞེས་སྐུར་ན་གོ་ན་དངོས། ལུས་ཀྱི་བརྡ་དང་ཡི་གེ་ལ་སོགས་པས་སྐུར་པ་འདེབས་ན་ཉེས་བྱས་སོ། །

བཞི་པ་དགེ་སློང་མའི་ཆོས་གོས་ཀྱི་བཟོ་བྱེད་པའི་ལྟུང་བྱེད་ནི། ལུང་ལས། སྟོན་པས། འཆར་ཀ་ལ་སྨད་སོགས་ནས། ཡང་དགེ་སློང་གང་དགེ་སློང་མ་ཉེ་དུ་མ་ཡིན་པའི་གོས་བྱེད་ན་ལྟུང་བྱེད་དོ། །ཞེས་གསུངས། མདོ་རྩ་ལས། དགེ་སློང་མ་ཉེ་དུ་མ་ཡིན་པ་ཉིད་ལའོ། །གོས་བྱེད་ནའོ། །ཞེས་སོགས་གསུངས་པས། དགེ་སློང་མའི་ཆོས་གོས་རུང་བ་ཚད་ལྡན་དེ་ཉིད་མིན་པ་ཉེ་དུ་མིན་པའི་ཆོས་གོས་ཀྱི་བཟོ་དེར་འདུས་པས་བྱེད་ན་གྲུབ་ན་དངོས། ཉེ་དུར་ཐེ་ཚོམ་ཟན་ཉེས་བྱས་སོ། །

ལྔ་པ་ཆོས་གོས་སྟེར་བ་ནི། ལུང་ལས། སྟོན་པས། ཚོང་དཔོན་རབ་ཏུ་བྱུང་བ་ལ་སྨད་སོགས། ཡང་དགེ་

སློང་གང་དགེ་སློང་མ་ཉེ་དུ་མ་ཡིན་པ་ལ་གོས་དག་སྟེར་ན་ལྟུང་བྱེད་དོ། །ཞེས་གསུངས། མདོ་རྩ་ལས། གོས་བྱིན་ནའོ། །གོས་འབུལ་བ་མ་ཡིན་ནའོ། །ཞེས་གསུངས། རང་གི་ཆོས་གོས་རུང་བ་ཚད་དང་ལྡན་པ། དགེ་སློང་མ་ཉེ་དུ་མ་ཡིན་པ་ཆོས་གོས་ཡོད་པ་ལ་རང་དགར་སྟེར་ན་དེས་ཐོབ་པ་ན་དངོས་སོ། །

དྲུག་པ་དགེ་སློང་མ་དང་ལྷན་ཅིག་ལམ་དུ་འགྲོ་བའི་ལྟུང་བྱེད་ནི། ལུང་ལས། སྟོན་པས། དྲུག་སྡེ་ལ་སྨད་སོགས། ཡང་དགེ་སློང་གང་དགེ་སློང་མའི་དོན་མཐུན་དང་ལྷན་ཅིག་འཐམས་ནས་འགྲོ་ན་ལམ་དུ་འཇུག་ན་ལྟུང་བྱེད་དོ། །ཞེས་སོགས་གསུངས། མདོ་རྩ་ལས་འཇིགས་པ་དང་བཅས་པའི་ལམ་ཉིད་དུ་མགྲོན་ཐབས་གཅིག་ཏུ་ཞུགས་ཤིང་ཐ་མི་དད་པར་འགྲོ་བ་ཉིད་མ་གཏོགས་པར་དགེ་སློང་མ་གཅིག་དང་ཡང་ལམ་ལས་འདས་ཤིང་འགྲོ་ནའོ། །རྒྱང་གྲགས་རེ་རེར་རོ། །དེའི་ཕྱེད་རེ་རེར་ནི་ཉེས་བྱས་སོ། །ཞེས་སོགས་གསུངས་པས། དགེ་སློང་མ་ཧེན་རུང་ཉེ་དུ་མ་ཡིན་པ་དང་ལྷན་ཅིག་རྐྱེན་མེད་དུ་འགྲོ་ན་རྒྱང་གྲགས་ཐལ་ན་དངོས་སོ། །མ་ཐལ་ན་ཉེས་བྱས་སོ། །

བདུན་པ་དགེ་སློང་མ་དང་ལྷན་ཅིག་གྲུར་ཞུགས་པའི་ལྟུང་བྱེད་ནི། ལུང་ལས། སྟོན་པས། ཉེར་དགའ་ལ་སྨད་སོགས་ནས། ཡང་དགེ་སློང་གང་དགེ་སློང་མ་དང་ལྷན་ཅིག་འཐམས་ནས་གྲུ་གཅིག་ཏུ་འཇུག་ཅིང་གྱེན་དུའམ་ཐུར་དུ་འགྲོ་ན་ལྟུང་བྱེད་དོ། །ཞེས་གསུངས། མདོ་རྩ་ལས། འགྲམ་གཉིས་འཇིགས་པ་དང་བཅས་པའི་ས་མ་གཏོགས་པར་འཐམས་ན་གཅིག་ཅར་གྲུ་གཅིག་གི་ལམ་ལས་འདས་ཤིང་འགྲོ་ནའོ། །ཐད་ཀར་ཕ་རོལ་ཏུ་འགྲོ་བ་མ་གཏོགས་སོ། །ཞེས་སོགས་གསུངས་པས། དགེ་སློང་མ་སྔ་མ་ལྟ་བུ་དང་། གྲུ་གཅིག་གི་ཐད་ཀ་མིན་པར་གཅིག་འགྲོ་བ་སྔེ་གཞན་སྔ་མ་བཞིན་ནོ། །

བརྒྱད་པ་བུད་མེད་དང་དབེན་པར་འདུག་པའི་ལྟུང་བྱེད་ནི། ལུང་ལས། སྟོན་པས་འཆར་ཀ་ལ་སྨད་སོགས། ཡང་དགེ་སློང་གང་བུད་མེད་ཀྱི་ཡུལ་དང་ལྷན་ཅིག་གཅིག་པུ་གཅིག་དང་དབེན་པ་སྐབས་ཡོད་པ་ན་སྟན་ལ་འདུག་པ་ན་ལྟུང་བྱེད་དོ། །ཞེས་གསུངས། མདོ་རྩ་ལས། བུད་མེད་གཅིག་པུ་ཉིད། སྐྱེ་བོའི་རྒྱུན་ལུགས་མེད་པ་ཉིད་ཀྱི་ཕྱོགས་དབེན་པ་ཉིད་སྐབས་དང་བཅས་པ་ཉིད། བར་འདོམ་གང་ཉིད་ནི་བྱེད་པ་པོ་དག་ཡིན་ནོ། །འདུག་པ་ལའོ། །དེ་ནི་ཀུན་ཆོས་ཙམ་བཞག་པ་ལའོ། །ཞེས་གསུངས་པས། བུད་མེད་ཧེན་རུང་ཉེ་དུ་མིན་པ་དང་ལྷན་ཅིག་གཞན་མེད་པར་རྐྱེན་མེད་དུ་ཉེ་བར་འདུག་ན་བསྡད་ཙམ་ན་དངོས་སོ། །

དགུ་པ་དབེན་པར་འགྲེང་བའི་ལྟུང་བྱེད་ནི། ལུང་ལས། སྟོན་པས། འཆར་ཀ་ལ་སྨད་སོགས་ནས། ཡང་དགེ་སློང་གང་དགེ་སློང་མ་དང་ལྷན་ཅིག་གཅིག་པུ་གཅིག་དང་དབེན་པ་སྐབས་ཡོད་པར་འགྲེང་ན་ལྟུང

བྱེད་དོ། །ཞེས་གསུངས། མདོ་རྩ་ལས། འགྲེང་བ་ལའོ། །ཞེས་གསུངས་པས། ལྷན་ཅིག་འགྲེང་ན་ཞེས་སོ། །

གཞན་སྨྲ་མ་དང་འདྲ།

བཅུ་པ་དགེ་སློང་མའི་སྒྲོར་དུ་བཙུག་པའི་ལྟུང་བྱེད་ནི། ལུང་ལས། སྟོན་པས། དྲུག་སྡེ་ལ་སྨད་སོགས་ནས། དགེ་སློང་གང་ཤེས་བཞིན་དུ་དགེ་སློང་མའི་སྒྲོར་དུ་བཙུག་པའི་ཟས་ཟ་ན་ལྟུང་བྱེད་དོ། །མདོ་རྩ་ལས། དགེ་སློང་མས་སྒྲོར་དུ་བཙུག་པ་ཉིད་ལའོ། །ཞེས་དང་། ཟོས་ནའོ། །དེ་ནི་མེད་ན་དེའོ། གཞན་གྱི་དོན་དུ་ན་ན་སྨད་པར་བྱ་བ་ཉིད་དོ། །ཞེས་སོགས་གསུངས་པས། ཁྱིམ་པ་ཐ་སྙད་ལྔ་ལྡན་ལ། དགེ་སློང་མ་ཉེ་དུ་མ་ཡིན་པ་ནོར་ཐ་དད་པས་བསྐུལ་བའི་ཟས་ཡིན་པ་རུང་བ་ཚད་ལྡན། ཤེས་བཞིན་དུ་ཟ་ན་མེད་པ་ན་དངོས་སོ། །རྫོགས་པ་ན་ཉེས་བྱས་སོ། །

བཅུ་ཚན་བཞི་པ་ནི། སྡོམ་ལ། ཡང་ཡང་དང་ནི་འདུག་གནས་གཅིག །ཕྱེ་དང་བཅའ་དང་སྟོབ་པ་དང་། །འདུས་དང་དུས་མིན་གསོག་འཇོག་དང་། །ཁ་ནས་མེད་དང་གསོད་པ་ཉིད། །ཅེས་གསུངས་པས། དང་པོ་ཡང་ཡང་ཟ་བའི་ལྟུང་བྱེད་ནི། ལུང་ལས། སྟོན་པས། དགེ་སློང་རྣམས་ལ་སྨད་སོགས་ནས། ཡང་ཡང་ཟ་ན་ལྟུང་བྱེད་དོ། །དེ་ལྟར་བཅས་པ་ན་ནད་པ་ལ་སྨན་པས་ཞལ་ཆུས་བསྟེན་ཅིག་བྱས་ཀྱང་མི་ཟ་བ་སོགས་ལ་བརྟེན་ནས་དུས་མ་གཏོགས་ཏེ་ཞེས་གསུངས། མདོ་རྩ་ལས། ཁྱིམ་གཞན་དུ་ཡང་ཟན་ལ་བོས་པ་དང་དུ་བླང་བར་བྱའོ། །དུས་ཤེས་པར་བྱ་སྟེ་འཇུག་པར་བྱའི་ལྟ་ཚོམས་སུ་མི་བྱའོ། །ཞེས་སོགས་གསུངས་པས། ཉེ་དུ་མ་ཡིན་པའི་དུས་རུང་གི་ཟས་རུང་བ་ཞིག་དུས་མིན་པར་ལན་གཉིས་སུ་ཟ་ན་མེད་ན་དངོས་སོ། །དུས་ནི། ན་བ། ལས་བྱས་པ། ལམ་དུས། མུ་གེ་སོགས་སོ། །ཟས་མི་རུང་བ་ལ་ཉེས་བྱས་སོ། །

གཉིས་པ་མུ་གེ་ཅན་གྱི་འདུག་གནས་སུ་ཟས་ཟ་བའི་ལྟུང་བྱེད་ནི། ལུང་ལས། སྟོན་པས། དྲུག་སྡེ་ལ་སྨད་སོགས་ནས། འདུག་གནས་གཅིག་ཏུ་ཞག་ལོན་པའི་དགེ་སློང་གིས་བསོད་སྙོམས་གཅིག་བཟའ་བར་བྱའོ་དེ་ལས་ལྷག་པ་ཟ་ན་ལྟུང་བྱེད་དོ། །ཞེས་གསུངས། མདོ་རྩ་ལས། ཆོས་འདི་པའི་མ་ཡིན་པ་བདག་པོ་ཁྱིམ་པ་དང་བཅས་པ་ཡ་མཚན་ཅན་ཐམས་ཅད་མ་ཡིན་པའི་འདུག་གནས་སོ། །མིན་པ་ལའོ། །སྦྱིན་བདག་གིས་མ་སྨྲས་པ་ལའོ། །དེའི་ཟོས་ན་ཟོས་པ་ལ་དངོས་གཞིའོ། །ཞེས་སོགས་གསུངས་པས། ཉེ་དུ་མ་ཡིན་པའི་ཁྱིམ་མུ་སྟེགས་ཀྱི་གནས་སུ་ཟན་ལན་གཉིས་རང་དགར་ཟོས་ན་མེད་པ་དངོས། ཕྱི་ནང་གཉིས་ཀའི་གནས་ཡིན་པའམ། ཟས་མ་ཟོས་པར་གནས་ན་ཉེས་བྱས་སོ། །

གསུམ་པ་ལྟུང་བཟེད་གསུམ་ཙམ་ལས་ལྷག་པ་ལེན་པའི་ལྟུང་བྱེད་ནི། ལུང་ལས། སྟོན་པས། དྲུག་སྡེ་

ལ་སྨད་སོགས་ནས། དགེ་སློང་མང་པོ་ཁྱིམ་དུ་དོང་བ་ལ་ཁྱིམ་བདག་གི་ཕྱེ་དང་འཁུར་བ་དག་དུས་ཀྱིས་སྟོབས་ན་འདོད་ན་ལྟུང་བཟེད་གང་བ་གཉིས་སམ་གསུམ་བླང་ངོ་། །དེ་ལས་ལྷག་པར་ལེན་ལ་ལྟུང་བྱེད་དོ། །ཞེས་གསུངས། མདོ་རྩ་ལས། ཡོངས་སུ་མ་སྤྱངས་པར་རོ། །ཅི་བདེར་མ་བྱས་པའོ། །ཁྱིམ་པའོ། །ཞེས་དང་། ལས་སུ་མ་བྱས་པ་ཡང་ངོ་། །བླང་བར་བྱ་བ་གལ་ཏེ་མང་བ་ཉིད་ཡིན་ན་དགེ་སློང་དག་ལ་བགོ་བཤའ་བྱའོ། །ཞེས་གསུངས་པས། ཕྱེ་དང་འཁུར་བ་སོགས་དུས་སུ་རུང་བའི་ཟས་བྲེ་ཕྱེད་དང་ལྔའི་ཚད་ལས་བྲེ་ཕྱེད་ལས་ལྷག་པ་རང་གི་དོན་དུ་ལྟུང་བཟེད་ཆེན་པོ་གཉིས་སམ་འབྲིང་ཚད་གསུམ་ལས་ལྷག་པ་བླངས་ན་མིད་ན་དངོས། འབྲིང་གསུམ་ལེན་པ་ལྔ་བུ་ལ་ཉེས་བྱས། བྲེའི་ཚད་ནི་ཡ་ཁྱོར་དྲུག་ལ་བྱའོ། །

བཞི་པ་སྤྱངས་པ་ཟ་བའི་ལྟུང་བྱེད་ནི། དྲུག་སྡེ་ལ། སྟོན་པས་སྨད་སོགས། ཡང་དགེ་སློང་ཟས་ཟོས་ཟིན་ཞིང་སྤྱངས་པ་ལས་བཅའ་བའམ་བཟའ་བ་བཅའམ་ཟ་ན་ལྟུང་བྱེད་དོ། །ཞེས་གསུངས། མདོ་རྩ་ལས། ཇི་ཙམ་གྱིས་ཚིག་པ་བཟའ་བར་བྱའོ། །ཞེས་གསུངས་པས། ཟས་སྤྱངས་ནས་བཟའ་བའམ་བཅའ་བ་ལྔ་དུས་མ་ཡིན་ཟ་ན་མིད་ན་དངོས་སོ། །

ལྔ་པ་སྤྱངས་པ་སྐྱོབ་པའི་ལྟུང་བྱེད་ནི། ལུང་ལས། སྟོན་པས། རྒན་ཞུགས་ལ་སྨད་སོགས་ནས། ཡང་དགེ་སློང་གང་ཤེས་བཞིན་དུ་དགེ་སློང་ཟས་ཟོས་ཟིན་ཞིང་སྤྱངས་པ་ལ་སྐབས་ཚོལ་ཞིང་ཅི་ནས་ཀྱང་དགེ་སློང་འདི་ལ་ཉེས་པ་འབྱུང་བར་བྱའོ་སྙམ་ནས་དེ་ཉིད་རྒྱེན་དུ་བྱས་ནས། འདི་འགྱོ་ཞིག་འདི་ཟོ་ཞིག་ཅེས་ལྷག་པོར་མ་བྱས་པའི་བཅའ་བ་དང་བཟའ་བ་དུས་ཀྱིས་སྟོབས་ན་ལྟུང་བྱེད་དོ། །ཞེས་གསུངས། མདོ་རྩ་ལས། སྟོབས་ནའོ། །དགེ་སློང་ལའོ། །ཞེས་སོགས་གསུངས་པས། དགེ་སློང་ཟས་སྤྱངས་པ་ལ་ལྟུང་བ་འབྱུང་འདོད་ཀྱིས་ལྷག་པོར་མ་བྱས་པའི་བཟའ་བཅའ་སྟོབ་ན་དོན་གོ་ན་དངོས། མཐོ་འཚམ་པའི་བསམ་པ་མེད་ན་ཉེས་བྱས་སོ། །

དྲུག་པ་འདུས་ཤིང་ཟ་བའི་ལྟུང་བྱེད་ནི། ལུང་ལས། སྟོན་པས། ལྷས་སྦྱིན་དགེ་སློང་རབ་ཏུ་མང་པོ་ལ་སྨད་སོགས་ནས། འདུས་ཤིང་ཟ་ན་ལྟུང་བྱེད་དོ། །ཞེས་གསུངས། མདོ་རྩ་ལས། སོ་སོར་ངེས་པའི་ཟས་ཀྱི་གནས་ཅན་དག་ལས་གཞན་པའི་དགེ་སློང་དགེ་འདུན་དུ་གྱུར་པ་མཚམས་ཀྱི་ནང་ན་གནས་པ་དག་གི་ཟན་ལྷན་ཅིག་མ་ཡིན་པ་ཉིད་ལའོ། །ལྷན་ཅིག་པའོ། །གཅིག་ཅར་ཟ་བ་དང་ངོ་། །གསུམ་ལ་སོགས་པ་དག་གོ །ཞེས་སོགས་གསུངས་པས། རྐྱེན་མེད་པར་དགེ་འདུན་ལས་དགར་ཏེ་བསོད་སྙོམས་ཟ་ན་དངོས་སོ། །

བདུན་པ་དུས་མ་ཡིན་པར་ཟས་ཟ་བའི་ལྟུང་བྱེད་ནི། ལུང་ལས། སྟོན་པས། བཅུ་བདུན་སྡེ་ལ་སྨད་སོགས་ནས། ཡང་དགེ་སློང་གང་དུས་མིན་པར་བཅའ་བའམ་བཟའ་བ་ཟ་ན་ལྟུང་བྱེད་དོ། །ཞེས་གསུངས།

མདོ་རྩ་ལས། རང་གི་ཕྱེད་ཡོལ་ནས་སྐྱ་རེངས་འཆར་བའི་བར་དུ་ནི་དུས་མ་ཡིན་ནོ། །དེ་ཉིད་ལ་ཤེས་གཙོའོ། །བཅའ་བར་བྱ་བ་དང་། བཟའ་བར་བྱ་བ་ཟོས་ནའོ། །ཞེས་སོགས་གསུངས་པས། རང་གི་གླིང་གི་ཉི་མ་གུང་ནས་ཕྱི་མའི་སྐྱ་རེངས་མ་ཤར་བར་དུ་རྐྱེན་མེད་པར་བཟའ་བཅའ་ཟོས་ནས་མེད་ན་དངོས་སོ། །མགུལ་དུ་མིད་རིན་མི་ཆོག་པ་དང་ཟ་བའི་རྩོམ་པ་བྱས་པ་རྣམས་ལ་ཉེས་བྱའོ། །

བརྒྱད་པ་གསོག་འཇོག་ནི། ལུང་ལས། སྟོན་པས། ཆོ་དང་ལྡན་པ་ནག་པོ་ལ། སྨད་སོགས་ནས། ཡང་དགེ་སློང་གང་བཅའ་བ་དང་བཟའ་བ་སོགས་གསོག་འཇོག་བྱས་པ་ཟ་ན་ལྟུང་བྱེད་དོ། །ཞེས་གསུངས། མདོ་རྩ་ལས། སྔ་དྲོ་བའི་ཟས་བྱིན་ལེན་བྱས་པ་ཕྱི་དྲོའི་ཟས་སུ་དང་དེ་ཐུན་ཚོད་ལས་འདས་པ་ལྟ་བུ་ནི་གསོག་འཇོག་བྱས་པ་ཡིན་ནོ། །ཞེས་སོགས་གསུངས་པས། སྔ་དྲོ་གསོག་འཇོག་བྱས་པའི་ཟས་ཕྱི་དྲོ། ཕྱི་དྲོ་བྱས་པ་སྔ་དྲོ་རྐྱེན་མེད་དུ་ཟོས་ན་མིད་ན་དངོས། མི་རུང་བ་ལ་ཉེས་བྱས་སོ། །

དགུ་པ་བྱིན་ལེན་མ་བྱས་པར་ཟ་བའི་ལྟུང་བྱེད་ནི། ལུང་ལས། སྟོན་པས། དྲུག་སྡེ་ལ་སྨད་སོགས། ཡང་དགེ་སློང་གང་མ་བྱིན་པར་ཁ་ནས་མིད་པའི་ཟས་ཟ་ན་ལྟུང་བྱེད་དོ། །ཞེས་གསུངས། མདོ་རྩ་ལས། བྱིན་ལེན་སྟོབ་པ་མེད་ན་བྱིན་ལེན་མ་བྱས་པ་དེའམ་གཞན་ཡང་ངོ་ཟན་བཅད་པར་བྱས་པའིའོ། །ཉི་མ་དང་པོ་ལ་ཡང་གང་ངོ། །གཉིས་པ་ལ་ནི་དེའོ། །གསུམ་པ་ལ་ནི་ཧ་ཙམ་གྱིས་ཆོག་པའོ། །ཞེས་དང་། གཞན་དང་བྱིན་ལེན་སྟོབ་པ་མེད་ན་སྟྲིན་བདག་གིས་བསམ་པ་ཐག་པ་ནས་གཏང་བ་རང་གིས་བླངས་ཏེ་བཟའ་བར་བྱའོ། །ཞེས་དང་། བྱིན་ལེན་བྱས་པའི་བྱིན་ལེན་སྟོབ་པ་ནི་མི་རིགས་པ་ཉིད་མ་ཡིན་ནོ། །ཤེས་གཙོའོ། །བྱིན་ལེན་མ་བསྟབས་པ་ཉིད་ལའོ། །ཆུ་དང་སོ་ཤིང་མ་གཏོགས་པའི་བཟའ་བར་བྱ་བའིའོ། །ཁར་རོ། །ཟོས་ནའོ། །བྱང་གི་སྒྲ་མི་སྙན་མ་གཏོགས་པར་རོ། །ཞེས་སོགས་གསུངས་པས། སྨན་བཞི་གང་རུང་བྱིན་ལེན་མ་བྱས་པ་དུས་མ་ཡིན་པར་ཟོས་ན་མིད་པ་ན་དངོས།

བཅུ་པ་ཟས་གསོས་པ་སློང་བའི་ལྟུང་བྱེད་ནི། ལུང་ལས། སྟོན་པས་དྲུག་སྡེ་ལ་སྨད་སོགས། ཡང་དགེ་སློང་གང་བདག་ཉིད་ཀྱི་ཕྱིར་ཟས་གསོས་པ་དེ་ལྟ་བུ་དག་གཞན་གྱི་ཁྱིམ་དག་ནས་བླངས་ཏེ་བཅའམ་ཟ་ན་ལྟུང་བྱེད་དོ། །ཞེས་གསུངས། མདོ་རྩ་ལས། འོ་མ་དང་། ཞོ་དང་། མར་དང་། ཉ་ཤ་དང་ཤ་དང་ཤ་སྐམ་ལྟ་བུ་ནི་ཟས་གསོས་པ་ཡིན་ནོ། །དེ་ནི་བྱེད་པ་པོའོ། །སྦྱིན་པར་བྱེད་པ་ཉེ་དུ་མ་ཡིན་པ་ཁྱིམ་པ་ཉིད་ཀྱང་ངོ་། །རང་གིས་བླངས་ཏེ་ཟོས་ནའོ། །ཞེས་སོགས་གསུངས་པས། བདག་ཉིད་རྐྱེན་མེད་པས་མར་འོ་མ་ཤ་སོགས་ཟས་གསོས་པ་ཉེ་དུ་མིན་པ་ལ་བླངས་ནས་མིད་ན་དངོས། ཟས་དེ་དག་གི་སྦྱོར་བ་དང་མི་རུང་བ་ལ་ཉེས་བྱས་སུ་ཤེས་པར

བྱའོ། །

བཅུ་ཚན་ལྔ་པ་ནི། སྡོམ་ལ། སྲོག་ཆགས་བཅས་དང་ཉལ་སར་འདུག །འགྲེང་དང་གཅེར་བུ་དམག་དང་ནི། །ཞག་གཉིས་བཤམས་དཀྲུགས་འགྲོ་བ་དང་། །བརྡེགས་དང་གཟས་དང་གནས་ངན་ལེན། །ཞེས་གསུངས་པའི་དང་པོ་སྲོག་ཆགས་དང་བཅས་པའི་ཆུ་ལ་ལོངས་སྤྱོད་པའི་ལྟུང་བྱེད་ནི། གླེང་གཞི་ནི་འདེབས་པ་བཞིན་ནོ། །མདོ་རྩ་ལས། རང་སྤྱད་པའི་དོན་ཉིད་ལ་འཇུག་པ་དང་། །འཇུག་ཏུ་འཇུད་པ་དག་ལའོ། །ཤེས་གཙོའོ། །སྲོག་ཆགས་དང་བཅས་པ་ཉིད་ལའོ། །སྣང་བ་དག་གིས་སོ། །ཤི་ནའོ། །སྲོག་ཆགས་རེ་རེའོ། །སྤྱོད་པ་ནི་ལུས་ཀྱི་ཉེ་བར་སྤྱད་པའོ། །ཞེས་སོགས་དང་། མིག་གིས་དག་པ་ཉིད་ཀྱིས་ཆུ་ནི་དག་པ་ཡིན་ནོ། །ཐ་མལ་པས་སོ། །ཞེས་དང་། ཤིག་རྣམས་ནི་རས་མར་བཞུགས་པར་བྱའོ། །དེ་ནི་གསེབ་དག་ཏུའོ། །རྫ་ཤིག་རྣམས་ནི་གསིང་མར་རོ། །ཡང་ཕྱོགས་བསིལ་བར་བྱའོ། །ཞེས་སོགས་གསུངས་པས། ཆུ་སྲོག་ཆགས་ཅན་འཐུང་བ་སོགས་ལུས་ཀྱི་ཡོ་བྱད་དུ་ཤེས་བཞིན་དུ་སྤྱད་པས་ཤི་ན་དངོས་སོ། །འདུ་ཤེས་འཁྲུལ་བ་དང་། རང་དང་མཉམ་པའམ། ཕྱིས་ཤི་བ་རྣམས་ལ་ཉེས་བྱས་སོ། །

གཉིས་པ་ཁྱིམ་པ་ཉལ་པོ་བྱེད་པར་ཤོམ་པའི་ཁྱིམ་ན་འདུག་པའི་ལྟུང་བྱེད་ནི། ལུང་ལས། སྟོན་པས། འཆར་ཀ་ལ་སྨད་སོགས་ནས། ཡང་དགེ་སློང་གང་ཤེས་བཞིན་དུ་ཉལ་པོ་བྱེད་པར་ཤོམ་པའི་ཁྱིམ་དུ་ཕྱིས་ནོན་བྱས་ཏེ་སྟན་ལ་འདུག་ན་ལྟུང་བྱེད་དོ། །ཞེས་གསུངས། མདོ་རྩ་ལས། ཞུགས་པའམ་ཕྱོགས་པ་ལའོ། །སྒྲིད་པ་ལའོ། །སྐྱེས་པ་དང་བུད་མེད་ཀྱིའོ། ཁྱིམ་པ་ཉིད་དོ། །གནས་གཞན་ཉིད་ནའོ། །གཞན་མེད་པ་ཉིད་ཀྱིས་བསྐྲད་དུ་རུང་བ་ཉིད་ཡིན་ནོ། །ཞེས་སོགས་གསུངས་པས། སྐྱེས་པ་ཕོ་མོ་འཁྲིག་པ་སྤྱོད་པར་རང་དགར་བསྡད་ན་དངོས། རང་དང་ཁྱིམ་པ་གང་རུང་གིས་མ་ཚོར་བ་སོགས་ལ་ཉེས་བྱས་སོ། །

གསུམ་པ་འགྲེང་བ་ནི། ལུང་ལས། སྟོན་པས་འཆར་ཀ་ལ་སྨད་ནས། ཡང་དགེ་སློང་གང་ཤེས་བཞིན་དུ་ཉལ་པོ་བྱེད་པར་ཤོམ་པའི་ཁྱིམ་དུ་དབེན་པ་སྐྱབས་ཡོད་པར་འགྲེང་ན་ལྟུང་བྱེད་དོ། །ཞེས་གསུངས། མདོ་རྩ་ལས། དབེན་པར་བརྟག་པས་འགྲེང་ནའོ། །སྐྱབས་ཡོད་པར་རོ། །གལ་ཏེ་འཇིགས་པའི་དབང་གིས་མ་ཡིན་ནོ། །ཚོར་བྱ་དག་དང་ཚོར་བྱེད་གཉིས་ཀྱིས་ཚོར་ན་ཉེས་བྱས་ཀྱིའོ། །ཞེས་སོགས་གསུངས་པས། དེར་འགྲེངས་ནས་འདུག་ན་དངོས་སོ། །མ་ཚོར་ན་ཉེས་བྱས་སོ། །

བཞི་པ་གཅེར་བུ་པ་ལ་ཟས་བྱིན་པའི་ལྟུང་བྱེད་ནི། ལུང་ལས། སྟོན་པས། ཀུན་དགའ་བོ་ལ་སྨད་སོགས། ཡང་དགེ་སློང་གང་གཅེར་བུ་པའམ། གཅེར་བུ་མ་ཀུན་ཏུ་རྒྱུའམ་རྒྱུ་མོ་ལ་རང་གི་ལག་ནས་བཅའ་བ་

དང་བཟའ་བ་བྱིན་ན་ལྟུང་བྱེད་དོ། །ཞེས་གསུངས། མདོ་རྩ་ལས། ཕོ་ཡང་རུང་མོ་ཡང་རུང་བ་ལའོ། །ཉེ་དུ་དང་རབ་ཏུ་བྱུང་བ་ལ་ལྟོས་པ་དང་། ནད་པ་མ་གཏོགས་སོ། །རྟགས་འདི་དང་རབ་ཏུ་བྱུང་བ་འདི་མེད་པའི་གཅེར་བུའོ། །ལུས་སམ་ལུས་དང་འབྲེལ་པར་རོ། །བཅའ་བར་བྱ་བ་དང་བཟའ་བར་བྱ་བ་དག་གོ །རུང་བ་དག་གོ །ཞེས་སོགས་གསུངས་པས། ཉེ་དུ་མིན་པ་མི་ན་བའི་གཅེར་བུ་པ་ལ་རང་གིས་བཟའ་བཅའ་རུང་བ་བྱིན་པ་ཐོབ་ན་དངོས་སོ། །མི་རུང་བ་ལ་ཉེས་བྱས་སོ། །

ལྔ་པ་དམག་ལ་ལྟ་བའི་ལྟུང་བྱེད་ནི། ལུང་ལས། སྟོན་པས། དྲུག་སྡེ་ལ་སྨད་སོགས་ནས། ཡང་དགེ་སློང་གང་དམག་ཆས་པ་ལ་བལྟར་འགྲོ་ན་ལྟུང་བྱེད་དོ། །ཞེས་གསུངས། མདོ་རྩ་ལས། གཡུལ་ལ་མངོན་པར་དགའ་བའི་དམག་ལ་བལྟ་བའི་དོན་ཉིད་ཀྱིས་སོ། །ཞེས་སོགས་གསུངས་པས། འཐབ་ཏུ་ཕྱིན་པའི་དམག་ལ་རང་དགར་བལྟར་ཕྱིན་པ་ན་ཉེ་འཁོར་འདས་ན་དངོས། སྦྱོར་བ་ལ་ཉེས་བྱས་སོ། །

དྲུག་པ་དམག་གི་ནང་ན་གནས་པའི་ལྟུང་བྱེད་ནི། ལུང་ལས། སྟོན་པས་དྲུག་སྡེ་ལ་སྨད་སོགས་ནས། དགེ་སློང་གང་དམག་ཆས་པ་ལ་བལྟར་འགྲོ་ན་དེ་ལྟ་བུའི་རྐྱེན་ཞིག་བྱུང་ན། དེས་དམག་དེའི་ནང་དུ་ཞག་གཉིས་ཚུན་ཆད་གནས་པར་བྱའོ། །དེ་ལས་ལྷག་པར་གནས་ན་ལྟུང་བྱེད་དོ། །ཞེས་གསུངས། མདོ་རྩ་ལས། དེ་དག་མེད་པར་དེར་ཉིན་མཚན་གཉིས་ལས་ལྷག་པར་འདུག་ནའོ། །དགོས་པ་མེད་ན་སྔ་མ་ཡང་ངོ་། །ཞེས་སོགས་གསུངས་པས། དགོས་པའི་དབང་གིས་ཕྱིན་པས་དམག་ནང་དེར་ཞག་གཉིས་ལས་ལྷག་པར་འདུག་ན་དངོས།

བདུན་པ་དམག་བཤམས་པ་དཀྲུགས་པའི་ལྟུང་བྱེད་ནི། ལུང་ལས། སྟོན་པས། དྲུག་སྡེ་ལ་སྨད་སོགས། དགེ་སློང་ཞག་གཉིས་དེའི་ནང་དུ་གནས་པའི་ཚེ་ཡང་། གལ་ཏེ་བཤམས་པ་འཁྲུག་ཏུ་འགྲོའམ། རྒྱལ་མཚན་དང་དཔུང་གི་མཆོག་གམ་གཡུལ་བཤམས་པའི་དམག་ལ་བལྟ་བ་ཉམས་སུ་མྱོང་བར་བྱེད་ན་ལྟུང་བྱེད་དོ། །ཞེས་གསུངས། མདོ་རྩ་ལས། རེག་པ་དང་། བཤམས་པ་དཀྲུགས་པ་དང་བལྟ་བའི་ཕྱིར་འཕྱ་ཞིང་ཉེ་འཁོར་མཐའ་ལས་འདས་ཏེ་མཐོང་བ་ལྟ་བུ་ནི་དངོས་དག་ཡིན་ནོ། །མ་ཆས་པ་ཉིད་ལ་ནི་ན་སྨད་པ་ཉིད་དོ། །ཞེས་གསུངས་པས། དགོས་པས་དམག་ནང་དུ་ཕྱིན་པས་དེའི་གཡུལ་གྱི་བཀོད་པ་བཤམས་པ་འཁྲུག་པར་བྱས་ན་དངོས་ཏེ་སྔར་དང་འདྲ།

བརྒྱད་པ་བརྡེག་པའི་ལྟུང་བྱེད་ནི། ལུང་ལས། སྟོན་པས། འཆར་ཀ་ལ་སྨད་སོགས། ཡང་དགེ་སློང་གང་ཁྲོས་འཁྲུག་རྨམ་པར་གྱུར་ཏེ་ཡིད་མ་རངས་ཏེ་དགེ་སློང་ལ་བརྡེགས་ན་ལྟུང་བྱེད་དོ། །ཞེས་གསུངས། མདོ་

རྩ་ལས། ནྟོག་པ་ཅན་གྱི་སེམས་ཉིད་ཀྱིས་དགེ་སློང་ཕ་རོལ་ལ་ལུས་སམ་དེས་འཕངས་པའི་དེ་དང་འབྲེལ་པ་དག་གང་ཡང་རུང་བ་ཐ་ན་ཆང་པའི་མཐེ་བོའམ་ཉུངས་དཀར་རམ་རྡུ་དག་གིས་བརྡེགས་ནའོ། །གཞན་དག་ལ་ཡང་ངོ་། །རིག་ནའོ། །བརྡེག་བསྒྲད་རེ་རེ་ལའོ། །མ་ཕོག་ན་ཉེས་བྱས་སོ། །ཞེས་སོགས་གསུངས་པས། དགེ་སློང་དག་པ་ལ་ཞེ་སྡང་གིས་བརྡེགས་ན་བརྡེག་བྱེད་ཀྱི་གྲངས་དང་མཉམ་པའི་དངོས་སོ། །རྒྱབ་པ་ལ་མ་ཕོག་པ་ཉེས་བྱས་སོ། །

དགུ་པ་བརྡེག་པར་གཟས་པའི་ལྟུང་བྱེད་ནི། ལུང་སྟར་བཞིན། མདོ་རྩ་ལས། བརྡེག་པར་གཟས་ནའོ། །རྫས་རེ་རེ་ལའོ། །ཞེས་གསུངས་པས། དགེ་སློང་ལ་ཞེ་སྡང་གིས་བརྡེག་པར་བརྩམས་པ་ཙམ་ཡང་དངོས་སོ། །

བཅུ་པ་གནས་ངན་ལེན་འཆབ་པའི་ལྟུང་བྱེད་ནི། ལུང་ལས། སྟོན་པས། ཉེར་དགའ་ལ་སྨད་སོགས། ཡང་དགེ་སློང་གང་ཤེས་བཞིན་དུ་དགེ་སློང་གི་གནས་ངན་ལེན་གྱི་ལྟུང་བ་འཆབ་ན་ལྟུང་བྱེད་དོ། །ཞེས་གསུངས། མདོ་རྩ་ལས། ཕམ་པར་འགྱུར་བ་དང་དགེ་འདུན་ལྷག་མ་དག་བཅབས་ནའོ། །ཞེས་དང་། ཉིན་མཚན་གྱི་མཐར་རོ། །སྔ་རོལ་ཏུ་ནི་ཉེས་བྱས་སོ། །ཞེས་སོགས་གསུངས་པས། དགེ་སློང་ཟླ་བོ་ལ་ཕམ་ལྟུང་བྱུང་བ་མཐོང་བཞིན་དུ་རྐྱེན་མེད་པར་འཆབ་ན་ཞག་ལོན་ན་དངོས་སོ། །

བཅུ་ཚན་དྲུག་པ་ནི། སྡོམ་ལ། བདེ་དང་མེ་དང་འདུན་པ་དང་། །བསྙེན་པར་མ་རྫོགས་ཚོས་གཏམ་སྨྲ། །དགེ་ཚུལ་ཁ་ཏོག་བསྒྱུར་བ་དང་། །རིན་པོ་ཆེ་དང་ཚ་བའི་དུས། །ཞེས་གསུངས་པས། དང་པོ་བདེ་བར་གནས་པའི་ཟན་གཅོད་པའི་ནི། ལུང་ལས། སྟོན་པས། ཉེར་དགའ་ལ་སྨད་སོགས་ནས། ཡང་དགེ་སློང་གང་ཀླན་ཀ་ཚོལ་ཞིང་སོགས་ནས། དོན་ནི་ཆེད་དུ་བསམ་ནས་དགེ་སློང་གི་ཟན་གཅོད་ན་ལྟུང་བྱེད་དོ། །ཞེས་གསུངས། མདོ་རྩ་ལས། ནད་ཀྱི་གཉེན་པོའི་དོན་ཉིད་མ་གཏོགས་པར་ཆེད་དུ་བསམས་ཏེ་ཁྱིམ་པ་སྦྱིན་པ་པོ་ཟན་གཅོད་དུ་བཅུག་ནའོ། །ཞེས་གསུངས་པས། དགེ་སློང་རྫོགས་པ་དྲུག་ལྡན་གྱི་དུས་སུ་རུང་བའི་ཁ་ཟས་ནད་མ་གཅིག་གི་ཚད་དུ་ལོངས་པ་ངན་སེམས་ཀྱིས་ཁྱིམ་པ་གཅོད་དུ་འཇུག་ན་དོན་གོ་ན་དངོས། སྦྱིན་བདག་ཁྱིམ་པ་མིན་པ་ཟས་གཅིག་གི་ཚད་དུ་མ་ལོངས་པ། དུས་རུང་བ་ལས་གཞན་པ་རྣམས་ལ་ཉེས་བྱས་སོ། །

གཉིས་པ་མེ་ལ་རེག་པའི་ལྟུང་བྱེད་ནི། ལུང་ལས། སྟོན་པས་དྲུག་སྡེ་ལ་སྨད་སོགས། ཡང་དགེ་སློང་གང་མེ་ལ་རེག་གམ་རེག་ཏུ་འཇུག་ན་ལྟུང་བྱེད་དོ། །ཞེས་གསུངས། མདོ་རྩ་ལས། མེ་ལ་རེག་པར་མི་བྱའོ། །སྟོན་པ་དང་ཆོས་དང་དགེ་འདུན་དང་། ཚངས་པ་མཚུངས་པར་སྤྱོད་པ་རྣམས་ཀྱི་ཆོས་དང་ལྡན་པའི་བྱ་བའི་དོན་ཉིད་དང་ལྟུང་བྱེད་དང་ཅན་གྱི་ལས་ལ་བརྟག་པ་ནི་དུས་བྱིན་གྱིས་བརླབས་པ་ཡིན་ན། ཡུན་རིང་དུ་བྱིན་གྱིས

བཏླབ་པར་བྱའོ། །ཞེས་སོགས་གསུངས་པས། མེ་རུང་བ་ལ་དུས་མིན་པར་རེག་གམ་རེག་ཏུ་འཇུག་ན་རེག་པ་དངོས། དུས་ནི་དཀོན་མཆོག་གི་མཆོད་པའི་དོན་དང་། ཆོས་གོས་འཚོད་པ་སོགས་སོ། །སྒྲ་དང་སྣུབས་ལ་སོགས་མེར་འཇུག་པ་དང་། མི་མ་མུར་ལ་རེག་པ་ཉེས་བྱས་སོ། །

གསུམ་པ་འདུན་པ་ཕྱིར་བསྒྱུར་བའི་ལྟུང་བྱེད་ནི། ལུང་ལས། སྟོན་པས། དགའ་བོ་ལ་སྨྲས་ཤིང་སྨད་སོགས། ཡང་དགེ་སློང་གང་དགེ་འདུན་གྱི་བྱ་བ་ཆོས་ལྡན་ལ་འདུན་པ་ཕུལ་ནས། དེའི་འོག་ཏུ་ཁྲོས་འཁྲུགས་རྨ་པར་གྱུར་ཏེ་མ་རངས་ནས། སྦྱོང་བའི་ཆོས་སུ་བྱེད་ཅིང་དགེ་སློང་འདུན་པ་ཕྱིར་བྱིན་ཞིག །ཁྱོད་ལ་མི་སྦྱིན་ནོ༑ ༑ཞེས་ཟེར་ན་ལྟུང་བྱེད་དོ། །ཞེས་གསུངས། མདོ་རྩ་ལས། དགེ་སློང་གི་དོན་གྱི་ཆེད་ཀྱི་ལས་བྱས་པ་ལ་འདུན་པ་ཕུལ་བ་ཕྱིར་བསྒྱུར་བའི་ཕྱིར་སྨྲས་ནའོ། །ཞེས་གསུངས་པས། དགེ་འདུན་གྲངས་ཚང་ཁ་སྐོང་གི་ཆོས་དང་ལྡན་པ། མི་མཐུན་པ་གཉིས་དང་བྲལ་ཞིང་ཆོས་ལྡན་གྱི་ལས་ལ་འདུན་པ་ཕུལ་བ་སྐུར་བཟློག་ན་དོན་གོ་ན་དངོས་སོ། །ལས་ཆོས་དང་མི་ལྡན་པ། དགེ་སློང་མིན་པའི་དོན་དང་། བྱས་མ་ཟིན་པ་རྣམས་ལ་ཉེས་བྱས་སོ། །

བཞི་པ་བསྙེན་པར་མ་རྫོགས་པ་དང་ནུབ་ལྷན་ཅིག་ཉལ་གྱི་ལྟུང་བྱེད་ནི། ལུང་ལས། སྟོན་པས། ཉེར་དགའ་ལ་སྨད་སོགས། ཡང་དགེ་སློང་གང་གང་ཟག་མ་རྫོགས་པ་དང་ལྷན་ཅིག་ནུབ་གཉིས་ལས་ལྷག་པར་ཉལ་ན་ལྟུང་བྱེད་དོ། །ཞེས་གསུངས། མདོ་རྩ་ལས། ཟླ་བ་དང་ཉི་མ་མ་གཏོགས་པའི་སྣང་བ་དང་བཅས་པའི་གནས་ཀྱི་ཕྱོགས་སུ་ཉལ་བར་མི་བྱའོ། །ནད་པ་དང་ནད་གཡོག་གི་དབང་ཉིད་མ་གཏོགས་སོ། །ཞེས་དང་། བསྙེན་པར་མ་རྫོགས་པ་དང་ལྷན་ཅིག་གནས་གཅིག་ཏུ་མཚན་མོ་གསུམ་པ་ལ་ཉལ་ནའོ། །མཐར་རོ། །མདུན་རོལ་ཏུ་ནི་ཉེས་བྱས་སོ། །ཞེས་སོགས་གསུངས་པས། རང་ལ་ལྟོས་པའི་དགེ་ཚུལ་ཐ་སྙད་ལྡ་ལྡན་དང་། ཕལ་ཆེར་གཡོགས་ཤིང་བསྐོར་བའི་གནས་སུ། བར་འདོམ་གང་ཚུན་དུ་ལྷན་ཅིག་ནུབ་གསུམ་ཉལ་ན་དངོས་སོ། །འདོམ་གང་གི་ཕ་རོལ། འདོམ་དགུ་ཚུན་ལ་ཉེས་བྱས་སོ། །

ལྟ་བ་སྡིག་ལྟ་མི་གཏོང་བའི་ལྟུང་བྱེད་ནི། ལུང་ལས། ཆོས་ནི་སྟོན་པོད་རྗེར་གྱུར་པ་དགེ་སློང་འཆི་ལྟས་ཅན་སྡིག་པ་ཅན་གྱི་ལྟ་བ་འདི་བྱུང་སྟེ། སྟོན་པས། བར་དུ་གཅོད་པའི་ཆོས་གང་ཡིན་པ་དེ་དག་བསྟེན་ཀྱང་བར་དུ་གཅོད་པར་མི་གྱུར་ཏེ། དེ་ལྟར་ཆོས་བསྟན་པ་དག་གིས་ཤེས་སོ་ཟེར་རོ། །སྟོན་པ་ལ་གསོལ་པ་དང་། དེ་དང་དེ་ལྟ་བུ་གཞན་ལ་ཡང་བཞམས་བསྒོ་གསོལ་བརྗོད་སོགས་ཀྱིས་བཟློག་ཅིག །བཟློག་ཀྱང་མི་གཏོང་ན་ལྟུང་བའོ། །ཞེས་གསུངས། མདོ་རྩ་ལས། ཇི་ལྟར་བཅོམ་ལྡན་འདས་ཀྱིས་བར་དུ་གཅོད་པའི་ཆོས་སུ་གསུངས་པ་གང་ཡིན་པ་དེ་དག་བསྟེན་ཀྱང་བར་དུ་གཅོད་པར་མི་འགྱུར་ཏེ་དེ་ལྟར་བཅོམ་ལྡན་འདས་ཀྱིས་ཆོས་བསྟན་པ

དག་གི་ཤེས་སོ། །ཞེས་བྱ་བ་ལ་སོགས་པར་འཇུག་པའི་ཚིག་མི་གཏོང་བ་ལའོ། །ཞེས་སོགས་གསུངས་པས། ཆོས་སམ་ཆོས་མ་ཡིན་པའི་ཡུལ་ལ་ལོག་ལྟ་བྱེད་པ་ལ་ལས་ཀྱིས་བཟློག་ཀྱང་མི་གཏོང་ན་དངོས་སོ། །

དྲུག་པ་སྤྱངས་པ་རྗེས་ཕྱོགས་ཀྱི་ལྟུང་བྱེད་ནི། ལུང་ལས། སྟོན་པས། ཉེར་དགའ་ལ་སྨད་སོགས། །ཡང་དགེ་སློང་གང་ཤེས་བཞིན་དུ་དེ་སྐད་ཟེར་བའི་གང་ཟག་ཆོས་བཞིན་མ་བྱས་པ་སྡིག་པ་ཅན་གྱི་ལྟ་བའི་རྣམ་པ་དེ་མ་སྤྱངས་པ་དང་། གཏམ་འདྲི་བར་བྱེད་པ་ནས་གནས་གཅིག་ཏུ་ཉལ་བའི་བར་དུ་བྱེད་ན་ལྟུང་བྱེད་དོ། །ཞེས་གསུངས། མདོ་རྩ་ལས། དེ་སྐད་སྨྲས་པའི་སྤྱངས་པའི་ཕྱིར་བཅོས་པ་ཉིད་མ་བྱས་པའི་དགེ་སློང་ལའོ། །ལུང་འབོག་པ་དང་དམིགས་ཀྱིས་འདྲི་བ་དང་གནས་དང་རྗེས་སུ་བསྟན་པ་དང་། གདམས་ངག་སྦྱིན་ནའོ། །ཞེས་སོགས་གསུངས་པས། ལོག་ལྟ་ཅན་སྨྲ་བའི་གང་ཟག་དང་ལྷན་ཅིག་རྐྱེན་མེད་དུ་སྨྲ་བ་སོགས་ཆོས་དང་ཟང་ཟིང་གི་ལོངས་སྤྱོད་དང་ལྷན་ཅིག་བྱེད་ན་རྫོགས་པ་ན་དངོས་སོ། །བསྙེན་པར་མ་རྫོགས་པ་སོགས་གསུམ་དང་། སྐྱ་རེངས་མ་ཤར་བའི་མདུན་རོལ་ཏུ་འདུག་པ་དང་ཉལ་བ་རྣམས་ལ་ཉེས་བྱས་སོ། །

བདུན་པ་དགེ་ཚུལ་ལ་སྐྱིལ་བ་བསྐྱུད་པའི་ལྟུང་བྱེད་ནི། ལུང་ལས། སྟོན་པས། དེ་གཉིས་ལ་དགེ་སློང་གིས་བཞམས་བསྒོ་གསོལ་བརྗོད་སོགས་ཀྱིས་བཟློག་ཅིག །བཟློག་ཀྱང་མི་གཏོང་ན་བསྐྱིལ་བར་བྱའོ། །དེ་དག་བསྐྱིལ་བ་ཉེར་དགས་སྟར་བཞིན་བསྟུས་པས་དགེ་ཚུལ་གྱི་བསྐྱིལ་བ་བསྐྱུད་ན་ལྟུང་བྱེད་དོ། །ཞེས་གསུངས། མདོ་རྩ་ལས། ཚིག་དེ་ཉིད་ལ་ཞུགས་པ་མི་གཏོང་ན་དགེ་ཚུལ་བསྐྱིལ་བར་བྱའོ། །ཞེས་སོགས་གསུངས་པས། དགེ་ཚུལ་བསྐྱིལ་བ་བསྐྱུད་པ་ལས་ཀྱིས་ཀྱང་མི་ཉན་ན་བརྗོད་པ་བཞི་ཐལ་ན་དངོས། དགེ་ཚུལ་ཡམ་འདྲུང་བ་རྣམས་དང་འགྲོགས་ན་ཉེས་བྱས་སོ། །

བརྒྱད་པ་ཁ་མ་བསྒྱུར་བའི་གོས་གྱོན་པའི་ལྟུང་བྱེད་ནི། ལུང་ལས། སྟོན་པས། དྲུག་སྡེ་ལ་སྨད་སོགས། དགེ་སློང་གིས་གོས་གསར་པ་ཞིག་རྙེད་ན་ཁ་བསྒྱུར་བ་གསུམ་པོ་སྔོན་པོའམ་དམར་པོའམ། དུར་སྨྲིག་ལས་གང་ཡང་རུང་བར་ཁ་བསྒྱུར་རོ། །དེ་དག་གང་རུང་གིས་ཁ་མ་བསྒྱུར་བར་སྤྱོད་ན་ལྟུང་བྱེད་དོ། །ཞེས་གསུངས། མདོ་རྩ་ལས། སྔོན་པོའམ་དམར་པོའམ་དུར་སྨྲིག་གིས་ཁ་བསྒྱུར་བ་རང་གི་གོས་ཐ་ན་ལྷུང་བཟེད་ཀྱི་ཁ་གཡོགས་དང་སྟོད་དང་རྐང་པའི་འབོབ་དང་སྐྲ་རགས་ཀྱི་སྒྲོ་བ་ལ་སོགས་པ་ལ་ཡོངས་སུ་ལོངས་སྤྱོད་ནའོ། །ཞེས་སོགས་གསུངས་པས། ཆུ་ཚགས་མ་གཏོགས་པའི་ཆོས་གོས་རྣམས་དཀར་པོར་བྱེད་ན་དངོས་སོ། །དེ་ཡང་ལོངས་སྤྱོད་ཐེབས་རེ་རེ་ལ་ལྟུང་བ་རེ་རེ་ཡོད་དོ། །མི་རུང་བ་དང་། ཚད་དང་མི་ལྡན་པ་སོགས་ལ་ཉེས་བྱས་སོ། །

དགུ་པ་རིན་པོ་ཆེ་ལ་རེག་པའི་ལྟུང་བྱེད་ནི། ལུང་ལས། སྟོན་པས། དྲུག་སྡེ་ལ་སྨད་སོགས་ནས། ཡང་

དགེ་སློང་གང་རིན་པོ་ཆེའམ་རིན་པོ་ཆེར་སྐྱོས་པ་རང་གིས་ལག་གིས་ལེན་ནམ་ལེན་དུ་འཇུག་ན་ལྟུང་བྱེད་དོ། །ཞེས་གསུངས། གནང་བ་ནི། དེ་ལྟ་བས་ན་ཀུན་རའམ་གནས་ཁང་ན་འདུག་པ་མ་གཏོགས་སོ། །ཞེས་གསུངས། མདོ་རྩ་ལས། རིན་པོ་ཆེ་རང་གིས་མ་ཡིན་པ་དང་། དེར་སྐྱོས་པ་ལ་རེག་གམ་རེག་ཏུ་བཅུག་ན་བྱེད་པ་པོ་ཡིན་ནོ༑ ༑ཞེས་སོགས་གསུངས་པས། རིན་པོ་ཆེ་དང་རིན་པོ་ཆེར་སྐྱོས་པ་ལ་རྐྱེན་མེད་པར་རེག་ན་དངོས། དེ་དག་ཉམས་པ་ལ་ཉེས་བྱས་སོ། །

བཅུ་པ་ཚ་བའི་དུས་ནི། ལུང་ལས། སྟོན་པས། དགེ་སློང་རྣམས་ཀྱིས་ཁྲུས་མི་བྱའོ། །ཞེས་གསུངས་པས། དྲི་མའི་རྫབ་ཀྱིས་གོས་པའི་ལུས་དྲི་ང་ནས་ཟླ་བ་ཕྱེད་ཕྱེད་ཅིང་ཁྲུས་བྱའོ། །ཞེས་གསུངས། དེ་ལྟར་བྱས་པས་སོས་ཀའི་དུས་ཀྱི་ཚེ་དགེ་སློང་རྣམས་ཚ་བས་སྐྱོ་བས་སྐྱ་བོ་གསེང་གསེང་པོར་གྱུར་ནས་ཚ་བའི་དུས་མ་གཏོགས་སོ། །ཞེས་གསུངས། མདོ་རྩ་ལས། སོ་ག་རྣམས་ཀྱི་ཟླ་བ་ལྷག་མ་ཕྱེད་དང་གཉིས་དབྱར་རྣམས་ཀྱི་དང་པོ་ལས་སོ། །ཞེས་དང་། ལུས་ལའོ། །གཞན་གྱི་དོན་དུ་ཁྲུས་ཀྱི་ཉིན་མོ་མ་ཡིན་པ་ཞག་བཅོ་ལྔའི་མདུན་རོལ་ཏུ་ཁྲུས་བྱེད་ནའོ། །ཞེས་སོགས་གསུངས་པས། སོ་གའི་ལྷག་མ་ཟླ་བ་ཕྱེད་གཉིས་དང་། དབྱར་ཟླ་སྟོན་མ་ཟླ་གཅིག་མ་ཡིན་པར་རྐྱེན་མེད་དུ་ཁྲུས་བྱེད་པ་ན་ལུས་ཕྱེད་སླེབ་པ་ན་དངོས་སོ། །འཇིག་རྟེན་ན་ཆུར་མ་གྲགས་པའི་ཐུག་པ་དང་། དར་བ་དང་། ཞོ་དང་། ཕྱུར་ཁུ་སོགས་དང་། ཚད་དུ་མ་ལོངས་པ་རྣམས་ལ་ཉེས་བྱས་སོ། །

བཅུ་ཚན་བདུན་པ་ནི། སྡོམ་ལ། དུད་འགྲོ་འགྱོད་པ་སོར་མོ་དང་། །ཆུ་དང་ལྷན་ཅིག་ཉལ་བྱེད་དང་། །སྟེད་དང་གདེང་མེད་གཞི་མེད་དང་། །སྐྱེས་པ་མེད་པར་ལམ་འགྲོ་བའོ། །ཞེས་གསུངས་པས། དང་པོ་དུད་འགྲོ་གསོད་པའི་ལྟུང་བྱེད་ནི། ལུང་ལས། སྟོན་པས། འཆར་ཀ་ལ་སྨད་སོགས་ནས། ཡང་དགེ་སློང་གང་བསམ་བཞིན་དུ་དུད་འགྲོའི་སྐྱེ་གནས་སུ་གཏོགས་པའི་སྲོག་ཆགས་གསོད་ན་ལྟུང་བྱེད་དོ། །ཞེས་གསུངས། མདོ་རྩ་ལས། གནོད་པའི་སེམས་ཀྱིས་དུད་འགྲོ་ལ་བསྣུན་ནའོ། །གཞི་དེས་དེའི་ཚེའམ་གཞན་གྱི་ཚེ་ཤི་ནའོ། །ཞེས་སོགས་གསུངས་པས། ཐ་མལ་པའི་མིག་ལམ་དུ་སྣང་བའི་དུད་འགྲོ་རྩ་ཤིང་ལ་སོགས་པའི་གཞི་དང་བྲལ་བ་གསོད་འདོད་ཀྱིས་བསད་ན་དངོས། དུད་འགྲོའི་གཟུགས་བྱས་པ་བཤིག་པ་ལ་ཉེས་བྱས་སོ། །

གཉིས་པ་འགྱོད་པ་བསྐྱེད་པའི་ལྟུང་བྱེད་ནི། ལུང་ལས་སྟོན་པས། འཆར་ཀ་ལ་སྨད་སོགས་ནས། ཡང་དགེ་སློང་གང་བསམས་བཞིན་དུ་ཅི་ནས་ཀྱང་དགེ་སློང་འདི་ཡུད་ཙམ་ཞིག་ཀྱང་བདེ་བ་ལ་མི་རེག་པར་བྱའོ་སྙམ་པ་དེ་ཉིད་རྐྱེན་དུ་བྱས་ནས་དགེ་སློང་ལ་འགྱོད་པ་བསྐྱེད་ན་ལྟུང་བྱེད་དོ། །ཞེས་གསུངས། མདོ་རྩ་ལས།

ཁྲིད་བསྙེན་པར་རྫོགས་པ་མ་ཡིན་ཞིང་ཕམ་པར་འགྱུར་བ་བྱུང་ངོ་ཞེས་བྱ་བ་ལ་སོགས་པ་དགེ་སློང་མ་ཡིན་པའི་དོན་གྱིས་འགྲོད་པ་བསྐྱེད་ནའོ། །དགེ་སློང་ལའོ། །བདེ་བ་ལ་མི་རེག་པ་བསྐྱེད་པའི་སེམས་ཀྱིས་སོ། །ཞེས་སོགས་གསུངས་པས། དགེ་སློང་དག་པ་ལ་ངན་སེམས་ཀྱིས་ཚོས་སྤྱོད་པ་ལ་འགྲོད་པ་བསྐྱེད་ན་གོ་ན་དངོས། བསྙེན་པར་མ་རྫོགས་པ་དང་། སྡོམ་པོ་དང་། ལྷག་མ་མན་གྱི་འགྲོད་པ་བསྐྱེད་ན་ཉེས་བྱས་སོ། །

གསུམ་པ་སོར་མོ་ནི་ལུང་ལས། སོར་མོས་ག་ག་ཚིལ་བྱེད་ན་ལྟུང་བྱེད་དོ། །ཞེས་གསུངས། མདོ་རྩ་ལས། དགེ་སློང་ལ་སོར་མོའམ། ཁུར་ཚུར་རམ་གྲུ་མོས་ཕྲག་པའམ་མགོ་བོའམ་གློའམ་རྒྱབ་བམ་སྙེད་པའམ། བརླའི་ཕུས་མོའམ་བྱིན་པའམ་རྐང་པའི་མཐེ་བོ་ལ་སོགས་པ་དག་གི་ག་ག་ཚིལ་བྱེད་པས་རེག་ནའོ། །ཀྱི་གཡའ་བར་བྱ་བའི་སེམས་ཀྱིས་སོ། །ཞེས་སོགས་གསུངས་པས། དགེ་སློང་ལ་བཀྲེ་བའི་ཕྱིར་གཡའ་སྐུག་ན་རེག་པ་ན་དངོས་སོ། །བསྙེན་པར་མ་རྫོགས་པ་རྣམས་ལ་རེག་པ་ཉེས་བྱས་སོ། །

བཞི་པ་ཆུ་ལ་རྩེ་བའི་ལྟུང་བྱེད་ནི། །ལུང་ལས། སྟོན་པས། བཅུ་བདུན་སྡེ་ལ་སྨད་སོགས་ནས། ཆུ་ལ་རྩེ་ན་ལྟུང་བྱེད་དོ། །ཞེས་གསུངས། མདོ་རྩ་ལས། ཆུའི་ཡུལ་རྩེ་བ་རྗེས་སུ་བསྒྲུབ་ནའོ། །ཞུགས་ཤིང་ནུབ་པ་དང་འབྱུང་བ་དང་ངོགས་གཞན་དུ་རྐྱལ་བ་དང་། རྒྱུན་ཕྱོགས་དང་རྒྱུན་ལས་བཟློག་ཕྱོགས་སུ་རྩོལ་བ་དང་། ཞེས་སོགས་གསུངས་པས། ཆུ་ལ་རང་དགར་རྐྱལ་བ་སོགས་རྩེ་བའམ་བཙུག་ན་དངོས། བསེག་མ་འཕྲུབ་སོགས་ལ་ཉེས་བྱས་སོ། །

ལྔ་པ་བུད་མེད་དང་ལྷན་དུ་ཉལ་བའི་ལྟུང་བྱེད་ནི། །ལུང་ལས། སྟོན་པས། མ་འགགས་པ་ལ་སྨད་སོགས། ཡང་དགེ་སློང་གང་བུད་མེད་ཀྱི་ཡུལ་དང་ལྷན་ཅིག་གནས་གཅིག་ཏུ་ཉལ་ན་ལྟུང་བྱེད་དོ། །ཞེས་གསུངས། མདོ་རྩ་ལས། བུད་མེད་དང་ལྷན་ཅིག་གནས་གཅིག་ཏུ་གཉིད་ལོག་ནའོ། །མཚན་མོའོ། །མཐར་རོ། །ཞེས་སོགས་གསུངས་པས། བུད་མེད་རྟེན་རུང་དང་རྐྱེན་མེད་དུ་ལྷན་ཅིག་ཉལ་ན་ཞག་འདས་ན་དངོས་སོ། །ཉེ་དུ་སོགས་ལ་ལྟུང་བ་མེད་ལ། སྐྱ་རེངས་མ་ཤར་ཚུན་ལ་ཉེས་བྱས་སོ། །

དྲུག་པ་དངངས་པར་བྱེད་པའི་ལྟུང་བྱེད་ནི། ལུང་ལས། སྟོན་པས། འཆར་ཀ་ལ་སྨད་སོགས་ནས། ཡང་དགེ་སློང་གང་དགེ་སློང་ལ་དངངས་པར་བྱེད་ན་ལྟུང་བྱེད་དོ། །ཞེས་གསུངས། མདོ་རྩ་ལས། བཤད་གད་བྱ་བར་བསམས་པས་ཀྱང་རུང་སྟེ་དངངས་པར་འདོད་པས་འཇིགས་པའི་རྒྱུ་ཉེ་བར་སྒྲུབ་པ་སྟོན་དུ་བཏང་བ་འཇིགས་པར་བྱེད་པ་ཚེ་གེ་མོ་ཞིག་ཅེས་དགེ་སློང་ལ་གཞན་གྱིས་ཀྱང་གོ་བར་བྱེད་ན་འཇིགས་པ་མ་སྐྱེས་ཀྱང་ངོ་། །ཞེས་སོགས་གསུངས་པས། དགེ་སློང་གཞན་ལ་ངན་སེམས་ཀྱིས་འཇིགས་པ་སྣ་ཚོགས་ཀྱིས་དངངས

པར་བྱེད་ན་གོ་ན་དངོས་སོ། །ཡིད་དུ་འོང་བས་དངངས་པར་བྱེད་ན་ཉེས་བྱས་སོ། །

བདུན་པ་སྟིད་པའི་ལྟུང་བྱེད་ནི། ལུང་ལས། སྟོན་པས། དྲུག་སྡེ་ལ་སྨད་སོགས། ཡང་དགེ་སློང་གང་དགེ་སློང་མའི་དགེ་སློབ་མའམ། དགེ་ཚུལ་ལམ། དགེ་ཚུལ་མའི་ལྟུང་བཟེད་དམ། གོས་སམ། དྲ་བའམ། ཕུར་བུའམ། སྐ་རགས་སམ་འཚོ་བའི་ཡོ་བྱད་གང་ཡང་རུང་བ་སྟིད་དམ་སྟིད་དུ་འཇུག་ན་ལྟུང་བྱེད་དོ། །ཞེས་སོགས་གསུངས། མདོ་རྩ་ལས། རབ་ཏུ་བྱུང་བ་འདི་པ་དབང་བའི་ལྟུང་བཟེད་དང་ཆོས་གོས་དང་དྲ་བ་དང་ཕུར་བུ་དང་སྐ་རགས་ལ་སོགས་པ་དགེ་སྦྱོང་གི་འཚོ་བའི་ཡོ་བྱད་སྟིད་དམ་སྟིད་དུ་འཇུག་ནའོ། །ཞེས་སོགས་གསུངས་པས། དགེ་སློང་གཞན་གྱི་རྫས་རུང་བ་ཐོ་འཚམ་འདོད་ཀྱིས་སྦས་ནས་བྱ་བ་རྫོགས་ན་དངོས་སོ། །མི་རུང་བ་སོགས་ལ་ཉེས་བྱས་སོ། །

བརྒྱད་པ་གདེང་མེད་ནི། ལུང་ལས། སྟོན་པས། ཉེར་དགའ་ལ་སྨད་སོགས་ནས། ཡང་དགེ་སློང་གང་དགེ་སློང་ལ་གོས་བྱིན་ནས་དེའི་འོག་ཏུ་གདེང་མེད་པར་སྤྱོད་ན་ལྟུང་བྱེད་དོ། །ཞེས་གསུངས། མདོ་རྩ་ལས། དགེ་སློང་ལ་གོས་བླང་བ་མེད་པར་བྱིན་པ་དེས་གནང་བ་མེད་པར་སྤྱོད་ནའོ། །ཞེས་སོགས་གསུངས་པས། རང་གིས་གཞན་ལ་བྱིན་པའི་ཆོས་གོས་མ་གནང་བཞིན་སྤྱོད་ན་དངོས་སོ། །ཡན་ལག་མ་ཚང་བ་ལ་ཉེས་བྱས་སོ། །

དགུ་པ་གཞི་མེད་ཀྱི་ལྟུང་བྱེད་ནི། ལུང་ལས། སྟོན་པས། མཛའ་བོ་དང་ས་ལས་སྐྱེས་གཉིས་ལ་སྨད་སོགས། ཡང་དགེ་སློང་གང་ཁྲོས་ཤིང་ཞེ་སྡང་བར་གྱུར་ནས། དགེ་སློང་དག་པ་ལྟུང་བ་མེད་པ་ལ་གཞི་མེད་པར་ལྷག་མའི་ཆོས་ཀྱིས་སྐུར་ན་ལྟུང་བྱེད་དོ། །ཞེས་གསུངས། མདོ་རྩ་ལས། བསྐུར་པ་འདེབས་པར་འདོད་པས་དགེ་སློང་ལ་འདུ་ཤེས་བསྒྱུར་ཏེ་དགེ་འདུན་ལྷག་མས་བསྐུར་པ་བརྗོད་ནའོ། །བག་ཙམ་གྱིས་ཀྱང་ངོ་། །ཞེས་གསུངས་པས། དགེ་སློང་དག་པ་ལ་ལྷག་མ་བྱུང་ཞེས་ངན་སེམས་ཀྱིས་བསྐུར་ན་གོ་ན་དངོས་སོ། །དེ་ལས་གཞན་པའི་བསྐུར་ན་ཉེས་བྱས་སོ། །

བཅུ་པ་ལམ་འགྲོ་ནི། ལུང་ལས་སྟོན་པས། དགེ་སློང་ལ་སྨད་སོགས། ཡང་དགེ་སློང་གང་སྐྱེས་པ་མེད་པར་བུད་མེད་དང་ལྷན་ཅིག་མགྲོན་ལམ་དུ་འགྲོ་ན་ཐ་ན་གྲོང་དབར་དུ་ཡང་རུང་སྟེ་ལྟུང་བྱེད་དོ། །ཞེས་གསུངས། མདོ་རྩ་ལས། འདོད་པས་ལམ་དུ་འགྲོ་ནའོ། །རྒྱང་གྲགས་རེ་རེར་རོ། །དེའི་ཕྱེད་རེ་རེར་ནི་ཉེས་བྱས་སོ། །བསེལ་བྱེད་པ་ནི་མ་གཏོགས་སོ། །ཞེས་གསུངས་པས། བུད་མེད་རྟེན་བཟོད་ཉེ་དུ་མ་ཡིན་པ་དང་རོགས་མེད་དུ་འགྲོ་བ་རྒྱང་གྲགས་གཅིག་ནས་དངོས། ཕྱེད་ན་ཉེས་བྱས་སོ། །

བཅུ་ཚན་བརྒྱད་པ་ནི། སྡོམ་ལ། རྐུ་དང་ཉི་ཤུ་མ་ལོན་དང་། །རྐོ་དང་མགྲོན་དང་བསླབ་པ་དང་། །

འཐབ་དང་མི་སྙ་འགྲོ་བ་དང་། །མི་གུས་ཆང་འཐུང་དུས་མིན་པའོ། །ཞེས་གསུངས་པའི་དང་པོ། རྐུན་མ་དང་ལྷན་ཅིག་གི་འགྲོ་བ་ནི། ལུང་ལས། སྟོན་པས། དགེ་སློང་ཞིག་ལ་སྨད་སོགས། ཡང་དགེ་སློང་གང་དོན་མཐུན་རྐུན་མ་དང་ལྷན་ཅིག་མགྲོན་ལམ་དུ་འགྲོ་ན་ཐ་ན་གྲོང་དབར་དུ་ཡང་ལྟུང་སྟེ་ལྟུང་བྱེད་དོ། །ཞེས་གསུངས། མདོ་རྩ་ལས། གྲོང་འཇོམས་པར་བྱེད་པའི་ཆོམ་རྐུན་པ་དག་གམ་ཤོ་གམ་འདྲལ་བའི་ཚོང་པ་དག་དང་ལྷན་ཅིག་འགྲོ་བ་ལའོ། །ཞེས་སོགས་གསུངས་པས། དམག་མིན་པའི་ཆོམ་རྐུན་དང་ལྷན་ཅིག་རྐྱེན་མེད་ལམ་དུ་འགྲོ་ན་དངོས་སོ། །རྒྱུ་ཐབས་སུ་རབ་ཏུ་བྱུང་བ་དག་དང་ལྷན་ཅིག་འགྲོགས་པ་ལ་ནི་ཉེས་བྱས་སོ། །

གཉིས་པ་ཉི་ཤུ་མ་ལོན་པར་བསྙེན་པར་རྫོགས་པ་ནི། ལུང་ལས། སྟོན་པས། མོའུ་འགལ་ལ་སྨད་སོགས། ཡང་དགེ་སློང་གང་གང་ཟག་ལོ་ཉི་ཤུ་མ་ལོན་པ་དགེ་སློང་གི་དངོས་པོ་རྫོགས་པར་བྱེད་ན་ལྟུང་བྱེད་དོ། །ཞེས་གསུངས། མདོ་རྩ་ལས། བསྙེན་པར་རྫོགས་པར་བྱ་བ་ལོ་ཉི་ཤུ་མ་ལོན་པ་ཉིད་ལའོ། །མཁན་པོ་ཉིད་ཀྱིས་སོ༑ །བསྙེན་པར་རྫོགས་པར་བྱས་ནའོ། །ཞེས་སོགས་གསུངས་པས། བསྒྲུབ་བྱ་ལོ་ཉི་ཤུ་མ་ལོན་པ་བསྙེན་རྫོགས་བྱེད་ན་བརྗོད་པ་གསུམ་རྫོགས་ནས་དངོས་སོ། །ལས་ཀྱི་སློབ་དཔོན། གསང་སྟོན། ཁ་སྐོང་གི་དགེ་སློང་རྣམས་ལ་ཉེས་བྱས་སོ། །

གསུམ་པ་ས་རྐོ་བའི་ལྟུང་བྱེད་ནི། ལུང་ལས། སྟོན་པས། དྲུག་སྡེ་ལ་སྨད་སོགས། ཡང་དགེ་སློང་རང་གི་ལག་གིས་ས་རྐོའམ་རྐོར་འཇུག་ན་ལྟུང་བྱེད་དོ། །ཞེས་གསུངས། མདོ་རྩ་ལས། རྐོའམ་རྐོར་བཅུག་པ་ལའོ། །སའམ་སའོ། །ལག་གི་བླས་རྒྱུ་སྐར་གྱི་སྦྱོར་བས་རུང་བར་བྱེད་པ་མེད་ན་ཐུར་མ་སོར་བཞི་ཙམ་འཛུགས་པ་མ་གཏོགས་སོ། །ཞེས་སོགས་གསུངས་པས། སྲ་ཞིང་འཐས་པའི་ས་རང་དགར་རྐོ་ན་སྲུར་གང་ཙམ་ས་དང་བྲལ་ན་དངོས། བསེག་མ་དང་འདམ་སོགས་ལ་ཉེས་བྱས་སོ། །

བཞི་པ་མགྲོན་དང་ནི། ལུང་ལས། སྟོན་པས། ཉེར་དགའ་ལ་སྨད་སོགས། དགེ་སློང་གིས་ཟླ་བ་བཞིར་མགྲོན་དུ་བོས་པ་བདག་གིར་བྱའོ། །དེ་ལས་ལྷག་པར་བདག་གིར་བྱེད་ན་ལྟུང་བྱེད་དོ། །ཞེས་གསུངས། མདོ་རྩ་ལས། ཧ་ཅང་བླང་བར་མི་བྱའོ། །མགྲོན་དུ་བོས་པའི་ཁྱིམ་དུ་གདུགས་ཚོད་ལ་བསྐུལ་བ་དེ་མེད་ན་འགྲོར་རུང་ངོ་། །དུས་ལས་ཡོལ་དུ་བྱེད་ན་ཁྱིམ་ཞིག་ཅེས་བསྒོ་བ་ཡང་ངོ་། །ཞེས་སོགས་གསུངས་པས། ཉེ་དུ་མིན་པས་མགྲོན་དུ་བོས་པ་ཇི་ཙམ་འོས་པའི་དུས་ལྷག་པའི་བཟའ་བ་རྐྱེན་མེད་དུ་ཟོས་ན་དངོས། ལྷག་པ་བཟང་པོ་བླངས་པས་ངན་པ་ཐོབ་པ་ལྟ་བུ་ཉེས་བྱས་སོ། །

ལྔ་པ་བསླབ་པ་ནི། ལུང་ལས། སྟོན་པས། དྲུག་སྡེ་ལ་སྨད་སོགས། ཡང་དགེ་སློང་གང་དགེ་སློང་རྣམས

ཀྱིས་ཆོ་དང་ལྡན་པ་ཁྱོད་ཀྱིས་བསླབ་པ་འདི་ལ་བསླབ་པར་བྱའོ། །ཞེས་བསྒོ་བ་ན་དེ་ལ་འདི་སྐད་ཅེས་བདག་དགེ་སློང་མདོ་སྡེ་འཛིན་པ་རྣམས་ལ་འབྲིའི་བར་དུ་བྱིས་པ་རྨོངས་པ་མི་མཁས་པ། མི་གསལ་བ་ཁྱེད་ཀྱི་ཚིག་གི་བསླབ་པ་འདི་ལ་མི་སློབ་བོ་ཞེས་ཟེར་ན་ལྟུང་བྱེད་དོ། །ཞེས་གསུངས། མདོ་རྩ་ལས། མངོན་པར་ཤེས་པ་ཉིད་ལའོ། །སློབ་པོ་ལའོ། །བསླབ་པ་ལའོ། །དགེ་སློང་གི་ཁྱོད་ཀྱིས་འདི་ལ་བསླབ་པར་བྱའོ། །ཞེས་བརྗོད་པ་ནའམ། བསྒོ་བ་ན་མི་སློབ་བོ། །ཞེས་སོགས་གསུངས་པས། ཡུལ་རྫོགས་པ་དྲུག་ལྡན། འདུལ་བའི་སྡེ་སྣོད་ཡོག་པར་ཤེས་པ་ལ་སྟོན་པའི་བསླབ་པ་བསྟན་ན། རྨོངས་སོགས་ཁྱོད་ཀྱི་ཚིག་གི་བསླབ་པ་མི་སློབ་བོ་ཞེས་སྨྲ་པ་གོ་ན་དངོས། མི་ཤེས་པ་ཤེས་པར་འཛིན་པ་སོགས་ལ་ཉེས་བྱས་སོ། །

དྲུག་པ་འཕབ་པ་ནི། ལུང་ལས། སྟོན་པས། ཉེར་དགའ་ལ་སྨད་སོགས། ཡང་དགེ་སློང་གང་དགེ་སློང་རྣམས་འཕབ་པ་དང་འཚང་འབྲུ་བ་དང་མི་མཐུན་པ་དང་རྩོད་པར་གྱུར་ཅིག་འཁོད་པ་ལ་དགེ་སློང་འདི་དག་ཇི་སྐད་ཟེར་བ་དེ་དག་བདག་གི་མཉན་ཏེ་དེ་ལྟ་དེ་ལྟར་རྗེས་སུ་ཐ་སྙད་གདགས་པར་བྱའོ། །སྙམ་པ་དེ་ཉིད་རྐྱེན་དུ་བྱས་ཏེ་ཅང་མི་སྨྲ་བར་ཉན་ནས་འདུག་ན་ལྟུང་བྱེད་དོ། །ཞེས་གསུངས། མདོ་རྩ་ལས། དགེ་སློང་དག་རྩོད་པར་གྱུར་པ་དགེ་སློང་དང་གྲོས་བྱེད་པ་ན་མཉན་པའི་ཕྱིར་རྣ་བ་གཏོད་ན་སྟེ་ཉེ་བར་ཞི་བར་འདོད་པས་ནི་མ་གཏོགས་སོ། །སྒྲ་ཐོས་པ་ལ་ནི་ཉེས་བྱས་སོ། །དོན་ལ་ནི་དངོས་གཞིའོ། །ཞེས་སོགས་གསུངས་པས། དགེ་སློང་དག་རྩོད་པ་ནས་སྨྲ་བའི་ཕྱིར་གྲོས་བྱེད་པ་ལ་ཉན་རྣ་བྱེད་ན་དངོས་སོ། །འཕབ་ཕྱིར་མིན་པ་དང་། བར་མ་ཆོད་པ་དང་། གཅིག་ལབ་བྱེད་པ་ཉན་པ་རྣམས་ཉེས་བྱས་སོ། །

བདུན་པ་ལས་གྲལ་ནས་མ་སྨྲས་པར་འགྲོ་བའི་ལྟུང་བྱེད་ནི། ལུང་ལས། སྟོན་པས། དགའ་བོ་ལ་སྨད་སོགས། ཡང་དགེ་སློང་གང་དགེ་འདུན་གྱི་ཆོས་དང་ལྡན་པའི་གཏམ་རྣམ་པར་གཏན་འབེབས་པ་འབྱུང་བ་ན་ཅང་མི་སྨྲ་བར་སྟན་ལས་ལངས་ཏེ་འགྲོ་ན་ལྟུང་བྱེད་དོ། །ཞེས་གསུངས། གནང་བ་ནི། དགེ་སློང་ཆོས་གོས་དང་ལྷུང་བཟེད་གཞན་དུ་བཞག་པ་ལ་མེ་ཤོར་ནས་གྲལ་ནས་ལངས་ཏེ་ཕྱིན་པ་ན་ལམ་དུ་སོང་བ་ན་བདག་གིས་དགེ་སློང་འདུག་པ་ལ་མ་སྨྲས་སོ་སྙམ་ནས་ལོག་སྟེ་སྨྲས་པ་ན་ཆོས་ལྷུང་ཚིག་ནས་ཡོངས་པ་ལ་བརྟེན་ནས་དགེ་སློང་འདུག་པ་ལ་མི་སྨྲ་ན་དེ་འདྲའི་རྐྱེན་མ་གཏོགས་ཏེ་ལྟུང་བྱེད་དོ། །ཞེས་གསུངས། མདོ་རྩ་ལས། གསོལ་བ་ལ་སོགས་པའི་ལས་ལ་འདུས་པ་དགེ་སློང་ལ་མ་སྨྲས་པར་འགྲོ་ནའོ། །ཐོས་པའི་ཉེ་འཁོར་ལས་འདས་ན་དངོས་གཞིའོ། །ཞེས་སོགས་གསུངས་པས། དགེ་འདུན་གྱི་ལས་ལ་འདུས་ནས་མ་ཚར་བར་རྐྱེན་མེད་དུ་འགྲོ་ན་ཉེ་འཁོར་འདས་ན་དངོས་སོ། །དགེ་འདུན་མཚན་ཉིད་དང་མི་ལྡན་པ་ལས་ཆོས་དང་མི་ལྡན་པ་སོགས་ལ་

ཉེས་བྱས་སོ། །

བརྒྱད་པ་མི་གུས་པ་ནི། ལུང་ལས། སྟོན་པས། གླང་ཆེན་ལྷས་ཀྱི་བདག་པོའི་བུ་ནག་པོ་ལ་སྨད་སོགས། གུས་པར་མི་བྱེད་ན་ལྟུང་བྱེད་དོ། །ཞེས་གསུངས། མདོ་རྩ་ལས། འདུག་པ་དང་འགྲོ་བ་དང་གནས་མལ་དང་གཙུག་ལག་ཁང་ལེན་པ་དང་སྨྲ་བ་ལ་སོགས་པ་བསྒོ་བའི་དོན་ལ་མ་གུས་པས་ཆོས་དང་ལྡན་པར་ཤད་ཀྱིས་སྨྲང་བ་མེད་པར་དེ་ལས་བཟློག་ཏེ་འགལ་བར་བྱེད་པ་ལའོ། །ཞེས་སོགས་གསུངས་པས། དགེ་འདུན་ནམ་ཞལ་ཏ་བ་མཚན་ཉིད་དང་ལྡན་པས་ཆོས་ལྡན་གྱི་བསྒོ་བ་བདག་ཉིད་ལ་བསྒོ་བ་ན་རང་དགར་བཙོགས་ན་དངོས། ཆོས་དང་མི་ལྡན་པའི་བསྒོ་བ་ལ་འགལ་བར་བྱེད་ན་ཉེས་བྱས་སོ། །

དགུ་པ་སྨོས་འགྱུར་འཐུང་བའི་ལྟུང་བྱེད་ནི། ལུང་ལས། སྟོན་པས། ལེགས་འོངས་ལ་སྨད་སོགས། འབྲུའི་ཆང་དང་བཙོས་པའི་ཆང་སྨྱོས་པར་འགྱུར་བ་འཐུང་ན་ལྟུང་བྱེད་དོ། །ཞེས་གསུངས། མདོ་རྩ་ལས། སྨྱོས་པར་འགྱུར་བ་འཐུང་ནའོ། །དེ་བསྐོལ་ན་ནི་དེ་ཉིད་ལས་ཉམས་པ་ཡིན་នོ། །སྦྲང་མ་དང་ཚིག་མ་ཟ་བ་ནི་དེའི་འཇུག་པ་ཡོད་དོ། །ཕབས་ཀྱི་ཆང་བུ་ནི་ཕྱེད་ཉིད་དོ། །ཞེས་གསུངས་པས། འབྲུའི་ཆང་བཙོས་པའི་ཆང་སྨྱོས་པར་འགྱུར་བའམ་བག་མེད་པའི་གནས་སམ་མགུལ་དུ་མིད་པར་མངོན་པ་ཙམ་ཤེས་བཞིན་དུ་འཐུངས་ན་མིད་པ་ན་དངོས། ཀླུམ་དང་ཆང་དང་ཁ་དོག་འདྲ་བ་ལ་ཉེས་བྱས་སོ། །

བཅུ་པ་དུས་མིན་པར་འགྲོ་བའི་ལྟུང་བྱེད་ནི།ལུང་ལས། སྟོན་པས། འཆར་ཀ་ལ་སྨད་སོགས། ཡང་དགེ་སློང་གང་དུས་མ་ཡིན་གྲོང་དུ་འཇུག་ན་ལྟུང་བྱེད་དོ། །ཞེས་གསུངས། གནང་བ་ནི། མི་སྨྲ་བར་འགྲོ་བའི་གནང་བ་བཞིན། ནད་པ་ནད་གཡོག་གོས་ལྟུང་མེས་ཚིག་པའི་དགེ་སློང་རྣམས་སྤྱིར་རོ། །མདོ་རྩ་ལས། དུས་མ་ཡིན་པ་ཉིད་ལའོ། །དགེ་སློང་འཁོད་པ་ལ་མ་སྨྲས་པ་ལའོ། །གྲོང་དུ་ཞུགས་ནའོ། །གལ་ཏེ་གཏད་པའི་བྱ་བ་མ་བྱུང་ནའོ། །ཞེས་སོགས་གསུངས་པས། ཉི་མ་ཕྱེད་ནས་སྐྱ་རེངས་མ་ཤར་བར་རྐྱེན་མེད་དུ་ཉེ་དུ་མ་ཡིན་པའི་ཁྱིམ་དུ་འགྲོ་ན་སྒོ་གཏན་འདས་ན་དངོས། གྲོང་པའི་ཆོས་ལྷག་པར་མི་སྤྱོད་པ་སོགས་ལ་ཉེས་བྱས་སོ། །

བཅུ་ཚན་དགུ་པ་ནི། སྡོམ་ལ། ཟས་བཅས་སྐྱ་རེངས་ད་གདོད་དང་། ཁབ་རལ་དང་ནི་ཁྲི་རྐང་དང་། །གདལ་དང་གདིང་དང་གཡན་པ་དང་། །རས་ཆེན་བདེ་གཤེགས་ཆོས་གོས་སོ། །ཞེས་གསུངས་པའི་དང་པོ། ཟས་བཅས་ནི། ལུང་ལས། སྟོན་པས། ཉེར་དགའ་ལ་སྨད་སོགས། ཡང་དགེ་སློང་གང་ཟས་དང་བཅས་པའི་ཁྱིམ་དུ་མགྲོན་དུ་བོས་ན་སྔ་དྲོ་དང་ཕྱི་དྲོ་ཁྱིམ་དག་ཏུ་རྒྱུ་ན་ལྟུང་བྱེད་དོ། །ཞེས་གསུངས། གནང་བ་ནི། ནད་པ་དང་། ནད་གཡོག་དང་། གོས་ལྟུང་མེས་ཚིག་པའི་དགེ་སློང་རྣམས་ལ་སྤྱིར་རོ། །མདོ་རྩ་ལས། དུས་མ་ཡིན་

པར་ཁྲིམ་བཞི་ལ་སོགས་པར་འགྲོ་བ་ལའོ། །ཞེས་སོགས་གསུངས་པས། རང་གིས་དགེ་འདུན་ཟས་ལ་སྤྱན་དྲངས་ནས་རང་དགར་ཁྲིམ་གཞན་དུ་རྒྱུ་ན་དངོས། དགེ་འདུན་མ་ཡིན་པ་གང་ཟག་སྤྱངས་པ་དང་། སྣན་གཞན་གསུམ་ལ་སྤྱངས་པ་ལ་ཉེས་བྱས་སོ། །

གཉིས་པ་སྐྱ་རེངས་ནི། ལུང་ལས། སྟོན་པས། འཆར་ཀ་ལ་སྨད་སོགས། ཡང་དགེ་སློང་གང་ནམ་མ་ལངས་སྐྱ་རེངས་མ་ཤར་རིན་པོ་ཆེའམ་རིན་པོ་ཆེར་སྨོས་པ་དག་མ་བསྐུས་པར། རྒྱལ་པོའི་སྒོ་གཏན་ནམ། སྒོ་གཏན་གྱི་ཉེ་འཁོར་ལས་འདས་ན་ལྟུང་བྱེད་དོ། །ཞེས་གསུངས། གནང་བ་ནི། དེ་འདྲའི་རྐྱེན་མ་གཏོགས་ཏེ་ལྟུང་བྱེད་དོ། །ཞེས་གསུངས། མདོ་རྩ་ལས། ནམ་མ་ལངས་པ་ཉིད་ལའོ། །འདིར་ནི་སྐྱ་རེངས་ཐམ་མ་ཤར་བ་ཉིད་དེ་ཡིན་ནོ། །བཙུན་མོའི་འཁོར་འདུག་པའི་གནས་དང་འབྲེལ་བ་ཉིད་ལའོ། །ཞེས་སོགས་གསུངས་པས། རྒྱལ་པོའམ་བཙུན་མོའི་གནས་སུ་དགོང་མོའི་དམར་འོད་འདས་ནས་སང་གི་སྐྱ་རེངས་ཐམ་མ་ཤར་གྱི་བར་དུ་རྒྱལ་པོ་སོགས་ཀྱིས་དབང་མེད་མ་བོས་པར་འགྲོ་ན་དངོས། རྒྱལ་པོའི་ཕོ་བྲང་མ་ཡིན་པ་སོགས་ལ་ཉེས་བྱས་སོ། །

གསུམ་པ་ད་གདོད་ནི། ལུང་ལས། སྟོན་པས། དྲུག་སྡེ་ལ་སྨད་སོགས། ཡང་དགེ་སློང་གང་ཟླ་བ་ཕྱེད་ཕྱེད་ཅིང་སོ་སོར་ཐར་པའི་མདོ་འདོན་ན་ཆོ། ཆོ་དང་ལྡན་པ་ཆོས་འདི་ཡང་མདོའི་ནང་དུ་ཏོགས་ཤིང་འདུས་པ་བདག་གིས་ད་གདོད་ཤེས་སོ་ཞེས་ཟེར་བ་དེ་ལ་དགེ་སློང་རྣམས་ཀྱིས་ཁྱེད་དེ་ལྟར་བྱེད་པ་ནི་ཁྱེད་ཀྱིས་མ་རྟོགས་ཏེ། དེ་ཉེས་པ་རྟོགས་ཅིང་ལེགས་པར་མ་རྟོགས་ཅེས་འགྱོད་པར་བྱའོ། །དེ་ལྟུང་བྱེད་དོ། །ཞེས་གསུངས། མདོ་རྩ་ལས། སོ་སོར་ཐར་པའི་མདོ་གདོན་པ་འདོན་པའི་ཚེ་དེ་ལན་གསུམ་ཉམས་སུ་མྱོང་ཞིང་ཡིད་རྨོངས་པ་མ་ཡིན་པས། འདི་ལ་ཆོས་འདི་ཡོད་པར་བདག་གིས་ད་གདོད་ཤེས་སོ་ཞེས་ཟེར་བ་དེ་ལའོ། །ཞེས་སོགས་གསུངས་པས། སོ་ཐར་ལན་གཉིས་ཐོས་པས་བསླབ་པ་འདི་འདུལ་བར་གཏོགས་པ་ད་གདོད་ཤེས་སོ་ཞེས་ཁྱད་དུ་གསོད་ན་གོ་ན་དངོས། མ་གོ་ན་ཉེས་བྱས་སོ། །

བཞི་པ་ཁབ་རལ་གྱི་ལྟུང་བྱེད་ནི། ལུང་ལས། སྟོན་པས། དགེ་སློང་རྣམས་ལ་སྨད་སོགས། ཡང་དགེ་སློང་གང་བ་སོའམ་རུས་པའམ། རྭའི་ཁབ་རལ་བྱེད་དུ་འཇུག་ན་བཅག་ནས་ལྟུང་བྱེད་དོ། །ཞེས་གསུངས། མདོ་རྩ་ལས། བ་སོ་དང་རུས་པ་དང་རྭའི་ཁབ་རལ་བྱེད་དམ་བྱེད་དུ་བཅུག་པ་ལའོ། །བྱས་ཟིན་པ་རྙེད་པ་དང་བྱས་ཟིན་པ་ལ་སྤྱོད་པ་དག་ལ་ནི་ལྟུང་བ་མེད་དོ། །ཞེས་སོགས་གསུངས་པས། བཅག་ནས་ཞེས་པ་ནི་དེ་བཅག་ལ་བཤད་དགོས་ཞེས་སྟོན། རུས་པའམ་བ་སོའམ་རྭའི་ཁབ་རལ་བྱེད་ན་རྫོགས་ན་དངོས་སོ། །བྱས་

ཟིན་པ་རྙེད་པ་སོགས་ཤེས་བྱས་སོ། །

ལྔ་པ་ཁྲི་རྐང་ནི། ལུང་ལས། སྟོན་པས། དྲུག་སྡེ་ལ་སྨད་སོགས། དགེ་སློང་གི་དགེ་འདུན་གྱི་ཁྲིའམ་ཁྲིའུ་བྱེད་དུ་འཇུག་ན་རྐང་པ་བདེ་བར་གཤེགས་པའི་སོར་བརྒྱད་ཀྱི་ཚད་དུ་བྱེད་དུ་གཞུག་གོ །དེ་ལས་ལྷག་པ་བྱེད་དུ་འཇུག་ན་བཅད་ནས་ལྟུང་བྱེད་དོ། །ཞེས་གསུངས། མདོ་རྩ་ལས། རྐང་པ་དམའ་བ་དང་ལྡན་པའི་ཁྲི་ལ་ཉལ་བར་མི་བྱའོ། །ཞེས་དང་། རྐང་རྟེན་དང་བཅས་པ་ལ་མལ་བཅའ་བར་བྱའོ། །ཁྲི་རྒྱུག་མའི་སྟེང་དུ་འདུག་པར་མི་བྱའོ། །ཚད་ལས་ལྷག་པར་བྱེད་དམ་བྱེད་དུ་འཇུག་པ་ལའོ། །ཞེས་སོགས་གསུངས་པས། ཁྲིའི་རྐང་པ་གྲུ་གང་ལས་མཐོ་བར་བྱེད་དམ་བཅུག་ན་རྫོགས་ན་དངོས་སོ། །དགེ་འདུན་མིན་པ་དང་། ཚད་ལས་ཆུང་བ་སོགས་ལ་ཉེས་བྱས་སོ། །

དྲུག་པ་གདལ་བ་ནི། ལུང་ལས། སྟོན་པས་ཉེར་དགའ་ལ་སྨད་སོགས། ཡང་དགེ་སློང་གང་དགེ་འདུན་གྱི་ཁྲིའམ་ཁྲིའུ་ལ་ཤིང་བལ་གདལ་ལམ་གདལ་དུ་འཇུག་ན་བསྡུས་ན་ལྟུང་བྱེད་དོ། །ཞེས་གསུངས། མདོ་རྩ་ལས། ཤིང་བལ་གྱི་གོས་པས་བྱས་པ་ལའོ། །རང་དམ་སྙིས་པས་སོ། །ཞེས་སོགས་གསུངས་པས། དགེ་འདུན་གྱི་གནས་མལ་ལ་ངན་སེམས་ཀྱིས་ཆོས་གོས་ཚད་འཛའ་བའི་ཤིང་བལ་སོགས་འདིངས་སམ་འདིངས་སུ་བཅུག་ན་གོས་པ་ན་དངོས་སོ། །ཚད་དུ་མ་ལོངས་པ་སོགས་ལ་ཉེས་བྱས་སོ། །

བདུན་པ་གདིང་བའི་ལྟུང་བྱེད་ནི། །ལུང་ལས། སྟོན་པས། ཉེར་དགའ་ལ་སྨད་སོགས། །དགེ་སློང་གིས་གདིང་བ་བྱེད་དུ་འཇུག་ན་ཚད་བཞིན་བྱེད་དུ་ཆུག་ཅིག །དེ་ལ་ཚད་ནི་འདི་ཡིན་ཏེ། སྲིད་དུ་བདེ་བར་གཤེགས་པའི་མཐོ་དོ། །ཞེང་དུ་མཐོ་ཕྱེད་དང་དོའོ། །དེ་ལས་ལྷག་པར་བྱེད་དུ་འཇུག་ན་བཅད་ནས་ལྟུང་བྱེད་དོ། །ཞེས་གསུངས། གནང་བ་ནི། འཆར་ཀ་ལུས་བོངས་ཆེ་བས་མ་ཚོག་ནས། དེ་ལྟ་བས་ན་སྲིད་དུ་མཐོ་གང་སྲིངས་ཤིག །ཅེས་གསུངས། མདོ་རྩ་ལས། གདིང་བའིའོ། །འདིའི་ཚད་ནི་སྲིད་དུ་ཁྲུ་གསུམ་མོ། །མི་ཚོག་ན་ཁྲུ་ཕྱེད་དང་དོ་མན་ཆད་སྐྱེད་དོ། །འདིའི་ཞེང་དུ་ནི་ཁྲུ་དོ་དང་སོར་དྲུག་གོ །དེ་ཆུང་ངུ་ལ་བྱིན་གྱིས་རློབ་ན་ཉེས་བྱས་སོ། །འོག་མ་གཉིས་ལ་ཡང་ངོ་། །ཞེས་གསུངས་པས། སྲིད་དུ་ཁྲུ་ཕྱེད་དང་ལྔ་དང་རྒྱར་ཁྲུ་དོ་སོར་དྲུག་ལས་ལྷག་པའི་གདིང་བ་བྱེད་ན་རྫོགས་ན་དངོས་སོ། །ཚད་ལས་ཆུང་བ་བཟོ་བ་དང་། བྱིན་གྱིས་རློབ་ན་ཉེས་བྱས་སོ། །

བརྒྱད་པ་གཡན་པ་དགབ་པའི་ལྟུང་བྱེད་ནི། ལུང་ལས། སྟོན་པས། དགེ་སློང་གི་གཡན་དགབ་བྱེད་དུ་འཇུག་ན་ཚད་བཞིན་བྱེད་དུ་ཆུག་ཅིག །དེ་ལ་དེའི་ཚད་ནི་འདི་ཡིན་ཏེ། སྲིད་དུ་སྟོན་པའི་མཐོ་བཞིའོ། །ཞེང་དུ་དོའོ། །དེ་ལས་ལྷག་པ་བྱེད་དུ་འཇུག་ན་བཅད་ནས་ལྟུང་བྱེད་དོ། །ཞེས་གསུངས། མདོ་རྩ་ལས། གཡན་པ་

དགབ་པའིའོ། །ཁྲི་དྲུག་དང་གསུམ་མོ། །ཞེས་གསུངས་པས། གཡན་པའི་ཁབས་སྲིད་དུ་ཁྲུ་དྲུག་ཞེང་དུ་ཁྲུ་གསུམ་ལས་ལྷག་པར་བྱེད་ན་དངོས་སོ། །དགུ་པ་རས་ཆེན་ནི། ལུང་ལས། སྟོན་པས། དགེ་སློང་རྣམས་ཀྱི་དབྱར་གྱི་གོས་རས་ཆེན་པོ་བྱེད་དུ་གཞུག་གོ །ཞེས་གསུངས་པ་ན། དགེ་སློང་དག་ཚད་ལས་ལྷག་པ་བྱེད་དུ་འཇུག་ན། ཞེས་སོགས། དེ་ལ་དབྱར་གོས་རས་ཆེན་གྱི་ཚད་ནི་འདི་ཡིན་ཏེ། སྲིད་དུ་སྟོན་པའི་མཐོ་དྲུག །ཞེང་དུ་མཐོ་ཕྱེད་དང་གསུམ་མོ། །དེ་ལས་ལྷག་པར་བྱེད་དུ་འཇུག་ན་བཅད་ནས་ལྟུང་བྱེད་དོ། །ཞེས་སོགས། མདོ་རྩ་ལས། དབྱར་གྱི་རས་ཆེན་གྱིའོ། །

དགུ་དང་གསུམ་དང་སོར་བཅོ་བརྒྱད་དོ། །ཞེས་གསུངས་པས། དབྱར་གོས་རས་ཆེན་སྲིད་དུ་ཁྲུ་དགུ། རྒྱར་གསུམ་དང་སོར་བཅོ་བརྒྱད་ལས་ལྷག་པ་བྱེད་དུ་འཇུག་ན་དངོས།

བཅུ་པ་བདེ་གཤེགས་ཆོས་གོས་ནི། ལུང་ལས། སྟོན་པས། ཉེར་དགའ་ལ་སྨད་སོགས། ཡང་དགེ་སློང་གང་བདེ་བར་གཤེགས་པའི་ཆོས་གོས་ཀྱི་ཚད་ཀྱི་ཆོས་གོས་བྱེད་དུ་འཇུག་ན་ལྟུང་བྱེད་དོ། །ཞེས་གསུངས། དེ་ལྟར་བཅས་པ་ན་ཉེར་དགས་དེ་ལས་ལྷག་པར་བྱས་པས་ཚད་དུ་བྱེད་དུ་འཇུག་གམ་ལྷག་པར་བྱེད་དུ་འཇུག་ན་ལྟུང་བྱེད་དོ། །ཞེས་གསུངས། མདོ་རྩ་ལས། སྟོན་པས་རང་གི་ཁྲུ་ལྔ་དང་གསུམ་པའི་ཆོས་གོས་སོ། །དེའི་ལུས་ཙམ་མེད་པར་དེའི་ཚད་དམ་ལྷག་པའི་ཆོས་གོས་བྱེད་དམ་བྱེད་དུ་འཇུག་པ་ལའོ། །དེ་བཅང་བར་མི་བྱའོ། །ཞེས་སོགས་གསུངས་པས། དགེ་སློང་གི་སྟོན་པའི་ཆོས་གོས་ཀྱི་ཚད་སྲིད་དུ་ཁྲུ་བཅོ་ལྔ་རྒྱར་དགུ་ཡོད་པ་དང་མཉམ་པའམ་ལྷག་པ་བྱས་ན་རྫོགས་ནས་དངོས་སོ། །ཆོས་གོས་གསུམ་ལས་གཞན་པ་རྣམས་ལ་ཉེས་བྱས་སོ། །

བཞི་པ་སོར་བཤགས་ཀྱི་སྡེ་ལ། མཚན་ཉིད་དང་། དབྱེ་བ་གཉིས། དང་པོ་ནི། གང་བྱུང་ན་སླར་བཤགས་སྟོན་དུ་འགྲོ་བས་ལྟུང་བའི་ལྟུང་རིགས་སོ། །དབྱེ་ན། སྡོམ་ལ། གྲོང་དང་ཁྱིམ་གཞན་ཉིད་དང་ནི། །བསླབ་པ་རྣམས་དང་དགོན་པ་ནི། །སངས་རྒྱས་ཕན་པར་མཛད་པ་ཡི། །སོ་སོར་བཤགས་པར་བྱ་བར་གསུངས། །ཞེས་གསུངས་པའི་དང་པོ། དགེ་སློང་མ་ལ་ཟས་ལན་པའི་སོར་བཤགས་ནི། ལུང་ལས་སྟོན་པས། ཉེར་དགའ་ལ་སྨད་སོགས། ཡང་དགེ་སློང་གང་དགེ་སློང་མ་ཉེ་དུ་མ་ཡིན་པ་ལམ་པོ་ཆེ་ན་འདུག་པ་བསོད་སྙོམས་ཀྱི་ཕྱིར་གྲོང་དུ་འགྲོ་བ་ལས་བཅའ་བ་དང་བཟའ་བ་རང་གིས་བླངས་ཏེ་འཆའ་འམ་ཟ་ན་དགེ་སློང་དེས་ཕྱི་རོལ་ཀུན་རར་སོང་སྟེ། དགེ་སློང་རྣམས་ལ་ཚེ་དང་ལྡན་པ་དག་བདག་ལ་སྨད་པའི་གནས་མི་རིགས་པ་སོ་སོར་བཤགས་པར་བྱ་བ་བྱུང་གིས་ཆོས་དེ་སོ་སོར་འཆགས་སོ་ཞེས་སོ་སོར་བཤགས་པར་བྱ་སྟེ། ཆོས་འདི་ནི་སོ་སོར་བཤགས་པར་བྱ་བ་དང་པོའོ། །ཞེས་གསུངས། མདོ་རྩ་ལས། དགེ་སློང་མ་ཉེ་དུ་མ་ཡིན་པ་ཉིད་ལའོ། །རང་གིས་མི་

འགྲིམ་པར་བསྐྱབས་པའི་བཅའ་བ་དང་བཟའ་བ་བདག་ཉིད་གྲོང་ན་འདུག་པས་བླངས་ཏེ་ཟོས་ནའོ། །དབྱར་ཁང་ནི་གྲོང་ཉིད་མ་ཡིན་ནོ། །ཞེས་སོགས་གསུངས་པས། དགེ་སློང་མ་ཉེ་དུ་མིན་པས་རང་གི་ཆེད་དུ་བསྐྱབས་པའི་ཟས་གྲོང་དུ་རང་དགར་བླངས་ནས་མིད་ན་སོར་བཤགས་དངོས་སོ། །ཡན་ལག་མཚང་ན་ཉེས་བྱས་སོ། །

གཉིས་པ་ཁྱིམ་དུ་མ་བཟློག་པ་ཟ་བ་ནི། ལུང་ལས། སྟོན་པས། དྲུག་སྡེ་ལ་སྨད་སོགས། དགེ་སློང་རབ་ཏུ་མང་པོ་ཁྱིམ་རྣམས་སུ་མགྲོན་དུ་བོས་ནས་ཟན་ཟ་བའི་ཚེ་ན། དེ་ན་གལ་ཏེ་དགེ་སློང་མ་ཞིག་འདི་ལ་ནི་བཅའ་བ་བྱིན་ཅིག །འདི་ལ་ནི་འབྲས་ཆན་བྱིན་ཅིག །འདི་ལ་ནི་སྲན་ཚོད་བྱིན་ཅིག །འདི་ལ་ནི་ཡང་བྱིན་ཅིག་ཅེས་བསྒོ་ཞིང་འདུག་ན། དགེ་སློང་མ་དེ་ལ་དགེ་སློང་རྣམས་ཀྱིས་འདི་སྐད་ཅེས་སྲིང་མོ་ཁྱོད་དགེ་སློང་རྣམས་ཟན་ཟ་བའི་བར་དུ་རེ་ཞིག་སྡོད་ཅིག་ཅེས་བསྒོ་བར་བྱའོ། །གལ་ཏེ་དགེ་སློང་གཅིག་གིས་ཀྱང་དགེ་སློང་མ་དེ་ལ་དེ་སྐད་སྨྲ་མ་སྤོབས་ན་དགེ་སློང་དེ་དག་ཐམས་ཅད་ཀུན་རའི་ཕྱི་རོལ་ཏུ་དོང་སྟེ། ཞེས་སོགས་གོང་མ་བཞིན་ནོ། །ཕྱི་རོལ་ཞེས་པ་ནི་གྲོང་གི་ཕྱི་རོལ། ཀུན་ར་ནི་གཙུག་ལག་ཁང་ངོ་ཞེས་གསུངས། མདོ་རྩ་ལས། དེའི་དགེ་སློང་གཞན་ལ་འདི་ལ་བཅའ་བའམ། བཏུང་བའམ་སྲན་ཚོད་དམ་བཟའ་བའམ་ཡང་བྱིན་ཅིག་ཅེས་བྱ་བ་ལ་སོགས་པས་བསྒོ་བཤམ་བྱེད་པ་ལ་ཞུགས་པའི་དགེ་སློང་མ་འདུག་པ་ནི་བྱེད་པ་པོ་ཡིན་ནོ། །གལ་ཏེ་དེའི་ཚིག་གིས་མ་དེའི་ཉེ་དུས་མགྲོན་དུ་བོས་པ་མ་ཡིན་ནའོ། །བྲུག་རིས་སྟོན་པ་དང་མ་བྱིན་པ་ལ་བྱིན་དུ་འཇུག་པ་མ་གཏོགས་སོ༎ །ཞེས་སོགས་གསུངས་པས། ཁྱིམ་དུ་དགེ་འདུན་ལ་ཟས་འགྲིམ་པའི་ཚེ་དགེ་སློང་མ་བསྒོ་བཤམ་བྱེད་པ་ལ་མ་བཟློག་པར་ཟོས་ན་ཐམས་ཅད་ལ་དངོས་སོ། །དེ་བཞིན་དུ་རང་ངམ་བསྒོས་པས་བཟློག་པ་དང་། དབང་མེད་དུ་གྲུབ་པ་རྣམས་ལ་ཉེས་བྱས་སོ། །

གསུམ་པ་བསླབ་པ་དྲལ་བ་ནི། ལུང་ལས། སྟོན་པས། དྲུག་སྡེ་ལ་སྨད་སོགས། སློབ་པ་དག་གི་ཁྱིམ་གང་དག་དགེ་འདུན་གྱི་བསླབ་པའི་སྡོམ་པས་བསྡམས་པར་གྱུར་པ་ལ་ཡང་དགེ་སློང་གང་ཁྱིམ་དེ་ལྟ་བུ་དག་ཏུ་སྔར་མགྲོན་དུ་མ་བོས་པར་སོང་སྟེ། རང་གི་ལག་པས་བཅའ་བ་དང་བཟའ་བ་དག་བླངས་ཏེ་འཆའ་འམ་ཟ་ན་དགེ་སློང་དེས་ཀུན་དགའ་ར་བར་སོང་ཏེ་ཞེས་སོགས་གོང་བཞིན་གསུངས། མདོ་རྩ་ལས། དད་པ་ཅན་ལ་གལ་ཏེ་བྱིན་ན་དེ་ཕོངས་པར་འགྱུར་བ་ལྟ་ན་ཁྱིམ་གྱི་བསླབ་པའི་སྡོམ་པ་སྦྱིན་པར་བྱའོ། །གསོལ་བས་སོ། །བག་ཡངས་སུ་བྱས་པ་ཡང་ངོ་། །ཞེས་སོགས་གསུངས་པས། ཁྱིམ་པ་བསླབ་པའི་སྡོམ་པ་སྦྱིན་པའི་ཟས་བཟང་པོ་ལ་མ་བོས་བཞིན་ཟོས་ན་དངོས་སོ། །

བཞི་པ་ནགས་མ་བརྟགས་པར་ཟས་ཟ་བའི་སོར་བཤགས་ནི། ལུང་ལས། སྟོན་པས། དྲུག་སྡེ་ལ་སྨད་

སོགས། ཡང་དགེ་སློང་གང་དགེ་འདུན་གྱི་གནས་མལ་དགོན་པ་གང་དག་དོགས་པ་དང་བཅས་པར་གྲགས་པ། འཇིགས་པ་དང་འཇིགས་པ་ཐ་དད་འཇིགས་རུང་དང་བཅས་པར་གྲགས་པ་དེ་ལྟ་བུ་དག་ཏུ་སྔར་ནགས་མ་བྱུལ་བར་ཀུན་རའི་ཕྱི་རོལ་ཏུ་བཟའ་བཅའ་བླངས་ཏེ་ཟའམ་འཆའ་ན། དགེ་སློང་དེས་ཕྱི་རོལ་ཀུན་རར་སོང་སྟེ། ཞེས་སོགས་གསུངས། མདོ་རྩ་ལས། ནགས་མ་བྱུལ་བའི་དགེ་སློང་བསྒོ་བར་བྱའོ། །དེས་དཔག་ཚད་ཕྱེད་ཁོ་ར་ཁོར་ཡུག་ཏུ་བརྟག་པར་བྱའོ། །འཇིགས་པ་དང་བཅས་པ་ཉིད་ཡིན་ན་དུད་སྣ་ཐུལ་བར་བྱའོ། །ཁ་དན་སྟོན་པོ་བསྒྲེང་བར་བྱའོ། །ཞེས་དང་། ནགས་མ་ཞུལ་བ་ཉིད་ལའོ། །ཀུན་དགའ་ར་བའི་ཕྱི་རོལ་གྱི་དགོན་པར་བཅའ་བ་དང་བཟའ་བ་བླངས་ཏེ་ཟོས་ནའོ། །བསྲུང་བ་བསྐྱབས་ན་ཕྱེད་ཉིད་དོ། །ཞེས་སོགས་གསུངས་པས། ཁྱིམ་པ་ནོར་མི་གཅིག་པའི་ཁ་ཟས་རུང་བ་ཚད་དང་ལྡན་པ། གནས་འཇིགས་པ་དང་བཅས་པར། ནགས་ཞུལ་བ་དང་མ་ཞུལ་བ་མ་བསྒོས་པར་ཟས་ཟོས་ན་དངོས།དེ་དག་གི་སྦྱོར་བ་ལ་ཉེས་བྱས་སོ། །སོ་སོར་བཤགས་པར་བྱ་བ་རྣམས་བཤད་ཟིན་ཏོ། །

ལྔ་པ་བསླབ་བྱའི་ཉེས་བྱས་ཀྱི་སྡེ་ནི་སྤྱི་སྡོམ་ལ། ལུང་དུ། ཤམ་ཐབས་ཟླུམ་དང་ཆོས་གོས་ཟླུམ། །མགོ་མི་གཡོགས་དང་མི་འཕྱང་དང་། །མིག་མི་བསྒྱུར་དང་མ་སྒོ་དང་། །ལིགས་བླང་ལིགས་བཟའ་ཙུག་ཙུག་དང་། །འབྲུ་ནས་ཐ་དད་ལག་མི་ལྡག །འཕྱོ་དང་ལྟུང་བཟེད་འདུག་པ་དང་། །མགོ་གཡོགས་དོ་ཀེར་གླང་ཆེན་ཞོན། །འཁར་བ་དང་ནི་འགྲེང་བ་དང་། །ཤིང་ལ་འཛེག་པར་མི་བྱ་བ། །བསླབ་པ་བརྒྱ་པོ་བསྡུས་པ་ཡིན། །ཞེས་གསུངས་པས། སྡེ་དགུ་སྟེ། གོས་བགོ་བའི་སྡེ་དང་། སྤྱོད་ཡུལ་དུ་འགྲོ་བའི་སྡེ་དང་། སྟན་ལ་འདུག་པའི་སྡེ་དང་། ཟས་བླང་བའི་སྡེ་དང་། ཟས་ཟ་བའི་སྡེ་དང་། ལྷུང་བཟེད་ལ་སྤྱོད་པའི་སྡེ་དང་། ཆོས་བསྟན་པའི་སྡེ་དང་། གྲུབ་པའི་ཚུལ་ལས་གྱུར་པའི་སྡེ་དང་། རྒྱུ་དགག་པའི་སྡེའོ། །དང་པོ་ནི། ཤམ་ཐབས་ལ་ནི་རྣམ་བདུན་དང་། །སྟོད་གཡོགས་ལ་ཡང་རྣམ་པ་གསུམ། །ཞེས་གསུངས་པས། ལུང་ལས། ཤམ་ཐབས་མ་མཐའ་མཉམ་པས་ཕ་མཐའ་ཟླུམ་པོར་བསྒོ་བར་བསླབ་པར་བྱ། ཧ་ཅང་ཕུས་གོང་ཡན་ཆད་བཅིངས་པ་མ་ཡིན་པ་དང་། ཧ་ཅང་ལོང་བུ་ལ་མ་རེག་པར་འཛོལ་བ་མ་ཡིན་པ་དང་། གླང་པོ་མདུན་རྒྱབ་ཏུ་འཆང་བ་ཆེའི་སྣ་ལྟར་མ་ཡིན་པ་དང་། ཏ་ལའི་ལོ་མ་ལྟར་གློར་ལྟབ་པ་མ་ཡིན་པ་དང་། འབྲུའི་སྙེ་རགས་ཀྱི་གསེབ་ན་ལྷུག་ལྷུག་པོ་ཕྱུར་མོ་ལྟར་མ་ཡིན་པ་དང་། སྦྲུལ་མདུན་གྱི་སྟེང་རིང་བ་མགོའི་གདེངས་ཀ་ལྟར་མ་ཡིན་པར་བགོ་བར་བསླབ་པར་བྱའོ། །ཞེས་གསུངས། སྟོད་ཆོས་གོས་ཞེས་སོགས་གཡོགས་ཀྱི་གསུམ་ནི་དེའི་སྔན་མ་གསུམ་མོ། །

གཉིས་པ་ནི། ཤིན་ཏུ་བསྡམས་ལ་སོགས་པ་ལྔ། །མགོ་གཡོགས་ལ་སོགས་རྣམ་པ་ལྔ། །འཆོང་ལ

སོགས་པ་རྣམ་པ་ལྔ། །ལུས་ལ་སོགས་པ་རྣམ་པ་ལྔ། །ཞེས་གསུངས་པས། དེ་ཡང་ལུང་ལས། ཤིན་ཏུ་ཡན་ལག་རྣམས་བསྡམས་པ་དང་། ལེགས་པར་གོས་བགོ་བ་དང་། སྒྲ་སྒྲུང་བ་དང་། མིག་གཡེང་བར་མི་བྱ་བ་དང་། གཉའ་རྒྱུད་དུ་མིན་པར་ཤིང་གང་ཙམ་དུ་ལྟ་ཞིང་ཁྲིམ་གཞན་དུ་འགྲོ་བར་བསླབ་པར་བྱའོ། །མགོ་གོས་ཀྱིས་མི་གཡོགས་པ་དང་། མི་གཤམ་ཐབས་རྫེ་བ་དང་། མི་ཆོས་གོས་ཕྲག་པར་གཟར་བ་དང་། གཉའ་ལག་པ་གོང་དུ་མི་སྣོལ་བ་དང་། ལྟག་པར་མི་བསྣོལ་བར་ཁྲིམ་གཞན་དུ་འགྲོ་བ་ལ་བསླབ་པར་བྱའོ། །བསླབ་པ་བསྡུས་པའི་མདོ་ནི། མི་འཚོང་བ་དང་། མི་རྐང་པ་རྐྱང་བ་དང་། ཙོག་པུས་མ་ཡིན་པ་དང་། བྲང་སྙིང་པ་བཏེག་པའི་བས་མ་ཡིན་པ་དང་། སྐྲར་མི་བཏེན་པར་ཁྲིམ་གཞན་དུ། ལུས་མི་བསྒྱུར་བ་དང་། ལག་པ་མི་སྒྱོག་པ་དང་། མགོ་མི་བསྒྱུར་བ་དང་། ཕྲག་པ་མི་སྤྲད་པ་དང་། ལག་པ་མི་སྦྲེལ་བར་ཁྲིམ་གཞན་དུ་འགྲོ་བར་བསླབ་པར་བྱའོ། །ཞེས་གསུངས། དགག་དགོས་ཁྱད་པར་ཅན་ཡོད་ན་དེ་དག་ཐམས་ཅད་ལ་ལྟུང་བ་མེད་དོ། །

གསུམ་པ་འདུག་པའི་སྡེ་ནི། འདུག་པར་བྱ་བ་དགུ་དག་དང་། །ཞེས་གསུངས་པས། དེ་ཡང་ལུང་ལས། བསླབ་པ་བསྡུས་པའི་མདོ་ནི། མ་བསྒོ་བར་ཁྲིམ་གཞན་དུ་མི་འདུག་པར་བསླབ་པར་བྱའོ། །སྟན་ལ་མ་བརྟག་པར་མི་འདུག་པ་དང་། ལུས་ཐམས་ཅད་ཀྱི་ལྕིད་མི་དབབ་པ་དང་། རྐང་བྱིན་པ་སྦྲེལ་བའི་པ་མི་བསྣོལ་བ་དང་། བརླ་མི་བསྣོལ་བ་དང་། ལོང་བུའི་སྟེང་དུ་ལོང་བུ་མི་བཞག་པ་དང་། རྐང་པ་མི་དགྲུག་པ་དང་། རྐང་པ་མི་གདང་བ་དང་། འདོམས་མི་སྟོན་པར་ཁྲིམ་གཞན་དུ་སྟན་ལ་འདུག་པར་བསླབ་པར་བྱའོ། །ཞེས་གསུངས། ལག་པ་འགྲམ་པ་ལ་མི་བརྟེན། སྟན་ཕྲག་པ་ལ་མི་ཁུར་རོ། །འདི་གཉིས་ནི་ཞར་བྱུང་ངོ། །

བཞི་པ་ཟས་བླང་བའི་སྡེ་ནི། བྱིན་ལེན་བྱས་པ་བརྒྱད་རྣམས་སོ། །ཞེས་གསུངས། དེ་ཡང་ལུང་ལས། ལེགས་པར་ཟས་བླང་བར་བསླབ་པར་བྱ། མུ་དང་ཁ་ད་ཆད་དུ་མ་ཡིན་པ་དང་ནི་མ་ཁེངས་ཙམ་དུ་ལེན་པའོ། ། ཚོད་མ་དང་མཉམ་པར་མ་ཡིན་པ་དང་། མཐར་གྲལ་ཆགས་སུ་དང་། ལྷུང་བཟེད་ལ་བལྟ་བ་དང་། བཅའ་བ་དང་བཟའ་བ་མ་འོངས་པར་ལྷུང་བཟེད་མི་བཟེད་པ་དང་། ཡང་ལྷག་པ་འདོད་པའི་ཕྱིར་འབྲས་ཆན་གྱི་ཚོད་མ་མི་དགབ། ཚོད་མས་འབྲས་ཆན་མི་དགབ་པ་དང་། བཅའ་བ་དང་བཟའ་བའི་སྟེང་དུ་ལྷུང་བཟེད་མི་བཟུང་བར་བསླབ་པར་བྱའོ། །

ལྔ་པ་ཟས་ཟ་བའི་སྡེ་ནི། ཟས་ལ་ལེགས་པར་བྱ་བ་དྲུག །ཙུག་ཙུག་ལ་སོགས་རྣམ་པ་ལྔ། །འབྲུ་ནས་ཐ་དད་བྱེད་པ་ལྔ། །ལག་པ་ལྡག་ལ་སོགས་པ་ལྔ། །འཕྱ་ལ་སོགས་པ་རྣམ་པ་བཞི། །ཞེས་གསུངས། དེ་ཡང་ལུང་ལས། ལེགས་པར་ཟས་བཟའ་བར་བསླབ་པར་བྱའོ། །ཁམ་ཧ་ཅང་ཆུང་བ་མ་ཡིན་པ་དང་། ཁམ་ཧ་ཅང་ཆེན་པོ་

མ་ཡིན་པ་དང་། ཁམ་རན་པ་དང་། ཁམ་མ་གཟོ་བར་ཁ་མི་གདང་བ་དང་། ཁ་ཁམ་གྱིས་བཀང་སྟེ་མི་སྨྲ་བར་བསླབ་པར་བྱའོ། །ཞེས་གསུངས། ཡང་ཀ་ཙང་ཙུག་ཙུག་མི་བྱ་བ་དང་། ཀ་ཙང་ལྷུག་ལྷུག་མི་བྱ་བ་དང་། ཀ་ཙང་ཧུ་ཧུ་མི་བྱ་དང་། ཀ་ཙང་ཕུ་ཕུ་མི་བྱ་བ་དང་། ལྕེ་ཕྱུང་སྟེ་ཟས་མི་བཟའ་བར་བསླབ་པར་བྱའོ། །འབྲུ་ནས་འབྲུ་རེ་རེ་བཞིན་བླངས་ཏེ་འཆོར་ཟས་མི་བྱ་ཐ་དད་དུ་མི་བྱ་བ་དང་། སྦྲིན་བདག་གི་ཟས་ལ་ངན་ཡང་འཕྱས་མི་གདགས་པ་དང་། འཁུར་བ་མི་འགྲམ་ཕུག་གཉིས་ཀར་ཟས་བཅུག་ནས་མི་བཟའ་ཡོ་བ་དང་། རྐན་མི་ཧྲོག་པ་དང་། ཁམ་འཕྲོར་མི་བཅད་པར་ཟས་བཟའ་བར་བསླབ་པར་བྱའོ། །ལག་པ་མི་ལྡག་པ་དང་། ལྷུང་བཟེད་འཕྱས་དང་ལྕེས་མི་ཕྱོག་པ་དང་། ལག་པ་ཟས་ཀྱིས་སྦགས་པའི་མི་དཀྲུག་པ་དང་། ལྷུང་བཟེད་མི་ཕར་སྐྱམ་ཚུར་སྐྱམ་སྐྱམ་པ་དང་། མཆོད་ཟས་ལ་རྟེན་འདྲ་བ་བྱས་ཏེ་བཅོམ་ཏེ་ཟས་མི་བཟའ་བར་བསླབ་པར་བྱའོ། །གཞན་ཡང་དྲུང་ན་འདུག་པའི་དགེ་སློང་གི་ལྷུང་བཟེད་ལ་འཕྱས་གདགས་པའི་ཕྱིར་མི་བལྟ་བར་བསླབ་པར་བྱའོ། །ལག་པ་ཟས་དང་འབགས་པས་ཆུ་སྣོད་ལ་མི་བཟུང་བར་བསླབ་པར་བྱའོ། །དྲུང་ན་འདུག་པའི་དགེ་སློང་ལ་ཟས་དང་འབགས་པའི་ཆུས་མི་གཏོར་བར་བསླབ་པར་བྱའོ། །ཁྱིམ་པ་འདུག་པ་ལ་མ་དྲིས་པར་ཆུ་ཟས་དང་འབགས་པ་ཁྱིམ་གཞན་དུ་མི་དབོ་བར་བསླབ་པར་བྱའོ། །

དྲུག་པ་ལྷུང་བཟེད་ལ་སྤྱོད་པའི་སྡེ་ནི། ལྷུང་བཟེད་ལ་ཡང་རྣམ་པ་བཅུ། །ཞེས་གསུངས། དེ་ཡང་ལུང་ལས། ལྷུང་བཟེད་ཀྱི་ཟས་ཟ་བ་བའི་མཇུག་ཏུ་ནང་དུ་ཟས་ཀྱི་ལྷག་མ་བླུག་སྟེ་མི་དོར་བར་བསླབ་པར་བྱའོ། །འོག་གཞི་མེད་པའི་ས་ཕྱོགས་སུ་ལྷུང་བཟེད་མི་བཞག་པར་བསླབ་པར་བྱ། གད་ཁ་མ་ཡིན་པ་དང་། གཡང་ས་མ་ཡིན་པ་དང་། རྐན་གཟར་པོ་མ་ཡིན་པར་ལྷུང་བཟེད་བཞག་པར་བསླབ་པར་བྱ། འགྲེང་སྟེ་ལྷུང་བཟེད་མི་བཀྲུ་བར་བསླབ་པར་བྱ། གད་ཁ་མ་ཡིན་པ་དང་། གཡང་ས་མ་ཡིན་པ་དང་། རྐན་གཟར་པོ་མ་ཡིན་པར་ལྷུང་བཟེད་བཀྲུ་བར་བྱ། འབབ་ཆུ་དྲག་པོའི་རྒྱུན་ལས་བཟློག་ཏེ་ལྷུང་བཟེད་ཀྱིས་ཆུ་མི་བཅུ་བར་བསླབ་པར་བྱའོ། །

བདུན་པ་ཆོས་བཤད་པའི་སྡེ་ནི། ལུང་ལས། སྡོམ་ལ། འགྲེང་བར་བྱེད་ལ་སོགས་པ་ལྔ། །མགོ་གཡོག་ལ་སོགས་རྣམ་པ་ལྔ། །ཏོ་གེར་ཅན་ལ་སོགས་པ་ལྔ། །གླང་ཆེན་ལ་སོགས་གཞན་པ་ལྔ། །ལག་ན་འཁར་བ་ལ་སོགས་དྲུག །ཅེས་གསུངས། དེ་ཡང་ལུང་ལས། མི་ན་བར་འདུག་པ་ལ་འགྲེང་སྟེ་ཆོས་མི་བཤད་པར་བསླབ་པར་བྱ། མི་ན་བར་ཉལ་བ་ལ་འདུག་སྟེ་ཆོས་མི་བཤད་པར་བསླབ་པར་བྱ། མི་ན་བར་སྟན་མཐོན་པོ་ལ་འདུག་པ་ལ་སྟན་དམའ་བ་ལ་འདུག་སྟེ་ཆོས་མི་བཤད་པར་བསླབ་པར་བྱ། མི་ན་བར་མདུན་དུ་འགྲོ་བ་ལ་ཕྱི་ནས་འགྲོ་ཞིང་ཆོས་མི་འཆད་པར་བསླབ་པར་བྱ། མི་ན་བར་ལམ་ནས་འགྲོ་བ་ལ་ལམ་གྱི་འགྲམ་ནས་འགྲོ་ཞིང་

ཆོས་མི་འཆད་པར་བསླབ་པར་བྱ། ཞེས་དང་། མི་ན་བར་མགོ་གཡོགས་པ་དང་། ཐེ་ཞིང་བ་དང་། གཟར་བ་དང་། གཉའ་འོག་ཏུ་བསྣོལ་བ་དང་། ལྟག་པར་བསྣོལ་བ་ལ་ཆོས་མི་བཤད་པར་བསླབ་པར་བྱའོ། །ཞེས་དང་། མི་ན་བར་སྐྲ་དོ་གེར་ཅན་དང་། ཞྭ་གྱོན་པ་དང་། མགོ་ཅོད་པན་ཅན་དང་། མགོ་ཕྲེང་བ་ཅན་དང་། མགོ་དཀྲིས་པ་ལ་ཆོས་མི་བཤད་པར་བསླབ་པར་བྱའོ། །གཞན་ཡང་མི་ན་བར་གླང་པོ་ཆེ་ལ་ཞོན་པ་དང་། རྟ་ཞོན་པ་དང་། ཁྲི་ར་ན་འདུག་པ་དང་། གཞོན་པའི་སྟེང་ན་འདུག་པ་དང་། མཆིལ་ལྷམ་གྱོན་པ་ལ་ཆོས་མི་བཤད་པར་བསླབ་པར་བྱའོ། །གཞན་ཡང་། མི་ན་བར་ལག་ན་འཁར་བ་ཐོགས་པ་དང་། ལག་ན་གདུགས་ཐོགས་པ་དང་། ལག་ན་མཚོན་ཐོགས་པ་དང་། ལག་ན་རལ་གྲི་ཐོགས་པ་དང་། ལག་ན་དགྲ་ཆ་ཐོགས་པ་དང་། གོ་ཆ་གྱོན་པ་ལ་ཆོས་མི་བཤད་པར་བསླབ་པར་བྱའོ། །ཞེས་གསུངས། དེ་དག་ཐམས་ཅད་ཀྱང་ནད་པ་ཡིན་ན་ལྟུང་བ་མེད་དོ། །

བརྒྱད་པ་སྤྲུབ་པའི་ཚུལ་ལས་བརྒྱུར་བའི་སྡེ་དང་། དགུ་པ་རྒྱུ་བ་དགག་པའི་སྡེ་གཉིས་ནི། ན་བ་རྣམ་པ་བཞི་རྣམས་སོ། །ཞེས་གསུངས། དེ་ལུང་ལས། མི་ན་བར་འགྲེང་སྟེ་བཤང་གཅི་མི་བྱ་བར་བསླབ་པར་བྱ། མི་ན་བར་ཆུའི་ནང་དུ་བཤང་གཅི་དང་། མཆིལ་མ་དང་། སྣབས་དང་། སྐྱུགས་པ་དང་། བཀླུགས་པ་མི་དོར་བར་བསླབ་པར་བྱའོ། །མི་ན་བར་རྩྭ་སྔོན་པོའི་ཕྱོགས་སུ་བཤང་གཅི་དང་། མཆིལ་མ་དང་། སྣབས་དང་། སྐྱུགས་པ་དང་། བཀླུགས་པ་མི་འདོར་བར་བསླབ་པར་བྱའོ། །ཞེས་གསུངས། རྒྱུ་བ་དགག་པའི་སྡེ་ནི། ལུང་ལས། གནོད་པ་བྱུང་བ་མ་གཏོགས་པར་ཤིང་ལས་མི་གང་ཙམ་གྱི་མཐོ་བར་མི་འཛེག་པར་བསླབ་པར་བྱའོ། །ཞེས་སོགས་གསུངས། མདོར་ན་རབ་ཏུ་བྱུང་བ་རྣམས་ཀྱིས་འགྲོ་འཆག་ཉལ་འདུག་པའི་སྤྱོད་ལམ་ཐམས་ཅད་བག་ཡོད་པར་བྱ་ཞིང་། གཞན་གྱི་མ་དད་པའི་དམིགས་རྐྱེན་མི་བྱའོ། །དེ་ལྟར་དགེ་སློང་ལ་ནི་ཕམ་པ་བཞི། ལྷག་མ་བཅུ་གསུམ། སྤང་ལྟུང་སུམ་ཅུ། ལྟུང་བྱེད་འབའ་ཞིག་པ་དགུ་བཅུ། །སོར་བཤགས་བཞི། བསླབ་པར་བྱ་བའི་ཉེས་བྱས་བརྒྱ་དང་བཅུ་གཉིས་ཏེ། ལྟུང་བ་ཉིས་བརྒྱ་ལྔ་བཅུ་རྩ་གསུམ་ཡོད་པས། དེ་སྤངས་པའི་ཁྲིམས་ཉིས་བརྒྱ་ལྔ་བཅུ་རྩ་གསུམ་མོའོ། །ཕའི་རྣམ་འབྱེད་བཤད་ཟིན་ཏོ། །

མའི་རྣམ་འབྱེད་ལ་ཕམ་པ་བརྒྱད། ལྷག་མ་ཉི་ཤུ། སྤང་ལྟུང་སོ་གསུམ། འབའ་ཞིག་པ་བརྒྱ་དང་བརྒྱད་ཅུ། སོར་བཤགས་བཅུ་གཅིག །ཉེས་བྱས་བརྒྱ་དང་བཅུ་གཉིས་ཏེ། སུམ་བརྒྱ་དང་དྲུག་ཅུ་རེ་བཞི་ཡོད་པས། དེ་སྤངས་པའི་ཁྲིམས་སུམ་བརྒྱ་དང་དྲུག་ཅུ་རེ་བཞི་ཡོད་དོ། །རྒྱས་པར་གཞན་དུ་ཤེས་པར་བྱའོ། །

གཉིས་པ་ཐུན་མོང་བ་སྤྱིའི་རྣམ་གཞག་ནི། བསླབ་པའི་ཡན་ལག་བསྙེན་པར་རྫོགས་པའི་སྡོམ་པ་ཐོབ་ལ་མ་ཉམས་པ་དགོས་ཏེ། གཞན་དུ་ན་ལྟུང་བ་སྡེ་ལྔའི་གཞི་ལ་ཞུགས་ན་ལྟུང་བ་མེད་པའམ། ཡོད་ཀྱང་ཉེས

བྱས་ལས་མི་འབྱུང་བའི་ཕྱིར་རོ། །ཉམས་པ་ཡང་ཕམ་པ་འཆབ་བཅས་ཀྱིས་ཉམས་པ་ཡིན་གྱི། ཕམ་པ་འཆབ་མེད་ཀྱིས་ཉམས་པ་ནི་མ་ཡིན་ཏེ། བསླབ་བྱིན་དགེ་སློང་ཕམ་ལྷུང་བ་སྟེ་ལྔའི་རྟེན་དུ་བསྙེན་པར་རྫོགས་པ་རྣམ་པར་དག་པ་དང་འདྲ་བའི་ཕྱིར་རོ། །དེའི་ཕྱིར་བསྙེན་པར་མ་རྫོགས་ཤིང་རབ་ཏུ་བྱུང་བ་རྣམས་ལ་ལྷུང་བ་སྡེ་ལྔའི་རྣམ་གཞག་ནི་མེད་དོ། །འོན་ཀྱང་བཅས་འགལ་ཐམས་ཅད་ཉེས་བྱས་ཙམ་དུ་འགྱུར་རོ། །ཉེས་བྱས་ལ་ཡང་གཉིས་ཏེ། བླངས་པ་ལས་འདས་པ་ནི་བཤགས་པར་བྱ་བའི་ཉེས་བྱས་སུ་འགྱུར་ལ། བླངས་པ་དེའི་ཕྱོགས་མཐུན་ལས་འདས་པ་ནི། གདམ་པར་བྱ་བའི་ཉེས་བྱས་སུ་འགྱུར་རོ། །བླངས་པ་ནི། མི་གསོད་པ་དང་འདེབས་པ་དང་། །སྤྱོད་པ་དང་ནི་དུད་འགྲོ་གསོད། །མ་བྱིན་ལེན་དང་མི་ཚངས་སྤྱོད། །མི་ཆོས་གཞི་མེད་བག་ཙམ་དང་། །དཔེན་དང་རྫེས་ཕྱོགས་ཁྲིམ་སུན་འབྱིན། །ཤེས་བཞིན་ཤེས་ངོར་འཕྱ་བ་དང་། །ཟས་ཉུང་ཟ་དང་ལྷག་མས་བཀུར། །བསླབ་པ་ཉེར་འཇོག་དགོད་དང་། །ཆང་དང་གར་སོགས་གསུམ་དང་ནི། །ཕྲེང་སོགས་གསུམ་དང་མལ་ཆེན་མཐོ། །ཕྱི་དྲོའི་ཁ་ཟས་དངུལ་ཉིད་ལེན་པ་སྤང་། །མཁན་པོ་ལས་ནི་ཐོབ་པ་གསུམ། །ཁང་པ་དང་ནི་ཁང་ཆེན་ནོ། །ཞེས་རྡོ་རྗེ་ཕུར་བུས་བཤད་དོ། །བམ་ལྔ་ལས། ཁྲིམ་པའི་ཁང་པ་ཁང་ཆེན། གསོ་སྦྱོང་། དབྱར་གནས། དགག་དབྱེ་མི་བྱེད་པ། གནས་ལ་མི་བརྟེན་པ། བུད་མེད་དང་ལྷན་ཅིག་ཉལ་བ། རིན་པོ་ཆེ་སློང་བ། དེའི་ཁབ་རལ་བྱེད་པ། དཀོན་མཆོག་གསུམ་ལ་མ་གུས་པ་རྣམས་བཤགས་བྱར་གསུངས་སོ། །མདོ་ཊཱི་ཀ་ཏུ་འཕྲོག་སྤྱོད་གཉིས་ཀྱང་གསུངས་སོ། །བར་མ་གསུམ་ནི་མཁན་པོ་ལས་ཐོབ་པ་གསུམ་ཞེས་བྱ། ཞེས་གསུངས། གསུམ་པ་ནི། ཤཱཀྱ་འོད་ལྟར་ན། མཁན་པོར་གསོལ་བ་བཏབ་པ། ཁྲིམ་པའི་རྟགས་སྤོང་བ། རབ་ཏུ་བྱུང་བའི་རྟགས་ལེན་པའོ། །ཆོས་རྗེ་ལྟར་ན། ཕྱི་མ་གཉིས་འདྲ་བ་ལ། དཀོན་མཆོག་གསུམ་ལ་སྐྱབས་སུ་འགྲོ་བ་དང་གསུམ་མོ། །དགེ་སློབ་མའི་བླངས་པ་ནི། དེའི་སྟེང་དུ་རྩ་བའི་ཆོས་དྲུག་དང་རྗེས་སུ་མཐུན་པའི་ཆོས་དྲུག་གོ། །

རྩ་བའི་ཆོས་དྲུག་ནི། གཅིག་པུར་ལམ་དུ་འགྲོ་མི་བྱ། །ཆུ་བོའི་ཕ་རོལ་རྐྱལ་མི་བྱ། །སྐྱེས་པ་དང་ནི་འདུག་མི་བྱ། །སྐྱེས་པ་ལ་ནི་རེག་མི་བྱ། །གཉེན་དུ་གྱུར་པ་མི་བྱ་ཞིང་། །ཁ་ན་མ་ཐོ་བཅབ་མི་བྱ། །ཞེས་སོགས་གསུངས། རྗེས་སུ་མཐུན་པ་དྲུག་ནི། གསེར་ལ་བཟུང་བར་མི་བྱ་ཞིང་། །འདོམས་ཀྱི་སྤུ་ནི་བྲེག་མི་བྱ། །ས་ནི་རྐོ་བར་མི་བྱ་ཞིང་། །རྩྭ་སྔོན་དག་ཀྱང་བཅད་མི་བྱ། །བྱིན་ལེན་མ་བྱས་བཟའ་མི་བྱ། །གསོག་འཇོག་བྱས་པ་བཟའ་མི་བྱ། །ཞེས་གསུངས་སོ། །བླངས་པ་དེའི་ཕྱོགས་མཐུན་ནི། བླངས་པ་ལས་འདས་པ་རྣམས་དང་། ལྟུང་མེད་མ་གཏོགས་བསྙེན་པར་མ་རྫོགས་པ་རྣམས་ལ་ལྟུང་བར་འགྱུར་བ་རྣམས་སོ། །

ལྟུང་མེད་ནི། འཆང་བ་དང་ནི་འབྲལ་བ་དང་། །དེ་བཞིན་ས་ནི་རྐོ་བ་དང་། །རིན་ཆེན་རེག་དང་མེ་ལ་རེག །གཏང་ནས་བཟའ་བར་བྱེད་པ་དང་། །ལྗོན་ཤིང་འཛེག་དང་ཤིང་གཅོད་དང་། །བྱིན་ལེན་མ་བྱས་ཟ་བ་དང་། །རྩྭ་སྔོན་མི་གཙང་འདོར་བ་དང་། །དེ་བཞིན་གསོག་འཛོག་ཟ་བ་དང་། །ས་བོན་འཇོམས་དང་བསླབ་པའི་གཞི། །ཞེས་འོད་ལྡན་དུ་ལུང་དྲངས་སོ། །རུང་མཐུན་སྒྲུར་ན། ཟླ་འཛོག་གསོག་འཛོག་དགོན་པའི་ཟླ་འབྲལ། །མ་སྨྲས་མདུན་བསྐྱུར་མ་རྗོགས་ཉལ། །ཞེས་པའང་ཐོབ། དེ་ལ་ཤིང་གཅོད་པ་དང་། ས་བོན་འཇོམས་པ་གཉིས་ལྟུང་རྐང་གཅིག་ཏུ་བྱ། ནུབ་ལྷག་ཉལ་ཕྱེད་ཡིན་ནོ། །དགེ་ཚུལ་རབ་ཏུ་བྱུང་བ་ལ་བསྲུང་མི་དགོས་ཀྱང་ཁྲིམ་པའི་ཐད་དུ་བསྲུང་དགོས་པའི་ཕྱིར་རོ། །ཕྱོགས་མཐུན་ཡང་གཉིས་ཏེ། གཉེན་པོ་ཕྱོགས་མཐུན་དང་། ལྟུང་བ་ཕྱོགས་མཐུན་ནོ། །དང་པོ་ནི། དབྱར་གནས་གཅིག་ཏུ་གནས་པ་དང་། །གསོ་སྦྱོང་དགག་དབྱེར་བཅས་པ་དང་། །དེ་ལ་སོགས་པ་དེ་ཡི་ནི། །གླངས་པའི་ཕྱོགས་དང་མཐུན་པ་ཡིན། །གཉིས་པ་ནི། རྟགས་དང་སློང་དང་སྣོད་དང་ནི། །ལོངས་སྤྱོད་འཆར་གཡེང་འདོད་པ་དང་། །གནོད་པ་དང་ནི་གནས་པ་དང་། །མ་གུས་མི་སྤྱོང་བཞི་ལས་བྱུང་། །ཞེས་སོགས་གསུངས། གཞན་ཡང་བསླབ་རྒྱུན་དེ་ཉིད་ལ་སྤྱོང་བ་བྱས་ཤིང་། བསླབ་རྒྱུན་དེ་ཉིད་ལ་མཐར་ཐུག་གྲུབ་ན་དངོས་གཞི་ཇི་ལྟ་བ་བཞིན་ནོ། །བསམ་པའི་ཡན་ལག་རྒྱས་པར་གཞན་དུ་ཤེས་སོ༔ །མི་མཐུན་ཕྱོགས་ངོ་ཤེས་པའི་སྒོ་ནས་བསྲུང་བ་བཤད་ཟིན་ཏོ། །

བཞི་པ་བསླབ་པ་ཡོངས་སྦྱོང་གི་སྒོ་ནས་བསྲུང་བ་ལ། གསོ་སྦྱོང་། དབྱར་གནས། དགག་དབྱེ་དང་གསུམ་ཡོད་པས་གཞི་གསུམ་པོ་འདི་ནི་ལག་ལེན་ལོགས་སུ་རྒྱས་པར་ཤེས་པར་བྱའོ། །ལྔ་པ་བདེ་བར་གནས་པའི་རྐྱེན་བསྟེན་པའི་སྒོ་ནས་བསྲུང་བ་ལ། གོས་མཐའ་གཉིས་སུ་མ་ལྟུང་བ། སྨན་མཐའ་གཉིས་སུ་མ་ལྟུང་བ། གནས་མལ་མཐའ་གཉིས་སུ་མ་ལྟུང་བ་ལ་བསླབ་པར་བྱ་བ་གསུམ། མཐའ་གཉིས་གང་ཞེ་ན། འདོད་པ་བསོད་སྙོམས་ཀྱི་མཐའ། ངལ་ཞིང་དུབ་པའི་མཐའོ། །དང་པོ་ནི། གོས་དང་ཟས་དང་ལོངས་སྤྱོད་ཚོགས་ཆེན་པོས་བསྒྲུབ་དགོས་ཤིང་། ལོངས་སྤྱོད་པའི་ཚེ་ཡང་ཞེན་ཆགས་ཆེན་པོ་སྐྱེ་བ་དང་། དེ་ལ་བརྟེན་ནས་ཉེས་སྤྱོད་དུ་མ་ལ་འཇུག་པ་ལ་ཟེར་རོ། །དེའི་གཉེན་པོར་ཟས་བསོད་སྙོམས་པ། སྟན་གཅིག་པ། ཕྱིས་མི་ལེན་པ། གོས་ཕྱག་དར་ཁྲོད་པ། ཆོས་གོས་གསུམ་པ་པ། ཕྱིང་པ་པ། གནས་ཤིང་དྲུང་བ། དུར་ཁྲོད་པ། བླ་གབ་མེད་པ། དགོན་པ་པ། སྨན་ཀྱུས་ཏེ་བོར་བ། སྤྱོད་ལམ་གཞི་ཇི་བཞིན་པ། ཙོག་པུ་པ་རྣམས་སྟོན་པས་བསྔགས་པས། རབ་ཏུ་བྱུང་བ་རྣམས་ཀྱིས་འདི་དག་དང་དུ་བླང་བར་བྱའོ། །

གཉིས་པ་ནི། ཆོས་གོས་སོགས་རྩོལ་མེད་དུ་རྙེད་ཅིང་། ལོངས་སྤྱོད་པའི་ཚེ་ཡང་ཞེན་ཆགས་ཆེན་པོ་མི་

སྐྱེ་བའི་ཚེ། ཧ་ཅང་དམ་དོག་ཆེན་པོ་མི་དགོས་ལ། དམིགས་བསལ་ལ་མི་བརྟེན་པར། སྤྱིར་བཏང་གི་བསླབ་པ་ལ་བརྟེན་པ་ལ་བྱ། དེའི་གཉེན་པོར། ཁ་ཟས་རོ་བརྒྱ་པ། གོས་ཀཱ་ཤི་པ་ནི་འབུམ་རི་བ། གནས་ཁང་པ་བརྩེགས་པ་ལྔ་བརྒྱ་པ། སྨན་ཞུན་མར་དང་། འབྲུ་མར་ལ་སོགས་པ་བཟང་པོ་རྣམས་ཀྱང་གནང་ངོ་། །གོས་མཐའ་གཉིས་སུ་མ་ལྷུང་བ་ལ་གསུམ། སྲ་རྐྱང་གི་གཞི་དང་། གོས་གཞི་དངོས་དང་། ཀོ་པགས་ཀྱི་གཞིའོ། །

དང་པོ་ནི། དབྱར་ཆགས་ལ་མ་ཞིག་པའི་བསྙེན་པར་རྫོགས་པས་ཕན་ཡོན་གསུམ་གྱི་ཆེད་དུ། དགེ་འདུན་གྱི་རྙེད་པའི་རྒྱུ་ལས་བྱུང་བའི་ཆོས་གོས་གསུམ་ཕྱུགས་གཅིག་དགག་དབྱེ་བྱེད་པའི་ཉིན་པར་ནས་བཟུང་ནས། ཟླ་བ་ལྔའི་བར་དུ་འོག་གཞི་སྲུང་ལེབ་བམ་རས་གཞི་རེ་ལྔའི་སྟེང་དུ་ཚུལ་བཞིན་དུ་གཏིང་བར་བྱ། ཕན་ཡོན་གསུམ་ནི་གནས་བསྟུ་བ་དང་། ལྷུང་བ་བཅུ་བག་ཡངས་སུ་གནང་བ་དང་། ལྷག་མ་བདག་དང་རྙེད་པ་ཐུན་མོང་དུ་འགྱུར་བའོ། །གོས་གཞི་དངོས་ལ། གོས་ཇི་ལྟར་བསྒྲུབ་པའི་ཚུལ། དེ་ལས་བྱུང་བའི་གོས་དངོས་ཀྱི་རྣམ་པར་བཞག་པ་གཉིས། དང་པོ་ནི། ལོག་པའི་འཚོ་བ་ཆར་གཏོགས་དང་བཅས་པ་སྤངས་ཏེ། ཡང་དག་པའི་འཚོ་བ་བརྟེན་པའི་ཚུལ་གྱིས་བསྒྲུབ་པར་བྱའོ། །

ལོག་འཚོ་ནི། རྙེད་པས་རྙེད་པ་ཚོལ་བ། གཞོགས་སློང་ས། ཐོབ་ཀྱིས་འཇལ་བ། ཁ་བསག་གོ །གཉིས་པ་ལ། གོས་ཀྱི་རྒྱུ་རྙེད་པའི་རྣམ་པར་དག་པ་དང་། དེ་ལས་གྲུབ་པའི་གོས་ཀྱི་རྣམ་པར་བཞག་པ་གཉིས། དང་པོ་ལ། རྙེད་པ་གང་དབང་བ་དང་། མི་དབང་བ་དང་། བགོ་བའི་ཚོ་གའོ། །དེ་གསུམ་ནི་ལོགས་སུ་ཤེས་པར་བྱའོ། །གཉིས་པ་གོས་ཀྱི་རྣམ་གཞག་ལ། དང་པོ་གོས་བསྒྲུབ་པའི་ཚུལ། དབྱེ་བ། སོ་སོའི་རང་བཞིན། ལོངས་སྤྱོད་པའི་ཚུལ། རུང་མི་རུང་གི་བྱེ་བྲག་བསྟན་པ་དང་ལྔའོ། །དང་པོ་ལ། དྲ་བ། དྲུབ་པ། བགྲུ་བ། ཁ་སྐྱུར་བའི་ཚུལ་དང་བཞི། དང་པོ་ལ། སྣམ་སྦྱར། བླ་གོས། མཐང་གོས་དང་གསུམ་ལས། དང་པོ་ལས། རབ་དྲ་དྲུབ། འབྲིང་ལྷན་ཐབས། ཐ་མ་ཡང་ཐང་ཐང་པོའོ། །རྒྱས་པར་ལོགས་སུ་ཤེས། དབྱེ་བ་ལ་གསུམ་སྟེ། འཚོ་བའི་ཡོ་བྱད་ཀྱི་གོས་དང་། བགོ་བའི་ཡོ་བྱད་ཀྱི་གོས་དང་། ལྷག་པའི་ཡོ་བྱད་ཀྱི་གོས་དང་གསུམ་མོ། །དང་པོ་ལ། དངོས་དང་། དེའི་ཕྲན་ཚེགས་ཀྱི་གོས་སོ། །དང་པོ་ལ་བཅུ་གསུམ་སྟེ། འདུལ་བ་མདོ་རྩ་ལས། སྣམ་སྦྱར་དང་། བླ་གོས་དང་། མཐང་གོས་དང་། ཤམ་ཐབས་དང་། ཤམ་ཐབས་ཀྱི་གཟན་དང་། རྔུལ་གཟན་དང་། རྔུལ་གཟན་གྱི་གཟན་དང་། གདོང་ཕྱིས་དང་། རྣག་གཟན་དང་། གཡན་པ་དགབ་པ་དང་། སྐྲ་གཟེད་དང་། གདིང་བ་དང་། དབྱར་གྱི་གོས་རས་ཆེན་བཅང་བར་བྱའོ། །ཞེས་གསུངས། གཉིས་པ་སོ་སོའི་རང་བཞིན་ལ་འཚོ་བའི་ཡོ་བྱད་ཀྱི་གོས་ནི། རེ་རེ་བར་ངེས་པ་རང་ཁོ་ནའི་མིང་གིས་བྱིན་གྱིས་བརླབ་པར་བྱ་བ། ཚད་དང་དབྱིབས་ངེས་པ་ཅན་

ཡོད་པའོ། །

དེ་ལ་ཡང་སྣམ་སྦྱར་གྱི་རྒྱ་ཁྱོན་གྱི་ཚད་ལ། ཆེ་ཚད་ནི་སྲིད་དུ་ཁྲུ་གསུམ། ཞེང་དུ་ཁྲུ་ལྔ། ཆུང་ཚད་ནི་ཕྱེད་དང་གསུམ་དང་ཕྱེད་དང་ལྔའོ། །འབྲིང་ཚད་ནི་དེ་གཉིས་ཀྱི་བར་རོ། །ཆེ་ཚད་ནི་སྣམ་ཕྲན་ཉེར་ལྔ་པ། ཉེར་གསུམ་པ། ཉེར་གཅིག་པ་གསུམ་གང་རུང་བྱ། འབྲིང་ཚད་ལ། བཅུ་དགུ། བཅུ་བདུན། བཅོ་ལྔ་གསུམ་གང་རུང་བྱ། ཆུང་ཚད་ལ་ནི། བཅུ་གསུམ། བཅུ་གཅིག །དགུ་གང་རུང་བྱའོ། །དེ་ལྟར་ན། སྣམ་སྦྱར་ནི། དགུ་ནས་ཉེ་ཤུ་རྩ་ལྔའི་བར། །ཟུང་དུ་མ་གྱུར་སྣམ་ཕྲན་ནོ། །ཞེས་བྱ་བ་ཡིན་ནོ། །སྣམ་ཕྲན་ཆེན་པོ་སྐོར་གསུམ་ལ་ནི་གླེགས་བུ་ཕྱེད་དང་ལྔའོ། །འབྲིང་སྐོར་གསུམ་ལ་ནི་གླེགས་བུ་ཕྱེད་དང་བཞིའོ། །ཆུང་སྐོར་གསུམ་ལ་ནི་གླེགས་བུ་ཕྱེད་དང་གསུམ་མོ། །རྟགས་ལ་ཨུཏྤ་ལ་དང་། རིན་པོ་ཆེ་དང་། ཤིང་ལོ་བྱའོ། །འདི་ནི་ཐམས་ཅད་ཡོད་པར་སྨྲ་བའི་ལུགས་ཏེ་བོད་ཡུལ་དུ་ཡང་འདི་ཁོ་ན་དར་རོ། །བླ་གོས་ཀྱི་ཚད་ཀྱང་སྣམ་སྦྱར་དང་འདྲ་ལ། སྣམ་ཕྲན་བདུན་པ་དང་གླེགས་བུ་ཕྱེད་དང་གསུམ་པའོ། །མཐང་གོས་ཀྱི་ཚད་ཆེ་བ་གསུམ་ནི་སྣམ་སྦྱར་དང་འདྲ་ལ། ཆུང་ངུ་གསུམ་ནི། ཁྲུ་དོ་དང་ལྔ་དང་། དོ་དང་བཞི་དང་། འཁོར་གསུམ་ཁེབས་པའི་མཐའོ། །འཁོར་གསུམ་ནི། པུས་མོ་གཉིས་ལྟེ་བའི་དཔལ་དང་གསུམ་ཁེབས་པའོ། །ལུས་ཆེ་མཐང་གོས་བགོས་པས་ལུས་གཡོག་མི་ཐུབ་ན་རལ་ཁ་དཔུང་ཚད་བྱའོ། །དེ་ནི་ཁྲུ་དོ་འམ་ཁྲུ་གསུམ་ལྔ་བུ་གང་རུང་ཞིག་མཐང་གོས་ཀྱི་རྒྱབ་བམ། གློ་གཡས་གཡོན་སྲུབས་ཕྱེ་ལ་མི་དྲུབ་པར་སྒྲོག་གུས་སྦྱར་རོ། །འདི་ལ་སྣམ་ཕྲན་ལྔ་པ་དང་། གླེགས་བུ་ཕྱེད་དང་གཉིས་སོ། །མཐའ་བསྐོར་དང་། གླེགས་བུའི་འཕྲོ་ལ་ཚལ་བུར་མིང་བཏགས་པ་རྣམས་ཀྱི་ཚད་ནི་ཆེ་ཚད་སོར་བཞི། ཆུང་ཚད་མཐེབ་སོར་གཅིག །བར་རྣམས་ནི་འབྲིང་ཚད་དོ། །དེ་ཡང་ཆེ་ཚད་ལ་ཆེ་ཚད་དང་། ཆུང་ཚད་ལ་ཆུང་ཚད་དང་། འབྲིང་ཚད་ལ་འབྲིང་ཚད་སྦྱར་བར་བྱའི། གཞན་དུ་ན་ཉེས་བྱས་སོ། །ཤམ་ཐབས་ནི། མཐང་གོས་ལས་གཞན་པ་ཉིན་མོ་སྨད་ལ་བགོ་བར་བྱ་བ། ཤམ་ཐབས་ཀྱི་གཟན་ནི། མཚན་མོ་སྨད་ལ་གཡོགས་པར་བྱ་བ། དེ་གཉིས་ནི་མཐང་གོས་དང་ཚད་འདྲ། རྟོལ་གཟན་ནི་ཉིན་མོ་སྟོད་ལ་བགོ་བར་བྱ་བ། རྟོལ་གཟན་གྱི་གཟན་ནི་མཚན་མོ་སྟོད་དུ་བགོ་བར་བྱ་བ། དེ་གཉིས་ཀྱི་ཚད་ནི་བླ་གོས་དང་འདྲ། གཞན་ཡང་། ཁྱིམ་པའི་སྟོད་གཡོགས་ཞེས་བྱ་བ་ཆེ་ཚད་ལ་ཁྲུ་བཅུ་གཉིས་པ་དང་གསུམ་པ། ཁྱིམ་པའི་སྨད་གཡོགས་ཞེས་བྱ་བ་ཆེ་ཚད་ལ་ཁྲུ་བདུན་པ་དང་དོ་པའོ། །འདི་གཉིས་ཀྱང་རབ་བྱུང་གི་གོས་ཡིན་པ་ལ་ཁྱིམ་པའི་གོས་དང་འདྲ་བས་ཁྱིམ་པའི་སྟོད་གཡོགས་སྨད་གཡོགས་ཞེས་བྱའོ། །

མདོར་ན་ཤམ་ཐབས་ཀྱི་ཆེ་ཚད་ནི། ཡར་ནུ་མའི་འོག་དང་། མར་ལོང་བུའི་སྟེང་དུ་སླེབ་ཙམ་བྱ། ཁྲུའི་

དོན་རང་གི་ལུས་ཀྱི་བདུན་ཆ་གཉིས་ལ་བྱའོ། །གདོང་ཕྱིས་ནི། ཁྲུ་གང་ཁོར་ཡུག་པ་རུང་བའི་ཚོན་གྱིས་ཁ་བསྒྱུར་བའོ། །རྣག་གཟན་ནི། རྣག་ནད་ཅན་གྱིས་ཤ་ལ་སྦྱར་ཏེ་གོན་པར་བྱ་བ། ཚད་ནི་ཇི་ཙམ་དགོས་པ་དང་འཚམ་པར་བྱ། གཡན་པ་དགབ་པ་ནི། གཡན་པའི་ནད་ཅན་གྱིས་ཤ་ལ་སྦྱར་ནས་གྱོན་པར་བྱ་བ། ཚད་ནི་བཤད་ཟིན། སྙ་གཟེད་ནི། སྙ་འབྲིག་པའི་ཚེ་ཆོས་གོས་བསྲུང་བའི་དོན་དུ་སྟོད་ལ་བགོ་བར་བྱ་བའོ། །ཚད་ནི་འདུལ་བ་ཚིག་ལེ་ལས། །བསྲུང་བའི་དོན་དུ་སྙ་གཟེད་ནི། །ཞེང་དུ་ཕྱེད་དང་གཉིས་ཁྲུ་ལ། །སྲིད་དུ་ཁྲུ་ནི་གསུམ་ཡིན་ཏེ། །ཆེ་མིན་ཆུང་མིན་བརྟག་པར་བྱ། །ཞེས་གསུངས་སོ། །གདིང་བ་ནི། གནས་མལ་སྐྱབ་པའི་ཕྱིར་དུ་གདིང་བར་བྱ་བ། འདི་ནི་གོང་དུ་བཤད་དོ། །

རང་གི་གནས་མལ་གདིང་བས་མ་སྐྱབས་ན་ལྟུང་བ་མེད་ལ། དགེ་འདུན་གྱི་ནི་རྫུ་དང་ལོ་མ་ལ་སྐྱབ་མི་དགོས། དེ་མ་གཏོགས་པ་བཟང་ངན་ཅི་ཡིན་ཡང་གདིང་བ་མེད་པར་ལོངས་སྤྱོད་དུ་མི་རུང་ངོ་། །གང་ཟག་ནི་ཕལ་ཆེར་མ་ཉམས་པ་ལ་སྐྱབ་དགོས་ཤིང་། ཕལ་ཆེར་ཉམས་པ་ཡིན་ཡང་ཁྲ་བོ་ཡིན་ན་སྐྱབ་དགོས་སོ། །དབྱར་གྱི་རས་ཆེན་ནི་གོང་དུ་བཤད། མགོ་བའི་ཡོ་བྱད་ནི། ཆོས་ལྡན་གྱི་དགོས་པ་ཁྱད་པར་ཅན་གྱི་དོན་དུ་ངེས་པར་བཅང་དགོས་པའི་གོས་ཏེ། དཔེར་ན། གདིང་གཡོགས། གདན། དེ་ལས་གཞན་པའི་གོས་ཁྲུ་གང་དུ་ལོངས་པ་ཡན་ཆད། ཚད་ལ་ངེས་པ་མེད། དབྱིབས་དང་ཁ་དོག་ལ་ཡང་ངེས་པ་མེད་དོ། །ལྷག་པའི་ཡོ་བྱད་ནི། ངེས་པར་མེད་རུང་བ་མིན་ཡང་གང་ཟག་འགའ་ཞིག་ལ་དགོས་ཕྱིར་གནང་བ། ཚད་དང་དབྱིབས་སོགས་གོང་དང་འདྲ། དཔེར་ན་སྣམ་སྦྱར་གྱི་ལྷག་པའི་ཡོ་བྱད། སྣམ་སྦྱར་དངོས་སམ། དེའི་རྒྱུ་གཉིས་སམ་གསུམ་སོགས་འཆང་བ། དེ་བཞིན་དུ་བླ་གོས་སོགས། འདི་ལྟ་ལས་ཆེ་འཕོས་པ། ཤིག་སྲོ་དང་རྫུལ་མང་བ་ཡུལ་ངན་པ་ན་གནས་པ། ཐོས་པ་ཉུང་བ། རྒྱལ་པོ་བློན་པོ་སོགས་ཀྱི་བུ་སྐྱིད་བདེ་བར་འདུག་པ། གཉེན་པོ་སོ་སོར་རྟོགས་པའི་ཤེས་རབ་དང་ལྡན་པ་རྣམས་ལ་གནང་ངོ་། །ཞྭ་དང་། ལྷམ་དང་། སྐེ་རགས་དང་། ཁྲུས་རས་ལྷུང་བཟེད་ཀྱི་སྣོད་ཁ་གཡོགས། རམ་ཕྱིས་ལ་སོགས་པ་ནི་འཚོ་བའི་ཡོ་བྱད་ཕྲན་ཚེགས་སོ། །རམ་ཕྱིས་ནི་པོར་ཕྱིས་ལ་ཟེར་རོ། །

གསུམ་པ་བཅང་བའི་ཚུལ་ལ། བསམ་པ། སྦྱོར་བ། གང་ཟག །དགོས་པ་བཞིའོ། །དང་པོ་ནི། བསྟུ་བ་ལས། དགེ་སློང་འདུལ་བའི་བསླབ་པ་ལ། །གནས་པ་རྣམ་པ་ལྔར་འདོད་དེ། །གྲོང་དུ་འཇུག་པར་བྱེད་པ་ན། །བརྩོན་ར་ཡི་ནི་འདུ་ཤེས་དང་། །གཙུག་ལག་ཁང་ན་མདོ་སྡེ་བཞིན། །རྟག་པར་དགེ་སྦྱོང་འདུ་ཤེས་དང་། །ཟས་ལ་རྟག་པར་ནད་ཀྱི་ནི། །གཉེན་པོ་ཉིད་ཀྱི་འདུ་ཤེས་དང་། །ཉལ་ན་དགོན་པའི་རི་དྭགས་ལྟར། །ཐུམ་ཕྲན་གྱི་ནི་འདུ་ཤེས་དང་། །རབ་དབེན་ཤེས་བྱ་རྣམ་གཉིས་ལ། །འོན་ལོང་ལྐུགས་པའི་འདུ་ཤེས་དང་། །དེ་ལྟར་གནས

པའི་དགེ་སློང་ནི། །རྒྱལ་ལ་འོས་པའི་ལོངས་སྤྱོད་ལ། །གནས་ཀུང་འདོད་པ་བསོད་སྙོམས་ཀྱི། །རྗེས་སུ་འཇུག་པར་མི་འགྱུར་རོ། །ཞེས་གསུངས་པ་ལྟར་རོ། །གཞན་ཡང་། རང་གི་ལུས་ལ་རྨ་དང་། ངོ་ཚ་བའི་འདུ་ཤེས་དང་། ཆོས་གོས་ལ་རྨ་དགྲིས་དང་། ལུས་དགབ་པའི་འདུ་ཤེས་དང་། གང་དུ་སྣང་བ་དེ་ཉིད་བྱིན་གྱིས་བརླབ་པ་དྲན་པ་དང་། དགེ་སློང་གི་དྲན་པ་གསོ་བྱེད་ཡིན་ནོ་སྙམ་པ་དང་། རབ་ཏུ་བྱུང་བའི་རྟགས་འདི་དག་ལ་ཕན་ཡོན་དཔག་ཏུ་མེད་པ་ཡོད་ཅིང་། འདི་རྣམས་དང་བྲལ་ན་ཉེས་དམིགས་དཔག་མེད་ཡོད་དོ་སྙམ་དྲན་པར་བྱའོ། །སྤྱོར་བ་ལ། ལོངས་སྤྱོད་པའི་ཆོག །བྱིན་གྱིས་བརླབ་པ། བྱིན་བརླབས་དབྱུང་བ། བྱིན་བརླབས་འཇིག་པའི་རྒྱུ་དང་བཞི་ལས་དང་པོ་ལ། ཚུད་ཟ་བ་སྤྱང་བ་དང་། མ་གུས་པ་སྤྱང་བ་དང་། མི་རུང་བ་དང་། རྟགས་གཞན་དུ་འགྱུར་བ་སྤྱང་བའི་ཚུལ་གྱིས་ལོངས་སྤྱོད་པ་དང་། བདེ་བར་གནས་པའི་རྐྱེན་དུ་སྒྲུབ་པའི་ཚུལ་གྱིས་ལོངས་སྤྱོད་དོ། །དགེ་འདུན་ཚོགས་པའི་ནང་དུ་འདུས་པ་ན་ཕྲག་པ་གཡས་པ་ཕྱུང་། གཡས་པའི་ཆོས་གོས་ཀྱི་སྣེ་མོ་ཕྲག་པ་གཡོན་ལ་བཀལ། གཡོན་པའི་ཆོས་གོས་ཀྱི་སྣེ་མོས་ལག་པ་གཡོན་བཏུམས་ཏེ་ལག་པ་གཉིས་ཐལ་མོ་སྦྱོལ་ནས་འདུག་པར་བྱ། དེ་ལས་གཞན་པར་གཡས་པའི་ཕྲག་པ་ཡང་ཆོས་གོས་ཀྱིས་གཏུམས་པར་བྱའོ། །

བྱེ་བྲག་ཏུ་སྣམ་སྦྱར་བགོ་བའི་གནས་བཅུ་སྟེ། མུ་སྟེགས་ཅན་འཁོད་པའི་གནས་དང་། དེའི་གནས་སྟོང་པ་དང་། གྲོང་དུ་འགྲོ་བ་དང་། བསོད་སྙོམས་སུ་རྒྱུ་བ་དང་། ཆོས་སྟོན་བཟའ་བ་དང་། ཞེས་ས་བྱ་བ་དང་། དགེ་འདུན་ཚོགས་པ་དང་། གདམས་ངག་ཉམས་སུ་མྱོང་བ་དང་། ཆོས་འཆད་ཉན་བྱེད་པའི་ཚེའོ། །དེ་ལས་གཞན་པར་བགོ་ན་ཉེས་བྱས་སོ། །དང་པོ་བཞིར་མི་བགོ་ན་ཉེས་བྱས་སོ། །གཞན་ནི་ཅི་དགའ། ལས་གྲལ་དུ་འདུག་པའི་ཚེ་མ་གྱོན་ན་ཉེས་བྱས་ཤིན་ཏུ་ཆེའོ། །ཞེས་པ་ནི། །ཕྱག་དང་། བསྐོར་བ། སྐྱིལ་བ། བསུ་བ་བྱ་བ་ལྟ་བུའོ། །གཉིས་པ་བྱིན་བརླབས་ནི་ལས་ཆོག་ཏུ་ཤེས་ཤིང་རྒྱས་པར་གཞན་དུ་འང་ཤེས། གསུམ་པ་བྱིན་བརླབས་དབྱུང་བ་ནི། སྣམ་སྦྱར་རམ་དེའི་རྒྱུ་ནས་བཟུང་སྟེ། གནས་བརྟན་དགོངས་སུ་གསོལ། བདག་མིང་འདི་ཞེས་བགྱི་བའི་གོས་འདི་ཆོས་གོས་སྣམ་སྦྱར་དུ་བྱིན་གྱིས་བརླབས་པ་ལས་རྐྱེན་དེ་ལྟ་བས་ན། དངོས་པོ་དེ་སླར་དབྱུང་བར་བགྱིའོ། །ལན་གསུམ་བཟླས། ཐབས་ཡིན་ནོ། །ལེགས་སོ། །དེས་གཞན་ཡང་རིགས་འགྲེའོ། །
བཞི་པ་བྱིན་བརླབས་འཇིག་པའི་རྒྱུ་ནི་བརྒྱད་དེ། བྱིན་གྱིས་བརླབས་པའི་དངོས་པོ་ཉམས་པའམ་མེད་པར་སོང་བ་དང་། བྱེད་པ་པོ་རང་ཉིད་དགེ་སློང་མ་ཡིན་པར་གྱུར་པ་དང་། གཞན་ལ་སྐྱིང་ཐག་པ་ནས་བསྔོས་པ་དང་། གཞན་གྱིས་ཕྲོགས་པ་དང་། བྱིན་བརླབས་ཕྱུང་བ་དང་། གང་དུ་བྱིན་བརླབས་རྗེད་པ་དང་། མཁོ་བའི་

ཡོ་བྱད་ལྷག་པའི་ཡོ་བྱད་གཉིས་ལས་རང་ཉིད་ཀྱི་མངོན་ཞེན་དམ་པོ་བྱུང་བ་དང་། སྤང་ལྟུང་ཕྱིར་བཅོས་བྱེད་པའི་ཚེ་ཞག་གཅིག་ཏུ་སྤང་བའོ། །རྫེད་པ་ཡང་ཞག་གཅིག་ཏུ་བྱིན་བརླབས་ཐེབས་གཅིག་ཙམ་ཡང་མ་དྲན་ན་འཛིག་གོ། །དེ་བས་ན་ཞག་རེ་རེ་བཞིན་དུ་འདི་ནི་བྱིན་གྱིས་བརླབས་པའོ་སྙམ་དུ་དྲན་པར་བྱའོ། །

གསུམ་པ་གང་ཟག་ལ། འཕགས་པ་རྣམས་ནི་གཞན་གྱི་དད་ཟས་ལ་དབང་ཕྱུག་གི་ལོངས་སྤྱོད་པ་ཡིན་ཏེ། ཡོན་ཡོངས་སུ་སྦྱོང་བ་ཆེན་པོ་ཡིན་པའི་ཕྱིར་རོ། །འཕགས་པ་མིན་ཡང་། ཚུལ་ཁྲིམས་རྣམ་པར་དག་པ་དང་། ཀློག་པ་ཐོས་བསམ་མམ། སྒྲུབ་པ་བསམ་གཏན་ལ་བརྩོན་ན་མི་སློབ་པ་ལ་ཕུལ་བ་མན་ཆད་ཀྱང་དབང་ཞིང་། དད་ཟས་ཀྱང་བདུད་རྩིར་འགྱུར་རོ། །འདི་ལ་ནི་དབང་བས་ལོངས་སྤྱོད་པ་ཞེས་བྱ་སྟེ། ཕ་ནོར་ལ་བུ་དབང་བ་བཞིན་ནོ། །ཚུལ་ཁྲིམས་རྣམ་པར་དག་པ་དང་ལྡན་ཡང་ལེ་ལོ་ཅན་ལ་ནི་དད་ཟས་བླངས་པ་དང་ལོངས་སྤྱོད་པ་རྣམས་སྐྱེ་བ་ཕྱི་མ་ལ་བུ་ལོན་སྟོང་འགྱུར་དང་། བྱེ་བ་འགྱུར་སོགས་ཅི་རིགས་པར་འཛལ་དགོས་སོ། །ཚུལ་ཁྲིམས་འཆལ་བ་ནི། དད་པས་ཕུལ་བའི་ཟས་ཁམ་གཅིག་ཙམ་དང་། བཏུང་བ་ཧུམ་གཅིག་ཙམ་དང་། དགེ་འདུན་གྱི་གནས་ཁང་དང་གནས་མལ་ལ་གོམ་པ་གཅིག་ཙམ་དོར་ན། གོ་རིམ་བཞིན་དུ་དམྱལ་བར་སྐྱེས་ནས་ལྕགས་ཀྱི་ཐོ་ལུམ་མེ་འབར་བ་དང་། ཁྲོ་ཆུ་བཞུ་བ་དང་། ལྕགས་བསྲེགས་ཀྱི་ས་གཞི་རྣམས་ལ་བརྒྱ་འགྱུར་དང་སྟོང་འགྱུར་ལ་སོགས་པར་ལོངས་སྤྱོད་དགོས་པར་གསུངས་སོ། །གཞན་ཡང་། ལྟ་བ་རྣམ་དག་ཡོད་ཀྱང་ཚུལ་ཁྲིམས་འཆལ་ན་ཀླུར་སྐྱེས་ནས་བྱེ་ཚན་གྱི་ཆར་འབབ་པར་བཤད་དོ། །དད་ཟས་ཀྱི་ཉེས་དམིགས་ནི་དཔག་ཏུ་མེད་པ་མདོ་ལས་གསུངས་སོ། །

བཞི་པ་དགོས་པ་ནི། ངོ་ཚ་བའི་གནས་དགབ་པ་དང་། ཁྲིམ་པ་དང་། མུ་སྟེགས་ཀྱི་རྟགས་དམན་པ་སྤང་བ་དང་། དགེ་སྦྱོང་གི་དྲན་པ་གསོ་བའི་ཕྱིར་དང་། བདག་ནི་སངས་རྒྱས་ཀྱི་རྗེས་སུ་འཇུག་པ་མཚོན་པའི་ཕྱིར་དང་། རབ་བྱུང་གི་རྟགས་བླངས་པ་ལྟ་ཅི་སྨོས། མཐོང་བ་དང་རེག་པ་ལ་སོགས་པའང་ཕན་ཡོན་དཔག་ཏུ་མེད་པ་གསུངས་པའི་ཕྱིར་རོ། །གོས་གཞི་དངོས་བཤད་ཟིན་ཏོ། །གསུམ་པ་ཀོ་པགས་བཅང་བར་མི་བྱ་བ་ནི་ལོགས་སུ་ཤེས། གོས་མཐའ་གཉིས་སུ་མ་ལྟུང་བའོ། །སྣན་མཐའ་གཉིས་སུ་མ་ལྟུང་བ་ནི་དྲུག་སྟེ། སྣན་གྱི་རྒྱུ་ཁའི་འདུ་བའི་སྒོ་ཇི་ལྟར་སྒྲུབ་པ་དང་། གཉིས་པ་དེ་ལས་བྱུང་བ་སྣན་དངོས་ཀྱི་མཚན་ཉིད་དང་། སྣན་དེ་གང་གིས་སྤྱད་པ་དང་། སྣན་བཞག་པའི་གནས་སུ་རུང་བའི་ཁང་པ་དང་། སྣན་ལ་འཇུག་པའི་ཚུལ་དང་། རྒྱུ་མཐུན་ཟག་པ་འདོར་བའི་ཐབས་བསྟན་པའོ། །དེ་རྣམས་ནི་ལོགས་སུ་ཤེས་སོ། །གནས་མལ་མཐའ་གཉིས་སུ་མ་ལྟུང་བ་ནི། གནས་མལ་གྱི་གཞིས་སྟོན་པ་ལ། དེའི་དོན་ཡང་སྒོ་ཁང་དང་། གནས་ཁང་དང་། གཙུག་ལག་ཁང་དང་།

མཆོད་རྟེན་དང་། སྙིད་མོས་ཚལ་དང་། ཀུན་དགའ་ར་བ་དང་། ཤིང་ལྗོན་པ་བསྐྱེད་པ་རྣམས་དང་པོར་བཟོ་བའི་ཚུལ། བར་དུ་སྐྱོང་བའི་ཚུལ། གཞན་གྱིས་བྱས་པ་ལ་ལོངས་སྤྱོད་པའི་ཚུལ་རྣམས་ཁྲིམས་པ་དང་། མུ་སྟེགས་ཅན་རྣམས་ཀྱི་རྟགས་སྤྱངས་ཤིང་ཆོས་འདི་པའི་ལུགས་ལྟར་དུ་བྱ། དེ་བཞིན་དུ་སྟན་དང་སྟེས་དང་སྣོད་སྤྱད་རྣམས་ལ་ཡང་སྦྱར་རོ། །བདེ་བར་གནས་པའི་རྐྱེན་བསྟེན་པའི་སྒོ་ནས་བསྲུང་བ་བཤད་ཟིན་ཏོ། །

གསུམ་པ་ཉམས་ན་ཕྱིར་བཅོས་པའི་ཐབས་ལ། ལྟུང་བ་ཕྱིར་བཅོས་དང་། རྩོད་པ་ཕྱིར་བཅོས་གཉིས། དང་པོ་ལ། ལུས་ལྟ་བུ་ཕྱིར་བཅོས་ཀྱི་གཞི་དངོས་དེའི་ཡན་ལག་དུས་དང་དུས་མིན་པས་བསྡུས་པ་འབྱུང་བའི་གཞི་དང་། ཡོངས་སུ་སྤྱོད་པའི་གཞི་དང་རྣམ་པ་བཞི་གསུངས་སོ། །དེ་དག་གི་དོན་མདོར་བསྡུས་ན། མི་མོས་པ་ནན་གྱི་ཕྱིར་བཅོས་སུ་བཞུག་པ་དང་། མོས་པ་འདོད་བཞིན་དུ་ཕྱིར་བཅོས་སུ་བཞུགས་པའོ། །དང་པོ་ཚུལ་ཁྲིམས་འཆལ་བ་ལ་བྱ་བ་དང་། དེ་ལས་གཞན་པ་ལ་བྱ་བ་གཉིས། དང་པོ་ནི། བསྙེན་པར་རྫོགས་པ་ཕམ་པ་འཆབ་བཅས་བྱུང་བ་དང་། བསྙེན་པར་མ་རྫོགས་པ་ཕམ་འདྲའི་ཉེས་བྱས་འཆབ་བཅས་བྱུང་བ་རྣམས་དེ་ལྟར་ཡིན་པར་ཤེས་པའི་མོད་ལ་དགེ་འདུན་གྱི་ནང་དུ་ཡུད་ཙམ་ཡང་མི་བཞག་པར་བསྙད་པར་བྱའོ། །ཅིའི་ཕྱིར་ཞེ་ན། དེ་དང་ལྷན་དུ་སྐྱ་རེངས་མ་ཤར་གྱི་བར་དུ་ཉལ་བ་ལ་རང་ལ་སྐྱོན་མེད་ཀྱང་ལོ་སྟོང་ཕྲག་བརྒྱད་ཅུ་དམྱལ་བར་སྐྱེ་བ་དང་། སྐྱ་རེངས་ཤར་ཟིན་པའི་བར་དུ་ལྷན་གཅིག་ཉལ་ན་ལོ་བྱེ་བ་ཕྲག་བཅུ་བཞི་དང་སྟོང་ཕྲག་བཞི་བཅུ་དམྱལ་བར་སྐྱེ་བར་བཤད་པའི་ཕྱིར་རོ། །ཁོ་རང་ལ་ཡང་ཉེས་དམིགས་དཔག་ཏུ་མེད་པ་ཡོད་པར་གོས་གཞིའི་ཐད་དུ་བཤད་ཟིན་ཏོ། །

གཉིས་པ་ལ། དང་པོར་སྡིགས། སྨད་སྐྲད། ཕྱིར་བསྐྱེད། གནས་དབྱུང་སོགས་གང་ཡང་རུང་བའི་སྒོ་ནས་ནན་ཏུར་གྱིས་ཆར་བཅད། དེ་ནས་བཟོད་པར་གསོལ་བ་གླང་། དེ་ནས་རང་གིས་ཕྱིར་བཅོས་ལ་འགོད་དོ། །གཉིས་པ་ལ་མཐོལ་བར་འོས་པ་རྣམས་མཐོལ། བསྡམ་པར་འོས་པ་རྣམས་བསྡམ། བཤགས་པར་འོས་པ་རྣམས་བཤགས། ཆད་པས་གཅད་པར་འོས་པ་རྣམས་ཆད་པས་གཅད་ནས་ཕྱིར་བཅོས་པར་བྱེད་དོ། །དང་པོ་ལ། ཡུལ་གང་གིས་མདུན་དུ་མཐོལ་བ་ནི་ཆོས་དགུ་ལྡན། ཁ་ན་མ་ཐོ་བ་མི་མཐུན་པའོ། །ཁྲི་བྲག་ཏུ་བགོ་རྒྱུ་རྣམས་ནི་མཚམས་ནང་དེ་ན་ཡོད་པའི་ཆོས་བཅུ་ལྡན་ཐམས་ཅད་ལའོ། །སོར་བཤགས་རྣམས་ནི་གནས་ཁང་དེ་ན་ཡོད་པའི་ཆོས་བཅུ་ལྡན་ནོ། །བདག་ཉིད་ནི། བསྙེན་པར་རྫོགས་པའི་སྡོམ་པ་གསོ་རུང་ཡན་ཆད་དང་ལྡན་པ། ལྟུང་བ་ལེགས་པར་དྲན་ནུས་པ། གནས་ནས་མ་ཕྱུང་བ། བསམ་པ་རང་བཞིན་དུ་གནས་པ། སྔར་མཐོལ་བ་སྟོན་དུ་མ་སོང་བ། གཟུགས་གཞན་དུ་མ་བསྒྱུར་བའོ། །བསམ་པ་ལ། སྔར་ཉེས་པ་བྱས་པ་ལ་འགྱོད་པ་དྲུག

འཐུངས་པ་ལྟ་བུ་དང་། ཕྱིན་ཆད་སྲོག་ལ་བབ་ཀྱང་མི་བྱེད་སྙམ་པའི་སྡོམ་སེམས་དང་། བསྟན་པ་དང་། རང་གཞན་གྱི་རྒྱུད་ལ་ཕན་པར་འདོད་པ་དང་། སྙིང་ཐག་པ་ནས་ཕྱིར་བཅོས་པར་འདོད་པ་དང་། འཁོར་བ་མ་ལུས་པར་སྤྲངས་པའི་ཐར་པ་མྱུར་འདས་ཐོབ་པར་འདོད་པའི་བསམ་པ་འདི་དག་ཡོད་ན་ལྟུང་བ་འདག་ལ། གཞན་དུ་ན་མི་འདག་གོ །བསམ་པ་འདི་རྣམས་ནི་ཕྱིར་བཅོས་ཀྱི་གནས་སྐབས་ཐམས་ཅད་དུ་སྦྱར་རོ། །

ཚིག་ལ། སྦྱིར་བཏང་། དམིགས་བསལ་གཉིས། དང་པོ་ལ་དངོས་ཀྱི་ཉེས་པ་མཐོལ་བ་དང་། བཅབ་པའི་ཉེས་པ་མཐོལ་བ་གཉིས་སོ། །དེ་གཉིས་ཀྱི་སྔགས་ཚིག་ནི། ཚེ་དང་ལྡན་པ་དགོངས་སུ་གསོལ། བདག་དགེ་སློང་མིང་འདི་ཞེས་བགྱི་བ་ལ་ལྟུང་བ་འདི་ལྟ་བུ་འདི་བྱུང་སྟེ། བདག་དགེ་སློང་མིང་འདི་ཞེས་བགྱི་བའི་ལྟུང་བ་དེ་དག་པའི་མཐའ་ཚུན་ཆོད་ནས་བཟུང་ངེ། ཚེ་དང་ལྡན་པའི་མདུན་དུ་མཐོལ་ལོ། །འཆགས་སོ་མི་འཆབ་བོ། །མཐོལ་ཞིང་བཤགས་ན་བདག་བདེ་བ་ལ་རེག་པར་གནས་པར་འགྱུར་གྱི་མ་མཐོལ་མ་བཤགས་ན་ནི་མི་འགྱུར་རོ། །དེ་བཞིན་དུ་ལན་གཉིས་ལན་གསུམ་བཟླའོ། །དེ་ཡང་མཐོང་སྡོམ་དྲི། ཐབས་ལེགས་བྱའོ། །དམིགས་བསལ་ནི་བཅབ་ཉེས་དང་མི་ལྡན་ན་བདག་ལ་ཉེས་པ་འདི་དང་འདི་བྱུང་ངོ་ཞེས་མིང་གོ་བར་བྱས་པ་ཙམ་གྱིས་གོ་ཆོད་དོ། །བྱིན་གྱིས་བརླབ་པ་སོགས་རྒྱས་པར་གཞན་དུ་ཤེས་པར་བྱའོ། །

ཆོས་དགུ་ལྡན་ནི། བསྙེན་པར་རྫོགས་པའི་སྡོམ་པ་རྣམ་དག་དང་ལྡན་པ། མཚན་མཐུན་པ། ལྟ་བ་མཐུན་པ། ཐ་སྙད་གསུམ་དང་ལྡན་པ། མཚམས་ཀྱི་ནང་ན་གནས་པ། གཟུགས་གཞན་དུ་མ་བསྒྱུར་ཞིང་མི་སྣང་བར་མ་བྱས་པ། ས་རང་བཞིན་དུ་གནས་པ། བྱེ་བ་ན་ཆོས་མིན་ཕྱོགས་སུ་མ་སོང་བ་དང་། བདག་ཉིད་ལས་རྒྱུད་ཐ་དད་པའོ། །ཆོས་བཅུ་ནི། དགུ་པོ་དེའི་སྟེང་དུ་ཁ་ན་མ་ཐོ་བ་མི་མཐུན་པའོ། །འདིའི་དོན་ནི། རབ་བཤགས་ཡུལ་དེ་ལྟུང་བས་མ་གོས་པ། འབྲིང་གང་བཤགས་པའི་སྡེ་ཚན་དེས་མ་གོས་པ། ཐ་མ་གང་བཤགས་པའི་ངོར་གདོང་དེས་མ་གོས་པ་དགོས་སོ། །དམིགས་བསལ་ནི། བཤགས་ཡུལ་མཚན་ཉིད་པ་མ་རྙེད་ན་ཇི་ལྟར་འོས་པའི་དྲུང་དུ་བཤགས་ཤིང་། འཆི་ཁ་ལྟ་བུའི་ཚེ་ཁྲིམ་པའི་དྲུང་དུ་ཡང་བཤགས་པས་འདག་པར་གསུངས་སོ། །རྒྱས་པར་གཞན་དུ་ཤེས།

གཉིས་པ་རྟོད་པ་ཕྱིར་བཅོས་པ་ལ་གསུམ་སྟེ། ལས་བྱེ་བའི་རྟོད་པ་ཞི་བྱེད། འཁོར་ལོ་བྱེ་བའི་རྟོད་པ་ཞི་བྱེད། དེ་ལས་གཞན་པའི་རྟོད་པ་ཞི་བྱེད་དོ། །འདི་ལ་ཞི་བྱ་རྟོད་པ་ནི་བཞི་སྟེ། འབྱེད་ཕྱིར་རྟོད་པ། ལྟུང་ཕྱིར་རྟོད་པ། མི་བསྟུམ་པའི་ཕྱིར་རྟོད་པ། བྱ་ཕྱིར་རྟོད་པའོ། །ཞི་བྱེད་ནི་བདུན་ཏེ། སྡོམ་ལ། མངོན་སུམ་དྲན་པ་མ་མྱོས་དང་། །དེ་བཞིན་གང་མང་ངོ་བོ་ཉིད། །རྩྭ་རྣམས་བཀྲམ་པ་ལྟ་བུ་དང་། །ཁས་བླངས་པར་ནི་བྱ་བའོ། །

ཞེས་གསུངས་སོ། །མདོར་ན་དགེ་འདུན་ཐུགས་མཐུན་ཞིང་ཆོས་སྤྱོད་འཕེལ་བ་འདི་ནི་ཀུན་གྱི་རྩ་བ་ཡིན་ཏེ། སངས་རྒྱས་ཀྱི་བསྟན་པའི་འགྲོ་བའི་སྡུག་བསྔལ་སྨན་གཅིག་པུ། བདེ་བ་ཐམས་ཅད་འབྱུང་བའི་གནས་ཡིན་པ་གང་ཞིག །བསྟན་པ་གནས་པ་ལ་ནི་འདི་གཉིས་ངེས་པར་དགོས་སོ། །དེས་ན་རབ་ཏུ་བྱུང་བ་ཐམས་ཅད་ཀྱིས་གཤེ་ཡང་སླར་མི་གཤེ །ཁྲོ་ཡང་སླར་མི་ཁྲོ། བརྡེག་ཀྱང་སླར་མི་བརྡེག །འཚང་འབྲུ་ཡང་སླར་མི་འབྲུ་བའི་དགེ་སྦྱོང་གི་ཆོས་བཞི་ལ་བསླབ་པར་བྱའོ། །བཞི་པ་བསླབ་དགོས་པའི་རྒྱུ་མཚན་ལ་གཉིས། ཚུལ་ཁྲིམས་མ་བསྲུངས་པའི་ཉེས་དམིགས། བསྲུངས་པའི་ཕན་ཡོན་ནོ། །དང་པོ་ནི། གོང་དུ་བཤད་པ་བཞི་དང་། འཆི་ཁར་འགྱོད་པ་དང་བཅས་ཏེ་ཚེའི་དུས་བྱེད། ཤི་ནས་ངན་སོང་གསུམ་དུ་སྐྱེ་བ་ལ་སོགས་དུ་མ་ཡོད་དོ། །བསྲུངས་པའི་ཕན་ཡོན་ནི། བམ་ལྔ་ལས་བཅུ་གསུངས་ཤིང་། མདོར་ན། གནས་སྐབས་མངོན་མཐོ་དང་། མཐར་ཐུག་ངེས་ལེགས་ཐོབ་པོ། །རྒྱས་པར་ལུང་དང་བླ་མའི་མན་ངག་ལས་རྟོགས་པར་བྱའོ། །གཉིས་པ་ཐེག་ཆེན་སོ་ཐར་འོག་ཏུ་འཆད། ཐེག་དམན་སོ་སོར་ཐར་པའི་སྐབས་ཏེ་ལེའུ་དང་པོའོ།། །།

༄ ཨོཾ་སྭསྟི་སིདྡྷཾ། བླ་མ་དང་རྗེ་བཙུན་མགོན་པོ་འཇམ་པའི་དབྱངས་ལ་ཕྱག་འཚལ་ལོ། །བྱམས་དང་སྙིང་རྗེས་འགྲོ་ཀུན་བུ་བཞིན་གཟིགས། །ཕྱི་ནང་བྱང་སེམས་དགའ་བདེའི་དཔལ་འབྱོར་རྒྱས། །དོན་དམ་གནས་ལུགས་རྟོགས་པའི་བློ་གྲོས་ཅན། །སངས་རྒྱས་ཀུན་འདུས་བླ་མའི་ཞབས་ལ་འདུད། །དེ་ཡང་རྗེ་བཙུན་ཆེན་པོས་མངོན་རྟོགས་ལྗོན་ཤིང་དུ། །དང་པོར་གསོ་སྦྱོང་སྦྱིན་པར་བྱ། །ཞེས་སོགས་ཀྱི་སྐབས་སུ་སོ་སོར་ཐར་པ་རིགས་བརྒྱད་ཀྱི་སྡོམ་པ་མདོར་བསྡུས་ཙམ་གསུངས་ནས་རྒྱས་པར་གཞན་དུ་ལྟ་བར་བྱའོ། །ཞེས་གསུངས་པ་ལ་བརྟེན་ནས་བདག་འདྲ་བས་རྒྱས་པར་ནི་བརྗོད་པར་ག་ལ་ནུས། བློ་དམན་རྣམས་ཀྱི་དོན་དུ་ཅུང་ཟད་རྒྱས་པར་བཤད་ཟིན་ནས།

གཉིས་པ་བྱང་ཆུབ་སེམས་དཔའི་སྡོམ་པ་ལ། རྗེ་བཙུན་འཇམ་དབྱངས་བྱམས་པ་ནས་བརྒྱུད་གཉིས། །སྨོན་པ་དང་ནི་འཇུག་པའི་བསླབ་བྱ་དང་། །སྙིང་རྗེའི་རྩ་བ་ཤ་མི་ཟ་བར་བསྟན། །ཕ་རོལ་ཕྱིན་དྲུག་བསྡུ་བའི་དངོས་པོ་བཞི། །ལམ་ལྔ་ས་བཅུ་འབྲས་བུའི་རྣམ་གཞག་གོ །དེ་ལ་འཇམ་དཔལ་ནས་བརྒྱུད་པ་དང་། བྱམས་པ་ནས་བརྒྱུད་པ་གཉིས་ཀྱི་རྒྱས་པར་ནི་ཁོ་བོས་བྱས་པའི་བདེ་མཆོག་དཀའ་འགྲེལ་དུ་བལྟའོ། །འདིར་དེ་གཉིས་ཀྱི་བསླབ་བྱ་ཅུང་ཟད་བཤད་ན། མགོན་པོ་ཀླུ་སྒྲུབ་སློབ་དཔོན་ཞི་བ་ལྷ་སོགས་ནས་བརྒྱུད་པ་དང་། འཕགས་པ་ཐོགས་མེད་སོགས་ནས་བརྒྱུད་པ་གཉིས། དང་པོ་ལ། སྨོན་པ་སེམས་བསྐྱེད་ཀྱི་བསླབ་བྱ་དང་། འཇུག་པ་སེམས་བསྐྱེད་ཀྱི་བསླབ་བྱ་གཉིས། དང་པོ་ནི། གཞན་དོན་དུ་སངས་རྒྱས་ཐོབ་པར་འདོད་པའི་

བསམ་པ་དེ་ཡང་ཡང་དྲན་པར་བྱ་ཞིང་། ནག་པོའི་ཆོས་བཞི་སྤང་བ་དང་། དཀར་པོའི་ཆོས་བཞི་ལ་སློབ་པ་དང་། གཞན་དོན་དུ་སངས་རྒྱས་ཐོབ་འདོད་ཀྱི་བློ་སྤངས་ན་སྨོན་འཇུག་གཉིས་ཀ་སྤངས་པར་འགྱུར་བས། དེ་མི་སྤོང་ན་ཤིན་ཏུ་གལ་ཆེ་སྟེ། འཕགས་པ་བསྡུད་པ་ལས། གལ་ཏེ་བསྐལ་པ་དུ་མར་དགེ་བའི་ལས་ལམ་བཅུ། །སྤྱོད་ཀྱང་ཉན་ཐོས་རང་རྒྱལ་ས་རུ་སེམས་བསྐྱེད་ན། །དེ་ནི་ཚུལ་ཁྲིམས་སྐྱོན་བྱུང་ཚུལ་ཁྲིམས་ཉམས་པ་སྟེ། །སེམས་བསྐྱེད་དེ་ནི་ཕས་ཕམ་བས་ཀྱང་ཤིན་ཏུ་ལྕི། །ཞེས་གསུངས། དངོས་སམ་བསམ་པའི་སྒོ་ནས་ཐ་ན་སེམས་ཅན་གཅིག་ལའང་གཞན་ཕན་གྱི་སེམས་མ་ཉམས་པར་བྱེད་པ་དང་། དགེ་བ་བྱེད་པ་ཐམས་ཅད་ཀྱང་གཞན་དོན་འབའ་ཞིག་གི་སྒོ་ནས་ཚོགས་གཉིས་ཟུང་འབྲེལ་དུ་བྱེད་པ་དང་། བྱང་ཆུབ་སེམས་ཀྱི་ཕན་ཡོན་ཡང་། བྱམས་པས་ཞུས་པའི་མདོ་ལས། ངན་འགྲོ་ཐམས་ཅད་བཟློག་བགྱིད་ཅིང་། །མཐོ་རིས་ལམ་ནི་རབ་སྟོན་ལ། །རྒ་ཤི་མེད་པར་འདྲེན་བགྱིད་པའི། །བྱང་ཆུབ་སེམས་ལ་ཕྱག་འཚལ་ལོ། །ཞེས་གསུངས། མདོར་ན་སངས་རྒྱས་ཐོབ་པའི་རྒྱུའི་གཙོ་བོ་བྱང་ཆུབ་ཀྱི་སེམས་ཡིན་ལ། སྐྱིད་རུང་སྡུག་རུང་བྱ་བ་ཅི་བྱེད་ཀྱང་བྱང་ཆུབ་ཀྱི་སེམས་མི་བརྗེད་པ་ལ་རྩེ་གཅིག་ཏུ་བསླབ་པར་བྱའོ། །

གཉིས་པ་འཇུག་པའི་བསླབ་བྱ་ལ། སྤང་བྱ་དང་བསྒྲུབ་བྱ་གཉིས་ལས། སྤང་བྱ་ནི། ནམ་མཁའི་སྙིང་པོའི་མདོ་ལས་གསུངས་པ་རྣམས་བསྡུས་ནས། སློབ་དཔོན་ཆེན་པོ་ཞི་བ་ལྷས་བསླབ་བཏུས་སུ་ཚིགས་བཅད་དུ་གསུངས་པ་ལ། རྩ་བའི་ལྟུང་བ་བཅོ་བརྒྱད་དེ། དེ་ཡང་བྱང་ཆུབ་སེམས་དཔའ་རྒྱལ་པོ་ལྔ་བུ་ལ་འབྱུང་ཉེ་བ། བློན་པོ་ལྔ་བུ་ལ་ཉེ་བ། ལས་དང་པོ་པ་ལ་འབྱུང་ཉེ་བ་གསུམ། དང་པོ་ནི། དཀོན་མཆོག་གསུམ་གྱི་དཀོར་འཕྲོག་པ། །ཕམ་པ་པ་ཡི་ལྟུང་བར་བཤད། །དམ་པའི་ཆོས་ནི་སྤོང་བྱེད་པ། །གཉིས་པ་ཡིན་པར་ཐུབ་པས་གསུངས། །ཚུལ་ཁྲིམས་འཆལ་བའི་དགེ་སློང་ལ། །ངུར་སྨྲིག་འཕྲོག་དང་བརྡེག་པ་དང་། །བཙོན་རར་འཇུག་པར་བྱེད་པ་དང་། །རབ་ཏུ་བྱུང་ལས་འབེབས་པ་དང་། །སྲོག་དང་འབྲལ་བྱེད་གསུམ་པ་ཡིན། །མཚམས་མེད་ལྔ་པོ་བྱེད་པ་དང་། །ལོག་པར་ལྟ་བ་འཛིན་པ་དང་། །ཞེས་པ་ལྔའོ། །གཉིས་པ་ནི། དེའི་དང་པོ་བཞི་དང་། གྲོང་ལ་སོགས་པ་འཇིག་པ་ཡང་། །རྩ་བའི་ལྟུང་བར་རྒྱལ་བས་གསུངས། །ཞེས་གྲོང་འཇོམས་པའི་ལྟུང་བ་སྟེ། བློན་པོ་ལ་འབྱུང་ཉེ་བ་ལྔའོ། །མདོ་ལས་རྟེན་གྱི་སྒོ་ནས་བཅུར་བགྲངས་ལ། རྫས་ཀྱི་དབང་དུ་བྱས་ན། ལྟུང་བ་དང་པོ་བཞི་རྫས་བཞི་ཡིན་ཞིང་། རྒྱལ་པོ་ལ་ལོག་ལྟ་འཛིན་པ་དང་། བློན་པོ་ལ་གྲོང་འཇོམས་པ་སྟེ་གཉིས་པོ་དེ་རྫས་རེ་རེ་ཡིན་པས་རྫས་དྲུག་ཡིན་ནོ། །དེ་དག་ལ་བྱེད་པ་པོ་བྱང་སེམས། རྒྱུ་ཉོན་མོངས་པ། རྗེས་བྱ་བ་ཚར་བར་བྱས་པ་རྣམས་སྦྱར་ཏེ། དངོས་ནི་གཞུང་ན་གསལ་ལོ། །

གསུམ་པ་ལས་དང་པོ་པ་ལ་འབྱུང་ཉེ་བ་བརྒྱད་ནི། བློ་སྦྱངས་མ་བྱས་སེམས་ཅན་ལ། །སྟོང་པ་ཉིད་ནི་བརྗོད་པ་དང་། །སངས་རྒྱས་ཉིད་ལ་ཞུགས་པ་དག །རྫོགས་པའི་བྱང་ཆུབ་ལས་བཟློག་དང་། །སོ་སོ་ཐར་པ་ཡོངས་སྤངས་ཏེ། །ཐེག་པ་ཆེ་ལ་སྦྱོར་བ་དང་། །སློབ་པའི་ཐེག་པས་ཆགས་ལ་སོགས། །སྤོང་བར་འགྱུར་བ་མིན་ཞེས་འཛིན། །ཕ་རོལ་དག་ཀྱང་འཛིན་འཇུག་དང་། །རང་གི་ཡོན་ཏན་བརྗོད་པ་དང་། །རྙེད་པ་དང་ནི་བཀུར་སྟི་དང་། །ཚིགས་བཅད་རྒྱུ་ཡིས་གཞན་སྨོད་དང་། །བདག་ནི་ཟབ་མོ་བཟོད་པའོ་ཞེས། །ལོག་པ་ཉིད་ནི་སྨྲ་བ་དང་། །དགེ་སྦྱོང་ཆད་པས་གཅོད་འཇུག་དང་། །དཀོན་མཆོག་གསུམ་གྱི་སྦྱིན་བྱེད་དང་། །སྦྱིན་པ་ལེན་པར་བྱེད་པ་དང་། །ཞི་གནས་འདོར་བར་བྱེད་པ་དང་། །ཡང་དག་འཛོག་གི་ལོངས་སྤྱོད་རྣམས། །ཁ་དོན་བྱེད་ལ་སྦྱིན་པ་རྣམས། །དེ་དག་རྩ་བའི་ལྟུང་བ་སྟེ། །སེམས་ཅན་དམྱལ་བ་ཆེན་པོའི་རྒྱུ། །ཞེས་གསུངས་པས།

དང་པོ་སྟོང་པ་ཉིད་བསྟན་པས་སྐྲག་པ་སྐྱེད་ནས་ཐེག་ཆེན་ལས་བཟློག་པ་དང་། གཉིས་པ་བྱང་ཆུབ་སེམས་དཔའི་དཀའ་བ་སྤྱོད་པ་བསྟན་པས་བཟློག་པ། གསུམ་པ་ཉན་ཐོས་ཀྱི་རིགས་ཅན་དེའི་སྡོམ་པ་ལས་བཟློག་པ། བཞི་པ་ཉན་ཐོས་ཀྱི་ཆོས་ཀྱིས་ཐར་པ་མི་ཐོབ་ཅེས་སྨྲོང་བ། ལྔ་པ་རྙེད་བཀུར་ལ་ཆགས་པས་བདག་ལ་བསྟོད་ཅིང་བྱང་སེམས་གཞན་སྨོད་པ། དྲུག་པ་སྟོང་པ་ཉིད་དམ་གཟུགས་ལ་སོགས་ཀྱི་ཡོན་ཏན་ཐོབ་བོ་ཞེས་ལོག་པར་རྫུན་སྨྲ་བ། བདུན་པ་དགེ་འདུན་མི་མཐུན་པའི་དགེ་ཚུལ་ཆད་པས་གཅོད་དུ་འཇུག་ཅིང་དགེ་འདུན་གྱི་རྫས་མི་འོས་པ་ལ་སྟེར་བའམ་གཞན་གྱིས་སྟེར་བ་ལེན་པ། བརྒྱད་པ་ཞི་གནས་ལ་བཟློག་ནས་གཞན་ལ་སྦྱོར་བའམ། ཞི་གནས་པའི་རྫས་ཁ་དོན་པ་ལ་སྟེར་བའོ། །དེ་ལྟར་རྟེན་གྱི་སྒོ་ནས་བཅོ་བརྒྱད་དུ་མདོ་ལས་གསུངས། རྫས་ཀྱི་སྒོ་ནས་བཅུ་བཞི་ཡིན་ནོ། །ཡང་བྱང་ས་ལས་བྱུང་བའི་དོན། སྡོམ་པ་ཉི་ཤུ་པར། རྙེད་དང་བཀུར་སྟི་ཆགས་པ་ཡིས། །བདག་བསྟོད་གཞན་ལ་སྨོད་པ་དང་། །སྡུག་བསྔལ་མགོན་མེད་གྱུར་པ་ལ། །སེར་སྣས་ཆོས་ནོར་མི་སྟེར་དང་། །གཞན་གྱིས་བཤད་ཀྱང་མི་ཉན་པར། །ཁྲོས་ནས་གཞན་ལ་འཚོག་པ་དང་། །ཐེག་པ་ཆེན་པོ་སྤོང་བྱེད་ཅིང་། །དམ་ཆོས་འདྲར་སྣང་སྟོན་པའོ། །ཞེས་རྩ་ལྟུང་བཞི་བཤད་པ་ལ། དང་པོ་ནི། སྔར་གྱི། རང་གི་ཡོན་ཏན་བརྗོད་པ་དང་། །རྙེད་པ་དང་ནི་བཀུར་སྟི་དང་། །ཚིགས་བཅད་རྒྱུ་ཡིས་གཞན་སྨོད་དང་། ། ཞེས་གསུངས་པ་དེ་ཉིད་ཡིན། ལྷག་མ་གསུམ་བསྣན་བདུས་སུ། ཆགས་དང་སེར་སྣ་མི་ཟད་པས། །སློང་ལ་སྦྱིན་པར་མི་བྱེད་དང་། །ཁྲིམས་ཏེ་དག་པར་བྱེད་པ་ན། །སེམས་ཅན་ལ་ནི་མི་བཟོད་པར། །ཁྲོས་ནས་སེམས་ཅན་བརྡེག་པ་དང་། །ཉོན་མོངས་པ་དང་གཞན་མཐུན་པས། །ཆོས་ལྟར་བཅོས་པ་བརྗོད་པའོ། །ཞེས་གསུམ་སྟེ་རྫས་བཅུ་བདུན་ཡིན་ལ། ཡང་ཐབས་ལ་མཁས་པའི་མདོ་ལས། རིགས་ཀྱི་བུ་གཞན་ཡང་བྱང་ཆུབ་སེམས

དཔའ་སོ་སོར་ཐར་པའི་བསླབ་པ་ལ་སློབ་ཅིང་བསྐལ་པ་བརྒྱ་སྟོང་དུ་རྩ་བ་དང་འབྲུ་ཟ་བར་འགྱུར་ལ། སེམས་ཅན་རྣམས་ཀྱི་ལེགས་པར་སྨྲས་པ་དང་། ཉེས་པར་སྨྲས་པ་ལ་བཟོད་ཀྱང་། ཉན་ཐོས་དང་རང་སངས་རྒྱས་དང་ལྡན་པའི་ཡིད་ལ་བྱེད་པས་གནས་ན་འདི་ནི་བྱང་ཆུབ་སེམས་དཔའི་ལྟུང་བ་ལྕི་བའོ། །ཞེས་གསུངས་པའི་དོན་བསླབ་བཏུས་སུ། བྱང་ཆུབ་སེམས་ནི་ཡོངས་དོར་དང་། །ཞེས་འབྱུང་བས་རྟས་བཅོ་བརྒྱད། རྩེན་གྱི་སྒོ་ནས་ཕྱེ་ན་ཉི་ཤུ་རྩ་གཉིས་སུ་སློབ་དཔོན་ཞི་བའི་ལྷ་བཞེད་ཅིང་། རྒྱལ་བློན་ལས་དང་པོ་པ་ཞེས་རྟེན་གྱི་སྒོ་ནས་ཕྱེ་བ་གསུམ་པོ་དེ་དག་ཐམས་ཅད་ཀྱང་རྟེན་དེ་དང་དེ་དག་ལ་འབྱུང་ཉེ་བའི་ལྟུང་བ་དེ་དང་དེ་དག་རྟེན་དེ་དང་དེའི་ལྟུང་བ་ཞེས་སྨོས་པས། ལྟུང་བ་དེ་དག་རང་རང་ལ་མི་འབྱུང་བར་བྱ་བའི་ཕྱིར་སྨྲིམ་པ་དང་། བྱུང་ན་དྲན་པ་ལ་སོགས་པའི་དོན་དུ་རྟེན་དེ་དག་གི་ལྟུང་བ་ཞེས་བསྟན་པ་ཡིན་གྱི། རྟེན་གྱིས་ཕྱེ་བའི་ལྟུང་བ་བཅོ་བརྒྱད་པོ་ཐམས་ཅད་སུ་ལ་བྱུང་ཡང་ལྟུང་བར་འགྱུར་བས་ཐམས་ཅད་ཀྱིས་ལྟུང་བ་ཐམས་ཅད་སྤང་བར་བྱ་སྟེ། བསླབ་བཏུས་ལས། གང་དུ་གང་དག་ལ་མང་དུ་འབྱུང་བ་དེ་དག་ལ་དེ་རང་གི་མིང་ནས་སྨོས་ཏེ་བསྟན་པས། འཇིགས་པ་བསྐྱེད་པའི་ཕྱིར་བཟློག་གོ། །ཐམས་ཅད་ཀྱིས་ཀྱང་ཕན་ཚུན་ལྟུང་བ་ཐམས་ཅད་སྤང་བར་བྱའོ། །ཞེས་གསུངས།

གཉིས་པ་སྒྲུབ་པའི་བསླབ་བྱ་ནི། ཇི་སྐད་བཤད་པའི་ལྟུང་བ་རྣམས་སྤོང་བའི་སེམས་དཔའ་ས་བོན་དང་བཅས་པ་སྡོམ་པའི་ཚུལ་ཁྲིམས་དང་། ཕ་རོལ་ཏུ་ཕྱིན་པ་དྲུག་གིས་བསྡུས་པའི་དགེ་བ་སྒྲུབ་པར་འདོད་པ་དགེ་བ་ཆོས་བསྡུད་ཀྱི་ཚུལ་ཁྲིམས་དང་། སེམས་ཅན་རྣམས་ཀྱི་གནས་སྐབས་དང་མཐར་ཐུག་གི་ཕན་བདེ་སྒྲུབ་པའི་དོན་བྱེད་པར་འདོད་པའི་སེམས་དཔའ་ས་བོན་དང་བཅས་པ་སེམས་ཅན་དོན་བྱེད་ཀྱི་ཚུལ་ཁྲིམས་ཏེ། ཚུལ་ཁྲིམས་གསུམ་པོ་དེ་ལ་བསླབ་པར་བྱ་སྟེ། བྱང་ས་ལས། བྱང་ཆུབ་སེམས་དཔའི་ཚུལ་ཁྲིམས་གསུམ་པོ་འདི་དག་ཁོ་ནར་ཟད་དེ། ཞེས་གསུངས། བྱང་ཆུབ་སེམས་ཀྱི་བསླབ་བྱ་ཐམས་ཅད་དེ་གསུམ་དུ་འདུས་པས། སྤང་བྱ་དེ་རྣམས་སྤང་ཞིང་ཚུལ་ཁྲིམས་གསུམ་པོ་དེ་ལ་བསླབ་པར་བྱའོ། །གལ་ཏེ་ལྟུང་བ་བྱུང་ན་རྨི་ལམ་དུ་འཕགས་པ་ནམ་མཁའི་སྙིང་པོ་སྤྱན་དྲངས་ནས་དེའི་མདུན་དུ་བཤགས་པ་བྱེད་པར་ནམ་མཁའི་སྙིང་པོའི་མདོ་ལས་གསུངས་པས། བསླབ་བཏུས་སུ། རྨི་ལམ་འཕགས་པ་མཁའ་སྙིང་པོའི། །མདུན་དུ་འདུག་སྟེ་བཤགས་པར་བྱ། །ཞེས་གསུངས་པས། བཤགས་ཚུལ་རྣམས་བསླབ་བཏུས་སུ་ཤེས་པར་བྱའོ། །ཡང་སྤྱོད་འཇུག་ལས། ཉིན་དང་མཚན་མོ་ལན་གསུམ་དུ། །ཕུང་པོ་གསུམ་པ་གདོན་བྱ་ཞིང་། །རྒྱལ་དང་བྱང་ཆུབ་སེམས་བརྟེན་པས། ། ལྟུང་བའི་ལྷག་མ་དེས་ཞི་བྱ། །ཞེས་གསུངས་པ་ལ་སོགས་པའི་ཐབས་ཀྱིས་ལྟུང་བ་རྣམ་པར་དག་པ་ལ་བསླབ

པར་བྱའོ། །འདི་དག་ནི་སློབ་དཔོན་ཆེན་པོ་ཞི་བའི་ལྷས། སྤྱོད་འཇུག་དང་བསླབ་བཏུས་སུ་ཇི་ལྟར་གསུངས་པའི་ཚུལ་བཀོད་པ་ཡིན་ནོ། །

གཉིས་པ་འཕགས་པ་ཐོགས་མེད་ནས་བརྒྱུད་པ་ལ། སྡོམ་པ་ཡང་དག་པར་བླང་བའི་ཆོ་ག་དང་། བསྲུང་བའི་ཚུལ་ལོ། །དང་པོ་ལ་དྲུག །སྡོམ་པ་བླང་བའི་སྔོན་དུ་འགྲོ་བ་དང་། སྡོམ་པ་རང་གི་ངོ་བོ་དང་། དགོས་པ་དང་། བླང་བའི་བསམ་པ་དང་། བླང་བའི་ཡུལ་དང་། བླངས་པའི་ཕན་ཡོན་ནོ། །དང་པོ་ནི། སངས་རྒྱས་སྲས་དང་བཅས་རྣམས་ལ། །གུས་པས་ཕྱག་འཚལ་ཅི་ནུས་མཆོད། །ཅེས་གསུངས། གཉིས་པ་ནི་ཕྱོགས་དུས་ཀུན་ན་བཞུགས་པ་ཡི། །བྱང་ཆུབ་སེམས་དཔའ་རྣམས་ཀྱི་ཁྲིམས། །ཞེས་གསུངས། གསུམ་པ་ནི། བསོད་ནམས་ཀུན་གྱི་གཏེར་གྱུར་གང་། །ཞེས་གསུངས། བཞི་པ་ནི། དེ་ནི་བསམ་པ་དམ་པ་ཡིས། །ཞེས་གསུངས། ལྔ་པ་ནི། བླ་མ་སྡོམ་ལ་གནས་ཤིང་མཁས། །ནུས་དང་ལྡན་པ་བླང་བར་བྱ། །ཞེས་གསུངས། དྲུག་པ་ནི།དེ་ཚེ་དེ་ལ་དགེ་བའི་ཕྱིར། །རྒྱལ་བ་སྲས་དང་བཅས་རྣམས་ཀྱིས། །དགེ་བའི་ཐུགས་ཀྱིས་རྟག་པར་ཡང་། །བུ་སྟུག་འདྲ་བར་དགོངས་པར་འགྱུར། །ཞེས་གསུངས། གཉིས་པ་བསྲུང་བའི་ཚུལ་ལ་གཉིས། སྡོམ་པ་སྤྱིར་བསྟན་པ་དང་། སོ་སོའི་མཚན་ཉིད་དོ། །དང་པོ་ནི། གཞན་རྣམས་དང་ནི་བདག་ལའང་རུང་། །སྡུག་བསྔལ་ཡིན་ཡང་གང་ཕན་དང་། །ཕན་དང་བདེ་བ་རྣམས་བྱ་སྟེ། །བདེ་ཡང་མི་ཕན་མི་བྱའོ། །ཞེས་གསུངས། རྒྱས་པར་སྡོམ་པ་ཉི་ཤུ་པའི་འགྲེལ་པ་ཛེ་བཙུན་གྱིས་མཛད་པ་ལས་ཤེས་པར་བྱའོ། །གཉིས་པ་སོ་སོའི་མཚན་ཉིད་བཤད་པ་ལ་བཞི། ཕམ་པ་ལྟ་བུའི་ཆོས་དང་། ཉམས་པ་བཅོས་པའི་ཆོ་ག་དང་། ཉེས་བྱས་ཀྱི་རང་བཞིན་གང་ཡིན་པ་དང་། ཉེས་པ་མེད་པའི་གནས་སྐབས་བསྟན་པའོ། །

དང་པོ་ལ་ཕམ་པ་འབྱུང་བའི་རྒྱུ་དང་། ཕམ་པ་དངོས་སོ། །དང་པོ་ནི། ཉོན་མོངས་དྲག་ལས་བྱུང་བ་ཡི། །སྡོམ་པ་ཞིག་པར་གང་གྱུར་པ། །དེ་ཡི་ཉེས་པ་བཞི་པོ་ནི། །ཕམ་པ་འདྲ་བར་དགོངས་པ་ཡིན། །ཞེས་གསུངས། ཕམ་པ་དངོས་ནི། བདག་བསྟོད་གཞན་སྨོད། སེར་སྣ། འཁོན་འཛིན། ཆོས་མིན་སྟོན་པ་བཞི་སྟེ། རྙེད་དང་བཀུར་སྟི་ཆགས་པ་ཡི། །བདག་བསྟོད་གཞན་ལ་སྨོད་པ་དང་། །སྡུག་བསྔལ་མགོན་མེད་གྱུར་པ་ལ། །སེར་སྣས་ཆོས་ནོར་མི་སྟེར་དང་། །གཞན་གྱིས་བཤགས་ཀྱང་མི་ཉན་པར། །ཁྲོས་ནས་གཞན་ལ་འཚོག་པ་དང་། །ཐེག་པ་ཆེན་པོ་སྤོང་བྱེད་ཅིང་། །དམ་ཆོས་འདྲར་སྣང་སྟོན་པའོ། །ཞེས་གསུངས་པས། དང་པོ་ནི། རང་བྱང་སེམས་ཀྱི་སྡོམ་པ་དང་ལྡན་པ་ཤེས་པ་རྣལ་དུ་གནས་པས་ཀུན་སློང་རྙེད་བཀུར་ལ་ཆགས་པའི་ཉོན་མོངས་པ་དྲག་པོས་སྣ་ཡུལ་སྣ་ཤེས་ཤིང་དོན་གོ་བ་ལ་སྨྲ་རྒྱུ་བདག་ལ་བསྟོད་ཅིང་བྱང་སེམས་གཞན་ལ་སྨད་པ་སྨྲས་པས

ཕ་རོལ་པོས་གོ་བའོ། །

དེ་ཡང་ཉོན་མོངས་དྲག་པོའམ་ཀུན་ནས་དཀྲིས་པ་ཆེན་པོས་སྡོམ་པ་གཏོང་བ་སྟེ། དེ་གང་ཞེ་ན། ཕམ་པའི་གནས་ལྔ་བུ་གང་རུང་ཞིག་ཀྱང་རྒྱུན་མ་ཆད་པར་སྤྱོད་པ་དང་། བདག་གི་བྱ་བའི་ཆ་མ་ཡིན་པ་དང་། ཆོས་དང་ལྡན་པས་ངོ་ཚ་བཤེས་པ་མེད་ཅིང་དཔྱ་བ་ལ་འཇིགས་པའི་ཁྲེལ་ཡོད་ཙུང་ཟད་ཀྱང་མི་སྐྱེ་བ་དང་། དེས་མགུ་བར་བྱེད་ཅིང་དེས་དགའ་བར་བྱེད་པ་དང་། དེ་ཉིད་ལ་ཡོན་ཏན་དུ་བལྟ་བ་ནི་ཀུན་ནས་དཀྲིས་པ་ཆེན་པོའོ། །ཉོན་མོངས་པ་འབྲིང་དང་ཆུང་ངུས་ནི་སྡོམ་པ་གཏོང་བར་མི་འགྱུར་རོ། །གཉིས་པ་ཆོས་དང་ལོངས་སྤྱོད་ཀྱིས་ཕོངས་པའི་གང་ཟག་སློང་བ་ལ་རང་དེ་དག་ཡོད་བཞིན་པས་སེར་སྣས་ཀུན་ནས་བསླང་སྟེ་མི་སྦྱིན་པའོ། །གསུམ་པ་ནི། གཞན་གྱིས་ཉེས་པ་བྱས་པ་བཟོད་པར་གསོལ་བ་ལ་འཁོན་འཛིན་གྱི་བསམ་པས་མི་གཏོང་ཞིང་སླར་ཡང་ཞེ་སྡང་གིས་འཐབ་པ་དང་བརྡེག་པ་སོགས་ཕོ་འཚམ་པའོ། །

བཞི་པ་ནི། ཐེག་ཆེན་གྱི་གདུལ་བྱ་ལ་ཐེག་ཆེན་གྱི་ཆོས་མིན་པ་ལ་དེར་ཤེས་བཞིན་དུའང་སྟོན་འདོད་ཀྱི་བྱང་སེམས་ཀྱི་སྡེ་སྣོད་ལོག་པར་སྟོན་པའོ། །གཉིས་པ་ཉམས་པ་བཅོས་པའི་ཐབས་ལ་བཞི། ཕམ་པ་བཅོས་པ་དང་། ཟག་པ་འབྲིང་པོ་བཅོས་པ་དང་། ཆུང་ངུ་བཅོས་པ་དང་། ཉེས་བྱས་བཅོས་པའོ། །དང་པོ་ནི། སྡོམ་པ་སླར་ཡང་བླང་བར་བྱ། །ཞེས་གསུངས་པས། སྔར་ཐོབ་པ་བཞིན་དུ་བླང་བར་བྱའོ། །གཉིས་པ་ནི། ཟག་པ་འབྲིང་ནི་གསུམ་ལ་བཤགས། །ཞེས་གསུངས། གསུམ་པ་ནི། གཅིག་གི་མདུན་དུ་ལྷག་མ་རྣམས། །ཞེས་སོགས་གསུངས། བཞི་པ་ཉེས་བྱས་བཅོས་པ་ལ་གཉིས། མདོར་བསྟན་པ་དང་། རྒྱས་པར་བརྗོད་པའོ། །དང་པོ་ནི། ཉོན་མོངས་མི་མོངས་བདག་སེམས་བཞིན། །ཞེས་གསུངས། གཉིས་པ་ཉེས་བྱས་བཅོས་པའི་ཐབས་རྒྱས་པར་བཤད་པ་ལ་གཉིས། དགེ་བ་ཆོས་བསྡུད་དང་འགལ་བ་སུམ་ཅུ་སོ་བཞི་དང་། སེམས་ཅན་དོན་བྱེད་དང་འགལ་བ་བཅུ་གཉིས་ཏེ་ཉེས་བྱས་ཀྱི་རིགས་བཞི་བཅུ་ཞེ་དྲུག་གང་ཡིན་པ་རྣམས་བརྗོད་པར་བྱ་སྟེ། དེ་དག་རེ་རེ་ལ་ཡང་ཉོན་མོངས་པ་དང་བཅས་པའི་ཉེས་པ་དང་། ཉོན་མོངས་པ་མེད་པའི་ཉེས་པ་གཉིས་སུ་འདུས་སོ། །དང་པོ་དགེ་བ་ཆོས་བསྡུད་དང་འགལ་བ་ལ་དྲུག །སྦྱིན་པ་དང་འགལ་བ་བདུན་དང་། ཚུལ་ཁྲིམས་དང་འགལ་བ་དགུ་དང་། བཟོད་པ་དང་འགལ་བ་བཞི་དང་། བརྩོན་འགྲུས་དང་འགལ་བ་གསུམ་དང་། བསམ་གཏན་དང་འགལ་བ་གསུམ་དང་། ཤེས་རབ་དང་འགལ་བ་བརྒྱད་དེ་སོ་བཞིའོ། །

དང་པོ་སྦྱིན་པ་དང་འགལ་བ་བདུན་ལ། དང་པོ་ཟང་ཟིང་གི་སྦྱིན་པ་དང་འགལ་བ་གཅིག་དང་། སེར་སྣའི་གཉེན་པོ་ལས་ཉམས་པ་གཅིག་དང་། མི་འཇིགས་པའི་སྦྱིན་པའི་རྗེས་སུ་མི་མཐུན་པ་གཉིས་དང་། གཞན་

གྱི་སྦྱིན་པའི་རྐྱེན་མི་བྱེད་པ་གཉིས་དང་། ཆོས་ཀྱི་སྦྱིན་པ་མི་བྱེད་པ་གཅིག་གོ །དང་པོ་ནི། དཀོན་མཆོག་གསུམ་ལ་གསུམ་མི་མཆོད། །ཅེས་གསུངས་ཏེ། བྱང་སེམས་ཀྱིས་དཀོན་མཆོག་དེ་དག་གི་རྟེན་ལ་སྒོ་གསུམ་གྱི་མཆོད་པ་སྣ་གཅིག་ཙམ་ཤེས་བཞིན་དུ་ཞག་གཅིག་ཏུ་མ་གུས་པ་དང་ལེ་ལོས་འདས་ན་ཉོན་མོངས་པ་ཅན་གྱི་ཉེས་པ། བརྗེད་ན་ཉོན་མོངས་པ་མེད་པའིའོ། །གཉིས་པ་ནི། འདོད་པའི་སེམས་ཀྱི་རྗེས་སུ་འཇུག །ཅེས་ཏེ། བྱང་སེམས་རང་ཉིད་བཀུར་ལ་ཆོག་ཤེས་མི་བསྐྱེད་པར་བག་མེད་ཀྱི་རྗེས་སུ་འཇུག་པའོ། །གསུམ་པ་ནི། རྒན་པ་རྣམས་ལ་གུས་མི་བྱེད། །ཅེས་ཏེ། བྱང་སེམས་ཀྱིས་རང་བས་ཡོན་ཏན་གྱི་རྒན་པ་བཀུར་འོས་རྣམས་ལ་ཉོན་མོངས་ཀྱིས་ཕྱག་དང་སྟན་ཏོབ་སྟོབ་པ་སོགས་གུས་པས་མི་བྱེད་པ། བཞི་པ་ནི། དྲིས་པ་རྣམས་ལ་ལན་མི་འདེབས། །ཞེས་ཏེ། བྱང་སེམས་ལ་བྱང་སེམས་གཞན་གྱིས་ཆོས་ཀྱི་གཏམ་འདྲི་བ་ན་ཉོན་མོངས་ཀྱིས་ལན་མི་སྨྲ་བའོ། །ལྔ་པ་ནི། གཞན་གྱི་སྦྱིན་པའི་རྐྱེན་མི་བྱེད་པ་གཉིས་ནི། མགྲོན་པོས་བདག་གིར་མི་བྱེད་དང་། །དྲུག་པ། གསེར་ལ་སོགས་པ་ལེན་མི་བྱེད། །ཅེས་གསུངས་ཏེ། དང་པོ་གཞན་གྱི་བསྙེན་བཀུར་ལ་དད་པས་བོས་པ་ན་ཉོན་མོངས་པས་མི་འགྲོ་ཞིང་དང་དུ་མི་ལེན་པ་དང་། གཉིས་པ། བྱང་སེམས་གཞན་གྱིས་དད་པས་གསེར་སོགས་ཀྱི་ནོར་ཕུལ་བ་ན་ཉོན་མོངས་པས་མི་ལེན་པའོ། །བདུན་པ་ཆོས་ཀྱི་སྦྱིན་པ་མི་བྱེད་པ་ནི། ཆོས་འདོད་པ་ལ་སྦྱིན་མི་བྱེད། །ཅེས་པ་སྟེ། བྱང་སེམས་ཆོས་འདོད་པ་རྣམས་ལ་ཉོན་མོངས་པ་ཆུང་ངུས་མི་སྦྱིན་པའོ། །

གསུམ་པ་ཚུལ་ཁྲིམས་དང་འགལ་བ་ལ་གསུམ། གཞན་དོན་གཙོ་བོར་གྱུར་པ་དང་འགལ་བ་དང་། རང་དོན་གཙོ་བོར་གྱུར་པ་དང་འགལ་བ་དང་། གཉིས་ཀ་མཉམ་པའི་ཚུལ་ཁྲིམས་དང་འགལ་བའོ། །དང་པོ་ལ་བཞི། སྡོམ་པ་ཉམས་པ་མི་འདོར་བ་དང་། བཅས་པ་ཐུན་མོང་ལས་འདའ་བ་དང་། ཐུན་མོང་མ་ཡིན་པ་འཛིན་པ་དང་། གཞན་དོན་དུ་རང་གཞན་གྱི་ཁ་ན་མ་ཐོ་བ་ལས་འདའ་མི་ནུས་པའོ། །དང་པོ་ནི། ཚུལ་ཁྲིམས་འཆལ་རྣམས་ཡལ་བར་འདོར། །ཞེས་གསུངས་ཏེ། བྱང་སེམས་ཚུལ་ཁྲིམས་འཆལ་པ་དག་མནར་སེམས་སམ། ཁྲོ་བ་དང་། ཁྱད་གསོད་ཀྱིས་ཡལ་བར་འདོར་ན་ཉོན་མོངས་པ་ཅན་དང་། ལེ་ལོའམ་རྗེད་པས་མདོར་ན་ཉོན་མོངས་པ་མེད་པའི་ཉེས་པའོ། །གཉིས་པ་བཅས་པ་ཐུན་མོང་བ་ལས་འདའ་བ་ནི། ཕ་རོལ་དད་ཕྱིར་སློབ་མི་བྱེད། །ཅེས་པས། གཞན་མ་དད་པ་བསྲུང་བའི་སྤྱོད་པ་འདུལ་བ་སོགས་ནས་བཤད་པ་ལ་ཉོན་མོངས་ཀྱིས་མི་སློབ་པ་དང་། གསུམ་པ་ནི། སེམས་ཅན་དོན་ལ་བྱ་བ་ཆུང་། །ཞེས་ཏེ། བྱང་སེམས་ཀྱིས་གཞན་ལ་ཕན་སེམས་ཀྱིས་ཉེད་པ་མང་པོ་འབྱུལ་བ་མི་བསྟུད་པར་ཉོན་མོངས་པས་འདོར་བའོ། །

བཞི་པ་ནི། སྙིང་བརྩེར་བཅས་ཞིང་མི་དགེ་མེད། །ཅེས། བྱང་སེམས་རང་བཞིན་གྱི་ཁ་ན་ཐོ་བ་དང་།

བཅས་པའི་ཁ་ན་མ་ཐོ་བ་ལ་གཞན་དོན་དུ་འགྱུར་ན་ཐབས་མཁས་པས་དེ་དག་ཀུན་ཏུ་སྤྱོད་པའོ། །གཉིས་པ་རང་དོན་གཙོ་བོར་གྱུར་པ་དང་འགལ་བ་ལ་གསུམ། ལོག་པར་འཚོ་བ་དང་། སྤྱོད་ལམ་ལས་ཉམས་པ་དང་། སྲིད་པའི་རོ་ལ་ཆགས་པའོ། །དང་པོ་ནི། འཚོ་བ་ལོག་པ་དང་དུ་ལེན། །ཞེས་པ། བྱང་སེམས་ཀྱིས་མ་དག་པའི་འཚོ་བ་ལྔ་པོ་ཉོན་མོངས་པས་བསྟེན་པའོ། །གཉིས་པ་ནི། འཕྱར་དང་རབ་ཏུ་རྒོད་ལ་སོགས། །བྱང་སེམས་ཀྱིས་མ་ཞི་བའི་འཕྲུགས་གཡེང་གི་ལུས་ངག་གི་སྤྱོད་པ་རྒོད་བག་ཅན་རྩེད་འཛོ་སོགས་ཉོན་མོངས་པས་བྱེད་པའོ། །གསུམ་པ་ནི། འཁོར་བ་གཅིག་པུ་བགྲོད་པར་སེམས། །ཞེས་པ། བྱང་སེམས་ཀྱིས་འཁོར་བའི་སྡུག་བསྔལ་མ་བཟོད་པར་རང་འཁོར་བ་ལ་གྲོལ་བ་ལ་དགའ་ཞིང་གཞན་ལ་སྟོན་པའོ། །གསུམ་པ་གཉིས་ཀ་མཉམ་པའི་ཚུལ་ཁྲིམས་དང་འགལ་བ་ལ་གཉིས། རང་གི་སྟུགས་པ་བསྲུང་བ་དང་། གཞན་འཛིན་པའི་སྦྱོར་བ་རྒྱུབ་མོས་སླག་པའོ། །དང་པོ་ནི། གྲགས་པ་ངན་པ་མི་སྲུང་བ། །ཞེས་པ་བྱང་སེམས་ཀྱིས་གཞན་གྱིས་རང་ལ་མི་སྙན་པ་དང་། གཏམ་ངན་པར་འགྱུར་བ་ལ་སོགས་པ་ཉོན་མོངས་ཀྱིས་མི་འཛེམ་པའོ། །

གཉིས་པ་ནི། ཉོན་མོངས་བཅས་ཀྱང་འཆོས་མི་བྱེད། །ཅེས་པ། བྱང་སེམས་ཀྱིས་གཞན་ལ་མ་འོངས་པའི་ཕན་བདེར་འགྱུར་བ་ཐབས་དྲག་པོས་གྲུབ་བཞིན་དུ་ཉོན་མོངས་པས་མི་བསྒྲུབ་པའོ། །གསུམ་པ་བཟོད་པ་དང་འགལ་བ་ལ་བཞི། བཟོད་པའི་རྒྱུ་ལ་མི་སློབ་པ་དང་། རང་གིས་མི་འགོག་པ་དང་། གཞན་གྱི་མི་འགོག་པ་གཉིས་ཀྱིས་ཁྲོ་བའི་རྒྱུན་མི་འགོག་པ་དང་། གཉེན་པོ་ལ་མི་འབད་པའོ། །དང་པོ་ནི། གཤེ་ལ་ལན་དུ་གཤེ་ལ་སོགས། །ཞེས་པ། བྱང་སེམས་བདག་ལ་གཞན་གཤེ་བ། ཁྲོ་བ། བརྡེག་པ། མཚང་འབྲུ་བ་ལ་ཉོན་མོངས་པས་དེའི་ལན་བྱེད་པའོ། །གཉིས་པ་རང་གི་ཁྲོ་བའི་རྒྱུན་མི་འགོག་པ་ནི། ཁྲོས་པ་རྣམས་ནི་ཡལ་བར་འདོར། །ཅེས་པ། བྱང་སེམས་གཞན་བདག་ལ་ཞེ་སྡང་ན་དེ་ལ་ཉོན་མོངས་པས་ཤད་སྦྱངས་མི་བྱེད་པའོ། །གཉིས་པ་གཞན་གྱི་ཁྲོ་བའི་རྒྱུན་མི་འགོག་པ་ནི། ཕ་རོལ་ཤད་ཀྱིས་འཆགས་པ་སྤོང་། །ཞེས་པ། བྱང་སེམས་རང་བཞིན་དུ་གནས་པ་ལ། ཕ་རོལ་པོ་བཤགས་པ་བྱེད་པ་ན་ཉོན་མོངས་པ་ཆུང་དུས་དང་དུ་མི་ལེན་པའོ། །བཞི་པ་གཉེན་པོ་ལ་མི་འབད་པ་ནི། ཁྲོ་བའི་སེམས་ཀྱི་རྗེས་སུ་འཇུག །ཅེས་པ། རང་ལ་བྱང་སེམས་གཞན་ཁྲོ་བ་སྐྱེ་བ་ན་མི་སྤོང་བར་ཉོན་མོངས་ཀྱིས་དེའི་རྗེས་སུ་འཇུག་པའོ། །བཞི་པ་བརྩོན་འགྲུས་དང་འགལ་བ་ལ་གསུམ། ལུས་ཀྱི་ལས་དམན་པ་དོར་བ། སེམས་ཀྱི་ལས་དམན་པ་དོར་བ། ངག་གི་ལས་དམན་པ་དོར་བའོ། །དང་པོ་ནི། བསྙེན་བཀུར་འདོད་ཕྱིར་འཁོར་རྣམས་བསྡུད། །ཅེས་པ། རང་གི་ལུས་ཀྱི་རིམ་གྲོ་སོགས་ལ་ཞེན་པས་འཁོར་བསྡུད་པའོ། །གཉིས་པ་ནི་ལེ་ལོ་ལ་སོགས་སེལ་མི་བྱེད། །ཅེས་པ། བྱང་སེམས་ཀྱི་དགེ་བ་ལ་མི་སྦྲོ་བ་དང་། གཉིད་

དང་བློ་འབེབས་པའི་བདེ་བ་སོགས་སྐྱེ་བ་ཉོན་མོངས་ཀྱིས་མི་སྤྱོང་བའོ། །གསུམ་པ་ནི། ཆགས་པས་བྲེ་མོའི་གཏམ་ལ་བརྟེན། །ཞེས་པ། བྱང་སེམས་ཀྱིས་འདུ་འཛིའི་གཏམ་སྣ་ཚོགས་ལ་ཆགས་པས་སྨྲ་བའོ། །

ལྔ་པ་བསམ་གཏན་དང་འགལ་བ་ལ་གསུམ། སྦྱོར་བའི་ཉེས་པ་དང་། དངོས་གཞིའི་ཉེས་པ་དང་། རྗེས་ཀྱི་ཉེས་པའོ། །དང་པོ་ནི། ཏིང་ངེ་འཛིན་གྱི་དོན་མི་ཚོལ། །ཅེས་པ། བྱང་སེམས་ཏིང་ངེ་འཛིན་སྐྱེ་བའི་གདམས་ངག་ཡོད་པ་ལ་ཉོན་མོངས་ཀྱིས་མི་ནོད་པའོ། །གཉིས་པ་ནི། བསམ་གཏན་སྒྲིབ་པ་སྤྱོང་མི་བྱེད། །ཅེས་པ། བྱང་སེམས་ཀྱི་ཏིང་ངེ་འཛིན་གྱི་སྒྲིབ་པ་རྒོད་འགྱོད་གཉིད་རྨུགས་ཐེ་ཚོམ་སོགས་སྐྱེས་པ་ཉོན་མོངས་ཀྱིས་སེལ་བར་མི་བྱེད་པའོ། །གསུམ་པ་ནི། བསམ་གཏན་རོ་ལ་ཡོན་ཏན་བལྟ། །ཞེས། བསམ་གཏན་སྐྱེས་པ་ན་དེའི་བདེ་བའི་རོ་ཉོན་མོངས་ཀྱིས་མྱོང་བའོ། །

དྲུག་པ་ཤེས་རབ་དང་འགལ་བ་ལ་གཉིས། ཡུལ་དམན་པ་དང་འབྲེལ་བའི་ཉེས་བྱས་དང་། ཡུལ་དམ་པ་དང་འབྲེལ་བའི་ཉེས་བྱས་སོ། །དང་པོ་ལ་བཞི་སྟེ་ཐེག་པ་དམན་པའི་དོན་སྤོང་བ་དང་། གཞུང་ལ་བརྟེན་པ་དང་། ཕྱི་རོལ་གྱི་གཞུང་ལ་བརྟེན་པ་དང་། དོན་ལ་བརྟེན་པའོ། །དང་པོ་ནི། ཉན་ཐོས་ཐེག་པ་སྤོང་བར་བྱེད། །ཅེས་པ། བྱང་ཆུབ་སེམས་དཔའ་རང་བཞིན་དུ་གནས་པས་ཉན་ཐོས་ཀྱི་ཐེག་པ་ལ་བསླབ་པར་མི་བྱའོ་ཞེས་ཉོན་མོངས་ཀྱིས་སྤོང་བའོ། །གཉིས་པ་ནི། རང་ཚུལ་ཡོད་བཞིན་དེ་ལ་བརྩོན། །ཞེས་པ། ཐེག་ཆེན་ཡོད་བཞིན་དུའང་ཉན་ཐོས་ཀྱི་ཐེག་པ་ཁོ་ན་ལ་སློབ་པའོ། །གསུམ་པ་ནི། བརྩོན་མིན་ཕྱི་རོལ་བསྟན་བཅོས་བརྩོན། །ཞེས་པ། སངས་རྒྱས་ཀྱི་གསུང་རབ་ཡོད་བཞིན་དུ་དོར་ནས་ཕྱི་རོལ་མུ་སྟེགས་བྱེད་ཀྱི་བསྟན་བཅོས་ལ་བརྩོན་པའོ། །བཞི་པ་ནི། བརྩོན་པར་བྱས་ཀྱང་དེ་ལ་དགའ། །ཞེས་པ། མུ་སྟེགས་ཀྱི་གཙུག་ལག་ལ་མཁས་པར་གྱུར་ཀྱང་། དེ་ལ་དད་པར་མི་བྱ་སྟེ། དེ་ཉིད་སུན་ཕྱུང་བས་གཞན་ལ་ཕན་པའི་ཕྱིར་སློབ་ཀྱི་ལམ་དུ་མི་བསམ་ཏེ། དགའ་བས་དང་དུ་ལེན་ན་ཉོན་མོངས་པ་ཅན་གྱི་ཉེས་པའོ། །

གཉིས་པ་ཡུལ་དམ་པ་དང་འབྲེལ་བ་ལ་བཞི་སྟེ་ཤེས་རབ་ཀྱི་ཡུལ་སྤོང་བ། འབྲས་བུ་ལ་ལོག་པར་སྒྲུབ་པ། ཐོས་པའི་རྒྱུ་ལ་མི་འཇུག་པ་དང་། ཐོས་པའི་ཡུལ་ལས་ལོག་པར་སྒྲུབ་པ་གཉིས་ཀྱིས་རྒྱུ་ལས་ཉམས་པའོ། །དང་པོ་ནི། ཐེག་པ་ཆེན་པོ་སྤོང་བར་བྱེད། །ཅེས་པ། བྱང་སེམས་ཀྱི་སྡེ་སྣོད་ཀྱི་ཟབ་པ་དང་རྒྱ་ཆེ་བ་ལ་མ་དད་པ་སྐྱེས་པ་ཉོན་མོངས་ཀྱིས་རྗེས་སུ་སྐྱོང་བའོ། །གཉིས་པ་ནི། བདག་ལ་བསྟོད་ཅིང་གཞན་ལ་སྨོད། །ཅེས་པ། ཟང་ཟིང་དང་ཁོང་ཁྲོའི་སེམས་ཀྱིས་བྱང་སེམས་གཞན་ལ་སྨོད། བདག་ལ་བསྟོད་པ་ཕྲ་མོ་བྱེད་པའོ། །གསུམ་པ་ནི། ཆོས་ཀྱི་དོན་དུ་འགྲོ་མི་བྱེད། །ཅེས་པ། བྱང་སེམས་ཀྱིས་གཞན་འཆད་པའི་གཏམ་བྱེད་པ་ལ་སོགས

པས་ཤེས་རབ་འཕེལ་ལ་ཉོན་མོངས་པས་མི་ཉན་མི་བསླུབ་པའོ། །བཞི་པ་ནི། དེ་ལ་སློད་ཅིང་ཡི་གེ་བརྗེད། །ཞེས་པ། གཞན་ཆོས་སྨྲ་བ་ལ་ཉོན་མོངས་ཀྱི་ཚིག་འབྲས་བུའི་སྐྱོན་སོགས་བརྗོད་པས་མ་གུས་པ་བྱེད་པའོ། །དགེ་བ་ཆོས་བསྡུད་དང་འགལ་བ་སུམ་ཅུ་སོ་བཞི་བསྟན་ཟིན་ཏོ། །

གཉིས་པ་སེམས་ཅན་དོན་བྱེད་དང་འགལ་བ་ལ་གཉིས། དོན་བྱ་བའི་སྤྱི་དང་འབྲེལ་བ་དང་། དོན་བྱ་བའི་ཁྱད་པར་དང་འབྲེལ་བའོ། །དང་པོ་ལ་གཉིས། དོན་མི་བསྒྲུབ་པ་དང་། གནོད་པ་མི་སེལ་བའོ། །དང་པོ་ནི། དགོས་པའི་གྲོགས་སུ་འགྲོ་མི་བྱེད། །ཅེས་པ། བྱང་སེམས་གཞན་གྱི་བསོད་ནམས་སོགས་ཆོས་མཐུན་གྱི་གྲོགས་འགྲུབ་བཞིན་དུ་མི་སྒྲུབ་པའོ། །གཉིས་པ་གནོད་པ་མི་སེལ་བ་ལ། སྡུག་བསྔལ་མི་སེལ་བ་དང་། དེའི་རྒྱུ་མི་སེལ་བའོ། །དང་པོ་ལ། སྡུག་བསྔལ་གྱི་བྱེ་བྲག་མི་སེལ་བ་དང་། སྡུག་བསྔལ་གྱི་སྤྱི་མི་སེལ་བའོ། །དང་པོ་ནི། ནད་པའི་རིམ་གྲོ་བྱ་བ་སྤོང་། །ཞེས་པ། བྱང་སེམས་ན་བ་དང་ཕྲད་པ་ན་དེ་ལ་ཕན་པའི་རིམ་གྲོ་མི་བྱེད་པའོ། །གཉིས་པ་ནི། སྡུག་བསྔལ་སེལ་བར་མི་བྱེད་དང་། །ཞེས་པ། ནད་པ་ལས་གཞན་པའི་སྡུག་བསྔལ་རྣམས་སེལ་བར་ནུས་པ་མི་བྱེད་པའོ། །གཉིས་པ་དེའི་རྒྱུ་མི་སེལ་བ་ནི། བག་མེད་རྣམས་ལ་རིགས་མི་སྟོན། །ཅེས་པ། བྱང་སེམས་གཞན་འདི་ཕྱིའི་བདེ་བའི་ཚུལ་མིན་ལ་ཞུགས་པ་ནུས་བཞིན་དུ་མི་བཟློག་པའོ། །གཉིས་པ་དོན་བྱ་བའི་ཁྱད་པར་དང་འབྲེལ་བ་ལ་གཉིས། ཕན་མི་འདོགས་པའི་ཁྱད་པར་དང་། ཚར་མི་གཅོད་པའི་ཉེས་པའོ། །དང་པོ་ལ་དྲུག །སྔར་རང་ལ་ཕན་བཏགས་པ་དང་། ཡིད་མི་བདེ་བ་དང་། བཀྲེན་པ་དང་། རང་གི་འཁོར་དང་། ཕྱོགས་གཅིག་པ་དང་འགྲོགས་པ་དང་། ཡོན་ཏན་དང་ལྡན་པ་ལ་ལོག་པར་བསྒྲུབ་པའོ། །དང་པོ་ནི། བྱས་ལ་ལན་དུ་ཕན་མི་འདོགས། །ཞེས་པ། རང་ལ་སྔར་ཕན་བཏགས་པ་ལ་དྲིན་དུ་མི་གཟོ་བའོ། །གཉིས་པ་ནི། གཞན་གྱི་མྱ་ངན་སངས་མི་བྱེད། །ཅེས་པ། བྱང་ཆུབ་སེམས་དཔའ་རང་བཞིན་དུ་གནས་པས། སེམས་ཅན་གང་ཞེ་དུའམ། ལོངས་སྤྱོད་ཉམས་པ་ལ་མནར་སེམས་སམ། ཁྲོ་བས་མྱ་ངན་མི་སེལ་བའོ། །གསུམ་པ་ནི། ནོར་འདོད་པ་ལ་སྦྱིན་མི་བྱེད། །ཅེས་པ། ཟས་སྐོམ་དང་ནོར་འདོད་པ་ཆུང་དུ་ལ་མི་སྦྱིན་པའོ། །བཞི་པ་ནི། འཁོར་རྣམས་ཀྱི་ནི་དོན་མི་བྱེད། །ཅེས་པ། འཁོར་བསྡུས་ནས་དེའི་དོན་མི་བྱེད་པའོ། །ལྔ་པ་ནི། གཞན་གྱི་བློ་དང་མཐུན་མི་འཇུག །ཅེས་པ། གདུལ་བྱ་གཞན་གྱི་བློ་དང་མཐུན་པར་མི་སྤྱོད་པའོ། །དྲུག་པ་ནི། ཡོན་ཏན་བསྔགས་པ་སྨྲ་མི་བྱེད། །ཅེས་པ། གཞན་ཡོན་ཏན་ཅན་རྣམས་ཀྱི་བསྔགས་པ་མི་སྨྲ་བའོ། །གཉིས་པ་ཚར་མི་གཅོད་པའི་ཉེས་པ་ལ་གཉིས། ཆོས་དང་མི་མཐུན་པ་ཚར་མི་གཅོད་པ་དང་། བསྟན་པ་དང་ཞེ་འགྲས་པ་དབང་དུ་མི་བྱེད་པའོ། །དང་པོ་ནི། རྐྱེན་དུ་འཚམ་པ་ཚར་མི་གཅོད། །ཅེས་པ། བྱང་སེམས་ཀྱིས་སེམས་ཅན་ལོག་

པར་ཞུགས་པ་བསྒྲུབ་པ་སོགས་ཀྱི་ཚད་པས་གདུལ་ནུས་པ་མི་འདུལ་བའོ། །གཉིས་པ་ནི། རྫུ་འཕྲུལ་བསྟོགས་ལ་སོགས་མི་བྱེད། །ཅེས་པ། གཞན་རྫུ་འཕྲུལ་ལ་སོགས་པས་གདུལ་ནུས་བཞིན་མི་བསྒྲུབ་པའོ། །སེམས་ཅན་དོན་བྱེད་དང་འགལ་བ་བཅུ་གཉིས་བསྟན་ཟིན་ཏོ། །ཉེས་བྱས་ཀྱི་རིགས་བཞི་བཅུ་ཞེ་དྲུག་བསྟན་ཟིན་ཏོ། །

ད་ནི་ཉེས་པ་མེད་པའི་གནས་སྐབས་སྡོམ་པ་རྣམས་ཀྱི་དོན་བསྡུས་ཏེ་བསྟན་པ་ནི། སྙིང་རྗེ་ལྡན་ཕྱིར་བྱམས་ཕྱིར་དང་། །སེམས་དགེ་བ་ལ་ཉེས་པ་མེད། །ཅེས་གསུངས་ཏེ། བྱང་ཆུབ་སེམས་དཔའ་ལ་འབྱུང་བ་དེ་དག་ཀྱང་། དུས་དང་རྣམ་པ་ཐམས་ཅད་དུ་ཉེས་པར་འགྱུར་བ་དག་མེད་དེ། སེམས་ཅན་ལ་སྙིང་རྗེ་ཆེན་པོ་དང་ལྡན་པ་དང་། བྱམས་པ་དང་ལྡན་པས་ཚེ་འདིའི་རང་དོན་གྱི་བསམ་པ་ཅུང་ཟད་ཀྱང་མེད་པ་རྣམས་ལ་ནི། ཉེས་པ་བསྟན་པ་རྣམས་ལས་གང་གིས་ཀྱང་ཉེས་པར་མི་འགྱུར་རོ། །བཅོམ་ལྡན་འདས་ཀྱིས་ཀྱང་། ཉེ་བ་འཁོར་གྱིས་ཞུས་པ་ལས་གསུངས་ཏེ། བྱང་ཆུབ་སེམས་དཔའི་ཉེས་པ་ནི་ཕལ་ཆེར་ཞེ་སྡང་ལས་འབྱུང་གི། འདོད་ཆགས་ལས་འབྱུང་བ་ནི་མ་ཡིན་པར་ཤེས་པར་བྱའོ། །ཞེས་གསུངས་པ་ཡང་བྱམས་པ་དང་སྙིང་རྗེ་ལ་དགོངས་ནས་བཀའ་སྩལ་པ་ཡིན་ནོ། །དེ་ལྟར་བྱང་སེམས་ཉོན་མོངས་པ་ཆེན་པོ་དང་། འབྲིང་དང་། ཆུང་ལས་ཉེས་པ་འབྱུང་བར་ཤེས་པར་བྱའོ། །ཉོན་མོངས་པ་ཅན་དང་། ཉོན་མོངས་པ་མེད་པའི་ཉེས་པའང་ཤེས་པར་བྱ་ལ། ཐོག་མར་ཉེས་པ་མི་འབྱུང་བར་བྱ། བྱུང་ཡང་ཆོས་བཞིན་དུ་མྱུར་དུ་བཅོས་པར་བྱ། ཉེས་པ་མེད་པ་རྣམས་ཀྱང་ཤེས་པར་བྱའོ། །བྱང་ཆུབ་ཀྱི་སེམས་ཉམས་པའི་ཉེས་དམིགས་དང་། མ་ཉམས་པའི་ཕན་ཡོན། བྱང་ཆུབ་སེམས་ཀྱི་ཕན་ཡོན་གང་། །གལ་ཏེ་དེ་ལ་གཟུགས་མཆིས་ན། །ནམ་མཁའི་ཁམས་ནི་ཀུན་ཁྱབ་ཏེ། །དེ་ནི་དེ་བས་ལྷག་པར་འགྱུར། །ཞེས་སོགས་བདེ་མཆོག་དཀའ་འགྲེལ་དུ་བལྟ་བར་བྱའོ། །

འདིར་གཞན་དོན་ཡིད་བྱེད་ཀྱིས་ཀུན་ནས་བསླང་ནས། སེམས་ཅན་ལ་གནོད་པ་གཞི་དང་བཅས་པ་ལས་ལོག་ཅིང་། ཕན་པ་གཞི་དང་བཅས་པ་ལུས་ངག་ཡིད་གསུམ་གྱིས་སངས་རྒྱས་མ་ཐོབ་ཀྱི་བར་དུ་རྩེ་གཅིག་ཏུ་སྒྲུབ་དགོས་པའི་སེམས་པ་རྒྱུན་ཆགས་པ་ཡིན་པས། དེ་ལ་འཁྲིས་ནས་ཤ་མི་ཟ་བར་བསྟན་པ་ལ། སྤྱིར་སེམས་ཅན་ཐམས་ཅད་ཀྱིས་ཤ་མི་ཟ་བར་བསྟན་པ། བྱང་ཆུབ་སེམས་དཔས་ཤ་མི་ཟ་བར་བསྟན་པ། ཞར་ལ་ཉན་ཐོས་རྣམས་ཀྱིས་རྣམ་གསུམ་དག་པའི་ཤ་ཡང་མི་ཟ་བར་བསྟན་པ། ཟོས་པའི་ཉེས་དམིགས། མ་ཟོས་པའི་ཕན་ཡོན་བསྟན་པ་དང་ལྔའོ། །དང་པོ་ནི། སེམས་ཅན་ཐམས་ཅད་དྲིན་ཅན་གྱི་ཕ་མ་ཤ་སྟག་ཏུ་མ་གྱུར་པ་མེད་པས། ཕ་མའི་ཤ་ཟ་བ་གནས་སྐབས་གང་དུའང་མི་རིགས་ཏེ། ལང་ཀར་གཤེགས་པ་སངས་རྒྱས་ཐམས་ཅད་ཀྱི་གསུང་རབ་ཀྱི་སྙིང་པོ་ལས། སེམས་ཅན་ཤ་ཟན་ལ་སོགས་པའི་བག་ཆགས་ཀྱིས་བསྒོས་པ། ཤའི་ཟས

ལ་ཆགས་པའི་སེམས་ཅན་རྣམས་ཀྱི་ངོ་ལ་སྲིད་པ་སྤྱང་བའི་སླད་དུ། ཅི་ནས་ཀྱང་སེམས་ཅན་དེ་དག་ངོའི་སྲིད་པ་བསལ་ཏེ། ཞེས་དང་། འཇིག་རྟེན་རྒྱང་འཕེན་གྱི་ལྟ་བ་ལ་མངོན་པར་ཞེན་པ། ཡོད་པ་དང་མེད་པའི་ཕྱོགས་དང་། རྟག་པ་དང་ཆད་པར་ལྟ་བ་རྣམས་ཀྱིས་ཀྱང་ཤ་འཚོལ་བ་བཀག་ཏེ། བདག་ཀྱང་མི་འཚོལ་ན། ཞེས་དང་། རྒྱུ་ཚད་མེད་པའི་ཕྱིར་ཤ་ཐམས་ཅད་བཟའ་བར་མི་བྱ་སྟེ། ཞེས་དང་། སྲོག་ཆགས་ཡུན་རིང་པོ་ནས་འཁོར་བ་རྣམས་ལ། གང་ཕའམ། མའམ། སྤུན་ནམ་སྲིང་མོའམ། བུའམ། བུ་མོའམ། གཉེན་བཤེས་སམ། གཉེན་ནམ། གཉེན་ལྟ་བུར་གང་ཡང་རུང་བར་མ་གྱུར་པའི་སེམས་ཅན་དེ་ནི་རྙེད་པར་སླ་བའི་རྣམ་པ་གང་ཡང་མེད་དོ། །གཉེན་དང་གཉེན་ལྟ་བུར་གྱུར་པ་དེ་དག་ཚེ་གཞན་དུ་ལུས་བརྗེས་པ། རི་དྭགས་དང་། ཕྱུགས་དང་། བྱའི་སྐྱེ་གནས་གང་ཡང་རུང་བར་གྱུར་ལ། ཞེས་དང་། འབྱུང་པོ་ཐམས་ཅད་བདག་དང་འདྲ་བར་གྱུར་པར་འདོད་པས། སྐྱེ་བོ་སྲོག་ཆགས་སུ་གྱུར་པ་ཐམས་ཅད་ལས་བྱུང་བའི་ཤ་ཇི་སྐད་དུ་བཟའ་བར་བྱ། ཞེས་དང་། སྲིན་པོ་རྣམས་ཀྱང་དེ་བཞིན་གཤེགས་པ་རྣམས་ཀྱི་ཆོས་ཀྱི་ཆོས་ཉིད་ཟབ་མོ་འདི་ཐོས་ནས་ཤ་ཟ་བ་ལས་རྣམ་པར་བཟློག་ཅིང་། སྲིན་པོའི་རང་བཞིན་དང་བྲལ་ནས་སྙིང་རྗེ་ཅན་དུ་འགྱུར་ན། ཆོས་འདོད་པའི་སྐྱེ་བོ་རྣམས་ལྟ་ཅི་སྨོས། ཞེས་གསུངས། གཉིས་པ་ནི། བྱང་ཆུབ་སེམས་དཔའ་རྣམས་ནི་སེམས་ཅན་ཐམས་ཅད་ལ་བུ་གཅིག་བཞིན་དུ་བརྩེ་བ་རྒྱུན་མི་ཆད་པས་ཤ་ཇི་ལྟར་བཟའ་སྟེ་མི་ཟའོ། །དེ་ཡང་མདོ་ལང་ཀར་གཤེགས་པ་ལས། སེམས་ཅན་ཐམས་ཅད་ལ་བུ་གཅིག་པའི་འདུ་ཤེས་བསྒོམ་པའི་ཕྱིར། བྱང་ཆུབ་སེམས་དཔའ་སྙིང་བརྩེ་བའི་བདག་ཉིད་ཅན་གྱིས་ཤ་ཐམས་ཅད་མི་ཟའོ། །ཞེས་དང་། བློ་གྲོས་ཆེན་པོ་གཙང་བར་འདོད་པའི་ཕྱིར་ཡང་བྱང་ཆུབ་སེམས་དཔས་ཤ་ནི་ཁུ་ཆུ་དང་ཁྲག་ལས་བྱུང་བའི་ཕྱིར་ཤ་མི་ཟའོ། །འབྱུང་པོ་རྣམས་དངང་བར་བྱེད་པའི་ཕྱིར་ཡང་བློ་གྲོས་ཆེན་པོ་བྱམས་པར་འདོད་པ། རྣལ་འབྱོར་ཅན་གྱིས་ཤ་ཐམས་ཅད་ཟ་བར་མི་བྱའོ། །ཞེས་དང་། ནམ་མཁའ་དང་ས་དང་ཆུ་ལ་གནས་པའི་འགྲོ་བ་ཤིན་ཏུ་ཕྲ་བ་གཞན་ཡོད་པ་དེ་དག་ཀྱང་ཤ་ཟ་བ་རྣམས་རྒྱང་ནས་མཐོང་མ་ཐག་ཏུ་སྣའི་དབང་པོ་རྣོན་པོས་དྲི་ཚོར་ནས། སྲིན་པོ་ལས་མི་དག་མྱུར་དུ་འབྲོལ་བ་བཞིན་ཏེ། ལ་ལ་ནི་ཤིར་ངོགས་པར་ཡང་འགྱུར་རོ། །དེའི་ཕྱིར་བྱང་ཆུབ་སེམས་དཔའ་བྱམས་པ་ལ་གནས་པས་ཤ་མི་ཟའོ། །ཞེས་གསུངས། དེ་ལ་སོགས་པ་བསམ་གྱིས་མི་ཁྱབ་པ་མདོ་དེ་ཉིད་ལས་གསུངས་འདུག་ཀྱང་ཡི་གེ་མང་པའི་འཇིགས་པས་མ་བྲིས་སོ། །

གསུམ་པ་ནི། སྤྱིར་དུ་སེམས་ཅན་ཐམས་ཅད། མུ་སྟེགས་བྱེད། སྲིན་པོ་སོགས་ཀྱང་ཤ་ཟ་བར་མ་གནང་ན། ཆོས་འདོད་ཅིང་བསྟན་པ་ལ་ཞུགས་པ་རྣམས་ཀྱིས་ཤ་ཟ་བ་ལྟ་སྨོས་ཀྱང་ཅི་དགོས་པ་ནི། ལང་ཀར་གཤེགས་པ་

ལས། བློ་གྲོས་ཆེན་པོ་གང་ཉེ་བར་བཟུང་སྟེ། ཉན་ཐོས་རྣམས་ལ་གནང་བར་བྱ་བའི་མ་བྱས་པ་དང་། བྱེད་དུ་མ་བཅུག་པ་དང་། མ་བརྟགས་པ་ཞེས་བྱ་བའི་ཤ་ཡང་རུང་བ་མེད་ན། བློ་གྲོས་ཆེན་པོ་མ་འོངས་པའི་དུས་ན་ངའི་བསྟན་པ་ལ་རབ་ཏུ་བྱུང་ཞིང་ཤཱཀྱའི་སྲས་ཡིན་ནོ་ཞེས་ཁས་ལེན་པ་གོས་ངུར་སྨྲིག་གི་རྒྱལ་མཚན་ཐོགས་པ། སྐྱེས་བུ་གླེན་པ་ལོག་པའི་རྟོག་གེས་སེམས་ཉམས་པར་གྱུར་པ། འདུལ་བ་ལ་རྣམ་པ་མང་པོར་རྣམ་པར་རྟོག་པ། སླུ་བ་འཛིགས་ཚོགས་ལ་ལྟ་བ་རྒྱས་པ། རོའི་སྲེད་པ་ལ་ཆགས་པ་རྣམས་ཤ་ཟ་བའི་གཏན་ཚིགས་སུ་སྣང་བ་དེ་དང་དེ་དག་བརྗོད་དེ། ང་ལ་ཡང་ཡང་དག་པ་མ་ཡིན་པར་སྐུར་པ་འདེབས་པར་སེམས་སོ། །ཞེས་དང་། དོན་བྱུང་བ་འདི་ནི་གླེང་གཞི་འདི་ལས་བཅོམ་ལྡན་འདས་ཀྱིས་ཤའི་ཟས་གནང་སྟེ། རུང་བའང་ཡིན། ཁ་ཟས་གསོས་པར་ཡང་གསུངས་ཏེ། དེ་བཞིན་གཤེགས་པ་ཉིད་ཀྱིས་ཀྱང་གསོལ་ཆེའོ་ཞེས་ཟེར་རོ། །བློ་གྲོས་ཆེན་པོ་མདོ་གང་ལས་ཀྱང་བསྙེན་པར་གནང་བ་མེད་དེ། ཟས་གསོས་པའི་ནང་དུ་ཡང་རུང་བར་མ་བཤད་དོ། །བློ་གྲོས་ཆེན་པོ་གལ་ཏེ་ངས་གནང་བར་བྱ་བར་འདོད་དམ། ངའི་ཉན་ཐོས་རྣམས་ཀྱིས་བསྙེན་པར་རུང་བ་ཞིག་ཡིན་ན་ནི་བྱམས་པས་གནས་པའི་རྣལ་འབྱོར་ཅན་དུར་ཁྲོད་པ་རྣམས་དང་། ཐེག་པ་ཆེན་པོ་ལ་ཡང་དག་པར་ཞུགས་པའི་རིགས་ཀྱི་བུ་དང་། རིགས་ཀྱི་བུ་མོ་རྣམས་ལ་སེམས་ཅན་ཐམས་ཅད་བུ་གཅིག་བཞིན་དུ་འདུ་ཤེས་བསྒོམ་པའི་ཕྱིར། ཤ་ཐམས་ཅད་ཟ་བ་བཅད་པ་ཡང་མི་བྱས་སོ། །ཞེས་དང་། སེམས་ཅན་ཐམས་ཅད་ལ་བུ་གཅིག་བཞིན་དུ་འདུ་ཤེས་བསྒོམ་པའི་ཕྱིར་ཤ་ཐམས་ཅད་བཅད་པར་ཡང་བྱས་སོ། །བསྟན་པ་བརྗོད་པ་དེ་དང་། དེ་ལ་བསླབ་པའི་གཞི་རིམ་པར་བཅའ་བ་སྐབས་ཀྱི་དྲང་བུ་བྲི་བའི་ཚུལ་དུ་རྣམ་གསུམ་བཅས་ནས། དེའི་ཆེད་དུ་བྱས་པའི་རྣམས་ཀྱང་བཀག་སྟེ། དེའི་ཕྱིར་རང་བཞིན་གྱི་ཤི་བ་བཅུའི་ཤ་ནི་མ་བཀག་མོད་ཀྱི། འདིར་ནི་ཐམས་ཅད་ཀྱི་ཐམས་ཅད་རྣམ་པ་ཐམས་ཅད་དུ་ཀུན་ཐབས་མེད་པར་རིལ་གྱིས་བཀག་སྟེ། དེ་ལྟར་བློ་གྲོས་ཆེན་པོ་ངས་ཤའི་ཟས་ནི་སུ་ལ་ཡང་མ་གནང་། མི་གནང་། གནང་བར་མི་འགྱུར་ཏེ། བློ་གྲོས་ཆེན་པོ་རབ་ཏུ་བྱུང་བ་རྣམས་ལ་ཤའི་ཟས་ནི་མི་རུང་བར་བཤད་དོ། །ཞེས་དང་། བློ་གྲོས་ཆེན་པོ་ངའི་འཕགས་པ་ཉན་ཐོས་རྣམས་ནི། ཁ་ཟས་ཐ་མལ་པ་ཡང་མི་ཟ་ན། ཤ་དང་ཁྲག་གི་ཟས་མི་རུང་བ་ལྟ་ཅི་སྨོས། ཞེས་དང་། ང་ནི་སེམས་ཅན་ལ་བུ་གཅིག་བཞིན་གྱི་འདུ་ཤེས་དང་ལྡན་པ་ཡིན་ན། ཇི་ལྟར་བདག་གི་བུའི་ཤ་ཟ་བར་ཉན་ཐོས་རྣམས་ལ་གནང་བར་བྱ། རང་གིས་བཟའ་བ་ལྟ་ཅི་སྨོས་ཏེ། ངའི་ཉན་ཐོས་རྣམས་ལ་གནང་བ་དང་། བདག་ཉིད་ཀྱིས་ཟོས་སོ་ཞེས་བྱ་འདི་ནི་བློ་གྲོས་ཆེན་པོ་གནས་མེད་དོ། །ཞེས་དང་། རྣམ་གསུམ་དག་པའི་ཤ་རྣམས་ནི། །མ་བརྟགས་པ་དང་མ་བླངས་དང་། །མ་བསྐུལ་བ་ཡང་ཡོང་མེད་པས། །དེ་བས་ཤ་ནི་མི་ཟའོ། །ཞེས་དང་། མཐོང་

དང་ཐོས་དང་དོགས་པ་ཡིས། །ཤ་རྣམས་ཐམས་ཅད་རྣམ་པར་སྤང་། །ཤ་ཟན་རིགས་སུ་སྐྱེས་པ་ཡི། །རྟོག་གེ་པ་རྣམས་མི་ཤེས་སོ། །ཞེས་དང་། མ་འོངས་པ་ཡི་དུས་ན་ནི། །ཤ་ཟ་གཏི་མུག་སྨྲ་བ་དག །ཤ་ནི་སྡིག་མེད་རུང་བའོ་ཞེས། །སངས་རྒྱས་ཀྱིས་ནི་བཤད་ཅེས་ཟེར། །ཞེས་སོགས་གསུངས་སོ། །

བཞི་པ་ཤ་ཟོས་པའི་ཉེས་དམིགས་ནི། ཤ་ཟོས་པའི་གཞི་བརྗོད་དང་དྲིས་སེམས་ཅན་སྟོབས་ཆེ་ཆུང་གི་ཁྱད་པར་གྱིས་སྐྲག་སྐྱེ་བརྒྱལ་བ་དང་། འབྲོས་པར་འགྱུར་ཏེ་དཔེར་ན་མིས་སྲིན་པོ་མཐོང་བ་བཞིན་དང་། ཚེ་འཕོས་ནས། སྲིན་པོ། སེང་གེ། སྟག །དོམ། ཁྱི། བྱི་ལ། ཁྲ་སྐྱུང་། བྱི་བ་སོགས་དུད་འགྲོ་གཅིག་ལ་གཅིག་ཟ་བའི་གནས་སུ་སྐྱེ་ཞིང་། དེ་ནས་ཚེ་འཕོས་ནས་ཡི་དྭགས་མཐུ་བོ་ཆེ་སེམས་ཅན་ཐམས་ཅད་ཀྱི་སྲོག་ལ་དབང་བྱེད་པར་སྐྱེ། དེ་ནས་ཚེ་འཕོས་ནས་མནར་མེད་པའི་དམྱལ་བར་སྐྱེ་བར་འགྱུར། གལ་ཏེ་མིར་སྐྱེས་ན་ཡང་། འབྲུ་མིག་གིས་མི་མཐོང་བའི་ཤ་ཁྲག་འབའ་ཞིག་ལ་ལོངས་སྤྱོད་པའི་མཐའ་འཁོབ་ཏུ་སྐྱེ་བར་འགྱུར་ཏེ། དེ་ལྟར་བསམས་ནས་ཤ་ཟ་བར་མི་བྱ་སྟེ། ལང་ཀར་གཤེགས་པ་ལས། བློ་གྲོས་ཆེན་པོ་ཚེ་འདི་ཉིད་ལའང་ཁྱིམ་བདུན་པོའི་གྲོང་ནས་ཤ་ལ་ཤིན་ཏུ་རྐམ་ཞིང་མ་འོས་པར་བསྟེན་ན། མི་ཤ་ཟ་བའི་མཁའ་འགྲོ་བ་དང་། མཁའ་འགྲོ་མ་མ་རུངས་པ་དག་ཏུ་སྐྱེའོ། །བློ་གྲོས་ཆེན་པོ་དེ་དག་ཚེ་རྗེས་ཀྱང་ཤའི་རོ་ལ་ཆགས་པ་དེ་ཉིད་ཀྱིས་སེང་གེ་དང་། སྟག་དང་། གཟིག་དང་། སྤྱང་ཀི་དང་། འཕར་བ་དང་། བྱི་ལ་དང་། ཝ་དང་། འུག་པ་ཤ་མང་པོ་ཟ་བའི་སྐྱེ་གནས་དང་། ཤ་མང་དུ་ཟ་བའི་སྲིན་པོ་ལ་སོགས་པ་ཤིན་ཏུ་གཏུམ་པའི་སྐྱེ་གནས་སུའང་ལྟུང་བར་བྱེད་དོ། །དེར་ལྟུང་བ་རྣམས་མིའི་སྐྱེ་གནས་ཀྱང་ཐོབ་པར་དཀའ་ན། མྱ་ངན་འདས་པ་ལྟ་ཅི་སྨོས་ཏེ། བློ་གྲོས་ཆེན་པོ་ཤ་ཟ་བའི་ཉེས་པ་ཡང་དེ་དག་ལ་སོགས་པ་ཡིན་ན། ཞེས་དང་། ཁེ་ཡི་ཕྱིར་ནི་སེམས་ཅན་གསོད། །ཤ་ཡི་ཕྱིར་ནི་ནོར་སྦྱིན་བྱེད། །དེ་དག་གཉིས་ཀ་སྡིག་ལས་ཅན། །ངོ་དོད་འབོད་ལ་སོགས་པར་བཙོ། །གང་གིས་ཐུབ་པའི་ཚིག་འདས་ཏེ། །བསམ་པ་ངན་པ་ཤ་ཟ་ན། །འཇིག་རྟེན་གཉིས་ནི་བཞིག་པའི་ཕྱིར། །ཤཱཀྱའི་བསྟན་ལ་བརྟུལ་ཞུགས་བླངས། །ཤིན་ཏུ་མི་ཟད་དམྱལ་བར་ཡང་། །སྡིག་གི་ལས་ཅན་དེ་དག་འདོང་། །མ་རུངས་ངོ་དོད་འབོད་སོགས་སུ། །ཤ་ཟ་དེ་དག་བཙོ་བར་འགྱུར། །ཞེས་དང་། སེམས་ཅན་གཅིག་ལ་ཤ་ཟ་བ། །ཤ་ཟ་དག་གི་རིགས་སུ་སྐྱེ། །དྲི་མི་ཞིམ་ཞིང་སྨད་པ་དང་། །སྨྱོན་པ་རྣམས་སུ་སྐྱེ་བར་འགྱུར། །གདོལ་པ་རྨེ་ཤ་ཅན་རིགས་དང་། །བཙོ་ལག་མཁན་དུ་ཡང་ཡང་སྐྱེ། །མཁའ་འགྲོ་རིགས་ཀྱི་སྐྱེ་གནས་དང་། །ཤ་ཟའི་རིགས་སུ་སྐྱེ་བར་འགྱུར། །མི་ཡི་ཐ་མ་དེ་དག་ནི། །སྲིན་པོ་བྱི་ལའི་མངལ་དུ་སྐྱེ། །ཞེས་དང་། སངས་རྒྱས་བྱང་ཆུབ་སེམས་དཔའ་དང་། །ཉན་ཐོས་རྣམས་ཀྱིས་སྨད་པ་ལ། །ངོ་མི་ཚ་བར་ཟ་བ་ནི། །རྟག་ཏུ་སྨྱོན་པ་ལྟ་བུར་འགྱུར། །ཞེས་དང་། ཇི་ལྟར

འདོད་ཆགས་ཐར་པ་ལ། །བར་ཆད་བྱེད་པར་འགྱུར་བ་བཞིན། །དེ་ལྟར་ཤ་དང་ཆང་ལ་སོགས། །བར་ཆད་བྱེད་པར་འགྱུར་བའོ། །ཞེས་སོགས་གསུངས་སོ། །འདི་ལ་འཕྲོས་ནས། སྤྱིར་འཁོར་བའི་སྡུག་བསྔལ། སྒོས་ངན་སོང་གསུམ་གྱི་སྡུག་བསྔལ། དེའི་སེམས་ཅན་གྱི་ཚེའི་ཚད། དེ་གནས་གང་ན་གནས། དེ་རྣམས་ལ་ཐར་པར་བྱེད་པའི་རྟེན་དལ་འབྱོར་རྙེད་པར་དཀའ་བ། འཆི་བ་མི་རྟག་པ། ལས་རྒྱུ་འབྲས་བསམ་པ། རྟེན་དེས་བསྟན་པ་ལ་ཐེག་པ་གསུམ་གྱི་ལམ་ལ་རིམ་གྱིས་ཞུགས་ཏེ། ཐོས་བསམ་སྒོམ་གསུམ་གྱི་སྒོ་ནས་ས་དང་ལམ་འབྲས་བུ་ཐམས་ཅད་མཁྱེན་པའི་བར་གྱི་རྣམ་གཞག་ཅུང་ཟད་བྲིས་ན་ལེགས་ཀྱང་ཡི་གེ་མང་བའི་འཇིགས་པས་མ་བྲིས་སོ། །

ལྔ་པ་ཤ་མ་ཟོས་པའི་ཕན་ཡོན་བསྟན་པ་ནི། སེམས་ཅན་ཐམས་ཅད་མི་འཇིགས་ཤིང་ཕ་མ་ལྟ་བུའི་འདུ་ཤེས་སྐྱེ་ལ། ཚེ་འཕོས་ནས་བྲམ་ཟེ་ཤ་མི་ཟ་བའི་ལུས་སུ་འཁྲུངས་ཤིང་། དེ་ནས་རིམ་གྱིས་ཉན་ཐོས་དང་། རང་སངས་རྒྱས་དང་། བྱང་ཆུབ་སེམས་དཔའ་དང་མཐར་སངས་རྒྱས་ཀྱི་གོ་འཕང་ཐོབ་པར་འགྱུར་ཏེ། ལང་གཤེགས་ལས། ཤ་ལ་སོགས་པ་སྤངས་པའི་ཕྱིར། །བྲམ་ཟེའི་རིགས་ཅན་རྣལ་འབྱོར་ཅན། །ཤེས་རབ་ཅན་དང་ནོར་ལྡན་པར། །དེ་དག་རྣམས་ནི་སྐྱེ་བར་འགྱུར། །ཞེས་སོགས་གསུངས། ལྟེ་སྒོམ་རིན་པོ་ཆེས། དེ་ལྟར་འཇུག་པའི་སེམས་བསྐྱེད་ནས། །ཕྱོགས་དང་འཇུག་པའི་བསླབ་བྱ་ནི། །ཕྱོག་པ་སྟོམ་པ་ཉི་ཤུ་ལས། །ཇི་ལྟར་གསུངས་པ་བཞིན་དུ་བསླབ། །འཇུག་པ་ཕ་རོལ་ཕྱིན་དྲུག་སྟེ། །ཞེས་གསུངས། འདིར་རྗེ་ས་པཎ་གྱིས་རྒྱལ་སྲས་ལམ་བཟང་དུ་གསུངས་པ་རྣམས་མདོར་བསྡུས་ནས་བྲི་བར་བྱ་ཞིང་རྒྱས་པར་དེར་བལྟ་བར་བྱའོ། །དེ་ལ་གཉིས། རང་ཉིད་སངས་རྒྱས་ཀྱི་ཆོས་ཡོངས་སུ་རྫོགས་པར་བྱེད་པ་ཕ་རོལ་ཏུ་ཕྱིན་པ་དྲུག་དང་། སེམས་ཅན་གཞན་ཡོངས་སུ་སྨིན་པར་བྱེད་པ་བསྡུ་བའི་དངོས་པོ་བཞིའོ། །དང་པོ་ལ། སྤྱིའི་མཚན་ཉིད་དང་། རབ་ཏུ་དབྱེ་བ་དང་། སོ་སོའི་སྒྲ་དོན་ནོ། །དང་པོ་ནི། འཁོར་བ་དང་མྱ་ངན་ལས་འདས་པའི་ཕ་རོལ་ཏུ་སྒྲོལ་བའི་ཐབས་སོ། །གཉིས་པ་རབ་ཏུ་དབྱེ་བ་ལ་དྲུག་ལས། དང་པོ་སྦྱིན་པའི་ཕ་རོལ་ཏུ་ཕྱིན་པ་ལ་གསུམ་སྟེ། སྦྱིན་པའི་མཚན་ཉིད་དང་། སྦྱིན་པའི་རང་བཞིན་ངེས་པར་བྱ་བ་དང་། སྦྱིན་པ་གཏོང་བའི་ཕན་ཡོན་ནོ། །དང་པོ་ནི། སྦྱིན་པའི་དངོས་པོ་གཞན་ལ་ཕན་པས་སྟེར་བའོ། །དེ་སྦྱོར་དངོས་རྗེས་གསུམ་གྱིས་ཟིན་ན་སྦྱིན་པའི་ཕ་རོལ་ཏུ་ཕྱིན་པར་འགྱུར་རོ། །

གཉིས་པ་ལ། སྦྱིན་པའི་མི་མཐུན་ཕྱོགས་ངོས་བཟུང་བ་དང་། གཉེན་པོའི་རང་བཞིན་སོ་སོར་སྤྱད་པ་དང་། དེ་དག་ཕྱིན་ཅི་མ་ལོག་པར་སྒྲུབ་པའོ། །དང་པོ་ལ་གཉིས་ལས། དགེ་བའི་སྦྱིན་པ་དང་འགལ་བ་ངོས

བཟུང་ན། སེར་སྣས་གཞན་ལ་སྟེར་མི་ནུས་པ། ནུས་ཀྱང་མ་དག་པའི་སྦྱིན་པ་དང་འདྲེས་པར་སྟེར་བ། མ་འདྲེས་ཀྱང་རྫོགས་པའི་སངས་རྒྱས་ཀྱི་རྒྱུར་མི་འགྲོ་བའོ། །གཉིས་པ་ཉེས་པ་བསམ་པ་ལ་གཉིས། ཚེ་འདིའི་ཉེས་པ་ནི། སློབ་དཔོན་འཕགས་པས། སྤྱད་པས་འདི་ལ་བདེ་བ་སྟེར། །བྱིན་པས་གཞན་དུ་བདེ་བ་ཡིན། །མ་སྤྱད་མ་བྱིན་ཆུད་ཟོས་པ། །དུཿཁ་འབའ་ཞིག་ག་ལ་བདེ། །ཞེས་བྱ་བ་དང་། ས་པཎ་གྱིས། བླུན་པོས་གསོག་པའི་སྡུག་བསྔལ་ཉིད། །སྦྱོང་གིས་སྤྱད་པའི་བདེ་མི་སྦྱོང་། །ཡང་ཡང་སྤུལ་ཞིང་བལྟ་བ་ཡི། །འཛུངས་པའི་ནོར་ནི་བྱི་བ་བཞིན། །ཞེས་དང་། ནམ་དགོས་ཆེན་ལེན་པ་ཡི། །ནོར་ནི་སྦྱིན་པར་ཐུབ་པས་གསུངས། །བསགས་པའི་ནོར་ནི་སྦྲང་རྩི་ལྟར། །ནམ་ཞིག་གཞན་གྱིས་སྤྱོད་པར་འགྱུར། ཞེས་སོ། །གཉིས་པ་སྐྱེ་བ་གཞན་གྱི་བདེ་བ་འཇོམས་པ་ནི། བསྟོད་པ་ལས། སེར་སྣ་ཅན་གྱི་ཡིན་བཏགས་གནས་སུ་སྐྱེ་བར་འགྱུར། ཅི་སྟེ་མིར་སྐྱེས་ན་ཡང་དེ་ཚེ་དབུལ་པོར་འགྱུར་ཞེས་སོ། །

གཉིས་པ་གཉེན་པོའི་རང་བཞིན་སྤྱད་པ་ལ་གཉིས་ལས། དང་པོ་རྒྱུའི་གཉེན་པོ་ནི། སེར་སྣའི་རྒྱུ་ཡོ་བྱད་ལ་ཆགས་པ་ཡིན་པས། དེའི་གཉེན་པོ་བསྒོམ་སྟེ། སྤྱོད་འཇུག་ལས། བསག་དང་བསྲུང་དང་བརླག་པའི་གདུང་བ་ཡིས། །ནོར་ནི་ཕུང་ཁྲོལ་མཐའ་ཡས་ཤེས་པར་བྱ། །ནོར་ལ་ཆགས་པས་གཡེངས་པར་གྱུར་པ་རྣམས། །སྲིད་པའི་སྡུག་བསྔལ་ལས་གྲོལ་སྐབས་མེད་དོ། །ཞེས་བྱ། ས་སྐྱ་པཎྜི་ཏས། ནོར་མེད་ཆེན་ཆོལ་བས་ཕོངས། །ཅུང་ཟད་རྙེད་ན་ཞུང་པས་ཕོངས། །མང་ན་ཚིམ་པ་མེད་པས་ཕོངས། །ཚིམ་མེད་ལོངས་སྤྱོད་སྡུག་བསྔལ་རྒྱུད། །ཅེས་བྱ། གཉིས་པ་འབྲས་བུའི་གཉེན་པོ་ནི། རྒྱུ་ཡོ་བྱད་ལ་ཆགས་པས་འབྲས་བུ་སེར་སྣ་སྐྱེད་ལ། དེའི་གཉེན་པོ་སྦྱིན་པ་ཡིན་པས། དེ་ལ་གསུམ། བླ་མེད་རབ་ཏུ་བྱུང་བའི་སྦྱིན་པ་དང་། ཁྱིམ་པའི་སྦྱིན་པ་དང་། མི་སྐྱེད་པའི་ཆོས་ལ་བཟོད་པ་ཐོབ་པའི་སྦྱིན་པའོ། །དང་པོ། གཙོ་བོར་མི་འཛིགས་པ་དང་། བྱམས་པ་དང་། ཆོས་ཀྱི་སྦྱིན་པ་གསུམ་ཡིན། ཟང་ཟིང་ལ་སྣག་ཚ་དང་སྨྱུག་གུ་དང་། ཤོག་བུ་གསུམ་སྦྱིན་པར་གསུམ་གྱི་རབ་ཏུ་བྱུང་བས་ནོར་བརླབས་པོ་ཆེ་སྦྱིན་པར་གསལ་པ་མེད་ལ། སངས་རྒྱས་བཅོམ་ལྡན་འདས་ཀྱིས་ཀྱང་མཆོག་གི་ནོར་མཆོག་མ་ཡིན་པ་ལ་བྱིན་ན་ཚ་འདིའི་འཚུ་ཆེན་ཅུང་ཟད་འབྱུང་ཡང་མཐར་མི་བཞུ་བར་ངན་སོང་དུ་འགྱུར་བས། ཕོངས་པ་ངན་སོང་དུ་སྐྱུར་བའི་རྒྱུ་བྱེད་དམ་སྤྱོར་མི་ཐང་སྐམ་དུ་དགོངས་ནས། གྲོང་པའི་བུ་མོ་ལེགས་སྐྱེས་ཀྱིས་གསེར་སྟོང་ཕུལ་བ་ཆུ་ལ་སྐྱུར་བ་བཞིན་ནོ། །དེས་ན་རབ་ཏུ་བྱུང་བས་སྦྱིན་པ་བརླབས་པོ་ཆེ་མགོ་བརྩོན་ན་ཐོས་བསམ་བསྒོམ་གསུམ་གྱི་གགས་སུ་འགྱུར་བས་རབ་ཏུ་བྱུང་བ་ཡོ་སྤྱད་ལ་མ་ཆགས་ཤིང་སྦྱིན་པ་ལ་གཙོ་བོར་མི་བྱ་བར། ཚུལ་ཁྲིམས་དང་། ཏིང་ངེ་འཛིན་དང་། ཤེས་རབ་ཀྱི་མགོ་འདོན་པ་ལ་སངས་རྒྱས་ཀྱི་བསྟན་

པ་དང་མཐུན་པའི་རབ་ཏུ་བྱུང་བར་གསུངས་སོ། །དེ་ན་མདོ་ལས་རབ་ཏུ་བྱུང་བ་ཚུལ་ཁྲིམས་དང་ལྡན་པས་ལྷན་རོལ་ཙམ་སྦྱིན་པར་གསང་སྔགས་ཀྱི་གཞན་པར་མ་གསུངས་ཏེ། དེ་ལྟ་དང་བཅས་པའི་མཆོད་གནས་ཡིན་གྱི་ཡོན་བདག་མ་ཡིན་པས་ཡོན་མཆོད་གོ་བཟློག་ན་འཇིག་རྟེན་དུ་མི་གེ་ལས་སོགས་རྒྱུད་པའི་རྒྱུར་འགྱུར་རོ། །

གཉིས་པ་བླ་མེད་པའམ་ཁྲིམ་པའི་སྦྱིན་པ་ལ་གཉིས། སྦྱིན་པ་ཇི་ལྟར་གཏང་བའི་ཚུལ་དང་དེ་ཇི་ལྟར་སྦྱང་བའི་ཐབས་སོ། །དང་པོ་ལའང་། ཐོག་མར་སྦྱིན་མི་ནུས་པ་ལས་བཟློག་པའི་དོན་དུ་ཙུང་ཟད་གཏེར་བ་ལ་བསླབ། གཏེར་ནུས་པ་རྣམ་མ་དག་པའི་སྦྱིན་པ་ལ་བསླབ། དག་པའི་སྦྱིན་པའང་སངས་རྒྱས་ཀྱི་རྒྱུར་མི་འགྲོ་བ་ལས་བཟློག་ཏེ་འགྲོ་བ་ལ་བསླབ་པ་ལ་གསུམ་ལས། དང་པོ། ཚོད་མ་ལས་སོགས་སྦྱིན་པ་ལ། །འདྲེན་པས་ཐོག་མར་སྦྱོར་བ་མཛད། །དེ་ལ་གོམས་ནས་ཕྱིས་ནས་ནམ། །རིམས་ཀྱི་རང་གི་ཤ་ཡང་གཏོང་། །གང་ཚེ་རང་གི་ལུས་ལ་ནོད། །ཚོད་སོགས་ལྟ་བུའི་བློ་སྐྱེས་ན། །དེ་ཚེ་ཤ་ལས་སོགས་གཏོང་བ། །དེ་ལ་དཀའ་བ་ཅི་ཞིག་ཡོད། །ཅེས་སྤྱོད་འཇུག་ལས་གསུངས། གསང་ཆེན་ཐབས་ལ་མཁས་པའི་མདོ་ལས་ལས་དང་པོ་པས་ཆུ་ལྤྱིའུ་རོ་ཙམ་སྦྱིན་པ་ལ་བསླབ་པར་བྱའོ། །ཞེས་བྱ། གཉིས་པ་ནི། གང་ཟག་འབའ་ཞིག་སྦྱིན་པ་གཏོང་ཡང་དག་པ་དང་མ་དག་པ་ངོ་མི་ཤེས་པས། འཁོར་བ་དང་ངན་སོང་གི་རྒྱུར་འགྱུར་བའི་སྦྱིན་པ་གཏོང་བ་ཡང་མང་པོ་ཡོད་པས་དེ་ལས་བཟློག་སྟེ་དག་པའི་སྦྱིན་པ་ལ་བསླབ་སྟེ། དྲང་སྲོང་རྒྱས་པའི་ཞུས་པའི་མདོ་ལས་གསུངས་པའི་མ་དག་པའི་སྦྱིན་པ་སོ་གཉིས། སསྐྱ་པཎྜི་ཏས་ཚིགས་བཅད་དུ་བསྡུས་པ་ནི། ལོག་ལྟ་མ་དད་ཕན་བཏགས་ལན། །མི་ཆུ་རྒྱལ་སྟེར་འཇིགས་ཕྱིར་སྟེར། །དུག་མཚོན་བསད་ཤ་བག་མེད་ཆང་། །བསྟོ་ཕྱིར་བསྟོད་ཕྱིར་རོལ་མོ་མཁན། །སྒྲར་མཁན་གཞན་ནོར་མཛའ་ལ་སྟེར། །གཞན་གྱི་འབྲུ་རྙེད་བཟོ་བོ་དང་། །ནད་ཕྱིར་སྨན་པ་བཙོས་ནས་སྟེར། །རྣམ་སྨིན་རང་ཉིད་ལང་ཚོ་རྒས། །ན་དང་འཆི་ཚེ་བསྐུལ་ནས་མཆོད། །ཡུལ་གཞན་གྲགས་ཕྱིར་ཐོད་བསྟན་ཕྱིར། །བུ་ཕྱིར་སྟེར་དང་བུད་མེད་ཕྱིར། །ཕྱི་མར་རྙེད་ཕྱིར་དམན་པ་རྣམས། །བོར་ནས་ཕྱུག་པོ་རྣམས་ལ་སྟེར། །མ་དག་སྦྱིན་པ་སུམ་ཅུ་གཉིས། །རྒྱས་པའི་མདོ་ལས་གསུངས་ཕྱིར་སྤང་། །ཞེས་གསུངས། གསུམ་པ་ནི། དག་པའི་སྦྱིན་པ་འགའ་ཞིག་ཀྱང་སངས་རྒྱས་ཀྱི་རྒྱུར་མི་འགྱུར་བ་ཡོད་དེ། དཔེར་ན་དགེ་བའི་རྩ་བ་འགའ་ཞིག་མཐོ་རིས་ལྷ་དང་མིའི་ཕུན་ཚོགས་དང་། ཉན་ཐོས་དང་རང་སངས་རྒྱས་ཀྱི་རྒྱུར་འགྲོ་བས། དེ་ལས་བཟློག་པའི་དོན་དུ་ཐབས་ཀྱིས་མྱ་ངན་ལས་འདས་པའི་མཐའ་མནན། ཤེས་རབ་ཀྱིས་འཁོར་བའི་མཐའ་མནན། བསྔོ་འགྱུར་གྱིས་དེ་གཉིས་མྱུར་དུ་མཐར་ཕྱིན་པར་བྱས་པས། སྦྱིན་པ་གང་བྱས་པ་ཐམས་ཅད་མྱུར་དུ་མངོན་པར་རྫོགས་པར་སངས་རྒྱ་བའི་རྒྱུར་འགྱུར་བ་ལ་བསླབ་སྟེ། མདོ་ལས། གང་དག་རྒྱལ་བ་རྣམ་འདྲེན

ལ༔ །མཆོད་པ་ཆུང་ངུའང་བྱེད་གྱུར་པ། །དེ་དག་མཐོ་རིས་སྣ་ཚོགས་པར། །བགྲོད་ནས་འཆི་མེད་གནས་ཐོབ་བོ༔ །ཞེས་གསུངས་པ་ལྟར་རོ། །

གཉིས་པ་དེ་སྒྲུང་བ་ལ་གཉིས་ཏེ། བསམ་པ་དང་། སྦྱོར་བ་ལ་སྒྲུང་བའོ། །དང་པོ་ནི། སློང་བ་མཐོང་ན་སྦྱིན་པའི་ཕར་ཕྱིན་རྫོགས་པར་འགྱུར་སྙམ་དུ་དགའ་བ་དང་། ཚེ་ཕྱི་མ་ལ་ཟད་མི་ཤེས་པའི་ས་བོན་འདེབས་སྙམ་པ་དང་། སངས་རྒྱས་དང་བྱང་ཆུབ་སེམས་དཔའི་སྤྲུལ་པ་ཡིན་སྙམ་པ་དང་། དེ་དག་དགྱེས་པར་འགྱུར་སྙམ་པ་དང་། ལྷ་དང་བཅས་པའི་འཇིག་རྟེན་དུ་སྙན་གྲགས་ཐོབ་སྙམ་པ་དང་། སེམས་ཅན་གྱི་དོན་བྱེད་པ་ལ་བསྔོ་བའི་དངོས་པོ་འདི་ལྟ་བུ་བསྔོ་དགོས་སྙམ་པ་ལ་སོགས་པའི་འདུ་ཤེས་རྒྱ་ཆེན་པོ་བསྐྱེད་དེ། མདོ་སྡེ་རྒྱན་ལས། སློང་བ་མཐོང་རྫོགས་དགའ་བ་དང་། །ཞེས་སོགས་དང་། སློང་བ་དག་ནི་མཐོང་གྱུར་ན། །སངས་རྒྱས་འདུ་ཤེས་རབ་ཏུ་བསྐྱེད། །ཅེས་གསུངས་སོ། །གཉིས་པ་སྦྱོར་བ་ལ་སྒྲུང་བ་ནི། ཡུལ། དུས། དངོས་པོ་ལ་སྒྲུང་བ་གསུམ་ལས། དང་པོ་ནི། བསམ་པའི་བྱེ་བྲག་གིས། ལ་ལ་བླ་མ་ལ་འབུལ་ཡོད་གཞན་ལ་མི་ཡོད་ལ། ལ་ལ་སངས་རྒྱས་ལ་མཆོད་པ། ལ་ལ་ཆོས་འབྲི་གློག །ལ་ལ་དགེ་འདུན་ལ་བསྙེན་བཀུར། ལ་ལ་ཡོངས་པ་ལ་སྟེར་བ་སོགས་ཕྱོགས་རེ་ལ་ནུས་གཞན་ལ་མི་ནུས་པ་ཡོད་པས། དེ་དག་ཀྱང་དུས་ཁྱད་པར་ཅན་ལ་གཙོ་བོར་བྱ། དུས་གཞན་དུ་ཡང་བསླབ་བོ། །གསུམ་པ་དངོས་པོ་ལ་སྒྲུང་བ་ནི། ཆུ་རྡོ་འུ་རེ་ཙམ་མམ་ཚོད་ཡོར་རེ་ཙམ་མམ་ཟན་རྡོག་པོ་རེའམ། སྲད་བུ་རེ་ཙམ་མམ། ལྷན་པ་ཙམ་སྟེར་བ་ལ་བསླབ་ཅིང་། ཅུང་ཟད་རེ་ལ་ཡང་སྦྱིན་པ་ཆེན་པོ་ཡིན་སྙམ་དུ་བསམ། མ་འོངས་པའི་དུས་སུ་སེམས་ཅན་ཐམས་ཅད་ལ་ཅི་ནུས་སྟེར་བའི་ནུས་པ་དང་ལྡན་པར་གྱུར་ཅིག །ཅེས་སྨོན་ལམ་གདབ་བོ། །

གསུམ་པ་མི་སྐྱེ་བའི་ཆོས་ལ་བཟོད་པ་ཐོབ་པའི་སྦྱིན་པ་ལ་གསུམ་ཏེ། གཏོང་བ་དང་། ཤིན་ཏུ་གཏོང་བ་དང་། གཏོང་བ་ཆེན་པོའོ། །དང་པོ་ནི། རྒྱལ་སྲིད་སྟེར་བའོ། །གཉིས་པ་ནི། བུ་དང་ཆུང་མ་ལ་སོགས་པ་གཉེན་ཕངས་པ་སྟེར་བའོ། །གསུམ་པ་ནི། མགོ་དང་རྐང་ལག་སོགས་པ་རང་གི་ལུས་སྟེར་བའོ། །འདི་ལ་དགོངས་ནས། རྒྱལ་བའི་ཡུམ་ལས། ཐབས་ལ་མཁས་པས་སྦྱིན་པའི་ཕ་རོལ་ཏུ་ཕྱིན་པ་ཡོངས་སུ་རྫོགས་པར་བྱེད་པ་ན། འཁོར་ལོ་བསྒྱུར་བ་ལ་སོགས་པའི་ལུས་བླངས་ཏེ། ང་ལས་ཡོ་བྱད་རྣམས་ལོངས་ལ་སྦྱིན་པ་ཐོངས་ཚུལ་ཁྲིམས་བསྲུངས་ཞེས་བྱ་བ་ནས། ང་ནི་ནང་གི་ལུས་ལ་ཡང་ཆགས་པ་མེད་ན། ཕྱིའི་ལོངས་སྤྱོད་ལ་ལྟ་ཅི་སྨོས། ཞེས་བྱ་བ་ལ་སོགས་པ་རྒྱས་པར་གསུངས་པ་ལྟར་རོ། །ལུང་འདི་རབ་ཏུ་བྱུང་བའི་སྦྱིན་པ་ལ་སྦྱོར་བ་ཡོད་དེ་དེ་དག་གིས་མདོའི་དགོངས་པ་མ་ཤེས་པར་ཟད་དོ། །འདིའི་སྐབས་སུ། རྒྱལ་བུ་ཐམས་ཅད་སྒྲོལ་གྱིས་བུ་དང་བུ་མོ

སོགས་བྱིན་པ་སོགས་མདོ་སྡེ་སྐྱེས་རབས་ལས་འབྱུང་བ་བཞིན་བསམ་ཞིང་གཞན་ལའང་བསྟན་པར་བྱའོ། །

གསུམ་པ་སྦྱིན་པ་དེ་ཕྱིན་ཅི་མ་ལོག་པར་སྒྲུབ་པ་ལ་གཉིས་ཏེ། ཡོན་ཏན་བཞི་སྒྲུབ་པ་དང་། ཆགས་པ་བདུན་སྤང་བའོ། །དང་པོ་ནི། སྦྱིན་པའི་མི་མཐུན་ཕྱོགས་ཉམས་དང་། །རྣམ་པར་མི་རྟོག་ཡེ་ཤེས་ལྡན། །འདོད་པ་ཐམས་ཅད་ཡོངས་རྫོགས་བྱེད། །སེམས་ཅན་རྣམ་སྨིན་བྱེད་རྣམ་གསུམ། །ཞེས་གསུངས་པས། སེར་སྣ་ཉམས་པ་ལྟར་སེར་སྣ་སྤང་བ། རྣམ་པར་མི་རྟོག་པ་གང་ཟག་དང་ཆོས་ཀྱི་བདག་མེད་རྟོགས་པ། འདོད་པ་ཐམས་ཅད་ཡོངས་སུ་རྫོགས་པ་སྟེ། ཆོས་དང་མཐུན་པའི་ཅི་འདོད་པ་སྟེར་བ། སེམས་ཅན་ཡོངས་སུ་སྨིན་པར་བྱེད་པ་གསུམ་སྦྱིན་པས་བསྡུས་ནས། ཐེག་པ་གསུམ་ལ་བསྐལ་བ་ཇི་ལྟ་བ་བཞིན་འགོད་པའོ། །གཉིས་པ་ནི། བྱང་ཆུབ་སེམས་དཔའི་སྦྱིན་པ་ནི། །མ་ཆགས་མི་ཆགས་ཆགས་པ་མེད། །ཆགས་པ་ཉིད་ཀྱང་མ་ཡིན་ལ། །མ་ཆགས་མི་ཆགས་ཆགས་པ་མེད། །ཅེས་གསུངས་པས། ལོངས་སྤྱོད་ལ་ཆགས་པ་དང་། ཕྱི་བཤོལ་ལ་ཆགས་པ་དང་། དེ་ཙམ་གྱིས་ཆོག་པར་འཛིན་པ་ལ་ཆགས་པ་དང་། ལན་ལ་རེ་བ་ཆགས་པ་དང་། རྣམ་པར་སྨིན་པ་ལ་ཆགས་པ་དང་། མི་མཐུན་པའི་ཕྱོགས་ལ་ཆགས་པ་དང་། སེར་སྣ་ལ་སོགས་པ་སྤོང་མི་འདོད་པ་སྟེ། ས་སྐྱ་པཎྜི་ཏས། ལོངས་སྤྱོད་ཕྱི་བཤོལ་ཆོག་པར་འཛིན། །ལན་དང་རྣམ་སྨིན་མི་མཐུན་ཕྱོགས། །རྣམ་པར་གཡེང་ལ་ཆགས་པ་སྟེ། །བདུན་པོ་འདི་དག་མཁས་པས་སྤངས། །ཞེས་གསུངས། རྣམ་གཡེང་ལ་ཆགས་པ་ལ་གཉིས་ལས། ཡིད་ལ་བྱེད་པས་གཡེང་བ་ནི་ཐེག་པ་དམན་པ་ལ་དགའ་བ་དང་། རྣམ་པར་རྟོག་པས་གཡེང་བ་སྟེ། འཁོར་གསུམ་དུ་རྟོག་པའོ། །

གསུམ་པ་སྦྱིན་པའི་ཕན་ཡོན་ལ་གཉིས་ཏེ། གནས་སྐབས་ཀྱི་ཕན་ཡོན་དང་། མཐར་ཐུག་གི་ཕན་ཡོན་ནོ། །དང་པོ་ལའང་གཉིས་ལས། ཚེ་འདིར་འབྱུང་བའི་ཕན་ཡོན་ནི། སྦྱིན་པས་སེམས་ཅན་མགུ་བར་བྱས་པས་ལོངས་སྤྱོད་དང་སྙན་པ་དང་གྲགས་པ་དང་དཔལ་དང་བདེ་བ་ཕུན་སུམ་ཚོགས་པ་ཐོབ་སྟེ། སྤྱོད་འཇུག་ལས། སེམས་ཅན་མགུ་ལས་བྱུང་བ་ཡི། །མ་འོངས་སངས་རྒྱས་འགྲུབ་ལྟ་ཞོག །ཚེ་འདི་ཉིད་ལའང་དཔལ་ཆེ་དང་། །གྲགས་དང་སྙིད་འགྱུར་ཅིས་མ་མཐོང་། །ཞེས་དང་། མདོ་སྡེ་རྒྱན་ལས། སྦྱིན་པ་པོ་ནི་ལོངས་སྤྱོད་མི་འདོད་ཀྱང་། །ལོངས་སྤྱོད་ཤིན་ཏུ་བཟང་ལ་མང་དང་ལྡན། །ཅེས་གསུངས་པ་ལྟར་རོ། །ཚེ་ཕྱི་མ་ལ་འབྱུང་བ་ནི། སྟོང་བ་རྒྱ་མཐུན་གྱི་འབྲས་བུ་ཅི་འདོད་པའི་ལོངས་སྤྱོད་ཐོབ། བྱེད་པ་རྒྱ་མཐུན་གཞན་ལ་ཡང་ཅི་འདོད་པ་སྟེར་ཐོད་པར་འགྱུར། གཞན་ཡང་ཡུལ་ངན་པ་དང་། མུ་གེའི་བསྐལ་པར་གཏན་མི་སྐྱེ་བ་ལ་སོགས་པ་ཕན་ཡོན་དཔག་ཏུ་མེད་དོ། །བསྟོད་པར། བྱང་ཆུབ་སེམས་དཔའི་སྦྱིན་པས་ཡི་དྭགས་འགྲོ་བ་གཅོད། །དབུལ་བ་དང་ནི་དེ་

བཞིན་ཉོན་མོངས་ཐམས་ཅད་གཅོད། །ཅེས་སོགས་གསུངས་པ་ལྟར་རོ། །གཉིས་པ་མཐར་ཐུག་གི་ཕན་ཡོན་ནི། སངས་རྒྱས་པ་ན་འཇིག་རྟེན་དང་འཇིག་རྟེན་ལས་འདས་པའི་འཁོར་རྒྱ་མཚོ་ལྟ་བུ་དང་། འཇིག་རྟེན་དང་འཇིག་རྟེན་ལས་འདས་པའི་དགེ་བའི་རྩ་བ་ལས་གྲུབ་པའི་མཆོད་པ་རྣམས་འབྱུང་། ནམ་མཁའ་མཛོད་ཀྱི་ཏིང་ངེ་འཛིན་ལ་དབང་བསྒྱུར་བ་ལ་སོགས་པ་ཡོན་ཏན་དཔག་ཏུ་མེད་པ་ཐོབ་བོ། །

གཉིས་པ་ཚུལ་ཁྲིམས་ཀྱི་ཕ་རོལ་ཏུ་ཕྱིན་པ་ལ་གསུམ་སྟེ། ཚུལ་ཁྲིམས་ཀྱི་མཚན་ཉིད་དང་། ཚུལ་ཁྲིམས་ཀྱི་རང་བཞིན་ངེས་པར་བྱ་བ་དང་། ཚུལ་ཁྲིམས་བསྲུངས་པའི་ཕན་ཡོན་ནོ། །དང་པོ་ནི། གཞན་གྱི་དོན་དུ་རང་གི་ཁ་ན་མ་ཐོ་བ་སྤོང་བའོ། །དེ་སྦྱོར་དངོས་རྗེས་གསུམ་གྱིས་ཟིན་ན་ཚུལ་ཁྲིམས་ཀྱི་ཕ་རོལ་ཏུ་ཕྱིན་པར་འགྱུར་རོ། །གཉིས་པ་ལ་གསུམ། ཚུལ་ཁྲིམས་ཀྱི་མི་མཐུན་ཕྱོགས་ངོས་བཟུང་བ་དང་། གཉེན་པོའི་རང་བཞིན་སོ་སོར་སྤྱད་པ་དང་། དེ་དག་ཕྱིན་ཅི་མ་ལོག་པར་སྒྲུབ་པའོ། །དང་པོ་ལ་གཉིས་ལས། འཆལ་བའི་ཚུལ་ཁྲིམས་ངོས་བཟུང་བ་ནི། དེ་ཡང་སྡོམ་པ་གཏན་བསྲུང་མི་ནུས་པ་དང་། བསྲུང་ཡང་མུ་སྟེགས་བྱེད་ཀྱི་ཚུལ་ཁྲིམས་ལྟར་ཕྱིན་ཅི་ལོག་དང་། ཕྱིན་ཅི་མ་ལོག་ཀྱང་ཉན་ཐོས་ཀྱི་ཚུལ་ཁྲིམས་ལྟར་སངས་རྒྱས་ཀྱི་རྒྱུར་མི་འགྲོ་བ་སྟེ་གསུམ་མོ། །གཉིས་པ་དེའི་ཉེས་པ་བསམ་པ་ལ་གཉིས་ཏེ། ཚེ་འདི་ཡི་ཉེས་པ་དང་། སྐྱེ་བ་གཞན་གྱི་ཕུན་སུམ་ཚོགས་པ་འཇོམས་པའོ། །དང་པོ་ནི། ཚུལ་ཁྲིམས་འཆལ་བ་ལ་ལྷ་དང་བཅས་པའི་འཇིག་རྟེན་ཐམས་ཅད་ཀྱིས་བརྙས་པར་འགྱུར། བླ་མ་དང་དཀོན་མཆོག་གི་སྤྱན་སྔར་འགྲོ་བ་རང་ཉིད་ངོ་གནོང་། དགེ་འདུན་གྱི་གྲལ་དུ་འཛུག་པ་བག་ཚ་སྦྱིན་བདག་གི་དད་རྫས་ལེན་པ་སེམས་ཞུམ། མི་ཐམས་ཅད་ཀྱང་དེ་ལ་བརྙས། མི་མ་ཡིན་གྱིས་བར་དུ་གཅོད། ལྷ་ཐམས་ཅད་ཀྱིས་བསྲུང་བར་མི་འགྱུར། སངས་རྒྱས་དང་བྱང་ཆུབ་སེམས་དཔའ་ཐམས་ཅད་ཀྱི་ཐུགས་ཀྱིས་བས་པར་འགྱུར་རོ། །གཉིས་པ་ནི། ཏིང་ངེ་འཛིན་རྒྱལ་པོ་ལས། ཚུལ་ཁྲིམས་འཆལ་བ་ངན་འགྲོ་དེར་འགྲོ་སྟེ། །དེ་ལ་ཐོས་པ་མང་པོས་སྐྱོབ་མི་ནུས། །ཞེས་གསུངས། ལར་བརྒྱ་ལ་ངན་སོང་ལས་ཐར་ནས་མཐོ་རིས་སུ་སྐྱེས་ན་ཡང་། སྲོག་གཅོད་པས་ནི་ཚེ་ཐུང་འགྱུར། །མ་བྱིན་ལེན་པས་ནོར་དང་བྲལ། །བྱི་བྱེད་པས་ནི་དགྲ་མང་ཞིང་། །རྫུན་དུ་སྨྲ་བས་སྐུར་བར་འགྱུར། །བརྣབ་སེམས་ཡིད་ལ་རེ་བ་འཇོམས། །གནོད་སེམས་སྡུག་བསྔལ་བསྐྱེད་པ་སྟེ། །མི་དགེ་ཉིད་ཀྱིས་འབྲས་བུ་ནི། །ཀུན་གྱི་དང་པོ་ངན་འགྲོར་འགྲོ། །ཞེས་གསུངས་པ་ལྟར། གང་མི་འདོད་པ་རྣམས་ཐོག་ཏུ་འབབ་བོ། །གཉིས་པ་གཉེན་པོའི་རང་བཞིན་སྤྱད་པ་ལ་གཉིས་ལས། དང་པོ་རྒྱུའི་གཉེན་པོ་ལ་ཕྱོགས་རེ་མགོ་མནོན་ནི། དཔུང་བཟང་ལས། ཆགས་ཤས་ཆེ་ན་མི་གཙང་ཤ་ཚིལ་དང་། །པགས་པ་ཀེང་རུས་བལྟ་བས་རྣམ་པར་བཟློག །ཞེ་སྡང་ལ་ནི་བྱམས་པའི་ཆུ་ཡིས་ཏེ། །གཏི་མུག་ལ་ནི་རྟེན

འབྲེལ་ལམ་གྱིས་ཡིན། །ང་རྒྱལ་ལ་ནི་ཁམས་ཀྱིས་རབ་ཏུ་དབྱེ། །ཞེས་གསུངས། མཐའ་དག་དཔྱིས་འབྱིན་གྱི་གཉེན་པོ། རྣམ་འགྲེལ་ལས། སྟོང་ཉིད་བལྟ་བས་གྲོལ་འགྱུར་གྱིས། །བསྒོམ་པ་ལྷག་མ་དེ་དོན་ཡིན། །ཞེས་གསུངས་པས། སྟོང་པ་ཉིད་ཀྱི་ཏིང་ངེ་འཛིན་ལ་འདྲིས་པར་བྱའོ། །

གཉིས་པ་འབྲས་བུའི་གཉེན་པོ་ནི། ཉོན་མོངས་པ་ལ་བརྟེན་ནས་ཚུལ་བཞིན་མ་ཡིན་པའི་ཡིད་ལ་བྱེད་པ་སྐྱེ། དེ་ལ་ལུས་ངག་གི་ཚུལ་ཁྲིམས་འཆལ་བ་འབྱུང་བས་དེའི་གཉེན་པོ་ལ། སྡོམ་པའི་ཚུལ་ཁྲིམས། དགེ་བ་ཆོས་བསྡུད་སེམས་ཅན་དོན་བྱེད་ཀྱི་ཚུལ་ཁྲིམས་སོ། །དང་པོ་ལ་སོ་ཐར་དང་བྱང་སེམས་གཉིས་ཏེ། གོང་དུ་བསྟན་ཟིན། གཉིས་པ་དགེ་བ་ཆོས་བསྡུད་ཀྱི་ཚུལ་ཁྲིམས་ནི། དགེ་བའི་ཆོས་སྒྲུབ་པའི་ཕྱིར་མི་དགེ་བའི་ཆོས་གཞི་དང་བཅས་པ་སྤོང་བའི་སེམས་པ་རྒྱུན་ཆགས་སོ། །དབྱེ་ན་སྐྱབས་འགྲོ་ནས་སངས་རྒྱས་ཀྱི་ཡོན་ཏན་གྱི་བར་གྱི་དགེ་བའི་ཆོས་བསྡུད་པ་ལ་ཅི་རིགས་པར་བསླབ་པ་སྟེ། ལེགས་པར་བཤད་པ་རིན་པོ་ཆེའི་གཏེར་ལས། རང་ལ་དགོས་པའི་བསྟན་བཅོས་འགའ། །ཉི་མ་རེ་ལ་ཚིག་རེ་ཟུངས། །གྲོག་མཁར་དང་ནི་སྦྲང་རྩི་ལྟར། །རིང་པོར་མི་ཐོགས་མཁས་པར་འགྱུར། །ཞེས་སོགས་གསུངས། གསུམ་པ་སེམས་ཅན་དོན་བྱེད་ཀྱི་ཚུལ་ཁྲིམས་ནི། གཞན་དོན་སྒྲུབ་པའི་ཕྱིར་དེ་དང་འགལ་བ་གཞི་དང་བཅས་པ་སྤོང་བའི་སེམས་པ་རྒྱུན་ཆགས་པའོ། །དེ་ཡང་གཞན་དོན་དུ་འགྱུར་ན་རང་རང་གི་སྡོམ་པའི་ཚུལ་ཁྲིམས་དང་འགལ་ཡང་གཞན་དོན་དུ་ཕམ་པ་བཞི་སྤྱོད་པ་སྟེ། བྲམ་ཟེའི་ཁྱེའུ་སྐར་མའམ། དེད་དཔོན་སྙིང་རྗེ་ཆེན་པོ་སོགས་ལྟ་བུའོ། །གསུམ་པ་དེ་དག་ཕྱིན་ཅི་མ་ལོག་པར་སྒྲུབ་པ་ལ་གཉིས་ཏེ། ཡོན་ཏན་བཞི་སྒྲུབ་པ་དང་། ཆགས་པ་བདུན་སྤོང་བའོ། །དང་པོ་ནི། ཚུལ་ཁྲིམས་མི་མཐུན་ཕྱོགས་ཉམས་དང་། །ཞེས་སོགས་གསུངས་པས། མི་མཐུན་ཕྱོགས་འཆལ་བའི་ཚུལ་ཁྲིམས་སྤངས་པ། རྣམ་པར་མི་རྟོག་པ་བདག་མེད་རྟོགས་པ། འདོད་པ་ཡོངས་རྫོགས་བྱེད་པ་ནི། ཤི་ལས་གཞན་ལ་ལུས་ངག་ཡིད་སྡོམ་པ། སེམས་ཅན་སྨིན་པར་བྱེད་པ་ནི། ཚུལ་ཁྲིམས་ཀྱིས་མགུ་བར་བྱས་ནས། སེམས་ཅན་རྣམས་ཐེག་པ་གསུམ་ལ་འགོད་པའོ། །གཉིས་པ་ནི། བྱང་ཆུབ་སེམས་དཔའི་ཚུལ་ཁྲིམས་ནི། །མ་ཆགས་ཞེས་སོགས་ཏེ། དེ་ཡང་ཕྱི་བཤོལ། དེ་ཙམ་གྱིས་ཆོག་པར་འཛིན་པ། ལན་ལ་རེ་བ། རྣམ་པར་སྨིན་པ་ལ་རེ་བ། མི་མཐུན་ཕྱོགས་ལ་ཆགས་པ་སྟེ། དེའི་བག་ལ་ཉལ་བ་བཅོམ་པའོ། །གཡེངས་པ་ལ་ཆགས་པ་གཉིས་ནི་སྔར་བཞིན་នོ། །དེ་ལྟ་བུའི་ཆགས་པ་བདུན་བག་ལ་ཉལ་དང་བཅས་པ་སྤང་ངོ་། །

གསུམ་པ་ཕན་ཡོན་ལ་གཉིས་ཏེ། གནས་སྐབས་དང་། མཐར་ཐུག་གི་ཕན་ཡོན་ནོ། །དང་པོ་ལ་གཉིས་ལས། ཚེ་འདིར་འབྱུང་བ་ནི། ཏིང་ངེ་འཛིན་རྒྱལ་པོ་ལས། ཏིང་འཛིན་རྒྱལ་པོ་སྟོང་པ་འདི་བསྒོམ་པ། །ཚུལ་

ཁྲིམས་དག་པའི་མགོ་ལ་དེ་འདུག་སྟེ། །ཆོས་རྣམས་རང་བཞིན་རྟག་ཏུ་མཉམ་བཞག་པ། །ཁྲིས་པ་མི་རིགས་བརྩོན་པས་མི་ཤེས་སོ། །ཞེས་གསུངས་སོ། །གཞན་ཡང་ཚུལ་ཁྲིམས་ཀྱི་དྲིའི་སྣན་པས་ཕྱོགས་བཅུར་ཁྱབ། གྲོང་ཁྱེར་གྱི་བསོད་སྙོམས་དོན་ཡོད་པར་བྱེད། ལྷ་དང་བཅས་པའི་འཇིག་རྟེན་གྱི་མཆོད་གནས་སུ་འགྱུར། ཚོགས་པའི་ནང་ན་མཛེས་ཤིང་བརྗིད་པ་ལ་སོགས་པ་ཚུལ་ཁྲིམས་ཀྱི་ཡོན་ཏན་དཔག་ཏུ་མེད་པ་མདོ་ལས་གསུངས་སོ། །ཚེ་ཕྱི་མ་ལ་འབྱུང་བ་ནི། དད་པས་མི་ཁོམ་འགྲོ་མི་འགྱུར། ཁྲིམས་ཀྱིས་འགྲོ་བ་བཟང་པོར་སྐྱེ། །ཞེས་གསུངས་པ་ལྟར། མཐོ་རིས་ཀྱི་ཡོན་ཏན་བདུན་ལྡན་དུ་སྐྱེ་སྟེ། རིགས་ལྡན་གཟུགས་བཟང་ལོངས་སྤྱོད་ཆེ། །ཤེས་རབ་ཕུན་ཚོགས་དབང་ཕྱུག་ལྡན། །ནད་མེད་ཤིན་ཏུ་ཚེ་རིང་བ། །མཐོ་རིས་ཡོན་ཏན་བདུན་ཞེས་གསུངས། །ཞེས་གསུངས། བསྟོད་པ་ལས། ཁྲིམས་ཀྱིས་དུད་འགྲོར་འགྲོ་བ་དུ་མའི་ངོ་བོ་དང་། །མི་ཁོམ་བརྒྱད་སྤོང་དེ་ཡི་དལ་བ་རྟག་ཏུ་རྙེད། །ཅེས་གསུངས་སོ། །

གཉིས་པ་མཐར་ཐུག་གི་ཕན་ཡོན་ནི། མངོན་པར་སངས་རྒྱས་པ་ན་ནམ་མཁའི་མཐའ་ཀླས་པར་ངེད་ལྷ་དང་བཅས་པའི་འཇིག་རྟེན་ཐམས་ཅད་ཀྱི་སྟོན་པ། ཞེས་སྣན་པའི་གྲགས་པ་འབྱུང་བ་དང་། སྐུ་གསུང་ཐུགས་ཀྱི་ཕྲིན་ལས་ཡོངས་སུ་དག་པས། གཞན་གྱི་ཤེས་སུ་འོང་ཞེས་བཅབ་མི་དགོས་པའི་བསྲུང་བ་མེད་པ་གསུམ་ཐོབ་སྟེ། མདོ་སྡེ་རྒྱན་ལས། བསྲུང་མེད་སྐྱེལ་བ་མི་མངའ་བ། །འཁོར་གྱི་ནང་དུ་བག་བཀྲུང་གསུང་། །ཀུན་ནས་ཉོན་མོངས་གཉིས་སྤངས་པའི། །འཁོར་བསྡུད་ཁྱོད་ལ་ཕྱག་འཚལ་ལོ། །ཞེས་སོགས་ཐོབ་བོ། །

གསུམ་པ་བཟོད་པ་ལ་གསུམ་སྟེ། བཟོད་པའི་མཚན་ཉིད་དང་། དེའི་རང་བཞིན་ངེས་པར་བྱ་བ་དང་། བཟོད་པ་བསྒོམས་པའི་ཕན་ཡོན་ནོ། །དང་པོ་ནི། གཞན་གྱིས་གནོད་པ་བྱས་པ་ལ་སེམས་མི་འཁྲུག་པའོ། །དེ་སྤྱིར་དངོས་རྫས་གསུམ་གྱིས་ཟིན་ན་བཟོད་པའི་ཕ་རོལ་ཏུ་ཕྱིན་པར་འགྱུར་རོ། །གཉིས་པ་ལ་གསུམ་སྟེ། མི་མཐུན་ཕྱོགས་ངོས་བཟུང་བ་དང་། གཉེན་པོའི་རང་བཞིན་སོ་སོར་དབྱེད་པ་དང་། དེ་དག་ཕྱིན་ཅི་མ་ལོག་པར་སྒྲུབ་པའོ། །དང་པོ་ལ། ཁོང་ཁྲོ་ངོས་བཟུང་བ་ནི། གཞན་གྱི་གནོད་པས་སེམས་ཁོང་ནས་འཁྲུག་པའོ། །དེའི་ཉེས་པ་བསམ་པ་ལ་གཉིས་ཏེ། ཚེ་འདིའི་ཉེས་པ་དང་། སྐྱེ་བ་གཏན་གྱི་བདེ་བ་འཇོམས་པའོ། །དང་པོ་ནི། སྤྱོད་འཇུག་ལས། ཞེ་སྡང་ཟུག་རྔུའི་སེམས་འཆང་ན། །ཡིད་ནི་ཞི་བའི་ཉམས་མི་མྱོང་། །དགའ་དང་བདེ་བ་མི་ཐོབ་ལ། །གཉིད་མི་འོང་ཞིང་གཏན་མེད་འགྱུར། །ཞེས་དང་། མདོར་ན་ཁྲོ་བས་བདེར་གནས་པ། །དེ་ནི་གང་ནའང་ཡོད་མ་ཡིན། །ཞེས་གསུངས་སོ། །གཉིས་པ་ནི། འཕགས་པ་དཀོན་མཆོག་བརྩེགས་པ་ལས། ཁོང་ཁྲོ་བ་གང་ཞེ་ན། བསྐལ་པ་སྟོང་དུ་བསགས་པའི་དགེ་བ་བསྲེག་པའི་དང་ཚུལ་ཅན་ནོ། །ཞེས་དང་། སྤྱོད་འཇུག་ལས། བསྐལ་པ

སྟོང་དུ་བསགས་པ་ཡི། །སྦྱིན་དང་བདེ་གཤེགས་མཆོད་ལ་སོགས། །ལེགས་སྤྱད་གང་ཡིན་དེ་ཀུན་ཀྱང་། །ཁོང་ཁྲོ་གཅིག་གིས་འཇོམས་པར་བྱེད། །ཅེས་གསུངས་སོ། །

གཉིས་པ་གཉེན་པོའི་རང་བཞིན་དཔྱད་པ་ལ་གཉིས་ལས། དང་པོ་རྒྱུའི་གཉེན་པོ་ནི་ཞེ་སྡང་སྤོང་བ་ལ་དེའི་རྒྱུ་སྤང་དགོས་པས། དེ་ཡང་སྤྱོད་འཇུག་ལས། ཡིད་མི་བདེ་བའི་ཟས་རྙེད་ནས། །ཞེ་སྡང་བརྟས་ཏེ་བདག་འཇོམས་སོ། །དེ་སྤོང་བའི་ཐབས་ཀྱང་། དེ་ཉིད་ལས། གལ་ཏེ་བཅོས་སུ་ཡོད་ན་ནི། །དེ་ལ་མི་དགའ་བྱ་ཅི་དགོས། །གལ་ཏེ་བཅོས་སུ་མེད་ན་ཡང་། །དེ་ལ་མི་དགའ་བྱས་ཅི་ཕན། །ཞེས་གསུངས་སོ། །གཉིས་པ་འབྲས་བུའི་གཉེན་པོ་ལ་གསུམ་སྟེ། སྡུག་བསྔལ་དང་དུ་ལེན་པའི་བཟོད་པ་དང་། ཆོས་ལ་ངེས་པར་སེམས་པའི་བཟོད་པ་དང་། གནོད་པ་བྱེད་པ་ལ་ཧ་མི་སྙམ་པའི་བཟོད་པའོ། །དང་པོ་ནི། ལུས་ངག་ཡིད་གསུམ་གྱིས་མི་དགེ་བ་སྤོང་། དགེ་བ་ཐམས་ཅད་སྒྲུབ་པ་ལ། ངལ་དུབ། ཚ་གྲང་། བཀྲེས་སྐོམ། ནད་དང་གནོད་པ་སོགས་སྡུག་བསྔལ་རྣམས་ཁྱད་དུ་བསད་ནས་སངས་རྒྱས་ཐོབ་ཕྱིར་གཞན་དོན་དུ་སེམས་ཅན་དམྱལ་བ་ཡང་བཟོད་དགོས་ན། འདི་ལྟ་བུ་སློས་ཅི་དགོས་ཏེ་ཞེས་སྡུག་བསྔལ་དང་དུ་བླངས་ནས་བཟོད་པ་བསྒོམས་ཏེ། མདོ་ལས། ཆོས་བྱེད་པ་འགྲོག་དགོན་པར་སྡོད་པའི་ཚེ་གཅན་གཟན་ཁྲོ་བོས་ཟ་བའམ་ཆོམ་རྐུན་གྱིས་གནོད་པ་བྱས་པ་ན། བདག་གི་ལས་ཀྱི་སྒྲིབ་པ་ཐམས་ཅད་འདིས་འདག་པར་གྱུར་ཅིག །ཅེས་དང་། སངས་རྒྱས་པའི་སངས་རྒྱས་ཀྱི་ཞིང་དེར་འདི་ལྟ་བུའི་གནོད་པ་མི་འབྱུང་བར་གྱུར་ཅིག །ཅེས་སངས་རྒྱས་ཀྱི་ཞིང་ཡོངས་སུ་དག་པ་དང་སེམས་ཅན་ཡོངས་སུ་སྨིན་པ་ལ་བསླབ་བོ། །ཞེས་གསུངས་སོ། །གཉིས་པ་ནི། སེམས་ཅན་ཐམས་ཅད་ཀྱི་དོན་དུ་འབྲས་བུ་སངས་རྒྱས་ཐོབ་པར་བྱ་བའི་ཕྱིར་དུ་ལམ་གྱི་ཆོས་སྒྲུབ་པ་ལ་ཚ་གྲང་ངལ་དུབ་བཀྲེས་སྐོམ་ན་ཚ་སོགས་སྲོག་ཆད་པའི་བར་གྱི་སྡུག་བསྔལ་ལ་བཟོད་པར་བྱས་ནས་སྒྲུབ་པར་བྱའོ། །དེ་ལ་གཉིས། ཀུན་རྫོབ་དང་། དོན་དམ་པའི་བཟོད་པ་བསྒོམ་པ་ལས། དང་པོ་ནི། བདག་ལ་ཕ་རོལ་གྱིས་གནོད་པ་བྱས་ན་འདི་ལྟར་བསམ་སྟེ། འཁོར་བ་སྡུག་བསྔལ་གྱི་རང་བཞིན། སེམས་ཅན་རང་བཞིན་མི་སྲུན་པ་ཡིན་པས་དེ་དག་ལ་ཁྲོ་བར་མི་རིགས་ཏེ། སྤྱོད་འཇུག་ལས། སེམས་ཅན་མི་བསྲུན་ནམ་མཁའ་བཞིན། །དེ་དག་གཞོམ་གྱིས་ཡོང་མི་ལང་། །ཁྲོ་བའི་དགྲ་ནི་གཅིག་བཅོམ་ན། །དགྲ་དེ་ཐམས་ཅད་ཆོམས་དང་འདྲ། །ཞེས་གསུངས་སོ། །གཉིས་པ་ནི། དོན་དམ་པར་ན་གནོད་པ་བྱ་བའི་བདག་དང་། བྱེད་པའི་བགེགས་ཐམས་ཅད་རང་བཞིན་མེད་པར་ཤེས་པས་ཁྲོ་བ་ཞི་བར་བྱས་ཏེ། སྤྱོད་འཇུག་ལས། དེ་ལྟར་སྟོང་པའི་དངོས་རྣམས་ལ། །ཐོབ་པ་ཅི་ཡོད་ཤོར་ཅི་ཡོད། །གང་གིས་རིམ་གྲོ་བྱས་པའམ། །ཡོངས་སུ་བརྙས་པའང་ཅི་ཞིག་ཡོད། །མི་དགའ་ཅི་ཡོད་དགར་ཅི་ཡོད། །དེ་

ཉིད་དུ་ནི་བཙལ་བྱས་ན། །གང་ཞིག་སྲིད་ཅིང་གང་ལ་སྲིད། །དཔྱད་ན་གསོན་པའི་འཇིག་རྟེན་འདི། །གང་ཞིག་འདིར་ནི་འཆི་འགྱུར་ཏེ། །བྱུང་འགྱུར་གང་གིས་བྱུང་འགྱུར་གང་། །གཉེན་དང་བཤེས་ཀྱང་གང་ཞིག་ཡིན། །ཐམས་ཅད་ནམ་མཁའ་འདྲ་བར་ནི། །བདག་འདྲས་ཡོངས་སུ་བཟུང་བར་བགྱིས། །ཞེས་གསུངས་སོ། །གསུམ་པ་གནོད་པ་བྱེད་པ་ལ་ཟེ་མི་སྣམ་པའི་བཟོད་པ་བསྒོམ་པ་ལ། ཡུལ་དང་། དུས་དང་། རང་བཞིན་གསུམ་ལས། དང་པོ་ནི། ཐོག་མར་གཉེན་ལ། དེ་ནས་གྲོགས་ལ་བཟོད་པ་བསྒོམ་པ་སོགས་སོ། །དུས་ནི། ནངས་མ་གཅིག་དང་། ཞག་གཅིག་ནས་ལོ་གཅིག་སོགས་དུས་བསྲིང་ཞིང་བསྒོམ་མོ། །གསུམ་པ་ནི། སེམས་ཅན་ཐམས་ཅད་དྲིན་ཅན་གྱི་ཕ་མ་ཡིན་པ་དང་། བཟོད་པ་འགྲུབ་པའི་རྒྱུ་དང་། ལས་ངན་འཛད་པའི་རྐྱེན་ཡིན་པའི་ཕྱིར། བཟོད་པ་བསྒོམ་མོ། །གསུམ་པ་དེ་ཕྱིན་ཅི་མ་ལོག་པར་སྒྲུབ་པ་ལ། ཡོན་ཏན་བཞི་སྒྲུབ་པ་དང་། ཆགས་པ་བདུན་སྤང་བའོ། །

དང་པོ་ནི། བཟོད་པའི་མི་མཐུན་ཕྱོགས་ཉམས་དང་། །ཞེས་སོགས་སོ། །གཉིས་པ་ནི། བྱང་ཆུབ་སེམས་དཔའི་བཟོད་པ་ནི། །མ་ཆགས་ཞེས་སོགས་སྔར་ལྟར་རོ། །གསུམ་པ་ཕན་ཡོན་ལ། གནས་སྐབས་དང་། མཐར་ཐུག་གོ །དང་པོ་ལ་ཚེ་འདི་ལ་འབྱུང་བ་ནི། གཞན་གྱི་གནོད་པ་བཟོད་པས་དེ་ལ་ལན་མི་བྱེད། དེས་ན་གནོད་པའི་བསམ་པ་དང་སྦྱོར་བ་རང་ཞིར་འགྱུར། རང་གི་ལུས་དང་སེམས་བདེ། འཇིག་རྟེན་ཕ་རོལ་ཏུ་འགྲོ་ཡང་མི་སྐྲག་པ་སོགས་ཡོན་ཏན་དཔག་མེད་འབྱུང་ངོ་། །གཉིས་པ་ཚེ་ཕྱི་མ་ལ་འབྱུང་བ་ནི། གང་དང་གང་དུ་སྐྱེས་པར་གཟུགས་བཟང་ཚེ་རིང་ནད་མེད་མི་དང་མི་མ་ཡིན་པའི་དགྲ་མི་འབྱུང་། འཁོར་ལོ་བསྒྱུར་བ་སོགས་ཕུན་ཚོགས་ཐམས་ཅད་འབྱུང་སྟེ། སྤྱོད་འཇུག་ལས། འཁོར་ཚེ་བཟོད་པས་མཛེས་སོགས་དང་། །ནད་མེད་པ་དང་བདེ་བ་ཡིས། །ཤིན་ཏུ་ཡུན་རིང་འཚོ་བ་དང་། །འཁོར་ལོ་བསྒྱུར་བའི་བདེ་རྒྱས་ཐོབ། །ཅེས་དང་། བསླབ་པ་ལས། གསེར་མདོག་སྟུག་ཅིང་འགྲོ་བས་ལྟ་བའི་འོས་སུ་འགྱུར། །ཞེས་གསུངས་སོ། །གཉིས་པ་མཐར་ཐུག་གི་ཕན་ཡོན་ནི། མཚན་དང་དཔེ་བྱད་ཐོབ་ཅིང་སྐྱེ་བོ་ཐམས་ཅད་ཀྱི་ཡིད་འཕྲོག་པའི་སྐུ་དང་གསུང་དུ་འགྱུར་ཏེ། མདོ་སྡེ་རྒྱན་ལས། ལུས་ཅན་ཀུན་གྱིས་ཁྱོད་མཐོང་ན། །སྐྱེས་བུ་དམ་པ་ལགས་པར་འཚལ། །མཐོང་བ་ཙམ་གྱིས་རབ་དང་བས། །མཛད་པ་ཁྱོད་ལ་ཕྱག་འཚལ་ལོ། །ཞེས་གསུངས་པ་ལྟར་རོ། །

བཞི་པ་བརྩོན་འགྲུས་ལ་གསུམ་སྟེ། བརྩོན་འགྲུས་ཀྱི་མཚན་ཉིད་དང་། དེའི་རང་བཞིན་ངེས་པར་བྱ་བ་དང་། བརྩོན་འགྲུས་བརྩམས་པའི་ཕན་ཡོན་ནོ། །དང་པོ་ནི། གཞན་གྱི་དོན་དུ་དགེ་བ་ལ་སྤྲོ་བ་སྟེ། ཞི་ལྷས་བརྩོན་གང་དགེ་ལ་སྤྲོ་བའོ། །ཞེས་སོ། །དེ་སྦྱོར་དངོས་རྗེས་གསུམ་གྱིས་ཟིན་ན་བརྩོན་འགྲུས་ཀྱི་ཕ་རོལ་ཏུ

ཕྱིན་པར་འགྱུར་རོ། །གཉིས་པ་ལ་གསུམ་སྟེ། བསྔོན་འབྲས་ཀྱི་མི་མཐུན་ཕྱོགས་ངོས་བཟུང་བ་དང་། གཉེན་པོའི་རང་བཞིན་སོ་སོར་དཔྱད་པ་དང་། དེ་དག་ཕྱིན་ཅི་མ་ལོག་པར་སྒྲུབ་པའོ། །དང་པོ་ལ་གཉིས། ལེ་ལོ་ངོས་བཟུང་བ་ནི། ལུས་ངག་ཡིད་གསུམ་དགེ་བ་ལ་མི་འཇུག་པ་དང་། འཇུག་ཀྱང་མུ་སྟེགས་བྱེད་ལྟར་དགེ་བ་མ་ཡིན་པ་ལ་དགེ་བར་བསྒོམས་ནས་བརྩོན་པ་དང་། དགེ་བ་ཡིན་ཀྱང་འཁོར་བ་དང་མྱ་ངན་ལས་འདས་པའི་མཐར་འགྱུར་བ་ལ་བརྩོན་པའོ། །གཉིས་པ་ཉེས་པ་བསམ་པ་ལ། ཚེ་འདིའི་ཉེས་པ་བསམ་པ་དང་། སྐྱེ་བ་གཞན་གྱི་བདེ་བ་འཇོམས་པའོ། །དང་པོ་ནི། སྤྱོད་འཇུག་ལས། ཞུམ་བཅས་རྩོལ་བ་དོར་བ་ལ། །ཕོངས་ལས་ཐར་བ་ཡོད་དམ་ཅི། །ང་རྒྱལ་རྩོལ་བ་བསྐྱེད་པ་ཡིས། །ཆེན་པོ་ཡིས་ཀྱང་ཐུབ་པར་དཀའ། །ཞེས་པ་ལྟར། ལེ་ལོས་ཟས་གོས་ཀྱང་མི་འགྲུབ་ན། ཐོས་བསམ་སྒོམ་པ་ལ་སོགས་པ་དགེ་བའི་ཕྱོགས་མི་འགྲུབ་པ་ལྟ་ཅི་སྨོས། མདོར་ན་ལེ་ལོས་སངས་རྒྱས་དང་མི་འཇལ། བླ་མ་ལས་ཆོས་མི་ཐོས་པ་སོགས་སོ། །གཉིས་པ་སྐྱེ་བ་གཞན་གྱི་བདེ་བ་འཇོམས་པ་ཡང་། རྒྱལ་བའི་ཡུམ་ལས། ལེ་ལོས་ནི་བདག་གི་དོན་ཡང་མི་འགྲུབ་ན་གཞན་གྱི་དོན་ལྟ་ཅི་སྨོས། ཞེས་སོགས་དང་། སྤྱོད་འཇུག་ལས། ཁྱོད་ཀྱིས་ཤ་གསོན་འདྲེ་ལྟ་ཡིས། །ཚེ་འདིར་འཇིགས་དང་ལྡན་འགྱུར་ན། །སྡིག་བྱས་དམྱལ་བ་མི་ཟད་པའི། །སྡུག་བསྔལ་རྣམས་ནི་སྨོས་ཅི་དགོས། །ཞེས་སོགས་སོ། །

གཉིས་པ་གཉེན་པོའི་རང་བཞིན་སོ་སོར་དཔྱད་པ་ལ་གཉིས་ལས། དང་པོ་རྒྱུའི་གཉེན་པོ་སྤྱོད་འཇུག་ལས། ཉོན་མོངས་ཉ་བས་ཟིན་ནས་ནི། །སྐྱེ་བའི་རྒྱར་ནི་ཆུད་གྱུར་ནས། །འཆི་བདག་ཁར་ནི་སོང་གྱུར་པ། །ཅི་སྟེ་དུང་མི་ཤེས་སམ། །ཞེས་དང་། རང་སྡེ་རིམ་གྱིས་གསོད་པ་ཡང་། །ཁྱོད་ཀྱིས་མཐོང་བར་མ་གྱུར་ཏམ། །འོན་ཀྱང་གཉིད་ལ་བརྟེན་པ་གང་། །གདོལ་པ་དང་ནི་མ་ཧེ་བཞིན། །ཞེས་བྱ་བ་ལ་སོགས་པས་འཁོར་བའི་ཉེས་དམིགས་ཡང་དང་ཡང་དུ་བསམས་པས་ལེ་ལོ་ལས་བཟློག་པར་འགྱུར་རོ། །གཉིས་པ་འབྲས་བུའི་གཉེན་པོ་ལ་གཉིས། སྤྱོད་ཡུལ་ཡོངས་སུ་དག་པ་དང་། སྒྲུབ་པ་ཕུན་སུམ་ཚོགས་པའོ། །དང་པོ་ནི། སངས་རྒྱས་ཕལ་པོ་ཆེ་ལས་འཕགས་པ་འཇམ་དཔལ་གྱིས་བྱང་ཆུབ་སེམས་དཔའ་ཡེ་ཤེས་དཔལ་ལ་གསུངས་པའི་སྤྱོད་ཡུལ་ཡོངས་སུ་དག་པའི་མདོ་ལྟར་ཤེས་པར་བྱའོ། །བསྟན་སློབ་དཔོན་ཆེན་པོ་ཡེ་ཤེས་སྙིང་པོས་མཛད་པའི་སྤྱོད་ཡུལ་ཡོངས་སུ་དག་པའི་དོན་བསྡུས་ལས། བྱང་ཆུབ་སེམས་དཔའ་ཁྱིམ་གྱི་ནང་དུ་འདུག་པའི་ཚེ་ཐར་པ་ཆེན་པོའི་གྲོང་ཁྱེར་ཐོབ་པར་གྱུར་ཅིག །དེ་བཞིན་དུ་ཉལ་བའི་ཚེ་སངས་རྒྱས་ཀྱི་ཆོས་སྐུ་ཐོབ་པར་གྱུར་ཅིག །རྨི་ལམ་བྱུང་ན་ཆོས་ཐམས་ཅད་རྨི་ལམ་ལྟ་བུར་རྟོགས་པར་གྱུར་ཅིག་ཅེས་སོགས་ཐུབ་པའི་དགོངས་གསལ་དུ་བལྟའོ། །གཉིས་པ་ནི། སྤྱོད་འཇུག་ལས། དངོས་སམ་ཡང་ན་བརྒྱུད་ཀྱང་རུང་། །སེམས་ཅན་དོན་ལས་གཞན་

མི་སྲིད། །སེམས་ཅན་ཁོ་ནའི་དོན་གྱི་ཕྱིར། །ཐམས་ཅད་བྱང་ཆུབ་ཕྱིར་བསྔོའོ། །ཞེས་དང་། འཕགས་པ་ལྟར། བསམ་པ་བྱང་ཆུབ་སེམས་དཔའ་ལ། །དགེ་བའམ་ཡང་ན་མི་དགེ་བ། །ཐམས་ཅད་དགེ་བ་ཉིད་འགྱུར་ཏེ། །གང་ཕྱིར་སེམས་པ་གཙོ་བོའི་ཕྱིར། །ཞེས་སོགས་སོ། །གསུམ་པ་དེ་དག་ཕྱིན་ཅི་མ་ལོག་པར་སྒྲུབ་པ་ལ་གཉིས། ཡོན་ཏན་བཞི་སྒྲུབ་པ་དང་། ཆགས་པ་བདུན་སྤང་བའོ། །དང་པོ་ནི། བརྩོན་འགྲུས་མི་མཐུན་ཕྱོགས་ཉམས་དང་། །ཞེས་སོགས་སོ། །གཉིས་པ་ནི། བྱང་ཆུབ་སེམས་དཔའི་བརྩོན་འགྲུས་ནི། །མ་ཆགས་ཞེས་སོགས་ཏེ་སྔར་བཞིན། ཆགས་པ་བདུན་བག་ལ་ཉལ་དང་བཅས་པ་སྤང་ངོ། །

གསུམ་པ་ཕན་ཡོན་ལ་གཉིས་ཏེ། གནས་སྐབས་ཀྱི་ཕན་ཡོན་དང་། མཐར་ཐུག་གི་ཕན་ཡོན་ནོ། །དང་པོ་ལ་གཉིས་ལས། ཚེ་འདི་ལ་འབྱུང་བ་ནི། འཇིག་རྟེན་གྱི་བྱ་བ་དང་། ཆོས་ཀྱི་བྱ་བ་ཐམས་ཅད་འགྲུབ། འཁོར་དང་ལོངས་སྤྱོད་ཡོན་ཏན་ཕུན་སུམ་ཚོགས། ཆོས་དང་མཐུན་པའི་འབྱོར་པ་ཐོབ་པས་ཚེ་འདིར་སྐྱིད་ཅིང་འཆི་བའི་ཚེ་འགྱོད་པ་མེད། མི་དང་མི་མ་ཡིན་པས་བར་དུ་གཅོད་པའི་གླགས་མི་རྙེད། ལྷ་དང་བཅས་པའི་འཇིག་རྟེན་ཐམས་ཅད་ཀྱིས་སྨོན་པའི་གནས་སུ་འགྱུར་བ་ལ་སོགས་པའི་ཡོན་ཏན་དཔག་ཏུ་མེད་པ་ཐོབ་བོ། །ཚེ་ཕྱི་མ་ལ་འབྱུང་བ་ནི། བསྟོད་པ་ལས། བརྩོན་འགྲུས་ཀྱིས་ནི་དཀར་པོའི་ཡོན་ཏན་འཕྲིབ་མི་འགྱུར། །ཡེ་ཤེས་མཐའ་ཡས་རྒྱལ་བའི་བང་མཛོད་རྙེད་པར་འགྱུར། །ཞེས་གསུངས་པ་ལྟར། སྐད་ཅིག་རེ་རེ་ལ་མི་དགེ་བ་ཐམས་ཅད་ཟིལ་གྱིས་གནོན་ཅིང་དགེ་བའི་རྩ་བ་ཐམས་ཅད་གོང་ནས་གོང་དུ་འཕེལ། ཇི་ལྟར་བརྩམས་པའི་བྱ་བ་རྣམས་མྱུར་དུ་འགྲུབ་སྟེ། རྫོགས་པའི་སངས་རྒྱས་ཀྱི་ཡོན་ཏན་ཐམས་ཅད་འདིས་ཐོབ་པར་འགྱུར་རོ། །

གཉིས་པ་མཐར་ཐུག་གི་ཕན་ཡོན་ནི། །མངོན་པར་རྫོགས་པར་སངས་རྒྱས་པ་ན་སྟོབས་དང་མི་འཇིགས་པ་ལ་སོགས་པ་ཡོན་ཏན་ཐམས་ཅད་ལྷུན་གྱིས་གྲུབ་པ་དང་། སེམས་ཅན་ཐམས་ཅད་ཀྱི་ཕྲིན་ལས་ཐོགས་པ་མེད་པ་འགྲུབ་སྟེ། མདོ་སྡེ་རྒྱན་ལས། སྟོབས་སོགས་སངས་རྒྱས་ཆོས་རྣམས་ལ། །ཡོན་ཏན་རིན་ཆེན་འབྱུང་གནས་འདྲ། །འགྲོ་བ་དགེ་བའི་ལོ་ཏོག་ལ། །སྤྲིན་ཆེན་དང་ཡང་འདྲ་བར་འདོད། །ཅེས་སོགས་ལྟར་རོ། །ལྔ་པ་བསམ་གཏན་ལ་གསུམ་སྟེ། བསམ་གཏན་གྱི་མཚན་ཉིད་དང་། དེའི་རང་བཞིན་ངེས་པར་བྱ་བ་དང་། བསམ་གཏན་བསྒོམས་པའི་ཕན་ཡོན་ནོ། །དང་པོ་ནི། རྫོགས་པའི་སངས་རྒྱས་ཀྱི་དོན་དུ་མཉམ་པར་འཇོག་པའོ། །དེ་སྦྱོར་དངོས་རྗེས་གསུམ་གྱིས་ཟིན་ན་བསམ་གཏན་གྱི་ཕ་རོལ་ཏུ་ཕྱིན་པར་འགྱུར་རོ། །གཉིས་པ་ལ་གསུམ་སྟེ། བསམ་གཏན་གྱི་མི་མཐུན་ཕྱོགས་ངོས་བཟུང་བ་དང་། གཉེན་པོའི་རང་བཞིན་སོ་སོར་དཔྱད་པ་དང་། དེ་དག་ཕྱིན་ཅི་མ་ལོག་པར་སྒྲུབ་པའོ། །དང་པོ་ལ་གཉིས་ལས། རྣམ་པར་གཡེང་བ་ངོས་བཟུང་བ་ནི།

སེམས་དམིགས་པ་ལ་རྩེ་གཅིག་ཏུ་འཛོག་མི་ནུས་པ་དང་། ནུས་ཀྱང་མུ་སྟེགས་ཀྱི་བསམ་གཏན་ལྟར་ཕྱིན་ཅི་ལོག་ཏུ། ཕྱིན་ཅི་མ་ལོག་ཀྱང་མྱ་ངན་ལས་འདས་པ་དང་ཁམས་གོང་མའི་རྒྱུར་འགྱུར་བའོ། །

གཉིས་པ་དེའི་ཉེས་པ་བསམ་པ་ལ་གཉིས་ཏེ། ཚེ་འདིའི་ཉེས་པ་དང་། སྐྱེ་བ་གཏན་གྱི་བདེ་བ་འཇོམས་པའོ། །དང་པོ་ནི། སྤྱོད་འཇུག་ལས། སེམས་ནི་རྣམ་པར་གཡེངས་པའི་མི། །ཉོན་མོངས་མཆེ་བའི་ཕྲག་ན་གནས། །ཞེས་གསུངས། སེམས་ཕྱིན་ཅི་ལོག་སྣ་ཚོགས་ལ་འཇུག་སྙིང་འདོད་ཅིང་། ཕུང་གྲོལ་སྣ་ཚོགས་སྤྱད་ནས་འཆི་བའི་ཚེ་འགྲོད་པ་དང་བཅས་ནས་འཆི་བར་འགྱུར་རོ། །གཉིས་པ་ནི། སྤྱོད་འཇུག་ལས། དེར་ཡང་རྣམ་གཡེངས་གོམས་པས་ནི། །བཟློག་པའི་ཐབས་ནི་ག་ལ་ཡོད། །ཅེས་གསུངས། རི་གཟར་པོ་ལ་ཆུ་དྲག་པོ་འབབ་པ་ལྟར། སེམས་རྣམ་པར་གཡེངས་པ་བཟློག་དཀའ་བས། མི་དགེ་བ་སྣ་ཚོགས་སྤྱད་ནས་འཁོར་བ་དང་ངན་སོང་གི་རྒྱུར་འགྱུར་རོ། །

གཉིས་པ་གཉེན་པོའི་རང་བཞིན་སོ་སོར་དཔྱད་པ་ལ་གཉིས་ལས། དང་པོ་རྒྱུའི་གཉེན་པོ་ནི། རྣམ་གཡེང་གི་རྒྱུ་སེམས་ཅན་དང་ལོངས་སྤྱོད་ལ་ཆགས་པ་ཡིན་པས། དེའི་གཉེན་པོ་ལ་གཉིས་ཏེ། ཆགས་པ་སྤང་བ་དང་། དབེན་པའི་ཡོན་ཏན་དྲན་པར་བྱའོ། །དང་པོ་ལ་གཉིས། སེམས་ཅན་ལ་ཆགས་པ་སྤང་བ་ནི། སྤྱོད་འཇུག་ལས། སེམས་ཅན་རྣམས་ལ་ཆགས་བྱས་ན། །ཡང་དག་ཉིད་ལ་ཀུན་ནས་སྒྲིབ། །སྐྱོ་བའི་སེམས་ཀྱང་འཇིག་པར་བྱེད། །ཐ་མར་མྱ་ངན་གདུང་བར་འགྱུར། །དེ་ལ་སེམས་པ་འབའ་ཞིག་གིས། །ཚེ་འདི་དོན་མེད་འདའ་བར་འགྱུར། །རྟག་པ་མེད་པའི་མཛའ་བཤེས་ཀྱིས། །གཡུང་དྲུང་ཆོས་ཀྱང་འཇིག་པར་བྱེད། །ཅེས་དང་། སྐད་ཅིག་གིས་ནི་མཛའ་འགྱུར་ལ། །ཡུད་ཙམ་གཅིག་གིས་དགྲར་ཡང་འགྱུར། །དགའ་བའི་གནས་ལ་ཁྲོ་བྱེད་པས། །སོ་སོ་སྐྱེ་བོ་མགུ་བ་དཀའ། །ཞེས་གསུངས་སོ། །དེ་ཡང་སེམས་ཅན་སྐྱོན་གྱི་རང་བཞིན་ཡིན་པས། སངས་རྒྱས་ཀྱིས་ཀྱང་མི་མགུ་ན། བདག་ལྟ་བུ་ངན་པས་སྨོས་ཅི་དགོས་ཏེ། ལྷས་སྦྱིན་མ་ཞུ་བའི་ནད་ཀྱིས་འཆི་བ་ལ་ཐུག་པ་བཅོམ་ལྡན་འདས་ཀྱིས་བདེན་པའི་བྱིན་བརླབས་ཀྱིས་གསོས་པ་ན་དགེ་སློང་གོའུ་ཏ་མ་འདི་སྨན་དཔྱད་ལ་མཁས་པ་ཞིག་སྟེ་ཤས་ཁར་འཚོ་བས་ཉོན་མི་མོངས་སོ་ཞེས་མ་གུས་པའི་ཚིག་སྨྲས་པ་སོགས་སོ། །ཞེསཤེས་པར་བྱས་ལ་སེམས་ཅན་ལ་ཆགས་པ་སྤང་ངོ་། །

གཉིས་པ་ལོངས་སྤྱོད་ལ་ཆགས་པ་སྤང་བ་ནི། ལོངས་སྤྱོད་སྒྲུབ་པ་དུས་གསུམ་དུ་མི་དགེ་བ་སྟེ། སློབ་དཔོན་མཻ་ཏྲི་པས། ཟང་ཟིང་ཕྱིར་ནི་རྩོད་གྱུར་ཏེ། །ཟང་ཟིང་མེད་ན་བདེ་བའི་མཆོག །ཟང་ཟིང་ཡོངས་སུ་སྤངས་པ་ལས། །ཆུ་སྐྱར་བདེ་བ་ཐོབ་ལ་ལྟོས། །ཞེས་དང་། གཞན་ཡང་། འདོད་ལྡན་རྣམས་ལ་དེ་ལ་སོགས། །ཉེས་

དམིགས་མང་ལ་གནོག་ཆུང་སྟེ། །ཤིང་རྟ་འདྲེན་པའི་ཕྱུགས་དག་གིས། །རྟ་ནི་ཁམ་འགའ་ཟློས་པ་བཞིན། ། ཞེས་སོགས་དྲན་པར་བྱས་ལ་ཆགས་པ་སྤང་ངོ། །གཉིས་པ་དབེན་པའི་ཡོན་ཏན་དྲན་པར་བྱ་བ་ནི། སྤྱོད་འཇུག་ལས། ནགས་ན་རི་དྭགས་བྱ་རྣམས་དང་། །ཤིང་རྣམས་མི་སྙན་བརྗོད་མི་བྱེད། །འགྲོགས་ན་བདེ་བ་དེ་དག་དང་། །ནམ་ཞིག་ལྷན་ཅིག་བདག་གནས་འགྱུར། །ཞེས་སོགས་རྒྱས་པར་གསུངས་པས་དེར་བལྟའོ། ། གཉིས་པ་འབྲས་བུའི་གཉེན་པོ་ནི། བསམ་གཏན་ཡིན་པས་དེ་ལ་གསུམ། འཇིག་རྟེན་དང་ཐུན་མོང་བའི་བསམ་གཏན་དང་། ཉན་ཐོས་དང་ཐུན་མོང་བའི་བསམ་གཏན་དང་། ཐེག་པ་ཆེན་པོ་ཐུན་མོང་མ་ཡིན་པའི་བསམ་གཏན་ནོ། །དང་པོ་གཉིས་ནི་གཞན་དུ་ཤེས་ལ། གསུམ་པ་ལ་ཡང་། སེམས་ཙམ་པའི་ལུགས་སློབ་དཔོན་ཐོགས་མེད་སྐུ་མཆེད་ཀྱི་རྗེས་སུ་འབྲང་བའི་ལམ་གྱི་རིམ་པ་ནི་ཐེག་བསྡུས་ལ་སོགས་པར་ཤེས་སོ། ། དབུ་མ་པའི་ལུགས་སློབ་དཔོན་འཕགས་པ་ཡབ་སྲས་ཀྱི་དགོངས་པ་སྤྱོད་འཇུག་བསམ་གཏན་ལེའུར་འབྱུང་བས་དེར་ཤེས་ཤིང་། ཐུབ་པའི་དགོངས་གསལ་སོགས་སུ་བལྟའོ། །གསུམ་པ་དེ་དག་ཕྱིན་ཅི་མ་ལོག་པར་སྒྲུབ་པ་ལ་གཉིས་ཏེ། ཡོན་ཏན་བཞི་སྒྲུབ་པ་དང་། ཆགས་པ་བདུན་སྤང་བའོ། །དང་པོ་ནི། བསམ་གཏན་མི་མཐུན་ཕྱོགས་ཉམས་དང་། །ཞེས་སོགས་གསུངས། གཉིས་པ་ནི། བྱང་ཆུབ་སེམས་དཔའི་བསམ་གཏན་ནི། །མ་ཆགས་ཞེས་སོགས། སྔར་ལྟར་ཆགས་པ་བདུན་བག་ལ་ཉལ་དང་བཅས་པ་སྤང་ངོ། །

གསུམ་པ་བསམ་གཏན་བསྒོམས་པའི་ཕན་ཡོན་བསྟན་པ་ལ་གནས་སྐབས་དང་། མཐར་ཐུག་གི་ཕན་ཡོན་ནོ། །དང་པོ་ལ་གཉིས་ལས། ཚེ་འདིར་འབྱུང་བ་ནི། བསམ་གཏན་བསྒོམས་པས་ཞི་གནས་སྐྱེ། དེས་ཉོན་མོངས་པ་གློ་བུར་བ་བཟློག །འཇིག་རྟེན་པའི་ཆོས་བརྒྱད་མགོ་སྙོམས། བསམ་གཏན་གྱི་དགའ་བདེ་ཐོབ། རྫུ་འཕྲུལ་དང་མངོན་པར་ཤེས་པ་ལ་སོགས་པ་ཡོན་ཏན་ཅི་རིགས་པར་འབྱུང་ངོ། །ཚེ་ཕྱི་མ་ལ་འབྱུང་བའི་ཕན་ཡོན་ནི། ལུས་ངག་ཡིད་གསུམ་ལས་སུ་རུང་བ་ལ་སོགས་པའི་ཡོན་ཏན་བཞི་དང་། མངོན་པར་ཤེས་པ་ལྔ་ལ་སོགས་པ་ཐོབ་སྟེ། བསྟོད་པ་ལས། བསམ་གཏན་གྱིས་ནི་འདོད་པའི་ཡོན་ཏན་སྨད་པ་འདོར། །རིག་དང་མངོན་པར་ཤེས་དང་ཏིང་འཛིན་མངོན་པར་སྒྲུབ། །ཅེས་གསུངས་སོ། །གཉིས་པ་མཐར་ཐུག་གི་ཕན་ཡོན་ནི། སངས་རྒྱས་ནས་རང་དང་གཞན་གྱི་ཕྲིན་ལས་སྒྲུབ་པ་ཡོངས་སུ་དག་པ་བཞི་ལ་སོགས་པ་ཐོབ་སྟེ། ལེན་དང་གནས་དང་གཏོང་བ་དང་། །སྤྲུལ་དང་ཡོངས་སུ་བསྒྱུར་བ་དང་། །ཏིང་ངེ་འཛིན་དང་ཡེ་ཤེས་ལ། །མངའ་བརྙེས་ཁྱོད་ལ་ཕྱག་འཚལ་ལོ་ཞེས་གསུངས་སོ། །

དྲུག་པ་ཤེས་རབ་ལ་གསུམ་སྟེ། ཤེས་རབ་ཀྱི་མཚན་ཉིད་དང་། དེའི་རང་བཞིན་ངེས་པར་བྱ་བ་དང་།

ཤེས་རབ་བསྐྱེད་པའི་ཕན་ཡོན་ནོ། །དང་པོ་ནི། ཤེས་བྱའི་གནས་ལུགས་ཇི་ལྟ་བ་བཞིན་རྟོགས་པའོ། །དེ་སྤྱོར་དངོས་རྗེས་གསུམ་གྱིས་ཟིན་ན་ཤེས་རབ་ཀྱི་ཕ་རོལ་ཏུ་ཕྱིན་པར་འགྱུར་རོ། །གཉིས་པ་དེ་ཡི་རང་བཞིན་ངེས་པར་བྱ་བ་ལ་གསུམ་སྟེ། ཤེས་རབ་ཀྱི་མི་མཐུན་ཕྱོགས་ངོས་བཟུང་བ་དང་། གཉེན་པོའི་རང་བཞིན་སོ་སོར་དཔྱད་པ་དང་། དེ་དག་ཕྱིན་ཅི་མ་ལོག་པར་སྒྲུབ་པའོ། །དང་པོ་ལ་གཉིས་ལས། འཆལ་བའི་ཤེས་རབ་ངོས་བཟུང་བ་ནི། ཤེས་རབ་ཀྱི་ཡོན་ཏན་མི་ཚོལ་བ། ཚོལ་ཡང་ཕྱིན་ཅི་ལོག་ལ་འབད་པ། ཕྱིན་ཅི་མ་ལོག་ཀྱང་རྫོགས་པའི་སངས་རྒྱས་ཀྱི་རྒྱུར་མི་འགྱུར་བ་སྟེ་གསུམ་མོ། །གཉིས་པ་དེའི་ཉེས་པ་བསམ་པ་ལ་གཉིས་ཏེ། ཚེ་འདིའི་ཉེས་པ་དང་། སྐྱེ་བ་གཏན་གྱི་ཉེས་པའོ། །དང་པོ་ནི། མི་མཁས་པའི་སྟོབས་ཀྱིས་རང་ཉམས། བྱ་བ་དང་བྱ་བ་མ་ཡིན་པའི་ཆ་མི་ཤེས། ལྟ་དང་བཅས་པའི་འཇིག་རྟེན་གྱིས་བརྙས། སེང་གེའི་དྲུང་དུ་ཝ་སྐྱེས་ལྟར་མཁས་པའི་གྲྭར་མི་ཚུད་པ་ལ་སོགས་པའི་ཉེས་པ་མང་ངོ་། །ས་སྐྱ་པཎྜི་ཏས། མཁས་པའི་དྲུང་ན་ཉམས་ཞིང་འཛུར། །བླུན་པོའི་ཚོགས་ན་དགའ་ཞིང་རྒྱེ། །ནོག་དང་རྔོག་ཤལ་མེད་ན་ཡང་། །ཡ་སོ་ཅན་གྱི་བ་ལང་ཡིན། །ཞེས་གསུངས་སོ། །གཉིས་པ་ནི། ཤེས་རབ་མེད་ན་བླང་དོར་གྱི་སྐབས་མི་ཕྱེད་པས་བྱ་བ་གང་བྱེད་པ་ལ་སྟོབས་ཆུང་། སྐྱེ་བ་ཐམས་ཅད་དུ་དབང་པོ་རྟུལ་པོར་འགྱུར། ཆོས་གཅིག་བྱེད་ཀྱང་ནོར་པ་ལས་མི་རྟེད། སྒོམ་བྱས་ཀྱང་བདག་འཛིན་གྱི་རྩ་བ་མི་ཆོད། ཆོད་ཀྱང་ཐབས་ལ་མི་མཁས་པས་ཉན་རང་གི་འགོག་པར་ལྷུང་ངོ་། །གཉིས་པ་གཉེན་པོའི་རང་བཞིན་སོ་སོར་དཔྱད་པ་ལ་གཉིས། དང་པོ་རྒྱུ་ཡི་གཉེན་པོ་ནི། ཤེས་རབ་འཆལ་བའི་རྒྱུ་མ་རིག་པ་དང་རྐྱེན་དགེ་བའི་བཤེས་གཉེན་ངན་པ་ལ་གྲུས་པ་ཡིན་ཏེ། རྣམ་འགྲེལ་ལས། མ་རིག་ཉེས་པའི་རྩ་བ་སྟེ། །དེ་ཡང་འཇིག་ཚོགས་ལྟ་བ་ཡིན། །ཞེས་དང་། མདོ་ལས། ཁྱོད་དེ་ཙམ་དུ་སྡུག་བསྔལ་བའི་ཚོར་བ་མི་བཟོད་པ་ལ་ལོངས་སྤྱོད་པ་སུས་བྱས། གསོལ་པ། མི་དགེ་བའི་བཤེས་གཉེན་གྱིས་སོ། །ཞེས་སོགས་གསུངས་སོ། །

དེས་ན་ཐོས་པ་ལ་འབད་པར་བྱ་སྟེ། །མདོ་ལས། ཐོས་པས་དོན་མ་ཡིན་པ་སྤོང་ངས། །ཐོས་པས་སྡིག་ལས་ལྡོག་པར་བྱེད། །ཐོས་པས་ཤེས་རབ་རྣམ་པར་འཕེལ། །ཐོས་པས་མྱ་ངན་འདས་པ་ཐོབ། །ཅེས་གསུངས་སོ༑ ༑གཉིས་པ་འབྲས་བུའི་གཉེན་པོ་ལ་གཉིས་ཏེ། འཁྲུལ་པའི་ཤེས་རབ་དགག་པ་དང་། མ་འཁྲུལ་བའི་ཤེས་རབ་སྒྲུབ་པའོ། །དང་པོ་ལ་ཡང་། གཞན་གྱི་སྡེ་པའི་ལུགས་དང་། རང་གི་སྡེ་པའི་ལོག་པར་རྟོག་པ་དགག་པའོ། །དེ་རྣམས་ནི་ཐུབ་པའི་དགོངས་གསལ་དུ་བལྟའོ། །གཉིས་པ་མ་འཁྲུལ་བའི་ཤེས་རབ་སྒྲུབ་པ་ལ་གསུམ་སྟེ། སྦྱོར་བ་ལྟ་བས་སྦྱོར་བ་བཅད་པ་དང་། དངོས་གཞི་བསྒོམ་པས་དོན་ཉམས་སུ་བླང་བ་དང་། རྗེས་སྤྱོད་པས

མཐར་ཕྱིན་པར་བྱ་བའོ། །དེ་རྣམས་ཀྱང་ཐུབ་པའི་དགོངས་གསལ་དུ་བལྟའོ། །གསུམ་པ་དེ་དག་ཕྱིན་ཅི་མ་ལོག་པར་སྒྲུབ་པ་ལ་གཉིས་ཏེ། ཡོན་ཏན་བཞི་སྒྲུབ་པ་དང་། ཆགས་པ་བདུན་སྤང་བའོ། །དང་པོ་ནི། ཤེས་རབ་མི་མཐུན་ཕྱོགས་ཉམས་དང་། །ཞེས་སོགས་གསུངས་པས། མི་མཐུན་ཕྱོགས་འཆལ་བའི་ཤེས་རབ་མེད་པ་དང་། རྣམ་པར་མི་རྟོག་པ་སྟེ་བདག་མེད་རྟོགས་པ། འདོད་པ་ཐམས་ཅད་ཡོངས་རྫོགས་བྱེད་པ་ནི། ཤེས་རབ་ལ་བརྟེན་ནས་གཞན་གྱི་ཐེ་ཚོམ་གཅོད་ཅིང་དགོས་པ་སྒྲུབ་པ། སེམས་ཅན་རྣམས་ཡོངས་སུ་སྨིན་པར་བྱེད་པ་ནི། དེས་ཐེག་པ་གསུམ་ལ་འགོད་པའོ། །གཉིས་པ་ནི། བྱང་ཆུབ་སེམས་དཔའི་ཤེས་རབ་ནི། །མ་ཆགས་ཞེས་སོགས་ཏེ། ཆགས་པ་བདུན་ནི། འཆལ་བའི་ཤེས་རབ། ཕྱི་བཤོལ། ཆོག་པར་འཛིན་པ་དང་། ལན་ལ་རེ་བ། རྣམ་སྨིན་ལ་རེ་བ། མི་མཐུན་ཕྱོགས་ལ་ཆགས་པ་སྟེ་དེའི་བག་ལ་ཉལ་བཅོམ་པ། གཡེང་བ་གཉིས་ནི་སྔར་བཞིན་ནོ། །དེ་ལྟ་བུའི་ཆགས་པ་བདུན་བག་ལ་ཉལ་དང་བཅས་པ་སྤང་བར་བྱའོ། །གསུམ་པ་ཤེས་རབ་བསྐྱེད་པའི་ཕན་ཡོན་ལ་གཉིས་ཏེ། གནས་སྐབས་དང་། མཐར་ཐུག་གི་ཕན་ཡོན་ནོ། །དང་པོ་ལ་གཉིས། ཚེ་འདིར་འབྱུང་བ་ནི། ཤེས་རབ་ལེགས་པར་སྦྱངས་པས་ཤེས་བྱ་ལ་མཁས་པའི་བློ་གྲོས། ཀུན་ལ་མི་འཇིགས་པའི་སྤོབས་པ། རྣམ་པར་དག་པའི་བརྗོད་པ་རྣམས་ཐོབ་ནས། རང་རང་གི་ཤེས་རབ་རྣམ་པར་གྲོལ་ཏེ་ཡིད་བདེ་བ་ལ་མཁས་པ་ཞེས་བྱ་བའི་གྲངས་སུ་འགྲོ། ལྷ་དང་བཅས་པའི་འཇིག་རྟེན་དུ་སྙན་པ་གྲགས་པས་ཁྱབ། འཇིག་རྟེན་ཐམས་ཅད་ཀྱི་ཚད་མའི་གནས་སུ་གྱུར་པ་ལ་སོགས་པའི་ཡོན་ཏན་མང་པོ་ཐོབ་བོ། །ཕྱི་མར་འབྱུང་བ་ནི། གང་དང་གང་དུ་གནས་པ་དེ་དང་དེར་ཤེས་རབ་ཕུན་སུམ་ཚོགས། དབང་པོ་རྣོ། ཐོས་པ་འཛིན། སངས་རྒྱས་དང་བྱང་ཆུབ་སེམས་དཔའ་དང་འབྲེལ་བའི་གཏམ་བྱེད་ནུས། རང་གི་ཤེས་བྱའི་སྒྲིབ་པ་སྤོང་། གཞན་ལ་ཆོས་ཀྱི་འཁོར་ལོ་བསྐོར་བ་འབྱུང་སྟེ། བསྡུད་པ་ལས། ཤེས་རབ་ཀྱིས་ནི་ཆོས་ཀྱི་རང་བཞིན་ཡོངས་ཤེས་ནས། །ཁམས་གསུམ་མ་ལུས་པ་ལས་ཡང་དག་འདའ་བར་འགྱུར། །ཞེས་གསུངས་སོ། །གཉིས་པ་མཐར་ཐུག་གི་ཕན་ཡོན་ནི། མངོན་པར་རྫོགས་པར་སངས་རྒྱས་པ་ན་ཤེས་བྱ་ཇི་ལྟ་བ་དང་ཇི་སྙེད་པ་མཁྱེན། སོ་སོ་ཡང་དག་པར་རིག་པ་བཞི་ཡི་སྤོབས་པ་ཐོབ། མི་འཇིགས་པ་བཞི་དང་ལྡན་པས་རྒོལ་བ་ངན་པ་ཚར་གཅོད་པར་འགྱུར་ཏེ། རྟེན་དང་བརྟེན་པ་བཤད་བྱ་དང་། །གསུང་དང་མཁྱེན་པ་འཆད་བྱེད་ལ། །བློ་གྲོས་རྟག་ཐོགས་མི་མངའ་བའི། །ལེགས་སྟོན་ཁྱོད་ལ་ཕྱག་འཚལ་ལོ། །ཞེས་གསུངས་སོ། །གསུམ་པ་དབྱེ་བའི་དགོས་པ་ལ། དགོས་པ་ལ་ལྟོས་པའི་གྲངས་ངེས་དང་། གང་ཟག་ལ་ལྟོས་ནས་གྲངས་ངེས་པའོ། །དང་པོ་ནི། མདོ་སྡེ་རྒྱན་ལས། ལོངས་སྤྱོད་ཕུན་སུམ་ཚོགས་པ་དང་། །འཁོར་གཙོ་ཕུན་ཚོགས་མངོན་མཐོ་དང་། །རྟག་ཏུ་ཉོན་མོངས་དབང་དུ་མི་འགྲོ

དང་། །བྱ་བ་རྣམས་ལ་ཕྱིན་ཅི་མ་ལོག་པའོ། །ཞེས་གསུངས། གཉིས་པ་གང་ཟག་ལ་ལྟོས་ན་གཉིས་སུ་ངེས་པ་ནི། གདུལ་བྱ་ཁྱིམ་པའི་དོན་དུ་སྦྱིན་པ་དང་བཟོད་པ་གཉིས། རབ་ཏུ་བྱུང་བའི་དོན་དུ་ཚུལ་ཁྲིམས་དང་བསམ་གཏན་གཉིས། གཉིས་ཀ་ལ་ཐུན་མོང་དུ་བརྩོན་འགྲུས་དང་ཤེས་རབ་གཉིས་ཏེ་དྲུག་གོ །གོ་རིམ་ངེས་པ་ནི། སྔ་མ་ལ་བརྟེན་ཕྱི་མ་སྐྱེ། །དམན་དང་མཆོག་ཏུ་གནས་ཕྱིར་དང་། །རགས་པ་དང་ནི་ཕྲ་བའི་ཕྱིར། །དེ་དག་རིམ་པར་བསྟན་པ་ཡིན། །ཞེས་གསུམ་ལས། དང་པོ་སྔ་མ་ལ་བརྟེན་ནས་ཕྱི་མ་སྐྱེ་བ་ནི། ལོངས་སྤྱོད་དང་ལྡན་ན་ཚུལ་ཁྲིམས་ལ་འཇུག །བདག་སྡོམ་པ་དང་ལྡན་ན་གཞན་གྱི་གནོད་པ་བཟོད། བཟོད་པ་དང་ལྡན་ན་བརྩོན་འགྲུས་ལ་འཇུག །བརྩོན་འགྲུས་བརྩམས་ན་ཏིང་ངེ་འཛིན་སྐྱེ། སེམས་མཉམ་པར་བཞག་ན་ཆོས་ཀྱི་དོན་ཇི་ལྟ་བར་ཤེས་སོ། །གཉིས་པ་མཆོག་དམན་གྱི་རིམ་པ་ནི། སྔ་མ་དམན་ལ་ཕྱི་མ་མཆོག་སྟེ། སྦྱིན་པ་དམན་ལ་ཚུལ་ཁྲིམས་མཆོག་དང་། བསམ་གཏན་དམན་ལ་ཤེས་རབ་མཆོག་ཡིན་པའི་བར་དུའོ། །གསུམ་པ་ཕྲ་རགས་ཀྱི་རིམ་པ་ནི། སྦྱིན་པ་ནི་འཇུག་སླ་ཞིང་བྱ་སླ་བའི་ཕྱིར་རགས་ལ། ཚུལ་ཁྲིམས་དེ་བས་འཇུག་དཀའ་ཞིང་བྱ་དཀའ་བས་ཕྲ། དེ་བཞིན་དུ་བསམ་གཏན་འཇུག་སླ་ཞིང་བྱ་བ་སླ་བས་རགས་ལ། ཤེས་རབ་འཇུག་དཀའ་ཞིང་ཕྲ་བའི་བར་དུའོ། །

གསུམ་པ་སྒྲ་དོན་ནི། མདོ་སྡེ་རྒྱན་ལས། དབུལ་བ་འདོར་བར་བྱེད་པ་དང་། །བསིལ་བ་ཐོབ་དང་ཁྲོ་བཟོད་དང་། །མཆོག་སྦྱོར་བ་དང་ཡིད་འཛིན་བྱེད། །དོན་དམ་ཤེས་པའི་ཕྱིར་བཤད་དོ། །ཞེས་སོགས་གསུངས།བསྡུ་བའི་དངོས་པོ་བཞིའི་སྤྱོད་པ་ལ་གསུམ་སྟེ། མཚན་ཉིད་དང་། རབ་ཏུ་དབྱེ་བ་དང་། གྲངས་ངེས་པའོ། །དང་པོ་ནི། སེམས་ཅན་སྨིན་པར་བྱ་བའི་དོན་དུ་ཐབས་མཁས་པས་འཁོར་ཡོངས་སུ་སྐྱོང་བའོ། །དབྱེ་ན་བཞི་སྟེ། སྦྱིན་པ་དང་། སྙན་པར་སྨྲ་བ་དང་། དོན་སྤྱོད་པ་དང་། དོན་མཐུན་པའོ། །དང་པོ་ནི། ཆོས་བཤད་པའི་ཕྱིར་ཟང་ཟིང་གིས་བསྡིན་པ་སྟེ། དེ་ཡང་སྔར་ལྟར་མ་དག་པའི་སྦྱིན་པ་སྤངས་ཏེ། དག་པའི་སྦྱིན་པས་མགུ་བར་བྱའོ། །གཉིས་པ་ནི། སྦྱིན་པས་མགུ་བར་བྱས་པའི་རྗེས་ལ་གཞན་སྨིན་པར་བྱ་བའི་ཕྱིར་ཆོས་འཆད་པ་སྟེ། དེ་ཡང་མ་དག་པའི་ཆོས་བོར་ཏེ། སྡེ་སྣོད་དང་མཐུན་པ། ལུང་རིགས་དང་མི་འགལ་བ། དྲང་དོན་དང་ངེས་དོན་མ་འཁྲུགས་པ། དགོངས་པ་དང་ལྡེམ་དགོངས་དང་དྲང་པོར་དགོངས་པ་རྣམས་ཕན་ཚུན་མ་འཆོལ་བ། གང་ཟག་མཆོག་དམན་ལ་ཆོས་བཟང་ངན་གྱི་རིམ་པ་གསུངས་པ་རྣམས་མ་འཁྲུགས་པ། ཉན་ཐོས་དང་ཐེག་པ་ཆེན་པོའི་མཐུན་པ་རྣམས་མི་འགལ་བ། མི་མཐུན་པ་རྣམས་མ་འདྲེས་པ། ཕ་རོལ་ཏུ་ཕྱིན་པ་དང་སྔགས་ཀྱི་དོན་གཅིག་ཏུ་བཤད་པ། ཁྱད་པར་ཞུགས་པ་རྣམས་རྒྱུད་སྡེ་བཞི་དང་མཐུན་པར་བཤད་དེ། མདོར་ན་བཤད་པའི་

སྟོད་དང་། ཆོས་ཀྱི་དབྱེ་བ་དང་། འཆད་པའི་ཚུལ་ཞེས་བཤད་དེ། མདོ་སྡེ་རྒྱན་ལས། དེ་ལྟར་བློ་བཟང་སྐྱོ་བ་མེད་ལྡན་བརྩེ་བ་ཅན། །སྐྱེན་པར་རབ་གྲགས་ཚིག་བཟང་ཤེས་ལྡན་པ་ཡི། །བྱང་ཆུབ་སེམས་དཔའ་ལེགས་པར་སྨྲ་བ་ཡིན་པ་སྟེ། །བཤད་པ་སྐྱི་བོའི་ནང་ན་ཉི་མ་བཞིན་དུ་ལྷམ། །ཞེས་གསུངས་སོ། །གསུམ་པ་དོན་སྤྱོད་པ་ནི། གཞན་ཆོས་ལེན་དུ་བཞུགས་པའི་ཕྱིར། དེའི་དོན་སྒྲུབ་པ་སྟེ། ཕ་རོལ་ཟང་ཟིང་གིས་བསྟེན་ཆོས་བཤད་ཀྱང་བཤད་པ་བཞིན་ཉམས་སུ་ལེན་མི་སྤྱོན་ཐབས་མཁས་པས་དེ་ལེན་དུ་བཞུགས་པའོ། །

བཞི་པ་དོན་མཐུན་པ་ནི། གཞན་དགེ་བ་ལ་བཞུགས་པའི་དོན་དུ་རང་དགེ་བ་ལ་འཇུག་པའོ། །དཔེར་ན་སྦྱིན་པས་བསྡུས་ཆོས་བཤད་དེའི་དོན་ཉམས་སུ་ལེན་དུ་བཅུག་ཀྱང་ལེ་ལོ་དང་བག་མེད་པའི་སྒོ་ནས་བརྩོན་པར་མི་བྱེད་པ་དེ་བཞུགས་པའི་དོན་དུ་རང་དེ་ལ་འཇུག་པའོ། །དཔེར་ན་སྔོན་བྱང་ཆུབ་སེམས་དཔའ་སྨྲ་མཛེས་ཞེས་བྱ་བ་ཞིག་གྲོང་ཁྱེར་དུ་ཞུགས་པ་ན་བུད་མེད་གཅིག་བུའི་རོ་ལ་འཐམས་ཏེ་མ་བྲལ་བ་མཐོང་ནས། དུར་ཁྲོད་ནས་དེ་དང་འདྲ་བའི་རོ་གཅིག་བཙལ་ཏེ། དེའི་ཕྱི་བཞིན་དུ་འབྲངས་པས། བུད་མེད་དེས་མི་གཙང་བར་མཐོང་སྟེ་གཉིས་ཀ་གྲོལ་བྱས་ཏེ་བོར་རོ། །ཞེས་གསུངས་པ་ལྟར་རོ། །དེས་ན་མདོ་སྡེ་རྒྱན་ལས། སྦྱིན་མཚུངས་དེ་སྟོན་ལེགས་འཇུག་དང་། །བདག་ཉིད་རྗེས་སུ་འཇུག་རྣམས་ཀྱི། །སྐྱེན་པར་སྨྲ་དང་དོན་སྤྱོད་དང་། །དོན་མཐུན་ཉིད་དུ་འདོད་པ་ཡིན། །ཕན་པར་བྱེད་པའི་ཐབས་དང་ནི། །འཛིན་པར་བྱེད་དང་འཇུག་བྱེད་པས། །བསྡུ་བའི་དངོས་པོ་བཞིར་བཤད་དོ། །བསྡུས་དང་བསྡུད་པར་འགྱུར་བ་དང་། །གང་དག་ད་ལྟར་སྡུད་བྱེད་པ། །དེ་ཀུན་དེ་ཕྲད་དེ་ལྟ་བས། །འདི་ནི་སེམས་ཅན་སྨིན་བྱེད་ཐབས། །ཞེས་གསུངས་པ་ལྟར་རོ། །དེ་ལྟར་ཕར་ཕྱིན་དྲུག་དང་བསྡུ་དངོས་བཞི་བཤད་ནས།

ལམ་ལྔ་དང་ས་བཅུའི་རྣམ་གཞག་ཤེས་པར་བྱའོ། །དེ་ལ་དང་པོ་ཚོགས་ལམ། སྦྱོར་ལམ། མཐོང་ལམ། སྒོམ་ལམ། མཐར་ཕྱིན་པའི་ལམ་མོ། །ལམ་ལ་གཉིས་ལས་ལམ་སྤྱིའི་མཚན་ཉིད་ནི་རྣམ་པར་གྲོལ་བའི་འཇུག་ངོགས་སོ། །སོ་སོའི་རང་བཞིན་ངེས་པར་བྱ་བ་ལ་ལྔ་སྟེ། དང་པོ་ཚོགས་ལམ་ལ་མཚན་ཉིད། དབྱེ་བ། དེའི་རང་བཞིན་ངེས་པར་བྱ་བ་དང་གསུམ། དང་པོ་ནི། རྣམ་གྲོལ་གྱི་འཇུག་ངོགས་རྣམ་པར་རྟོག་པ་སྤྱིའི་ཚུལ་གྱི་ཐོག་མར་སྒོམ་པའོ། །གཉིས་པ་དབྱེ་ན། ཆུང་ངུ་དང་། འབྲིང་དང་། ཆེན་པོའོ། །དང་པོ་ནི། དྲན་པ་ཉེར་བཞག་བཞི་སྒོམ་པ་སྦྱོར་ལམ་ལ་འཇུག་པར་མ་ངེས་པའོ། །གཉིས་པ་ནི། ཡང་དག་པར་སྤོང་བ་བཞི་སྒོམ་པ་སྦྱོར་ལམ་ལ་འཇུག་པའི་དུས་ངེས་པའོ། །གསུམ་པ། རྫུ་འཕྲུལ་གྱི་རྐང་པ་བཞི་སྒོམ་པའི་ཚེ་དེ་ཉིད་ལ་སྦྱོར་ལམ་དྲོད་སྐྱེ་བར་ངེས་པའོ། །གསུམ་པ་དེའི་རང་བཞིན་ངེས་པར་བྱ་བ་ལ་གསུམ་ལས། དང་པོ་གང་ཟག་གང་ལ་སྐྱེ་ན།

གླིང་གསུམ་གྱི་སྐྱེས་པ་དང་བུད་མེད་ཁོ་ནའོ། །གཉིས་པ་ས་གང་ལ་བརྟེན་ནས་སྐྱེས་ན། སོ་སོ་སྐྱེ་བོའི་ཚུལ་ཁྲིམས་ནི་འདོད་པའི་ས་ལ་བརྟེན་ཏོ། །དུས་དུས་སུ་རྣལ་འབྱོར་ལ་བརྩོན་པ་ནི་བསམ་གཏན་ས་དྲུག་གི་འདོད་ཁམས་ཀྱི་བསམ་པ་རྩེ་གཅིག་པ་ལ་བརྟེན་ཏོ། །རྒྱུར་འགྱུར་བའི་དགེ་བ་གཞན་ནི་འདོད་པའི་ས་ལ་བརྟེན་ཏོ། །གསུམ་པ་ཡུལ་གང་ལ་དམིགས་པ་ནི། སོ་སོ་སྐྱེ་བོའི་ཚུལ་ཁྲིམས་ལུས་ངག་གི་འཇུག་ལྡོག་ལ་དམིགས། དུས་དུས་སུ་རྣལ་འབྱོར་ལ་བརྩོན་པ་ནི་མི་སྡུག་པ་སོགས་སྤྱོད་པ་རྣམ་སྦྱོང་གི་དམིགས་པའམ། དྲན་པ་ཉེར་བཞག་གི་དམིགས་པ་ལུས་ལ་སོགས་པ་ལ་དམིགས། རྒྱུར་གྱུར་པའི་དགེ་བ་གཞན་གྱི་གསུང་རབ་ཚིག་དང་དོན་དུ་བྱས་པ་ལ་དམིགས་པའོ། །

བཞི་པ་ངེས་ཚིག་ནི། བགྲོད་པར་བྱ་བའི་འཇུག་ངོགས་ཡིན་པས་ཚོགས་ཀྱི་ལམ་མོ། །ཐར་པ་ཆ་མཐུན་དང་། ལས་དང་པོ་པའི་ས་ཞེས་ཀྱང་བྱའོ། །སྦྱོར་ལམ་ལ། རྒྱུ། ངོ་བོ། དབྱེ་བ། ཁྱད་ཆོས་བཞི་ལས། དང་པོ་ནི། རྒྱུ་ཚོགས་ལམ་དུ་ཆོས་ཉིད་རྟོགས་པ་ལ་བརྟེན་ནས། བདག་རྐྱེན་བསམ་གཏན་གྱི་དངོས་གཞིའམ་ཉེར་སྡོགས་ཀྱིས་བྱས་དམིགས་རྐྱེན་བདག་མེད་གཉིས་ལ་དམིགས་པ། དེ་མ་ཐག་རྐྱེན་ཚོགས་ལམ་ཆེན་པོས་བྱས་ནས་སྐྱེའོ། །ངོ་བོ་ནི། ཚོགས་ལམ་གྱི་རྗེས་སུ་བྱུང་བའི་བྱང་ཆུབ་ཆེན་པོར་བགྲོད་པའི་འཇིག་རྟེན་པ་སྟེ། དེ་དག་གི་གནས་སྐབས་ཀྱི་དགེ་བ་རྣམས་ཡིན་នོ། །སྒྲ་དོན་ནི། ཁྱད་པར་དུ་འགྲོ་བས་རབ་ཏུ་གྱུར་པའི་སྦྱོར་བ་མཐོང་ལམ་ཉེ་བར་བསྐྱེད་པས་ན་སྦྱོར་ལམ་མོ། །ངེས་འབྱེད་ཆ་མཐུན་དང་། མོས་སྤྱོད་ཀྱི་ས་ཞེས་ཀྱང་བྱའོ། །དབྱེ་ན་དྲོད། རྩེ་མོ། བཟོད་པ། ཆོས་མཆོག་བཞི་སྟེ། དང་པོ་སྦྱོར་ལམ་སྐྱེས་ནས་མཐོང་ལམ་ནམ་སྐྱེ་མ་ངེས་པ་སྦྱོར་ལམ་གྱི་དགེ་བ་ཆུང་ངུ་ནི། མེ་འབྱུང་བའི་སྔ་ལྟས་སུ་དྲོད་འབྱུང་བ་ལྟར་མཐོང་ལམ་སྐྱེ་བའི་ལྟས་ཆོས་ཉིད་ལ་གསལ་སྣང་དང་པོར་བྱུང་བས་དྲོད་དོ། །མཐོང་ལམ་འདི་ནས་སྐྱེ་བའི་དུས་ངེས་ཤིང་སྦྱོར་ལམ་འབྲིང་དུ་གྱུར་པ་ནི་དགེ་རྩ་རྒྱུན་ཆད་འགྲོ་བའི་གཡོ་བ་རྣམས་ལས་མཆོག་ཏུ་གྱུར་པས་རྩེ་མོའོ། །མཐོང་ལམ་ཚེ་དེ་ཉིད་ལ་སྐྱེ་བར་ངེས་པ་སྦྱོར་ལམ་གྱི་དགེ་བ་ཆེན་པོར་གྱུར་པ་ནི། གཟུང་བ་རང་བཞིན་མེད་པ་ལ་མི་སྐྲག་པས་བཟོད་པའོ། །མཐོང་ལམ་སྔན་ཐོག་དེ་ཉིད་དུ་སྐྱེ་བར་ངེས་པ་སྦྱོར་ལམ་གྱི་དགེ་བ་ཆེས་ཆེན་པོར་གྱུར་པ་ནི། འཇིག་རྟེན་པའི་ཆོས་ཐམས་ཅད་ཀྱི་མཆོག་ཏུ་གྱུར་པས་ཆོས་མཆོག་སྟེ། དེ་དག་རེ་རེ་ལའང་ཆུང་དུ་འབྲིང་ཆེན་པོ་གསུམ་གསུམ་དུ་དབྱེའོ། །ཁྱད་པར་ལ་རྟོགས་པ་གཉེན་པོའི་ཁྱད་པར་གསུམ་ལས། དང་པོ་ནི། དྲོད་དུ་གཟུང་བ་ཕྱི་རོལ་གྱི་དོན་ཐམས་ཅད་རྣམ་རྟོག་ཙམ་དུ་སྣང་བ་གཟུང་བ་རང་བཞིན་མེད་པའི་ཡེ་ཤེས་འབྱུང་། རྩེ་མོར། ཡེ་ཤེས་ཀྱི་སྣང་བ་དེ་སྤེལ་བའི་ཕྱིར་བདག་མེད་པ་བསྒོམས་པས་ཡེ་ཤེས་དེ་འབྲིང་ཙམ་དུ་གསལ་བ་སྐྱེ། བཟོད་

པར་དོན་ཐམས་ཅད་སེམས་ལས་གཞན་མ་ཡིན་པར་མཐོང་བ་ཤིན་ཏུ་གསལ་བར་སྐྱེ། ཆོས་མཆོག་ཏུ་འཛིན་པར་སྣང་བ་འདང་མེད་པའི་ཡེ་ཤེས་ཆེས་ཆེར་གསལ་བར་སྐྱེ་སྟེ། དེས་ན་འདི་དག་ལ་ཆོས་ལ་ངེས་རྟོགས་ཀྱི་བཟོད་པ་ཆུང་ངུ་འབྲིང་ཆེན་པོ་ཆེན་པོའི་ཆེན་པོ་ཞེས་ཀྱང་བཤད་དོ། །གཉིས་པ་ནི། ཆོས་ཉིད་དོན་སྤྱི་གསལ་བར་སྣང་བས་ཉོན་མོངས་དང་གཟུང་འཛིན་གྱི་རྟོག་པ་རགས་པའི་གཉེན་པོར་གྱུར་པ་ཡིན་ནོ། །

བཞི་པ་ངེས་ཚིག་ནི། མཐོང་ལམ་ཆོས་ཀྱི་དབྱིངས་དོན་དམ་པ་མངོན་སུམ་མཐོང་བ་ལ་སྦྱོར་བར་བྱེད་པས་སྦྱོར་ལམ་མོ། །མཐོང་ལམ་ལ། རྒྱུ། ངོ་བོ། དབྱེ་བ། ཁྱད་པར། ངེས་ཚིག་དང་ལྔ་ལས། དང་པོ་ནི། རྒྱུ་རྐྱེན་གྱི་ཚོགས་ལམ་དུ་བདག་མེད་རྟོགས་པ་སྦྱོར་ལམ་གྱིས་གསོས་པས་བདག་རྐྱེན་བསམ་གཏན་གྱི་སེམས་ལ་བརྟེན་ནས་དམིགས་རྐྱེན་བདེན་བཞིའི་ཧི་ལྟ་ཧི་སྙེད་པ་ལ་དམིགས་པས། དེ་མ་ཐག་རྐྱེན་ཆོས་མཆོག་ཆེན་པོས་བྱས་པ་ལས་འབྱུང་ངོ་། །ངོ་བོ་ནི། ཆོས་ཉིད་མངོན་སུམ་དུ་གསར་དུ་རྟོགས་པའི་ལམ་མོ། །དེའང་ཆོས་མཆོག་གི་རྗེས་སུ་གཟུང་འཛིན་གཉིས་དང་བྲལ་བའི་ཡེ་ཤེས་དགེ་བ་གཞན་དང་བཅས་པའོ། །རྟོགས་བྱ་སྔར་མ་རྟོགས་མཐོང་བའི་ལམ་ཡིན་པས་དེ་སྐད་དོ། །དབྱེ་ན་སྐད་ཅིག་བཅུ་དྲུག་སྟེ། སྡུག་ཀུན་འགོག་ལམ་བཞི་ལ། ཆོས་ཤེས་པའི་བཟོད་པ། ཆོས་ཤེས་པ། རྗེས་སུ་ཤེས་པའི་བཟོད་པ། རྗེས་སུ་ཤེས་པ་བཞི་བཞིའོ། །དེ་ལའང་སྡུག་བདེན་གྱི་ཆོས་ཉིད་མངོན་སུམ་དུ་མཐོང་བས་དེའི་མཐོང་སྤང་དངོས་སུ་སྤོང་བ། སྡུག་བསྔལ་ལ་ཆོས་ཤེས་པའི་བཟོད་པ། དེ་ནས་མཐོང་སྤང་གིས་དག་པར་རྟོགས་པ་སྡུག་བསྔལ་ལ་ཆོས་ཤེས་པ། དེ་ནས་ཆོས་བཟོད་ཆོས་ཤེས་གཉིས་འཕགས་པའི་ཆོས་ཀྱི་རྒྱུར་རྟོགས་པ་སྡུག་བསྔལ་ལ་རྗེས་སུ་ཤེས་པའི་བཟོད་པ། དེ་ནས་དེ་ངེས་པར་འཛིན་པ་སྡུག་བསྔལ་ལ་རྗེས་སུ་ཤེས་པ། དེ་བཞིན་གཞན་ལའང་ཤེས་པར་བྱའོ། །སྔ་མ་གཉིས་ཀྱིས་གཟུང་བ་དང་ཕྱི་མ་གཉིས་ཀྱིས་འཛིན་པ་རང་བཞིན་མེད་པར་ཤེས་ཏེ། དེས་ན་མཐོང་ལམ་སྐད་ཅིག་གཅིག་ཏུ་སྐྱེ་བ་དང་། བཞིར་སྐྱེ་བ་སོགས་མི་བཞེད་དོ། །གསུམ་པ་ལ། རྟོགས་པ། གཉེན་པོ། ཡོན་ཏན་གྱི་ཁྱད་པར་གསུམ། དང་པོ་ནི། དེ་ནས་གཟུང་འཛིན་གཉིས་ཀྱི་མཚན་ཉིད་དང་། བྲལ་བ་མངོན་སུམ་དུ་ནི་རྟོགས་པར་འགྱུར། ཞེས་པ་སྟེ། རྟོགས་བྱའི་ཆོས་ཉིད་མངོན་སུམ་དུ་མཐོང་བ་སྟེ་སྔར་ལྟར་རོ། །གཉིས་པ་ནི། སྒྲིབ་པ་ཀུན་བཏགས་ཐམས་ཅད་ཀྱི་ས་བོན་དངོས་སུ་འཇོམས་པས་སྤང་གཉེན་དངོས་ཡིན་ནོ། །གསུམ་པ་ནི། མདོ་ལས། ས་ཐོབ་མྱུར་མ་ཐག་ཏུ་འཇིགས་པ་ལྔ་དང་བྲལ། །འཚོ་བ་ཆད་དང་འཆི་དང་མི་བསྔགས་ངན་འགྲོ་དང་། །འཁོར་གྱི་འཇིགས་བྲལ་དེ་ལ་བག་ཚའི་རྣམ་པ་མེད། །ཅི་ཕྱིར་ཞེ་ན་དེ་ལ་བདག་གི་གནས་མེད་དོ། །ཞེས་པས། འཇིགས་པ་ལྔ་དང་བྲལ་ཞིང་ཡོན་ཏན་བརྒྱ་ཕྲག་བཅུ་གཉིས་ལ་སོགས་ཚད་མེད་པ་ལྡན་ནོ། །ལྔ་པ་ངེས་ཚིག་ནི།

སྔར་མ་མཐོང་བའི་ཆོས་ཀྱི་དབྱིངས་མཐོང་བས་མཐོང་བ། ཐར་པའི་འཇུག་ངོགས་ཡིན་པས་ལམ་མོ། །སྒོམ་ལམ་ལ། རྒྱུ། ངོ་བོ། དབྱེ་བ། ཁྱད་ཆོས། ངེས་ཚིག་དང་ལྔ་ལས། དང་པོ་ནི། སྔ་མའི་རིགས་པས་ཤེས་སོ། །གཉིས་པ་ནི། ཆོས་ཉིད་མངོན་སུམ་དུ་མཐོང་ཟིན་གོམས་པར་བྱེད་པའི་ལམ། མཐོང་ལམ་གྱི་རྗེས་སུ་གོམས་པར་བྱེད་པའི་ཡེ་ཤེས་འཁོར་དང་བཅས་པ་སྟེ། མཐོང་ལམ་དུ་རྟོགས་ཟིན་གོམས་པར་བྱེད་པ་སྒོམ་པ། དེའི་ལམ་ཕྱི་མ་ཚོལ་བས་ལམ་མོ། །དབྱེ་ན། བདེན་བཞི་ལ་དམིགས་པའི་སྒོམ་ལམ་ཆུང་དུ་འབྲིང་ཆེན་པོ་གསུམ། དེ་རེ་རེ་ལའང་ཆུང་དུའི་ཆུང་དུ་དང་། ཆུང་དུའི་འབྲིང་། ཆུང་དུའི་ཆེན་པོ་ལ་སོགས་གསུམ་གསུམ་ཡོད་པས་དགུའོ། །དེ་དག་ནི་ཁམས་གསུམ་གྱི་སྒོམ་སྤངས་ཆེན་པོའི་ཆེན་པོ་སོགས་དགུའི་གཉེན་པོར་གྱུར་པའོ། །བཞི་པ་ལ། རྟོགས་པ། གཉེན་པོ། ཡོན་ཏན་གྱི་ཁྱད་པར་གསུམ། དང་པོ་ནི། དགུ་པོ་རེ་རེས་སྤང་བྱ་སྔ་མ་སྔ་མ་དག་པའི་སྔར་བས་གསལ་བའི་ཆོས་ཉིད་རྟོགས་པའོ། །གཉིས་པ་ནི། དེ་ལ་བརྟེན་པའི་ཉེས་ཚོགས་ཚང་ཚིང་དག །དུག་སྨན་ཆེན་པོས་དུག་བཞིན་སེལ་བར་བྱེད། །ཅེས་པས། ལྷན་སྐྱེས་ཀྱི་སྒྲིབ་པ་རྣམས་རྩད་ནས་སྤོང་བའི་གཉེན་པོར་གྱུར་པའོ། །གསུམ་པ་ནི། ཡོན་ཏན་བརྒྱ་ཕྲག་བཅུ་གཉིས་གོང་དུ་འཕེལ་བ་སོགས་དཔག་ཏུ་མེད་དེ་འོག་ནས་འཆད་དོ། །

ལྔ་པ་ངེས་ཚིག་ནི། མཐོང་བའི་དོན་སྒོམ་པར་བྱེད་པས་སྒོམ་ལམ། ཟག་པ་མེད་པས་ཟག་པ་མེད་པའི་དགེ་བའི་རྩ་བ། སྒོམ་པས་སྤང་བར་བྱ་བའི་གཉེན་པོ་ཡིན་པ་སྤོང་བའི་གཉེན་པོ་ཞེས་བྱའོ། །མཐར་ཕྱིན་པའི་ལམ་ལ། རྒྱུ། ངོ་བོ། དབྱེ་བ། ཁྱད་ཆོས། ངེས་ཚིག་དང་ལྔ་ལས། དང་པོ་ནི། སློབ་ལམ་རྣམས་གནས་གྱུར་པས་ཐོབ་སྟེ། རིགས་འགྲེ། གཉིས་པ་ནི། སྒོམ་པ་ཡོངས་སུ་རྫོགས་པ་མཐར་ཐུག་པའི་ལམ་སྟེ། སངས་རྒྱས་ཀྱི་ཡོན་ཏན་རྣམས་སོ། །དབྱེ་ན། རྡོ་རྗེ་ལྟ་བུའི་ཏིང་ངེ་འཛིན་རྫོགས་པས་གནས་མ་ལུས་པ་གྱུར་པའི་ཟད་པ་ཤེས་པ་དང་མི་སྐྱེ་བ་ཤེས་པ་གཉིས་སམ། མི་སློབ་པའི་ཆོས་བཅུའོ། །བཅུ་ནི། ཡང་དག་པའི་ལྟ་བ་དང་། ཡང་དག་པའི་རྟོགས་པ་དང་། དེ་བཞིན་དུ་ངག་དང་། ལས་ཀྱི་མཐའ་དང་། འཚོ་བ་དང་། རྩོལ་བ་དང་། དྲན་པ་དང་། ཏིང་ངེ་འཛིན་དང་། རྣམ་པར་གྲོལ་བ་དང་། རྣམ་པར་གྲོལ་བའི་ཡེ་ཤེས་མཐོང་བའོ། །བཞི་པ་ལ། རྟོགས་པ། གཉེན་པོ། ཡོན་ཏན་གྱི་ཁྱད་པར་གསུམ་འོག་ཏུ། ལྔ་པ་ངེས་ཚིག་ནི། སྤང་བྱ་དང་ཤེས་བྱ་ཤེས་པས་མཐར་ཕྱིན་པའི་ལམ་མོ། །ཟག་པ་དང་བྲལ་བས་ཟག་པ་མེད་པའི་དགེ་བའི་རྩ་བ། སྤངས་པའི་ཉོན་མོངས་པ་སླར་མི་སྐྱེ་བར་བྱེད་པས་ཐག་བསྲིང་བའི་གཉེན་པོ་ཞེས་བྱའོ། །གཉིས་པ་ས་བཅུའི་རྣམ་གཞག་ལ་གསུམ་སྟེ། མཚན་ཉིད་དང་། རབ་ཏུ་དབྱེ་བ། སོ་སོའི་རྣམ་གཞག་གོ །དང་པོ་ནི། ཡོན་ཏན་ཁྱད་པར་ཅན་གྱི་རྟེན་བྱེད་

པའོ། །དབྱེ་ན་གསུམ་ལས། མོས་པ་སྤྱོད་པའི་སའི་མཚན་ཉིད་ནི། འཕགས་པའི་ཆོས་ལ་འཇུག་པའི་ཡོན་ཏན་གྱི་རྟེན་བྱེད་པའོ། །འཇིག་རྟེན་ལས་འདས་པའི་སའི་མཚན་ཉིད་ནི། འཕགས་པའི་ཡོན་ཏན་ཁྱད་པར་ཅན་གྱི་རྟེན་བྱེད་པའོ། །དེའང་དབྱེ་ན། ཉན་ཐོས་ཀྱི་ས་དང་། བྱང་ཆུབ་སེམས་དཔའི་ས་གཉིས་ཏེ། རིན་ཆེན་ཕྲེང་བ་ལས། ཇི་ལྟར་ཉན་ཐོས་ཐེག་པ་ལས། །ཉན་ཐོས་ས་ནི་བརྒྱད་བཤད་པ། །དེ་བཞིན་ཐེག་པ་ཆེན་པོ་ལས། །བྱང་ཆུབ་སེམས་དཔའི་ས་བཅུ་བསྟན། །ཞེས་གསུངས་པ་ལྟར་རོ། །གསུམ་པ་སོ་སོའི་རྣམ་པར་བཞག་པ་ལ། ཉན་ཐོས་ཀྱི་ས་དང་། བྱང་ཆུབ་སེམས་དཔའི་ས་གཉིས་ལས། དང་པོ་ལ་བརྒྱད་དེ། དཀར་པོ་རྣམ་པར་མཐོང་བའི་ས་དང་། རིགས་ཀྱི་ས་དང་། བརྒྱད་པའི་ས་དང་། བསྲབས་པའི་ས་དང་། འདོད་ཆགས་དང་བྲལ་བའི་ས་དང་། བྱས་པ་རྟོགས་པའི་ས་དང་། ཉན་ཐོས་ཀྱི་ས་དང་། རང་སངས་རྒྱས་ཀྱི་སའོ། །འོན་ཀྱང་འདི་དག་སྐབས་དོན་མ་ཡིན་པས་རེ་ཞིག་བཞག་གོ། །

གཉིས་པ་བྱང་ཆུབ་སེམས་དཔའི་ས་ལ་བཞི་སྟེ། རབ་ཏུ་དབྱེ་བ་དང་། གྲངས་ངེས་པ་དང་། སོ་སོའི་ཡོན་ཏན། མིང་གི་དོན་ནོ། །དང་པོ་ལ་ཡང་བཅུ་སྟེ། ས་དང་པོ་རབ་ཏུ་དགའ་བ། གཉིས་པ་དྲི་མ་མེད་པ། གསུམ་པ་འོད་བྱེད་པ། བཞི་པ་འོད་འཕྲོ་བ། ལྔ་པ་སྦྱང་དཀའ་བ། དྲུག་པ་མངོན་དུ་གྱུར་པ། བདུན་པ་རིང་དུ་སོང་བ་སྟེ་བདུན་ནི་མ་དག་པའི་སའོ། །བརྒྱད་པ་མི་གཡོ་བ། དགུ་པ་ལེགས་པའི་བློ་གྲོས། བཅུ་པ་ཆོས་ཀྱི་སྤྲིན་དང་གསུམ་ནི་དག་པའི་སའོ། །དེ་ཡང་མོས་པས་སྤྱོད་པའི་ས་ང་རྒྱལ་མང་། མ་དག་པའི་ས་བདུན་ང་རྒྱལ་ཕྲ། དག་པའི་ས་གསུམ་ལ་ང་རྒྱལ་མེད་དོ། །མདོ་སྡེ་རྒྱན་ལས། ང་རྒྱལ་མང་དང་ང་རྒྱལ་ཕྲ། །ང་རྒྱལ་མེད་པ་དག་ཏུ་འདོད། །ཅེས་གསུངས་སོ། །གཉིས་པ་གྲངས་ངེས་པ་ནི། ཕ་རོལ་ཏུ་ཕྱིན་པ་བཅུ་ལ་བཅུ་སྟེ། ཕ་རོལ་ཏུ་ཕྱིན་པ་དྲུག་གི་ས་དྲུག །ཐབས་དང་སྨོན་ལམ་དང་སྟོབས་དང་ཡེ་ཤེས་བཞིས་ས་བཞི་སྟེ་བཅུར་ངེས་སོ། །གསུམ་པ་སོ་སོའི་ཡོན་ཏན་ལ་གསུམ་ལས། བྲལ་བའི་ཡོན་ཏན་ནི། སྡུག་བསྔལ་གྱི་ཆུ་བོ་ཆེན་པོ་བཞི་བརྒལ་ཏེ། རྒྱུད་བླ་མ་ལས། འཕགས་པས་འཆི་དང་ན་བ་དང་། །རྒས་པའི་སྡུག་བསྔལ་རྩད་ནས་སྤངས། །ལས་དང་ཉོན་མོངས་དབང་གིས་སྐྱེ། །དེ་ལ་དེ་མེད་ཕྱིར་དེ་མེད། །ཅེས་གསུངས་སོ། །ཡང་འཇིགས་པ་ལྔ་ལས་གྲོལ་ཏེ། སངས་རྒྱས་ཕལ་པོ་ཆེ་ལས། འཚོ་བ་མེད་དང་འཆི་དང་མི་བསྔགས་ངན་འགྲོ་དང་། འཁོར་གྱི་འཇིགས་བྲལ་དེ་ལ་བག་ཚའི་རྣམ་པ་མེད། ཅེས་གསུངས་ཏེ། འཚོ་བ་མེད། དུས་མིན་པར་འཆི་བ་དང་། མི་བསྔགས་པ་དང་། ངན་སོང་དང་། འཁོར་ལ་མི་སྤོབས་པའི་འཇིགས་པ་སྟེ་ལྔ་དང་བྲལ་བའོ། །གཞན་ཡང་འཇིགས་པ་བསམ་གྱིས་མི་ཁྱབ་པ་ལས་གྲོལ་བ་མདོ་སྡེ་ས་བཅུ་པ་ལས་ཇི་སྐད་གསུངས་པ་བཞིན་ནོ། །དེ་དག་ཀྱང་ས་དང་པོ་ནས་བཅུ

པའི་བར་ལ་རིམ་གྱིས་འཕེལ་བར་འགྱུར་བ་དོན་གྱིས་ཤེས་པར་བྱའོ། །འདྲིགས་པ་ལས་གྲོལ་ཡང་སྐྱེ་རྒ་ན་འཆི་སྡུག་བསྔལ་ཡོད་པ་ལྟར་སྟོན་པ་ནི། སེམས་ཅན་གྱི་དོན་དུ་བསམ་བཞིན་དུ་སྲིད་པར་སྐྱེ་བ་སྟེ། ཇི་བཞིན་ཡང་དག་མཐོང་བའི་ཕྱིར། །སྐྱེ་སོགས་རྣམས་ལས་འདས་གྱུར་ཀྱང་། །སྙིང་རྗེའི་བདག་ཉིད་སྐྱེ་བ་དང་། །འཆི་དང་ན་དང་རྒ་བར་སྟོན། །ཞེས་གསུངས་སོ། །

གཉིས་པ་ས་ཐོབ་པའི་ཡོན་ཏན་ནི། མདོ་སྡེ་ས་བཅུ་པ་ལས། སྐད་ཅིག་ལ་མཐའ་གཅིག་ཏུ་སྐྱེ་བའི་ཕྱིར་ཡོན་ཏན་བརྒྱ་ཕྲག་བཅུ་གསུམ་གསུངས་ཏེ། ཏིང་ངེ་འཛིན་བརྒྱ་ཐོབ། དེ་ལ་སྙོམས་པར་ཞུགས་པས་སངས་རྒྱས་བརྒྱ་མཐོང་། དེ་དག་གིས་བྱིན་གྱིས་བརླབས་ཤེས་པ་དང་། འཇིག་རྟེན་གྱི་ཁམས་བརྒྱ་གཡོ་ཞིང་བརྒྱར་འགྲོ། འཇིག་རྟེན་གྱི་ཁམས་བརྒྱ་སྣང་བར་བྱེད། སེམས་ཅན་བརྒྱ་སྨིན་པར་བྱེད། བསྐལ་པ་བརྒྱར་སྡོད་དང་ཕྱི་མའི་མཐར་འཇུག །ཆོས་ཀྱི་སྒོ་མོ་བརྒྱ་འབྱེད། ལུས་བརྒྱ་སྟོན། ལུས་རེ་རེ་ལ་ཡང་འཁོར་བྱང་ཆུབ་སེམས་དཔའ་བརྒྱ་བརྒྱ་དང་ལྡན་པར་སྟོན་པའོ། །ཡོན་ཏན་དེ་དག་ས་གཉིས་པ་ལ་སྟོང་འགྱུར་རོ། །གསུམ་པ་ལ་འབུམ་འགྱུར། བཞི་པ་ལ་བྱེ་བ་ཕྲག་བརྒྱ། ལྔ་པ་ལ་བྱེ་བ་ཕྲག་སྟོང་། དྲུག་པ་ལ་བྱེ་བ་ཕྲག་འབུམ། བདུན་པ་ལ་བྱེ་བ་ཕྲག་ཁྲིག་ཕྲག་འབུམ། བརྒྱད་པ་ལ། འཇིག་རྟེན་གྱི་ཁམས་འབུམ་གྱི་རྡུལ་ཕྲ་རབ་དང་མཉམ་པ། དགུ་པ་ལ་འབུམ་ཕྲག་བཅུའི་རྡུལ་ཕྲ་རབ་དང་མཉམ་པ། བཅུ་པ་ལ་སངས་རྒྱས་ཀྱི་ཞིང་བརྗོད་དུ་མེད་པའི་རྡུལ་དང་མཉམ་པ་ཐོབ་ཅིང་། དེ་ལས་གཞན་པའི་ཡོན་ཏན་ཡང་འབྱུང་སྟེ། དབུ་མ་འཇུག་པ་ལས། དེ་ཚེ་འདིས་ནི་སངས་རྒྱས་བརྒྱ་མཐོང་ཞིང་། །དེ་དག་བྱིན་གྱིས་བརླབས་ཀྱང་འདི་ཡིས་ཐོབ། །དེ་ཉིད་ཚེ་ན་བསྐལ་པ་བརྒྱར་གནས་ཤིང་། །དེ་སྔོན་སྟོན་དང་ཕྱི་མའི་མཐར་ཡང་འཇུག །ཏིང་འཛིན་བརྒྱ་ལ་འཇུག་ཅིང་ལྡང་བྱེད་དེ༑ ༑འཇིག་རྟེན་ཁམས་བརྒྱ་གཡོ་ཞིང་སྣང་བར་ནུས། །དེ་བཞིན་སེམས་ཅན་ཕྲག་བརྒྱ་སྨིན་བྱེད་ཅིང་། །བརྒྱ་ཕྲག་ཞིང་དག་ཏུ་ཡང་འགྲོ་བར་འགྱུར། །དེ་ནི་རང་གི་ལུས་བརྒྱ་སྟོན་བྱེད་ཅིང་། །རང་གི་ལུས་ལ་ཆོས་སྒོ་བརྒྱ་ཡང་སྟོན། །མཛེས་པའི་ལུས་རེ་ལ་ཡང་རང་གི་འཁོར། །རྒྱལ་བའི་སྲས་པོ་བརྒྱ་ཕྲག་ལྡན་པར་སྟོན། །བློ་ལྡན་རབ་དགའ་ལ་གནས་ཡོན་ཏན་འདི་དག་སྟེ། །དེ་བཞིན་དྲི་མེད་ཐོབ་པར་འགྱུར་བའི་ཡོན་ཏན་ཡང་། །དེ་དག་སྟོང་ཉིད་ཐོབ་པར་འགྱུར་ཏེ་ས་ལྔའོ། །འདི་དག་ལ་གནས་རིམ་པ་བཞིན་དུ་འབུམ་ཕྲག་ཐོབ། །བྱེ་བ་བརྒྱ་ཐོབ་བྱེ་བ་སྟོང་ཕྲག་ཐོབ་པར་འགྱུར། །བྱེ་བ་བརྒྱ་ཕྲག་སྟོང་འགྱུར་ཐོབ་ཅིང་བྱེ་བ་ཕྲག །ཁྲག་ཁྲིག་ཁྲག་བརྒྱར་གྱུར་པ་དེ་ཉིད་སྟོང་ཕྲག་ཏུ། །ཡོངས་སུ་བསྒྱུར་པ་མཐའ་དག་རབ་ཏུ་ཐོབ་པར་འགྱུར། །མི་གཡོའི་སར་གནས་རྣམ་རྟོག་མེད་པ་དེས། །སྟོང་གསུམ་བརྒྱ་ཕྲག་སྟོང་སྟོམ་འཇིག་རྟེན་ན། །རྡུལ་ཚད་ཇི་སྙེད་ཡོད་པ་དེ་རྣམས་དང་། །

གྲངས་ཅན་ཡོན་ཏན་དག་ནི་འཐོབ་པར་འགྱུར། །ལེགས་པའི་བློ་གྲོས་ས་ལ་གནས་པ་ཡི། །བྱང་ཆུབ་སེམས་དཔའི་སྔར་བསྟན་ཡོན་ཏན་དག །གྲངས་མེད་བརྒྱ་ཕྲག་སྟོང་དུ་ཡང་དག་པར། །བསྒོམས་པ་ཕྲག་བཅུའི་རྟུལ་ཚད་ཐོབ་པར་འགྱུར། །རེ་ཞིག་བཅུ་པ་འདི་དེའི་ཡོན་ཏན་དག །ངག་གི་སྤྱོད་ཡུལ་ལས་ཆེས་འདས་འགྱུར་ཅིང་། །ངག་གི་སྤྱོད་ཡུལ་མ་ཡིན་བསྒོམས་རྣམས་ན། །རྡུལ་དག་ཇི་སྙེད་ཡོད་པ་དེ་དག་འཐོབ། །པ་སྤྱིའི་ཁྲུང་བུར་བྱང་ཆུབ་སེམས་རྣམས་དང་། །སྐད་ཅིག་རྫོགས་སངས་རྒྱས་སྐུ་གྲངས་མེད་དང་། །དེ་བཞིན་ལྷ་དང་ལྷ་མིན་མི་དག་དང་། །སྐད་ཅིག་སྐད་ཅིག་ལ་ནི་སྟོན་པར་ནུས། །ཇི་ལྟར་དྲི་མེད་མཁའ་ལ་ཟླ་སྣང་གསལ་བར་འགྱུར་བ་བཞིན། །སྟོན་ཆེ་སྟོབས་བཅུ་བསྐྱེད་པའི་ས་ལ་ཁྱོད་ཀྱིས་སླར་ཡང་འབད་གྱུར་ཅིང་། །འོག་མིན་དུ་ནི་གང་གི་དོན་དུ་འབད་འགྱུར་གོ་འཕང་མཆོག་ཞི་བ། །ཡོན་ཏན་ཀུན་གྱི་མཐར་ཐུག་མཚུངས་པ་མེད་དེ་ཁྱོད་ཀྱིས་བརྙེས། །ཇི་ལྟར་སྣོད་ཀྱི་དབྱེ་བས་མཁའ་ལ་དབྱེ་བ་མེད་དེ་ལྟར། །དངོས་བྱས་དབྱེ་བ་འགའ་ཡང་དེ་ཉིད་ལ་ནི་མེད་དེའི་ཕྱིར། །རོ་གཅིག་ཉིད་དུ་ཡང་དག་ཐུགས་སུ་ཆུད་པར་མཛད་འགྱུར་ནས། །མཁྱེན་བཟང་ཁྱོད་ཀྱིས་སྐད་ཅིག་གིས་ནི་ཤེས་བྱ་ཐུགས་སུ་ཆུད། །གང་ཚེ་ཞི་བ་དེ་ཉིད་ཡིན་ན་དེ་ལ་བློ་གྲོས་འཇུག་མི་འགྱུར། །བློ་མ་ཞུགས་པས་ཤེས་བྱའི་ཡུལ་ཅན་ངེས་པའི་རིགས་པའང་མ་ཡིན་ལ། །ཀུན་ནས་ཤེས་མེད་པ་ནི་ཤེས་པར་ཇི་ལྟར་འགྱུར་ཏེ་འགལ་བར་འགྱུར། །མཁྱེན་པོ་མེད་པར་ཁྱོད་ཀྱིས་གཞན་ལ་འདི་ལྟའོ་ཞེས་སུ་ཞིག་སྟོན། །གང་ཚེ་སྐྱེ་མེད་དེ་ཉིད་ཡིན་ཅིང་བློ་ཡང་སྐྱེ་བ་དང་བྲལ་བ། །དེ་ཚེ་དེ་རྣམས་བརྟེན་ལས་དེ་ཡི་དེ་ཉིད་རྟོགས་པར་བརྗོད་བྱ་སྟེ། །ཇི་ལྟར་སེམས་ནི་གང་གི་རྣམ་པ་ཅན་དུ་འགྱུར་པ་དེའི་ཡུལ། །དེ་ཡོངས་ཤེས་པས་དེ་བཞིན་ཐ་སྙད་ཉེ་བར་བརྟེན་ནས་རིག་པ་ཡིན། །དེའི་ལོངས་སྤྱོད་རྫོགས་སྐུ་བསོད་ནམས་ཀྱིས། །ཟིན་དང་སྤྲུལ་པ་མཁའ་གཞན་ལས་དེའི་མཐུས། །སྒྲ་གང་ཆོས་ཀྱི་དེ་ཉིད་སྟོན་འབྱུང་བ། །དེ་ལས་འཇིག་རྟེན་གྱིས་ཀྱང་དེ་ཉིད་རིག །ཇི་ལྟར་རྔ་མཁན་སྦྱོབས་དང་ལྡན་པ་ཡིས། །ཡུན་རིང་འབད་པ་ཆོས་བསྐོར་འཁོར་ལོ་ནི། །དེའི་རྩོད་ད་ལྟར་སྐྱེས་རྩོལ་མེད་བཞིན་དུ། །འཁོར་ཞིང་བུམ་པ་ལ་སོགས་སྐྱུར་མཐོང་ལྟར། །དེ་བཞིན་ད་ལྟར་སྐྱེས་རྩོལ་མེད་བཞིན་དུ། །ཆོས་ཀྱི་བདག་ཅན་སྐུ་ཉིད་ལ་བཞུགས་དེའི། །འཇུག་པ་གདུལ་བྱའི་དགེ་དང་སྨོན་ལམ་གྱིས། །ཁྱད་པར་གྱིས་འཕངས་ལས་ཆེ་བསམ་མི་ཁྱབ། །ཤེས་བྱའི་བུད་ཤིང་སྐམ་པོ་མ་ལུས་པ། །བསྲེགས་པའི་ཞི་དེ་རྒྱལ་རྣམས་ཆོས་སྐུ་དེ། །དེ་ཚེ་སྐྱེ་བ་མེད་ཅིང་འགག་པའང་མེད། །སེམས་འགག་པ་དེ་སྐུ་ཡི་མངོན་སུམ་མཛད། །ཞི་སྐུ་དཔག་བསམ་ཤིང་ལྟར་གསལ་གྱུར་ཅིང་། །ཡིད་བཞིན་ནོར་བུ་ཇི་བཞིན་རྣམ་མི་རྟོག །འགྲོ་གྲོལ་བར་དུ་འཇིག་རྟེན་འབྱོར་སླད་བརྟག །འདི་ནི་སྤྲོས་དང་བྲལ་བས་སྣང་བར་འགྱུར། །ཞེས་སོགས་གསུངས། བཞི་པ

མིང་དོན་ནི། ཐུན་མོང་གི་མིང་དོན། མདོ་སྡེ་རྒྱན་ལས། འབྱུང་པོ་དཔག་མེད་འདེག་མེད་ཕྱིར། །ཞེས་སོགས་སོ༔ །སོ་སོའི་སྒྲ་དོན་ནི། བྱང་ཆུབ་དང་ནི་ཉེ་བ་དང་། །སེམས་ཅན་དོན་སྒྲུབ་མཐོང་བ་ལ། །རབ་ཏུ་དགའ་བ་སྐྱེ་འགྱུར་བས། །ས་དེ་རབ་ཏུ་དགའ་བར་བཤད། །ཅེས་སོགས་ལྟར་རོ། །ལམ་མཐར་ཐུག་པ་ཆོས་ཀྱི་སྐུ་དང་། ས་བཅུ་མཐར་ཐུག་པ་གཟུགས་ཀྱི་སྐུ་ཡིན་ནོ། །རྒྱས་པར་གཞན་དུ་བལྟ། བྱང་ཆུབ་སེམས་དཔའི་སྡོམ་པའི་སྐབས་ཏེ་ལེའུ་གཉིས་པའོ།། །།

༄ ཨོཾ་སྭསྟི། བླ་མ་དང་མགོན་པོ་འཇམ་པའི་དབྱངས་ལ་ཕྱག་འཚལ་ལོ། །དུས་གསུམ་སངས་རྒྱས་ཀུན་གྱི་ཐུགས་རྗེ་ཅན། །དགའ་སྡེའི་འབྱུང་གནས་ཕན་བདེ་རྒྱ་མཚོ་ཡིས། །བློ་གྲོས་སྐུ་བཞིའི་ལོ་ཏོག་རྒྱས་མཛད་པའི། །འགྲོ་བ་ཀུན་སྐྲོལ་བླ་མའི་ཞབས་ལ་འདུད། །གསུམ་པ་རིག་འཛིན་སྔགས་ཀྱི་སྡོམ་པ་ལ། སྤྱིར་དུ་སྡོམ་པ་ངོས་བཟུང་ལུང་དང་སྦྱར། །དེ་ཉིད་གནས་སྐབས་གསུམ་དུ་འགྱུར་ཚུལ་ཏེ། །རྒྱུ་རྒྱུད་ཐབས་རྒྱུད་འབྲས་བུའི་རྒྱུད་དང་གསུམ། །དང་པོ་རྒྱུའི་རྒྱུད་ཀྱི་སྡོམ་པ་ལ། སྡོམ་པའི་གནས་ལ་སོགས་པ་བསྟན་པ་དང་། སྔོད་བཅུད་འཆགས་ཚུལ་དེ་དག་གང་ན་གནས། །ལུས་ཅན་ཀུན་གྱིས་བསྒོམས་ན་གྲོལ་ཚུལ་ལོ། །ཐབས་རྒྱུད་སོ་ཐར་བྱང་སེམས་གསང་སྔགས་སོ། །སྔགས་ལ་བྱ་རྒྱུད་སྤྱོད་རྒྱུད་རྣལ་འབྱོར་རྒྱུད། །རྣལ་འབྱོར་བླ་ན་མེད་པའི་རྒྱུད་སྡེའོ། །དེ་དག་རེ་རེ་ལ་ཡང་བཞི་བཞི་སྟེ། །དབང་ལམ་དམ་ཚིག་རྒྱུད་སྡེའི་ཚད་རྣམས་སོ། །ཐབས་མཆོག་བླ་ན་མེད་པའི་དམ་ཚིག་ལ། །སྡོམ་རྣམས་ཚུལ་ཁྲིམས་གསུམ་དུ་འདུས་ཚུལ་དང་། །དེ་ལ་དབྱེ་ཞིང་རྩ་བ་ཡན་ལག་གི །དམ་ཚིག་དང་ནི་སྡོམ་པ་ངོས་བཟུང་ཞིང་། །སྡོམ་གསུམ་གནས་གྱུར་ངོ་བོ་གཅིག་ཚུལ་ལོ། །དང་པོ་ཚུལ་ཁྲིམས་གསུམ་དུ་འདུས་ཚུལ་གྱི། །སྐབས་སུ་ཧེ་རུ་ཀ་མོ་ལས་གསུངས་པའི། །དེ་ལས་གཞན་པ་བཅུ་བཞི་ངོས་བཟུང་ལ༔ །དམ་པ་དག་གི་ངོས་འཛིན་མཛད་ཚུལ་དང་། །རང་ལུགས་ངོས་བཟུང་ལུང་ཁུངས་དག་དང་སྦྱར། །གཉིས་པ་དབྱེ་བ་ལ་ཡང་དུས་དང་ནི། །དབང་དང་རྟེན་དང་ངོ་བོའི་སྒོ་ནས་དང་། །ཕྱི་ནང་དགོངས་ཏེ་གསུངས་པའི་དམ་ཚིག་གོ། །དེ་ཡང་རྗེ་བཙུན་ཆེན་པོས་མངོན་རྟོགས་ལྗོན་ཤིང་དུ། དུས་ནམ་སྐྱེ་ངེས་པ་མེད་པའི་སེམས་བསྐྱེད་འོག་ཏུ་འཆད། ཅེས་དང་། སྡོམ་པ་ཉི་ཤུ་པའི་འགྲེལ་པར་རྒྱ་ཆེར་གསུངས་ཤིང་། རྩ་ལྟུང་འགྲེལ་སྦྱོང་དུའང་བྱང་ཆུབ་སེམས་དཔའི་རྩ་ལྟུང་བཅོ་བརྒྱད་དམ། མཚམས་མེད་སོ་སོར་ཕྱེ་ན་ཉི་ཤུ་རྩ་གཉིས་གསུངས་པ་ལ་བརྟེན་ནས། བྱང་སེམས་ཀྱི་སྡོམ་པ་ཅུང་ཟད་རྒྱས་པར་གོང་དུ་བསྟན་ཟིན།

གསུམ་པ་གསང་སྔགས་ཀྱི་སྡོམ་པ་ལ་སྤྱིར་སྡོམ་པ་ཞེས་བྱ་བ་ནི། སྤྲོས་པའི་མཐའ་ཐམས་ཅད་དང་བྲལ་ཞིང་གསལ་སྟོང་ཟུང་དུ་འཇུག་པའོ། །དེ་ཡང་མདོ་བསྡུད་པ་ལས། གང་ལ་བདག་གི་འདུ་ཤེས་སེམས

ཅན་འདུ་ཤེས་མེད། །འདུ་ཤེས་འདོད་ཆགས་བྲལ་ལ་སྨོན་མིན་ག་ལ་ཡོད། །ཞེས་སྨོན་པ་མ་ཡིན་པ་ཡོད་པ་རྣམས་བཅད་ནས། གང་ལ་སྨོན་པ་དང་ནི་སྨོན་པ་མ་ཡིན་རློམ་སེམས་མེད། །འདི་ནི་ཚུལ་ཁྲིམས་སྨོན་པར་རྣམ་པར་འདྲེན་པས་གསུངས། །སེམས་ཅན་དག་ལ་གང་ཞིག་དེ་ལྟར་ཁྲིམས་ལྡན་པ། །སྡུག་དང་མི་སྡུག་ཀུན་ལ་ལྟ་བ་མེད་པ་ཡིན། །ཞེས་གསུངས། འཇམ་དཔལ་མཚན་བརྗོད་ལས། རྣམ་པར་རྟོག་མེད་ལྷུན་གྱིས་གྲུབ། །དུས་གསུམ་སངས་རྒྱས་ལས་བྱེད་པ། །ཞེས་གསུངས། རྩ་རྒྱུད་བརྟག་གཉིས་ལས། ཨའི་རྣམ་པ་སྨོན་པའི་གནས། །ཞེས་དང་། ལྷན་ཅིག་སྐྱེས་པ་གང་སྐྱེས་པ། །ལྷན་ཅིག་སྐྱེས་པར་དེ་བརྗོད་བྱ། །རང་བཞིན་ལྷན་ཅིག་སྐྱེས་ཞེས་བརྗོད། །རྣམ་པ་ཐམས་ཅད་སྨོན་པ་གཅིག །ཅེས་གསུངས། རྗེ་བཙུན་ཆེན་པོས་རྩ་ལྟུང་འཁྲུལ་སྤོང་ལས། བདག་མེད་པ་ཉིད་སྨོན་པ་རྣམས་ཀྱི་ནང་ན་མཆོག་ཏུ་གྱུར་པ་ཡིན་ཏེ། འཕགས་པ་ལྟས། གང་སྨོན་དང་སྨོན་པ་མ་ཡིན་རློམ་སེམས་མེད། །འདི་ནི་ཚུལ་ཁྲིམས་སྨོན་པར་རྣམ་པར་འདྲེན་པས་གསུངས། །ཞེས་གསུངས་པ་ཡིན་ནོ། །ཞེས་གསུངས། ཟུང་འཇུག་འདི་ལ་མིང་གི་རྣམ་གྲངས་བཅུ་བཞི་སཾ་པུ་ཊི་ལས་གསུངས་ཏེ། རྗེ་བཙུན་ཆེན་པོས་མངོན་རྟོགས་ལྗོན་ཤིང་ལས། ཐེག་པ་མཆོག་གི་བཞེད་པ་ཐམས་ཅད་ནི་འདི་ཡིན་ཏེ། དེའང་སཾ་པུ་ཊིའི་བརྟག་པ་གཉིས་པའི་རབ་ཏུ་བྱེད་པ་གཉིས་པ་ལ། འདི་ནི་གཉིས་སུ་མེད་པར་བརྗོད། །འདི་ནི་བྱང་ཆུབ་སེམས་མཆོག་ཉིད། །རྡོ་རྗེ་རྡོ་རྗེ་སེམས་དཔའ་དཔལ། །རྫོགས་པའི་སངས་རྒྱས་བྱང་ཆུབ་ཉིད། །འདི་ནི་ཤེས་རབ་ཕ་རོལ་ཕྱིན། །ཕ་རོལ་ཕྱིན་པ་ཀུན་གྱི་དངོས། །མཉམ་ཉིད་བསམ་བྱ་ཉིད་དུ་གསུངས། །སངས་རྒྱས་ཀུན་མཆོག་བསྒོམ་པ་ཉིད། །ཅེས་ཚིགས་སུ་བཅད་པ་གཉིས་ཀྱིས་མིང་གི་རྣམ་གྲངས་བཅུ་བཞིའི་སྒོ་ནས་དེ་ཁོ་ན་ཉིད་ཀྱི་དོན་ཐམས་ཅད་འདི་དག་ཡིན་པར་སྟོན་ཏོ། །ཞེས་གསུངས་ནས། མཚན་གྱི་རྣམ་གྲངས་བཅུ་བཞི་པོ་རེ་རེ་དང་། མདོ་རྒྱུད་ཀྱི་རྣམ་གྲངས་རེ་རེ་སྦྱར་ནས་གསུངས་ནས། དེ་བཞིན་དུ་ཀྱེ་རྡོ་རྗེ་དང་། བདེ་མཆོག་དང་། དུས་ཀྱི་འཁོར་ལོ་དང་། གསང་བ་འདུས་པ་དང་། ཐམས་ཅད་མཁྱེན་པ་དང་། བསམ་གྱིས་མི་ཁྱབ་པ་དང་། ཡིད་ལ་མི་བྱེད་པ་ཞེས་བྱ་བ་ལ་སོགས་པ་མིང་གི་རྣམ་གྲངས་མཐའ་ཡས་པའི་བདག་ཉིད་ཅན་ནི་གཉིས་སུ་མེད་པ་འདི་ཉིད་ཡིན་ནོ། །ཞེས་གསུངས། སློབ་དཔོན་རིན་པོ་ཆེས་རྒྱུད་སྡེ་སྤྱི་རྣམ་ལས། དངོས་པོ་གཟུང་བ་དང་འཛིན་པ་སྣ་ཚོགས་སུ་སྣང་བ་ཐབས་ཏེ་འཁོར་བ། དེ་ཉིད་ངོ་བོ་སྤྲོས་པ་མཐའ་དག་དང་བྲལ་བ་ཤེས་རབ་སྟེ་མྱ་ངན་ལས་འདས། དེ་གཉིས་དབྱེར་མེད་པ་ནི་རྒྱུ་རྒྱུད་ཀྱི་ཀྱེ་རྡོ་རྗེའོ། །ཞེས་དང་། དེ་ལྟར་ན་བརྗོད་བྱ་དོན་གྱི་རྒྱུད་ནི་སེམས་ཉིད་གཉིས་སུ་མེད་པའི་ཡེ་ཤེས་ཐབས་ཤེས་རབ་ཟུང་དུ་འབྲེལ་བ་རྒྱུད་གསུམ་གྱི་བདག་ཉིད་ཅན་ནོ། །ཞེས་གསུངས། རྗེ་བཙུན་རིན་པོ་ཆེས་དག་ལྡན་ལས་སེམས་ཅན་རྣམས་རང་

བཞིན་གྱིས་སངས་རྒྱས་ཡིན་པས་སྒོམ་པའི་ངོ་བོ་ཉིད་དུ་བཞག་པ་ནི། སྔེ་པ་ཞེས་བྱ་སྐྱ་རུ་བརྗོད། །ཞེས་སོགས་གསུངས། དེས་ན་སྒོམ་པ་དེ་ཉིད་ལ་གནས་སྐབས་ཀྱིས་གསུམ་དུ་འགྱུར་ཏེ། སེམས་ཅན་ལམ་མ་ཞུགས་ཀྱི་གནས་སྐབས་སུ་རྒྱུ་རྒྱུད་ཀྱི་སྒོམ་པ་དང་སྒོམ་པ་དེ་ཉིད་མངོན་དུ་འགྱུར་བར་བྱ་བའི་ཕྱིར་དུ་ལམ་གྱི་གནས་སྐབས་ཀྱི་སྒོམ་པ་དང་། སྒོམ་པ་དེ་མངོན་དུ་འགྱུར་བ་ནི་འབྲས་བུའི་གནས་སྐབས་ཀྱི་སྒོམ་པའོ། །དང་པོ་ལ། སྒོམ་པའི་གནས་ལ་སོགས་པ་བསྟན་པ་དང་། སྒོད་བཅུད་ཀྱི་རྣམ་གཞག་ཅུང་ཟད་བསྟན་པའོ། །དང་པོ་ལ། གནས་གང་དུ་སྒོམ་པ། རང་གི་ངོ་བོ་གང་སྒོམ་པ། མང་པོ་གཅིག་ཏུ་སྒོམ་པ། ཐབས་གང་གིས་སྒོམ་པ། རང་གི་ངོ་བོ་བདེ་བའི་སྒོམ་པ། སྒོམ་པ་དང་ལྡན་པའི་གང་ཟག་དང་དྲུག་གོ །དང་པོ་ནི། སློབ་དཔོན་རིན་པོ་ཆེས། སཾ་པུ་ཊི་ཊཱི་ཀ་ཆེན་ལས། དེ་ལ་གནས་ནི། བཙུན་མོའི་ཧྲ་ག་བདེ་ཅན་དུ་སྟེ། སྟོན་པ་སངས་རྒྱས་པའི་གནས་འོག་མིན་ཡིན་པ་དང་འདྲ་བར། བདག་གི་ལུས་སེམས་སངས་རྒྱས་སུ་ཐོག་མར་གྲུབ་པའི་གནས་ནི་མའི་མངལ་གྱི་གནས་ཏེ་ཧྲ་གའོ། །ཞེས་གསུངས་པས། མངལ་སྐྱེས་ཀྱི་མངལ། སྒོང་སྐྱེས་ཀྱི་སྒོང་ང་། དྲོད་གཤེར་སྐྱེས་ཀྱི་ས་གཞི། རྫུས་སྐྱེས་ཀྱི་མེ་ཏོག་གམ། རིན་པོ་ཆེ་ལ་སོགས་པའོ། །གཉིས་པ་རང་གི་ངོ་བོ་གང་སྒོམ་ན་མི་མཐུན་ཕྱོགས་ཐམས་ཅད་སྒོམ་པ་ལྷན་ཅིག་སྐྱེས་པའི་ཡེ་ཤེས་ཏེ་མཚན་མ་དང་རྣམ་པར་རྟོག་པ་ཐམས་ཅད་སྒོམ་པས་སོ། །དེ་ཡང་། ལྷན་ཅིག་སྐྱེས་པར་གང་སྐྱེས་པ་ནས། །རྣམ་པ་ཐམས་ཅད་སྒོམ་པ་གཅིག །ཅེས་པའི་བར་དང་། གང་ལ་སྒོམ་དང་སྒོམ་པ་མ་ཡིན་རློམ་སེམས་མེད། །འདི་ནི་ཚུལ་ཁྲིམས་སྒོམ་པར་རྣམ་པར་འདྲེན་པས་གསུངས། །ཞེས་སོགས་སོ། །གསུམ་པ་མང་པོ་གཅིག་ཏུ་སྒོམ་པ་ནི། འཁོར་འདས་ཀྱི་ཆོས་ཐམས་ཅད་ལུས་ལ་སྒོམ་པའོ། །

བཞི་པ་ཐབས་གང་གིས་སྒོམ་པ་ནི། གཙོ་བོར་སྙོམས་འཇུག་སོགས་ཀྱིས་སྒོམ་པ་སྟེ། སློབ་དཔོན་གྱིས་སཾ་པུ་ཊི་ཊཱི་ཀ་ལས། སྦྱོར་ཕ་དང་མ་ལས་བུ་ཚའི་ལུས་འགྲུབ་པ་ཉིད་སྐུ་གསུམ་ཡིན་ཞེས་རྡོ་རྗེ་ལུས་ཀྱི་གནས་ལུགས་གཏན་ལ་ཕབ་པ་ལ་འགལ་བ་མེད་དོ། །ཞེས་ནས། འདི་ཡང་ལུས་གཏན་ལ་དབབ་པའི་སྐབས་ཡིན་གྱི། ལམ་མ་ཡིན་ཡང་། ལམ་དུ་བྱས་ན་འདི་ལྟར་འགྱུར་ཞེས་བྱ་བ་ལ་སོགས་པ་འགལ་བ་མེད་དོ། །ཞེས་པའི་བར་དུ་གསུངས། འདི་ལས་འཕྲོས་ནས་ཀྱང་འོག་གི་ཕྱི་ནང་གི་སྒོམ་པ་ལ་སོགས་པ་རྣམས་འབྱུང་བ་ཡིན་ནོ། །ཡང་དེ་ཉིད་ལས། འདི་རང་བྱིན་གྱིས་བརླབས་པའི་སྐབས་མ་ཡིན་ནམ། ཚིག་འདི་དག་ནི་དཀྱིལ་འཁོར་འཁོར་ལོའི་ཡིན་པས། འདི་སྐབས་སུ་བབ་པར་ཇི་ལྟར་འགྱུར་སྙམ་ན། འགལ་བ་མེད་དེ། སྔེ་པ་ཞེས་བྱ་སྐྱ་རུ་བརྗོད། །ཅེས་བྱ་བ་ལ་སོགས་པ་ལྟ་བུ། རང་གི་རྡོ་རྗེའི་ལུས་ཉིད་དེ་བཞིན་གཤེགས་པ་ལྔའི་ངོ་བོར་འབྱུང་བ་ལྔ་ལས

གྲུབ་པ་ཡིན་པས། འདི་ལྟར་ཤེས་པའི་རྣལ་འབྱོར་པས། །ལུས་ཉིད་ལམ་དུ་འགྱུར་ཞེས་བྱ་བའི་དོན་ནོ། །ཞེས་གསུངས། དེ་ལྟ་བུའི་སྒོམས་འཇུག་གི་ཐབས་དེ་ཉིད་སྐུ་གསུམ་དུ་གྲུབ་ཚུལ་ནི། སློབ་དཔོན་རིན་པོ་ཆེའི་དེ་ཉིད་ལས། མགྲིན་པ་ནི་རྡོ་རྗེ་ནོར་བུའི་མཚམས་སུའོ། །ཆགས་ཆེན་གྱི་གཟུགས་ཀྱི་ བླ་བ་གནས་པ་ཞུ་བདེ་ཐ་མི་དད་གནས་པའོ། །དེ་ནི། སངས་རྒྱས་རྣམས་ཀྱི་དམ་པའི་སྐུ། །དེ་ཆེ་ལོངས་སྤྱོད་རྫོགས་པར་བཤད། །བདེ་བ་ལ་ལོངས་སྤྱོད་པའི་ཕྱིར་རོ། །ཞེས་དགོངས་སོ། །གང་ཚེ་རྡོ་རྗེ་རྩེར་གནས་པ་སྟེ། ཐབས་ཀྱི་རྡོ་རྗེའི་རྩེ་མོའི་ཕྱིར་ཞུ་བདེ་ཐ་མི་དད་པ་གནས་པ་ནའོ། །དེའི་ཚེ་ཤེས་རབ་ཀྱི་སྣ་རྩེར་ཡང་གནས་སོ། །གང་ཚེ་སྟེ་སྟེར་གྱི་བདེ་བ་ལ་ལོངས་སྤྱོད་རྫོགས་པ་དེ་ནུབ་པར་གྱུར་པ་དེའི་ཚེ་ཟླ་གའི་ནང་དུ་ཐིག་ལེ་ལྷུང་བ་ན་བདེ་བ་དང་བྲལ་བའོ། །དེའི་ཚེ་ཉི་མའི་གཟུགས་ཏེ་རཱ་ཧུ་དང་འདྲེས་པ་ནའོ། །དེས་བུ་ཚའི་ལུས་སྤྲུལ་པའི་ཕྱིར་སྤྲུལ་པའི་སྐུ་ཞེས་བྱ་བ་སྟེ། བུ་ཚའི་ཕུང་པོ་དང་དབང་པོ་ལ་སོགས་པ་སྤྲོ་བ་བསྐྱེད་པའི་ཕྱིར་རོ། །པདྨ་གར་དབང་ནི་ཐིག་ལེའོ། །དེས་པདྨ་འབྱེད་པ་ནི་མངལ་ཁ་འབྱེད་པའོ། །དེར་ནི་ཉི་མ་ནུབ་པ་ནི་ཐིག་ལེ་ལྷུང་བའོ། །དེ་ནི་སྤྲུལ་པའི་སྐུ་ཞེས་བརྗོད་དོ༑ །ཆོས་ཀྱི་སྐུ་བསྟན་པའི་ཕྱིར། གང་ཚེ་ཞེས་སྨོས་ཏེ། རྫོགས་པའི་བྱང་ཆུབ་སེམས་གོང་བུར་གྱུར་པ་སྟེ། བར་དོའི་རྣམ་པར་ཤེས་པ་དང་ཐིག་ལེ་འདྲེས་པ་དེའི་ཚོའོ། །རྟོག་པ་མེད་པ་ནི། དེའི་ཚེ་རྣམ་པར་ཤེས་པ་བླ་བ་ལྟའི་བར་དུ་བརྒྱལ་ཏེ་རྟོག་པ་མེད་པ་ཉིད་ཆོས་ཀྱི་སྐུའོ། །ཞེས་གསུངས།

ལྟ་བ་རང་གི་ངོ་བོ་བདེ་བའི་སྡོམ་པ་ནི། སཾ་ཝུ་ར་སྟེ། བདེ་མཆོག་ཟུང་འཇུག་རྡོ་རྗེ་འཆང་ངོ་། །དྲུག་པ་སྡོམ་པ་དང་ལྡན་པའི་གང་ཟག་ནི། སློབ་དཔོན་རིན་པོ་ཆེས། སྡོམ་པ་དང་ལྡན་པའི་གང་ཟག་ནི། སེམས་ཅན་ཐམས་ཅད་དགེ་སློང་དམ། སངས་རྒྱས་ཡིན་པའོ། །ཞེས་དང་། དཔུང་བཟང་ལས། བྱིས་པ་མི་ཤེས་པས་བསྒྲིབས་པས། །ཚུལ་འདི་ཤེས་པར་མ་གྱུར་རྣམས། །སངས་རྒྱས་གཞན་དུ་ཚོལ་བར་བྱེད། །འདི་ན་གནས་པར་ཡོང་མ་རྟོགས། །འཇིག་རྟེན་ཁམས་གཞན་གང་ནས་ཀྱང་། །སངས་རྒྱས་གཞན་དུ་རྙེད་མི་འགྱུར། །སེམས་ནི་རྫོགས་པའི་སངས་རྒྱས་ཏེ། །སངས་རྒྱས་གཞན་དུ་མ་བསྟན་ནོ། །ཞེས་གསུངས། ཡང་སྔོ་བ་ཞེས་བྱ་སྐུ་རུ་བརྗོད། །ཅེས་བྱ་བ་ལ་སོགས་པ་གསུངས་ཏེ། ཁ་སྦྱོར་ཐིག་ལེ་ཞེས་བྱ་བའི་བར་གྱིས་བསྙེན་པར་རྫོགས་པའི་དགེ་སློང་དང་ཁྱད་པར་མེད་པར་བསྟན་ཏོ། །འདི་རྣམས་ཞེས་བྱ་བ་ལ་སོགས་པས་སྒྲིབ་པ་སྤངས་པའི་དགེ་སློང་སངས་རྒྱས་ཀྱི་རང་བཞིན་དུ་བསྟན་ཏོ། །བླ་བ་བཅུ་ཞེས་རྐང་པ་གཉིས་ཀྱིས་ལམ་ས་བཅུ་མཐར་ཕྱིན་པར་སྟོན་ཏོ། །ཞེས་གསུངས། བསྟན་པའི་རྩ་བ་ནི་དགེ་སློང་ཡིན་ན། དེའང་གཉིས་ཏེ་གསོལ་བ་དང་བཞིའི་ལས་ཀྱི་བསྙེན་པར་རྫོགས་པའི་དགེ་སློང་དང་། ཉོན་མོངས་པ་སྤངས་པའི་དགེ་སློང་སངས་རྒྱས་ཞེས་བྱ་བ

གཉིས་པོ་འདི་མེད་ན་སྡོམ་པ་དང་སྡེ་པ་ཐམས་ཅད་བཞག་ཏུ་མི་རུང་བས། དེ་ལུས་ལ་ཇི་ལྟར་གནས་པ་དང་། ཕྱི་རོལ་ཏུ་སྡེ་པ་བཞིར་གནས་པ་ཡང་རང་གི་ལུས་ལ་འཁོར་ལོ་བཞི་ལ་སོགས་པ་གནས་པའི་སྟོབས་ཀྱིས་སོ། །ཞེས་ཤེས་པར་བྱའོ། །

གཉིས་པ་སྣོད་བཅུད་ཀྱི་རྣམ་གཞག་ཅུང་ཟད་བསྟན་པ་ནི། སྤྱིར་མ་དག་པའི་ཞིང་ཁམས་བསམ་གྱིས་མི་ཁྱབ་ཀྱང་། རེ་ཞིག་མི་མཇེད་འཇིག་རྟེན་གྱི་ཁམས་ཀྱི་སྣོད་བཅུད་ཆགས་ཚུལ། དེ་གང་ན་གནས་ཚུལ། སེམས་ཅན་ཐམས་ཅད་ཀྱིས་ལམ་བསྒོམས་ན་གྲོལ་ཚུལ་དང་གསུམ། དང་པོ་ལ་གསུམ། དང་པོར་ཆགས་ཚུལ། བར་དུ་གནས་ཚུལ། མཐར་འཇིག་ཚུལ་ལོ། །དང་པོ་ལ། སྣོད་ཆགས་ཚུལ་དང་། བཅུད་ཆགས་ཚུལ་ལོ། །དང་པོ་ནི། མཁའ་ལ་རླུང་རྟེན་ཞེས་སོགས་དང་། མཛོད་ལས། ཆགས་པ་དང་པོ་རླུང་ནས་ནི། །དམྱལ་བའི་སྲིད་པའི་བར་དུའོ། །ཞེས་གསུངས་པས། དང་པོར་རླུང་གི་དཀྱིལ་འཁོར་རྒྱ་སྒྲངས་ཆགས་ཚུལ། དེའི་སྟེང་དུ་ཆུའི་དཀྱིལ་འཁོར། དེ་བསྲུབ་པས་སའི་དཀྱིལ་འཁོར། རི་རབ། གླིང་བཞི། ཉི་ཟླ། ཚངས་པའི་འཇིག་རྟེན་རྣམས་ཆགས་ཚུལ་ལོ། །

གཉིས་པ་བཅུད་ཆགས་ཚུལ་ནི། མཛོད་ལས། དམྱལ་བའི་སྲིད་པའི་བར་དུའོ། །ཞེས་གསུངས། དེ་ཡང་གང་ནས་ཆགས་པའི་བསམ་གཏན་དེ་ནས་འོག་མ་འོག་མར་སྐྱེས་ནས་དམྱལ་བའི་སྲིད་པའི་བར་དུ་གྲུབ་བོ། །དེ་ལ་སྣོད་ཆགས་པ་ལ་བར་བསྐལ་གཅིག །བཅུད་ཆགས་པ་ལ་བར་བསྐལ་བཅུ་དགུ་སྟེ། ཆགས་པ་ལ་བར་བསྐལ་ཉི་ཤུའོ། །གཉིས་པ་བར་དུ་གནས་ཚུལ་ནི་མཛོད་ལས། །བར་གྱི་བསྐལ་པ་དཔག་མེད་ནས། །ཚེ་ལོ་བཅུ་པའི་བར་དུའོ། །དེ་ནས་ཡར་སྐྱེ་མར་འབྲི་བའི། །བསྐལ་པ་གཞན་ནི་བཅོ་བརྒྱད་དང་། །ཡར་སྐྱེ་བ་ནི་གཅིག་ཡིན་ཏེ། །དེ་དག་ཚེ་ལོ་བརྒྱད་ཁྲིའི་བར། །དེ་དག་འཇིག་རྟེན་ཆགས་པ་ནི། །བར་གྱི་བསྐལ་པ་ཉི་ཤུར་གནས། །ཞེས་གསུངས་པས། འཕགས་པ་རིན་པོ་ཆེས། ཚེ་ལོ་དཔག་མེད་ནས་མར་འབྲི་བའི་ཚེ་ལོ་བརྒྱད་ཁྲི་པར་སླེབས་པ་ལ་འཇིག་རྟེན་ཆགས་པ། ཚེ་ལོ་བརྒྱད་ཁྲི་པར་སླེབས་པ་དང་དམྱལ་བའི་སྲིད་པ་འགྲུབ་པ་དུས་མཉམ། ཚེ་ལོ་བརྒྱད་ཁྲི་པ་ནས་གནས་པའི་མགོ་བཟུང་སྟེ། ཚེ་ལོ་བཅུ་པར་སླེབས་པ་ལ་གནས་པའི་བར་བསྐལ་དང་པོ། དེ་ནས་ཡར་བརྒྱད་ཁྲི། དེ་ནས་མར་བྲི་ནས་ཚེ་ལོ་བཅུ་བར་ལ་བར་བསྐལ་གཅིག །དེ་འདྲ་བཅོ་བརྒྱད་དེ། ཡར་སྐྱེ་མར་བྲི་རེ་ལ་བར་བསྐལ་རེ་རེ་སྟེ་བཅོ་བརྒྱད། གོང་དང་བཅུ་དགུ། དེ་ནས་ལོ་བཅུ་པ་ནས་ཡར་འཕེལ་ཏེ་བརྒྱད་ཁྲིར་སླེབ་པ་དང་། དམྱལ་བར་སྐྱེ་བ་ཆད། དམྱལ་བའི་སྲིད་པ་སྟོང་པའི་མགོ་འཛུགས། དེ་ལ་བར་བསྐལ་གཅིག་སྟེ། བར་བསྐལ་ཉི་ཤུ་གནས་བསྐལ་ལོ། །

གསུམ་པ་འཇིག་ཚུལ་ནི། མཛོད་ལས། སྲིད་པ་མེད་ནས་སྡོད་ཟད་པ། །ཞེས་དང་། མེ་ཡི་བདུན་ནོ་ཆུ་ཡི་གཅིག །དེ་ལྟར་ཆུ་བདུན་ཐལ་ནས་ཀྱང་། །མེ་ཡི་བདུན་ནོ་དེ་ནས་ནི། །མཇུག་ཏུ་རླུང་གིས་འཇིག་པར་འགྱུར། །ཞེས་གསུངས་པས། བཅུད་ལ་བར་བསྐལ་བཅུ་དགུ་སྡོད་ལ་གཅིག་གོ །དེ་ཡང་། གླིང་བཞི་དང་ནི་ཉི་ཟླ་དང་། །རི་རབ་དང་ནི་འདོད་ལྷ་དང་། །ཚངས་པའི་འཇིག་རྟེན་སྟོང་ལ་ནི། །སྟོང་ནི་སྤྱི་ཕུད་ཡིན་པར་འདོད། ། དེ་སྟོང་ལ་ནི་སྟོང་གཉིས་པ། །བར་མའི་འཇིག་རྟེན་ཁམས་ཡིན་ནོ། །དེ་སྟོང་ལ་ནི་སྟོང་གསུམ་མོ། །མཉམ་དུ་འཇིག་ཅིང་འབྱུང་བ་ཡིན། །ཞེས་གསུངས། དེ་ལ་བསམ་གཏན་དང་པོ་ནི། གླིང་བཞི་པའི་འཇིག་རྟེན་དང་ཚད་མཉམ། བསམ་གཏན་གཉིས་པ་སྟོང་ཆུང་དུ། བསམ་གཏན་གསུམ་པ་བར་མ། བཞི་པ་དང་སྟོང་གསུམ་ཚད་མཉམ་མོ། །དེ་དག་གི་བར་གྱི་ཐག་ཚད་ནི། འོག་མ་འོག་མ་བས་ཉིས་འགྱུར་གྱིས་འཕགས་སོ། །དེ་དག་ནི་གཟུགས་ཁམས་ཞེས་བྱའོ། །གཟུགས་མེད་ནི་གནས་གཞན་ཡོད་པ་མེད་དེ། དེར་སྐྱེ་བ་ནི་གང་དུ་ཤི་བ་དེ་ཉིད་དུ་གཟུགས་མེད་པའི་ཏིང་ངེ་འཛིན་དང་ལྡན་པས་སྐྱེ་བའི་ཕྱིར་རོ། །དེ་རྣམས་འདིར་རྒྱས་པར་ཡི་གེ་མང་པས་འཇིགས་པས་མ་བྲིས་སོ། །གཞན་དུ་བལྟའོ། །གཉིས་པ་དེ་གང་ན་གནས་ཚུལ་ནི། སློབ་དཔོན་རིན་པོ་ཆེས་རྒྱུད་སྡེ་སྤྱི་རྣམ་ལས། འོ་ན་གང་ཡིན་ཞེ་ན། འཕགས་པ་སངས་རྒྱས་ཕལ་པོ་ཆེ་ལས་འབྱུང་སྟེ། དེའང་འཇིག་རྟེན་གྱི་ཁམས་བསམ་གྱིས་མི་ཁྱབ་པ་ནང་དུ་ཆུད་པ་ནི་གཞི་དང་སྙིང་པོ་མེ་ཏོག་གི་རྒྱན་གྱིས་བརྒྱན་པ་བྱ་བ་ཡིན་ནོ། །དེ་ལྟ་བུ་བསམ་གྱིས་མི་ཁྱབ་པ་ནང་དུ་ཆུད་པ་ནི་འཇིག་རྟེན་གྱི་ཁམས་རྒྱ་མཚོ་ཞེས་བྱ་བ་ཡིན་ནོ༑ ༑འཇིག་རྟེན་གྱི་ཁམས་རྒྱ་མཚོ་ནི་དེ་བཞིན་གཤེགས་པ་རྣམ་པར་སྣང་མཛད་ཡེ་ཤེས་གངས་ཆེན་མཚོའི་ཕྱག་གི་མཐིལ་ལ་གནས་སོ། །དེའང་གངས་ཆེན་མཚོའི་ཕྱག་མཉམ་བཞག་གི་སྟེང་ན་སྤོས་ཆུ་ཟེ་བ་མཐའ་ཡས་པ་ཡོད། དེའི་སྟེང་ན་ནོར་བུ་རིན་པོ་ཆེ་བྱང་སེ་གཟུགས་དང་ཁ་དོག་ཀུན་ཏུ་སྣང་བའི་ནང་ན་སྟོང་གསུམ་ཕན་ཚུན་གྲངས་མེད་པའི་གྲངས་མེད་པ་ཡན་ཉི་ཤུ་རྩ་ལྔ་བརྩེགས་པའི་དབུས་མ། ཁ་ཅིག་ལྷུང་བཟེད་ཀྱི་ནང་ན་རྒྱ་མཚོ་ཡོད་ཟེར། འཇིག་རྟེན་གྱི་ཁམས་དབྱིབས་ཐ་དད་པ། འོད་ཐ་དད་པ། ཁ་ཅིག་སྤྱི་གཙུག །འཕྲེད་ཉལ་སོགས་སྣང་བ་ཐ་དད་པ་དུ་མའོ། །བཅོམ་ལྡན་འདས་དེ་བྱང་ཆུབ་སེམས་དཔའ་ཆེན་པོའི་འཁོར་དང་བཅས་པ་གང་ན་བཞུགས་པའི་གནས་དེ་ནི་སྟུག་པོ་བཀོད་པའི་ཞིང་ཁམས་ཞེས་བྱ་བ་ཡང་དག་པའི་སངས་རྒྱས་ལོངས་སྤྱོད་རྫོགས་པའི་སྐུའི་གནས་ཡིན་ནོ། །རྒྱས་པར་མདོ་ཕལ་པོ་ཆེ་དང་། སློབ་དཔོན་རིན་པོ་ཆེའི་རྒྱུད་སྡེ་སྤྱི་རྣམ་ལས་ཤེས་པར་བྱའོ། །

གསུམ་པ་སེམས་ཅན་ཐམས་ཅད་ཀྱིས་ལམ་བསྒོམས་ན་གྲོལ་བའི་རྒྱུ་མཚན་ལ། རྒྱས་འགྱུར་གྱི་རིགས

དང་། རང་བཞིན་གནས་རིགས་གཉིས། དང་པོ་ནི། སེམས་ཅན་རྣམས་ལ་བྱམས་པ་སྙིང་རྗེ་བྱང་ཆུབ་སེམས་ཀྱི་རིགས་ཡོད་ཅིང་གཟུགས་སྐུའི་རིགས་ཀྱང་ཡོད་དེ། གང་དུ་སྣང་བའི་ཚུལ་རྣམས་སོ། །གཉིས་པ་རང་བཞིན་གནས་རིགས་ནི་དེ་རྣམས་གང་དུའང་མ་གྲུབ་པ་སྟེ། དེ་གཉིས་གང་ཟག་སོ་སྐྱེ། འཕགས་པ། སངས་རྒྱས་རྣམས་ཀྱིས་ཀྱང་སོ་སོར་ཕྱེད་པར་མི་ནུས་པའི་ཟུང་འཇུག་རྡོ་རྗེ་འཆང་གི་རང་བཞིན། ངོ་བོ། སྙིང་པོ་སེམས་ཅན་དུ་གྲུབ་ཙམ་ནས་དེར་གྲུབ་པ་དེ་རྒྱུ་རྒྱུད་ཀྱི་སྡོམ་པ་ཡིན་ཅིང་། སངས་རྒྱས་ཀྱང་ཡིན་ཏེ། འཕགས་པ་བྱམས་པས། རྒྱུད་བླ་མ་ལས། རྫོགས་སངས་སྐུ་ནི་འཕྲོ་ཕྱིར་དང་། །དེ་བཞིན་ཉིད་དབྱེར་མེད་ཕྱིར་དང་། །རིགས་ཡོད་ཕྱིར་ན་ལུས་ཅན་ཀུན། །རྟག་ཏུ་སངས་རྒྱས་སྙིང་པོ་ཅན། །ཞེས་གསུངས། རྗེ་བོ་ཆེན་པོ་དཔལ་ལྡན་ཨ་ཏི་ཤས་བྱང་ཆུབ་ལམ་གྱི་སྒྲོན་མའི་རང་འགྲེལ་ལས། ཡང་ན་རིགས་ལ་གནས་པ་དང་སྐྱེ་བ་གཞན་དུ་ཐེག་པ་ཆེན་པོ་ལ་གོམས་པར་བྱས་པ་ནི། དེར་རང་བཞིན་གྱིས་སྡིག་པ་མི་སྤྱོད་པས་བྱང་ཆུབ་སེམས་དཔའི་སྡོམ་པ་དེ་ཉིད་དང་པོ་ཉིད་དུ་བླངས་ཀྱང་ཉེས་པ་མེད་དོ། །ཡང་ན་ཐེག་པ་ཆེན་པོ་དབུ་མ་ཆེན་པོའི་གྲུབ་མཐའ་བཙན་པར་བྱས་ན་ནི། འདི་ལྟར་ཐེག་པ་ཆེན་པོའི་སྡོད་དུ་མ་གྱུར་པ་ནི་འགའ་ཡང་མེད་དོ། །སེམས་ཅན་ཐམས་ཅད་རིགས་གཅིག་ཉིད་ཡིན་ཏེ། དེ་བཞིན་གཤེགས་པའི་སྙིང་པོ་ཅན་ནོ། ། ཞེས་དང་། ས་སྟེང་སྐལ་མེད་ཡོད་མིན་ཏེ། །ཐམས་ཅད་སངས་རྒྱས་འགྱུར་བ་ཡིན། །དེ་ཕྱིར་རྫོགས་སངས་སྒྲུབ་པ་ལ། །སྐྱིད་ལུག་པར་ནི་མི་བྱའོ། །ཞེས་གསུངས་སོ། །དེ་ཁོ་ན་ཉིད་བསྡུས་པའི་རྒྱུད་ཆེན་པོ་ལས་ཀྱང་། ཀྱེ་བཅོམ་ལྡན་འདས་དཀྱིལ་འཁོར་ཆེན་པོ་འདིར་འཇུག་པ་ལ་སྣོད་དང་སྣོད་མ་ཡིན་པ་བརྟག་མི་འཚལ་ལོ། །དེ་ཅིའི་ཕྱིར་ཞེ་ན། ཞེས་བྱ་བ་ལ་སོགས་པ་གསུངས་སོ། །སློབ་དཔོན་འཕགས་པ་ལྷའི་ཞལ་ནས། དང་པོར་གང་དང་གང་འདོད་པ། །དེ་ལ་དེ་དང་དེ་ཉིད་སྦྱིན། །དམ་པའི་ཆོས་ལ་སྣོད་མིན་པ། །འགའ་ཡང་ཡོད་པ་མ་ཡིན་ནོ། །ཞེས་གསུངས་སོ། །དེ་བས་ན་སེམས་ཅན་ཐམས་ཅད་རིགས་གཅིག་ཉིད་ཡིན་པས། མགོན་པོ་མི་ཕམ་པའི་ཞལ་ནས། ཆོས་ཀྱི་དབྱིངས་ལ་དབྱེར་མེད་ཕྱིར། །རིགས་ནི་ཐ་དད་རུང་མ་ཡིན། །ཞེས་གསུངས་པ་དང་། འཕགས་པ་ཀླུ་སྒྲུབ་ཀྱི་ཞལ་ནས་ཀྱང་། ཆོས་ཀྱི་དབྱིངས་ལ་དབྱེར་མེད་ཕྱིར། །གཙོ་བོ་ཐེག་དབྱེར་མ་མཆིས་ན། །ཁྱོད་ཀྱིས་ཐེག་པ་གསུམ་བསྟན་པ། །སེམས་ཅན་འཇུག་པར་བྱ་ཕྱིར་ཡིན། །ཞེས་གསུངས་སོ། །འོན་མདོ་ལས། སེམས་ཅན་གྱི་ཚོགས་གསུམ་དུ་གསུངས་ཤིང་རྡོ་རྗེའི་རིགས་ལ་དཔེར་མཛད་པ་དེ་ཇི་ལྟ་བུ། སེམས་ཅན་གྱི་རིགས་ཀྱང་རྣམ་པ་ལྔར་བཤད་པ་དེ་ཇི་ལྟ་བུ། སྨྲས་པ། དེ་ནི་རེ་ཞིག་པ་ལ་དགོངས་པ་ཡིན་ཏེ། རྗེ་བཙུན་གསེར་གླིང་པའི་ཞལ་མངའ་ནས། རིགས་ནི་རྣམ་པ་གཉིས་ཏེ། ཆོས་ཉིད་ཀྱི་རིགས་ཅན་དང་། སྒྲུབ་པའི་རིགས་ཅན་ནོ། །ཞེས

གསུངས་པས། སྒྲུབ་པའི་རིགས་ཅན་ལ་ནི་རེ་ཞིག་དེ་ལྟར་གནས་སོ། །ཆོས་ཉིད་ཀྱི་རིགས་ཅན་གྱི་དབང་དུ་བྱས་ན་ནི་དབྱེ་བ་གང་ཡང་མེད་དོ། །ཞེས་གསུངས་སོ། །

གཉིས་པ་སྡོམ་པ་དེ་ཉིད་མངོན་དུ་འགྱུར་བར་བྱ་བའི་ཕྱིར་དུ་ལམ་གྱི་གནས་སྐབས་ཀྱི་སྡོམ་པ་ནི། རྗེ་ས་པཎ་གྱིས། གཤིས་ལ་དགེ་སྡིག་མེད་མོད་ཀྱི། །བདེ་སྡུག་ལས་ཀྱིས་བྱས་པ་ཡིན། །ལས་ཀྱི་བྱེད་པ་སེམས་ཉིད་ཡིན། །སེམས་ཉིད་དགེ་དང་མི་དགེ་བའི། །སྟོབས་ཀྱི་ལས་ལ་བཟང་ངན་བྱུང་། །བཟང་ངན་དེ་ལས་བདེ་སྡུག་བྱུང་། །དེ་ཉིད་བླང་དོར་བྱེད་པ་ཡི། །ཐབས་ནི་སྡོམ་པའི་ཚུལ་ཁྲིམས་ཡིན། །ཞེས་གསུངས་པས། མི་དགེ་བ་མཐའ་དག་སྡོམ་ཞིང་དགེ་བ་ཐམས་ཅད་ཀྱི་སྡོམ་དུ་གྱུར་པ་ངོ་བོ་སྟོང་པ་དང་སྙིང་རྗེ་གཉིས་སུ་མེད་པའོ། །དེའང་མི་དགེ་བ་མཐའ་དག་ནི། རྒྱུད་བླ་ལས། སེར་སྣ་ལ་སོགས་རྣམ་རྟོག་གང་། །དེ་ནི་ཉོན་མོངས་སྒྲིབ་པར་འདོད། །འཁོར་གསུམ་རྣམ་པར་རྟོག་པ་གང་། །དེ་ནི་ཤེས་བྱའི་སྒྲིབ་པར་འདོད། །ཅེས་གསུངས་པས། ཉོན་མོངས་པ་དང་། ཤེས་བྱའི་སྒྲིབ་པ་ཐམས་ཅད་སྡོམ་པ་ཡིན་ལ། དགེ་བ་མཐའ་དག་ནི་བསོད་ནམས་དང་ཡེ་ཤེས་ཀྱི་ཚོགས་ཐམས་ཅད་དེ། སངས་རྒྱས་ཐོབ་པའི་རྒྱུ་ཐམས་ཅད་ཡིན་ནོ། །སྟོང་པ་དང་སྙིང་རྗེ་གཉིས་སུ་མེད་པ་ནི། མདོ་རྒྱུད་ཐམས་ཅད་ཀྱི་བརྗོད་བྱའི་དོན་ནམ་སྙིང་པོ་ཡིན་ཏེ། རྡོ་རྗེ་གུར་ལས། སྟོང་ཉིད་སྙིང་རྗེ་དབྱེར་མེད་པ། །བྱང་ཆུབ་སེམས་ཞེས་རབ་ཏུ་བརྗོད། །གང་དུ་སེམས་ནི་རྣམ་བསྒོམ་པ། །དེ་ནི་སངས་རྒྱས་ཆོས་དང་ནི། །དགེ་འདུན་གྱི་ཡང་བསྟན་པའོ། །ཞེས་གསུངས། གསུམ་པ་སྡོམ་པ་དེ་མངོན་དུ་གྱུར་པ་ནི་འབྲས་བུའི་གནས་སྐབས་ཀྱི་སྡོམ་པ་སྟེ། ཡང་དག་པར་རྫོགས་པའི་སངས་རྒྱས་རྣམས་སོ། །དེ་ཡང་། རྗེ་བཙུན་རིན་པོ་ཆེས། གསལ་བ་སྤྲུལ་སྐུ་སྟོང་པ་ཆོས་ཀྱི་སྐུ། །ཟུང་འཇུག་ལོངས་སྤྱོད་རྫོགས་པའི་སྐུ་ཡིན་ཏེ། །རེ་རེའང་རྣམ་གསུམ་ལྷུན་གྲུབ་གནས་གྱུར་དུ། །བརྗོ་བ་འདི་ནི་འབྲས་བུའི་ལྷན་སྐྱེས་ཡིན། །ཞེས་གསུངས། མཉམ་སྦྱོར་ལས། སམ་ཞེས་བྱ་བ་བདེ་བར་བཤད། །སངས་རྒྱས་ཀུན་གྱི་བདེ་ཆེན་ཡིན། །སྒྱུ་མ་ཐམས་ཅད་མཉམ་སྦྱོར་བས། །མཆོག་ཏུ་བདེ་བས་བདེ་བའི་མཆོག །ཅེས་གསུངས་སོ། །བརྟག་གཉིས་ལས་རང་རིག་བདེ་རྒྱ་རྒྱུད་པ་ཆེན་པོ་ཉིད། །རང་རིག་འབྲས་རྒྱུད་ནས་ནི་བྱང་ཆུབ་འགྱུར། །རང་རིག་ཐབས་རྒྱུད་ཕྱིར་ན་བསྒོམ་པ་ཉིད། །ཅེས་དང་། སེམས་ཅན་རྣམས་ནི་སངས་རྒྱས་ཉིད། །འོན་ཀྱང་གློ་བུར་དྲི་མས་བསྒྲིབས། །དེ་བསལ་ན་ནི་སངས་རྒྱས་ཉིད། །ཅེས་དང་། སེམས་ནི་རྫོགས་པའི་སངས་རྒྱས་ཉིད། །སངས་རྒྱས་གཞན་དུ་བསྟན་པ་མེད། །ཅེས་སོགས་རྒྱ་ཆེར་གསུངས་སོ། །སྡོམ་མིན་རྒྱུད་ལྡན་གྱི་གང་ཟག་དང་བར་མ་སོགས་ནི་གནས་སྐབས་རེ་ཞིག་པའོ། །ཐབས་རྒྱུད་ཀྱི་སྡོམ་པ་དེ་ལ་དབྱེ་ན། སོ་སོར་ཐར་ཐེག་དམན་པ་རིགས་བརྒྱད།

བྱང་ཆུབ་ཐེག་ཆེན་སེམས་དཔའི་སྡོམ་པ། རིག་པ་འཛིན་སྔགས་པའི་སྡོམ་པའོ། །དང་པོ་གཉིས་ནི་གླད་དུ་ཙུང་ཟད་བཤད་ཟིན་ལ།

གསུམ་པ་ནི། ཁས་བླངས་པ་དང་དབང་ལས་ཐོབ་པ་རྣམས་མི་ཉམས་པར་བསྲུང་བའི་སེམས་དཔའ་རྒྱན་ཆགས་པ་དེ་ཡང་ཉན་ཐོས་དང་བྱང་ཆུབ་སེམས་དཔའི་སྡོམ་པ་བརྗོད་པས་ཐོབ་ལ། འདིར་དབང་ལ་ཐོབ་དགོས་པས། དེ་ལ་བྱ་བའི་རྒྱུད། སྤྱོད་པའི་རྒྱུད། རྣལ་འབྱོར་གྱི་རྒྱུད། རྣལ་འབྱོར་བླ་ན་མེད་པའི་རྒྱུད་དང་བཞི། དང་པོ་ལ། དབང་། ལམ། དམ་ཚིག་གི། གཞུང་ཚད་དང་བཞི་དང་པོ་དབང་ནི། ཡེ་ཤེས་ཐིག་ལེ་ལས། ཆུ་ཡི་དབང་བསྐུར་ཅོད་པན་དག །བྱ་བའི་རྒྱུད་ལ་བཞུགས་པ་ཡིན། །ཞེས་གསུངས་པས། དབང་མ་ཐོབ་ན་སྒོམ་དུ་མི་རུང་བས། དེའི་དོན་དུ་ཆུ་དང་ཅོད་པན་གྱི་དབང་གསུངས་སོ། །གཉིས་པ་ལམ་ནི། ཡེ་ཤེས་རྡོ་རྗེ་ཀུན་ལས་བཏུས་པའི་རྒྱུད་ལས། བདག་ཉིད་ལྷའི་སྒོམ་པ་མེད་པ་དང་། ཡེ་ཤེས་སེམས་པའི་བདེ་བ་མེད་པ་ནི་བྱ་བའི་རྒྱུད་ལ་བཞུགས་སོ། །ཞེས་གསུངས་པས། མདུན་དུ་རས་བྲིས་བཀྲམ། མཆོད་པ་བཤམ། ཁྲུས་ལ་སོགས་པ་བྱས་ནས་མདུན་དུ་ཡེ་ཤེས་སེམས་དཔའ་སྤྱན་དྲངས་པའི་ཚིག་བྱས་ཏེ། དེའི་ཐུགས་ཀར་སྔགས་ཕྲེང་བཀོད་ནས་བཟླས་པ་བྱེད་དེ། རྗེ་དཔོན་ལྷ་བུ་ལ་དངོས་གྲུབ་ལེན་པའི་ཚུལ་ལོ། །

གསུམ་པ་རྩ་ལྟུང་ནི། འཇམ་དཔལ་རྩ་རྒྱུད་ལས། ཀྱེ་རྒྱལ་བའི་སྲས་དེའི་ཕྱིར་ངས་འདིར་ཆད་པར་ལྷ་བ་དང་། དཀོན་མཆོག་གསུམ་སྤོང་བ་དང་། དབང་བསྐུར་བ་སྤོང་བ་དང་། བྱང་ཆུབ་ཀྱི་སེམས་སྤོང་པ་དང་། བླ་མ་ལ་འཁུ་བ་ཞེས་བྱ་བ་ལྔ་པོ་འདི་ནི་རྩ་བའི་ལྟུང་བ་ཡིན་པར་བསྟན་ཏེ། ཆོས་དེ་དག་ལས་གང་ཡང་རུང་བ་ཞིག་སྤྱོད་ན། དེ་སྐད་སྨྲ་བ་མ་བྱས་ན་སྔགས་པའི་ཐ་སྙད་མེད་ཅིང་། དངོས་གྲུབ་ཀྱི་ས་བོན་ཉམས་པ་དང་། ཚིག་པ་དང་རུལ་བར་བརྗོད་དོ། །ཅིའི་ཕྱིར་རྩ་བའི་ལྟུང་བ་ཞེས་བྱ་ཞེ་ན། ཇི་ལྟར་ཤིང་ལྗོན་པ་རྩ་བ་ཆད་ཅིང་སྐམ་པ་ན་ཡན་ལག་དང་ཉིང་ལག་ཐམས་ཅད་སྐམ་པར་བརྗོད་པ་དེ་བཞིན་དུ། ཆོས་ལྔ་པོ་འདི་དག་སྤྱད་ན་ཡང་། བཟླས་པ་དང་། སྔོམ་པ་དང་། གཙང་སྦྲ་ལ་སོགས་པའི་ཆོས་རྣམས་འབྲས་བུས་ཁྱད་པར་ཅན་མི་བསྐྱེད་ཅིང་སྐམ་པས་ན་རྩ་བའི་ལྟུང་བར་བརྗོད་དོ། །ཞེས་གསུངས་སོ། །དཔུང་བཟང་གིས་ཞུས་པ་ལས། སྔགས་ཀྱི་རྩ་བ་དང་པོ་ཚུལ་ཁྲིམས་ཏེ། དེ་ནས་བརྩོན་འགྲུས་དང་ནི་བཟོད་པ་དང་། །རྒྱལ་བ་ལ་ནི་དད་དང་བྱང་ཆུབ་སེམས། །གསང་སྔགས་དང་ནི་ལེ་ལོ་མེད་པའོ། །ཇི་ལྟར་མི་དབང་ཡན་ལག་བདུན་ལྡན་པ། །སྐྱོ་བ་མེད་པར་སྐྱེ་རྒུ་འདུལ་བར་བྱེད། །དེ་བཞིན་སྔགས་པ་ཡན་ལག་འདི་བདུན་ཡང་། །ལྡན་པར་གྱུར་ན་སྡིག་པ་འདུལ་བར་བྱེད། །གང་ཞིག་དགྲ་བཅོམ་ཕ་མ་གསོད་པ་དང་། །མཐུན་པའི་དགེ་འདུན་དབྱེན་ནི་བྱེད་པ་དང་། །དེ་བཞིན

གཤེགས་ལ་ཞེ་སྡང་སེམས་ཀྱིས་སུ། །ནམ་ཞིག་མི་དག་སྐུ་འཚལ་འབྱིན་བྱེད་པ། །ཤིན་ཏུ་མི་བཟད་པ་ཡི་ལས་འདི་རྣམས། །རྒྱལ་བས་མཚམས་མེད་ལྔ་པོ་ཡིན་པར་བཤད། །གཏི་མུག་ཅན་གྱིས་སྡིག་པ་ཅི་བྱས་པ། །ཕུང་པོ་འདི་ལ་གྲུབ་པ་ཐོབ་མི་འགྱུར། །མཆོད་རྟེན་འཇིག་ཅིང་བྱང་ཆུབ་སེམས་དཔའ་གསོད། །ཉོན་མོངས་ཟད་པའི་མ་ནི་སུན་འབྱིན་དང་། །སློབ་མ་གསོད་ཅིང་དགེ་འདུན་མང་བ་ལ། །གང་གི་འདོད་པ་མང་ཞུང་རྐྱ་འཕྲོག་དང་། །མཚམས་མེད་ཉེ་ལྔར་དེ་བཞིན་གཤེགས་པས་གསུངས། །ཚུལ་ཉམས་མི་རྣམས་གང་ཞིག་འདི་བྱེད་པ། །བསྐལ་པའི་བར་དུ་མནར་མེད་སྡུག་བསྔལ་མྱོང་། །གསང་སྔགས་དངོས་གྲུབ་སྒྲིམས་ཀྱང་ཡོང་མི་ཐོབ། །གང་གི་བདེ་གཤེགས་གསུངས་པའི་གླེགས་བམ་དག །ཆུད་གསོན་པ་དང་མེས་ནི་བསྲེག་པ་དང་། །བསམ་པ་ངན་པས་ཆུར་ནི་འདོར་བ་དང་། །ཡང་ན་ཆོས་ཀྱི་སྐུ་ནི་སྤོང་བ་དང་། །བསླབ་ཚིགས་མ་ལུས་པས་ནི་བརྒྱན་པ་ཡི། །དགེ་སློང་དག་གམ་དགེ་སློང་མ་གསོད་དམ། །དགེ་བསྙེན་དང་ནི་དགེ་བསྙེན་མ་གསོད་དང་། །ངན་པའི་སེམས་ཀྱིས་ལྷ་ཁང་བསྲེགས་ཀྱང་རུང་། །མི་ཡི་ཡུལ་ན་སྡིག་པ་འདི་བྱས་པས། །དཀའ་བ་སྤྱད་པར་ལྡན་ཡང་གྲུབ་མི་ཐོབ། །གང་གི་དཀོན་མཆོག་གསུམ་ལ་གནོད་པ་ཡི། །བསམ་པས་གནོད་པ་ཅུང་ཟད་བྱས་ཀྱང་རུང་། །བདག་ཉིད་མནར་མེད་དམྱལ་བར་བཙོས་པར་འགྱུར། །དེ་ནས་ཐར་ནས་ལས་ཀྱི་དབང་གིས་ཀྱང་། །རིགས་ངན་མི་དང་དུད་འགྲོར་སྐྱེ་བ་ཐོབ། །འདི་དག་ངས་ནི་ཁྱོད་ལ་མདོར་བཤད་པའོ། །ཞེས་གསུངས། གཞུང་ཚད་འོག་ཏུ་འཆད། གཉིས་པ་ཕྱི་ལུས་ངག་གི་བྱ་བ་དང་ནང་ཏིང་ངེ་འཛིན་གཉིས་ཀ་ལ་མཉམ་པར་སྤྱོད་པས་སྤྱོད་པའི་རྒྱུད་ལའང་བཞི་སྟེ། དང་པོ་དབང་ནི། ཡེ་ཤེས་ཐིག་ལེ་ལས། རྡོ་རྗེ་དྲིལ་བུ་དེ་བཞིན་མིང་། །སྤྱོད་པའི་རྒྱུད་དུ་གསལ་བར་བྱས། །ཞེས་གསུངས་པས། སྔར་གྱི་གཉིས་ཀྱི་སྟེང་དུ། རྡོ་རྗེ་དྲིལ་བུ། མིང་དང་ལྔ་གསུངས་སོ༑ ༑ལམ་ནི་གསང་སྔགས་ཀྱི་སྤྱོད་པ་ལ་གཙང་སྦྲ་ལ་སོགས་པ་མེད་ཀྱང་དངོས་གྲུབ་འགྲུབ་པས་དེ་ལྟ་བུའི་སྤྱོད་པ་ལ་འཇུག་གོ །དེ་ནས་དཀྱིལ་འཁོར་དགོད་པ་དང་། བདག་ལྷར་བསྐྱེད་པ་དང་། མདུན་དུ་རས་བྲིས་ལ་སོགས་པའང་ལྷར་བསྐྱེད་པ་དང་། དེ་ལ་ཡེ་ཤེས་པ་སྤྱན་དྲངས་པ་དང་། མཆོད་པ་དང་། བཟླས་བརྗོད་ལ་སོགས་པ་དང་། དེ་ནས་ཡང་དངོས་གྲུབ་ཀྱི་ཐབས་དང་། དེ་ཁོ་ན་ཉིད་དངོས་པོའི་གནས་ལུགས་དང་། དེ་དང་རྗེས་སུ་འབྲེལ་བའི་བསམ་གཏན་གྱི་བྱ་བ་དང་། གཞན་རྗེས་སུ་འཛིན་པའི་ཐབས་ཀྱི་ཁྱད་པར་ལ་སོགས་པ་རྣམས་ལ་སློབ་པ་སྟེ། འདི་ནི་རྣམ་པར་སྣང་མཛད་མངོན་པར་བྱང་ཆུབ་པའི་རྒྱུད་ལ་སོགས་པ་ནས་འབྱུང་བས་དེར་བལྟ་བར་བྱའོ། །

གསུམ་པ་རྒྱ་ལྟུང་ནི། རྣམ་སྣང་མངོན་བྱང་ལས། གསོལ་པ། བཅོམ་ལྡན་འདས་བྱང་ཆུབ་སེམས་

དཔའ་རྣམས་ཀྱིས་བསླབ་པའི་གཞི་ཐབས་དང་ཤེས་རབ་ཀྱིས་ཡོངས་སུ་ཟིན་པ་གང་དང་ལྡན་ན་བྱང་ཆུབ་སེམས་དཔའ་ཆེན་པོ་རྣམས་ཐེ་ཚོམ་དང་ཡིད་གཉིས་མ་མཆིས་ཤིང་འཁོར་བ་ན་འཁོར་བའི་ཚེ་ཉམས་པར་མི་འགྱུར་བ་བཤད་དུ་གསོལ། བཀའ་སྩལ་པ། གསང་བའི་བདག་པོ་བྱང་ཆུབ་སེམས་དཔའི་སྤྱོད་པའི་ཚུལ་ལ་མཁས་པའི་བསྟན་པ་གང་ན་གནས་ན་བྱང་ཆུབ་སེམས་དཔའ་ཆེན་པོ་རྣམས་ཐེག་པ་ཆེན་པོ་རྟོགས་པ་ཁོང་དུ་ཆུད་པ་དེ་ཉོན་ཅིག །དེ་ལ་བྱང་ཆུབ་སེམས་དཔས་སྲོག་གཅོད་པ་དང་། མ་བྱིན་པར་ལེན་པ་དང་། འདོད་པས་ལོག་པར་གཡེམ་པ་ལས་སླར་ལྡོག་པར་བྱའོ། །རྫུན་དུ་སྨྲ་བ་དང་། ངག་རྩུབ་པོ་དང་། ཕྲ་མ་ཟེར་བ་དང་། ཚིག་ཀྱལ་པ་སྨྲ་བ་ལས་སླར་ལྡོག་པར་བྱའོ། །བརྣབ་སེམས་དང་། གནོད་སེམས་དང་། ལོག་པར་ལྟ་བ་ལས་སླར་ལྡོག་པར་བྱའོ། །གང་ལ་བསླབས་ན་སངས་རྒྱས་བཅོམ་ལྡན་འདས་རྣམས་དང་། བྱང་ཆུབ་སེམས་དཔའ་རྣམས་དང་། སྤྱོད་པ་མཚུངས་པར་བསླབ་པར་འགྱུར་བ་བྱང་ཆུབ་སེམས་དཔའི་བསླབ་པ་ནི་འདི་དག་ཡིན་ནོ། །ཞེས་ཏེ། བཅུ་པོ་འདི་དག་བྱང་སེམས་གསང་སྔགས་ཀྱི་སྡོམ་སྤྱོད་པའི་བསླབ་པ་ཐམས་ཅད་ཀྱི་རྩ་བ་ཡིན་པས་གཞི་ཞེས་བྱ་ལ། ཐབས་ཤེས་རབ་ཀྱིས་ཟིན་པར་སྤྱོད་པས་སངས་རྒྱས་བྱང་སེམས་རྣམས་དང་མཚུངས་པར་བསླབ་པར་འགྱུར་རོ་ཞེས་གསུངས་པའོ། །ཡང་དེ་ཉིད་ལས། ལྟུང་བའི་རྩ་བ་བཞི་ནི། སྲོག་གི་ཕྱིར་ཡང་ཡོངས་སུ་ཉམས་པར་མི་བྱའོ། །བཞི་གང་ཞེ་ན། འདི་ལྟ་སྟེ། དམ་པའི་ཆོས་སྤོང་བ་དང་། བྱང་ཆུབ་ཀྱི་སེམས་གཏོང་བ་དང་། སེར་སྣ་བྱེད་པ་དང་། སེམས་ཅན་ལ་གནོད་པ་བྱེད་པའོ། །དེ་ཅིའི་ཕྱིར་ཞེ་ན། འདི་དག་ནི་ཐབས་དང་ཤེས་རབ་ཏུ་མི་ལྡན་པ། རང་བཞིན་གྱིས་ཉོན་མོངས་པ་ཅན་ཏེ། སླར་གསོར་མི་རུང་བའོ། །དེ་ཅིའི་ཕྱིར་ཞེ་ན། གང་དག་འདས་པའི་སངས་རྒྱས་དང་། །དེ་བཞིན་གང་དག་མ་བྱོན་དང་། །གང་ཡང་ད་ལྟའི་མགོན་པོ་རྣམས། །ཐབས་དང་ཤེས་རབ་ལྡན་པ་ལ། །བསླབས་ནས་བླ་མེད་བྱང་ཆུབ་ནི། །འདུས་མ་བྱས་པ་དེས་ཐོབ་བོ། །ཐབས་དང་མི་ལྡན་ཡེ་ཤེས་དང་། །བསླབ་པ་དག་ཀྱང་བཤད་པ་ནི། །དཔའ་བོ་ཆེན་པོ་ཉན་ཐོས་རྣམས། །དེ་ལ་བཟུང་བའི་ཕྱིར་བཤད་དོ། །ཞེས་གསུངས་ཏེ། རྩ་བ་བཞི་བསླབ་པའི་གཞི་བཅུ་དང་བཅས་པ་འདི་དག་ནི་སྤྱོད་པའི་རྒྱུད་ཀྱི་དམ་ཚིག་གི་རྩ་བ་བཅུ་བཞི་ཞེས་བྱའོ། །ཞེས་གསུངས། བཞི་པ་གཞུང་ཚད་ འོག་ཏུ་འཆད། གསུམ་པ་ཏིང་ངེ་འཛིན་གཙོ་བོར་གྱུར་པ་རྣལ་འབྱོར་གྱི་རྒྱུད་ལ་བཞི། དབང་ནི། ཡེ་ཤེས་ཐིག་ལེ་ལས། ཕྱིར་མི་ལྡོག་པ་ཡི་ནི་དབང་། །རྣལ་འབྱོར་རྒྱུད་དུ་གསལ་བར་བྱས། །དེ་བཞིན་དྲུག་གི་བྱེ་བྲག་དབང་། །དེ་ནི་སློབ་དཔོན་དབང་ཞེས་བྱ། །ཞེས་གསུངས་པས་སྔར་གྱི་ལྔའི་སྟེང་དུ། ཕྱིར་མི་ལྡོག་པའི་དབང་། སློབ་མའི་དབང་དང་། སློབ་དཔོན་གྱི་དབང་ངོ་། །བྱ་སྤྱོད་རྣལ་འབྱོར་རྒྱུད་གསུམ་ལ་དབང་བཞི་དང་། རིམ་གཉིས་མེད་དེ། དཔལ་

ལྷན་ས་སྐྱ་པཎྜི་ཏའི་ཞལ་ནས། བྱ་སྤྱོད་རྣལ་འབྱོར་རྒྱུད་གསུམ་གར། །དབང་བཞི་དང་ནི་རིམ་གཉིས་མེད། ། གལ་ཏེ་ཡོད་ན་དེ་དག་ཀྱང་། །རྣལ་འབྱོར་ཆེན་པོ་ཉིད་དུ་འགྱུར། །དབང་བཞི་དང་ནི་རིམ་པ་གཉིས། །རྣལ་འབྱོར་ཆེན་པོའི་ཁྱད་ཆོས་ཡིན། །ཞེས་གསུངས། ལམ་ནི། རྗེ་བཙུན་ཆེན་པོས་མངོན་རྟོགས་ལྗོན་ཤིང་ལས། འདིར་འཇུག་པ་ལ་གང་ཟག་གི་རིགས་གཉིས་ཏེ། སློབ་མའི་གང་ཟག་དང་། སློབ་དཔོན་དུ་གྱུར་པའི་གང་ཟག་གོ། །སློབ་མ་ནི། གོང་དུ་བསྟན་པའི་ཚུལ་གྱི་རྒྱུད་སྦྱང་བ་མ་བྱས་པ་རྣམས་སམ། སྦྱང་བ་བྱས་ཀྱང་ཐེག་པ་ཆེན་པོ་ལ་བློའི་སྤོབས་པ་ཞན་པས་གཞན་གྱི་དོན་ལ་ད་ལྟ་ནས་འཇུག་པར་མི་ནུས་པ་གང་ཡིན་པའོ། །སློབ་དཔོན་གྱི་གང་ཟག་ནི་ཤེས་རབ་དང་སྙིང་རྗེའི་རྩལ་ཆེ་བས་གཞན་གྱི་དོན་གྱི་ཁུར་ད་ལྟ་ཉིད་ནས་ཁྱེར་བའོ། །དེ་ལ་སློབ་མ་རྣམས་ལ་ནི་དཀྱིལ་འཁོར་དུ་འཇུག་པ་སྟེ། རིག་པའི་དབང་ཙམ་སྟེར་ལ། དེའང་སྦྱང་བ་མ་བྱས་པས་ནི་དམ་ཚིག་འཛིན་མི་ནུས་པས་དམ་ཚིག་མི་སྦྱིན་ཞིང་། ཡི་དམ་གྱི་བསྒོམ་བཟླས་ཙམ་སྦྱིན་པར་བྱའོ། །སྦྱང་བ་བྱས་པས་ནི། དེ་དང་འབྲེལ་བའི་དམ་ཚིག་ཀྱང་བསྲུང་ནུས་པས། དམ་ཚིག་སྦྱིན་པ་དང་། དངོས་གྲུབ་ཀྱི་ཡེ་ཤེས་གང་འདོད་པ་ལ་བསླབ་བོ། །སློབ་དཔོན་དུ་གྱུར་པའི་གང་ཟག་ཡིན་ན། རྡོ་རྗེ་སློབ་དཔོན་དུ་དབང་བསྐུར་བའང་བྱ། དེ་ནས་དེ་དང་རྗེས་སུ་འབྲེལ་བའི་དམ་ཚིག་བསླབ་པ་དང་། དཀྱིལ་འཁོར་དང་ལྷའི་དེ་ཁོ་ན་ལ་སོགས་ཏེ་དེ་ཁོ་ན་ཉིད་བཅུ་བསླབ་པ་དང་། སློབ་མ་བཞུགས་པ་ལ་སོགས་པ་སློབ་དཔོན་གྱི་ལས་ཐམས་ཅད་དང་། དངོས་གྲུབ་ཀྱི་ཡེ་ཤེས་དང་ཕྱག་རྒྱའི་ཡེ་ཤེས་དང་། རྩ་བའི་རྒྱུད་ཀྱི་སྒྲུབ་པ་དང་། རྒྱུད་ཕྱི་མ་དང་། ཕྱི་མའི་ཕྱི་མ་ལ་སོགས་པ་སྒྲུབ་པའི་ཚུལ་ཐམས་ཅད་ལ་བསླབ་པར་བྱའོ། །འདི་ནི་འཕགས་པ་དེ་ཁོ་ན་ཉིད་འདུས་པ་དང་། རྡོ་རྗེ་རྩེ་མོ་ལ་སོགས་པ་ལ་འབྱུང་བས་དེར་བསླབ་པར་བྱའོ། །ཞེས་གསུངས། གསུམ་པ་རྩ་ལྟུང་ནི་བཅུ་བཞི་སྟེ། རྡོ་རྗེ་རྩེ་མོ་ལས། དེ་ལས་གཞན་ཡང་བཅུ་བཞི་ནི། །ཕས་ཕམ་པར་ནི་རབ་ཏུ་བཤད། ། སྤང་ཞིང་དོར་བར་མི་བྱ་སྟེ། །རྩ་བའི་ལྟུང་བ་ཞེས་བཤད་དོ། །ཉིན་དང་མཚན་མོ་ལན་གསུམ་དུ། །ཉིན་རེ་བཞིན་ནི་བཟླ་བར་བྱ། །གང་ཚེ་ཉམས་གྱུར་རྣལ་འབྱོར་པ། །ཁ་ན་མ་ཐོ་སྦོམ་པོར་འགྱུར། །ཁྱོད་ཀྱིས་སྲོག་ཆགས་བསད་མི་བྱ། །མ་བྱིན་པར་ཡང་མི་བླང་ངོ་། །འདོད་པས་ལོག་པར་མི་སྤྱད་ཅིང་། །རྫུན་དུ་སྨྲ་བར་མི་བྱའོ། །ཕུང་གྲོལ་ཀུན་གྱི་རྩ་བ་ཡི། །ཆང་ནི་ཡོངས་སུ་སྤང་བར་བྱ། །སེམས་ཅན་འདུལ་ཕྱིར་མ་གཏོགས་པ། ། བྱ་བ་མ་ཡིན་ཐམས་ཅད་སྤང་། །དམ་པ་ཉེ་བར་བསྟེན་བྱ་ཞིང་། །རྣལ་འབྱོར་པ་རྣམས་བསྙེན་བཀུར་བྱ། །ལུས་ཀྱི་ལས་ནི་རྣམ་གསུམ་དང་། །ངག་གི་རྣམ་པ་བཞི་རྣམས་དང་། །ཡིད་ཀྱི་རྣམ་པ་གསུམ་དག་ནི། །ཅི་ནུས་པར་ནི་རྗེས་སུ་སྐྱོངས། །ཐེག་པ་དམན་ལ་འདོད་མི་བྱ། །སེམས་ཅན་དོན་ལ་རྒྱབ་ཕྱོགས་མིན། །འཁོར་བ་དག

ཀྱང་སྤྱང་མི་བྱ། །རྟག་ཏུ་མྱ་ངན་འདས་མི་ཆགས། །ལྷ་དང་ལྷ་མིན་གསང་བ་པ། ཁྱོད་ཀྱིས་བརྙས་པར་མི་བྱ་སྟེ༑ ༑ཕྱག་རྒྱ་གཞོན་པ་མཚོན་བྱ་དང་། །མཚན་མ་འགོམ་པར་མི་བྱའོ། །འདི་དག་དམ་ཚིག་ཡིན་པར་གསུངས། ། རྗེས་མཐུན་སྡོམ་པ་རྒྱ་ཆེར་ནི། །གསང་བའི་རྒྱུད་ལས་རབ་ཏུ་བཤད། ཁྱོད་ཀྱིས་རྟག་ཏུ་བསྲུང་བར་བྱ། །ཞེས་གསུངས་པས། དེ་ལས་གཞན་པ་བཅུ་བཞི་པོ་གང་ཞེ་ན། ཁྱོད་ཀྱིས་སྲོག་ཆགས་བསད་མི་བྱ། །ཞེས་ནས། ཆང་ནི་རྣམ་པར་སྤྱང་བར་བྱ། །ཞེས་པའི་བར་གསོ་བོར་ཉན་ཐོས་དང་ཐུན་མོང་བ། སེམས་ཅན་འདུལ་ཕྱིར་མ་གཏོགས་པ། ཞེས་ནས། རྟག་ཏུ་མྱ་ངན་འདས་མི་ཆགས། །ཞེས་པའི་བར་གཙོ་བོར་བྱང་ཆུབ་སེམས་དཔའ་དང་ཐུན་མོང་བ། ལྷ་དང་ལྷ་མིན་གསང་བ་པ། །ཞེས་ནས། མཚན་མ་འགོམ་པར་མི་བྱའོ། །ཞེས་པའི་བར། གཙོ་བོ་རྒྱུད་འོག་མ་དང་ཐུན་མོང་བ། འདི་དག་དམ་ཚིག་ཡིན་པར་གསུངས། །ཞེས་པའི་ཚིགས་བཅད་གཅིག་གིས་མཇུག་བསྡུ་བ་བསྟན་ཏོ། མདོར་ན་དང་པོ་ལ་ལྔ། གཉིས་པ་ལ་བདུན། གསུམ་པ་ལ་གཉིས་ཏེ་བསྡོམས་པས་བཅུ་བཞིའོ། །དེ་ལ་དང་པོ་ལྔ་ནི། རྩ་བ་བཞི་ཆང་དང་ལྔའོ། །གཉིས་པ་བདུན་ནི། དམ་པ་ཉེ་བར་བསྟེན་པ། རྣལ་འབྱོར་པ་བསྟེན་ཅིང་བཀུར་བ། དགེ་བ་བཅུ་ལ་བསླབ་པ། ཐེག་དམན་ཡིད་ལ་མི་བྱེད་པ། སེམས་ཅན་གྱི་དོན་ལ་སྤྱོགས་པ། འཁོར་བ་མི་སྤང་བ། མྱ་ངན་ལས་འདས་པ་ལ་མི་ཆགས་པ་རྣམས་སོ། །གསུམ་པ་གཉིས་ནི། ལྷ་སོགས་མི་བརྙས་པ། ཕྱག་རྒྱ་སོགས་མི་འགོམ་པའོ། །གཞུང་ཚད་འོག་ཏུ་འཆད། བཞི་པ་རྣལ་འབྱོར་བླ་མེད་ལ་བཞི། དང་པོ་དབང་ལ། དཀྱིལ་འཁོར་སྔོན་དུ་འགྲོ་དགོས་ཏེ། སཾ་པུ་ཊི་ལས། དཀྱིལ་འཁོར་ལུས་སུ་གསུངས་པ་སྟེ། །དཀྱིལ་འཁོར་ལྷ་གར་བརྗོད་པ་ཉིད། །དཀྱིལ་འཁོར་བྱང་ཆུབ་སེམས་ཡིན་ཏེ། །དཀྱིལ་འཁོར་གསུམ་ནི་བརྟག་པར་བྱ། །ཞེས་གསུངས་པས། དཀྱིལ་འཁོར་བཞི་པོ་དེ་རུ་དབང་ནི་བཞི་སྟེ། དེ་ཉིད་ལས། བུམ་པའི་དབང་ནི་དང་པོ་སྟེ། །གཉིས་པ་ལ་ནི་གསང་བའི་དབང་། །གསུམ་པ་ཤེས་རབ་ཡེ་ཤེས་ཏེ། ། བཞི་པ་དེ་ཡང་དེ་བཞིན་ནོ། །ཞེས་གསུངས་སོ། །ལམ་ནི་རིམ་པ་གཉིས་འཁོར་དང་བཅས་པ་སྟེ། རྩ་རྒྱུད་བརྟག་པ་གཉིས་པ་ལས། བསྐྱེད་པའི་རིམ་པ་ཉིད་དང་ནི། །རྫོགས་པ་པ་ཡི་ཡང་རིམ་པ་ཉིད། །རིམ་གཉིས་མཉམ་པར་གནས་ནས་ནི། །ཞེས་སོགས་གསུངས་པ་བཞིན་ནོ། །

གསུམ་པ་དམ་ཚིག་ནི། འདིར་སྡོམ་པ་དང་དམ་ཚིག་ལ་ཁྱད་པར་མེད་དེ། རྡོ་རྗེ་རྩེ་མོ་ལས། འདི་ནི་རྡོ་རྗེའི་རིགས་དག་པའི། །སྡོམ་པ་དམ་ཚིག་ཡིན་པར་གསུངས། །ཞེས་དང་། འདི་ནི་པདྨའི་རིགས་དག་པའི། ། དམ་ཚིག་སྡོམ་པ་ཡིན་པར་གསུངས། །ཞེས་དང་། རིགས་ལྔའི་སྡོམ་བཟུང་གི་སྐབས་སུ། སངས་རྒྱས་རྣལ་འབྱོར་ལས་སྐྱེས་པའི། །སྡོམ་པ་དེང་ནས་བརྟན་པོར་བཟུང་། །ཞེས་དང་། རིན་འབྱུང་གི་སྐབས་སུ། རིན་ཆེན་

རིགས་མཆོག་ཆེན་པོ་ཡི། །དམ་ཚིག་ཡིད་དུ་འོང་བ་ལ། །ཞེས་དང་། ལས་ཀྱི་རིགས་མཆོག་ཆེན་པོ་ལ། །སྡོམ་པ་ཐམས་ཅད་ལྡན་པར་ནི། །ཞེས་དང་། བདག་གིས་སྡོམ་པ་མ་ལུས་བཟུང་། །ཞེས་སོགས་གསུངས་པས་སོ། །དེ་ཡང་དང་པོར་སྡོམ་པ་བསྒྲགས། རིགས་ལྔའི་སྡོམ་བཟུང་གི་སྐབས་སུ་སྡོམ་པ་འཛིན་པར་ཁས་བླངས། དབང་གི་དུས་སུ་སྡོམ་པ་ཐོབ་པ་ཡིན་ནོ། །དེ་ལ་དམ་ཚིག་ཐམས་ཅད་ཚུལ་ཁྲིམས་གསུམ་དུ་འདུ་ཚུལ། དེ་ལ་དབྱེ་བ། རྩ་བ་དང་ཡན་ལག་གི་ལྟུང་བ་ངོས་བཟུང་བ་དང་གསུམ། དང་པོ་ལ། སྡོམ་པའི་ཚུལ་ཁྲིམས། དགེ་བ་ཆོས་བསྡུད་ཀྱི་ཚུལ་ཁྲིམས། སེམས་ཅན་དོན་བྱེད་ཀྱི་ཚུལ་ཁྲིམས་དང་གསུམ། དང་པོ་ནི། ཕྱི་ཕ་རོལ་ཏུ་ཕྱིན་པ་ལྟར་ན། རྩ་བའི་ལྟུང་བ་བཅོ་བརྒྱད། མཚམས་མེད་སོ་སོར་ཕྱེ་ན་ཉི་ཤུ་རྩ་གཉིས་སོ། །ནང་གསང་སྔགས་ལྟར་ན་རྒྱུད་སྡེ་བཞིའི་རྩ་བ་དང་ཡན་ལག་རྣམས་སོ། །དགེ་བ་ཆོས་བསྡུད་ཀྱི་ཚུལ་ཁྲིམས་ནི། ཕ་རོལ་ཏུ་ཕྱིན་པ་ལྟར་ན་ཕར་ཕྱིན་དྲུག་རྣམས་སོ། །ནང་གསང་སྔགས་ལྟར་ན་རིམ་པ་གཉིས་འཁོར་དང་བཅས་པའོ། །སེམས་ཅན་དོན་བྱེད་ཀྱི་ཚུལ་ཁྲིམས་ནི། ཕ་རོལ་ཏུ་ཕྱིན་པ་ལྟར་ན་བསྡུ་བའི་དངོས་པོ་བཞི་སོགས་སོ། །ནང་གསང་སྔགས་ལྟར་ན་ཕྲིན་ལས་བཞི་རྣམས་སོ། །དེ་ཡང་བུམ་པའི་དབང་གི་བསྲུང་བའི་དམ་ཚིག་ལ་བཞི། རང་རང་གི་ཡུལ་ལ་རྣམ་པར་ངེས་པ་ལྔའི་ལུས་བསྲུང་བའི་དམ་ཚིག །ཕུང་པོ་ལྔ་དུལ་བའི་དམ་ཚིག །ཁམས་བཞི་འདུལ་བའི་དམ་ཚིག །རང་དང་གཞན་གྱི་དོན་གྱི་རྒྱུར་གྱུར་པ་འདྲིས་པར་བྱེད་པ་དང་གོམས་པར་བྱེད་པའི་དམ་ཚིག་གོ། །དང་པོ་ནི། མིག་ཏུ་གཏི་མུག་རྡོ་རྗེ་མ་ལ་སོགས་པ་བསྒོམས་པས་དབང་པོའི་སྒོ་གདམས་པས་ཡུལ་ལ་མི་གཡེང་བར་བྱེད་པ་སྟེ། འདིས་སྣང་བ་མི་མཐུན་ཕྱོགས་སྤོང་བར་བྱེད་པས་སྡོམ་པའི་ཚུལ་ཁྲིམས་ལྟར་ཐམས་ཅད་ཀྱི་རྩ་བར་གྲུབ་པོ། །གཉིས་པ་ནི། གཟུགས་ཀྱི་ཕུང་པོ་རྣམ་པར་སྣང་མཛད་ལ་སོགས་པར་ཤེས་པ། གསུམ་པ་ནི། སའི་ཁམས་སྤྱན་ནམ་ཡུཀྐཱ་སི་ལ་སོགས་པ་བཞིར་ཤེས་པ་སྟེ། གཉིས་པོ་འདིས་དགེ་བའི་ཆོས་ཐམས་ཅད་བསྡུད་པར་བྱེད་དོ། །བཞི་པ་ནི། ཀུན་རྫོབ་དང་། དོན་དམ་བྱང་ཆུབ་ཀྱི་སེམས་གཉིས་སོ། །ཀུན་རྫོབ་ནི་སྙིང་རྗེ་ཆེན་པོས་ཀུན་ནས་བསླང་སེམས་ཅན་གྱི་དོན་བྱེད་པའི་རྒྱུར་གྱུར་པས་མྱ་ངན་ལས་འདས་པའི་མཐའ་མནན་པའོ། །གཉིས་པ་ནི། རྣམ་པར་རྟོག་པ་ཐམས་ཅད་བཤིགས་པས་འཁོར་བའི་མཐའ་མནན་པའོ། །འདི་ནི་དག་ལྡན་ལས་འབྱུང་བ་རྗེ་གཟུངས་པས་གསལ་བར་བཀོད་པ་ཡིན་ནོ། །སློབ་དཔོན་རིན་པོ་ཆེས་སཾ་པུ་ཊི་འི་ཊཱི་ཀ་ཆེན་ལས། བསླབ་པ་དེ་འང་ཚུལ་ཁྲིམས་གསུམ་སྟེ། ཚུལ་ཁྲིམས་ཀྱི་བསླབ་པ་ཞེས་བྱ་བ་སེམས་ཅན་ལ་གནོད་པ་གཞི་དང་བཅས་པ་སྤོང་བའི་སེམས་ནི་སྡོམ་པའི་ཚུལ་ཁྲིམས་སོ། །དགེ་བ་ཆོས་བསྡུད་པའི་ཚུལ་ཁྲིམས་ནི། ཕ་རོལ་ཏུ་ཕྱིན་པ་དྲུག་ལ་སོགས་པའི་སྤྱོད་པ་ལ་སློབ་པའོ། །སེམས་ཅན་དོན་བྱེད་ཀྱི་ཚུལ་ཁྲིམས་ནི། བྱང་ཆུབ་

སེམས་དཔའ་སེམས་ཅན་ལ་ཕན་པ་དང་བདེ་བ་གཉིས་ཀ་བྱེད་ཅིང་དེ་གཉིས་འགལ་བའི་ཚེ་ནི་ཕན་པ་ཁོ་ན་བྱེད་པ་སྟེ། བསླབ་པ་ཐམས་ཅད་འདི་གསུམ་དུ་འདུས་པས་འཇུག་པའི་སེམས་བསྐྱེད་པའོ། །འདི་ལས་ཕྱེ་བས་རྡོ་རྗེ་རྩེ་མོ་ལས་ཕས་ཕམ་བཅུ་བཞི་ཞེས་བྱ་བར་ཡོད་དོ། །འདི་བསྒྱུར་བྱེད་ཁ་ཅིག་གིས། སངས་རྒྱས་རྣལ་འབྱོར་སྡོམ་པ་ལ། །ཚུལ་ཁྲིམས་ཀྱི་ནི་བསླབ་པ་དང་། །ཞེས་བྱ་བ་ལ་སོགས་པས་འདི་རྣམས་རྣམ་སྣང་གི་དམ་ཚིག་ཏུ་བསྡུས་ཏེ་འཆད་དོ། །དེ་ནི་རིགས་པ་མ་ཡིན་ཏེ། རྡོ་རྗེ་རྩེ་མོ་ལས། སྡོམ་པ་བསྒྲག་པའི་སྐབས་སུ། སངས་རྒྱས་ཆོས་དང་དགེ་འདུན་ཏེ། །དཀོན་མཆོག་གསུམ་ལ་སྐྱབས་སུ་སོང་། །འདི་ནི་སངས་རྒྱས་རིགས་ཡིད་འོང་། །སྡོམ་པ་བརྟན་པར་གྱུར་པའོ། །ཞེས་རྣམ་སྣང་ལ་འདི་ཙམ་ལས་མ་གསུངས་པའི་ཕྱིར་དང་། ཡང་། དེ་ལས་གཞན་ཡང་བཅུ་བཞི་ནི། །ཕས་ཕམ་པར་ནི་རབ་ཏུ་བཤད། །ཅེས་བྱ་བ་ལ་སོགས་པ་བསྒྲགས་པ་གསུངས་པ་དེ་ལ། བསླབ་པ་འདི་གསུམ་མ་ཡིན་པའི་བཟུང་བ་གང་ཡང་མེད་དོ། །དེས་ན་འདི་གསུམ་ནི་རིགས་ལྔའི་སྡོམ་པར་མ་གཏོགས་ཏེ་སྤྱིར་འགྲོའོ། །ཞེས་གསུངས་པ་ལ་བརྟེན་ནས། ཆོས་རྗེ་གུང་རུ་ བདག་ཅག་གི་ཆོས་རྗེ་རིན་པོ་ཆེ་ཁོ་ནའི་ཐུགས་རྗེའི་སྤྱོད་ཡུལ་དུ་གྱུར་པ་ནི་རིགས་ལྔ་སྤྱིའི་དམ་ཚིག །འཇུག་པ་སེམས་བསྐྱེད་ཀྱི་སྡོམ་པ་ཚུལ་ཁྲིམས་གསུམ་གྱི་བསྲུང་བྱ། མདོ་ནམ་མཁའི་སྙིང་པོ་ནས་བཤད་པའི་དབུ་མ་ལུགས་ཀྱི་རྩ་ལྟུང་བཅུ་བཞི་ལ་ཟེར་རོ་གསུང་། འདིར་ནི་འདི་ཡིན་ཏེ། རྡོ་རྗེ་རྩེ་མོ་ལས་གསུངས་པའི་ཕམ་པ་བཅུ་བཞི་པོ་ཡིན་ཏེ། སློབ་དཔོན་རིན་པོ་ཆེས། འདི་ལས་ཕྱེ་བའི་རྡོ་རྗེ་རྩེ་མོས་ཕས་ཕམ་བཅུ་བཞི་ཞེས་བྱ་བར་ཡོད་དོ། །ཞེས་གསུངས་སོ། །ངོས་འཛིན་ནི་གོང་དུ་བཤད་ཆར་ལ། སྒྲུབ་ཐབས་རིན་ཆེན་འབར་བའི་སྟོན་གྱི་མཚན་ཉིད་ལ་ཡང་། དེ་ལས་རིགས་སོ་སོ་བ་ལས་གཞན་ཐུན་མོང་གི་དམ་ཚིག་བཅུ་བཞི་ནི། ཞེས་དང་། བཅུ་བཞི་པོ་དེ་ལ་མི་དགེ་བ་བཅུ་སྤང་ཞིང་དགེ་བ་བཅུ་བརྟེན་པ་ལ་བཅུ། ཆང་ལ་སོགས་པ་བྱ་བ་མ་ཡིན་པ་སྤངས་པ། དམན་པའི་སེམས་སྤངས་པ། དམ་པ་བསྟེན་པ། གྱ་ཚོམ་དུ་མི་བྱ་བའོ། །ཡང་ན་གོ་རིམ་བཞིན་ཏེ་གྲངས་ཡིག་བཞིན། ཞེས་དང་། གྲངས་ཡིག་གོང་བཞིན། རིགས་ལྔའི་སྡོམ་བཟུང་གི །ཚུལ་ཁྲིམས་ཀྱི་ནི་བསླབ་པ་དང་། །ཞེས་པའི་མཚན་ལ། གོང་གི་བཅུ་བཞི་པོ་བསླབ་པ་གསུམ་པོ་འདིར་འདུས་སོ། །ཞེས་གསུངས་སོ། །

གཉིས་པ་དབྱེ་བ་ལ། དུས་ཀྱི་སྒོ་ནས་དབྱེ་བ། དབང་གི་སྒོ་ནས་དབྱེ་བ། རྟེན་གྱི་སྒོ་ནས་དབྱེ་བ། ངོ་བོའི་སྒོ་ནས་དབྱེ་བ། ཕྱི་ནང་གི་སྒོ་ནས་དབྱེ་བ་དང་ལྔའོ། །དང་པོ་ནི། ལས་དང་པོ་པའི་དམ་ཚིག །སེམས་བརྟན་པ་ཐོབ་པའི་དམ་ཚིག །བརྟན་པ་ཆེར་ཐོབ་པའི་དམ་ཚིག་དང་གསུམ། གཉིས་པ་ལ། བུམ་དབང་། གསང་དབང་། ཤེས་རབ་ཡེ་ཤེས། དབང་བཞི་པ། བཞི་པའི་དམ་ཚིག་དགོངས་ཏེ་གསུངས་པ་སྟེ་ལྔའོ། །དང་པོ་ལ། བུམ་

དབང་གི་མཉམ་བཞག་གི་དམ་ཚིག་བསྐྱེད་རིམ། རྗེས་སྤྱོད་ཀྱི་དམ་ཚིག་ངོ་བོ་ཉིད་གསུམ། བཟའ་བའི་དམ་ཚིག་ཤ་ལྔ་བདུད་རྩི་ལྔའི་རིལ་བུ་ཚུལ་བཞིན་དུ་བསྟེན་པ། བསྲུང་བའི་དམ་ཚིག་རྩ་བའི་ལྟུང་བ་བཅུ་བཞི། ཡན་ལག་གི་བརྒྱད་དེ་ཉི་ཤུ་རྩ་གཉིས་སོ། །མི་འབྲལ་བའི་དམ་ཚིག་རྡོ་རྗེ་དྲིལ་བུ་སྟེ། བླ་རེ་ལས་རིང་བ་འབྲལ་དུ་མི་རུང་ངོ་། །གཉིས་པ་གསང་དབང་གི་མཉམ་བཞག་གི་དམ་ཚིག་རྩ་རླུང་གི་རྣལ་འབྱོར་མཐའ་དག་གོ །རྗེས་སྤྱོད་ཀྱི་དམ་ཚིག་རང་བྱུང་གི་ཡེ་ཤེས་བཞི། བཟའ་བའི་དམ་ཚིག་སྟོང་གསལ་གྱི་ཏིང་ངེ་འཛིན། བསྲུང་བའི་དམ་ཚིག་རང་བྱུང་གི་ཡེ་ཤེས་དང་། རྩ་རླུང་དང་འགལ་བ་མཐའ་དག་སྤོང་བའོ། །མི་འབྲལ་བའི་དམ་ཚིག །རླུང་ཞི་བ་སྲོག་རྩོལ་དང་། དྲག་པོ་ཁ་སྦྱོར་ཏེ་གང་རུང་བསྟེན་པའོ། །གསུམ་པ་ཤེས་རབ་ཡེ་ཤེས་ཀྱི་མཉམ་གཞག་གི་དམ་ཚིག་དཀྱིལ་འཁོར་འཁོར་ལོ། རྗེས་སྤྱོད་ཀྱི་དམ་ཚིག་ལྷན་སྐྱེས་ཡེ་ཤེས། བཟའ་བའི་དམ་ཚིག་བདེ་སྟོང་གི་ཏིང་ངེ་འཛིན། བསྲུང་བའི་དམ་ཚིག་ཐིག་ལེ་འཛག་པ་དྲུག །མི་འབྲལ་བའི་དམ་ཚིག་དངོས་སམ་ཡེ་ཤེས་ཀྱི་ཕྱག་རྒྱ་གང་རུང་རེ་བསྟེན་པའོ། །བཞི་པ། དབང་བཞི་པའི་མཉམ་གཞག་གི་དམ་ཚིག་རྡོ་རྗེ་ཐ་རླབས་གསུམ། རྗེས་སྤྱོད་ཀྱི་དམ་ཚིག་ཤིན་ཏུ་རྣམ་པར་དག་པའི་དེ་ཁོ་ན་ཉིད། བཟའ་བའི་དམ་ཚིག་བདེ་ཆེན་དང་སྟོང་པ་མཆོག་གི་ཏིང་ངེ་འཛིན། བསྲུང་བའི་དམ་ཚིག་སྒྲིབ་པ་གཉིས་ལས་ཀུན་ཤེས་བྱའི་སྒྲིབ་པ་ཉམས་སྐྱོན་ཅན་བརྒྱད། མི་འབྲལ་བའི་དམ་ཚིག་དངོས་སམ་ཡེ་ཤེས་ཀྱི་ཕྱག་རྒྱ་པདྨ་ཅན་ནོ། །ལྔ་པ་བཞི་པའི་དགོངས་ཏེ་གསུངས་པའི་དམ་ཚིག་ནི། རྩ་རྒྱུད་བརྟག་པ་གཉིས་པ་ལས། རྡོ་རྗེ་སྙིང་པོས་གསོལ་པ། སྡོམ་པ་ཞེས་བྱ་གང་གིས་དང་། །དམ་ཚིག་གང་གིས་གནས་པར་བགྱི། །བཅོམ་ལྡན་འདས་ཀྱིས་བཀའ་སྩལ་པ། ཁྱོད་ཀྱིས་སྲོག་ཆགས་བསད་པ་དང་། །རྫུན་གྱི་ཚིག་ཀྱང་སྨྲ་བ་དང་། ཁྱོད་ཀྱིས་མ་བྱིན་པར་ཡང་ལོང་། །ཕ་རོལ་བུད་མེད་བསྟེན་པར་གྱིས། །སེམས་གཅིག་སྲོག་ཆགས་གསོད་པ་ཉིད། །གང་ཕྱིར་སྲོག་ནི་སེམས་སུ་བརྗོད། །འཇིག་རྟེན་བསྒྲལ་བ་ཞེས་བྱ་བ། །བརྫུན་གྱི་ཚིག་ཏུ་རབ་ཏུ་བསྒྲགས། །བཙུན་མོའི་ཁུ་བ་མ་བྱིན་པ། །གཞན་གྱི་བུད་མེད་རང་མཚུངས་མཛེས། །ཞེས་གསུངས། གསུམ་པ་རྟེན་གྱི་སྒོ་ནས་དབྱེ་ན། སྐུའི་དམ་ཚིག །གསུང་གི་དམ་ཚིག །ཐུགས་ཀྱི་དམ་ཚིག་སྟེ། མངོན་རྟོགས་ལྗོན་ཤིང་ལས། སྣང་གཞི་ལུས་ངག་ཡིད་གསུམ་དུ་འདུས་པས་དམ་ཚིག་ཀྱང་སྐུ་གསུང་ཐུགས་ཀྱི་དམ་ཚིག་ཏུ་འདུས་ཏེ། སཾ་པུ་ཊའི་བཅུ་པ་དངོས་ལས། བུད་མེད་དང་ནི་སྐྱེས་པའི་ལུས། །ལས་ནི་དུ་མས་བསྐྱེད་པས་ན། །མི་ཤེས་པས་ཀྱང་མི་བྱ་སྟེ། །སྐུ་ཡི་རྡོ་རྗེའི་དམ་ཚིག་གོ །ཕྲག་དོག་ཉིད་ཀྱིས་མ་རངས་པས། །ཚིག་རྩུབ་ལ་སོགས་སྨྲ་མི་བྱ། །རྣ་བ་བདེ་བར་བྱེད་པ་ཉིད། །གསུང་གི་རྡོ་རྗེའི་དམ་ཚིག་གོ། །སེམས་ཅན་སྣ་ཚོགས་བསླུ་བ་དང་། །ཀུན་རྟོག་དྲ་བའི་རྣམ་རྟོག་གིས། །སེམས་ལ་སྨད་

པར་མི་བྱ་སྟེ། །ཐུགས་ཀྱི་རྡོ་རྗེའི་དམ་ཚིག་གོ། །ཞེས་གསུངས་ཏེ། དམ་ཚིག་གསུམ་པོ་འདི་བསྲུངས་པས་གཞན་རྣམས་ཤུགས་ཀྱིས་བསྲུངས་པར་འགྱུར་རོ། །

བཞི་པ་ངོ་བོའི་སྒོ་ནས་དབྱེ་ན། བསྲུང་བའི་དམ་ཚིག །བཟའ་བའི་དམ་ཚིག །བཏུང་བའི་དམ་ཚིག །སྒྲུབ་པའི་དམ་ཚིག་རྣམས་སོ། །ལྔ་པ་ཕྱི་ནང་གི་སྒོ་ནས་དབྱེ་བ་ལ། མདོར་བསྟན་པ་དང་། རྒྱས་པར་བཤད་པ་གཉིས། དང་པོ་ནི། རྗེ་བཙུན་ཆེན་པོས་དགེ་ལྡན་ལས། རྩ་རྒྱུད་ཀྱི་ལུང་དྲངས་པ། ཇི་ལྟར་ཕྱི་རོལ་དེ་བཞིན་ནང་། །སྡོམ་པའི་དེ་ཉིད་རབ་ཏུ་དབྱེ། །ཞེས་དང་། སྡོམ་པའི་དབྱེ་བའང་བཤད་པར་བྱ་སྟེ། ཞེས་གསུངས་པས། འདི་ལ་སྤྱི་དོན་དང་། ཡན་ལག་གི་དོན་གཉིས་ལས། དང་པོ་ལ་ལྔ་སྟེ། གནས་གང་དུ་སྡོམ་པ་དང་། ཇི་སྙེད་སྡོམ་པ་དང་། གང་སྡོམ་པ་དང་། སྡོམ་པ་རང་གི་ངོ་བོ་དང་། ཐབས་གང་གིས་སྡོམ་པའོ། །དང་པོ་གང་དུ་སྡོམ་ན། ཕྱི་རོལ་ཏུ་ཛཱ་ལནྡྷ་ར་ལ་སོགས་པའི་གཙུག་ལག་ཁང་དུ་རྩ་བའི་སྡེ་པ་བཞི་གནས་པ་ལྟར། འདིར་གང་དུ་སྡོམ་པའི་གནས་ནི་རང་གི་ལུས་ཏེ། འཁོར་ལོ་བཞི་དང་རྩ་གསུམ་ལ་སོགས་པའོ། །ཇི་སྙེད་གཅིག་སྡོམ་ན། ཕྱི་རོལ་ཏུ་སྤྱོང་བའི་ཆོས་མང་པོ་བསྡུས་པ་ལྟར། འདིར་ཇི་སྙེད་ཡོད་པའི་ཆོས་ཐམས་ཅད་རྩ་དང་འཁོར་ལོ་ལ་སོགས་པར་བསྡུས་པས། སྤྲོས་པ་ཐམས་ཅད་འདིར་ཚོད་པར་བྱས་པས་ལམ་ལ་སོམ་ཉི་སེལ་བར་བྱེད་དོ། །གང་སྡོམ་ན་མི་མཐུན་པའི་ཕྱོགས་སྡོམ་པས་སྡོམ་པ་སྟེ། ཕྱི་རོལ་ཏུ་ཉན་ཐོས་ལུས་ངག་གི་ཁ་ན་མ་ཐོ་བ་སྡོམ་ཞིང་། བྱང་ཆུབ་སེམས་དཔའ་སེམས་ཀྱི་ཁ་ན་མ་ཐོ་བ་སྡོམ་ལ། འདིར་ཡང་མཚན་མ་དང་རྣམ་པར་རྟོག་པ་ཐམས་ཅད་སྡོམ་པའོ། །སྡོམ་པ་རང་གི་ངོ་བོ་ནི། དེས་བདེ་བར་འགྱུར་བས་སྡོམ་པ་སྟེ། མཐུན་པ་རྣམས་ཀྱི་དགའ་ཐུབ་བདེ། །ཞེས་བྱ་བ་ལ་སོགས་པ་ལྟ་བུ། འདིར་ཡང་རང་བྱུང་གི་ཡེ་ཤེས་བདེ་བ་མཆོག་ཏུ་གྱུར་པ་སྟེ། སམ་ཞེས་བྱ་བ་བདེ་བར་བཤད། །སངས་རྒྱས་ཀུན་གྱི་བདེ་ཆེན་ཡིན། །སྐྱུ་མ་ཐམས་ཅད་མཉམ་སྦྱོར་བས། །མཆོག་ཏུ་བདེ་བས་བདེ་བའི་མཆོག །ཞེས་མཉམ་སྦྱོར་ལས་གསུངས་པ་ལྟ་བུའོ། །སྡོམ་པའི་ཐབས་ནི། ཕྱི་རོལ་ཏུ་བཛྙེད་པས་ཐོབ་པ་ལྟར། འདིར་ཕྱག་རྒྱའི་ལམ་མམ་གཏུམ་མོ་འབར་བ་དང་འཛག་པ་ལའོ། །སྤྱིའི་དོན་ཏོ། །ཡན་ལག་གི་དོན་ལ། སྡོམ་པའི་དབྱེ་བའང་བཤད་པར་བྱ་སྟེ། ཞེས་བྱ་བའི་སྡོམ་པ་ནི་བཤད་ཟིན་ལ། དབྱེ་བ་ནི། ཕྱི་རོལ་ན་ཇི་སྙེད་ཡོད་པ་དེ་ནང་དུ་སྤྲོས་པ་གཅོད་པ་སྟེ། ཇི་ལྟར་ཕྱི་རོལ་དེ་བཞིན་ནང་། །ཞེས་སོགས་སོ། །གཉིས་པ་རྒྱས་པར་བཤད་པ་ནི། དགེ་ལྡན་ལས། སྡོམ་པའི་རབ་ཏུ་དབྱེ་བ་ནི། སྤྱིར་བསྐྱེད་པའི་རིམ་པ་དང་། དཀྱིལ་འཁོར་འཁོར་ལོ་དང་། རང་བྱིན་བརླབས་ལ་སོགས་པའི་ཆོས་ཐམས་ཅད་གཅིག་ཏུ་བསྡུ་བའི་དགོངས་པ་ཡིན་ཏེ། ཞེས་དང་། དེ་ལ་སྤྱིའི་དོན་དང་། ཡན་ལག་གི་དོན་ཏོ། །དང་པོ་ལ་ལྔ་ལས། གང་སྡོམ་ན་མི་མཐུན་

པའི་ཕྱོགས་ཐམས་ཅད་སྡོམ་པ་དང་། གང་གིས་སྡོམ་ན་གཏུམ་མོ་འབར་འཛག་གི་ཐབས་དང་། དཀྱིལ་འཁོར་འཁོར་ལོའི་ཐབས་གཉིས་ལས། དང་པོ་ནི། གཙོ་བོར་ལེའུ་དང་པོར་བསྟན་ལ། དཀྱིལ་འཁོར་འཁོར་ལོ་དང་། སྡོམ་པའི་རང་གི་ངོ་བོ་ནི། ཡེ་ཤེས་ལྔའི་ཚུལ་གྱིས་འདུས་མ་ཐག་པར་བསྟན་ཞིང་། གང་དུ་སྡོམ་པ་དང་ཇི་སྙེད་གཅིག་སྡོམ་པ་འདིར་འབྱུང་བ་ལས། གང་དུ་སྡོམ་པ་ནི། ཨེ་ཝཾ་དང་འཁོར་ལོ་བཞིའོ། །ཇི་སྙེད་ཅིག་སྡོམ་པ་འདིར་ནང་གི་སྙོམས་འཇུག་དང་། འཁོར་ལོ་བཞི་ལ་སྐུ་གསུམ་དུ་བཞག་པ་དང་། འཁོར་ལོ་བཞི་ལ་འབྲས་བུ་བཞིར་བཞག་པ་དང་། འཁོར་ལོ་ལ་སྟེ་པ་བཞིར་བཞག་པ་སྟེ་བཞི་དང་། སེམས་ཅན་རྣམས་རང་བཞིན་གྱིས་སངས་རྒྱས་ཡིན་ཞིང་གནས་སྐབས་ཀྱི་སངས་རྒྱས་སུ་བསྟན་པས་སྡོམ་པ་དང་ལྡན་པའི་གང་ཟག་ཏུ་བསྟན་པའོ། །དེ་ལ་འབྲས་བུ་བཞིར་བཞག་པ་ནི། ཨེ་ཝཾ་ཞེས་བྱ་བ་ལ་སོགས་པ་སྟེ། འབྲས་བུ་བཞི་པོ་ཉིད་ལྟར་ཡང་དབྱེར་བཏུབ་སྟེ། ཆུང་དུ་ལ་ཁད་ཀྱིས་ཆེར་སྨིན་པས་སམ། སོ་སོ་རང་གིས་ཆེར་སྨིན་པ་སྟེ། རྒྱུའམ་ཆེར་སྨིན་པ་ནི་རྣམ་སྨིན་གྱི་འབྲས་བུའོ། །རྒྱུ་དང་འདྲ་བས་ན་རྒྱུ་མཐུན་པའོ། །འགགས་པས་ནི་དྲི་མ་མེད་པའམ་བྲལ་བའི་འབྲས་བུ། སྟོབས་ཀྱིས་སྐྱེ་བས་ན་སྐྱེས་བུ་བྱེད་པའི་འབྲས་བུ། སྟོན་མེད་བྱུང་བས་ན་བདག་པོའི་འབྲས་བུ་སྟེ་དེ་གཉིས་འདྲའོ། །དེ་ལྟར་ཡང་མཛོད་ལས། རྣམ་སྨིན་ལུང་དུ་མ་བསྟན་ཆོས། །སེམས་ཅན་བརྗོད་ལུང་བསྟན་ཕྱིས་བྱུང་། །རྒྱུ་མཐུན་རྒྱུ་དང་འདྲ་བའོ། །བྲལ་བ་བློའི་ཟད་པའོ། །གང་གི་སྟོབས་ཀྱིས་གང་སྐྱེས་པའི། །འབྲས་དེ་སྐྱེས་བུ་བྱེད་ལས་སྐྱེས། །སྔོན་བྱུང་མ་ཡིན་འདུས་བྱས་ནི། །འདུས་བྱས་ཁོ་ནའི་བདག་པོའི་འབྲས། །ཞེས་གསུངས་སོ། །དེ་ལ་ལས་ཀྱི་རླུང་གིས་གཏུམ་མོའི་མེ་འབར་བའི་རྒྱུ་ལས་རང་བྱུང་གི་ཡེ་ཤེས་ཉམས་སུ་མྱོང་བས་ན་ལྷེ་བར་རྒྱུ་མཐུན་པའི་འབྲས་བུ། ལས་མ་བྱས་པར་ཡེ་ཤེས་ཉམས་སུ་མྱོང་བས་ན་སྙིང་གར་རྣམ་པར་སྨིན་པའི་འབྲས་བུ། སྐྱེས་བུས་འདུས་བྱས་ཏེ་རོ་ལ་ལོངས་སྤྱོད་པའི་ཕྱིར་སྐྱེས་བུ་བྱེད་པ་ནི་མགྲིན་པར་ཡང་འགྱུར་ལ། ལམ་གྱི་དྲི་མ་སྦྱངས་ནས་འབྲས་བུ་སྐྱེ་བའི་ཕྱིར་མགྲིན་པ་དྲི་མ་མེད་པར་ཡང་འགྱུར་རོ། །དྲི་མ་དང་བྲལ་བ་ཉིད་སངས་རྒྱས་ཡིན་པས་སམ་སྐྱེས་བུ་བྱེད་པས་མ་བཅོས་པ་དང་། བདག་པོའི་འབྲས་བུའང་སངས་རྒྱས་ཡིན་པའི་ཕྱིར་སྤྱི་བོ་ནི་སྐྱེས་བུ་བྱེད་པ་དང་དྲི་མ་མེད་པའི་འབྲས་བུར་ཡང་འགྱུར་རོ། །གསུམ་པ་སྡེ་པ་བཞིར་བཞག་པ་ནི། ཕྱི་རོལ་ཏུ་རྩོད་པ་མེད་པར་གནས་མི་འགྱུར་བར་དོད་པ་ནི་གནས་བརྟན་པ། ནང་དུ་ལྟེ་བ་ལུས་ཀྱི་གཞི་འགྲུབ་པའི་ཐོག་མ་གནས་བརྟན་པ་ཡིན་པའི་ཕྱིར་རོ། །དུས་གསུམ་པོ་ཐམས་ཅད་རྫས་སུ་ཡོད་པར་སྨྲ་བ་ནི་ཐམས་ཅད་ཡོད་པར་སྨྲ་བའོ། །དེ་ཉིད་ཆོས་ཐམས་ཅད་ཡོད་པར་སྨྲ་བའི་རྒྱུ་སེམས་ཡིན་ལ། སེམས་ཀྱི་རྟེན་སྙིང་ག་ན་ཡོད་པས་ཆོས་ཀྱི་འཁོར་ལོ་ནི་ཐམས་ཅད་ཡོད་པར་སྨྲ་བའོ། །རྒྱལ་པོའི་བུ་རབ་ཏུ་བྱུང་

བ་ཀུན་གྱིས་བཀུར་བ་བཞིན་རོ་དྲུག་ཀུན་གྱིས་བཀུར་བས་ན་མཁྱེན་པ་ལོངས་སྤྱོད་ཀྱི་འཁོར་ལོ་ནི་ཀུན་གྱིས་བཀུར་བའོ། །རྩོད་པ་བྱུང་བའི་ཚེ་རྩོད་པ་མེད་པའི་དགེ་འདུན་མང་པོ་ལྡན་ཅིག་ཏུ་གནས་པ་བཞིན། བྱང་ཆུབ་ཀྱི་སེམས་ཕལ་ཆེར་སྤྱི་བོ་ན་གནས་པས་སྤྱི་བོ་བདེ་ཆེན་འཁོར་ལོ་ནི་དགེ་འདུན་ཕལ་ཆེན་སྡེའོ། །

བཞི་པ་སེམས་ཅན་རྣམས་རང་བཞིན་གྱིས་སངས་རྒྱས་ཡིན་པས་སྡོམ་པའི་ངོ་བོ་ཉིད་དུ་བཞག་པ་ནི། སྡེ་པ་ཞེས་བྱ་སྐུ་རུ་བརྗོད། །ཅེས་ནས། སྔགས་འདོན་སྐྱེས་པ་དགེ་སློང་ཉིད། །ཅེས་སོགས་དང་། འདི་དག་རྐྱེན་གྱིས་སེམས་ཅན་རྣམས། །སངས་རྒྱས་ཉིད་དུ་ཐེ་ཚོམ་མེད། །ཅེས་དང་། ཟླ་བ་བཅུ་ཡང་ས་རྣམས་ཉིད། །སེམས་ཅན་ས་བཅུའི་དབང་ཕྱུག་གོ །ཞེས་གསུངས་པས། དེ་ལ་འདི་སྙམ་དུ་སྡོམ་པའི་ངོ་བོ་དང་། སྡེ་པ་བཞི་དོན་འདྲ་བར་སྣང་ཡང་། སྡེ་པའི་རྩ་བ་ནི་སྡོམ་པ་དང་ལྡན་པའི་གང་ཟག་ལ་ལྟོས་ལ། དེ་རབ་ཏུ་བྱུང་བ་ཡིན་པས། དེ་ཡང་འདིར་མེད་ལ། ཡང་སྡོམ་པ་དང་སྡེ་པ་ཐམས་ཅད་ཀྱི་རྩ་བ་སངས་རྒྱས་ཡིན་ལ། དེའང་འདིར་མ་ཚང་ཞིང་། མུ་སྟེགས་བྱེད་ལ་ཁྲབ་འཇུག་གི་འཇུག་པ་བཅུ་ཡོད་པས་དེ་ཡང་འདིར་མ་ཚང་ངོ་སྙམ་ན། རབ་ཏུ་བྱུང་བ་དང་སངས་རྒྱས་ཀྱང་འདིར་ཚང་ལ། འཇུག་པ་བཅུ་ཡང་མངལ་གྱི་གནས་སྐབས་དགུ་ཡིན་ཞིང་། ཕྱིར་འབྱུང་བ་ནི་སངས་རྒྱས་ཀྱི་འཇུག་པ་སྟེ། ཞིབ་ཏུ་མངོན་རྟོགས་ཀྱི་སྟེང་དུ་རྟོགས་པར་བྱའོ། །ཚིག་གི་དོན་ལ་སྡེ་པ་ནི་ནི་ཀམ་ཞེས་བྱ་སྟེ། ཚོགས་པའམ་འདུས་པ་ཡིན་ལ་དེ་ལ་ཀ་ཡ་ཞེས་ལུས་ཀྱི་སྒྲ་ཡང་ཡོད་པས་ལུས་འདུས་པའམ་ཚོགས་པ་ནི་སྡེ་པ་ཡིན་ནོ། །རབ་ཏུ་བྱུང་བ་ནི་ལྟེ་བ་གནས་སུ་བརྗོད་པ་ཡིན་ཞེས་བྱ་བ་ལ་སོགས་པས་ཤེས་སོ། །སངས་རྒྱས་ཀྱི་ཆོས་བསྐྱེ་བ་ཡང་ཟླ་བ་བཅུ་ཡང་ས་རྣམས་ཉིད། །ཅེས་བྱ་བ་ལ་སོགས་པས་ཤེས་སོ། །ལྷ་མོ་རྣམས་བཀྲལ་བ་ལས་བསླང་བའི་དོན་གྱི་སྐབས་སུ། །རྡོ་རྗེ་ལྷ་མོ་མཆོག་ཏུ་གྱུར་པ་རྣམས་དེ་ལྟ་བུའི་ཆོས་མཐུན་ལ་བཀྲལ་བར་མི་རིགས་སྙམ་ན། མ་འོངས་པའི་བློ་དམན་པ་རྣམས་ཀྱི་ཐེ་ཚོམ་བསལ་བའི་ཕྱིར་བྱུང་བའི་དོན་ཙམ་ཡིན་ནོ། །

ཡང་འདིར་ངེས་པའི་དོན་ཅུང་ཟད་བརྗོད་པར་བྱ་སྟེ། འབྱུང་བ་བཞི་ལས་གྲུབ་པའི་ལུས་ལ་བརྟེན་ནས་རང་བྱིན་བརླབས་སམ། དཀྱིལ་འཁོར་འཁོར་ལོའི་ཐབས་ཀྱིས་མི་རྟོག་པ་ཞི་གནས་སྐྱེས་པ་ནི་བཀྲལ་བ་ཡིན་ལ། དེ་ལ་བརྟེན་ནས་ཟུང་འཇུག་གི་ཡེ་ཤེས་ལྷག་མཐོང་སྐྱེས་པ་ནི་བསླང་བ་ཡིན་ནོ། །དེ་ཡང་ལྷ་མོ་དུ་མ་ཡོད་པའི་ནང་ནས་ཀྱང་། ས་དང་ཆུ་རླུང་བྱིན་ཟ་ཡི། །ཞེས་གསུངས་པའང་ནང་དོན་ལ་དགོངས་པའོ། །ཐེ་ཚོམ་སེལ་བར་བྱེད་པ་ལ་མདོར་བསྟན་པ་དང་རྒྱས་པར་བཤད་པའི་རྒྱས་པར་བཤད་པ་ལ། སྔར་གནས་པའི་ཐོག་མ་སེམས་ཅན་རྣམས་རང་བཞིན་གྱིས་སངས་རྒྱས་ཡིན་པས། ཐམས་ཅད་སངས་རྒྱས་ཀྱི་སྙིང་པོ་ཅན་དུ་བསྟན་པ་ནི།

རང་དང་རང་གི་ རྟོགས་པ་ལས། །སངས་རྒྱས་མ་ཡིན་སེམས་ཅན་ནི། །གཅིག་ཀྱང་ཡོད་པ་མ་ཡིན་ནོ། །ཞེས་དང་། སེམས་ནི་རྫོགས་པའི་སངས་རྒྱས་ཉིད། །སངས་རྒྱས་གཞན་དུ་བསྟན་པ་མེད། །ཅེས་བྱ་བ་སྟེ། རྣམ་པར་རྟོག་པའི་ཆོས་ཉིད་ཀྱང་ཡེ་ཤེས་ཡིན་པའི་ཕྱིར་རོ། །དམྱལ་བ་ལ་སོགས་པ་ནི་རིགས་དྲུག་གོ །བཤད་པའི་སྦྲིན་འབུ་ལ་སོགས་པ་ནི་དུད་འགྲོའི་ནང་ཚན་ཏེ་དམན་པ་ལ་ཡེ་ཤེས་ཆུང་ངམ་སྨམ་པའི་རྣམ་རྟོག་བཟློག་པའོ། །ལྷ་དང་ལྷ་མ་ཡིན་ནི་ཆེན་པོ་ལ་ཡེ་ཤེས་ཆེའམ་སྙམ་པའི་རྣམ་རྟོག་བཟློག་པའོ། །མདོར་ན་སེམས་ཅན་ཐམས་ཅད་ཆོས་ཉིད་གཅིག་སྟེ། སེམས་རྟོགས་ན་སངས་རྒྱས་ཡིན་པའི་ཕྱིར་རོ། །འཕགས་པ་འདདའ་ཀ་ཡེ་ཤེས་ལས་ཀྱང་། སེམས་རྟོགས་ན་སངས་རྒྱས་ཡིན་པའི་ཕྱིར་སངས་རྒྱས་གཞན་དུ་མི་བཙལ་བའི་འདུ་ཤེས་རབ་ཏུ་བསྒོམ་པར་བྱའོ། །ཞེས་གསུངས་ལ། རྒྱུད་བླ་མ་ལས་ཀྱང་། རྫོགས་སངས་སྐུ་ནི་འཕྲོ་ཕྱིར་དང་། །དེ་བཞིན་ཉིད་དབྱེར་མེད་ཕྱིར་དང་། །རིགས་ཡོད་ཕྱིར་ན་ལུས་ཅན་རྣམས། །རྟག་ཏུ་སངས་རྒྱས་སྙིང་པོ་ཅན། །ཞེས་སོགས་གསུངས་སོ། །གསུམ་པ་རྩ་བ་དང་ཡན་ལག་གི་ལྟུང་བ་ངོས་བཟུང་བ་ལ། རྩ་བའི་ལྟུང་བ་བཅུ་བཞི་དང་། ཡན་ལག་གི་ལྟུང་བ་བརྒྱད། དང་པོ་ནི། རྗེ་བཙུན་ཆེན་པོས། རྩ་ལྟུང་འགྲུལ་སྤོང་ལས། ད་ནི་ཡང་དག་པའི་བླ་མ་ལས་བརྒྱུད་དེ་འོངས་པ་སྐྱོན་ཐམས་ཅད་སྤངས་པའི་རིང་ལུགས་བརྗོད་པར་བྱའོ། །དེ་ལ་ལྟུང་བ་རྣམས་ཀྱི་རང་བཞིན་སོ་སོར་བཤད་པ་དང་། བསྲུངས་པའི་ཕན་ཡོན་བསྟན་པ་དང་། མ་བསྲུངས་པའི་ཉེས་དམིགས་བསྟན་པ་དང་། མི་འབྱུང་བར་བྱ་བའི་ཕྱིར་བསྲུང་བའི་ཐབས་དང་། བྱུང་བ་ཕྱིར་བཅོས་པའི་ཐབས་བསྟན་པ་སྟེ་ལྔས་རྗེས་སུ་རིག་པར་བྱའོ། །དང་པོ་ལ། བཅུ་བཞི་པོ་མཐའ་དག་གི་སྤྱིའི་དོན་དང་། སོ་སོའི་དོན་ནོ། །དང་པོ་ལ། ལྟུང་བ་རྣམས་ཀྱི་ངོ་བོ་ཉིད་རྣམ་པར་བཞག་པ་དང་། དེ་ཡན་ལག་དུ་ཞིག་གིས་རྩ་བའི་ལྟུང་བར་འགྱུར་བ་དང་། ལྟུང་བར་འགྱུར་བའི་རྒྱུ་མཚན་དང་། རྒྱུ་མཚན་དང་བཅས་པ་དེ་མི་འབྱུང་བར་བྱ་བའི་ཕྱིར་བསླབ་པ་དང་། གལ་ཏེ་བྱུང་ན་ཕྱིར་བཅོས་པའི་ཐབས་དང་། རྣམ་པར་སྨིན་པ་རྟོགས་པར་བྱ་བའི་ཕྱིར་ཆུང་ངུ་དང་འབྲིང་དང་ཆེན་པོའི་ཁྱད་པར་རྣམ་པར་བཞག་པ་སྟེ་དྲུག་གིས་རྟོགས་པར་བྱའོ། །དེ་ལ་ལྟུང་བའི་ངོ་བོ་ཉིད་ནི་ལུས་ངག་ཡིད་གསུམ་ཀ་སྟེ་ཡིད་གཙོ་བོར་བཞག་གོ །གཉིས་པ་ཡན་ལག་ཏུ་ཚང་ན་ལྟུང་བར་འགྱུར་ཞེ་ན་ལྔ་སྟེ། རྟེན་གྱི་ཡན་ལག་དམ་ཚིག་དང་སྡོམ་པ་དང་ལྡན་ཞིང་ཤེས་པ་རང་བཞིན་དུ་གནས་པ་སྟེ། དེ་དག་མེད་ན་ལྟུང་བར་མི་འགྱུར་རོ། །ཡུལ་གྱི་ཡན་ལག་ནི་ལྟུང་བ་བཅུ་བཞི་པོ་སོ་སོར་འབྱུང་བའི་ཡུལ་ལོ། །ངོ་བོ་ཉིད་ཀྱི་ཡན་ལག་ནི། །ཡིད་གཙོ་བོར་གྱུར་པ་སྟེ་ལུས་ངག་ནི་དེའི་གྲོགས་སུ་འགྱུར་བའོ། །རྒྱུའི་ཡན་ལག་ནི་ཀུན་སློང་གི་བསམ་པ་ཡིན་ལ། དེ་ལ་བཞི་སྟེ། དེ་སྐད་དུ་བསྟུ་བ་རྣམ་པར་གཏན་ལ་དབབ་པའི་གཞི་བསྡུ་བའི་སྐབས

འདུལ་བ་བསྟུ་བ་ལས། དེ་ཡི་རྒྱུ་ཡང་རྣམ་བཞི་སྟེ། །མི་ཤེས་པ་དང་བག་མེད་དང་། །ཉོན་མོངས་མང་དང་མ་གུས་པའོ། །ཞེས་གསུངས་ཏེ། དེ་ལ་བྱ་བ་དང་བྱ་བ་མ་ཡིན་པའི་ཆ་མི་ཤེས་པ་ལྟུང་བ་བྱུང་བའི་རྒྱུ། ཤེས་ཀྱང་ཡུལ་དང་ལྟུང་བ་ལ་མ་གུས་པ་ལྟུང་བ་འབྱུང་བའི་རྒྱུ་དང་། སྤྱིར་གུས་ཀྱང་དྲན་པ་དང་ཤེས་བཞིན་གྱིས་མ་ཟིན་ཏེ་བག་མེད་པ་ལྟུང་བ་འབྱུང་བའི་རྒྱུ། བསྲུང་བར་འདོད་ཀྱང་ཉོན་མོངས་པས་རང་དབང་མེད་པ་ནི། ཉོན་མོངས་པ་མང་བས་ཀུན་ནས་བསླང་བ་སྟེ། རྒྱུའི་ཡན་ལག་བཞི་སྔོན་དུ་སོང་བའི་རང་རང་གི་ངོ་བོར་འབྱུང་བའི་བསམ་པའོ། །དུས་སྐབས་ཀྱི་ཡན་ལག་ནི་དུས་དེ་ལྟ་བུར་གྱུར་པའི་ཚེ་འབྱུང་གི་གཞན་དུ་ནི་མི་འབྱུང་བ་སྟེ། བཅུ་བཞི་པོ་ཀུན་ལ་འཇུག་པ་མ་ཡིན་གསུང་མོད་ཀྱང་དུས་སྐབས་ཐམས་ཅད་ནི་ཟིན་པར་བྱས་པ་ཉིད་ཡིན་པའི་ཕྱིར་ཐམས་ཅད་ལ་འཇུག་གོ །ཡང་ཁ་ཅིག་དེ་ལ་དེར་འདུ་ཤེས་པའི་ཡན་ལག་ཅེས་བྱ་བ་གཅིག་དང་དྲུག་ཏུ་བྱེད་པ་འདི་ནི་མི་དགོས་ཏེ། བསམ་པའི་ཡན་ལག་གི་རྒྱུ་བཞིའི་རྗེས་ལ་འབྱུང་བ་རྣམས་དེར་འདུ་ཤེས་པ་ཉིད་ཡིན་ནོ། །དེ་ལྟར་ན་ཡན་ལག་ལྡན་ལྟུང་བ་རྫོགས་པར་འགྱུར་རོ། །

སྤྱི་དོན་གསུམ་པ་ལྟུང་བར་འགྱུར་བའི་རྒྱུ་མཚན་ནི། ཅིའི་ཕྱིར་ལྟུང་བར་འགྱུར་ཞེ་ན། དབང་གི་སྐབས་སུ་དམ་ལ་བཞག་ཅིང་ཁས་བླངས་པའི་ཕྱིར་རོ། །སྤྱི་དོན་བཞི་པ་མི་འབྱུང་བར་བྱ་བའི་ཕྱིར་བསླབ་པ་ནི། ལྷག་པའི་ལྷའི་འདུ་ཤེས་ལ་སོགས་པ་བསྒོམ་པ་སྟེ། སོ་སོའི་སྟེང་དུ་རྟོགས་པར་བྱའོ། །སྤྱི་དོན་ལྔ་པ་ལྟུང་བ་ཕྱིར་བཅོས་པའི་ཐབས་ལ་ནི་གཉིས་ཏེ། ཡན་ལག་མ་ཚང་བ་ལ་ལྟུང་བ་ལས་ལྡང་བ་ཞེས་བྱ་བ་དང་། ཡན་ལག་ཚང་ནས་རྩ་ལྟུང་དུ་གྱུར་ན་དམ་ཚིག་དང་སྡོམ་པ་ཡང་དག་པར་བླང་བ་ཞེས་བྱ་བ་དབང་བསྐུར་བ་ཡང་དག་པར་བླང་དགོས་སོ། །ལྟུང་བ་ལས་ལྡང་བ་ལ་གསུམ་སྟེ། དམ་ཚིག་རྡོ་རྗེ་བསྙེན་སྒྲུབ་ཡན་ལག་བཞི་དང་། ཚུལ་གཞན་དང་། སྟོབས་བཞིའི་སྒོ་ནས་སྡིག་པ་བཤགས་པའོ། །སྤྱི་དོན་དྲུག་པ་ཕྲ་རྒྱུད་དང་འབྲིང་དང་ཆེན་པོའི་རྣམ་པར་བཞག་པ་ལ་ལྔ་སྟེ། དེའང་རྣམ་པར་གཏན་ལ་དབབ་པའི་འདུལ་བ་བསྡུ་བ་དེ་ཉིད་ལས། ལྟུང་བ་རྣམས་ཀྱི་ཕྲ་རྒྱུད་ལ་སོགས། །རྣམ་པ་ལྔས་ནི་རིག་པར་བྱ། །ངོ་བོ་ཉིད་དང་ཉེས་པ་དང་། །བསམ་དང་གཞི་དང་སོགས་པའོ། །ཞེས་འབྱུང་བ་དེ་ལ་ཡུལ་གྱི་སྒོ་ནས་དང་། བསམ་པའི་སྒོ་ནས་དང་། ངོ་བོ་ཉིད་ཀྱི་སྒོ་ནས་དང་། ཉེས་པར་བྱས་པའི་སྒོ་ནས་དང་། ལན་གྲངས་ཀྱི་སྒོ་ནས་ཆེ་འབྲིང་རྣམ་པར་བཞག་པ་སྟེ། ལྟུང་བ་ཐམས་ཅད་ལ་ལྔ་ཀ་ཚང་བའི་ངེས་པ་ནི་མེད་དོ། །དེ་ལ་དང་པོ་ཡུལ་ནི་མཆོག་ཏུ་གྱུར་པ་ལས་ཆེན་པོ། འབྲིང་ལ་འབྲིང་། ཆུང་ངུ་ལ་ཆུང་ངུ་སྟེ། ལྟུང་བ་ལྔ་པ་དང་། དགུ་པ་དང་། བཅུ་གཅིག་པ་དང་། བཅུ་གསུམ་པ་རྣམས་ལ་ནི་མེད་དོ༔ །བསམ་པ་ནི་ཉོན་མོངས་པ་མང་བས་བསླང་བ་ལ་ཆེན་པོ། མ་གུས་བག་མེད་པ་ལ་འབྲིང་། མི་ཤེས་པ་ལ་

ཆུང་ངུ། ངོ་བོ་ཉིད་ནི་ལུས་ངག་ཡིད་གསུམ་ཀ་ཚང་ན་ཆེན་པོ། གཉིས་ལ་འབྲིང་། ཡིད་གཅིག་པུ་ལ་ཆུང་ངུའོ། ། ཡང་ཡིད་གཅིག་པུས་རྫོགས་པ་རྣམས་ལ་ཡང་ཡིད་ཀྱི་ཆེ་འབྲིང་བཞག་སྟེ། བདུན་པ་དང་བཅུ་གཉིས་པ་ལ་ནི་ཆུང་ངུ་མེད་དོ། །བཞི་པ་ཉེས་པར་བྱེད་པ་ནི། ཡུལ་དེ་ལ་གནོད་པ་ཆེ་ན་ཆེན་པོ། འབྲིང་ན་འབྲིང་པོ་ཆུང་ན་ཆུང་ངུ་སྟེ། དགུ་པ་དང་བཅུ་གཅིག་པ་ལ་ནི་མེད་དོ། །ལྔ་པ་ལན་གྲངས་ནི། ཡང་ནས་ཡང་དུ་བྱས་ན་ཆེན་པོ། གཉིས་སམ་གསུམ་ལ་འབྲིང་། ཐ་མ་ལན་གཅིག་ལ་ཆུང་ངུའོ། །དེ་ལ་ཆེ་འབྲིང་གི་རྣམ་པར་བཞག་པ་འདི་དག་ལྟུང་བའི་ངོས་ནས་འཇོག་པ་ནི་མིན་ཏེ། ཆུང་ངུ་རྣམས་སྡུད་ཀྱང་རྩ་བའི་ལྟུང་བ་ཡིན་ནོ། །ཅིའི་ཕྱིར་ཞེ་ན། འདིར་དངོས་གཞིས་ལྟུང་བ་རྫོགས་པར་འདོད་ན་ལན་གྲངས་ཀྱི་སྒོ་ནས་ཆེ་འབྲིང་བཞག་པའི་དུས་སུ་དང་པོ་སྤྱད་ནས་གཉིས་པ་སྤྱོད་པའི་དུས་སུ་རྟེན་གྱི་ཡན་ལག་མ་ཚང་བའི་ཕྱིར་རོ། །ཞེས་གསུངས་པས་ཐམས་ཅད་ཀྱི་དགོངས་མོད། གསལ་ཁ་ཅུང་ཟད་བརྗོད་ན། སྡོམ་གསུམ་གནས་གྱུར་ངོ་བོ་གཅིག་པ་བརྒྱུད་ལྡན་གྱི་གང་ཟག་ལ། སྡོམ་གསུམ་གནས་གྱུར་ངོ་བོ་གཅིག་པའི་ནང་ཚན་གྱི་རྩ་ལྟུང་གཅིག་བྱུང་ན། ཡན་ལག་ལྔ་ཚང་བས། སྡོམ་གསུམ་གནས་གྱུར་གཅིག་པ་བརྒྱུད་ལྡན་གྱི་གང་ཟག་དེ་ལ་རྩ་ལྟུང་གཅིག་བྱུང་བ་དེས། ཕྱིས་སྡོམ་གསུམ་གནས་གྱུར་ངོ་བོ་གཅིག་པའི་ནང་ཚན་དུ་གྱུར་པའི་རྩ་བ་སྤྱོད་པ་ལ། རྟེན་གྱི་ཡན་ལག་བདག་དམ་ཚིག་དང་སྡོམ་པར་ལྡན་ཞིང་ཤེས་པ་རང་བཞིན་དུ་གནས་པ་མ་ཚང་བའི་ཕྱིར་རོ། །དེས་ན་འདི་ནི་རྣམ་པར་སྨིན་པ་ལ་དགོངས་ནས་ཆེ་འབྲིང་བཞག་པ་ཡིན་ནོ། །དེ་ལ་ཡང་ཉིང་དགོས་ཅི་ཡོད་ཅེ་ན། དམ་ཚིག་དང་སྡོམ་པ་ཡང་དག་པར་བླངས་པས་ལྟུང་བ་ཆུང་བ་རྣམས་ཀྱི་ལྟུང་བ་དང་། རྣམ་སྨིན་སོར་ཆུད་པར་འགྱུར་ལ། ཆེན་པོ་རྣམས་ལ་དེའི་རྗེས་ལའང་རྣམ་པར་སྨིན་པ་སོར་ཆུད་པར་བྱ་བའི་ཕྱིར་བཤགས་པའི་ཚད་ཤེས་པའི་དགོས་པ་ཡོད་དོ། །འདིས་ཐམས་ཅད་ཀྱི་སྤྱིའི་དོན་བསྟན་ཏོ། །གཉིས་པ་སོ་སོའི་དོན་ལ་ཡང་། སྤྱིའི་དོན་དང་། ཡན་ལག་གི་དོན་གཉིས། དང་པོ་རྩ་ལྟུང་དང་པོའི་སྤྱིའི་དོན་ལ་དྲུག་ལས། དང་པོ་ལྟུང་བའི་ངོ་བོ་ཉིད་ནི། ཡུལ་བླ་མ་རྡོ་རྗེ་སློབ་དཔོན་གསུམ་ལྡན་ལ། རིགས་སམ་ཚུལ་ཁྲིམས་ཐོས་པ་ལ་སོགས་པའི་སྒོ་ནས་བདག་ལ་མཆོག་ཏུ་འཛིན་ཅིང་། བླ་མ་ལ་དམན་པར་འཛིན་པ་ནི་བརྙས་པའོ། །དེ་ལ་ལུས་ངག་གིས་གྲོགས་བྱས་ཀྱང་རུང་མ་བྱས་ཀྱང་རུང་རྩ་བའི་ལྟུང་བའོ། །གཉིས་པ་ཡན་ལག་དུས་ལྟུང་བར་འགྱུར་ཞེ་ན། ལྔ་སྟེ། རྟེན་གྱི་ཡན་ལག་བདག་དམ་ཚིག་དང་སྡོམ་པ་དང་ལྡན་ཞིང་ཤེས་པ་རང་བཞིན་དུ་གནས་པའོ། །ཡུལ་གྱི་ཡན་ལག་ནི་བླ་མ་རྡོ་རྗེ་སློབ་དཔོན་གསུམ་ལྡན་ནོ། །ངོ་བོ་ཉིད་ཀྱི་ཡན་ལག་ནི་ཡིད་གཙོ་བོར་གྱུར་པའོ། །

བཞི་པ་བསམ་པའི་ཡན་ལག་ནི། ལྟུང་བ་འབྱུང་བའི་རྒྱུ་བཞི་པོ་ཐམས་ཅད་དམ་གང་རུང་གཅིག་གིས

ཀུན་ནས་བསླང་སྟེ། ངོ་བོ་བརྟགས་པའི་བསམ་པ་ལས་བྱུང་བའོ། །ལྟུ་བ་དུས་སྐབས་ནི། བླ་མས་ཀྱང་བརྟགས་པ་བྱེད་པར་ཀུན་ཏུ་མཁྱེན་ནས་ཐུགས་ཀུན་ཏུ་མ་རངས་པར་གྱུར་པའོ། །གསུམ་པ་ལྟུང་བར་འགྱུར་པའི་རྒྱུ་མཚན་ནི། དབང་གི་སྐབས་སུ། དེང་ཕྱིན་ཆད་བུ་ཁྱོད་ཀྱི་དཔལ་ཧེ་རུ་ཀ་ང་ཡིན་ཞེས་སོགས་དམ་ལ་བཞག་ཅིང་ཁས་བླངས་པས་སོ། །བཞི་པ་མི་འབྱུང་བར་བྱ་བའི་ཕྱིར་བསླབ་པ་ནི། བླ་མ་ལ་དངོས་གྲུབ་ཐམས་ཅད་སྐུལ་བ་ཡི་དམ་ལྷའི་འདུ་ཤེས་དང་། ཞེས་སོགས་ནས། མདོར་ན་བླ་མ་ནི་འདོད་པར་བྱ་བ་ཐམས་ཅད་ཀྱི་རག་ལས་པ་མཆོག་ཏུ་གྱུར་པ་ཡིན་ལ། བདག་ནི་རག་ལས་པ་པོ་དང་དམན་པར་འཛིན་པའི་འདུ་ཤེས་ཀྱིས་བསླབ་པར་བྱའོ། །ལྔ་པ་ལྟུང་བ་ཕྱིར་བཅོས་པའི་ཐབས་ལ་གཉིས། ཡན་ལག་མ་ཚང་བ་རྣམས་ལ་ལྟུང་བ་ལས་ལྡང་བ་དང་། ཡན་ལག་ཚང་བ་རྣམས་ལ་དམ་ཚིག་དང་སྡོམ་པ་ཡང་དག་པར་བླང་བའོ། །དང་པོ་ལ་གསུམ་སྟེ། སྟོབས་བཞིའི་སྒོ་ནས་སྡིག་པ་བཤགས་པ་དང་། བླ་མ་བརྒྱུད་པའི་མན་ངག་གི་སྦྱོར་བ་དམ་ཚིག་རྡོ་རྗེ་བསྙེན་སྒྲུབ་ཡན་ལག་བཞིའི་སྒོ་ནས་སྡིག་པ་བཤགས་པ་དང་། ཚུལ་གཞན་གྱི་སྒོ་ནས་སྡིག་པ་བཤགས་པའོ། །གཉིས་པ་དམ་ཚིག་དང་སྡོམ་པ་ཡང་དག་པར་བླང་བ་ནི། རྩ་བའི་ལྟུང་བ་བྱུང་གྱུར་ན། །སླར་ཡང་དཀྱིལ་འཁོར་དེ་རུ་ནི། །དག་པའི་རྒྱུ་རུ་འཇུག་པར་བྱ། །ཞེས་གསུངས་པས། ཡང་དག་པའི་བླ་མ་ལ་དབང་ཡོངས་སུ་རྫོགས་པར་བླང་བར་བྱའོ། །

དྲུག་པ་ཆེ་འབྲིང་རྣམ་པར་བཞག་པ་ནི། ཡུལ་གསུམ་ལྡན་ལ་ཆེན་པོ། གཉིས་ལྡན་ལ་འབྲིང་། གཅིག་ལྡན་ལ་ཆུང་ངུའོ། །ངོ་བོ་ཉིད་ཀྱི་སྒོ་ནས། ལུས་ངག་ཡིད་གསུམ་ཀས་བྱས་ན་ཆེན་པོ། གཉིས་ལ་འབྲིང་། ཡིད་གཅིག་པུ་ཆུང་ངུའོ། །བསམ་པ་ནི་མི་ཤེས་པ་ལ་ཆུང་ངུ། མ་གུས་བག་མེད་ལ་འབྲིང་། ཉོན་མོངས་པ་མང་བ་ལ་ཆེན་པོ། བཞི་ཀ་དང་ལྡན་ན་ཆེས་ལྕིའོ། །སོགས་པའི་ནི། ཡང་ནས་ཡང་དུ་སྤྱད་ན་ཆེན་པོ། གཉིས་སམ་གསུམ་ལ་འབྲིང་། ལན་གཅིག་སྤྱད་ན་ཆུང་ངུའོ། །ཉེས་པར་བྱེད་པའི་སྒོ་ནས། ཡུལ་ལ་གནོད་པ་ཆེན་ན་ཆེ། འབྲིང་ན་འབྲིང་། ཆུང་ངུ་ན་ཆུང་ངུའོ། །འདི་རྣམས་ལས་ཆུང་བ་རྣམས་ཕྱོགས་གཅིག་ཏུ་སྤྱད་ཀྱང་རྩ་བའི་ལྟུང་བར་འགྱུར་རོ། །འདི་བཞིན་ཡུལ་གྱི་སྒོ་ནས་ཆེ་འབྲིང་མ་གཏོགས། གཞན་འོག་མ་རྣམས་ལའང་ཤེས་པར་བྱའོ། །ཉེས་པ་མེད་པ་ནི། བདག་སེམས་དགེ་ཞིང་ལུས་ངག་གི་སྤྱོད་པ་ལ་ཡང་སྐྱོན་མེད་བཞིན་དུ་བླ་མ་དེ་མི་དགྱེས་པར་གྱུར་ཀྱང་ལྟུང་བ་གཏན་མེད་དོ། །བླ་མ་ཉིད་དགྱེས་པར་གྱུར་ན་སྤྱོད་ལམ་ཇི་ལྟ་བུ་ལའང་ལྟུང་བ་དང་པོའི་ཕྱོགས་ནས་ཉེས་པ་མེད་མོད། ཚུལ་གཞན་དུ་བག་ཡོད་པས་སྤྱད་པར་བྱའོ། །ཡན་ལག་དོན་ནི། གང་ཕྱིར་རྡོ་རྗེ་འཛིན་པ་ཡི། །དངོས་གྲུབ་སློབ་དཔོན་རྗེས་འབྲངས་གསུངས། །དེ་བས་དེ་ལ་བརྙས་པ་ནི། །རྩ་བའི་ལྟུང་བ

དང་པོར་བཤད། །ཅེས་སོ། །

རྩ་བའི་ལྟུང་བ་དང་པོའི་བཤད་པའོ། །རྩ་བའི་ལྟུང་བ་གཉིས་པ་ལའང་། སྤྱིའི་དོན་དང་། ཡན་ལག་གི་དོན་ཏོ། དང་པོ་ལ་དྲུག་ལས། དང་པོ་ལྟུང་བའི་ངོ་བོ་ནི། སྐྱོན་མེད་པའི་བླ་མ་ལས་བརྒྱུད་དེ་འོངས་པ་བསྟན་པ་ནི། བདེ་བར་གཤེགས་པའི་བཀའ་ཁྱད་དུ་གསོད་པ་སྟེ། དེའང་གང་ཡིན་ཞེ་ན། ཉན་ཐོས་དང་ཐུན་མོང་བ་ཕམ་པ་བཞི་དང་། བྱང་ཆུབ་སེམས་དཔའ་དང་ཐུན་མོང་བ་ཕམ་པ་ལྟ་བུའི་ཆོས་བཞི་དང་། བརྒྱད་ནི་གང་སྤྱོད་པ་ཙམ་གྱིས་བྱེ་བྲག་ཏུ་ཁྱད་དུ་གསོད་པའི་བསམ་པ་མེད་ཀྱང་རྩ་ལྟུང་སྟེ། སངས་རྒྱས་ཀྱི་རྩ་བར་བཅས་པའི་ཕྱིར་སྤྱོད་པ་ཉིད་ཀྱིས་ཁྱད་དུ་གསད་པ་ཡིན་ནོ། །བཅས་པ་ཕྲ་མོ་གཞན་ལ་ཡང་ཁྱད་དུ་གསད་ན་རྩ་བའི་ལྟུང་བའོ། །དེ་ལྟར་ན་རྩ་ལྟུང་གཞན་རྣམས་ཀྱང་བཀའ་ཁྱད་དུ་གསོད་པ་གཅིག་གི་ཁོངས་སུ་འདུ་བར་མི་འགྱུར་རམ་ཞེ་ན། དེ་ནི་མིན་ཏེ་རྩ་བ་བཅུ་གསུམ་པོ་དང་གཉིས་པའི་ཕྱོགས་གཅིག་ནི་རྡོ་རྗེ་ཐེག་པ་མ་ཡིན་པ་གཞན་ནས་རྩ་བར་མ་བཤད་པས་གཉིས་པ་ཁྱད་དུ་གསོད་པ་གཅིག་པུའི་ཁོངས་སུ་མི་འདུའོ། །དེ་ཡང་སངས་རྒྱས་ཀྱིས་གཞུང་གཞན་དུ་བཅས་པའི་རྩ་བ་དང་ཡན་ལག་ཕྲ་མོ་རྣམས་དང་། རྡོ་རྗེ་ཐེག་པ་ཉིད་ཀྱིའང་ཡན་ལག་རྣམས་ལ་ཁྱད་དུ་གསད་ན་རྩ་བའི་ལྟུང་བའི་ཁོངས་སུ་འདུ་བ་ཡིན་ནོ། །ལྟུང་བའི་ངོ་བོ་དེ་དག་སོ་སོ་ནས་བརྗོད་ན། ཉན་ཐོས་དང་ཐུན་མོང་བ་བཞི་ནི། སྲོག་གཅོད་པ་དང་། མ་བྱིན་པར་ལེན་པ་དང་། འདོད་པས་ལོག་པར་སྤྱོད་པ་དང་། རྫུན་གྱི་ཚིག་གོ །བྱང་ཆུབ་སེམས་དཔའ་དང་ཐུན་མོང་བ་ཕམ་པ་ལྟ་བུའི་ཆོས་བཞི་ནི། རྙེད་པ་དང་བཀུར་སྟི་ལ་ཆགས་པའི་བསམ་པས་བདག་ལ་བསྟོད་ཅིང་གཞན་ལ་སྨོད་པ་དང་། སྡུག་བསྔལ་ཞིང་མགོན་མེད་པ་ལ་སེར་སྣའི་བསམ་པས་ཆོས་དང་ནོར་མི་སྟེར་བ་དང་། གཞན་ཉེས་པ་དང་ལྡན་པས་བཤགས་པ་བྱས་ཀྱང་དང་དུ་མི་ལེན་པར་ཁྲོས་ནས་སླར་རྡེག་པ་དང་། ཐེག་པ་ཆེན་པོ་སྤངས་ནས་ཆོས་ལྟར་བཅོས་པ་སྟོན་པའོ། །གཉིས་པ་ཡན་ལག་དུས་ལྟུང་བར་འགྱུར་ཞེ་ན་ལྔ། རྟེན་ནི་འདྲ། ཡུལ་གྱི་ཡན་ལག་ནི། རང་མ་ཡིན་པའི་མིའམ་མིར་རིད་པ། དུད་འགྲོ་བསད་པ་ནི་བཤགས་བྱའོ། །བསམ་པ་ནི། རྒྱུ་བཞིས་ཀུན་ནས་བསླང་ནས་གསོད་པའི་སེམས་དང་རྗེས་འགྱོད་པ་མེད་པའོ། །ངོ་བོ་ནི། ལུས་ངག་གི་སྦྱོར་བས་ཡུལ་མ་འཁྲུལ་བ་བསད་པའོ། །དུས་སྐབས་ནི་དེ་ཤི་བ་ཉིད་དོ། །གཉིས་པའི་རྟེན་ནི་འདྲ། ཡུལ་ནི་མིར་གྱུར་པའི་ལོངས་སྤྱོད། མི་མ་ཡིན་པའི་ལོངས་སྤྱོད་བླངས་པ་ནི་བཤགས་བྱའོ། །བསམ་པ་ནི། རྒྱུ་བཞི་སྟོན་སོང་གིས་གཞན་གྱི་ལོངས་སྤྱོད་མཐུའམ་འཇབ་བུས་བདག་གིར་བྱེད་འདོད་པའོ། །ངོ་བོ་ཉིད་ཀྱི་ཡན་ལག་ནི། རིན་ཐང་ཚང་བའི་ལོངས་སྤྱོད་བདག་གིར་བྱེད་པའོ། །དུས་སྐབས་ནི་ཟིན་པར་བྱས་པ་སྟེ། གྲུབ་བློ་དང་གནས་དཔགས་གཉིས་ཀ་དགོས་མོད། ཕྱིས་འབྱུང་བ་ཉིད་

ཀྱིས་རྫོགས་སོ། །ཕམ་པ་གསུམ་པའི་རྟེན་ནི་འདྲ། ཡུལ་ནི་བགྲོད་པར་བྱ་བ་མ་ཡིན་པ་རྣམས་སོ། །བསམ་པ་ནི། རྒྱུ་བཞི་སྔོན་སོང་གིས་ལོག་པར་གཡེམ་པར་འདོད་པའོ། །ངོ་བོ་ཉིད་ཀྱི་ཡན་ལག་ནི་བཞི། བགྲོད་པར་བྱ་བ་མ་ཡིན་པ་དང་། ཡན་ལག་མ་ཡིན་པ་དང་། ཡུལ་མ་ཡིན་པ་དང་། དུས་མ་ཡིན་པའོ། །དུས་སྐབས་ནི་ཟིན་པར་བྱས་པའོ། །ཕམ་པ་བཞི་པའི་རྟེན་ནི་འདྲ། །བསམ་པ་རྒྱུ་བཞི་སྔོན་དུ་སོང་ནས་གཞན་བསླུ་བའི་སེམས་སོ། །ངོ་བོ་ནི། མིའི་ཆོས་ལ་བླ་མར་གྱུར་པ་སྟེ། བདག་ནི་དགྲ་བཅོམ་པའོ་ཞེས་སམ། དངོས་གྲུབ་ཐོབ་བོ། །མངོན་པར་ཤེས་པ་དང་ལྡན་ནོ་ཞེས་སྨྲ་བ་སྟེ། མངོན་པའི་ང་རྒྱལ་ཅན་ནི་མ་གཏོགས་སོ། །ཤེས་བཞིན་གྱི་རྫུན་གཞན་ནི་བཤགས་བྱའོ། །དུས་སྐབས་ནི་གཞན་གྱིས་དགྲ་བཅོམ་པར་རྟོགས་ན་ལྟུང་བ་རྫོགས་ཀྱི། གཞན་གྱིས་རྫུན་སྨྲ་བར་གོ་ན་བཤགས་བྱའོ། །དཔུང་བཟངས་ལས། རྒྱལ་བ་ངས་གསུངས་སོ་སོར་ཐར་པ་ཡི། །ཚུལ་ཁྲིམས་རྣམ་དག་འདུལ་བ་མ་ལུས་ལས། ། སྔགས་པ་ཁྱིམ་པས་རྟགས་དང་ཆོ་ག་ཡང་། །ལྷག་མ་རྣམས་ནི་ཉམས་སུ་བླང་བར་བྱ། །ཞེས་གསུངས། བྱང་ཆུབ་སེམས་དཔའ་དང་ཐུན་མོང་བ་ཕམ་པ་དང་འདྲ་བའི་ཆོས་བཞི་ནི། བཞི་ག་ལའང་རྟེན་ནི་འདྲ། ཡུལ་ནི་རིམ་པ་བཞིན་དུ། བརྟེན་ཤེས་ཤིང་དོན་གོ་བའི་མིའི་འགྲོ་བའི་དུད་ཉིད་དང་། གཉིས་པ་སྡུག་བསྔལ་ཞིང་མགོན་མེད་པའི་སེམས་ཅན་དང་། གསུམ་པ་ཉེས་པ་བྱས་པའི་མིས་ཉེས་པ་ལ་ཉེས་པར་མཐོང་ནས་བཤགས་པ་བྱས་པ། བཞི་པ་ཐེག་པ་ཆེན་པོ་ཉན་པར་འདོད་པའི་གང་ཟག་དྲུང་དུ་ལྷགས་པའོ། ། བསམ་པ་ནི། རྒྱུ་བཞི་སྔོན་དུ་སོང་ནས་རིམ་པ་བཞིན། རྙེད་པ་དང་བཀུར་སྟི་ལ་ལྷག་པར་ཆགས་པ་ཉིད་དང་། སེར་སྣས་བཅིངས་པའི་སེམས་དང་། ཀུན་ནས་མནར་སེམས་པའི་སྒོ་ནས་ཁྲོ་བ་ཉིད། ཆོས་ལྟར་བཅོས་པ་སྟོན་པར་འདོད་པའི་བསམ་པའོ། །ངོ་བོ་ཉིད་ནི། རིམ་པ་བཞིན། བདག་ལ་བསྟོད་ཅིང་གཞན་ལ་སྨོད་པ་ཉིད་དང་། ཆོས་དང་ནོར་མི་སྟེར་བ་ཉིད་དང་། ཁྲོ་བ་དང་བཅས་པས་བརྡེག་པ་ཉིད་དང་། ཆོས་ལྟར་བཅོས་པ་སྟོན་པ་ཉིད་དོ༔ །དུས་སྐབས་ནི། ཡུལ་རྣམས་ཀྱིས་གོ་བའམ། ཟིན་པར་བྱས་པ་ཉིད་དོ། །

གསུམ་པ་ལྟུང་བར་འགྱུར་བའི་རྒྱུ་མཚན་ནི། དབང་གི་སྐབས་སུ་ཁས་བླངས་ཏེ། སེམས་ཅན་ཐམས་ཅད་བདག་གིས་མགྲོན་དུ་གཉེར། །ཞེས་སོགས་སོ། བཞི་པ་མི་འབྱུང་བའི་ཕྱིར་བསླབ་པ་ནི། བདེ་བར་གཤེགས་པའི་བཀའ་ལ་ལམ་པོ་ཆེའི་འདུ་ཤེས་དང་། ཞེས་སོགས་སོ། ལྔ་པ་ལྟུང་བ་ཕྱིར་བཅོས་པ་ནི་གོང་དང་འདྲ། དྲུག་པ་ཆེ་འབྲིང་ནི། རིམ་པ་བཞིན། ཡུལ་དེ་ལ་གཞན་རེ་བ་མང་བ་དང་། བླ་མ་དང་དཀོན་མཆོག་གི་དཀོར་རྐུ་བ་དང་། མ་དང་དགྲ་བཅོམ་མ་དང་། དགེ་སློང་མ་དང་། བླ་མའི་བཙུན་མོ་ལ་འདོད་ལོག་སྤྱོད་པ་དང་། གང་ཟག་མཆོག་གི་བློ་བསྒྱུར་བ་རྣམས་ཆེན་པོ། ཆུང་དུ་དང་འབྲིང་རྟོགས་པར་བྱ། ཕམ་པ་འདྲ་བ་ནི།

རིམ་པ་བཞིན། གང་ཟག་མཆོག་ལ་སྨོད་པ་དང་། ཕོངས་པ་ལ་ཆོས་ནོར་མི་སྟེར་བ་དང་། དད་ལྡན་གྱི་བཤགས་པ་མི་ལེན་པ། ཐེག་ཆེན་རིགས་ལ་ཆོས་ལྟར་བཅོས་པ་སྟོན་པ་རྣམས་ཆེན་པོ་སྟེ། ཆུང་ངུ་དང་འབྲིང་བློས་དཔྱད་པར་བྱའོ། །ཉེས་མེད་ནི། ཕམ་པ་བཞི་ག་བསམ་པ་དགེ་བས་སྤྱད་ན་ལྟུང་བའི་གཟུགས་བརྙན་དུ་འགྱུར་བས་བྱང་ཆུབ་སེམས་དཔའ་ལ་ཉེས་པ་མེད་དོ། །ཕམ་པ་དང་འདྲ་བ་བཞི་ནི། བསམ་པ་མི་དགེ་བ་འབའ་ཞིག་ལས་འབྱུང་བས་ཉེས་པ་མེད་པའི་སྐབས་མི་སྲིད་དོ། །གཉིས་པ་ཡན་ལག་གི་དོན་ནི། བདེ་གཤེགས་བཀའ་ལས་འདས་པ་ནི། །ལྟུང་བ་གཉིས་པ་ཡིན་པར་བཤད། །ཅེས་སོ། །ལྟུང་བ་གཉིས་པའོ། །

རྩ་བའི་ལྟུང་བ་གསུམ་པ་ལའང་། །སྤྱིའི་དོན་དང་། ཡན་ལག་གི་དོན་ནོ། །དང་པོ་ལ་དྲུག་ལས། ལྟུང་བའི་ངོ་བོ་ནི། རྡོ་རྗེ་ཐེག་པ་ལ་ཞུགས་པའི་གང་ཟག་དབང་ཐོབ་ཅིང་དམ་ཚིག་མ་ཉམས་པ་ལ་དགྲར་འཛིན་པའི་བསམ་པས་ཁྲོ་བའོ། །གཉིས་པ་ཡན་ལག་དུས་ལྟུང་བར་འགྱུར་ན། ལྔ་སྟེ། རྟེན་ནི་འདྲ། ཡུལ་ནི་རྡོ་རྗེ་ཐེག་པ་སྤྱི་ལ་ཞུགས་པའི་གང་ཟག་དབང་ཐོབ་ལ་དམ་ཚིག་མ་ཉམས་པ་ཙམ་མོ། །བསམ་པ་ནི། རྒྱུ་བཞི་སྔོན་དུ་འགྲོ་བས། དགྲར་འཛིན་པའི་བསམ་པས་ཁྲོ་བར་འདོད་པའོ། །ངོ་བོ་ནི། དགྲར་འཛིན་པའི་བསམ་པས་ཁྲོ་བ་སྟེ། ཡིད་གཙོ་བོ་ཡིན་མོད། ལུས་ངག་གང་རུང་ཞིག་གྲོགས་སུ་དགོས་ཏེ། དེ་མིན་དགྲར་འཛིན་པའི་སྦྱོར་བ་མི་རྫོགས་སོ། །དགྲར་འཛིན་པ་མེད་པར་ཁྲོ་བ་ནི་བཤགས་བྱའོ། །དུས་སྐབས་ནི་གོ་བའོ། །གསུམ་པ་ལྟུང་བར་འགྱུར་བའི་རྒྱུ་མཚན་ནི། དབང་གི་ལྟུང་བ་བསྒྲག་པའི་སྐབས་སུ། སྤུན་ལ་ཁྲོ་བར་མི་བྱའོ། །ཞེས་གསུངས་སོ། །བཞི་པ་མི་འབྱུང་བར་བྱ་བའི་ཕྱིར་བསླབ་པ་ནི། རྡོ་རྗེ་སྤུན་གྲོགས་ལ་འཇིགས་པ་ཆེན་པོར་འགྲོ་བའི་ཞེས་སོགས། ལྔ་པ་ལྟུང་བ་ཕྱིར་བཅོས་པ་འདྲ། དྲུག་པ་ཆེ་འབྲིང་ནི། ཡུལ་དཀྱིལ་འཁོར་གཅིག་ཏུ་ཞུགས་པ་ལ་ཆེན་པོ། བླ་མ་གཅིག་གིས་བསྐུས་པ་ལ་འབྲིང་། རྡོ་རྗེ་ཐེག་པ་སྤྱི་ལ་ཞུགས་པ་ཙམ་ལ་ཆུང་ངུའོ། །གཞན་འདྲ། ཉེས་མེད་ནི། ཡུལ་དེ་ཉིད་ལ་ཕན་པའི་བསམ་པས་ཇི་ལྟར་སྦྱོར་ཡང་རུང་སྟེ་ཉེས་པ་མེད་དོ། །གཉིས་པ་ཡན་ལག་གི་དོན་ནི། །རྡོ་རྗེ་སྤུན་ལ་ཁྲོས་པ་ནི། །ཉེས་པར་བརྗོད་པ་གསུམ་པ་ཡིན། །རྩ་བའི་ལྟུང་བ་བཞི་པ་ལའང་། སྤྱི་དོན་དང་། ཡན་ལག་གི་དོན་གཉིས། དང་པོ་ལ་དྲུག་ལས། ལྟུང་བའི་ངོ་བོ་ནི། ཡུལ་སེམས་ཅན་གཅིག་ལ་ཡང་རུང་སྟེ་བདེ་བ་དང་བདེ་བའི་རྒྱུ་དང་བྲལ་བར་གྱུར་ཅིག་སྙམ་པའོ། །གཉིས་པ་ཡན་ལག་དུས་ལྟུང་བར་འགྱུར་ན། ལྔ་སྟེ། རྟེན་འདྲ། གཉིས་པ་ཡུལ་ནི་སེམས་ཅན་གྱི་ཁམས་སོ། །བསམ་པ་ནི། རྒྱུ་བཞི་སྔོན་དུ་སོང་ནས་བྱམས་པ་གཏང་བར་འདོད་པའོ། །ངོ་བོ་ནི། སེམས་ཅན་གཅིག་ལའང་བདེ་བ་དང་བདེ་བའི་རྒྱུ་དང་བྲལ་བར་འདོད་པ། དུས་སྐབས་མེད་དོ་གསུང་ཡང་། ལྟུང་བ་རྫོགས་པར་བྱས་པ་ཡིན་པས་ཐམས་ཅད་ལ་

འཇུག་གོ། །གསུམ་པ་ལྟུང་བར་འགྱུར་བའི་རྒྱུ་མཚན། ལྟུང་བ་བསྒྲག་པའི་སྐབས་སུ། བྱམས་པ་དོར་བར་མི་བྱ་ཞིང་། །ཞེས་གསུངས་སོ། །བཞི་པ་མི་འབྱུང་བར་བསླབ་པ་ནི། སེམས་ཅན་ཐམས་ཅད་ལ་བུ་གཅིག་པ་ལྟ་བུའི་འདུ་ཤེས་སམ། མ་འདི་རྣམས་བདེ་བ་དང་བདེ་བའི་རྒྱུ་དང་མི་འབྲལ་བར་གྱུར་ཅིག་སྙམ་པའོ། །དཔལ་དུས་ཀྱི་འཁོར་ལོ་ལས། འདིར་བྱང་ཆུབ་ཀྱི་སེམས་ནི་ས་བོན་ཏེ། དེ་ཉམས་པའི་ཕྱིར་བདེ་བར་མི་འགྱུར་རོ། །དེ་བས་ན་དེ་ཁོ་ན་ཉིད་རྟོགས་པ་མེད་པའི་དབང་པོ་གཉིས་སྦྱོར་གྱི་བདེ་བས་སངས་རྒྱས་ཐོབ་པར་འདོད་པ་རྣམས་ལ། རྩ་བའི་ལྟུང་བ་ལྔ་པར་འགྱུར་རོ། །ཞེས་གསུངས་སོ། །དྲུག་པ་ཆེ་འབྲིང་ནི། སེམས་ཅན་ཐམས་ཅད་ལ་བྱམས་པ་གཏང་བ་ནི་མེད་པས། ཕལ་ཆེ་བ་ལ་བྱམས་པ་གཏང་ན་ཆེན་པོ། གཉིས་སམ་གསུམ་ལ་འབྲིང་། གཅིག་ལ་ཆུང་ངུའོ། །གཞན་འདྲ། འདི་ལ་ཉེས་པ་མེད་པ་ནི་མེད་དེ། ལྟུང་བའི་ངོ་བོ་བྱམས་པ་གཏང་བའི་ཕྱིར་རོ། །ཉེས་པ་མེད་པ་འདི་བཞིན། ལྔ་པ་དགུ་པ་བཅུ་གཅིག་པ་ལ་འང་དྲན་པར་བྱའོ། །གཉིས་པ་ཡན་ལག་གི་དོན་ནི། སེམས་ཅན་རྣམས་ལ་བྱམས་པ་སྤྱོད། །བཞི་པ་ཡིན་པར་རྒྱལ་བ་གསུངས། །ཞེས་གསུངས་སོ༑ ༑ལྟུང་བ་ལྔ་པ་ལ་ཡང་། སྤྱི་དོན་དང་། ཡན་ལག་གི་དོན་གཉིས། དང་པོ་ལ་དྲུག་ལས། ལྟུང་བའི་ངོ་བོ་ནི། བྱང་ཆུབ་ཀྱི་སེམས་སྨོན་པ་གཏང་བ་སྟེ། སེམས་ཅན་ཐམས་ཅད་ཀྱི་དོན་དུ་སངས་རྒྱས་བསྒྲུབ་པར་བྱའོ་སྙམ་པའི་བསམ་པ་ལས་ལོག་པའོ། །གཉིས་པ་ཡན་ལག་དུས་ལྟུང་བར་འགྱུར་ན་ལྔ་སྟེ། རྟེན་ནི་འདྲ། ཡུལ་ནི། སེམས་ཅན་གྱི་དོན་དུ་སངས་རྒྱས་ཐོབ་པར་འདོད་པའི་བློ་ཀུན་རྫོབ་ལས་སྨོན་པའི་བདག་ཉིད་ཅན་གྱི་བྱང་ཆུབ་ཀྱི་སེམས་སོ། །བསམ་པ་ནི། རྒྱུ་བཞི་སྔོན་དུ་སོང་བས་སྨོན་པ་གཏོང་བར་འདོད་པའོ། །ངོ་བོ་ནི་སྨོན་པ་གཏང་བ་སྟེ། བདག་ལྟ་བུས་བྱང་ཆུབ་ག་ལ་འགྲུབ་ཅེས་ཞུམ་པ་དང་། མྱུར་དུ་རང་སངས་རྒྱས་དང་དགྲ་བཅོམ་པ་འགྲུབ་པར་བྱའོ་ཞེས་སེམས་པས་གཏང་བའོ། །དུས་སྐབས་འདྲ། གསུམ་པ་ལྟུང་བར་འགྱུར་བའི་རྒྱུ་མཚན་ནི། སྔ་གོན་དུས། རང་གཞན་དོན་ནི་རབ་བསྒྲུབ་ཕྱིར། །བྱང་ཆུབ་སེམས་ནི་བསྐྱེད་པར་བགྱི། །ཞེས་ཁས་བླངས་པས་སོ། །བཞི་པ་མི་འབྱུང་བར་བྱ་བའི་ཕྱིར་བསླབ་པ་ནི། སྨོན་པ་བྱང་ཆུབ་ཀྱི་སེམས་ཡོད་ན་སངས་རྒྱས་ཀྱི་ཆོས་ཐམས་ཅད་འབྱུང་བར་འགྱུར་རོ་སྙམ་དུ་བསམ་མོ། །ལྔ་པ་ལྟུང་བ་ཕྱིར་བཅོས་པ་འདྲ། དྲུག་པ་ཆེ་འབྲིང་ནི་གོང་དང་འདྲ། ཉེས་པ་མེད་པའང་གོང་དང་འདྲ། གཉིས་པ་ཡན་ལག་གི་དོན་ནི། ཆོས་ཀྱི་རྩ་བ་བྱང་ཆུབ་སེམས། །དེ་སྤོང་བ་ནི་ལྔ་པ་ཡིན། །ཞེས་སོ། །

རྩ་ལྟུང་དྲུག་པ་ལའང་། སྤྱིའི་དོན་དང་། ཡན་ལག་གི་དོན་གཉིས། དང་པོ་ལ་དྲུག་ལས། དང་པོ་ལྟུང་བའི་ངོ་བོ་ཉིད་ནི། རྡོ་རྗེ་ཐེག་པའམ། ཐེག་པ་སྤྱིའམ། ཉན་ཐོས་སམ་རང་སངས་རྒྱས་ཀྱི་ཐེག་པའང་རུང་སྟེ།

ཀུན་ནས་མནར་སེམས་ཀྱིས་སྒྲོད་པ་འདི་ནི་ཅ་བའི་ལྟུང་བར་འགྱུར་རོ། །མུ་སྟེགས་བྱེད་ཀྱི་གཞུང་ལ་སྨད་པ་ནི་བཤགས་བྱའོ། །གཉིས་པ་ཡན་ལག་དུས་ལྟུང་བར་འགྱུར་ན་ལྔ་སྟེ། རྟེན་ནི་འདྲ། ཡུལ་གྱི་ཡན་ལག་ནི། སངས་རྒྱས་ཀྱི་ཐེག་པའི་གཞུང་ལུགས་སོ། །བསམ་པ་ནི། རྒྱུ་བཞི་སྔོན་དུ་སོང་ནས་སྒྲོད་པ་སྟེ། འདི་ནི་ཆོས་མ་ཡིན། འདུལ་བ་མ་ཡིན། སྟོན་པས་བསྟན་པ་མིན་ནོ་ཞེས་བཀའ་ལ་བཀའ་མ་ཡིན་པར་ཤེས་ནས་སྒྲོད་པ་ཅ་ལྟུང་སྟེ། བཀར་ཤེས་ནས་ཀྱང་སྒྲོད་པ་འདི་ནི་གཉིས་པ་ཁྲིད་དུ་གསོད་པའི་ཁོངས་སུ་འགྲོའོ། །བཞི་པ་ངོ་བོ་ཉིད་ནི། སྨད་ཅིང་བཤུང་བ་ཉིད་དོ། །ལྔ་པ་དུས་སྐབས་ནི། གང་སྨད་པའི་གྲུབ་མཐའ་འཛིན་པའི་གང་ཟག་དེས་སྒྲོད་པར་གོ་ཆེ་ལྟུང་བ་རྫོགས་སོ། །གསུམ་པ་ལྟུང་བར་འགྱུར་བའི་རྒྱུ་མཚན་ནི། བསྒྲག་པའི་སྐབས་སུ་ཆོས་ལ་སྨད་པར་མི་བྱ་ཞིང་། །ཞེས་གསུངས་སོ། །བཞི་པ་མི་འབྱུང་བར་བསླབ་པ་ནི། བཀའ་ཐམས་ཅད་ལ་ལམ་པོ་ཆེའི་འདུ་ཤེས་བསྒོམ་པ་སོགས་སོ། །ལྔ་པ་ལྟུང་བ་ཕྱིར་བཅོས་འདྲ། །དྲུག་པ་ཆེ་འབྲིང་ནི། ཡུལ་རྡོ་རྗེ་ཐེག་པ་ལ་སྨད་ན་ཆེན་པོ། །ཐེག་པ་ཆེན་པོ་སྤྱི་ལ་འབྲིང་། ཉན་ཐོས་དང་རང་སངས་རྒྱས་ལ་ཆུང་ངུའོ། །ལྷག་མ་གསུམ་འདྲ། ཉེས་པར་བྱེད་པ་ནི། སྒྲོད་པ་པོའི་གང་ཟག་གམ། སྨད་བྱའི་ཆོས་ལ་མ་དད་པ་ཆེ་འབྲིང་གི་སྒོ་ནས་བཞག་གོ །ཉེས་མེད་ནི། གང་ཟག་ལམ་དམན་པ་ལ་ཞེན་པ་དག །ཐེག་ཆེན་ནམ་རྡོ་རྗེ་ཐེག་པར་བཀྲི་བ་དང་།བདག་ཀྱང་ལམ་དམན་པ་ལ་མནར་སེམས་མེད་པའི་བསམ་པས་བརྡ་སྤྲོད་པ་ལ་ཉེས་པ་མེད་དོ། །གཉིས་པ་ཡན་ལག་གི་དོན་ནི། རང་ངམ་གཞན་གྱི་གྲུབ་པའི་མཐའ། །ཆོས་ལ་སྒྲོད་པ་དྲུག་པ་ཡིན། །ཞེས་གསུངས་སོ༎ ༎

ཅ་བའི་ལྟུང་བ་བདུན་པ་ལའང་། སྤྱིའི་དོན་དང་ཡན་ལག་གི་དོན་གཉིས། དང་པོ་ལ་དྲུག་ལས། ལྟུང་བའི་ངོ་བོ་ནི། སྨོད་མིན་ལ་གསང་བ་སྒྲོགས་པ་སྟེ། དེ་ལ་སྣོད་མིན་ནི། མ་སྨིན་པ་དང་། སྨིན་ཀྱང་མ་དད་པ་དང་། དད་ཀྱང་ཅ་ལྟུང་གཞན་བྱུང་བའོ། །གསང་བ་ནི། གསང་བའི་རྫས་དང་གསང་བའི་སྤྱོད་པ་དང་། གསང་བའི་ཆོས་ཀུན་ཏུ་སྟོན་པའོ། །གཉིས་པ་ཡན་ལག་དུས་ལྟུང་བར་འགྱུར་ཞེན་ལྔ་སྟེ། རྟེན་ནི་འདྲ། ཡུལ་ནི་བརྡ་ཤེས་ཤིང་དོན་གོ་བ་ཤེས་པ་རང་བཞིན་དུ་གནས་པའི་མིའི་འགྲོ་བ་ཡོངས་སུ་མ་སྨིན་པའོ། །བསམ་པ་ནི། རྒྱུ་བཞི་སྔོན་དུ་སོང་ནས་གསང་བ་བསྟན་པར་འདོད་པའོ། །ངོ་བོ་ནི་གསང་བ་བསྟན་པ། དུས་སྐབས་ནི། སྣོད་མིན་དེས་རྡོ་རྗེ་ཐེག་པའི་རྫས་སམ། སྤྱོད་པའམ། ཆོས་ནི་དེ་དག་གོ་ཞེས་གོ་བའོ། །གསུམ་པ་ལྟུང་བར་འགྱུར་བའི་རྒྱུ་མཚན་ནི། དཔང་དུས། ཡེ་ཤེས་གང་གི་ཞེས་སམ། དམ་ཚིག་ཉམས་པར་གྱུར་ཏ་རེ། ཞེས་དམ་ལ་བཞག་པས་སོ། །བཞི་པ་མི་འབྱུང་བའི་ཕྱིར་བསླབ་པ་ནི། འཇིགས་སར་ཕྱིན་པའི་དུས་ཀྱི་རང་གི་ལུས་ལ་ནོར་

བྲུ་རིན་པོ་ཆེ་ཡོད་པ་ལྟ་བུའི་འདུ་ཤེས་ཀྱིས་བསླབ་བོ། །ལྷ་བ་ལྷུང་བ་ཕྱིར་བཅོས་པ་འདྲ། དྲུག་པ་ཆེ་འབྲིང་ནི། ཡུལ་མ་སྨིན་ཅིང་མ་དད་པ་ལ་ཆེན་པོ། གང་རུང་ཞིག་ལ་འབྲིང་། ལྷག་མ་འདྲ། ཉེས་པར་བྱེད་པ་ནི། རྡོ་རྗེ་ཐེག་པ་ལ་མ་དད་པ་ཆེ་འབྲིང་གི་ངོས་ནས་བཞག་གོ །ཉེས་མེད་ནི། གསང་བ་བསྒྲགས་པས་ཡུལ་དེ་རྡོ་རྗེ་ཐེག་པ་ལ་དད་ནས། འཇུག་པའི་རྒྱུར་འགྱུར་བར་མངོན་ཤེས་ཀྱིས་ཤེས་ན་ཉེས་པ་མེད་དོ། །གཉིས་པ་ཡན་ལག་གི་དོན་ནི། ཡོངས་སུ་མ་སྨིན་སེམས་ཅན་ལ། །གསང་བ་སྒྲོགས་པ་བདུན་པ་ཡིན། །ཞེས་སོ། །རྩ་བའི་ལྟུང་བ་བརྒྱད་པ་ལ་འདང་། སྤྱིའི་དོན་དང་། ཡན་ལག་གི་དོན་གཉིས། དང་པོ་ལ་དྲུག་ལས། ལྟུང་བའི་ངོ་བོ་ནི། བདག་གི་ལུས་འདི་ནི་སངས་རྒྱས་ཐམས་ཅད་ཀྱི་རང་བཞིན་ཏེ། གསང་བ་འདུས་པ་ལས། མདོར་ན་ཕུང་པོ་ལྔ་རྣམས་ནི། །ཞེས་སོགས་དང་། ཤེས་རབ་རྒྱུད་ལས་ཀྱང་། གཟུགས་ཕུང་རྡོ་རྗེ་མ་ཡིན་ཏེ། །ཞེས་སོགས་གསུངས། དེས་ན་ལུས་རང་བཞིན་གྱི་སངས་རྒྱས་ཡིན་པ་ལ་བླ་མ་དམ་པས་དཀྱིལ་འཁོར་དུ་བཙུགས་ནས་རབ་གནས་བྱས་པའི་ལུས་འདི་ལ་སྨད་པ་སྟེ། བདག་གི་ལུས་འདི་ནི་རང་བཞིན་ངན་པའོ། །མི་གཙང་བའི་རྫས་ཀྱིས་གང་བའོ། །ཞེས་སྨོད་པའོ། །གཉིས་པ་ཡན་ལག་དུས་ལྟུང་བར་འགྱུར་ན་ལྔ་སྟེ། རྟེན་ནི་འདྲ། ཡུལ་ནི་བདག་གི་ལུས་སོ། །བསམ་པ་ནི། རྒྱུ་བཞི་སྔོན་དུ་སོང་ནས་སྨོད་པར་འདོད་པའོ། །ངོ་བོ་ནི་ལུས་ལ་སྨོད་པའོ། །དུས་སྐབས་ནི་ཟིན་པར་བྱས་པའོ། །གསུམ་པ་ལྟུང་བར་འགྱུར་བའི་རྒྱུ་མཚན་ནི། །ཕུང་པོ་ངོ་བོ་ཉིད་ཀྱིས་སངས་རྒྱས་ཡིན་པར་རྒྱུད་དག་ལས་བཤད་པ་དང་། ལྟུང་བ་བསྒྲག་པའི་སྐབས་སུ། བདག་གི་ལུས་ལ་ངེས་མི་སྨད། །ཅེས་གསུངས་སོ༔ །བཞི་པ་མི་འབྱུང་བར་བསླབ་པ་ནི། ལུས་དེ་བཞིན་གཤེགས་པའི་དཀྱིལ་འཁོར་དུ་བསྒོམ་པ་ཉིད་ཡིན་ནོ། །ལྔ་པ་ལྟུང་བ་ཕྱིར་བཅོས་པ་འདྲ་དྲུག་པ་ཆེ་འབྲིང་ནི། ཡུལ་གྱི་སྒོ་ནས་མེད་ལ། ལྷག་མ་འདྲ། ཉེས་པ་མེད་པ་ནི། བདག་གི་ལུས་སངས་རྒྱས་ཡིན་པར་ཐེ་ཚོམ་མེད་པར་བྱས་ལ། སངས་རྒྱས་ལ་མཆོག་ཏུ་དད་པས་གནས་སྐབས་ཀྱི་བསྟུང་བར་གནས་པ་ལ་འཇུག་པ་ལ་སྐྱོན་མེད་དོ། །ལུས་སངས་རྒྱས་སུ་མ་ཤེས་ཏེ་མི་གཙང་བའི་རྫས་དང་ལྡན་པར་བསམས་པས། ཇི་ལྟ་བུའི་བསྙེན་བཀུར་བྱས་ཀྱང་རྩ་བའི་ལྟུང་བ་ཡིན་ནོ། །

གཉིས་པ་ཡན་ལག་གི་དོན་ནི། ཕུང་པོ་སངས་རྒྱས་ལྔ་བདག་ཉིད། །དེ་ལ་སྨོད་པ་བརྒྱད་པ་ཡིན། །ཞེས་སོ། །རྩ་བའི་ལྟུང་བ་དགུ་པ་ལ་འདང་། སྤྱིའི་དོན་དང་། ཡན་ལག་གི་དོན་གཉིས། དང་པོ་ལ་དྲུག་ལས། ལྟུང་བའི་ངོ་བོ་ནི། ཆོས་ཐམས་ཅད་ངོ་བོ་ཉིད་མེད་པ་དེ་བཞིན་ཉིད་ཀྱི་དག་པ་དང་། ཕུང་པོ་ལྔ་རྒྱལ་བ་ལྔའི་རང་བཞིན་ནི་ལྟ་སོ་སོའི་དག་པ་སྟེ། རང་བཞིན་གྱིས་དག་པ་གཉིས་ལ་ཡིན་ནམ་མ་ཡིན་ནམ་སྙམ་པའི་ཐེ་ཚོམ་ཟ་བའང་རྩ་བའི་ལྟུང་བར་འགྱུར་ན། རང་བཞིན་གྱིས་མ་དག་པར་འཛིན་པ་ལྟ་སྨོས་ཀྱང་ཅི་དགོས་ཏེ་ལྟུང་བའི་

ངོ་བོའོ། །གཉིས་པ་ཡན་ལག་དུས་ལྟུང་བར་འགྱུར་ན་ལྔ་སྟེ། རྟེན་ནི་འདྲ། ཡུལ་ནི་རང་བཞིན་གྱིས་དག་པའི་ཆོས་དེ་བཞིན་ཉིད། ལྷ་སོ་སོའི་དག་པའོ། །བསམ་པ་ནི། རྒྱུ་བཞི་སྔོན་དུ་སོང་བས་ཐེ་ཚོམ་ཟ་བར་སེམས་པའོ། །ངོ་བོ་ནི། ཐེ་ཚོམ་ཟོས་པའམ་ལོག་པར་བསམ་པའོ། །དུས་སྐབས་ནི་ཞིན་པར་བྱས་པའོ། །གསུམ་པ་ལྟུང་བར་འགྱུར་བའི་རྒྱུ་མཚན་ནི། ལྟུང་བ་བསྡུག་པར། ཆོས་ཉིད་ཚད་ནི་ངེས་མི་བཟུང་། །ཞེས་ཁས་བླངས་པས་སོ། །བཞི་པ་མི་འབྱུང་བར་བསླབ་པ་ནི། ཆོས་ཐམས་ཅད་སྒྱུ་མ་ལྟ་བུ་དང་། སྣང་བ་ཐམས་ཅད་ལྷའི་རང་བཞིན་དུ་བསླབ་པར་བྱའོ། །ལྔ་པ་ལྟུང་བ་ཕྱིར་བཅོས་པ་འདྲ། དྲུག་པ་ཆེ་འབྲིང་འདྲ། ཉེས་མེད་ནི་མེད་དོ། །གཉིས་པ་ཡན་ལག་གི་དོན་ནི། རང་བཞིན་དག་པའི་ཆོས་རྣམས་ལ། །སོམ་ཉི་ཟ་བ་དགུ་པ་ཡིན། །ཞེས་གསུངས་སོ། །རྩ་བའི་ལྟུང་བ་བཅུ་པ་ལ་ཡང་། སྤྱིའི་དོན་དང་། ཡན་ལག་གི་དོན་གཉིས། དང་པོ་ལ་དྲུག་ལས། ལྟུང་བའི་ངོ་བོ་ནི། ཡུལ་གདུག་པ་ཅན་ལ་བྱམས་པ་སྟེ། གདུག་པ་ནི། བདག་གམ་ཡུལ་དེ་རང་གི་བླ་མ་དང་། སངས་རྒྱས་ཀྱི་བསྟན་པ་ལ་གནོད་པ་བྱེད་པའམ། སེམས་ཅན་དུ་མ་ལ་འཚེ་བ་དང་། ཆོས་མིན་ལ་ཆེར་འཇུག་པའོ། །དེ་ལ་བྱམས་པ་ནི། འདི་ནི་བདག་གི་མཛའ་བོ་ཞེས་ལུས་ངག་གི་སྒྲོར་བས་བྱམས་པ་དང་། བདག་ལ་བསྒྲལ་ནུས་ཡོད་བཞིན་མི་སྒྲོལ་བ་དང་། གཞན་ནུས་ལྡན་ལ་གསོལ་བ་མི་འདེབས་པའོ། །གཉིས་པ་ཡན་ལག་དུས་ལྟུང་བར་འགྱུར་ན་ལྔ་སྟེ། རྟེན་ནི་འདྲ། ཡུལ་ནི་གདུག་པ་ཅན་ནོ། །བསམ་པ་རྒྱུ་བཞི་སྔོན་དུ་སོང་ནས་བྱམས་པར་འདོད་པའོ། །ངོ་བོ་ནི་གདུག་པ་ཅན་ལ་བྱམས་པའོ། །དུས་སྐབས་ནི། ཡུལ་དེ་དང་སེམས་ཅན་གཞན་གྱིས་ཀྱང་བྱམས་པར་གོ་བའོ། །གསུམ་པ་ལྟུང་བར་འགྱུར་བའི་རྒྱུ་མཚན་ནི། བསྡུག་པར། སྐལ་མེད་དེ་ཉིད་གཏམ་མི་བྱ། །ཞེས་སོགས་གསུངས། བཞི་པ་མི་འབྱུང་བར་བསླབ་པ་ནི། བུ་གཅིག་པ་ལོག་པའི་ལམ་ལ་ཞུགས་པ་ལྟ་བུའི་འདུ་ཤེས་ཀྱིས་བསླབ་བོ། །ལྔ་པ་ལྟུང་བ་ཕྱིར་བཅོས་འདྲ། དྲུག་པ་ཆེ་འབྲིང་ནི། ཡུལ་ཆེ་ན་ཆེ། འབྲིང་ན་འབྲིང་། ཆུང་ན་ཆུང་ངོའོ། །ལྷག་མ་གསུམ་འདྲ། ཉེས་པར་བྱེད་པའི་ནི། བདག་ལ་སྡུག་བསྔལ་ཆེ་འབྲིང་གསུམ་དང་། གཞན་མ་དད་པ་ཆེ་འབྲིང་། གདུག་པ་ལས་ལྡོག་མི་ལྡོག་ཆེ་འབྲིང་གསུམ་བརྟག་པར་བྱའོ། །ཉེས་མེད་ནི། ཡུལ་དེ་གདུག་པ་ལས་ལྡོག་པའི་བསམ་པས་བྱམས་པར་སྟོན་པ་ལ་ཉེས་པ་མེད་དོ། །གཉིས་པ་ཡན་ལག་གི་དོན་ནི། གདུག་ལ་རྟག་ཏུ་བྱམས་ལྡན་པར། །བྱེད་པ་དེ་ནི་བཅུ་པར་འདོད། །ཅེས་སོ། །རྩ་བའི་ལྟུང་བ་བཅུ་གཅིག་པ་ལ་འང་། སྤྱིའི་དོན་དང་། ཡན་ལག་གི་དོན་གཉིས། དང་པོ་ལ་དྲུག་ལས། ལྟུང་བའི་ངོ་བོ་ནི། ཆོས་ཐམས་ཅད་མིང་དང་བྲལ་བ་ཡིན་པ་ལས། འདི་ནི་མིང་དང་བྲལ་བ་ཡིན་ནོ་ཞེས་འཛིན་པའོ། །

གཉིས་པ་ཡན་ལག་དུས་ལྟུང་བར་འགྱུར་ན་ལྔ་སྟེ། རྟེན་ནི་འདྲ། ཡུལ་ནི་མིང་དང་བྲལ་བའི་ཆོས

རྣམས་སོ། །བསམ་པ། རྒྱུ་བཞིས་མིང་དུ་རྟོག་པར་འདོད་པའོ། །ངོ་བོ་ནི་མིང་དུ་རྟོག་པའོ། །དུས་སྐབས་ནི་ཟིན་པར་བྱས་པའོ། །གསུམ་པ་རྒྱུ་མཚན་ནི། བསྒྲག་པའི་སྐབས་སུ། བྱང་ཆུབ་སེམས་གང་དེ་རྡོ་རྗེ། །ཞེས་སོགས་དང་། ཆོས་རྣམས་གཟུགས་བརྙན་ལྟ་བུ་སྟེ། །ཞེས་སོགས་དང་། ཆོས་ཉིད་ཚད་ནི་ངེས་མི་བཟུང་། །ཞེས་ཁས་བླངས་པས་སོ། །བཞི་པ་མི་འབྱུང་བར་བསླབ་པ་ནི། ཆོས་ཐམས་ཅད་མིང་དང་བྲལ་བ་ཡིན་མོད། ཀུན་རྫོབ་ཏུ་ཆོས་ཐམས་ཅད་རྨི་ལམ་ལྟ་བུ་དང་། སྒྱུ་མ་ལྟ་བུ་ལ་བློ་སྦྱང་བར་བྱའོ། །ལྔ་པ་ལྟུང་བ་ཕྱིར་བཅོས་འདྲ། དྲུག་པ་ཆེ་འབྲིང་ནི། ཡུལ་གྱི་སྒོ་ནས་མེད་ལ། ལྷག་མ་གསུམ་འདྲ། ཉེས་པར་བྱེད་པ་ནི། བདག་ཉིད་བདག་ཏུ་འཛིན་པ་ཆེ་འབྲིང་གི་ངོས་ནས་བཞག་གོ །གཉིས་པ་ཡན་ལག་གི་དོན་ནི། མིང་སོགས་བྲལ་བའི་ཆོས་རྣམས་ལ། །དེར་རྟོག་པ་ནི་བཅུ་གཅིག་པ། །ཞེས་གསུངས་སོ། །

རྩ་བའི་ལྟུང་བ་བཅུ་གཉིས་པ་ལའང་སྤྱིའི་དོན་དང་། ཡན་ལག་གི་དོན་གཉིས། དང་པོ་ལ་དྲུག་ལས། ལྟུང་བའི་ངོ་བོ་ནི། དད་པ་ཅན་གྱི་སེམས་སུན་འབྱིན་པ་སྟེ། དང་བ་དང་། འདོད་པ་དང་། ཡིད་ཆེས་པའི་དད་པས། སངས་རྒྱས་དང་ཆོས་དང་། དགེ་འདུན་གསུམ་ལ་དད་པའི་གང་ཟག་དེའི་བློ་ལུས་ངག་གིས་སུན་ཕྱུང་སྟེ་མ་དད་ཅིང་སྐྱོ་བར་བྱས་པའོ། །གཉིས་པ་ཡན་ལག་དུས་ལྟུང་བར་འགྱུར་ན་ལྔ་སྟེ། རྟེན་ནི་འདྲ། ཡུལ་ནི་དད་པ་ཅན་གྱི་སེམས་ཅན་ནོ། །བསམ་པ་ནི་རྒྱུ་བཞིའོ། །ངོ་བོ་ནི། ལུས་ངག་གི་སྒོ་ནས་སུན་ཕྱུང་བའོ། །དུས་སྐབས་ནི། ཕ་རོལ་པོ་སུན་འབྱིན་པར་བྱས་པའོ། །བདག་གིས་སུན་དབྱུང་ཡང་། ཕ་རོལ་པོ་མ་སུན་པ་ནི་བཤགས་བྱའོ། །གསུམ་པ་རྒྱུ་མཚན་ནི། བསྒྲག་པར། སྐལ་ལྡན་སེམས་ཅན་སྤང་མི་བྱ། །ཞེས་སོ། །བཞི་པ་མི་འབྱུང་བར་བསླབ་པ་ནི། །བུ་གཅིག་པ་ལེགས་པའི་ལམ་ལ་བཀྲི་བའི་ཕྱིར་རྗེས་སུ་སློབ་པའི་བསམ་པ་ལྟ་བུས་བསླབ་པར་བྱའོ། །ལྔ་པ་ལྟུང་བ་ཕྱིར་བཅོས་འདྲ། དྲུག་པ་ཆེ་འབྲིང་ནི། སངས་རྒྱས་དང་། རྡོ་རྗེ་ཐེག་པ། ཐེག་པ་ཆེན་པོ་ལ་དད་པ་བཟློག་ན་ཆེན་པོ། རང་སངས་རྒྱས་ལ་འབྲིང་། ཉན་ཐོས་ལ་ཆུང་ངུ། དེ་དག་འཛིན་པའི་གང་ཟག་ལའང་རིམ་པ་བཞིན་ཆེ་འབྲིང་ཡོད་དོ། །གཞན་འདྲ། ཉེས་པར་བྱེད་པའི་ནི། ཕ་རོལ་གྱི་དད་པ་བཟློག་པ་དུས་ཡུན་རིང་ཐུང་། གང་ཟག་གྲངས་མང་ཉུང་གི་ཆེ་འབྲིང་རྩེའོ། །ཉེས་མེད་ནི། སུན་འབྱིན་པའི་བསམ་པ་མེད་ཅིང་། ཆོས་དང་མི་མཐུན་པའི་ལུས་ངག་མ་སྦྱར་ཀྱང་ཕ་རོལ་པོ་དད་པ་ལོག་ན་ཉེས་མེད་དོ། །གཉིས་པ་ཡན་ལག་གི་དོན་ནི། སེམས་ཅན་དད་དང་ལྡན་པ་ཡི། །སེམས་སུན་འབྱིན་པ་བཅུ་གཉིས་པ། །ཞེས་གསུངས་སོ། །རྩ་བའི་ལྟུང་བ་བཅུ་གསུམ་པ་ལའང་། སྤྱིའི་དོན་དང་། ཡན་ལག་གི་དོན་གཉིས། དང་པོ་ལ་དྲུག་ལས། ལྟུང་བའི་ངོ་བོ་ནི། ཚོགས་ཀྱི་འཁོར་ལོའི་དུས་སུ། ཤ་ཆེན་སོགས་དམ་ཚིག་གི་རྫས་དང་ཕྲད་པའི་ཚེ།

སྐྱུག་བྲོ་བའམ། མི་གཙང་བ་སོགས་ཀྱི་བསམ་པས་སྐྱངས་སམ། ཡང་རབ་བྱུང་ལྷུང་བ་བྱུང་དུ་དོགས་པས་མི་བསྟེན་པའོ། །ཁ་ཅིག་ཚུལ་འཆོས་པས་མི་བསྟེན་པ་མཐོང་སྟེ་དེ་ནི་ཆེས་སྨད་པར་བྱ་བའི་གནས་སོ། །གཉིས་པ་ཡན་ལག་དུས་ལྟུང་བར་འགྱུར་ན་ལྔ་སྟེ། རྟེན་ནི་འདྲ། ཡུལ་ནི་དམ་ཚིག་གི་རྫས་སོ། །བསམ་པ། རྒྱུ་བཞིས། དམ་ཚིག་གི་རྫས་བསྟེན་པར་མི་འདོད་པའོ། །ངོ་བོ་ནི། དམ་ཚིག་གི་རྫས་མི་བསྟེན་ཅིང་སྤོང་བ་ཉིད་དོ། །དུས་སྐབས་ཟིན་པར་བྱས་པའོ། །གསུམ་པ་རྒྱུ་མཚན་ནི། ལྟུང་བ་བསྒྲག་པར། དམ་ཚིག་རྟག་ཏུ་སྐྱོང་བར་བྱ། །ཞེས་སོགས་ཁས་བསླངས་པས་སོ། །

བཞི་པ་མི་འབྱུང་བར་བསླབ་པ་ནི། ནད་འཚོ་བར་བྱེད་པ་ལ་སྨན་གྱི་འདུ་ཤེས་ལྟ་བུ་བསྒོམ་པའོ། །ལྔ་པ་ལྟུང་བ་ཕྱིར་བཅོས་འདྲ། ཉྫུག་པ་ཆེ་འབྲིང་ནི། ཡུལ་དང་ངོ་བོ་ལ་མེད། གཞན་འདྲ། ཉེས་པར་བྱེད་པ་ནི། དམ་ཚིག་རྫས་རྣམས་མ་བསྟེན་ན་ནང་གི་ཊཱ་ཀི་རྣམས་མི་མཉེས་པའི་ཕྱིར་དེས་བདག་གི་ལུས་ལ་གནོད་པ་ཆེ་འབྲིང་གི་སྒོ་ནས་བཞག་གོ། །ཉེས་མེད་ནི་ནད་ཀྱིས་གཟིར་བ་དག །དམ་ཚིག་གི་རྫས་བསྟེན་ན་གནོད་པར་མཐོང་ནས་སྲོག་བསྲུང་བའི་ཕྱིར་རེག་པ་ཙམ་ལས་མི་བསྟེན་ན་ཉེས་པ་མེད་དོ། །མི་གཙང་བའི་བསམ་པས་རེག་པ་ཙམ་ལས་མི་བྱེད་ན་ལྟུང་བ་ཡིན་ནོ། །གཉིས་པ་ཡན་ལག་གི་དོན་ནི། དམ་ཚིག་རྫས་ནི་ཇི་བཞིན་རྙེད། །མི་བསྟེན་པ་ནི་བཅུ་གསུམ་པ། །ཞེས་སོ། །རྩ་བའི་ལྟུང་བ་བཅུ་བཞི་པ་ལའང་། སྤྱིའི་དོན་དང་། ཡན་ལག་གི་དོན་གཉིས། དང་པོ་ལ་དྲུག་ལས་ལྟུང་བའི་ངོ་བོ་ནི། ཤེས་རབ་ཀྱི་ངོ་བོ་བུད་མེད་ལ་རྟེན་གྱི་ངོས་ནས་སྨོད་པ་སྟེ། བུད་མེད་འདི་ནི་སྐྱེས་པ་བས་ཆེས་དམན་པ། མི་གཙང་བ་མཐའ་དག་གི་སྣོད་དུ་གྱུར་པ་སྟེ་འདི་ལ་སྐྱེས་པའི་ལུས་ཀྱང་དཀོན་ན། བྱང་ཆུབ་ལྟ་ག་ལ་ཞིག་ཅེས་བྱ་བ་ལ་སོགས་པའི་ཚུལ་གྱིས་བུད་མེད་ཀྱི་རྟེན་གྱི་ངོས་ནས་བཀར་ཏེ་སྨོད་པའོ། །གཉིས་པ་ཡན་ལག་དུས་ལྟུང་བར་འགྱུར་ཞེ་ན་ལྔ་སྟེ། རྟེན་ནི་འདྲ། ཡུལ་ནི་བུད་མེད་མཐའ་དག་གོ། །བསམ་པ་ནི། རྒྱུ་བཞི་སྔོན་དུ་སོང་ནས་སྨོད་པར་འདོད་པའོ། །ངོ་བོ་ནི། སྐྱེས་པ་ལས་བཀར་ཏེ་བུད་མེད་ཀྱི་རྟེན་ལ་ཆེར་སྨོད་པའོ། །དུས་སྐབས་ནི། སྨོད་པ་ཉིད་དུ་གོ་བའོ། །གསུམ་པ་རྒྱུ་མཚན་ནི། ལྟུང་བ་བསྒྲག་པའི་སྐབས་སུ། བུད་མེད་སྨད་པར་མི་བྱ་ཞིང་། །ཞེས་ཁས་བླངས་པས་སོ། །བཞི་པ་མི་འབྱུང་བའི་ཕྱིར་བསླབ་པ་ནི། དོན་ཤེས་རབ་ཀྱི་ཕ་རོལ་ཏུ་ཕྱིན་པ་ནི་བདག་མེད་པ་ཡིན་ལ། རྟགས་ཤེར་ཕྱིན་ནི་བུད་མེད་ཀྱི་རྣམ་པ་ཡིན་ནོ་སྙམ་དུ་བསླབ་པར་བྱའོ། །ལྔ་པ་ལྟུང་བ་ཕྱིར་བཅོས་འདྲ། ཉྫུག་པ་ཆེ་འབྲིང་ནི། ཡུལ་རང་གི་ཤེས་རབ་མ་ལ་སྨད་ན་ཆེན་པོ། རིགས་དང་རྗེས་སུ་མཐུན་པ་ལ་འབྲིང་། བུད་མེད་གཞན་ལ་སྨོད་པ་ནི་ཆུང་ངུའོ། །གཞན་འདྲ། ཉེས་པར་བྱེད་པ་ནི། ཡུལ་བུད་མེད་དེ་ལ་གནོད་པ་ཆེ་འབྲིང་ལ་བཞག་པར་བྱའོ། །ཉེས་

མེད་དེ། བདག་གིས་མ་སྨད་ཀྱང་ཡུལ་གྱིས་གོ་བ་ལ་ཉེས་པ་མེད་དོ། །གཉིས་པ་ཡན་ལག་གི་དོན་ནི། ཤེས་རབ་རང་བཞིན་བུད་མེད་ལ། །སྨོད་པར་བྱེད་པ་བཅུ་བཞི་པ། །ཞེས་གསུངས་སོ། །གཉིས་པ་བསྲུངས་པའི་ཕན་ཡོན་ནི། སྔགས་པས་འདི་དག་སྲུངས་ན་ནི། །དངོས་གྲུབ་ངེས་པར་ཐོབ་པར་འགྱུར། །ཞེས་གསུངས་ཏེ། སྔགས་ནི་མཚན་མ་དང་རྣམ་རྟོག་ལས་ཡིད་སྐྱོབ་པའམ། ཐབས་དང་ཤེས་རབ་ཟུང་དུ་འབྲེལ་བ་སྟེ་མནྟྲ་ཞེས་པའི་དོན་ཏོ། །འདི་དག་ཞེས་བྱ་བ་ནི་རྩ་ལྟུང་བཅུ་བཞིའོ། །སྲུངས་ན་ནི། ཞེས་པ་མ་ཉམས་པར་བསྲུངས་ནའོ། ། དངོས་གྲུབ་ངེས་པར་ཐོབ་པར་འགྱུར་ནི། སྨིན་མེད་པའི་བླ་མ་ལས་དབང་ཐོབ་ནས་རྩ་བ་དང་ཡན་ལག་གི་དམ་ཚིག་མ་ཉམས་ན། ལམ་གཞན་མི་དགོས་པར་ངེས་པར་སངས་རྒྱས་འགྲུབ་སྟེ། དམ་ཚིག་ལྔ་པ་ལས། གལ་ཏེ་ལྟུང་བ་མེད་གྱུར་ན། །སྐྱེ་བ་བཅུ་དྲུག་དག་ན་འགྲུབ། །ཅེས་གསུངས་སོ། །གསུམ་པ་མ་བསྲུངས་པའི་ཉེས་དམིགས་ནི། གཞན་དུ་དམ་ཚིག་ལས་ཉམས་ན། །ཉམས་པ་བདུད་ཀྱིས་བཟུང་བར་འགྱུར། །དེ་ནས་སྡུག་བསྔལ་མྱོང་འགྱུར་ཏེ། །ཐུར་དུ་བལྟས་ཏེ་དམྱལ་བར་འགྲོ། །ཞེས་གསུངས་ཏེ། གཞན་དུ་ནི་དམ་ཚིག་མ་བསྲུངས་ནའོ། །དམ་ཚིག་ལས་ཉམས་ན་ནི། བཅུ་བཞི་པོ་མཐའ་དག་གམ། གཅིག་བྱུང་ཡང་ཉམས་པ་སྟེ་དཔེར་ན་ཕྱོགས་བཞི་ནས་དུག་སྦྲུལ་བཞི་ཞིག་བྱུང་བར་གྱུར་ལ། དེ་ལ་བརྟོན་འགྲུས་དང་བརྟན་པས་གསུམ་བསད་ཀྱང་བཞི་པས་ཀྱང་བདག་ཉམས་པར་བྱེད་པ་བཞིན་ནོ། །ཉམས་པ་བདུད་ཀྱིས་བཟུང་བར་འགྱུར་ནི། དེ་ཉམས་ན་བདུད་བཞིས་འཚེ་བ་སྟེ། ཐོག་མར་ཉོན་མོངས་པའི་བདུད་མི་དགེ་བའི་བསམ་པ་འབྱུང་ལ། ལྷའི་བུའི་བདུད་ཀྱིས་མི་མཐུན་ཕྱོགས་སྣ་ཚོགས་བྱས་ནས། འཆི་བདག་གིས་བསད་དེ། ཕུང་པོའི་བདུད་ཀྱིས་འཁོར་བར་ཉིང་མཚམས་སྦྱོར་རོ། །དེ་ནས་སྡུག་བསྔལ་མྱོང་འགྱུར་ནི། ཚེ་འདི་དང་ཕ་རོལ་གྱི་སྡུག་བསྔལ་ལོ། ། ཐུར་དུ་བལྟས་ཏེ་དམྱལ་བར་འགྲོ་ནི། ཉེས་པ་ཆེས་ཆེ་བ་སྤྱད་ན་ལུས་དེ་ཉིད་འབར་བཞིན་མནར་མེད་པའི་སེམས་ཅན་དམྱལ་བར་ལྟུང་ངོ་། །བཞི་པ་མི་འབྱུང་བར་བྱ་བའི་ཕྱིར་བསླབ་པ་ནི། དེ་བས་ང་རྒྱལ་བཅོམ་ནས་ནི༔ །བདག་ཉིད་མ་འཁྲུལ་ཤེས་པར་བྱ། །ཞེས་གསུངས་ཏེ། དེ་བས་ནི། གོང་གི་ཉེས་པ་དག་དྲན་པར་བྱས་ལ་བསྲུང་བའོ། །ང་རྒྱལ་བཅོམ་བྱས་ལ་ཞེས་པ་ནི། ལྟུང་བ་ཐམས་ཅད་ང་རྒྱལ་ལས་འབྱུང་བས། རིགས་གཟུགས་ལ་སོགས་པའི་ང་རྒྱལ་དོར་ལ་ཞི་ཞིང་དུལ་བ་དག་གིས་བསླབ་པར་བྱའོ། །བདག་ཉིད་མ་འཁྲུལ་བ་ནི། བག་ཡོད་པ་དང་། དྲན་པ་དང་ཤེས་བཞིན་གྱིས་ཟིན་པ་དང་། ཁྲེལ་ཡོད་པ་དང་། ངོ་ཚ་ཤེས་པས་བསྐྱང་བའོ། །

ལྟ་བ་ལྟུང་བ་ཕྱིར་བཅོས་པའི་ཐབས་ལ་གཉིས། ལྟུང་བ་ལས་ལྡང་བ་དང་། དམ་ཚིག་དང་སྡོམ་པ་ཡང་དག་པར་བླང་བའོ། །དང་པོ་ནི། མཉམ་པར་བཞག་པས་བླ་མ་ལ། །ཅི་འབྱོར་པ་ཡིས་མཆོད་བྱས་ལ། །ཞེས་

གསུངས་ཏེ། མཉམ་པར་བཞག་པ་ནི་དྲན་པ་དང་ཤེས་བཞིན་གྱིས་ཟིན་པའོ། །བླ་མ་ལ་ནི། རྡོ་རྗེ་ཐེག་པའི་སྨིན་ལམ་སྟོན་པ་སྟེ། །སཾ་པུ་ཊི་ལས། བླ་མ་ནི་སྔགས་དང་རྒྱུད་དང་མན་ངག་ཅན་ནོ། །ཞེས་གསུངས། ཅི་འབྱོར་པ་ཡིས་མཆོད་བྱས་ཏེ། །ཞེས་པ་ནི། ཚོགས་ཀྱི་འཁོར་ལོ་བྱས། རྟོག་པ་ཐམས་ཅད་གཏང་ལ། སྟོབས་བཞིའི་སྒོ་ནས་སྡིག་པ་བཤགས་པའོ། །གཉིས་པ་ནི། གསུམ་ལ་སྐྱབས་འགྲོ་ནས་བརྩམས་ཏེ། །བྱང་ཆུབ་སེམས་སོགས་སྡོམ་པ་ནི། །གལ་ཏེ་བདག་ལ་ཕན་འདོད་ན། །སྔགས་པས་འབད་དེ་བཟུང་བར་བྱ། །ཞེས་གསུངས་ཏེ། སྔར་ཡང་སྡོམ་པ་གསོ་བ་ནི་གཅིག་ཅར་བ་ནི་བླ་མ་ལ་དབང་བླངས་ནས་གསོ་བ་ཡིན་ལ། རིམ་གྱིས་པ་ནི་ངེས་པར་རང་རང་གི་ཆོག་ལ་བརྟེན་ནས། ཐུན་མོང་གི་སྐྱབས་འགྲོ་ནས་བཟུང་ནས། བླ་མ་ལ་དབང་བླང་བའི་བར་གྱིས་གསོ་བ་ཡིན་ཏེ། རྗེ་བཙུན་ཆེན་པོས། རྒྱ་བའི་ལྟུང་བ་བྱུང་ན་སྔར་སྡོམ་པ་བླང་དགོས་ལ། དེ་ཡང་ཐུན་མོང་གི་སྐྱབས་འགྲོ་དང་རང་གང་ལ་གནས་པའི་སོ་ཐར་བླང་ངོ་། །བྱང་ཆུབ་སེམས་ནི། དེའི་རྗེས་ལ་ཐུན་མོང་མ་ཡིན་པའི་སྐྱབས་སུ་འགྲོ་བ་དང་། སྨོན་འཇུག་གི་བདག་ཉིད་ཅན་གྱི་བྱང་ཆུབ་ཀྱི་སེམས་བསྐྱེད་པར་བྱ་སྟེ། དེ་ནི་གང་དུ་བླངས་ཀྱང་རུང་། མ་བླངས་ཀྱང་དབང་གི་སྔ་གོན་གྱི་སྐབས་སུ་འབྱུང་བ་ཡིན་ནོ། །སོགས་སྡོམ་པ་ནི། དཀྱིལ་འཁོར་དུ་འཇུག་པ་སྔོན་དུ་འགྲོ་བས་དབང་རྣམས་རྫོགས་པར་བླང་ཞིང་དམ་ཚིག་དང་སྡོམ་པ་མཐའ་དག་ནོད་པར་བྱའོ། །ཞེས་གསུངས་པའི་ཕྱིར་རོ། །གལ་ཏེ་བདག་ལ་ཕན་འདོད་ན་ནི། མཆོག་ཐུན་མོང་གི་དངོས་གྲུབ་འདོད་པས་དབང་བླང་བ་ལ་ཕན་པར་འདོད་ཞེས་སྦྱར་རོ། །སྔགས་པས་འབད་དེ་བཟུང་བ་ནི། བརྩོན་འགྲུས་དང་བསྟུན་པ་བསྐྱེད་ནས་ཉེས་པར་མི་འབྱུང་བར་བྱ། བྱུང་ནའང་མྱུར་དུ་བཅོས་པ་ཉིད་དོ། །རྡོ་རྗེ་ཐེག་པའི་རྩ་བའི་ལྟུང་བ་རྫོགས་སོ། །གཉིས་པ་ཡན་ལག་གི་ཉེས་པ་ལ་གཉིས། མདོར་བསྟན་པ་དང་། རྒྱས་པར་བཤད་པའོ། །དང་པོ་ནི། ཡན་ལག་དམ་ཚིག་ཅེས་བྱ་བ་ཞེས་ཏེ། རྩ་བའི་ལྟུང་བའི་ཕྱོགས་སུ་རྟོགས་པ། ངོ་བོ་ཉིད་ལ་སོགས་པའི་ཡན་ལག་རྣམས་ཅི་རིགས་པར་མཚང་བའོ། །རྒྱས་པར་བཤད་པ་ལ་བཞི། ངོ་བོ་རྒྱས་པར་བཤད་པ་དང་། ཡན་ལག་གི་མིང་དོན་དང་། མ་བསྲུངས་པའི་ཉེས་པ་དང་། བཤགས་པའི་དུས་བསྟན་པའོ། །དང་པོ་ལ་དྲུག །ཉེས་པའི་ངོ་བོ་དང་། ཡན་ལག་དུས་ཉེས་པར་འགྱུར་བ་དང་། ཉེས་པར་འགྱུར་བའི་རྒྱུ་མཚན་དང་། མི་འབྱུང་བར་བྱ་བའི་ཕྱིར་བསླབ་པ་དང་། ཉེས་པ་མེད་པའི་སྐབས་དང་། བྱུང་བ་ཕྱིར་བཅོས་པའི་ཐབས་བསྟན་པའོ། །དང་པོ་ལ་བརྒྱད་ལས། དང་པོ་ནི། དམ་ཚིག་དང་ནི་མི་ལྡན་པའི། །རིག་མ་བསྟེན་པར་དགའ་བ་དང་། །ཞེས་ཏེ། དབང་མ་ཐོབ་པའམ། ཐོབ་ཀྱང་ཉམས་པའི་རིག་མ་ཕྱག་རྒྱར་ཡིད་ཀྱིས་བསྟེན་པར་དགའ་བ་ཉེས་བྱས་སོ། །འདི་ལ་ཡན་ལག་ལྔ། རྟེན་ནི་དམ་ཚིག་དང་

ལྡན་ཞིང་ཤེས་པ་རང་བཞིན་དུ་གནས་པ་སྟེ། འོག་མ་རྣམས་ལའང་འགྲེ། ཡུལ་དམ་ཚིག་དང་མི་ལྡན་པའི་རིག་མ། བསམ་པ་ནི། རྒྱུ་བཞི་སྔོན་དུ་སོང་ནས་དམ་ཚིག་དང་མི་ལྡན་པར་འདུ་ཤེས་པ་ཉིད་དོ། །ངོ་བོ་བསྟེན་པར་འདོད་པ། དུས་སྐབས་དམ་བཅས་པ། ཕྱག་རྒྱ་དམ་ཚིག་དང་མི་ལྡན་པ་དངོས་སུ་བསྟེན་ན་ཕྲ་ལྟུང་བདུན་པར་འགྱུར་རོ། །མཚན་ཉིད་དང་ལྡན་པའི་ཕྱག་རྒྱ་དབང་ཐོབ་པའི་ཚེ་ཕྱག་རྒྱ་བྱའོ་སྙམ་པ་ལ་ཉེས་པ་མེད་དོ། །གཉིས་པ་ནི། ཚོགས་ཀྱི་འཁོར་ལོར་རྩོད་པ་དང་། ཞེས་པ་ནི། ཚོགས་འཁོར་དུས་ཁྲོ་སེམས་མེད་ཀྱང་ཁ་ཤགས་དུ་མ་འགྱེད་པའོ། །འདི་ལའང་ཡན་ལག་ལྔ། རྟེན་ནི་འདྲ། ཡུལ་བླ་མ་དང་རྡོ་རྗེ་སྤུན་ནོ། །བསམ་པ་ཁ་སྡོབས་འགྱེད་པར་འདོད་པ། ངོ་བོ་ནི་ཁ་ཤགས་ཉིད་དང་། དུས་སྐབས་ཟིན་པར་བྱས་པའོ། །བརྟས་པ་དང་ཁྲོ་སེམས་ཡོད་ན་ཕྲ་ལྟུང་དང་པོ་དང་། གསུམ་པར་འགྱུར་རོ། །བླ་མས་རྗེས་སུ་གནང་ནས་མི་གཉིས་སམ་གསུམ་ལྷའི་ང་རྒྱལ་དང་ལྡན་པས་དཀྱིལ་འཁོར་མཆོད་པའི་ཕྱིར་བྲོ་གར་སོགས་ལ་ཉེས་པ་མེད་དོ། །གསུམ་པ་ནི། གསང་བའི་ཆོས་ནི་སྣོད་པ་དང་། །ཞེས་པ་ནི། ཚོགས་ཀྱི་འཁོར་ལོ་མ་ཡིན་པའི་དུས་གཞན་དུ་དམ་ཚིག་ཐོབ་པ་རྣམས་ལའང་། གསང་བའི་སྐད་བ་ལ་ཞེས་སོགས་ཀྱི་མིང་གི་སྟོན་པའོ། །དེ་ལའང་ཡན་ལག་ལྔ། རྟེན་ནི་འདྲ། ཡུལ་ནི་ཚོགས་འཁོར་མ་ཡིན་པའི་དུས་ཀྱི་དབང་ཐོབ་པ་རྣམས་སོ། །བསམ་པ་ནི། བརྡའི་སྐད་སྟོན་པར་འདོད་པ། ངོ་བོ་ནི་བརྡའི་སྐད་ཀྱིས་སྨྲས་པ། དུས་སྐབས་གོ་བའོ། །དམ་ཚིག་དང་མི་ལྡན་པ་ལ་སྨྲས་ན་ཕྲ་ལྟུང་བདུན་པའོ། །མིང་དང་མིང་ཅན་བརྡ་སྤྲོད་དུས་ཉེས་པ་མེད་དོ། །བཞི་པ་ནི། སེམས་ཅན་དད་དང་ལྡན་པ་ལ། །དམ་ཆོས་གཞན་དུ་སྟོན་པ་དང་། །ཞེས་པ་ནི། དབང་ཐོབ་ཅིང་སྣོད་དུ་གྱུར་པའི་རྗོགས་རིམ་ལ་དད་པ་ལ་བསྐྱེད་རིམ་བསྟན་ནས། དེའང་བདག་འདོད་པ་འདི་མ་ཡིན་སྙམ་དུ་སེམས་ཤིང་དད་པ་མ་ལོག་པའོ། །འདི་ལའང་ཡན་ལག་ལྔ། རྟེན་ནི་འདྲ། དེ་འདོད་པའི་ཆོས་ཤེས་པ། གཞན་འདྲ། ཡུལ་ནི་དབང་ཐོབ་ཅིང་གང་ལ་དད་པའི་སྣོད་དུ་གྱུར་པ། བསམ་པ་ནི། རྒྱུ་བཞིས་དེ་དང་འཚམ་པ་མི་སྟོན་པར་འདོད་པ། ངོ་བོ་ནི་སྣོད་དང་རྗེས་སུ་མཐུན་པར་ཆོས་མི་སྟོན་པའོ། །དུས་སྐབས་ནི། དེའི་ཆོས་ཀྱིས་ཡིད་མ་ཆེས་པའོ། །དེ་དད་པ་ལོག་ན་ཕྲ་བའི་ལྟུང་བ་བཅུ་གཉིས་པར་འགྱུར་རོ། །ཡུལ་དེ་ཟབ་མོའི་སྣོད་དུ་མ་གྱུར་ན་ཉེས་པ་མེད་དོ། །ལྔ་པ་ནི། ཉན་ཐོས་དག་ཏུམ་བྱེད་པའི། །ནང་དུ་ཞག་བདུན་གནས་པ་དང་། །ཞེས་ཏེ། ཉན་ཐོས་ནི། རང་གི་ལྟ་བ་དང་བརྟུལ་ཞུགས་མཆོག་ཏུ་འཛིན་པ། ཐེག་ཆེན་ནམ་རྡོ་རྗེ་ཐེག་པ་ལ་མ་དད་པ་མཐའ་དག་གོ། །དེར་ལྷའི་རྣལ་འབྱོར་རམ་གཏོར་མ་སོགས་མ་བྱས་པར་ཞག་དྲུག་ཐལ་ཏེ་བདུན་པ་ལ་མ་དྲན་ན་ཉེས་པའོ། །འདི་ལའང་ཡན་ལག་ལྔ། རྟེན་ནི་འདྲ། ཡུལ་ནི་ཉན་ཐོས་དག་གི་གནས། དེ་མིན་ཡང་མ་དད་པ་དང་གཞན་ཡང་བཟུང་ངོ་། །བསམ་པ་ནི་རྒྱུ་བཞིའོ། །ངོ་བོ་ནི།

ལྷའི་རྣལ་འབྱོར་རམ་གཏོར་མ་ལ་སོགས་པ་མི་སྦྱོར་བ་ཉིད་དོ། །དུས་སྐབས་ནི་ཞག་བདུན་འདས་པའི་ཚེའོ། །སྦྱོད་པ་དེ་བྱས་ཤིང་མ་དད་པ་ནི་བདུན་པའོ། །དགོས་པ་རྒྱ་ཆེན་པོ་མཐོང་བའི་ཚེ་ཉེས་པ་མེད་དོ། །དྲུག་པ་ནི། སྦྱོར་བ་ངེས་པར་མ་བྱས་པར། སྐལ་མིན་གསང་བ་སྟོན་པ་དང་། །ཞེས་པ་ནི། དབང་འོག་མ་འོག་མ་ལས་མ་ཐོབ་པ་ལ་གོང་མའི་གསང་བ་སྟོན་པའོ། །འདི་ལའང་ཡན་ལག་ལྔ། རྟེན་ནི་འདྲ། ཡུལ་ནི། དབང་གོང་མ་གོང་མ་མ་ཐོབ་པའོ། །བསམ་པ་ནི། གོང་མ་མ་ཐོབ་པར་འདུ་ཤེས་པ། ངོ་བོ་ནི། གོང་མ་གོང་མའི་ཆོས་སྟོན་པའོ། །དུས་སྐབས་གོ་བ་ཉིད་དོ། །དབང་གཏན་མ་ཐོབ་པ་ལ་གསང་བ་སྟོན་ན་བདུན་པའོ། །དོན་ཕྱག་རྒྱ་ཆེན་པོ་མཐོང་བ་དང་། སེམས་འཁྲུལ་བ་ལ་ཉེས་པ་མེད་དོ། །བདུན་པ་ནི། གང་ཞིག་ཕྱག་རྒྱ་མི་མཁས་ལ། །ལུས་ཀྱི་ཕྱག་རྒྱ་སྟོན་པ་དང་། །ཞེས་པ་ནི། དབང་ཐོབ་ཀྱང་དེ་ཁོ་ན་ཉིད་མི་ཤེས་པ་རྣམས་ཀྱི་དྲུང་དུ་ཕྱག་རྒྱ་འཆའ་ན་ཉེས་པའོ། །ཡན་ལག་ལྔ། རྟེན་འདྲ། ཡུལ་དབང་ཐོབ་ཀྱང་ཕྱག་རྒྱ་ལ་མི་མཁས་པའོ། །བསམ་པ་འདྲ། ངོ་བོ་ནི་རས་སོགས་ཀྱིས་མ་གཡོགས་པར་ཕྱག་རྒྱ་འཆའ་བའོ། །དུས་སྐབས་ནི་གོ་ཞིང་མ་དད་པའོ། །དབང་མ་ཐོབ་པ་ལ་བསྟན་ན་རྩ་ལྟུང་བདུན་པའོ། །

བརྒྱད་པ་ནི། བསྙེན་སོགས་དག་པར་མ་བྱས་པར། །དཀྱིལ་འཁོར་ལས་ལ་འཇུག་པ་དང་། །ཞེས་པ་ནི། གྲངས་བསྙེན་སོགས་མ་སོང་བར་དཀྱིལ་འཁོར་གྱི་ལས་ལ་འཇུག་པའོ། །རྟེན་ནི་འདྲ། ཡུལ་ནི་དཀྱིལ་འཁོར་གྱི་ལས་སོ། །བསམ་པ་འདྲ། ངོ་བོ་དཀྱིལ་འཁོར་གྱི་ལས་སོ། །དུས་སྐབས་ཟིན་པར་བྱས་པའོ། །ནླ་མས་གནང་ན་ཉེས་པ་མེད་དོ། །དགུ་པ། སྡོམ་པ་གཉིས་ཀྱི་བཅས་པ་ལ། །དགོས་པ་མེད་པར་འདའ་བ་དང་། །ཞེས་པ་ནི། ཉན་ཐོས་དང་། བྱང་ཆུབ་སེམས་དཔའི་བཅས་པ་ཕྲ་མོ། ཕྱི་དྲོའི་ཁ་ཟས་སམ། རྙས་པ་ལ་གུས་པ་མི་བྱེད་པ་སོགས་དགོས་པ་མེད་པར་འདས་ན། བཅས་པ་སྤྲ་མའི་སྟེང་དུ་འདི་ཉིད་ཀྱིའང་ཉེས་པའོ། །རྟེན་ནི་འདྲ། ཡུལ་ནི་སྡོམ་པ་གཉིས་ཀྱི་བཅས་པའོ། །བསམ་པ་འདྲ། ངོ་བོ་ནི་འདས་པ། དུས་སྐབས་ནི་མཐར་ཕྱིན་པ་ཉིད་དོ། །ཁྱད་གསོད་ཡོད་ན་རྩ་ལྟུང་གཉིས་པའོ། །གཉིས་པ་ཡན་ལག་གི་ཡུལ་གྱི་མིང་དོན་ནི། ཁ་ན་མ་ཐོ་བཅས་འགྱུར་ཏེ། །ཞེས་སོ། །གསུམ་པ་མ་བསྲུངས་པའི་ཉེས་དམིགས་ནི། སྔགས་པ་དེ་ཡི་དམ་ཚིག་ཟད། །ཟད་པས་འགྲུབ་པར་མི་འགྱུར་ཞིང་། །བདུད་དང་སྡུག་བསྔལ་མང་དུ་འཕེལ། །ཞེས་སོ། །བཞི་པ་བཤགས་པའི་དུས་བསྟན་པ་ནི། ཉིན་དང་མཚན་མོ་ལན་གསུམ་དུ། །ཉིན་རེ་ཞིང་ནི་བཟླ་བར་བྱ། །ཞེས་གསུངས་སོ། །རྒྱས་པར་རྩ་བ་དང་ཡན་ལག་གི་ལྟུང་བ་རྣམས་རྗེ་བཙུན་ཆེན་པོའི་རྩ་ལྟུང་འགྲེལ་སྟོང་དུ་བལྟ་བར་བྱའོ། །

བཞི་པ་རྒྱུད་སྡེ་བཞིའི་གཞུང་ཚད་ལ། བྱ་བའི་རྒྱུད་དང་། སྤྱོད་པའི་རྒྱུད་དང་། རྣལ་འབྱོར་རྒྱུད་དང་།

གཉིས་ཀའི་རྒྱུད་དང་། རྣལ་འབྱོར་གྱི་རྒྱུད་དང་། རྣལ་འབྱོར་ཆེན་པོའི་རྒྱུད་དང་། རྣལ་འབྱོར་བླ་ན་མེད་པའི་རྒྱུད་རྣམས་སོ། །བྱ་རྒྱུད་དང་། རྟོག་པའི་རྒྱུད་འདྲ། གཉིས་ཀའི་རྒྱུད་དང་། རྣལ་འབྱོར་གྱི་རྒྱུད་འདྲ། རྣལ་འབྱོར་ཆེན་པོ་དང་། རྣལ་འབྱོར་བླ་ན་མེད་པ་གཅིག་པས་རྒྱུད་སྡེ་བཞིའོ། །དེ་དག་རེ་རེ་ཞིང་ཡང་དཔག་ཏུ་མེད་དེ། དཔུང་བཟང་ལས། ལྷ་དང་ལྷ་མིན་མི་ལ་ཕན་གདགས་ཕྱིར། །གསང་སྔགས་རིག་སྔགས་རྣམ་པ་སྣ་ཚོགས་དག །བྱེ་བ་ཕྲག་གསུམ་དང་ནི་འབུམ་ཕྲག་ལྔ། །རིག་འཛིན་སྡེ་སྣོད་བཤད་པར་རྒྱལ་བས་གསུངས། །ངས་ནི་གསང་བ་པ་རྣམས་གཞོམ་པ་དང་། །དབུལ་བའི་སྡུག་བསྔལ་བསལ་བར་བྱ་བའི་ཕྱིར། །དཀྱིལ་འཁོར་བཅས་ཤིང་ཕྱག་རྒྱར་བཅས་པ་ཡི། །གསང་སྔགས་བྱེ་བ་ཕྲག་བདུན་རབ་ཏུ་བཤད། །ཅེས་ནས། ལྷས་བརྩེན་གྱིས་ནི་སྟོང་ཕྲག་ཉི་ཤུ་སྟེ། །དེ་ཡི་ཆུང་མས་དེ་ཡི་ཕྱེད་བཤད་དོ། །ནོར་གྱི་བདག་པོས་སྟོང་ཕྲག་སུམ་ཅུ་སྟེ། །གང་པོའི་ཕ་ཡིས་ཀྱང་ནི་འབུམ་བཤད་དོ། །ལྷ་དང་ལྷ་མིན་ལ་སོགས་རྒྱལ་བ་ལ། །དད་པ་རྣམས་ཀྱིས་གསང་སྔགས་མཐའ་ཡས་བཤད། །ཅེས་གསུངས། ཡེ་ཤེས་རྡོ་རྗེ་ཀུན་ལས་བཏུས་པའི་རྒྱུད་ཆེན་པོ་ལས་ཀྱང་། བཅོམ་ལྡན་འདས་ཀྱིས་འདི་སྐད་དུ། རྒྱུད་སོ་སོའི་གྲངས་གསུངས་ཏེ། བྱ་བའི་རྒྱུད་སྟོང་ཕྲག་བཞིའོ། །སྤྱོད་པའི་རྒྱུད་སྟོང་ཕྲག་བརྒྱད་དོ། །རྟོག་པའི་རྒྱུད་སྟོང་ཕྲག་བཞིའོ། །གཉིས་ཀའི་རྒྱུད་སྟོང་ཕྲག་དྲུག་གོ །རྣལ་འབྱོར་ཆེན་པོའི་རྒྱུད་སྟོང་ཕྲག་བཅུ་གཉིས་ཏེ། དེ་དག་རྒྱས་པར་བྱས་ན་གྲངས་མེད་དོ། །ཞེས་གསུངས་སོ། །བདེ་མཆོག་སྡོམ་འབྱུང་གི་རྒྱུད་ལས་ཀྱང་། རྣལ་འབྱོར་རྒྱུད་རྣམས་ཀྱི་ནི་ཚད། །བྱེ་བ་ཕྲག་ནི་དྲུག་ཏུ་ངེས། །དེ་བཞིན་རྣལ་འབྱོར་མ་རྒྱུད་གྲངས། །བྱེ་བ་ཕྲག་ནི་བཅུ་དྲུག་གྲངས། །དེ་བཞིན་ཕ་རོལ་ཕྱིན་པའི་ཚུལ། །ས་ཡ་དང་ནི་དུང་ཕྱུར་ལྔ། །ཐེག་ཆེན་ལས་གཞན་མདོ་སྡེ་རྣམས། །དུང་ཕྱུར་ཕྲག་བརྒྱད་གསུངས་པ་ཡིན། །ཞེས་གསུངས་སོ། །འདི་དག་ཐམས་ཅད་ཀྱང་ཚིགས་སུ་བཅད་པའི་གྲངས་སུ་མི་བལྟ་སྟེ། རྒྱུད་དམ་མདོ་སྡེའི་མིང་ཐ་དད་པའི་གྲངས་སུ་བལྟའོ། །ཇི་ལྟར་ཞེ་ན། བྱ་བའི་རྒྱུད་ལ་སྟོང་ཕྲག་བཞི། ཞེས་གསུངས་ལ། དོན་ཡོད་ཞགས་པའི་མདོ་ཁོ་ན་ལའང་སྟོང་ཕྲག་བརྒྱད་ཡོད་དོ། །དེ་ལ་བྱ་བའི་རྒྱུད་ནི་གཟུངས་ཐམས་ཅད་དང་། རིག་པ་མཆོག་དང་། གར་མཁན་མཆོག་དང་། རབ་ཏུ་གྲུབ་པར་བྱེད་པ་དང་། དཔུང་བཟངས་དང་། འཇམ་དཔལ་རྩ་བའི་རྒྱུད་ཆེན་པོ་དང་། འཇམ་དཔལ་གསང་བའི་རྒྱུད་དང་། རྡོ་རྗེ་གཙུག་གཏོར་དང་། ཨ་མོ་གྷ་པ་ཤ་དང་། རྣམ་པར་རྒྱལ་བའི་རྒྱུད་ཆེན་པོ་ལ་སོགས་པ་སྟོང་ཕྲག་བཞི་བཞུགས་སོ། །

སྤྱོད་པའི་རྒྱུད་ནི། རྣམ་པར་སྣང་མཛད་མངོན་པར་བྱང་ཆུབ་པའི་རྒྱུད་དང་། ལག་ན་རྡོ་རྗེ་དབང་བསྐུར་བའི་རྒྱུད་ལ་སོགས་པ་རྒྱུད་སྡེ་སྟོང་ཕྲག་བརྒྱད་བཞུགས་སོ། །རྟོག་པའི་རྒྱུད་ནི། སྒྲོལ་མ་འབྱུང་བའི་རྒྱུད་དང་།

དམ་ཚིག་གསུམ་བཀོད་པའི་རྒྱལ་པོ་དང་། རྟོག་པ་ཀུན་ལས་བཏུས་པ་ལ་སོགས་པ་རྒྱུད་སྡེ་སྟོང་ཕྲག་བཞི་བཞུགས་སོ། །གཉིས་ཀའི་རྒྱུད་ནི། སྒྱུ་འཕྲུལ་དྲ་བ་དང་། པདྨ་གར་གྱི་དབང་ཕྱུག་ལ་སོགས་པ་རྒྱུད་སྡེ་སྟོང་ཕྲག་དྲུག་བཞུགས་སོ། །རྣལ་འབྱོར་གྱི་རྒྱུད་ནི། ཏད་ཏྭ་སང་གྲ་ཧ་དང་། དཔལ་མཆོག་དང་པོ་དང་། འཇིག་རྟེན་གསུམ་ལས་རྣམ་པར་རྒྱལ་བ་དང་། ཡང་ཡོ་ག་རྣམ་པར་རྒྱལ་བ་དང་། རྡོ་རྗེ་རྩེ་མོ་ལ་སོགས་པ་གྲངས་མེད་དོ། །རྣལ་འབྱོར་ཆེན་པོའི་རྒྱུད་ནི། དཔལ་གསང་བ་འདུས་པ་བཤད་རྒྱུད་དང་བཅས་པ་དང་། ཟླ་གསང་ཐིག་ལེ་དང་། གཤིན་རྗེའི་གཤེད་ནག་པོ་དང་། ལྷ་ཐམས་ཅད་འདུས་པ་དང་། ཐམས་ཅད་གསང་བ་དང་། འདུལ་བ་དོན་ཡོད་པ་དང་། ཡེ་ཤེས་རྡོ་རྗེ་ཀུན་ལས་བཏུས་པ་དང་། རྣམ་པར་སྣང་མཛད་སྒྱུ་འཕྲུལ་དྲ་བ་དང་། ནམ་མཁའ་དང་མཉམ་པ་ཆུང་ངུ་དང་། གཉིས་སུ་མེད་པ་རྣམ་པར་རྒྱལ་བའི་རྒྱུད། རྡོ་རྗེ་གཙུག་གཏོར་གྱི་རྒྱུད་ལ་སོགས་པ་རྒྱུད་སྡེ་སྟོང་ཕྲག་བཅུ་གཉིས་ཏེ་རྒྱས་པར་བྱས་ན་གྲངས་མེད་དོ། །རྣལ་འབྱོར་བླ་ན་མེད་པའི་རྒྱུད་ནི། དཔལ་ནམ་མཁའ་དང་མཉམ་པ་འབུམ་པ་ཆེན་པོ་འཁོར་སྡོམ་པ་དང་། རྡོ་རྗེ་མཁའ་འགྲོ་དང་། རྡོ་རྗེ་གདན་བཞི་དང་། མ་ཧཱ་མ་ཡ་དང་། སངས་རྒྱས་མཉམ་སྦྱོར་དང་། སངས་རྒྱས་ཐོད་པ་དང་། དགྱེས་པའི་རྡོ་རྗེ་འབུམ་ཕྲག་ལྔ་པ་ལ་སོགས་པ་རྒྱུད་སྡེ་སྟོང་ཕྲག་བཅུ་བཞི་བཞུགས་ཏེ། རྒྱས་པར་བྱས་ན་གྲངས་མེད་དོ། །དེ་ལྟར་རྒྱུད་སྡེ་རེ་རེ་ཞིང་ཡང་གྲངས་མེད་པས་ན་གསང་སྔགས་ཀྱི་ཐེག་པ་ནི་ཤིན་ཏུ་རྒྱས་ཤིང་མཐར་ཐུག་པ་མེད་པ་ཡིན་នོ། །སྔགས་ཀྱི་ལེའུ་སྟེ་གསུམ་པའོ།། །།

༄ བཞི་པ་སྡོམ་གསུམ་གནས་གྱུར་ངོ་བོ་གཅིག་ཚུལ་བཤད་པ་ནི། མཛོད་ལས། སྤང་བྱ་ལྔ་བརྒྱད་བཅུ་དང་ནི། །ཐམས་ཅད་སྤོང་བར་ནོས་པ་ལ། །དགེ་བསྙེན་དང་ནི་བསྙེན་གནས་དང་། །དགེ་ཚུལ་དང་ནི་དགེ་སློང་ཉིད། །སོ་སོར་ཐར་ཞེས་བྱ་རྣམས་བརྒྱད། །རྫས་སུ་རྣམ་པ་བཞི་ཡིན་ནོ། །མཚན་ལས་མིང་ནི་འཕོ་བའི་ཕྱིར། །ཐ་དད་དེ་དག་འགལ་བ་མེད། །ཅེས་གསུངས་པས་རགས་རིམ་བགྲང་ན་དགེ་བསྙེན་ལ་སྤང་བྱ་ལྔ། བསྙེན་གནས་ཡན་ལག་བརྒྱད། དགེ་ཚུལ་ལ་བཅུ། དགེ་སློང་ལ་ཁྲིམས་ཉིས་བརྒྱ་ལྔ་བཅུ་རྩ་གསུམ། མ་ངེས་གཉིས་པོ་བསྣན་ན་ང་ལྔ། དགེ་སློང་མའི་སུམ་བརྒྱ་དྲུག་ཅུ། དགེ་སློབ་མའི་བཅུ་གཉིས་རྣམས་ཏེ་སོ་སོ་ཐར་པ་རིགས་བརྒྱད། བསྙེན་གནས་ཉིན་ཞག་གི་མཐའ་ཅན་ཡིན་པས། ཇི་སྲིད་འཚོའི་བར་ལ་མི་བགྲང་། སོ་ཐར་རིགས་བདུན་ནི། དགེ་བསྙེན་ཕ་མ་གཉིས། དགེ་ཚུལ་ཕ་མ་གཉིས། དགེ་སློང་ཕ་མ་གཉིས། དགེ་སློབ་མ་དང་བདུན་ནོ། །རིགས་བདུན་པོ་འདི་རྣམས་ཐེག་དམན་སོ་ཐར་ནས་བཤད་པའི་མཁན་སློབ་ཆོ་ག་ཚད་ལྡན་ལས། རང་དོན་ཡིད་བྱེད་ཀྱི་ཀུན་ནས་བསླང་ནས་སོ་སོར་ཐར་པ་རིགས་བདུན་པོ་རང་དོན་དུ་བསྲུང་སྡོམ་ཚུལ་བཞིན

ཇི་སྲིད་འཚོའི་བར་དུ་བྱེད་པ་སྟེ། ཐེག་དམན་སོ་ཐར་རོ། །དེ་དགེ་བསྙེན་ནས། དགེ་སློང་གི་བར་གྱི་སྡོམ་པ་ཐོབ་ཅིང་། དེ་ཉིད་ཀྱི་སྡོམ་པ་དང་ལྡན་པའི་དགེ་སློང་དེས། ཕྱིས་བྱང་ཆུབ་ཏུ་སེམས་བསྐྱེད་ནས། བྱང་ཆུབ་སེམས་དཔའི་སྡོམ་པ་བླངས་ཤིང་དེ་དང་ལྡན་པ་དེས། གཞན་དོན་ཡིད་བྱེད་ཀྱི་ཀུན་ནས་བསླང་ནས་སོ་སོར་ཐར་པ་རིགས་བདུན་པོ་གཞན་དོན་དུ་བསྲུང་སྡོམ་ཚུལ་བཞིན་ཇི་སྲིད་འཚོའི་བར་དུ་བྱེད་པ་ནི་བྱང་ཆུབ་སེམས་དཔའི་སྡོམ་པ་ཡིན་ཏེ་གནས་འགྱུར་རོ། །དེ་ལ་ཐེག་ཆེན་སོ་སོ་ཐར་པ་ཞེས་ཟེར་རོ། །ཐེག་ཆེན་སོ་ཐར་འོག་ཏུ་འཆད་ཞེས་པའི་དོན་ཏོ། །དེ་ལྟ་བུའི་བྱང་ཆུབ་སེམས་དཔའི་སྡོམ་པ་དང་ལྡན་པ་དེས་གཞན་དོན་དུ་སོ་སོར་ཐར་པ་རིགས་བདུན་པོའི་བསྲུང་སྡོམ་བྱེད་པས་ངོ་བོ་གཅིག་པའོ། །བྱང་སེམས་རང་གི་ཚོག་ལས་ཐོབ་པའི་སྡོམ་པ་དང་བསླབ་བྱ་གཞན་རྣམས་གོང་དུ་བཤད་ཟིན་པས་དེར་བལྟ་བར་བྱའོ། །དེ་ལྟ་བུའི་བྱང་སེམས་དེས་རང་དོན་དུ་སོ་སོར་ཐར་པ་རིགས་བདུན་པོ་བསྲུང་སྡོམ་བྱས་ན་སྐྱོན་གང་ཡོད་ན། འཕགས་པ་བསྟོད་པ་ལས། གལ་ཏེ་བསྐལ་པ་དུ་མར་དགེ་བའི་ལས་ལམ་བཅུ། །སྤྱོད་ཀྱང་ཉན་ཐོས་རང་རྒྱལ་ས་རུ་སེམས་བསྐྱེད་ན། །དེ་ནི་ཚུལ་ཁྲིམས་སྐྱོན་བྱུང་ཚུལ་ཁྲིམས་ཉམས་པ་སྟེ། །སེམས་བསྐྱེད་དེ་ནི་ཕས་ཕམ་བས་ཀྱང་ཤིན་ཏུ་ལྡི། །ཞེས་གསུངས་སོ། །སོ་སོར་ཐར་པ་རིགས་བདུན་པོ་འདི་ཇི་སྲིད་འཚོའི་བར་དུ་བསྲུང་སྡོམ་བྱེད་པ་མ་གཏོགས། སངས་རྒྱས་མ་ཐོབ་བར་དུ་བསྲུང་སྡོམ་བྱེད་ཚུལ་གྱི་ཆོ་ག་ཕྱོགས་བཅུའི་སངས་རྒྱས་སམ། གང་ཟག་ལེན་པ་གང་ལས་ཀྱང་མ་གསུངས་པའི་ཕྱིར། སོ་སོར་ཐར་པ་རིས་བདུན་པོ་དེ་ཚེ་འཕོས་ནས་གཏོང་སྟེ། ཁས་བླངས་དུས་ལས་འདས་ཤིང་ཤི་བའི་ཕྱིར་རོ། །དེ་ཡང་ཆོས་རྗེ་ས་པཎ་གྱི་སྡོམ་གསུམ་རབ་དབྱེ་ལས། ཐེག་ཆེན་སོ་སོར་ཐར་ཡིན་ཡང་། །དགེ་སློང་ལ་སོགས་སྡོམ་པ་ཡི། །ལྟོག་པ་ཤི་བའི་ཚེ་ན་གཏོང་། །བྱང་ཆུབ་སེམས་ཀྱི་ལྡོག་པ་དང་། །དེ་ཡི་འབྲས་བུ་ཤི་ཡང་བྱུང་། །ཞེས་པ་ནི་ལེགས་པར་གསུངས་པའོ། །དེས་ན་སོ་སོར་ཐར་པ་རིགས་བརྒྱད་པོའི་ཐོབ་གཏོང་འདུལ་མཛོད་སོགས་ནས་ཇི་ལྟར་བཤད་པ་བཞིན་ཁས་བླངས་བར་བྱ་ཞིང་། གཞན་ཡང་། གསང་སྔགས་བླ་མེད་ཀྱི་དགེ་སློང་རྡོ་རྗེ་འཛིན་པ་ལ་སོགས་པའི་རྒྱུད་ཀྱི་དགེ་སློང་གི་སྡོམ་པ་དེ། བླ་མེད་ཀྱི་རྩ་ལྟུང་གང་རུང་བྱུང་ན་གཏོང་སྟེ། བླ་མེད་ཀྱི་དབང་ལས་སྐྱེས་པའི་སྡོམ་པ་ཡིན་པས་སོ། །བླ་མེད་ཀྱི་རྩ་ལྟུང་གང་རུང་ཞིག་བྱུང་ན། ཉན་ཐོས་དང་ཐུན་མོང་བའི་ཕམ་པ་བཞི་དང་། བྱང་སེམས་དང་ཐུན་མོང་བའི་ཕམ་འདྲ་བཞི་གཏོང་བས་སོ། །གཞན་ཡང་དགེ་སློང་རྡོ་རྗེ་འཛིན་པ་ལ་སོགས་པའི་སོ་སོར་ཐར་པ་རིགས་བརྒྱད་པོ་རྩ་ལྟུང་བཅུ་བཞི་གང་རུང་ཞིག་བྱུང་བས་གཏོང་སྟེ། དགེ་སློང་རྡོ་རྗེ་འཛིན་པ་ལ་སོགས་པའི་སོ་སོར་ཐར་པ་རིགས་བརྒྱད་པོ་གསང་སྔགས་ཀྱི་སྡོམ་པ་ཡིན་པས་སོ། །ཡང་བསམ་པ་བྱང་ཆུབ་སེམས་ཀྱི་ཀུན་ནས་བསླང

ནས་སོ་སོར་ཐར་པ་རིགས་བརྒྱད་པོ་ཚིག་ཉན་ཐོས་བཞིན་དུ་བསླངས་ན་ཐེག་ཆེན་སོ་ཐར་ཡིན་ཏེ། རྗེ་ས་པཎ་གྱིས། བསམ་པ་སེམས་བསྐྱེད་ཀྱིས་ཟིན་པའི། །ཚིག་ཉན་ཐོས་ལུགས་བཞིན་གྱིས། །སོ་སོར་ཐར་པ་རིགས་བརྒྱད་པོ། །ཐེག་ཆེན་སོ་སོར་ཐར་པར་འགྱུར། །ཞེས་ལེགས་པར་གསུངས་སོ། །ཡང་བྱང་སེམས་གསང་སྔགས་ཀྱི་སྡོམ་པ་དང་ལྡན་པས། སེམས་ཅན་གྱི་དོན་དུ་ཕྱིས་སོ་སོར་ཐར་པ་རིགས་བརྒྱད་པོ་ཉན་ཐོས་ཀྱི་ཆོ་གའི་ལུགས་བཞིན་དུ་བླངས་ཀྱང་ཐེག་ཆེན་སོ་སོར་ཐར་པ་ཡིན་ནོ། །འདི་གཉིས་ཀྱི་གནས་སྐབས་ཀྱི་ངོ་བོ་གཅིག་ཚུལ་གོང་གིས་རིགས་འགྲེས་ཏེ་ཤེས་པར་བྱའོ། །དང་པོར་སོ་སོར་ཐར་པའི་སྡོམ་པ་དང་ལྡན། དེའི་སྟེང་དུ་བྱང་སེམས་ཀྱི་སྡོམ་པ་དང་ལྡན་པ་དེས། གསང་སྔགས་བླ་མེད་ཀྱི་དཀྱིལ་འཁོར་དུ་དབང་ཐོབ་ནས་སོ་སོར་ཐར་པ་རིགས་བརྒྱད་པོ་གསང་སྔགས་ཀྱི་སྡོམ་པ་ཡིན་ཏེ། བུམ་དབང་ཐོབ་ཕྱིན་ཆད། སྣང་བ་ཐམས་ཅད་ལྷ་དང་ཡེ་ཤེས་ཀྱི་རང་བཞིན་དུ་གྲུབ་སྟེ། དངོས་ཀུན་གང་དང་གང་སྣང་བ། །གཙོ་དེ་རང་གི་ལྷག་པའི་ལྷ། །ཆོས་རྣམས་རང་བཞིན་རྣམ་དག་པ། །སངས་རྒྱས་ཡེ་ཤེས་ལྷ་བར་གྱིས། །ཞེས་གསུངས་སོ། །

དེས་ན་སོ་སོར་ཐར་པ་རིགས་བརྒྱད་པོ། །ཐེག་དམན་གྱི་སྐབས་སུ་རང་དོན་ཡིད་བྱེད་ཀྱི་ཀུན་ནས་བླང་ནས་ཇི་སྲིད་འཚོའི་བར་དུ་བསྲུང་སྡོམ་བྱེད་པ་ཡིན་ཅིང་། དེའི་སྟེང་དུ་བྱང་སེམས་ཀྱི་སྡོམ་པ་བླངས་པ་དེས། གཞན་དོན་དུ་བསྲུང་སྡོམ་བྱེད་པ་ཡིན་ལ། གསང་སྔགས་བླ་མེད་ཀྱི་སྐབས་སུ་སོ་སོར་ཐར་པ་རིགས་བརྒྱད་པོ་ལྷ་དང་ཡེ་ཤེས་སུ་ཤེས་པས་བསྲུང་སྡོམ་བྱེད་པ་ཡིན་ནོ། །དེ་ཡང་རྗེ་བཙུན་ཆེན་པོས་རྩ་ལྟུང་འགྲེལ་སྒྲོན་ལས། སྔར་སོ་སོར་ཐར་པའི་སྡོམ་པ་དགེ་སློང་གི་བར་ཐོབ་པ་ཞིག་གིས་ཕྱིས་བྱང་ཆུབ་ཏུ་སེམས་བསྐྱེད་ནས་སླར་ཡང་དབང་ནོས་པར་གྱུར་ན་འདི་ལ་སྡོམ་པ་ཇི་ལྟར་ལྡན་ཞེ་ན། དགེ་སློང་གི་སེམས་བསྐྱེད་པའི་ཚེ་སོ་སོར་ཐར་པ་ཐམས་ཅད་བྱང་ཆུབ་སེམས་དཔའི་སྡོམ་པར་འགྱུར་ལ། དཀྱིལ་འཁོར་དུ་ཞུགས་པའི་ཚེ་ནི་སྡོམ་པ་ཐམས་ཅད་ཀྱང་རིག་པ་འཛིན་པའི་སྡོམ་པ་ཞེས་བྱ་བ་ཡིན་ནོ། །དེ་སྐད་དུ་རྒྱུད་འབུམ་པའི་ལུང་དེ་ཁོ་ན་ཉིད་ཀྱི་ཡེ་ཤེས་གྲུབ་པ་ལས་འབྱུང་བ། རྫོ་ཡི་རིགས་ཀྱི་བྱེ་བྲག་གིས། །བཞུས་པས་ལྕགས་དང་ཟངས་དངུལ་འབྱུང་། །གསེར་འགྱུར་རྩིའི་དངོས་པོ་ལས། །ཀུན་ཀྱང་གསེར་དུ་འགྱུར་བར་བྱེད། །དེ་བཞིན་སེམས་ཀྱི་བྱེ་བྲག་གིས། །རིགས་ཅན་གསུམ་གྱི་སྡོམ་པ་ཡང་། །དཀྱིལ་འཁོར་ཆེན་པོ་འདིར་ཞུགས་ན། །རྡོ་རྗེ་འཛིན་པ་ཞེས་བྱའོ། །ཞེས་གསུངས་སོ། །དེ་ཡང་རྫོ་ནི་ཕལ་པ་ཡིན་ལ། ལྕགས་ནི་ཉན་ཐོས་ཀྱི་བསླབ་པར་བྱ་བ། ཟངས་ནི་རང་རྒྱལ་གྱི་བསླབ་པ། དངུལ་ནི་བྱང་ཆུབ་སེམས་དཔའི་བསླབ་པར་བྱ་བ་ཡིན་ཞིང་། གསེར་འགྱུར་རྩི་ནི་རྡོ་རྗེ་ཐེག་པའི་བསླབ་བྱ་ཡིན་པར་མངོན་ནོ། །ཞེས་གསུངས། འདི་རྣམས་ནི་གཙོ་ཆེར་སྐལ་དམན་རིམ་གྱིས་འཇུག་པའི་

དབང་དུ་བྱས་པ་ཡིན་ནོ། །

འོ་ན་སྔར་སོ་སོར་ཐར་པའི་སྡོམ་པ་ཡང་མ་ཐོབ། བྱང་སེམས་ཀྱི་སྡོམ་པ་ཡང་མ་ཐོབ་པ་ཞིག་གིས་གསང་སྔགས་བླ་མེད་ཀྱི་དཀྱིལ་འཁོར་དུ་འཇུག་ཏུ་རུང་ངམ་སྙམ་ན། རུང་ཞིང་། དེ་ལ་སྐལ་ལྡན་གཅིག་ཅར་དུ་འཇུག་པ་ཞེས་བྱ་སྟེ། དེ་ཡང་སློབ་དཔོན་འཕགས་པ་ལྷ། སློབ་དཔོན་ཀླུ་སྒྲུབ། མགོན་པོ་མི་ཕམ་པའི་ཞལ་སྔ་ནས་གསུངས་པ་གོང་དུ་བྲིས་པ་རྣམས་འདིར་ཡང་ཤེས་པར་བྱའོ། །དེ་ཁོ་ན་ཉིད་བསྡུས་པའི་རྒྱུད་ཆེན་པོ་ལས། ཀྱི་བཅོམ་ལྡན་འདས་དཀྱིལ་འཁོར་ཆེན་པོ་འདིར་འཇུག་པ་ལ་སྣོད་དང་སྣོད་མ་ཡིན་པ་བརྟག་མི་འཚལ་ལོ། །ཞེས་གསུངས། རྩ་རྒྱུད་ལས། གདོལ་པ་མིག་མ་མཁན་ལ་སོགས། །གསོད་དོན་དོན་དུ་སེམས་པ་པོ། །དེ་རྣམས་ཀྱི་རྡོར་རྫེ་ཤེས་ནས། །འགྲུབ་འགྱུར་འདི་ལ་ཐེ་ཚོམ་མེད། །ཅེས་གསུངས། སཾ་པུ་ཊིའི་བཅུ་པའི་དང་པོ་ལས། ཐོག་མར་དཀྱིལ་འཁོར་ཆེན་པོ་ཡི། །སྙིང་ག་ཡི་ནི་དཀྱིལ་འཁོར་དུ། །རང་གི་དབང་སོགས་རྒྱས་པ་ཡི། །རྡོ་རྗེ་སློབ་དཔོན་འགྲུབ་པར་འགྱུར། །ཞེས་གསུངས་སོ། །དེ་ལྟ་བུའི་གང་ཟག་གསང་སྔགས་བླ་མེད་ཀྱི་དཀྱིལ་འཁོར་དུ་གཅིག་ཅར་དུ་ཞུགས་པ་དེའི་རྒྱུད་ལ་སྡོམ་གསུམ་ཇི་ལྟར་ལྡན་ཞེ་ན། རྗེ་བཙུན་ཆེན་པོས་འབྲུལ་སྤོང་ལས། སོ་སོར་ཐར་པའི་རང་བཞིན་ནི་གཞན་ལ་གནོད་པ་བྱེད་པ་གཞི་དང་བཅས་པ་ལས་ལོག་པ་ལ། བྱང་ཆུབ་སེམས་དཔའི་སྡོམ་པ་ནི་དེའི་སྟེང་དུ་གཞན་ལ་ཕན་འདོགས་པར་ཞུགས་པ་ཡིན་ཞིང་། རིག་པ་འཛིན་པ་ནི་དེ་དག་ཀུང་ལྷའི་རྣམ་པ་ཡེ་ཤེས་ཀྱིས་བྱིན་གྱིས་བརླབས་ནས་ལོངས་སྤྱོད་པས་ན་འདི་ལ་འགལ་བ་ཅི་ཡང་ཡོད་པ་མ་ཡིན་ནོ། །ཞེས་གསུངས་སོ། །དབང་ལས་ཐོབ་པའི་དམ་ཚིག་གཞན་རྣམས་གོང་དུ་བཤད་པས་དེ་ལྟར་བྱའོ། །སྡོམ་པ་ཐོབ་པ་དང་གཏོང་བའི་རྣམ་གཞག་རྣམས་ཚིག་ལ་བརྟེན་ནས་སྐྱེས་པ་རྣམས་ཀྱི་དབང་དུ་བྱས་པ་ཡིན་ནོ། །དེ་ལྟར་སྡོམ་པ་གསུམ་ལྡན་གྱི་གང་ཟག་གི་ཉམས་སུ་ཇི་ལྟར་བླང་ན། རྗེ་ས་པཎ་ལ། བཀའ་གདམས་དོ་བསྐོར་བའི་ཞུས་ལན་དུ། སངས་རྒྱས་བསྟན་པའི་ཆོས་རྣམས་ཀུན། །མདོར་བསྡུས་ཉམས་སུ་ལེན་པའི་ཚེ། །འདུལ་བ་ཕར་ཕྱིན་གསང་སྔགས་གསུམ། །སོ་སོའི་གཞུང་དང་མི་འགལ་བར། །ཉམས་སུ་ལེན་པ་བཀའ་དང་མཐུན། །འོན་ཀྱང་སྟོང་ཉིད་སྙིང་རྗེ་ཡི། །སྙིང་པོ་ཅན་དུ་བསྒོམ་པར་ཞུ། །ཞེས་གསུངས། དེ་གསུམ་གྱི་སྲུང་བླང་ནང་འགལ་བའི་ཚེ་ཇི་ལྟར་བྱ་ན། རྗེ་ས་པཎ་གྱིས། དགག་བྱ་དང་ནི་དགོས་པ་གཉིས། །གཙོ་གང་ཆེ་བའི་ལུགས་སུ་བྱ། །ཞེས་དང་། ཡང་། ལས་དང་པོ་པའི་དུས་སུ་སོ་ཐར། བརྟན་པ་ཅུང་ཟད་ཐོབ་ནས་བྱང་སེམས། བརྟན་པ་ཆེར་ཐོབ་ནས་སྔགས་སྡོམ་ལ་གཙོ་བོར་བྱེད་དོ། །ཞེས་གསུངས། ཡང་དགག་བྱ་དགོས་པ་སྙམ་ན་ཇི་ལྟར་བྱ་ན། འཕགས་པ་རིན་པོ་ཆེས། དེ་ལ་གང་ཟག་གཅིག་གི་རྒྱུད་ལ་སྡོམ་གསུམ་ལྡན་པས་ནང་

འགལ་བར་སྣང་བ་བྱུང་ན། དགག་བྱ་དང་དགོས་པ་བལྟས་ལ། གང་དགག་བྱ་ཤས་ཆེ་བ་དེ་མི་སྤྱད་པར་དགོས་པ་ཤས་ཆེ་བ་དེ་སྤྱད་པར་བྱ། མཉམ་ན་འོག་མ་འོག་མ་བཏང་སྙོམས་སུ་བཞག །གོང་མ་གོང་མ་གཙོ་བོར་སྤྱད་དེ། སྤྱོད་འཇུག་ལས། ཆུང་ངུའི་དོན་དུ་ཆེ་མི་སྤྱད། །ཅེས་དང་། སྦྱིན་པའི་ཕ་རོལ་ཕྱིན་ལ་སོགས། །གོང་ནས་གོང་དུ་ཁྱད་ཞུགས་སྤྱད། །ཅེས་དང་། རྣལ་འབྱོར་པ་ཡང་བློ་ཁྱད་ཀྱིས། །གོང་མ་གོང་མ་རྣམས་ཀྱིས་གནོད། །ཅེས་གསུངས་པས། སྡོམ་པ་གསུམ་གྱི་གནང་བཀག་རྣམས་ཤེས་ནས་གཞན་དོན་དུ་ཚུལ་ཇི་ལྟ་བ་བཞིན་དུ་བསླབ་པར་བྱའོ། །སྡོམ་གསུམ་རྣམ་གཞག་ངོ་བོ་གཅིག་ཚུལ་སོགས། །ཚིག་ཉུང་དོན་རྒྱས་བླ་མའི་དྲིན་གྱིས་བཀོད། །བཀོད་པའི་དགེ་བས་སྐུ་བཞིའི་དཔལ་འབྱོར་རྣམས། །མར་གྱུར་འགྲོ་ཀུན་རྒྱུད་ལ་རྒྱས་གྱུར་ཅིག །འདིར་བཀོད་ཡི་གེའི་ལྷན་ཅིག་བྱེད་རྐྱེན་སོགས། །ཤཱཀྱའི་དགེ་སློང་ནམ་མཁའ་སྨོན་ལམ་འཕེལ། །ཚུལ་ཁྲིམས་གསུམ་གྱི་ཕྲིན་ལས་རྒྱས་གྱུར་ནས། །འགྲོ་ཀུན་ཕན་བདེའི་དཔལ་ལ་འགོད་པར་ཤོག །སྡོམ་པ་གསུམ་དང་གནས་གྱུར་ངོ་བོ་གཅིག་པའི་རྣམ་གཞག་སྐུ་བཞིའི་དཔལ་འབྱོར་རྒྱས་བྱེད་གསལ་སྟོང་དབྱེར་མེད་ཀྱི་ཐ་ཀླབས་གསོ་བ་ཞེས་བྱ་བ་འདི། རང་ལ་ཡང་རྩོམ་པའི་འདུན་པ་ཡོད་ཅིང་། སློབ་བུ་འགས་ཡང་ཡང་བསྐུལ་བ་དང་། ཁྱད་པར་རྗེ་བཙུན་ཆོས་རྗེ་བྱམས་པ་ཀུན་དགའ་རྡོ་རྗེ་གྲགས་པ་དཔལ་བཟང་པོས། སྡོམ་གསུམ་ཉམས་སུ་བླངས་ནས་ཟུང་འཇུག་རྡོ་རྗེ་འཆང་ཆེན་པོའི་གོ་འཕང་བརྙེས་པའི་ལམ་གྱི་རིམ་པའི་བཤད་པ་དང་ཕྱག་ལེན་གྱི་སྒྲིགས་གཅིག་མཛད་ན་ཕྱིན་ལ་ཁྱད་ཆེ་བ་འདུག་བསམ་པ་ཤར་ལགས་པ། སྐབས་གཟིགས་པ་ཞུ་ཞིང་། གཞི་གསུམ་གྱི་ཆོ་གའི་བདག་རྐྱེན་གསེར་ཞོ་ཉི་ཤུ་འབུལ་ལགས་པ་ཞེང་སྤྲུས་དག་གམ། ནས་གང་ལྡབས་ཚོང་གཟིགས་པ་ཞུ། ཟླ་བ་གསུམ་པའི་ཆོས་གསུམ་ལ་ཞུས། ཞེས་པའི་གསུང་ཡིག་ལ་བརྟེན་ནས། ཤཱཀྱའི་དགེ་སློང་རིག་པ་འཛིན་པ་བྱམས་པ་ཆོས་ཀྱི་རིན་ཆེན་གྱིས། འབྲུག་ལོ་ཟླ་བ་དང་པོའི་ཡར་གྱི་ངོའི་ཚེས་གསུམ་ལ་ལུ་ཕུ་ཆོས་ཀྱི་ཕོ་བྲང་དུ་སྦྱར་བའོ། །མཁན་སློབ་བྱང་སེམས་བླ་མ་དང་། །རང་རང་ཆོ་ག་ཚད་ལྡན་ལས། །སྡོམ་གསུམ་རྒྱུད་ལ་སྐྱེས་གྱུར་ནས། །ཚུལ་ཁྲིམས་ཕྱོགས་བཅུར་རྒྱས་བྱེད་ཤོག །བདག་གི་སྒོ་གསུམ་ལས་རྣམས་ཀྱིས། །དུས་གསུམ་སངས་རྒྱས་ཐམས་ཅད་ཀྱི། །སྐུ་གསུང་ཐུགས་ཀྱི་ཕྲིན་ལས་རྣམས། །སྐད་ཅིག་ཉིད་ལ་འགྲུབ་པར་ཤོག །དགེ་བ་འདི་ཡིས་འཁོར་འདས་ཀུན། །ཧེ་རུ་ཀ་རུ་ཤར་གྱུར་ནས། །འགྲོ་ཀུན་དཔལ་ལྡན་ཧེ་རུ་ཀའི། །གོ་འཕང་མཆོག་ལ་འགོད་པར་ཤོག །མངྒ་ལཾ་བྷ་ཝནྟུ། དགེ་ལེགས་འཕེལ་བར་གྱུར་ཅིག །

༄༅། །སྡོམ་གསུམ་འགལ་མེད་ཉམས་སུ་ལེན་ཚུལ་སྟོན་པ་གདམས་པ་སྙིང་དྲུག་བཞུགས་སོ། །

ངོར་ཆེན་དཀོན་མཆོག་ལྷུན་འགྲུབ།

ན་མོ་གུ་རུ་རཏྣ་ཥཱཀྱ་ཡ། བྱམས་པའི་སྟོབས་ཀྱིས་བདུད་ཀྱི་དཔུང་བཅོམ་ཞིང་། །སྙིང་རྗེའི་སྟོབས་ཀྱིས་འགྲོ་བའི་སྡུག་བསྔལ་སེལ། །མཁྱེན་པའི་སྟོབས་ཀྱིས་ཤེས་བྱ་ཀུན་གཟིགས་པའི། །འདྲེན་པ་སྟོབས་བཅུ་མངའ་ལ་ཕྱག་འཚལ་ལོ། །ཤིན་ཏུ་རྙེད་དཀའ་དལ་འབྱོར་ལུས་རྟེན་འདི། །མི་རྟག་མྱུར་དུ་འཆི་བ་དྲན་བྱས་ནས། །འཇིག་རྟེན་ཕྱི་མའི་དོན་ཆེན་བ སྒྲུབ་པའི་ཕྱིར། །བསྟན་རྩ་སྡོམ་གསུམ་ཉམས་ལེན་འདི་ལྟར་བྱ། །སྡུག་བསྔལ་འབྱུང་གནས་འཁོར་བའི་བཙོན་ར་ལས། །གཏན་དུ་ཐར་བའི་རྣམ་གྲོལ་དོན་གཉེར་བློས། །གཞན་ལ་གནོད་པའི་བསམ་སྦྱོར་ཀུན་སྤངས་ནས། །འདོད་ཆུང་ཆོག་ཤེས་བསྟན་པ་སོ་ཐར་སྒོ། །མ་གྱུར་འགྲོ་བའི་སྡུག་བསྔལ་བསལ་སླད་དུ། །དོན་གཉིས་མཐར་ཕྱིན་ཀུན་མཁྱེན་ཡིད་བྱེད་བློས། །རང་ ཉིད་གཅེས་པར་འཛིན་པའི་སེམས་སྤངས་ནས། །གཞན་ཕན་བསམ་སྦྱོར་བསྟན་པ་བྱང་སེམས་སྒོ། །འཁྲུལ་ངོར་སྣང་བའི་སྣོད་བཅུད་སྣ་ཚོགས་འདི། །སྣང་སྟོང་དབྱེར་མེད་ལྷ་སྐུ་བདེ་བ་ཆེ། །རང་བཞིན་འོད་གསལ་འཁོར་འདས་མཉམ་ཉིད་དུ། །འཛིན་མེད་གོམས་འདྲིས་བསྟན་པ་སྔགས་ཀྱི་སྒོ། །མདོར་ན་སྲིད་ལ་ཆགས་སྤངས་སོ་ཐར་ཏེ། །སྲིད་ལས་རང་གཞན་སྒྲོལ་འདོད་བྱང་ཆུབ་སེམས། །སྲིད་ཞི་དག་པར་མགོ་སྙོམས་སྔགས་ཀྱི་ལམ། །སྦྱོར་དངོས་ཚུལ་གྱི་ཉམས་ལེན་འགལ་མེད་སྒོ། །འོན་ཀྱང་སོ་སོའི་བསླབ་བྱ་ནང་འགལ་ཚེ། །དགག་དགོས་རྩིས་ལ་བླང་དོར་རིགས་པས་དཔྱད། །དང་པོའི་ལས་པས་བསམ་པ་ཡར་འཕེལ་དང་། །སྦྱོར་བ་མར་འབེབས་གོལ་ས་སྤོང་བའི་སྒོ། །མན་ངག་རྒྱལ་པོ་རྟག་ཏུ་དྲན་ཤེས་བསྟེན། །བླ་མ་ལྷར་བསྒོམ་རང་ལུས་ལྷ་སྐུ་མཆོད། །འཁྲུལ་རྗེས་མི་བཅད་གཉུག་མའི་རང་ཞལ་བལྟ། །མཉམ་རྗེས་ཀུན་ཏུ་དགོས་པ་གནད་ཀྱི་སྒོ། །དེ་ལྟར་བསྟན་པའི་སྙིང་པོ་སྡོམ་པ་གསུམ། །ཉམས་ལེན་གནད་ཀྱི་གདམས་པ་སྙིང་དྲུག་འདི། །ཞུང་གསལ་དོན་དུ་གཉེར་བས་བསྒྲུབ་པའི་ངོར། །སྨྲ་བ་འདིས་ཀྱང་འགྲོ་ཀུན་སངས་རྒྱས་ཤོག །

ཅེས་བསྟན་པའི་སྙིང་པོ་སྡོམ་པ་གསུམ་འགལ་མེད་དུ་ཉམས་སུ་ལེན་པའི་ཚུལ་ཞུང་གསལ་ཞིག་དགོས

ཞེས་བྱ་བཏང་བ་དགེ་འདུན་རྒྱ་མཚོས་བསྐུལ་བའི་ངོར། བཙུན་པ་དཀོན་མཆོག་ལྷུན་གྲུབ་ཀྱིས་ཤིན་ཏུ་མྱུར་བར་བྲིས་པ་དགེའོ། །མངྒ་ལཾ།། །།

༄༅། །སྡོམ་པ་གསུམ་གྱི་རབ་ཏུ་དབྱེ་བའི་རྣམ་བཤད་བློ་གསལ་གྱི་མགུལ་རྒྱན་ཞེས་བྱ་བ་བཞུགས་པའི་དབུ་ཕྱོགས་ཡིན་ལགས་སོ། །

མཛད་པ་པོ་མི་གསལ།

ཨོཾ་སྭསྟི། ཤེས་བྱའི་མཁའ་ལ་མྱུར་སེལ་འོད་སྟོང་ཅན། །ཕན་བདེའི་ཚལ་རབ་རྒྱས་པར་བྱེད་པའི་གཉེན། །འགྲོ་ལ་ཡིན་ལུགས་གཟུགས་མཛེས་སྣང་བྱེད་པའི། །ཐུབ་དབང་ནམ་མཁའི་ནོར་བུ་དེ་ལ་འདུད། །ཐུབ་བསྟན་ཆུ་གཏེར་ཆེན་པོ་ལ་གནས་ཡོན་ཏན་ནོར་བུའི་རྒྱན་གྱིས་སྤྲས། །ཐུགས་རྗེ་ཆེན་པོའི་གདེངས་ཀས་རབ་མཐོ་མ་ལུས་མཁྱེན་པའི་ཆུ་འཛིན་འཁྲིགས། །འགྲོ་བའི་འཛིན་མར་ལེགས་བཤད་ཆར་ཕབས་བློ་གྲོས་ཆུ་སྐྱེས་རྒྱས་མཛད་པ། །རྗེ་བཙུན་འཇམ་དབྱངས་ཀུན་དགའ་རྒྱལ་མཚན་གདེངས་ཅན་དབང་པོ་སྤྱི་བོས་མཆོད། །གང་གི་གསུང་རབ་སྡོམ་གསུམ་རིན་ཆེན་ཕྲེང་། །མ་རྟོགས་ལོག་རྟོག་ཐེ་ཚོམ་དྲི་མའི་ཚོགས། །རབ་ཏུ་གསལ་བའི་བྱི་དོར་གྱིས་མཛེས་པ། །བློ་གསལ་སྐྱེ་བོའི་མགུལ་རྒྱན་བཤད་པར་བྱ། །

འདི་ལ་བསྟན་བཅོས་རྩོམ་པ་པོ་ངོས་བཟུང་བ། བསྟན་བཅོས་ཀྱི་མཚན་བཤད་པ། མཚན་ལྡན་གྱི་བསྟན་བཅོས་དངོས་བཤད་པ་དང་གསུམ། དང་པོ་ནི། ཆོས་ཀྱི་རྒྱལ་པོ་ཀུན་དགའ་རྒྱལ་མཚན་དཔལ་བཟང་པོ་ཞེས་མཚན་ཡོངས་སུ་གྲགས་པ་ལུང་དང་མངོན་པར་རྟོགས་པའི་ཡོན་ཏན་རྗེ་བཙུན་འཇམ་པའི་དབྱངས་དང་གཉིས་སུ་མེད་པར་གྱུར་པའི་དཔལ་ལྡན་ས་སྐྱ་པ་དེ་ཉིད་དོ། །

གཉིས་པ་ནི། བསྟན་བཅོས་འདི་ལ། སྡོམ་པ་གསུམ་གྱི་རབ་ཏུ་དབྱེ་བ་ཞེས་བྱ་སྟེ། འདིས་སྡོམ་པ་གསུམ་བརྗོད་བྱར་བྱས་ནས་ཕྱིན་ཅི་མ་ལོག་པར་སྟོན་པར་བྱེད་པས་སོ། །བླ་མ་དམ་པའི་ཞབས་ལ་གུས་པས་ཕྱག་འཚལ་ལོ། །རྩོམ་པ་ལ་འཇུག་པའི་མཆོད་བརྗོད་དོ། །

གསུམ་པ་ལ། ཐོག་མར་དགེ་བ་སྐྱེས་བུ་དམ་པའི་མཛད་སྤྱོད་འགོད་པ། བར་དུ་དགེ་བ་བསླབ་གསུམ་བསྟན་པའི་མཛེས་རྒྱན་བཤད་པ། ཐ་མར་དགེ་བ་རྩོམ་པ་ལེགས་པར་གྲུབ་པའི་ཚུལ་ལོ། །དང་པོ་ལ་གསུམ་ལས། ཡུལ་མཆོག་ལ་འདུད་པར་བསྟན་པ་ནི། བདེ་གཤེགས། ཞེས་པ་ནས་ཕྱག་འཚལ་ནས་ཞེས་པའི་བར་ཏེ། དད། ཅེས་དྲང་ངོ་། །གང་ལ་ན། གཞན་དང་མཚུངས་པ་མེད་པའི་བླ་མ་དམ་པ་རྗེ་བཙུན་ཆེན་པོ་གྲགས་པ་རྒྱལ་

མཚན་ལ་སོགས་པའོ། །གང་གིས་ན། ས་པཎ་བདག་ཅག་གོ། །བླ་མ་དེ་ལ་ཡོན་ཏན་ཅི་མངའ་ཟེར་ན། དེ་ལ་རྫོགས་པའི་ཡོན་ཏན་མངའ་བ་ཡིན་ཏེ། དེ་ལ་བདེ་བར་གཤེགས་པ་རྫོགས་པའི་སངས་རྒྱས་ཀྱི་བསྟན་པའི་གསུང་རབ་དམ་པའི་ཆོས་ཀྱི་སེང་གེའི་སྒྲ་བསྒྲགས་པའི་སྒོ་ནས་བདག་ཏུ་ལྟ་བ་ལ་སོགས་པ་ལྟ་བ་ངན་པའི་རི་དྭགས་ཀྱི་ཚོགས་སྐྲག་པར་མཛད་དེ། ཡང་དག་པའི་ལྟ་བས་རི་དྭགས་བཟང་པོའི་གདུལ་བྱ་རྣམས་སྐྱོང་བར་མཛད་པས་སོ། །དེ་ལ་སྤྱངས་པའི་ཡོན་ཏན་མངའ་བ་ཡིན་ཏེ། སེམས་ཅན་ལ་ཕན་མི་འདོགས་པ་དང་། བདག་གཅེས་འཛིན་སོགས་སྤངས་ཏེ། སངས་རྒྱས་ཀྱི་དགོངས་པ་ཇི་ལྟ་བ་བཞིན་དུ་གདུལ་བྱ་རྣམས་ལ་མངོན་མཐོ་དང་ངེས་ལེགས་ཀྱི་ལམ་ལེགས་པར་བསྒྲུབས་པས་སོ། །དེ་བས་ན། ཐབས་ཤེས་ཁྱད་པར་ཅན་གྱི་ཡོན་ཏན་མཐའ་ཡས་པ་མངའ་བར་བསྟན་ཏོ། །རྒྱས་པ་ནི་གཞན་དུ་ཤེས་པར་བྱའོ། །ཚིག་རྐང་ཐ་མ་གཉིས་ཀྱིས་སངས་རྒྱས་ལ་འདུད་པར་བསྟན་ཏེ། ཕྱག་འཚལ་ལོ། །ཞེས་བརྗོད། གང་ལ་ན། འགྲོ་བ་མ་ལུས་པའི་བླ་མ་སངས་རྒྱས་ཀྱི་ཞབས་ལའོ། །དེ་ལ་ཡོན་ཏན་ཅི་མངའ་ན། རྫོགས་པའི་སངས་རྒྱས་དེ་ནི་སྐྱོན་ཐམས་ཅད་མེད་ཀྱང་ཡོན་ཏན་མ་ལུས་པ་ཀུན་གྱི་མཛོད་ལྟ་བུ་ཡིན་ཏེ། དེ་ནི་སྤྱངས་རྟོགས་མཐར་ཕྱིན་པ་མངའ་བས་སོ། །

གཉིས་པ་རྩོམ་པར་དམ་བཅའ་བསྟན་པ་ལ། གཉིས་ལས། གཞན་དོན་དུ་གདམས་པར་བསྟན་པ་ནི། ཕྱག་འཚལ་ནས་བྱ་བ་ཅི་བྱེད་ཅེ་ན། དད་ལྡན་ཞེས་སོགས་ཏེ། པཎ་ཆེན་བདག་གིས་བསྟན་བཅོས་འདི་རང་དོན་དུ་གཙོ་བོར་འཆད་པ་མིན་ཏེ། ལས་འབྲས་ལ་ཡིད་ཆེས་པ་དང་། དཀོན་མཆོག་གི་ཡོན་ཏན་ལ་དད་པ་དང་། དེ་འཐོབ་པར་འདོད་པའི་དད་པ་དང་ལྡན་ཞིང་སངས་རྒྱས་ཀྱི་གསུང་བཞིན་དུ་སྡོམ་གསུམ་སྒྲུབ་པར་འདོད་པའི་དོན་གཉེར་དང་ལྡན་པ་དེ་ལ་བཤད་པར་བྱ་བས་སོ། །

གཉིས་པ་ཀུན་གྱིས་གོ་བར་བཤད་པ་ནི། འོན་མཁས་པ་རྣམས་དགའ་བའི་སྡེབ་སྦྱོར་དང་བཅས་པའི་སྒོ་ནས་འཆད་དམ། དེ་ལས་གཞན་དུ་འཆད་ཅེ་ན། མཁས་ཞེས་ནས་བཤད་ཅེས་པའི་བར་ཏེ། མཁས་པ་རྣམས་དགའ་བའི་སྡེབ་སྦྱོར་དང་། སྙན་ངག་སོགས་བཀོད་པའི་སྒོ་ནས་འདིར་གཙོ་བོར་མི་འཆད་དེ། དེ་འདྲ་དེ་ནི་བླུན་པོ་རྣམས་ཀྱིས་གོ་བར་དཀའ་བས་ཚིག་གི་སྡེབ་སྦྱོར་གཙོ་བོར་འདོན་པ་སྤངས་ནས། མཁས་རྨོངས་ཀུན་གྱིས་གོ་བར་བྱ་བའི་ཕྱིར་དུ་འཆད་པས་སོ། །དེ་ཡང་གཞན་ཕན་རྒྱ་ཆེ་བ་ལ་དགོངས་པ་ཡིན་གྱི། སྡེབ་སྦྱོར་སོགས་ལ་ནི་མི་མཁས་པ་མིན་པས་ཤེས་པར་འདོད་པ་རྣམས། སྡེབ་སྦྱོར་མེ་ཏོག་གི་ཆུན་པོ་སོགས་ལས་རྟོགས་པར་གྱིས་ཤིག །ཅེས་པའི་དོན་ནོ། །

གསུམ་པ་རྩོམ་པའི་རྒྱུ་མཚན་བསྟན་པ་ནི། བདག་ཅེས་སོགས་ནས། དད་ཅེས་པའི་བར་ཏེ། པཎ་ཆེན་

བདག་ནི་བསྟན་བཅོས་འདི་རྩོམ་པ་ལ་འཇུག་པའི་རྒྱུ་མཚན་ཡོད་དེ། བདག་སངས་རྒྱས་ཀྱི་བསྟན་པ་ལ་མི་ཕྱེད་པའི་དད་པ་ཡོད་མོད་ཀྱི། འོན་ཀྱང་། སངས་རྒྱས་བསྟན་པ་ལ་རང་བཟོས་འཁྲུལ་བར་སྤྱོད་པ་ལ་མ་དད་པས་དེ་ལ་སྙིང་རྗེ་སྐྱེས་ཤིང་བསྟན་པ་བསྲུང་དགོས་པའི་རྒྱུ་མཚན་གྱིས་ཡིན་པས་སོ། །དེས་ན་དད་པ་དང་སྙིང་རྗེ་ཤེས་རབ་རྣམས་རྩོམ་པའི་རྒྱུར་བསྟན་ཏོ། །འོ་ན་སངས་རྒྱས་ཀྱི་བསྟན་པ་གང་ཡིན་ཞེ་ན། སངས་རྒྱས་ཀྱིས་གསུངས་པའི་དམ་པའི་ཆོས་ལ་བསྟན་པ་ཞེས་བྱ་ལ། དེ་ལ་ཡང་ལུང་གི་ཆོས་དང་རྟོགས་པའི་ཆོས་གཉིས། ལུང་ལ་ཡང་ཐེག་པ་ཆེ་ཆུང་གི་ལུང་གཉིས། ཐེག་ཆེན་གྱི་ལུང་ལ་ཡང་། རྒྱུ་མཚན་ཉིད་ཀྱི་ཐེག་པའི་ལུང་དང་། འབྲས་བུ་སྔགས་ཀྱི་ཐེག་པའི་ལུང་གཉིས་སུ་ཤེས་པར་བྱ་ལ། རྟོགས་པ་ལ་ཡང་། ཐེག་པ་ཆེ་ཆུང་གི་རྟོགས་པ་གཉིས། ཐེག་ཆེན་ལ་ཡང་རྒྱུ་འབྲས་གཉིས་ཀྱི་དབྱེ་བས་རྟོགས་པ་གཉིས་སུ་དབྱེ་བར་བྱའོ། །དེ་དག་ལ་བཤད་སྒྲུབ་བྱེད་པ་ལ་བསྟན་པ་འཛིན་པར་གསུངས་ཏེ། མངོན་པ་མཛོད་ལས། སྟོན་པའི་དམ་ཆོས་རྣམ་གཉིས་ཏེ། །ལུང་དང་རྟོགས་པའི་བདག་ཉིད་དོ། །དེ་འཛིན་བྱེད་པ་སྨྲ་བྱེད་པ། །སྒྲུབ་པར་བྱེད་པ་ཁོ་ན་ཡིན། །ཞེས་གསུངས་པ་ལྟར་རོ། །དེའི་སྙིང་པོ་ཡང་། རང་གཞན་གྱི་སེམས་འདུལ་བའི་ཐབས་སྡིག་པ་སྤོང་ཞིང་། དགེ་བ་སྒྲུབ་པ་ལ་འདུས་ཏེ། སོ་ཐར་གྱི་མདོར། དགེ་སློང་ཆེན་པོས་འདི་སྐད་གསུངས། །སྡིག་པ་ཅི་ཡང་མི་བྱ་ཤིང་། །དགེ་བ་ཕུན་སུམ་ཚོགས་པར་སྤྱོད། །རང་གི་སེམས་ནི་ཡོངས་སུ་འདུལ། །འདི་ནི་སངས་རྒྱས་བསྟན་པ་ཡིན། །ཅེས་གསུངས་པས་སོ། །

གཉིས་པ་ལ་གསུམ། ལུས་རྣམ་པར་གཞག་པ། ཚིག་དོན་རྒྱས་པར་བཤད་པ། ལེགས་པར་ཤེས་ནས་བཀོད་པའི་ཚུལ་དང་གསུམ་མོ། །དང་པོ་ནི། སོ་སོར་ཞེས་སོགས་ནས། ཉོན་ཅེས་པའི་བར་ཏེ། བཤད་ཀྱིས་ཉོན། ཅེས་དྲང་ངོ་། །གང་འཆད་ན། སོ་ཐར་གྱི་སྡོམ་པ་སོགས་དོན་ཚན་བཅུ་གཅིག་གོ། །བཅུ་གཅིག་གང་ཞེ་ན། ཐེག་པ་ཆེ་ཆུང་གིས་བསྡུས་པའི་སོ་སོར་ཐར་པའི་སྡོམ་པ་དང་། བྱང་ཆུབ་སེམས་དཔའི་སེམས་བསྐྱེད་ལུགས་གཉིས་དང་། གསང་སྔགས་ཀྱི་དབང་བསྐུར་དམ་ཚིག་དང་བཅས་པ་འདི་གསུམ་ནི་བཤད་བྱའི་གཙོ་བོ་ཡིན་ལ། སྡོམ་གསུམ་དེ་དག་གི་ཆོ་ག་དང་། སྡོམ་གསུམ་སོ་སོའི་བསླབ་བྱ་དང་། བྱེ་བྲག་ཏུ་བྱང་སེམས་སྡོམ་པ་ལ་དགོས་པའི་སེམས་བསྐྱེད་པའི་ཆོ་ག་དང་དེས་མཚོན་པའི་བསྔོ་བ་སོགས་དང་། སྟོང་ཉིད་སྙིང་རྗེའི་སྙིང་པོ་ཅན་དང་གསང་སྔགས་སྡོམ་པ་ལ་དགོས་པ་བསྐྱེད་རིམ་དང་། རྫོགས་རིམ་གཉིས་ཀྱི་གསང་ཚིག་དང་ཡེ་ཤེས་ཕྱག་རྒྱ་ཆེན་པོའི་དོན་དང་། དེ་དག་གི་ཐབས། ཕྱི་ནང་གསང་བ་དེ་ཁོ་ན་ཉིད་ཀྱི་རྟེན་འབྲེལ་དང་དེ་ལས་མདོ་སྔགས་ཀྱི་ས་ལམ་བགྲོད་ཚུལ་ཏེ། བརྒྱད་ནི་སྡོམ་གསུམ་ཉམས་སུ་ལེན་པ་ལ་དགོས་ཚུལ་འཕྲོས་ཏེ་ཟུར་ཙམ

རྣམ་པར་དབྱེ་བ་སྟེ་བཅུ་གཅིག་པོ་དེའོ། །

དེས་ན་བསྟན་བཅོས་ཀྱི་དགོས་སོགས་ཡང་བསྟན་ཏེ། དོན་ཚན་བཅུ་གཅིག་པོ་འདི་བསྟན་བཅོས་ཀྱི་བརྗོད་བྱ། བསྟན་བཅོས་འདི་ལས་བཅུ་གཅིག་པོ་དེ་རྟོགས་པ་དགོས་པ། དེ་ལས་སངས་རྒྱས་ཐོབ་པ་ཉིང་དགོས། དགོས་པ་དེ་གསུམ་ཐབས་བསྟན་བཅོས་འདི་ལས་བྱུང་བ་འབྲེལ་པའོ། །འོན་བསྟན་བཅོས་འདིའི་གདུལ་བྱ་ལ་རིགས་དུ་ཡོད་སྙམ་ན། གདུལ་བྱ་ལ་ལྡོག་པའི་རིགས་བཞིར་ཡོད་དེ། ངན་འགྲོ་སྤྲངས་ནས་མངོན་མཐོ་འཐོབ་པར་འདོད་པ་དང་། འཁོར་བ་སྤྲངས་ནས་དམན་པའི་མྱང་འདས་འཐོབ་པར་འདོད་པ་དང་། སྲིད་ཞི་སྤྲངས་ནས་ཕ་རོལ་ཏུ་ཕྱིན་པའི་བྱང་ཆུབ་འཐོབ་པར་འདོད་པ་དང་། དེའི་གོང་དུ་མཐར་ཐུག་རྡོ་རྗེ་འཛིན་པའི་ས་འཐོབ་པར་འདོད་པའི་གང་ཟག་བཞིར་ཡོད་པས་སོ། །དེའི་རྒྱུ་མཚན་ཡང་། སྡོམ་པ་གསུམ་བསྟན་དགོས་ཀྱི་གང་ཟག་གསུམ་པོ་དེ་ཡང་དང་པོར་སྡོམ་པའི་སྣོད་རུང་དགོས་ལ། དེ་ལ་ཡང་ངན་སོང་སྤྲངས་ནས་མངོན་མཐོ་ཐོབ་དགོས་ཤིང་། དེ་ལ་ཡང་མངོན་མཐོའི་ཐབས་བསྟན་དགོས་པའི་ཕྱིར་དང་། སྔགས་ཉམས་སུ་བླངས་པར་རྡོ་རྗེ་འཆང་གི་གོ་འཕང་མི་འཐོབ་པར་བཞེད་པས་སོ། །དོན་འདི་ལ་དགོངས་ནས། དེས་ན་ལས་དང་རྣམ་སྨིན་གྱི། །རྣམ་པར་དབྱེ་བ་བཤད་ཀྱི་ཉོན། །ཅེས་སོགས་ཀྱིས་ལས་འབྲས་ཀྱི་རྣམ་གཞག་བཤད་པ་ཡིན་ཞིང་། བདག་མེད་མའི་བསྟོད་འགྲེལ་དུ། ཕར་ཕྱིན་ཐེག་པ་དང་། སྔགས་ཀྱི་ཐེག་པས་ཐོབ་པའི་སངས་རྒྱས་གཉིས་ལ་མཚན་བཏགས་ཀྱི་ཁྱད་པར་ཡོད་པར་ཆུ་དང་འོ་མས་བཅུས་པའི་སྐྱུ་རུ་རའི་དཔེས་བསྒྲུབས་པས་སོ། །

གཉིས་པ་ལ། དངོས་དོན་སྡོམ་གསུམ་གཏན་ལ་དབབ་པ་དང་། ཞར་བྱུང་དུ་འཕྲུལ་པ་སྤོང་ཚུལ་གདམས་པའོ། །དང་པོ་ལ་གསུམ། སོ་ཐར། བྱང་སེམས། སྔགས་ཀྱི་ལུགས་གཏན་ལ་དབབ་པའོ། །དང་པོ་ལ་གསུམ། བཅས་པའི་རྣམ་པར་བཞག་པ་བསྟན་པ། འཇིག་གཞིའི་རྩ་བ་རྒྱུ་འབྲས་བསྟན་པ། ཁྱད་ཆོས་ཞིབ་ཏུ་རྣམ་པར་བཤད་པའོ། །དང་པོ་ལ། མདོར་བསྟན། རྒྱས་བཤད་དོ། །དང་པོ་ནི། སོ་སོར་ཞེས་སོགས་ནས་ཡོད་ཅེས་པ་སྟེ། ཤེས་བྱ་ཆོས་ཅན། སོ་ཐར་ཉན་ཐོས་པའི་ལུགས་ཁོ་ནར་མ་ངེས་ཏེ། དེ་ལ་ཉན་ཐོས་དང་ཐེག་ཆེན་གྱི་ལུགས་གཉིས་སུ་ཡོད་པས་སོ། །སོ་ཐར་ལ་ལུགས་གཉིས་སུ་ཕྱེ་བ་ཆོས་ཅན། དགོས་པ་ཡོད་དེ། ཐེག་ཆེན་གྱི་སོ་ཐར་མེད་དམ་སྙམ་པའི་དོགས་པ་བཀག་ནས་དེ་སངས་རྒྱས་ཀྱིས་གསུངས་པར་རྟོགས་པའི་ཆེད་ཡིན་པས་སོ། །

འདིར་སོ་ཐར་སྡོམ་པ་ལ། ཉན་ཐོས་དང་ཐེག་ཆེན་གྱི་ལུགས་གཉིས་ལས། ཉན་ཐོས་པའི་ལུགས་མདོ་

ཙམ་བརྗོད་ན། སོ་ཐར་སྡོམ་པའི་རྒྱུ། ངོ་བོ། དབྱེ་བ། བསྲུང་ཚུལ། ཉམས་ན་ཕྱིར་འཚོས་ཚུལ་དང་ལྡུས་རྟོགས་པར་བྱའོ། །དང་པོ་ནི། སྔོན་ཆོག་དང་། ད་ལྟར་གྱི་ཆོགས་ཐོབ་པའི་ཚུལ་གཉིས་ལས། དང་པོ་ལ། སངས་རྒྱས་དང་རང་རྒྱལ་འགའ་ཞིག་རང་བྱུང་གི་རྟོགས་པ་ལྟ་བུ་རང་ཉིད་ཀྱི་ལུས་ངག་གི་རྣམ་རིག་ལས་ཐོབ་པ་དང་། མཆོག་ཟུང་གཅིག་ལྟ་བུ་གཞན་གྱི་ལུས་ངག་གི་རྣམ་རིག་ལས་ཐོབ་པ་ཅི་རིགས་སུ་ཡོད་དོ། །

གཉིས་པ་ད་ལྟ་བའི་ཐོབ་ཚུལ་ལ། མཛོད་དུ། སོ་སོར་ཐར་ཅེས་པ། གཞན་གྱི་རྣམ་རིག་བྱེད་སོགས་ཀྱིས། ཞེས་བཤད་པ་ལྟར། མཁན་སློབ་ལ་སོགས་པ་གཞན་གྱི་ལུས་ངག་གི་རིག་བྱེད་ལས་སྐྱེ་ཞིང་། གཞན་ཡང་། དགེ་སློང་མ་གཏོགས་རིས་བདུན་ནི། འགལ་རྐྱེན་བཞི་དང་བྲལ་ཞིང་། མཐུན་རྐྱེན་ལྔ་ཚང་བ་ལས་སྐྱེ་ལ། དགེ་སློང་གི་སྡོམ་པ་ནི། སངས་རྒྱས་མངོན་དུ་གྱུར་པ་སོགས་མངོན་དུ་གྱུར་པ་བཅུ་ཚང་བ་ལས་སྐྱེ་བར་ལུང་དུ་བཤད་དོ། །

གཉིས་པ་ངོ་བོ་ནི། བྱེ་བྲག་སྨྲ་བ་ནི། གཟུགས་ཅན་དུ་འདོད་དེ། མཛོད་དུ། འཆལ་བའི་ཚུལ་ཁྲིམས་མི་དགེའི་གཟུགས། །དེ་སྤོང་བ་ནི་རྣམ་པ་གཉིས། །སངས་རྒྱས་ཀྱིས་ནི་བཅད་པ་ཡང་། །ཞེས་སོགས་གསུངས་པས་སོ། །མདོ་སྡེ་པ་ཡན་ཆད་ནི། སྤོང་སེམས་ལ་འདོད་ལ། དེ་ལ་ཡང་། མངོན་གྱུར་དང་། དབང་གི་ཚུལ་གཉིས་སུ་ཡོད་དེ། དགེ་སློང་གཉིད་ལོག་བཞིན་པ་ལྟ་བུ་དབང་ལྡན་གྱི་ཚུལ་དུ་ཡོད་པས་སོ། །སོ་ཐར་སྡོམ་པའི་མཚན་ཉིད་ནི། གཞན་ལ་གནོད་པ་གཞི་དང་བཅས་པ་ལས་ལྡོག་པའི་ཚུལ་ཁྲིམས་གང་ཞིག །འདོད་པ་ན་སྤྱོད་པས་བསྡུས་པ། དབྱེ་བ་ན་རིས་བརྒྱད་དེ། དགེ་བསྙེན་ཕ་མའི་སྡོམ་པ་སོགས་སོ། །དགེ་བསྙེན་གྱི་སྡོམ་པའི་མཚན་ཉིད། སོ་ཐར་སྡོམ་པ་གང་ཞིག །རྟེན་གྱི་གང་ཟག་དགེ་བསྙེན་དུ་ཁས་བླངས་པས་རང་གི་སྲུང་བྱ་ཇི་སྲིད་འཚོའི་བར་དུ་སྲུང་བར་མནོས་པ། དབྱེ་ན་སྣ་གཅིག་གཅོད་པ། སྣ་འགའ་གཅོད་པ། ཕལ་ཆེར་གཅོད་པ། རྫོགས་པར་གཅོད་པ། ཡོངས་སུ་རྫོགས་པ། གོ་མིའི་དགེ་བསྙེན་ལ་སོགས་པའོ། །དེའི་ནང་ནས་ཡོངས་རྫོགས་ཀྱི་དགེ་བསྙེན་གྱི་སྡོམ་པའི་མཚན་ཉིད། སོ་ཐར་སྡོམ་པ་གང་ཞིག །རྟེན་གྱི་གང་ཟག་དེ་ཉིད་དགེ་བསྙེན་དུ་ཁས་བླངས་པས་སྲུང་བྱ་ལྔ་ཇི་སྲིད་འཚོའི་བར་སྲུང་བར་མནོས་པ། གོ་མི་ནི། བསྙེན་གནས་ཡན་ལག་བརྒྱད་ཇི་སྲིད་འཚོའི་བར་ཁས་ལེན་པ་ལ་འདོད་པར་མཛོད་འགྲེལ་དུ་འབྱུང་ངོ་། །བསྙེན་གནས་ཀྱི་སྡོམ་པའི་མཚན་ཉིད་གང་ཞིག །རྟེན་གྱི་གང་ཟག་བསྙེན་གནས་པར་ཁས་བླངས་པས་རང་གི་སྲུང་བྱ་བརྒྱད་ཉིན་ཞག་གི་མཐའ་ཅན་ལ་སྲུང་བར་མནོས་པ། དགེ་ཚུལ་སྡོམ་པའི་མཚན་ཉིད་གང་ཞིག །རྟེན་གྱི་གང་ཟག་དགེ་ཚུལ་དུ་ཁས་བླངས་པས་རང་གི་སྲུང་བྱ་བཅུ་ཇི་སྲིད་འཚོའི་བར་ཏུ་སྲུང་བར་མནོས་པ།དགེ་སློབ་མའི་སྡོམ་པའི་

མཚན་ཉིད་གང་ཞིག །རྟེན་གྱི་གང་ཟག་བར་སློབ་མར་ཁས་བླངས་པས། རང་གི་སྲུང་བྱ་ཉེར་གཉིས་ལོ་གཉིས་སུ་སྲུང་བར་མནོས་པ། དགེ་སློང་གི་སྡོམ་པའི་མཚན་ཉིད་གང་ཞིག །རྟེན་གྱི་གང་ཟག་དགེ་སློང་དུ་ཁས་བླངས་པས། རང་གི་སྲུང་བྱ་རྣམས་ཇི་སྲིད་འཚོའི་བར་ཏུ་སྲུང་བར་མནོས་པ། གཞན་རྣམས་ལ་རྟེན་ཕོ་མོ་གཉིས་གཉིས་ཡོད་པས་ཕ་མའི་སྡོམ་པ་གཉིས་གཉིས་སུ་ཕྱེ་ལ། བར་སློབ་མ་བུད་མེད་ཁོ་ན་ལ་སྐྱེར་ཞིང་། བསྙེན་གནས་ཡུན་ཐུང་བས་གཉིས་སུ་མ་ཕྱེས་སོ། །དོན་དེ་ཡང་། མཛོད་ལས། སྲུང་བྱ་ལྔ་བརྒྱད་བཅུ་དང་ནི། །ཐམས་ཅད་སྲུང་བར་མནོས་པ་ལ། །དགེ་བསྙེན་དང་ནི་བསྙེན་གནས་དང་། །དགེ་ཚུལ་ཆེད་དང་དགེ་སློང་ཉིད། །ཅེས་གསུངས་ཤིང་། རིས་བརྒྱད་པོ་དེ་ཡང་བསྡུ་ན་བཞིར་འདུས་ཏེ། རྫས་སུ་རྣམ་པ་བཞི་ཡིན་ནོ། །མཚན་ལས་མིང་ནི་འཕོ་བའི་ཕྱིར། །ཐམས་ཅད་དེ་དག་འགལ་བ་མེད། །ཅེས་འབྱུང་བ་ལྟར་རོ། །བཞི་པ་བསྲུང་བའི་ཚུལ་ལ། དུ་མར་ཡོད་དེ། གནས་ཀྱི་བླ་མ་ལ་སོགས་པ་གང་ཟག་གཞན་ལ་བརྟེན་ནས་བསྲུང་བ་དང་། མི་མཐུན་ཕྱོགས་ཉེས་ལྟུང་ངོ་ཤེས་པའི་སྒོ་ནས་བསྲུང་བ་དང་། གསོ་སྦྱོང་ལ་སོགས་པ་བསླབ་པ་སྲུང་བའི་གཞི་བརྟེན་པའི་སྒོ་ནས་བསྲུང་བ་དང་། གོས་དང་སྨན་ལ་སོགས་པ་བདེ་བར་གནས་པའི་རྐྱེན་བསྟེན་པའི་སྒོ་ནས་བསྲུང་བ་ལ་སོགས་པའོ། །དེ་ཡང་བསྡུ་ན། འདུལ་བ་བསྡུ་བར། ལྟུང་བའི་རྒྱུ་ཡང་རྣམ་བཞི་སྟེ། །མི་ཤེས་པ་དང་བག་མེད་དང་། །ཉོན་མོངས་མང་དང་མ་གུས་པའོ། །ཞེས་གསུང་པ་ལྟར། ཉེས་ལྟུང་གི་རྒྱུ་ཐུན་མོང་དང་ཐུན་མོང་མིན་པ་རྣམས་སྤངས་ཏེ། ངོ་ཚ་ཁྲེལ་ཡོད་དང་དྲན་པ་དང་ཤེས་བཞིན་གྱིས་ལེགས་པར་བསྡམ་པར་བྱ་བ་ཡིན་ནོ། །ཅི་ནུས་ཀྱིས་བསྲུངས་ཀྱང་གཏོང་རྒྱུ་དྲག་པོས་བསྲུང་མ་ནུས་ན་བབ་ཅོལ་དུ་གཏོང་བས་འབུལ་ཆོག་བྱ་སྟེ། ཕྱིས་དག་པ་བསླང་དུ་རུང་ཞིང་། ཉམས་པའི་ཉེས་པ་མི་འབྱུང་བས་སོ། །ཇི་སྐད་དུ། བསླབ་ལ་མི་གནས་དེ་དག་ནི། །བདེ་གཤེགས་རྒྱལ་མཚན་འཛིན་པ་བས། །བསླབ་ལ་མི་གནས་སྐད་ཅིག་ལ། །གཟུ་བོར་ཁྲིམ་པར་གནས་པ་བཟང་། །ཅེས་གསུངས་པ་ལྟར་རོ། །དེ་ཡང་རབ་བྱུང་གི་དབང་དུ་བྱས་སོ། །གཏོང་རྒྱུ་གཞན་ནི་ཤི་འཕོས་པ་དང་། མཚན་གཉིས་བྱུང་བ་དང་། ཁས་བླངས་པའི་འཕེན་པ་རྫོགས་པ་ལ་སོགས་པ་སྟེ། མཛོད་དུ། བསླབ་པ་ཕུལ་དང་ཤི་འཕོས་དང་། །མཚན་གཉིས་དག་ནི་བྱུང་བ་དང་། །རྩ་བ་ཆད་དང་མཚན་འདས་ལས། །སོ་སོར་ཐར་པའི་འདུལ་བ་གཏོང་། །ཁ་ཅིག་ལྟུང་བར་གྱུར་ལས་སྐྱེ། །གཞན་དག་དམ་ཆོས་ནུབ་པ་ན། །ཁ་ཆེ་རྣམས་ནི་བྱུང་བ་ན། །བུ་ལོན་ནོར་གཞན་གཉིས་སུ་འདོད། །ཅེས་གསུངས་པ་ལྟར་རོ། །ལྔ་པ་ཉམས་པ་བཅོས་པའི་ཚུལ་ནི། དགེ་བསྙེན་དང་། བསྙེན་གནས་ནི་རྩ་བ་ལས་ཉམས་ན་སླར་སྡོམ་ལྡན་ལས་བསླང་བར་བྱ་ཞིང་། ཡན་ལག་ལས་ཉམས་ན་འགྱོད་པ་བསྐྱེད་དེ་ཕྱིས་མི་བྱེད་པར་ཡིད་ཀྱིས་བསྡོམས་པའི་སྒོ་ནས་དག་པར་བྱའོ། །

རབ་བྱུང་གིས་ནི་རྩ་བ་ལས་འཆབ་བཅས་ཀྱིས་ཉམས་ན་བསླད་པའི་ལས་ཀྱིས་དག་པར་བྱ་ལ། འཆབ་མེད་ཡིན་ན། སླར་བསླབ་པ་བྱིན་པའི་སྒོ་ནས་ལྡང་བར་གསུངས་སོ། །ཡན་ལག་རྣམས་ལས་ཉམས་ན་ལྡང་ཚུལ་སོ་སོར་གསུངས་ཏེ། དགེ་ཚུལ་གྱིས་ཆང་འཐུང་བ་ལ་སོགས་པ་དྲུག་ལས་ཉམས་པ་རྣམས་ནི་བཤགས་པའི་སྒོ་ནས་དག་པར་བྱེད་ལ། དུད་འགྲོ་བསད་པ་སོགས་བླངས་པ་ཕྱོགས་མཐུན་ལས་འདས་ན་ཕྱིས་མི་བྱེད་པར་ཡིད་ཀྱིས་བསྡོམས་པའི་སྒོ་ནས་དག་པར་བྱེད་དོ། །དགེ་སློང་གིས་ནི་ཡན་ལག་རྣམས་ལས་ལྷག་མ་འཆབ་བཅས་ནི་འཆབ་པའི་ཞག་གྲངས་བཞིན་སྤོང་བ་དང་། དེ་ནས་མགུ་བ་དང་དབྱུང་བའི་ལས་ཀྱིས་དག་དགོས་ལ། ལྷག་མ་འཆབ་མེད་ནི་མགུ་བ་ཞག་དྲུག་སྤྱོད་པ་སོགས་ཀྱིས་དག་པར་བྱེད་དོ། །སྤང་ལྟུང་ནི། ལྟུང་བ་བསྐྱེད་པའི་དངོས་པོ་དེ་ཞག་གཅིག་སྤངས་ཏེ། མཐོལ་ཡུལ་མཚན་ཉིད་པ་ལ་མཐོལ་བཤགས་བྱས་པའི་སྒོ་ནས་ལྡང་བའམ་འཆོས་ལ། འཕིགས་པ་མན་ཆད་བཤགས་ཡུལ་གྱི་མདུན་དུ་མི་རིགས་བརྗོད་པའི་བཤགས་པ་སོགས་རང་རང་གི་འཆོས་ཚུལ་འདུལ་བ་ནས་བཤད་པ་བཞིན་བྱས་ཏེ། ཕྱིར་འཆོས་པར་བྱའོ། །བཤགས་ཡུལ་འབད་པས་བཙལ་ཀྱང་མ་འབྱོར་ན། སེམས་དག་པར་གྱུར་པས་བཤགས་དགོས། ཕྱིར་བཅོས་པའི་དོན་ཚང་སྟེ། མདོ་རྩར། མཐར་བཙལ་བའི་རྐྱེན་མ་འབྱོར་ན་ཡོངས་སུ་དག་པ་ཉིད་ཡིན་ནོ། །ཞེས་གསུངས་པས་སོ། །ལྷག་མའི་ལྟུང་བ་ཡང་སྤོང་མགུ་སྤྱོད་པ་སོགས་འཕྲུལ་ལ་མ་འགྲུབ་ཀྱང་བྱིན་གྱིས་བརླབས་ན་མི་འཕེལ་ཏེ། མདོར། བྱིན་གྱིས་བརླབས་པས་དག་པ་ཉིད་དུ་འགྱུར་རོ། །ཞེས་གསུངས་པ་ཡིན་ནོ། །འདི་དག་ནི་ཉན་ཐོས་པའི་ལུགས་ཡིན་ལ། གཉིས་པ་ཐེག་ཆེན་གྱི་སོ་ཐར་ལ། སྔོན་ཆོག་དང་ད་ལྟར་གྱི་ལུགས་གཉིས་ལས། དང་པོ་ནི། ཕལ་ཆེར་དེང་སང་ནུབ་པས་འདིར་རྒྱས་པར་མི་བརྗོད་ལ། ད་ལྟར་གྱི་ཆོ་ག་བྱེད་ཚུལ་ནི། གཞུང་འདིར་འོག་ནས། དེས་ན་ད་ལྟའི་ཆོ་ག་ནི། །བསམ་པ་སེམས་བསྐྱེད་ཀྱིས་བཟུང་བའི། །ཆོ་ག་ཉན་ཐོས་ལུགས་བཞིན་གྱིས། ། སོ་སོར་ཐར་པ་རིགས་བརྒྱད་པོ། །བྱང་སེམས་སོ་སོར་ཐར་པར་འགྱུར། །ཞེས་འབྱུང་བ་ལྟར། ཀུན་སློང་ཐེག་ཆེན་སེམས་བསྐྱེད་ཀྱིས་ཟིན་པར་བྱས་ཏེ། ཆོ་གའི་ཚུལ་ཉན་ཐོས་བཞིན་བླངས་པས་ཆོག་པར་བཞེད་པས་རྒྱས་པར་སྤྲུར་བར་བྱའོ། །དེང་སང་འགའ་ཞིག་ཆོ་ག་ཐམས་ཅད་པོ་ལ་བསམ་པ་ཡར་འཕེན་ཟེར་བའི་ལུགས་བྱེད་པའང་འདི་དང་ཚུལ་མཚུངས་པར་ཉེའོ། །

གཉིས་པ་རྒྱས་བཤད་ལ། ཉན་ཐོས་ཀྱི་སོ་ཐར་དང་། བྱང་སེམས་ཀྱི་སོ་ཐར་གཉིས། དང་པོ་ལ། སོ་ཐར་གྱི་ཁྱད་ཆོས་སྤྱིར་བསྟན་པ་དང་། བསྙེན་གནས་བྱེ་བྲག་ཏུ་བཤད་པ་གཉིས། དང་པོ་ལ་གསུམ། བསྲུང་གཏོང་གིས་དུས་ཚིགས་ངོས་བཟུང་བ། དེའི་རྒྱུ་མཚན་འགོད་པ། གཞན་གྱིས་ལོག་རྟོག་དགག་པའོ། །དང་པོ་ནི།

ཉན་ཐོས། ཞེས་སོགས་ནས་གཏོང་འབྲང་། ཞེས་པའི་བར་ཏེ། ཁོ་ན་རེ། ཐེག་ཆེན་ལུགས་ཀྱི་སོ་ཐར་སྡོམ་པ་ཡོད་ན་དེ་བྱང་སེམས་ཀྱི་སྡོམ་པ་ཡིན་དགོས་པས་བྱང་སེམས་ཀྱི་སྡོམ་པ་དང་། ཉན་ཐོས་ཀྱི་སྡོམ་པ་གཉིས་བསྲུང་གཏོང་གི་དུས་མཚམས་མཚུངས་པར་འགྱུར་རོ་ཟེར་ན། ཤེས་བྱ་ཆོས་ཅན། ཐེག་ཆེན་ལུགས་ཀྱི་སོ་ཐར་སྡོམ་པ་ཡོད་ཀྱང་། བྱང་སེམས་དང་ཉན་ཐོས་ཀྱི་སྡོམ་པ་གཉིས་བསྲུང་གཏོང་གི་དུས་མཚམས་མི་མཚུངས་ལ། ཉན་ཐོས་རྣམས་ཀྱི་སྐྱབས་འགྲོ་ནས། བསྙེན་གནས་གོ་མི་གཉིས་མ་རྫོགས་པའི། དགེ་སློང་གི་སྡོམ་པའི་བར་ཇི་སྲིད་འཚོའི་བར་སྲུང་ཞིང་རྟེན་གྱི་གང་ཟག་ཤི་བའི་ཚེ་ན་སྡོམ་པ་དེ་རྣམས་གཏོང་ལ་བྱང་སེམས་ཀྱི་གསོ་སྦྱོང་མ་རྫོགས་པའི་སྡོམ་པ་རྣམས་གང་ཟག་དེ་ཤི་འཕོས་ནས་ཀྱང་རྗེས་སུ་འབྲངས་པ་ཡོད་པས་སོ། །འོ་ན་ཤི་ནས་གཏོང་བ་ཡོད་ན། ཤི་ནས་དེའི་འབྲས་བུའང་འབྱུང་བ་མེད་པར་འགྱུར་རོ་སྙམ་ན། སྡོམ་པ་ཞེས་ནས་འགྱུར་ཞེས་པ་སྟེ། ཆོས་ཅན་གང་ཟག་ཤི་འཕོས་ནས་སོ་ཐར་སྡོམ་པ་དེ་བཏང་ཡང་དེའི་འབྲས་བུས་ཤི་ནས་མི་སྨིན་པར་མ་ངེས་པར་ཐལ། དེ་བཏང་ཡང་དེའི་འབྲས་བུས་ཚེ་འཕོས་ནས་འབྱུང་བ་ཡོད་པའི་ཕྱིར་ཏེ། ཚུལ་ཁྲིམས་ཀྱི་རྣམ་སྨིན་ཕྱི་མར་མཐོ་རིས་ཀྱི་རྟེན་དུ་ཧྲིང་ངེ་འཛིན་ཤེས་རབ་སོགས་དང་མཐར་ཐུག་སངས་རྒྱས་ཐོབ་པར་བྱེད་པས་སོ། །ལུང་དུ། ཚུལ་ཁྲིམས་ཀྱིས་ནི་བདེ་འགྲོར་འགྲོ། །ཞེས་གསུངས་པ་ལྟར་རོ། །གཉིས་པ་ནི། དེ་དག་ཅེས་སོགས་ནས་དེ་ཉིད་ཡིན་ཞེས་པའི་བར་ཏེ། ཉན་ཐོས་སྡོམ་པ་ཤི་ནས་གཏོང་བ་ཡོད་པ་དང་།བྱང་སེམས་སྡོམ་པ་ཤི་ནས་ཀྱང་འབྲང་བ་ཡོད་པ་དེ་དག་གི་རྒྱུ་མཚན་ཡང་ཉན་ཐོས་པའི་ལུགས་ལ་ཤི་བའི་ཚེ་ན་སྡོམ་པ་གཏོང་བ་ཡོད་དེ། དེའི་ལུགས་ལ་སྡོམ་པའི་ངོ་བོ་རྣམ་པར་རིག་བྱེད་མིན་པའི་གཟུགས་ཅན་དང་། ཉེར་ལེན་ལུས་ངག་གི་དེ་ལ་སྐྱེ་བ་དང་། ཁས་བླངས་པའི་འཕེན་པ་རྫོགས་པར་འདོད་པའི་ཕྱིར་ཏེ། འདི་ནི་ཆོས་མངོན་པ་མཛོད་ལས་ཀྱང་། བསླབ་པ་ཕུལ་དང་ཤི་འཕོས་དང་། །མཚན་གཉིས་དག་ནི་བྱུང་བ་དང་། །རྩ་བ་ཆད་དང་མཚན་འདས་པས། །སོ་སོ་ཐར་པའི་འདུལ་བ་གཏོང་། །ཞེས་གསུངས་པ་ལུགས་འདི་ལ་ལུང་ཚད་མ་ཡིན་པས་སོ། །བྱང་སེམས་སྡོམ་འཛིན་ཤི་ནས་རྗེས་སུ་འབྲངས་པ་ཡོད་དེ། དེ་ནི་རང་གི་ཉེར་ལེན་སེམས་ལས་སྐྱེ་བའི་ཕྱིར་ན་ངོ་བོ་ཡང་གཟུགས་ཡིན་པས་དུས་ཇི་སྲིད་བླངས་སེམས་མ་ཉམས་པ་དེའི་བར་དུ་སྡོམ་པ་དེ་ཡོད་པའི་ཕྱིར་ཏེ། ཐེག་ཆེན་གྱི་མདོ་རྒྱུད་བསྟན་བཅོས་ཐམས་ཅད་ཀྱིས་དེ་ལྟ་བོའི་དགོངས་པ་ཡང་ནི་འདི་ཉིད་ཡིན་པས་སོ། །འཇམ་དབྱངས་ཞིང་བཀོད་དུ། སེམས་ཅན་གཅིག་གི་དོན་གྱི་ཕྱིར། །འཚང་རྒྱར་མོས་ཤིང་སྐྱོ་བ་མེད། །ཅེས་སོགས་དང་། དཔལ་ཁ་སྦྱོར་སོགས་ཀྱི་རྒྱུད་མང་པོར། དུས་འདི་ནས་ནི་བཟུང་ནས་སུ། །ཇི་སྲིད་བྱང་ཆུབ་སྙིང་པོའི་བར། །ཇི་ལྟར་དུས་གསུམ་མགོན་པོ་རྣམས། །ཅེས་སོགས་དང་། སྤྱོད་འཇུག་དང་། བསླབ་བཏུས་

སོགས་སྨྲ། སྡོམ་པ་ལེན་པའི་དུས། ཇི་སྲིད་བྱང་ཆུབ་སྙིང་པོའི་བར། །སངས་རྒྱས་རྣམས་ལ་སྐྱབས་སུ་མཆི། །ཞེས་སོགས་ནས། དེ་བཞིན་འགྲོ་ལ་ཕན་དོན་དུ། །བྱང་ཆུབ་སེམས་ནི་བསྐྱེད་བགྱི་ཞིང་། །བྱང་ཆུབ་སེམས་དཔའི་བསླབ་པ་ལ། །རིམ་པ་བཞིན་དུ་བསླབ་པར་བགྱི། །ཞེས་སོགས་དང་། དེ་བཞིན་དུ་བྱང་ཆུབ་སེམས་འགྲེལ་དང་། བྱང་ས་སོགས་མང་པོ་ནས་གསུངས་པ་ལྟར་རོ། །གསུམ་པ་ལ། དངོས་དོན་དང་། འཕྲོས་དོན་གཉིས། དང་པོ་ནི། ཁ་ཅིག་ནས་ཟེར། ཞེས་པ་སྟེ། བཀའ་གདམས་པ་ཁ་ཅིག་གི་ན་རེ། ཉན་ཐོས་པ་ཇི་སྲིད་འཚོའི་བར་ལེན། ཞེས་པའི་ཇི་སྲིད་འཚོའི་སྒྲ་ནི་ལུས་མ་ཞིག་པའི་བར་དང་། སེམས་རྒྱུན་མ་ཆད་པ་ལ་གོ་དགོས་པས་སོ་ཐར་གྱི་སྡོམ་པ་ཡང་བྱང་ཆུབ་མ་ཐོབ་ཀྱི་བར་དུ་དུས་གཅིག་ལ་ལེན། ཞེས་ཟེར་རོ། །དེ་དགག་པ་ལ། དེ་འདྲ་ཞེས་པ་ནས། མི་སྲིད་འགྱུར་ཞེས་པའི་བར་ཏེ། སོ་ཐར་གྱི་སྡོམ་པ། སེམས་ཇི་སྲིད་མ་ཆད་ཀྱི་བར་དུ་དུས་གཅིག་ལ་བླངས་ནས་མ་ཉམས་པར་ཡོད་ཟེར་བ་དེ་མི་འཐད་པར་ཐལ། དེ་འདྲ་དེ་སངས་རྒྱས་ཀྱི་དགོངས་པ་མིན་ཞིང་། སྡོམ་པའི་རྣམ་དབྱེ་ལ་མཁས་པའི་གཞུང་ལས་ཀྱང་དེ་འདྲ་དེ་མ་བཤད་ཅིང་། དེ་འདྲ་དེ་ལ་རིགས་པས་ཀྱང་གནོད་པས་སོ། །ཇི་ལྟར་ན། ཤེས་བྱ་ཆོས་ཅན། ཉན་ཐོས་དང་བྱང་སེམས་ཀྱི་སྡོམ་པ་ཁྱད་མེད་དུ་འགྱུར་བ་དང་། ཐུན་མོང་དང་ཐུན་མོང་མིན་པའི་སྐྱབས་འགྲོ་གཉིས་སུ་དབྱེ་མི་རུང་བ་དང་། སྡོམ་པ་གཉིས་འབོགས་པའི་ཚིག་དང་དེ་གཉིས་ཀྱི་བསླབ་བྱ་འང་གཅིག་ཏུ་འགྱུར་ལ། ཉན་ཐོས་པ་ཇི་སྲིད་འཚོའི་བར་ལེན་པའི་ཇི་སྲིད་འཚོ་བ་ནི་སེམས་ཇི་སྲིད་མ་ཆད་ཀྱི་བར་ལ་རིགས་པས་སོ། །འདོད་མི་ནུས་ཏེ། ཐེག་ཆེན་གསུངས་པ་དོན་མེད་དུ་འགྱུར་ཞིང་། དེ་ལྟར་ན། ཉན་ཐོས་སྡོམ་པའང་དོན་མེད་པས་ལེན་པ་ངལ་བ་ཙམ་དུ་ཟད་པས་སོ༑ །གཞན་ཡང་བསླབ་པ་ཕུལ་བ་ལ་སོགས་པའི་སྡོམ་པ་གཏོང་རྒྱུ་གཞན་གྱིས་ཀྱང་སྡོམ་པ་གཏོང་བ་མི་སྲིད་པར་ཐལ། གང་ཟག་དེ་ནི་ཡང་དེའི་དགེ་སློང་སོགས་སོ་ཐར་གྱི་སྡོམ་པ་མི་འདོར་བར་ཡོད་པས་སོ། །འདོད་མི་ནུས་ཏེ། ངན་སོང་རྒྱུན་ཆད་པར་འགྱུར་བས་སོ། །གཉིས་པ་ནི། དེ་ལ་ཞེས་ནས། ལོ་ཞེས་པའི་བར་ཏེ། ཁ་ཅིག་བྱེ་བྲག །བསླབ་པ་ཕུལ་པ་སོགས་ དེ་ལ། ཐེག་ཆེན་སེམས་བསྐྱེད་ཀྱིས་མ་ཟིན་པའི་སྡོམ་པ་གལ་ཏེ་གཏོང་ཡང་། བྱང་ཆུབ་སེམས་ཀྱིས་ཟིན་པའི་སྡོམ་པ་གཏོང་བ་མི་སྲིད་ཟེར་ལོ། དེ་དགག་པ་ནི། (༤ཁའབྲུ་མི་གསལ་བ་དེ་ནི་)(ཐེག་ཆེན་སེམས་བསྐྱེད་ཅེས་སོགས་ནས། མེད་པར་ཟད་ཅེས་པའི་བར་ཏེ། འོ་ན། ཤེས་བྱ་ཆོས་ཅན། ཐེག་ཆེན་(སེམས་བསྐྱེད་ཀྱིས་ཟིན་པའི་དགེ་སློང་སོགས་ཀྱིས་བྱང་སེམས་ཀྱི་(འབྲུ་མི་གསལ་བ་དེ་ཨེ་ཡིན་སྙམ།)བསླབ་པ་ཕུལ་དང་ཤི་འཕོས་དང་། རྩ་བ་ཆད་དང་ལ་སོགས་པ། གཏོང་རྒྱུ་ཀུན་གྱི་སྡོམ་པ་མི་གཏོང་བར་འགྱུར་བར་ཐལ། བྱང་སེམས་ཀྱིས་ཟིན་པའི་སྡོམ་པ་གཏོང་བ་མི་སྲིད་པས་སོ། །འདོད་པ་དེ་ལྟ་ཡིན་ན་སེམས་བསྐྱེད་ཀྱིས་ཟིན་པའི་

དགེ་སློང་གིས་སྡོམ་པ་ཕུལ་ཡང་བསྲུང་དགོས་པར་འགྱུར་བ་དང་། མ་བསྲུངས་ན་དགེ་སློང་ཉམས་པར་འགྱུར་བ་དང་། དགེ་སློང་དེ་ཤི་འཕོས་ནས་ཀྱང་དགེ་སློང་དུ་ཐལ་ལོ། །དེ་འདོད་ན། ཆོས་ཅན་ལྷའི་དགེ་སློང་སྲིད་པར་ཐལ། ཤི་འཕོས་པ་ལྷར་སྐྱེས་པའི་དགེ་སློང་སྲིད་པས་སོ། །རྟགས་ཁས་བླངས། ཆོས་ཅན་བྱིས་པ་ལ་སླར་བླངས་མི་དགོས་པར་དགེ་སློང་དུ་འགྱུར་བ་ཡོད་པར་ཐལ། ཤི་ཡང་དགེ་སློང་གི་སྡོམ་པ་མ་ཉམས་པར་མིར་སྐྱེ་བ་ཡོད་པས་སོ། །འདོད་ན། ལྷ་དང་བྱིས་པ་དེ་ལ་སྲོག་གཅོད་པ་སོགས་ཀྱི་རྒྱ་བའི་ཉེས་པ་བྱུང་ན་ཕམ་པ་བྱུང་བ་དང་། འཆབ་སེམས་སྐྱེས་ན་སླར་སྡོམ་པ་བླང་དུ་མེད་པར་ཐལ་བ་ལས། དེ་ལྟར་ཡང་མིན་པར་ལྷ་དང་བྱིས་པའི་དགེ་སློང་ནི་འདུལ་བའི་སྡེ་སྣོད་རྣམས་ལས་བཀག་པས་དེ་ལྟར་ན་ལོ་བདུན་མ་ལོན་པར་རབ་བྱུང་བྱེད་པ་དང་ཉི་ཤུ་མ་ལོན་པར་དགེ་སློང་བྱེད་པ་ཆོས་འདུལ་བ་དང་འགལ་བ་འདི། ད་ལྟ་བའི་དབང་དུ་བྱས་ནས་གསུངས་སོ། །གཞན་ཡང་། ཐེག་ཆེན་སེམས་བསྐྱེད་དེ་དང་ལྡན་པའི་བསྙེན་གནས་ཀྱང་རྟག་ཏུ་ཉམས་པར་བསྲུང་དགོས་པར་འགྱུར་ཏེ། དེ་བླངས་པའི་དུས་དེ་ལས་ནངས་པར་ཕན་ཆད་ཀྱང་ཡོད་པའི་ཕྱིར་དང་། ནངས་པར་བསྙེན་གནས་གཏོང་བ་ནི་སེམས་བསྐྱེད་ཀྱིས་ཟིན་པའི་སྡོམ་པ་རྒྱུན་དུ་འབྱུང་བ་འགལ་བའི་ཕྱིར་རོ། །སྐྱེ་མ་ལ་ཁྱབ་པ་ཡོད་དེ། བསྲུང་པ་མིན་ན་བསྙེན་གནས་ཉམས་པར་འགྱུར་བས་སོ། །དེས་ན་སོ་སོར་ཐར་པའི་སྡོམ་པ་ནི་དེའི་རྟེན་གྱི་གང་ཟག་དེ་ཤི་ཡང་དེའི་རྗེས་སུ་སེམས་མ་ཉམས་ཀྱི་བར་དུ་ཡོད་དོ་ཞེས་སྨྲ་བའི་སྐྱེས་བུ་དེ་ལ་ནི། སྡེ་སྣོད་ཀྱི་རྣམ་དབྱེ་མེད་པར་རང་དགར་སྨྲ་བར་ཟད་དེ། ཐེག་པ་ཆེ་ཆུང་གི་སྡེ་སྣོད་རྣམས་ལས་སོ་ཐར་གྱི་སྡོམ་པ་སེམས་མ་ཆད་ཀྱི་བར་དུ་ཡོད་པར་མ་གསུངས་ཤིང་། དེའི་བར་དུ་ལེན་པར་ཡང་མ་བཤད་ལ། དེ་ལ་རིག་པས་ཀྱང་གནོད་པའི་ཕྱིར་རོ། །

གཉིས་པ་བསྙེན་གནས་བྱེ་བྲག་ཏུ་བཤད་པ་ལ་གཉིས། ལེན་ཚུལ་དང་། བསྲུང་ཚུལ་ལོ། །དང་པོ་ནི། བྱེ་བྲག་ཅེས་སོགས་ནས། ཁྱད་པར་ཡོད་ཅེས་པའི་བར་ཏེ། གོང་དུ་ད་ལྟ་བའི་རབ་བྱུང་དགེ་སློང་ལས་ལེན་པར་བསྟན་པ་ལ། འོ་ན་བསྙེན་གནས་ཀྱང་དགེ་སློང་ལས་ལེན་དགོས་སམ་ཟེར་ན། གཉིས་སུ་ཡོད་དེ། བྱེ་བྲག་སྨྲ་བའི་ལུགས་ལ། བསྙེན་གནས་ཀྱང་དགེ་སློང་ལས་ལེན་ཏེ་དགེ་ཚུལ་ཡང་བསྟན་པ་ལ་ཞུགས་ཀྱང་མ་རྫོགས་པས་རང་གི་བྱ་བ་ཡང་གཞན་ལ་ཞུས་ཤིང་བྱེད་དགོས་ན། དགེ་བསྙེན་མན་ཆད་ལྟ་སྨོས་ཀྱང་ཅི་དགོས་པར་འདོད་པས་སོ། །མདོ་སྡེ་པ་ནི་བླང་བའི་ཡུལ། དགེ་སློང་ཁོ་ནར་མི་འདོད་དེ། དགེ་བསྙེན་སོགས་ཚོག་ཤེས་པ་གང་ཡང་རུང་བ་ལས་བླངས་པར་གསུངས་ཤིང་དེ་ལྟར་འདོད་པས་སོ། །ཁྱིམ་བདག་མགོན་མེད་ཟས་སྦྱིན་གྱིས་མང་པོ་ལ་བསྙེན་གནས་ཕོག་པར་ལུང་དུ་གསུངས་པ་ལྟར་རོ། །ལེན་པའི་གང་ཟག་ཀྱང་མི་མཚུངས་

པའི་ལུགས་གཉིས་ཏེ། བྱེ་བྲག་སྨྲ་བ་ནི། མཛོད་དུ། ཟ་མ་མ་ནིང་སྒྲ་མི་སྙན། །མཚན་གཉིས་མ་གཏོགས་མི་རྣམས་ལ། །སྡོམ་མིན་སྡོམ་པའང་དེ་བཞིན་ལ། །ཞེས་གསུངས་པ་ལྟར། སྒྲ་མི་སྙན་མ་གཏོགས་པའི་གླིང་གསུམ་གྱི་སྐྱེས་པ་དང་བུད་མེད་གང་རུང་ལ་སྐྱེ་ཡི། དེ་ལས་གཞན་པའི་འགྲོ་བ་ལ་སྡོམ་པ་བཀག་ཅིང་མི་འདོད་པའི་ཕྱིར་དང་། མདོ་སྡེ་པ་རྣམས། དུས་བཟང་ལ་ཀླུ་མང་པོས་གསོ་སྦྱོང་བླངས་ནས་བསྲུང་བ་སོགས་ལུང་དུ་གསུངས་པ་ལྟར་ཀླུ་ལ་སོགས་པའི་དུད་འགྲོ་དང་ཡི་དྭགས་སོགས་འགྲོ་བ་གཞན་ལའང་སྐྱེ་བར་བཤད་པ་ལྟར་འདོད་པས་སོ། །འཐོབ་པའི་ཚིག་ནི། མཛོད་དུ། དམའ་བར་འདུག་སྨྲས་བཟླས་པ་ཡི། །མི་བརྒྱུན་ནམ་ནི་ལངས་པར་དུ། །བསྙེན་གནས་ཡན་ལག་ཚང་བར་ནི། །ནངས་པར་གཞན་ལ་ནོད་པར་བྱ། །ཞེས་གསུངས་པ་ལྟར་ཤེས་པར་བྱའོ། །འོ་ན་ཐེག་པ་ཆེ་ཆུང་གཉིས་ཀའང་བསྙེན་གནས་གཞན་ལ་ལེན་པ་དང་ཚིག་མཚུངས་སམ་སྙམ་ན་མི་མཚུངས་ཏེ། ཉན་ཐོས་སྡེ་གཉིས་ཀྱི་ལུགས་ལ་ཚིག་ཡང་སྐྱབས་སུ་འགྲོ་བ། སྡོན་དུ་འགྲོ་བའི་ཚུལ་གྱིས་འཐོབ་ཤིང་ལེན་པའང་དང་པོར་གང་ཟག་གཞན་ལས་ལེན་ལ། དོན་ཡོད་ཞགས་པའི་རྟོག་པ་ལས་བསྙེན་གནས་སམ་གསོ་སྦྱོང་རང་གིས་ལེན་པའི་ཚིག་ཐེག་ཆེན་སེམས་བསྐྱེད་ལེན་པ་དང་འདྲ་བར་གསུངས། དེས་ན་ཚིག་ལེན་ཡུལ་ལ་ཁྱད་པར་ཡོད་པས་སོ། །

གཉིས་པ་ལ། བསྙེན་གནས་འབུལ་བ་སོགས་དགག་པ་སོགས་གསུམ་ལས། དང་པོ་ལ་ཞེས་སོགས་ནས་བཤད་པ་མེད་ཅེས་པ་སྟེ། ལ་ལ་ན་རེ། དེ་རིང་བསྙེན་གནས་སྲུང་བའི་ནངས་པར་འབུལ་དགོས་ཏེ་མ་ཕུལ་ན་མ་བསྲུངས་པའི་ཉེས་པ་འབྱུང་། ཞེས་ཟེར་རོ། །དེ་ཆོས་ཅན། བསྙེན་གནས་འདི་ལ་སྲུང་བའི་ནངས་པར་འབུལ་མི་དགོས་པར་ཐལ། དེ་མཚན་མོ་འདས་པ་ན། ཁས་བླངས་རྫོགས་པས་གཏོང་བའི་བར་དང་། མདོ་སྡེ་པའི་ལུགས་བཞིན་དུའང་དང་པོར་གང་ཟག་གཞན་ལ་བླངས་ནས་ཕྱིས་རང་ཇི་ལྟར་འདོད་པའི་ཚེ་ལེན་པའི་ན་ཡང་ཕན་ཆད་སྲུང་བའི་བསམ་པ་མེད་ཅིང་བླངས་པའང་མེད་པས་བསྙེན་གནས་སྡོམ་པ་གཏོང་བའི་ཕྱིར་རོ། །

སྡོམ་པ་གཞན་རྣམས་ལའང་བསྲུང་དུས་རྫོགས་ཛེས་སུ་འབུལ་དགོས་པའི་སྐྱོན་མཚུངས་པས་དེ་འདྲ་དེ་མི་རིགས་པར་ཤེས་པར་བྱའོ། །གཉིས་པ་བསྙེན་གནས་འཚོལ་བ་དགག་པ་ནི། ལ་ལ། ཞེས་སོགས་ཏེ། ཡང་ལ་ལ། རང་བསྙེན་གནས་སྲུང་བར་མི་ཁོམས་ནས་ཚབ་མ་བཞག་ལ་འཚོལ་བ་ཐོས་ཏེ། དེ་འདྲའང་མི་འཐད་པར་ཐལ། དེ་འདྲ་མདོ་རྒྱུད་གང་ནའང་བཤད་པ་མེད་ཅིང་ཧ་ཅང་ཐལ་བའི་སྐྱོན་ཡོད་པས་སོ། །ཇི་ལྟར་ན། རང་ཆང་འཐུང་རིང་ལ་བསྙེན་གནས་གཞན་ལ་བཅོལ་པས་མི་འཚོར་བ་བཞིན་དུ། མི་ཚངས་པར་སྤྱོད་པ་དང་

སྲོག་གཅོད་པ་སོགས་མི་དགེ་བ་མཐའ་དག་ལ་འཇུག་པའི་ཚེའང་དགེ་སློང་ལྷ་བྱུས་སྡོམ་པ་གཞན་ལ་བཅོལ་བས་མི་ཉམས་པར་འགྱུར་བས་ཚུལ་ཁྲིམས་ལ་ཡིད་བརྟན་མེད་པར་འགྱུར་རོ། །

གསུམ་པ། ལྷ་བསྒོམ་པར་འདོད་པ་དགག་པ་ནི། ཁ་ཅིག་ནས་ཟེར་ཞེས་པ་སྟེ། བྱ་ཡུལ་བ་ཁ་ཅིག་དང་བསྙེན་གནས་འབོགས་པའི་ཚེ། ཉ་དང་གནམ་སྟོང་ཚེས་བརྒྱད་གསུམ་ལ་སངས་རྒྱས་ཤཱཀྱ་ཐུབ་པ་དང་། སྨན་བླ་དང་། ཐུགས་རྗེ་ཆེན་པོ་གསུམ་གྱི་བསྒོམ་བཟླས་ཐ་དད་མ་བྱས་ན་བསྙེན་གནས་བསྲུང་དུ་མི་འདོད་པས་ངེས་པར་ལྷ་བསྒོམ་དགོས་ཞེས་ཟེར་རོ། །དེ་དགག་པ་ལ་འདི་ཡང་། ཞེས་སོགས་ནས་བསོད་ནམས་ཆེ་ཞེས་པའི་བར་སྨོས་ཏེ། བསྙེན་གནས་ལ་ངེས་པར་ལྷ་བསྒོམ་དགོས་ཟེར་བ་འདི་ཡང་རེ་ཞིག་བརྟག་པར་བྱ་སྟེ། བརྟགས་ན་མི་འཐད་པར་ཐལ། ལྷ་བསྒོམ་ཀྱང་བསྙེན་གནས་ཉམས་པར་འགྱུར་བ་མེད་པའི་ཕྱིར་ཏེ། བསྙེན་གནས་སོ་སོར་ཐར་པའི་ལུང་གཙོ་བོར་ཉན་ཐོས་ཀྱི་གཞུང་ལུགས་ལས་འབྱུང་བ་ཡིན་ལ། ཡི་དམ་ལྷའི་སྒོམ་འབྱུང་ཤིང་། དེ་རྟུང་བས་སོ། །གཉིས་པ་ཐེག་ཆེན་ལུགས་ཀྱི་སོ་ཐར་ལ་གཉིས། སྔོན་ཚིག་དང་། དངོས་ཀྱི་ཚིག་འོ། །དང་པོ་ནི། ཐེག་པ་ཞེས་སོགས་ནས། མི་རུང་ཞེས་པའི་བར་ཏེ། ཐེག་ཆེན་ལུགས་ཀྱི་སོ་ཐར་ཇི་ལྟར་ཡོད་དམ་སྙམ་ན་ཐེག་པ་ཆེན་པོ་ལས་བྱུང་བའི་སོ་སོར་ཐར་པ་མདོ་ཙམ་བཤད་པར་བྱ་ཡི་ཉོན་ཅིག །བྱང་ཆུབ་སེམས་ཉིད་ཀྱི་ལུགས་ལའང་སོ་སོར་ཐར་པ་མེད་པ་མིན་པར་ཐལ། དེའི་ལུགས་ལ་སོ་སོར་ཐར་པའི་སྡོམ་པ་འབོགས་པའི་ཚོ་ག་འགའ་ཞིག་ཡོད་མོད་ཀྱི་ཆོ་གའི་ལག་ལེན་རྒྱས་པ་ཕལ་ཆེར་ནུབ་ཀྱང་། གསོ་སྦྱོང་རང་གིས་བླང་བ་སོགས་ཆོ་གའི་ལག་ལེན་འགའ་ཞིག་ཡོད་པས་སོ། །ཚོ་འཕྲུལ་བསྟན་པའི་མདོར། སྔོན་བསྐལ་པ་མངོན་པར་དགའ་བ་ལ་འཇིག་རྟེན་བདེ་བ་ཞེས་བྱ་བར་སངས་རྒྱས་རི་རབ་ལྷ་བུ་ལ་འཁོར་ལོས་བསྒྱུར་རྒྱལ་དགེ་བ་བཀོད་པ་ཞེས་བྱ་བས་རབ་ཏུ་བྱུང་ཞིང་། ཐུས་སྙིང་རྗེ་ཆེར་སེམས་ཞེས་པ་རྒྱས་པར་བཀོད་པས། དེ་ཉིད་ཀྱིས། རབ་བྱུང་ཡོན་ཏན་དུ་མ་བསགས་པ་ཞེས། །དེ་བཞིན་གཤེགས་པ་རྣམས་ཀྱིས་གསུང་མོད་ཀྱི། །དེ་ལྟར་ལགས་ཀྱང་སྙིང་རྗེར་གྱུར་པས་ན། །འགྲོ་ལ་ཕན་ཕྱིར་རྒྱལ་སྲིད་བདག་གིས་སྐྱབས། །ཇི་སྲིད་འཚོ་བར་བདག་ནི་ཚངས་སྤྱོད་ཅིང་། །གསོ་སྦྱོང་ཡན་ལག་བརྒྱད་པ་བླངས་པར་བྱ། །ཞེས་བརྗོད་ནས། བསྙེན་གནས་ཇི་སྲིད་འཚོ་བར་བསྲུངས་ནས་རྒྱལ་སྲིད་བསྐྱངས་པར་གསུངས་པས་ཐེག་ཆེན་གྱི་ལུགས་ཀྱི་བསྙེན་གནས་ལེན་པའི་ཆོ་ག་ཡོད་པར་གྲུབ་ཀྱི། ཆོ་གའི་ལག་ལེན་རྒྱས་པ་ནུབ་པར་གསལ་ལོ། །གཞན་ཡང་ཐེག་ཆེན་ལུགས་ཀྱི་སོ་ཐར་ཡོད་པར་ཐལ། རྒྱལ་སྲས་བྱམས་པ་དང་། བདག་ཉིད་ཆེན་པོ་འགའ་ཞིག་གིས་མཁན་པོ་མཛད་ནས་འགྲོ་བ་མང་པོ། བསྙེན་པར་རྫོགས་པར་མཛད་དོ་ཞེས་འཕགས་པ་དཀོན་མཆོག་བརྩེགས་པ་ལས

ཚིག་འབྲུ་ཙམ་ཞིག་གསུངས་སོ། །ཇི་ལྟར་ན། ཁྱིམ་བདག་དྲག་ཤུལ་ཅན་གྱིས་ཞུས་པར། རྒྱལ་སྲས་བྱམས་པས་ཁྱིམ་བདག་དགུ་སྟོང་དང་། རྒྱལ་སྲས་སྤྱོད་པ་རྣམ་དག་འཛམ་པའི་དབྱངས་ཀྱིས་ཁྱིམ་བདག་བདུན་སྟོང་རབ་ཏུ་བྱུང་ཞིང་། བསྙེན་པར་རྫོགས་པར་མཛད་དོ་ཞེས་འབྱུང་ངོ་། །འོན་ཀྱང་དེའི་ཆོ་ག་རྒྱས་པ་ནི། མདོ་ལས་གསུངས་པ་ངས་མ་མཐོང་། ཞེས་གསུངས་སོ། །དེས་ན་འདི་འདྲ་སྟོན་ཆོག་ཡིན་པས། འཕགས་པའི་སྤྱོད་ཡུལ་ཡིན་གྱི་སོ་སོའི་སྐྱེ་བོས་ད་ལྟ་བྱར་མི་རུང་མོད་བྱུང་བ་ཙམ་བཤད་པ་ཡིན་នོ། །

གཉིས་པ་ལ་གཉིས་ལས་ལེན་ཚུལ་ནི། དེས་ན། ཞེས་སོགས་ནས་འགྱུར་ཞེས་པ་སྟེ། འོ་ན། སྟོན་ཆོག་གིས་ད་ལྟ་མི་རུང་ཞིང་། མདོ་ལས། ཆོ་ག་རྒྱས་པ་མེད་ན། ཐེག་ཆེན་གྱི་སོ་ཐར་ད་ལྟ་བླང་དུ་མི་རུང་བར་འགྱུར་རོ་སྙམ་ན། ཤེས་བྱ་ཆོས་ཅན། ད་ལྟ་ཐེག་ཆེན་ལུགས་ཀྱི་སོ་ཐར་ལེན་པ་སྟོན་ཆོག་གིས་མི་རུང་ཞིང་མདོ་ལས་ཆོ་ག་རྒྱས་པ་མེད་ཀྱང་། ད་ལྟ་ཆོ་ག་མེད་པ་མིན་ལ། ད་ལྟ་བསམ་པ་ཐེག་ཆེན་སེམས་བསྐྱེད་ཀྱིས་བཟུང་ནས ཆོ་ག་ཉན་ཐོས་ཀྱི་ལུགས་སུ་བྱས་ཏེ་བླངས་པས། སོ་ཐར་རིགས་བརྒྱད་པོ་གང་ཡང་རུང་བ་བླངས་པས་དེ་འདྲ་དེ་བྱང་སེམས་ལུགས་ཀྱི་སོ་ཐར་དུ་འགྱུར་བ་དེའི་ཕྱིར། འོ་ན་ཆོ་ག་ཉན་ཐོས་ལུགས་བཞིན་ཡིན་ན། སྡོམ་པ་མཚུངས་སམ་སྙམ་ན། ཀུན་སློང་དང་ཆེད་དུ་བྱ་བ་དང་། ངོ་བོ་དང་འབྲས་བུ་རྣམས་མི་མཚུངས་ཏེ། འགྲོ་བ་མཐའ་དག་སྡུག་བསྔལ་ལས་སྒྲོལ་འདོད་ཀྱི་སྙིང་རྗེས་དྲངས་པའི་ཐེག་ཆེན་སེམས་བསྐྱེད་ཀྱིས་ཀུན་ནས་བསླངས་མ་བསླང་དང་། ཆེད་དུ་བྱ་བ་སེམས་ཅན་ཐམས་ཅད་ཀྱིས་ཆེད་དུ་བླངས་མ་བླང་དང་། ངོ་བོ་སེམས་ཀྱི་སྙིང་དུ་འཛོག་མི་འཛོག་དང་འབྲས་བུ་གཞན་དོན་དུ་བྱང་ཆུབ་ཆེན་པོ་ཐོབ་མི་འཐོབ་ཀྱི་ཁྱད་པར་ཡོད་པའི་ཕྱིར། གཉིས་པ་བསྲུང་ཚུལ་ནི། དེས་ན། ཞེས་སོགས་ནས་ཤེས་པར་བྱ་ཞེས་པའི་བར་ཏེ། ཡང་ཆོ་ག་མཚུངས་ན། བསླབ་བྱ་བསྲུང་ཚུལ་ཡང་ཁྱད་པར་མེད་དམ་སྙམ་ན། བྱང་སེམས་དང་ཉན་ཐོས་ཀྱི་སོ་སོར་ཐར་པའི་བསླབ་བྱ་ཐུང་ཟད་མི་འདྲ་བའི་ཁྱད་པར་བཤད་ཀྱི་ཉོན་ཅིག །ཉན་ཐོས་དང་བྱང་སེམས་ཀྱི་སོ་ཐར་གྱི་བསླབ་བྱ་ལ་ཁྱད་པར་ཡོད་དེ། བྱང་སྡོམ་ལས། འདི་ལ་སྡིག་ཏོ་མི་དགེ་བའི་ཕྱོགས་ཕལ་ཆེར་ཉན་ཐོས་ཀྱི་ལུགས་བཞིན་བསྲུང་གི་སྙིང་རྗེས་མི་ཚངས་པར་སྤྱོད་པ་ལྟ་བུ་ནི་མ་ངེས་པས་ཉན་ཐོས་དང་མི་མཚུངས་ལ། འདོད་པས་དབེན་པའི་ལྷུང་བ་གོས་ཆེན་ཆེན་གྱིས་བསྒྱུར་བ་སོགས། འགའ་ཞིག་ནི་བྱང་སེམས་སྡོམ་པའི་སོ་ཐར་ལུགས་བཞིན། ཉན་ཐོས་ཀྱིས་ཀྱང་བསྲུངས་ཤིང་འཇིག་རྟེན་པ་མ་དད་པར་འགྱུར་བའི་སྤྱོད་པའི་ཆ་མཚོངས་རྒྱུག་སོགས་ནི། འབད་པས་སྲུང་བ་ལ། གཉིས་ཀ་མཐུན་པས་སོ། །དེ་ཡང་འདུལ་བ་ནི་བཅས་པ་ཕལ་མོ་ཆེ་གཞན་ལ་དད་པ་སྐྱང་བའི་བར་དུ་གསུངས་པ་ཡིན་ལ། ཐེག་ཆེན་དུ་ཡང་། འཇིག་རྟེན་མ་དད་གྱུར་པ་ཀུན། །མཐོང་དང་དྲིས་ཏེ་

སྤྱང་བར་བྱ། །ཞེས་སྤྱོད་འཇུག་ཏུ་གསུངས་པ་ལྟར། གཞན་ཡང་དད་པ་འགོག་པར་མཛད་པ་ཡིན་ནོ། །འོན་ཀྱང་འཇིག་རྟེན་བསྟན་པ་ལ་འཇུག་པའི་རྒྱུར་འགྱུར་ན། ཉན་ཐོས་བཀག་ཀྱང་ཐེག་ཆེན་སོ་སོར་ཐར་པ་ལ་གནང་བ་ཡོད་དེ། དཔེར་ན་ཉན་ཐོས་ཀྱི་དགེ་སློང་ལ་ནི་གསེར་དངུལ་ལེན་པར་ཐུབ་པས་བཀག་ལ། བྱང་ཆུབ་སེམས་དཔའི་དགེ་སློང་ལ་གཞན་དོན་དུ་འགྱུར་ན། གསེར་དངུལ་ལེན་པ་ལ་ལྟུང་བ་མེད་ཅིང་། མ་བླངས་ན་ཉེས་པར་འགྱུར་བ་བཞིན་ནོ། །སྤྱོད་འཇུག་ལས། ཐུགས་རྗེ་མངའ་བ་རིང་གཟིགས་པས། །བཀག་པ་རྣམས་ཀྱང་དེ་ལ་གནང་། །ཞེས་གསུངས་སོ། །ཁོ་ན་རེ། གཞན་དོན་དུ་འགྱུར་ན་ཉན་ཐོས་ལའང་ལྟུང་བ་མི་འབྱུང་བར་མཚུངས་སོ་ཟེར་ན། མི་མཚུངས་ཏེ། ཉན་ཐོས་པ་ནི་འདོད་པ་ཆུང་ཞིང་ཆོག་ཤེས་པའི་སྒོ་ནས་རང་དོན་གཙོ་བོར་སྒྲུབ་པས། སེམས་ཅན་གྱི་དོན་དུ་འགྱུར་ཀྱང་འདོད་པ་ཆེན་པོས་སྒྲུབ་པ་ལ་ལྟུང་བར་འདོད་ལ། ཐེག་ཆེན་པ་ནི་གཞན་དོན་དུ་འགྱུར་ན། གསེར་སྲང་བྱེ་བ་ལས་ལྷག་པ་ཡང་། བདག་གིར་བྱེད་པའི་འདོད་ཆེན་ལ་ལྟུང་བ་མེད་པར་འདོད་པས་སོ། །དེ་ཡང་། ཚུལ་ཁྲིམས་ལེའུ་ལས། ལྟུང་བཟེད་བཙལ་བ་དང་ཐགས་ཀྱི་རྒྱུ་སྐྱིད་པ་བླང་བ་དང་། འཐག་ཏུ་གཞུག་པ་དང་། གཞན་དོན་དུ་མོན་དར་གྱི་གདིང་བ་དང་མལ་སྟན་བརྒྱ་སྟེད་ཀྱང་སྤངས་པར་བྱ། གསེར་དངུལ་སྲང་བྱེ་བ་འབུམ་ཕྲག་ལས་ལྷག་པ་ཡང་བདག་གིར་བྱའོ། །ཞེས་བྱང་སའི་ཚུལ་ཁྲིམས་ལེའུ་ལས་འབྱུང་བ་ཡིན་ནོ། །དེས་ན་སོ་སོར་ཐར་པ་ཐེག་པ་ཆེ་ཆུང་དག་གི་ལུགས་གཉིས་པོ་ལ་དེ་འདྲའི་རྣམ་དབྱེ་མི་འདྲ་བ་ཡོད་པར་ཤེས་པར་བྱའོ། །ཁོ་ན་རེ། ཐེག་ཆེན་གྱི་སོ་ཐར་སྡོམ་པ་དེ་བྱང་སེམས་ཀྱི་སྡོམ་པ་ཡིན་ནམ་མིན། ཡིན་ན། དེ་ཚེ་འཕོས་ནས་ཀྱང་མི་གཏོང་བར་འགྱུར་ལ། མིན་ན་ཐེག་ཆེན་སོ་ཐར་མིན་པར་འགྱུར་རོ་ཞེས་ཟེར་ན། ཐེག་ཆེན་ཞེས་སོགས་ནས་འབྱུང་ཞེས་པའི་བར་ཏེ། ཤེས་བྱ་ཆོས་ཅན། ཐེག་ཆེན་གྱི་སོ་སོར་ཐར་པ་ཡིན་ཡང་། བྱང་སེམས་ཀྱི་སྡོམ་པ་ཡིན་མི་དགོས་པར་ཐལ། ཐེག་ཆེན་གྱི་དགེ་སློང་ལ་སོགས་པའི་སོ་ཐར་སྡོམ་པའི་ལྡོག་པ་ཤི་བའི་ཚེ་ན་གཏོང་ལ། བྱང་སེམས་ཀྱི་སྡོམ་པའི་ལྡོག་པ་དང་དེའི་འབྲས་བུ་ནི་རྟེན་གྱི་གང་ཟག་དེ་ཤི་ཡང་མི་གཏོང་ཞིང་འབྱུང་བས་སོ། །དེའི་རྒྱུ་མཚན་ཡང་། ཐེག་ཆེན་སོ་ཐར་ནི་རྟེན་གྱི་གང་ཟག་ཇི་སྲིད་འཚོའི་བར་དུ་བླངས་ཀྱི་དུས་དེ་ལས་རིང་བར་མ་བླངས། བྱང་སེམས་ཀྱི་སྡོམ་པ་ཕལ་ཆེ་བ་ནི་དུས་བྱང་ཆུབ་མ་ཐོབ་ཀྱི་བར་དུ་བླངས་པས་ཚེ་འཕོས་ནས་ཀྱང་། འཕེན་པ་རྫོགས་མ་རྫོགས་ཀྱི་ཁྱད་པར་ཡོད་པས་སོ། །དེས་ན་བྱང་སེམས་ཀྱི་རྒྱུད་ལ་ཡོད་པའི་སྡོམ་པ་ལ་བྱང་སེམས་ཀྱི་སྡོམ་པ་ཡིན་མི་དགོས་ཏེ། དགོས་ན་སྡོམ་པ་གསུམ་ལྡན་གྱི་རྒྱུད་ལ། སྡོམ་གསུམ་ངོ་བོ་གཅིག་དགོས་པས་གཏོང་ཐོབ་ཀྱི་ཁྱད་པར་མི་འདྲ་བ་གསུངས་པ་ཐམས་ཅད་དོན་མེད་དུ་འགྱུར་ཞིང་། སྡོམ་པ་གསུམ་ལྡན་གྱི་རྒྱུད་ལ་འོག་མ་དང་འགལ་བའི་

ཉེས་པས་གོང་མའང་གཏོང་བ་ཉིད་དུ་འགྱུར་བའི་སྐྱོན་ཡོད་ལ། ཚིག་སྔ་མ་རིམ་གྱིས་ཐོབ་པའི་དགེ་སློང་གི་རྒྱུད་ཀྱི་དགེ་ཚུལ་གྱི་སྡོམ་པའང་དགེ་སློང་གི་སྡོམ་པར་ཐལ་བའི་སྐྱོན་ཡོད་པའི་ཕྱིར་དང་། དེའི་རྒྱུད་ལ་དགེ་ཚུལ་གྱི་སྡོམ་པ་མེད་ན། དགེ་སློང་གི་སྡོམ་པའང་མེད་པར་འགྱུར་བའི་ཕྱིར། དེས་ན་སྡོམ་གསུམ་རྒྱུད་གཅིག་ལ་ཡོད་ཚུལ་དབང་ལྡན་དང་མངོན་དུ་གྱུར་པའི་ཚུལ་གྱིས་ཡོད་ཚུལ་ཤེས་པར་བྱ་སྟེ། དཔེར་ན་ཉིན་པར་གྱི་ཉི་ཟླ་སྐར་གསུམ་གྱི་འོད་ཟེར་བཞིན་ནོ། །ཞེས་པཎ་ཆེན་བི་བྷུ་ཏི་ཙནྡྲས་གསུངས་པ་ལྟར་རོ། །བརྗོད་པར་བྱ་བ་མང་ཡང་རེ་ཞིག་བསྡུས་སོ། །

གཉིས་པ་འཇོག་གཞི་རྒྱུ་འབྲས་གཏན་པ་དབབ་པ་ལ། མདོར་བསྟན་པ་དང་། རྒྱས་པར་བཤད་པ་གཉིས།དང་པོ་ནི། དེས་ན་གསུངས་ཞེས་པ་བསྟན་ཏེ། སོ་ཐར་གྱི་སྡོམ་པ་བཤད་པའི་འོག་ཏུ་ལས་འབྲས་འཆད་པའི་རྒྱུ་མཚན། སྡོམ་པ་བསྲུང་བ་ལ་བྱ་བ་དང་བྱ་བ་མ་ཡིན་པ་ཤེས་པ་སྔོན་དུ་འགྲོ་དགོས་པའི་རྒྱུ་མཚན་གྱིས་འཆད་དོ། །འོ་ན་ལས་ཞེས་བྱ་བ་ནི་གང་། དབྱེ་ན་དུ་ཡོད་ཅེ་ན། དེ་ལ་ལས་དང་རྣམ་སྨིན་གྱི་རྣམ་པར་དབྱེ་བ་བཤད་ཀྱི་ཉོན་ཅིག །དེ་ཡང་ཚད་མའི་བསྟན་བཅོས་དག་ལས། གཞལ་བྱ་ལ་ལས་སུ་བཤད་པ་དང་། བྱེད་ལས་ལ་བཤད་པ་དང་། མངོན་པའི་སྡེ་སྣོད་སོགས་ལས། འབྲས་བུ་མི་འདོད་པ་འཕེན་པའི་བྱ་བ་ལ་ལས་སུ་བཤད་པ་དང་། འབྲས་བུ་ཟག་བཅས་བསྐྱེད་པའི་བྱ་བ་ལ་ལས་སུ་བཤད་པ་སོགས་དུ་མ་འབྱུང་བའི་ནང་ནས། འདིར་ནི་སྒྲིབ་བཅས་ཀྱི་གང་ཟག་གི་སྒོ་གསུམ་གང་རུང་གི་བྱ་བ་ལ་ལས་ཞེས་བྱ་ལ། དེ་ལ་དབྱེ་ན། སྒྲུབ་བྱ་དགེ་བའི་ལས་དང་། སྤང་བྱ་སྡིག་པའི་ལས་དང་། བཏང་སྙོམས་སུ་བཞག་བྱ་ལུང་མ་བསྟན་གྱིས་ལས་དང་གསུམ་ཡིན་ཞེས། རྒྱལ་བས་མདོ་ལས་གསུངས་སོ། །

གཉིས་པ་ལ། དབྱེ་ཚུལ་ལྔའི་སྒོ་ནས་བཤད་པ་དང་། དེ་ལ་ལོག་རྟོག་དགག་པ་གཉིས། དང་པོ་ལ་ལས་གསུམ་བཤད་པ། ལས་གཉིས་སུ་དབྱེ་བ། ལས་བཞིར་བསྟན་པ། ཡང་ལས་གཉིས་སུ་བསྡུ་བ། ལས་གསུམ་ངོས་བཟུང་བ་དང་ལྔ་ལས། དང་པོ་ལ། དངོས་དང་། འདུས་མ་བྱས་ལས་དགེ་སྡིག་གཉིས་ཀ་མིན་པར་བསྟན་པ་གཉིས། དང་པོ་ནི། དགེ་ཞེས་སོགས་ནས་ཤེས་པར་བྱ། ཞེས་པ་སྟེ། གོང་དུ་བཤད་པའི་ལས་གསུམ་གྱི་ངོ་བོ་གང་། མཚན་ཉིད་ཅི་ཞེ་ན། དགེ་བའི་ལས་ཀྱི་མཚན་ཉིད། ལུང་དུ་བསྟན་པ་གང་ཞིག །རྣམ་སྨིན་བདེ་བ་བསྐྱེད་པ་དེ་ནི། དུག་གསུམ་གང་རུང་དང་བྲལ་བའི་དད་པ་དང་བརྩོན་འགྲུས་ལ་སོགས་པ་ལེགས་པར་སྤྱད་ཀྱིས་བསྡུས་པ་རྣམས་སམ། སྲོག་གཅོད་པ་སོགས་བཅུ་སྤོང་བའི་ལས་རྣམས་སོ། །སྡིག་པ་མི་དགེ་བའི་མཚན་ཉིད། ལུང་དུ་བསྟན་པ་གང་ཞིག །རྣམ་སྨིན་སྡུག་བསྔལ་བསྐྱེད་པར་བྱེད་པ་དེ་ནི། དུག་གསུམ་གང་རུང་གིས་

བསླངས་པའི་སྲོག་གཅོད་སོགས་སྒོ་གསུམ་གྱི་ཉེས་པར་སྤྱོད་པ་རྣམས་ལ་བྱ་སྟེ། རིན་ཆེན་ཕྲེང་བར། འདོད་ཆགས་ཞེ་སྡང་གཏི་མུག་གསུམ། །དེས་བསྐྱེད་ལས་ནི་མི་དགེ་བ། །མ་ཆགས་ཞེ་སྡང་གཏི་མུག་མེད། །དེས་བསྐྱེད་ལས་ནི་དགེ་བའོ། །ཞེས་གསུངས་པ་ལྟར་རོ། །ལུང་མ་བསྟན་གྱི་ལས་ཀྱི་མཚན་ཉིད། དགེ་སྡིག་གང་ཡང་མིན་པའི་ལས་སུ་བྱ་བ། དེ་ནི་ཀུན་སློང་བཏང་སྙོམས་པས་བསླངས་པའི་རྒྱུད་མོ་དང་བཟའ་བཏུང་སོགས། དེས་ན་བཏང་སྙོམས་ཀྱི་ལས་ནི། དགེ་སྡིག་གཉིས་གང་ཡང་མིན་པས་འབྲས་བུ་རྣམ་པར་སྨིན་པ་ཡང་། བདེ་སྡུག་གཉིས་གང་ཡང་བསྐྱེད་པ་མིན་ཏེ། དགེ་སྡིག་ལུང་མ་བསྟན་གྱི་ལས་གསུམ་པོ་འདི་དག་ཆོས་ཅན། འདུས་བྱས་ཡིན་པར་ཤེས་པར་བྱ་སྟེ། བྱས་པའི་ལས་ཡིན་པས་སོ། །གཉིས་པ་ནི། ཆོས་ཞེས་སོགས་ཏེ། ཆོས་ཀྱི་དབྱིངས་ནི། ཆོས་ཅན། ལས་དགེ་སྡིག་གང་ཡང་མིན་ཏེ་འདུས་མ་བྱས་ཡིན་པས་སོ། །གཉིས་པ་ནི། ལས་ཞེས་སོགས་ནས་གྲོལ་ཞེས་པའི་བར་ཏེ། ཡང་ལས་ལ་དབྱེ་ན། ཐུབ་པས་རྣམ་པ་གཉིས་སུ་གསུངས་ཏེ་སེམས་པའི་ལས་དང་བསམ་པའི་ལས་གཉིས་སུ་གསུངས་པས་སོ། །སེམས་པའི་ལས་ནི་ཡིད་ཀྱི་ལས་ཡིན་ལ། དབྱེ་ན་གསུམ་དུ་ཡོད་དེ། བསོད་ནམས་དང་བསོད་ནམས་མིན་པ་དང་། མི་གཡོ་བའི་ལས་གསུམ་དུ་ཡོད་པས་སོ། །བསམ་པའི་ལས་དེ་ལ་ནི། ཆོས་ཅན་གསུམ་དུ་ཡོད་དེ། གཙོ་བོར་ལུས་ངག་གི་ལས་དང་ཡིད་ཀྱི་ལས་ཀྱང་ཡོད་པས་སོ། །ཆོས་ཀྱི་དབྱིངས་ནི་ལས་དགེ་སྡིག་ལས་གྲོལ་ཏེ་སེམས་པ་དང་བསམ་པའི་ལས་གཉིས་ཀ་མིན་པས་སོ༑ ༑གསུམ་པ་ནི། གཞན་ཞེས་སོགས་ནས། སྤྱང་ཞེས་པའི་བར་ཏེ། ཡང་ལས་ཡང་དབྱེ་ན་རྣམ་པ་བཞིར་གསུངས་ཏེ། ལས་དཀར་ལ་རྣམ་སྨིན་དཀར་བ་དང་། ལས་གནག་ལ་རྣམ་སྨིན་གནག་པ་དང་། ལས་དཀར་ལ་རྣམ་སྨིན་གནག་པ་དང་། ལས་གནག་ལ་རྣམ་སྨིན་དཀར་བའི་ལས་རྣམས་སུ་གསུངས་པས་སོ། །བཞི་པོ་དེ་དག་གི་ངོ་བོ་ནི། བསམ་པ་ཞེས་སོགས་ཀྱི་སྟོན་ཏེ། བསམ་པ་རྣམ་པར་དག་པའི་སྦྱིན་པ་གཏོང་བ་དང་ཚུལ་ཁྲིམས་བསྲུང་བ་སོགས་ནི་ཆོས་ཅན། ལས་དཀར་རྣམ་སྨིན་དཀར་བ་ཞེས་བྱ་སྟེ། ཀུན་སློང་རྣམ་དག་གིས་བསླངས་ཤིང་། སྤྱོར་བ་དཀར་བས་འབྲས་བུ་ཡིད་དུ་འོང་བ་འབྱིན་པའི་ལས་ཡིན་པའི་ཕྱིར། དེའི་ཕྱིར་ན་མཁས་པས་བླང་བར་བྱའོ། །ལུས་ལ་ཆགས་ནས་བཟའ་བའི་དོན་དུ་ལུག་གསོད་པ་སོགས་ནི་ཆོས་ཅན། ལས་གནག་རྣམ་སྨིན་གནག་པ་ཞེས་བྱ་སྟེ། ཀུན་སློང་ཉོན་མོངས་ཀྱིས་བསླངས་སྟེ། སྦྱོར་བ་རྒྱུབ་པས་འབྲས་བུ་མི་འདོད་པ་འབྱིན་པས་སོ། །དེའི་ཕྱིར་ན་མཁས་པས་སྤང་བར་བྱའོ། །སེམས་ཅན་མང་པོ་སྐྱབས་པའི་ཕྱིར་དུ་སྙིང་རྗེ་བ་གདུག་པ་ཅན་ཞིག་གསོད་པ་ལྟ་བུ་ནི་ཆོས་ཅན། ལས་གནག་རྣམ་སྨིན་དཀར་བ་ཞེས་བྱ་སྟེ། སྦྱོར་བ་རྒྱུབ་པ་ལྟར་སྣང་ཡང་བསམ་པ་དག་པས་རྣམ་སྨིན་དཀར་བ་སྟེ། འདོད་པ་འབྱིན་པས་སོ། །དེའི་ཕྱིར་ན

མཁས་པས་བྱའོ། །ཞེ་སྡང་གིས་སེམས་ཅན་མང་པོ་གསོད་པའི་ཆེད་དུ་སྦྱིན་པ་གཏོང་བ་སོགས་ནི་ཆོས་ཅན། ལས་དཀར་རྣམ་སྨིན་གནག་པ་ཞེས་བྱ་སྟེ། སྦྱོར་བ་འཇམ་པའམ་དཀར་བ་ལྟར་སྣང་ཡང་བསམ་པ་རྩུབ་པས་རྣམ་སྨིན་གནག་པ་སྟེ། མི་འདོད་པ་འབྱིན་པས་སོ། །དེའི་ཕྱིར་ན་མཁས་པས་སྤང་བར་བྱའོ། །དེས་ན་ལས་དཀར་གནག་ཏུ་འགྱུར་བ་དེ་ལ། ཀུན་སློང་གཙོ་ཆེ་བས་ཀུན་སློང་ལ་སྐྱོན་མེད་པ་གལ་ཆེ་སྟེ། རྒྱུད་ལས། སྙིང་རྗེ་ཡིས་ནི་གསོད་པར་བྱ། །ཞེས་སོགས་དང་། འཕགས་པ་ལྷས། བསམ་པ་བྱང་ཆུབ་སེམས་དཔའ་ལ། །དགེ་འམ་གལ་ཏེ་སྡིག་ཀྱང་རུང་། །ཐམས་ཅད་དགེ་ལེགས་ཉིད་འགྱུར་ཏེ། །གང་ཕྱིར་སེམས་དཔའི་དབང་གྱུར་ཕྱིར། །ཞེས་གསུངས་པ་དང་། ཙནྡྲ་གོ་མིས། སྙིང་རྗེ་ལྡན་ཕྱིར་བྱམས་ཕྱིར་ཡང་། །སེམས་དགེ་བ་ལ་ཉེས་པ་མེད། །ཅེས་སོགས་གསུངས་པ་བཞིན་ནོ། །བཞི་པ་ནི། གཞན་ཞེས་སོགས་ནས་གསུང་ཞེས་ཏེ། ཡང་ལས་ལ་དབྱེ་ན་རྣམ་པ་གཉིས་སུ་གསུངས་ཏེ། འཕེན་བྱེད་ཀྱི་ལས་དང་རྫོགས་བྱེད་ཀྱི་ལས་གཉིས་གསུངས་པས་སོ། །

གཉིས་པ་དེ་དག་ལ་དབྱེ་ན་མུ་བཞི་ཡོད་དེ། འཕེན་བྱེད་དགེ་བའི་ལས་ཀྱིས་འཕངས་པ་ལ་རྫོགས་བྱེད་ཀྱང་ནི་དགེ་བ་དང་། འཕེན་བྱེད་སྡིག་པས་འཕངས་པ་ལ་རྫོགས་བྱེད་ཀྱང་སྡིག་པ་དང་། འཕེན་བྱེད་དགེ་བ་ལ་རྫོགས་བྱེད་སྡིག་པ་དང་། འཕེན་བྱེད་སྡིག་པ་ལ་རྫོགས་བྱེད་དགེ་བ་རྣམས་སུ་ཡོད་པས་སོ། །དེ་དག་གི་དཔེར་བརྗོད་མདོར་བསྡུས་པ་བཤད་པར་བྱ་ཡི་ཡིད་ལ་ཟུངས་ཤིག །དེ་དག་ཆོས་ཅན། འཕེན་རྫོགས་གཉིས་ཀ་དགེ་བ་ཡིན་པ་ཡོད་དེ། ལྷ་དང་ལྷ་མིན་དང་མི་སྟེ་མཐོ་རིས་གསུམ་པོ་གང་རུང་འགྲུབ་པའི་སྟེང་དུ་དེ་དག་ལ་བདེ་བ་འབྱུང་བ་ནི་འཕེན་བྱེད་དགེ་བས་འཕངས་ཤིང་རྫོགས་བྱེད་ཀྱང་དགེ་བས་རྫོགས་པས་སོ། །འཕེན་རྫོགས་གཉིས་ཀ་སྡིག་པ་ཡིན་པ་ཡོད་དེ། ངན་སོང་གསུམ་གྱི་སྐྱེ་བ་ནི་འཕེན་བྱེད་སྡིག་པས་འཕངས་པར་གསུངས་ཤིང་གསུམ་པོ་དེའི་སྡུག་བསྔལ་གྱི་བྱེ་བྲག་ཀུན་རྫོགས་པར་བྱེད་པའི་ལས་ནི་སྡིག་པ་ཡིན་པས་སོ། །འཕེན་བྱེད་དགེ་བ་ལ་རྫོགས་བྱེད་སྡིག་པ་ཡིན་པ་ཡོད་དེ། མཐོ་རིས་དགེ་བས་འཕངས་མོད་ཀྱི། མཐོ་རིས་དེའི་ནད་དང་གནོད་པ་ཀུན་རྫོགས་བྱེད་སྡིག་པ་ཡིན་པར་གསུངས་པས་སོ། །འཕེན་བྱེད་སྡིག་པ་རྫོགས་བྱེད་དགེ་བ་ཡིན་པ་ཡོད་དེ། ངན་འགྲོའི་འཕེན་བྱེད་སྡིག་པ་ཡིན་ཡང་ངན་འགྲོ། དེའི་ལུས་སེམས་བདེ་བའི་གནས་སྐབས་རྣམས་དགེ་བས་རྫོགས་པར་མདོ་ལས་གསུངས་པས་སོ། །དེ་ཡང་འཕེན་བྱེད་ཀྱི་ལས་ནི་རི་མོའི་སྐྱ་རིས་དང་འདྲ་ཞིང་རྫོགས་བྱེད་ནི་ཚོན་རྫོགས་པ་དང་འདྲའོ། །ཞེས་མངོན་པ་བ་རྣམས་གསུངས་པ་ལྟར་ཤེས་པར་བྱ་ཞིང་། བྱེ་བྲག་སྨྲ་བ་ནི། གཅིག་གིས་སྐྱེ་བ་གཅིག་འཕེན་ཞིང་། །ཡོངས་རྫོགས་བྱེད་པ་དུ་མ་ཡིན། །ཞེས་པ་ལྟར། འཕེན་བྱེད་གཅིག་གིས། རྣམ་སྨིན་སྐྱེ་བ་གཅིག་འགྲུབ་ཀྱི་མང་པོ་མི་འཕེན་ལ། རྫོགས་བྱེད་ངེས

མེད་དུ་འདོད་ལ། མདོ་སྡེ་པ་ཡན་ཆད་ནི་མུ་བཞིར་འདོད་དེ། ལས་གཅིག་གིས་ལུས་གཅིག་འཕེན་པ་ནི་བྱུང་མེད་ཀྱིས་རང་གི་བུ་ལ་སྙིང་རྗེ་བསྐྱེད་པའི་ལས་གཅིག་གིས་ཚངས་པར་སྐྱེས་པ་ལྟ་བུ་དང་། ལས་གཅིག་གིས་ལུས་དུ་མ་འཕེན་པ་ནི། སངས་རྒྱས་ལ་ཕྱག་འཚལ་བས་ལས་གཅིག་གིས་ལུས་དེས་ནོན་པའི་རྡུལ་གྱི་གྲངས་དང་མཉམ་པའི་འཁོར་ལོའི་བསྒྱུར་རྒྱལ་ཐོབ་པ་ལྟ་བུ་དང་། ལས་དུ་མས་ལུས་དུ་མ་འཕེན་པ་ནི་མཆོད་སྦྱིན་བརྒྱུས་བརྒྱ་བྱིན་བརྒྱུར་སྐྱེས་པ་ལྟ་བུ་དང་། ལས་དུ་མ་ལས་ལུས་གཅིག་འཕེན་པ་ནི། ཚུལ་ཁྲིམས་དུ་མ་བསྲུངས་པས་མཐོ་རིས་སུ་སྐྱེ་བ་ལྟ་བུའོ། །འོན་ལས་མང་པོ་དང་ལྡན་པ་དེ་ལ། ཐོག་མར་ལས་གང་གི་འབྲས་བུ་སྨིན་ཞེ་ན། མཛོད་འགྲེལ་དུ་མདོ་དྲངས་པ་ལས། ལས་ཀྱི་འབྲས་བུ་ལྕི་གང་དང་། །ཉེ་བ་གང་དང་གོམས་པ་གང་། །སྔོན་བྱས་གང་ཡིན་དེ་དག་ལས། །སྔ་མ་སྔ་མ་རྣམ་སྨིན་འགྱུར། །ཞེས་གསུངས་པ་དང་། མངོན་པ་ཀུན་ལས་བཏུས་སུ་ཡང་དེ་བཞིན་གསུངས་པ་ལྟར་ཤེས་པར་བྱའོ། །ལྔ་པ་ནི། གཞན་ཞེས་སོགས་ནས་གསུང་ཞེས་ཏེ། ཡང་ལས་ལ་དབྱེ་ན་གསུམ་དུ་ཡོད་དེ། གཅིག་ཏུ་དཀར་བ་དང་། གཅིག་ཏུ་གནག་པ་དང་། དཀར་གནག་འདྲེས་མ་སྟེ། འདྲེས་མའི་ལས་སུ་གྲུབ་པར་ཐུབ་པས་གསུངས་སོ། །ངོ་བོ་གང་ན་གཅིག་ཅེས་སོགས་ཏེ། བསམ་སྦྱོར་རྣམ་དག་འབའ་ཞིག་གིས་བསྐྱེད་པའི་ལས་དེ་ཆོས་ཅན། གཅིག་ཏུ་དཀར་བ་ཞེས་བྱ་སྟེ། འབྲས་བུ་བདེ་བ་འབའ་ཞིག་བསྐྱེད་པས་སོ། །བསམ་སྦྱོར་སྐྱོན་ཅན་འབའ་ཞིག་གིས་བསྒྲུབ་པའི་ལས་དེ་ཆོས་ཅན། གཅིག་ཏུ་གནག་པ། ཞེས་བྱ་སྟེ། འབྲས་བུ་སྡུག་བསྔལ་ཁོ་ན་བསྐྱེད་པས་སོ། །བསམ་སྦྱོར་ཕན་གནོད་འདྲེས་མས་བསྐྱེད་པའི་ལས་དེ་ཆོས་ཅན། དཀར་གནག་འདྲེས་མ་ཞེས་བྱ་སྟེ། འབྲས་བུ་བདེ་སྡུག་འདྲེས་མ་བསྐྱེད་པས་སོ། །འདྲེས་མ་ལ་ཡང་། བསམ་པས་དཀར་ལ། སྦྱོར་བས་གནག་པ་དང་། སྦྱོར་བས་དཀར་ལ། བསམ་པས་གནག་པ་སོགས་དུ་མ་ཡོད་པས། གནག་པ་ཐམས་ཅད་སྤང་ལ་གཅིག་ཏུ་དཀར་བ་ལ་བརྩོན་པར་བྱའོ། །མདོར་ན་ལས་རྒྱུ་འབྲས་ཞེས་པའི་རྒྱུ་ལས་ལ། དགེ་སྡིག་ལུང་མ་བསྟན་གྱི་ལས་གསུམ་སྔར་བཤད་པ་ལྟར་ཡིན་ལ། དེ་དག་ཀུང་རྒྱུ་ཉོན་མོངས་ཀྱིས་བསྐྱེད་པ་ཡིན་ཏེ། ཉོན་མོངས་པའི་དབང་གིས་ལས་གསོག་པས་སོ། །དེ་ཡང་། མཛོད་དུ་སྲིད་པའི་རྩ་བ་ཕྲ་རྒྱས་དྲུག་དང་། ཅེས་གསུངས་པ་ལྟར། ཉོན་མོངས་པ་ལ་ཡང་། རྩ་བའི་ཉོན་མོངས་དང་ཉེ་བའི་ཉོན་མོངས་རྣམས་སུ་ཡོད་པ་རྣམས་ཀྱི་རྒྱུ། ངོ་བོ། རྣམ་གྲངས། བྱེད་ལས། ཉེས་དམིགས་རྣམས་ཤེས་པར་བྱས་ནས་གཅིག་ཏུ་སྤོང་བ་ལ་བརྩོན་པར་བྱའོ། །ལས་ཀྱི་འབྲས་བུ་ལ་གསུམ་དུ་གསུངས་ཏེ། མཛོད་དུ། ཐམས་ཅད་བདག་པོ་རྒྱུ་མཐུན་དང་། །རྣམ་སྨིན་འབྲས་བུ་འབྱིན་པར་འདོད། །ཅེས་པ་གསུངས་པ་ལྟར། བདག་འབྲས། རྒྱུ་མཐུན་གྱི་འབྲས་བུ། རྣམ་སྨིན་ཏེ། གསུམ་གསུམ་ལས་རེ་རེས་ཀྱང

བསྐྱེད་དེ། དཔེར་ན། སྲོག་གཅོད་ཀྱི་རྣམ་སྨིན་ནི་སྡུག་བསྔལ་མྱོང་བ་དང་། རྒྱུ་མཐུན་གྱི་འབྲས་བུས་ཚེ་ཐུང་བ་དང་། བདག་པོའི་འབྲས་བུས་ཡུལ་ངན་པར་སྐྱེས་པ་ལྟ་བུའོ། །རིན་ཆེན་ཕྲེང་བར། སྲོག་གཅོད་པས་ནི་ཚེ་ཐུང་འགྱུར། །རྐུ་བ་ཡིས་ནི་ལོངས་སྤྱོད་ཕོངས། །ཕྲ་མ་ཡིས་ནི་བཤེས་དང་འབྱེད། །ཚིག་རྩུབ་པས་ན་མི་སྙན་ཐོས། །མ་འབྲེལ་བས་ནི་ཚིག་མི་བཙུན། །བརྣབ་སེམས་ཡིད་ལ་རེ་བ་འཇོམས། །ཞེས་སོགས་གསུངས་པ་ལྟར་རོ། །གཞན་ཡང་མཐོང་ཆོས་ལ་མྱོང་འགྱུར། སྐྱེས་ནས་མྱོང་འགྱུར། ལན་གྲངས་གཞན་ལ་མྱོང་འགྱུར་གྱི་ལས་ལ་སོགས་པ་ལས་ཀྱི་རྣམ་དབྱེ་ལ་སོགས་མང་དུ་གསུང་བ་རྣམས་ཀྱང་རྟོགས་པར་བྱ་སྟེ། འདིར་ནི་ཡི་གེ་མང་བར་དོགས་པས་འཇིགས་ནས་མ་བྲིས་སོ། །བསྡུ་ན། འདི་འདྲའི་ལས་དང་རྣམ་སྨིན་གྱི་རྣམ་པར་དབྱེ་བཤེས་པར་གྱུར་ན་ད་གཟོད་ལས་རྒྱུ་འབྲས་ལ་ཤིན་ཏུ་མཁས་པར་འགྱུར་རོ། །

གཉིས་པ་འཁྲུལ་པ་དགག་པ་ལ། འདོད་པ་བརྗོད་པ་དང་། དེ་དགག་པ་གཉིས། དང་པོ་ནི། མུ་སྟེགས་ཞེས་སོགས་ནས་ཟེར་ཞེས་པ་སྟེ། འདི་དག་བྱས་པའི་ལས་ཡིན་པས། །འདུས་བྱས་ཡིན་པར་ཤེས་པར་བྱ། །ཞེས་གོང་དུ་ལས་དགེ་སྡིག་འདུས་བྱས་སུ་བསྟན་པ་ལ། མུ་སྟེགས་གྲངས་ཅན་པ་རྣམས་ནི། དེ་མི་འཐད་དེ། རྐྱེན་གྱིས་མ་བྱས་པའི་ལས། དགེ་སྡིག་གཤིས་ལུགས་ལ་ཡོད་པའི་ཕྱིར། དེའི་རྒྱུ་མཚན་ཡང་རྒྱུ་གཙོ་བོ་ཞེས་བྱ་བས་འབྲས་བུ་རྣམས་སྣང་ནས་གནས་པ་ཡིན་གྱི་སྔར་མེད་གསར་དུ་འབྱུང་བ་མིན་ཏེ། རྟག་པའི་ཕྱིར། དེས་ན་སྔར་ཡོད་རྐྱེན་གྱིས་གསལ་བར་བྱས་པ་ཙམ་ལ་སྐྱེ་བ་དང་། མི་གསལ་བར་གཙོ་བོའི་ངང་དུ་ཐིམ་པ་ལ་འཇིག་པར་འདོད་དོ། །དེ་འདྲའི་རྒྱུ་གཙོ་བོ་དེ་ཡོད་པའི་སྒྲུབ་བྱེད་ནི། ཁྱད་པར་ཚད་ཕྱིར་རྗེས་འགྲོའི་ཕྱིར། །ནུས་པའི་སྒོ་ནས་འཇུག་པའི་ཕྱིར། །རྒྱུ་དང་འབྲས་བུ་དབྱེར་ཡོད་ཕྱིར། །རང་བཞིན་སྣ་ཚོགས་དབྱེར་མེད་ཕྱིར། །མི་གསལ་བ་ཡི་རྒྱུ་ཡོད་དོ། །ཞེས་འབྱུང་བ་ལྟར་འགོད་དོ། །འབྲི་སྟག་ལ་སོགས་པའི་བོད་ཕྱུག་རྒྱ་བ་ལ་ལའང་དེའི་རྗེས་སུ་འབྲངས་ཏེ། འདུས་མ་བྱས་པའི་ལས་དགེ་བར་ཁས་བླངས་ནས། བསྔོ་བའི་རྒྱུར་བྱེད་པ་དང་། རྒྱུའི་དུས་ན་འབྲས་བུ་ཡོད། ལས་འཕྲོ་ཅན་གྱིས་རྟོགས་པར་འགྱུར། ཞེས་སོགས་སྨྲས་ཤིང་། རྡོ་རྗེ་རྒྱན་གྱི་བསྔོ་བ་ལས། འགྲོ་ཀུན་དགེ་བ་ཇི་སྙེད་ཡོད་པ་དང་། །བྱས་དང་བྱེད་འགྱུར་དེ་བཞིན་བྱེད་པར་བྱ། །ཞེས་གསུངས་པའི་དགོངས་པ་འཆད་པ་ལ། དགེ་བ་ལ་གཉིས་ཏེ། ཡོད་པའི་དགེ་བ་དང་། བསགས་པའི་དགེ་བའོ། །དང་པོ་ནི། ཚིག་རྐང་དང་པོས་བསྟན་ལ། གཉིས་པ་ནི། བྱས་དང་ཞེས་སོགས་ཀྱིས་བསྟན་ཅིང་དེ་ཡང་། ཡོད་པའི་དགེ་བ་ནི། གྲངས་ཅན་པའི་ལུགས་བཞིན་དུ་རྐྱེན་གྱིས་མ་བྱས་པའི་རང་བྱུང་དུ་འདོད་ཅིང་། དེ་ལ་བདེ་

གཤེགས་སྙིང་པོ། ཞེས་འདོད་ཅིང་སྡོམ་རྒྱུད་ཡིན་ཞེས་བོད་ཁ་ཅིག་ཟེར་རོ། །དེ་དགག་པ་ལ། བདེ་གཤེགས་སྙིང་པོ་བསྔོ་རྒྱུར་འདོད་པ་དགག་པ། འདུས་མ་བྱས་ཀྱིས་དགེ་བ་བསགས་པའི་དགོངས་པ་བཤད་པ། ཆོས་དབྱིངས་ལས་དགེ་བར་འདོད་པ་དགག་པ། བསྔོ་བའི་ལུང་དོན་ལོག་པར་འཆད་པ་དགག་པའོ། །དང་པོ་ལ། སྙིང་པོ་ཆོས་དབྱིངས་ཡིན་པར་སྒྲུབ། དེ་བསྔོ་བྱ་མིན་པར་བསྟན་པ། སྟོང་ཉིད་སྙིང་རྗེ་བདེ་གཤེགས་སྙིང་པོར་འདོད་པ་དགག་པ་དང་གསུམ། དང་པོ་ནི། གཞན་ཞེས་སོགས་ནས། གསུངས་ཅེས་སོགས་ཏེ། གཞན་གྱི་ལུགས་བཞིན་དུ་འགྱུར་མེད་ཀྱི་ལས་དགེ་བར་འདོད་པ་འདི་མི་འཐད་པས་ལུང་དང་རིགས་པས་དགག་པར་བྱ་སྟེ། བདེ་གཤེགས་སྙིང་པོ་ཆོས་ཅན། ལས་དགེ་བ་མིན་པར་ཐལ། འགྱུར་མེད་ཀྱི་ཆོས་དབྱིངས་ཡིན་པས་སོ། །དེ་སྐད་དུ་ཡང་། རྒྱུད་བླ་མ་ལས། སེམས་ནི་རང་བཞིན་འོད་གསལ་གང་ཡིན་པ། །དེ་ནི་ནམ་མཁའ་བཞིན་དུ་འགྱུར་མེད་ཡིན། །ཞེས་གསུངས་པ་དང་། མྱ་ངན་ལས་འདས་པའི་མདོ་ལས། དེ་བཞིན་གཤེགས་པའི་སྙིང་པོ་ནི༔ །འགྱུར་མེད་ཡིན་ཞེས་བཤད་པ་དང་། །ཀླུ་སྒྲུབ་ཀྱིས་ཀྱང་། དབུ་མ་ལས། དེ་བཞིན་གཤེགས་པའི་རང་བཞིན་གང་ཡིན་པ་དང་། འགྲོ་བ་འདི་ཡི་རང་བཞིན་ཡིན། དེ་བཞིན་གཤེགས་པའི་རང་བཞིན་འགྱུར་མེད་ཡིན་པ་བཞིན་འགྲོ་བ་འདིའི་རང་བཞིན་སྙིང་པོའང་འགྱུར་མེད་ཡིན། ཞེས་གསུངས་པའང་། ཆོས་དབྱིངས་འགྱུར་མེད་དེ་ཉིད་ཀྱི་སྒྲུབ་བྱེད་ཡིན་ལ། གཞན་ཡང་མང་དུ་བཤད་དོ། །

གཉིས་པ་ནི ཤེས་རབ། ཅེས་སོགས་ནས། ཡིན་ནོ་ཞེས་པའི་བར་ཏེ། ཆོས་ཀྱི་དབྱིངས་ལ་ནི་ཆོས་ཅན། བསྔོ་རྒྱུར་མེད་པར་ཐལ། འགྱུར་མེད་ཡིན་པ་དེའི་ཕྱིར། དེ་ཡང་། རྒྱལ་བ་སྲས་བཅས་ཀྱིས་བཤད་དེ། ཤེར་ཕྱིན་ལས། ཆོས་ཀྱི་དབྱིངས་ནི་འདས་པ་མ་ཡིན། མ་འོངས་པ་མ་ཡིན། ད་ལྟར་བྱུང་བ་མ་ཡིན། དགེ་བ་མིན། མི་དགེ་བ་མིན། ལུང་དུ་མ་བསྟན་པ་མ་ཡིན། ཅེས་སོགས་ཀྱིས་ཆོས་ཀྱི་དབྱིངས། དུས་གསུམ་དང་ཁམས་གསུམ་དང་དགེ་སྡིག་གི་ལས་ལས་གྲོལ་བར་གསུངས་ཤིང་། དཔལ་ཡང་དག་པར་སྦྱོར་བའི་རྒྱུད་ལས་ཀྱང་། དེ་ཡི་སྡིག་དང་བསོད་ནམས་ཀྱི། །ཆ་གཉིས་རྣམ་པར་རྟོག་པ་སྟེ། །མཁས་པས་འདི་གཉིས་རྣམ་པར་སྤྱངས། །ཅེས་ཆོས་དབྱིངས་འགྱུར་བ་མེད་པས། སྡིག་པ་དང་བསོད་ནམས་ཀྱི་ལས་སུ་མེད་པར་གསུངས་པ་དང་། དེ་བཞིན་དུ་གསང་འདུས་ལས་ཀྱང་། རང་སེམས་གདོད་ནས་མ་སྐྱེས་པ། །སྟོང་པ་ཉིད་ཀྱི་རང་བཞིན་ནོ། །ཞེས་སྟོང་ཉིད་མ་སྐྱེས་པར་གསུངས་ཤིང་། དེ་ལ་སོགས་པའི་རྒྱུད་སྡེ་བདེ་ཀྱེ་ལ་སོགས་པ་ཀུན་ལས་དོན་གསུངས་ཤིང་། འཕགས་པ་ཀླུ་སྒྲུབ་ཀྱིས་ཀྱང་གཏམ་བྱ་རིན་ཆེན་ཕྲེང་བ་ལས། སྡིག་དང་བསོད་ནམས་བྱ་བ་འདས། །ཟབ་མོ་བཀོལ་བའི་དོན་དང་ལྡན། །མུ་སྟེགས་གཞན་དང་རང་ཉིད་ཀྱིས་ཀྱང་། །གནས་མིན་སྐྲག་པས་མ

མྱངས་པ། །ཞེས་དགེ་སྡིག་གི་ལས་ལས་འདས་པ་སྟོང་མིན་ལ་བཀོལ་བའི་ཟབ་མོ་སྟོང་ཉིད་ནི་རང་བྱི་ཐོས་བསམ་གྱིས་དངོས་སུ་མ་མྱངས་པར་བཤད་ལ། གཞན་ཡང་། རིན་ཆེན་ཕྲེང་བ་དེ་ཉིད་ལས། ཤེས་པས་ཡོད་དང་མེད་ཅེས་ཕྱིར། །སྡིག་དང་བསོད་ནམས་ལས་འདས་པས། །དེ་ཡིས་བདེ་འགྲོ་ངན་འགྲོ་ལས། །དེ་ནི་ཐར་པ་དམ་པར་བཞེད། །ཅེས། ཆོས་དབྱིངས་ཡོད་མེད་ཀྱི་མཐའ་ཞི་བས་དགེ་སྡིག་གི་ལས་ལས་ཐར་པར་གསུངས་པ། འདི་རྣམས་ཆོས་དབྱིངས་དགེ་སྡིག་ལས་གང་དུ་ཡང་མེད་པའི་ལུང་རྣམ་དག་ཡིན་ནོ། །དེ་བས་ན་ཆོས་ཀྱི་དབྱིངས་ནི་འགྱུར་བ་མེད་པས་ལས་དགེ་བར་མེད་ལ། དེའི་ཕྱིར་བསྔོ་རྒྱུ་མིན་ཞེས་པའོ། །གསུམ་པ། སྟོང་ཉིད་སྙིང་རྗེ་བདེ་གཤེགས་སྙིང་པོར་འདོད་པ་དགག་པ་ནི། ཁ་ཅིག་ཅེས་སོགས་ཏེ། སྟོད་ལུང་རྒྱ་དམར་བར་གྲགས་པ་སོགས་ཁ་ཅིག་ནི། བདེ་གཤེགས་སྙིང་པོ་ཆོས་དབྱིངས་ལ་འདོད་པ་མི་འཐད་པས། དེའི་སྒྲ་ནི་སྟོང་ཉིད་སྙིང་རྗེའི་སྙིང་པོ་ལ་འདོད་དེ། བདེ་བར་གཤེགས་པའི་རྒྱུའི་གཙོ་བོ་ཡིན་པས་སོ་སྙམ་དུ་བསམས་སོ། །དེ་ནི་མིན། འདི་ནི་ཞེས་སོགས་ནས་གསུངས་ཞེས་པའི་བར་གྱིས་བསྟན་ཏེ། སྟོང་ཉིད་སྙིང་རྗེའི་སྙིང་པོ་ཅན་གྱི་སེམས་འདི་ནི་ཆོས་ཅན། དེ་བཞིན་གཤེགས་པའི་ཁམས་དངོས་མིན་པར་ཐལ། ཁམས་དེའི་སྟེང་གི་དྲི་མ་སྦྱོང་བྱེད་ཡིན་པས་སོ། །དེ་སྐད་དུ་ཡང་། ཚད་མ་རྣམ་འགྲེལ་ལས། སྒྲུབ་བྱེད་ཐུགས་རྗེ་གོམས་པ་ལས། །ཞེས་སྙིང་རྗེ་གོམས་པས་སངས་རྒྱས་སྒྲུབ་པར་གསུངས་པའི་ཕྱིར་དང་། བསླབ་པ་ཀུན་བཏུས་ཉིད་ལས་ཀྱང་། སྟོང་ཉིད་སྙིང་རྗེའི་སྙིང་པོ་ཅན། །བསྐྱེད་པས་བསོད་ནམས་དག་པར་འགྱུར། །ཞེས་གསུངས་ཤིང་། དེ་བཞིན་དུ། མདོ་སྡེ་དང་རྒྱུད་ཀུན་ལས་ཀྱང་། སྟོང་ཉིད་སྙིང་རྗེ་ཟུང་འཇུག་གི་ལམ་ནི་དྲི་མ་སྦྱོང་བྱེད་དུ་གསུངས་པར་མི་མཚུངས་སོ། །གཉིས་པ། འདུས་མ་བྱས་ཀྱི་དགེ་བ་གསུངས་པའི་དགོངས་པ་ལ་གསུམ། མངོན་པར་དགེ་བ་བཅུ་གཅིག་གསུངས་ཚུལ། དེ་བཞིན་ཉིད་ལ་དགེ་བར་བཤད་པའི་དགོངས་པ། མཚུངས་པའི་དཔེ་དང་སྦྱར་བའོ། །དང་པོ་ནི། མངོན་ཞེས་སོགས་ཏེ། ཁོ་ན་རེ། ཆོས་དབྱིངས་ལས་དགེ་བ་མིན་ན། མངོན་པའི་སྡེ་སྣོད་ལས་ངོ་བོ་ཉིད་ཀྱི་དགེ་བ་ཞེས་འབྱུང་བ་དང་། དོན་དམ་པའི་དགེ་བ་སོགས་བཤད་པ་དང་འགལ་ལོ་ཟེར་ན། དེ་ཆོས་ཅན། ཆོས་དབྱིངས་ལས་དགེ་བ་མིན་ཡང་མངོན་པར་ངོ་བོ་ཉིད་ཀྱི་དགེ་བར་གསུངས་པ་དང་མི་འགལ་བར་ཐལ། དེ་མིན་ཡང་། མངོན་པའི་གཞུང་ལས་ཉན་ཐོས་རྣམས་ངོ་བོ་ཉིད་ཀྱི་དགེ་བ་ཞེས་བཤད་པ་ནི་དང་པ་དང་ངོ་ཚ་ཤེས་པ་སོགས་བཅུ་གཅིག་ཁོ་ན་ལ་དགོངས་ནས་གསུངས་པས་སོ། །ཡང་ཆོས་དབྱིངས་ལས་དགེ་བ་མིན་ཀྱང་། མངོན་པར་དོན་དམ་པའི་དགེ་བ་སོགས་གསུམ་བཤད་པ་དང་མི་འགལ་བར་ཐལ། དེ་མིན་ཡང་དོན་དམ་ངོ་བོ་མེད་པ་ཞེས་བཤད་པ་ནི་དེ་བཞིན་ཉིད་ལ་གསུངས་པ་ཡིན་ཞིང་། དོན་དམ་སྡིག་པ་འཁོར་བ

ཀུན་དང་དོན་ནམ་མཁའ་སོ་སོར་བརྟགས་མིན་གཉིས་དོན་དམ་ལུང་མ་བསྟན་དུ་མི་འགལ་བས་སོ། །གཉིས་པ་ནི། དེ་འདི་ཞེས་སོགས་ཏེ། དེ་བཞིན་ཉིད་ལ་དགེ་བ་ཞེས་བཤད་པའི་དགོངས་པ་ཡང་གཉིས་ཏེ། ལས་དགེ་བར་བཏགས་ནས་བཤད་པ་དང་། སྤྱིར་དགེ་བ་ཡིན་པས་བཤད་པ་གཉིས་ལས། དང་པོའི་དབང་དུ་བྱས་ནས་དཔེ་དང་སྦྱར་ཏེ་འདིར་གསུངས་སོ། །གསུམ་པ་དཔེ་དང་སྦྱར་བ་ནི། དཔེར་ན། ཞེས་སོགས་ནས་མ་ཡིན་ནོ་ཅེས་པར་ཏེ། དཔེར་ན་ནད་དང་བྲལ་བ་ནི་ལུས་བདེ་ཤིང་། མྱ་ངན་མེད་པ་ལ་སེམས་བདེའོ། །དེ་ནི་འཇིག་རྟེན་ན་ཟེར་ནའང་ལུས་སེམས་འདི་དག་ཚོར་བ་སྡུག་བསྔལ་མེད་པ་ལས་གཞན་པའི་བདེ་བ་མེད་མོད་ཀྱི། འོན་ཀྱང་སྡུག་བསྔལ་མེད་ཙམ་ལ་བདེ་བ་ཡིན་ཞེས་ཀུན་ལ་གྲགས་པ་དེ་བཞིན་དུ། ཆོས་ཀྱི་དབྱིངས་ལ་ཡང་སྡིག་པ་མེད་པ་ཙམ་ཞིག་ལས་ལྷག་པའི་ལས་དགེ་བ་མེད་མོད་ཀྱི་དགེ་བའི་ལས་ཡིན་ཞེས་བཏགས་པར་ཟད་དོ། །བསྟན་བཅོས་ལས་གྲགས་པའི་དཔེ་དང་སྦྱར་ན། གཞན་ཞེས་སོགས་ཏེ། གཞན་ཡང་མངོན་པའི་གཞུང་ལུགས་ལས་ཟས་ཀྱིས་འགྲངས་པ་ལ་སོགས་པ་ལ་འདོད་ཆགས་དང་བྲལ་ལོ། །ཞེས་བཏགས་ནས་གསུང་མོད། འོན་ཀྱང་གཏན་ནས་བྲལ་བ་ཡི་འདོད་ཆགས་དང་བྲལ་བ་དངོས་མ་ཡིན་ནོ། །གསུམ་པ་ནི། ཆོས་ཞེས་སོགས་ཏེ། དེ་བཞིན་དུ་ཆོས་ཀྱི་དབྱིངས་ལས་དགེ་བར་བཏགས་ནས་གསུངས་ཀྱང་ལས་དགེ་བ་དངོས་ནི་མིན་ནོ༑ ༑

འོན་འདོགས་པའི་རྒྱུ་མཚན་ཡོད་དམ་ཞེ་ན་ཡོད་དེ། ཆོས་དབྱིངས་ཆོས་ཅན། ལས་དགེ་བར་འདོགས་པའི་རྒྱུ་མཚན་ཡོད་དེ། དེའི་རྟེན་ཡིན་པའི་རྒྱུ་མཚན་གྱིས་ཡིན་པས་སོ། །དེར་བཏགས་པ་ལ་དགོས་པ་ཡོད་དེ། ངོ་བོ་སྡིག་མེད་དུ་རྟོགས་པའི་ཆེད་ཡིན་པས་སོ། །ལས་དགེ་བ་དངོས་མིན་ཏེ་འབྲས་བུ་བདེ་བ་སྐྱེད་བྱེད་མིན་པས་སོ། །དེ་འཆད་པ་ནི། ཅི་ནས་ཞེས་སོགས་ཏེ། ཅི་ནས་ཆོས་དབྱིངས་ལས་དགེ་བ་ཡིན་པ་ཏ་ཙང་ཐལ་བའི་སྐྱོན་ཡོད་དེ། ཤེས་བྱ་ཆོས་ཅན། སྡིག་པ་དང་ལུང་མ་བསྟན་རྣམ་གཉིས་ཀྱང་། ལས་དགེ་བར་ཐལ། ཆོས་དབྱིངས་ལས་དགེ་བ་ཡིན་པ་གང་ཞིག །ཆོས་དབྱིངས་ལས་མ་རྟོགས་པའི་ཆོས་གཞན་མེད་པའི་ཕྱིར། འདོད་མི་ནུས་ཏེ། དེ་ལྟར་ཡིན་ན་སེམས་ཅན་ཀུན་འགྲོ་བར་འགྲོ་བ་མི་སྲིད་པར་འགྱུར་རོ། །དེས་ན་ཆོས་དབྱིངས་ལས་དགེ་བ་ཡིན་པ་འགོག་པ་ཡིན་གྱི། སྤྱིར་དགེ་བ་ཡིན་པ་མི་འགོག་སྟེ། དགེ་བར་ལུང་དང་རིགས་པས་གྲུབ་པའི་ཕྱིར་རོ། །ཇི་ལྟར་ན། ལང་གཤེགས་དང་རྒྱན་སྟུག་པོ་བཀོད་པ་ལ་སོགས་པར། བདེ་གཤེགས་སྙིང་པོ་དགེ་བའང་དེ། །ཞེས་སོགས་དང་། དེ་བཞིན་གཤེགས་པའི་སྙིང་པོ་དགེ། །ཞེས་སོགས་དང་། རྒྱུད་བླར། དགེ་དང་རྣམ་པར་དག་པའི་ཕྱིར། །ཞེས་དང་། ཆོས་ཁམས་དགེ་བ་ཡང་། ཞེས་དང་། དབུས་མཐར། དགེ་གཉིས

ཐོབ་པར་བྱ་བའི་ཕྱིར། །ཞེས་པ་དང་། མངོན་པ་གོང་མར་ཡང་བཤད་པ་སོགས་ལུང་ཤིན་ཏུ་མང་ནའང་ཡི་གེ་འཇིགས་པས་བསྡུས་སོ། །རིགས་པས་གྲུབ་སྟེ། ཆོས་དབྱིངས་ཆོས་ཅན། དགེ་བར་ཐལ། གཞི་གྲུབ། མི་དགེ་བ་དང་། ལུང་མ་བསྟན་མིན་པས་སོ། །མི་དགེ་བར་ནི་མ་གྲུབ་སྟེ། ཅི་ནས་ཆོས་དབྱིངས་སྡིག་པ་ཉིད། །ཡིན་ན་ཧ་ཅང་ཐལ་འགྱུར་ཏེ། །ཆོས་ཀྱི་དབྱིངས་ལས་མ་རྟོགས་པའི། །ཆོས་གཞན་མེད་པའི་དགེ་བ་དང་། །ལུང་མ་བསྟན་ཀྱང་སྡིག་པར་འགྱུར། །དེ་ལྟ་ཡིན་ན་སེམས་ཅན་ཀུན། །ཐར་པར་འགྲོ་བ་མི་སྲིད་དོ། །ཞེས་པས་ཁེགས་ལ། ལུང་མ་བསྟན་ཀྱང་མིན་ཏེ། ཅི་ནས་ཆོས་དབྱིངས་ལུང་མ་བསྟན། །ཡིན་ན་ཧ་ཅང་ཐལ་འགྱུར་རོ། །ཆོས་ཀྱི་དབྱིངས་ལས་མ་གཏོགས་པའི། །ཆོས་གཞན་མེད་ཕྱིར་དགེ་བ་དང་། །ལུང་མ་བསྟན་ཀྱང་སྡིག་པར་འགྱུར། །དེ་ལྟ་ཡིན་ན་སེམས་ཅན་ཀུན། །ཐར་པར་འགྲོ་བ་མི་སྲིད་དོ། །ཞེས་པས་ཁེགས་ལ། ལུང་མ་བསྟན་ཀྱང་མིན་ཏེ། ཅི་ནས་ཆོས་དབྱིངས་ལུང་མ་བསྟན། །ཡིན་ན་ཧ་ཅང་ཐལ་འགྱུར་ཏེ། །ཆོས་ཀྱི་དབྱིངས་ལས་མ་གཏོགས་པའི། །ཆོས་གཞན་མེད་ཕྱིར་དགེ་བ་དང་། །སྡིག་ཀྱང་ལུང་མ་བསྟན་དུ་འགྱུར། །དེ་ལྟར་ཡིན་པ་སེམས་ཅན་ཀུན། །སྲིད་དང་ཞི་བར་འགྲོ་མི་སྲིད། །ཅེས་པའི་སྐྱོན་མཚུངས་ཤིང་། སངས་རྒྱས་ཀྱི་ཆོས་དབྱིངས་ལུང་མ་བསྟན་ཡིན་ན་སངས་རྒྱས་ཀྱི་སེམས་བསྡུས་ཀྱི་ལུང་མ་བསྟན་ཡོད་དགོས་ནའང་། འཕྲིན་ལས་ཐམས་ཅད་ཡེ་ཤེས་སྔོན་དུ་འགྲོ་ཞིང་། ཡེ་ཤེས་ཀྱི་རྗེས་སུ་འབྲངས་པར་གསུངས་པ་དེ་འདྲ་མི་འཐད་པའི་ཕྱིར་དང་། དུས་ཀྱི་འཁོར་ལོ་དང་། བདེ་མཆོག་དང་། ཀྱེ་རྡོ་རྗེའི་རྒྱུད་དང་། དེའི་འགྲེལ་པ་རྡོ་རྗེ་སྙིང་འགྲེལ་ལ་སོགས་པར། ཆོས་དབྱིངས་ནི། རྡོ་རྗེ་སེམས་དཔའ་དང་། ཧེ་རུ་ཀ་དང་། དང་པོའི་སངས་རྒྱས་ལ་སོགས་པའི་ངོ་བོ་མཐའ་ཡས་པའི་ཡོན་ཏན་དང་ལྡན་པས། བསྟགས་འོས་སུ་གསུངས་པས་ཀྱང་ལུང་མ་བསྟན་མིན་པ་གྲུབ་པོ། །དེས་ན། ཆོས་ཀྱི་དབྱིངས་ལས་དགེ་བ་ཡིན་ན། ཐམས་ཅད་དེར་འགྱུར་ནའང་། དགེ་བར་ཁས་བླངས་པ་ལ། ཐམས་ཅད་དགེ་བར་འགྱུར་བའི་སྐྱོན་མེད་པའི་རྒྱུ་མཚན་ཆོས་དབྱིངས་དེ། ལས་དགེ་བར་མ་གྲུབ་ལ། དགེ་བར་ནི་གྲུབ་པས་གོང་གི་དེར་མཚུངས་པའི་སྐྱོན་ཡང་མེད་དོ། །གཞན་དུ་ན། ངོ་བོ་ཉིད་ཀྱི་སྒོའང་དགེ་བ་མིན་པར་ཁས་བླངས་ནས་ཅིས་འགོག་སྟེ། དགག་ཏུ་མེད་པར་འགྱུར་རོ། །

རྣམ་པར་དཔྱོད་པའི་ཉི་མ་ཡིས། །ལེགས་བཤད་འོད་སྟོང་འབྱེད་ནུས་མོད། །བློ་ངན་ཐོས་ཆུང་འབྱུང་པོའི་བྱ། །ལོག་པ་སྨྲ་ཕྱིར་མདོ་ཙམ་སྨྲས། །ལ་ལ་ཞེས་སོགས་ཏེ། ལ་ལ་ནི། གཉིས་ལ་དགེ་སྡིག་ཡོད་ཟེར་བ་ལྟར་མཐའ་མེད། བྱམས་དང་སྙིང་རྗེ་སོགས་གཉིས་ཀྱི་དགེ་བ་ཡིན་པའི་ཕྱིར། ཞེས་ཟེར་བ་འདི་ཡང་དེ་ལྟར་མ་ངེས་ཏེ། ཐབས་ལ་མི་མཁས་པའི་བྱམས་པ་དང་སྙིང་རྗེ་འགའ་ཞིག་ངན་སོང་གི་རྒྱུ་རུ་ཐུབ་པས་མདོ་ལས

གསུངས་པའི་ཕྱིར། མདོ་སྡེ་དང་འདུལ་བར་དགེ་འདུན་གྱི་ཞལ་ཏ་བས་དགེ་འདུན་གྱི་རྫས་རང་གི་ལོངས་དང་ཉེ་འབྲེལ་སོགས་ལ་དགོས་སུ་བྱིན་པས་ཞལ་ཏ་བ་ཤིང་སྡོང་ལྟ་བུའི་དམྱལ་བ་དང་། ཕྱི་སའི་འདམ་རྫབ་ཆེན་པོའི་ནང་དུ་སྲིན་འབུ་ཆེན་པོར་སྐྱེས་པ་ལ་སོགས་པ་མང་པོ་གསུངས་སོ། །ཐབས་ལ་མཁས་པའི་སྙིང་རྗེ་སོགས་ལ་དགོངས་ནས་བྱམས་སྙིང་རྗེ་དགེ་བར་ནི་གསུངས་མོད་ན་ཡང་། གཤིས་ཀྱི་དགེ་བར་ནི་འཇོག་དཀའ་སྟེ། དེ་ལྟར་ན་གཤིས་ལ་ལས་དགེ་སྡིག་ཡོད་དགོས་ལ། དེ་ལྟར་ན་རྒྱུན་གྱིས་མ་བཅོས་པའི་ལས་འབྲས་ཡོད་དགོས་པས། གྲངས་ཅན་པ་རྟག་པའི་དངོས་པོ་འདོད་པ་དགག་དུ་མེད་པ་དང་། ལས་འབྲས་དོན་མེད་པ་དང་། འཆོལ་བ་ལ་སོགས་པའི་ཉེས་པར་འགྱུར་བས་སོ། །བཞི་པ་ལ། མི་འཐད་པ་དགག་པ་དང་། དགོངས་པ་བཤད་པ་གཉིས། དང་པོ་ནི། དེས་ན་ཞེས་སོགས་ནས་གསུངས་ཏེ། ཆོས་དབྱིངས་ལས་དགེ་བར་ཡོད་པ་མིན་པ་དེས་ནས་འགྲོ་བ། ཐམས་ཅད་དེ་མང་པོས་བྱས་པའི་དགེ་བ་ལ་དགོངས་ནས། འགྲོ་ཀུན་དགེ་བ་ཇི་སྙེད་ཡོད་པ་དང་། །ཞེས་སོགས་ཀྱི་ཚིགས་བཅད་གསུངས་ཀྱིས། ཆོས་དབྱིངས་ལས་དགེ་བར་མ་གསུངས་སོ། །གལ་ཏེ་ཆོས་དབྱིངས་ཀྱང་དེར་གསུངས་པར་འདོད་ན་ནི། མིན་ཏེ། འགྲོ་ཀུན་དགེ་བ་ཇི་སྙེད་ཅེས་པའི་སྒྲ་དང་། ལས་དགེ་བར་ཡོད་ཅེས་བྱ་བའི་སྒྲ་ཡང་། འགལ་བ་སྟེ་མི་འཐད་ལ། དེའི་རྒྱུ་མཚན་ནི་འགྲོ་ཀུན་དགེ་བ་ཇི་སྙེད་ཅེས་བྱ་བ་གསུང་པ་པོའི་སྒྲ་ཡིན་ལ། ཆོས་ཀྱི་དབྱིངས་ལ་ལས་དགེ་བ་མང་བ་དང་ཉུང་བའི་ཁྱད་པར་མེད་པའི་ཕྱིར་ཆོས་དབྱིངས་དེ་ནི་ལས་དགེ་བ་ཡིན་པའི་སྐྱོན་པ་དང་བྲལ་བའི་ཕྱིར་རོ། །གཞན་ཡང་། ཆོས་དབྱིངས་ལས་དགེ་བར་ཡོད་པ་མིན་ཏེ། ལས་དགེ་བར་ཡོད་པ་ཙམ་སྟེ་ཐམས་ཅད་ལ་མི་རྟག་པས་ཁྱབ་པར་ཆོས་ཀྱི་གྲགས་པས་ལེགས་པར་གསུངས་པའི་ཕྱིར། ཀླུ་སྒྲུབ་ཀྱིས་ཀྱང་དབུ་མ་རྩ་ཤེས་ལས། གལ་ཏེ་མྱ་ངན་འདས་དངོས་ན། །མྱ་ངན་འདས་པ་འདུས་བྱས་འགྱུར། །དངོས་པོ་འདུས་བྱས་མ་ཡིན་པ། །འགའ་ཡང་གང་ནའང་ཡོད་པ་མིན། །ཞེས་རང་བཞིན་མྱང་འདས་ཆོས་དབྱིངས་དེ་དངོས་པོ་ཡིན་ན་འདུས་བྱས་སུ་འགྱུར་བའི་སྐྱོན་བསྟན་པའི་ཕྱིར་དང་། གཞན་ཡང་དབུ་མ་དེ་ཉིད་ལས། གང་དག་རང་བཞིན་གཞན་དངོས་དང་། །དངོས་དང་དངོས་མེད་ཉིད་ལྟ་བ། །དེ་དག་སངས་རྒྱས་བསྟན་པ་ལ། །དེ་ཉིད་མཐོང་བ་མ་ཡིན་ནོ། །ཞེས། ཆོས་དབྱིངས་ལས་དངོས་པོ་ཡིན་ན་དངོས་པོའི་མཐར་འགྱུར་ལ། དེ་ལྟར་ན་དེ་དེ་ཁོ་ན་ཉིད་མིན་པར་འགྱུར་བས་དེ་ཁོ་ན་ཉིད་མཐོང་བ་མེད་པར་འགྱུར་ཅེས་པའི་སྐྱོན་གསུངས་པའི་ཕྱིར་དང་། གཞན་ཡང་དེ་ཉིད་ལས། བཅོམ་ལྡན་དངོས་དང་དངོས་མེད་པ། །མཁྱེན་པས་ཀ་ཏ་ཡ་ན་ཡི། །གདམས་ངག་ལས་ནི་ཡོད་པ་དང་། །མེད་པ་གཉིས་ཀ་བཀག་པར་མཛད། །ཅེས། ཆོས་དབྱིངས་ལས་དངོས་པོར་ཡོད་ན་ཡོད་པའི་མཐའ་དང་མ་བྲལ་བ་ལས་བཅོམ་

ལྡན་འདས་ཀྱིས་ཆོས་དབྱིངས་ལས་ཡོད་མེད་གཉིས་ཀའི་མཐའ་བྲལ་དུ་བསྟན་པར་གསུངས་པའི་ཕྱིར་དང་། གཞན་ཡང་དབུ་མ་དེ་ཉིད་ལས། ཡོད་ཅེས་བྱ་བ་རྟག་པར་འཛིན། །མེད་ཅེས་བྱ་བ་ཆད་པར་ལྟ། །དེ་ཕྱིར་ཡོད་དང་མེད་པ་ལ། །མཁས་པས་གནས་པར་མི་བྱའོ། །ཞེས་ཆོས་དབྱིངས་དངོས་པོར་ཡོད་ན་དེ་དངོས་པོར་འཛིན་པ་ལྟ་བ་རྣམ་དག་ཏུ་འགྱུར་བ་ལས། དེ་ནི་རྟག་ལྟར་འགྱུར་བས་དེ་ལ་མཁས་པས་མི་གནས་པར་གསུངས་པ་ཡིན་པའི་ཕྱིར། དེ་ལྟར་གསུངས་པའང་ཆོས་དབྱིངས་ཀྱི་དངོས་པོར་ཡོད་པ་དང་གཏན་མེད་གཉིས་ཀ་མིན་པའམ། ཡང་ན། ཆོས་དབྱིངས་ཡོད་དེ། གཉིས་ཀའི་མཐར་མ་ལྷུང་བར་སྟོན་པའི་ལུང་ངོ་། །དེས་ན་སངས་རྒྱས་བསྟན་པ་ལ་གུས་པ་བྱེད་ན་ཆོས་ཀྱི་ཆོས་དབྱིངས་ལ་ཡོད། དེ་གཉིས་ཀའི་མཐར་ལྷུང་དུ་མ་བཟུངས་ཤིག །རིགས་པས་ཀྱང་ནི་འདི་འགྲུབ་སྟེ། ཡོད་ཙམ་དོན་བྱེད་ནུས་པའི་ཕྱིར་རོ། །ཆོས་ཀྱི་དབྱིངས་ལ་བྱ་བྱེད་མེད། །དེ་ནི་སྤྲོས་བྲལ་ཡིན་ཕྱིར་རོ། །ཞེས་པའི་དོན་ནི། སྔར་དེ་ནི་སྤྲོས་བྲལ་ཡིན་ཕྱིར། ཞེས་སོགས་སུ་བརྗོད་ཚར་བ་ལྟར་རོ། །སྐྱོན་གཞན་ཡང་། འགྲོ་ཀུན་དགེ་བ་ཇི་སྙེད་ཡོད་ཅེས་པའི། ཡོད་པའི་དགེ་བ་ནི་ཆོས་ཉིད་ལ་ཟེར་བ་ཡིན་ན། འགྲོ་བ་ཀུན་གྱི་དགེ་བ་ཞེས་སྨོས་ཅི་དགོས་ཏེ། ཤེས་བྱ་ཆོས་ཅན། བེམ་པོ་དང་དངོས་མེད་དང་འཕགས་པ་རྣམས་ཀྱི་ཆོས་ཉིད་ཀྱང་ཞེས་མི་བསྔོ་སྟེ། བསྔོ་བར་རིགས་པར་ཐལ། ཆོས་ཉིད་ཐམས་ཅད་བསྔོ་རྒྱུ་ཡིན་པའི་ཕྱིར་རོ། །གཉིས་པ་ལ་རང་ལུགས་ཀྱིས་བཤད་པ་དང་། འཕྲོས་དོན་གཉིས། དང་པོ་ནི། དེས་ན་ཞེས་སོགས་ཏེ། འགྲོ་ཀུན་དགེ་བ་ཇི་སྙེད་ཡོད་པ་དང་ཅེས་བྱ་བའི་གཞན་ལུགས་ཀྱི་བཤད་པ་མི་འཐད་པ་དེས་ན་གཞུང་དེའི་དགོངས་པ་ནི་ལེགས་པར་བཤད་ཀྱིས། འདི་ལྟར་ཟུངས་ཤིག །འགྲོ་བ་ཀུན་གྱིས་བྱས་པའི་དགེ་བ་ཇི་སྙེད་ཡོད་པ་ཞེས་བྱ་བའི་སྒྲ་ནི་སྦྱོར་བསྟན་པ་ཡིན་ལ། འདས་པར་བྱས་པ་དང་། མ་འོངས་པར་བྱེད་པར་འགྱུར་བ་དང་། ད་ལྟར་བྱེད་བཞིན་པ་ཞེས་བྱེ་བྲག་དུས་གསུམ་དུ། དབྱེ་བ་དམིགས་བསལ་བ་ཡིན་ནོ། ཡང་ན་གང་ཟག་གཞན་གྱིས་བྱས་པའི་དགེ་བ་ཇི་སྙེད་ཡོད་པ་དང་། རྡོ་རྗེ་རྒྱལ་མཚན་རང་ཉིད་ཀྱིས་བྱས་པ་དང་། བྱེད་འགྱུར་དང་། དེ་བྱེད་བཞིན་པའི་དགེ་བ་ཞེས་བཤད་ཀྱང་མདོ་དང་འགལ་བ་མེད་དེ། རང་གཞན་གྱིས་བསྡུས་པའི་འགྲོ་བ་ཐམས་ཅད་ཀྱིས་བྱས་པའི་དགེ་བ་བསྔོ་རྒྱུར་མདོ་དེས་སྟོན་པའི་ཕྱིར། ཡང་ན་དགེ་བ་ཇི་སྙེད་ཡོད་པ། ཞེས་སོགས་མདོར་བསྟན་དང་། བྱས་དང་ཞེས་སོགས་རྒྱས་བཤད་དེ། །དཔེར་ན་འགྲོ་བ་ཀུན་གྱི་སྡིག །ཇི་སྙེད་ཡོད་པ་བྱས་པ་དང་། །བྱེད་འགྱུར་དེ་བཞིན་བྱེད་པ་རྣམས། །རྒྱལ་བའི་མདུན་དུ་བཤགས་པར་ཤོག །ཅེས་བྱ་བའི་ཚིག་དང་མཚུངས་པ་ཡིན་པའི་ཕྱིར་ཏེ། བཤགས་རྒྱུའི་སྡིག་པ་འདི་ལའང་དུས་གསུམ་ལས་གཞན་པའི་སྡིག་པ་གང་ཡང་མེད་པ་དེ་བཞིན་དུ་དུས་གསུམ་ལས་གཞན་པའི་བསྔོ་རྒྱུར་ཡོད་པའི་དགེ་བ

སྲིད་པ་མིན་པའི་ཕྱིར་དང་། རྡོ་རྗེ་རྒྱལ་མཚན་གྱི་བསྔོ་བའི་ལེའུ་ཉིད་ལས་ཀྱང་། འགྲོ་བས་བསྒྲུབས་པའི་དགེ་བར་ཡོད་པ་བསྔོ་རྒྱུར་གསུངས་པའི་ཕྱིར། ཇི་ལྟར་ན། ཕྱོགས་བཅུའི་འཇིག་རྟེན་དག་ན་གང་ཡོད་པའི། །དགེ་བ་དེ་དག་ཡང་དག་སྒྲུབ་པས་ན། །འགྲོ་བ་ཀུན་ལ་ཕན་དང་བདེ་སེམས་ཀྱི། །ཡེ་ཤེས་མཁས་པ་དེ་དག་ཡོངས་སུ་བསྔོ། །ཞེས་སོགས་ཁ་ཅིག་ཡོད་པ་ཞེས་བྱ་བ་བསྒྲུབ་པར་གསུངས། ཞེས་གཞུང་བཅོས་ནས་ཡོད་པའི་ཚིག་དོན་དགག་པ་མིན་ཏེ། སྒྲུབ་པར་གསུངས་པའི་ཕྱིར། ཞེས་ཟེར་བ་ནི། ཆོས་དབྱིངས་དགག་པ་ཡིན་པས་བསྔོ་རྒྱུ་མིན་ལ། བསྔོ་རྒྱུའི་དགེ་བ་ནི་སྒྲུབ་པ་ཡིན་དགོས་སྙམ་དུ་བསམ་པ་འདྲ་མོད། ཆོས་དབྱིངས་ཉི་མའི་དཀྱིལ་འཁོར་ལ་ལྟ་བའི་མིག་མེད་དམུས་ལོང་གིས་གླང་ཆེན་རྟོག་པར་བྱེད་པར་མཚུངས། ཀྱེ་མ་མཁས་པར་རློམ་པ་མཚར། གཉིས་པ་ལ། སླར་ཡང་ཆོས་དབྱིངས་བསྔོ་རྒྱུར་འདོད་པ་དགག་པ་འཕྲོས་དང་བཅས་པ། བདེ་གཤེགས་སྙིང་པོ་སེམས་ཅན་ཕོ་ནའི་ཁམས་ལ་འདོད་པ་དགག་པ། ཆོས་དབྱིངས་བསྔོ་རྒྱུ་མ་ཡིན་པར་བསྟན་པའི་འཕྲོས་དོན། ཟངས་ཐལ་གྱི་རྣམ་གཞག་མི་འཐད་པར་སྟོན་པ། ཡི་བཀག་ཡི་གནང་གི་མུན་སྤྲུལ་དགག་པ། རབ་བྱུང་དང་ཁྲིམ་པ་ལྟུང་བ་མཚུངས་པར་འདོད་པ་དགག་པ། རབ་བྱུང་གི་བཅས་འགལ་ཁྲིམ་པ་ལ་འབྱུང་བར་འདོད་པ་དགག་པ་དང་བདུན་ནོ། །དང་པོ་ནི། ཆོས་དབྱིངས་ཞེས་སོགས་ཏེ། སྒྲུབ་པའི་ལས་དགེ་བ་བསྔོ་རྒྱུ་ཡིན་གྱི་ཆོས་དབྱིངས་ནི་མ་ཡིན་ནོ། །གལ་ཏེ་ཆོས་དབྱིངས་ལས་དགེ་བར་བྱས་ནས་དེ་ལ་བསྔོ་རྒྱུ་བྱེད་ན། དེ་བསྔོ་བས་འགྱུར་རམ་མི་འགྱུར། འགྱུར་ན་ཆོས་དབྱིངས་ཀྱི་ཆོས་ཅན་འདུས་བྱས་སུ་འགྱུར་བར་ཐལ། འགྱུར་བས་སོ། །མི་འགྱུར་ན། བསྔོ་བ་དོན་མེད་པས་ཆོས་དབྱིངས་ནི། བསྔོ་རྒྱུར་བྱས་ནས་བསྔོ་བ་དོན་མེད་པར་ཐལ། མི་འགྱུར་བས་སོ། །དེ་ཆོས་ཅན། བསྔོ་རྒྱུའི་དགེ་བ་མིན་པར་ཐལ། འགྱུར་མེད་དུ་ལུང་རིགས་ཀྱིས་གྲུབ་པའི་ཕྱིར། ལུང་གིས་གྲུབ་སྟེ་མདོ་ལས། དེ་བཞིན་གཤེགས་པ་རྣམས་འཇིག་རྟེན་དུ་བྱོན་ཀྱང་རུང་མ་བྱོན་ཀྱང་རུང་། ཆོས་རྣམས་ཀྱི་ཆོས་ཉིད་ནི་གནས་པ་ཡིན་ཏེ། ཞེས་སོགས་ཀྱིས་ཆོས་ཀྱི་དབྱིངས་འགྱུར་མེད་དུ་རྒྱལ་བས་གསུངས་ཤིང་དབུ་མ་རྩ་ཤེས་ལས་ཀྱང་། རང་བཞིན་རྒྱུ་དང་རྐྱེན་ལས་བདེ། །འབྱུང་བར་རིགས་པ་མ་ཡིན་ནོ། །རྒྱུ་དང་རྐྱེན་ལས་བྱུང་བ་ཡི། །རང་བཞིན་བྱས་པ་ཅན་དུ་འགྱུར། །རང་བཞིན་བྱ་བ་ཅན་ཞེས་བྱ། ། ཇི་ལྟར་བུན་རུང་བར་འགྱུར། །རང་བཞིན་དག་ནི་བཅོས་མིན་དང་། །གཞན་ལ་ལྟོས་པ་མེད་པ་ཡིན། །ཞེས་ཆོས་དབྱིངས་ནི་ཆོས་རྣམས་ཀྱི་རང་བཞིན་འགྱུར་མེད་ཡིན་པའི་རྒྱུ་མཚན་གྱིས་མ་བཅོས་པར་གསུངས་པའི་ཕྱིར་དང་། གཞན་ཡང་དེ་ཉིད་ལས། གལ་ཏེ་རང་བཞིན་གྱིས་ཡོད་ན། །དེ་ནི་མེད་ཉིད་མི་འགྱུར་རོ། །རང་བཞིན་གཞན་དུ་འགྱུར་བར་ནི། །ནམ་ཡང་འཐད་པ་མ་ཡིན་ནོ། །ཞེས། རང་བཞིན་ཆོས་ཉིད་ནི་གཞན་དུ་མི་

འགྱུར་བར་གསུངས་པའི་ཕྱིར། དེ་ལ་སོགས་པའི་ལུང་མང་དུ་ཡོད་དོ། །གལ་ཏེ་ཆོས་ཉིད་དེ་བཞིན་ཉིད་དེ་བསྔོ་བྱའི་དགེ་བ་མ་ཡིན་མོད། འོན་ཀྱང་བྱང་ཆུབ་སེམས་དཔའི་བློ་སྦྱོང་ལ་ལྟོས་ནས་ཆོས་ཉིད་བསྔོས་ཀྱང་ཉེས་པ་མེད་མོད་སྙམ་ན་ཉེས་པ་མེད་པ་མ་ཡིན་ཏེ་ཉེས་པ་ཡོད་དོ། །ཇི་ལྟར་ན། ཤེས་བྱ་ཆོས་ཅན། ཆོས་ཉིད་བསྔོ་རྒྱུར་བྱས་ནས་བསྔོས་པའི་བསྔོ་བ་དེ་དུག་བཅས་སུ་འགྱུར་ལ་དེ་འདྲའི་བསྔོ་བ་དེ་མཚན་མར་དམིགས་པའི་འདུ་ཤེས་དང་བཅས་པའི་ཕྱིར། ཁྱབ་སྟེ། ཆོས་ཉིད་བསྔོ་རྒྱུར་བྱེད་པ། འདི་འདྲའི་བསྔོ་བ་བྱས་པར་གྱུར་ན་སྦྲུལ་པ་སྦྲུ་ཅན་གཅིག་གིས་སྦྲུལ་པ་ཐམས་ཅད་ལ་གནོད་པར་འགྱུར་བ་བཞིན་དུ། དམིགས་མེད་ཀྱིས་བསྔོ་བ་ཐམས་ཅད་འཇིག་པར་འགྱུར་བའི་ཕྱིར་རོ། །བྱང་སེམས་ཀྱི་བློ་སྦྱོང་ལ་ཆོས་ཉིད་བསྔོས་ཀྱང་ཉེས་པ་ཡོད་པར་ཐལ། དགེ་བ་བྱས་པ་ཐམས་ཅད། ཆོས་ཉིད་སྤྲོས་པ་དང་བྲལ་བའི་རང་བཞིན་དུ་ཤེས་པའི་སྒོ་ནས་འགྲུབ་མི་འགྲུབ་གང་ཡིན་ཡང་། འགྲོ་བའི་དོན་དུ་བསྔོ་བར་བྱེད་ན་བྱང་ཆུབ་སེམས་དཔའི་བློ་སྦྱོང་དང་མཐུན་ནའང་ཆོས་ཉིད་བསྔོ་རྒྱུར་བྱེད་ན་ནི། བྱང་ཆུབ་སེམས་དཔའི་བློ་སྦྱོང་དུ་ཡང་མི་རུང་བའི་ཕྱིར། དེའི་རྒྱུ་མཚན་འདི་ལྟར་ཡིན་ཏེ། ཆོས་ཉིད་བསྔོ་རྒྱུར་བྱེད་ན་བྱང་སེམས་ཀྱི་བློ་སྦྱོང་དང་ཡང་མི་མཐུན་པར་ཐལ། ཆོས་དབྱིངས་སྤྲོས་པ་དང་བྲལ་བ་ལ་བསྔོ་རྒྱུའི་དགེ་བར་བྱེད་ན་བསྔོ་བྱེད་ཀྱི་བློ་དེ་མཚན་མའི་དམིགས་པ་དང་བཅས་པར་འགྱུར་ལ། མཚན་མའི་དམིགས་པ་དང་བཅས་པའི་འདུ་ཤེས་ཀྱིས་བསྔོ་བ་དེ་དུག་བཅས་སུ་གསུངས་པའི་ཕྱིར། དཔེར་ན་དུག་དང་བཅས་པའི་ཁ་ཟས་བཟང་པོ་ཟ་བ་ལྟར་དཀར་པོའི་ཆོས་ལ་མཚན་མར་དམིགས་པ་ཡང་དཔེ་དེ་དང་འདྲ་བ་རྒྱལ་བས་གསུངས་ཤིང་།མངོན་པར་རྟོགས་པའི་རྒྱན་ལས་ཀྱང་། ཡོངས་སུ་བསྔོ་བ་ཁྱད་པར་ཅན། །དེ་ཡི་བྱེད་པ་མཆོག་ཡིན་ནོ། །དེ་ནི་དམིགས་མེད་རྣམ་པ་ཅན། །ཕྱིན་ཅི་མ་ལོག་མཚན་ཉིད་དོ། །ཞེས་གསུངས་ཤིང་། མདོ་རྒྱུད་བསྟན་བཅོས་ཐམས་ཅད་དགོངས་པ་མཐུན་པར་མཚན་མར་དམིགས་པའི་འདུ་ཤེས་ཀྱིས་བསྔོས་པའི་བསྔོ་བ་ཐམས་ཅད་དུག་བཅས་སུ་གསུངས་པས་སོ། །ཆོས་ཉིད་བསྔོ་རྒྱུར་བྱེད་པའི་བློ་སྦྱོང་བར་འདོད་པ་དག་ཆོས་ཅན། བློའི་སྐྱོན་སྦྱོང་བྱེད་ཀྱི་གཉེན་པོ་རྒྱུད་ལ་མེད་པར་ཐལ། དེ་ཡིས་ཏེ། ཁྱོད་ཀྱིས་སྤྲོས་པའི་དམིགས་པ་མེད་པའི་ཆོས་ཀྱི་དབྱིངས་ལའང་བསྔོ་རྒྱུར་ཡོད་པའི་དགེ་བར་དམིགས་པར་བྱེད་ཅིང་། ཆོས་ཅན་གཞན་སྣང་གྲགས་ཀྱིས་བསྡུས་པ་རྣམས་ལ་མཚན་མར་དམིགས་པ་ལྟ་ཅི་སྨོས་ཏེ་དེར་འཛིན་པས་སོ། ། དཔེར་ན། བྱི་བས་སྣུམ་འཁུར་རྒྱུས་པའི་བྲུག་པ་ཟོས་ན་སྣུམ་འཁུར་ཟོས་པ་སྨོས་ཅི་དགོས་པ་བཞིན་ནོ། །ཁས་བླངས་པ་འགལ་བའི་སྐྱོན་ཡང་ཡོད་དེ། ཆོས་ཉིད་དེ་བཞིན་ཉིད་འདིར་བསྔོ་བའི་ཡུལ་ལམ་རྒྱུར་བྱེད་པ་དང་ཆོས་ཉིད་མི་བསླུ་བདེན་པའི་བྱིན་རླབས་ཀྱིས། ཞེས་ཟེར་བ་གོང་འོག་འགལ་བའི་ཕྱིར། དེས་ན་ལེགས་པར

སེམས་ལ་སྦྱོར་ཤིག་ཅེས་གདམས་པའོ། །

གཉིས་པ་བདེ་གཤེགས་སྙིང་པོ་སེམས་ཅན་ཁོ་ནའི་ཁམས་ལ་འདོད་པ་དགག་པ་ལ། འདོད་པ་བརྗོད་པ། དེ་དགག་པ། བདེ་གཤེགས་སྙིང་པོ་ངོས་བཟུང་བ་དང་གསུམ། དང་པོ་ནི། ལ་ལ་ཅེས་སོགས་ཏེ། ལ་ལ་ནི། བདེ་གཤེགས་སྙིང་པོའི་དོན་ཆོས་དབྱིངས་ལ་མི་ཟེར་བར་སེམས་ཅན་ཁོ་ནའི་ཁམས་ལ་ཟེར་བའི་ཕྱིར། དེ་བསྒོ་རྒྱུར་འདོད་དོ། །གཉིས་པ་ནི། སེམས་ཅན་ཞེས་སོགས་ཏེ་དེ་ལྟར་ན་སེམས་ཅན་ཁོ་ནའི་ཁམས་ཏེ། རེ་ཞིག་བརྟག་པར་བྱ་སྟེ། སེམས་ཅན་གྱི་ཁམས་བཞི་དེ་དངོས་པོ་ལ་ཟེར་རམ། དངོས་མེད་དགག་སྟོང་ལ་འདོད། གཉིས་ཀ་མིན་ཞིང་སྤྲོས་པ་དང་བྲལ་བའི་གཤིས་ལུགས་ལ་འདོད། རྣམ་པ་དེ་གསུམ་ལས་གྲངས་གཞན་མི་སྲིད་དོ། །དང་པོ། དངོས་པོ་ཁམས་སུ་འདོད་ན། དངོས་པོ་ལ་བེམ་རིག་གཉིས་སུ་ཁ་ཚོན་ཆོད་པས་བེམ་པོ་སེམས་ཅན་གྱི་ཁམས་བདེ་གཤེགས་སྙིང་པོར་འདོད་དམ། རིག་པ་དེར་འདོད། དང་པོ་མི་འཐད་པར་ཐལ། བེམ་པོ་སེམས་ཅན་ཁམས་ཉིད་དུ་འདོད་པ་མུ་སྟེགས་བྱེ་བྲག་པ་སོགས་འགའི་ལུགས་ཡིན་གྱི་སངས་རྒྱས་པ་ལ་ལུགས་དེ་འདྲ་མི་སྲིད་པའི་ཕྱིར། གལ་ཏེ་རིག་པ་དེ་རྣམས་ཚོགས་བརྒྱད་པོ་གང་རུང་འཁོར་བཅས་བདེ་གཤེགས་སྙིང་པོར་ཐལ། རིག་པ་དེ་ཡིན་ལ་ཚོགས་བརྒྱད་གང་རུང་འཁོར་བཅས་ལས་འདའ་བའི་རིག་པ་མེད་པས་སོ། །འདོད་མི་ནུས་ཏེ། ཚོགས་བརྒྱད་འདུས་བྱས་ཡིན་པས། བདེ་གཤེགས་སྙིང་པོར་མི་འཐད་པའི་ཕྱིར་ཏེ། བདེ་གཤེགས་སྙིང་པོ་ནི་འདུས་མ་བྱས་སུ་མདོ་ལས་གསུངས་པས་སོ། །ཁོ་ན་རེ། རིག་པ་གང་ཡིན་ཚོགས་བརྒྱད་ལས་འདའ་བ་མེད་ཟེར་བ་མི་འཐད་དེ། མདོ་འགའ་ཞིག་ལས་ཟག་པ་མེད་པའི་སེམས་རྒྱུད་ཅེས་གསུངས་པས། དེ་བདེ་གཤེགས་སྙིང་པོ་ཡིན་ཟེར་ན། འགལ་བས་ཞེས་སོགས་ཏེ། ཤེས་བྱ་ཆོས་ཅན། མདོ་འགའ་ཞིག་ལས་ཟག་མེད་སེམས་རྒྱུད་ཅེས་གསུངས་པ་དེ་རྣམས། ཚོགས་བརྒྱད་ལས་དོན་གཞན་མིན་པར་ཐལ། དེ་ཀུན་གྱི་རྣམ་ཤེས་ཀྱི་གསལ་བྱ་ཉིད་ལ་དགོངས་པ་ཡིན་པའི་ཕྱིར། འདོད་ན། དེ་ནི་མ་སྒྲིབ་ལུང་མ་བསྟན་ཡིན་པའི་ཕྱིར་ན་དགེ་བའི་ཐ་སྙད་མེད་པའི་ཕྱིར་དང་། ཡིད་ཤེས་ལ་འདོད་ནའང་། བརྒྱད་པོ་དེར་འདུ་ཞིང་། དེ་སེམས་ནི་ཡིན་པས་སོ། །དོན་དེ་ཟག་མེད་སེམས་རྒྱུད་ཅེས་པའི་སེམས་ཚོགས་བརྒྱད་ལས་དོན་གཞན་པ་ཞིག་ཡོད་ན་ནི། དེའི་ཚེ་དེ་རྣམས་ཚོགས་དགུར་འགྱུར་ཏེ་དེའི་ཕྱིར། དེས་ན་ཚོགས་བརྒྱད་ལས་གཞན་པའི་ཟག་མེད་སེམས་རྒྱུད་མི་སྲིད་པ་ཡིན་ནོ། །བརྟག་པ་གཉིས་པ་དངོས་མེད་ཁམས་སུ་འདོད་པ་ཡིན་ན། དངོས་མེད་ཆོས་ཅན། ཁྱོད་ལ་ལས་དགེ་སྡིག་མི་འཐད་པར་ཐལ། དོན་བྱེད་མེད་པས་སོ། །གལ་ཏེ་སེམས་ཅན་གྱི་ཁམས་དེ་དངོས་པོ་དང་དངོས་མེད་དགག་སྟོང་གཉིས་ཀ་མིན་པར་སྤྲོས་བྲལ་གཤིས་ལུགས་ལ་འདོད་

པ་ཡིན་ན། སྔར་བཤད་པའི་ཆོས་ཀྱི་དབྱིངས་ལས་འདའ་བ་མེད་པས་དེ་ལྟར་ཡིན་ན་ཆོས་ཀྱི་དབྱིངས་ནི། ལས་དགེ་བ་དང་སྡིག་པ་གང་དུ་ཡང་མེད་པར་བཤད་ཟིན་ཏོ། །དོན་ནི། སེམས་ཅན་གྱི་ཁམས་དེ་ཆོས་ཅན། བསྔོ་རྒྱུའི་དགེ་བར་ཡོད་པ་མིན་པར་ཐལ། ཆོས་དབྱིངས་སུ་འགྱུར་མེད་ཡིན་པའི་ཕྱིར། རྟགས་གསལ་ཁས་བླངས་སོ༔ །གསུམ་པ་ལ། མི་འཐད་པ་དགག་པ་དང་། འཐད་པ་བཤད་པ་གཉིས། དང་པོ་ལ། སྐྱར་འདེབས་སྤང་བ་དང་། སྤྲོ་འདོགས་སྤང་བའོ། །དང་པོ་ནི། ཁ་ཅིག །བདེ་གཤེགས་སྙིང་པོ་སེམས་ཅན་ལ་མེད་དེ། ཤིང་གི་སྙིང་པོ་ཤིང་ཡིན་པ་ལྟར་དེ་ནི་སངས་རྒྱས་འབའ་ཞིག་ལ་ཡོད་པར་འདོད་དོ། །དེ་ནི་མི་འཐད་དེ། ལུང་རིགས་ཁས་བླངས་གསུམ་དང་འགལ་བས་སོ། །ལུང་དང་འགལ་ཏེ། སྙིང་པོའི་མདོ་ལས། དེ་བཞིན་གཤེགས་པ་རྣམས་བྱུང་ཡང་རུང་མ་བྱུང་ཡང་རུང་། སེམས་ཅན་ཐམས་ཅད་ནི་རྟག་ཏུ་དེ་བཞིན་གཤེགས་པའི་སྙིང་པོ་ཅན་ནོ། །ཞེས་གསུངས་སོ། །དཔེ་དགུའི་སྒོ་ནས་སེམས་ཅན་ལ་བདེ་གཤེགས་སྙིང་པོ་ཡོད་པར་སྟོན་པའི་མདོ་ཐམས་ཅད། ཤཱ་རིའི་བུ་སེམས་ཅན་གྱི་ཁམས་ཞེས་བྱ་བ་ནི། དེ་བཞིན་གཤེགས་པའི་སྙིང་པོའི་ཚིག་བླ་དྭགས་སོ། །ཞེས་སོགས་དང་། རྒྱུད་བླར། རིགས་ཡོད་ཕྱིར་ན་ལུས་ཅན་ཀུན། །རྟག་ཏུ་སངས་རྒྱས་སྙིང་པོ་ཅན། །ཞེས་སོགས་དང་། མདོ་སྡེ་རྒྱན་དུ། དེ་བཞིན་གཤེགས་པའི་དེ་བཞིན་ཉིད། །འགྲོ་ཀུན་དགེ་བའི་སྙིང་པོ་ཅན། །ཞེས་སོགས་གསུང་རབ་མང་པོ་དང་འགལ་བས་སོ། །རིགས་པ་དང་འགལ་ཏེ། ཤེས་བྱ་ཆོས་ཅན། སེམས་ཅན་གྱི་རྒྱུད་ལ་སྒྲིབ་པ་སྤང་དུ་མི་རུང་བར་ཐལ། སྒྲིབ་པ་སྤྱོང་བའི་གཞི་མེད་པའི་ཕྱིར། འདོད་མི་ནུས་ཏེ། ཐར་པ་ཐོབ་པ་མེད་པར་འགྱུར་བས་སོ། །སེམས་ཅན་གྱི་རྒྱུད་ལ་སྡུག་བསྔལ་ལ་ཡིད་སྐྱོ་བ་དང་། མྱང་འདས་ལ་འདོད་པ་དང་དོན་གཉེར་མེད་པར་ཐལ། དེ་ལ་བདེ་གཤེགས་སྙིང་པོ་མེད་པའི་ཕྱིར། འཁོར་བ་དང་མྱང་འདས་རྒྱུན་ཆད་པར་ཐལ། སེམས་ཅན་ལ་བདེ་གཤེགས་སྙིང་པོ་མེད་པའི་ཕྱིར། ཁྱབ་སྟེ། མདོ་ལས། ཐོག་མ་མེད་པའི་དུས་ཀྱི་དབྱིངས། །ཆོས་རྣམས་ཀུན་གྱི་གནས་ཡིན་ཏེ། །དེ་ཡོད་པས་ན་འགྲོ་ཀུན་དང་། །མྱ་ངན་འདས་པ་ཐོབ་པར་འགྱུར། །ཞེས། སེམས་ཅན་ལ་དབྱིངས་བདེ་གཤེགས་སྙིང་པོ་ཡོད་པས་འཁོར་འདས་འགྲུབ། མེད་ན་མི་འགྲུབ་པར་གསུངས་པས་སོ། །དེ་སོགས་ཤིན་ཏུ་མང་ངོ་། །ཁས་བླངས་དང་འགལ་ཏེ། བདེ་གཤེགས་སྙིང་པོ་སེམས་ཅན་ཡོད་པ་མྱོང་བ་དང་། དེ་སངས་རྒྱས་ཡོད་པ་གཉིས་ནང་འགལ་བས་སོ། །དེའི་རྒྱུ་མཚན་ཡང་། བདེ་གཤེགས་སྙིང་པོ་སེམས་ཅན་ལ་མེད་ན། རྟེན་མེད་པས་བརྟེན་པ་འཁོར་འདས་གཉིས་ཀ་མེད་དགོས་པས་སོ། །ལ་ལ་དག །བདེ་གཤེགས་སྙིང་པོ་སངས་རྒྱས་ལ་མེད་དེ། སྙིང་པོ་དང་ཁམས་ནི་རྒྱུའི་དོན་ཡིན་པས་སངས་རྒྱས་ནས་འབྲས་བུར་ཐོབ་པས་སོ། །ཞེས་འདོད་དོ། །དེའང་མིན་ཏེ། རྒྱུད་བླར། མ་དག་མ་དག་དག་པ་དང་། །

ཤིན་ཏུ་རྣམ་དག་གོ་རིམ་བཞིན། །སེམས་ཅན་བྱང་ཆུབ་སེམས་དཔའ་དང་། །དེ་བཞིན་གཤེགས་པ་ཞེས་བརྗོད་དོ། །ཞེས། དེ་བཞིན་གཤེགས་པའི་ཁམས་ལ་ཤིན་ཏུ་རྣམ་དག་གི་བདེ་གཤེགས་སྙིང་པོར་བཤད་པ་དང་། ནམ་མཁས་གཟུགས་དམན་པ་དང་བར་མ་དང་། མཆོག་ལ་ཁྱབ་པ་བཞིན། བདེ་གཤེགས་སྙིང་པོས་ཉེས་པ་ཅན་སོ་སྐྱེས་དང་། ཡོན་ཏན་ཅན་བྱང་ཆུབ་སེམས་དཔའ་དང་། ཡོན་ཏན་མཐར་ཐུག་པ་རྫོགས་པའི་སངས་རྒྱས་ལ་ཁྱབ་པར་བཤད་པ་སོགས་མང་པོ་དང་འགལ་བར་འགྱུར་བའི་ཕྱིར་དང་། སངས་རྒྱས་ལ་ཆོས་དབྱིངས་ཀྱང་མེད་པར་ཐལ། དབྱིངས་ཀྱི་དོན་ནི་རྒྱུའི་དོན་དུ་བཤད་པས་སངས་རྒྱས་ནས་འབྲས་བུ་ཐོབ་པར་མཚུངས་པའི་ཕྱིར་རོ། །གཞན་ཡང་། ཁམས་ལ་རྒྱུའི་དོན་དུ་འགྲོ་བ་དང་། རང་གི་མི་ཟད་འཛིན་པའི་དོན་དུ་འགྱུར་བ་སོགས་འགྲོ་ཚུལ་མང་པོ་ཡོད་མོད། དེ་དག་མ་གོ་བར་གྱུར་པའི་ལོག་རྟོག་དགག་པར་སླ་བས་བསྡུས་སོ༑ ༑ཕལ་མོ་ཆེ། གཡོ་བའི་འཇིག་རྟེན་ལ་ཡོད་ཀྱང་བརྟན་པའི་འཇིག་རྟེན་ལ་མེད་པར་འདོད་མོད། རྒྱུད་ལས། བརྟན་དང་གཡོ་བ་ཁྱབ་ནས་གནས། །དོན་དུ་བཤད་པས་ཞེས་སོགས་དང་། ང་ནི་ཁམས་གསུམ་པོ་རུ་བཤད་ཅེས་སོགས་དང་། དུས་འཁོར་འགྲེལ་ཆེན་དུ། དུས་ཀྱི་འཁོར་ལོ་ཀུན་རྫོབ་ཀྱི་ཚུལ་གྱིས་རྣམ་པར་གནས་པ་ཁྱབ་པར་བྱ་བ་བརྟན་པ་དང་། གཡོ་བ་ཐམས་ཅད་ལ་ཁྱབ་པར་བྱེད་པ་ཞེས་སོགས་དང་། མདོ་ལས། ནམ་མཁས་ཇི་སྙེད་ཁྱབ་གྱུར་པ། །སྐུ་ཡིས་ཀྱང་ནི་དེ་ཉིད་ཁྱབ། །ཅེས་སོགས་མང་པོ་དང་འགལ་བར་འགྱུར་བས་དེའང་མི་འཐད་དོ། །གཉིས་པ་སྒྲོ་འདོགས་དགག་པ་ནི། ཁ་ཅིག །ཀུན་གཞི་རྣམ་ཤེས་བདེ་གཤེགས་སྙིང་པོར་འདོད། །ཁ་ཅིག །སེམས་རང་རིག་ཙམ་འདི་བདེ་གཤེགས་སྙིང་པོར་འདོད། ཁ་ཅིག །སེམས་ཅན་གྱི་སེམས་བདེན་པས་སྟོང་ཙམ་དེ་བདེ་གཤེགས་སྙིང་པོར་འདོད་དོ། །དང་པོ་མིན་ཏེ། ཀུན་གཞི་རྣམ་ཤེས་ནི་གཅིག་ཏུ་ལུང་མ་བསྟན་ཡིན་ཞིང་། །བདེ་གཤེགས་སྙིང་པོ་ནི། །དགེ་བ་དང་འདུས་མ་བྱས་པའི་ཕྱིར་རོ། ། གཉིས་པའང་མིན་ཏེ། རང་འབྱུང་རྣམས་ཀྱི་དོན་དམ་དེ། །དད་པ་ཉིད་ཀྱིས་རྟོགས་བྱ་ཡིན། །ཉི་མའི་དཀྱིལ་འཁོར་འོད་འབར་བ། །མིག་མེད་པས་ནི་མཐོང་བ་མེད། །ཞེས་བདེ་གཤེགས་སྙིང་པོ་དེ་ནི་དེ་ལྡན་གྱི་སྐྱེ་བོས་དངོས་སུ་མི་རྟོགས་པར་བཤད་པ་དང་འགལ་བའི་ཕྱིར་དང་། རིག་ཅིང་གསལ་ཙམ་ནི་འདུས་བྱས་ཡིན་པའི་ཕྱིར་རོ། །གསུམ་པའང་མིན་ཏེ། རྒྱུད་བླར། རྣམ་དབྱེར་བཅས་པའི་མཚན་ཉིད་ཅན། །གློ་བུར་དག་གིས་ཁམས་སྟོང་གི། །རྣམ་དབྱེར་མེད་པའི་མཚན་ཉིད་ཅན། །བླ་མེད་ཆོས་ཀྱིས་སྟོང་མ་ཡིན། །ཞེས་སོགས་ཀྱིས། བདེ་གཤེགས་སྙིང་པོའི་ངོ་བོ་ལ་སྐྱོན་བྲལ་དུ་ཡོད་པས་དེས་སྟོང་ལ། ཡོན་ཏན་འབྲལ་དུ་མེད་པས་དེས་མི་སྟོང་བར་བཤད་པ་དང་འགལ་བའི་ཕྱིར། དེའི་རྒྱུ་མཚན་ཡང་། བདེན་སྟོང་ཙམ་ལ་སྐྱོན་ཡོན་གྱིས་སྟོང་མི་སྟོང་དང་

འབྲལ་མི་འབྲལ་མཚུངས་པའི་ཕྱིར། ཡང་རིག་སྟོང་ཟུང་འཇུག་བདེ་གཤེགས་སྙིང་པོར་བཞེད་པ་ལའང་། བརྟན་པའི་འཇིག་རྟེན་ལ་མེད་པར་བཞེད་ན་ནང་འགལ་བ་དང་། བརྟན་པ་ལ་ཡོད་པར་བཤད་པ་དང་ཡང་འགལ་བས་རྒྱ་ཆུང་བའི་སྐྱོན་གནས་ལ། བརྟན་པ་ལ་ཡོད་པར་བཞེད་ན་སྐྱོན་མེད་པར་སེམས་སོ། །གཞན་སེམས་ཅན་ཁོ་ནའི་ཁམས་ལ་འདོད་པ་ནི་གཞུང་དུ་བཀག་གོ། །

ད་ནི་དགུས་མ་བཤད་པར་བྱས་ཏེ། གལ་ཏེ། ཞེས་སོགས་ཏེ། གལ་ཏེ་བེམ་པོའི་ཆོས་དབྱིངས་བདེ་གཤེགས་སྙིང་པོ་མིན་ཡང་། སེམས་ཅན་ཁོ་ནའི་ཆོས་དབྱིངས་བདེ་གཤེགས་སྙིང་པོ་ཡིན་ནོ་སྙམ་ན་མ་ཡིན་ཞེས་སོགས་ཏེ། ཤེས་བྱ་ཆོས་ཅན། སེམས་ཅན་ཁོ་ནའི་ཆོས་དབྱིངས་བདེ་གཤེགས་སྙིང་པོ་མིན་པར་ཐལ། སེམས་ཅན་དང་སངས་རྒྱས་ཀྱི་ཆོས་དབྱིངས་ལ་བདེ་གཤེགས་སྙིང་པོ་ཡིན་མིན་གྱི་དབྱེ་བ་མེད་པར་རྒྱལ་བས་གསུངས་པའི་ཕྱིར་དང་རིགས་པས་ཀྱང་འདི་འགྲུབ་པའི་ཕྱིར་རོ། །

གཉིས་པ་འཐད་པར་བཤད་པ་ལ། སེམས་ཅན་ལ་འཁོར་འདས་འཐད་པར་བསྟན་པ་དང་། མདོར་བསྟན་གྱི་དགོངས་པ་བཤད་པ་གཉིས། དང་པོ་ནི། དེས་ན། ཞེས་སོགས་ཏེ། ཤེས་བྱ་ཆོས་ཅན། སེམས་ཅན་ལ་འཁོར་བ་དང་སངས་རྒྱས་གཉིས་ཀ་འབྱུང་བ་འཐད་དེ། དེ་བཞིན་གཤེགས་པའི་སྙིང་པོ་བདེན་དངོས་ཀྱིས་སྟོང་པའི་སྟོབས་བྲལ་ཡིན་པ་དེས་ན་དེའི་ཕྱིར། །ཇི་སྐད་དུ། འཕགས་པ་ཀླུ་སྒྲུབ་སློབ་ཉིད་ཀྱིས། །གང་ལ་སྟོང་པ་ཉིད་རུང་བ། །དེ་ལ་ཐམས་ཅད་རུང་བ་ཡིན། །གང་ལ་སྟོང་ཉིད་མི་རུང་བ། །དེ་ལ་ཐམས་ཅད་རུང་མ་ཡིན། །ཞེས། བདེན་དངོས་ཀྱིས་སྟོང་བ་ལ་འཁོར་འདས་རུང་བར་གསུངས་པའང་། དེ་དེ་ཀ་ཡིན་པའི་ཕྱིར་དང་། གཞན་ཡང་ཐེག་པ་ཆེན་པོའི་རྒྱུད་བླ་མ། བདེ་གཤེགས་ཁམས་ཀྱི་སྒྲུབ་བྱེད་ནི། །གལ་ཏེ་བདེ་གཤེགས་ཁམས་མེད་ན། །སྡུག་ལ་སྐྱོ་བར་མི་འགྱུར་ཞིང་། །མྱ་ངན་འདས་ལ་འདོད་པ་དང་། །དོན་གཉེར་སྨོན་པའང་མེད་པར་འགྱུར། །ཞེས་གསུངས་པའང་དོན་འདི་ཉིད་དེ། གང་ན་སེམས་ཅན་ལ་འཁོར་འདས་ལ་སྤང་བླང་བྱེད་འདོད་ཡོད་པས། བདེ་གཤེགས་སྙིང་པོ་ཡོད་ཅེས་བསྟན་པ་འདི་འཐད་དེ། ཉེ་བར་ལེན་པའི་ཕུང་པོ་ལྔ་སྡུག་བསྔལ་ཡིན་པས་སེམས་ཅན་སྐྱོ་ཞིང་། མྱ་ངན་ལས་འདས་པ་བདེ་བ་ཡིན་པས་ན་སེམས་ནི་རང་གི་དོན་དུ་གཉེར་བྱའི་གནས་མྱང་འདས་སྙེག་རིགས་པའི་ཕྱིར། དཔེར་ན་མེའི་སྒྲུབ་བྱེད་དུ་ཚ་བ་བཀོད་པ་ལྟར་རོ། །ཡང་ན་སེམས་ནི། རང་གི་གནས་སམ་རྟེན་བདེ་གཤེགས་སྙིང་པོ་དེ་མངོན་དུ་འགྱུར་བ་མྱང་འདས་ཡིན་པས་དེ་ལ་སྙེགས། ཅེས་པ་སྟེ། འདིའི་དོན་རྒྱས་པར་བརྒྱད་སྟོང་པའི་ཆོས་འཕགས་ཀྱི་ལེའུར་ལྟོས་དང་དེར་གསལ་ལོ། །དེ་ཡང་མདོ་དེར། ཆོས་འཕགས་ལ་རྟག་ཏུ་ངུས་དེ་བཞིན་གཤེགས་པ་དེ་གང་ནས་བྱོན། གང་དུ་བཞུད་ཅེས་དྲིས་པས།

ལན་དུ། དེ་བཞིན་གཤེགས་པ་དེ་གང་ནས་ཀྱང་མ་བྱོན། གང་དུ་ཡང་མ་བཞུད་དོ། །དེ་བཞིན་ཉིད་ལས་མ་གཡོས་སོ། །དེ་བཞིན་ཉིད་གང་ཡིན་པ་དེ་ནི། དེ་བཞིན་གཤེགས་པའོ། །ཞེས་གསུངས་སོ། །དེས་ན་དྲི་མ་རང་བཞིན་གྱིས་རྣམ་པར་དག་པའི་ཆོས་དབྱིངས་གང་རྒྱུ་འབྲས་ཀྱི་ཡོན་ཏན་གང་ཡང་རུང་བ་དང་ལྡན་པ་ནི། བདེ་གཤེགས་སྙིང་པོའི་ངོ་བོ་ཡིན་ལ། དབྱེ་ན་སེམས་ཅན་གྱི། བྱང་སེམས་ཀྱི། རྫོགས་པའི་སངས་རྒྱས་ཀྱི་བདེ་གཤེགས་སྙིང་པོ་གསུམ་མོ། །དགེ་ལ་ཆོས་སྐུ་ཞེས་པའི་ཐ་སྙད་ཡང་གསུངས་ཏེ། མདོ་ལས། དེ་བཞིན་གཤེགས་པའི་སྙིང་པོ་ཞེས་བྱ་བ་ནི་ཆོས་ཀྱི་སྐུའི་ཚིག་བླ་དྭགས་སོ། །ཞེས་སོགས་དང་། ཤྲཱ་རིའི་བུ་སེམས་ཅན་གྱི་ཁམས་ཀྱང་གཞན་ལ་ཆོས་ཀྱི་སྐུ་ཡང་གཞན་མིན་ཏེ། སེམས་ཅན་གྱི་ཁམས་ཉིད་ཆོས་ཀྱི་སྐུ། ཆོས་ཀྱི་སྐུ་ཉིད་སེམས་ཅན་ཁམས་ཏེ་འདི་ནི་དོན་གྱིས་གཉིས་སུ་མེད་དེ། ཡི་གེ་ཙམ་འཐད་པ་ཡིན་ནོ། །ཞེས་གསུངས་པ་དང་། རྒྱུད་བླར། འདི་ནི་རང་བཞིན་ཆོས་སྐུ་དང་། །དེ་བཞིན་ཉིད་ཀྱི་རིགས་ཀྱང་དེ། །ཞེས་སོགས་གསུངས་པ་ལྟར་རོ། །རྒྱས་པ་ནི། རྒྱུད་བླ་མའི་རྩ་འགྲེལ་སོགས་ལས་ཤེས་པར་བྱའོ། །

གསུམ་པ་ལ། དངོས་དང་། ཞར་ལ་དགག་པ་གཞན་བསྟན་པ་གཉིས། དང་པོ་ནི། འོན་ཀྱང་ཞེས་སོགས་ཏེ། ཁོ་ན་རེ། བདེ་གཤེགས་སྙིང་པོ་ཡོན་ཏན་དང་ལྡན་པ་ཡིན་ན། ལྷ་མོ་དཔལ་ཕྲེང་གི་མདོ་ལ་སོགས་པའི་མདོ་སྡེ་འགའ་ཞིག་དང་རྒྱུད་བླར། གོས་ རུལ་གྱི་ནང་ན་རིན་ཆེན་ལྟར། །སེམས་ཅན་ལ། མཚན་སུམ་ཅུ་རྩ་གཉིས་དང་། དཔེ་བྱད་བརྒྱད་ཅུས་སྤྲས་པའི་སངས་རྒྱས་ཀྱི་སྙིང་པོའོ། །གསུངས་པའང་སྒྲ་ཇི་བཞིན་པའི་ངེས་དོན་དུ་འགྱུར་རོ་ཞེ་ར་ན། ཤེས་བྱ་ཆོས་ཅན། བདེ་གཤེགས་སྙིང་པོ་ཡོན་ཏན་དང་ལྡན་པ་འོན་ཀྱང་དེ་ལྟར་གསུངས་པ་དེ་སྒྲ་ཇི་བཞིན་པའི་ངེས་དོན་མིན་ཏེ། དེ་ལྟར་གསུངས་པ་དེ་ནི་སྒྲ་ཇི་བཞིན་པ་ལ་ལྟོས་ཏེ་དྲང་དོན་དགོངས་པ་ཅན་དུ་ཤེས་པར་བྱ་བའི་ཕྱིར། དེ་ལྟར་གསུངས་པའི་དགོངས་གཞི་ཡོད་དེ། མཚན་དཔེའི་སྟོང་ཉིད་ཆོས་ཉིད་ལ་དགོངས་ནས་གསུངས་པའི་ཕྱིར། དེ་ལྟར་གསུངས་པ་ལ་དགོས་པ་ཡོད་དེ། སེམས་ཞུམ་སེམས་དམན་ལ་བརྙས་པ་ལ་སོགས་པའི་སྐྱོན་ལྔ་སྤང་བའི་ཕྱིར། དངོས་ལ་གནོད་བྱེད་ཀྱི་ཚད་མ་ནི། སེམས་ཅན་ལ་མཚན་དཔེས་སྤྲས་པའི་དེ་འདྲའི་སངས་རྒྱས་ཀྱི་ཁམས་མེད་པར་ཐལ། ཡོད་ན་མུ་སྟེགས་ཀྱིས་བཏགས་པའི་བདག་ཡོད་པར་མཚུངས་པ་དང་བདེན་པའི་དངོས་པོ་ཡོད་པར་འགྱུར་བའི་ཕྱིར། བཏགས་པའི་བདག་མེད་པར་སྟོན་པའི་ངེས་པའི་དོན་གྱི་མདོ་སྡེ་དང་རྣམ་པ་ཀུན་དུ་འགལ་བའི་ཕྱིར་རོ། །གཞན་ཡང་བདེ་གཤེགས་སྙིང་པོ་བདེན་དངོས་མིན་པར་གདོད་མ་ནས་ཞི་བའི་སྟོང་ཉིད་དུ་འཐད་དེ། འདི་ཡིན་པའི་དོན་ནམ་རྒྱ་མཚན། དེ་བཞིན་གཤེགས་པའི་སྙིང་པོའི་ལེའུའི་མདོ་སྡེར་ལྟོས་ཏེ། དེར་དེ་སྟོང་ཉིད་དུ་གསུངས་པའི་ཕྱིར་དང་། སློབ་

དཔོན་ཟླ་བ་གྲགས་པས། དབུ་མ་ལ་འཇུག་པ་ལས། སེམས་ཅན་ལ་བདེ་གཤེགས་སྙིང་པོ་མཚན་དཔེའི་སྤྲས་པ་ཡོད་པར་གསུངས་པ་དེ་སྔ་ཇི་བཞིན་པའི་དྲང་དོན་དུ་གསུངས་པ་དེ་ཡང་། ཤེས་པར་བྱ་དགོས་པས་སོ། །དེ་ཡང་འཇུག་པའི་འགྲེལ་པར། བཅོམ་ལྡན་འདས་ཀྱིས་དེ་བཞིན་གཤེགས་པའི་སྙིང་པོ་གསུངས་པ་དེ་རང་བཞིན་གྱིས་འོད་གསལ་བ་ཐོག་མ་ནས་རྣམ་པར་དག་པ་མཚན་སུམ་ཅུ་རྩ་གཉིས་དང་ལྡན་པ། སེམས་ཅན་ཐམས་ཅད་ཀྱི་ལུས་ཀྱི་ནང་ན་མཆིས་པར་བརྗོད་དེ། ཞེས་སོགས་ནས། འདི་མུ་སྟེགས་བྱེད་ཀྱི་བདག་ཏུ་སྨྲ་བ་དང་ཇི་ལྟར་འདྲ་བ་མ་ལགས། བཀའ་བསྩལ་པ། བློ་གྲོས་ཆེན་པོ་ང་ཡིས་དེ་བཞིན་གཤེགས་པའི་སྙིང་པོ་བསྟན་པ་ནི་མུ་སྟེགས་བྱེད་ཀྱི་བདག་ཏུ་སྨྲ་བ་དང་མཚུངས་པ་མིན་ཏེ། ཡང་དག་པར་རྫོགས་པའི་སངས་རྒྱས་རྣམས་ནི། སྟོང་པ་ཉིད་ཡང་དག་པའི་མཐའ་དང་། མྱ་ངན་ལས་འདས་པ་དང་། མ་སྐྱེས་པ་དང་། མཚན་མ་མེད་པ་དང་། སྨོན་པ་མེད་པའི་ཚིག་གི་དོན་རྣམས་ལ་དེ་བཞིན་གཤེགས་པའི་སྙིང་པོར་བསྟན་པར་བྱས་ནས། ཞེས་སོགས་གསུངས་སོ། །ཁ་ཅིག གཞུང་འདི་དག་གིས་བདེ་གཤེགས་སྙིང་པོ་སྟོན་པའི་མདོ་རྣམས་དྲང་དོན་དུ་བསྟན་པར་འདོད་མོད། དོན་མ་རྟོགས་པར་ཟད་དེ། སེམས་ཅན་ལ་བདེ་གཤེགས་སྙིང་པོ་མཚན་དཔེས་སྤྲས་པ་ཡོད་པར་བསྟན་པ་དེ་དྲང་དོན་དུ་གསུངས་པས་བདེ་གཤེགས་སྙིང་པོ་སྟོན་པའི་མདོ་ཀུན་དྲང་དོན་ཡིན་མི་དགོས་པའི་ཕྱིར་ཏེ། སེམས་ཅན་གྱི་བདེ་གཤེགས་སྙིང་པོ་མཚན་དཔེས་སྤྲས་པ་དེ། དོན་དམ་གཤིས་ལུགས་མིན་ན། སེམས་ཅན་གྱི་བདེ་གཤེགས་སྙིང་པོ་དོན་དམ་གཤིས་ལུགས་མིན་མི་དགོས་པའི་ཕྱིར། དགོས་ན། སེམས་ཅན་གྱི་བདེ་གཤེགས་སྙིང་པོ་མཚན་དཔེས་སྤྲས་པ་དོན་དམ་དུ་ཐལ། སེམས་ཅན་གྱི་བདེ་གཤེགས་སྙིང་པོ་དོན་དམ་ཡིན་པའི་ཕྱིར། འཁོར་གསུམ་དངོས། གཞན་ཡང་བདེ་གཤེགས་སྙིང་པོ་སྟོན་པའི་མདོ་སྡེ་དྲང་དོན་མིན་པར་ཐལ། བརྗོད་བྱ་བདེ་གཤེགས་སྙིང་པོ་དེ་གཤིས་ལུགས་ལས་གཞན་དུ་མི་འགྱུར་བར་དེ་བཞིན་ཉིད་དུ་གནས་པའི་ཕྱིར་དང་། དགོངས་གཞི་བདེ་གཤེགས་སྙིང་པོ་མིན་པ་ལ་སྦྱར་རྒྱུ་མེད་པའི་ཕྱིར་དང་། དངོས་ལ་གནོད་བྱེད་བསྟན་རྒྱུ་མེད་པའི་ཕྱིར་རོ། །གཞན་དུ་ན། སྟོང་ཉིད་སྟོན་པའི་མདོ་རྣམས་ཀྱང་དྲང་དོན་དུ་འགྱུར་དགོས་ཏེ། སྟོང་པ་ཉིད་བདེ་གཤེགས་སྙིང་པོ་རྣམས་དོན་གཅིག་པའི་ཕྱིར་དང་། མུ་སྟེགས་པས་བཏགས་པའི་བདག་ཡོད་པར་ཐལ་བ་དང་། བདེན་དངོས་ཡོད་པར་ཐལ་བ་དང་། ངེས་དོན་གྱི་མདོ་མེད་པར་ཐལ་བ་ལ་སོགས་པ་རང་ཉིད་ཀྱིས་བརྗོད་པ་ཐམས་ཅད་རང་ཉིད་ལ་མཚུངས་པར་འགྱུར་བའི་ཕྱིར་རོ། །དེ་བས་ན་སེམས་ཅན་ལ་བདེ་གཤེགས་སྙིང་པོ་ཡོད་ཀྱང་དེ་མཚན་དཔེས་སྤྲས་པ་ནི་མིན་ཏེ། མཚན་དཔེ་ནི་རྣམ་སྨིན་གྱི་འབྲས་བུ་འདུས་བྱས་ཀྱིས་བསྡུས་པ་ཡིན་པའི་ཕྱིར་རོ། །དེ་སྐད་དུ་ཡང་། མདོ་སྡེ་མྱང་འདས་ཆེན་པོར།

སེམས་ཅན་ཐམས་ཅད་ལ་ད་ལྟར་ཀུན་ནས་ཉོན་མོངས་པ་རྣམས་ཡོད་པ་དེའི་ཕྱིར། ད་ལྟ་མཚན་བཟང་པོ་སུམ་ཅུ་རྩ་གཉིས་དང་། དཔེ་བྱད་བཟང་པོ་བརྒྱད་ཅུ་མེད་དོ། །ཞེས་གསུངས་པ་དང་། རྒྱུད་བླ་མར། གཉིས་པ་སྐྱེས་བུ་ཆེན་པོའི་མཚན། །རྣམ་སྨིན་ཡོན་ཏན་དག་དང་ལྡན། །ཞེས་སོགས་གསུངས་སོ། །དེ་ལྟར་ན། སྟོང་ཉིད་སྟོན་པའི་མདོ་ངེས་དོན་དུ་འདོད་པ་དང་། བདེ་གཤེགས་སྙིང་པོ་སྟོན་པའི་མདོ་དྲང་དོན་དུ་འདོད་པ་ནི་ནང་འགལ་བར་རྟོགས་ཤིག །ལེགས་པར་བཤད་པའི་ཉི་མ་འདི་ཤར་ཆེ། །ལོག་རྟོག་མུན་པའི་ཚོགས་རྣམས་རབ་དེངས་ནས། །བསྟན་པའི་འདབ་རྒྱས་རྣམ་པར་ཕྱེ་བ་ལ། །བློ་ལྡན་བུང་བ་སྦྲང་རྩི་ས་ཆེམ་པར་གྱིས། །གཉིས་པ། དགག་པ་གཞན་བསྟན་པ་འཕྲོས་དང་བཅས་པ་ལ། བསྔོ་བའི་ཚེ་ན་ལག་ལེན་འཁྲུལ་པ་དགག་པ་དང་། གནས་དང་གནས་མིན་གྱི་ཁྱད་པར་བསྟན་པ་གཉིས། དང་པོ་ནི། འགའ་ཞིག་ཅེས་སོགས་ཏེ། འཁྲུལ་པ་གཞན་ཡང་། སྟོད་འདུལ་བ་འགའ་ཞིག་བསྔོ་བ་བྱེད་པའི་ཚེ་ན་ཡོན་མཆོད་ཕན་ཚུན་སྤྱི་བླུགས་ཀྱིས་ལག་པར་ཆུ་སྤྲིང་བའི་ལག་ལེན་བྱེད་ཅེས་གྲག་གོ། །དེ་འདྲའི་ལག་ལེན་མི་རིགས་པར་ཐལ། དེ་འདྲའི་ལག་ལེན་འདི་ནི་མུ་སྟེགས་རིག་བྱེད་པའི་ལུགས་ངན་ཡིན་གྱི་སངས་རྒྱས་པའི་ལུགས་ཡང་དག་པ་ལ་མེད་པས་སོ། །སྐྱེས་རབས་སུ། རྒྱལ་བུ་ཐམས་ཅད་སྒྲོལ་གྱིས་གླང་པོ་སོགས་བྲམ་ཟེ་ལ་བྱིན་དུས་བྲམ་ཟེ་ཆུ་སྤྲིང་ནས་བླངས་པ་ནི། བྲམ་ཟེ་ཁོ་རང་གི་ལུགས་ངན་བསྐྱངས་པ་ཡིན་གྱི་འཐད་པ་མིན་ནོ། །དེས་ན་བསྔོ་བ་སོགས་བྱེད་འོས། གང་དང་གང་བྱེད་པ་རྣམས་སངས་རྒྱས་གསུང་བཞིན་དུ་གྲུས་པས་སྒྲུབས་ཤིག །

གཉིས་པ་ལ། སྤྱིར་བསྟན་པ་དང་། གནས་ཡིན་གྱི་བསྔོ་བ། གནས་མིན་གྱི་བསྔོ་བ་བཤད་པ་དང་གསུམ། དང་པོ་ནི། བསྔོ་བ་ཞེས་སོགས་ཏེ། དགེ་བ་བསྔོ་བ་དེ་ཡང་ཆོས་ཅན། མདོར་བསྡུས་ན་གནས་དང་གནས་མིན་གཉིས་སུ་ཡོད་དེ། བསྔོས་པས་འགྲུབ་པ་དང་བསྔོས་ཀྱང་མི་འགྲུབ་པ་འདི་དག་གཉིས་ཀ་མདོ་ལས་གསུངས་པས་སོ། །གཉིས་པ་ནི། འཇམ་དཔལ་ཞེས་སོགས་ཏེ། གནས་ཀྱི་བསྔོ་བ་མདོ་ལས་གསུངས་ཏེ། འཇམ་དཔལ་གྱི་སངས་རྒྱས་ཀྱི་ཞིང་བཀོད་ལས། ཆོས་རྣམས་ཐམས་ཅད་རྐྱེན་ཡིན་ཏེ། །འདུན་པའི་རྩ་ལ་རབ་ཏུ་གནས། །གང་གིས་སྨོན་ལམ་ཅི་བཏབ་པ། །དེ་འདྲའི་འབྲས་བུ་ཐོབ་པར་འགྱུར། །ཞེས་གསུངས་པ་ནི་གནས་ཀྱི་བསྔོ་བ་སངས་རྒྱས་འཐོབ་པར་གྱུར་ཅིག་ཅེས་པ་ལྟ་བུ་འགྲུབ་པ་ལ་དགོངས་ནས་གསུངས་པས་སོ། །གཉིས་པ་ནི། དྲི་མེད་ཅེས་སོགས་ཏེ། གནས་མིན་གྱི་བསྔོ་བའང་མདོ་ལས་འབྱུང་སྟེ། དཀོན་མཆོག་བརྩེགས་པར་བུ་མོ་དྲི་མེད་བྱིན་གྱིས་ཞུས་པའི་མདོ་ལས། ཆོས་རྣམས་ཆོས་ཉིད་བསྔོ་བ་ཡིས། །མི་འགྱུར་གལ་ཏེ་འགྱུར་ན་ནི། །དང་པོའི་སངས་རྒྱས་གཅིག་ཉིད་ཀྱི། །བསྔོ་བ་དེ་ཡང་ཅིས་མི་གྲུབ། །ཅེས་གསུངས་པ་འདི་ནི་གནས

མིན་གྱི་བསྔོ་བ། གཞན་གྱི་སྡིག་སྡུག་བདག་ལ་སྨིན་པར་གྱུར་ཅིག །ཅེས་པ་ལྟ་བུ་བསྔོས་ཀྱང་མི་འགྲུབ་པ་ལ་དགོངས་པ་ཡིན་པས་སོ། །

གསུམ་པ་ཆོས་དབྱིངས་བསྔོ་རྒྱུ་མིན་པར་བསྟན་པའི་འཕྲོས་དོན་ལ་གཉིས་ལས། དགེ་སྡིག་ངོས་བཟུང་བ་དང་། ཐེག་པ་ཆེ་ཆུང་གི་དགེ་སྡིག་གི་ཁྱད་པར་བཤད་པའོ། །དང་པོ་ནི། དེས་ན་ཞེས་སོགས་ཏེ། ཤེས་བྱ་ཆོས་ཅན། བསྔོ་རྒྱུའི་དགེ་བ་དང་། བཤགས་པར་བྱ་རྒྱུའི་སྡིག་པ་ཡང་བྱས་པའི་དགེ་བ་དང་སྡིག་པ་ཡིན་ཏེ། མྱང་འདས་པ་ལ་ལས་དགེ་སྡིག་མེད་པའི་ཕྱིར། དེའི་རྣམ་པར་གཞག་པ་བཤད་ཀྱི་ཉོན་ཅིག །ལས་དགེ་སྡིག་གི་ངོ་བོ་སོ་སོར་ངེས་པ་ཡིན་ཏེ། འདོད་ཆགས་ཞེ་སྡང་གཏི་མུག་གསུམ་པོ་གང་རུང་དེས་བསྐྱེད་པའི་ལས་ལུང་དུ་བསྟན་པ་ནི། མི་དགེ་བ་དང་། མ་ཆགས་ཞེ་སྡང་གཏི་མུག་མེད་པའི་དགེ་རྩས་བསྐྱེད་པའི་ལས་ལུང་དུ་བསྟན་པ་ནི། ལས་དགེ་བ་ཡིན་པར་གསུངས་པའི་དགོངས་པ་ཤེས་ནས་མཁས་པ་རྣམས་ཀྱིས་དཔྱད་པར་བྱ་སྟེ་བླང་དོར་ཚུལ་བཞིན་དུ་བྱས་པས་སོ། །གཉིས་པ་ནི། ཉན་ཐོས་ཞེས་སོགས་ཏེ། ཐེག་པ་ཆེ་ཆུང་གཉིས་དགེ་སྡིག་གི་ངོ་བོ་མཚུངས་སྙམ་ན། ཤེས་བྱ་ཆོས་ཅན། ཐེག་པ་ཆེ་ཆུང་གཉིས་དགེ་སྡིག་གི་ངོ་བོ་ཀུན་ཏུ་མི་མཚུངས་ཏེ། ཉན་ཐོས་ཐེག་པ་བའི་རང་གི་བྱང་ཆུབ་གཙོ་བོར་འདོད་པའི་བསམ་སྦྱོར་གྱིས་བསྡུས་པའི་དགེ་བ་ཕལ་ཆེར་བྱང་ཆུབ་སེམས་དཔའི་སྡིག་པར་འགྱུར་ལ། བྱང་ཆུབ་སེམས་དཔའི་འཁོར་བར་གཞན་དོན་དུ་སྐྱེ་བའི་རྒྱུའི་ཉོན་མོངས་མི་སྤོང་བའི་དགེ་བ་ནི་ཉན་ཐོས་ཀྱི་ལུགས་ལ་སྡིག་པར་གསུངས་པས་སོ། །བྱང་སེམས་ཀྱི་བསྐལ་བ་དུ་མར་དགེ་རྩ་བསྒྲུབས་ཀྱང་ཉན་ཐོས་སོགས་ཀྱི་ས་རུ་སེམས་བསྐྱེད་ན་བྱང་སེམས་ཀྱི་ལུགས་ལ་སྡིག་པ་ལྕི་བ་ཡིན་ཏེ། མདོ་ལས། གང་ཞིག་བསྐལ་བ་དུ་མར་དགེ་བའི་ལས་ལམ་བཅུ། །སྤྱོད་ཀྱང་རང་རྒྱལ་དགྲ་བཅོམ་ཉིད་དུ་སེམས་བསྐྱེད་ན། །དེ་ནི་ཚུལ་ཁྲིམས་སྐྱོན་བྱུང་ཚུལ་ཁྲིམས་ཉམས་ཞེས་བྱ། །སེམས་བསྐྱེད་དེ་ནི་ཕམ་པ་བས་ཀྱང་ཤིན་ཏུ་ལྕི། །ཞེས་གསུངས་པའི་ཕྱིར། ཉན་ཐོས་སོགས་ཐེག་དམན་པ་ལ་ནི། དགེ་ཆེན་ཡིན་ནོ། །བྱང་སེམས་ཀྱི་དགེ་བ་ཉན་ཐོས་ཀྱི་ལུགས་ལ་སྡིག་པར་འགྱུར་བ་ཡོད་དེ། འདོད་ཡོན་ལྔ་ལ་བག་ཡངས་སུ་སྤྱོད་ཀྱང་དེ་ཐབས་མཁས་ཤིང་བྱང་སེམས་དང་ལྡན་ན། རྒྱལ་སྲས་ཀྱི་དགེ་བ་ཆེན་པོར་འགྱུར་ལ་ཉན་ཐོས་ཀྱི་ལུགས་ལ་སྡིག་པར་གསུངས་པས་སོ། །བྲམ་ཟེའི་ཁྱེའུ་སྐར་མས་ཚོང་དཔོན་གྱི་བུ་མོ་ལ་མི་ཚངས་པར་སྤྱོད་པ་ལྟ་བུའོ། །གཞན་ཡང་དེ་འདྲ་ཡོད་དེ། གཞན་གྱི་དོན་གྱི་སེམས་བསྟན་པས་སོ། །ཕམ་པ་བཞི་པོ་སྤྱོད་ན་ཡང་། བྱང་ཆུབ་སེམས་དཔའི་དགེ་བ་ཡིན་ལ་ཉན་ཐོས་རྣམས་ཀྱི་སྡིག་པར་གསུངས་པའི་ཕྱིར། འཁོར་བའི་འགྲོ་བ་ལ་སྙིང་རྗེས་ཆགས་པ་ནི་གཞན་དོན་ཡིན་ཡང་ཉན་ཐོས་ཀྱི་སྡིག་པ་ཡིན་ལ། དེ་ཉིད་རྒྱལ་སྲས་ཀྱི་དགེ་བ་ཡིན་

པར་ཤེས་པར་བྱ་བས་སོ། །མདོ་སྡུད་པར། གལ་ཏེ་བྱང་ཆུབ་སེམས་དཔའ་འདོད་ཡོན་ལྔ་སྤྱོད་ཀྱང་། །སངས་རྒྱས་ཆོས་དང་འཕགས་པའི་དགེ་འདུན་སྐྱབས་སོང་སྟེ། །སངས་རྒྱས་བསྒྲུབ་བྱ་སྙམ་དུ་ཀུན་མཁྱེན་ཡིད་བྱེད་ན༔ །མཁས་པ་ཚུལ་ཁྲིམས་ཕ་རོལ་ཕྱིན་གནས་རིག་པར་བྱ། །ཞེས་གསུངས་པ་ལྟར་རོ། །བཞི་བ་ཟངས་ཐལ་གྱི་རྣམ་གཞག་མི་འཐད་པར་བསྟན་པ་ལ། འདོད་པ་བརྗོད་པ་དང་། དེ་དགག་པ་གཉིས། དང་པོ་ནི། དཀར་ནག་ཅེས་སོགས་ཏེ། འབྲི་གུང་བའི་ལས་འབྲས་པ་ཁ་ཅིག་ན་རེ། སྲོག་གཅོད་དང་བརྟེག་འཚོག་དང་གཞན་སྡིག་པ་ལ་སོགས་པའི་ལས་ནི་མཐའ་གཅིག་ཏུ་ནག་པོ་ཟངས་ཐལ་ཡིན་ཏེ། འབྲས་བུ་སྡུག་བསྔལ་བསྐྱེད་པས་སོ༔ །སྲོག་གཅོད་སྤོང་བ་དང་སྦྱིན་པ་གཏོང་བ་སོགས་ནི། དཀར་པོ་ཟངས་ཐལ་ཏེ། །འབྲས་བུ་གཅིག་ཏུ་བདེ་བ་བསྐྱེད་པས་སོ། །དེས་ན་སངས་རྒྱས་ཀྱིས་ཀྱང་ཚོང་པ་གཡོ་ཅན་བསད་པ་ལ་སོགས་པའི་ལས་ཀྱི་རྣམ་སྨིན། སེང་ལྡེང་གི་ཚལ་བ་ཟུག་པ་ལ་སོགས་པའི་སྡུག་བསྔལ་མང་པོ་མྱོང་བར་མདོ་ལས་གསུངས་པས། ལས་དཀར་ནག་ནི། ཀུན་སློང་ལ་རག་མ་ལས། སྦྱོར་བ་གཙོ་བོ་ཞེས་ཟེར་བ་སོགས་ཆོས་སྐད་ངོ་མཚར་ཆེ་བར་གྲག་གོ། །

གཉིས་པ། དེ་དགག་པ་ལ། རྒྱལ་བས་རྣམ་སྨིན་མྱོང་བར་སྟོན་པ་དྲང་དོན་དུ་བསྒྲུབ་པ་དང་། ངེས་དོན་ཡིན་ན་ཧ་ཅང་ཐལ་བའི་སྐྱོན་བསྟན་པ་གཉིས། དང་པོ་ནི། དེ་དག་གིས་ནི་ཞེས་སོགས་ཏེ། ཤེས་བྱ་ཆོས་ཅན། རྫོགས་པའི་སངས་རྒྱས་ཀྱིས་ལས་ངན་གྱི་རྣམ་སྨིན་མྱོང་བར་འདོད་པ་དེ་མི་འཐད་པར་ཐལ། དེ་ལྟར་འདོད་པ་དེ་དག་གིས་ནི་དྲང་དོན་ལ་ངེས་པའི་དོན་དུ་འཁྲུལ་བར་ཟད་པའི་ཕྱིར་ཏེ། དེད་དཔོན་སྙིང་རྗེ་ཆེན་པོ་ཡིས་ཚོང་པ་ལྔ་བརྒྱ་སྲོག་ལས་སྐྱོབ་པའི་ཕྱིར་དུ། ཚོང་པ་གཡོ་ཅན་བསད་པའི་ལས་ཀྱི་རྣམ་སྨིན་དུ་སངས་རྒྱས་ལ་སེང་ལྡེང་གི་ཚལ་པ་ཟུག་པར་བསྟན་པ་དང་། ལོ་དྲུག་ཏུ་དཀའ་བ་སྤྱད་པ་དང་རྟ་ཆས་ཀྱི་ནས་རུལ་བ་གསོལ་བ་དང་། བྲམ་ཟེའི་བུ་མོས་གཞི་མེད་ཀྱི་བསྐུར་བ་བཏབ་པ་དང་། དགེ་འདུན་དབྱེན་གྱི་རྒྱུ་ལ་སོགས་པ་ཐུབ་པའི་སྐུ་ཆེ་སྟ་མའི་ལས་ཀྱི་རྣམ་སྨིན་དུ་གསུངས་པ་ནི། དེས་འདུལ་བའི་སྐྱེ་བོ་ལ་དྲང་དོན་དུ་དགོངས་པའི་དབང་གིས་གསུངས་པའི་ཕྱིར་རོ། །གང་དུ་གསུངས་ན། ཐུབ་པས་ལས་ངན་སྨིན་པར་འདུལ་བ་ལས་གསུངས་པའི་དོན་ནོ། །དྲང་དོན་དུ་སྟོན་བྱེད་མེད་པ་ལ་ཡིན་ཏེ། གསང་ཆེན་ཐབས་ལ་མཁས་པའི་མདོ་སྡེ་ལྟོས་དང་དེར་གསུངས་ཤིང་། དེ་ནི་ངེས་དོན་གྱི་མདོ་སྡེ་ཡིན་པས་སོ། །དེས་ན་དྲང་བའི་དོན་ལ་གཙོ་བོར་ཡིད་མ་རྟོན་ཅིག །དགོས་པ་ནི་ལས་འབྲས་ཚུད་མི་ཟ་བར། བསྟན་པ་དང་འཁོར་ལེན་མ་འཁྲུལ་བར་བྱེད་དགོས་ཞེས་བསྟན་པའི་དོན་ནོ། །གཉིས་པ་ནི། གལ་ཏེ་ཞེས་སོགས་ཏེ། གལ་ཏེ་རྫོགས་པའི་སངས་རྒྱས་ཐོབ་ནས་ཀྱང་ད་དུང་ལས་ངན་སྨིན་པ་བདེན་ན་ནི། རྫོགས་པའི་སངས་རྒྱས་ཀྱིས་ཚོགས་གཉིས་རྫོགས་པ་དོན་མེད་པར་ཐལ་ཞིང་། ཉན་ཐོས་དགྲ་བཅོམ་

དང་ཡང་སྤྱང་རྟོགས་འདྲ་བར་འགྱུར་བ་དང་སྐུ་གསུམ་གྱི་རྣམ་བཞག་བྱར་མི་རུང་བར་ཐལ། དེའི་ཕྱིར་དེ་ལ་སྐྱོན་དེ་རྣམས་འབྱུང་བའི་འཐད་པ་བཤད་ཀྱིས་ཉོན་ཅིག །ཐོག་མར་ཚོགས་གཉིས་རྫོགས་པའི་སངས་རྒྱས་དེ་ནི་འོག་མིན་སྟུག་པོ་བཀོད་པ་སངས་རྒྱས་ལོངས་སྤྱོད་རྫོགས་པའི་སྐུ་ཉིད་ཡིན་ལ། དེ་ཡིས་སྤྲུལ་སྐུ་མཆོག་ནི་ཟས་གཙང་སྲས་སུ་འཁྲུངས་པའི་ཤཱཀྱ་སེང་གེ་འདི་ཡིན་པས་སོ། །སྟོན་པ་ཤཱཀྱ་སེང་གེ་འདིས་ནི་གཤེགས་བཞུགས་སོགས་གཞན་སྣང་དུ་སྤྱོད་པ་སྣ་ཚོགས་བསྟན་པ་ཡིན་ནོ། །རང་རྒྱུད་པའམ་ངེས་དོན་མིན་ཏེ་སྤྲུལ་པ་ཡིན་པས་སོ། །སྟོན་པས་སྣ་ཚོགས་སུ་སྤྲུལ་པ་ཆོས་ཅན། དགོས་པ་ཡོད་དེ། གདུལ་བྱ་སྨིན་པར་བྱ་བའི་ཕྱིར། སྣ་ཚོགས་གང་བསྟན་ནས་རེས་འགའ་གྲོང་དུ་བསོད་སྙོམས་ལ་གཤེགས་པ་དང་། རེས་འགའ་ནང་དུ་ཏིང་ངེ་འཛིན་ལ་བཞུགས་པ་དང་མནལ་གཟིམས་པའི་ཚུལ་དང་། མུ་གེའི་ཚེ་གྲོང་དུ་བསོད་སྙོམས་ལ་གཤེགས་པ་ན། གྲོང་དཔོན་རལ་གྲི་ཐོགས་པས་བཀག་པ་དང་། བསོད་སྙོམས་མ་རྙེད་པར་ལྷུང་བཟེད་སྟོང་པར་ལོག་ནས་བྱོན་པ་དང་། རེས་འགའ་བསོད་སྙོམས་མང་དུ་རྙེད་ཀྱང་མུ་སྟེགས་ལ་སོགས་པའི་དགྲ་མང་པོས་གནོད་པ་དང་། ཤཱཀྱ་བཟང་ལྡན་ལ་སོགས་པ་ཉེ་དུའི་འབྲེལ་བ་དང་འབྲོག་གནས་ལ་སོགས་པའི་ས་གཞི་རང་རོད་ཅན་དུ་གཟིམས་པ་དང་། རེས་འགའ་འཕགས་སྐྱེས་པོས་ཤཱཀྱ་མང་པོ་བསད་པའི་རྐྱེན་གྱིས་དབུ་ལ་སྣུང་བ་དྲག་པོས་བཏབ་པ་ལྟར་གཤེགས་པ་དང་། དེ་དག་ལས་གཞན་གྱིས་བསྐུར་བ། ཕའི་ངག་བཅག་འཛིག་རྟེན་བསླུས་ཟེར་བ་སོགས་སྣ་ཚོགས་བཏབ་པ་དང་། རེས་འགའ་ས་གསུམ་སྣང་པའི་བ་དན་མཐོ་བ་དང་། རེས་འགའ་བདེ་བ་དང་དགྱེས་པར་སྤྱོད་པ་དང་།རེས་འགའ་ཐུགས་མི་བདེ་བ་ལྟར་སྟོན་པ་སོགས་སོ། །འོན་ཀྱང་དམན་པ་ལ་ནི་འདི་འདྲ་དྲང་དོན་ཡིན་ཞེས་སྟོན་པ་བཀག་ནས་བདེན་པ་ལྟ་བུར་བསྟན་པས་ལས་འབྲས་ཁྱད་དུ་མི་གསོད་པའི་དགོངས་པ་ཡོད་པར་གསུངས་ཏེ། གསང་ཆེན་ཐབས་ལ་མཁས་པའི་མདོར་རིགས་ཀྱི་བུ་ཐབས་ལ་མཁས་པ། བསྟན་པ་འདི་ནི་གསང་བར་བྱ་བ་ཡིན་ཏེ། སེམས་ཅན་དགེ་བའི་རྩ་བ་ཆུང་བ་རྣམས་ཀྱི་མདུན་དུ་བརྗོད་པར་མི་བྱ་བསྟན་པར་མི་བྱའོ། །བཤད་པར་མི་བྱའོ། །ཅིའི་ཕྱིར་ཞེ་ན། བསྟན་པ་འདི་ནི། ཉན་ཐོས་དང་རང་སངས་རྒྱས་ཀྱི་ཤེས་པར་བྱ་བ་ཡང་མིན་ན། བྱིས་པ་སོ་སོའི་སྐྱེ་བོ་དམན་པ་ལ་མོས་པ་རྣམས་ཀྱིས་ལྟ་སྨོས་ཀྱང་ཅི་དགོས་པའི་ཕྱིར་རོ། །དེ་ཅིའི་ཕྱིར་ཞེ་ན། དེ་དག་ནི་ཐབས་ལ་མ་བསླབ་པའི་ཕྱིར་རོ། །ཞེས་གསུངས་སོ། །

གལ་ཏེ་རྫོགས་པའི་སངས་རྒྱས་དངོས་ལ་ལས་ངན་སྨིན་པར་འདོད་ན་ཡང་། ལོངས་སྤྱོད་རྫོགས་པའི་སྐུ་ཉིད་ལ་སྨིན་རིགས་ཀྱི་སྤྲུལ་པའི་སྐུ་ཤཱཀྱ་ཐུབ་པ་ལ་སོགས་པ་ལ་སྨིན་པར་འདོད་པ་ནི་མུན་སྤྲུལ་ཡིན་ཏེ། ལས་ངན་བྱེད་པ་པོ་སྒྱུ་མའི་མཁན་པོ་ལ་ལས་ངན་གྱི་འབྲས་བུ་འབྱུང་གི་དེས་སྤྲུལ་པའི་སྒྱུ་མ་ནི་ལས་ངན་གྱི་འབྲས་བུ་མི་

འགྱུར་བས་སོ། །དཔེ་དེ་བཞིན་མདོའི་དགོངས་པ་ལ་མཁས་པར་བྱེད་དགོས་སོ། །དེ་ལས་གཞན་དུ་དགོངས་པ་མི་དཔྱོད་པར་སྒྲ་ཇི་བཞིན་པར་ཀུན་ཏུ་བཟུང་ན་ཉེས་པ་ཡོད་པར་འགྱུར་ལ། འདི་ཡི་ལུང་དང་རིགས་པ་སློབ་དཔོན་དབྱིག་གཉེན་གྱི་རྣམ་བཤད་རིགས་པ་དང་། སློབ་དཔོན་ལེགས་ལྡན་འབྱེད་ཀྱི་རྟོག་གེ་འབར་བ་ལ་སོགས་པར་མཁས་པའི་གཞུང་བཞིན་ཤེས་པར་བྱས་ཏེ། རྣམ་བཤད་རིགས་པར། སྒྲ་ཇི་བཞིན་པར་དོན་དུ་བཟུང་ན་ཉེས་པ་ལྔ་ཡོད་དེ། གང་ན་མི་མོས་པའི་གནས་སུ་འགྱུར་བ་དང་། བཀའ་བསྐྱལ་པ་ཉམས་པ་དང་། གཞན་ལ་བསླུ་བར་བྱེད་པ་དང་། སྟོན་པ་ལ་སྐུར་བ་འདེབས་པ་དང་། ཆོས་སྤོང་བར་བྱེད་པའི་ཉེས་པའོ། །བྱང་ཆུབ་སེམས་བསྐྱེད་ལེགས་པར་བྱང་རྟོགས་ཀྱང་། །སྒྲ་བཞིན་དོན་དམ་ཀུན་ཏུ་རྟོགས་པས་ན། །རང་དགའ་དག་གིས་བློ་ནི་ཉམས་འགྱུར་ལ། །ལེགས་པར་གསུངས་པ་བསྐུར་ཞིང་སྨད་པར་འགྱུར། །ཞེས། མདོ་སྡེ་རྒྱན་ཁུངས་སུ་བྱས་ནས་གསུངས་ཤིང་། རྟོག་གེ་འབར་བར། འཕགས་པ་གང་པོ་ལ་སོགས་ཡང་འཁོར་དགྲ་བཅོམ་པ་རྣམས་མྱ་ངན་དྲག་པོ་བྱེད་པ་དང་། སྐུ་ཚེ་རིང་བའི་རྒྱ་མཐར་ཕྱིན་ནས། སྐྱེས་བུ་ཕལ་པའི་ཚེ་ཚད་ཙམ་ལས་མ་ཐུབ་པ་དང་། གནས་བརྟན་བ་ཀུ་ལས་ཨ་རུ་ར་གཅིག་བྱིན་པའི་རྣམ་སྨིན་གྱིས་ལོ་བརྒྱད་ཅུར་ན་བ་མ་དྲན་པར་སངས་རྒྱས་ལ་སྨྱུན་དྲག་པོས་བཏབ་པ་ལ་སོགས་པ་ནི་ཤིན་ཏུ་འགལ་བར་འགྱུར་རོ། །ཞེས་སོགས་གསུངས་སོ། །བསྡུ་ན། ཐར་པ་དང་། སྟོན་པ་དང་། སྟོན་པ་ཞིང་སངས་རྒྱས་ཀྱི་ཞི་རྒྱས་དབང་དྲག་ལ་སོགས་པའི་འཕྲིན་ལས་ལ་སྐུར་པ་འདེབས་པའི་ལས་རྒྱུ་འབྲས་པ་ཁྱེད། ལེགས་བཤད་མཁས་པའི་བློ་གྲོས་ཀྱིས། །གོ་ཡི་བླུན་པོས་དེ་ལྟ་མིན། །ཞེས་གསུངས་པ་ལྟར། རྨོངས་པའི་ཁུར་འཛིན་པར་གྱིས་ཤིག །ཅེས་ངོ་སྤྲད་ནས་ད་ནི་རྗེས་སུ་འཛིན་པར་བྱའོ། །ལྔ་པ། ཡེ་བཀག་ཡེ་གནང་གི་གྲུབ་མཐའ་དགག་པ་ལ། མདོར་བསྟན་པ་དང་། རྒྱས་པར་བཤད་པ་གཉིས། དང་པོ་ནི་ཡེ་བཀག །ཅེས་སོགས་ཏེ། འབྲི་གུང་པ་སོགས་ཕྱག་རྒྱ་ཆེན་པོ་བར་གྲགས་པ་ཁ་ཅིག་ན་རེ། ཐེག་པ་ཆེ་ཆུང་གཉིས་ཀྱི་ལུགས་ལ་གཅིག་གི་སྡིག་པ་གཅིག་གི་དགེ་བར་འགྱུར་བ་ཡོད་ཟེར་བ་དེ་མིན་ཏེ། སངས་རྒྱས་ཀྱིས་བཀག་པ་རྣམས་ནི་གནང་བའི་སྐབས་མེད་པར། མེད་བཀག་སྟེ་ཀུན་ཏུ་བཀག་པ་ཡིན་ལ། གནང་བ་རྣམས་ནི་བཀག་པའི་དུས་མེད་པར་ཀུན་ཏུ་ཡེ་གནང་ཡིན་པའི་ཕྱིར། གཞན་དུ་ན་ཡིད་བརྟན་མེད་པར་འགྱུར་རོ། །ཞེས་སོགས་ཟེར་རོ། །དེ་མི་འཐད་དེ། ཤེས་བྱ་ཆོས་ཅན། དེ་འདྲའི་ཡེ་བཀག་ཡེ་གནང་གི་རྣམ་བཞག་དེ་མི་འཐད་པར་ཐལ། དེ་འདྲ་དེའང་སངས་རྒྱས་ཀྱི་བསྟན་པ་དང་མཐུན་པ་མིན་པར་མི་མཐུན་པའི་ཕྱིར་ཏེ། ཉན་ཐོས་པ་དང་ཐེག་ཆེན་གྱི་གནང་བཀག་ཐམས་ཅད་མཐའ་གཅིག་ཏུ་ངེས་པ་མེད་པའི་ཕྱིར་ཏེ། སྡེ་བ་ལ་ལར་གནང་བ་དེ་ནི་སྡེ་བ་ལ་ལའི་བཀག་པ་ཉིད་དུ་འགྱུར་བས་སོ། །

གཉིས་པ་ལ། སྡེ་པ་སོ་སོའི་བཅས་པ་ལ་མི་འདྲ་བ་ཡོད་པར་བསྟན་པ། རང་བཟློའི་བཤད་པ། མི་འཐད་པར་དགག་པ་གཉིས། དང་པོ་ནི། དེ་ཡིས་ཞེས་སོགས་ཏེ། སྡེ་པ་རྣམས་ལ་གནང་བཀག་ཐ་དད་ཡོད་པའི་འཐད་པ་འདི་ལྟར་ཡིན་ཏེ། རྣམ་དག་ལུང་བཞིན་བཤད་པར་བྱ་ཡི་ཉོན་ཅིག །ཤེས་བྱ་ཆོས་ཅན། ཉན་ཐོས་རྩ་བའི་སྡེ་པ་ལ་བཞིར་ཡོད་དེ། ཐམས་ཅད་ཡོད་པར་སྨྲ་བ། ཕལ་ཆེན་པ། གནས་བརྟན་པ། ཀུན་གྱིས་བཀུར་བའི་སྡེ་པ་རྣམས་སུ་ཡོད་པས་སོ། །བཅས་པ་ལ་མི་འདྲ་བ་བཞི་ཡོད་དེ། སྡེ་པ་དང་པོ་དེ་ལ་འདུལ་བ་མི་འདྲ་བ་བཞི་ཡོད་པར་བརྟག་གཉིས་སོགས་ནས་གསུངས་པའི་ཕྱིར་དང་། བཞི་པོ་དེ་ལ་སྐད་ཀྱང་རིམ་བཞིན་པ་དུ། ལེགས་སྦྱར། རང་བཞིན། ཟུར་ཆག །ཤ་ཟའི་སྐད་དེ། བཞི་པར་ཡོད་པའི་ཕྱིར་དང་། མཁན་རྒྱུད་ཀྱང་རིམ་བཞིན་དུ་ཤཱ་རའི་བུ། འོད་སྲུངས། ཀ་ཏ་ཡ་ན། ཉེ་བར་འཁོར་ལས་བརྒྱུད་ཅིང་། སྣམ་སྦྱར་གྱི་གྲ་རྣམས་ཀྱང་། དང་པོ་ལ། ཨུཏྤལ། པདྨ། རིན་ཆེན། ཤིང་ལོ། གཉིས་པ་ལ་དུང་། གསུམ་པ་དང་བཞི་པ་ལ་མེ་ཏོག་སོ་ཅི་ཀ་སྟེ་མི་འདྲ་ལ། སྣམ་ཕྲན་ཀྱང་རིམ་པ་བཞིན། མང་མཐའ་ཉེར་ལྔ། ཉེར་གསུམ། གཉིས་ནི། ཉེར་གཉིས་ལ་སོགས་པ་མི་འདྲ་བས་སོ། །རྩ་བའི་སྡེ་པ་བཞི་ལས་ཕྱེས་པ་བཅོ་བརྒྱད་ཀྱི་འགྲོ་ལུགས་ནི། དུལ་བ་ལྷས་བཤད་ལ། འོད་ལྡན་དུ། སྡེ་པ་ཐམས་ཅད་ཀྱི་གཞི་ནི་ཡོད་སྨྲ་བ་ཡིན་པར་བཤད་དེ། དེར་སྟོན་ནི་ཐམས་ཅད་ཡོད་པར་སྨྲ་བ་གཅིག་པུར་ཡོད་པ་ལས། བཅོམ་ལྡན་འདས་ཡོངས་སུ་མྱ་ངན་ལས་འདས་པ་དང་། དེ་ལ་བརྟེན་ནས་སྡེ་པ་གཞན་དག་གིས་གཞིར་གྱུར་པའི་ཕྱིར། གཞི་ཐམས་ཅད་ཡོད་པར་སྨྲ་བ་ཞེས་བྱའོ། །ཞེས་སོགས། རྟོག་གེ་འབར་བ་དང་ལང་གཤེགས་ཀྱི་འགྲེལ་བ་སོགས་ལས་རྩ་བ་ཕལ་ཆེན་པ་དང་། གནས་བརྟན་པ་གཉིས་ལས་ཕྱེས་པར་བཤད་པ་སོགས་མི་འདྲ་བ་དུ་མར་སྣང་ངོ་། །བཅོ་བརྒྱད་པོ་གང་ན། དུལ་བ་ལྷ་ལྟར་ན། ཤར་དང་ནུབ་དང་གངས་རིར་གནས། །འཇིག་རྟེན་འདས་སྨྲ་སྨྲ་བའི་སྡེ། །རྟག་པར་སྨྲ་བའི་སྡེ་བ་དང་། །ལྷ་ཆེན་དགེ་འདུན་ཕལ་ཆེན་པ། །གཞི་ཀུན་པ་དང་འོད་སྲུངས་སྡེ། །ས་སྲུང་སྡེ་དང་ཆོས་སྲུང་སྡེ། །མང་ཐོས་གོས་དམར་སློབ་མ་དང་། །རྣམ་པར་ཕྱེ་སྟེ་སྨྲ་བའི་སྡེ། །ཐམས་ཅད་ཡོད་པར་སྨྲ་བ་བདུན། །རྒྱལ་བྱེད་ཚལ་གནས་འཇིག་མེད་གནས། །གཙུག་ལག་ཁང་གནས་གནས་བརྟན་པ། །ས་སྒྲོག་རིས་དང་སྲུང་བ་པ། །གནས་མ་བུ་ཡི་སྡེ་རྣམས་ནི༑ ༑ཀུན་གྱིས་བཀུར་བ་རྣམ་པ་གསུམ། །ཡུལ་དུས་སློབ་དཔོན་བྱེ་བྲག་གིས། །ཐ་དད་རྣམ་པ་བཅོ་བརྒྱད་འགྱུར། །ཞེས་གསུངས་པ་ལ། གྱེས་པའི་རྒྱུ་ནི། ལོ་ཏྲི་བར། དེ་ལྟར་སྡེ་པ་བཅོ་བརྒྱད་དུ། །ཤཱཀྱ་སེང་གེའི་བསྟན་པ་ནི། །གྱུར་ཏེ་འགྲོ་བའི་བླ་མ་དེའི། །སྟོན་གྱི་འཕྲིན་ལས་ངེས་པ་ཡིན། །ཡུལ་དུས་སློབ་དཔོན་བྱེ་བྲག་དང་། །ལྟ་བའི་བྱེ་བྲག་ཐ་དད་བྱས། །སྟོན་པ་ཐ་དད་ཡོད་མ་ཡིན། །ཞེས་གསུངས་པ་ལྟར་རོ། །དེ་ལྟར་སྡེ་པ་མི་འདྲ་བ

བཙོ་བརྒྱད་ལ་འདུལ་བའི་དབྱེ་བའང་བཙོ་བརྒྱད་ཡོད་དོ། །དེས་ན་སྡེ་པ་རྣམས་ལ་ལྟུང་བ་མི་འདྲ་བ་ཐ་དད་ཡོད་དེ། དང་པོ་སྡོམ་པ་ལེན་པ་དང་། བར་དུ་སྲུང་ཚུལ། ཉམས་ན་ཕྱིར་བཅོས་པ་དང་། སོ་སོར་ཐར་པའི་མདོ་འདོན་ཚུལ་དང་ཐ་མར་སྡོམ་པ་གཏོང་བའི་ཚུལ་ལ་སོགས་པ། སྡེ་བ་ཐམས་ཅད་མི་མཚུངས་པས་གཅིག་གིས་བཀག་པ་དེ་གཅིག་ལ་གནང་བ་ཡོད་པའི་ཕྱིར། ཁོ་ན་རེ། གལ་ཏེ་སྡེ་བ་གཅིག་སངས་རྒྱས་པར་བདེན་གྱི། དེ་ལས་གཞན་གྱི་སྡེ་བ་རྣམས་སངས་རྒྱས་ཀྱི་བསྟན་པའང་མིན་པས་བརྫུན་ནོ་སྙམ་ན། ཤེས་བྱ་ཆོས་ཅན། དེ་མིན་པར་ཐལ། རྒྱལ་པོ་ཀྲི་ཀྲིའི་རྨི་ལམ་ལུང་བསྟན་པ་ལྟར་སྡེ་པ་བཅོ་བརྒྱད་པོ་ཐམས་ཅད་སངས་རྒྱས་ཀྱི་བསྟན་པ་དང་མཐུན་པར་གསུངས་པས་སོ། །འདི་རྣམས་ཀྱི་དོན་རྒྱས་པར་སྡེ་པ་ཐ་དད་བཀླག་པའི་འཁོར་ལོ་དབྱིག་བཤེས་ཀྱིས་བྱས་པ་དང་། འདུལ་བ་འོད་ལྡན་དང་། དུལ་བའི་ལྷས་སྡེ་པ་ཐ་དད་བསྟན་པ་ལ་སོགས་པར་ལྟོས་ལ་དེ་དག་ཏུ་ཤེས་པར་གྱིས་ཤིག །རྨི་ལམ་བཅུ་ནི། མཛོད་འགྲེལ་དུ་བསྡུས་པ། གླང་ཆེན་ཁྲོན་པ་ཕྱེ་དང་ཙན་དན་ཚལ། །གླང་ཆེན་ཕྲུ་གུ་དང་ནི་སྤྲེ་དབང་བསྐུར། །མི་གཙང་སྤྲེ་དང་རས་ཡུག་འཐབ་མོ་ཞེས། །རྨི་ལམ་བཅུ་ནི་ཀྲི་ཀྲིས་མཐོང་བ་ཡིན། །ཞེས་དང་སྟོན་གྱི་བརྗོད་བྱང་དུ། རྨི་ལམ་བརྒྱད་ཀྱང་འབྱུང་བས། རྨི་ལམ་བཅོ་བརྒྱད་ཅེས་ཀྱང་ཟེར་བའི་རས་ཡུག་གི་རྨི་ལམ་གྱིས་བསྟན་ནོ། །གཉིས་པ་ནི། ཁོ་ན་རེ། སྡེ་བ་ཀུན་གྱི་བསླབ་པ་ཡང་ཤེས་བཞིན་གཅིག་ཏུ་འགྱུར་བས་མཐུན་ནོ་ཟེར་ན་ཤེས་ཀྱང་ཞེས་སོགས་ཏེ། ཤེས་བྱ་ཆོས་ཅན། དེ་ལྟར་མི་འགྱུར་བར་ཐལ། སྡེ་བ་ཀུན་གྱི་བསླབ་པ་རྣམས་ཤེས་ཀྱང་ཕལ་ཆེར་བསླབ་བྱ་རྣམས་ཐ་དད་ཡིན་པའི་ཕྱིར། དཔེར་ན་ཐམས་ཅད་ཡོད་སྨྲའི་མདོ་སྡེ། ལེགས་སྦྱར་གྱི་སྐད་དུ་ཡོད་ལ། གནས་བརྟན་པ་དག་དེ་ལྟར་བཏོན་ན་ལྟུང་བར་བྱེད་པའི་ཕྱིར་དང་། ཐམས་ཅད་ཡོད་སྨྲ་རང་ཉིད་ཀྱི་གསོལ་གཞིའི་ཆོ་གས་སྡོམ་པ་སྐྱེ་ལ། དེའི་ཆོ་ག་བཞིན་བྱས་ན་ཕལ་ཆེན་སྡེ་པ་སོགས་གཞན་གྱི་དགེ་སློང་འཛིག་པའི་རྒྱུ་མཚན་གསོལ་བཞིའི་ཆོ་གས་བསླབ་པ་འབྱུལ་བའི་ཕྱིར་དང་། ཐམས་ཅད་ཡོད་སྨྲ་སྨིན་མའི་སྤུ་བཞར་ན་ལྟུང་བ་ཡིན་ལ། ཕལ་ཆེན་པ་སོགས་སྡེ་པ་འགའ་ཞིག་མ་བཞར་ན་ནི་ལྟུང་བར་འདོད་པའི་ཕྱིར་དང་། གནས་བརྟན་པ་སོགས་ལ་ལ་བུ་རམ་ཕྱི་དྲོ་འགོག་པ། ཐམས་ཅད་ཡོད་སྨྲ་སོགས་ཁ་ཅིག་ལྟུང་བ་མེད་ཅེས་ཟེར་བའི་ཕྱིར་དང་། ཐམས་ཅད་ཡོད་སྨྲ་ལ་སོགས་མ་བྱིན་ལེན་ལག་པ་གནས་བྱེད་ལ། གནས་བརྟན་པ་སོགས་ལ་དེ་ལས་གཞན་དུ་བྱིན་ལེན་ལག་པ་ཁ་ཕྱུབ་ནས་འཕྲོག་སྟབས་སུ་བྱེད་ཅིང་། ཕལ་ཆེན་པ་སོགས་ལྟུང་བཟེད་སྟོང་པ་བྱིན་ལེན་བྱེད། ཡོད་སྨྲ་དེ་འགོག་ལ། མིར་ཆགས་པ་བསད་པ་ལ་ཕམ་པར་ཡང་འདོད་ཅིང་། གནས་བརྟན་པ་སོགས་ལ་ལ་ཕམ་པ་མེད་པར་འདོད་པའི་ཕྱིར་དང་། མང་བསྐུར་སྡེ་བ་ལ་ལའི་སོ་སོར་ཐར་པ་ལ་གླེང་གཞི་ཚིགས་བཅད་གཅིག་ལས་

མེད་ལ། ཡོད་སྨྲ་སོགས་ལ་ལའི་རིང་ལུགས་གཞན་དུ་ཡོད་པའི་ཕྱིར། མདོར་ན། ཤེས་བྱ་ཆོས་ཅན། གཅིག་ཏུ་བཀག་པ་དེ་ཀུན་ཏུ་བཀག་པའི་ཡེ་བཀག་དང་གཅིག་དུ་གནང་བ་དེ་ཐམས་ཅད་ལ་གནང་བའི་ཡེ་གནང་གི་རྣམ་གཞག་དེ་མི་འཐད་པར་ཐལ། ཕམ་པ་བཞི་པོ་ནས་བརྩམས་ཏེ་བསླབ་པར་བྱ་བ་ཀུན་སྡེ་པ་ཐམས་ཅད་གནང་བཀག་ཕལ་ཆེར་མི་མཐུན་པའི་ཕྱིར་ཏེ། གནས་བརྟན་པ་སོགས་གང་གིས་བཀག་པ་ལ་ཡོད་སྨྲ་བ་སོགས་གང་གིས་གནང་བ་ཡོད་པའི་ཕྱིར། དཔེར་ན་ཐུ་རམ་བཞིན་ཏེ། ཐུ་རམ་དེ་ཕྱི་དྲོའི་ཟས་སུ་ཡེ་གནང་ཡིན་ན། སྡེ་པ་གཞན་གནས་བརྟན་པ་སོགས་ལྟུང་བ་དང་བཅས་པ་ལ་ཡེ་གནང་བཀག་པའི་ཕྱིར། དེ་ཡེ་བཀག་ཡིན་ན། ཡོད་སྨྲའི་དགེ་སློང་ཕྱི་དྲོ་ཐུ་རམ་སྤྱོད་པ་དེ་ལྟུང་བ་དང་བཅས་པར་ཐལ། ཡེ་བཀག་ལ་ལོངས་སྤྱོད་པའི་ཕྱིར་རོ། །གཞན་ཡང་གོང་གི་དེ་མི་འཐད་པར་ཐལ། བྱིན་ལེན་མ་བྱས་པར་ཟ་བའི་ལྟུང་བ་མི་སྐྱེ་ལ་འབྱུང་བར་འགྱུར་བའི་ཕྱིར་དང་། དེ་ལྟར་འབྱུང་ན་མི་སྐྱེའང་དགེ་སློང་ཉིད་དུ་འགྱུར་བས་མི་སྐྱེས་བྱིན་ལེན་བྱས་ན་ཡང་དགེ་སློང་གིས་དགེ་སློང་ལ་བྱིན་ལེན་བྱས་པ་ཇི་བཞིན་དུ་དགེ་སློང་གིས་བཟའ་བར་རུང་བར་མི་འགྱུར་བ། དེ་བཞིན་དུ་ཀུན་ལ་སྦྱར་ནས། འགོག་པར་གྱིས་ཤིག་སྙེ་མཚུངས་པའི་ཕྱིར་རོ། །དུག་པ་རབ་བྱུང་དང་ཁྱིམ་པ་ལྟུང་བ་མཚུངས་པ་དགག་པ་ལ། འདོད་པ་བརྗོད་པ་དང་། དེ་དགག་པ་གཉིས། དང་པོ་ནི། ཁ་ཅིག་ཅེས་སོགས་ཏེ། ཁ་ཅིག་རབ་བྱུང་ལ་ལྟུང་བ་དེ་ཁྱིམ་པ་ནས་དམྱལ་བའི་བར་དུད་འགྲོ་ལ་སོགས་ཐམས་ཅད་ལ་འབྱུང་བར་མཚུངས་ཞེས་ཟེར་ཞིང་། ཡེ་བཀག་ཡེ་གནང་འཐད་དོ་ཞེན། གཉིས་པ། དེ་དགག་པ་ནི། འདི་ནི་ཞེས་སོགས་ཏེ། ཤེས་བྱ་ཆོས་ཅན། འགྲོ་བ་ཐམས་ཅད་ཉེས་ལྟུང་མཚུངས་པ་མིན་པར་ཐལ། དེ་ལྟ་མིན། དེ་འདྲ་འདི་ནི་སངས་རྒྱས་ཀྱི་དགོངས་པ་དང་མཐུན་པ་མིན་པའི་ཕྱིར་ཏེ། ཅི་སླད་ཅེ་ན་ལྟུང་བ་ཇི་སྙེད་འབྱུང་བ་དེ་བཅས་པ་ཕན་ཆད་འབྱུང་མོད་ཀྱི། མ་བཅས་པ་ལ་མི་འབྱུང་བའི་ཕྱིར་རོ། །རྒྱུ་མཚན་དེས་ན་ཐུབ་པས་འདུལ་བར་ལས་དང་པོ་ལ་ཉེས་པ་མེད་དོ་ཞེས། དགེ་སློང་བཟང་སྦྱིན་ལྟ་བུས་མི་ཚངས་པར་སྤྱད་པའི་ཉེས་པ་བྱས་ཀྱང་ལྟུང་བ་མེད་ཅེས་གསུངས་སོ། །དེ་ལྟ་མིན་པར་འགྲོ་བ་ཐམས་ཅད་གལ་ཏེ་རུང་བ་ཀུན་འབྱུང་བར་མཚུངས་ན། ཐར་པ་ལྟ་ཅི་སྨོས་མཐོ་རིས་ཀྱང་འཐོབ་པ་མི་སྲིད་པར་ཐལ། འགྲོ་ཀུན་ལྟུང་བ་མཚུངས་པའི་ཕྱིར། ཤེས་བྱ་ཆོས་ཅན། ཕར་ཕྱིན་པ་དང་གསང་སྔགས་ཀྱི་ལྟུང་བ་ལ། གནང་བཀག་མི་མཚུངས་པར་ཐལ། དེ་གཉིས་ལ་གནང་བཀག་འགའ་ཞིག་མི་འདྲ་བའི་ཁྱད་ཡོད་པའི་ཕྱིར། དཔེར་ན། ཉན་ཐོས་པའི་ལུགས་ལ་རྣམ་གསུམ་དག་པའི་ཤ་བཟའ་རུང་ལ་གལ་ཏེ་མི་ཟན་ལྟས་སྦྱིན་གྱི་བརྟུལ་ཞུགས་ལྟའི་ནང་ནས་ཤ་མི་ཟ་བའི་བརྟུལ་ཞུགས་སུ་འགྱུར་ལ། ཐེག་པ་ཆེ་ལས། ལ་ལར་བསད་ཤ་དང་ལ་ལར་ཤི་ཤའང་བཀག་ནས་ཟོས་ན་ངན་འགྲོའི་རྒྱུ་རུ་གསུངས་པ་དེ་

བཞིན་ནོ། །དེ་ཡང་ལྷས་སྦྱིན་གྱིས་ཤ་མི་ཟ་བའི་བརྟུལ་ཞུགས་བཅས་ནས་དེས་གྲོལ་བར་འདོད་པ་དགག་པའི་ཕྱིར་དང་། ཤ་མ་གནང་ན་མི་འཇུག་ལ་གནང་ན་བསྟན་པ་ལ་འཇུག་པའི་དགོས་པ་སྒྲུབ་པ་དང་། སྨན་གྱིས་སླད་དུ་འདུལ་བ་ནས་རྣམ་གསུམ་དག་པའི་ཤ་གནང་སྟེ། རྣམ་གསུམ་ཡོངས་སུ་དག་པ་ཟོས་ན་སྡིག་པའི་བར་ཆད་དུ་མི་འགྱུར་ཞེས་སོགས་དང་། བཅད་པ་ལས་བྱུང་བ་ཉིད་མིན་ནམ། ཞེས། བཀག་པ་མིན་པའི་ཤ་བྱིན་ལེན་བྱེད་ཚུལ་དང་། ཉ་ཤ་དང་། ཤ་སྐམ་ནི་ཟས་གསོད་པ་བཟང་པོར་གསུངས་པའི་ཕྱིར། དེ་ལ་ཤའི་ཕྱིར་དུ་བསད་པའི་མཐོང་ཐོས་དོགས་གསུམ་ལ། རྣམ་གསུམ་དུ་འདོད་པ་དང་། དགེ་སློང་ལྷ་བུ་ཟ་མཁན་གྱི་གང་ཟག་དེ་ལ་དམིགས་ནས་བསད་པའི་མཐོང་ཐོས་དོགས་གསུམ་གྱི་གཞིས་དག་མ་དག་ལ་འདོད་པའི་ལུགས་བྱུང་ནའང་། ལུགས་ཕྱི་མ་ནི། ཉན་ཐོས་པའི་ལུགས་སུ་གཏོགས་སོ། །ཐེག་ཆེན་གྱི་སྡེ་སྣོད་ལང་གཤེགས་ལས་ནི་མཐར་ཤི་བའི་ཤ་ཡང་བཀག་ཅིང་། དེ་བཞིན་དུ་མྱང་འདས་ཆེན་པོ་དང་། གླང་པོའི་རྩལ་དང་། སྤྲིན་ཆེན་པོ་སོགས་ལས་ཕལ་ཆེར་མ་གནང་ངོ་། །འོན་ཀྱང་བུ་མོ་ཡེ་ཤེས་ལྡན་གྱི་ལེའུ་ལས་གཞན་དོན་དུ་གནང་བའི་སྐབས་བྱུང་བས་སྤྱོད་མཁན་གྱི་གང་ཟག་ལ་བརྟག་ནས་བཤད་པར་བྱའོ། །རྒྱས་པར་ནི། ཁོ་བོས་བྱས་པའི་ཉེས་གསུམ་སྤོང་ཐབས་བཤད་པ་ལས་རྟོགས་པར་བྱའོ། །མདོར་ན། འགལ་བ་ལྷག་སྤྲོད་དེ་འདྲ་ལ་ཡེ་བཀག་ཡེ་གནང་ཇི་ལྟར་རིགས་སྦྱོར་མི་རུང་ངོ་། །

དེས་ན་ཡེ་བཀག་ཡེ་གནང་གི་རྣམ་གཞག་ཕྱོགས་གཅིག་ཏུ་བྱར་མི་རུང་སྟེ། དཔེར་ན་པཎྜའི་སོ་ནམ་ལ་རྟག་ཏུ་འདམ་དང་ལྡན་ལྡིན་དགོས་ཤིང་། ཤུ་དག་སོགས་ཀྱིས་སྐོར་ན་སྐྱེ་ལ་མེ་ཏོག་གཞན་ལ་དེ་མི་དགོས་ཤིང་། ཆུ་ལས་སྐྱེས་ལ་སྐམ་པ་དགྲ་དང་། སྐམ་པར་སྐྱེས་ལ་རློན་པ་དགྲ་དང་། གྲང་སར་དྲོ་བའི་རྫས་མི་སྨིན་ཞིང་། དྲོ་སར་བསིལ་བ་འཐད་པ་མིན་པ་དེས་ན་བྱ་བ་གང་ཅི་ཡང་རུང་རང་རང་ལུགས་བཞིན་བྱས་ན་འགྲུབ་ཀྱི། དེ་ལས་བཟློག་པའི་ལུགས་བྱས་ནས་ཕལ་ཆེར་མི་འགྲུབ་ལ་གྲུབ་ཀྱང་བཟང་པོ་དཀའ་བ་དེ་བཞིན་དུ། གནང་བཀག་ཐམས་ཅད་ཀྱང་རང་རང་ལུགས་བཞིན་བྱས་ན་འགྲུབ་པོ། །བདུན་པ། རབ་བྱུང་ལ་འབྱུང་བའི་ལྟུང་བ་ཁྲིམ་པ་ལ་འབྱུང་བ་དགག་པ་ལ། རང་བཞིན་འབྲུལ་པ་གཞན་དགག་པ། བདེ་སྟུག་སངས་རྒྱས་ཀྱིས་བྱས་པར་ཐལ་བའི་རྩོད་པ་དགག་པ་གཉིས། དང་པོ་ལ། དགག་པ་དངོས་དང་། གདུལ་བྱ་ལ་ལྟོས་ནས་བཅས་པ་བསྟན་པ་གཉིས། དང་པོ་ལ་རྩོད་ལན་གཉིས། དང་པོ་ནི། གལ་ཏེ་ཞེས་སོགས་ཏེ། ཁོ་ན་རེ། གལ་ཏེ་སྡོམ་པ་མ་བླངས་ན་ལྟུང་བའི་ཐ་སྙད་མི་འཐོབ་ཀྱང་། རབ་ཏུ་བྱུང་བ་ལ་བཅས་པའི་སྡིག་པ་ཁྲིམ་པ་ལ་ཡང་འབྱུང་སྟེ། དེ་ལྟ་མིན་ན། རབ་བྱུང་ལ་སྡིག་པ་ཆེད་དུ་བྱས་ནས་བསྒོན་ཐུབ་པས་རབ་ཏུ་བྱུང་བ་ལ་སྙིང་ནད་བྱས་པར་ཐལ

བར་འགྱུར་རོ། །ཞེས་ཟེར་རོ། །

གཉིས་པ་ལ། མདོར་བསྟན། རྒྱས་བཤད་གཉིས། དང་པོ་ནི། འདི་ཞེས་སོགས་ཏེ། ཤེས་བྱ་ཆོས་ཅན། ལྟུང་བ་ཁྲིམ་པ་ལ་མི་འབྱུང་བར་བྱུང་ལ་འབྱུང་ན། ཐུབ་པས་རབ་བྱུང་ལ་སྙིང་ནད་བྱུས་པར་ཐལ་བ་དེ་མི་འཐད་པར་ཐལ། འདི་འདྲའི་རིགས་པ་གཟུ་ལུམ་ཡིན་པས་སྙིང་པོ་མེད་པའི་ཕྱིར། ཇི་ལྟར་ན། འོ་ན་ཞིང་བཟང་པོ་བྱིན་པའང་སྙིང་ནད་ཡིན་པར་ཐལ། ཞིང་ཡོད་པ་རྣམས་ལ་སེར་བ་སོགས་འབྱུང་བར་འགྱུར་གྱི་ཞིང་མེད་པ་རྣམས་ལ་མི་འབྱུང་བས་སོ། །དེས་ན་ཞིང་ལ་སད་སེར་སོགས་ཀྱི་དགྲ་ཡོད་ཀྱང་ལོ་ཏོག་འབྱུང་བའི་ཕན་ཡོན་ཡོད་པ་དེ་བཞིན་དུ། རབ་ཏུ་བྱུང་བ་ལ་ལྟུང་བ་སྲིད་མོད་ནའང་ཕན་ཡོན་ཆེན་པོ་འབྱུང་སྟེ། དཔེར་ན་སྦྲང་པོ་སེར་བ་སོགས་ལ་མི་འཇིགས་མོད་ཀྱི་ལོ་ཏོག་མེད་པ་དེ་བཞིན་དུ་ཁྲིམ་པ་རྣམས་ལ་ཡང་བཅས་འགལ་གྱི་ལྟུང་བ་མེད་མོད། སྡོམ་པའི་དགེ་བ་མི་འབྱུང་བས་སོ། །འོ་ན་ཁྲིམ་པ་ལ་སྡིག་པའང་མི་འབྱུང་བར་འགྱུར་རོ། །ཞེ་ན། དེས་ན་ཞེས་སོགས་ཏེ། ཤེས་བྱ་ཆོས་ཅན། ཁྲིམ་པ་ལ་བཅས་འགལ་གྱི་ལྟུང་བ་མི་འབྱུང་ཡང་སྡིག་པ་མི་འབྱུང་བ་དེ་མིན་པར་ཐལ། མདོ་དང་བསྟན་བཅོས་ལས། ཁ་ན་མ་ཐོ་བ་ལ། རང་བཞིན་དང་བཅས་པའི་ཁ་ན་མ་ཐོ་བ་གཉིས་སུ་བསྟུས་ཏེ་གསུངས་པ་ལས། རང་བཞིན་གྱི་ཁ་ན་མ་ཐོ་བ་ནི་ཁྲིམ་པ་སོགས་སེམས་ཅན་ཀུན་ལ་སྡིག་པར་འགྱུར་ལ། བཅས་པའི་ཁ་ན་མ་ཐོ་བ་ནི་བཅས་པ་ཕྱིན་ཆད་ལ་ལྟུང་བར་འགྱུར་བའི་ཕྱིར་རོ། །དེས་ན་སྡིག་པ་ལ་ལྟུང་བ་ཡིན་མི་དགོས་སོ། །

གཉིས་པ་རྒྱས་བཤད་ལ་རྒྱལ་བ་སྲས་བཅས་སྡིག་ཅན་དུ་འགྱུར་བ། གྲུབ་ཐོབ་ཕལ་ཆེར་སྡིག་ཅན་དུ་འགྱུར་བ། དག་པའི་དགེ་སློང་མ་དག་པར་འགྱུར་བ། དགེ་ཚུལ་སོགས་ཀྱི་ལྟུང་མེད་མེད་པར་འགྱུར་བ། རྩ་བརྒྱུད་ཀྱི་བླ་མ་གང་ཡིན་སྨད་པར་འགྱུར་བ་དང་ལྔའོ། །དང་པོ་ནི། དེ་ལྟ་ཞེས་སོགས་ཏེ། བཅས་པ་ལ་ལྟུང་བར་འགྱུར་བ་དེ་ལྟ་མིན་པར་མ་བཅས་ཀྱང་ཅི་ནས་སྡིག་ལྟུང་དུ་འགྱུར་ན་ནི། ཤེས་བྱ་ཆོས་ཅན། རྒྱལ་བ་རིགས་ལྔ་ལ་སོགས་ལོངས་སྤྱོད་རྫོགས་པའི་སྐུ་རྣམས་དང་ཉེ་བའི་སྲས་བརྒྱད་ལ་སོགས་པ་བྱང་སེམས་ཕལ་ཆེར་ཡང་། གཤེགས་ཀྱི་མི་དགེ་བ་སྤྱོད་པ་ཅན་དུ་ཐལ། དེ་དག་དབུ་སྐྲ་རིང་ཞིང་བརྒྱན་དང་བཅས་པ་ལ་ཁ་དོག་སྣ་ཚོགས་པའི་ན་བཟའ་ཅན་ཕྱག་མཚན་སྣ་ཚོགས་འཛིན་པས་ཡི་བཀག་པ་ལ་སྤྱོད་པའི་ཕྱིར་རོ། །གཉིས་པ་ནི། རྣལ་ཞེས་སོགས་ཏེ་རྣལ་འབྱོར་དབང་ཕྱུག་བི་རཱུ་པ་དང་། ཏེ་ལོ་ནཱ་རོ་ལ་སོགས་པ་དགེ་སློང་གི་བརྟུལ་ཞུགས་བོར་བའི་གྲུབ་ཐོབ་རྣམས་ཀྱང་ཆོས་ཅན། ལྟུང་བའི་སྡིག་པ་ཅན་དུ་ཐལ། ཡི་བཀག་པ་ལ་སྤྱོད་པས་སོ། །

གསུམ་པ་ནི། ཙན་དན་ཞེས་སོགས་ཏེ། ཙན་དན་སྤོས་ཀྱིས་དད་ལྡན་པའི། །ལྷ་ལྷས་ཞེས་བྱ་བའི་འཇིག་རྟེན་

ན་ཡོད་པའི་དགེ་སློང་གོས་དཀར་ཅན་རྒྱན་དང་བཅས་པ། ཇི་སྐྲེད་པ་དེ་དག་ཀྱང་ནི་ཆོས་ཅན། ལྟུང་བའི་སྡིག་པ་ཅན་དུ་ཐལ། གཞིས་ཀྱི་མི་དགེ་བ་ལ་སྤྱོད་པའི་ཕྱིར། འདོད་མི་ནུས་ཏེ། གཙུག་ན་རིན་ཆེན་གྱིས་ཞུས་པར། ལྷས་ལྷས་པ་ཞེས་བྱ་བའི་སྟེང་ཕྱོགས་ཀྱི་ཞིང་ཁམས་ས་གཞི་ཙན་དན་སྦྲུལ་གྱི་སྙིང་པོའི་རང་བཞིན་ཅན། དྲི་ངད་ཀྱིས་འཇིག་རྟེན་གྱི་ཁམས་མཐའ་ཡས་པ་ཁྱབ་པ་ཞིག་ཏུ་སངས་རྒྱས་འཇིག་རྟེན་ཁམས་མངོན་པར་དགའ་བ་ཞེས་བྱ་བ་བྱུང་ཏེ། ཐེག་པ་ཆེན་པོ་ལས་གཞན་པའི་ཆོས་ཀྱི་མིང་ཙམ་ཡང་མེད་དེ། མི་ཐམས་ཅད་བསམ་གཏན་ཟས་ཀྱིས་འཚོ་ཞིང་མངོན་པར་ཤེས་པ་དང་ལྡན་པ་གསེར་གྱི་ཁ་དོག་དང་རྒྱན་གྱིས་སྤྲས་པ་རབ་ཏུ་བྱུང་བ་རྣམས་ཀྱང་ཉོན་མོངས་པ་དང་བྲལ་བས་ཕྱེ་བ་ཡིན་ཏེ། དུར་སྒྲིག་གི་གོས་ལ་སོགས་པ་ནི་མེད་དེ་སེམས་ལས་མ་གཏོགས་པ་བསླབ་པར་བྱ་བ་གཞན་མེད་པའི་ཕྱིར་རོ། །ཞེས་གསུངས་པས་གྲུབ་པོ། །བཞི་པ་ནི། དགེ་བསྙེན་ཞེས་སོགས་ཏེ། དགེ་བསྙེན་དང་དགེ་ཚུལ་གྱི་སྡོམ་བརྩོན་ལའང་ཆོས་ཅན། སྡིག་མེད་སྲིད་པར་མི་འགྱུར་བར་ཐལ། དགེ་སློང་གི་ལྟུང་བ་ཐམས་ཅད་འབྱུང་བ་ཡོད་པའི་ཕྱིར། རྟགས་ཁས་སོ། །ལྔ་པ་ནི། འདི་ཞེས་སོགས། རབ་བྱུང་གི་བཅས་འགལ་ཁྲིམ་པ་ལ་འབྱུང་ཞེས་པ་འདི་འདྲ་གང་དག་སྨྲ་ཟེར་བ་དེ་ཆོས་ཅན། ཁྱོད་ཀྱིས་རང་གི་རྩ་བ་དང་བརྒྱུད་པའི་བླ་མར་གང་གྱུར་པ་རྟེན་ཁྲིམ་པའམ་དགེ་བསྙེན་ནམ་རྣལ་འབྱོར་པ་དུ་གང་བཞུགས་པ་དེ་དག་ཐམས་ཅད་སྨད་པར་ཐལ། དེ་དག་ཐམས་ཅད་ཀྱི་གཤིས་ཀྱི་མི་དགེ་བ་འཛད་པར་ཁས་ལེན་པའི་ཕྱིར་དང་། ལྟུང་བ་ཐམས་ཅད་སྤྱོད་པར་ཁས་ལེན་པའི་ཕྱིར། གཉིས་པ་བཅས་པ་བསྟན་པ་ལ་གཉིས། སྤྱིར་བསྟན་པ་དང་། སོ་སོར་བཤད་པ་གཉིས། དང་པོ་ནི། དེས་ན་ཞེས་སོགས་ཏེ། དེས་ན་བརྟུལ་ཞུགས་དང་ཆ་ལུགས་ལ་གཤིས་ཀྱི་དགེ་སྡིག་གཉིས་ཀ་མེད་ནའང་བཅས་པ་གསུངས་པ་ཆོས་ཅན། དགོས་པ་ཡོད་དེ། ཞིང་གི་ལོ་ཐོག་སྲུང་བའི་གྲབས་བམ་རིབ་མ་བཞིན་དུ། ཚུལ་ཁྲིམས་ལ་གྲུས་པའི་རྒྱུ་རུ་གསུངས་པར་ཟད་པས་སོ། །འདུལ་བ་ལ་བསྟོད་པར། རབ་མཚམས་ཀྱི་འོབས་དང་འདྲ་བ་ཡིས། །ཟག་པ་ཀུན་གྱི་རྒྱུ་ལོན་འདུལ་བ་ཡིན། །ཞེས་གསུངས། དེས་ན། འདོད་པས་དབེན་པ་ཞེས་བྱ་བ་རབ་བྱུང་དང་། སྡིག་ཏོ་མི་དགེ་བའི་ཆོས་ཀྱི་ནི་དབེན་པ་ཞེས་བྱ་བ། ཁྲིམ་པ་དང་རབ་བྱུང་གཉིས་ཀའི་དབང་དུ་བྱས་ནས་གསུངས་པས་ཐུབ་པའི་དགོངས་པ་ཇི་ལྟ་བ་བཞིན་བཟུང་བར་རིགས་ཏེ། དགེ་སྡིག་ལ་བླང་དོར་ཕྱིན་ཅི་མ་ལོག་པ་བྱེད་དགོས་ལ། གཤིས་ལ་ལས་དགེ་སྡིག་མེད་པས་སོ། །དེ་བས་ན་གདུལ་བྱ་ལ་ལྟོས་ནས་གཞག་པར་བྱ་ཡི། གཅིག་ལ་བཅས་པ་དེ་ཐམས་ཅད་ལ་བཅས་པར་མ་ངེས་པ་ཡིན་ནོ། །གཉིས་པ་ལ་སྡིག་ཏོས་དབེན་པའི་རབ་བྱུང་དང་། འདོད་པས་དབེན་པའི་རབ་བྱུང་གཉིས། དང་པོ་ནི། བུ་མོ་ཞེས་སོགས་ཏེ། སྨད་འཚོང་མ། བུ་མོ་གསེར་མཆོག་འོད་

ལྡན་གྱིས་བློ་གྲོས་ཆེན་པོ་འཇམ་དཔལ་ལ་རབ་ཏུ་འབྱུང་བར་ཞུས་པའི་ཚེ། བུ་མོ་ལུས་རབ་ཏུ་བྱུང་བས་བྱུང་བ་མིན་གྱི་སེམས་རབ་ཏུ་བྱུང་བས་བྱུང་བའོ། །ཞེས་ལུས་ཀྱི་རབ་བྱུང་བཀག་ནས་ཀྱང་སེམས་ཀྱི་རབ་བྱུང་ཐོབ་པར་མཛད་དེ། བུ་མོ་རབ་ཏུ་བྱུང་བ་ཞེས་བྱ་བ་ནི་སེམས་ཅན་ལ་སྙིང་རྗེ་ཆེ་བ། ཞེས་བྱ་བའི་ཚིག་བླ་དྭགས་སོ། །བུ་མོ་རབ་ཏུ་བྱུང་བ་ཞེས་བྱ་བ་ནི། གཞན་གྱི་འབྲུལ་པ་ལ་སྐྱོན་དུ་མི་ལྟ་བ་ཞེས་བྱ་བའི་ཚིག་བླ་དྭགས་སོ། །བུ་མོ་རབ་ཏུ་བྱུང་བ་ཞེས་བྱ་བ་ནི། གཞན་གྱིས་རྙེད་པ་ལ་ཕྲག་དོག་མེད་པ་ཞེས་བྱ་བའི་ཚིག་བླ་དྭགས་སོ། །ཞེས་གསུངས་སོ། །གལ་ཏེ་ལུས་ཀྱི་རབ་བྱུང་ལ་གཞིས་ཀྱི་དགེ་བ་ཡོད་ན། འཇམ་དཔལ་གྱི་བུ་མོའི་ལུས་ལ་ཏུར་སླིག་གི་ཅིས་མི་སྐྱོན་ཏེ། སྐྱོན་པར་ཐལ། ཕྱོགས་སྔ་དེའི་ཕྱིར་རོ། །གཉིས་པ་ནི། དཀོན་མཆོག་ཅེས་སོགས་ཏེ། ཤེས་བྱ་ཆོས་ཅན། གང་ཟག་དེ་ལ་རབ་བྱུང་གི་སྡོམ་པ་མེད་ཀྱང་། ཆོས་གོས་ལྷུང་བཟེད་སོགས་རབ་བྱུང་གི་ཆ་ལུགས་ཙམ་རེ་ཅིས་མི་བཟུང་སྟེ། བཟུང་བས་ཀྱང་སྡོམ་པའི་དགེ་བ་ཡོད་པར་ཐལ། ལས་དགེ་བ་གཞིས་ལ་ཡོད་པའི་ཕྱིར། འདོད་མི་ནུས་ཏེ། ཉེས་སྤྱོད་ཀྱི་གཉེན་པོར་གྱུར་པའི་སྡོམ་པ་ནི་དགེ་བ་ཡིན་གྱི་ཆ་ལུགས་ཙམ་ལ། དགེ་བ་མེད་པས་སྡོམ་པ་མེད་པའི་ཆ་ལུགས་ཀུན་མདོ་དང་བསྟན་བཅོས་རྣམས་ལས་བཀག་པའི་ཕྱིར། གཞན་དུ་ན། དགེ་སློང་གི་ཆ་ལུགས་ཙམ་གྱིས་དད་རྫས་ལ་སོགས་པའི་ཉེས་པ་ཁེགས་པར་འགྱུར་བ་ལས་དེ་ལྟར་མིན་པའི་ཕྱིར་རོ། །དེའི་རྒྱུ་མཚན་ཡང་དཀོན་མཆོག་བརྩེགས་པའི་མདོ་སྡེ་ལས། དད་རྫས་ཟ་བའི་ཉེས་པ་མཐོང་ནས། དགེ་སློང་ལྔ་བརྒྱས་སྡོམ་པ་ཕུལ་བ་དེ་ལ། ཐུབ་པས་ལེགས་ཞེས་གསུངས་ནས་དེ་དག་འཕགས་པ་བྱམས་པའི་བསྟན་པ་ལ་འདུས་པ་དང་པོར་སྐྱེ་བར་ལུང་བསྟན་པས་སོ། །ཇི་ལྟར་ན། འོད་སྲུང་གིས་ཞུས་པའི་མདོར། དད་པའི་རྫས་ལོངས་སྤྱོད་པའི་ཉེས་པ་གསུངས་པའི་རྗེས་སུ། དགེ་སློང་ལྔ་བརྒྱས་བདག་ཅག་ཚུལ་ཁྲིམས་ཡོངས་སུ་དག་བཞིན་དུ་དད་པས་བྱིན་པ་ལ་ལོངས་སྤྱོད་བྱར་མི་རུང་ངོ་། །ཞེས་བསླབ་པ་ཕུལ་ནས། ཁྱིམ་དུ་དོང་ངོ་། །དེ་ལ་གཞན་གྱིས་འདི་དག་སངས་རྒྱས་ཀྱི་བསྟན་པ་ལས་ཉམས་པ་ཤིན་ཏུ་མ་ལེགས་སོ་ཞེས་འཕྱའོ། །དེ་ལ་བཅོམ་ལྡན་འདས་ཀྱིས་ཁྱེད་ཅག་དེ་སྐད་མ་སྨྲ་ཞིག །ཉེས་དམིགས་ལ་མངོན་པར་མི་དགའ་ནས་ཁྱིམ་ན་གནས་པ་འདི་ནི་དད་པ་ཅན་རྣམས་ཀྱི་ཆོས་ཡིན་ཏེ། དགེ་སློང་དད་པ་དང་མོས་པ་མང་བ་འགྱོད་པ་དང་ལྡན་པ་འདི་དག་གི་ངེས་པ་འདི་ཐོབ་ནས། ཚུལ་ཁྲིམས་ཡོངས་སུ་དག་བཞིན་དུ་བདག་ཅག་དད་པས་བྱིན་པ་སྤྱད་ན་མི་རུང་ངོ་། །ཞེས་ཉམས་པར་གྱུར་པ་འདི་ནི་ཤི་འཕོས་ནས། དགའ་ལྡན་གྱི་ལྷའི་རིགས་སུ་སྐྱེ་བར་འགྱུར་ཏེ། དེ་བཞིན་གཤེགས་པ་བྱམས་པའི་འཁོར་གྱི་ཐོག་མར་འདུས་པའི་ནང་དུ་ཚུད་པར་འགྱུར་རོ། །ཞེས་གསུངས་པ་དང་། བྱམས་པ་སེང་གེ་སྒྲས་ཞུས་པར་ཡང་དེ་བཞིན་དུ་གསུངས་སོ། །སྡོམ་པ་

མེད་པའི་ཆ་ལུགས་ཙམ་འཆང་བ་བཀག་པའི་རྟགས་གྲུབ་པོ། །མདོ་ལས། གང་ཟག་དུར་སྐྱིག་བགོས་ཀྱང་སེམས་ཀྱི་སྙིགས་མ་སྤྱངས། །ལག་ཏུ་ལྷུང་བཟེད་ཐོགས་ཀྱང་ཡོན་ཏན་སྣོད་མ་གྱུར། །སྐྲ་དང་ཁ་སྤུ་བྲེགས་ཀྱང་དགེ་སྦྱོང་ཚུལ་མ་ཞུགས། །དེ་ནི་ཙུ་མེད་ཁྲིན་པའམ་རི་མོའི་མར་མེ་བཞིན། །ཞེས་པ་དང་། དགེ་སློང་ལ་རབ་ཏུ་གཅེས་པའི་མདོར། ཇི་ལྟར་སྡོང་པོ་བཟང་པོ་ལ། །ཡུན་རིང་ཡལ་ག་འཕེལ་བ་ལྟར། །རྟག་ཙམ་འཛིན་པ་ཡུན་རིང་ན། །ཁ་ན་མ་ཐོའི་གཏམ་རྣམས་དང་། །སྡིག་པ་དག་ནི་འཕེལ་བར་བཤད། །ཅེས་དང་། ཆེད་དུ་བརྗོད་པའི་ཚོམས་ལས། གང་ཞིག་བསླབ་ལ་མི་གནས་པས། །ཡུལ་འཁོར་བསོད་སྙོམས་སྤྱོད་པ་པས། །ལྕགས་གོང་འབར་བ་ཟོས་པ་སླ། །ཞེས་སོགས་རྒྱས་པར་གསུངས་པས་སོ། །དེ་བས་ན། མི་འཐད་པ་འདི་འདྲའི་ཆ་ལུགས་རྒྱལ་བའི་བསྟན་པར་གཏོགས་པ་མིན་པས་དོར་བར་བྱའོ། །གཉིས་པ། སངས་རྒྱས་བདེ་སྡུག་གི་བྱེད་པོར་འགྱུར་བའི་རྩོད་པ་དགག་པ་ལ། རྩོད་པ་དང་ལན་གཉིས་ལས། དང་པོ་ནི། དེ་ལ་ཞེས་སོགས། དེ་ལ་ཁ་ཅིག་འདི་སྐད་དུ་གལ་ཏེ་གཞིས་ལ་དགེ་སྡིག་གཉིས་ཀ་མེད་པ་ལ་ཐུབ་པས་ལྷུང་བ་འཆའ་ན་ནི། འོན་བདེ་སྡུག་ཀུན་གྱི་བྱེད་པ་པོ་སངས་རྒྱས་ཡིན་པར་ཐལ། དེའི་ཕྱིར་ཞེས་ཟེར་ན། གཉིས་པ་ལན་ལ་མགོ་མཚུངས་ཀྱི་ལན། དངོས་ཀྱི་ལན། བསླབ་པ་མི་འདྲ་བ་འཆའ་བའི་རྒྱུ་མཚན། བསླབ་པ་ལ་གུས་པར་གདམས་པ། བྱ་མིན་གཞན་དགག་པ་དང་ལྔ། དང་པོ་ནི། འདི་ཡི་ཞེས་སོགས་ཏེ། རྩོད་པ་དང་འདི་ཡི་ལན་ལ་རྣམ་པ་གཉིས་ལས་མགོ་བསྒྲེའི་ལན་ནི་འདི་ལྟར་ཡིན་ཏེ། འོན་ཕྱོགས་སྔ་སྨྲ་བ་པོ། ཁྱེད་ཀྱང་མུ་སྟེགས་འགའ་ཞིག་འདོད་པ་ལྟར་རྒྱུ་མེད་དམ། ངོ་བོ་ཉིད་རྒྱུར་སྨྲ་བར་ཐལ། གཞིས་ལ་ལས་དགེ་སྡིག་ཡོད་པར་འདོད་པས་སོ། །གཉིས་པ་ནི། གཉིས་པ་ཞེས་སོགས་ཏེ། གཉིས་པ་དངོས་པོའི་ལན་ནི་འདི་ལྟར་ཡིན་ཏེ། ཤིས་བྱ་ཆོས་ཅན། གཞིས་ལ་ལས་དགེ་སྡིག་མེད་ཀྱང་སངས་རྒྱས་བདེ་སྡུག་གི་བྱེད་པ་པོ་ཡིན་མི་དགོས་པར་ཐལ། དེ་མེད་ཀྱང་སངས་རྒྱས་ནི་སྡུག་བསྔལ་འགོག་བྱེད་ཡིན་ཏེ། དགེ་སྡིག་གི་ལས་དེ་དག་ལ་བླང་དོར་བྱེད་པའི་ཐབས་ནི་སྡོམ་པའི་ཚུལ་ཁྲིམས་ཡིན་ཞིང་། སྐྲ་བྲེག་པ་ལ་སོགས་པའི་བརྟུལ་ཞུགས་ནི་ཚུལ་ཁྲིམས་སྲུང་བའི་ཐབས་ཡིན་ལ། དེ་ལ་གང་ལ་གང་དགོས་པའི་བསླབ་པ་མཐའ་དག་འཆའ་བའི་བྱེད་པ་པོ་རྫོགས་པའི་སངས་རྒྱས་ཉག་གཅིག་ཡིན་པའི་ཕྱིར་རོ། །འོན་བདེ་སྡུག་གི་བྱེད་པ་པོ་མེད་པར་འགྱུར་རོ་སྙམ་ན། ཆོས་ཅན་རྫོགས་པའི་སངས་རྒྱས་བདེ་སྡུག་གི་བྱེད་པ་པོ་མིན་ཀྱང་། བདེ་སྡུག་གི་བྱེད་པ་པོ་མེད་པ་མིན་པར་ཐལ། བདེ་སྡུག་ནི་ལས་ཀྱིས་བྱས་པ་ཡིན་ལ། སེམས་དགེ་མི་དགེའི་སྟོབས་ཀྱིས་ལས་ལ་བཟང་ངན་འབྱུང་ཞིང་ལས་བཟང་ངན་དེ་ལས་འབྲས་བུ་བདེ་སྡུག་འབྱུང་བས་ན་སེམས་ཉིད་ལས་ཀྱི་བྱེད་པ་པོ་ཡིན་པའི་ཕྱིར་རོ། །དེ་སྐད་དུ་ཡང་མདོ་ལས། འཇིག་རྟེན་སེམས

ཀྱིས་ཁྲིད་པས་ཏེ། །སེམས་ཀྱིས་ཡོངས་སུ་དྲངས་པ་ཡིན། །སེམས་ཀྱི་ཆོས་ནི་གཅིག་པུ་ཡི། །དབང་གིས་འཇིག་རྟེན་རྗེས་སུ་འབྲངས། །ཞེས་སོགས། བྱེད་པ་པོ་སེམས་ཙམ་དུ་སྟོན་པའི་མདོ་བསྟན་བཅོས་མང་དུ་བཤུགས་པས་སོ། །གསུམ་པ་ནི། དེས་ན་ཞེས་སོགས་ཏེ། ཤེས་བྱ་ཆོས་ཅན། སངས་རྒྱས་ཀྱིས་བརྟུལ་ཞུགས་དང་འདུལ་བའི་བཅས་པ་མི་འདྲ་བ་མང་པོ་མཛད་པའི་རྒྱུ་མཚན་ཡོད་དེ། སེམས་ཅན་གྱི་བསམ་པ་མི་འདྲ་བའི་ཁྱད་པར་ལས་དང་ཉོན་མོངས་པ་མི་འདྲ་བ་མང་པོ་འབྱུང་བ་དེའི་གཉེན་པོའི་བྱེ་བྲག་ཀྱང་དུ་མ་ཡོད་དགོས་པ་དེའི་ཐབས་སུ་བརྟུལ་ཞུགས་དང་བསླབ་པ་མི་འདྲ་བ་མང་པོ་དགོངས་པས་སོ། །དེའི་རྒྱུ་མཚན་ཡང་བདེ་སྡུག་སེམས་ཀྱི་བྱེད་པ་དེས་ནའོ། །དེ་བས་ན་བདེ་སྡུག་གི་བྱེད་པ་པོ་སངས་རྒྱས་མིན་ཡང་བསླབ་པ་མཐའ་དག་འཆའ་བ་དང་གསང་སྔགས་ཀྱི་ལམ་ལ་སྦྱོར་བའི་བྱེད་པ་པོ་སངས་རྒྱས་ཡིན་པར་གསུངས་ཏེ། བྱེད་པ་པོ་ནི་ཡོད་ལ། སངས་རྒྱས་ལས་གཞན་གྱིས་བྱེད་མི་ནུས་པས་སོ། །རྨ་བྱའི་མདོངས་ནི་གཅིག་པུ་ལ། །རྒྱུ་ཡི་དབྱེ་བ་ཇི་སྙེད་པ། །ཀུན་མཁྱེན་མིན་པས་ཤེས་བྱ་མིན། །དེ་མཁྱེན་པས་ན་ཀུན་མཁྱེན་སྟོབས། །ཞེས་གསུངས་པ་ལྟར་རོ༑ །བཞི་པ་ནི། སྤྱི་གུ་ཅན་ཞེས་སོགས་ཏེ། དེ་བས་ན་རང་རང་གི་བསླབ་པ་ལ་གུས་པར་བྱེད་དགོས་པ་ཡིན་པས་ན། རབ་བྱུང་གི་གོས་སྤྱི་གུ་ཅན་གོང་བ་ཅན་དང་རྣ་ལ་སོགས་པའི་བཞོན་པ་ལ་ཞོན་པ་དང་། དགེ་སློང་གི་ལག་ཏ་དང་ནི། བསྙེན་པར་རྫོགས་པ་དང་། ལྷན་ཅིག་ནུབ་གསུམ་དུ་ཉལ་བའི་ནུབ་ཚངས་སྤྱོད་སོགས་འདུལ་བའི་སྤྱོད་པ་མིན་པ་བྱས་པ་ཀུན་ལ་གནོངས་པའི་ཚུལ་གྱིས་བཤགས་པ་ལེགས་པར་བྱ་སྟེ། དེ་དག་ལ་བཤགས་པ་མི་བྱེད་པར་ལྟུང་བ་མེད་དོ་ཞེས་སྨྲ་ན་སངས་རྒྱས་ཀྱི་བསྟན་པ་ལ་གནོད་ཅིང་། ལོག་པར་ལྟུང་བར་འགྱུར་བས་སོ། །གཞན་ཡང་རབ་བྱུང་འབབ་པ་དང་རབ་བྱུང་ཕན་ཚུན་རྫོད་པ་བྱེད་པ་དང་། དམ་པའི་ཆོས་ཉོ་ཚོང་བྱེད་པ་དང་དགེ་སྦྱོང་ཕྱི་དྲོ་ཟ་བ་དང་། ཆང་འཐུང་བ་ལ་སོགས་པ་དང་། ཆོས་གོས་དང་། ལྟུང་བཟེད་མེད་པ་ལ་སོགས་པ་ཆོས་དང་འགལ་བའི་སྤྱོད་པ་ཀུན་ལ་ལྟུང་བ་མེད་དོ་ཞེས་སྒྲོག་པ་དང་། དེ་དག་བླ་མའི་ཞབས་ཏོག་ཡིན་པ་དང་། སངས་རྒྱས་ཀྱི་བསྟན་པ་ལ་ཕན་ནོ་ཞེས་སྨྲ་ན། བསྟན་པ་སྤྱི་ལ་གནོད་ལ། དགེ་སྦྱོང་རང་གིས་སྒྲུབ་པར་མ་ནུས་པའམ་རང་གི་ལས་ངན་ཡིན་ཞེས་སྨྲ་ན་ནི་རང་ལ་གནོད་ཀྱི་བསྟན་པ་སྤྱི་ལ་གནོད་པ་མིན་ནའང་མི་བྱའོ། །གལ་ཏེ་སྙི་བ་སྔ་མའི་ལས་ངན་སྨིན་པའིཤུགས་ཉིད་ལས་ཆོས་དང་འགལ་བའི་སྤྱོད་པ་སྲོག་གཅོད་སོགས་དབང་མེད་བྱེད་དགོས་པ་བྱུང་ན་ཡང་། འདི་ནི་ཆོས་མིན་འདུལ་བ་མིན། སངས་རྒྱས་ཀྱི་བསྟན་པ་མིན་ནོ་ཞེས་གནོངས་པའི་ཚུལ་གྱིས་ལེགས་པར་བཤགས་དགོས་ཏེ། གོང་དུ་བསྟན་པ་འདི་དག་ཆོས་དང་མི་འགལ་ཞིང་སངས་རྒྱས་བསྟན་པ་ཡིན་ནོ་ཞེས་སྨྲ་ན། སངས་རྒྱས་ཀྱི་བསྟན་པ་ལ་གནོད་ཅིང་། ངན་

འགྲོར་གདུང་བར་འགྱུར་བས་སོ། །འདུལ་བ་ལ་བསྟོད་པར། བདེ་གཤེགས་བཀའ་ལུང་ཚུལ་མིན་འདའ་བྱས་ན༑ ༑དུད་འགྲོར་འགྲོ་འགྱུར་ཨེ་ལའི་འདབ་གླུ་བཞིན། །ཞེས་གསུངས་པ་ལྟར་རོ། །བཤགས་པའི་ཚེའང་ངེས་པར་གནོངས་པས་བཤགས་དགོས་ཏེ། ཁ་ཙམ་གྱིས་མི་འདག་པས་སོ། །མདོ་རྒྱར། བསམས་པས་ལྷུང་བ་ལ་ལྟ་སྟངས་ཆད་པའི་ལས་ཀྱིས་ནི་མིན་ནོ། །ཞེས་གསུངས་པས་སོ། །ལུང་དུ། སྡིག་པའི་ལས་ནི་གང་བྱས་པ། །དགེ་བ་ཡིས་ནི་འགོག་བྱེད་དེ། །ཉི་ཟླ་སྤྲིན་ལས་གྲོན་པ་ལྟར། །འཇིག་རྟེན་ལས་ནི་དེ་སྣང་འབྱུང་། །ཞེས་སོགས་མང་དུ་གསུང་པས་དག་པར་འགྱུར་རོ། །དེ་བས་ན་དགེ་སྦྱོང་རྣམས་ནི། སངས་རྒྱས་ཀྱི་བསྟན་པ་ལ་ཕན་པར་བྱ་ཞིང་གལ་ཏེ་མི་ཕན་ཡང་དེ་ལ་གནོད་པར་མི་བྱ་སྟེ། སངས་རྒྱས་ཀྱི་བསྟན་པའི་སྒོར་ཞུགས་པ་ཡིན་པའི་ཕྱིར་རོ། །ལྔ་པ་ལ། འདུལ་བ་དང་མི་མཐུན་པའི་མདོ་བསྐུལ་དགག་པ། དམ་ཆོས་དང་མི་མཐུན་པའི་ཉམས་ལེན་དགག་པ། ཐོས་བསམ་སྒོམ་གསུམ་རྣམ་དག་བྱ་བར་གདམས་པ་དང་གསུམ། དང་པོ་ནི། མདོ་ཞེས་སོགས་ཏེ། བཀའ་གདམས་པ་དང་། འདུལ་འཛིན་འགའ་ཞིག །མདོ་བསྐུལ་རིང་མོ་ཞེས་བྱ་བ། ཀྱི་གསོན་ཅིག་དགེ་འདུན་བཙུན་པ་རྣམས། །ཚངས་པ་བརྒྱ་བྱིན་རྒྱལ་ཆེན་རྣམས། །ཆོས་སྐྱོང་གཙུག་ལག་སྲུང་མ་རྣམས། །ལྷ་ཀླུ་ལ་སོགས་སྡེ་བརྒྱད་དང་། །ཆོས་རྒྱལ་ཧེ་བློན་ཡོན་བདག་དང་། །ཕ་མ་མཁན་པོ་སློབ་དཔོན་དང་། །མཐའ་ཡས་སེམས་ཅན་དོན་སླད་དུ། །ཞལ་ནས་གསུང་བའི་མདོ་འདི་བཟློད། །ཅེས་པའི་འཇུག་ཨུ་ཧཱུཾ་ཕཊ། ཅེས་པ། དཀའ་ལ། འབྲས་བུ་ཆུང་བའི་ནོར་བ་བྱེད་མཐོང་སྟེ། དེ་འདྲ་འདུལ་བའི་ལུགས་སུ་བྱེད་པ་མི་འཐད་པར་ཐལ། འདུལ་བའི་མདོ་ཀུན་དང་། འགྲེལ་བྱེད་ཚོམས་དང་། མདོ་བསྟན་བཅོས་གཞན་དང་། རྒྱུད་སྡེ་ཀུན་ལ་འདི་འདྲ་མ་གསུང་ཞིང་མི་རིགས་པའི་ཕྱིར། འདི་འདྲའི་རིགས་ཀྱི་ཆོས་འཕེལ་ན་བསྟན་པའི་རྩ་བ་ནུབ་པར་འགྱུར་བའི་སྐྱོན་ཡོད་པས་སོ། །སྨྲ་མ་ལ་ཁྱབ་པ་ཡོད་དེ། སངས་རྒྱས་གསུང་དང་མི་མཐུན་ཡང་འདི་འདྲའི་མདོ་བསྐུལ་བདེན་པར་འདོད་ན་ནི། ལས་ཆོག་སྤྱི་བོར་བཞག་པས་དགེ་སློང་དུ་འགྱུར་ཟེར་བ་དང་། སྡོམ་པ་ཐིག་རྒྱ་མ་དང་། ཟླ་བ་བྱུང་ངོ་ཙོག་བསླབ་པ་བསྐྱང་བའི་ཆེད་དུ་ལས་ཆོག་གློག་པ་ལ་སོགས་པའི་དཔག་མེད་ཕྱིན་ཅི་ལོག་གཞན་ཡང་། འབྲུལ་ཞེས། བརྗོད་པར་མི་ནུས་པའི་ཕྱིར། དེའི་རྒྱུ་མཚན་ལུང་ཚད་མ་དང་འགལ་བའི་ཆོས་སུ་རང་བཟོར་ཐམས་ཅད་མཚུངས་པར་མདོ་སྐུལ་རིང་མོ་སོགས། འགའ་ཞིག་བདེན་ལ་སྡོམ་པ་ཐག་རྒྱ་མ་སོགས། འགའ་ཞིག་ནི་རྫུན་པ་ཡིན་ཞེས་སྨྲར་དུ་མི་རུང་བའི་ཕྱིར་དང་། མུ་སྟེགས་པ་ལ་སོགས་པའི་འཚེ་བ་དམ་པའི་ཆོས་སུ་སྨྲ་བ་ལ་སོགས་པའི་ཆོས་ལོག་ཀྱང་སུན་དབྱུང་བར་མི་ནུས་ཏེ་ལུང་རིགས་རྣམ་དག་མེད་པར་མཚུངས་པ་ལ་བདེན་རྫུན་དབྱེ་བ་ནུས་པ་མིན་པའི་ཕྱིར། འོ་ན་མདོ་སྐུལ་གྱི་རྣམ

གཞག་མི་འཐད་པར་འགྱུར་རོ་ཞེར་ན་མདོ་སྐྱུལ་རིང་མོ་མི་འཐད་ཀྱང་། མདོ་སྐྱུལ་འཐད་པ་མེད་པ་མིན་ཏེ། མདོ་སྐྱུལ་ལ་སོགས་པའི་བྱ་བ་ཀུན་འདུལ་བའི་གཞུང་དང་མཐུན་པར་གྱིས་ཏེ། དེ་ནས་བཤད་པ་དེ་འཐད་པས་སོ། །འདུལ་བ་ནས་དགེ་འདུན་བཙུན་པ་རྣམས་གསན་དུ་གསོལ། དེ་ཡང་ཡར་གྱི་ངོའི་ཚེས་གཅིག་ལགས་ཏེ། གཙུག་ལག་ཁང་གི་བདག་པོ་དང་། གཙུག་ལག་ཁང་གི་ལྷ་རྣམས་ཀྱི་སྣོད་དུ་ཚོགས་སུ་བཅད་པ་རེ་བགླག་ཏུ་གསོལ་ཞེས་གསུང་པ་དང་། དེ་བཞིན་དུ་ཤིང་ཐུར་བགྲངས་ནས། ཆོས་གྲངས་བརྗོད་པ་སོགས་གསུངས་སོ། །དེས་ན་མདོ་སྐྱུལ་རིང་མོ་དང་། སྡོམ་པ་ཐག་རྒྱ་མ་སོགས་འདོད་པའི་གང་ཟག་དེ་དག་ནི་ཆོས་ཅན། མཁས་པས་བཞད་གད་དམ་ངོ་མཚར་བའི་གནས་ཡིན་ཏེ། སངས་རྒྱས་ཀྱིས་གསུངས་པའི་ཚིག་ཀུན་སླ་བར་གྱུར་ཀྱང་མི་བྱེད་ལ། སངས་རྒྱས་ཀྱིས་མ་གསུངས་ན་དེ་དཀའ་ཡང་འབད་ནས་བྱེད་པའི་ཕྱིར། གཞུང་ཙུང་ཞིག་འཁྲུགས་པ་ལྟར་ཡོད་ནའང་། འབྲེལ་བསྒྲིགས་ནས་བཤད་པ་ཡིན་པས། དེ་བཞིན་དུ་བཤད་དོ། །གཉིས་པ་ནི། ལ་ལ་ཞེས་སོགས་ཏེ། དཀའ་ཐུབ་པ་ལ་ལ་ན་རེ། རྫོགས་པའི་སངས་རྒྱས་ཀྱི་གསུང་རབ་ཚིག་དོན་ཟབ་མོ་དང་གྲུབ་ཐོབ་རྣམས་དང་། རིག་པའི་གནས་ལྔ་ལ་མཁས་པ་རྣམས་ཀྱིས་ཤིན་ཏུ་ལེགས་པར་བཤད་པའི་ཆོས་འདི་རྣམས་ཚིག་གི་ན་ཡ་ཙམ་ཡིན་པས་ན་དོར་རོ་ཞེས་ཟེར་བ་མི་འཐད་པར་ཐལ། ཚིག་ཀྱང་སྒྲིག་ལེགས་པོ་མི་ཤེས་ན་དོན་བཟང་པོ་སྨོས་ཀྱང་ཅི་དགོས་པའི་བླུན་པོ་རྣམས་ཀྱིས་རང་དགའི་ཚིག་མཁས་པ་རྣམས་བཞད་གད་བསྐྱེད་པའི་འགྲེལ་མེད་སྣ་ཚོགས་པ་བྲིས་པ་ལ་བླ་མའི་བཀའ་འམ་བསྟན་བཅོས་རྣམ་དག་ཡིན་ཞེས་བཤད་ཉན་བྱེད་པ་ལ། བླུན་པོ་དགའ་བ་བསྐྱེད་ནུས་ཀྱང་མཁས་པ་རྣམས་དགའ་བ་བསྐྱེད་མི་ནུས་པས་དུས་དང་བློ་གྲོས་གྲོན་དུ་འགྱུར་བར་ཟད་པས་སོ། །མདོར་ན་དེ་འདྲ་དེ་ཆོས་སྤྱོད་དུ་འགྱུར་བས་དེའི་རྗེས་སུ་འཇུག་པར་མི་བྱ་སྟེ། ཚེ་འདིར་དུས་དང་། བློ་གྲོས་ཆུད་ཟོས་ལ། ཕྱི་མར་དམྱལ་བར་འགྱུར་བས་སོ། །ཀྱེ་མ་སངས་རྒྱས་ཀྱི་བསྟན་པ་ནི། གཟུགས་བརྙན་ཙམ་མིང་ཙམ་འདི་ལྟར་གྱུར་པ་ད་གཟོད་གོ་སྟེ། འཕགས་པ་ཀླུ་སྒྲུབ་ཀྱིས། ད་ལྟ་ཤིན་ཏུ་ངན་པའི་མིས། །རྒྱལ་བའི་བསྟན་པ་ནུབ་ཏུ་ཉེ། །ད་ནི་ངན་སྔགས་ངན་སྤྱོད་དང་། །ལོག་པར་ལྟ་བ་མང་པོ་ཡིས། །སློས་པ་དག་ནི་བཅོམ་ལྡན་གྱི། །བསྟན་པའི་ལྗོན་ཤིང་བཅད་ཀྱིས་མེད། །ད་ནི་སྙིང་རྗེ་མེད་པ་ཡིས། །ཆོས་ལུགས་བོར་ནས་རང་བཟོ་བྱེད། །རྐམ་ཆགས་ཕ་རོལ་མ་མཐོང་བས། །བསྟན་པའི་རྒྱལ་མཚན་བསྐྱལ་ཀྱིས་མེད། །ད་ནི་གདུལ་དཀའ་ངོ་ཚ་མེད། །སྡིག་ལ་དགའ་ཞིང་ཚུལ་འཆོས་བྱེད། །སྡིག་ཅན་རྣམས་ཀྱིས་ཐུབ་པ་ཡིས། །བསྟན་པའི་རྩ་བ་ཅག་གིས་མེད། །ཅེས་སོགས་དང་། གང་ཟག་འདི་འདྲའི་དུས་བབ་ཆེ། །བདེ་འདོད་རྣམས་ཀྱིས་ཕན་པའི་དོན། །ད་ནི་ལེགས་པར་བརྟག་པར་རིགས། །ཞེས་གསུངས་

པ་ལྟར། མཐོ་རིས་དང་ཐར་པ་འདོད་རྣམས་ཅིའི་ཕྱིར་བརྩོན་པ་ལྷོད་པར་བྱེད་དེ་བསྟན་པ་བསྲུང་བ་ལ་འབད་པར་བྱའོ། །གསུམ་པ་ནི། དེས་ན་ཞེས་སོགས་ཏེ། དམ་པའི་ཆོས་དང་འགལ་བའི་ཐོས་བསམ་བསྒོམ་གསུམ་མི་འཐད་པ། དེས་ན་དམ་པའི་ཆོས་ལ་ཐོས་བསམ་བསྒོམ་གསུམ་ཐར་འདོད་རྣམས་ཀྱིས་བྱ་སྟེ། སངས་རྒྱས་ཀྱི་གསུང་རབ་དང་མཁས་པ་རྣམས་ཀྱིས་བྱས་པའི་བསྟན་བཅོས་ཀྱི་ཚིག་དོན་ལ་བྱིན་རླབས་ཡོད་པས། འདི་འདྲ་ཉན་བཤད་བྱེད་པ་ལ་ཐོས་པ་ཞེས་བརྗོད་ལ། དེ་དོན་ལ་རིགས་པས་དཔྱོད་པ་བསམ་པ་ཡིན་ཞིང་། ནན་ཏན་གྱིས་དེ་སྒྲུབ་པ་བསྒོམ་པ་ཡིན་པར་ཤེས་པར་བྱས་ནས་ཐོས་བསམ་བསྒོམ་གསུམ་དེ་ལྟར་གྱིས་དང་དེ་འདྲ་འདི་ནི་སངས་རྒྱས་ཀྱི་བསྟན་པ་འཛིན་པ་ཡིན་པས་སོ། །སོ་སོར་ཐར་པ་སངས་རྒྱས་ཀྱི། །བསྟན་པའི་རྩ་བར་ལེགས་དགོངས་ནས། །ཐོག་མར་སོ་སོར་ཐར་པ་བསྟན། །དགོངས་པ་ཇི་བཞིན་ཁོ་བོས་བཤད། །སྡོམ་པ་གསུམ་གྱི་རབ་ཏུ་དབྱེ་བའི་རྣམ་བཤད་བློ་གསར་གྱི་མགུལ་རྒྱན་ཞེས་བྱ་བ་ལས། སོ་སོར་ཐར་བའི་སྡོམ་པ་བཤད་པའི་སྐབས་ཏེ་དང་པོའི་བཤད་པའོ། །

ད་ནི་གཉིས་པ། བྱང་སེམས་ཀྱི་སྡོམ་པའི་རྣམ་གཞག་གཏན་ལ་དབབ་པར་བྱ་སྟེ། དེའི་རྒྱུ་མཚན་ཡང་འཁོར་བ་སྤོང་བར་འདོད་པའི་བསམ་པས་སོ་སོར་ཐར་པའི་སྡོམ་པ་བླངས་ཏེ། ཉམས་སུ་བླངས་པ་ཙམ་གྱིས་གོམས་པ་འཕེལ་བ་ལས་ཐར་པའི་གོ་འཕང་ཐོབ་ཀྱང་། དེ་ནི་མཐར་ཐུག་པ་མིན་པས་དེའི་གོང་དུ་བླ་ན་མེད་པའི་བྱང་ཆུབ་ཐོབ་བྱར་ཡོད་པ་དེ་དོན་དུ་གཉེར་དགོས་ལ། དེ་ལ་ཡང་ཐེག་པ་ཆེན་པོ་ལ་འཇུག་དགོས་ཏེ། འཇིག་རྟེན་དོན་སྒྲུབ་ཚུལ་ལ་མཐུ་མེད་པའི། །ཐེག་པ་གཉིས་པོ་གཏན་དུ་སྤང་བྱ་ཞིང་། །ཐུབ་རྒྱལ་ཐེག་པ་སྙིང་རྗེའི་བསྟན་པ་ལ། །གཞན་ཕན་རོ་གཅིག་རང་བཞིན་དེ་ལ་འཇུག །ཅེས་ཕར་ཕྱིན་བསྡུས་པར་འབྱུང་བ་ལྟར་རོ༑ །ཐེག་ཆེན་ལ་འཇུག་པ་ལ་ཡང་། དང་པོར་ཐེག་པ་ཆེན་པོར་སེམས་བསྐྱེད་ནས་སྤྱོད་པ་ཉམས་སུ་ལེན་པ་ལ་འཇུག་དགོས་པའི་ཕྱིར་རོ། །དེས་ན། སྤྱིར་སེམས་བསྐྱེད་ཀྱི་དབྱེ་བ། བྱེ་བྲག་ཐེག་ཆེན་སེམས་བསྐྱེད་གཏན་ལ་དབབ་པ། ལེགས་པར་སྒྲུབ་པ་བསྟན་པའི་བྱ་བར་བསྟན་པ་དང་གསུམ། དང་པོ་ནི། སེམས་བསྐྱེད་ཅེས་སོགས་ཏེ། ཤེས་བྱ་ཆོས་ཅན། སྤྱིར་བྱང་ཆུབ་ཏུ་སེམས་བསྐྱེད་པ་ལ་ནི་ཉན་ཐོས་དང་། ཐེག་པ་ཆེན་པོའི་ལུགས་གཉིས་ཡོད་དེ། དོན་དུ་གཉེར་བྱའི་བྱང་ཆུབ་ལ་དམན་པའི་མྱང་འདས་དང་། མི་གནས་པའི་མྱང་འདས་གཉིས་སུ་ཡོད་པས་སོ། །ཉན་ཐོས་ཀྱི་ལུགས་ལའང་སེམས་བསྐྱེད་གསུམ་ཡོད་དེ། ཉན་ཐོས་དགྲ་བཅོམ་དང་རང་རྒྱལ་དང་། སངས་རྒྱས་ཀྱིས་སར་སེམས་བསྐྱེད་པ་གསུམ་དུ་ཡོད་པས་སོ། །དེ་སྐད་དུ་ཡང་ལ་ལ་ནི་ཉན་ཐོས་ཀྱི་བྱང་ཆུབ་དུ་སེམས་བསྐྱེད་དོ། །ལ་ལ་ནི་རང་སངས་རྒྱས་ཀྱི་བྱང་ཆུབ་ཏུ་སེམས་བསྐྱེད་དོ། །ལ་ལ་ནི་

ཡང་དག་པར་རྫོགས་པའི་བྱང་ཆུབ་སེམས་བསྐྱེད་དོ། །ཞེས་པ་ཡང་ཡང་དུ་འདུལ་བ་ལུང་ལ་སོགས་པར་འབྱུང་ངོ་། །གསུམ་པོ་འདི་རང་དོན་དུ་རྫོགས་བྱང་དོན་དུ་གཉེར་བའི་བློ་ལ་བྱ་ཡི་གཞན་དོན་དུ་ནི་མིན་ཏེ། ཡིན་ན་དབུ་སེམས་ཀྱི་ཐེག་ཆེན་སེམས་བསྐྱེད་དུ་འགྱུར་བས་སོ། །ཉན་ཐོས་ཀྱི་ལུགས་ཀྱི་སེམས་བསྐྱེད་ཡོད་ལ་འོན་ཀྱང་ཉན་ཐོས་ཀྱི་བསྟན་པ་རྫོགས་པ་འདི་ཡང་ནུབ་པས་ན། དེའི་ཆོ་ག་སྐྱོང་པ་ཉུང་མོད། ལུང་ལས་ནི་བཤད་དོ། །

གཉིས་པ་ལ་བསྟན་བཤད་གཉིས། དང་པོ་ནི། ཐེག་པ་ཞེས་སོགས་ཏེ། ཤེས་བྱ་ཆོས་ཅན། ཐེག་པ་ཆེན་པོའི་སེམས་བསྐྱེད་ལ་ལུགས་རྣམ་པ་གཉིས་སུ་ཡོད་དེ། དབུ་མ་པ་དང་སེམས་ཙམ་པའི་ལུགས་དག་ཏུ་ཡོད་པས་སོ། །དེ་གཉིས་ཀྱི་སེམས་བསྐྱེད་ཀྱི་ཆོག་དང་ལྟུང་བ་དང་ཉམས་པ་ཕྱིར་བཅོས་ཚུལ་དང་། བསླབ་པར་བྱ་བ་རྣམས་ཀྱང་ཐ་དད་སོ་སོར་ཡོད་དེ་དབུ་སེམས་གཉིས་ལྟ་བ་མི་འདྲ་བ་ཐ་དད་པས་སོ། །དེ་ཡང་རྗེ་བཙུན་འཇམ་དབྱངས་ནས་འཕགས་པ་ཀླུ་སྒྲུབ་ལ་བརྒྱུད་པའི་ལུགས་ཀྱི་སེམས་བསྐྱེད་ལ། དབུ་མ་བའི་ལུགས་དང་། རྗེ་བཙུན་བྱམས་པ་ནས་འཕགས་པ་ཐོགས་མེད་ལ་བརྒྱུད་པའི་ལུགས་ཀྱི་སེམས་བསྐྱེད་ལ། སེམས་ཙམ་ལུགས་ཀྱི་སེམས་བསྐྱེད་ཙེས་གསུངས་སོ། །འདིར་ཅུང་ཞིག་བརྗོད་ན། ལུགས་གཉིས་འབྱུང་བའི་འཐད་པ། ཐེག་ཆེན་སེམས་བསྐྱེད་ཀྱི་རྣམ་བཞག །བྱང་སེམས་ཀྱི་སྡོམ་པའི་རྣམ་གཞག་དང་གསུམ་གྱིས་བཤད་པར་བྱའོ། །

དང་པོ་ནི། ཐེག་ཆེན་སེམས་བསྐྱེད་ལ་དབུ་སེམས་ཀྱི་ལུགས་གཉིས་འབྱུང་བར་རིགས་ཏེ། ཐེག་པ་ཆེན་པོ་ལ་དབུ་སེམས་གཉིས་སུ་ཡོད་པས་ཐེག་ཆེན་གྱི་བསམ་སྦྱོར་ལ་ཡང་དབུ་སེམས་ཀྱི་སྲོལ་ཁ་གཉིས་སུ་གྲུབ་པ་བཞིན་དུ། ལྟ་བསྒོམ་སྤྱོད་འབྲས། གཞི་ལམ་འབྲས་བུ་སོགས་ལའང་ལུགས་གཉིས་སུ་ཡོད་པའི་ཕྱིར་རོ། །དོན་དེའི་དབང་དུ་བྱས་པ་ནས། དབུ་མ་རྒྱན་རྩ་འགྲེལ་དུ། ཚུལ་གཉིས་ཤིང་རྟ་ཞོན་ནས་སུ། །རིགས་པའི་སྲབ་སྐྱོགས་འཇུག་བྱེད་པ། །ཞེས་སོགས་ཀྱིས། ཚུལ་གཉིས་དབུ་སེམས་ཀྱི་སྲོལ་གཉིས་ལ་བཤད་པ་བཞིན་དུ་གྲུབ་མཐའ་ལ་སྤྱོད་པ་ཕལ་ཆེར། ཉན་ཐོས་ལ་སྡེ་གཉིས། ཐེག་ཆེན་ལ་དབུ་སེམས་གཉིས་ཀྱི་རྣམ་གཞག་མཛད་པ་བཞིན། ཐེག་པ་ལའང་ཆེ་ཆུང་གཉིས། ཐེག་ཆུང་ལ་ཉན་རང་གི་ཐེག་པ་གཉིས། ཐེག་ཆེན་ལ་དབུ་སེམས་ཀྱི་ལམ་གྱི་རྣམ་གཞག་གཉིས། དབུ་མའི་ལུགས་ལ་མདོ་སྔགས་ཀྱི་རྣམ་གཞག་གཉིས་གཉིས་སུ་འབྱུང་བས་སོ། །

འཕགས་པ་ལྷས། སངས་རྒྱས་པ་ཡི་བཞི་པ་དང་། །ཐུབ་པའི་གཞུང་ལུགས་ལྔ་པ་མེད། །ཅེས་གསུངས་པ་ལྟར་རོ༔ ༔འདི་ལ་འགའ་ཞིག་ཁོ་ན་རེ། འཇམ་དབྱངས་ནས་ཀླུ་སྒྲུབ་ལས་བརྒྱུད་པའི་དབུ་མའི་ལུགས་དང་། བྱམས་པ་ནས་ཐོགས་མེད་ལས་བརྒྱུད་པའི་སེམས་ཙམ་ལུགས་གཉིས་སུ་འབྱེད་པ་མི་འཐད་དེ། ཀླུ་སྒྲུབ་དང་

ཐོགས་མེད་གཉིས་ཀ་དབུ་མ་པ་ཆེན་པོར་མཚུངས་པའི་ཕྱིར། ཅིའི་ཕྱིར་ཏེ། ཐོགས་མེད་ཕྱིན་ནས་གཞན་ངོར་རྣམ་རིག་ཙམ་གྱིས་སྒྲོལ་སྟོན་པའི་བསྟན་བཅོས་མཛད་པས་སོ་སྙམ་ན། འོན་ཤཱཀྱ་ཐུབ་པས་གསུངས་པའང་སེམས་ཙམ་ལུགས་སུ་འགྱུར་རོ། །ཤཱཀྱ་ཐུབ་པས། གཞན་ངོར་རྣམ་རིག་ཙམ་གྱི་དོན་ལ་མང་དུ་གསུངས་པས་སོ། །ཞེས་དམ་པ་ཆེན་པོ་དག་ལ་རྒོལ་བར་བྱེད་དོ། །དེ་ནི་ཁྱེད་རང་ལ་མཚུངས་ཏེ། འོན། མདོའི་དྲང་ངེས་ཀྱི་རྣམ་གཞག་ལ་ཀླུ་སྒྲུབ་རྗེས་འབྲང་གིས་ཕྱེ་བ་དབུ་མའི་ལུགས་དང་། ཐོགས་མེད་རྗེས་འབྲང་གིས་ཕྱེ་བ་རྣམ་རིག་པའི་ལུགས་གཉིས་སུ་ཕྱེ་བའི་དྲང་ངེས་རྣམ་འབྱེད་པ་ཡང་མི་འཐད་པར་ཐལ། འཕགས་པ་དེ་གཉིས་དབུ་མ་པ་ཆེན་པོར་མཚུངས་པའི་ཕྱིར། འཁོར་གསུམ་ཞེས་ཏེ། ཐོགས་མེད་ཕྱིན་རྗེས་སུ་རྣམ་རིག་པའི་སྒྲོལ་འབྱུང་བས་དེ་ལྟར་སྨྲ་དོ་ཟེར་ན། འོན། སྟོན་པ་ཤཱཀྱ་ཐུབ་ཀྱི་ལུགས་ཀྱང་། རྣམ་རིག་པའི་ལུགས་སུ་ཐལ་ཏེ། སྟོན་པ་ཕྱིན་རྗེས་རྣམ་རིག་པའི་སྒྲོལ་བྱུང་བས་སོ། །འཁོར་གསུམ་སྟེ། ལན་ཅི་ཞིག་ཡོད། དེ་བས་ན། འཕགས་པ་ཐུགས་རྗེ་ཆེན་པོ་ཛྫ་བོ་རྗེ་ལ་སོགས་པའི་དགོངས་པ་དབུ་མར་གནས་མོད་ཀྱང་གདུལ་བྱ་འགའ་ཞིག་དེས་གདུལ་བར་བྱ་བའི་སླད་དུ་རྣམ་རིག་པའི་ལུགས་བརྗོད་པ་ལ་འགལ་བ་མེད་དེ། ཐུབ་པས་གྲུབ་མཐའ་བཞི་གསུངས་པ་བཞིན་ནོ། །འདི་ལ་བརྗོད་པར་བྱ་བ་མང་བས་ཐྲིག་ལ་ལྷང་ངོ་། །གཉིས་པ་ལ། རྒྱུ། ངོ་བོ། དབྱེ་བ། ཕན་ཡོན་དང་བཞི་རྟོགས་པར་བྱའོ། །དང་པོ། རྒྱུ་མང་པོ་བཤད་དེ། མདོ་སྡེ་རྒྱན་དུ། གྲོགས་སྟོབས་རྒྱུ་སྟོབས་རྩ་བའི་སྟོབས། །ཐོས་སྟོབས་དགེ་བ་གོམས་པ་ལས། །མི་བརྟན་པ་དང་བརྟན་འབྱུང་བ། །གཞན་གྱིས་བསྟན་པའི་སེམས་བསྐྱེད་བཤད། །ཅེས་གསུངས་པ་ལྟར། གྲོགས་དགེ་བའི་བཤེས་གཉེན། རྒྱུ་ཐེག་ཆེན་གྱི་རིགས། ཐེག་ཆེན་གྱི་ཆོས་ཐོས་པའི་སྟོབས་སོགས་ལ་སྐྱེ་བ་དང་། བྱང་ས་ལས། སྙིང་རྗེ་ལ་སོགས་པ། རྒྱུ་བཞི་དང་སངས་རྒྱས་དང་། བྱང་སེམས་ཀྱི་ཡོན་ཏན་ལ་མོས་པ་སོགས་རྐྱེན་བཞི་དང་། སྟོབས་བཞི་སྟེ་བཅུ་གཉིས་གསུངས། བསླབ་བཏུས་ལས། དད་པ་སྔོན་འགྲོ་མ་ལྟར་བསྐྱེད་པ་སྟེ། །ཞེས་སོགས་ལྟར་དད་པ་དང་མོས་པ་ལ་སོགས་རྒྱུར་གསུངས། དྲིན་ལན་བསབ་པ་སོགས་མདོ་སྡེ་རྣམས་ལས། སངས་རྒྱས་ཀྱི་བསྟན་པ་ཉམས་པ་མཐོང་བ་དང་། གཞན་སྡུག་བསྔལ་བ་མཐོང་བ་དང་། སེམས་བསྐྱེད་ཀྱི་ཕན་ཡོན་ཐོས་པ་དང་། སྐྱབས་སུ་འགྲོ་བ་དང་། འཁོར་བའི་ཉེས་དམིགས་དྲན་པ་དང་ཚིག་ལ་སོགས་པ་མང་པོ་ལས་སྐྱེ་བར་བཤད་པ་ལྟར་ཤེས་པར་བྱའོ། །གཉིས་པ་ངོ་བོ་ནི། གཞན་དོན་དུ་རྫོགས་བྱང་ལ་དམིགས་པའི་སྟོང་པ་ཉིད་དངོས་སུ་དམིགས་པ་གང་རུང་གི་ཐེག་ཆེན་གྱི་རྣམ་རིག་ནི་ཐེག་ཆེན་སེམས་བསྐྱེད་ཀྱི་མཚན་ཉིད་ཡིན་ལ། གསུམ་པ་དེ་ལ་དབྱེ་བ་ལ། ཐེག་ཆེན་ཀུན་རྫོབ་སེམས་བསྐྱེད་དང་། དོན་དམ་སེམས་བསྐྱེད་གཉིས། དང་པོའི་མཚན་ཉིད་ནི། གཞན་དོན་

དུ་རྫོགས་བྱང་ཐོབ་པར་འདོད་པའི་རྣམ་རིག་སྟེ། སེམས་བསྐྱེད་པ་ནི་གཞན་དོན་ཕྱིར། །ཡང་དག་རྫོགས་པའི་བྱང་ཆུབ་འདོད། །ཅེས་གསུངས་པ་ལྟར་རོ། །འདི་ལ་གཙོ་བོའི་སེམས་ཡིན་དགོས་མི་དགོས་ཀྱི་འཆད་སྲོལ་གཉིས་སུ་ཡོད་དོ། །དོན་དམ་སེམས་བསྐྱེད་ཀྱི་མཚན་ཉིད་ནི། སྟོང་ཉིད་ལ་དངོས་སུ་དམིགས་པའི་ཐེག་ཆེན་འཕགས་པའི་མཉམ་བཞག་གི་རྣམ་རིག་དེ། མདོ་སྡེ་རྒྱན་དུ། ཆོས་ལ་མི་རྟོག་ཡེ་ཤེས་ནི། །སྐྱེས་ཕྱིར་དེ་ནི་དམ་པར་འདོད། །ཅེས་སོགས་དང་། ས་མཚམས་ཀྱི་མ་མཐའི་དབང་དུ་བྱས་ནས། དེ་ཡི་རབ་དགའ་ཁྱད་པར་འཕགས། །ཞེས་གསུངས་སོ། །ཀུན་རྫོབ་སེམས་བསྐྱེད་ཀྱི་དབྱེ་བ་ལ། ངོ་བོའི་སྒོ་ནས་སྨོན་འཇུག་གཉིས། ས་མཚམས་ཀྱི་སྒོ་ནས། མོས་པ་སྤྱོད་པའི་སེམས་བསྐྱེད་སོགས་བཞི། དཔེའི་སྒོ་ནས་ས་ལྟ་བུའི་སེམས་བསྐྱེད་སོགས་ཉེར་གཉིས་ལ་སོགས་པར་ཡོད་དོ། །དོན་དམ་སེམས་བསྐྱེད་ལའང་། ས་བཅུ་དང་རྫོགས་པའི་སངས་རྒྱས་ཀྱི་མཉམ་བཞག་ལ་སོགས་པར་འབྱེད་དོ། །བཞི་པ་ཕན་ཡོན་ལ། སྒྲིབ་པ་སྦྱོང་བ་དང་། ཚོགས་རྫོགས་པ་དང་། མིང་དོན་འཕོ་བ་དང་། དམན་པ་མཆོག་ཏུ་བསྒྱུར་བ་ལ་སོགས་པ་སྤྱོད་འཇུག་ལས་འབྱུང་བ་ལྟར་ཤེས་པར་བྱ་སྟེ། མ་ཉམས་པ་ལ་འབད་པར་བྱའོ། །རྒྱས་པར་ནི་ཆོས་རྗེ་ཉིད་ཀྱིས་མཛད་པའི་སེམས་བསྐྱེད་ཆེན་མོ་ལ་སོགས་ལས་ཤེས་པར་བྱེད་དགོས་སོ། །

གསུམ་པ་བྱང་སེམས་ཀྱི་སྡོམ་པའི་རྣམ་བཞག་ལ། སེམས་ཙམ་ལུགས་དང་དབུ་མའི་ལུགས་གཉིས་ཏེ། འདི་གཉིས་ལ་ལྟ་བ་ལ་ཁྱད་པར་ཡོད་པས་སྤྱོད་པ་ལ་ཡང་ཁྱད་པར་ཡོད་དེ། དེ་ཡང་བླང་བའི་ཡུལ་མི་འདྲ་ཞིང་ལེན་པའི་གང་ཟག་མི་འདྲ་སྟེ། སེམས་ཙམ་པ་སོ་ཐར་གྱི་སྡོམ་ལྡན་ཞིག་རྟེན་དུ་དགོས་པར་འདོད་ལ། དབུ་མ་པ་ལ་དེ་མེད་ཀྱང་རིགས་དྲུག་གང་ཡང་རུང་བའི་མཐུན་རྐྱེན་ཅན་ལ་སྐྱེ་བར་འདོད་ཅིང་ལེན་པའི་ཆོ་ག་ལ་ཡང་སྦྱོར་བའི་མི་འདྲ་སྟེ། སེམས་ཙམ་པ་ཕྱག་དང་མཆོད་པ་ཙམ་ལས་ཡན་ལག་བདུན་པ་རྫོགས་པར་མི་མཛད་ཅིང་། ལྟ་བ་དོག་པས་སྤྱོད་པའང་ཅུང་དོག་སྟེ་བར་ཆད་འདྲི་བ་ལ་སོགས་པ་མཛད། དབུ་མ་པ་ཡན་ལག་བདུན་པ་རྫོགས་པར་མཛད་ནའང་བར་ཆད་དྲི་བ་སོགས་མི་མཛད། དངོས་གཞིའི་ཆོ་ག་ལའང་སེམས་ཙམ་པ་སྨོན་སེམས་སྔར་བླངས་ནས་རྗེས་སུ་འཇུག་པ་ལེན་ལ་དབུ་མ་པ་སྨོན་འཇུག་ཕྲོགས་གཅིག་ཏུ་ལེན་པའི་ལུགས་ཀྱང་ཡོད་པ་ལྟར་བརྗོད་ཚུལ་ཡང་མི་འདྲའོ། །འཇུག་པ་ལའང་སེམས་ཙམ་པས་མཁྱེན་པར་གསོལ་བ་སོགས་བྱེད་ལ་དབུ་མ་པས་དགའ་བ་བསྐྱེད་པ་སོགས་བྱེད་པས་མི་འདྲ་ལ། བླངས་ནས་སྲུང་ཚུལ་ཡང་མི་འདྲ་སྟེ། སེམས་ཙམ་པས་རྩ་ལྟུང་བཞིར་འདོད་ལ། དབུ་མ་པས་བཅུ་དགུར་བཞེད་ཅིང་། སྡོམ་པ་སླར་ཡང་བླང་བར་བྱ། །ཟག་པ་འབྲིང་ནི་གསུམ་ལའང་བཤགས། །གཅིག་གི་མདུན་དུ་ལྷག་མ་རྣམས། །ཞེས་པ་ལྟར་འཚོས་ལ། དབུ་

མ་པ་ནི། འཕགས་པ་ནམ་མཁའི་སྙིང་པོ་ལ་གསོལ་བ་གདབ་པ་དང་། ཡི་གེ་བརྒྱ་པ་ལ་སོགས་པས་དག་པར་མཛད་ཅིང་། གལ་ཏེ་ཐུན་ཚོད་འདས་ཏེ་རྒྱ་ལྟུང་བྱུང་ན་འགྱོད་པས་བཤགས་ལ། སླར་སེམས་བསྐྱེད་བླང་ཐུན་ཚོད་མ་འདས་པར་འགྱོད་པས་ཟིན་ན། མི་འཆོར་བས་སེམས་ཀྱི་སྡོམ་པ་ལ་གང་ཟག་དཀོན་མཆོག་གི་དྲུང་དུ་མིང་རིགས་ནས་བཤགས་པར་བྱའོ། །བསླབ་བྱ་ཡང་སྨོན་འཇུག་གཉིས་ཀའི་ཐུན་མོང་གི་བསླབ་བྱ་ལ། ཐེག་ཆེན་དགེ་བའི་བཤེས་གཉེན་མི་འདོར་བ། དཀོན་མཆོག་གསུམ་གྱི་གདུང་རྒྱུན་མི་གཅོད་པ། སེམས་ཅན་བློས་མི་འདོར་བ་ལ་བསླབ་པ་དང་གསུམ་དུ་འདུ་ལ་དེ་ལ་ཡང་ལྟུང་བ་ལྟུང་བྱེད་ལྟུང་བའི་གཟུགས་བརྙན། ལྟུང་མེད་ཀྱི་གཟུགས་བརྙན་རྣམས་སུ་ཤེས་པར་བྱ་ཤིང་། འཇུག་སྡོམ་གྱི་བསླབ་བྱ་རྒྱས་པ་ནི་སྡོམ་པའི་ཚུལ་ཁྲིམས་ལ་སོགས་པའི་ཚུལ་ཁྲིམས་གསུམ་དང་ཕྱིན་དྲུག་ལ་སློབ་ཚུལ་སོགས་པ་ནི། སྤྱོད་འཇུག །བྱང་ས། སྡོམ་པ་ཉི་ཤུ་པ། རིན་ཆེན་ཕྲེང་བ། མདོ་ཀུན་ལས་བཏུས་རྣམས་ནས་འབྱུང་བའི་ཐུན་མོང་བའི་བསླབ་བྱ་རྣམས་དང་། ནམ་མཁའི་སྙིང་པོ་ལ་སོགས་པ་ནས་འབྱུང་བའི་ཐུན་མོང་མིན་པའི་བསླབ་བྱ་རྣམས་ལ་ཅི་ནུས་སུ་སློབ་པའོ། །ཞེས་པ་རང་གི་ལུགས་སུ་མཛད་དེ་སེམས་བསྐྱེད་ཆེན་མོར་བཀོད་པ་ཡིན་ནོ། །འདི་ལ་ཁ་ཅིག་གིས་རྩལ་དུ་སྟོན་ནས་འགོག་པར་བྱེད་པའི་དགག་པ་ནི། འདི་ལྟར་སྟེ། བླང་བའི་ཡུལ་མི་འདྲ་བའི་ཚུལ་དེ་མི་འཐད་དེ། བཤེས་གཉེན་དུལ་བ་ཞི་བ་ཉེར་ཞི་བ། །ཅེས་སོགས་དང་། དབུ་མ་པའི་ལུང་། ཚིག་ཤེས་སྙིང་རྗེ་ཚུལ་ཁྲིམས་ལྡན། །ཉོན་མོངས་སེལ་བའི་ཤེས་རབ་ཅན། །ཞེས་སོགས་རྣམས་ཀྱིས་བསྟན་པའི་དགེ་བའི་བཤེས་གཉེན་གྱི་མཚན་ཉིད་རྣམས་བསྡུས་རྒྱས་མ་གཏོགས་དོན་གཅིག་པའི་ཕྱིར་ཏེ། ཞེས་ཟེར་རོ། །མི་རིགས་ཏེ། འོ་ན་བྱང་སེམས་ཀྱི་སྡོམ་པ་དང་གསང་སྔགས་ཀྱི་སྡོམ་པ་ལེན་པའི་ཡུལ་མཚུངས་པར་ཐལ། རྟག་པར་དགེ་བའི་བཤེས་གཉེན་ནི། །ཐེག་ཆེན་དོན་ལ་མཁས་པ་དང་། །ཞེས་སོགས་ནས་བསྟན་པ་དང་། བརྟན་ཞིང་དུལ་ལ་བློ་གྲོས་ལྡན། །བཟོད་ལྡན་དྲང་ལ་གཡོ་སྒྱུ་མེད། །ཅེས་སོགས་ཀྱིས་བསྟན་པའི་བཤེས་གཉེན་གྱི་མཚན་ཉིད་རྣམས་རྒྱས་བསྡུས་མ་གཏོགས་དོན་གཅིག་པའི་ཕྱིར་རོ། །འཁོར་གསུམ། ཅེས་ཏེ་དོན་གཅིག་པ་མིན་ཏེ། བྱང་སེམས་ཀྱི་སྡོམ་པའི་ཡུལ་གྱི་བཤེས་གཉེན་ལ། སྔགས་ནས་བསྟན་པའི་སློབ་དཔོན་གྱི་མཚན་ཉིད་ཚང་མི་དགོས་པའི་ཕྱིར་རོ་སྙམ་ན། དེ་ལྟར་ན་གོང་གི་དབུ་སེམས་གཉིས་ཀྱི་གཞུང་ནས་བསྟན་པའི་བཤེས་གཉེན་གཉིས་ཀྱང་མཚན་ཉིད་མི་མཚུངས་པར་ཐལ། སེམས་ཙམ་པའི་བཤེས་གཉེན་ལ་དབུ་མ་པའི་བཤེས་གཉེན་གྱི་མཚན་ཉིད་ཚང་མི་དགོས་པའི་ཕྱིར། འཁོར་གསུམ་མིན་ཕྱིར། ཁྱེད་རང་གིས་ཀྱང་མདོ་སྡེ་རྒྱན་སེམས་ཙམ་དུ་འདོད་པས་སོམས་ཤིག །ཡང་གོང་གི་བཤེས་གཉེན་དེ་གཉིས་ངོ་བོ་དང་། རང་བཞིན་དང་། དོན་ཐ་དད་དུ་འགྱུར་རོ། །དེ་

གཉིས་ཡོད་ནས་དོན་གཅིག་མིན་པའི་ཕྱིར། འདོད་མི་ནུས་ཏེ། རྡོ་རྗེ་ཐེག་པའི་སློབ་དཔོན་གྱི་མཚན་ཉིད་ཚང་བ་ཡང་ཡིན། བྱང་སེམས་ཀྱི་སྡོམ་པ་ལེན་པའི་ཡུལ་ཡང་ཡིན་པའི་གཞི་མཐུན་ཡོད་པས་སོ། །མདོར་ན་ཐུམ་པ་དང་མ་རིག་པ་མཚན་ཉིད་མི་མཚུངས་པས་དོན་མི་གཅིག་ཞེས་ལས་བླང་དགོས་པ་འབྱུང་ལ། དེ་ལྟར་ན་ཐུམ་པ་རྟག་པར་ཁས་ལེན་དགོས་པས། འདི་ལས་དུབ་པ་ཅི་ཞིག་འབྱུང་། ཡང་ཁྱེད་ཀྱིས་ལེན་པའི་གང་ཟག་མི་འདྲ་བའི་ཚུལ་མི་འཐད་དེ། སེམས་ཅམ་པ་སོ་ཐར་གང་རུང་རྟེན་ལ་ལྡན་པ་དགོས་ཏེ། སོ་སོར་ཐར་པ་རིགས་བདུན་གྱི། །རྟག་ཏུ་སྡོམ་གཞན་ལྡན་པ་ལ། །ཞེས་སོགས་ཟེར་བ་ནི། བྱང་སེམས་ཀྱི་སྡོམ་པ་ཁྱད་པར་ཅན་གྱི་དབང་དུ་བྱས་ཀྱི་བྱང་སེམས་ཀྱི་སྡོམ་པ་ཙམ་ལ་སོ་ཐར་རྟེན་དུ་མི་དགོས་པའི་ཕྱིར། གལ་ཏེ་དགོས་ན། ལྷའི་བྱང་སེམས་མེད་པར་འགྱུར་རོ། །ཞེས་སོགས་ཟེར་རོ། །འདི་ནི་ཁས་བླངས་དང་འགལ་ཞིང་།རིགས་པ་དང་ཡང་འགལ་ཏེ། སོ་སོར་ཐར་པ་རིས་མདུན་གྱི། །ཞེས་སོགས་ཀྱི་གཞུང་དེས་སོ་ཐར་བྱང་སེམས་ཀྱི་སྡོམ་པའི་རྟེན་དུ་དགོས་པར་བསྟན་པར་ཐལ། དེས་སོ་ཐར་བྱང་སེམས་ཀྱི་སྡོམ་པ་ཁྱད་ཅན་གྱི་རྟེན་དུ་དགོས་པར་བསྟན་པའི་ཕྱིར། རྟགས་ཁས་བླངས་སོ། །མ་ཁྱབ་ན་རིགས་པ་དང་འགལ་ཏེ། ཁྱད་ཆོས་མེད་པའི་ཁྱད་གཞི་གྲུབ་པར་ཐལ། སྡོམ་པ་ཡིན་ཡང་སྡོམ་པ་ཁྱད་པར་ཅན་མིན་པ་གྲུབ་པའི་ཕྱིར་རོ། །རྟགས་ཁས་བླངས་སོ། །ཅི་སྟེ། ཁྱད་པར་ཅན་ནི། མཆོག་དམན་གཉིས་ཀྱི་ནང་ནས་བྱང་སེམས་ཀྱི་སྡོམ་པ་མཆོག་གི་དབང་དུ་བྱས་པ་ཡིན་ཟེར་ན། དེ་ལྟར་ནའང་བྱང་སེམས་ཀྱི་སྡོམ་པ་མཆོག་སྐྱེ་བའི་རྟེན་དུ་སོ་ཐར་དགོས་པས་ལྷའི་བྱང་སེམས་མཆོག་མེད་པར་ཐལ་བ་དང་། སོ་ཐར་དང་མ་འབྲེལ་བའི་ཁྱིམ་པའི་སེམས་དཔའ་མཆོག་མེད་པར་ཐལ་བར་འགྱུར་བའི་སྐྱོན་འབྱུང་བའི་ཕྱིར་ལེགས་པ་མིན་ནོ། །འོ་ན་བྱང་སར། དེ་ཡི་སོ་སོར་ཐར་པའི་སྡོམ་པ་གཞན་དང་ལྡན་པ་འདིས། བྱང་ཆུབ་སེམས་དཔའི་སྡོམ་པ་ཡང་དག་པར་ལེན་པའི་སྣོད་དུ་གྱུར་པ་ལ་བསླབ་པའི་ཚིག་འདི་ཡང་སྦྱིན་པར་བྱ་ཞེས་བྱ་བའི་དོན་ནོ། །ཞེས་གསུངས་པ་དང་། ལམ་སྒྲོན་དུ། སོ་སོར་ཐར་པ་རིགས་བདུན་གྱི། །རྟག་ཏུ་སྡོམ་གཞན་ལྡན་པ་ལ། །བྱང་ཆུབ་སེམས་ཀྱི་སྡོམ་པ་ཡི། །སྐལ་བ་ཡོད་ཀྱི་གཞན་དུ་མིན། ། ཞེས་སོགས་རྒྱ་འགྲེལ་གསུངས་པ་ཇི་ལྟར་དྲངས་ཟེར་ན། འདི་དག་གིས་སེམས་ཙམ་པའི་འདོད་ལུགས་བརྗོད་པ་ཡིན་གྱི་རང་ལུགས་ནི། དབུ་མ་པའི་ཐུན་མོང་མིན་པ་དང་། ཐུན་མོང་བ་སྐྱོན་མེད་པ་དག་ཁས་བླངས་པར་བྱ་བ་ཡིན་པས་སྐྱོན་མེད་དོ། །ཐོགས་མེད་དང་ཇོ་བོས་སེམས་ཙམ་པའི་འདོད་པ་བསྟན་ཀྱང་སྐྱོན་དང་བཅས་པ་རྣམས་ནི་ཞལ་གྱིས་མི་བཞེས་ཏེ། དཔེར་ན་བསླབ་བཏུས་སུ་བྱང་ས་ནས་ཀྱི་ལུགས་སྐྱོན་མེད་རྣམས་དང་བསྲེས་ནས་བྱང་སེམས་ཀྱི་སྡོམ་པའི་རྣམ་གཞག་བྱེད་ཀྱང་སྐྱོན་ཅན་རྣམས་ཁས་ལེན་མི་དགོས་པར་ཁྱེད་རང་

འདོད་པ་བཞིན་ནོ། །དོན་དེ་ཡང་ཐུབ་དགོངས་སུ། རྗེ་སྲིད་འཚོ་བ་པོའི་སོ་སོར་ཐར་པ་བདུན་པོ་རྣམས་ལས་གང་ཡང་རུང་བའི་སོ་སོར་ཐར་པའི་སྡོམ་པ་ལ་གནས་པ་ཉིད་ཀྱིས་བྱང་ཆུབ་སེམས་དཔའི་སྡོམ་པ་བླང་བར་བྱ་ཡི་གཞན་གྱིས་ནི་མིན་ཏེ། གཞན་ལ་བྱང་སེམས་ཀྱི་སྡོམ་པ་མི་སྐྱེ་བའི་ཕྱིར་རོ་ཞེས་ཟེར་བ་དེ་ནི། ཐེག་པ་ཆེན་པོ་ལ་ཡོངས་སུ་ངལ་བ་མང་པོ་མྱངས་པ་སྟེ། གལ་ཏེ་སོ་ཐར་གྱི་སྡོམ་པ་མེད་པར་བྱང་ཆུབ་སེམས་དཔའི་སྡོམ་པ་མི་སྐྱེ་ན་ནི། དེའི་ཚེ་བྱང་ཆུབ་སེམས་དཔའི་སྡེ་སྣོད་ལ་སོགས་པ་དང་དེའི་རྗེས་སུ་འབྲང་བའི་གཞུང་དུ་འདི་དེའི་རྒྱ་བར་བཤད་པར་འགྱུར་རོ། །ཞེས་སོགས་ཀྱི་སེམས་ཙམ་པའི་འདོད་པ་ཐུན་མོང་མིན་པའི་སྐྱོན་ཅན་རྣམས་ལ་དགག་པ་བསྟན་པ་འདི་དག་ཀྱང་འཕགས་པ་ཐོགས་མེད་ཀྱང་མི་བཞེད་པ་མིན་ནོ། །ཡང་ཁྱེད་ཀྱིས་འགྲོ་བ་རིགས་དྲུག་པོ་ཐམས་ཅད་དེ་ལྟར་དབུ་མ་པའི་ལུགས་ཀྱི་བྱང་སེམས་ཀྱི་སྡོམ་པ་སྐྱེ་བའི་རྟེན་དུ་སྨྲ་བ་ནི། ཆེས་ངོ་མཚར་ཆེ་སྟེ། གཟུགས་མེད་ཁམས་ཀྱི་ལྷ་ལ་སྡོམ་པ་འབོགས་པའི་ཆོ་ག་སུ་ཞིག་གིས་ཇི་ལྟར་བསྒྲུབ་པར་བྱ། གལ་ཏེ་བྱང་སེམས་ཀྱི་སྡོམ་པ་ད་ལྟ་སྐྱེ་བའི་ལྷ་ཡང་ཡོད། མི་དང་ངན་སོང་བ་ཡང་ཡོད་པས། དེ་ལྟར་སླུས་ཀྱི་ཐམས་ཅད་ལ་ཁྱབ་པར་ཁས་མི་ལེན་ནོ་ཞེ་ན། འོ་ན་རིགས་དྲུག་གི་སེམས་ཅན་ཐམས་ཅད་གནས་སྐབས་ཐེག་ཆེན་གྱི་རིགས་ངེས་པར་ཐལ། གནས་སྐབས་དེར་རིགས་ངེས་པའི་མི་ཡང་ཡོད། ལྷ་དང་ངན་སོང་བ་ལ་སོགས་པ་ཡང་ཡོད་པའི་ཕྱིར། ཞེས་སོགས་བརྗོད་ན་ལན་ཅི་ཞིག་ཡོད། ཅེས་སོགས་ཀྱི་དགག་པ་བྲིས་སོ༔ ༔འདི་ཡང་མི་འཐད་དེ། ཁྱེད་ཀྱིས་བཀོད་པ་ལྟར་གྱི་ཕྱོགས་སྔ་མ་འདི་ཁས་མ་བླངས་པའི་ཕྱིར་ཏེ། སོ་སོར་ཐར་པའི་སྡོམ་པ་མེད་ཀྱང་རིགས་དྲུག་གང་ཡང་རུང་བ་ལ་དབུ་མ་པའི་ལུགས་ཀྱི་བྱང་སེམས་ཀྱི་སྡོམ་པ་སྐྱེ་བ་ཡོད་པར་ཁས་བླངས་ཀྱི་སེམས་ཅན་ཐམས་ཅད་ལ་ད་ལྟར་སྐྱེ་བར་ཁས་མ་བླངས་པའི་ཕྱིར་རོ། །གལ་ཏེ་རིགས་དྲུག་གང་རུང་ལ་སྐྱེ་བར་ཁས་བླངས་པས་རིགས་དྲུག་ཐམས་ཅད་ལ་སྐྱེ་བར་ཁས་བླངས་པར་འགྱུར་ན་ནི། སེམས་ཅན་ཐམས་ཅད་གནས་སྐབས་ཐེག་ཆེན་དུ་རིག་ངེས་པར་ཐལ་བ་དང་། གཟུགས་མེད་ཁམས་པ་ལ་སྡོམ་པ་འབོགས་ཆོག་རིགས་པར་ཐལ་བའི་འཁོར་གསུམ་དངོས་སམ་རྒྱུད་མར་འབྱུང་ཞིང་། ཁྱེད་རང་གིས་ཀྱང་རིགས་དྲུག་གང་ཡང་རུང་བ་ལ་བྱང་སེམས་ཀྱི་སྡོམ་པ་ཁས་ལེན་དགོས་པས། རང་ཉིད་རང་འདོད་ལ་གནོད་འགྱུར། །ཞེས་པའི་ཚུལ་དུ་འབྱུམས་ཤིག །ཡང་ཁྱེད་ཀྱིས་ལྟ་བ་ཡངས་དོག་གིས་སྤྱོད་པ་ཡངས་དོག་བྱུང་བར་སྨྲ་བ་ནི། སྟོང་ཉིད་དང་། རྟེན་འབྲེལ་ཕུན་ཚོགས་ངེས་ཤེས་འདྲེན་པའི་གྲོགས་སུ་སོང་ནས། ཅི་ཙམ་སྟོང་ཉིད་ལ་ངེས་ཤེས་རྙེད་པ་དེ་ཙམ་གྱིས་བླང་དོར་གྱི་གནས་ལ་ངེས་པ་ཧ་ཆེར་སོང་སྟེ། སྤྱོད་པ་ཆེས་ཞིབ་ཏུ་འགྲོ་དགོས་ཟེར་བ་དང་། ཡང་དབུ་མ་པའི་ལུགས་ལ་རྩ་ལྟུང་བཅུ་དགུ་ཁས་ལེན་དེ་ཉིད་སྤྱོད་པ་སྤངས་པ་དང་།

སེམས་ཙམ་ལུགས་ལ་རྩ་ལྟུང་བཞི་སྤྱོད་པ་དོགས་པར་སྨྲ་བ་ནི་ཁས་བླངས་འགལ་ཏེ། སྲུང་བྱ་མང་བ་སྲུང་དགོས་ནི། སྤྱོད་པ་སྲུངས་པ་དང་། སྲུང་བྱ་ཉུང་ངུ་ཙམ་ཞིག་སྲུངས་པས་ཆོག་པ་ནི་སྤྱོད་པ་དོག་པའོ་ཤེས་རིག་དང་ལྡན་པ་སུ་ཞིག་སྨྲ། ཡང་བྱང་སར་གསུང་བའི་རྩ་ལྟུང་ཞི་ལྟས་བཤད་པའི་ཚོགས་བྱང་སེམས་ཀྱི་སྡོམ་པ་བླངས་པ་ལ། རྩ་ལྟུང་དུ་མི་འགྱུར། དེ་བཞིན་དུ་བསླབ་བཏུས་ནས་བཤད་པའི་རྩ་ལྟུང་ཡང་། བྱང་ས་ནས་བཤད་པའི་ཚོགས་བླངས་པ་ལ། རྩ་ལྟུང་དུ་མི་འགྱུར་བར་སྨྲ་ཞིང་རྟེན་དེ་གཉིས་ཀའང་བྱང་སེམས་ཀྱི་སྡོམ་ལྡན་དང་། གཉིས་ཀས་བཤད་པའི་རྩ་ལྟུང་ཐམས་ཅད་མཚན་ཉིད་པར་སྨྲ་བ་ནི་ཧ་ཅང་རྣམ་པར་མ་བརྟགས་པ་སྟེ། བྱང་ས་ནས་བཤད་པའི་ཚོགས་བྱང་སེམས་ཀྱི་སྡོམ་པ་ཐོབ་ལ་མ་ཉམས་པའི་ལས་དང་པོ་བ་ཆོས་ཅན། ཁྱོད་ཀྱིས་ཀུན་དཀྲིས་ཆེན་པོ་ཚང་བའི་སྒོ་ནས་དཀོན་མཆོག་གསུམ་གྱི་དཀོར་ཕྲོགས་ན་ཁྱོད་ལ་བྱང་སེམས་ཀྱི་རྩ་ལྟུང་འབྱུང་བར་ཐལ། བྱང་སེམས་ཀྱི་སྡོམ་ལྡན་ཡིན་ཞིང་ཀུན་དཀྲིས་ཆེན་པོ་ཚང་བའི་སྒོ་ནས་དཀོན་མཆོག་གསུམ་གྱི་དཀོར་འཕྲོག་པའི་ལྟུང་བ་ཡིན་ན། བྱང་སེམས་ཀྱི་རྩ་ལྟུང་ཡིན་དགོས་པའི་ཕྱིར། ལན་ཅི་ཞིག་ཡོད་ཅེས་སོགས་དྲིས་པ་ནི། ཆེས་རིགས་པ་མིན་ཏེ། རང་ཉིད་ལ་ནང་འགལ་བ་དང་གཞན་ལ་ཁས་བླངས་མེད་པའི་དགག་པར་འགྱུར་བའི་ཕྱིར་རོ། །དང་པོ་གནས་ཏེ། ཁྱེད་ཀྱིས་སྟོང་ཉིད་ལ་ངེས་པ་ཆེས་ཆེར་རྙེད་པས་སྤྱོད་པ་ཆེས་ཞིབ་པར་ཁས་བླངས་པ་དང་། ཡང་དགོས་མང་བས་སྤྱོད་པ་དོགས་པ་དང་། ཉུང་བས་སྤྱོད་པ་སྲུངས་པར་ཁས་བླངས་པ་གཉིས་འགལ་བའི་ཕྱིར། དེ་ལྟར་ན་ས་བཅུ་རྒྱུན་མཐའ་ལ་གནས་པའི་བྱང་སེམས་ཆོས་ཅན། འོག་མའི་ས་པ་ལ་ལྟོས་ཏེ་སྤྱོད་པ་སྲུངས་པར་ཐལ། དེ་ལ་ལྟོས་ཏེ་སྲུང་དགོས་ཉུང་བའི་ཕྱིར། འཁོར་གསུམ་སྟེ། འདོད་ན་འབུད་ཅིང་། དེ་ཆོས་ཅན། དེ་ལ་ལྟོས་ཏེ་སྤྱོད་པ་དོག་པར་ཐལ། དེ་ལ་ལྟོས་ཏེ་སྟོང་ཉིད་ལ་ངེས་པ་ཆེས་ཆེར་ཆེ་བས་སོ། །འཁོར་གསུམ་དེ། རྟགས་འདི་རིང་དུ་སོང་བར་བློས་ཀྱང་ལྟག་པར་འགྱུར། ཞེས་སོགས་ཀྱི་བཤད་པར་ཡང་ཁས་བླངས་སོ། །གཞན་ཡང་སྟོང་ཉིད་དགག་སྟོང་གིས་རྟེན་འབྲེལ་ལ་ངེས་པ་འདྲེན་པར་ཁས་བླངས་པ་སྟོང་ཉིད་ཀྱིས་བདེན་འཛིན་ལ་གནོད་པར་ཁས་བླངས་ཤིང་། དེ་ལྟར་ན་འགྲོ་བ་མཐའ་དག་འབད་མེད་དུ་གྲོལ་བར་འགྱུར་བ་དང་། ཀུན་མཁྱེན་ཡེ་ཤེས་ཀྱིས་སྟོང་ཉིད་ལ་ངེས་པ་མཐར་ཐུག་པས་བླང་དོར་གྱི་གནས་ལ་སྤྱོད་པ་ཞི་བར་འགྱུར་བ་ལ་སོགས་པའི་སྐྱོན་ཡོད་དོ། །གཉིས་པ་ཁས་བླངས་མེད་པའི་ཉེས་པ་གནས་ཏེ། བྱང་ས་དང་། བསླབ་བཏུས་གཉིས་ནས་ཕན་ཚུན་གྱི་བཤད་པའི་རྩ་ལྟུང་རྣམས་ཕན་ཚུན་གྱི་ཚོགས་ཐོབ་པའི་བྱང་སེམས་ཀྱི་སྡོམ་ལྡན་ལ་ཕན་ཚུན་རྩ་ལྟུང་དུ་མི་འགྱུར་བར་ཁས་བླངས་པ་མེད་པའི་ཕྱིར། བླངས་ན་གང་དུ་ཁས་བླངས། བསྟན་དགོས་ཀྱི་ཇུན་གྱི་རབ་རིབ་མས་གཞན་བསླུས་པ་ལ་དགོས་པ་ཅི་ཡོད།

གལ་ཏེ་བསླབ་བཏུས་སུ་རྩ་ལྟུང་བཅུ་དགུ། བྱང་སར་རྩ་ལྟུང་བཞི་འབྱུང་བའི་བཤད་པ་བྱས་པས། ཕན་ཚུན་རྩ་ལྟུང་དུ་མི་འགྱུར་བར་ཁས་བླངས་པར་འགྱུར་ན་ནི། འོ་ན་ཁྱེད་རང་ཡང་དེ་ལྟར་ཁས་ལེན་པས་ན། གོང་གི་ཐལ་བ་བཟླས་ཏེ་འཕངས་པས་འཁོར་གསུམ་དངོས་སོ། །གཞན་ཡང་ཡི་གེ་ཙམ་ཡང་མ་རྟོགས་སྐྱོན་མེད་པ་ལ་སྐྱོན་བརྗོད་ལྟར་ལེན་པའི་སྲུན་འབྱིན་ལྟར་སྣང་མང་དུ་བྲིས་འདུག་མོད་ནའང་། དགག་སླ་བས་རེ་ཞིག་བཏུས་སོ༑ ༑དེ་བས་ན་དབུ་མའི་ལུགས་སུ་བཤད་པ་ལྟར་བྱ་སྟེ། བྱང་སེམས་ཀྱི་སྡོམ་པའི་རྒྱུ་ངོ་བོ། དབྱེ་བ་མི་ཉམས་པར་བསྲུང་ཚུལ། གཏོང་བའི་རྒྱུ་ཉམས་ན་ཕྱིར་བཅོས་པའི་ཚུལ་ལོ། །དང་པོ་ནི། ལེན་པའི་ཆོ་ག་ལས་སྐྱེས་ཏེ། དེ་ཡང་གང་ལ་བླང་བའི་ཡུལ་ལ་གཉིས། རྟག་པར་དགེ་བའི་བཤེས་གཉེན་ནི། །ཐེག་ཆེན་དོན་ལ་མཁས་པ་དང་། །བྱང་ཆུབ་སེམས་དཔའི་བརྟུལ་ཞུགས་མཆོག །སྲོག་གི་ཕྱིར་ཡང་མི་གཏོང་ངོ་། །ཅེས་སོགས་ཀྱིས། མཚན་ཉིད་དང་ལྡན་པའི་བླ་མའམ། མེད་ན་སྟོན་པ་ཤཱཀྱ་ཐུབ་པ་ལ་སོགས་པའི་སྐུ་གཟུགས་ཀྱི་དྲུང་དུ་ལེན་པར་བཤད་དོ། །གང་གིས་ལེན་པའི་གང་ཟག་ནི། ཐེག་པ་ནས་བྱང་སེམས་ཀྱི་སྡོམ་པ་ལེན་པར་འདོད་ཅིང་། སྙིང་རྗེས་བཀས་བཅད་ལ་བཟོད་པ་བསླབ་བྱ་ལ་སློབ་པར་འདོད་པའི་དོན་གཉེར་དང་ལྡན་ཅིང་། གཞན་དོན་དུ་རྫོགས་བྱང་འདོད་པ་ཞིག་གིས་བླངས་པར་བྱའོ། །ཚུལ་ཇི་ལྟར་ལེན་པའི་ཆོ་ག་ནི། ཆོས་རྗེ་ཉིད་ཀྱིས་མཛད་པའི་སེམས་བསྐྱེད་ཆེན་མོར་བཀོད་པ་ལྟར་ཤེས་པར་བྱའོ། །ངོ་བོ་གང་ཞེ་ན། སྤོང་སེམས་ཀྱིས་བསྡུས་པར་རིག་པར་བྱ་སྟེ། སྤྱོད་འཇུག་ཏུ། སྤོང་བའི་སེམས་ནི་ཐོབ་པ་ལ། །ཚུལ་ཁྲིམས་ཕ་རོལ་ཕྱིན་བཤད་དེ། །ཞེས་གསུངས་པ་ལྟར་རོ། །བྱང་སེམས་ཀྱི་སྡོམ་པའི་མཚན་ཉིད་ནི། དགོས་པ་གཞན་གྱི་ཆེད་དུ་འཐོབ་བྱ་རྫོགས་བྱང་ལ་དམིགས་ནས་ཁས་ལེན་གསུམ་གྱི་སྒོ་ནས། སྤང་བྱ་མི་མཐུན་སོགས་སྤོང་བའི་སེམས་ལ་མངོན་འགྱུར་རམ། དབང་ལྡན་གང་རུང་གིས་བསྡུས་པ་གང་ཞིག །སོ་སོར་ཐར་པའི་སྡོམ་པ་མིན་པ་ཞེས་བྱའོ། །གསུམ་པ་དབྱེ་བ་ལ། ཉེས་སྤྱོད་སྡོམ་པའི་ཚུལ་ཁྲིམས། དགེ་བ་ཆོས་སྡུད་ཀྱི་ཚུལ་ཁྲིམས། སེམས་ཅན་དོན་བྱེད་ཀྱི་ཚུལ་ཁྲིམས་དང་གསུམ། དང་པོའི་མཚན་ཉིད། ཉེས་སྤྱོད་སྤོང་བའི་སེམས་པ་མངོན་འགྱུར་རམ་དབང་ལྡན་དེ་ལ་ནི། རྟེན་སོ་ཐར་གྱི་སྡོམ་ལྡན་ཡིན་ན་སོ་ཐར་རིས་བདུན་ལ་སོགས་པར་ཡོད་ཅིང་། སོ་ཐར་དང་མི་ལྡན་པ་ལ་ནི་མི་དགེ་བ་བཅུ་ལ་སོགས་པ་སྤོང་བའི་ཚུལ་ཁྲིམས་རྣམས་སུ་ཡོད་པར་བསླབ་བཏུས་དང་། བྱང་ས་སོགས་སུ་བཤད་དོ། །གཉིས་པའི་མཚན་ཉིད། དགེ་བ་ཆོས་སྡུད་ཀྱི་སེམས་པ་མངོན་གྱུར་རམ་དབང་ལྡན་དེ་ལ་ནི་ཕ་རོལ་ཏུ་ཕྱིན་པ་དྲུག་གམ་བཅུ་ལ་སོགས་པ་ཐེག་ཆེན་གྱི་བསམ་སྦྱོར་གྱིས་བསྡུས་པ་རྣམས་སུ་ཡོད་དོ། །གསུམ་པའི་མཚན་ཉིད། སེམས་ཅན་དོན་བྱེད་ཀྱི་སེམས་པ་མངོན་གྱུར་རམ་དབང་ལྡན་དེ་ལ་སྦྱིན་པ་དང་། སྙན་པར

སྒྲུབ་པ་ལ་སོགས་པ་བསྟུ་བའི་དངོས་པོ་བཞི་ལ་སོགས་པ་ཡོད་དོ། །གོ་རིམ་ནི། སྔ་མ་ནི་ཕྱི་མ་གཉིས་རྟེན་ཡིན་པས་རྟེན་དང་བརྟེན་པའི་རིམ་པ་དང་། ཕྱི་མ་གཉིས་ལའང་། དང་པོར་ཡོན་ཏན་བསྟུ་ནས། རང་སྨིན་པར་བྱས་ནས། དེ་ནས་སེམས་ཅན་སྨིན་པར་བྱེད་དགོས་པས་རིམ་པ་དེ་ལྟར་ཏེ། མདོ་ལས་བདག་མ་གྲོལ་བས། གཞན་གྲོལ་བར་མི་རིགས་ལ་བདག་མ་ཞི་བས་གཞན་ཞི་བར་མི་འགྱུར་རོ། །ཞེས་གསུངས་པས་སོ། །ཅིའི་ཕྱིར་གསུམ་པོ་དེར་གྲངས་ངེས་སམ་ཞེ་ན། ངེས་ཏེ། བྱང་ཆུབ་སེམས་དཔའི་བསླབ་པར་བྱ་བ་ལ་རང་གཞན་གྱི་དོན་བྱེད་པའི་བྱ་བ་གཉིས་སུ་ངེས་ལ། རང་གི་དོན་ལའང་། ཉེས་པ་སྤོང་བ་དང་། ལེགས་པ་སྡུད་པ་གཉིས་སུ་ངེས་ཤིང་། གཞན་དོན་བྱེད་ཐབས་ལའང་། སེམས་ཅན་དོན་བྱེད་ལས་གཞན་མེད་པའི་ཕྱིར། གསུམ་པ་དེར་འདུས་སོ། །རྟེན་གྱི་སྒོ་ནས་ནི་རྟེན་རབ་བྱུང་གི་ཚུལ་ཁྲིམས་དང་ཁྱིམ་པའི་ཕྱོགས་ཀྱི་ཚུལ་ཁྲིམས་གཉིས་སུ་ཡང་དབྱེར་རུང་ངོ། །

༈ བཞི་པ་བླངས་ནས་བསྲུངས་བའི་ཚུལ་ནི། དགེ་བའི་བཤེས་གཉེན་མི་བཏང་ཞིང་། མདོ་སྡེ་རྣམས་ལ་རྟག་ལྟ་བས། །ཞེས་གསུངས་པ་ལྟར། ཐེག་ཆེན་དགེ་བའི་བཤེས་གཉེན་མཚན་ཉིད་དང་ལྡན་པ་ལ་བརྟེན་ནས། བྱང་ཆུབ་སེམས་དཔའི་སྡོམ་པ་ནི། །རྒྱུས་པར་ཐེག་པ་ཆེ་ལས་འབྱུང་། །ཞེས་གསུངས་པ་ལྟར། བྱང་སེམས་ཀྱི་བསླབ་བྱ་རྒྱས་པར་སྟོན་པའི་སྡེ་སྣོད་རྣམས་ལ་ཐོས་བསམ་ལེགས་པར་འབད་པ་དང་། ཁྱད་པར་དུ། བསླབ་པ་ཀུན་ལས་བཏུས་པ་ཡང་། །ཡང་དང་ཡང་དུ་ལྟ་བར་བྱ། །མདོ་རྣམས་ཀུན་ལས་བཏུས་པའང་ལྟ། །ཞེས་གསུངས་པ་ལྟར། བྱང་སེམས་ཀྱི་བསླབ་པ་དང་དེ་ལ་སློབ་ཚུལ་རྒྱས་པར་སྟོན་པའི་བསྟན་བཅོས་རྣམས་ལ་བསླབས་ནས་ཉམས་སུ་ལེན་ཚུལ་རྒྱས་འབྲིང་བསྡུས་པ་ཆོས་རྗེ་ཉིད་ཀྱིས་བཀའ་བསྟུལ་པ་ལྟར་འབད་པར་བྱའོ། །ལྔ་པ་སྡོམ་པ་སྟོང་བའི་རྒྱུ་ནི། གཙོ་ཆེར་གསུམ་དུ་འདུས་ཏེ། ཕམ་པའི་གནས་ལྟ་བུའི་ཆོས་གང་ཡང་རུང་བ་ཀུན་དཀྲིས་ཆེན་པོས་སྤྱད་པ་དང་། བླ་ན་མེད་པའི་བྱང་ཆུབ་ཏུ་སྨོན་སེམས་བཏང་བ་དང་། སྡོམ་པ་ཕུལ་བའོ། །ཕུལ་བ་འདི་འདུལ་བ་དང་མི་འདྲ་སྟེ། འདུལ་བ་ནས་འབུལ་བར་བཤད་པ་བཞིན་ཕུལ་ན་སྡོམ་པའི་བསོད་ནམས་ཆད་ཀྱང་ཉམས་པའི་ཆ་ནས་ཉེས་པ་མི་བསྐྱེད་ཅིང་། ཕྱིས་བླང་དུ་རུང་བ་ཡིན་ཡང་། བྱང་སེམས་ཀྱི་སྡོམ་པ་ཕུལ་ན་ནི། འགྲོ་བ་ཐམས་ཅད་ལ་ཕན་བདེ་བསྒྲུབ་པར་དམ་བཅས་ན་སྡོམ་པ་བླངས་པ་ལས་འདས་ཤིང་། ཐམས་ཅད་བསླུས་པས་ངན་འགྲོ་མཐའ་མེད་པར་འཁྱམས་དགོས་པས་སྡིག་པ་ཤིན་ཏུ་ལྕི་བར་གསུངས་པའི་ཕྱིར། སྤྱོད་འཇུག་ལས། གལ་ཏེ་དེ་ལྟར་དམ་བཅས་ནས། །ལས་ཀྱིས་སྒྲུབ་པར་མ་བྱས་ན། །སེམས་ཅན་དེ་དག་ཀུན་བསླུས་པས། །བདག་གི་འགྲོ་བ་ཇི་འདྲར་འགྱུར། །དངོས་པོ་ཕལ་པ་ཅུང་ཟད་ལའང་། །ཡིད་ཀྱིས

སྨིན་པར་བསམས་བྱས་ནས། །མི་གང་སྨིན་པར་མི་བྱེད་པ། །དེ་ཡང་ཡི་དྭགས་རྒྱུར་གསུང་ན། །བླ་ན་མེད་པའི་བདེ་བ་ལ། །བསམ་པ་ཐག་པས་མགྲོན་གཉེར་ནས། །འགྲོ་བ་ཐམས་ཅད་བསླུས་བྱས་ན། །བདེ་འགྲོ་ཅི་དགར་འགྲོ་འགྱུར་རམ། །ཞེས་གསུངས་པས་སོ། །དྲུག་པ་ཉམས་ན་ཕྱིར་འཆོས་ཚུལ་ལ། ཉམས་པའི་ལྟུང་བ་དང་། དེ་ལས་བཅོས་ཚུལ་གཉིས། དང་པོ་ལ། ལྟུང་བའི་རྟེན་གྱི་གང་ཟག་ལ་ནི། སྡོམ་པ་ཐོབ་ལ་མ་ཉམས་པ་དང་། བསམ་པ་རང་བཞིན་དུ་གནས་པ་དང་ལྡན་པ་དགོས་ཏེ། སེམས་འཁྲུགས་པ་དང་སྡུག་བསྔལ་གྱི་ཚོར་བས་ཉེན་པ་དང་སྡོམ་པ་མ་མནོས་པ་ནི་ཉེས་པ་མེད་པར་རིགས་པར་བྱའོ། །ཞེས་བྱང་སར་གསུངས་པའི་ཕྱིར་རོ༑ ༑ལྟུང་བའི་རིགས་ནི་གཉིས་སུ་འདུ་བར་བཤད་དེ། སྡོམ་པ་ཉི་ཤུ་པའི་འགྲེལ་པར། གང་གི་ཕྱིར་བྱང་ཆུབ་སེམས་དཔའི་སྡོམ་པ་ལ་ཉེས་པའི་རིགས་གཉིས་སུ་ཟད་པར་འགྱུར་ཏེ། ཕམ་པའི་གནས་ལྟ་བུའི་ཆོས་སུ་གཏོགས་པ་དང་། ཉེས་བྱས་ཀྱི་ཆོས་སུ་གཏོགས་པའོ། །དགེ་སློང་གི་སྡོམ་པ་ལས་ཉེས་པའི་རིགས་ལྔ་འབྱུང་བ་ལྟ་བུ་ནི་མིན་ནོ། །ཞེས་གསུངས་སོ། །ནག་པོ་པའི་བཀའ་འགྲེལ་ལས་ནི་ཕམ་པའི་གནས་དང་། སྦོམ་པོའི་ལྟུང་བ་དང་ཉེས་བྱས་ཀྱི་ལྟུང་བ་གསུམ་དུ་ཡང་བཤད་དོ། །འདི་མི་འཐད་དེ། དེ་ལྟར་ན་ཟག་པ་ཆུང་འབྲིང་གི་ལྟུང་བ་རྣམས་སྦོམ་པོར་བྱེད་དགོས་ནའང་། དེ་དག་ནི་ཉེས་བྱས་ཀྱི་རིགས་སུ་བྱང་སར་འབྱུང་བའི་ཕྱིར་ཞེས་ཟེར་རོ། །དེས་ན། ལྟུང་བ་ལ་ཕམ་པ་དང་། ཉེས་བྱས་ཀྱི་ལྟུང་བ་གཉིས། དང་པོ་ལ་མཚན་ཉིད་ནི། ཀུན་དཀྲིས་ཆེན་པོའི་ཡན་ལག་བཞི་ཚང་བའི་སྒོ་ནས་བྱང་སེམས་ཀྱི་སྡོམ་པ་དང་འགལ་བར་སྤྱོད་པའི་ཉེས་པ། དེ་ལ་དབྱེ་ན། ནམ་མཁའི་སྙིང་པོའི་མདོ་ལྟར་བསླབ་བཏུས་ནས། དཀོན་མཆོག་གསུམ་གྱི་དཀོར་འཕྲོག་པ། ཕས་ཕམ་པའི་ལྟུང་བར་འདོད་དོ། །ཞེས་གསུངས་པ་ལྟར། རྩ་ལྟུང་ཕམ་པའི་གནས་བཅུ་དགུ། འདི་ལ་ཁ་ཅིག །སྡོམ་པ་ཉི་ཤུ་ནས་འབྱུང་བའམ། བྱང་ས་ལྟར་གྱི་ཕམ་པ་བཞི་འམ་བརྒྱད་བཤད་པ་རྣམས་ཀུན་བསྡུན་ནས་བགྲང་བར་འདོད་དོ། །དེ་ཡང་བཅུ་དགུ་པོ་འདི་རྒྱལ་བློན་ལ་འབྱུང་བ་ལྔ་ལྔ་ལས། དང་པོ་ལ་འབྱུང་བ་བརྒྱད། ཐུན་མོང་དུ་གཅིག་ཡིན་ལ། ཨ་བྷྱས་ནི། འདི་གང་ཟག་ཆུང་དུ་འབྲིང་། ཆེན་པོ་གསུམ་གྱི་དབང་དུ་བྱས་ཏེ། ལས་དང་པོ་པ་ལ་བརྒྱད་གསུངས་པ་གང་ཟག་ཆུང་ངུ་དང་། རྒྱལ་རིགས་ལ་གསུངས་པ་འབྲིང་དང་། བྱང་སར་བཞི་གསུངས་པ་གང་ཟག་ཆེན་པོའི་དབང་དུ་བྱས་པས་མི་འགལ་ཞིང་། ཡང་ན་བྱང་སར་གསུངས་པ་བཞི་པོས་གཞན་རྣམས་བསྡུས་པས་བཞིར་མ་འདུས་པའི་སྐྱོན་མེད་པར་འདོད་དོ། །ཁ་ཅིག །སྤྱོད་འཇུག་ནས་གསུངས་པའི་ཚིགས་སྡོམ་པ་བླངས་ན། ནམ་སྙིང་གི་མདོར་འབྱུང་བ་ལྟར་གྱི་རྩ་ལྟུང་དང་། བྱང་ས་ནས་གསུངས་པའི་ཚིགས་བླངས་ན། བྱང་སར་བཤད་པའི་རྩ་ལྟུང་དུ་འགྱུར་བས། མདོ་ཐ་དད་ཀྱི་དོན་ཡིན་པས་མི་འགལ་བར་

འདོད་པ་སོགས་ལུགས་དུ་མ་སྣང་ངོ་། །རྒྱལ་རིགས་སོགས་ཀྱི་ལྟུང་བ་སོ་སོར་བསྟན་པ་ནི། དེ་དེ་ལ་འབྱུང་ཉེ་བའི་དབང་དུ་བྱས་ཀྱི་ཐམས་ཅད་ཀྱིས་སྤང་དགོས་པར་འདྲ་བར་བཤད་དོ། །གཉིས་པ། ཉེས་བྱས་ཀྱི་ལྟུང་བའི་མཚན་ཉིད་ནི། ཀུན་དཀྲིས་ཀྱི་ཡན་ལག་བཞི་པ། ཉེས་དམིགས་སུ་མི་ལྟ་བ་མ་ཚང་བའི་སྒོ་ནས། སྡོམ་པ་དང་འགལ་བར་སྤྱོད་པའི་ཉེས་པ། དབྱེ་ན། ཉེས་བྱས་ཞེ་ལྔ་ལ་སོགས་པ་ཐུན་མོང་དུ།ཁས་བླངས་པར་བྱ་བ་རྣམས་སོ༔ ༔འོ་ན་ཀུན་དཀྲིས་ཀྱི་ཡན་ལག་བཞི་པོ་གང་ཞེ་ན། བྱ་བ་མིན་པ་དེ་ལ་འཇུག་པ་ན་ཞེ་ཐག་པ་ནས་བྱེད་འདོད་དང་། ངོ་ཚ་དང་ཁྲེལ་ཡོད་གང་རུང་ཆུང་དུ་ཙམ་ཡང་མེད་པ་དང་། དེ་ལ་དགའ་ཞིང་མགུ་བ་དང་། དེ་ལ་ཉེས་དམིགས་སུ་མི་ལྟ་བ་དང་བཞིའོ། །དེ་ལ་ཡན་ལག་བཞི་ཀ་ཚང་བ་ཀུན་དཀྲིས་ཆེན་པོ། ཉེས་དམིགས་སུ་ལྟ་བ་མ་གཏོགས་པའི་ཡན་ལག་གསུམ་ཚང་བ་འབྲིང་། དེ་མ་གཏོགས་པའི་གསུམ་ལས་གང་རུང་མ་ཚང་བའི་ཉེས་པ་ཀུན་དཀྲིས་ཆུང་ངུའོ། །ཀུན་དཀྲིས་ཆེ་འབྲིང་ཆུང་གསུམ་གྱིས་ཀུན་ནས་བསླང་བའི་ཟག་པ་ལའང་ཆེ་འབྲིང་ཆུང་གསུམ་དུ་ཤེས་པར་བྱས་ལ་ཉེས་པས་མ་གོས་པ་ལ་འབད་དོ། །གཉིས་པ་འཆོས་ཚུལ་ནི། ཉེས་པས་མ་གོས་པར་བྱས་པ་ལ་འབད་ཀྱང་། མི་ཤེས་པ་དང་བག་མེད་པ་དང་། ཉོན་མོངས་པ་མང་བ་དང་མ་གུས་པ་སྟེ་རྒྱུ་བཞིས་ཉེས་པ་བྱུང་བ་ན་ལྟུང་བར་བྱ་སྟེ། དེ་ཡང་ཕམ་པ་ནི་སླར་ཡང་སྡོམ་པ་བསྐྱར་ནས་བླང་བར་བྱ་ཞིང་། དེ་ལས་གཞན་པའི་ལྟུང་བ་ནི་རྨི་ལམ་དུ་ནམ་མཁའི་སྙིང་པོའི་མདུན་དུ་བཤགས་པ་དང་། ཉེ་བར་འཁོར་གྱིས་ཞུས་པའི་མདོར་འབྱུང་བ་ལྟར། ལྕི་ཡང་གི་བྱེ་བྲག་གིས་བཤགས་ཡུལ་བཅུ་དང་ལྔ་དང་གཅིག་ལ་སོགས་པ་ལ་བཤགས་པ་དང་། སངས་རྒྱས་སུམ་ཅུ་རྩ་ལྔ་ལ་སོགས་པ་ལ་བཤགས་པར་བྱའོ། །སྡོམ་པ་ཉེ་ཤུ་པར། སྡོམ་པ་སླར་ཡང་བླང་བར་བྱ། །ཟག་པ་འབྲིང་ནི་གསུམ་ལ་བཤགས། །གཅིག་གི་མདུན་དུ་ལྷག་མ་རྣམས། །ཉོན་མོངས་མི་མོངས་བདག་སེམས་བཞིན། །ཞེས་སོགས་ཀྱང་འབྱུང་ངོ་། །

གཉིས་པ་རྒྱས་བཤད་ལ། སེམས་ཙམ་པའི་ལུགས། དབུ་མ་པའི་ལུགས། དེ་གཉིས་ཀྱི་ཁྱད་པར། བསླབ་བྱ་རྒྱས་བཤད་དོ། །དང་པོ་ལ། སྐྱེ་བའི་རྟེན་ངེས་པ་ཅན་དུ་སྒྲུབ་པ་དང་། ནོར་བ་གཞན་དགག་པ་གཉིས། དང་པོ་ནི། སེམས་ཞེས་སོགས་ཏེ། སེམས་ཙམ་པའི་ལུགས་ཀྱི་སེམས་བསྐྱེད་འདི་བོད་ན་བྱེད་པ་མང་པོ་འདུག་མོད་ཀྱི། ཤེས་བྱ་ཆོས་ཅན། སེམས་ཙམ་ལུགས་ཀྱི་སེམས་བསྐྱེད་དེ་ནི་སོ་ཐར་དང་ལྡན་མི་ལྡན་སུ་ཡང་རུང་བའི་གང་ཟག་རྣམས་ལ་བྱ་རུང་བར་སེམས་ཙམ་པ་མི་འདོད་དེ། ཐོགས་མེད་ཇོ་བོ་སོགས་ཀྱིས་སེམས་ཙམ་པའི་འདོད་པ་བརྗོད་པའི་སྐབས་ཀྱི་བྱང་ས་དང་། ལམ་སྒྲོན་རྩ་འགྲེལ་སོགས་སུ་དེ་ལྟར་བཤད་པས་སོ། །ཇི་ལྟར་ན། བྱང་སའི་ཚུལ་ཁྲིམས་ལེའུའི་དོན་འགྲེལ་པའི་ལམ་སྒྲོན་དུ། སོ་སོར་ཐར་པ་རིགས

བདུན་གྱི། །ཏག་ཏུ་སྡོམ་གཞན་ལྡན་པ་ལ། །བྱང་ཆུབ་སེམས་དཔའི་སྡོམ་པ་ཡི། །སྐལ་བ་ཡོད་ཀྱི་གཞན་དུ་མིན། །ཞེས་སོགས་དང་། དེ་གཞན་གྱི་དོན་བྱང་ས་དང་། གནས་བརྟན་བྱ་བཟང་སོགས་ཀྱིས་ཀྱང་བཤད་དོ། །ཚིག་ནི་གཞན་དུ་ཤེས་པར་བྱའོ། །སྐབས་འདི་སོགས་སུ་ཕྱོགས་མེད་དབུ་མ་པར་ཁས་བླངས་ནས། སེམས་ཙམ་པའི་འདོད་ལུགས་འཆད་པ་ན་ཕྱོགས་མེད་ཀྱི་རང་ལུགས་སྟོན་པ་ནི་ནང་འགལ་བས་མི་འགལ་བའི་བཤད་པ་ལ་བསླབ་པར་བྱའོ། །གཉིས་པ་ནི། ལ་ལ་ཞེས་སོགས་ཏེ། ལ་ལ་ནི་སྐྱེ་བོ་གང་ཞིག་གི་སྨྲ་ལམ་དུ་སེམས་ཅན་ཀུན་ལ་དེ་ལུགས་ཀྱི་སེམས་བསྐྱེད་བྱས་ན་སྐྱེ་ཞེས་པའི་ལུང་བསྟན་བྱུང་ཞེས་པའི་རྗེས་སུ་འབྲངས་ནས་སེམས་ཅན་ཀུན་ལ། འདི་ལུགས་ཀྱི་སེམས་བསྐྱེད་བྱེད་མོད་ཀྱི་སྨྲ་ལམ་དེ་བདུད་ཀྱི་ཚོ་འཕྲུལ་མིན་ན་རུང་མོད་སྙེ་ཡིན་པས། ཤེས་བྱ་ཆོས་ཅན། སེམས་ཅན་ཀུན་ལ་སེམས་ཙམ་པའི་ལུགས་ཀྱི་སེམས་བསྐྱེད་ཀྱི་སྡོམ་པ་འབོགས་པའི་ལུགས་དེ་སངས་རྒྱས་ཀྱི་བསྟན་པར་མི་རུང་བར་ཐལ། དེ་འདྲའི་ལུགས་དེ་ཐོགས་མེད་ཀྱིས་བྱང་ཆུབ་སེམས་དཔའི་ས་དང་ནི། དཔལ་མར་མེ་མཛད་དང་བྱང་སའི་སེམས་ཙམ་ལུགས་ཀྱི་ཆོ་ག་ལས་སེམས་ཙམ་པའི་ལུགས་ཡིན་པ་བཀག་ཅིང་བསལ་བའི་ཕྱིར་དང་། སངས་རྒྱས་པ་གཞན་ཡང་མི་འདོད་པའི་ཕྱིར་རོ། །ལུང་ནི་སྔར་དྲངས་པ་ལྟར་རོ། །འདིར་ཁ་ཅིག །སེམས་བསྐྱེད་ཀྱི་རྟེན་དུ་སེམས་ཅན་ཐམས་ཅད་རུང་ལ་སེམས་བསྐྱེད་ཀྱི་སྡོམ་པའི་རྟེན་དུ་སོ་ཐར་དགོས་པར་བསྟན་ཟེར་ཞིང་རང་ལུགས་སུ་ཡང་འདོད་པ་འདྲ་ནའང་། དེའི་སྒྲུབ་བྱེད་ཡང་དག་མེད་དེ་མཚུངས་པའི་ཕྱིར་རོ། །ཁ་ཅིག །ལྷུན་པོ་སྡིག་པ་ཅན་ཡིན་ཡང་དེར་འཚོགས་པ་ཐམས་ཅད་ནི། བྱང་སེམས་ཀྱི་སྡོམ་པའི་རྟེན་དུ་དགོས་པའི་སོ་སོར་ཐར་པའི་སྡོམ་པ་ཅན་བྱང་ཆུབ་སེམས་དཔའི་སྡེ་སྣོད་ལ་མཁས་པ་ཤ་སྟག་ཡིན་ནོ། །འདི་འདྲའི་ཚིག་ལའང་བདེན་པར་འཛིན་པ་ཡོད་པ་མི་འཐད་དེ། སེམས་ཡོད་རྣམས་ཀྱིས་འདི་ལ་དཔྱོད་ཅིག་དང་དཔྱད་ན་འཇིག་པའི་ཕྱིར་རོ། །གལ་ཏེ་འདི་ལྟའི་ཚིག་བདེན་ན་ཚིག་དེ་ལས་མི་བདེན་པ་གཞན་ཅི་ཡོད་དེ་མེད་པར་ཚིག་ཐམས་ཅད་བདེན་པ་ཤ་སྟག་ཡིན་པར་ཐལ། དེའི་ཕྱིར་རོ། །དེས་ན་ཆོས་ཀྱི་རྗེས་སུ་འབྲང་བའི་མཁས་པ་རྣམས་ཀྱི་ལུགས་བཞིན་འདི་སྤྱོངས་ལ་ཁས་མ་བླངས་ཤིག །གཉིས་པ་ནི། དབུ་ཞེས་སོགས་ཏེ། འོ་ན་སེམས་ཙམ་ལུགས་དེ་སོ་ཐར་དང་མི་ལྡན་པ་ལ་སྐྱེ་བར་མི་འདོད་ན། དབུ་མའི་ལུགས་ཀྱང་དེར་མཚུངས་ཟེར་ན། ཤེས་བྱ་ཆོས་ཅན། དེ་གཉིས་མི་མཚུངས་པར་ཐལ། དབུ་མའི་ལུགས་ཀྱི་སེམས་བསྐྱེད་འདི། ངན་སོང་གི་འགྲོ་བ་ཀླུ་འགའ་ཞིག་ལ་སོགས་པ་སྣོད་རུང་གི་སེམས་ཅན་ཀུན་གྱིས་ལེགས་པར་ཐོབ་པ་ཡོད་ཅིང་ཐོབ་པ་ན་རྫོགས་པའི་སངས་རྒྱས་ཀྱི་རྒྱུར་འགྱུར་རོ་ཞེས། སྡོང་པོ་བཀོད་པའི་མདོ་དང་། སྤྱོད་འཇུག་ལ་སོགས་པའི་བསྟན་བཅོས་མང་པོ་ལས་གསུངས་ཤིང་། སེམས་ཙམ་

ལུགས་ནི་ཀླུ་ལ་སོགས་པ་ལ་སྐྱེ་བ་བཀག་པའི་ཕྱིར། དེ་ཡང་སྟོང་པོ་བཀོད་པར། ཀླུ་སྟོང་ཕྲག་བཅུས་བྱང་ཆུབ་ཏུ་སེམས་བསྐྱེད་པར་བཤད་པ་དང་། ཀླུའི་རྒྱལ་པོ་རྒྱ་མཚོས་ཞུས་པར་ཀླུ་ཁྲི་ཉིས་སྟོང་གིས་སེམས་བསྐྱེད་པར་བཤད་པ་དང་། བསྐལ་བཟང་གི་མདོར། དེ་བཞིན་གཤེགས་པ་འོད་འཕྲོ་ཅན། །གྲོང་གི་སྤྲང་པོར་གྱུར་པ་ན། །རྩྭ་ཡི་མེ་སྒྲོན་ཕུལ་ནས་ནི། །བྱང་ཆུབ་ཏུ་ནི་སེམས་བསྐྱེད་དོ། །ཞེས་སོགས་དང་། ནམ་མཁའི་སྙིང་པོའི་མདོ་ལས་བྱང་ཆུབ་སེམས་དཔའི་རྒྱལ་བློན་དང་ཕལ་བ་ལ། ལྟུང་བར་འགྱུར་བ་གསུངས་པ་དང་། དཀོན་མཆོག་བརྩེགས་པའི་རྒྱལ་པོ་ལ་གདམས་པའི་མདོ་ལས། རྒྱལ་པོ་ཆེན་པོ་ཁྱོད་ཡང་དག་པར་རྫོགས་པའི་བྱང་ཆུབ་ལ་འདུན་པ་སོགས་རྟག་པར་རྒྱུན་དུ་དྲན་པར་གྱིས་ལ་ཡིད་ལ་བཟུང་སྟེ་བསྒོམས་ཤིག །ཅེས་སོགས་ནས། དེ་ལྟར་བྱས་ན་རྒྱལ་སྲིད་ལས་མི་ཉམས་ཤིང་བྱང་ཆུབ་ཀྱི་ཚོགས་ཀྱང་ཡོངས་སུ་རྫོགས་པར་འགྱུར་རོ། །ཞེས་སོགས་དང་། སྤྱན་རས་གཟིགས་ཀྱིས་ཡི་དྭགས་མང་པོ་དང་དུད་འགྲོ་མང་པོ་བདེན་པ་མཐོང་བ་ལ་བཀོད་པར་བཤད་པ་དང་། དྲིན་ལན་བསབ་པའི་མདོ་ལས། ཤིང་རྟ་འདྲེན་པའི་གྱད་གཅིག་གིས། གྱད་ཟླ་པོ་ལ་སྙིང་རྗེ་དང་པོར་བསྐྱེད་ཅིང་། ཕྱི་ནས་སེམས་བསྐྱེད་པར་བཤད་པ་དང་། ཤེར་ཕྱིན་གྱི་ལམ་ཤེས་ཀྱི་མདོར། འདོད་གཟུགས་ཀྱི་ལྷའི་བུ་མང་པོས་ཐེག་ཆེན་དུ་སེམས་བསྐྱེད་པར་བཤད་པ་ལ་སོགས་པའི་མདོ་རྣམས་སུ་ལྟོས་ཤིག ། གཞན་ཡང་། འཕགས་པ་ཀླུ་སྒྲུབ་ཀྱིས། སེམས་ཅན་ཐམས་ཅད་བྱང་ཆུབ་ཏུ། །སེམས་བསྐྱེད་བཅུག་ཅིང་རྟེན་བྱས་ན། །རི་དབང་རྒྱལ་པོ་ལྟར་བརྟན་པའི། །བྱང་ཆུབ་སེམས་དང་རྟག་ལྡན་འགྱུར། །ཞེས་གསུངས་པ་དང་། བསླབ་བཏུས་སུའང་། དོན་དེ་ལྟར། རྒྱལ་སྲས་ཞི་བའི་ལྷས་མཛད་ཅིང་གསུངས་སོ། །མདོར་ན། དབུ་མའི་ལུགས་ཀྱི་སེམས་བསྐྱེད་ནི་སོ་ཐར་དང་ལྡན་པར་མ་ཟད། མི་ལྡན་པའི་ལྷ་ཀླུ་སོགས་རིགས་དྲུག་གང་ཡང་རུང་བའི་རྟེན་ལ་སྐྱེ་བ་ཡོད་དེ་གོང་དུ་འབྱུང་བའི་མདོ་དང་བསྟན་བཅོས་དེ་དག་ལས་དེ་ལྟར་བཤད་པའི་ཕྱིར་ཞེས་པའི་དོན་ཡིན་གྱི། སེམས་ཅན་ཡིན་ན་དབུ་མའི་ལུགས་ཀྱི་སེམས་བསྐྱེད་ད་ལྟ་སྐྱེ་བའི་རྟེན་དུ་ཁྱབ་པ་ཁས་ལེན་པ་ནི་མ་ཡིན་པས་འགའ་ཞིག་གིས་དེ་ལྟར་བསམ་སྟེ་འགོག་པ་ལ་རབ་ཏུ་འབད་པ་ནི། རྟེན་ཇི་ལྟ་བུ་ཞིག་འཛིན་པར་འགྱུར་ཏེ། ཕྱོགས་འདི་རབ་ཏུ་རྒྱུད་ན་ཅི་མ་རུང་སྙམ་པའི་ཐུག་རྡུས་ཀུན་ཏུ་མྱོས་པར་སྣང་བས་སོ། །

གསུམ་པ་དེ་གཉིས་ཀྱི་ཁྱད་པར་བསྟན་པ་ལ། ལེན་པ་པོ་གང་གིས་ཁྱད་པར། ལེན་ཚུལ་ཆོ་གའི་ཁྱད་པར། དོན་དམ་སེམས་བསྐྱེད་ཆོ་ག་ལས་དངོས་སུ་སྐྱེ་བ་དགག་པ། སེམས་བསྐྱེད་ཀྱི་བསླབ་བྱ་བསྟན་པ་དང་བཞི། དང་པོ་ནི། ཇི་ལྟར་ཞེས་སོགས་ཏེ། ཤེས་བྱ་ཆོས་ཅན། དབུ་སེམས་གཉིས་ཀྱི་ལུགས་ལ་ཐེག་ཆེན་སེམས་བསྐྱེད་ཀྱི་རྟེན་ལེན་པ་པོ་ལ་ཁྱད་པར་ཡོད་དེ། ཇི་ལྟར་ཏེ་དཔེར་ན། འབྲས་ཀྱི་ས་བོན་ནི་གྲང་བའི་ཡུལ་

དུ་མི་སྐྱེ་བ་དེ་བཞིན་དུ་སེམས་ཙམ་པའི་ལུགས་ལ་ཐེག་ཆེན་སེམས་བསྐྱེད་དེ་སྡོམ་པ་མེད་པའི་སྡིག་ཅན་ལ་མི་སྐྱེ་ལ། ཇི་ལྟར་ན་ནས་ཀྱི་ས་བོན་ནི་གྲང་དྲོའི་ཡུལ་གང་དུའང་སྐྱེ་བ་དེ་བཞིན་དུ། དབུ་མ་པའི་ལུགས་ཀྱི་སེམས་བསྐྱེད་ཀྱང་སྡོམ་པ་དང་མི་ལྡན་ཀྱང་སྡིག་པ་ཆེན་པོ་ཡོད་མེད་ཀྱི་སྣོད་རུང་ཀུན་ལ་སྐྱེ་བའི་ཕྱིར་རོ། །འོ་ན་རེ། རྟེན་ཀྱང་དེ་གཉིས་མཚུངས་ཏེ། དབུ་མའི་ལུགས་ཀྱི་སེམས་བསྐྱེད་སྐྱེ་བའི་རྟེན་དུ། མདོ་ལས་བཤད་པའི་གཞུང་དེ་སེམས་ཙམ་པའི་ལུགས་ཀྱི་སེམས་བསྐྱེད་ཡང་སྐྱེ་བའི་ལུང་དུ་སྦྱར་བས་ཅི་འགལ་ཏེ་མི་འགལ་བས་སོ་སྙམ་པའི་ཕྱིར་ཟེར་ན། དེ་ནི་ཞེས་སོགས་ཏེ། ཤེས་བྱ་ཆོས་ཅན། དབུ་མའི་ལུགས་ཀྱི་སེམས་བསྐྱེད་སོ་ཐར་གྱི་སྡོམ་པ་དང་མི་ལྡན་ཡང་སྣོད་རུང་ཀུན་ལ་སྐྱེ་བར་སྟོན་པའི་མདོ་ལུང་རྣམས་སེམས་ཙམ་པའི་ལུགས་ཀྱི་སེམས་བསྐྱེད་སྐྱེ་བའི་ལུང་དུ་མི་འགལ་བར་འདོད་པ་དེ་ནི་འབྲུལ་བར་ཐལ། རྒྱལ་བ་ཕན་བཞེད་ཀྱིས་སྟོན་ཉིན་གཅིག་གི་སྲོག་གཅོད་སྡོམ་པ་བླངས་པ་ཙམ་ལ་བྱང་ཆུབ་སེམས་དཔའི་སེམས་བསྐྱེད་ཀྱི་ཆོ་ག་མཛད་ཀྱང་ཉིན་གཅིག་གི་སྲོག་གཅོད་ཙམ་སྤོང་བའི་སྡོམ་པ་ནི་རིས་བདུན་གྱི་སོ་སོར་ཐར་པ་གང་ཡང་མིན་ལ། དེ་ལ་སོགས་པ་སོ་ཐར་དང་མི་ལྡན་པའི་སྣོད་རུང་ལ་སྐྱེ་བར་སྟོན་པའི་འཐད་པའི་ལུང་རྣམས། དབུ་མའི་ལུགས་ལ་འཐད་མོད་ཀྱི་སེམས་ཙམ་པའི་ལུགས་ལ་འཐད་པ་མིན་པས་སོ། །དོན་དེ་ཡང་མདོ་སྡེ་སྐལ་བཟང་ལས། རྒྱལ་བ་ཕན་བཞེད་གྲོང་དཔོན་གྱུར་པའི་ཚེ། །དེ་བཞིན་གཤེགས་པ་བསོད་ནམས་འོད་དེ་ལ། །ཉིན་གཅིག་སྲོག་གཅོད་སྡོམ་པ་བླངས་ནས་ཀྱང་། །དང་པོར་བྱང་ཆུབ་མཆོག་ཏུ་ནི་སེམས་བསྐྱེད་དོ། །ཞེས་གསུངས་སོ། །མདོ་འདི་སྟོན་གྱི་གཞུང་རྙིང་དམ་ལ་ལར་སྣུས་སུ་ཞོར་མོད་ཀྱང་སྣུས་མ་མིན་པར་གསལ་ལོ། །

གཉིས་པ་ཆོ་གའི་ཁྱད་པར་ནི། དེས་ན་ཞེས་སོགས་ཏེ། ཤེས་བྱ་ཆོས་ཅན། དབུ་སེམས་གཉིས་ཀྱི་ལུགས་ཀྱི་སེམས་བསྐྱེད་ལེན་པའི་ཆོ་ག་ལ་མི་འདྲ་བའི་ཁྱད་པར་ཡོད་དེ། སེམས་ཙམ་ལུགས་ཀྱི་སེམས་བསྐྱེད་ལེན་པར་འདོད་ན་ཐོག་མར་སོ་སོར་ཐར་པ་འབྲོལ། བྱང་སེམས་ཀྱི་སྡེ་སྣོད་ལ་སློབ་ཏེ་དད་ཅིང་སྙུབ་པར་ནུས་ན་ཕྱི་ནས་སེམས་བསྐྱེད་ཀྱི་སྡོམ་པ་ལོངས་ཤིག་ཅེས་ཏེ་སེམས་ཅན་དེ་ཡི་སྣོད་རུང་ཐམས་ཅད་ལ་སངས་རྒྱས་ཀྱི་ས་བོན་འཛུག་པར་འདོད་ན་འབྲུལ་པ་མེད་པར་དབུ་མའི་གཞུང་བཞིན་གྱི་ཆོ་གས་ལེན་དགོས་པས་སོ། །

གསུམ་པ་ལ། དེ་ཆོག་ལས་མི་སྐྱེ་བར་བསྟན་པ། སྐྱེ་ན་བཞ་བྱུང་དུ་ཐལ་བ། དཔེའི་སྒོ་ནས་བསྟན་པ། སེམས་བསྐྱེད་དུ་གསུངས་པའི་དགོངས་པ་བསྟན་པ་དང་བཞི། དང་པོ་ནི། དོན་དམ་ཞེས་སོགས་ཏེ། བཀའ་ཕྱུག་པ་འགའ་ཞིག་དོན་དམ་སེམས་བསྐྱེད་ཡང་ཆོ་གའི་སྒོ་ནས་དངོས་སུ་སྐྱེ་བ་ནི་ཀུན་རྫོབ་སེམས་བསྐྱེད་དང་མཚུངས་པར་འདོད་དོ། །ཤེས་བྱ་ཆོས་ཅན། དོན་དམ་སེམས་བསྐྱེད་ཅེས་བྱ་བ་ནི་བསྒོམས་པའི་སྟོབས་ཀྱིས

དངོས་སུ་སྐྱེ་བ་ཡིན་ནོ། །དེ་ནི་འཕགས་རྒྱུད་ཀྱི་སྤྲོས་མེད་མི་རྟོག་པའི་ཡེ་ཤེས་ཡིན་པའི་ཕྱིར། དེ་ལྟར་ཡང་མདོ་སྡེ་རྒྱན་དང་། བྱང་ཆུབ་སེམས་འགྲེལ་ལས་ཀྱང་། དོན་དམ་པ་བྱང་ཆུབ་ཀྱི་སེམས་ནི། བསྒོམས་པའི་སྟོབས་ཀྱིས་བསྐྱེད་པར་བྱ་སྟེ། ཞེས་སོགས་ལུང་རྣམ་པར་དག་པ་དུ་མ་ནས་འབྱུང་ཞིང་བཤད་དོ། །དེའི་ཕྱིར་ཆོ་གའི་སྒོ་ནས་ནི་དོན་དམ་བྱང་སེམས་འདི་དངོས་སུ་མི་སྐྱེའོ། །གཉིས་པ་ནི། གལ་ཏེ་ཞེས་སོགས་ཏེ། གལ་ཏེ་དེ་ཆོ་གའི་སྒོ་ནས་དངོས་སུ་སྐྱེ་ན། དོན་དམ་བྱང་ཆུབ་ཀྱི་སེམས་དེ་ཆོས་ཅན། བརྡ་ལས་བྱུང་བའི་སེམས་བསྐྱེད་དུ་ཐལ་བ་དེའི་ཕྱིར་རོ། །འདོད་མི་ནུས་ཏེ། འདི་ནི་དོན་དམ་ཆོས་ཉིད་ཀྱིས་ཐོབ་པ་ཞེས་བྱ་བའི་སེམས་བསྐྱེད་ཡིན་པའི་ཕྱིར་རོ། །འདི་ལ་ཞེས་སོགས་ཏེ། དོན་དམ་སེམས་བསྐྱེད་ཆོ་གས་དངོས་སུ་བསྐྱེད་ཟེར་བ་འདི་འདྲའི་རིགས་ཅན་ཀུན་སངས་རྒྱས་ཀྱི་བསྟན་པའི་གཟུགས་བརྙན་ཙམ་དུ་བས་ཏེ། དོན་དམ་སེམས་བསྐྱེད་འདི་ལ་སྦྱོར་དངོས་རྗེས་གསུམ་གྱི་ཆོ་ག་རྒྱལ་བས་གསུངས་པ་མེད་ཅིང་མཁས་པ་ཐམས་ཅད་ཀྱང་འདིའི་ཆོ་ག་མི་མཛད་ལ། མཛད་ཀྱང་ཆོ་གར་མི་འགྱུར་བས་སོ། །གསུམ་པ་ནི། དཔེར་ན་ཞེས་སོགས་ཏེ། ཀུན་རྫོབ་སེམས་བསྐྱེད་དེ་དང་། དོན་དམ་སེམས་བསྐྱེད་དེ་གཉིས་ཆོ་གས་དངོས་སུ་བསྐྱེད་ནུས་མི་ནུས་ཀྱི་ཁྱད་པར་ཡོད་པ་ནི། དཔེར་ན་ཆུ་ལུད་ས་བོན་སོགས་ཀྱི་སོ་ནམ་ཞིང་པས་བྱང་ནུས་ཀྱི་མྱུ་གུ་སྔོང་བུ་སྙེ་མ་སོགས་ཞིང་སྟེང་དུ་འབྱུང་གི །མིས་དེ་ལས་གཞན་དུ་བསྐྱེད་དུ་མེད་པ་བཞིན་དུ་ཀུན་རྫོབ་བྱང་ཆུབ་ཀྱི་སེམས་ཆོ་གའི་སྒོ་ནས་དངོས་སུ་བསྐྱེད་ནུས་ཀྱི། དོན་དམ་བྱང་ཆུབ་སེམས་དང་ནི། ཟག་པ་མེད་པའི་སྡོམ་པ་དང་བསམ་གཏན་གྱི་ནི་སྡོམ་པ་ལ་སོགས་པ་རྒྱུ་གཞན་ལས་ངང་གིས་སྐྱེ་ཡི་ཆོ་ག་ལས་དངོས་སུ་སྐྱེ་བ་མིན་ཏེ། དཔེ་དོན་འདི་དག་གི་འཐད་པ་དང་བཅས་པ་མདོ་དང་བསྟན་བཅོས་ཀུན་ལས་འབྱུང་བའི་ཕྱིར་རོ། །གཞན་དུ་ན་མ་བསྒོམས་པར་འཕགས་པའི་རྟོགས་པ་དང་། འདོད་པ་ལ་ཆགས་བྲལ་འབྱུང་བར་འགྱུར་བའི་སྐྱོན་ཡོད་དོ། །བཞི་པ་ནི་དོན་དམ་ཞེས་སོགས་ཏེ། ཁོ་ན་རེ། དོན་དམ་བྱང་སེམས་ཆོ་ག་དངོས་སུ་ཐོབ་པ་ཡོད་དེ། སྤྱང་སྐྱོང་ཕྱག་རྒྱ་པར། དོན་དམ་པའི་བྱང་ཆུབ་ཀྱི་མཆོག་ཏུ་སེམས་བསྐྱེད་པར་བྱའོ། །ཞེས་གསུངས་ཤིང་། གཞན་ནས་ཀྱང་གསུངས་པས་སོ་ཟེར་ན། ཤེས་བྱ་ཆོས་ཅན། སྤྱང་སྐྱོང་ཕྱག་རྒྱ་པར་དེ་ལྟར་གསུངས་པ་སྲིད་ཀྱང་དེ་ལྟར་གསུངས་པ་དེ་ཆོ་ག་མིན་པར་ཐལ། དེ་ནི་དམ་བཅའ་བ་ཙམ་ཡིན་གྱི་ཆོ་གའི་དོན་མེད་པའི་ཕྱིར། དཔེར་ན་སྦྱིན་པ་བཏང་བར་བྱ། ཚུལ་ཁྲིམས་དམ་པ་བསྲུང་བར་བྱ། སངས་རྒྱས་ཡོན་ཏན་བསྒྲུབ་པར་བྱ། དེ་ལ་སོགས་པ་གསུངས་པ་ཀུན་དམ་བཅའི་ཚིག་ཙམ་ཉིད་ཡིན་གྱི་ཆོ་གའི་སྒོ་ནས་བསྐྱེད་པ་མིན་པ་དེ་བཞིན་ནོ། །གལ་ཏེ་དམ་བཅའ་ཚིག་ཡིན་ན་ནི། ཟ་བར་བྱ། འགྲོ་བར་བྱ། ཞེས་སོགས་ཀྱང་ཆོ་གར་ཧ་ཅང་ཐལ་བར་འགྱུར་ཞིང་། ཆོ་ག་ཐུག་མེད་དུ་ཡང་འགྱུར

བའི་སྐྱོན་ཡོད་པས་དེ་ལྟར་མིན་ནོ། །ཀྱེ་མ་འཇིག་རྟེན་ན་བླུན་པོ་མང་པོས་ཆོས་མིན་ཆོས་སུ་བཟུང་སྟེ། རྒྱལ་བས་གསུངས་པའི་རྣམ་པར་དག་པ་ཀུན་བོར་ནས་མ་གསུངས་པའི་ལག་ལེན་འཁྲུལ་པ་མང་པོ་ལ་ནན་གྱིས་འཆད་པ་ནི། འདི་འདྲ་ངན་སོང་དང་མཐོ་རིས་ཅིག་ཅར་སྐྱེ་བར་འགྱུར་མཁས་པས་བརྟག་དགོས་ཏེ། བརྟགས་ན་གོ་བས་དེ་དག་ལམ་ངན་པ་ལས་བཟློག་པའི་ཕྱིར་དུ་སངས་རྒྱས་ཀྱི་དགོངས་པ་བཞིན་འཆད་པ་ལ་བརྩོན་པ་ཡིན་པས་དགའ་བ་སྒོམ་ལ། འདི་ལ་འཇུག་པར་གྱིས་ཤིག །བཞི་པ་སེམས་བསྐྱེད་ཀྱི་བསླབ་བྱ་བསྟན་པ་ལ། སྤང་བྱ་ལྟུང་བ་རིགས་བཞིར་བསྟན་པ། སེམས་པའི་བློ་སྦྱོང་བསྒོམ་ཚུལ་བཤད་པ། འཁྲུལ་པས་འཚང་མི་རྒྱ་བར་བསྟན་པའོ། །དང་པོ་ལ་བསྟན་བཤད་གཉིས། དང་པོ་ནི། ཁོ་ན་རེ། དབུ་སེམས་གཉིས་སེམས་བསྐྱེད་ཀྱི་རྟེན་དང་ཆོ་ག་སོགས་མི་མཚུངས་པས་ལྟུང་བའི་རྣམ་གཞག་ཀྱང་མཐུན་པ་མེད་པར་འགྱུར་རོ་ཟེར་ན། དེ་ལྟར་ཞེས་སོགས་ཏེ། ཤེས་བྱ་ཆོས་ཅན། དེ་ལྟར་མི་འགྱུར་བར་ཐལ། དབུ་སེམས་གཉིས་ཆོ་ག་སོགས་ཀྱི་རྣམ་གཞག་ཐ་དད་ཡོད་མོད་ཀྱི། འོན་ཀྱང་ཐེག་ཆེན་ཀུན་མཐུན་པར་ལྟུང་བའི་རྣམ་གཞག་མུ་བཞིར་གསུངས་པའི་ཕྱིར་སྟེ། ལྟུང་བྱེད་ལྟུང་བ་དང་ལྟུང་བའི་གཟུགས་ཅན་དང་། ལྟུང་བ་མེད་པའི་གཟུགས་བརྙན་ཞེས་བྱ་བ་རྣམ་པ་བཞིར་ཡོད་པའི་ཕྱིར། བཞི་པོ་དེ་ཡང་གང་ཞེ་ན། བསམ་པ་ཞེས་སོགས་ཏེ། ཤེས་བྱ་ཆོས་ཅན། ལྟུང་མེད་སོགས་མུ་བཞི་པོ་དེ་ལ་དབུ་སེམས་གཉིས་མཐུན་ཏེ། བསམ་པ་དག་པའི་སྦྱིན་པ་སོགས་ནི་རྣམ་པ་ཀུན་ཏུ་ལྟུང་བ་མེད་ཅིང་། བསམ་པ་ངན་པའི་སྲོག་གཅོད་སོགས་རྣམ་པ་ཀུན་ཏུ་ལྟུང་བར་འགྱུར་ལ་དགེ་བའི་སེམས་ཀྱིས་བསད་པ་སོགས་ལྟུང་བའི་གཟུགས་བརྙན་ཡིན་ཞིང་། གཞན་ལ་གནོད་ན་རྫུན་མིན་ཡང་ལྟུང་བ་མེད་པའི་གཟུགས་བརྙན་ཡིན་ཞེས་འདོད་པ་ལ་དབུ་སེམས་མཐུན་པའི་ཕྱིར་རོ། །དེ་དག་གི་རྒྱུ་མཚན་ཡང་། མདོར་ཞེས་སོགས་ཏེ། སེམས་ཀྱི་ཕན་པ་བཟང་ངན་ལས་གཞན་པའི་དགེ་སྡིག་མེད་དེ། སྦྱོར་བ་འཇམ་རྩུབ་ཀྱི་དགེ་སྡིག་ཏུ་མི་འགྱུར་ཞིང་། དགེ་སྡིག་ཏུ་འགྱུར་བ་ནི་སེམས་ལ་རག་ལས་པའི་ཕྱིར་རོ། །དེ་སྐད་དུ་ཡང་། འཕགས་པ་ལྷ་ཡིས་བཞི་བརྒྱ་པར། བསམ་པ་བྱང་ཆུབ་སེམས་དཔའི་མི། །དགེ་བའམ་ཡང་ན་མི་དགེ་བ། །ཐམས་ཅད་དགེ་བ་ཉིད་འགྱུར་ཏེ། །གང་ཕྱིར་སེམས་དེ་གཙོ་བོའི་ཕྱིར། །ཞེས་གསུངས་ཤིང་། སེམས་ཀྱི་སྤྲིན་སྦྱོང་དུ་འང་། དགེ་སྡོང་རང་གི་ཕ་རྒན་ལ། །མྱུར་འདོང་ཞེས་ནི་བསྐུལ་གྱུར་ནས། །ཕུལ་བས་དེ་ནི་ཤི་གྱུར་ཀྱང་། །མཚམས་མེད་སྦྱོར་བ་མ་ཡིན་ནོ། །བསམ་པ་བཟང་པོས་མཆིལ་ལྷམ་གཉིས། །ཐུབ་པའི་དབུ་ལ་བཞག་པ་དང་། །དེ་བཞིན་གཞན་གྱིས་བསལ་གྱུར་པ། །གཉིས་ཀས་རྒྱལ་སྲིད་ཐོབ་པར་འགྱུར། །དེ་ཕྱིར་བསམ་པའི་རྩ་བ་ལ། །བསོད་ནམས་སྡིག་པ་རྣམ་པར་གནས། །ཞེས་གསུངས་པ་དང་། དེ་བཞིན་དུ་དྲན་པ་ཉེར་བཞག་ལ་སོགས་པའི་མདོ་

དང་། བཏགས་གཉིས་ལས་འབྱུང་བའི་དོན་འཆད་པའི་གྲུང་དུ། རིན་ཆེན་སེམས་ལས་ཕྱིར་གྱུར་པའི། །སངས་རྒྱས་མེད་ཅིང་སེམས་ཅན་མེད། །ཅེས་སོགས་དང་རྒྱུད་སྡེ་གཞན་དང་གཞན་ལས་ཀྱང་དགེ་སྡིག་སེམས་ལ་རག་ལས་པའི་རྣམ་གཞག་དེ་ལྟར་གསུངས་ཤིང་། སེམས་ཙམ་པ་ནི་ལྟག་པར་དུ་ཡང་སྣང་བ་ཐམས་ཅད་སེམས་ཀྱིས་བྱས་པར་སྒྲུབ་པའི་ཕྱིར་རོ། །གཉིས་པ་ལ། མི་འཐད་པ་དགག་པ་སོགས་གསུམ་ལས། དང་པོ་ནི། བྱང་ཆུབ་ཅེས་སོགས་ཏེ་བྱང་ཆུབ་སེམས་ཀྱི་བསླབ་པ་ལ་སྒོམ་ཚུལ་བདག་གཞན་མཉམ་པར་བསྒོམ་པ་དང་། བདག་པས་གཞན་གཅེས་པའི་བརྗེ་བ་བསྒོམ་པ་གཉིས་སུ་གསུངས་པ་དེ་ལ་འབྲི་ཕག་པ་ཁ་ཅིག །བདག་གཞན་བརྗེ་བའི་བྱང་ཆུབ་ཀྱི་སེམས་བསྒོམ་དུ་མི་རུང་སྟེ། དེའི་རྒྱུ་མཚན་འདི་སྐད་དུ་ལོ་བདག་བདེ་གཞན་ལ་བྱིན་ནས་གཞན་སྡུག་བདག་གིས་བླངས་པར་གྱུར་ན་སྨོན་ལམ་གྱི་མཐའ་ནི་བཙན་པའི་ཕྱིར་ན་སྨོན་ལམ་འདེབས་པ་པོ་བདག་ནི་རྟག་ཏུ་སྡུག་བསྔལ་བར་འགྱུར་བས། དེས་ན་འདི་འདྲའི་བྱང་སེམས་བསྒོམ་པ་དེ་དག་ཐབས་ལ་མི་མཁས་པས། ནོར་བ་ཆེན་པོའི་ཆོས་ཡིན་ནོ་ཞེས་སུ་སྨྲ་བ་སྐད་བྱེད་ལོ། དེ་དགག་པར་བྱ་སྟེ། དེ་དོན་ཞེས་སོགས་ཏེ། ཁྱེད་འདོད་པ་དེའི་དོན་འདི་ལྟར་བསམ་པར་བྱ་སྟེ། བདག་གཞན་བརྗེ་བའི་བྱང་སེམས་དེ་དགེ་བ་ཡིན་ནམ། སྡིག་པ་ཡིན་བརྟག་གོ། །གལ་ཏེ་དེ་དགེ་བ་ཡིན་ཟེར་ན། བདག་གཞན་བརྗེ་བའི་བྱང་སེམས་དེ་ཆོས་ཅན། སྡུག་བསྔལ་འབྱུང་བ་འགལ་བར་ཐལ། དགེ་བ་ཡིན་པའི་ཕྱིར། དེ་སྡིག་པ་ཡིན་ཟེར་ན། དེ་ཆོས་ཅན། དུག་གསུམ་གང་རུང་གིས་བསྐྱེད་པའི་ལས་སུ་ཐལ། སྡིག་པ་ཡིན་པའི་ཕྱིར་རོ། །དེས་ན་བདག་གཞན་བརྗེ་བ་དུག་གསུམ་མིན་པས་དེ་ལས་སྡུག་བསྔལ་ག་ལ་འབྱུང་། བྱང་སེམས་ཀྱི་སྨོན་ལམ་མཐུ་བཙན་པར་ཡང་མ་ངེས་པར་ཐལ། བྱང་སེམས་བློ་སྦྱོང་པའི་སྨོན་ལམ་འགའ་ཞིག་མཐུ་མི་བཙན་པའི་ཕྱིར། གལ་ཏེ་བྱང་སེམས་ཀྱི་སྨོན་ལམ་ཐམས་ཅད་མཐུ་བཙན་ན། ཤེས་བྱ་ཆོས་ཅན། དེང་དཔོན་མཛའ་བོའི་ཡུས་དུས་རྒྱུན་དུ་གླད་ནད་ཆེན་པོ་མྱོང་བར་ཐལ། དེའི་ཕྱིར། དུས་གསུམ་གྱི་རྒྱལ་སྲས་ཐམས་ཅད་ཀྱང་ཆོས་ཅན། རྒྱུན་དུ་སྡུག་བསྔལ་ཐོབ་པར་ཐལ། བདག་གཞན་བརྗེ་བ་བསྒོམ་པའི་ཕྱིར། བདག་གཞན་བརྗེ་ཡུལ་གྱི་སེམས་ཅན་ཀུན་ཆོས་ཅན། སྡུག་བསྔལ་འབྱུང་བ་མི་སྲིད་པར་ཐལ། རྒྱུན་དུ་བདེ་བ་འབའ་ཞིག་མྱོང་བའི་ཕྱིར། དེས་ན་བདག་གཞན་བརྗེ་བའི་བྱང་སེམས་སྒོམ་དུ་མི་རུང་ཟེར་བ། འདི་འདྲའི་གསང་ཚིག་ནི་བདུད་ཀྱིས་བྱས་པ་ཡིན་པའང་སྲིད་པས་ཐབས་ལ་བརྩོན་པའི་བདུད་ཡོད་དོ་ཞེས་རྒྱལ་བས་གསུངས་པའང་དྲན་པར་བྱས་ནས་སྤོང་བ་ལ་བརྩོན་པར་བྱའོ། །

གཉིས་པ་མི་འཐད་པ་བསྒྲུབ་པ་ནི། བདག་ཅེས་སོགས་ཏེ། དེས་ན་ཤེས་བྱ་ཆོས་ཅན། བདག་གཞན་

བརྗེ་བའི་བྱང་སེམས་ནི་རྫོགས་པའི་སངས་རྒྱས་དོན་དུ་གཉེར་བ་རྣམས་ཀྱིས་བསྒོམ་པར་རིགས་ཏེ། བདག་གཞན་བརྗེ་བའི་བྱང་ཆུབ་ཀྱི་སེམས་ནི་སངས་རྒྱས་ཀྱིས་ཕར་ཕྱིན་དང་རྡོ་རྗེ་ཐེག་པའི་བསྟན་པའི་སྙིང་པོ་ཡིན་པར་གསུངས་པའི་ཕྱིར་རོ། །དེ་ཡང་འཕགས་པ་ཀླུ་སྒྲུབ་སློབ་པ་ཉིད་ཀྱིས་རིན་ཆེན་ཕྲེང་བར་འདི་སྐད་གསུངས་ཏེ། བདག་ལ་དེ་དག་སྡིག་སྨིན་ཞིང་། །བདག་དགེ་མ་ལུས་དེར་སྨིན་ཤོག །ཇི་སྲིད་སེམས་ཅན་འགའ་ཞིག་ཀྱང་། །གང་དུ་མ་གྲོལ་དེ་སྲིད་དུ། །དེ་ཕྱིར་བླ་ན་མེད་པ་ཡི། །བྱང་ཆུབ་ཐོབ་ཀྱང་གནས་གྱུར་ཅིག །དེ་སྐད་བརྗོད་པའི་བསོད་ནམས་འདི། །གལ་ཏེ་དེ་ཉིད་གཟུགས་ཅན་གྱུར། །གང་གཱའི་བྱེ་མ་སྙེད་ཀྱིས་ནི། །འཇིག་རྟེན་ཁམས་སུ་ཤོང་མི་འགྱུར། །འདི་ནི་བཅོམ་ལྡན་འདས་ཀྱིས་གསུངས། །གཏན་ཚིགས་ཀྱང་ནི་འདི་ལ་སྣང་། །དེ་ལ་སོགས་པ་ལུང་རིགས་ཀྱི་སྒྲུབ་བྱེད་ལེགས་པར་གསུངས་ཤིང་། སྤྱོད་འཇུག་ལས་ཀྱང་འདི་སྐད་དུ་གསུང་སྟེ། བདག་བདེ་གཞན་གྱི་སྡུག་བསྔལ་དག །ཡང་དག་བརྗེ་བ་མ་བྱས་ན། །སངས་རྒྱས་ཉིད་ནི་མི་འགྲུབ་ཅིང་། །འཁོར་བ་ན་ཡང་བདེ་བ་མེད། །ཅེས་སོགས་དེ་སྐད་གསུངས་པ་ལེགས་པར་ཟུངས་ཤིག །བ་སྭའི་རྒྱ་གླུང་ཞེས་བྱ་བའི་མདོ་དང་བསྟན་བཅོས་གཞན་ལས་ཀྱང་ཆོས་ཀྱི་སྙིང་པོར་བདག་གཞན་བརྗེ་བ་འདི་གསུངས་སོ། །དེས་ན་ཞེས་སོགས་ཏེ། དེས་ན་ཤེས་བྱ་ཆོས་ཅན། བདག་གཞན་བརྗེ་བའི་སེམས་བསྒོམ་པ་ཤེས་ནས་བསྒོམ་པ་ལ་ཕན་ཡོན་ཡོད་དེ། དེ་བསྒོམ་པ་ལས་མྱུར་དུ་སྒོམ་མཁན་འཚང་རྒྱ་ལ། དེ་མ་འཐོབ་ཀྱི་བར་དུའང་། ལྷ་མིའི་ཕུན་སུམ་ཚོགས་པ་ཐོབ་པར་འགྱུར་བར་མདོ་ལས་གསུངས་པས་སོ། །

གསུམ་པ་ཐབས་དང་བྲལ་བས་འཚང་མི་རྒྱ་བར་བསྟན་པ་ལ། བྱང་སེམས་གནད་འཆུགས་པས་འཚང་མི་རྒྱ་བར་བསྟན་པ་དང་། ཆོས་ལྟར་བཅོས་པ་གཞན་ལས་འཚང་མི་རྒྱ་བར་བསྟན་པ། དེས་ན་གནད་མ་འཆུགས་པ་དགོས་པར་གདམས་པའོ། །དང་པོ་ནི། བྱང་ཆུབ་ཅེས་སོགས་ཏེ། ཤེས་བྱ་ཆོས་ཅན། བདག་གཞན་བརྗེ་བའི་གནད་འཆུགས་ན། སྟོང་ཉིད་ཙམ་བསྒོམ་པ་དང་བསྔོ་བ་སོགས་ཆོས་གཞན་གྱིས་བྱེད་མཁན་འཚང་མི་རྒྱ་སྟེ་སྟོང་ཉིད་ཉན་ཐོས་རྣམས་ཀྱང་བསྒོམ་ལ་དེའི་འབྲས་བུས་སོ་སོར་བརྟག་པའི་འགོག་པ་ཐོབ་ཅིང་སོ་སོར་ཐར་པའི་མདོ་བཞིན་དུ་བསྔོ་བ་ཉན་ཐོས་རྣམས་ཀྱང་བྱེད་པའི་ཕྱིར་དང་། འདུལ་བ་ལུང་དང་སོགས་པས་གང་པོའི་རྟོགས་བརྗོད་ལ་སོགས་པ་སྐྱེ་མེད་དང་སྟོང་ཉིད་དང་ནམ་མཁའ་དང་ལག་མཐིལ་མཉམ་པ་སོགས། ཆོས་ཀུན་མཉམ་ཉིད་རྟོགས་པའང་གསུངས་པའི་ཕྱིར་དང་ཐམས་ཅད་སྒྲོལ་གྱི་སྐྱེས་རབས་ལས། བདག་གིས་བྲམ་ཟེ་འདོད་པ་ལ། །དགའ་བས་ཤིང་རྟ་འདི་བཏང་བས། །དངོས་པོ་ཐམས་ཅད་བཏང་ནས་ནི། །རྫོགས་པའི་བྱང་ཆུབ་ཐོབ་པར་ཤོག །ཅེས་པ་དང་། དེ་ལ་སོགས་པའི་བསྔོ་བའང་མང་དུ་གསུངས་པའི་ཕྱིར

རོ༔ ༔དེ་དག་ལ་ཁྱབ་པ་མདོ་སྡེ་ཐེག་དམན་གྱི་སྡེ་སྣོད་དེ་དག་ལས་སྟོང་ཉིད་དང་བསྔོ་བ་སྨོན་ལམ་སོགས་གསུངས་པ། འོན་ཀྱང་ཐབས་ལ་མཁས་པའི་ཁྱད་པར་བདག་གཞན་བརྗེ་བ་སོགས་འགའ་ཞིག་མ་གསུངས་པས། ཉན་རང་གིས་ལྷག་བསམ་ཁྱད་པར་ཅན་མེད་པར་རྫོགས་པའི་སངས་རྒྱས་སྒྲུབ་མི་ནུས་པའི་ཕྱིར། དེས་ན་སྟོང་ཉིད་སྙིང་རྗེའི་སྙིང་པོ་ཅན་གྱི་ཐབས་ཤེས་ཁྱད་པར་ཅན་གྱི་རྫོགས་པའི་སངས་རྒྱས་ཀྱི་རྒྱུའི་གཙོ་བོ་ཡིན་ཏེ། ཐེག་དམན་རྣམས་དེ་དང་བྲལ་བས་རྫོགས་པའི་སངས་རྒྱས་ཀྱི་ལམ་མ་ཚང་བ་དེའི་ཕྱིར། གཉིས་པ་ལ། ཕྱིན་དྲུག་གི་གནད་འཆུགས་པས་འཚང་མི་རྒྱ་བར་བསྟན་པ་དང་། ཐབས་ཀྱི་གནད་གཞན་འཆུགས་པས་འཚང་མི་རྒྱ་བར་བཤད་པ་གཉིས། དང་པོ་ནི། སངས་རྒྱས་ཞེས་སོགས་ཏེ། སངས་རྒྱས་ཀྱི་དགོངས་པ་མི་ཤེས་པར་ཆོས་ལྟར་བཅོས་པས་བླུན་པོ་འགའ་ཞིག་ངོ་མཚར་བསྐྱེད་ཀྱི་མཁས་པ་རྣམས་ཁྲེལ་བའི་གནས་འདི་འདྲ་ཡོད་དེ། གང་ཞེ་ན། ཤེས་བྱ་ཆོས་ཅན། སྦྱིན་སོགས་རྣམ་པར་མ་དག་པ་དྲུག་གིས་སྤྱོད་མཁན་དེ་འཚང་མི་རྒྱ་བར་ཐལ། དེ་འཚང་རྒྱ་བ་ལ་ཡང་ཕྱིན་དྲུག་རྣམ་པར་དག་པ་ལ་སྤྱོད་དགོས་པའི་ཕྱིར། འོ་ན་མ་དག་པ་དྲུག་གང་ཡིན་ཞེ་ན། མ་དག་པའི་སྦྱིན་པ་ནི། ཆང་དང་ཞེས་སོགས་ཏེ། ཆང་དང་དུག་དང་མཚོན་ཆ་དང་། རང་མི་དབང་བར་གཞན་གྱི་ལོངས་སྤྱོད་སྟེར་བ་དང་། གསོད་རྒྱུར་ཕྱུགས་མ་སྟེར་བ་དང་ཡུལ་མཆོག་གི་ནོར་ནི་ཡུལ་མཆོག་མིན་དམན་པ་ལ་སྟེར་བའི་རྫས་སོགས་སྦྱིན་རྫས་དམན་པ་དེ་ཀུན་སློང་དམན་པས་སྦྱིན་ཡུལ་བུད་མེད་སོགས་དམན་པ་ལ། སྦྱིན་ཚུལ་མ་གུས་པ་སོགས་ཀྱིས་སྟེར་བ་དེ་ཆོས་ཅན། མ་དག་པའི་སྦྱིན་པ་ཡིན་ཏེ། དག་པའི་སྦྱིན་པར་མདོ་ལས་བཀག་པའི་གཏོང་བ་ཡིན་པས་སོ། །

དེ་ཡང་དྲང་སྲོང་རྒྱས་པས་ཞུས་པའི་མདོ་ལས། ཆང་དང་དུག་སྦྱིན་པ་ལ་སོགས་པ་མ་དག་པའི་སྦྱིན་པ་པོ་གཉིས་གསུངས་ནས་དེ་སྦྱིན་པ་རྣམ་དག་ཏུ་བཀག་གོ། །མ་དག་པའི་ཚུལ་ཁྲིམས་ནི། ཉན་ཐོས་ཞེས་སོགས་ཏེ། ཉན་ཐོས་ཀྱི་སྡོམ་པ་འབོགས་ཆེ་དུས་བྱང་ཆུབ་མ་འཐོབ་ཀྱི་བར་དུ་ལེན་སེམས་དང་དེ་བཞིན་དུ་ཐེག་ཆེན་གྱི་སྡོམ་པ་ཉན་ཐོས་སུ་འཆོས་པས་གཟུགས་ཅན་དུ་བཟུང་སྟེ་ཇི་སྲིད་འཚོ་བར་ལེན་སེམས་དང་། རང་ཉིད་ཚུལ་ཁྲིམས་ཙམ་བསྲུངས་ན་ཡང་དེ་མཆོག་ཏུ་འཛིན་ཅིང་གཞན་ལ་ཁྱད་གསོད་བྱེད་པའི་དུས་ཀྱི་ཚུལ་ཁྲིམས་དེ་ཆོས་ཅན། མ་དག་པའི་ཚུལ་ཁྲིམས་ཡིན་ཏེ། དུས་ངོ་བོ་ཀུན་སློང་བྱེད་ལས་རྣམས་ཅི་རིགས་མ་དག་ཅིང་རྣམ་པར་འཁྲུལ་པའི་ཚུལ་ཁྲིམས་ཡིན་པའི་ཕྱིར། དེ་ཡང་མདོ་ལས། བདག་ནི་ཚུལ་ཁྲིམས་ལྡན་ཞེས་བདག་མ་སྙེམས། །གཞན་གྱི་ཚུལ་ཁྲིམས་འཆལ་ཞེས་གཞན་མ་བརྙས། །ཚུལ་ཁྲིམས་ཙམ་དག་གིས་ནི་གང་སྙེམས་པ། །སྙེམས་ཕྱིར་དེ་ནི་ཚུལ་ཁྲིམས་འཆལ་ཞེས་བྱ། །ཞེས་སོགས་དང་། དབུ་མ་འཇུག་པར་ཡང་། གལ་ཏེ་འདི་ནི་ཁྲིམས་

དག་རང་བཞིན་ལྟ། །དེ་ཕྱིར་དེ་ནི་ཚུལ་ཁྲིམས་དག་མི་འགྱུར། །ཞེས་སོགས་གསུངས་པ་ལྟར་རོ། །མ་དག་པའི་བཟོད་པ་ནི། དཀོན་མཆོག་ཅེས་སོགས་ཏེ་དཀོན་མཆོག་གསུམ་དང་བླ་མ་ལ་གནོད་པ་བྱེད་ཅིང་ཐུབ་བསྟན་འཇིག་རྐྱེན་བྱེད་པའི་གདུག་པ་ཅན་ལ། སྦྱོར་བ་འཇམ་པོ་དང་དུས་ཀྱི་ཀུན་སློང་ཁྲོས་པའི་རྣམ་པ་མི་སྟོན་པར་བཟོད་པ་དེ་ཆོས་ཅན། མ་དག་པའི་བཟོད་པ་ཡིན་ཏེ། བསྟན་པ་སྟོན་པ་བསྟན་འཛིན་དང་བཅས་པ་ལ་གནོད་པ་དེ། སྦྱོར་བ་རྩུབ་མོས་དུས་ཀྱི་ཀུན་སློང་ཁྲོས་པའི་རྣམ་པ་བསྟན་པས་ལྡོག་པར་ནུས་བཞིན་དུ་དེ་ལྡོག་པར་མི་བྱེད་པའི་བཟོད་པ་ཡིན་པའི་ཕྱིར་རོ། །དེ་ཡང་རྒྱུད་ལས། དཀོན་མཆོག་གསུམ་ལ་གནོད་བྱེད་ལ། །བཟོད་པ་བསྒོམ་པར་མི་བྱའོ། །ཞེས་སོགས་དང་། གདུག་ལ་རྟག་ཏུ་བྱམས་སེམས་ལྡན། །བྱེད་པ་དེ་ནི་བཅུ་པར་འདོད། །ཅེས་སོགས། རྩ་ལྟུང་དུ་གསུངས་པ་བཞིན་ནོ། །མ་དག་པའི་བརྩོན་འགྲུས་ནི། །ལོག་ཅེས་སོགས་ཏེ། ཆོས་འདི་པ་ལས་ལོག་པ་མུ་སྟེགས་ཀྱི་ཆོས་ལ་སོགས་པ་ལ་དགའ་བས་དེ་ལ་ཐོས་བསམ་སྒོམ་གསུམ་བྱེད་པའི་ནོར་བ་དང་། བྱ་བ་ངན་པ་ལ་འབད་པའི་བརྩོན་པ་དེ་ཆོས་ཅན། མ་དག་པའི་བརྩོན་འགྲུས་ཡིན་ཏེ། ཡུལ་ངན་པ་དང་བྱ་བ་ངན་པ་ལ་ཆགས་པའི་བརྩོན་འགྲུས་ཡིན་པའི་ཕྱིར་རོ། །དེ་ཡང་འཕགས་པ་ཐོགས་མེད་ཀྱིས། ཆོས་འདི་བ་དག་ལས་གཞན་པའི་མུ་སྟེགས་བྱེད་ཀྱི་བརྩོན་འགྲུས་ནི་ལེ་ལོ་ཉིད་དོ། །ཞེས་གསུངས་ཤིང་། སྤྱོད་འཇུག་དང་མངོན་པར་རྟོགས་པའི་རྒྱན་རྩ་འགྲེལ་རྣམས་སུའང་དེ་འདྲ་དེ་བྱ་བ་ངན་པ་ལ་ཞེན་པའི་ལེགས་པར་གསུངས་སོ། །མ་དག་པའི་བསམ་གཏན་ནི། མི་ཞེས་སོགས་ཏེ། བསྒོམ་ཚུལ་ལ། མི་མཁས་ཤིང་མི་ཤེས་པའི་སྟོང་ཉིད་བསྒོམ་པ་དང་། རྩ་རླུང་གི་གནད་འཆུགས་པའི་ཐབས་ལམ་ཕྲ་ཐིག་གི་རྣལ་འབྱོར་བསྒོམ་པ་དང་ཡིན་ལུགས་ཀྱི་རྣམ་པ་མ་ཤར་བར་སེམས་མི་འཕྲོ་བར་གནས་ཙམ་གྱི། ཏིང་ངེ་འཛིན་ཕྲ་མོ་སྐྱེས་པ་ལ་རོ་མྱང་བའི་བསྒོམ་དེ་ཆོས་ཅན། མ་དག་པའི་བསྒོམ་ལམ་བསམ་གཏན་ཡིན་ཏེ། རྒྱུད་ལྡན་གྱིས་དད་པས་སྒོམ་ན་ཡང་། ཡང་དག་པའི་ཡེ་ཤེས་མི་སྐྱེ་བའི་བསྒོམ་ཡིན་པའི་ཕྱིར། མདོ་ལས། ཏིང་ངེ་འཛིན་དེ་བསྒོམ་པར་བྱེད་མོད་ཀྱི། །དེ་ཡིས་བདག་ཏུ་འཛིན་པ་གཞིག་མི་ནུས། །དེ་ཡིས་ཉོན་མོངས་ཕྱིར་ཞིང་རབ་འཕེལ་ཏེ། །ལྷག་ཆོད་ཀྱིས་ནི་ཏིང་འཛིན་འདིར་བསྒོམས་བཞིན། །ཞེས་གསུངས་པ་ལྟར་རོ། །མ་དག་པའི་ཤེས་རབ་ནི། སངས་རྒྱས་ཞེས་སོགས་ཏེ། སངས་རྒྱས་ཀྱི་གསུང་རབ་དགོངས་འགྲེལ་དང་བཅས་པ་མི་ཤེས་ཤིང་དེ་དང་མི་མཐུན་པའི་རང་བཟོའི་ཚིག་ཚོགས་ལ་འཆད་རྩོད་རྩོམ་པ་ལ་མཁས་པར་རློམ་ཞིང་འཇིག་རྟེན་གྱི་ཚོང་དང་སོ་ནམ་ལ་སོགས་པའི་བྱ་བ་ཐམས་ཅད་ཤེས་པའི་རིགས་པ་དེ་ཆོས་ཅན། མ་དག་པའི་ཤེས་རབ་ཡིན་ཏེ། མཁས་བྱའི་ཡུལ་གྱི་གཙོ་བོ་ལ་མི་མཁས་ཤིང་མི་ཤེས་པའི་མ་རིག་པའི་ཁོངས་སུ་གཏོགས་པའི་ཤེས

རབ་ཡིན་པའི་ཕྱིར། དེ་ཡང་། ཚད་མ་རྣམ་འགྲེལ་དུ། རིག་པའི་མི་མཐུན་ཕྱོགས་ཕྱིར་དང་། །སེམས་བྱུང་ཉིད་ཀྱིས་དམིགས་པའི་ཕྱིར། །ལོག་པར་དམིགས་ཉིད་མ་རིག་པར། །གསུངས་ཕྱིར་གཞན་ནི་རིགས་མ་ཡིན། ། ཞེས་སོགས་དང་། འཇུག་པ་ལས། གཏི་མུག་རང་བཞིན་སྒྲིབ་ཕྱིར་ཀུན་རྫོབ་སྟེ། །ཞེས་གསུངས་པ་བཞིན་ནོ། ། གཉིས་པ་ཐབས་གཞན་གྱི་གནད་འཆུགས་པས་འཚང་མི་རྒྱ་བར་བསྟན་པ་ལ་ཡང་ལྔ་ཙམ་གསུངས་ཏེ། མ་དག་པའི་དད་པ་ནི། བླ་མ་ཞེས་སོགས་ཏེ། བླ་མ་ངན་པ་ལ་དད་པ་དང་། ཆོས་ངན་པ་ལ་མོས་པ་དང་། ཕྱིན་ཅི་ལོག་ལ་དམིགས་པའི་བསྒོམ་ངན་པ་སོགས་ལ་དགའ་བའི་དད་པ་དེ་ཆོས་ཅན། མ་དག་པའི་དད་པ་ཡིན་ཏེ། ཡུལ་ངན་པ་ལ་དད་པའི་བློ་ཡིན་པས་སོ། །དེ་ཡང་། ཤཱནྟི་པས། དད་པ་མེད་པ་གཙོ་བོའི་དགྲ། །ལྷག་དང་ཤིན་ཏུ་ལོག་པའི་གནས། །ཞེས་གསུངས་པ་ལྟར་རོ། །མ་དག་པའི་སྙིང་རྗེ་ནི། ནད་ཅེས་སོགས་ཏེ། ནད་པ་དགའ་ན་ཡང་དེ་ལ་གནོད་པའི་ཁ་ཟས་སྟེར་བ་དང་། སྤྱོད་པ་ངན་པ་སྤྱོད་ཀྱང་དེ་ཚར་མི་གཅོད་པར་བྱེད་འཇུག་པ་དང་། རང་གི་དབང་བསྐུར་ཐོབ་པ་མེད་པར་གཞན་ལ་གསང་སྔགས་ཀྱི་བསྐྱེད་རྫོགས་སྟོན་པ་དང་། བསྟན་དུ་རུང་བའི་སྣོད་མིན་པ་ལ་སྟོན་པ་ལ་སོགས་པ་བྱེད་པའི་སྙིང་རྗེ་དེ་ཆོས་ཅན། མ་དག་པའི་སྙིང་རྗེ་ཡིན་ཏེ། འཕྲལ་ཕན་པ་ལྟར་སྣང་ཡང་ཕྱི་ནས་གནོད་པ་ཆེན་པོར་འགྱུར་བས་ན། ཐབས་མཁས་དང་བྲལ་བའི་སློ་ནས་འབྲས་བུ་མི་འདོད་པ་སྐྱེར་བའི་སྙིང་རྗེ་ཡིན་པའི་ཕྱིར། དེ་ཡང་། སྡུག་བསྔལ་ཡིན་ཡང་གང་ཕན་བྱ། །བདེ་ཡང་མི་ཕན་མི་བྱའོ། །ཞེས་སྡོམ་པ་ཉི་ཤུ་པར་འབྱུང་བ་ལྟར་རོ། །གཞན་ཡང་དབང་བསྐུར་མེད་པར་གསང་སྔགས་བསྟན་པ་ལ་ནི། སློབ་དཔོན་སློབ་མ་ཤི་མ་ཐག །དངོས་གྲུབ་ཐོབ་ཀྱང་དམྱལ་བར་སྐྱེ། །ཞེས་གསུངས་པ་དང་། ཚད་པར་ལྟ་ལ་ངན་སོང་ལྟུང་འགྱུར་བས། །དེས་ན་དབང་པོ་བཏགས་ཏེ་ཆོས་བསྟན་ནོ། །ཞེས་སོགས་ཀྱིས་སྣོད་མིན་ལ་ཆོས་བསྟན་པའི་ཉེས་པ་གསུངས་སོ། །

མ་དག་པའི་བྱམས་པ་ནི། གདུག་ཅེས་སོགས་ཏེ། བསྟན་པའི་དགྲ་བོར་གྱུར་པའི་སྐྱེ་བོ་གདུག་པ་ཅན་ལ་དུས་ཀྱི་ཀུན་སློང་བྱམས་པ་དང་། བུ་དང་སློབ་མ་བྱ་བ་ངན་པ་ལ་འཇུག་ནའང་། མི་འཚོས་པའི་བྱམས་པ་དང་། འབྱུང་པོ་ལ་གནོད་སྐྲམ་ནས། བསྲུང་བའི་འཁོར་ལོ་མི་བསྒོམ་ཞིང་ཁྲོ་བོའི་བསྒོམ་བཟླས་འགོག་པར་བྱེད་པ་དང་། མངོན་སྤྱོད་ཀྱི་ལས་རྣམ་དག་ཀྱང་མི་རུང་ངོ་ཞེས་སེམས་པའི་བྱམས་པ་དེ་ཆོས་ཅན། མ་དག་པའི་བྱམས་པ་ཡིན་ཏེ། རྒྱུད་སྡེ་ཀུན་ནས་དེ་འདྲའི་བྱམས་པ་མི་བསྒོམ་པར་གསུངས་པ་དང་ འགལ་བའི་བྱམས་པ་ཡིན་པའི་ཕྱིར་རོ། །དེ་ཡང་དཔུང་བཟང་གི་རྒྱུད་ལས། གང་གི་རང་བཞིན་ཆགས་སྡང་རྣམ་བྲལ་ཡང་། །ཆགས་སེམས་ཅན་ལ་ཆགས་པ་ལྟར་སྟོན་ཅིང་། །གདུལ་བྱའི་དོན་ཕྱིར་ཁྲོ་ལ་ཁྲོར་སྟོན་པའི། །བྱང་ཆུབ་མཆོག་གནས

དེ་ལ་ཕྱག་འཚལ་ལོ། །ཞེས་གསུངས་པ་ལྟར། དྲག་པོའི་ལས་སྦྱོངས་རེངས། བསད་བསྐྲད་མངོན་སྤྱོད་སོགས་ཀྱི་སེམས་ཅན་འདུལ་བའི་ཐབས། རྒྱུད་སྡེ་ཐམས་ཅད་ནས་གསུངས་སོ། །མ་དག་པའི་ཐབས་ལམ་ནི། མདོ་ཞེས་སོགས་ཏེ། མདོ་རྒྱུད་ཀུན་ལས་མ་གསུངས་ཤིང་དེ་འཐད་དོན་དུ། རིགས་པས་ཀྱང་སྒྲུབ་པར་མི་ནུས་པའི། རས་རྐྱང་གིས་ཆོག་པར་འཛིན་པའི་དྲོད་བསྒོམ་པ་དང་། དེ་འདྲའི་ལུས་གནད་དང་རླུང་དང་རྩའི་རྣལ་འབྱོར་རྣམས་ནི་ཆོས་ཅན། མ་དག་པའི་ཐབས་ལམ་ཡིན་ཏེ། བདེ་དྲོད་ཙམ་དང་མི་ལྡོག་པ་ལྟར་སྣང་བའི་མི་འཕྲོ་བ་ཙམ་དང་། ནད་གདོན་ཅུང་ཟད་སེལ་བ་སྲིད་པས་བླུན་པོ་དགའ་བ་བསྐྱེད་པ་སྲིད་ན་ཡང་དེ་འདྲ་མུ་སྟེགས་བྱེད་ལའང་ཡོད་ཅིང་། གནད་ཀྱི་དོན་ཐབས་ཤེས་ཁྱད་པར་ཅན་དགོས་པ་དང་བྲལ་བའི་ཐབས་ལམ་ཙམ་ཡིན་པའི་ཕྱིར་རོ། །དེ་ཡང་། ཁྱོད་ཀྱི་ཆོས་ལ་མི་ཕྱོགས་པའི། །སྐྱེ་བོ་གཏི་མུག་གིས་སྟོང་པ། །སྲིད་རྩེའི་བར་དུ་སོན་ནས་ཀྱང་། །སྡུག་བསྔལ་རབ་འབྱུང་སྲིད་པ་སྒྲུབ། །ཅེས་སོགས། བསྟོད་པར་གསུངས་པ་ལྟར། སྲིད་རྩེའི་སེམས་ཐོབ་ཀྱང་འཁོར་བར་སྡུག་བསྔལ་མྱོང་དགོས་པར་གསུངས་སོ། །མ་དག་པའི་སྨོན་ལམ་ནི། བདག་ལྟའི་ཞེས་སོགས་ཏེ་བདག་ལྟའི་རྩ་བ་གཅོད་པའི་གཉེན་པོ་དང་བྲལ་ཞིང་། འཁོར་འདས་ཀྱི་བདེ་འབྲས་ལ་འཐོབ་བྱར་སྨོན་པའི་དགེ་བ་ལ་ངོ་མཚར་ཁྱད་པར་ཅན་དུ་འཛིན་པའི་སྨོན་ལམ་དེ་ཆོས་ཅན། མ་དག་པའི་སྨོན་ལམ་ཡིན་ཏེ། ཆོས་ཀུན་སྤྲོས་བྲལ་ཏེ་བདེན་པའི་དངོས་པོས་སྟོང་པར་མ་ཤེས་ཤིང་ཤེས་པའི་ཤེས་རབ་དང་བྲལ་བས་གལ་ཏེ་སངས་རྒྱས་ཉིད་དུ་བསྔོ་ན་ཡང་འཁོར་གསུམ་ཡོངས་དག་མེད་ཅིང་། སེམས་ཅན་གྱི་ཆེད་དུ་དགོས་པ་དང་བྲལ་བའི་སྨོན་པ་ཙམ་ཡིན་པའི་ཕྱིར། དེ་ཡང་མདོ་ལས། གལ་ཏེ་མཚན་མར་བྱེད་ན་བྱང་ཆུབ་བསྔོ་མ་ཡིན། །ཞེས་སོགས་དང་། ཇི་ལྟར་དུག་དང་འདྲེས་པའི་ཁ་ཟས་བཟང་ཟ་བ། །དཀར་པོའི་ཆོས་ལ་དམིགས་པའང་དེ་འདྲར་རྒྱལ་བས་གསུངས། །ཞེས་སོགས་སོ། །

གསུམ་པ་གདམས་པ་ནི། དེ་ལ་སོགས་ཏེ། གོང་དུ་བཤད་པ་དེ་ལ་སོགས་མཐའ་ཡས་པ་སངས་རྒྱས་གསུང་གི་དོན་གནད་འཆུགས་པའི་སྒོ་ནས་དགེ་བ་བྱེད་པ་ལྟར་སྣང་ན་ཡང་མ་དག་པ་རུ་ཤེས་པར་གྱིས་ཤིག །མདོར་ན། སངས་རྒྱས་ཀྱི་གསུང་རབ་དང་མཐུན་པའི་ཐོས་བསམ་སྒོམ་གསུམ་བྱེད་པའི་སྐྱེས་བུ་དམ་པ་དེ་ཆོས་ཅན། སངས་རྒྱས་ཀྱི་བསྟན་པ་འཛིན་པར་ཤེས་པར་བྱ་སྟེ། ལུང་རྟོགས་ཀྱིས་བསྡུས་པའི་དམ་ཆོས་དེ་ནི་རྒྱལ་བའི་བསྟན་པ་ཡིན་ལ། དེ་བསམ་པ་དག་པས་སྒྲུབ་པར་བྱེད་ཅིང་ཉམས་སུ་ལེན་མཁན་ཡིན་པའི་ཕྱིར། དེ་བས་ན་སངས་རྒྱས་ཀྱི་བསྟན་པ་ལ་ཐོས་བསམ་བསྒོམ་པ་གསུམ་སྦྱར་བ་ལ་ཀུན་དུ་བརྩོན་པར་བྱེད་དགོས་སོ། །ཞེས་བདག་ཅག་ལ་སོགས་པའི་སློམས་ལས་ཀྱིས་དུས་འདའ་བར་བྱེད་པ་རྣམས་ལ་གདམས་པའོ། །དེའི་རྒྱུ

མཚན་ཡང་ཡན་པ་དང་བདེ་བ་ཐམས་ཅད་སངས་རྒྱས་ཀྱི་བསྟན་པ་བསྟན་འཛིན་དང་བཅས་པ་ལ་རག་ལས་པའི་ཕྱིར་རོ། །དབུ་སེམས་གཉིས་ཀྱི་ལྟ་སྤྱོད་འགའ་ཞིག་ནི། །ཐ་དད་གྱུར་ཅིང་མཐུན་པ་གཅིག་བསྡུས་པའི། །ལེགས་བཤད་བྱང་སེམས་སྡོམ་པའི་བཤད་པ་ནི། །ས་སྐྱའི་འཇམ་དབྱངས་དགོངས་པ་ཇི་བཞིན་ནོ། །བྱང་ཆུབ་སེམས་དཔའི་སྡོམ་པ་བཤད་པའི་སྐབས་ཏེ་གཉིས་པའོ།། །།

གསུམ་པ་སྔགས་ཀྱི་ལུགས་གཏན་ལ་དབབ་པ་ལ། སྤྱིའི་མཐའ་དཔྱད་པ་དང་། བྱེ་བྲག་གཞུང་ལ་སྦྱར་བ་གཉིས། དང་པོ་ལ། སྔགས་ལུགས་འཆད་དགོས་པའི་རྒྱུ་མཚན་དང་། བཤད་བྱ་སྔགས་ཀྱི་རྣམ་གཞག་གཉིས་ལས་དང་པོ་ནི། བྱང་སེམས་ཀྱི་སྡོམ་པ་བསྟན་པའི་རྗེས་སུ་སྔགས་ལུགས་འཆད་དགོས་པའི་རྒྱུ་མཚན་ཡོད་དེ། བྱང་སེམས་ཀྱི་སྡོམ་པའི་རྟེན་ལ་སྔགས་དང་མ་འབྲེལ་བའི་ཕ་རོལ་ཏུ་ཕྱིན་པའི་ལམ་ཉམས་སུ་བླངས་པ་ཇི་ཙམ་གོམས་ཀྱང་མཐར་མི་ཕྱིན་པའི་ཕྱིར་ཏེ། རྡོ་རྗེ་འཆང་གི་གོ་འཕང་འཐོབ་པ་ལ་ལམ་རིམ་པ་གཉིས་ལ་ཉམས་ལེན་བྱེད་དགོས་པའི་ཕྱིར། དེ་ཡང་རྒྱུད་ལས། རིམ་པ་གཉིས་ལ་བརྟེན་པ་ནི། །རྡོ་རྗེ་ཅན་གྱི་ཆོས་འཆད་དོ། །ཞེས་གསུངས་ཤིང་། གཞན་དུ་ན་སྔགས་ཀྱི་གཞུང་ལུགས་རྒྱ་མཚོ་ལྟ་བུ་གསུངས་པ་རྣམས་དོན་མེད་པར་འགྱུར་བས་སོ། །དེ་ལྟར་ན་ཡང་ཕ་རོལ་ཏུ་ཕྱིན་པའི་ལམ་ནི་རྡོ་རྗེ་ཐེག་པའི་ལམ་གྱི་སྔོགས་བུ་ལྟ་བུའམ་སྔོན་དུ་འགྲོ་བའི་གཞིར་མེད་དུ་མི་རུང་བ་ཡིན་པའི་ཕྱིར་ན་དོན་མེད་པ་མིན་ནོ། །དོན་དེའི་དབང་དུ་བྱས་ནས། ཕར་ཕྱིན་ཐེག་པ་ལ་རྒྱུ་དང་སྔགས་ཀྱི་ཐེག་པ་ལ་འབྲས་བུར་གསུངས་ཏེ། གསང་བ་ལུང་བསྟན་པའི་མདོ་ལས། རྒྱུ་ལ་སྦྱོར་བ་རྒྱུ་ཆོས་ཀྱི། །འཁོར་ལོ་རབ་ཏུ་བསྐོར་བྱས་ནས། །འབྲས་བུའི་ཐེག་པ་ཉེ་ལམ་ཞིག །མ་འོངས་དུས་ན་འབྱུང་བར་འགྱུར། །ཞེས་སོགས་གསུངས་པ་ལྟར་རོ། །འོ་ན་རྒྱུ་དང་འབྲས་བུར་འཇོག་པའི་དོན་གང་ཞེ་ན། འདི་ལ་ལུགས་གཉིས་སྟེ། ཁ་ཅིག །བདེ་སྟོང་གཉིས་ཀྱི་ནང་ནས་རྒྱུ་སྟོང་ཉིད་གཙོ་བོར་སྟོན་པས་རྒྱུའི་ཐེག་པ་དང་འབྲས་བུ་བདེ་བ་གཙོ་བོར་སྟོན་པས་འབྲས་བུའི་ཐེག་པ་ཞེས་རིམ་པ་བཞིན་དུ་ཕར་ཕྱིན་ཐེག་པ་དང་གསང་སྔགས་ཀྱི་ཐེག་པ་ལ་བྱ་སྟེ། དཔང་མདོར་བསྟན་ལས། སྟོང་ཉིད་གཟུགས་འཛིན་རྒྱུ་ཡིན་ཏེ། །འབྲས་བུ་སྙིང་རྗེ་མི་འགྱུར་འཛིན། །སྟོང་ཉིད་སྙིང་རྗེ་དབྱེར་མེད་པ། །བྱང་ཆུབ་སེམས་ཞེས་བྱ་བར་བཤད། །ཅེས་གསུངས་པས་སོ། །ཞེས་ཟེར། འགའ་ཞིག་འདི་མི་འཐད་དེ། བླ་ན་མེད་པའི་ལུགས་ཀྱི་རྒྱུ་འབྲས་ངོས་འཛིན་ཡིན་གྱི་སྔགས་སྤྱི་ལ་མ་ཁྱབ་པའི་ཕྱིར་ཏེ། འདིའི་བདེ་བ་ནི་རྗེས་དྲན་མན་ཆད་ཀྱི་ཡན་ལག་གིས་སྒྲུབ་དགོས་ལ། ཡན་ལག་དེ་དག་འོག་མ་རྣམས་ལ་བཞག་མི་ནུས་པའི་ཕྱིར་རོ། །ཞེས་ཟེར་རོ། །ཁ་ཅིག་ན་རེ། པཎྜི་ཤྲི་ཏས། དེ་ནི་སྐུ་དང་ལོངས་སྤྱོད་གནས་དང་མཛད་པ་ཡོངས་སུ་དག་པའི་ཚུལ་གྱིས་འདུག་པས་ན་

འབྲས་བུ་སྟེ། ཞེས་གསུངས་པ་བཞིན། ད་ལྟ་ནས་འབྲས་བུའི་རྣམ་པ་དང་མཐུན་པར་བསྒོམ་པ་དང་། དེ་དག་གི་རྒྱུ་ཙམ་བསྒོམ་པ་ལ་འབྲས་ཐེག་དང་རྒྱུ་ཐེག་གི་དོན་དུ་འདོག་གོ། །འདི་ཡང་དཔྱད་པར་བྱ་སྟེ། གནས་གཞིས་ཁང་དང་རང་ལུས་ལྷ་སྐུར་བསྒོམ་པ་སོགས་ལ་འདོད་པ་དང་། བྱ་རྒྱུད་ཀྱི་ཉམས་ལེན་འགའ་ཞིག་ལ་རང་ཉིད་བསྒོམ་པ་པོ་ཐ་མལ་དུ་གནས་པར་འདོད་པ་དང་ནང་འགལ་ཞིང་། དེ་ལ་སྨྲང་དུ་མི་རུང་བས་སོ། །དེས་ན་རྡོ་རྗེ་འཆང་གི་གནས་ལུས་ཡོངས་སྤྱོད་འཕྲིན་ལས་ཏེ། འབྲས་བུ་འདི་དག་གང་ཡང་རུང་བའི་རྣམ་པ་ད་ལྟ་ནས་བསྒོམ་པའམ་དེའི་རིགས་སུ་གཏོགས་པའི་ཐེག་པ་ནི། འབྲས་བུའི་ཐེག་པ་དང་། འབྲས་བུ་དེ་དག་དང་རྣམ་པ་མཐུན་པ་མིན་པར་དེ་དག་གི་རྒྱུ་ཙམ་བསྒོམ་པའམ་དེའི་རིགས་སུ་གཏོགས་པའི་ཐེག་པ་ལ་རྒྱུ་ཐེག་ཞེས་བྱ་སྟེ། བླ་མེད་ཀྱི་རྒྱུད་དོན་ལ་འཇུག་པའི་དགོངས་པའོ། །ཡང་ན་གཉིས་གཉིས་འཁྱུད་པའི་བདེ་བ་སོགས་བདེ་བ་རིགས་བཞི་ལམ་དུ་བྱེད་པ་ལ་རྒྱུད་སྡེ་དང་། དེ་ལའང་ཕར་ཕྱིན་ཐེག་པའི་སྐབས་སུ་སྟོང་ཉིད་རྟོགས་པའི་ཤེས་རབ་ཀྱིས་རྒྱུད་སྦྱངས་པ་སྔོན་དུ་བཏང་ནས་བདེ་བ་ཉམས་སུ་ལེན་དགོས་པས། ཐེག་པ་གཉིས་ལ་རིམ་པ་བཞིན་དུ་རྒྱུ་དང་འབྲས་བུའི་བརྡ་ཆད་བཞག་པར་བཤད་ནའང་མི་འགྲིག་པ་མེད་པར་སེམས་སོ༔ །དེས་ན་ཕ་རོལ་ཏུ་ཕྱིན་པ་དང་། གསང་སྔགས་ཀྱི་ཐེག་པ་གཉིས་ལ་རྒྱུ་འབྲས་ཀྱི་ཁྱད་པར་ཡོད་དོ། །དེར་མ་ཟད་ཁྱད་པར་གཞན་ཡང་བཤད་དེ། ཚུལ་གསུམ་སྒྲོན་མེར། དོན་གཅིག་ན་ཡང་མ་རྨོངས་དང་། །ཐབས་མང་དཀའ་བ་མེད་པ་དང་། །དབང་པོ་རྣོན་པོའི་དབང་བྱས་ནས། །སྔགས་ཀྱི་ཐེག་པ་ཁྱད་པར་འཕགས། །ཞེས་ཁྱད་པར་བཞིས་སྔགས་ཐེག་ཁྱད་པར་ཏུ་འཕགས་པར་བཤད་དེ། མཁས་པ་འགའ་ཞིག་གིས། འདིའི་རྗེས་སུ་འབྲངས་ནས་སྔགས་ཕར་ཕྱིན་ལས་ཁྱད་པར་འཕགས་པར་སྒྲུབ་པའི་རྒྱུ་མཚན་མང་པོ་བཀོད་ནས། ཤེར་སྙིང་དང་། ཤེར་ཕྱིན་ཡི་གེ་ཉུང་ངུ་སོགས་སྔགས་སུ་ཁས་བླངས་ཤེར་ཕྱིན་གྱི་ཕྱོགས་སུ་ཡང་ཁས་བླངས་པའི་ནང་འགལ་ཡང་མང་པོ་བཀོད་དོ། །ལུགས་འདི་ལ་གནོད་བྱེད་བརྗོད་པར་བྱ་བ་མང་དུ་ཡོད་ན་ཡང་བསྡུས་སོ། །རང་ལུགས་ནི། ཨིནྡྲ་བྷུ་ཏིས། བླ་མའི་ཁྱད་པར་དང་། སྣོད་ཀྱི་ཁྱད་པར་དང་། ཆོ་གའི་ཁྱད་པར་དང་། ལས་ཀྱི་ཁྱད་པར་དང་། དམ་ཚིག་གི་ཁྱད་པར་དང་། ལྟ་བའི་ཁྱད་པར་དང་། སྤྱོད་པའི་ཁྱད་པར་ཏེ་བདུན་གྱིས་འཕགས་སོ། །ཞེས་གསུངས་པ་དང་སློབ་དཔོན་ཡེ་ཤེས་ཞབས་ཀྱིས། སྔགས་ཀྱི་ཐེག་པ་ནི་རྣམ་པ་གསུམ་གྱིས་ཐུན་མོང་མིན་ཏེ། འདི་ལྟར་སྒྲུབ་པ་པོ་དང་ལམ་དང་འབྲས་བུ་གསུམ་མོ། །ཞེས་གསུངས་པ་དང་། ཛམ་བྷི་བས། འདིར་ནི་སྣོད་ཀྱི་ཁྱད་པར་དང་། །སྣོད་དུ་བྱེད་པའི་ཆོས་དང་ནི། །གཞུང་དང་ལམ་གྱི་ཁྱད་པར་དང་། །འབྲས་བུ་དག་གི་ཁྱད་པར་གྱིས། །སྔགས་ཀྱི་ཐེག་པ་ཁྱད་པར་འཕགས། །ཞེས་གསུངས་པ་དང་། །རྡོ

རྗེ་དྲིལ་བུ་པས། སྔགས་ཀྱི་ཐེག་པ་ནི་ཐེག་པ་ཆེན་པོའི་ཆེན་པོ་ཡིན་ཏེ། འདི་ལྟར་རྟེན་གྱི་གང་ཟག་གི་ཁྱད་པར་དང་། འཇུག་པ་ལམ་གྱི་ཁྱད་པར་དང་། མཐར་ཐུག་འབྲས་བུའི་ཁྱད་པར་དང་། མངོན་པར་འབྱུང་བའི་ཁྱད་པར་རོ། །ཞེས་གསུངས་པ་ལྟར། སྟོན་པ་པོའི་བླ་མ་ལ་ཁྱད་པར་ཡོད་དེ། བརྟན་ཞིང་དུལ་ལ་བློ་གྲོས་ལྡན། །བཟོད་ལྡན་དྲང་ལ་གཡོ་སྒྱུ་མེད། །སྔགས་དང་རྒྱུད་ཀྱི་སྦྱོར་བ་ཤེས། །སྙིང་བརྩེར་ལྡན་ཞིང་བསྟན་བཅོས་མཁས། །དེ་ཉིད་བཅུ་ནི་ཡོངས་སུ་ཤེས། །དཀྱིལ་འཁོར་འབྲི་བའི་ལས་ལ་མཁས། །གསང་སྔགས་བཤད་པའི་སྦྱོར་བ་ཤེས། །ཞེས་སོགས་ཀྱི་མཚན་ཉིད་ལྡན་པ་གསང་སྔགས་སྟོན་པའི་བླ་མ་ལ་དགོས་པར་དུས་འཁོར་རྩ་རྒྱུད་ལ་སོགས་པའི་རྒྱུད་སྡེ་རྣམས་ནས་གསུངས་པ་ལ། ཕར་ཕྱིན་ཐེག་པ་སྟོན་པའི་དགེ་བའི་བཤེས་གཉེན་ལ་གོང་གི་མཚན་ཉིད་དེ་ལྡན་མི་དགོས་པའི་ཕྱིར་རོ། །འཇུག་བྱེད་ཀྱི་རྟེན་སློབ་མ་ལ་ཡང་ཁྱད་པར་ཡོད་དེ། །ཐུན་མོང་བ་བྱང་སེམས་ཀྱི་སྡོམ་པ་སྲུང་ནུས་ཤིང་ཐུན་མོང་མིན་པ་སྔགས་ཀྱི་སྡོམ་པ་ལ་གནས་ཏེ། སྨིན་གྲོལ་གང་རུང་གི་ལམ་དོན་དུ་གཉེར་བའམ། སྔགས་སྡོམ་ལ་རེ་ཞིག་མི་གནས་ཀྱང་བྱ་རྒྱུད་ཀྱི་ལམ་ཙམ་དོན་དུ་གཉེར་བའི་ཐ་མལ་ཡན་ཆད་སློབ་འཇུག་གིས་རྒྱུད་སྦྱངས་པ་ཞིག་སྔགས་ལ་འཇུག་པའི་གང་ཟག་ལ་དགོས་ཞེས་ཁ་ཅིག་ཟེར་ནའང་། གསང་སྔགས་ཀྱི་སྡོམ་པ་མེད་པའི་གསང་སྔགས་པ་ནི། དགེ་སློང་གི་སྡོམ་པ་མེད་པའི་དགེ་སློང་དང་འདྲ་བར།ཁས་ལེན་པར་འོས་པ་མིན་ནོ། །མཐའ་འོག་ཏུ་དཔྱད་པར་བྱའོ། །མདོར་ན་སློབ་འཇུག་གཉིས་གང་རུང་གིས་རྒྱུད་སྦྱངས་པ་གསང་སྔགས་ཀྱི་ལམ་དོན་དུ་གཉེར་བ། སྔགས་སྡོམ་ཐུན་མོང་བ་ལ་གནས་པའམ་དེ་འཛིན་ནུས་པ་ཞིག་གསང་སྔགས་བསྟན་པའི་སྣོད་རུང་ལ་དགོས་ཏེ། ཕྱག་ན་རྡོ་རྗེ་དབང་བསྐུར་བའི་རྒྱུད་ལས། འདི་སེམས་ཅན་ཇི་ལྟ་བུ་ཞིག་ལ་བཤད་པར་བྱ། ཕྱག་ན་རྡོ་རྗེས་སྨྲས་པ། འཇམ་དཔལ་གང་དག་བྱང་ཆུབ་ཀྱི་སེམས་བསྒོམ་པ་ལ་ཞུགས་པ་དང་གང་གི་ཚེ་བྱང་ཆུབ་ཀྱི་སེམས་གྲུབ་པར་གྱུར་པ་དེའི་ཚེ་གཟུངས་སྔགས་ཀྱི་དཀྱིལ་འཁོར་དུ་བཞུགས་པར་བྱ་ཡི་གང་དག་བྱང་ཆུབ་ཀྱི་སེམས་རྫོགས་པར་མ་གྱུར་པ་དེ་དག་ནི་བཞུགས་པར་མི་བྱ་སྟེ། དེ་དག་ནི་དཀྱིལ་འཁོར་ལྟར་ཡང་མི་བཞུག་གོ། །དེ་དག་ལ་ནི་སྔགས་དང་ཕྱག་རྒྱ་ཡང་བསྟན་པར་མི་བྱའོ། །ཞེས་སོགས་གསུངས། མདོར་ན་དུས་འཁོར་དང་བཤད་རྒྱུད་རྡོ་རྗེ་ཕྲེང་བ་ལ་སོགས་པའི་རྒྱུད་སྡེ་རྣམས་ནས་དཔོན་སློབ་བར་གྱི་འབྲེལ་བ་དང་མཚན་ཉིད་རྣམས་རིང་མཐའ་ལོ་བཅུ་གཉིས་ཀྱི་བར་དུ་བརྟགས། མཚན་ཉིད་དང་ལྡན་པ་ཕན་ཚུན་བརྟེན་པར་བཤད་པ་ལྟར། བླ་མ་ལྔ་བཅུ་པ་ལས་འབྱུང་བ་ལས་རྟོགས་པར་བྱའོ། །ཕར་ཕྱིན་ཐེག་པའི་སྣོད་རུང་ལ་དེ་དག་མི་དགོས་པ་ནི་འཇུག་པའི་རྟེན་གྱི་ཁྱད་པར་རོ། །འཇུག་པ་ལམ་ལ་ཁྱད་པར་ཡོད་དོ། །ལམ་ལ་ཐབས་ཤེས་གཉིས་ལས་ཐབས་ཀྱི་བྱེ་བྲག །བྱང་སེམས་

སྙིང་རྗེ་སོགས་ལ་ཁྱད་པར་མེད་ཀྱང་འཁོར་བའི་སྐྱེ་གནས་བཞིའི་གཉེན་པོར་གྱུར་པའི་བསྐྱེད་རིམ་རིགས་བཞི་འཁོར་བཅས་གང་ཡང་རུང་བ་སྟོན་མི་སྟོན་གྱི་ཁྱད་པར་ཡོད་པའི་ཕྱིར་དང་། ཤེས་རབ་ཀྱི་ཕྱོགས་གཏོགས་རྫོགས་རིམ་ཡང་། རྒྱུད་སྡེ་འོག་མ་གསུམ་ནས་མི་སྟོན་ཀྱང་གོང་མར་སྟོན་པས་དེ་འདྲའི་ཁྱད་པར་ཡང་ཡོད་པ། གོང་མ་ལ་སྒྲུབ་དགོས་པའི་ཕྱིར་དང་གོང་དུ་བཤད་པ་ལྟར། འབྲས་བུའི་རྣམ་པ་ལམ་དུ་བྱེད་མི་བྱེད་ཀྱི་ཁྱད་པར་ཡོད་པའི་ཕྱིར་དང་། ལྟའི་སྒོ་ནས་ཆགས་པ་ལམ་དུ་བྱེད་མི་བྱེད་ཀྱི་ཁྱད་པར་ལས་སོགས་པ་ཁྱད་པར་ཤིན་ཏུ་ཆེ་བའི་ཕྱིར་རོ། །ལྟ་སྤྱོད་ལ་ཡང་ཁྱད་ཡོད་དེ། ཁ་ཅིག་གིས་གཞན་དུ་རྒྱུད་སྡེ་འགའ་ཞིག་གི་དགོངས་པ་སེམས་ཙམ་དུ་གནས་ཤིང་། ཤཱཀྱ་པ་སོགས་ཀྱིས་སེམས་ཙམ་གཞིར་བཞག་པའི་ཚོ་གའི་རྣམ་བཞག་བྱས་པས་སེམས་ཙམ་ལུགས་དང་། དབུ་མ་ལུགས་གཉིས་སུ་འབྱེད་པ་ལ་ནི། ཁྱད་པར་ཤིན་ཏུ་ཆེ་མོད། འོན་ཀྱང་རྒྱུད་སྡེའི་དགོངས་པ་འགའ་ཞིག་སེམས་ཙམ་དུ་འདོད་པ་ནི། ཆེས་མི་རིགས་ནའང་། སེམས་ཙམ་པའང་རང་ལུགས་ཀྱི་གསང་སྔགས་འདོད་དགོས་པ་འདྲ་བས། དེ་ལྟར་ན་ནི། སྔར་སེམས་བསྐྱེད་སྐབས་སུ་བཤད་པ་བཞིན་ལུགས་གཉིས་སུ་ཤེས་པར་བྱ་ཞིང་། དབུ་མའི་ལུགས་ལའང་། དོན་དམ་སྟོང་ཉིད་ཀྱི་ལྟ་བ་ཁྱད་པར་མི་འབྱེད་ཟེར་བ་མང་ནའང་། ཀུན་རྫོབ་རྟོགས་པའི་ལྟ་བ་ནི་ཁྱད་པར་ཤིན་ཏུ་ཆེ་བར་མཐུན་ཏེ། རྟོགས་བྱ་ཀུན་རྫོབ་ཀྱི་རྣམ་བཞག་ལ་མི་འདྲ་བའི་ཁྱད་པར་ཤིན་ཏུ་ཆེ་བས་སོ། །

སྤྱོད་པའང་ཕར་ཕྱིན་དྲུག་ལ་སྤྱོད་པ་ཙམ་གྱི་ཐུན་མོང་བ་ཡོད་ཀྱང་། ཐུན་མོང་མིན་པ་སྤྲོས་བཅས་སྤྲོས་མེད་ཀུན་བཟང་གི་སྤྱོད་པ་སོགས་བོགས་འདོན་དུ་གྱུར་པ་སྔགས་ཀྱི་ཐུན་མོང་མིན་པ་རྣམས་ནི། ཁྱད་པར་ཡིན་པས་མི་འདྲ་བ་མང་པོ་ཡོད་པར་ཤེས་པར་བྱའོ། །ཞུགས་འབྲས་ཀྱི་ཐོབ་བྱ་ལ་ཁྱད་པར་ཡོད་དེ། བསྐྱེད་རིམ་འཁོར་དང་བཅས་པའི་གནས་སྐབས་ཀྱི་འབྲས་བུ་རལ་གྲི་མིག་སྨན་རིལ་བུ་རྐང་མགྱོགས་ལ་སོགས་པའི་འཇིག་རྟེན་པའི་དངོས་གྲུབ་བརྒྱད། ཞི་རྒྱས་ལས་སོགས་པའི་ལས་ཆེན་བཅུ་གཉིས་ཀྱིས་འགྲོ་དོན་བྱེད་ཚུལ་ལ་སོགས་པ་ཐུན་མོང་བའི་འབྲས་བུ་དང་། འཇིག་རྟེན་པ་དང་ཐུན་མོང་མིན་པའི་འབྲས་བུ་བདེ་སྟོང་མཐོང་གསུམ་དུ་རྟོགས་པའི་ས་ལམ་གྱིས་བསྡུས་པའི་ཡོན་ཏན་རྫོགས་རིམ་གྱི་འབྲས་བུ་སྟེ། མདོར་ན་བསྐྱེད་རྫོགས་འཁོར་དང་བཅས་པའི་འབྲས་བུ་རྣམས་ཕ་རོལ་ཏུ་ཕྱིན་པའི་ལམ་ཀྱང་གོམས་པ་ཙམ་གྱིས་མི་ཐོབ་ཏེ། འབྲས་བུ་རྒྱུའི་རྗེས་སུ་བྱེད་པའི་ཕྱིར་རོ། །ཞེས་པ། ཆོས་ཀྱི་རྒྱལ་པོ་འཇམ་པའི་དབྱངས་གངས་ཅན་མཁས་པའི་གཙུག་རྒྱན་ཀུན་དགའི་མཚན་ཅན་གྱི་དགོངས་པའོ། །ཁ་ཅིག་ནི། ཐེག་པ་གཉིས་ཀྱི་ཁྱད་པར། གཟུགས་སྐུའི་རིགས་འདྲའི་རྒྱུར་གྱུར་པ་ད་ལྟ་ནས་ལྷ་སྐུ་བསྒོམ་པ་འདི་ཡིན་ཏེ། གུར་ལས། དེ་ཕྱིར་དཀྱིལ་འཁོར་འཁོར་ལོ་

ཞེས། །བདེ་བའི་ཐབས་ཀྱི་སྡོམ་པ་སྟེ། །སངས་རྒྱས་ང་རྒྱལ་རྣལ་འབྱོར་གྱིས། །སངས་རྒྱས་ཉིད་ཡུན་རིང་མི་འགྱུར། །སྟོན་པ་སུམ་ཅུ་རྩ་གཉིས་མཚན། །མངའ་བདག་དཔེ་བྱད་བརྒྱད་ཅུར་ལྡན། །དེ་ཕྱིར་ཐབས་དེས་བསྒྲུབ་བྱ་སྟེ། །ཐབས་ནི་སྟོན་པའི་གཟུགས་ཅན་ནོ། །ཞེས་སོགས་དང་། དེ་བཞིན་དུ་སངས་རྒྱས་ཡེ་ཤེས་ཞབས་ལ་སོགས་པའི་འགྲེལ་བཤད་གཞན་རྣམས་དང་། དགྲ་ནག་གི་འགྲེལ་པར། སྦྱིན་པ་ལ་སོགས་ཐབས་ཀྱི་སྒོ་ནས་དང་སྨོན་ལམ་གྱི་སྟོབས་ཀྱིས་འབྱུང་བར་འགྱུར་རོ། །ཞེས་བརྗོད་པར་ཡང་མི་བྱ་སྟེ། གང་གི་ཕྱིར་ན་མ་བསྒོམ་པའི་ལོངས་སྤྱོད་རྫོགས་པ། སྤྲུལ་པའི་བདག་ཉིད་ལ་ཡང་། ཐེ་ཚོམ་ཟ་བ་ནི་ཇི་ལྟར་སེམས་ངེས་པར་འགྱུར། དེ་ལྟར་ཡང་སྨོན་ལམ་གྱི་སྟོབས་ཀྱིས་འབྱུང་བར་འགྱུར་རོ་ཞེ་ན། བདག་མེད་པ་ཡང་མ་བསྒོམ་པར་མངོན་སུམ་ཉིད་འགྱུར་བས་དེ་བསྒོམ་པའི་ངལ་བས་ཅི་ཞིག་བྱ། གལ་ཏེ་དེ་ནི་བསྒོམས་པ་ཉིད་ཀྱིས་འབྱུང་བར་འགྱུར་ཞེ་ན། ལོངས་སྤྱོད་རྫོགས་པ་དང་སྤྲུལ་པའི་སྐུ་ཉིད་ཀྱིས་ཉེས་པ་ཅི་ཞིག་བྱས་ན། གང་གི་ཕྱིར་དེ་དག་བསྒོམ་པར་མི་བྱ། དེའི་ཕྱིར། ཕ་རོལ་ཏུ་ཕྱིན་པའི་ཐེག་པ་ལ་གནས་པས་ཀྱང་། སྐུ་གསུམ་གྱི་བདག་ཉིད་ཅན་གྱི་སངས་རྒྱས་ཁས་བླངས་པར་བྱའོ། །དེ་ནི་བསྒོམ་པས་གསལ་བར་འགྱུར་རོ། །ཞེས་བདག་མེད་དང་ལྷ་གཉིས་བསྒོམ་དགོས་ན་དགོས་མཉམ་དང་། མི་དགོས་ན། མི་དགོས་མཉམ་དུ་བསྒྲིས་པ་དང་། ཐམས་ཅད་གསང་བ་ལས་ཀྱང་། སངས་རྒྱས་རྣལ་འབྱོར་མ་གཏོགས་པར། སངས་རྒྱས་རྣལ་འབྱོར་པས་མི་འཐོབ། །ཅེས་སོགས་དང་། མི་ཐུབ་ཟླ་བས་ཀྱང་། མི་འདྲ་བའི་རྒྱུས་མི་འདྲ་བའི་འབྲས་བུ་སྒྲུབ་མི་នུས་པར་བརྟག་གཉིས་ཀྱི་འགྲེལ་པར་བཤད་པས། གཟུགས་སྐུའི་རིགས་འདྲའི་རྒྱུ་བསྒོམ་པ་མེད་པར་ཁས་བླངས་ཤིང་། ཕ་རོལ་ཏུ་ཕྱིན་པའི་ལམ་སྔགས་དང་མ་འབྲེལ་བས་ཀྱང་གཟུགས་སྐུ་ཐོབ་ནུས་པར་ཁས་བླངས། བདག་མེད་མ་བསྒོམ་པར་བདག་མེད་མི་རྟོགས་བཞིན་དུ་ལོངས་སྤྲུལ་མ་བསྒོམས་པར་དེ་གཉིས་མི་འཐོབ་པར་ཁས་བླངས། རིགས་འདྲའི་རྒྱུ་མ་བསྒོམས་པར་རིགས་འདྲའི་འབྲས་བུ་མི་ཐོབ་པར་མི་ཐུབ་ཟླ་བས་བཤད་པ་སྒྲུབ་བྱེད་ཀྱི་ཁུངས་སུ་ཁས་བླངས་པ་རྣམས་ནང་འགལ་བས་སོ། །དེ་ཡང་བསྡུ་ན། ཤེས་བྱ་ཆོས་ཅན། ཕ་རོལ་ཏུ་ཕྱིན་པའི་ལམ་རྐྱང་པ་གོམས་པ་ལས། གཟུགས་སྐུ་ཐོབ་པ་མེད་པར་ཐལ། ཕར་ཕྱིན་ཐེག་པར་གཟུགས་སྐུའི་རིགས་འདྲའི་རྒྱུ་བསྒོམ་པ་མ་བསྟན་པའི་ཕྱིར། ཡང་བདག་མེད་མ་བསྒོམས་པར་བདག་མེད་མངོན་སུམ་དུ་རྟོགས་པ་ཡོད་པར་ཐལ། གཟུགས་སྐུ་མ་བསྒོམ་པར་གཟུགས་སྐུ་ཐོབ་པ་ཡོད་པའི་ཕྱིར། དོན་གྱིས་དངོས་སུ་འགལ་བའི་འཁོར་གསུམ་གཉིས་ཀྱི་སྐྱེས་འབུལ་ལོ། །ཁོ་ན་རེ། ཁྱེད་རང་གིས་ཀྱང་། དོན་གཅིག་ན་ཡང་མ་རྨོངས་དང་། །ཞེས་པས་སྟགས་དང་། ཕར་ཕྱིན་གཉིས་ཀྱི་འཐོབ་བྱ་དོན་གཅིག་ཏུ་ཁས་བླངས་པས་ནང་འགལ་ལོ་ཟེར་ན། མི་

འགལ་ཏེ། ཕར་ཕྱིན་ཀྱང་པས་རྡོ་རྗེ་འཆང་མི་ཐོབ་ཀྱང་། ཕར་ཕྱིན་སྔགས་དང་སྦྲེལ་ནས་ཉམས་སུ་ལེན་པ་མཐར་ཐུག་པས། རྡོ་རྗེ་འཆང་གི་གོ་འཕང་བསྐྱེད་པའི་ཕྱིར་རོ། །འདི་ནི་ཁྱེད་རང་ཡང་ཁས་ལེན་པར་གོང་དུ་བརྗོད་པ་ལྟར་གསལ་ལོ། །ཁོ་ན་རེ། ཕར་ཕྱིན་ནས་སྒྲིབ་གཉིས་སྤྱངས་པའི་སངས་རྒྱས་མ་གསུངས་པར་འགྱུར་རོ། །ཟེར་ན་སྐྱོན་མེད་དེ། དེ་ནི་གནས་སྐབས་དྲང་བའི་དོན་གྱི་དབང་དུ་བྱས་པའི་ཕྱིར། དཔེར་ན་ཐེག་དམན་གྱི་སྡེ་སྣོད་ནས་མཐར་ཐུག་གི་ཐེག་པ་གསུངས་པ་དྲང་དོན་དགོངས་པ་ཅན་འདི་ཕ་རོལ་ཏུ་ཕྱིན་པ་ནས་མ་བཤད་ཅིང་། སྔགས་ནས་འབྱུང་བས་ཁྱད་པར་དེ་ཡིན་པར་འདོད་བཞིན་དུ། གཞན་ལ་ནི་སྐྱོན་བརྗོད་པར་བྱེད་མོད་ནང་འགལ་ཏེ། གཞན་གྱི་རྒྱུ་ལ་བཟང་ངན་ཡོད་པས་འབྲས་བུ་ལ་ཡང་མཆོག་དམན་ཡོད་པར་ཁས་བླངས་པ་འགོག་བཞིན་དུ་རང་ཉིད་ཀྱིས་ཀྱང་ཕར་ཕྱིན་ཐེག་པར་གཟུགས་སྐུའི་རིགས་འདྲའི་རྒྱུ་སྒོམ་པ་ཅན་དུ་སྒྲུབ་དགོས་པ་བཞིན་ནོ། །གཞན་ཡང་ཚིག་དང་དམ་ཚིག་དང་སྡོམ་པ་དང་། ལས་ཀྱི་ཁྱད་པར་ལ་སོགས་པ་ཁྱད་པར་རྒྱ་ཆེ་བ་རྣམས་ནི་མང་བར་དོགས་པས་མ་བྲིས་སོ། །གཉིས་པ་སྔགས་ཀྱི་རྣམ་གཞག །སྔགས་ཀྱི་དོན་དང་སྔགས་ཀྱི་དབྱེ་བ། སྨིན་བྱེད་དབང་དང་སྡོམ་པའི་རྣམ་གཞག །གྲོལ་བྱེད་ལམ་གྱི་རྣམ་གཞག་གྲོལ་བ་འབྲས་བུའི་རྣམ་གཞག་རྣམས་ཀྱིས་རྟོགས་པར་བྱའོ། །དང་པོ་ནི། ཅིའི་ཕྱིར་སྔགས་ཞེས་བྱ་ཞེ་ན། དེ་ལ་སྐྱོབ་པར་བྱེད་པ་པོའི་ཡིད་སྡུག་བསྔལ་ལས་སྐྱོབ་པར་བྱེད་པ་འབྲས་བུའི་ཐེག་པར་གཏོགས་པས་ན། དེ་སྐད་ཅེས་བྱ་སྟེ། འདུས་པའི་རྒྱུད་ལས། ཡིད་ནི་མན་ཞེས་བྱ་བར་བཤད། །ཏྲ་ནི་སྐྱོབ་པར་བྱེད་པའི་དོན། །ཞེས་སོགས་དང་། འགྲེལ་ཆེན་དྲི་མེད་འོད་ལས། སྔགས་ཞེས་པ་ཡེ་ཤེས་ལ་བྱ་སྟེ། ཡིད་སྡུག་བསྔལ་ལས་སྐྱོབ་པའི་ཕྱིར། །ཞེས་གསུངས་པ་ལྟར་རོ། །དེ་ལ་རྣམ་གྲངས་སུ་གསང་སྔགས། རིགས་སྔགས། གཟུངས་སྔགས་ཞེས་བྱ་བ་ལ་སོགས་པ་གསུངས་སྟེ། དེ་ཡང་སྔགས་ཀྱི་ཚུལ་གྱིས་སྣོད་མིན་ལ་གསང་བའི་སྒོ་ནས་དངོས་གྲུབ་སྒྲུབ་པས་ན་གསང་སྔགས་ཞེས་བྱ་སྟེ། རྒྱུད་ལས། འདའ་བར་བྱ་བ་མ་ཡིན་ཞིང་། །དབྱེ་བར་བཀའ་བ་གསང་བ་ཉིད། །གསང་བ་སྒྲུབ་ཅིང་བརྗོད་པས་ན། །དེ་ཕྱིར་གསང་སྔགས་ཞེས་བརྗོད་དང་། །ཞེས་དང་། ཡང་ན། སྣོད་མིན་ལ་གསང་སྟེ་སྣོད་ལྡན་རྣམས་འཕོད་པར་བྱེད་ཅིང་། གདུག་པ་ཅན་རྣམས་སྒྲོད་པར་བྱེད་པས་ན་གསང་སྔགས་སྔགས་ཏེ། རྩེ་མོར། གསང་སྔགས་རྣམས་ནི་འཕོད་བྱེད་ཅིང་། །གདུག་པ་ཐམས་ཅད་སྒྲོད་པར་བྱེད། །ཉོན་མོངས་ལྷ་རྣམས་འཇོམས་བྱེད་ཅིང་། །སངས་རྒྱས་ཆོས་ནི་སྤྱན་འདྲེན་ཡིན། །ཞེས་གསུངས་སོ། །མ་རིག་པ་འཇོམས་ཤིང་རིག་པ་སོ་སོ་ཡང་དག་རིག་བཞི་འགྲུབ་པར་བྱེད་པའི་སྔགས་ཡིན་པས་རིགས་སྔགས་ཅེས་བྱ་སྟེ། མ་རིག་པ་ནི་འཇོམས་པ་དང་། ངག་གི་རིག་མཆོག་གྲུབ་པའི་ཕྱིར། །རྟོགས་ཤིང་རིག་པའི་དངོས་གྲུབ་སྟེར། །

དེ་ཕྱིར་རིག་པ་ཞེས་བརྗོད་དོ། །ཞེས་རྣལ་འབྱོར་རྒྱུད་ཕྱི་མའི་ཕྱི་མར་འབྱུང་བས་སོ། །གཞན་ཡང་ དྷ་ར་ན་ཞེས་པ་གཟུང་བའི་འཛིན་པ་སྟེ། །ཚིག་དོན་མ་བརྗེད་པར་འཛིན་པའི་དྲན་པ་དང་ཤེས་བཞིན་སོགས་ལའང་། གཟུངས་སྔགས་ཀྱི་དོན་དུ་བཤད་དོ། །དེ་འདྲའི་སྔགས་ལ། དབྱེ་ན་དོན་གྱི་སྔགས་དང་། ཚིག་གི་སྔགས་གཉིས་ཏེ། །དང་པོ་ནི། བདེ་སྟོང་གི་ཡེ་ཤེས་ལྷ་བུ་མི་མཐུན་ཕྱོགས་འཛོམས་པའི་གཉེན་པོ་རྟོགས་པའི་ཆར་གྱུར་པ་རྣམས་ལ་བྱ་སྟེ། དུས་འཁོར་རྩ་རྒྱུད་དུ། ལུས་ངག་སེམས་ཀྱི་ཁམས་རྣམས་ནི། གང་ཕྱིར་སྐྱོབ་པར་གྱུར་དེའི་ཕྱིར། །སྔགས་དོན་སྔགས་ཀྱི་སྒྲ་ཡིས་ནི། །སྟོང་ཉིད་ཡེ་ཤེས་འགྱུར་མེད་དེ། །བསོད་ནམས་ཡེ་ཤེས་ལས་བྱུང་སྔགས། །སྟོང་ཉིད་སྙིང་རྗེའི་བདག་ཉིད་ཅན། །ཞེས་གསུངས་པས་སོ། །གཉིས་པ་ནི། ངག་ཏུ་བཟླ་བྱའི་རྩ་སྔགས་སྙིང་པོ་ཉེ་སྙིང་ཕྲེང་སྔགས་ལ་སོགས་སྟེ། རྒྱུད་སྡེ་སོ་སོ་ནས་གསུངས་པའི་བསྙེན་སྔགས་རྣམས་སོ། །

ཡང་ན་སྔགས་ལ་རྒྱུད་སྡེའི་སྒོ་ནས་དབྱེ་ན་བཞིར་ཡོད་དེ། སྔགས་ལ་འཇུག་པའི་སྒོར་གྱུར་པའི་རྒྱུད་སྡེ་ལ་བཞིར་ཡོད་པས་སོ། །འདི་ཙུང་ཞིག་གཏན་ལ་ཕབ་ན། རྒྱུད་སྡེའི་དོན། རྒྱུད་སྡེའི་དབྱེ་བ། དེ་དག་གི་ཁྱད་པར་རྣམས་སོ། །དང་པོ་ནི། རྒྱུན་ཆགས་པས་ན། རྒྱུད་ཅེས་བྱ་སྟེ། གསང་འདུས་ཀྱི་རྒྱུད་དུ། རྒྱུད་ནི་རྒྱུན་ཞེས་བྱ་བར་བརྗོད། །ཅེས་དང་། རྩེ་མོར། རྒྱུད་ནི་རྒྱུན་ཆགས་ཞེས་བྱའོ། །ཞེས་གསུངས་པས་སོ། །དེ་ལ་ཚོགས་སམ། ཕུང་པོའམ། དུ་མ་བསྡོམས་པས་ན་སྡེ་ཞེས་བྱའོ། །དེ་འདྲའི་རྒྱུད་ལ་གསུམ་དུ་གསུངས་ཏེ། འདུས་པར། རྒྱུན་དེ་རྣམ་པ་གསུམ་དུ་འགྱུར། །གཞི་དང་དེ་བཞིན་ཉིད་དང་ནི། །མི་འཕྲོག་པ་ཡི་རབ་དབྱེ་ལས། །རང་བཞིན་རྣམ་པ་རྒྱུ་ཡིན་ཏེ། །དེ་བཞིན་མི་འཕྲོག་འབྲས་བུའོ། །གཞི་ནི་ཐབས་ཞེས་བྱ་བ་སྟེ། །གསུམ་གྱིས་རྒྱུད་ཀྱི་དོན་བསྡུས་པའོ། །ཞེས་རྒྱུ་རྒྱུད། ཐབས་རྒྱུད། འབྲས་རྒྱུད་གསུམ་མོ། །རྒྱུ་རྒྱུད་ནི་སེམས་ཅན་གྱི་སེམས་ཀྱི་རང་བཞིན་འོད་གསལ་ལ་བཤད་དོ། །ཐབས་རྒྱུད་ནི། རང་བཞིན་འོད་གསལ་དེ་མངོན་དུ་བྱེད་པའི་ཐབས་རྒྱུད་སྡེ་བཞི་ནས་བསྟན་པའི་ལམ་གྱི་རིམ་པ་འཁོར་དང་བཅས་པའོ། །སྒྲིབ་པ་ཐམས་ཅད་ཀྱིས་མི་འཕྲོག་པ་སྐུ་དང་ཡེ་ཤེས་ཀྱི་ཚོགས་འཕྲིན་ལས་དང་བཅས་པ་རྣམས་ནི་འབྲས་བུའི་རྒྱུད་དོ། །གཉིས་པ་རྒྱུད་སྡེའི་དབྱེ་བ་ལ་བཞི་སྟེ། བྱ། སྤྱོད། རྣལ་འབྱོར། རྣལ་འབྱོར་ཆེན་པོའི་རྒྱུད་དོ། །ཅིའི་ཕྱིར་བཞིར་གྲངས་ངེས་ཤེ་ན། འདུས་པར། སྐྱེ་བོ་འདོད་ཆགས་ཅན་དོན་དུ། །རྟག་ཏུ་འདོད་ཡོན་ལྷ་རྣམས་བསྟེན། །ཞེས་གསུངས་པ་ལྟར། གཙོ་བོ་ཆགས་ཅན་འདུལ་བའི་ཕྱིར་དུ་ཆགས་པའི་བདེ་བ་ལམ་དུ་བྱེད་པ་ལ་བྱེད་ཚུལ་བཞི་དང་། ཆགས་པའང་རིགས་བཞིར་ཡོད་པས་བཞིར་ཕྱེ་བ་ཡིན་ཏེ། ཁ་སྦྱོར་གྱི་རྒྱུད་ལས། དགོད་དང་ལྟ་དང་ལག་བཅངས་དང་། །གཉིས་གཉིས་འཁྲུད་དང་རྣམ་པ་བཞི། །སྲིན་བུའི་ཚུལ་གྱིས་རྒྱུད་བཞིར་གནས། །ཞེས་གསུངས་པས་སོ། །དེ་ཡང་ལྟ་

ཕོ་མོ་ཕན་ཚུན་ལྟས་པ་ཙམ་གྱིས་ཆོས་པའི་བདེ་བ་ལམ་དུ་བྱེད་པ་ལ་བྱ་བའི་རྒྱུད། ལྟ་ཕོ་མོ་ཕན་ཚུན་དགོད་པ་ཙམ་གྱིས་ཆོས་པའི་བདེ་བ་ལམ་དུ་བྱེད་པ་སྤྱོད་པའི་རྒྱུད། ལྟ་ཕོ་མོ་ཕན་ཚུན་ལག་པ་བཅངས་པ་ཙམ་གྱིས་ཆོས་པའི་བདེ་བ་ལམ་དུ་བྱེད་པ་རྣལ་འབྱོར་གྱི་རྒྱུད། ཕན་ཚུན་སྙོམས་པར་འཇུག་པ་གཉིས་གཉིས་འཁྲུད་པས་ཆོས་པའི་བདེ་བ་ལམ་དུ་བྱེད་པ་རྣལ་འབྱོར་ཆེན་པོའི་རྒྱུད་གསུངས་པ་ཡིན་ཞིང་། འདོད་པའི་ཆགས་པ་ལ་རིག་བཞི་སྟེ། གཞན་འཕྲུལ་དབང་བྱེད་པ་སོགས་ལ་ལྟས་པས་ཆོས་པ། འཕྲུལ་དགའ་བ་ལ་དགོད་པས་ཆོས་པ། དགའ་ལྡན་པ་ལག་བཅངས་ཀྱིས་ཆོས་པ། སུམ་ཅུ་རྩ་གསུམ་པ་མན་ཆད་གཉིས་གཉིས་འཁྲུད་པས་ཆོས་པའི་ཆགས་པ་རྣམས་སུ་ཡོད་པས་སོ། །དེའི་དབང་དུ་བྱས་ནས་བཞིར་ངེས་སོ། །འོ་ན་ཁམས་གོང་མ་རྣམས་མི་འདུལ་ལམ་ཅེ་ན། མི་འདུལ་བ་ནི་མིན་ནའང་། གཙོ་བོ་འདོད་ཁམས་པ་ཁམས་དྲུག་ལྡན་དགོས་པར་གསུངས་ཤིང་། གོང་མ་པ་ནི་གཙོ་བོར་ཕ་རོལ་ཏུ་ཕྱིན་པའི་གདུལ་བྱར་གྱུར་པ་ཡིན་ནོ། །གཞན་མི་རིགས་བཞི་དང་། ཉོན་མོངས་དུག་གསུམ་ཆེ་འབྲིང་དམན་པ་རྣམས་དང་། གྲུབ་མཐའ་བཞི་དང་། ཐུན་མཚམས་བཞི་ལ་སོགས་པ་རྣམས་ཀྱི་སྒོ་ནས་བཞིར་ཕྱེ་བའི་བཤད་པ་མཛད་དོ། །འོ་ན་བྱ་རྒྱུད་དང་པོར་སྟོན་པ་ལ་སོགས་པའི་གོ་རིམ་འདི་ཇི་ལྟར་ཡིན་ཞེ་ན། གདུལ་བྱ་རྣམས་ལམ་ལ་འཇུག་པའི་རིམ་པ་དང་བསྟུན་ནས་གོ་རིམ་དེ་ལྟར་བསྟན་པ་ཡིན་ཏེ། གདུལ་བྱ་དབང་པོ་རྟུལ་འབྲིང་རྣོན་པོ་ཤིན་ཏུ་རྣོན་པོའི་རིམ་པས་འོག་མ་འོག་མ་ནས་གོང་མ་གོང་མར་འཇུག་དགོས་པའི་ཕྱིར་དང་། དབང་པོ་སྦྱོང་ཚུལ་གྱི་རིམ་པའང་དེ་བཞིན་དུ་སྦྱང་དགོས་པའི་ཕྱིར། དོན་དེ་ཡང་། རྡོ་རྗེ་གུར་ལས། དམན་པ་རྣམས་ལ་བྱ་བའི་རྒྱུད། །བྱ་མིན་རྣལ་འབྱོར་དེ་ལྟག་ལ། །སེམས་ཅན་མཆོག་ལ་རྣལ་འབྱོར་མཆོག །རྣལ་འབྱོར་བླ་མེད་དེ་ལྟག་ལ། །ཞེས་གསུངས་པས་སོ། །

གསུམ་པ་ཁྱད་པར་ལ། འོ་ན་རྒྱུད་སྡེ་བཞི་པོ་ལ་ཁྱད་པར་མེད་ན་སོ་སོར་འབྱེད་པ་མི་འཐད་པར་ཐལ། ཡོད་ན་གང་ཡིན་ཅེ་ན། ཁྱད་པར་ཡོད་དེ། སློབ་པ་པོ་གང་ཟག་གི་ཁྱད་པར། སྨིན་བྱེད་དབང་གི་ཁྱད་པར། ལམ་མངོན་རྟོགས་ཀྱི་ཁྱད་པར། བསྐྱང་བྱ་དམ་ཚིག་གི་ཁྱད་པར། རྒྱུད་ཀྱི་ངོ་བོ་བཞག་ཚུལ་གྱི་ཁྱད་པར་ལ་སོགས་པ་གསུངས་སོ། །ཁྱད་པར་དང་པོ་ཡོད་དེ། གདུལ་བྱའི་བྱ་བ་ཁྲུས་དང་གཙང་སྦྲ་ལ་སོགས་པ་མང་པོ་ལ་གཙོ་བོར་མོས་པ་ལ་བྱ་བའི་རྒྱུད། ཕྱིའི་བྱ་བ་དང་ནང་གི་བྱ་བ་དེ་ཁོ་ན་ཉིད་ལ་འཇོག་པ་ཆ་མཉམ་དུ་སྤྱོད་པ་ལ་སྤྱོད་པའི་རྒྱུད། ཕྱིའི་བྱ་བ་དང་ནང་གི་ཏིང་ངེ་འཛིན་གཉིས་ལས་ཏིང་ངེ་འཛིན་ལ་གཙོ་བོར་མོས་ཤིང་ཕྱིའི་བྱ་བ་ཅུང་ཟད་ལ་བརྟེན་པ་ལ་རྣལ་འབྱོར་གྱི་རྒྱུད། ཕྱིའི་བྱ་བ་ལ་མི་བརྟེན་ཅིང་གོང་ན་མེད་པའི་རྣལ་འབྱོར་ལ་མོས་པའི་གདུལ་བྱ་ལ་རྣལ་འབྱོར་བླ་མེད་ཀྱི་རྒྱུད་གསུངས་ཏེ། ཚུལ་གསུམ་སྒྲོན་མེར། སྐྱེ་བ་གཞན་དུ་གོམས་པའི་

བག་ཆགས་ཀྱིས་སྐྱེ་བོ་མེད་པའི་ནགས་ཚལ་གྱི་གནས་དང་། ཁྲུས་དང་དཀྱིལ་འཁོར་འབྲི་བ་དང་། མཆོད་པ་དང་། སྦྱིན་སྲེག་དང་། དཀའ་ཐུབ་དང་། བཟླས་བརྗོད་ལ་སོགས་པའི་བྱ་བ་མེད་པར་ཡིད་ལ་མཉམ་པར་འཇོག་པ་མི་ཐོབ་པས་དེའི་ཕྱིར་ནི། བྱ་བའི་རྒྱུད་སྟོན་པར་མཛད་པ་ཡིན་ནོ། །ཞེས་རྒྱས་པར་གསུངས་པ་ལྟར་རོ༔ ༔གཉིས་པ་དབང་ལའང་ཁྱད་པར་ཡོད་དེ། ཡེ་ཤེས་ཐིག་ལེར། ཆུ་ཡི་དབང་བསྐུར་དབུ་རྒྱན་དག །བྱ་བའི་རྒྱུད་ལས་རབ་ཏུ་གྲགས། །རྡོ་རྗེ་དྲིལ་བུ་དེ་བཞིན་མིང་། །སྤྱོད་པའི་རྒྱུད་ལས་རབ་ཏུ་གསལ། །ཕྱིར་མི་ལྡོག་པ་ཡི་ནི་དབང་། །རྣལ་འབྱོར་རྒྱུད་དུ་གསལ་བར་བྱས། །དེ་ནི་དྲུག་གི་བྱེ་བྲག་དབང་། །དེ་ནི་སློབ་དཔོན་དབང་ཞེས་བྱ། །རྣལ་འབྱོར་བླ་མ་ཡི་ནི་མཚན། །གསང་བ་ཡི་ནི་དབང་རྒྱས་བཤད། །ཤེས་རབ་ཡེ་ཤེས་བླ་ན་མེད། །བཞི་པ་དེ་ལྟར་དེ་བཞིན་ནོ། །ཞེས་གསུངས་པ་ལྟར་ཤེས་པར་བྱ་ཞིང་། སློབ་དཔོན་སྒྲ་གཅན་འཛིན་དཔལ་གཤེན་རྗེ་གཤེད་ལ་སོགས་པས་རྡོ་རྗེ་སློབ་དཔོན་གྱི་དབང་ཡང་བྱ་རྒྱུད་ལ་བཤད་པ་སོགས་ལུགས་དུ་མ་བྱུང་ནའང་། བྱུང་ནའང་རྒྱུ་དང་མི་འགལ་བར་བྱ་ཞིང་། རྣལ་འབྱོར་རྒྱུད་ཀྱི་དབང་ནི་སྔར་གྱི་སློབ་མའི་དབང་གི་སྟེང་དུ་སློབ་དཔོན་གྱི་དབང་ལ་དྲུག་ཏུ་ཕྱེ་བས་བཅུ་གཅིག་གོ། །

གསུམ་པ་ལམ་གྱི་ཁྱད་པར་རྒྱུད་སྡེ་བཞིའི་ལམ་རིགས་བཞི་ལས། བྱ་རྒྱུད་ཀྱི་ལུང་ནི། བྱ་རྒྱུད་ཀྱི་དོན་ཐམས་ཅད། འཇུག་པ། སྒྲུར་བ། འགྲུབ་པ། གྲུབ་པའི་སྤྱོད་པ་བཞིས་བསྡུས་པར་བཤད་ལ། དེ་ཡང་འཇུག་པའི་སྤྱོད་པ་ནི། སྒྲུབ་པ་པོ་དཀྱིལ་འཁོར་དུ་ཞུགས་ནས་དབང་ཐོབ་པ་ལ་སོགས་པ་ཟེར་རོ། །

གཉིས་པ་སྒྲུར་བའི་སྤྱོད་པ་ལ། ལྷ་དྲུག་གི་ཏིང་ངེ་འཛིན་ལ་སྦྱོར་བ་མཚན་བཅས་དང་། དོན་དམ་གཉིས་མེད་ཀྱི་ཏིང་ངེ་འཛིན་ལ་སྦྱོར་བ་མཚན་མེད་དང་གཉིས་སོ། །དང་པོ་ལ་དགོས་པའི་མཐུན་རྐྱེན་བཅུ་དང་། ལྷ་དྲུག་གི་ཏིང་ངེ་འཛིན་ནོ། །བཅུ་ནི་དཔུང་བཟང་གི་རྒྱུད་ལས། དངོས་གྲུབ་ཕྱིར་ནི་རྣམ་པ་བཅུར་གསུངས་ཏེ། །སྔགས་པ་དང་ནི་རབ་སྔགས་གཡོག་དང་བཅས། །བརྩོན་འགྲུས་ཕྱོགས་དང་བཞི་དུས་དག་དང་ནི༔ ༔ཡན་ལག་རྫོགས་པའི་ལྷ་དང་སེམས་སྟོབས་སོ། །ཞེས་གསུངས་པ་ལྟར། སྔགས་པ་སྒྲུབ་པ་པོ་དང་། རང་སྔགས་སྒྲུབ་བྱའི་ལྷ་དང་། གཡོག་སྒྲུབ་པའི་གྲོགས་དང་། དགོས་པའི་རྫས་དང་སྦྱོར་བའི་བརྩོན་འགྲུས་དང་། ཤར་ནུབ་ལ་སོགས་པའི་ཡུལ་ཕྱོགས་དང་། རི་རྩེ་ལ་སོགས་པའི་ས་གཞིའི་གནས་དང་། དཔྱིད་ཟླ་དང་། སྟོད་ལ་སོགས་པའི་དུས་དང་། རི་མོའི་སྐུ་ལ་སོགས་པའི་ཡན་ལག་རྫོགས་པའི་ལྷ་དང་། འཇིགས་པ་མེད་པ་དང་སྙིང་ཆེ་བའི་སེམས་སྟོབས་ཏེ་བཅུའམ། ཡང་ན་སྒྲུབ་པ་པོའི་མཚན་ཉིད་ལྡན་པས། སྔགས་དག་ཅིང་ཚོག་མ་ཉམས་པས་བྱ་བ་གཉིས་སུ་ཡང་འདུའོ། །དེ་ཡང་མཐུན་རྐྱེན་དེ་དག་ལ་བརྟེན་ནས། ཐོག་མར་སྒྲུབ་པ་པོ་རང་

ཉིད་ཀྱིས་བདག་གཉིས་ཀྱིས་སྟོང་པའི་བྱང་ཆུབ་ཀྱི་སེམས་མངོན་དུ་བཏང་སྟེ། དེ་ནས་ལྷ་དྲུག་གི་ཏིང་ངེ་འཛིན་ལ་འཇུག་པར་བྱ་སྟེ། སངས་རྒྱས་གསང་བས་རྣམ་འཇོམས་ཀྱི་འགྲེལ་པར། དང་པོ་ཁྲུས་བྱས་རྣལ་འབྱོར་པས། །རྡོ་རྗེ་གདན་ལ་གནས་ནས་ནི། །མཆོད་དང་གསོལ་བས་ལྷ་དྲུག་བསྒོམ། །སྟོང་དང་ཡི་གེ་སྒྲ་གཟུགས་དང་། །ཕྱག་རྒྱ་མཚན་མ་དྲུག་ཡིན་ཏེ། །ཞེས་གསུངས་པ་ལྟར་རོ། །དེའི་དོན་ཡང་རྣལ་འབྱོར་པ་རང་དང་སྔགས་གཉིས་དང་པོ་སྟོང་པར་བསམས་ཏེ། དེ་ལས་ལངས་ནས་ཡི་གེའི་སྒྲར་བརྟགས་པ་དེ་བདུན་དུ་བཟླ་བ་དང་བཅས་པ་གནས་པར་བསམ། དེ་ནས་བཟླ་བ་དང་གཅིག་ཏུ་འདྲེས་པས་ལྷའི་གཟུགས་སུ་བསྐྱེད་དེ། སྔགས་དང་ཕྱག་རྒྱས་བྱིན་གྱིས་བརླབས་ཏེ་རྟོག་བཅས་ཀྱི་ལྷར་བསམ་མོ། །ཞེས་པའི་དོན་ནོ། །ལྷའི་རྣལ་འབྱོར་གྱི་ཚོ་གའོ། །དེ་ནས་སྔགས་ཀྱི་བསམ་གཏན་ལ་འཇུག་ཏེ། དང་པོར། མདུན་གྱི་ལྷའི་ཐུགས་ཁར་ཟླ་བའི་སྟེང་དུ་སྔགས་ཕྲེང་བཀོད་དེ། ཡི་དམ་ཤུབ་བུས་བཟླ། དེ་ནས་རང་གི་སྙིང་ཁར་རླུང་ནང་དུ་སྡུད་པ་དང་། ལྷན་ཅིག་ཏུ་མདུན་གྱི་ལྷའི་ཐུགས་ཀའི་སྔགས་ཕྲེང་ཟླ་བ་དང་བཅས་པ་བསྡུས་ནས། སྔགས་བཟླ་ཞིང་། ཡང་དབུགས་ཕྱིར་འབྱུང་བ་དང་ལྷན་ཅིག་ཏུ་སྔགས་བཟླ་བ་དང་བཅས་པ་མདུན་བསྐྱེད་ཀྱི་ཐུགས་ཀར་བཀོད་ལ། ཟླ་བའི་སྟེང་དག་གི་སྔགས་ཕྲེང་ལ་དམིགས་ཤིང་། ཡང་ཚུར་བསྡུས་ཏེ་བཟླ་བ་སོགས་བྱའོ། །དེ་ལྟར་བཟླས་བརྗོད་ཡན་ལག་བཞི་བསྒོམས་ནས་རླུང་ནང་དུ་བསྡུས་ནས་དབང་པོ་ཕྱི་རོལ་ཏུ་མི་གཡེང་བར་སྒྲ་ལ་དམིགས་ཤིང་། སེམས་བཟུང་ནས་དབུགས་ཕྱིར་འབྱུང་བ་དང་། སླར་བསྡུ་བའི་ཚེ་སྔར་བཞིན་མདུན་གྱི་ལྷ་ལ་སོགས་པ་གསུམ་ལ་དམིགས་ཤིང་བཟླས་བརྗོད་བྱའོ། །དེ་ཡང་། སྒྲ་དང་སེམས་དང་གཞི་ལ་གཏོལ། །གསང་སྔགས་མི་འགྱུར་གཞི་ལ་གནས། །ཡན་ལག་མ་ཉམས་གསང་སྔགས་བཟླས། །ངལ་ན་བདག་ལ་ངལ་གསོས་ཤིག །ཅེས་གསུངས་པ་ལྟར་རོ། །དེ་ལྟར་སྦྱོར་བའི་སྤྱོད་པ་སྤྱད་པ་ལས་འགྲུབ་པའི་སྤྱོད་པ་འབྱུང་སྟེ། དེ་ཡང་དངོས་གྲུབ་འགྲུབ་པ་ལ་ཕྱི་ནང་གཉིས་ལས། ཕྱིའི་དངོས་གྲུབ་སྒྲུབ་པའི་དཀྱིལ་འཁོར། ཁྲིས་རལ་གྲི་ལ་སོགས་པའི་རྫས་བླངས་ནས་བཟླས་བརྗོད་བྱས་པས་དེ་འབར་བ་དང་ལག་ཏུ་བླངས་པ་ཙམ་གྱིས་རིག་འཛིན་ལ་སོགས་པ་འགྲུབ་ལ། ནང་གི་རླུང་སེ་ལ་སོགས་པའི་དཀྱིལ་འཁོར་གོམས་པས་ནང་གི་དངོས་གྲུབ་མངོན་ཤེས་ལ་སོགས་པ་དང་། མཐར་སངས་རྒྱས་ཉིད་འགྲུབ་ཅིང་། གྲུབ་པ་ནི་གྲུབ་པའི་སྤྱོད་པ་ཞེས་བྱའོ། །དེ་ལྟར་སྤྱོད་པ་བཞིས་བྱ་སྤྱོད་གཉིས་ཀའི་མངོན་རྟོགས་བསྡུས་ཤིང་ཕལ་ཆེར་མཚུངས་པ་ཡིན་ནོ། །རྣམ་གྲངས་གཅིག་ཏུ་ན། དེ་བཞིན་གཤེགས་པ། པདྨ། རྡོ་རྗེ། ནོར་བུ། རྒྱས་པའི་རིགས་ཏེ། འཇིག་རྟེན་ལས་འདས་པ་ལྔ། འཇིག་རྟེན་པའི་རིགས་དང་དྲུག །དེའང་གསུམ་དུ་འདུས་ཏེ། དེ་བཞིན་གཤེགས་པ། པདྨ། རྡོ་རྗེའི་རིགས་སོ། །དེའང་

ཐབས་ཤེས་གཉིས་སུ་བསྡུས་ནས། དེ་རྣམས་ཀྱི་ཁྱད་པར་རྒྱས་པར་བཤད་པ་བཞིན་ཡང་ཤེས་པར་བྱ་བ་ཡིན་ནོ།། །འདིར་བྱ་སྤྱོད་ལ་བདག་བསྐྱེད་ཡོད་མེད་ལ་ལུགས་གཉིས་ཏེ། གཅིག་ལ། བྱ་རྒྱུད་ལ་མདུན་དུ་ལྷ་བསྒོམ་པའི་མངོན་པར་རྟོགས་པ་ཡོད་ཀྱང་། བདག་བསྐྱེད་མེད་དེ། ཡེ་ཤེས་རྡོ་རྗེ་ཀུན་ལས་བཏུས་པར། འཇིགས་པར་དམིགས་ཤིང་ཤིན་ཏུ་གཙང་བར་བྱེད་པ་དང་། ཡེ་ཤེས་སེམས་དཔའི་བདེ་བ་དམ་པ་མེད་པ་དང་། བདག་ཉིད་ལྷ་ཡི་སྙེམས་པ་མེད་པ་དང་། རྨད་དུ་བྱུང་བའི་སྤྱོད་ཡུལ་མིན་པ་དང་། སྐྱོན་གྱི་རྒྱུའི་རྟོགས་པས་རབ་ཏུ་སྤྱོད་པས་སྒྲུབ་པར་བྱེད་པ་ནི། བྱ་བའི་རྒྱུད་ལ་གནས་སོ། །ཞེས་གསུངས་པའི་ཕྱིར་རོ། །སྤྱོད་པའི་རྒྱུད་ལ་ནི། བདག་ཉིད་དམ་ཚིག་སེམས་དཔར་བསྐྱེད་ཀྱང་། ཡེ་ཤེས་པ་ནི་མི་འཇུག་སྟེ། དེ་ལྟར་མ་བཤད་པའི་ཕྱིར་རོ། །ཞེས་འདོད་དོ། །ཁ་ཅིག་ནི། བྱ་རྒྱུད་ལ་བདག་བསྐྱེད་བཤད་དེ། བྱ་སྤྱོད་གཉིས་ལ་བཟླས་བརྗོད་ཡན་ལག་བཞིའི་སྒོར་བའི་སྤྱོད་པ་མཚུངས་པར་རྣམ་སྣང་མངོན་བྱང་རྩ་འགྲེལ་ལས་འབྱུང་ལ། ཡན་ལག་བཞིའི་གཅིག་བདག་ཉིད་སྒྲུབ་པ་པོ་ལྷར་བསྐྱེད་པ་དེ་ཡིན་པའི་ཕྱིར་དང་། བསམ་གཏན་ཕྱི་མར། སྒྲ་དང་། སེམས་དང་། གཞི་ལ་གཞོལ། ཞེས་པའི་འགྲེལ་པར། དེ་བས་ན། སྒྲ་དང་སེམས་དང་གཞི་ལ་སོགས་པས་བཟླས་བརྗོད་ལ་སོགས་པའི་ཡན་ལག་རྣམས་ཀྱི་མཚན་ཉིད་ཀྱི་ཚིག་འདིར་མ་བཤད་པ་ནི་འདི་ལྟར་སྒྲ་དང་སེམས་ལ་སོགས་པ་བཤད་པ་ཐོག་མ་ཉིད་དུ་རྒྱུད་འདིར་བཤད་ཟིན་པའི་ཕྱིར་རོ། །ཞེས་བྱ་བའི་ཐ་ཚིག་གོ། །དེར་འདི་དག་གི་མཚན་ཉིད་བཤད་པ་ཡང་། སྒྲ་ནི་སྔགས་ཀྱི་ཡི་གེའོ། །སེམས་ནི་སྔགས་ཀྱི་གཞི་ཟླ་བའི་དཀྱིལ་འཁོར་གྱི་རྣམ་པར་གྱུར་པའོ། །གཞི་ནི་དེ་བཞིན་གཤེགས་པའི་སྐུའི་རང་བཞིན་ནོ། །གཞི་གཉིས་པ་ནི། རང་གི་ལྷའི་གཟུགས་སོ། །གཞན་ཡང་། སྲོག་དང་། རྩོལ་བ་དང་། སླར་སྡུད་པ་ལ་སོགས་པའི་མཚན་ཉིད་གང་ཡིན་པ། དེ་དག་རྡོ་རྗེ་གཙུག་ཏོར་གྱི་རྒྱུད་འདི་ཉིད་དུ། སྔར་བཤད་ཟིན་པས། དེང་འགྲེལ་བའི་བསམ་གཏན་ཕྱི་མ་ཞེས་པ་འདི་རིམ་པར་ཕྱེ་བ་འདིར་དེ་དག་གི་མཚན་ཉིད་མ་གསུངས་པར་ཤེས་པར་བྱའོ། །ཞེས་རང་ལྷའི་གཟུགས་སུ་བྱེད་པ་སོགས། རྡོ་རྗེ་གཙུག་ཏོར་གྱི་རྒྱུད་འདིར་སྔར་བཤད་ཟིན་པས། དེའི་ཕྱོགས་གཅིག་བསམ་གཏན་ཕྱི་མར་མ་གསུངས་པར་བཤད་པའི་ཕྱིར་དང་། འདི་བྱ་རྒྱུད་དུ་མི་འདོད་པ་ཡང་མེད་པའི་ཕྱིར་རོ། །སློབ་དཔོན་བྱང་ཆུབ་མཆོག་གིས་ཀྱང་ལེགས་གྲུབ་ཀྱི་མངོན་རྟོགས་སོགས་ལས་བྱ་བའི་རྒྱུད་ལས་ལྷ་སྒྲུབ་པའི་རིམ་པ་མ་བསྟན་ནོ། །སྙམ་དུ་བསམ་པར་མི་བྱ་སྟེ། བཅོམ་ལྡན་འདས་ཀྱིས་ཕལ་ཆེར་མ་བསྟན་ཀྱང་ཕྱག་ན་རྡོ་རྗེ་དབང་བསྐུར་བ་དང་། དེ་ཁོ་ན་ཉིད་བཅུ་པ་དག་ལས་གཙོ་བོར་བསྟན་ནོ། །གཅིག་ཏུ་དངོས་གྲུབ་ཐམས་ཅད་ནི་གསང་སྔགས་ཀྱི་ལྷ་དང་། དེ་ཁོ་ན་ཉིད་ལ་རག་ལས་པ་ཡིན་ལ། དེ་དག་རྣམ་པར་ཉམས་ན་ཞི་བ་ལ་སོགས་

པའི་ལས་རྣམས་འགྲུབ་པར་མི་འགྱུར་བས་བླ་མས་བཤད་པ་དང་། རྒྱུད་ཀྱི་ཁྱད་པར་ཅུང་ཟད་དཔྱད་པ་ལས་ཁོང་དུ་ཆུད་པར་བྱའོ། །ཞེས་གསུངས་པ་ལྟར་བདག་བསྐྱེད་མེད་ན་ཞི་སོགས་སྔགས་ཀྱི་དངོས་གྲུབ་ཀྱང་མི་འགྲུབ་པར་གསུངས་པས་རང་ཉིད་ལྷར་བསྐྱེད་པ་ཡོད་པར་གསལ་ལོ། །ཞེས་ཟེར་རོ། །དེ་དག་ལས། གང་ཞིག་ཡིན་ན། མཐའ་གཅིག་ཏུ་བདག་བསྐྱེད་ཡོད་པར་ངེས་པ་ནི་མི་འཐད་དེ། ཡེ་ཤེས་རྡོ་རྗེ་ཀུན་ལས་བཏུས་ནས། རང་ཉིད་ལྷའི་སྙེམས་པ་མེད་པ་དང་། ཞེས་སོགས་ཀྱིས་རང་ཉིད་ལྷར་མི་བསྐྱེད་པའི་རྣལ་འབྱོར་བྱ་རྒྱུད་ལ་ཡོད་པར་བཤད་པ་སྤྱང་དུ་མི་རུང་བའི་ཕྱིར་དང་། རྒྱུད་སྡེ་བཞི་ཡང་སྒྲུབ་པ་པོ་རང་ཉིད་ཀྱི་དངོས་གྲུབ་སྒྲུབ་ཐབས་ཁྱད་པར་མེད་པར་འགྱུར་ཏེ། སྒྲུབ་པ་པོ་རང་ཉིད་ལྷར་བསྐྱེད་མཉམ་དུ་མཚུངས་པའི་ཕྱིར་དང་། བྱ་རྒྱུད་ནས་སྒྲུབ་པ་པོ་བདག་ཉིད་ལྷར་བསྐྱེད་པ་ལ་དབང་བའི་སྨིན་བྱེད་ཀྱི་དབང་མ་བཤད་པའི་ཕྱིར་རོ། །གཞན་དུ་ན་རྣལ་འབྱོར་རྒྱུད་ནས་ཀྱང་དབང་གིས་རྫོགས་རིམ་བསྒོམ་པའི་སྣོད་རུང་དུ་བྱེད་པར་ཐལ་བའི་སྐྱོན་མཚུངས་སོ། །

འོན་བཟླས་བརྗོད། ཡན་ལག་བཞི་ལ་རང་ཉིད་ལྷར་བསྐྱེད་པ་མི་དགོས་སྙམ་ན། དེས་ནི་མི་གནོད་དེ། ཡན་ལག་བཞི་ག་ལ་ལྷར་བཤད་པའི་ནང་ནས། གཞི་ལ་གཉིས། རྟེན་པ་གཉིས། ཞེས་པའི་དོན་ཡིན་པས། མདུན་དུ་བསྐྱེད་པའི་གཙོ་བོ་དེར། སྒྲུབ་པ་པོ་བདག་ཉིད་བསྐྱེད་པར་མི་སྟོན་པའི་ཕྱིར། གལ་ཏེ་སྟོན་ན། ཡན་ལག་བཞིའི་ནང་ཚན་སྒྲ་དང་སེམས་གཉིས་ཀྱང་ལྷར་བཤད་པས། བསྒྲུབ་རྒྱུའི་ལྷ་དེར་ཧ་ཅང་ཐལ་བའི་ཕྱིར་རོ། །དེས་ན་ལྷ་ཞེས་པའི་མིང་བཏགས་པ་སྟེ། ལྷ་དྲུག་གི་བསམ་གཏན་བཞིན་ནོ། །དེ་ལྟར་ཡིན་ཀྱི་ཁྱོད་ཀྱིས་བྱ་རྒྱུད་ལ་བདག་བསྐྱེད་ཡོད་པའི་རྒྱུ་མཚན། རྣམ་སྣང་མངོན་བྱང་དང་། ཕྱག་རྡོར་དབང་བསྐུར་བའི་རྒྱུད་ལས་ཡོད་པར་གསུངས་པའི་ཕྱིར་ཟེར་བ་ནི། སྒྲུབ་བྱེད་དུ་མ་འབྲེལ་ཏེ། རྒྱུད་དེ་གཉིས་བྱ་རྒྱུད་དུ་མི་རུང་བའི་ཕྱིར་རོ། །གཞན་དུ་ན་རྒྱུད་སྡེ་ཐམས་ཅད་ཕྱོགས་གཅིག་ཏུ་འཆད་དགོས་པར་འགྱུར་ནའང་། དེ་ནི་ཁྱེད་རང་ཡང་ཁས་མི་ལེན་པས་སོ། །དེ་བས་ན། རྣམ་སྣང་མངོན་བྱང་དང་། ཕྱག་རྡོར་དབང་བསྐུར་བ་སོགས་ནས་སྒྲུབ་པ་པོ་རང་ཉིད་ལྷར་བསྐྱེད་པ་བཤད་པས་ན། སྤྱོད་པའི་རྒྱུད་དུ་ནི། བདག་བསྐྱེད་ཡོད་པར་ཤེས་པར་བྱ་སྟེ། དེར། རྣམ་སྣང་མངོན་བྱང་སོགས་གཉིས་ནི། སྤྱོད་པའི་རྒྱུད་དུ་བཤད་པའི་ཕྱིར་རོ། །བཟླས་བརྗོད་མེད་པའི་བསྟན་བཅོས་ལ་ཡང་གསུམ་བཤད་དེ། མེ་གནས་ཀྱི་བསམ་གཏན། སྒྲ་གནས་ཀྱི་བསམ་གཏན། སྒྲ་མཐར་ཐར་པ་སྟེར་བའི་བསམ་གཏན་ནོ། །དེའི་དབང་དུ་བྱས་ནས། བསམ་གཏན་ཕྱི་མ་ལས། གསང་སྔགས་མེ་གནས་དངོས་གྲུབ་སྟེ། །སྒྲ་གནས་རྣལ་འབྱོར་སྟེར་བར་དྲན། །སྒྲ་མཐར་ཐར་པ་སྟེར་བ་ཉིད། །འདི་དག་དེ་ཉིད་

གསུམ་པོ་ཡིན། །ཞེས་གསུངས་སོ། །དང་པོའི་དབང་དུ་བྱས་ནས། མེ་ཡི་ནང་གནས་ཞི་བ་སྟེ། །ཚིག་རྣམས་དག་པ་ཡང་དག་ལྡན། །སྲོག་དང་རྩོལ་བ་བཀག་པའི་བདག །གཉིད་སྤངས་ནས་ནི་རྣམ་པར་བསམ། །ཞེས་གསུངས་པ་ལྟར། རང་གི་སྙིང་ཁར་མར་མེའི་མེ་ལྕེ་ལྟ་བུའི་མེ་འབར་བར་བསམ་ལ་དེའི་ནང་ན་སྔགས་ཀྱི་ཡི་གེའི་སྒྲའི་ཕྲེང་བ་དྲིལ་བུའི་སྒྲ་བཞིན་རྒྱུན་མ་ཆད་པར་བསམ་པའོ། །གཉིས་པའི་དབང་དུ་བྱས་ནས་སྒྲ་ལ་གནས་པའི་བསམ་གཏན་ནི། སྙིང་ཁར་གནས་པ་ཕྲ་བ་ནི། །དྲི་མེད་ཟླ་བའི་དཀྱིལ་འཁོར་ཏེ། །དེ་ན་རབ་ཏུ་ཞི་བ་ཡི། །མེ་ལྕེ་རབ་ཏུ་འོད་བཟང་པ། །མི་འགྱུར་གཞི་ནི་དེར་བཞག་ནས། །བདེ་བར་འདུག་ནས་སྒྲ་བསམ་མམ། །མི་འགྱུར་བ་ལ་ཡི་གེ་བཞག །སྒྲ་ཉིད་འབའ་ཞིག་བསམ་པར་བྱ། །ཞེས་གསུངས་པ་ལྟར། སྔར་གྱི་མེ་གནས་ཀྱི་དམིགས་པ་དེ་བཞག་ནས་སྔགས་ཀྱི་སྒྲ་འབའ་ཞིག་ལ་བསམ་གཏན་བྱའོ། །གསུམ་པའི་དབང་དུ་བྱས་ནས། ལྟོས་བཅས་ཡན་ལག་བཞུར་པར་སྣང་། །སྒྲ་ཞེས་བྱ་དང་ཡིད་ཀྱི་དང་། །ཚིག་རྣམས་དག་པ་རིགས་སྔགས་དབང་། །ཡན་ལག་སྤང་བ་རྒྱལ་བས་མཁྱེན། །ཞེས་གསུངས་པ་ལྟར། སྔགས་ཀྱི་ཡན་ལག་རྣམས་སྤངས་ནས་ཆོས་དབྱིངས་བསྒོམ་པའོ། །དེ་སྐད་དུ་ཡང་དེ་བས་ན། ཆོས་ཀྱི་དབྱིངས་ཀྱི་རང་བཞིན་བསྒོམ་ན་ཐར་པ་སྟེར་རོ། །ཞེས་བསམ་གཏན་ཕྱི་མའི་འགྲེལ་པར་བཤད་པས་སོ། །སྤྱོད་བསྡུས་ཀྱི་ནི་ཞལ་ཆེར་གོང་དུ་བཤད་པ་ལྟར། བྱ་རྒྱུད་དང་མཐུན་པས་འདིར་མ་བཤད་དོ། །རྣལ་འབྱོར་རྒྱུད་ཀྱི་ལུགས་ལ་ཇི་ལྟར་ཡིན་ཞེ་ན། ཅུང་ཞིག་བཤད་པར་བྱ་སྟེ། རྣལ་འབྱོར་རྒྱུད་ཀྱི་རྩ་བ་ནི་དེ་ཉིད་བསྡུས་པ་ཡིན་ལ། དེར་གླེང་གཞིས་གཙོ་བོ་རྣམ་སྣང་བསྟན་ནས་དེ་ལ་ཐོབ་འདོད་ཀྱི་བློ་བསྐྱེད་པར་བྱའོ། །དེ་ནས་འཐོབ་བྱ་རྣམ་སྣང་མངོན་དུ་བྱ་བའི་ཐབས་དགོས་པས། དེ་ནི་དེ་མན་ཆད་ཀྱི་རྒྱུད་ཀྱིས་སྟོན་པར་བྱེད་ལ། དེ་ཡང་དངོས་གྲུབ་ཐུན་མོང་བ་དང་། ཐུན་མོང་མིན་པ་ནི། རྩ་རྒྱུད་ཀྱིས་སྟོན་ཞིང་། དེ་ལ་དུམ་བུ་བཞི་སྟེ། རྡོར་དབྱིངས། ཁམས་གསུམ་རྣམ་རྒྱལ། འགྲོ་འདུལ། དོན་གྲུབ་ཀྱི་དུམ་བུའོ། །དེ་ཡང་རིམ་པ་བཞིན་དུ་རིགས་བཞི་བསྟན་ཏེ། དེ་བཞིན་གཤེགས་པ་རྣམས་ཀྱི་རིགས། རྡོ་རྗེ་མི་བསྐྱོད་པ། པདྨ་འོད་དཔག་མེད། རིན་པོ་ཆེ་རིན་འབྱུང་གི་རིགས་སོ། །འོན་རྩེ་མོར་རིགས་ནི་རྣམ་པ་བརྒྱད་གསུངས་ཏེ། །མདོ་རུ་བསྡུ་ན་རྣམ་པ་ལྔ། །སངས་རྒྱས་རྡོ་རྗེ་རིན་ཆེན་དང་། །ཆོས་དང་ལས་དང་རྣམ་པ་ལྔ། །ཞེས་རིགས་ལྔར་བཤད་པ་མིན་ནམ། ཅིའི་ཕྱིར་བཞིར་འཆད་ཅེ་ན། སྤྱིར་རིགས་ལྔ་ཡོད་ཀྱང་། རྩ་རྒྱུད་ལས་དངོས་སུ་རིགས་བཞིར་གསུངས་པ་ནི། ལས་ཀྱི་རིགས་ནི་སེམས་ཅན་གྱི་བསམ་པ་སྐོང་བའི་བྱེད་པ་མཚུངས་པས། རིན་པོ་ཆེའི་རིགས་སུ་བསྡུས་ནས། བཤད་པས་དེ་ལ་དགོངས་པ་ཡིན་པས་སྐྱོན་མེད་དོ། །ཞེས་སློབ་དཔོན་སངས་རྒྱས་གསང་བས་བཤད་དེ། དེས་ལས་ཀྱི་རིགས་ནི་དེ་ཉིད་འདུས་པའི

རྒྱུད་འདིར་ལོགས་ཤིག་ཏུ་མ་ཕྱེས་སྟེ། དེ་ནི་རིན་པོ་ཆེའི་ནང་དུ་འདུས་པའི་ཕྱིར་རོ། །ཇི་ལྟར་ཞེ་ན། བླ་ན་མེད་པའི་མཚན་དང་། དཔེ་བྱད་རིན་པོ་ཆེ་སྣ་ཚོགས་པའི་མཚན་ཉིད་རྒྱལ་བ་མ་ལུས་པའི་སྐུའི་རང་བཞིན་རྡོ་རྗེ་རིན་ཆེན་ཞེས་བྱ་སྟེ། དེ་བས་ན་བྱེད་པ་པོ་དང་། ལས་ཐ་མི་དད་པར་རིགས་པས་ན་བདེ་བར་གཤེགས་པ་རྣམས་ཀྱི་སྤྱོད་པའི་མཚན་ཉིད་ལས། སྣ་ཚོགས་དང་ཐ་མི་དད་པར་དགོངས་པའི་ཕྱིར་རོ། །མཆོད་པ་སོགས་ཀྱི་བྱ་བ་བསྟན་ནོ། །ཞེས་གསུངས་པས་སོ། །རྒྱུད་ཕྱི་མས་ནི་གདུལ་བྱ་མཆོག་རྗེས་སུ་འཛིན་པར་བྱེད་པའི་ཡན་ལག་ཏུ་འཇིག་རྟེན་ལས་འདས་པའི་དངོས་གྲུབ་གཙོ་བོར་བསྟན་ཏེ། དེའང་དུམ་བུ་བཞི་ཀ་དང་འབྲེལ་བར་བསྟན་ནོ། །

རྒྱུད་ཕྱི་མའི་ཕྱི་མ་ལས་ནི། དངོས་གྲུབ་ཀྱི་མཆོག་གཙོ་བོར་སྒྲུབ་མི་ནུས་པའི་གང་ཟག་ལ་གཙོ་བོར་བཟླས་པ་དང་། བྱ་བ་གཙོ་བོར་མི་སྟོན་ཞེས་པ་ནི། གདུལ་བྱའི་གཙོ་བོ་ལ་དགོངས་པས་མི་འགལ་ལོ། །ཅིའི་ཕྱིར་བཞིར་གྲངས་ངེས་ཤེ་ན། བདེ་བར་གཤེགས་པ་ལ་སྐུ་གསུང་ཐུགས་མཛད་པ་དང་བཞི། ཕྱག་རྒྱ་ལ་བཞི། སྦྱང་བྱ་ལ་བཞི། འབྲས་བུ་ཡེ་ཤེས་བཞིར་གྲངས་ངེས་པའི་ཕྱིར་རོ། །དེ་ཡང་། རིགས་བཞི་དང་། རིམ་པ་བཞིན་དུ་སྐུ་གསུང་ཐུགས་མཛད་པ་སྦྱོར་རིགས་བཞི་དང་། རིམ་པ་བཞིན་དུ། ཕྱག་ཆེན། དམ་རྒྱ། ཆོས་རྒྱ། ལས་རྒྱ་སྦྱོར་རིམ་པ་བཞིན་དུ། ཀུན་གཞི། ཉོན་ཡིད། ཡིད་ཤེས། དབང་ཤེས་ཀྱི་གཉེན་པོར་སྦྱོར། མེ་ལོང་ལྟ་བུའི་ཡེ་ཤེས་བཞི་དང་ཡང་རིམ་པ་བཞིན་དུ་རིགས་བཞི་སྦྱོར་བ་དཔལ་མཆོག་འགྲེལ་ཆེན་དུ་གསུངས་པ་ལྟར་རོ། །དེར་མ་ཟད་གདུལ་བྱ་ལ་ཡང་བཞིར་ཡོད་པས་དུམ་བུ་བཞིར་ཕྱེ་བར་འགྲེལ་ཆེན་དེ་ལས་བཤད་དེ། དེ་བཞིན་གཤེགས་པའི་རིགས་ཀྱི་ཟླ་བ་པོ་ནི་འདོད་ཆགས་ཅན། དུམ་བུ་གཉིས་པའི་གདུལ་བྱ་ནི་ཞེ་སྡང་ཅན། གསུམ་པའི་གདུལ་བྱ་ནི་གཏི་མུག་ཅན་ནམ་ལོག་པར་ལྟ་བ་ཅན། བཞི་པའི་གདུལ་བྱ་ནི་སེར་སྣ་ཅན་དུ་བཤད་པས་སོ། །འོན་ཀྱང་གང་ཟག་གཅིག་གིས་ཀྱང་སྤང་བྱ་བཞི་སྤངས། ཡེ་ཤེས་བཞི་དང་སྐུ་བཞི་ལ་སོགས་པ་ཐོབ་དགོས་པས་གདུལ་བྱ་རྒྱུད་གཅིག་དང་། ཐ་དད་པ་དུ་མར་ཡོད་དགོས་སོ། །དེ་ཡང་དེ་ཉིད་སྣང་བ་ལས། དུམ་བུ་བཞི་དང་སྐུ་སོགས་བཞི། ཕྱག་རྒྱ་བཞི། དཀྱིལ་འཁོར་བཞི་ལ་སོགས་པ་དང་སྦྱོར་བ་གཙོ་བོར་བསྟན་པ་ཡིན་གྱི་དུམ་བུ་བཞི་པོ་རང་རང་གི་ལྷ་ཐམས་ཅད་ལ་ཡང་བཞི་པོ་སྦྱར་བར་བྱ་སྟེ། འགྲེལ་པ་ཨ་བ་ཧ་ར་ལས། རིགས་བཞི་རྣམས་ལ་ཡང་དཀྱིལ་འཁོར་ཆེན་པོ་ནི་ལྷ་རྣམས་བཀོད་པ་གཟི་བརྗིད་ཀྱི་སྐུ་བཀོད་པའི་ཕྱིར། སྐུ་མི་ཟད་པའི་མཛོད་རྣམ་པར་སྤྲུལ་པ་བསྟུས་པ་ཡིན་པར་ལྟའོ། །དམ་ཚིག་གི་དཀྱིལ་འཁོར་ནི་ཇི་ལྟར་རྟོག་པའི་རྣམ་པར་གྲོལ་བའི་སྒོ་མཚོན་པར་བྱེད་པ། རྡོ་རྗེ་དང་ལྕགས་ཀྱུ་དང་མདའ་དང་། གཞུ་ལ་སོགས་པ་རྣམ་པར་བཀོད་

པ་ཉེ་བའི་མཚན་ཉིད་ནི་ཐུགས་མི་ཟད་པ་རྣམ་པར་བཀོད་པའི་མཛོད་རྣམ་པར་སྤྲུལ་པ་བསྡུས་པའོ། །ཆོས་ཀྱི་དཀྱིལ་འཁོར་ནི་ཇི་ལྟར་རྟོགས་པའི་ཆོས་བསྟན་པའི་ཐབས་སྤྱོད་པ་མཉམ་བཞག་རྣམ་པར་བཀོད་ཅིང་གནས་པའི་ལྷ་རྣམས་ཏེ། དེ་བཞིན་གཤེགས་ཐམས་ཅད་ཀྱི་གསུང་མི་ཟད་པ་རྣམ་པར་བཀོད་པའི་མཛོད་རྣམ་པར་སྤྲུལ་པ་བྱིན་གྱིས་བརླབས་པའོ། །དེ་བཞིན་དུ་ལས་ཀྱི་དཀྱིལ་འཁོར་ལ་ཡང་མཆོད་པ་ལ་སོགས་པའི་ལས་ཀྱི་ལྷ་རྣམས་བཀོད་པས། དེ་བཞིནགཤེགས་པ་ཐམས་ཅད་ཀྱིས་སེམས་ཅན་གྱི་དོན་བྱེད་པ་ལ་སོགས་པ་བསྡུས་པ་བསྟན་པར་སླའོ། །ཞེས་སོགས་དང་། ཡང་ཨ་བྷ་ཡ་ཀ་རས། རིམ་པ་འདིས་ནི་སྐུ་ལ་སོགས་པ་རྣམ་པ་བཞི་གཙོ་བོར་གྱུར་པའི་དཀྱིལ་འཁོར་དེ་བཞིར་གསུངས་མོད་ཀྱི་འོན་ཀྱང་ཕལ་ཆེར་ལུས་མེད་པའི་སེམས་ཀྱང་མི་སྲིད་ལ། ལུས་དང་སེམས་མེད་པའི་ངག་ཀྱང་མི་སྲིད་དེ། དེ་བས་ན་དཀྱིལ་འཁོར་སོ་སོ་ལས་ཀྱང་། སྐུ་ལ་སོགས་པ་བཞི་ཆར་དགོངས་པར་ལྟའོ། །དེ་བས་ན་རིགས་ཀྱི་དཀྱིལ་འཁོར་ཐམས་ཅད་དུ་ཡང་། སྐུ་ལ་སོགས་པའི་མཚན་མར་གྱུར་པ་གོ་རིམ་བཞིན་དུ། ཕྱག་རྒྱ་ཆེན་པོ་དང་དམ་ཚིག་དང་། ཆོས་དང་། ལས་ཀྱི་ཕྱག་རྒྱ་དང་། རྣམ་པ་བཞི་འདིར་བཤད་དོ། །ཞེས་སོགས་ཀྱི་རིགས་ལ་ཡང་བཞི་བཞིར་འཆད་དགོས་པ་ལེགས་པས་སོ༑ ༑དེའི་རྒྱུ་མཚན་ཡང་། མཐར་ཐུག་གི་སྐུ་ལ་སོགས་པ་བཞི་འཐོབ་པའི་ཕྱིར་ཏུ། རང་གི་ལུས་ངག་སེམས་བྱ་བ་དང་བཅས་པ་བཞི། ད་ལྟ་ནས་ལྷའི་སྐུ་གསུང་ཐུགས་འཕྲིན་ལས་དང་བཅས་པར་བསྒྲུབས་ནས། ཐ་མལ་བའི་གཞི་སྦྱངས་ཏེ་དག་པར་འགྱུར་བས་སོ། །ཚུལ་ཇི་ལྟར་སྒྲུབ་ན། རང་རང་གི་ལམ་གྱི་སྣོད་རུང་གིས་དམ་ཚིག་དང་སྡོམ་པ་ཐུན་མོང་བ་རྣམས་ཐོབ་པར་བྱས་ཏེ། སློབ་མ་དང་སློབ་དཔོན་གྱི་དབང་ཐོབ་ནས། ཐུན་མོང་མིན་པ་དབང་ལས་བྱུང་བའི་སྡོམ་པ་དག་པར་གྱུར་པའི་རྟེན་གྱིས་མཚན་མ་དང་བཅས་པའི་རྣལ་འབྱོར་དང་། མཚན་མ་མེད་པའི་རྣལ་འབྱོར་གཉིས་ལ་སློབ་ཅིང་། དང་པོ་ལ་ཡང་། ལྷ་ལ་དམིགས་པའི་རྣལ་འབྱོར་དང་། ཕྱག་མཚན་ལ་དམིགས་པའི་རྣལ་འབྱོར་གཉིས་སུ་ཡོད་པས་དང་པོ་ལ་འཇུག་པར་བྱ་དགོས་ལ། དེ་ཡང་བསྙེན་པ་ལ་འཇུག་པ་ཐོག་མར་བྱེད་པ་ལ། རང་གི་བསྙེན་པ་དང་། གཞན་ལ་དབང་བསྐུར་བའི་སླད་དུ་བསྙེན་པ་བྱ་བ་གཉིས་ལས། དང་པོ་ལ་ནི་རྡོ་རྗེ་སེམས་དཔའི་སྒྲུབ་ཐབས་ལས། སློབ་དཔོན་གྱི་དབང་ཐོབ་པ་གང་ཡིན་པ་དེས་ནི། རྣལ་འབྱོར་ཆེན་པོ་བྱས་ལས་ཆོ་ག་ཐམས་ཅད་རྫོགས་པར་སྤྱོད་ཅེས་གསུངས་པས། རྣལ་འབྱོར་ཆེན་པོ་དང་བཅས་པའི་ཏིང་ངེ་འཛིན་གསུམ་བསྒོམ་དགོས་ཏེ། བསྟོད་འགྲེལ་ལས། དེ་ལ་ཐབས་ཀྱི་དབྱེ་བ་བཤད་པར་བྱ་སྟེ། དེ་ལ་ཡང་ཏིང་ངེ་འཛིན་ཉིད་ནི་དངོས་སུ་ཐབས་ཡིན་པས་ན། ཞེས་གསུངས་པ་ལྟར། རྣམ་པར་སྣང་མཛད་མངོན་དུ་བྱེད་པའི་ཐབས་དངོས་ནི། ཏིང་ངེ་འཛིན་གསུམ་ཡིན་པར་གསུངས་པའི་ཕྱིར་རོ། །

ཏིང་ངེ་འཛིན་གསུམ་ལའང་རྒྱས་འབྲིང་བསྡུས་གསུམ་དུ་ནི་ཡོད་དོ། །དེ་ཡང་བསྟོད་འགྲེལ་ལས། དེ་ལྟར་རྡོ་རྗེ་དབྱིངས་ཀྱི་དཀྱིལ་འཁོར་མངོན་སུམ་དུ་མཐོང་བར་གྱུར་པ་དེ་སྲིད་ཀྱི་བར་དུ་ཉིན་རེ་བཞིན་བསྒོམ་པར་བྱའོ། ། ཞེས་གསུངས་པ་དེ་ལྟར་རོ། །གཞན་ལ་དབང་བསྐུར་བའི་ཚེད་དུ་བསྙེན་པ་བྱེད་པས་ནི། རྡོ་རྗེ་འབྱུང་བ་ལས་གསུངས་པ་ལྟར། བདག་རྫོགས་རྣལ་འབྱོར་ཆེན་པོ་དང་བཅས་པའི་ཏིང་ངེ་འཛིན་གསུམ་རྒྱས་འབྲིང་བསྡུས་གསུམ་གང་ཡང་རུང་བ་བསྒོམ་པར་བྱ་ཞིང་། དེ་ཡང་ལྷ་རྣམས་ཀྱིས་གནང་བ་ཐོབ་པའི་དུས་དེ་སྲིད་དུ་བྱ་བར་གསུངས་སོ། །ཏིང་ངེ་འཛིན་གསུམ་ནི། སྦྱོར་བའི་ཏིང་ངེ་འཛིན། དཀྱིལ་འཁོར་རྒྱལ་མཆོག །ལས་རྒྱལ་མཆོག་དང་གསུམ་མོ། །སློབ་དཔོན་སངས་རྒྱས་གསང་བས་ནི་ལུགས་གཞན་བཤད་དོ། །

གཉིས་པའི་བསྒོམ་ཚུལ་ལ། དགོས་པ་ལྷའི་རྣལ་འབྱོར་ལ་བརྟན་པ་འཐོབ་པར་བྱ་བའི་ཆེད་དུ་བསྒོམ། དུས་ནི་ལྷའི་རྣལ་འབྱོར་སྔོན་དུ་བཏང་ནས་བསྒོམ་སྟེ། ཨ་བ་དྷ་རས། དེ་ལྟར་རྒྱས་པ་དང་། མདོར་བསྡུས་པ་རྣམ་པ་གཉིས་ཀྱིས་ཀྱང་། རང་གི་ལྷའི་དམ་ཚིག་གི་སེམས་པ་བདག་བྱིན་གྱིས་བརླབས་པ་དང་། དབང་བསྐུར་བ་དང་། ཏིང་ངེ་འཛིན་དང་། མཆོད་པ་དང་ལྡན་པ་ཉིད་དུ་བྱས་ནས། དང་པོར་རེ་ཞིག་རང་གི་སེམས་དབང་དུ་གྱུར་པར་བྱ་བའི་རྡོ་རྗེ་ཕྲ་མོའི་ཏིང་ངེ་འཛིན་བསྒོམ་མོ། །ཞེས་གསུངས་སོ། །བསྒོམ་པར་བྱ་བའི་དམིགས་པ་ནི། རྡོ་རྗེ་ཕྲ་མོ་མདོག་ལ་སོགས་པ་ཇི་ལྟར་ངེས་པ་ལྟར་སྐྲའི་རྩེ་མོ་ཙམ་ལྷའི་སྐུ་མདོག་འདྲ་བ་རྩེ་ལྔ་པ་གཅིག་དང་པོར་ལྟེ་བར་བསྐྱེད་དེ། དེ་ནས་སྣ་ཁུང་ནས་སྣ་རྩེར་འགྲེང་སྟེ། གནས་པར་བསམ་པར་ཀུན་སྙིང་བཞེད། སྙིང་ཁ་ནས་འདྲེན་པར་ཤག་སངས་གཉིས་འདོད་དོ། །དེ་ལྟར་རྡོ་རྗེ་ཕྲ་མོའི་གཟུགས་བསྒོམ་པའི་སྟོབས་ཀྱིས་རང་ལུས་ཐམས་ཅད་ཁྱབ་པར་མཐོང་ངོ་། །འཕེལ་བར་འདོད་ན། དེ་ནས། གྲོང་ལ་སོགས་པ་དང་། དེ་ནས་ཁམས་གསུམ་པའི་བར་དུ་སྤྲོ་བར་བཤད་དོ། །གཉིས་པ་མཚན་མ་མེད་པའི་རྣལ་འབྱོར་ནི། རིགས་བཞི་ལ་གནས་པའི་རྣལ་འབྱོར་པས། སྒྲུབ་པ་པོ་རང་ཉིད་ལྷར་སྣང་བ་དང་། བཟླས་བྱའི་སྔགས་དང་། མདུན་གྱི་ལྷ་ལ་སོགས་པ་རིམ་གྱིས་བདེན་པར་མ་གྲུབ་པར་དཔྱད་ནས་མཐར་བདག་གཉིས་ཀྱིས་སྟོང་པར་རྟོགས་པའི་དོན་ལ་སྣང་བ་མེད་པའི་ཏིང་ངེ་འཛིན་གྱིས་རྩེ་གཅིག་ཏུ་བསྒོམ་པར་གསུངས་ཏེ། རྩེ་མོ་ལས། དེ་བཞིན་གཤེགས་པའི་རིགས་བཟླས་པ། །སངས་རྒྱས་བདག་ཉིད་བཀྲ་ཤིས་གནས། །སྟོང་གསུམ་གྱི་ནི་འཇིག་རྟེན་འདིར། །སངས་རྒྱས་སྐུ་ནི་བསྒོམ་པར་བྱ། །སངས་རྒྱས་དེ་ཡི་སྙིང་ཁར་ནི། །རང་སྔགས་ཡི་གེ་རྣམ་པར་བསྒོམ། །རང་གི་ལུས་ནི་བདེན་མེད་པར། །ཚོས་དང་གང་ཟག་སྟོང་པ་ཉིད། །སངས་རྒྱས་དེ་ཡི་སྐུ་གང་ཡིན། །དེ་ཡང་བདག་མེད་པར་བསམ་མོ། །ཞེས་སོགས་དང་། དེ་ཉིད་བསྡུས་པར་ཡང་། ཡི་གེ་ཨ་ལ་འཇུག་པ་ཡིས། །ཡི་གེ་ཐམས་ཅད་

རྣམ་པར་བསྒོམ། །ཞེས་གསུངས་པ་ལྟར་རོ། །གཞན་ཡང་འཇིག་རྟེན་དང་འཇིག་རྟེན་ལས་འདས་པའི་དངོས་གྲུབ་སྒྲུབ་ཚུལ་དང་། བཟླས་བརྗོད་སྦྱིན་སྲེག་ལ་སོགས་པའི་ཡན་ལག་དུ་མ་ཞིག་གསུངས་སོ། །

དེ་ནི་འདི་དཔྱད་པར་བྱ་སྟེ། རིག་བརྒྱ་དང་། རིགས་ལྔ་དང་། རིགས་བཞི་ལ་སོགས་པའི་ལམ་རིམ་འཆད་ན། རིགས་ཉིད་གང་ལ་བྱ་ཞེ་ན། སྤྱིར་རིགས་ལ་དུ་མར་འགྱུར་སྟེ། རིགས་ཞེས་བྱ་བ་རྒྱུ་ལ་བཤད་པ་དང་། རིགས་འདྲ་བའི་རིགས་མཚུངས་ཞེས་པ་ལྟར། སྤྱི་ལ་བཤད་པ་དང་། བུ་དེ་ནི་ཕ་དེའི་རིགས་ཡིན་ཞེས་པ་ལྟ་བུ་དེའི་འབྲས་བུ་ལ་རིགས་སུ་བཤད་པ་སོགས་ལས་འདིར་བཤད་པ་ནི། དང་པོ་གཉིས་ནི་མིན་ཏེ། སྐབས་དོན་ལ་གནོད་པར་འགྱུར་བའི་ཕྱིར་རོ། །དེས་ན་གསུམ་པའི་དབང་དུ་བྱས་པའི་ལུགས་ཏེ། འདིར་དེ་ལས་སྐྱེས་པ་ལ་དེའི་རིགས་སུ་བཤད་པའི་ཕྱིར་རོ། །དེ་ཡང་། དེ་ཉིད་སྣང་བར་འདི་ནི་དེ་བཞིན་གཤེགས་པའི་རིགས་ཏེ། སྐྱེས་པས་རིགས་ཞེས་བཤད་པ་ཡིན་ནོ་ཞེས་གསུངས། ཞེས་བཤད་པས་སོ། །དེས་ན་དུམ་བུ་དང་པོའི་ལྷ་རྣམས་དེ་བཞིན་གཤེགས་པའི་རིགས་སུ་བཤད་པ་སོགས་ལས་འདིར་བཤད་པ་ནི། ཐུགས་ཀའི་ཟླ་བ་རྡོ་རྗེ་ལས་སྐྱེས་པས་དེ་བཞིན་གཤེགས་པའི་རིགས་སོ། །བཤད་པ་ནི། དེ་བཞིན་གཤེགས་པར་སྤྲུལ་ནས་འཁོར་ལོས་བསྒྱུར་བ་རྡོ་རྗེ་སེམས་དཔའ་བཤད་པ་བྱས་པ་ཡིན་ནོ། །དུམ་བུ་གཉིས་པ་ནི། རྡོ་རྗེ་ཧཱུྃ་མཛད། དུམ་བུ་གསུམ་པ་རྡོ་རྗེ་ཆོས་དང་། དུམ་བུ་བཞི་པ་རྡོ་རྗེ་རིན་ཆེན། ལས་ཀྱི་རིགས་ཀྱི་ནི་རྡོ་རྗེ་ལས་རྣམས་འཁོར་ལོས་བསྒྱུར་བའོ། །དེ་ཡང་རྒྱ་བར་ནི་རིགས་ལྔ་གའང་། རྡོ་རྗེ་འཆང་གི་རིགས་སུ་འགྱུར་ཏེ། རྡོ་རྗེ་འཆང་ཉིད་ལས་དེ་བཞིན་གཤེགས་པ་སོགས་ལྔ་འབྱུང་བས་སོ། །ལྔ་པོ་དེ་ལ་ལྔ་ལྔ་འབྱུང་བས་ཉི་ཤུ་རྩ་ལྔ། དེ་རེ་རེ་ལའང་སྙིང་པོ་དང་ཕྱག་རྒྱ་དང་། གསང་སྔགས་དང་རིགས་སྔགས་ཀྱི་བསྒྱུར་པས་རིགས་བརྒྱའོ། །དེ་ཡང་གདུལ་བྱ་བཞིའི་དབང་གི་དུམ་བུ་བཞིའི་ལྷ་རྣམས་ཀྱང་ཉམས་བཞིར་སྣང་སྟེ། དུམ་བུ་དང་པོ་དེ་བཞིན་གཤེགས་པའི་རིགས་རྣམས་ཀྱི་ལྷ་རྣམས་ཆགས་པའི་ཉམས་ཅན་ཏེ། གདུལ་བྱ་འདོད་ཆགས་ཅན་གཙོ་བོར་གདུལ་བའི་ཕྱིར་དུ། ཆགས་པའི་ཚུལ་གྱི་ཆགས་པ་སྟོན་པའི་ཕྱིར་རོ། །དུམ་བུ་གཉིས་པ་རྡོ་རྗེའི་རིགས་ཀྱི་ལྷ་རྣམས་རབ་ཏུ་ཁྲོས་པའི་ཉམས་ཅན་ཏེ། གདུལ་བྱ་ཞེ་སྡང་ཅན་འདུལ་བའི་སླད་དུ་ཁྲོ་བོའི་ཚུལ་གྱིས་ཁྲོས་པ་སྟོན་པའི་ཕྱིར་རོ། །དུམ་བུ་གསུམ་པ་པད་མའི་རིགས་ཀྱི་ལྷ་རྣམས་ནི། ཉམས་སྣ་ཚོགས་པ་ཅན་ཏེ། གདུལ་བྱ་གཏི་མུག་ཅན་གཙོ་བོར་གདུལ་བའི་སླད་དུ་སྣ་ཚོགས་པའི་ཚུལ་གྱིས་གཏི་མུག་སྟོན་པའི་ཕྱིར་རོ། །དུམ་བུ་བཞི་པ་རིན་པོ་ཆེའི་རིགས་ཀྱི་ལྷ་རྣམས་གསེར་མདོག་དང་རྒྱས་པའི་ཉམས་ཅན་ཏེ། གདུལ་བྱ་ལེ་ལོ་ཅན་དཀོན་མཆོག་མཆོད་པ་དང་། སེམས་ཅན་གྱི་དོན་བྱེད་པ་ལ་མི་བརྩོན་པའི་གཉེན་པོར་སྐུ་མདོག་དང་ཕྱག་རྒྱ་ཞི་དྲག་སྣ་ཚོགས་པའི་

ཚུལ་གྱིས་ལེ་ལོ་སྤོང་བའི་ཕྱིར་རོ། །དེ་སྐད་དུ་ཡང་། སྔོག་པས་རྡོ་རྗེ་སེམས་དཔའ་ཉིད། །ཅེས་དང་། རྡོ་རྗེ་ཅན་ཀུན་ཁྲོ་བོ་ཅན། །རིན་ཆེན་ཚོགས་ནི་རབ་བཞད་པ། །པདྨ་ཆེན་པོ་དུལ་ཞི་ཞིང་། །དྲག་པོ་ཞི་བས་ལས་འཛིན་པ༔ །ཞེས་སོགས་རྒྱ་མོར་གསུངས་སོ། །གཞན་ཡང་དུམ་བུ་བཞིའི་ཁྱད་པར་ལ། སློན་བྱེད་དབང་གི་ཁྱད་པར་ལ། སློབ་དཔོན་སློབ་མ་གཉིས་ལ། རིགས་ཀྱི་དབང་གིས་དེ་བཞིན་གཤེགས་པའི་རིགས་དང་། རྡོ་རྗེའི་རིགས་ཀྱི་དཔོན་སློབ་སོགས་ལྔ། དེ་དག་གི་ཆས་གོས་དམར་སྟོན་སོགས་དང་། དཀྱིལ་འཁོར་དུ་འཇུག་ཚུལ། འཇུག་བྱའི་དཀྱིལ་འཁོར་དེ་མཆོད་པའི་རྫས་དབང་གི་ཁྱད་པར་སྡོམ་པ་དང་དམ་ཚིག་གི་ཁྱད་པར་སོགས་དང་། གྲོལ་བྱེད་སྒྲུབ་ཐབས་ཀྱི་ཁྱད་པར་ལ། ལྷ་བསྒོམ་པ། སྔགས་བཟླ་བ། སྤྱོད་ལམ་གྱི་ཁྱད་པར་ལ་སོགས་པ་མང་དུ་གསུངས་པ་རྣམས་ལོགས་སུ་ཤེས་པར་བྱའོ། །

མདོར་ན་རང་དམ་ཚིག་པར་བསྐྱེད་པ་ལ། ཡེ་ཤེས་པ་བཅུག་ནས་སྒྲུབ་པ་ནི་འོག་མ་གཉིས་དང་མི་འདྲ་བའི་ཁྱད་པར་དང་། མཐར་ཕྱག་རྒྱ་བཀྲོལ་ཏེ། ཡེ་ཤེས་པ་གཤེགས་སུ་གསོལ་བ་སོགས་ནི། གོང་མ་དང་མི་འདྲ་བའི་ཁྱད་པར་རོ། །རྣལ་འབྱོར་ཆེན་པོའི་རྒྱུད་ཀྱི་མངོན་རྟོགས་ལ་བསྐྱེད་རིམ་དང་རྫོགས་རིམ་གྱི་མངོན་པར་རྟོགས་པའི་ལུགས་གཉིས་ལས་དང་པོ་ནི། ལག་ཏུ་བླང་བའི་རིམ་པ་འདི་ལྟར་བྱ་སྟེ། རྣལ་འབྱོར་བླ་མེད་ཀྱི་ཆེད་དུ་བྱ་བའི་གདུལ་བྱ་ལ་སྐལ་དམན་རིམ་གྱིས་འཇུག་པ་དང་། སྐལ་ལྡན་ཅིག་ཆར་འཇུག་པའི་ཚུལ་གཉིས་སུ་བཞེད་ནའང་། སྐལ་ལྡན་གྱི་དང་པོར་རིམ་གྱིས་དང་པོར་འཇུག་ཚུལ་མཚུངས་པ་ཞིག་འོང་བས་རིམ་གྱིས་འཇུག་ཚུལ་ནི། རྒྱུད་ལས། དང་པོར་གསོ་སྦྱོང་སྦྱིན་པར་བྱ། །དེ་རྗེས་བསླབ་པའི་གནས་བཅུ་སྦྱིན། །དེ་ལ་བྱེ་བྲག་སྨྲ་བ་བསྟན། །མདོ་སྡེ་པ་ཡང་དེ་བཞིན་ཏེ། །རྣལ་འབྱོར་སྤྱོད་པ་དེ་ལས་ཕྱིས། །དེ་ཡི་རྗེས་སུ་དབུ་མ་བསྟན། །སྔགས་ཀྱི་རིམ་པ་ཀུན་ཤེས་ནས། །དེ་རྗེས་ཀྱི་ཡི་རྡོ་རྗེ་བསྟན། །ཞེས་གསུངས་པ་ལྟར། ཐེག་པ་འོག་མ་རྣམས་ཀྱིས་རྒྱུད་སྦྱངས་པའི་གང་ཟག་ཐེག་པ་མཆོག་གི་རིགས་པ་ལ་གནས་པ་བླ་མེད་ཀྱི་ལམ་ལ་འཇུག་པར་འདོད་པའི་འདུན་པ་དང་ལྡན་པ་དེས། གཞན་གྱིས་བཟོད་མིན་ལྷན་ཅིག་སྐྱེས། །གང་དུ་ཡང་ནི་མི་རྙེད་པ། །བླ་མའི་དུས་ཐབས་བསྟེན་པ་དང་། །བདག་གིས་བསོད་ནམས་ལས་ཞེས་བྱ། །ཞེས་གསུངས་པ་ལྟར། །བླ་མ་མཚན་ཉིད་ལྡན་པ་ལ་གསོལ་བ་བཏབ་ནས། དེ་མཉེས་པར་བྱས་པའི་སྒོ་ནས་བསྟེན་ཏེ། དེ་ལ་རྒྱུད་ཀྱི་དོན་རིམ་གཉིས་འཁོར་དང་བཅས་པ་སློབ་པ་ལ་འཇུག་དགོས་ཏེ། མ་བསླབས་པར་མི་ཤེས་པའི་ཕྱིར་རོ། །སློབ་པ་ལ་ཡང་དང་པོར་རྒྱུད་དོན་བླ་མ་ལས་ཐོས་པར་བྱེད་དགོས་ལ། དེ་ལ་དབང་དང་དམ་ཚིག་དང་སྡོམ་པ་བཟུང་བ་དགོས་ཏེ། དབང་མེད་པར་ཉན་སེམས་བྱེད་པ་མི་རུང་བའི་ཕྱིར་ཏེ། རྒྱུད་ལས། དབང་མེད་ན་ནི་

དངོས་གྲུབ་མེད། །བྱེ་མ་བཙིར་ལ་མར་མེད་བཞིན། །ཞེས་དང་། གང་ཞིག་རྒྱུད་ལུང་ང་རྒྱལ་གྱིས། །དབང་བསྐུར་མེད་པར་འཆད་བྱེད་པ། །སློབ་དཔོན་སློབ་མ་ཤི་མ་ཐག །དངོས་གྲུབ་ཐོབ་ཀྱང་དམྱལ་བར་སྐྱེ། །ཞེས་གསུངས་པའི་ཕྱིར་རོ། །དེ་བས་ན། དབང་ཞུ་བ་ལ་སྔོན་དུ་དཀྱིལ་འཁོར་དུ་གཞུག་དགོས་ཏེ། ཞུགས་ནས་དབང་བསྐུར་དགོས་ཀྱི་མ་ཞུགས་པ་ལ་བསྐུར་བ་མེད་པའི་ཕྱིར་ཏེ། དེ་ལ་ཡང་དཀྱིལ་འཁོར་སྔོན་དུ་འགྲོ་དགོས་ཏེ། དབང་བསྐུར་དཀྱིལ་འཁོར་མངོན་འགྲོ་བར། །རྡོ་རྗེ་འཆང་གིས་གསུངས་པ་སྟེ། །ཞེས་དྲིལ་བུ་པས་བཤད་པ་ལྟར་ཡིན་པས་སོ། །འོན་དཀྱིལ་འཁོར་ལ་དུ་ཡོད། དང་པོར་གང་དུ་འཇུག་ཅེ་ན། སྤྱིར་དཀྱིལ་འཁོར་ལ་དུ་མ་འབྱུང་སྟེ། རྡོ་རྗེ་དྲིལ་བུ་པས། འོན་ཀྱང་དཀྱིལ་འཁོར་དེའི་རང་བཞིན། །ཅི་ཡིན་ད་ནི་འདི་ལྟར་བཤད། །རི་མོར་གནས་པའི་ལས་དང་ནི། །ཐིག་ལས་ཚོན་བཀྱེའི་རིམ་པ་བསྟན། །འགྲོ་བ་འདི་དག་རང་བཞིན་གྱིས། །གྲུབ་པའི་དཀྱིལ་འཁོར་གཉིས་མེད་པའོ། །ཞེས་གསུངས་པ་ལྟར། བྲིས་པ་དང་། རྡུལ་ཚོན་དང་ལུས་དཀྱིལ་གསུམ་གསུངས་ལ། དུས་འཁོར་རྩ་རྒྱུད་དུ། ལུས་ཀྱི་དབང་པོ་ཟླ་ག་སེམས། །སྐུ་གསུང་ཐུགས་ཀྱི་རྡོ་རྗེ་ཡིས། །དཀྱིལ་འཁོར་རྣམ་པ་གསུམ་དུ་འགྱུར། །གཞན་པ་ཚོན་ལྔ་ལྡན་པ་མིན། །ཞེས་གསུངས་པ་ལྟར། ཟླ་གའི་དཀྱིལ་འཁོར་སོགས་གསུམ་ཏེ་དྲུག་བདུན་སོགས་ཡོད་དོ། །དེ་དག་ལས་དང་པོར། གང་དུ་གཞུག་པར་བྱ་བའི་དཀྱིལ་འཁོར་ནི་བྲིས་པ་ལ་ཡང་རུང་བར་བཤད་ཀྱང་། གཙོ་བོར་རྡུལ་མཚོན་གྱི་དཀྱིལ་འཁོར་དུ་འཇུག་པར་བྱ་སྟེ། དཀྱིལ་འཁོར་འབྲི་བའི་ལས་བཤད་པ་ལ་དོན་ཡོད་པའི་ཕྱིར་དང་། དཀྱིལ་འཁོར་བཞེངས་ནས་སྒྲིན་པར་བྱ། །ཞེས་དབང་མདོར་བསྟན་སོགས་ནས་འབྱུང་བའི་ཕྱིར་རོ། །

རྡུལ་ཚོན་གྱི་དཀྱིལ་འཁོར་བཞེངས་པ་ལ་ཡང་། དང་པོར་གང་དུ་བཞེངས་སའི་ས། གཞི་དག་པ་དགོས་པས་དེའི་དབང་དུ་བྱས་ནས་དང་པོར་སའི་ཆོ་ག་བསྟན་པ་ལྟར་ཤེས་པར་བྱས་ནས། སྟན་གསན་དབབ་པའི་ཕྱིར་དུ་སྔ་གོན་གྱི་ཆོ་གས་ས་ལྷ་སྔ་གོན་དང་། ལྷ་སྔ་གོན་སོགས་ཀྱི་ཆོ་ག་དགོས་ལ། དེ་ལ་ཡང་ལྷ་གང་ཞིག་གནས་གང་དུ་འགོད་པ་དང་། གནས་དེར་ཚོན་གང་བཀྱེ་བ་སོགས་ལ་མཁས་དགོས་པས། ཐིག་ཚོན་གྱི་ལས་ལ་འཇུག་པར་བྱེད་དགོས་སོ། །དེ་ལྟར་བྱེད་པའི་སློབ་དཔོན་དེས་སྔོན་དུ་ལྷའི་བསྙེན་པ་དང་མདུན་བསྐྱེད་སྒྲུབ་ཅིང་མཆོད་པ་དང་དབང་བླང་བ་ལ་འཇུག་དགོས་པས། འཇུག་བྱའི་དཀྱིལ་འཁོར་གྱི་ལྷ་ཚོགས་རྣམས་ཀྱི་བསྙེད་པའི་རིམ་པ་སོགས་རྒྱུད་སྡེ་དེ་དང་། དེ་ལས་ཇི་ལྟར་གསུངས་པ་བཞིན་སྒྲུབ་པ་དང་མཆོད་པ་དང་བཟླས་པ་སོགས་བྱེད་དགོས་ཅིང་། མཚང་བ་ཁ་སྐོང་བ་དང་། བགེགས་འདོན་པ་ལ་སོགས་པའི་ཡན་ལག་ཏུ། སྦྱིན་སྲེག་དང་ཚོགས་ཀྱི་འཁོར་ལོ་ལ་སོགས་པའང་མི་འདོར་ཞིང་། རབ་ཏུ་གནས་པ་ལ་སོགས་པའི་ཆོ་ག་སོགས་པ་

མདོར་ན། གང་དང་གང་དགོས་པ་དེ་དང་དེའི་ལས་རྣམས་ལ་མཁས་པར་བྱེད་ཚུལ་རྣམས་རང་རང་གི་ཕྱག་ལེན་རྣམ་པར་དག་པ་རྣམས་ལས་རྟོགས་པར་བྱའོ། །དེ་ཙམ་གྱིས་རྡོ་རྗེ་འཆང་གི་གོ་འཕང་ཐོབ་པ་མིན་པས། དེའི་འོག་ཏུ་རྫོགས་རིམ་གསུངས་ཏེ། ཀླུ་སྒྲུབ་ཀྱིས། བསྐྱེད་པའི་རིམ་ལ་ལེགས་གནས་ཤིང་། །རྫོགས་པའི་རིམ་པ་འདོད་རྣམས་ལ། །ཐབས་འདི་རྫོགས་པའི་སངས་རྒྱས་ཀྱིས། །སྐས་ཀྱི་གདང་བུ་ལྟ་བུར་གསུངས། །ཞེས་གསུངས་པ་ལྟར་རོ། །རྫོགས་པའི་རིམ་པ་ཡང་། རྣལ་འབྱོར་ཡན་ལག་དྲུག་དང་། རིམ་པ་ལྔ་དང་། གསུང་ངག་གིས་བསྡུས་པའི་ལམ་སྐོར་ལ་སོགས་པ་རྒྱུད་སྡེ་སོ་སོ་ནས་གསུངས་པའི་གདམ་ངག་ཉམས་སུ་ལེན་ཚུལ་ལ་མ་རྨོངས་པར་བྱས་ཏེ། ཉམས་སུ་བླངས་པས་རབ་ཚེ་འདི་དང་། འབྲིང་བར་དོ་དང་། ཐ་མ་སྐྱེ་བ་དུ་མ་ནས་མངོན་པར་རྫོགས་པར་འཚང་རྒྱ་བར་འགྱུར་རོ། །མདོར་ན་གསང་དབང་ལ་སོགས་པ་དབང་གོང་མ་གསུམ་དང་། དེའི་ལམ་རྫོགས་རིམ་དང་། ཁ་སྦྱོར་ལ་སོགས་པ་ཆེས་ཟབ་པ་མང་པོ་ཞིག་ནི། རྣལ་འབྱོར་ཆེན་པོ་བླ་ན་མེད་པའི་ཁྱད་པར་ཐུན་མོང་མིན་པའོ། །རྣལ་འབྱོར་ཆེན་པོ་ནང་སེམས་ཀྱི་ལམ་གྱི་ཁྱད་པར་དང་། ཕ་རྒྱུད་དང་། མ་རྒྱུད། གཉིས་མེད་ཀྱི་རྒྱུད་ལ་སོགས་པའི་ཁྱད་པར་ནི་རྒྱས་པར་གཞན་དུ་ཤེས་པར་བྱ་ཞིང་། ཟུར་ཙམ་ནི་འོག་ནས་འཆད་པར་འགྱུར་བ་དང་། འདིར་ཡི་གེ་མངས་པར་འཇིགས་ཏེ་མ་བྲིས་སོ། །ལྷག་མ་བསྲུང་བྱ་དམ་ཚིག་གི་ཁྱད་པར། རྒྱུད་ཀྱི་བཞུགས་ཚུལ་ལ་སོགས་པའི་ཁྱད་པར་གཉིས་ཀྱང་རིམ་གྱིས་རྟོགས་པར་འགྱུར་རོ། །

སྤྱི་དོན་གཉིས་པ། སྨིན་བྱེད་དབང་དང་སྡོམ་པའི་རྣམ་གཞག་ལ། དབང་དགོས་ཚུལ་དང་། སྡོམ་པ་དགོས་ཚུལ་གཉིས་ལས། དང་པོ་ལ། དེ་ཡང་གསང་སྔགས་ཀྱི་ལམ་ཟབ་ཉན་པ་དང་། སེམས་པ་དང་། བསྒོམ་པ་ལ་དང་པོར་སྨིན་བྱེད་ཀྱི་དབང་ཐོབ་དགོས་ཏེ། དབང་གི་སྣོད་རུང་དུ་བྱས་ནས། དངོས་གྲུབ་ཀྱི་རྩ་བ་འཛུག་དགོས་པའི་དབང་བསྐུར་བ་མ་ཐོབ་ན། ལམ་ལ་ཅི་ཙམ་འབད་ཀྱང་། དངོས་གྲུབ་གཉིས་ཐོབ་པར་མི་འགྱུར་བའི་ཕྱིར། དེ་ཡང་ཕྱག་རྒྱ་ཆེན་པོ་ཐིག་ལེའི་རྒྱུད་ལས། དང་པོར་རེ་ཞིག་གང་ཚེ་སློབ། །ལན་ཅིག་དབང་རྣམས་ཀྱིས་ནི་བསྐུར། །དེ་ཚེ་གསང་ཆེན་བཤད་པ་ཡི། །ངེས་པར་སྣོད་དུ་གྱུར་པའོ། །དབང་མེད་ན་ནི་དངོས་གྲུབ་མེད། །ཅེས་སོགས་དང་། རྡོ་རྗེ་ཕྲེང་བའི་རྒྱུད་དུ་ཡང་། དབང་བསྐུར་བ་ནི་གཙོ་བོ་སྟེ། །དངོས་གྲུབ་ཐམས་ཅད་རྟག་ཏུ་གནས། །ཞེས་དང་། དབང་བསྐུར་ཡང་དག་གིས་དབེན་ན། །སྒྲུབ་པོས་རྒྱུད་ཀྱི་དོན་ཤེས་ཀྱང་། །སློབ་དཔོན་སློབ་མ་མཚུངས་པར་ནི། །མི་ཟད་དམྱལ་བ་ཆེན་པོར་འགྲོ། །ཞེས་སོགས་དང་། ཐོས་པའི་རྒྱུད་དུ་ཡང་། དཔེར་ན་བུ་ཆ་མེད་པའི་ཁྲིམ། །ཤི་བ་ཙམ་གྱིས་སྟོང་པ་ཉིད། །དེ་བཞིན་དབང་དང་བྲལ་ན་ནི། །ཡེ་ཤེས་ཀུན་

གྱི་སྟོང་པ་ཉིད། །ཅེས་གསུངས་པས་སོ། །དེ་ལྟར་དགོས་པ་བརྗོད་ནས། ངོ་བོ་གང་ཡིན། དབྱེ་ན་དུ་ཡོད། དམ་ཚིག་གི་བསྲུང་བྱ་ཅི་ཙམ། འབྲས་བུ་ཅི་ལྟ་བུ་ཞིག་འབྱུང་ཞེ་ན། སྤྱིར་དབང་ཞེས་པ་ནི་དུ་མར་འབྱུང་སྟེ། བྱ་བ་དེ་བྱེད་པ་ལ་ལྷག་པར་དབང་བས་དབང་པོ་སྟེ། མིག་སོགས་ལ་དབང་པོར་བཤད་པ་དང་། དད་སོགས་པ་དབང་པོར་བཤད་པ་དང་། དེ་ལ་ལྷག་པར་དབང་བསྒྱུར་བས་དབང་ཆེ་བ་སྟེ། རྒྱལ་པོ་རྒྱལ་སྲིད་ལ་དབང་བསྒྱུར་བས་དབང་ཆེ་ཞེས་པ་དང་། དེའི་ཐུན་མོང་མིན་པའི་རྒྱུ་བྱེད་པས་དེ་ལ་རང་དབང་སྟེ། དཔེར་ན་དབང་ཤེས་ཀྱི་བདག་རྐྱེན་བཞིན་ནོ། །དེ་ལྟ་བུ་ལ་སོགས་པ་དུ་མ་ཡོད་པ་ལས། འདིར་ནི་གང་གི་དབང་དུ་བྱས་ཤེ་ན། འདི་ལ་སྔགས་ཀྱི་སྨིན་བྱེད་དབང་གི་མཚན་ཉིད། ནོད་མཁན་གྱི་གང་ཟག་སྔགས་ལམ་གྱི་སྣོད་རུང་དུ་བྱེད་པའི་ཡོན་ཏན་གང་ཞིག །ཐུན་མོང་དང་ཐུན་མོང་མིན་པའི་དངོས་གྲུབ་གཉིས་གང་རུང་ཐོབ་པར་དབང་བྱེད་པ་ཞེས་བྱའོ། །དེ་བས་ན་དྲི་མ་འཁྲུད་པས་ན་དབང་། ལམ་བསྒོམ་པ་ལ་དབང་། དངོས་གྲུབ་བསྒྲིད་པ་ལ་དབང་། འབྲས་བུ་སངས་རྒྱས་ཀྱི་སྐུ་ཐོབ་པ་ལ་དབང་། ནུས་པའམ་བག་ཆགས་འཇོག་པ་ལ་དབང་བས་ན་དབང་ཞེས་བརྗོད་དོ། །དབྱེ་ན། བུམ་པའི་དབང་དང་། མཆོག་གི་དབང་གཉིས། དང་པོ་ལ། སློབ་མའི་དབང་དང་། སློབ་དཔོན་གྱི་དབང་གཉིས། དང་པོ་ལ། རིག་པའི་དབང་ལྔ། །ཁ་ཅིག་ལ་བརྟུལ་ཞུགས་ཀྱི་དབང་དང་དྲུག་བཤད། སློབ་དཔོན་གྱི་དབང་ལ་ཡང་། དེ་ནི་དྲུག་གི་བྱེ་བྲག་དབང་། །དེ་ནི་སློབ་དཔོན་དབང་ཞེས་བྱ། །ཞེས་གསུངས་པ་ལྟར། དྲུག་ཏུ་ཡང་བྱེད་རུང་ངོ་། །གཉིས་པ་མཆོག་དབང་ལ། གསང་དབང་སོགས་གོང་མ་གསུམ་དུ་ཡོད་དོ། །དབང་དང་པོ་ཕྲེང་བའི་དབང་ཞེས་ཀྱང་འབྱུང་མོད་འོན་ཀྱང་། བླ་མའི་སྐུ་ལས་དབང་བཞི་ལེན་པ་དང་། གཏོར་མའི་དབང་དང་། གཡུང་དྲུང་རིས་ཀྱི་དབང་དང་། ཕག་མགོའི་དབང་བྱ་བ་ལ་སོགས་པ་རྣམས་དབང་དུ་བཏགས་པ་སྟེ་ཐ་སྙད་ཙམ་མ་གཏོགས། དབང་གི་དོན་མེད་པའི་ཕྱིར་རོ། །བུམ་དབང་ལ་ཡང་། དུས་འཁོར་དུ་བྱིས་པ་འཇུག་པའི་དབང་བདུན་དུ་བཤད་ཅིང་། གོང་མ་ལ་ཡང་བུམ་དབང་ཞེས་པའི་ཐ་སྙད་འབྱུང་བ་དང་། སློབ་དཔོན་གྱི་དབང་ཡང་བཤད་པས། གཞན་དང་ཚུལ་མི་འདྲ་བ་ཡོད་དོ། །འོན་དབང་དེ་དག་རྒྱུད་སྡེ་བཞི་ག་ལས་བཤད་པར་མཚུངས་སམ་སྙམ་ན། མི་མཚུངས་ཏེ་རྒྱུད་སྡེ་འོག་མ་གཉིས་སུ་ནི་བུམ་པའི་དབང་འབྱུང་གི་གོང་མ་གསུམ་མ་བཤད་ལ། རྣལ་འབྱོར་རྒྱུད་དུ་བུམ་དབང་གི་སློབ་དཔོན་གྱི་དབང་ཡང་འབྱུང་བས་བུམ་དབང་རྫོགས་པ་འབྱུང་ལ། གོང་མ་ནི་མི་འབྱུང་ཞིང་། རྒྱུད་སྡེ་གོང་མར་ནི། དབང་བཞི་ཀ་རྫོགས་པར་བཤད་པས་སོ། །དེ་ཡང་སྔགས་དྲངས་པ་ལྟར། ཀུ་ཡི་དབང་བསྐུར་དབུ་རྒྱན་དག །བྱ་བའི་རྒྱུད་ལ་རབ་ཏུ་གྲགས། །ཞེས་གསུངས་པ་བཞིན་ནོ། །དེ་ཡང་དབང་བསྐུར་ཀྱང་རྫོགས་པར་ནི། སློབ་མས་སྡོམ་པ་ཇི་ཙམ་འཛིན་ནུས་

པ་དང་བསྟུན་ནས་བྱ་ཡི། ཅི་ཡིན་གཏོལ་མེད་པར་མི་བསྒྱུར་ཏེ། རྡོ་རྗེ་འབྱུང་བ་ལས། གང་ཞིག་སྡོམ་པ་འཛིན་པར་མི་བྱེད་པ་དེ་ལ་ནི། དེང་ཕྲོད་ཅེས་བྱ་བ་ལ་སོགས་པ་རྣམས་བརྗོད་པར་མི་བྱ་སྟེ། སློབ་དཔོན་དུ་རྗེས་སུ་གནང་བ་དང་། དབང་བསྐུར་བར་མི་བྱའོ། །འཇུག་པ་ཙམ་བྱེད་དུ་གཞུག་གོ། །ཞེས་གསུངས་པས་སོ། །དེ་ལྟར་ན་འཇུག་པ་ཙམ་ཡང་མི་རུང་བར་འགྱུར་རོ་སྙམ་ན། འཇུག་པ་ཙམ་ལ་ནི་སྣོད་དང་སྣོད་མིན་བརྟག་མི་དགོས་པར་བཤད་པའི་ཕྱིར་སྐྱོན་མེད་དོ། །ཇི་ལྟར་ན་རྩེ་མོ་ལས། དེ་བཞིན་གཤེགས་པ་ཐམས་ཅད་ཀྱི་གསང་བའི་དཀྱིལ་འཁོར་གྱི་རྒྱལ་པོ་ཆེན་པོ། འདིར་ནི་མ་ལུས་ཤིང་ལུས་པ་མེད་པའི་སེམས་ཅན་གྱི་ཁམས་ཐམས་ཅད་འཇུག་ཏུ་རུང་ངོ་། །སྣོད་དང་སྣོད་མིན་པ་ཡོངས་སུ་བརྟག་པར་མི་བྱ་སྟེ། གཞུག་པ་ཙམ་ལ་མངོན་པར་ཞེན་པས་ཡོངས་སུ་བཟུང་བར་བྱའོ་དེ་ཅིའི་ཕྱིར་ཞེ་ན། སེམས་ཅན་ཐམས་ཅད་ཀྱི་མཐོང་བ་ཙམ་གྱི་མོད་ལ་ཕྱིར་མི་ལྡོག་པ་ཉིད་དུ་འགྱུར་རོ། །དད་པ་མེད་པ་དང་། དགེ་བའི་རྩ་བ་མ་བསགས་པ་དང་། རྒྱུད་ཡོངས་སུ་མ་སྨིན་པ་དང་། མོས་པ་མེད་པ་མང་དུ་ཟིན་ཀྱང་མཐོང་བ་ཙམ་གྱིས་སོ། །ཞེས་གསུངས་པས་སོ། །འོན་ཀྱང་དེ་འདྲ་བ་དེ་ལ་དབང་བསྐུར་བ་ནི་མིན་ནོ། །བཞུགས་པ་ཙམ་ཞིག་སྦྱིན་བྱ་ཡི། །རྣམ་པ་ཐམས་ཅད་བྱ་བ་མིན། །ཞེས་རྩེ་མོར་འབྱུང་བས་སོ། །དོན་དེ་ནི་དེ་ཉིད་བསྡུས་པ་དང་། རྣམ་སྣང་མངོན་བྱང་རྒྱ་འགྲེལ་སོགས་སུ་ཡང་གསུངས་སོ། །བསྲུང་བྱ་དང་འབྲས་བུ་ནི་འོག་ཏུ་བསྟན་པར་བྱ་ཞིང་། དབང་གི་ཚིག་དང་དེ་མི་འདྲ་བའི་ཁྱད་པར་རྣམས་ནི་རང་རང་གི་ཕྱག་ལེན་དག་པ་ལ་རྟོགས་པར་བྱེད་དགོས་ཀྱི་འདིར་བྲི་ག་ལ་ལང་། གཉིས་པ་སྡོམ་པ་དགོས་པའི་ཚུལ་ལ། དགོས་པའི་རྒྱུ་མཚན་དང་། སྡོམ་པའི་རྣམ་གཞག །བཅས་པ་དང་འགལ་བའི་ལྟུང་བ་ངོས་བཟུང་བ། ཕྱིར་བཅོས་པའི་ཐབས་རྣམས་སོ། །དང་པོ་སྔགས་ལ་འཇུག་པའི་ཐོག་མར་ཡང་སྡོམ་པ་དང་དམ་ཚིག་ནོད་དགོས་ཏེ། བྱང་སེམས་ཀྱི་སྡོམ་པ་བསྟེན་དུ་དགོས་པའི་ཕྱིར་དང་། སྔགས་ཀྱི་སྡོམ་པ་ཡང་དབང་གི་སྐ་གོན་ནམ། དཀྱིལ་འཁོར་དུ་འཇུག་པའི་སྔོན་དུ་སྦྲགས་ཟུང་བྱེད་པར་བཤད་པའི་ཕྱིར་དང་། སྔགས་སྡོམ་ཀྱི་དབང་གིས་སྣོད་རུང་དུ་ལྷག་པར་བྱས་པ་ལ། དབང་བསྐུར་དགོས་པའི་ཕྱིར་རོ། །དེ་ཡང་བུ་ཚུར་ཤོག་ཅིག །ཐེག་ཆེན་གྱི། ཁྱོད་ནི་ཚུལ་ཆེན་སྣོད་ཡིན་ཏེ། །གསང་སྔགས་སྤྱོད་ཚུལ་ཚོ་ག་ནི། །ཁྱོད་ལ་ཡང་དག་བསྟན་པར་བྱ། །ཞེས་སྡོམ་པའི་སྣོད་རུང་དུ་བྱས་པ་ལ་དབང་བསྐུར་བར་བཤད་པའི་ཕྱིར། སྔགས་ཉམས་སུ་ལེན་པའི་གནས་སྐབས་དང་། སྤྱོད་ལམ་གང་དུ་ཡང་དམ་ཚིག་དང་སྡོམ་པ་དགོས་ཏེ། དེ་མེད་པར་ཉམས་སུ་བླངས་ཀྱང་། སྔགས་ཀྱི་དངོས་གྲུབ་མི་འབྱུང་བའི་ཕྱིར་རོ། །དེ་ཡང་མཉམ་སྦྱོར་ལས། དཀྱིལ་འཁོར་གང་དུ་མ་ཞུགས་དང་། །དམ་ཚིག་རྣམས་ནི་སྤངས་པ་དང་། །གསང་བའི་དེ་ཉིད་མི་ཤེས་པས། །བསྒྲུབ་ཀྱང་ཅི་ཡང་མི་འགྲུབ་བོ། །ཞེས

དང་། སྡོམ་འབྱུང་ལས། ཙི་སྟེ་དངོས་གྲུབ་མཆོག་འདོད་ན། །སྲོག་ནི་ཡོངས་སུ་བཏང་ཡང་བླ། །འཆི་བའི་དུས་ལ་བབ་ཀྱང་བླ། །རྟག་ཏུ་དམ་ཚིག་བསྲུང་བར་བྱ། །ཞེས་སོགས་དང་། རེ་ཞིག་དམ་ཚིག་ཉམས་པ་ན། །དངོས་གྲུབ་ཐོབ་པ་ལྟ་ཞོག་གི། །མི་ཡི་སྐྱེ་བ་རྙེད་པར་དཀའ། །ཞེས་གསུངས་པས་སོ། །འོན་གཞུང་འདིར་སྡོམ་པ་དབང་བསྐུར་ལས་སྐྱེ་བར་བཤད་པ་དང་འགལ་ལོ་སྙམ་ན། མི་འགལ་ཏེ། དེ་ནི་སྔགས་སྡོམ་རྫོགས་པའི་མ་ལུས་པའི་དབང་དུ་བྱས་པའི་ཕྱིར་རོ། །

གཉིས་པ་ལ། སྐྱེ་བའི་རྒྱུ། རྟེན། སྐྱེ་བའི་དུས། ངོ་བོ། དབྱེ་བ་རྣམས་སོ། །དང་པོ་རྒྱུ་ནི། ད་ལྟ་བའི་དབང་དུ་བྱས་ཏེ། བླང་བའི་ཡུལ་རྡོ་རྗེ་སློབ་དཔོན་སྔགས་སྡོམ་དང་ལྡན་ཞིང་། རྒྱ་ལྟུང་གིས་མ་གོས་པ་ཞིག་ལ་དང་པོར་ལེན་པར་བྱེད་དགོས་པས་སློབ་དཔོན་གྱི་བརྗོད་པའི་རིགས་དེ་དང་། འབོགས་འདོན་གྱི་བསམ་པ་ཁྱད་པར་ཅན་དང་། ལེན་འདོད་ཀྱི་དོན་གཉེར་དང་། དད་པ་དང་སྤྲོ་བ་ལ་སོགས་པ་དགོས་ཏེ། རྒྱ་མོར། སྔོན་ལ་སྡོམ་པ་འདི་དག་ནི། །ཇི་ལྟར་འདོད་ཅིང་མོས་པ་རུ། །མཁས་པ་ཡིས་ནི་སྦྱིན་བྱས་ཏེ། །རང་དབང་མེད་པར་སྦྱིན་མི་བྱ། །གལ་ཏེ་དེ་ནི་དད་གྱུར་ན། །དེ་ལ་སྡོམ་པ་སྦྱིན་པར་བྱ། །སྡོམ་པ་གསུམ་ལ་བཀོད་ནས་ནི། །དེ་ནས་དཀྱིལ་འཁོར་བསྟན་པར་བྱ། །ཞེས་གསུངས་པ་དང་། སྡོམ་པ་གསུམ་པོ་མི་འཛིན་ཅིང་། །རྒྱ་བའི་ལྟུང་བ་ཉེར་གནས་དང་། །ཆོས་ལ་སེར་སྣ་ཀུན་སྤྱོད་ཅིང་། །དམན་པའི་ལས་ལ་སྦྱོར་བྱེད་པའི། །སློབ་དཔོན་རིང་ནས་སྤང་བར་བྱ། །ཞེས་འཇམ་གྲགས་པས་གསུངས་ཤིང་། གཞན་ཡང་བྱང་སེམས་ཀྱི་སྡོམ་པའི་རྒྱུ་རྣམས་ཀྱང་འདིའི་རྒྱུ་ཡིན་ཏེ། བྱང་སེམས་ཀྱི་སྡོམ་པ་སྔགས་སྡོམ་གྱི་རྟེན་དུ་དགོས་པའི་ཕྱིར་རོ། །གཉིས་པ་ལེན་པའི་གང་ཟག་ནི། འགལ་རྐྱེན་བར་ཆད་དང་མི་ལྡན་ཞིང་། མཐུན་རྐྱེན་ཚང་བའི་རྟེན་གཅིག་དགོས་ཏེ། དེ་ལས་གཞན་ལ་སྔགས་སྡོམ་སྐྱེ་བ་བཀག་པས་སོ། །ཚིག་ནི་བརྗོད་པ་གསུམ་གྱིས་ཁས་ལེན་གསུམ་བྱས་པའི་མཐར་དེ་བཞིན་འབྱུང་བའི་ཕྱིར་རོ། །འོན་ལེན་པའི་དུས་ནམ་གྱི་ཚེ་ཡིན་ན། འདི་ལ་རྡོ་བོ་རྗེའི་སློབ་མ་ལ་རྨི་ལམ་དྲིས། དབང་གི་དངོས་གཞི་མ་ཚུགས་པའི་བར་དུ་ལེན་པར་བཤད་དེ། རྨི་ལམ་བཟང་ངན་དྲིས་ནས་ནི། །མི་དགེ་ཐབས་སྦྱར་དག་གིས་གཞོམ། །སློབ་མ་ལེགས་བསྲུང་སྟོད་གྱུར་པ། །དེ་ནས་སྡོམ་པ་འཛིན་དུ་གཞུག །ཅེས་གསུངས་པ་དང་། དཀྱིལ་ཆོག་རྡོ་རྗེ་ཕྲེང་བ་དང་། ཉི་ཤུ་པ་སོགས་ནས་སྟ་གོན་གྱི་སྐབས་སུ་ལེན་པར་བཤད་པ་དང་། འགའ་ཞིག་ཏུ་སྟ་གོན་རྫོགས་ནས་དཀྱིལ་འཁོར་དུ་འཇུག་པའི་ཡོ་ལ་བའི་ཕྱིར་ལེན་པ་སོགས་དུ་མ་འབྱུང་ནའང་། དབང་གི་སྔོན་དུ་ལེན་པ་ནི་དང་པོའི་དུས་ལ་དགོས་སོ། །ཕྱིས་ནི་བདག་ཉིད་དཀྱིལ་འཁོར་དུ་ཞུགས་ནས། ནོད་པའང་ཡོད་པས། སློབ་དཔོན་མེད་པར་སྐྱེ་བའང་། ཡོད་པས་ངེས་པ་མེད་དོ། །བཞི་པ་ངོ་བོ་ནི།

ཁ་ཅིག །སྔགས་ཀྱི་མི་མཐུན་ཕྱོགས་སྤོང་བའི་སེམས་པ་སྔགས་སྡོམ་གྱི་མཚན་ཉིད་དུ་འདོད་པ་ནི་མིན་ཏེ། སྔགས་ཀྱི་དམ་ཚིག་རྣམས་ཀྱང་། སྔགས་སྡོམ་དུ་ཐལ་བའི་སྐྱོན་ཡོད་པའི་ཕྱིར་རོ། །དེས་ན་དེའི་མཚན་ཉིད། བརྗོད་པ་གསུམ་གྱི་སྒོ་ནས་ཐོབ་པའི་སྔགས་ཀྱི་མི་མཐུན་ཕྱོགས་སྤོང་བའི་སེམས་པ་མངོན་གྱུར་རམ་དབང་ལྡན། དེ་ཡང་སྔར་བཤད་པ་ལྟར། ཆོ་ག་བརྗོད་པ་གསུམ་བྱེད་པར་གསུངས་པ་དང་། སྡོམ་པ་སྤོང་སེམས་ཀྱི་སྙིང་དུ་འདོད་པ་ཐེག་པ་གོང་མ་བ་དག་གི་ལུགས་ཡིན་པས་སོ། །དབྱེ་ན། སྔགས་སྡོམ་ཐུན་མོང་བ་རིགས་ལྔ་སྤྱིའི་སྡོམ་པ་དང་། ཐུན་མོང་མིན་པ་དབང་ལས་སྐྱེས་པའི་སྡོམ་པ་གཉིས་སུ་འདུའོ། །འདི་དག་སོ་སོའི་ངོས་འཛིན་ནི། སངས་རྒྱས་རྣལ་འབྱོར་ལས་སྐྱེས་པའི། །སྡོམ་པ་དེང་ནས་བརྟན་པོར་བཟུང་། །ཞེས་གསུངས་པ་དང་། དབང་སོ་སོའི་སྐབས་ལས་རྟོགས་པར་བྱའོ། །སྔགས་ཀྱི་སྡོམ་པ་ནི་རྒྱུད་སྡེ་བཞི་ཀའི་ཐུན་མོང་དུ་སྦྱར་བར་བྱ་བ་ཡིན་ནམ་མིན་དཔྱད་པར་བྱ་སྟེ། འདི་ལ་ཁ་ཅིག་ན་རེ། བྱ་སྤྱོད་ཀྱི་དཀྱིལ་འཁོར་ཙམ་དུ་དབང་བསྐུར་ཐོབ་པ་དག་གི་རྒྱུད་ལ་རྩ་ལྟུང་བྱུང་བས་གཅོད་པའི་ཐེག་ཆེན་གྱི་སྡོམ་པ་ནི། བྱང་སེམས་ཀྱི་སྡོམ་པ་ཁོ་ན་ཡིན་གྱི་སྔགས་སྡོམ་མེད་ལ་དེའི་ཕྱིར། རྩ་ལྟུང་ཡང་བྱང་སེམས་ཀྱི་སྡོམ་པའི་དེ་ཉིད་ཡིན་གྱི། སྔགས་ཀྱི་རྩ་ལྟུང་བྱར་མེད་དོ། །འོན་ཀྱང་བྱ་སྤྱོད་ཀྱི་དབང་བསྐུར་ཐོབ་པ་དག་གིས་བསྲུང་དགོས་པའི། ཡན་ལག་གི་དམ་ཚིག་ཐུན་མོང་མིན་པ་ནི་ལེགས་གྲུབ་ནས་དུ་མ་ཞིག་གསུངས་སོ། །དེའི་ཕྱིར། དབང་ཡང་རིག་པའི་དབང་ལྔ་སོགས་མ་གཏོགས། སློབ་དཔོན་གྱི་དབང་བསྐུར་བ་སོགས་མེད་པས་རིགས་ལྔའི་སྡོམ་བཟུང་ཡང་མེད་པའི་གནད་དེ་ཡིན་པར་རྟོགས་པར་བྱེད་དགོས་སོ་ཞེས་ཟེར། དེ་ཡང་བཞི་བརྒྱ་ལྔ་བཅུ་པའི་འགྲེལ་པར་ཤཱནྟི་པས། ཡང་གང་ཞིག་ལ་རིག་པའི་དབང་བསྐུར་བ་འབའ་ཞིག་ཙམ་སྦྱིན་ཞེ་ན། སློབ་དཔོན་དུ་དབང་བསྐུར་བ་དོན་དུ་མི་གཉེར་བའམ་དེ་དོན་དུ་གཉེར་བ་སྤྱིའི་སྡོམ་པ་ཉི་ཚེ་ཙམ་ལེན་པར་བྱེད་ཀྱི་སློབ་དཔོན་གྱི་སྡོམ་པ་ནི་མིན་པ་དག་ལའོ། །ཞེས་དང་། དེ་ཉིད་ལས། དེ་ལ་སྡོམ་པ་གང་སློབ་དཔོན་མི་བྱེད་ཀྱང་སྦྱིན་པ་དེ་ནི་སྤྱིའི་ཡིན་ཏེ། སྐྱབས་སུ་འགྲོ་བ་དང་། བྱང་ཆུབ་སེམས་བསྐྱེད་པ་ཙམ་གྱི་མཚན་ཉིད་སྔར་བཤད་པ་ཡིན། དེ་ལ་སློབ་དཔོན་དུ་བྱེད་པར་བྱིན་པ་གང་ཡིན་པ་དེ་ནི། སློབ་དཔོན་གྱི་སྡོམ་པ་སྟེ། རིགས་ལྔས་བསྡུས་པའོ། །ཞེས་གསུངས་པས་སོ་ཞེས་འདོད་དོ། །ཁ་ཅིག་ནི། བྱ་སྤྱོད་ཀྱི་རྣལ་འབྱོར་པ། སྔགས་ཀྱི་རྩ་ལྟུང་འབྱུང་བ་མེད་པར་འགྱུར་དགོས་ཏེ། བྱ་སྤྱོད་ཙམ་གྱི་དབང་བསྐུར་ཐོབ་པའི་སྔགས་སྡོམ་ལ་གནས་པ་མེད་པའི་ཕྱིར་རོ། །འདོད་མི་ནུས་ཏེ། ཇོ་བོས་དམ་ཚིག་བསྡུས་པར། ཀྲི་ཡའི་རྒྱུད་ཀྱི་རྩ་བའི་ལྟུང་བ་སུམ་ཅུ་དང་། སྤྱོད་པའི་རྒྱུད་ཀྱི་རྩ་བའི་ལྟུང་བ་བཅུ་བཞི་དང་། ཞེས་སོགས་ཀྱི་བྱ་སྤྱོད་ལུགས་ལ་སྔགས་ཀྱི་རྩ་ལྟུང་བཤད་པ་དང་འགལ་བས་སོ། །གཞན་ཡང་

བྱ་སྤྱོད་ལུགས་ཀྱི་རིགས་ལྔའི་དབང་བསྐུར་བ་མེད་པར་འགྱུར་རོ། །རིགས་ལྔའི་སྡོམ་བཟུང་མེད་པས་སོ། །འོ་ན་དེའི་ལུགས་ལ་རིག་པའི་དབང་ལྔ་ཡོད་པར་ཁས་བླངས་པ་དང་འགལ་ཞིང༌། ཡོད་ཀྱང་དགོས་པས་སོ། །གདུགས་དཀར་གྱི་དཀྱིལ་ཆོག་ལ་སོགས་པ། རྒྱ་གར་བའི་གཞུང་མང་པོར་བྱ་རྒྱུད་ལུགས་ལ་རིགས་ལྔའི་སྡོམ་བཟུང་བཤད་པ་དང་ཡང་འགལ་བས་བྱ་སྤྱོད་པས་ཀྱང་སྔགས་སྡོམ་ཁས་ལེན་དགོས་སོ། །གསང་བ་སྤྱི་རྒྱུད་ལས་ཀྱང༌། དེ་ནི་དལ་གྱི་སློབ་དཔོན་གྱུར། །གསང་སྔགས་རྒྱུད་དང་འཛིན་པར་གྱུར། །སངས་རྒྱས་བྱང་ཆུབ་སེམས་དཔའ་དང༌། །ལྷ་རྣམས་ཀྱང་ནི་ཀུན་གྱིས་བཀུར། །སེམས་ཅན་རྣམས་ལ་སྙིང་བརྩེ་ཕྱིར། །ཁྱོད་ཀྱིས་དཀྱིལ་འཁོར་ཆོག་བཞིན། །ནན་ཏན་བསྐྱེད་དེ་བྲི་བར་བྱ། །ཞེས་སོགས་ཀྱི་སློབ་དཔོན་ཡང་གསུངས་པས་སོ། །ཞེས་ཟེར་རོ། །འོ་ན་དམ་ཚིག་དང་སྡོམ་པ་ལ་ཁྱད་པར་ཅི་ཡོད་དམ་སྙམ་ན་ཁྱད་པར་ཡོད་དེ། བྱ་རྒྱུད་ལས་མི་འདའ་བ་ནི། དམ་ཚིག་ཡིན་ལ། སྡོམ་པ་ལ་ནི། ཁས་ལེན་ལན་གསུམ་བྱས་པའི་སྒོ་ནས་ཐོབ་དགོས་ཀྱི་དམ་ཚིག་ལ་དེ་མི་དགོས་པའི་ཕྱིར་རོ། །འོན་ཀྱང་འགལ་བ་ནི་མེད་དེ། སྡོམ་པའང་བྱ་རྒྱུད་དེ་ལས་མི་འདའ་བས་དམ་ཚིག་ཡིན་པས་སོ། །གསུམ་པ་ལྟུང་བ་ལ། ངོ་བོ་དང༌། དབྱེ་བ་གཉིས། དང་པོ་ནི། སྔགས་སྡོམ་དང་འགལ་བའི་ལྟུང་བའི་མཚན་ཉིད། སྔགས་སྡོམ་གྱི་རྩ་བ་དང་ཡན་ལག་གང་ཡང་རུང་བ་ལས་འདས་པའི་ཉེས་པ། དབྱེ་ན་གཉིས་ཏེ། རྩ་བའི་ལྟུང་བ་དང༌། སྦོམ་པོའི་ལྟུང་བའོ། །དང་པོ་ནི། རྩ་ལྟུང་གི་མཚན་ཉིད། །ལྟུང་བ་གང་ཞིག །སྡོམ་པའི་རྩ་བ་གཏོད་པར་བྱེད་པ། དབྱེ་ན་རྩ་བའི་ལྟུང་བ་བཅུ་བཞི། དེ་ཡང༌། རྩ་བའི་ལྟུང་བ་བཅུ་བཞི་ནི། རྒྱུད་ལས་གསུངས་པ་བཤད་པར་བྱ། །ཞེས་འབྱུང་བ་ལྟར་རོ། །འདི་དག་གི་དོན་ནི་དུས་འཁོར་ནས་གསུངས་པ་སོགས་དང༌། མི་འདྲ་བའི་ཁྱད་པར་དང་བཅས་པ་གཞན་དུ་ཤེས་པར་བྱའོ། །ཇོ་བོའི་དམ་ཚིག་བསྡུས་པར་ནི། རྒྱུད་སོ་སོའི་བཤད་ཚོད་དང་བསྟུན་པའི་རྩ་ལྟུང་གི་རྣང་གྲངས་བཤད་དོ། །ཡན་ལག་གི་ལྟུང་བའི་མཚན་ཉིད། ལྟུང་བ་གང་ཞིག །སྡོམ་པའི་ཡན་ལག་དང་འགལ་བའི་ཉེས་པ། དབྱེ་ན་བརྒྱད་དེ། སྦོམ་པོའི་ལྟུང་བ་རྣམ་པ་བརྒྱད། །རྒྱུད་དུ་གསུངས་པ་བྲི་བར་བྱ། །ཞེས་གསུངས་པ་ལྟར་རོ། །དེས་ན་སྦོམ་པོ་དང༌། ཡན་ལག་གི་ལྟུང་བ་དོན་གཅིག་སྟེ། རྡོ་རྗེ་ཐེག་པ་ལ་ལྟོས་པའི་ཕམ་པ་མིན་པའི་ལྟུང་བ་རྣམས་སྦོམ་པོར་གསུངས་པས་སོ། །རྡོར་ཕྲེང་དུ་རྡོ་རྗེ་སེམས་དཔའི་སྡོམ་པ་དང་ལྡན་པ་འདི་ཡི་ལྟུང་བ་ནི་རིས་རྣམ་པ་གཉིས་ཏེ། རྩ་བའི་ལྟུང་བ་དང་སྦོམ་པའི་ལྟུང་བའོ་ཞེས་སོ། །རྩ་ལྟུང་དང་ཕམ་ཕམ་པ་ཡང་དོན་གཅིག་སྟེ། རྩེ་མོར། སྡོམ་པ་བསྲུགས་པའི་ཐད་དུ། དེ་ལས་གཞན་པ་བཅུ་བཞི་ནི། །ཕམ་ཕམ་པ་ཡི་ལྟུང་བར་བཤད། །ཅེས་གསུངས་པས་སོ། །འོན་རྩ་བ་དང་ཡན་ལག་གི་ལྟུང་བ་གང་ཡིན་གྲངས་དེ་དག་ཏུ་འདུས་སམ་མ་འདུས་ཤེ་ན། མ་འདུས་ཏེ། རིགས་ལྔའི

སྡོམ་བཟུང་དང་འགལ་བའི་རྩ་ལྟུང་ལྔ་དང་། སྲོག་གཅོད་སོགས་མི་དགེ་བ་འགའ་ཞིག་ཀྱང་རྩ་ལྟུང་དུ་འགྱུར་བ་ཡོད་པས་དེ་ལ་སོགས་པ་སྡོམ་པའི་རྩ་བ་ཞམ་པར་བྱེད་པ་གཞན་རྣམས་ཀྱང་རྩ་ལྟུང་ཡིན་པའི་ཕྱིར་དང་། མི་འབྲལ་བའི་དམ་ཚིག་དང་འགལ་བའི་ཉེས་བྱས་མཐའ་ཡས་པ་རྣམས་བརྒྱད་པོ་དེ་ར་མ་འདུས་པའི་ཕྱིར་རོ། ། འོན་ཀྱང་རགས་པའི་དབྱེ་བ་ཆེ་ལོང་ཙམ་བརྗོད་པ་ཡིན་ཏེ། ཆེ་ལོང་ཙམ་ཞིག་བསྡུས་ནས་ནི། །མི་དགེའི་ལས་ནི་བཅུར་གསུངས་སོ། །ཞེས་བཤད་པ་ལྟར་རོ། །དེ་ལྟར་ནའང་སྔགས་དང་འགལ་བའི་ཉེས་བྱས་ཐམས་ཅད་སྡེ་ཚན་དུ་སྡུད་པའི་ཚེ་ན། སྦོམ་པོར་འདུ་བ་ཡིན་གྱི་དེ་ལས་གཞན་འདུལ་བ་ལྟར་གྱི་སྡེ་ཚན་མང་པོ་མ་གསུངས་སོ༑ ༑ཐོད་པའི་དཀྱིལ་འཁོར་ཚོག་ཏུ་ས་རུ་ཏས། སེམས་དག་ཐོ་རངས་དུས་ལངས་ཏེ། །བཟའ་དང་བསྲུང་བ་ལ་སོགས་པའི། །སྡོམ་པའི་བདག་ཉིད་ཅན་བསྲུང་ངོ་། །ལུས་དང་སྲོག་ལ་མི་ལྟོས་པར། །དམ་ཚིག་དང་ནི་སྡོམ་པ་བསྲུང་། །ཉིན་དང་མཚན་མོ་ལན་གསུམ་དུ། །རྟག་ཏུ་བཟླས་ལ་གསོལ་བར་བྱོས། །གང་ཆེ་ཉམས་ན་རྣལ་འབྱོར་པ། །ཁ་ན་མ་ཐོ་སྦོམ་པོར་འགྱུར། །ཞེས་གསུངས་པ་ལྟར་རོ། །དེ་བས་ན་དྲན་པ་དང་ཤེས་བཞིན་གྱིས་ཉིན་མཚན་དུས་དྲུག་ཏུ་མི་ཤེས་པ་དང་། བག་མེད་པ་དང་། མ་གུས་པ་དང་། ཉོན་མོངས་པ་མང་བ་ལ་སོགས་པ་ལྟུང་བའི་རྒྱུ་རྣམས་ཤེས་པར་བྱས་ཏེ། དམ་ཚིག་དང་སྡོམ་པ་མ་ཉམས་པ་ལ་འབད་པར་བྱེད་དགོས་པ་ཡིན་ནོ། །དེ་ལྟར་བྱས་ན་ཡང་འགལ་རྐྱེན་ཤུགས་དྲག་པས་རྩ་བའི་ལྟུང་བ་སོགས་ཀྱིས་གོས་པར་གྱུར་ན་ནི། ཕྱིར་བཅོས་ལ་འཇུག་པར་བྱ་སྟེ། མ་བཅོས་ན་དམྱལ་བའི་སྡུག་བསྔལ་མྱོང་དགོས་པས་སོ། །དེས་ན་སླར་ཡང་དཀྱིལ་འཁོར་དུ་ཞུགས་པ་སོགས་ཀྱིས་རྩ་ལྟུང་ལས་ལྡང་བར་བྱ་སྟེ། དུས་ཀྱི་འཁོར་ལོའི་རྒྱུད་དུ། རྩ་བའི་ལྟུང་བྱུང་བ་གང་ཞིག །དག་པའི་སླད་དུ་སླར་ཡང་དཀྱིལ་འཁོར་འདིར་ནི་འཇུག་བྱ་སྟེ། ཞེས་སོགས་དང་། དགྲ་ནག་གི་རྒྱུད་དུའང་། གལ་ཏེ་བག་མེད་བྱུང་གྱུར་པས། །བླ་མ་དམ་ཚིག་མ་གནོད་ན། །དེ་ཡིས་དཀྱིལ་འཁོར་བྲིས་བྱས་ལ། །བདེ་གཤེགས་རྣམས་ལ་ཉེས་པ་བཤགས། །ཞེས་སོགས་དང་། རྩ་བའི་ལྟུང་བ་བྱུང་བ་ལ། ། སྦྱང་ཕྱིར་དཀྱིལ་འཁོར་ཞུགས་ནས་ནི། །ཞེས་སོགས་མང་དུ་གསུངས་སོ། །འོན་སྡོམ་བཟུང་སྐབས་སུ་སྡོམ་པ་སོར་ཆུད་པས་དབང་ལེན་མི་དགོས་སམ་སྙམ་ན་དགོས་ཏེ། དབང་བསྐུར་ནས་སྡིག་པ་སྦྱོང་བ་དང་སྡོམ་པ་བཟུང་བ་གཉིས་ཀ་འཚོགས་ནས་རྩ་ལྟུང་དག་པར་བྱེད་དགོས་ཀྱི། སྡོམ་པ་ཐོབ་པ་ཙམ་གྱིས་རྩ་ལྟུང་དག་མི་ནུས་པའི་ཕྱིར་རོ། །འོན་དབང་ཞུ་བ་ཡང་ངེས་པར་བླ་མ་གཅིག་ལ་ཞུ་དགོས་སམ་རང་ཉིད་ཀྱིས་དཀྱིལ་འཁོར་དུ་ཞུགས་པས་ཆོག་པ་གང་ཡིན་སྙམ་ན། བླ་མ་ཉེ་བར་བཞུགས་ན་ནི་བླ་མ་ལ་ཞུ་བར་བྱེད་དགོས་ལ། ཡུལ་དུས་རིང་བ་དང་བར་ཆད་གཞན་འབྱུང་ཉེ་བ་སོགས་ཡིན་ན། བདག་ཉིད་ཀྱིས་བླངས་ཀྱང་ཆོག་ཏེ། དཀྱིལ་

ཆོག་རྡོ་རྗེ་ཕྲེང་བར། རང་ཉིད་ཀྱང་དམ་ཚིག་ཉམས་ན། འདི་ལྟ་བུའི་དབང་ཉིད་ཇི་ལྟར་སློབ་དཔོན་འཇུག་པའི་ཆོ་གར་བཟུང་བར་བཤད་པ་དེ་ལྟར་བླང་བར་བྱའོ། །འོན་ཀྱང་གལ་ཏེ་བླ་མ་དམ་པ་ཤིན་ཏུ་རིང་བ་དང་། ལམ་བགྲོད་དཀའ་བ་ལ་སོགས་པའི་ཉེ་བར་འཚེ་བས་བགྲོད་པར་མི་ནུས་པའི་ཕྱོགས་ན་གནས་པ་སྐྱེ་གཞན་དུ་མིན་ནོ༔ །ཞེས་གསུངས་སོ། །སྡོམ་པོའི་ལྟུང་བ་ཡང་ནི་བཤགས་པས་དག་པར་བྱེད་དགོས་ཏེ། སློབ་དཔོན་ཧ་དབྱངས་ཀྱིས། དེ་ལ་ཕྱིར་བཅོས་པ་ནི། འགྱོད་པར་གྱུར་པ་ན་ཚོགས་ལ་དཔའ་བོའི་སྟོན་མོ་བྱས་ནས་དེ་དག་གི་མདུན་དུ་དངོས་པོ་བརྗོད་པ་སྟོན་དུ་སོང་བ་ཅན་གྱིས་བཤགས་པ་དང་། རྗེས་སུ་བཟུང་བར་གསོལ་བ་གདབ་པ་བྱས་ནས་ཡུལ་དེ་དག་གིས་ཀྱང་ཁྲོར་བའི་རྒྱུ་ལ་ཡི་གེ་བརྒྱ་པ་ལན་བདུན་བཟླས་པ་སྦྱིན་པར་བྱའོ། །དེའི་མེའི་སར་མིང་སྦྱིལ་བར་བྱའོ། །ཞེས་གསུངས་སོ། །མེའི་སར་མིང་སྦྱིལ་བ་ནི། སརྦ་སིདྡྷི་མེ། ཞེས་སོགས་མ་གང་བྱུང་སར་དེའི་མིང་གཞུག་པའི་དོན་ནོ། །དེ་ཡང་འདི་ལྟར་བྱས་ཏེ། བཤགས་ཡུལ་ཐུགས་སྡོམ་ཡོད་པ་གཅིག་ལ། རྒན་ན་ཕྱག་འཚལ། གཞོན་ན་གུས་འདུད་ཀྱིས་ཉེས་པ་འདི་དང་འདི་བྱུང་བ་འཆགས་པ་ལ། ཐུགས་གཏད་པར་ཞུ་ཞེས་སྐད་གསན་ཕབས་ནས། དམན་པའི་ཕྱོགས་སུ་ཅོག་ཅོག་པར་ཐལ་མོ་སྦྱར་ནས་སློབ་དཔོན་ཡིན་ན་སློབ་དཔོན་དང་། གྲོགས་ཡོད་ཡིན་ན། རིག་པ་འཛིན་པ་དགོངས་སུ་གསོལ། བདག་མིང་རྡོ་རྗེ་འདི་ཞེས་བྱ་བ་ལ་ཕམ་པའི་གཞི་ལས་འདི་བྱུང་བའམ། བདག་ལ་སྡོམ་པོའི་ལྟུང་བ་རྡོ་རྗེ་ཐེག་པའི་འདུལ་བ་དང་འགལ་བ་འདི་ཞེས་བྱ་བ་བྱུང་སྟེ། དེ་དག་སློབ་དཔོན་རིག་པ་འཛིན་པ་ལ་འཆགས་ཤིང་མཐོལ་ཏེ་མི་འཆབ་བོ། བཤགས་ཤིང་མཐོལ་བས་བདག་བདེ་བར་གནས་པར་འགྱུར་གྱི་མ་མཐོལ་ཞིང་མ་བཤགས་ན། དེ་ལྟར་མི་འགྱུར་རོ། །ཞེས་གསུམ་བརྗོད། ཡུལ་གྱིས་ཁྱོད་ཀྱིས་འདི་རྣམས་ལ་ཉེས་པར་མཐོང་ངམ་ཞེས་དྲིས་པ་དང་། མཐོང་ངོ་། །ཕྱིན་ཆད་སྡོམ་མམ་ཞེས་དྲིས་པ་ན། ཆོས་བཞིན་འདུལ་བ་བཞིན་ལེགས་པར་སྡོ་བོས་ནོད་པར་བགྱི། ཞེས་ལན་གསུམ་བྱས་ནས། ཐབས་ལེགས་གཅིག་བྱའོ། །འདི་ནི་རྩ་ལྟུང་ཡང་བླ་མའི་མདུན་དུ་བཤགས་ཏེ། དབང་ལེན་པའི་དབང་དུ་བྱས་སོ། །གཞན་ཡང་རྡོ་རྗེ་སེམས་དཔའི་བསྒོམ་བཟླས་དང་། ཏིལ་གྱི་སྦྱིན་སྲེག་དང་གཏོར་མ་དང་སྡིག་པ་ཏྲལ་ཆོག་དང་། ཚྭ་དང་བཟླས་པ་དང་རྟེན་གྱི་དྲུང་དུ་བཤགས་པ་དང་། ཕུང་པོ་གསུམ་པ་འདོན་པ་ལ་སོགས་པ་རྣམ་པ་མང་པོས་ཀྱང་སྡིག་ལྟུང་སྦྱོང་བ་ལ་བརྩོན་པར་བྱའོ། །དེ་ལྟར་དབང་དང་དམ་ཚིག་དང་སྡོམ་པ་ཐོབ་པ་དེས། ལམ་བསྒོམ་པ་ལ་འཇུག་པར་བྱ་སྟེ། དེ་ལ་རིམ་གཉིས་བསྒོམ་པའི་ཐོག་མར་བསྒོམ་བྱ་ལ་ཐོས་བསམ་བྱེད་དགོས་ཚུལ། བསྒོམ་བྱ་རིམ་གཉིས་ཀྱི་རྣམ་གཞག །བོགས་འདོན། སྤྱོད་པ་ལ་སློབ་ཚུལ་གསུམ་མོ། །དང་པོ་ནི། ལམ་བསྒོམ་པའི་ཐོག་མར། བསྒོམ་བྱ་ལ་ཐོས་བསམ་བྱེད་དགོས་ཏེ།

ཐོས་བསམ་མ་བྱས་པར་ལམ་ཉམས་སུ་ལེན་པ་ལ་རྨོངས་པ་མི་སེལ་བས། ཉམས་ལེན་ལོག་པར་འགྱུར་བའི་ཕྱིར་དང་། གཞན་ལ་སྟོན་ནའང་རང་གིས་མི་ཤེས་པས་སྟོན་མི་ནུས་པའི་ཕྱིར། དེ་ལྟར་ཡང་། སྤུ་དྲིག་ཕྲེང་བས། བློ་གྲོས་མེད་ལ་ཐོས་མེད་མ་ཐོས་པ་ལའང་བསམ་པ་མེད། །གཉིས་བྲལ་རྣལ་འབྱོར་མེད་ཀྱང་རྣལ་འབྱོར་བྲལ་ལའང་དངོས་གྲུབ་མེད། །ཅེས་དང་། རིམ་ལྔའི་འགྲེལ་པར་ཡང་། ཐོས་པ་རྫོགས་པར་བྱེད་དང་ཤེས་རབ་སྟེ༔ །བསམ་པ་ཡང་ནི་གཉིས་པོ་ཡོད་གྱུར་ན། །བསྒོམ་པ་ལ་ནི་དབང་དུ་སྦྱོར་བ་ཡིན། །དེ་ལས་དངོས་གྲུབ་བླ་ན་མེད་པའོ། །བློ་དང་ལྡན་པས་འདི་ལྟར་བསམ་ནས་ནི། །ཐོག་མར་ཐོས་པའི་དོན་ལ་འབད་པ་ཡིས། །རྟག་ཏུ་བརྩོན་པར་བྱེད་པ་གང་ཡིན་པ། །དེ་ཡི་ལག་ཏུ་དངོས་གྲུབ་ལེགས་པར་འཐོབ། །ཅེས་གསུངས་པས་སོ། །

གཉིས་པ་ལ། ལམ་ཕྱོགས་རེ་བས་འཚང་རྒྱ་བར་མི་ནུས་པས་ལམ་ཚང་བ་ལ་ཉམས་ལེན་བྱེད་དགོས་པས་རིམ་པ་གཉིས་ཀྱི་རྣམ་བཞག་རྡོ་རྗེ་འཆང་གིས་གསུངས་ཏེ། འདུས་པའི་རྒྱུད་ཕྱི་མར། སངས་རྒྱས་རྣམས་ཀྱི་ཆོས་བསྟན་པ། །རིམ་པ་གཉིས་ལ་ཡང་དག་བརྟེན། །བསྐྱེད་པ་ཡིས་ནི་རིམ་པ་དང་། །དེ་བཞིན་རྫོགས་པའི་རིམ་པའོ། །ཞེས་གསུངས་པ་ལྟར་རོ། །དེས་ན་རིམ་པ་གཉིས་འཆད་པ་ལ། སྒྲ་དོན། ངོ་བོ། དྲང་ངེས། གོ་རིམ། སོ་སོའི་བསྒོམ་ཚུལ་དང་བཞིའོ། །དང་པོ་ལ་ལུགས་མང་པོ་སྣང་སྟེ། སྦྱང་གཞི་དང་སྦྱོང་བྱེད་གཉིས་ལས། དང་པོའི་དབང་དུ་བྱས་ནས། བསྐྱེད་པ་ནི་ཐ་མལ་གྱི་ལུས་གྲུབ་པ་ཡིན་ལ། རིམ་པ་ནི། སྐྱེ་བའི་རིམ་པའི་སྐྱེ་གནས་བཞི་དང་། བྱེ་བྲག་ཏུ་མངལ་གྱི་གནས་སྐབས་ལྔའོ། །གཉིས་པ་སྦྱོང་བྱེད་ཀྱི་དབང་དུ་བྱས་ན། བསྐྱེད་པ་ནི་ལྷར་བསྐྱེད་པ། རིམ་པ་ནི་རིམ་གྱིས་གསལ་འདེབས་པའོ། །སྦྱང་གཞི་རྫོགས་པ་ནི། ཐ་མལ་གྱི་སེམས་ཅན་འཆི་བ་ཡིན་ལ། རིམ་པ་ནི་ས་ཆུ་ལ་ཐིམ་པ་སོགས་ཀྱི་རིམ་པའོ། །སྦྱོང་བྱེད་རྡོར་བཟླས་དང་འོད་གསལ་ལ་སོགས་ནི། སྦྱོང་བྱེད་རྫོགས་རིམ་ཡིན་ནོ་ཞེས་འཕགས་ལུགས་པའི་འདུས་པ་རྣམས་འདོད་ཅེས་ཟེར། ཡང་བསྐྱེད་པ་ནི། ཐུན་མོང་གི་དངོས་གྲུབ་ཡིན་ལ། དེ་སྒྲུབ་བྱེད་ཀྱི་ཐབས་ལྷའི་རྣམ་པ་བསྒོམ་པ་ལ་རིམ་པ། རྫོགས་པ་ནི། མཆོག་གི་དངོས་གྲུབ་ཡིན་ལ། རིམ་པ་ནི་སྒྲུབ་བྱེད་སྦྱོར་བ་ཡན་ལག་དྲུག་ཡིན་ནོ་ཞེས་སེམས་འགྲེལ་བའི་རྗེས་འབྲང་རྣམས་འདོད་དོ་ཞེས་ཟེར། ཡང་ལྷའི་རྣམ་པ་བློས་བསྐྱེད་པ་ནི། བསྐྱེད་པ་ཡིན་ལ་དེ་རིམ་གྱིས་གསལ་འདེབས་པ་ནི། རིམ་པའོ། །རྫོགས་པ་ནི། ལུས་ངག་ཡིད་གསུམ་རྫོགས་པར་གསལ་འདེབས་པ་སྟེ། རང་བྱིན་རླབས་དང་། དཀྱིལ་འཁོར་འཁོར་ལོ་བསྒོམ་པ་སོགས་ཡིན་ལ། རིམ་པ་ནི། དེ་ཉིད་རིམ་གྱིས་བསྒོམ་པའོ། །ཞེས་རྣལ་འབྱོར་དབང་ཕྱུག་བིར་ཝ་པའི་ལུགས་སོ། །ཞེས་ཟེར། ཁ་ཅིག་ན་རེ། དེ་དག་ལས་སྦྱང་གཞི་ལ་སྦྱར་བའི་བསྐྱེད་རྫོགས་འཕགས་ལུགས་པའི་ལུགས་ཡིན་ཟེར་བ་མི་འཐད་དེ།

འཕགས་ལུགས་པ་དེ་ལྟར་མི་བཞེད་པའི་ཕྱིར་དང་། སེམས་ཅན་གྱི་སྐྱེ་འཆི་བསྐྱེད་རྫོགས་ཡིན་ན། རྡོ་རྗེ་འཆང་གི་རྒྱུར་བསྐྱེད་རྫོགས་བསྒོམ་པའི་འབད་པ་དོན་མེད་པར་ཐལ་བའི་ཕྱིར་རོ། །ཅེས་ཏེ། སྤྱོད་བསྡུས་ལས། སྐྱེ་བ་ཀུན་རྫོབ་བདེན་པ་ཞེས་བྱ་སྟེ། །འཆི་བའི་མིང་ཡང་དོན་དམ་བདེན་པ་ཡིན། །ཞེས་གསུངས་པས། བསྟན་ནོ་སྙམ་ནའང་། དེས་སྐྱེ་བ་བསྐྱེད་རིམ་དུ་མི་སྟོན་པའི་ཕྱིར་ཏེ། བསྐྱེད་རིམ་ནི་བློས་བསྐྱེད་པའང་བཏགས་པ་ལ་འཆད་པའི་ཕྱིར། སྒྲོན་གསལ་ལས། བཏགས་པ་དང་རྫོགས་པའི་རིམ་པའི་སྒྲུབ་ཐབས་སོ་སོར་སྟོན་ཅིང་ཞེས་གསུངས་པ་ལྟར་ཡིན་པས་སོ། །ཡང་བིར་ཝ་པའི་བཞེད་སྲོལ་ཡིན་ཟེར་བ་དེ་ཡང་དེའི་བཞེད་པ་མིན་ཏེ། ལུས་ངག་ཡིད་གསུམ་ལ་སོགས་པ་ལ་རྫོགས་རིམ་པའི་རྫོགས་པའི་དོན་དུ་དེ་མི་བཞེད་པའི་ཕྱིར་རོ། །ཞེས་སོགས་ཀྱི་སྐྱོན་བརྗོད་པར་བྱས་ནས་དེ་རང་གི་ལུགས་ནི། ཤཱནྟི་པས། རིམ་པ་དང་། རྣམ་པ་དང་། ཚང་དང་། ཕྱོགས་ཞེས་བྱ་བ་ནི་རྣམ་གྲངས་སོ། །གང་གི་རིམ་པ་ཞེ་ན་རྣལ་འབྱོར་གྱིའོ། །ཞེས་གསུངས་པ་བཞིན་ལམ་ལ། མིང་བཏགས་ནས་རིམ་པ་གཉིས་ལས། མིང་གཞན་བཅོས་མ་དང་། རྣལ་མའི་རྣལ་འབྱོར་ཞེས་རྡོ་རྗེ་མཁའ་འགྲོ་ལས་གསུངས་ཤིང་། དཔྱིད་ཀྱི་ཐིག་ལེ་ལས་ཀྱང་། བཅོས་མའི་དཀྱིལ་འཁོར་སྣང་བྱས་ནས། །ཞེས་སོགས་ཀྱིས་རིམ་པ་དང་པོ་ལ་བཅོས་མའི་རྣལ་འབྱོར་དུ་གསུངས་པས། བསྐྱེད་པའི་རིམ་པ་དང་བཏགས་པའི་རིམ་པ་དང་། བཅོས་མའི་རྣལ་འབྱོར་ཞེས་བྱ་བ་ནི་རིམ་པ་དང་པོའི་མིང་ཡིན་ལ། རྫོགས་པའི་རིམ་པ་དང་མ་བཏགས་པའི་རིམ་པ་དང་། རྣལ་མའི་རྣལ་འབྱོར་ནི་རིམ་པ་གཉིས་པའི་མིང་དུ་འདོད་དོ། །

འདི་འང་བརྟག་པར་བྱ་སྟེ། རིམ་པ་གཉིས་པོ་དེ་ལ་བློས་བཏགས་མ་བཏགས་ཀྱི་ཁྱད་པར་མེད་པར་ཐལ། བློས་བཟོས་མཉམ་དུ་མཚུངས་པའི་ཕྱིར་དང་། ཀུན་རྫོབ་བདེན་པ་ཡིན་མཉམ་དུ་འདྲ་བའི་ཕྱིར་དང་། ཀུན་རྫོབ་པའི་ལྷ་བསྒྲུབ་པའི་ཐབས་སུ་ཁྱད་པར་མེད་པའི་ཕྱིར་རོ། །རྟགས་གསལ་འདི་དག་ནི་ཁས་བླངས་པའོ། །དེས་ན་བིར་ཝ་པ་དང་། ཧཱུཾ་བི་བའི་ལུགས་བཞིན་ནམ། སེམས་འགྲེལ་བའི་ལུགས་བཞིན་ཁས་བླངས་པར་བྱའོ། །འོན་ཀྱང་ལུས་ངག་སེམས་པ་གསུམ་རྫོགས་པ་ཞེས་པའི་དོན་ནི། ཙ་རླུང་ཐིག་ལེ་ཡི་གེ་སྟེ། རྟེན་དཀྱིལ་འཁོར་ཆེན་པོ་བཞི་ལ་རྫོགས་པར་སྦྱར་དགོས་ཤིང་། དུས་འཁོར་འགྲེལ་ཆེན་དུ། རྫོགས་པ་ནི་རྟོག་པ་ཐམས་ཅད་བྲལ་བའི་རྣམ་པ་ཐམས་ཅད་ཀྱི་མཆོག་དང་ལྡན་པའི་སྟོང་པ་ཉིད་ཀྱི་གཟུགས་ལ་བཤད་དོ། །དེ་ལྟར་ན་དེ་བདེ་བ་དང་བཅས་པ། རིམ་གྱིས་མངོན་དུ་འགྱུར་བའི་ཐབས་ཡན་ལག་དྲུག་བསྒོམ་པའི་རིམ་པ་ལ་རྫོགས་རིམ་དུ་འདོད་དགོས་པ་ཡིན་ནོ། །དེ་བཞིན་དུ། དཀའ་འགྲེལ་མུ་ཏིག་ཕྲེང་བར་ཡང་། སྔགས་དང་མཚན་མ་ལ་སོགས་པའི་རིམ་གྱིས། ལྷའི་རྣམ་པར་བསྐྱེད་པ་ནི། རྣལ་འབྱོར་པའི་བསྐྱེད་པ་སྟེ། དེ་དག་ལ་ཡོད་

པ་དེ་ནི་བསྐྱེད་པའི་རིམ་པའོ། །རྫོགས་པ་ནི་ལྷན་ཅིག་སྐྱེས་པ་སྟེ། སྒྲུབ་པ་པོ་ལ་སོགས་པའི་རང་བཞིན་ལྷན་ཅིག་སྐྱེས་པ་དེ་ཉིད་ལ་སོགས་པ་དེ། ཁོ་ན་ཉིད་ཀྱི་རང་བཞིན་དུ་མོས་ཏེ། གང་དུ་རྣལ་འབྱོར་པས་བསྒོམ་པར་བྱ་བ་དེ་རྫོགས་པའི་རིམ་པའོ། །ཞེས་གསུངས་པའི་རྫོགས་རིམ་གྱི་དོན་འདི། ལྷན་ཅིག་སྐྱེས་པའི་བདེ་བ་མངོན་དུ་བྱེད་པ་ལ་བཤད་པས་དུས་འཁོར་འགྲེལ་ཆེན་དང་མཐུན་པར་སྣང་ངོ་། །གཉིས་པ་རིམ་གཉིས་ཀྱི་ངོ་བོ་ནི་བསོད་ནམས་དང་། ཡེ་ཤེས་ཀྱི་ཚོགས་གཉིས་སུ། རིམ་པ་བཞིན་དུ་འདོད་དགོས་སོ། །གསུམ་པ་གྲངས་ངེས་ནི། དངོས་གྲུབ་སྒྲུབ་པའི་རིམ་པ་ལ་བསྐྱེད་རྫོགས་གཉིས་སུ་ངེས་ཏེ། སྦྱང་བྱ་གཉིས་སུ་ངེས་པའི་ཕྱིར་དང་། ཐོབ་བྱ་གཉིས་སུ་ངེས་པའི་ཕྱིར་དང་། སྒྲུབ་པ་པོའི་གང་ཟག་གཉིས་སུ་ངེས་པའི་ཕྱིར་རོ། །དང་པོ་གྲུབ་སྟེ། སྤང་བྱ་རྣམ་རྟོག་ལ། ཐ་མལ་གྱི་རྣམ་རྟོག་དང་བཟང་རྟོག་གཉིས་སུ་ངེས་ལ། དང་པོའི་གཉེན་པོར་གཙོ་བོར་བསྐྱེད་རིམ་བསྟེན། གཉིས་པའི་གཉེན་པོར་གཙོ་བོ་རྫོགས་རིམ་གསུངས་པའི་ཕྱིར་རོ། །དེ་ཡང་གུར་ལས། ཕལ་པའི་གནས་སྐབས་གཞོམ་པའི་ཕྱིར། །བསྒོམ་པ་ཡང་དག་རབ་ཏུ་བསྒྲགས། །ཞེས་སོགས་ནས། འོན་ཀྱང་མི་གཙང་བའི་ཚད་མཉམ་པར་སྦྱང་བའི་ཕྱིར། དེ་བཞིན་གཤེགས་པའི་སྐུ་གཟུགས་རབ་ཏུ་བསྒོམ་པར་བྱའོ། །ཞེས་གསུངས་ཤིང་། བརྟག་གཉིས་ལས། བསྐྱེད་པའི་རིམ་པའི་རྣལ་འབྱོར་གྱིས། །བརྟུལ་ཞུགས་ཅན་གྱི་སྤྲོས་པ་བསྒོམ། །སྤྲོས་པ་རྨི་ལམ་ལྟར་བྱས་ནས། སྤྲོས་པ་ཉིད་ནི་སྤྲོས་མེད་བྱ། །ཞེས་གསུངས་ཤིང་། སམ་བུ་ཊི་ར། རྣམ་རྟོག་མ་རིག་ཆེན་པོ་ནི། །འཁོར་བའི་རྒྱ་མཚོར་ལྟུང་བྱེད་ཡིན། །མི་རྟོག་རིན་ཆེན་ལ་གནས་ན། །མཁའ་བཞིན་དྲི་མ་མེད་པར་གནས། །ཞེས་སོགས་ཀྱི་རྣམ་རྟོག་གཉིས་ཀའི་སྤང་བྱར་གསུངས་པས་སོ། །མི་གཙང་བ་ཐ་མལ་གྱི་རྣམ་རྟོག་ལ་ཡང་། རྒྱུ་ལས་ཉོན་དང་། འབྲས་བུ་བདག་དང་བདག་གིར་འཛིན་པ་གཉིས། དང་པོ་སྦྱོར་བ་ནི། སྦྱོར་བ་ཚོགས་གཉིས་བསགས་པ། གཉིས་པ་སྦྱོང་བ་ལ། ཡུལ་སྣོད་བཅུད་གཉིས་ལ་འཛིན་པ་སྦྱོང་དགོས་པས། སྣོད་ལ་སྦྱོང་བ་ནི་རྟེན་འབྱུང་གཞི་ལས་གྲུབ་པའི་གཞལ་ཡས་ཁང་དང་། གདན་སོགས་བཅུད་ལ་སྦྱོང་བ་ལ་གཉིས། བསྐྱེད་ཆོག་མི་འདྲ་བས་སྐྱེ་གནས་གཞི་སྦྱོང་ཚུལ་དང་། ལྷའི་རྣམ་པ་སྣ་ཚོགས་ཀྱིས་དུག་གསུམ་སྦྱོང་ཚུལ་གཉིས་ལས། དང་པོ་ནི་འཁོར་བའི་སྐྱེ་གནས་སྦྱོང་དཀའ་བ་ནི་གཞི་ཡིན་ལ། དེ་སྦྱོང་བྱེད་ཡང་གཞི་སྟེ། ཉི་ཟླ་ས་བོན་ལས་བསྐྱེད་པས། དྲོད་གཤེར་སྐྱེས་དང་། འཁོར་རྣམས་མངལ་ནས་འབྱིན་པས་མངལ་སྐྱེས་དང་། ཡང་ན་ཉི་ཟླས་ཁུ་ཁྲག་མཚོན་པས་མངལ་སྐྱེས་དང་། འབྲས་བུ་རྫོར་འཛིན་ཐིག་ལེའི་གོང་བུ་ལས་བཞེངས་པ་ལྟ་བུས་སྒོང་སྐྱེས་དང་། སྐད་ཅིག་ཙམ་གྱིས་བསྐྱེད་པ་ལྟ་བུས་རྫུས་སྐྱེས་སྦྱོང་ཞིང་། མཐར་བསྡུད་པ་ལྟ་བུས་ནི་འཇིག་པ་སྦྱོང་བར་བྱེད་དོ། །གཉིས་པ་ལྷའི་རྣམ་པས་དུག་གསུམ་སྦྱོང་ཚུལ

ནི་དེ་ཡང་ཁྲོ་བོའི་སྐུ་ལྷ་བུས་ཞེ་སྡང་དང་། བཙུན་མོས་བསྐོར་བ་ལྷ་བུས་འདོད་ཆགས་དང་། མཚན་དཔེས་སྤྲས་པ་ལྷ་བུས་གཏི་མུག་སྦྱོང་སྟེ། གུར་ལས། འདོད་ཆགས་ཞེ་སྡང་གཏི་མུག་དང་། །ང་རྒྱལ་སེར་སྣའི་སྐྱེ་བོ་རྣམས། །བསྒྲུ་ཕྱིར་རང་གི་འཁོར་ལོ་ལ། །རྡོ་རྗེའི་གཟུགས་ནི་དུ་མ་འཛིན། །ཞེས་གསུངས་པས་སོ། །གཉིས་པ་འཐོབ་བྱ་གཉིས་སུ་ངེས་ཏེ། གནས་སྐབས་ཐུན་མོང་དང་། མཐར་མཆོག །མཆོག་ལ་ཡང་བསྐྱེད་རིམ་གྱིས་གཟུགས་སྐུ་དང་རྫོགས་རིམ་གྱིས་ཆོས་སྐུ་ཐོབ་པས་སངས་རྒྱས་ཀྱི་སྐུ་ལ་ཡང་དེ་གཉིས་སུ་ངེས་པའི་ཕྱིར་རོ། །འདུས་པའི་རྒྱུད་ཕྱི་མར། ཐུན་མོང་མཆོག་གི་དབྱེ་བ་ཡི། །བསྙེན་པ་རྣམ་པ་གཉིས་སུ་འདོད། །ཅེས་གསུངས་པ་ལྟར། རིམ་པ་གཉིས་ཀྱིས་སྐུ་གཉིས་འགྲུབ་པ་ནི། གུར་ལ་སོགས་པ་རྒྱུད་སྡེ་མང་པོ་ནས་འབྱུང་བ་ལྟར་རོ། །གསུམ་པ་གང་ཟག་སྒྲུབ་པ་པོའང་གཉིས་སུ་ངེས་ཏེ། དེ་ལ་འཇིག་རྟེན་པའི་དངོས་གྲུབ་སྒྲུབ་པ་དང་། མཆོག་གི་དངོས་གྲུབ་སྒྲུབ་པའི་གང་ཟག་གཉིས་སུ་ངེས་པར་དུས་འཁོར་རྒྱུད་འགྲེལ་སོགས་ལས་འབྱུང་བའི་ཕྱིར་རོ། །བཞི་པ་གོ་རིམ་ནི། རིམ་གཉིས་ཀྱི་ནང་ནས། དང་པོར་བསྐྱེད་རིམ་སྟོན་པ་དང་། བསྒོམ་པའི་རིམ་པ་འདི་བཞིན་རིགས་ཏེ། བསྐྱེད་རིམ་གྱིས་རྒྱུད་སྨིན་པར་བྱས་པ་ལ། རྫོགས་རིམ་སྐྱེ་ཡི་དེ་ལས་གཞན་དུ་མ་ཡིན་པས་དེའི་ཕྱིར། དེ་ཡང་རིམ་ལྔ་ལས། བསྐྱེད་པའི་རིམ་པ་ལེགས་གནས་ཤིང་། །རྫོགས་པའི་རིམ་པ་འདོད་རྣམས་ལ༑ །ཐབས་འདི་རྫོགས་པའི་སངས་རྒྱས་ཀྱིས། །སྐས་ཀྱི་རིམ་པ་ལྟ་བུར་གསུངས། །ཞེས་དང་། ཏཻ་པི་བས་ཀྱང་། བློ་བཟང་དང་པོར་བསྐྱེད་པའི་རིམ་པ་བསྒོམ་པར་བྱེད། ལག་པའི་ཕྱག་རྒྱ་དང་། སྔགས་ནི་རྣམ་དག་གུག་སྐྱེད་ཚོག་ཐམས་ཅད་ངེས་པར་དྲན་པར་འགྲུབ་མི་བྱ། ཕྱི་ནས་བློ་བཟང་རངས་ཤིང་སྐད་ཅིག་རྒྱུན་དུ་དེ་ཉིད་ཅི་ཞིག་སེམས་དང་ལྡན། རྫོགས་པའི་རིམ་པ་བསྒོམ་པས་སྲིད་པ་རྣམས་སྤངས་ལྷན་ཅིག་སྐྱེས་པ་རྟག་ཏུ་བསམ། ཞེས་གསུངས་པས་སོ། །དེ་ཡང་བསྐྱེད་རིམ་ཡུད་ཙམ་དེ་བསྒོམ་པ་སྔོན་དུ་བཏང་ནས། དེ་ནས་རྫོགས་རིམ་བསྒོམས་པས་ཆཤས་ཏེ། སྐྱེ་བ་ཡོད་ཀྱང་ལམ་གྱི་ནུས་པས་སྦྱང་བྱ་ཡོངས་སུ་རྫོགས་པར་གཅོད་མི་ནུས་པས་ངེས་པར་དང་པོར་རིམ་པ་དང་པོ་ལ་ནུས་པ་ཐོན་ཐོན་བསྒོམ་པ་གལ་ཆེའོ། །ལྔ་པ། བསྒོམ་ཚུལ་ལ་རིམ་པ་དང་པོ་བསྒོམ་ཚུལ་དང་། དང་པོ་ལ། ཁ་ཅིག་ན་རེ། བསྐྱེད་རིམ་གྱི་ཐུན་མོང་མིན་པའི་སྤང་བྱ་ནི། རྟེན་དང་བརྟེན་པ་ཐ་མལ་པའི་སྣང་བ་རྟེན་དང་བརྟེན་པ་ཐ་མལ་ཞེན་པའི་ང་རྒྱལ་ཡིན་ཏེ། གུར་ལས། ཐ་མལ་རྣམ་པ་གཞོམ་དོན་དུ། །ཞེས་སོགས་དང་། སྦྱོད་བསྡུས་ནས་ཀྱང་འབྱུང་བས་སོ། །ཞེས་ཟེར་ཞིང་འདི་འདྲའི་སྣང་ཞེན་བཟློག་པའི་དོན་དུ། གཉིས་པ་སྒོམ་ཚུལ་ལོ། །རྟེན་དང་བརྟེན་པ་ལ། ཁྲུད་པར་ཅན་གྱི་སྣང་བ་བསྐྱེད་ནས་བསྒོམ་པ་ཕར་ཕྱིན་ཐེག་པ་ལ་མེད་པས་སྔགས་ཐེག་ཆེན་པོ་ནའི་ཁྱད་ཆོས་སོ། །སྣང་ཞེན་དེ་གཉིས་ཀྱི་གཉེན་

པོར་རྟེན་གཞལ་ཡས་ཁང་དང་བརྟེན་པ་ལྷ་བསྒོམ་པའི་བསྐྱེད་རིམ་གསུངས་པས། དེ་གཉིས་གཞལ་ཡས་ཁང་དང་ལྷར་འཆར་བའི་སྣང་བ་གོམས་པས་ཐ་མལ་པའི་སྣང་བ་དང་། མི་བསྒྱུད་པའོ། །མཉམ་པ་ལ་སོགས་པའི་འཛིན་སྟངས་གོམས་པ་ཐ་མལ་བའི་ང་རྒྱལ་བཟློག་པར་བྱེད་དོ། །ཐ་མལ་གྱི་རྣམ་རྟོག་ཡང་དག་ལྷ་རང་དགའ་བར་འཛིན་པ་འདི་མིན་གྱི་བདེན་པར་འཛིན་པའི་རྟོག་པ་ལ་ཐ་མལ་གྱི་རྣམ་རྟོག་ཟེར། ཞེས་བྱ་བ་ལ་སོགས་པ་མང་པོ་ཟེར་བར་བྱེད་དོ། །དེ་འདྲའི་སྣང་ཞེན་གཉིས་པོ་དེ་བསྐྱེད་རིམ་གྱི་ཐུན་མོང་མིན་པའི་སྤང་བྱ་མིན་པར། དེ་འདྲ་དེ་རྫོགས་རིམ་པས་ཀྱང་སྤོང་བའི་ཕྱིར་དང་། བདག་མེད་མངོན་སུམ་དུ་རྟོགས་པའི་ཤེས་རབ་ཀྱིས་སྤོངས་ཤིང་དེ་ནི་ཕར་ཕྱིན་ཐེག་པར་ཡང་ཁས་ལེན་པའི་ཕྱིར་དང་། ལྷ་བདེན་པར་འཛིན་པའི་བདེན་འཛིན་ཡོད་པའི་ཕྱིར་དང་། ད་ལྟའི་སྣང་བ་རང་དགའ་བ་འདི། ལྷ་དང་གཞལ་ཡས་ཁང་གི་སྣང་བར་བསྒྱུར་ནས་བསྒོམ་པ་མིན་པར་ཐལ་བའི་ཕྱིར་དང་། དེ་འདྲའི་སྣང་ཞེན་བཟློག་པའི་ཕྱིར་དུ་རྟེན་དང་བརྟེན་པ་ལ་ཁྱད་པར་ཅན་གྱི་སྣང་བ་བསྐྱེད་ནས་བསྒོམ་པ་ཕར་ཕྱིན་ཐེག་པ་ལའང་ཡོད་པའི་ཕྱིར། གཞན་དུ་ན། ཁྱད་པར་ཅན་གྱི་སྣང་བ་ལ་ལྷའི་སྣང་བ་དགོས་ན། ཕར་ཕྱིན་ཐེག་པ་བ་ལ་ལྷའི་སྣང་བ་མེད་པ་དང་འགལ་བར་འགྱུར་བས་སོ། །

དེས་ན། རིམ་པ་དང་པོ་ལ། སྤྱིར་ལྷ་བསྐྱེད་པའི་རིམ་པ་དང་། བྱེ་བྲག་ཏུ་བླ་ན་མེད་པའི་བསྐྱེད་རིམ་གཉིས་འབྱུང་ལ། ལས་དང་པོའི་དབང་དུ་བྱས་ནས། བྱ་སྤྱོད་ཀྱི་ལུགས་ལ་སྦྱོར་བའི་སྤྱོད་པ་སོགས་བཞིས་བསྡུས་པ་དང་། མཚན་བཅས་མཚན་མེད་ཀྱི་རིམ་པ་གཉིས་དང་། རགས་པ་དང་ཕྲ་བའི་རིམ་པ་སོགས་དུ་མ་འབྱུང་ཞིང་། རྣལ་འབྱོར་རྒྱུད་ཀྱི་ལུགས་ལ། ཏིང་ངེ་འཛིན་གསུམ་དང་། ཕྱག་རྒྱ་བཞི་དང་། དཀྱིལ་འཁོར་བཞི་ལ་སོགས་པར་བསྡུས་པའི་བསྐྱེད་ཚུལ་གསུངས་པ་རྣམས་ནི་ཡིན་ལ། བྱེ་བྲག་རྣལ་འབྱོར་ཆེན་པོའི་ལུགས་ལ། གུར་ལས། རང་ལྷག་ལྷ་ཡི་སྒྲུབ་ཐབས་བྱ། །དེ་བཞིན་དཀྱིལ་འཁོར་རྣམས་བཀོད་ལ། །མཆོད་བསྟོད་བདུད་རྩི་ལ་སོགས་པར། །རིམ་པ་འདི་ཡིས་བསྒོམ་བྱས་ན། །ཡན་ལག་དྲུག་གི་སྦྱོར་བར་འདོད། །ཅེས་ཡན་ལག་དྲུག་ཅེས་འབྱུང་བ་ནི། མི་ཐུབ་ཟླ་བས། རྡོ་རྗེ་རྗེས་སུ་ཆགས་བྱེད་པ། །སངས་རྒྱས་གཞལ་མེད་བྱེ་བྲག་བསྒོམ། །དབང་བསྐུར་བདུད་རྩི་མྱང་བ་དང་། །མཆོད་བསྟོད་ཡན་ལག་དྲུག་པ་བསྒོམ། །ཡན་ལག་དྲུག་བསྒོམ་རྣལ་འབྱོར་གང་། །དེས་ནི་མྱུར་ཏུ་དངོས་གྲུབ་ཐོབ། །ཕོ་བྲང་སངས་རྒྱས་རྣམ་སྣང་མཛད། །དབང་ནི་མི་བསྐྱོད་དེ་བཞིན་གཤེགས། །བདུད་རྩི་མྱང་བ་འོད་དཔག་མེད། །བསྟོད་པ་རིན་ཆེན་འབྱུང་ལྡན་དཔལ། །མཆོད་པ་དོན་ཡོད་ཡང་དག་མཆོད། །རྗེས་ཆགས་རྡོ་རྗེ་སེམས་དཔའ་འོ། །ཞེས་ཡན་ལག་དྲུག་པོ་རིགས་དྲུག་གི་སྒོ་ནས་བཤད་པ་ལྟར་ཡན་ལག་དྲུག་དང་། གསང་འདུས་ཀྱི་རྒྱུད་དུ། རྣལ་འབྱོར་རྒྱུད་ནི་ཐམས་ཅད་དུ། །རྣལ་འབྱོར་

པ་ཡིས་རྟག་པར་བསྒྲུགས། |བསྙེན་པའི་ཆོ་ག་དང་པོ་སྟེ། |ཉེ་བར་སྒྲུབ་པ་གཉིས་པ་ཡིན། |སྒྲུབ་པ་ཡང་ནི་གསུམ་པ་ཡིན། |སྒྲུབ་པ་ཆེན་པོ་བཞི་པའོ། |ཞེས་གསུངས་པ་ལྟར། བསྙེན་སྒྲུབ་ཡན་ལག་བཞི་དང་། |དགྲ་ནག་གི་རྒྱུད་ལས། དང་པོར་བསྒོམ་པ་རྣལ་འབྱོར་ཏེ། |གཉིས་པ་རྗེས་ཀྱི་རྣལ་འབྱོར་ཡིན། |གསུམ་པ་ཤིན་ཏུ་རྣལ་འབྱོར་ཏེ། |བཞི་པ་རྣལ་འབྱོར་ཆེན་པོའོ། |ཞེས་གསུངས་པ་ལྟར་རྣལ་འབྱོར་བཞི་དང་། དུས་ཀྱི་འཁོར་ལོ། དཀྱིལ་འཁོར་རྒྱལ་མཆོག་ལ་སོགས་པ་བཞིར་སྡུད་པ་ལ་སོགས་པའི་སྒོ་ནས་བསྒོམ་ཚུལ་མི་འདྲ་བ་མང་པོ་གསུངས་སོ། འདིར་ནི་མངས་པར་འགྱུར་བས་མ་བྲིས་ཏེ། རང་རང་གི་ཆོ་ག་རྣམས་ལས་རྟོགས་པར་བྱའོ། །

ཁ་ཅིག་ནི་རྒྱུད་སྡེ་འོག་མ་གསུམ་ལ། བསྐྱེད་རིམ་མེད་དེ་རླུང་དང་ཐིག་ལེའི་རྣལ་འབྱོར་ལ་སོགས་པ། འོག་མ་ལ་མེད་པའི་ཟབ་ཁྱད་ཅན་གྱི་ལྷ་བསྒོམ་ཚུལ་ལ་བསྐྱེད་རིམ་དུ་བཤད་ཅིང་། གལ་ཏེ་ན་རྫོགས་རིམ་ཡང་འོག་མ་པ་ལ་ཡོད་དགོས་པས་སོ། |ཞེས་ཟེར་རོ། |འདི་ནི་དཔྱད་དགོས་ཏེ། རྒྱུད་སྡེ་འོག་མ་གསུམ་དུ་ཕར་ཕྱིན་ཐེག་པ་ལས་ཆེས་ཟབ་པའི་ལམ་གྱི་ཁྱད་པར་མ་བསྟན་པར་འགྱུར་ཏེ་རིམ་གཉིས་གང་ཡང་མ་བསྟན་པའི་ཕྱིར་རོ་སྙམ་པའི་དོགས་པ་དཔྱད་དགོས་པས་སོ། |རིམ་པ་གཉིས་པ་བསྒོམ་ཚུལ་ལ་རིམ་ལྔ་རྣམ་པ་གཉིས་དང་། རྣལ་འབྱོར་ཡན་ལག་དྲུག་དང་། རྣལ་འབྱོར་བཞི་དང་། ཆོས་དྲུག་རྣམ་པ་གཉིས་དང་། ལམ་སྐོར་ཆེན་པོ་དགུ་ལ་སོགས་པ་རྒྱུད་སྡེ་སོ་སོ་ནས་གསུངས་པའི་རྫོགས་རིམ་མང་པོ་འབྱུང་བ་རྣམས་དཔལ་ལྡན་བླ་མ་དམ་པ་དག་མཉེས་པར་བྱས་ཏེ། དེ་དག་གི་ཞལ་གྱི་བདུད་རྩི་དྲི་མ་མེད་པ་འཐུང་བ་ལས་ཤེས་པར་བྱས་ནས་ཉམས་སུ་ལེན་པར་བྱེད་དགོས་སོ། དམ་པའི་ཉི་མ་ནུབ་རིའི་རྩེ་ལས་ཡོལ། |ཆོས་འདོད་སྤྲིན་ཚོགས་རྣམ་གཡེང་རླུང་གིས་གཏོར། |ཕལ་ཆེར་བླང་དོར་འཁྲིད་པའི་མིག་དང་བྲལ། |ཀྱེ་ཧུད་མུན་པའི་ནགས་སུ་ཀུན་འཁྱམ་མོ། |བོགས་འདོན་སྤྱོད་པའི་ཚུལ་ཡང་། འདོད་ཡོན་ལྔའི་རང་བཞིན་ཡོངས་སུ་ཤེས་པའི་སྒོ་ནས་སྤྲོས་པ་དང་བཅས་པ་དང་། སྤྲོས་པ་མེད་པ་དང་ཤིན་ཏུ་སྤྲོས་མེད་ལ་སོགས་པའི་སྤྱོད་པ་གསུངས་པ་རྣམས་ལ་བསླབ་པར་བྱའོ། |དེ་ལྟར་རིམ་གཉིས་སྤྱོད་པ་དང་བཅས་པ་ཉམས་སུ་བླངས་པའི་འབྲས་བུའི་རྣམ་པར་བཞག་པ་ནི། འཇིག་རྟེན་གྱི་དངོས་གྲུབ་བརྒྱད་དང་ཞི་སོགས་ཀྱི་སྒོ་ནས་སེམས་ཅན་ལ་ཕན་པ་དང་། ས་བཅུ་གཉིས་ལ་སོགས་པ་བགྲོད་དེ་མཆོག་གི་དངོས་གྲུབ་རྫོགས་པའི་སངས་རྒྱས་རྡོ་རྗེ་འཆང་གི་གོ་འཕང་ཐོབ་ཚུལ་ཡང་། རབ་ཚེ་འདི་དང་། འབྲིང་བར་དོ་དང་། ཐ་མའང་སྡིག་ལྟུང་གིས་མ་གོས་ན། སྐྱེ་བ་བཅུ་དྲུག་ལ་སོགས་པ་ནས་ཐོབ་པར་འགྱུར་བ་ལ་སོགས་པའོ། |དོན་དེ་ཡང་སྒྲོན་གསལ་ལས། དགོས་པ་ཡང་ནི་བཤད་བྱ་སྟེ། |ཞི་སོགས་བྱ་བའི་ཆོ་ག་དང་། |དེ་བཞིན་གྲུབ་པ་བརྒྱད་དང་ནི། |སངས་རྒྱས་ཀྱང་ནི་མཆོག་ཡིན་ནོ། |ཞེས

གསུངས་པ་ལྟར་རོ། །ས་བཅུ་གཉིས་ནི། རྡོ་རྗེ་སྙིང་པོ་རྒྱན་གྱི་རྒྱུད་ལས། ཀུན་ཏུ་འོད་དང་། བདུད་རྩི་འོད་དང་། ནམ་མཁའ་འོད་དང་། རྡོ་རྗེ་འོད་དང་། རིན་ཆེན་འོད་དང་། པདྨོ་འཆང་དང་། ལས་ཀྱི་འོད་དང་། དཔེ་མེད་པ་དང་། དཔེ་དང་བྲལ་བ་དང་། ཤེས་རབ་འོད་དང་། ཐམས་ཅད་མཁྱེན་པ་དང་། སོ་སོའི་བདག་ཉིད་རིག་པའི་ས་གཉིས་ཏེ་བཅུ་གཉིས་སོ། །མངོན་བརྗོད་བླ་མར་ས་བཅུ་གསུམ་དུ་བཤད། ཀྱེ་རྡོ་རྗེར་ཡང་འདི་དག་ས་ནི་བཅུ་གཉིས་སོ། །ཞེས་པ་བཅུ་གཉིས་བཤད་ཅིང་། གཞན་དག་ནས་ས་བཅུ་བཞིར་བཤད་པ་ཡང་བྱུང་བས་ཤེས་པར་བྱའོ། །རེ་ཞིག་སྤྱིའི་དོན་མདོ་ཙམ་བརྗོད་ཟིན་ཏོ། །

གཉིས་པ་གཞུང་གི་དོན་ལ། བསྟན་བཤད་གཉིས་ལས། དང་པོ་ནི། རྡོ་རྗེར་ཞེས་སོགས་ཏེ། ཤེས་བྱ་ཆོས་ཅན། གང་ཟག་དེས་རྡོ་རྗེ་ཐེག་པའི་ས་ལ་ཞུགས་ཏེ་མྱུར་དུ་སངས་རྒྱས་འཐོབ་པར་འདོད་ན་སྨིན་གྲོལ་གཉིས་ལ་འབད་པར་བྱ་དགོས་ཏེ། སྨིན་གྲོལ་གཉིས་ནི་རྫོགས་པའི་སངས་རྒྱས་ཀྱི་ལམ་གྱི་གཙོ་བོ་ཡིན་པས་སོ༔ །གཉིས་པ་ལ་སྨིན་བྱེད་དབང་བསྐུར་བའི་ཚུལ། གྲོལ་བྱེད་རིམ་གཉིས་ཀྱི་ཉམས་ལེན། ཐོགས་འདོན་སྤྱོད་པ་དང་འབྲེལ་བའི་སྐབས་སོ། །དང་པོ་ལ། སྐུར་བྱེད་བླ་མའི་ཁྱད་པར། བསྐུར་བྱ་དབང་གི་གནས་ལུགས། གནང་བཀག་གི་ཁྱད་པར་གདམས་པ་རང་ལུགས་འཐད་པ་བཤད་པ། རྒྱུད་སྡེ་འོག་མར་དབང་བཞི་མེད་ཚུལ། ཏ་ཙང་ཐལ་བའི་ནོར་བ་དགག་པ། ཆོས་སྐོའི་མིང་ལ་འཁྲུལ་བ་དགག་པ། དབང་བསྐུར་མུ་བཞིར་འདོད་པ་དགག་པའོ། །དང་པོ་ནི། སྨིན་ཞེས་སོགས་ཏེ། དབང་བསྐུར་དོན་གཉེར་གྱི་སྐྱེས་བུ་ཆོས་ཅན། གང་ལ་ལེན་པའི་ཡུལ་བླ་མ་མཚན་ཉིད་དང་ལྡན་པ་ཞིག་དང་པོར་བཙལ་ནས་དེ་ལས་དབང་བླང་བར་བྱ་སྟེ། ཁྱོད་ནི་དབང་བསྐུར་འཐོབ་འདོད་ཡིན་ལ། བླ་མ་ལས་གཞན་ལ་དང་པོར་དབང་ལེན་པ་བཀག་པའི་ཕྱིར་རོ། །དབང་བླངས་པ་དེ་ཡིས་ལེན་མཁན་སོ་ཐར་ཅན་དེ་སྡོམ་པ་གསུམ་ལྡན་དུ་འགྱུར་ཏེ། སྡོམ་པ་གཉིས་ཀྱི་སྟེང་དུ་རིག་འཛིན་གྱི་སྡོམ་པ་ཐོབ་དགོས་པས་སོ། །དེ་ཡིས་ཞེས་པས། དབང་ལ་སྔགས་སྡོམ་སྐྱེ་བར་མི་སྟོན་གྱི་སྔགས་སྡོམ་ཡོངས་སུ་རྫོགས་པ་དབང་ལས་སྐྱེ་བའི་དབང་དུ་བྱས་པའོ། །བླ་མ་དེ་ཡང་རྡོ་རྗེ་འཆང་ནས་བརྒྱུད་པའི་དབང་གི་ཆུ་བོ་མ་ནུབ་པ། བྱིན་རླབས་ཀྱི་རྒྱུད་པ་མ་ཆད་པ། གདམ་ངག་གི་སན་མ་ལོག་པ། མོས་གུས་ཀྱིས་བསམ་པ་ཚིམ་པ་སྟེ་སྐྱོན་བརྒྱད་བཞི་དང་ལྡན་པ། ལག་ལེན་གྱི་ཚོག་འཁྲུགས་པར་མ་གྱུར་པ། ཕྱི་ནང་གསང་བ་སོགས་ཀྱི་རྟེན་འབྲེལ་སྒྲིག་མཁྱེན་ཅིང་། དབང་བཞི་བསྐུར་བའི་ཡུལ་དེ་ལ་སྐུ་བཞིའི་ས་བོན་ཐེབས་ནུས་པ་ལ་སོགས་པ་མདོར་ན། སངས་རྒྱས་ཀྱི་གསུང་བཞིན་མཛད་པ་ཞིག་དགོས་སོ། །

གཉིས་པ་ལ། བྱིན་རླབས་དབང་དུ་འདོད་པ་དགག །རང་བཟོས་དབང་བསྐུར་བྱེད་པ་དགག །ནོར་

བས་དངོས་གྲུབ་བསྐྱེད་པ་དགག །བྱིན་རླབས་དབང་དུ་གསུངས་པ་དགག །རང་བཟོས་བསྟན་ལ་གནོད་པར་བསྟན། དབང་གི་སློབ་མར་གྲངས་ངེས་དགོས་པར་བསྟན། གང་དུ་བསྐུར་བའི་དཀྱིལ་འཁོར་ནོར་བ་དགག ། དབང་བསྐུར་རང་གི་ཡིན་ལུགས་རྣམ་པར་བཤད་པའོ། །དང་པོ་ནི། དེང་སང་ཞེས་སོགས་ཏེ། དེང་སང་ཕྱག་རྒྱ་བར་སློམ་པ་ཁ་ཅིག་ནི། རྡོ་རྗེ་ཕག་མོའི་བྱིན་རླབས་ལ་བརྫ་བཞིའི་དབང་བསྐུར་ཞེས་མིང་བཏགས་ནས་གྱི་གུག་དང་། ཐོད་པ། ཁ་ཊྭཾ་ག་དང་། ཕག་མགོ་རྣམས་སློབ་མ་ལ་སྟོན་ཞིང་། འདི་ཡིས་འདི་མཚོན་ཟེར་ཞིང་ལམ་གྱི་སྟོད་རུང་དུ་བྱེད་པས་དབང་གོང་མའི་ལམ་རིམ་གཏུམ་མོ་ལ་སོགས་བསྒོམ་པ་མཐོང་ངོ་། །དེ་འདྲ་མི་འཐད་པར་ཐལ། འདི་འདྲ་རྒྱུད་སྡེ་ལས་མ་གསུངས་ཤིང་། བསྟན་བཅོས་རྣམས་ལས་ཀྱང་བཤད་པ་མེད་ལ། རྡོ་རྗེ་ཕག་མོ་ཉིད་ཀྱི་གཞུང་ལས་ཀྱང་དབང་བསྐུར་ཐོབ་ཅིང་དམ་ཚིག་དང་ལྡན་པའི་རྣལ་འབྱོར་པ་དེ་ལ་རྡོ་རྗེ་རྣལ་འབྱོར་མའི་བྱིན་རླབས་བྱའོ་ཞེས་གསུང་གི་དབང་བསྐུར་ཐོབ་པ་མེད་ཅིང་དམ་ཚིག་དང་མི་ལྡན་པ་ལ་བྱིན་རླབས་བྱ་བ་བཀག་པའི་ཕྱིར། དཔེར་ན་མུ་ཟིའི་བཅུད་ལེན་འཇུ་བྱེད་ཟོས་ནས། དངུལ་ཆུ་ཟ་བར་གསུངས་ཀྱི། མུ་ཟི་ཐོག་མར་མ་བཏེན་པར་དངུལ་ཆུ་ཟོས་ན་འཆི་བ་བཞིན། དཔེ་དེ་བཞིན་ཐོག་མར་སྨིན་བྱེད་ཀྱི་དབང་བསྐུར་བླངས། དེ་ནས་རྡོ་རྗེ་ཕག་མོའི་བྱིན་རླབས་སྦྱིན་གྱི་དབང་བསྐུར་མེད་པར་དེའི་བྱིན་རླབས་བྱས་ན་དམ་ཚིག་ཉམས་པར་ཐུབ་པས་གསུངས་སོ། །རྒྱུ་མཚན་ནི། རྡོ་རྗེ་ཞེས་སོགས་ཏེ། རྡོ་རྗེ་ཕག་མོའི་བྱིན་རླབས་འདི་ནི་སྨིན་བྱེད་ཀྱི་དབང་བསྐུར་ཡིན་པར་ཐལ། ཁྱོད་ཐོབ་པ་ཙམ་ལ་སྡོམ་པ་གསུམ་ལྡན་བྱ་མི་རུང་ཞིང་ཕྱི་ནང་གི་རྟེན་འབྲེལ་འགྲིག་པར་མི་འགྱུར་ལ་སྐྱ་བཞི་གང་ཡང་རུང་བའི་ས་བོན་ཡང་ཐེབས་མི་ནུས་པའི་ཕྱིར་རོ། །ཕྱི་ནང་གི་རྟེན་འབྲེལ་ཡང་ཕྱི་སྟོད་བཅུད་ནང་གཞལ་ཡས་ཁང་དང་ལྷར་བསྐྱེད་པ་དང་། ཕྱི་ཕུང་ཁམས་སྐྱེ་མཆེད་དང་། ནང་རིགས་ལྔ་དང་ཡུམ་ལྔ་དང་། ཉེ་བའི་སྲས་ལ་སོགས་པར་བསྒྱུར་བ་ལ་སོགས་པ་དང་། ཕྱག་མཚན་ལ་སོགས་པ་ལྷར་བསྐྱེད་པ་ལ་སོགས་པའོ། །དེས་ན་ཐུབ་པས་རྒྱུད་སྡེ་ལས། །དཀྱིལ་འཁོར་ཆེན་པོ་མ་མཐོང་བའི། །མདུན་དུ་འདི་ནི་མ་སྨྲ་ཞིག །སྨྲས་ན་དམ་ཚིག་ཉམས་པར་འགྱུར། །ཞེས་གསུངས་པ་སྟེ་དེའི་ཕྱིར། ཕག་མོའི་བྱིན་རླབས་ཙམ་ཐོབ་ནས་སྔགས་ཀྱི་ཟབ་ལམ་གོང་མ་རྣམས་ཉམས་སུ་ལེན་པ་དེ་ལ་རྒྱ་ལྟུང་འབྱུང་བར་མ་གྱུར་ཅིག །འགའ་ཞིག་ཅེས་སོགས་ཏེ། ཕྱག་རྒྱ་བ་འགའ་ཞིག །རྡོ་རྗེ་ཕག་མོའི་བྱིན་རླབས་འདི་ལ་འང་ཕག་མགོ་དང་མདའ་གཞུ་ལ་སོགས་པའི་དབང་བསྐུར་ཡོད་པའི་ཕྱིར་ན། སྔགས་ཀྱི་ཟབ་ལམ་བསྒོམ་པའི་སྒོ་འབྱེད་ཡིན་ནོ་ཞེས་ཟེར་རོ། །

དེ་མི་འཐད་པར་ཐལ། བྱིན་རླབས་ཙམ་གྱི་དུས་མདའ་གཞུ་ལ་སོགས་པ་སྟེར་བ་འདི་འདྲ། རྒྱུད་སྡེ་

ཀུན་ལས་མ་གསུངས་པས་དབང་བསྐུར་ཉིད་མིན་ལ། རྒྱ་ལ་གལ་ཏེ་གསུངས་སྲིད་ཀྱང་རྗེས་གནང་དུ་རྟོགས་ཀྱི་དབང་བསྐུར་གྱི་དོན་མེད་པའི་ཕྱིར་རོ། །དེ་ཡང་ཚགས་ལོའི་ཞུས་ལན་དུ། རྒྱ་ལ་ཕག་མགོའི་དབང་ལ་སོགས་པ་གསུངས་ན་དབང་ཞེས་བརྗོད་པ་ལ་འགལ་བ་ཅི་མཆིས་ཞུས་པས། དེ་འདྲ་རྒྱུད་སྡེ་གང་ནའང་གསུངས་མི་གདའ། རྟག་པ་མཐའ་བཟུང་གིས་གསུངས་པ་སྲིད་ནའང་དབང་བཏགས་པ་ཡིན་ཏེ། དབང་བསྐུར་ལ་སྦྱོར་དངོས་རྗེས་གསུམ་གྱི་ཆོ་ག་མང་པོ་ཡོད་ནའང་དངོས་ཀྱི་དེ་དབང་ཡིན་གཞན་རྣམས་ཆ་ལག་ཡིན། དགེ་སློང་གི་སྡོམ་པ་འབོགས་པའི་ཆོ་ག་མང་པོ་ཡོད་ནའང་། གསོལ་བཞིའི་ལས་དེ་ཆོ་ག་དངོས་ཡིན། བུམ་དབང་བཅུ་གཅིག་ཟེར་ཡང་། ཡན་ལག་ལ་མིང་བཏགས་པ་ཡིན། །སམ་པུ་ཊི་ལས། དབང་དང་རྗེས་གནང་ཐོབ་པ་ཡི། །ཞེས་ཐད་དུ་གསུངས་ལ། དབང་གི་མིང་བཏགས་ཚད་དབང་ཡིན་ན། འདུལ་བར། རྫོགས་པའི་བྱང་ཆུབ་དཔལ་སྟོད་དབང་བསྐུར་ཡིན། །ཞེས་པ་དང་། མདོ་ལས་དབང་ཐོབ་པའི་བྱང་སེམས། ཞེས་པ་དང་། རྒྱལ་པོ་རྒྱལ་རིགས་སྤྱི་བོ་ནས་དབང་བསྐུར་བ། ཞེས་སོགས་ཀྱང་གསུངས། དེས་ན་ཕག་མགོའི་དབང་ཞེས་པའི་མིང་གལ་ཏེ་གསུངས་འདུག་ན་རྗེས་གནང་དུ་བསྒྱུ་དགོས་ཏེ། རྫུན་ཡིན་གྱི་གསུངས་པ་མེད། ཅེས་གསུངས་པས། འདི་དེ་དག་གི་རིགས་པའི་གནོད་བྱེད་བསྟན་ནོ། །

གཉིས་པ་ནི། ལ་ལ་ཞེས་སོགས་ཏེ། ཁ་ཅིག་དང་། སྤྱི་ལོ་ལ་སོགས་པ་ལ་རྡོ་རྗེ་ཕག་མོ་ལ་སྔགས་ཀྱི་སྡོམ་པ་འབོགས་པའི་ཆོ་ག་དང་དཀྱིལ་འཁོར་བཞེངས་པ་དང་དབང་བསྐུར་བ་སོགས། གཞན་མང་པོ་བསྲེས་ནས་རང་བཟོའི་ཆོ་ག་བྱེད་པ་ཐོས་སོ། །མི་འཐད་དེ། ཤེས་བྱ་ཆོས་ཅན། ཐལ་བས་རང་དགར་བཟོས་པའི་ཆོ་ག་དེ་གསང་སྔགས་ཀྱི་ཆོ་ག་ཡང་དག་ཏུ་འགྱུར་བ་མི་སྲིད་པར་ཐལ། སྔགས་ཀྱི་ཆོ་ག་ཡང་དག་བཟོ་བ་དེ་རྫོགས་པའི་སངས་རྒྱས་ཁོ་ནའི་དངོས་ཀྱི་སྤྱོད་ཡུལ་ཡིན་པའི་ཕྱིར་རོ། །དཔེར་ན། ཁྲིམ་པས་གསོལ་གཞིའི་ལས་བྱས་ཀྱང་དགེ་སློང་གི་སྡོམ་པ་མི་འཆགས་པ་ལྟར་རྡོ་རྗེ་ཕག་མོའི་བྱིན་རླབས་ལ། གསང་སྔགས་ཀྱི་སྡོམ་པ་ཐོབ་ཀྱང་། དབང་བསྐུར་གྱི་སྐབས་དང་མི་འབྲེལ་བས་སྔགས་སྡོམ་འཆགས་པར་མི་འགྱུར་བས་སོ། །འོན་སྔ་གོན་ནམ་ཡོལ་བའི་ཕྱིར་སྔགས་སྡོམ་སྐྱེ་བར་ཁས་བླངས་པ་དང་འགལ་ལོ་ཟེར་ན། མི་འགལ་ཏེ། དུས་དེ་དག་ནི་དབང་བསྐུར་གྱི་སྐབས་དང་འབྲེལ་བའི་ཕྱིར་དང་། དབང་བསྐུར་གྱི་སྐབས་མིན་པ་གཞན་དུ་སྐྱེ་བར་ཁས་བླངས་པའི་ཕྱིར་རོ། །དེས་ན་སྔགས་སྡོམ་ནི་དབང་གི་ཐོག་མཐའ་བར་གསུམ་གང་དུ་སྐྱེ་ཡང་། དབང་གི་སྦྱོར་དངོས་རྗེས་གསུམ་གང་ཡང་རུང་བའི་སྐབས་དང་འབྲེལ་དགོས་ཏེ། དཔེར་ན། དགེ་སློང་གི་སྡོམ་པ་དེ་གསོལ་བ་གཅིག་དང་། བརྗོད་པ་གསུམ་སྟེ་བཞིའི་དུས་སུ་སྐྱེ་ཡང་། འབོགས་པའི་སྦྱོར་དངོས་རྗེས་གསུམ་གང་ཡང་

རུང་བའི་སྐབས་དང་འབྲེལ་དགོས་ཀྱི། གསོལ་གཞི་རྐྱང་པ་ཞིག་ལོགས་སུ་འདུལ་བ་འཆད་པའི་སྐབས་འདྲར་ཕོག་ཀྱང་དགེ་སློང་གི་སྡོམ་པ་མི་འཆགས་པ་བཞིན་ནོ། །དེས་ན་ཕག་མོའི་བྱིན་རླབས་ཙམ་ལ་སྔགས་སྡོམ་གྱི་ཆོ་ག་ཕལ་ཆེར་ཉམས་པས་སྔགས་སྡོམ་མི་འཆགས་ཏེ། ཆོ་ག་ཉུང་ཟད་ཉམས་པ་ལའང་ཆོ་ག་འཆགས་པར་མ་གསུངས་ཤིང་མི་འཆགས་པའི་ཕྱིར་རོ། །འདུལ་བར། ཆོ་ག་ལས་འདས་ན་ལས་མི་འཆགས་སོ། །ཞེས་གསུངས་པ་ལྟར་རོ། །གསུམ་པ་ནི། དེས་ན་ཞེས་སོགས་ཏེ། དེས་ན་རྒྱུད་དང་བསྟན་བཅོས་སོགས་འཆད་པའི་གནས་སྐབས་སུ་ཉུང་ཟད་ནོར་བར་གྱུར་ཀྱང་སླ་ལ། དབང་བསྐུར་ལ་སོགས་པའི་ཆོ་ག་ནོར་བར་གྱུར་པ་ལས་བསྒྲུབས་ཀྱང་ཡང་དག་མི་འགྲུབ་ཅིང་ཉེས་པ་ཆེ་བས་མི་བྱ་སྟེ། སྒྱུ་འཕྲུལ་དྲྭ་བ་དང་གསང་བ་སྤྱི་རྒྱུད་ལ་སོགས་པ་རྒྱུད་སྡེ་མང་པོ་ནས་བཀག་པའི་ཕྱིར་རོ། །བཞི་པ་ནི། གཞན་ཞེས་སོགས་ཏེ། ཤེས་བྱ་ཆོས་ཅན། ཕག་མོའི་བྱིན་རླབས་བཙལ་ལ་གསང་སྔགས་ཀྱི་ཟབ་ལམ་བསྒོམ་པའི་སྒོ་འབྱེད་དུ་འདོད་པ་དང་། ད་ལྟ་དགེ་སློང་གིས་ཚུར་ཤོག་ལ་སོགས་པའི་སྡོམ་པ་ལེན་པ་གཉིས་རྒྱུད་ལུང་དང་འགལ་བའི་འབྲུལ་མཉམ་ཡིན་ཡང་རྒྱུད་ལུང་ནས་རིམ་བཞིན་དུ་བཤད་མ་བཤད་ཀྱི་ཁྱད་པ་ཡོད་དེ། དང་པོ་དེ་ནི་རྒྱུད་སྡེ་གང་ནས་ཀྱང་བཤད་པ་མེད་ལ་དགེ་སློང་བྱེད་པ་ལ་རང་འབྱུང་དང་། ཡེ་ཤེས་ཁོང་ཆུད་དང་། ཕྲིན་ལས་དང་། དེ་བཞིན་དུ་སྟོན་པར་ཁས་བླངས་དང་། ཚུར་ཤོག་ལ་སོགས་པའི་བསྙེན་རྫོགས་བླངས་པ་རྣམས་སྔོན་གྱི་ཆོ་གར་ནི་ལུང་ལས་བཤད་པའི་ཕྱིར་རོ། །མདོར་ན་བྱིན་རླབས་ཙམ་ལ་དབང་དུ་སྟོན་དང་ད་ལྟར་ཕྱི་མ་སྐྱེ་དུས་གསུམ་གང་དུ་ཡང་བཞེད་པའི་མཁས་པ་ཚད་ལྡན་མ་བྱུང་བས་མི་འཐད་དོ། །ཞེས་པའི་དོན་ནོ། །ལྔ་པ་ནི། དེས་ན་ཞེས་སོགས་ཏེ། དེས་ན་ཉན་ཐོས་ཀྱི་ཐེག་པ་ལ་སངས་རྒྱས་ཀྱིས་ཆོ་ག་ད་ལྟ་བྱེད་རུང་མི་རུང་གི་རྣམ་གཞག་ཕྱེ་ནས། གསུངས་པའི་ཚུལ་ལ་རྟེན་པའི་གཟུགས་བརྙན་ཙམ་ཞིག་ད་ལྟ་སྣང་ངེ་། རང་འབྱུང་གི་བསྙེན་རྫོགས་ལ་སོགས་པ་སྔོན་གྱི་ཆོ་གར་བཤད་པ་ད་ལྟ་བྱེད་དུ་མི་རུང་ངོ་། །ཞེས་འདུལ་བ་བས་མི་བྱེད་པ་དེའི་ཕྱིར་རྡོ་རྗེ་ཐེག་པའི་བསྟན་པ་ལ་སྔགས་སྡོམ་དང་ཆོ་གའི་གཟུགས་བརྙན་ཙམ་ཡང་ལྟ་མི་སྣང་ངེ་། ད་ལྟ་སྔགས་སྡོམ་འཆགས་མི་འཆགས་མི་དཔྱོད་པར་གྱི་ཙོམ་དུ་ལེན་འབོགས་བྱེད་ཀྱང་སྡོད་རུང་མི་རུང་མི་དཔྱོད་པར་དབང་དང་བྱིན་རླབས་རང་འགར་བྱེད་ལ་དབང་བསྐུར་བརྒྱ་ཕྲག་བསྐུར་བ་དང་། ལེན་པས་ཀྱང་སངས་རྒྱས་ཀྱི་གསུངས་པ་བཞིན། བསྐུར་ལེན་མི་བྱེད་པར་གང་དྲན་གྱིས་བསྐུར་ལེན་བྱས་ནས། དམ་ཚིག་དང་སྡོམ་པ་རྒྱ་བཞིན་དོར་བས་རྒྱ་ལྷུང་དང་ཡན་ལག་གི་ལྟུང་བས་ཕལ་ཆེར་གོས་ཏེ་མ་སྦྱངས་པས་ངན་འགྲོར་སྡུག་བསྔལ་མི་བཟད་པ་མྱོང་བ་ལ། རྒྱལ་བ་རྣམས་ཀྱང་བཏང་སྙོམས་སུ་མཛད་དགོས་པའི་ཕྱིར་རོ། །དེའི་རྒྱུ་མཚན་ནི་བླུན་པོ་སྙིང་ཕོད་ཅན་གྱིས་ཀྱང་འདུལ་བའི་ཆོ་

ག་ལས་བཀྲལ་མི་ནུས་ལ་གསང་སྔགས་ཀྱི་ཚིག་ཐམས་ཅད་ལ་བླུན་པོ་རྣམས་ཀྱིས་རང་བཟོར་སྤྱོད་པས་ན། གཟུགས་བརྙན་ནུབ་མ་ནུབ་ཀྱི་ཁྱད་པར་ཡོད་དེ། དཔེར་ན་འདུལ་བར་ཚོགས་ཀྱིས་ཚོགས་ཀྱི་ལས་མི་བྱའོ། ། ཞེས་གསུངས་པས་རབ་བྱུང་བྱེད་པའི་ཚེ་གང་ཟག་ནི་གསུམ་ལས་མང་བ་འཇུག་མི་ནུས་ལ། གསང་སྔགས་ཀྱི་དབང་བསྐུར་བྱེད་པའི་ཚེ་ན། སློབ་མ་གྲངས་ངེས་མེད་པར་དབང་བསྐུར་བྱེད་པ་བཞིན་ནོ། །གྲངས་ངེས་མེད་པར་དབང་བསྐུར་བྱེད་པ་འདི་ནི་རྡོ་རྗེ་འཆང་གིས་བཀག་པས། རྡོ་རྗེ་ཐེག་པའི་བསྟན་པ་ལ་གནོད་པའི་ཕྱིར་སྔགས་ཀྱི་སློབ་དཔོན་རྣམས་ཀྱིས་བྱེད་མི་རིགས་པ་ཡིན་ནོ། །དྲུག་པ་ནི། སྤྱོད་ཅེས་སོགས་ཏེ། ཤེས་བྱ་ཆོས་ཅན། ད་ལྟ་དཀྱིལ་འཁོར་དུ་ཞུགས་ནས་དབང་བསྐུར་བའི་ཡུལ་གྱི་སློབ་མ་ལ་གྲངས་ཀྱི་ངེས་པ་མེད་པར་ཚོགས་པ་ལ་དབང་བསྐུར་བ་དེ་མི་འཐད་པར་ཐལ། རྒྱུད་སྡེ་བཞིའི་དཀྱིལ་འཁོར་ཡིན་པའི་ཕྱིར། གང་ཡང་རུང་བའི་ནང་དུ་འཇུག་པ་ཙམ་ལ་སློབ་མའི་གྲངས་ངེས་མེད་པར་སྤྱོད་རྒྱུད་སོགས་ནས་བཤད་པའི་དམིགས་གསལ་གྱིས་འཇུག་པའི་ལྷག་མ་ཞུགས་ནས། དངོས་གཞིའི་དབང་ལ་ནི། སློབ་མའི་གྲངས་ངེས་ཡོད་པར་གསུངས་པའི་ཕྱིར་རོ། །ཇི་ལྟར་ན་དངོས་བཞིའི་དབང་དུས་གྲངས་ངེས་ཡོད་པ་འདི་ནི། གསང་བ་སྤྱི་རྒྱུད་ལས། མཁས་པའི་སློབ་མ་གཅིག་གམ་གསུམ། །ལྔའམ་ཡང་ན་བདུན་དག་གམ། །ཉི་ཤུ་རྩ་ནི་ལྔ་ཡི་བར། །ཟུང་དུ་མ་གྱུར་སློབ་མ་བཟུང་། །དེ་བས་ལྷག་པའི་སློབ་མ་ནི། །ཡོངས་སུ་བཟུང་བར་མི་ཤེས་སོ། །ཞེས་གསུངས་པ་འདི་ནི་རྒྱུད་སྡེའི་དབང་ཀུན་ལ་འཇུག་པའི་ཕྱིར་རོ། །དཀྱིལ་འཁོར་དུ་འཇུག་པ་ཙམ་ལ་ངེས་པ་མེད་པ་ནི། རྣམ་སྣང་མངོན་བྱང་ལས། སློབ་མ་དད་ཅིང་རིགས་བཙུན་པ། །དེ་བཞིན་དཀོན་མཆོག་གསུམ་ལ་དད། །ཟབ་མོ་ཡི་ནི་བློ་དང་ལྡན། །སྙིང་རྗེ་ཆེ་ཞིང་ཚུལ་ཁྲིམས་ལྡན། །དཔའ་ལ་ཡི་དམ་བརྟན་པ་ནི། །བཅུའམ་བདུན་ནམ་བརྒྱད་དམ་ལྔ། །གཅིག་གཉིས་བཞི་ལས་ལྷག་ཀྱང་རུང་། །དཔྱད་མི་དགོས་པར་བཟུང་བར་བྱ། །ཞེས་སོགས་གསུངས་པ་ནི། དེ་ཉིད་བསྡུས་པ་ལ་སོགས་པ་མང་པོ་ནས་འབྱུང་བ་བཞིན་དུ་འཇུག་པ་ཙམ་ལ་དགོངས་ནས་གསུངས་སོ། །དེ་ལས་གཞན་དུ་སྤྱོད་རྒྱུད་ཀྱི་དབང་ཟེར་ཡང་བས། མཚན་མོ་གཅིག་ལ་སློབ་མ་སྟོང་ཕྲག་ལ་ཚར་བའི་རྒྱུ་མཚན་དང་། བྱ་རྒྱུད་ལ་དེ་བས་ཟོར་ལྷོ་བས་ཉེར་བདུན་ལའང་མི་ཚར་བ་དང་། དེ་ལ་སོགས་པའི་རྒྱུ་མཚན་ལྟར་སྣང་རྣམས་ལ་དཔྱད་མི་བཟོད་དོ། །རིགས་པས་སྒྲུབ་པ་ནི། ཤེས་བྱ་ཆོས་ཅན། མཚན་མོ་གཅིག་ལ་དངོས་གཞིའི་དབང་བསྐུར་བའི་སློབ་མ་ཉི་ཤུ་རྩ་ལྔ་ལས་མང་བ་མི་རིགས་པར་ཐལ། ཉི་ཤུ་རྩ་ལྔ་དེ་བས་ལྷག་པའི་སློབ་མ་ལ་ཆོ་ག་ཡོངས་སུ་རྫོགས་པར་མཚན་མོ་གཅིག་ལ་ཚར་བར་མི་ནུས་ལ་དེ་མ་ཚར་ན་དབང་གི་ཆོ་ག་ཉམས་པར་འགྱུར་བར་གསུངས་པའི་ཕྱིར་དང་། རྡོ་རྗེ་དྲིལ་བུ་ཐོད་པ་སོགས་སྣོད་མིན་གྱིས

ནམ་ལངས་པའི་ཚེ་མཐོང་ན་ཉེས་པ་ཡོད་པས་དེ་དགག་པར་བྱ་བའི་ཕྱིར་ཏེ། གཞན་དབང་རྫས་ཀྱི་བསྐུར་མོ་དང་བུམ་ཆུ་འཐོར་བ་དང་སློབ་མས་དབང་རྫས་ཀྱི་འགྱེད་བྱེད་པ་ལ་སོགས་པའང་། དབང་མི་མང་པའི་ཉེས་པས་རྡོ་རྗེ་ཐེག་པའི་བསྟན་པ་བཤིག་པར་བྱེད་པ་ཡིན་ནོ། །མཚན་མོ་ཚར་དགོས་པ་དེ་ཡང་གསང་བ་སྤྱི་རྒྱུད་ལས། ལྷ་ཡང་ཉི་མ་ནུབ་པ་ན། །ངེས་པར་བྱིན་གྱིས་བརླབས་ཀྱིས་འདུ། །ཉི་མ་ཤར་བར་མ་གྱུར་པར། །མཆོད་ནས་གཤེགས་སུ་གསོལ་བཤིས། །ཞེས་འབྱུང་བས་སོ། །འོན་དུས་ཀྱི་འཁོར་ལོར་འཇམ་དཔལ་གྲགས་པས་ཉི་མའི་ཤིང་རྟ་སོགས་དྲང་སྲོང་བྱེ་བ་ཕྲག་ཕྱེད་དང་བཞི་ལ་དུས་གཅིག་ལ་དབང་རྫོགས་པར་བསྐུར་བར་བཤད་པ་དང་འགལ་ལོ་ཞེ་ན། དེ་ནི་སྟོན་གྱི་ཚིག་ར་བཤད་པ་དང་འཕགས་པའི་རྣམ་འཕྲུལ་བསམ་གྱིས་མི་ཁྱབ་པས། དེ་དག་དང་རྩལ་མི་མཚུངས་པར་འོག་ནས་འཆད་པ་ལས་རྟོགས་པར་བྱའོ། །

ཁོ་ན་རེ། སྤྱི་རྒྱུད་འདི་ནི་བྱ་བའི་རྒྱུད་ཡིན་པས་རྒྱུད་གཞན་གྱི་ཚིག་སྟོན་པ་མིན་པས། རྒྱུད་གཞན་ལ་སྦྱོར་མི་དགོས་སོ་སྙམ་ན། སྤྱི་རྒྱུད་ཀྱིས་སློབ་མའི་གྲངས་ངེས་དང་དབང་གི་དུས་ཚོད་ལ་སོགས་པ་བཤད་པ་འདི་རྒྱུད་གཞན་རྣམས་ཀུན་ལའང་འཇུག་པར་ཐལ། སྤྱི་རྒྱུད་ཉིད་ལས་དེ་ལྟར་འཇུག་པར། འདི་སྐད་གསུངས་པའི་ཕྱིར། གང་དུ་ལས་ནི་ཡོད་གྱུར་ལ། །ལས་ཀྱི་ཚིག་རྣམས་མེད་པ། །དེ་ནི་སྤྱི་ཡི་རྒྱུད་དག་ལས། །གསུངས་པའི་ཚིག་མཁས་པས་བསྙེན། །ཞེས་སོགས་དེ་སྐད་གསུངས་པའི་ཕྱིར། བདུན་པ་ནི། དེང་སང་ཞེས་སོགས་ཏེ། དེང་སང་རྡོ་རྗེ་ཕག་མོའི་བྱིན་རླབས་མི་བྱེད་ཀྱང་དབང་བསྐུར་ལོ་བྱེད་པ་ཁ་ཅིག །རྫོགས་པའི་སངས་རྒྱས་ཀྱིས་གསུངས་པའི་དཀྱིལ་འཁོར་གྱི་ཚིག་མི་བྱེད་པར་གཡུང་དྲུང་རིས་ཀྱི་དཀྱིལ་འཁོར་ནས་འདྲ་རིས་དང་འཇའ་ཚོན་རིས་དང་། རང་བཟོའི་པདྨ་འདབ་བརྒྱད་གྲུ་གསུམ་དང་ཟླ་གམ་སོགས་བྱེད་པ། ཐོས་ཤིང་མཐོང་སྟེ། འདི་འདྲའི་དཀྱིལ་འཁོར་དག་ཏུ་དབང་བསྐུར་བ་མི་འཐད་པར་ཐལ། བསྐུར་ཡང་དབང་ལས་སྐྱེས་པའི་སྡོམ་པ་སོགས་ཡོན་ཏན་ཐོབ་པར་མི་འགྱུར་བའི་རྒྱུ་མཚན་ཕྱི་ནང་གི་རྟེན་འབྲེལ་འགྲིག་པའི་སྟོབས་ཀྱིས་དཀྱིལ་འཁོར་འབྱུང་བ་ཡིན་ལ་གཡུང་དྲུང་དང་ནས་འདྲ་རིན་ཆེན་ལ་སོགས་པའི་དཀྱིལ་འཁོར་དུ་བཏགས་པ་འདི་ལ་ཕྱི་ནང་གི་རྟེན་འབྲེལ་སྒྲིག་མི་ནུས་པ་དེས་ན་རྡོ་རྗེ་འཆང་གིས་བཀག་པའི་ཕྱིར། དེ་ཡང་ཕྱི་ཕུང་ཁམས་སྐྱེ་མཆེད་འབྱུང་བའི་ཚོགས་དང་། ནང་ལུས་སོགས་དང་བྱང་ཕྱོགས་སོ་བདུན་སོགས་དང་སྦྱར་བའི་བཤད་པ་ནི། དུས་འཁོར་ལས། ཇི་ལྟར་ཕྱི་རོལ་དེ་བཞིན་ནང་དེ་བཞིན་དུ་གཞན་ཡིན་ནོ། །ཞེས་སོགས་དང་། ལུས་འདོམ་གང་གྲུ་བཞི་གཞལ་ཡས་ཁང་། །ཞེས་སོགས། ཀྱེ་རྡོ་རྗེའི་བའི་ལུས་དཀྱིལ་ལ་སོགས་པ་དང་། གཞལ་མེད་ཁང་ཞེས་བཤད་པ་ནི། །སེམས་ནི་གཞལ་མེད་ཁང་བརྩེགས་འཕགས། །ཞེས་སོགས་རྣལ་འབྱོར་རྒྱུད་ལ་

སོགས་ནས་བཤད་པ་ལྟར། ཕྱི་ནང་གི་རྟེན་འབྲེལ་ལུགས་མང་པོ་འབྱུང་བ་ལྟར་རྟོགས་པར་བྱའོ། །དབང་ཞེས་སོགས་ཏེ། དེང་སང་དབང་བསྐུར་བྱེད་པ་ཕལ་ཆེར་ཡང་སློབ་མ་བརྒྱ་སྟོང་སོགས་གྲངས་ངེས་མེད་པ་ལ། སྦྱོར་དངོས་རྗེས་གསུམ་གྱི་དབང་ཚོག་རྣམས་སངས་རྒྱས་ཀྱིས་གསུངས་པ་བཞིན་མི་ཤེས་པར་ཚིག་རྣམས་མ་འབྲེལ་ཞིང་དོན་འགལ་ལ་ཟུར་ཉམས་པའི་ཚོ་གའི་གཟུགས་བརྙན་བྱེད་པ་ལ་དབང་བསྐུར་ཡིན་ནོ། །ཞེས་བླུན་པོ་སླ་བའི་མང་སྟེ་དེ་འདྲའི་དབང་བསྐུར་དེས་དབང་གི་གོ་མི་ཆོད་པར་ཐལ། དབང་མི་བླུན་པོ་དེའི་ལུས་ངག་ཡིད་གསུམ་གྱི་རྣམ་པ་གདོན་གྱིས་བསྒྱུར་བ་ལ། བླ་མ་བླུན་པོ་དེའི་བྱིན་རླབས་ཡིན་པར་འཁྲུལ་བ་མང་བར་ཟད་མོད། དབང་ཐོབ་པའི་ཕན་ཡོན་མི་འབྱུང་བའི་ཕྱིར་རོ། །དེ་ཡང་དཔལ་ལྡན་དམ་པ་དང་པོའི་སངས་རྒྱས་དུས་ཀྱི་འཁོར་ལོ་ལས། དབང་གི་ཚོག་ཉམས་པའི་བྱིན་རླབས་ལྟར་སྣང་ཀུན། དུར་ཁྲོད་ཀྱི་ཤ་ཟ་ལ་སོགས་པ་ལས་ཀྱི་རྫུ་འཕྲུལ་ཡོད་པའི་བགེགས་ཀྱི་བར་ཆད་ཡིན་པར་རྒྱལ་བས་གསུངས་པའི་ཕྱིར་རོ། །དེས་ན་དབང་བསྐུར་ལ་བརྩོན་པའི་བླ་མ་དག་གིས་དབང་གི་ཚོག་དག་པར་བྱ་འཚལ་ཏེ། ཚོག་དག་པར་གྱུར་པ་ལས་སངས་རྒྱས་ཀྱི་བྱིན་རླབས་འབྱུང་ཞིང་དཔོན་སློབ་གཉིས་ཀ་ལ་ཕན་ཡོན་འབྱུང་བས་སོ། །རྒྱུད་ལས། དབང་དང་རྗེས་གནང་ཐོབ་ནས་ནི། །མ་བརྙེན་པར་ཡང་དེ་ལ་ནི། །ལྷ་ནི་འགོ་ཞིང་ཉེ་བར་གནས། །ཞེས་གསུངས་སོ། །བརྒྱད་པ་དབང་གི་ཡིན་ལུགས་བསྟན་པ་ལ། དབང་མ་ཐོབ་པར་སྔགས་ཀྱི་ཟབ་ལམ་ལ་འཇུག་པ་དགག་པ། ཟབ་ལམ་གྱི་ཆེད་དུ་འབད་པས་དབང་ཞུ་བར་བསྟན་པ། དབང་ལ་ལོག་རྟོག་གཞན་ཡང་དགག་པ་དང་གསུམ། དང་པོ་ནི། དབང་ཞེས་སོགས་ཏེ། ཁ་ཅིག་ན་རེ། དབང་བསྐུར་སྔོན་དུ་སོང་བ་མེད་ཀྱང་རིམ་གཉིས་ཀྱི་ལམ་ཟབ་མོ་བསྒོམ་པ་ལ་ཕན་ཡོན་ཡོད་དེ། དེ་ལས་སངས་རྒྱས་འགྲུབ་པའི་ཕྱིར་རོ། །སྙམ་ན། དབང་བསྐུར་མེད་པར་ལམ་ཟབ་མོ་སྔགས་ཀྱིས་བསྡུས་པ་བསྒོམ་པ་ལས་སངས་རྒྱས་འགྲུབ་པ་མི་འཐད་པར་ཐལ། དེ་ལས་སྒོམ་མཁན་ངན་འགྲོར་སྐྱེ་བར་གསུངས་པས་དེའི་བསྒོམ་དེ་ངན་འགྲོའི་རྒྱུ་ཡིན་པའི་ཕྱིར་རོ། །དེ་ཡང་ཕྱག་རྒྱ་ཆེན་པོའི་ཐིག་ལེ་ལས། དབང་མེད་ན་ནི་དངོས་གྲུབ་མེད། །བྱེ་མ་བཙིར་ཡང་མར་མེད་བཞིན། །གང་ཞིག་རྒྱུད་ལུང་ང་རྒྱལ་གྱིས། །དབང་སྐུར་མེད་པར་འཆད་བྱེད་པ། །སློབ་དཔོན་སློབ་མ་ཤི་མ་ཐག །དངོས་གྲུབ་ཐོབ་ཀྱང་དམྱལ་བར་སྐྱེ། །ཞེས་སོགས་དང་། དམ་པ་དང་པོར། དབང་བསྐུར་མེད་པར་སྔགས་འཆད་དང་། །ཟབ་མོའི་དེ་ཉིད་བསྒོམ་བྱེད་པ། །དེ་དོན་ལེགས་པར་ཤེས་ན་ཡང་། །དམྱལ་བར་འགྱུར་གྱིས་གྲོལ་བ་མེད། །ཞེས་དང་། རྒྱུད་རྡོ་རྗེ་ཕྲེང་བར་ཡང་། དབང་བསྐུར་མེད་པར་རྒྱུད་འཆད་པ། །སྒྲུབ་པོས་སྔགས་ཀྱི་དོན་ཤེས་ཀྱང་། །སློབ་དཔོན་སློབ་མ་མཚུངས་པར་ནི། །ཤི་ནས་དུ་འབོད་ཆེན་པོར་ལྟུང་། །ཞེས་སོགས་རྒྱས་པར

འགྱུར་བ་ལྟར་རོ། །གཉིས་པ་ནི། དེ་ཞེས་སོགས་ཏེ། དེ་བས་ན། སྔགས་ཀྱི་ཟབ་ལམ་བསྒོམ་འདོད་ཀྱི་གང་ཟག་དེ་ཆོས་ཅན། འབད་པ་ཐམས་ཅད་ཀྱིས་བླ་མ་ལ་དབང་བསྐུར་ནོད་ཅིང་ཞུ་བར་བྱ་སྟེ། དབང་བསྐུར་མ་ཐོབ་པར་རིམ་གཉིས་ཀྱི་ལམ་ཟབ་གང་ཡང་རུང་བ་བསྒོམ་པའི་སྣོད་དུ་མི་རུང་ཞིང་། དེ་མ་ཐོབ་པར་དེ་འདྲའི་ལམ་ཟབ་བསྒོམས་ན། ངན་འགྲོར་ལྟུང་བར་འགྱུར་ལ། ཁྱོད་ནི་སྔགས་ཀྱི་ལམ་ཟབ་བསྒོམ་འདོད་ཡིན་པས་སོ༔ །ཞེས་ཕྱག་རྒྱ་ཆེན་པོའི་ཐིག་ལེ་ལས་གསུངས་ཤིང་། རྒྱུད་སྡེ་གཞན་ཐོད་པའི་རྒྱུད་སོགས་ལས་ཀྱང་དེ་ལྟར་གསུངས་པའི་ཕྱིར་རོ། །གསུམ་པ་ལ། བྱིན་རླབས་ཙམ་དབང་པོ་རབ་ཀྱི་སྨིན་བྱེད་དུ་འདོད་པ་དགག །སེམས་བསྐྱེད་ཙམ་གྱིས་སྔགས་ཀྱི་ལམ་ཟབ་བསྒོམ་དུ་རུང་བ་དགག །གཏོར་དབང་སོགས་སྨིན་བྱེད་ཀྱི་དབང་དུ་འདོད་པ་དགག །དབང་གི་སྔོན་དུ་སྔགས་ཀྱི་ཟབ་ལམ་སྤྱོད་པ་དགག །དམ་པའི་ཆོས་མིན་འཇུག་བྱར་འདོད་པ་དགག །དབང་བསྐུར་བྱས་པ་དགོས་མེད་ཡིན་པ་དགག །ཚིག་མེད་པར་དབང་བཞི་ལེན་པ་དགག་པའོ། །དང་པོ་ནི། ཁ་ཞེས་སོགས་ཏེ་ཕྱག་རྒྱ་བ་ཁ་ཅིག །ཕག་མོའི་བྱིན་རླབས་ནི་མཐའ་གཅིག་ཏུ་དབང་གི་གོ་མི་ཆོད་པ་མིན་ཏེ། གང་ཟག་དབང་པོ་རབ་སྨིན་བྱེད་དུ་ཕག་མོའི་བྱིན་རླབས་མཛད་པ་ཡིན་ལ། དབང་པོ་འབྲིང་དང་ཐ་མ་དག་ལ་ནི་དབང་བསྐུར་བའི་ཚིག་དགོས་པས་སོ། །ཞེས་ཟེར་རོ། །ཤེས་བྱ་ཆོས་ཅན། དེ་འདྲའི་ཁྱད་པར་མེད་པར་ཐལ། གང་ཟག་རབ་འབྲིང་ཐ་མ་གསུམ་ག་ལ་ཕག་མོའི་བྱིན་རླབས་སྨིན་བྱེད་དུ་རྒྱུད་སྡེ་ཀུན་ལས་གསུངས་པ་མེད་ལ། འཕགས་པ་རྣམས་ཀྱི་གང་ཟག་རབ་སྤྲུལ་བའི་དཀྱིལ་འཁོར་དུ་དབང་བསྐུར་མཛད་ཅེས་གསུངས་པ་ནི། སྔོན་གྱི་ཆོ་ག་འཕགས་པའི་ལུགས་ཡིན་པས་སོ་སྐྱེས་ད་ལྟ་བྱར་མི་རུང་བའི་ཕྱིར་དང་། དེང་སང་དབང་འདོད་པའི་གང་ཟག་རབ་འབྲིང་ཀུན། དང་པོར་རས་བྲིས་སམ་རྡུལ་ཚོན་གྱི་དཀྱིལ་འཁོར་དུ་དབང་བསྐུར་བར་གསུངས་མོད་ཀྱི་བྱིན་རླབས་ཙམ་དང་གཡུང་དྲུང་རིས་ཀྱི་དཀྱིལ་འཁོར་སོགས་གཞན་གྱི་སྨིན་བྱེད་རྒྱུད་ལས་བཀག་པའི་ཕྱིར། གཉིས་པ་ནི་ལ་ལ་ཞེས་སོགས་ཏེ། སྔ་རབས་པའི་འདུས་པ་བ་ལ་ལ་ན་རེ། སྔགས་ཀྱི་ཟབ་ལམ་རིམ་གཉིས་བསྒོམ་པ་ལ། དབང་དང་པོ་ཞུ་མི་དགོས་ཏེ། ཐེག་ཆེན་དུ་སེམས་བསྐྱེད་དེ། དེ་ནས་གསང་སྔགས་ཀྱི་ལམ་ཟབ་རིམ་གཉིས་བསྒོམ་པས་ཀྱང་རུང་བའི་ཕྱིར་རོ། །ཞེས་ཟེར་བ་འདི་ནི་སྔགས་ཀྱི་འཕྲུལ་མིག་ཆེན་པོ་ཡིན་ནོ་ལོ། འདི་ཡང་ཕྱི་སྟེ་བཤད་ཀྱིས་ཉོན་ཅིག །བྱ་རྒྱུད་ལ་རིགས་རྣམ་པ་གསུམ་ཡོད་དེ། དོན་ཡོད་ཞགས་པ་དང་གདུགས་དཀར་སོགས་འགའ་ཞིག་ལ་དབང་བསྐུར་དང་། སེམས་བསྐྱེད་མ་ཐོབ་ཀྱང་བསྙུང་གནས་སོགས་བྱེད་ནུས་ན་གང་ཟག་འདུན་ལྡན་ཀུན་གྱིས་སྒྲུབ་པར་དོན་ཡོད་ཞགས་ཀྱི་ཆོ་ག་ཞིབ་མོ་ལས། གཞན་ལ་འགྲན་པ་དང་། གཞན་ཁྱད་དུ་བསད་པའི་ཕྱིར་འཇུག་ན་འང་། འཕགས་པ་སྤྱན་རས་གཟིགས་

ཀྱི་བྱིན་རླབས་སུ་མཁས་པས་ཤེས་པར་བྱའོ། །དེ་ཅིའི་ཕྱིར་ཞེ་ན་དེ་དག་གི་རྣ་ལམ་དུ་གྲགས་པར་འགྱུར་བའི་ཕྱིར་རོ། །ཞེས་སོགས་གསུངས་ཤིང་དམ་ཚིག་གསུམ་བཀོད་པའི་རྒྱལ་པོ་ལ་སོགས་པར་འཇུག་པ་སེམས་བསྐྱེད་དེ་ཐོབ་ནས་ནི་ཞི་དྲག་ལ་སོགས་པའི་ཕྲིན་ལས་སྒྲུབ་པའི་ཕྱིར་ཏུ་དེའི་ཆོ་ག་ཤེས་ན། རྡོ་རྗེ་གདན་གཙོ་འཁོར་གསུམ་ལ་སོགས་པ་སྒྲུབ་པར་གནང་ལ་ལེགས་པར་གྲུབ་པ་དང་། དཔུང་བཟང་སོགས་ཡན་ཆད་དུ་རང་གི་དབང་བསྐུར་མ་ཐོབ་ན་སེམས་བསྐྱེད་ཐོབ་ཀྱང་གསང་སྔགས་རང་གིས་ཉམས་སུ་ལེན་པ་དང་གཞན་ལ་སྟེར་བ་བཀག་སྟེ། དེ་ཡང་ལེགས་པར་གྲུབ་པ་ལས། དབང་བསྐུར་མ་བྱས་པ་དག་ལ། ཆོ་ག་ཤེས་པས་སྔགས་མི་སྦྱིན་ཞེས་སོགས་རྒྱས་པར་གསུངས་པ་ལ། ལྷོས་དང་རྟོགས་པར་འགྱུར་ལ་ལྷག་མ་རྒྱུད་སྡེ་གོང་མ་གསུམ་པོ་ལས་ནི་དབང་བསྐུར་ཐོབ་པ་མ་རྟོགས་པ་སེམས་བསྐྱེད་དེ་ཙམ་ལ་བརྟེན་པའི་ཡི་དམ་བསྒོམ་པ་གསུངས་པ་མེད་པ་དེས་ན་སེམས་བསྐྱེད་ཙམ་བྱས་ན་ཡང་གསང་སྔགས་ཀྱི་ལམ་ཟབ་མོ་བསྒོམ་པ་ལ་ལྟུང་བ་ཡོད་པར་རྒྱལ་བས་གསུངས་སོ། །དེའི་རྒྱུ་མཚན་ནི། དབང་བསྐུར་ནི་སློབ་མའི་ནང་གི་ལུས་སེམས་ལ་དངོས་གྲུབ་སྨིན་དུ་འགྲུབ་པའི་རྟེན་འབྲེལ་གྱི་ནུས་པ་རྒྱས་བྱེད་ཡིན་ལ་སེམས་བསྐྱེད་པ་ལ་ནི་དེ་འདྲའི་རྟེན་འབྲེལ་སྒྲིག་བྱེད་མེད་པའི་ཕྱིར་རོ། །དེས་ན་རྒྱུད་སྡེ་ནས་སྔགས་ཀྱི་ལམ་དང་སྔགས་ཀྱི་ཟབ་ལམ་གྱི་རྣམ་དབྱེ་ཤེས་པར་བྱེད་དགོས་སོ། །སྐབས་དོན་བསྡུ་ན། ཤེས་བྱ་ཆོས་ཅན། གང་ཟག་དེས་དབང་མ་ཐོབ་པར་ཐེག་ཆེན་སེམས་བསྐྱེད་དེ་བླངས་པ་ཙམ་གྱིས་སྔགས་ཀྱི་ཟབ་ལམ་རིམ་གཉིས་བསྒོམ་པའི་སྣོད་རུང་དུ་མི་འགྱུར་བར་ཐལ། དེས་དེ་མ་ཐོབ་པར་སེམས་བསྐྱེད་བྱས་པ་ལ་བརྟེན་ནས་བྱ་རྒྱུད་གཉིས་ནས་དོན་ཞགས་སོགས་ཀྱི་ལྷ་བསྒོམ་ནས། བཟླས་པ་སོགས་སྔགས་ཀྱི་ལམ་ཙམ་ལ་འཇུག་ཏུ་རུང་བར་གསུངས་ཀྱང་། ལམ་དེ་རིམ་གཉིས་ཀྱིས་བསྡུས་པའི་ཟབ་ལམ་མིན་ལ། ལེགས་གྲུབ་ཡན་ནས་ནི་སེམས་བསྐྱེད་ཙམ་ལ་བརྟེན་ནས་སྔགས་ཀྱི་ལམ་ལ་ཉན་བསྒོམ་བྱེད་པའང་བཀག་པའི་ཕྱིར། དབང་བསྐུར་སེམས་བསྐྱེད་མ་ཐོབ་ཀྱང་། །ཞེས་པའི་སེམས་བསྐྱེད་ནི་འཇུག་སེམས་ལ་བྱ་ཡི། སྨོན་སེམས་ནི། དོན་ཞགས་བསྟུང་གནས་པ་ལ་ཐོབ་དགོས་སོ། །གསུམ་པ་ནི་གཏོར་ཞེས་སོགས་ཏེ། ཡང་ཁ་ཅིག །དབང་བཞི་གང་རུང་མ་ཐོབ་ཀྱང་སློབ་མ་སྨིན་བྱེད་ནི། གཏོར་དབང་དང་ཧིང་ངེ་འཛིན་གྱི་དབང་དང་ཨ་ལི་ཀཱ་ལིའི་ཡིག་འབྲུ་སློབ་མ་ལ་ཐིམ་ཞིང་ལུས་གང་བར་བསམ་པས་ཀྱང་གསང་དབང་གི་ལམ་སྒྲུབ་པའི་སྣོད་རུང་དུ་བྱེད་པས་དེ་དག་ཀྱང་སྨིན་བྱེད་ཀྱི་ཆོ་ག་རུ་འགྱུར་རོ། །ཞེས་འདོད་པ་མིན་པར་ཐལ། གཏོར་མ་མགོ་ཐོག་ཏུ་བཞག་ནས་ཡི་དམ་དུ་བསམས་ཏེ་ཐིམ་པར་བསྒོམ་པ་ལ་སོགས་པ་དེ་འདྲའི་དབང་བསྐུར་དེ་དག །རྒྱུད་སྡེ་ཀུན་ལས་གསུངས་པ་མེད་པའི་ཕྱིར་རོ། །དཔལ་རྡོ་རྗེ་ནག་པོ་ཆེན་པོ་ལ་

སོགས་པའི་རྗེས་སུ་གནང་བའི་ཚེ་གཏོར་མ་སྦྱི་བོར་འཇོག་པའི་ཕྱག་ལེན་ནི་སྨིན་བྱེད་ཀྱི་དབང་དུ་བཞེད་པ་མིན་ནོ། །བཞི་པ་ནི། འགའ་ཞིག་ཅེས་སོགས་ཏེ། འགའ་ཞིག་གསང་སྔགས་ཀྱི་ལམ་ཟབ་ད་ལྟ་སྤྱོད་ཅིང་། དེའི་དབང་བསྐུར་ཕྱིས་ཞུ་བའི་ཁས་ལེན་བྱེད་པ་འདི་ཡང་སངས་རྒྱས་ཀྱི་བསྟན་པ་མིན་ཏེ། དབང་བསྐུར་མ་ཐོབ་པ་ལ་སྔགས་ཀྱི་ཟབ་ལམ་བཤད་ཉན་བྱས་ན་བྱེད་མཁན་གྱི་དཔོན་སློབ་གཉིས་ཀ་ཉམས་པར་འགྱུར་ཞིང་ཉམས་པར་གྱུར་པ་དམ་ཆོས་ཀྱི་སྣོད་མ་ཡིན་ནོ། །ཞེས་རྒྱལ་བས་གསུངས་པའི་ཕྱིར་རོ། །ལུང་ནི་སྔར་མང་དུ་དྲངས་པ་ལས་ཁོང་དུ་ཆུད་པར་བྱའོ། །ལྔ་བ་ནི། མདོར་ཞེས་སོགས་ཏེ། མདོར་ན་རྫོགས་པའི་སངས་རྒྱས་འཐོབ་པར་འདོད་པའི་འདོད་ཆེན་དག་ཆོས་ཅན། དམ་པའི་ཆོས་ཀྱི་དགོངས་པ་ཅི་སྒྲུབ་པར་བྱེད་བསམ་པར་རིགས་ཏེ། དེ་ལྟར་བསམ་ནས་སངས་རྒྱས་བྱེད། འདོད་ན་ཆོས་སངས་རྒྱས་ཀྱིས་བསྟན་པ་བཞིན་བྱེད་དགོས་ཀྱི་བསྟན་པ་ལས་ཕྱིན་ཅི་ལོག་ཉམས་སུ་བླངས་ཀྱང་སངས་རྒྱས་མི་འཐོབ། ཁྱོད་ནི་སངས་རྒྱས་འཐོབ་འདོད་ཡིན་པའི་ཕྱིར་དང་། ཕྱིན་ཅི་ལོག་ཉམས་སུ་བླངས་པ་ལས་འཇིག་རྟེན་འདི་དང་། ཕ་རོལ་གྱི་བདེ་བ་བརླགས་ནས། དམྱལ་བའི་སྡུག་བསྔལ་མི་བཟད་པ་ལ་སྤྱོད་དགོས་སོ། །

དེ་ཡང་རྡོ་རྗེ་སྙིང་པོ་རྒྱན་གྱི་རྒྱུད་དུ། ཡང་དག་དེ་ཉིད་དངོས་པོ་མི་ཤེས་པར། །གསང་སྔགས་སྒྲུབ་པོ་ཡིན་ཞེས་བརྗོད་པ། །དེ་དག་མངོན་པའི་ང་རྒྱལ་སྔགས་མཆོག་འཆང་། །དེ་ནི་དམ་ཉམས་འདི་དང་ཕ་རོལ་བརླགས། །བདུད་ཀྱིས་བཟུང་ནས་ཤི་ནས་དམྱལ་བར་འགྲོ། །ཞེས་གསུངས་སོ། །དྲུག་པ་ནི། ལ་ལ་ཞེས་སོགས་ཏེ། གཙོ་བོར་དམིགས་པ། ལ་ལ་ནི་རང་གི་སེམས་ཉིད་མ་རྟོགས་ན་དབང་བསྐུར་ཐོབ་ཀྱང་འཚང་རྒྱ་བ་ལ་ཅི་ཕན་ཅིང་། གལ་ཏེ་སེམས་ཉིད་རྟོགས་པར་གྱུར་ན་དབང་བསྐུར་བྱ་ཡང་མི་དགོས་ཞེས་ཟེར་བ་ལ་སོགས་པ། དགག་པ་ནི། འོན་ཞེས་སོགས་ཏེ། འོན་སྡོམ་བརྩོན་གྱི་རྟོགས་ལྡན་ཁྱོད་ཆོས་ཅན། འཚང་རྒྱ་བ་ལ་སྡོམ་པ་བསྲུང་མི་དགོས་པར་ཐལ། རང་སེམས་མ་རྟོགས་ན་འཚང་རྒྱ་བ་ལ་སྡོམ་པ་བསྲུངས་ཀྱང་ཅི་ཞིག་ཕན་ལ། གལ་ཏེ་སེམས་ཉིད་རྟོགས་པར་གྱུར་ན་འཚང་རྒྱ་བ་ལ་སྡོམ་པ་བསྲུང་ཡང་ཅི་ཞིག་དགོས་པའི་ཕྱིར། དེ་བཞིན་དུ་རྡོ་རྗེ་ཕག་མོའི་བྱིན་རླབས་ཀྱང་སེམས་ཉིད་རྟོགས་ན་བྱ་ཅི་དགོས་ཤིང་། གལ་ཏེ་སེམས་ཉིད་མ་རྟོགས་ན་བྱིན་རླབས་བྱས་ཀྱང་ཅི་ཞིག་ཕན་ཏེ་མི་ཕན་པར་འགྱུར་ལ། དེ་བཞིན་དུ་སེམས་བསྐྱེད་ལ་སོགས་པའི་ཆོ་ག་ཀུན་ལ་རྩོལ་འདི་མཚུངས་ཏེ་རྒྱུ་མཚན་འདྲ་བའི་ཕྱིར་རོ། །དེས་ན་རབ་བྱུང་གི་སྡོམ་པ་དང་རྡོ་རྗེ་ཕག་མོའི་བྱིན་རླབས་དང་སེམས་བསྐྱེད་སོགས་འབད་ནས་བྱེད་བཞིན་དུ་དབང་བསྐུར་མི་དགོས་ཞེས་སྨྲ་བ་ནི་གསང་སྔགས་ཀྱི་ཟབ་ལམ་སྤོང་བའི་གསང་ཚིག་ཡིན་ཏེ། དབང་བསྐུར་འགོག་པའི་བདུད་ཚིག་ཡིན་པས་སོ། །

དེའི་ཕྱིར་སངས་རྒྱས་སྤྱོད་པའི་བསྟོད་དུ་ཤེས་པར་གྱིས་ཤིག །བདུན་པ་ནི། ཁ་ཅིག་ཅེས་སོགས་ཏེ། ཁ་ཅིག་གསང་སྔགས་ཀྱི་ཚོ་ག་མེད་བཞིན་དུ་བླ་མའི་ལུས་ཀྱི་དཀྱིལ་འཁོར་ལ་དབང་བཞི་རྫོགས་པར་ལེན་པའི་དམིགས་པ་ཙམ་བྱེད་དེ། དམིགས་པ་གཙོ་བོའི་ཕྱིར། དེས་གོ་ཆོད་དོ་ཞེས་ཟེར། དེ་འགོག་པ་ནི། འོ་ན་ཞེས་སོགས་ཏེ་འོ་ན་དགེ་སློང་དང་དགེ་ཚུལ་དང་། སེམས་བསྐྱེད་དང་རྡོ་རྗེ་ཕག་མོའི་བྱིན་རླབས་ཀྱང་ཆོས་ཅན། རང་རང་གི་ཆོ་ག་དང་། ཆོས་བགོ་བ་ལས་རིམ་བཞིན་དུ་བླང་མི་དགོས་པར་ཐལ། བླ་མའི་སྐུ་ལས་བླངས་པས་ཐོབ་པར་མཚུངས་པའི་ཕྱིར་རོ། །དེ་བཞིན་དུ་རྫོགས་པའི་སངས་རྒྱས་ཀྱིས་གསུངས་པའི་ཆོ་ག་ཟབ་མོ་ཐམས་ཅད་སྤྱོང་རིགས་པར་ཐལ། ཆོ་ག་ཐམས་ཅད་བླ་མའི་སྐུ་ཉིད་ལས་བླངས་པས་ཆོག་པའི་ཕྱིར། ཤེས་བྱ་ཆོས་ཅན། རིགས་འཛིན་སྔགས་ཀྱི་སྡོམ་པ་ཡང་དབང་བསྐུར་མེད་པར་འཐོབ་མི་ནུས་པར་ཐལ། སོ་ཐར་དང་སེམས་བསྐྱེད་དང་རྡོ་རྗེ་ཕག་མོའི་བྱིན་རླབས་སོགས་རང་རང་གི་ཆོ་ག་ཉམས་པར་གྱུར་ན། དེ་དང་དེའི་སྡོམ་པ་དང་བྱིན་རླབས་རྣམ་གཞག་མི་འཇུག་པའི་ཕྱིར་རོ། །གསུམ་པ་ནི་དེས་ཞེས་སོགས་ཏེ། དེས་ན་སོ་སོར་ཐར་པ་སོགས་ཀྱི་ཆོ་ག་གཞན་དག་ལ་འབད་པ་ཆེན་པོ་བྱེད་བཞིན་དུ་དབང་བསྐུར་བའི་ཆོ་ག་ནན་གྱིས་འདོར་བར་བྱེད་པས། ཐབས་ལ་བསླུ་བའི་བདུད་ཡོད་ཅེས་གསུངས་པ་འདིར་ཡང་དྲན་པར་བྱས་ལ་སྤང་བར་བྱ་སྟེ། སྡོམ་གསུམ་གྱི་ཆོ་ག་ནི་དགོས་མཉམ་དུ་འདྲ་བའི་ཕྱིར་རོ། །མདོར་ན་འབྲས་བུ་རྡོ་རྗེ་འཆང་གི་གོ་འཕང་ནི། འཐོབ་པར་འདོད་ལ། དེའི་དབང་བསྐུར་ནི་ནན་གྱིས་སྤྱོང་བའི་མཁས་པ་ཉམས་མྱོང་ཅན་ཨ་རེ་མཚར། བཞི་པ་ནི། དེ་ཞེས་སོགས་ཏེ། འོ་ན་ཆོ་ག་གསུམ་དགོས་མཉམ་དུ་འདྲ་ན། བདེན་གཉིས་གང་དུ་དགོས་ཤེ་ན། ཤེས་བྱ་ཆོས་ཅན། དམ་པའི་དོན་དུ་ན་སྡོམ་པ་དེ་ལ་ཆོ་ག་ཡང་མེད་དེ། དོན་དམ་པར་ཆོས་ཐམས་ཅད་སྤྲོས་བྲལ་ཡིན་པས། སངས་རྒྱས་ཉིད་ཀྱང་ཡོད་པ་མིན་ན་ཆོ་ག་གཞན་ནི་ལྟ་ཅི་སྨོས་པའི་ཕྱིར། དོན་དམ་དུ་མེད་ཀྱང་། རྒྱུ་དང་ལམ་དང་འབྲས་བུའི་དབྱེ་བ་ཐམས་ཅད་ཀུན་རྫོབ་ཏུ་ཡོད་པ་ཡིན་ཏེ། ཇི་ལྟར་ན་རྒྱུ་སོ་སོར་ཐར་པ་དང་། བྱང་སེམས་དང་དབང་བསྐུར་ལ་སོགས་པའི་ཆོ་ག་དང་རྟེན་འབྲེལ་ཟབ་མོ་ཐམས་ཅད་དང་ལམ་བསྒོམ་པའི་དམིགས་པ་ཇི་སྙེད་དང་། ས་དང་ལམ་གྱི་དབྱེ་བ་དང་འབྲས་བུ་རྫོགས་པའི་སངས་རྒྱས་ཐོབ་པ་སྟེ། རྒྱུ་འབྲས་ལམ་གྱིས་བསྡུས་པ་རྣམས་ཡིན་ནོ། །ཀུན་རྫོབ་ཏུ་ཡོད་པ་ཡིན་གྱི་དོན་དམ་པར་ཡོད་པ་མིན་ཏེ། སྒྲོ་འདོགས་བཅད་ནས་ཤེས་པར་བྱ་བ་དང་། ཉམས་སུ་བླང་བར་བྱ་བ་དང་། ཐོབ་པར་བྱ་བ་གང་ཡང་རུང་བའི་ཆོས་ཡིན་པའི་ཕྱིར་རོ། །དེ་ཡང་ཤེས་པར་བྱ་བའི་གཞི་ནི་བདེན་པ་གཉིས་སུ་ངེས་ཏེ། གཤིས་ལུགས་ལ་ཡོད་མེད་གཉིས་སུ་ངེས་པའི་ཕྱིར་རོ། །ཡབ་སྲས་མཇལ་བའི་མདོར། འཇིག་རྟེན་ཀུན་རྫོབ་དང་ནི་དོན་དམ་སྟེ། །བདེན་པ

གསུམ་པ་ནམ་ཡང་མ་མཆིས་སོ། །ཞེས་གསུངས་པ་ལྟར་རོ། །བློས་མ་བརྟགས་པར་གཤིས་ལུགས་སུ་གྲུབ་པ་ནི་དོན་དམ་བདེན་པའི་མཚན་ཉིད་དང་། བློས་བཏགས་པ་ཙམ་དུ་གྲུབ་པ་ནི། ཀུན་རྫོབ་བདེན་པའི་མཚན་ཉིད་ཡིན་ལ། དེ་བཞིན་ཉིད་དང་། སྟོང་པ་ཉིད་ཉི་ཤུ་ལ་སོགས་པ་ཆོས་ཉིད་ཀྱིས་བསྡུས་པའི་གཤིས་ལུགས་རྣམས་ལ་དོན་དམ་བདེན་པ་དང་། གཤིས་ལ་མེད་པར་བློ་ངོར་སྣང་བ་ཙམ་གྱིས་བསྡུས་པའི་ཆོས་རྣམས་ལ་ཀུན་རྫོབ་བདེན་པ། ཞེས་བྱའོ། །རྒྱས་པར་ནི་གཞན་དུ་ཤེས་པར་བྱའོ། །དེ་འདྲའི་ཀུན་རྫོབ་དོན་དམ་གྱི་དབྱེ་བ་ཤེས་པར་བྱས་ནས་ཚིག་བྱེད་དགོས་བྱུང་ན་བྱེད་དགོས་ཐམས་ཅད་ཀྱང་བྱེད་པ་མིན་ན། བྱེད་དགོས་ཐམས་ཅད་དོར་བར་བྱས་སོ་སྙམ་ན། ཐམས་ཅད་དོན་དམ་པར་ནི་མེད་ལ་ཀུན་རྫོབ་ཏུ་ནི་ཡོད་པའི་ཕྱིར་རོ། །སྡོམ་པ་གསུམ་གྱི་ཚིག་ལ་ལ་དགོས་བཞིན་དུ་འཚང་རྒྱ་བའི་ཕྱིར་དུ་དབང་བསྐུར་བ་ལ་སོགས་པ་ལ་ལའི་ཚིག་མི་དགོས་སོ་ཞེས་སྨྲ་བ་དེ་ཆོས་ཅན། མི་འཐད་པར་ཐལ། མཁས་པའི་བཞད་གད་ཀྱི་གནས་ཡིན་པའི་ཕྱིར་དང་། སངས་རྒྱས་ཀྱི་བསྟན་པའང་དཀྲུགས་ནས་མྱུར་དུ་འཇིག་པར་བྱེད་པའི་ཕྱིར་དང་། བདུད་ཀྱིས་བྱིན་གྱིས་བརླབས་པའི་འཆལ་གཏམ་ཡིན་པའི་ཕྱིར། དེ་ཡང་མདོ་སྡུད་པར། ཆོས་བཏང་ནས་ནི་ཆོས་མིན་བྱ་བ་སྤྱོད་འགྱུར་བ། །ལམ་བོར་ལམ་གོལ་འགྲོ་བ་འདི་ནི་བདུད་ཀྱི་ལས།།ཞེས་སོགས་ཀྱིས་འདི་འདྲའི་རིགས་ཅན་བདུད་ཀྱིས་བྱས་པར་གསུངས་སོ། །

ལྔ་པ་རྒྱུད་སྡེ་འོག་མར་དབང་བཞི་མེད་ཚུལ་ནི། ཁ་ཞེས་སོགས་ཏེ། གསང་སྔགས་པ་སྔ་རབས་པ་ཁ་ཅིག །བྱ་རྒྱུད་དང་སྤྱོད་རྒྱུད་དང་རྣལ་འབྱོར་གྱི་རྒྱུད་དུའང་དབང་བཞིའི་ཚིག་བྱེད་པ་དང་དོན་ཡོད་ཞགས་པ་དང་ཐུགས་རྗེ་ཆེན་པོ་ལ་སོགས་ལའང་རིམ་གཉིས་བསྒོམ་པར་བྱེད་པ་ཐོས་ཏེ་འདི་འདྲ་འདི་ཡང་མི་འཐད་པར་ཐལ། སངས་རྒྱས་ཀྱི་དགོངས་པ་དང་མཐུན་པ་མིན་པའི་ཕྱིར། དེའི་རྒྱུ་མཚན་འདི་ལྟར་ཡིན་ཏེ། བྱ་སྤྱོད་རྣལ་འབྱོར་གྱི་རྒྱུད་གསུམ་ག་ཆོས་ཅན། རྣལ་འབྱོར་ཆེན་པོ་བླ་ན་མེད་པའི་རྒྱུད་ཉིད་དུ་འགྱུར་བར་ཐལ། དབང་བཞི་དང་རིམ་གཉིས་ཡོད་པར་བསྟན་པའི་རྒྱུད་ཡིན་པའི་ཕྱིར། ཁྱབ་པ་ཡོད་དེ། དབང་བཞི་དང་རིམ་པ་གཉིས་རྣལ་འབྱོར་ཆེན་པོ་བླ་ན་མེད་པའི་ཐུན་མོང་མིན་པའི་ཁྱད་ཆོས་ཡིན་པའི་ཕྱིར་རོ། །དེས་ན་གྲུབ་མཐའི་རྣམ་དབྱེ་མི་ཕྱེད་ཅིང་རྒྱུད་སྡེའི་རིམ་པ་མི་ཤེས་པར་རྣམ་གཞག་ལེགས་ལེགས་འདྲ་ན་ཡང་ལྷམ་དཔེ་ཞྭ་ལ་བཀབ་པ་དང་མཚུངས་ཏེ་ཞྭ་རྐང་པས་གྱོན་རྒྱུ་ཡིན་པར་ཐལ། ལྷམ་རྐང་པས་གྱོན་རྒྱུ་ཡིན་པའི་ཕྱིར། ཤེས་བྱ་ཆོས་ཅན། རྒྱུད་སྡེ་བཞི་པོའི་དབང་དང་ལམ་གྱི་དབྱེ་བ་ལ་མི་འདྲ་བའི་དབྱེ་བ་རྣམ་པ་བཞི་ཡོད་དེ། དབང་བཞི་དང་། ལམ་རིམ་པ་གཉིས་ནི་རྣལ་འབྱོར་ཆེན་པོ་ཁོ་ནའི་ཁྱད་ཆོས་ཡིན་པ་བཞིན་དུ། རྒྱུད་སྡེ་འོག་མ་འོག་མ་ལ་མེད་པའི་

ཁྱད་ཆོས་ཀྱི་དབང་དང་། ལམ་གྱི་བྱེ་བྲག་འགའ་ཞིག་རྒྱུད་སྡེ་གོང་མ་གོང་མ་ལ་ཡོད་པའི་ཕྱིར། འོན་ཀྱང་སྔགས་ཀྱི་དངོས་གྲུབ་མི་འགྲུབ་པ་ནི་མིན་ཏེ། རྒྱུད་སྡེ་བཞི་པོ་རང་རང་གི་ཆོ་ག་བཞིན་བྱས་ན་དེ་དང་དེ་ནས་གསུངས་པའི་དངོས་གྲུབ་འབྱུང་བའི་ཕྱིར་རོ། །འདི་དག་ཀྱང་རྒྱུད་སྡེ་དེ་ནས་བཤད་པའི་ལྷའི་བསྒོམ་བཟླས་སོགས་ནི་རྒྱུད་སྡེ་དེ་རང་གི་ལུགས་བཞིན་བྱེད་པའི་དབང་དུ་བྱས་ཀྱི། སྤྱིར་ནི་སྤྱན་རས་གཟིགས་ལྷ་བུ་ལ་རྒྱུད་སྡེ་བཞི་ཀ་ནས་སྒྲུབ་ཐབས་འབྱུང་བ་དང་། འོག་མའི་ལྷ་རིགས་ལ་གོང་མ་ནས་རྒྱ་བཀབ་པའི་ལུགས་མང་དུ་སྣང་བས། ལུགས་སོ་སོ་དགོངས་པ་གང་དུ་གནས་ལ་སོགས་པ་ལ་མཁས་པར་བྱེད་དགོས་པར་གོ་ར་མ་ཆག་གོ༔ །དྲུག་པ་ནི། ལ་ལ་ཞེས་སོགས་ཏེ། ལ་ལ་ན་རེ། དབང་བསྐུར་མ་བྱས་ཀྱང་གལ་ཏེ་གསང་སྔགས་ལ་མོས་པ་ཐོབ་ན་དེ་ཉིད་ཆོས་ཀྱི་སྒོ་ཡིན་པས་གསང་སྔགས་བསྒོམ་དུ་རུང་ངོ་ཞེས་ཟེར་རོ། །དེ་དགག་པ་ནི། འོན་ཞེས་སོགས་ཏེ། ཤེས་བྱ་ཆོས་ཅན། གང་ཟག་དེས་རབ་བྱུང་གི་སྡོམ་པ་མ་ཐོབ་ཀྱང་རབ་བྱུང་གི་སྡོམ་པ་བསྲུང་བས་ཆོག་པར་ཐལ། རབ་བྱུང་ལ་མོས་པ་དེ་ཉིད་རབ་བྱུང་གི་སྡོམ་པ་ལེན་པའི་སྒོ་ཡིན་པའི་ཕྱིར། དེ་བཞིན་དུ་སེམས་བསྐྱེད་ཀྱི་སྡོམ་པ་སྔར་མ་ཐོབ་པ་ཕྱིས་ལེན་འདོད་ཡོད་པ། དེས་ཀྱང་སེམས་བསྐྱེད་ཀྱི་སྡོམ་པ་བླང་ཡང་ཅི་ཞིག་དགོས་ཏེ་མི་དགོས་པར་ཐལ། སེམས་བསྐྱེད་ཀྱི་སྡོམ་པ་ལ་མོས་པ་ཉིད་བྱང་ཆུབ་སྤྱོད་པའི་སྒོ་ཡིན་པས་སོ༔ །དེ་བཞིན་དུ་ཞིང་པས་ཞིང་གི་སོ་ནམ་ལ་འབད་ཀྱང་ཅི་དགོས་ཏེ་མི་དགོས་པར་ཐལ། སོ་ནམ་མ་བྱས་ཀྱང་ལོ་ཐོག་ལ་མོས་པ་ཉིད་བཟའ་རྒྱུ་ཟ་བའི་སྒོ་ཡིན་པས་སོ། །མོས་པ་ཙམ་གྱིས་ཆོག་པར་འདོད་པ་འདི་འདྲའི་རིགས་ཀྱི་ཆོས་ལོག་ཀུན་སྔགས་ཀྱི་དེ་འདྲའི་རིགས་ཀྱིས་སྲུན་དབྱུང་བར་བྱའོ། །བདུན་པ་ལ། ཇི་ལྟར་འཁྲུལ་ཚུལ་དང་། འཁྲུལ་བ་བསལ་བ། འཁྲུལ་བ་མེད་པར་བསྟན་པ་དང་གསུམ། དང་པོ་ནི། དེས་ན་ཞེས་སོགས་ཏེ། ཁྱེད་བོད་ཀྱི་ཕྱག་རྒྱ་བར་གྲགས་པ་རྣམས་ཀྱིས་ཆོས་སྒོ་འབྱེད་པ་ཞེས་པའི་མིང་ཞིག་དབང་བསྐུར་ལ་བཏགས་པས། འཁྲུལ་གཞི་བྱས་ནས་དབང་བསྐུར་ནི་ཆོས་སྒོ་ཙམ་ཡིན་གྱི་འཚང་རྒྱ་བ་ལ་མི་ཕན་པས། འཚང་རྒྱ་བའི་ཆོས་གཞན་ཞིག་བསྒོམ་རྒྱུ་དང་སྒྲུབ་རྒྱུ་ལོགས་ན་ཡོད་དོ་སྙམ་དུ་བླུན་པོ་རྣམས་ཀྱིས་མུན་བསྒོམ་བྱས་སོ། །གཉིས་པ་ནི། འོན་ཞེས་སོགས་ཏེ། འོན། ཤེས་བྱ་ཆོས་ཅན། དགེ་སློང་གི་སྡོམ་པ་ཡང་དགེ་སློང་བྱེད་པའི་སྒོ་ཡིན་གྱི་དགེ་སློང་སྡོམ་པའི་ངོ་བོ་ཞིག་དགེ་སློང་གི་དངོས་པོ་ལས་གཞན་ནས་བཙལ་དུ་ཡོད་དམ་ཅི་སྟེ་ཡོད་པར་ཐལ་བ་དང་། དེ་བཞིན་དུ་སོ་ནམ་བྱེད་པ་ཡང་། སྟོན་ཐོག་འབྱུང་བའི་སྒོ་ཡིན་གྱི་ཁ་ཟས་ཟ་བའི་ཐབས་དོན་གཞན་ཞིག་ལོགས་ནས་བཙལ་དུ་ཡོད་དམ་ཅི་སྟེ་ཡོད་པར་ཐལ། དབང་ནི་ཆོས་སྒོ་ཙམ་ཡིན་གྱི་འཚང་རྒྱ་བའི་ཐབས་དབང་ལས་དོན་གཞན་ཞིག་ལོགས་ན་ཡོད་པའི་ཕྱིར་རོ། །གསུམ་པ་ལ། དབང་གི་དོན་བཤད་པ། ལམ་

བསྒོམ་པའི་གནད་བཤད་པ། དབང་གིས་སྔ་ཆོས་བསྡུས་པར་བསྟན་པའོ། །དང་པོ་ནི། དེས་ན་ཞེས་སོགས་ཏེ། དེས་ན་དབང་གི་དོན་མ་ནོར་བར་འཆད་པའི་སྙིང་གཏམ་འདི་ལྟར་ཡིན་ཏེ། ཤེས་བྱ་ཆོས་ཅན། དབང་བསྐུར་ནི་སྔགས་ཀྱི་ཆོས་ཀྱི་སྒོ་འབྱེད་ཙམ་མ་ཡིན་ཏེ། གསང་སྔགས་ཀྱི་ལམ་ནི། ཕྱི་ནང་གི་དངོས་པོ་རྣམས་ལ་སངས་རྒྱས་འབྱུང་བའི་རྟེན་འབྲེལ་ཡོད་པ་དེ་དབང་གིས་མ་ནོར་བར་བསྒྲིགས་ནས་ཉམས་སུ་ལེན་པས་དབང་ནི། དེ་བསྒྲིགས་པའི་གདམས་ངག་ཁྱད་པར་ཅན་ཡིན་པའི་ཕྱིར་ཏེ། སྔགས་པའི་ཕུང་པོ་ཁམས་དང་སྐྱེ་མཆེད་ལ་དབང་གིས་སངས་རྒྱས་ཀྱི་ས་བོན་བཏབ་ནས་ཚེ་འདིར་མྱུར་དུ་སངས་རྒྱས་རྡོ་རྗེ་འཆང་བྱེད་པའི་ཐབས་ལ་དབང་བསྐུར་ཞེས་སུ་བཏགས་པའམ་གསུངས་པས་སོ། །རྟེན་འབྲེལ་སྒྲིག་ལུགས་ནི། བྱ་རྒྱུད་དུ་ཡང་རིགས་པའི་དབང་ཆུ་ཅོད་པན་གྱི་དབང་གིས་དང་པོར་སློབ་མའི་ཕུང་ཁམས་ཀྱི་དྲི་མ་བཀྲུས་ཤིང་ས་བོན་བཏབ་ནས། ལམ་སྒྲུབ་པའི་སྣོད་དུ་བྱས་ཏེ། མདུན་གྱི་ལྷའི་འོད་ཟེར་གྱིས་སྦྱོ་བསྡུ་དང་བཟླས་བསྒོམ་གྱིས་དངོས་གྲུབ་སྒྲུབ་ལ། དེ་བཞིན་དུ་སྤྱོད་རྒྱུད་དུ་བདག་ཉིད་ཀྱི་ཕུང་ཁམས་ལ་རིག་པའི་དབང་ལྔས་ལྷར་བསྐྱེད་པ་ལ་ས་བོན་བཏབ་སྟེ། བསྒོམ་བཟླས་སོགས་ཀྱི་དངོས་གྲུབ་ལེན་ཅིང་རྣལ་འབྱོར་རྒྱུད་དུ་ཡང་དབང་བཅུ་གཅིག་ལ་སོགས་པས། སྔགས་པ་བདག་ཉིད་ལྷར་བསྐྱེད་པ་ལ། ས་བོན་བཏབ་ནས་ཕྱག་རྒྱ་བཞིའི་སྒོ་ནས་དངོས་གྲུབ་སྒྲུབ་ཅིང་ཉམས་སུ་ལེན་ནོ། །རྣལ་འབྱོར་ཆེན་པོར་ནི། རྡོ་རྗེ་སློབ་དཔོན་ལུས་འདི་ལ། །རྒྱལ་བའི་སྐུ་ནི་རིམ་བཞིན་གནས། །ཞེས་གསུངས་པ་ལྟར་རྡོ་རྗེ་སློབ་དཔོན་རིགས་ལྔ་ལ་སོགས་པ་སངས་རྒྱས་འདུས་པའི་བདག་ཉིད་ཅན་དེས། སློབ་མའི་ཕུང་པོ་ལྔ་རིགས་ལྔ་དང་ཁམས་ལྔ་ཡུལ་ལྔ་དང་། སྐྱེ་མཆེད་དྲུག་སེམས་དཔའ་དྲུག་དང་། ཡུལ་དྲུག །སེམས་མ་དྲུག་ལ་སོགས་པར་གསལ་བཏབ་ནས། བུམ་དབང་རྩ་རླུང་བྱང་སེམས་སོགས་ལ་གོང་མའི་དབང་རིམ་གྱིས་བསྐུར་ཏེ་ས་བོན་བཏབ་ནས་ཉམས་སུ་ལེན་པའི་ལམ་རིམ་གཉིས་ཀྱིས་རབ་ཚེ་འདིར་འཚང་རྒྱ་བ་སོགས་བྱེད་པ་ཡིན་ནོ། །འདི་ནི་རྒྱུ་དུས་ཀྱི་དབང་གི་དབང་དུ་བྱས་པ་ཡིན་ནོ། །གཉིས་པ་ནི། དེས་ཞེས་སོགས་ཏེ། འོ་ན་དབང་བསྐུར་ཉིད་ཀྱིས་གྲོལ་བ་མེད་པར་འགྱུར་ཏེ། ས་བོན་ཙམ་འདེབས་བྱེད་ཡིན་པས་སོ་སྙམ་ན། ཤེས་བྱ་ཆོས་ཅན། དབང་གི་ས་བོན་འདེབས་བྱེད་ཡིན་ཡང་དབང་གིས་གྲོལ་བ་མེད་མི་དགོས་པར་ཐལ། དེ་ཡིན་ཀྱང་ཨིནྡྲ་བོདྷི་ལྟ་བུ་གང་ཟག་དབང་པོ་རབ་དབང་བསྐུར་ཉིད་ཀྱིས་རྟེན་འབྲེལ་འགྲིག་སྟེ། ལམ་མ་བསྟེན་ཀྱང་འཁོར་བ་ལས་གྲོལ་བར་གསུངས་ལ། དབང་གིས་གྲོལ་བར་མ་នུས་པའི་གང་ཟག་གཞན་ལ་ཁ་བསྟན་ཏེ། ལམ་རིམ་གྱིས་བསྒོམ་དགོས་པས་སོ། །འོ་ན་བསྒོམ་པའི་ངོ་བོ་གང་ཡིན་ཞེ་ན། ཤེས་བྱ་ཆོས་ཅན། དབང་བསྐུར་ཐོབ་ནས་དེའི་དམ་ཚིག་དང་སྡོམ་པ་བསྲུངས་ཤིང་རྟོགས་པ་གོང་ནས་གོང་དུ་འཕེལ་བར

བྱེད་པའི་གོམས་པ་དེ་ལ་བསྒོམ་པ་ཞེས་སུ་བཏགས་པའམ་བརྗོད་པ་ཡིན་ཏེ། དབང་དོན་བརྡ་སྤྲོད་ནས་དེ་ལ་གོམས་པར་བྱེད་དགོས་པ་དེ་ཡིན་པའི་ཕྱིར་རོ། །བསྒོམ་པ་དང་སྒོམ་གཉིས་ལ་ཁྱད་པར་ཡོད་པས་བསྒོམ་ནི་རྩེ་གཅིག་ཏུ་འཛོག་པ་ལ་བྱའོ། །གསུམ་པ་ནི། དེ་ཞེས་སོགས་ཏེ། ཤེས་བྱ་ཆོས་ཅན། ཕ་རོལ་ཏུ་ཕྱིན་པ་ལ་སེམས་བསྐྱེད་དེ་གཉིས་ལས་དོན་གཞན་པའི་ཆོས་མེད་པ་ལྟར། རྡོ་རྗེ་ཐེག་པའི་སྒོར་ཞུགས་ནས་བྱང་ཆུབ་ཀྱི་བར་ལ་དབང་བསྐུར་བའི་དོན་ཉམས་སུ་བླངས་པ་ལས། ཆོས་བླང་བྱའི་གཙོ་བོ་གཞན་མེད་དེ་རྡོ་རྗེ་ཐེག་པའི་སྒོར་ཞུགས་ནས་རྡོ་རྗེ་འཆང་མ་ཐོབ་ཀྱི་བར་དུ་གཙོ་བོར་དབང་དོན་གང་ཟག་དེས་ཉམས་སུ་ལེན་དགོས་པའི་ཕྱིར། ཐུབ་པས་རྒྱུད་སྡེ་ལས། དབང་བསྐུར་ལམ་གྱི་ཐོག་མ་ཁོ་ནར་བསྟགས་པ་དང་། མཁས་པ་རྣམས་ཅི་ནས་དབང་བསྐུར་ལ་གུས་པའི་རྒྱུ་མཚན་ཡོད་དེ། རྡོ་རྗེ་ཐེག་པའི་སྒོར་ཞུགས་ནས་དབང་དོན་ཉམས་སུ་ལེན་པ་ལས་གཞན་པའི་ཉམས་ལེན་གྱི་གཙོ་བོ་མེད་པ་དེས་ཕྱིར་རོ། །བརྒྱད་པ་ནི། ལ་ལ་ཞེས་སོགས་ཏེ། ཉིང་ཕྱུ་པ་དང་རས་ཆུང་བའི་རྗེས་འབྲངས། ལ་ལ་ན་རེ། དབང་བསྐུར་རྒྱལ་པོའི་རྒྱུད་བྱ་བ་ནས་བཤད་པ་བཞིན་དུ་དབང་བསྐུར་ལ་མུ་བཞིར་འདོད་དེ། དབང་བསྐུར་བྱས་ཀྱང་མ་ཐོབ་པ་དང་མ་བྱས་ཀྱང་ཐོབ་པ་དང་། དབང་བསྐུར་བྱས་ན་ཐོབ་ལ་མ་བྱས་ན་མི་ཐོབ་པ་དང་རྣམ་པ་བཞིར་འདོད་པ་མི་འཐད་དེ། དབང་བསྐུར་ལ་མུ་བཞིར་འདོད་པ་འདི་འདྲ་རྒྱུད་གང་ནའང་བཤད་པ་མེད་པས་གསང་སྔགས་ཀྱི་བསྟན་པ་དགྲུག་པའི་སྐད་སྐུར་ཟད་པ་ཙམ་ཡིན་པའི་ཕྱིར་རོ། །མཚུངས་པས་དགག་པར་བྱ་སྟེ། འོན་ཀྱང་དབང་བསྐུར་མུ་བཞི་འདི་བརྟག་པར་བྱས་ན་མི་རིགས་པར་ཐལ། སོ་སོར་ཐར་པའི་སྡོམ་པ་དང་། བྱང་ཆུབ་སེམས་དཔའི་སེམས་བསྐྱེད་ལའང་མུ་བཞི་ཅིའི་ཕྱིར་མི་རྩི་སྟེ་རྩི་བ་མི་འཐད་ཅིང་དེ་བཞིན་དུ། བསྒོམ་པ་ལ་མུ་བཞི་རྩི་བར་ཅིས་མི་མཚུངས་ཏེ་མཚུངས་པས་སོ། །ཇི་ལྟར་ན་བསྒོམ་ལ། བསྒོམས་ཀྱང་མི་སྐྱེ་ལ་མ་བསྒོམས་ཀྱང་སྐྱེ་བ་སོགས་མུ་བཞི་ཡོད་པར་ཐལ། དབང་མུ་བཞི་ཡོད་ལ་རྒྱུ་མཚན་མཚུངས་པའི་ཕྱིར་རོ། །

དེས་ན་མུ་བཞི་ཀུན་ལ་རྩིར་ཡོད་བཞིན་དུ་སྡོམ་པ་སོགས་ལ་མི་བརྩི་བར་དབང་བསྐུར་ཉིད་ལ་མུ་བཞི་བརྩི་བ་མི་འཐད་པར་ཐལ། དབང་བསྐུར་ལ་མུ་བཞི་བརྩི་བ་ནི་གསང་སྔགས་སྤྱོང་བའི་བདུད་ཀྱི་གསང་ཚིག་ཡིན་པ་དོར་པ་སྟེ་ཡིན་པའི་ཕྱིར་དང་། གལ་ཏེ་དབང་ལ་མུ་བཞི་ཡོད་ན་ཡང་མུ་བཞི་སོ་སོའི་མཚན་ཉིད་ཤེས་པར་མི་ནུས་ལ། ཅི་སྟེ་ཤེས་པར་ནུས་ན་ནི། དེའི་མཚན་ཉིད་སྨྲ་དགོས་ཏེ། སྨྲས་ཀྱང་རང་བཟོ་མིན་པའི་ལུང་རྣམ་དག་དང་མཐུན་པ་ཁྱོད་ལ་མེད་པའི་ཕྱིར། གལ་ཏེ་དབང་བསྐུར་ལ་མུ་བཞི་རེ་ཡོད་པ་བདེན་པ་སྲིད་ནའང་མུ་གཞན་ལ་དབང་བསྐུར་མི་བྱེད་ཀྱང་དབང་བསྐུར་བྱས་ན་ཐོབ་པའང་གང་ཟག་ལ་དབང་བསྐུར་ཅིའི་ཕྱིར་མི་

དགོས་ཞེས་དྲིས་པས། ཁོ་ན་རེ། བྱས་ན་ཐོབ་པའི་དེ་ལ་འང་དབང་བསྐུར་བྱེད་མི་དགོས་ཏེ། བྱས་ཀྱང་མི་ཐོབ་པའི་གང་ཟག་གཞན་ལ་དབང་བསྐུར་བ་མི་དགོས་པས་སོ། །ཞེས་ཟེར་ན། དེ་མི་འཐད་པར་ཐལ། ནད་མེད་པའི་གང་ཟག་ལ་དེའི་ནད་ཕྱིར་སྨན་སྟེར་བ་སྤྱོང་བ་བཞིན་དུ། ནད་པ་ལ་ཡང་སྨན་སྟེར་བ་སྤྱོང་དམ་ཅི་སྟེ། དེར་ཐལ་བའི་སྐྱོན་ཡོད་པའི་ཕྱིར། དབང་བསྐུར་ལ་མུ་བཞིར་འདོད་པ་འདི་འདྲའི་ཆོས་ལོག་ཐམས་ཅད་ནི། བསྒོམ་བཟང་དུ་འདོད་པར་སྨོམ་པའི་བསྒོམ་ཆེན་པ་ལ་བདུད་ཀྱིས་བྱིན་རླབས་ཞུགས་པ་ཡིན་པར་ཤེས་པར་བྱའོ། །

གཉིས་པ་གྲོལ་བྱེད་རིམ་གཉིས་ཀྱི་ཉམས་ལེན་ལ། འཕྲུལ་པའི་ལམ་དགག་པ། མ་འཕྲུལ་པའི་ལམ་སྒྲུབ་པ། ལོག་རྟོག་དགག་པའི་སྒོ་ནས་འཕྲུལ་མེད་བཤད་པ། དེ་དག་གི་མཇུག་བསྡུ་བའོ། །དང་པོ་ལ། གསང་སྒྲོག་ཉེས་མེད་དུ་འདོད་པ་དགག་པ་དང་། བསྟན་བྱ་ཐབས་ལམ་ལ་འཕྲུལ་པ་དགག་པ་གཉིས། དང་པོ་ནི། ཁ་ཞེས་སོགས་ཏེ། སྔགས་སྙིང་མ་བ་ཁ་ཅིག་ན་རེ། གང་ཟག་གསང་སྔགས་ཀྱི་སྣོད་དུ་མི་རུང་བ་རྣམས་ནི་སྔགས་དོན་མི་གོ་བས་དེ་ལ་གསང་བ་བསྒྲགས་པའི་ཉེས་པ་མི་འབྱུང་སྟེ། ཡི་ནས་གསང་བ་ཞེས་བྱ་བའི་ཐབས་ཀྱིས་བར་དུ་ཆོད་པའི་ཕྱིར་རོ། །སྔགས་གོ་བ་ནི། སྣོད་ལྡན་ཡིན་པས་དེ་ལ་གསང་བ་བསྒྲགས་པའི་ཉེས་པ་མི་འབྱུང་ངོ་ཞེས་ཟེར་རོ། །དེ་དགག་པ་ནི། འདི་ཡང་ཅུང་ཟད་བརྟག་པར་བྱ་སྟེ། ཡི་གསང་ཞེས་བྱ་བའི་དོན་ཅི་ཞིག་ཡིན་ཞེས་དྲིས་པས་གལ་ཏེ་དེས་གོ་བ་མེད་པ་ལ་ཟེར་ན། གོ་བའི་གང་ཟག་ལ་བཤད་ན་འང་གསང་སྒྲོགས་ཀྱི་ལྟུང་བར་འགྱུར་ལ། དེ་ལ་ཡི་གསང་མིན་ཕྱིར་ཁྱབ་པ་ནི་དེ་ལ་ཡི་གསང་མིན་ན་ལྟུང་བ་འབྱུང་བར་ཁས་བླངས་པས་ཁས་བླངས་ཡིན་ནོ། །གལ་ཏེ་གསང་སྔགས་དམ་པའི་ཆོས་ཡིན་པས་དམ་ཆོས་བདེན་པའི་བྱིན་རླབས་འདི་གང་ཟག་སུས་ཐོས་ཀྱང་ཕན་ཡོན་ཆེ་བ་དེས་ན་གསང་སྒྲོག་མི་འབྱུང་ཟེར་ན། ཡི་གསང་འདོད་པ་ཁྱོད་ཆོས་ཅན། དམ་པའི་ཆོས་སྔགས་ཀྱི་གསུང་རབ་ནས་འབྱུང་བ་གཞན་གྱིས་ཏེ་བྱེད་པོ་རིགས་པར་ཐལ། སྔགས་ཀྱི་དམ་ཆོས་ཐམས་ཅད་བདེན་པའི་དོན་ཅན་དུ་གོ་བའི་ས་བོན་ཡིན་པའི་ཕྱིར། འདོད་མི་ནུས་ཏེ། གསང་སྔགས་ཀྱི་བསྟན་པ་ལ་གནོད་པའི་ཚིག་ཡི་གསང་ཞེས་བྱ་བ་འདི་ཁས་ལེན་པར་རིགས་པ་དང་འགལ་ལོ། །དེས་ན་ཐེག་ཆེན་གྱི་ཆོས་ལ་གསང་བ་གསང་སྔགས་དང་། མི་གསང་བ་ཕ་རོལ་ཏུ་ཕྱིན་པའི་ལུགས་གཉིས་གསུངས་པའམ་ཡང་ན་སྔགས་ཀྱི་ཆོས་ལ་སྣོད་མི་རུང་ལ་གསང་བ་དང་སྣོད་རུང་ལ་མི་གསང་བའི་ལུགས་གཉིས་སུ་རྒྱལ་བ་རྣམས་ཀྱིས་གསུངས་པས་ཡི་གསང་ཞེས་བྱ་བ་ནི་མིན་པར་ཤེས་པར་བྱའོ། །གཉིས་པ་ལ་འདོད་པ་བརྗོད་པ་དང་། དེ་དགག་པའོ། །དང་པོ་ནི། ཁ་ཞེས་སོགས་ཏེ། རྫོགས་ཆེན་པ་ཁ་ཅིག་ན་རེ། ལམ་འཕྲུལ་པ་དང་མ་འཕྲུལ་པ་ཞེས་བྱ་བའི་ངེས་པ་ཅི་ཡང་མེད་ཅིང་འཚང་རྒྱ་བའི་ཐབས་ལམ་ལའང་གཅིག་ཏུ་ཐམས་ཅད་

ཚང་དགོས་པའི་ངེས་པ་མེད་དེ། འཕགས་པ་ཀླུ་སྒྲུབ་དབུ་མའི་ལྟ་བ་རྟོགས་པ་ཙམ་གྱིས་གྲོལ་ལ། པདྨ་འབྱུང་གནས་བསྐྱེད་རིམ་ཙམ་གྱིས་གྲོལ་ཞིང་། ལོ་ཧི་པ་དཀའ་ཐུབ་སྤྱོད་པས་གྲོལ་བ་དང་། ནག་པོ་པ་སྤྱོད་པའི་སྟོབས་ཙམ་གྱིས་གྲོལ་བར་ཐལ། གོ་རཀྵ་བ་ལ་སྙིང་ནི་རླུང་གི་སྟོབས་ཀྱིས་གྲོལ་ཤིང་། ཤཱ་བ་རི་གཏུམ་མོའི་སྟོབས་ཀྱིས་གྲོལ་བ་དང་། ས་ར་ཧ་པ་ཕྱག་རྒྱ་ཆེན་པོས་གྲོལ་ལ། ཧོག་ཙེ་པ་བླ་མའི་བྱིན་རླབས་ཙམ་གྱིས་གྲོལ་བ་དང་། ཞི་བ་ལྷ་ཟ་ཉལ་འཆག་གི་འདུ་ཤེས་ཙམ་གྱིས་གྲོལ་ཞིང་། ཨིནྡྲ་བོ་དྷི་འདོད་ཡོན་བསྟེན་པས་གྲོལ་བ་དང་། རྟེན་འབྲེལ་གྱི་གནད་ཐམས་ཅད་ཚོགས་པ་ལས་བི་ར་ཝ་པ་ལ་གྲུབ་ཐོབ་བྱུང་བས་སོ། །འདི་འདྲའི་ཐབས་ལམ་སྣ་ཚོགས་ལ་བསྐུར་བ་གདབ་ཏུ་མི་རུང་ཞིང་། གྲོལ་བ་ཐོབ་པ་ལ་ཐབས་ཚང་བར་འཚོག་མི་དགོས་ཞེས་ཟེར་རོ། །

གཉིས་པ་དེ་དགག་པ་ནི། འདི་ཞེས་སོགས་ཏེ། གྲོལ་བའི་རྒྱུ་འདི་ཡང་ལེགས་པར་བཤད་ཀྱི་ཉོན་ཅིག །ཤེས་བྱ་ཆོས་ཅན། གྲུབ་ཐོབ་ཐམས་ཅད་ཀྱང་ལྟ་བ་སོགས་ཕྱོགས་རེའི་ཐབས་ཙམ་གྱིས་གྲོལ་བ་མིན་པར་ཐལ། དེ་དག་ནི། དབང་བཞི་དང་རིམ་པ་གཉིས་བསྒོམ་པ་ལས་བྱུང་བའི་ཡེ་ཤེས་སྐྱེས་པས་འཁོར་བ་ལས་གྲོལ་བ་ཡིན་པའི་ཕྱིར་ཏེ། ཐབས་ཤེས་རབ་གཉིས་སུ་མ་འདྲེས་པའི་སངས་རྒྱས་བསྒྲུབ་པའི་ཐབས་གཞན་མེད་པས་གྲོལ་བ་ནི་ཐབས་ཤེས་གཉིས་ཀ་ལ་ལྟོས་པའི་ཕྱིར་རོ། །གཉིས་པ་ལ། ཐབས་ཤེས་ཚང་བར་ཚོགས་པས་གྲོལ་བར་བསྟན་པ། ཐབས་ཀྱི་ཁྱད་པར་ཡོད་པའི་དབྱེ་བ་བསྟན་པ། ལས་འཕྲོ་སད་བྱེད་རྐྱེན་ལ་ལྟོས་པར་བསྟན་པ། དབང་དང་རིམ་གཉིས་འབྲེལ་བ་དགོས་པར་བསྟན་པ། སྔགས་དང་ཕ་རོལ་ཏུ་ཕྱིན་པའི་ཁྱད་པར་དཔེ་དང་སྦྱར་བའོ། །དང་པོ་ནི། ལྟ་ཞེས་སོགས་ཏེ། ཤེས་བྱ་ཆོས་ཅན། ཀླུ་སྒྲུབ་སོགས་གྲུབ་ཐོབ་དེ་དག་ལྟ་བ་དང་བསྐྱེད་རིམ་དང་གཏུམ་མོ་དང་བླ་མའི་བྱིན་རླབས་སོགས་དེ་དག་རྐྱང་པས་གྲོལ་བ་མིན་པར་ཐལ། དེ་དག་དབང་བསྐུར་བའི་བྱིན་རླབས་དང་རིམ་གཉིས་བསྒོམ་པའི་རྟེན་འབྲེལ་གྱིས་ཡེ་ཤེས་རྟོགས་པ་སོགས་རྟེན་འབྲེལ་གྱི་གནད་ཐམས་ཅད་ཚང་ནས་འཁོར་བ་ལས་གྲོལ་བ་ཡིན་པའི་ཕྱིར། འོན་གཏུམ་མོ་སོགས་རིམ་གཉིས་ལས་ངོ་བོ་ཐ་དད་དུ་འགྱུར་རོ་ཟེར་ན། གཏུམ་མོ་སོགས་རྐྱང་པས་མི་གྲོལ་ཡང་། རིམ་གཉིས་ལས་ངོ་བོ་ཐ་དད་མིན་ཏེ། བསྐྱེད་རིམ་རླུང་གཏུམ་མོ་སོགས་རིམ་པ་གཉིས་སུ་འདུས་ཤིང་རིམ་གཉིས་དེ་ལས་དྲོད་རྟགས་སོགས་ཀྱི་བྱིན་རླབས་འབྱུང་། ལྟ་བ་ཡང་རིམ་གཉིས་དེའི་ཡན་ལག་ཡིན་ཞིང་། ཕྱག་རྒྱ་ཆེན་པོ་ནི། དབང་དང་རིམ་གཉིས་དེའི་ཡེ་ཤེས་ལ་ཟེར་བ་ཡིན་པའི་ཕྱིར་རོ། །གཉིས་པ་ནི། དེ་ཡི་ཞེས་སོགས་ཏེ། དེ་ཡང་རྟོགས་པ་ལ་བོགས་དབྱུང་བའི་ཕྱིར་དུ་སྤྱོད་པ་བྱེད་དགོས་པས། བྱ་རྒྱུའི་སྤྱོད་པ་ནི། སྔགས་ལམ་ཟབ་མོ་ལ་བརྟེན་ནས

འདོད་ཡོན་ལ་སོགས་པ་ཡུལ་གྱི་རང་བཞིན་ཤེས་ནས། ཉམས་ལེན་སྣ་ཚོགས་ལ་འཇུག་པ་ཞིག་ལ་བཤད་ལ་དེ་ལ་སྤྱོད་པ་ཆུང་ངུ་དང་། འབྲིང་དང་། ཆེན་པོ་གསུམ་དུ་ཡོད་དེ་བོགས་དབྱུང་བྱེད་དགོས་ཀྱི་རྟོགས་པ་ལ་སྦྱོར་ལམ་གྱི་རྟོགས་པ་ལྷ་བུ་ཆུང་ངུ་དང་། མཐོང་ལམ་གྱི་རྟོགས་པ་འབྲིང་དང་། བསྒོམ་ལམ་གྱི་རྟོགས་པ་ཆེན་པོ་གསུམ་དུ་ཡོད་པས་སོ། །དང་པོའི་དབང་དུ་བྱས་ནས། དུས་ཚོད་འཇིག་རྟེན་གྱི་ཆོས་བརྒྱད་མངོན་འགྱུར་མགོ་སྙོམ་པ་ཙམ་ནས་སྤྱོད་པ་ཆུང་ངུ་བྱེད་པ་ཡིན་ཏེ། དུས་དེ་ནས་འཇིགས་སྐྲག་ཆེན་པོ་དང་། ཉོན་མོངས་གློ་བུར་བ་ཆེན་པོས་མི་གནོད་ཅིང་དེ་དག་འདའ་བར་བྱེད་པས་ཆ་ལུགས་མི་ལྤགས་དང་རོ་རས་ལ་སོགས་པ་ཡོ་བྱད་གང་རྙེད་ལ་བཟང་ངན་དུ་འཛིན་པ་སྤངས་ནས། གནས་དུར་ཁྲོད་དང་འབྱུང་པོའི་ཁྱིམ་ལ་སོགས་པར། དུས་མཚན་མོའི་དུས་སུ་ཀུན་འདར་གྱི་སྤྱོད་པ་ཆུང་ངུ་བྱེད་ཅིང་། ཉིན་པར་ནི་རང་བཞིན་དུ་གནས་སོ། །གཉིས་པའི་དབང་དུ་བྱས་ནས་མཐོང་ལམ་མྱུར་ཏུ་འགྲུབ་པའི་དྲོད་རྟགས་མཐོང་བའི་རྣལ་འབྱོར་པས། ཀུན་འདར་གྱི་སྤྱོད་པ་འབྲིང་པོ་སྨིན་པའི་བརྟུལ་ཞུགས་སོགས་ལ་གནས་ཏེ། བཟའ་བྱ་ཡིན་མིན་དང་བགྲོད་རུང་མི་རུང་སོགས་ལ་བླང་དོར་དུ་འཛིན་པ་མེད་པས་ཚར་བཅད་དང་རྗེས་འཛིན་སྣ་ཚོགས། དུས་ཉིན་མཚན་རེས་འཇོག་མེད་པར་བྱེད་པ་ཡིན་ནོ། །གསུམ་པའི་དབང་དུ་བྱས་ཏེ་བསྒོམ་ལམ་གྱི་རྟོགས་པ་འཕེལ་བའི་ཕྱིར་རམ་གོང་མའི་རྟོགས་པ་ཐོབ་པའི་ཕྱིར་གང་ཡང་རུང་བར། ཀུན་འདར་གྱི་སྤྱོད་པ་ཆེན་པོ་བྱེད་དེ། ཡུལ་སྣ་ཚོགས་སུ་ཆ་ལུགས་སྣ་ཚོགས་ཀྱིས་དུས་ཉིན་མཚན་མེད་པར་གཞོམ་པར་དཀའ་བའི་ལྷན་སྐྱེས་ཀྱི་སྤྱང་བྱ་རྣམས་ཟིལ་གྱིས་གནོན་པ་ཕྱོགས་ལས་རྣམ་རྒྱལ་གྱི་སྤྱོད་པའམ་དངོས་གྲུབ་ཕལ་ཆེར་འབད་མེད་དུ་འབྱུང་བས་ཀུན་ཏུ་བཟང་པོའི་སྤྱོད་པ་ཞེས་བྱའོ། །ཡང་ན། གནས་ཀྱི་ཁྱད་པར་དབེན་པར། ལྷ་གྲངས་དང་མཐུན་པའི་རྣལ་འབྱོར་ཕོ་མོ་འདུས་ནས་སྟོང་ཉིད་ཀྱི་རྟོགས་པ་ལ་གནས་པའི་ངང་ནས་དཀྱིལ་འཁོར་རྣམས་གསལ་བཏབ་སྟེ། བཟའ་བཏུང་སྣ་ཚོགས་དང་། གླུ་གར་དང་རོལ་མོ་དང་ཕྱག་རྒྱའི་བདེ་བ་ལ་སོགས་པ་འདོད་པའི་ཡོན་ཏན་ལ་ལོངས་སྤྱོད་པ་ནི་སྤྲོས་བཅས་ཀྱི་སྤྱོད་པ་ཞེས་བྱ་ལ། གནས་ནགས་ཁྲོད་ལ་སོགས་པ་དབེན་པར་ཕྱག་རྒྱ་དང་ལྡན་པའི་རྣལ་འབྱོར་པ་ལྷ་དྲུག་ནས་གཅིག་ཡིན་ཀྱང་རུང་སྟེ། ཅི་འབྱོར་པའི་ལོངས་སྤྱོད་ལ་སྤྱོད་ཅིང་། ཉམས་སུ་ལེན་པ་ནི་སྤྲོས་མེད་ཀྱི་སྤྱོད་པ་ཡིན་ཞིང་། ཤིན་ཏུ་སྤྲོས་མེད་ཀྱི་སྤྱོད་པ་ནི། གྲུབ་ཆེན་གྱི་སྣང་ངོར་སྟོན་པ་མ་གཏོགས་བྱ་མི་བྱ་ལ་སོགས་པའི་སྤྲོས་འཛིན་ཐམས་ཅད་སྤངས་ནས་ཏིང་ངེ་འཛིན་ལ་གནས་བཞིན་དུ། ཚར་གཅོད་རྗེས་འཛིན་བྱེད་པ་ལ་སོགས་པ་ཡིན་ཏེ། རྒྱས་པར་ནི་གཞན་དུ་ཤེས་པར་བྱ་བ་ཡིན་ནོ། །དེང་སང་གི་ སྔགས་པར་རློམ་པ་ཕལ་ཆེ་བ་ནི། དམ་ཚིག་དང་སྡོམ་པ་ལ་སོགས་པའི་བླང་བྱ་དང་། རྐུ་འཕྲོག་དང་ལོག

གཡེམ་དང་། རྫུན་ལ་སོགས་པའི་སྤང་བྱ་རྣམས་ངོ་མི་ཤེས་ཤིང་ཤེས་པར་གྱུར་ཀྱང་ཁྱད་དུ་བསད་དེ། ཆང་དང་བུད་མེད་ལ་སོགས་པ་ལ་ཉེན་མཚན་དུ་རོལ་ཅིང་། བུན་བསྐྱེད་དང་ཚོང་དང་སོ་ནམ་ལ་སོགས་པ་འཁོར་བའི་བྱ་བས་དུས་འདའ་བར་བྱེད་མོད་ནའང་། འགྲོ་ས་དམྱལ་བའི་འཇིག་རྟེན་ལས་གཞན་ཅི་ཡོད་དེ། རྒྱུད་དུ། ཚུལ་ཁྲིམས་འཆལ་ཞིང་སྡིག་པའི་ལས། །སླར་ཡང་བུད་མེད་རྟག་ཏུ་ཆགས། །མི་དགེའི་གྲོགས་དང་འཕྲད་པ་ལ༑ །སྡིགས་ཀྱི་རྒྱལ་པོ་ག་ལ་འགྲུབ། །རྟག་ཏུ་བུད་མེད་ཆགས་གྱུར་པ། །དེ་ལ་དངོས་གྲུབ་ཡོད་མ་ཡིན། །ཞེས་སོགས་དང་། རྣལ་འབྱོར་མེད་པར་རྣལ་འབྱོར་འཆོས། །ཕྱུག་རྒྱུ་ལ་ནི་བགྲོད་འགྱུར་དང་། །ཡེ་ཤེས་མེད་པར་ཡེ་ཤེས་ཚུལ། །དམྱལ་བ་འགྲོ་བར་ཐེ་ཚོམ་མེད། །ཅེས་གསུངས་པས་སོ། །གལ་ཏེ་དེ་འདྲ་དེ་དམྱལ་བར་མ་སྐྱེས་ནའང་། ངན་སོང་ལས་འགྲོ་ས་གཞན་མེད་དེ། ངན་འགྲོ་ལས་བསླུལ་བའི་ཐབས་ལས་བཟློག་ནས་ངན་འགྲོར་སྐྱེ་བའི་རྒྱུ་ཚོགས་ལ་འབད་པས་སོ། །དོན་དེ་ཡང་རྒྱུ་ཚོགས་དང་བཅས་པ་དགོངས་པ་ལུང་བསྟན་དུ་གསུངས་ཏེ། རང་གི་དམ་ཚིག་ཡོངས་སྤངས་ནས། །ལྟུགས་ཀྱུ་མེད་པ་བཞིན་དུ་སྤྱོད། །སྡིགས་དང་ཕྱུག་རྒྱུའི་སྦྱོར་བ་ཡིས། །དེ་རྣམས་འཚོ་བ་སྒྲུབ་པར་འགྱུར། །གང་དུ་རྙེད་པ་ཐོབ་འགྱུར་བར། །དམ་པའི་ཆོས་ནི་སྟོན་པར་འགྱུར། །སྒྲུབ་པ་ཡི་ནི་ཐབས་ཙམ་ཞིག །ཤེས་ན་རྒྱུད་ལ་རྒྱབ་ཀྱིས་ཕྱོགས། །འདི་ལྟར་བདག་ནི་སློབ་དཔོན་ཞེས། །མ་འོངས་པ་ན་སྨྲ་བར་འགྱུར། །མ་འོངས་དུས་ན་མི་རྣམས་ནི། །འཇིག་རྟེན་རྒྱང་འཕན་མཆོག་གཞོལ་འགྱུར། །ལོག་པར་ལྟ་བ་ལ་གནས་ཏེ། །ཅི་དགའ་བར་ཡང་སྤྱོད་པར་བྱེད། །ལ་ལ་གླུ་དང་གར་ལ་དགའ། །རྐོད་དང་སྙིག་ལ་མཆོག་ཏུ་གཞོལ། །དྲི་དང་ཕྲེང་བ་ལ་དགའ་ཞིང་། །དེ་བཞིན་འཁྲིག་པ་ལ་དགར་འགྱུར། །ཕ་དང་མ་ཡང་གསོད་པ་དང་། །དེ་བཞིན་སྲོག་ཆགས་གཞན་ཡང་གསོད། །རྫུན་གྱི་ཚིག་ཉིད་སྨྲ་བ་དང་། ཁྱད་པར་དུ་ཡང་རྐུ་བ་དང་། །གཞན་གྱི་ཆུང་མའི་ཐད་དུ་འགྲོ། །སྣ་ཚོགས་སྡིག་པ་བྱས་ནས་ཀྱང་། །སྡིགས་པ་དངོས་གྲུབ་འདོད་པར་འགྱུར། །གཟིར་ནད་དུག་དང་སྦྱར་བའི་དུག །སྣ་ཚོགས་ནད་ནི་མི་བཟད་པ། །འདི་རྣམས་ཀྱིས་ནི་བཟིར་གྱུར་ནས། །ངན་སོང་གསུམ་དུ་འགྲོ་བར་འགྱུར། །ཞེས་སོགས་རྒྱས་པར་བཀའ་བསྩལ་པས་སྙིང་ཡོད་རྣམས་ཀྱིས་ལེགས་པར་དྲན་པ་དང་། ཤེས་བཞིན་བསྟེན་ནས་བསླབ་བྱ་ལ་སློབ་པར་བྱའོ། །སྐྱུས་མ་བཤད་པར་བྱ་སྟེ། སྤྱོད་པ་གང་ཞིག་གང་ཟག་སུ་ཡིས་སྤྱོད། ཅེ་ན། གྲུབ་ཆེན་ཨིནྡྲ་བོདྷིས་རིམ་གཉིས་དེའི་སྤྱོད་པའི་ནང་ནས་སྤྲོས་བཅས་ཀྱི་སྤྱོད་པ་སྤྱད་པ་ཡིན་ཏེ། དེས་ལྷའི་རྣལ་འབྱོར་གྱི་སྒོ་ནས་ཕྱུག་རྒྱུ་དང་ལྷན་ཅིག་ཏུ་འདོད་ཡོན་གྱི་བདེ་བ་ལ་རང་བཞིན་ཤེས་པའི་ངང་ནས་ལོངས་སྤྱད་པས་སོ། །རིམ་གཉིས་དང་ལྡན་པ་དེའི་སྤྲོས་མེད་ཀྱི་སྤྱོད་པ་ལ་ཧཱུ་སུ་ཀུ། འདུ་ཤེས་གསུམ་ཞེས་སངས་རྒྱས་གསུངས་པ་ལ་དེ་ནི་ཞི་བ་ལྷས

སྤྱོད་པ་ཡིན་ཏེ། དེས་ཟས་འཆག་གཉིད་ལ་རོལ་བ་གསུམ་མ་གཏོགས་བྱ་བྱེད་ཀྱི་སྤྲོས་པ་སྤང་བ་ནས་གཉིད་ཀྱི་འོད་གསལ་ལ་སྤྱོད་པས་སོ། །དེའི་ཤིན་ཏུ་སྤྲོས་མེད་ཀྱིས་སྤྱོད་པ་ནི་བིར་ཝ་པ་སོགས་གྲུབ་ཐོབ་རྣམས་ཀྱིས་སྤྱོད་པ་ཡིན་ཏེ། དགོས་པ་རིམ་གཉིས་བསྟན་བྱའི་སྣང་ངོར་སྣ་ཚོགས་བསྟན་ཀྱང་། སྤྲོས་འཛིན་སྤངས་ཏེ་ཚར་གཅོད་རྗེས་འཛིན་གྱི་ཚུལ་སྣ་ཚོགས་ཀྱིས་ལོངས་སྤྱོད་པའི་ཕྱིར་རོ། །དེ་ལ་ནི་ཀུན་ཏུ་བཟང་པོའི་སྤྱོད་པ། ཞེས་གསུངས་སོ། །མདོར་ན། ཤེས་བྱ་ཆོས་ཅན། སངས་རྒྱས་ཀྱི་རྒྱུ་རྐྱེན་མ་འཚོགས་པར་འབྲས་བུའི་སངས་རྒྱས་མི་འབྱུང་སྟེ། སངས་རྒྱས་འབྱུང་བ་ལ་རྒྱུ་རྐྱེན་དབང་དང་རིམ་གཉིས་ཀྱི་ལམ་དང་བོགས་འདོན་སྤྱོད་པ་ལ་སོགས་པ་རྣམས་ཚང་དགོས་པ་དེའི་ཕྱིར། གསུམ་པ་ནི། སྔ་ཞེས་སོགས་ཏེ། ཤེས་བྱ་ཆོས་ཅན། གང་ཟག་དེ་འཚང་རྒྱ་བ་ལ། དབང་དང་རིམ་གཉིས་མིན་པའི་ཐབས་ཀྱི་ཆ་ཤས་གཞན་ཡང་མེད་པ་མིན་ཏེ། གང་ཟག་དེའི་སྐྱེ་བ་སྔ་མའི་ལས་འཕྲོའི་བྱེ་བྲག་འགའ་ཞིག་དང་ནང་གི་རྟེན་འབྲེལ་གྱི་ཁྱད་པར་གྱིས་ཡེ་ཤེས་སྐྱེ་བའི་སྣ་འདྲེན་ནི་ཐབས་ཀྱིས་དབྱེ་བས་བྱེད་པར་རྒྱུད་འགྲེལ་རྣམས་ལས་གསུངས་པའི་ཕྱིར། དཔེར་ན་ནང་པའི་ལུས་བརྟས་པ་ནི་བཟའ་བ་དང་བཏུང་བས་བྱེད་མོད་ཀྱི། དེའི་ཡི་ག་འབྱེད་པ་ནི། སོ་འབྲུའི་སྨན་ལ་སོགས་ལ་ཟས་ཀྱི་ཁྱད་པར་གཞན་གྱིས་འབྱེད་པ་བཞིན་རྒྱུ་མཚན་དེའི་ཕྱིར་ཐབས་ཀྱི་ཁྱད་པར་དགོས་པ་ལ་མི་དགོས་ཞེས་སྨྲར་བ་འདེབས་ན། དེ་བླུན་པོ་ཡིན་ཞིང་། འོན་ཀྱང་གཏུམ་མོ་སོགས་རེ་རེས་འཚང་རྒྱ་བར་འདོད་ནའང་དེ་ཤིན་ཏུ་འཁྲུལ་ཏེ་འཚང་རྒྱ་བ་ལ་ཐབས་ཤེས་སོགས་རྒྱུ་རྐྱེན་ཐམས་ཅད་ཚང་དགོས་པ་དེའི་ཕྱིར་རོ། །དཔེར་ན་ཞིང་པའི་སོ་ནམ་བཞིན་ནོ། །བཞི་པ་ནི། དེས་ཞེས་སོགས་ཏེ། རྡོ་རྗེ་འཆང་གི་གོ་འཕང་འཐོབ་འདོད་ཀྱི་གང་ཟག་ཆོས་ཅན། སྨིན་བྱེད་ཀྱི་དབང་དང་གྲོལ་བྱེད་ཀྱི་ལམ་རིམ་པ་གཉིས་འཁོར་དང་བཅས་པ་ལ་འབད་པར་གྱིས་སམ་བྱེད་དགོས་ཏེ། རྒྱུའི་ཕྱོགས་རེས་རྡོ་རྗེ་འཆང་མི་ཐོབ་པས་དེའི་རྒྱུ་ཚོགས་ཚང་བ་ལ་བསླབ་དགོས་པས་སོ། །རིམ་པ་གཉིས་ཀྱི་བཤད་པ་ནི་སྔར་མདོ་ཙམ་བརྗོད་པས་འདིར་མི་བྲི་ཞིང་། སྔར་ལས་རྟོགས་པར་བྱའོ། །ལྔ་པ། སྔགས་དང་ཕར་ཕྱིན་གྱི་ཁྱད་པར་བཤད་པ་ལ། བསྟན་བཤད་གཉིས། དང་པོ་ནི། སོ་ཞེས་སོགས་ཏེ། རྫོགས་པའི་སངས་རྒྱས་ནི་ཕ་རོལ་ཏུ་ཕྱིན་པའི་ལམ་གྱིས་ཀྱང་ཐོབ་པར་གསུངས་ན་ཅིའི་ཕྱིར་སྔགས་ཀྱི་དབང་དང་རིམ་གཉིས་ལ་འབད་པ་འདོན་དགོས་ཟེར་ན། ཤེས་བྱ་ཆོས་ཅན། ཕར་ཕྱིན་གྱིས་སངས་རྒྱས་ཐོབ་པར་གསུངས་ཀྱང་སྔགས་ལམ་ལ་འབད་པ་དོན་མེད་ཡིན་མི་དགོས་པར་ཐལ། དཔེར་ན། སོ་ནམ་ཚུལ་བཞིན་བྱས་པས་ལོ་ཐོག་དུས་ཡུན་རིང་མོ་ནས་རིམ་གྱིས་སྨིན་པ་ལྟར་ཕ་རོལ་ཕྱིན་པའི་ལམ་རྐྱང་པ་ལ་ཞུགས་ན། གྲངས་མེད་གསུམ་གྱིས་འཚང་རྒྱ་བར་འདོད་ལ། སྔགས་ཀྱིས་བཏབ་པའི་ས་བོན་ནི་ཉི་མ་གཅིག་

ལ་ལོ་ཏོག་སྨིན་པ་ཡོད་པ་ལྟར་འབྲས་བུ་རྡོ་རྗེ་ཐེག་པའི་ཐབས་ཤེས་ཚང་བ་ལ་ཞུགས་ན་འདི་ཕྱི་བར་གསུམ་གང་ཡང་རུང་བར་ཡུན་ཕར་ཕྱིན་པ་ལས་ཐུང་ཞིང་། མགྱོགས་པར་འཚང་རྒྱ་བའི་ཕྱིར། །གཉིས་པ་ལ། ཕ་རོལ་ཏུ་ཕྱིན་པའི་ལམ་བགྲོད་ཚུལ། རྡོ་རྗེ་ཐེག་པའི་ལམ་བགྲོད་ཚུལ། མདོ་རྒྱུད་ལྟར་ལམ་ཉམས་སུ་བླང་བྱར་གདམས་པ། དེ་དང་མི་མཐུན་པ་རྒྱལ་བའི་བསྟན་པ་མིན་པར་བསྟན་པའོ། །དང་པོ་ནི། སྟོང་ཉིད་ཅེས་སོགས་ཏེ་འོ་ན་ཕ་རོལ་ཏུ་ཕྱིན་པའི་ལམ་གང་། འབྲས་བུ་དུས་ནམ་གྱི་ཚེ་ཐོབ་པའི་ཚུལ་གང་ཡིན་ཞེ་ན། ཆོས་ཐམས་ཅད་སྣང་ཡང་དོན་དམ་པར་བདེན་པས་སྟོང་པའི་སྟོང་ཉིད་དང་། རྫོགས་པ་ཡེ་ཤེས་ཀྱི་ཚོགས་འཁོར་དང་བཅས་པ་དང་། སེམས་ཅན་ཐམས་ཅད་སྒྲོལ་འདོད་ཀྱི་བྱམས་སྙིང་རྗེ་བྱང་ཆུབ་ཀྱི་སེམས་བསོད་ནམས་ཀྱི་ཚོགས་འཁོར་བཅས་ཐུགས་ཀྱིས་མ་ཟིན་པའི་ལམ་རྣམས་ནི་ཆོས་ཅན། ཕ་རོལ་ཏུ་ཕྱིན་པའི་གཞུང་ལུགས་ནས་གསུངས་པའི་ལམ་ཡིན་ཏེ། ཐུགས་ལམ་དང་བྲལ་བའི་ཐེག་ཆེན་གྱི་ལམ་ཡིན་པས་སོ། །དེ་ཡང་མདོ་ལས། ཕུང་པོ་འདི་དག་གདོད་ནས་སྟོང་ཞིང་སྐྱེ་མེད་ཤེས། །མཉམ་པར་མ་བཞག་སེམས་ཅན་ཁམས་ལ་སྙིང་རྗེ་འཇུག །བར་སྐབས་དེར་ཡང་སངས་རྒྱས་ཆོས་ལས་ཡོངས་མི་ཉམས། །ཞེས་སོགས་རྒྱས་པར་འབྱུང་བ་དེ་རྣམས་ནི། དབུ་མ་རིག་པའི་ཚོགས་རྣམས་དང་བྱམས་པའི་ཆོས་སྡེ་རྣམས་ལས་རྟོགས་པར་བྱེད་དགོས་སོ། །དེས་ན། རྫོགས་པའི་སངས་རྒྱས་ཐོབ་པར་བྱེད་པའི་ལམ་ཆེན་པོ་ཆོས་མཐུན་གྱི་རྩོད་པ་ཀུན་ལས་གྲོལ་བའི་ཆོས། ཚོགས་གཉིས་ཀྱིས་བསྡུས་པའི་ཆོས་ཅན་ལམ་གྱི་རྣམ་གཞག་ལ་མཁས་པ་ལམ་ལ་འཇུག་འདོད་ཀུན་གྱིས་གུས་པའི་བསྙེན་པར་བྱ་སྟེ། དེ་དག་གི་འཇུག་ངོགས་དམ་པ་ཡིན་པའི་ཕྱིར་རོ། །འོ་ན་ཅིའི་ཕྱིར་ལམ་ཆེན་འདི་ཉིད་ཐུགས་དངམ་འབྲེལ་ཞེ་ན། ཕ་རོལ་ཏུ་ཕྱིན་པ་རྐྱང་པའི་ལམ་འདི་ཆོས་ཅན། ཐུགས་ལམ་མིན་པར་ཐལ། གལ་ཏེ་ཁྱེད་བཞིན་སྒྲུབ་པར་འདོད་ན་ཁྱོད་ལ་ནི་རྡོ་རྗེ་ཕག་མོའི་བྱིན་རླབས་ཀྱི་ཐ་སྙད་མེད་ཅིང་ལྷན་སྐྱེས་ལ་སོགས་པའི་ལྷ་བསྒོམ་པ་མེད་ལ། གཏུམ་མོ་དང་རླུང་སྦྱོར་ལ་སོགས་པའི་ཐབས་རྫོགས་རིམ་གྱི་ལམ་དང་བྲལ་ཞིང་ཕྱག་རྒྱ་ཆེན་པོའི་ཐ་སྙད་མེད་ལ་ཚེ་འདི་ཕྱི་བར་གསུམ་དུ་གྲངས་མེད་གསུམ་ལས་མྱུར་བར་འཚང་རྒྱ་བར་ཁྱོད་ཀྱིས་མི་བྱེད་པ་སྟེ། མདོར་ན་ལྷའི་བསྒོམ་བཟླས་སོགས་རིམ་གཉིས་གང་ཡང་རུང་བ་དང་དབང་ལ་སོགས་པའི་ཡན་ལག་སོགས་རྡོ་རྗེ་ཐེག་པའི་ལམ་གང་ཡང་མིན་པའི་ཕྱིར་རོ། །

འོ་ན་ཚུལ་ཇི་ལྟར་ཉམས་སུ་ལེན་ཞེ་ན། ཕ་རོལ་ཏུ་ཕྱིན་པའི་ལམ་ཆོས་ཅན། དབང་དང་ལྷའི་བསྒོམ་བཟླས་སོགས་མེད་ལ་འོན་ཀྱང་ཉམས་སུ་ལེན་ཚུལ་ཡོད་དེ། ཐེག་པ་ཆེན་པོའི་སྡེ་སྣོད་རྣམས་ལས་འབྱུང་བ་བཞིན། དང་པོར་བྱང་ཆུབ་མཆོག་ཏུ་སེམས་བསྐྱེད་ནས། བར་དུ་བསྐལ་པ་གྲངས་མེད་གསུམ་དུ་ཚོགས

གཉིས་གསོག་པ་སྟེ། བསགས་པའི་སྒོ་ནས་སེམས་ཅན་ཡོངས་སུ་སྨིན་པ་དང་སངས་རྒྱས་ཀྱི་ཞིང་རྣམས་སྦྱངས་ནས་མཐར་ས་བཅུའི་ཐ་མར་བདུད་བཏུལ་ནས། རྫོགས་པའི་སངས་རྒྱས་ཐོབ་པར་བྱེད་པའི་ལམ་ཡིན་པའི་ཕྱིར། དེ་ལྟར་མདོ་ལས་གསུངས་སོ། །དུས་ནམ་གྱི་ཚེ་འབྲས་བུ་སངས་རྒྱས་ཐོབ་པའི་དུས་ཚོད་ནི་ཕར་ཕྱིན་གྱི་ལམ་དེ་ཡིས་ཇི་ལྟར་མྱུར་ན་ཡང་བསྐལ་པ་གྲངས་མེད་གསུམ་གྱི་དཀའ་བ་སྤྱད་ནས་རྫོགས་པའི་སངས་རྒྱས་འཐོབ་པར་འདོད་པས་དུས་ཡུན་རིང་པོ་འགོར་བར་བཞེད་དོ། །ལམ་གཉིས་ཀྱི་ཁྱད་པར་ནི་སྔར་བཤད་པ་ལྟར། ལྟ་བ་སྒོམ་པ་སྤྱོད་པ་འབྲས་བུ་རྣམས་ཀྱི་ཁྱད་པར་ཡོད་པར་ཤེས་པར་བྱ་ཞིང་། འདིར་ཕར་ཕྱིན་རྒྱུད་པས་རྫོགས་པའི་སངས་རྒྱས་ཐོབ་པ་ལྟར་བཤད་པ་ནི། འདོད་ཚུལ་གྱི་དབང་དུ་བྱས་པར་ཤེས་པར་བྱེད་དགོས་སོ༔ །གཉིས་པ་ལ། སྔགས་ལ་རྒྱུ་ཚོགས་ཚང་བས་སངས་རྒྱས་ཐོབ་པར་བསྟན་པ་དང་། གསང་སྔགས་བསྟན་པའི་སྙིང་པོར་བསྟན་པ་གཉིས། དང་པོ་ནི། ཕ་རོལ་ཏུ་ཕྱིན་པའི་གཞུང་ལུགས་ལྟར་ལུས་སྲོག་གཏོང་བ་ལ་སོགས་པ་བྱ་དཀའ་ཞིང་དུས་ཡུན་རིང་པོར་འགོར་བས་དེ་མི་ནུས་པར་གལ་ཏེ་གསང་སྔགས་བསྒོམ་པར་འདོད་ན་ཚུལ་འདི་ལྟར་བྱ་དགོས་ཏེ། སྔགས་ཀྱིས་རྫོགས་པའི་སངས་རྒྱས་བསྒྲུབ་འདོད་ཀྱི་ལས་དང་པོ་བ་ཆོས་ཅན། སྔགས་ལ་འཇུག་ཚུལ་ཕྱིན་ཅི་མ་ལོག་པས་འཇུག་པར་བྱ་སྟེ། བླ་མ་མཚན་ཉིད་དང་ལྡན་པ་ལ་ཐོག་མར་ནོར་བ་མེད་པའི་དབང་བཞི་གང་ཡང་རུང་བ་ལོངས་ལ་དེ་ནས་འབྲེལ་པ་མེད་པའི་རིམ་གཉིས་བསྒོམས་ནས་དེ་ལས་བྱུང་བའི་ཡེ་ཤེས་ཕྱག་རྒྱ་ཆེན་པོ་ལ་གོམས་པར་བྱ་ཞིང་དེ་ནས་འཁོར་འདས་རོ་མཉམ་པར་བསྲེ་བའི་ཕྱིར་ཏུ་རྣམ་པར་དག་པའི་སྤྱོད་པ་གསུམ་རྒྱུད་ནས་གསུངས་པ་བཞིན་སྤྱད་པས་ན། རྡོ་རྗེའི་ལུས་ཀྱི་ས་ལམ་ཀུན་བགྲོད་ནས་རྡོ་རྗེ་འཛིན་པའི་ས་དགེ་བ་བཅུ་གསུམ་པ་ནི་ཐོབ་པར་འགྱུར་བས་དེ་ལྟར་འཇུག་པས་སོ། །དེ་ཡང་བརྟག་གཉིས་སུ། གནས་དང་ཉེ་བའི་གནས་དང་ནི། །ཞིང་དང་ཉེ་བའི་ཞིང་ཉིད་དང་། །ཚན་དྷོ་ཉེ་བའི་ཚན་དྷོ་དང་། །དེ་བཞིན་འདུ་བ་ཉེ་འདུ་བ། །འཐུང་གཅོད་ཉེ་བའི་འཐུང་སྤྱོད་ཉིད། །དུར་ཁྲོད་ཉེ་བའི་དུར་ཁྲོད་ཉིད། །འདི་རྣམས་ས་ནི་བཅུ་གཉིས་ཡིན། །ཞེས་གསུངས་པའི་ས་དང་། མཚན་ཉིད་ཐེག་པར་རབ་ཏུ་དགའ་བ་སོགས་ཀྱིས་བཤད་པ་རྣམས་དོན་གཅིག་གམ་ཐ་དད་ན། ས་དང་པོ་བཅུ་ནི་དོན་གཅིག་སྟེ། སམ་པུ་ཊི་ར། གནས་ནི་རབ་ཏུ་དགའ་བའི་ས། །ཞེས་པ་ནས། ཉེ་བའི་དུར་ཁྲོད་ཆོས་ཀྱི་སྤྲིན། །ཕ་རོལ་ཕྱིན་བཅུ་ས་རྣམས་ལ། །ཞེས་འཐུང་གཅོད་དང་། འཐུང་གཅོད་ཉེ་བ་གཉིས་མ་གཏོགས་རིམ་བཞིན་དུ་སྦྱར་ནས་གསུངས་པའི་ཕྱིར་རོ། །དེ་ལྟར་ན། ས་ལྷག་མ་གཉིས་ནི་བཅུ་གཅིག་པ་དང་། བཅུ་གཉིས་པ་ལ་སྦྱོར་དགོས་ཏེ། དེ་གཉིས་སུ་སྒྲིབ་པ་ཕྲ་བ་རེ་སྤོང་བའི་ས་ཡོད་དགོས་ལ། དེ་གཉིས་ལས་གཞན་མེད་པས་སོ། །དང་པོ་གྲུབ་སྟེ། སམ་པུ་ཊི་ར། གང་དག

བསམ་གྱིས་མི་ཁྱབ་པའི་གནས་མངོན་དུ་མ་བྱས་པ་དེ་ནི་བདེ་བར་གཤེགས་པ་སྟེ་སངས་རྒྱས་ཡིན་ལ། མཚན་གཞི་མཆོན་པ་ནི་དོ་རྗེ་འཛིན་པ་ཡང་དག་པའོ། །ཞེས་གསུངས་པ་ལྟར་བསམ་གྱིས་མི་ཁྱབ་པའི་གནས་ཤེས་སྒྲིབ་ཕྲ་བ་སྤངས་པའི་ཡེ་ཤེས་མངོན་དུ་མ་གྱུར་པ་ནི། བཅུ་གཅིག་ཀུན་ཏུ་འོད་ལ་བཞད་པས་སོ། །ས་ལམ་བགྲོད་ཚུལ་ནི་ཆོས་རྗེ་ཉིད་ཀྱིས་བདག་མེད་མའི་བསྟོད་འགྲེལ་དུ་བཤད་པ་ལྟར་རྟོགས་པར་བྱའོ། །དུས་ཀྱི་འཁོར་ལོ་ནི་ལུས་ཀྱི་འཁོར་ལོ་དྲུག་ལ་ས་གཉིས་རེ་བགྲོད་པའི་ཚུལ་བཤད་དོ། །གཉིས་པ་ནི། འདི་ཞེས་སོགས་ཏེ། ལྟ་སྒོམ་སྤྱོད་འབྲས་ཀྱིས་བསྡུས་པའི་གསང་སྔགས་འདི་ནི་ཆོས་ཅན། དུས་གསུམ་སངས་རྒྱས་རྣམས་ཀྱི་བསྟན་པ་དམ་པའི་ཆོས་ཀྱི་སྙིང་པོ་ཡིན་ཞིང་རྒྱུད་སྡེ་རྣམས་ཀྱི་གསང་ཚིག་གི་དོན་མཆོག་ཡིན་ཏེ། རྫོགས་པའི་སངས་རྒྱས་སྒྲུབ་བྱེད་ཀྱི་ཐབས་ཀྱི་མཆོག་ཡིན་པས། ཐེག་པ་འོག་མ་ཕར་ཕྱིན་གྱི་ཐེག་པ་མན་ཆད་ལ་མ་གྲགས་པའི་ཐེག་ཆེན་གྱི་ཆོས་དམ་པ་ཡིན་པས་སོ། །གང་ཟག་གི་རྫོགས་པའི་སངས་རྒྱས་འཐོབ་པར་འདོད་ན། དེ་ཡིས་གསང་སྔགས་ཀྱི་ལམ་འདི་བཞིན་ཉམས་སུ་བླངས་པ་ལ་འབད་པར་བྱ་དགོས་ཏེ། གསང་སྔགས་ཀྱི་ལམ་མ་བསྒོམ་པར་རྫོགས་པའི་སངས་རྒྱས་མི་འཐོབ་པའི་ཕྱིར་རོ། །གསུམ་པ་ནི། ཡང་ཞེས་སོགས་ཏེ། ཤེས་བྱ་ཆོས་ཅན། ཐེག་ཆེན་གྱི་ལམ་ལ་འཇུག་པར་འདོད་པ་དེས། ཡང་ན་ཕ་རོལ་ཏུ་ཕྱིན་པའི་མདོ་ལས་ཇི་ལྟར་བྱུང་བ་བཞིན་བྱེད་པའམ་ཡང་ན་དོ་རྗེ་ཐེག་པའི་རྒྱུད་སྡེ་བཞིན་དུ་ལམ་ཉམས་སུ་ལེན་དགོས་ཏེ། ཕ་རོལ་ཏུ་ཕྱིན་པའི་ལམ་དང་དོ་རྗེ་ཐེག་པའི་ལམ་འདི་གཉིས་མིན་པའི་ཐེག་ཆེན་གྱི་ལམ་ནི་རྫོགས་པའི་སངས་རྒྱས་ཀྱིས་གསུངས་པ་མེད་པའི་ཕྱིར་རོ། །སྤྱིར་ནི་རྒྱུ་མཚན་ཉིད་ཐེག་པའི་ལམ་ལ་ཕ་རོལ་ཏུ་ཕྱིན་པའི་ལམ་ཡིན་མི་དགོས་སོ། །བཞི་པ་ནི། ཞེས་སོགས་ཏེ། ད་ལྟའི་ཆོས་པར་རློམ་པ་ཕལ་ཆེར་ནི་བསླབ་པ་གསུམ་པོ་མི་སྲུང་བས་ཕ་རོལ་ཏུ་ཕྱིན་པའི་ཆོས་ལུགས་པ་མིན་ཞིང་དབང་དང་རིམ་གཉིས་གང་ཡང་མི་ལྡན་པས་དོ་རྗེ་ཐེག་པའི་བསྟན་འཛིན་མིན་ལ། འདུལ་བའི་སྡེ་སྣོད་མི་ཤེས་པས་ཉན་རང་གི་ཡང་ཆོས་ལུགས་པ་མིན་བཞིན་དུ། འོན་ཀྱང་ཆོས་པར་ཁས་འཆེ་བ་ཀྱི་མ་གང་གི་བསྟན་པ་འཛིན་པར་འགྱུར་ཏེ་བསྟན་འཛིན་མིན་པར་ཐལ། སངས་རྒྱས་ཀྱི་རྗེས་སུ་ནི་མི་འབྲངས། ཕྱི་རོལ་པར་ནི་མི་འདོད་དེའི་བསྟན་པས་བསྟན་པའི་གོ་ཡང་མི་ཆོད་པའི་ཕྱིར་རོ༑ ༑དཔེར་ན། ཕ་འདི་ཡིན་ངོས་བཟུང་རྒྱུ་མེད་པའི་བུ་མང་ཡང་རིགས་གཅིག་གི་ནང་དུ་ཚུད་མི་ནུས་པ་དེ་བཞིན་དུ་འབྱུང་ཁུངས་རྣམ་དག་ནས་མ་བྱུང་བའི་ཆོས་པ་བསྟན་པའི་ནང་དུ་འདུ་བ་མིན་ལ། དག་དྲུག་བསྡུས་པའི་སྤྲང་པོའི་གོས་ལ་ནི་མི་ཆེན་པོ་རྣམས་ཀྱི་ཚས་མི་རུང་བ་དེ་བཞིན་ཡི་གེ་སྣ་ཚོགས་ནས་བསྡུས་ཏེ་བླུན་པོས་གང་བྱུང་བསྒྲིགས་པའི་ཆོས་ཀྱིས་དད་པ་ཅན་འཚང་མི་རྒྱའོ། །གསུམ་པ་ལ། མུ་སྟེགས་པ་དང་མཐུན་པའི་

ལོག་རྟོག་དགག་པ། མཐའ་དག་མ་ནོར་བས་འཇུག་པ་དགག །བླ་མ་ལ་སྤྱང་བླང་ནོར་བ་དགག །ཕྱག་རྒྱ་ཆེན་པོ་ལ་འཁྲུལ་པ་དགག །བླ་མའི་མཚན་ཉིད་རྣམ་པར་བཤད། གཞན་ཡང་ནོར་བ་སྣ་ཚོགས་སུ་འབྱུང་། ལྟ་བ་ལ་འཁྲུལ་པ་སྣ་ཚོགས་དགག །ལྟ་བསྒོམ་ཚུལ་གྱི་རྣལ་འབྱོར་ངོས་བཟུང་བ། རང་ལུགས་ཀྱི་ལྟ་བསྒོམ་མ་འཁྲུལ་བ་བཤད་པའོ། །

དང་པོ་ལ། འདོད་པ་བརྗོད་པ་དང་། དེ་དགག་པ་གཉིས། དང་པོ་ནི། མུ་སྟེགས་ཞེས་སོགས་ཏེ། གཅེར་བུ་པ་སོགས་མུ་སྟེགས་བྱེད་པ་ཁ་ཅིག་ཀྱང་སངས་རྒྱས་པ་ལ་འདི་སྐད་ཟེར་ཏེ། སྡིག་པ་སྤོང་ཞིང་དགེ་བ་བྱེད་ན་མུ་སྟེགས་པ་ཡིན་ཡང་ཅི་ཞིག་སྐྱོན། དགེ་བ་མེད་ཅིང་སྡིག་པ་བྱེད་ན་ཆོས་པ་ཡིན་ཡང་ཅི་ཕན་ནོ། །དེ་བཞིན་དུ་བོད་འདི་ནའང་བླུན་པོ་འགའ་ཞིག །དད་པ་དང་ལྡན་ཞིང་སྙིང་རྗེ་ཆེ། སྦྱིན་དང་ཚུལ་ཁྲིམས་བཟོད་པ་བསྒོམ། བསམ་གཏན་བསྒོམ་ཞིང་སྟོང་པ་ཉིད་རྟོགས་ན་སངས་རྒྱས་ཀྱིས་གསུངས་པའི་མདོ་རྒྱུད་དང་མི་མཐུན་ཡང་དེ་ལ་སྐྱོན་མེད་ལ། གོང་གི་དད་སོགས་ཡོན་ཏན་དེ་དག་མེད་ན་མདོ་རྒྱུད་དང་མཐུན་ཡང་ཅི་ཕན་ཟེར་རོ། །གཉིས་པ་ལ། མུ་སྟེགས་པ་ལ་སྡོམ་དགེ་མེད། །དབང་མ་འབྲེལ་ལ་སྔགས་སྡོམ་མེད། །སྡོམ་པ་གསུམ་ལྡན་དགོས་པར་བསྟན་པའོ། །དང་པོ་ནི། དེ་ཞེས་སོགས་ཏེ། དེ་ཡང་བརྟག་པར་བྱ་བས་ཉོན་ཅིག །མུ་སྟེགས་བྱེད་ཆོས་ཅན། ཁྱོད་ཀྱིས་དགེ་བ་བྱས་ན་ཡང་། བར་མ་ཡིན་གྱི་ཁྱོད་ལ་སྡོམ་པ་ལས་བྱུང་བའི་དགེ་བ་མེད་དེ། རྒྱུ་སྡོམ་པ་མེད་པའི་ཕྱིར། དེ་ཡང་། ཁྲིམས་ནི་རྒྱུ་དང་མི་རྒྱུའི་ས་བཞིན་དུ། །ཡོན་ཏན་ཀུན་གྱི་གཞི་རྟེན་ལེགས་པར་གསུངས། །ཞེས་གསུངས་པ་ལྟར། སྡོམ་པ་ནི་ཡོན་ཏན་ཕྱི་མ་ཀུན་གྱི་གཞིར་གསུངས་མོད། མུ་སྟེགས་བྱེད་ཀྱི་དཀའ་ཐུབ་དང་། སྤྱོང་སེམས་འགའ་ཞིག་ནི་གནོད་པ་མཐའ་དག་ལས་ལོག་པ་མིན་པས་འགའ་ཞིག་ཏུ་སྐྱོན་འཕེལ་བའི་རྟེན་བྱེད་ཅིང་། འཁོར་བ་ལ་ངེས་པར་འབྱུང་བའི་བསམ་པས་མ་ཟིན་པས་སྡོམ་པར་རུང་བ་མིན་ཏེ། སྲོག་གི་མཆོད་སྦྱིན་བཞིན་ནོ། །གཉིས་པ་ནི། དེ་ཞེས་སོགས་ཏེ། དེང་སང་གི་སྔགས་ཀྱི་སློབ་དཔོན་ཕལ་ཆེར་ནི་ཆོས་ཅན། ཁྱོད་ཀྱིས་དགེ་བ་སྤྱད་ཀྱང་བར་མ་སྤྱད་པ་ཡིན་གྱི་གསང་སྔགས་ཀྱི་སྡོམ་པ་ལས་བྱུང་བའི་དགེ་བ་ཡོད་པ་མིན་ཏེ། ཁྱོད་ལ་རྒྱུ་རིག་འཛིན་གྱི་སྡོམ་པ་མ་བསྲུངས་པ་སྐྱེ་མེད་པའི་ཕྱིར། དེ་བཞིན་དུ་དབང་བསྐུར་དང་འབྲེལ་བ་མ་ཐོབ་པ་དེ་ལའང་སྔགས་སྡོམ་མེད་པས་དེ་ལས་བྱུང་བའི་དགེ་བ་མེད་དོ༔ །འདི་ཡང་ཆོས་མངོན་པར། སྡོམ་པ་དང་སྡོམ་མིན་དུ་མ་གཏོགས་པའི་དགེ་བ་དང་མི་དགེ་བ་རྣམས་ནི་བར་མར་གསུངས་སོ། །དེས་ན་སྔགས་སྡོམ་ལས་བྱུང་བའི་དགེ་བ་མེད་ན། དེ་མེད་པ་དེས་གསང་སྔགས་ཐབས་ལམ་རབ་ཏུ་ཟབ་ཀྱང་འཚང་མི་རྒྱ་བར་ཐུབ་པས་གསུངས་ཏེ། དབང་མེད་ན་ནི་དངོས་གྲུབ་མེད། །ཅེས་

གསུངས་སོ། །གསུམ་པ་ནི། སྡོམ་ཞེས་སོགས་ཏེ། ཤེས་བྱ་ཆོས་ཅན། དབང་བསྐུར་འདི་ལ་ལམ་གྱི་རྣམ་དབྱེ་ལ་མཁས་པ་རྣམས་གུས་པ་སྐྱེ་བའི་རྒྱུ་མཚན་ཡོད་དེ། དབང་བསྐུར་ཐོབ་ནས། སྡོམ་པ་གསུམ་དང་ལྡན་པའི་རིམ་གཉིས་ཟབ་མོའི་གནད་ཤེས་ནས། ཉམས་སུ་བླངས་ན་ལེན་མཁན་དེ་ནི་ཚེ་འདིའམ་བར་དོའམ་སྐྱེ་བ་བཅུ་དྲུག་ཚུན་ཆད་ལ་དངོས་གྲུབ་འགྲུབ་པར་རྫོགས་པའི་སངས་རྒྱས་ཀྱིས་གསུངས་པའི་ཕྱིར་རོ། །ཇི་ལྟར་ན། དུས་འཁོར་རྩ་རྒྱུད་སོགས་ལས། མཚམས་མེད་ལྔ་ནི་བྱེད་པ་དང་། །གདོལ་པ་སླིག་མ་མཁན་ལ་སོགས། །སྔགས་ཀྱི་སྤྱོད་པ་རྗེས་སྤྱད་ན། །སྐྱེ་འདི་ཉིད་ལ་སངས་རྒྱས་འགྱུར། །ཞེས་སོགས་དང་། གལ་ཏེ་ལྟུང་བ་མེད་གྱུར་ན། །སྐྱེ་བ་བཅུ་དྲུག་དག་ནས་འགྲུབ། །ཅེས་སོགས་འབྱུང་བ་ལྟར་རོ། །བར་དོར་འགྲུབ་པར་ཡང་། ཡེ་ཤེས་ཐིག་ལེར། ཡང་ན་ལུས་ནི་སྤངས་མ་ཐག །བརྩོན་པ་མི་ལྡན་པས་ཀྱང་འགྲུབ། །ཅེས་གསུངས་སོ། །

འོ་ན་རྒྱུད་སྡེ་འོག་མས་ཚེ་འདི་ལ་འགྲུབ་ཚུལ་ཇི་ལྟར་ཞེ་ན། ཁྲིས་སྐུ་ལ་སོགས་པ་རང་གི་འདོད་ལྷའི་མདུན་རིལ་བུ་དང་ཞགས་པ་སོགས་བསྒྲུབས་པས། མེ་འབར་བ་དང་། སྒྲ་སྒྲོགས་པ་སོགས། གྲུབ་པའི་རྟགས་བྱུང་བ་དང་། རིལ་བུ་ཟོས་པས་ཚེ་ཉི་ཟླ་དང་མཉམ་པ་དང་། ཞགས་པས་ཇི་ལྟར་འདོད་པའི་དངོས་གྲུབ་འབྱུང་བར་བྱེད་པ་སོགས་འབྱུང་བས་ཚེ་རིང་པོ་དེ་ལ་བརྟེན་ནས་སངས་རྒྱས་མཆོད་དེ། གདམ་ངག་ཞུས་ཉམས་སུ་བླངས་པས་འགྲུབ་པར་འགྱུར་རོ། །ཞེས་གསུངས་སོ། །ཚེའི་རིགས་འཛིན་གྲུབ་པར་བྱས་ནས། དེ་ནས་མཆོག་སྒྲུབ་ཚུལ་ནི། རྒྱུད་སྡེ་གོང་མ་བ་འགའ་ཞིག་ཡང་བཞེད་དོ། །མཆོག་གི་དངོས་གྲུབ་ལ་གནས་སྐབས་དང་། མཐར་ཐུག་གཉིས་ལས། དང་པོ་ནི། མཐོང་ལམ་ཡན་ལ་འདོད་དེ། འཕགས་པ་མིན་པ་གྲུབ་ཐོབ་བཀག །ཅེས་འཆད་པར་འགྱུར་བས་སོ། །དེས་ན་ཚེ་འདི་ལ་འགྲུབ་པ་ནི་མཐོང་ལམ་ཡིན་ཞེས་མང་པོས་གསུངས་ནའང་། གནས་སྐབས་དང་། མཐར་ཐུག་གི་མཆོག་གང་ཡང་རུང་བ་ཡོད་དགོས་ཏེ། ལ་ལས་མཐོང་ལམ་འགྲུབ་པ་དང་། ལ་ལས་མཐར་ཐུག་འགྲུབ་པ་ཡོད་དགོས་པས་སོ། །གཉིས་པ་ལ། ཉན་ཐོས་ཀྱི་སྡོམ་པ་ལ་ནོར་བས་འཇུག་པ་དགག །བྱང་སེམས་ཀྱི་སྡོམ་པ་ལ་ནོར་བས་འཇུག་པ་དགག །གསང་སྔགས་ལ་ནོར་བས་འཇུག་པ་དགག་པའོ། །དང་པོ་ནི། གང་ཞེས་སོགས་ཏེ། བསྟན་པའི་སྒོ་རབ་ཏུ་འབྱུང་བར་འདོད་པའི་སེམས་ཅན་གང་དག་ཆོས་ཅན། ངེས་འབྱུང་སྡོམ་པ་བསྲུང་བའི་ཕྱིར་དུ་གུས་པས་ལོང་སྟེ། བླང་བར་རིགས་ཏེ་ཚེ་འདིའི་ལྟོ་གོས་སོགས་བདེ་ཐབས་ཙམ་ལ་དམིགས་པའི་རབ་ཏུ་འབྱུང་བ་ཐུབ་པས་བཀག་ལ་ཁྱོད་ནི་རབ་ཏུ་འབྱུང་འདོད་ཡིན་པས་སོ། །འདུལ་བ་ལས། ངེས་པར་འབྱུང་བ་ཚུལ་ཁྲིམས་ཀྱི་དབང་དུ་བྱས་ཏེ། །ཞེས་གསུངས་སོ། །ཡང་དང་པོར་ངེས་འབྱུང་གིས་བླངས་ཀྱང་། རྗེས་སུ་ཚེ་འདི་གཙོ་བོར་འདོན་པ་བདག་ལྟ་བུ་ནི

བསྟན་པ་འཇིག་བྱེད་དུ་གསུངས་ཏེ། ལང་གཤེགས་སུ། ངའི་བསྟན་པ་སྲུན་འབྱིན་པ་དང་། །ཧུར་སློག་གི་ནི་གོས་བགོས་ཤིང་། །འབྲས་བུ་མེད་དང་ཡོད་སྨྲ་བ། །མ་འོངས་དུས་ན་འབྱུང་བར་འགྱུར། །ཞེས་སོགས་དང་། ལམ་སྒྲོན་འགྲེལ་བར། ཐུབ་པའི་བསྟན་པ་གདམ་ངག་ཉམས་གྱུར་པའི། །སྟོན་པའི་དམ་ཆོས་རྣམས་པར་འཇིགས་པ་ནི། །སངས་རྒྱས་ཉིད་ཀྱི་སློབ་མ་མ་གཏོགས་པ། །ཕྱི་རོལ་པ་དང་ཐ་མལ་སྐྱེ་བོ་ཡིས། །ཐུབ་པའི་བསྟན་པ་སུས་ཀྱང་འཇིག་མི་ནུས། །ཁྱད་པར་ཏུ་ནི་རབ་ཏུ་འབྱུང་བས་འཇིག །ཅེས་གསུངས་པས་སོ། །གཉིས་པ་ནི། སེམས་ཞེས་སོགས་ཏེ། དེང་སང་སྣོད་མི་རུང་བ་མང་པོ་ལ་ཐེག་ཆེན་སེམས་བསྐྱེད་དེ་འབོགས་པར་བྱེད་པ་བདག་ཅག་ལྟ་བུ་ནི་ཆོས་ཅན། སངས་རྒྱས་ཀྱི་བསྟན་པའི་ལུགས་བཞིན་བྱེད་པ་མིན་ཏེ། དམ་པའི་ཆོས་ཐོས་པ་ཆུང་པ་དང་ཐོས་པ་མེད་པ་རྣམས་ཀྱིས་མགོ་བསྐོར་ནས་བླུན་པོ་བརྒྱ་སྟོང་བག་མེད་ལ་འཚོགས་པ་རྣམས་ལ་རྩེད་མོ་སྣ་ཚོགས་བསྟན་ནས་དགའ་བར་བྱ་བའི་ཕྱིར་ཏུ་རྩེད་མོ་སྣ་གཅིག་ལ་བསམས་ཏེ་སེམས་བསྐྱེད་འབོགས་ལོ་བྱེད་པས་སོ། །སྐྱེ་དང་སྐྱེ་བར་སྡིག་གྲོགས་ཀྱིས། །དབང་དུ་གྱུར་མོད་ད་དུང་ཡང་། །རང་དབང་མ་ཐོབ་བླུན་པོ་ཁྱོད། །སྨྱོན་པ་ལས་གཞན་སུ་ཞིག་ཡིན། །གསུམ་པ་ནི། གསང་སྔགས་ཞེས་སོགས་ཏེ། བདག་ཅག་ལྟ་བུ་གསང་སྔགས་པ་དེང་སང་མང་མོད་ཀྱི་རྒྱུད་སྡེ་ནས་བཤད་པ་བཞིན་དུ་བསྒྲུབས་པ་ནི་དེང་སང་ཆེས་ཉུང་སྟེ། བདག་ལྟ་བུ་དེང་སང་གི་སྔགས་པ་ཕལ་ཆེར་དཀྱིལ་འཁོར་སྒྲུབ་ཅིང་མཆོད་པ་ལ་བསྟད་ནས། སྣོད་མིན་མང་པོའི་ངོར་བརྒྱན་བཅིངས་འགྱུར་པས་གར་དང་། གླུ་ལ་སོགས་པ། བག་མེད་པའི་སྤྱོད་པ་ལ་བདེ་བའི་འདུ་ཤེས་ཀྱིས་རང་གི་བློས་འཕྲལ་ལ་སྣ་ཚོགས་བཟོས་ནས་བསླངས་པའི་གསང་སྔགས་སྤྱོད་པར་ཟད་པས་སོ། །ཉེས་དམིགས་ཀྱིས་དམྱལ་བར་འགྲོ་དགོས་ཏེ། ཡོངས་སུ་མ་སྨིན་སེམས་ཅན་ལ། །གསང་བ་སྒྲོག་པ་བདུན་པ་ཡིན། །ཞེས་རྩ་ལྟུང་འབྱུང་བར་གསུངས་ལ། དུས་འཁོར་དུ། གལ་ཏེ་གཡོ་སྒྱུའི་དབང་གིས་རྩ་བའི་ལྟུང་བ་བྱུང་བར་གྱུར་ན། དམྱལ་བར་འགྲོ་སྟེ་འདི་དག་སྡུག་བསྔལ་ལོ། །ཞེས་གསུངས་པ་ལྟར་དེ་མ་སྤྲངས་པས་སོ། །གལ་ཏེ་དབང་བསྐུར་བྱེད་ན་ཡང་བཟང་པོའི་གཞུང་ལུགས་ནས་འབྱུང་བ་བཞིན་གྱི་སྔགས་དང་ཕྱག་རྒྱ་དང་ཏིང་ངེ་འཛིན་སོགས་དགོས་པ་ཀུན་དོར་ནས་ཕག་མགོའི་དབང་བསྐུར་སོགས། གང་དག་བརྫུན་གྱིས་བསླད་པ་ལ་ངོ་མཚར་བཞིན་དུ་གྲུས་པས་ལེན་པ་ནོར་བ་ཡིན་ཏེ་འཁྲུལ་པ་ཡིན་པས་སོ། །བསྐྱེད་རིམ་བསྒོམ་པ་དཀོན་མོད་བརྒྱ་ལ་བསྐྱེད་རིམ་བསྒོམས་ན་ཡང་། བདག་ལྟ་བུ་ཆོས་ཅན། བསྐྱེད་རིམ་བསྒོམ་ཚུལ་ལ་ནོར་ཏེ། སྣང་གཞི་ཕུང་པོ་སོགས་དང་། སྣང་བྱ་འདོད་ཆགས་སོགས་དང་། སྒྱུར་བྱེད་ལྷ་དང་དཀྱིལ་འཁོར་སོགས་མེད་པར་ངོ་འཕྲོད་པའི་ཆོ་གའི་ཡན་ལག་ཀུན་བོར་ནས་རང་བཟོས་ཡི་དམ་དཀྱིང་བསྐྱེད་བསྒོམ་པར་ཟད་པས་སོ། །

དེ་བཞིན་དུ་དེང་སང་གཏུམ་མོ་ཙུང་བསྒོམས་པས། དྲོད་སྐྱེས་ནས་རས་རྐྱང་བྱེད་པ་གྲུབ་ཐོབ་ཏུ་འཛིན་པའི་རློངས་པ་དག་ཆོས་ཅན། གཏུམ་མོའི་སྒོམ་ཚུལ་ལ་ནོར་ཏེ། རྒྱུད་ནས་གསུངས་པའི་ནང་གི་རྟེན་འབྲེལ་ཟབ་མོའི་གནད་མི་ཤེས་པར་མུ་སྟེགས་བྱེད་ཀྱི་གཏུམ་མོ་ལྟར་དུ་རས་རྐྱང་གིས་ཚུགས་སོ་ཞེས་ལུས་ཀྱི་དྲོད་ཙམ་ལ་དམིགས་པར་གོ་ཞིང་། གལ་ཏེ་ཡེ་ཤེས་ཙུང་སྐྱེས་ན་ཡང་། ཉོན་མོངས་རྣམ་རྟོག་དང་ལམ་འདྲེས་པ་འབྱེད་པའི་ཐབས་ལ་མི་མཁས་པས་དེ་འདྲའི་གཏུམ་མོ་དེ་རྫོགས་པའི་སངས་རྒྱས་ཀྱི་ལམ་དུ་མི་འགྱུར་བ་ལ་དེའི་ལམ་དུ་འཛིན་པས་སོ། །ནང་གི་རྟེན་འབྲེལ་ནི། ཐོག་མར་ལུས་ཀྱི་རྩ་ལེགས་པར་སྦྱངས་ནས། རྩ་ནང་དུ་རགས་པའི་རླུང་བཅུ་འབྱུང་འཇུག་བྱེད་པ་དང་། ཕྲ་བའི་རླུང་ལྔ་རྣམ་ཤེས་ཀྱི་རོལ་ཡུལ་ལ་འཇུག་པའི་གཡོན་པ་བྱེད་པ་དང་ཤིན་ཏུ་ཕྲ་བ་གཡོམ་མེད་ཀྱི་རླུང་ནཱ་ད་ཞེས་བྱ་བ་བག་ཆགས་ཕྲ་མོ་དང་འདྲེས་པ་ལྟར་ཐམས་ཅད་ལ་ཁྱབ་སྟེ། རྒྱུད་ལས། རླུང་ཞེས་བྱ་བས་ལས་ཀུན་བྱེད། །ཅེས་སོགས་དང་། རླུང་རྣམས་ཕྲ་བའི་གཟུགས་ཀྱིས་ནི། །དབང་པོའི་སྒོ་ནས་འབྱུང་གྱུར་ཏེ། །རྣམ་པར་ཤེས་དང་འདྲེས་གྱུར་ནས། །ཡུལ་རྣམས་ལ་ནི་འཇུག་པར་བྱེད། །ཅེས་གསུངས་པ་ལྟར་རོ། །དེ་རྣམས་དབུ་མར་འཇུག་པའི་རྣལ་འབྱོར་གྱིས་སྦྱངས་ནས་དབང་དུ་བྱས་པས། ལས་ཀྱི་རླུང་དག་ཅིང་ཟད་མེད་ཀྱི་བདེ་བ་འཕེལ་བར་བྱེད་པའི་ཐབས་སུ། རྡོ་རྗེའི་ལུས་ལ་གནས་པའི་གཏུམ་མོ་ཁ་དོག་དང་དབྱིབས་ཀྱི་རྣམ་པ་གསལ་བཏབ་ནས། རླུང་གི་རྣལ་འབྱོར་གྱིས་སྦར་བས་རྩ་ལས་སུ་རུང་བར་འགྱུར་ཏེ། སྟོང་ཉིད་རྟོགས་པ་དང་འབྲེལ་བས། འཁོར་བའི་རྣམ་རྟོག་སྲེགས་ནས། མི་རྟོག་པའི་ཡེ་ཤེས་སྐྱེ་བའི་གྲོགས་སུ་འགྱུར་བ་ཞིག་ལ་བྱའོ། །

གསུམ་པ་ལ། བླ་མའི་མཚན་ཉིད་མེད་པ་བླ་མ་མིན་པར་བསྟན་པ། དེ་ལ་བརྟེན་ཀྱང་སངས་རྒྱས་མི་སྟེར་བར་བསྟན་པ། ཕར་ཕྱིན་པའི་བླ་མ་སངས་རྒྱས་དང་འདྲ་བར་བལྟ་བ། དབང་ཐོབ་ཀྱི་བླ་མ་སངས་རྒྱས་སུ་བལྟ་བ། མཚན་ཉིད་མེད་པའི་བླ་མས་བསྟན་པ་ལ་གནོད་པ་བསྟན་པ་དང་ལྔའོ། །དང་པོ་ནི། བླ་ཞེས་སོགས་ཏེ། དྲོད་སྐྱེ་བ་ཙམ་གྱིས་གཏུམ་མོ་དང་། སེམས་གནས་ཙམ་ལ་ཞི་ལྷག་ཏུ་ངོ་སྤྲོད་ཅིང་། སྡོམ་པ་གསུམ་ལས་གང་ཡང་རུང་བ་ལའང་ལྐོག་པར་བྱེད་ཅིང་འདོད་པ་ལ་སྲེད་པའི་བླ་མར་མིང་བཏགས་པ་ནི་ཆོས་ཅན། སློབ་མ་ཁྱོད་ལ་མོས་ན་ཡང་ཁྱོད་འདྲའི་བླ་མས་སྔགས་ཀྱི་བླ་མའི་གོ་ཆོད་པ་མིན་ཏེ། ཁྱེད་དཔོན་སློབ་གཉིས་ཀ་ལ་གསང་སྔགས་ཀྱི་སྡོམ་པ་མེད་པའི་ཕྱིར་རོ། །དཔེར་ན་རབ་བྱུང་མ་བྱས་ན་དེ་མཁན་པོའི་ཐ་སྙད་མེད་པ་བཞིན་དེ་བཞིན་དུ་དེས་དེ་ལ་དབང་རྒྱུད་མན་ངག་སོགས་སྔགས་ཀྱི་ཆོས་མ་ཐོབ་ན། དེ་དེའི་གསང་སྔགས་ཀྱི་བླ་མ་མིན་པས་སོ། །གཉིས་པ་ནི། གསང་ཞེས་སོགས་ཏེ། གསང་སྔགས་ཐོབ་པ་མིན་པའི་བླ་མ་ལ་ཆོས་ཅན། མོས་པ་

བྱས་ཀྱང་དེ་ལ་ཚེ་འདིའམ་བར་དོར་སངས་རྒྱས་ཉིད་སྦྱིན་མི་ནུས་ཏེ། དེ་ལ་སྔགས་ཀྱི་བཀའ་དྲིན་གང་ཡང་མེད་པའི་ཕྱིར། མོས་པ་བྱས་པས་དེ་ལ་འབྲས་བུ་མེད་པ་ནི་མིན་ཏེ། མོས་པ་བྱས་པས་བྱེད་མཁན་དེ་ལ། ཚེ་འདིར་བདེ་སྐྱིད་ཕུན་ཚོགས་ཙམ་ཞིག་གམ་ཕྱི་མར་རིམ་གྱིས་བདེ་བ་འགྲུབ་པའི་རྒྱུ་བྱེད་པ་སྲིད་པས་སོ། །གསུམ་པ་ནི། ཕ་ཞེས་སོགས་ཏེ། ཤེས་བྱ་ཆོས་ཅན། སྦྲིབ་བཅས་ཀྱི་བླ་མ་དེ་ལ་སློབ་མ་དེས་སངས་རྒྱས་དངོས་སུ་མི་བལྟ་བར་སངས་རྒྱས་དང་འདྲ་བར་ལྟ་བ་ནི། ཕར་ཕྱིན་ཐེག་པའི་ལུགས་ལས་འབྱུང་སྟེ། ཕ་རོལ་ཏུ་ཕྱིན་པའི་གཞུང་ལུགས་ཕལ་པོ་ཆེ་སོགས་ལས། བླ་མ་སངས་རྒྱས་ལྟ་བུར་བལྟ་བར་བྱ་ཡི་ཞེས་གསུངས་མོད་ཀྱི་སངས་རྒྱས་དངོས་སུ་གསུངས་མེད་པས་སོ། །གཞན་ཡང་འདུལ་བར། མཁན་པོ་དང་སློབ་དཔོན་ལ་སྟོན་པའི་འདུ་ཤེས་བསྐྱེད་པར་བྱའོ། །ཞེས་སོགས་དང་།

མདོ་ལས། འཇམ་དཔལ་དེ་ལྟ་བས་ན་བྱང་ཆུབ་སེམས་དཔའ་དེ་བཞིན་གཤེགས་པ་ལ་ཇི་ལྟར་གུས་པར་བྱ་བ་དེ་བཞིན་དུ། དགེ་བའི་བཤེས་གཉེན་རྣམས་ལའང་བསྟེན་པར་བྱའོ། །ཞེས་སོགས་འབྱུང་ངོ་། །བཞི་པ་ནི། བླ་ཞེས་སོགས་ཏེ། ཤེས་བྱ་ཆོས་ཅན། བླ་མ་ལས་དབང་བསྐུར་ཐོབ་ནས་སློབ་མ་དེས་བླ་མ་སངས་རྒྱས་ཉིད་དུ་ལྟ་བ་ནི་སྔགས་ཀྱི་ལུགས་ལས་འབྱུང་སྟེ། དེ་ལྟར་རྒྱུད་སྡེ་རྣམས་དང་། བླ་མ་ལྔ་བཅུ་པ་སོགས་ནས་གསུངས་པས་སོ། །དེ་ཡང་འདུས་པའི་རྒྱུད་ལས། དབང་བསྐུར་བའི་རྡོ་རྗེ་སློབ་དཔོན་ལ་ཇི་ལྟར་བལྟ་བར་བགྱི་ཞེས་ཞུས་པའི་ལན་དུ། སངས་རྒྱས་ཀུན་གྱི་རང་བཞིན་སྐུ། །ཡན་ལག་བྱང་ཆུབ་སེམས་དཔའ་སྟེ། །བ་སྤུ་རྣམས་ནི་དགྲ་བཅོམ་ཉིད། །སྤྱི་གཙུག་རིགས་ལྔའི་སངས་རྒྱས་ཏེ། །འཇིག་རྟེན་པ་ནི་ཞབས་ཀྱིས་གདན། །འོད་ཟེར་གནོད་སྦྱིན་གསང་ལ་སོགས། །རྣལ་འབྱོར་ཅན་གྱིས་རྟག་ཏུ་བལྟ། །ཞེས་སོགས། བླ་མ་ལྔ་བཅུ་པར་ཡང་། བླ་མ་དང་ནི་རྡོ་རྗེ་འཛིན། །ཐ་དད་པར་ནི་མི་རྟོག་གོ། །ཞེས་སོགས་རྒྱས་པར་གསུངས་སོ། །དབང་བསྐུར་བ་དང་། རྒྱུད་བཤད་པ་དང་། གདམ་ངག་བྱིན་པ་དང་། དེ་ལ་སོགས་པའི་སྔགས་ཆོས་ཀྱིས་མ་སྦྲེལ་ན། ཆོས་དང་འབྲེལ་ཡང་མཁས་བཙུན་བཟང་གསུམ་གྱི་ཡོན་ཏན་དང་ལྡན་ཡང་ཕ་རོལ་ཏུ་ཕྱིན་པ་མན་ཆད་ཀྱི་བླ་མའི་ཁོངས་སུ་གཏོགས་སོ། །དེས་ན་རབ་བྱུང་བྱེད་པའི་ལུགས་མིན་པ་ལ། མཁན་པོའི་ཐ་སྙད་མེད་ཅིང་དབང་རྒྱུད་མན་ངག་སོགས། སྔགས་ཆོས་མ་བྱིན་པ་ལ་དེའི་སྔགས་ཀྱི་བླ་མར་མེད་ལ། སྡོམ་པ་མེད་པ་དེ་ལས་བྱུང་བའི། དགེ་བ་རྒྱུན་ཆགས་མེད་ཅིང་དཀོན་མཆོག་ལ་སྐྱབས་འགྲོ་མེད་ན་དེ་དམ་པའི་ཆོས་པ་མིན་ནོ། །ལྔ་པ་ནི། དགེ་ཞེས་སོགས་ཏེ། དགེ་སྦྱོང་གི་སྡོམ་པ་མེད་པར་རབ་བྱུང་དུ་ཁས་ལེན་པ་དང་། ཐེག་ཆེན་སེམས་བསྐྱེད་མེད་པར་རྒྱལ་སྲས་བྱང་སེམས་སུ་ཁས་འཆེ་བ་དང་། དབང་རྒྱུད་སོགས་སྔགས་ཆོས་ཐོབ་པ་མེད་པར་གསང་

སྔགས་ཀྱི་བླ་མར་ཁས་ལེན་པ་ནི་ཆོས་ཅན། སངས་རྒྱས་ཀྱི་བསྟན་པའི་ཆོམ་རྐུན་ཡིན་ཏེ། སངས་རྒྱས་ཀྱི་བསྟན་པ་ལ་མཐུ་དང་འཇབ་བུས་གནོད་པར་བྱེད་པའི་ཕྱིར་རོ། །དེས་ན་འདིར། དབང་མ་བསྐུར་ལ་བླ་མ་མེད། །ཅེས་གསུངས་པ་ནི། དེ་ལ་དབང་མ་ཐོབ་པས། དེ་དེའི་བླ་མ་མིན་པའི་དོན་མིན་ཏེ། དབང་གཞན་ལ་ཐོབ་ནས་དེ་ལ་རྒྱུད་དང་མན་ངག་ཐོབ་པ་ཡོད་པའི་ཕྱིར་དང་། བླ་མ་ནི་ཕར་ཕྱིན་པ་ལའང་ཡོད་པའི་ཕྱིར་རོ། །དེས་ན། དབང་གིས་མཚོན་ནས་སྔགས་ཆོས་མ་ཐོབ་པ་སྔགས་ཀྱི་བླ་མ་མ་ཡིན་ཞེས་པའི་དོན་ནོ། །བཞི་པ་ལ། ཕྱག་ཆེན་ལ་བརྟེན་པའི་འཁྲུལ་བ་དགག་པ་དང་། འཕྲོས་དོན་ལ་བརྟེན་པའི་འཁྲུལ་བ་དགག་པ་གཉིས། དང་པོ་ལ་རྣམ་དག་ལྟ་བ་དང་བྲལ་བས་མི་གྲོལ་བར་བསྟན་པ་དང་། ལྟ་བ་ཕྱག་ཆེན་དང་འབྲེལ་མི་དགོས་པར་བསྟན་པ། ཕྱག་རྒྱ་ཆེན་པོའི་ཡིན་ལུགས་ངོས་བཟུང་བ་དང་གསུམ། དང་པོ་ནི། ཕྱག་ཅེས་སོགས་ཏེ། དེང་སང་ཕྱག་རྒྱ་ཆེན་པོ་སྒོམ་པ་ཞུང་མོད། གལ་ཏེ་བསྒོམ་པར་འདོད་ན་ཡང་བསྒོམ་ཚུལ་ལ་ཕལ་ཆེར་རྨོངས་པས་བླུན་པོའི་ཕྱག་རྒྱ་པ་ཁ་ཅིག་ནི། རྟོག་པ་ཁ་ཆོམ་ཉིད་བསྒོམ་གྱི་རིམ་གཉིས་ལས་བྱུང་བའི་ཡེ་ཤེས་སོགས་ལ་ཕྱག་རྒྱ་ཆེན་པོར་མི་ཤེས་སོ། །རྟོག་པ་ཁ་འཆོམ་བསྒོམ་པ་ནི་ཆོས་ཅན། འཁོར་བ་ལས་གྲོལ་བྱེད་ཡང་མིན་པར་ཐལ། ཁྱོད་ལས་བསྒོམ་མཁན་དེ་ཕལ་ཆེར་དུད་འགྲོ་སོགས་ངན་སོང་དུ་སྐྱེ་བར་འགྱུར་བའི་ཕྱིར་ཏེ། བསྒོམ་དེ་འདྲ་ནི་གཏི་མུག་ཡིན་པའི་ཕྱིར་རོ། །དེ་ཡང་། རྨོངས་པ་ཕལ་ཆེར་དུད་འགྲོར་འགྲོ། །ཞེས་སོགས་གསུངས་སོ། །དེ་ཡང་རྟོགས་པ་ཁ་འཆོམ་ནི། ཕྱིར་འཕྲོས་པའི་རྣམ་རྟོག་རགས་པ་བཀག་ཙམ་གྱི་སེམས་ཧ་དེ་བ་དེ་ལ་བྱའོ། །ཁ་ཅིག་དེ་ཡང་མིན་པར་ཚོགས་དྲུག་གི་རྒྱུ་བ་བཀག་ནས་གནས་ཆ་སྙོང་པོ་ཙམ་ལ་ཕྱག་ཆེན་བསྒོམ་པར་འདོད་ན། དེ་ཡང་གྲོལ་བྱེད་དུ་མི་རུང་ངམ། དེ་གོམས་པ་ལས་ངན་འགྲོར་ཡང་སྐྱེ་བ་འཕེན་ལ་གལ་ཏེ་ངན་འགྲོར་སྐྱེ་བ་མིན་ནའང་། བསྒོམ་མཁན། གཟུགས་ཁམས་སུ་སྐྱེ་བ་འཕེན་ཅིང་ཡང་ན་འཇིག་རྟེན་པ་དག །ཉན་ཐོས་འགོག་པར་ཐ་སྙད་བྱེད་པའི་འདུ་ཤེས་མེད་པའི། སེམས་ཅན་དུ་སྐྱེ་བར་བྱེད་པས་སོ། །དེ་ཡང་སྤྱོད་འཇུག་ལས། སྟོང་པ་ཉིད་དང་བྲལ་བའི་སེམས། །འགག་པ་སླར་ཡང་སྐྱེ་འགྱུར་ཏེ། །འདུ་ཤེས་མེད་པའི་སྙོམས་འཇུག་བཞིན། །ཞེས་གསུངས་པ་ལྟར་རོ། །མདོར་ན། ཡུལ་གྱི་གནས་ལུགས་ལ་ལྟ་བའི་ཤེས་རབ་དང་བྲལ་བའི་བླུན་བསྒོམ་རྣམས་ཆོས་ཅན། གྲོལ་བ་ཐོབ་བྱེད་ཀྱི་བསྒོམ་དུ་མི་རུང་བར་ཐལ། གཏི་མུག་གི་ཆར་གཏོགས་ཡིན་པའི་ཕྱིར་རོ༑ ༑གཉིས་པ་ནི། གལ་ཏེ་ཞེས་སོགས་ཏེ། འོ་ན་ལྟ་བ་རྣམ་དག་དང་ལྡན་པས་ཕྱག་རྒྱ་ཆེན་པོར་འགྱུར་རམ་སྙམ་ན། ཤེས་བྱ་ཆོས་ཅན། སྟོང་ཉིད་རྟོགས་པའི་ལྟ་བ་དང་ལྡན་ཡང་། དེ་ཙམ་གྱིས་སྒོམ་དེ་ཕྱག་རྒྱ་ཆེན་པོར་འགྱུར་མི་དགོས་ཏེ། གལ་ཏེ་ལྟ་བ་རྣམ་དག་དང་ལྡན་པ་དེ་ནི་བསྒོམ་ལེགས་ཀྱང་། སྔགས་དང་མ་འབྲེལ་ན་ཕ

རོལ་ཏུ་ཕྱིན་པའི་དབུ་མའི་སྒོམ་ལས་ལྷག་མིན་པའི་ཕྱིར། །འོན་དབུ་མའི་སྒོམ་དེ་ངན་པར་འགྱུར་རོ་སྙམ་ན། ཕར་ཕྱིན་པའི་དབུ་མའི་བསྒོམ་དེ་ཆོས་ཅན། ཕྱག་རྒྱ་ཆེན་པོ་མིན་ཡང་ངན་པ་མིན་ཏེ་དེ་མིན་ཡང་། བཟང་པོ་ཡིན་མོད་ཀྱི་འོན་ཀྱང་ཁྱོད་ལས་མཐར་ཐུག་འགྲུབ་པ་ཤིན་ཏུ་དཀའ་སྟེ་ཇི་སྲིད་དུ་ཚོགས་གཉིས་མ་རྫོགས་པ་དེ་སྲིད་དུ་ཁྱེད་མཐར་མི་ཕྱིན་ལ་འདི་ཡིས་ཚོགས་གཉིས་རྫོགས་པ་ལ་བསྐལ་ཆེན་གྲངས་མེད་གསུམ་དགོས་པར་གསུངས་པས་སོ། །མཛོད་དུ། དེ་དག་བརྒྱད་ཅུ་ལ་བསྐལ་ཆེན་གཅིག །དེ་གྲངས་མེད་གསུམ་ལ་སངས་རྒྱས། ཞེས་བསྐལ་ཆེན་གྱི་ཚད་དང་གྲངས་མེད་གསུམ་དགོས་ཚུལ་གསུངས་སོ། །གྲངས་མེད་ནི་གྲངས་ཀྱི་གནས་གཞན་དྲུག་ཅུའི་མཐའི་གྲངས་ལ་བྱའོ། །འོན་ཀྱང་གྲངས་མེད་ཀྱི་བགྲངས་ལུགས་དང་། གསུམ་ལ་འདོད་ཚུལ་ནི་མང་དུ་ཡོད་དོ། །གསུམ་པ་ལ། རང་ལུགས་འཐད་པར་བསྟན་པ། གཞན་ལུགས་མི་འཐད་པར་དགག་པ་དང་གཉིས། དང་པོ་ལ། སྒྲ་དོན། ངོ་བོ། དབྱེ་བ། སོ་སོའི་རྣམ་གཞག་རྣམས་ཀྱིས་ཤེས་པར་བྱ་བ་ཡིན་ནོ། །དང་པོ་ནི། མ་ཧཱ་མུ་དྲ་ཞེས་པ་སྟེ། མུ་དྲ་ཕྱག་རྒྱ་དང་། མ་ཧཱ་ཆེན་པོ་ཡིན་ལ། ཅིའི་ཕྱིར་དེ་སྐད་བྱ་ཞེ་ན། དེ་ལས་འདའ་བར་བྱ་བ་མིན་པས་ན། རྒྱ་ཞེས་བྱ་སྟེ། དཔེར་ན་རྒྱལ་པོའི་ཁྲིམས་བསྲུང་བའི་སླད་དུ་དེའི་རྒྱ་ཐེག་ཆེན་སོགས་ལ་མི་འདའ་བར་བྱེད་དགོས་པ་བཞིན་ནོ། །དེ་ཡང་རྣལ་འབྱོར་རྒྱུད་ཕྱི་མར། རྒྱལ་པོའི་ཕྱག་རྒྱ་མཆོག་གི་ཁྲིམས། །འདའ་དཀའ་མི་ཕྱེད་དེ་བཞིན་དུ། །ཉིད་ཆེའི་གཟུགས་བརྙན་མཚན་མ་ལ། །ཕྱག་རྒྱ་ཆེན་པོ་ཞེས་གྲགས་སོ། །ཞེས་སོགས་དང་། དཔལ་མཆོག་ལས། དེ་བཞིན་གཤེགས་པ་ཐམས་ཅད་ཀྱི། །འདའ་བ་རྣ་ནི་མི་མཛད་པའི། །ཕྱག་རྒྱའི་དམ་ཚིག་ཞེས་སུ་གྲགས། །ཞེས་གསུངས་སོ། །ཕྱག་ཞེས་པ་ནི། ལོ་ཙཱ་བས་བླ་དྭགས་སུ་བསྣན་པར་གྲགས་སོ། །ཟབ་པའམ་དེ་ལས་གོང་མར་གྱུར་པས་ན་དེ་ལས་ཆེན་པོ་ཞེས་བྱའོ། །གཉིས་པ་ངོ་བོ་ནི། ཕྱག་རྒྱ་ཆེན་པོའི་མཚན་ཉིད། སྔགས་ཀྱི་ཟབ་དོན་གང་ཞིག །གཤིས་ལུགས་སམ་དེ་མངོན་དུ་རྟོགས་པ་གང་རུང་ལས་འདའ་བར་བྱ་བ་མིན་པས་ཞེས་བྱའོ། །དེ་ལ་དབྱེ་ན། གཉིས་སྟེ། ཡུལ་གྱི་དབང་དུ་བྱས་པ་དང་། ཡུལ་ཅན་གྱི་དབང་དུ་བྱས་པའི་ཕྱག་རྒྱ་ཆེན་པོ་གཉིས། དང་པོ་ལ། དོན་དམ་དང་། ཀུན་རྫོབ་གཉིས་སུ་ཡོད་ལ། ཀུན་རྫོབ་དེ་བཞིན་གཤེགས་པའི་སྐུ་གཟུགས་ཀྱི་གསང་བ་ལྔའི་མཚན་མ་ལའང་བཤད་དེ། རྣལ་འབྱོར་རྒྱུད་ཀྱི་ཕྱི་མར། །སྐུ་གསུང་ཐུགས་ཀྱི་རྡོ་རྗེ་ཡི། །གཟུགས་བརྙན་གྱི་ནི་སྦྱོར་བ་ཡིས། །བདག་ཉིད་ཆེན་པོ་ཕྱག་རྒྱ་ཆེ། །དེ་ལྟར་ཤེས་ནས་འགྲུབ་པར་འགྱུར། །ཞེས། ལྔ་སྐུ་ཕྱག་རྒྱ་ཆེ། གསུང་ཆོས་རྒྱ། ཐུགས་དམ་རྒྱ། འཕྲིན་ལས་ལས་རྒྱར་བཤད་པའི་ཕྱིར་རོ། །དོན་དམ་གྱི་དབང་དུ་བྱས་པའི་ཕྱག་རྒྱ་ཆེན་པོ་ནི་འོག་ཏུ་འཆད་པར་འགྱུར་རོ། །སྤྱིར་ཕྱག་རྒྱ་ལ་བཞིར་བཤད་པ་དང་། གསུམ་དུ་བཤད་པ་ལ་སོགས་པ་དུ་མ་ཡོད་ཅིང་། བཞིར་བཤད་པ་ལ་

ནི་ལུགས་མི་འདྲ་བ་མང་དུ་སྣང་སྟེ། སམ་པུ་ཊི་ར། དེ་ཕྱིར་ཡེ་ཤེས་བསྐྱེད་པ་ཡི། །ཕྱག་རྒྱ་བཞིར་ནི་སྦྱར་བར་བྱ༎ །ཞེས་གསུངས་པ་ལྟར་ལས་ཀྱི་ཕྱག་རྒྱ་རིག་མ་ལ་བརྟེན་ནས་སྐྱེས་པའི་ལྷན་ཅིག་སྐྱེས་པའི་དགའ་བ་སྐྱོང་བ་དམ་ཚིག་གི་ཕྱག་རྒྱ། དེའི་རང་བཞིན་ཆོས་དབྱིངས་ནི་ཆོས་ཀྱི་ཕྱག་རྒྱ། དང་པོ་གསུམ་གྱི་འབྲས་བུ་མཐར་ཐུག་པ་ནི། ཕྱག་རྒྱ་ཆེན་པོ། དེ་ལའང་སྐུ་བཞིའི་དབང་གིས་བཞི་སྟེ། ངོ་བོ་ཉིད་སྐུ་ཕྱག་ཆེན། ཆོས་སྐུ་དམ་རྒྱ། ལོངས་སྤྱོད་རྫོགས་སྐུ་ཆོས་རྒྱ། སྤྲུལ་སྐུ་ནི་ལས་རྒྱར་བཤད་དོ། །དུས་འཁོར་གྱི་རྒྱུད་དུ་ནི། ཕྱག་རྒྱ་བཞི་རིག་མ་རིགས་བཞི་ལ་བཤད་དེ། སྐྲབ་ཐབས་ལེའུར། སྣད་འཚོང་དམ་པ་ལས་ཀྱི་ཕྱག་རྒྱར་འགྱུར་ཞིང་། གསང་བའི་མི་མོ་གཞན་གྱི་བུད་མེད་དམ་ཚིག་སྟེ། རང་དབང་ཆོས་ཀྱི་ཕྱག་རྒྱ་ཡུལ་ནི། མང་པོ་ལ་དགའ་རང་གི་ཆུང་མ་ཡེ་ཤེས་ཕྱག་རྒྱའོ། །ཞེས་གསུངས་པས་སོ། །རྣལ་འབྱོར་རྒྱུད་ལས་ནི། ཕྱག་རྒྱ་བཞི་ སྐྱེར་བཤད་པ་ལྟར་སངས་རྒྱས་ཀྱི་སྐུ་གསུང་ཐུགས་འཕྲིན་ལས་བཞི་ལ་གསུངས་སོ། །གསུམ་དུ་བཤད་པ་ནི། དུས་འཁོར་གྱི་རྒྱུད། རྩ་འགྲེལ་ལས་འབྱུང་སྟེ། འགྲེལ་བར། ལས་ཀྱི་ཕྱག་རྒྱ་ཡོངས་དོར་ཞིང་། །ཡེ་ཤེས་ཕྱག་རྒྱ་རྣམ་པར་སྤངས། །ཕྱག་རྒྱ་ཆེ་ལས་ཡང་དག་སྐྱེས། །ཞེས་གསུངས་པས་སོ། །བཞི་པ་སོ་སོའི་རྣམ་གཞག་ལ། དོན་དམ་ཕྱག་རྒྱ་ཆེན་པོ་དང་། ཀུན་རྫོབ་ཕྱག་རྒྱ་ཆེན་པོའི་རྣམ་གཞག་གཉིས་ལས། དང་པོ་ནི། འོ་ན་དོན་དམ་ཕྱག་རྒྱ་ཆེན་པོ་དེ་གང་ལ་བྱ་ཞེ་ན། རིག་པས་རྣམ་པར་དཔྱད་ཙམ་གྱི་དགག་སྟོང་ལ་ནི་མི་འདོད་དེ། དེ་ནི་ཡོན་ཏན་གྱི་ཆ་ཅི་ཡང་མེད་པའི་བེམ་པོ་སྟོང་ཙམ་ཡིན་པའི་ཕྱིར་དང་། དེ་ནི་བདེ་མཉམ་དང་བྲལ་བས་ཇི་ཙམ་བསྒོམ་པ་གོམས་སུ་ཟིན་ཀྱང་སངས་རྒྱས་ཀྱི་གོ་འཕང་མི་སྟེར་བའི་ཕྱིར་རོ། །དཔེར་ན་དུག་ལས་བདུད་རྩི་མི་འབྱུང་བ་བཞིན་ནོ། །དུས་འཁོར་རྒྱུད་དུ། སངས་རྒྱས་བྱ་བ་དེ་སྤངས་ནས་ནི། བདེ་མཉམ་དང་གྲལ་སྟོང་པ་གཞན་དག་བསྒོམ་བྱེད་པ་དང་། དེ་ཡི་བསྐལ་པ་བྱེ་བ་དུ་མ་རྣམས་ཀྱིས་སངས་རྒྱས་ཉིད་དང་། ལྷན་སྐྱེས་བདེ་བ་དག་ཀྱང་རང་ཉིད་ནི་སའི་ཤིང་ལས་ཀྲུན་འབྲུམ་མིན་ཏེ་དུག་ལས་བདུད་རྩི་དང་ནི། ཚངས་པའི་ཤིང་ལས་འདམ་སྐྱེས་དང་། ཞེས་སོགས་དང་། མཆོག་མི་འགྱུར་དུའང་རྣམ་པར་དཔྱད་ཙམ་གྱི་སྟོང་པ་དེ་ཆད་སྟོང་དང་། བེམ་སྟོང་ཡིན་པས་རྒྱང་རིང་དུ་བྱེད་དགོས་པར་བཤད་པའི་ཕྱིར་རོ། །

དེས་ན་ཡོན་ཏན་དང་ལྡན་པའི་སྟོང་པ་ཉིད་ཀྱི་གཟུགས།ཞེས་གསུངས་པ་དེ་དོན་དམ་གྱི་ཕྱག་རྒྱ་ཆེན་མོ་ཡིན་ཏེ། དུས་འཁོར་རྩ་འགྲེལ་དུ། ཕྱག་རྒྱ་སྒྱུ་མའི་རྗེས་སུ་མཐུན་པ་ཡིད་དང་ནམ་མཁའ་ལ་ནི་མེ་ལོང་དག་ལ་གཟུགས་བཞིན་ཏེ། །འཇིག་རྟེན་གསུམ་པོ་སྣང་བར་བྱེད་ཅིང་དྲི་མེད་གློག་དང་མཚུངས་པའི་འོད་ཟེར་དུ་མ་འཕྲོ་བར་བྱེད། །ཕྱི་དང་ལུས་ལ་དབྱེར་མེད་ཡུལ་དང་རྣམ་པ་བྲལ་བ་སྣང་བ་ཙམ་ནི་མཁའ་ལ་གནས་པ་ཡི། །

སེམས་དང་སེམས་བྱུང་ལ་ནི་བདག་གི་མ་གྱུར་ཏེ་འགྲོ་བ་དུ་མའི་གཞི་བྱིན་དེ་ནི་གཅིག་པུའོ། །ཞེས་གསུངས་པ་དང་། འགྲེལ་བར། ཕྲ་རབ་རྡུལ་གྱི་ཆོས་ཉིད་འདས། །ཕྲ་ཐབ་པ་ཡང་རང་བཞིན་མཆོག །རྣམ་པ་ཀུན་གྱི་མཆོག་གྱུར་པའི། །ཕྱག་རྒྱ་ཆེན་མོ་དེ་ལ་འདུད། །ཅེས་སོགས་དང་། ཕྱག་རྒྱ་ཆེན་མོ་ནི་རྣམ་པ་ཐམས་ཅད་ཀྱི་མཆོག་དང་ལྡན་པའི་སྟོང་པ་ཉིད་དོ། །ཞེས་སོགས་གསུངས་པ་དང་། འཇིག་རྟེན་གསུམ་རྒྱལ་གྱི་རྟོག་པར་ཡང་། དོན་དམ་པའི་དེ་ཁོ་ན་ཉིད་ཀྱང་ཕྱག་རྒྱ་ཆེན་པོའོ་ཞེས་སོགས་མདོར་ན་རྒྱུད་རྒྱ་གཞུང་འགྲེལ་པ་རྣམས་ནས་རྒྱུ་རྒྱུད་ཀྱི་མཚན་ཉིད་རང་བཞིན་འོད་གསལ་ལ་དགོངས་ནས་གསུངས་པ་རྣམས་ཀྱིས་གྲུབ་པའི་ཕྱིར། གཉིས་པ་ཀུན་རྫོབ་ཀྱི་ཕྱག་ཆེན་ལའང་གཉིས་སུ་འབྱུང་སྟེ། རྒྱུད་ལས། ཉིད་ཆེའི་གཟུགས་བརྙན་མཚན་མ་ལ། །ཕྱག་རྒྱ་ཆེན་པོ་ཞེས་གྲགས་སོ། །ཞེས་གསུངས་པ་ལྟར། ལྷ་སྐུའི་གཟུགས་བརྙན་ལ་བཤད་པ་དང་། གྲུབ་ཐོབ་ཏོག་ཙེ་པས། མ་སྐྱེས་པ་དང་མི་འཇིག་པ། །མི་འགྱུར་བ་དང་མི་གནས་པ། །གཉིས་སུ་མེད་པའི་ཡེ་ཤེས་མཆོག །འདི་ནི་ཕྱག་རྒྱ་ཆེན་པོ་ཉིད། །ཅེས་གསུངས་པ་ལྟར་དབང་དང་རིམ་གཉིས་ལས་བྱུང་བའི་གཉིས་མེད་ལྷན་ཅིག་སྐྱེས་པའི་ཡེ་ཤེས་ལ། ཕྱག་རྒྱ་ཆེན་པོར་བཤད་པ་དང་། གཉིས། དེ་ལའང་གནས་སྐབས་དང་མཐར་ཐུག་གི་དབྱེ་བས་དུ་མར་འགྱུར་མོད། འདིར་ནི་གཙོ་ཆེར་ཡེ་ཤེས་ལ་འཆད་ནའང་། མཆོན་པའི་དོན་ནོ། །འདི་དག་ལ་བརྒལ་བརྟག་རྒྱས་པར་དགོས་ནའང་ཡི་གེར་འཇིགས་ཤིང་འོག་ནས་ཀྱང་འཆད་པར་འགྱུར་བས་འདིར་ནི་བསྡུས་ཏེ་ངག་དོན་ཙམ་ནི། དེ་ཞེས་སོགས་ཏེ། ཁོ་ན་རེ། རྟོག་པ་རགས་པ་བཀག་ཙམ་དང་། ལྷ་བ་དང་མི་ལྡན་པའི་གནས་ཆ་རྣམས་ཕྱག་རྒྱ་ཆེན་པོ་བསྒོམ་པ་མིན་ན། ཕྱག་ཆེན་བསྒོམ་པ་མེད་དགོས་པར་འགྱུར་རོ༑ ༑ཞེས་ཟེར་ན། ཤེས་བྱ་ཆོས་ཅན། དེ་མི་དགོས་པར་ཐལ། དབང་ལས་བྱུང་བའི་ཡེ་ཤེས་དང་རིམ་པ་གཉིས་གང་རུང་གི་ཏིང་ངེ་འཛིན་བསྒོམ་པ་ལས་བྱུང་བའི་ཡེ་ཤེས་པ་རང་བྱུང་ལྷན་ཅིག་སྐྱེས་པ་སོགས་ཕྱག་ཆེན་ཡིན་ལ། དེ་གོམས་པར་བྱེད་པ་ཡོད་པས་སོ། །ཕྱག་རྒྱ་ཆེན་པོ་བསྒོམ་པ་ལ་མོས་པའི་གང་ཟག་དེ་ཆོས་ཅན། གསང་སྔགས་ཀྱི་གཞུང་ནས་དེའི་བསྒོམ་ཚུལ་བསྟན་པ་གཞན་བསྒྲུབས་ཏེ་བསྒྲུབ་པར་བྱ་སྟེ། དེ་ནས་འབྱུང་བའི་ཕྱག་ཆེན་འདིའི་རྟོགས་པ་སྐྱེལ་བའི་གསང་སྔགས་ཀྱི་ཐབས་རྣམས་ལ་མཁས་པར་བྱས་ཏེ། བསྒྲུབ་ན་ཆེ་འདིར་འགྲུབ་པ་སྲིད་ལ་དེ་ལས་གཞན་གསང་སྔགས་ནས་མ་བཤད་པའི་ཕྱག་རྒྱ་ཆེན་པོ་རྟོགས་པ་སངས་རྒྱས་ཀྱིས་མ་གསུངས་ལ། ཁྱོད་ཕྱག་ཆེན་བསྒོམ་འདོད་ཡིན་པའི་ཕྱིར་རོ། །གཉིས་པ་ལ། ལོག་རྟོག་བྱུང་ཚུལ་སོགས་བརྗོད་པ། ལོག་རྟོག་དེ་དགག་པ་དངོས། ཞར་ལ་དམ་པ་འགའི་བཞེད་པ་བསྟན་པ་སྨྲས་མ་ཕྱག་ཆེན་མིན་པ་ཕྱག་ཆེན་དུ་འདོད་པ་དགག་པ་དང་བཞིའོ། །དང་པོ་ནི། ད་ཞེས་སོགས་ཏེ། ད་ལྟའི་ཕྱག་རྒྱ་ཆེན་པོ་བར་

གྲགས་པ་བཞིན་རྒྱ་ནག་ཧྭ་ཤང་གི་ལུགས་ཀྱི་རྫོགས་ཆེན་ལ་ལྟ་བ་ཡས་འབབ་དང་སྤྱོད་པ་མས་འཛེག་མིང་རིམ་གྱིས་པ་དང་ཅིག་ཆར་བར་མིང་འདོགས་བསྒྱུར་བ་མ་གཏོགས་པ་དོན་ལ་མི་འདྲ་བའི་རྣམ་པར་དབྱེ་བ་མེད་དེ། དེ་གཉིས་མིང་ཐ་དད་ཀྱང་དོན་གཅིག་ཏུ་སྣང་བས་སོ། །དེའི་རྒྱུ་མཚན་ཡང་ཕྱག་རྒྱ་བར་གྲགས་པ་རྣམས། ཡིད་ལ་མི་བྱེད་ཕྱག་རྒྱ་ཆེན་པོ་ཡིན། །རིག་པ་མ་བཅོས་ལྷུག་པར་ལྷོད་ལ་ཞོག །ཅེས་སོགས་ཟེར་ལ། ཧྭ་ཤང་ནི། མདོ་ལས་གང་ཡིད་ལ་བྱེད་པ་དེ་ནི་མི་དགེ་བའོ། །གང་ཡིད་ལ་མི་བྱེད་པ་དེ་ནི་དགེ་བའོ། །ཞེས་སོགས་སྒྲ་སོར་བཞག་ཁས་ལེན་པས་སོ། །དེ་འདྲའི་ཆོས་བྱུང་རམ་སྙམ་ན། ཆོས་ཞེས་སོགས་ཏེ། རྒྱ་ནག་པའི་ཆོས་ལུགས་འདི་འདྲ་འབྱུང་བ་ཡང་བྱང་ཆུབ་སེམས་དཔའ་ཞི་བ་འཚོས་རྒྱལ་པོ་ཁྲི་སྲོང་ལྡེའུ་བཙན་ལ་ལུང་བསྟན་ཇི་བཞིན་ཐོག་ཏུ་བབས་སོ། །ལུང་བསྟན་དེ་ཡང་བཤད་ཀྱིས་ཉོན་ཅིག །རྒྱལ་པོ་ཁྱོད་ཀྱི་བོད་ཡུལ་འདིར། སློབ་དཔོན་པདྨ་འབྱུང་གནས་ཀྱིས་བསྟན་པ་ནི། བསྟན་མ་བཅུ་གཉིས་ལ་གཏད་ནས་མུ་སྟེགས་པ་འབྱུང་བར་མི་འགྱུར་མོད། འོན་ཀྱང་། བོད་རྣམས་ཧྭ་ཤང་དཔོན་སློབ་ཀྱི་ལས་དང་སྨོན་ལམ་སོགས་རྟེན་འབྲེལ་འགའི་རྒྱུས་ཆོས་ལུགས་རྣམ་པར་དག་མ་དག་གཉིས་སུ་འགྲོ་བར་འགྱུར་ཏེ། དེ་ཡང་ཐོག་མར་ང་འདས་ནས་རྒྱ་ནག་དགེ་སློང་བྱུང་ནས་ནི། ལུས་ངག་ཡིད་གསུམ་གྱི་བྱ་བྱེད་ཀྱིས་འཚང་མི་རྒྱ་བས་ཅི་ཡང་ཡིད་ལ་མི་བྱེད་པ་བསྒོམ་པས་སེམས་རྫོགས་ཏེ། དེ་འབའ་ཞིག་གིས་སངས་རྒྱས་ཐོབ་སྙམ། དཔེར་ན་ཁྱུང་ནམ་མཁའ་ལས་ཤིང་རྩེར་འབབས་པ་ལྟར་ལྟ་བ་ཡས་འབབ་ཀྱི་ཆོས། དཀར་པོ་ཆིག་ཐུབ་ཅེས་བྱ་བ་ཅིག་ཆར་ཟེར་བའི་ལམ་ཞིག་སྟོན་པར་འགྱུར། དེའི་ཚེ་ངའི་སློབ་མ་ལ་ནི་མཁས་པ་ཆེན་པོ་ཀ་མ་ལ་ཤཱི་ལ་ཞེས་བྱ་བ་རྒྱ་གར་ནས་སྤྱན་དྲོངས་ཤིག །དེ་ཡིས་ཆོས་ལོག་དེ་སུན་འབྱིན་ཏེ། འདི་ལྟར་ཁྱུང་གི་དཔེའང་མི་འཐད་པར་ཐལ། འཐད་ན་ཁྱུང་ནམ་མཁའ་ནས་ཅིག་ཆར་འདབ་གཤོག་རྫོགས་ནས་འབྱུང་དགོས་པ་ལ་དེ་མི་སྲིད་པའི་ཕྱིར་རོ། །དོན་མི་འཐད་པར་ཐལ། འཐད་ན་གཉིད་འཐུག་པོ་དང་རྒྱལ་བ་ལ་སོགས་པའི་གནས་སྐབས་རྣམས་ཀྱང་རྣམ་པར་མི་རྟོག་པར་འགྱུར་དགོས། དེ་ལྟར་ན་འདོད་པའི་སེམས་ཅན་ཐམས་ཅད་ཀྱང་ལམ་མི་རྟོག་པ་བསྒོམ་པར་ཧ་ཅང་ཐལ་བར་འགྱུར་བའི་ཕྱིར་དང་། སྐྱོན་གཞན་ཡང་ཡོད་པའི་ཕྱིར་རོ། །ཞེས་སོགས་ཀྱི་དོན་མང་པོས་བཀག་པས་ཧྭ་ཤང་ཕམ་པར་འགྱུར་ཏོ། །

དེ་ནས་རྒྱལ་པོས་རྒྱའི་སྟོན་པའི་ལུགས་འདི་རང་ཆོས་མིན་ནམ་གསུངས་པས་སྟོན་མིན་པ་དང་། དྲང་སྲོང་བཟོད་པས་རང་གི་ལུས་ལ་མེ་སྦར་ཏེ། དཀོན་མཆོག་ལ་ཕྱུལ་བས་རང་ལ་བརྩེ་བ་མེད་པ་ཞེས་པས་བརྩེ་མིན་པ་ཞེས་ཧྭ་ཤང་དང་སློབ་དཔོན་གྱི་རྗེས་འབྲང་རྣམས་ལ་རིམ་པ་བཞིན་དུ་གྲགས་སོ། །དེའི་ཚེ་སྟོན་མིན་པ

རྣམས་ཡི་ཆད་དེ། ལ་ལས་རང་ཞ་ནས་བཅད། ལ་ལས་མཚན་མ་རྫོས་བརྡུངས། ཧྭ་ཤང་གིས། རང་གི་མགོ་ལ་མེ་སྦར་བ་སོགས་མི་བཟོད་པའི་རྣམ་པར་འགྱུར་བ་མང་དུ་བྱས་སོ། །དེ་ནས། རྒྱལ་པོས་སློབ་དཔོན་དེའི་ཆོས་ལུགས་བཞིན་དད་ལྡན་རྣམས་ཀྱིས་སྤྱོད་ཅིག་གསུངས། བྱང་སེམས་དེ་ཡིས་ཇི་སྐད་གསུངས་པ་བཞིན་ཕྱི་ནས་ཐམས་ཅད་བདེན་པར་གྱུར་ཏེ། ཀ་ཤཱིས་རྒྱ་ནག་ལུགས་ཏེ་ནུབ་པར་མཛད་ནས། ཞི་འཚོས། རིམ་གྱིས་པའི་ཆོས་ལུགས་སྤེལ་ལོ། །དེ་ཡང་ཆོས་རྗེ་ཉིད་ཀྱིས་ཐུབ་པ་དགོངས་གསལ་ལ་སོགས་པར་གསལ་བར་མཛད་པ་ལས་རྟོགས་པར་བྱ་ཡི་རྒྱས་པར་ནི་འདིར་མ་བཀོད་དོ། །གཉིས་པ་ནི། ཕྱི་ཞེས་སོགས་ཏེ། ཕྱི་ནས་རྒྱལ་ཁྲིམས་ནུབ་པ་དང་རྒྱ་ནག་མཁན་པོའི་གཞུང་ལུགས་ཀྱི་ཡི་གེ་ཙམ་ལ་བརྟེན་ནས་ཀྱང་རྫོགས་ཆེན་དེའི་མིང་འདོགས་གསང་ནས་མིང་གཞན་ཕྱག་རྒྱ་ཆེན་པོ་ཞེས་པར་བསྒྱུར་ནས་སྟོན་པས། ད་ལྟའི་ཕྱག་རྒྱ་ཆེན་པོར་གྲགས་པ་འདི་ཕལ་ཆེར་རྒྱ་ནག་ཆོས་ལུགས་ཡིན་ཏེ། མིང་བསྒྱུར་ཀྱང་དོན་ལ་རྒྱ་ནག་གི་གཞུང་ལུགས་འཛིན་པས་སོ། །

འོན་རྒྱ་ནག་གི་གཞུང་ལུགས་ནི་གང་། ཕྱག་རྒྱ་བས་ཇི་ལྟར་འདོད་ཅེ་ན། དང་པོ་ནི། ཧྭ་ཤང་ན་རེ། འཁོར་བ་ནི་རྣམ་རྟོག་གིས་བསྐྱེད་པ་ཡིན་པས། གང་ཅི་ཡང་མི་སེམས་གང་ཅི་ཡང་ཡིད་ལ་མི་བྱེད་པ་དེས་འཁོར་བ་ལས་ཐར་བར་འགྱུར་རོ། །དེ་ལྟ་བས་ན་ཅི་ཡང་བསམ་པར་མི་བྱའོ། །སྦྱིན་སོགས་ཆོས་སྤྱོད་པ་ནི། དགེ་བའི་ལས་འཁྲུལ་མེད་པའི་དབང་བཙལ་རྣམས་ལ་བསྟན་པ་ཡིན་གྱི་དབང་རྣོན་རྣམས་ལ་ལས་དགེ་སྡིག་གཉིས་ཀས་སྒྲིབ་སྟེ། དཔེར་ན། སྤྲིན་དཀར་ནག་གིས་ཉི་མ་སྒྲིབ་པ་བཞིན། དེས་ན་ཅི་ཡང་མི་སེམས་ཅི་ཡང་མི་རྟོགས་གང་ཡང་མི་སྤྱོད་པ་དེ་ནི་ཅིག་ཆར་འཇུག་པའི་ལམ་ཞེས་བྱ་སྟེ། ཁྱུང་ནམ་མཁའ་ནས་འབབ་པ་བཞིན་ལྟ་བ་ཡས་འབབ་ཀྱི་ཆོས་ཡིན། གཞན་རྣམས་དབང་བཙལ་གྱི་འཇུག་ཚུལ་སྤྱོད་པ་མས་འཛེགས་ཏེ། དཔེར་ན། སྤྲེའུ་ཤིང་ཁར་འཛེག་པ་བཞིན་ནོ། །དེ་དག་སྒྲུབ་པ་ལ། བསམ་གཏན་ཉལ་ཆོག་གི་འཁོར་ལོ་བསྟན་འཛིན་གྱི་ལོན་ཡང་ལོན། རིགས་པས་སྒྲུབ་པ་ལྟ་བའི་རྒྱས་བཤད། གང་ཡིད་ལ་བྱེད་པ་དེ་ནི་མི་དགེ་བའོ། །ཞེས་སོགས་ཀྱི་ལུང་གི་སྒྲུབ་པ་མདོ་སྡེ་བརྒྱད་ཅུ་ཁུངས་བྱ་བ་ལ་སོགས་པའོ། །གཉིས་པ་ཕྱག་རྒྱ་བ་ནི། ཡུམ་ལས་ཆོས་ཐམས་ཅད་ནི་ནམ་མཁའི་ངང་ཚུལ་ཅན་ནོ། །ཞེས་བྱ་བར་སེམས་ཅན་རྣམས་ལ་ཆོས་བསྟན་ཏོ། །ཞེས་པའི་འདྲེས་ལ་བརྟེན་ནས་སེམས་ངོ་འཕྲོད་ན་ཉལ་བས་ཆོག །ཅེས་པའི་ངོ་སྤྲོད་ལ། ཆོས་ཐམས་ཅད་སེམས། སེམས་ནམ་མཁའ། ནམ་མཁའ་ཅི་ཡང་མེད་པའི་སྟོང་ཉིད་དུ་ངོ་སྤྲོད་པའི་ཕྱག་རྒྱ་ཆེན་པོ་ངོ་སྤྲོད་གསུམ་པར་གྲགས་པ་དང་། སེམས་ལ་སེམས་མ་མཆིས་ཏེ། རང་བཞིན་ནི་འོད་གསལ་བའོ། །ཞེས་པའི་མདོ་ལ་རྟེན་ནས། རིག་པ་གསལ་ཙམ་ལ་བདེ་བ་དང་གསལ་བ་དང་མི་རྟོག་པར་ཞེན་པ་སྟེ། གོལ་ས་གསུམ་བཅད་ནས། གཤིས་ལ་ཤོར་བ། བསྒོམ་དུ།

ལམ་དུ། རྒྱས་འདེབས་སུ་ཤོར་བ་སྐྱེ་ཤོར་བ་བཞིན་སྤྱངས་ནས་སོ་མ་མ་བཅོས་པ་ལྷུག་པར་འབོལ་ལེ་ཤིག་གེར་འཇོག་ལུགས་བཞི་ཉམས་སུ་ལེན་པ་ཡིན་ཏེ། འཇུར་བུས་བཅིངས་པའི་སེམས་ཉིད་འདི། །གློད་ན་གྲོལ་བར་ཐེ་ཚོམ་མེད། །ཁྲམ་ཟེ་སྐུད་པ་འཕེལ་བ་བཞིན། །སོ་མ་མ་བཅོས་ལྷུག་པར་ཤོག །ཅེས་སོགས་དང་། སྣང་བ་འདི་ཕྱག་རྒྱ་ཆེན་པོ། རིག་པ་འདི་ཕྱག་རྒྱ་ཆེན་པོ། ཐམས་ཅད་ཕྱག་རྒྱ་ཆེན་པོའི་ངོ་བོར་སྒྲོ་སྐྱེ། སངས་རྒྱས་དེ་ཡིན། སེམས་ཅན་དེ་ཡིན། ཞེས་པ་ལ་སོགས་པ་བློ་ཁོག་ཡངས་པའི་རྣམ་འགྱུར་གྱིས་ཅི་ཡང་གཅིག་སྒྲོག་པར་བྱེད་དོ། །དེ་ལ་རྒྱ་ནག་ཧྭ་ཤང་གི་འདོད་པ་འགོག་པ་ནི། དབུ་མ་བསྒོམ་རིམ་ལ་སོགས་པར་འབྱུང་བ་དང་། མདོ་ཙམ་སྔར་ཡང་བརྗོད་པས། དེ་དག་ལས་རྟོགས་པར་བྱ་བ་ཡིན་ལ། ཕྱག་རྒྱ་བའི་ལུགས་མི་འཐད་པ་རྣམས་ནི། ཆོས་རྗེ་ཉིད་ཀྱིས་འདི་དོན་བརྟགས་པས་འདི་ལྟར་མཐོང་། སོ་མར་བཞག་ན་བལ་ཉིད་ཡིན། །སྐྱུད་པར་བྱས་ན་བཅོས་པར་འགྱུར། །དེ་ཕྱིར་འདི་ལ་དཔེ་སྐྱོན་ཡོད། །དོན་གྱི་སྐྱོན་ཡང་འདི་ལྟར་མཐོང་། །ཀོལ་ས་གསུམ་པོ་བཅད་ཙམ་གྱིས། །ཕྱག་རྒྱ་ཆེན་པོར་འགྱུར་ན་ནི། །ཉན་ཐོས་འགོག་པའང་དེར་འགྱུར་རོ། །ཤོར་བ་བཞི་པོ་སྤྱངས་སྐམ་པའི། །རྣམ་རྟོག་ཕྱག་རྒྱ་ཆེན་པོ་མིན། །རྟོགས་པ་མེད་ན་སྤྱོང་མི་ནུས། །རྟོགས་པ་མེད་ཀྱང་སྤྱོང་ནུས་ན། །སེམས་ཅན་ཀུན་ལ་འབད་མེད་དུ། །ཕྱག་རྒྱ་ཆེན་པོ་ཅིས་མི་སྐྱེ། །ཞེས་གསུངས་པ་ལྟར་གྱི་སྐྱོན་ཡོད་པས་ཁེགས་པར་འགྱུར་རོ། །གཞན་འཁོར་འདས་ཕྱག་རྒྱ་ཆེན་པོ་དང་། རྣམ་རྟོག་ཆོས་སྐུར་འདོད་པ་དང་། སེམས་ཅན་དང་སངས་རྒྱས་གཞི་མཐུན་འདོད་པ་རྣམས་ནི། སེམས་ཅན་ཐམས་ཅད་འབད་མེད་དུ་གྲོལ་བར་ཐལ་བ་དང་། འབད་ཀྱང་མི་གྲོལ་བར་ཐལ་བ་ལ་སོགས་པའི་གནོད་བྱེད་ཀྱིས་ཁེགས་པར་འགྱུར་བ་དང་། སྔར་ཡང་། བླུན་པོ་ཕྱག་རྒྱ་ཆེ་བསྒོམ་པ། །ཕལ་ཆེར་དུད་འགྲོའི་རྒྱུ་རུ་འགྱུར། །ཞེས་སོགས་ཀྱིས་སྐྱོན་བརྗོད་པ་རྣམས་ཀྱིས་ཁེགས་པས། མདོར་བསྡུས་ཏེ། འདིར་ནི་རྒྱས་པར་མ་བྲིས་སོ། །དང་པོར། ཁ་ཅིག་སྦྱོར་དྲུག་གི་སོར་བསམ་གྱི་རྣལ་འབྱོར་དུ་སྡུ་རབས་པའི་སྦྱོར་དྲུག་པ་རྣམས་འདོད་པ་དེ་ཡང་ཧྭ་ཤང་གི་འདོད་པ་དང་ཁྱད་པར་མེད་དེ། ཅིར་ཡང་ཡིད་ལ་མི་འཛིན་པ་ཉིད་ལམ་དུ་འདོད་པས་སོ། །ཅི་སྟེ་སྟོང་གཟུགས་ལ་ལྟ་བ་ཉིད་ཀྱིས་ཁྱད་པར་ཡོད་དོ་སྙམ་ནའང་། དང་པོར། ཅི་ཡང་ཡིད་ལ་མ་བསམ་པས་སྟོང་གཟུགས་འཆང་བར་གསུངས་ཤིང་འགྲུབ་པས་ན། བསམ་མེད་ཀྱང་ཟབ་དོན་བསྒོམ་པར་འབྱུང་ལ། སྟོང་གཟུགས་ནི་སེམས་ཀྱི་སྣང་བར་བཤད་པས་ཀུན་རྫོབ་བདེན་པ་ཡིན་གྱི་དོན་དམ་བདེན་པ་མིན་པས་དེ་དུས་བདག་མེད་ཀྱི་ལྟ་བ་དང་མ་འབྲེལ་བས་སྒྲིབ་པའི་གཉེན་པོར་མི་འགྱུར་རོ། །དུས་ཀྱི་འཁོར་ལོའི་འགྲེལ་པར་ཡང་འདོད་པ་འདི་ལ་དགག་པ་མཛད་དོ། །འདི་ནི་ཆེས་མི་རིགས་ཞེས་སོགས་ཀྱི་དོན་མང་དུ་བརྗོད་ནས་འགོག་པར་བྱེད་ཅིང་། མཉམ་བཞག

ཏུ་སྟོང་གཟུགས་སྣང་བ་སོ་སྐྱེས་ཀྱི་ས་རུ་ཡིན་གྱི་འཕགས་པ་སློབ་པའི་མཉམ་བཞག་དུས་སུ་མི་སྣང་སྟེ། གཉིས་སྣང་མེད་པས་སོ། །འོན་ཀྱང་དེ་དུས་ནའང་ཡོད་ནི་ཡོད་དོ། །ཞེས་བྱ་བ་ལ་སོགས་ཟེར་རོ། །འདི་ནི་ཆེས་མི་རིགས་ཏེ། ཅི་ཡང་ཡིད་ལ་མི་འཛིན་པ་ཉིད་ལམ་དུ་མི་འདོད་པའི་ཕྱིར་དང་། རྟོག་པའི་སྒྲོ་བསྐྱུ་ཡིད་ལ་མི་བྱེད་པས་ཅིར་ཡང་མི་བསམ་པར་འགྱུར་ན་ནི། ཁྱེད་རང་གི་ཟབ་དོན་བསྒོམ་པར་འདོད་པ་ལ་འང་མཚུངས་པའི་ཕྱིར་དང་། དེ་དུས་སྟོང་པ་ཉིད་ཀྱི་རྣམ་པ་ཤར་ནས། དེ་ལ་སེམས་འཛོག་པར་བྱེད་པའི་ཕྱིར་དང་། ཅིར་ཡང་མ་བསམ་པ་ཙམ་གྱིས་སྟོང་གཟུགས་འཆར་བར་མ་གསུངས་ཤིང་མི་འགྲུབ་པའི་ཕྱིར་དང་། གལ་ཏེ་འགྲུབ་ན། ཐམས་ཅད་ལ་སྟོང་གཟུགས་འཆར་བར་ཧ་ཅང་ཐལ་བའི་ཕྱིར་རོ། །ཞེས་ཏེ་སྟོང་གཟུགས་ཀུན་རྫོབ་ཡིན་པས་དེའི་རྣམ་པ་ཤར་ཀྱང་སྟོང་ཉིད་བསྒོམ་པར་མི་འགྱུར་རོ་ཞེ་ན། དེ་ནི་མིན་ནོ། །སྟོང་གཟུགས་ནི་སྟོང་ཉིད་དུ་བཤད་པའི་ཕྱིར་དང་དེ་སྒོམ་མཁན་གྱི་སེམས་ཀྱི་རང་བཞིན་འོད་གསལ་དུ་གསུངས་པའི་ཕྱིར་དང་། སེམས་ལ་སྣང་བས་ཀུན་རྫོབ་ཏུ་མི་འགྲུབ་པའི་ཕྱིར་དང་། འཕགས་པ་སློབ་པ་རྣམས་ཀྱི་མཉམ་བཞག་ཏུ། དུས་འཁོར་བའི་ལུགས་ཀྱི་བདེ་སྟོང་མི་སྣང་བས་མི་བསྒོམ་པར་འདོད་པ་ནི། རྣམ་པར་མི་འཚམ་པའི་བསྐྱུར་བ་འདི་དོན་བསྒོམ་པས་སུ་ཞིག་གྲོལ་བར་འགྱུར། ཞེས་སོགས་ཀྱི་གཞུང་ལུགས་སྐྱོང་ཞིང་འཛིན་པར་འགྱུར་བའི་ཕྱིར་རོ། །དེ་སྐད་དུ་ཡང་། དུས་འཁོར་གྱི་རྒྱུད་ཕྱི་མར། སོ་སོར་སྡུད་སོགས་དྲུག་པོ་རྣམས་ཀྱིས་སྦྱོར་བ་བཅུའི་སྦྱོར་བས་དང་ལྡན་པས་སྟོང་པ་ཉིད་ནི་བསྒོམ་པ་གསུངས། ཞེས་གསུངས་པ་དང་། དབང་མདོར་བསྟན་དུ། སྐྱེ་བ་མེད་པ་མཐོང་བ་ནི། །གཞོན་ནུ་མ་ཡི་བུ་ཐེ་བཞིན། །ཞེས་སོགས་དང་། དུས་འཁོར་འགྲེལ་ཆེན་དུ། རང་གི་སེམས་ཀྱི་རང་བཞིན་འོད་གསལ་ནམ་མཁའ་ལ་མངོན་སུམ་དུ་མཐོང་བ་ཡིད་ཆེས་པའི་དོན་ཅན། ཞེས་སོགས་དང་། དེ་བཞིན་རང་བཞིན་འོད་གསལ་བ་ཡི་སེམས། །རྟོག་པའི་བསྒོམ་པའི་ཐབས་ཀྱིས་མི་མཐོང་སྟེ། །དེ་ཉིད་དུ་ནི་རོ་མ་ཉིད་དང་ནི། །རྐྱང་མ་གཅིག་ཏུ་སྦྱར་བས་མཐོང་བར་འགྱུར། །ཞེས་སོགས་ཀྱིས་སྟོང་གཟུགས་སྟོང་པ་ཉིད་གཤིས་ལུགས་སུ་གསུངས་པས་སོ། །

ཡང་བདག་འཛིན་ཁ་ཟུང་ཟད་ཀྱང་མ་བྲི་བའི་བདག་མེད་མངོན་སུམ་དུ་རྟོགས་པར་འདོད་པ་ནི། མཁས་པའི་བཞེད་གད་ཀྱི་གནས་ཡིན་ཞེས་ཟེར་བ་ལའང་དཔྱད་དེ། བདག་འཛིན་ཁ་ཟུང་ཟད་ཀྱང་མ་བྲི་བའི་འགྲུབ་ཅིང་། ཁྱོད་རང་ཤེས་སྒྲིབ་ཁ་ཟུང་ཟད་ཀྱང་མ་བྲི་བའི་ཆོས་ཀྱི་བདག་མེད་རྫོགས་པར་རྟོགས་པ་ཁས་ལེན་པ་ལའང་མཚུངས་པའི་ཕྱིར་དང་། མཐོང་ལམ་ཐོབ་པ་ལ་མི་སླུར་བའི་བདེ་བ་སྟོང་བརྒྱད་བརྒྱ་ཐོབ་པ་དང་ལས་རླུང་སྟོང་བརྒྱད་བརྒྱ་འགག་པ་དང་། འཕོ་ཆེན་གཅིག་དག་པ་ལ་སོགས་པ་དགོས་པར་དུས་ཀྱི་འཁོར་ལོ་

ནས་གསུངས་པའི་ཕྱིར་རོ་ཞིག་མདོར་བསྡུས་སོ། །གསུམ་པ་ནི། ནཱ་ཞེས་སོགས་ཏེ། ཁོ་ན་རེ། ད་ལྟའི་ཕྱག་རྒྱ་བར་གྲགས་པ་འདི་མ་དག་ན། ནཱ་རོ་དང་མཻ་ཏྲི་བ་སོགས་ཀྱིས་བཞེད་པའང་ནོར་བར་འགྱུར་རོ། །ཞེས་བྱ་ཆོས་ཅན། དེ་ལྟར་མི་འགྱུར་བར་ཐལ། ནཱ་རོ་པ་དང་མཻ་ཏྲི་པས་བཞེད་པའི་ཕྱག་རྒྱ་ཆེན་པོ་དེ་དང་དེ་ནི་ལས་དང་ཆོས་དང་དམ་ཚིག་དང་ནི་ཕྱག་རྒྱ་ཆེན་པོ་ཞེས་སྔགས་ཀྱི་རྒྱུད་ཁ་སྦྱོར་སོགས་ནས་གསུངས་པ་མཐུན་པའི་ཕྱིར། དེ་ཡང་མཻ་ཏྲི་པས་དེ་ཉིད་ཉི་ཤུ་པར། ལས་དང་དམ་ཚིག་ཕྱག་རྒྱ་གཉིས། །འཁོར་ལོ་རྫོགས་པར་བསྒོམ་པ་ཉིད། །ཐ་མའི་བྱང་ཆུབ་བསྒོམ་པ་ནི། །དག་པའི་དེ་ཉིད་ཕྱིར་ཕྱོགས་པའོ། །ཡེ་ཤེས་ཕྱག་རྒྱ་མཉམ་སྦྱོར་བས། །འཇམ་པའི་རྡོ་རྗེ་ལ་སོགས་གཙོ། །བདེན་མིན་རྫུན་མིན་རྣམ་པར་ནི། །བདག་ཉིད་བསྒོམ་པ་འབྲིང་པོའོ། །བདག་བྱིན་རླབས་པའི་གོ་འཕང་གང་། །དེ་ཉིད་རྟོགས་པར་མི་ནུས་ཕྱིར། །དེ་དག་ལ་ནི་རིམ་པ་ཡིས། །བྱང་ཆུབ་སྒྲུབ་པའི་ལམ་བསྟན་ཏོ། །ཞེས་སོགས་ནས། དེ་ཉིད་མཐོང་བའི་རྣལ་འབྱོར་པ། །ཕྱག་རྒྱ་ཆེན་པོ་ལ་གཞོལ་བ། །ཐམས་ཅད་དངོས་པོའི་རང་བཞིན་གྱིས། །དབང་པོ་དམ་པར་གནས་པར་བྱ། །ཞེས་གསུངས་པས། ཐོག་མར་ལས་དང་པོ་བའི་རྣལ་འབྱོར་པ་དབང་པོ་ཐ་མ་ལས་རྒྱ་དང་དམ་རྒྱ་ལ་བརྟེན་ནས། རྩ་དང་རླུང་གི་རྣལ་འབྱོར་དང་དབང་པོ་འབྲིང་པོ་ཆོས་དང་ཡེ་ཤེས་རྒྱ་ལ་བརྟེན་ནས་དབང་གསུམ་པའི་ལམ་བསྒོམ་ཞིང་། ལྷ་སྐུ་སྒྱུ་མ་ལྟ་བུའི་སྐུ་ལུས་མངོན་དུ་གྱུར་ནས་དེ་ལ་ཞེན་པའི་བག་ཆགས་སྤྲུང་བའི་ཕྱིར་ཏུ་འོད་གསལ་བསྒོམ་ཞིང་དེ་ལས་ལངས་ཏེ་ཟུང་འཇུག་ཕྱག་རྒྱ་ཆེན་པོའི་ལམ་དབང་པོ་རབ་ཀྱིས་བསྒོམ་པ་ཡིན་པར་བཤད་ཅིང་། ནཱ་རོ་པའང་དཔེའི་ཡེ་ཤེས་ངོས་བཟུང་ནས་བསྒོམ་པས་དོན་གྱི་ཡེ་ཤེས་ལྷན་སྐྱེས་མངོན་དུ་བྱེད་པར་བཞེད་པ་དང་། གྲུབ་པ་སྡེ་བདུན་དང་སྙིང་པོ་བསྐོར་དྲུག་ཏུ་གྲགས་པ་རྣམས་ལས་ཀྱང་ཕྱག་རྒྱ་ཆེན་པོ་སྒྲོ་བསྐུར་དང་བྲལ་བ་བསྟན་པ་དང་། འཕགས་པ་ཀླུ་སྒྲུབ་ཉིད་ཀྱིས་ཀྱང་ཕྱག་རྒྱ་བཞི་བར་འདི་སྐད་གསུངས་ཏེ། ལས་ཀྱི་ཕྱག་རྒྱའི་ཉམས་ལེན་མི་ཤེས་པས་ཆོས་ཀྱི་ཕྱག་རྒྱ་རྒྱུད་ལ་བསྐྱེད་ཚུལ་མི་ཤེས་ལ། དེ་མ་ཤེས་ན་དམ་ཚིག་གི་ཕྱག་རྒྱའི་གནད་མི་གོ་ཞིང་ཕྱག་རྒྱ་ཆེན་པོའི་སྒྲ་དོན་ཙམ་ཡང་ལེགས་པར་མི་ཤེས་པར་གསུངས་པས་སོ། །

དེ་ཡང་ལས་རྒྱ་རིག་མ་མཚན་ཉིད་དང་ལྡན་པས་ནི། དེ་ལས་བྱུང་བའི་ཡེ་ཤེས་ལ་རྒྱས་འདེབས་པ་དང་། ལུས་ཀྱི་རྩ་འཁོར་རྟེན་དང་བཅས་པའི་ཆོས་རྒྱས་ནི། དེ་ལ་བརྟེན་པའི་ཡེ་ཤེས་ལ་རྒྱས་འདེབས་པ་དང་། ལུས་ཀྱི་རྩ་འཁོར་རྟེན་དང་བཅས་པའི་འདེབས་པ་ཁམས་བྱང་སེམས་མ་ཉམས་པའི་དམ་རྒྱ་དེའི་ཡེ་ཤེས་རྒྱས་འདེབས་པ་དང་། གསུམ་པོ་དེ་དག་ལས་བྱུང་བའི་དོན་གྱི་ཡེ་ཤེས་ཕྱག་རྒྱ་ཆེན་པོ་ཡིན། ཞེས་པའི་དོན་ནོ། །གཞན་ཡང་ཡེ་ཤེས་ཕྱག་རྒྱ་ཆེན་པོ་རྒྱུད་ལ་ཐོབ་པ་ལ་དབང་དང་རིམ་གཉིས་བསྒོམ་པ་སྔོན་དུ་འགྲོ་དགོས་ཏེ།

རྒྱུད་ཀྱི་རྒྱལ་པོ་གཞན་དུས་འཁོར་ལ་སོགས་པ་དང་བསྟན་བཅོས་ཆེན་པོ་གཞན། དེའི་འགྲེལ་ཆེན་ལ་སོགས་པ་ལས་ཀྱང་དབང་བསྐུར། བཞི་པ་དག་དང་མ་འབྲེལ་བ་དེ་ལ། ཡེ་ཤེས་ཕྱག་རྒྱ་ཆེན་པོ་བཀག་པའི་ཕྱིར་རོ། ། དེའི་རྒྱུ་མཚན་ཡང་ཕྱག་རྒྱ་ཆེན་པོ་མཆོག་གི་དངོས་གྲུབ་ཐོབ་པ་ལ་སྔོན་དུ་དབང་བཞི་པ་ཐོབ་ནས། དེ་དོན་བསྒོམ་པས་མངོན་དུ་གྱུར་པ་དགོས་ལ། དེ་ཡང་མ་མཐའ་མཐོང་ལམ་ནས་འཇོག་པར་བཤད་པའི་ཕྱིར་རོ། ། མཆོག་གི་དངོས་གྲུབ་ནི་མྱུར་དུ་ཐོབ་པར་འགྱུར་བའི་མཚན་ལྟས་ནི། སོར་བསམ་བསྒོམ་པའི་རྣལ་འབྱོར་པ་ལས། དང་པོ་ལའང་འབྱུང་སྟེ། རྟགས་བཅུ་ལ་སོགས་པའི་རྣམ་གཞག་དང་སྦྱར་རོ། །དེས་ན། དབང་བསྐུར་བ་ལས་བྱུང་བའི་ཡེ་ཤེས་ཕྱག་རྒྱ་ཆེན་པོ་མངོན་སུམ་དུ་རྟོགས་པ་སྟེ། རྒྱུད་ལ་སྐྱེས་ན་ད་བཟོད་མཚན་མ་དང་བཅས་པའི་འབད་རྩོལ་ཆེན་པོ་ཀུན་ལ་མི་ལྟོས་ཏེ། ཕྱག་རྒྱ་ཆེན་པོ་མཆོག་གི་དངོས་གྲུབ་ཐོབ་པས་སོ། །དེའི་ཕྱིར་ད་ལྟ་མ་ཐོབ་པ་རྣམས་ཀྱི་ནི། ལེགས་པར་འབད་པ་དང་རྩོལ་བ་ཆེན་པོས་སྒྲུབ་དགོས་སོ་ཞེས་པའོ། །བཞི་པ་ལ། འདོད་པ་བརྗོད་དེ་དགག་པ། བདུད་ཀྱིས་བྱས་པའི་དཔེ་བསྟན་པ། མ་འཁྲུལ་ན་སངས་རྒྱས་དགྱེས་པར་བསྟན་པའོ། །དང་པོ་ནི། དེང་སང་ཞེས་སོགས་ཏེ། དེང་སང་བོད་འགའ་ཞིག་བླ་མའི་མོས་གུས་ཙམ་གྱིས་སེམས་བསྒྱུར་ནས། རྟོགས་པ་ཅུང་ཟད་འགག་པ་ལ་ཕྱག་རྒྱ་ཆེན་པོའི་ངོ་སྤྲོད་བྱེད་པ་མི་འཐད་པར་ཐལ། དེ་འདྲ་བདུད་ཀྱི་ཆོ་འཕྲུལ་ཡིན་པའང་སྲིད་ཅིང་། ཡང་ན་ཁམས་འདུས་པ་འགའ་ཞིག་ལའང་འབྱུང་བས་ཕྱག་རྒྱ་ཆེན་པོ་ཐུག་མེད་དུ་འགྱུར་བའི་ཕྱིར་རོ། །གཉིས་པ་ནི། ཀ་ཞེས་སོགས་ཏེ། རྟོག་པ་ཅུང་ཟད་འགག་པའི་གནས་ཆ་ཙམ་ནི་བདུད་ཀྱིས་བྱས་པ་ཡོད་དེ། དཔེར་ན་མངའ་རིས་ཕྱོགས་སུ་སྔོན་ཀ་རུ་འཛིན་ཞེས་བྱ་བའི་ཧྲུན་ལབ་ཅན་གྱི་གྲུབ་ཐོབ་ཏུ་གྲགས་པ་བྱུང་སྟེ། དེ་ཡི་དགོན་པ་མཐོང་བ་ཙམ་གྱིས་འགའ་ཞིག་ལ་ཏིང་འཛིན་སྐྱེས་ཞེས་ཟེར་ནའང་ཕྱི་ནས་དེའི་གྲུབ་ཐོབ་ཞིག་སྟེ་དེ་ནས་ཏིང་ངེ་འཛིན་དེ་རྒྱུན་ཆད་པས་ན། དེའི་ཏིང་འཛིན་བདུད་རིགས་ཀྱི་འབྱུང་པོ་རྣམས་ཀྱི་བྱེད་པར་མདོ་ལས་གསུངས་པས་སོ། །

དེ་ཡང་མི་ཞིག་གིས་ཤིང་སྣྲུབ་པ་ལ་རི་ལ་ཕྱིན་པས་ཤིང་ཕུང་གཅིག་གི་ཁྲོད་ན། ལུ་གུའི་པགས་པ་ལས་བྱས་པའི་ཞྭ་ཞིག་རྙེད་ནས། མགོ་བོ་ལ་གྱོན་པས། གཞན་རྣམས་ཀྱིས་མཚན་དཔེས་བརྒྱན་པའི་སྐྱེས་བུར་མཐོང་སྟེ། གྲུབ་ཐོབ་ཀ་རུ་འཛིན་ཞེས་གྲགས་སོ། །དེའི་མིང་ཐོས་པ་དང་དེའི་དགོན་མཐོང་བ་ཙམ་ལས་རྟོགས་པ་འགག་ཅིང་ཏིང་ངེ་འཛིན་སྐྱེ་བ་བྱུང་ངོ་། །ཁོ་རང་དག་གི་ཁང་པར་ཞྭ་དེ་ཕུད་ནས་འདུག་པ་ལ། མི་རྣམས་ཀྱིས་སྔར་གྱི་གཟུགས་སུ་མཐོང་སྟེ་ཞྭ་མི་རྣམས་ཀྱིས་ཁྱེར་བས་གྲུབ་ཐོབ་ཞིག་ཅིང་ཏིང་ངེ་འཛིན་རྒྱུན་ཆད་དོ། །དེ་ཡང་ཏིང་ངེ་འཛིན་གྱི་ཚོགས་ཀྱི་ལེའུར། བདུད་དགའ་རབ་དབང་ཕྱུག་དཔོན་གཡོག་གིས་བར་དུ་གཅོད་པར

བྱེད་པའི་ཚུལ་མང་དུ་གསུངས་པའི་འཕྲོར། བཞི་པས་རབ་ཏུ་བྱུང་བ་རྣམས་ཚོང་དང་། ཞིང་ལས་དང་། གླུ་གར་དང་། བཟའ་བཏུང་དང་། དགོད་ཅིང་རྩེ་བ་དང་། བུད་མེད་ལ་གྲེད་ཅིང་རྨི་ལམ་དུ་འང་ས་བོན་འཕྲོགས་པ་དང་། ཚངས་སྤྱོད་དྲི་མ་ཅན་དུ་བྱེད་པ་དང་། ཀླུ་དང་། གནོད་སྦྱིན་མ་རུང་བ་རྣམས་བསྐུལ་ཞིང་ལོ་ཐོག་མ་རུང་བར་བྱེད་པ་དང་། ཆོས་དང་ལྡན་པ་རྣམས་ཀྱི་སྲོག་འཕྲོགས་པ་དང་། འཇིགས་པ་བསྐྱེད་པར་བྱེད་པ་དང་། སངས་རྒྱས་ཀྱི་སྐུ་ཉེ་བར་སྟོན་པ་ལ་སོགས་པ། འཁྲུལ་པ་བསྐྱེད་པར་བྱེད་དེ། འཇིག་རྟེན་གསུམ་རྒྱལ་གྱི་རྟོགས་པར། མི་བཟད་བརྟུལ་ཞུགས་བཟུང་བ་ཡི། །སྒྲུབ་པ་པོ་ལ་བདུད་ཀྱི་རིགས། །འདོད་པའི་གཟུགས་འཛིན་ལྷ་མོ་དང་། །དེ་བཞིན་གཞན་གྱི་ལུགས་སུ་ཡང་། །སྣ་ཚོགས་ཀྱི་ནི་རྣམ་པ་ཡིས། །དབང་པོ་སྡོམ་པ་འཚེ་བར་བྱེད། །ཅེས་གསུངས་པ་ཏྟས་ནས་བཤད་པ་ལྟར་རོ། །མི་རྟོག་གི་མདའ་ལྟའི་བྱེད་ལས་སོགས་བཤད་པའི་སྐབས་ཡིན་នོ། །གསུམ་པ་ནི། སངས་རྒྱས་ཞེས་སོགས་ཏེ། ཤེས་བྱ་ཆོས་ཅན། སྒྲུབ་པ་པོའི་བྱིན་རླབས་ཕྲ་མོ་ཙམ་དང་། དེ་ཙམ་ཞི་བར་བྱེད་པའི་ཕན་ཡོན་ཕྲ་མོ་ཙམ་ལ་གྲུས་པས་ཡིད་གཏད་པར་མི་བྱ་སྟེ། སངས་རྒྱས་ཀྱིས་གསུངས་པ་བཞིན་གྱི་ལམ་སྒྲུབ་པའི་བྱིན་རླབས་ནི་སངས་རྒྱས་རྣམས་ཀྱི་ཡིན་གྱི། དེ་དང་མི་མཐུན་པའི་བདུད་ཀྱི་བྱིན་རླབས་ལའང་ཕན་ཡོན་ཕྲ་མོ་ནང་རེ་ཙམ་ཞི་བ་དང་། སེམས་ཀྱི་གནས་ཆ་རྐྱེད་པ་སོགས་འབྱུང་བས་སོ། །དེ་བས་བསྒོམ་པ་ནོར་བ་དང་ལམ་མ་འཁྲུལ་བ་ལ་འབད་ན་སངས་རྒྱས་དགྱེས་པས་བྱིན་གྱིས་རློབས་ཅིང་རྗེས་སུ་འཛིན་པར་ཤེས་པར་བྱའོ། །གཉིས་པ་འཕྲོས་དོན་ལ་བརྟེན་པའི་འཁྲུལ་པ་དགག་པ་ལ། དད་ཐོབ་ལ་དབང་བསྐུར་མི་དགོས་པར་འདོད་པ་དགག་པ། ནོར་བའི་ངོ་སྤྲོད་སྣ་ཚོགས་བྱེད་པ་དགག་པ། ལམ་གྱི་དོན་ལ་ནོར་བའི་ལོག་རྟོག་དགག་པའོ། །དང་པོ་ནི། ཁ་ཞེས་སོགས་ཏེ། ཁ་ཅིག་ན་རེ། ད་ལྟ་སྔགས་ཀྱི་ཟབ་ལམ་བསྒོམ་པའི་སྔོན་དུ་དབང་བསྐུར་མི་དགོས་ཏེ་སྐྱེ་བ་སྔ་མ་ལ་སེམས་བསྐྱེད་དེ་དང་དབང་བསྐུར་མ་བྱས་ན་སྐྱེ་བ་འདིར་ཆོས་ལ་དད་པ་མི་སྲིད་པས། གང་ཟག་ཐེག་ཆེན་དང་སྔགས་ལ་དད་པ་ཐོབ་པ་དེ་དག་སྔར་སྦྱངས་པ་ཡིན་པའི་ཕྱིར་རོ། །ཞེས་ཟེར། དེ་དགག་པ་ནི། འོ་ན་ཞེས་སོགས་ཏེ། སོ་སོར་ཐར་པ་དང་བྱང་ཆུབ་སེམས་དཔའི་སེམས་བསྐྱེད་ལ་མོས་ནས་སྡོམ་པ་གཉིས་ལེན་པར་འདོད་པ་དེ་དག་ཆོས་ཅན། ད་ལྟར་རབ་བྱུང་དང་སེམས་བསྐྱེད་བྱ་མི་དགོས་པར་ཐལ། སྔ་མའི་སོ་ཐར་སྡོམ་པ་དང་སྔ་མའི་སེམས་བསྐྱེད་ཡོད་པའི་ཕྱིར་དང་། རབ་བྱུང་དང་སེམས་བསྐྱེད་དེ་དག་དགོས་ན་གསང་སྔགས་ཀྱི་དབང་བསྐུར་ཡང་ནི་ཅིའི་ཕྱིར་མི་དགོས་ཏེ་དགོས་པས་སོ། །དེས་ན་སངས་རྒྱས་ཀྱི་ཆོས་ལ་མི་དགའ་བའི་གང་ཟག་མུ་སྟེགས་བྱེད་ཀྱི་ཆོས་སྦྱངས་པ་དེ་ལ་མཆར་དུ་མི་རུང་བའི་སངས་རྒྱས་པའི་ཆོས་ལ་ཞུགས་བཞིན་དུ་རབ་བྱུང་དང་སེམས་བསྐྱེད་དེ། དབང་བསྐུར་

སོགས་མི་དགོས་ཞེས། མདོ་རྒྱུད་ཀྱི་དོན་ལ་ཉན་བཤད་འགོག་པར་བྱེད་པ་དེ་ལ་ཆོས་ཅན། ས་པཎ་ཁོ་བོ་ང་མཚར་སྐྱེས་ཏེ་ཤིན་ཏུ་ཁྲེལ་བའི་ཕྱིར་རོ། །

གཉིས་པ་འདོད་པ་བརྗོད་པ་ནི། ལ་ལ་ཞེས་སོགས་ཏེ། ཕྱག་རྒྱ་བ་ལ་ནི་སེམས་ཙུང་ཟད་མི་འཕྲོ་བར་གནས་པ་ཙམ་ལ་ཞི་གནས་དང་། རྟོག་པ་ཙུང་ཟད་འགག་པའི་སྣང་སྟོང་གི་རྟོགས་པ་ཕྲ་མོ་ལ་མཐོང་ལམ་ཐོབ་པ་ཡིན་ཞེས་པ་ངོ་སྤྲོད་པར་བྱེད་དེ། དེ་ཡང་ཁྱུང་གི་སྒོང་རྒྱ་མ་ཆགས་པར་འཕུར་མི་ནུས་པ་ཇི་བཞིན་དུ་རྣལ་འབྱོར་པའི་ལུས་ཀྱི་རྒྱ་ཡིས་བཅིངས་པས་ན། ད་ལྟ་ཡོན་ཏན་མི་འབྱུང་ལ་ལུས་རྒྱ་ཞིག་པའི་ཤི་མ་ཐག་མཐོང་ལམ་གྱི་ཡོན་ཏན་ཕྱི་ནས་འབྱུང་ངོ་ཞེས་ཟེར་རོ། །དེ་དག་དགག་པ་ནི། ཐེག་ཅེས་སོགས་ཏེ། ཤེས་བྱ་ཆོས་ཅན། རྣལ་འབྱོར་པས་མཐོང་ལམ་ད་ལྟ་ཐོབ་ཅིང་དེའི་ཡོན་ཏན་ཕྱི་ནས་འབྱུང་ངོ་ཞེས་པ་དེ་འདྲ་མི་འཐད་པར་ཐལ། ཐེག་པ་ཆེན་པོའི་མདོ་རྒྱུད་ལས་འདི་འདྲའི་ཆོས་ལུགས་བཤད་པ་མེད་ཅིང་། རིགས་པས་ཀྱང་མི་འགྲུབ་པའི་ཕྱིར་རོ། །དཔེར་ན། ཉི་མ་དེ་རིང་ཤར་བའི་འོད་ཟེར་དེ་རིང་མེད་པར་ནངས་པར་འབྱུང་བར་འདོད་པ་མཚར་ཏེ། དེ་འདྲ་བཞིན་ནོ། །གོང་གི་དེ་འདྲ་མཐོང་ལམ་མིན་ཏེ། ཡིན་ན་འགྲོ་བ་ཐམས་ཅད་འཕགས་པར་ཧ་ཅང་ཐལ་བར་འགྱུར་བའི་ཕྱིར་ཞེས་པ་རིགས་པའོ། །གསུམ་པ་ལ། འབྲུལ་བ་སྨྲང་བ་དང་། མ་འབྲུལ་བ་བཤད་པ་གཉིས། དང་པོ་ནི། དཔེར་ན། ཕྱག་རྒྱ་བ་ཁ་ཅིག །ཕ་རོལ་ཏུ་ཕྱིན་པ་དང་། གསང་སྔགས་གཉིས་ཀྱི་མཐོང་ལམ་ལ་རིམ་བཞིན་རྒྱན་ཅན་དང་རྒྱན་མེད་ཀྱི་ཁྱད་པར་ཡོད་པས་སྔགས་ལུགས་ཀྱི་མཐོང་ལམ་ལ་ཡོན་ཏན་ཕྱི་ནས་འབྱུང་བས་གོང་གི་སྐྱོན་མེད་དོ། །ཞེས་ཟེར་རོ། །དེ་དགག་པ་ནི། དེ་ཞེས་སོགས་ཏེ། ཤེས་བྱ་ཆོས་ཅན། ཐེག་ཆེན་གཉིས་ཀྱི་སངས་རྒྱས་ཀྱང་རྒྱན་ཅན་དང་རྒྱན་མེདགཉིས་སུ་འགྱུར་བར་ཐལ། ཕྱོགས་སྔ་དེ་ཡིན་པའི་ཕྱིར། འོ་ན་ཉན་ཐོས་ལ་དེ་འདྲ་གཉིས་ཡོད་པར་བཤད་པ་མི་འཐད་པར་ཐལ་ལོ་ཟེར་ན། ཆོས་ཅན་དེ་གཉིས་མི་མཚུངས་པར་ཐལ། ཉན་ཐོས་དགྲ་བཅོམ་ལ་རྒྱན་ཅན་དང་རྒྱན་མེད་གཉིས་གསུངས་པ་འཐད་ཀྱི། ཐེག་ཆེན་འཕགས་པ་ལ། རྣམ་ཐར་སོགས་ཀྱི་རྒྱན་ཡོད་དེ། དེ་གཉིས་མི་འཐད་པའི་ཕྱིར་ཏེ། མདོ་སྡེ་རྒྱན་ལས། རྒྱལ་སྲས་བྱང་ཆུབ་ཕྱོགས་མཐུན་པ། །རྣམ་པ་སྣ་ཚོགས་ཐམས་ཅད་ནི། །རྟག་ཏུ་མཐོང་བའི་ལམ་དང་ནི། །ལྷན་ཅིག་ཏུ་ནི་ཐོབ་པར་འདོད། །ཅེས་གསུངས་པའི་ཕྱིར་རོ། །ཡང་ཉན་ཐོས་པ་ལུགས་ཀྱི་ཚ་ཚ་ནམ་མཁའ་ལ་ཡར་བའི་དཔེས་ཚེ་འདིར་མྱ་ངན་ལས་མ་འདས་པ་ཡང་། བར་དོ་དང་ཕྱི་མར་མྱ་ངན་ལས་འདའ་བར་གསུངས་པ་དེ་བཞིན་དུ་གསང་སྔགས་བསྒོམ་པ་ལས་ཀྱང་ཚེ་འདིར་མཐོང་ལམ་མ་ཐོབ་པ་ཡང་། བར་དོ་དང་ཕྱི་མར་ཐོབ་པ་ཡོད་ཀྱི། ཚེ་འདིར་མཐོང་ལམ་འཐོབ་པ་ལ་ཡོན་ཏན་མེད་པ་དེའི་ཕྱིར། ཡོན་ཏན་ཕྱི་ནས་འབྱུང་ངོ་ཞེས་བྱ་བ

འདི་ནི་ཆོས་ཅན། མི་འཐད་པར་ཐལ། ཐླུན་པོ་རྣམས་ཀྱི་རྗེན་རབ་རིབ་ཙམ་ཡིན་གྱི། མདོ་རྒྱུད་ཀུན་དང་ཁྲོད་མི་མཐུན་པས་ཁྲིད་འདྲའི་ཆོས་ལུགས་མཁས་པས་སྤང་བའི་ཕྱིར་རོ། །གཉིས་པ་ནི། རྗོ་བོ་ཞེས་སོགས་ཏེ། ན་རོ་པས་དབང་དུས་སུ་མཐོང་ལམ་ཞིག་སོ་སྐྱེས་ལ་སྐྱེ་བར་གསུངས་པ་དང་། ཁྲིད་ཀྱི་འདོད་པ་འགལ་ལོ་ཞེ་ན། ཤེས་བྱ་ཆོས་ཅན། དེ་མི་འགལ་བར་ཐལ། རྗོ་བོ་ནཱ་རོ་ཏ་པ་ནི། དབང་བསྐུར་དུས་སུ་མཐོང་ལམ་སྐྱེ་བ་དེ་ནི། སྐད་ཅིག་དེ་མ་འགག་པ་ཆོས་མཆོག་རྗེས་ཀྱི་མཐོང་ལམ་བཞི་ནི་རྒྱུན་འགག་པ་མེད་ཅེས་གསུངས་པར་གྲགས་ནའང་འདི་ནི་མཚོན་བྱེད་དཔེའི་ཡེ་ཤེས་དབང་གསུམ་པའི་ལམ་ཞི་བདེ་ལྷན་སྐྱེས་ལ་མཐོང་ལམ་དུ་བཏགས་པར་ཟད་ཀྱི་ནཱ་རོ་པས་སོ་སྐྱེས་ལ་མཐོང་ལམ་མི་བཞེད་པས་སོ། །ཕྱིར་ནི་དབང་དུས་སུ་མཐོང་ལམ་སྐྱེ་བ་འགོག་པ་མིན་ཞིང་། དེ་སྲིད་པས་དཔྱད་པར་བྱའོ། །ཡང་། འཕགས་པ་ལྷའི་སྤྱོད་བསྡུས་སུ། བསྐྱེད་རིམ་ཀུན་རྫོབ་ཀྱི་བདེན་པ། །མཐོང་བའི་རྟོག་པ་ལ་གནས་ཀྱང་། །ཞིང་ལས་ལ་སོགས་པའི་མཐའ་མ་ཆགས་པར་གསུངས་པ་སྲིད་མོད་ཀྱི་ཟུང་འཇུག་མ་ཐོབ་པར་རྫོགས་རིམ་དབེན་གསུམ་དང་སྒྱུ་ལུས་དང་འོད་གསལ་སྐབས་སུ། རང་འབྱུང་ཡེ་ཤེས་རྟོགས་པར་གསུངས་པ་ནི་ཆོས་ཅན། མཐར་ཐུག་ཟུང་འཇུག་མ་ཐོབ་པར་དེ་དུས་མཐོང་ལམ་ཐོབ་པ་ལ་དགོངས་ནས་གསུངས་པ་མིན་པར་ཐལ། མཚོན་བྱེད་དཔེའི་ཡེ་ཤེས་ཉིད་ལ་དགོངས་པ་ཡིན་གྱི་དོན་གྱི་ཡེ་ཤེས་ནི་མཐར་ཐུག་ཟུང་འཇུག་མ་ཐོབ་པར་མི་འབྱུང་ཞིང་། དེ་དང་ལམ་འབྲས་བུའི་གདམ་ངག་ལ་སོགས་པ་གྲུབ་ཐོབ་རྣམས་ཀྱི་དགོངས་པ་མཐུན་པའི་ཕྱིར། བིར་ཝ་པས། ལམ་འབྲས་བུ་དང་ཐུམ་དབང་གི་ལྟ་བ་འཁོར་འདས་དབྱེར་མེད་གྲུབ་མཐའ་སྣང་སྟོང་ཟུང་འཇུག །གསང་དབང་གི་གསལ་སྟོང་ཟུང་འཇུག །གསུམ་པའི་བདེ་སྟོང་ཟུང་འཇུག །བཞི་པའི་ལམ་གྱི་ལྟ་གྲུབ་ནི། ཟུང་འཇུག་མཐར་ཐུག་ཏུ་བཞེད་པ་ལྟར་གསུངས་སོ། །

མཐར་ཐུག་བྱ་བ་ཡང་འོག་མ་གསུམ་ལ་ལྟོས་པའི་དབང་དུ་བྱས་ཀྱི་མཐོང་ལམ་ནས་ཀྱང་ཡོད་དགོས་པས། རྫོགས་པའི་སངས་རྒྱས་ཀྱི་སར་སླེབ་དགོས་པ་ནི་མིན་ནོ། །འོ་ན་མཐོང་ལམ་གྱི་ས་མཚམས་ག་ནས་འཛོག་ཅེ་ན། དེས་ཞེས་སོགས་ཏེ། ངེད་ཀྱི་མཐོང་ལམ་ནི་རྟེན་གྱི་གང་ཟག་འཕགས་པ་མིན་པ་གཞན་གྱི་རྒྱུད་ལ་མེད་དེ། སོ་སོ་སྐྱེ་བོའི་རྒྱུད་ལ་ཡོད་པའི་ལམ་ཡིན་ན། མཐོང་ལམ་མིན་པ་དེའི་ཕྱིར་རོ། །ཉན་ཐོས་དགྲ་བཅོམ་ཐེག་ཆེན་དུ་ཞུགས་པའི་ཚོགས་སྦྱོར་བ་རྣམས་ནི། སོ་སྐྱེས་ཁས་ལེན་པ་འདུག་ནའང་། འདི་ན་ཁས་བླང་བར་བྱ་བ་མིན་ནོ། །སྤྱིར་ནི་མདོ་སྔགས་ཀྱི་ས་དང་ལམ་གྱི་ཁྱད་པར་དང་། ཐེ་བྲག་ཏུ་མཐོང་ལམ་གྱི་རྣམ་གཞག་མཐའ་ཆོད་པ་དགོས་ནའང་རེ་ཞིག་ཡི་གེ་མང་བས་འཇིགས་ནས་མ་བྲིས་སོ། །ལྔ་པ་ལ། རང་ལུགས་

དང་མི་མཐུན་པའི་ལག་ལེན་མི་འཐད་པ། སྟོན་བྱེད་བླ་མའི་ཁྱད་པར་བཤད་པ། སྐབས་དོན་བསྡུས་ཏེ་རྣམ་པར་བསྟན་པའོ། །དང་པོ་ནི། ཐེག་ཅེས་སོགས་ཏེ། ཤེས་བྱ་ཆོས་ཅན། ཐེག་པ་གསུམ་གྱི་ལག་ལེན་ཡང་ཐེག་པ་རང་རང་གི་གཞུང་ལུགས་བཞིན་གང་ཟག་དེ་དང་དེ་ཡིས་བྱ་བར་རིགས་ཏེ། དེ་བཞིན་མི་བྱེད་ན་སངས་རྒྱས་བསྟན་པའི་གཟུགས་བརྙན་འཛིན་ཙམ་ཡིན་གྱི་བསྟན་པ་དགྲུགས་པས་སྐྱོན་ཡོད་ལ། དེ་བཞིན་བྱེད་ན་སངས་རྒྱས་བསྟན་པ་འཛིན་པ་ཡིན་པས་སོ། །གཉིས་པ་ལ་བླ་མའི་ཁྱད་པར་དང་། དེ་བསྟེན་པའི་ཚུལ་གཉིས་ལས། དང་པོ་ནི། ཉན་ཐོས་ཞེས་སོགས་ཏེ། རང་རང་གི་ལུགས་བཞིན་བྱེད་པའང་སྟོན་དུ་བླ་མས་བསྟན་པ་ལ་རག་ལས་ཤིང་དེ་ལའང་གསོལ་བ་བཏབ་སྟེ། དགོས་པ་ལ་རག་ལས་པས་ཇི་ལྟར་ཡིན་བླ་མ་ཐམས་ཅད་མཚུངས་སམ་ཞེ་ན། ཤེས་བྱ་ཆོས་ན། ཉན་ཐོས་དང་། ཕ་རོལ་ཏུ་ཕྱིན་པ་དང་། གསང་སྔགས་ཀྱི་བླ་མ་ཐམས་ཅད་མི་མཚུངས་ཏེ། ཉན་ཐོས་ཀྱི་ལུགས་ལ་དགེ་འདུན་ལ་གང་ཟག་བཞི་འཚོགས་དགོས་པས་ན། བླ་མ་དེ་བཟང་ཡང་གང་ཟག་ཁོ་ནར་བསམ་ལ། ཕ་རོལ་ཕྱིན་པའི་བླ་མ་ནི་བཟང་ན་དགེ་འདུན་དཀོན་མཆོག་ཡིན་མོད། གསང་སྔགས་པའི་བླ་མ་མཆོག་ནི་དཀོན་མཆོག་གསུམ་དང་དབྱེར་མེད་ཡིན་པ་དེས་ན་དེ་ལ་གསོལ་བ་བཏབ་པས་དཀོན་མཆོག་གསུམ་པོ་རབ་ཀྱིས་ཚེ་འདིར་འགྲུབ་པ་ཡོད་པས་སོ། །བདེ་མཆོག་གི་རྒྱུད་སྡེ་སོགས་སུ། བླ་མ་སངས་རྒྱས་བླ་མ་ཆོས། །དེ་བཞིན་བླ་མ་དགེ་འདུན་ཏེ། །དངོས་གྲུབ་གོ་འཕང་མཆོག་འདོད་པས། ཀུན་ནས་བླ་མ་མཉེས་པར་བྱ། །ཞེས་སོགས་དང་། དཔལ་ལྡན་བླ་མ་རྡོ་རྗེ་འཆང་། །ཀུན་གྱི་བྱེད་པོར་བླ་མ་འགྲོ། །ཞེས་སོགས་འབྱུང་བས་སོ། །ཆོས་ཅན་བླ་མ་དང་བླ་མ་དམ་པ་གཉིས་ལ་ཁྱད་པར་ཡོད་དེ། སྤྱིར་བཤད་པ། དེ་ལྟའི་ཐེག་པ་གསུམ་སོ་སོའི་གཞུང་ལས་འབྱུང་བ་བླ་མ་དམ་པའི་མཚན་ཉིད་མི་ལྡན་པའི་བླ་མ་ནི། བླ་མ་ཡིན་གྱི་དམ་པ་མིན། དེ་ལ་གསོལ་བ་བཏབ་ན་ཡང་བྱིན་རླབས་ཅུང་ཟད་འབྱུང་མོད་ཀྱི་ཚེ་འདིའམ། བར་དོ་ལ་སོགས་སུ་སངས་རྒྱས་ཉིད་སྦྱིན་པར་མི་ནུས་ཤིང་། བླ་མ་དམ་པས་སྟེར་នུས་པས་སོ། །

གཉིས་པ་ནི། དེས་ཞེས་སོགས་ཏེ། འོ་ན་ཇི་ལྟར་གསོལ་བ་གདབ་པར་བྱ་ཞེ་ན། ཤེས་བྱ་ཆོས་ཅན། གང་ཟག་དེས། བླ་མ་དེ་ལ་དབང་བསྐུར་ཐོབ་མ་འཐོབ་ཀྱི་དབང་གིས་གསོལ་བ་འདེབས་ཚུལ་ཁྱད་པར་ཡོད་དེ། དབང་བསྐུར་ཐོབ་པའི་མིས། དཀོན་མཆོག་གསུམ་པོ་བླ་མ་རུ་འདུས་པར་མཐོང་ནས་བླ་མ་ལ་དངོས་སུ། གསོལ་བ་བཏབ་ན་བྱིན་རླབས་འཇུག་ལ། གལ་ཏེ་དབང་བསྐུར་མ་ཐོབ་ན་བླ་མ་དེ་དཀོན་མཆོག་གསུམ་པོ་ཉིད་ལ་ཕར་བསྡུས་ལ་གསོལ་བ་ཐོབས་དང་། རིམ་གྱིས་བྱིན་རླབས་ཅི་རིགས་འཇུག་པས་སོ། །དབང་བསྐུར་མ་ཐོབ་པའི་བླ་མ་རྒྱུད་པ་བཟང་པ་སྲིད་ཀྱང་དེ་ལ་གསོལ་བ་བཏབ་པ་བྱིན་རླབས་ཆུང་པ་དེ་བས་ན། བླ་མ་དེ་

ཕར་ལ་བསྟུས་ནས་སམ། མ་བསྟུས་ཀྱང་དཀོན་མཆོག་གསུམ་པོ་ཉིད་ལ་གསོལ་བ་བཏབ་པ་ཤིན་ཏུ་བཟང་སྟེ། མ་འོངས་པ་ན་དཀོན་མཆོག་གསུམ་གྲུབ་ཏེ། སེམས་ཅན་གྱི་དོན་འབད་མེད་ལྷུན་གྲུབ་ཏུ་འབྱུང་བས་སོ། ། གསུམ་པ་ནི། དབང་ཞེས་སོགས་ཏེ། དབང་བསྐུར་དང་པོ་མ་འཐོབ་པར་བསྐྱེད་པའི་རིམ་པ་བསྒོམ་པ་དང་། དབང་བསྐུར་གཉིས་པ་མ་འཐོབ་པར་གཏུམ་མོ་ལ་སོགས་བསྒོམ་པ་དང་། དབང་བསྐུར་གསུམ་པ་མ་འཐོབ་པར། བདེ་སྟོང་སོགས་བསྒོམ་པ་དང་། དབང་བསྐུར་བཞི་བ་མ་འཐོབ་པར་ཕྱག་རྒྱ་ཆེན་པོ་སོགས་བསྒོམ་པ་དང་དགེ་སློང་གི་སྡོམ་པ་མ་འཐོབ་པར་མཁན་སློབ་ལས་སོགས་བྱེད་པ་ནི་ཆོས་ཅན། མཁས་པ་རྣམས་ཀྱིས་རྒྱང་རིང་དུ་སྤང་བར་བྱ་སྟེ། གསང་སྔགས་སོགས་ཐབས་མེད་པར་སྤྲུལ་གདུག་མགོ་བོ་ལས་རིན་པོ་ཆེ་ལེན་པ་ལྟར་རང་གཞན་བརླག་པའི་རྒྱུ་རུ་འགྱུར་བས་སོ། །དྲུག་པ་ལ། ཆོས་སྤྱོད་ཀྱི་ལག་ལེན་འཁྲུལ་བར་དགག །སྐུ་གཟུགས་ཀྱི་ཕྱག་མཚན་ནོར་བ་དགག །སྔགས་ལུགས་མདོ་ལུགས་གཉིས་བསྲེས་པའི་ནོར་བ་དགག་པའོ། ། དང་པོ་ལ། གཏོར་མ། ཆུ་སྦྱིན། ཟས་ཕུལ་ལ་ཕྱག་ལེན་འཁྲུལ་བ་དགག་པའོ། །དང་པོ་ནི་གཞན། ཞེས་སོགས་ཏེ། གཞན་ཡང་གངས་རིའི་ཁྲོད་འདི་ན་འཁྲུལ་པའི་ལག་ལེན་དུ་མ་ཡོད་དེ། གང་ན་བཀའ་གདམས་པ་འགའ་ཞིག་ཡི་དྭགས་ཁ་འབར་མའི་གཏོར་མ་ལ་དེ་བཞིན་གཤེགས་པ་བཞིའི་མཚན་གཏོར་སྔགས་ཀྱི་སྔོན་ལ་བརྗོད་པའི་ལག་ལེན་མཐོང་བ་འདི་ཡང་མདོ་དང་མཐུན་པ་ཡིན་པར་ཐལ། མདོ་ལས། སྔོན་ལ་སྔགས་བརྗོད་ནས་སངས་རྒྱས་བཞི་པོའི་མཚན་ཕྱི་ནས་གསུངས་པའི་ཕྱིར་རོ། །སངས་རྒྱས་རིན་ཆེན་མང་དང་གཟུགས་དམ་པ་དང་སྐུ་འཇམ་ཀླུས་དང་འཇིགས་པ་ཐམས་ཅད་དང་བྲལ་བ་བཞི་ལ་ཕྱག་འཚལ་བ་ནི། དང་པོར་བསྔོས་པའི་གཏོར་མ་དེ་མགྲོན་དམན་པས་ཐོབ་པར་བྱ་བའི་ཕྱིར་དུ་བར་ཆད་བསལ་ཏེ་བདེན་སྟོབས་བརྗོད་པ་ཡིན་པས་རྗེས་སུ་བརྗོད་པའི་རྒྱུ་མཚན་དེ་ཡིན་ནོ། །དཔེར་ན། དེ་བཞིན་གཤེགས་པའི་སྦྱིན་སྟོབས་དང་། །ཞེས་སོགས་བཞིན་ནོ། །བཞི་པོའང་རིམ་པ་བཞིན་དུ། དེ་བཞིན་གཤེགས་པ་ཐུབ་ཆེན་དང་། རིགས་གསུམ་མགོན་པོ་ལ་བཞེད་པ་མང་ངོ་། །གཉིས་པ་ནི། འགའ་ཞིག་ཅེས་སོགས་ཏེ། སྨན་མངའ་བ་སོགས་བཀའ་གདམས་པ། འགའ་ཞིག་ཆུ་སྦྱིན་གྱི་ནང་དུ་ཟན་འཛུག་པའི་ལག་ལེན་བྱེད་པ་ཐོས་ཏེ་མི་འཐད་དོ། །ཇི་ལྟར་ན། ཤེས་བྱ་ཆོས་ཅན། ཆུ་སྦྱིན་དུ་ཟན་འདེབས་པའི་གཏོར་ཆོག་དེ་ཉམས་པར་ཐལ། འཇུར་འགེགས་ཅན་གྱི་ཡི་དྭགས་ཀྱིས་ཆུ་སྦྱིན་ནང་དུ་ཟན་མཐོང་ན་མེ་འབར་བ་ལ་སོགས་པའི་འཇིགས་པ་ཆེན་པོ་འབྱུང་བར་གསུངས་པའི་ཕྱིར་རོ། །གསུམ་པ་ནི། ཟན་ཞེས་སོགས་ཏེ། ཆོས་པར་ཁས་འཆེ་བ་མང་པོ། ཟན་གྱི་ཕུད་ལ་གཏོར་མ་མི་བྱེད་པ་མཐོང་སྟེ། དེ་ནི་མི་འཐད་པར་ཐལ། ཟན་གྱི་ཕུད་ལ་ལྷ་བཤོས་དང་། ཚང་བུ་བྱ་བར་སངས་རྒྱས་ཀྱིས་གསུངས་པའི་ཕྱིར་རོ། །རྫོ

རྡོ་རྗེ་མོའི་རྒྱུད་ལས་ནི། ཟས་ཀྱི་ཕུད་ལ་ཆང་བུ་སྦྱིན། །ཞེས་གསུངས་ཤིང་། འཕྲོག་མའི་མདོ་ལས་ཀྱང་། སངས་རྒྱས་ང་ལ་སྟོན་པར་ཁས་འཆེ་ན། །འཕྲོག་མ་ལ་ནི་ཆང་བུ་སྦྱིན། །ཞེས་གསུངས་པའི་ཕྱིར་རོ། །དེའི་ཚོ་ག་ནི་མི་ཏྲི་པའི་ལྟ་བ་ངན་སེལ་དང་། བརྟག་གཉིས་ལ་སོགས་པའི་རྒྱུད་སྡེ་ནས་དང་། ཨ་བྷྱ་དང་ཇོ་བོ་རྗེ་ལ་སོགས་པའི་པཎ་གྲུབ་མང་པོས་མཛད་པའི་ཆོས་སྤྱོད་ཀྱི་རིམ་པ་སྟོན་པ་སོགས་ལས་ཤེས་པར་བྱ་སྟེ་དེ་དག་ལྟོས་ཤིག་ཅེས་པའོ། །དེ་ཡང་ཀྱེ་རྡོ་རྗེར། ཨོཾ་ཧྲཱི་ཧྲཱི་ལྷ་བཤོས་ཀྱི་སྔགས་སོ། །ཞེས་པ་དང་། ཨ་ཀ་རོ་འབྱུང་པོ་ཐམས་ཅད་པའི་གཏོར་སྔགས་སུ་གསུངས་པ་དེས། བླ་མ་དང་དཀོན་མཆོག་ལ་ལྷ་བཤོས་འབུལ་བར་ཛེ་ཏ་རིས་བཤད་པ་དང་། བཅོམ་ལྡན་འདས་ཀྱིས་ང་ལ་སྟོན་པར་ཁས་འཆེ་བ་རྣམས་ཀྱིས་འཕྲོག་མ་མ་བུ་དང་བཅས་པར་ཆང་བུ་སྦྱིན་པར་བྱའོ། །ཞེས་གསུངས་པ་དང་། ལྟ་བ་ངན་སེལ་དུ། གཏོར་མ་བཏང་ཞིང་བཤོས་གཙང་དབུལ། །འཕྲོགས་མ་དང་ནི་ཆང་བུ་དང་། །ལྟ་བ་ལྷག་མ་བཏང་བ་སྟེ། །འབྲས་བུ་ལོངས་སྤྱོད་ཆེན་པོར་འགྱུར། །ཞེས་གསུངས་པ་དང་། རྗེ་བོས་སྤྱོད་བསྡུས་སུ། དེ་ན་ཟས་ཀྱི་དུས་རྟག་ཏུ། །སྙིང་པོ་མེད་པའི་ལུས་འདི་ཡིས། །སྙིང་པོའི་དམ་པ་རྒྱལ་བྱ་ཞེས། །ལུས་ལ་གྲུབ་པའི་བློ་བཞག་ལ། །རྒྱགས་པ་བསྐྱེད་ཕྱིར་མི་ཟའོ། །རོ་ལ་ཆགས་པས་མི་ཟའོ། །ཟས་ནི་ཆ་བཞིར་བགོས་བྱ་སྟེ། །དང་པོ་ལྷ་ལ་བཤོས་གཙང་དབུལ། །དེ་རྗེས་ཆོས་ཀྱི་སྲུང་མ་ལ། །གཏོར་མ་ཤིན་ཏུ་རྒྱ་ཆེར་བཏང་། །རང་གིས་ཟོས་ཞིང་འཕུང་བ་ཡི། །ལྷག་མ་འབྱུང་པོ་ཀུན་ལ་སྦྱིན། །ཞེས་སོགས་རྒྱས་པར་གསུངས་སོ། །

འཕྲོག་མའི་ལོ་རྒྱུས་སོགས་རྟོགས་པར་བྱེད་དགོས་པ་ནི། མདོ་ལས་ཤེས་པར་གྱིས་ཤིག །ཡང་བཀའ་ཕྱག་པ་འགའ་ཞིག་སངས་རྒྱས་ཀྱིས་གསུངས་པའི་ལྷ་བཤོས་དང་ཆང་བུ་མི་བྱེད་པར་མ་གསུངས་པའི་འབྲང་རྒྱུས་དང་གླུ་གསུམ་ལ་སོགས་བྱེད་པ་མཐོང་མོད། དེ་མི་འཐད་པར་ཐལ། གསང་སྔགས་རྙིང་མ་འགའ་ཞིག་ལས་གླུ་གསུམ་དབང་ཕྱུག་ཆེན་པོའི་སྙིང་དེའི་ཤ་དང་ཁྲག་གིས་བརྒྱན་མཐེབ་སྐྱུ་མགོའི་ཐོད་པས་བསྐོར་ཞིང་ཆང་སོགས་བདུད་རྩིས་དེ་བཀང་ལ། ཧེ་རུ་ཀ་ལ་མཆོད་ཅེས་ཟེར་ཡང་། དེ་ནི་མིན་ཡང་གསང་སྔགས་གསར་མར་གླུ་གསུམ་གྱིས་གཏོར་མ་གཞུང་ནས་བཤད་པ་མེད་ལ། ཟས་ཀྱི་ཕུད་ལ་ཁྱད་པར་དུ་གླུ་གསུམ་འབུལ་བར་གསུངས་པ་མེད་པའི་ཕྱིར་དང་། མདོ་ནས་ཀྱང་མ་བསྟན་ཞིང་དོན་ཐོབ་ཀྱང་མེད་པའི་ཕྱིར་རོ། །དེས་ན་མདོ་སྡེ་མ་དཀྲུགས་པར་ལག་ལེན་ཐམས་ཅད་སངས་རྒྱས་ཀྱིས་གསུངས་པ་དང་མཐུན་པར་ཉམས་སུ་བླངས་པར་བྱ་སྟེ། ལག་ལེན་ཐམས་ཅད། སངས་རྒྱས་ཀྱི་གསུངས་པ་དང་མཐུན་ན་བསྟན་པ་དང་མི་འགལ་ཞིང་རིགས་པ་ཡིན་པའི་ཕྱིར་རོ། །གཉིས་པ་ནི། སངས་རྒྱས་ཞེས་སོགས་ཏེ། ཡང་ཁ་ཅིག །གླུ་སྐྱབ་ལ་ཁ་གཡར་ནས་ལྟུང་

བཞུགས་ཀྱི་སངས་རྒྱས་སུམ་ཅུ་རྩ་ལྔའི་ཆ་ལུགས་རབ་བྱུང་ཡིན་པའི་ཕྱག་ཏུ་རལ་གྲི་དང་གོ་ཆ་འཛིན་པ་བྱས་པ་དང་། བཅོམ་ལྡན་ཐུབ་པ་རབ་བྱུང་གི་ཆ་ལུགས་ལ་མི་མགོའི་ཕྲེང་པ་དང་། སྟག་ལྤགས་ཀྱིས་བརྒྱན་པ་དང་། ཡབ་ཡུམ་ཅན་བྱེད་པ་ཡོད་ཅིང་དེ་འདྲའི་རིགས་གཞན་ཡང་མཐོང་ངོ་། །དེ་འདྲ་མི་འཐད་པར་ཐལ། སངས་རྒྱས་ཁྲིམ་པའི་ཆ་ལུགས་ཅན་ལ་བརྒྱན་དང་མཚོན་ཆ་སོགས་སྲིད་ཀྱི། རབ་བྱུང་གི་ཆ་ལུགས་ཅན་རྣམས་ལ་རིན་པོ་ཆེའི་རྒྱན་དང་མཚོན་ཆ་སོགས་བསྟན་པ་དང་འགལ་བ་དེ་འདྲ་མི་སྲིད་པའི་ཕྱིར་རོ། །ཐོད་པའི་དཀྱིལ་ཆོག་ཁ་ཅིག་ནས་བཤད་ཟེར་བའང་དཔྱད་དོ། །གསུམ་པ་ལ། སྤྱིར་དགག་པ་དང་། སོ་སོར་དགག་པ་གཉིས། དང་པོ་ནི། བྱང་ཆུབ་ཅེས་སོགས་ཏེ། བྱང་ཆུབ་མཆོག་གི་ཕྱག་རྒྱ་དང་། མཆོག་སྦྱིན་དང་། ཏིང་ངེ་འཛིན་དང་། སྐྱབས་སྦྱིན་སོགས་མཛད་པའི་རིགས་ལྔ་ཁ་དོག་སེར་འཛམ་བྱེད་པ་མཐོང་ཞིང་མདོ་ལུགས་དང་རྗེ་བོས་གཟིགས་སྣང་ལ་བྱུང་བ་ཡིན་ཞེས། བཀའ་གདམས་པ་ལ་ལ་སྨྲའོ། །དེ་དགག་པ་ནི། མདོ་ཞེས་སོགས་ཏེ། ཤེས་བྱ་ཆོས་ཅན། རིགས་ལྔ་སེར་འཛམ་བྱེད་པ་མདོའི་ལུགས་དང་། སངས་རྒྱས་རིགས་ལྔའི་ཁ་དོག་ལྔ་མཐུན་པར་འདོད་པ་མི་འཐད་པར་ཐལ། མདོ་ནས་རིགས་ལྔར་སེར་འཛམ་བྱེད་པ་འདི་འདྲ་གསུངས་པ་མེད་ཅིང་བྱ་སྤྱོད་གཉིས་ཀྱི་རྒྱུད་ལས་ཀྱང་སངས་རྒྱས་རིགས་ལྔར་བསྟུས་པ་མེད་པའི་ཕྱིར་དང་རྣལ་འབྱོར་རྒྱུད་ལས་གསུངས་པའི་རིགས་ལྔ་ནི་རྣམ་སྣང་དཀར་པོ་སོགས་ཁ་དོག་ཐ་དད་ཅིང་ཕྱག་རྒྱ་ཡང་ནི་ཐ་དད་དུ་གསུངས་ལ། འདིའི་སྐུ་མདོག་ཕྱག་རྒྱ་ནི་རྟེན་ཅིང་འབྲེལ་བར་འབྱུང་བའི་སྐུ་ཡིན་པས་མ་འོངས་པ་ན་ཡེ་ཤེས་ལྔ་འགྲུབ་པའི་རྟེན་འབྲེལ་ལ་འཐད་པའི་ཕྱིར་དང་། དུས་ཀྱི་འཁོར་ལོ་ལ་སོགས་པ་ལས་རྣམ་སྣང་སེར་པོ་སོགས་རིགས་ལྔ་ཁ་དོག་གཞན་དང་མི་འདྲ་བ་གསུངས་པ་ནི་འབྱུང་བ་རྣམ་པ་ལྔ་སྦྱོང་བའི་རྟེན་ཅིང་འབྲེལ་བར་འབྱུང་བའི་སྐུའི་དབང་དུ་མཛད་པའི་ཕྱིར་རོ། །

འོན། བཅོམ་གསེར་གྱི་མདོག་འདྲ་ཞིང་། །ཞེས་སངས་རྒྱས་ཐམས་ཅད་གསེར་མདོག་ཏུ་གསུངས་པ་དང་འགལ་ལོ་ཞེ་ན། ཤེས་བྱ་ཆོས་ཅན། རིགས་ལྔ་སེར་འཛམ་མི་འཐད་ཀྱང་། སངས་རྒྱས་གསེར་མདོག་ཅེས་གསུངས་པ་མི་འཐད་པའི་སྐྱོན་མེད་པར་ཐལ་ཀྱང་གསེར་མདོག་ཅེས་གསུངས་པ་ནི། གསེར་གཙོམ་ལྟར་དྲི་མེད་ཅིང་དྭངས་པའམ་མཆོག་གི་སྤྲུལ་སྐུ་ཕལ་ཆེ་བ་ལ་དགོངས་ཏེ་གསུངས་པའི་ཕྱིར་དེ་ལས་གཞན་དུ། སངས་རྒྱས་ལ་ཁ་དོག་སེར་པོས་མ་ཁྱབ་སྟེ་སྨན་བླ་ནམ་མཁའི་མདོག་ཅན་སྔོན་པོ་ཉིད་དུ་མདོ་ལས་གསུངས་པ་སོགས་ཁ་དོག་རིགས་མི་འདྲ་བ་མང་པོ་གྲུབ་པའི་ཕྱིར་རོ། །གཞན་ཡང་ཡི་དམ་ལྷའི་སྒྲུབ་ཐབས་དང་སྔགས་ཀྱི་བཟླས་པའི་ཆོག་དང་། མཆོག་དང་ཐུན་མོང་དངོས་གྲུབ་ཀྱི་སྒྲུབ་པའི་ཆོག་རི་སྙེད་པ་རྣམས་ཆོས་ཅན། མདོའི

ལུགས་སུ་མི་འཐད་པར་ཐལ། མདོ་སྡེ་ཀུན་ལས་གསུངས་པ་མེད་པའི་ཕྱིར་རོ། །དེང་སང་སྔགས་ལ་མི་མོས་ཀྱང་སྒྲོལ་མ་སོགས་ཀྱི་ལྷ་བསྒོམ་ལ་སོགས་བྱེད་པ་ཡང་ཆོས་ཅན། སངས་རྒྱས་ཀྱི་བསྟན་པ་དང་མཐུན་པ་མིན་ཏེ། གསང་སྔགས་ཀྱི་བསྟན་པ་ལ་གནོད་པའི་ཕྱིར་རོ། །གཞན་ཡང་བཀའ་གདམས་པ་སོགས། སྨྲིན་སྲེག་རོ་སྲེག་དང་བདུན་ཚིགས་དང་སྔ་ཚྭའི་ཆོ་ག་སོགས་གསང་སྔགས་ཀྱི་ལུགས་བོར་ནས་མདོ་མཆོད་ཙམ་ལ་བརྟེན་པར་རློམ་པའི་ཆོ་གའི་རྣམ་བཞག་དེང་སང་བྱེད་པ་ཡོད་དེ། དེ་འདྲ་མདོ་ལུགས་མིན་པར་ཐལ། ཕ་རོལ་ཏུ་ཕྱིན་པའི་མདོ་སྡེ་དང་དེའི་བསྟན་བཅོས་ཀུན་ལ་དེ་འདྲའི་ཆོ་ག་གསུངས་པ་མེད་པའི་ཕྱིར་རོ། །འོ་ན་གང་ནས་གསུངས་སྙམ་ན། རོ་སྲེག་དང་བདུན་ཚིགས་སོགས་འདི་དག་གསུངས་པའི་ཁུངས་ཡོད་དེ། ངན་སོང་སྦྱོང་རྒྱུད་ལ་སོགས་པའི་རྒྱུད་སྡེ་འགའ་ཞིག་ལས་གསུངས་པའི་རྗེས་སུ་འབྲངས་པའི་གསང་སྔགས་པ་ལ་གྲགས་པ་ཡིན་པའི་ཕྱིར་རོ། །

གཉིས་པ་སོ་སོར་དགག་པ་ནི། དེ་བཞིན་ཞེས་སོགས་ཏེ། དེ་བཞིན་དུ་བཀའ་གདམས་པ་ཁ་ཅིག །རབ་གནས་མདོ་ལུགས་དང་། ཕྱག་རྡོར་མདོ་ལུགས་དང་ལྷུང་བཤགས་དང་ཤེར་སྙིང་སོགས་སྔགས་ལུགས་ཡིན་ཞེས་འཆད་པ་ཐོས་སོ། །འདི་ཡང་བརྟག་པར་བྱ་བས་ཉོན་ཅིག །ཤེས་བྱ་ཆོས་ཅན། མདོ་ལུགས་ཀྱི་རབ་གནས་གོ་ཆོད་མི་འཐད་པར་ཐལ །མདོ་ལས། ལྷ་བསྐྱེད་ཡེ་ཤེས་པ་སྤྱན་དྲངས་ནས་བསྟིམས་པ་དང་། སྤྱན་དབྱེ་དང་། དབང་བསྐུར་དང་། མཆོད་བསྟོད་བརླབས་པ་སོགས་ཀྱིས་རབ་ཏུ་གནས་ནས་བཤད་པ་མེད་པས་སོ། །འོན་བཀྲ་ཤིས་སོགས་མདོ་ལས་མ་བསྟན་པར་འགྱུར་རོ་ཞེ་ན། འོན་ཞེས་སོགས་ཏེ། ཤེས་བྱ་ཆོས་ཅན། མདོ་ལས་རབ་གནས་ཀྱི་ཆོ་ག་མ་བསྟན་ཀྱང་བཀྲ་ཤིས་སོགས་མ་བསྟན་པར་མི་འགྱུར་བར་ཐལ། དེ་མ་བསྟན་ཀྱང་། མཆོད་བསྟོད་དང་བཀྲ་ཤིས་སོགས་རྒྱལ་པོའི་མངའ་དབུལ་ལྷ་བུ་ལ་རབ་གནས་ཀྱི་མིང་འདོགས་ན་དེ་ལྟར་སྨྲས་ཏེ། མིང་ལ་མི་རྩོད་ཅིང་བཀྲ་ཤིས་སོགས་བསྟན་པའི་ཕྱིར་རོ། །དེ་ཡང་། མེ་ཏོག་ཕལ་ཆེར་མེ་ཏོག་བླ་རེ་དང་། །ཞེས་སོགས་ཀྱིས་མཆོད་པ་དང་། མཚན་མཆོག་ལྡན་པ་དྲི་མེད་ཟླ་བའི་ཞལ། །ཞེས་སོགས་ཀྱི་བསྟོད་པ་དང་། ཕུན་སུམ་ཚོགས་པ་མངའ་བ་གསེར་གྱི་རི་བོ་འདྲ། །ཞེས་སོགས་ཀྱི་བཀྲ་ཤིས་བརྗོད་པ་ནི་མདོ་ལས་འབྱུང་བ་ཡིན་ནོ། །རྒྱལ་བ་རྒྱལ་སར་འདོན་པའི་ཚེ་ཡང་དེ་ལྟ་བུའི་བཀྲ་ཤིས་དང་རྒྱན་དང་ཆ་ལུགས་བཟང་པོ་དང་ཁྲུས་ལ་སོགས་པའི་མངའ་དབུལ་བྱེད་པར་འདོད་དོ། །ཤེས་བྱ་ཆོས་ཅན། མདོ་ལས་རབ་གནས་མ་གསུངས་ཀྱང་། རབ་གནས་བཅོམ་ལྡན་འདས་ཀྱིས་གསུངས་པར་ཐལ། ལྷ་བསྒོམ་པ་དང་། སྔགས་བཟླས་པ་དང་། ཐུམ་པ་ལྔའི་སྔ་གོན་དང་། དངོས་གཞིའི་དམ་ཚིག་སེམས་པ་དང་། ཡེ་ཤེས་འཁོར་ལོ་འགུག་གཞུག

དང་། སྦྱིན་དབྱེ་བ་དང་བསྟན་པར་བཞུགས་པ་དང་། སྔགས་ཀྱིས་བྱིན་གྱིས་བརླབས་པའི་མེ་ཏོག་འཐོར་ནས། ལེགས་པར་མཆོད་དེ་བཀྲ་ཤིས་དང་རབ་གནས་རྒྱས་པར་བྱེད་པའི་ཚིག་གསང་སྔགས་རྒྱུད་སྡེ་ལས་གསུངས་ཀྱི་ཕ་རོལ་ཏུ་ཕྱིན་པ་སོགས་མདོ་ལས་གསུངས་པ་མིན་པས་སོ། །བོད་ལ་ལ་རབ་གནས་མདོ་ལུགས་འདི་ཇོ་བོ་ཆེན་པོ་རྗེའི་གདམས་ངག་ཡིན་ཞེས་སྨྲ་བ་མི་འཐད་པར་ཐལ། དེ་འདྲ་དེ་མདོ་གང་ལ་བརྟེན་པ་ཡིན་ཞེས་དྲིས་ན། མདོ་འདི་འདྲ་བ་ལ་རྟེན་པ་ཡིན་སྨྲ་དགོས་ན་དེ་བསྟན་རྒྱུ་མེད་པའི་ཕྱིར་དང་། ཇོ་བོ་ཡང་དེ་འདྲའི་རང་བཟོས་བསྟན་པ་དང་འགལ་བ་དེ་མི་མཛད་པའི་ཕྱིར་རོ། །དེང་སང་བོད་ཀྱི་རབ་གནས་པར་སློམ་པ་རྣམས་ནི། སངས་རྒྱས་རྣམས་ནི་རབ་ཏུ་བཞུགས། ཀུན་ཏུ་མཁའ་ལྟར་གནས་པ་ལ། །རབ་ཏུ་གནས་པ་གང་ཡང་མེད། །ཅེས་སོགས། རབ་གནས་ཀྱི་རྒྱུད་ལས་གསུངས་པ་རྣམས་ཀྱི་དོན་སྤྱངས་ཏེ། ཚིག་ཕྲེང་ཙམ་གྱིས་སྒྲིག་ལ་འཚོལ་ནས་སྙིང་ལ་གཞན་སེམས་ཤིང་། རབ་ཏུ་གནས་བྱ་དང་གནས་བྱེད་ལ་སོགས་པའི་ཕྱོགས་ལ་བློ་གྲོས་ཀྱི་མིག་ཡོང་ལ། བྱམས་པ་དང་སྙིང་རྗེའི་བརླན་དང་བྲལ་བའི་འདོད་སྲེད་ཀྱི་སྨོམ་ལ་གནས་པས། འགྲོ་ལ་ཕན་པ་དང་བདེ་བའི་དངོས་གྲུབ་ཀྱི་ལོངས་སྤྱོད་ཕྱོགས་ལྷུང་གི་རླུང་གིས་གཏོར་ཏེ་མེད་པར་བྱེད་པ་ལ་བརྩོན་མོད། ཀྱི་མ་སུ་ཞིག་གིས་རྣམ་པར་དཔྱོད་པའི་ཡུལ་དུ་གྱུར། ཡང་བཀའ་ཕྱག་པ་ལ་ལ། དེང་སང་གསང་བ་འདུས་པ། འཇམ་པའི་རྡོ་རྗེའི་སྒྲུབ་ཐབས་ཚང་བ་བསྒོམ་མ་ཤེས་པ་གང་བྱུང་ཞིག་བསྒོམས་ནས་མདོ་ལུགས་ཡིན་ཞེས་ཟེར་རོ་སོགས། ཤེས་བྱ་ཆོས་ཅན། གསང་འདུས་ཀྱི་ལྷ་བསྒོམ་པའི་ཚིག་མདོ་ལུགས་ལ་མི་འཐད་པར་ཐལ། གསང་འདུས་ལ་སོགས་པའི་སྔགས་ཀྱི་ཚིག་ལ་མདོ་ལུགས་ཀྱི་ཚིག་འབྱུང་བ་ཆེས་མཚར་བས་ཏེ། དེ་འདྲ་མེད་པའི་ཕྱིར་རོ། །དཔེར་ན་སེང་གེའི་ཕྲུ་གུ་གླང་ཆེན་ལས་བྱུང་ན་སྟོན་མེད་སྲོག་ཆགས་ཡིན་པ་བཞིན་ནོ། །

དེས་ན་གསང་སྔགས་ལ་མཁས་པ་རྣམས་ཀྱིས་འདི་འདྲའི་རང་བཟོའི་ཚིག་ཕྱིན་ཆད་མ་བྱེད་ཅིག །ཤེས་བྱ་ཆོས་ཅན། དབང་བསྐུར་གཏན་ནས་མ་ཐོབ་པའི་གང་ཟག་རྣམས་ཀྱིས་རབ་གནས་དང་དབང་བསྐུར་སོགས་རྡོ་རྗེ་སློབ་དཔོན་གྱི་ཐུན་མོང་མིན་པའི་བྱ་བ་རྣམས་བྱེད་པ་ཅི་སྐྱོས་ཏེ། བྱེད་མི་རིགས་པར་ཐལ། ལྷ་ལ་རབ་ཏུ་གནས་པ་དང་མི་ལ་དབང་བསྐུར་བྱ་བ་སོགས་ལ་རྡོ་རྗེ་སློབ་མའི་དབང་བསྐུར་བ་ཙམ་ཐོབ་པས་ཀྱང་བྱ་བར་མ་གསུངས་པས་སོ། །འོན་སློབ་མས་གང་བྱ་སྙམ་ན། རྡོ་རྗེ་ཞེས་སོགས་ཏེ། ཤེས་བྱ་ཆོས་ཅན། རྡོ་རྗེ་སློབ་མས་སློབ་དཔོན་གྱི་བྱ་བ་བྱེད་མི་འོས་ཀྱང་བྱ་བ་མེད་པ་མིན་པར་ཐལ། རྡོ་རྗེ་སློབ་མའི་དབང་བསྐུར་ཙམ་ཐོབ་ནས་རང་གི་བསྙལ་བ་དང་འཚམ་པའི་ལྷ་བསྒོམས་པ་དང་དེའི་བཟླས་བརྗོད་དང་སྦྱིན་སྲེག་དང་ནང་ཞི་བ་སོགས་ལས་ཚོགས་སྒྲུབ་པའི་དངོས་གྲུབ་དང་བསྐྱེད་རིམ་ཙམ་ལ་བརྟེན་པའི་ཡེ་ཤེས་ཀྱི་ཕྱག་རྒྱ་སྒྲུབ་པ་དང་།

གསང་སྔགས་འགའ་ཞིག་ཉན་པ་ལ་དབང་བ་ཡིན་གྱི། རྒྱུད་འཆད་པ་དང་དབང་བསྐུར་དང་། རབ་གནས་སོགས་རྡོ་རྗེ་སློབ་དཔོན་གྱི་འཕྲིན་ལས་ཐུན་མོང་མིན་པ་རྣམས་སློབ་མས་བྱ་བར་མི་རུང་བས་སོ། །རྡོ་རྗེ་སློབ་དཔོན་གྱིས་གང་ཞིག་བྱ། ཚུལ་ཇི་ལྟར་བྱ་སྙམ་ན། རྡོ་རྗེ་ཞེས་སོགས་ཏེ། ཤེས་བྱ་ཆོས་ཅན། རྡོ་རྗེ་སློབ་དཔོན་གྱི་ཐུན་མོང་མིན་པའི་འཕྲིན་ལས་ཡོད་དེ། རྡོ་རྗེ་སློབ་དཔོན་གྱི་དབང་ཐོབ་པའི་གང་ཟག་དེས་འཁོར་ལོའི་དང་། ལྷའི་དང་། དབང་གིས་དང་། སློབ་དཔོན་གྱི་དང་རྡོ་རྗེ་དྲིལ་བུའི་དེ་ཁོ་ན་ཉིད་རྣམས་ངེ་འཕྲོད་ནས་དཀྱིལ་འཁོར་བསྒོམས་པ་དང་རྒྱུད་འཆད་པ་དང་། དབང་བསྐུར་བ་དང་རབ་ཏུ་གནས་པ། སངས་རྒྱས་ཀུན་གྱི་བཅས་པའི་དམ་ཚིག་དང་བླ་ན་མེད་པའི་སྡོམ་པ་འབོགས་པ་སོགས་རྡོ་རྗེ་སློབ་དཔོན་གྱི་ཐུན་མོང་མིན་པའི་འཕྲིན་ལས་ཡིན་པས་རྡོ་རྗེ་སློབ་དཔོན་ཁོ་ནའི་འཕྲིན་ལས་ཡིན་གྱི་གཞན་སློབ་མས་བྱར་མི་རུང་བས་སོ། །རྡོ་རྗེ་སློབ་དཔོན་གྱི་དེ་ཁོ་ན་ཉིད་ནི། གསང་བ་འདུས་པར། རྡོ་རྗེ་སློབ་དཔོན་ལུས་འདི་ལ། །རྒྱལ་བའི་སྐུ་ནི་རིམ་བཞིན་གནས། །ཞེས་སོགས་གསུངས་པ་ལྟར། རྒྱུད་གཞན་དུ་ཡང་། སློབ་དཔོན་གྱི་ཕུང་པོ་ལྔ་རིགས་ལྔ་དང་། ཁམས་ལྔ་ཡུམ་ལྔར། དབང་པོ་དྲུག་སེམས་དཔའ་དྲུག་དང་། ཡུལ་དྲུག་སེམས་མ་དྲུག་དང་། ཚིགས་ཆེན་རྣམས་ཁྲོ་བོ་དང་ཁྲོ་མོ་ལ་སོགས་པར་གསུངས་པ་དང་། དེ་ཉིད་འདུས་པར། སློབ་དཔོན་གྱི་དེ་ཁོ་ན་ཉིད་བཅུ་ཞེས་པ་ནི། དཀྱིལ་འཁོར་དང་ལྷའི་དེ་ཁོ་ན་ཉིད་དང་། སྔགས་དང་ཕྱག་རྒྱ་དང་བདག་དང་གནས་ལ་སོགས་པ་བསྲུང་བ་དང་། ལྷ་སྤྱན་དྲངས་པ་དང་། བཟླས་བརྗོད་དང་། བསྒོམ་པ་དང་། སྦྱིན་སྲེག་དང་། ལྷ་ཉེ་བར་བསྡུ་བ་ཕྱག་རྒྱ་དགྲོལ་བ་དང་། གཤེགས་སུ་གསོལ་བའི་ཆོ་ག་ལ་སོགས་པ་རྣམས་བཤད་ཅིང་། ཡང་། དེ་ཉིད་བཅུ་ནི་ཡོངས་སུ་ཤེས། །ཞེས་པའི་དོན་ལ། དཀྱིལ་འཁོར་དང་ནི་རིན་ཆེན་མཆོག །ཕྱག་རྒྱ་སྟངས་སྟབས་གདན་དང་ནི། །བཟླས་བརྗོད་སྦྱིན་སྲེག་མཆོད་པ་དང་། །ལས་ལ་སྦྱོར་དང་སླར་བསྡུ་བའོ། །ཞེས་སོགས་ཕྱི་དང་ནང་གི་དེ་ཁོ་ན་ཉིད་ལ་སོགས་པ་ལ་མང་དུ་བཤད་དོ། །དེས་ན་རབ་གནས་མདོ་ལུགས་ཡོད་དོ། །ཞེས་འཆད་པ་ནི་སངས་རྒྱས་ཀྱི་བསྟན་པ་དང་མཐུན་པ་མིན་ནོ། །དེ་བཞིན་དུ་ཁྱིམ་པས་མཁན་སློབ་བྱེད་པ་དང་རྡོ་རྗེ་སློབ་དཔོན་མིན་པས་དབང་བསྐུར་དང་རབ་གནས་གཉིས་ཀ་བྱེད་པ་ནི་གཉིས་ཀ་སངས་རྒྱས་ཀྱི་བསྟན་པ་དང་མཐུན་པ་མིན་པར་མཚུངས་སོ། །ཕྱག་ཅེས་སོགས་ཏེ། ཤེས་བྱ་ཆོས་ཅན། ཕྱག་ན་རྡོ་རྗེ་མདོ་ལུགས་ལ་ཡང་མི་འཐད་པར་ཐལ། ཕྱག་ན་རྡོ་རྗེའི་བསྒོམ་བཟླས་ཀྱང་། མདོ་རྣམས་ནས་བཤད་པ་མེད་པས་སོ། །ཤེས་བྱ་ཆོས་ཅན། མདོ་ནས་མ་བཤད་ཀྱང་ཕྱག་རྡོར་བསྒོམ་བཟླས་མ་བཤད་པ་མིན་པར་ཐལ། གཟུངས་འབུམ་ནས་ཕྱག་རྡོར་བསྒོམ་བཟླས་བཤད་པ་དེ་དག་ནི་བྱ་རྒྱུད་ཀྱི་ཆ་གར་གཏོགས་ལ་རྒྱུད་སྡེ་གོང་འོག་གཞན་ནས་ཀྱང་མང་དུ་གསུངས་

པས་སོ། །ལྟུང་ཞེས་སོགས་ཏེ། ཤེས་བྱ་ཆོས་ཅན། ལྟུང་བཤགས་ཀྱི་སངས་རྒྱས་རྣམས་ཀྱིས་ཕྱག་མཚན་ལ་ཕྱིབ་དང་རལ་གྲི་སོགས་འཛིན་པའི་ཚུལ་དེ་མི་རིགས་པར་ཐལ། དེ་འདྲ་འཛིན་པའི་སྒྲུབ་ཐབས་སངས་རྒྱས་ཀྱིས་མ་གསུངས་ཤིང་རིགས་པས་ཀྱང་གནོད་པའི་ཕྱིར་རོ། །ཁ་ཅིག །ཤེར་སྙིང་སྔགས་ལུགས་ཡོད་དེ། འཕགས་པ་ཀླུ་སྒྲུབ་ཀྱིས་དེའི་ལུགས་བཤད་པས་སོ། །ཞེས་པར་གསུངས་ནའང་དཔྱད་དགོས་ཏེ། མདོ་སྔགས་ལུགས་སོ་སོར་སྦྱོར་བ་ནང་འགལ་ཞིང་། འདུལ་བའི་སྔགས་ལུགས་ཀྱང་ཁས་ལེན་དགོས་ཏེ། དེ་ལྟར་ན་གསུང་རབ་ཐམས་ཅད་སྔགས་ཉིད་དུ་འགྱུར་དགོས་པའི་ཕྱིར་རོ། །དེ་བས་ན་དེ་འདྲ་ནི་འཕགས་པ་ལ་ཁ་གཡར་བར་ཤེས་པར་བྱའོ། །ཤེས་བྱ་ཆོས་ཅན། མདོ་དང་སྔགས་ཀྱི་ལུགས་རྣམས་སོ་སོར་དཔྱོད་དེ། མཁས་པ་རྣམས་ཀྱིས་སྨྲ་བར་མི་རིགས་ཏེ། མདོ་དང་རྒྱུད་ཀྱི་ཁྱད་པར་ནི། ལྷ་བསྒོམ་པ་དང་དབང་བསྐུར་བ་སོགས་སྔགས་ཀྱི་ཆོ་གའི་བྱ་བ་ཡོད་མེད་ཀྱི་ཁོངས་སུ་གཏོགས་མ་གཏོགས་ཡིན་པ་དེ་ལྟར་ཤེས་པར་བྱ་བའི་ཕྱིར་རོ། །བདུན་པ་ལྟ་བ་འཁྲུལ་པ་སྣ་ཚོགས་དགག་པ། བསྟན་བཤད་གཉིས་ལས་དང་པོ་ནི། ལ་ལ་ཞེས་སོགས་ཏེ། སྔགས་སྙིང་མ་བ་ལ་ལ་ན་རེ། ཐེག་པ་ལ་རིམ་པ་དགུ་ཡོད་དེ། །ཉན་ཐོས་རང་རྒྱལ་བྱང་སེམས་གསུམ། །མཚན་ཉིད་ཐེག་པ་རིམ་པ་གསུམ། །ཀྲི་ཡ་ཨུ་པ་ཡོ་ག་གསུམ། །སྔགས་ཀྱི་ཐེག་པ་འོག་མ་གཉིས། །མ་ཧཱ་ཨ་ནུ་ཨ་ཏི་གསུམ། །སྔགས་ཐེག་གོང་མའི་རིམ་པ་གསུམ་སྟེ། དགུ་ཡིན་ལ། དེ་དག་ལ་སྔགས་ཀྱི་ཆོ་གའི་རིམ་པ་ཡོད་མེད་དུ་མ་ཟད་མཚན་ཉིད་ཀྱི་སྤྲོས་བྲལ་རྟོགས་པའི་ལྟ་བ་ལས་ལྷག་པའི་དེ་བཞིན་ཉིད་རྟོགས་པའི་ལྟ་བ་ཡོད་པའི་ཕྱིར། ལྟ་བའི་ཁྱད་པར་ཡང་ཡོད་དོ། །སོ་སོའི་ངོ་བོ་ནི། ཀྲི་ཡ་ལས། ཀུན་རྫོབ་རིགས་གསུམ་དཀྱིལ་འཁོར་གྱི། །རང་བཞིན་ཉིད་དུ་བརྟགས་བྱས་ཏེ། །དོན་དམ་དག་པའི་ཆོས་ཉིད་དོ། །ཞེས་པ་དང་། ཨུ་པ་ནི། ལྟ་བ་ཡོ་གའི་རྗེས་སུ་ལྟ་ཞིང་། སྤྱོད་པ་ཀྲི་ཡའི་རྗེས་སུ་སྤྱོད་དོ། །ཞེས་པ་དང་། ཡོ་ག་སཾ་གྲ་ཧར། ཆོས་རྣམས་རང་བཞིན་འོད་གསལ་བས། །ངོ་བོ་ཉིད་ཀྱི་གདོད་ནས་དག །ཅེས་པ་དང་། ཁམས་གསུམ་མ་ལུས་འདི་དག་ཀུན། །དཀྱིལ་འཁོར་ཆེན་པོའི་ངོ་བོ་ཡིན། །ཞེས་དང་། མ་ཧཱ་ཡོ་གའི་ལྟ་བ་བདེན་པ་གསུམ་ལས། དོན་དམ་པའི་བདེན་པ་ནི་སེམས་ཉིད་སྐྱེ་མེད་སྤྲོས་བྲལ་ལ་སྣང་བ་ངོ་བོ་ཉིད་སྐྱུར་ལྷུན་གྱིས་གྲུབ་པོ། །ཀུན་རྫོབ་བདེན་པ་ནི་རིག་པ་སྨྱུ་མའི་སྣང་བ་མ་འགག་པ་སྟེ་སྒྱུ་མ་རིགས་དྲུག་གོ། །དབྱེར་མེད་ཀྱི་བདེན་པ་ནི་སྣང་སྟོང་གི་ངོ་བོ་དབྱེར་མེད་པའོ། །ཞེས་དང་། ཨ་ནུ་ཡོ་གའི་ལྟ་བ་ནི། ཡུལ་ཕ་རོལ་ནས་སྣང་བ་ནི་ཆོས་དབྱིངས། ཡུམ་ཀུན་ཏུ་བཟང་མོ། དེ་རྟོགས་པའི་རང་རིག་ཡེ་ཤེས་ནི་ཡབ་ཀུན་ཏུ་བཟང་པོ། དེ་གཉིས་འདུ་འབྲལ་མེད་པ་ནི་སྲས་རྡོ་རྗེ་སེམས་དཔའ་བྱང་སེམས་བདེ་བ་ཆེན་པོའོ། །

ཨ་ཏི་ཡོ་གའི་ལྟ་བ་ནི། རང་བྱུང་ཡེ་ཤེས། ཆོས་རྣམས་ཀུན་གྱི་གཞི་མ་ལ། །ཕྱོགས་འཛིན་གང་ཡང་མི་སྤྱོང་བར། །ཕྱོགས་མེད་ཀུན་ནས་ཤར་བའོ། །ཞེས་ཟེར། དེ་ཡང་ཀྲི་ཡ་ནི་བྱ་བ། ཨུ་པ་ནི་ཉེ་བ། ཡོ་ག་ནི་རྣལ་འབྱོར་ཏེ། ཀྲི་ཡོ་ག་སྟེ་གསུམ་ཞེས་པ་ལུས་ངག་གི་བྱ་བ་སྣ་ཚོགས་གཙོ་བོར་སྟོན་པ་ཡིན་ནོ། །མ་ཧཱ་ཡོ་ག་རྣལ་འབྱོར་ཆེན་པོ། ཨ་ནུ་ཡོ་ག་ནི་རྗེས་སུ་རྣལ་འབྱོར། ཨ་ཏི་ཡོ་ག་ནི་ཤིན་ཏུ་རྣལ་འབྱོར་ཏེ་བསྐྱེད་རིམ་དང་། རྫོགས་རིམ་དང་། རྒྱུ་འབྲས་དབྱེར་མེད་དུ་སྤྱོད་པ་ནི་རྫོགས་པ་ཆེན་པོའོ། །ཞེས་འདོད་ལ། དང་པོ་བརྒྱད་ནི་རྒྱུ་ཐེག་དང་། ཕྱི་མ་ནི་འབྲས་བུས་བསྡུས་སོ། །ཞེས་ཟེར་རོ། །ཁ་ཅིག་ནི། ཐེག་པ་རིམ་པ་དགུ་ནི། གྲུབ་མཐའ་བཞི་དང་། རྒྱུད་སྡེ་བཞི་དང་། དབྱེས་པའི་རྡོ་རྗེས་ཏེ་དགུ་ལ་འདོད་དོ། །གཞན་དག་ནི། ཉན་ཐོས་རང་རྒྱལ་བྱང་སེམས་གསུམ་དང་། སྔགས་ལ་དྲུག་སྟེ། བྱ་བ་དང་། སྤྱོད་པ་དང་། རྣལ་འབྱོར་དང་། རྣལ་འབྱོར་ཆེན་པོ་དང་། རྗེས་སུ་རྣལ་འབྱོར་དང་། ཤིན་ཏུ་རྣལ་འབྱོར་རོ། །ཞེས་ཟེར་རོ། དེ་དགག་པ་ནི། ཉན་ཐོས་ཞེས་སོགས་ཏེ། ཤེས་བྱ་ཆོས་ཅན། ཕར་ཕྱིན་ཐེག་པའི་སྤྲོས་བྲལ་རྟོགས་པའི་ལྟ་བ་ལས་ལྷག་པའི་སྟོང་ཉིད་རྟོགས་པའི་ལྟ་བ་གསང་སྔགས་པ་ལ་ཡོད་པ་མི་འཐད་པར་ཐལ། ཉན་ཐོས་དང་ནི་ཐེག་ཆེན་ལ་བདག་མེད་མཐའ་དག་མ་རྟོགས་པ་དང་རྟོགས་པའི་ལྟ་བའི་རིམ་པ་ཡོད་མོད་ཀྱི། ཕ་རོལ་ཏུ་ཕྱིན་པ་དང་གསང་སྔགས་ལ་སྟོང་ཉིད་མཐའ་དག་མ་རྟོགས་པ་དང་རྟོགས་པའི་ལྟ་བའི་དབྱེ་བ་མེད་པའི་ཕྱིར་ཏེ། གཉིས་ཀ་ལ་སྟོང་ཉིད་མཐའ་དག་རྟོགས་པའི་ལྟ་བ་ཡོད་པར་མཚུངས་པས་སོ། །དེང་སང་ཕལ་ཆེར་འདོད་པའི་སྟོང་ཉིད་རྟོགས་པའི་ལྟ་བར་རློམ་པ་དེ་དང་། མདོ་སྔགས་ནས་འབྱུང་བ་ནི་གཏན་མི་འདྲ་སྟེ། དེང་སང་གི་ལྟ་བ་པ་དག་ནི་སྟོང་པ་ཉིད་ལྟ་བ་ལ་དམུས་ལོང་ལྟ་བུར་གྱུར་པས་སོ། །ཉི་མའི་དཀྱིལ་འཁོར་འོད་འབར་བ། །མིག་མེད་པས་ནི་མཐོང་བ་མེད། །ཅེས་གསུངས་པ་ལྟར་རོ། །ཡོན་ཏན་ལ་ཆེ་ཆུང་གི་རིམ་པ་དང་། ཏིང་ངེ་འཛིན་ལ་བཟང་ངན་གྱི་རིམ་པ་ཡོད་པས་ཐེག་པའི་རིམ་པ་འབྱེད་པ་མིན་ཏེ། དེ་ལྟར་ན་ཐེག་པ་རིམ་པ་དགུ་ལས་མང་བ་འབྱེད་དགོས་པའི་ཕྱིར་དང་། དེ་ལྟར་ན་ལམ་དང་ས་དང་གྲུབ་མཐའ་སོགས་ལའང་རིམ་པ་མང་པོ་འབྱེད་དགོས་པར་ཧ་ཅང་ཐལ་བའི་ཕྱིར་དང་། མཚན་ཉིད་ལའང་ཐེག་པ་གསུམ་དུ་མ་ངེས་པར་འགྱུར་བའི་ཕྱིར་དང་། བདེན་པ་ལ་གསུམ་དུ་འབྱེད་པ་དང་། ཁམས་གསུམ་མཐའ་དག་དཀྱིལ་འཁོར་དུ་གནས་པར་འདོད་པ་སོགས་ལའང་བརྟགས་ན་རིགས་པས་གནོད་པར་འདོད་པ་དེ་དག་ནི་ཕལ་ཆེར་འཐད་པ་དང་བྲལ་བའོ། །གཉིས་པ་རྒྱས་བཤད་ལ། རང་ལུགས་འཐད་པར་བཤད་པ་དང་། གཞན་ལུགས་མི་འཐད་པར་དགག་པ་གཉིས། དང་པོ་ནི། ཕ་རོལ་ཅེས་སོགས་ཏེ། ཤེས་བྱ་ཆོས་ཅན། ཕ་རོལ་ཏུ་ཕྱིན་པ་དང་སྔགས་ནས་འབྱུང་བའི་སྟོང་ཉིད་རྟོགས་པའི་ལྟ་བ་ལ་

བཤད་པས་གོ་བའི་ཐོས་པ་དང་། དེ་དོན་བསམ་པས་གོ་བའི་ལྟ་བ་ཡོད་པར་གཅིག་པ་ཉིད་ཡིན་ཏེ་སྔགས་ལ་ཕ་རོལ་ཏུ་ཕྱིན་པའི་སྤྲོས་བྲལ་རྟོགས་པའི་ལྟ་བ་ལས་ལྷག་པའི་ལྟ་བ་ཡོད་ན་ནི་སྔགས་ཀྱི་ལྟ་བ་སྟོང་ཉིད་རྟོགས་པ་དེ་སྤྲོས་པ་ཅན་དུ་འགྱུར་ནའང་། དེ་ལྟར་མིན་ལ་གསང་སྔགས་ཀྱི་སྟོང་ཉིད་རྟོགས་པའི་ལྟ་བ་དེ་སྤྲོས་པ་དང་བྲལ་བ་ཡིན་ན་དེ་ཕ་རོལ་ཏུ་ཕྱིན་པའི་སྤྲོས་བྲལ་གྱི་ལྟ་བ་དང་ཁྱད་པར་མེད་པས་སོ། །མདོར་ན་མདོ་སྔགས་ནས་འབྱུང་བའི་སྟོང་ཉིད་རྟོགས་པའི་ལྟ་བ་ལ་བཟང་ངན་མེད་དེ། ཡུལ་སྟོང་ཉིད་ལ་མི་འདྲ་བའི་དབྱེ་བ་མེད་པའི་ཕྱིར་རོ། །ཞེས་པའོ། །འོན་གསང་སྔགས་གང་གིས་ཆེ་བ་ཡིན་སྙམ་ན། འོན་ཞེས་སོགས་ཏེ། ཤེས་བྱ་ཆོས་ཅན། མདོ་སྔགས་གཉིས་སྟོང་ཉིད་རྟོགས་པའི་ལྟ་བ་ལ་བཟང་ངན་མེད་ཀྱང་། དེ་གཉིས་ལ་ཁྱད་པར་མེད་པ་མིན་པར་ཐལ། སྤྲོས་བྲལ་རྟོགས་པའི་ཐབས་ལྷག་པོར་ཡོད་པའི་སྒོ་ནས་གསང་སྔགས་ཕར་ཕྱིན་ལས་ཁྱད་པར་འཕགས་པས་སོ། །གཉིས་པ་ལ། འདོད་པ་བརྗོད་པ་དང་། དེ་དགག་པ་གཉིས་ལས། དང་པོ་ནི། ཁ་ཞེས་སོགས་ཏེ། རྙིང་མ་པ་ཁ་ཅིག་ན་རེ། ལྟ་བ་ལ་ཁྱད་པར་ཡོད་དེ། ཕར་ཕྱིན་པའི་དབུ་མའི་ལྟ་བ་ནི་ཀུན་རྫོབ་ནི་ཇི་ལྟར་སྣང་བ་བཞིན་དུ་ལྟ་བ་ཡིན་ལ། དོན་དམ་ནི་མཐའ་བཞིའི་སྤྲོས་པ་དང་བྲལ་བ་ལ་དེར་ལྟ་ཞིང་། བྱ་བའི་རྒྱུད་ཀྱི་ཀུན་རྫོབ་ནི་སྐུ་གསུང་ཐུགས་ཀྱི་དབྱེ་བས་རིགས་གསུམ་གྱི་རྒྱལ་བའི་དཀྱིལ་འཁོར་ཡིན་ལ། དོན་དམ་ནི་དབུ་མ་དང་མཚུངས་སོ། །ཞེས་ཟེར་ཞིང་། སྤྱོད་པའི་རྒྱུད་ཀྱི་ཀུན་རྫོབ་དང་། རྣལ་འབྱོར་རྒྱུད་ཀྱི་ཀུན་རྫོབ་ནི་རིགས་ལྔའི་རྒྱལ་བར་སྣང་བ་ཡིན་ལ། རྣལ་འབྱོར་ཆེན་པོའི་ཀུན་རྫོབ་ནི་དམ་པ་རིགས་བརྒྱད་ཡིན་ཏེ། དེ་ལྟར་ལྟ་བར་བྱེད་ལ་ལྟ་བ་བཞིན་དུ་བསྒོམ་པར་བྱེད་ཅིང་དེ་བཞིན་དུ་ཐོབ་པར་བྱེད་དོ་ཞེས་ཟེར་རོ། །གཉིས་པ་ལ། ལྟ་བསྒོམ་འབྲུལ་ཚུལ་མདོར་བསྟན་པ། རྒྱུད་སྡེ་སོ་སོའི་ལྟ་བསྒོམ་ཚུལ་གསལ་བར་བཤད་པ། སོ་སོའི་སྤྱང་བླང་ཇི་ལྟར་བྱེད་པའི་ཚུལ་དང་གསུམ། དང་པོ་ནི། ལྟ་ཞེས་སོགས་ཏེ། ཤེས་བྱ་ཆོས་ཅན། གོང་གི་ལྟ་བསྒོམ་འདི་འདྲའི་དབྱེ་བ་འཁྲུལ་བར་ཐལ། ལྟ་བ་དང་བསྒོམ་པའི་རྣམ་དབྱེ་མ་ཕྱེད་ཅིང་། བསྒོམ་པ་ཐབས་དང་ལྟ་བ་ཤེས་རབ་དང་སྤྱོད་པ་དེ་གཉིས་ཀའི་གྲོགས་སུ་འགྱུར་བ་ཡིན་པར་མ་ཤེས་པའི་བཤད་པ་ཙམ་དུ་ཟད་པས་སོ། ། འདིའི་འཐད་པ་བཤད་ཀྱི་ཉོན་ཅིག །ཤེས་བྱ་ཆོས་ཅན། རྙིང་མ་པ་ཁྱེད་ཀྱིས་ལྟ་སྒོམ་གྱི་རྣམ་པར་དབྱེ་བ་མ་ཕྱེད་པར་ཐལ། རིགས་གསུམ་ལ་སོགས་སངས་རྒྱས་སུ་བསྒོམ་པ་ཡིན་གྱི་དེ་ལྟར་ལྟ་བ་མིན་ལ་བྱ་སྤྱོད་རྣལ་འབྱོར་རྒྱུད་གསུམ་ལས་ཀུན་རྫོབ་ཀྱི་སྣང་བ་འདི་ལྟ་རུ་བསྒོམ་པར་གསུངས་པ་མེད་པའི་ཕྱིར་རོ། །དེ་ཡང་ཡུལ་གྱི་ཡིན་ལུགས་ནི་གཞིར་བྱས་ནས་དེ་ལྟར་གཏན་ལ་ཕབ་སྟེ། རྟོགས་པའི་ཤེས་རབ་ལྟ་བ་ཡིན་ལ། ལྟ་བ་དེའི་དོན་ལ་རྩེ་གཅིག་ཏུ་འཛོག་པའི་བསྒོམ་དང་། དེ་ལྟར་ཉམས་སུ་བླངས་པའི་འབྲས་བུའི་རྣམ་བཞག་ཅིག་ཁས་

ཡིན་དགོས་ནའང་། འདིར་ནི་ཀུན་རྫོབ་ཀྱི་ཡིན་ལུགས་ལྷ་རུ་མེད་པས་དེ་ལྟར་འཛིན་པ་ལྟ་བ་ཡང་དག་ཏུ་ཁས་མི་ལེན་པ་ཡིན་ནོ། །

གཉིས་པ་ལ། རྒྱུད་སྡེ་འོག་མ་གསུམ་གྱི་ལྷ་བསྒོམ་ཚུལ་དང་། ཁྱད་པར་བླ་མེད་རྒྱུད་ཀྱི་ལྷ་བསྒོམ་ཚུལ་ལོ། །དང་པོ་ནི། འོ་ན་ཞེས་སོགས་ཏེ། འོ་ན་རྒྱུད་སྡེ་རྣམས་ཀྱི་ལྷ་བསྒོམ་ཚུལ་གྱི་ཁྱད་པར་གང་ཡིན་ཞེ་ན། ཤེས་བྱ་ཆོས་ཅན། རྒྱུད་སྡེ་འོག་མ་གསུམ་དུ་ཀུན་རྫོབ་ཀྱི་སྣང་བ་ལྷར་བསྒོམས་པར་མ་གསུངས་ཀྱང་། ལྷ་བསྒོམ་ཚུལ་ལ་ཁྱད་པར་ཡོད་པར་ཐལ། དེ་ལྟར་མ་གསུངས་ཀྱང་། བྱ་རྒྱུད་དུ་ནི་རིགས་གསུམ་གྱི་བྲིས་སྐུ་སོགས་ལྷ་རུ་བསྒོམས་ནས་ཀྱང་དེ་ལ་རྗེ་འབབས་ལྟ་བུའི་སྒོ་ནས་དངོས་གྲུབ་ལེན་པ་ཡིན་པ་དེས་ན། དཀའ་ཐུབ་དང་གཙང་སྦྲ་ཡིས་སངས་རྒྱས་མཉེས་ནས་དངོས་གྲུབ་གནང་ལ། སྤྱོད་རྒྱུད་བྲིས་སྐུ་སོགས་དང་རང་ཉིད་གཉིས་ཀ་ལྷར་བསྒོམས་ནས་གྲོགས་པོ་ལྟ་བུའི་དངོས་གྲུབ་ལེན་ལ། རྣལ་འབྱོར་རྒྱུད་དུ་ཕྱི་རོལ་གྱི་བྲིས་སྐུ་སོགས་ལ་དམིགས་པའི་རྟེན་ཙམ་བྱས་ནས་རང་ཉིད་དམ་ཚིག་སེམས་པར་བསྒོམ་པས་ཡེ་ཤེས་འཁོར་ལོར་སྤྱན་དྲངས་ནས་ཇི་སྲིད་ཕྱག་རྒྱ་མ་བཀྲོལ་བ་དེའི་བར་དུ་སངས་རྒྱས་བཞུགས་ལ། བཀྲོལ་ནས་སངས་རྒྱས་གཤེགས་པ་དེ་ནས་རང་ཉིད་ཐ་མལ་དུ་འགྱུར་བས་སོ། །དངོས་གྲུབ་ལེན་ཚུལ་མི་འདྲ་བ་འདི་དག་ནི་ལུང་སྦྱོར་རྒྱས་པར་འགོད་དགོས་ནའང་། ཡི་གེ་མང་བར་དོགས་པས་རྒྱས་པ་མ་བཞག་མོད། མདོ་ཙམ་ནི། ཡེ་ཤེས་རྡོ་རྗེ་ཀུན་བཏུས་སུ། འཇིགས་པར་དམིགས་ཤིང་ཤིན་ཏུ་གཙང་བར་བྱེད་པ་དང་། ཡེ་ཤེས་སེམས་པའི་བདེ་བ་དམ་པ་མེད་པ་དང་། བདག་ཉིད་ལྷའི་སྙེམས་པ་མེད་པ་དང་། རྨད་དུ་བྱུང་བའི་སྤྱོད་ཡུལ་མིན་པ་དང་། སྨྲོན་གྱི་རྒྱུའི་རྟོགས་པས་རབ་ཏུ་སྤྱོད་པས་སྒྲུབ་པར་བྱེད་པ་ནི་བྱ་བའི་རྒྱུད་ལ་བཞུགས་སོ། །ཞེས་འབྱུང་བ་དང་། ཨིནྡྲ་བོདྷིས་ཀྱང་། བྱ་བའི་རྒྱུད་ལ་བདག་ཉིད་ལྷར་བསྐྱེད་པ་མེད་པ་དང་། དེ་བཞིན་དུ་དགྲ་ནག་གི་འགྲེལ་བ་དང་། ཡེ་ཤེས་ཞབས་ལུགས་པའི་འགྲེལ་བ་འགའ་ཞིག་དང་གུར་གྱི་འགྲེལ་པར། བྱ་བའི་རྒྱུད་ཞེས་བྱ་བ་ནི་ཕྱི་རོལ་ཏུ་བརྟེན་པ་ལ་སོགས་པའི་ལྷར་དམིགས་པ་དང་། གཙང་སྦྲ་དང་། སྡོམ་པ་ལ་སོགས་པ་རྒྱུར་ལེན་པའོ། །བྱ་བའི་སྤྱོར་བ་ཞེས་བྱ་བ་ནི་བདག་ལས་ཕྱི་རོལ་ཏུ་དམིགས་པའོ། །ཞེས་སོགས་མང་པོར་བཤད་པ་འབྱུང་ངོ་། །

གཉིས་པ་ནི། རྣལ་འབྱོར་ཞེས་སོགས་ཏེ། འོ་ན། རྣལ་འབྱོར་དང་རྣལ་འབྱོར་ཆེན་པོ་གཉིས་ལ་ཁྱད་པར་གང་ཞེ་ན། ཤེས་བྱ་ཆོས་ཅན། རྣལ་འབྱོར་དང་། རྣལ་འབྱོར་ཆེན་པོ་གཉིས་ལ་ལྷ་བསྒོམ་ཚུལ་དང་། དངོས་གྲུབ་ལེན་ཚུལ་གྱི་ཁྱད་པར་ཡོད་པར་ཐལ། རྣལ་འབྱོར་ཆེན་པོའི་རྒྱུད་དུ་ནི་དག་པ་གསུམ་ཚང་བའི་སྒོ་ནས་རྣལ་འབྱོར་པ་རང་ཉིད་ལྷར་བསྐྱེད་དེ། ཡེ་ཤེས་པ་སྤྱན་དྲངས་ནས་བསྟིམས་པའི་རྗེས་སུ་སངས་རྒྱས་གཤེགས

གསོལ་མི་བྱེད་པར་ནམ་ཡང་ལྷ་དེའི་ང་རྒྱལ་དང་མ་བྲལ་བར་བྱས་ཏེ། དངོས་གྲུབ་ལེན་པས་སོ། །དག་པ་གསུམ་པོ་གང་ཞེ་ན། བརྟག་གཉིས་ལས། ངེས་པར་དངོས་པོ་ཐམས་ཅད་ཀྱི། །དག་པ་དེ་བཞིན་ཉིད་དུ་བརྗོད། །ཅེས་གསུངས་པ་ལྟར། རང་བཞིན་རྣམ་དག་དང་། ཕྱི་ནས་རེ་རེའི་དབྱེ་བ་ཡིས། །ལྷ་རྣམས་ཀྱིས་ནི་བརྗོད་པར་བྱ༔ །ཞེས་གསུངས་པ་ལྟར། ལྷའི་བསྐྱེད་རིམ་གྱི་དག་པ་དང་། རང་རིག་བདག་ཉིད་དག་པ་ཉིད། །དག་པ་གཞན་གྱིས་རྣམ་གྲོལ་མིན། །ཞེས་གསུངས་པ་ལྟར། རྫོགས་རིམ་རང་རིག་པའི་དག་པ་གསུམ་མོ། །འདི་རྣམས་ཀྱི་ལུང་རིགས་མན་ངག་རྣམས་བླ་མ་དམ་པ་མཉེས་པར་བྱས་པའི་ཞལ་ལས་ལེགས་པར་དྲིས་ནས་ཤེས་པར་བྱས་ཏེ། ཙུང་ཟད་ཙམ་ནི་རྒྱུད་ཀྱི་མངོན་རྟོགས་དག་ལས་ཀྱང་འབྱུང་བ་ཡིན་ནོ། །གསུམ་པ་ལ། བྱ་རྒྱུད་ཀྱི་སྤང་བླང་བྱེད་ཚུལ། སྤྱོད་རྒྱུད་ཀྱི་སྤང་བླང་བྱེད་ཚུལ། བླ་མེད་ཀྱི་སྤང་བླང་བྱེད་ཚུལ་དང་གསུམ་ལས། དང་པོ་ནི། གལ་ཏེ་ཞེས་སོགས་ཏེ། གལ་ཏེ་བྱ་རྒྱུད་ཀྱི་ལུགས་ལ་ཡང་ཀུན་རྫོབ་སྣང་བ་ཀུན་ལྷ་རུ་བསྒོམ་པ་ལ་གནས་པར་འདོད་པ་ནི། ཤེས་བྱ་ཆོས་ཅན། དེའི་ལུགས་ལ། དཀའ་ཐུབ་དང་གཙང་སྦྲ་ག་ལ་འཐད་དེ་མི་འཐད་པར་ཐལ། ལྷ་ལ་གཙང་བ་དང་མི་གཙང་བའི་ལྷ་གཉིས་མེད་ཅིང་། ལྷ་རྣམས་དཀའ་ཐུབ་ཀྱིས་མི་གདུང་བའི་ཕྱིར་རོ། །ཁྱབ་པ་འང་ཁས་བླངས་སོ། །

གཉིས་པ་ནི། ཁ་ཞེས་སོགས་ཏེ། ཁ་ཅིག །སྤྱོད་པའི་རྒྱུད་ཀྱིའང་ལྟ་བ་རྣལ་འབྱོར་རྒྱུད་དང་། ངེས་པར་མཐུན་པར་སྤྱོད་པ་ནི་བྱ་རྒྱུད་བཞིན་ངེས་པ་ཡིན་ཟེར་བ་འདི་ཞེས་སོགས་ཏེ། ཤེས་བྱ་ཆོས་ཅན། སྤྱོད་རྒྱུད་ཀྱི་ལྟ་བ་རྣལ་འབྱོར་རྒྱུད་བཞིན་དང་། སྤྱོད་པ་བྱ་རྒྱུད་བཞིན་བྱེད་པར་ངེས་པ་མེད་པར་ཐལ། སྤྱོད་པའི་རྒྱུད་འདི་ནི་བྱ་བ་དང་ལྟའི་རྣལ་འབྱོར་གཉིས་ཀ་སྟོན་པའི་རྒྱུད་ཡིན་པས་ལྷ་མི་བསྒོམ་པའི་གནས་སྐབས་རེས་འགའ་རྣལ་འབྱོར་བ་གཙང་སྦྲ་སྤྱོད་ལ། ཕལ་ཆེར་ནི་ཅི་བདེར་སྤྱོད་པར་གསུངས་པའི་ཕྱིར་རོ། །སྒྲོལ་མ་རལ་བ་གྲེན་བརྗེས་ཀྱི་རྒྱུད་དུ། གྲོགས་པོ་དག་མདོར་ན། བྱང་ཆུབ་ཀྱི་སེམས་དང་མི་འབྲལ་ཞིང་། དཀོན་མཆོག་གསུམ་ལ་ལྷག་པར་མོས་པས། མཆོག་ཏུ་ཚུལ་ཁྲིམས་འཆལ་པར་གྱུར་པ་ལ་འང་སྐྱོ་བ་མེད་པའི་ཡིད་ཀྱིས་རྟག་ཏུ་མངོན་པར་བརྩོན་པས་ནི་ངའི་སྔགས་ཀྱི་ལེའུ་རབ་འབྱམས་མཐའ་ཡས་ཤིང་རྨད་དུ་བྱུང་བ་བྱང་ཆུབ་སེམས་དཔའི་སྤྱོད་པའི་རྒྱ་མཐུན་པའི་ཡིད་ལས་བྱུང་བ་རྣམས་འགྲུབ་པར་འགྱུར་རོ། །ཞེས་གསུངས་སོ། །འོ་ན་སྤྱོད་རྒྱུད་གཉིས་ཀའི་རྒྱུད་ཡིན་པས། ལྷ་རིགས་ལྔའི་ཐ་སྙད་ཀྱང་བསྟན་པར་འགྱུར་རོ་ཟེར་ན་སྤྱོད་ཅེས་སོགས་ཏེ། ཤེས་བྱ་ཆོས་ཅན། དེ་ལྟར་མི་འགྱུར་བར་ཐལ། སྤྱོད་རྒྱུད་ལས་རིགས་ལྔའི་དོན་བསྟན་འགྲུབ་ནའང་རྣལ་འབྱོར་རྒྱུད་དུ་བསྟན་པ་བཞིན་དུ་རིགས་ལྔའི་ཐ་སྙད་དང་ཕྱག་མཚན་དང་སྐུ་མདོག་དང་དེ་དག་གི་རྣམ་བཞག་རྣམས

ཀྱང་སྦྱོང་བའི་རྒྱུད་ཀྱི་རྒྱུད་སྡེ་དེ་ར་མ་གསུངས་པས་སོ། །ཁ་ཅིག་ཐ་སྙད་ནི། རྣམ་སྣང་ལ། ཀུན་རིག །མི་བསྐྱོད་པ་ལ་སྦྱོང་བའི་རྒྱལ་པོ། རིན་འབྱུང་ལ་རྒྱལ་མཆོག་རིན་ཆེན། འོད་དཔག་མེད་ལ་ཤཱཀྱ་ཐུབ། དོན་གྲུབ་ལ་མེ་ཏོག་ཆེར་རྒྱས་ལ་སོགས་པའི་ཐ་སྙད་ཀྱིས་བསྟན་པར་འདོད་མོད་ནའང་དཔྱད་པར་བྱའོ། །དེས་ན་རྣལ་འབྱོར་རྒྱུད་མན་ཆད་འོག་མ་རྣམས་སུ་ཀུན་རྫོབ་ཀྱི་སྣང་བ་ཐམས་ཅད་ལྷ་རུ་བསྒོམས་པར་གསུངས་པ་མེད་མོད། འོན་ཀྱང་ཀུན་རྫོབ་ཐམས་ཅད་ནི་ཇི་ལྟར་བཞིན་དུ་བསྒོམས་ཀྱི་བྲིས་སྐུ་ལ་སོགས་པ་ལྟར་བསྒོམས་པ་དེ་ནི་བསོད་ནམས་གསོག་པའི་ཐབས་ཀྱི་ཁྱད་པར་ཡིན་ནོ། །གསུམ་པ་ནི། རྣལ་འབྱོར་ཞེས་སོགས་ཏེ། འོན་རྣལ་འབྱོར་ཆེན་པོར་ཡང་སྣང་བ་ལྟར་བསྒོམ་པ་མེད་པར་འགྱུར་རོ་ཞེ་ར་ན། ཤེས་བྱ་ཆོས་ཅན། རྒྱུད་སྡེ་འོག་མར་ཀུན་རྫོབ་ཀྱི་སྣང་བ་ཐམས་ཅད་ལྟར་བསྒོམ་པར་མ་གསུངས་པས། རྣལ་འབྱོར་ཆེན་པོར་ཡང་དེ་ལ་མི་བསྒོམས་པར་མ་ངེས་པར་ཐལ། རྣལ་འབྱོར་ཆེན་པོའི་རྒྱུད་སྡེ་ལས་ཀུན་རྫོབ་ཇི་ལྟར་སྣང་བ་འདི་ཐབས་ལ་མཁས་པའི་ཁྱད་པར་གྱིས་སྦྱང་གཞི་སྦྱོང་བྱེད་ངོ་སྤྲོད་པ་དེའི་ཚེ་དམ་པ་རིགས་བརྒྱ་ལ་སོགས་པའི་དབྱེ་བ་རྒྱལ་བས་གསུངས་པའི་ཕྱིར་རོ། །འོན་རིགས་བརྒྱ་གང་། སྦྱང་གཞི་དང་སྦྱོང་བྱེད་ཇི་ལྟ་བུ་ཞེ་ན། དེ་ལ་སྦྱང་གཞི་རིགས་བརྒྱ་ནི། མ་དག་པའི་འབྱུང་བ་ལྔ་ལྟ་བུ་ལ་སྦྱར་ན། རེ་རེ་ལ་ཉོན་མོངས་པ་ལྔ་ལྔར་ཕྱེ་བས་ཉེར་ལྔ། དེ་རེ་རེའང་བདུད་རྩི་བཞི་བཞིར་ཕྱེས་པས་བརྒྱའོ། སྦྱོང་བྱེད་བསྐྱེད་རིམ་རིགས་བརྒྱད་ནི་མི་བསྐྱོད་པ་སོགས་རིགས་ལྔ་པོ་རེ་རེ་མངོན་བྱང་ལྔ་ལྔས་ཕྱེས་པས་བརྒྱའོ། དེ་རེ་རེ་ལ་ཡུམ་བཞི་བཞི་སྦྱར་བས་རིགས་བརྒྱའོ། །རྫོགས་རིམ་རིགས་བརྒྱ་ནི། རྟེན་ཁམས་གཅིག་ལ་འབྱུང་བ་ལྔ། དེ་རེ་རེ་ལའང་བདུད་རྩི་བཞི་བཞིར་ཕྱེ་བས་ཉི་ཤུ། དེ་རེ་རེ་ལའང་དཔེའི་ཡེ་ཤེས་ལྔ་ལྔར་ཕྱེ་བས་རིགས་བརྒྱ་ཡིན་ལ། འབྲས་བུའི་རིགས་བརྒྱ་ནི། སྤྲུལ་སྐུ་རིགས་ལྔ་པོ་རེ་རེ་ལ་ཡེ་ཤེས་ལྔ་ལྔར་ཕྱེ་བས་ཉེར་ལྔ། དེ་རེ་རེ་ལ་ཚད་མེད་པའི་ལྷ་མོ་བཞི་བཞི་སྦྱར་བས་རིགས་བརྒྱའོ། །དེ་ཡང་བརྟག་གཉིས་སུ། རིགས་གཅིག་ལ་ནི་དེ་བཞིན་གཤེགས་པའི་རིགས། །རིགས་ཀྱི་ཚོགས་ལ་རིགས་ནི་དྲུ་མ་སྣང་། །དེ་རྣམས་རིགས་ནི་རིགས་ལ་རྣམ་པ་བརྒྱད། །དེ་རྣམས་ལ་ཡང་འབུམ་ཕྲག་རིགས་ཆེན་རྣམས། །བྱེ་བའི་རིགས་ལ་གྲངས་ནི་མེད་པར་འགྱུར། །དེ་རྣམས་རིགས་ལ་གྲངས་མེད་རིགས་རྣམས་ཉིད། །ཅེས་སོགས་གསུངས་ཤིང་། དེ་བཞིན་དུ་ནི་དཔལ་ལྡན་དུས་ཀྱི་འཁོར་ལོ་དང་གསང་བ་འདུས་པ་ལ་སོགས་ལས་རྒྱས་པར་འབྱུང་ཞིང་། རྣལ་འབྱོར་གྱི་རྒྱུད་དུ་ཡང་། རིགས་ལྔ་རེ་རེ་ལ་ལྔ་ལྔར་ཕྱེ་བས་ཉེར་ལྔ། དེ་རེ་རེ་ལའང་གསང་ཐུགས་དང་རིགས་ཐུགས་དང་སྙིང་པོ་དང་ཕྱག་རྒྱ་བཞི་བཞིར་ཕྱེ་བའི་རིགས་བརྒྱད་བཤད་དོ། །

འོན་སྣང་བ་ལྷ་རུ་གནས་པས་དེ་ལྟར་བསྒོམ་མམ། མི་གནས་བཞིན་དུ་བསྒོམ། དང་པོ་ལྟར་ན་འབད་

མི་དགོས་པར་འགྱུར་ལ། གཉིས་པ་ལྟར་ན་འབད་པ་དོན་མེད་པར་འགྱུར་རོ་ཞེར་ན། སྣང་བ་ལྷ་རུ་མི་གནས་ཀྱང་དེ་ལྟར་བསྒོམ་པ་ལ་དགོས་པ་ཡོད་དེ། དེ་ལྟར་བསྒོམ་པས་ཐ་མལ་དུ་འཛིན་པའི་རྒྱུ་འབྲས་ལོག་སྟེ་མ་དག་པ་སྦྱངས་ནས་དག་པ་ལྷའི་རྣམ་རོལ་ཐོབ་པར་འགྱུར་བས་སོ། །དེ་ཡང་སེམས་ཀྱི་སྒྲིབ་སྦྱོང་དུ། རང་གི་ལྷ་ཡིས་སྦྱོར་བ་ཡིས། །སེམས་ཀྱི་དྲི་མ་མེད་བྱའི་ཕྱིར། །རྣལ་འབྱོར་དགེ་བའི་སེམས་ཀྱིས་ནི། །ཆགས་མེད་དུག་གི་སྨྱོངས་པ་ཡིས། །འདོད་ཅན་མ་ལ་འདོད་སྤྱོད་པས། །འདོད་པས་ཐར་པ་འཐོབ་པར་འགྱུར། །ཞེས་སོགས་འབྱུང་བ་ལྟར་རོ། །དོན་འདི་དག་གི་དབང་དུ་བྱས་ནས་འདུ་ཤེས་གསུམ་ལྡན་གྱི་སྒོ་ནས། སྒོམས་པར་འཇུག་པའི་བདེ་བ་ལ་སོགས་ལ་འདོད་པའི་ཡོན་ཏན་ལ་རོལ་བ་ལ་སོགས་པའི་ཀུན་ཏུ་སྤྱོད་པ་འབྲལ་བ་མེད་པའི་དམ་ཚིག་མང་པོ་གསུངས་པ་ཡིན་ནོ། །འགའ་ཞིག་སེམས་ལས་རྫས་གཞན་པའི་ཕྱི་རོལ་གྱི་དངོས་པོ་ཁས་ལེན་པ་རྒྱུད་སྡེ་གོང་མ་དག་གི་དགོངས་པར་འདོད་པ་ལ་ནི། སྣང་བ་ལྷའི་རྣམ་རོལ་ཏུ་ནམ་ཡང་གོམས་པ་མི་སྲིད་པས་སྣང་བ་ཐ་མལ་དུ་འཛིན་པ་ནམ་ཡང་མི་ལྡོག་ལ། དེ་མ་ལྡོག་པས་ཇི་ཙམ་དུ་བསྒོམས་པ་དོན་མེད་པས་རྒྱུད་སྡེ་རྒྱ་མཚོ་ལྟ་བུ་གསུངས་པ་སྙིང་པོ་མེད་པར་འགྱུར་རོ། །མཇུག་བསྡུ་ན། དེས་ན་གསང་སྔགས་རྙིང་མ་པ་ཁྱེད་ལྷ་བསྒོམ་གཅིག་ཏུ་འབྲུལ་བའི་རྒྱུ་མཚན་ཡོད་དེ། ཀུན་རྫོབ་ཡུལ་གྱི་རང་ལྡོག་དང་ཡུལ་ལྟ་བའི་རང་ལྡོག་སོ་སོར་ཤན་མ་ཕྱེད་པས་དེའི་རྒྱུ་མཚན་གྱིས་ཕྱིར་རོ། །བརྒྱད་པ་ལ། སྔགས་གསར་རྙིང་གི་འདོད་པའི་ཁྱད་པར་ངོས་བཟུང་། རྒྱུད་སྡེ་དང་ཏིང་ངེ་འཛིན་གྱི་མིང་དོན་དཔེ་དང་སྦྱར། རྣལ་འབྱོར་བླ་མེད་ལས་ལྷག་པའི་ཐེག་པ་མེད་པར་བཤད་པ་དང་གསུམ། དང་པོ་ནི། གསང་སྔགས་ཞེས་སོགས་ཏེ། འོ་ན་གསར་རྙིང་གཉིས་ཀྱི་འདོད་པ་མི་འདྲ་བའི་ཁྱད་པར་གང་ཞེ་ན། ཤེས་བྱ་ཆོས་ཅན། སྔགས་གསར་རྙིང་གཉིས་ལ་འདོད་པ་མི་འདྲ་བའི་ཁྱད་པར་ཡོད་པར་ཐལ། གསང་སྔགས་སྔ་འགྱུར་རྙིང་མ་པ་རྣམས་ནི་རྣལ་འབྱོར་བཞི་ནི་ཡོ་ག་བཞི་ཡིན་ལ། དེ་བཞི་ནི་ཐེག་པའི་རིམ་པ་ཡིན་ཡང་ཤིན་ཏུ་རྣལ་འབྱོར་ནི་བླ་མེད་ཀྱི་ཐེག་པ་ཡིན་པས། བཟང་པོར་འདོད་ལ། གསང་སྔགས་ཕྱི་འགྱུར་གསར་མ་པ་རྣམས་ནི་རྣལ་འབྱོར་བཞི་པོ་འདི་དག་ཐེག་པའི་རིམ་པར་མི་འདོད་པར་ཏིང་ངེ་འཛིན་གྱི་རིམ་པར་འདོད་པས་སོ། །དེ་ཡང་དགྲ་ནག་གི་རྒྱུད་དུ། དང་པོ་བསྒོམ་པ་རྣལ་འབྱོར་ཏེ། །གཉིས་པ་རྗེས་ཀྱི་རྣལ་འབྱོར་ཡིན། །གསུམ་པ་ཤིན་ཏུ་རྣལ་འབྱོར་ཏེ། །བཞི་པ་རྣལ་འབྱོར་ཆེན་པོའོ། །ཞེས་པ་དང་། རྡོ་རྗེ་སེམས་དཔའ་རྫོགས་པ་ནི། །རྣལ་འབྱོར་ཡིན་པར་འདི་ལྟར་འདོད། །དེ་ཡི་རྒྱུ་མཐུན་ལྷ་ཡི་སྐུ། །རྗེས་ཀྱི་རྣལ་འབྱོར་ཡིན་པར་གྲགས། །འཁོར་ལོ་ཐམས་ཅད་ཡོངས་རྫོགས་པ། །ཤིན་ཏུ་རྣལ་འབྱོར་ཡིན་པར་འདོད། །སྐུ་དང་གསུང་དང་ཐུགས་རྣམས་དང་། །ལྷ་ཡི་མིག་སོགས་བྱིན་བརླབས་དང་། །

ཡེ་ཤེས་འཁོར་ལོ་བཞུགས་པ་དང་། །མཆོད་དང་སྟོང་པ་ཆེན་པོ་ནི། །རྣལ་འབྱོར་ཆེན་པོ་ཞེས་བྱའོ། །ཞེས་གསུངས་ཤིང་། དེ་བཞིན་དུ་གསང་འདུས་སོགས་སུ་བསྙེན་བསྒྲུབ་བཞི་དང་། ཏིང་ངེ་འཛིན་གསུམ་ལ་སོགས་པ་གསུངས་པ་རྣམས་ཀྱང་རྒྱས་བསྡུས་དང་། ཚིགས་རིས་མི་འདྲ་བ་མ་གཏོགས་དོན་མཚུངས་པ་ཡིན་ནོ། །

དེས་ན་རྣལ་འབྱོར་གྱི་རིམ་པ་བཞིན་ཏིང་ངེ་འཛིན་གྱི་རིམ་པ་ཡིན་པ་ལེགས་ཏེ། གཞན་དུ་ཐེག་པ་དང་། རྒྱུད་སྡེའི་རིམ་པ་ལ་སྦྱོར་བ་ལ་ནི་སྔགས་ཀྱི་ལུགས་ཀྱི་རིམ་པ་གང་བྱུང་ཐམས་ཅད་ཐེག་པ་དང་། རྒྱུད་སྡེ་ལ་སྦྱོར་དགོས་པར་འགྱུར་ལ། དེ་ལྟར་ན་ཧ་ཅང་ཐལ་བར་འགྱུར་བའི་ཕྱིར་རོ། །དེ་ཡང་རྒྱུད་ལས། ཐེག་པ་གསུམ་གྱི་ངེས་འབྱུང་ལ། །ཐེག་པ་གཅིག་གི་འབྲས་བུར་གནས། །ཞེས་གསུངས་པ་དང་། སངས་རྒྱས་པ་ཡིས་བཞི་པ་དང་། །ཐུབ་པའི་གཞུང་ལུགས་ལྔ་པ་མེད། །ཅེས་སོགས་སོ། །སྲིན་བུའི་ཚུལ་གྱི་རྒྱུད་བཞིར་གནས་ཞེས་སོགས་གྲངས་ངེས་གསུངས་པ་རྣམས་ཀྱིས་ལེགས་པར་འགྲུབ་པ་ཡིན་ནོ། །གཉིས་པ་ནི། དེས་ཞེས་སོགས་ཏེ། རྙིང་མ་པ་དག་ན་རེ། འོན་རྒྱུད་སྡེ་བཞིར་འབྱེད་པ་ཆོས་ཅན། རྣལ་འབྱོར་དང་། རྣལ་འབྱོར་ཆེན་པོ་ཞེས་པའང་མི་འཐད་པར་འགྱུར་རོ་ཟེར་ན། ཤེས་བྱ་ཆོས་ཅན། རྣལ་འབྱོར་བཞི་པོ་རྒྱུད་སྡེའི་རིམ་པར་མི་འཐད་ཀྱང་། རྒྱུད་སྡེ་བཞིར་འབྱེད་པའི་ཚེ་རྣལ་འབྱོར་དང་རྣལ་འབྱོར་ཆེན་པོ་ཞེས་འབྱེད་པ་མི་འཐད་མི་དགོས་པར་ཐལ། རྒྱུད་སྡེ་བཞི་པོ་སོ་སོར་འབྱེད་པའི་ཚོའི་རྣལ་འབྱོར་དང་རྣལ་འབྱོར་ཆེན་པོ་ཞེས་པ་དང་ཏིང་ངེ་འཛིན་ལ་རྣལ་འབྱོར་བཞིར་ཕྱེ་བའི་ཚོའི་རྣལ་འབྱོར་དང་། རྣལ་འབྱོར་ཆེན་པོ་གཉིས་མིང་འདྲ་ཡང་དོན་མི་གཅིག་པའི་ཕྱིར། དཔེར་ན་གླུ་ཆེན་པདྨ་དང་། པདྨ་ཆེན་པོ་ཞེས་བྱ་དང་། མེ་ཏོག་པདྨ་པད་ཆེན་གཉིས། མིང་མཐུན་ན་ཡང་དོན་མི་གཅིག་པ་བཞིན་ནོ། །དེས་ན་ཚིག་ལ་མི་རྟོན་དོན་ལ་རྟོན་པའི་རྣམ་བཞག་མདོ་སྡེ་རྒྱན་མདོ་འགྲེལ་བ་དང་བཅས་པ་རྣམས་ལས་བཤད་པ་དེ་ཀུན་ལ་སྦྱོར་དགོས་པར་ཤེས་པར་བྱའོ། །གསུམ་པ་ནི། དེས་ཞེས་སོགས་ཏེ། ཤེས་བྱ་ཆོས་ཅན། གསང་སྔགས་གསར་མའི་ལུགས་ལ་ནི་རྣལ་འབྱོར་ཆེན་པོའི་ལྷག་ན་ནི་དེ་བས་ལྷག་པའི་རྒྱུད་སྡེ་མེད་ཅིང་། བསྒོམ་པའི་དམིགས་བྱེད་ཉིད་ཀྱང་ནི་རྣལ་འབྱོར་ཆེན་པོའི་གོང་ན་གཞན་མེད་དེ། རྣལ་འབྱོར་བླ་མེད་ལས་ལྷག་པའི་ཆོས་གཞན་མེད་པའི་ཕྱིར་དང་། ཡོད་ན་བླ་མེད་མིན་པར་བླ་ན་ཡོད་པར་འགྱུར་བས་ཐར་པ་ལ་ཡིད་བརྟན་མེད་པར་འགྱུར་བས་སོ། །དེས་ན་བསྒོམ་པ་གོང་མ་དེ་ལས་སྐྱེས་པའི་ཡེ་ཤེས་མཐར་ཐུག་ནི་རྟོགས་པའི་སྒྲིབ་པ་མེད་ཅིང་སྒྲ་བསམ་བརྗོད་པ་ཙམ་དང་བྲལ་བའི་འབྲས་བུ་མཐར་ཐུག་ཡིན་ནོ། །དེ་རྣམས་ལ་རིམ་པའི་ཁྱད་པར་ཡོད་ཀྱང་ཐེག་པ་གོང་འོག་གི་རིམ་པར་མི་བཞེད། དཔེར་ན་མཐར་ཐུག་པའི་ཚེ་ཡང་སྐུའི་རིམ་པ་ཡོད་ཀྱང་ཐེག་པ་ལ་མཐོ་དམན་མེད་པ་བཞིན་ནོ། །ལུགས་འདི་

ལེགས་པར་ཤེས་པར་གྱུར་ན་ཐེག་པ་རིམ་པ་དགུ་པར་འདོད་པའི་ཨ་ཏི་ཡོ་གའི་ལྟ་བ་ཡང་ཡེ་ཤེས་སུ་འདོད་དགོས་ཀྱི་ཐེག་པ་དགུ་བ་མིན་ཏེ། བརྗོད་བྲལ་བརྗོད་བྱར་བྱས་པ་ནི་མཁས་པའི་དགོངས་པ་མིན་པར་ཤེས་པར་བྱ་བ་དང་མཚུངས་པར་ཐེག་པ་དགུ་བ་མི་འདོད་པས་སོ། །ཡང་ན་ཐེག་པ་ལ་བརྗོད་བྱའི་སྤྲོས་བཅས་ཡོད་ལ། སྤྲོས་བྲལ་གྱི་ལྟ་བ་ནི་བརྗོད་བྱའི་སྤྲོས་པ་དང་བྲལ་བར་ཁས་ལེན་དགོས་པས་མི་འདྲ་ཞེས་པའོ། །དགུ་པ་ལ་ལྟ་བའི་གནས་ལུགས་དང་། བསྒོམ་པའི་ཁྱད་པར་དང་གཉིས། བཞི་པོ་ནི། དེས་ཞེས་སོགས་ཏེ། ཤེས་བྱ་ཆོས་ཅན། གསང་སྔགས་པའི་སྤྲོས་བྲལ་རྟོགས་པའི་ལྟ་བ་ལ་རྒྱབ་བརྟེན་དུ་དགོས་པའི་ལུང་སྒྲུར་ཀུན་ཕ་རོལ་ཏུ་ཕྱིན་པའི་མདོ་ནས་གསུངས་པ་དང་དོན་མཐུན་པར་སྔགས་པའི་མཁས་པ་ཐམས་ཅད་མཛད་དེ། སྟོང་པ་ཉིད་ཀྱི་དོན་བཤད་པས་ཐོས་ཏེ་གོ་བའི་སྟོང་ཉིད་རྟོགས་པའི་ལྟ་བ་ནི། ཕ་རོལ་ཏུ་ཕྱིན་པའི་དབུ་མ་ཡན་ཆད་དང་སྔགས་པའི་མཁས་པ་ཐམས་ཅད་མཐུན་པའི་ཕྱིར་རོ། །གང་དག་མཐུན་པར་འདོད་པ་དག་ནི་དབུ་མ་པ་དང་མཁས་པར་རློམ་པར་ཟད་ཀྱི་དེང་དེའི་དོན་མེད་པ་ཡིན་ནོ། །

འོན་ཀྱང་། འཆད་སྒྲོལ་དང་ཚིག་རིགས་སྦྱོར་ཚུལ་སོགས་མི་འདྲ་བས་ནི་དོན་མི་མཚུངས་པར་འགྱུར་བ་མིན་ནོ། །དེ་ལྟར་ན་ཡང་དེང་སང་ནི་དབུ་མའི་ལྟ་བ་ལ་ཡང་མི་མཐུན་པ་ཐ་དད་པ་ཟང་ཟིང་བ་དག་གིས་སྤྲུག་བསྙལ་བར་གྱུར་པས་བདག་གཞན་ལེགས་སུ་འདོད་པ་དག་གིས་ནི་ཐབས་མཁས་པ་ལ་འབད་པར་བྱའོ། །

གཉིས་པ་ལ། བསྟན་བཤད་གཉིས་ལས། དང་པོ་ནི། དེ་ཞེས་སོགས་ཏེ། ཁོ་ན་རེ། སྤྲོས་བྲལ་རྟོགས་པའི་ལྟ་བ་མཐུན་ན། ཐབས་ཀྱང་མཚུངས་སམ་སྙམ་ན། ཤེས་བྱ་ཆོས་ཅན། དེ་འདྲའི་ལྟ་བ་མཐུན་ཡང་དེ་མངོན་དུ་གྱུར་པའི་ཐབས་མི་མཚུངས་པར་ཐལ། དེ་མཐུན་ཀྱང་ལྟ་བ་དེ་རྟོགས་པའི་ཐབས་ལ་ནི། ཕར་ཕྱིན་དང་སྔགས་གཉིས་ཀྱི་ཐེག་པའི་རིམ་པ་ཡོད་པའི་ཕྱིར་ཏེ། ཕར་ཕྱིན་ལས་སྔགས་ནི་ཐབས་ཀྱིས་ཁྱད་པར་དུ་འཕགས་པའི་ཕྱིར་རོ། །རྒྱུད་སྡེ་བཞིའི་སྒྲུབ་ལུགས་ཡང་རང་རང་གི་སྒྲུབ་ལུགས་ལས་འཁྲུལ་བར་མི་བྱ་སྟེ། དེ་ལྟར་བྱས་ན་དངོས་གྲུབ་ལས་རིང་བར་འགྱུར་བའི་ཕྱིར་ཏེ། དངོས་གྲུབ་ཐོབ་པ་ལ། རང་རང་གི་སྒྲུབ་ལུགས་ལ་མ་འཁྲུལ་བ་དགོས་སོ། །གཉིས་པ་ལ་གསུམ། བྱ་རྒྱུད་ཀྱི་སྒྲུབ་ལུགས། རྒྱུད་སྡེ་བར་བའི་སྒྲུབ་ལུགས། ཁྱད་པར་བླ་མེད་ཀྱི་སྒྲུབ་ལུགས་སོ། །དང་པོ་ནི། བྱ་ཞེས་སོགས་ཏེ། འོ་ན་བྱ་རྒྱུད་པའི་སྒྲུབ་ལུགས་མ་འཁྲུལ་བ་གང་ཡིན་ཞེ་ན། བྱ་བའི་རྒྱུད་ལ་བདག་བསྐྱེད་མེད་ཅེས་པ་བསྒྲུབ་བྱར་བྱས། དེ་ལྟར་བྱེད་ན་སྔུང་གནས་མེད། ཅེས་སོགས་དང་དཀར་གསུམ་ལ་སོགས་ཁ་ཟས་དང་། ཞེས་སོགས་དེའི་སྒྲུབ་བྱེད་དུ་ཡར་བླངས་ནས་སྦྲེལ། གལ་ཏེ་བསྔུང་གནས་བྱེད་འདོད་ན་ཞེས་སོགས་ཀྱིས་དངོས་གྲུབ་ལེན་ཚུལ་བསྟན། བདག་བསྐྱེད་སྒྲུབ་ཐབས

ཡོད་པ་ནི་ཞེས་སོགས་ཀྱིས་ལུགས་གཞན་བརྗོད་པར་སྦྱར་རོ། །དེ་ལྟར་ན། ཤེས་བྱ་ཆོས་ཅན། བྱ་བའི་རྒྱུད་རང་ལུགས་ལ། རྣལ་འབྱོར་བདག་ཉིད་ལྷར་བསྐྱེད་ནས་དངོས་གྲུབ་ལེན་པ་མེད་པར་ཐལ། བདག་ཉིད་ལྷར་བསྐྱེད་པ། དེ་ལྟར་བྱེད་ན་རྣལ་འབྱོར་པས་ཐ་མལ་དུ་གནས་པའི་བསྟོད་གནས་མི་དགོས་ལ་ལྷར་བསྐྱེད་པས་བསྟོད་གནས་བྱེད་ན་བརྙས་པས། སྡིག་པར་འགྱུར་བའི་ཕྱིར་དང་དཀར་གསུམ་ལ་སོགས་པའི་ཁ་ཟས་དང་གཙང་སྦྲ་ལ་སོགས་པའི་བརྟུལ་ཞུགས་ལ་གནས་པས་བྱ་རྒྱུད་ཀྱི་གསང་སྔགས་ཀྱིས་དངོས་གྲུབ་འགྲུབ་ལ་གཞན་དུ་མི་འགྲུབ་པའི་ཕྱིར་རོ། །འོ་ན་དངོས་གྲུབ་ཇི་ལྟར་བླངས་ཤེ་ན། ཤེས་བྱ་ཆོས་ཅན། བྱ་རྒྱུད་རང་ལུགས་ལ། རྣལ་འབྱོར་པས་དངོས་གྲུབ་ལེན་པའི་ཐབས་ཡོད་དེ། རྣལ་འབྱོར་པས་གལ་ཏེ་བསྟོད་གནས་ཀྱི་སྒོ་ནས་དངོས་གྲུབ་ལེན་པར་འདོད་ན། རྣལ་འབྱོར་པ་རང་ཉིད་ཐ་མལ་གྱི་ང་རྒྱལ་གྱིས་བྲིས་སྐུ་སོགས་ཆོ་ག་བཞིན་བྲིས་པའམ་བཅོས་ལ་རྗེས་དཔོག་བཞིན་དུ། བྲིས་སྐུ་སོགས་མཆོད་ནས་གསོལ་བ་བཏབ་པའི་སྒོ་ནས་དངོས་གྲུབ་ལེན་པའི་ཕྱིར་རོ། །བྲིས་སྐུ་སོགས་ལ་མཆོད་རྫས་གང་གིས་མཆོད་པ་གང་ཞིག་སྙིང་སྙམ་ན། མཆོད་རྫས་དེ་ལ་ཤ་ཆང་གི་གཏོར་མ་མེད་ཅིང་། གླ་རྩི་ལ་སོགས་པ་སྲོག་ཆགས་ལ་གནོད་པར་འབྲེལ་བའི་མཆོད་པ་ཐམས་ཅད་སྤོངས་ལ་རྣལ་འབྱོར་པ་རང་ཉིད་ཀྱང་བདུད་དང་འབྱུང་པོ་ངན་པ་མཆོད་པའི་ལྷག་མ་དང་། གཏོར་མའི་ཁ་ཟས་བྱ་རྒྱུད་དང་ལུགས་འདིར་མི་ཟ་ཞིང་ལྷ་ལ་ཕུལ་བའི་དམན་པ་སོགས་ཟ་བ་དང་འགོམ་པ་གཉིས་ཀ་བཀག་པས་མི་བྱའོ། །དེ་བས་ན་དཀར་གསུམ་སོགས་གཙང་བའི་རྫས་ཀྱིས་མཆོད་ཀྱང་བསྙེན་པར་བྱའོ། །

འོ་ན་བསམ་གཏན་ཕྱི་མར། སྒྲ་དང་སེམས་དང་གཞི་ལ་གཞོལ། །གསང་སྔགས་མི་འགྱུར་གཞི་ལ་གནས། །ཡན་ལག་མ་ཉམས་གསང་སྔགས་བཟླས། །ཞེས་སོགས་བྱ་རྒྱུད་ཀྱི་རྣལ་འབྱོར་པ་ལྷའི་ང་རྒྱལ་ལ་གནས་དགོས་པར་བཤད་པ་དང་། འགལ་ཞེ་ན། སྐྱོན་མེད་དེ། སྔར་བཤད་པ་ལྟར། བཟླ་བ་པོ་རྣལ་འབྱོར་པ་ལ་ལྷའི་མིང་འདོགས་པ་ཡིན་གྱི། ས་བོན་སོགས་ལས་བསྐྱེད་པ་དང་ཞལ་ཕྱག་གི་རྣམ་པ་ཅན་གང་ཡང་མི་བྱེད་པའི་ཕྱིར་ཏེ། གཞན་དུ་ན་སྒྲ་དང་བཟླ་བ་དང་སེམས་ལའང་ལྷར་མིང་བཏགས་པས་ལྷར་ཐལ་བའི་ཕྱིར་ཏེ། བསམ་གཏན་ལྷ་དྲུག་ཞེས་བཤད་པར་སྣང་བས་སོ། །སློབ་དཔོན་སངས་རྒྱས་གསང་བ་སོགས་ཀྱིས། སྤྱོད་རྒྱུད་ཀྱི་རྗེས་སུ་འབྲངས་ནས་བཤད་པ་མཛད་ནའང་། བྱ་རྒྱུད་རང་ལུགས་ལ། བདག་བསྐྱེད་ལྷར་བསྐྱེད་པ་ནི་མིན་ནོ། །འོ་ན་འཕགས་པ་ཀླུ་སྒྲུབ་སོགས་ཀྱིས་སྤྱན་རས་གཟིགས་ལ་སོགས་པ་བྱ་རྒྱུད་ནས་འབྱུང་བའི་ལྷ་མང་པོ་ལ་བདག་བསྐྱེད་བཤད་པ་ཇི་ལྟར་དྲངས་ཤེ་ན། བདག་ཅེས་སོགས་ཏེ། ཤེས་བྱ་ཆོས་ཅན། ཀླུ་སྒྲུབ་

སོགས་ཀྱིས་སྤྱིན་རས་གཟིགས་སོགས་ལ་བདག་བསྐྱེད་བཤད་པ་དང་བྱ་རྒྱུད་རང་ལུགས་གཞིར་བཞག་ལ་བདག་བསྐྱེད་མེད་པར་འདོད་པ་མི་འགལ་བར་ཐལ། ཀླུ་སྒྲུབ་སོགས་ཀྱིས་སྤྱིན་རས་གཟིགས་སོགས་ལ་བདག་བསྐྱེད་ཀྱི་སྒྲུབ་ཐབས་ཡོད་པར་བཤད་པ་ནི། རྣལ་འབྱོར་རྒྱུད་སོགས་ཀྱི་རྗེས་སུ་འབྲངས་ནས་དེའི་ལུགས་བཞིན་མཛད་པ་ཡིན་ལ་ལུགས་དེ་ལྟར་བྱེད་ན་དེ་ལ་བསྟུང་བར་གནས་པ་མེད་པར་རྣལ་འབྱོར་པ་ལྟར་གསལ་བར་བྱེད་དགོས་ཀྱི་དེ་ལ་བྱ་རྒྱུད་རང་ལུགས་སོར་འཛོག་པ་མིན་པས་སོ། །གཉིས་པ་ནི། སྤྱོད་ཅེས་སོགས་ཏེ། འོན་རྒྱུད་སྡེ་བར་པ་གཉིས་སུའང་དཀའ་ཐུབ་གཙོ་བོར་བཤད་དམ་སྙམ་ན། ཤེས་བྱ་ཅོས་ཅན། སྤྱོད་རྒྱུད་དང་། རྣལ་འབྱོར་རྒྱུད་གཉིས་སུ། ལས་ཚོགས་སྒྲུབ་པ་འགའ་ཞིག་ལ། ཐ་མལ་ཚུལ་གྱིས་གཙང་སྦྲ་དང་དཀའ་ཐུབ་བཤད་པ་ཡོད་ཀྱང་། གཞན་རྣལ་འབྱོར་པ་ལྟར་བསྐྱེད་དུས་སུ་དཀའ་ཐུབ་བསྟུང་གནས་སོགས་ཀྱི་བརྟུལ་ཞུགས་ཀྱི་ཁྱད་པར་གཙོ་བོར་མི་མཛད་པར་ཐལ། རྒྱུད་དེ་གཉིས་སུ་ཡང་ཕལ་ཆེར་རྣལ་འབྱོར་པ་རང་ཉིད་ལྷའི་རྣལ་འབྱོར་བསྒོམ་པ་གཙོ་བོར་མཛད་ལ། དེའི་དུས་སུ་གླ་རྩིའི་རིང་བུ་ལ་སོགས་པ་སྲོག་གི་ཡན་ལག་ལས་བྱུང་བའི་མཆོད་པ་རྣམས་ཀྱང་རྒྱུད་འདི་གཉིས་སུ་མི་འགོག་ལ་སངས་རྒྱས་མཆོད་པའི་ལྷག་མ་རྣམས་སྡིག་པ་སྤྱང་ཕྱིར་བཟའ་འོ་ཞེས་རབ་ཏུ་གནས་པའི་རྒྱུད་ལས་གནང་གི། འབྱུང་པོའི་གཏོར་ལྷག་ངན་པ་ནི་འདིར་རང་ཉིད་མི་ཟ་བས་སོ། །

དེ་ཡང་ཕྱག་ན་རྡོ་རྗེ་དབང་བསྐུར་བའི་རྒྱུད་ལས། དེས་དུར་ཁྲོད་དུ་དུ་བ་འཐུལ་བར་ཟས་སུ་ཤ་འཚལ་ཞིང་གོས་སྔོན་པོ་བགོས་ཏེ་ལག་ཏུ་རལ་གྲི་ཐོགས་ལ། སྙིང་པོ་འདི་ལན་འབུམ་བཟླས་བརྗོད་བགྱིའོ། །ཞེས་སོགས་དང་། རྡོ་རྗེ་འོག་གི་རྒྱུད་དུ། བཅོམ་ལྡན་འདས་ཕྱག་ན་རྡོ་རྗེ་དང་། གནོད་སྦྱིན་རྣམས་ལ། དཀར་གསུམ་གྱིས་མཆོད་པར་བྱའོ། །ཆང་ནི་ཀུན་ཏུ་སྤྱང་བར་བྱའོ། །ཤ་རྣམས་ནི་འོས་པ་དང་ཤེས་པ་དྲངས་པར་བྱའོ། །ཞེས་སོགས་དང་། རབ་གནས་ཀྱི་རྒྱུད་དུ། བདེར་གཤེགས་ལྷག་མ་འདི་དག་ནི། །ཟོས་ཤིགས་སྡིག་པ་འབྱུང་བར་འགྱུར། །ཞེས་སོགས་དང་། རྡོ་རྗེ་རྩེ་མོར། གང་དུ་སྡིག་པར་མི་འགྱུར་བ། །ཐམས་ཅད་བཟའ་ཞིང་ཐམས་ཅད་ལེན། །ལུས་ལས་ལྷག་མར་གྱུར་པ་སྤང་། །ཞེས་སོགས། ལས་ཚོགས་གང་དང་གང་འཇུག་དེ་དང་དེ་བླང་བར་གསུངས་སོ། །གཉིས་པ་ནི། རྣལ་འབྱོར་ཞེས་སོགས་ཏེ། རྣལ་འབྱོར་ཆེན་པོའི་རྒྱུད་དུ་ཇི་ལྟར་འབྱུང་ཞེ་ན། ཤེས་བྱ་ཅོས་ཅན། རྣལ་འབྱོར་ཆེན་པོ་དང་། རྒྱུད་སྡེ་འོག་མར་འབྱུང་བ་རྣམས་ནི་མི་མཚུངས་པར་ཐལ། རྣལ་འབྱོར་ཆེན་པོའི་རྒྱུད་སྡེ་རྣམས་ལས་ནི། རྣལ་འབྱོར་པ་ཨ་ཝ་དྷཱུ་ཏི་ཀུན་སྤྱངས་ཀྱི་སྤྱོད་པ་བྱེད་པ་སོགས་ལ་འབྱུང་པོ་ངན་པའི་གཏོར་མ་ཟ་བའི་གནང་ཞིང་དཀའ་ཐུབ་དང་གཙང་སྦྲ་ལ་སོགས་པའི་བརྟུལ་

ཞུགས་འགོག་ལ་ལམ་ལ་འཇུག་པ་གང་བདེའི་རྣལ་འབྱོར་བསྒོམ་པས་རྣལ་འབྱོར་ཆེན་པོ་ནི་གསང་སྔགས་རྒྱལ་པོ་རབ་ཆེ་འདིར་འགྲུབ་པ་སོགས་འབྱུང་བའི་ཕྱིར་རོ། །རྣམ་དབྱེ་འདི་དག་རྒྱས་པར་བླ་མའི་མཆོག་ཏུ་གྱུར་པ་མཁས་པའི་གསུང་ལས་ཤེས་པར་གྱིས་ཤིག་ཅེས་སོ། །ད་ལྟ་ནི་ཕྱི་ནང་གི་གྲུབ་མཐའི་རྣམ་དབྱེ་གཏན་མི་ཤེས་ཤིང་རྒྱུད་སྡེའི་ཁྱད་པར་མི་ཕྱེད་པར་ཚིག་ཐམས་ཅད་གོང་འོག་སོགས་དཀྲུགས་ནས་ནི། སྒྲུབ་བྱེད་ཡང་དག་མེད་ཀྱང་བླ་མའི་མན་ངག་དང་ཕྱག་ལེན་ཡིན་ཟེར་ནས། རང་བཟོའི་རྣམ་ཐར་ལ་སྤྱོད་པ་ནི་ཤིན་ཏུ་ངོ་མཚར་བའི་གནས་ཡིན་ཏེ་མཁས་པས་བཞད་གད་ཀྱི་གནས་ཡིན་པས་སོ། །འཁྱིལ་བ་འཁྱིལ་བ་ལ་བརྟེན་པ་དང་། ལོང་བས་ལོང་བ་འཁྲིད་པ་བཞིན་ནོ། །གསུམ་པ་ལ། སྤྱོད་པ་ཇི་ལྟར་སྒྲུབ་པའི་ཚུལ། དཀར་པོ་ཆིག་ཐུབ་ཀྱི་ཐ་སྙད་ལ་འཁྲུལ་པ་དགག་པ། ནོར་བའི་འདོད་ཚུལ་དུ་མ་དགག་པ་དང་གསུམ། དང་པོ་ལ། རྒྱུད་ནས་འབྱུང་བའི་སྤྱོད་པ་བསྟན་ལ། རང་བཟོའི་ནོར་བ་སུན་འབྱིན་པ། སྤྱོད་པའི་དོན་ལ་འཁྲུལ་བ་དགག་པ་དང་གསུམ། དང་པོ་ནི། དབང་ཞེས་སོགས་ཏེ། འོ་ན་སྨིན་བྱེད་དབང་ལ་བརྟེན་ནས་གྲོལ་བྱེད་རིམ་གཉིས་བསྒོམ་པར་བྱེད་དགོས་ན་བོགས་འདོན་དང་གེགས་སེལ་གྱི་ཉམས་ལེན་གང་ཡིན་ཞེ་ན། དེ་གཉིས་ཀྱི་དབང་དུ་བྱས་ནས། སྤྱོད་པ་སྟོན་པར་བྱེད་ཅིང་། དེའང་གང་དུ་སྤྱོད་པའི་གནས་ལ་སོགས་པ་ངོས་བཟུང་ནས་རིམ་གྱིས་སྤྱོད་ཚུལ་འཆད་པ་ཡིན་ནོ། །

འོ་ན་གནས་ཀྱི་ཁྱད་པར་གང་ཞེ་ན། ཤེས་བྱ་ཆོས་ཅན། རྣལ་འབྱོར་བསྒོམ་པ་དང་སྤྱོད་པ་ལ་འཇུག་པའི་གནས་ཀྱི་ཁྱད་པར་ཡོད་དེ། དེས་དབང་བཞི་ཡོངས་སུ་རྫོགས་པར་ཐོབ་པ་དང་། དེ་ནས་དང་པོ་རྣལ་འབྱོར་པ་རང་གི་ཁྱིམ་ལ་སོགས་པར་བསྒོམ་ཞིང་སེམས་ཅུང་ཟད་བརྟན་པ་ཐོབ་ནས་དུར་ཁྲོད་སོགས་སུ་བསྒོམ་ལ་བརྟན་པ་ཆེན་པོ་ཐོབ་ནས་ནི་ལུས་དང་ངག་གི་བརྡ་རྣམས་ལ་ལེགས་པར་སྦྱངས་ཤིང་། དེ་ཁོ་ན་ཉིད་རྟོགས་པར་བྱས་ཏེ། གནས་དང་ཉེ་བའི་གནས་ལ་སོགས་པ་ཡུལ་ཆེན་སུམ་ཅུ་རྩ་བདུན་དུ་རྒྱུ་བར་བྱེད་དགོས་པས་སོ། །རྣལ་འབྱོར་པས་དེ་དག་ཏུ་རྒྱུ་བར་བྱས་པ་ཆོས་ཅན། དགོས་པ་ཡོད་དེ། ཕྱི་རོལ་ཏུ་ཡུལ་སུམ་ཅུ་རྩ་བདུན་དང་། ནང་དུ་བྱང་ཕྱོགས་སོ་བདུན་རྣམས་དབང་དུ་བསྡུ་བའི་ཆེད་ཡིན་པའི་ཕྱིར། ནང་དུ་ས་བཅུ་གསུམ་པོ་རྣམས་གོང་ནས་གོང་དུ་འཕེལ་བའི་ཕྱིར་ཏུ་ཡུལ་རྣམས་དབང་དུ་བསྡུས་ནས་རིག་པའི་བརྟུལ་ཞུགས་སྤྱོད་དགོས་པས་སོ། །ལུགས་འདི་ལ་སྒྲུབ་བྱེད་མེད་དམ་སྙམ་ན། རྣལ་འབྱོར་པས་ཡུལ་ཆེན་དེ་དག་ཏུ། སྤྱོད་པ་ལ་རྒྱུ་བར་བྱེད་དགོས་པ་ལ་སྒྲུབ་བྱེད་ཡང་དག་ཡོད་པར་ཐལ། ལུགས་འདི་རྣལ་འབྱོར་ཆེན་པོའི་རྒྱུད་སྡེ་དང་བསྟན་བཅོས་དག་ལས་གསུངས་པའི་ཕྱིར་རོ། །ཇི་ལྟར་གསུངས་ན། ཀྱེ་རྡོ་རྗེའི་རྒྱུད་ལས། དེ་ནས་ཡང་དག

བཤད་བྱ་བ། །སྤྱོད་པའི་ཕ་རོལ་ཕྱིན་མཆོག་ཉིད། །ཀྱེ་ཡི་རྡོ་རྗེའི་དངོས་གྲུབ་རྒྱུས། །གང་གི་དངོས་གྲུབ་མཐར་འགྲོ་བ། །ཞེས་སོགས་ཀྱིས། སྤྱོད་པའི་དགོས་པ་བསྟན་ཏེ། སྤྱོད་པ་སྤྱད་པ་ལས་དངོས་གྲུབ་མཐར་ཐུག་པ་ཐོབ་པར་བསྟན་གྱི་མ་སྤྱད་པས་མི་འགྲུབ་པར་གསུངས་པས་སོ། །ཀྱེ་རྡོར་རྩ་རྒྱུད་འབུམ་ལྔ་པར་ཡང་། ཚོག་ཡན་ལག་ཀུན་ལྡན་ཡང་། །སྤྱོད་པ་མ་བརྩམས་དངོས་མི་འགྲུབ། །དེ་བས་ཕྱག་རྒྱའི་དངོས་གྲུབ་རྒྱུད། །ཆགས་མེད་སྤྱོད་པ་འདི་ཡིན་ནོ། །སྙིང་རྗེ་རྣམ་པར་ཆད་ཙམ་གྱིས། །སེམས་ཅན་དོན་གྱི་སྤྱོད་མི་འགྲུབ། །དེ་བས་སྙིང་རྗེ་ཆེ་ལྡན་ཞིང་། །འབད་པས་སྤྱོད་པ་སྤྱད་པར་བྱ། །ཞེས་གསུངས་སོ། །དེ་ཡང་སྤྱོད་པ་ལ་འཇུག་པའི་ཚེ་ཆ་ལུགས་ཇི་ལྟ་བུས་འཇུག །བཟའ་བ་ལ་སོགས་པའི་ཁྱད་པར་གང་། གྲོགས་པོ་ཇི་ལྟ་བུ་དང་འགྲོགས། གནས་གང་དུ་སྤྱོད་པར་བྱེད། ཅེས་སོགས་ཤེས་པར་བྱ་དགོས། དེ་དག་རྣམས་ལས་ཀྱང་། དུས་ནམ་གྱི་ཚེ་སྤྱོད་པ་ལ་འཇུག་པའི་དུས་ཚོད་ནི། བརྟགས་རྒྱུད་དུ། ཙུང་ཟད་དྲོད་ནི་ཐོབ་པ་ན། །གལ་ཏེ་སྤྱོད་པ་བྱེད་འདོད་པས། །འོན་ཏེ་འགྲུབ་འགྱུར་འདོད་ཡོད་ན། །འདིས་ནི་སྤྱོད་པ་སྤྱད་པ་ཡིན། །ཞེས་སོགས་ཀྱི་དྲོད་རྟགས་སོགས་ཐོབ་ནས་སྤྱོད་པར་བཤད་ལ། དྲོད་ཀྱི་དོན་ཡང་། རྩ་རྒྱུད་ལས། གལ་ཏེ་སྤྱོད་པ་བྱེད་འདོད་པས། །ཡན་ལག་དྲུག་སྦྱོར་གང་ཡིན་དེས། །དུ་བ་སྨིག་རྒྱུ་ལ་སོགས་པའི། །དྲོད་ནི་དང་པོར་བསྐྱེད་པར་བྱེད། །ཅེས་སོགས་ལྟར། འཕོ་མེད་ཀྱི་བདེ་བ་ཐོབ་པའི་དང་པོ་སོགས་ལ་ཤེས་པར་བྱའོ། །ཆ་ལུགས་ནི། བརྟགས་རྒྱུད་ལས། སྒོམ་པ་པོ་ཡི་རྣམ་འཛིན་པ། །རྣ་བ་དག་ལ་རྣ་ཆ་བཟང་། །ཞེས་སོགས་ཀྱི་ཕྱག་རྒྱ་དྲུག་དང་།བགོ་བ་སྟག་གི་པགས་པ་ཉིད། །ཞེས་སོགས་དང་། ཁ་ཊྭཾ་ག་གཟུགས་ཤེས་རབ་ནི། །ཐབས་ཀྱིས་གཟིགས་ཀྱི་ཅང་ཏེའུ་ཉིད། །ཅེས་སོགས་དང་། རྐྱན་མའི་སྐྲ་ལས་ཅོད་པན་བྱས། །དེ་ལས་ཧཱུྃ་བྱུང་སྒྱུར་བར་བྱ། །སངས་རྒྱས་ལྔ་ཡི་ཐོད་པ་རྣམས། །རྣལ་འབྱོར་སྤྱོད་པས་རྣམ་པར་འཛིན། །ཐོད་པ་སོར་ལྔ་པ་ཡི་ཆར། །བྱས་པས་ཅོད་པན་འཛིན་པར་བྱེད། །ཐབས་དང་ཤེས་རབ་རང་བཞིན་ལས། །སྐྲ་ཡི་སྐྲེ་རགས་ཉིས་སྐོར་ཉིད། །ཐལ་བ་སྐྲ་ཡི་མཆོད་ཕྱིར་ཐོགས། །ཞེས་སོགས་གསུངས་པས་རྒྱན་དང་ཆ་ལུགས་བཤད་ལ། དེ་དག་ལ་ཡང་ཕྱི་ནང་གི་བཤད་པ་གཉིས་གཉིས་འབྱུང་སྟེ། ཕྱི་རོལ་ཏུ་ཆ་ལུགས་དེ་དག་ལས་སྐྱེ་བོ་རྣམས་འདུན་པར་འགྱུར་བ་དང་། མ་རུངས་པ་རྣམས་ཟིལ་གྱིས་གནོན་པའི་ཕྱིར་དུ་འཆང་ལ། ནང་དུ་ནི་ཁམས་དྲུག་མི་འཛག་པར་བསྡམ་དགོས་ཤིང་། འདོམས་པ་ལས་སྐྱེ་བོ་ཐུལ་བར་དཀའ་བ་རྣམས་ཐུལ་གྱི་གཞན་དུ་མིན་ནོ། །ཞེས་ཤེས་པའི་ཆེད་ཡིན་ཏེ། རྩ་རྒྱུད་ལས །གལ་ཏེ་སྤྱོད་པ་རྩོམ་འདོད་པས། །སེམས་ཅན་འདུན་པར་བྱ་བའི་ཕྱིར། །མི་བསྐྱོད་འཁོར་ལོའི་གཟུགས་ཉིད་ཀྱིས། །ལུས་མཆོག་ལ་ནི་རྣམ་བརྒྱན་ཏེ། །སྲིད་པ་གསུམ་དུ་འཁོར་ལོ་བསྐོར། །ལུས་མཆོག་ལ་གནས་ཆུ་རྒྱུན་གྱིས། །

གཅིག་པར་ཆོས་ཀྱི་འཁོར་ལོ་བསྐོར། །འགྲོ་བའི་དོན་ཆེན་བྱེད་པར་འགྱུར། །ཞེས་སོགས་གཞན་རྣམས་ཀྱང་ཁམས་གཞན་རྣམས་ལ་སྦྱར་ནས་བཤད་ཅིང་། རྡོ་རྗེ་སྙིང་འགྲེལ་དུ། ངེས་པའི་དོན་དུ་ས་དང་ཆུ་དང་མེ་དང་རླུང་དང་ནམ་མཁའ་དང་ཡེ་ཤེས་ཞེས་བྱ་བའི་བདག་ཉིད་ཅན་འཁོར་ལོ་དྲུག་ལ་བརྟེན་པའི་ཁྱབ་དྲུག་དང་རླུང་དྲུག་ཕྱིར་འབྱུང་བ་འགགས་པས་སྦྱོད་པ་སྦྱད་པར་བྱ་བ་ཡིན་ལ། དེས་སྐྱེ་བོ་ཐུལ་བར་དཀའ་བ་ཐུལ་བར་འགྱུར་ཏེ་གཞན་དུ་མིན་ནོ། །དེ་བས་དེ་འགགས་པའི་བརྡར་བསྟན་པ་ནི། འཁོར་ལོ་ལ་སོགས་པ་དྲུག་ཏུ་བསྟན་ཏེ། སྦྱོད་པ་བྱེད་པ་རྣམས་ཀྱིས་ཕྱིའི་གཟུགས་རྣམས་ཀྱང་བཅིང་བར་ངེས་སོ་ཞེས་སོགས་དང་། ཡང་དེར་ནང་གི་ཕྱག་རྒྱ་དྲུག་འགག་པ་ལས་སྟོབས་དང་གཟི་བརྗིད་འདི་དག་འབྱུང་བར་འགྱུར་ཏེ། འདི་ལྟར་གནོད་སྦྱིན་གྱི་བདག་པོ་ཕྱག་ན་རྡོ་རྗེ་ལྷ་བུ་ཆེར་དྲག་པ་མི་བཟད་པ་རྣམས་ཀྱིས་ཀྱང་། འཇིགས་ཤིང་སྐྲག་པར་མི་འགྱུར་ན་འཇིག་རྟེན་ཕལ་བ་ལྷ་བུ་རྣམས་ལྟ་ཅི་སྨོས། དེ་བས་ན་ཕྱི་དང་ནང་གི་བདུད་མ་རུངས་པ་རྣམས་ལས་རྒྱལ་བའི་ཕྱིར་ཡང་ཕྱི་རོལ་ཏུ་སྟག་གི་པགས་པ་གོས་སུ་བགོ་བ་དང་། ཞེས་སོགས་དང་། ཡང་དེར་དགེ་བའི་ཡང་ཆོས་ཐམས་ཅད་དགྲོག་པར་བྱ་བའི་ཕྱིར་རྐུན་མའི་སྒྲ་ཞེས་བྱ་བའི་རྩ་ལས་ཅོད་པན་ཏུ་བཏྲ་བྱ་བ་དང་། དེ་རུ་ཧཱུྃ་ལས་ཡོངས་སུ་བྱུང་བའི་རྡོ་རྗེ་རྒྱ་གྲམ་ཡོངས་སུ་བཟུང་བ་སྟེ། སེམས་ཅན་གྱི་དོན་སྣ་ཚོགས་བྱེད་པའི་ཕྱིར་མངོན་པར་རྫོགས་པར་བྱང་ཆུབ་པ་ལྔ་དང་རྣམ་པ་ཉི་ཤུས་མངོན་པར་རྫོགས་པར་བྱང་ཆུབ་པའི་ཚུལ་གྱིས་གང་བ་དང་བཟང་པོ་ལ་སོགས་པ་ཟླ་བ་ཡར་ངོའི་ལྔ་ཚན་རྣམས་ཀྱང་ཡིན་ལ། དེའི་ཕྱིར་ཨ་ཨི་ར་ཨི་ལི། ཞེས་བྱ་བ་དང་ས་དང་ཆུ་དང་མེ་དང་རླུང་དང་ནམ་མཁའི་ཆོས་ཅན་དུ་ཤེས་པར་བྱ་བའི་ཕྱིར། སངས་རྒྱས་ལྔའི་ཐོད་པ་རྣམས་ཞེས་བྱ་བ་ལ་སོགས་པ་དང་། ཐོད་པ་སོར་ལ་ས་ཡི་ཀ། །ཞེས་བྱ་བ་ལ་སོགས་པ་རྒྱས་པར་གསུངས་སོ༔ ༔

དེ་བཞིན་དུ་འཇིག་རྟེན་པའི་ལྷ་ང་རྒྱལ་ཅན་རྣམས་གདུལ་བར་བྱ་བའི་དོན་དུ། མི་རོའི་སྒྲ་ཡི་སྐེ་རགས་ཉིས་སྐོར་དང་། དབང་ཕྱུག་ཆེན་པོའི་བརྟུལ་ཞུགས་ཀྱི་ཆེད་དུ་ཐལ་བས་ལུས་ལ་བྱུགས་པ་དང་། ཚངས་པའི་བརྟུལ་ཞུགས་ཀྱི་ཆེད་དུ་མི་རོའི་སྐྲའི་ཚངས་སྐུད་དང་།ལྷ་རྣམས་དགའ་བའི་ཆེད་དུ་ཅང་ཏེའུ་བཟུང་བ་དང་། དབང་ཕྱུག་ཆེན་པོའི་རྒྱལ་མཚན་གྱི་ཆེད་དུ། ཁ་ཊྭཱཾ་ག་བཟུང་བ་དང་། ཞེས་སོགས་ཀྱིས། ཕྱི་ནང་ཅི་རིགས་བཤད་ལ། རྩ་རྒྱུད་དུ་ནི། ངེས་དོན་གསུངས་ཏེ། སྟོང་ཉིད་སྙིང་རྗེ་མི་ཕྱེད་ཕྱིར། །སྒྲ་ཡི་སྐེ་རགས་བརྗོད་པ་ཡིན། །ཐལ་བ་བྱང་ཆུབ་སེམས་སུ་གསུངས། །ཁྱབ་མི་འབོད་ཚངས་སྤྱོད་ཕྱིར། །སྒྲ་ཡི་མཆོད་ཕྱིར་ཐོགས་པས་བརྒྱན། །དེ་བས་ཚངས་པའི་སྤྱོད་བརྟུལ་ཞུགས་མཆོག །ཅང་ཏེའུ་བདེ་བའི་སྒྲ་ཡིས་ནི། །འཇིག་རྟེན་གསུམ་པོ

དབུགས་འབྱིན་ཞིང་། །སྟོང་པའི་རྣམ་པས་ཁ་ཊཾ་ག །བདེ་བ་ལུས་སྐྱོང་ཐོད་པར་བརྗོད། །ཅེས་སོགས་ཀྱི་རྡོར་རྒྱུད་འགྲེལ་དང་། བདེ་མཆོག་དང་། དུས་འཁོར་ལ་སོགས་མང་པོ་ནས་དོན་དེ་བཞིན་འབྱུང་བར་ཤེས་པར་བྱའོ། །བཟའ་བ་ལ་སོགས་པའི་ཁྱད་པར་གང་སྤྱོད་ཅེ་ན། ཀྱེ་རྡོར་བསྡུས་རྒྱུད་ལས། བཟའ་བ་མི་འཆི་བཅུ་བྱེད་དེ། །ཧེ་རུ་ཀ་སྦྱོར་སྐྱེས་བུ་ཉིད། །ཁ་དོག་ལྔ་ལ་རྣམ་གནས་ཏེ། །རིགས་ལྔ་དག་དང་མཉམ་ལྡན་པ། །ཞེས་སོགས་ལྟར་རྣལ་འབྱོར་པ་རང་ཉིད་སྟོང་ཉིད་སྙིང་རྗེ་ཐ་མི་དད་པའི་ཧེ་རུ་ཀར་བྱས་ཏེ་བཟའ་བ་ཤ་ལྔ་དང་། བདུད་རྩི་ལྔ་ལ་སོགས་པ་རྣམས་ལ་བཟང་ངན་དང་འདོར་ལེན་མེད་པར་རོ་མཉམ་པར་སྤྱོད་པར་བྱེད་ལ་ཁ་དོག་ནི་རིགས་ལྔ་ལ་སོགས་པ་གང་འདུལ་གྱི་རིགས་དེའི་རྣམ་པར་བསྟན་པར་བྱས་ཏེ། རྒྱལ་རིགས་དང་། རྗེ་རིགས་ལ་སོགས་པ་གང་ཡང་རུང་བ་དེ་རྣམས་དང་མཐུན་པའི་རྣམ་པར་བསྒྱུར་བ་རང་རང་གི་རིགས་ལ་མངོན་པར་ཞེན་པ་སྤངས་ནས། རྡོ་རྗེའི་རིགས་གཅིག་ཉིད་ལ་འཇུག་པར་བྱ་བའི་ཕྱིར་ཏུ་གང་བྱུང་དག་གི་སྤྱོད་པ་ལ་འཇུག་གོ། །གཞན་ཡང་། རྒྱལ་མཚན་དང་ནི་མཆོན་སྣུན་ཉིད། །ལན་བདུན་པ་ཡང་བཟའ་བར་བྱ། །ཞེས་གསུངས་ཏེ། དེ་ཡང་རྒྱལ་པོ་སོགས་ཀྱིས་ཆད་པས་བཅད་དེ། རོ་ཤིང་ལ་དཔྱང་བ་ལྟ་བུ་དང་། སྐྱེ་བ་གཞན་གྱིས་བར་མ་ཆད་པར་མིའི་སྐྱེ་བ་བདུན་རྒྱུད་པའི་ཤ་ཡིན་པར་ངེས་པ་རྣམས་ཀྱང་དུམ་བུར་བྱས་ཏེ། རང་གཞན་གྱིས་ཟོས་ན་མཁའ་སྤྱོད་ཀྱི་དངོས་གྲུབ་ཐོབ་པར་གསུངས་པས་བཟའ་བར་བྱ་བའི་ཡིན་ནོ། །སྐྱེ་བ་བདུན་པ་དེ་ཡང་ལུས་ལ་གྲིབ་མ་བདུན་འབྱུང་བ་དང་། མིག་མི་འཛུམ་པ་ལ་སོགས་པའི་རྟགས་ལས་ཤེས་པར་གསུངས་སོ། །འདི་དག་གི་ངེས་པའི་དོན་ནི། རྩ་རྒྱུད་ལས། བཟའ་བ་མི་འཆི་བཅུད་ཕྱེད་རྣམས། །སྐྱེ་བོས་རྟོགས་པར་མ་གྱུར་ལ༑ ༑འགོ་ལ་སོགས་པའི་རིགས་དངོས་ཉིད། །རྣལ་འབྱོར་དབང་ཕྱུག་སྤྱོད་པ་ཡིས། །ཅིག་སོགས་ཕྱི་རུ་རྒྱུ་མེད་པས། །རྟེན་ཅིང་དེ་ཉིད་ཐིམ་པ་སྟེ། །ཚངས་པར་སྤྱོད་པ་བརྟུལ་ཞུགས་མཆོག །ཅེས་སོགས་དང་། གང་ཡང་ལུས་ཅན་ཐམས་ཅད་ཀྱི། །ལུས་འདི་སྐྱེ་བ་བདུན་ཡིན་ཏེ། །རོ་དྲུག་ལྡན་པའི་བཟའ་བཏུང་དག །ཀུན་ཏུ་ཟོས་ཤིང་འཐུང་པ་ལས། །ཞུ་ཞིང་བཅུད་ནི་རྒྱས་པ་སྟེ། །སྐྱེ་བ་དང་པོར་དེ་བརྗོད་དོ། །དེ་ནས་དེ་ལ་ཁྲག་བྱུང་བ། །སྐྱེ་བ་གཉིས་པར་རབ་ཏུ་བརྗོད། །དེ་ལས་ཤ་བྱུང་གསུམ་པ་སྟེ། །པགས་པར་གྱུར་པ་བཞི་བ་དང་། །རྩ་རུ་གྱུར་པ་ལྔ་བའོ། །དེ་ལས་རུས་པ་དྲུག་པ་སྟེ། །ཞག་དང་རྐང་མར་བདུན་པའོ། །ཞེས་སོགས་ཀྱིས་བདུད་རྩི་ལྔ་དང་སྐྱེ་བ་བདུན་པའི་ངེས་དོན་གསུངས་པས་གཙོ་བོ་ཡིན་ནོ། །གྲོགས་ནི། རྒྱུད་ལས། ཤིན་ཏུ་བཞིན་བཟང་མིག་ཡངས་མ། །རང་གིས་དབང་བསྒྱུར་སྙིང་རྗེ་ཅན། །བཙུན་མོ་རྡོ་རྗེའི་རིགས་བཟང་ལ། །སྤྱོད་པ་བྱ་བར་བརྟག་པར་བྱ། །རྡོ་རྗེ་རིགས་ཀྱི་དངོས་མེད་ན། །རང་འདོད་ལྷ་ཡི་རིགས་ཀྱིས་བྱ། །ཞེས་གསུངས་པ་ལྟར་རིགས་གང་

ཡང་རྫུང་བ་གཟུགས་དང་ལང་ཚོས་བརྒྱན་པ་ལ་དབང་གིས་སྨིན་པར་བྱས་ཏེ་སྒོམས་པར་འཇུག་པའི་ལས་ཀྱིས་བྱང་ཆུབ་ཀྱི་སེམས་སྦྱངས་ཏེ། དེ་དང་ལྷན་ཅིག་ཀུན་ཏུ་རྒྱུ་བར་བྱ་ཞིང་། སྐྱེས་བུ་འདོད་ཆགས་ཅན་རྣམས་འདུལ་བའི་ཕྱིར་ཏུ་རྡོ་རྗེའི་གླུ་ལ་སོགས་པ་དང་། གར་སོགས་ཀྱིས་འདུལ་བར་བྱ་སྟེ། བསྡུས་རྒྱུད་དུ། གལ་ཏེ་དགའ་བས་གླུ་བླངས་ཏེ། །དེ་ཚེ་རྡོ་རྗེ་མཆོག་དང་ལྡན། །གལ་ཏེ་དགའ་བ་སྐྱེས་པ་ན། །ཐར་པའི་རྒྱུས་ནི་གར་བྱའོ། །རྣལ་འབྱོར་མཉམ་པར་བཞག་པས་བྱ། །ཞེས་སོགས་གསུངས་སོ། །རིག་མ་ཡང་། ལོ་བཅུ་གཉིས་མ་མཆོག་དང་། བཅུ་དྲུག་མ་འབྲིང་དང་། ཉི་ཤུ་མ་ནི་ཐ་མར་གསུངས་སོ། །དེ་ཡང་རྣལ་འབྱོར་ཕོ་མོ་ཕན་ཚུན་འདུ་བར་འགྱུར་བའི་ཚེ། སྐྱེ་བོ་མི་བསྲུན་པ་དང་། རིགས་གཞན་གྱི་ཕོ་ཉ་དང་། ཕོ་ཉ་མོ་རྣམས་འཚོགས་པའི་ནང་དུ་ཐ་མལ་པའི་ཐ་སྙད་ཀྱིས་མི་བྱ་བར། གསང་ཆེན་གང་ཡིན་པ་དེ་ལུས་ངག་གི་བརྡ་ཡི་སྒོ་ནས་གོ་བར་བྱེད་དགོས་པས་བརྡ་རྣམ་པ་གཉིས་ལ། མཁས་པར་བྱེད་དགོས་ཏེ། ཙ་རྒྱུད་ལས། ཧེ་རུ་ཀར་ལྡན་རྣལ་འབྱོར་གྱིས། །ལུས་དང་ངག་གི་བརྡ་ལ་བསླབ། །ལུས་ངག་བརྡ་ཡིས་མི་སླན། །སངས་རྒྱས་ཀྱང་ནི་ངེས་པར་འཛིགས། །ཅེས་སོགས་གསུངས་སོ། །འདི་དག་ཀྱང་ཕྱི་ནང་གི་དབྱེ་བ་གཉིས་གཉིས་སུ་འབྱུང་སྟེ། ཙ་རྒྱུད་དུ། སྟོང་ཉིད་མ་སྐྱེས་ཞི་བ་ནི། །བུད་མེད་ཞེས་སུ་དེ་བརྗོད་ཅིང་། །ཙའི་འདུད་པ་བཅུ་དྲུག་ནས། །བདེ་བའི་ཐིག་ལེ་བཅུ་དྲུག་འབྱུང་། །བཅུ་དྲུག་ལོ་ཡང་དེ་ཡིན་ལ། །སེམས་ཀྱི་སྦྱངས་པ་དེ་ཡིན་ནོ། །ཞེས་སོགས་དང་། བརྡ་དང་བརྡའི་ལན་ཡང་། ཐབས་དང་ཤེས་རབ་མཚོན་པར་བྱ་བའི་དོན་དུ་འཆད་དོ། །གནས་ཀྱི་ཁྱད་པར་ཧེ་ལྷ་བུར་སྦྱོད་ཅེ་ན། འདི་ལའང་ཕྱི་ནང་གི་དབྱེ་བ་གཉིས་ཏེ། བརྡ་དང་བརྡའི་ལན་མཚོན་པར་གྱུར་པ་ན། རྣལ་འབྱོར་མ་རྣམས་མགུ་ནས་ཁྱོད་དང་བདག་ཅག་ཕྱིའི་གནས་སུ་འདུས་ལ་ཕྱི་དང་ནང་གི་བདེ་བའི་སྟོན་མོ་ལ་སྤྱོད་པར་བྱའོ། །ཞེས་ཟེར་བ་ན་དེས་དང་དུ་བླངས་སོ། །འོ་ན། རྣལ་འབྱོར་ཕོ་མོ་འདུ་བའི་ཕྱིའི་གནས་གང་ཡིན། ནང་གི་གནས་ཅི་སྙམ་ན། འདི་ལ་གནས་དང་ཉེ་བའི་གནས་དང་ནི་ཞེས་སོགས་གསུངས་ནས། གཉིས་སུ་འབྱེད་དེ། ཕྱིའི་གནས་ཛ་ལན་དྷ་ར་སོགས་སུ། ཕྱིའི་རྣལ་འབྱོར་མ་ཤ་ཁྲག་ལ་རོལ་པའི་ལྷ་མོ་རྣམས་དུས་མར་ངོའི་བཅུ་བཞི་ལ་སོགས་པར་འདུས་ཏེ་ལུས་ཅན་དག་གི་མདངས་འཕྲོག་པ་ལ་སོགས་པ་བྱེད་ལ། དེའི་ཚེ་ཐུན་མོང་དངོས་གྲུབ་དོན་དུ་གཉེར་བའི་རྣལ་འབྱོར་བས་ཀྱང་དུས་མར་ངོའི་བཅུ་བཞི་ལ་སོགས་པར། གནས་དུར་ཁྲོད་ལ་སོགས་པར་སོང་སྟེ། བདེ་བའི་སྟོན་མོ་ལ་སོགས་པ་ལ་འདུ་བར་བྱ་བ་ཡིན་ནོ། །ནང་གི་གནས་ཀྱང་ཛ་ལན་དྷ་ར་ལ་སོགས་པར་མིང་བཏགས་པའི་རྩའི་གཟུགས་དུ་མར། ནང་གི་རྣལ་འབྱོར་མ་ནི་རླུང་དང་བྱང་སེམས་ཁུ་བ་ལ་སོགས་པའི་གཟུགས་ཀྱིས། དུས་མར་ངོའི་བཅུ་བཞི་ལ་སོགས་པར་འཁོར་ལོ་གསུམ་དང་བཞི་དང་དྲུག་ལ་

སོགས་པར་འདུ་སྟེ། དེའི་ཚེ་མཆོག་དོན་དུ་གཉེར་བའི་རྣལ་འབྱོར་པས་ཀྱང་འཛག་པ་མེད་པར་བསྡམས་པའི་སྒོ་ནས་བདེ་བའི་སྟོན་མོ་ལ་ལོངས་སྤྱོད་པར་བྱ་བ་ཡིན་ནོ། །དོན་དེ་ཡང་། རྩ་རྒྱུད་ལས། བྱང་ཆུབ་སེམས་ཀྱི་ཟླ་བ་འདི། །ཡར་ངོ་མར་ངོ་རབ་ཏུ་གནས། །ཡར་ངོ་ཡིས་ནི་བསྐྱེད་བྱེད་ལ། །མར་ངོ་ཡིས་ནི་འཛོམས་པར་བྱེད། །མར་ངོའི་བཅུ་བཞི་ལ་སོགས་ཀྱིས། །བྱང་ཆུབ་སེམས་ཀྱི་མཁའ་འགྲོ་མ། །བདེ་ཆེན་འཁོར་ལོ་འདུ་བར་མཛད། །འདི་ནི་ངེས་པའི་དོན་དུ་བཤད། ཅེས་སོགས་དང་། བདེ་མཆོག་གི་རྒྱུད་དུ་ཡང་། འདི་དག་གནས་སུ་མཁའ་འགྲོ་མ། །རྩ་གཟུགས་མཛེས་པས་རྣམ་པར་གནས། །ཞེས་སོགས་འབྱུང་ངོ་། །ནང་ལུས་ལ་གནས་དང་སའི་ཁྱད་པར་གང་ཞེ་ན། རྩ་རྒྱུད་ལས། སྤྱི་བོ་དང་ནི་སྤྱི་གཙུག་དང་། །རྣ་བ་གཡས་དང་རྒྱབ་ལོགས་དང་། །དེ་བཞིན་རྣ་གཡོན་སྨིན་དབུས་དང་། །ལག་པ་མཆན་ཁུང་དག་དང་ནི། །ནུ་མ་གཉིས་དང་ལྟེ་བ་དང་། །སྣ་རྩེ་དང་ནི་ཁ་ཡི་ལམ། །ཕྲག་གོང་སྙིང་དང་ཕོ་མཚན་དང་། །རྟགས་དང་གཤང་ལམ་བྲང་གི་གནས། །བྱིན་པ་དང་ནི་སོར་མོ་དང་། །རྐང་པའི་བོལ་དང་མཐེ་བོང་དང་། །པུས་མོ་རྣམས་སུ་གོ་རིམ་བཞིན། །གནས་དང་ས་སོགས་ལྟ་བར་བྱ། །ཞེས་སོགས་ལྟར་བགྲངས་པའི་ནང་གི་གནས་ཉི་ཤུ་རྩ་བཞིའི་སྟེང་དུ་སྤྲས་པའི་རྩ་རྣམས་བསྟན་པས་སུམ་ཅུ་རྩ་བདུན་ནོ། །སྤྲས་པའི་རྩ་ཡང་ཁ་ཅིག །མགྲིན་པ་ལ་སུམ་ཅུ་རྩ་གཉིས་གནས་པའི་ཕྱེད་ཡིན་པར་འདོད། ཁ་ཅིག །སྙིང་ཁ་ལ་འདབ་མ་བརྒྱད་རིམ་པ་གཉིས་གནས་པའི་དང་པོའི་ཕྱོགས་བཞི་དང་ལྟེ་བ་དང་ཕྱི་མའི་ཕྱོགས་མཚམས་རྣམས་ཡིན་པར་འདོད། ལ་ལ་ལྟེ་བ་ལ་ཡོད་པར་འདོད་ཅིང་། སའི་བགྲང་ཚུལ་ཡང་། སྤྱི་བོའི་གནས་བགྲང་བའི་གནས་བཞི་ས་དང་པོར་སྦྱོར་བ་སོགས་ལུགས་མང་དུ་བྱུང་ཞིང་། དུས་ཀྱིས་འཁོར་ལོ་ནི། གསང་གནས་ཀྱི་འཁོར་ལོ་ནས་ས་དང་པོ་སོགས་ལ་ཡར་ས་དང་པོ་བགྲོད་པའི་ཚུལ་བཤད་དོ། །ཐུན་མོང་བའི་གནས་ཀྱི་མིང་ནི། པུ་ལི་ར་མ་ཛ་ལན་དྷ་ར་དང་། །ཨོ་ཊི་ཡཱ་ན་ཨར་བུ་ཏ་དང་ནི། །གོ་དྷཱ་ཝ་རི་ར་མེ་ཤྭ་ར་དང་། །དེ་བི་ཀོཾ་ཊ་མ་ལ་ཝ་དང་ནི། །ཀཱ་མ་རཱུ་པ་དང་ནི་ཨོཾ་ཏྲེ་དང་། །ཏྲི་ཤ་ཀུ་ནི་དང་ནི་ཀོ་ས་ལ། །ཀ་ལིཾ་ག་དང་ལཾ་པ་ཀ་དང་ནི། །ཀན་ཅི་དང་ནི་ཧི་མ་ལ་ཡ་དང་། །པྲེ་ཏ་པུ་རི་དང་ནི་གྲི་བ་དང་། །སོ་སོ་རཥྚ་དང་ནི་སུ་ཝརྞ་དང་། །ན་ག་ར་དང་སིན་དྷུ་ར་དང་ནི། །མ་རུ་ཀུ་ལུ་ཏ་དང་ཉི་ཤུ་བཞི། །ཙ་རི་ཏ་སོགས་བཅུ་གསུམ་བསྟན་པ་ཡིས། །སུམ་ཅུ་རྩ་གཉིས་ཡུལ་གྱི་རྐང་གྲངས་སོ། །ཚུལ་དེ་ལྟ་བུས་ན་སྒྲོད་ཚུལ་འདི་ལྟ་བུའི་སྒྲོད་པ་ཤེས་ནས་རྣལ་འབྱོར་པས་དཔྱད་པར་བྱས་པ་ལས་རབ་ཚེ་འདི་ལ་རྫོགས་པའི་སངས་རྒྱས་ཐོབ་པར་བྱེད་པ་ཡིན་པས་འབད་པ་དང་རྩོལ་བ་བསྐྱེད་པར་བྱ་བ་ཡིན་ནོ། །ཞེས་པ་མདོར་བསྡུས་པའོ། །

གཉིས་པ་ལ། གང་ཟག་སུ་བྱུང་གིས་གནས་ཆེན་འགྲིམ་པ་དགག་པ། གང་ཟག་ཁྱད་པར་བས་གནས

ཆེན་བརྟེན་པར་བསྟན་པ་དང་གཉིས་ལས། དང་པོ་ནི། སྤྱིར་བསྟན་པ་དང་། བྱེ་བྲག་ཏུ་བཤད་པ་གཉིས། དང་པོ་ནི། དེང་ཞེས་སོགས་ཏེ། དེང་སང་གསང་སྔགས་མི་ཤེས་པར་སྔགས་པའི་ཚུལ་དུ་འཆོས་པ་མཐོང་སྟེ། ཤེས་བྱ་ཆོས་ཅན། དེ་འདྲ་མི་འཐད་པར་ཐལ། ལམ་རིམ་གཉིས་གང་ཡང་རུང་བ་མི་བསྒོམ་ཞིང་ཡོན་ཏན་མེད་པར་རྡོ་རྗེ་འཛིན་པར་རློམ་ནས་ཡུལ་ཆེན་སུམ་ཅུ་སོ་བདུན་དུ་འགྲོ་བ་སངས་རྒྱས་ཀྱིས་མ་གསུངས་ཤིང་། གསང་སྔགས་པ་ལ་སྔགས་ཀྱི་ཡོན་ཏན་ཡོད་དགོས་པས་སོ། །གཉིས་པ་ལ་ཉེས་དམིགས་ཡོད་པར་བསྟན་པ་དང་། ཕན་ཡོན་མེད་པར་བསྟན་པའོ། །དང་པོ་ནི། རིམ་ཞེས་སོགས་ཏེ། ཤེས་བྱ་ཆོས་ཅན། གང་ཟག་དེ་ལ་གསང་སྔགས་ཀྱི་ཡོན་ཏན་མེད་པར་སྔགས་པར་རློམ་ནས་སྤྱོད་པའི་ཕྱིར་ཏུ་ཡུལ་ཆེན་དེ་དག་ཏུ་རྒྱུ་བ་མི་འཐད་པར་ཐལ། རིམ་པ་གཉིས་པོ་འཁོར་བཅས་གང་ཡང་རུང་བ་མི་སྒོམ་པའི་སྒོམ་ཆེན་བཟང་ཡང་ཕ་རོལ་ཏུ་ཕྱིན་པའི་སྒོམ་ཆེན་ལས་མ་འདས་ཤིང་། མདོ་ལས། ཡུལ་ཆེན་སོ་བདུན་པོ་དག་ཏུ་འགྲོ་བའི་ཆོ་ག་བཤད་པ་མེད་ལ། གསང་སྔགས་མི་བསྒོམ་ཞིང་མ་སྨྱུད་པར་སྔགས་ཀྱི་རྟོགས་པ་ཡོད་པར་རློམ་པའི་ཡུལ་ཆེན་དེ་དག་ཏུ་དེའི་ཕྱིར་ཕྱིན་ན་དེ་ལ་མཁའ་འགྲོ་རྣམས་ཀྱིས་བར་ཆད་འབྱུང་བས་སོ། །གཉིས་པ་ནི། ཅི་ཞེས་སོགས་ཏེ། ཤེས་བྱ་ཆོས་ཅན། སྔགས་ཀྱི་ཡོན་ཏན་མེད་པར་སྔགས་པར་རློམ་ནས་ཡུལ་ཆེན་པོ་དེ་དག་ཏུ་ཕྱིན་པ་ཙམ་གྱིས་སྔགས་ཀྱི་དངོས་གྲུབ་མི་ཐོབ་པར་ཐལ། ཡོན་ཏན་ཅི་ཡང་མེད་པའི་སྒོམ་ཆེན་གྱིས་རང་འགར་ཕྱིན་ཡང་དེ་ཙམ་གྱིས་དེ་ལ་ཕན་གནོད་གང་ཡང་མེད་ལ། གལ་ཏེ་ན་ཨུ་རྒྱན་ཛ་ལན་དྷ་ར་དང་གངས་ཅན་དེ་ཝཱི་ཀོ་ཊ་སོགས་ཀླ་ཀློ་བླུན་པོ་མུ་སྟེགས་བྱེད་དང་འགྲོགས་པ་རྣམས་ཀྱིས་གནང་མོད་ཀྱང་། དེ་དག་རྣམས་ཀྱིས་ཀྱང་གྲུབ་པ་ཐོབ་བམ་ཅི་སྟེ་མ་ཐོབ་པའི་ཕྱིར་རོ། །གཉིས་པ་ནི། གསང་ཞེས་སོགས་ཏེ། ཤེས་བྱ་ཆོས་ཅན། ཡོན་ཏན་མེད་པས་ཡུལ་ཆེན་དེ་དག་ཏུ་བགྲོད་པ་ནི་དོན་མེད་ཡིན་ཡང་། ཡུལ་ཆེན་དེ་དག་ཏུ་བགྲོད་པར་འོས་པའི་གང་ཟག་ཁྱད་པར་བ་ཡོད་པར་ཐལ། རིམ་གཉིས་ཀྱི་གསང་སྔགས་བསྒོམ་པའི་རྟོགས་པ་བརྟན་པོ་ཅན་བརྡ་དང་བརྡའི་ལན་ལེགས་པར་འཕྲོད་པའི་སྐལ་ཅན་གྱི་གང་ཟག་དེ་འདྲས་ཡུལ་ཆེན་དེ་དག་ཏུ་ཕྱིན་པ་ན་དེ་ལ་ཡུལ་ཆེན་དེར་གནས་པའི་དཔའ་བོ་དང་མཁའ་འགྲོ་རྣམས་ཀྱིས་བྱིན་གྱིས་བརླབས་པར་འགྱུར་བ་འདི་དོན་རྣལ་འབྱོར་ཆེན་པོའི་རྒྱུད་སྡེ་རྣམས་སུ་ལེགས་པར་ལྷོས་དང་གསུངས་པས་སོ། །དེ་ཡང་སོར་མོ་གཅིག་སྟོན་པ། ལེགས་པར་འོང་ངམ་ཞེས་འདྲི་བའི་བརྡའི་ལན་དུ། སོར་མོ་གཉིས་བསྟན་ནས་འོངས་སོ་ཞེས་ལན་འདེབས་པ་སོགས་ལུས་ཀྱི་བརྡ་དང་བརྡའི་ལན་དང་། ཊ་ཞེས་བྱ་བ་སྐྱེས་པ་དང་། ཀྵ་ཞེས་བྱ་བ་བུད་མེད་ཡིན། ཞེས་པ་ལ་སོགས་པ་ངག་གི་བརྡ་རྣམས་ལེགས་པར་སྦྱོར་ཅེས་པའི་ཚེ། རྣལ་འབྱོར་པ་དེ་ལ་ཡུལ་ཆེན་པོ་དེ་དག་ན་བཞུགས་པའི་རྣལ་འབྱོར་མ

སྔགས་ལས་སྐྱེས་པ་དང་། ཞིང་ལས་སྐྱེས་པ་དང་། ལས་ལས་སྐྱེས་པ་ལ་སོགས་པ་རྣམས་ཀྱིས་བྱིན་གྱིས་བརླབས་པ་དང་། འཕྲིན་ལས་སྒྲུབ་པར་བྱེད་པ་ལ་སོགས་པ་ནི། རྒྱུད་སྡེ་ཆེན་པོ་འགྲེལ་བ་དང་བཅས་པ་དང་བླ་མ་དམ་པ་རྣམས་ཀྱིས་གསུངས་པ་ལས་ཤེས་པར་བྱའོ། །དེ་བས་ན་གསང་སྔགས་མི་བསྒོམ་ཞིང་ཉམས་སུ་མི་ལེན་པར་གནས་ཆེན་བགྲོད་པ་ཙམ་ནི་དངོས་གྲུབ་ཀྱི་རྒྱུ་རུ་དོན་མེད་ཅིང་། ཁམས་དང་ཚེ་མཛད་པ་ཙམ་དུ་བས་སོ། །གསུམ་པ་ལ། གངས་ཅན་སོགས་དོན་གཞན་དུ་འདོད་པ་དགག་པ། འདོད་པ་དེ་ཕྱི་ནང་ཀུན་དང་མི་མཐུན་པར་བསྟན་པ། གཞན་དང་མཐུན་པར་འདོད་པ་དགག་པ། སྔར་ཚོས་མེད་པས་གནས་ཆེན་འགྲིམས་པ་དོན་མེད་དུ་བསྟན་པ་དང་བཞིའོ། །དང་པོ་ནི། དཔལ་ཞེས་སོགས་ཏེ། ཕྱག་རྒྱ་བ་ཁ་ཅིག་ན་རེ། དུས་འཁོར་དང་མངོན་པ་སོགས་ནས་བཤད་པའི་རི་བོ་གངས་ཅན་དེ། མངའ་རིས་པུ་རངས་ཀྱི་བྱང་ན་ཡོད་པའི་ཏེ་སེར་གྲགས་པ་འདི་ཡིན་ཞིང་། དེ་བཞིན་དུ་མཚོ་མ་དྲོས་པར་གྲགས་པའང་མ་ཕང་ལ་འདོད་དེ་ཞེས་ཟེར་རོ། །

ཤེས་བྱ་ཆོས་ཅན། དཔལ་ལྡན་དུས་ཀྱི་འཁོར་ལོ་དང་མངོན་པའི་གཞུང་ལས་གསུངས་པའི་གངས་རིའམ་གངས་ཅན་དེ་ནི་པུ་རེངས་ཀྱི་བྱང་ན་ཡོད་པའི་ཏེ་སེ་དེ་མིན་པར་ཐལ། ལུང་ནས་གསུངས་པའི་གངས་ཅན་ལ་ནི་བྲག་གསེར་གྱི་བྱ་སྐྱིབས་དང་འཛམ་བུའི་ཤིང་ལ་གླང་ཆེན་ས་སྲུངས་ཀྱི་བུ་འཁོར་གླང་ཆེན་ལྔ་བརྒྱས་བསྐོར་བ་དང་ལྡན་པ་དང་། དགྲ་བཅོམ་ལྔ་བརྒྱ་བཞུགས་པའི་གནས་སུ་བཤད་ལ། མངའ་རིས་ན་ཡོད་པའི་ཏེ་སེ་ལ་ནི་གླང་པོ་རྣམས་དང་ཤིང་འཛམ་བུ་དང་གསེར་གྱི་བྱ་སྐྱིབས་སོགས་ག་ལ་ཡོད་དེ་མེད་པས་སོ། །དེ་བཞིན་དུ་མཚོ་མ་ཕང་ཡང་མ་དྲོས་པ་མིན་པར་ཐལ། མ་དྲོས་པ་ན་ཡོད་པའི་གླང་པོ་སོགས་ཁྱད་ཆོས་རྣམས་མ་ཕང་དེ་ན་མེད་པས་སོ། །དེའང་ཅིའི་ཕྱིར་མ་དྲོས་པ་ཞེས་བྱ་ཞེ་ན། སྟོན་རྒྱལ་པོ་གཙུག་ སྦྲམ་ཞེས་བྱ་བས་འབྲས་བཅོས་པའི་སྦྱིན་པ་གཏོང་བའི་དུས་ཀྱི་འབྲས་ཁུ་ཚ་མོ་མཚོ་ནང་དུ་བླུགས་ཀྱང་མ་དྲོས་པའི་མཚོ་ཡིན་པས་མཚོ་མ་དྲོས་པར་གྲགས་སོ། །འབྲས་ཁུ་ལུད་དེ་རྒྱུགས་པའི་རྒྱུན་ལ་གཙྪར་གྲགས་ཞེས་ལུང་དུ་འབྱུང་ངོ་། །ལྔའི་ཡུལ་ནས་ཕབ་པར་ཁྱད་པར་འཕགས་བསྟོད་ཀྱི་འགྲེལ་པར་གཏམ་རྒྱུད་དུ་བཤད་དོ། །གཉིས་པ་ལ། འདོད་པ་དེ་དུས་འཁོར་སོགས་རྒྱུད་མི་མཐུན་བསྟན་པ། མཛོད་སོགས་མངོན་པའི་སྡེ་སྣོད་དང་མི་མཐུན་པར་བསྟན་པ། ཕལ་ཆེན་སོགས་མདོ་དང་མི་མཐུན་པར་བསྟན། ཕྱི་རོལ་མུ་སྟེགས་པའི་གཞུང་དང་མི་མཐུན་པར་བསྟན་པ་དང་བཞིའོ། །དང་པོ་ནི། དེའི་ཞེས་སོགས་ཏེ། གངས་ཅན་མངའ་རིས་ཀྱི་ཏེ་སེར་འདོད་པ་དེ་དུས་འཁོར་སོགས་རྒྱུད་དང་མི་མཐུན་པའི་གཏན་ཚིགས་འདི་ལྟར་ཡིན་ཏེ། ཏེ་སེར་འདོད་པའི་གངས་ཅན་དེ་གང་། དུས་འཁོར་ནས་བཤད་པ་དེ་ཡིན་ནམ། མཛོད་སོགས་ནས་བཤད་པ་དེའམ། མདོ་ནས་བཤད་པ་དེའམ། ཕྱི་རོལ་

པས་འདོད་པ་དེ་ཡིན་བརྟག །དེ་ལས་གཞན་ནི་གང་། དང་པོ་ལྟར་ན། ཁྱེད་འདོད་པའི་ཏེ་སེ་དེ་ཆོས་ཅན། དུས་འཁོར་ནས་བཤད་པའི་གངས་ཅན་དེ་མིན་པར་ཐལ། དུས་འཁོར་ནས་བཤད་པའི་རི་བོ་གངས་ཅན་དུ་འདི་ནས་རྫུ་འཕྲུལ་མེད་པས་འགྲོ་མི་ནུས་ལ། ཁྱོད་འདི་ནས་བགྲོད་པ་ལ་ནི་རྫུ་འཕྲུལ་མེད་ཀྱང་ཆོག་པས་སོ། །འོན་དུས་འཁོར་དུ་ཇི་ལྟར་བཤད་ཅེ་ན། དཔལ་ལྡན་དུས་ཀྱི་འཁོར་ལོའི་རྒྱུད་ལས། འདི་ལྟར་འབྱུང་སྟེ། ཆུ་བོ་སི་ཏའི་བྱང་གི་ཕྱོགས་ན་རི་བོ་གངས་ཅན་ཡོད་པར་གསུངས་ལ། དེའི་འགྲམ་ན་ཤམ་བྷ་ལ་ཞེས་པའི་གྲོང་ཁྱེར་བྱེ་བ་དགུ་བཅུ་རྩ་དྲུག་ཡོད་ཅིང་། དེ་ན་རྒྱལ་པོའི་ཕོ་བྲང་གི་མཆོག་ཀ་ལ་པ་ཞེས་བྱ་བ་ཡོད་ལ། དེ་ན་རྒྱལ་པོའི་ཐོག་མ་བགེགས་མཐར་བྱེད་ཀྱི་སྤྲུལ་པ་ཉི་མའི་འོད་ཀྱི་ངོ་ལ་ཆོས་དངོས་སུ་མ་དར་ཡང་། དེའི་སྲས་ཕྱག་རྡོར་གྱི་སྤྲུལ་པ་ཟླ་བ་བཟང་པོ་ལ་རྒྱ་གར་གྱི་དཔལ་ལྡན་འབྲས་སྤུངས་ཀྱི་མཆོད་རྟེན་དུ་རྒྱུ་སྐར་གྱི་དཀྱིལ་འཁོར་སྤྲུལ་ཏེ་སྟོན་པས་དབང་བསྐུར་ནས་རྩ་རྒྱུད་གསུངས་པའི་རྗེས་ནས་ཤམ་བྷ་ལར་ཟླ་བ་བཟང་པོས་རྩ་རྒྱུད་ལོ་གཅིག་གསུངས་སོ། །དེའི་རྒྱུད་པ་ལྷ་དབང་། གཟི་བརྗིད་ཅན། ཟླ་བས་བྱིན། ལྷའི་དབང་ཕྱུག །སྣ་ཚོགས་གཟུགས། ལྷའི་དབང་ལྡན་རྣམས་ཀྱིས་ལོ་གྲངས་བརྒྱད་བརྒྱར་ཆོས་གསུངས་ལ། དེ་ནས་འཇམ་དཔལ་གྲགས་པས། ལོ་བརྒྱར་རྩ་རྒྱུད་གསུངས་ཏེ། བསྡུས་རྒྱུད་མཛད་ནས། མུ་སྟེགས་ཀྱི་དྲང་སྲོང་རྣམས་རྡོ་རྗེའི་རིགས་གཅིག་ཏུ་མཛད་དོ། །དེ་ནས་རིགས་ལྡན་གཉིས་པ་པད་དཀར་གྱིས་བསྡུས་རྒྱུད་ཀྱི་འགྲེལ་པ་དྲི་མེད་འོད་མཛད་ཅིང་། འདི་མན་ནས་ཆོས་གསུངས་པའི་ལོ་གྲངས་ལ་ནི་མི་མཐུན་ཡང་། ཆོས་ནི་ད་ལྟའི་བར་དུ་གསུངས་ཤིང་། དེར་མ་ཟད་ཕྱིས་འབྱུང་བའི་རིགས་ལྡན་དྲག་པོས་བསྟན་པ་ལྷག་པར་སྤེལ་བར་བྱེད་དེ། དེ་ཡང་སྙིགས་མ་ལྔ་ལྷག་པར་དར་བའི་དུས་སུ་འཕགས་པའི་ཡུལ་ཀླ་ཀློའི་ཆོས་ཀྱིས་གང་བར་འགྱུར་ལ། དེ་ནས་ཀླ་ཀློའི་རྫུ་འཕྲུལ་གྱི་གླང་འདིའི་ཤར་ནུབ་དང་། བོད་ཡུལ་རྣམས་ཕལ་ཆེར་བཅོམ་ནས་མཐར་ཤམ་བྷ་ལར་དམག་འདྲེན་པར་བྱེད་དོ། །དེའི་ཚེ་གཞུང་ཁ་ཅིག་ཏུ། ཕྱག་རྡོར་གྱི་སྤྲུལ་པ་ཞེས་འབྱུང་ཡང་དོན་འདི་ཡིན་ནོ། །འཇམ་དཔལ་གྲགས་པའི་སྤྲུལ་པ་དྲག་པོ་ཞེས་བྱ་བའི་རྒྱལ་པོས། ལྷ་ཆེན་བཅུ་གཉིས་དང་རྒྱལ་ཕྲན་དགུ་བཅུ་རྩ་དྲུག་གི་དཔུང་རྣམས་ཁྲིད་ནས་ཆུ་བོ་སི་ཏའི་ལྷོ་ཕྱོགས་སུ་འོངས་ཏེ། རྡོའི་རྟ་ལ་སོགས་པའི་སྤྲུལ་པའི་དམག་དཔུང་གིས་ཀླ་ཀློ་ཀུན་བཅོམ་ནས་འཕགས་པའི་ཡུལ་གྱི་བར་དུ་ཡང་སངས་རྒྱས་ཀྱི་བསྟན་པ་སྤེལ་བར་གསུངས་སོ། །དེ་ཡང་དཔལ་ལྡན་རྒྱུད་དུ། གླིང་ནི་ཟླ་བ་འོད་དཀར་དག་དང་རབ་མཆོག་ཀུ་ཤ་དང་ནི་མིའམ་ཅི་དང་ཁྲུང་ཁྲུང་དང་། དྲག་པོ་ཡང་ནི་ལོངས་སྤྱོད་པ་སྟེ་བདུན་པ་འཛམ་བུ་མི་རྣམས་གནས་པ་དག་ནི་ལས་ཀྱིས་ཞེས་གླིང་གཉིས་གསུངས་ལ། བདུན་པ་དེ་ལ་ལས་ཀྱིས་འཛམ་གླིང་ཆེན་པོ་ཞེས་བྱ་སྟེ། དེ་ལ་མཐའ་སྐོར

དུ་དཔག་ཚད་འབུམ་ཕྲག་གསུམ་ཡོད་ལ། དེ་ལ་ས་དུམ་བུ་བཅུ་གཉིས་སུ་བྱས་པའི་དུམ་བུ་རེར་རིགས་ལྡན་དྲག་པོ་རེ་བྱོན་ཏེ། ཀླ་ཀློ་འཇོམས་པར་བྱེད་པས་དེའང་བཅུ་གཉིས་སུ་འགྱུར་ཞིང་། ས་དུམ་བུ་རེ་ལ་དཔག་ཚད་སྟོང་ཕྲག་ཉེར་ལྔ་རེ་རེ་བཤད་དེ། རྒྱུད་དུ། ཆང་དང་ལན་ཚྭའི་ཆུ་གཏེར་དབུས་སུ་ཐུབ་པ་སའི་དཀྱིལ་འཁོར་ལ་ནི་ལས་ས་ཡང་དག་གནས། དཔག་ཚད་འབུམ་ཕྲག་གསུམ་ལ་ཉི་མའི་དུམ་བུ་རྣམས་སུ་མི་ཡི་བདག་པོ་རིམ་པས་འཁོར་བར་འགྱུར། དུམ་བུ་གཅིག་ལ་དཔག་ཚད་སྟོང་ཕྲག་ཉི་ཤུ་སྟེ། ཞེས་གསུངས་པས་སོ། །དེའང་འཛམ་གླིང་ཆུང་དུ་འདིའི་ཕྱེད་བྱང་ནཤམ་ཟླ་ལར་གྲགས་པ་ས་གཞི་པད་མ་འདབ་བརྒྱད་ཀྱི་རྣམ་པ་ཅན་དུ་ཡོད་པ། མཐའ་གངས་རིའི་ཡོངས་སུ་བསྐོར་བའི་དབུས་ན་ཀ་ལ་ཤ་ཞེས་པའི་རི་བོ་ཡོད་ལ་དེ་ནི་པདྨའི་ལྟེ་བ་ལྟ་བུར་གནས་ལ། འདབ་མ་བཅུ་གཉིས་པོ་རེ་རེ་ལ་ཡུལ་ཆེན་བཅུ་གཉིས་རེ། དེའི་ཚད་ཀུང་གྲོང་བྱེ་བ་འབུམ་ཕྲག་རེ་རེར་གསུངས་ཏེ། རྒྱུད་དུ་སྤྱར་གྱི་འཕྲོར། གཡས་ཀྱི་ཕྱེད་ལ་ཤམ་ཟླ་ལར་གྲགས་པ། བྱང་ཆུབ་མཆོག་གི་གནས་གྲོང་དེ་ནི་བྱེ་བ་ལྷག་པར་གནས་ཏེ་ནོར་གྱི་འདབ་མ་རྣམས་དང་བཅས་པ་ཡི། ཕྱོགས་རྣམས་ཀུན་ཏུ་མཆོག་གི་གངས་རིས་རྣམ་པར་བསྐོར་ཏེ་དེ་ཡི་དབུས་ན་ཀ་ལ་ཤ །ས་ལ་ཀེ་ལ་ཤ་ཡི་དུམ་བུ་དེ་ནི་གངས་ཀྱི་རི་དང་བཅས་པའི་ཀུན་ནས་སུམ་ཆ་སྟེ། ཕྱི་རོལ་ཏུ་ནི་འདབ་མ་རེ་རེ་དག་ཀུང་ཉིན་བྱེད་ཡུལ་དང་གླིང་གི་ཡུལ་རྣམ་དག་གིས་བརྒྱན། བྱེ་བའི་གྲོང་གིས་ངེས་པར་བཅིངས་པ་ཡུལ་དུ་འགྱུར་ཏེ་འབུམ་ཕྲག་གྲོང་རྣམས་ཀྱིས་ནི་ཡུལ་འཁོར་རོ། །ཞེས་གསུངས་པ་ལྟར་རོ། །གཞན་ཡང་གོང་དུ་བཤད་པའི་དོན་རྣམས་རྒྱུད་དུ་སྟོན་པ་ནི། འདི་སྐད་དེ། དཔལ་ལྡན་ཤཱཀྱའི་རིགས་ལ་རབ་གསལ་མི་ཡི་བདག་པོ་བདུན་ཏེ་བརྒྱད་པ་དཔལ་ལྡན་གྲགས་པ་ཡང་། །འདི་ནི་དཔལ་ལྡན་འཇམ་པའི་རྡོ་རྗེ་ལྷ་ཡིས་མཆོག་གིས་བཏུད་པ་རྡོ་རྗེའི་རིགས་ཀྱི་རིགས་ལྡན་ཏེ། །རྡོ་རྗེ་དབང་བསྐུར་བྱིན་ནས་མཐའ་དག་ཐུབ་པའི་རིགས་རྣམས་དག་ནི་རིགས་གཅིག་དག་ཏུ་བྱེད་པར་འགྱུར། །ཞེས་ནས་གདན་ནི་ཉི་ཤུ་རྩ་ལྔ་པོ་རྣམས་རིམ་པར་ཡོངས་སུ་བགྲང་པ་དེ་ཡི་ནང་ནས་དུས་ཀྱི་མཐར། །རིགས་ལྡན་རིགས་ལ་ལྷ་ཡི་དབང་པོ་ལྷ་ཡི་མཆོག་གིས་བཏུད་པ་དྲག་པོའི་རིགས་ལྡན་འབྱུང་བར་འགྱུར། །དམ་པ་རྣམས་ལ་ཞི་བའི་གཟུགས་ཀྱིས་བདེ་བ་སྟེར་ཞིང་དེ་བཞིན་ཀླ་ཀློའི་རིགས་ལ་མཐར་བྱེད་ཉིད། །རྡོ་ཡི་རྟ་དབྱིབས་ཅིབས་འཁོར་ལོ་ཅན་ནི་ཕྱག་ན་མདུང་ཐུང་མཐའ་དག་དགྲ་ལ་བསྣུན་བྱེད་ཉི་མའི་གཟི། །ཞེས་སོགས་དང་། ཀླ་ཀློ་འཇིག་པའི་ཆོས་ཀུང་བསྟན་ཏེ། རིགས་ལྡན་རིགས་ཀྱི་ནང་ནས་ལག་པས་རྒྱུར་བའི་དུས་ཀྱི་བུ་དང་ཚ་བོ་དག་ནི་འདས་གྱུར་པ། །དེ་ཡི་དུས་སུ་ངེས་པར་མ་གའི་ཡུལ་དུ་ཀླ་ཀློའི་ཆོས་ནི་རབ་ཏུ་འཇུག་པ་དག་ཏུ་འགྱུར། །ཞེས་འཇམ་དཔལ་གྲགས་པ་གཤེགས་ནས་ལོ་བརྒྱད་བརྒྱ་ནས་ཀླ་ཀློ་ཞུགས་པར་བཤད་ལ། དེའི་

གཉེན་པོར་གྲགས་པའི་སྤྲུལ་པར་གྱུར་པའི་དྲག་པོ་རེའང་བྱོན་ཏེ། ས་དུམ་བུ་བཅུ་གཉིས་པོ་རྣམས་སུ་དྲག་པོ་དབང་ཕྱུག་དང་གདོང་དྲུག་དང་ཚོགས་བདག་དང་། འཕྲོག་བྱེད་ཁྱབ་འཇུག་དང་དབང་པོ་ལ་སོགས་པའི་ལྷ་ཆེན་བཅུ་གཉིས་ཀྱི་དཔུང་དང་བཅས་པས་ཀླ་ཀློ་རྣམས་ཕམ་པར་བྱས་ནས་ས་གཞི་འཛིན་མའི་སྟེང་དུ་བསྟན་པའི་དུས་བཞི་དང་། འཁོར་ལོ་ཅན་གཉིས་ཀའི་དུས་བཞི་རྫོགས་ལྡན་སོགས་ལ་སྤྱོད་པར་གསུངས་པ་ཡིན་ཏེ། རྒྱུད་དུ་ཀླ་ཀློ་དབང་བོའི་གདུག་པ་ཧ་སྣེད་པ་དང་ཧ་སྣེད་ལྷ་མཆོག་གིས་བཏུད་དྲག་པོའི་རིགས་ལྡན་ཡང་། ཞེས་སོགས་ནས་དྲག་པོ་གདོང་དྲུག་ཚོགས་ཀྱི་དབང་པོ་འཕྲོག་བྱེད་རྣམས་ཀྱང་རིགས་ལྡན་ལ་ནི་གྲོང་དག་སྦྱིན་པར་བྱེད། ཅེས་སོགས་དང་རིགས་ལྡན་ཁྱབ་འཇུག་དྲག་པོ་དག་དང་བཅས་པ་སྟེ་འདི་དག་གིས་ཀླ་ཀློ་བནླགས་པར་བྱེད་པར་འགྱུར། ཞེས་སོགས་ནས་དེའི་དུས་སུ་འཛིན་མ་དག་ལ་མཐའ་དག་སྐྱེ་བོའི་རིགས་ལ་ཆོས་དང་འདོད་པ་ནོར་རྣམས་རྫོགས། འབྲུ་རྣམས་དགོན་པར་སྐྱེ་བ་དག་ནི་ཤིང་རྣམས་འབྲས་བུ་བརྟན་པོས་ དུད་པ་དེ་རྣམས་འབྱུང་བར་འགྱུར། ཞེས་སོགས་གསུངས་ཤིང་། དེ་ཡང་དུམ་བུ་བཅུ་གཉིས་པོ་རྣམས་སུ་འཁོར་ལོ་ཅན་གྱིས་བསྟན་པ་ལོ་སྟོང་བརྒྱད་བརྒྱ་རེ་གནས་པར་གསུངས་པས། བསྡོམས་ན་ཉི་ཁྲི་ཆིག་སྟོང་དྲུག་བརྒྱ་འབྱུང་བ་ཡིན་ནོ། །ཀླ་ཀློའི་ཆོས་ལུགས་ནི་བསད་ཤ་ལ་སོགས་པ་བྱའི་སྒོ་ངའི་ཁུ་བ་ལ་སོགས་པའི་བཟའ་བཏུང་དང་གཞན་ཡང་འདོད་པ་ལ་ལོག་པར་སྤྱོད་པ་ལ་སོགས་པའི་ལུགས་བཞིན་མང་པོ་སྟེ། དེ་དག་སྲུན་འབྱིན་པ་ལ་སོགས་པ་བཤད་པ་རྣམས་ནི་གཞན་དུ་ཤེས་པར་བྱའོ། །ཅི་སྟེ་དུས་ཀྱི་འཁོར་ལོ་ནས་བཤད་པ་དང་མི་མཐུན་ཡང་རྒྱུད་གཞན་བཤད་པ་དང་མཐུན་པས་སྐྱོན་མེད་དོ་སྙམ་ན། དེ་ཡང་མིན་པར་ཐལ། རྒྱུད་གཞན་ནས་ཀྱང་ཕྱུག་བྱ་བ་ཁྱེད་འདོད་པའི་ཧེ་སེར་གྲགས་པ་དེ་གངས་ཅན་དུ་བཤད་ཚོད་མེད་པས་སོ། །ཞེས་པའོ། །འདིར་ཁ་ཅིག །དྲི་མེད་འོད་ལས། ཀ་ལ་ཤའི་བྱང་དུ་གངས་ཅན་ཡོད་པར་གསུངས་ཟེར་བ་དང་། བསྟན་པ་རྟགས་ཙམ་འཛིན་པའི་ཐ་མར་གྱུར་པའི་ཚེ། སོག་པོའི་ཡུལ་དུ་ཀླ་ཀློའི་ཆོས་ལུགས་འབྱུང་། ཞེས་གསུངས་པ་རྣམས་ནི་ཐུགས་མཉམ་པར་མ་བཞག་པའི་སྐྱོན་ནས་ཆ་མེད་ཀྱི་རྒྱུས་གཏམ་བྲིས་པ་ནི་ངོ་མཚར་ཆེའོ། །

གཉིས་པ་ནི། མངོན་ཞེས་སོགས་ཏེ། ཁོ་ན་རེ། ཧེད་འདོད་པའི་ཧེ་སེ་ནི། ཆོས་མངོན་ནས་བཤད་པ་ལྟར་གྱི་གངས་ཅན་ཡིན་ནོ་ཟེར་ན། ཤེས་བྱ་ཆོས་ཅན། ཕྱུག་རྒྱ་བ་ཁྱེད་འདོད་པའི་ཧེ་སེ་དེ་ནི་མཛོད་ནས་བཤད་པའི་གངས་ཅན་དེ་མིན་པར་ཐལ། ད་ལྟ་ཁྱེད་འདོད་པའི་ཧེ་སེ་འདི་ལ་ནི་མངོན་པ་མཛོད་ནས་བཤད་པའི་གངས་ཅན་གྱི་མཚན་ཉིད་དེ་དག་གང་ཡང་མེད་པའི་ཕྱིར་རོ། །

མངོན་པ་མཛོད་ནས་ཇི་ལྟར་བཤད་ཅེ་ན། འདི་སྐད་གསུངས་ཏེ། རང་འགྲེལ་དུ། འཛམ་བུ་གླིང་འདིའི་

བྱང་ཕྱོགས་འཛམ་བུ་གླིང་འདི་ཉིད་ན་རི་ནག་པོ་གསུམ་ཡོད་དོ། །དེ་དག་འདས་ནས་ཡང་གསུམ་ཡོད་དོ། །དེ་འདས་ནས་ཡང་གསུམ་ཡོད་དོ། །རི་ནག་པོ་དགུ་འདས་པའི་ཕ་རོལ་ན། གངས་རི་ཡོད་དོ། །དེ་ནས་ནི། སྤོས་ངད་ལྡན་པའི་ཚུར་རོལ་ན། །ཆུ་ཞེང་ལྔ་བཅུ་ཡོད་པའི་མཚོ། །གངས་རི་དེའི་ཕ་རོལ་རི་སྤོས་ཀྱི་ངད་དང་ལྡན་པའི་ཚུར་རོལ་ན་མཚོ་མ་དྲོས་པ་ཞེས་བྱ་བ་གནས་ལ། ཆུ་བོ་ཆེན་པོ་བཞི་པོ། གང྄་དང་། སིན་དྷུ་དང་། སི་ཏ་དང་། པཀྵུ་འབབས་པ་ཡོད་དོ། །དེའི་ཞེང་དུ་དཔག་ཚད་ལྔ་བཅུ་ཡོད་ལ་མཐུར་ཡང་དཔག་ཚད་ལྔ་བཅུ་ཡོད་དེ་ཡན་ལག་བརྒྱད་དང་ལྡན་པའི་ཆུས་གང་ངོ་། །དེ་ནི་རྫུ་འཕྲུལ་དང་མི་ལྡན་པའི་མིས་བགྲོད་པར་དཀའོ། །དེ་ཉིད་ཀྱི་དྲུངས་ན་གང་ལ་འབྲས་བུ་མངར་པོ་དག་ཡོད་པ་ཤིང་འཛམ་བུ་ཞེས་བྱ་བ་མངོན་པར་གྲུབ་སྟེ། དེའི་དབང་གིས་འདི་འཛམ་བུའི་གླིང་ཞེས་བྱ་བར་གྲགས་སོ། །ཞེས་སོགས་ཀྱིས་གངས་ཅན་དང་མ་དྲོས་པའི་མཚམས་སོགས་རྒྱས་པར་གསུངས་ཤིང་། དེ་དག་ཏུ་རྫུ་འཕྲུལ་མི་ལྡན་པ་དག་གིས་འདི་ནས་བགྲོད་བྱ་མིན་པར་བཤད་ཅིང་། ལུང་སྣ་ཚོགས་ཀྱི་གཞི་ལས་ཀྱང་། གནོད་སྦྱིན་གཏུམ་པོ་མི་ཟད་གནས་པ་ཡིད་འོང་ཞིང་། །མེ་ཏོག་སྣ་ཚོགས་ཤིང་གིས་མཛེས་པར་བྱས་པ་སྟེ། །དེ་ནས་རྒྱ་མཚོ་དྲུག་ཅན་དག་ཏུ་འགྲོ་བ་ཡིན། །ཆུ་བོ་ཆེན་པོ་བཞི་པོ་འདི་དག་ཕྱོགས་བཞིར་འབབ། །གང྄་སིན་དྷུ་དེ་བཞིན་དུ་ནི་པཀྵུ་དང་། །སི་ཏ་དེ་ལ་རྫུ་འཕྲུལ་མཆོག་གི་སྟོབས་ཐོབ་པ། །མ་གཏོགས་མི་རྣམས་ཀུན་གྱིས་ནམ་ཡང་མི་བགྲོད་པ། །དེ་ན་ཐུབ་དབང་ཉན་ཐོས་དགེ་འདུན་བཅས་པ་བཞུགས། །ཞེས་གསུངས་པས། དེ་དག་ཏུ་འདི་ནས་བགྲོད་པ་ལ་རྫུ་འཕྲུལ་དང་ལྡན་པ་དགོས་པར་བཤད་པས། ཕྱིད་འདོད་པའི་ཏེ་སེ་ལ་ནི་ཡོན་ཏན་དེ་དག་མེད་ཅིང་། དེར་འགྲོ་བ་ལ་རྫུ་འཕྲུལ་ཐོབ་དགོས་པའང་མིན་པར་ སུ་རེད་རེད་ཀྱིས་བསྐོར་བར་བྱེད་དོ། །མདོར་ན་མཛོད་ནས་བཤད་པ་དང་མི་མཐུན་པ་དེ་བཞིན་དུ་མངོན་པའི་མདོ་དང་བསྟན་བཅོས་གཞན་ནས་བཤད་པ་དང་ཡང་མི་མཐུན་པར་ཤེས་པར་བྱོས་ཤིག །ཁ་ཅིག་འདི་ནས་བྱང་དུ་རི་ནག་པོ་ཞེས་པའི་འབྲུ་སྣོན་ལ། རྡོ་རྗེ་གདན་འདི་ནས་ཞེས་པའི་བཤད་པ་བྱེད་པ་ནི་མཛོད་ལ་རྒྱུས་མེད་ཀྱང་ཡོད་པ་ལྟར་གྱིས་ང་རྒྱལ་འཆང་བའོ། །གསུམ་པ་ནི། རྨ་ཞེས་སོགས་ཏེ། ཕྱིད་འདོད་པ་སྟེ་རྨ་བྱ་ཆེན་མོ་དང་ཕལ་ཆེན་སོགས་ཀྱི་མདོ་དང་ཡང་མི་མཐུན་ཞེས་པའི་དོན་ཏེ། འོག་ན་ཡོད་ཀྱང་འདིར་བཤད་ན། ཤེས་བྱ་ཆོས་ཅན། ཕྱུག་རྒྱུ་བ་ཕྱིད་འདོད་པའི་ཏེ་སེ་དེ་རྨ་བྱ་ཆེན་མོ་དང་ཕལ་ཆེན་སོགས་མདོ་ནས་བཤད་པའི་གངས་ཅན་དེ་མིན་པར་ཐལ། དེ་ལ་མདོ་དེ་དག་ནས་བཤད་པས་གངས་ཅན་གྱི་མཚན་ཉིད་དང་ཕྱིད་འདོད་པའི་མཚོ་མ་པང་འདི་ཉིད་ལ་ཕལ་ཆེན་སོགས་ནས་བཤད་པའི་མཚོ་མ་དྲོས་པའི་མཚན་ཉིད་དེ་དག་གང་ཡང་མེད་པའི་ཕྱིར། རྨ་བྱ་ཆེན་མོའི་མདོ་ལས་ཀྱང་། རིའི་རྒྱལ་པོ་གངས་ཅན་དང་རིའི་རྒྱལ་པོ་སྤོས་ཀྱི་

ངད་ལྡན་དང་། རིའི་རྒྱལ་པོ་ཏི་སེ་དང་། ཞེས་གངས་ཅན་དང་ཁྱེད་འདོད་པའི་ཏི་སེ་གཉིས་ངོ་བོ་ཐ་དད་དུ་གསུངས་པའི་ཕྱིར་དང་། ཕལ་པོ་ཆེའི་མདོ་ལས་ཀྱང་། མ་དྲོས་པ་དང་མ་ཕང་གཉིས་ངོ་བོ་ཐ་དད་དུ་གསུངས་པའི་ཕྱིར་རོ། །དེ་ཡང་མདོ་དེར་མ་དྲོས་པའི་ཆུ་ཞེང་དུ། དཔག་ཚད་ལྔ་བཅུ་ལྔ་བཅུར་གསུངས། །ས་གཞི་རིན་ཆེན་གསེགས་མར་བརྡལ། །ངོས་ནི་རིན་ཆེན་ཕ་གུར་བརྩིགས། །དེ་ལས་འབབ་པའི་ཆུ་བོ་བཞིས། །གངྒཱ་གླང་ཆེན་ཁ་ནས་ནི། །དངུལ་གྱི་བྱེ་མ་འདྲེན་ཞིང་འབབ། །སི་ཏ་སེང་གེའི་ཁ་ནས་ནི། །རྡོ་རྗེའི་བྱེ་མ་འདྲེན་ཞིང་འབབ། །སིན་དྷུ་གླང་གི་ཁ་ནས་ནི། །གསེར་གྱི་བྱེ་མ་འདྲེན་ཞིང་འབབ། །པཀྵུ་རྟ་ཡི་ཁ་ནས་ནི། །བེཌཱུརྻ་སྔོན་འདྲེན་ཞིང་འབབ། །ཐམས་ཅད་ཀྱི་ནི་ཁ་ཞེང་ལ། །དཔག་ཚད་རེ་རེ་ཡོད་པར་གསུངས། །ཆུ་བོ་དེ་བཞི་མ་དྲོས་ལ།༔ ༔།ལན་གྲངས་གཉིས་གཉིས་གཡས་སྐོར་ལ། །ཕྱོགས་བཞི་དག་ཏུ་འབབ་པར་བཤད། །དེ་ཡི་བར་མཚམས་ཐམས་ཅད་ནི། །ཨུཏྤལ་པད་མ་ལ་སོགས་ཀྱི། །མེ་ཏོག་རྣམ་པ་སྣ་ཚོགས་དང་། །རིན་ཆེན་ལྗོན་ཤིང་སྣ་ཚོགས་ཀྱིས། །རབ་ཏུ་གང་བར་གནས་པ་ཡིན། །དེ་སོགས་མཚན་ཉིད་རྒྱས་པར་ནི། །ཕལ་པོ་ཆེའི་མདོ་སྡེར་ལྟོས་དང་། ད་ལྟ་ཕྱུག་རྒྱ་བ་ཁྱེད་འདོད་པའི་མ་ཕང་འདི་ལ་ནི་མ་དྲོས་པ་ལ་ལྡན་པར་བཤད་པའི་མཚན་ཉིད་དང་ཁྱད་ཆོས་དེ་དག་གང་ཡང་མེད་པས་རེ་རེ་མིན་པ་ཤེས་པར་བྱའོ། །དེ་བཞིན་དུ་མདོ་གཞན་ནས་ཀྱང་ཁྱེད་ཀྱི་འདོད་པ་དེ་མ་བསྟན་པས་མདོ་དང་ཡང་མི་མཐུན་ནོ། །བཞི་པ་ནི། མུ་ཞེས་སོགས་ཏེ། གཞུང་གོང་ན་ཡོད་ཀྱང་འདིར་བཤད་པར་བྱ་སྟེ། ཁྱེད་ཀྱི་འདོད་པ་དེ་མདོ་རྒྱུད་བསྟན་བཅོས་ཐམས་ཅད་དང་མི་མཐུན་པར་མ་ཟད། ཕྱི་རོལ་པ་དང་མི་མཐུན་པར་ཞེས་སྟོན་པ་ནི། ཤེས་བྱ་ཆོས་ཅན། ཕྱུག་རྒྱ་བ་ཁྱོད་འདོད་པའི་ཏི་སེ་དེ་མུ་སྟེགས་པ་འདོད་པའི་གངས་ཅན་དང་ཏི་སེ་དེ་ཡང་མིན་པར་ཐལ། མུ་སྟེགས་ཀྱི་དྲང་སྲོང་མངོན་ཤེས་ཅན་གྱིས་བྱས་པའི་གཞུང་གཞོན་ནུ་འབྱུང་པ་ཅན་དང་ཧྨ་ར་ར་ལ་ལ། གླིང་འདིའི་ཤར་ནུབ་ཀྱི་རྒྱ་མཚོ་ལ་ཐུག་པའི་བར་གངས་ཅན་གྱིས་ཁྱབ་པར་བཤད་པའི་གངས་ཅན་དེའང་མིན།སྦྲེའུ་ཧ་ནུ་མན་དས་འཕངས་པའི་གངས་རིའི་དུམ་བུ་མཚར་བ་ཞིག་ཏི་སེ་ཡིན་ཞེས་གྲོག་མཁར་སྐྱ་བ་སོགས་དེའང་མིན། མུ་སྟེགས་པ་གཞན་ཡང་ཁྱེད་ཀྱི་འདོད་པ་དེ་ཁས་མི་ལེན་པའི་ཕྱིར། གཏམ་འདིའང་ལེགས་པར་བཤད་པར། ཆེན་པོ་རྣམས་ཀྱི་རྩེད་མོ་དང་། །བདེ་དང་ཟས་ལ་ཆགས་པ་སྤངས། །འདོད་ལ་ཆགས་པའི་ལེ་ལན་གྱིས། །འབོད་སྒྲོགས་ལང་ཀར་བསད་ཅེས་གྲགས། །ཞེས་པའི་འགྲེལ་པར་འབྱུང་ཏེ། བསྟུན་སྟོན་རྒྱལ་པོ་ཤིང་རྟ་བཅུ་པའི་བུ་དགའ་བྱེད་ཆུང་མ་རོལ་རྙེད་མ་ཞེས་པ་དེ་སྲིན་པོ་ལང་ཀ་མགྲིན་བཅུས་ཕྲོགས་ནས་དེ་ལ་དམག་བཤམས་ཏེ་སྲིན་པོ་ཕལ་ཆེར་བསད་པའི་དུས། མགྲིན་བཅུའི་སྤུན་ཟླ་བསྟན་བཅོས་པ་ཞིག་གིས་མ་བཟོད་པར་རླུང་དྲག་པོས་རྡུབས་པས་དགའ་བྱེད་

སྤྲེའུ་ཧ་ནུ་མན་ད་མ་གཏོགས་ཐམས་ཅད་ཀེང་རུས་སུ་སོང་ནས། དེ་དག་གསོ་བའི་ཕྱིར་རི་བོ་གངས་ཅན་བླངས་ནས་དེ་ལ་ཡོད་པའི་བདུད་རྩི་གཏོར་བས་གསོས་ཏེ། སླར་སྤྲེའུ་ཧ་ནུ་མན་དས་གངས་རི་རང་གནས་སུ་འཕངས་པའི་དུམ་བུ་ཞིག་ས་རུ་ལྷུང་བ་དེ་ཏི་སེར་གྲོག་མཁར་འདོད་ཟེར་བའི་དོན་དུ་འགྱུར་ངོ་། །ཅི་སྟེ་དབང་ཕྱུག་ཆེན་པོ་བཞུགས་པའི་གནས་སུ་གྱུར་པའི་ཏི་སེ་དེ་ཁྱེད་འདོད་པ་དེ་ཡིན་ནོ་ཟེར་ན། དེ་ཡང་མིན་པར་ཐལ། དབང་ཕྱུག་ཆེན་པོས་བརྟེན་པའི་གནས། ས་སྲུངས་བུ་འཁོར་དང་བཅས་པ་ཡོད་པའི་གཞི། སྟོན་པ་དགྲ་བཅོམ་པ་ལྔ་བརྒྱའི་འཁོར་དང་བཅས་པ་བཞུགས་པའི་ཡུལ་གྱི་གངས་ཅན་དེ་ད་ལྟ་ཁྱེད་འདོད་པའི་ཏི་སེ་འདི་གཏན་མིན་པའི་ཕྱིར་རོ། །དོན་འདི་ཡང་། ཁྱད་པར་འཕགས་བསྟོད་ཀྱི་འགྲེལ་པར་འབྱུང་བའི་དོན་བསྡུས་ཏེ་བསྟན་ན་འདི་ལྟར་འབྱུང་སྟེ། དེ་ཡང་སྟོན་བྲམ་ཟེའི་རིགས་སུ་བྱུང་བ། མཐོ་བཙུན་བྱང་ཆུབ་ཧེ་ཞེས་བྱ་བ་དང་བདེ་བྱེད་བདག་པོ་ཞེས་སྤུན་གཉིས་ཤིག་ཡོད་པ་འདི་སྐམ་དུ། བདག་ཅག་གི་ཁྱིམ་ན་ནི་དབང་ཕྱུག་ཆེན་པོ་མཆོད་ལ། སངས་རྒྱས་བཅོམ་ལྡན་འདས་ནི་ཕྱལ་དུ་བྱུང་བར་སྣང་ན་ཅི། དབང་ཕྱུག་ཁྱད་པར་དུ་འཕགས་སམ། སངས་རྒྱས་ཁྱད་དུ་འཕགས་བརྟག་གོ་སྙམ་པ་དང་། དེ་གཉིས་ཀྱིས་ཐོས་པ། རི་བོ་ཏི་སེ་ན་དབང་ཕྱུག་ཨུ་མ་དང་བཅས་པ་གནས་པར་ཐོས་ཀྱིས་དེར་སོང་ལ་དབང་ཕྱུག་གི་བསྙེན་པ་ལྟར་བྱའོ་སྙམ་ནས་སོང་སྟེ་ཏི་སེར་སླེབས་པ་དང་། ལྷ་ཆེན་པོ་ཨུ་མ་དང་བཅས་པ་མཐོང་སྟེ་དགའ་ནས་དྲུང་དུ་སླེབས་པ་ན། དགེ་སློང་གི་ཚོགས་ལ་ལྷ་ཆེན་པོ་འཁོར་བཅས་ཀྱིས་མཆོད་དེ། ཆོས་བསྟན་ནས་ཁྱེད་རང་གཉིས་ཀྱང་སྟོན་པ་གསུང་རབ་དང་བཅས་པ་ལ་མཆོད་པར་བྱའོ། །ལྷ་ཆེན་པོས་ཀྱང་མཆོད་པའི་གནས་ཡིན་ཏེ། ཚིགས་སུ་བཅད་པ། གང་གིས་སློབ་མ་བདག་ཅག་ཉིན་རེ་དགའ་བས་མཆོད་བྱེད་ཡོན་ཏན་དམ་པར་ལྡན། །འཇིག་རྟེན་ཉེས་སེལ་ཡོན་ཏན་ཆེན་པོའི་མཚན་གྱི་མཆོག་ནི་རབ་ཏུ་གྲགས་གྱུར་ཅིང་། །ཤིན་ཏུ་དགའ་བའི་ཡིད་ཀྱིས་ཡང་དག་མཆོད་བྱེད་ཚེ་ན་མྱ་ངན་འདས་འདྲར་སེམས། །འཇིག་རྟེན་གསུམ་གྱི་བླ་མ་ཡོན་ཏན་མཉམ་མེད་སངས་རྒྱས་དེ་ནི་མཁས་པས་མཆོད། །ཅེས་ཟེར་བ་ཐོས་ནས་སླར་ལོག་སྟེ་སོང་ནས་དེ་བཞིན་གཤེགས་པའི་བསྟན་པ་རྣམ་པར་དག་པར་རྟོགས་ཏེ། རིག་བྱེད་རྣམས་རྩ་ལྟར་བོར་ནས་རབ་ཏུ་བྱུང་ཞིང་སངས་རྒྱས་ཀྱི་བསྟོད་པ་རེ་རེ་བྱས་སོ། །ཞེས་འབྱུང་བ་ཡིན་ནོ༑ ༑འགའ་ཞིག་ནི་སངས་རྒྱས་མྱ་ངན་ལས་འདས་པའི་རྗེས་སུ། རྡོ་རྗེའི་གདན་དུ་བྲམ་ཟེ་དེ་གཉིས་ཀྱིས་སྦྱིན་བདག་བྱས་བཟོ་རྒྱུ་སྤྱུངས་པ་ལ་རང་བྱོན་པའི་མཧཱ་བོ་དྷི་མཐོང་བའི་དུས་སུ་བསྟོད་པ་རེ་བྱས་སོ། །ཞེས་ཟེར་རོ། །

གསུམ་པ། གཞན་དང་མཚུངས་པར་འདོད་པ་དགག་པ་ལ། མཚུངས་པར་འདོད་པའི་ཟེར་ཚུལ་བརྗོད་པ། མི་མཚུངས་པའི་རྒྱུ་མཚན་ཕྱེ་སྟེ་བཤད་པ། མཚོན་པར་བྱེད་པའི་དཔེ་འགོད་པ། གནས་ཚོད་བརྒྱ་བ་དང་མི་འདྲ

བར་བཤད་པ། ཤེས་བྱ་ལ་ཀུན་མཁྱེན་མི་འཁྲུལ་བར་བསྟན་པ། རྒྱུད་ལས་བཤད་པའི་གནས་ཆེན་ངོས་བཟུང་བའོ། །དང་པོ་ནི། དེ་ཞེས་སོགས་ཏེ། གོང་དུ་མཚན་ཉིད་དེ་དག་གང་ཡང་མེད། ཅེས་བྱས་པ་ལ་ཁ་ཅིག་འདི་སྐད་དུ་ཟེར་ཏེ། བྱ་རྒོད་ཕུང་པོའི་རི་ལ་ཡང་དཀོན་མཆོག་བརྩེགས་པ་ནས་བཤད་པའི་ཡོན་ཏན་གྱི་ཁྱད་པར་རྣམས་ད་ལྟ་མེད་པས་དུས་སྙིགས་མའི་སྟོབས་ཀྱིས་ཡུལ་ཐམས་ཅད་སྔར་བས་ངན་པར་འགྱུར་བ་ཡིན་པས་ཏེ་སེ་དང་མ་བང་སོགས་ཡང་དེ་བཞིན་ཡིན་ནོ། །ཞེས་ཟེར་རོ། །གཉིས་པ་ནི། འདི་ཞེས་སོགས་ཏེ། འདི་ཡང་རྣམ་པར་ཕྱེ་སྟེ་བཤད་ཀྱི་ཉོན་ཅིག །ཤེས་བྱ་ཆོས་ཅན། སྐྱེས་བུ་དམ་པ་འཆད་པ་ལ་འཇུག་པའི་ཚེ་འཆད་ཚུལ་གཅིག་ཁོ་ནར་མ་ངེས་ཏེ། དེའི་ཚེ་དྲང་དོན་དང་ངེས་དོན་གྱི་འཆད་སྒྲོལ་དུ་མ་ཡོད་ཅིང་། དྲང་དོན་གྱིས་ཐ་སྙད་ཀྱི་དངོས་པོའི་གནས་ཚོད་འཆད་པ་དང་། སྙན་དངགས་མཁན་གྱི་ལུགས་བཞིན་དུ་སྙན་ཡོན་བསྔགས་པའམ་སྒྲོ་སྐུར་གྱི་འཆད་ལུགས་སྣ་ཚོགས་ཡོད་པས་སོ། །དེས་ན་བྱ་རྒོད་ཕུང་པོ་སོགས། བསྔགས་པ་སྙན་དངགས་ལུགས་བཞིན་ཡིན་ཞེས་པ་ཡར་དྲངས་ཏེ་ལན་དངོས་ནི། ཤེས་བྱ་ཆོས་ཅན། བྱ་རྒོད་ཕུང་པོའི་རི་ལ་དཀོན་བརྩེགས་ནས་བཤད་པ་ལྟར་གྱི་ཡོན་ཏན་གཞན་ལས་མཐོ་བ་དང་། ཟླུམ་པ་སོགས་ད་ལྟ་དེ་ལ་མེད་ཀྱང་རི་དེ་དེ་མིན་པར་མི་འགྱུར་བ་བཞིན་དུ། ཕྱག་རྒྱ་བ་ཁྱེད་འདོད་པའི་རི་ཏི་སེ་དང་མ་བང་དེ་ལ་མངོན་པ་ནས་བཤད་པའི་ཡོན་ཏན་དེ་དག་མེད་པས་དེ་འདྲ་དེ་མངོན་པ་ནས་བཤད་པའི་གངས་ཅན་དང་མ་དྲོས་པ་མིན་པར་མི་འགྱུར་མི་དགོས་པར་ཐལ། དཀོན་བརྩེགས་ནས། བྱ་རྒོད་ཕུང་པོ་ལ་གཞན་ལས་མཐོ་བ་དང་། ཟླུམ་པ་སོགས་ཡོན་ཏན་མང་པོ་བཤད་པའམ་བསྔགས་པ་ནི་སྙན་དངགས་ལུགས་བཞིན་ཡིན་པས་ད་ལྟ་དེ་བཞིན་ཚང་མི་དགོས་ལ། མངོན་པ་ནས་གངས་ཅན་དང་མ་དྲོས་པ་སོགས་ཀྱི་ཡོན་ཏན་བཤད་པ་ནི་གནས་ཚོད་འཆད་པ་ཡིན་པས་དེ་དག་ད་ལྟ་ཡོད་དགོས་པས་སོ། །

དེ་རྣམས་དྲང་དོན་གྱི་གནས་ཚོད་དང་བཏགས་པའི་དབང་དུ་བྱས་ཀྱི་ངེས་པའི་དོན་དུ་ནི་ཆོས་དབྱིངས་ཀྱི་ངོ་བོར་མཚུངས་པར་གསུངས་ཏེ། གསེར་འོད་དམ་པར། བྱ་རྒོད་ཕུང་པོ་ཆོས་ཀྱི་དབྱིངས། །ཟབ་མོ་སངས་རྒྱས་སྤྱོད་ཡུལ་ན། །དེ་བཞིན་གཤེགས་པ་བཞུགས་ནས་ནི། །དག་ཅིང་རྡུལ་རྣམས་མེད་པ་ཡི། །བྱང་ཆུབ་སེམས་དཔའ་མཆོག་རྣམས་ལ། །མདོ་སྡེའི་དབང་པོ་འདི་འཆད་དོ། །ཞེས་གསུངས་པ་དང་། རྒྱུད་སྡེ་མང་པོར། རྡོ་རྗེ་བཙུན་མོའི་བྷ་ག་ལ་བཞུགས་སོ། །ཞེས་སོགས་དང་། ཆོས་ཀྱི་དབྱིངས་ལས་མ་གཏོགས་པའི། །འདི་ལྟར་ཆོས་ཡོད་མ་ཡིན་ཏེ། །ཞེས་གསུངས་པ་ལྟར་རོ། །གསུམ་པ་ནི། བོད་ཅེས་སོགས་ཏེ། ཁོ་ན་རེ། མེད་ཀྱང་ཡོད་པ་ལྟར་བཏགས་པ་སྙན་དངགས་ཀྱི་ལུགས་ལའང་སྐྱོན་དུ་འགྱུར་ཟེར་ན། ཤེས་བྱ་ཆོས་ཅན། དེ་ལྟར་མི་འགྱུར

བར་ཐལ། བོད་ཀྱི་ཐང་ཆེན་ཇི་བཞིན་དུ་བྱ་རྐོད་ཕུང་པོའི་རི་དེ་ཡང་འཕགས་པའི་ཡུལ་གྱི་རི་ཆེན་པོ་གཞན་ལས་མཐོ་བ་དང་། ཟླུམ་པོ་དང་ཡོན་ཏན་མང་པོ་ཅན་ཡིན་ཞེས་འཆད་པ་ལ་ནི། སྙན་དངགས་མཁན་སྐྱོན་དུ་མི་བརྩི་བའི་ཕྱིར་ཏེ། སྙན་དངགས་མཁན་ནི་ཕུལ་བྱུང་རབ་བཏགས་རྒྱན་དམ་པར་འདོད་པས་སོ། །དཔེར་ན་བ་ལང་མཐོང་པའི་ཚེ། །གངས་རིའི་ཕུང་པོའི་འགྲོ་ཤེས་སམ། །སྤྲིན་ཆད་པ་ཡི་དུམ་བུ་དང་། །རྣ་རྩེ་རྡོ་རྗེ་འདྲ་བ་དང་། །ཚིག་པ་ཨིནྡྲ་ནི་ལ་དང་། །ཇ་མ་དཔག་བསམ་ལྗོན་པ་སོགས། །གཞན་ཡང་སྐྱེས་བུ་མངགས་པ་ན། །བཞིན་ལ་ཉི་མ་ཟླ་བ་དང་། །སོ་ལ་གངས་རིའི་ཕྲེང་བ་སོགས། །རྒྱུ་ཆེ་བ་ལ་ནམ་མཁའི་དཔེ། །ཆུང་ལ་རྡུལ་ཕྲན་དཔེའི་སྒྲོར་དང་། །རགས་པའི་དཔེ་ལ་རི་རབ་དང་། །ཁྱི་བ་ལ་ནི་གླང་ཆེན་དང་། །ཕྱུག་པོ་ལ་ནི་རྣམ་ཐོས་བུ༑ །རྒྱལ་ཕྲན་ལ་ནི་བརྒྱ་བྱིན་དཔེ། །དགེ་བའི་བཤེས་གཉེན་ཐལ་བ་ལའང་། །སངས་རྒྱས་ལྟ་བུར་བསྔགས་པ་ནི། །དཔེ་དེ་བཞིན་དུ་སྙན་དངགས་མཁན་ལ་མེད་ཀྱང་ཡོད་པ་ལྟར་བུར་བརྗོད་པ་ནི་བཀག་པ་མེད་དོ། །

བཞི་པ་ནི། དངོས་ཞེས་སོགས་སྔ་ཕྱི་གཉིས་སྦྲེལ་ཏེ། འོན་དངོས་པོའི་གནས་ཚོད་འཆད་པའི་ཚེ་མེད་ཀྱང་ཡོད་པ་ལྟར་བཤད་པས་སྐྱོན་མེད་པར་ཐལ་ལོ། །ཞེས་ཟེར་ན། ཤེས་བྱ་ཆོས་ཅན། སྙན་དངགས་པའི་ལུགས་ལ་དེ་ལྟར་ཡིན་ཡང་གནས་ཚོད་འཆད་པའི་ཚེ་མེད་ཀྱང་ཡོད་པ་ལྟར་འཆད་པ་སྐྱོན་མེད་མིན་པར་ཐལ། དངོས་པོའི་གནས་ལུགས་འཆད་པའམ། མཚན་ཉིད་གཏན་ལ་འབེབས་པ་ན། གནས་ལུགས་ཇི་བཞིན་མིན་པར་ལྷག་ཆད་འཁྲུལ་བར་བཤད་ན་དེ་མཁས་པ་རྣམས་སྐྱོན་དུ་བརྩི་བས་མཁས་པ་རྣམས་ག་ལ་དགའ་སྐྱེ་མི་དགའ་བས་སོ། །

ལྔ་པ་ནི། གངས་ཞེས་སོགས་ཏེ། གོང་གི་རྒྱུ་མཚན་འགོད་པ་ཡིན་ཏེ། ཤེས་བྱ་ཆོས་ཅན། སངས་རྒྱས་ཀྱིས་གངས་ཅན་དང་མདྲོས་པ་ལ་སོགས་པའི་དངོས་པོའི་གནས་ལུགས་འཆད་པའི་ཚེ་ན། ཡིན་ཚོད་ལྟར་གསུངས་ཏེ། དེ་ལས་གཞན་དུ་འཁྲུལ་བར་བཤད་ན་སངས་རྒྱས་དེ་ཀུན་མཁྱེན་མིན་པར་འགྱུར་བའི་ཕྱིར་དང་། ཡིན་ལུགས་གཏན་ལ་མི་འབེབས་པས་འབད་པ་དོན་མེད་པར་འགྱུར་བའི་ཕྱིར་རོ། །འོན་ཀྱང་སྙིགས་མའི་དུས་ཀྱི་ཤུགས་བལྟོས་པས་ཅུང་ཟད་ངན་པར་འགྲོ་བ་སྲིད་ཀྱི་རྣམ་པ་ཐམས་ཅད་ནས་ཐམས་ཅད་དུ་མི་འདྲ་བའི་འཁྲུལ་པ་དེ་འདྲ་མི་སྲིད་དོ། །དྲུག་པ་ནི། རྩ་ཞེས་སོགས་ཏེ། ཁོ་ན་རེ། དེ་ལྟར་ན་གནས་ཆེན་མེད་པར་འགྱུར་རོ་ཟེར་ན། ཤེས་བྱ་ཆོས་ཅན། ཕྱག་རྒྱ་བ་ཁྲིད་འདོད་པའི་སྤུ་རེངས་ཀྱི་ཏི་སེ་དང་མ་པང་སོགས་གངས་ཅན་དང་མདྲོས་པའི་གནས་ཆེན་མིན་ཡང་གནས་ཆེན་མེད་པ་མིན་པར་ཐལ། ཙ་རི་ཏྲ་དང་ཛ་ལན་དྷ་ར་དང་ཨོ་ཌི་ཡ་ན་ལ་སོགས་པ་གནས་ཆེན་མང་པོ་གསུངས་པས་སོ། །

འོ་ན། ཙ་རི་ཏྲ་སོགས་གང་ཡིན་ཞེ་ན། ཤེས་བྱ་ཆོས་ཅན། བོད་ཀྱི་གོང་ཡུལ་ཙ་རི་ཙ་གོང་དེ་ཙ་རིའི་

གནས་ཆེན་དེ་མིན་ཡང་། དེ་མེད་པ་མིན་པར་ཐལ། དེ་མིན་ཡང་། ཙ་རི་ཏྲ་ཞེས་བྱ་བའི་ཡུལ་ཆེན་དེ་ནི་ལྷོ་ཕྱོགས་རྒྱ་མཚོའི་འགྲམ་ན་ཡོད་པའི་ཕྱིར་རོ། །དེ་བི་ཀོ་ཊའི་གནས་གཞན་ཆུང་པ་ཞིག་ཙ་རི་འདི་ཡིན་ཞེས་རིགས་པ་ལ་ལས་སྨྲ་མོད། དེའི་ཕྱོགས་ན་ཧྲ་ཊའི་ཤིང་ཡོད་ན་ཡུལ་དེ་ཡིན་པ་ལ་འགལ་བ་མེད་དེ། རྡོ་རྗེ་མཁའ་འགྲོའི་རྒྱུད་ལས་ནི། དེ་བི་ཀོ་ཊར་ཧྲ་ཊ་གནས། །ཞེས་གསུངས་ཤིང་། གཞན་ཡང་དེ་ཉིད་ལས། བོད་ཡུལ་ལྷ་ཞིག་སྐྱེས་པ་ནི། །རྡོ་རྗེའི་ཕྱུག་ལ་བརྟེན་ཏེ་གནས། །ཡུལ་དེར་གནས་པའི་ལྷ་མོ་ནི། །ཧྲ་ཊའི་ཤིང་ལ་བརྟེན་ཞེས་གསུངས། །ཞེས་གསུངས་སོ། །གནས་ཆེན་གཞན་རྣམས་ཀྱང་འདི་ན་འདི་ཡོད་ཀྱི་ངེས་ངེས་ཡོད་པ་ལྟར་འཆད་མོད་ཀྱང་། འཆད་པ་ལྟར་ངེས་པ་དཀའ་བས་འདིར་ནི་མ་བགྲངས་པ་ཡིན་ནོ། །བཞི་པ། སྔགས་ཚོས་མེད་ན་གནས་ཆེན་འགྲིམ་པ་དོན་མེད་དུ་བསྟན་པ་ནི། ཏེ་ཞེས་སོགས་ཏེ། གལ་ཏེ་ཙ་རི་དང་ཏེ་སེ་སོགས་རྒྱུད་ནས་གསུངས་པའི་གནས་ཆེན་ཡིན་དུ་ཆུག་ན་ཡང་། ཤེས་བྱ་ཆོས་ཅན། རྒྱུད་སྡེ་ནས་གསུངས་པའི་ཡུལ་ཆེན་དེ་དག་ཏུ་སྔར་ལམ་ལ་བོགས་འདོན་པའི་ཕྱིར་དུ་སྤྱོད་པ་ལ་རྒྱུ་བའི་གང་ཟག་དེ་ལ་རིམ་པར་རློམ་པའི་གང་ཟག་ཅི་རེད་རེད་ཀྱིས་ཆོག་པ་མིན་པར་ཐལ། དེ་འདྲའི་གང་ཟག་དེ་ལ་ནི་དབང་བསྐུར་ཐོབ་ཅིང་དམ་ཚིག་ལྡན་པ་བཏྲ་དང་བཏྲའི་ལན་ཤེས་ཤིང་རིམ་གཉིས་ལ་རྟོགས་པ་བརྟན་པ་ཡིས། སྤྱོད་པའི་དོན་དུ་རྒྱུ་བའི་ནུས་པ་དགོས་པར་གསུངས་ཅིང་། དེ་ལྟ་མིན་པའི་གང་ཟག་གི་ཡུལ་དེར་བོགས་འདོན་སྤྱོད་པའི་དོན་དུ། འགྲོ་བ་རྒྱུད་ལས་བཀག་པའི་ཕྱིར་རོ། །

གཉིས་པ། འབྲུལ་བ་དགག་པ། མ་འབྲུལ་བ་བཤད་པ། སྟོང་རྐྱང་སོགས་བསྒོམས་པས་སངས་རྒྱས་ཐོབ་པ་དགག་པའོ། །དང་པོ་ལ། འདོད་པ་བརྗོད་པ་དང་། དེ་དགག་པ་གཉིས། དང་པོ་ནི། ཁ་ཅིག་སོགས་ཏེ། འཚལ་བ་སོགས་ཁ་ཅིག་ན་རེ། རིམ་གཉིས་ལ་བརྟན་པ་ཐོབ་པ་དང་བོགས་འདོན་གྱི་སྤྱོད་པ་སོགས་འཚང་རྒྱ་བ་ལ་མི་དགོས་ཏེ། སྟོང་ཉིད་བསྒོམ་པའི་དཀར་པོ་ཆིག་ཐུབ་རྐྱང་པ་གོམས་པ་ལས་འབྲས་བུ་སྐུ་གསུམ་འབྱུང་བའི་ཕྱིར་རོ་ཞེས་ཟེར་ཞིང་། རྒྱ་གར་དུའང་ཤམ་ཐབས་སྔོན་པོ་ཅན་དང་། ཨ་ནནྟ་བཛྲ་ལ་སོགས་པ་མང་པོ་ཞིག་སྤྲོས་བྲལ་ཡང་གོམས་པས་འཚང་རྒྱའི་བསྐྱེད་རིམ་དང་སྤྱོད་པ་སོགས་ནི་ཆད་ལྟ་དགག་པ། དམན་པ་འགའ་ཞིག་རྗེས་སུ་བཟུང་བའི་ཆེད་དུ་བརྟན་པ་ཙམ་ཡིན་གྱི་ངེས་པར་དགོས་པ་ནི་མིན་ནོ། །ཞེས་འདོད་པ་འབྱུང་ངོ་། །འགའ་ཞིག་ནི་སྟོང་ཉིད་བསྒོམ་པར་གསུངས་པ་ནི། འཛིན་པ་བཟློག་པའི་ཆེད་ཙམ་ཡིན་གྱི། ངེས་པར་དགོས་པ་ནི་བསྐྱེད་རིམ་ཡིན་ནོ། །ཞེས་འདོད་དོ། །གཉིས་པ་ལ་རིགས་པས་དགག་པ་དང་། ལུང་གིས་དགག་པ། བསྡུས་ཏེ་བཤད་པ་དང་གསུམ། དང་པོ་ནི། གཅིག་ཅེས་སོགས་ཏེ། ཤེས་བྱ་ཆོས་ཅན། རྒྱུ་གཅིག་

སྟོང་ཉིད་རྐྱང་པ་གོམས་པ་ལས་འབྲས་བུ་སྐུ་གསུམ་འབྱུང་བར་མི་ནུས། སྐུ་གསུམ་ལ་འང་ཐབས་དང་ཤེས་རབ་ཀྱི་རྒྱུ་རྐྱེན་ཚོགས་པ་ལས་འབྱུང་བའི་ཕྱིར་རོ། །དཔེར་ན་མྱུ་གུ་བཞིན། མདོ་རྒྱུད་ལས། རྣམ་པ་ཐམས་ཅད་མཁྱེན་པ་ཉིད་ཀྱི་ཡེ་ཤེས་ནི་བྱང་ཆུབ་ཀྱི་སེམས་ཀྱི་རྒྱུ་ཅན། སྙིང་རྗེའི་རྩ་བ་ཅན། ཐབས་ཀྱིས་མཐར་ཕྱིན་པ་ཡིན་ནོ། །ཞེས་སོགས་གསུངས་པ་དང་། རྒྱུ་གཅིག་གིས་ནི་ཀུན་འགྲུབ་པའི། །འབྲས་བུ་གང་ནའང་ཡོད་མ་ཡིན། །ཞེས་སོགས་འབྱུང་བ་ལྟར་རོ། །ཡང་ན་འབྲས་བུ་སྐུ་གསུམ་ཞིག་ནི་གཅིག་པོ་ནར་ཐལ། རྒྱུ་གཅིག་པོ་ན་ལས་བྱུང་བའི་ཕྱིར། འདོད་མི་ནུས་ཏེ། ཉན་ཐོས་ཀྱི་འགོག་པ་བཞིན་སྐུ་གསུམ་གྱི་རྣམ་བཞག་བྱར་མི་རུང་བར་འགྱུར་བས་སོ། །ཁ་ཅིག་ནི། ཉན་ཐོས་འགོག་པ་བཞིན་ཞེས་པ་འབྲས་བུ་གཅིག་ཏུ་འགྱུར་བའི་དཔེར་འཆད་མོད། རིགས་པ་མི་ཤེས་ཤིང་རྩ་བའི་དོན་འགོག་པར་བྱེད་པའོ། །དང་པོ་སོགས་འགའ་ཞིག་གཅིག་ཐུབ་བསྒོམས་པའི་རྗེས་ལ་བསྔོ་བ་བྱས་པས་སྐུ་གསུམ་ཐོབ་ཅེས་ཟེར་རོ། །འོ་ཞེས་སོགས་ཏེ། ཤེས་བྱ་ཆོས་ཅན། ཆིག་ཐུབ་ཟེར་བ་འདི་འདྲའི་ལུགས་རྫོགས་སངས་རྒྱས་ཀྱིས་གསུངས་པ་མེད་པས་མི་འཐད་པར་ཐལ། བསྔོ་བ་བྱེད་དགོས་པ་འོ་ན་ཆིག་ཐུབ་གཉིས་སུ་འགྱུར་ཞིང་། ཆིག་ཐུབ་བསྒོམ་པའི་སྔོན་དུ་སྐྱབས་འགྲོ་དང་སེམས་བསྐྱེད་ཡི་དམ་གྱི་ལྷ་བསྒོམ་ལ་སོགས་པ་དགོས་ན་ཆིག་ཐུབ་དུ་མར་འགྱུར་བས་ཆིག་ཐུབ་ཀྱི་མིང་དོན་གཉིས་ཀ་མི་འཐད་པས་སོ། །འོ་ན་རེ། སྟོང་རྐྱང་བསྒོམས་པས་འཚང་མི་རྒྱ་ན། ཐུབ་པས། དམ་པའི་ཆོས་ནི་འཛིན་པ་དང་། །བྱང་ཆུབ་སེམས་ཀྱི་བསོད་ནམས་དེས། །སྟོང་པ་ཉིད་ལ་མོས་པ་ཡི། །བཅུ་དྲུག་ཆར་ཡང་མི་ཕོད་དོ། །ཞེས་སོགས་ཀྱིས་སྟོང་ཉིད་བསྒོམ་པ་ལ་སྟུགས་པ་མཛད་པ་དོན་མེད་པར་འགྱུར་རོ་ཟེར་ན། སྟོང་རྐྱང་བསྒོམ་པས་འཚང་མི་རྒྱ་ཡང་། ཐུབ་པས་སྟོང་ཉིད་བསྒོམ་པ་ལ་བསྟགས་པ་ནི་ཆོས་ཅན། དོན་མེད་མིན་པར་ཐལ། དངོས་པོར་འཛིན་པ་ཟློག་པའི་ཆེད་ཡིན་པའི་ཕྱིར། དཔེར་ན་སངས་རྒྱས་ཕྱག་འཚལ་ལོ། །ཞེས་བརྗོད་པ་ཙམ་གྱིས་འཁོར་བ་ལས་ཐར་རོ། །ཞེས་གསུངས་པ་དང་། དེ་བཞིན་དུ་མཆོད་རྟེན་ལ་བསྐོར་བ་དང་། ཡེ་དྷརྨ་སོགས་རྟེན་འབྲེལ་སྙིང་པོ་ཙམ་ཞིག་ཐོས་པ་སོགས་དང་། བཛྲ་སཏྭ་ཨ། ཞེས་པ་ལ་སོགས་པའི་བསྟགས་འབྲུ་འགའ་ཞིག་དྲན་པ་ཙམ་གྱིས་སྡིག་པ་ཀུན་ལས་གྲོལ་བར་འགྱུར་རོ། །ཞེས་གསུངས་པ་བཞིན་ནོ། །

མདོར་ན་མདོ་སྡེ་རྣམས་ནས་འབྱུང་བའི་དགོངས་པ་མི་ཤེས་པར་ཚིག་འབྲུ་ཙམ་ལ་ངེས་པའི་དོན་དུ་བརྟེན་པར་མི་བྱ་སྟེ། སྒྲ་ཇི་བཞིན་དུ་བཟུང་བའི་ཉེས་པས་དམ་པའི་ཆོས་སྤོང་བའི་ལས་བསགས་ཏེ་ངན་སོང་ངན་འགྲོ་རྣམས་སུ་སྡུག་བསྔལ་གྱིས་བརླགས་པར་འགྱུར་བའི་སྐྱོན་དུ་འབྱུང་ཉེ་བས་སོ། །མདོ་སྡེ་རྒྱན་ལ་སོགས་པར། དོན་སྒྲ་ཇི་བཞིན་ཡོངས་རྟོག་ན། །བདག་ཉིད་སྙེམས་ཤིང་བློ་ཉམས་འགྱུར། །ལེགས་གསུངས

པའང་སྤྱངས་པས་ན། །བརྟགས་འགྱུར་ཆོས་ལ་ཁོང་ཁྲོས་སྐྱེབ། །ཅེས་སོགས་འབྱུང་བ་བཞིན་ནོ། །དེས་ན་འཚང་རྒྱ་བ་ལ་སྦྱིན་སོགས་བསོད་ནམས་ཀྱི་ཚོགས་དང་། བདེ་སྟོང་བསྒོམས་པ་སོགས་ཡེ་ཤེས་ཀྱི་ཚོགས་མཐར་ཕྱིན་པ་དགོས་པས་ཕྱོགས་རེ་ལ་ཆོག་ཤེས་མི་བྱ་སྟེ། དཔེར་ན། མདའ་རྐྱང་པ་ལ་ནི་བྱེད་པ་མེད་ཀྱང་གཞུ་བཟང་དང་བཅས་ཏེ་འཕེན་པ་ལ་མཁས་པར་གྱུར་ན། མདའ་གཞུ་བཟུང་བ་དེ་ཡིས་འདོད་པའི་བྱ་བ་འགྲུབ་པ་དེ་བཞིན་དུ། སྟོང་ཉིད་རྐྱང་པ་ལ་བྱེད་པ་ཅི་ཡང་ཡོད་པ་མིན་ཡང་། ཐབས་དང་ཤེས་རབ་ལེགས་པར་འབྲེལ་ན་འདོད་པའི་འབྲས་བུ་སྐུ་གསུམ་ལ་སོགས་རིམ་བཞིན་འཐོབ་པ་ཡིན་ནོ། །ཇི་སྐད་དུ། ཐབས་དང་བྲལ་བའི་ཤེས་རབ་ནི་འཆིང་བའོ། །ཤེས་རབ་དང་བྲལ་བའི་ཐབས་ནི་འཆིང་བའོ། །ཞེས་པ་དང་། བདག་སྲིད་མ་ལུས་ཤེས་རབ་ཀྱིས་བཅད་དེ། །སེམས་ཅན་སྲིད་ཕྱིར་བརྩེ་ལྡན་ཞི་ཐོབ་མིན། །དེ་ལྟར་བློ་རྩེ་བྱང་ཆུབ་ཐབས་བརྟེན་ནས། །འཕགས་པ་འཁོར་བའམ་མྱ་ངན་འདས་མི་འགྱུར། །ཞེས་སོགས་འབྱུང་བ་ལྟར་རོ། །

གཉིས་པ་ནི། རྡོ་རྗེ་ཞེས་སོགས་ཏེ། ཤེས་བྱ་ཆོས་ཅན། སྟོང་རྐྱང་བསྒོམས་པས་སྒོམ་མཁན་འཚང་མི་རྒྱ་བར་ཐལ། དེ་ལྟར་འཚང་རྒྱ་བ་ལ་རྡོ་རྗེ་གུར་ལས་དགག་པར་གསུངས་པའི་ཕྱིར། ཇི་ལྟར་ན་འདི་སྐད་གསུངས་ཏེ། གལ་ཏེ་སྟོང་པ་ཐབས་ཡིན་ན། །དེ་ཚེ་སངས་རྒྱས་ཉིད་མི་འབྱུང་། །འབྲས་བུ་རྒྱུ་ལས་གཞན་མིན་ཕྱིར། །ཐབས་ནི་སྟོང་པ་ཉིད་མ་ཡིན། །ཞེས་གསུངས་པའི་ཕྱིར་དང་། དོན་ནི་སྟོང་རྐྱང་བསྒོམས་པ་ནི་འཚང་རྒྱ་བའི་ཐབས་སམ་རྒྱུ་མིན་པར་ཐལ། དེ་ལས་འབྲས་བུ་སངས་རྒྱས་མི་ཐོབ་པའི་ཕྱིར། ཡང་ན། བསོད་ནམས་མ་རྫོགས་པའི་འབྲས་བུ་སངས་རྒྱས་ཐོབ་པར་ཐལ། སྟོང་རྐྱང་གོམས་པ་ལས་འབྲས་བུ་སངས་རྒྱས་འཐོབ་པའི་ཕྱིར། ཁྱབ་ཏེ་འབྲས་བུ་རྒྱུའི་རྗེས་སུ་བྱེད་པའི་ཕྱིར་ཞེས་པའོ། །འོ་ན་སྟོང་ཉིད་བསྟན་པ་དོན་མེད་པར་འགྱུར་སྙམ་ན། མི་འགྱུར་ཏེ། ལྟ་བ་རྣམས་ལས་ཟློག་པ་དང་། །བདག་ཏུ་ལྟ་བ་འཚོལ་རྣམས་ཀྱིས། །བདག་ཞེན་བསམ་པ་ཟློག་པའི་ཕྱིར། །སྟོང་པ་རྒྱལ་བ་རྣམས་ཀྱིས་གསུངས། །དེའི་ཕྱིར་རོ། །འོ་ན་ཤེས་རབ་རྐྱང་པས་འཚང་མི་རྒྱ་ན་ཐབས་གཞན་ཅི་ཡོད་ཅེ་ན། ཡོད་དེ་དཀྱིལ་འཁོར་འཁོར་ལོ་ཞེས། ཐབས་ནི་བདེ་བའི་སྡོམ་པ་སྟེ༔ །སངས་རྒྱས་རྣལ་འབྱོར་ང་རྒྱལ་གྱིས། །སངས་རྒྱས་ཉིད་དུ་ངེས་པར་འགྲུབ། །དེ་སོགས་ཤིན་ཏུ་གསལ་བར་གསུངས་པས་སོ། །དོན་ནི། སྟོང་རྐྱང་བསྒོམ་པ་མིན་པའི་འཚང་རྒྱ་བའི་ཐབས་གཞན་ཡོད་དེ། བསྐྱེད་རིམ་ལྷའི་རྣལ་འབྱོར་གྱིས་ཀྱང་འཚང་རྒྱ་ཞིང་། ལྷག་པར་དཀྱིལ་འཁོར་འཁོར་ལོའི་སྒོ་ནས་བདེ་བ་བསྒོམས་པ་ལས་འགྲུབ་པའི་ཕྱིར་རོ། །ཞེས་པའོ། །

ཡང་སྟོང་རྐྱང་བསྒོམས་པས་འཚང་རྒྱ་བ་ནི་རྣམ་སྣང་མངོན་བྱང་ལས་ཀྱང་བཀག་སྟེ། ཇི་ལྟར་ན་རྣམ་

ཞེས་སོགས་ཏེ། ཤེས་བྱ་ཆོས་ཅན། སྟོང་ཉིད་བསྒོམས་པས་སྒོམ་མཁན་འཚང་མི་རྒྱ་བར་ཐལ། རྡོ་རྗེ་གུར་ལས། དགག་པར་མ་ཟད། རྣམ་སྣང་མངོན་བྱང་ལས་ཀྱང་ནི་དེ་ལྟར་འཚང་རྒྱ་བ་བཀག་པའི་ཕྱིར། ཇི་ལྟར་ན། དེར། གང་དག་དུས་གསུམ་མགོན་པོ་རྣམས། །ཐབས་དང་ཤེས་རབ་ལྡན་པ་ལ། །བསླབས་ནས་བླ་མེད་ཐེག་པ་ནི། །འདུས་མ་བྱས་པ་དེ་འཐོབ་པོ། །ཞེས་འཚང་རྒྱ་བ་ལ་ཐབས་ཤེས་ཚང་དགོས་པར་གསུངས་པས་སོ། །དེ་ལྟར་ཤེས་པར་གྱིས་ཤིག །དེ་ལྟར་ན་ཡང་རྒྱུད་སྡེ་ཐབས་དང་ལྡན་མིན་ཡེ་ཤེས་དང་། །བསླབ་པ་དག་ཀྱང་གསུངས་པ་ནི་ཆོས་ཅན། དོན་ཡོད་པར་ཐལ། དབང་པོ་ཆེན་པོས་ཉན་ཐོས་རྣམས་དེ་ལ་གཞུག་པའི་ཕྱིར་དུ་གསུངས་པས་སོ། །ཁྱེད་ཀྱི་འདོད་པ་དེ་བསྟན་བཅོས་དང་ཡང་མི་མཐུན་ནོ་ཞེས་སྟོན་པ་ནི། ཆོས་ཞེས་སོགས་ཏེ། ཤེས་བྱ་ཆོས་ཅན། ཤེས་རབ་ཉིད་པས་གང་དག་དེ་འཚང་མི་རྒྱ་བར་ཐལ། དེ་འཚང་རྒྱ་བ་ལ་ཐབས་ཤེས་གཉིས་ལ་གོམས་པ་དགོས་པར་ཆོས་གྲགས་ཀྱིས་བསྟན་བཅོས་རྣམ་འགྲེལ་ལས་གསུངས་པའི་ཕྱིར་རོ། །ཇི་ལྟར་ན། དེ་ལས་རྣམ་པ་དུ་མར་ཐབས་མང་པོ་ཡུན་རིང་དུས་སུ་གོམས་པ་ལས། དེ་ལ་སྐྱོན་དང་ཡོན་ཏན་དག །རབ་ཏུ་གསལ་བ་ཉིད་དུ་འགྱུར། །དེས་ན་ཐུགས་ཀྱང་གསལ་བའི་ཕྱིར། །རྒྱུ་ཡི་བག་ཆགས་སྤངས་པ་ཡིན། །ཐུབ་པ་གཞན་དོན་འཇུག་ཅན་གྱི། །བསེ་རུ་ལ་སོགས་ཁྱད་འདི་ཡིན། །ཞེས་གསུངས་ཤིང་གཞན་ཡང་དེ་ཉིད་ལས། དེ་དོན་ཕྱིར་ན་ཐབས་གོམས་པ། །དེ་ཉིད་བསྟན་པ་ཡིན་པར་བཞེད། །ཅེས་གསུངས་པའང་དེ་འཚང་རྒྱ་བ་ལ་ཐབས་ཤེས་གཉིས་ཀ་དགོས་པ་དེ་ཉིད་ཡིན་ཅེས་སོ། །དོན་ནི། ཐུབ་ཆེན་རྫོགས་པའི་སངས་རྒྱས་ནི་ཆོས་ཅན། ཉན་རང་ལས་ཁྱད་པར་ཞུགས་པ་ཡིན་ཏེ། སྐྱིན་སོགས་ཐབས་མང་པོ་ཡུན་རིང་དུ་གོམས་པ་མཐར་ཕྱིན་པས་སྐྱོན་ཡོན་ལ་ཐུགས་གསལ་བ་མཐར་ཐུག་པས་སྒྲིབ་གཉིས་བག་ཆགས་དང་བཅས་པ་སྤངས་པའི་ཕྱིར་དང་། སྤངས་རྟོགས་མཐར་ཕྱིན་པ་དེ་འཐོབ་པའི་ཕྱིར་དུ་གྲངས་མེད་གསུམ་དུ་ཐབས་ལ་གོམས་པར་བྱས་པས་ཁྱོད་ནི་སྟོན་པ་ཡིན་པའི་ཕྱིར་ཞེས་པ་སྟེ། མདོར་ན་སྟོན་པ་སངས་རྒྱས་ཀྱི་གོ་འཕང་འཐོབ་པ་ལ་ཐབས་ཤེས་ལ་མཐར་ཕྱིན་པ་དགོས་ཞེས་པའི་དོན་ནོ། །གསུམ་པ་ནི། དེས་ཞེས་སོགས་ཏེ། སྔར་བཤད་པ་དེས་ན་ཐབས་ལ་མ་སྦྱངས་ན་ཤེས་བྱ་ཐམས་ཅད་མཁྱེན་པ་དང་གང་ལ་གང་འཚམ་གྱི་གཞན་དོན་མཛད་པ་མི་སྲིད་པ་ཡིན་ནོ། །

གཉིས་པ་ལ། ཐབས་ཤེས་ཀྱི་འབྲས་བུའི་ཁྱད་པར་བཤད་པ། དེའི་སྒྲུབ་བྱེད་ལུང་དང་སྦྱར་བ་གཉིས། དང་པོ་ནི། ཐབས་ཞེས་སོགས་ཏེ། ཐབས་ཤེས་འཚོགས་པ་ལས་འཚང་རྒྱ་དགོས་ན། ཐབས་ཤེས་གཉིས་འབྲས་བུ་མཚུངས་པར་འགྱུར་རོ་ཞེ་ན། ཤེས་བྱ་ཆོས་ཅན། དེ་ལྟར་མི་འགྱུར་ལ། གང་ཟག་དེ་འཁོར་བ་ལས་གྲོལ་བའི་རྒྱུ་སྟོང་ཉིད་རྟོགས་པའི་ལྟ་བ་ཕལ་ཆེར་མཐུན་ཡང་གྲོལ་བ་འབྲས་བུའི་བཟང་ངན་ཕལ་ཆེར་ཐབས

གྱིས་བྱེད་པའི་ཕྱིར་རོ། །དཔེར་ན་གོས་དར་སོགས་ཐུགས་ཀྱི་རྒྱུ་ཕལ་ཆེར་མཐུན་པ་ལ་སྦྱིན་བཟང་ངན་མི་འདྲ་བ་བཙུགས་པས་འབྲས་བུ་དེ་འང་བཟང་ངན་འབྱུང་བ་བཞིན་ནོ། །དེས་ན་རྫོགས་པའི་སངས་རྒྱས་འཐོབ་འདོད་ཀྱི་གང་ཟག་དེ་ཆོས་ཅན། ཤེས་རབ་ལའང་སློབ་མོད་གཙོ་བོར་ཐབས་མཁས་པ་ལ་ནན་ཏན་གྱིས་བྱེད་པར་རིགས་ཏེ། སྟོང་ཉིད་ལྟ་བས་མྱང་འདས་ཐོབ་པར་བྱེད་ལ། དེའི་སྟེང་དུ་ཐབས་ལ་མཁས་ན་རྫོགས་འཚང་རྒྱ་ཞིང་ཁྱོད་རྫོགས་པར་འཚང་རྒྱ་འདོད་ཡིན་པས་སོ། །གཉིས་པ་ནི། དཀྲ་ཞེས་སོགས་ཏེ། འབྲས་བུ་བཟང་ངན་ཐབས་ཀྱིས་བྱེད་པའི་རྒྱུ་མཚན་འགོད་པ་ནི། ཤེས་བྱ་ཆོས་ཅན། ཉན་ཐོས་ཀྱི་དགྲ་བཅོམ་པ་དང་རང་སངས་རྒྱས་དང་རྫོགས་པའི་སངས་རྒྱས་གསུམ་འཁོར་བ་ལས་རྣམ་པར་གྲོལ་བར་མཚུངས་ན་ཡང་ཡོན་ཏན་བཟང་ངན་ཐབས་ཚང་མ་ཚང་གིས་ཕྱེ་བར་ཐལ། དེ་ལྟར་མཚུངས་ན་ཡང་ཐེག་ཆེན་གྱི་བསམ་སྦྱོར་ཚང་མ་ཚང་གི་ཁྱད་པར་གྱིས་སྒྲིབ་པ་ལས་གྲོལ་མ་གྲོལ་གྱི་ཁྱད་པར་དང་། རྟོགས་པ་མཐར་ཕྱིན་མ་ཕྱིན་གྱི་ཁྱད་ཡོད་པས་སོ༔ །དེ་སྐད་དུ་ཡང་མདོ་སྡེ་རྒྱན་ལས་ནི། ཇི་ལྟར་བདར་བའི་བྱེ་བྲག་གི། །གོས་ལ་ཚོན་བཀྲ་མི་བཀྲ་བ། །དེ་བཞིན་འཕེན་པའི་དབང་གིས་ནི། །གྲོལ་བའི་ཡེ་ཤེས་བཀྲ་མི་བཀྲ། །དེ་སྐད་གསུངས་པའང་དོན་འདི་ཡིན་པའི་ཕྱིར་དང་། སློབ་དཔོན་མ་ཏི་ཙི་ཏྲས་ཀྱང་། བསེ་རུའི་རྭ་དང་འདྲ་གང་དང་། །གང་ཡང་ཁྱོད་ཀྱི་རྗེས་འགྲོ་སློབ། །ཞི་བ་ཙམ་གྱིས་ཁྱོད་དང་མཚུངས། །བསམ་ཡས་ཡོན་ཏན་ཚོགས་ཀྱིས་མིན། །ཞེས་གསུངས་པའང་དོན་འགྲུབ་པའི་བཟང་ངན་ཐབས་ཀྱིས་ཕྱེད་པར་སྟོན་པ་འདི་ཡིན་པས་སོ། །སྐབས་འདིར་དཔེའི་དོན་ནི་བཤད་ཟིན་ལ། ཕྱི་མའི་དོན་ནི། བསེ་རུ་རང་སངས་རྒྱས་དང་སློབ་མ་ཉན་ཐོས་དགྲ་བཅོམ་གཉིས་ཁྱོད་སངས་རྒྱས་དང་འཁོར་བ་ཞི་བར་མཚུངས་ཀྱང་། ཐེག་ཆེན་གྱི་བསམ་སྦྱོར་གྱི་ཡོན་ཏན་མཐའ་ཡས་པས་མི་མཚུངས་ཞེས་པའོ། །དེས་ན་རྫོགས་པའི་སངས་རྒྱས་ཐོབ་པར་འདོད་ན་ནི་དངོས་འཛིན་བཟློག་པའི་ཕྱིར་དུ་སྟོང་པ་ཉིད་ལ་འདྲིས་པར་བྱས་ཤིང་། ཐབས་བསོད་ནམས་ཀྱིས་ཚོགས་གསོག་པ་ལ་མཁས་པའི་ཕྱིར་དུ་འབད་པར་བྱའོ། །ཞེས་པ་སྟེ། རིན་ཆེན་ཕྲེང་བར། གང་ཞིག་ལུས་ངག་ཡིད་ཀྱི་ལས། །ཐམས་ཅད་ལེགས་པར་ཡོང་བརྟགས་ཏེ། །བདག་དང་གཞན་ལ་ཕན་ཤེས་ནས། །རྟག་ཏུ་བྱེད་པ་དེ་མཁས་པའོ། །ཞེས་གསུངས་པ་ལྟར་རོ། །ཁོ་ན་རེ། སྟོང་ཉིད་ལ་འདྲིས་པར་བྱ་བ་ཡིན་ན་ཐབས་བསོད་ནམས་བསོགས་དགོས་པ་དང་འགལ་ལོ་ཟེར་ན། སྟོང་ཉིད་ཅེས་སོགས་ཏེ། ཤེས་བྱ་ཆོས་ཅན། འཚང་རྒྱ་འདོད་དེས་སྟོང་ཉིད་ལ་འདྲིས་པར་བྱེད་དགོས་ཀྱང་བསོད་ནམས་གསོག་པ་དང་མི་འགལ་བར་ཐལ། སྟོང་ཉིད་ལ་ནི་འདྲིས་པར་བྱ་ཡི་སྟོང་ཉིད་ལ་རྟག་ཏུ་མཉམ་པར་གཞག་པའི་སྒོ་ནས་མངོན་དུ་མི་བྱེད་ཅེས་ཤེས་རབ་ཀྱི་ཕ་རོལ་ཏུ་ཕྱིན་པ་ཉི་ཁྲི་ལས་གསུངས་པའི་ཕྱིར་དང་། གང་ཟག་དེས་ཐབས

དང་མ་འབྲེལ་བར་སྟོང་ཉིད་རྐྱང་པ་བསྒོམས་ཀྱང་དེས་སྟོང་ཉིད་ཀྱང་རྟོགས་མི་ནུས་པའི་ཕྱིར་ཏེ། སྟོང་ཉིད་རྟོགས་པའི་ཐབས་དང་མི་ལྡན་པས་སོ། །སྡུད་པ་ལས། དེ་བཞིན་བྱང་ཆུབ་སེམས་དཔའ་སྟོང་པ་ཉིད་གནས་པ༑ ༑འགྲོ་ལ་སེམས་ཅན་ཤེས་པའི་སྨོན་ལམ་རྟེན་ཅན་གྱི། །བྱ་བ་རྣམ་པ་སྣ་ཚོགས་དུ་མ་སྟོན་བྱེད་ཅིང་། །མྱ་ངན་འདས་ལ་མི་རེག་སྟོང་པར་གནས་པ་མེད། །ཅེས་སོགས་དང་། སྤྱོད་འཇུག་ཏུའང་། ཞི་གནས་རབ་ཏུ་ལྡན་པའི་ལྷག་མཐོང་གིས། །ཉོན་མོངས་རྣམ་པར་འཇོམས་པ་ཤེས་བྱས་ནས། །དང་པོར་ཞི་གནས་བཙལ་བྱ་དེ་ཡང་ནི། །འཇིག་རྟེན་ཆགས་པ་མེད་ལ་མངོན་དགས་འགྲུབ། །ཅེས་སོགས་འབྱུང་བ་ལྟར་རོ། །ཅི་སྟེ། ཕྱིར་ཐབས་དང་མི་ལྡན་པར་སྟོང་ཉིད་རྟོགས་པ་མེད་ཀྱང་ཐེག་ཆེན་གྱི་ཐབས་ཀྱིས་མ་ཟིན་པའི་སྟོང་ཉིད་ཀྱི་ལྟ་བས་སྐུ་གསུམ་ཐོབ་པར་འགྱུར་རོ་ཞེ་ན། དེ་འགོག་པ་ནི། གལ་ཏེ་ཞེས་སོགས་ཏེ། ཤེས་བྱ་ཆོས་ཅན། ཐེག་ཆེན་གྱི་ཐབས་ཀྱིས་མ་ཟིན་པའི་སྟོང་ཉིད་རྟོགས་པའི་ལྟ་བ་ཡོད་ན་ཡང་། དེ་གོམས་པས་སྐུ་གསུམ་ཐོབ་པར་མི་འགྱུར་ལ། དེ་ཡོད་ན་ཡང་དེ་གོམས་པ་ལས་ཉན་ཐོས་དང་རང་རྒྱལ་གང་རུང་གི་འགོག་པ་མྱང་འདས་སུ་ལྟུང་བ་ཡོད་ཀྱི་རྫོགས་པའི་སངས་རྒྱས་ཐོབ་མི་སྲིད་པའི་ཕྱིར་དང་། བྱང་ཆུབ་སེམས་དཔའ་ཡང་རྣམ་པ་དེ་འདྲའི་རྒྱུས་ལ་གཡང་ས་ཆེན་པོར་གཟིགས་པའི་ཕྱིར། དཔེར་ན་སེང་གེ་མེ་ལ་འཇིགས་པ་བཞིན་ནོ། །དེ་སྐད་དུ་ཡང་། འཕགས་པ་དཀོན་མཆོག་བརྩེགས་པ་ལས། སེང་གེ་གང་ལའང་མི་འཇིགས་མོད། །མེ་ཆེན་མཐོང་ན་འཇིགས་པ་སྐྱེ། །དེ་བཞིན་བྱང་ཆུབ་སེམས་དཔའ་ཡང་། །ཆོས་གཞན་གང་ལའང་མི་འཇིགས་ཀྱང་། །སྟོང་པ་ཉིད་ལ་སྐྲག་ཅེས་གསུངས། །དེ་ཡི་དགོངས་པ་འདི་ལྟར་ཡིན། །ཐབས་དང་བྲལ་བའི་སྟོང་ཉིད་ཀྱིས། །མྱ་ངན་འདས་པར་འགྱུར་ཕྱིར་རོ། །ཞེས་མདོ་དེའི་དོན་སྔར་བཤད་པ་ལྟར་རོ། །གསུམ་པ་ནི། ལ་ལ་ཞེས་སོགས་ཏེ། སྔར་བཤད་པ་ལྟར་ལ་ལ་སྟོང་ཀྱང་བསྒོམས་པ་ལས་འབྲས་བུ་སྐུ་གསུམ་ཐོབ་པར་འདོད་པ་དང་ལ་ལ་ཟུང་འཇུག་བསྒོམ་པ་ལས་འབྲས་བུ་འོད་གསལ་ཐོབ་པར་འདོད་པ་ཡོད་མོད། དེ་དག་གཉིས་ཀ་ཡང་ནི་མི་འཐད་པར་ཐལ། རྒྱུ་འབྲས་ཕྱིན་ཅི་ལོག་ཏུ་འགྱུར་བའི་སྐྱོན་ཅན་ཡིན་པའི་ཕྱིར་རོ། །གསུམ་པ། ནོར་བའི་འདོད་ཚུལ་དུ་མ་དགག་པ་ལ། ས་ལམ་ནོར་བའི་འདོད་ཚུལ་དགག །མ་ནོར་དོན་དུ་གདམས་པ་བསྟན། །སློབ་གྲོལ་ལམ་ལ་འཁྲུལ་བ་ཡང་། །འོད་གསལ་མཐར་ཐུག་མིན་པར་བསྟན། །ནོར་བའི་ཐ་སྙད་གཞན་ཡང་དགག །ནོར་བས་བསྟན་ལ་གནོད་པར་བསྟན་པའོ། །དང་པོ་ནི། ཁ་ཞེས་སོགས་ཏེ། ཡང་ཕྱག་རྒྱ་བ་ཁ་ཅིག་ན་རེ། ས་དང་ལམ་གྱི་རིམ་པ་བགྲོད་མི་དགོས་པར་རྫོགས་འཚང་རྒྱ་བ་ཡོད་དེ། ཕྱག་རྒྱ་ཆེན་པོ་གཅིག་ཆོད་ལ། །ས་ལམ་རྩེ་བའི་རྨོངས་པ་འཁྲུལ། །ཟེར་བ་དང་། ཏ་སེ་ལ་སོགས་སྙིར་ (འབྲུ་གཅིག་ཆད་པ་དེ་པ་ཨེ་ཡིན་སྙམ) དང་། མ་ཡིག་ཤོག

གྲངས་གྱ་གསུམ་གྱི་སྒྲིབ་ངོར་ཡོད། མཉམ་པོར་རྩ་མདུད་སོགས་མེད་པར་འགྲོ་བ་དང་། ལ་ལ་རྩ་དབུ་མ་མེད་པར་འདོད་པ་དང་འཁྲུལ་འཁོར་དང་རླུང་སྦྱོར་བསྒོམ་པ་སོགས་མི་དགོས་པར་འདོད་པའི་སངས་རྒྱས་དོན་གཉེར་བ་དེ་དག་ཆོས་ཅན། མཁས་པའི་བཞད་གད་ཀྱི་གནས་ཡིན་པར་ཐལ། ས་ལམ་ནོར་བས་དང་ལམ་དེའི་རིམ་པ་ལ་མི་ལྟོས་པར་ཡུལ་སོགས་བགྲོད་པས་འཚང་（འདྲི་གཅིག་ཆད་པ་དེ་རྒྱ་ཨེ་ཡིན་སྙམ་）བ་འགལ་བ་ཡིན་ཡང་། མ་ཡིག་ཞོག་གྲངས་གྱ་གསུམ་གྱི་སྒྲིབ་ངོར་ཡོད། མདོ་རྒྱུད་ཀྱི་དགོངས་པ་མ་ཤེས་པས་ནོར་བ་ལམ་དུ་འདོད་པའི་ཕྱིར། གསུམ་པ་ནི། ཕྱི་ཞེས་སོགས་ཏེ། རྣལ་འབྱོར་པས་ཕྱི་རུ་ཛ་ལན་དྷ་ར་ལ་སོགས་པའི་ཡུལ་རྣམས་བགྲོད་པ་དང་། ནང་དུ་ལུས་ཀྱི་སྤྱི་གཙུག་ལ་སོགས་པའི་རྩ་མདུད་གྲོལ་ཏེ། སྒྲིབ་བྲལ་དུ་གྱུར་པ་ནི་ཆོས་ཅན། ས་ལམ་གྱི་རིམ་པ་ལ་མ་ལྟོས་པར་ཡུལ་བགྲོད་པ་ཙམ་གྱིས་འབྱུང་བ་མིན་པར་ཐལ། རྣལ་འབྱོར་པ་རང་གི་ལུས་དེར་གནས་པའི་རླུང་གིས་ཁམས་ལ་སོགས་པ་ཕྱིར་འཕོ་བ་མེད་པའི་བདེ་ཆེན་ས་བཅུའི་རིམ་པ་ལ་སོགས་པ་བགྲོད་པའི་རྟེན་འབྲེལ་ཉིད་ཀྱིས་འབྱུང་བ་ཡིན་པའི་ཕྱིར་རོ། །དེ་བས་ན་རོ་རྐྱང་དབུ་མ་ལ་སོགས་པའི་རྩ་དང་། དེ་དག་ནས་རྒྱུ་བའི་རླུང་དང་། དེ་དག་ནས་འབབ་པའི་ཁམས་དཀར་དམར་དང་། དེ་དག་ཏུ་གནས་པར་ཡུལ་བགྲོད་པ་ཙམ་གྱིས་འབྱུང་བ་མིན་པར་ཐལ། རྣལ་འབྱོར་པ་རང་གི་ལུས་དེར་གནས་པའི་རླུང་གི་ཁམས་ལ་སོགས་པ་ཕྱི་ཡི་གེ་སྟེ། རྟེན་དཀྱིལ་འཁོར་ཆེན་པོ་བཞི་ཡོད་དགོས་ཏེ། མེད་ན་རྣལ་འབྱོར་པས་ལུས་ལ་བརྟེན་ནས་ས་ལམ་བགྲོད་པ་མེད་དགོས་པ་ལས་ཡོད་པར་བཤད་པའི་ཕྱིར་དང་། རྫོགས་རིམ་བསྒོམས་པའང་རྟེན་དེ་དག་ལ་བརྟེན་ནས་ཉམས་སུ་ལེན་དགོས་པའི་ཕྱིར་དང་། རྩ་དབུ་མ་ལ་བརྟེན་ནས་ཁམས་འཕོ་བའི་བག་ཆགས་འཇོམས་དགོས་པས་དབུ་མ་མེད་ན་འཁོར་བ་མི་འཇོམས་ལ། དེ་ལ་བརྟེན་ནས་འཕོ་མེད་ཀྱི་བདེ་ཆེན་ཐོབ་དགོས་པས་དེ་མེད་ན་མཐར་ཐུག་གི་མྱང་འདས་མེད་དགོས་སོ། །

དེ་ལ་དགོངས་ནས་རྣལ་འབྱོར་ཆེན་པོའི་ལམ་གྱི་རྟེན་གང་ཟག་ལ་གཙོ་བོར་ཁམས་དྲུག་ལྡན་དགོས་པར་རྣལ་འབྱོར་ཆེན་པོའི་རྒྱུད་སྡེ་དཔལ་ལྡན་དུས་ཀྱི་འཁོར་ལོ་དང་ཀྱེ་རྡོ་རྗེ་ལ་སོགས་པར་གསུངས་སོ། །རྩའི་མདུད་པ་ཞེས་པའང་རྡོ་རྗེ་མཁའ་འགྲོའི་འགྲེལ་པར། ཆོས་ཀྱི་འབྱུང་གནས་ཀྱི་ནང་དུ་སྣ་ཚོགས་འདུད་པའི་འཆར་བ་ཆེན་པོར་པད་མའི་སྙིང་དུ（ཆད）མ་བསྒོམས་པར་ཟླ་གཟོ་ཞེས་འགྲེལ་ཏེ། སྣ་ཚོགས་འདུད་པ་ཞེས་བྱ་བ་ནི། དེའི་དབུས་ཏེ་རྩ་གཅིག་པོ་དེ་ཉིད་ཀྱི་གཡས་དང་གཡོན་གྱི་ཆ་གཉིས་སུ་གྱེས་པ་ལས་གཡས་ཀྱི་ཆ་ལ་གནས་པ་ནི། གཡོན་ཕྱོགས་ནས་བསྐོར་ལ་སྙིང་དུ་རྒྱུ་ལ། གཡོན་ནས་གནས་པ་དེ་ཡང་གཡས་ཕྱོགས་ནས་བསྐོར་ཏེ་དེ་བཞིན་དུ་རྒྱུའོ། །དེ་ལྟར་འོག་ཏུ་རྒྱུ་བའི་རྩ་གཉིས་ཀྱང་ཕན་ཚུན་དུ་བསྐོར་ནས་རྒྱུ་སྟེ། དེ་ལྟར་ཀུན་

ཏུ་འཁྲིལ་བའི་རྩའི་གནས་དེ་ནི་སྣ་ཚོགས་འདུད་པའོ། །དེ་ཉིད་འཆར་བ་ཆེན་པོས་ཏེ་སེམས་ཅན་ཐམས་ཅད་འབྱུང་བར་བྱེད་པའི་ཕྱིར་རོ། །ཞེས་སོགས་ཀྱིས་གསལ་བར་བསྟན་ལ། དེ་བཞིན་དུ་ཡི་གེ་སོགས་ཀྱང་གསལ་བར་བཤད་དོ། །མདོར་ན་རྡོ་རྗེ་འཆང་གི་གོ་འཕང་འཐོབ་པར་འདོད་པ་དག་གིས་ནི་རྣལ་འབྱོར་ཆེན་པོའི་རྒྱུད་སྡེ་རྣམས་ནས་འབྱུང་བ་ལྟར་གྱི་ལམ་གྱི་རྣམ་གཞག་མ་ཚང་བ་མེད་པ་ནི་བླ་མ་དམ་པ་དེ་འདྲའི་རྣམ་བཞག་ལ་མཁས་ཤིང་སྒྲོང་བས་སྒྲོ་འདོགས་བཅད་པ་དག་ལ་ལེགས་པར་མཉན་ཏེ་ཉམས་སུ་བླངས་པ་དང་། ལྟ་བ་དང་གཞན་ཡང་དེ་ལ་སྦྱོར་བ་ལ་བརྩོན་པར་བྱ་ཡི། རྩ་དང་རླུང་དང་ཐིག་ལེའི་རྣལ་འབྱོར་ལ་སོགས་པ་དགོས་པ་མེད་པར་བཟུང་བར་ནི་མི་བྱ་སྟེ། བླ་ན་མེད་པའི་བདེ་སྟོང་གི་རྟོགས་པ་སྐྱུངས་པར་འགྱུར་བའི་ཕྱིར་རོ། །དེ་བས་ན་སྔགས་ལམ་ཟབ་མོ་བསྒོམས་པར་འདོད་པ་དག་གིས་ཁམས་དྲུག་ལྡན་པའི་ལུས་འདི་ལ་གཅེས་པར་བྱ་དགོས་པ་ཡིན་ཏེ། དུས་ཀྱི་འཁོར་ལོའི་རྒྱུད་ལས། དང་པོར་མཐའ་དག་རྒྱལ་བའི་ལུས་ནི་དངོས་གྲུབ་རྒྱུ་རུ་བསྟགས་པ་དག་གིས་ཡང་དག་བསྲུངས་པར་བྱ། །ལུས་མེད་ན་ནི་དངོས་གྲུབ་མེད་ཅིང་སྐྱེ་བ་འདི་ལ་མཆོག་གི་བདེ་བ་ཐོབ་པར་འགྱུར་བའང་མེད། །དེ་ཕྱིར་ལུས་ཀྱི་དོན་གྱི་རྒྱུར་ནི་ཉིན་ཞག་དུས་སུ་རྩ་ཡི་སྦྱོར་བ་བསྒོམ་པར་བྱ། །ལུས་ནི་གྲུབ་ན་གནས་པའི་དངོས་གྲུབ་སྲིད་པ་གསུམ་གྱི་གནས་སུ་མངའ་གཞུག་ཉིད་དུ་རབ་ཏུ་གྲུབ། །ཅེས་སོགས་གསུངས་ཤིང་དེའི་འགྲེལ་བར་ལུས་ཀྱི་དོན་གྱི་རྒྱུར་ནི་ཞེས་པ་ལུས་ཀྱི་དོན་ནི། བྱང་ཆུབ་ཀྱི་སེམས་ཏེ་དེ་བསྲུང་བའི་རྒྱུར་ནི་ཉིན་ཞག་སོ་གཉིས་སུ་རྩ་བའི་སྦྱོར་བ་བསྒོམ་པར་བྱའོ། །ཞེས་སོགས་དང་། ཀྱཻ་རྡོར་ཡང་། བོ་ལ་ཀ་ཀོ་ལ་སྦྱོར་བས། །བདེ་བ་རབ་ཏུ་སྤེལ་བར་བྱ། །ཞེས་སོགས་རྒྱས་པར་གསུངས་པས་སོ། །ཁོ་བོའི་བློ་གྲོས་ཉིན་བྱེད་ཀྱིས། །ལེགས་བཤད་སྣང་བ་རབ་བཀྱེ་བས། །མཁས་རློམ་བླ་སྐར་མུན་པ་འཛིན། །ཡིན་ལུགས་གཟུགས་མཛེས་གསལ་བར་བྱས།། །།

གསུམ་པ་ནི། ལ་ལ་ཞེས་སོགས་ཏེ། ལ་ལ་ན་རེ། འབྲས་བུ་སྐུ་བཞིའི་གོ་འཕང་འཐོབ་པ་ལ་རྒྱུད་དག་བཞི་མི་དགོས་པར་འདོད་ཅིང་བསྐྱེད་རིམ་ལ་སོགས་པའི་ལམ་བཞི་པོ་བསྒོམ་དགོས་པའི་རྣམ་བཞག་མི་འདོད་པར་རྡོ་རྗེ་ཐེག་པའི་ལམ་ཙམ་བསྒོམ་པའི་འབྲས་བུ་ནི་སྐུ་བཞི་ལ་སོགས་པ་ཡིན་ནོ། །ཞེས་འདོད་པ་དེ་ཡང་ཆོས་ཅན། ལོག་ཤེས་སུ་ཐལ། རྒྱུ་མེད་ཀྱི་འབྲས་བུ་འདོད་པའི་བློ་ཡིན་པའི་ཕྱིར། དེ་བཞིན་དུ་རྡོ་རྗེ་ཐེག་པ་ལ་གཏན་ནས་མ་ལྟོས་པར་མཐར་ཐུག་གི་སྐུ་བཞི་ཐོབ་པར་འདོད་པ་དེ་ཡང་དེ་ལྟར་དུ་ཤེས་པར་བྱའོ། །དེ་བས་ན་སྨིན་པར་བྱེད་པ་ལ་རྡོ་རྗེའི་ཐེག་པ་མི་དགོས་ཀྱང་། གྲོལ་བའི་འབྲས་བུ་མཐར་ཐུག་པ་ལ་རྡོ་རྗེའི་ཐེག་པ་དགོས་པས་དེའི་ལམ་མ་ནོར་བ་ལ་འབད་པར་བྱེད་དགོས་པ་ནི་སྔར་ཡང་ཡང་བཤད་པ་ལྟར་རོ། །བཞི་པ་ནི།

ཁ་ཞེས་སོགས་ཏེ། གསང་འདུས་པ་ཁ་ཅིག །སྐྱུ་བཞི་མཐར་ཐུག་གི་འབྲས་བུར་༼མ་ཡིག་ཤོག་གྲངས་གྱ་བཞིའི་ཉིན་ངོའི་ཐིག་ཕྲེང་དྲུག་པའི་ངོར་ཡོད།༽མི་འདོད་ལམ་རིམ་མཐར་ཐུག་ག་ནི་འོད་གསལ་སྟོང་ཉིད་དུ་གསུངས་པ་ཡིན་ཏེ། དེ་ནི་འཕགས་པ་ཡབ་སྲས་ཀྱི་དགོངས་པར་འདོད་དོ། །ཤེས་བྱ་ཆོས་ཅན། རིམ་ལྔའི་ནང་ནས་འོད་གསལ་དེ་མཐར་ཐུག་གི་འབྲས་བུར་འཕགས་པ་ཀླུ་སྒྲུབ་ཡབ་སྲས་ཀྱིས་མི་བཞེད་པར་ཐལ། འཕགས་པ་ཡབ་སྲས་ཀྱི་རིམ་ལྔ་དང་ནི་སྤྱོད་བསྡུས་སུ། འོད་གསལ་བ་ལ་ཟུང་འཇུག་སྐུར་ལྡང་བ་མཐར་ཐུག་ཡིན་པར་གསུངས་པའི་ཕྱིར། ཇི་ལྟར་ན། རིམ་ལྔར། ཡང་དག་མཐའ་ལས་ལངས་ནས་ནི། །གཉིས་མེད་ཡེ་ཤེས་ཐོབ་པར་འགྱུར། །ཟུང་འཇུག་ཏིང་འཛིན་ལ་གནས་ནས། །སླར་ཞིང་གང་ལའང་མི་སློབ་པོ། །ཞེས་པ་དང་། སྤྱོད་བསྡུས་སུ། གང་གི་རིགས་བརྒྱའི་དབྱེ་བས་ལུས་དབེན་ལ་གནས་ནས་ཨ་ལི་ཀ་ལིའི་དབྱེ་བས་ངག་དབེན་ལ་འཇུག་གོ། །དེ་ལ་གནས་ནས་རང་བཞིན་གྱི་སྣང་བའི་སེམས་དབེན་ལ་འཇུག་གོ། །དེ་ལ་གནས་ནས་རྒྱུ་མའི་དཔེ་བཅུ་གཉིས་ཀྱི་ཀུན་རྫོབ་ཀྱི་བདེན་པ་ལ་འཇུག་གོ། །དེ་ལ་གནས་ནས་སངས་རྒྱས་ཀྱི་དབང་བསྐུར་ཐོབ་སྟེ་སྟོང་བ་བཅོ་བརྒྱད་ཀྱིས་རིམ་གྱིས་དོན་དམ་པའི་བདེན་པ་ལ་འཇུག་གོ། །རང་བཞིན་གྱིས་འོད་གསལ་བའི་བདེན་པ་གཉིས་སུ་མེད་པའི་རྣམ་པས་སངས་རྒྱས་པ་དེའི་ཚེ་རྫོགས་པའི་ཏིང་ངེ་འཛིན་ལ་སློབ་པར་འགྱུར་རོ། །དེ་ལ་བསླབ་པའི་རྣལ་འབྱོར་པས་ནི་ཡང་ཆོས་གང་ལ་ཡང་མི་སློབ་པོ། །རིམ་པ་སྔ་མ་དང་བྲལ་བས་ཕྱི་མ་མངོན་དུ་བྱ་བ་མི་ནུས་ཏེ། དོན་དམ་པའི་བདེན་པ་མངོན་སུམ་དུ་མ་བྱས་པར་ཟུང་འཇུག་མངོན་དུ་བྱ་བར་མི་ནུས་སོ། །རིམ་གྱིས་འཇུག་པ་ལ་བསླབས་པས་ཅིག་ཆར་རང་གི་རྒྱུད་རྣམ་པར་དག་པར་འགྱུར་ཏེ། ཞེས་སོགས་གསུངས་སོ། །དེ་ལྟར་ན་རྒྱུ་འབྲས་ཕྱིན་ཅི་ལོག་ཏུ་འདོད་པའི་ནོར་བ་འདི་ཡང་སྤང་བར་བྱའོ། །ལྔ་པ་ལ། རྟོགས་ལྡན་གྲུབ་ཐོབ་ལས་བཟང་པ་དགག །ཉམས་ལས་གོ་རྟོགས་བཟང་བ་བཟང་། །རྣལ་འབྱོར་བཞི་ཡི་སྦྱོར་མཚམས་དགག །ཐམས་ཅད་རང་སར་བདེན་པ་དགག །ཕྱི་ནང་མཚུངས་པའི་ནོར་བ་དགག་པའོ། །དང་པོ་ནི། ལ་ཞེས་སོགས་ཏེ། ཕྱག་རྒྱ་བ་ལ་ལ་ན་རེ། གྲུབ་ཐོབ་ངན་ལ་རྟོགས་ལྡན་བཟང་བ་ཡིན་ཏེ། རྒྱུ་མཚན་ནི་གྲུབ་ཐོབ་བརྒྱད་ཅུའི་ནང་ན་ཡང་རྟོགས་ལྡན་མེད་པའི་ཕྱིར། ཞེས་ཟེར་བ་ཐོས་ཏེ། དེ་མི་འཐད་པར་ཐལ། གྲུབ་ཐོབ་ངན་ལ་རྟོགས་ལྡན་བཟང་ཟེར་བ་འདི་འདྲ་འཕགས་པའི་གང་ཟག་དང་བླ་མ་རྣམས་ལ་སྐུར་འདེབས་ཡིན་པས་འདི་འདྲའི་དོན་འཐད་པར་འཛིན་པ་ལྟ་ཅི་སྨོས། ཚིག་ཐོས་པར་གྱུར་ཀྱང་རྣ་བ་དགག་དགོས་པས་སོ། །དེའི་འཐད་པ་བཤད་ཀྱིས་ཉོན་ཅིག །གྲུབ་ཅེས་སོགས་ཏེ། ཤེས་བྱ་ཆོས་ཅན། རྟོགས་ལྡན་ལས་གྲུབ་ཐོབ་ངན་པ་མིན་པར་ཐལ། གྲུབ་ཐོབ་ཆུང་ངུ་ནི། མཐོང་ལམ་ནས་འཇོག་པ་ཡིན་ལ། གྲུབ་ཐོབ་འབྲིང་པོ་ས་བརྒྱད་པ་ནས་ཡིན་ཞིང་། གྲུབ་

ཐོབ་ཆེན་པོ་རྫོགས་པའི་སངས་རྒྱས་ཀྱི་ས་ཐོབ་པ་ལ་འཇོག་པ་འཐད་པས། འཕགས་པ་མིན་པར་གྲུབ་ཐོབ་མེད་ལ་རྟོགས་ལྡན་ལ་འཕགས་པ་ཡིན་མི་དགོས་པའི་ཕྱིར་རོ། །དེ་ལྟར་ཡང་མདོ་སྡེ་རྒྱན་ལས་འདི་སྐད་གསུངས་ཏེ། ས་རྣམས་ཐམས་ཅད་མ་གྲུབ་དང་། །གྲུབ་པ་དག་ཏུ་ཤེས་པར་བྱ། །གྲུབ་པ་དག་ཀྱང་མ་གྲུབ་དང་། །གྲུབ་པ་དག་ཏུ་ཡང་འདོད་དོ། །ཞེས་གསུངས་པས་སོ། །དེའི་དགོངས་པ་ནི། ས་རྣམས་གྲུབ་མ་གྲུབ་གཉིས་སུ་ཕྱེ་ནས་འཇིག་རྟེན་ལས་འདས་པའི་རྟོགས་པ་ཐོབ་པ་དང་མ་ཐོབ་པ་ལ་བཤད་ལ། དེ་ཐོབ་པ་ལ་ཡང་ས་བདུན་པ་མན་ཆད་ལ་རྗེས་ཐོབ་ཏུ་མཚན་ཉིད་ཀྱི་རྟོགས་པ་མ་གྲུབ་ལ་ས་བརྒྱད་པ་ཡན་ལ་དེ་གྲུབ་ཅེས་པའོ། །གཞན་ཡང་རྣལ་འབྱོར་དབང་ཕྱུག་ཆེན་པོ་བི་ར་ཝ་པའི་ལམ་འབྲས་ལས་ཀྱང་འཕགས་པ་མིན་པའི་གྲུབ་ཐོབ་མེད་པ་དེ་སྐད་གསུངས་པས་ན། དེད་ཀྱི་གྲུབ་ཐོབ་ལ་ནི་འཇིག་རྟེན་ལས་འདས་པའི་རྟོགས་པ་ཐོབ་པ་དགོས་པ་དེ་འདྲ་ཡིན་ནོ། །དེས་ན་ཤེས་བྱ་ཆོས་ཅན། རྟོགས་ལྡན་གྲུབ་ཐོབ་ལས་བཟང་བར་བླུན་པོ་ལ་གྲགས་ཀྱི་མཁས་པ་རྣམས་ལ་མ་གྲགས་པར་ཐལ། རྟོགས་ལྡན་གྲུབ་ཐོབ་ལས་བཟང་བའི་མཚན་ཉིད་འདི་ཡིན་ནོ། །ཞེས་མདོ་རྒྱུད་གང་ལས་ཀྱང་མ་གསུངས་ཀྱི་དེ་ལྟར་དུ་ཕྱུག་རྒྱ་བ་འགའ་ཞིག་གིས་བཏགས་པ་ཙམ་ཡིན་པས་སོ། །ཊཱི་ཀཱ་བྱེད་པ་ཁ་ཅིག་ནི། གྲུབ་ཐོབ་ཆུང་ངུ་མཐོང་ལམ་ཡིན། །ཞེས་སོགས་སྦྲ་སོར་བཞག་ཏུ་ཁས་ལེན་པ་དང་། རྟོགས་ལྡན་མཁས་པ་ལ་མ་གྲགས། །ཞེས་སོགས་སྦྲ་ཧེ་བཞིན་པར་ཁས་ལེན་པ་ལ་ནི། མ་དག་པ་བདུན་ལ་གནས་པའི་གང་ཟག་གྲུབ་ཐོབ་མིན་པར་ཐལ་བ་དང་། གྲོལ་བ་དབང་རྣོན་ལ་གྲོལ་བ་རྟོགས་ལྡན་དུ་འཆད་པ་མི་འཐད་པར་ཐལ་བ་དང་། འོག་ནས་གོ་བ་དང་རྟོགས་པའི་དོན་གཅིག་ཏུ་འཆད་པ་དང་འགལ་བར་འགྱུར་བའི་སྐྱོན་མང་དུ་འགྱུར་བ་ཡོད་པའི་ཕྱིར་དང་། བསྟན་བཅོས་རྩ་བ་ལ་ཅོ་འདྲི་བར་འགྱུར་བའི་ཕྱིར། མཁས་པར་རློམ་པའི་ཁུར་དོར་ན་མི་ལེགས་སམ། ཧཱི། གཉིས་པ་ནི། ལ་ལ་ཞེས་སོགས་ཏེ། གླིང་རས་ལ་སོགས་པ་ལ་ལན་རེ། ཉམས་དང་གོ་བ་དང་རྟོགས་པ་ཞེས་པ་རྣམས་ས་གསུམ་ལས་ཉམས་ནི་ངན་ལ་གོ་བ་འབྲིང་ཡིན་ཞིང་རྟོགས་པ་བཟང་པོ་ཡིན་ཞེས་ཟེར་བ་འདི་ཡང་རེ་ཞིག་བརྟག་པར་བྱ་སྟེ། བརྟག་ན་མི་འཐད་པར་ཐལ། ཉམས་ཞེས་བྱ་བ་ཉམས་སུ་མྱོང་བ་ལ་ཟེར་ན་སེམས་ཡོད་ཐམས་ཅད་ལ་མྱོང་བ་དེ་ཡང་ཡོད་པ་ཡིན་ཞིང་། གལ་ཏེ་བསྒོམས་པའི་ཉམས་མྱོང་ལ་ཟེར་ན་ལམ་གྱི་ནི་ཚོགས་ལམ་ཆུང་ངུ་ནས་མཐར་ཕྱིན་ལམ་གྱི་བར་དུ་ཡོད་ལ། འོན་ཏེ་མཉམ་བཞག་སོ་སོ་རང་རིག་པའི་ཡེ་ཤེས་ཡིན་ན། འཕགས་པའི་གང་ཟག་རྣམས་ལ་ཉམས་དེ་ཡོད་པས་མདོར་ན་ཉམས་གོ་རྟོགས་གསུམ་ལ་ངན་འབྲིང་བཟང་གསུམ་གྱི་ཁྱད་པར་མེད་པས་སོ། །དེས་ན། གོ་བ་དང་ནི་རྟོགས་པ་གཉིས་ཆོས་ཅན། བཟང་ངན་འབྲིང་གི་ཁྱད་པར་མེད་པར་ཐལ། མིང་ངམ་སྦྲ་ནི་རྣམས་གྲངས་

ཡིན་ཡང་ངོ་བོ་དོན་ནི་གཅིག་ཅིང་། གཏ་ཞེས་པའི་རྒྱ་སྐད་ཅིག་ལ་ལོ་ཙཱ་བས་མིང་སོ་སོའི་རྣམ་པར་འགྱུར་བའི་དབྱེ་བ་ཙམ་ཁོ་ནར་ཟད་པའི་ཕྱིར་རོ། །ཙི་སྟེ་རྟོག་པ་གསལ་བ་དང་མི་གསལ་བ་ལ་གོ་བ་དང་རྟོགས་པར་འདོགས་ན་ཐོགས་ཏེ། མིང་འདོགས་པ་དགག་མི་ནུས་པས་སོ། །སྤྱིར་ཉམས་ལ་བཤད་ཚོད་མང་དུ་ཡོད་དེ། རྗེ་བཙུན་བིར་ཝ་པའི་མན་ངག་གི་གཞུང་ལུགས་ལས་རྣལ་འབྱོར་པ་ལ་ཏིང་ངེ་འཛིན་ལ་ཉམས་ཀྱི་སྣང་བ་བདེ་བར་གཤེགས་པའི་སྐུ་གསུང་ཐུགས་མི་ཟད་པ་རྒྱན་གྱི་འཁོར་ལོ་ལ་དག་པའི་སྣང་བའོ། །ཞེས་སོགས་དང་། བསྒོམས་པའི་ཉམས་སྐྱོན་མེད་པས་ས་བཅུ་གསུམ་པོ་ཐམས་ཅད་མཁྱེན་ཏོ། ཞེས་པ་དང་། མདོ་ལས། ནམ་མཁས་ཁྱབ་པར་སངས་རྒྱས་ཀྱི་སྐུ་གསུང་ཐུགས་འཕྲིན་ལས་ཡེ་ཤེས་ཀྱིས་ཁྱབ་པར་གསུངས་པ་ལ། དེ་བཞིན་གཤེགས་པའི་དག་སྣང་དང་བསྒོམ་ཉམས་སྐྱོན་མེད་དུ་མཛད་པ་ལ་སོགས་པ་མང་དུ་གསུངས་པས་སོ། །འོན་ཀྱང་དེ་འདྲའི་ཉམས་རྟོགས་ལ་བཟང་ངན་གྱི་རྣམ་དབྱེ་མེད་དེ། རྒྱུད་གང་གི་དབང་དུ་བྱས་ཀྱང་རྒྱུད་དེ་དང་དེའི་ཉམས་རྟོགས་དོན་གཅིག་པས་སོ། །གསུམ་པ་ནི། རྩེ་ཞེས་སོགས་ཏེ། ཤཱཀྱ་པའི་རྗེས་སུ་འབྲངས་པའི་ཕྱག་རྒྱ་བ་ལ་ལ་ན་རེ། རྣལ་འབྱོར་བཞིའི་ནང་ནས་རྩེ་གཅིག་མཐོང་ལམ། སྤྲོས་བྲལ་ནི་ས་གཉིས་པའི་བར། རོ་གཅིག་ནི་དག་པ་ས་གསུམ། སྒོམ་མེད་ཀྱི་རྣལ་འབྱོར་ནི་སངས་རྒྱས་ཀྱི་ས་ལ་སྦྱོར་ཞིང་། ཕྱགས་བླ་མེད་པའི་ཟུང་འཇུག་གི་བསྒོམ་ཡིན་ནོ། །ཞེས་ཟེར་རོ། །འདི་ཡང་ཕྱེས་ཏེ་བཤད་ཀྱིས་ཉོན་ཅིག །གལ་ཏེ་སོ་སྐྱེའི་ས་ཡིན་ཡང་དེ་དག་དང་ཆོས་མཐུན་བརྩི་བའི་དབང་དུ་བྱེད་པ་ཡིན་ནམ། འོན་ཏེ་འཕགས་པ་ཉིད་ཀྱི་ཡིན་པའི་བདེན་པའི་ས་ལམ་དངོས་སུ་བྱེད་དོ། །སོ་སྐྱེའི་གང་ཟག་ལ་ཆོས་མཐུན་ཙམ་ཞིག་སྦྲིག་ན་ནི། རྩེ་གཅིག་སོགས་དམ་པའི་ཆོས་ནས་གསུངས་ན། ཆོས་མཐུན་ཙམ་སྦྲིག་པ་ལ་འགལ་བ་མེད་དེ། སོ་སྐྱེ་དང་ཕྱོགས་རེ་ཙམ་མཐུན་པ་ཡོད་པའི་ཕྱིར། དཔེར་ན་དཀོན་བརྩེགས་ཀྱི་རྨི་ལམ་ངེས་པར་བསྟན་པའི་ལེའུ་ལས་ཐུབ་པའི་མཆོད་རྟེན་འཛིམ་པ་ལས་བྱས་པ་མཐོང་ན་ས་དང་པོ། རྡོ་ལས་བྱས་པ་མཐོང་བ་གཉིས་པ། རྡོ་ཐལ་གྱིས་བྱུགས་པ་གསུམ་པ། སྡིགས་བུ་གདུགས་བྱས་པ་བཞི་པ། རྡོ་སྐས་ཕྱི་དོར་བྱས་པ་ལྔ་བ། གསེར་གྱིས་སྦྲེས་མཐོང་པ་དྲུག་པ། རིན་ཆེན་དྲ་བས་གཡོགས་པ་བདུན་པ། གཡེར་ཀའི་དྲ་བས་གཡོགས་པ་ས་དགུ་དང་ནི་བཅུ་པ་ལ། རྨི་ལམ་ལོག་པར་མཐོང་མེད་གསུང་། །དེ་སོགས་རྨི་ལམ་ཁྱེ་བྲག་ལ། །ས་བཅུའི་དབྱེ་བ་མཛད་པ་མཐོང་། །འདི་ནི་མོས་པ་སྤྱོད་པ་ཡི། །ས་བཅུའི་ཡིན་གྱི་འཕགས་པའི་མིན། །གསུངས་པ་བཞིན་ནོ། །དེའི་རྒྱུ་མཚན་ནི། མོས་སྤྱོད་ཚོགས་སྦྱོར་ལ་ས་བཅུར་ཕྱེ་བ་འདི་ནི་ས་བདུན་བརྒྱད་མན་ལ་རྨི་ལམ་ལོགས་པར་མཐོང་ལ་དགུ་པ་དང་བཅུ་པ་གཉིས་སུ་རྨི་ལམ་ལོག་པར་མཐོང་བ་མེད་པར་གསུངས་ལ། འཕགས་པའི་ས་བརྒྱད་དགུ་ལ་རྨི་ལམ་

ལོག་པར་མཐོང་མི་མཐོང་གི་ཁྱད་པར་མེད་པའི་ཕྱིར་རོ། །སྨི་ལམ་ངེས་བསྟན་ལ་སོ་སྐྱེའི་ས་ལ་ས་བཅུའི་ཐ་སྙད་མཛད་པ་དེ་བཞིན་དུ་རྩེ་གཅིག་སོགས་རྣལ་འབྱོར་དུ་འདོད་པ་བཞི་ལའང་གལ་ཏེ་མདོ་རྒྱུད་ལས་མོས་པ་སྤྱོད་པའི་ས་ལམ་དུ་གསུངས་པ་མཐོང་ན། དེ་དག་ལ་ས་བཅུར་འབྱེད་པ་མི་འགལ་མོད་འོན་ཀྱང་འདི་འདྲ་བཤད་པ་དཀའ་བས་རང་བཟོར་ཤས་ཆེའོ། །གསེར་འོད་དམ་པར་བཤད་པའི་རྨི་ལམ་གྱི་བྱེ་བྲག་དེ་དག་ནི་འཕགས་པའི་ས་བཅུ་ཐོབ་པའི་རྟགས་སུ་བཤད་པས་རྨི་ལམ་ངེས་བསྟན་དང་མི་མཚུངས་སོ། །ཅི་སྟེ། བརྟག་པ་གཉིས་པ་རྩེ་གཅིག་སོགས་འཕགས་པའི་སར་བྱེད་ན་ནི་དེ་མི་འཐད་པར་ཐལ། མདོ་རྒྱུད་ཀུན་དང་འགལ་བར་འགྱུར་བའི་སྐྱོན་ཡོད་པའི་ཕྱིར་དང་། ཁས་བླངས་ནང་འགལ་བའི་སྐྱོན་ཡོད་པའི་ཕྱིར་རོ། །དང་པོ་ཡོད་དེ། མཐོང་ལམ་གྱི་ཡོན་ཏན་མེད་པའི་མཐོང་ལམ་པ་མེད་པའི་ཕྱིར་དང་། འཕོ་མེད་ཀྱི་བདེ་བ་མེད་པའི་ས་དང་པོ་པ་རྒྱུད་ལས་བཀག་པའི་ཕྱིར་རོ། །

གཉིས་པ་ཁས་བླངས་ཀྱང་ནང་འགལ་ཏེ། ཕྱག་རྒྱ་ཆེན་པོ་གཅིག་ཐུབ་ལ། །ས་ལམ་བཅུ་བའི་རྫོངས་པ་འཁྲུལ། །ཞེས་ཁས་ལེན་པ་དང་རྣལ་འབྱོར་བཞི་ལ་ས་ལམ་བཅུ་བར་འདོད་པ་གཉིས་འགལ་བའི་ཕྱིར་རོ། །ཤཱཀྱ་པས་ཤེར་ཕྱིན་མན་ངག་ཏུ། རྩེ་གཅིག །སྤྲོས་བྲལ། རོ་གཅིག །བསྒོམ་མེད། ཅེས་རྣལ་འབྱོར་བཞི་གསུངས་པ་ཡང་ཤེར་ཕྱིན་གྱི་བསྒོམ་ཚུལ་ཡིན་གྱི་ཕྱག་རྒྱ་ཆེན་པོའི་བསྒོམ་དུ་མི་འདོད་དོ། །དབང་དང་འབྲེལ་བའི་རིམ་གཉིས་ཀྱི་རྣལ་འབྱོར་གང་ཡང་མིན་པའི་ཕྱིར་རོ། །འགའ་ཞིག་ནི་དེ་སེམས་ཙམ་པའི་བསྒོམ་ཡིན་པས་དབུ་མ་པ་ལ་སྦྱར་མི་རུང་སྟེ། ཤཱཀྱ་པ་སེམས་ཙམ་པ་ཡིན་པའི་ཕྱིར། ཞེས་ཀྱང་འདོད་མོད། ཤཱཀྱ་པ་སེམས་ཙམ་པར་སྒྲུབ་དཀའོ། །འོན་ཀྱང་སྦྱོར་ལམ་གྱི་སྐབས་སུ་ཡང་རྩེ་གཅིག་སོགས་ཁས་ལེན་དགོས་པས་འཕགས་པར་འདོད་པ་ནི་འཁྲུལ་ལོ། །བཞི་པ་ནི། ཁ་ཞེས་སོགས་ཏེ། ཁ་ཅིག་ནི་ས་ལམ་ཁ་ཅིག་འཐད་ལ། ལ་ལ་མི་འཐད་པའི་ཁྱད་པར་མེད་དེ། བཅོམ་ལྡན་འདས་ཀྱིས་གདུལ་བྱ་རང་རང་གི་བློ་དང་འཚམ་པའི་ཆོས་དེ་དང་དེ་གསུངས་པ་ཡིན་པས། ཐེག་པ་ཀུན་རང་ས་ན་བདེན་པ་ཡིན་པའི་ཕྱིར་ཞེས་རྗེས་འཇུག་ཀུན་ལ་སྒྲོག་པར་བྱེད་དོ། །འདི་ཡང་བརྟགས་པར་བྱ་བས་ཉོན་ཅིག །རང་སར་བདེན་ཅེས་པ་དེ་ཅི། སྨྲས་ཚད་ལ་འདོད་དམ་གྲུབ་མཐའ་ཐམས་ཅད་ལ་ཟེར་རམ། ཁྱད་པར་སངས་རྒྱས་པའི་ཐེག་པ་ཀུན་རང་སར་བདེན་ཞེས་ཟེར་རམ། དེ་ལས་གཞན་གང་ལ་འདོད། །དང་པོ་ལྟར་ན། ཤེས་བྱ་ཆོས་ཅན། རྫུན་ཚིག་ཤེས་བྱ་ལ་མི་སྲིད་པར་ཐལ། སྨྲས་ཚད་བདེན་པས་སོ། །འོན་ཏེ་གཉིས་པ་ཡིན་ཟེར་ན། ཤེས་བྱ་ཆོས་ཅན། དབང་ཕྱུག་པས་འཚེ་བ་དམ་ཆོས་སུ་སྨྲ་བ་དང་། རྒྱང་འཕན་པས་འཇིག་རྟེན་ཕ་རོལ་བ་མེད་པར་སྨྲ་བ་སོགས་ལྟ་བ་ལོག་པ་ཐམས་ཅད

བདེན་པར་ཐལ། གྲུབ་མཐའ་ཀུན་བདེན་པས་སོ། །གལ་ཏེ་མུ་སྟེགས་པའི་མཆོག་རྣམས་ལ་རྟག་དངོས་འདོད་པ་ལ་སོགས་པ་རྫུན་པའང་དུ་མ་ཡོད་མོད་ཀྱི། སྦྱིན་པ་དང་ཚུལ་ཁྲིམས་དང་བཟོད་པ་སོགས་བདེན་པའང་དུ་མ་ཡོད་པའི་ཕྱིར་ན་བདེན་པའི་ཆ་ནས་གཞན་སྡུག་བསྔལ་ལས་སྐྱོབ་ནུས་པས་བདེན་པའི་གྲུབ་མཐའ་ཀུན་རང་སར་བདེན་ནོ་སྙམ་ན། མུ་སྟེགས་མཆོག་རྣམས་ཆོས་ཅན། སྦྱིན་སོགས་འཕྲལ་གྱི་ལག་ལེན་ཕལ་ཆེར་བཟང་ཡང་དེའི་ཆ་ནས་གཞན་སྡུག་བསྔལ་ལས་སྐྱོབ་མི་ནུས་པར་ཐལ། སྐྱབས་གནས་དང་ལྟ་བ་དང་ཐབས་ཀྱི་གནད་རྣམས་འཁྲུལ་ཞིང་ལོག་པའི་ཕྱི་རོལ་པ་ཡིན་པའི་ཕྱིར།（ཤོག་གྲངས་གྱ་དྲུག་གི་ཉིན་དོར་ཡོད་པའི་འབྲུ་ཆད་པ་དག་ལ་ཁ་སྐོང་བྱས་རྗེས་རྟགས་ལྡང་ཁུ་བརྒྱབ་ཡོད།）དེ་སྐད་དུ་ཡང་རྣམ་འགྲེལ་ལས། རིག་བྱེད་ཚད་མ་དང་ནི་འགས་བྱེ་སྨྲ། །ཁྲུས་ལས་ཆོས་འདོད་དང་ནི་རིགས་སྨྲས་དྲེགས། །སྡིག་པ་གཞོམ་ཕྱིར་གདུང་བ་རྩོམ་ཞེས་པ། །གླེན་པོ་ཤེས་རབ་འཆལ་པའི་རྟགས་ལྔ་ཡིན། །ཞེས་དང་། འདི་ལ་རྟག་པ་ཕལ་ཆེར་ནི། འགལ་བ་བརྗོད་ཡིན་འདི་ལྟ་སྟེ། ཆགས་སོགས་ཆོས་མིན་རྩ་བ་དག་ཁྲུས་ཀྱིས་ཆོས་མིན་དག་འགྱུར་བའོ། །ཞེས་སོགས་འབྱུང་བ་དང་། ཁྱད་པར་འཕགས་བསྟོད་དུ། གང་ཕྱིར་འཇིག་རྟེན་སྐྱོན་ལ་དགའ། །ཡོན་ཏན་འཛིན་པར་ཞེན་པས་ན། །སྐྱོན་ཡང་ཡོན་ཏན་ལྟར་མཐོང་ནས། །གཞན་ལ་སྐྱབས་སུ་མཆི་བར་འགྱུར། །ཁྱབ་འཇུག་དབང་ཕྱུག་ལ་སོགས་པ། །དེ་ལ་སྐྱེ་བོ་དགའ་དད་པས། །དེ་ཡི་ཡོན་ཏན་གང་སྒྲོག་པ། །ཁྱོད་ཀྱི་བསྟན་ལ་དེ་དག་སྐྱོན། །ཞེས་སོགས་དང་། ལྷ་ལས་ཕུལ་བྱུང་གི་བསྟོད་པར་ཡང་། བརྒྱ་བྱིན་དྲི་རྗེ་ཐོགས་ཤིང་སྟོབས་ཅན་ཁྱབ་འཇུག་འཁོར་ལོའི་མཚོན་ཐོགས་དང་། །སྐེམ་བྱེད་མདུང་ཐུང་ཐོགས་ཤིང་ལྷ་ཆེན་རྩེ་གསུམ་མཚོན་ཐོགས་དུར་ཁྲོད་གནས་གྱུར་པ། །དེ་དག་བྱིས་པ་སྙིང་བརྩེ་མེད་པ་སྣ་ཚོགས་མཚོན་བྱེད་སྡུག་བསྔལ་འཇིགས་པ་ལ་བརྟེན་ན། །རྟག་ཏུ་སྲོག་ཆགས་འཇོམས་པར་བརྩོན་པ་དེ་ལ་མཁས་པ་སུ་ཞིག་འདུད་པར་བྱེད། །ཅེས་སོགས་གསུངས་པ་ལྟར་རོ། །

ཅི་སྟེ་བརྟག་པ་གསུམ་པ་སངས་རྒྱས་པའི་ཐེག་པ་ཀུན་རང་སར་བདེན་པས་འདི་ཁོ་བོའི་འདོད་པའོ། །ཞེས་ཟེར་ན། ལུགས་འདི་ལ་ཡང་ཅུང་ཟད་བརྟག་ཅིང་དབྱེ་བར་བྱ་སྟེ། སངས་རྒྱས་པའི་ཐེག་པ་ཀུན་རང་སར་བདེན་ཅེས་པའི་དོན་ནི་གང་། སངས་རྒྱས་ཀྱི་གསུང་ཀུན་ལ་དྲང་དོན་དང་ངེས་དོན་གྱི་ཁྱད་མེད་པར་ཐམས་ཅད་བདེན་པ་ངེས་དོན་ཁོ་ནར་འདོད་པ་ཡིན་ནམ། སྒྲ་ཇི་བཞིན་གྱི་དོན་ལ་རིགས་པས་མི་གནོད་པ་ལ་བདེན་པའི་དོན་དུ་འདོད་དམ། བསྟན་དོན་ལ་མི་བསླུ་བ་བདེན་པའི་དོན་དུ་འདོད། དང་པོ་ལྟར་ན། སངས་རྒྱས་ཞེས་སོགས། ཤེས་བྱ་ཆོས་ཅན། སངས་རྒྱས་ཀྱི་གསུང་ཐམས་ཅད་ངེས་དོན་ཁོ་ནར་མི་གནས་པར་ཐལ། སངས་རྒྱས་ཀྱི་གསུང་ལ་དྲང་དོན་དང་ངེས་དོན་རྣམ་པ་གཉིས་དང་། ཐེག་པ་ལ་འཇིག་རྟེན་ལས་འདས་མ་འདས

གཉིས་དང་། བཤད་པ་ལ་སྐྱོག་པོའི་དགོངས་པ་ཅན་དང་། ལྡེམ་པོར་དགོངས་པ་དང་དྲང་པོར་དགོངས་པ་ཞེས་བྱ་བ་གསུམ་དུ་ཡོད་པའི་ཕྱིར་རོ། །སངས་རྒྱས་ཀྱི་གསུང་ཚུལ་ཡང་གཅིག་ཁོ་ནར་མ་ངེས་པར་ཐལ། འཇིག་རྟེན་མཐུན་འཇུག་ལ་དགོངས་ནས་འཇིག་རྟེན་པའི་ངོར་ཕྱི་རོལ་དུ་ཡོད་པ་གསུང་ཞིང་། ཐ་སྙད་དཔྱོད་པའི་རིགས་ངོ་ལ་དགོངས་ནས་ཆོས་རྣམས་སེམས་སུ་གསུང་ལ། དམ་པའི་དོན་ལ་དགོངས་ནས་ཆོས་ཀུན་སྤྲོས་པ་བྲལ་ལོ། །ཞེས་གསུངས་པས་སོ། །དེས་ན་དྲང་པའི་དོན་གྱི་མདོ་དང་དགོངས་པ་ཅན་དང་། ལྡེམ་པོར་དགོངས་པ་དང་། འཇིག་རྟེན་པའི་ཐེག་པ་ལ་དགོངས་ཏེ་གསུངས་པའི་མདོ་རྒྱུད་ཀུན་དེ་ལྟར་བདེན་པ་ངེས་དོན་དུ་མི་བཟུང་བར་ཐལ། དེ་དག་ཏུ་གྱུར་པའི་དྲང་དོན་ཡང་ཡོད་པའི་ཕྱིར། བརྟག་པ་གཉིས་པ་སྒྲ་ཇི་བཞིན་གྱི་དོན་ཅན་ལ་བདེན་པར་འདོད་ན་ནི། དེའང་མིན་པར་ཐལ། སངས་རྒྱས་ཀྱི་གསུང་ལ་སྒྲ་ཇི་བཞིན་པ་དང་དེ་མིན་པ་གཉིས་སུ་ཡོད་པའི་ཕྱིར་དང་། སངས་རྒྱས་ཀྱི་གསུང་ཀུན་བདེན་པར་ཁས་བླངས་པ་དང་འགལ་བའི་ཕྱིར་རོ། །འོ་ན་ངེས་དོན་དང་སྒྲ་ཇི་བཞིན་པ་སོགས་ལ་བདེན་པར་བྱས་པ་མེད་པར་འགྱུར་རོ་ཞེ་ན། ཤེས་བྱ་ཆོས་ཅན། གསུང་ཐམས་ཅད་ངེས་དོན་དང་སྒྲ་ཇི་བཞིན་པ་སོགས་མིན་ཡང་ངེས་དོན་དང་སྒྲ་ཇི་བཞིན་པ་སོགས་ལ་བདེན་པར་བཤད་པ་མེད་མི་དགོས་པར་ཐལ། སྟོང་ཉིད་སོགས་ངེས་པའི་དོན་དང་དེའི་ཚིག་གིས་ཇི་བཞིན་སྟོན་པའི་སྒྲ་དང་། དེ་ཇི་བཞིན་རྟོགས་པའི་འཇིག་རྟེན་ལས་འདས་པའི་ཐེག་པ་དང་། དེ་དྲང་པོར་དགོངས་ཏེ་གསུངས་པ་རྣམས་ལ་ནི་ཇི་ལྟར་གསུངས་པ་བཞིན་དེ་ལྟར་བདེན་པར་བཟུང་དགོས་པའི་ཕྱིར། ཅི་སྟེ་བརྟག་པ་གསུམ་པ་བསྟན་བྱ་ལ་མི་བསླུ་བ་བདེན་པའི་དོན་ནོ་ཞེར་ན། སྤྱིར་ནི་དེ་ལྟར་བཤད་པ་ཡོད་དེ། བརྩེ་བས་ལེགས་དང་ཡེ་ཤེས་ལས། །བདེན་པ་གསུང་མཛད་སྒྲུབ་བྱེད་བཅས། །དེ་གསུངས་པར་ཡང་མངོན་སྤྱོར་ལྡན། །གང་ཕྱིར་དེས་ན་ཚད་མ་ཉིད། །ཅེས། འབྲས་མེད་ཕྱིར་ན་རྫུན་མི་གསུངས། །ཞེས་སོགས་རྣམ་འགྲེལ་དུ་གསུངས་པའི་ཕྱིར་རོ། །འོན་ཀྱང་འདིར་ནི་བརྗོད་བྱ་དང་རྗོད་བྱེད་དེ་དག་གི་དོན་གཞན་དུ་དྲང་དགོས་མི་དགོས་ལ་རྫུན་པ་དང་བདེན་པའི་དོན་དུ་ཤེས་ཆེར་བྱེད་དགོས་པས། བསྟན་བྱ་ལ་མི་བསླུ་བས་བདེན་པར་མི་འགྱུར་ཏེ། དྲང་དོན་གྱི་མདོ་ཐམས་ཅད་བདེན་པར་ཐལ་བའི་སྐྱོན་ཡོད་པས་སོ། །དེས་ན་འདིར་དྲང་དོན་ངེས་དོན་གྱི་རྣམ་གཞག་དང་། དགོངས་པ་ཅན་དང་ལྡེམ་པོར་དགོངས་པ་ལ་སོགས་པའི་རྣམ་བཞག་རྒྱས་པར་བྱེད་དགོས་ནའང་མངས་པར་དོགས་པས་མ་བྲིས་སོ། །གཞན་དག་དགོངས་ལྡེམ་དགོངས་ལ་དྲང་དོན་ཡིན་དགོས་པར་འདོད་པ་དང་། དྲང་དོན་གྱི་གསུང་རབ་ལ་ཡིད་བརྟན་མེད་པར་འདོད་པ་སོགས་ནི་སྟོན་པ་སངས་རྒྱས་ལ་ཡིད་བརྟན་མེད་པར་ཁས་ལེན་པ་དང་། དགོངས་ལྡེམ་དགོངས་ཀྱི་གསུང་རབ་ཐམས་ཅད

བསྔུས་པར་བཤད་པ་སོགས་མ་མཐོང་བས་ཡིད་བརྟན་ཁྲེད་རང་ལ་མེད་པར་ཁས་བླངས་པས་རྟག་ཏུ་དམན་ཆ
ཟུངས་ཤིག །ལྟ་བ་ལ་འདོད་པ་བརྗོད་པ་དང་། དེ་དགག་པ་གཉིས། དང་པོ་ནི། གལ་ཏེ་ཞེས་སོགས་ཏེ། ཁོ་ན་རེ།
གལ་ཏེ་མུ་སྟེགས་བྱེད་ལ་ཡང་བྱམས་པ་དང་སྙིང་རྗེ་སྦྱིན་པ་ལ་སོགས་པ་བདེན་པའི་ཆོས་ཀྱང་མང་པོ་སྣང་ལ།
སངས་རྒྱས་གསུང་ལ་དྲང་དོན་དང་དགོངས་པ་དང་ལྡེམ་དགོངས་སོགས་བདེན་པ་མིན་པའང་གསུངས་པས་ན།
བདེན་མཚུངས་གཉིས་ཀ་མཚུངས་པ་ལ་སངས་རྒྱས་གསུང་ལེན་མུ་སྟེགས་བྱེད། ཡོང་བའི་རྒྱུ་མཚན་ཅི་ཞེས
ཟེར་ན། གཉིས་པ་ལ། དེ་གཉིས་མཚུངས་པར་འདོད་པ་དགག་པ་མཆོན་ཏེ། ཆོས་ལོག་གཞན་ཡང་དགག་པ།
འཁྲུལ་མེད་བླ་མ་སངས་རྒྱས་སུ་བཟུང་བའོ། །དང་པོ་ནི། སངས་རྒྱས་ཞེས་སོགས་ཏེ། ཤེས་བྱ་ཆོས་ཅན།
སངས་རྒྱས་དང་མུ་སྟེགས་གཉིས་གཞན་བདེན་རྫུན་ལ་སྦྱོར་ཚུལ་མི་མཚུངས་པར་ཐལ། སངས་རྒྱས་ནི་གདུལ་
བྱ་དང་པོར་དྲང་དོན་གྱིས་ཁྲིད་ནས་ཕྱིས་ངེས་དོན་བདེན་པ་ཉིད་ལ་སྦྱོར་བར་མཛད་ལ་མུ་སྟེགས་ཀྱིས་ནི་
གཞན་དང་པོར་བདེན་པ་ལྟ་བུས་ཁྲིད་ནས་ཕྱུགས་སུ་རྫུན་པ་ཉིད་ལ་སྦྱོར་བར་བྱེད་པས་སོ། །དེ་སྐད་དུ་ཡང་།
ཕྱི་རོལ་པ་རྣམས་ཀྱིས་འདོད་པ་བརྗོད་པར། སྔོ་བསངས་མང་ཐོས་གང་སླུབ། །དེ་དག་སྲུང་གིའི་རྗེས་དང་འདྲ། །
ཇི་ཙམ་དབང་པོའི་སྤྱོད་ཡུལ་བ། །སྐྱེས་བུས་ཀྱང་དེ་ཙམ་ཉིད་དུ་ཟད། །ཅེས་སོགས་དང་། གང་གིས་མི་ནི་
བསད་པ་དང་། །གང་ཞིག་གསོད་པར་བྱེད་པ་དག །དེ་དག་གཉིས་ཀ་མི་དམིགས་ཏེ། །གསོད་དང་གསོད་པ་
པོ་ཡོད་མིན། །རིགས་དང་འདུལ་བ་ཕུན་སུམ་ཚོགས། །བྲམ་ཟེ་བ་ལང་གླང་པོ་དང་། །ཁྱི་དང་རྨེ་ཤ་ཅན་དག
དང་། །མཁས་པ་རྣམས་ནི་མཉམ་པར་བལྟ། །ཞེས་སོགས་མེད་ལྟ་སྟོན་པར་བྱེད་པ་དང་། དེ་ཉིད་ཉི་ཤུ་ལྟར
ཤེས་ན། །རལ་བའམ་བྱེའུའམ་ཅོད་པན་ནམ། །ཆ་ལུགས་གང་གིས་གནས་ཀྱང་རུང་། །གྲོལ་འགྱུར་འདི་ལ་ཐེ་
ཚོམ་མེད། །ཅེས་སོགས་དང་། གཅེར་བུ་ཀུན་དགའ་ར་བ་སོགས། །རྟིག་པ་སྡིག་པའི་རྒྱུ་ཡིན་ཕྱིར། །ཞེས་
སོགས་ཀྱིས་འཁོར་དང་ཐར་པ་ལོག་པར་སྟོན་པར་བྱེད་པ་རྣམས། བདག་ཅག་མུ་སྟེགས་ལ་མི་དད་ལ་སངས་
རྒྱས་ལ་གུས་པས་རྒྱུ་མཚན་ཡོད་དེ། དེ་གཉིས་ལོག་པ་དང་མ་ལོག་པ་ལ་སྦྱོར་མི་སྦྱོར་གྱི་ཁྱད་པར་མཐོང་བ་
དེའི་ཕྱིར་རོ། །གཉིས་པ་ནི། དེ་ཞེས་སོགས། རྒྱ་གར་ནག་ཏུམ་ཟད་གངས་ཅན་གྱི་ཁྲོད་འདི་ན་ཡང་གཏོང་ཕོད་
ཆེ་བ་དང་བརྟུལ་ཞུགས་དགེ་བ་ལྟ་བུའི་རྣམ་ཐར་བཟང་བཟང་ལྟར་བསྟན་ནས་ནི། གདུལ་བྱ་ལོག་པའི་ཆོས་ལ
ནན་གྱིས་སྦྱོར་བ་མང་པོ་མཐོང་མོད། དེ་དག་ནི་ཆོས་ཅན། མུ་སྟེགས་ཀྱི་ཆོས་ལོག་བཞིན་དུ་སྤང་ཞིང་སྤོང་
དགོས་ཏེ། སེམས་ཅན་ལོག་པ་ལ་སྦྱོར་བྱེད་ཡིན་པས་སོ། །དེ་(འབྲུ་ཆད་)གསུམ་པ་ནི། ཐེག་ཅེས་སོགས་ཏེ།
གདུལ་བྱ་ལ་དང་པོར་བསླལ་བ་དང་འཚམ་པའི་ཐེག་པ་སྣ་ཚོགས་པའི་ཚུལ་བསྟན་པ་དེ་ནས་ཟབ་མོའི་གནད་

རྣམས་སངས་རྒྱས་ཀྱི་གསུང་བཞིན་དུ་ཡང་དག་འཁྲུལ་མེད་སྟོན་པར་མཛད་པའི་བླ་མ་དེ་ཆོས་ཅན། སངས་རྒྱས་ཉིད་དུ་ས་པཎ་བདག་གིས་བཟུང་སྟེ། བསྟན་བྱ་ཀུན་ལ་མ་འཁྲུལ་བའི་ཆོས་སྟོན་པ་པོ་ཡིན་པས་སོ། །དེ་བས་དེ་ལྟ་བུའི་བླ་མ་རེ་བསྟེན་པར་བྱེད་ཅེས་པའི་དོན་ནོ། །དྲུག་པ། ནོར་བས་བསྟན་པ་ལ་གནད་བཅོས་པས་ཉེས་པ་འབྱུང་བའི་ཚུལ། གནད་བཅོས་པས་བསྟན་པ་ལ་གནོད་པའི་ཚུལ། གནད་འཆོས་པའི་བདུད་ལས་འཇུག་པའི་ཚུལ། དམ་ཆོས་དང་འགལ་བ་སྤང་བྱར་བསྟན་པ་དང་བཞི། དང་པོ་ནི། ཆོས་ཞེས་སོགས་ཏེ། ཁོ་ན་རེ། སྦྱིན་སོགས་ཆོས་བཟང་པོ་ལ་སྦྱར་ན་ཕུགས་སུ་ཡང་སྐྱོན་ལ་སྦྱར་བཟ་མི་འགྱུར་བས་མུ་སྟེགས་བདེན་པས་ཕྲིད་ནས་ལོག་པ་ལ་སྦྱར་བར་མི་གྲུབ་པོ། ཟེར་ན། ཤེས་བྱ་ཆོས་ཅན། མུ་སྟེགས་སོགས་ཀྱིས་གཞན་ལ་སྦྱིན་པ་ལྟ་བུའི་ཆོས་གཞན་ལེགས་པར་སྟོན་པས་གཞན་དེ་ལ་སྐྱོན་མི་འབྱུང་བར་མ་ངེས། ༼འབྲུ་ཚད་དེ་ནི་པ་ཤེ་ཡིན་ཤླམ༽དེ་ལྟར། སྟོན་ན་ཡང་བདག་མེད་རྟོགས་པའི་ཤེས་རབ་ལྟ་བུའི་ཆོས་ཀྱི་གནད་རྣམས་གཞན་དུ་བཅོས་ཏེ་བསྟན་པས་ནི་དེ་ལ་ཤིན་ཏུ་འཇིགས་པ་ཆེན་པོའི་སྐྱོན་བསྐྱེད་པའི་ལྟ་བ་ངན་པ་སྐྱེ་བར་འགྱུར་བས་སོ། །མདོ་ལས། གལ་ཏེ་སྦྲུལ་ནི་གདུག་པ་ཡིས། །གནོད་པ་དག་ནི་རབ་བྱས་ཀྱང་། །ན་ཡང་སྐྱེ་དགུ་མང་པོ་རྣམས། །ངན་སོང་དབང་དུ་ལྟུང་མི་བྱ། །བླུན་པོ་གང་ཞིག་ཆོས་སྟོན་པ། །དགེ་བའི་རྩ་བ་འཇིག་བྱེད་པས། །སྐྱེ་དགུ་མང་པོ་ཚད་མེད་རྣམས། །སེམས་ཅན་དམྱལ་བར་ལྟུང་བར་བྱེད། །ཅེས་སོགས་དང་། རྩ་ཤེར་ལས། སྟོང་པ་ཉིད་ལ་ལྟ་ཉེས་ན། །ཤེས་རབ་ཆུང་ལྡན་ཕུང་བར་འགྱུར། །ཇི་ལྟར་སྦྲུལ་ལ་འཛུ་ཉེས་དང་། །རིགས་སྔགས་ངན་པར་སྒྲུབ་པ་བཞིན། །ཞེས་དང་། འཕགས་པ་ལྷས་ཀྱང་། ཚུལ་ཁྲིམས་ལས་ནི་ཉམས་སླ་ཡིས། །ལྟ་ལས་ནམ་ཡང་ཉམས་མི་བྱ། །ཚུལ་ཁྲིམས་ཀྱིས་ནི་བདེ་འགྲོར་འགྲོ། །ལྟ་བས་གོ་འཕང་མཆོག་ཐོབ་འགྱུར། །ཞེས་སོགས་གསུངས་པ་ལྟར་རོ། །

ཤེས་རབ་ལྟ་བུའི་གནད་བཅོས་པ་ལྟ་ཅི་སྨོས་གནད་ཕྲན་ཚེགས་བཅོས་པས་ཀྱང་དེ་ལས་སྐྱོན་བྱུང་བ་མང་སྟེ། འདས་ཞེས་སོགས་ཏེ། དཔེར་ན། སྔོན་བྱུང་བ་འདས་པའི་དུས་ན་སྲིན་པོའི་རྒྱལ་པོ་ལང་ཀ་མགྲིན་བཅུ་ཞེས་བྱ་བས་འབད་པས་དབང་ཕྱུག་སྒྲུབ་པས་ལོ་གྲངས་སམ་ཡ་བཅུ་གཉིས་དང་། དེའི་ཕྱེད་ཀྱིས་ལྷག་པའི་དངོས་གྲུབ་བྱིན་པ་ལ། དབང་ཕྱུག་ཕྲག་དོག་གིས་གཟིར་ནས། མགྲིན་བཅུ་ལ་ནི་འདི་སྐད་སྨྲས། ཁྱོད་ཀྱིས་འབད་པ་ཆེ་མོད་ཀྱིས། །དབང་ཕྱུག་གིས་ནི་དངོས་གྲུབ་ཆུང་། །ད་དུང་སྔར་གྱི་མ་ཡིན་པའི། །ས་ཡ་ཕྲག་ཕྱེད་ཐུབ་པ་སློང་། །མགྲིན་བཅུས་བདེན་པར་བསམ་ནས་ནི། །དབང་ཕྱུག་ལ་ནི་དོན་དེ་ཞུས། །དབང་ཕྱུག་ཆེན་པོས། ས་ཡ་ཕྲག་ཕྱེད་ཐུབ་པ་ཙམ་དེ་བྱིན་པས་ད་དུང་སྔར་གྱི་མིན་པའི་ཞེ་གནད་བཅོས་པའི་ཚིག་འདི་ཡིས

སྔར་གྱི་དངོས་གྲུབ་ལོ་གྲངས་ས་ཡ་བཅུ་གཉིས་དང་ཕྱེད་ཀྱིས་ལྷག་པ་ཐམས་ཅད་ལ་གནས་ཀྱང་ཕྲག་ཕྱེད་ལས་མ་ཐུབ་པོ་ཞེས་གཏམ་དུ་གྲགས་པ་དེ་བཞིན་ནོ། །དེ་རམ་ཟད་ལྷ་མིན་གྱི་དབང་པོ་གསེར་ཅན་གྱིས་ཀྱང་དབང་ཕྱུག་བསྒྲུབས་པས་གྲུབ་སྟེ། ས་གཞི་ནམ་མཁའ་ཁང་པའི་ཕྱི་ནང་དུ་ཡང་མི་འཆི། མི་དང་མི་མིན་པས་ཀྱང་མི་གསོད་པའི་དངོས་གྲུབ་བྱིན་པའི་མོད་ལ། དབང་ཕྱུག་གིས། གསེར་ཅན་གྱི་བུ་ལ་ཕ་ཐེམ་པའི་སྟེང་དུ་ཞོག་ལ། རི་བོ་རི་བོ་ལ་ནི་ཐུབ་པ་བཞུགས། །ཆུ་བོ་ཆུ་བོ་ལ་ནི་ཆུ་ལྷ་གནས། །བཞི་མདོ་བཞི་མདོ་ལ་ནི་ཞི་བ་སྟེ༔ །ཀུན་ཏུ་ཀུན་ལ་དབང་བྱེད་དབང་ཕྱུག་ཡིན། །ཞེས་བསླབ་སྟེ། བུས་དེ་བཞིན་བྱས་པས་ཕ་ཁྲོས་ནས་ཐམས་ཅད་ལ་དབང་ཕྱུག་གནས་ན་འདི་ལའང་ཡོད་ཅེས་ཐེམ་པ་ལ་ཁུ་ཚུར་བསྣུན་པས། དེ་ནས་དབང་ཕྱུག་ལུས་པོ་མི་ལ་མགོ་བོ་སེང་གེ །སྟེར་མོ་ལྟུགས་ལས་བྱུས་པ་ཞིག་བྱུང་སྟེ་གསེར་ཅན་ཐེམ་པའི་སྟེང་དུ་པང་དུ་བླངས་ཏེ་བསད་དོ། །ཞེས་ལེགས་བཤད་འགྲེལ་པའི་གཏམ་རྒྱུད་ལས་འབྱུང་བ་བཞིན་ནོ། །གཉིས་པ་ལ་གནད་བཅོས་པས་བསྟན་པ་གནོད་ཚུལ་སྤྱིར་བསྟན་པ། ཐེག་པ་གསུམ་དང་སྦྱར་ནས་སོ་སོར་བཤད་པ། གནད་ལ་འཆུགས་པའི་དམ་ཆོས་བླངས་པར་གདམས་པའོ། །དང་པོ་ནི། ཨོཾ་ཞེས་སོགས་ཏེ། ཤེས་བྱ་ཆོས་ཅན། དངོས་གྲུབ་འདོད་པའི་ཆོས་པ་རྣམས་ཀྱིས་སྔགས་ལ་སོགས་པ་བླང་བྱའི་ཆོས་ཀྱི་གནད་བཅོས་པར་མི་བྱ་སྟེ། གསང་འདུས་ལས་འབྱུང་བ་ལྟར་འགོར་ཨོཾ་མེད་པའི་གསང་སྔགས་ལ་གཡོན་ཅན་མཁས་རློམ་གྱིས་ཨོཾ་བཅུགས་པས་སྔགས་ཀྱི་ནུས་པ་ཉམས་པ་མཐོང་བའི་ཕྱིར་དང་། དེ་བཞིན་དུ་སྭཱ་ཧཱ་དང་ཧཱུྃ་ཕཊ་སོགས་ཡོད་པ་རྣམས་ལ་ཕྲི་བ་དང་མེད་པ་ལ་བསྣན་པ་དང་། གཞན་ཡང་སྔགས་ཀྱི་གནད་ཛ་ལ་ཙར་འདྲི་བ་དང་བ་ཝར་འདོད་པ་དང་། སོགས་གཡོན་ཅན་རྣམས་ཀྱིས་བཅོས་པས་སྔགས་ཀྱི་ནུས་པ་ཉམས་ཤིང་འགྲངས་པ་མང་པོ་མཐོང་ལ། དེས་གསང་སྔགས་བསྟན་པ་དོན་མེད་དུ་བྱེད་པས་སོ། །དེ་བཞིན་དུ་ཆོས་གཞན་ཕ་རོལ་ཏུ་ཕྱིན་པ་སོགས་དམ་པའི་ཆོས་ཀྱི་གཞན་རྣམས་ཀྱང་ཙུང་ཟད་ཙུང་ཟད་བཅོས་པ་ལས་དངོས་གྲུབ་ཚུལ་བཞིན་དུ་འབྱུང་བ་མེད་པར་མ་ཟད། མཐར་དམ་པའི་ཆོས་དེ་མི་བཞུགས་པའི་རྐྱེན་བྱེད་པས་སྙིང་པོའི་གནད་མི་འཚོས་པར་བྱའོ། །རྒྱུ་མཚན་ནི་འོག་ནས་འཆད་པར་འགྱུར་རོ། །གཉིས་པ་ནི། དེས་ཞེས་སོགས་ཏེ། འོ་ན་གནད་བཅོས་པས་གང་ཟག་འཇིག་པའི་ཆོས་གང་ཞེ་ན། བཤད་པར་བྱ་སྟེ། ཤེས་བྱ་ཆོས་ཅན། ཉན་རང་གི་ཐེག་པ་གཞིར་བཞག་ལ་དེའི་ལུགས་ཀྱི་སྡོམ་པ་དང་བདེན་བཞིའི་བླང་དོར་གྱི་གནད་རྣམས་ཉན་རང་གི་ལུགས་ལས་གཞན་དུ་བཅོས་ན་ཉན་རང་གི་ཆོས་ཀུན་འཇིག་པར་ཐལ། དེ་དག་ལས་གཞན་དུ་བཅོས་ན་ཕར་ཕྱིན་ཐེག་པའི་ཆོས་ཀུན་དང་གསང་སྔགས་ཀྱི་ཆོས་ཀུན་འཇིག་པར་ཐལ། ཉན་རང་གི་ཆོས་ལས་གཞན་དུ་ནང་གི་ཆོས་མི་རྙེད་

པས་དེ་ལྟར་ན་དེ་མེད་པར་འགྱུར་༼འབྲུ་ཆད་པ་དེ་བ་ཨེ་ཡིན་སྙམ།༽དེ་བཞིན་དུ། ཤོག་གྲངས་གྱ་བརྒྱད་ཀྱི་ངོར་ཡོད། ཐེག་ཆེན་ལ། དེའི་སེམས་བསྐྱེད་དེའི་བསླབ་བྱའི་གནད་དེ་ལས་གཞན་དུ་བཙོས་པ་དང༌། གསང་སྔགས་ལ་དབང་བསྐུར་བ་དང་རིམ་གཉིས་གང་རུང་གི་གནད་རྣམས་དེ་དག་ལས་གཞན་དུ་བཙོས་ན་ཕར་ཕྱིན་ཐེག་པའི་ཆོས་ཀུན་དང་གསང་སྔགས་ཀྱི་ཆོས་ཀུན་འཇིག་པར་ཐལ། ཕར་ཕྱིན་དང་སྔགས་ཆོས་ལས་གཞན་དུ་དེ་གཉིས་ཀྱི་ཆོས་མེད། ཕར་ཕྱིན་དང་སྔགས་ཆོས་མིན་པ་ནི་དེ་གཉིས་ཀྱི་ཆོས་སུ་མི་རུང་བས་མཐར་དེ་གཉིས་ཀྱི་ཆོས་མེད་དགོས་པའི་ཕྱིར་རོ། །དེས་ན་ད་ལྟའི་ཉམས་སུ་བླང་བྱར་འདོད་པའི་ཆོས་འགའ་ཞིག་ལ་གནད་ཀྱི་གནས་རྣམས་བཙོས་པ་རུ་དགོས་པའི་ཆོས་ལུགས་འགའ་ཞིག་ཡོད་དེ། དེ་ཡང་མདོ་ཙམ་བཤད་ཀྱི་ཉོན་ཅིག །ཅེས་མདོར་བསྟན་ནས་བྱེ་བྲག་ཏུ༼འབྲུ་ཆད་པ་དེ་བཤད་ཨེ་ཡིན་སྙམ།༽ན། སོ་སོར་བཅས་སོགས་ཏེ། ཤེས་བྱ་ཆོས་ཅན། ཐེག་ཆེན་གྱི་གང་ཟག་དེས་སོ་སོར་ཐར་པའི་སྡོམ་པ་ནི་དུས་བྱང་ཆུབ་ཀྱི་བར་དུ་བླངས་པར་གྱུར་ན་དེས་སོ་ཐར་གྱི་གནད་རྣམས་བཙོས་པར་དགོས་ཏེ། དེ་ལྟར་ན། སོ་ཐར་གྱི་ཆོས་རྣམས་ཅི་ནས་འཇིག་པར་འགྱུར་བའི་ཕྱིར་རོ༔ ༔བྱང་སེམས་ཀྱི་སྡོམ་པ་ལེན་འདོགས་ལ་དབུ་མའི་ལུགས་བཞིན་མི་བྱེད་པར་སེམས་ཙམ་པའི་ལུགས་ཀྱི་ཆོ་གས་སྐྱེ་བོ་ཀུན་ལ་བྱེད་པ་མཐོང་བ་འདི་ཡང་ཆོས་ཅན། སེམས་ཙམ་ལུགས་ཀྱི་སེམས་བསྐྱེད་ཀྱི་གནད་རྣམས་བཙོས་པར་མཐོང་སྟེ། ཁྱོད་ཀྱིས་སེམས་ཙམ་ལུགས་ཀྱི་སེམས་བསྐྱེད་འདི་ཡི་ཆོ་ག་ངེས་པར་འཇིག་པའི་ཕྱིར་རོ། །སེམས་ཞེས་སོགས་ཏེ། ཤེས་བྱ་ཆོས་ཅན། སེམས་བསྐྱེད་ཀྱི་བསླབ་བྱའི་མཆོག་བདག་གཞན་བརྗེ་བའི་བྱང་སེམས་བསྒོམ་དུ་མི་རུང་ཞེས་སྨྲ་བ་འདི་ཡང་ཆོས་ཀྱི་གནད་རྣམས་བཙོས་པར་མཐོང་སྟེ། གང་ཟག་དེ་འཚང་རྒྱ་བ་ལ་བདག་གཞན་བརྗེ་བ་ངེས་པར་དགོས་པའི་ཕྱིར་རོ། དེ་ཡང༌། བདག་བདེ་གཞན་གྱི་སྡུག་བསྔལ་དག །ཡང་དག་བརྗེ་བར་མ་བྱས་ན། །སངས་རྒྱས་ཉིད་དུ་མི་འགྲུབ་ཅིང༌། །འཁོར་བ་ན་ཡང་བདེ་བ་མེད། །ཅེས་སོགས་སྤྱོད་འཇུག་ཏུ་འབྱུང་བ་བཞིན་ནོ། །

གསང་སྔགས་ཞེས་སོགས་ཏེ། ཤེས་བྱ་ཆོས་ཅན། གང་ཟག་དེས་གསང་སྔགས་ཀྱི་དབང་བསྐུར་བ་ཐོབ་པ་མེད་ཀྱང་ལུང་ཙམ་ལ་བརྟེན་ཀྱང་གསང་སྔགས་ཀྱི་ཟབ་ལམ་བདག་ཉིད་ལྟར་བསྐྱེད་པ་སོགས་བསྒོམ་དུ་རུང་ངོ་ཞེས་ཟེར་བ་འདི་ཡང་སྔགས་ཀྱི་གནད་རྣམས་བཙོས་པར་དོགས་པར་ཐལ། དེ་འདྲ་དེ་ཡང༌། དབང་མེད་ན་ནི་དངོས་གྲུབ་མེད་ཅེས་རྡོ་རྗེ་འཆང་གིས་བཀག་པས་སོ། །དེ་བས་ན་དངོས་གྲུབ་མེད་པར་མ་ཟད། གསང་སྔགས་རང་ཉིད་ལེན་པ་ནི། །འགྲོ་བ་དམྱལ་བ་འབབ་ཞིག་རྒྱུ། །ཞེས་སོགས་ཀྱིས་ཉེས་པ་ལྷག་པར་ཆེ་བས་དོར་བར་བྱའོ། །གཞན་ཡང༌། གསང་སྔགས་ལམ་གྱི་མཆོག་གྱུར་པའི་རིམ་གཉིས་ཚུལ་བཞིན་མི་བསྒོམ་

པ་རང་བཟོས་མངོན་བྱང་ལྟར་བསྐྱེད་དགོས་པ་ལ་དཀྱིལ་བསྐྱེད་བྱེད་པ་ལྟ་བུ་དང་རྫོགས་རིམ་བསྒོམ་དགོས་པ་ལྟ་བུ་ལ་ཅང་མེད་བསྒོམ་དུ་འཇུག་པ་ལྟ་བུའི་གདམས་ངག་དུ་མ་ཡིས་སློབ་མ་བླུན་པོས་ཁྲིད་པར་བྱེད་པ་ཐོས་ཏེ། འདི་འདྲ་ཡང་སྔགས་ཀྱི་གནད་རྣམས་བཅོས་པར་དོགས་པར་ཐལ། མདོ་རྒྱུད་ཀུན་ལས་བཀག་པས་སོ༔ ༔ཤེས་བྱ་ཆོས་ཅན། བསྐྱེད་རིམ་མཐར་ཐུག་པའི་དབུ་རྒྱན་ལ་རིགས་ལྔ་འབྱུང་བའི་རིགས་བདག་དེ་ནི་རིམ་པ་དེ་བསྒོམ་མཁན་གྱི་རྩ་བའི་བླ་མ་དེ་ཡིན་ནོ། །བླ་མ་དེས་གང་ཟག་དེ་ལ་རིམ་པ་བསྟན་པའི་སྒོ་ནས་རྗེས་སུ་བཟུང་པས་སོ། །དེ་ཡང་རྡོ་རྗེ་རྩེ་མོར། མགོན་དེས་ཡོངས་སུ་བཟུང་བ་ལས། །དེ་ཡི་རིགས་ཀྱི་དཀྱིལ་འཁོར་ཡིན། །ཞེས་གསུངས་པ་ཡིན་ནོ། །དེ་བས་ན་རིགས་བདག་འདི་ནི་འཆོལ་ཏེ་རིགས་བདག་མིན་པ་ལ་བཟུང་ན་ནི་དེའི་དངོས་གྲུབ་མེད་པར་རྒྱུད་ལས་གསུངས་ཏེ། བརྟག་གཉིས་ལས། རིགས་འཆོལ་བསྒོམ་པའི་སྒྲུབ་པ་ཡིས། །དངོས་གྲུབ་མེད་ཅིང་བསྒྲུབ་པའང་མེད། །ཅེས་གསུངས་པའི་ཕྱིར་རོ། །འོན་ཀྱང་ལ་བ་པའི་རྗེས་འབྲངས་འགའ་ཞིག །བླ་མ་དུར་ཁྲོད་དུ་བསྒོམ་པར་འདོད་པ་དང་། དཀྱིལ་འཁོར་གྱི་ལྷ་རྣམས་ཀྱི་ནུར་དུ་བསྒོམ་གྱི་རིགས་བདག་ཏུ་མི་བསྒོམ་པར་འདོད་པ་དང་། བླུན་པོ་འགའ་ཞིག །བླ་མ་སྤྱི་བོར་བསྒོམ་བྱ་མིན་ཏེ་ཆེ་ལ་གནོད་པས་སོ། །ཞེས་ཟེར་བ་འདི་ཡང་ཆོས་ཀྱི་གནད་རྣམས་བཅོས་པར་ཐལ། ལམ་ཟབ་བླ་མའི་རྣལ་འབྱོར་ཉམས་སུ་ལེན་པའི་རྒྱུད་རྒྱ་གཞུང་རྣམས་ལས་བཤད་པའི་བསྟན་པ་ཉམས་པར་བྱས་པའི་ཕྱིར་རོ། །རྗེ་བཙུན་སྒྲུན་རས་གཟིགས་འདོད་པའི་དངོས་གྲུབ་སློབ་དཔོན་ཞལ་གྱི་རྗེས་འབྲངས་པར། མ་ལུས་རྡོ་རྗེ་ཐེག་པར་དེ་བཞིན་གཤེགས་པས་གསུངས། དེ་ཕྱིར་སློབ་མ་རྣམས་ཀྱིས་བླ་མ་གསེར་བཞིན་དུ་ཡོངས་སུ་བརྟགས་ལ་སྐྱོག་པ་ཙུང་ཟད་ཡོད་མ་ཡིན་ཞེས་གསུངས་པ་ལྟར། དང་པོར་དཔོན་སློབ་ཀྱིས་འབྲེལ་པ་བརྟགས། མཚན་ཉིད་དང་ལྡན་པར་མཐོང་ནས་བླ་མ་སངས་རྒྱས་བཞིན་དུ་བལྟས་ཏེ་ཉིན་མཚན་དུས་གསུམ་དུ་ཞབས་ཀྱིས་པད་མོ་ལ་སྤྱི་བོས་གཏུགས་ནས་མཆོད་པ་ཕུལ་ཏེ་གསོལ་བ་འདེབས་པ་ལ་སོགས་པས་དགྱེས་པར་བྱས་ནས་དངོས་གྲུབ་ཞུ་བ་ལ་སོགས་པའི་རྣམ་བཞག་འབུམས་ཀླུས་པ་ཙམ་སྟོན་པར་བྱེད་པའི་རྒྱུད་དང་འགྲེལ་པ་རྒྱ་མཚོ་ལྟ་བུ་རྣམས་ནས་འབྱུང་བ་མ་བསླབ་པར་བྱ་ཡིས། རང་རྒྱུད་ངན་པ་ཚད་མར་འཛིན་པའི་སྐྱོན་ལ་ཡོན་ཏན་དུ་བལྟ་བར་བྱེད་པའི་མི་དགེ་བའི་བཤེས་གཉེན་དུག་སྡོང་ལྟ་བུའི་བླུན་ཚིག་གི་དུག་ཆུས་མྱོས་པར་ནི་མི་བྱ་བ་ཁོ་ན་ཡིན་ནོ། །གཞན་ཡང་ཡོད་ཅེས་སོགས། ཡོད་པའི་དགེ་བ་ཞེས་བྱ་བ། ཆོས་ཀྱི་དབྱིངས་ལ་བསམ་ནས་ནི་དེ་ནི་བསྔོ་བའི་རྒྱུ་རུ་བྱེད་པ་འདི་ཡང་ཆོས་ཀྱི་གནད་རྣམས་བཅོས་པར་དོགས་ཏེ། དམིགས་མེད་པའི་ཆོས་དབྱིངས་དམིགས་པའི་དགེ་བར་རྒྱུར་བ་འདི་བསྔོ་བ་ནི། བསྔོ་བ་དུག་བཅས་སུ་གསུངས་པའི་ཕྱིར། དེ་བཞིན་

དུ་གཏུམ་མོ་བསྒོམ་པ་དང་ཕྱག་རྒྱ་ཆེན་པོ་ལ་སོགས་པ་དང་དམ་ཚིག་དང་སྡོམ་པའི་གནད་རྣམས་བཅོས་པའང་མང་བར་འདུག་མོད་ཀྱི་འདིར་ནི་དབང་ཐོབ་མ་ཐོབ་ཐམས་ཅད་ལ་བཤད་པར་བྱ་བ་མིན་ཏེ། དེ་དག་གི་ནང་ནས་འགའ་ཞིག་གསང་སྔགས་ཟབ་མོར་སྣང་བས་སོ། །ཁྱད་པར་དུ་ཐེག་པ་ཆེན་པོའི་ཆོས་ཀྱི་རྩ་བའི་གནད་བཅོས་པར་མི་བྱ་སྟེ། དེ་ལ་ཉེས་པ་ལྷག་པར་འཕེལ་བས་སོ། །འོན་དེའི་རྩ་བ་གང་ཡིན། འཆོས་ཚུལ་ཇི་ལྟ་བུ་ཞེ་ན། རྩ་བ་སྟོན་པ་ནི། ཆོས་ཞེས་སོགས་ཏེ། ཐབས་ཤེས་ཟུང་འཇུག་གི་རྣལ་འབྱོར་སྟོང་ཉིད་སྙིང་རྗེའི་སྙིང་པོ་ཅན་དེ་ཆོས་ཅན། ཐེག་པ་ཆེན་པོའི་ཆོས་རྣམས་ཀུན་གྱི་རྩ་བ་ཡིན་ཏེ། དེ་ཡིན་པར་ཐེག་ཆེན་གྱི་མདོ་རྒྱུད་ཀུན་ལས་གསུངས་པའི་ཕྱིར་རོ། །

མདོ་ལས། དེ་དག་ཐབས་ཀྱི་ཡོན་ཏན་ཤེས་རབ་ཀྱིས་ཟིན་ན། །མཆོག་ཏུ་མྱུར་བྱུང་བདེ་གཤེགས་བྱང་ཆུབ་མྱུར་དུ་འཐོབ། །ཅེས་སྟུད་པར་འབྱུང་ཞིང་། ག་ཡ་གོ་རིའི་མདོར། བྱང་ཆུབ་སེམས་དཔའ་ལམ་འདི་གཉིས་དང་ལྡན་པ་ནི་མྱུར་དུ་བླ་ན་མེད་པ་ཡང་དག་པར་རྫོགས་པའི་བྱང་ཆུབ་དུ་མངོན་རྫོགས་པར་འཚང་རྒྱའོ། །གཉིས་གང་ཞེ་ན། ཐབས་དང་ཤེས་རབ་པོ། །ཞེས་སོགས་དང་། ཕལ་ཆེན་དུ། འདི་ལྟ་སྟེ་བྱི་ལའི་མིག་བལྟས་པ་ཙམ་གྱིས་བྱི་བ་ཐམས་ཅད་འབྱེར་རོ། །དེ་བཞིན་བྱང་ཆུབ་སེམས་དཔའ་ཐམས་ཅད་མཁྱེན་པ་ཉིད་དུ་སེམས་བསྐྱེད་པའི་ལྷག་པའི་བསམ་པའི་སྦྱོར་བ་ཙམ་གྱིས་ལས་དང་ཉོན་མོངས་པ་ཐམས་ཅད་འབྱེར་བར་འགྱུར་རོ། །འདི་ལྟ་སྟེ་སེང་གེའི་རྒྱུས་པ་ལ་རྒྱུད་དུ་བྱས་པའི་པི་ཝང་གི་སྒྲས་ནི་པི་ཝང་གི་རྒྱུད་ཆད་དོ། །དེ་བཞིན་བྱང་ཆུབ་སེམས་དཔའི་སྟོང་ཉིད་ཀྱི་སྒྲ་ཡིས་ཉོན་མོངས་ཐམས་ཅད་ཟད་པར་བྱེད་དོ། །ཞེས་སོགས་དང་། དུས་འཁོར་རྩ་རྒྱུད་དུ། རྣལ་འབྱོར་ཐབས་ཀྱི་ལུས་དང་ནི། །ཤེས་རབ་གཅིག་པུ་དག་གིས་མིན། །ཐབས་དང་ཤེས་རབ་སྙོམས་འཇུག་པ། །རྣལ་འབྱོར་དེ་བཞིན་གཤེགས་པའི་གསུངས། །ཞེས་གསུངས་པ་དང་། དུས་ནི་འགྱུར་མེད་བདེ་ཞེས་པ། །ཐབས་དང་སྙིང་རྗེའི་བདག་ཉིད་དེ། །འཁོར་ལོ་ཤེས་བྱའི་རྣམ་གྲོལ་དཔལ། །ཤེས་རབ་སྟོང་ཉིད་བདག་ཉིད་དོ། །འདི་ནི་དཔལ་ལྡན་དུས་འཁོར་རོ། །ཞེས་གསུངས་ཤིང་། བརྟག་གཉིས་ལས་ཀྱང་། ཧེ་ནི་སྙིང་རྗེ་ཆེན་པོ་སྟེ། །བཛྲ་ཤེས་རབ་བརྗོད་པར་བྱ། །ཐབས་དང་ཤེས་རབ་བདག་ཉིད་རྒྱུད། །དེ་ནི་ང་ཡིས་བཤད་ཀྱི་ཉོན། །ཅེས་གསུངས་པ་ལྟར། དཔལ་ལྡན་འདུས་པ་དང་བདེ་མཆོག་འཁོར་ལོ་ལ་སོགས་གཞན་རྣམས་ཀྱང་། ཐབས་ཤེས་ཟུང་འཇུག་གི་དོན་ལ་དེ་དེ་དག་ཏུ་བཤད་པ་དང་། ཨེ་ཝཾ་མ་བཤད་པའི་རྒྱུད་སྡེ་མ་གྲུབ་པའི་ཕྱིར། དེ་འཆོས་པར་བྱེད་པ་ནི་ལ་ལ་ཞེས་སོགས་ཏེ། ལ་ལ་སྟོང་ཉིད་རྐྱང་པ་རྟོགས་པས་འཚང་རྒྱ་བ་ནི། དཀར་པོ་ཆིག་ཐུབ་ཡིན་ཞེས་ཟེར་བ་དང་། ལ་ལ་ནི་ཐབས་རྐྱང་པས་འཚང་རྒྱ་བར་འདོད་པ་སོགས

ཕྱོགས་རེས་ཆོག་པར་འདོད་པ་དེ་དག་གིས་ནི། ཆོས་ཀྱི་རྩ་བའི་གནད་རྣམས་བཅོས་པར་དོགས་པར་ཐལ། གང་ཟག་དེ་འཚང་རྒྱ་བ་ལ་ཐབས་ཤེས་རབ་ཚང་བ་དགོས་པས་སོ། །གསུམ་པ་ནི། གནད་ཅེས་སོགས་ཏེ། མཐར་ཐུག་གི་ཐར་པ་དོན་གཉེར་ཆོས་ཅན། ཆོས་ཀྱི་གནད་མིན་པ་ལ་ལ་འཁྲུལ་བ་བླ་ཡི་ཆོས་དམ་པའི་གནད་རྣམས་འཁྲུལ་བ་མེད་པར་དཔྱད་དགོས་ཏེ། དམ་ཆོས་ཀྱི་གནད་རྣམས་མིན་པའི་ཆོས་གཞན་འགའ་མ་ཚང་བ་དང་ལྷག་པ་དང་ཉུང་ཟད་འཁྲུལ་པར་གྱུར་ན་ཡང་ཉེས་པ་ཆེན་པོ་བསྐྱེད་མི་ནུས་ལ། ཆོས་དམ་པའི་གནད་དམ་སྙིང་པོ་བཅོས་པར་གྱུར་ནས་ཉམས་སུ་བླངས་ཀྱང་ཆོས་གཞན་བཟང་ཡང་འཚང་མི་རྒྱ་ལ། ཁྱོད་ནི་འཚང་རྒྱ་འདོད་ཡིན་པས་སོ། །དཔེར་ན་འགྲོ་བའི་སྲོག་རྩ་དང་། །ལྗོན་ཤིང་རྣམས་ཀྱི་རྩ་བ་དང་། །ས་བོན་གྱི་ནི་སྙེ་ས་དང་། །ཐགས་རྣམས་ཀྱི་ནི་སྲོག་ཤིང་དང་། །བཙུད་ཀྱི་ལེན་གྱི་རྩ་བ་དང་། །དབང་པོ་རྣམས་ཀྱི་གནད་རྣམས་ནི༑ ༑འཆུགས་ན་སླབ་ཏུ་མི་རུང་བཞིན། །དེ་བཞིན་དུ་ཆོས་ཀྱི་གནད་འཆུགས་ན། ལེགས་ལེགས་འདྲ་ཡང་འབྲས་བུ་མེད་པ་ཡིན་པས་དེས་ནའོ། །བཞི་པ། བདུད་ལས་འཇུགས་པའི་ཚུལ་ལ། རྒྱུ་དང་རྣམ་པ་ཇི་ལྟར་སྟོན་པའི་ཚུལ། ལས་ཐབས་གང་གིས་བསླུ་བའི་ཚུལ། སྟོན་བྱུང་དཔེའི་སྒོ་ནས་བསྟན་པ་དང་གསུམ། དང་པོ་ནི། དེ་ཞེས་སོགས་ཏེ། གོང་དུ་དམ་ཆོས་ཀྱི་གནད་འཆོས་བྱེད་ཡོད་པར་བསྟན་པ་དེ་ལ་སུ་ཡིས་འཆོས་པར་བྱེད་སྙམ་ན། ཤེས་བྱ་ཆོས་ཅན། དམ་ཆོས་ཀྱི་གནད་འཆོས་བྱེད་མེད་པ་མིན་ཏེ། དེ་ནི་ཕྱི་དང་ནང་གི་བདུད་རིགས་རྣམས་ཀྱིས་བྱེད་པའི་ཕྱིར་རོ། །ཕྱི་ནང་གི་བདུད་ཀྱང་ཐོགས་མེད་ནས་བསགས་པའི་འཕོ་བའི་བག་ཆགས་ལ་མ་རིག་པར་བཤད་པ་དེ་དང་། དེ་ལ་བརྟེན་ནས་སྐྱེ་བའི་ཆགས་སྡང་རྨོངས་པའི་རྣམ་པར་རྨོངས་པ་ལ་སོགས་པའི་རྣམ་པར་རྟོག་པ་དང་། དེ་དག་གི་ཚེ་འཕྲུལ་དུ་གྱུར་ཡང་ཕྱི་རོལ་ཏུ་བདུད་ཀྱི་ཚོགས་སུ་སྣང་བས་གེགས་བྱེད་པ་དང་། དེ་དག་གིས་ཡང་སྤྲུལ་པར་གྱུར་པའི་ཞི་དྲག་སྣ་ཚོགས་ཀྱིས་དགེ་བ་ལ་བར་དུ་གཅོད་པར་བྱེད་པ་དག་ལ་བཤད་དོ། །དབང་མདོར་བསྟན་ལས། དེ་བས་འབད་པ་ཐམས་ཅད་ཀྱིས། །འཕོ་བའི་ཆགས་པ་རྣམ་པར་སྤང་ངས། །ཞེས་སོགས་དང་། བསྡུས་རྒྱུད་དུ། དེ་ཕྱིར་འཁོར་བའི་བདེ་བའི་སྐད་ཅིག་འདི་ནི་སྡོམ་བརྩོན་རྣམས་ཀྱིས་ཐམས་ཅད་དུས་སུ་སྤང་བར་བྱ་ཞེས་པ་དང་། དེའི་འགྲེལ་ཆེན་དུ། མ་རིག་པ་ནི་འདིར་སེམས་ཅན་གྱི་ཐོག་མ་མེད་པའི་འདོད་ཆགས་ཀྱི་བག་ཆགས་སོ། །ཞེས་སོགས་དང་། འཕོ་བའི་བར་འདི་ནི་སེམས་ཅན་རྣམས་ཀྱིས། ཐོག་མ་མེད་པའི་དུས་ནས་གློ་བུར་གྱི་དྲི་མའི་རང་བཞིན་ཏེ་དེས་འཁོར་བས་སོ། ། ཞེས་སོགས་དང་། མདོ་ལས་ཀྱང་། བདག་ཅེས་བྱ་བ་བདུད་ཀྱི་སེམས། །ཞེས་སོགས་དང་། བགེགས་ཉིད་རྣམ་པར་རྟོག་ལས་བྱུང་། །དེས་ན་རྣམ་རྟོག་སྤང་བར་བྱ། །ཞེས་སོགས་འབྱུང་བས་སོ། །བདུད་ཀྱི་ཚོགས

རྣམས་ནི་ཆོས་ཅན། ཆ་ལུགས་རྣམ་པ་སྣ་ཚོགས་པའི་སྒོ་ནས་དམ་ཆོས་ལ་འཛེ་བར་བྱེད་པ་ཡིན་ཏེ། ཁྱོད་ལ་ལས་སངས་རྒྱས་དངོས་ལྟ་བུར་སྟོན་ཅིང་། ཁ་ཅིག་གིས་མཁན་པོ་དང་སློབ་དཔོན་བླ་མའི་ཆ་ལུགས་འཛིན་པ་དང་། འགའ་ཞིག་གིས་ཕ་མའམ་ཉེ་དུ་གཞན་གྱི་ཆ་ལུགས་ཀྱིས་དམ་ཆོས་པའི་སེམས་ཅན་རྣམས་ནི། བསླུ་བར་བྱེད་པའི་ཕྱིར་རོ། །དེ་ཡང་། འགྲེལ་ཆེན་དྲི་མེད་འོད་ལས། རྫོགས་སངས་རྒྱས་དང་བྱང་ཆུབ་སེམས་དཔའ་དང་། །ཕ་དང་མ་དང་བུ་མོ་སྲིང་མོ་དང་། །བུ་དང་སྤྱུན་ཟླ་འདོད་པའི་ཚུང་མ་ཡི། །གཟུགས་རྣམས་ཀྱིས་ནི་བདུད་རྣམས་གེགས་བྱེད་དོ། །ཞེས་གསུངས་སོ། །གཉིས་པ་ནི། འགའ་ཞིག་ཅེས་སོགས་ཏེ། རྣམ་པ་དེ་ལྟར་ན་ཐབས་ཇི་ལྟ་བུས་བསླུ་བར་བྱེད་ཅེ་ན། ཤེས་བྱ་ཆོས་ཅན། བདུད་རྣམས་ཐབས་སྣ་ཚོགས་ཀྱིས་དམ་ཆོས་པ་དག་བསླུ་བར་བྱེད་དེ། བདུད་འགའ་ཞིག་རྒྱབ་མོར་སྣང་བར་བྱེད་ཅིང་སྡིག་པའི་ཚུལ་གྱིས་དམ་ཆོས་པ་དག་བསྒྱུར་བར་བྱེད་ལ་བདུད་ལ་ལ་འཇམ་པོར་སྣང་བར་བྱེད་ཅིང་བྱམས་པའི་ཚུལ་གྱིས་དེ་དག་བསླུ་བར་བྱེད་ཅིང་། བདུད་ལ་ལ་སངས་རྒྱས་ཀྱིས་གསུངས་པའི་ལུང་ཕྱིན་ཅི་ལོག་ཏུ་བཤད་ནས་བསྒྱུར། བདུད་ལ་ལས་རིགས་པ་བཟང་པོ་ལ་ངན་པ་ཡིན་ཞེས་བཤད་ནས་བསྒྱུར་བ་དང་། བདུད་ལ་ལས་བཟློག་ནས་བསྒྱུར་བར་བྱེད། བདུད་ལ་ལས་ཟས་ནོར་ཅི་འདོད་པའི་རྫས་པ་བྱིན་ནས་ཆོས་ལོག་སྟོན་ལ། ལ་ལས་ལུས་སེམས་ལ་ཏིང་འཛིན་ཙུང་ཟད་བསྐྱེད་ནས་ཡིད་ཆེས་བསྐྱེད་པ་དང་། ལོག་ཆོས་བསྟན་ནས་བསླུ་ཞིང་། བདུད་ལ་ལས་མངོན་ཤེས་དང་རྫུ་འཕྲུལ་བསྟན་ནས་བླུན་པོ་ཡིད་ཆེས་བསྐྱེད་དེ་ཕྱི་ནས་ཆོས་ལོག་སྟོན་པར་བྱེད། ལ་ལ་ངཡིས་འདི་ལྟར་བསྒོམས་པས་རྟོགས་པ་འདི་སྐྱེ་བས་ཁྱེད་ཀྱང་འདི་ལྟར་གྱིསཤིག་ཅེ་ན་རང་གི་མྱོང་བ་ཡིན་པའི་ཚུལ་དུ་བྱས་ནས་ལོག་པར་འཚོས་པར་བྱེད་པས་སོ། །དེ་ལྟར་མང་དུ་བཤད་པ་ཡོད་ཀྱང་མདོར་བསྡུ་ན་སངས་རྒྱས་ཀྱི་གསུང་རབ་དང་ཕལ་ཆེར་མཐུན་པར་སྟོན་ཅིང་གནད་རྣམས་ཕྱིན་ཅི་ལོག་ཏུ་སྟོན་པའི་ཆོས་ལེགས་ལེགས་འདྲ་བར་འཆད་པའི་གང་ཟག་བཟང་བཟང་འདྲ་བ་དེ་དག་ནི་ཆོས་ཅན། ཆོས་ལེགས་ལེགས་འདྲ་བར་སྟོན་ཀྱང་བདུད་ཀྱིས་བྱིན་གྱིས་བརླབས་པར་ཤེས་པར་བྱ་སྟེ། དེ་ལྟར་དུ་མདོ་རྒྱུད་ཀུན་ལས་གསལ་བར་གསུངས་པས་སོ༔ ༔

དེ་ལྟར་ཡང་རྒྱ་ཆེར་རོལ་པར། གནོད་སྦྱིན་གྲུལ་བུམ་ལྟོ་འཕྱེ་ཆེན་པོའི་གཟུགས། །སྲིན་པོ་ཡི་དྭགས་ཤ་ཟའི་གཟུགས་དང་བཅས། །འཇིག་རྟེན་མི་སྡུག་དྲག་གཟུགས་ཇི་སྙེད་པ། །ཐམས་ཅད་རྒྱུ་ཡིས་དེར་ནི་སྤྲུལ་པ་བྱ༔ །ཞེས་སོགས་དང་། བརྒྱད་སྟོང་པར། དེ་དག་ཤེས་རབ་ཀྱི་ཕ་རོལ་ཏུ་ཕྱིན་པ་ཟབ་མོ་འདི་གཏང་ནས་ཉན་ཐོས་དང་རང་སངས་རྒྱས་ཀྱི་ཐེག་པ་དང་ལྡན་པའི་མདོ་སྡེ་དག་ལས། ཐབས་ལ་མཁས་པ་བཙལ་བར་སེམས་ཏེ།

རབ་འབྱོར་འདི་ཡང་བྱང་ཆུབ་སེམས་དཔའ་སེམས་དཔའ་ཆེན་པོས་བདུད་ཀྱི་ལས་སུ་རིགས་པར་བྱའོ། །ཞེས་སོགས་རྒྱས་པར་བདུད་ལས་ཀྱི་ལེའུ་དང་དཔལ་མཆོག་དང་པོར། རང་གི་སེམས་ཉིད་བདུད་ཡིན་ཏེ། །སེམས་ཉིད་དེ་བཞིན་གཤེགས་པ་ཡིན། །ཞེས་སོགས་དང་། གདན་བཞིར། བདུད་ནི་བདུད་དུ་འཆར་མི་འགྱུར། །རང་གི་སེམས་ཀྱིས་གདམས་པའོ། །ཞེས་སོགས་མང་དུ་འབྱུང་བ་ཡིན་ནོ། །གསུམ་པ་ནི། འདི་ཞེས་སོགས་ཏེ། གནད་རྣམས་འཆོས་པའི་བདུད་སྟོན་ཇི་ལྟར་བྱུང་བའི་ཚུལ་གྱི་དཔེ་རྣམས་སྣ་ཚོགས་གསལ་པོར་ཡོད་དོ། །དེ་ཡང་མདོ་ཙམ་མཁས་དབང་གིས་བཤད་ཀྱིས་ཉོན་ཅིག །སྔོན་ལོ་ཆེན་རིན་ཆེན་བཟང་པོར་གྲགས་པ་མངའ་རིས་སུ་བཞུགས་པའི་ཚེ་མངའ་རིས་སུ་སངས་རྒྱས་སྐར་རྒྱལ་ཞེས་བྱ་བ་ལུས་ཀྱི་སྒོ་ནས་དཔྲལ་བ་ནས་འོད་འབྱིན་ཞིང་བར་སྣང་ལ་དཀྱིལ་ཀྲུང་འཆའ་ལ། རེས་འགའ་འཇགས་མའི་ཁྲི་ལ་སྡོད་པར་བྱེད་དེ། ངག་གི་སྒོ་ནས་སྟོང་པ་ཉིད་ཀྱི་ཆོས་རྣམས་སྟོན་ཅིང་། སེམས་རྒྱུད་ལ་བྱམས་པ་དང་སྙིང་རྗེ་ཆེ་བར་སྣང་ལ། སྐར་རྒྱལ་དེ་ཡི་ཆོས་ཀྱིས་གཞན་དག་ལ་ཏིང་ངེ་འཛིན་ཡང་བསྐྱེད་པར་བྱེད་པས་དེ་ལ་འཇིག་རྟེན་པ་ཐམས་ཅད་མོས་ཤིང་། ཤཱཀྱའི་རྒྱལ་པོ་བསྟན་པ་དང་འདྲ་མིན་ཅུང་ཟད་བཅོས་ནས་འཆད་ཉན་བྱེད་པས་སྐར་རྒྱལ་དེའི་བསྟན་པ་ཤིན་ཏུ་འཕེལ་བར་གྱུར་ཏོ། །དེའི་ཚེ་སྐྱེས་མཆོག་རིན་ཆེན་བཟང་པོ་དགེ་སློང་བྱ་ཡི་གདོང་པ་ཅན་དུ་གྲགས་པ་འཇམ་པའི་དབྱངས་ཀྱི་སྤྲུལ་པ་དེས་ཡི་དམ་གྱི་བསྒྲུབ་པ་ཟླ་བ་དྲུག་མཛད་དེ་གྲོན་ནས་ཏིང་ངེ་འཛིན་བརྟན་ནས་སྐར་རྒྱལ་དེའི་དྲུང་དུ་ཕེབས་ཏེ། ལོ་ཆེན་རིན་ཆེན་བཟང་པོས་སྐར་རྒྱལ་བར་སྣང་ལ་དཀྱིལ་ཀྲུང་བཅས་ནས་ཆོས་འཆད་པ་ལ་གཟིགས་པ་ཙམ་གྱིས་དེ་ས་ལ་ལྷུང་ནས་དྲན་པ་ཉམས་ཤིང་བརྒྱལ་བར་གྱུར་ཏོ། །

དེ་ནས་མགུལ་པ་ནས་བཅིངས་ཤིང་བཀའ་སྒོ་མཛད་པས་ཁོ་ན་རེ། ངམ་ཡུལ་གུ་མའི་མཚོ་ལ་གནས་པའི་ཀླུ་ཡིན། ངས་བསྟན་པའི་ཆོས་ཀྱིས་བོད་ཡུལ་དུ་ཁྱབ་ཡོད། གཞུང་དང་གདམས་ངག་མང་པོ་ལ་ཆུ་ལ་ཚ་བཏབ་པ་ལྟར་འདྲེས་པས་ཕྱོགས་གཅིག་ཏུ་བསྡུད་མི་ནུས། ད་ཕྱིན་ཆད་ཆོས་ལོག་མི་སྟོན་པར་ཞུ་ཞེས་ཟེར་ནས་སྣ་ཁུང་ནས་སྦྲུལ་ནག་པོ་ཐོན་སོང་ཞེས་གྲག་གོ། །གལ་ཏེ་རིན་བཟང་ཞེས་བྱ་བའི་སྐྱེས་མཆོག་དེའི་ཚེ་མི་བཞུགས་ན། སངས་རྒྱས་སྐར་རྒྱལ་ཞེས་བྱ་བའི་ཆོས་ལོག་པའི་བསྟན་པ་ད་དུང་རྒྱས་པར་འབྱུང་ཞེས་གསུངས་སོ། །ནག་པོའི་ཕྱོགས་ལ་དགའ་བ་ཡི། །སྐར་རྒྱལ་ཞེས་བྱའི་ཀླུ་ཆེན་ཞིག །སྐྱེས་ངན་ལུག་རྗེ་ཞིག་ལ་ཞུགས་ནས་ནི། སངས་རྒྱས་གཟུགས་སུ་རྫུས་ཞེས་ལོ་ཆེན་ཉིད་གསུངས་སོ། །འདི་ཞེས་སོགས་ཏེ། དེ་བས་ན་དམ་པའི་ཆོས་དང་བསྲེས་ནས་ཆོས་ཀྱི་གནད་གལ་ཆེ་བ་རྣམས་སུ་ཆོས་ལོག་དང་བསྲེས་ནས་འཆད་པ་སྲིད་པའམ་འོང་སྟེ། དཔེར་ན་སྐར་རྒྱལ་འདི་འདྲའི་རིགས་ཀྱི་བདུད་རིགས་འགའ་མིའམ་འཕགས་པའི་གཟུགས་སུ་བཟུང་

ནས་ལོག་པའི་བསྟན་པ་སྤེལ་བ་དེ་བཞིན་གྱི་ཕྱིར། དཔེར་ཞེས་སོགས་ཏེ། འོ་ན་དམ་ཆོས་དང་བསྲེ་བའི་རྒྱུ་མཚན་གང་ཡིན་སྙམ་ན། སྐར་རྒྱལ་ལྷ་བུའི་ཆོས་ལོག་སྟོན་པའི་བདུད་ཕལ་ཆེར་ཆོས་ཅན། ཆོས་ལོག་སྟོན་པའི་ཚེ་ཆོས་བཟང་པོ་འགའ་ཞིག་དང་བསྲེས་ནས་སྟོན་པའི་རྒྱུ་མཚན་ཡོད་དེ། དམ་ཆོས་དང་མ་བསྲེས་ན་དེས་ཆོས་ལོག་རྐྱང་པར་གོ་བ་སྲིད་ལ། དེ་ལྟར་ན། བསླུ་མི་ནུས་དོགས་པའི་རྒྱུ་མཚན་གྱིས་ཕྱིར་རོ། །དཔེར་ན་ཁ་ཟས་བཟང་པོ་ལ་སྦྱར་བའི་དུག་གིས་གཏོང་ཡུལ་ཕལ་ཆེར་གསོད་ནུས་ལ། དེས་དུག་རྐྱང་ཡིན་པར་ཤེས་ན་ནི་འགའ་ཡང་བསད་པར་ནུས་པ་མིན་པ་དེ་བཞིན་ནོ། །བདུད་ཅེས་སོགས་ཏེ། ཤེས་བྱ་ཆོས་ཅན། བདུད་ཀྱིས་བྱིན་བརླབས་ཐམས་ཅད་ཀྱང་སྤྱོད་པ་ངན་པ་དང་ཆོས་ངན་པ་ཁོ་ནར་མ་ངེས་ཏེ། བདུད་ཀྱིས་ཀྱང་ཆོས་བཟང་པོ་དང་། སྤྱོད་པ་བཟང་པོའང་དེ་ལ་མ་བསྟན་ན་དེ་ལ་ལོག་པའི་ཆོས་དང་སྤྱོད་ངན་ཁོ་ན་བསྟན་པས། དེ་བསླུ་མི་ནུས་པའི་ཕྱིར། དཔེར་ན། རི་དྭགས་རྔ་མ་མ་བསྟན་ན་བོང་ཤ་བཙོང་བར་མི་ནུས་པ་ལྟར་དེ་བཞིན་ནོ། །འོན་ཀྱང་བཟང་པོའི་ནང་ནས་གནད་བཅུད་བཅོས་པ་ཡིས་ཕན་པ་ལྟ་བུས་ཕ་རོལ་བསླུ་བ་འདི་འདྲ་ཤེས་པར་བྱས་ནས་ཆོས་ཀྱི་གནད་རྣམས་མདོ་རྒྱུད་གཞན་མ་སླད་པར་ནི་ལེགས་པར་ཟུངས་ཤིག །ཅེས་གདམས་པའོ། །དེ་ལྟར་གདམས་དགོས་པའི་རྒྱུ་མཚན་ཡོད་དེ། ཤིང་རྟའི་སྲོག་ཤིང་ཆག་པར་གྱུར་ན་འཁོར་ལོ་བཟང་ཡང་འགྲོ་མི་ནུས་ཤིང་། སྲོག་གི་དབང་པོ་འགགས་པར་གྱུར་ན་མིག་སོགས་དབང་པོ་གཞན་དག་བྱ་བྱེད་མེད་པ་དཔེ་དེ་བཞིན་དུ། དམ་པའི་ཆོས་ཀྱི་གནད་འཆུགས་ན་ཆོས་གཞན་བཟང་ཡང་འཚང་རྒྱ་བའི་ནུས་པ་མེད་པར་འགྱུར་བའི་རྒྱུ་མཚན་གྱིས་ཕྱིར་རོ། །རྫོགས་ཞེས་སོགས་ཏེ། དམ་པའི་ཆོས་ཀྱི་འཆད་ཉན་པ་རྣམས་ཆོས་ཅན། རྫོགས་པའི་སངས་རྒྱས་ཀྱི་གསུངས་པའི་མདོ་རྒྱུད་རྣམ་པར་དཀྲུགས་པར་མི་བྱ་སྟེ། རྫོགས་པའི་སངས་རྒྱས་ལས་མཁས་པའི་གང་ཟག་འཇིག་རྟེན་གསུམ་ན་མེད་པས། དེ་ཡིས་གསུངས་པ་དཀྲུགས་པ་དམ་པའི་ཆོས་སྤངས་ཤིང་འཕགས་པ་རྣམས་ཀྱང་སྨད་པར་འགྱུར་རོ་ཞེས་མགོན་པོ་བྱམས་པས་རྒྱུད་བླ་མར་གསུངས་པའི་ཕྱིར། ཇི་ལྟར་ན། གང་ཕྱིར་རྒྱལ་ལས་ཆེས་མཁས་འགའ་ཡང་འཇིག་རྟེན་འདི་ན་ཡོད་མིན་ཏེ། །མ་ལུས་དེ་ཉིད་མཆོག་ནི་ཚུལ་བཞིན་ཀུན་མཁྱེན་གྱིས་མཁྱེན་གཞན་མིན་པ། །དེ་ཕྱིར་དྲང་སྲོང་རང་ཉིད་ཀྱིས་བཞག་མདོ་སྡེ་གང་ཡིན་དེ་མི་དཀྲུགས། །ཐུབ་ཚུལ་བཤིགས་ཕྱིར་དེ་ཡང་དམ་ཆོས་ལ་ནི་གནོད་པ་བྱེད་པར་འགྱུར། །ཉོན་མོངས་རྨོངས་བདག་རྣམས་ཀྱིས་འཕགས་ལ་བསྐུར་བ་དང་། །དེས་གསུང་ཆོས་ལ་བརྙས་གང་དེ་ཀུན་ཞེན་ལྟ་བུས། །དེས་ན་ཞེན་ལྟའི་དྲི་ཅན་དེ་ལ་བློ་མི་སྦྱར། །གོས་གཙང་ཚོན་གྱིས་རྣམ་བསྒྱུར་སྣུམ་གྱིས་གོས་པ་མིན། །ཞེས་འབྱུང་ངོ་། །མདོར་ན་དམ་པའི་ཆོས་ཀྱི་གནད་དང་གནད་མིན་པའི་ཁྱད་པར་ལ་སོགས་པ་ཆོས་དང་གང་ཟག་འབྱེད་

པའི་མདུད་ལ་སོགས་པ་དང་། དེ་དག་སྤྱོང་བར་བྱ་བའི་གཉེན་པོ་བསྟེན་ཚུལ་ལ་སོགས་པ་ངོ་ཤེས་པར་བྱས་ཏེ་བླང་དོར་མ་ནོར་བ་ལ་འབད་འཚལ་ལོ། །དེ་ཡང་རྩ་བ་རང་ཉིད་ཀྱི་སེམས་སྐྱོན་འདུལ་བ་ལ་ཚང་སྟེ། མདོ་ལས། བདག་ཉིད་བདག་གི་དགྲ་ཡིན་ཏེ། །བདག་ཉིད་བདག་གི་མགོན་ཡང་ཡིན། །ལེགས་དང་ངན་པ་བྱས་པ་ལས། །བདག་ཉིད་བདག་གི་དཔང་པོ་ཡིན། །ཞེས་སོགས་དང་། སེམས་དུལ་བས་ན་ལེགས་པ་སྟེ། །སེམས་དུལ་བས་ན་བདེ་བ་འདྲེན། །ཞེས་སོགས་དང་། རྒྱུད་ལས་ཀྱང་། རང་གི་རང་སེམས་བཏུལ་བས་ན། །བདུད་ཀྱིས་འཚེ་བར་ག་ལ་འགྱུར། །མཉམ་ཉིད་སེམས་ཀྱི་དྲི་ཡིས་ནི། །གྲུ་བཞི་བར་ནི་བྱུགས་པར་བྱ། །ཞེས་སོགས་རྒྱས་པར་འབྱུང་བའི་ཕྱིར། དེའི་རྒྱུ་མཚན་ཡང་། སྤྱོད་འཇུག་ཏུ། འདི་ལྟར་སྡུག་བསྔལ་ཐམས་ཅད་དང་། །འཇིགས་པ་དཔག་ཏུ་མེད་པ་ཡང་། །སེམས་ལས་འབྱུང་བ་ཡིན་ནོ་ཞེས། །ཡང་དག་གསང་སྔགས་ཉིད་ཀྱིས་བསྟན། །ཞེས་གསུངས་པ་ལྟར། ཀླུ་སྒྲུབ་ཀྱིས་ཀྱང་། ཁྱོད་ཀྱིས་ཐུགས་དུལ་མཛོད་ཅིག་བཅོམ་ལྡན་གྱིས། །སེམས་ནི་ཆོས་ཀྱི་རྩ་བ་ལེགས་པར་གསུངས། །ཞེས་སོགས་གསུངས་པ་ལྟར་བདེ་སྡུག་ལེགས་ཉེས་འདོད་མི་འདོད། མཛེས་མི་མཛེས་ལ་སོགས་ཐམས་ཅད་བྱེད་པ་སེམས་ཉིད་ཀྱིས་བྱས་པའི་ཕྱིར་རོ། །དེ་བས་ན་སྟོད་པར། རྒྱུ་རྣམ་བཞི་ཡི་བྱང་ཆུབ་སེམས་དཔའ་མཁས་སྟོབས་ལྡན། བདུད་བཞི་ཐུབ་པར་དཀའ་ཞིང་སྐྱོད་པར་མི་ནུས་ཏེ། །སྟོང་པར་གནས་དང་སེམས་ཅན་ཡོངས་སུ་མི་གཏོང་དང་། །ཇི་སྐད་སྨྲས་བཞིན་བྱེད་དང་བདེ་གཤེགས་བྱིན་རླབས་ཅན། །ཞེས་གསུངས་པ་ལྟར་བསམ་པར་བྱའོ། །

བཞི་པ། དམ་ཆོས་དང་འགལ་བ་སྤང་བྱར་བསྟན་པ། ནོར་བ་སུན་འབྱིན་ཚུལ་རྒྱས་པར་བཤད་པ། འཕྲོས་དོན་བསྟན་པའི་འཕེལ་འགྲིབ་བྱུང་ཚུལ་སྐབས་དོན་མ་ནོར་བའི་དོན་ལ་གདམས་པ་དང་གསུམ། དང་པོ་ལ། དོན་ལ་ནོར་བ་སུན་འབྱིན་ཚུལ་དང་། ཚིག་ལ་ནོར་བ་སུན་འབྱིན་ཚུལ་གཉིས། དང་པོ་ལ། འཁྲུལ་གྱི་རང་བཟོ་སུན་འབྱིན་ཚུལ། ཕྱུགས་ཀྱི་ལྟ་ངན་ཚར་གཅོད་ཚུལ། བསྟན་པ་དང་འགལ་བ་སྤྱིར་འགོག་ཚུལ། བླུན་པོས་ལུང་སྦྱོར་སྐྱོན་དུ་བསྟན་པ། འཁྲུལ་ཀྱང་མཁས་རློམས་ཀྱི་བྱེ་བྲག་བཤད་པ། རང་བཟོའི་ཆོས་ལུགས་ངོར་བྱར་བསྟན་པ། མི་ཤེས་པས་མདོ་རྒྱུད་རྩོམ་པ་དགག་པ། རང་ཉིད་ སྲེལ་ལོག་གི་ཁྲིད་པར་བཤད་པ། དང་པོ་ལ། བསྟན་འཛིན་མཁས་པས་མཛད་ཚུལ། སྤྱིན་བདག་དམ་པས་བསྒྲུབ་ཚུལ། རང་བཟོ་མིན་ཡང་ནོར་བ་འགོད་ཚུལ་ལོ། །དང་པོ་ནི། འཁྲུལ་ཞེས་སོགས་ཏེ། དེ་ཕྱིར་ཐར་པ་ནོར་ཙམ་ཟད་པ་ཡིན། །ཞེས་སོགས་འབྱུང་བ་ལྟར་ཐར་པ་དང་ཐམས་ཅད་མཁྱེན་པའི་གོ་འཕང་འཐོབ་པ་ལ་ནོར་བ་དང་འཁྲུལ་བ་ཟད་དགོས་ལ། དེ་ལ་ཡང་ནོར་བ་དེ་དག་ངོ་ཤེས་ནས་སྤོང་དགོས་པས། དེའི་སྐད་དུ་ད་དུང་ཡང་ནོར་བ་འགོག་ཚུལ་དང་

བཅས་པ་སྟོན་པ་ཡིན་ཏེ། འཕྲུལ་བའི་གྲུབ་མཐའ་ཤུན་འབྱིན་པའི་རྣམ་བཞག་ཅུང་ཟད་བཤད་ཀྱིས་ཉོན་ཅིག ། དེ་ཡང་སྔོན་གྱི་ཁ་ཆེའི་ཡུལ་དུ་མུ་སྟེགས་ཀྱི་པཎྜི་ཏ་དབྱངས་ཅན་དགའ་བ་ཞེས་བྱ་བས་དབང་ཕྱུག་དང་ཁྱབ་འཇུག་སོགས་གནན་པའི་སངས་རྒྱས་ཀྱི་རྡོ་རྗེ་དང་འཁོར་ལོ་བདེ་མཆོག་སོགས་མཐོང་ནས་ནི། དེ་ལས་བཟློག་ཏེ་སངས་རྒྱས་མནན་པའི་དབང་ཕྱུག་གི་བྲིས་སྐུ་ཞིག་དབྱངས་ཅན་དགའ་བས་སངས་རྒྱས་པ་ལ་སྟེང་ན་ནས་རང་བཟོར་བྱས་སོ། །དེ་ཞེས་སོགས་ཏེ། དབྱངས་ཅན་དེ་དང་རྩོད་པའི་ས་གཞི། རང་གཞན་གཉིས་ཀའི་སྡེ་བ་དང་རྒྱལ་པོ་སོགས་ཀྱི་དཔང་པོ་ཡོད་པའི་གྲལ། མཁས་པ་ཆེན་པོ་ཛྙཱ་ན་ཤྲཱིས་སངས་རྒྱས་འོག་ཏུ་མནན་པའི་དབང་ཕྱུག་གི་བྲིས་སྐུ་དེ་འཕྲུལ་པ་དེ་མི་འཐད་པར་ཐལ། རང་བཟོ་ཙམ་དུ་ཟད་པའི་ཕྱིར། ཞེས་བསྒྲགས་པ་ལ་དབང་ཕྱུག་མནན་པའི་སངས་རྒྱས་མི་འཐད་པར་ཐལ། རང་བཟོར་ཟད་པའི་ཕྱིར་རོ། །ཞེས་སྨྲས་སོར་མ་མཁས་པ་འདི་སྐད་བརྗོད་དོ། །རྟགས་མ་གྲུབ་སྟེ། ངེད་ཀྱི་དེ་རང་བཟོ་མིན་ལ་ཁྱོད་ཀྱི་དེ་རང་བཟོ་ཡིན་པའི་ཕྱིར་ཏེ། སངས་རྒྱས་མནན་པ་ཁྱེད་ཀྱི་གཞུང་། །ཁུངས་མ་རྣམས་ལས་བཤད་པ་མེད། །མུ་སྟེགས་མནན་པ་ངེད་ཀྱི་གཞུང་། །གདོད་མ་ཉིད་ནས་ཡོད་པ་ཡིན་པའི་ཕྱིར་རོ། །གཏམ་དུ་ཡང་འདི་ལྟར་གྲགས་ཏེ། སྔོན་ནག་པོ་སྤྱོད་པའི་རྡོ་རྗེས་སྤྱོད་པ་མཛད་པའི་ཚེ། ཤར་ཕྱོགས་ཀྱི་རྒྱལ་པོ་རོལ་པའི་ཟླ་བ་ཞེས་བྱ་བ་བློན་པོ་ཞིག་གི་གནས་སུ་བྱོན་ཏེ། བློན་པོ་ནས་ཐུགས་རྗེ་ཆེན་པོའི་རྟེན་གྱི་རབ་གནས་ཞུས་པས་རྟེན་དེ་སུས་ཀྱང་བསྐུལ་སྐྱོད་མི་ནུས་པར་གྱུར་ཏོ། །དེས་བློན་པོ་དད་ནས་འཁོར་ལོ་སྡོམ་པར་ཞུས་ཏེ། རྒྱལ་པོས་མ་ཆོར་བར་བྲིས་སྐུ་བཞེངས་པ་རྒྱལ་པོས་མཐོང་ནས་དེ་ཕྱི་རོལ་པ་ཡིན་པས། འདི་ཁྱོད་དྲན་ན་ཁྱོད་གསོད། བླ་མས་དྲན་ན་བླ་མ་གསོད་དོ། །ཞེས་ཟེར་རོ། །འདི་སངས་རྒྱས་ཀྱི་རྒྱུད་ནས་བཤད་པ་ཡིན་བྱས་པས། ཆོས་ལུགས་གཉིས་སུ་བདེན་བལྟའོ་ཟེར་ནས་རྒྱལ་པོས་དབང་ཕྱུག་གི་འོག་ཏུ་བདེ་མཆོག་མནན་པ་བྲིས་ནས་གོས་ཀྱིས་དཀྲིས་ཏེ་དམོད་བོར་ནས་ཞག་བདུན་དུ་བྲིས་སྐུ་གཉིས་ལྷན་ཅིག་ཏུ་བཞག་གོ། །དེ་ནས་ཞལ་ཕྱེ་བའི་ཚེ་རྒྱལ་པོས་བྲིས་པ་དེ་ཡང་འཁོར་ལོ་སྡོམ་པའི་འོག་ཏུ་མནན་པའི་སྐྱར་གྱུར་ཏོ། །དེ་ནས་དེ་ལེགས་པར་དད་དེ་ཤར་ཕྱོགས་ཛྷཾ་ག་ལའི་ཡུལ་ཐམས་ཅད་སངས་རྒྱས་ཀྱི་བསྟན་པ་ལ་བཀོད་དོ། །ཞེས་འབྱུང་ངོ་། །གདོད་མ་ནས་ཡོད་ཅེས་པའི་དོན་ཡང་། སྔ་རབས་ཡུན་རིང་སོང་བའི་གོང་ནས་ཡོད་ཀྱི་འཕྲུལ་རང་གིས་བཟོས་པ་མིན་ཞེས་པ་དང་། རང་བཟོ་ཡིན་མིན་ཡང་དེ་བཞིན་དུ་ཡིན་གྱི། སྤྱིར་ནི་དེ་གཉིས་ཀའང་བཟོས་མཉམ་དང་གྲུབ་མཉམ་དུ་འདྲ་བས་ན། མ་འཕྲུལ་བར་ཕྱེད་པར་བྱའོ། །གཉིས་པ་ནི། དེ་ཞེས་སོགས་ཏེ། དེ་ནས་དབྱངས་ཅན་དགའ་བ་སྤྲོབས་པ་མེད་པར་གྱུར་པའི་ཚེ། མཁས་པ་དེས་དབང་ཕྱུག་གིས་སངས་རྒྱས་མནན་པ་འདི་འདྲའི་རང་བཟོས་ཆོས་ལུགས་ནི་

སངས་རྒྱས་པ་ལ་བྱུང་ན་ཡང་རྒྱལ་པོ་ཁྱོད་ཀྱིས་ཆེད་དུ་འགོག་དགོས་ཏེ། དེའི་རྒྱུ་མཚན་ནི་རྒྱལ་པོ་ཁྱོད་ཀྱི་ཡུལ་འདི་རུ་སངས་རྒྱས་གནས་པ་འདི་འདྲའི་རང་བཟོས་ཆོས་ལུགས་འཕེལ་ན་ནི་ད་དུང་རང་བཟོ་གཞན་ཡང་འབྱུང་བས་བསྟན་པ་སྤྱི་ལ་གནོད་པས་ན་འདིས་རང་བཟོ་བྱེད་མཁན་ཁོང་རང་ལ་ཡང་ཅིས་མི་གནོད་དེ་གནོད་པའི་ཕྱིར། དེ་སྐད་བསྒོས་ནས་སངས་རྒྱས་མནན་པའི་དབང་ཕྱུག་གིས་ཀྱང་རིས་རྫོང་གྲྭ་དེ་ཉིད་དུ་བསྡུབས་སོ། །དེའི་ཕྱི་ནས་ཀྱང་དེ་གྲུབ་མཐའ་ལ་བརྩད་པའང་མུ་སྟེགས་པའི་གྲུབ་མཐའ་ཕམ་པར་མཛད་ནས་སངས་རྒྱས་ཀྱི་བསྟན་པ་སྤེལ་ལ་ཞེས་ཐོས་པ་ཡིན་ནོ། །དཔེར་ན་ཁ་ཆེའི་ཡུལ་ན་དེང་སང་གི་བར་དུ་ཡང་བསྟན་པ་གནས་པ་དེ་ནི་བསྟན་འཛིན་དམ་པ་དེ་དག་དང་བསྟན་པའི་སྦྱིན་བདག་གི་བསྟན་པ་ཅོད་པན་དུ་བཞེས་ཏེ། དེ་ལ་མི་ཕྱེད་པའི་དད་པ་བརྟན་པོ་དང་། འགལ་བ་རྣམས་ཚར་བཅད། བསྟན་པ་དང་བསྟན་པ་འཛིན་པ་རྣམས་ལ་རིམ་གྲོ་ཚུལ་བཞིན་དུ་སྒྲུབ། ཆོས་དང་མཐུན་པའི་ཁྲིམས་གཡོ་མེད་དུ་བསྐྱངས་པའི་མཐུའོ། །དེ་བཞིན་དུ་དེང་སང་གི་རྒྱལ་པོ་རང་རང་གི་མངའ་རིས་བདེ་བར་བཞེད་པ་དག་གིས་ཀྱང་རྒྱལ་སྲིད་ཆོས་བཞིན་དུ་ཉེ་རིང་མེད་པར་སྙོམས་པའི་ཚུལ་གྱིས་སྐྱོང་ཞིང་། ཆོས་དང་ཆོས་སྨྲ་བའི་གང་ཟག་ལ་དད་པ་དང་གུས་པར་བྱས་ན་འཇིག་རྟེན་དེར་དགེ་ལེགས་རྒྱུན་མི་ཆད་པར་འབྱུང་མོད། ཤེས་རབ་བརྒྱ་པར། ད་ནི་ངན་སྟུགས་ངན་སྤྱོད་དང་། །ལོག་པར་ལྟ་བ་མང་པོ་ཡི། །རྨོངས་པ་དག་གིས་བཅོམ་ལྡན་གྱི། །བསྟན་པ་ལྗོན་ཤིང་དག་གི་མེ། །ད་ནི་སྙིང་རྗེ་མེད་པའི་མི། །ཆོས་ལུགས་བོར་ཞིང་རང་བཟོ་བྱེད། །བརྙམ་ཆགས་ཕ་རོལ་མ་མཐོང་ནས། །བསྟན་པའི་རྒྱལ་མཚན་བཏླལ་གྱིས་མེད། །ད་ནི་གདུལ་བྱ་ངོ་ཚ་མེད། །སྡིག་ལ་དགའ་ཞིང་ཚུལ་འཆོས་བྱེད། །སྡིག་ཅན་རྣམས་ཀྱིས་ཐུབ་པ་ཡིས། །བསྟན་པའི་ཟམ་པ་བཅག་གི་མེད། །ད་ནི་ཐུབ་པའི་བསྟན་པ་ཡང་། །ཅུང་ཟད་ཙམ་གྱིས་ལུས་པར་ཟད། །ཐུབ་པའི་བསྟན་པ་གངས་ཆེན་མཚོ། །རིང་པོར་མི་ཐོགས་སྐམ་པར་འགྱུར། །གང་དག་འདི་འདྲའི་དུས་བབ་ཆེ། །སེམས་ཡོད་རྣམས་ཀྱིས་ཕན་པའི་དོན། །ད་ནི་ལེགས་པར་བརྟག་པར་རིགས། །ཞེས་གསུངས་པ་ལྟར། ཆོས་སྨྲ་བ་དང་དེའི་སྦྱིན་བདག་དུ་ཁས་ལེན་པ་རྣམས་ཀྱང་གྲུབ་པའི་མཐའ་དང་འདོད་པའི་ཡོན་ཏན་ལ་ཕྱོགས་རིས་དང་བརྙམ་ཆགས་ཀྱི་སྒོ་ནས་ངོ་ཚ་དང་ཁྲེལ་ཡོད་སྤངས་ཏེ། ཚིག་རྩུབ་དང་གནོད་སེམས་ཀྱིས་དངོས་དང་བརྒྱུད་པ་མང་པོ་ནས་བདག་གཞན་སྡིག་པའི་རྒྱ་མཚོར་འཛུག་པ་ལ་སུ་མགྱོགས་འགྲན་པ་ལྟ་བུ་འདིར་སོང་བས་ཐུབ་པའི་བསྟན་པ་སུ་ཞིག་གིས་མཆོད་པར་བྱེད། །གསུམ་པ་ནི། གལ་ཏེ་ཞེས་སོགས། གལ་ཏེ་མུ་སྟེགས་བྱེད་པའི་གཞུང་ལ་གནོད་མ་ཡུན་རིང་ནས་གྲུབ་པའི་ཕྱིར། དེ་བཞི་ལས་སངས་རྒྱས་མནན་པ་སོགས་ཆོས་ལོག་དེ་འདྲ་བཤད་ན་ཡང་། རང་བཟོ་ཡིན་ཞེས་བྱར་མི་རུང་ཀྱང་དེ་འགོག་བྱེད་མེད་པ་

མིན་པར་ཐལ། མི་འཐད་པའི་རང་བཞིན་དང་རང་བཞིན་མིན་པའི་ཆོས་ལོག་རྣམས་འགོག་པའི་ཚེ། དེ་འདྲའི་གྲུབ་མཐའི་རྣམ་བཞག་ཡིད་ལ་བཟུང་ནས་ལུང་རིགས་གཞན་གྱིས་སུན་དབྱུང་དགོས་ཤིང་ཡོད་པའི་ཕྱིར་རོ། །

དེ་ཡང་དཔལ་ལྡན་ཆོས་ཀྱི་གྲགས་པ་དཔོན་སློབ་ཀྱི་གཞུང་སྡེ་བདུན་མདོ་དང་བཅས་པ་ལྟ་བུ་དང་དབུ་མ་རིགས་པའི་ཚོགས་ལ་སོགས་པ་ལྟ་བུའོ། །གཉིས་པ་ལ། རིགས་པས་དགག་ཚུལ། ལུང་གིས་འགོག་ཚུལ། སོ་སོའི་དཔེ་བཤད་པ་དང་གསུམ། དང་པོ་ནི། བདག་ཅེས་སོགས་ཏེ། ཤེས་བྱ་ཆོས་ཅན། བདག་ནང་པ་ལྟ་བུ་དང་། ཕྱི་རོལ་པ་ལྟ་བུ་གཞན་གྲུབ་མཐའ་ངན་པ། རིགས་པ་དང་འགལ་བ་དག་ལ་ནི་དམ་པ་བདག་གིས་རིགས་པས་སུན་དབྱུང་དགོས་ཏེ། དེ་འདྲ་དེ་རིགས་པ་དང་འགལ་ཞིང་། དེ་འདྲ་ལ་དམ་པ་དག་གིས་གཏན་ཚིགས་སུ་བཞག་བྱ་མིན་པའི་ཕྱིར་ཏེ། བསྟན་པ་ལ་བྱི་དོར་བྱས་པའི་སྒོ་ནས་དམ་པ་དག་གིས་སེམས་ཅན་ལ་མངོན་མཐོ་དང་ངེས་ལེགས་སྐྱེར་དགོས་པས་སོ། །རྗེ་བཙུན་བྱམས་པས། རིག་པའི་གནས་ལྔ་དག་ལ་བརྩོན་པར་མ་བྱས་ན། །འཕགས་མཆོག་གིས་ཀྱང་ཐམས་ཅད་མཁྱེན་ཉིད་མི་འགྱུར་ཏེ། །དེ་ལྟ་བས་ན་གཞན་དག་ཚར་གཅད་རྗེས་འཛིན་དང་། །བདག་ཉིད་ཀུན་ཤེས་བྱ་ཕྱིར་དེ་ལ་དེར་བརྩོན་བྱེད། །ཅེས་གསུངས་པ་ལྟར་རམ། དཔལ་ལྡན་ཆོས་ཀྱི་གྲགས་པས་ཚད་མའི་བསྟན་བཅོས་སུ་གཞན་དོན་གྱི་ལེའུར་གསུངས་པ་བཞིན་ནོ། །

གཉིས་པ་ལའང་། སྤྱིར་ལུང་གིས་དགག་ཚུལ། ཁྱད་པར་སོ་སོར་འགོག་ཚུལ་ལོ། །དང་པོ་ནི། གལ་ཏེ་ཞེས་སོགས་ཏེ། གལ་ཏེ་དམ་པའི་དོན་དེ། ལུང་དང་ཡང་འགལ་བར་འགྱུར་བ་དེ་ནི་ལེགས་པར་སུན་འབྱིན་པའི་གདམས་ངག་ཀུང་ཟད་བཤད་ཀྱིས་ཉོན་ཅིག །ཤེས་བྱ་ཆོས་ཅན། ཕ་རོལ་པོའི་ལུང་ཁས་ལེན་ཅིང་འགལ་བ་ཁས་ལེན་པ་ལ་ལུང་གིས་འགོག་པར་བྱེད་དགོས་ཏེ། ཕ་རོལ་པོའི་ལུང་དེ་ཚད་མར་ཁས་ལེན་ཅིང་དེ་དང་འགལ་བའི་ཆོས་བྱེད་ན་ཚད་མར་ཁས་ལེན་པའི་ལུང་དེ་དང་འགལ་བའི་སྒོ་ནས་སུན་དབྱུང་བར་བྱ་ལ། གལ་ཏེ་ཕ་རོལ་པོའི་ལུང་དེ་ཁས་མི་ལེན་པར་ཁོ་རང་གི་ལུང་གཞན་ཚད་མར་ཁས་ལེན་ན་དེའི་ལུང་དེ་ཉིད་ཀྱིས་ཆོས་ལོག་དེ་དགག་དགོས་པའི་ཕྱིར། རྣམ་འགྲེལ་དུ། བསྟན་བཅོས་དེའི་སྐབས་བརྟེན་ཉིད་ལ་གནོད་བྱེད་ཅེས། དོན་འདི་བསྟན་པའི་ཆེད་དུ་ནི། །རང་གི་ཚིག་དང་ལྡན་ཅིག་བཤད། །ཅེས་དང་། དེའི་ཚེ། བསྟན་བཅོས་ཀྱིས་ནི་གནོད་པར་འགྱུར། །ཞེས་གསུངས་པ་ལྟར་རོ། །འོན་ཀྱང་དེའི་ཚེ་དེ་ཉིད་ཀྱི་ལུང་ཁུངས་ཁས་མི་ལེན་ན་ལུང་དེས་དགག་མི་នុས་ཏེ། ལུང་དེའི་ཁོངས་ཁས་ལེན་མེད་པའི་ཕྱིར། དེ་ལས་གཞན་པ་ཁས་ལེན་ན། །དེ་དོར་ཡན་ལག་ཚད་མ་མིན། །ཞེས་འབྱུང་བ་བཞིན་ནོ། །གཉིས་པ་ལ། ཐེག་གསུམ་སོ་སོའི་ལུང་གིས་འགོག་ཚུལ། ཁྱད་པར་བཀའ་ཕྱག་སོ་སོའི་འགལ་ཚུལ། ཡང་དགོས་ཐེག་ཆེན་ལུང་དང་འགལ་ཚུལ། དང་པོ་ནི།

དཔེར་ཞེས་སོགས་ཏེ། ཤེས་བྱ་ཆོས་ཅན། འདི་བའི་ལུང་དེ་ཕ་རོལ་པོས་ཚད་མར་མི་བྱེད་ན་ཕ་རོལ་པོ་ལུང་དང་འགལ་བ་ཁས་ལེན་ཀྱང་འདི་པའི་ལུང་དེས། དེ་དགག་མི་ནུས་པར་ཐལ། ཕར་ཕྱིན་རྒྱུད་པ་དེ་དང་འགལ་བའི་ཆོས་ལོག་སྤྱོད་ཀྱང་གསང་སྔགས་ཀྱི་གཞུང་དང་འགལ་ལོ། །ཞེས་སྨྲུན་ཕྱུང་ནུས་པ་མིན་ལ། དེ་བཞིན་དུ་སྔགས་རྒྱུད་ཁས་ལེན་ནས་འགའ་ཞིག་སྔགས་དང་འགལ་བའི་ལག་ལེན་ལོག་པར་སྤྱོད་པར་གྱུར་ཀྱང་ཕ་རོལ་ཏུ་ཕྱིན་པའི་གཞུང་དང་འགལ་ལོ། །ཞེས་སྨྲུན་ཕྱུང་བར་ནི་ནུས་པ་མིན་པའི་ཕྱིར་དང་། དེ་བཞིན་ཐེག་པ་ཆེ་ཆུང་ལའང་ཕན་ཚུན་གྱི་གཞུང་ལུགས་ཀྱིས་ཕན་ཚུན་གྱི་ལུང་འགལ་དགག་མི་ནུས་པའི་ཕྱིར་ཏེ། ཕན་ཚུན་གྱི་ལུང་ཕན་ཚུན་ཚད་མར་ཁས་ལེན་མེད་པས་སོ། །ཞེས་པ་དཔེའི་སྦྱུབ་བྱེད་བཀོད་པ་ཡིན་ནོ། །ཞེས་སོགས་ཏེ། ཤེས་བྱ་ཆོས་ཅན། ཐེག་གསུམ་ཕན་ཚུན་གྱི་ལུང་གིས་ཕན་ཚུན་གྱི་ལུང་འགལ་མི་ཁེགས་ཀྱང་དེ་འགོག་བྱེད་ཀྱི་ལུང་མེད་པ་མིན་པར་ཐལ། ཉན་ཐོས་ཀྱི་ལུང་ཚད་མར་ཁས་ལེན་ཞིང་དེ་དང་འགལ་བར་སྤྱོད་ན། དེ་ལ་ཉན་ཐོས་ཀྱི་ལུང་གིས་དགག་དགོས་པ་བཞིན་དུ་ཕར་ཕྱིན་པ་དང་གསང་སྔགས་པའི་ལུང་འགལ་ཡང་དེ་དང་དེའི་ལུང་གིས་འགོག་དགོས་པའི་ཕྱིར་དང་། དགག་ཀྱང་ནུས་པའི་ཕྱིར་རོ། །

གཉིས་པ་དང་གསུམ་པ་ནི། དེ་ཞེས་སོགས་ཏེ། གོང་དུ་བཤད་པ་དེ་བཞིན་དང་། བཀའ་གདམས་པ་རྣམས་ཀྱང་། ཇོ་བོའི་གཞུང་ལུགས་ཁས་ལེན་ཞིང་དེའི་ལུང་དང་འགལ་བར་གྱུར་ན་དེ་འདྲའི་བཀའ་གདམས་པ་ལ་གནོད་པ་མིན་ཞིང་། དེ་བཞིན་ཕྱག་རྒྱ་བ་ཡང་ནི། ནཱ་རོ་པ་ལ་མོས་པར་བྱེད་ཅིང་ནཱ་རོའི་གཞུང་དང་འགལ་བ་ཁས་ལེན་པར་གྱུར་ན་དེ་འདྲའི་ཕྱག་རྒྱ་བ་ལ་གནོད་ལ། དེ་བཞིན་དུ་གསང་སྔགས་སྤྱོད་བཞིན་དུ་རྒྱུད་སྡེ་དང་འགལ་བ་ཁས་ལེན་ན་གསང་སྔགས་ལ་གནོད་པར་འགྱུར་བ་དང་། ཕ་རོལ་ཏུ་ཕྱིན་པའི་ལུགས་དང་འགལ་བར་གྱུར་ན་བྱེད་ཅིང་དེ་ཡི་མདོ་སྡེ་རྣམས་དང་འགལ་བ་ཁས་ལེན་ན་དེ་འདྲ་འདི་ཕར་ཕྱིན་པ་ལ་ཅིས་མི་གནོད་དེ་གནོད་ལ། དེ་ཡི་དཔེར་བརྗོད་མདོ་ཙམ་ཞིག་ལེགས་པར་བཤད་ཀྱིས་མཉན་པར་གྱིས་ཤིག །ཅེས་པའོ། །གསུམ་པ་ལ། བཀའ་གདམས་པ་དང་འགལ་བའི་དཔེ། ཕྱག་རྒྱ་བ་དང་འགལ་བའི་དཔེ། དཔེ་གཞན་གྱིས་ཀྱང་བཤད་པའོ། །དང་པོ་ནི། ཇོ་བོ་ཞེས་སོགས་ཏེ། ཇོ་བོ་རྗེའི་ལུགས་ཀྱི་གསང་སྔགས་མི་གཡོ་བ་སོགས་ད་ལྟ་ཚད་མར་སྤྱོད་བཞིན་དུ། ད་ལྟ་གསང་སྔགས་སྤྱོད་པའི་དུས་མིན་ནོ། །དམ་ཚིག་བསྲུང་མི་ནུས་པས་སོ། །ཞེས་སྨྲ་བ་དེ་དག་ཆོས་ཅན། ཇོ་བོ་རྗེའི་ལུགས་དང་འགལ་བ་ཁས་ལེན་པར་ཤེས་པར་བྱ་སྟེ། དེའི་ལུགས་ལ་འཇུག་བཞིན་དུ་དེའི་ལུགས་འགོག་པར་བྱེད་པས་སོ། །ཇོ་བོ་རྗེ་སེམས་ཙམ་པའི་སེམས་བསྐྱེད་བྱེད་ལུགས་ཀྱི་རྗེས་སུ་འབྲངས་པར་ཁས་བླངས་ནས་དེའི་ལུགས་དེ་སེམས་ཅན་ཀུན་ལ་བྱེད་པ་དང་། དོན་དམ་

སེམས་བསྐྱེད་འབོགས་པའི་ཆོ་ག་བྱེད་པ་དེ་དག་ཆོས་ཅན། ཐེག་ཆེན་གྱི་གཞུང་ལུགས་གཞན་དང་འགལ་བ་ལྟ་ཅི་སྨོས་བཀའ་གདམས་པ་རང་ལུགས་དང་ཡང་འགལ་བ་ཡིན་ཏེ། ཇོ་བོའི་རྗེས་སུ་ཞུགས་ནས་ཕྱིར་ཐེག་ཆེན་དང་བྱེ་བྲག་བཀའ་གདམས་པའི་རང་ལུགས་འགོག་པར་བྱེད་པའི་ཕྱིར་རོ། །ཇོ་བོའི་གདན་ནས་མི་བཞེད་པའི། །སེམས་བསྐྱེད་ཀུན་ལ་བྱེད་པ་ནི། །རང་ལུགས་དང་འགལ་ཞེས་པའི་གཞུང་འདིས། དབུ་མའི་ལུགས་ཀྱི་སེམས་བསྐྱེད་ཇོ་བོས་མི་བཞེད་པར་སྟོན་པ་ནི་མིན་གྱི། སེམས་ཅན་ཐམས་ཅད་ལ་སེམས་ཙམ་ལུགས་ཀྱི་སེམས་བསྐྱེད་སྐྱེ་བར་མི་བཞེད། ཅེས་པའི་དོན་དུ་གཞུང་འདི་བཤད་དགོས་པ་ནི། རྗེ་བཙུན་འཇམ་པའི་དབྱངས་ཀྱི་དགོངས་པའོ། །དེ་ལྟར་ན་ཡང་། སེམས་ཅན་ཐམས་ཅད་དབུ་མ་པའི་ལུགས་ཀྱི་སེམས་བསྐྱེད་ད་ལྟ་སྐྱེ་བར་ཡང་བཞེད་པ་མིན་ནོ། །གཉིས་པ་ནི། ནཱ་རོ་ཞེས་སོགས་ཏེ། ནཱ་རོའི་རྒྱུད་པ་འཛིན་བཞིན་དུ་དབང་བསྐུར་དང་རིམ་གཉིས་སོགས་དགོས་པ་མེད་དོ་ཞེས་བསྒོམས་པའི་སྔགས་པར་ཁས་འཆེ་བ་དེ་ཆོས་ཅན། རྒྱུད་དང་འགལ་བ་ཡིན་ཏེ། སྔགས་པར་ཁས་བླངས་ནས་རྒྱུད་དོན་འགོག་པར་བྱེད་པའི་ཕྱིར། བྱེ་བྲག་ཏུ་རང་ལུགས་དང་འགལ་བ་ཡིན་ཏེ། ནཱ་རོ་པའི་ལུགས་ཁས་ལེན་བཞིན་དུ་ནཱ་རོ་པ་བཞེད་པའི་དབང་དང་རིམ་གཉིས་སོགས་འགོག་པའི་ཕྱིར་རོ། །སྡོམ་ཞེས་སོགས་ཏེ། མར་པ་ལོ་ཙྪ་བའི་ཆོས་བརྒྱུད་ཚད་མར་བྱས་ཏེ་དེའི་རང་ལུགས་སུ་ཁས་བླངས། ཕག་མགོ་བྱིན་རླབས་ཀྱི་ཆོས་སྒོ་ཕྱེ་ནས་སྔགས་ལམ་སྟོན་པ་དེ་ཆོས་ཅན། རྒྱུད་འགལ་བ་ལྟ་ཅི་སྨོས། རང་ལུགས་དང་ཡང་འགལ་བ་ཡིན་ཏེ། རྡོ་རྗེ་ཕག་མོའི་བྱིན་རླབས་དེ་འདྲ་ཆོས་སྒོ་ཕྱེ་ནས་སྔགས་ལམ་སྟོན་པ་དེ་ནི་མར་པའི་ལུགས་སུ་མི་བཞེད་ཀྱང་བཞེད་པར་རློམ་ནས་རྒྱུད་དང་འགལ་བའི་ལག་ལེན་དེ་འདྲ་བྱེད་པའི་མར་པའི་རྗེས་འབྲངས་ཡིན་པའི་ཕྱིར་རོ། །ནཱ་རོ་ཞེས་སོགས་ཏེ། ནཱ་རོ་ཆོས་དྲུག་ཅེས་བྱ་བའི་ཁྲིད་རྗེ་བཙུན་མི་ལ་ཡན་ཆད་དུ་ཆོས་དྲུག་དེ་ལས་གཞན་ལམ་འབྲས་དང་ཕྱག་ཆེན་སོགས་བསྒོམ་པ་མེད་པ་ལ་ཕྱིས་ཆོས་དྲུག་བོར་ནས་ལམ་འབྲས་དང་ཕྱག་རྒྱ་ཆེན་པོར་མིང་བཏགས་པ་སོགས་ནཱ་རོ་པ་ལས་གཞན་གྱི་མན་ངག་བསྒོམ་བཞིན་དུ། དེ་དག་གི་བརྒྱུད་པ་ནཱ་རོ་པ་ལ་འདེད་པར་བྱེད་པ་དེ་དག་ཆོས་ཅན། ལམ་འབྲས་ལ་སོགས་གཞན་དང་འགལ་བ་ལྟ་ཅི་སྨོས། ནཱ་རོ་དང་མར་པ་སོགས་རང་ལུགས་པ་དེ་དག་དང་ཡང་འགལ་བ་ཡིན་པར་ཐལ། ནཱ་རོ་པ་ནས་མར་པ་བརྒྱུད་པའི་གདམས་ངག་ནཱ་རོ་པ་རང་ལུགས་སུ་མི་བཞེད་པ་ལམ་འབྲས་སོགས་དེ་དག་གི་རྒྱུད་པ་ནཱ་རོ་པ་ལ་འདེད་པའི་ནཱ་རོའི་རྗེས་འབྲངས་ཡིན་པས་སོ། །དེ་ཡང་གསང་འདུས་ལ་བརྟེན་པའི་སྒྱུ་ལུས་དང་རྨི་ལམ་འོད་གསལ། གདན་བཞི་ལ་བརྟེན་པའི་འཕོ་བ་དང་གྲོང་འཇུག །ཀྱེ་རྡོ་རྗེ་ལ་བརྟེན་པའི་གཏུམ་མོ་སྟེ་དྲུག་པོ་འདི་མར་པས་ནཱ་རོ་པ་ལ་ཐོབ་པར་མཛད་ནས་སློབ་མ་མང་དུ་ཡོད་

ནའང་། མེས་སྟོན་ལ་འོད་གསལ་སོགས། རྫོགས་སྟོན་ཆོས་རྗེ་ར་ལ་གཏུམ་མོ་སོགས། འཚུར་དབང་ངེ་ལ་སྒྱུ་ལུས་སོགས། རྗེ་བཙུན་མི་ལ་ལ་ཆོས་དྲུག་རྫོགས་པར་གནང་བ་ཡིན་ནོ། །ཁ་ཅིག་ནི། དེ་ཡན་ཆད་དུ་ཅིག་བརྒྱུད་ཡིག་ཕྲིས་མེད་པ་ཡིན་པ་བཞིན་མི་ལས་ཀྱང་རས་ཆུང་རྡོ་རྗེ་གྲགས་པ་ལ་ཅིག་བརྒྱུད་དུ་གནང་། དེ་མན་ཆད་དུ་ཐོར་བུ་ཁ་ཐོར་བར་ཡོད་པ་རྣམས་བསྡུས། བསྲེ་འཕོ་དང་། ཕྱག་ཆེན་དང་། བྱིན་རླབས་སྣ་ཚོགས་འདུས་པ་ལ་མིང་ནཱ་རོའི་ཆོས་དྲུག་ཐ་སྙད་བཏགས་པ་མ་གཏོགས་ཁྲུངས་གཅིག་ནས་བྱུང་བའི་གཙང་མ་མེད་ཅེས་གསུངས་སོ། །དེ་ལྟར་ནའང་། དྭགས་པོ་ལྷ་རྗེ་རྗེ་བཙུན་མི་ལའི་བུ་ཆེན་ཆོས་ཀྱི་གདན་སར་བསྐོས་པར་བཞེད་པས། གདམས་ངག་གི་གཙོ་བོ་འང་དྭགས་པོ་ལ་གནང་དགོས་པ་དང་། དེང་སང་ཡན་ཆད་དུའང་ཆོས་དྲུག་ཚང་མར་བཞུགས་པས་རྒྱུད་པ་ཁྲུངས་གཅིག་མ་ནི་ཡིན་ནམ་སྙམ་མོ། །འོན་ཀྱང་གཞུང་འདིའི་དོན་ནི་སྔར་བཤད་པ་ལྟར་ལམ་འབྲས་སོགས་གདམས་ངག་གཞན་བསྲེས་ནས་རང་ལུགས་སུ་བྱས་ཏེ་བརྒྱུད་པ་ནཱ་རོ་པ་ལ་འདེད་པ་མ་དག་ཅེས་པའོ། །གསུམ་པ་ནི། གཏེར་ཞེས་སོགས་ཏེ། སའི་གཏེར་སོགས་ནས་བྱུང་བའི་གླེགས་བམ་གཏེར་མ་དང་ལུགས་གཞན་ནས་བརྐུས་པའི་ཆོས་ལུགས་མཐུན་ཚོགས་བསྡུས་པ་དང་འཕྲུལ་རང་བློས་བཟོས་པའི་བརྩམས་ཆོས་དང་རྨི་ལམ་དུ་ཐོས་པའི་ཆོས་ཟབ་ཏུ་འདོད་པའི་རྒྱུད་པ་རྡོ་རྗེ་འཆང་ལ་འདེད་པ་དེ་དག་ལ་ཡང་ལུང་ལེན་པ་དེ་དག་ཆོས་ཅན་དམ་པའི་ཆོས་དང་འགལ་བ་ལྟ་ཅི་སྨོས། རང་ཚིག་དང་ཡང་འགལ་བ་ཡིན་ཏེ། ཚིག་རིས་ནས་དངོས་ཤུགས་འགལ་བ་དམ་བཅས་ཤིང་། རིགས་པས་གནོད་པའི་དོན་མཐྱེན་པའི་ཕྱིར་རོ། །གཞན་ཡང་གལ་ཏེ་དེ་འདྲའི་རིགས་ཅན་གྱིས་འགལ་བ་ཁོ་ནར་སྣང་ནའང་ལུགས་གཉིས་ཀ་དང་འགལ་བ་དེའི་རིགས་སུ་ཤེས་པར་བྱས་ལ་དགག་གོ། །གསུམ་པ་ལ་བསྟན་བཤད་གཉིས་ལས། དང་པོ་ནི། མདོར་ཞེས་སོགས་ཏེ། མདོར་ན། ཤེས་བྱ་ཆོས་ཅན། དམ་པའི་ཆོས་དང་འགལ་བའི་ཆོས་ལོག་ཤིག་གང་ན་འདུག་ན་ཡང་ལུང་རིགས་རྣམ་དག་གིས་སུན་དབྱུང་བྱེད་དགོས་པར་ཐལ། ཆོས་ལུགས་ནོར་བ་འཕེལ་དུ་མི་རུང་བའི་ཕྱིར་རོ། །

གཉིས་པ་རྩ་བའི་བརྒྱུད་པ་ཡོད་དེ། བྲིས་ཏེ་དགག་པ་དང་། ཚད་པས་གཅད་པར་འོས་པ་དཔེ་དང་བཅས་པའོ། །དང་པོ་ནི། གལ་ཏེ་ཞེས་སོགས་ཏེ། གལ་ཏེ་མུ་སྟེགས་བྱེད་ལ་སོགས་པ་དག་ལུང་དེ་ཁས་མི་ལེན་པ་དང་ལུང་དེ་འགལ་ཡང་ལུགས་འདི་ངེད་ཅག་གི་བླ་མའི་བཀའ་སྲོལ་ཡིན་ཟེར་བ་དེ་དག་ལུང་དེ་ཁས་མི་ལེན་ཡང་རྩ་བའི་བརྒྱུད་པ་གང་ཡིན་དྲིས་ནས་འདི་འོ་ཞེས་ཟེར་ཞིང་སྨྲ་མོ་ནས་ཡོད་པར་འདོད་ན་ནི། ཤེས་བྱ་ཆོས་ཅན། ལུགས་དེ་འཁྲུལ་ཅན་ཡིན་ཡང་མཁས་པས་རང་བཟོར་བགྲང་རྒྱུ་མེད་པར་ཐལ། ལུགས་དེ་སེམས་ཅན་གྱི་ལས་ངན་གྱིས་སྨྲ་མོ་ནས་བསླུབས་པས་དེ་ལ་སངས་རྒྱས་ཀྱིས་ཀྱང་འཕྲུལ་དུ་ཅི་ཡོད་དེ། ལུང་རིགས་ཀྱིས

འགོགས་པ་ལས་གཞན་མེད་པའི་ཕྱིར། གལ་ཏེ་ཞེས་སོགས་ལུགས་ངན་དེ་གདོད་མ་ནས་མེད་པར་གློ་བུར་དང་འཕྲལ་དུ་བྱུས་པས་རྩ་བའི་བརྒྱུད་པ་འདེད་རྒྱུ་མེད་ཟེར་ནའང་ཤེས་བྱ་ཆོས་ཅན། ལུགས་ངན་དེ་སངས་རྒྱས་པའམ་མུ་སྟེགས་བྱེད་སུ་ལ་འདུག་ཀྱང་དོར་བྱར་ཐལ། དེ་འཕྲལ་དུ་རང་བཟོར་བྱས་པའི་ལུགས་ངན་དུ་ཚད་མས་གོ་བའི་ཕྱིར་རོ། །དེ་བཞིན་དུ་མཁས་པ་ངེད་ལའང་དེ་འདྲའི་འཁྲུལ་པ་འདུག་སྲིད་ན་མཁས་པ་རྣམས་ཀྱིས་བཤད་བགད་ཀྱིས་ཏེ་བྱེད་རིགས་པར་ཐལ། དེ་དོར་བྱ་ཡིན་པའི་ཕྱིར་རོ། །གཉིས་པ་ནི། གལ་ཏེ་ཞེས་སོགས་ཏེ། ཐུབ་པའི་བསྟན་པ་ལ་གནོད་པའི་ཆོས་ལོག་སྨྲོར་མཁན་གྱི་ཧྭན་མ་དེ་ཆོས་ཅན། རྒྱལ་ཁྲིམས་གཅིག་ཡོད་ན་ཁྱོད་རྒྱལ་ཁྲིམས་ལ་ཅིས་མི་ཐུབ་སྟེ་ཐུབ་དགོས་པར་ཐལ། རྒྱལ་པོས་ཆད་པ་གཅད་པའི་འོས་ཡིན་པས་སོ། །དཔེར་ན་ནོར་ལ་ཟོག་ཆོང་བྱས་པ་ལ་རྒྱལ་པོའི་ཁྲིམས་ལ་ཐུབ་དགོས་པ་བཞིན་ནོ། །དེ་ཡང་ས་ཕྱོགས་དེར་ཐུབ་པའི་བསྟན་པ་ལ་གནོད་པ་དང་དཀོན་མཆོག་གསུམ་གྱི་རྟེན་བཤིག་པ་དང་། མཁན་སློབ་དང་ཕ་མ་ལ་སོགས་པ་ལ་ཆེར་གནོད་པ་དང་། སེམས་ཅན་མང་པོའི་བདེ་སྐྱིད་འཇོམས་པར་བྱེད་པ་དག་ལ་ནི་རྒྱལ་པོས་ཆད་པ་གཅད་དགོས་ཏེ། ཆད་པ་འོས་པ་རྣམས་མ་བཅད་ན་རྒྱལ་པོ་དང་དེའི་མངའ་རིས་སུ་གཏོགས་པ་ཐམས་ཅད་ལ་ཉེས་པ་བགོད་པར་བྱེད་པ་མདོ་རྒྱུད་ལས་གསུངས་པས་སོ། །གསེར་འོད་དམ་པར། ལེགས་བྱས་དང་ནི་ཉེས་བྱས་ཀྱིས། །ལས་ཀྱི་རྣམ་པར་སྨིན་པའི་འབྲས། །རྣམ་པ་ཐ་དད་བརྟེན་པའི་ཕྱིར། །བྱེད་པ་གང་ཡིན་རྒྱལ་པོར་བརྗོད། །ཅེས་ཆོས་ཀྱི་རྒྱལ་པོའི་བྱེད་ལས་བརྗོད་ནས། ཡུལ་ན་ཉེས་བྱེད་གནས་པ་དག །གལ་ཏེ་རྒྱལ་པོས་ཡལ་བོར་ན། །དེ་ཚེ་ལྷ་རྣམས་ཁང་པ་ན། །ཡིད་ནི་དགའ་བར་མི་འགྱུར་རོ། །ལྷ་རྣམས་ཀྱིས་ཀྱང་ཡལ་བར་འདོར། །ཡུལ་འཁོར་དེ་ནི་འཇིག་པར་འགྱུར། །མ་དུས་པ་ཡི་རླུང་ལྡང་ཞིང་། །མ་དུས་བ་ཡི་ཆར་བ་འབབ། །ཉི་མ་དང་ནི་ཟླ་བ་ཡང་། །གཟའ་དང་རྒྱུ་སྐར་མ་དུས་འགྱུར། །ས་བོན་ལོ་ཏོག་མེ་ཏོག་འབྲས། །ལེགས་པར་སྨིན་པར་མི་འགྱུར་ཞིང་། །མུ་སྟེགས་དག་ཀྱང་འབྱུང་བར་འགྱུར། །ཞེས་སོགས་ཀྱིས་ཆད་པར་འོས་པ་ལ་མ་གཅད་པའི་ཉེས་པ་དང་། ཆོས་ཀྱིས་ཡུལ་འཁོར་བསྐྱངས་པར་བྱ། །ཆོས་ཀྱང་ཡང་དག་བརྟན་པར་བྱ། །ལེགས་པར་བྱེད་ལ་སེམས་ཅན་དགོད། །ཉེས་བྱེད་ལ་ནི་ཟློག་པར་བྱ། །གང་ཚེ་སྡིག་པ་བྱེད་པ་རྣམས། །ཚུལ་བཞིན་འདུལ་བར་བྱེད་པའི་ཚེ། །ཡུལ་འཁོར་དུ་ནི་ལོ་ལེགས་ཤིང་། །རྒྱལ་པོ་གཟི་བརྗིད་བརྟན་པར་འགྱུར། །རྒྱལ་པོ་གྲགས་དང་ལྡན་གྱུར་ཅིང་། །སྐྱེ་དགུ་རྣམས་ཀྱང་བདེ་བར་སྐྱོང་། །ཞེས་སོགས་དང་། ལྷ་དབང་རབ་ཏུ་དད་གྱུར་པས། །མི་ཡི་རྒྱལ་པོ་དེ་ལ་བསྲུང་། །ཉི་ཟླ་དང་ནི་དེ་བཞིན་དུ། །རྒྱུ་སྐར་ལེགས་པར་རྒྱུ་བར་འགྱུར། །རླུང་ཡང་དེ་བཞིན་ལྡང་གྱུར་ཅིང་། །ཆར་ཀྱང་དུས་སུ་འབབ་པར་འགྱུར། །ལྷ་གནས་རྣམས་དང་

དེ་བཞིན་དུ། །ཡུལ་འཁོར་རྣམས་ལའང་བདེ་ལེགས་བྱེད། །ཅེས་སོགས་ཀྱི་མཆོད་འོས་མཆོད་པ་དང་སྐྱབས་འོས་རྣམས་ལེགས་པར་བསྐྱངས་པའི་ཕན་ཡོན་དུ་གསུངས་པས་རྒྱལ་པོ་ཆོས་བཞིན་དུ་བྱེད་དགོས་པའང་གལ་ཆེ་བར་གསུངས་པ་ཡིན་ནོ། །དམ་པ་རྣམས་ཀྱིས་སྨོན་ལམ་ཡང་མཛད། ལྷར་ཡང་དུས་སུ་ཆར་འབེབས་ཤིང་། །ལོ་ཐོག་ཕུན་སུམ་ཚོགས་པ་དང་། །རྒྱལ་པོ་ཆོས་བཞིན་བྱེད་གྱུར་ཅིག །འཇིག་རྟེན་དག་ཀྱང་དར་བར་ཤོག །ཅེས་གསུངས་པས་སོ། །བཞི་པ་ལ་མདོར་བསྟན། རྒྱས་བཤད་གཉིས་ལས། དང་པོ་ནི། བླུན་ཞེས་སོགས་ཏེ། བླུན་པོ་མཁས་པར་འཆོས་པ་འགའ་ཞིག །ལྷ་སྒོམ་སོགས་བཟློད་བྱ་གང་སྟོན་གྱི་ལུང་གི་གནས་སྐབས་མ་ཤེས་པར་མདོ་རྒྱུད་ལུང་སྦྱོར་བྱེད་པ་དེ་ཆོས་ཅན། མི་རིགས་པར་ཐལ། རང་གཞན་གྱི་ལུགས་གཞན་དུ་འགྲོ་བ་མི་ཤེས་པའི་ཀུན་ནས་བསླངས་པས་ཁྱོད་རང་ལ་གནོད་བྱེད་དུ་འགྲོ་སྲིད་པས་སོ། །དཔེར་ན་བླུན་པོའི་ཁ་བརྡུགས་ཏེ་ཁོང་རང་ལ་འཁོར་བྱུང་ཟེར་བ་ལྟར་རོ། །

གཉིས་པ་ལ། ལུང་ཐ་དད་ཀྱི་དགོངས་པ་སོ་སོར་བཤད་པ་དང་། མཁས་བླུན་གྱི་ཁྱད་པར་ཤེས་མི་ཤེས་བསྟན་པ་དང་གཉིས། དང་པོ་ལ། ལྷ་བསྒོམ་སོགས་ལ་དགོངས་པ་དང་། འཁོར་འདས་གཉིས་ལ་དགོངས་པ་དང་གཉིས། དང་པོ་ནི། དཔེར་ན། ཞེས་སོགས་ཏེ། ཤེས་བྱ་ཆོས་ཅན། ལུང་རྣམ་དག་ལ་དཔྱད་སྒོམ་གཙོ་བོར་སྟོན་པར་མ་ངེས་པར་ཐལ། དཔེར་ན་ཕྱག་དང་མཆོད་པ་དང་། །སྦྱིན་དང་ཚུལ་ཁྲིམས་སོགས་མི་དགོས། །སེམས་བསྐྱེད་དབང་བསྐུར་བྱ་མི་དགོས། །བསྟན་བཅོས་ཀློག་པ་འདིར་མི་དགོས། །དགེ་དང་སྡིག་པ་གཉིས་ཀ་མེད། །སངས་རྒྱས་སེམས་ཅན་ཡོད་མིན་སོགས། །འདི་འདྲ་གསུངས་པའི་ལུང་རྣམས་ཀུན། །དོན་དམ་པའི་ལྟ་བ་གཙོ་བོར་སྟོན་པའི་ལུང་ཡིན་གྱི་དཔྱད་སྒོམ་གཙོ་བོར་སྟོན་པའི་ལུང་མིན་པས་སོ། །དེ་བཞིན་དུ་ལུང་རྣམ་དག་ལ་སྤྲོས་བྲལ་གྱི་ལྟ་བ་གཙོར་སྟོན་པར་ཡང་མ་ངེས་པར་ཐལ། དབང་མེད་པ་ལ་དངོས་གྲུབ་མེད། །ཚིག་འབྲུགས་ན་ལས་མི་འཆག །ལོག་པར་སྤྱད་ན་ལྟུང་བ་འབྱུང་། །ལྷ་སྒོམ་འཁྲུལ་ན་བྱིན་མི་རློབས། །ཐེ་ཚོམ་ཟོས་ན་ཉེས་པ་སྐྱེ། །དེས་ན་ཚོ་ག་ཅི་བྱེད་ཀྱང་། །ཤིན་ཏུ་དག་པར་བྱ་དགོས་ཞེས། །གསུངས་པ་འདི་འདྲའི་ལུང་དཔྱད་བསྒོམ་གང་རུང་གཞི་ལ་གཙོ་བོར་དགོངས་ཀྱི་དོན་དམ་གྱི་ལྟ་བ་གཙོ་བོར་སྟོན་པ་མིན་པས་སོ། །དེ་དག་གི་རྒྱུ་མཚན་ཡང་མདོར་བསྡུས་ན། མདོ་ལས། ཀུན་རྫོབ་ཏུ་ནི་ཐ་སྙད་ཡོད། །དམ་པའི་དོན་དུ་ཡོད་མ་ཡིན། །ཞེས་གསུངས་པ་ལྟར། དོན་དམ་སྤྲོས་བྲལ་ལ་དགོངས་ནས་ཡོད་པ་མིན་པར་གསུངས་ལ། དེ་བཞིན་དུ་རྟོགས་པའི་ཤེས་རབ་ལྟ་བའི་གཙོ་བོ་དང་། དོན་དམ་པར་མེད་ཀྱང་། ཀུན་རྫོབ་ཏུ་དེ་དོན་ཉམས་སུ་ལེན་ཞིང་། སྦྱིན་སོགས་ལ་སྤྱད་པས་མཐར་ཕྱུག་གི་ཐར་པ་ཐོབ་པ་འཐད་ལ། ཐ་སྙད་དུ་ཡང་མེད་ན་འཁོར་འདས

གང་ཡང་མི་རུང་ཞེས་པའི་དོན་དུ་བསམས་པ་ཡིན་ནོ། །འོན་ཀྱང་ཆོས་དབྱིངས་སྤྲོས་དང་བྲལ་བ་ལ་ཤེས་པའང་སྤྲོས་དང་བྲལ་བར་གཞག་ཅེས་པ་ལྟར། སྤྲོས་བྲལ་རྟོགས་པའི་ལྟ་བའི་ཐོག་ཏུ་བསྒོམས་པས་ཀྱང་སྤྲོས་པ་དང་བྲལ་བར་རྒྱུ་ལ་རྒྱུ་བཞག་གི་ཚུལ་དུ་ཉམས་སུ་ལེན་དགོས་པ་གཅིག་འོང་བས་འགལ་མེད་དུ་འཆད་ཤེས་དགོས་སོ༔ ༔གཉིས་པ་ནི། གནས་ཞེས་སོགས་ཏེ། ཤེས་བྱ་ཆོས་ཅན། གཞན་ཡང་ལུང་སྦྱོར་བྱེད་པའི་ཚེ་ན། གང་གི་ཁྱད་པར་འཇིག་རྟེན་འདས་མ་འདས་གཉིས་གང་རུང་ལ་དགོངས་ནས་གསུངས་པའི་གནས་སྐབས་གཉིས་ཡོད་དེ། དབང་དང་དམ་ཚིག་སྡོམ་པ་སོགས། །འབད་ནས་བསྲུབ་པར་གསུངས་པ་ནི། །འཁོར་བའི་རྒྱ་མཚོ་མ་བརྒལ་བའི། །འཇིག་རྟེན་པ་ལ་དགོངས་ནས་གསུངས། །དབང་དང་དམ་ཚིག་སོགས་མི་དགོས། །ཕྱག་དང་མཆོད་པ་ཀུན་ལས་གྲོལ། །བསམ་གཏན་སྒོམ་པ་ཀུན་སྤང་སྟེ། །ལམ་ཀུན་གཟིངས་བཞིན་དོར་བྱ་ཞེས། །གསུངས་པ་འཁོར་བའི་རྒྱ་མཚོ་ལས། །བསྒྲལ་བའི་གང་ཟག་རྣམས་ལ་དགོངས་ནས་གསུངས་སོ། །དེ་དག་གི་དོན་ཡང་། ལས་ཉོན་གྱི་དབང་གིས་འཁོར་བ་ལས་མ་གྲོལ་བའི་སྐབས་སུ་འབད་པས་སྲུབ་དགོས་པ་དེ་དག་ཏུ་ཕྱིན་ཆད་ལས་ཉོན་གྱིས་དབང་མེད་ལས་གྲོལ་བའི་གནས་སྐབས་གང་དུ་ཡང་འཁོར་བའི་སྐབས་སུ་སྲུབ་པ་ལ་འབད་དགོས་པ་བཞིན་དུ་སྲུབ་པར་བྱེད་མི་དགོས་ཏེ། ལས་ཉོན་གྱིས་དབང་མེད་ལས་གྲོལ་བའི་ཕྱིར་ཏེ། ལས་ཉོན་གྱི་གཉེན་པོ་ཐོབ་པའི་ཕྱིར་རོ་སྙམ་དུ་དགོངས་པ་ཡིན་ནོ། །དེ་ལས་གཞན་དུ་ན་འཕགས་པའི་ས་ཐོབ་ནས་ས་གོང་མ་ཐོབ་ཕྱིར་ཏུ་བསྒོམ་པ་དང་ཉམས་སུ་ལེན་པ་མེད་པར་འགྱུར་ཞིང་། དམ་ཚིག་དང་སྡོམ་པ་དང་སྐྱབས་སུ་འགྲོ་བ་ལ་སོགས་པ་མེད་པར་འགྱུར་བ་ལས་ལམ་ལྷག་མ་རྣམས་ཉམས་སུ་ལེན་པ་ཡོད་པའི་ཕྱིར་ན། འགལ་མེད་དུ་འཆད་ཤེས་པར་བྱ་ཡི། ཆོས་ཀྱི་གྲགས་པའི་གཞུང་བཟུང་ནས། །བདག་ཉིད་ཆེན་པོའི་རིགས་པ་འགོག །ནགས་ལ་གནས་པའི་སྤྲེའུ་དག །ལྗོན་པའི་ཤིང་ལ་མི་གཙང་འཐོར། །ཞེས་གསུངས་པའི་ཚུལ་དུ་མི་བྱའོ། །གཉིས་པ་ནི། དེ་ཞེས་སོགས་ཏེ། ཤེས་བྱ་ཆོས་ཅན། གང་ཟག་ལ་ལུང་སྦྱོར་བྱེད་པར་འོས་མི་འོས་ཀྱི་ཁྱད་པར་ཡོད་པར་ཐལ། ལུང་གི་བརྗོད་བྱ་འདི་སྟོན་དང་འདི་མི་སྟོན་གྱི་ཁྱད་པར་དེ་འདྲའི་གནས་སྐབས་ཤེས་ནས་ནི། གང་ཟག་དེ་དང་འཚམ་པའི་ལུང་སྦྱོར་བྱེད་དགོས་ཚེ་བྱ་ལ། དེ་འདྲའི་རྣམ་གཞག་བསྟན་མི་ཤེས་པའི་གང་ཟག་ཕྱོགས་སྔ་སྨྲ་ཁྱེད་འདྲས་ལུང་སྦྱོར་བྱེད་པ་ནི་མཁས་པས་བཞད་གད་ཀྱི་གནས་ཙམ་དུ་ཟད་པས་སོ། །ལྔ་བ་ནི། མིག་ཅེས་སོགས་ཏེ། ཁོ་ན་རེ། ལུང་སྦྱོར་ལ་མཁས་ན་འཁྲུལ་བ་མེད་པར་འགྱུར་རོ་ཟེར་ན། ཤེས་བྱ་ཆོས་ཅན། གང་ཟག་དེ་ལུང་སྦྱོར་ལ་མཁས་ཀྱང་འཁྲུལ་བ་ཡོད་ན་དེ་ལུང་སྦྱོར་མི་ཤེས་པའི་བླུན་པོ་དང་མི་མཚུངས་པར་ཐལ། ལུང་སྦྱོར་ལ་མཁས་པ་དེ་འཁྲུལ་ན་ཡང་དེ་སངས་རྒྱས་ཀྱི་བསྟན་པ་ལས་འདའ་བར་མི་

ནུས་ལ་བླུན་པོ་འཁྲུལ་ནས་སངས་རྒྱས་ཀྱི་བསྟན་པ་ལའང་འདས་ཏེ་ལྟུང་བར་འགྱུར་བས་སོ། །དཔེར་ན། མིག་ལྡན་དེ་ཇི་ལྟར་ལམ་ནོར་ཡང་གཡང་སར་གོམས་པ་ཤེས་བཞིན་དུ། འཛེག་མི་སྲིད་པར་ཐལ། མིག་མེད་ཡོང་བས་དེ་གལ་ཏེ་ལམ་ནོར་ན་གཡང་སའང་མི་ཤེས་པས་དེར་ལྟུང་བར་འགྱུར་བ་བཞིན་ནོ། །ཚག་ཅེས་སོགས་ཏེ། དཔེར་ན། ཚག་ཚད་ལེགས་པར་ཤེས་པའི་བཟོ་ཆེན་ལ་ནི་རིང་ཐུང་བྱུང་ན་ཡང་སོར་གང་ཙམ་ལས་མི་འདའ་ལ། ཚག་ཚད་གཏན་ནས་ཤེས་པ་མེད་པའི་བཟོ་བོ་འགའ་ཞིག་ལ་ཉེས་པ་བྱུང་ན། མཁས་པས་བཞད་གད་གནས་སུ་འགྱུར། དེ་ལྟར་གཞུང་ལུགས་ལེགས་པར་ཤེས་པའི་མིས་ཚིག་གི་དོན་ལ་འཁྲུལ་ཡང་ཅུང་ཟད་ཙམ་ཡིན་གྱི། གཞུང་ལུགས་གང་ཡང་མི་ཤེས་པར་འཁྲུལ་ན་བསྟན་པའི་འཇིག་རྐྱེན་དུ་འགྱུར་ལ་ཐུག་པ་སྲིད་པ་དེས་སངས་རྒྱས་བསྟན་པ་བཞིན་བསྒྲུབ་པར་འདོད་ན། རྫོགས་པའི་སངས་རྒྱས་ཀྱིས་གསུངས་པའི་གཞུང་ལུགས་བཞིན་སྒྲུབ་པར་གྱིས་ཞེས་གདམས་པ་ཡིན་ནོ། །དྲུག་པ་ལ། དམ་པའི་ཆོས་མིན་དོར་བྱར་བསྟན་པ་དང་། དམ་ཆོས་ཉམས་སུ་བླང་བྱར་བསྟན་པའོ། །དང་པོ་ལ། བསྟན་བཤད་བསྡུ་བའོ། །དང་པོ་ནི། མིག་ཅེས་སོགས་ཏེ། ཤེས་བྱ་ཆོས་ཅན། སངས་རྒྱས་ཀྱི་བསྟན་པ་དང་མི་མཐུན་པའི་ཆོས་འབྱུང་ཁུངས་རྣམ་དག་ནས་མ་བྱུང་བ་དེ་དག་ཇི་ལྟར་མང་ཡང་ཤི་རོ་དང་འདྲ་བར་ཐལ། དེ་འདྲ་དེ་དག་ཤེས་པ་ལྷ་བུའི་དམ་ཆོས་ཀྱིས་སྟོང་པའི་ཆོས་ཙམ་ཡིན་པའི་ཕྱིར་རོ། །དཔེར་ན་མིག་མངས་བརྒྱད་དང་མ་འབྲེལ་ན། ཧེའུ་འབྲེལ་མེད་མང་ཡང་ཤི་རོ་ཟེར་བ་བཞིན་ནོ། །གཉིས་པ་ནི། སྔན་ཞེས་སོགས་ཏེ། ཤེས་བྱ་ཆོས་ཅན། ཡི་གེར་མི་དགོད་པའི་སྔན་ནས་སྔན་རྒྱུད་དུ་འདོད་པ་དང་མང་པོ་ལ་མིན་པར་གཅིག་རྒྱུད་དུ་གྲགས་པའི་ཆོས་ལུགས་མང་པོ་སྣང་བ་དེ་དག་མཐའ་གཅིག་ཏུ་བླང་བྱར་མ་ངེས་པར་ཐལ། དེ་དག་མདོ་རྒྱུད་གང་རུང་དང་མཐུན་པའི་དམ་ཆོས་ཡིན་ན་བླང་དུ་རུང་ལ་དེ་མིན་ན་དེ་དག་བྱེད་པོའི་རྫུན་གྱི་སྦིབ་སྦྱོར་བྱས་པ་ཙམ་དུ་ཟད་པས་བླང་བྱ་མིན་པས་སོ། །དེ་བཞིན་དུ་རྨི་ལམ་དུ་ཐོབ་པའི་ཆོས་ལུགས་དང་ཞལ་མཐོང་བའི་ལྷ་ཡིན་ཟེར་བ་དེ་དག་ཀྱང་མཐའ་གཅིག་ཏུ་བླང་བྱར་མ་ངེས་པར་ཐལ། དེ་དག་མདོ་རྒྱུད་དང་མཐུན་ན་བླངས་ཀྱང་སྐྱོན་མེད་ལ་མདོ་རྒྱུད་ཀུན་དང་མི་མཐུན་ན་ནི་བདུད་ཀྱི་བྱིན་རླབས་ཀྱིས་འབྱུང་བ་ཙམ་ཡིན་པའི་ཕྱིར་རོ། །བླ་ཞེས་སོགས་ཏེ། ཤེས་བྱ་ཆོས་ཅན། སྔན་བརྒྱུད་སོགས་སྟོན་པའི་བླ་མ་ཁས་འཆེ་བ་དེ་དག་ཀྱང་མཐའ་གཅིག་ཏུ་བཟང་པོར་མ་ངེས་པར་ཐལ། དེ་འདྲ་སྟོན་པའི་བླ་མ་དེ་མདོ་རྒྱུད་གང་རུང་དང་མཐུན་ཞིང་བླ་མའི་མཚན་ཉིད་ཚང་ན་བླ་མ་ཡིན་པར་བཟུང་ལ་སངས་རྒྱས་ཀྱི་བསྟན་པ་བཞིན་མི་གསུང་བར་དེའི་མཚན་ཉིད་དང་མི་ལྡན་ན་ལན་གཅིག་བླ་མར་བསྟེན་ཀྱང་བཏང་སྙོམས་སུ་བཞག་བྱ་ཡིན་པས་སོ། །དུས་ཀྱི་འཁོར་ལོ་ནི། སྙིང་རྗེ་མེད་ཅིང་ཁྲོ་ལ་གདུག །ཁེངས་ཤིང་

ཆགས་ལ་མ་བསྒོམས་དང་། །རང་བསྒོད་བླ་མར་དམོད་པ་ནི། །བློ་བཟང་ལྡན་པས་མི་བྱའོ། །ཞེས་པ་སྟེ་གསུངས་འདིའི་ཕྱིར་བླ་མར་བྱས་ཀྱང་བྱ་བ་མིན་པ་བྱེད་པ་ནི། ཐར་པ་དོན་དུ་གཉེར་བའི་སློབ་མས་སྤང་བར་བྱ་བ་ཉིད་དོ། །ཞེས་གསུངས་པ་ལྟར་སྤང་དགོས་པར་གསུངས་སོ། །

འོན་ཀྱང་བསམ་པས་མི་སྤོང་བར་སྦྱོར་བས་སྤོང་བའི་དོན་དུ་འཆད་དོ། །སྔར་བླ་མར་མ་བསྟེན་ན་ནི་བསམ་པས་སྤངས་ཀྱང་ཉེས་པ་ཆུང་ངོ་། །གསུམ་པ་ནི། དེས་ཞེས་སོགས་ཏེ། དེས་ན། ཤེས་བྱ་ཆོས་ཅན། དམ་ཆོས་དོན་དུ་གཉེར་བའི་གང་ཟག་རྣམས་ཀྱིས་རྨི་ལམ་ཆོས་ལུགས་རང་ཞལ་གཟིགས་ཡིན་ཟེར་བའི་ཡི་དམ་དང་ལུང་བསྟན་མཛད་པའི་སངས་རྒྱས་ཡིན་ཟེར་བ་དང་། བླ་མའི་གསུང་སྒྲོས་ལ་སོགས་པ་རྣམས་ལེགས་པར་མ་དཔྱད་པར་ཡ་ཚོམ་དུ་ཚད་མར་བཟུང་བར་མི་བྱ་བ་ཡིན་ཏེ། འདི་འདྲ་བ་དེ་དག་བདུད་ཀྱིས་བྱིན་རླབས་ལའང་འབྱུང་བ་སྲིད་པར་རྒྱལ་བས་གསུངས་པས་སོ། །ཡུམ་གྱི་མདོ་ལས། གཞན་ཡང་བདུད་སྡིག་ཏོ་ཅན་སངས་རྒྱས་ཀྱི་ཆ་བྱད་དུ་འཛིན་པ་མཐོང་ནས་འདོད་པ་སྐྱེས་པ་དང་། བདུད་ཀྱིས་སྤྲུལ་པའི་བྱང་ཆུབ་སེམས་དཔའ་མཐོང་ནས་དད་ཅིང་འདོད་པ་སྐྱེས་པ་ནི། རྣམ་པ་ཐམས་ཅད་མཁྱེན་པ་ཉིད་ལས་ཉམས་པར་འགྱུར་རོ། །ཞེས་སོགས་དང་། མིང་གི་ཞི་ལས་བདུད་ནི་ཉེ་བར་འོངས་གྱུར་ནས། །འདི་སྐད་སྨྲ་སྟེ་འདི་ནི་ཁྱོད་དང་ཕ་མ་དང་། །ཁྱོད་ཀྱི་འདུན་མེས་རྒྱུད་ཀྱི་བར་གྱི་མིང་ཡིན་ཞིང་། །གང་ཚེ་ཁྱོད་ནི་སངས་རྒྱས་འགྱུར་བའི་མིང་འདི་ཡིན། །སྦྱངས་སྡོམ་རྣལ་འབྱོར་ལྡན་པ་ཅི་འདྲ་འབྱུང་འགྱུར་ལ། །ཁྱོད་སྟོན་ཡོན་ཏན་ཚུལ་ཡང་དེ་འདྲ་ཞེས་བརྗོད་དོ། །དེ་སྐད་གང་ཐོས་རློམ་སེམས་བྱང་ཆུབ་སེམས་དཔའ་ནི། །བདུད་ཀྱིས་ཡོངས་སུ་བླང་ཞིང་བློ་ཆུང་རིག་པར་བྱ། །ཞེས་སོགས་གསུངས་སོ། །གཉིས་པ་ནི། དེས་ཞེས་སོགས་ཏེ། ཤེས་བྱ་ཆོས་ཅན། དམ་པའི་ཆོས་ལོག་དོར་བྱ་ཡིན་ཡང་བླང་བྱ་མེད་པ་མིན་པར་ཐལ། སངས་རྒྱས་ཀྱི་བསྟན་པའམ་དེའི་དགོངས་འགྲེལ་གང་ཡང་རུང་བའི་ལུང་གིས་དམ་པའི་ཆོས་སུ་གྲུབ་བམ་ཡང་ན་དངོས་པོ་སྟོབས་ཞུགས་ཀྱི་རིགས་པས་དམ་ཆོས་སུ་གྲུབ་པ་དེ་ཆོས་ཚད་མ་སྟེ། བླང་བྱའི་ཆོས་ཡིན་པས་སོ། །དེ་ཡང་ལུང་རྣམ་དག་གི་དོན་ཡང་། མཐར་དངོས་པོ་སྟོབས་ཞུགས་ཀྱི་རིགས་པས་གྲུབ་པ་གཅིག་དགོས་ཏེ། མདོ་ལས། དགེ་སློང་དག་གམ་མཁས་རྣམས་ཀྱིས། །བསྲེགས་བཅད་བརྡར་བའི་གསེར་བཞིན་དུ། །ལེགས་པར་བརྟགས་ལ་ང་ཡི་བཀའ། །བླང་བར་བྱ་ཡི་གུས་ཕྱིར་མིན། །ཞེས་གསུངས་ཤིང་། རིགས་པའི་བསྟན་བཅོས་སུ་ཡང་། འདི་ནི་ཁས་ལེན་ཐབས་ཡིན་ཏེ། །དེ་ཚེ་ཡོད་ཀྱང་ཡང་དག་མིན། །ཞེས་སོགས་གསུངས་པས་སོ། །འོན་གནས་གསུམ་པར་ནི་འཕོ་བ་ན། །བསྟན་བཅོས་ལེན་པར་རིགས་ལྡན་ཡིན། །ཞེས་གསུངས་པ་ཇི་ལྟར་དྲང་ཞེ་ན་དེ་ནི་ལུང་ཁས་ལེན་པའི་དབང་དུ་བྱས

པས་སྐྱོན་མེད་ཀྱི། དེའི་ཚེ་རིགས་པ་ཁས་མི་ལེན་པ་ནི་མ་ཡིན་ནོ། །བདུན་པ་ལ། མདོ་རྒྱུད་དུ་འདོད་པའི་རྫུན་མ་བཤད་པ་དང་། རྫུན་མ་མ་ཡིན་པའི་སྒྲུབ་བྱེད་འགོད་པའོ། །དང་པོ་ནི། སྐྱེས་བུ་ཞེས་སོགས་ཏེ། ཤེས་བྱ་ཆོས་ཅན། སྔར་བཤད་པའི་སྔགས་བརྒྱད་གཅིག་བརྒྱད་རྨི་ལམ་གྱི་ཆོས་སོགས་ལ་རྫུན་མ་ཡོད་པར་མ་ཟད། རྫུན་མ་གཞན་ཡང་མང་པོ་ཡོད་དེ། ཀོའུ་ཤི་ཀའི་མདོ་དང་། དེ་བཞིན་དུ་འཕགས་པ་སྡིག་ཅན་དང་། བློ་གྲོས་བཟང་མོའི་ཆུང་མ། སྡོང་པོ་རྒྱན་ལ་སོགས་པ་དང་། གཞན་ཡང་གསང་སྔགས་གསར་རྙིང་ལའང་ལམ་ལྷ་བགོད་པ་དང་། དབང་བསྐུར་རྒྱལ་པོ་དང་། ལྷ་མོ་སྐྱེ་རྒྱུད་དང་བམ་རིལ་ཐོད་མཁར་སོགས་བོད་ཀྱིས་སྦྱར་བའི་རྒྱུད་སྡེར་བཏགས་པ་མང་ཞིང་། གཙུག་ཏོར་ནག་མོ་དང་བྱ་ཁྱུང་བསམ་ཡས་ལ་སོགས་བོད་ཀྱི་ལྷ་འདྲེས་སྦྱར་བ་ཡོད་པ་དེ་དག་ལའང་འཕྲུལ་གྱི་བྱིན་རླབས་ཅུང་ཟད་འབྱུང་ཡང་ཚད་མར་བྱར་མི་རུང་བ་མང་པོ་ཡོད་པའི་ཕྱིར་དང་། ལྷ་མོ་གནས་མཁར་ལ་སོགས་པ་མུ་སྟེགས་བྱེད་ཀྱི་རྒྱུད་ཀྱང་ཡོད་མོད། ཅུང་ཟད་བདེན་པ་ལྟ་བུར་སྣང་ཡང་ལུང་རྣམ་དག་ཏུ་བྱར་མི་རུང་བས་སོ། །གཞན་ཡང་མདོ་རྒྱུད་འཆད་པ་ལ་ཚད་མར་གྱུར་པའི་མཁས་པ་དག་གིས་མདོ་རྒྱུད་ནས་ཟུར་དུ་ཕྱེ་བའི་དམིགས་བསལ་མཛད་པ་མང་ཐལ་བ་ཙམ་འདུག་པ་རྣམས་ནི་འདིར་བྲི་ག་ལ་ལང་། ཡིག་ཆ་ལོགས་སུ་མཛད་པ་དེ་དང་དེ་དག་ཏུ་ཤེས་པར་བྱའོ། །གཉིས་པ་ནི། དེའི་ཞེས་སོགས་ཏེ། ཤེས་བྱ་ཆོས་ཅན། གོང་དུ་བསྟན་པའི་མདོ་རྒྱུད་དུ་མིང་བཏགས་པ་དེ་དག་དམ་པའི་ཆོས་སུ་མི་རུང་བར་ཐལ། དེ་དག་དམ་ཆོས་སུ་མི་རུང་བའི་འཐད་པ་ནི་རྒྱུད་བླ་མར་མགོན་པོ་བྱམས་པས་འདི་སྐད་དུ། མ་རིག་ལྡོང་བའི་མུ་སྟེགས་ལའང་། །ཕྲིན་བུ་ཡི་གེ་འདྲ་བ་ཡི། །ཅུང་ཟད་བདེན་པ་ཡོད་མོད་ཀྱི། །འོན་ཀྱང་ཡིད་བརྟན་མི་བྱའོ། །ཞེས་གསུངས་པས་སོ། །དོན་ནི། ཀའུ་ཤི་ཀའི་མདོར་བརྗོད་པ་སོགས་མདོ་རྒྱུད་དུ་བཏགས་པ་དེ་དག་ཆོས་ཅན། དམ་པའི་ཆོས་རྫུན་མ་ཡིན་པར་ཐལ། སྐྱེས་བུ་རྫུན་པས་སྦྱར་བའི་ཆོས་གང་ཞིག །དམ་པའི་ཆོས་ཀྱི་མཚན་ཉིད་མེད་པའི་ཕྱིར་རོ། །གལ་ཏེ་ཅུང་ཟད་བདེན་པས་དམ་ཆོས་སུ་འགྱུར་ན་ནི། ཕྲིན་བུའི་རྗེས་ཀྱི་ཡི་གེ་འདྲ་བ་ཡང་ཡི་གེར་ཐལ་བ་དང་། སྐྱེས་བུ་མང་དུ་སྨྲ་བ་ལ། བདེན་པའི་དོན་གཅིག་མེད་པ་མིན་པས། སྐྱེས་བུའི་ཚིག་གི་ཐམས་ཅད་བདེན་པའི་དོན་ཅན་དུ་འགྱུར་བ་དང་། གང་ཟག་ཐམས་ཅད་དམ་པའི་ཆོས་པར་ཏ་ཅང་ཐལ་བར་འགྱུར་བའི་ཕྱིར་རོ། །ཞེས་པའོ། །

ཁ་ཅིག་གིས། གཞུང་འདི་དེང་སང་གི་རྒྱུད་བླའི་ནང་ན་མི་འདུག་པ་རྒྱུ་མཚན་དུ་བྱས་ནས། རྒྱུད་བླ་མ་ནི། བཀའ་ཐ་མ་ལ་བྱས་ནས་དོན་ཐོབ་ཏུ་མགོན་པོ་བྱམས་པ་རྒྱལ་བར་བསྒྱུར་ནས་རྒྱལ་བས་གསུངས་ཞེས་སོགས་བཙོས་ཀྱང་། མྱང་འདས་སུ། མུ་སྟེགས་རྣམས་ཀྱིས་བདག་བརྟན་པ་ནི་སྲིན་བུས་བཟོས་པའི་ཡི་གེ་དང་འདྲ་སྟེ།

དེའི་ཕྱིར་རང་སེམས་ཅན་ཐམས་ཅད་ལ་བདེ་བྱེད་དོ། །ཞེས་གསུངས་པ་ལྟར་མདོ་གཞན་ནས་ཀྱང་གསུངས་ཞེས་ཟེར་བ་བྲིས་སྣང་མོད། མི་འཐད་དེ། དེང་སང་གི་རྒྱུད་བླ་མའི་ནང་དུ་ཕྱེད་ཀྱིས་མ་མཐོང་བས་མེད་པར་མི་འགྲུབ་པའི་ཕྱིར་དང་། རྒྱུད་བླའི་དོན་གཞན་དུ་འཆད་པ་དེ་ནི། གོང་གི །མགོན་པོ་བྱམས་པས་རྒྱུད་བླར་གསུངས་ཞེས་པ་ལའང་མཚུངས་པའི་ཕྱིར་དང་། ལུང་འདྲེན་གཞན་རྣམས་ལའང་ཧ་ཅང་ཐལ་བར་འགྱུར་བའི་ཕྱིར་དང་། མྱང་འདས་ཀྱི་མདོ་ལུང་དངོས་སུ་བྲིས་བཞིན་དུ། དོན་ཐོབ་ཏུ་ཞེས་པའི་ཚིག་ལ་ནུས་པ་མེད་པའི་ཕྱིར་རོ། །དེས་ན་འཇམ་པའི་དབྱངས་ཉིད་ཤེས་བྱ་ཐམས་ཅད་ལ་མངོན་སུམ་སྤྱན་ཡངས་ཡིན་པར་ཐུངས་ཤིག །ཡིད་ཆེས་མེད་བཞིན་དུ་ཁས་ལེན་པ་ནི་རེ་མཚར། བརྒྱད་པ་ལ། རྣམ་དག་གི་རིང་བསྲེལ་མཆོད་འོས་སུ་མཛད་པ། རིང་བསྲེལ་དུ་བཏགས་ཀྱང་དེ་ཡིན་མི་དགོས་པར་བསྟན་བཅོས་སུ་བཞག་བྱར་བསྟན་པ། བླུན་པོས་བཟང་པོར་འཛིན་ཡང་དེ་ཡིན་མི་དགོས་པར་བསྟན་པ། རྟགས་དེ་ཡིན་ན་དེ་ལྟར་བཟུང་བྱར་བསྟན་པ་དང་ལྔའོ། །དང་པོ་ནི། རིང་ཞེས་སོགས་ཏེ། རིང་བསྲེལ་དང་ནི་ཐུགས་དང་ལྟུགས། །སྐུ་གཟུགས་ལ་སོགས་རུས་པ་ལས། །འབྱུང་བའི་རྒྱུ་མཚན་ཅུང་ཟད་གསུངས་དགོས་ཏེ། སྨྲ་དཔྱད་དགོས་པས་སོ། །དཔྱད་པ་ན་འཕགས་ཞེས་སོགས་ཏེ། ཉན་ཐོས་དང་ཐེག་ཆེན་གྱི་འཕགས་པ་གསུམ་པོ་གང་རུང་གི་སྐུ་གདུང་ལ་བྱོན་པ་དང་། དེ་ལས་ཀྱང་བརྒྱུད་ནས་འཕེལ་བའི་ཡུངས་འབྲུ་ལྟ་བུའི་རིང་བསྲེལ་ནི་ཆོས་ཅན་གདུལ་བྱ་ལུས་ཅན་རྣམས་ཀྱིས་མཆོད་པར་བྱ་བ་ཡིན་ཏེ། གང་ལ་བྱོན་པའི་རྟེན་དམ་པ་དེའི་ཡོན་ཏན་དང་གདུལ་བྱ་རྣམས་ཀྱི་བསོད་ནམས་དང་མོས་གུས་ཀྱི་སྟོབས་ཀྱིས་འབྱུང་བའི་སྐབས་གནས་གང་། གདུལ་དགོས་པའི་འགྲོ་བ་རྣམས་ཀྱི་བསོད་ནམས་འཕེལ་བའི་རྟེན་དུ་བྱོན་པ་ཡིན་པའི་ཕྱིར། དེ་ཡང་གསེར་འོད་དམ་པར། སེམས་ཅན་རྣམས་ལ་ཕན་གདགས་ཕྱིར། །ཐབས་ཀྱིས་རིང་བསྲེལ་བཞག་པར་མཛད། །ཅེས་སོགས་དང་། ཡང་དག་ཉིད་དུ་འཇིགས་པ་མེད་ཕྱིར་དང་། །མ་འོངས་སེམས་ཅན་བསོད་ནམས་བསགས་བྱའི་ཕྱིར། །དེ་ཉིད་དུ་ནི་རིང་བསྲེལ་མང་སྤྲུལ་ཏེ། །སྐུ་གདུང་ཆ་བརྒྱད་མཛད་ལ་ཕྱག་འཚལ་ལོ། །ཞེས་དང་། སྤྱན་ལྡན་སྐུ་གདུང་བྲེ་བོ་བརྒྱད་ཀ་ལ། །བདུན་ནི་འཛམ་བུ་གླིང་བའི་མཆོད་པར་ཐོབ། །སྐྱེས་བུ་མཆོག་དེའི་བྲེ་བོ་གང་ཞིག་ནི། །གྲོང་ཁྱེར་སྒྲ་སྒྲོག་ཀླུ་ཡི་རྒྱལ་པོས་མཆོད། །སྐྱེས་མཆོག་དེ་ཡི་མཆེ་བ་བཞི་དག་ལས། །མཆེ་བ་གཅིག་ནི་རྩ་གསུམ་འཇིག་རྟེན་མཆོད། །གཉིས་པ་ཚིག་འཛིན་གྲོང་ཁྱེར་ཡིད་འོང་ན། །གསུམ་པ་ཀ་གླིང་རྒྱལ་པོའི་ཡུལ་ན་སྟེ། །སྐྱེས་མཆོག་དེ་ཡི་མཆེ་བ་བཞི་པ་ནི། །གྲོང་ཁྱེར་སྒྲ་སྒྲོག་ཀླུ་ཡི་རྒྱལ་པོས་མཆོད། །མྱ་ངན་མེད་རྒྱལ་སྐྱ་ནར་བུ་གནས་པས། །མཆོད་རྟེན་བདུན་པོ་རྒྱ་ཆེར་སྤེལ་བྱས་ཏེ། །དེ་ཡི་མཐུ་ཡིས་དབྱིག་འཛིན་འདིར་ཡང་ནི། །སྒྲོན་ལམ་དངོས་པོ་མངོན་

པར་བརྒྱན་གྱུར་ཏེ། །འདི་ལྟར་སྤྱན་ལྡན་སྐུ་གདུང་དེ་ལ་ནི། །ལྷ་དབང་ཀླུ་དབང་མི་ཡི་དབང་པོས་ཏེ། །མི་དང་ཀླུ་དང་གནོད་སྦྱིན་བདག་པོ་ཡིས། །རབ་ཏུ་བསྐུར་ནས་བཀུར་བསྟི་མཆོད་པར་བྱས། །ཞེས་སོགས་རྒྱ་ཆེར་རོལ་པའི་དོན་དུ་འབྱུང་བ་བཞིན་ནོ། །དེ་བས་ན། འབྱུང་ཁུངས་རྣམ་དག་ནས་བྱོན་པའི་རིང་བསྲེལ་ནི། དགོས་འདོད་འབྱུང་བས་རིན་པོ་ཆེ་དང་འདྲ་བ་ཡིན་ཏེ། གཉིས་པ་ནི། རང་ཞེས་སོགས་ཏེ། ཁོ་ན་རེ། རིང་བསྲེལ་དུ་གྲགས་པ་ཐམས་ཅད་མཚུངས་སམ་ཟེར་ན། ཤེས་བྱ་ཆོས་ཅན། རིང་བསྲེལ་དུ་མིང་གྲགས་པ་ཐམས་ཅད་མཆོད་བྱར་མི་མཚུངས་པར་ཐལ། རིང་བསྲེལ་དུ་གྲགས་པ་ལ་ལ་གདོན་གྱིས་བྱེད་ལ། ལ་ལ་འབྱུང་བཞིའི་སྟོབས་ལས་འབྱུང་ཞིང་། ཁ་ཅིག །བསྟན་པ་ལ་དགའ་བའི་ལྷས་དད་པར་བྱ་བའི་ཕྱིར་སྤྲུལ་བའང་སྲིད་ལ། དེང་སང་གི་རིང་བསྲེལ་ཕལ་ཆེ་བ་ནི་གང་ཟག་རྫུན་མས་བྱས་པའི་རིང་བསྲེལ་དུ་གྲགས་པས་རིང་བསྲེལ་གྱི་རྣམ་དབྱེ་མཁས་པས་དཔྱད་ན་དེ་ལྟར་ཡིན་པས་སོ། །དེ་ཡང་གང་ཞིག་སྡིག་པ་ཅན་གྱི་རུས་པ་ལ་རིང་བསྲེལ་གྱི་རྣམ་པ་བྱུང་བ་ཕྱིས་སྡིག་པ་རྣ་ཅན་དུ་སོང་བའི་གཏམ་རྒྱུད། བྱ་རྒོད་ཀྱི་ཐལ་བ་དང་། ཆུ་ཚན་ཁ་སོགས་ཀྱི་རྡོ་ལ་སོགས་པ་ལས་བྱུང་བར་གྲགས་པ་དང་། རྫུན་མ་མང་པོས་གཞན་བསླུ་བའི་ཐབས་སུ། ཉ་མིག་དང་། རུས་པ་སོགས་ལས་བཟོས་ཏེ། རིང་བསྲེལ་དུ་མིང་བཏགས་ནས་ཉོ་ཚོང་བྱེད་པ་རྣམས་སོ། །

གསུམ་པ་ནི། ཐུགས་ཞེས་སོགས་ཏེ། དེ་བཞིན་དུ་གང་གི་ལུས་ལས་བྱུང་བའི་ཐུགས་ལྟགས་དང་ལྷའི་སྐུ་གཟུགས་ལ་སོགས་པར་གྲགས་པ་དེ་དག་ཆོས་ཅན། མཐའ་གཅིག་ཏུ་བཟང་ངན་གཉིས་གང་རུང་དུ་ལུང་བསྟན་དཀའ་བར་ཐལ། བཟང་ངན་གང་རུང་གི་ངོ་བོར་འབྱུང་བ་ཆོས་མདོ་རྒྱུད་ལུང་གང་ནས་ཀྱང་གསུངས་པ་མེད་ཅིང་། འོན་ཀྱང་ཁྱེད་འདྲ་འབྱུང་བ་ཀུན་ལས་ཕལ་ཆེར་རྫུན་མ་བྱས་པ་སྲིད་པ་ལ་གལ་ཏེ་བདེན་ནའང་བཟང་ངན་གང་རུང་གི་ངོ་བོར་ལུང་རིགས་གཉིས་ཀས་སྒྲུབ་མི་ནུས་པའི་ཕྱིར་རོ། །དཔེར་ན་ལྷ་བསྐྱེད་རིམ་བསྒོམས་པས་ལྷ་སྐུ་དང་། བྱང་སེམས་བསྒོམས་པས་རིང་བསྲེལ་དང་། རྫོགས་རིམ་བསྒོམས་པས་ནམ་མཁའ་དྭངས་པ་དང་། ཞིང་དག་པར་སྐྱེས་པས་མེ་ཏོག་གི་ཆར་འབབ་པར་གྲགས་པ་སོགས་ལའང་ལུང་རིགས་ཀྱིས་སྒྲུབ་བྱེད་མཐའ་གཅིག་པ་མེད་པས་བཏང་སྙོམས་སུ་བཞག་པར་བྱ་ཏེ། དེ་ཕྱིར་བཏང་སྙོམས་སུ་བཞག་ལེགས་ཉེས་པ་མེད། ཅེས་གསུངས་པ་ལྟར་རོ། །

འོན་ཀྱང་མེ་ཏོག་གི་ཆར་འབབ་པ་ནི་འགའ་ཞིག་ཏུ་ལྷ་དགའ་ནས་འབེབས་པར་རྒྱུད་ལུང་དུ་མ་ནས་འབྱུང་ངོ་། །བཞི་པ་ནི། ཉི་ཞེས་སོགས་ཏེ། ཤེས་བྱ་ཆོས་ཅན། ཉི་མ་དུ་མ་གཅིག་ཏུ་ཅིག་ཆར་དུ་ཤར་བ་དང་མཁའ་ལ་བྲུག་དོད་པ་དང་མཚན་མོ་འཇའ་ཚོན་བྱུང་བ་དང་། ངན་པའི་ལུས་ལ་འོད་ཟེར་འཕྲོས་པ་དང་གློ་བུར

ཏུ་ལྷ་འདྲེ་མཐོང་བ་དང་གསོན་པའི་ལུས་ལ་རྫུན་མེད་རིང་བསྲེལ་འཛོགས་པ་ལ་སོགས་པ་ནི་བླུན་པོའི་བཟང་རྟགས་སུ་བྱེད་མོད་ཀྱི། དེ་འདྲ་དེ་དག་དང་ལྡན་ནམ། དེ་མཐོང་སྟེ་བཟང་རྟགས་ཡང་དག་ཏུ་མི་འགྱུར་ལ། འདི་འདྲ་དེ་དག་མཁས་པས་མཐོང་བར་གྱུར་ན་བར་ཆད་ཀྱི་རྟགས་སུ་ཤེས་པར་གྱིས་ཏེ་ཤེས་དགོས་པས་སོ། །ལྷ་བ་ནི། སྐུ་ཞེས་སོགས་ཏེ། སྐུ་གཟུགས་མཆི་མ་འཛག་པ་དང་། །དེ་བཞིན་གོམ་པས་འགྲོ་བ་དང་གར་བྱེད་པ་དང་སྐད་འབྱིན་པ་དང་ཁྲག་གི་ཆར་བ་འབབ་པ་དང་ས་འོག་ཏུ་བོང་བུའི་སྒྲ་སྒྲོགས་པ་དང་དུད་འགྲོ་རྣ། མི་སྐད་སྨྲ་བ་སོགས་བླུན་པོ་རྣམས་ངོ་མཚར་སྐྱེ་མོད་ཀྱི། མཁས་པས་འདི་འདྲ་མཐོང་བར་གྱུར་ན་ཡུལ་དེར་དགྲ་བོ་གཞན་དག་འཇུག་པའམ། ཡང་ན་ལྷས་དན་གཞན་འབྱུང་བའི་ལྟས་སུ་སྲིད་པས་འདི་འདྲའི་རིགས་ཅན་མཐོང་ན་ཡང་། མཁས་པ་རྣམས་ལ་ལེགས་པར་དྲིས་ནས་བཟང་ངན་གྱི་རྣམ་དབྱེ་དཔྱད་དགོས་པས། མཐའ་གཅིག་ཏུ་བཟུང་བར་མི་བྱའོ། །དཀོན་བརྩེགས་ཀྱི་ཡབ་སྲས་མཇལ་བར། དེ་དག་རྣམས་ཀྱི་རིང་བསྲེལ་ལའང་། །རྒྱལ་བའི་སྐུ་མང་འབྱུང་བར་འགྱུར། །ཞེས་གསུངས་པ་ནི་རིང་བསྲེལ་ལ་བརྟེན་པའི་སྐུ་གཟུགས་བཞེངས་པ་འབྱུང་བ་ལ་དགོངས་པ་ཡིན་པས་མི་འགལ་ལོ། །ཞེས་ཟེར་རོ། །མདོར་ན་གོང་གི་དེ་འདྲའི་རིགས་ཅན་རྣམས་དེ་དག་བཟང་ངན་འབྲིང་གསུམ་ལ་མཁས་པ་དག་ལ་དྲིས་ཏེ་དཔྱད་ནས་གང་དུ་གནས་པ་དེར་བཟུང་བར་བྱ་སྟེ། གང་དུ་གནས་པ་དེ་ལས་གཞན་དུ་མེད་པས་སོ། །དེས་ན་སྔར་བཤད་པ་དེ་དག་དམ་ཆོས་ཀྱི་དོན་ལ་འཁྲུལ་བའི་རྣམ་དབྱེ་མེད་ཙམ་བརྗོད་ནས་འཁྲུལ་བ་སྤོང་ཚུལ་ཡང་དེ་བཞིན་དུ་བརྗོད་ཀྱི་རྒྱུས་པར་དེས་མཆོན་ནས་ཤེས་པར་བྱེད་དགོས་པ་ཡིན་ནོ། །

གཉིས་པ་ལ། བོད་སྐད་ཀྱི་ཚིག་ལ་འཁྲུལ་པ་དགག་པ་དང་། རྒྱ་སྐད་ཀྱི་ཚིག་ལ་འཁྲུལ་བ་དགག་པ། མནོར་བའི་ཚིག་སྦྱོར་འཐད་པར་བསྟན་པ་དང་གསུམ། དང་པོ་ནི། ཞེས་སོགས་ཏེ། དོན་ལ་འཁྲུལ་བ་དགག་པ་བསྟན་པ། ཚིག་ལའང་འཁྲུལ་བ་སྤང་དགོས་ཏེ། དོན་ལ་སྒྲོ་འདོགས་བཅད་པ་ཙམ་གྱིས་ཚིག་ལ་སྒྲོ་འདོགས་མི་ཆོད་ཅིང་། དེ་ལ་སྒྲོ་འདོགས་ནི་བཅད་དགོས་པས་སོ། །འོན་ཚིག་ལ་འཁྲུལ་བ་གང་། ཇི་ལྟར་གཅོད་ཅེ་ན། ཚིག་ལ་འཁྲུལ་བའི་རྣམ་དབྱེ་ཅུང་ཟད་བཤད་ཀྱི་ཉོན་ཅིག །ཤེས་བྱ་ཆོས་ཅན། བོད་ཚིག་ལ་འཁྲུལ་བའི་རྣམ་པར་དབྱེ་བ་མང་དུ་ཡོད་དེ། བཅོམ་ལྡན་འདས་ཀྱི་སྒྲ་བཤད་པ་ལ་བདུད་བཞི་བཅོམ། དབང་ཕྱུག་སོགས་ལྡན་པར་འཆད་པ་དང་། གླིགས་བམ་གྱི་སྒྲ་བཤད་ལ་གླིགས་ཤིང་གི་བར་ཏུ་ཤོག་བུའི་བམ་པོ་ཐག་པས་བཅིངས་ཟེར་བ་དང་། ཕྱག་རྒྱ་ཆེན་པོའི་སྒྲ་བཤད་ལ། ཕྱག་ནི་ལག་པ་བསྣམས་པས་རྒྱ་ཞེས་འཆད་པ་དང་། ཕྱག་སྟོང་པ་རྒྱ་ཡེ་ཤེས་ལ་ཟེར་བ་སོགས་དང་། ཡེ་ཤེས་ཀྱི་བཤད་པ་ལ་ཡེ་གདོད་ཡང་ནས་གྲུབ་པའི་ཤེས་པ་ཞེས་བཤད་

པ་དང་། རྣལ་འབྱོར་འཆད་ལ་སེམས་རྣལ་མ། །རིག་པ་འབྱོར་ཞེས་འཆད་པ་དང་། །རྒྱལ་མཚན་རྩེ་མོའི་དཔུང་རྒྱན་ལ། །དམག་གི་དཔུང་དུ་འཆད་པ་དང་། །གཏུམ་མོའི་སྒྲ་བཤད་ཆོས་ཉིད་རྣམ་རྟོག་གི་གོས་ཀྱིས་བཏུམས་པར་ཞེས་འཆད་པ་དང་གླུའི་སྒྲ་བཤད་སེམས་ཅན་བསླུ་བ་ལ་འཆད་པ་དང་། ཕུར་མ་རི་རབ་མཉམ་པ་ལ་དྲི་རབ་མནམ་པར་འཆད་པ་དང་།གཞན་ཡང་སྨན་བླ་ལ་སྨན་ལྷར་འདོན་པ་དང་། ཛམ་བྷ་ལ་ལ་ཛམ་པ་ལྷར་གློག་པ་སོགས་བོད་ཚིག་སྐྱོན་ཅན་མཐའ་ཡས་པ་ཡོད་པས་སོ། །གཉིས་པ་ནི་ཤཱཀྱ་ཞེས་སོགས་ཏེ། ཤེས་བྱ་ཆོས་ཅན། རྒྱ་གར་གྱི་ཚིག་ལ་འཆད་པོས་ནོར་བའི་འཁྲུལ་པ་མང་པོ་ཡོད་དོ། །ཤཱཀྱའི་བུ་མོ་གོ་པའི་སྒྲ། །གོ་ནི་ས་ཡིན་པ་ཡི་སྒྲ། །མཚོའམ་སྐྱོང་ས་སོགས་ལ་འཇུག་པ་དེས་ན། བོད་སྐད་ས་འཚོ་ཡིན་པ་དེ་ལ་གོ་པའི་སྒྲ་བཤད་ནི་རྟོགས་པའི་དོན་དུ་འཆད་པ་དང་། རྒྱ་སྐད་རད་ན་ཀེ་ཏུ་ལ། ཀེ་ཏུའི་སྒྲ་ནི་དཔལ་དང་ཏོག་དང་། དུ་བ་འཇུག་རིང་སོགས་ལ་འཇུག་ཅིང་སྐད་རྙིང་རྣམས་ལ་དཔལ་དུ་ཡོད་པ་སྐད་གསར་བཅད་མན་ཆད་ཏོག་ཏུ་བསྒྱུར་བ་དེས་ན་འབུམ་ལ་རིན་ཆེན་དཔལ། གསར་བཅད་ཀྱིས་ཞུས་པའི་བརྒྱུད་སྟོང་པ་ལས་རིན་ཆེན་ཏོག་ཅེས་བྱར་བསྒྱུར་བ་མི་ཤེས་པར་རིན་ཆེན་དཔལ་དུ་བཤད་པ་དང་། པོ་ཏ་ལ་ཞེས་བྱ་བའི་སྒྲ་བོད་སྐད་དུ་གྲུ་འཛིན་ཡིན་པས་རི་བོ་གྲུ་འཛིན་ཞེས་བྱ་བར་བསྒྱུར་ན་བོད་ལ་འཐད་མོད་ཀྱི། ལ་ལས་རྒྱ་སྐད་སོར་བཞག་བྱས་ནས་པོ་ཏ་ལའི་རི་ཞེས་བསྒྱུར་ལ། དེ་ལ་སྒྲ་བསྒྱུར་མ་ལ་ཡི་རིའི་སྒྲ་གོང་དུ་ཕྱུང་ནས་ནི་རི་བོ་པོ་ཏ་ལ་ཞེས་བསྒྱུར་བ་དེའི་དོན་མ་རྟོགས་པ་རྣམས་ཀྱིས་རི་བོ་ཏ་ལར་བཤད་པས་འཁྲུལ་བའི་ཕྱིར་དང་། དེ་བཞིན་དུ། འཁོར་གསུམ་ཡོངས་དག་ཅེས་བྱ་བ་ལ་རྒྱ་སྐད་དུ་ནི་ཏྲི་མཎྜལ་པ་རི་ཤུདྡྷ་ཞེས་བྱར་ཡོད་པ་ལ། ཏྲི་ནི་གསུམ་ཡིན་མཎྜ་ལ་ཞེས་བྱ་བ། བོད་སྐད་དུ་དཀྱིལ་འཁོར་ཡིན་ཞིང་པ་རི་ཤུདྡྷ་ཡོངས་དག་པ། དེ་དྲང་པོར་བསྒྱུར་ན་དཀྱིལ་འཁོར་གསུམ་ཡོངས་སུ་དག་པ་ཞེས་བྱར་འགྱུར་ཡང་། མཁས་པ་རྣམས་ཀྱིས་སྒྲ་བསྡུས་ནས་འཁོར་གསུམ་ཡོངས་དག་ཞེས་བྱར་བསྒྱུར་མོད་དེའི་སྒྲ་དོན་མི་ཤེས་པར་འཁོར་གསུམ་གཡོག་ཏུ་འཆད་པ་འཁྲུལ་བའི་ཕྱིར་དང་། རྒྱ་སྐད་ལང་ཀ་པུ་རི་ལ། །པུ་རིའི་སྒྲ་ནི་གྲོང་ཁྱེར་ཡིན། །བོད་སྐད་ལང་ཀའི་གྲོང་ཁྱེར་ཏེ། །དེ་ལྷོ་ཕྱོགས་རྒྱ་མཚོའི་གླིང་ན་ཡོད་པ་ལ། རྒྱ་སྐད་མ་ཤེས་པར་པུ་རངས་སུ་བཤད་པ་དང་། རྒྱ་སྐད་དུ་བི་མ་ལ་མི་ཏྲ་ཞེས་པ་བོད་སྐད་དུ་དྲི་མེད་བཤེས་གཉེན་ཡིན་པ་དེའི་སྒྲ་དོན་མི་ཤེས་པར། བྱེ་མ་ལ་དང་མུ་ཏྲའི་སྒྲ། །ཕྲུག་རྒྱུ་ཡིན་པར་བཤད་པ་དང་། །རྒྱ་སྐད་ནཱ་རོ་ཏ་ཡི་སྒྲ། །ཁྲམ་ཟེའི་རིགས་ཀྱི་བྱེ་བྲག་ཡིན། །དེ་ཡི་རྒྱུ་མཚན་མི་ཤེས་པར། །དཀའ་བ་སྤྱད་པས་ཨ་ན་ན། །ནཱ་རོ་སོང་ཞེས་འཆད་ཕྱིར་དང་། །ཏི་ལོ་ཞེས་བྱ་ཏིལ་བརྡུངས་ཡིན། །དེ་ལ་ཏེ་ལོར་འཆད་པ་དང་། །རྒྱ་སྐད་ལོ་ཧི་ཞེས་བྱ་བ། །བོད་སྐད་དུ་ཉའི་རྒྱུ་ལྟོ་ཡིན་ཀྱང་། དེའི་སྒྲ་དོན་མི་ཤེས

པར་གླུ་ཡིས་ས་རྣ་བཤད་པའི་ཕྱིར་དང་། རྒྱ་སྐད་ཀྱི་ཨིན་དྲ་བྷཱུ་ཏི་ནི། བོད་སྐད་དུ་འབྱུང་པོའི་དབང་པོ་ཡིན་པ་དེའི་སྒྲ་བསྒྱུར་མི་ཤེས་པར། བརྒྱ་བྱིན་བྱང་ཆུབ་ཏུ་འཆད་པ་དང་། རྒྱ་སྐད་དུ་ཨ་བ་དྷཱུ་ཏིའི་སྒྲ་ནི་གཉིས་སྤང་ངམ་ནི་ཀུན་འདར་ཡིན་པ་མདོ་སྡེར་བཤད་པ་དང་། རྒྱ་སྐད་དོ་ཧ་ཞེས་བྱ་བ་བོད་སྐད་ལྷུག་པའམ་མ་བཅོས་པ་ཞེས་བྱ་བའི་དོན་ལ་འཇུག་མོད་ཀྱི། དེའི་རྒྱུ་མཚན་མི་ཤེས་པར། དེ་ནི་གཉིས་ཡིན་ཏ་གཏོད་པ་གཉིས་ལ་གཏོད་པར་འཆད་པ་དང་། རྒྱ་སྐད་ཛ་བ་ཞེས་བྱ་བ་ནི་མེ་ཏོག་དམར་པོ་ཞིག་ལ་འཇུག་པ་དེའི་བརྡ་དོན་མི་ཤེས་པར། བྱམས་པའི་མཛད་པར་འཆད་པ་སོགས་འཁྲུལ་བ་མང་པོ་སྣང་བའི་ཕྱིར་རོ། །

དེ་དག་འཁྲུལ་བའི་བཤད་པར་གྱུར་པའི་རྒྱུ་མཚན་ཡོད་དེ། ཅིའི་ཕྱིར་ཞེ་ན། དེ་དག་བླུན་པོ་ལ་ལེགས་ལེགས་འདྲ་ཡང་། མཁས་པས་མཐོང་ན་བཤད་པ་དེ་དག་སཾ་སྐྲྀ་ཏའི་སྒྲ་དོན་ལ་བཤད་དུ་མི་རུང་བ་ཉིད་ཀྱི་ཕྱིར་དང་། དེ་དག་རྒྱ་སྐད་ཡིན་པར་མ་ཤེས་པར་བོད་སྐད་ཡིན་པར་བཤད་པའི་ཕྱིར་རོ། །དེས་ན་དེ་འདྲའི་བཤད་པ་ཀུན་བོད་བླུན་པོས་སྤྱར་བས་ན་སྒྲའི་དོན་ལ་མཁས་པ་རྣམས་ཀྱིས་འདོར་བར་བྱ་བའོ། །གསུམ་པ་ནི། དེ་ཞེས་སོགས་ཏེ། འོ་ན་འཁྲུལ་མེད་ཀྱི་བཤད་པ་མེད་པར་འགྱུར་རོ་ཟེར་ན། ཤེས་བྱ་ཆོས་ཅན། བཅོམ་ལྡན་འདས་ཀྱིས་བཤད་པ་སོགས་ལ་གཞི་བཅོམ་དྲུག་ལྡན་དུ་འཆད་པ་སོགས་རྒྱ་བོད་ཀྱི་ཚིག་ལ་ལོག་བཤད་ཡིན་པས། བཤད་པ་འཁྲུལ་མེད་མི་དགོས་པར་ཐལ། བཅོམ་ལྡན་ཞེས་པ་སོ་སོ་འབྲལ་བའི་དོན་མིན་པར་དེའི་སྐད་དོད་བྷ་ག་ཝན་ཞེས་པ་བཅོམ་ལྡན་སྐལ་ལྡན་ལེགས་ལྡན་ཞེས་སོགས་གཞི་བཅོམ་པ་དང་དྲུག་ལྡན་པ་སོགས་གཞི་གཅིག་གིས་སྟེང་དུ་འཆད་དགོས་པ་འཁྲུལ་མེད་པ་ཡིན་པ་དང་། ཏ་ཐཱ་ག་ཏ་ཞེས་པ་དེ་བཞིན་གཤེགས་པའི་སྒྲའི་དོན་ཏེ། དེ་བཞིན་ཉིད་རྟོགས་པར་འཆད་པ་དང་། ཨར་ཧད་ཅེས་པ་ཀུན་གྱིས་བཀུར་འོས་ཡིན་པས་དགྲ་བཅོམ་པའི་སྒྲ་དོན་མཆོད་འོས་སུ་འཆད་པ་དང་དང་ནྲྀ་ཛ་ཞེས་པ་གཟི་བརྗིད་ཆེ་བ་དང་། གསལ་བ་དང་མཛེས་པ་ལ་འཇུག་པས་རྒྱལ་པོའི་སྒྲ་བཤད་གསལ་བར་འཆད་པ་དང་། ཀྵཱ་ནྟི་ཞེས་པ་རྗེན་ངན་གྱིས་མི་བྱེད་པས་བཟོད་པར་འཆད་པ་དང་། སྐན་ད་ཞེས་ཁྱུར་ཁྱེར་བ་ཕྲག་པར་འཆད་པ་དང་། ཨ་ར་ཧད་ཅེས་པ་ཀུན་གྱིས་བཀུར་འོས་ཡིན་པས། དྷཱ་ཏུ་ཞེས་པ་ཁམས་ཀྱི་སྒྲ་དོན་བྱིངས་ལ་ཡང་འཇུག་པས་ཁམས་ལ་དབྱིངས་སུ་འཆད་པ་སོགས་ནོར་མེད་ཡིན་པའི་ཕྱིར་དང་། དེ་བཞིན་དུ་སུ་དར་ཛ་ཡ་ཞེས་པ་ཤིན་ཏུ་ངན་ཞིང་ཐུབ་པར་དཀའ་བས། སྦྱངས་དཀའ་འམ་ཐུབ་དཀར་འཆད་པ་དང་། ཨ་ནུ་ཤ་ཡ་ཞེས་པ་ཆོས་མངོན་དུ་འབྱུང་བའི་གནས་ཞེས་པའི་དོན་ཡིན་པས་བག་ཆགས་གནས་སུ་འཆད་པ་དང་། ཤཱཀྱ་ཕོད་པར་འཆད་པ་སོགས། བོད་ལ་ཅུང་ཟད་མི་བདེ་ཡང་ལེགས་པར་སྦྱར་བའི་སྒྲ་དག་ལ་ཤིན་ཏུ་འཐད་པས་སྒྲ་སྦྱོར་ལ་མཁས་པས་བླང་བྱ་ཡིན་པའི་

ཕྱིར་རོ། །དེ་བས་ན་འདི་གང་ནི་མཚོན་པ་ཙམ་སྟེ། རྒྱས་པར་ནི་སྐད་རྣམས་ལ་ལེགས་པར་མཁས་པའི་པཎྜི་ཏ་དག་ལ་གཏུགས་ནས་སྒྲོ་འདོགས་གཅོད་དགོས་པ་གལ་ཤིན་ཏུ་ཆེ་བར་མཐོང་སྟེ། ཚིག་ནོར་བ་དང་ལོག་པར་གྱུར་བ་ལས་དོན་རྣམ་པར་དག་པར་རྟོགས་པར་མི་འགྱུར་ལ། དོན་མ་རྟོགས་པར་ནི་ཐར་པ་དང་ཐམས་ཅད་མཁྱེན་པ་ལྟ་ཅི་སྨོས། མངོན་པར་མཐོ་བའི་བདེ་བ་ཙམ་ཡང་སྒྲུབ་པར་མི་འགྱུར་བའི་ཕྱིར་རོ། །དེ་སྐད་དུ་ཡང་མདོ་ལས། མིང་དུ་གདགས་པར་མ་མཛད་ན། །འཇིག་རྟེན་ཐམས་ཅད་རྨོངས་པར་འགྱུར། །དེ་བས་རྨོངས་པ་བསལ་བའི་ཕྱིར། །མགོན་པོས་མིང་དུ་གདགས་པར་མཛད། །ཅེས་སོགས་དང་། བསྟན་བཅོས་སུ་འང་། ཐ་སྙད་ལ་ནི་མ་བརྟེན་པར། །དམ་པའི་དོན་ནི་རྟོགས་མི་འགྱུར། །དམ་པའི་དོན་ལ་མ་རྟོགས་པར། །མྱ་ངན་འདས་པ་ཐོབ་མི་འགྱུར། །ཞེས་དང་སློབ་དཔོན་དངགས་མཁན་པོས་ཀྱང་། །གང་ཕྱིར་སྒྲ་འོད་སྣང་བ་འདི། །འཁོར་བའི་བར་དུ་མི་གསལ་ན། །འཇིག་རྟེན་གསུམ་པོ་འདི་དག་ནི། །མུན་པའམ་སྨག་རུམ་ཉིད་དུ་འགྱུར། །ཞེས་སོགས་འབྱུང་བ་ཡིན་ནོ། །

གཉིས་པ་ལ། འཕགས་པའི་ཡུལ་དུ་འཕེལ་འགྲིབ་བྱུང་ཚུལ། བོད་ཀྱི་ཡུལ་དུ་འཕེལ་འགྲིབ་བྱུང་ཚུལ། བསྟན་པ་གནོད་བྱེད་བཏང་སྙོམས་སུ་བཞག་བྱ་མིན་པར་བསྟན་པ་དང་གསུམ། དང་པོ་ལ། ཉན་ཐོས་བསྟན་པ་འཕེལ་འགྲིབ་བྱུང་ཚུལ། ཁྱད་པར་ཐེག་ཆེན་འཕེལ་འགྲིབ་བྱུང་ཚུལ། གཞན་ཡང་འཕེལ་འགྲིབ་སྣ་ཚོགས་བཤད་པའོ། །དང་པོ་ལ། ཆོས་ལོག་བཀག་ནས་དག་པར་བསྒྲུབས་ཚུལ། སླར་ཡང་ནོར་བ་བཀག་སྟེ་བསྒྲུབས་ཚུལ་གཉིས། དང་པོ་ནི། སངས་རྒྱས་ཞེས་སོགས་ཏེ། ཁོ་ན་རེ། སངས་རྒྱས་ཀྱི་བསྟན་པ་དྲི་མ་མེད་པར་གནས་པའི་སྐད་དུ་དམ་པའི་ཆོས་ཀྱི་ཚིག་གི་དོན་ལ་ནོར་འཁྲུལ་བཀག་པས་བསྟན་པའང་དྲི་མ་མེད་པར་གནས་མོད། དེ་ནི་ཇི་ལྟར་འབྱུང་བར་འགྱུར་ཞེ་ར་ན། འདི་ལའང་དཔྱད་པར་བྱ་སྟེ། སྔར་ཡང་། བདག་ཅག་གི་སྟོན་པ་ཞིང་འདིར་དངོས་སུ་བྱོན་ཏེ། བསྟན་པ་གསལ་བར་གྱུར་ནས་ལོ་བརྒྱ་གཉིས་སོ། །བརྒྱ་གསུམ་པ་ལ་བབ་པའི་ཚེ། དགེ་སློང་བཟང་བྱིན་ཞེས་བྱ་བས་བསྟན་པ་ལ་རྨ་འབྱིན་པའི་མགོ་བརྩམས་པ་ནས། སྟོན་པ་མྱ་ངན་ལས་འདའ་བའི་ཚུལ་མ་བསྟན་གྱི་བར་དུ་ཡང་གང་ཟག་གི་ཉོན་མོངས་པ་ཆེ་ཆུང་གི་རིམ་པས་བསྟན་པ་དང་འགལ་བའང་རིམ་ཅན་དུ་བྱུང་བ་ལ་བརྟེན་ནས་ཉེས་པའི་ཆུ་རྒྱུན་འགོག་བྱེད་ཀྱི་བསླབ་པ་ཆུ་ལོན་ལྟ་བུ་རིམ་ཅན་དུ་བཅས་ནས་ཀྱང་། དེ་དག་ཅི་རིགས་ལས་འདས་ཏེ་ཉེས་པ་ལས་ལྡང་བ་དང་སླར་མི་འཇུག་པར་བྱ་བའི་སྐད་དུ་བསླབ་པར་བྱ་བའི་ཚོགས་ཤིན་ཏུ་མང་པོ་རིམ་བཞིན་དུ་སྟོན་དགོས་པ་བྱུང་བ་ནི། འདུལ་བའི་ལུང་ལ་སོགས་པ་སྡེ་སྣོད་ཀྱི་ཚོགས་དག་ལས་འབྱུང་བས་ན་བསྟན་པའི་བཞག་པའི་ཚུལ་ཡང་དེ་བཞིན་དུ་གྱུར་མོད། དེ་བས་ནི

བདག་ཅག་ལ་སོགས་པ་རྟག་འཛིན་ཅན་དག་གི་རྟག་འཛིན་བཟློག་པ་དང་། སངས་རྒྱས་ལ་བརྙས་པ་སྤང་བ་དང་། དམ་པའི་ཆོས་ལ་སྤྲོ་བ་བསྐྱེད་པ་ལ་སོགས་པ་མཐའ་ཡས་པའི་ཆེད་དུ། རྒྱལ་བ་དེ་ལྟར་བརྒྱད་བཅུ་ལ། །ཐུབ་མཆོག་དམ་པ་མྱ་ངན་འདས། །ཞེས་གསུངས་པ་ལྟར་ཞིང་ཁམས་འདིར་མི་བཞུགས་པར་མྱ་ངན་ལས་འདའ་བའི་ཚུལ་བསྟན་པའི་རྗེས་སུ་ནི་སྟར་ལས་ལྡོས་ཏེ། ཐར་པའི་རྒྱལ་མཚན་བསྒྲལ། ཆོས་ཀྱི་སྒྲོན་མེ་བསྒྲལ། བསྟན་པའི་ཉིན་བྱེད་ནུབ། འགྲོ་བ་རྣམས་ལོང་ལྐུག་ལྟ་བུར་སོང་། བདུད་དང་མུ་སྟེགས་ཀྱི་བསྟན་ལོག་འཕེལ། ནག་ཕྱོགས་པ་རྣམས་གཟེངས་བསྟོད་པར་གྱུར་པའི་ཚེ། སྟོན་པ་སངས་རྒྱས་ཀྱི་ཐུགས་རྗེ་དང་གདུལ་བྱ་རྣམས་ཀྱི་སྨོན་ལམ་གྱི་དགེ་རྩ་བསྐུལ། མུ་སྟེགས་དང་ལྷ་རྣམས་འཕགས་པ་སྤངས་པ་དང་། སེམས་ཅན་ལ་ཕན་བདེ་བསྒྲུབ་པའི་སླད་དུ། །དགྲ་བཅོམ་པ་ཆོས་ཀྱི་སྤྱན་ལྡན་རྣམས་ཀྱིས་འཁོར་བ་དང་ཉམས་པ་རྣམས་བསྡུ་བ་དང་དག་པར་མཛད་དེ། དེ་ཡང་འཕགས་པ་ཀུན་དགའ་བོས་མདོ་སྡེ་དང་། འཕགས་པ་འོད་སྲུང་གིས་མངོན་པ་དང་། འཕགས་པ་ཉེ་བ་འཁོར་གྱིས་འདུལ་བ་རྣམས་བསྡུས་ནས་སླར་ཡང་སངས་རྒྱས་ཀྱི་གསུང་རབ་དྲི་མ་མེད་པར་མཛད་དེ། དེ་ལ་བསྡུ་བ་དང་པོར་གྲགས་སོ། །དེའི་རྗེས་སུ་ཐུབ་པའི་བསྟན་པ་དྲི་མས་ དག་པར་གནས་པ་ན་ཡངས་པ་ཅན་གྱི་དགེ་སློང་ངན་པ་འགའ་ཞིག་གིས། ཧུ་ལུ་ཧུ་ལུ་ཡི་རང་དང་། འགའ་ཞིག་ཨ་ལ་ཨ་ལ་ཡི་རང་དང་ཞེས་འབྱུང་ངོ་། །ཀུན་སྤྱོད་སྣོད་དང་ལན་ཚྭ་དང་། །ལམ་དང་སོར་གཉིས་དཀྲུགས་དང་གདིང་། །གསེར་གྱི་རུང་བ་ཞེས་བྱ་སྟེ། །འདི་དག་རུང་མིན་བཞི་བཅུ་ཡིན། །ཞེས་འདུལ་བ་དང་འགལ་བའི་བསླབ་པ་རུང་བ་མིན་པ་བཅུ་བཅས་སོ། །དེའི་ཚེ་དགྲ་བཅོམ་པ་གྲགས་པ་ལ་སོགས་བདུན་བརྒྱ་ཙམ་གྱིས་འོངས་ཏེ། ཆོས་མིན་གྱི་ལས་བྱས་ནས། ཧུ་ལུ་ཞེས་པས་རུང་བ་དང་། ཆོས་མིན་གྱི་ལས་བྱས་ནས་དགེ་སློང་ཐམས་ཅད་ཀྱི་རྗེས་སུ་ཡི་རང་ངོ་། །ཞེས་པས་རུང་བ་དང་། རང་གི་ལག་པའི་ཀུན་སྤྱོད་ཀྱིས་ས་བརྐོས་ནས་རུང་བ་དང་། སྣོད་དུ་དུས་རུང་བསྲེས་ནས་དུས་མིན་ལ་སྤྱོད་པའི་རུང་བ་དང་། ལན་ཚྭ་བསྲེས་པའི་རུང་བ་དང་། ལམ་དཔག་ཚད་ཕྱེད་ཕྱེད་ཙམ་དུ་ཕྱིན་ནས་འདུས་འབྲིང་ཤིང་ཟ་བས་དང་། ལྷག་བོར་མ་བྱས་པའི་ཟས་ཐོག་མར་སོར་མོ་གཉིས་ཀྱིས་བཅད་ནས་བཟའ་བ་དང་། ཆང་གི་སྣོད་ནང་ནས་དཀྲུགས་ཏེ་ཆང་གཞིབས་ཏེ་འཐུང་བ་དང་། འོ་ཞོ་བསྲེས་ནས་དུས་མིན་དུ་སྤྱོད་པ་དང་། གདིང་བ་རྙིང་པས་མ་གླན་པར་གསར་པ་སྤྱོད་པ་དང་། ལྷུང་བཟེད་དགེ་ཚུལ་གྱི་མགོ་ཐོག་ཏུ་བཞག་ནས་འདིར་གསེར་བྲིན་ཅིག་ཅེས་བླངས་པས་རུང་བ་བྱེད་པ་རྣམས་བཟློག་པར་བྱས་སོ། །དེ་ལ་བསྡུ་བ་གཉིས་པར་གྲགས་སོ། །

མདོར་ན་ཡངས་པ་ཅན་གྱི་དགེ་སློང་གིས་བཅས་པའི་ཧུ་ལུ་ཧུ་ལུ་སོགས་རུང་བ་བྱེད་ཚུལ་གྱི་བསླབ་བཞི་

བཙུ་བོ་དེ་ཆོས་ཅན། ཆོས་འདུལ་བའི་བླང་བྱའི་བླང་བྱར་མི་རུང་ལ། ཆོས་འདུལ་བའི་བསྟན་པ་དང་འགལ་ཞིང་དམ་པའི་ཆོས་སུ་མི་རུང་བས་སོ། །དེང་སང་འདོད་པའི་མེ་ཆེན་གྱིས། །འདུལ་བའི་བུད་ཤིང་བསྲེགས་ཀྱིས་མེད། །ཡོད་པར་སློམ་པ་དེ་དག་ཀྱང་། །བརྟུལ་ཞུགས་མཆོག་འཛིན་ཙམ་དུ་ཟད། །སོ་སོར་ཐར་པའི་རྟེན་མེད་པས། །བྱམས་སེམས་རིག་འཛིན་བརྟེན་པ་གང་། །འགྲོ་བའི་ཕན་བདེ་ཅི་ལ་རག །ཀྱེ་མ་འདི་འདྲར་ད་གྱུར་ཏོ། །གཉིས་པ་ནི། དེ་ཞེས་སོགས་ཏེ། སྔར་གྱི་ཚུལ་དེ་ལྟར་བསྟན་པ་ཡང་དག་པར་བྱས་པའི་རྗེས་སུ་སླར་ཡང་བསྟན་པའི་ཆོམ་རྐུན་དུ་གྱུར་པ་ལྷ་ཆེན་པོ་ཞེས་བྱ་བའི་དགེ་སློང་ཞིག་བྱུང་ནས་བསྟན་པ་ལ་རྨ་ཆེན་པོ་གཏོད་པ་ནི་འདི་ལྟ་སྟེ། སྔོན་རྒྱ་གར་ལྷོ་ཕྱོགས་སུ་ཁྱིམ་བདག་ཞིག་ལ་སྔར་བུ་མེད་པར་ལྷ་ལ་གསོལ་བ་བཏབ་པས་བྱུང་སྟེ། མིང་ལྷ་ཆེན་པོར་བཏགས་པ་དེས་ཕ་གཞན་དུ་སོང་བའི་རྗེས་སུ་རང་གི་མ་ལ་ལོག་པར་ཞུགས་ནས་ཕ་སླེབས་པའི་ལམ་དུ་སྒུག་ནས་ཕ་བསད་ཅིང་མ་དང་ཁྲོ་ཤུག་ཏུ་འབྲེལ་བའི་ཕྱི་ནས་མ་དེས་སྐྱེས་པ་གཞན་དང་ཞུགས་པས་མ་ཡང་བསད་ནས་ད་གཞན་ལ་བསྒྲགས་པར་དོགས་ཏེ་སློབ་དཔོན་ཡིན་པའི་དགྲ་བཅོམ་པ་ཡང་བཀྲོངས་སོ། །

དེ་ནས་དེས་མཁན་སློབ་མེད་པའི་དགེ་སློང་གི་གཟུགས་བརྙན་བྱས་ཏེ་ཕྱི་ནས་དགོན་པར་བསྡད་ནས་སྦྱིན་བདག་རྣམས་ཀྱི་དད་རྫས་ཟོས་ནས་བླུན་པོ་མང་པོའི་མཁན་སློབ་བྱས་པས་བླུན་པོ་ལོངས་སྤྱོད་ཅན་རྣམས་ཀྱིས་ཕུལ་བའི་ཟས་ནོར་ཆར་བཞིན་ཕབ་པ་བྱིན་པས་སྐལ་མེད་དད་ཅན་མང་པོ་འདུས་པའི་དགེ་འདུན་དུ་ཁས་ལེན་པ་འབུམ་ཕྲག་དུ་མས་བསྐོར་བར་གྱུར་ཏོ། །དེ་ནས་རྫུན་རླབས་ཆེན་པོ་དེས་དགྲ་བཅོམ་ཡིན་པར་ཁས་བླངས་པའི་ཚེ་འཁོར་རྣམས་ཀྱིས་རྫུ་འཕྲུལ་ཞུས་པ་ན་རྫུ་འཕྲུལ་ཐོ་རངས་ཉམས་སོ་ཞེས་ཟེར་ཞིང་། རང་གི་སྡིག་པ་དྲན་པའང་ཐོ་རངས་ཀྱི་དུས་སུ་ཀྱེ་མ་སྡུག་བསྔལ་ལོ། །ཞེས་སྨྲེ་སྔགས་ཆེན་པོར་བཏོན་པ་ལ་སྡུག་བསྔལ་བདེན་པ་པོས་སོ་ཞེས་བསྒྲགས་པ་དེ་ལ་སོགས་པའི་རྫུན་ཚིག་གི་ཚོགས་པ་རྣམས་ཀྱིས་མགོ་བོ་བསྐོར་ནས། འཕགས་པ་རྣམས་ལ་འབུལ་རྒྱུའི་དད་རྫས་རྣམས་ཀྱང་དེ་ལ་འགྱུར་ཞིང་། རབ་བྱུང་བླུན་པོ་ཕལ་ཆེར་གྱི་དགྲ་བཅོམ་པ་འདུས་པས་ན། སངས་རྒྱས་མྱ་ངན་ལས་འདས་པའི་འོག་ཏུ་སོ་སྐྱེས་འཁོར་བསྡུས་པ་ནི་དེ་ལས་མང་བ་མེད་ཅེས་གྲགས་པ་དེའི་ཆོས་ལོག་བཤད་པའི་རྗེས་སུ་སློབ་མ་རྣམས་འབྲངས་ནས་འཁྲུལ་བའི་གྲུབ་མཐའ་དུ་མ་བྱུང་ཞིང་འཕེལ་ལོ། །དེའི་ལས་ཀྱིས་ལྷ་ཆེན་ཞེས་པའི་བླུན་པོ་དེ་ཤི་ནས་མནར་མེད་སེམས་ཅན་དམྱལ་བ་ཆེན་པོར་འགྱུར་ཞེས་གྲག་གོ། །ལྷ་ཆེན་དེ་ཡིས་ལོག་པའི་ཆོས་དེ་དག་ནི་དགྲ་བཅོམ་རྣམས་ཀྱིས་སུན་ཕྱུང་ནས་བསྡུ་བ་གསུམ་པ་བྱས་ཞེས་ཟེར་བ་ཐོས་སོ། །དེ་ལྟར་བསྡུས་པ། འོན་ཀྱང་ད་དུང་དེའི་ལེ་ལན་

ཀྱི་སྡེ་བ་བཅོ་བརྒྱད་པོའི་འདོད་པ་རྣམས་ལ་ཆོས་ལོག་གི་ཟུང་ཟད་བསླད་པ་ཡོད་ཅེས་ཟེར་ཏེ། དེའི་རྒྱུ་མཚན་ནི། མཁས་པའི་གཙུག་རྒྱན་དབྱིག་གཉེན་གྱིས། རྣམ་པར་རིག་པར་གསུངས་པའི་ཕྱིར་རོ། །ཇི་ལྟར་ན། སྡུག་བསྔལ་ཕུང་སྟོན་པ་སྟོན་དང་། །འཆར་ཁ་སྟོང་ཉིད་རྒྱུ་ལས་སྐྱེས། །གང་པོ་ས་འཚོ་རྒྱུ་ཤིང་དང་། །མྱ་ངན་འདས་པ་ཡུལ་འཁོར་སྐྱོང་། །འགྲོ་བའི་མདོ་དང་དེ་བཞིན་གཞན། །མཐའ་དག་བསྡུས་པའི་གཞི་ཉམས་ཕྱིར། །མཐའ་དག་མིན་པར་རྟོགས་པ་ཡིན། །ཞེས་གསུངས་པ་ཡང་ལྷ་ཆེན་གྱི་ཆོས་ལོག་གི་སྡེ་བ་བཅོ་བརྒྱད་ལའང་སླད་པ་ཡོད་པ་དང་། ཁྱད་པར་དུ་ལུང་དང་མདོ་མང་པོ་མེས་བསྲེགས་པ་དང་མི་ཡུལ་དུ་མ་བྱོན་པས་གཞི་ཚང་བ་ཉམས་པས་ཀྱང་བཤད་པ་མཐའ་དག་མ་སླད་པ་མིན་པའམ། ཡང་ན་ཚང་བ་མིན་པར་རྟོགས་པ་ཡིན་པ་ལ་དགོངས་པ་དེ་ཉིད་ཀྱི་ཡིན་པའི་ཕྱིར་རོ། །དེ་རྣམས་ནི་ཉན་ཐོས་རྣམས་ཀྱི་བསྟན་པ་ལ་འཕེལ་འགྲིབ་བྱུང་བའི་ཚུལ་ཡིན་ནོ། །དེས་ན། བསྡུ་བ་གསུམ་པ་འདི་ལ། ཁ་ཅིག །ཁྲན་ཚོགས་འབྲེལ་བར་ལྷ་ཆེན་པོས་ཆོས་ལོག་བསྟན་པའི་རྗེས་སུ་རྒྱལ་པོ་ཀ་ནི་ཀས་སྦྱིན་བདག་བྱས་ཏེ་དགྲ་བཅོམ་ལྔ་བརྒྱ། བྱང་སེམས་ལྔ་བརྒྱ། སོ་སྐྱེས་པཎྜི་ཏ་ཉིས་བརྒྱ་ལྔ་བཅུ་འདུས་ཏེ། སྟོན་པ་གཤེགས་ནས་ལོ་སུམ་བརྒྱ་ནས་གནས་ཁ་ཆེར་བསྡུས་པར་བཤད་པས་འདི་ཡིན་ནོ་ཞེས་འདོད། ཁ་ཅིག་ནི་སྟོན་པ་གཤེགས་ནས་སྡེ་པ་བཅོ་བརྒྱད་དུ་གྱེས་པ་རྣམས་ཀྱང་། རང་རང་གི་མ་རྟོགས་གཞན་རྣམས་སངས་རྒྱས་ཀྱི་དགོངས་པ་མིན་པར་བྱེད་པ་དང་། རྒྱལ་པོ་ཀྲི་ཀྲིའི་རྨི་ལྟས་བསྟན་པའི་མདོ་ལ་བརྟེན་ནས་བཅོ་བརྒྱད་པོ་ཐམས་ཅད་ཀྱང་སངས་རྒྱས་ཀྱི་བསྟན་པར་བསྡུས་པ་ལ་བསྡུ་བ་གསུམ་པར་འདོད་ཅིང་འདི་འོད་ལྡན་ནས་བཤད་དོ་ཞེས་ཟེར་རོ། །རྟོག་གེ་འབར་བར་ནི་འདོད་ཚུལ་དུ་མ་བཤད་སྣང་མོད། ཆོས་རྗེ་འདི་པའི་དགོངས་པ་ནི། སྡེ་བ་བཅོ་བརྒྱད་བསྡུས་པ་ལ་སྡེ་བསྡུ་བ་གསུམ་པར་བཞེད་དགོས་པས་དེ་བཞིན་ཡིན་ནོ། །འོ་ན་འདིར། དེ་ཡིས་ལོག་པའི་ཆོས་དེ་དག །དགྲ་བཅོམ་རྣམས་ཀྱིས་སུན་ཕྱུང་ནས། །བསྡུ་བ་གསུམ་པ་བྱས་ཞེས་ཐོས། །འོན་ཀྱང་དེ་ཡི་ལོ་ལན་གྱིས། །སྡེ་པ་བཅོ་བརྒྱད་ཅེས་སོགས་འབྱུང་བ་མིན། ཞེ་ན། མི་འགལ་ཏེ། ལྷ་ཆེན་གྱི་ཆོས་ལོག་བསྟན་པའི་རྗེས་སུ་སྡེ་པ་བཅོ་བརྒྱད་བསྡུས། ད་དུང་འོན་ཀྱང་སྡེ་བ་བཅོ་བརྒྱད་པོ་ལའང་སླད་པ་ཡོད་པའི་ལོ་ལན་གཅིག་ལྷ་ཆེན་ལའང་ཐུག་ཅེས་པའི་དོན་མིན་པས་སོ། །སྡེ་པ་བཅོ་བརྒྱད་བགྲང་ཚུལ་དང་བཅས་པ་ནི་དུལ་བ་ལྷ་སོགས་ཀྱིས་བཤད་པ་ལྟར་ཤེས་པར་བྱའོ། །

གཉིས་པ་ལ། ཐེག་ཆེན་བསྟན་པ་འགྲིབ་པའི་ཚུལ་དང་། དར་བའི་ཚུལ་གཉིས་ལས། དང་པོ་ནི། ཐེག་ཆེན་ཞེས་སོགས་ཏེ། སྔར་བཤད་པ་ལྟར་སྟོན་པ་ཞིང་འདིར་མྱ་ངན་ལས་འདས་པའི་ཚུལ་བསྟན་པའི་རྗེས་སུ

ཐེག་ཆེན་གྱི་བསྟན་པ་འཕོར་བ་དང་ཉམས་པ་ལྟ་བུར་སྣང་བ་དེ་སྟོད་པར་བྱེད་པས་བསྟུས་པ་ཡིན་ཏེ། དེ་ལ་བསྟོད་བྱ་ནི་གང་། སྟོད་པ་པོ་སུས་བསྟུས་ཤེ་ན། དང་པོ་ལ། རྒྱུ་ཕར་ཕྱིན་ཐེག་པའི་བསྟན་པ་དང་། འབྲས་བུ་སྔགས་ཀྱི་བསྟན་པ་གཉིས་སོ། །དེ་དག་སུས་བསྟུས་ཤེ་ན། དེ་དག་སྟོད་པ་པོ་ཉན་ཐོས་ནི་མིན་ཏེ། དེ་དག་ཉན་རང་གི་དངོས་ཀྱི་སྤྱོད་ཡུལ་དུ་མི་རུང་བས་སོ། །དེ་སྐད་དུ་ཡང་རྟོག་གེ་འབར་བར། བདག་ཅག་གི་རྩ་བའི་བསྟོད་པར་བྱེད་པ་ཉན་ཐོས་ནི་མིན་ཏེ། ཐེག་པ་ཆེན་པོའི་གསུང་རབ་ནི་དེ་དག་གི་ཡུལ་མིན་པའི་ཕྱིར་རོ། །ཞེས་གསུངས་པ་ལྟར་རོ། །

འོ་ན་གང་ཞེ་ན། ཀུན་ཏུ་བཟང་པོ་དང་འཇམ་དཔལ་དང་ཕྱག་ན་རྡོ་རྗེ་ལ་སོགས་པ་བྱང་སེམས་ཆེན་པོའི་རྣམ་པར་སྣང་བ་རྣམས་ཀྱིས་བསྟུས་པར་བཤད་དེ། རྟོག་གེ་འབར་བར། རྩ་བའི་སྟོད་པར་བྱེད་པ་པོ་ནི་ཀུན་ཏུ་བཟང་པོ་དང་འཇམ་དཔལ་དང་གསང་བ་པའི་བདག་པོ་དང་བྱམས་པ་ལ་སོགས་པ་རྣམས་ཀྱིས་བསྟུས་པའི་ཕྱིར་ཞེས་སོགས་དང་། གཞན་དང་གཞན་ལས་ཀྱང་དེ་བཞིན་འབྱུང་བས་སོ། །དེ་ཡང་གནས་ལྔ་ཕྲོགས་བི་མ་ལ་སཾ་བྷ་ཞེས་བྱ་བའི་རི་ཕུག་ཏུ། གང་དག་འཕགས་པ་འཇམ་དཔལ་གྱིས་མངོན་པའི་སྡེ་སྣོད། འཕགས་པ་བྱམས་པས་འདུལ་བ་དང་། ཕྱག་ན་རྡོ་རྗེས་མདོ་སྡེ་བསྟུས་སོ། །ཞེས་ཟེར། ལྷག་པར་སྔགས་ཀྱི་སྡོད་བྱེད་ནི། བྱ་སྤྱོད་རྣལ་འབྱོར་རྒྱུད་གསུམ་ནི། འོད་སྲུང་དང་ཀུན་དགའ་བོ་དང་ཀུན་ཏུ་བཟང་པོ་དང་ཕྱག་ན་རྡོ་རྗེ་ལ་སོགས་པས་བསྟུས་པར་བཤད་དེ། འཇམ་དཔལ་རྩ་རྒྱུད་དུ། དེ་ནས་སློབ་མའི་མཆོག་གྱུར་པ། །བི་དཔལ་ཕྱག་ན་གནས་པ་དེ། །རྫུ་འཕྲུལ་ཆེན་པོ་འདོད་ཆགས་བྲལ། །ཐུབ་པ་མ་ལུས་འདུས་ནས་ནི། །གསུང་རབ་ཡན་ལག་བཅུ་གཉིས་དང་། །འདུལ་བ་མ་ལུས་སྡུད་པར་བྱེད། །ཅེས་སོགས་དང་། ཕྱག་རྡོར་དབང་བསྐུར་བར། བྱང་ཆུབ་སེམས་དཔའ་ཀུན་ཏུ་བཟང་པོ་གཞི་དང་སྙིང་པོ་མི་རྟོག་གིས་བརྒྱན་པའི་འཇིག་རྟེན་ཐམས་ཅད་དུ། སངས་རྒྱས་རྣམ་པར་སྣང་མཛད་ཀྱིས་སྔོན་གྱི་སྤྱོད་པ་སྟོན་པར་སློན་ལམ་བཏབ་ནས་གདོད་སྦྱིན་འདུལ་བའི་ཕྱིར་ལྕང་ལོ་ཅན་དུ་འབྲོག་གནས་ཀྱི་གནས་ན་གནས་སོ། །ཞེས་པ་དང་། དེ་ཉིད་འདུས་པའི་འགྲེལ་བར་ཡང་། ཕྱག་ན་རྡོ་རྗེ་བསྟུས་པར་བཤད་པ་ཡིན་ནོ། །བླ་ན་མེད་པའི་རྒྱུད་སྡེ་རྣམས་ཀྱང་ཕྱག་ན་རྡོ་རྗེ་ལ་སོགས་པས་བསྟུས་པར་བཤད་དེ། དེ་ཡང་དུས་འཁོར་རྩ་རྒྱུད་དུ། སྟོན་པས་བྱ་གྲོད་ཕུང་པོ་རི་ར། །ཤེས་རབ་ཕ་རོལ་ཕྱིན་ཚུལ་གྱི། །ཆོས་བསྟན་དཔལ་ལྡན་འབྲས་སྤུངས་སུ། །དེ་བཞིན་གསང་སྔགས་ཚུལ་རབ་གསུངས། །ཞེས་གསུངས་པས་གཞན་བསྟན་པ་དཔལ་ལྡན་དུས་ཀྱི་འཁོར་ལོར། དང་པོའི་རྩ་རྒྱུད་སྡུད་པ་པོ་རྒྱལ་པོ་ཟླ་བ་བཟང་པོ་དང་། དེ་ལས་བསྡུས་རྒྱུད་སྡུད་པ་འཇམ་དཔལ་གྲགས་པ་དང་དེ་ལ་འགྲེལ་བ་བྱེད་པ

པད་དཀར་དུ་བཤད་དེ། རྩ་རྒྱུད་དུ། ཟླ་བཟང་ཁྱོད་ནི་རྩ་བའི་རྒྱུད། །དེ་ནི་སྡུད་པར་བྱེད་པ་སྟེ། །རྒྱས་འགྲེལ་བྱེད་པ་པོ་ཡང་ཁྱོད། །འདི་ར་ནི་སེམས་ཅན་ཡོངས་སྨིན་བྱེད། །འཇམ་པའི་རྡོ་རྗེའི་བསྡུས་རྒྱུད་ལ། །རྒྱས་འགྲེལ་བྱེད་པ་པད་འཛིན་རང་། །ཞེས་གསུངས་པས་སོ། །དེ་བཞིན་དུ། བདེ་མཆོག་གི་རྩ་བའི་རྒྱུད་འབུམ་ཕྲག་སུམ་ཅུ་རྩ་དྲུག་པར་གྲགས་པ་དང་། འབུམ་ཕྲག་གསུམ་པ་ནི་རི་རབ་ཀྱི་རྡུལ་དང་མཉམ་པའི་མཁའ་འགྲོ་མ་རྣམས་ཀྱི་ཞལ་ལ་གནས་པས་གསར་དུ་མ་གསུངས་ཀྱང་། དེ་ལས་ཕྱུང་སྟེ་སྙིང་པོ་བསྡུས་པ་ཉུང་ངུའི་རྒྱུད་འདི་སྟོན་པ་ཤཱཀྱ་སེངྒེས་གསུངས་པར། མཁའ་འགྲོ་རྒྱ་མཚོའི་རྒྱུད་ལས་འབྱུང་སྟེ། རྩ་བའི་རྒྱུད་ནི་རྒྱུད་ཆེན་པོ། །བསྡུས་པའི་རྣམ་པའི་གཟུགས་ཅན་ཏེ། །སངས་རྒྱས་བྱང་ཆུབ་སེམས་དཔའ་རྣམས་ཀྱི་དུས་ཐམས་ཅད་དུ་ཞལ་ན་གནས། ཞེས་སོགས་ནས། རྫོགས་པའི་དུས་ཀྱི་ས་ནང་དུ། །བཅོམ་ལྡན་འདས་མཐའ་ཡས་པས་འདི་གསུངས། །ཤཱཀྱ་སེང་གེ་གསུངས་པའི་རྒྱུད། །རྣལ་འབྱོར་ཕ་རོལ་ལ་སོན་པའོ། །ཞེས་སོགས། དེའི་འགྲེལ་པར། སླར་ཡང་རྫོགས་པའི་དུས་སུ་ཤཱཀྱ་སེང་གེས་གསུངས་སོ། །ཞེས་སོགས་འབྱུང་ཞིང་། གནས་ནི་ཨིནྡྲ་བྷཱུ་ཏིས་དཔལ་ལྡན་འབྲས་སྤུངས་སུ་གསུངས་པར་བཤད་དེ། དེས་རྩ་རྒྱུད་འགྲེལ་པར། འཛམ་གླིང་གནས་སུ་འགྲོ་རྣམས་དོན་གྱི་ཕྱིར། །མངོན་པར་བྱང་ཆུབ་ཚུལ་བསྟན་བདུད་བཅུལ་ནས། །བདེ་བར་གཤེགས་པའི་འཕྲིན་ལས་སྟོབས་གཟིགས་པས། །དྷཱ་ནྱ་ཀ་ཊ་པར་བ་ཏི་ཞེས་གླིང་། །ཆགས་པ་ཟད་བྱེད་ཆོས་ཀྱི་འབྱུང་གནས་ཉིད། །དཀྱིལ་འཁོར་འཁོར་ལོ་དཔའ་བོ་རྣལ་འབྱོར་མ། །ཁྲི་བ་ཕྲག་ནི་བརྒྱད་ཅུ་ལ་སོགས་པ། །དཔག་མེད་འདུས་ལ་གསང་ཆེན་ལེགས་གསུང་ངོ་། །ཞེས་གསུངས་སོ། །ཞེས་ཟེར། ཁ་ཅིག་གནས་ནི་རི་རབ་ཀྱི་རྩེ་ལ་སོགས་པར་གསུངས་པར་འདོད་དོ། །སྡུད་པ་པོ་ནི་མཁའ་འགྲོ་རྒྱ་མཚོ་ལས། མ་མོ་ཐམས་ཅད་འདུས་རྣམས་ཀྱིས། །རྡོ་རྗེའི་གནས་རྣམས་སུ་བསྡུས་སོ། །ཞེས་སོགས་ལྟར་རྫོགས་དུས་སུ་སྟོན་པས་གསུངས་པ་རྣམས་རྡོ་རྗེ་ཕག་མོ་སོགས་མ་མོ་འདུས་པ་རྣམས་ཀྱིས། གནས་རྡོ་རྗེའི་གནས་ཨུ་རྒྱན་ལ་སོགས་པར་བསྡུས་པར་འདོད། དེ་བཞིན་དུ་དཔལ་ལྡན་འདུས་པ་ལ་སོགས་པ་ནི་གནས་ཨུ་རྒྱན་ལ་སོགས་པར་རྡོ་རྗེ་འཆང་གིས་གསུངས་པ་སྟེ། རྒྱལ་པོ་ཨིནྡྲ་བྷཱུ་ཏི་ལ་སོགས་པས་བསྡུས་པ་དང་། ཀྱཻ་རྡོ་རྗེ་ལ་སོགས་པ་ནི་གནས་འཛམ་བུའི་གླིང་དུ་རྡོ་རྗེ་བཙུན་མོའི་བྷ་གར་བཞུགས་ཏེ། གདོད་མ་དང་རྡོ་རྗེ་སྙིང་པོ་ལ་སོགས་པས་ཞུས་ནས་གསུངས་པ་བཞིན་དུ། སྡུད་པ་པོའང་དེ་དག་ཡིན་པར་བཤད་དོ། །

འོ་ན་དེ་དག་གིས་ཞུས་ཤིང་སྡུད་ན་སྡུད་པ་པོ་ཕྱག་ན་རྡོ་རྗེར་འགལ་ལོ་སྙམ་ན། མི་འགལ་ཏེ། རྒྱལ་པོ་ཟླ་བཟང་དང་ཨིནྡྲ་བྷཱུ་ཏི་དང་། རྡོ་རྗེ་ཕག་མོ་དང་། རྡོ་རྗེ་སྙིང་པོ་དང་། ཀུན་ཏུ་བཟང་པོ་ལ་སོགས་པ་དེ་དག

ཉིད་ཕྱག་ན་རྡོ་རྗེར་གསུངས་པས་སོ། །དེ་ལྟར་ཡང་། དུས་འཁོར་རྩ་རྒྱུད་དུ། ཕྱག་ན་རྡོ་རྗེ་ཟླ་བཟང་ཁྱོད། ། ཞེས་སོགས་དང་། དེ་བཞིན་དུ་རྒྱལ་པོ་ཨིནྡྲ་བྷཱུ་ཏིས། ཕྱག་རྡོར་དུ་ཡེ་ཤེས་ཐིག་ལེའི་རྒྱུད་ལ་སོགས་པར་འབྱུང་ཞིང་། དེ་ཁོ་ན་ཉིད་ཀྱི་སྒྲོན་མར། བྱང་ཕྱོགས་རྡོ་རྗེའི་གནས་སུ་ཨོ་རྒྱན་གྱི་རྒྱལ་པོ་ཨིནྡྲ་བྷཱུ་ཏིས་གསལ་བར་བྱེད་དོ། །ཕྱག་ན་རྡོ་རྗེ་དེ་ཉིད་ཨིནྡྲ་བྷཱུ་ཏིའི་སྤྲུལ་པའི་སྐུའོ། །ཞེས་སོགས་འབྱུང་བ་ལྟར་རོ། །འོ་ན་བསྟན་བཅོས་ཀྱི་སྟོད་པ་པོ་ཀུན་དགའ་བོས་ཀྱང་། ཐེག་ཆེན་སྟོད་པར་བཤད་པ་མིན་ནམ། ཅིའི་ཕྱིར་དེའི་དངོས་ཀྱི་སྟོད་ཡུལ་དུ་མི་འགྱུར་སྙམ་ན། སྐྱོན་མེད་དེ་འཕགས་པ་ཀུན་དགའ་བོ་ཉན་ཐོས་ཀྱི་སྟོད་བྱེད་དུ་བསྟན་པ་ནི། འགའ་ཞིག་དྲང་བའི་དབང་དུ་བྱས་ནས་དེའི་རྣམ་པ་བསྟན་པ་ཙམ་ཡིན་གྱི། གནས་ཚོད་ལ་ཀུན་དགའ་བོ་ཐེག་ཆེན་འཕགས་པ་ཀུན་ཏུ་བཟང་པོ་སོགས་དང་དོན་གཅིག་པས་སོ། །དེ་ལྟར་ཡང་། ཐུན་མོང་མིན་པ་གསང་རྒྱུད་སྒྲོན་གསལ་དུ་དྲངས་པར་ཀུན་ཏུ་བཟང་པོ་ནི་གནས་བརྟན་ཀུན་དགའ་བོར་གྱུར་ཏོ། །ཞེས་སོགས་དང་། སེམས་འགྲེལ་ལ་སོགས་པར་ཡང་། ཀུན་དགའ་བོ་ཕྱག་རྡོར་དུ་བཤད་པས་སོ། །དེ་དག་ཀྱང་གདུལ་བྱའི་སྣང་ངོར་འཆད་པ་པོ་དང་སྟོད་པ་པོ་སོ་སོར་བསྟན་པ་ཡིན་གྱི་གནས་ཚོད་ལ་ནི་སྟོན་པ་པོ་ཉིད་རང་སྟོད་པ་པོ་དང་། འགའ་ཞིག་ཏུ་ནི་ཉན་པ་པོར་ཡང་འགྱུར་བ་ཡིན་ཏེ། གསང་བ་གྲུབ་པར། སློབ་དཔོན་ཞལ་ཆེར་འདི་སྐད་བརྗོད། །དཔལ་ལྡན་འདུས་པ་ལྟང་ཆེན་གྱི། །རྒྱུད་ཀྱི་སྟོད་པར་བྱེད་པ་པོ། །དཔའ་བོ་འཇིག་རྟེན་དབང་ཕྱུག་ཟེར། །བླ་མའི་ཞབས་ཀྱི་བཀའ་དྲིན་གྱིས། །དཔལ་ལྡན་འདུས་པ་སྟོད་པ་པོ། །གཞན་དག་ཡོད་པ་མ་ཡིན་ཞེས། །འདི་ཉིད་འབའ་ཞིག་སྨྲ་བར་བྱེད། །རྒྱུད་མཛད་པ་ནི་ཐུགས་རྡོ་རྗེ། །གསུང་བ་པོ་དེ་བརྗོད་པའང་དེ། ། དེ་ལས་གཞན་དག་ཡོད་མིན་པས། །བདེ་ཆེན་ལས་གཞན་གསུངས་པ་མེད། །འདི་སྐད་ཐོས་པའི་ཚིག་གང་དང་། །གཞུག་ཅེས་བྱ་བའི་ཚིག་གནས་པ། །ཐུགས་ཀྱི་རྡོ་རྗེའི་བདག་ཉིད་ཀྱིས། །སངས་རྒྱས་ཀུན་ལ་བསྟན་པ་ཡིན། །ཞེས་སོགས་དང་། བརྟག་གཉིས་སུའང་འཆད་པ་པོ། །ཆོས་ཀྱང་རང་གི་ཚོགས་བསྟན་ཉན་པོས། ། ཞེས་སོགས་འབྱུང་བས་སོ། །

དེ་ལྟར་སྟོན་པ་གཤེགས་པའི་ཚུལ་མཛད་པའི་རྗེས་སུ་ཡང་སྟོད་པ་པོ་རྣམས་ཀྱིས་ལེགས་པར་བསྡུས་ཤིང་། ལོ་བཞི་བརྒྱ་ཙམ་ན་འཕགས་པ་ཀླུ་སྒྲུབ་བྱོན་ཏེ། ཐེག་ཆེན་གྱི་བསྟན་པ་ཤིན་ཏུ་དར་བར་གྱུར་པའི་ཚེ། ཉན་ཐོས་ཀྱི་རིགས་ཅན་མང་པོས་ཐེག་ཆེན་ཅེས་བྱ་བ་ལོག་པ་ཞིག་སངས་རྒྱས་ཀྱིས་མ་གསུངས་ཀྱི་ཀླུ་སྒྲུབ་ལ་སོགས་པའི་རྟོག་གེ་བ་འགའ་ཞིག་གིས་བྱས་སོ། །ཞེས་པ་ལ་སོགས་པའི་སྒྲོ་སྐུར་གྱི་ཚོགས་དང་སྐབས་ཞིག་ཏུ་མུ་སྟེགས་ཀྱི་སྦྱང་པོས། ནང་པའི་དགེ་འདུན་ལ་སླངས་པས་མ་དུལ་བ་འགའ་ཞིག་གིས། ཁྲུས་ཆུ་འཐོར་བ་

སོགས་གནོད་པ་བྱས་པས་རྐྱེན་གྱིས་ཁོ་ཁྲོས་ཏེ། ཉི་མ་བསྒྲུབས་ནས་གཙུག་ལག་ཁང་དང་སྡེ་སྣོད་གསུམ་གྱི་གླེགས་བམ་གྱི་ཚོགས་རྣམས་བསྲེགས་ཤིང་ནང་པའི་གཉྫིའི་སྦྲ་ལ་ཕྱི་རོལ་པས་བཙུགས་པས་ལྷ་དང་ཀླུ་དང་གནོད་སྦྱིན་གྱིས་མཆོད་པའི་དཀོན་མཆོག་གསུམ་གྱིས་རྟོགས་ཏེ་འདི་བཏུངས་པས། མུ་སྟེགས་འཆལ་པའི་ཀླད་པ་རབ་ཏུ་འགེམས་ཟེར་བ་གོ་ནས་ཕྱི་བས་དམག་གིས་ནང་པའི་གཙུག་ལག་ཁང་དམ་ཆོས་མངོན་པ་ལ་སོགས་པ་སྡེ་སྣོད་མང་པོ་བསྲེགས་པ་དང་། ཡང་དབུས་ཀྱི་རྒྱལ་པོས་མཐའ་འཁོབ་སྟག་གཟིག་གི་རྒྱལ་པོ་ལ་གོས་སྲུབས་མེད་པའི་ལེགས་པ་ཞིག་བཀུར་བས་སྙིང་ཁར་རྐང་རྗེས་བྲིས་པ་ལྟ་བུ་འདི་འདྲ་བྱས་འདུག་ངན་པས་ཡིན་སྙམ་ནས་ཡུལ་དབུས་སུ་དམག་དྲངས་ཏེ། གཙུག་ལག་ཁང་དང་དགེ་འདུན་གྱི་སྡེ་མང་པོ་བཅོམ་པ་སོགས་ཆོས་མངོན་པ་ལ་དགྲ་ལན་གསུམ་བྱུང་བས་ཐེག་ཆེན་གྱི་བསྟན་པ་ཡང་སྔར་བས་འགྲིབ་པ་ཤས་ཆེ་བར་གྱུར་ཏོ། །དེའི་སྐབས་ཀྱིས་དེང་སང་དྲན་པ་ཉེར་གཞག་དང་། ལང་གཤེགས། དཀོན་མཆོག་བརྩེགས་པ་སོགས་ཚད་མར་མི་བཞག་པ་ཡིན་ཞེས་གྲགས་ཤིང་། རྩ་རྒྱུད་ཕལ་ཆེ་བ་དང་། ཤེར་ཕྱིན་འབུམ་ཕྲག་བརྒྱ་པ་སོགས་ཐེག་ཆེན་གྱི་སྡེ་སྣོད་མང་པོ་ཞིག་ནི། སྔགས་དུས་ཀྱི་མི་རྣམས་ཚེ་ཐུང་པ་དང་ལེ་ལོ་ཆེ་ཞིང་དོན་གཉེར་ཆུང་ལ་རྡོ་རྗེ་སློབ་དཔོན་དང་། སློབ་མའི་ཚོགས་ཀྱང་རྩ་ལྟུང་དང་། ཡན་ལག་གི་ཉེས་པ་ལ་སྤྱོད་ཅིང་། བུད་མེད་རྣམས་ཀྱང་འདོད་པ་དོན་དུ་གཉེར་བས་མི་ཡུལ་དུ་མི་འགོ་བས་མ་བྱོན་པར་ལྷ་དང་ཀླུ་ལ་སོགས་པའི་ཡུལ་གཞན་དང་གཞན་དུ་བཞུགས་སོ། །ཞེས་སློབ་དཔོན་བཙུན་པ་ཟླ་བ་དང་ལྷའི་རིགས་ཀྱི་བློ་གྲོས་ལ་སོགས་པ་ལས་བཤད་པ་ལྟར་ཤེས་པར་བྱའོ། །གཉིས་པ་ནི། དེ་ཞེས་སོགས་ཏེ་ཤེས་བྱ་ཆོས་ཅན། དམ་པའི་ཆོས་མངོན་པ་ལ་སོགས་པའི་ཐེག་ཆེན་ལ་དགྲ་མང་པོ་བྱུང་བས་འགྲིབ་པར་གྱུར་ཀྱང་སླར་འཕེལ་བྱེད་མེད་པ་མིན་པར་ཐལ། སྟོན་པ་མྱ་ངན་ལས་འདས་པའི་ཚུལ་བསྟན་ནས་ལོ་དགུ་བརྒྱར་ཉེ་བའི་དུས་འཕགས་པ་ཐོགས་མེད་སྐུ་མཆེད་བྱོན་ཏེ། ཐོགས་མེད་ཀྱིས་མི་ཕམ་མགོན་པོ་ལས་དམ་པའི་ཆོས་མངོན་པ་སོགས་གསན་ནས་ནི།དེའི་གཞུང་ལུགས་མི་ཡུལ་དུ་དར་བར་མཛད་པའི་ཕྱིར་རོ། །དེ་ཡང་རྒྱུའི་མཁན་པོ་རྗོགས་གསལ་ཞེས་བྱ་བས། ང་ནི་མྱ་ངན་འདས་འོག་ཏུ། །ལོ་ནི་དགུ་བརྒྱ་ལོན་པ་ན། །ཐོགས་མེད་ཅེས་བྱའི་དགེ་སློང་འབྱུང་། །ཞེས་ཐོགས་མེད་བྱོན་པ་ལོ་ཚིག་གིས་ངོས་བཟུང་ཞིང་། གཞན་མདོ་རྒྱུད་རྣམས་འཕགས་པ་སྐུ་མཆེད་བྱོན་ཏེ་བསྟན་པ་ལ་བྱ་བ་མཛད་པའི་རྣམ་ཐར་རྒྱས་པ་ལས་རྟོགས་པར་བྱའོ། །གསུམ་པ་ནི། དེའི་ཞེས་སོགས་ཏེ། ཐོགས་མེད་ཀྱི་རྗེས་སུ་བསྟན་པ་དར་བ་ཁོ་ནར་གྱུར་པའང་མ་ཡིན་པར་ཐལ། ཐོགས་མེད་བྱོན་པ་དེའི་རྗེས་སུ་འང་མཁས་པ་དང་བླུན་པོ་རྣམས་ཀྱིས་བྱེད་ལས་སོ་སོའི་བྱེ་བྲག་གིས་བསྟན་པའི་འཕེལ་འགྲིབ་དུ་མ་བྱུང་བས་སོ། །

དེ་ཡང་རྒྱ་གར་དུ་མཁས་པ་དབྱིག་གཉེན་ལ་རང་ལས་མཁས་པའི་སློབ་མ་བཞིར་གྲགས་པ་ལ་སོགས་པས་བསྟན་པ་དར་རྒྱས་མཛད་པ་དང་། ཆོས་རྒྱལ་མྱ་ངན་མེད་ཀྱི་རྗེས་སུ། རྒྱལ་པོ་ཧ་རི་ཙནྡྲ་ལ་སོགས་པ་དུ་མ་བྱོན་དུས་ཀླུ་ནག་ཕྱོགས་ལ་དགའ་བ་ཞིག་གིས་དེ་དག་གི་བཙུན་མོར་སྤྲུལ་ནས་རྒྱལ་པོ་མང་པོ་མེད་པར་བྱས་པར་ལ་བརྟེན་ནས་བསྟན་པ་ཡུལ་ལ་ལར་ནུབ་པ་དང་། ཆོས་ཀྱི་རྒྱལ་པོ་འགའ་ཞིག་གིས་ངོ་ལ་དར་བར་གྱུར་དུས། ཏུ་རུ་ཀའི་དམག་ལ་སོགས་པས་བཅོམས་ནས་དམ་པའི་ཆོས་མང་པོ་བསྒྲིགས་པ་དང་། དེ་དག་གི་རྗེས་སུ་ཡང་ཐེག་པ་ཆེ་ཆུང་ལ་མཁས་པའི་པཎྜི་ཏ་མང་པོ་བྱོན་ནས་དར་བར་མཛད་པ་སོགས་སྤྱིལ་མ་མང་པོར་གྱུར་པ་དང་། རྒྱ་ནག་ཏུའང་པཎྜི་ཏ་མང་པོས་བསྟན་པ་སྤྱིལ་བ་དང་། འཕགས་པའི་གནས་བརྟན་མང་པོ་སྤྱན་དྲངས་ཏེ་དབྱར་གནས་མཛད་པ་དང་། དམ་པའི་ཆོས་བསྟན་པ་ལ་སོགས་པ་མང་པོ་བྱུང་བར་གྲགས་སོ། །

གཉིས་པ་ལ། བསྟན་པ་སྔ་དར་གྱི་དུས་སུ་བྱུང་ཚུལ། ཕྱི་དར་བྱུང་བའི་ཚུལ་ལོ། །དང་པོ་ནི། ཕྱི་ཞེས་སོགས་ཏེ། བོད་གངས་ཅན་གྱི་ཁྲོད་འདིར་བསྟན་པའི་དར་ནུབ་ཇི་ལྟར་བྱུང་སྙམ་ན། འདི་ལ་སྔ་དར་ཕྱི་དར་བྱུང་བའི་རིམ་པ་གཉིས་ལས། ཤེས་བྱ་ཆོས་ཅན། བོད་དུ་བསྟན་པ་དར་བའི་དུས་ཚིགས་ཡོད་དེ། རྒྱ་གར་དུ་བསྟན་པ་བྱུང་བའི་ཕྱིས་ནས་ཏེ་དེའི་རྗེས་སུ་གངས་རིའི་ཁྲོད་འདིར་སངས་རྒྱས་ཀྱི་བསྟན་པ་བྱོན། ལོ་ཙཱ་བ་རྣམས་ཀྱིས་ལེགས་པར་བསྒྱུར། མཁས་པ་རྣམས་ཀྱིས་འཆད་ཉན་དང་བསྒོམ་པ་ལ་སོགས་པས་ལེགས་པར་གནས་པའི་ཕྱིར་རོ། །དེ་ཡང་གངས་རིའི་ཁྲོད་འདིར། མིའི་འགྲོ་བ་ནི་ནམ་གྱི་ཚེ་བྱུང་། དེ་ནས་ཐུབ་པའི་བསྟན་པ་ཇི་ལྟར་བྱུང་སྙམ་ན། རྒྱས་པ་ནི་སྔོན་གྱི་མཁས་པ་རྣམས་ཀྱིས་མཛད་པའི་གསུང་སྒྲོས་དག་ལས་རྟོགས་པར་བྱ་དགོས་ལ་ནུར་ཙམ་ནི་འདི་ལྟར་ཐོས་ཏེ། ལྷ་ལས་ཕུལ་བྱུང་གི་བསྟོད་པའི་འགྲེལ་པར། རྒྱལ་པོ་སྐྱ་སེང་བུ་ལྟར་གྲགས་པ་དང་དགྲ་ངན་དཔུང་ཚོགས་རྣམས་ཉེ་དུ་ཡིན་ཡང་ཁྲབ་འཛུག་གི་གཡོ་ཐབས་ལ་བརྟེན་ནས། མཐའ་ཡས་པས་དགྲ་ངན་དཔུང་ཚོགས་ཕམ་ནས་དེའི་ཚེ་རྒྱལ་པོ་ཏུ་པི་ར་ཞེས་པས་མགོ་བྱས་པའི་དམག་སྟོང་ཕྲག་གཅིག་དང་བཅས་པ་ཉིད་དུ་ནང་འཐབ་པ་ལ་སྐྱོ་བ་སྐྱེས་ནས་བུད་མེད་ཀྱི་ཆས་སུ་ཞུགས་ཏེ། གངས་རིར་བྲོས་པ་ལས་བོད་ཀྱི་མི་རྣམས་འཕེལ་བར་བཤད་ཅིང་། རྒྱལ་རབས་ཀ་ཁོལ་མ་བྱ་བར་བྱང་ཆུབ་སེམས་དཔའི་སྤྲུལ་པ་སྤྲེའུ་དང་། བྲག་སྲིན་མོ་གཉིས་འདུས་པ་ལས་བོད་ཀྱི་མི་བྱུང་བར་བཤད་དོ། །མིའི་ནང་ནས་བོད་ཀྱི་རྒྱལ་པོ་ནི། ཁ་ཅིག །ཀོ་ས་ལའི་རྒྱལ་པོ་གསལ་རྒྱལ་གྱི་སྲས་ལྔ་ཚིགས་སུ་འདོད། ཁ་ཅིག །གཟུགས་ཅན་སྙིང་པོའི་སྲས་བརྒྱད་དུ་འདོད། ཕལ་ཆེར་ནི་བད་སྣ་ལའི་རྒྱལ་པོ་འཆར་བྱེད་ཀྱི་བུ་མིག་ལས་འགེབས་པ་སོར་མོ་དྲྭ་བས་འབྲེལ་པ་ཞིག་བྱུང་པ་ལྟས་ངན་དུ་བཟུང་ནས་གང་ྒཱ་ལ་བསྐྱུར་བ་ཞིང་པས་རྙེད་དེ། ཆེར་སྐྱེས་པ་ན་སྐྱོ་བ

སྐྱེས་ནས་གངས་རིའི་ཕྲུག་ཏུ་བྲོས་པའི་རིམ་གྱིས་ཡར་ལུང་གང་ཐང་སྒོ་བཞིར་བྱོན་པས་ལྷ་ཡིན་ཟེར་བ་ལ་རྗེས་གཉའ་ཁྲི་བཙན་པོར་མིང་བཏགས་པ་དེ་བོད་ཀྱི་རྒྱལ་པོ་སྔ་ཤོས་སོ། །གང་གི་སྲས་སུ་འདོད་ཀྱང་ཡབ་དེ་དག་ནི་སྟོན་པ་དང་དགྲུང་སྐམ་གྱི་རྒྱལ་ཕྲན་ཡིན་པས་རྒྱ་གར་དུ་སྟོན་པ་བྱོན་པའི་མི་ཐོགས་གཅིག་གི་རྗེས་སུ་བྱུང་བར་འགྲུབ་བོ། །དེ་ནས་གནམ་ལ་ཁྲི་བདུན། ས་ལ་ལེགས་དྲུག །བར་གྱི་ལྡེ་བདུན་དུ་གྲགས་པ་རྣམས་བརྒྱུད་དེ། རྒྱལ་རབས་ཉི་ཤུ་རྩ་ལྔ་དྲུག་སོང་བའི་དུས་སུ་ལྷ་ཐོ་ཐོ་རི་གཉན་བཙན་ཞེས་བྱ་བ་བྱོན་པར་གྲགས་སོ། །དེ་ནས་རིམ་བཞིན་རྒྱུད་པ་ཡིན་ནོ། །བོད་དུ་བསྟན་པ་ཇི་ལྟར་བྱུང་ན། ཁ་ཅིག ལྷ་མོ་དྲི་མ་མེད་པས་ཞུས་པའི་མདོ་ལས། ང་མྱ་ངན་ལས་འདས་ནས་ལོ་ཉིས་སྟོང་ལྔ་བརྒྱ་ནས་གདོང་དམར་ཅན་གྱི་ཡུལ་དུ་དམ་པའི་ཆོས་དར་བར་འགྱུར་རོ། །ཞེས་གསུངས་པ་ལྟར་ལོ་གྲངས་དེ་ནས་བྱུང་བར་འདོད་མོད། ལྷ་ཐོ་ཐོ་རི་ནས་བསྟན་པ་བྱོན་ཏེ། དེའི་དུས་སུ་སྤང་སྐོང་ཕྱག་རྒྱ་པ་དང་ཟ་མ་ཏོག་བཀོད་པའི་མདོ་ལ་སོགས་པ་བྱོན་པས་བསྟན་པའི་དབུ་བརྙེས་པའི་ཕྱིར་རོ། །དེ་ལྟར་ན་རྒྱལ་རབས་ཉི་ཤུ་རྩ་དྲུག་ནས་དམ་པའི་ཆོས་བོད་དུ་བྱུང་བར་གྲུབ་པས་ལོ་སྟོང་དང་ལྔ་བརྒྱ་མ་སོང་བ་ཤས་ཆེ་བའམ། ལོ་ཉིས་སྟོང་ལྔ་བརྒྱ་ནས་གདོང་དམར་ཅན་དུ་ཆོས་འབྱུང་ཟེར་བའི་གདོང་དམར་ནི་རྒྱ་ནག་ལ་ཟེར་སྙམ་མོ། །

དེ་ནས་སྲོང་བཙན་བསྒམ་པོའི་རིང་ལ་སྤྲོལ་བཏོད་དེ། ཁྲི་སྲོང་ལྡེ་བཙན་གྱི་རིང་ནས་དར་རྒྱས་བྱུང་བ་ཡིན་པར་གྲགས་པ་ལྟར་རོ། །རྒྱས་པར་ནི་ཆོས་འབྱུང་སོགས་ལས་རྟོགས་པར་བྱའོ། །མདོར་ན་མངའ་བདག་ཁྲི་རལ་པ་ཡན་ལ་ཐུབ་པའི་བསྟན་པ་ལེགས་པར་རྒྱས་པར་གྱུར་པ་ཡིན་ནོ། །དེའི་རྗེས་སུ། ཤེས་བྱ་ཆོས་ཅན། བོད་འདིར་བསྟན་པ་འགྲིབ་པའི་རྐྱེན་མ་བྱུང་བ་མིན་པར་ཐལ། རྒྱལ་པོ་རལ་པ་ཅན་ལ་བསྟན་པ་དར་བར་ཡོད་པའི་རྗེས་སུ་བདུད་ཀྱི་སྤྲུལ་པ་རྒྱལ་པོ་གླང་དར་མས་བསྟན་པ་བོད་འདིར་བསྣུབས་པར་བྱས་པས་སོ། །དེའི་ཚུལ་ཡང་། རྒྱལ་པོ་དེས་རབ་ཏུ་བྱུང་བ་ཕལ་ཆེར་ཕབ། མི་ཉན་པ་རྣམས་བསད། ཤཱཀྱ་མུ་ནེ་སྦས། གསུང་རབ་ཕལ་ཆེར་གཏོར། ལོ་པཎ་རྣམས་གཞན་དུ་བསྐྲད། མ་བྲོས་པ་རྣམས་བསད། དཀོན་མཆོག་གི་མཆོད་པ་རྒྱུན་བཅད། མི་དགེ་བའི་ཁྲིམས་བཅས་ནས་སངས་རྒྱས་ཀྱི་བསྟན་པ་ཕལ་ཆེར་ནུབ་པར་བྱས་སོ། །དེའི་རྗེས་ལོ་མང་པོའི་བར་དུ་མི་ཕལ་ཆེར་སྤྱོད་པ་ཁྱི་ཕག་དང་མཚུངས་པར་སྤྱོད་དེ། ཨར་ཚོ་བཅོ་བརྒྱད་དུ་གྲགས་པ་ལ་སོགས་པའི་མི་བཟུང་ནས་ཁྲག་གཏར་བ་དང་ཤ་གཅོད་པ་ལ་སོགས་པས་རང་གིས་ཟ་ཞིང་གཏོར་རྒྱུན་བྱེད་པ་དང་། རུས་པའི་མཁར་བཅས་ཏེ་མི་ལྤགས་ཀྱི་བླ་རེ་དང་། རྐུ་མའི་ལྷ་ལྡི་བྱེད་པ་དང་། ཆང་དང་བུད་མེད་ལ་བག་མེད་དུ་རོལ་བ་དང་། རྒྱུ་དང་ཆོས་ལུགས་རང་བཟོར་རྩོམ་པ་དང་བོན་སྔགས་བསྲེས་ནས་གདམས་པ་

འབོགས་པ་དང་། རབ་བྱུང་གཟུགས་ཅན་འགའ་ཞིག་གིས་བྱས་ནས་དབྱར་གནས་བྱེད་ཟེར་ནས་ཟླ་བ་གསུམ་དུ་ཆོས་གོས་དང་ལྷུང་བཟེད་འཆང་ལ་དེ་ནས་དགག་དབྱེ་བྱེད་ཟེར་ནས་ཆོས་གོས་དོར་ནས་ཁྱིམ་དུ་ཞུགས་ཏེ་བུད་མེད་དང་ཆང་ལ་ཉིན་མཚན་དུ་རོལ་བ་དང་། ཕན་ཚུན་དུ་འཐབ་པ་དང་། རྩོད་པ་ལ་སོགས་པས་དུས་འདའ་བར་བྱེད་པའི་ཆོས་ལོག་དུ་མ་འཕེལ་བ་ཡིན་ནོ། །དེ་ལྟ་བུའི་རྐྱེན་བྱེད་མཁན་གྱི་རྒྱལ་པོ་སྡིག་ཅན་དེ་ནི་བྱང་ཆུབ་སེམས་དཔའི་སྤྲུལ་པ་ལྷ་ལུང་དཔལ་གྱི་རྡོ་རྗེ་ཞེས་པས་ཐུགས་རྗེ་ཆེན་པོའི་སྒོ་ནས་གཤེགས་པར་མཛད་དོ། །གཉིས་པ་ལ་གསུམ། བསྟན་པ་སྟོད་སྨད་ནས་དར་བའི་ཚུལ། ཕྱིས་ཀྱང་ཉེས་ལྟད་འདྲེས་པའི་ཚུལ་དཔྱད་ནས་ལོག་པར་བཀག་སྟེ་འཐད་པ་བཟུང་བར་བྱེད་ཚུལ་ལོ། །དང་པོ་ནི། དེ་ཞེས་སོགས་ཏེ། སྔ་དུས་འཕེལ་འགྲིབ་དེ་ལྟར་བྱུང་མོད། དེ་རྗེས་ཇི་ལྟར་བྱུང་སྙམ་ན། ཕྱི་དུས་འདི་ལ་དང་པོ་དར་བའི་ཚུལ་གཉིས་ཏེ། སྨད་ནས་དར་བ་དང་། སྟོད་ནས་དར་བའི་ཚུལ་གཉིས་ལས། དང་པོ་རྒྱལ་པོ་དར་མ་འདས་ནས་དར་མའི་སྲས་ཡུམ་བརྟན་དུ་བྱས་པ་དང་།དངོས་འོད་སྲུང་གཉིས་ལས་འོད་སྲུང་གི་སྲས་རྗེ་དཔལ་འཁོར་གྱི་སྐུ་ཚེའི་སྨད་ལ་མདོ་སྨད་ནས་བསྟན་པ་བྱུང་སྟེ། དེ་ཡང་གཡོ་དགེ་འབྱུང་། གཙང་རབ་གསལ། དམར་ཤཱཀྱ་མུ་ནེ་གསུམ་གྱི་ཆུ་བོ་རི་ནས་བྱོན་ཏེ། མདོ་སྨད་ཅོང་ཁའི་རི་དན་ཏིག་བྱ་བར་བཞུགས་པ་ལ། བོན་པོའི་བུ་གཅིག་རབ་ཏུ་བྱུང་བའི་མཚན་དགེ་བ་རབ་གསལ་ལམ། ཤེས་རབ་ཆེ་བས་དགོངས་པ་རབ་གསལ་དུ་གྲགས་པས་རྒྱའི་བན་དེ་གཉིས་ཀྱིས་ཁ་སྐོངས་བྱས་ཏེ། བསྙེན་པར་རྫོགས་པ་ལ། འབྲི་ཡེ་ཤེས་ཡོན་ཏན་སོགས་དབུས་པ་ལྔ། མོ་སྟོན་རྡོ་རྗེ་དབང་ཕྱུག་གཙང་པ་མི་ལྔ་སྟེ། བཅུས་རབ་བྱུང་བསྙེན་རྫོགས་བྱས་ཏེ་ཡར་འོངས་ནས་དབུས་གཙང་དུ་དེ་དག་སོ་སོས་དགོན་སྡེ་བཙུགས། ཐོས་བསམ་སྒོམ་གསུམ་གྱི་གྲྭ་ས་ཐ་དད་དུ་དར་བར་བྱས་པ་ནི་བསྟན་པ་སྨད་ནས་ལྷ་ལམ་ལྟར་འཕེལ་བའི་ཚུལ་ལོ། །རྒྱས་པར་ནི་གཞན་དུ་ཤེས་པར་བྱའོ། །སྟོད་ནས་དར་བའི་ཚུལ་ནི། རྗེས་དཔལ་འཁོར་བཙན་གྱིས་སྲས་ཆུང་བ་ཉི་མ་མགོན་གྱིས་སྟོད་ལ་བྱོན་ནས། སྤུ་ཧྲེང་བཟུང་། དེ་ལ་སྲས་གསུམ་བྱུང་བའི་ཆེ་ཤོས་རིག་པ་མགོན་གྱིས་མང་ཡུལ་བ་ར་ས། བཀྲ་ཤིས་པ་ལྡེ་མགོན་གྱིས་སྤུ་ཧྲེང་། ཆུང་བ་ལྡེ་གཙུག་མགོན་གྱིས་གུ་གེ་བཟུང་། དེ་ལ་སྲས་འཁོར་རེ་དང་སྲོང་ངེ་གཉིས། དེའི་དུས་ན་དབུས་གཙང་ན་སྡོམ་པ་དང་བཤད་ཉན་གྱི་རྣམ་བཞག་བཀའ་ཚད་མེད་ཅིང་། སྔགས་པ་རྣམས་ཀྱང་སྦྱོར་སྒྲོལ་བྱེད་ཟེར་ནས་བུད་མེད་ལ་འཚོལ་བར་སྤྱུར་རོ། །རང་ལུགས་སོགས་སེམས་ཅན་གང་གསོད་བྱེད། སྨན་སྒྲུབ་བྱེད་ཟེར་ནས་བཤང་གཅི་སོགས་མི་གཙང་བ་ལ་མི་རྟོག་པར་ཟློམ། བམ་སྒྲུབ་བྱེད་ཟེར་ནས་མི་རོ་ལ་ཧབ་ཐོབ་བྱེད། མཆོད་སྒྲུབ་བྱེད་ཟེར་ནས་མི་རྐྱུས་ནས་གསོད་པ་དང་། བསད་ཤ་གང་འགྲུབ་བྱ་སྟེ་མཆོད་པ་ལ་སོགས་པ་སྤྱོད་པ་ཅི་བཅོག

བཅོག་བྱེད་པ་ཡིན་ནོ། །ཇི་འཁོར་དེ་ལ་སྲས་དེ་བ་ནཱ་ཛ་དང་ནཱ་ག་ནཱ་ཛ་གཉིས་བྱུང་སྟེ་ཡབ་སྲས་གསུམ་རྒྱལ་སྲིད་ལ་སྐྱོ་སྟེ། དཀོན་མཆོག་གི་རྟེན་ལ་རབ་བྱུང་གི་སྡོམ་པ་བླངས་ཏེ། མཚན་ཡེ་ཤེས་འོད་དུ་ཡབ་རང་གིས་བཏགས། གཙུང་སྲོང་ངེས་ཀྱིས་རྒྱལ་སྲིད་བཟུང་། དེ་ལ་སྲས་ལྷ་ལྡེ། འོད་ལྡེ། ཞི་བ་འོད། བྱང་ཆུབ་འོད་དེ་བཞི་བྱུང་བའི་ཐ་མ་གཉིས་ཀྱིས་ཁ་ཆེ་ནས་པཎྜི་ཏ་ཙྪ་ན་ཤྲཱི་དང་རྒྱ་གར་དབུས་ནས་དཔལ་ལྡན་ཨ་ཏི་ཤ་ལ་སོགས་པའི་མཁས་གྲུབ་མང་པོ་སྤྱན་དྲངས་ནས་དམ་པའི་ཆོས་དར་བར་མཛད་དོ། །དེའི་གོང་དུ་ཡང་། བླ་མ་ཡེ་ཤེས་འོད་ཀྱིས་དར་བར་མཛད་དེ། ཇི་ལྟར་ན་ཆོས་རྒྱལ་དེ་ཡིས་སྐྱེས་བུའི་མཆོག་རིན་ཆེན་བཟང་པོས་ཐོག་དྲངས་ཞི་ཤུ་རྩ་གཅིག་ཁ་ཆེར་བཙུགས་ནས་མདོ་སྔགས་ཀྱི་བཀའ་དང་བསྟན་བཅོས་མང་པོ་བསླབས་སོ། མི་ཕལ་ཆེར་ནི་མ་སླེབ་ཀྱང་ཐུགས་རབ་ཆེ་བ་ལོ་ཆེན་རིན་བཟང་དང་། འབྲིང་ལོ་ཆུང་ལེགས་པའི་ཤེས་རབ་གཉིས་ཀྱིས་བོད་ཡུལ་དུ་ཕེབས་ནས་འཛམ་དབྱངས་ཀྱི་བྱིན་གྱིས་བརླབས་པའི་མཁས་པ་དེ་ཡིས་སྔོན་བོད་ན་མེད་པའི་ཆོས་མདོ་དང་སྔགས་ཀྱི་བཀའ་དང་བསྟན་བཅོས་མང་པོ་བསྒྱུར་ཅིང་ཞུས་ཏེ་གསར་མར་གྲགས་པའི་བཤད་སྒྲུབ་ཀྱི་སྲོལ་བཙུགས། སྔོར་སློལ་ལ་སོགས་པའི་ཆོས་ལོག་སུན་འབྱིན་པ་ཆོས་དང་ཆོས་མིན་རྣམ་པར་འབྱེད་པ་ཞེས་བྱ་བའི་བསྟན་བཅོས་མཛད་ནས། དེ་ནས། ཆོས་ལོག་ཐམས་ཅད་ནུབ་པར་མཛད་པ་ཡིན་པའི་ཕྱིར་ཏེ། ཞེས་སོགས་ཏེ། དེ་ཙམ་དུ་ཟད་དམ་ཞེ་ན། ཤེས་བྱ་ཆོས་ཅན། ལྷ་བླ་མ་ཡེ་ཤེས་འོད་ཀྱིས་སྟོད་དུ་བསྟན་པ་དར་བར་བྱས་པ་ཁོ་ནར་མ་ངེས་པར་ཐལ། རིན་ཆེན་བཟང་པོ་དེའི་སློབ་མ་དང་སྦྱིན་བདག་ཏུ་གྱུར་པ་ལྷ་བླ་མ་ཞི་བ་འོད་ཀྱིས་ཀྱང་སྔགས་ཀྱི་ཆོག་མ་དག་པ་དང་། སེམས་ཅན་ལ་འཚེ་བར་བྱེད་པའི་ལག་ལེན་མང་པོ་དང་། བོད་ཀྱིས་བྱས་པའི་མདོ་རྒྱུད་རྫུན་མ་འདི་དང་འདི་མ་དག་ཅེས་པ་ལ་སོགས་པའི་སྔགས་ལོག་སུན་འབྱིན་པའི་བསྟན་བཅོས་མཛད། བོད་ཁམས་རྣམས་སུ་བཀའ་ཤོག་བཙུགས། ཆོས་ལུགས་ངན་པ་སྤྱར་ཡོད་རྣམས་རྒྱུན་ཆོད། དཔྱིས་མ་ཕྱིན་ཞེས་ལ་སོགས་པ་ཆོས་དང་ཆོས་མིན་རྣམ་པར་ཕྱེ་ནས་བསྟོད་དུ་བསྟན་པ་དར་རྒྱས་མཛད་པའི་ཕྱིར་དང་། དེ་དག་འདས་པའི་འོག་ཏུ་ཡང་། ཆོས་ལོག་འགའ་ཞིག་འཕེལ་བའི་རྒྱུས་འགྲོག་པའི་ལྷས་སུ་བཙས་པས་ན། ལྷས་བཙས་ཞེས་བྱ་བའི་ལོ་ཙཱ་བ་དེས་ཀྱང་ཆོས་ལོག་སུན་འབྱིན་པ་ཞེས་བྱ་བའི་བསྟན་བཅོས་མཛད། བོད་ཀྱི་ཆོས་པ་རྣམས་ལ་སྤྲིངས་ཡིག་བྱས། གསར་རྙིང་དང་དེའི་ཁ་སྐོང་ས་ཞུས་སུ་སྐྱུ་འཕྲུལ་ལེའུ་གཉིས་སྨྲ་རིན་ཆེན་མཆོག་གིས་བརྩམས་སོ། །ཞེས་པ་ལ་སོགས་པ་འདི་ཡིས་འདི་བརྩམས་པ་ཡིན་པས་མ་དག་པར་ཤེས་པར་བྱེད་དགོས་ཚུལ་སོགས་བྲིས་པ་ལ་སོགས་པས་ཀྱང་ཆོས་དང་ཆོས་མིན་རྣམ་པར་ཕྱེ་ནས་བསྟན་པ་དར་བར་མཛད་པའི་ཕྱིར་དང་། དེ་ནས་ཆོས་རྗེ་ས་སྐྱ་པ་ཀུན་དགའ་སྙིང་པོར་མཚན་

གྲགས་པས་ཀྱང་མདོ་རྒྱུད་མཐའ་དག་ཐུགས་སུ་ཆུད་པར་མཛད་ཅིང་། ཁྱད་པར་རྣལ་འབྱོར་དབང་ཕྱུག་བིར་ལྭ་པས་དངོས་སུ་རྒྱུད་དང་གདམས་པ་མང་པོ་རྗེས་སུ་བཟུང་ནས། གདུལ་བྱ་མཐའ་ཡས་པ་སྨིན་པ་དང་གྲོལ་བར་མཛད་པ་མན་ཆད་དུ་དམ་པའི་ཆོས་ལོག་སྤྱོད་པ་ཞུང་ཞིང་དམ་པའི་ཆོས་དང་ཆོས་སྨྲ་བ་སྟོད་དུ་དར་བར་གྱུར་པའི་ཕྱིར་རོ། །

མདོར་ན་དེའི་ཡན་དུ། ལོ་པཎ་དང་མཁས་པའི་ཚོགས་རྗེ་སྙེད་བྱོན་པ་རྣམས་ཀྱི་བཀའ་དྲིན་དྲན་པར་བྱ་བའི་ཕྱིར་དུ་འདི་རུ་འདི་བྱོན་བསྙད་པར་འོས་མོད་ན་ཡང་ཡི་གེར་འཇིགས་པས་བསྡུས་པར་བགྱིས་པ་ལ་བཟོད་པར་གསོལ། གཉིས་པ་ནི། ཕྱི་ཞེས་སོགས་ཏེ། འདི་མན་དུ་དམ་པའི་ཆོས་ལོག་འཕེལ་བར་མི་འགྱུར་རམ་སྙམ་ན། མ་འཕེལ་ན་ལེགས་མོད་ཀྱང་། ཤེས་བྱ་ཆོས་ཅན། བོད་ཡུལ་འདིར་ཆོས་རྗེ་ས་ཆེན་བྱོན་པའི་ཕྱི་ནས་ཀྱང་དམ་པའི་ཆོས་ལོག་འཕེལ་བར་ཐལ། དེའི་ཕྱི་ནས་སྔགས་ཀྱི་དབང་བསྐུར་དགོས་པ་ལ་ཕག་མོའི་བྱིན་རླབས་དེ་ཙམ་གྱིས་གོ་ཆོད་བྱེད་པ་དང་། ཐེག་ཆེན་སེམས་བསྐྱེད་ཀྱི་ཆོ་ག་རྨི་ལམ་མར་གྲགས་པ་དང་། མངོན་བྱང་ལྔས་བསྐྱེད་སོགས་ཀྱི་སྒོ་ནས་ཡི་དམ་བསྒོམ་དགོས་པ་ལ་དཀྱིང་བསྐྱེད་ཙམ་བྱེད་པ་དང་། ཐབས་དང་བྲལ་བའི་སྟོང་ཀྱང་བསྒོམ་པ་ལ་དཀར་པོ་ཆིག་ཐུབ་ཏུ་མིང་བཏགས་ནས་བསྒོམ་པ་དང་། མདོ་རྒྱུད་ཀྱི་སྙིང་པོ་དོར་ནས་ཚིག་ཕྲེང་གི་ལྷུ་བ་ལྷུར་ལེན་པའི་འཆད་ཉན་གྱིས། བཀའ་དང་བསྟན་བཅོས་ཀྱི་དགོངས་པའི་དོན་ཟབ་རྣམས་བཀག་བཞིན་དུ་ཐུབ་བསྟན་དར་རྒྱས་སུ་བྱས་པར་རློམ་པ་དང་། གཤིས་ལུགས་ཀྱི་རྣམ་པ་མ་ཤར་བར་མི་འགྲོ་བ་ཙམ་ལ་བསྒོམ་བཟང་དུ་འདོད་པ་དང་། དུས་འཁོར་ལུགས་ཀྱི་བདེ་སྟོང་འཕགས་པ་སློབ་པའི་མཉམ་བཞག་ཏུ་འགག་དགོས་པར་འདོད་པའི་ལོག་རྟོག་ལ་ལེགས་བཤད་ཀྱི་འང་ལེགས་བཤད་དུ་འདོད་པ་ལ་སོགས་པ་ཆེས་མང་བར་གྱུར་པའི་དམ་པའི་ཆོས་ལོག་དུས་དེང་སང་འཕེལ་བའི་ཕྱིར་རོ། །དོན་དེ་ཡང་། དཔལ་ལྡན་ཨ་ཏི་ཤར་གྲགས་པའི་སྟོན་པ་ཐུབ་པའི་སྐྱུལ་པ་དེས། ཐུབ་པའི་བསྟན་པ་གདམས་ངག་ཉམས་གྱུར་པའི། །སྟོན་པའི་དམ་ཆོས་རྣམ་པར་འཇིགས་པ་ནི། །སངས་རྒྱས་ཉིད་ཀྱིས་སློབ་པ་མ་གཏོགས་པ། །ཕྱི་རོལ་པ་དང་ཐ་མལ་སྐྱེ་བོ་ཡིས། །ཐུབ་པའི་བསྟན་པ་སུས་ཀྱང་འཇིག་མི་ནུས། །ཞེས་གསུངས་པ་ལྟར་བསྟན་པ་འཇིག་བྱེད་དུ་ཤེས་པར་གྱིས་ཤིག །གསུམ་པ་ནི། མཁས་ཞེས་སོགས་ཏེ། དེ་མན་ཆད་དུའང་ཆོས་ལོག་འཕེལ་བ་འདི་ལ་མཁས་པ་རྣམས་ཅིའི་ཕྱིར་བཟློག་པར་མི་མཛད་འདི་ལ་དགྱེས་པར་འགྱུར་རམ་ཞེ་ན། ཆོས་རྗེ་ས་པཎ་གྱི་རྗེས་སུ་བྱོན་པའི་རྒྱ་བོད་ཀྱི་མཁས་པ་བསྟན་པའི་ཁུར་ཆེན་བཞེས་པ་རྣམས་ཆོས་ཅན། ཐུབ་པའི་བསྟན་པ་དང་འགལ་བའི་ཆོས་ལོག་འཕེལ་བ་ལ་དགྱེས་པ་མིན་པར་ཐལ། ཐུབ་པའི་བསྟན་པ་ལ་མིག་འབྲས

ལྟ་བུར་གཅེས་པར་འཛིན་པ་ལ་ཐུགས་སྐྱོ་བ་མི་མངའ་བའི་བསྟན་འཛིན་དམ་པ་ཡིན་པས་སོ། །ཆོས་ཅན་དེ་ལ་མི་དགེས་ཀྱང་དེ་བཟློག་པར་མི་ནུས་པའི་རྒྱུ་མཚན་ཡོད་པར་ཐལ། ཐུབ་པའི་བསྟན་པ་འཛིན་པར་བྱེད་པའི་རྒྱུ་རྐྱེན་ཚོགས་ཆེ་ཞིང་འབྱུང་ཉེ་བའི་ཕྱིར་ཏེ། བླུན་པོས་སྤྱངས་པ་མེད་པ་དང་། སྦྱངས་པ་ཆུང་བ་རྣམས་དམ་པའི་ཆོས་ལོག་ལ་འཇུག་པ་ལ་སྐྱོ་བར་མ་ཟད། མཁས་པ་ཆོས་ལ་སྦྱངས་པར་རློམ་པ་ཕལ་མོ་ཆེ་ཡང་རི་བོང་གི་ཅལ་བཞིན་དམ་པའི་ཆོས་ལོག་ལ་འཇུག་པར་བྱེད་པའི་ཕྱིར་རོ། །དེ་ཡང་། ཆོས་རྗེ་ཉིད་ཀྱིས་སླེ་ཐུགས་གསུང་བ། འགྲོ་བའི་ཕན་བདེ་འབྱུང་བའི་གནས། །བདེ་བར་གཤེགས་པའི་བསྟན་པ་ཡང་། །མར་མེ་སྣུམ་ཟད་ཇི་བཞིན་དུ། །རིང་པོར་མི་ཐོགས་ནུབ་པར་འགྱུར། །སངས་རྒྱས་བསྟན་པའི་སྲོག་འཛིན་པའི། །སྡེ་སྣོད་འཛིན་པ་ཕལ་ཆེར་འདས། །ད་ནི་ཐུབ་པའི་དགོངས་མིན་པའི། །ཆོས་ལྟར་བཅོས་པ་དུ་མ་བྱུང་། །ཆོས་སྨྲ་རྣམས་ལ་ཇི་ལྟར་དགོངས། །བདག་གིས་བགྱི་བའང་གང་ཞིག་ལགས། །ཐུགས་རྗེ་མངའ་བས་བཟུང་དུ་གསོལ། །ཞེས་སོ། །ཤེས་བྱ་ཆོས་ཅན། ཕྱིས་ནས་ཀྱང་བསྟན་པ་དང་འགལ་བའི་རང་བཟོ་འདི་འདྲའི་རིགས་ཅན་འཕེལ་བར་གྱུར་ན་བསྟན་པར་གནོད་དམ་མི་གནོད་མཁས་པ་རྣམས་ཀྱིས་དཔྱད་ནས་དམ་པའི་ཆོས་ལོག་རྣམས་དགག་རིགས་པར་ཐལ། མ་བཀག་ན་བསྟན་པ་ལ་གནོད་པར་འགྱུར་བས་གནོད་པ་བཏང་སྙོམས་སུ་བཞག་བྱ་མིན་ཞིང་ཡལ་བར་དོར་བ་ལ་ཉེས་པ་ཡོད་པའི་ཕྱིར། གསུམ་པ། ཆོས་ལོག་འགོག་པ་བསྟན་པའི་ཕྱི་དོར་དུ་བསྟན་ཡང་། ཆོས་དང་བླ་མ་ལ་རྟོགས་དཔྱོད་དགོས་པར་བསྟན་པ། དམ་པའི་ཆོས་ལོག་བཀག་པ་ལ་ཁྲོ་བ་མི་འཐད་པར་བསྟན་པ། དེས་ན་བསྟན་བཅོས་རྣམ་པར་དག་པའི་ཚུལ་ལོ། །དང་པོ་ནི། གལ་ཏེ་ཞེས་སོགས་ཏེ། གལ་ཏེ་བསྟན་པ་དང་འགལ་བའི་ལྟ་བ་དང་བསྒོམ་པ་དང་སྤྱོད་པ་དང་། ལག་ལེན་ལོག་པ་འདི་འདྲའི་ཆོས་ལོག་གིས་སངས་རྒྱས་ཀྱི་བསྟན་པ་ལ་མི་གནོད་ཟེར་ན། ཤེས་བྱ་ཆོས་ཅན། མུ་སྟེགས་སོགས་ཀྱི་ཆོས་ལུགས་ཀྱང་སངས་རྒྱས་ཀྱི་བསྟན་པ་ལ་ཅི་སྟེ་གནོད་དེ་ མི་གནོད་པར་ཐལ། དེའི་ཕྱིར་རོ། །ཁྱབ་པ་ཡོད་དོ། །ཆོས་ལོག་གཞན་གྱིས་ནོར་ན་ནི་ལྟ་སྒོམ་ནོར་བ་སོགས་འདི་དག་གིས་ཀྱང་མི་གནོད་པ་དེ་བདོག་པའི་ཕྱིར་རོ། །འདི་དག་གིས་གནོད་ཀྱང་སྨན་འཕྲིན་མི་འཐད་ན་ནི། ཤེས་བྱ་ཆོས་ཅན། མུ་སྟེགས་བྱེད་དང་ཉན་ཐོས་སོགས་ཀྱི་ནོར་བ་འདི་ལ་ཡང་སྨན་དབྱུང་ཅི་བྱ་སྟེ་མི་བྱ་བར་ཐལ། དེའི་ཕྱིར་རོ། །

ཀོ་ན་རེ། མུ་སྟེགས་སོགས་འདི་དག་བསྟན་པ་ལ་གནོད་པའི་ཕྱིར་ན། མཁས་པ་རྣམས་སུན་འབྱིན་མཛད་དོ་ཟེར་ན། འོ་ན་ཆོས་ལོག་གཞན་རྣམས་ཀྱང་ཆོས་ཅན། མཁས་པ་རྣམས་ཀྱིས་སུན་འབྱིན་དབྱུང་རིགས་པར་ཐལ། ཐུབ་པའི་བསྟན་པ་ལ་གནོད་པའི་ཕྱིར་རོ། །དེས་ན་ཤེས་བྱ་ཆོས་ཅན། བསྟན་པ་ལ་གཅེས་

སྲུ་འཛིན་པའི་མཁས་པ་རྣམས་ཀྱིས་རྟག་ཏུ་བསྟན་པའི་ཕྱི་དོར་ལ་བརྩོན་པར་བྱ་དགོས་ཏེ། རྒྱུ་མཚན་ཅིའི་སླད་དུ་ཞེ་ན། རྒྱལ་བ་སངས་རྒྱས་ཀྱིས། རིན་ཆེན་ཆོས་ཀྱང་དཀོན་ལ་རྟག་ཏུ་འཆི་བའང་མང་། །ཞེས་གསུངས་པ་ལྟར་རིན་པོ་ཆེ་དང་འདྲ་བའི་བསྟན་པ་འདི་དང་ཕ་མ་བྱས་པའི་སེམས་རྣམས་ལ་བསམ་ནས་མཁས་པ་རྣམས་ཀྱིས་འཆད་ཅིང་ཉན་པ་དང་ཉམས་སུ་བླངས་པའི་སྒོ་ནས་བསྟན་པ་རབ་ཏུ་འཛིན་དགོས་པས་སོ། །དེའི་རྒྱུ་མཚན་ཡང་། འགྲོ་བ་རྣམས་ཀྱི་སྡུག་བསྔལ་གྱི་ནད་སེལ་བའི་སྨན་ནི་སངས་རྒྱས་ཀྱི་བསྟན་པ་གཅིག་པུར་ངེས་པའི་ཕྱིར་རོ། །གཉིས་པ་ནི། ཉི་ཞེས་སོགས་ཏེ། ཤེས་བྱ་ཆོས་ཅན། སྐྱེ་བ་གཏན་གྱི་བདེ་བ་འདོད་པའི་གང་ཟག་རྣམས་ཀྱིས་གང་ཉམས་སུ་བླང་བྱའི་ཆོས་ལ་བརྟག་དཔྱད་བྱས་ནས་མ་ནོར་བར་དམ་པའི་ཆོས་ལ་འཇུག་པར་བྱ་སྟེ། སྐྱེ་བ་གཏན་གྱི་ལེགས་པ་བདེ་བ་ནི་དམ་པའི་ཆོས་ཉམས་སུ་བླངས་པ་སྔོན་དུ་འགྲོ་ལ་གཏན་གྱི་ཉེས་པ་སྡུག་བསྔལ་ནི་དམ་པའི་ཆོས་མིན་སྤྱད་པ་སྔོན་དུ་འགྲོ་བ་ལ་རག་ལས་པའི་ཕྱིར་རོ། །དེའི་རྒྱུ་མཚན་ཡང་། དགེ་བ་ལས་རྣམ་སྨིན་བདེ་འགྲོ་དང་བདེ་བ་འབྱུང་ལ། མི་དགེ་བ་ལས་ངན་འགྲོ་དང་སྡུག་བསྔལ་ཐམས་ཅད་འབྱུང་བར་གསུངས་པས་སོ། །དེས་ན་གཏན་གྱི་ལེགས་ཉེས་དམ་པའི་ཆོས་ལ་རག་ལས་ཀྱང་། བདག་ཅག་ལ་སོགས་པའི་དེང་སང་གི་ཆོས་པར་རློམ་པ་རྣམས་ཆོས་ཅན། ཉམས་སུ་བླང་བྱའི་ཆོས་འདི་ཁྱི་ཟས་ལ་བཟང་ངན་མི་དཔྱོད་པར་གང་བྱུང་ཟ་བ་བཞིན་དུ་བཟང་ངན་གང་དུའང་མི་དཔྱོད་པར་དང་པོར་གང་འཕྲད་ལ་གུས་པར་འཛིན་པ་མི་རིགས་པར་ཐལ། རྟོག་དཔྱོད་མ་བྱས་པར་གང་འཕྲད་ལ་གུས་པར་བཟུང་བས་ཆོས་ངན་དང་འཕྲད་དེ་དེ་ལ་ནན་ཏན་བྱས་པས་གཏན་གྱི་བདེ་བ་དང་བྲལ་བ་སྲིད་པར་ཐལ། ཁྱོད་ནི་གཏན་གྱི་བདེ་བ་ཐོབ་འདོད་ཡིན་པའི་ཕྱིར་རོ། །

དཔེར་ན། ཉི་མ་གཅིག་གི་བཟའ་བཏུང་ལའང་བཟང་ངན་རྟོགས་དཔྱོད་སྣ་ཚོགས་གཏོང་ཞིང་། གོས་དང་མཁར་རྟེན་ལ་སོགས་པའི་བྱ་བ་གང་ལ་ཡང་ལེགས་ཉེས་དང་བཟང་ངན་དང་མཁས་དང་མི་མཁས་ཞེས་བླང་དོར་དང་། རྟོགས་དཔྱོད་སྣ་ཚོགས་བྱེད་ལ། རྟ་དང་ནོར་བུ་ལ་སོགས་པ་དངོས་པོ་ཅུང་ཟད་ཙམ་གྱི་ཉོ་ཚོང་ལའང་ཀུན་ལ་དྲིས་ཤིང་། བརྟག་ནས་དཔྱོད་པ་ལ་སོགས་པ་ཚེ་འདིའི་བྱ་བ་ཅུང་ཟད་ལའང་འདི་འདྲའི་འབད་པ་བྱེད་པ་མཐོང་བ་བཞིན་ནོ། །འོན་ཀྱང་འདི་དག་ཀྱང་ཕལ་ཆེར་ཚེ་འདིའི་ཆེད། ཆེར་འཛིན་པའི་གྲུང་པོར་རློམ་པ་རྣམས་ཀྱིས་བྱེད་མོད། དེ་ལྟར་ནའང་ཤས་ཆེར་སྡུག་བསྔལ་གྱི་རྒྱུར་འགྱུར་ཏེ། བདེ་བ་འདོད་ཀྱང་གཏི་མུག་པས། །རང་གི་བདེ་བ་དགྲ་ལྟར་འཇོམས། །སྡུག་བསྔལ་འདོར་འདོད་སེམས་ཡོད་ཀྱང་། །སྡུག་བསྔལ་ཉིད་ལ་མངོན་པར་རྒྱུག །ཅེས་པ་གསུངས་པ་ལྟར་གྲུབ་པས་སོ། །ཉིན་ཞེས་སོགས་ཏེ། ཤེས་བྱ་ཆོས་ཅན།

སེམས་ཅན་རྣམས་ཀྱི་དུས་དེ་ནས་བརྩམས་ཏེ་རྫོགས་པའི་སངས་རྒྱས་མ་ཐོབ་བར་གྱི་འདོད་པའི་དོན་ནི་བླ་མ་དཀོན་མཆོག་ལ་རག་ལས་པར་ཐལ། སེམས་ཅན་རྣམས་ཀྱི་བདེ་བའི་རྒྱུ་དགེ་བ་སྔོན་དུ་འགྲོ་དགོས་ལ། དགེ་སྡིག་གི་རྣམ་གཞག་ནི་རྫོགས་པའི་སངས་རྒྱས་འཇིག་རྟེན་དུ་བྱོན་ཏེ་གསུངས་པར་རག་ལས་ཤིང་གསུངས་པར་དེ་དག་གི་དོན་སྟོན་པ་ལའང་རང་རང་གི་སྐལ་བ་དང་འཚམ་པའི་བླ་མ་བཟང་པོ་དགོས། མདོ་ལས། གཡེལ་བ་མེད་པར་དགེ་བའི་བཤེས་གཉེན་བསྟེན་པར་བྱ། །ཅིའི་ཕྱིར་ཞེ་ན་མཁས་པའི་ཡོན་ཏན་དེ་ལས་བྱུང་། ། ཞེས་སོགས་དང་། གང་ཕྱིར་རྡོ་རྗེ་འཛིན་པ་ཡིས། །དངོས་གྲུབ་སློབ་དཔོན་རྗེས་འབྲངས་གསུངས། །ཞེས་སོགས་རྩ་ལྟུང་བཅུ་བཞི་པ་སོགས་སུ་འབྱུང་བ་ལྟར་རོ། །འོན་ཀྱང་བདག་ཅག་ལྟ་བུ་ཆོས་ཅན། བླ་མ་བཟང་ངན་རྟོགས་དཔྱོད་མི་བྱེད་པར། ཚོང་འདུས་ན་སའི་ཟོང་བཞིན་དུ་བླ་མར་མིང་བཏགས་པ་སུ་འཕྲད་ཕྲད་ལས་ཆོས་གང་བྱུང་ལེན་པ་མཐོང་སྣེ་མི་རིགས་པར་ཐལ། དེ་ལྟར་བླ་མ་མ་དཔྱད་པར་སུ་འཕྲད་དང་དཔོན་སློབ་ཏུ་འབྲེལ་བ་ལས། མི་དགེ་བའི་བཤེས་གཉེན་དང་འཕྲད་པས་ཕལ་ཆེར་ལོག་པར་ལྟུང་བ་སྲིད་པར་ཐལ། ཁྱོད་ནི་བདེ་འདོད་ཡིན་པའི་ཕྱིར་རོ། །དཔེར་ན། ཉི་མ་གཅིག་གི་སྐྱེལ་མའམ་ཚེ་གཅིག་གི་ཉེ་དུ་ལ་སོགས་པའི་འབྲེལ་སྒྲིག་པ་ལའང་འབད་དེ་བརྟགས་ནས་ལེན་པ་མཐོང་བ་བཞིན་ནོ། །ཀྱེ་མ་སྙིགས་མའི་དུས་འདི་འཚར། ། འབད་མི་དགོས་པར་འབད་པ་བྱེད། །འབད་དགོས་ཆོས་དང་བླ་མ་ནི། །ཅི་ཡང་རུང་བའི་ཚེམ་པར་སྣང་། ། །ཞེས་པ་ནི། སྙིང་པོ་མེད་པར་དགོངས་པའི་གསུངས་སོ། །གསུམ་པ་ལ། བསམ་སྦྱོར་དག་པས་ཁོང་ཁྲོ་བྱེད་མི་རིགས། ནོར་བ་བཀག་པའི་ཁྲོ་ན་ཏ་ཙང་ཐལ། ཉན་བཤད་བྱས་པའི་དགོངས་པ་བཟང་པོར་བཤད། དགག་གཞག་བསྟན་པ་འཛིན་པའི་ཐབས་སུ་བསྟན་པའོ། །དང་པོ་ནི། བདག་ཅེས་སོགས་ཏེ། ཁོ་ན་རེ། ས་པཎ་ཁྱོད་ཀྱི་བསྟན་བཅོས་འདི་ཕྲག་དོག་དང་ཁོང་ཁྲོ་སོགས་ཆགས་སྡང་གིས་བྱས་པ་ཡིན་ཏེ། གཞན་གྱི་འདོད་ལུགས་དུ་མ་སུན་འབྱིན་ཞིང་ཁྱེད་རང་གིས་རང་འདོད་དུ་མ་འཆད་པའི་ཕྱིར་ཞེས་ཟེར་ན། འདི་ལ་དམ་བཅའ་འགོག་པ་དང་། སྒྲུབ་བྱེད་འགྲུབ་པར་བསྟན་པ་གཉིས་ལས། དང་པོ་ནི། ཤེས་བྱ་ཆོས་ཅན། ས་པཎ་བདག་གིས་ཆགས་སྡང་གིས་བསྟན་བཅོས་འདི་བརྩམས་པ་མིན་པར་ཐལ། ས་པཎ་བདག་ནི་སེམས་ཅན་ལ་ཉེ་རིང་མེད་པར་སེམས་ཅན་ཀུན་ལ་བྱམས་ཤིང་གང་ཟག་ཀུན་ལ་མི་སྨོད་པར་ས་པཎ་བདག་སེམས་ཅན་ཐམས་ཅད་ཆོས་དང་ལམ་བཟང་པོ་ལ་སྦྱོར་འདོད་པ་ཡིན་པས་སོ། །

བརྒྱ་ལ་མཉམ་པར་མ་གཞག་པས་དམ་པ་སྲིད་ནའང་སྡིག་པ་དེ་དང་འཕྲལ་ནས་ཡང་དག་པར་རྫོགས་པའི་སངས་རྒྱས་དང་བྱང་སེམས་ཆེན་པོ་རྣམས་ལ་བཤགས་པར་བྱ་སྟེ། སྡིག་པ་དང་མི་འགྲོགས་པར་དམ་པ་

རྣམས་ཀྱི་དགོངས་པ་ཡིན་པ་ལྟར་ས་པཎ་ཁོ་བོ་ཡང་འདོད་པས་སོ། །དེ་ལྟར་ཡང་། དེ་བས་བདག་གིས་འགྲོ་ལ་གནོད་བྱས་པས། །ཐུགས་རྗེ་ཆེ་ཀུན་མི་དགྱེས་གྱུར་པ་གང་། །སྡིག་ཏེ་དེ་རིང་སོ་སོར་བཤགས་བགྱི་ཡི། །མི་དགེས་གང་ལགས་དེ་ཐུབ་བཟོད་པར་གསོལ། །ཞེས་འཕགས་པ་ཞི་བ་ལྷས་མཛད་པ་ལྟར་རོ། །དེས་ན་ཤེས་བྱ་ཆོས་ཅན། དམ་ཆོས་འདི་ལ་ལེགས་ཉེས་དཔྱད་ནས་ལེགས་པ་ལེན་པ་དང་། ཉེས་པ་སྤོང་བར་སླས་པ་ལ། དེ་འདྲ་དེ་ཆགས་སྡང་ཡིན་ཞེས་སླ་ན་སླ་བ་པོ་དེ་རང་སྐྱོན་ཅན་དུ་ཐལ། དམ་ཆོས་འཁྲུལ་དང་མ་འཁྲུལ་བ་གང་ཡིན་ཞེས་དཔྱད་དེ་འཁྲུལ་པ་འདོར་བ་དང་མ་འཁྲུལ་བ་ལེན་དགོས་ཞེས་གྲོས་བྱེད་པ་ནི། རང་གཞན་ཀུན་གྱི་སྐྱེ་བ་གཏན་གྱི་གྲོས་འདེབས་པ་ཡིན་པས་སོ། །གཉིས་པ་ནི། གླུ་ཞེས་སོགས་ཏེ་ཆགས་སྡང་ཅན་དུ་དགག་གཞག་བྱེད་པས་འཛོགས་པ་ནི་འཁྲུལ་ཏེ། གླུ་སྙན་དང་དབྱིག་གཉེན་དང་ཕྱོགས་གླང་ཆོས་གྲགས་སོགས་མཁས་པ་ཀུན་ལའང་ཆགས་སྡང་ཅན་ཞེས་ཟེར་རམ་ཅི་སྟེ། ཆགས་སྡང་ཅན་དུ་ཐལ། དེ་དག་གིས་རང་གཞན་གྱི་ཆོས་ལོག་ཐམས་ཅད་སུན་ཕྱུང་བས་སོ། །རྫོགས་པའི་སངས་རྒྱས་ཀྱང་ཕྲག་དོག་ཅན་དུ་ཏ་ཅང་ཐལ། དེས་བདུད་དང་མུ་སྟེགས་སུན་ཕྱུང་བས་སོ། །ད་སླད་ཆད་སངས་རྒྱས་ཀྱི་བསྟན་པ་ཇི་ལྟར་བསྲུང་སྙེ་སྲུང་ཐབས་མེད་པར་ཐལ། མཁས་པ་རྣམས་བླུན་པོའི་ཡོང་ཁྲིད་ཡིན་པས། ནོར་བའི་ཆོས་དང་མ་ནོར་བའི་ཡོང་ཁྲིད་ལེགས་པར་བྱས་པ་ལ་ཆགས་སྡང་བྱེད་དོ་ཞེས་སླ་བ་འཐད་པས་སོ། །དེ་བཞིན་དུ་ཡོང་ཁྲིད་པས་ཡོང་བ་ཇི་ལྟར་ཁྲིད་ཏེ་འཁྲིད་ཐབས་མེད་པར་ཐལ། ཡོང་ཁྲིད་རྣམས་ཀྱིས་ཡོང་པ་ལ་གཡང་ས་བཀག་ཅིང་ལམ་བཟང་པོར་ཁྲིད་ པའང་ཡོང་པ་ལ་ཕྲག་དོག་ཡིན་པར་ཐལ་ལོ། །ནད་པ་ཇི་ལྟར་གསོ་སྐྱེ་གསོ་ཐབས་མེད་པར་ཐལ། སྨན་པས་ནད་པ་ལ་གནོད་པའི་ཁ་ཟས་སོགས་སྤོངས་ཤིག་ཕན་པ་བསྟེན་ཅིག་ཅེས་དེ་སྐད་སླས་ན་ཡང་། སྨན་པས་ནད་པ་ཆགས་སྡང་དང་ཕྲག་དོག་བྱས་པར་འགྱུར་བའི་ཕྱིར་རོ། །འཁོར་བའི་རྒྱ་མཚོ་ལས་སེམས་ཅན་ཇི་ལྟར་བསྒྲལ་ཏེ། སྒྲོལ་ཐབས་མེད་པར་ཐལ། དམ་པའི་ཆོས་ལོག་དང་མ་ལོག་པའི་རྣམ་པར་དབྱེ་བ་བྱས་པ་ལ་ཆགས་སྡང་དང་ཕྲག་དོག་ཡིན་ཟེར་བ་རིགས་པའི་ཕྱིར་རོ། །རྟགས་བཞི་པོ་འདི་དག་ནི་ཁས་བླངས་པས་སོ། །

གཉིས་པ་ནི། སངས་རྒྱས་ཞེས་སོགས་ཏེ། རྫོགས་པའི་སངས་རྒྱས་འཇིག་རྟེན་དུ་བྱོན་པ་དང་མཁས་པ་རྣམས་དམ་པའི་ཆོས་དང་ཆོས་མིན་པ་ལེགས་པར་ཕྱེ་ནས་དཔྱད་པ་བྱེད་པ་དེ་ཆོས་ཅན། དགོས་པ་བཟང་པོ་ཡོད་པར་ཐལ། དམ་པའི་ཆོས་ལོག་བསྐྱུབས་ནས་བསྟན་པ་འཕེལ་བར་འགྱུར་བ་དང་། བདུད་དང་མུ་སྟེགས་སྐྲག་པར་འགྱུར་བ་དང་། དཀར་ཕྱོགས་ཀྱི་ལྷ་མིའི་སྒྲོག་དབུགས་འབྱིན་པའི་ཕན་ཡོན་འབྲས་བུ་རྣམ་པ་གསུམ་འབྱུང་བ་འདི་སངས་རྒྱས་ཀྱི་བསྟན་པ་འཛིན་པ་སྤྱིའི་ལུགས་ཡིན་པ་ལྟར་ཕན་ཡོན་དེ་གསུམ་བསྐྱེད་པས་སོ། །

དེ་ལྟར་དུ། མ་ཁོལ་གྱིས་ཀྱང་འདི་སྐད་དུ། དཔའ་བོ་ཁྱོད་ཀྱི་བསྟན་པ་ནི། །མུ་སྟེགས་ཐམས་ཅད་སྐྲག་མཛད་ཅིང་། །བདུད་ནི་སེམས་ཁོངས་ཆུད་མཛད་ལ། །ལྷ་དང་མི་རྣམས་དབུགས་ཀྱང་འབྱིན། །ཞེས་གསུངས་པ་ཡིན་ནོ། །བཞི་པ་ནི། དེང་ཅེས་སོགས་ཏེ། ཤེས་བྱ་ཆོས་ཅན། སྔ་དུས་སུ་མ་ཟད། དེང་སང་བོད་འདི་ན་ཡང་ནོར་བ་འགོག་པ་དང་མ་ནོར་བ་སྒྲུབ་པའི་སྒོ་ནས་དམ་པའི་ཆོས་འཛིན་པ་དེ་སྐྱོན་ཅན་མིན་པར་ཐལ། མཁས་པ་རྣམས་ཀྱིས་ནོར་མ་ནོར་མ་གཞག་བྱས་པའི་སྒོ་ནས་ཆོས་བཤད་ན། དེས་དམ་པའི་ཆོས་ལོག་སྤྱོད་པ་ཕམ་པར་བྱེད་ཅིང་། བདུད་རིགས་དང་མུ་སྟེགས་ངན་པ་ཐམས་ཅད་ཡི་མུག་པར་འགྱུར་བ་མཁས་པ་གཞན་ཐམས་ཅད་དགའ་བར་བྱེད་པ་འདི་འདྲའི་ཐུབ་པའི་བསྟན་པ་འཛིན་པར་ནུས་ཀྱི། གསུམ་པོ་འདི་ལས་ཟློག་པ་ཕྱུངས་པར་གྱུར་ན་དེས་བསྟན་པ་ལ་གནོད་པ་ཤེས་པར་གྱིས་པ་དེ་ཡིན་པས་སོ། །བཞི་པ་ལ། ལྷག་བསམ་རྣམ་པར་དག་པ་བྱས་པའི་ཚུལ། ཤེས་བྱ་ལ་མཁས་པར་བྱས་ནས་སྨྲ་བའི་ཚུལ། ཆོས་ལུགས་མཐའ་དག་ལ་མཐོང་བར་ཕྱོགས་ལྷུང་མེད་ཚུལ་ལོ། །དང་པོ་ནི། བདག་ཅེས་སོགས་ཏེ། ཁོ་ན་རེ། ཁྱེད་ཀྱི་ཞེ་སྡང་དང་ཕྲག་དོག་སོགས་ཀྱིས་མིན་ཀྱང་། འཁོར་དང་ཟང་ཟིང་གི་ནོར་རྫས་བསྒྲུབ་པའི་ཕྱིར་ཏུ་བྱོས་ཞེས་ཟེར་ན། ཤེས་བྱ་ཆོས་ཅན། ས་པཎ་བདག་གིས་འཁོར་དང་ཟང་ཟིང་བསྒྲུབ་པའི་ཆེད་དུ་བསྟན་བཅོས་འདི་བྱས་པ་མིན་པར་ཐལ། ས་པཎ་བདག་གིས་ཀྱང་ཇོ་ཇོ་ཕག་མོའི་བྱིན་རླབས་ཙམ་རེ་བྱས་པ་ལ་དཀར་པོ་ཆིག་ཐུབ་ཏུ་བསྟན་ནས་ཀྱང་སློབ་མ་ལ་སྦྱོང་བ་ཙུང་ཟད་སྐྱེས་པ་ལ་མཐོང་ལམ་དུ་ངོ་སྤྲོད་ནས་རྩོལ་སྒྲུབ་མེད་པའི་དོན་བསྟན་ན། ཚོགས་པའང་དུ་ལྟའི་འདི་བས་མང་པོ་འདུ་ཞིང་ལོངས་སྤྱོད་མང་བའང་འབྱུལ་བ་མི་འགྱུར་བར་ཐལ། བླུན་པོ་རྣམས་ཀྱི་བསམ་པ་ལའང་སངས་རྒྱས་ལྟ་བུར་མོས་པ་སྐྱེ། ཆོས་ཀྱི་གཞན་རྣམས་མི་མང་པོའི་སྟེ་སྣོད་འཛིན་པར་རློམ་པར་དེ་ལ་ལྷག་པར་དད་པར་འགྱུར་བར་ས་པཎ་བདག་གིས་སེམས་བསྟུས་ནས་ཆོས་སྟོན་འདོད་མེད་པའི་ཕྱིར་རོ། །འོན་ཀྱང་བསྟན་བཅོས་འཆད་པ་ལ་ཀུན་སློང་གི་རྒྱུ་བཟང་པོ་མེད་པ་མིན་པར་ཐལ། སངས་རྒྱས་ཀྱི་བསྟན་པ་དང་སེམས་ཅན་གྱི་ཕན་བདེ་འཕེལ་བྱེད་ལ་བསམ་ནས་བསྟན་བཅོས་འདི་བཤད་པ་ཡིན་པས། སངས་རྒྱས་བསྟན་པ་བཞིན་སྒྲུབ་ན་སངས་རྒྱས་ཀྱི་བསྟན་པ་དང་སེམས་ཅན་ལ་ཕན་པར་བསམ་པའི་ཕྱིར་དང་། མདོ་ལས། སྙིགས་འདོད་ཕྱིར་དམ་ཆོས་སྟོན་བྱེད་པ། །དེ་དག་འདོད་པ་གཏོང་པ་ཕྱིར་ལེན་ཏེ། །སྦྱོར་བྱེད་དེ་དག་ཐར་མེད་རིན་ཆེན་ཆོས། །ཐོབ་པར་གྱུར་ཀྱང་སྤྲང་པོར་རྒྱུ་བར་བྱེད། ཅེས་གསུངས་པ་དང་། མངོན་པ་མཛོད་ལས་ཀྱང་། ཟང་ཟིང་ཉོན་མོངས་ཅན་མིན་པས། །མདོ་སོགས་ཡང་དག་ཇི་བཞིན་སྟོན། །ཞེས་གསུངས་པ་ལྟར་ཀུན་སློང་ངན་པའི་ཉེས་དམིགས་དགོངས་པའི་ཕྱིར་རོ། །གཉིས་པ་ནི། མུ་སྟེགས་ཅེས་སོགས་ཏེ།

དེ་ལྟར་ན་གཞན་གྱི་འཁྲུལ་པ་མཐའ་དག་སེལ་དགོས་པས་འགོག་བྱེད་ཀྱང་བརྗོད་དགོས་སོ་ཞེ་ན། ཤེས་བྱ་ཆོས་ཅན། གཞན་གྱི་འཁྲུལ་པ་སེལ་དགོས་ཀྱང་འདིར་ནི་སེལ་བྱེད་མཐའ་དག་དངོས་སུ་མི་སྟོན་པའི་རྒྱུ་མཚན་ཡོད་དེ། མུ་སྟེགས་བྱེད་དང་ཉན་ཐོས་དང་ཐེག་ཆེན་པའི་རིགས་ཅན་དག་གིས་ལས་༼དང་འབྲུལ་བ་ཡོད་༽མོད་ནའང་སྔོན་གྱི་མཁས་པ་ཕྱོགས་གླང་ཡབ་སྲས་སོགས་ཀྱིས་དེ་དག་སུན་ཕྱུང་ཟིན་པའི་རྒྱུ་མཚན་གྱིས་འདིར་དངོས་སུ་མ་བཤད་པས་སོ། །དེང་སང་གངས་རིའི་ཁྲོད་འདི་ན། རིགས་པས་སྒྲུབ་པར་མི་នུས་ཤིང་། སངས་རྒྱས་ཀྱི་བསྟན་པ་དང་འགལ་བའི་འཁྲུལ་བ་གསར་བ་དུ་མ་བྱུང་བ་རྣམས་ཀྱི་ནང་ནས་ཀྱང་། རྡོ་རྗེ་ཐེག་པའི་གནད་འཆུགས་པ་རྒྱུད་དང་གྲུབ་ཐོབ་ཀྱི་དགོངས་པ་དང་འགལ་བའི་གནས་དཔག་མེད་ཡོད་མོད་ཀྱི། དེ་དག་སེལ་བའི་དབང་དུ་བྱས་པའང་འདིར་དངོས་སུ་རྒྱས་པར་མ་བཤད་པར། ཁོ་བོས་གཞན་དུ་བཤད་དོ། །བསྟན་བཅོས་འདིར་དེ་དག་དངོས་སུ་མི་འཆད་པས་རྒྱུ་མཚན་ཡོད་དེ། བསྟན་བཅོས་ལ་འདིར་ནི་བསྡུགས་པ་ཡིན་མིན་ཀུན་ལ་བཤད་དུ་རུང་བའི་འཁྲུལ་པ་རབ་རིབ་ཙམ་རིགས་པ་འཕེལ་ན་བསྟན་ལ་གནོད་པར་མཐོང་ནས་དགག་པ་ཆེ་ཙམ་ཞིག་བཤད་པ་ཡིན་གྱི། རྒྱུད་སྡེ་དང་འགལ་བའི་དོན་འགོག་བྱེད་ཐུན་མོང་མ་ཡིན་པ་དེ་དག་ནི་ཀུན་ལ་བཤད་དུ་མི་རུང་བས་གསང་སྔགས་ཉིད་ཡིན་པས་ཕྱིར་རོ། །ཐུན་མོང་བ་ཀུན་ཀྱང་འདིར་འདུས་པ་མིན་ཏེ། ད་དུང་ཐུན་མོང་དུ་གསལ་བར་བྱེད་རྒྱུའི་འཁྲུལ་བའི་རྣམ་དག་སྐྱོན་ཅན་དཔག་མེད་སྣང་ནའང་གཞུང་མང་བར་དོགས་པས་རེ་ཞིག་མ་བྲིས་པར་བཞག་པས་སོ། །འོན་ཀྱང་སྐྱོན་ཅན་སྣང་བ་དེ་དག་བཏང་སྙོམས་སུ་བཞག་པར་བྱ་བ་ནི་མིན་པས། སངས་རྒྱས་བསྟན་དང་འཕྲད་དཀའ་ཞིང་། །དལ་དང་འབྱོར་པ་རྙེད་དཀའ་བས། །མཁས་པ་རྣམས་ཀྱིས་དེ་དག་རྟོགས་པར་བྱས་ཏེ་གཟུ་བོར་གནས་པའི་བློ་ཡིས་དཔྱད་པ་ནས་ལུང་དང་རིགས་པའི་སྒོ་ནས་དགག་སྒྲུབ་ཙམ་ཀྱང་བྱེད་དགོས་པས་སོ། །ཞེས་ཕྱི་རབས་པ་རྣམས་ལ་གདམས་པའོ། །

མདོ་ལས། འཇིག་རྟེན་སངས་རྒྱས་འབྱུང་བཀྲ་ལམ་ན། །མི་ཡི་ལུས་ནི་ཚོགས་ཀྱིས་རྙེད་པར་དཀའ། །ཀྱེ་མ་དད་པ་དང་ནི་ཆོས་ཉན་པ། །འདི་འདྲ་བསྐལ་པ་བརྒྱར་ཡང་རྙེད་པར་དཀའ། །ཞེས་གསུངས་པ་ལྟར་རྙེད་པར་དཀའ་བའི་དལ་འབྱོར་རྙེད། མཇལ་བར་དཀའ་བའི་བསྟན་པ་དང་མཇལ་བའི་དུས་འདིར་བསྟན་པ་ལ་གུས་པའི་བློ་ནས་གཅེས་པར་བཟུང་སྟེ། རང་གཞན་ལ་ཕན་གདགས་པའི་ཐབས་ཀྱིས། དལ་འབྱོར་ཐོབ་པ་དོན་ལྡན་དུ་བྱེད་དགོས་པ་ཡིན་ནོ། །དམ་ཆོས་སྒྲོན་མ་དང་བཅས་ཤིང་། །དལ་བ་ཕུན་སུམ་ཚོགས་པ་འདི། །སྐྱེས་བུ་ཆེན་པོའི་སྤྱོད་པ་ཡིས། །འབྲས་བུ་ཡོད་པར་བྱ་བའི་རིགས། །ཞེས་དབུ་མ་སྙིང་པོར་འབྱུང་བ

ལྟར་ཡིན་པས་སོ། །དེ་བས་ན་ས་པཎ་ཁོ་བོས་ཤེས་བྱ་ལ་མཁས་པར་བྱས་ནས་བསྟན་བཅོས་འདི་སྦྱར་བ་ཡིན་པས་དགག་སྒྲུབ་རྒྱས་པར་མི་ཤེས་པ་ནི་མིན་པར་ཀུན་གྱིས་གོ་བར་བྱེད་དགོས་པས་སོ། །གསུམ་པ་ནི། བདག་ཅེས་སོགས་ཏེ། ཁོ་ན་རེ། ཁྱོད་ཤེས་བྱ་ལ་མཁས་པར་ཁས་ལེན་པ་ནི་མངོན་པའི་ང་རྒྱལ་ཡིན་གྱི། མཁས་པར་བསླབས་ནི་མིན་ནོ་ཞེ་ན། ས་པཎ་བདག་གིས་ཆོས་ཅན། ཆོས་ལུགས་ཀུན་ལ་མ་བསླབས་མིན་པ་ཐལ། སྒྲ་དང་ཚད་མ་དག་ལ་བསླབས། །ཚིག་གི་སྡེབ་སྦྱོར་རྣམས་ཀྱང་ཤེས། །རྒྱན་དང་མངོན་བརྗོད་ཕལ་ཆེར་རོ། །འདུལ་བ་དང་ནི་མངོན་པ་དང་། །ཕ་རོལ་ཕྱིན་པའང་ཕལ་ཆེར་ཐོས། །གསང་སྔགས་རྒྱུད་སྡེ་བཞི་པོ་ཡང་། །ཉན་བཤད་ཡོད་པ་ཕལ་ཆེར་ཐོས། །བྲེ་བྲག་སྨྲ་དང་མདོ་སྡེ་པ། །སེམས་ཙམ་དང་ནི་དབུ་མ་ཡིས། །གདམས་ངག་ཁྲི་སྐྱིད་ཕལ་ཆེར་ཐོས། །དེ་སང་བོད་ལ་གྲགས་པ་ཡི། །ཞི་བྱེད་རྫོགས་ཆེན་སྤྱོད་པ་སོགས། སྐབས་བརྒྱད་ཅིག་ཆར་བསྒོམ་པ་དང་། །ཕ་རོལ་ཕྱིན་པའི་བློ་སྦྱོང་དང་། །བཀའ་གདམས་གདམས་ངག་ལུགས་གཉིས་དང་། །ས་ར་ཧ་དང་ཏེ་ལོ་པ། །ནག་པོ་དཔྱོད་པ་རོ་ཧི་དང་། །རྣལ་འབྱོར་དབང་ཕྱུག་བིར་ལྦ་པའི། །དོ་ཧ་སེང་གེ་ཞེས་བྱའོ། །དོ་ཧ་སེང་གེ་ཞེས་བྱ་སོགས། །དོ་ཧའི་བྱེ་བྲག་དུ་མ་ཐོས། །རིམ་ལྔ་སྟན་ཐོག་གཅིག་པ་དང་། །ནཱ་རོའི་ཆོས་དྲུག་དག་གི་ལུགས། མེས་སྟོན་ཚོན་པོ་དང་། དྭགས་པོའི་སློབ་མ་གཙང་གཞེར་དང་། རྨོག་ལྕོགས་པ་ནས་བརྒྱུད་པའི་བཤད་སྲོལ་གསུམ་དང་། གསང་བ་འདུས་པ་ཡེ་ཤེས་ཞབས། །དེ་བཞིན་འཕགས་སྐོར་གདམས་ངག་དང་། །དགེས་པ་རྡོ་རྗེའི་སྙིང་པོའི་སྐོར། །གཤིན་རྗེ་གཤེད་དང་འཇིགས་བྱེད་སོགས། །དེ་ཡི་གདམས་ངག་གསར་རྙིང་དང་། །འཁོར་ལོ་སྡོམ་པའི་གདམས་ངག་དང་། །དུས་ཀྱི་འཁོར་ལོའི་སྦྱོར་དྲུག་སོགས། །མཚན་བརྗོད་ཀྱི་བཤད་པ་སྔགས་དོན་རྣམས་གཟིགས། འཇམ་དཔལ་གཤིན་རྗེ་གཤེད་ཀྱི་འགྲེལ་པ་གཉིས། ལམ་འབྲས་ལུགས། དུས་འཁོར་ལུགས། དབུ་མ་ལ་དགའ་བའི་འགྲེལ་བ་ལུགས་ཏེ་དྲུག་དང་། འཆི་མེད་གྲུབ་པའི་གདམས་ངག་དང་། ལམ་འབྲས་ལ་སོགས་ལམ་སྐོར་དགུ་དེ་ལས་འཕྲོས་པ་དུ་མ་དང་། གཞན་ཡང་བོད་དང་རྒྱ་གར་ལ། དེང་སང་གྲགས་པ་ཕལ་མོ་ཆེ་བདག་གིས་འབད་དེ་ལེགས་པར་ཉན་ཅིང་ཐོས་བསམ་བསླབས་པ་དེ་དག་ཀྱང་མིང་ཙམ་མིན་པར་མུར་ཐུག་པར་བྱས་པའི་ཕྱིར་རོ། །མདོར་ན་ས་པཎ་བདག་ལ་ཆོས་ཅན། ཕྱོགས་ལྷུང་ངམ་ཕྱོགས་ཞེན་མེད་པར་ཐལ། ཆོས་ལུགས་མཐའ་དག་ལ་ལེགས་པར་སྦྱངས་ཤིང་མཐར་ཕྱིན་པར་བྱས་པ་དེའི་ཕྱིར་རོ། །དེས་ན་གཟུ་བོས་དཔྱད་པ་འདི་བློ་གྲོས་ དང་ལྡན་པ་རྣམས་ཀྱིས་འདི་ཁོ་ན་ལྟར་བཟུང་སྟེ། ཕྱོགས་ལྷུང་སྤངས་པའི་བློ་ནས་ཚད་མས་ལེགས་པར་དཔྱད་ནས་གྲུབ་པའི་དོན་ཡིན་པ་དེའི་ཕྱིར་རོ། །དོན་དེ་ཐམས་ཅད་ཀྱང་ཕྱོགས་བཅུའི་སངས་རྒྱས་ལ་འཕྲིན་དུ་གསོལ་བ་ལ་སོགས་པ་རྣམས་

ལས་ཞེས་པར་བྱའོ། །གསུམ་པ་ལ། བསྟན་བཅོས་ཀྱི་བསྡུགས་པ་བརྗོད་པ། དེ་རྨོངས་པས་རྟོགས་དཀའ་བར་བསྟན་པ། དགེ་རྩ་གཞན་དོན་དུ་བསྔོ་བ། སླར་ཡང་བཀའ་དྲིན་དུ་ཕྱག་འཚལ་བའོ། །དང་པོ་ནི། ཐུབ་ཅེས་སོགས་བསྟན་བཅོས་འདི་ཉི་མ་དང་མཚུངས་པ་ཡིན་ཏེ། ཉི་མ་དེས་རྟེན་རིན་པོ་ཆེའི་གཞལ་མེད་ཁང་ལ་བརྟེན་ནས་འོད་ཟེར་རྣམ་པར་སྤྲོས་པས་མུན་པའི་ཚོགས་རྣམས་བསལ་ཏེ། པད་མོའི་ཚོགས་རྣམས་ཁ་རྣམ་པར་ཕྱེས་ནས་བུང་བ་རྣམས་སྦྲང་རྩིས་ཚིམ་པར་བྱེད་པ་བཞིན་དུ། བསྟན་བཅོས་འདིས་ཐུབ་པའི་བསྟན་པ་གཞིར་བྱས་ཏེ་ཆོས་དང་ཆོས་མིན་པ་རྣམ་པར་འབྱེད་པའི་ལེགས་བཤད་སྤྲོས་པས། ལོག་པར་ལྟ་བ་དང་མ་རྟོགས་པ་དང་ཐེ་ཚོམ་གྱི་ཚང་ཚིང་རྣམས་རྣམ་པར་བསལ་ནས་བུང་བ་ལྟ་བུའི་བློ་གསལ་དོན་གཉེར་དང་ལྡན་པ་རྣམས་ཀྱིས་བློ་གྲོས་ཀྱི་སྣང་བ་རྒྱས་པར་བྱས་ཏེ། ཕན་པ་དང་བདེ་བའི་རོ་མྱང་བར་བྱེད་པའི་ཕྱིར་རོ། །གཉིས་པ་ནི། རྒྱལ་ཞེས་སོགས་ཏེ། རྒྱལ་བ་ཀུན་གྱི་དགོངས་པ་འདི་ཡིན་ནོ། །ཞེས་འགྲོ་ལ་ཕན་པའི་བསམ་པས་ས་པཎ་བདག་གིས་བཤད་པ་འདི་མཁས་པ་ཀུན་གྱི་དགོངས་པ་ཡིན་མོད་འོན་ཀྱང་། གསུངས་པའི་དོན་ནི་བླུན་པོ་རྣམས་ཀྱིས་རྟོགས་པར་དཀའ་ཏེ། ཟབ་པ་དང་ཤིན་ཏུ་རྒྱ་ཆེ་བའི་ཕྱིར་རོ། །གཉིས་པ་ནི། ཀུན་ཞེས་སོགས་ཏེ། ཀུན་དགའི་ཉི་མས་སངས་རྒྱས་བསྟན་པ་ཡི། །པདྨོའི་རྣམ་པར་ཕྱེ་བ་ལས་བྱུང་བའི། །དམ་པའི་སྦྲང་རྩིས་འགྲོ་བའི་བུང་བ་ཀུན། །རྒྱུན་དུ་བདེ་བའི་དགའ་སྟོན་འབྱེད་པར་ཤོག །ཅེས་པ་འདི་ནི་ཞེས་སོགས་བསྟན་པའོ། །བཞི་པ་ནི། གང་ཞེས་སོགས་ཏེ། གང་གིས་ཐུགས་བརྩེར་ཉེར་བཟུང་ནས། །ལོག་པའི་ཆོས་རྣམས་སྤངས་ནས་ཀྱང་། །སངས་རྒྱས་བསྟན་དང་ལེགས་སྦྱོར་པའི། །འཇམ་མགོན་བླ་མ་ལ་དེ་འདུད། །ཅེས་པ་ནི་རྗེ་བཙུན་འཇམ་པའི་དཔལ་ལ་སླར་ཡང་བྱས་པ་ཤེས་ཤིང་། བྱས་པ་དྲིན་དུ་བཟོ་བའི་ལན་དུ་ཕྱག་མཛད་པ་ཡིན་ཏེ། དམ་པ་རྣམས་ཀྱི་སྲོལ་བསྐྱང་བར་བྱ་བའི་ཆེད་དང་། བཀའ་དྲིན་གྱི་ལན་བསླན་པར་བྱ་བའི་ཕྱིར་རོ། །སྡོམ་པ་གསུམ་གྱི་རབ་ཏུ་དབྱེ་བ་ཞེས་བྱ་བ་ཆོས་དང་ཆོས་མ་ཡིན་པར་འབྱེད་པ་ཞེས་བྱ་བའི་བསྟན་བཅོས་འདི་ནི་མང་དུ་ཐོས་པའི་ནོར་ལྡན་པ་རིགས་པ་དང་མི་རིགས་པ་དཔྱོད་པར་ནུས་པའི་བློ་གྲོས་ཅན་སྡེ་སྣོད་འཛིན་པ་ཀུན་དགའ་རྒྱལ་མཚན་དཔལ་བཟང་པོས་སྦྱར་བའི་ཚིག་དོན་གྱི་རྣམ་པར་བཤད་པ་བློ་གསལ་གྱི་མགུལ་རྒྱན་ཞེས་བྱ་བ་རྫོགས་པར་བགྱིས་སོ། །

བྱེ་བྲག་ཏུ་གསང་སྔགས་ཀྱི་གནད་གཏན་ལ་དབབ་པ། གསང་ཆེན་ཡིན་པས་ཁོ་བོས་ལོགས་སུ་བཤད་པར་ལྟའོ། །ཞེས་ཁ་འཕངས་པ་ཡིན་ནོ། །སྡོམ་གསུམ་ལེགས་པར་བཤད་པ་རིན་ཆེན་ཕྲེང་། གང་གི་བློ་གྲོས་མགུལ་བར་རབ་བཀོད་ནས། །མི་ཤེས་དྲི་མ་གཅོད་ཅིང་ཡང་དག་ལྟའི། །མདངས་ལྡན་བྱེད་ཕྱིར་བློ་གསལ་

མགུལ་རྒྱན་ནོ། །གང་གི་རྣམ་བཤད་སྔར་ཡང་བྱུང་མོད་ཀྱང་། །འགའ་ཞིག་བསྡུས་དང་ལ་ལ་ཉོག་པ་དང་། །ལ་ལས་མ་བཤད་གཞན་དག་ལོག་པར་འཆད། །དེ་དག་མཐོང་ནས་འཚམ་པར་ལེགས་པར་བཤད། །ཐུབ་བསྟན་ནོར་བུ་ཕྱོགས་ལྷུང་འདམ་གྱིས་གཡོགས། །ལྷག་པར་ས་སྐྱ་པ་ཞེས་གྲོས་གྱུར་ན། །དེ་ལ་ཕྲག་དོག་འདམ་རྒྱུས་སྒྲགས་པར་བྱེད། །གང་ཡིན་དེ་དག་སྡིག་ལྟའི་ཁུར་ཆེན་འཛིན། །དེ་ལྟར་གཞན་ཡང་འཆད་དང་ཉན་པ་ཀུན། །ཆགས་དང་སྡང་བས་ཕན་ཚུན་སྨོད་པར་བྱེད། །ཐུབ་པའི་བསྟན་པ་ད་ནི་ཇི་ལྟར་འཛིན། །འགྲོ་བའི་ཕན་བདེ་སུ་ཡིས་བསྐྱེད་པར་བྱེད། །ཆོས་པ་ཕལ་ཆེར་ཆོས་མིན་ལྟར་ལེན་ཞིང་། །རྒྱལ་པོའི་སྡིག་སྤྱོད་གཞན་གྱིས་རང་དབང་འཕྲོག །ཁྲལ་དམག་སོགས་ཀྱིས་སྐྱེ་བོ་གཞན་རྣམས་ཀྱང་། །སྡུག་བསྔལ་མེ་ཡིས་རྟག་ཏུ་བསྲེགས་པར་གྱུར། །འགྲོ་བའི་སྡུག་བསྔལ་སེལ་བའི་སྨན་པའི་མཆོག །ཐབས་མཁས་ཐུགས་རྗེ་ལྡན་རྣམས་ཇི་ལྟར་དགོངས། །ནད་ཀྱིས་གདུང་བའི་བུ་ལ་མ་བཞིན་དུ། །ཆོས་ལོག་སྡིག་པ་སྤྱོད་ལ་ལྷག་པར་གཟིགས། །སྡུག་བསྔལ་ལྷག་པར་སྤྱོད་རྣམས་མི་སྐྱོབ་ན། །སྐྱབས་མི་འཚོལ་ལ་སྐྱབས་ཀྱིས་དོན་མེད་པས། །སྐྱབས་དང་སྐྱོབ་པའི་དགོས་པ་གང་ཞིག་ཡིན། །བསྐལ་བ་མི་མངའ་ཆོས་ཉིད་མ་ཉམས་སམ། །འོན་ཀྱང་ཉེས་ཚོགས་རབ་ཏུ་མི་ཟད་པའི། །ཐུགས་རྗེ་འཇུག་པའི་ཡུལ་དུ་མ་གྱུར་མོད། །རྒྱལ་བའི་ཐུགས་རྗེ་ཉམས་པ་ཇི་ལྟར་སྲིད། །ཕྱི་བརྗོལ་གང་དེ་ལྷག་པར་བཟོད་པར་གསོལ། །ད་ནི་ལེགས་སུ་འདོད་པའི་སྙིང་ཡོད་དག །བསྟན་པ་རིན་ཆེན་ཅོད་པན་དུ་བཟུང་ནས། །སྐྱེ་དགུ་རྣམས་ལ་བརྩེ་བས་རབ་བསམ་སྟེ། །རྣམ་པ་ཀུན་ཏུ་བག་ཡོད་བསྟེན་ན་མཛེས། །སྡོམ་པ་གསུམ་གྱི་རབ་ཏུ་དབྱེ་བ་(གསལ་བཤད།)འདིའི་མན་ནས་མ་ཡིག་མེད་པའི་རྐྱེན་གྱིས་མཛད་པ་པོ་སུ་ཡིན་དང་མཛད་བྱང་རྣམས་གློག་པ་པོའི་སྒྱུན་ལམ་དུ་སྤེལ་མ་ཐུབ་པས་བཟོད་པར་གསོལ།

༄༅། །སྡོམ་གསུམ་རྣམ་བཤད་ཅེས་བྱ་བ།

མཛད་པ་པོ་མི་གསལ།

སྡོམ་གསུམ་སྐབས་སུ། རྗོད་བྱེད་རྒྱུད་སྡེའི་རྣམ་གཞག །བརྗོད་བྱ་སྔགས་ལམ་གྱི་རྣམ་གཞག །དང་པོ་ལ་བཞི་སྟེ། རྒྱུད་སྡེའི་དབྱེ་བ། བསྡུ་བ། གྲངས་ངེས་སོ་སོར་བཤད་པའོ། །དང་པོ་ལ། ཡོ་ག་པ། སངས་རྒྱས་གསང་བ་ནི ། དེ་ལ་དབྱེ་ན་གཉིས་སུ་བཞེད་དེ། དེ་ལ་ཕྱིའི་རྒྱུད་སྡེ་དང་། ནང་གི་རྒྱུད་སྡེ་གཉིས་སུ་བཞེད་ཅིང་། དེ་ཡང་བྱ་སྤྱོད་གཉིས་ཕྱིའི་དང་། རྣལ་འབྱོར་རྒྱུད་དང་། རྣལ་འབྱོར་བླ་མེད་ཀྱི་རྒྱུད་གཉིས་ལ་ནང་གི་རྒྱུད་སྡེ་ཞེས་སམ། ཡང་ན་རྒྱུད་སྡེ་འོག་མ་གསུམ་ཕྱིའི་རྒྱུད་སྡེ་དང་། བླ་མེད་ཀྱི་རྒྱུད་ལ་ནང་གི་རྒྱུད་སྡེ་ཞེས་པ་ཡིན་ནོ། ། སློབ་ཆེན་ཀུན་སྙིང་ནི། རྒྱུད་སྡེ་ལ་གསུམ་དུ་བཞེད་དེ། བྱ་སྤྱོད་གཉིས། རྣལ་འབྱོར་རྒྱུད་དང་གསུམ་དུ་བཞེད་ཅིང་།རྣལ་འབྱོར་བླ་མེད་ཀྱི་རྒྱུད་ཀྱང་དེ་ར་མ་འདུས་པའི་སྐྱོན་མེད་དེ།དེ་རྣལ་འབྱོར་རྒྱུད་དུ་འདུས་པའི་ཕྱིར་ཏེ། རྣལ་འབྱོར་རྒྱུད་དེ་ལ་ཏིང་ངེ་འཛིན་སྒོམ་ཚུལ་གྱི་སྒོ་ནས་བླ་མེད་ཀྱི་རྒྱུད་ཀྱི་ཁྱད་པར་འབྱེད་པ་ཡིན་པའི་ཕྱིར་ཏེ། རྒྱུད་ལས། རྣལ་འབྱོར་སྤྱོད་དང་བྱ་དབྱེ་བས། །རྒྱུད་སྡེ་གསུམ་དུ་བཤད་པ་ཡིན། །ཞེས་དང་།

སློག་པའི་རྡོ་རྗེའི་སྔགས་དོན་རྣམ་གཟིགས་ལས། བྱ་དང་སྤྱོད་དང་རྣལ་འབྱོར་དང་། །ཤེས་རབ་ཕ་རོལ་ཕྱིན་པའི་ཚུལ། ། ཞེས་གསུངས་པའི་ཕྱིར་རོ། །ཞེས་བཞེད་པ་ཡིན་ནོ། །དཔལ་དགེས་པ་རྡོ་རྗེ་པ་རྣམས། རྒྱུད་སྡེ་ལ་བཞིར་བཞེད་པ་ཡིན་ཏེ། དེ་ལ་བྱ་རྒྱུད་སྤྱོད་རྒྱུད། རྣལ་འབྱོར་རྒྱུད། རྣལ་འབྱོར་བླ་ན་མེད་པའི་རྒྱུད་དང་བཞིར་བཞེད་པའི་ཕྱིར་ཏེ། རྡོ་རྗེ་གུར་ལས། སྨན་པ་རྣམས་ལ་བྱ་བའི་རྒྱུད། །བྱ་མིན་རྣལ་འབྱོར་དེ་ལྟ་ལ། ། སེམས་ཅན་མཆོག་ལ་རྣལ་འབྱོར་མཆོག །རྣལ་འབྱོར་བླ་མ་དེ་ལྟ་ལའོ། །ཞེས་གསུངས་པའི་ཕྱིར་རོ། །ཞེས་བཞེད། ཕ་རྒྱུད་གསང་བ་འདུས་པ་རྣམས། རྒྱུད་སྡེ་ལ་ལྔར་བཞེད་དེ། བྱ་སྤྱོད་གཉིས། རྣལ་འབྱོར་རྒྱུད། རྣལ་འབྱོར་བླ་ན་མེད་པའི་རྒྱུད། གསང་བ་འདུས་པའི་རྒྱུད་ཀྱི་ཆེ་བ་དབྱུང་བའི་ཕྱིར་རྣལ་འབྱོར་ཆེན་པོའི་རྒྱུད་ཞེས་པ་གཅིག་དང་ལྔར་བཞེད་དོ། །མ་རྒྱུད་འཁོར་ལོ་སྡོམ་པ་རྣམས། རྒྱུད་སྡེ་ལ་དྲུག་ཏུ་བཞེད་དེ། མདོ་སྡེ་སྟོན་པའི་རྒྱུད། བྱ་རྒྱུད། སྤྱོད་རྒྱུད་རྣལ་འབྱོར་རྒྱུད། རྣལ་འབྱོར་བླ་ན་མེད་པའི་རྒྱུད། རྣལ་འབྱོར་གསང་མཐའི་རྒྱུད་དང་དྲུག་ཏུ་བཞེད་དེ། བདེ་མཆོག་ཉུང་ངུ་ལས། ཧེ་སྲིད་མདོ་བྱ་སྤྱོད་པ་དང་། །རྣལ་འབྱོར་གསང་བའི་

དབྱེ་བ་ལས། །སེམས་ཅན་མོས་པ་སྣ་ཚོགས་པ། །དེ་དང་དེ་ལ་དགའ་བ་ཡིན། །ཞེས་གསུངས་པའི་ཕྱིར། ཞེས་བཞེད། ཛོ་བོ་རྗེ་དཔལ་ལྡན་ཨ་ཏི་ཤ་ནི། རྒྱུད་སྡེ་ལ་བདུན་དུ་བཞེད་དེ། སྔར་གྱི་དྲུག་པོའི་སྟེང་དུ། གཉིས་ཀའི་རྒྱུད་དང་བདུན་དུ་བཞེད་ཅིང་། བདུན་པ་དེ་ནི། སྒྱུ་འཕྲུལ་དྲྭ་བའི་རྒྱུད་ཀྱི་ནང་ཚན་འགའ་ཞིག་དང་། པདྨ་གར་གྱི་རྒྱུད་ལྷ་བུ་ལ་འདོག་པ་ཡིན་ཞེས་གསུངས་སོ། །

གཉིས་པ་བསྡུ་བ་ལ། ཤེས་བྱ་ཆོས་ཅན། རྒྱུད་སྡེའི་བསྡུ་ཚུལ་ཡོད་དེ། རྒྱུད་སྡེ་ཐམས་ཅད་བསྡུས་པ་དེའི་ཚེ་ན། བྱ་རྒྱུད་སྤྱོད་རྒྱུད། རྣལ་འབྱོར་རྒྱུད། རྣལ་འབྱོར་བླ་ན་མེད་པའི་རྒྱུད་དང་བཞིར་འདུས་པ་ཡིན་པའི་ཕྱིར་རོ། །འོན་རྒྱུད་སྡེ་ལ་ལྔ་དང་དྲུག་བདུན་ལ་སོགས་པར་བཤད་པའི་རྣལ་འབྱོར་ཆེན་པོའི་རྒྱུད་ལ་སོགས་པ་དེ་རྣམས་བཞི་པོ་དེར་ཇི་ལྟར་འདུ་ཞེ་ན། ཤེས་བྱ་ཆོས་ཅན། རྒྱུད་སྡེ་ལ་ལྔ་རུ་བཞེད་པའི་ལུགས་ཀྱི་རྣལ་འབྱོར་ཆེན་པོའི་རྒྱུད་ཡིན་པ་གང་ཞིག ། ཅེས་པ་དེ། བཞི་པོ་དེ་གང་རུང་དུ་མ་འདུས་པའི་སྐྱོན་མེད་དེ། དེ་འདྲ་བ་དེ། རྣལ་འབྱོར་བླ་མེད་ཀྱི་རྒྱུད་དུ་འདུས་པའི་ཕྱིར་ཏེ། གསང་བ་འདུས་པའི་རྒྱུད་དེ། བླ་མེད་ཀྱི་རྒྱུད་ཡིན་པ་གང་ཞིག་གསང་བ་འདུས་པའི་རྒྱུད་ཀྱི་ཆེ་བ་དབྱུང་བའི་ཕྱིར་དུ། དེ་ལ་རྣལ་འབྱོར་ཆེན་པོའི་རྒྱུད་ཅེས་བཞག་པ་ཡིན་པའི་ཕྱིར། དང་པོ་དེ་གྲུབ་སྟེ། དེ་ཕ་བླ་ན་མེད་པའི་རྒྱུད་ཡིན་པའི་ཕྱིར། ཡང་རྒྱུད་སྡེ་ལ་དྲུག་ཏུ་བཞེད་པའི་ལུགས་ཀྱི་མདོ་སྡེ་རྟོག་པའི་རྒྱུད་དང་། རྣལ་འབྱོར་གསང་མཐའི་རྒྱུད་གཉིས་པོ་དེ་ཡང་། དེ་བཞི་པོ་གང་རུང་དུ་མ་འདུས་པའི་སྐྱོན་མེད་དེ། དང་པོ་དེ་བྱ་རྒྱུད་དུ་འདུ་བ་ཡིན་ཞིང་། ཕྱི་མ་དེ་བླ་མེད་ཀྱི་རྒྱུད་དུ་འདུ་བའི་ཕྱིར། དང་པོ་གྲུབ། སྤྱིར་བྱ་རྒྱུད་དེ་ལ། ཐུན་མོང་བའི་དངོས་གྲུབ་གཙོ་བོར་སྟོན་པའི་རྒྱུད་གཅིག་དང་། ཐུན་མོང་མ་ཡིན་པའི་མཆོག་གི་དངོས་གྲུབ་གཙོ་བོར་སྟོན་པའི་རྒྱུད་གཅིག་སྟེ་གཉིས་ཡོད་པ་ལས། དང་པོ་དེ་ལ་མདོ་སྡེ་རྟོག་པའི་རྒྱུད་ཅེས་འདོག་ཅིང་། གཉིས་པ་དེ་ལ་སྤྱི་མིང་བྱེ་བྲག་ལ་བཏགས་ནས་བྱ་རྒྱུད་ཅེས་འདོག་པའི་ཕྱིར་རོ༑ ༑རྟ་བའི་རྟགས་ཕྱི་མ་གྲུབ་སྟེ། རྣལ་འབྱོར་གསང་མཐའི་རྒྱུད་ཅེས་བཤད་པ་དེ་ནི། མ་རྒྱུད་འཁོར་ལོ་སྡོམ་པའི་ཆེ་བ་བྱུང་བ་འདིར་བཤད་པ་ཡིན་ཞིང་། མ་རྒྱུད་འཁོར་ལོ་སྡོམ་པ་དེ་ཉིད་བླ་མེད་ཀྱི་རྒྱུད་ཡིན་པའི་ཕྱིར་རོ། །རྒྱུད་སྡེ་ལ་བདུན་དུ་བཞེད་པའི་ལུགས་ལ་ཡང་། བྱ་སྤྱོད་ལ་སོགས་པ་བཞི་པོ་དེ་གང་རུང་དུ་མ་འདུས་པའི་སྐྱོན་མེད་དེ། མདོ་སྡེ་རྟོག་པའི་རྒྱུད། རྣལ་འབྱོར་གསང་མཐའི་རྒྱུད་གཉིས་ནི་རིམ་བཞིན་བྱ་རྒྱུད་དང་། བླ་མེད་ཀྱི་རྒྱུད་གཉིས་སུ་བསྡུ་ཚུལ་སྔར་བསྟན་ཞིང་། གཉིས་པ། བཀའི་རྒྱུད་ཅེས་པའི་སྒྱུ་འཕྲུལ་དྲྭ་བའི་ནང་ཚན་འགའ་ཞིག་ནི་རྣལ་འབྱོར་རྒྱུད་དུ་འདུ་ལ། དེ་ལས་གཞན་པ་འགའ་ཞིག་ནི་བྱ་སྤྱོད་གཉིས་གང་རུང་དུ་འདུ་བའི་ཕྱིར་རོ༑ ༑

འོ་ན་རྒྱུད་སྡེ་ལ་ལྔ་དང་དྲུག་ལ་སོགས་པར་བཞེད་པའི། རྣལ་འབྱོར་ཆེན་པོའི་རྒྱུད་དང་། རྣལ་འབྱོར་གསང་མཐའི་རྒྱུད་གཉིས་པོ་དེ་རིམ་བཞིན་གསང་བ་འདུས་པས། འཁོར་ལོ་སྡོམ་པའི་ཆེ་བ་དབྱུང་བའི་ཕྱིར་ཡིན་གྱི། དོན་དེ་ལ་དེ་གཉིས་རྣལ་འབྱོར་བླ་མེད་ཀྱི་རྒྱུད་དུ་འདུ་བ་ཡིན་ནོ། །ཞེས་པ་དེ་ཁྱོད་ཀྱི་རྟོག་བཏགས་སམ་དགོངས་བཤད་བྱས་པ་མ་ཡིན་ནམ། ཞེ་ན་དེ་ནི་མིན་ཏེ། རྒྱུད་སྡེ་འགའ་ཞིག་ལས་རང་རང་གི་ཆེ་བ་དབྱུང་བའམ་ཆེ་བ་བརྗོད་པ་ཙུང་ཟད་གསུང་པའི་ཕྱིར་ཏེ། ཅ་རྒྱུད་བརྟག་པ་གཉིས་པ་ལས། ཐམས་ཅད་རིག་བྱེད་གྲུབ་མཐའ་དང་། །དེ་བཞིན་ལས་རྒྱལ་ལ་སོགས་པ། །སྲིད་པར་དང་འགྱུར་དངོས་གྲུབ་མིན། །ཡང་ནི་སྲིད་འདིར་སྐྱེ་བར་འགྱུར། །གང་གི་མི་ཤེས་ཀྱེ་རྡོ་རྗེ། །དེ་ཡི་ངལ་བ་དོན་མེད་ཡིན། །ཞེས་རྡོ་རྗེའི་དཀྱིལ་འཁོར་དུ་ཞུགས་ཏེ་ལམ་ལ་འབད་པ་བྱས་ན་དེ་དོན་ཅན་ཡིན་ཞིང་དེ་ལས་གཞན་པའི་དཀྱིལ་འཁོར་ལམ་དུ་དབང་བླངས་ནས་འབད་ཀྱང་ངལ་བ་དོན་མེད་ཡིན་ནོ། །ཞེས། ཀྱེ་རྡོ་རྗེའི་ཆེ་བ་བརྗོད་པའི་ཕྱིར་དང་། བདེ་མཆོག་ལས། རྒྱུད་འདི་རུ་ནི་དབང་བསྐུར་བ། །རྒྱུད་རྣམས་ཀུན་གྱི་སློབ་པོ་ཡིན་ཞེས། །འཁོར་ལོ་བདེ་མཆོག་གི་དབང་ཐོབ་པ་དེ་དེའི་ཚེ་ན་རྒྱུད་ཀུན་འཆད་དུ་རུང་ཞིང་ཉན་དུ་ཡང་རུང་ངོ་། །ཞེས་དེའི་ཆེ་བ་བརྗོད་པའི་ཕྱིར་རོ། །

གསུམ་པ་གྲངས་ངེས་ལ། ཤེས་བྱ་ཆོས་ཅན། རྒྱུད་སྡེ་ལ་བྱ་རྒྱུད་ལ་སོགས་པ་བཞི་པོ་དེར་གྲངས་ངེས་པའི་རྒྱུ་མཚན་ཡོད་དེ། ཕྱི་རོལ་པ་ལ་ལོག་པར་སྤྱོད་པ་མི་འདྲ་བ་བཞི་ཡོད། དེ་རྣམས་རྗེས་སུ་བཟུང་བའི་དབང་དུ་བྱས་ནས་ཀྱང་རྒྱུད་སྡེ་ལ་བཞིར་གྲངས་ངེས། འདོད་པའི་ཁམས་པ་ལ་ཆགས་པའི་རིགས་མི་འདྲ་བ་བཞི་ཡོད། དེ་རྣམས་ལམ་དུ་སྒྱུར་བའི་དབང་བྱས་ནས་ཀྱང་བཞི་ཡོད། ནང་པ་སངས་རྒྱས་པ་ལ་མཚན་ཉིད་ཀྱི་གྲུབ་མཐའ་མི་མཐུན་པ་བཞི་ཡོད། དེ་དང་སྒོ་མཐུན་པའི་དབང་དུ་བྱས་ཀྱང་བཞི་ཡོད། མི་ལ་རིགས་མི་འདྲ་བ་བཞི་ཡོད། དེ་རྣམས་འདུལ་བའི་དབང་དུ། དེའི་དབང་དུ་བྱས་ནས་ཀྱང་། དུས་དེ་ལ་རྫོགས་ལྡན་གྱི་དུས་ལ་སོགས་པ་བཞི་ཡོད། དེའི་དབང་དུ་བྱས་ནས་ཀྱང་བཞི་ཡོད། སྤྱིར་སེམས་ཅན་རྣམས་ལ་ཉོན་མོངས་པ་མི་འདྲ་བ་བཞི་ཡོད། དེ་རྣམས་འདུལ་བའི་དབང་དུ་བྱས་ནས་ཀྱང་རྒྱུད་སྡེ་ལ་བཞིར་གྲངས་ངེས་པའི་ཕྱིར་རོ། །དང་པོ་ཡིན་ཏེ། གཏི་མུག་ཅན་རྣམས་ཚངས་པའི་རྗེས་སུ་འབྲངས་ནས་གཙང་སྦྲ་ཆོས་སུ་འདོད་པ་ཡོད། དེ་རྣམས་རྗེས་སུ་བཟུང་བའི་ཕྱིར་དུ་བྱ་རྒྱུད་གསུངས། ཞེ་སྡང་ཅན་རྣམས་ཁྱབ་འཇུག་གི་རྗེས་སུ་འབྲངས་ནས་འཚེ་བ་ཆོས་སུ་སྨྲ་བ། དེ་རྣམས་རྗེས་སུ་བཟུང་བའི་ཕྱིར་དུ་སྤྱོད་རྒྱུད་གསུངས། འདོད་ཆགས་ཅན་དབང་ཕྱུག་གི་རྗེས་སུ་འབྲངས་ཏེ་འདོད་ཆགས་ཆོས་སུ་འདོད་པ་ཡོད། དེ་རྣམས་རྗེས་སུ་བཟུང་བའི་ཕྱིར་རྣལ་འབྱོར་བླ་མེད་ཀྱི

རྒྱུད་གསུངས། དྲུག་གསུམ་ཅི་རིགས་ལ་སྤྱོད་པ་རྣམས་དྲུག་གསུམ་ཅི་རིགས་པ་ཆོས་སུ་འདོད་པ་ཡོད། དེ་རྣམས་རྗེས་སུ་བཟུང་བའི་ཕྱིར་དུ་རྣལ་འབྱོར་རྒྱུད་གསུངས་པའི་ཕྱིར་རོ། །གཉིས་པ་དེ་གྲུབ་པ་ཡིན་ཏེ། གཞན་འཕྲུལ་དབང་བྱེད་པ་རྣམས་བལྟས་པ་ཙམ་གྱིས་འཁྲིག་པའི་བདེ་བ་ཉམས་སུ་མྱོང་བར་བྱེད། དེ་ལམ་དུ་བསྒྱུར་བའི་དབང་དུ་བྱས་ནས་བྱ་རྒྱུད་གསུངས། འཕྲུལ་དགའ་བ་རྣམས་དགོད་པ་ཙམ་གྱིས་འཁྲིག་པའི་བདེ་བ་ཉམས་སུ་མྱོང་བར་བྱེད། དེ་ལམ་དུ་བསྒྱུར་བའི་དབང་དུ་བྱས་ནས་སྤྱོད་རྒྱུད་གསུངས། མཐའ་བྲལ་བ་རྣམས་ལག་བཅིངས་ཙམ་གྱི་སྙོམས་འཁྲིག་པའི་བདེ་བ་ཉམས་སུ་མྱོང་བར་བྱེད། དེ་རྣམས་ལམ་དུ་བསྒྱུར་བའི་དབང་དུ་བྱས་ནས་རྣལ་འབྱོར་རྒྱུད་གསུངས། སུམ་ཅུ་རྩ་གསུམ་པ་མན་ཆད་དབང་པོ་གཉིས་སྦྱོར་གྱི་སྙོམས་འཁྲིག་པའི་བདེ་བ་ཉམས་སུ་མྱོང་བར་བྱེད། དེ་རྣམས་ལམ་དུ་བསྒྱུར་བའི་དབང་དུ་བྱས་ནས། བླ་མེད་ཀྱི་རྒྱུད་གསུངས་པའི་ཕྱིར་རོ། །གསུམ་པ་དེ་གྲུབ་པ་ཡིན་ཏེ། ཉན་ཐོས་དབང་པོ་བརྟུལ་པོ་ཉི་འོག་བྱེ་བྲག་ཏུ་སྨྲ་བ་དང་། གནས་མ་བུའི་སྡེ་བ་འགའ་ཞིག་རྟག་མི་རྟག་གང་དུ་བརྗོད་དུ་མེད་པའི་བདག་ཁས་ལེན། དེ་དང་བློ་མཐུན་པའི་དབང་དུ་བྱས་ནས་བྱ་རྒྱུད་བཞག །ཉན་ཐོས་དབང་པོ་འབྲིང་པོ་ཁ་ཆེ་བྱེ་བྲག་ཏུ་སྨྲ་བ་དང་། མདོ་སྡེ་པ་རྣམས་གཟུང་བ་ཕྱི་དོན་དང་། དེ་འཛིན་བྱེད་ཀྱི་ཤེས་པ་གཉིས་ཀ་བདེན་གྲུབ་ཏུ་ཁས་ལེན། དེ་དང་བློ་མཐུན་པའི་དབང་དུ་བྱས་ནས་སྤྱོད་རྒྱུད་བཞག །རང་སངས་རྒྱས་ཀྱི་ཐེག་པ་རྣམས། གཟུང་བ་ཕྱི་དོན་བདེན་པར་མ་གྲུབ་ཀྱང་། དེ་འཛིན་བྱེད་ཀྱི་ཤེས་པ་བདེན་གྲུབ་ཏུ་ཁས་ལེན། དེ་དང་བློ་མཐུན་པའི་དབང་དུ་བྱས་ནས་རྣལ་འབྱོར་རྒྱུད་གསུངས། ཐེག་པ་ཆེན་པོ་སེམས་ཙམ་པ་དང་དབུ་མ་པ་རྣམས་གཟུང་བ་ཕྱི་དོན་དང་། དེ་འཛིན་བྱེད་ཀྱི་ཤེས་པ་རྣམས་དོན་དམ་པར་མ་གྲུབ་ཀྱང་། ཐ་སྙད་ཀུན་རྫོབ་ཙམ་དུ་ཁས་ལེན། དེ་དང་བློ་མཐུན་པའི་དབང་དུ་བྱས་ནས་རྣལ་འབྱོར་བླ་མེད་ཀྱི་རྒྱུད་བཞག་པ་ཡིན་པའི་ཕྱིར་རོ། །འོན་བློ་མཐུན་ཚུལ་ཇི་ལྟར་ཡིན་ཞེ་ན། དང་པོ་དེ་ཡིན་ཏེ། བྱ་རྒྱུད་དེས་ཀྱང་སྒྲུབ་པ་པོ་རང་ཉིད་ཀྱི་མདུན་དུ་ཁྲིམས་སྐུ་བཀྲམ་སྟེ། ཡེ་ཤེས་སེམས་དཔའ་སྤྱན་དྲངས་པའི་ཡེ་ཤེས་པ་དེ་སྒྲུབ་པ་པོ་རང་ཉིད་དང་། ཁྲིམས་སྐུ་གང་རུང་དུ་བརྗོད་དུ་མེད་པ་དེ་བསྟན་པ་ཡིན་པའི་ཕྱིར། གཉིས་པ་དེ་ཡིན་ཏེ། དེས་གཟུང་འཛིན་དེ་གཉིས་བདེན་གྲུབ་ཏུ་འདོད་པ་བཞིན་དུ། སྤྱོད་རྒྱུད་དེས་ཀྱང་སྒྲུབ་པ་པོ་རང་ཉིད་དང་། མདུན་སྐྱེད་གཉིས་ཀ་ལྷར་བསྐྱེད་པའི་སྙོམས་ལྷ་གྲོགས་པོ་ལྟ་བུའི་ཚུལ་གྱིས་དངོས་གྲུབ་ལེན་པ་དེ་སྟོན་པ་ཡིན་པའི་ཕྱིར། གསུམ་པ་དེ་ཡིན་ཏེ། དེས་དེ་འདོད་པ་བཞིན་དུ། རྣལ་འབྱོར་རྒྱུད་དེས་ཀྱང་བདག་མདུན་གཉིས་ཀ་ལྷར་བསྐྱེད། ཡེ་ཤེས་སེམས་དཔའ་སྤྱན་དྲངས། དེ་ལ་ཕྱག་རྒྱ་བཞིའི་རྒྱས་བཏབ་སྟེ་མཐར་གཤེགས་གསོལ་བྱས་པའི་སྙོམས་དངོས་གྲུབ་ལེན་པ་དེ་གཙོ་བོར་སྟོན་པ་གང་ཞིག །གཤེགས་གསོལ་

བྱེད་པ་དང་གཟུང་བྱ་ཕྱི་དོན་མ་གྲུབ་པ་མཚུངས་པའི་ཕྱིར་རོ། །བཞི་པ་དེ་ཡིན་ཏེ། དེས་དེ་འདོད་པ་གང་ཞིག ། བླ་མེད་འདིས་ཀྱང་བདག་མདུན་གཉིས་ཀ་ལྷར་བསྐྱེད་ཀྱང་། མཐར་གཤེགས་གསོལ་མི་བྱེད་པའི་སྒོ་ནས་དངོས་གྲུབ་ལེན་པ་དེ་གཙོ་བོར་སྟོན་པ་གང་ཞིག གཤེགས་གསོལ་མི་བྱེད་པ་དང་དེ་གཉིས་བདེན་མེད་དུ་འདོད་པ་ཆོས་མཚུངས་པའི་ཕྱིར་རོ། །བཞི་པ་དེ་ཡིན་ཏེ། བྲམ་ཟེའི་རིགས་རྣམས་གཙང་སྦྲ་དང་དཀའ་ཐུབ་དཀའ་སྤྱད་ལ་སོགས་པ་དྲག་ཏུ་བྱས་པའི་སྒོ་ནས་གྲོལ་བར་འདོད། དེའི་དབང་དུ་བྱས་ནས་བྱ་རྒྱུད་གསུངས། རྗེ་རིགས་རྣམས་དཀའ་ཐུབ་དང་དཀའ་སྤྱད་དྲག་ཏུ་མི་འདོད་པ་ཡིན་པས། དེའི་དབང་དུ་བྱས་ནས་སྤྱོད་རྒྱུད་གསུངས། རྒྱལ་རིགས་རྣམས་འདོད་ཡོན་གྱི་བདེ་བ་ལ་ལོངས་སྤྱོད་པར་བྱེད། དེའི་དབང་དུ་བྱས་ནས་རྣལ་འབྱོར་རྒྱུད་གསུངས། དམངས་རིགས་རྣམས་མི་གཙང་བ་ལ་རྣམ་པར་རྟོག་པ་ཤས་ཆུང་། དེའི་དབང་དུ་བྱས་ནས་བླ་མེད་ཀྱི་རྒྱུད་གསུངས་པའི་ཕྱིར་རོ། །ལྔ་པ་དེ་ཡིན་ཏེ། རྫོགས་ལྡན་གྱི་དབང་དུ་བྱས་ནས་དང་པོ། གསུམ་ལྡན་གྱི་དབང་དུ་བྱས་ནས་གཉིས་པ། རྩོད་དུས་ཀྱི་དབང་དུ་བྱས་ནས་བཞི་པ་བླ་མེད་ཀྱི་རྒྱུད་བཞག་པ་ཡིན་པའི་ཕྱིར། དྲུག་པ་དེ་ཡིན་ཏེ། སེམས་ཅན་གཏི་མུག་ཅན་རྣམས་རྗེས་སུ་བཟུང་བའི་ཕྱིར་དུ་བྱ་རྒྱུད། དེས་ཞེ་སྡང་ཅན་རྣམས་རྗེས་སུ་བཟུང་བའི་ཕྱིར་དུ་སྤྱོད་རྒྱུད། དེ་འདོད་ཆགས་ཅན་རྣམས་རྗེས་སུ་བཟུང་བའི་ཕྱིར་དུ་བླ་མེད་ཀྱི་རྒྱུད། དེ་གསུམ་ཅི་རིགས་ལ་སྤྱོད་པ་རྣམས་རྗེས་སུ་བཟུང་བའམ་འདུ་བའི་དབང་དུ་བྱས་ནས་རྣལ་འབྱོར་རྒྱུད་རྣམས་གསུངས་པའི་ཕྱིར་རོ། །

བཞི་པ་སོ་སོར་བཤད་པ་ལ། རྒྱུད་སྡེ་བཞི་སོ་སོར་བཤད་པ་དང་། བླ་མེད་ཕྱེ་བྲག་ཏུ་བཤད་པ་གཉིས། དང་པོ་ལའང་། བྱ་རྒྱུད། སྤྱོད་རྒྱུད། རྣལ་འབྱོར་རྒྱུད། བླ་མེད་ཀྱི་རྒྱུད་བཤད་པ་དང་བཞི། དང་པོ་ལ། མཚན་ཉིད། སྒྲ་བཤད། དབྱེ་བ་གཞུང་ཚད་བཤད་པ་དང་བཞི། དང་པོ་ནི། ཕྱིགས་བཤད་རྗེ་དཔོན་ལྷ་བུའི་ཚུལ་གྱིས་དངོས་གྲུབ་ལེན་པ་གཙོ་བོར་སྟོན་པའི་རིགས་སུ་གནས་པའི་ཆ་ནས་རྒྱུད་སྡེ་རྣམས་ཀྱི་དང་པོར་བཞག་པ་དེ། བྱ་རྒྱུད་ཀྱི་མཚན་ཉིད་ཡིན། གཉིས་པ་སྒྲ་བཤད་ནི། དེ་ལ་བྱ་རྒྱུད་ཅེས་འཛོག་པའི་རྒྱུ་མཚན་ཡོད་དེ། ཕྱི་ལུས་ངག་གི་བྱ་བ་གཙོ་བོར་སྟོན་པར་བྱེད་པས་ན་བྱ་རྒྱུད་ཅེས་འཇོག་པའི་ཕྱིར་རོ། །གསུམ་པ་དབྱེ་ན། རིགས་སོ་སོའི་དབྱེ་བ་དང་། བྱ་བ་སྤྱིའི་རྒྱུད་ཆེན་བཤད་པ་གཉིས། དང་པོ་ལ་ཡང་། འཇིག་རྟེན་ལས་འདས་པའི་རིགས་གསུམ་དང་། འཇིག་རྟེན་པའི་རིགས་གསུམ། དང་པོ་ནི། དེ་བཞིན་གཤེགས་པའི་རིགས་ཀྱི་རྒྱུད། པདྨའི་རིགས་ཀྱི་རྒྱུད། རྡོ་རྗེའི་རིགས་ཀྱི་རྒྱུད་དང་གསུམ་འཛོག་པའི་ཕྱིར། དང་པོ་ནི། དམ་ཚིག་གསུམ་བཀོད་པའི་རྒྱལ་པོའི་རྒྱུད། འཇམ་དཔལ་དཔའ་བོ་གཅིག་སྒྲུབ་ཀྱི་རྒྱུད། གཙུག་ཏོར་རྣམ་རྒྱལ་གྱི་རྒྱུད། གཙུག་ཏོར་དྲི་

མེད་ཀྱི་རྒྱུད་རྣམས་ལ་འཇོག །གཉིས་པ་པདྨའི་རིགས་ཀྱི་རྒྱུད་ནི། དོན་ཡོད་ཞགས་པའི་རྒྱུད། དོན་ཡོད་ཞགས་པའི་ཆོ་ག་ཞིབ་མོའི་རྒྱུད། སྤྱན་རས་གཟིགས་སེང་གེ་སྒྲའི་རྒྱུད། སྒྲོལ་མའི་རྒྱུད། ཚེ་དཔག་མེད་པའི་གཟུངས་ལ་སོགས་པ་རྣམས་ལ་འཇོག །

གསུམ་པ་རྡོ་རྗེའི་རིགས་ཀྱི་རྒྱུད་ནི། རྡོ་རྗེ་ས་འོག་གི་རྒྱུད། ཕྱག་ན་རྡོ་རྗེ་འབྱུང་པོ་འདུལ་བྱེད་ཀྱི་རྒྱུད། ཕྱག་རྡོར་གཏུམ་པོའི་རྒྱུད། རྡོ་རྗེ་རྣམ་པར་འཇོམས་པའི་རྒྱུད་ལ་སོགས་པ་རྣམས་ལ་འཇོག །དེས་ན་དེ་བཞིན་གཤེགས་པའི་རིགས་ཀྱི་དཀྱིལ་འཁོར་དུ་དབང་ཐོབ་ན། གཞན་པད་མ་དང་། རྡོ་རྗེའི་རིགས་ཀྱི་དཀྱིལ་འཁོར་དུ་དབང་མ་ཐོབ་ཀྱང་དེ་གཉིས་དཀྱིལ་འཁོར་དུ་དབང་བསྐུར་བས་ཆོག་པ་ཡིན་ཏེ། དེ་གསུམ་གྱི་ནང་ནས་དང་པོ་དེ་མཆོག་ཡིན་པའི་ཕྱིར། དེས་མཚོན་ཕྱི་མ་གཉིས་ཀྱང་ཤེས་པར་གྱིས་ཤིག །གཉིས་པ་འཇིག་རྟེན་པའི་རིགས་གསུམ་ནི། ནོར་བུ་བཟང་པོའི་རྒྱུད། སྤུ་ཚན་གྱི་རྒྱུད། འཇིག་རྟེན་པའི་རྒྱུད་དང་གསུམ་ཡོད་པའི། དང་པོ་ནི། ནོར་བུ་བཟང་པོའི་གཟུངས་ལྷ་བུ་ལ་འཇོག །གཉིས་པ་ནི། མི་འགལ་བའི་གཟུངས་ལྷ་བུ། གསུམ་པ་ནི་དབུགས་ཆེན་པོའི་གཟུངས་ལྷ་བུ་ལ་འཇོག །གཉིས་པ། བྱ་བ་སྤྱིའི་རྒྱུད་ཆེན་དེ་ལ་བཞི་ཡོད་དེ། གསང་བ་སྤྱི་རྒྱུད། དཔུང་བཟང་གི་ཞུས་པའི་རྒྱུད། རིག་པ་མཆོག་གི་རྒྱུད། བསམ་གཏན་ཕྱི་མའི་རྒྱུད་དང་བཞི་ཡོད་པའི་ཕྱིར། ཁ་ཅིག །དམ་ཚིག་གསུམ་བཀོད་བྱ་བ་སྤྱིའི་རྒྱུད་ཆེན་དུ་སྒྲོངས་ལ། དེ་བཞིན་གཤེགས་པའི་རིགས་ཀྱི་རྒྱུད་ཡིན་པས་དེའི་རྒྱུད་ཆེན་དུ་བཞག་པ་ལ་འབྲེལ་མེད་པའི་ཕྱིར་རོ། །

ཁ་ཅིག །ལེགས་གྲུབ་ཀྱི་རྒྱུད་བྱ་བ་སྤྱིའི་རྒྱུད་ཆེན་དུ་འཇོག་པ་ཡང་མི་འཐད་དེ། སྡོམ་གསུམ་ལས། ལེགས་པར་གྲུབ་པ་ཡན་ཆད་དུ། །ཞེས་གསུང་པའི་ཕྱིར། དེས་ན་བྱ་རྒྱུད་ཐམས་ཅད་བསྡུས་ན། གསང་སྔགས་ཀྱི་རྒྱུད། རིགས་སྔགས་ཀྱི་རྒྱུད། གཟུངས་སྔགས་ཀྱི་རྒྱུད་དང་གསུམ་དུ་འདུས་ཏེ། ཐབས་སམ་ཡབ་གཙོ་བོར་སྟོན་པའི་བྱ་རྒྱུད་རྣམས་གསང་སྔགས་སུ་འདུ། ཤེས་རབ་གཙོ་བོར་སྟོན་པའི་བྱ་རྒྱུད་རྣམས་རིག་སྔགས་སུ་འདུ། དེ་གཉིས་ཀ་ཆ་མཉམ་དུ་གཙོ་བོར་སྟོན་པའི་བྱ་རྒྱུད་རྣམས་གཟུངས་སྔགས་སུ་འདུ་བ་ཡིན་པའི་ཕྱིར་རོ། །

བཞི་པ་གཞུང་ཚད་ནི། བྱ་རྒྱུད་དེ་ལ་སྟོང་ཕྲག་བརྒྱད་ཡོད་དེ། ཡེ་ཤེས་སྙིང་པོ་ཀུན་ལས་བཏུས་པ་ལས། རྟོག་པའི་རྒྱུད་ནི་སྟོང་ཕྲག་བཞི་པའོ། །བྱ་བའི་རྒྱུད་ནི་སྟོང་ཕྲག་བཞིའོ། །ཞེས་གསུང་པའི་ཕྱིར་ཏེ། གཉིས་པ་སྤྱོད་རྒྱུད་ལ་སྔར་ལྟར་བཞི་ལས། དང་པོ་ནི། ལྷ་གྲོགས་པོ་ལྟ་བུའི་ཚུལ་གྱི་དངོས་གྲུབ་ལེན་པ་གཙོ་བོར་སྟོན་པའི་རིགས་སུ་གནས་པའི་ཆ་ནས་རྒྱུད་སྡེ་གཉིས་པར་བཞག་པ་དེ་སྤྱོད་རྒྱུད་ཀྱི་མཚན་ཉིད་ཡིན། གཉིས་པ་སྒྲ་བཤད་ནི། ནང་སེམས་ཀྱི་སྤྱོད་པ་དང་། ཕྱི་ལུས་ངག་གི་སྤྱོད་པ་གཉིས་ཀྱི་ནང་ནས། ཕྱི་ལུས་ངག་གི་སྤྱོད་པ་

གཙོ་བོར་སྟོན་པས་ན་སྤྱོད་རྒྱུད་ཅེས་འཇོག །གསུམ་པ་དབྱེ་ན། སྐུ་གསུང་ཐུགས་ཀྱི་རྒྱུད་གསུམ་མམ། ཡང་ན་སྤྱོད་རྒྱུད་ཀྱི་དེ་བཞིན་གཤེགས་པའི་རིགས་ཀྱི་རྒྱུད་ལ་སོགས་པ་གསུམ་ཡོད་པའི། དང་པོ་ནི། རྣམ་སྣང་མངོན་བྱང་གི་རྒྱུད་ལྟ་བུ་ལ་འཇོག །གཉིས་པ་ནི་བོད་དུ་མ་འགྱུར་བས་ངོས་འཛིན་མེད། གསུམ་པ་ནི། ཕྱག་ན་རྡོ་རྗེ་དབང་བསྐུར་བའི་རྒྱུད་ལྟ་བུ་ལ་འཇོག །འོ་ན་དང་པོ་དེ། སྟོན་པ་གང་གིས་ཡུལ་གང་དུ་གསུངས་ཤེ་ན། གསུངས་པ་པོ་ནི་སྟོན་པ་ཐུབ་པའི་དབང་པོའི་ལོངས་སྐུའི་ཐུབ་པ་རྣམ་སྣང་གངས་ཅན་མཚོ་ཞེས་པ་དེས་གསུངས་ཤིང་། ཡུལ་ལམ་གནས་ནི་གཞི་དང་སྙིང་པོ་མེ་ཏོག་གིས་བརྒྱན་པའི་ཞིང་ཁམས་ཞེས་པ་དེར་གསུངས་སོ། །འོ་ན་དེ་ཀ་གང་ལ་ངོས་འཛིན་ཞེ་ན། དེ་ངོས་འཛིན་ཚུལ་ཡོད་དེ། གླིང་བཞི་གླིང་ཕྲན་བརྒྱད་རི་རབ་ཉི་ཟླ་དང་བཅས་པ་སྟོང་ཐམ་པ་ཕྱི་ལྟ་གས་རིས་སྐོར་བ་གཅིག་ལ་སྟོང་ངོ་། །དེ་འདྲ་སྟོང་ལྟགས་རིའི་བསྐོར་བ་གཅིག་ལ་སྟོང་གཉིས་པ། དེ་སྟོང་ལྟགས་རིའི་བསྐོར་བ་གཅིག་ལ་སྟོང་གསུམ་གྱི་འཇིག་རྟེན་ཞེས་འཇོག་ཅིང་། དེ་ལ་གླིང་བཞི་རི་རབ་ལ་སོགས་པ་བྱེ་བ་ཕྲག་བརྒྱད་ཡོད་ལ། དེ་འདྲ་བྱེ་བ་ཕྲག་བརྒྱ་ལ་བཞི་དང་སྙིང་པོ་མེ་ཏོག་གིས་བརྒྱན་པའི་རྒྱུད་དང་པོ་ཞེས་འཇོག །དེ་བྱེ་བ་ཕྲག་བརྒྱ་ལ་བཞི་དང་སྙིང་པོ་མེ་ཏོག་གིས་བརྒྱན་པའི་རྒྱུད་གཉིས་པ་ཞེས་འཇོག །དེ་བྱེ་བ་ཕྲག་བརྒྱ་ལ་བཞི་དང་སྙིང་པོ་མེ་ཏོག་གིས་བརྒྱན་པའི་རྒྱུད་རམ་འབྲུམས་ཞེས། དེ་འདྲ་བྱེ་བ་ཕྲག་བརྒྱ་ཕྱི་ལྟགས་རིའི་བསྐོར་བ་མཐའི་གསལ་བྱེད་དུ་སྐྱོར་བ་གཅིག་ལ་གཞི་དང་སྙིང་པོ་མེ་ཏོག་གིས་བརྒྱན་པའི་ཞིང་ཁམས་དེ་ལ་ངོས་འཛིན་པའི་ཕྱིར་རོ། །བཞི་པ། གཞུང་ཚད་ནི། སྟོང་ཕྲག་བརྒྱད་ཡོད་དེ། ཡེ་ཤེས་སྙིང་པོ་ཀུན་ལས་བཏུས་པའི་རྒྱུད་ལས། སྤྱོད་པའི་རྒྱུད་ནི་སྟོང་ཕྲག་བརྒྱད་ཅེས་གསུངས་པའི་ཕྱིར།

གསུམ་པ་རྣལ་འབྱོར་རྒྱུད་ལ་བཞི་ལས། དང་པོ་ནི། བདག་མདུན་གཉིས་ཀ་ལྷར་བསྐྱེད་ཡེ་ཤེས་སེམས་དཔའ་སྤྱན་དྲངས། དེ་ལ་ཕྱག་བརྒྱ་བཞིའི་རྒྱས་བཏབ་སྟེ་མཐར་གཤེགས་གསོལ་བྱས་པའི་སྒོ་ནས་དངོས་གྲུབ་ལེན་པ་གཙོ་བོར་སྟོན་པའི་རིགས་སུ་གནས་པའི་ཚནས་རྒྱུད་སྡེ་གསུམ་པར་བཞག་པ་དེ། རྣལ་འབྱོར་རྒྱུད་ཀྱི་མཚན་ཉིད། གཉིས་པ་སྒྲ་བཤད་ནི། ཕྱི་ལུས་ངག་དང་ནང་སེམས་གཉིས་ཀྱི་ནང་ནས་ནང་སེམས་ཀྱི་རྣལ་འབྱོར་གཙོ་བོར་སྟོན་པས་ན་རྣལ་འབྱོར་རྒྱུད་ཅེས་བཞག་གོ། །གསུམ་པ་དབྱེ་ན། རྩ་རྒྱུད། བཤད་རྒྱུད། ཆ་མཐུན་གྱི་རྒྱུད་གསུམ་ཡོད་དེ། པདྨ་ཀ་ར་ཞེས་པས་མཛད་པའི་བསྟན་བཅོས་ལས། རྩ་རྒྱུད་ཤིན་ཏུ་ཟབ་ཅིང་རྟོགས་དཀའི་དོན། །བཤད་དང་ཆ་མཐུན་རྒྱུད་ཀྱི་རྣམ་ཕྱེ་བ། །ཞེས་གསུངས་པའི་ཕྱིར། དེ་ཡང་དང་པོ་རྩ་རྒྱུད་ནི་དེ་ཉིད་འདུས་པ་ལ་འཇོག་ཅིང་།དེ་ལ་དུམ་བུ་བཞི་ཡོད་དེ།དུམ་བུ་དང་པོ་རྡོར་དབྱིངས

ཀྱི་རྒྱུད།དེ་ལ་གཉིས་པ། །ཁམས་གསུམ་རྣམ་རྒྱལ་གྱི་རྒྱུད། དེ་གསུམ་པ་འགྲོ་འདུལ་གྱི་རྒྱུད། དེ་བཞི་པ་དོན་གྲུབ་ཀྱི་རྒྱུད་དང་བཞི་ཡོད་པའི་ཕྱིར། གཉིས་པ་བཤད་རྒྱུད་ནི། རྒྱུད་སྡེ་རྩེ་མོ་ལྟ་བུ་ལ་འཇོག གསུམ་པ་ཆ་མཐུན་ནི་""འཇོག །བཞི་པ་གཞུང་ཚད་ནི་ཡེ་ཤེས་སྙིང་པོ་ཀུན་ལས་བཏུས་པ་ལས། རྣལ་འབྱོར་རྒྱུད་ནི་མ་དཔེ་ཤོག་གྲངས་བདུན་གྱི་རྒྱབ་རིམ་གཉིས་གང་རུང་གཙོ་བོར་སྟོན་པའི་རིགས་སུ་གནས་པའི་ཚ་ནས་རྒྱུད་སྡེ་བཞི་པར་བཞག་པ་སྟེ། དེའི་མཚན་ཉིད་ཡིན། གཉིས་པ་ནི། ཏིང་ངེ་འཛིན་བླ་ན་མེད་པ་གཙོ་བོར་སྟོན་པའི་རྒྱུད་ཡིན་པས་ན་བླ་མེད་ཀྱི་རྒྱུད་ཅེས་བཞག་གོ། །

གསུམ་པ་དབྱེ་ན། ཕ་བླ་ན་མེད་པའི་རྒྱུད། མ་བླ་ན་མེད་པའི་རྒྱུད། གཉིས་སུ་མེད་པ་བླ་ན་མེད་པའི་རྒྱུད་བཤད་པ་དང་གསུམ། དང་པོ་ལ་ཡང་། འདོད་ཆགས་ཅན་རྗེས་སུ་འཛིན་པ་རྣལ་འབྱོར་གསང་བ་འདུས་པ་སྡེའི་རྒྱུད། ཞེ་སྡང་ཅན་རྗེས་སུ་འཛིན་པ་གཤིན་རྗེ་གཤེད་ཀྱི་རྒྱུད། གཏི་མུག་ཅན་རྗེས་སུ་འཛིན་པ་རྣམ་སྣང་སྒྱུ་འཕྲུལ་དྲ་བའི་རྒྱུད་དང་གསུམ་ཡོད་དེ། འདོད་ཆགས་ཞེ་སྡང་གཏི་མུག་གིས། །རྒྱུད་སྡེ་རྣམ་པ་གསུམ་དུ་བཤད། །ཅེས་གསུངས་པའི་ཕྱིར། དང་པོ་དེ་ལ་ཡང་། རྩ་རྒྱུད་དང་བཤད་རྒྱུད་གཉིས་ཡོད་པའི། དང་པོ་ནི། གསང་བ་འདུས་པ་ལེའུ་བཅུ་བདུན་པ་ལྟ་བུ་ལ་འཇོག་ཅིང་། གཉིས་པ་བཤད་རྒྱུད་དེ་ལ་དབྱེ་ན། རྡོ་རྗེ་ཕྲེང་བའི་རྒྱུད། དགོངས་པ་ལུང་བསྟན་པའི་རྒྱུད། རྣལ་འབྱོར་མ་བཞིས་ཞུས་པའི་རྒྱུད། རྡོ་རྗེ་སྙིང་པོ་རྒྱན་གྱི་རྒྱུད། ཡེ་ཤེས་སྙིང་པོ་ཀུན་ལས་བཏུས་པའི་རྒྱུད་དང་ལྔ་ཡོད་དེ། གཉིས་པ་གཤིན་རྗེ་གཤེད་ཀྱི་རྒྱུད་དེ་ལ། གཤིན་རྗེ་གཤེད་དམར་པོའི་རྒྱུད་དང་། དེ་ནག་པོའི་རྒྱུད་གཉིས་ཡོད་པའི་དང་པོ་ནི། གཤིན་རྗེ་གཤེད་ལེའུ་བཅུ་བདུན་པ་དང་། ལེའུ་ཉི་ཤུ་རྩ་གཉིས་པ་ལྟ་བུ་ལ་འཇོག་ཅིང་། དེ་ཡང་། ཕྱི་མ་དེ་བུ་སྟོན་གྱིས་བསྒྱུར་བ་དེ་ཡིན་པས། དེའི་གོང་བོད་དུ་མ་བཞུགས་པ་ཡིན་ནོ། །གཉིས་པ། གཤིན་རྗེ་གཤེད་ནག་པོའི་རྒྱུད་དེ་ལ། གསུམ་དུ་ཡོད་དེ། སྒྲ་གདོང་འཇིག་གསུམ་ཞེས་གསུང་པ་ལྟར་གྱི་དགྲ་ནག་གི་རྒྱུད། གདོང་དྲུག་གི་རྒྱུད། རྡོ་རྗེ་འཇིགས་བྱེད་ཀྱི་རྒྱུད་དང་གསུམ་ཡོད་པའི་ཕྱིར་རོ། །གསུམ་པ་སྒྱུ་འཕྲུལ་དྲ་བ་ལ་དབྱེ་བ་མེད་དོ། །གཉིས་པ་བླ་ན་མེད་པའི་རྒྱུད་ལ། བདེ་མཆོག་མ་མ་ཡེ་སངས་རྒྱས་ཐོད་པ་དང་གསུམ་ཡོད་པའི། དང་པོ་དེ་ལ་ཡང་། རྩ་རྒྱུད་བཤད་རྒྱུད་གཉིས། དང་པོ་ལ་ཡང་། རྩ་རྒྱུད་རྒྱས་པ་དང་བསྡུས་པ་གཉིས་ལས། དང་པོ་ནི། བདེ་མཆོག་གི་རྩ་རྒྱུད་རྒྱས་པ་འབུམ་ཕྲག་གསུམ་པ་ཞེས་པ་དེ་ལ་འཇོག་ཅིང་། དེ་ནི་རྡོ་རྗེ་འཆང་གི་སྔོན་གྱི་གདུལ་བྱ་ལ་གསུངས་ཤིང་། དེང་སང་མཁའ་སྤྱོད་ན་བཞུགས་པ་ཡིན་གྱི། མི་ཡུལ་ན་མི་བཞུགས་པ་ཡིན་ཏེ། སྙིགས་དུས་ཀྱི་གདུལ་བྱ་རྣམས་ཚེ་ཐུང་བས། མི་མཁོ་བ་ལ་དགོངས་སོ། །གཉིས་པ་དེ་བསྡུས་པ་དང་། བདེ་མཆོག་ཉུང་ངུ་ཞེས་པ་

དང་། དེང་སང་གི་བདེ་མཆོག་རྩ་རྒྱུད་ཞེས་པ་འདི་རྣམས་རྣམ་གྲངས་ཡིན་ནོ། །

གཉིས་པ་བཤད་རྒྱུད་དེ་ལ་དབྱེ་ན་དགུ་ཡོད་དེ། ཧེ་རུ་ཀ་མངོན་འབྱུང་ངམ། ཁྲག་འཐུང་མངོན་བྱུང་གི་རྒྱུད་བདེ་མཆོག་སྡོམ་བྱུང་། ཕག་མོ་མངོན་བྱུང་གི་རྒྱུད། རྡོ་རྗེ་མཁའ་འགྲོའི་རྒྱུད། རྣལ་འབྱོར་མ་ཀུན་དསྤྱོད་ཀྱི་རྒྱུད། སམྦུ་ཊའི་རྒྱུད། མོས་སྤྱོད་བླ་མའི་རྒྱུད། ཨ་བྷི་དྷ་ནའི་རྒྱུད། རྣལ་འབྱོར་མ་བཞིས་ཁ་སྦྱོར་གྱི་རྒྱུད་དང་དགུ་ཡོད་པའི་ཕྱིར་རོ། །གསུམ་པ་གཉིས་སུ་མེད་པ་བླ་མེད་པའི་རྒྱུད་ལ་གཉིས་ཏེ། རྒྱ་ཆེ་བ་གཉིས་སུ་མེད་པའི་རྒྱུད་དང་། ཟབ་པ་གཉིས་སུ་མེད་པ་བླ་ན་མེད་པའི་རྒྱུད་གཉིས་ཡོད་པའི་དང་པོ་ནི། དུས་ཀྱི་འཁོར་ལོའི་རྒྱུད་ལྔ་བུ་ལ་འཇོག །དེ་ལ་ཡང་དུས་འཁོར་རྩ་རྒྱུད། དེའི་རྒྱུད་ཕྱི་མ། དུས་འཁོར་བསྡུས་རྒྱུད་དང་གསུམ་ཡོད་དོ། །འོ་ན་དུས་འཁོར་གྱི་རྒྱུད་འདི། ཡུལ་གང་དུ། སྟོན་པ་གང་གིས་དུས་ནམ་གྱི་ཚེ་གསུངས་ཤེ་ན། འདི་ལ་རང་ལུགས་བཞག་པ་དང་གཞན་ལུགས་དགག་པ་གཉིས་ལས། དང་པོ་ནི། ཤེས་བྱ་ཆོས་ཅན། དུས་འཁོར་གྱི་རྒྱུད་འདི་གསུངས་ཚུལ་ཡོད་དེ། སྟོན་པས་དགུང་ལོ་བརྒྱད་ཅུ་བཞེས་པའི་དུས་སུ། དཔལ་འབྲས་སྤུང་གི་མཆོད་རྟེན་དུ། བྱང་ཤམྦྷ་ལའི་རྒྱལ་པོ་ཟླ་བ་བཟང་པོ་ཞེས་པ་ལོ་གོ་དགུ་ལོན་པ་རྒྱལ་ཕྲན་གོ་དྲུག་གོ་དྲུག་དང་བཅས་པའི་རྫུ་འཕྲུལ་གྱིས་བྱོན་ཏེ། གསོལ་བ་བཏབ་པའི་ངོར། དུས་འཁོར་རྩ་རྒྱུད་སྟོང་ཕྲག་བཅུ་གཉིས་པ་དང་། རྒྱུད་ཕྱི་མ་བརྒྱ་ལྔ་བཅུ་པ་འདི་གཉིས་གསུངས། དེ་ནས་ལོ་དྲུག་བརྒྱ་ཙམ་ནས་རིགས་ལྡན་འཇམ་དཔལ་གྲགས་པས་མེ་ཏོག་ཕྲེང་འཛིན་ལ་སོགས་པས་སྟེབ་སྦྱོར་གྱི་སྒོས། དེའི་རྩ་རྒྱུད་དང་། རྒྱུད་ཕྱི་མ་གཉིས་ལས་བཏུས་ཏེ་དུས་འཁོར་བསྡུས་རྒྱུད་ཞེས་པ། ལེའུ་ལྔ་པ། ཤོ་ལོ་ཀ་སྟོང་སུམ་ཅུ་པ་འདི་གསུངས་པ་ཡིན་ནོ། །ལེའུ་ལྔ་ནི། འཇིག་རྟེན་ཁམས་ལེའུ། ནང་ལེའུ། དབང་ལེའུ། སྒྲུབས་ཐབས་ཀྱི་ལེའུ། ཡེ་ཤེས་ཀྱི་ལེའུ་དང་ལྔའོ། །དེའི་སྲས་རིགས་ལྡན་པདྨ་དཀར་པོས། བསྡུས་རྒྱུད་ཀྱི་འགྲེལ་པ་འགྲེལ་ཆེན་དྲི་མེད་འོད་མཛད་དོ། །འགའ་ཞིག་བསྡུས་རྒྱུད་བཀའ་མ་ཡིན་ནོ་གསུང་བ་ཡང་མི་འཐད་དེ། བསྡུས་རྒྱུད་དེས་རྩ་རྒྱུད་དང་རྒྱུད་ཕྱི་མ་གཉིས་ཀྱི་ཚིག་སྣ་རྣམས་བཏུས་ནས་གསུངས་པའི་ཕྱིར་དང་། འདི་ཉིད་བྱིན་གྱིས་བརླབས་པའི་བཀའ་རུ་ཡང་འགྱུར་བ་ཡིན་ཏེ། དུས་འཁོར་རྩ་རྒྱུད་རང་ལས་འཇམ་པའི་དབྱངས་ཀྱི་བསྡུས་རྒྱུད་ལ། འགྲེལ་བཤད་བྱེད་པ་པད་འཛིན་རང་། ཞེས་གསུང་པའི་ཕྱིར།

གཉིས་པ་གཞན་ལུགས་དགག་པ་ལ། ཕྱོགས་སྔ་བརྗོད་པ་དང་། དེ་དགག་པ་གཉིས། དང་པོ་ལ། བདག་ཆེན་རྣམ་རྒྱལ་གྲགས་བཟང་ལ་སོགས་པ། ཁ་ཅིག་ན་རེ། ས་ག་ཟླ་བ་ལ་སྟོན་པ་མངོན་པར་རྫོགས་པར་སངས་རྒྱས་པའི་ཚུལ་བསྟན་ནས། དེའི་ཕྱི་ལོ། ནག་པ་ཟླ་བ་ལ་དུས་འཁོར་གྱི་རྒྱུད་གསུང་པ་ཡིན་ཞེས་བཞེད།

དུས་ཞབས་པ་ཁ་ཅིག །སྟོན་པ་མྱ་ངན་ལས་འདས་པའི་ཕྱི་ལོ་འཁོར་ལོ་བསྒྱུར་རྒྱལ་གྱི་ཚུལ་དུ་གསུངས་པ་ཡིན་ནོ༑ ༑ཞེས་བཞེད་དོ། །གཉིས་པ་དེ་དགག་པ་ལ། ཕྱོགས་སྔ་མ་དགག་པ་དང་། ཕྱི་མ་དགག་པ་གཉིས་ལས། དང་པོ་ལ། དེ་མི་འཐད་དེ། དེ་ལ་དུས་འཁོར་རང་གི་རྒྱུད་དང་འགལ་བ་དང་། ལོ་རྒྱུས་དང་འགལ་བའི་སྐྱོན་ལ་སོགས་པ་དུ་མ་ཡོད་པའི་ཕྱིར་དུས་འཁོར་རང་དང་འགལ་བའི་སྐྱོན་ཡོད་དེ། དེ་ལས་སྟོན་པ་ཐུབ་པའི་དབང་པོའི་བཀའ་བར་པ་ཤེར་ཕྱིན་གྱི་མདོ་རྒྱས་འབྲིང་བསྡུས་གསུམ་གསུངས་པའི་རྗེས་ནས། དཔལ་ལྡན་འབྲས་སྤུངས་ཀྱི་མཆོད་རྟེན་དུ་དུས་འཁོར་གྱི་རྒྱུད་གསུངས་པར་བཤད་པ་གང་ཞིག །སྟོན་པ་མངོན་པར་རྫོགས་པར་སངས་རྒྱས་པའི་ཚུལ་བསྟན་ནས། དང་པོར་གཙོ་ཆེར། བཀའ་དང་པོ་བདེན་བཞིའི་ཆོས་འཁོར་རྣམས་གསུངས་པའི་ཕྱིར་རོ། །དང་པོ་གྲུབ་སྟེ། དུས་འཁོར་རྩ་རྒྱུད་ལས། ཐུབ་པས་བྱ་རྒོད་ཕུང་པོ་རུ། །ཤེས་རབ་ཕ་རོལ་ཕྱིན་ཚུལ་བཞིན། །ཆོས་བསྟན་དཔལ་ལྡན་འབྲས་སྤུངས་སུ། །དེ་བཞིན་སྔགས་ཀྱི་ཚུལ་རབ་གསུངས། །ཞེས་གསུངས་པའི་ཕྱིར། འོན་ལོ་རྒྱུས་དང་འགལ་བའི་སྐྱོན་ཡོད་ན། ལོ་རྒྱུས་ཇི་ལྟར་ཡིན། དེ་དང་འགལ་བའི་ཚུལ་ཇི་ལྟ་བུ་ཞེ་ན། ལོ་རྒྱུས་ནི། སྟོན་པ་མངོན་པར་རྫོགས་པར་སངས་རྒྱས་པའི་ཚུལ་བསྟན་པའི་རྗེས་དེ་ནས། ཤཱཀྱའི་ཚོགས་མང་པོ་རབ་ཏུ་བྱུང་བ་དང་། བསྙེན་པར་རྫོགས་པར་བྱས་ཏེ། ཕལ་ཆེ་བ་རྣམས་ཀྱིས་འཕགས་པ་ཐོབ་ཅིང་། དེ་རྣམས་སེར་སྐྱའི་གྲོང་ཁྱེར་དུ་བཞུགས་པའི་ཚེ། རྒྱལ་པོ་གསལ་རྒྱལ་གྱི་སྲས། འཕགས་སྐྱེས་པོ་དང་། དེའི་བློན་པོ་གཉིས་ཀྱིས་དམག་བསྐུལ་ཏེ། སེར་སྐྱའི་གྲོང་ཁྱེར་བཅོམ་དུ་འོངས་དེ་ཡོང་བ་ཐོས་ནས་ཤཱཀྱའི་ཚོགས་དེ་རྣམས་ཀྱིས་ངེད་རང་རྣམས་རབ་ཏུ་བྱུང་བ་དང་། འཕགས་པའི་འབྲས་བུ་ཐོབ་པ་ཡིན་པས། ཕར་དབྱུག་པ་སོགས་བརྡེག་འཚོག་བྱེད་པ་མིན་པ། མཆོན་བསྣུན་པ་དང་སྲོག་གཅོད་པ་སོགས་གཏན་ནས་མི་བྱེད་དོ་ཞེས་བཅད་སྒྲིགས་བྱས་པ་ལ་དམག་དཔུང་དེ་རྣམས་ཀྱིས་ཤཱཀྱའི་ཚོགས་མང་པོ་བསད། དེའི་ཚེ། ཤཱཀྱ་ཤམྦྷ་ཀ་ཞེས་པའི་སྐྱུལ་པའི་གང་ཟག་དེས་ཕར་འཁྲུགས་ཏེ་མི་མང་པོ་བསད། དེ་ནས་དམག་ཕྱིར་ཟློག་ཟིན་ནས་ཤཱཀྱའི་ཚོགས་ལྷག་མ་རྣམས་འདུས་ནས། ཤཱཀྱ་ཤམྦྷ་ཀ་ལ་ཁྱོད་ཀྱིས་བཅད་སྒྲིགས་ལས་འདས་པ་ཡིན་པས་ཞེས་གནས་དབྱུངས་བྱས་པས། ཤཱཀྱ་ཤམྦྷ་ཀའི་བྱང་ཤམྦྷ་ལར་བྱོན་ཞིང་དེའི་སྲས་ནི་རྒྱལ་པོ་ཟླ་བ་བཟང་པོ་ཡིན་ནོ། །དེས་ན་རྣམ་རྒྱལ་གྲགས་པ་བཟང་པོའི་ལུགས་དེ་ལ། ལོ་རྒྱུས་དང་འགལ་བའི་སྐྱོན་ཡང་ཡོད་དེ། རྒྱལ་པོ་ཟླ་བ་བཟང་པོ་དེའི་ལོ་གོ་དགུ་བཞེས་པའི་དུས་སུ། སྟོན་པ་ཐུབ་པའི་དབང་པོ་ལ་དུས་འཁོར་ཀྱི་རྒྱུད་ཞུས་པ་གང་ཞིག །ཤཱཀྱ་ཤམྦྷ་ཀ་དེ་རྒྱལ་པོ་ཟླ་བ་བཟང་པོའི་ཡབ་ཡིན་ལ། དེ་ནི་སྟོན་པ་མངོན་པར་རྫོགས་པར་སངས་རྒྱས་པའི་ཚུལ་སྟོན་པའི་རྗེས་སུ་ཤམྦྷ་ལར་བྱོན་པའི་ཕྱིར། དང་པོ་གྲུབ་སྟེ། དེས་དེ་ཞུས་ཏེ།

དེས་དུས་འཁོར་གྱི་རྒྱུད་དེ། བྱང་ཤམྦྷ་ལར་སྤྱན་ཡང་དྲངས་ཤིང་། འགྲེལ་པ་ཡང་བརྩམས་སོ། དེའི་ཕྱི་ལོ་དེ་བྱང་ཤམྦྷ་ལར་དུས་འཁོར་གྱི་གློས་བསླངས་ཀྱང་བཞེངས་པའི་ཕྱིར། །

གཉིས་པ་དུས་ཞབས་པའི་ལུགས་དེ་ཡང་མི་འཐད་དེ། དུས་འཁོར་གྱི་རྒྱུད་ཀྱི་ཞུ་བ་པོ་རྒྱལ་པོ་ཟླ་བ་བཟང་པོ་ཡིན་པ་གང་ཞིག །སྟོན་པ་མྱ་ངན་ལས་འདས་པའི་ཚུལ་སྟོན་པའི་གོང་དུ། རྒྱལ་པོ་ཟླ་བ་བཟང་པོ་དེ་མི་བཞུགས་པའི་ཕྱིར་ཏེ། རྒྱལ་པོ་ཟླ་བ་བཟང་པོ་དེ་སྟོན་པ་ཐུབ་པའི་དབང་པོ་ལས་ལོ་བཅུ་དགུའི་བགྲེས་པ་གང་ཞིག །རྒྱལ་པོ་དེའི་ལོ་བརྒྱ་ལས་ལྷག་པ་མ་བཞུགས་པའི་ཕྱིར་ཏེ། རྒྱལ་པོ་ཟླ་བ་བཟང་པོ་དེ། རིགས་ལྡན་གྱི་སྤྲུལ་པ་ཉི་ཤུ་རྩ་དྲུག་གམ་རྩ་ལྔ་ལ་སོགས་པ་འབྱུང་བའི་དང་པོ་དེ་ཡིན་པ་གང་ཞིག །རིགས་ལྡན་འཇམ་དཔལ་གྲགས་མ་གཏོགས་པའི་གཞན་ཕལ་ཆེ་བ་རྣམས་ལོ་བརྒྱ་ལས་ལྷག་པ་མ་བཞུགས་པའི་ཕྱིར། གཉིས་པ་ཟབ་པ་གཉིས་སུ་མེད་པའི་རྒྱུད་ནི། ཀྱེ་རྡོ་རྗེའི་རྒྱུད་ལྟ་བུ་ལ་འདོག་ལ། དེ་ལ་ཡང་རྩ་རྒྱུད། བཤད་རྒྱུད། ཆ་མཐུན་གྱི་རྒྱུད་གསུམ་ཡོད་པའི་དང་པོ་ལ་ཡང་། རྩ་རྒྱུད་རྒྱས་པའི་རྒྱས་པ། རྩ་རྒྱུད་རྒྱས་པ། རྩ་རྒྱུད་བསྡུས་པ་དང་གསུམ་ཡོད་པའི། དང་པོ་ནི། རྩ་རྒྱུད་འབུམ་ཕྲག་བདུན་པ་ཞེས་པ་དེ་ལ་འདོག་གོ། །གཉིས་པ་ནི་ལེའུ་སྟོང་སུམ་ཅུ་པ། བརྟག་པ་སུམ་ཅུ་སོ་གཉིས་པ། ཤོ་ལོ་ཀ་འབུམ་ཕྲག་ལྔ་པ་འདི་ལ་འདོག་པ་ཡིན་ཏེ། རྡོ་རྗེ་གུར་ལས། སྟོང་ཕྲག་སུམ་ཅུའི་གྲངས་ཀྱི་ནི། །འབུམ་ཕྲག་ལྔའི་རྒྱ་མཚོར་ཆེ། །ཞེས་གསུངས་པའི་ཕྱིར། གསུམ་པ་ནི། ལེའུ་ཉེར་གསུམ་པ། ཤོ་ལོ་ཀ་བདུན་བརྒྱ་ལྔ་བཅུ་པ། བསྟན་པ་གཉིས་པ་འདི་ལ་འདོག་གོ། འོ་ན་རྩ་རྒྱུད་བརྟག་པ་གསུམ་པ་འདི་རྩ་རྒྱུད་རྒྱས་པ་དེ་ལས་ཕྱུང་བ་ཡིན་ནམ། རྒྱུད་ལོགས་པ་ཡིན་ཞེས་ན། ཕག་ཏིང་པ་ལ་སོགས་པ་ཁ་ཅིག་ན་རེ། འདི་རྒྱུད་ལོག་པ་ཡིན་ཏེ། དེའི་རྒྱུད་དེ་ལ་བརྟག་པ་གཉིས་པ། བརྟག་པ་བཅུ་གཉིས་པ། བརྟག་པ་དགུ་པ། བརྟག་པ་གཉིས་དང་བཞི་ཡི་བརྟག་པ་གཉིས་པ་ཁོ་བོ་ཡིན་ཕྱིར་རོ། །ཞེ་ན་མི་འཐད་དེ། བརྟག་གཉིས་རང་གི་འདུག་ཏུ། རྒྱུད་ཀྱི་རྒྱལ་པོ་ཆེན་པོ་སྒྱུ་མའི་རྒྱལ་པོ་བརྟག་པ་པོ་གཉིས་པ་ལས་ཕྱུང་བ་ཞེས་གསུང་པའི་ཕྱིར་རོ། །ན་རོ་པ་རྗེས་འབྲངས་བཅས་པ་ཁ་ཅིག་ན་རེ། བརྟག་པ་གཉིས་པ་འདི་རྒྱས་པ་འབུམ་ཕྲག་ལྔ་པ་ལས་ཕྱུང་བ་ཡིན་ལ། དེའི་ནང་ནས་ཀྱང་བརྟག་པ་དང་པོ་གཉིས་ལས་ཕྱུང་བ་ཡིན་ཏེ། རྡོ་རྗེ་གུར་ལས། རྡོ་རྗེ་སྙིང་པོ་སྟོན་བྱང་ཆུབ། །བརྟག་པའི་རྒྱལ་པོ་དང་པོ་སྟེ། །སྒྱུ་མའི་བརྟག་པ་གཉིས་པའོ། །ཞེས་བརྟག་པ་པོ་གཉིས་པའི་བརྟག་པ་དང་པོ་ལ་མངོན་པར་བྱང་ཆུབ་པ་ཞེས་པ་དང་། གཉིས་པ་ལ་སྒྱུ་མའི་བརྟག་པ་ཞེས་བཤད་པ་གང་ཞིག །བརྟག་ཉིད་འདིར་ཡང་རྟག་པ་དང་པོ་གཉིས་པ་གཉིས་ལ་རིམ་བཞིན་མིང་དེ་ལྟར་དུ་བཤད་པའི་ཕྱིར་དང་། འདིར་ཁོང་བཞི་ཡང་དང་པོར་བཤད་པའི་ཕྱིར་རོ། །ཞེ་ན། དེ་ནི་མི་འཐད་དེ།

བརྟག་ཉིད་རང་གི་བརྟག་པ་དང་པོ་ལས། གོང་དུ་བརྟག་པ་བཅུ་གཉིས་པར། རྒྱས་པར་བཤད་པ་མདོ་ལྷ་བུ་བསྡུ། ཞེས་དང་། གོང་མའི་རྒྱུད་ཀྱི་ཚོ་གའི་རིམ་པ། །མཆོད་ཡོན་ཞལ་བསིལ་གོང་མ་བཞིན། །ཞེས་གསུང་པའི་ཕྱིར་དང་། གླིང་བཞི་ལ་ཡང་ངེས་པ་མེད་དེ། གླིང་བཞི་བར་སྐབས་སུ་འབྱུང་བ་དེ་འདྲའང་ཡིན་པའི་ཕྱིར་དང་། བརྟག་པའི་མིང་གཅིག་པ་ཙམ་ལའང་ངེས་པ་མེད་དེ། བརྟག་ཉིད་འདིར་ཡང་། ལེའུ་བཞི་པ་དང་། བཅུ་པ་གཉིས་ཆར་ལ་དབང་ལུང་ཞེས་བཤད་པ་གང་ཞིག །དེ་གཉིས་ཀྱང་། བརྗོད་བྱའི་དོན་སོ་སོ་བ་ཡིན་པའི་ཕྱིར་རོ། །

དེས་ན་རང་གི་ལུགས་ནི། རྩ་རྒྱུད་བརྟག་པ་གཉིས་པ་འདི། རྩ་རྒྱུད་རྒྱས་པ་འབུམ་ཕྲག་ལྔ་པ་ལས་ཕྱུང་བ་ཡིན་ཅིང་། དེའི་ནང་ནས་ཀྱང་བརྟག་པ་སོ་གཅིག་པ་དང་། སོ་གཉིས་པ་ལས་ཕྱུང་བ་ཡིན་ཏེ། རྡོ་རྗེ་གུར་ལས། རྡོ་རྗེ་སྙིང་པོ་མངོན་བྱང་ཆུབ། །བརྟག་པའི་རྒྱལ་པོ་དང་པོ་སྟེ། །སྒྱུ་མའི་བརྟག་པ་གཉིས་པའོ། །ཞེས་པ་ནས་བཟུང་སྟེ། དེ་ནི་གསུམ་པར་ཡང་བཤད། ཅེས་བརྟག་པ་དང་པོ་ནས་སུམ་ཅུའི་བར་བཤད་ནས་བརྟག་པ་སོ་གཅིག་པ་དང་སོ་གཉིས་པ་གཉིས་ངོས་འཛིན་པ་ལ། མཁའ་འགྲོ་མཁའ་འགྲོ་མ་ཡི་རྒྱུད། །དགའ་པའི་སྙིང་པོ་ཡོངས་བསྡུས་པ། །རྡོ་རྗེ་མཁའ་འགྲོ་གསུངས་པ་སྟེ། །འདི་ནི་རྒྱུད་ཀྱི་ངེས་པའོ། །ཞེས་སོ་གཅིག་པ་ལ་མཁའ་འགྲོའི་རྒྱུད། སོ་གཉིས་པ་ལ་མཁའ་འགྲོ་མའི་རྒྱུད་ཅེས་བཤད་ལ། དེ་ཡང་། དང་པོ་དེ་རྒྱལ་བ་རྡོ་རྗེ་འཆང་གི་ཚུལ་དུ་བྱས་ནས། གཙོ་བོར་སྐྱེས་པ་འདུལ་བའི་ཕྱིར་དུ་གསུངས། གཉིས་པ་དེ་བདག་མེད་མས་མཁའ་འགྲོ་མའི་ཚུལ་དུ་བྱས་ནས་གཙོ་བོར་བུད་མེད་འདུལ་བའི་ཕྱིར་དུ་གསུངས་པ་གང་ཞིག །བརྟག་པ་གཉིས་པ་འདིས་ཀྱང་། བརྟག་པ་དང་པོ་དེ་གཙོ་བོར་སྐྱེས་པ་འདུལ་བའི་ཕྱིར་དུ་གསུངས་ལ། གཉིས་པ་དེ་གཙོ་བོར་བུད་མེད་འདུལ་བའི་ཕྱིར་དུ་གསུངས་པའི་ཕྱིར་རོ། །དང་པོ་གྲུབ་སྟེ། རྡོ་རྗེ་གུར་ལས། སྐྱེ་རྡོ་རྗེའི་རྣལ་འབྱོར་རྒྱུད། །དང་པོ་རྒྱལ་བ་རྣམས་ཀྱི་གསུངས། །ཕྱི་མ་རྣལ་འབྱོར་མའི་རྒྱུད། །དེ་ནི་བུད་མེད་བཟུང་ཕྱིར་རོ། །ཞེས་གསུངས་པའི་ཕྱིར་རོ། །གཉིས་པ་བཤད་རྒྱུད་ལ། ཐུན་མོང་མིན་པའི་བཤད་རྒྱུད་དང་། ཐུན་མོང་པའི་བཤད་རྒྱུད་གཉིས་ཡོད་དེ། དང་པོ་ནི། ཤོ་ལོགས་སྟོང་གཉིས་ཀྱ་པ་རྡོ་རྗེ་གུར་ལྟ་བུ་ལ་འཛོག །གཉིས་པ་ནི། ཤོ་ལོགས་ཉིས་སྟོང་བརྒྱད་བརྒྱ་དང་གསུམ་པ། སམྦུ་ཊི་རྒྱུད་ལྟ་བུ་ལ་འཛོག །འོན་དང་པོ་དེ་ལ་ཐུན་མོང་པའི་རྒྱུད་དང་། གཉིས་པ་ལ་ཐུན་མོང་པའི་བཤད་རྒྱུད་ཅེས་འཛོག་པའི་རྒྱུ་མཚན་ཅི་ཡིན་ཞེ་ན། ཤེས་བྱ་ཆོས་ཅན། རྡོ་རྗེ་གུར་ལས་ཀྱི་རྡོ་རྗེའི་ཐུན་མོང་མིན་པའི་བཤད་རྒྱུད་དུ་འཛོག་པའི་རྒྱུ་མཚན་ཡོད་དེ། རྡོ་རྗེ་གུར་དེས་རྩ་རྒྱུད་རྒྱས་པ་བརྟག་པ་སོ་གཉིས་པ་དང་། བསྡུས་པ་བརྟག་པ་གཉིས་པ་འདི་ཁོ་ནའི་དོན་ནས་གསལ་བར་བྱེད་པས་ན། དེ་

ལྟར་དུ་བཞག་པའི་ཕྱིར་རོ། །སམ་བུ་ཊའི་རྒྱུད་དེ་ལ་དེའི་ཐུན་མོང་བའི་བཤད་རྒྱུད་ཅེས་འཇོག་པའི་རྒྱུ་མཚན་ཡོད་དེ། སམ་བུ་ཊའི་རྒྱུད་དེས། བོད་འདིར་ཡང་རྒྱུད་སྡེ་བཅུའམ་བཅུ་བདུན་ཙམ་གྱི་དོན་གསལ་བར་བྱེད་པས་ན། དེ་ལྟ་བུ་བཞག་པའི་ཕྱིར་རོ། །རྒྱལ་པོ་ཨིནྡྲ་བྷཱུ་ཏི་ལ་སོགས་པ་རྣམས་ནི་རྒྱུད་སྡེ་འབུམ་ཕྲག་སོ་དྲུག་ཙམ་གྱི་དོན་གསལ་བ་ཡང་ཡིན་ནོ། །ཞེས་བཞེད་དོ། །གསུམ་པ་ཆ་མཐུན་གྱི་རྒྱུད་ནི། ཕྱག་ཆེན་ཐིག་ལེའི་རྒྱུད། ཡེ་ཤེས་ཐིག་ལེའི་རྒྱུད། ཡེ་ཤེས་སྙིང་པོའི་རྒྱུད་དང་བྱས་པ་རྒྱུད་སྡེ་རྣམ་པ་གསུམ་དུ་འདུ། ཞེས་རྒྱུ་རྒྱུད་ལ་སོགས་པ་གསུམ་བཤད་ཅིང་། དེ་གསུམ་ངོས་འཛིན་པ་ལ་འཕྲུལ་བའི་དྲི་མ་ཐམས་ཅད་ཟད་པའི་རྗེ་བཙུན་གྲགས་པ་རྒྱལ་མཚན་གྱི་ཞལ་ནས། རང་སེམས་གདོད་ནས་སྒྲོས་བྲལ་རྒྱུ་རྒྱུད་དང་། དབང་གི་རྣམས་ལ་འཇོག་གོ། །བཞི་པ་ཁྱད་ཆོས་བཤད་པ་ལ། ཕ་རྒྱུད་མ་རྒྱུད་གཉིས་མེད་ཀྱི་རྒྱུད་གསུམ་གྱི་ཁྱད་པར་བཤད་པ། རྩ་རྒྱུད་དང་། བཤད་རྒྱུད་ཀྱི་ཁྱད་པར་བཤད་པ། རྒྱུ་རྒྱུད། ཐབས་རྒྱུད། འབྲས་རྒྱུད་གསུམ་གྱི་ཁྱད་པར་བཤད་པ་དང་གསུམ་གྱི། དང་པོ་ལ་ཡང་། བརྗོད་བྱེད་གླེང་གཞི་མི་འདྲ་བའི་ཁྱད་པར། བརྗོད་བྱ་མི་འདྲ་བའི་ཁྱད་པར། ཞུ་བ་པོའམ་གདུལ་བྱ་མི་འདྲ་བའི་ཁྱད་པར་གསུམ་དང་། དང་པོ་ལ། དེ་གསུམ་གྱི་བརྗོད་བྱེད་གླེང་གཞི་མི་འདྲ་བའི་ཁྱད་པར་ཡོད་དེ། འདི་སྐད་བདག་གིས་ཐོས་པ་དུས་གཅིག་ན། ཞེས་སོགས་གླེང་གཞིའི་ཡི་གེ་བཞི་བཅུས་ཐོག་དྲངས་པའི་རྒྱུད་རྣམས་ལ་ཕ་རྒྱུད། གསང་བ་མཆོག་གི་དགྱེས་པ་ན། ཞེས་སོགས་ཀྱི་ཐོག་དྲངས་པའི་རྒྱུད་རྣམས་མ་རྒྱུད། དེ་གཉིས་ཀ་ཆ་མཉམ་དུ་བཞུགས་པའི་རྒྱུད་རྣམས་ལ་གཉིས་མེད་ཀྱི་རྒྱུད་དུ་འཇོག་པ་ཡིན་ཏེ། ནག་པོ་དམ་ཚིག་རྡོ་རྗེའི་གསང་བའི་དེ་ཁོ་ན་ཉིད་གསལ་བ་ལས། རྣལ་འབྱོར་རྒྱུད་དུ་དེ་བཞིན་གཤེགས། འདི་སྐད་ལ་སོགས་གང་གསུངས་པ། དེ་ཉིད་རྣལ་འབྱོར་མ་རྒྱུད་དུ། གསང་བ་མཆོག་གི་དགྱེས་པ་ན། །ཐམས་ཅད་བདག་ཉིད་བདག་ཏུ་བཞུགས། །ཞེས་གསུངས་པའི་ཕྱིར་རོ། །

གཉིས་པ་བརྗོད་བྱ་མི་འདྲ་བའི་ཁྱད་པར་ལ། ཤེས་བྱ་ཆོས་ཅན། དེ་གསུམ་བརྗོད་བྱ་མི་འདྲ་བའི་ཁྱད་པར་ཡོད་དེ། བསྐྱེད་རིམ་གཙོ་བོར་སྟོན་པའི་རྒྱུད་རྣམས་ལ་ཕ་རྒྱུད། རྫོགས་རིམ་གཙོ་བོར་སྟོན་པའི་རྒྱུད་རྣམས་ལ་མ་རྒྱུད་དང་། དེ་གཉིས་ཀ་ཆ་མཉམ་དུ་སྟོན་པའི་རྒྱུད་རྣམས་ལ་གཉིས་མེད་ཀྱི་རྒྱུད་དུ་འཇོག་པའི་ཕྱིར་ཏེ། གསང་བའི་དེ་ཁོ་ན་ཉིད་གསལ་བ་ལས། །བསྐྱེད་དང་རྫོགས་པའི་དབྱེ་བ་ལས། །རྣལ་འབྱོར་ཕ་དང་རྣལ་འབྱོར་མ། །བསྐྱེད་པ་རྣལ་འབྱོར་ཕ་ཞེས་བརྗོད། །རྫོགས་པ་རྣལ་འབྱོར་མ་ཞེས་བྱ། །ཞེས་གསུང་པའི་ཕྱིར། གཞན་ཡང་དེ་གསུམ་ལ་སྐྱེད་སྟོན་ཚུལ་མི་འདྲ་བའི་ཁྱད་པར་ཡོད་དེ། རགས་པ་ཕུང་ཁམས་རྣམས་ལྟར་སྒོམ་ཚུལ་གཙོ་བོར་སྟོན་པའི་བདུད་རྣམས་ཕ་རྒྱུད་དང་། ཕྲ་བ་རྩ་གསུམ་ཙུ་རྩ་གཉིས་ལ་སོགས་པ་ལྟར་སྒོམ

ཚུལ་གཙོ་བོར་སྟོན་པའི་རྒྱུད་རྣམས་མ་རྒྱུད་དང་། དེ་གཉིས་ཀ་ཆ་མཉམ་དུ་སྟོན་པའི་རྒྱུད་རྣམས་གཉིས་མེད་ཀྱི་རྒྱུད་དུ་འཇོག་པའི་ཕྱིར་ཏེ། གསང་བ་འདུས་པ་ལས། མདོར་ན་ཕུང་པོ་ང་རྒྱལ་བ། །དེ་བཞིན་གཤེགས་པ་ཐམས་ཅད་ཡིན། །ཞེས་དང་། བདེ་མཆོག་ལས། རེ་རེའི་རྣམ་པ་རྣམས་སུ་བརྗོད། །འདི་དག་གནས་སུ་རྣལ་འབྱོར་མ། །རྩ་གཟུགས་མཛེས་པའི་ཡང་དག་གནས། །ཞེས་པ་དང་། བརྟག་ཉིད་ལས། གཟུགས་ཕུང་རྡོ་རྗེ་མ་ཡིན་ཏེ། །ཚོར་བ་ལ་ཡང་དཀར་མོར་བརྗོད། །ཞེས་སོགས་དང་། རྩ་ནི་གཉིས་གཉིས་རྣལ་འབྱོར་མ། །རེ་རེའི་རྣམ་པ་རྣམས་སུ་བརྗོད། །ཞེས་སོགས་གསུང་པའི་ཕྱིར་རོ། །དེ་གསུམ་ཐབས་ཤེས་སྟོན་ཚུལ་གྱི་སྒོ་ནས་ཀྱང་འཇོག་ཚུལ་མི་འདྲ་བའི་ཁྱད་པར་ཡོད་དེ། ཐབས་རྩལ་སྟོན་པའི་རྒྱུད་རྣམས་ལ་ཕ་རྒྱུད་དང་། ཤེས་རབ་རྩལ་སྟོན་པའི་རྒྱུད་རྣམས་ལ་མ་རྒྱུད། དེ་གཉིས་ཆ་མཉམ་དུ་མཉམ་དུ་སྟོན་པའི་རྒྱུད་རྣམས་གཉིས་མེད་ཀྱི་རྒྱུད་དུ་འཇོག་པ་ཡིན་ཏེ། རྩ་རྒྱུད་བརྒྱས་པ་འབུམ་ཕྲག་ལྔ་པ་ལས། གང་དུ་ཐབས་ནི་ཀུན་སྟོན་ཞིང་། །ཤེས་རབ་རྣམ་པར་དཔྱོད་པས་ཏེ། ཀུན་རྫོབ་རྣལ་འབྱོར་ཕ་ཡི་རྒྱུད། །གང་ཡིན་དེ་ནི་ངས་བསྟན་ཏོ། །ཞེས་པ་དང་། གང་དུ་ཤེས་རབ་ཀུན་སྟོན་ཞིང་། །ཐབས་ནི་རྣམ་པར་དཔྱོད་པས་ཏེ། །ཀུན་རྫོབ་རྣལ་འབྱོར་མ་ཡི་རྒྱུད། །གང་ཡིན་དེ་ནི་ངས་བསྟན་ནོ། །ཞེས་གསུང་པའི་ཕྱིར་རོ། །གསུམ་པ་ཞུ་བ་པོའི་གདུལ་བྱ་མི་འདྲ་བའི་ཁྱད་པར་ལ། ཤེས་བྱ་ཆོས་ཅན། དེ་གསུམ་གྱི་ཞུ་བ་པོའམ་གདུལ་བྱ་མི་འདྲ་བའི་ཁྱད་པར་ཡོད་དེ། ཞུ་བ་པོ་སྐྱེས་པས་ཞུས་ཤིང་། སྐྱེས་པ་འདུལ་བའི་རིགས་སུ་གཙོ་བོར་གསུངས་པ་རྣམས་ལ་ཕ་རྒྱུད། བུད་མེད་ཀྱིས་ཞུས་ཤིང་། བུད་མེད་འདུལ་བའི་རིགས་སུ་གཙོ་བོར་གསུངས་པའི་རྒྱུད་རྣམས་ལ་མ་རྒྱུད། དེ་གཉིས་ཀ་ཆ་མཉམ་དུ་བཞུགས་པའི་རྒྱུད་ལ་གཉིས་མེད་ཀྱི་རྒྱུད་དུ་འཇོག་པའི་ཕྱིར་ཏེ། རྡོ་རྗེ་གུར་ལས། སྐྱེས་པ་རྣམས་ནི་འདུལ་བའི་ཕྱིར། །རྣལ་འབྱོར་གྱི་ནི་རྒྱུད་ཅེས་བྱ། །བཙུན་མོ་རྣམས་ནི་བཟུང་བའི་ཕྱིར། །རྣལ་འབྱོར་མ་ཡི་རྒྱུད་ཅེས་བྱ། །ཞེས་གསུངས་པའི་ཕྱིར་རོ། །

དེས་ན་ཀྱེ་རྡོ་རྗེའི་རྒྱུད་གཉིས་མེད་དུ་ཁས་བླངས་པ་ལ་ཁོ་ན་རེ། ཀྱེ་རྡོ་རྗེའི་རྒྱུད་འདི་གཉིས་མེད་ཀྱི་རྒྱུད་མིན་པར་ཐལ། འདི་མ་རྒྱུད་ཡིན་པའི་ཕྱིར་ཏེ། ཀྱེ་རྡོ་རྗེའི་རྒྱུད་ལས། རྣལ་འབྱོར་མ་རྒྱུད་ཀྱེ་རྡོ་རྗེ་ཞེས་གསུང་པའི་ཕྱིར་རོ། །ཟེར་ན། གཞུང་དེ་དང་འགལ་བའི་སྐྱོན་མེད་དེ། གཞུང་དེས་ཀྱེ་རྡོར་གྱི་རྒྱུད་ཀྱི་ཤེས་རབ་སྟོན་ཚུལ་བསྟན་པ་ཡིན་གྱི། མ་རྒྱུད་དུ་བསྟན་པ་ནི་མ་ཡིན་པའི་ཕྱིར། དེ་ཡིན་ན་ཀྱེ་རྡོ་རྗེ་རང་དང་ནང་འགལ་བའི་སྐྱོན་ཡོད་པའི་ཕྱིར་ཏེ་ཀྱེ་རྡོར་རང་ལས། ཐབས་དང་ཤེས་རབ་བདག་ཉིད་རྒྱུད། །དེ་ནི་ང་ཡིས་བཤད་ཀྱིས་ཉོན། །ཞེས་གསུང་པའི་ཕྱིར། གཉིས་པ་རྩ་བཤད་གཉིས་ཀྱི་ཁྱད་པར་ལ། རྩ་རྒྱུད་དང་བཤད་རྒྱུད་གཉིས་ཀྱི་

ངོ་བོ་བཤད་པ་དང་། བཤད་རྒྱུད་དུ་ཇི་ལྟར་འགྲོ་བའི་ཚུལ་བཤད་པ་གཉིས་ཀྱི། དང་པོ་ནི། རྒྱུད་རྣམས་ཀྱི་དང་པོར་བྱུང་ཞིང་བཤད་པའི་གཞིར་གྱུར་པའི་རྒྱུད་དེ་ལ་རྩ་རྒྱུད་དུ་འདོག་ལ། དེ་ལ་དབྱེ་ན་རྩ་རྒྱུད་རྒྱས་པ་དང་བསྡུས་པ་གཉིས་ཀྱི་དང་པོ་ནི། ཆོས་འཁོར་བསྐོར་བའི་དུས་ཀྱི་གདུལ་བྱ་ལ་གསུངས་པ་གཙོ་ཆེ། ཕྱི་མ་ནི་ཕྱིས་ཀྱི་གདུལ་བྱ་ལ་གསུངས་པ་གཙོ་ཆེའོ། །བཤད་རྒྱུད་ནི་རྩ་རྒྱུད་ཀྱི་ཕྱིས་བྱུང་ཤིང་ཆེད་དུ་གྱུར་པའི་རྒྱུད་གཅིག་ལ་འདོག་ཅིང་དེ་ལ་དབྱེ་ན། ཐུན་མོང་དང་ཐུན་མོང་མ་ཡིན་པའི་བཤད་རྒྱུད་གཉིས་ཡོད། གཉིས་པ་ལ། དོན་མི་གསལ་བ་གསལ་བར་བྱས་པའི་སྒོ་ནས་བཤད་རྒྱུད་དུ་འགྲོ་བ་གཅིག །མ་ཚང་བ་ཁ་བསྐང་བའི་སྒོ་ནས་དེར་འགྲོ་བ་གཅིག །རྒྱས་པ་བསྡུས་ཏེ་སྟོན་པའི་སྒོ་ནས་དེར་འགྲོ་བ་གཅིག །ཚུལ་མི་འདྲ་བ་གཅིག་བསྟན་པའི་སྒོ་ནས་དེར་འགྲོ་བ་གཅིག ཆ་མཐུན་ངེས་པ་བསྐྱེད་པའི་སྒོ་ནས་དེར་འགྲོ་བ་གཅིག ཚིག་དོན་རྣམ་པར་ཆེ་བའི་སྒོ་ནས་བཤད་རྒྱུད་དུ་འགྲོ་བ་གཅིག་དང་དྲུག་ཡོད་པའི་ཕྱིར། དང་པོ་ནི། རྩ་བའི་རྟག་པའི་རྒྱུད་འདིར། གང་ཞིག་དབང་གི་རབ་ཆེ་བར། །རང་གི་དཀྱིལ་འཁོར་ཆོག་འི་སྒྲིན། །ཞེས་པ་དང་། ཞེ་སྡང་རྡོ་རྗེའི་བྱིན་རླབས་འདི། །རིགས་ནི་ལྔ་དང་དྲུག་ཏུ་འགྱུར། །ཞེས་དབང་གི་དབྱེ་བ་ལ་སོགས་པ་དང་། རིགས་ཀྱི་དབྱེ་བ་མཚོན་ཙམ་བསྟན་པ་རྣམས། རྡོ་རྗེ་གུར་དུ་དབང་གི་དབྱེ་བ་གྲངས་ལ་སོགས་པ་རྣམས་དང་། རིགས་ཀྱི་དབྱེ་བསྡུ་ལ་སོགས་པ་རྒྱས་པར་བཤད་པ་ལྟ་བུ་ལ་འདོག །

གཉིས་པ་ནི། བརྟག་པ་གཉིས་པ་འདིར། གསལ་པོར་མི་ཞུགས་པ་རྣམས། རྡོ་རྗེ་གུར་དང་། སམ་བུ་ཊའི་རྒྱུད་གཉིས་ནས་ཁ་བསྐང་ནས་བཤད་པ་ལྟ་བུ་ལ་འདོག །གསུམ་པ་ནི། རྩ་བའི་བརྟག་པའི་རྒྱུད་འདིར་སྤྱོད་པའི་རྣམ་དག་རྒྱས་པར་བཤད་པ་དེ། རྡོ་རྗེ་གུར་དུ་བསྡུས་ཏེ་བཤད་པ་ལྟ་བུ་ལ་འདོག བཞི་པ་ནི། བརྟག་གཉིས་འདིར་གོ་པོ་རི་ལ་སོགས་པའི་ལྷ་མོ་བརྒྱད་ཀྱི་སྟགས་དང་། ཕྱག་རྒྱ་ལ་སོགས་པ་བཤད་པ་དེ། རྡོ་རྗེ་གུར་ལས་དེ་ཙུང་མི་འདྲ་བར་བཤད་པ་ལྟ་བུ་ལ་འདོག །ལྔ་པ་ནི། བརྟག་གཉིས་འདིར། བདག་མེད་ལྷ་མོ་བཅོ་ལྔའི་མདོག་དང་ཕྱག་མཚན་བསྟན་པ་ཇི་ལྟ་བར་རྡོ་རྗེ་གུར་ལས་ཀྱང་དེ་ལྟར་དུ་བསྟན་པ་ལྟ་བུ་ལ་འདོག །དྲུག་པ་ནི་བརྟག་གཉིས་འདིར། རྩ་རྣམས་ནི་སུམ་ཅུ་རྩ་གཉིས་ཏེ། མི་ཕྱེད་མ་དང་ཞེས་པ་ཙམ་ཞིག་གསུངས་པ་དེ་སམ་བུ་ཊ་ལས། རྩའི་ངོ་བོ་གནས་ཚུལ། བྱེད་པ། དེ་ལ་བརྟེན་ནས་སྡང་པོ་རབ་ཏུ་དགའ་བ་སོགས་ཐོབ་ཚུལ་རྒྱས་པར་བཤད་པ་ལྟ་བུ་ལ་འདོག །གསུམ་པ་རྒྱུ་རྒྱུད་སོགས་གསུམ་གྱི་ཁྱད་པར་བཤད་པ་ལ། གསང་འདུས་རྒྱུད་ཕྱི་མ་ལས། རྒྱུད་ནི་རྒྱུན་ཆགས་ཞེས་བྱ་སྟེ། །རྒྱུད་དེ་རྣམ་པ་གསུམ་དུ་འགྱུར། །གཞི་དང་དེ་ཡི་རང་བཞིན་དང་། །མི་འཕྲོགས་པ་ཡིས་རབ་ཕྱེ་བའོ། །རང་ནི་རྣམ་པ་རྒྱུ་ཡིན་ཏེ། །གཞི་ནི་ཐབས་ཤེས་བྱ

བར་བརྗོད། །དེ་བཞིན་མི་འགྲོག་འབྲས་བུ་སྟེ། །རྒྱུད་དེ་རྣམ་པ་གསུམ་དུ་འདུ། །ཞེས་རྒྱུ་རྒྱུད་སོགས་གསུམ་བཤད་ཅིང་། དེ་གསུམ་ངོས་འཛིན་པ་ལ། རྡོ་རྗེ་བཙུན་གྲགས་པས། རང་གདོད་ནས་སྤྲོས་བྲལ་རྒྱུ་རྒྱུད་དང་། །དབང་གི་ཡེ་ཤེས་ལམ་གྱི་ལྷ་བ་དང་། །ཉམས་མྱོང་སངས་རྒྱས་ས་དང་ངོ་བོ་གཅིག །རྟོགས་པའི་ཁྱད་པར་བླ་བའི་དཔེ་ཡིས་བསྟན། །ཞེས་གསུང་པ་ལྟར་གྱི་དང་པོ་རྒྱུ་རྒྱུད་ནི། སྤྲོས་པའི་མཐའ་ཐམས་ཅད་དང་བྲལ་ཞིང་། གསལ་སྟོང་ཟུང་དུ་ཆུད་པའི་རང་རྒྱུད་ཀྱི་སེམས་རང་བཞིན་གྱི་འོད་གསལ་བ་འདི་ལ་འཇོག་གོ། །འོ་ན་དེ་ལ་དེར་འཇོག་པའི་རྒྱུ་མཚན་ཅི་ཡིན་ཞེ་ན། དེའི་རྒྱུ་མཚན་ཡོད་དེ། རྐྱེན་དང་ཕྲད་ན་ནུས་པ་བསྐྱེད་པས་ན་རྒྱུ། དེ་རྒྱུན་མི་འཆད་པས་ན་རྒྱུད་……སེམས་ཅན་རྣམས་ནི་སངས་རྒྱས་ཉིད། །འོན་ཀྱང་གློ་བུར་དྲི་མས་སྒྲིབས། །དེ་ཉིད་བསལ་ན་སངས་རྒྱས་ཉིད། །ཞེས་པ་དང་། སམ་བུ་ཊ་ལས། ནམ་མཁའ་ཇི་སྲིད་མི་འཇིག་པ། །ནམ་མཁའ་ཇི་སྲིད་སེམས་དེ་སྲིད། །ཅེས་སོགས་སུ་གསུངས་པའི་ཕྱིར། གཉིས་པ་ནི། དབང་བཞི་བསྐུར་བའི་དུས་སུ་སྐྱེས་པ་དབང་གི་ཡེ་ཤེས་རྣམས་དང་། ལམ་བཞི་སྒོམ་པ་ལས་བྱུང་བའི་ལྟ་བ་རྣམས་དང་། ཉམས་མྱོང་ས་བཅུ་གསུམ་པའི་ཕྱེད་འོག་མ་མན་ཆད་ཀྱི་མཚོན་བྱ་དོན་གྱི་ཡེ་ཤེས་རྣམས་ལ་འཇོག་གོ། །དེ་རྣམས་ལ་ཐབས་རྒྱུད་ཅེས་འཇོག་པའི་རྒྱུ་མཚན་ཡང་ཡོད་དེ། རྒྱུ་རྒྱུད་ལ་གནས་པའི་ནུས་པ་དེ། མ་སྨིན་པ་སྨིན་པར་བྱེད་པ་དང་། སྨིན་པ་གོང་དུ་འཕེལ་བར་བྱེད་པའི་ཆུ་ལུད་ལྟ་བུའི་རྐྱེན་བྱེད་པས་ན། ཐབས་དེ་རྒྱུན་མི་འཆད་པས་ན་རྒྱུ་ཞེས་འཇོག་པའི་ཕྱིར་ཏེ། སམ་བུ་ཊ་ལས། བསྟན་བཅོས་ཚད་དམ་སློབ་དཔོན་དང་། །ལུང་གི་རྗེས་འབྲང་དེ་ཉིད་རིག །གསང་དོན་དེ་ཉིད་དངོས་པོ་ནི། །གཅིག་ནས་གཅིག་རྒྱུད་ཤེས་པར་བྱ། །བླ་མ་རབ་ཀྱི་ཞལ་ལས་སླངས། །ཞེས་པ་དང་། བརྟག་གཉིས་ལས། ཆུ་བོའི་རྒྱུན་ནི་རབ་འབབ་དང་། །མར་མེའི་རྩེ་མོ་ཟབ་ཅིང་ལྟར། །ཞེས་གསུང་པའི་ཕྱིར། གསུམ་པ་འབྲས་རྒྱུད་ནི། སངས་རྒྱས་ཀྱི་སྐུ་ལྔ་དང་། ཡེ་ཤེས་ལྔ་ལ་སོགས་པ་ལ་འཇོག་ཅིང་། དེའི་རྒྱུ་མཚན་ཡོད་དེ། རྒྱུ་རྒྱུད་ལ་གནས་པའི་ཆུས་ས་དེ་ཐབས་རྒྱུད་ཀྱི་སྨིན་པ་དང་། གོང་དུ་འཕེལ་བ་ལ་སོགས་པ་བྱས་པའི་འབྲས་བུ་ལོ་ཏོག་ལྟ་བུ་ཡིན་པས་ན་འབྲས་བུ། དེ་རྒྱུན་མི་འཆད་པས་ན་རྒྱུད་ཅེས་བཞག་པ་ཡིན་པའི་ཕྱིར་ཏེ། མེ་ཏོག་རྒྱན་ལས། རང་གི་དང་ནི་རྒྱུན་མི་འཆད། །རྒྱུན་གྱི་དེ་དག་བརྟག་པ་ཉིད། །ཞེས་གསུང་པའི་ཕྱིར།

དེ་གསུམ་དཀྱིས་པ་རྡོ་རྗེ་ལ་ཡང་སྦྱར་ཏེ་བཤད་ན། འབྲས་བུའི་ཀྱེ་རྡོ་རྗེ་སོགས་སྦྱོར་བའི་ཚུལ་ཡོད་དེ། དམིགས་པ་མེད་པའི་སྙིང་རྗེ་ཆེན་པོ་དང་། ཤེས་རབ་ཆེན་པོ་ཟུང་དུ་ཆུད་པ་མཐར་ཕྱུག་པ་གཅིག་ལ་འབྲས་བུའི་ཀྱེ་རྡོ་རྗེ་དང་། འབྲས་བུ་དེ་ཐོབ་པར་བྱེད་པའི་ལམ་ལ་ཐབས་སམ་ལམ་གྱི་ཀྱེ་རྡོ་རྗེ་ཞེས་དང་། དེ་ཐོབ

པར་བྱེད་པའི་རྒྱུ་དེ་ལ་རྒྱུའི་ཀྱེ་རྡོ་རྗེ་ཞེས་དང་། དེ་རྣམས་བརྗོད་བྱར་གདོགས་པའི་བཀའ་དང་བསྟན་བཅོས་རྣམས་ལ་གཞུང་གི་ཀྱེ་རྡོ་རྗེ་ཞེས་འདོག་པའི་ཕྱིར་ཏེ། དེས་ན་དེ་རྣམས་ཀྱི་ནང་ནས་འབྲས་བུའི་ཀྱེ་རྡོ་རྗེ་དེ། ཀྱེ་རྡོ་རྗེ་མཚན་ཉིད་པ་ཡིན་ཞིང་། གཞན་དེ་རྣམས་བཏགས་པ་བ་ཡིན་ཏེ། སྐྱི་རྣམ་ལས། དེ་བས་ན་སངས་རྒྱས་ཀྱི་དམིགས་པ་མེད་པའི་ཐུགས་རྗེ་ཆེན་པོ་དང་། ཤེས་རབ་ཆེན་པོ་ཟུང་དུ་འཇུག་པ་ཀྱེ་རྡོ་རྗེ་སྟེ་འབྲས་བུའི་རྒྱུད་ཡིན་ལ། འབྲས་བུའི་རྒྱུད་དེ་ཐོབ་པར་བྱེད་པའི་ལམ་ཡང་ཀྱེ་རྡོ་རྗེ་དང་། རྒྱུ་ཡང་ཀྱེ་རྡོ་རྗེ་ཡིན་དགོས་པས། རྒྱུད་གསུམ་ག་ཡང་ཀྱེ་རྡོ་རྗེ་སྟེ། ཕྱོགས་ཀྱི་གླང་པོས།ཤེས་རབ་ཕ་རོལ་ཕྱིན་གཉིས་མེད། །ཡེ་ཤེས་དེས་ནི་དེ་བཞིན་གཤེགས། །བསྒྲུབ་བྱའི་དོན་དང་སྦྱོར་བ་ཡིས། །གཞུང་ལམ་དག་ལ་དེ་སྒྲ་ཡིན། །ཞེས་བཤད་པས་སོ། །ཞེས་གསུང་པའི་ཕྱིར་རོ། །

༄༅། །སྡོམ་པ་གསུམ་གྱི་རབ་ཏུ་དབྱེ་བའི་སྦྱོར་ཊཱི་ཀ་བཞུགས་སོ། །

མཛད་པ་པོ་མི་གསལ།

བླ་མ་དང་ལྷག་པའི་ལྷ་ལ་ཕྱག་འཚལ་ལོ། །བླ་མ་རྗེ་བཙུན་ས་སྐྱ་པཎྜི་ཏ་ཆོས་ཅན། ཁྱོད་ཀྱིས་སྡོམ་པ་གསུམ་གྱི་རབ་ཏུ་དབྱེ་བའི་བསྟན་བཅོས་རྩོམ་པའི་ཐོག་མར་བླ་མ་དམ་པ་སྤྱི་ལ་མཆོད་པར་བརྗོད་པ་ལ་དགོས་པ་ཡོད་དེ། བསྟན་བཅོས་རྩོམ་པའི་བར་ཆད་ཞི་བའི་ཆེད་ཡོད་པའི་ཕྱིར། བདེ་གཤེགསཿ རྗེ་བཙུན་ས་སྐྱ་པཎྜི་ཏ་ཆོས་ཅན། ཁྱེད་ཀྱིས་སྡོམ་པ་གསུམ་གྱི་རབ་ཏུ་དབྱེ་བའི་བསྟན་བཅོས་རྩོམ་པའི་ཐོག་མར་བྱེ་བྲག་རྩ་བའི་བླ་མ་གྲགས་པ་རྒྱལ་མཚན་ལ་མཆོད་པར་བརྗོད་པ་ལ་དགོས་པ་ཡོད་དེ། བསྟན་བཅོས་རྩོམ་པའི་བར་ཆད་ཞི་བའི་ཆེད་ཡོད་པའི་ཕྱིར། སྐྱོན་མེདཿ ཡང་སྔ་མ་ཆོས་ཅན། ཁྱོད་ཀྱིས་བསྟན་བཅོས་རྩོམ་པར་དམ་བཅའ་མཛད་པ་ལ་དགོས་པ་ཡོད་དེ། བསྟན་བཅོས་རྩོམ་པ་མཐར་ཕྱིན་པར་བྱ་བའི་ཆེད་ཡོད་པའི་ཕྱིར། མཁས་རྣམསཿ སྔ་མ་ཆོས་ཅན། གོ་དཀའ་བ་ཕྲེང་བོར་སྤང་བའི་ཚུལ་དུ་བསྟན་བཅོས་རྩོམ་པ་ཡིན་ཏེ། མཁས་བླུན་ཀུན་གྱིས་བསྟན་བཅོས་ཀྱི་བརྗོད་བྱ་གོ་བའི་ཆེད་ཡིན་པའི་ཕྱིར། བདག་ནིཿ སྔ་མ་ཆོས་ཅན། ཁྱོད་ཀྱིས་བསྟན་བཅོས་དེ་རྩོམ་པ་ལ་དགོས་པ་ཡོད་དེ། སྡོམ་པ་གསུམ་གྱི་ཉམས་ལེན་ལ་འཁྲུལ་པ་བཀག་ནས་མ་འཁྲུལ་བར་སྒྲུབ་པའི་ཆེད་ཡོད་པའི་ཕྱིར། སོ་སོརཿ སྔ་མ་ཆོས་ཅན། ཁྱོད་ཀྱིས་བསྟན་བཅོས་ཀྱི་བརྗོད་བྱའི་གཙོ་བོ་ལུས་མདོར་བསྟན་གྱི་ཚུལ་གྱིས་བསྟན་པ་ལ་དགོས་པ་ཡོད་དེ། བསྟན་བཅོས་ཀྱི་བརྗོད་དོན་བདེ་བླག་ཏུ་རྟོགས་པར་བྱ་བའི་ཆེད་ཡོད་པའི་ཕྱིར། དང་པོ་ལ་ལ། སོ་སོརཿ ཤེས་བྱ་ཆོས་ཅན། སོ་ཐར་གྱི་སྡོམ་པ་ལ་དབྱེ་ན་རྣམ་པ་གཉིས་ཡོད་དེ། ཉན་ཐོས་ལུགས་ཀྱི་སོ་ཐར་གྱི་སྡོམ་པ་དང་། ཐེག་ཆེན་ལུགས་ཀྱི་སོ་ཐར་གྱི་སྡོམ་པ་གཉིས་ཡོད་པའི་ཕྱིར། འདི་མན་ཆད་ཀྱི་ཆོས་ཅན་གསལ་ཁ་མེད་པ་རྣམས་ལ་ཤེས་བྱ་ཆོས་ཅན་དུ་བཟུང་བར་བྱ་བ་ཡིན་ཞིང་། གཞུང་ཐུན་མོང་དུ་སྦྱོར་བ་གཅིག་པ་རྣམས་ལ་གཞུང་སྔ་མའི་ཚིག་འབྲུ་གཉིས་གཉིས་དང་། ཕྱི་མའི་ཚིག་འབྲུ་རེ་རེ་སྔོན་དུ་སྦྱར་བ་ཡིན་ནོ། །ཉན་ཐོསཿ ཉན་ཐོས་ལུགས་ལ་སོ་ཐར་གྱི་སྡོམ་པ་ཇི་སྲིད་འཚོ་བའི་བར་ཡིན་ཏེ། ཤི་འཕོས་པ་ཙམ་གྱིས་སྟོང་བའི་ཕྱིར། སྡོམ་པཿ སོ་ཐར་སྡོམ་པ་ཤི་འཕོས་པ་ཙམ་གྱིས་སྟོང་ཡང་བླངས་པ་ལ་དགོས་པ་ཡོད་དེ། འབྲས་བུ་ཚེ་འཕོས་ནས་འབྱུང་བའི་ཕྱིར། བྱང་ཆུབཿ བྱང་སེམས་ལུགས་ལ་སོ་

ཐར་གྱི་སྡོམ་པ་ཤི་འཕོས་པ་ཙམ་གྱིས་མི་སྟོང་སྟེ། སེམས་ཀྱི་རྗེས་སུ་འབྲངས་པའི་སྡོམ་པ་ཡིན་པའི་ཕྱིར། དེ་དག༔ ཉན་ཐོས་ལུགས་ལ་སོ་ཐར་སྡོམ་པ་ཤི་འཕོས་པས་སྟོང་སྟེ། དེ་ཇི་སྲིད་འཚོའི་བར་དུ་ཁས་བླངས་པའི་གཟུགས་ཅན་གྱི་སྡོམ་པ་ཡིན་པའི་ཕྱིར། འདི་ནི༔ ཉན་ཐོས་ལུགས་ལ་ཡང་སོ་ཐར་སྡོམ་པ་ཤི་འཕོས་པས་སྟོང་སྟེ། དེ་ལྟར་དུ་ཆོས་མངོན་པ་མཛོད་ལས་བཤད་པའི་ཕྱིར། བྱང་ཆུབ་སེམས༔ བྱང་སེམས་ལུགས་ལ་སོ་ཐར་གྱི་སྡོམ་པ་ཤི་འཕོས་པ་ཙམ་གྱིས་མི་སྟོང་སྟེ། དེ་ཤེས་པའི་ངོ་བོར་གྱུར་པའི་སྡོམ་པ་ཡིན་པའི་ཕྱིར། དེ་ལྟ་ཡིན་ན་ཉན་ཐོས་དང་། །ཐེག་པ་ཆེ་ཆུང་གི་ལུགས་ལ་སྡོམ་པ་དང་སྐྱབས་འགྲོ་སོགས་ཀྱི་ཁྱད་པར་མི་འཐད་པར་ཐལ། ཉན་ཐོས་ལུགས་ལ་ཡང་སོ་ཐར་གྱི་སྡོམ་པ་ཤི་འཕོས་པས་མི་སྟོང་བའི་ཕྱིར། ཤི་ཡང་དགེ་སློང་མི་འདོར་ན། །བསླབ་པ་ཕུལ་བ་ལ་སོགས་པ་ཡང་སོ་ཐར་གྱི་སྡོམ་པའི་སྟོང་རྒྱུ་མིན་པར་ཐལ། ཤི་འཕོས་པ་དེ་དེ་མིན་པ་གང་ཞིག །རྒྱུ་མཚན་མཚུངས་པའི་ཕྱིར།

འོན་སེམས་བསྐྱེད་ཀྱིས་ཟིན་པའི། །ཐེག་ཆེན་སེམས་བསྐྱེད་ཀྱིས་ཟིན་པའི་དགེ་སློང་གི་སྡོམ་པ་བསླབ་པ་ཕུལ་བ་སོགས་ཀྱིས་ཀྱང་མི་སྟོང་བར་ཐལ། དེ་ཤི་འཕོས་པས་མི་སྟོང་བ་གང་ཞིག །དེ་གཉིས་རྒྱུ་མཚན་མཚུངས་པའི་ཕྱིར། ལྷ་དང་བྱིས་པའི་དགེ་སློང་རི། །ལྷ་དང་བྱིས་པའི་དགེ་སློང་ཉན་ཐོས་ཀྱི་ལུགས་ལ་མི་འཐད་པར་ཐལ། དེ་འདུལ་བའི་སྡེ་སྣོད་ལས་བཀག་པའི་ཕྱིར། སེམས་བསྐྱེད་ལྡན་པའི་བསྙེན་གནས་ཀྱང་། །ཐེག་ཆེན་སེམས་བསྐྱེད་ཀྱིས་ཟིན་པའི་བསྙེན་གནས་ཀྱི་སྡོམ་པ་མཚན་མོ་མཐའི་སྐད་ཅིག་མ་འདས་པ་ཙམ་གྱིས་མི་སྟོང་བར་ཐལ། ཐེག་ཆེན་སེམས་བསྐྱེད་ཀྱིས་ཟིན་པའི་དགེ་སློང་གི་སྡོམ་པ་ཉན་ཐོས་ཀྱི་ལུགས་ལ་ཤི་འཕོས་པས་མི་སྟོང་བའི་ཕྱིར། དེས་ན་སོ་སོར་ཐར་པ་ཡི། །ཐེག་ཆེན་གྱི་ལུགས་ལ་སོ་ཐར་གྱི་སྡོམ་པ་ཤི་འཕོས་པས་སྟོང་སྟེ། དེ་མི་སྟོང་བར་ཁས་བླངས་ན། ཐེག་པ་ཆེ་ཆུང་གི་སྡེ་སྣོད་ཀྱི་ཁྱད་པར་མི་ཤེས་པའི་སྐྱོན་ཡོད་པའི་ཕྱིར། བྱེ་བྲག་སྨྲ་བའི་བསྙེན་གནས་ཀྱང་། །བྱེ་བྲག་ཏུ་སྨྲ་བའི་ལུགས་ལ། བསྙེན་གནས་ཀྱི་སྡོམ་པ་ཡང་དགེ་སློང་ཁོ་ནས་ལེན་དགོས་ཏེ། སྡོམ་པ་འབོགས་པའི་གང་ཟག་དེ་བསྒྲུབ་བྱ་དེའི་གནས་ཀྱི་བླ་མར་རུང་བ་གཅིག་དགོས་པའི་ཕྱིར། མདོ་སྡེ་པ་རྣམས་དུད་འགྲོ་སོགས། །མདོ་སྡེ་པའི་ལུགས་ལ་བསྙེན་པར་རྫོགས་པ་ལས། བསྙེན་གནས་ཀྱི་སྡོམ་པ་བླང་དུ་རུང་སྟེ། དེ་ལྟར་དུ་བྲམ་ཟེ་གནས་མཆོག་གིས་ཞུས་པའི་མདོ་ལས་བཤད་པའི་ཕྱིར། དོན་ཡོད་ཞགས་པའི་རྟོག་པ་ལས། ཐེག་ཆེན་གྱི་ལུགས་ལ་རང་ཉིད་ཀྱིས་རྟེན་ལ་སོགས་པའི་དྲུང་དུ་ཡང་བསྙེན་གནས་ཀྱི་སྡོམ་པ་བླང་དུ་རུང་སྟེ། དེ་ལྟར་དུ་དོན་ཡོད་ཞགས་པའི་རྟོག་པ་ལས་བཤད་པའི་ཕྱིར། བསྙེན་གནས་མཚན་མོ་འདས་པ་ན། །བསྙེན་གནས་བླངས་པའི་སང་ཉིན་སྡོམ་པ་འབུལ་མི་དགོས་ཏེ། ཉན་

ཐོས་ཀྱི་ལུགས་ལ་མཚན་མོ་མཐའི་སྐད་ཅིག་མ་འདས་པས་དེ་སྟོང་པའི་ཕྱིར། འདི་ཡང་རེ་ཞིག་བརྟག་པར་བྱ། ། བསྙེན་གནས་ཀྱི་སྡོམ་པ་འབོགས་པ་ལ་ཡི་དམ་གྱི་ལྷའི་སྒོམ་བཟླས་མ་བྱས་ཀྱང་འགལ་བ་མེད་དེ། བསྙེན་གནས་ཀྱི་སྡོམ་པ་གཙོ་ཆེ་བར་ཉན་ཐོས་ཀྱི་གཞུང་ལུགས་དང་མཐུན་པ་ཡིན་པའི་ཕྱིར། འོན་ཀྱང་གསང་སྔགས་ལུགས་བྱེད་ན། །གསང་སྔགས་དང་བསྟུན་ན་ལྷ་སྒོམ་པའི་སྒོ་ནས་བསྙེན་གནས་ཀྱི་སྡོམ་པ་འབོགས་པ་བསོད་ནམས་ཆེ་སྟེ། སྔགས་སྡོམ་གྱིས་ཟིན་པའི་དགེ་བ་འབྱུང་བའི་ཕྱིར། ཐེག་པ་ཆེན་པོ་ལས་བྱུང་བའི། །ཐེག་ཆེན་སོ་སོར་བཤད་པའི་འོག་ཏུ། ཐེག་ཆེན་སོ་སོར་བཤད་པ་ལ་དགོས་པ་ཡོད་དེ། ཐེག་པ་ཆེ་ཆུང་གི་ལུགས་སོ་སོར་ངེས་སུ་བཟུང་བར་བྱ་བའི་ཆེད་ཡོད་པའི་ཕྱིར། བྱང་ཆུབ་སེམས་དཔའ་ཉིད་ལ་ཡང་། །ཞེས་སོགས་དང་། གསོ་སྦྱོང་ཞེས་སོགས་ལ། ཐེག་ཆེན་གྱི་ལུགས་ལ་སོར་གྱི་སྡོམ་པ་འབོགས་པའི་ཆོ་ག་ཐུན་མོང་མིན་པ་ཡོད་དེ། གསོ་སྦྱོང་གི་སྡོམ་པ་འབོགས་པའི་ཆོ་ག་སོགས་ཡོད་པའི་ཕྱིར། རྒྱལ་སྲས༔ ཐེག་ཆེན་ལུགས་ལ་སྔོན་ཆོག་གི་མིང་གིས་བཏགས་རུང་གཅིག་ཡོད་དེ། དེ་ལྟར་དུ་བྱམས་པ་སོགས་ཀྱིས་མཛད་པ་ཡོད་པར་མདོ་ལས་གསུངས་པའི་ཕྱིར། དེས་ན་ད་ལྟའི་ཆོ་ག་ནི། །ཐེག་ཆེན་དང་ཐུན་མོང་བའི་སོ་ཐར་གྱི་སྡོམ་པ་འབོགས་བྱེད་ཀྱི་ཆོ་གའི་རྣམ་བཞག་ཡོད་དེ། བསམ་པ་ཐེག་ཆེན་སེམས་བསྐྱེད་ཀྱིས་ཀུན་ནས་བསླངས་ནས། ཆོ་ག་ཉན་ཐོས་ཀྱི་ལུགས་བཞིན་དུ་བྱས་པའི་ཆོ་ག་དེ་དེའི་མཚན་གཞི་ཡིན་པའི་ཕྱིར། དེ་ནས་བྱང་ཆུབ་སེམས་དཔའ་ཡི། །ཐེག་ཆེན་སོ་ཐར་གྱི་བསླབ་བྱ་བཤད་པ་ལ་དགོས་པ་ཡོད་དེ། སྡོམ་པ་མི་ཉམས་ཤིང་བསྲུང་བའི་ཆེད་ཡོད་པའི་ཕྱིར། འདི་ལ་སྡིག་ཏོ་ཞེས་སོགས་ལ། །ཐེག་ཆེན་གྱི་ལུགས་འདི་ལ་ཡང་། སྡིག་ཏོ་མི་དགེ་བའི་ཕྱོགས་ཉན་ཐོས་ཀྱི་ལུགས་བཞིན་དུ་བསྲུང་དགོས་ཏེ། མ་བསྲུང་ན་ཉེས་པ་འབྱུང་བའི་ཕྱིར། འདོད་པས་དབེན་པའི་ལྟུང་བ་འགའ་ཞིག་བྱང་ཆུབ་སེམས་དཔའི་ལུགས་བཞིན་དུ་བསྲུང་དགོས་ཏེ་མ་བསྲུང་ན་ཉེས་པ་འབྱུང་བའི་ཕྱིར། ཐེག་ཆེན༔ ཐེག་ཆེན་གྱི་ལུགས་ལ་ཡང་དགེ་སློང་གི་སྡོམ་པའི་ཁས་བླངས་དུས་ཀྱི་ཟློག་ཆ་ཤི་འཕོས་པས་སྟོང་སྟེ། དགེ་སློང་གི་སྡོམ་པ་དེ་ཆོ་ག་ཉན་ཐོས་ཀྱི་ལུགས་བཞིན་དུ་ཐོབ་དགོས་པའི་ཕྱིར།

དེའི་ཕྱིར་ད་ནས་ལས་དང་རྣམ་སྨིན་གྱི། །སོ་ཐར་གྱི་སྡོམ་པ་བཤད་པའི་འོག་ཏུ་ལས་འབྲས་ཀྱི་རྣམ་བཞག་འཆད་པ་ལ་དགོས་པ་ཡོད་དེ། སོ་ཐར་གྱི་བསླབ་བྱ་ཕྱིན་ཅི་མ་ལོག་པར་ཤེས་པའི་ཆེད་ཡོད་པའི་ཕྱིར། ལས་ལ༔ ལས་ལ་ངོ་བོའི་སྒོ་ནས་དབྱེ་ན་གསུམ་དུ་ཡོད་དེ། དགེ་མི་དགེ་ལུང་མ་བསྟན་གསུམ་དུ་ཡོད་པར་བདུད་བཞི་རྒྱལ་བའི་མདོ་ལས་གསུངས་པའི་ཕྱིར། ལས་ལ༔ ལས་ལ་མཚན་གཞིའི་སྒོ་ནས་གཉིས་སུ་ཡོད་དེ། བསམ་པའི་ལས་དང་། སེམས་པའི་ལས་གཉིས་སུ་ཡོད་པའི་ཕྱིར། གཞན་ཡང་ལས་ལ་རྣམ་བཞིར་གསུངས། །

ལས་ལ་བསམ་སྦྱོར་གྱི་སྒོ་ནས་དབྱེ་ན་བཞི་ཡོད་དེ། དཀར་ནག་འདྲེས་མའི་ལས་བཞིར་ཡོད་པའི་ཕྱིར། གཞན་ཡང་༔ ལས་ལ་འཕེན་རྫོགས་ཀྱི་སྒོ་ནས་དབྱེ་ན་གཉིས་སུ་ཡོད་དེ། འཕེན་བྱེད་ཀྱི་ལས་དང་། རྫོགས་བྱེད་ཀྱི་ལས་གཉིས་སུ་ཡོད་པའི་ཕྱིར། གཞན་ཡང་གཅིག་ཏུ་དཀར་བ་དང་། །ལས་ལ་རྒྱུད་ཀྱི་སྒོ་ནས་དབྱེ་ན་གསུམ་དུ་ཡོད་དེ། གཅིག་ཏུ་དཀར་བའི་ལས་ལ་སོགས་པ་གསུམ་དུ་ཡོད་པའི་ཕྱིར། འདི་འདྲའི་ལས་དང་རྣམ་སྨིན་གྱི། །གོང་དུ་བཤད་པའི་ལས་འབྲས་ཀྱི་རྣམ་བཞག་ལ་མཁས་པར་བྱས་པ་ཆོས་ཅན། དགོས་པ་ཡོད་དེ། ལས་འབྲས་ཀྱི་རྣམ་དབྱེ་ལ་མ་རྨོངས་པའི་ཆེད་ཡོད་པའི་ཕྱིར། གྲངས་ཅན༔ གྲངས་ཅན་གྱི་ལུགས་དང་ཆོས་མཚུངས་པའི་ཆོས་དབྱིངས་སོགས་རྒྱུའི་དགེ་རྩ་ར་འདོད་པའི་གྲུབ་མཐའ་འདི་མི་འཐད་དེ། འོག་ནས་འཆད་པར་འགྱུར་བའི་ལུང་རིགས་གཉིས་ཀྱིས་གནོད་པའི་ཕྱིར། དེ་སྐད་དུ་ཡང་རྒྱུད་བླ་མ་ལས། ཆོས་དབྱིངས་བསྒོ་བས་མི་འགྱུར་བ་ཡིན་ཏེ། དེ་ལྟར་དུ་རྒྱུད་བླ་མ་དང་། དཔལ་འཕྲེང་གི་ཞུས་པའི་མདོ་དང་། རྩ་བཤེས་རབ་གསུམ་ལས་བཤད་པའི་ཕྱིར། ཤེས་རབ༔ ཆོས་དབྱིངས་དགེ་སྡིག་ལས་གྲོལ་བ་ཡིན་ཏེ། དེ་ལྟར་དུ་ཤེར་ཕྱིན་གྱི་མདོ། སཾ་བུ་ཊིའི་རྒྱུད། རིན་ཆེན་ཕྲེང་བ་གསུམ་ལས་བཤད་པའི་ཕྱིར། འདི་ནི་བདེ་གཤེགས་སྙིང་པོའི་ཁམས། །སྟོང་ཉིད་སྙིང་རྗེའི་སྙིང་པོ་ཅན་དེ་བདེ་གཤེགས་སྙིང་པོ་མིན་ཏེ། བདེ་གཤེགས་སྙིང་པོའི་སྟེང་དུ་དྲི་མ་སྦྱོང་བྱེད་ཀྱི་དགེ་རྩ་ཡིན་པའི་ཕྱིར། མངོན་པའི༔ མངོན་པ་ཀུན་ལས་བཏུས་པའི་མདོ་སྡེ་པའི་ལུགས་ལ། དགེ་བ་གསུམ་གྱི་རྣམ་བཞག་བཤད་པ་ཡིན་ཏེ། ངོ་བོ་ཉིད་ཀྱི་དོན་དམ་པའི། མཚུངས་ལྡན་གྱི་དགེ་བ་དང་གསུམ་བཤད་པའི་ཕྱིར། ཅི་ནས་ཆོས་དབྱིངས་དགེ་བ་ཉིད། །ངན་འགྲོར་འགྲོ་བའི་སེམས་ཅན་མི་སྲིད་པར་ཐལ། སྡིག་པ་དང་ལུང་མ་བསྟན་བཅས་པའི་ཀྱང་དགེ་བ་གོང་འཕེལ་དུ་འགྱུར་བའི་ཕྱིར། འདི་ཡང་དེ་ལྟར༔ ཐབས་ལ་མི་མཁས་པའི་བྱམས་སྙིང་རྗེའི་མིང་ཅན་ངན་སོང་གི་རྒྱུ་རུ་གསུངས་ཏེ། དེ་ལྟར་དུ་མདོ་སྡེ་མཛངས་བླུན་ལས་གསུངས་པའི་ཕྱིར། དེས་ན་འགྲོ་བ༔ རྡོ་རྗེ་རྒྱལ་མཚན་གྱི་བསྔོ་བའི་མདོ་ནས་བཤད་པའི་ཡོད་དགེའི་མཚན་ཉིད་ཡོད་དེ། སྐྱེས་བུས་རྩོལ་བ་ལས་བྱས་པའི་དགེ་རྩ་རྣམས་དེའི་མཚན་ཉིད་ཡིན་པའི་ཕྱིར། གལ་ཏེ་ཆོས་ཀྱི༔ ཆོས་ཉིད་ཡོད་དགེར་བཤད་པ་མི་འཐད་དེ། འོག་ནས་འཆད་པར་འགྱུར་བའི་སྐྱོན་གསུམ་འབྱུང་བའི་ཕྱིར། ཆོས་དབྱིངས་ཡོད་པར་མ་ཡིན་ཏེ། །ཆོས་དབྱིངས་དོན་དམ་པར་ཡོད་པའི་དགེ་བ་མིན་ཏེ། དོན་དམ་པར་ཡོད་པའི་དགེ་བ་ལ་མི་རྟག་པས་ཁྱབ་པར་ཆོས་གྲགས་ཀྱིས་བཤད་པའི་ཕྱིར། ཡོད་ཅེས་བྱ་བ་རྟག་པར་འཛིན། །དེས་ན་སངས་རྒྱས་བསྟན་པ་ལ། །ཞེས་སོགས་རྣམས་ལ་རྣམ་གྲོལ་དོན་གཉེར་གྱི་གང་ཟག་གིས་ཆོས་དབྱིངས་ཡོད་མེད་ཀྱི་མཐའ་གཉིས་སུ་བཟུང་བར་བྱ་བ་མ་ཡིན་ཏེ། ཆོས་དབྱིངས་མཐའ་བྲལ་ཡིན་

པའི་ཕྱིར། རིགས་པས་ཀྱང་ནི༑ ཆོས་དབྱིངས་དོན་དམ་པར་ཡོད་པ་མིན་ཏེ། དོན་དམ་པར་ཡོད་ན་དོན་བྱེད་ནུས་པ་ཡིན་པས་ཁྱབ་པའི་ཕྱིར། གཞན་ཡང་༑ འགྲོ་ཀུན་ཞེས་པའི་ཚིག་སློས་པ་ལ་དགོས་པ་མེད་པར་ཐལ། ཐེམ་ཤེས་གཉིས་ཀྱི་ཆོས་ཉིད་ཀྱང་བསྔོ་རྒྱུའི་དགེ་རྩ་མིན་པའི་ཕྱིར། དེས་ན་གཞུང་དེའི༑ རྡོ་རྗེ་རྒྱལ་མཚན་གྱི་བསྔོ་བའི་མདོའི་དོན་བཤད་དུ་ཡོད་དེ། སྤྱིར་ན་དམིགས་བསལ་ལ་སྦྱོར་བའི་ཚུལ། རང་རྒྱུད་དང་གཞན་རྒྱུད་ལ་སྦྱོར་བའི་ཚུལ། མདོར་བསྟན་རྒྱས་བཤད་ལ་སྦྱོར་བའི་ཚུལ་གསུམ་དུ་ཡོད་པའི་ཕྱིར། རྡོ་རྗེ་རྒྱལ་མཚན་རང་ཉིད་ཀྱིས། །ཆོས་དབྱིངས་དགེ་རྩ་ཡིན་པ་རྡོ་རྗེ་རྒྱལ་མཚན་གྱི་མདོ་རང་ཉིད་དང་འགལ་ཏེ། མདོ་དེ་ལས་ཡོད་དགེ་དེ་སྐྱེས་བུས་རྩོལ་བ་ལས་བསྐྱབས་པའི་དགེ་བ་ལ་བཤད་པའི་ཕྱིར། ཆོས་དབྱིངས༑ ཆོས་དབྱིངས་འདུས་བྱས་ཡིན་པར་ཐལ། ཆོས་དབྱིངས་བསྔོ་རྒྱུའི་དགེ་རྩ་ཡིན་པའི་ཕྱིར། མདོ་སྡེ༑ ཆོས་དབྱིངས་འགྱུར་མེད་ཡིན་ཏེ།

དེ་ལྟར་དུ་མདོ་བསྟན་བཅོས་ལས་གསུངས་པའི་ཕྱིར། ཆོས་ཉིད་སྨྲས་བྲལ་དང་ནས་ནི། །བློ་སྦྱོང་གི་བསྔོ་བའི་མཚན་བཞི་ཡོད་དེ། སྤྲོས་བྲལ་རྟོགས་པའི་ཤེས་རབ་ཀྱིས་ཟིན་པའི་གནས་མིན་གྱི་བསྔོ་བ་དེ་དེའི་མཚན་ཉིད་ཡིན་པའི་ཕྱིར། གཞན་ཡང་༑ ཆོས་ཉིད་བསྔོ་རྒྱུའི་དགེ་རྩར་བྱེད་པ་རྡོ་རྗེ་རྒྱལ་མཚན་རང་ཉིད་ཀྱི་མདོ་དང་འགལ་ཏེ། མདོ་དེ་ཉིད་ལས། ཆོས་ཉིད་མི་འགྱུར་བདེན་པའི་བྱིན་རླབས་དང་། །ཞེས་བཤད་པའི་ཕྱིར། སེམས་ཅན་ཐམས་ཅད་དེ༑ སེམས་ཅན་གྱི་ཁམས་བདེ་གཤེགས་སྙིང་པོར་འདོད་པ་མི་འཐད་དེ། དེ་ལ་མཐའ་གསུམ་དུ་རྟགས་ནས་མི་འཐད་པའི་ཕྱིར། ཐེམ་པོ་སེམས་ཅན༑ ཐེམ་པོ་དང་བདེ་གཤེགས་སྙིང་པོའི་གཞི་མཐུན་མེད་དེ། དེ་མུ་སྟེགས་རིག་བྱེད་པའི་ལུགས་ཡིན་པའི་ཕྱིར། རིག་པ་ཡིན་ན༑ རྣམ་ཤེས་ཚོགས་བརྒྱད་དང་བདེ་གཤེགས་སྙིང་པོའི་གཞི་མཐུན་མེད་དེ། བདེ་གཤེགས་སྙིང་པོ་དེ་མདོ་ལས་འདུས་མ་བྱས་སུ་གསུངས་པའི་ཕྱིར། འགའ་ལས། མདོ་ལས་ཟག་མེད་ཀྱི་སེམས་རྒྱུད་གསུངས་པའི་མཚན་ཉིད་ཡོད་དེ། ཀུན་གཞི་བསལ་ལུགས་ལས་དེ་ལྟར་དུ་བཤད་པའི་ཕྱིར། གལ་ཏེ་སེམས་ཅན༑ བདེ་གཤེགས་སྙིང་པོ་སྤྲོས་བྲལ་ཡིན་པར་ཐལ། དངོས་པོ་དངོས་མེད་གཉིས་ཀའི་སྤྲོས་པ་ལས་གྲོལ་བའི་ཕྱིར། མ་ཡིན་ཆོས་ཀྱི་དབྱིངས་ལ་ནི། །ཐེམ་པོའི་ཆོས་དབྱིངས་བསྔོ་རྒྱུའི་སྙིང་པོ་མིན། སེམས་ཅན་གྱི་ཆོས་དབྱིངས་བསྔོ་རྒྱུའི་སྙིང་པོ་ཡིན་པའི་ཁྱད་པར་མི་འཐད་དེ། དེ་གཉིས་ཀ་བསྔོ་རྒྱུའི་དགེ་རྩ་མིན་པར་མཚུངས་པའི་ཕྱིར། དེས་ན་དེ་བཞིན་གཤེགས་པ་ཡི༑ །སེམས་ཅན་རྣམས་ལ་སངས་རྒྱས་དང་འཁོར་བ་གཉིས་ཀ་འགྲུབ་པའི་ནུས་པ་ཡོད་དེ། སེམས་ཅན་གྱི་རྒྱུད་ལ་ཡོད་པའི་བདེ་གཤེགས་སྙིང་པོ་དེ་སྤྲོས་བྲལ་ཡིན་པའི་ཕྱིར། འཕགས་པ༑ སེམས་ཅན་གྱི་རྒྱུད་ལ་བདེ་གཤེགས་སྙིང་པོ་ཡོད་པ་འཐད་དེ། དེ་ལྟར་དུ་ཀླུ་སྒྲུབ་དང་བྱམས་པས་བཤད་པའི་ཕྱིར། འདི་དོན་རྒྱས་པར༑

བདེ་གཤེགས་སྙིང་པོ་སེམས་ཅན་གྱི་རྒྱུད་ལ་ཡོད་པའི་སྒྲུབ་བྱེད་གཞན་ཡང་ཡོད་དེ། དེ་ལྟར་དུ་བརྒྱད་སྟོང་པ་ལས། ཆོས་འཕགས་ཀྱི་ལེའུ་ལས་བཤད་པའི་ཕྱིར། འོན་ཀྱང་མདོ་སྡེ་འགའ་ཞིག་དང་། །སེམས་ཅན་གྱི་རྒྱུད་ལ་སྟོབས་སོགས་ཀྱི་ཡོན་ཏན་གྱིས་བརྒྱན་པའི་བདེ་གཤེགས་སྙིང་པོ་ཡོད་པར་གསུངས་པ་ནི། དྲང་དོན་དགོངས་པ་ཅན་ཡིན་ཏེ། དེ་ལ་དགོངས་གཞི། དགོས་པ། དངོས་ལ་གནོད་བྱེད་ཀྱི་ཆོས་གསུམ་ཡོད་པའི་ཕྱིར། སློབ་དཔོན་ཟླ་བ༔ ཡང་སེམས་ཅན་གྱི་རྒྱུད་ལ་དེ་ལྟ་བུའི་སྙིང་པོར་ཡོད་པར་བཤད་པ་དྲང་དོན་དགོངས་པ་ཅན་ཡིན་ཏེ། དེ་ལྟར་དུ་འཇུག་འགྲེལ་ལས་བཤད་པའི་ཕྱིར། འགའ་ཞིག༔ བསྔོ་བ་བྱེད་པའི་གནས་སྐབས་སུ་ཆུ་སྒྲིང་བ་ལ་སོགས་ཀྱི་ལག་ལེན་བྱེད་པ་མི་འཐད་དེ། དེ་རིག་བྱེད་པའི་གྲུབ་མཐའ་ཡིན་པའི་ཕྱིར། བསྔོ་བ་དེ་ཡང༔ བསྔོ་བ་ཐམས་ཅད་བསྔོ་ན་གཉིས་སུ་འདུས་ཏེ་གནས་དང་གནས་མིན་གྱི་བསྔོ་བ་གཉིས་སུ་འདུས་པའི་ཕྱིར། དེས་ན་བསྔོ་རྒྱུའི་དགེ་བ་དང་། །ཆོས་དབྱིངས་བསྔོ་རྒྱུའི་དགེ་རྩ་ཡིན་པ་མི་འཐད་དེ། བསྔོ་རྒྱུའི་དགེ་རྩ་དང་བཞགས་བྱའི་སྡིག་པ་ཡིན་ན་རྒྱུ་རྐྱེན་གྱིས་བྱས་པ་གཅིག་དགོས་པར་རིན་ཆེན་ཕྲེང་བ་ལས་བཤད་པའི་ཕྱིར། ཉན་ཐོས་དགེ་བ་ཕལ་ཆེར་ཡང་། །ཐེག་པ་ཆེ་ཆུང་གི་གནང་བཀག་གི་ཁྱད་པར་ཡོད་དེ། ཉན་ཐོས་ཀྱི་དགེ་བ་ཐེག་ཆེན་གྱི་ལུགས་ལ་སྡིག་པར་འགྱུར་བ་ཡང་ཡོད་དེ། ཐེག་ཆེན་གྱི་དགེ་བ་ཉན་ཐོས་ལུགས་ལ་སྡིག་པར་འགྱུར་བ་ཡང་ཡོད་པའི་ཕྱིར། དེ་དག་གིས་ནི༔ ལས་ཀྱི་འབྲས་བུ་དཀར་ནག་ཟང་ཐལ་དུ་འདོད་པ་མི་འཐད་དེ། དེ་དག་གིས་དྲང་དོན་གྱི་མདོ་ལ་ངེས་དོན་གྱི་མདོར་འཁྲུལ་བ་ཡིན་པའི་ཕྱིར། དེད་དཔོན་སྙིང་རྗེ༔ དཀར་ནག་ཟང་ཐལ་དྲང་དོན་ཡིན་པ་འཐད་དེ། དེ་ལྟར་དུ་ཐབས་ལ་མཁས་པའི་མདོ་ལས་གསུངས་པའི་ཕྱིར། གལ་ཏེ་རྫོགས་པའི༔ དཀར་ནག་ཟང་ཐལ་ངེས་དོན་ཡིན་པ་ལ་གནོད་བྱེད་ཡོད་དེ། ཚོགས་གཉིས་རྫོགས་པ་དོན་མེད་དུ་ཐལ་བ་སོགས་ཀྱི་སྐྱོན་གསུམ་ཡོད་པའི་ཕྱིར། གལ་ཏེ་སངས་རྒྱས༔ ནག་པོ་ཟང་ཐལ་ཡིན་ན་སྤྲུལ་སྐུ་ལ་མི་དགེ་བའི་རྣམ་སྨིན་འབྱུང་བ་མི་རིགས། ལོངས་སྐུ་ལ་འབྱུང་བ་རིགས་ཏེ། ལོངས་སྐུ་དེ་དང་པོར་སངས་རྒྱས་པའི་སངས་རྒྱས་ཡིན་པའི་ཕྱིར། འདི་ཡི་ལུང་དང་༔ དཀར་ནག་ཟང་ཐལ་མི་འཐད་པའི་ལུང་རིགས་ཀྱི་ཁུངས་ཡོད་དེ། དབྱིག་གཉེན་དང་ལེགས་ལྡན་འབྱེད་སོགས་ཀྱིས་ཟང་ཐལ་མི་འཐད་པར་གསུངས་པའི་ཕྱིར། ཡི་བགག་ཡི་གནང་༔ སྤྱོད་པ་ཡི་བགག་ཡི་གནང་དུ་འདོད་པ་མི་འཐད་དེ། ཉན་ཐོས་དང་ཐེག་ཆེན་ལ་གནང་བཀག་ཐ་དད་དུ་ཡོད་པའི་ཕྱིར། ཉན་ཐོས་རྩ་བའི༔ ཉན་ཐོས་ཀྱི་ལུགས་ལ་གནང་བཀག་ཐ་དད་དུ་ཡོད་དེ། རྩ་བའི་ལུང་སྡེ་བཞི་མི་འདྲ་བ་ནས་སྡོམ་པ་སྐྱོང་ཚུལ་མི་འདྲ་བའི་བར་ཐ་དད་དུ་ཡོད་པའི་ཕྱིར། གལ་ཏེ་སྡེ་པ༔ སྡེ་པ་བཅོ་བརྒྱད་ལ་བདེན་རྫུན་གྱི་དབྱེ་བ་ཡོད་པ་མི་འཐད་དེ། རྒྱལ་པོ་ཀྲི་ཀྲིའི་རྨི་ལམ་ལུང་བསྟན་པའི་མདོ་

ལས། སྡེ་པ་བཅོ་བརྒྱད་པོ་ཐམས་ཅད་བདེན་པར་གསུངས་པའི་ཕྱིར། ཞེས་ཀྱང་ཕལ་ཆེརཿ སྡེ་པ་བཅོ་བརྒྱད་ཀྱི་བསླབ་བྱ་ཤེས་ཀྱང་གནང་བཀག་ཐ་དད་ཡོད་དེ། སོ་ཐར་གྱི་མདོ་འདོན་པའི་སྐད་མི་འདྲ་བ་སོགས་དུ་མ་ཡོད་པའི་ཕྱིར། མདོར་ནཿ དཔེར་ན་བུ་རམཿ སྡེ་པ་བཅོ་བརྒྱད་ཀྱི་གནང་བཀག་ཐ་དད་དུ་ཡོད་དེ། ཕམ་པ་བཞིའི་འཇོག་ཚུལ་མི་འདྲ་བ་སོགས་དང་། བུ་རམ་ཕྱི་དྲོའི་ཁ་ཟས་སུ་འདོད་མི་འདོད་སོགས་ཀྱི་ཁྱད་པར་ཡོད་པའི་ཕྱིར། འདི་ནི་སངས་རྒྱསཿ ཁྲིམ་པ་དང་རབ་བྱུང་ཐམས་ཅད་ལ་ལྟུང་བ་འབྱུང་བར་མཚུངས་པ་མི་འཐད་དེ། ལྟུང་བ་དེ་བཅས་པ་ཕན་ཆད་དུ་འབྱུང་བ་བཅས་པ་ལ་མི་འབྱུང་བའི་ཕྱིར། ཉན་ཐོས་རྣམ་གསུམཿ ཉན་ཐོས་ཀྱི་ལུགས་ལ་རྣམ་གསུམ་དག་པའི་ཤ་ལ་ལོངས་སྤྱད་དུ་རུང་སྟེ། ཉན་ཐོས་ཀྱི་ལུགས་ལ་དེ་ལ་ལོངས་སྤྱད་དུ་རུང་བ་བཀག་ན་ལྷས་སྦྱིན་གྱི་བརྟུལ་ཞུགས་དང་མཚུངས་པར་ཐལ་བའི་སྐྱོན་ཡོད་པའི་ཕྱིར། ཐེག་པ་ཆེ་ལཿ ཐེག་པ་ཆེན་པོའི་ལུགས་ལ་རབ་ཏུ་བྱུང་བས་ཤ་ལ་ལོངས་སྤྱད་དུ་མི་རུང་སྟེ། ཤ་ལ་ལོངས་སྤྱོད་ན་ངན་འགྲོའི་རྒྱུར་འགྲོ་བའི་ཉེས་པ་ཡོད་པར་ལང་ཀར་གཤེགས་པའི་མདོ་སོགས་ལས་བཤད་པའི་ཕྱིར། དེ་བཞིན་ཕ་རོལཿ ཐེག་ཆེན་གྱི་ལུགས་ལ་ཡང་གནང་བཀག་ཐ་དད་དུ་ཡོད་དེ། ཕ་རོལ་ཏུ་ཕྱིན་པ་དང་གསང་སྔགས་གཉིས་གནང་བཀག་ཐ་དད་དུ་ཡོད་པའི་ཕྱིར། དེས་ན་ཡེ་བཀགཿ དེས་ན་སྤྱོད་པ་ཡེ་བཀག་ཡེ་གནང་དུ་འདོད་པ་མི་འཐད་དེ། དེ་ལ་དཔེའི་སྒོ་ནས་མི་འཐད་པའི་སྐྱོན་ཡོད་པའི་ཕྱིར། འདི་འདྲའི་རིགས་པཿ རབ་བྱུང་ལ་སྡིག་པ་ཇི་སྙེད་འབྱུང་བ་རྣམས་ཁྲིམ་པ་ལ་འབྱུང་བར་འདོད་པ་མི་འཐད་དེ།

དེ་ལ་དངོས་སྟོབས་ཀྱི་རིགས་པས་གནོད་པའི་ཕྱིར་དང་། མགོ་མཚུངས་ཀྱི་གནོད་བྱེད་སོགས་དུ་མ་ཡོད་པའི་ཕྱིར། དེས་ན་མདོ་དངཿ སྡིག་པ་མི་དགེ་བ་དེ་བསྡུ་ན་རྣམ་པ་གཉིས་སུ་འདུས་ཏེ། རང་བཞིན་གྱི་ཁ་ན་མ་ཐོ་བ་དང་བཅས་པའི་ཁ་ན་མ་ཐོ་བ་གཉིས་སུ་འདུས་པའི་ཕྱིར། དེས་ན་མདོ་ལསཿ ཆ་ལུགས་ཙམ་ལ་དགེ་སྡིག་མེད་དེ། རབ་ཏུ་བྱུང་བའི་ཆ་ལུགས་ནི་ཚུལ་ཁྲིམས་ལ་གུས་པའི་རྒྱུ་ཙམ་དུ་གསུངས་པའི་ཕྱིར། བུ་མོ་གསེར་མཆོགཿ ཆ་ལུགས་ཙམ་ལ་དགེ་བ་མེད་དེ། འཇམ་དཔལ་གྱིས་ལུས་ཀྱིས་རབ་བྱུང་ཙམ་བཀག་ནས་སེམས་ཀྱི་རབ་བྱུང་གི་རྣམ་བཞག་གསུངས་པའི་ཕྱིར། དེས་ན་སྡོམ་པཿ ཆ་ལུགས་ཙམ་ལ་དགེ་སྡིག་མེད་དེ། སྡོམ་པ་མེད་པའི་ཆ་ལུགས་ཙམ་མདོ་བསྟན་བཅོས་ལས་བཀག་པའི་ཕྱིར། གཤིས་ལ་དགེ་བཿ དགེ་སྡིག་གཤིས་ལ་ཡོད་པ་མི་འཐད་དེ། དེ་ལ་མགོ་མཚུངས་ཀྱི་གནོད་བྱེད་དང་། དངོས་སྟོབས་རིགས་པའི་གནོད་བྱེད་གསུམ་ཡོད་པའི་ཕྱིར། དེས་ན་བདེ་དངཿ བདེ་སྡུག་གི་བྱེད་པ་པོ་རྗོགས་པའི་སངས་རྒྱས་མིན་ཀྱང་བསླབ་པ་འཆའ་བ་སོགས་ཀྱི་བྱེད་པ་པོ་རྗོགས་པའི་སངས་རྒྱས་ཡིན་ཏེ། དེ་སངས་རྒྱས་ཁོ་ན་ལ་རག་ལས་པའི་ཕྱིར། དེས་ན་བསྟན་པའི་

སྒོར་ཞུགས་པས། །ཞེས་སོགས་དང་། མདོ་བསྡུས་ལ༔ ཅེས་སོགས་ལ། དེས་ན་སངས་རྒྱས་གསུང་རབ་དང་། །ཞེས་བྱ་ཆོས་ཅན། ཐོས་བསམ་སྒོམ་གསུམ་མ་འཁྲུལ་བའི་མཚན་ཉིད་ཡོད་དེ། རྒྱལ་བའི་བཀའ་དང་དགོངས་འགྲེལ་གྱི་བསྟན་བཅོས་རྣམ་དག་ལ་འཆད་ཉན་བྱེད་པ་སོགས་དེའི་མཚན་གཞི་ཡིན་པའི་ཕྱིར། སྐབས་དང་པོ་སོ་ཐར་སྡོམ་པའི་སྒྲུར་ཊཱིཀ་བཤད་ཟིན་ཏོ།། །།

༄ གཉིས་པ། སེམས་བསྐྱེད་ལ་ནི་ཉན་ཐོས་དང་། །ཞེས་བྱ་ཆོས་ཅན། སེམས་བསྐྱེད་ལ་རྣམ་པ་གཉིས་སུ་ཡོད་དེ། ཉན་ཐོས་ལུགས་ཀྱི་སེམས་བསྐྱེད་དང་། ཐེག་ཆེན་ལུགས་ཀྱི་སེམས་བསྐྱེད་གཉིས་སུ་ཡོད་པའི་ཕྱིར། ཉན་ཐོས་རྣམ་ལ༔ ཉན་ཐོས་ལུགས་ཀྱི་སེམས་བསྐྱེད་ལ་སེམས་བསྐྱེད་ཚུལ་གྱི་སྒོ་ནས་དབྱེ་ན་གསུམ་དུ་ཡོད་དེ། དགྲ་བཅོམ། རང་རྒྱལ། སངས་རྒྱས་སུ་སེམས་བསྐྱེད་ཚུལ་དང་གསུམ་དུ་ཡོད་པའི་ཕྱིར། ཐེག་པ་ཆེན་པོའི༔ ཐེག་ཆེན་སེམས་བསྐྱེད་ལ་དབྱེ་ན་གཉིས་སུ་ཡོད་དེ། དབུ་མའི་ལུགས་ཀྱི་སེམས་བསྐྱེད་དང་། སེམས་ཙམ་ལུགས་ཀྱི་སེམས་བསྐྱེད་གཉིས་སུ་ཡོད་པའི་ཕྱིར། སེམས་ཙམ་པ་ཡི༔ སེམས་ཙམ་ལུགས་ཀྱི་སེམས་བསྐྱེད་སྐྱེ་བོ་ཀུན་ལ་བྱེད་པ་མི་འཐད་དེ། དེའི་རྟེན་དུ་སོ་ཐར་གྱི་སྡོམ་ལྡན་གཅིག་དགོས་པའི་ཕྱིར། ལ་ལ་སྐྱེ་བོ༔ ཀླུ་ལམ་ཙམ་གྱི་རྗེས་སུ་འབྲངས་ནས་སྐྱེ་བོ་ཀུན་ལ་སེམས་བསྐྱེད་བྱེད་པ་མི་འཐད་དེ། དེ་བྱམས་པ་དང་། མར་མེ་མཛད་སོགས་ཀྱིས་བཀག་པའི་ཕྱིར། དབུ་མའི་ལུགས་ཀྱི་སེམས་བསྐྱེད་འདི། །དབུ་མའི་ལུགས་ཀྱི་སེམས་བསྐྱེད་འདི་བྱང་ཆུབ་དོན་གཉེར་གྱི་བསམ་པ་དང་ལྡན་པའི་གང་ཟག་ཀུན་ལ་བྱ་རུ་རུང་སྟེ། དེ་ལྟར་དུ་འོག་ནས་འཆད་པར་འགྱུར་བའི་སྡོང་པོ་བཀོད་པའི་མདོ་དང་། སྤྱོད་འཇུག་ལ་སོགས་པའི་ཉན་ཐོས་རྣམས་ལས་གསུངས་པའི་ཕྱིར། ཇི་ལྟར་འབྲས་ཀྱི༔ སེམས་ཙམ་ལུགས་ཀྱི་སེམས་བསྐྱེད་དེ་སྡིག་ཅན་ལ་མི་སྐྱེ་བའི་དཔེ་ཡོད་དེ། འབྲས་ཀྱི་ས་བོན་གྲང་བའི་ཡུལ་དུ་མི་སྐྱེ་བ་དེ་དེའི་དཔེ་ཡིན་པའི་ཕྱིར། ཇི་ལྟར་ནས་ཀྱི༔ དབུ་མའི་ ལུགས་ཀྱི་སེམས་བསྐྱེད་སེམས་ཅན་ཀུན་ལ་སྐྱེ་བའི་དཔེ་ཡོད་དེ། ནས་ཀྱི་ས་བོན་གྲང་དྲོ་ཀུན་ཏུ་སྐྱེ་བ་དེ་དེའི་དཔེ་ཡིན་པའི་ཕྱིར། གལ་ཏེ་མདོ་ལས༔ གོང་དུ་བཤད་པའི་མདོ་དེ་རྣམས་སེམས་ཙམ་པའི་ལུགས་ལ་སྦྱར་དུ་མི་རུང་སྟེ། ཉིན་གཅིག་ཙམ་དུ་སྲོག་གཅོད་སྤོང་བ་སོགས་ཀྱི་སྡོམ་པ་དབུ་མའི་ལུགས་ལ་བྱར་རུང་གིས། སེམས་ཙམ་པའི་ལུགས་ལ་མི་རུང་བའི་ཕྱིར། དེས་ན་སེམས་ཙམ༔ སེམས་ཙམ་ལུགས་ཀྱི་སེམས་བསྐྱེད་ལེན་པར་འདོད་ན། ཐོག་མར་སོ་ཐར་གྱི་སྡོམ་པ་ལེན་དགོས་ཏེ། དེ་སྐྱེ་བའི་རྟེན་ལ་སོ་ཐར་གྱི་སྡོམ་ལྡན་གཅིག་དགོས་པའི་ཕྱིར། ཅི་སྟེ་སེམས་ཅན་ཐམས་ཅད་ལ༔ སེམས་ཅན་ཐམས་ཅད་ལ་སངས་རྒྱས་ཀྱི་ས་བོན་འཇོག་པར་འདོད་ན། དབུ་མའི་ལུགས་ཀྱི་སེམས་བསྐྱེད་འབོགས་དགོས་ཏེ། སེམས་བསྐྱེད་དེ་ལ་བརྟེན་ནས

རྫོགས་པའི་སངས་རྒྱས་སྒྲུབ་ནུས་པའི་ཕྱིར། དོན་དམ་སེམས་བསྐྱེད་ཞེས་བྱ་བཿ དོན་དམ་སེམས་བསྐྱེད་ཆོ་གའི་སྒོ་ནས་འབོགས་པ་མི་འཐད་དེ། དེ་སྒོམ་པའི་སྟོབས་ཀྱིས་སྐྱེ་དགོས་པའི་ཕྱིར། གལ་ཏེཿ དོན་དམ་སེམས་བསྐྱེད་དེ་རགས་པའི་བརྡ་ལས་བྱུང་བའི་སེམས་བསྐྱེད་ཡིན་པར་ཐལ། དེ་ཆོ་གའི་སྒོ་ནས་བླངས་པའི་སེམས་བསྐྱེད་ཡིན་པའི་ཕྱིར། དེ་བཞིན་ཀུན་རྫོབཿ ཀུན་རྫོབ་སེམས་བསྐྱེད་ཆོ་གའི་སྒོ་ནས་སྐྱེ། དོན་དམ་སེམས་བསྐྱེད་ཆོ་གའི་སྒོ་ནས་མི་སྐྱེ་བ་འཐད་དེ། མདོ་བསྟན་བཅོས་ལས་དེ་ལྟར་གསུངས་པའི་ཕྱིར། དོན་དམཿ དོན་དམ་སེམས་བསྐྱེད་ཆོ་གའི་སྒོ་ནས་མི་སྐྱེ་བ་ལ་ལུང་དང་འགལ་བའི་སྐྱོན་མེད་དེ། དེ་ལྟ་བུའི་ལུང་རྣམས་ནི་དམ་བཅའ་ཙམ་སྟོན་པའི་ལུང་ཡིན་གྱི། ཚིག་སྟོན་པའི་ལུང་མིན་ཏེ། དེ་ལྟརཿ དབུ་སེམས་གཉིས་ལ་སེམས་བསྐྱེད་འབོགས་བྱེད་ཀྱི་ཆོ་ག་ཐ་དད་དུ་ཡོད་ཀྱང་། ལྟུང་བའི་རྣམ་བཞག་མུ་བཞི་ཡོད་དེ། ལྟུང་བའི་གཟུགས་བརྙན་སོགས་མུ་བཞི་ཡོད་པའི་ཕྱིར། མདོར་ན་སེམས་ཀྱི་འཕེན་པ་ལསཿ ཐེག་པ་ཆེན་པོའི་སྐབས་སུ་བསམ་པ་གཙོ་བོར་གྱུར་པ་ཡིན་ཏེ། དགེ་སྡིག་གི་རྣམ་བཞག་ཐམས་ཅད་བསམ་པའི་སྒོ་ནས་འཇོག་པའི་ཕྱིར། བྱང་ཆུབ་སེམས་ཀྱི་བསླབ་པ་ལ། །ཐེག་ཆེན་སེམས་བསྐྱེད་དེ་བསླབ་བྱ་བསྡུ་ན་གཉིས་སུ་འདུས་ཏེ། བདག་གཞན་མཉམ་བརྗེ་གཉིས་སུ་འདུས་པའི་ཕྱིར། དེ་དོན་འདི་ལྟརཿ བདག་གཞན་བརྗེ་བའི་བྱང་ཆུབ་ཀྱི་སེམས་སྒོམ་དུ་མི་རུང་བ་མི་འཐད་དེ། བདག་གཞན་བརྗེ་བའི་སེམས་བསྐྱེད་གང་ཡིན་བརྟགས་ན་མི་འཐད་པའི་སྐྱོན་ཡོད་པའི་ཕྱིར། བྱང་ཆུབ་སེམས་དཔའིཿ བྱང་ཆུབ་སེམས་དཔའི་བློ་སྦྱོང་བའི་སྨོན་ལམ་འགའ་ཞིག་མཐའ་མི་བཙན་ཏེ། གལ་ཏེ་བཙན་ན་དེད་དཔོན་མཛའ་བའམ་བུ་རྒྱུན་ཏུ་ཀླད་ནད་ཅན་དུ་ཐལ་བའི་སྐྱོན་ཡོད་པའི་ཕྱིར། བདག་གཞན་བརྗེ་བ་སངས་རྒྱས་ཀྱི། །བདག་གཞན་བརྗེ་བའི་སེམས་བསྐྱེད་སྒོམ་དུ་མི་རུང་བ་མི་འཐད་དེ། དེ་བསྟན་པའི་སྙིང་པོ་ཡིན་པར་གསུངས་པའི་ཕྱིར། དེས་ན་བདག་གཞནཿ བདག་གཞན་བརྗེ་བའི་སེམས་བསྐྱེད་སྒོམ་པ་ནི་དགེ་བ་ཆེན་པོ་དང་ལྡན་སྟེ། གནས་སྐབས་དང་མཐར་ཐུག་གི་ཕན་ཡོན་གཉིས་དང་ལྡན་པའི་ཕྱིར། བྱང་ཆུབ་སེམས་ཀྱིཿ སྟོང་ཉིད་ཉན་ཐོསཿ སོ་སོར་ཐར་པའིཿ ཞེས་སོགས་གཞུང་གསུམ་ལ། ཐེག་པ་ཆེན་པོའི་རིགས་ཅན་གྱི་གང་ཟག་གིས་བདག་གཞན་བརྗེ་བའི་བྱང་ཆུབ་ཀྱི་སེམས་སྒོམ་དགོས་ཏེ། ཐེག་ཆེན་སེམས་བསྐྱེད་ཀྱིས་མ་ཟིན་པའི་སྟོང་ཉིད་ཉན་ཐོས་རྣམས་ཀྱང་བསྒོམ་དགོས་པའི་ཕྱིར། དེ་ཕྱིར་ཐབས་མཁསཿ དེས་ན་རྣམ་གྲོལ་དོན་གཉེར་གྱི་གང་ཟག་གིས་བདག་གཞན་མཉམ་བརྗེའི་བསླབ་བྱ་སྒོམ་དགོས་ཏེ། ཐབས་ཤེས་ཁྱད་པར་ཅན་གཉིས་པོ་དེ་སངས་རྒྱས་ཐོབ་པའི་རྒྱུའི་གཙོ་བོ་ཡིན་པར་གསུངས་པའི་ཕྱིར། སངས་རྒྱས་དགོངས་པཿ ཉན་ཐོས་ཀྱི་ནིཿ ཅེས་སོགས་ཀྱི་གཞུང་རྣམས་ལ། རྣམ་གྲོལ་དོན་གཉེར་གྱི་གང་ཟག་གིས་ཐབས་

ལམ་འབྲུལ་བ་བཀག་ནས། མ་འབྲུལ་བ་བསྒྲུབ་དགོས་ཏེ། ""མ་དཔེ་ཆད་རྣམ་གྲོལ་དོན་གཉེར""བའི་ཐབས་ཤེས་གཉིས་སངས་རྒྱས་ཐོབ་བྱེད་ཀྱི་རྒྱུ་ཡིན་པའི་ཕྱིར། མདོར་ན་སངས་རྒྱས་གསུང་རབ་དང་། །ཞེས་བྱ་ཆོས་ཅན་མ་འབྲུལ་བའི་ཐོས་བསམ་སྒོམ་གསུམ་གྱི་མཚན་ཉིད་ཡོད་དེ། སངས་རྒྱས་ཀྱི་གསུང་རབ་དང་མཐུན་པའི་ཐོས་བསམ་སྒོམ་གསུམ་དེ་དེའི་མཚན་ཉིད་ཡིན་པའི་ཕྱིར། སྐབས་གཉིས་པ་བྱང་སེམས་སྡོམ་པའི་སྤྱོར་ཇེ་ཀ་བཤད་ཟིན་ཏོ།། །།

ༀ རྡོ་རྗེ་ཐེག་པའི་ལམ་ཞུགས་ཏེ། །ཞེས་བྱ་ཆོས་ཅན། རྣམ་གྲོལ་དོན་གཉེར་ཅན་གྱི་གང་ཟག་གིས་སྨིན་བྱེད་ནོར་བ་མེད་པའི་དབང་དང་གྲོལ་བྱེད་འབྲུལ་པ་མེད་པའི་ལམ་རིམ་པ་གཉིས་ལ་འབད་དགོས་ཏེ། དེ་གཉིས་ལ་བརྟེན་ནས་རྫོགས་པའི་སངས་རྒྱས་མྱུར་དུ་སྒྲུབ་ནུས་པའི་ཕྱིར། སྨིན་པར༔ རྣམ་གྲོལ་དོན་གཉེར་གྱི་བླ་མ་བརྒྱུད་པའི་དམ་ཚིག་མ་ཉམས་ལ། སྤྱོར་དངོས་རྗེས་གསུམ་གྱི་ཆོ་ག་མ་འཁྲུགས་པ། ཕྱི་ནང་གི"མ་དཔེ་ཆད།ཚོད་དཔགས་བྱས་པ་ལྟར་ན་དབང་བཞི་གོང""བསྒྲིགས་ཏེ་སྐུ་བཞིའི་ས་བོན་ཐེབས་ནུས་པ། སངས་རྒྱས་ཀྱི་གསུང་ལ་གཅེས་སྤྲས་སུ་མཛད་པའི་ཁྱད་ཆོས་བཞི་ལྡན་གྱི་བླ་མ་ལ་དབང་བཞི་ལེན་དགོས་ཏེ། དེ་ལྟར་བླངས་པ་ལ་བརྟེན་ནས་རྟེན་གྱི་གང་ཟག་དེ་སྡོམ་པ་གསུམ་ལྡན་དུ་འགྱུར་བའི་ཕྱིར། འདི་འདྲ༔ ཕག་མོའི་བྱིན་རླབས་ཙམ་གྱིས་ཆོས་སྒོ་ཕྱེ་ནས་གཏུམ་མོ་ལ་སོགས་པའི་ཐབས་ལམ་སྒོམ་པ་མི་འཐད་དེ། དེ་རྒྱུད་བསྟན་བཅོས་དང་མི་མཐུན་པའི་ཕྱིར། རང་མ་དཔེ་ལས་ཆད།ཚོད་དཔགས་ལྟར་ན། བཟོའི་ཚོག""ཚོགས༔ རང་བཟོའམ་ཚོག་ཚོག་རྣམ་དག་ཏུ་རུང་སྟེ། ཚོག་སངས་རྒྱས་ཁོ་ནའི་སྤྱོད་ཡུལ་ཡིན་པའི་ཕྱིར། གཞན་ཡང་ཕག་མོའི༔ རབ་བྱུང་གི་བསྙེན་རྫོགས་སོགས་ད་ལྟར་གྱི་གནས་སྐབས་སུ་བྱེད་རིགས་པར་ཐལ། བྱིན་རླབས་ཙམ་གྱིས་ཆོས་སྒོ་འབྱེད་པ་འཐད་པའི་ཕྱིར། སྔགས་ཀྱི་དབང་བསྐུར། གྲངས་ངེས་མེད་པའི་དབང་བསྐུར་བྱེད་པ་མི་འཐད་དེ། དེ་རྡོ་རྗེ་འཆང་གི་རྒྱུད་ལས་བཀག་པའི་ཕྱིར། སྤྱོད་པའི་རྒྱུད་(འདི་མ་དཔེ་ལས་ཆད།ཀྱི་དབང་བསྐུར་བ། །གཞུང་གཞན་དང་བསྡུར་ན་འདི་འདྲ་ཡིན་པར་བསམ།)སྤྱོད་རྒྱུད་ཀྱི་དབང་བསྐུར་ལ་སློབ་མའི་གྲངས་ངེས་མེད་དེ། དེ་ལྟར་དུ་རྣམ་སྣང་མངོན་བྱང་གི་རྒྱུད་ལས་བཤད་པའི་ཕྱིར། འདི་ནི་གསང་བ༔ རྒྱུད་སྡེ་ལྷག་མ་གསུམ་གྱི་དབང་བསྐུར་གྱི་སློབ་མ་ལ་གྲངས་ངེས་ཡོད་དེ།

དེ་ལྟར་དུ་གསང་བ་སྤྱི་རྒྱུད་ལས་བཤད་པའི་ཕྱིར། འདི་ནི་བྱ་བའི༔ སྤྱིར་རྒྱུད་ཀྱི་ལུང་འདི་རྒྱུད་སྡེ་གོང་མ་གསུམ་ལ་ཡང་སྦྱར་དུ་རུང་སྟེ། དེ་ལྟར་དུ་སྤྱི་རྒྱུད་ཉིད་ལས་གསུངས་པའི་ཕྱིར། དབང་བསྐུར་གཞུང་ལུགས་གཞན་དང་སྡུར་ནམ་དཔེ་ལས་འདི་ཆད་པ་འདྲ་བྱེད་པ༔ གཡུང་དྲུང་རིས་ཀྱི་དཀྱིལ་འཁོར་དུ་དབང་བསྐུར་བྱེད་

པ་མི་འཐད་དེ། དེ་ལ་སྨྲུང་གཞི་སྲུང་བྱེད་ངོ་མི་འཕྲོད་པའི་སྐྱོན་ཡོད་པའི་ཕྱིར། ཆོ་ག་དག་པར༑ དབང་བསྐུར་གྱི་སྦྱོར་དངོས་རྗེས་གསུམ་གྱི་ཆོ་ག་དག་པར་བྱེད་དགོས་ཏེ། ཆོ་ག་དག་པ་ལས་བྱུང་བའི་བྱིན་རླབས་སངས་རྒྱས་ཀྱི་བྱིན་རླབས་ཡིན་པའི་ཕྱིར། དབང་བསྐུར་མེད་པར༑ དབང་བསྐུར་མེད་པར་ཟབ་ལམ་སྒོམ་པ་མི་འཐད་དེ། དེ་ངན་འགྲོའི་རྒྱུར་གསུངས་པའི་ཕྱིར་རོ། །ཚོད་དཔགས་ལྟར་ན གང་ཟག་གིས·········འབད་པ༑ སྔགས་ལམ་དོན་གཉེར་གྱི་གང་ཟག་གིས་འབད་པ་ཆེན་པོའི་སྒོ་ནས་དབང་བསྐུར་ཞུ་དགོས་ཏེ། དབང་བསྐུར་མེད་པར་དངོས་གྲུབ་མི་ཐོབ་པར་གསུངས་པའི་ཕྱིར། གང་ཟག་རབ་འབྲིང་༑ དེང་སང་གང་ཟག༑ ཅེས་སོགས་ལ། ཕག་མོའི་བྱིན་རླབས་སྒྲིན་བྱེད་ཀྱི་དབང་བསྐུར་དུ་མི་འཐད་དེ། མ་སྨིན་པ་སྨིན་པར་བྱེད་པའི་དབང་བསྐུར་ལ་དབང་གི་མངོན་པར་རྟོགས་པ་བདུན་ལྡན་དགོས་པའི་ཕྱིར། སེམས་ཙམ་ཡང་ཕྱེ་སྟེ༑ དབང་བསྐུར༑ ལྷག་མ་རྒྱུད་སྡེ༑ ཞེས་སོགས་ལ། སེམས་བསྐྱེད་ཙམ་བྱས་པ་ལ་བརྟེན་ནས་གསང་སྔགས་སྒོམ་དུ་འདོད་པ་མི་འཐད་དེ། རྒྱུད་སྡེ་བཞིའི་ལམ་ཉམས་ལེན་གྱི་རིམ་པ་སོ་སོར་ཡོད་པའི་ཕྱིར། གཏོར་མའི༑ གཏོར་མའི་དབང་བསྐུར་སོགས་སྨིན་བྱེད་ཀྱི་དབང་བསྐུར་དུ་མི་འཐད་དེ། དེ་ལྟར་དུ་རྒྱུད་སྡེ་ལས་གསུངས་པའི་ཕྱིར། གལ་ཏེ་སེམས་ཉིད༑ ཁ་ཅིག་ཚིག༑ དགེ་སློང་གི་སྡོམ་པ་སོགས་བླ་མའི་སྐུ་ལ་ལེན་རིགས་པར་ཐལ། དབང་བསྐུར་བླ་མའི་སྐུ་ལས་ལེན་རིགས་པའི་ཕྱིར། རྒྱུ་དང་ལམ་དང་འབྲས་བུ་ཡི། །ཞེས་སོགས་ལ། རྒྱུ་འབྲས་ལ་སོགས་པའི་དབྱེ་བ་ཐམས་ཅད་ཀུན་རྫོབ་ཙམ་དུ་ཡོད་པ་ཡིན་གྱི། དོན་དམ་པར་ཡོད་པ་མིན་ཏེ། དོན་དམ་པར་ཆོས་ཐམས་ཅད་སྤྲོས་བྲལ་ཡིན་པའི་ཕྱིར། འདི་ཡང་སངས་རྒྱས༑ དབང་བཞི་དང་ནི༑ རྒྱུད་སྡེ་འོག་མ་གསུམ་ལ་དབང་བཞི་རིམ་གཉིས་མེད་དེ། དེ་བླ་མེད་པོ་ནའི་ཁྱད་ཆོས་ཡིན་པའི་ཕྱིར། དེས་ན་རྒྱུད་སྡེ༑ དེས་ན་རྣམ་གྲོལ་དོན་གཉེར་གྱི་གང་ཟག་གིས་རྒྱུད་སྡེ་རང་རང་ནས་བཤད་པའི་ཆོ་ག་བཞིན་བྱེད་དགོས་ཏེ། རྒྱུད་སྡེ་བཞི་ལ་དབང་དང་ལམ་གྱི་བབ་མི་འདྲ་བ་བཞི་ཡོད་པའི་ཕྱིར། ལ་ལ་དབང་བསྐུར༑ རབ་བྱུང་ལ་མོས་པ་ཙམ་སྡོམ་པ་ལེན་པའི་སྒོ་ཡིན་པར་ཐལ། སྔགས་ལ་མོས་པ་ཙམ་སྔགས་ཀྱི་སྒོ་ཡིན་པའི་ཕྱིར། དེས་ན་སྙིང་༑ ཕུང་པོ་ཁམས་དང༑ ཅེས་སོགས་ལ། དབང་བསྐུར་ཆོས་སྒོ་ཙམ་མིན་ཏེ། དབང་བསྐུར་ནི་ཕྱི་ནང་གི་རྟེན་འབྲེལ་འགྲིགས་ནས་ཕུང་ཁམས་སྐྱེ་མཆེད་ལ་སངས་རྒྱས་ཀྱི་ས་བོན་འདེབས་པར་བྱེད་པའི་ཐབས་ཁྱད་པར་ཅན་ཡིན་པའི་ཕྱིར། དེས་ན་གང་ཟག༑ དབང་བསྐུར་དགོས་ཙམ་མིན་ཏེ། གང་ཟག་དབང་པོ་རབ་དབང་བསྐུར་པོ་ནས་གྲོལ་ནུས་པའི་ཕྱིར། དེས་ན་དབང་བསྐུར༑ རྡོ་རྗེ་ཐེག་པའི་ཉམས་ལེན་གྱི་གཙོ་བོ་དབང་བསྐུར་ཡིན་ཏེ། ཕར་ཕྱིན་ཐེག་པའི་ཉམས་ལེན་གྱི་གཙོ་བོ་སེམས་བསྐྱེད་དུ་འདུས་པ་དང་མཚུངས་པའི་ཕྱིར། སོ་སོར་ཐར་པའི་སྡོམ་པ་དང༌། །སོ་

ཐར་དང་བྱང་སྡོམ་ལ་ཡང་མུ་བཞི་རྩི་རིགས་པར་ཐལ། དབང་བསྐུར་ལ་མུ་བཞི་ཙམ་རྩི་རིགས་པའི་ཕྱིར། འདི་ཡང་ཙུང་ཟད༔ གསང་སྔགས་ལ་ལྟུང་བ་མེད་པར་འདོད་པ་མི་འཐད་དེ། དེ་ལ་མཐའ་གཉིས་སུ་བརྟགས་ནས་མི་འཐད་པའི་ཕྱིར། གསུམ་པ༔ འདི་ཡང་ལེགས་པར་བཤད་ཀྱིས་ཉོན། །ཀླུ་སྒྲུབ་ལ་སོགས་པའི་གྲུབ་ཐོབ་དེ་དག་ཐབས་ལམ་ཕྱོགས་རེ་བས་གྲོལ་བ་མིན་ཏེ། ཐབས་ཤེས་ཟུང་འཇུག་ལས་མ་གཏོགས་པའི་སངས་རྒྱས་སྒྲུབ་པའི་ཐབས་གཞན་མེད་པའི་ཕྱིར། ལྟ་བ་དང་ནི་བསྐྱེད༔ ཀླུ་སྒྲུབ་ལ་སོགས་པ་ལྟ་བ་དང་བསྐྱེད་རིམ་རྐྱང་པས་གྲོལ་བ་མིན་ཏེ། དབང་དང་རིམ་གཉིས་སྒོམ་པ་ལ་བརྟེན་ནས་གྲོལ་བའི་ཕྱིར། དེས་ན་རྒྱུ་རྐྱེན༔ ཐབས་ལམ་ཕྱོགས་རེ་བ་སྟོན་པ་ལ་དགོས་པ་ཡོད་དེ། ཡེ་ཤེས་སྐྱེ་བའི་སྣ་འདྲེན་ཐབས་ཀྱི་དབྱེ་བས་བྱེད་པར་གསུངས་པའི་ཕྱིར། །ཁ་ཅིག་འཁྲུལ་དང་མ་འཁྲུལ་མེད། །དེས་ན་སྨིན༔ སོ་ནམ་རྩོལ་བཞིན༔ ཕར་ཕྱིན་ཐེག་པ་ལ་བསྟེན་ནས་ལམ་བགྲོད་ནུས་པའི་དཔེ་ཡོད་དེ། སོ་ནམ་རྩོལ་བཞིན་བྱས་པ་ལས་ལོ་ཐོག་རིམ་གྱིས་སྨིན་པ་དེ་དེའི་དཔེ་ཡིན་པའི་ཕྱིར། སྔགས་ཀྱིས་བཏབ་པའི༔ རྡོ་རྗེ་ཐེག་པ་ལ་བསྟེན་ནས་ས་ལམ་བགྲོད་ཚུལ་གྱི་དཔེ་ཡོད་དེ། སྔགས་ཀྱིས་བཏབ་པའི་ལོ་ཐོག་ཉི་མ་གཅིག་ལ་སྨིན་པ་དེ་དེའི་དཔེ་ཡིན་པའི་ཕྱིར། སྟོང་ཉིད་སྙིང་རྗེ༔ རྫོགས་པའི་སངས་རྒྱས༔ ཕར་ཕྱིན་ཐེག་པ་ལ་བསྟེན་པའི་ལམ་བགྲོད་ཚུལ་གྱི་རིམ་པ་འདི་མཁས་པས་བསྟེན་རིགས་ཏེ། རྩོད་པ་ལས་གྲོལ་བའི་ལམ་བགྲོད་ཚུལ་ཕྱིན་ཅི་མ་ལོག་པ་ཡིན་པའི་ཕྱིར། འོན་ཀྱང་ཐེག་པ༔ ཕར་ཕྱིན་ཐེག་པ་ལ་བསྟེན་པའི་ལམ་འདི་ལ་བརྟེན་ནས་སངས་རྒྱ་བ་ལམ་གཞན་ལ་ལྟོས་མི་དགོས་ཏེ། ལམ་འདི་ཁོ་ན་ལ་བསྟེན་ནས་སངས་རྒྱས་སྒྲུབ་ནུས་པའི་ཕྱིར། ཕ་རོལ་ཕྱིན་གཞུང༔ དེ་ནས་འཁོར་འདས༔ ཕ་རོལ་ཏུ་ཕྱིན་པའི་ལམ་བགྲོད་ཚུལ་ཡུན་རིང་བར་གོ་ནས་སངས་རྒྱས་མྱུར་དུ་ཐོབ་པར་འདོད་པའི་སྐལ་ལྡན་གྱི་གང་ཟག་གིས་རྡོ་རྗེ་ཐེག་པའི་ལམ་ལ་ནན་ཏན་དུ་བྱེད་རིགས་ཏེ། ལམ་འདི་ལ་བསྟེན་ནས་བཅུ་གསུམ་རྡོ་རྗེ་འཛིན་པའི་ས་མྱུར་དུ་ཐོབ་ནུས་པའི་ཕྱིར། འདི་ནི་དུས་གསུམ༔ རྡོ་རྗེ་ཐེག་པའི་ལམ་བགྲོད་ཚུལ་འདི་ནི་ལམ་བགྲོད་ཚུལ་གྱི་གཙོ་བོ་ཡིན་ཏེ།

དེ་ལྟར་དུ་རྒྱུད་སྡེ་རྣམས་ལས་གསུངས་པའི་ཕྱིར། གང་ཞིག་སངས་རྒྱས༔ རྣམ་གྲོལ་དོན་གཉེར་གྱི་གང་ཟག་གིས་ཕར་ཕྱིན་ཐེག་པའི་ལམ་བགྲོད་ཚུལ་དང་། རྡོ་རྗེ་ཐེག་པའི་ལམ་བགྲོད་ཚུལ་འདི་གཉིས་གང་རུང་ལ་ནན་ཏན་བྱེད་དགོས་ཏེ། དེ་གཉིས་མ་གཏོགས་པའི་ཐེག་པ་ཆེན་པོའི་ལམ་བགྲོད་ཚུལ་སངས་རྒྱས་ཀྱིས་མ་གསུངས་པའི་ཕྱིར། ད་ལྟའི་ཆོས་པ༔ སྡེ་སྣོད་གསུམ་པོ་གང་རུང་དང་མི་མཐུན་པའི་ལམ་བགྲོད་ཚུལ་དེ་ལམ་རིམ་རྣམ་དག་མིན་ཏེ། དེ་ལ་བརྟེན་ནས་འབྲས་བུ་སངས་རྒྱས་འགྲུབ་མི་ནུས་པའི་ཕྱིར། སྡོམ་པ་གསུམ་དང༔

གང་དག་རབ་ཏུ༔ རིམ་པ་གཉིས་ཀྱི་སྒོམ་པ་དང་ལྡན་པ་ནི་ཕན་ཡོན་ཆེ་སྟེ། སྐྱེ་བ་བཅུ་དྲུག་ཚུན་ཆད་དུ་རྫོགས་པའི་སངས་རྒྱས་སྒྲུབ་ནུས་པའི་ཕྱིར། ཕ་རོལ་ཕྱིན་པའི་གཞུང་ལུགས་ལས། །ཕར་ཕྱིན་ཐེག་པའི་ལུགས་ལ་བླ་མ་སངས་རྒྱས་དངོས་སུ་གསུངས་པ་མེད་དེ། བླ་མ་སངས་རྒྱས་དངོས་སུ་གསུངས་པ་ནི་དབང་བསྐུར་ཐོབ་པ་ཡན་གྱི་སྔགས་ལུགས་ཡིན་པའི་ཕྱིར། ཕྱག་རྒྱ་ཆེན་པོ༔ ཁ་ཅིག་དབང་དང་རིམ་པ་གཉིས་ལས་བྱུང་བའི་ཡེ་ཤེས་ལ་ཕྱག་ཆེན་དུ་མི་ཤེས་ཏེ། རྟོག་པ་ཁ་ཚོམ་པ་ཙམ་སྒོམ་པ་ལ་ཕྱག་ཆེན་དུ་འདོད་པའི་ཕྱིར། བླུན་པོ༔ ཧི་སྲིད་ཚོགས༔ དེ་ཕྱིར་ཕ་རོལ༔ དེས་ན་ཐུབ་པས༔ དབང་དང་རིམ་གཉིས་ལས་བྱུང་བའི་སྒོ་རྣམས་ནི་ཕྱག་ཆེན་དུ་མི་འཐད་དེ། དབུ་མའི་ལྟ་བ་སོགས་བཞི་པོ་གང་རུང་དུ་འགྱུར་བའི་ཕྱིར། ངེད་ཀྱི་ཕྱག་རྒྱ༔ རང་ལུགས་ཀྱི་ཕྱག་ཆེན་གྱི་མཚན་ཉིད་ཡོད་དེ། དབང་དང་རིམ་གཉིས་ལས་བྱུང་བའི་ཡེ་ཤེས་དེ་དེའི་མཚན་ཉིད་ཡིན་པའི་ཕྱིར། ད་ལྟའི་ཕྱག་རྒྱ༔ ད་ལྟར་གྱི་ཕྱག་ཆེན་དུ་མིང་བཏགས་པའི་དཀར་པོ་ཆིག་ཐུབ་ཀྱི་ལྟ་བ་འདི་ནི་ཕྱག་ཆེན་མཚན་ཉིད་པ་མིན་ཏེ། རྒྱ་ནག་ལུགས་ཀྱི་རྫོགས་ཆེན་དང་དོན་གཅིག་པའི་ཕྱིར། ནཱ་རོ་དང་ནི༔ རང་ལུགས་ཀྱི་ཕྱག་ཆེན་ནི། རྒྱ་གར་མཁས་པའི་ལུགས་དང་མཐུན་པ་ཡིན་ཏེ། ནཱ་རོ་མཻ་ཏྲི་སོགས་ཀྱི་ལུགས་དང་མཐུན་པའི་ཕྱིར། དབང་བསྐུར་བ་ལས༔ ཕྱག་ཆེན་རྟོགས་པ་ནི་ཕན་ཡོན་ཆེན་པོ་དང་ལྡན་ཏེ། མཚན་འཛིན་གྱི་འབད་རྩོལ་ལས་གྲོལ་བའི་ཕན་ཡོན་དང་ལྡན་པའི་ཕྱིར། ལ་ལ་ཞི་གནས་ཙུང་ཟད་དང་། །ཚེ་འདིར་མཐོང་ལམ་ཐོབ་པ་ལ་ཡོན་ཏན་ཆེ་འདིར་མི་འབྱུང་བ་མི་འཐད་དེ། དེ་ཐེག་པ་ཆེན་པོའི་མདོ་རྒྱུད་ལས་མ་བཤད་པའི་ཕྱིར། ཁ་ཅིག་ཕ་རོལ༔ ཉན་ཐོས་རྣམས་ཀྱི༔ སངས་རྒྱས་ལ་རྒྱུན་ཅན་རྒྱུན་མེད་གཉིས་སུ་ཡོད་པར་ཐལ། མཐོང་ལམ་ལ་དེ་ལྟར་དུ་ཡོད་པའི་ཕྱིར། དེས་ན་ངེད་ཀྱི༔ གསུམ་པ་ལ། ཐེག་པ་གསུམ་གྱི་ལག་ལེན་ཡང་། །ཐེག་པ་གསུམ་གྱི་ལག་ལེན་རང་རང་གི་གཞུང་ལུགས་ནས་བཤད་པ་བཞིན་བྱེད་དགོས་ཏེ། དེ་ལྟར་བྱས་ནས་སངས་རྒྱས་ཀྱི་བསྟན་པ་དང་མཐུན་པའི་ཕྱིར། ཉན་ཐོས་རྣམས་ཀྱི་བླ་མ་དེ། །ཉན་ཐོས་ཀྱི་ལུགས་ལ་བླ་མ་དེ་ཇི་ལྟར་བཟང་ཡང་གང་ཟག་ཁོ་ན་ཡིན་གྱི། དཀོན་མཆོག་གསུམ་པོ་གང་རུང་ནི་མིན་ཏེ། ཉན་ཐོས་ལུགས་ལ་དཀོན་མཆོག་གསུམ་པོ་གང་རུང་ཡིན་ན། འགོག་ལམ་གང་རུང་གིས་བསྡུས་པ་གཅིག་དགོས་པའི་ཕྱིར། ཕ་རོལ་ཕྱིན་པའི༔ ཐེག་པ་ཆེན་པོའི་ཕ་རོལ་ཏུ་ཕྱིན་པའི་ལུགས་ལ་བླ་མ་དེ་ཇི་ལྟར་བཟང་ཡང་། དགེ་འདུན་དཀོན་མཆོག་ཙམ་ཡིན་ཏེ། དགེ་འདུན་ལས་གཞན་པའི་སངས་རྒྱས་དང་ཆོས་སུ་འགྱུར་བ་མི་སྲིད་པའི་ཕྱིར། གསང་སྔགས༔ རྡོ་རྗེ་ཐེག་པའི་ལུགས་ལ་བླ་མ་དེ་དཀོན་མཆོག་གསུམ་དང་དབྱེར་མེད་ཡིན་ཏེ། དེའི་ལུགས་ལ་སྐུ་གཉིས་ཟུང་དུ་འཇུག་པའི་ཆ་ནས་སངས་རྒྱས་དཀོན་མཆོག །བདེན་གཉིས་ཟུང་དུ་འཇུག་པའི་ཆ་ནས་ཆོས་དཀོན་མཆོག །རིག

གྲོལ་གྱི་ཡོན་ཏན་གཉིས་དང་ལྡན་པའི་ཆ་ནས་དགེ་འདུན་དཀོན་མཆོག་ཏུ་འདོད་པའི་ཕྱིར། དེ་ལྟའི་ཐེག་པ༔ ཐེག་པ་གསུམ་པོའི་གཞུང་ནས་བཤད་པའི་བླ་མའི་མཚན་ཉིད་དང་མི་ལྡན་ན། བླ་མ་དམ་པ་མིན་ཏེ། བླ་མ་ཙམ་དུ་འཛོག་པའི་ཕྱིར། དེས་ན་དབང་བསྐུར༔ གལ་ཏེ་དབང་བསྐུར༔ བླ་མ་ལ་གསོལ་བ་འདེབས་པའི་ཚུལ་ཡོད་དེ། དབང་བསྐུར་ཐོབ་ན་དཀོན་མཆོག་གསུམ་བླ་མ་རུ་བསྡུས། མ་ཐོབ་ན་བླ་མ་དཀོན་མཆོག་གསུམ་དུ་ཕར་བསྡུས་ནས་གསོལ་བ་འདེབས་པའི་ཕྱིར། དབང་བསྐུར་དང་པོ༔ དབང་བསྐུར་དང་པོ་མ་ཐོབ་པར་བསྐྱེད་རིམ་སྒོམ་པ་ལ་སོགས་ལམ་གྱི་གོ་རིམ་འཆོལ་བར་སྤྱོད་པ་མི་འཐད་དེ། དགེ་སློང་གི་སྡོམ་པ་མ་ཐོབ་པར་མཁན་སློབ་བྱེད་པ་སོགས་དང་ཆོས་མཚུངས་པའི་ཕྱིར། སངས་རྒྱས་རབ་ཏུ་བྱུང་བ་ཡི། །རབ་བྱུང་གི་ཆ་ལུགས་ཅན་གྱི་ཕྱག་མཚན་ལ་མཚོན་བྱ་ཐོགས་པ་སོགས་མི་འཐད་དེ། དེ་སངས་རྒྱས་ཀྱི་གསུང་རབ་དང་མི་མཐུན་པའི་ཕྱིར། བྱང་ཆུབ་མཆོག་གི༔ བྱ་སྤྱོད༔ དུས་ཀྱི༔ སངས་རྒྱས་གསེར་མདོག༔ ཡི་དམ་ལྷ་ཡི༔ དེང་སང་༔ དེ་བཞིན་རབ་གནས༔ མདོ་ནས་རབ་གནས༔ ལྷ་སྒོམ་པ་དང་༔ ཞེས་སོགས་ཀྱི་གཞུང་ཚན་པ་དགུ་ལ་ཡང་སྦྱོར་བ་འགོད་པར་བྱའོ། །གསང་འདུས་ལ་སོགས༔ གསང་འདུས་སོགས་ལ་མདོ་ལུགས་ཀྱི་ཆོ་ག་འབྱུང་བ་མི་འཐད་དེ། སེང་གེའི་ཕྲུ་གུ་གླང་ཆེན་ལ་འབྱུང་བ་དང་ཆོས་མཚུངས་པའི་ཕྱིར། ལྷ་ལ་རབ་ཏུ༔ རྡོ་རྗེ་སློབ་དཔོན༔ རྡོ་རྗེ་སློབ་དཔོན་གྱི་དབང་མ་ཐོབ་པར་དབང་བསྐུར་སོགས་བྱེད་པ་མི་འཐད་དེ། དབང་བསྐུར་སོགས་སློབ་དཔོན་ཁོ་ནའི་ལས་ཡིན་པའི་ཕྱིར། དེང་སང་རབ་གནས༔ མདོ་དང་རྒྱུད་ཀྱི་ཁྱད་པར་ནི། །མདོ་ལུགས་ཀྱི་རབ་གནས་ཡོད་པ་མི་འཐད་དེ། དེ་སངས་རྒྱས་ཀྱི་བསྟན་པ་མིན་པའི་ཕྱིར། ཉན་ཐོས་དང་ནི༔ ཐེག་པ་རིམ་པ་དགུ་ལ་ལྟ་བ་བཟང་ངན་ཐ་དད་དུ་ཡོད་པ་མི་འཐད་དེ། ཉན་ཐོས་དང་ཐེག་ཆེན་ལ་ལྟ་བ་བཟང་ངན་ཐ་དད་དུ་ཡོད་ཀྱང་། ཐེག་པ་ཆེན་པོའི་མདོ་སྔགས་ལ་ལྟ་བ་བཟང་ངན་གྱི་ཁྱད་པར་མེད་པའི་ཕྱིར། ཕ་རོལ་ཕྱིན་པའི༔ འོན་ཀྱང་༔ ཐེག་པ་ཆེན་པོའི་མདོ་ལུགས་ལ་ལྟ་བ་བཟང་ངན་གྱི་ཁྱད་པར་མེད་ཀྱང་ལྟ་བ་རྟོགས་པའི་ཐབས་ལ་ཁྱད་པར་ཡོད་དེ། དོན་གཅིག་ན་ཡང་མ་རྨོངས་དང་། །ཞེས་བཤད་པ་ལྟར་རྡོ་རྗེ་ཐེག་པ་ཐབས་ཀྱི་སྒོ་ནས་ཁྱད་པར་དུ་འཕགས་པའི་ཕྱིར།ལྟ་སྒོམ་རྣམ་དབྱེ༔ རྒྱུད་སྡེ་བཞི་ལ་ལྟ་བ་བཟང་ངན་གྱི་ཁྱད་པར་ཡོད་པ་མི་འཐད་དེ། དེ་ལ་ལྟ་སྒོམ་གྱི་ཁྱད་པར་མ་ཕྱེད་པའི་སྐྱོན་ཡོད་པའི་ཕྱིར། བྱ་སྤྱོད་རྣལ༔ འོན་ཀྱང་བྱ་བའི༔ བྱ་རྒྱུད་ཀྱི་ལམ་ཉམས་སུ་ལེན་ཚུལ་ཡོད་དེ། ལྷ་རྗེ་དཔོན་ལྟ་བུའི་ཚུལ་ཉམས་སུ་ལེན་པའི་ཕྱིར། སྤྱོད་པའི་རྒྱུད་དུ༔ སྤྱོད་རྒྱུད་ཀྱི་ལམ་ཉམས་སུ་ལེན་ཚུལ་ཡོད་དེ། ལྷ་གྲོགས་པོ་ལྟ་བུའི་ཉམས་སུ་ལེན་པའི་ཕྱིར། རྣལ་འབྱོར་རྒྱུད་དུ་ཕྱི་རོལ་ལ། །རྣལ་འབྱོར་རྒྱུད་ཀྱི་ལམ་ཉམས་སུ་ལེན་ཚུལ་ཡོད་དེ། ནང་སེམས་ལ་གཙོ་བོར་སྟོན་པའི་སྒོ་ནས་ཉམས་སུ་ལེན་

པའི་ཕྱིར། རྣལ་འབྱོར་ཆེན་པོའི ༔ བླ་མེད་ལུགས་ཀྱི་ལམ་ཉམས་སུ་ལེན་པའི་ཚུལ་ཡོད་དེ། ཐེག་པ་གསུམ་ལྡན་གྱི་ཚུལ་དུ་ཉམས་སུ་ལེན་པའི་ཕྱིར། གལ་ཏེ་བྱ་བའི ༔ བྱ་རྒྱུད་ཀྱི་སྐབས་སུ་དཀའ་ཐུབ་སོགས་བྱེད་པ་མི་འཐད་པར་ཐལ། དེའི་སྐབས་སུ་སྣང་བ་ཐམས་ཅད་ལྷར་བསྒོམ་པ་འཐད་པའི་ཕྱིར། རྣལ་འབྱོར་ཆེན་པོའི ༔ རྣལ་འབྱོར་ཆེན་པོའི་སྐབས་སུ་ཀུན་རྫོབ་ལྷར་བསྒོམ་པ་མི་འཐད་དེ། སྣང་གཞི་སྦྱོང་བྱེད་ངོ་འཕྲོད་པའི་དམ་པ་རིགས་བརྒྱ་སོགས་སུ་བསྒོམ་པར་བཤད་པའི་ཕྱིར། དེས་ན་ཀུན་རྫོབ ༔ སྔགས་རྙིང་མའི་ལྟ་བ་འགའ་ཞིག་ལ་འཁྲུལ་པ་ཡོད་དེ། ཀུན་རྫོབ་ཀྱི་ལོག་པ་དང་ལྟ་བའི་ལོག་པ་མ་ཕྱེད་པའི་སྐྱོན་ཡོད་པའི་ཕྱིར། དེས་ན་རྒྱུད་སྡེ ༔ རྒྱུད་སྡེ་བཞིའི་ནང་ཚན་དུ་གྱུར་པའི་རྣལ་འབྱོར་ཆེན་པོ་དང་། རྣལ་འབྱོར་བཞིའི་ནང་ཚན་དུ་གྱུར་པའི་རྣལ་འབྱོར་ཆེན་པོ་དོན་མི་གཅིག་སྟེ། གླུ་ཆེན་པད་མ་དང་པད་མ་ཆེན་པོ་སོགས་དོན་མི་གཅིག་པ་དང་ཆོས་མཚུངས་པའི་ཕྱིར། དེས་ན་ཐོས་པའི་ལྟ་བ་ནི། །ལྟ་བའི་ལུང་སྦྱོར་ཐམས་ཅད་ཕར་ཕྱིན་ཐེག་པ་དང་མཐུན་པར་བྱེད་དགོས་ཏེ། དབུ་མ་ཡན་ཆད་ལྟ་བ་བཟང་ངན་མཐུན་པའི་ཕྱིར། རྒྱུད་སྡེ་བཞི་ཡི ༔ རྒྱུད་སྡེ་བཞིའི་ཉམས་ལེན་མ་འཁྲུལ་བར་སྒྲུབ་དགོས་ཏེ། འཁྲུལ་ན་དངོས་གྲུབ་རིང་བའི་ཕྱིར། བྱ་བའི ༔ བྱ་རྒྱུད་རང་རྐང་ལ་བདག་བསྐྱེད་མེད་དེ། བྱ་རྒྱུད་ནས་གསུངས་པའི་ལྟ་ལ་བདག་བསྐྱེད་གསུངས་པ་ནི་རྒྱུད་སྡེ་གོང་མའི་སྐྱ་གབ་པ་ཡིན་པའི་ཕྱིར། དེ་ལྟར་བྱེད་ན ༔ བྱ་རྒྱུད་རང་རྐང་ལ་བདག་བསྐྱེད་མེད་དེ། བདག་ཉིད་ལྷ་རུ་བསྐྱེད་པ་ལ་མཆོད་ན་བསོད་ནམས་ཡོད་ཅིང་། དཀའ་ཐུབ་སོགས་བྱས་ན་ཉེས་དམིགས་ཡོད་པའི་ཕྱིར། སྤྱོད་དང ༔ རྣལ་འབྱོར ༔ སྤྱོད་རྒྱུད་དང་རྣལ་འབྱོར་རྒྱུད་གཉིས་སུ་དཀའ་ཐུབ་དང་གཙང་སྦྲ་སོགས་གཙོ་བོར་མི་མཛད་དེ། རང་ཉིད་ལྷའི་རྣལ་འབྱོར་སྒོམ་པ་སོགས་གཙོ་བོར་མཛད་པའི་ཕྱིར། རྣལ་འབྱོར་ཆེན་པོའི་གྲུབ་མཐའ་རྣམས། །རྣལ་འབྱོར་ཆེན་པོའི་རྒྱུད་སྡེ་ལས་དཀའ་ཐུབ་སོགས་བྱེད་པ་མཐའ་གཅིག་ཏུ་བཀག་སྟེ། དག་པ་གསུམ་ལྡན་གྱི་སྒོ་ནས་ལམ་ཉམས་སུ་ལེན་པར་གསུངས་པའི་ཕྱིར། གསུམ་པ་ལ། དབང་བཞི་ཡོངས་སུ་རྫོགས་པ་དང་། །སྤྱོད་པ་བྱེད་ཚུལ་གྱི་གནད་ཀྱི་རིམ་པ་སོ་སོར་ངེས་པ་ཡིན་ཏེ། དྲོད་ཆུང་དུ་ཙམ་ཐོབ་པས་རང་གི་ཁྱིམ་དུ་སྒོམ། འབྲིང་ཙམ་ཐོབ་པས་དུར་ཁྲོད་སོགས་སུ་སྒོམ། ཆེན་པོ་ཐོབ་པའི་གང་ཟག་གིས་གནས་དང་ཉེ་བའི་གནས་སོགས་སུ་སྒོམ་པར་བཤད་པའི་ཕྱིར། འདི་འདྲའི ༔ རིམ་གཉིས་ཀྱི་རྟོགས་པ་ཐོབ་པའི་གང་ཟག་གིས་སྤྱོད་པ་བྱས་པ་ཕན་ཡོན་ཆེན་པོ་དང་ལྡན་ཏེ། ཚེ་འདི་ལ་སངས་རྒྱས་ཐོབ་པའི་ཕན་ཡོན་དང་ལྡན་པའི་ཕྱིར། དེང་སང་གསང་སྔགས ༔ རིམ་གཉིས་དང་མི་ལྡན་པའི་གང་ཟག་གིས་སྤྱོད་པ་བྱེད་པ་མི་འཐད་དེ། དེ་རྫོགས་པའི་སངས་རྒྱས་ཀྱིས་མ་གསུངས་པའི་ཕྱིར། རིམ་པ་གཉིས་པོ ༔ རིམ་གཉིས་དང་མི་ལྡན་པའི་སྤྱོད་པའི་དོན་དུ་རྒྱུ་བའི་གང་

ཟག་ཆོས་ཅན། ཁྱོད་ཇི་ལྟར་བཟང་ཡང་ཕ་རོལ་ཏུ་ཕྱིན་པའི་སྒོམ་ཆེན་ལས་མ་འདས་ཏེ། ཁྱོད་ནང་པ་སངས་རྒྱས་པའི་སྒོམ་ཆེན་པ་ཡིན་པ་གང་ཞིག །རྒྱུད་སྡེ་བཞི་པོ་གང་རུང་ལ་སྟེན་པའི་སྒོམ་ཆེན་པ་མིན་པའི་ཕྱིར་ཏེ། རྒྱུད་སྡེ་འོག་མ་གསུམ་པོ་གང་རུང་ལ་བསྟེན་པ་མིན་པར་ཁྱོད་རང་ཡང་འདོད་ཅིང་བླ་མེད་ལ་བསྟེན་པའི་སྒོམ་ཆེན་པ་མིན་པའི་ཕྱིར་ཏེ། ལམ་རིམ་པ་གཉིས་མི་སྒོམ་པའི་ཕྱིར། གསང་སྔགས་མཚན་ཉིད་དང་ལྡན་པའི་གང་ཟག་གིས་གཞན་དུ་སྤྱོད་པ་བྱས་པ་ལ་ཕན་ཡོན་ཡོད་དེ། མཁའ་འགྲོས་སེམས་རྒྱུད་བྱིན་གྱིས་བརླབས་ཏེ་ས་ལམ་ལུས་ལ་བགྲོད་པའི་ཕན་ཡོན་ཡོད་པའི་ཕྱིར། དཔལ་ལྡན་དུས་ཀྱིཿ གནས་ཏེ་སེ་དང་མཚོ་མ་ཕམ་གནས་ཅན་དང་མ་དྲོས་པའི་རྒྱ་མཚོ་མིན་ཏེ། དུས་འཁོར་དང་མངོན་པ་ལ་སོགས་ལས་བཤད་པ་དང་མི་མཐུན་པའི་ཕྱིར། ད་ལྟའི་ཏི་སེ་འདི་ལ་ནི། །ཏ་ནུ་མ་དེསཿ མངའ་རིས་ཀྱི་ཏི་སེ་འདི་རི་བོ་གནས་གནས་ཅན་མིན་ཏེ། གོང་དུ་བཤད་པའི་མཚན་ཉིད་དེ་དག་མ་ཚང་བའི་ཕྱིར། དེས་ན་དབང་ཕྱུགཿ ཚ་བྱ་ཆེན་མོའིཿ ཏི་སེ་གནས་ཅན་མིན་ཏེ། ཚ་བྱ་ཆེན་མོའི་མདོ་ལས་དེ་གཉིས་ཐ་དད་དུ་གསུངས་པའི་ཕྱིར། ཕལ་པོ་ཆེ་ཡིཿ ད་ལྟའི་མ་ཕམཿ མངའ་རིས་ཀྱི་མ་ཕམ་འདི་མ་དྲོས་པའི་རྒྱ་མཚོ་མིན་ཏེ། ཕལ་པོ་ཆེ་སོགས་ལས་བཤད་པའི་མ་དྲོས་པའི་མཚན་ཉིད་མ་ཚང་བའི་ཕྱིར། འདི་ཡང་ཕྱི་སྟེཿ གནས་ཅན་མ་དྲོསཿ གནས་མཚོའི་འཁྲུལ་པ་འགོག་ཚུལ་འདི་ལ་བྱ་རྒོད་ཕུང་པོའི་རི་སོགས་དང་མཚུངས་པའི་སྐྱོན་སྤོང་ཚུལ་བྱེད་པ་མི་འཐད་དེ། དེ་གཉིས་ལ་འཆད་ཚུལ་མི་འདྲ་བའི་ཁྱད་པར་ཡོད་པའི་ཕྱིར། ཙ་རི་ཏྲ་ཞེསཿ ཀོང་ཡུལ་གྱི་ཙ་རི་འདི་ཙ་རི་ཏྲའི་གནས་ཆེན་མ་ཡིན་ཏེ། ཙ་རི་ཏྲའི་གནས་ཆེན་ནི་ལྷོ་ཕྱོགས་ཀྱི་རྒྱ་མཚོའི་འགྲམ་ན་ཡོད་པར་གསུངས་པའི་ཕྱིར། དེ་བི་ཀོ་ཊའིཿ ཀོང་ཡུལ་གྱི་ཙ་རི་འདི་དེ་ཝི་ཀོ་ཊའི་གནས་ཆེན་དུ་འདོད་པ་ཡང་འཐད་པའི་ངེས་པ་མེད་དེ། གནས་ཆེན་དེའི་ཁྱད་ཆོས་ཚང་བ་དཀའ་བའི་ཕྱིར། ཏི་སེ་དང་ནི་ཙ་རི་སོགས། །ཙ་རི་དང་ཏི་སེ་སོགས་གནས་ཆེན་ཡིན་ན་ཡང་དེ་དག་ཏུ་སྤྱོད་པ་བྱེད་པའི་གང་ཟག་ལ་མཚན་ཉིད་དང་ལྡན་པ་གཅིག་དགོས་ཏེ། མཚན་ཉིད་དང་མི་ལྡན་པའི་གང་ཟག་གིས་སྤྱོད་པ་བྱས་པ་ལ་ཕན་ཡོན་མི་འབྱུང་བའི་ཕྱིར། ཁ་ཅིག་དཀར་པོཿ དཀར་པོ་ཆིག་ཐུབ་ལ་འབྲས་བུ་སྐུ་གསུམ་འབྱུང་བ་མི་འཐད་དེ། དེ་འབྱུང་བའི་ནུས་པ་མེད་པའི་ཕྱིར།

འོ་ན་ཆིག་ཐུབཿ ཆིག་ཐུབ་ལ་བསྔོ་བ་སོགས་དགོས་པ་ཡང་མི་འཐད་དེ། དགོས་ན་ཆིག་ཐུབ་དུ་མར་ཐལ་བའི་སྐྱོན་ཡོད་པའི་ཕྱིར། ཐུབ་པས་སྟོང་ཉིདཿ མདའ་རྒྱང་ལ་ནིཿ ཐབས་དང་ཤེས་རབཿ དེས་ན་ཆིག་ཐུབ་མི་འཐད་དེ། ཐུབ་པས་སྟོང་ཉིད་ལ་གཙོ་བོར་སྔགས་པ་མཛད་པ་ནི། བདེན་འཛིན་ལྡོག་པའི་ཆེད་ཡིན་པ་དང་། ཐབས་ཤེས་ཟུང་འབྲེལ་དུ་སྒོམ་ན་འདོད་པའི་འབྲས་བུ་སངས་རྒྱས་ཐོབ་པའི་ཕྱིར། ཁ་ཅིག་འབྲས་བུའིཿ འོད་

གསལ་ཙམ་མཐར་ཐུག་གི་འབྲས་བུར་འདོད་པ་མི་འཐད་དེ། རིམ་ལྔ་དང་ནི་སྤྱོད་བསྡུས་སུ་བཀག་པའི་ཕྱིར། ལ་ལ་གྲུབ་ཐོབཿ གྲུབ་ཐོབ་ཆུང་ངུཿ གྲུབ་ཐོབ་ལས་རྟོགས་ལྡན་བཟང་བར་འདོད་པ་མི་འཐད་དེ། གྲུབ་ཐོབ་ལ་ཐེག་ཆེན་འཕགས་པའི་ས་ཐོབ་པ་གཅིག་དགོས་པར་བྱམས་པས་གསུངས་པའི་ཕྱིར། གོ་བ་དང་ནིཿ ཉམས་རྟོགས་གོ་བ་གསུམ་ལ་བཟང་ངན་གྱི་ཁྱད་པར་འདོད་པ་མི་འཐད་དེ། དེ་ལ་འོག་ནས་འཆད་པའི་མཐའ་གསུམ་དུ་བརྟགས་ན་མི་འཐད་པའི་ཕྱིར། འདི་ཡང་ཕྱི་སྐེཿ རྣལ་འབྱོར་བཞི་འཕགས་ལམ་ལ་སྦྱོར་བ་མི་འཐད་དེ། འཇིག་རྟེན་པའི་ལམ་ལ་འཕགས་ལམ་གྱི་མིང་བཏགས་པ་ཙམ་ཡིན་པའི་ཕྱིར། གལ་ཏེ་སླུས་ཚདཿ རྫུན་ཚིག་མི་སྲིད་པར་ཐལ། སླུས་ཚད་བདེན་པའི་ཕྱིར། འོན་ཏེཿ ལྟ་ལོག་ཐམས་ཅད་བདེན་པར་ཐལ། གྲུབ་མཐའ་ཐམས་ཅད་བདེན་པའི་ཕྱིར། ཅི་སྟེཿ སངས་རྒྱས་ཀྱི་གསུང་ཐམས་ཅད་བདེན་པ་ཡང་མི་འཐད་དེ། དེ་ལ་དྲང་དོན་དང་ངེས་དོན་གཉིས་སུ་ཡོད་པའི་ཕྱིར། སྒྲ་ཡང་འཛིནཿ ཐེག་པ་ཡང་ནིཿ དེ་ལ་སོགས་ལ་ཡང་སྦྱོར་བ་རིགས་སྦྲེའོ། །སངས་རྒྱསཿ ས་སྐྱ་པཎྜི་ཏ་ཆོས་ཅན། ཁྱོད་ཀྱིས་སངས་རྒྱས་ལ་གུས་པའི་རྒྱུ་མཚན་རྣམ་དག་མཐོང་སྟེ། སངས་རྒྱས་ཀྱི་དྲང་དོན་གྱིས་ཁྲིད་ནས་གདུལ་བྱ་ངེས་དོན་རྟོགས་པ་ལ་སྦྱོར་བར་མཛད། མུ་སྟེགས་དེ་ལ་ལྡོག་པའི་གང་ཟག་ཡིན་པའི་ཕྱིར། དེ་བཞིན་གངས་ཅནཿ ཐེག་པ་སྣ་ཚོགས་ཀྱི་སྒོ་ནས་གཞན་གྱི་གཙོ་བོ་སངས་རྒྱས་ཀྱི་གསུང་བཞིན་དུ་སྟོན་པའི་བླ་མ་ལ་གུས་པ་བྱེད་རིགས་ཏེ། གནས་སྐབས་དང་མཐར་ཐུག་གི་དོན་ཐམས་ཅད་སྒྲུབ་ནུས་པའི་ཕྱིར། ཆོས་གཞན་ལེགས་པརཿ རྣམ་གྲོལ་དོན་གཉེར་གྱི་གང་ཟག་གིས་ཆོས་ཀྱི་གནད་རྣམས་མ་འཁྲུལ་བར་སྒྲུབ་དགོས་ཏེ། གནད་འཁྲུལ་ན་ཉེས་པ་ཆེན་པོ་སྐྱེད་པའི་ཕྱིར། དེ་ཡང་མདོ་ཙམཿ སོ་ཐར་གྱི་སྡོམ་པ་བྱང་ཆུབ་མ་ཐོབ་ཀྱི་བར་དུ་ལེན་པ་ནི་གནད་བཅོས་པ་ཡིན་ཏེ། སོར་སྡོམ་པ་འཇིག་པའི་ཉེས་པ་ཡོད་པའི་ཕྱིར། བྱང་ཆུབཿ སེམས་ཙམ་ལུགས་ཀྱི་སེམས་བསྐྱེད་སྐྱེ་བོ་ཀུན་ལ་བྱེད་པ་བྱང་སྡོམ་གྱི་གནད་བཅོས་པ་ཡིན་ཏེ། བྱང་སྡོམ་འཇིག་པའི་ཉེས་པ་ཡོད་པའི་ཕྱིར། གསང་སྔགས་ཀྱི་ནིཿ དབང་བསྐུར་མ་ཐོབ་པར་སྔགས་ཀྱི་ཟབ་ལམ་སྒོམ་པ་སྔགས་སྡོམ་གྱི་གནད་བཅོས་པ་ཡིན་ཏེ། དེ་རྡོ་རྗེ་འཆང་གིས་བཀག་པའི་ཕྱིར། ཆོས་རྣམས་ཀུན་གྱི་རྩ་བ་ནི། །ཞེས་སོགས་དང་། འདི་འདྲ་ཤེས་པར་བྱས་ནས་ནི། །ཞེས་སོགས་དང་།

རྫོགས་སངས་རྒྱས་ལས་མཁས་པ་ཡི། །ཅེས་སོགས་གཞུང་ཚན་པ་གསུམ་ལ་སྦྱོར་བ་རིམ་བཞིན། འཁྲུལ་པའི་གྲུབ་མཐའཿ འཁྲུལ་པའི་གྲུབ་མཐའ་སུན་འབྱིན་པའི་ཚུལ་ཡོད་དེ། སྔོན་བྱུང་མཁས་པས་སུན་ཕྱུང་ཚུལ་དང་། རྗེས་འཇུག་མཁས་པས་སུན་འབྱིན་པའི་ཚུལ་གཉིས་ཡོད་པའི་ཕྱིར། གལ་ཏེ་ལུང་དངཿ ལུང་དང་འགལ་བའི་གྲུབ་མཐའ་སུན་འབྱིན་པའི་ཚུལ་ཡོད་དེ། ལུང་དེ་ཉིད་ཚད་མར་ཁས་ལེན་བཞིན་དུ་དེ་དང་

འགལ་བའི་ཆོས་ལོག་སྨྲད་ན་ལུང་དེ་ཉིད་ཀྱིས་དགག་པར་ནུས་པའི་ཕྱིར། ཇོ་བོ་གསང་སྔགས༔ ནཱ་རོ་ཏ་པ༔ ནཱ་རོའི་རྒྱུད་འཛིན་དུ་ཁས་ལེན་བཞིན་དུ། དབང་དང་རིམ་གཉིས་མི་སྒོམ་པ་ནི། རང་གཞན་གཉིས་ཀ་དང་འགལ་ཏེ། ནཱ་རོ་པ་དབང་དང་རིམ་གཉིས་ལ་གཙོ་བོར་མཛད་པའི་ཕྱིར། རྗོ་རྗེ་ཕག་མོའི་བྱིན་རླབས་ནི། །མར་པའི་རྒྱུད་འཛིན་དུ་ཁས་ལེན་བཞིན་དུ་ཕག་མོའི་བྱིན་རླབས་ཙམ་གྱིས་ཆོས་སྒོ་འབྱེད་པ་ནི་རང་གཞན་གཉིས་ཀ་དང་འགལ་ཏེ། དེ་ལྟ་བུའི་ཕྱག་ཆེན་ནཱ་རོ་པ་དེ་འདྲ་མར་པ་ལྷོ་བྲག་པའི་གྲུབ་མཐའ་ལ་མེད་པའི་ཕྱིར། ནཱ་རོ་ཆོས་དྲུག༔ མི་ལ་ཡན་ཆད་ཀྱི་བཀའ་བརྒྱུད་པའི་གྲུབ་མཐའ་ལ་ནཱ་རོ་ཆོས་དྲུག་ཞེས་བྱ་བའི་ཁྲིད་ཀྱི་སྟེང་འོག་བར་གསུམ་གྱི་ཆོས་ལ། ཉམས་ལེན་གྱི་གཙོ་བོར་བྱེད་པ་དེ་ལས་གཞན་པའི་ཆོས་གཞན་ནས་ཁ་བསྐང་བའི་འོག་སྒོའི་ཆོས་ལ་ཉམས་ལེན་གྱི་གཙོ་བོར་བྱེད་པ་མི་འཐད་དེ། ཆོས་དྲུག་གི་ཁྲིད་དེ་ཉིད་ལ་ཉམས་ལེན་གྱི་གཙོ་བོར་མཛད་པའི་ཕྱིར། ཆོས་དྲུག༔ ཆོས་དྲུག་ལ་ཉམས་ལེན་གྱི་གཙོ་བོར་བྱེད་པ་དེ་བོར་ནས་ཕག་མོ་གྲུབ་པ་སོགས་ཀྱི་ལམ་འབྲས་ནས་ཁ་བསྐང་བའི་འོག་སྒོའི་ཆོས་ལ་ཉམས་ལེན་གྱི་གཙོ་བོར་མཛད། མཉམ་མེད་དྭགས་པོ་སོགས་དང་། མངའ་བདག་མེ་ཏྲི་པ་ནས་བརྒྱུད་པའི་ཕྱག་རྒྱ་ཆེན་པོ་སོགས་ལ་ཉམས་ལེན་གྱི་གཙོ་བོར་མཛད་ནས་ནཱ་རོ་པའི་བརྒྱུད་འཛིན་དུ་ཁས་ལེན་པ་ནི་རང་གཞན་གཉིས་ཀ་དང་འགལ་བ་ཡིན་ཏེ། ལམ་འབྲས་ལ་སོགས་པ་གཞན་གྱི་གདམས་ངག་སྒོམ་བཞིན་དུ་ནཱ་རོ་པ་ལ་བརྒྱུད་པ་འདེད་པ་ཙམ་ཡིན་པའི་ཕྱིར། གཞན་ཡང་ལུང་སྦྱོར༔ ཤེས་བྱ་ཆོས་ཅན་ལུང་སྦྱོར་བྱེད་ཚུལ་དེ་ལ་གཉིས་ཡོད་དེ།འཇིག་རྟེན་དང་འཇིག་རྟེན་ལས་འདས་པའི་ལུང་སྦྱོར་བྱེད་ཚུལ་གཉིས་ཡོད་པའི་ཕྱིར། དེས་ན་སངས་རྒྱས་བསྟན་པ་བཞིན། །ཞེས་སོགས་ལ། རྣམ་གྲོལ་དོན་གཉེར་གྱི་གང་ཟག་གིས་སངས་རྒྱས་ཀྱི་བསྟན་པ་བཞིན་བསྒྲུབ་པར་འདོད་ན་གཞུང་ལུགས་རྣམ་དག་བཞིན་བྱེད་དགོས་ཏེ། གཞུང་ལུགས་རྣམ་དག་དང་མ་འབྲེལ་བའི་ཆོས་ལུགས་མང་ཡང་ཤེ་བའི་རོ་དང་འདྲ་བས་ཆོས་ཀྱི་གོ་མི་ཆོད་པའི་ཕྱིར། རིང་བསྲེལ་དང་ནི༔ འཕགས་པ་གསུམ་གྱི༔ རིང་བསྲེལ་འབྱུང་ཚུལ་ལ་རྣམ་པ་བཞི་ཡོད་དེ། འཕགས་པའི་གང་ཟག་ལ་ཡོན་ཏན་གྱི་སྟོབས་ལས་འབྱུང་ཚུལ། སྡིག་པོ་ཆེ་ལས་འབྲས་ལ་ཡིད་མི་ཆེས་པའི་ཕྱིར་དུ་གདོན་གྱིས་བྱས་པའི་རིང་བསྲེལ། འབྱུང་བཞིའི་ནུས་པ་རྡུས་པ་ལ་ཐིམ་པ་ལ་བརྟེན་ནས་བྱུང་བའི་རིང་བསྲེལ། གང་ཟག་ཁྱད་པར་ཅན་འགའ་ཞིག་ལ་རྗེས་འཇུག་གི་གདུལ་བྱ་དད་པའི་ཕྱིར་དུ་བསྟན་པ་ལ་དགའ་བའི་ལྷའི་རིང་བསྲེལ་འབྱུང་ཚུལ་དང་བཞི་གསུངས་པའི་ཕྱིར། ཐུགས་ལྷུགས༔ ཐུགས་ལྷུགས་མ་ཆོག་པར་འགྲོན་པ་དང་། རྡུས་པ་ལ་སྐུ་གཟུགས་འབྱུང་བ་སོགས་མི་འཐད་དེ། ཤེས་བྱེད་ཀྱི་ལུང་རིགས་གཉིས་ཀ་མེད་པའི་ཕྱིར། དེ་དག་དོན་ལ་འཁྲུལ་བ་ཡི། །རྣམ་གྲོལ་དོན་གཉེར་གྱི་གང་ཟག་གིས

བརྗོད་བྱའི་དོན་ལ་འཁྲུལ་པ་འགོག་དགོས་པར་མ་ཟད་རྗོད་བྱེད་ཀྱི་ཚིག་ལ་ཡང་འཁྲུལ་པ་འགོག་དགོས་ཏེ།

མཐར་ཐུག་གི་འབྲས་བུ་ཕུན་སུམ་ཚོགས་པོ་ཐོབ་པ་ལ་ཚིགས་དོན་གཉིས་ཀ་མ་འཁྲུལ་བར་སྨྲ་བ་དགོས་པའི་ཕྱིར། བཅོམ་ལྡནཿ བཅོམ་ལྡན་འདས་ཀྱི་སྒྲ་བཤད་ལ་བཞི་བཅོམ་དྲུག་ལྡན་གྱི་བཤད་པ་བྱེད་པ་སོགས་མི་འཐད་དེ། ལེགས་སྦྱར་གྱི་བཤད་པ་དང་མི་མཐུན་པའི་ཕྱིར། དེ་བཞིན་གཤེགས་པའིཿ དེ་བཞིན་གཤེགས་པའི་སྒྲ་བཤད་ལ་དེ་ཉིད་རྟོགས་པ་སོགས་སུ་འཆད་པ་ནི་མཁས་པས་བླང་བྱ་ཡིན་ཏེ། ལེགས་སྦྱར་གྱི་བཤད་པ་དང་མཐུན་པའི་ཕྱིར། སངས་རྒྱསཿ བཀའ་བསྡུ་དང་པོ་མཛད་པའི་ཚུལ་ཡོད་དེ། འོད་སྲུང་ལ་སོགས་པ་དགྲ་བཅོམ་ལྔ་བརྒྱས་སྡེ་སྣོད་གསུམ་ཚང་བར་བསྡུས་པ་ལ་བཀའ་བསྡུ་དང་པོའི་ཐ་སྙད་བཏགས་པའི་ཕྱིར། བསྟན་པ་དག་པརཿ བཀའ་བསྡུ་གཉིས་པ་མཛད་པའི་ཚུལ་ཡོད་དེ། ཡངས་པ་ཅན་གྱི་དགེ་སློང་གིས་འདུལ་བ་ལ་མི་རུང་བའི་བཞི་བཅུ་བྱས་པ་ལ། གྲགས་པ་ལ་སོགས་པ་དགྲ་བཅོམ་པ་བདུན་བརྒྱས་སུན་ཕྱུང་ནས་བསྟན་པ་དག་པར་བྱས་པ་ལ་བསྡུ་བ་གཉིས་པའི་ཐ་སྙད་བཏགས་པའི་ཕྱིར། དེ་ལྟར་དག་པརཿ དེ་ཡི་ལོག་པའི་ཆོས་དེ་དགཿ བཀའ་བསྡུ་གསུམ་པ་མཛད་པའི་ཚུལ་ཡོད་དེ། དགེ་སློང་ལྷ་ཆེན་པོ་ཞེས་བྱ་བས་ཆོས་ལོག་དུ་མ་བསྟན་པ། དགྲ་བཅོམ་པ་རྣམས་ཀྱིས་སུན་ཕྱུང་ནས་བསྟན་པ་དག་པར་བྱས་པ་ལ་བཀའ་བསྡུ་གསུམ་པའི་ཐ་སྙད་བྱས་པའི་ཕྱིར། ཐེག་པ་ཆེན་པོའི་བསྟན་པ་ནི། །ཐེག་ཆེན་གྱི་བསྟན་པ་ལ་འཕེལ་འགྲིབ་བྱུང་བའི་ཚུལ་ཡོད་དེ། མུ་སྟེགས་ཉི་མའི་དངོས་གྲུབ་ཀྱིས་ཐེག་ཆེན་གྱི་མདོན་པའི་སྡེ་སྣོད་བསྲེགས་པའི་རྗེས་སུ། འཕགས་པ་ཐོགས་མེད་ཀྱིས་རྗེ་བཙུན་བྱམས་པ་ལ། ཐེག་ཆེན་གྱི་གཞུང་ལུགས་གསན་ནས། བསྟན་པ་དར་རྒྱས་སུ་མཛད་པའི་ཕྱིར། ཕྱི་ནས་གངས་རིའིཿ ཆོས་དང་ཆོས་མིན་རྣམ་འབྱེད་པ། །བོད་ཡུལ་དུ་བསྟན་པ་ལ་འཕེལ་འགྲིབ་བྱུང་ཚུལ་ཡོད་དེ། རྒྱལ་པོ་དར་མས་བསྟན་པ་བསྣུབས་པའི་རྗེས་སུ། ལོ་ཆེན་རིན་བཟང་གིས་བསྟན་པ་དར་རྒྱས་སུ་མཛད་པའི་ཕྱིར། སངས་རྒྱས་འཇིག་རྟེནཿ དེང་སང་འདི་ནཿ སངས་རྒྱས་འཇིག་རྟེན་དུ་བྱོན་པ་དང་མཁས་པ་རྣམས་ཀྱིས་དགག་སྒྲུབ་ཀྱི་བཤད་པ་བྱས་པ་ལ། འབྲས་བུ་རྣམ་པ་གསུམ་འབྱུང་བ་ཡིན་ཏེ། ཆོས་ལོག་ལ་སྤྱོད་པ་ཕམ་པར་འགྱུར་བ་དང་། ནག་ཕྱོགས་ཀྱི་བདུད་ཡི་མུགས་པར་འགྱུར་བ་དང་། མཁས་པ་དགའ་བ་སྐྱེད་པའི་འབྲས་བུ་གསུམ་འབྱུང་བའི་ཕྱིར། མུ་སྟེགས་བྱེད་དངཿ མུ་སྟེགས་བྱེད་དང་རང་སྡེའི་ཉན་ཐོས་སྡེ་གཉིས་ཐེག་ཆེན་སེམས་ཙམ་པ་སོགས་ཀྱི་གྲུབ་མཐའ་འགའ་ཞིག་ལ་འཁྲུལ་པ་ཡོད་ཀྱང་། བསྟན་བཅོས་འདིའི་དགག་བྱའི་གཙོ་བོ་མ་ཡིན་ཏེ།

རྒྱན་དྲུག་མཆོག་གཉིས་ལ་སོགས་པས་བཀག་ཟིན་པའི་ཕྱིར། དེང་སང་གངས་རིའིཿ སྔགས་ཀྱི་ཉམས་

ལེན་ལ་འབྲུལ་བའི་ལོག་རྟོག་རྣམས་ཀྱང་བསྟན་བཅོས་འདིའི་དགག་བྱའི་གཙོ་བོ་མ་ཡིན་ཏེ། སྔགས་ཀྱི་ཐུན་མོང་མིན་པའི་དགག་བྱ་ཡིན་པའི་རྒྱུ་མཚན་གྱིས་གཞན་དུ་བཤད་ཟིན་པའི་ཕྱིར། བདག་གིས་སྨྲ་དང་ཚད་མ་བསླབས། །འདུལ་བ༔ གསང་སྔགས༔ རྗེ་བཙུན་ས་སྐྱ་པཎྜི་ཏ་ཆོས་ཅན༔ ལུང་གི་ཡོན་ཏན་ཕུན་སུམ་ཚོགས་པ་དང་ལྡན་ཏེ། སྒྲ་ཚད་སོགས་ཐ་སྙད་ཀྱི་ཡོན་ཏན། མངོན་འདུལ་སོགས་སྡེ་སྣོད་ཀྱི་ཡོན་ཏན། བྱ་སྤྱོད་སོགས་རྒྱུད་སྡེའི་ཡོན་ཏན། ཆོས་དྲུག་སོགས་མན་ངག་གི་ཡོན་ཏན་དུ་མ་དང་ལྡན་པའི་ཕྱིར། ཐུབ་པའི་བསྟན་པ་རིན་ཆེན་གཞལ་མེད་ཁང་། །རྣམ་གྲོལ་དོན་གཉེར་གྱི་གང་ཟག་གིས་སྡོམ་པ་གསུམ་གྱི་རབ་ཏུ་དབྱེ་བའི་བསྟན་བཅོས་འདི་གཟུང་རིགས་ཏེ། བསྟན་བཅོས་འདི་ལ་བརྟེན་ནས་མི་ཤེས་པའི་མུན་པ་གསལ་ཏེ། གདུལ་བྱའི་བློ་གྲོས་ཀྱི་པད་ཚལ་རྒྱས་པར་བྱེད་པའི་ཕྱིར། ཀུན་དགའ༔ ས་སྐྱ་པཎྜི་ཏས་བསྟན་བཅོས་བརྩམས་པའི་དགེ་བ་བྱང་ཆུབ་ཏུ་བསྔོས་པ་ཆོས་ཅན། དགོས་པ་ཆེན་པོ་དང་ལྡན་ཏེ། དགེ་རྩ་མི་ཟད་ཅིང་གོང་འཕེལ་དུ་འགྱུར་བའི་དགོས་པ་ཡོད་པའི་ཕྱིར། གང་གིས་ཐུགས་བརྩེས་ཉེར་བཟུང་ནས། །ས་སྐྱ་པཎྜི་ཏས་འཇམ་དབྱངས་མགོན་པོ་དང་དབྱེར་མེད་པའི་རྩ་བའི་བླ་མ་ལ་གུས་པས་ཕྱག་འཚལ་བའི་རྒྱུ་མཚན་ཡོད་དེ། བརྩེ་བའི་ཐུགས་རྗེས་ཀུན་ནས་བསླངས་ཏེ། ལོག་པའི་ཆོས་ལ་འཇུག་པ་སྤངས་ནས་སངས་རྒྱས་ཀྱི་བསྟན་པ་ལ་འཇུག་པར་མཛད་པའི་རྒྱུ་མཚན་གྱིས་དེ་ལྟར་ཕྱག་འཚལ་བའི་ཕྱིར། སྐབས་གསུམ་པ་སྔགས་སྡོམ་གྱི་སྦྱོར་ཊཱི་ཀ་ལས་བཤད་ཟིན་ཏོ།། །།

འདིས་མཐའ་ཡས་པའི་སེམས་ཅན་ལ་ཕན་ཐོགས་པར་གྱུར་ཅིག །